NomosKommentar

Prof. Dr. Dr. h.c. mult. Spiros Simitis (Hrsg.)

Bundesdaten-schutzgesetz

6., neu bearbeitete Auflage

von

Dr. Johann Bizer, Mitarbeiter und Stellvertreter des Leiters des ULD Schleswig-Holstein, Kiel | **Dr. Ulrich Dammann**, Ministerialrat im Amt des Bundesbeauftragten für Datenschutz und Informationsfreiheit, Bonn | **Dr. Alexander Dix**, Beauftragter für Datenschutz und Informationsfreiheit, Berlin | **Dr. Eugen Ehmann**, Leitender Regierungsdirektor, Bayerisches Landesamt für Gesundheit und Lebensmittelsicherheit, Erlangen | **Walter Ernestus**, Dipl.-Informatiker, Referent im Amt des Bundesbeauftragten für Datenschutz und Informationsfreiheit, Bonn | **Prof. Dr. Hansjörg Geiger**, Staatssekretär a.D. | **Dr. Otto Mallmann**, Richter am Bundesverwaltungsgericht, Leipzig | **Dr. Thomas B. Petri**, wissenschaftlicher Mitarbeiter beim Bundesverfassungsgericht, Karlsruhe | **Prof. Dr. Dr. h.c. mult. Spiros Simitis**, Professor für Bürgerliches Recht, Arbeitsrecht und Rechtsinformatik an der Universität Frankfurt a. M. | **Bettina Sokol**, Landesbeauftragte für Datenschutz und Informationsfreiheit, Düsseldorf | **Dr. Stefan Walz**, Ministerialrat im Bundesministerium für Justiz, Berlin

Unter Mitarbeit von
Anne Arendt, M.A., Forschungsstelle für Datenschutz, Universität Frankfurt a. M.

Nomos

Die Deutsche Bibliothek verzeichnet diese Publikation in der Deutschen Nationalbibliografie; detaillierte bibliografische Daten sind im Internet über http://dnb.ddb.de abrufbar.

ISBN 3-8329-1376-9

6. neu bearbeitete Auflage 2006

Vorwort zur 6. Auflage

Eigentlich sollte die im Mai 2001 verabschiedete Novellierung des BDSG nur eine Zwischenlösung sein. Doch aus der so nachdrücklich angekündigten gründlichen Reform ist noch immer nichts geworden. Die angeblichen Überbrückungshilfen haben sich so in feste Bestandteile der gesetzlichen Regelung des Datenschutzes verwandelt. Eine umfassende Überarbeitung des Kommentars war trotzdem unvermeidlich. Der unaufhaltsame Technologiewandel und die damit verbundenen neuen und intensiveren Verarbeitungsformen, die sich unablässig ausweitende Datenverwendung, die deutlich stärkere Tendenz einer Kommerzialisierung der Daten, der immer häufigere weltweite Datentransfer und nicht zuletzt die zunehmenden Vorgaben der Europäischen Union zwingen einfach dazu, Interpretation und Anwendung der Datenschutzvorschriften zu überdenken.

Ansatzpunkt und Richtlinie aller Überlegungen war, wie in allen früheren Auflagen, eine möglichst wirksame Gewährleistung des Datenschutzes gegen alle Bestrebungen, ihn, auch und gerade vor dem Hintergrund der gewandelten Verarbeitungsbedingungen, wenn nicht zurückzudrängen so doch zumindest aufzuweichen. Einmal mehr hat sich freilich dabei gezeigt: Generalklauseln, wie sie das BDSG im Übermaß aufweist, sind die denkbar besten Mittel einer Verflüchtigung des Datenschutzes. So lange deshalb der Gesetzgeber nicht die längst fällige Revision seiner Vorgaben vollzogen hat und es zudem unverändert an einem sorgfältig abgestimmten System allgemeiner und bereichsspezifischer Regeln fehlt, kommt es mehr denn je darauf an, die bestehenden rechtlichen Vorgaben so zu interpretieren und anzuwenden, dass der Datenschutz nicht relativiert, sondern gezielt gestärkt und ausgebaut wird.

Auch diesmal hat es Veränderungen bei den Kommentatoren gegeben. Neu hinzugekommen sind Alexander Dix und Thomas Petri. Die Aufgaben der einzelnen Kommentatoren sind zudem teilweise neu verteilt worden. Anne Arendt hat wie bisher den Editionsverlauf ebenso aufmerksam wie kritisch verfolgt. Und wie zuvor hat sie die Kommentierung um das Register und die Literaturliste ergänzt.

Stand der Bearbeitung ist Januar 2006.

Frau Nadja Böhm möchten wir für ihre erneut tatkräftige redaktionelle Mitarbeit danken. Wie immer möchten wir uns schließlich für die zahleichen Hinweise der Leserinnen und Leser bedanken. Sie haben uns geholfen, manche zu kurz gekommene Frage eingehender zu bearbeiten, aber auch wichtige zusätzliche Aspekte neu aufzugreifen.

Frankfurt am Main, im April 2006 *Spiros Simitis*

Inhaltsverzeichnis

Bundesdatenschutzgesetz – Text

Bundesdatenschutzgesetz – Kommentar

Erster Abschnitt: Allgemeine und gemeinsame Bestimmungen

Zweiter Abschnitt: Datenverarbeitung der öffentlichen Stellen

Erster Unterabschnitt: Rechtsgrundlagen der Datenverarbeitung

Vierter Abschnitt: Sondervorschriften

Fünfter Abschnitt: Schlußvorschriften

Sechster Abschnitt: Übergangsvorschriften

Bearbeiterverzeichnis

§ Paragraph	Bearbeiter	Rdnr.
Einleitung	Spiros Simitis	
1	Spiros Simitis Ulrich Dammann Stefan Walz	1-115 116-154, 197-240 155-196
2	Ulrich Dammann Spiros Simitis	1-114 115 ff.
3	Ulrich Dammann Spiros Simitis Johann Bizer	1-211, 223-249 250-265 212-222, 266-271
3 a	Johann Bizer	
4	Stefan Walz Bettina Sokol	1-18 19 ff.
4a-4c	Spiros Simitis	
4d-4e	Thomas B. Petri	
4f-4g	Spiros Simitis	
5	Stefan Walz	
6	Alexander Dix Otto Mallmann	1-25 26 ff.
6a-6c	Johann Bizer	
7-8	Spiros Simitis	
9	Walter Ernestus	
9a	Johann Bizer	
10	Eugen Ehmann	
11	Stefan Walz	
12	Ulrich Dammann	
13	Bettina Sokol	
14-18	Ulrich Dammann	
19-20	Otto Mallmann	
21-26	Ulrich Dammann	
27-28	Spiros Simitis	
29-30	Eugen Ehmann	
31	Ulrich Dammann	
33-35	Alexander Dix	
38	Thomas B. Petri	
38a	Johann Bizer	
39	Ulrich Dammann	

Bearbeiterverzeichnis

§ Paragraph	Bearbeiter	Rdnr.
40	Spiros Simitis	
41-42	Stefan Walz	
43	Eugen Ehmann Ulrich Dammann	1-43, 86-91 44-85
44-46	Ulrich Dammann	
Fundstellen-, Literatur- und Sachverzeichnis	Anne Arendt	

Abkürzungsverzeichnis

Auf die Wiedergabe der gebräuchlichen und bekannten Abkürzungen wird verzichtet.

Abg.	Abgeordneter
ABl.	Amtsblatt
ABl. C	Amtsblatt der Europäischen Gemeinschaften. – Teil C: Mitteilungen und Bekanntmachungen
Abl. L	Amtsblatt der Europäischen Gemeinschaften. – Teil L: Rechtsvorschriften
Absch.	Abschnitt
AcP	Archiv für civilistische Praxis (Zeitschrift)
ADD RP	Aufsichts- und Dienstleistungsdirektion Rheinland-Pfalz
ADV	automatisierte Datenverarbeitung
AfP	Archiv für Presserecht (Zeitschrift)
AGBG	Gesetz zur Regelung des Rechts der allgem. Geschäftsbedingungen
AK-GG	Kommentar zum Grundgesetz für die Bundesrepublik Deutschland (AK-GG)/ Hrsg. Erhard Denninger … – Neuwied: Luchterhand (Loseblatt)
AktG	Aktiengesetz
Anhörung 1974	Datenschutz/Meldegesetz: Aus der öffentlichen Anhörung des Innenausschusses des Deutschen Bundestages vom 6. Mai 1974. Hrsg. v. Dt. Bundestag. – (Zur Sache 5/74)
AnwBl	Anwaltsblatt (Zeitschrift)
AO	Abgabenordnung
AöR	Archiv für öffentliches Recht (Zeitschrift)
AP	Arbeitsrechtliche Praxis: Nachschlagewerk des Bundesarbeitsgerichts/Hueck; Nipperdey; Dietz. – München (Loseblatt)
APIS	Arbeitsdatei PIOS – Innere Sicherheit
ArbG	Arbeitsgericht
ArbGG	Arbeitsgerichtsgesetz
ArbSichG	Arbeitssicherstellungsgesetz
ArchPF	Archiv für Post- u. Fernmeldewesen (Zeitschrift)
ARD	Arbeitsgemeinschaft der öffentlich-rechtlichen Rundfunkanstalten der Bundesrepublik Deutschland
ArztR	Arztrecht (Zeitschrift)
ASiG	Arbeitssicherheitsgesetz
AsylVfG	Asylverfahrensgesetz
AuA	Arbeit und Arbeitsrecht (Zeitschrift)
Auernhammer, BDSG	Bundesdatenschutzgesetz: Kommentar. – Köln
Auernhammer, BDSG'90	Bundesdatenschutzgesetz vom 20. Dezember 1990: Textausgabe mit Einführung, Erläuterungen und Materialien. – Köln, 1991
AuR	Arbeit und Recht (Zeitschrift)
AuslG	Ausländergesetz
AVAD	Auskunftsstelle für den Versicherungsaußendienst
AWV	Ausschuss für wirtschaftliche Verwaltung in Wirtschaft und öffentlicher Hand e.V.
AZO	Arbeitszeitordnung
AZRG	Ausländerzentralregistergesetz
BAföG	Bundesausbildungsförderungsgesetz
BAG	Bundesarbeitsgericht
BAGE	Entscheidungen des Bundesarbeitsgerichts: Amtliche Sammlung
BAnz	Bundesanzeiger (Zeitschrift)
BArchG	Bundesarchivgesetz
BAT	Bundes-Angestelltentarifvertrag
BayDatAufsB	Bericht der Bayrischen Datenaufsichtsbehörde für den nicht-öffentlichen Bereich, Regierung von Mittelfranken
BayDSB	Bayerischer Datenschutzbeauftragter
BayDSG	Bayerisches Datenschutzgesetz
BayKHG	Bayerisches Krankenhausgesetz
BayRG	Bayerisches Rundfunkgesetz
BayVBl.	Bayerische Verwaltungsblätter (Zeitschrift)

BayVerfSchG	Bayerisches Verfassungsschutzgesetz
BayVfGH (N.F.)	Sammlung von Entscheidungen des Bayerischen Verwaltungsgerichtshofs mit Entscheidungen des Bayerischen Verfassungsgerichtshofs
BayVGH	Bayerischer Verwaltungsgerichtshof
BB	Betriebsberater (Zeitschrift)
BBankG	Gesetz über die deutsche Bundesbank
BBDI	Berliner Beauftragte für Datenschutz und Informationsfreiheit
BBesG	Bundesbesoldungsgesetz
BBG	Bundesbeamtengesetz
Bbg DSG	Gesetz zum Schutz personenbezogener Daten im Land Brandenburg (Brandenburgisches Datenschutzgesetz)
BBiG	Berufsbildungsgesetz
bDSB	Betrieblicher oder behörderlicher Datenschutzbeauftragter
BDSG	Bundesdatenschutzgesetz. Gesetz zur Fortentwicklung der Datenverarbeitung und des Datenschutzes vom 20.12.1990; Art. 1.
BDSG 1977	Gesetz zum Schutz vor Missbrauch personenbezogener Daten bei der Datenverarbeitung (Bundesdatenschutzgesetz) vom 27.1.1977
Bek.	Bekanntmachung
Bergmann/Möhrle/Herb	Datenschutzrecht: Handkommentar/ von Lutz Bergmann; Roland Möhrle; Armin Herb. – Stuttgart. (Loseblatt)
BerHessL	Bericht der Landesregierung über die Tätigkeit der für den Datenschutz im nicht-öffentlichen Bereich in Hessen zuständigen Aufsichtbehörden
BerlHG	Berliner Hochschulgesetz
BetrVG	Betriebsverfassungsgesetz
BfD/BfDI	Bundesbeauftragter für den Datenschutz und die Informationsfreiheit
BFH	Bundesfinanzhof
BfV	Bundesamt für Verfassungsschutz
BG	Die Berufsgenossenschaft (Zeitschrift)
BGB	Bürgerliches Gesetzbuch
BGBl.	Bundesgesetzblatt
BGH	Bundesgerichtshof
BGHSt	Sammlung der Entscheidungen des Bundesgerichtshofs in Strafsachen
BGHZ	Sammlung der Entscheidungen des Bundesgerichtshofs in Zivilsachen
BHO	Bundeshaushaltsordnung
BImSchG	Bundesimmissionsschutzgesetz
BK	Bonner Kommentar zum Grundgesetz/ Gesamt Hrsg. Rudolf Dolzer. – Heidelberg (Loseblatt)
BKA	Bundeskriminalamt
BKAG	Gesetz über die Einrichtung eines Bundeskriminalamtes
BKGG	Bundeskindergeldgesetz
BKR	Zeitschrift für Bank- und Kapitalmarktrecht
BlnDSB	s. *BBDI*
BlnDSG	Berliner Datenschutzgesetz
BlnMG	Berliner Meldegesetz
BlStSozArbR	Blätter für Steuer-, Sozial- und Arbeitsrecht (Zeitschrift)
BMA	Bundesminister/ium für Arbeit
BMI	Bundesminister/ium des Inneren
BMinG	Bundesministergesetz
BND	Bundesnachrichtendienst
BNDG	Gesetz über den Bundesnachrichtendienst
BPersVG	Bundespersonalvertretungsgesetz
BPolG	Bundespolizeigesetz
BR-Drs.	Bundesrats-Drucksache
BRAO	Bundesrechtsanwaltsordnung
BrDSG	Bremisches Datenschutzgesetz
BremLPG	Bremisches Landespressegesetz
BrLfD	Bremischer Landesbeauftragter für den Datenschutz
BrPolG	Bremisches Polizeigesetz
BRRG	Beamtenrechtsrahmengesetz
BSG	Bundessozialgericht
BSI	Bundesamt für die Sicherheit der Informationstechnik

BSIG	Gesetz zur Einrichtung des Bundesamts für die Sicherheit der Informationstechnik
BStatG	Gesetz über die Statistik für Bundeszwecke (Bundesstatistikgesetz)
BStBl	Bundessteuerblatt
BT-Drs.	Bundestags-Drucksache
BT-InnA	Bundestag-Innenausschuss
Btx	Bildschirmtext
BtxStV	Bildschirmtext-Staatsvertrag
BVerfG	Bundesverfassungsgericht
BVerfGE	Amtliche Sammlung der Entscheidungen des Bundesverfassungsgerichts
BVerfGG	Bundesverfassungsgerichtsgesetz
BVerfSchG	Bundesverfassungsschutzgesetz
BVerwG	Bundesverwaltungsgericht
BVerwGE	Sammlung der Entscheidungen des Bundesverwaltungsgerichts
BVwVfG	Bundesverwaltungsverfahrensgesetz
BVwVG	Bundesverwaltungsvollstreckungsgesetz
BW	Baden-Württemberg
BWHinwBDSG	Hinweis für die private Wirtschaft zum Bundesdatenschutzgesetz und zum Bildschirmtext-Staatsvertrag. Hrsg. vom Innenministerium Baden-Württemberg
BW-IM TB	Baden-Württemberg: Tätigkeitsbericht des Innenministeriums als Aufsichtsbehörde für den Datenschutz im nicht-öffentlichen Bereich vom 31.7.1985; 1/2001; 2/2003; 3/2005
BWG	Bundeswahlgesetz
BWO	Bundeswahlordnung
BWV	Bundeswehrverwaltung (Zeitschrift)
BZR	Bundeszentralregister
BZRG	Bundeszentralregistergesetz
CD-ROM	compact disk – read only memory
CF	Computer-Fachwissen (Zeitschrift)
CI	Computerrecht intern (ab 2001 IT-Rechtberater) (Zeitschrift)
CNIL	Commission Nationale de l'Informatique et des Libertes
CoE	Council of Europe
ComHdB	Computerrechts-Handbuch: Computertechnologie in der Rechts- und Wirtschaftspraxis / Hrsg. von Wolfgang Kilian und Benno Heussen. – München (Loseblatt)
CR	Computer und Recht (Zeitschrift)
CW	Computerwoche (Zeitschrift)
Däubler, Gläserne Belegschaften	Gläserne Belegschaften?: Datenschutz in Betrieb und Dienststelle / von Wolfgang Däubler. – Frankfurt
DAFTA	Datenschutzfachtagung (Jahr)/ Hrsg.: Gesellschaft für Datenschutz und Datensicherung. – Köln, Bonn
DANA	Datenschutz-Nachrichten (Zeitschrift)
DAngVers	Die Angestelltenversicherung (Zeitschrift)
DAR	Deutsches Autorecht (Zeitschrift)
DATEV	Datenverarbeitungsorganisation der steuerberatenden Berufe in der Bundesrepublik Deutschland e.G.
DAVorm	Der Amtsvormund (Zeitschrift)
DB	Der Betrieb (Zeitschrift)
DBW	Die Betriebswirtschaft (Zeitschrift)
DDV	Deutscher Direktmarketing Verband e.V.
DEVO	Datenerfassungs-Verordnung
Die AG	Die Aktiengesellschaft (Zeitschrift)
Dietz/Richardi, BPersVG	Bundespersonalvertretungsgesetz: Kommentar / von Rolf Dietz und Reinhard Richardi. – München
DIHT	Deutscher Industrie- und Handelstag
DJT	Deutscher Juristentag
DKK-Bearb.	Betriebsverfassungsgesetz: Kommentar für die Praxis / Wolfgang Däubler; Michael Kittner; Thomas Klebe. – Frankfurt am Main
Dörr/Schmidt	BDSG – Neues Bundesdatenschutzgesetz: Handkommentar; Die Arbeitshilfe für Wirtschaft und Verwaltung / Erwin Dörr; Schmidt. – Köln
DÖD	Der öffentliche Dienst
DÖV	Die öffentliche Verwaltung (Zeitschrift)

Dok.	Simitis/ Dammann/ Mallmann/ Reh: Dokumentation zum Bundesdatenschutzgesetz: Bund – Länder – Kirchen – Ausland und Internationales; Rechts- und Verwaltungsvorschriften; Entscheidungssammlung; Beschlüsse der Datenschutzaufsichtsinstanzen. – Baden-Baden. (Loseblatt)
Dorer/Mainusch/ Tubies, BStatG	Bundesstatistikgesetz: Kommentar/ von Peter Dorer; Helmut Mainusch; Helga Tubies. – München
DRiG	Deutsches Richtergesetz
DRiZ	Deutsche Richter-Zeitung
DRV	Deutsche Rentenversicherung (Zeitschrift)
DSB	Datenschutz-Berater (Zeitschrift)
DSB	Datenschutzbeauftragter (Land; behördlicher/betrieblicher …)
DSBK	Konferenz der Datenschutzbeauftragten der Länder und des Bundes
DSG LSA	Gesetz zum Schutz personenbezogener Daten der Bürger (Sachsen-Anhalt)
DSG MV	Gesetz zum Schutz der Bürger beim Umgang mit seinen Daten (Landesdatenschutzgesetz von Mecklenburg-Vorpommern)
DSG NW	Gesetz zum Schutz personenbezogener Daten (Datenschutzgesetz Nordrhein-Westfalen)
DSK	Datenschutzkommission
DSWR	Datenverarbeitung in Steuer, Wirtschaft und Recht (Zeitschrift)
DtZ	Deutsch-Deutsche Rechts-Zeitschrift (Zeitschrift)
DuD	Datenschutz und Datensicherung (Zeitschrift)
DÜVO	Datenübermittlungsverordnung
DuR	Demokratie und Recht (Zeitschrift)
DVBl.	Deutsches Verwaltungsblatt (Zeitschrift)
DVD	Deutsche Vereinigung für Datenschutz e.V. – Bonn
DVP	Deutsche Verwaltungspraxis (Zeitschrift)
DVR	Datenverarbeitung im Recht (Zeitschrift)
EBLR	European Business Law Review (Zeitschrift)
EDPS	European Data Protection Supervisor
EDV-Recht	EDV-Recht/ hrsg. von Burhenne/ Perband. – Berlin. (Loseblatt)
EFG	Entscheidungen der Finanzgerichte (Zeitschrift)
EGGVG	Einführungsgesetz zum Gerichtsverfassungsgesetz
EGMR	Europäischer Gerichtshof für Menschenrechte
EGV	Vertrag zur Gründung der Europäischen Gemeinschaft
E-LSG	Entscheidungssammlung der Landessozialgerichte
EMRK	Konvention zum Schutz der Menschenrechte und Grundfreiheiten
ErfK/Bearb.	Erfurter Kommentar zum Arbeitsrecht/ Hrsg. Thomas Dieterich; Peter Hanau; Günter Schaub. – München
Ermann/Westermann, BGB	Handkommentar zum Bürgerlichen Gesetzbuch/ W. Ermann; Harm Peter Westerman. – Münster
EStG	Einkommensteuergesetz
EU DS	Datenschutz in der Europäischen Gemeinschaft: Gesetzessammlung/ Spiros Simitis; Ulrich Dammann (Hrsg.). – Baden-Baden (ger./eng./fre.) (Loseblatt)
EuGH	Gerichtshof der Europäischen Gemeinschaft
EuGrZ	Europäische Grundrechte (Zeitschrift)
EuR	Europarecht (Zeitschrift)
EuZW	Europäische Zeitschrift für Wirtschaftsrecht
EWiR	Entscheidungen zum Wirtschaftsrecht (Zeitschrift)
EWR	Europäischer Wirtschaftsraum
Eyermann, VwGO	Verwaltungsgerichtsordnung: Kommentar/ Erich Eyermann; Ludwig Fröhler u.a. – München
EzA	Entscheidungssammlung zum Arbeitsrecht/ hrsg. von E. Stahlhacke. – Neuwied. (Loseblatt)
EZAR	Entscheidungssammlung zum Ausländer- und Asylrecht/M. Wollenschläger; W. Weickhardt; G. Renner. – Baden-Baden. (Loseblatt)
EzDat	Entscheidungssammlung zum Datenschutzrecht/ hrsg. von Peter Lichtenberg und Sebastian Gilcher. – Neuwied. (Loseblatt)
FamRZ	Zeitschrift für das gesamte Familienrecht
FGG	Gesetz über die Angelegenheiten der freiwilligen Gerichtsbarkeit
FGO	Finanzgerichtsordnung

FESTL	Betriebsverfassungsgesetz mit Wahlordnung: Handkommentar/ von Gerd Engels; Ingrid Schmidt; Yvonne Trebinger; Wolfgang Linsenmaier. – München
FLF	Finanzierung Leasing Factoring (Zeitschrift)
FPR	Familie, Partnerschaft, Recht (Zeitschrift)
FRV	Fahrzeugregisterverordnung
FS	Festschrift, Festgabe
FuR	Film und Recht (Zeitschrift), *s. ZUM*
FVG	Finanzverwaltungsgesetz
G 10	Gesetz zur Beschränkung des Brief-, Post- und Fernmeldegeheimnisses (Gesetz zu Artikel 10 Grundgesetz)
GA	Goltdammer's Archiv für Strafrecht
Gagel, SGB III	SGB III – Arbeitsförderungsgesetz: Kommentar/ von Alexander Gagel u.a. – München (Loseblatt)
Gallwas/Bearb., BDSG	Datenschutzrecht: Kommentar und Vorschriftensammlung/ bearb. von Hans-Ulrich Gallwas; H. Geiger; J. Schneider; J. Schwappach; J. Schweinoch. – Stuttgart (Loseblatt)
GBA	Generalbundesanwalt
GBl.	Gesetzblatt
GBO	Grundbuchordnung
GDD	Gesellschaft für Datenschutz und Datensicherung e.V.
GDD-Dokumentation	Schriftenreihe der Gesellschaft für Datenschutz und Datensicherung
GenG	Genossenschaftsgesetz
GenTG	Gentechnikgesetz
GeschOBReg	Geschäftsordnung der Bundesregierung
GesR	GesundheitsRecht (Zeitschrift)
GewArch	Gewerbe-Archiv, Zeitschrift für Gewerbe- und Wirtschaftsverwaltungsrecht (Zeitschrift)
GewMH	Gewerkschaftliche Monatshefte (Zeitschrift)
GewO	Gewerbeordnung
GewStG	Gewerbesteuergesetz
GEZ	Gebühreneinzugszentrale der öffentlich-rechtlichen Rundfunkanstalten
GG	Grundgesetz
GGO	Gemeinsame Geschäftsordnung der Bundesministerien
GH II/Wolf A 30	Das Recht der Europäischen Union/ hrsg. von Eberhard Grabitz und Meinhard Hilf. – Bd. II Sekundärrecht/ hrsg. von Manfred Wolf. – Teil A: EG – Verbraucher- und Datenschutzrecht. – 30. Richtlinie 95/46/EG zum Schutz natürlicher Personen bei der Verarbeitung personenbezogener Daten und zum freien Datenverkehr: Kommentar von Ulf Brühann. – München (Loseblatt)
GK-BetrVG/Bearb.	Betriebsverfassungsgesetz: Gemeinschaftskommentar/ von Fritz Fabricius u.a. – Neuwied
GK-SGB X 1/Bearb.	Krause, P.; A. Mutius; F. Schnapp: Gemeinschaftskommentar zum Sozialgesetzbuch: Verwaltungsverfahren. – Neuwied
GK-SGB X 2/Bearb.	Borchert, G.; F. Hase; St.Walz: Gemeinschaftskommentar zum Sozialgesetzbuch: Schutz der Sozialdaten. – Neuwied
GK-SGB X 3/Bearb.	Maydell, B. v.; W. Schellhorn: Gemeinschaftskommentar zum Sozialgesetzbuch: Zusammenarbeit der Leistungsträger u. ihre Beziehungen zu Dritten. – Neuwied
GmbHG	Gesetz betreffend die Gesellschaften mit beschränkter Haftung
GMBl.	Gemeinsames Ministerialblatt
GMD	Gesellschaft für Mathematik und Datenverarbeitung m.b.H.
Gola/Schomerus, BDSG	Bundesdatenschutzgesetz/ Begr. von Hans J. Ordemann, fortgef. von Peter Gola und Rudolf Schomerus. – München
Gola/Wronka, Handbuch	Handbuch zum Arbeitnehmerdatenschutz: Rechtsfragen und Handlungshilfen für die betriebliche Praxis/ Peter Gola; Georg Wronka. – Köln
GPS	Global Positioning System
Grell, LDSG BW	Landesdatenschutzgesetz für Baden-Württemberg: Kommentar/ Rainer Grell. – Stuttgart, 1980
GRG	Gesundheitsreformgesetz
GrS	Großer Senat
GRUR	Gewerblicher Rechtsschutz und Urheberrecht (Zeitschrift)
GSG	Gesundheitsstrukturgesetz

GVBl.	Gesetz- und Verordnungsblatt
GVG	Gerichtsverfassunggesetz
HdbGG	Handbuch der Grundrechte in Deutschland/ hrsg. von D. Merten und H-J. Papier. – Bd. 1: Entwicklungen und Grundlagen. – Heidelberg
HdbStR V	Handbuch des Staatsrechts der Bundesrepublik Deutschland/ hrsg. von Josef Isensee … . – Teil: 5. Allgemeine Grundrechtslehren. – Heidelberg: 2000
HdbStR VI	Handbuch des Staatsrecht der Bundesrepublik Deutschland/ hrsg. von J. Isensee und P. Kirchhof. – Band 6: Freiheitsrechte. – Heidelberg
HdbVerf.	Handbuch des Verfassungsrechts der Bundesrepublik Deutschland: Grundlagen der verfassungsmäßigen Ordnung und verfassungspolitischen Problembereiche/ hrsg. von Ernst Benda; Werner Maihofer; Hans Vogel. – Berlin
HDSB	Hessischer Datenschutzbeauftragter
HDSG	Hessisches Datenschutzgesetz
HessStAnz.	Hessischer Staatsanzeiger
HFR	Höchrichterliche Finanzrechtsprechung
HGB	Handelsgesetzbuch
HKHG	Hessisches Krankenhausgesetz
HLStatG	Hessisches Landesstatistikgesetz
HmbDSB	Hamburgische(r) Datenschutzbeauftragter
HmbDSG	Hamburgisches Datenschutzgesetz
HmbMG	Hamburgisches Meldegesetz
HMG	Hessisches Meldegesetz
Hoyningen-Huene, KSchG	Kündigungsschutzgesetz: Kommentar/ begr. von Alfred Hueck; von Gerick von Hoyningen-Huene und Rüdiger Linck. – München
HSOG	Hessisches Sicherheits- und Ordnungsgesetz
HStatG	Hochschulstatistikgesetz
Hübschmann/Hepp/ Spitaler, AO	Kommentar zu Abgabenordnung und Finanzgerichtsordnung/ Walter Hübschmann; Ernst Hepp; Armin Spitaler. – Köln (Loseblatt)
IFG	Informationsfreiheitsgesetz
IfSG	Infektionsschutzgesetz
IKPO	Internationale kriminalpolizeiliche Organisation
ILO	International Labour Organization (Internationale Arbeitsorganisation)
i.V.m.	in Verbindung mit
INF	Die Information über Steuer und Wirtschaft (Zeitschrift)
InfAusR	Informationsbrief Ausländerrecht (Zeitschrift)
info also	Informationen zum Arbeitslosenrecht und Sozialhilferecht (Zeitschrift)
Informationsgesellschaft I	Informationsgesellschaft oder Überwachungsstaat: Strategien z. Wahrung der Freiheitsrechte im Computerzeitalter; Symposium der Hessischen Landesregierung. – Wiesbaden, 1984
Informationsgesellschaft II	Informationsgesellschaft oder Überwachungsstaat: Strategien z. Wahrung der Freiheitsrechte im Computerzeitalter; Protokoll; Symposium der Hessischen Landesregierung. – Wiesbaden, 1984
INPOL	Informationssystem der Polizei
InsO	Insolvenzordnung
IÖD	Informationsdienst Öffentliches Dienstrecht (Zeitschrift)
IPR	Internationales Privatrecht
IuKDG	Informations- und Kommunikationsdienstegesetz
IuR	Informatik und Recht (Zeitschrift, 1986-88)
IWB	Internationale Wirtschaftsbriefe (Zeitschrift)
JA	Juristische Arbeitsblätter (Zeitschrift)
Jarass/Pieroth, GG	Grundgesetz für die Bundesrepublik Deutschland: Kommentar/ von Hans D. Jarass und Bodo Pieroth. – München,
JArbSchG	Jugendarbeitsschutzgesetz
JB	Jahresbericht
JGG	Jugendgerichtsgesetz
JMBl.	Justizministerialblatt
JR	Juristische Rundschau (Zeitschrift)
JuMiG	Justizmitteilungsgesetz
Jurimetrics J.	Jurimetrics Journal
JuS	Juristische Schulung (Zeitschrift)
JWG	Jugendwohlfahrtsgesetz, *s. KJHG*

JZ	Juristenzeitung
k.A.	keine Angaben
Kaase, Datenzugang	Datenzugang und Datenschutz: Konsequenzen für die Forschung/ hrsg. von M. Kaase; Krupp; Pflanz; Scheuch; Simitis. – Frankfurt am Main
KAG	Kommunalabgabengesetz
KAN	Kriminalaktennachweis
Kasseler Handbuch/ Bearb.	Kasseler Handbuch zum Arbeitsrecht/hrsg. von W. Leinemann. – Neuwied
KBA	Kraftfahrtbundesamt
KBV	Kassenärztliche Bundesvereinigung
KDO	Anordnung über den kirchlichen Datenschutz
KDZ	Kommunale Datenverarbeitungszentrale
KG	Kammergericht
KGRZ	Kommunales Gebietsrechenzentrum
KGSt	Kommunale Gemeinschaftsstelle für Verwaltungsvereinfachung
KHDSG	Krankenhausdatenschutzgesetz
KirchE	Entscheidungen in Kirchensachen
KJ	Kritische Justiz (Zeitschrift)
KJHG	Kinder- und Jugendhilfegesetz (SGB VIII)
Kleinknecht/Meyer-Gossner, StPO	Strafprozessordnung, Gerichtsverfassungsgesetz .../ Theodor Kleinknecht und Lutz Meyer-Goßner. – München,
KMR	Kommentar zur Strafprozessordnung/ hrsg. von H. Müller; W. Sax; R. Paulus. – Neuwied (Loseblatt)
Knack, VwVfG	Verwaltungsverfahrensgesetz: Kommentar/ von J. D. Busch; W. Claussen; H.-G. Hennekke; W. Klappstein. Begr. v. Hans Joachim Knack. – Köln
KO	Konkursordnung
KörpStG	Körperschaftssteuergesetz
KOM	Dokument der EG-Kommission
Komm.	Kommentierung; Kommentar
Kopp/Ramsauer, VwVfG	Verwaltungsverfahrensgesetz: Erläuterungen/ begr. von Ferdinand Kopp, fortgef. von Ulrich Ramsauer. – München
Kopp/Schenke, VwGO	Verwaltungsgerichtsordnung: Kommentar/ Ferdinand Kopp;/ Wolf R. Schenke. – München
Korff, Implementation	Korff, Douwe: EC study on implementation of Data Protection Directive
KostO	Kostenordnung
KpS	Kriminalpolizeiliche Sammlungen
KritV	Kritische Vierteljahresschrift für Gesetzgebung und Rechtswissenschaft (Zeitschrift)
KSchG	Kündigungsschutzgesetz
KUG	Gesetz betreffend das Urheberrecht an Werken der bildenden Künste und der Photographie
K&R	Kommunikation und Recht (Zeitschrift)
Kuner, Online Business	European data privacy law and online business/ Christopher Kuner. – Oxford
Kutzmann, LDatG RhPf	Landesdatenschutzgesetz Rheinland-Pfalz: Kommentar/ Thomas Kutzmann. – Köln
KV	Kassenärztliche Vereinigung
KVÄndg= KVÄG	Krankenversicherungsänderungsgesetz
KVNG	Krankenversicherungs-Neuregelungsgesetz
KWG	Gesetz über das Kreditwesen
LAG	Landesarbeitsgericht
LAN	Local Area Network
LArchG	Landesarchivgesetz
LBG NW	Landesbeamtengesetz Nordrhein-Westfalen
LDA	Der Landesbeauftragte für den Datenschutz und das Recht auf Akteneinsicht, Brandenburg
LDatG RhPf	Landesdatenschutzgesetz Rheinland-Pfalz
LDI NW	Landesbeauftragte für Datenschutz und Informationsfreiheit Nordrhein-Westfalen
LDSG	Landesdatenschutzgesetz/ -gesetze
LDSG BW	Landesdatenschutzgesetz Baden Württemberg

LDSG SH	Schleswig-Holsteinisches Gesetz zum Schutz personenbezogener Informationen (Landesdatenschutzgesetz)
LfD/Abk. Land	Landesbeauftragte für den Datenschutz, *s.a. BBDI, LDA, LDI, ULD;*
LfD NW	*s. LDI*
LfV	Landesamt für Verfassungsschutz
LG	Landgericht
LKA	Landeskriminalamt
LM	Nachschlagewerk des Bundesgerichtshofs/ hrsg. von Lindenmaier; Möhring u.a. – München (Loseblatt)
LMG	Landesmeldegesetz (Land)
Löwisch/Rieble, TVG	Tarifvertragsgesetz: Kommentar/ von Manfred Löwisch und Volker Rieble. – München
LOG NRW	Landesorganisationsgesetz Nordrhein-Westfalen
Lorenzen/Haas/ Schmidt, BPersVG	Bundespersonalvertretungsgesetz: Kommentar/ von Uwe Lorenzen; M. Haas; L. Schmidt. – Heidelberg (Loseblatt)
LReg	Landesregierung
LReg NRW	Datenschutz im nicht-öffentlichen Bereich: Bericht der Landesregierung über die Tätigkeit der für den … zuständigen Aufsichtsbehörden an den Landtag Nordrhein-Westfalen / Hrsg. v. Innenministerium. – Düsseldorf
LSG	Landessozialgericht
LT-Drs.	Landtags-Drucksache
MAD	Militärischer Abschirmdienst
MADG	Gesetz über den Militärischen Abschirmdienst
Maunz-Dürig, GG	Grundgesetz: Kommentar/ von Th. Maunz; G. Dürig; R. Herzog; R. Scholz; P. Lerche; H.-J. Papier; A. Randelholzer; E. Schmidt-Assmann. – München (Loseblatt)
MDR	Monatschrift für Deutsches Recht (Zeitschrift)
MDR-StV	Staatsvertrag über den Mitteldeutschen Rundfunk
MDStV	Mediendienste-Staatsvertrag
MedR	Medizinrecht (Zeitschrift)
MeldeGBay	Bayerisches Gesetz über das Meldewesen
Meyer/Borgs-Maciejewski, VwVfG	Kommentar zum Verwaltungsverfahrensgesetz/ H. Meyer; H. Borgs-Maciejewski. – Frankfurt
Meyer/Stolleis, HessStVwR	Staats- und Verwaltungsrecht für Hessen/ Hans Meyer; Michael Stolleis (Hrsg.). – Baden-Baden
MGBr	Bremisches Gesetz über das Meldewesen
MGBW	Meldegesetz von Baden-Württemberg
MGNW	Meldegesetz für das Land Nordrhein-Westfalen
MGRP	Meldegesetz des Landes Rheinland-Pfalz
MGSa	Meldegesetz des Saarlandes
MHG	Gesetz zur Regelung der Miethöhe
MinBl.	Ministerialblatt
MiStra	Mitteilungen in Strafsachen
Mitb.	Die Mitbestimmung (Zeitschrift)
MittBayNot	Mitteilungen des Bayerischen Notarvereins
MiZi	Mitteilungen in Zivilsachen
MM	Mietrechtliche Mitteilungen: Fachorgan des Berliner Mietervereins
MMR	Multi Media und Recht (Zeitschrift)
MRRG	Melderechtsrahmengesetz
MTB II	Manteltarifvertrag für Arbeiter des Bundes
MünchArbR/Bearb.	Münchener Handbuch zum Arbeitsrecht/ hrsg. von Reinhard Richardi; Otfried Wlotzke – München
Münch, GG	Grundgesetz: Kommentar; Nachschlagewerk zu allen wichtigen Fragen des Grundgesetzes/ hrsg. von Ingo von Münch. – München
MünchKomm/Bearb.	Münchener Kommentar zum BGB/ hrsg. v. K. Rebmann; F. Säcker. – München
MVO	Meldeverordnung
NADIS	Nachrichtendienstliches Informationssystem
NCCCD	National Center of Computer Crime Data
NDBZ	Neue Deutsche Beamtenzeitung
NDR-StV	Staatsvertrag über den Norddeutschen Rundfunk
NDSG	Niedersächsisches Datenschutzgesetz

NDV	Nachrichtendienst des Deutschen Vereins für öffentliche und private Fürsorge (Zeitschrift)
NJ	Neue Justiz (Zeitschrift)
NJW	Neue Juristische Wochenschrift (Zeitschrift)
NJW-CoR	Computerreport der NJW (Zeitschrift)
NJW-RR	NJW-Rechtsprechungsreport, Zivilrecht (Zeitschrift)
NRW	Nordhein-Westfalen
NStZ	Neue Zeitschrift für Strafrecht (Zeitschrift)
Nungesser, HDSG	Hessisches Datenschutzgesetz: Kommentar für die Praxis/ von Jochen Nungesser. – Mainz
NuR	Natur und Recht (Zeitschrift)
NWB	Neue Wirtschafts-Briefe für Steuer- und Wirtschaftsrecht (Zeitschrift)
NVwZ	Neue Zeitschrift für Verwaltungsrecht (Zeitschrift)
NWVBl.	Nordrhein-Westfälische Verwaltungsblätter
NZA	Neue Zeitschrift für Arbeitsrecht (Zeitschrift)
NZA-RR	NZA-Rechtsprechungsreport Arbeitsrecht (Zeitschrift)
NZG	Neue Zeitschrift für Gesellschaftsrecht
NZS	Neue Zeitschrift für Sozialrecht (Zeitschrift)
Obermayer, BVwVfG	Kommentar zum Verwaltungsverfahrensgesetz/ Klaus Obermayer. – Neuwied
OCR	Optical Character Recognition
OECD	Organisation für wirtschaftliche Zusammenarbeit und Entwicklung
ÖVD	Öffentliche Verwaltung und Datenverarbeitung (Zeitschrift)
OLG	Oberlandesgericht
OVG	Oberverwaltungsgericht
OVGE	Entscheidungen des Oberverwaltungsgerichts
OVGNW	Oberverwaltungsgericht Nordrhein-Westfalen
OWiG	Gesetz über Ordnungswidrigkeiten
Paland/Bearb., BGB	Bürgerliches Gesetzbuch. – Kommentar. – München
ParlStG	Gesetz über die Rechtsverhältnisse der parlamentarischen Staatsekretäre
PaßG	Passgesetz
PAuswG	Personalausweisgesetz
PBefG	Personenbeförderungsgesetz
PDA	Personal Digital Assistant
PersR	Der Personalrat (Zeitschrift)
PersV	Die Personalvertretung (Zeitschrift)
PET	Privacy Enhancing Technology
PflVG	Pflichtversicherungsgesetz
PIN	Personal Identification Number
PIOS	Datei: Personen, Institutionen, Objekte und Sachen
PIS	Personalinformationssystem
PKZ	Personenkennzeichen
PL&B	Privacy laws & business international newsletter
PolG	Polizeigesetz
PolGNW	Polizeigesetz Nordrhein Westfalen
PolGRhPf	Polizeigesetz Rheinland Pfalz
POS	Point of Sales
PresseRRG-E	Presserechtsrahmengesetz-Entwurf
PStG	Personenstandsgesetz
RabelsZ	Rabels Zeitschrift für ausländisches und internationales Privatrecht (Zeitschrift)
RBeratG	Gesetz zur Verhütung von Missbräuchen auf dem Gebiet der Rechtsberatung
RdErl.	Runderlass
RDV	Recht der Datenverarbeitung (Zeitschrift)
RechtsVO	Rechtsverordnung
RefE	Referentenentwurf
RegE	Regierungsentwurf
RGBl.	Reichsgesetzblatt
RGSt	Entscheidungen des Reichsgerichts in Strafsachen
RGZ	Amtliche Sammlung der Entscheidungen des Reichsgerichts in Zivilsachen
RiA	Das Recht im Amt (Zeitschrift)
Richardi/Bearb., BetrVG	Betriebsverfassungsgesetz mit Wahlordnung: Kommentar/ hrsg. von Reinhard Richardi. – München. (Vormals: Dietz/Richardi, BetrVG)

RIW/AWD	Recht der internationalen Wirtschaft/ Außenwirtschaftsdienst des Betriebs-Beraters (Zeitschrift)
Roßnagel/Bearb., Hdb.	Handbuch Datenschutzrecht/ hrsg. von Alexander Roßnagel. – München
Rspr.	Rechtsprechung
RStV	Rundfunkstaatsvertrag
Rüpke, Freie Advokatur	Freie Advokatur, anwaltliche Informationsverarbeitung und Datenschutzrecht: berufs- und verfassungsrechtliche Aspekte/ Giselher Rüpke. – München.
RuP	Recht und Politik (Zeitschrift)
RVO	Reichsversicherungsordnung
SaarlDSB	Saarländische(r) Datenschutzbeauftragte(r)
Sachs GG	Grundgesetz: Kommentar/ hrsg. von Michael Sachs. Bearb. v. Ulrich Battis. – München
SächsDSG	Gesetz zum Schutz der informationellen Selbstbestimmung im Freistaat Sachsen (Sächsisches Datenschutzgesetz)
Schaffland/Wiltfang, BDSG	Bundesdatenschutzgesetz: Kommentar/ H. Schaffland; N. Wiltfang. – Berlin (Loseblatt)
Schild, HDSG	Hessisches Datenschutzgesetz: Kommentar – Wiesbaden. (vormals: Demke/ Schild, HDSG) (Loseblatt)
Schönke/Schröder, StGB	Strafgesetzbuch: Kommentar/ bearb. von Theodor Lenckner; Peter Cramer; Albin Eser; Walter Stree. – München
SCHUFA	Schutzgemeinschaft für allgemeine Kreditsicherung
SchwBG	Schwerbehindertengesetz
Schweinoch, BayDSG	Bayerisches Datenschutzgesetz: Kommentar/ von J. Schweinoch; H. Geiger; K. Weigert. – Köln
SDSG	Saarländisches Datenschutzgesetz
Sec.	Section
SG	Sozialgericht
SGB	Sozialgesetzbuch
SGG	Sozialgerichtsgesetz
SKHG	Saarländisches Krankenhausgesetz
Slg.	Sammlung der Entscheidungen des Europäischen Gerichtshofes
SozSich	Soziale Sicherheit (Zeitschrift)
SPolG	Saarländisches Polizeigesetz
Stähler, DSG NW	Datenschutzgesetz Nordrhein-Westfalen: Kommentar. – Köln
Stange, Datenschutz	Datenschutz: Recht und Praxis. Ein Leitfaden für den öffentlichen Dienst in Bund und Ländern/ von Hans-Joachim Stange. – Bonn
StAnz.	Staatsanzeiger
StBerG	Steuerberatungsgesetz
StE	Steuereildienst (Zeitschrift)
Sten.Ber.	Stenographische Berichte
StGB	Strafgesetzbuch
StPO	Strafprozessordnung
str.	streitig
StUG	Stasi-Unterlagen-Gesetz
StV	Staatsvertrag; Der Strafverteidiger (Zeitschrift)
StVG	Straßenverkehrsgesetz
StVO	Straßenverkehrsordnung
StVZO	Straßenverkehrszulassungsordnung
TB	Tätigkeitsbericht
TDDSG	Teledienstedatenschutzgesetz
TDR	Transnational Data Report (Zeitschrift)
TDSV	Telekommunikations-Datenschutzverordnung
Temex	Telemetric Exchange
ThürDSG	Thüringer Datenschutzgesetz
Tinnefeld/Ehmann/Gerling, Datenschutzrecht	Einführung in das Datenschutzrecht/ Marie Theres Tinnefeld; Eugen Ehmann; Rainer W. Gerling. – München; Wien
TKG	Telekommunikationsgesetz
TKMR	Telekommunikation & Medienrecht (Zeitschrift)
TKO	Telekommunikationsordnung
Tröndle/Fischer, StGB	Strafgesetzbuch und Nebengesetze/ von Herbert Tröndle; Thomas Fischer. – München

TVG	Tarifvertragsgesetz
U.Penn.L.Rev.	University of Pennsylvania Law Review
UFITA	Archiv für Urhber, Film, Funk- und Theaterrecht (Zeitschrift)
ULD SH	Unabhängiges Landeszentrum für Datenschutz Schleswig-Holstein
UmweltHG	Umwelthaftungsgesetz
UmwG	Gesetz über die Umwandlung von Kapitalgesellschaften und bergrechtlichen Gewerkschaften (Umwandlungsgesetz)
Ungnade, Datenschutz	Datenschutz im Kreditgewerbe/von Dieter Ungnade. – Frankfurt am Main
UPR	Umwelt und Planungsrecht (Zeitschrift)
UStG	Umsatzsteuergesetz
UVPG	Gesetz über die Umweltverträglichkeitsprüfung
UWG	Gesetz gegen den unlauteren Wettbewerb
VAG	Versicherungsaufsichtgesetz
VerBAV	Veröffentlichungen des Bundesaufsichtsamtes für das Versicherungswesen
VerfSchG	Gesetz ü. d. Zusammenarbeit d. Bundes und der Länder in Angelegenheiten des Verfassungsschutzes vom 27.9.1950
VerglO	Vergleichsordnung
VersMed	Versicherungsmedizin (Zeitschrift)
VersR	Versicherungsrecht (Zeitschrift)
VerwArch	Verwaltungsarchiv (Zeitschrift)
VG	Verwaltungsgericht
VGH	Verwaltungsgerichtshof
VOBl.	Verordnungsblatt
Vollzbek.	Vollzugsbekanntmachung (Bayern)
Vorb.	Vorbemerkung/en
VR	Verwaltungsrundschau (Zeitschrift)
VRS	Verkehrsrechtssammlung (Zeitschrift)
VSSR	Vierteljahresschrift für Sozialrecht (Zeitschrift)
VV	Verwaltungsvorschriften
VVDStRL	Veröffentlichungen der Vereinigung der Deutschen Staatsrechtslehrer
VVG	Gesetz über den Versicherungsvertrag
VwGO	Verwaltungsgerichtsordnung
VwKostG	Verwaltungskostengesetz
VwVfG	Verwaltungsverfahrensgesetz
VZG	Volkszählungsgesetz
VZR	Verkehrszentralregister
WDR-G	Gesetz über den Westdeutschen Rundfunk
Weyer DSG NW	Datenschutzgesetz Nordrhein-Westfalen: Kommentar/ Heinrich Weyer. – Essen
WHG	Wasserhaushaltsgesetz
Wilde/Ehmann, BayDSG	Bayerisches Datenschutzgesetz: Kommentar und Handbuch für Datenschutz-verantwortliche / von Christian P. Wilde; Eugen Ehmann; Marcus Niese; … – München (Loseblatt)
WiVerw	Wirtschaft und Verwaltung (Zeitschrift)
WM	Wertpapier-Mitteilungen (Zeitschrift)
WoGG	Wohngeldgesetz
Wohlgemuth, Datenschutz	Datenschutz für Arbeitnehmer: eine systematische Darstellung. – Neuwied
Wolff/Bachoff	Verwaltungsrecht. – München.
WpflG	Wehrpflichtgesetz
WPO	Wirtschaftsprüferordnung
Wronka, BDSG	Erläuterungen zum Bundesdatenschutzgesetz. – in: Das Deutsche Bundesrecht – Baden-Baden
Wronka/Hörle, BDSG	Bundesdatenschutzgesetz: Auswirkungen auf Werbung und Presse/ von Georg Wronka; Steffen Hörle. – Bonn
WRP	Wettbewerb in Recht und Praxis (Zeitschrift)
WRV	Weimarer Reichverfassung
WuB	Entscheidungssammlung zum Wirtschafts- und Bankrecht; in Wertpapier-Mitteilungen
WÜD	Wiener Übereinkommen vom 18. April 1961 über diplomatische Beziehungen
WÜK	Wiener Übereinkommen über konsularische Beziehungen
WuM	Wohnungswirtschaft und Mietrecht (Zeitschrift)
WV	Weimarer Verfassung

WzS	Wege zur Sozialversicherung (Zeitschrift)
ZAR	Zeitschrift für Ausländerrecht und Ausländerpolitik
ZBR	Zeitschrift für Beamtenrecht
ZBVR	Zeitschrift für Betriebsverfassungsrecht
ZDG	Zivildienstgesetz
ZEVIS	Zentrales Verkehrs-Informations-System
ZevKR	Zeitschrift für evangelisches Kirchenrecht
ZfA	Zeitschrift für Arbeitsrecht
ZfF	Zeitschrift für Fürsorgewesen
ZfI	Zeitschrift für Immobilienrecht
ZfJ	Zentralblatt für Jugendrecht (Zeitschrift)
ZfPR	Zeitschrift für Personalvertretungsrecht
ZfSH/SGB	Zeitschrift für Sozialhilfe und Sozialgesetzbuch
ZfStrVo	Zeitschrift für Strafvollzug und Straffälligenhilfe
ZfZ	Zeitschrift für Zölle und Verbrauchsteuern
ZgesVersW	Zeitschrift für die gesamte Versicherungswissenschaft
ZGR	Zeitschrift für Unternehmens- und Gesellschaftsrecht
ZHR	Zeitschrift für das gesamte Handels- und Wirtschaftsrecht
ZIP	Zeitschrift für Wirtschaftsrecht
ZKredW	Zeitschrift für das gesamte Kreditwesen
ZLW	Zeitschrift für Luft und Weltraumrecht
ZögU	Zeitschrift für öffentliche und gemeinwirtschaftliche Unternehmen (Zeitschrift)
ZStW	Zeitschrift für die gesamte Strafrechtwissenschaft
ZPO	Zivilprozessordnung
ZRP	Zeitschrift für Rechtspolitik
ZUM	Zeitschrift für Urheber- und Medienrecht
ZUMA-Nachrichten	Zentrum für Umfragen, Methoden und, Mannheim
ZVI	Zeitschrift für Verbraucherinsolvenzrecht
ZZP	Zeitschrift für Zivilprozeß

Bundesdatenschutzgesetz – Text

Gesetzestext

Bundesdatenschutzgesetz (BDSG)

In der Fassung der Bekanntmachung vom 14. Januar 2003
(BGBl. I S. 66, BGBl. III 204-3)
zuletzt geändert durch Informationsfreiheitsgesetz vom 5. September 2005
(BGBl. I S. 2722, 2724)

Erster Abschnitt
Allgemeine und gemeinsame Bestimmungen

§ 1 Zweck und Anwendungsbereich des Gesetzes

(1) Zweck dieses Gesetzes ist es, den Einzelnen davor zu schützen, dass er durch den Umgang mit seinen personenbezogenen Daten in seinem Persönlichkeitsrecht beeinträchtigt wird.
(2) Dieses Gesetz gilt für die Erhebung, Verarbeitung und Nutzung personenbezogener Daten durch
1. öffentliche Stellen des Bundes,
2. öffentliche Stellen der Länder, soweit der Datenschutz nicht durch Landesgesetz geregelt ist und soweit sie
   a) Bundesrecht ausführen oder
   b) als Organe der Rechtspflege tätig werden und es sich nicht um Verwaltungsangelegenheiten handelt,
3. nicht-öffentliche Stellen, soweit sie die Daten unter Einsatz von Datenverarbeitungsanlagen verarbeiten, nutzen oder dafür erheben oder die Daten in oder aus nicht automatisierten Dateien verarbeiten, nutzen oder dafür erheben, es sei denn, die Erhebung, Verarbeitung oder Nutzung der Daten erfolgt ausschließlich für persönliche oder familiäre Tätigkeiten.

(3) Soweit andere Rechtsvorschriften des Bundes auf personenbezogene Daten einschließlich deren Veröffentlichung anzuwenden sind, gehen sie den Vorschriften dieses Gesetzes vor. Die Verpflichtung zur Wahrung gesetzlicher Geheimhaltungspflichten oder von Berufs- oder besonderen Amtsgeheimnissen, die nicht auf gesetzlichen Vorschriften beruhen, bleibt unberührt.
(4) Die Vorschriften dieses Gesetzes gehen denen des Verwaltungsverfahrensgesetzes vor, soweit bei der Ermittlung des Sachverhalts personenbezogene Daten verarbeitet werden.
(5) Dieses Gesetz findet keine Anwendung, sofern eine in einem anderen Mitgliedstaat der Europäischen Union oder in einem anderen Vertragsstaat des Abkommens über den Europäischen Wirtschaftsraum belegene verantwortliche Stelle personenbezogene Daten im Inland erhebt, verarbeitet oder nutzt, es sei denn, dies erfolgt durch eine Niederlassung im Inland. Dieses Gesetz findet Anwendung, sofern eine verantwortliche Stelle, die nicht in einem Mitgliedstaat der Europäischen Union oder in einem anderen Vertragsstaat des Abkommens über den Europäischen Wirtschaftsraum belegen ist, personenbezogene Daten im Inland erhebt, verarbeitet oder nutzt. Soweit die verantwortliche Stelle nach diesem Gesetz zu nennen ist, sind auch Angaben über im Inland ansässige Vertreter zu machen. Die Sätze 2 und 3 gelten nicht, sofern Datenträger nur zum Zweck des Transits durch das Inland eingesetzt werden. § 38 Abs. 1 Satz 1 bleibt unberührt.

§ 2 Öffentliche und nicht-öffentliche Stellen

(1) Öffentliche Stellen des Bundes sind die Behörden, die Organe der Rechtspflege und andere öffentlichrechtlich organisierte Einrichtungen des Bundes, der bundesunmittelbaren Körperschaften, Anstalten und Stiftungen des öffentlichen Rechts sowie deren Vereinigungen ungeachtet ihrer Rechtsform. Als öffentliche Stellen gelten die aus dem Sondervermögen Deutsche Bundespost durch Gesetz hervorgegangenen Unternehmen, solange ihnen ein ausschließliches Recht nach dem Postgesetz zusteht.

(2) Öffentliche Stellen der Länder sind die Behörden, die Organe der Rechtspflege und andere öffentlich-rechtlich organisierte Einrichtungen eines Landes, einer Gemeinde, eines Gemeindeverbandes und sonstiger der Aufsicht des Landes unterstehender juristischer Personen des öffentlichen Rechts sowie deren Vereinigungen ungeachtet ihrer Rechtsform.
(3) Vereinigungen des privaten Rechts von öffentlichen Stellen des Bundes und der Länder, die Aufgaben der öffentlichen Verwaltung wahrnehmen, gelten ungeachtet der Beteiligung nicht-öffentlicher Stellen als öffentliche Stellen des Bundes, wenn
1. sie über den Bereich eines Landes hinaus tätig werden oder
2. dem Bund die absolute Mehrheit der Anteile gehört oder die absolute Mehrheit der Stimmen zusteht.

Andernfalls gelten sie als öffentliche Stellen der Länder.
(4) Nicht-öffentliche Stellen sind natürliche und juristische Personen, Gesellschaften und andere Personenvereinigungen des privaten Rechts, soweit sie nicht unter die Absätze 1 bis 3 fallen. Nimmt eine nicht-öffentliche Stelle hoheitliche Aufgaben der öffentlichen Verwaltung wahr, ist sie insoweit öffentliche Stelle im Sinne dieses Gesetzes.

§ 3 Weitere Begriffsbestimmungen

(1) Personenbezogene Daten sind Einzelangaben über persönliche oder sachliche Verhältnisse einer bestimmten oder bestimmbaren natürlichen Person (Betroffener).
(2) Automatisierte Verarbeitung ist die Erhebung, Verarbeitung oder Nutzung personenbezogener Daten unter Einsatz von Datenverarbeitungsanlagen. Eine nicht automatisierte Datei ist jede nicht automatisierte Sammlung personenbezogener Daten, die gleichartig aufgebaut ist und nach bestimmten Merkmalen zugänglich ist und ausgewertet werden kann.
(3) Erheben ist das Beschaffen von Daten über den Betroffenen.
(4) Verarbeiten ist das Speichern, Verändern, Übermitteln, Sperren und Löschen personenbezogener Daten. Im Einzelnen ist, ungeachtet der dabei angewendeten Verfahren:
1. Speichern das Erfassen, Aufnehmen oder Aufbewahren personenbezogener Daten auf einem Datenträger zum Zweck ihrer weiteren Verarbeitung oder Nutzung,
2. Verändern das inhaltliche Umgestalten gespeicherter personenbezogener Daten,
3. Übermitteln das Bekanntgeben gespeicherter oder durch Datenverarbeitung gewonnener personenbezogener Daten an einen Dritten in der Weise, dass
   a) die Daten an den Dritten weitergegeben werden oder
   b) der Dritte zur Einsicht oder zum Abruf bereitgehaltene Daten einsieht oder abruft,
4. Sperren das Kennzeichnen gespeicherter personenbezogener Daten, um ihre weitere Verarbeitung oder Nutzung einzuschränken,
5. Löschen das Unkenntlichmachen gespeicherter personenbezogener Daten.

(5) Nutzen ist jede Verwendung personenbezogener Daten, soweit es sich nicht um Verarbeitung handelt.
(6) Anonymisieren ist das Verändern personenbezogener Daten derart, dass die Einzelangaben über persönliche oder sachliche Verhältnisse nicht mehr oder nur mit einem unverhältnismäßig großen Aufwand an Zeit, Kosten und Arbeitskraft einer bestimmten oder bestimmbaren natürlichen Person zugeordnet werden können.
(6a) Pseudonymisieren ist das Ersetzen des Namens und anderer Identifikationsmerkmale durch ein Kennzeichen zu dem Zweck, die Bestimmung des Betroffenen auszuschließen oder wesentlich zu erschweren.
(7) Verantwortliche Stelle ist jede Person oder Stelle, die personenbezogene Daten für sich selbst erhebt, verarbeitet oder nutzt oder dies durch andere im Auftrag vornehmen lässt.
(8) Empfänger ist jede Person oder Stelle, die Daten erhält. Dritter ist jede Person oder Stelle außerhalb der verantwortlichen Stelle. Dritte sind nicht der Betroffene sowie Personen und Stellen, die im Inland, in einem anderen Mitgliedstaat der Europäischen Union oder in einem anderen Vertragsstaat des Abkommens über den Europäischen Wirtschaftsraum personenbezogene Daten im Auftrag erheben, verarbeiten oder nutzen.

(9) Besondere Arten personenbezogener Daten sind Angaben über die rassische und ethnische Herkunft, politische Meinungen, religiöse oder philosophische Überzeugungen, Gewerkschaftszugehörigkeit, Gesundheit oder Sexualleben.
(10) Mobile personenbezogene Speicher- und Verarbeitungsmedien sind Datenträger,
1. die an den Betroffenen ausgegeben werden,
2. auf denen personenbezogene Daten über die Speicherung hinaus durch die ausgebende oder eine andere Stelle automatisiert verarbeitet werden können und
3. bei denen der Betroffene diese Verarbeitung nur durch den Gebrauch des Mediums beeinflussen kann.

§ 3a Datenvermeidung und Datensparsamkeit

Gestaltung und Auswahl von Datenverarbeitungssystemen haben sich an dem Ziel auszurichten, keine oder so wenig personenbezogene Daten wie möglich zu erheben, zu verarbeiten oder zu nutzen. Insbesondere ist von den Möglichkeiten der Anonymisierung und Pseudonymisierung Gebrauch zu machen, soweit dies möglich ist und der Aufwand in einem angemessenen Verhältnis zu dem angestrebten Schutzzweck steht.

§ 4 Zulässigkeit der Datenerhebung, -verarbeitung und -nutzung

(1) Die Erhebung, Verarbeitung und Nutzung personenbezogener Daten sind nur zulässig, soweit dieses Gesetz oder eine andere Rechtsvorschrift dies erlaubt oder anordnet oder der Betroffene eingewilligt hat.
(2) Personenbezogene Daten sind beim Betroffenen zu erheben. Ohne seine Mitwirkung dürfen sie nur erhoben werden, wenn
1. eine Rechtsvorschrift dies vorsieht oder zwingend voraussetzt oder
2. a) die zu erfüllende Verwaltungsaufgabe ihrer Art nach oder der Geschäftszweck eine Erhebung bei anderen Personen oder Stellen erforderlich macht oder
   b) die Erhebung beim Betroffenen einen unverhältnismäßigen Aufwand erfordern würde

und keine Anhaltspunkte dafür bestehen, dass überwiegende schutzwürdige Interessen des Betroffenen beeinträchtigt werden.
(3) Werden personenbezogene Daten beim Betroffenen erhoben, so ist er, sofern er nicht bereits auf andere Weise Kenntnis erlangt hat, von der verantwortlichen Stelle über
1. die Identität der verantwortlichen Stelle,
2. die Zweckbestimmungen der Erhebung, Verarbeitung oder Nutzung und
3. die Kategorien von Empfängern nur, soweit der Betroffene nach den Umständen des Einzelfalles nicht mit der Übermittlung an diese rechnen muss,

zu unterrichten. Werden personenbezogene Daten beim Betroffenen aufgrund einer Rechtsvorschrift erhoben, die zur Auskunft verpflichtet, oder ist die Erteilung der Auskunft Voraussetzung für die Gewährung von Rechtsvorteilen, so ist der Betroffene hierauf, sonst auf die Freiwilligkeit seiner Angaben hinzuweisen. Soweit nach den Umständen des Einzelfalles erforderlich oder auf Verlangen, ist er über die Rechtsvorschrift und über die Folgen der Verweigerung von Angaben aufzuklären.

§ 4a Einwilligung

(1) Die Einwilligung ist nur wirksam, wenn sie auf der freien Entscheidung des Betroffenen beruht. Er ist auf den vorgesehenen Zweck der Erhebung, Verarbeitung oder Nutzung sowie, soweit nach den Umständen des Einzelfalles erforderlich oder auf Verlangen, auf die Folgen der Verweigerung der Einwilligung hinzuweisen. Die Einwilligung bedarf der Schriftform, soweit nicht wegen besonderer Umstände eine andere Form angemessen ist. Soll die Einwilligung zusammen mit anderen Erklärungen schriftlich erteilt werden, ist sie besonders hervorzuheben.

(2) Im Bereich der wissenschaftlichen Forschung liegt ein besonderer Umstand im Sinne von Absatz 1 Satz 3 auch dann vor, wenn durch die Schriftform der bestimmte Forschungszweck erheblich beeinträchtigt würde. In diesem Fall sind der Hinweis nach Absatz 1 Satz 2 und die Gründe, aus denen sich die erhebliche Beeinträchtigung des bestimmten Forschungszwecks ergibt, schriftlich festzuhalten.
(3) Soweit besondere Arten personenbezogener Daten (§ 3 Abs. 9) erhoben, verarbeitet oder genutzt werden, muss sich die Einwilligung darüber hinaus ausdrücklich auf diese Daten beziehen.

§ 4b Übermittlung personenbezogener Daten ins Ausland sowie an über- oder zwischenstaatliche Stellen

(1) Für die Übermittlung personenbezogener Daten an Stellen
1. in anderen Mitgliedstaaten der Europäischen Union,
2. in anderen Vertragsstaaten des Abkommens über den Europäischen Wirtschaftsraum oder
3. der Organe und Einrichtungen der Europäischen Gemeinschaften

gelten § 15 Abs. 1, § 16 Abs. 1 und §§ 28 bis 30 nach Maßgabe der für diese Übermittlung geltenden Gesetze und Vereinbarungen, soweit die Übermittlung im Rahmen von Tätigkeiten erfolgt, die ganz oder teilweise in den Anwendungsbereich des Rechts der Europäischen Gemeinschaften fallen.
(2) Für die Übermittlung personenbezogener Daten an Stellen nach Absatz 1, die nicht im Rahmen von Tätigkeiten erfolgt, die ganz oder teilweise in den Anwendungsbereich des Rechts der Europäischen Gemeinschaften fallen, sowie an sonstige ausländische oder über- oder zwischenstaatliche Stellen gilt Absatz 1 entsprechend. Die Übermittlung unterbleibt, soweit der Betroffene ein schutzwürdiges Interesse an dem Ausschluss der Übermittlung hat, insbesondere wenn bei den in Satz 1 genannten Stellen ein angemessenes Datenschutzniveau nicht gewährleistet ist. Satz 2 gilt nicht, wenn die Übermittlung zur Erfüllung eigener Aufgaben einer öffentlichen Stelle des Bundes aus zwingenden Gründen der Verteidigung oder der Erfüllung über- oder zwischenstaatlicher Verpflichtungen auf dem Gebiet der Krisenbewältigung oder Konfliktverhinderung oder für humanitäre Maßnahmen erforderlich ist.
(3) Die Angemessenheit des Schutzniveaus wird unter Berücksichtigung aller Umstände beurteilt, die bei einer Datenübermittlung oder einer Kategorie von Datenübermittlungen von Bedeutung sind; insbesondere können die Art der Daten, die Zweckbestimmung, die Dauer der geplanten Verarbeitung, das Herkunfts- und das Endbestimmungsland, die für den betreffenden Empfänger geltenden Rechtsnormen sowie die für ihn geltenden Standesregeln und Sicherheitsmaßnahmen herangezogen werden.
(4) In den Fällen des § 16 Abs. 1 Nr. 2 unterrichtet die übermittelnde Stelle den Betroffenen von der Übermittlung seiner Daten. Dies gilt nicht, wenn damit zu rechnen ist, dass er davon auf andere Weise Kenntnis erlangt, oder wenn die Unterrichtung die öffentliche Sicherheit gefährden oder sonst dem Wohl des Bundes oder eines Landes Nachteile bereiten würde.
(5) Die Verantwortung für die Zulässigkeit der Übermittlung trägt die übermittelnde Stelle.
(6) Die Stelle, an die die Daten übermittelt werden, ist auf den Zweck hinzuweisen, zu dessen Erfüllung die Daten übermittelt werden.

§ 4c Ausnahmen

(1) Im Rahmen von Tätigkeiten, die ganz oder teilweise in den Anwendungsbereich des Rechts der Europäischen Gemeinschaften fallen, ist eine Übermittlung personenbezogener Daten an andere als die in § 4b Abs. 1 genannten Stellen, auch wenn bei ihnen ein angemessenes Datenschutzniveau nicht gewährleistet ist, zulässig, sofern
1. der Betroffene seine Einwilligung gegeben hat,
2. die Übermittlung für die Erfüllung eines Vertrags zwischen dem Betroffenen und der verantwortlichen Stelle oder zur Durchführung von vorvertraglichen Maßnahmen, die auf Veranlassung des Betroffenen getroffen worden sind, erforderlich ist,

3. die Übermittlung zum Abschluss oder zur Erfüllung eines Vertrags erforderlich ist, der im Interesse des Betroffenen von der verantwortlichen Stelle mit einem Dritten geschlossen wurde oder geschlossen werden soll,
4. die Übermittlung für die Wahrung eines wichtigen öffentlichen Interesses oder zur Geltendmachung, Ausübung oder Verteidigung von Rechtsansprüchen vor Gericht erforderlich ist,
5. die Übermittlung für die Wahrung lebenswichtiger Interessen des Betroffenen erforderlich ist oder
6. die Übermittlung aus einem Register erfolgt, das zur Information der Öffentlichkeit bestimmt ist und entweder der gesamten Öffentlichkeit oder allen Personen, die ein berechtigtes Interesse nachweisen können, zur Einsichtnahme offen steht, soweit die gesetzlichen Voraussetzungen im Einzelfall gegeben sind.

Die Stelle, an die die Daten übermittelt werden, ist darauf hinzuweisen, dass die übermittelten Daten nur zu dem Zweck verarbeitet oder genutzt werden dürfen, zu dessen Erfüllung sie übermittelt werden.

(2) Unbeschadet des Absatzes 1 Satz 1 kann die zuständige Aufsichtsbehörde einzelne Übermittlungen oder bestimmte Arten von Übermittlungen personenbezogener Daten an andere als die in § 4b Abs. 1 genannten Stellen genehmigen, wenn die verantwortliche Stelle ausreichende Garantien hinsichtlich des Schutzes des Persönlichkeitsrechts und der Ausübung der damit verbundenen Rechte vorweist; die Garantien können sich insbesondere aus Vertragsklauseln oder verbindlichen Unternehmensregelungen ergeben. Bei den Post- und Telekommunikationsunternehmen ist der Bundesbeauftragte für den Datenschutz und die Informationsfreiheit zuständig. Sofern die Übermittlung durch öffentliche Stellen erfolgen soll, nehmen diese die Prüfung nach Satz 1 vor.

(3) Die Länder teilen dem Bund die nach Absatz 2 Satz 1 ergangenen Entscheidungen mit.

§ 4d Meldepflicht

(1) Verfahren automatisierter Verarbeitungen sind vor ihrer Inbetriebnahme von nicht-öffentlichen verantwortlichen Stellen der zuständigen Aufsichtsbehörde und von öffentlichen verantwortlichen Stellen des Bundes sowie von den Post- und Telekommunikationsunternehmen dem Bundesbeauftragten für den Datenschutz und die Informationsfreiheit nach Maßgabe von § 4e zu melden.

(2) Die Meldepflicht entfällt, wenn die verantwortliche Stelle einen Beauftragten für den Datenschutz bestellt hat.

(3) Die Meldepflicht entfällt ferner, wenn die verantwortliche Stelle personenbezogene Daten für eigene Zwecke erhebt, verarbeitet oder nutzt, hierbei höchstens vier Arbeitnehmer mit der Erhebung, Verarbeitung oder Nutzung personenbezogener Daten beschäftigt und entweder eine Einwilligung der Betroffenen vorliegt oder die Erhebung, Verarbeitung oder Nutzung der Zweckbestimmung eines Vertragsverhältnisses oder vertragsähnlichen Vertrauensverhältnisses mit den Betroffenen dient.

(4) Die Absätze 2 und 3 gelten nicht, wenn es sich um automatisierte Verarbeitungen handelt, in denen geschäftsmäßig personenbezogene Daten von der jeweiligen Stelle

1. zum Zweck der Übermittlung oder
2. zum Zweck der anonymisierten Übermittlung

gespeichert werden.

(5) Soweit automatisierte Verarbeitungen besondere Risiken für die Rechte und Freiheiten der Betroffenen aufweisen, unterliegen sie der Prüfung vor Beginn der Verarbeitung (Vorabkontrolle). Eine Vorabkontrolle ist insbesondere durchzuführen, wenn

1. besondere Arten personenbezogener Daten (§ 3 Abs. 9) verarbeitet werden oder
2. die Verarbeitung personenbezogener Daten dazu bestimmt ist, die Persönlichkeit des Betroffenen zu bewerten einschließlich seiner Fähigkeiten, seiner Leistung oder seines Verhaltens,

es sei denn, dass eine gesetzliche Verpflichtung oder eine Einwilligung des Betroffenen vorliegt oder die Erhebung, Verarbeitung oder Nutzung der Zweckbestimmung eines Vertragsverhältnisses oder vertragsähnlichen Vertrauensverhältnisses mit dem Betroffenen dient.
(6) Zuständig für die Vorabkontrolle ist der Beauftragte für den Datenschutz. Dieser nimmt die Vorabkontrolle nach Empfang der Übersicht nach § 4g Abs. 2 Satz 1 vor. Er hat sich in Zweifelsfällen an die Aufsichtsbehörde oder bei den Post- und Telekommunikationsunternehmen an den Bundesbeauftragten für den Datenschutz und die Informationsfreiheit zu wenden.

§ 4e Inhalt der Meldepflicht

Sofern Verfahren automatisierter Verarbeitungen meldepflichtig sind, sind folgende Angaben zu machen:
1. Name oder Firma der verantwortlichen Stelle,
2. Inhaber, Vorstände, Geschäftsführer oder sonstige gesetzliche oder nach der Verfassung des Unternehmens berufene Leiter und die mit der Leitung der Datenverarbeitung beauftragten Personen,
3. Anschrift der verantwortlichen Stelle,
4. Zweckbestimmungen der Datenerhebung, -verarbeitung oder -nutzung,
5. eine Beschreibung der betroffenen Personengruppen und der diesbezüglichen Daten oder Datenkategorien,
6. Empfänger oder Kategorien von Empfängern, denen die Daten mitgeteilt werden können,
7. Regelfristen für die Löschung der Daten,
8. eine geplante Datenübermittlung in Drittstaaten,
9. eine allgemeine Beschreibung, die es ermöglicht, vorläufig zu beurteilen, ob die Maßnahmen nach § 9 zur Gewährleistung der Sicherheit der Verarbeitung angemessen sind.

§ 4d Abs. 1 und 4 gilt für die Änderung der nach Satz 1 mitgeteilten Angaben sowie für den Zeitpunkt der Aufnahme und der Beendigung der meldepflichtigen Tätigkeit entsprechend.

§ 4f Beauftragter für den Datenschutz

(1) Öffentliche und nicht-öffentliche Stellen, die personenbezogene Daten automatisiert erheben, verarbeiten oder nutzen, haben einen Beauftragten für den Datenschutz schriftlich zu bestellen. Nichtöffentliche Stellen sind hierzu spätestens innerhalb eines Monats nach Aufnahme ihrer Tätigkeit verpflichtet. Das Gleiche gilt, wenn personenbezogene Daten auf andere Weise erhoben, verarbeitet oder genutzt werden und damit in der Regel mindestens 20 Personen beschäftigt sind. Die Sätze 1 und 2 gelten nicht für nicht-öffentliche Stellen, die höchstens vier Arbeitnehmer mit der Erhebung, Verarbeitung oder Nutzung personenbezogener Daten beschäftigen. Soweit aufgrund der Struktur einer öffentlichen Stelle erforderlich, genügt die Bestellung eines Beauftragten für den Datenschutz für mehrere Bereiche. Soweit nicht-öffentliche Stellen automatisierte Verarbeitungen vornehmen, die einer Vorabkontrolle unterliegen oder personenbezogene Daten geschäftsmäßig zum Zweck der Übermittlung oder der anonymisierten Übermittlung erheben, verarbeiten oder nutzen, haben sie unabhängig von der Anzahl der Arbeitnehmer einen Beauftragten für den Datenschutz zu bestellen.
(2) Zum Beauftragten für den Datenschutz darf nur bestellt werden, wer die zur Erfüllung seiner Aufgaben erforderliche Fachkunde und Zuverlässigkeit besitzt. Mit dieser Aufgabe kann auch eine Person außerhalb der verantwortlichen Stelle betraut werden. Öffentliche Stellen können mit Zustimmung ihrer Aufsichtsbehörde einen Bediensteten aus einer anderen öffentlichen Stelle zum Beauftragten für den Datenschutz bestellen.
(3) Der Beauftragte für den Datenschutz ist dem Leiter der öffentlichen oder nicht-öffentlichen Stelle unmittelbar zu unterstellen. Er ist in Ausübung seiner Fachkunde auf dem Gebiet des Datenschutzes weisungsfrei. Er darf wegen der Erfüllung seiner Aufgaben nicht benachteiligt werden. Die Bestellung zum Beauftragten für den Datenschutz kann in entsprechender Anwendung von § 626 des Bürgerlichen Gesetzbuchs, bei nicht-öffentlichen Stellen auch auf Verlangen der Aufsichtsbehörde, widerrufen werden.

(4) Der Beauftragte für den Datenschutz ist zur Verschwiegenheit über die Identität des Betroffenen sowie über Umstände, die Rückschlüsse auf den Betroffenen zulassen, verpflichtet, soweit er nicht davon durch den Betroffenen befreit wird.
(5) Die öffentlichen und nicht-öffentlichen Stellen haben den Beauftragten für den Datenschutz bei der Erfüllung seiner Aufgaben zu unterstützen und ihm insbesondere, soweit dies zur Erfüllung seiner Aufgaben erforderlich ist, Hilfspersonal sowie Räume, Einrichtungen, Geräte und Mittel zur Verfügung zu stellen. Betroffene können sich jederzeit an den Beauftragten für den Datenschutz wenden.

§ 4g Aufgaben des Beauftragten für den Datenschutz

(1) Der Beauftragte für den Datenschutz wirkt auf die Einhaltung dieses Gesetzes und anderer Vorschriften über den Datenschutz hin. Zu diesem Zweck kann sich der Beauftragte für den Datenschutz in Zweifelsfällen an die für die Datenschutzkontrolle bei der verantwortlichen Stelle zuständige Behörde wenden. Er hat insbesondere
1. die ordnungsgemäße Anwendung der Datenverarbeitungsprogramme, mit deren Hilfe personenbezogene Daten verarbeitet werden sollen, zu überwachen; zu diesem Zweck ist er über Vorhaben der automatisierten Verarbeitung personenbezogener Daten rechtzeitig zu unterrichten,
2. die bei der Verarbeitung personenbezogener Daten tätigen Personen durch geeignete Maßnahmen mit den Vorschriften dieses Gesetzes sowie anderen Vorschriften über den Datenschutz und mit den jeweiligen besonderen Erfordernissen des Datenschutzes vertraut zu machen.

(2) Dem Beauftragten für den Datenschutz ist von der verantwortlichen Stelle eine Übersicht über die in § 4e Satz 1 genannten Angaben sowie über zugriffsberechtigte Personen zur Verfügung zu stellen. Im Fall des § 4d Abs. 2 macht der Beauftragte für den Datenschutz die Angaben nach § 4e Satz 1 Nr. 1 bis 8 auf Antrag jedermann in geeigneter Weise verfügbar. Im Fall des § 4d Abs. 3 gilt Satz 2 entsprechend für die verantwortliche Stelle.
(3) Auf die in § 6 Abs. 2 Satz 4 genannten Behörden findet Absatz 2 Satz 2 keine Anwendung. Absatz 1 Satz 2 findet mit der Maßgabe Anwendung, dass der behördliche Beauftragte für den Datenschutz das Benehmen mit dem Behördenleiter herstellt; bei Unstimmigkeiten zwischen dem behördlichen Beauftragten für den Datenschutz und dem Behördenleiter entscheidet die oberste Bundesbehörde.

§ 5 Datengeheimnis

Den bei der Datenverarbeitung beschäftigten Personen ist untersagt, personenbezogene Daten unbefugt zu erheben, zu verarbeiten oder zu nutzen (Datengeheimnis). Diese Personen sind, soweit sie bei nicht-öffentlichen Stellen beschäftigt werden, bei der Aufnahme ihrer Tätigkeit auf das Datengeheimnis zu verpflichten. Das Datengeheimnis besteht auch nach Beendigung ihrer Tätigkeit fort.

§ 6 Unabdingbare Rechte des Betroffenen

(1) Die Rechte des Betroffenen auf Auskunft (§§ 19, 34) und auf Berichtigung, Löschung oder Sperrung (§§ 20, 35) können nicht durch Rechtsgeschäft ausgeschlossen oder beschränkt werden.
(2) Sind die Daten des Betroffenen automatisiert in der Weise gespeichert, dass mehrere Stellen speicherungsberechtigt sind, und ist der Betroffene nicht in der Lage festzustellen, welche Stelle die Daten gespeichert hat, so kann er sich an jede dieser Stellen wenden. Diese ist verpflichtet, das Vorbringen des Betroffenen an die Stelle, die die Daten gespeichert hat, weiterzuleiten. Der Betroffene ist über die Weiterleitung und jene Stelle zu unterrichten. Die in § 19 Abs. 3 genannten Stellen, die Behörden der Staatsanwaltschaft und der Polizei sowie öffentliche Stellen der Finanzverwaltung, soweit sie personenbezogene Daten in Erfüllung ihrer gesetzlichen Aufgaben im Anwendungsbereich der Abgabenordnung zur Überwachung

und Prüfung speichern, können statt des Betroffenen den Bundesbeauftragten für den Datenschutz und die Informationsfreiheit unterrichten. In diesem Fall richtet sich das weitere Verfahren nach § 19 Abs. 6.

§ 6a Automatisierte Einzelentscheidung

(1) Entscheidungen, die für den Betroffenen eine rechtliche Folge nach sich ziehen oder ihn erheblich beeinträchtigen, dürfen nicht ausschließlich auf eine automatisierte Verarbeitung personenbezogener Daten gestützt werden, die der Bewertung einzelner Persönlichkeitsmerkmale dienen.

(2) Dies gilt nicht, wenn

1. die Entscheidung im Rahmen des Abschlusses oder der Erfüllung eines Vertragsverhältnisses oder eines sonstigen Rechtsverhältnisses ergeht und dem Begehren des Betroffenen stattgegeben wurde oder
2. die Wahrung der berechtigten Interessen des Betroffenen durch geeignete Maßnahmen gewährleistet und dem Betroffenen von der verantwortlichen Stelle die Tatsache des Vorliegens einer Entscheidung im Sinne des Absatzes 1 mitgeteilt wird. Als geeignete Maßnahme gilt insbesondere die Möglichkeit des Betroffenen, seinen Standpunkt geltend zu machen. Die verantwortliche Stelle ist verpflichtet, ihre Entscheidung erneut zu prüfen.

(3) Das Recht des Betroffenen auf Auskunft nach den §§ 19 und 34 erstreckt sich auch auf den logischen Aufbau der automatisierten Verarbeitung der ihn betreffenden Daten.

§ 6b Beobachtung öffentlich zugänglicher Räume mit optisch-elektronischen Einrichtungen

(1) Die Beobachtung öffentlich zugänglicher Räume mit optisch-elektronischen Einrichtungen (Videoüberwachung) ist nur zulässig, soweit sie

1. zur Aufgabenerfüllung öffentlicher Stellen,
2. zur Wahrnehmung des Hausrechts oder
3. zur Wahrnehmung berechtigter Interessen für konkret festgelegte Zwecke

erforderlich ist und keine Anhaltspunkte bestehen, dass schutzwürdige Interessen der Betroffenen überwiegen.

(2) Der Umstand der Beobachtung und die verantwortliche Stelle sind durch geeignete Maßnahmen erkennbar zu machen.

(3) Die Verarbeitung oder Nutzung von nach Absatz 1 erhobenen Daten ist zulässig, wenn sie zum Erreichen des verfolgten Zwecks erforderlich ist und keine Anhaltspunkte bestehen, dass schutzwürdige Interessen der Betroffenen überwiegen. Für einen anderen Zweck dürfen sie nur verarbeitet oder genutzt werden, soweit dies zur Abwehr von Gefahren für die staatliche und öffentliche Sicherheit sowie zur Verfolgung von Straftaten erforderlich ist.

(4) Werden durch Videoüberwachung erhobene Daten einer bestimmten Person zugeordnet, ist diese über eine Verarbeitung oder Nutzung entsprechend den §§ 19a und 33 zu benachrichtigen.

(5) Die Daten sind unverzüglich zu löschen, wenn sie zur Erreichung des Zwecks nicht mehr erforderlich sind oder schutzwürdige Interessen der Betroffenen einer weiteren Speicherung entgegenstehen.

§ 6c Mobile personenbezogene Speicher- und Verarbeitungsmedien

(1) Die Stelle, die ein mobiles personenbezogenes Speicher- und Verarbeitungsmedium ausgibt oder ein Verfahren zur automatisierten Verarbeitung personenbezogener Daten, das ganz oder teilweise auf einem solchen Medium abläuft, auf das Medium aufbringt, ändert oder hierzu bereithält, muss den Betroffenen

1. über ihre Identität und Anschrift,
2. in allgemein verständlicher Form über die Funktionsweise des Mediums einschließlich der Art der zu verarbeitenden personenbezogenen Daten,

3. darüber, wie er seine Rechte nach den §§ 19, 20, 34 und 35 ausüben kann, und
4. über die bei Verlust oder Zerstörung des Mediums zu treffenden Maßnahmen

unterrichten, soweit der Betroffene nicht bereits Kenntnis erlangt hat.

(2) Die nach Absatz 1 verpflichtete Stelle hat dafür Sorge zu tragen, dass die zur Wahrnehmung des Auskunftsrechts erforderlichen Geräte oder Einrichtungen in angemessenem Umfang zum unentgeltlichen Gebrauch zur Verfügung stehen.

(3) Kommunikationsvorgänge, die auf dem Medium eine Datenverarbeitung auslösen, müssen für den Betroffenen eindeutig erkennbar sein.

§ 7 Schadensersatz

Fügt eine verantwortliche Stelle dem Betroffenen durch eine nach diesem Gesetz oder nach anderen Vorschriften über den Datenschutz unzulässige oder unrichtige Erhebung, Verarbeitung oder Nutzung seiner personenbezogenen Daten einen Schaden zu, ist sie oder ihr Träger dem Betroffenen zum Schadensersatz verpflichtet. Die Ersatzpflicht entfällt, soweit die verantwortliche Stelle die nach den Umständen des Falles gebotene Sorgfalt beachtet hat.

§ 8 Schadensersatz bei automatisierter Datenverarbeitung durch öffentliche Stellen

(1) Fügt eine verantwortliche öffentliche Stelle dem Betroffenen durch eine nach diesem Gesetz oder nach anderen Vorschriften über den Datenschutz unzulässige oder unrichtige automatisierte Erhebung, Verarbeitung oder Nutzung seiner personenbezogenen Daten einen Schaden zu, ist ihr Träger dem Betroffenen unabhängig von einem Verschulden zum Schadensersatz verpflichtet.

(2) Bei einer schweren Verletzung des Persönlichkeitsrechts ist dem Betroffenen der Schaden, der nicht Vermögensschaden ist, angemessen in Geld zu ersetzen.

(3) Die Ansprüche nach den Absätzen 1 und 2 sind insgesamt auf einen Betrag von 130 000 Euro begrenzt. Ist aufgrund desselben Ereignisses an mehrere Personen Schadensersatz zu leisten, der insgesamt den Höchstbetrag von 130 000 Euro übersteigt, so verringern sich die einzelnen Schadensersatzleistungen in dem Verhältnis, in dem ihr Gesamtbetrag zu dem Höchstbetrag steht.

(4) Sind bei einer automatisierten Verarbeitung mehrere Stellen speicherungsberechtigt und ist der Geschädigte nicht in der Lage, die speichernde Stelle festzustellen, so haftet jede dieser Stellen.

(5) Hat bei der Entstehung des Schadens ein Verschulden des Betroffenen mitgewirkt, gilt § 254 des Bürgerlichen Gesetzbuchs.

(6) Auf die Verjährung finden die für unerlaubte Handlungen geltenden Verjährungsvorschriften des Bürgerlichen Gesetzbuchs entsprechende Anwendung.

§ 9 Technische und organisatorische Maßnahmen

Öffentliche und nicht-öffentliche Stellen, die selbst oder im Auftrag personenbezogene Daten erheben, verarbeiten oder nutzen, haben die technischen und organisatorischen Maßnahmen zu treffen, die erforderlich sind, um die Ausführung der Vorschriften dieses Gesetzes, insbesondere die in der Anlage zu diesem Gesetz genannten Anforderungen, zu gewährleisten. Erforderlich sind Maßnahmen nur, wenn ihr Aufwand in einem angemessenen Verhältnis zu dem angestrebten Schutzzweck steht.

§ 9a Datenschutzaudit

Zur Verbesserung des Datenschutzes und der Datensicherheit können Anbieter von Datenverarbeitungssystemen und -programmen und datenverarbeitende Stellen ihr Datenschutzkonzept sowie ihre technischen Einrichtungen durch unabhängige und zugelassene Gutachter prüfen und bewerten lassen sowie das Ergebnis der Prüfung veröffentlichen. Die näheren Anforderungen an die Prüfung und Bewertung, das Verfahren sowie die Auswahl und Zulassung der Gutachter werden durch besonderes Gesetz geregelt.

§ 10 Einrichtung automatisierter Abrufverfahren

(1) Die Einrichtung eines automatisierten Verfahrens, das die Übermittlung personenbezogener Daten durch Abruf ermöglicht, ist zulässig, soweit dieses Verfahren unter Berücksichtigung der schutzwürdigen Interessen der Betroffenen und der Aufgaben oder Geschäftszwecke der beteiligten Stellen angemessen ist. Die Vorschriften über die Zulässigkeit des einzelnen Abrufs bleiben unberührt.

(2) Die beteiligten Stellen haben zu gewährleisten, dass die Zulässigkeit des Abrufverfahrens kontrolliert werden kann. Hierzu haben sie schriftlich festzulegen:

1. Anlass und Zweck des Abrufverfahrens,
2. Dritte, an die übermittelt wird,
3. Art der zu übermittelnden Daten,
4. nach § 9 erforderliche technische und organisatorische Maßnahmen.

Im öffentlichen Bereich können die erforderlichen Festlegungen auch durch die Fachaufsichtsbehörden getroffen werden.

(3) Über die Einrichtung von Abrufverfahren ist in Fällen, in denen die in § 12 Abs. 1 genannten Stellen beteiligt sind, der Bundesbeauftragte für den Datenschutz und die Informationsfreiheit unter Mitteilung der Festlegungen nach Absatz 2 zu unterrichten. Die Einrichtung von Abrufverfahren, bei denen die in § 6 Abs. 2 und in § 19 Abs. 3 genannten Stellen beteiligt sind, ist nur zulässig, wenn das für die speichernde und die abrufende Stelle jeweils zuständige Bundes- oder Landesministerium zugestimmt hat.

(4) Die Verantwortung für die Zulässigkeit des einzelnen Abrufs trägt der Dritte, an den übermittelt wird. Die speichernde Stelle prüft die Zulässigkeit der Abrufe nur, wenn dazu Anlass besteht. Die speichernde Stelle hat zu gewährleisten, dass die Übermittlung personenbezogener Daten zumindest durch geeignete Stichprobenverfahren festgestellt und überprüft werden kann. Wird ein Gesamtbestand personenbezogener Daten abgerufen oder übermittelt (Stapelverarbeitung), so bezieht sich die Gewährleistung der Feststellung und Überprüfung nur auf die Zulässigkeit des Abrufes oder der Übermittlung des Gesamtbestandes.

(5) Die Absätze 1 bis 4 gelten nicht für den Abruf allgemein zugänglicher Daten. Allgemein zugänglich sind Daten, die jedermann, sei es ohne oder nach vorheriger Anmeldung, Zulassung oder Entrichtung eines Entgelts, nutzen kann.

§ 11 Erhebung, Verarbeitung oder Nutzung personenbezogener Daten im Auftrag

(1) Werden personenbezogene Daten im Auftrag durch andere Stellen erhoben, verarbeitet oder genutzt, ist der Auftraggeber für die Einhaltung der Vorschriften dieses Gesetzes und anderer Vorschriften über den Datenschutz verantwortlich. Die in den §§ 6, 7 und 8 genannten Rechte sind ihm gegenüber geltend zu machen.

(2) Der Auftragnehmer ist unter besonderer Berücksichtigung der Eignung der von ihm getroffenen technischen und organisatorischen Maßnahmen sorgfältig auszuwählen. Der Auftrag ist schriftlich zu erteilen, wobei die Datenerhebung, -verarbeitung oder -nutzung, die technischen und organisatorischen Maßnahmen und etwaige Unterauftragsverhältnisse festzulegen sind. Er kann bei öffentlichen Stellen auch durch die Fachaufsichtsbehörde erteilt werden. Der Auftraggeber hat sich von der Einhaltung der beim Auftragnehmer getroffenen technischen und organisatorischen Maßnahmen zu überzeugen.

(3) Der Auftragnehmer darf die Daten nur im Rahmen der Weisungen des Auftraggebers erheben, verarbeiten oder nutzen. Ist er der Ansicht, dass eine Weisung des Auftraggebers gegen dieses Gesetz oder andere Vorschriften über den Datenschutz verstößt, hat er den Auftraggeber unverzüglich darauf hinzuweisen.

(4) Für den Auftragnehmer gelten neben den §§ 5, 9, 43 Abs. 1 Nr. 2, 10 und 11, Abs. 2 Nr. 1 bis 3 und Abs. 3 sowie § 44 nur die Vorschriften über die Datenschutzkontrolle oder die Aufsicht, und zwar für

1. a) öffentliche Stellen,

b) nicht-öffentliche Stellen, bei denen der öffentlichen Hand die Mehrheit der Anteile gehört oder die Mehrheit der Stimmen zusteht und der Auftraggeber eine öffentliche Stelle ist,

die §§ 18, 24 bis 26 oder die entsprechenden Vorschriften der Datenschutzgesetze der Länder,

2. die übrigen nicht-öffentlichen Stellen, soweit sie personenbezogene Daten im Auftrag als Dienstleistungsunternehmen geschäftsmäßig erheben, verarbeiten oder nutzen, die §§ 4f, 4g und 38.

(5) Die Absätze 1 bis 4 gelten entsprechend, wenn die Prüfung oder Wartung automatisierter Verfahren oder von Datenverarbeitungsanlagen durch andere Stellen im Auftrag vorgenommen wird und dabei ein Zugriff auf personenbezogene Daten nicht ausgeschlossen werden kann.

Zweiter Abschnitt
Datenverarbeitung der öffentlichen Stellen

Erster Unterabschnitt
Rechtsgrundlagen der Datenverarbeitung

§ 12 Anwendungsbereich

(1) Die Vorschriften dieses Abschnittes gelten für öffentliche Stellen des Bundes, soweit sie nicht als öffentlich-rechtliche Unternehmen am Wettbewerb teilnehmen.

(2) Soweit der Datenschutz nicht durch Landesgesetz geregelt ist, gelten die §§ 12 bis 16, 19 bis 20 auch für die öffentlichen Stellen der Länder, soweit sie

1. Bundesrecht ausführen und nicht als öffentlich-rechtliche Unternehmen am Wettbewerb teilnehmen oder
2. als Organe der Rechtspflege tätig werden und es sich nicht um Verwaltungsangelegenheiten handelt.

(3) Für Landesbeauftragte für den Datenschutz gilt § 23 Abs. 4 entsprechend.

(4) Werden personenbezogene Daten für frühere, bestehende oder zukünftige dienst- oder arbeitsrechtliche Rechtsverhältnisse erhoben, verarbeitet oder genutzt, gelten anstelle der §§ 13 bis 16, 19 bis 20 der § 28 Abs. 1 und 3 Nr. 1 sowie die §§ 33 bis 35, auch soweit personenbezogene Daten weder automatisiert verarbeitet noch in nicht automatisierten Dateien verarbeitet oder genutzt oder dafür erhoben werden.

§ 13 Datenerhebung

(1) Das Erheben personenbezogener Daten ist zulässig, wenn ihre Kenntnis zur Erfüllung der Aufgaben der verantwortlichen Stelle erforderlich ist.

(1a) Werden personenbezogene Daten statt beim Betroffenen bei einer nicht-öffentlichen Stelle erhoben, so ist die Stelle auf die Rechtsvorschrift, die zur Auskunft verpflichtet, sonst auf die Freiwilligkeit ihrer Angaben hinzuweisen.

(2) Das Erheben besonderer Arten personenbezogener Daten (§ 3 Abs. 9) ist nur zulässig, soweit

1. eine Rechtsvorschrift dies vorsieht oder aus Gründen eines wichtigen öffentlichen Interesses zwingend erfordert,
2. der Betroffene nach Maßgabe des § 4a Abs. 3 eingewilligt hat,
3. dies zum Schutz lebenswichtiger Interessen des Betroffenen oder eines Dritten erforderlich ist, sofern der Betroffene aus physischen oder rechtlichen Gründen außerstande ist, seine Einwilligung zu geben,
4. es sich um Daten handelt, die der Betroffene offenkundig öffentlich gemacht hat,
5. dies zur Abwehr einer erheblichen Gefahr für die öffentliche Sicherheit erforderlich ist,
6. dies zur Abwehr erheblicher Nachteile für das Gemeinwohl oder zur Wahrung erheblicher Belange des Gemeinwohls zwingend erforderlich ist,

7. dies zum Zweck der Gesundheitsvorsorge, der medizinischen Diagnostik, der Gesundheitsversorgung oder Behandlung oder für die Verwaltung von Gesundheitsdiensten erforderlich ist und die Verarbeitung dieser Daten durch ärztliches Personal oder durch sonstige Personen erfolgt, die einer entsprechenden Geheimhaltungspflicht unterliegen,
8. dies zur Durchführung wissenschaftlicher Forschung erforderlich ist, das wissenschaftliche Interesse an der Durchführung des Forschungsvorhabens das Interesse des Betroffenen an dem Ausschluss der Erhebung erheblich überwiegt und der Zweck der Forschung auf andere Weise nicht oder nur mit unverhältnismäßigem Aufwand erreicht werden kann oder
9. dies aus zwingenden Gründen der Verteidigung oder der Erfüllung über- oder zwischenstaatlicher Verpflichtungen einer öffentlichen Stelle des Bundes auf dem Gebiet der Krisenbewältigung oder Konfliktverhinderung oder für humanitäre Maßnahmen erforderlich ist.

§ 14 Datenspeicherung, -veränderung und -nutzung

(1) Das Speichern, Verändern oder Nutzen personenbezogener Daten ist zulässig, wenn es zur Erfüllung der in der Zuständigkeit der verantwortlichen Stelle liegenden Aufgaben erforderlich ist und es für die Zwecke erfolgt, für die die Daten erhoben worden sind. Ist keine Erhebung vorausgegangen, dürfen die Daten nur für die Zwecke geändert oder genutzt werden, für die sie gespeichert worden sind.

(2) Das Speichern, Verändern oder Nutzen für andere Zwecke ist nur zulässig, wenn
1. eine Rechtsvorschrift dies vorsieht oder zwingend voraussetzt,
2. der Betroffene eingewilligt hat,
3. offensichtlich ist, dass es im Interesse des Betroffenen liegt, und kein Grund zu der Annahme besteht, dass er in Kenntnis des anderen Zwecks seine Einwilligung verweigern würde,
4. Angaben des Betroffenen überprüft werden müssen, weil tatsächliche Anhaltspunkte für deren Unrichtigkeit bestehen,
5. die Daten allgemein zugänglich sind oder die verantwortliche Stelle sie veröffentlichen dürfte, es sei denn, dass das schutzwürdige Interesse des Betroffenen an dem Ausschluss der Zweckänderung offensichtlich überwiegt,
6. es zur Abwehr erheblicher Nachteile für das Gemeinwohl oder einer Gefahr für die öffentliche Sicherheit oder zur Wahrung erheblicher Belange des Gemeinwohls erforderlich ist,
7. es zur Verfolgung von Straftaten oder Ordnungswidrigkeiten, zur Vollstreckung oder zum Vollzug von Strafen oder Maßnahmen im Sinne des § 11 Abs. 1 Nr. 8 des Strafgesetzbuchs oder von Erziehungsmaßregeln oder Zuchtmitteln im Sinne des Jugendgerichtsgesetzes oder zur Vollstreckung von Bußgeldentscheidungen erforderlich ist,
8. es zur Abwehr einer schwerwiegenden Beeinträchtigung der Rechte einer anderen Person erforderlich ist oder
9. es zur Durchführung wissenschaftlicher Forschung erforderlich ist, das wissenschaftliche Interesse an der Durchführung des Forschungsvorhabens das Interesse des Betroffenen an dem Ausschluss der Zweckänderung erheblich überwiegt und der Zweck der Forschung auf andere Weise nicht oder nur mit unverhältnismäßigem Aufwand erreicht werden kann.

(3) Eine Verarbeitung oder Nutzung für andere Zwecke liegt nicht vor, wenn sie der Wahrnehmung von Aufsichts- und Kontrollbefugnissen, der Rechnungsprüfung oder der Durchführung von Organisationsuntersuchungen für die verantwortliche Stelle dient. Das gilt auch für die Verarbeitung oder Nutzung zu Ausbildungs- und Prüfungszwecken durch die verantwortliche Stelle, soweit nicht überwiegende schutzwürdige Interessen des Betroffenen entgegenstehen.

(4) Personenbezogene Daten, die ausschließlich zu Zwecken der Datenschutzkontrolle, der Datensicherung oder zur Sicherstellung eines ordnungsgemäßen Betriebes einer Datenverarbeitungsanlage gespeichert werden, dürfen nur für diese Zwecke verwendet werden.

(5) Das Speichern, Verändern oder Nutzen von besonderen Arten personenbezogener Daten (§ 3 Abs. 9) für andere Zwecke ist nur zulässig, wenn

1. die Voraussetzungen vorliegen, die eine Erhebung nach § 13 Abs. 2 Nr. 1 bis 6 oder 9 zulassen würden oder
2. dies zur Durchführung wissenschaftlicher Forschung erforderlich ist, das öffentliche Interesse an der Durchführung des Forschungsvorhabens das Interesse des Betroffenen an dem Ausschluss der Zweckänderung erheblich überwiegt und der Zweck der Forschung auf andere Weise nicht oder nur mit unverhältnismäßigem Aufwand erreicht werden kann.

Bei der Abwägung nach Satz 1 Nr. 2 ist im Rahmen des öffentlichen Interesses das wissenschaftliche Interesse an dem Forschungsvorhaben besonders zu berücksichtigen.

(6) Die Speicherung, Veränderung oder Nutzung von besonderen Arten personenbezogener Daten (§ 3 Abs. 9) zu den in § 13 Abs. 2 Nr. 7 genannten Zwecken richtet sich nach den für die in § 13 Abs. 2 Nr. 7 genannten Personen geltenden Geheimhaltungspflichten.

§ 15 Datenübermittlung an öffentliche Stellen

(1) Die Übermittlung personenbezogener Daten an öffentliche Stellen ist zulässig, wenn

1. sie zur Erfüllung der in der Zuständigkeit der übermittelnden Stelle oder des Dritten, an den die Daten übermittelt werden, liegenden Aufgaben erforderlich ist und
2. die Voraussetzungen vorliegen, die eine Nutzung nach § 14 zulassen würden.

(2) Die Verantwortung für die Zulässigkeit der Übermittlung trägt die übermittelnde Stelle. Erfolgt die Übermittlung auf Ersuchen des Dritten, an den die Daten übermittelt werden, trägt dieser die Verantwortung. In diesem Fall prüft die übermittelnde Stelle nur, ob das Übermittlungsersuchen im Rahmen der Aufgaben des Dritten, an den die Daten übermittelt werden, liegt, es sei denn, dass besonderer Anlass zur Prüfung der Zulässigkeit der Übermittlung besteht. § 10 Abs. 4 bleibt unberührt.

(3) Der Dritte, an den die Daten übermittelt werden, darf diese für den Zweck verarbeiten oder nutzen, zu dessen Erfüllung sie ihm übermittelt werden. Eine Verarbeitung oder Nutzung für andere Zwecke ist nur unter den Voraussetzungen des § 14 Abs. 2 zulässig.

(4) Für die Übermittlung personenbezogener Daten an Stellen der öffentlich-rechtlichen Religionsgesellschaften gelten die Absätze 1 bis 3 entsprechend, sofern sichergestellt ist, dass bei diesen ausreichende Datenschutzmaßnahmen getroffen werden.

(5) Sind mit personenbezogenen Daten, die nach Absatz 1 übermittelt werden dürfen, weitere personenbezogene Daten des Betroffenen oder eines Dritten so verbunden, dass eine Trennung nicht oder nur mit unvertretbarem Aufwand möglich ist, so ist die Übermittlung auch dieser Daten zulässig, soweit nicht berechtigte Interessen des Betroffenen oder eines Dritten an deren Geheimhaltung offensichtlich überwiegen; eine Nutzung dieser Daten ist unzulässig.

(6) Absatz 5 gilt entsprechend, wenn personenbezogene Daten innerhalb einer öffentlichen Stelle weitergegeben werden.

§ 16 Datenübermittlung an nicht-öffentliche Stellen

(1) Die Übermittlung personenbezogener Daten an nicht-öffentliche Stellen ist zulässig, wenn

1. sie zur Erfüllung der in der Zuständigkeit der übermittelnden Stelle liegenden Aufgaben erforderlich ist und die Voraussetzungen vorliegen, die eine Nutzung nach § 14 zulassen würden, oder
2. der Dritte, an den die Daten übermittelt werden, ein berechtigtes Interesse an der Kenntnis der zu übermittelnden Daten glaubhaft darlegt und der Betroffene kein schutzwürdiges Interesse an dem Ausschluss der Übermittlung hat. Das Übermitteln von besonderen Arten personenbezogener Daten (§ 3 Abs. 9) ist abweichend von Satz 1 Nr. 2 nur zulässig, wenn die Voraussetzungen vorliegen, die eine Nutzung nach § 14 Abs. 5 und 6 zulassen

würden oder soweit dies zur Geltendmachung, Ausübung oder Verteidigung rechtlicher Ansprüche erforderlich ist.
(2) Die Verantwortung für die Zulässigkeit der Übermittlung trägt die übermittelnde Stelle.
(3) In den Fällen der Übermittlung nach Absatz 1 Nr. 2 unterrichtet die übermittelnde Stelle den Betroffenen von der Übermittlung seiner Daten. Dies gilt nicht, wenn damit zu rechnen ist, dass er davon auf andere Weise Kenntnis erlangt, oder wenn die Unterrichtung die öffentliche Sicherheit gefährden oder sonst dem Wohle des Bundes oder eines Landes Nachteile bereiten würde.
(4) Der Dritte, an den die Daten übermittelt werden, darf diese nur für den Zweck verarbeiten oder nutzen, zu dessen Erfüllung sie ihm übermittelt werden. Die übermittelnde Stelle hat ihn darauf hinzuweisen. Eine Verarbeitung oder Nutzung für andere Zwecke ist zulässig, wenn eine Übermittlung nach Absatz 1 zulässig wäre und die übermittelnde Stelle zugestimmt hat.

§ 17 (weggefallen)

§ 18 Durchführung des Datenschutzes in der Bundesverwaltung

(1) Die obersten Bundesbehörden, der Präsident des Bundeseisenbahnvermögens sowie die bundesunmittelbaren Körperschaften, Anstalten und Stiftungen des öffentlichen Rechts, über die von der Bundesregierung oder einer obersten Bundesbehörde lediglich die Rechtsaufsicht ausgeübt wird, haben für ihren Geschäftsbereich die Ausführung dieses Gesetzes sowie anderer Rechtsvorschriften über den Datenschutz sicherzustellen. Das Gleiche gilt für die Vorstände der aus dem Sondervermögen Deutsche Bundespost durch Gesetz hervorgegangenen Unternehmen, solange diesen ein ausschließliches Recht nach dem Postgesetz zusteht.
(2) Die öffentlichen Stellen führen ein Verzeichnis der eingesetzten Datenverarbeitungsanlagen. Für ihre automatisierten Verarbeitungen haben sie die Angaben nach § 4e sowie die Rechtsgrundlage der Verarbeitung schriftlich festzulegen. Bei allgemeinen Verwaltungszwecken dienenden automatisierten Verarbeitungen, bei welchen das Auskunftsrecht des Betroffenen nicht nach § 19 Abs. 3 oder 4 eingeschränkt wird, kann hiervon abgesehen werden. Für automatisierte Verarbeitungen, die in gleicher oder ähnlicher Weise mehrfach geführt werden, können die Festlegungen zusammengefasst werden.

Zweiter Unterabschnitt
Rechte des Betroffenen

§ 19 Auskunft an den Betroffenen

(1) Dem Betroffenen ist auf Antrag Auskunft zu erteilen über
1. die zu seiner Person gespeicherten Daten, auch soweit sie sich auf die Herkunft dieser Daten beziehen,
2. die Empfänger oder Kategorien von Empfängern, an die die Daten weitergegeben werden, und
3. den Zweck der Speicherung.

In dem Antrag soll die Art der personenbezogenen Daten, über die Auskunft erteilt werden soll, näher bezeichnet werden. Sind die personenbezogenen Daten weder automatisiert noch in nicht automatisierten Dateien gespeichert, wird die Auskunft nur erteilt, soweit der Betroffene Angaben macht, die das Auffinden der Daten ermöglichen, und der für die Erteilung der Auskunft erforderliche Aufwand nicht außer Verhältnis zu dem vom Betroffenen geltend gemachten Informationsinteresse steht. Die verantwortliche Stelle bestimmt das Verfahren, insbesondere die Form der Auskunftserteilung, nach pflichtgemäßem Ermessen.
(2) Absatz 1 gilt nicht für personenbezogene Daten, die nur deshalb gespeichert sind, weil sie aufgrund gesetzlicher, satzungsmäßiger oder vertraglicher Aufbewahrungsvorschriften

nicht gelöscht werden dürfen, oder ausschließlich Zwecken der Datensicherung oder der Datenschutzkontrolle dienen und eine Auskunftserteilung einen unverhältnismäßigen Aufwand erfordern würde.

(3) Bezieht sich die Auskunftserteilung auf die Übermittlung personenbezogener Daten an Verfassungsschutzbehörden, den Bundesnachrichtendienst, den Militärischen Abschirmdienst und, soweit die Sicherheit des Bundes berührt wird, andere Behörden des Bundesministeriums der Verteidigung, ist sie nur mit Zustimmung dieser Stellen zulässig.

(4) Die Auskunftserteilung unterbleibt, soweit

1. die Auskunft die ordnungsgemäße Erfüllung der in der Zuständigkeit der verantwortlichen Stelle liegenden Aufgaben gefährden würde,
2. die Auskunft die öffentliche Sicherheit oder Ordnung gefährden oder sonst dem Wohle des Bundes oder eines Landes Nachteile bereiten würde oder
3. die Daten oder die Tatsache ihrer Speicherung nach einer Rechtsvorschrift oder ihrem Wesen nach, insbesondere wegen der überwiegenden berechtigten Interessen eines Dritten, geheim gehalten werden müssen

und deswegen das Interesse des Betroffenen an der Auskunftserteilung zurücktreten muss.

(5) Die Ablehnung der Auskunftserteilung bedarf einer Begründung nicht, soweit durch die Mitteilung der tatsächlichen und rechtlichen Gründe, auf die die Entscheidung gestützt wird, der mit der Auskunftsverweigerung verfolgte Zweck gefährdet würde. In diesem Fall ist der Betroffene darauf hinzuweisen, dass er sich an den Bundesbeauftragten für den Datenschutz und die Informationsfreiheit wenden kann.

(6) Wird dem Betroffenen keine Auskunft erteilt, so ist sie auf sein Verlangen dem Bundesbeauftragten für den Datenschutz und die Informationsfreiheit zu erteilen, soweit nicht die jeweils zuständige oberste Bundesbehörde im Einzelfall feststellt, dass dadurch die Sicherheit des Bundes oder eines Landes gefährdet würde. Die Mitteilung des Bundesbeauftragten an den Betroffenen darf keine Rückschlüsse auf den Erkenntnisstand der verantwortlichen Stelle zulassen, sofern diese nicht einer weitergehenden Auskunft zustimmt.

(7) Die Auskunft ist unentgeltlich.

§ 19a Benachrichtigung

(1) Werden Daten ohne Kenntnis des Betroffenen erhoben, so ist er von der Speicherung, der Identität der verantwortlichen Stelle sowie über die Zweckbestimmungen der Erhebung, Verarbeitung oder Nutzung zu unterrichten. Der Betroffene ist auch über die Empfänger oder Kategorien von Empfängern von Daten zu unterrichten, soweit er nicht mit der Übermittlung an diese rechnen muss. Sofern eine Übermittlung vorgesehen ist, hat die Unterrichtung spätestens bei der ersten Übermittlung zu erfolgen.

(2) Eine Pflicht zur Benachrichtigung besteht nicht, wenn

1. der Betroffene auf andere Weise Kenntnis von der Speicherung oder der Übermittlung erlangt hat,
2. die Unterrichtung des Betroffenen einen unverhältnismäßigen Aufwand erfordert oder
3. die Speicherung oder Übermittlung der personenbezogenen Daten durch Gesetz ausdrücklich vorgesehen ist.

Die verantwortliche Stelle legt schriftlich fest, unter welchen Voraussetzungen von einer Benachrichtigung nach Nummer 2 oder 3 abgesehen wird.

(3) § 19 Abs. 2 bis 4 gilt entsprechend.

§ 20 Berichtigung, Löschung und Sperrung von Daten; Widerspruchsrecht

(1) Personenbezogene Daten sind zu berichtigen, wenn sie unrichtig sind. Wird festgestellt, dass personenbezogene Daten, die weder automatisiert verarbeitet noch in nicht automatisierten Dateien gespeichert sind, unrichtig sind, oder wird ihre Richtigkeit von dem Betroffenen bestritten, so ist dies in geeigneter Weise festzuhalten.

(2) Personenbezogene Daten, die automatisiert verarbeitet oder in nicht automatisierten Dateien gespeichert sind, sind zu löschen, wenn

1. ihre Speicherung unzulässig ist oder
2. ihre Kenntnis für die verantwortliche Stelle zur Erfüllung der in ihrer Zuständigkeit liegenden Aufgaben nicht mehr erforderlich ist.

(3) An die Stelle einer Löschung tritt eine Sperrung, soweit
1. einer Löschung gesetzliche, satzungsmäßige oder vertragliche Aufbewahrungsfristen entgegenstehen,
2. Grund zu der Annahme besteht, dass durch eine Löschung schutzwürdige Interessen des Betroffenen beeinträchtigt würden, oder
3. eine Löschung wegen der besonderen Art der Speicherung nicht oder nur mit unverhältnismäßig hohem Aufwand möglich ist.

(4) Personenbezogene Daten, die automatisiert verarbeitet oder in nicht automatisierten Dateien gespeichert sind, sind ferner zu sperren, soweit ihre Richtigkeit vom Betroffenen bestritten wird und sich weder die Richtigkeit noch die Unrichtigkeit feststellen lässt.

(5) Personenbezogene Daten dürfen nicht für eine automatisierte Verarbeitung oder Verarbeitung in nicht automatisierten Dateien erhoben, verarbeitet oder genutzt werden, soweit der Betroffene dieser bei der verantwortlichen Stelle widerspricht und eine Prüfung ergibt, dass das schutzwürdige Interesse des Betroffenen wegen seiner besonderen persönlichen Situation das Interesse der verantwortlichen Stelle an dieser Erhebung, Verarbeitung oder Nutzung überwiegt. Satz 1 gilt nicht, wenn eine Rechtsvorschrift zur Erhebung, Verarbeitung oder Nutzung verpflichtet.

(6) Personenbezogene Daten, die weder automatisiert verarbeitet noch in einer nicht automatisierten Datei gespeichert sind, sind zu sperren, wenn die Behörde im Einzelfall feststellt, dass ohne die Sperrung schutzwürdige Interessen des Betroffenen beeinträchtigt würden und die Daten für die Aufgabenerfüllung der Behörde nicht mehr erforderlich sind.

(7) Gesperrte Daten dürfen ohne Einwilligung des Betroffenen nur übermittelt oder genutzt werden, wenn
1. es zu wissenschaftlichen Zwecken, zur Behebung einer bestehenden Beweisnot oder aus sonstigen im überwiegenden Interesse der verantwortlichen Stelle oder eines Dritten liegenden Gründen unerlässlich ist und
2. die Daten hierfür übermittelt oder genutzt werden dürften, wenn sie nicht gesperrt wären.

(8) Von der Berichtigung unrichtiger Daten, der Sperrung bestrittener Daten sowie der Löschung oder Sperrung wegen Unzulässigkeit der Speicherung sind die Stellen zu verständigen, denen im Rahmen einer Datenübermittlung diese Daten zur Speicherung weitergegeben wurden, wenn dies keinen unverhältnismäßigen Aufwand erfordert und schutzwürdige Interessen des Betroffenen nicht entgegenstehen.

(9) § 2 Abs. 1 bis 6, 8 und 9 des Bundesarchivgesetzes ist anzuwenden.

§ 21 Anrufung des Bundesbeauftragten für den Datenschutz und die Informationsfreiheit

Jedermann kann sich an den Bundesbeauftragten für den Datenschutz und die Informationsfreiheit wenden, wenn er der Ansicht ist, bei der Erhebung, Verarbeitung oder Nutzung seiner personenbezogenen Daten durch öffentliche Stellen des Bundes in seinen Rechten verletzt worden zu sein. Für die Erhebung, Verarbeitung oder Nutzung von personenbezogenen Daten durch Gerichte des Bundes gilt dies nur, soweit diese in Verwaltungsangelegenheiten tätig werden.

Dritter Unterabschnitt
Bundesbeauftragter für den Datenschutz und die Informationsfreiheit

§ 22 Wahl des Bundesbeauftragten für den Datenschutz und die Informationsfreiheit

(1) Der Deutsche Bundestag wählt auf Vorschlag der Bundesregierung den Bundesbeauftragten für den Datenschutz und die Informationsfreiheit mit mehr als der Hälfte der gesetzlichen Zahl seiner Mitglieder. Der Bundesbeauftragte muss bei seiner Wahl das 35. Lebensjahr vollendet haben. Der Gewählte ist vom Bundespräsidenten zu ernennen.
(2) Der Bundesbeauftragte leistet vor dem Bundesminister des Innern folgenden Eid:
„Ich schwöre, dass ich meine Kraft dem Wohle des deutschen Volkes widmen, seinen Nutzen mehren, Schaden von ihm wenden, das Grundgesetz und die Gesetze des Bundes wahren und verteidigen, meine Pflichten gewissenhaft erfüllen und Gerechtigkeit gegen jedermann üben werde. So wahr mir Gott helfe.“
Der Eid kann auch ohne religiöse Beteuerung geleistet werden.
(3) Die Amtszeit des Bundesbeauftragten beträgt fünf Jahre. Einmalige Wiederwahl ist zulässig.
(4) Der Bundesbeauftragte steht nach Maßgabe dieses Gesetzes zum Bund in einem öffentlich-rechtlichen Amtsverhältnis. Er ist in Ausübung seines Amtes unabhängig und nur dem Gesetz unterworfen. Er untersteht der Rechtsaufsicht der Bundesregierung.
(5) Der Bundesbeauftragte wird beim Bundesministerium des Innern eingerichtet. Er untersteht der Dienstaufsicht des Bundesministeriums des Innern. Dem Bundesbeauftragten ist die für die Erfüllung seiner Aufgaben notwendige Personal- und Sachausstattung zur Verfügung zu stellen; sie ist im Einzelplan des Bundesministeriums des Innern in einem eigenen Kapitel auszuweisen. Die Stellen sind im Einvernehmen mit dem Bundesbeauftragten zu besetzen. Die Mitarbeiter können, falls sie mit der beabsichtigten Maßnahme nicht einverstanden sind, nur im Einvernehmen mit ihm versetzt, abgeordnet oder umgesetzt werden.
(6) Ist der Bundesbeauftragte vorübergehend an der Ausübung seines Amtes verhindert, kann der Bundesminister des Innern einen Vertreter mit der Wahrnehmung der Geschäfte beauftragen. Der Bundesbeauftragte soll dazu gehört werden.

§ 23 Rechtsstellung des Bundesbeauftragten für den Datenschutz und die Informationsfreiheit

(1) Das Amtsverhältnis des Bundesbeauftragten für den Datenschutz und die Informationsfreiheit beginnt mit der Aushändigung der Ernennungsurkunde. Es endet
1. mit Ablauf der Amtszeit,
2. mit der Entlassung.

Der Bundespräsident entlässt den Bundesbeauftragten, wenn dieser es verlangt oder auf Vorschlag der Bundesregierung, wenn Gründe vorliegen, die bei einem Richter auf Lebenszeit die Entlassung aus dem Dienst rechtfertigen. Im Fall der Beendigung des Amtsverhältnisses erhält der Bundesbeauftragte eine vom Bundespräsidenten vollzogene Urkunde. Eine Entlassung wird mit der Aushändigung der Urkunde wirksam. Auf Ersuchen des Bundesministers des Innern ist der Bundesbeauftragte verpflichtet, die Geschäfte bis zur Ernennung seines Nachfolgers weiterzuführen.
(2) Der Bundesbeauftragte darf neben seinem Amt kein anderes besoldetes Amt, kein Gewerbe und keinen Beruf ausüben und weder der Leitung oder dem Aufsichtsrat oder Verwaltungsrat eines auf Erwerb gerichteten Unternehmens noch einer Regierung oder einer gesetzgebenden Körperschaft des Bundes oder eines Landes angehören. Er darf nicht gegen Entgelt außergerichtliche Gutachten abgeben.
(3) Der Bundesbeauftragte hat dem Bundesministerium des Innern Mitteilung über Geschenke zu machen, die er in Bezug auf sein Amt erhält. Das Bundesministerium des Innern entscheidet über die Verwendung der Geschenke.
(4) Der Bundesbeauftragte ist berechtigt, über Personen, die ihm in seiner Eigenschaft als Bundesbeauftragter Tatsachen anvertraut haben, sowie über diese Tatsachen selbst das Zeugnis

zu verweigern. Dies gilt auch für die Mitarbeiter des Bundesbeauftragten mit der Maßgabe, dass über die Ausübung dieses Rechts der Bundesbeauftragte entscheidet. Soweit das Zeugnisverweigerungsrecht des Bundesbeauftragten reicht, darf die Vorlegung oder Auslieferung von Akten oder anderen Schriftstücken von ihm nicht gefordert werden.

(5) Der Bundesbeauftragte ist, auch nach Beendigung seines Amtsverhältnisses, verpflichtet, über die ihm amtlich bekannt gewordenen Angelegenheiten Verschwiegenheit zu bewahren. Dies gilt nicht für Mitteilungen im dienstlichen Verkehr oder über Tatsachen, die offenkundig sind oder ihrer Bedeutung nach keiner Geheimhaltung bedürfen. Der Bundesbeauftragte darf, auch wenn er nicht mehr im Amt ist, über solche Angelegenheiten ohne Genehmigung des Bundesministeriums des Innern weder vor Gericht noch außergerichtlich aussagen oder Erklärungen abgeben. Unberührt bleibt die gesetzlich begründete Pflicht, Straftaten anzuzeigen und bei Gefährdung der freiheitlichen demokratischen Grundordnung für deren Erhaltung einzutreten. Für den Bundesbeauftragten und seine Mitarbeiter gelten die §§ 93, 97, 105 Abs. 1, § 111 Abs. 5 in Verbindung mit § 105 Abs. 1 sowie § 116 Abs. 1 der Abgabenordnung nicht. Satz 5 findet keine Anwendung, soweit die Finanzbehörden die Kenntnis für die Durchführung eines Verfahrens wegen einer Steuerstraftat sowie eines damit zusammenhängenden Steuerverfahrens benötigen, an deren Verfolgung ein zwingendes öffentliches Interesse besteht, oder soweit es sich um vorsätzlich falsche Angaben des Auskunftspflichtigen oder der für ihn tätigen Personen handelt. Stellt der Bundesbeauftragte einen Datenschutzverstoß fest, ist er befugt, diesen anzuzeigen und den Betroffenen hierüber zu informieren.

(6) Die Genehmigung, als Zeuge auszusagen, soll nur versagt werden, wenn die Aussage dem Wohle des Bundes oder eines deutschen Landes Nachteile bereiten oder die Erfüllung öffentlicher Aufgaben ernstlich gefährden oder erheblich erschweren würde. Die Genehmigung, ein Gutachten zu erstatten, kann versagt werden, wenn die Erstattung den dienstlichen Interessen Nachteile bereiten würde. § 28 des Bundesverfassungsgerichtsgesetzes bleibt unberührt.

(7) Der Bundesbeauftragte erhält vom Beginn des Kalendermonats an, in dem das Amtsverhältnis beginnt, bis zum Schluss des Kalendermonats, in dem das Amtsverhältnis endet, im Fall des Absatzes 1 Satz 6 bis zum Ende des Monats, in dem die Geschäftsführung endet, Amtsbezüge in Höhe der einem Bundesbeamten der Besoldungsgruppe B 9 zustehenden Besoldung. Das Bundesreisekostengesetz und das Bundesumzugskostengesetz sind entsprechend anzuwenden. Im Übrigen sind die §§ 13 bis 20 und 21a Abs. 5 des Bundesministergesetzes mit den Maßgaben anzuwenden, dass an die Stelle der zweijährigen Amtszeit in § 15 Abs. 1 des Bundesministergesetzes eine Amtszeit von fünf Jahren und an die Stelle der Besoldungsgruppe B 11 in § 21a Abs. 5 des Bundesministergesetzes die Besoldungsgruppe B 9 tritt. Abweichend von Satz 3 in Verbindung mit den §§ 15 bis 17 und 21a Abs. 5 des Bundesministergesetzes berechnet sich das Ruhegehalt des Bundesbeauftragten unter Hinzurechnung der Amtszeit als ruhegehaltsfähige Dienstzeit in entsprechender Anwendung des Beamtenversorgungsgesetzes, wenn dies günstiger ist und der Bundesbeauftragte sich unmittelbar vor seiner Wahl zum Bundesbeauftragten als Beamter oder Richter mindestens in dem letzten gewöhnlich vor Erreichen der Besoldungsgruppe B 9 zu durchlaufenden Amt befunden hat.

(8) Absatz 5 Satz 5 bis 7 gilt entsprechend für die öffentlichen Stellen, die für die Kontrolle der Einhaltung der Vorschriften über den Datenschutz in den Ländern zuständig sind.

§ 24 Kontrolle durch den Bundesbeauftragten für den Datenschutz und die Informationsfreiheit

(1) Der Bundesbeauftragte für den Datenschutz kontrolliert bei den öffentlichen Stellen des Bundes die Einhaltung der Vorschriften dieses Gesetzes und anderer Vorschriften über den Datenschutz.

(2) Die Kontrolle des Bundesbeauftragten erstreckt sich auch auf

1. von öffentlichen Stellen des Bundes erlangte personenbezogene Daten über den Inhalt und die näheren Umstände des Brief-, Post- und Fernmeldeverkehrs und

2. personenbezogene Daten, die einem Berufs- oder besonderen Amtsgeheimnis, insbesondere dem Steuergeheimnis nach § 30 der Abgabenordnung, unterliegen.

Das Grundrecht des Brief-, Post- und Fernmeldegeheimnisses des Artikels 10 des Grundgesetzes wird insoweit eingeschränkt. Personenbezogene Daten, die der Kontrolle durch die Kommission nach § 15 des Artikel 10-Gesetzes unterliegen, unterliegen nicht der Kontrolle durch den Bundesbeauftragten, es sei denn, die Kommission ersucht den Bundesbeauftragten, die Einhaltung der Vorschriften über den Datenschutz bei bestimmten Vorgängen oder in bestimmten Bereichen zu kontrollieren und ausschließlich ihr darüber zu berichten. Der Kontrolle durch den Bundesbeauftragten unterliegen auch nicht personenbezogene Daten in Akten über die Sicherheitsüberprüfung, wenn der Betroffene der Kontrolle der auf ihn bezogenen Daten im Einzelfall gegenüber dem Bundesbeauftragten widerspricht.

(3) Die Bundesgerichte unterliegen der Kontrolle des Bundesbeauftragten nur, soweit sie in Verwaltungsangelegenheiten tätig werden.

(4) Die öffentlichen Stellen des Bundes sind verpflichtet, den Bundesbeauftragten und seine Beauftragten bei der Erfüllung ihrer Aufgaben zu unterstützen. Ihnen ist dabei insbesondere

1. Auskunft zu ihren Fragen sowie Einsicht in alle Unterlagen, insbesondere in die gespeicherten Daten und in die Datenverarbeitungsprogramme, zu gewähren, die im Zusammenhang mit der Kontrolle nach Absatz 1 stehen,
2. jederzeit Zutritt in alle Diensträume zu gewähren.

Die in § 6 Abs. 2 und § 19 Abs. 3 genannten Behörden gewähren die Unterstützung nur dem Bundesbeauftragten selbst und den von ihm schriftlich besonders Beauftragten. Satz 2 gilt für diese Behörden nicht, soweit die oberste Bundesbehörde im Einzelfall feststellt, dass die Auskunft oder Einsicht die Sicherheit des Bundes oder eines Landes gefährden würde.

(5) Der Bundesbeauftragte teilt das Ergebnis seiner Kontrolle der öffentlichen Stelle mit. Damit kann er Vorschläge zur Verbesserung des Datenschutzes, insbesondere zur Beseitigung von festgestellten Mängeln bei der Verarbeitung oder Nutzung personenbezogener Daten, verbinden. § 25 bleibt unberührt.

(6) Absatz 2 gilt entsprechend für die öffentlichen Stellen, die für die Kontrolle der Einhaltung der Vorschriften über den Datenschutz in den Ländern zuständig sind.

§ 25 Beanstandungen durch den Bundesbeauftragten für den Datenschutz und die Informationsfreiheit

(1) Stellt der Bundesbeauftragte für den Datenschutz und die Informationsfreiheit Verstöße gegen die Vorschriften dieses Gesetzes oder gegen andere Vorschriften über den Datenschutz oder sonstige Mängel bei der Verarbeitung oder Nutzung personenbezogener Daten fest, so beanstandet er dies

1. bei der Bundesverwaltung gegenüber der zuständigen obersten Bundesbehörde,
2. beim Bundeseisenbahnvermögen gegenüber dem Präsidenten,
3. bei den aus dem Sondervermögen Deutsche Bundespost durch Gesetz hervorgegangenen Unternehmen, solange ihnen ein ausschließliches Recht nach dem Postgesetz zusteht, gegenüber deren Vorständen,
4. bei den bundesunmittelbaren Körperschaften, Anstalten und Stiftungen des öffentlichen Rechts sowie bei Vereinigungen solcher Körperschaften, Anstalten und Stiftungen gegenüber dem Vorstand oder dem sonst vertretungsberechtigten Organ

und fordert zur Stellungnahme innerhalb einer von ihm zu bestimmenden Frist auf. In den Fällen von Satz 1 Nr. 4 unterrichtet der Bundesbeauftragte gleichzeitig die zuständige Aufsichtsbehörde.

(2) Der Bundesbeauftragte kann von einer Beanstandung absehen oder auf eine Stellungnahme der betroffenen Stelle verzichten, insbesondere wenn es sich um unerhebliche oder inzwischen beseitigte Mängel handelt.

(3) Die Stellungnahme soll auch eine Darstellung der Maßnahmen enthalten, die aufgrund der Beanstandung des Bundesbeauftragten getroffen worden sind. Die in Absatz 1 Satz 1

Nr. 4 genannten Stellen leiten der zuständigen Aufsichtsbehörde gleichzeitig eine Abschrift ihrer Stellungnahme an den Bundesbeauftragten zu.

§ 26 Weitere Aufgaben des Bundesbeauftragten für den Datenschutz und die Informationsfreiheit

(1) Der Bundesbeauftragte für den Datenschutz und die Informationsfreiheit erstattet dem Deutschen Bundestag alle zwei Jahre einen Tätigkeitsbericht. Er unterrichtet den Deutschen Bundestag und die Öffentlichkeit über wesentliche Entwicklungen des Datenschutzes.
(2) Auf Anforderung des Deutschen Bundestages oder der Bundesregierung hat der Bundesbeauftragte Gutachten zu erstellen und Berichte zu erstatten. Auf Ersuchen des Deutschen Bundestages, des Petitionsausschusses, des Innenausschusses oder der Bundesregierung geht der Bundesbeauftragte ferner Hinweisen auf Angelegenheiten und Vorgänge des Datenschutzes bei den öffentlichen Stellen des Bundes nach. Der Bundesbeauftragte kann sich jederzeit an den Deutschen Bundestag wenden.
(3) Der Bundesbeauftragte kann der Bundesregierung und den in § 12 Abs. 1 genannten Stellen des Bundes Empfehlungen zur Verbesserung des Datenschutzes geben und sie in Fragen des Datenschutzes beraten. Die in § 25 Abs. 1 Nr. 1 bis 4 genannten Stellen sind durch den Bundesbeauftragten zu unterrichten, wenn die Empfehlung oder Beratung sie nicht unmittelbar betrifft.
(4) Der Bundesbeauftragte wirkt auf die Zusammenarbeit mit den öffentlichen Stellen, die für die Kontrolle der Einhaltung der Vorschriften über den Datenschutz in den Ländern zuständig sind, sowie mit den Aufsichtsbehörden nach § 38 hin. § 38 Abs. 1 Satz 3 und 4 gilt entsprechend.

Dritter Abschnitt
Datenverarbeitung nicht-öffentlicher Stellen und öffentlich-rechtlicher Wettbewerbsunternehmen

Erster Unterabschnitt
Rechtsgrundlagen der Datenverarbeitung

§ 27 Anwendungsbereich

(1) Die Vorschriften dieses Abschnittes finden Anwendung, soweit personenbezogene Daten unter Einsatz von Datenverarbeitungsanlagen verarbeitet, genutzt oder dafür erhoben werden oder die Daten in oder aus nicht automatisierten Dateien verarbeitet, genutzt oder dafür erhoben werden durch
1. nicht-öffentliche Stellen,
2. a) öffentliche Stellen des Bundes, soweit sie als öffentlich-rechtliche Unternehmen am Wettbewerb teilnehmen,
   b) öffentliche Stellen der Länder, soweit sie als öffentlich-rechtliche Unternehmen am Wettbewerb teilnehmen, Bundesrecht ausführen und der Datenschutz nicht durch Landesgesetz geregelt ist.

Dies gilt nicht, wenn die Erhebung, Verarbeitung oder Nutzung der Daten ausschließlich für persönliche oder familiäre Tätigkeiten erfolgt. In den Fällen der Nummer 2 Buchstabe a gelten anstelle des § 38 die §§ 18, 21 und 24 bis 26.
(2) Die Vorschriften dieses Abschnittes gelten nicht für die Verarbeitung und Nutzung personenbezogener Daten außerhalb von nicht automatisierten Dateien, soweit es sich nicht um personenbezogene Daten handelt, die offensichtlich aus einer automatisierten Verarbeitung entnommen worden sind.

§ 28 Datenerhebung, -verarbeitung und -nutzung für eigene Zwecke

(1) Das Erheben, Speichern, Verändern oder Übermitteln personenbezogener Daten oder ihre Nutzung als Mittel für die Erfüllung eigener Geschäftszwecke ist zulässig,
1. wenn es der Zweckbestimmung eines Vertragsverhältnisses oder vertragsähnlichen Vertrauensverhältnisses mit dem Betroffenen dient,
2. soweit es zur Wahrung berechtigter Interessen der verantwortlichen Stelle erforderlich ist und kein Grund zu der Annahme besteht, dass das schutzwürdige Interesse des Betroffenen an dem Ausschluss der Verarbeitung oder Nutzung überwiegt, oder
3. wenn die Daten allgemein zugänglich sind oder die verantwortliche Stelle sie veröffentlichen dürfte, es sei denn, dass das schutzwürdige Interesse des Betroffenen an dem Ausschluss der Verarbeitung oder Nutzung gegenüber dem berechtigten Interesse der verantwortlichen Stelle offensichtlich überwiegt.

Bei der Erhebung personenbezogener Daten sind die Zwecke, für die die Daten verarbeitet oder genutzt werden sollen, konkret festzulegen.

(2) Für einen anderen Zweck dürfen sie nur unter den Voraussetzungen des Absatzes 1 Satz 1 Nr. 2 und 3 übermittelt oder genutzt werden.

(3) Die Übermittlung oder Nutzung für einen anderen Zweck ist auch zulässig:
1. soweit es zur Wahrung berechtigter Interessen eines Dritten oder
2. zur Abwehr von Gefahren für die staatliche und öffentliche Sicherheit sowie zur Verfolgung von Straftaten erforderlich ist, oder
3. für Zwecke der Werbung, der Markt- und Meinungsforschung, wenn es sich um listenmäßig oder sonst zusammengefasste Daten über Angehörige einer Personengruppe handelt, die sich auf
   a) eine Angabe über die Zugehörigkeit des Betroffenen zu dieser Personengruppe,
   b) Berufs-, Branchen- oder Geschäftsbezeichnung,
   c) Namen,
   d) Titel,
   e) akademische Grade,
   f) Anschrift und
   g) Geburtsjahr

beschränken und kein Grund zu der Annahme besteht, dass der Betroffene ein schutzwürdiges Interesse an dem Ausschluss der Übermittlung oder Nutzung hat, oder
4. wenn es im Interesse einer Forschungseinrichtung zur Durchführung wissenschaftlicher Forschung erforderlich ist, das wissenschaftliche Interesse an der Durchführung des Forschungsvorhabens das Interesse des Betroffenen an dem Ausschluss der Zweckänderung erheblich überwiegt und der Zweck der Forschung auf andere Weise nicht oder nur mit unverhältnismäßigem Aufwand erreicht werden kann.

In den Fällen des Satzes 1 Nr. 3 ist anzunehmen, dass dieses Interesse besteht, wenn im Rahmen der Zweckbestimmung eines Vertragsverhältnisses oder vertragsähnlichen Vertrauensverhältnisses gespeicherte Daten übermittelt werden sollen, die sich
1. auf strafbare Handlungen,
2. auf Ordnungswidrigkeiten sowie
3. bei Übermittlung durch den Arbeitgeber auf arbeitsrechtliche Rechtsverhältnisse beziehen.

(4) Widerspricht der Betroffene bei der verantwortlichen Stelle der Nutzung oder Übermittlung seiner Daten für Zwecke der Werbung oder der Markt- oder Meinungsforschung, ist eine Nutzung oder Übermittlung für diese Zwecke unzulässig. Der Betroffene ist bei der Ansprache zum Zweck der Werbung oder der Markt- oder Meinungsforschung über die verantwortliche Stelle sowie über das Widerspruchsrecht nach Satz 1 zu unterrichten; soweit der Ansprechende personenbezogene Daten des Betroffenen nutzt, die bei einer ihm nicht bekannten Stelle gespeichert sind, hat er auch sicherzustellen, dass der Betroffene Kenntnis über die Herkunft der Daten erhalten kann. Widerspricht der Betroffene bei dem Dritten, dem die Daten nach Absatz 3 übermittelt werden, der Verarbeitung oder Nutzung für Zwecke

der Werbung oder der Markt- oder Meinungsforschung, hat dieser die Daten für diese Zwecke zu sperren.

(5) Der Dritte, dem die Daten übermittelt worden sind, darf diese nur für den Zweck verarbeiten oder nutzen, zu dessen Erfüllung sie ihm übermittelt werden. Eine Verarbeitung oder Nutzung für andere Zwecke ist nicht-öffentlichen Stellen nur unter den Voraussetzungen der Absätze 2 und 3 und öffentlichen Stellen nur unter den Voraussetzungen des § 14 Abs. 2 erlaubt. Die übermittelnde Stelle hat ihn darauf hinzuweisen.

(6) Das Erheben, Verarbeiten und Nutzen von besonderen Arten personenbezogener Daten (§ 3 Abs. 9) für eigene Geschäftszwecke ist zulässig, soweit nicht der Betroffene nach Maßgabe des § 4a Abs. 3 eingewilligt hat, wenn

1. dies zum Schutz lebenswichtiger Interessen des Betroffenen oder eines Dritten erforderlich ist, sofern der Betroffene aus physischen oder rechtlichen Gründen außerstande ist, seine Einwilligung zu geben,
2. es sich um Daten handelt, die der Betroffene offenkundig öffentlich gemacht hat,
3. dies zur Geltendmachung, Ausübung oder Verteidigung rechtlicher Ansprüche erforderlich ist und kein Grund zu der Annahme besteht, dass das schutzwürdige Interesse des Betroffenen an dem Ausschluss der Erhebung, Verarbeitung oder Nutzung überwiegt, oder
4. dies zur Durchführung wissenschaftlicher Forschung erforderlich ist, das wissenschaftliche Interesse an der Durchführung des Forschungsvorhabens das Interesse des Betroffenen an dem Ausschluss der Erhebung, Verarbeitung und Nutzung erheblich überwiegt und der Zweck der Forschung auf andere Weise nicht oder nur mit unverhältnismäßigem Aufwand erreicht werden kann.

(7) Das Erheben von besonderen Arten personenbezogener Daten (§ 3 Abs. 9) ist ferner zulässig, wenn dies zum Zweck der Gesundheitsvorsorge, der medizinischen Diagnostik, der Gesundheitsversorgung oder Behandlung oder für die Verwaltung von Gesundheitsdiensten erforderlich ist und die Verarbeitung dieser Daten durch ärztliches Personal oder durch sonstige Personen erfolgt, die einer entsprechenden Geheimhaltungspflicht unterliegen. Die Verarbeitung und Nutzung von Daten zu den in Satz 1 genannten Zwecken richtet sich nach den für die in Satz 1 genannten Personen geltenden Geheimhaltungspflichten. Werden zu einem in Satz 1 genannten Zweck Daten über die Gesundheit von Personen durch Angehörige eines anderen als in § 203 Abs. 1 und 3 des Strafgesetzbuchs genannten Berufes, dessen Ausübung die Feststellung, Heilung oder Linderung von Krankheiten oder die Herstellung oder den Vertrieb von Hilfsmitteln mit sich bringt, erhoben, verarbeitet oder genutzt, ist dies nur unter den Voraussetzungen zulässig, unter denen ein Arzt selbst hierzu befugt wäre.

(8) Für einen anderen Zweck dürfen die besonderen Arten personenbezogener Daten (§ 3 Abs. 9) nur unter den Voraussetzungen des Absatzes 6 Nr. 1 bis 4 oder des Absatzes 7 Satz 1 übermittelt oder genutzt werden. Eine Übermittlung oder Nutzung ist auch zulässig, wenn dies zur Abwehr von erheblichen Gefahren für die staatliche und öffentliche Sicherheit sowie zur Verfolgung von Straftaten von erheblicher Bedeutung erforderlich ist.

(9) Organisationen, die politisch, philosophisch, religiös oder gewerkschaftlich ausgerichtet sind und keinen Erwerbszweck verfolgen, dürfen besondere Arten personenbezogener Daten (§ 3 Abs. 9) erheben, verarbeiten oder nutzen, soweit dies für die Tätigkeit der Organisation erforderlich ist. Dies gilt nur für personenbezogene Daten ihrer Mitglieder oder von Personen, die im Zusammenhang mit deren Tätigkeitszweck regelmäßig Kontakte mit ihr unterhalten. Die Übermittlung dieser personenbezogenen Daten an Personen oder Stellen außerhalb der Organisation ist nur unter den Voraussetzungen des § 4a Abs. 3 zulässig. Absatz 3 Nr. 2 gilt entsprechend.

§ 29 Geschäftsmäßige Datenerhebung und -speicherung zum Zweck der Übermittlung

(1) Das geschäftsmäßige Erheben, Speichern oder Verändern personenbezogener Daten zum Zweck der Übermittlung, insbesondere wenn dies der Werbung, der Tätigkeit von Auskunfteien, dem Adresshandel oder der Markt- und Meinungsforschung dient, ist zulässig, wenn

1. kein Grund zu der Annahme besteht, dass der Betroffene ein schutzwürdiges Interesse an dem Ausschluss der Erhebung, Speicherung oder Veränderung hat, oder
2. die Daten aus allgemein zugänglichen Quellen entnommen werden können oder die verantwortliche Stelle sie veröffentlichen dürfte, es sei denn, dass das schutzwürdige Interesse des Betroffenen an dem Ausschluss der Erhebung, Speicherung oder Veränderung offensichtlich überwiegt.

§ 28 Abs. 1 Satz 2 ist anzuwenden.

(2) Die Übermittlung im Rahmen der Zwecke nach Absatz 1 ist zulässig, wenn

1. a) der Dritte, dem die Daten übermittelt werden, ein berechtigtes Interesse an ihrer Kenntnis glaubhaft dargelegt hat oder
   b) es sich um listenmäßig oder sonst zusammengefasste Daten nach § 28 Abs. 3 Nr. 3 handelt, die für Zwecke der Werbung oder der Markt- oder Meinungsforschung übermittelt werden sollen, und
2. kein Grund zu der Annahme besteht, dass der Betroffene ein schutzwürdiges Interesse an dem Ausschluss der Übermittlung hat.

§ 28 Abs. 3 Satz 2 gilt entsprechend. Bei der Übermittlung nach Nummer 1 Buchstabe a sind die Gründe für das Vorliegen eines berechtigten Interesses und die Art und Weise ihrer glaubhaften Darlegung von der übermittelnden Stelle aufzuzeichnen. Bei der Übermittlung im automatisierten Abrufverfahren obliegt die Aufzeichnungspflicht dem Dritten, dem die Daten übermittelt werden.

(3) Die Aufnahme personenbezogener Daten in elektronische oder gedruckte Adress-, Telefon-, Branchen- oder vergleichbare Verzeichnisse hat zu unterbleiben, wenn der entgegenstehende Wille des Betroffenen aus dem zugrunde liegenden elektronischen oder gedruckten Verzeichnis oder Register ersichtlich ist. Der Empfänger der Daten hat sicherzustellen, dass Kennzeichnungen aus elektronischen oder gedruckten Verzeichnissen oder Registern bei der Übernahme in Verzeichnisse oder Register übernommen werden.

(4) Für die Verarbeitung oder Nutzung der übermittelten Daten gilt § 28 Abs. 4 und 5.

(5) § 28 Abs. 6 bis 9 gilt entsprechend.

§ 30 Geschäftsmäßige Datenerhebung und -speicherung zum Zweck der Übermittlung in anonymisierter Form

(1) Werden personenbezogene Daten geschäftsmäßig erhoben und gespeichert, um sie in anonymisierter Form zu übermitteln, sind die Merkmale gesondert zu speichern, mit denen Einzelangaben über persönliche oder sachliche Verhältnisse einer bestimmten oder bestimmbaren natürlichen Person zugeordnet werden können. Diese Merkmale dürfen mit den Einzelangaben nur zusammengeführt werden, soweit dies für die Erfüllung des Zwecks der Speicherung oder zu wissenschaftlichen Zwecken erforderlich ist.

(2) Die Veränderung personenbezogener Daten ist zulässig, wenn

1. kein Grund zu der Annahme besteht, dass der Betroffene ein schutzwürdiges Interesse an dem Ausschluss der Veränderung hat, oder
2. die Daten aus allgemein zugänglichen Quellen entnommen werden können oder die verantwortliche Stelle sie veröffentlichen dürfte, soweit nicht das schutzwürdige Interesse des Betroffenen an dem Ausschluss der Veränderung offensichtlich überwiegt.

(3) Die personenbezogenen Daten sind zu löschen, wenn ihre Speicherung unzulässig ist.

(4) § 29 gilt nicht.

(5) § 28 Abs. 6 bis 9 gilt entsprechend.

§ 31 Besondere Zweckbindung

Personenbezogene Daten, die ausschließlich zu Zwecken der Datenschutzkontrolle, der Datensicherung oder zur Sicherstellung eines ordnungsgemäßen Betriebes einer Datenverarbeitungsanlage gespeichert werden, dürfen nur für diese Zwecke verwendet werden.

§ 32 (weggefallen)

Zweiter Unterabschnitt
Rechte des Betroffenen

§ 33 Benachrichtigung des Betroffenen

(1) Werden erstmals personenbezogene Daten für eigene Zwecke ohne Kenntnis des Betroffenen gespeichert, ist der Betroffene von der Speicherung, der Art der Daten, der Zweckbestimmung der Erhebung, Verarbeitung oder Nutzung und der Identität der verantwortlichen Stelle zu benachrichtigen. Werden personenbezogene Daten geschäftsmäßig zum Zweck der Übermittlung ohne Kenntnis des Betroffenen gespeichert, ist der Betroffene von der erstmaligen Übermittlung und der Art der übermittelten Daten zu benachrichtigen. Der Betroffene ist in den Fällen der Sätze 1 und 2 auch über die Kategorien von Empfängern zu unterrichten, soweit er nach den Umständen des Einzelfalles nicht mit der Übermittlung an diese rechnen muss.

(2) Eine Pflicht zur Benachrichtigung besteht nicht, wenn

1. der Betroffene auf andere Weise Kenntnis von der Speicherung oder der Übermittlung erlangt hat,
2. die Daten nur deshalb gespeichert sind, weil sie aufgrund gesetzlicher, satzungsmäßiger oder vertraglicher Aufbewahrungsvorschriften nicht gelöscht werden dürfen oder ausschließlich der Datensicherung oder der Datenschutzkontrolle dienen und eine Benachrichtigung einen unverhältnismäßigen Aufwand erfordern würde,
3. die Daten nach einer Rechtsvorschrift oder ihrem Wesen nach, namentlich wegen des überwiegenden rechtlichen Interesses eines Dritten, geheim gehalten werden müssen,
4. die Speicherung oder Übermittlung durch Gesetz ausdrücklich vorgesehen ist,
5. die Speicherung oder Übermittlung für Zwecke der wissenschaftlichen Forschung erforderlich ist und eine Benachrichtigung einen unverhältnismäßigen Aufwand erfordern würde,
6. die zuständige öffentliche Stelle gegenüber der verantwortlichen Stelle festgestellt hat, dass das Bekanntwerden der Daten die öffentliche Sicherheit oder Ordnung gefährden oder sonst dem Wohle des Bundes oder eines Landes Nachteile bereiten würde,
7. die Daten für eigene Zwecke gespeichert sind und
   a) aus allgemein zugänglichen Quellen entnommen sind und eine Benachrichtigung wegen der Vielzahl der betroffenen Fälle unverhältnismäßig ist, oder
   b) die Benachrichtigung die Geschäftszwecke der verantwortlichen Stelle erheblich gefährden würde, es sei denn, dass das Interesse an der Benachrichtigung die Gefährdung überwiegt, oder
8. die Daten geschäftsmäßig zum Zweck der Übermittlung gespeichert sind und
   a) aus allgemein zugänglichen Quellen entnommen sind, soweit sie sich auf diejenigen Personen beziehen, die diese Daten veröffentlicht haben, oder
   b) es sich um listenmäßig oder sonst zusammengefasste Daten handelt (§ 29 Abs. 2 Nr. 1 Buchstabe b)

und eine Benachrichtigung wegen der Vielzahl der betroffenen Fälle unverhältnismäßig ist. Die verantwortliche Stelle legt schriftlich fest, unter welchen Voraussetzungen von einer Benachrichtigung nach Satz 1 Nr. 2 bis 7 abgesehen wird.

§ 34 Auskunft an den Betroffenen

(1) Der Betroffene kann Auskunft verlangen über

1. die zu seiner Person gespeicherten Daten, auch soweit sie sich auf die Herkunft dieser Daten beziehen,
2. Empfänger oder Kategorien von Empfängern, an die Daten weitergegeben werden, und
3. den Zweck der Speicherung.

Er soll die Art der personenbezogenen Daten, über die Auskunft erteilt werden soll, näher bezeichnen. Werden die personenbezogenen Daten geschäftsmäßig zum Zweck der Übermittlung gespeichert, kann der Betroffene über Herkunft und Empfänger nur Auskunft verlangen, sofern nicht das Interesse an der Wahrung des Geschäftsgeheimnisses überwiegt.

In diesem Fall ist Auskunft über Herkunft und Empfänger auch dann zu erteilen, wenn diese Angaben nicht gespeichert sind.

(2) Der Betroffene kann von Stellen, die geschäftsmäßig personenbezogene Daten zum Zweck der Auskunftserteilung speichern, Auskunft über seine personenbezogenen Daten verlangen, auch wenn sie weder in einer automatisierten Verarbeitung noch in einer nicht automatisierten Datei gespeichert sind. Auskunft über Herkunft und Empfänger kann der Betroffene nur verlangen, sofern nicht das Interesse an der Wahrung des Geschäftsgeheimnisses überwiegt.

(3) Die Auskunft wird schriftlich erteilt, soweit nicht wegen der besonderen Umstände eine andere Form der Auskunftserteilung angemessen ist.

(4) Eine Pflicht zur Auskunftserteilung besteht nicht, wenn der Betroffene nach § 33 Abs. 2 Satz 1 Nr. 2, 3 und 5 bis 7 nicht zu benachrichtigen ist.

(5) Die Auskunft ist unentgeltlich. Werden die personenbezogenen Daten geschäftsmäßig zum Zweck der Übermittlung gespeichert, kann jedoch ein Entgelt verlangt werden, wenn der Betroffene die Auskunft gegenüber Dritten zu wirtschaftlichen Zwecken nutzen kann. Das Entgelt darf über die durch die Auskunftserteilung entstandenen direkt zurechenbaren Kosten nicht hinausgehen. Ein Entgelt kann in den Fällen nicht verlangt werden, in denen besondere Umstände die Annahme rechtfertigen, dass Daten unrichtig oder unzulässig gespeichert werden, oder in denen die Auskunft ergibt, dass die Daten zu berichtigen oder unter der Voraussetzung des § 35 Abs. 2 Satz 2 Nr. 1 zu löschen sind.

(6) Ist die Auskunftserteilung nicht unentgeltlich, ist dem Betroffenen die Möglichkeit zu geben, sich im Rahmen seines Auskunftsanspruchs persönlich Kenntnis über die ihn betreffenden Daten und Angaben zu verschaffen. Er ist hierauf in geeigneter Weise hinzuweisen.

§ 35 Berichtigung, Löschung und Sperrung von Daten

(1) Personenbezogene Daten sind zu berichtigen, wenn sie unrichtig sind.

(2) Personenbezogene Daten können außer in den Fällen des Absatzes 3 Nr. 1 und 2 jederzeit gelöscht werden. Personenbezogene Daten sind zu löschen, wenn

1. ihre Speicherung unzulässig ist,
2. es sich um Daten über die rassische oder ethnische Herkunft, politische Meinungen, religiöse oder philosophische Überzeugungen oder die Gewerkschaftszugehörigkeit, über Gesundheit oder das Sexualleben, strafbare Handlungen oder Ordnungswidrigkeiten handelt und ihre Richtigkeit von der verantwortlichen Stelle nicht bewiesen werden kann,
3. sie für eigene Zwecke verarbeitet werden, sobald ihre Kenntnis für die Erfüllung des Zwecks der Speicherung nicht mehr erforderlich ist, oder
4. sie geschäftsmäßig zum Zweck der Übermittlung verarbeitet werden und eine Prüfung jeweils am Ende des vierten Kalenderjahres beginnend mit ihrer erstmaligen Speicherung ergibt, dass eine längerwährende Speicherung nicht erforderlich ist.

(3) An die Stelle einer Löschung tritt eine Sperrung, soweit

1. im Fall des Absatzes 2 Nr. 3 einer Löschung gesetzliche, satzungsmäßige oder vertragliche Aufbewahrungsfristen entgegenstehen,
2. Grund zu der Annahme besteht, dass durch eine Löschung schutzwürdige Interessen des Betroffenen beeinträchtigt würden, oder
3. eine Löschung wegen der besonderen Art der Speicherung nicht oder nur mit unverhältnismäßig hohem Aufwand möglich ist.

(4) Personenbezogene Daten sind ferner zu sperren, soweit ihre Richtigkeit vom Betroffenen bestritten wird und sich weder die Richtigkeit noch die Unrichtigkeit feststellen lässt.

(5) Personenbezogene Daten dürfen nicht für eine automatisierte Verarbeitung oder Verarbeitung in nicht automatisierten Dateien erhoben, verarbeitet oder genutzt werden, soweit der Betroffene dieser bei der verantwortlichen Stelle widerspricht und eine Prüfung ergibt, dass das schutzwürdige Interesse des Betroffenen wegen seiner besonderen persönlichen Situation das Interesse der verantwortlichen Stelle an dieser Erhebung, Verarbeitung oder

Nutzung überwiegt. Satz 1 gilt nicht, wenn eine Rechtsvorschrift zur Erhebung, Verarbeitung oder Nutzung verpflichtet.

(6) Personenbezogene Daten, die unrichtig sind oder deren Richtigkeit bestritten wird, müssen bei der geschäftsmäßigen Datenspeicherung zum Zweck der Übermittlung außer in den Fällen des Absatzes 2 Nr. 2 nicht berichtigt, gesperrt oder gelöscht werden, wenn sie aus allgemein zugänglichen Quellen entnommen und zu Dokumentationszwecken gespeichert sind. Auf Verlangen des Betroffenen ist diesen Daten für die Dauer der Speicherung seine Gegendarstellung beizufügen. Die Daten dürfen nicht ohne diese Gegendarstellung übermittelt werden.

(7) Von der Berichtigung unrichtiger Daten, der Sperrung bestrittener Daten sowie der Löschung oder Sperrung wegen Unzulässigkeit der Speicherung sind die Stellen zu verständigen, denen im Rahmen einer Datenübermittlung diese Daten zur Speicherung weitergegeben werden, wenn dies keinen unverhältnismäßigen Aufwand erfordert und schutzwürdige Interessen des Betroffenen nicht entgegenstehen.

(8) Gesperrte Daten dürfen ohne Einwilligung des Betroffenen nur übermittelt oder genutzt werden, wenn

1. es zu wissenschaftlichen Zwecken, zur Behebung einer bestehenden Beweisnot oder aus sonstigen im überwiegenden Interesse der verantwortlichen Stelle oder eines Dritten liegenden Gründen unerlässlich ist und
2. die Daten hierfür übermittelt oder genutzt werden dürften, wenn sie nicht gesperrt wären.

Dritter Unterabschnitt
Aufsichtsbehörde

§§ 36 und 37 (weggefallen)

§ 38 Aufsichtsbehörde

(1) Die Aufsichtsbehörde kontrolliert die Ausführung dieses Gesetzes sowie anderer Vorschriften über den Datenschutz, soweit diese die automatisierte Verarbeitung personenbezogener Daten oder die Verarbeitung oder Nutzung personenbezogener Daten in oder aus nicht automatisierten Dateien regeln einschließlich des Rechts der Mitgliedstaaten in den Fällen des § 1 Abs. 5. Die Aufsichtsbehörde darf die von ihr gespeicherten Daten nur für Zwecke der Aufsicht verarbeiten und nutzen; § 14 Abs. 2 Nr. 1 bis 3, 6 und 7 gilt entsprechend. Insbesondere darf die Aufsichtsbehörde zum Zweck der Aufsicht Daten an andere Aufsichtsbehörden übermitteln. Sie leistet den Aufsichtsbehörden anderer Mitgliedstaaten der Europäischen Union auf Ersuchen ergänzende Hilfe (Amtshilfe). Stellt die Aufsichtsbehörde einen Verstoß gegen dieses Gesetz oder andere Vorschriften über den Datenschutz fest, so ist sie befugt, die Betroffenen hierüber zu unterrichten, den Verstoß bei den für die Verfolgung oder Ahndung zuständigen Stellen anzuzeigen sowie bei schwerwiegenden Verstößen die Gewerbeaufsichtsbehörde zur Durchführung gewerberechtlicher Maßnahmen zu unterrichten. Sie veröffentlicht regelmäßig, spätestens alle zwei Jahre, einen Tätigkeitsbericht. § 21 Satz 1 und § 23 Abs. 5 Satz 4 bis 7 gelten entsprechend.

(2) Die Aufsichtsbehörde führt ein Register der nach § 4d meldepflichtigen automatisierten Verarbeitungen mit den Angaben nach § 4e Satz 1. Das Register kann von jedem eingesehen werden. Das Einsichtsrecht erstreckt sich nicht auf die Angaben nach § 4e Satz 1 Nr. 9 sowie auf die Angabe der zugriffsberechtigten Personen.

(3) Die der Kontrolle unterliegenden Stellen sowie die mit deren Leitung beauftragten Personen haben der Aufsichtsbehörde auf Verlangen die für die Erfüllung ihrer Aufgaben erforderlichen Auskünfte unverzüglich zu erteilen. Der Auskunftspflichtige kann die Auskunft auf solche Fragen verweigern, deren Beantwortung ihn selbst oder einen der in § 383 Abs. 1 Nr. 1 bis 3 der Zivilprozessordnung bezeichneten Angehörigen der Gefahr strafgerichtlicher Verfolgung oder eines Verfahrens nach dem Gesetz über Ordnungswidrigkeiten aussetzen würde. Der Auskunftspflichtige ist darauf hinzuweisen.

(4) Die von der Aufsichtsbehörde mit der Kontrolle beauftragten Personen sind befugt, soweit es zur Erfüllung der der Aufsichtsbehörde übertragenen Aufgaben erforderlich ist, während der Betriebs- und Geschäftszeiten Grundstücke und Geschäftsräume der Stelle zu betreten und dort Prüfungen und Besichtigungen vorzunehmen. Sie können geschäftliche Unterlagen, insbesondere die Übersicht nach § 4g Abs. 2 Satz 1 sowie die gespeicherten personenbezogenen Daten und die Datenverarbeitungsprogramme, einsehen. § 24 Abs. 6 gilt entsprechend. Der Auskunftspflichtige hat diese Maßnahmen zu dulden.
(5) Zur Gewährleistung des Datenschutzes nach diesem Gesetz und anderen Vorschriften über den Datenschutz, soweit diese die automatisierte Verarbeitung personenbezogener Daten oder die Verarbeitung personenbezogener Daten in oder aus nicht automatisierten Dateien regeln, kann die Aufsichtsbehörde anordnen, dass im Rahmen der Anforderungen nach § 9 Maßnahmen zur Beseitigung festgestellter technischer oder organisatorischer Mängel getroffen werden. Bei schwerwiegenden Mängeln dieser Art, insbesondere, wenn sie mit besonderer Gefährdung des Persönlichkeitsrechts verbunden sind, kann sie den Einsatz einzelner Verfahren untersagen, wenn die Mängel entgegen der Anordnung nach Satz 1 und trotz der Verhängung eines Zwangsgeldes nicht in angemessener Zeit beseitigt werden. Sie kann die Abberufung des Beauftragten für den Datenschutz verlangen, wenn er die zur Erfüllung seiner Aufgaben erforderliche Fachkunde und Zuverlässigkeit nicht besitzt.
(6) Die Landesregierungen oder die von ihnen ermächtigten Stellen bestimmen die für die Kontrolle der Durchführung des Datenschutzes im Anwendungsbereich dieses Abschnittes zuständigen Aufsichtsbehörden.
(7) Die Anwendung der Gewerbeordnung auf die den Vorschriften dieses Abschnittes unterliegenden Gewerbebetriebe bleibt unberührt.

§ 38a Verhaltensregeln zur Förderung der Durchführung datenschutzrechtlicher Regelungen

(1) Berufsverbände und andere Vereinigungen, die bestimmte Gruppen von verantwortlichen Stellen vertreten, können Entwürfe für Verhaltensregeln zur Förderung der Durchführung von datenschutzrechtlichen Regelungen der zuständigen Aufsichtsbehörde unterbreiten.
(2) Die Aufsichtsbehörde überprüft die Vereinbarkeit der ihr unterbreiteten Entwürfe mit dem geltenden Datenschutzrecht.

Vierter Abschnitt
Sondervorschriften

§ 39 Zweckbindung bei personenbezogenen Daten, die einem Berufs- oder besonderen Amtsgeheimnis unterliegen

(1) Personenbezogene Daten, die einem Berufs- oder besonderen Amtsgeheimnis unterliegen und die von der zur Verschwiegenheit verpflichteten Stelle in Ausübung ihrer Berufs- oder Amtspflicht zur Verfügung gestellt worden sind, dürfen von der verantwortlichen Stelle nur für den Zweck verarbeitet oder genutzt werden, für den sie sie erhalten hat. In die Übermittlung an eine nicht-öffentliche Stelle muss die zur Verschwiegenheit verpflichtete Stelle einwilligen.
(2) Für einen anderen Zweck dürfen die Daten nur verarbeitet oder genutzt werden, wenn die Änderung des Zwecks durch besonderes Gesetz zugelassen ist.

§ 40 Verarbeitung und Nutzung personenbezogener Daten durch Forschungseinrichtungen

(1) Für Zwecke der wissenschaftlichen Forschung erhobene oder gespeicherte personenbezogene Daten dürfen nur für Zwecke der wissenschaftlichen Forschung verarbeitet oder genutzt werden.

(2) Die personenbezogenen Daten sind zu anonymisieren, sobald dies nach dem Forschungszweck möglich ist. Bis dahin sind die Merkmale gesondert zu speichern, mit denen Einzelangaben über persönliche oder sachliche Verhältnisse einer bestimmten oder bestimmbaren Person zugeordnet werden können. Sie dürfen mit den Einzelangaben nur zusammengeführt werden, soweit der Forschungszweck dies erfordert.
(3) Die wissenschaftliche Forschung betreibenden Stellen dürfen personenbezogene Daten nur veröffentlichen, wenn
1. der Betroffene eingewilligt hat oder
2. dies für die Darstellung von Forschungsergebnissen über Ereignisse der Zeitgeschichte unerlässlich ist.

§ 41 Erhebung, Verarbeitung und Nutzung personenbezogener Daten durch die Medien

(1) Die Länder haben in ihrer Gesetzgebung vorzusehen, dass für die Erhebung, Verarbeitung und Nutzung personenbezogener Daten von Unternehmen und Hilfsunternehmen der Presse ausschließlich zu eigenen journalistisch-redaktionellen oder literarischen Zwecken den Vorschriften der §§ 5, 9 und 38a entsprechende Regelungen einschließlich einer hierauf bezogenen Haftungsregelung entsprechend § 7 zur Anwendung kommen.
(2) Führt die journalistisch-redaktionelle Erhebung, Verarbeitung oder Nutzung personenbezogener Daten durch die Deutsche Welle zur Veröffentlichung von Gegendarstellungen des Betroffenen, so sind diese Gegendarstellungen zu den gespeicherten Daten zu nehmen und für dieselbe Zeitdauer aufzubewahren wie die Daten selbst.
(3) Wird jemand durch eine Berichterstattung der Deutschen Welle in seinem Persönlichkeitsrecht beeinträchtigt, so kann er Auskunft über die der Berichterstattung zugrunde liegenden, zu seiner Person gespeicherten Daten verlangen. Die Auskunft kann nach Abwägung der schutzwürdigen Interessen der Beteiligten verweigert werden, soweit
1. aus den Daten auf Personen, die bei der Vorbereitung, Herstellung oder Verbreitung von Rundfunksendungen berufsmäßig journalistisch mitwirken oder mitgewirkt haben, geschlossen werden kann,
2. aus den Daten auf die Person des Einsenders oder des Gewährsträgers von Beiträgen, Unterlagen und Mitteilungen für den redaktionellen Teil geschlossen werden kann,
3. durch die Mitteilung der recherchierten oder sonst erlangten Daten die journalistische Aufgabe der Deutschen Welle durch Ausforschung des Informationsbestandes beeinträchtigt würde.

Der Betroffene kann die Berichtigung unrichtiger Daten verlangen.
(4) Im Übrigen gelten für die Deutsche Welle von den Vorschriften dieses Gesetzes die §§ 5, 7, 9 und 38a. Anstelle der §§ 24 bis 26 gilt § 42, auch soweit es sich um Verwaltungsangelegenheiten handelt.

§ 42 Datenschutzbeauftragter der Deutschen Welle

(1) Die Deutsche Welle bestellt einen Beauftragten für den Datenschutz, der an die Stelle des Bundesbeauftragten für den Datenschutz und die Informationsfreiheit tritt. Die Bestellung erfolgt auf Vorschlag des Intendanten durch den Verwaltungsrat für die Dauer von vier Jahren, wobei Wiederbestellungen zulässig sind. Das Amt eines Beauftragten für den Datenschutz kann neben anderen Aufgaben innerhalb der Rundfunkanstalt wahrgenommen werden.
(2) Der Beauftragte für den Datenschutz kontrolliert die Einhaltung der Vorschriften dieses Gesetzes sowie anderer Vorschriften über den Datenschutz. Er ist in Ausübung dieses Amtes unabhängig und nur dem Gesetz unterworfen. Im Übrigen untersteht er der Dienst- und Rechtsaufsicht des Verwaltungsrates.
(3) Jedermann kann sich entsprechend § 21 Satz 1 an den Beauftragten für den Datenschutz wenden.
(4) Der Beauftragte für den Datenschutz erstattet den Organen der Deutschen Welle alle zwei Jahre, erstmals zum 1. Januar 1994 einen Tätigkeitsbericht. Er erstattet darüber hinaus

besondere Berichte auf Beschluss eines Organes der Deutschen Welle. Die Tätigkeitsberichte übermittelt der Beauftragte auch an den Bundesbeauftragten für den Datenschutz und die Informationsfreiheit.
(5) Weitere Regelungen entsprechend den §§ 23 bis 26 trifft die Deutsche Welle für ihren Bereich. Die §§ 4f und 4g bleiben unberührt.

Fünfter Abschnitt
Schlussvorschriften

§ 43 Bußgeldvorschriften

(1) Ordnungswidrig handelt, wer vorsätzlich oder fahrlässig
1. entgegen § 4d Abs. 1, auch in Verbindung mit § 4e Satz 2, eine Meldung nicht, nicht richtig, nicht vollständig oder nicht rechtzeitig macht,
2. entgegen § 4f Abs. 1 Satz 1 oder 2, jeweils auch in Verbindung mit Satz 3 und 6, einen Beauftragten für den Datenschutz nicht, nicht in der vorgeschriebenen Weise oder nicht rechtzeitig bestellt,
3. entgegen § 28 Abs. 4 Satz 2 den Betroffenen nicht, nicht richtig oder nicht rechtzeitig unterrichtet oder nicht sicherstellt, dass der Betroffene Kenntnis erhalten kann,
4. entgegen § 28 Abs. 5 Satz 2 personenbezogene Daten übermittelt oder nutzt,
5. entgegen § 29 Abs. 2 Satz 3 oder 4 die dort bezeichneten Gründe oder die Art und Weise ihrer glaubhaften Darlegung nicht aufzeichnet,
6. entgegen § 29 Abs. 3 Satz 1 personenbezogene Daten in elektronische oder gedruckte Adress-, Rufnummern-, Branchen- oder vergleichbare Verzeichnisse aufnimmt,
7. entgegen § 29 Abs. 3 Satz 2 die Übernahme von Kennzeichnungen nicht sicherstellt,
8. entgegen § 33 Abs. 1 den Betroffenen nicht, nicht richtig oder nicht vollständig benachrichtigt,
9. entgegen § 35 Abs. 6 Satz 3 Daten ohne Gegendarstellung übermittelt,
10. entgegen § 38 Abs. 3 Satz 1 oder Abs. 4 Satz 1 eine Auskunft nicht, nicht richtig, nicht vollständig oder nicht rechtzeitig erteilt oder eine Maßnahme nicht duldet oder
11. einer vollziehbaren Anordnung nach § 38 Abs. 5 Satz 1 zuwiderhandelt.

(2) Ordnungswidrig handelt, wer vorsätzlich oder fahrlässig
1. unbefugt personenbezogene Daten, die nicht allgemein zugänglich sind, erhebt oder verarbeitet,
2. unbefugt personenbezogene Daten, die nicht allgemein zugänglich sind, zum Abruf mittels automatisierten Verfahrens bereithält,
3. unbefugt personenbezogene Daten, die nicht allgemein zugänglich sind, abruft oder sich oder einem anderen aus automatisierten Verarbeitungen oder nicht automatisierten Dateien verschafft,
4. die Übermittlung von personenbezogenen Daten, die nicht allgemein zugänglich sind, durch unrichtige Angaben erschleicht,
5. entgegen § 16 Abs. 4 Satz 1, § 28 Abs. 5 Satz 1, auch in Verbindung mit § 29 Abs. 4, § 39 Abs. 1 Satz 1 oder § 40 Abs. 1, die übermittelten Daten für andere Zwecke nutzt, indem er sie an Dritte weitergibt, oder
6. entgegen § 30 Abs. 1 Satz 2 die in § 30 Abs. 1 Satz 1 bezeichneten Merkmale oder entgegen § 40 Abs. 2 Satz 3 die in § 40 Abs. 2 Satz 2 bezeichneten Merkmale mit den Einzelangaben zusammenführt.

(3) Die Ordnungswidrigkeit kann im Fall des Absatzes 1 mit einer Geldbuße bis zu fünfundzwanzigtausend Euro, in den Fällen des Absatzes 2 mit einer Geldbuße bis zu zweihundertfünfzigtausend Euro geahndet werden.

§ 44 Strafvorschriften

(1) Wer eine in § 43 Abs. 2 bezeichnete vorsätzliche Handlung gegen Entgelt oder in der Absicht, sich oder einen anderen zu bereichern oder einen anderen zu schädigen, begeht, wird mit Freiheitsstrafe bis zu zwei Jahren oder mit Geldstrafe bestraft.
(2) Die Tat wird nur auf Antrag verfolgt. Antragsberechtigt sind der Betroffene, die verantwortliche Stelle, der Bundesbeauftragte für den Datenschutz und die Informationsfreiheit und die Aufsichtsbehörde.

Sechster Abschnitt
Übergangsvorschriften

§ 45 Laufende Verwendungen

Erhebungen, Verarbeitungen oder Nutzungen personenbezogener Daten, die am 23. Mai 2001 bereits begonnen haben, sind binnen drei Jahren nach diesem Zeitpunkt mit den Vorschriften dieses Gesetzes in Übereinstimmung zu bringen. Soweit Vorschriften dieses Gesetzes in Rechtsvorschriften außerhalb des Anwendungsbereichs der Richtlinie 95/46/EG des Europäischen Parlaments und des Rates vom 24. Oktober 1995 zum Schutz natürlicher Personen bei der Verarbeitung personenbezogener Daten und zum freien Datenverkehr zur Anwendung gelangen, sind Erhebungen, Verarbeitungen oder Nutzungen personenbezogener Daten, die am 23. Mai 2001 bereits begonnen haben, binnen fünf Jahren nach diesem Zeitpunkt mit den Vorschriften dieses Gesetzes in Übereinstimmung zu bringen.

§ 46 Weitergeltung von Begriffsbestimmungen

(1) Wird in besonderen Rechtsvorschriften des Bundes der Begriff Datei verwendet, ist Datei
1. eine Sammlung personenbezogener Daten, die durch automatisierte Verfahren nach bestimmten Merkmalen ausgewertet werden kann (automatisierte Datei), oder
2. jede sonstige Sammlung personenbezogener Daten, die gleichartig aufgebaut ist und nach bestimmten Merkmalen geordnet, umgeordnet und ausgewertet werden kann (nicht automatisierte Datei).

Nicht hierzu gehören Akten und Aktensammlungen, es sei denn, dass sie durch automatisierte Verfahren umgeordnet und ausgewertet werden können.
(2) Wird in besonderen Rechtsvorschriften des Bundes der Begriff Akte verwendet, ist Akte jede amtlichen oder dienstlichen Zwecken dienende Unterlage, die nicht dem Dateibegriff des Absatzes 1 unterfällt; dazu zählen auch Bild- und Tonträger. Nicht hierunter fallen Vorentwürfe und Notizen, die nicht Bestandteil eines Vorgangs werden sollen.
(3) Wird in besonderen Rechtsvorschriften des Bundes der Begriff Empfänger verwendet, ist Empfänger jede Person oder Stelle außerhalb der verantwortlichen Stelle. Empfänger sind nicht der Betroffene sowie Personen und Stellen, die im Inland, in einem anderen Mitgliedstaat der Europäischen Union oder in einem anderen Vertragsstaat des Abkommens über den Europäischen Wirtschaftsraum personenbezogene Daten im Auftrag erheben, verarbeiten oder nutzen.

Anlage (zu § 9 Satz 1)

Werden personenbezogene Daten automatisiert verarbeitet oder genutzt, ist die innerbehördliche oder innerbetriebliche Organisation so zu gestalten, dass sie den besonderen Anforderungen des Datenschutzes gerecht wird. Dabei sind insbesondere Maßnahmen zu treffen, die je nach der Art der zu schützenden personenbezogenen Daten oder Datenkategorien geeignet sind,

1. Unbefugten den Zutritt zu Datenverarbeitungsanlagen, mit denen personenbezogene Daten verarbeitet oder genutzt werden, zu verwehren (Zutrittskontrolle),
2. zu verhindern, dass Datenverarbeitungssysteme von Unbefugten genutzt werden können (Zugangskontrolle),
3. zu gewährleisten, dass die zur Benutzung eines Datenverarbeitungssystems Berechtigten ausschließlich auf die ihrer Zugriffsberechtigung unterliegenden Daten zugreifen können, und dass personenbezogene Daten bei der Verarbeitung, Nutzung und nach der Speicherung nicht unbefugt gelesen, kopiert, verändert oder entfernt werden können (Zugriffskontrolle),
4. zu gewährleisten, dass personenbezogene Daten bei der elektronischen Übertragung oder während ihres Transports oder ihrer Speicherung auf Datenträger nicht unbefugt gelesen, kopiert, verändert oder entfernt werden können, und dass überprüft und festgestellt werden kann, an welche Stellen eine Übermittlung personenbezogener Daten durch Einrichtungen zur Datenübertragung vorgesehen ist (Weitergabekontrolle),
5. zu gewährleisten, dass nachträglich überprüft und festgestellt werden kann, ob und von wem personenbezogene Daten in Datenverarbeitungssysteme eingegeben, verändert oder entfernt worden sind (Eingabekontrolle),
6. zu gewährleisten, dass personenbezogene Daten, die im Auftrag verarbeitet werden, nur entsprechend den Weisungen des Auftraggebers verarbeitet werden können (Auftragskontrolle),
7. zu gewährleisten, dass personenbezogene Daten gegen zufällige Zerstörung oder Verlust geschützt sind (Verfügbarkeitskontrolle),
8. zu gewährleisten, dass zu unterschiedlichen Zwecken erhobene Daten getrennt verarbeitet werden können.

Bundesdatenschutzgesetz-Kommentar

Einleitung und Kommentierung §§ 1-46

Einleitung: Geschichte – Ziele – Prinzipien

Übersicht

1. Geschichte der Datenschutzgesetzgebung

1.1 Die Anfänge: Von der Verabschiedung des 1. HDSG bis zum BDSG

Literatur

E. Benda, Privatsphäre und „Persönlichkeitsprofil“. Ein Beitrag zur Datenschutzdiskussion, in Festschrift für *W. Geiger* (1974) 23 ff.; *A. Büllesbach,* Informationstechnologie und Datenschutz (1985); *H.P. Bull,* Datenschutz als Informationsrecht und Gefahrenabwehr, NJW 1979, 1177 ff.; *ders.,* Zur verfassungsrechtlichen Verankerung des Datenschutzes, ÖVD 11/1979, 3 ff.; *ders.,* Verfassungsrechtlicher Datenschutz, in Gedächtnisschrift für *Chr. Sasse II* (1981) 869 ff.; *ders.,* Ziele und Mittel des Datenschutzes (1981); *ders.,* Datenschutz oder die Angst vor dem Computer (1984); *U. Dammann,* Strukturwandel der Information und Datenschutz, DVR 3 (1974) 267 ff.; *ders.,* Die Kontrolle des Datenschutzes (1977); *U. Dammann/M. Karhausen/P. Müller/W. Steinmüller,* Datenbanken und Datenschutz (1974); *Deutscher Juristentag,* Grundsätze für eine gesetzliche Regelung des Datenschutzes – Bericht der Datenschutzkommission des Deutschen Juristentages (1974); *W. Egloff/W. Schimmel,* Bundesdatenschutzgesetz – die „Magna Charta des Bürgers von heute“? DuR 5 (1977) 124 ff.; *H.U. Gallwas,* Verfassungsrechtliche Grundlagen des Datenschutzes, Der Staat 18 (1979) 507 ff.; *H. Heußner,* Aufgaben und Mittel des Datenschutzes, VSSR 7 (1979) 293 ff.; *ders.,* Zur Funktion des Datenschutzes und zur Notwendigkeit bereichsspezifischer Regelungen, in Festschrift für *G. Wannagat* (1981) 173 ff.; *G.E. Hoffmann/B. Tietze/A. Podlech (Hrsg.),* Numerierte Bürger (1975); *R. Kamlah,* Right of privacy (1969); *W. Kilian/K. Lenk/W. Steinmüller,* Datenschutz (1973); *M. Kloepfer,* Datenschutz als Grundrecht (1980); *W. Liedtke,* Das Bundesdatenschutzgesetz. Eine Fallstudie zum Gesetzgebungsprozeß (1980); *O. Mallmann,* Zielfunktionen des Datenschutzes (1977); *H. Meister,* Datenschutz und Privatrechtsordnung, BB 1976, 1584 ff.; *ders.,* Datenschutz im Zivilrecht (1977); *ders.,* Bundesdatenschutzgesetz oder Datenerhebungs-Ermächtigungsgesetz?, ZRP 1979, 129 ff.; *A. Podlech,* Datenschutz im Bereich der öffentlichen Verwaltung (1973); *ders.,* Verfassung und Datenschutz, in *H. Krauch* (Hrsg.), Der Bürger in der Datenbank: zwischen Planung und Manipulation (1975) 72 ff.; *ders.,* Aufgaben und Problematik des Datenschutzes, DVR 5 (1976) 23 ff.; *ders.,* Gesellschaftstheoretische Grundlagen des Datenschutzes, in *R. Dierstein/H. Fiedler/A . Schulz,* Datenschutz und Datensicherung (1976) 311 ff.; *ders.,* Das Recht auf Privatheit, in J. Perels (Hrsg.), Grundrechte als Fundament der Demokratie (1979) 50 ff.; *ders.* Individualdatenschutz – Systemdatenschutz, in Festschrift für *H. Grüner* (1982) 451 ff.; *G. Rüpke,* Der verfassungsrechtliche Schutz der Privatheit (1976); *Ch. Sasse,* Sinn und Unsinn des Datenschutzes (1976); *ders.,* Persönlichkeitsrecht und Datenschutzgesetzgebung in Deutschland, in Festschrift für *W. Mallmann* (1978) 213 ff.; *W. Schmidt,* Die bedrohte Entscheidungsfreiheit, JZ 1974, 241 ff.; *W. Schmitt Glaeser,* Planung und Grundrechte, DÖV 1980, 1 ff.; *U. Seidel,* Datenbanken und Persönlichkeitsrecht (1972); *F. Schoch/M. Kloepfer,* Informationsfreiheitsgesetz, 2002; *S. Simitis,* Chancen und Gefahren der elektronischen Datenverarbeitung, NJW 1971, 673 ff.; *ders.,* Datenschutz – Notwendigkeit und Voraussetzungen einer rechtlichen Regelung, DVR 2 (1973/74) 138 ff.; *ders.,* Datenschutz – Verteidigung der Privatsphäre, in *J. Schlemmer* (Hrsg.), Der Verlust der Intimität (1976) 67 ff.; *ders.,* Bundesdatenschutzgesetz – Ende der Diskussion oder Neubeginn, NJW 1977, 729 ff.; *ders.,* Datenschutz und Melderecht – Von der Abstraktion der Generalklauseln zur Konkretheit bereichsspezifischer Regelungen, in Festschrift für *W. Mallmann* (1978) 259 ff.; *ders.,* Datenschutz: Erfahrungen und Perspektiven, VersR 1981, 197 ff.; *ders.,* Datenschutz: Voraussetzung oder Ende der Kommunikation?, in Festschrift für *H. Coing II* (1982) 495 ff.; *ders.,* Reicht unser Datenschutzrecht angesichts der technischen

Revolution? – Strategien zur Wahrung der Freiheitsrechte, in Informationsgesellschaft oder Überwachungsstaat, Strategien zur Wahrung der Freiheitsrechte im Computerzeitalter, Symposium der Hessischen Landesregierung II (1984) 27 ff.; *ders.*, Reviewing Privacy in an Information Society, 135 U.Penn.L.Rev. 707 ff. (1987); *ders.*, Zwanzig Jahre Datenschutz in Hessen – eine kritische Bilanz, abgedr. im Anhang zu HDSB, 19. TB, 138 ff.; *ders.*, „Sensitive Daten“ – Zur Geschichte und Wirkung einer Fiktion, in Festschrift für *M.M. Pedrazzini* (1990) 469 ff.; *W. Steinmüller,* Datenverkehrsrecht oder informationelles Selbstbestimmungsrecht des Bürgers, in Datenschutz, Schriftenreihe der Bundeszentrale für politische Bildung, Bd. 149 (1979) 51 ff.; *ders.*, (Hrsg.), Informationsrecht und Informationspolitik (1976); *W. Steinmüller/B. Lutterbeck/Chr. Mallmann/U. Harbort/ G. Kolb/J. Schneider*, Grundfragen des Datenschutzes, Gutachten im Auftrag des Bundesministers des Innern, Juli 1971, BT-Drs. VI/3826, 5 ff.; *K. Tiedemann/Ch. Sasse*, Delinquenzprophylaxe, Kreditsicherung und Datensicherung in der Wirtschaft (1973); *H.G. Woertge,* Die Prinzipien des Datenschutzrechts und ihre Realisierung im geltenden Recht (1984).

1 Die **Geschichte der Datenschutzgesetzgebung** beginnt mit dem 30. September 1970, dem Tag der Verabschiedung des 1. Hessischen Datenschutzgesetzes.[1] Das HDSG war auch weltweit das erste Datenschutzgesetz. Wohl hat es noch vor seiner Verabschiedung besonders in den Vereinigten Staaten, und zwar ebenfalls unter dem Eindruck der automatisierten Verarbeitung personenbezogener Daten, Forderungen nach einer gesetzlichen Regelung gegeben.[2] Anders aber als in Hessen richteten sich die Erwartungen auf einzelne Verarbeitungsbereiche und dabei vor allem auf den Kreditsektor. Deshalb überraschte es nicht weiter, dass nur wenige Tage nach dem HDSG, am 26. Oktober 1970, der Fair Credit Reporting Act verabschiedet wurde. Keine vier Jahre später folgte Rheinland-Pfalz dem hessischen Beispiel.[3] Am 12. November 1976 zog dann der Bundestag den Schlussstrich unter eine ebenso lange wie mühevolle Debatte über die Notwendigkeit und den Inhalt einer gesetzlichen Regelung der Verarbeitung personenbezogener Daten.[4] Kurz darauf, am 1. Februar 1977, wurde das 1. Bundesdatenschutzgesetz im Bundesgesetzblatt verkündet.[5] Die Landesgesetzgeber, soweit sie sich nicht, wie etwa Hessen,[6] damit begnügen konnten, vorhandene Bestimmungen zu novellieren, schlossen sich mit eigenen Vorschriften an.[7]

2 Der erste Abschnitt in der Geschichte der Datenschutzgesetzgebung war damit beendet.[8] Was zunächst ganz nach einer Besonderheit einzelner Landesgesetze aussah, blieb nirgends unbeachtet. Bundes- und Landesgesetzgeber legten gleichermaßen Wert darauf, die Verarbeitung personenbezogener Angaben zu regeln. Sie fassten zudem ihre Vorstellungen durchweg mit dem Kürzel „**Datenschutz**“ zusammen, verwendeten also jene Formel, die zum ersten Mal im Rahmen der Vorarbeiten zum 1. HDSG auftauchte[9] und sich seither weit über die Bundes-

---

1 GVBl. I 1970, 625; dazu *W. Birkelbach*, IBM-Nachrichten 1974, 241 ff., 333 ff.; *H.J. Reh*, Gegenstand und Aufgabe des Datenschutzes in der öffentlichen Verwaltung, Beiträge zum Datenschutz, hrsg. vom Hessischen Datenschutzbeauftragte, H. 2 (1974), insb. 23 ff.; *Simitis*, Zwanzig Jahre Datenschutz in Hessen – eine kritische Bilanz, abgedr. im Anhang zu HDSB, 19. TB, 138 ff.; sowie *HDSB*, 1. TB, 7 ff.

2 Vgl. insb *Miller*, Der Einbruch in die Privatsphäre (1973) 29 ff. sowie u. Rdnr. 6 ff.

3 GVBl. 1974, 31.

4 Vgl. dazu die 3. Auflage dieses Kommentars, Einl. Rdnr. 35 ff.; sowie *Dammann,* DVR 3 (1974) 267 ff.; *Deutscher Juristentag*, Grundsätze für eine gesetzliche Regelung des Datenschutzes – Bericht der Datenschutzkommission des Deutschen Juristentages (1974); *Podlech*, in *Dierstein/Fiedler/Schulz*, Datenschutz und Datensicherung (1976) 311 ff.; *W. Schmidt,* JZ 1974, 241 ff.; *Simitis,* NJW 1971, 673 ff., DVR 2 (1973/74) 138 ff.; *Steinmüller/Lutterbeck/Chr. Mallmann/Harbort/Kolb/Schneider*, Grundfragen des Datenschutzes, Gutachten im Auftrag des Bundesministers des Innern, Juli 1971, BT-Drs. VI/3826, 5 ff.; *Tiedemann/Sasse,* Delinquenzprophylaxe, Kreditsicherung und Datensicherung in der Wirtschaft (1973).

5 BGBl. I, 201; dazu *Auernhammer*, BB 1977, 205 ff.; *Bull*, NJW 1979, 1177 ff.; *Dammann*, NJW 1978, 1931 ff.; *Simitis*, NJW 1977, 729 ff.

6 GVBl. I 1978, 377; vgl. dazu den 6., 7 ff. und den 7. TB des *HDSB,* 7 ff.; sowie *Simitis,* in *Meyer/Stolleis,* Hessisches Staats- und Verwaltungsrecht (2. Aufl. 1986) 110 ff., Zwanzig Jahre, a.a.O.

7 Dazu *Gola,* MDR 1980, 181 ff.; *Simitis,* VersR 1981, 197 ff.; zuletzt Hamburg am 31. März 1981 (GVBl. I, 71).

8 Dazu auch *Roßnagel/Abel*, Handbuch, 2.7, Rdnr. 13 ff.

9 Vgl. etwa *Hessische Zentrale für Datenverarbeitung* (Hrsg.), Großer Hessenplan, Entwicklungsprogramm für den Ausbau der Datenverarbeitung in Hessen (1970) 21 f.; die Begründung des 1. HDSG, LT-Drs. 6/3065, 7 ff.; sowie *HDSB,* 1. TB, 8 ff.

republik hinaus[10] durchgesetzt hat. Gewiss, die Wortwahl ist nicht gerade glücklich. Sie suggeriert förmlich den Eindruck, der Gesetzgeber wolle mit seinem Eingriff lediglich die zum Schutz der Daten notwendigen Vorkehrungen treffen. Genau dies ist freilich nicht der Fall. Die gesetzliche Regelung sucht einzig und allein den Schutz vor den Folgen sicherzustellen, die eine Verarbeitung personenbezogener Angaben für die jeweils davon Betroffenen haben kann, wenn auch keineswegs nur für sie.[11]

Die Bereitschaft, einen offenkundig missverständlichen, zu Recht immer wieder kritisierten 3
Begriff[12] zu gebrauchen, überrascht dennoch nicht. Sie lässt sich jedenfalls nachvollziehen, sobald man sich vergegenwärtigt, dass die Forderung nach verbindlichen, möglichst gesetzlich festgelegten Verarbeitungsbedingungen unter dem Eindruck der Automatisierung entstanden ist und sich daher an den Besonderheiten einer automatisierten Verarbeitung orientierte.[13] So gesehen lag es nahe, den Blick ganz auf die technische Entwicklung zu konzentrieren und für jede in ihrem Umfeld entstehende Frage technisch-organisatorische Antworten zu suchen. Das Stichwort dazu war die **„Datensicherung"**. Sie konsequent auszubauen, galt deshalb als das letztlich einzig richtige Mittel, um einer Gefährdung des Verarbeitungsprozesses ebenso zu begegnen wie mögliche, von ihm ausgehende Gefahren abzuwenden.[14] Nur langsam und gegen erhebliche Widerstände setzte sich die Einsicht durch, dass wie immer geartete technisch-organisatorische Maßnahmen gerade dort nicht ausreichen, wo der Schutz der Betroffenen garantiert werden soll.[15] Der Schwerpunkt muss vielmehr bei normativen Anforderungen liegen. Nur sie und nicht die technischen Vorkehrungen können bestimmen, ob und welche Daten wann verarbeitet werden dürfen. Weil jedoch rechtliche Vorgaben, zumindest zunächst, lediglich als ein zusätzlicher Aspekt einer generell auf die Abwehr äußerer Einflüsse auf die Verarbeitung bedachten **„Datensicherung"** wahrgenommen wurden, wurde es für mehr oder weniger selbstverständlich gehalten, sie als „Datenschutz"[16] zu bezeichnen, kurzum eine Formel zu verwenden, die bereits aus den Diskussionen über die Datensicherung geläufig war, und deshalb die Verbindung zu ihr deutlich zu erkennen gab.

So sehr sich jedoch die Einordnung in die „Datensicherung" aufzudrängen schien, sie ließ sich 4
nicht lange aufrechterhalten. Der „Datenschutz" entwickelte sich zusehends zu einem eigenen Regelungsbereich, bis sich schließlich das Verhältnis beider umkehrte, die **„Datensicherung"** also als notwendiger Teil eines ebenso konsequenten wie wirksamen **„Datenschutzes"** gesehen und behandelt wurde.[17] Der Gesetzgeber zog es freilich vor, es bei der einmal gewählten Formulierung zu belassen. Allen immer wieder aufflammenden Zweifeln zum Trotz ist es mithin beim „Datenschutz" geblieben, und damit bei einer Formel, die zwar in den Sprachduktus einer frühen Diskussionsphase über die Notwendigkeit gesetzlicher Vorschriften zur Verarbeitung personenbezogener Daten passt, aber auch und gerade den Wunsch zum Ausdruck bringt, den für diese Phase typischen, dezidiert technizistischen Regelungsansatz zu überwinden.

---

10 „Data protection", statt aller Council of Europe, Legislation and Data Protection, Proceedings of the Rome Conference on problems relating to the development and application of legislation on data protection (1983); *Flaherty,* Protecting Privacy in Surveillance Societies (1989) insb. 10 ff., 397 ff.; „protection des données", vgl. insb. Council of Europe, a.a.O.; „protezioni dei dati", vgl. etwa *Rodotà,* Rivista Critica del Diritto Privato 2 (1984) 721 ff.; „proteccion de datos", vgl. insb. Consejo de Europa, Problemas legislativos de le proteccion de datos, Conferencia Internacional Madrid, 11-13 junio 1984 (1986).

11 Bezeichnenderweise spricht *Fiedler,* in *Steinmüller* (Hrsg.), Informationsrecht und Informationspolitik (1976) 194, vom „Verdatungsschutz"; *Schimmel,* in *Steinmüller* (Hrsg.), ADV und Recht (2. Aufl. 1975) 145, vom Schutz des Einzelnen „vor den Daten"; *Reisinger,* Rechtsinformatik (1977) 277, vom „Schutz vor unerwünschter Datenverarbeitung".

12 Vgl. etwa *Simitis,* NJW 1971, 676; *Schneider,* in Datenschutz – Datensicherung, Beiträge zur integrierten Datenverarbeitung in der öffentlichen Verwaltung, H. 5 (1971), hrsg. von der Siemens AG, 27; *Egloff,* Zeitschrift für Schweizerisches Recht 96 (1977) 350; *Bull,* NJW 1979, 1178.

13 Dazu u. Rdnr. 6 ff

14 Statt aller *Schulze,* in Datenverarbeitung und Recht, IBM-Beiträge zur Datenverarbeitung 1 (1973) 89 ff.

15 Vgl. etwa Großer Hessenplan, a.a.O., 21 f.; *Seidel,* NJW 1970, 1583; *Kamlah,* DÖV 1970, 364; *Simitis,* NJW 1971, 676; *Schneider,* in Datenschutz – Datensicherung, a.a.O., 27; *Steinmüller u.a.*, Grundfragen, a.a.O., 34, 71 ff.; *Schimmel,* in *Steinmüller* (Hrsg)., ADV und Recht, 145.

16 Vgl. etwa *Schulze,* a.a.O.

17 Dazu auch § 9 Rdnr. 2 f.

5 Vier Gesichtspunkte haben in der Anfangszeit des Datenschutzes die legislative Intervention bestimmt, ohne Rücksicht im Übrigen auf die zuweilen beträchtlichen Unterschiede zwischen den einzelnen Gesetzen:

6 *a.* Der Gesetzgeber hat, erstens, mit seiner Entscheidung, verbindliche Regeln für den Umgang mit personenbezogenen Daten aufzustellen, durchweg auf den radikalen Wandel der Informationstechnologie reagiert, genauer, auf die **Automatisierung der Datenverarbeitung**. Sowohl für die öffentliche Verwaltung als auch für private Unternehmen stand spätestens seit Mitte 1960 fest, dass ihre ständig zunehmenden, immer komplizierteren, nicht zuletzt personenbezogenen Informationserwartungen mit Hilfe konventioneller Verarbeitungsmethoden nicht mehr erfüllt werden konnten.[18] Eine **öffentliche Verwaltung**, die sich mehr und mehr zur Leistungsverwaltung entwickelt, ist, um funktionsfähig zu bleiben, in wachsendem Maße auf Angaben zur Person der Leistungsempfänger angewiesen. Ganz gleich deshalb, ob es um Krankheits- oder Ausbildungsbeihilfen, Kinder- oder Wohngeld, Alters- oder Unfallrenten geht, überall manifestiert sich die Dialektik von Leistung und Informationsbedarf. Hinzu kommt die für weite Bereiche der öffentlichen Verwaltung längst selbstverständliche mittel- oder langfristige Vorausplanung der staatlichen Aufgaben. Die Konsequenz ist einmal mehr ein erheblicher Zuwachs der gerade an die Adresse der Bürgerinnen und Bürger gerichteten Informationswünsche. Beides zusammen lässt das Dilemma deutlich erkennen: Der strukturelle Wandel der öffentlichen Verwaltung setzt neue Formen der Informationsverarbeitung voraus.[19] Solange es daher nicht gelingt, die Grenzen der herkömmlichen Verarbeitungsmethoden zu überwinden, droht der angestrebte Wandel allein schon an einer sich kontinuierlich verschärfenden Informationskrise zu scheitern.

7 Ähnlich dringlich stellt sich im **nicht-öffentlichen Bereich** die Frage nach anderen und besseren Verarbeitungstechniken. Wer etwa nicht nur den steigenden Informationsanforderungen der Personalverwaltung entsprechen, sondern auch den Schritt in eine den eigenen Produktionsabläufen konsequent angepasste Personalplanung vollziehen will, neue Kreditformen möglichst breit vermitteln und sich zugleich gegen die damit verbundenen Risiken absichern möchte, oder immer weiter verfeinerte Marketingstrategien zu den Grundvoraussetzungen unternehmerischer Politik zählt, verabschiedet sich zwangsläufig von den bisherigen Verarbeitungsformen und verknüpft seine weitere unternehmerische Tätigkeit mit der Forderung nach einer Informationstechnologie, die ihn erst in die Lage zu versetzen vermag, die für seine veränderten Ziele benötigten Daten jederzeit abrufen sowie gezielt nutzen zu können.

8 So gesehen ist die **Automatisierung der Datenverarbeitung kein Zufallsprodukt**, vielmehr die **technologisch zwingende Antwort** auf die mit der veränderten Aufgabenstruktur der öffentlichen Verwaltung und der modifizierten Unternehmenspolitik unmittelbar verbundenen Änderungen der Informationserwartungen. Konsequenterweise haben weder die öffentliche Verwaltung noch die privaten Unternehmen auch nur einen Augenblick lang gezögert, die Automatisierung einzuleiten und fortlaufend auszubauen.[20] Allzu offenkundig war der Vorteil. Zum ersten Mal nahm die Chance greifbare Gestalt an, jede nur gewünschte Menge an Daten speichern, mühelos wiederauffinden, beliebig miteinander kombinieren und für die verschiedensten Zwecke verwenden zu können. Die bis vor kurzem noch für unüberwindbar gehaltenen quantitativen Grenzen der Sammlung und Aufbewahrung von Daten erschienen auf einmal ebenso obsolet wie jegliche Zweifel an einem nicht zuletzt durch die Schnelligkeit sowie die Verlässlichkeit des Zugriffs und noch mehr durch die jederzeit mögliche **multifunktionale Nutzung der Daten** illustrierten qualitativen Wandel der Verarbeitung.

---

18 Dazu statt aller *Westin,* Privacy and freedom (1967); *Miller,* Einbruch, insb. 29 ff., 66 ff.; *Rodotà,* Elaboratori elettronici e controllo sociale (1973); *Simitis,* NJW 1971, 673 ff., 135 U.Penn.L.Rev. 707 ff. (1987).

19 Vgl. etwa *Bull,* Verwaltung durch Maschinen (1964); *Grimmer* (Hrsg.), Informationstechnik in öffentlichen Verwaltungen (1986); *Reinermann/Fiedler/Grimmer/Lenk/Traunmüller* (Hrsg.), Neue Informationstechniken – Neue Verwaltungsstrukturen (1988).

20 Vgl. statt aller den 2. Bericht der Bundesregierung über die Anwendung der elektronischen Datenverarbeitung in der Bundesverwaltung v. 17. April 1970, BT-Drs. 6/648, 5 ff.; den Großen Hessenplan, a.a.O., 7 ff., 23 ff.; *Ostermann,* Die Verwaltung 1970, 129 ff.; *Miller,* Einbruch, 66 ff.

Die Kehrseite lässt sich freilich ebenso wenig übersehen. Genau jene Vorzüge, die für eine Automatisierung sprechen, verschärfen um ein Vielfaches die **Verletzlichkeit** des Einzelnen, ja der Gesellschaft überhaupt.[21] Schon deshalb, weil fehlerhafte Angaben, dank der Intensität der Verarbeitung, ein ganz anderes Gewicht bekommen. Die Automatisierung akzeleriert die Proliferation der Fehlinformationen und setzt damit die Betroffenen der Gefahr einer wirtschaftlichen, sozialen oder politischen Diskriminierung in einem bis dahin schwerlich, wenn überhaupt möglichen Umfang aus. Nicht von ungefähr hat beispielsweise in den Vereinigten Staaten die mit dem Hinweis auf falsche oder längst überholte, in automatisierten Kreditinformationssystemen allerdings weiterverarbeitete Angaben ebenso konstant wie landesweit begründete Weigerung, einem Kreditantrag zu entsprechen, die Kritik an der Automatisierung eigentlich erst ausgelöst und damit zu der immer nachdrücklicher erhobenen Forderung nach legislativen Maßnahmen geführt.[22] 9

Jede Automatisierung hat zudem, jedenfalls tendenziell, einen **Kontextverlust** zur Folge. 10 Nicht nur weil der Automatisierungsprozess, wie die Erfahrung zeigt, in aller Regel mit einer Verkürzung der ursprünglichen Information verbunden ist, sondern vor allem in Hinblick darauf, dass die mit der Automatisierung angestrebte multifunktionale Verwendung der jeweiligen Daten zwangsläufig die einzelnen Angaben gegenüber dem anfänglichen Verarbeitungszusammenhang verselbstständigt. Anders und konkreter ausgedrückt: Weshalb jemand krank war, warum er zu bestimmten Zeiten an seinem Arbeitsplatz nicht erschienen ist, wieso er sich geweigert hat, die Raten für das von ihm gekaufte Fernsehgerät weiterzubezahlen, oder welches genau die Gründe für die sich auf ihn beziehenden Vermerke in den polizeilichen Akten gewesen sind, tritt mehr und mehr in den Hintergrund. Übrig bleibt nur der Hinweis auf die Erkrankung, die Fehlzeiten, die Nichterfüllung vertraglicher Verpflichtungen und die polizeiliche Registrierung. Fast jede dieser Angaben kann aber sehr schnell dazu verleiten, Schlüsse zu ziehen, die es dem Betroffenen beträchtlich erschweren könnten, sich etwa beruflich zu verbessern oder überhaupt den von ihm gewünschten Arbeitsplatz zu bekommen.[23]

Schließlich: Als Rationalisierungsinstrument und Planungsvehikel begünstigt die Automatisierung nicht nur **Monopolisierungstendenzen** bei der Informationsverteilung und damit potenziell eine Verzerrung der Entscheidungsabläufe. Datenbanken der öffentlichen Verwaltung leiten eben keineswegs lediglich zu einer effizienteren Information über, sie begründen zugleich einen **Informationsvorsprung**, der leicht in eine Übermacht der Exekutive umschlagen kann.[24] Die Automatisierung schafft vielmehr auch die Voraussetzungen für eine intensive **Kontrolle des Einzelnen**, die oft nur Vorstufe des Versuches ist, steuernd in sein Verhalten einzugreifen. 11

Symptomatisch dafür waren schon die Auseinandersetzung um das allgemeine Personenkennzeichen und den maschinenlesbaren Ausweis,[25] ebenso wie die Diskussion über die Auswirkungen der Personalinformationssysteme[26] oder die Auswertung von Patientendaten im Rahmen einer Krankenversicherungsreform.[27] Vordergründig stand fast durchweg die Forde- 12

---

21 Dazu *Simitis,* 135 U.Penn.L.Rev. 710 ff. (1987).

22 Vgl. etwa Personal Privacy in an Information Society – The Report of the Privacy Protection Study Commission (1977) 41 ff.; aber auch *O. Mallmann,* Zielfunktionen des Datenschutzes (1977) insb. 115 ff.

23 Vgl. etwa *BayDSB,* 7. TB, 31 f.

24 Vgl. *HDSB,* 1. TB, 27 ff.; sowie *HDSB,* Zwischenbericht v. 6.2.1976, LT-Drs. 8/2239; *Birkelbach,* IBM-Nachrichten 24 (1974) 339 f.

25 Vgl. etwa den die Unzulässigkeit eines allgemeinen Personenkennzeichens ausdrücklich betonenden Beschlusses des Rechtsausschusses des Deutschen Bundestages, Schriftlicher Bericht des BT-InnenA, BT-Drs. 7/5277, 3; *BfD,* 2., 11 ff. und 6. TB, 6 ff.; *HDSB,* 12., 52 ff. und 13. TB, 93 ff.; sowie Privacy Protection Commission, Report, a.a.O., 605 ff.; Canadian Human Rights Commission, Report of the Privacy Commissioner on the Use of the Social Insurance Number (1981) 26 ff.; *Hoffmann/Tietze/Podlech,* Numerierte Bürger (1975); *Flaherty,* The Origins and Development of Social Insurance Numbers in Canada (1981).

26 Dazu *Simitis,* Schutz von Arbeitnehmerdaten, Regelungsdefizite – Lösungsvorschläge (1980), RDV 1989, 49 ff.; *Zöllner,* Daten- und Informationsschutz im Arbeitsverhältnis (2. Aufl. 1983) 80 ff.; *Küpferle/Wohlgemuth,* Personaldatenverarbeitende Systeme (1987); Klebe/Roth, Personalinformationssysteme CR 1987, 693 ff.; ComHdB-*Kilian*, Kap. 75, Rdnr. 41 ff.; *Däubler*, Belegschaften Rdnr. 24 ff.

27 Vgl. etwa *BfD,* 11. TB, 55 f.; *HDSB,* 12., 73 ff., 13., 78 ff., 14., 43 f. und 17. TB, 87 f.; sowie die Entschließung der DSBK v. 6.6.1988 zum Entwurf eines Gesetzes zur Strukturreform im Gesundheitswesen, Dok. F 36; aber auch CNIL, 7e, 1985 (1986) 165 ff., 9e, 1987 (1988) 129 ff., 10e rapport d'activité 1988 (1989) 199 ff.

rung zur Debatte, alle verfügbaren Daten um einer rationelleren, nicht zuletzt kostengünstigeren Organisation willen auszuwerten. Genauso wie der Zugriff auf die Patientendaten Fehlentwicklungen und Kostenstrukturen mit dem Ziel offen legen soll, die Leistungsfähigkeit der Krankenversicherung sicherzustellen, richtet sich an die Verarbeitung der Arbeitnehmerdaten in erster Linie die Erwartung, den „richtigen" Arbeitnehmer für den „richtigen" Arbeitsplatz zu ermitteln, damit aber sowohl die Wirksamkeit als auch die Flexibilität der Arbeitsorganisation zu maximieren, und verbindet sich mit dem Personenkennzeichen die Hoffnung, verstreute, zudem kaum noch überschaubare Datenbestände miteinander zu verknüpfen, um Effizienz und Wirtschaftlichkeit der öffentlichen Verwaltung zu garantieren. Wer aber aus Gründen, die unter Organisations- und Rationalisierungsaspekten durchaus plausibel erscheinen, den „optimalen" Versicherten, Patienten oder Arbeitnehmer zu definieren sucht, schlägt bewusst oder unbewusst die Brücke zur **permanenten Kontrolle** der Betroffenen, ja zur **Steuerung** ihres Verhaltens. Wenn das jeweilige Organisations- und Rationalisierungsziel mehr als eine unverbindliche Reflexion sein soll, dann spricht in der Tat auf den ersten Blick alles dafür, genau zu verfolgen, ob die Reaktionen und Aktivitäten der einzelnen Patienten, Beschäftigten und Versicherten, um es bei diesen Beispielen zu belassen, mit den konkret formulierten „Optimierungs"-Vorgaben in Einklang stehen und wie künftig „abweichende", die Verwirklichung der je spezifischen Ziele gefährdende Verhaltensweisen verhindert werden könnten.

13 Beides zusammen, die tendenzielle Monopolisierung der Information sowie die latenten Auswirkungen auf die Handlungs- und Entwicklungsmöglichkeiten der von einer Verarbeitung ihrer Daten betroffenen Personen, hat zunächst den hessischen Gesetzgeber bewogen, die Notwendigkeit einer **Automatisierung** zwar nicht in Frage zu stellen, jeden weiteren Schritt in Richtung auf eine automatisierte Verarbeitung aber von der Einhaltung bestimmter, gesetzlich definierter Bedingungen abhängig zu machen. In der Begründung des 1. HDSG[28] heißt es deshalb ausdrücklich: „Angesichts der neuen Möglichkeiten der Erfassung, Speicherung, Verarbeitung und Weitergabe von Informationen wie auch des schnelleren Zugriffs auf gespeicherte Informationen erscheint es ratsam, die vorhandenen Regelungen über die Geheimhaltung und die Verteilung und Kontrolle öffentlicher Befugnisse zu ergänzen, um eine Beeinträchtigung des privaten Bereiches der Bürger und eine Gewichtsverlagerung zwischen Legislative und Exekutive sowie zwischen Staatsverwaltung und Selbstverwaltung zu vermeiden." Auch der damalige hessische Ministerpräsident, *Albert Osswald*, ließ bei der Einbringung des Gesetzes am 8.7.1970[29] keinen Zweifel am Ziel der vorgeschlagenen Regelung aufkommen: Es gelte, „das jetzt für den Schutz der Bürger und die Sicherung einer demokratischen Regierung und Verwaltung Mögliche und Notwendige zu tun." Die legislative Intervention war insofern keinesfalls Ausdruck nicht näher definierter „Ängste" oder gar irrationaler Technikfeindlichkeit.[30] Zur Debatte standen vielmehr von Anfang an die **sozialen** und **politischen Konsequenzen einer automatisierten Verarbeitung**. Ihnen galt es zu begegnen; sie standen deshalb auch im Mittelpunkt aller Auseinandersetzungen über Notwendigkeit und Umfang einer gesetzlichen Regelung.[31] Kurzum, schon an der ersten legislativen Reaktion zeigt sich: die **Automatisierung** der Verarbeitung war für den Gesetzgeber kein ausschließlich unter technisch-organisatorischen Aspekten zu betrachtendes und zu behandelndes Problem, sondern eine eminent **verfassungspolitische Frage**.

14 So deutlich jedoch die legislative Intervention mit der **Automatisierung** zusammenhängt, so wenig hat sich der Gesetzgeber auf Vorschriften zur automatisierten Verarbeitung beschränkt. Keineswegs nur deshalb, weil sich automatisierte und **konventionelle Verarbeitung** nicht ohne weiteres voneinander trennen lassen, sondern sich im Gegenteil in einer

28 LT-Drs. 6/3065, 7.
29 Hessischer Landtag, 6. Wahlperiode, 77. Sitzung, Sten.Ber., 4058.
30 Vgl. freilich *Sasse,* Sinn und Unsinn des Datenschutzes (1976) 8 f.
31 Vgl. auch den Bericht der vom französischen Staatspräsidenten am 8.11.1974 eingesetzten Kommission Informatique et libertés I (1975) 7, 23 ff.; sowie *Simitis,* Zwanzig Jahre, a.a.O., 141.

Vielzahl von Fällen ergänzen, wie etwa das Beispiel der automatisierten Aktenverweisungssysteme zeigt.[32] Ebenso wenig war es der Wunsch, Umgehungsstrategien zu vermeiden, eine im Übrigen in Anbetracht der Automatisierungsgründe reichlich irreale Annahme, der letztlich zu einem breiteren Regelungsansatz führte.[33] Die Beschäftigung mit den potenziellen Automatisierungsfolgen hat vielmehr zugleich den Blick für die durchaus vergleichbaren Konsequenzen geschärft, die ein konventioneller Zugriff auf personenbezogene Angaben haben kann. Polizeiliche Unterlagen, Personalakten und Informationssammlungen von Auskunfteien bieten sich fast von selbst als Anschauungsmaterial an. Der ursprünglich scheinbar allein interessierende Regelungsansatz verwandelte sich deshalb zunehmend in den Einstieg in eine Auseinandersetzung mit jeder Verarbeitung personenbezogener Daten.

Während sich also sowohl das 1. HDSG als auch das 1. LDatG RhPf, ähnlich wie etwa das schwedische Datengesetz v. 11.5.1973[34] und das französische Gesetz über die elektronische Datenverarbeitung, die Dateien und die Freiheitsrechte,[35] noch voll auf die „maschinelle" Datenverarbeitung konzentrierten,[36] löste sich das BDSG von der Verknüpfung der Verarbeitungsanforderungen mit einer bestimmten Verarbeitungsform. Wie sehr allerdings der Gesetzgebungsprozess auch beim BDSG unter dem Eindruck der Automatisierung stand, zeigt der Gesetzestext. Ganz gleich, ob man die einzelnen in § 2 näher definierten Verarbeitungsphasen nimmt oder die in § 1 Abs. 2 vorgesehene Beschränkung des Anwendungsbereichs der gesetzlichen Regelung auf die Verarbeitung personenbezogener Angaben in „Dateien", benutzt wird durchweg eine für die automatisierte Datenverarbeitung typische Terminologie.[37] Gewiss, die einzelnen Formulierungen mögen durch ihre Aufnahme in das BDSG einen zumindest teilweise neuen, an den spezifischen Zielsetzungen des Gesetzes ausgerichteten Sinn bekommen haben.[38] Ihre Herkunft lässt sich trotzdem nicht übersehen. 15

b. Der Gesetzgeber hat, zweitens, mit seiner Entscheidung, die Verarbeitungsanforderungen festzuschreiben, der Überzeugung entsprochen, dass es keine Alternative zu einer **gesetzlichen Regelung** gibt. Der Grund ist bereits in den Beratungen über das 1. HDSG angedeutet.[39] Weil, so das wohl wichtigste Argument, die Automatisierungsfolgen die Geltung zentraler verfassungsrechtlicher Grundsätze gefährdeten, wie etwa der Gewaltenteilung oder der „Unantastbarkeit des Privatlebens", könne und dürfe niemand anderes als der Gesetzgeber selbst die Aufgabe übernehmen, für die notwendigen Korrektive zu sorgen. Ähnliche Überlegungen finden sich in den Vorarbeiten zum BDSG[40] ebenso wie in der Begründung des Gesetzes.[41] Nicht zuletzt deshalb haben sowohl der hessische als auch, wenngleich nicht ganz so deutlich, der Bundesgesetzgeber einer Regelung den Vorzug gegeben, die unter den gesetzlich näher definierten Voraussetzungen jeglichen Umgang mit personenbezogenen Angaben an bestimmte Bedingungen knüpft, bewusst also darauf verzichtet, sich **am Inhalt der einzelnen Daten** zu orientieren.[42] Ansatz- und Orientierungspunkt der legislativen Intervention war, anders ausgedrückt, die **Verarbeitung selbst**. Sie sollte, um ihren möglichen Folgen ent- 16

---

32 Zur Bedeutung und Tragweite solcher Systeme vgl. die Diskussion über den beim BKA geführten bundesweiten Kriminalaktennachweis (KAN) vgl. insb. *BfD,* 3., 48 ff. und 4. TB, 25 f.; *LfD BW,* 1. TB, 18 ff.; sowie *HDSB,* 11., 67 ff. und 12. TB, 33 f.

33 Vgl. freilich *Auernhammer,* BDSG Einf. Rdnr. 52; aber auch die Begr. des BDSG-RegE, BT-Drs. 7/1027, Allg. Teil 3.6.

34 *Dammann/Mallmann/Simitis,* Die Gesetzgebung zum Datenschutz (1977) 129 ff.

35 *Dammann/Mallmann/Simitis,* a.a.O., 54 ff.

36 Vgl. auch u. Rdnr. 127 ff.

37 Vgl. dazu die 3. Auflage dieses Kommentars, § 2 Rdnr. 74 ff., 172 ff.; *Auernhammer,* BDSG § 3 Rdnr. 8 ff.

38 Vgl. die 3. Auflage dieses Kommentars, § 2 Rdnr. 176; *Auernhammer,* BDSG § 3 Rdnr. 8 f.

39 Vgl. insb. die Verhandlungen des Hessischen Landtags, 6. Wahlperiode, 77. Sitzung, Sten.Ber., 4057 ff.

40 Vgl. etwa die Dokumentation der Anhörung zum RefE eines BDSG v. 7. bis 9.11.1972 (1973) insb. 1 ff.; die öffentliche Anhörung des InnenA des Deutschen Bundestages v. 6.5.1974, Zur Sache, Themen parlamentarischer Beratung 5/74, insb. 22 ff.; *Steinmüller u.a.,* Grundfragen, a.a.O., 36 ff.; DJT, Grundsätze, a.a.O., 11, 15 ff.; *Simitis,* DVR 2 (1973/74) 141 ff.

41 BT-Drs. 7/1027, insb. Allg. Teil 2.1, 2.2.

42 Vgl. etwa *Birkelbach,* Rede zur Einbringung des 3. TB des HDSB (1974) im Hessischen Landtag, 7. Wahlperiode, 97. Sitzung, Sten.Ber., 5227 f., „Datenverkehrs-Ordnung", IBM-Nachrichten 24 (1974) 248 ff.; *Auernhammer,* BDSG Einf. Rdnr. 48.

gegenzuwirken, von vornherein in verbindlich vorgezeichnete Bahnen gelenkt werden. Der Gesetzgeber hat daher seiner Entscheidung eine eindeutig **präventive Funktion** beigemessen.[43] Die Verarbeitungsregelung hat also von Anfang nicht den Zweck verfolgt, schon vorhandene, auf den nachträglichen Ausgleich bereits entstandener Schäden bedachte rechtliche Vorkehrungen, wie beispielsweise die Vorschriften zum Persönlichkeitsschutz, zu ergänzen und auszubauen. Ihre primäre Aufgabe war es vielmehr, verarbeitungsbedingte Gefährdungen mit Hilfe zwingend vorgeschriebener Verhaltensmaßstäbe auszuschließen.

17 Mehr als eine Reihe **allgemeiner Verhaltensrichtlinien** wurde freilich nicht verlangt. So überrascht auch der mindestens ebenso verbreitete Konsens nicht weiter, dass es der öffentlichen Verwaltung nach wie vor überlassen bleiben müsste, die für sie geltenden Verarbeitungsanforderungen grundsätzlich selbst festzulegen. Die Folgen werden mit am besten an der Kontroverse über die „Kriminalpolizeilichen personenbezogenen Sammlungen" (KpS)[44] sichtbar. Wohlgemerkt, der Streit drehte sich keineswegs um die Regelungsbedürftigkeit. Ernsthafte Zweifel daran konnte es kaum geben, allein schon mit Rücksicht auf den Umfang und die Auswirkungen der Verarbeitung. Strittig war allerdings nicht etwa nur der Regelungsinhalt, sondern genauso der Regelungsweg. Bundes- und Landesregierungen lehnten die Forderung der Datenschutzbeauftragten nach gesetzlichen Bestimmungen ab. Benötigt würden, so hieß es immer wieder, möglichst flexible Regeln, ein Ziel, das sich eben nicht mit gesetzlichen Bestimmungen, sondern nur mit Hilfe von Verwaltungsvorschriften erreichen ließe. Deshalb könne allenfalls den Erwartungen Rechnung getragen werden, die Transparenz der Verarbeitungsbedingungen sicherzustellen. Trotz der Kritik der Datenschutzbeauftragten blieb es daher bei allerdings veröffentlichten und damit gerade Außenstehenden jederzeit zugänglichen „Richtlinien" für die Dateien des BKA[45] und die kriminalpolizeilichen Sammlungen der LKA.[46]

18 *c.* Der Gesetzgeber ist bei seiner Entscheidung für eine Regelung der Verarbeitungsanforderungen, drittens, von der Vorstellung ausgegangen, sich mit **Problemen** auseinander setzen zu müssen, **die sich quer durch die einzelnen Verarbeitungszusammenhänge stellen** und für die deshalb im Prinzip ohne weiteres ein einheitliches, in **ein einziges Gesetz** aufzunehmendes Lösungsschema entwickelt werden könnte. Verabschiedet wurden, mit anderen Worten, Vorschriften, die gezielt davon absahen, sich an einem spezifischen Verarbeitungskontext zu orientieren und stattdessen einen **globalen Regelungsanspruch** formulierten.

19 Mag sein, dass sich darin auch die Unsicherheit widerspiegelt, unter der verständlicherweise die ersten legislativen Reaktionen litten. Der Gesetzgeber war sich zwar der Notwendigkeit einer Intervention bewusst, sah sich aber mit einem **Regelungsgegenstand** konfrontiert, **dem es** zwangsläufig noch an **klaren Konturen fehlte**, weil die Automatisierung gerade begonnen hatte. Die Intervention duldete dennoch keinen Aufschub, zumindest solange der Gesetzgeber nicht dazu bereit war, sein primäres Ziel preiszugeben, präventiv einzugreifen. Eine Verzögerung hätte nichts am Ausbau der Automatisierung geändert und damit an der Verfestigung jener Informationsstrukturen, deren Entstehung mit Hilfe der gesetzlichen Bestimmungen möglichst verhindert werden sollte. So gesehen sprach in der Tat manches dafür, zu versuchen, den mit der Unbestimmtheit des Regelungsgegenstandes verbundenen Risiken durch überaus allgemein gehaltene Aussagen zu entgehen.

20 Der Preis war freilich hoch: Vor allem das BDSG geriet zu einer Ansammlung von **Generalklauseln**.[47] Einen besseren Weg, um der doppelten Erwartung zu genügen, einerseits sämtliche Verarbeitungssituationen einzubeziehen, ohne sich jedoch andererseits im Hinblick auf die Unschärfen des Regelungsgegenstandes allzu sehr festzulegen, gibt es auf den ersten

---

43 Vgl. etwa die Begr. des 1. HDSG, LT-Drs. 6/3065, 7; *Reh,* Gegenstand, a.a.O., 25; *Simitis,* Schweizerische Aktiengesellschaft 47 (1975) 7 f.

44 Vgl. dazu *BfD,* 2., 45 f. und 4. TB, 51 f.; sowie *HDSB,* 10., 41 ff. und 11. TB, 65 ff.

45 GMBl. Nr. 7/81, 114.

46 Vgl. etwa HessStAnz 1981, 881.

47 Dazu *Auernhammer,* BB 1977, 206; *Simitis,* NJW 1977, 731 ff.; *Sasse,* in Festschrift für *W. Mallmann* (1978) 224 ff.

Blick nicht.[48] In Wirklichkeit stellte der Gesetzgeber aber dadurch die eigene Regelung in Frage. Der weite Interpretationsspielraum bot jedem, der personenbezogene Daten verarbeitete, die Chance, das Gesetzesziel gleichsam ins Gegenteil zu verkehren, statt also die eigene Verarbeitungspraxis vor dem Hintergrund der gesetzlichen Verarbeitungsanforderungen kritisch zu überprüfen sowie einzuschränken, sie unter dem Deckmantel der Generalklauseln aufrechtzuerhalten und fortzuführen.[49] Nicht von ungefähr hatte der HDSB[50] bereits zu einem sehr frühen Zeitpunkt auf die Notwendigkeit aufmerksam gemacht, sorgfältig zwischen den einzelnen Verarbeitungszusammenhängen zu differenzieren. Erst eine dezidiert **bereichsspezifische**, sich mithin strikt an den Besonderheiten bestimmter Verarbeitungsprozesse orientierende **Regelung** vermag Vorgaben zu formulieren, die sich auf einen konkreten Verarbeitungskontext gründen und deshalb nicht dem Zwang ausgesetzt sind, die unterschiedlichsten Sachverhalte mit Hilfe nichtssagender, divergierender, ja gegensätzliche Interpretationen förmlich provozierender Formeln abdecken zu müssen.

d. Bleibt ein vierter Punkt, der allerdings zugleich einen wichtigen Unterschied zwischen den einzelnen Datenschutzgesetzen signalisiert. Für den hessischen Gesetzgeber waren der potenzielle Verlust jeglicher Kontroll- und Initiativmöglichkeiten des Parlaments durch einen systematisch ausgebauten, technisch abgesicherten **Informationsvorsprung der Regierung** und die dank der zunehmenden Verarbeitung personenbezogener Daten tendenzielle **Degradierung der Betroffenen zu beliebig steuerbaren Objekten** Teil ein und derselben, die **Existenz einer demokratischen Gesellschaft** unmittelbar berührenden Frage. Konsequenterweise entschied sich der hessische Gesetzgeber[51] von Anfang an (§§ 2 ff., 6 des 1. HDSG) für eine zweispurige Regelung, die sowohl das **Informationsgleichgewicht** zwischen Regierung und Parlament zu sichern als auch den Umgang mit personenbezogenen Daten an verbindliche Regeln zu knüpfen sucht.[52] Demgegenüber sprach sich der Bundes- ebenso wie die Mehrzahl der Landesgesetzgeber für ein **Regelungskonzept** aus, das **ausschließlich auf die Verarbeitung personenbezogener Angaben eingeht.** 21

Auf den ersten Blick haben sich damit die meisten Gesetzgeber für einen Weg entschieden, der durchaus einleuchtet. Schon die Komplexität der Probleme legt es nahe, sich nicht allzu viel auf einmal vorzunehmen, sondern sich im Gegenteil, **sei es ganz auf die Verarbeitung personenbezogener Daten, sei es ausschließlich auf das Informationsgleichgewicht zu konzentrieren.**[53] In Wirklichkeit wird aber auf diese Weise der Zusammenhang zwischen zwei eng miteinander verbundenen Fragenbereichen aufgelöst. Die Konsequenz ist eine bereits im Ansatz **ebenso verzerrte wie verfehlte Sicht der Verarbeitungsprobleme**. Ganz gleich, ob man den Zugang der Oppositionsparteien zu den von der Regierung erhobenen und verarbeiteten Daten nimmt, oder die Nutzung personenbezogener Angaben zur Debatte steht, im einen wie im anderen Fall geht es, bei aller Unterschiedlichkeit der Ansatzpunkte, zunächst und vor allem darum, wie sich, um der Funktionsfähigkeit einer demokratischen Gesellschaft willen, der Zugriff auf Informationen und ihre Verwendung gestalten muss.[54] Die Weigerung, der Opposition die für ihre parlamentarische Kritik sowie für die eigenen Vorschläge notwendigen, in verschiedenen staatlichen Datenbanken gespeicherten Angaben zugänglich zu machen, ohne jeweils die Regierung zuvor davon in Kenntnis zu setzen, oder gar ihre Erlaubnis einzuholen, destabilisiert, ja gefährdet demokratische Entscheidungsstrukturen genauso wie eine Verarbeitung personenbezogener Angaben, die sich an den Betroffenen 22

48 Dazu auch u. Rdnr. 129, 141.
49 Dazu *Simitis,* in Informationsgesellschaft II, 29 ff.
50 2. TB, 14.
51 Vgl. auch die §§ 1 Abs. 2 Nr. 2 BlnDSG; 21 LDatG RhPf; 15 SDSG; 27 Abs. 2 BrDSG; sowie *Tuner,* DSWR 1979, 89 ff.
52 Vgl. dazu *HDSB,* 1. TB, 17; *Simitis,* Zwanzig Jahre, a.a.O., 147 f.
53 Vgl. dazu auch die Antwort der Bundesregierung für die Fragestunde des BT am 16.2.1979, Sten.Ber. über die 139. Sitzung, 11061; sowie *Auernhammer,* BDSG Einf. Rdnr. 3, 21 ff.
54 *Simitis,* Zwanzig Jahre, a.a.O., 147, in Festschrift für *Coing II* (1982) 511 ff.; vgl. auch *W. Schmidt,* JZ 1974, 241; *Egloff,* DVR 7 (1978) 115 ff.; *Scherer,* JZ 1979, 389 ff.; *Bull,* ÖVD 11/1979, 7 f.

vorbei, ausschließlich nach den Vorstellungen des jeweiligen Interessenten und ohne jede Kontrollmöglichkeit abspielt.[55]

23 Nichts anderes gilt für einen weiteren, zunächst als **„Aktenöffentlichkeit"** und später als **„Informationsfreiheit"** umschriebenen Problemkomplex, der allerdings erst Ende der Siebziger-, Anfang der Achtzigerjahre aufgegriffen wurde und seither zunehmend an Bedeutung gewonnen hat.[56] Im Mittelpunkt steht dabei einmal mehr der Informationszugang, diesmal freilich nicht des Parlaments, sondern der Bürgerinnen und Bürger, noch genauer, ihr Recht Zugang zu allen bei den Behörden vorhandenen Informationen zu haben, ohne Rücksicht im Übrigen darauf, ob sie selbst davon betroffen sind oder nicht. Ähnlich wie beim Informationsgleichgewicht wurde auch bei der Informationsfreiheit die Verbindung zum Datenschutz vereinzelt betont, etwa im 3. HDSG von 1986 (§ 25), ansonsten aber aus der Diskussion über die Verabschiedung und Reform der Datenschutzgesetze und vor allem des BDSG ausgeklammert.

24 Wo jedoch der gemeinsame Regelungshintergrund aus dem Blick gerät, ist mindestens zweierlei die Folge. Zunächst: Die Bereitschaft, jede Verarbeitung personenbezogener Daten an gesetzlich festgeschriebene, ihre Abschottung garantierende Voraussetzungen zu knüpfen, wird mehr und mehr zum Anlass genommen, um eine ähnlich dezidierte gesetzliche Verankerung des freien Zugangs zu den Verwaltungsunterlagen zu verweigern. „Datenschutz" und „Informationsfreiheit" werden nicht als Elemente einer ihrer ganzen Grundlage und Zielsetzung nach einheitlichen Regelung wahrgenommen,[57] sondern weit eher als höchst unterschiedliche, sich prinzipiell widersprechende und deshalb tendenziell ausschließende Regelungsansätze. Das BDSG leitet damit eine Entwicklung ein, die der Bundesgesetzgeber auch Jahrzehnte später fortführte, unbeirrt von den offenkundig zunehmenden Bestrebungen der Landesgesetzgeber Informationszugangsgesetze zu verabschieden und sie zugleich mit den ebenfalls reformierten Datenschutzgesetzen sorgfältig abzustimmen.[58] Umso mehr fällt der Unterschied zu manchen ausländischen Gesetzgebern auf, die sich, wie vor allem in Kanada,[59] von Anfang an intensiv bemüht haben, den Schutz der personenbezogenen Daten und die Öffentlichkeit der Verwaltungsunterlagen gemeinsam anzugehen und zu regeln. Fast dreißig Jahre nach dem 1. BDSG hat der Bundestag schließlich, ganz nach dem Vorbild der Landesgesetze, doch noch ein freilich von den Widerständen gegen jegliche Regelung gezeichnetes

---

55 Zur Frage des Informationsgleichgewichts vgl. auch *Geiger,* in *Kilian/Lenk/Steinmüller* (Hrsg.), Juristische Grundsatzfragen beim Einsatz elektronischer Datenverarbeitungsanlagen in Wirtschaft und Verwaltung (1973) 173 ff.; *Jarass,* DVR 3 (1974) 369 ff.; *Lutterbeck,* in *Steinmüller* (Hrsg.), Informationsrecht und Informationspolitik (1976) 164 ff.; *ders.,* Parlament und Information (1977); *Kevenhörster/Hoschka/Kalbhen,* in *Hoschka/Kalbhen* (Hrsg.), Datenverarbeitung in der politischen Planung, 233 f.; *Büllesbach,* Informationstechnologie und Datenschutz (1985) 82 ff.

56 Zur Entwicklung vgl. *Bull,* in *Bull* (Hrsg.), Verwaltungspolitik (1979) 119 ff.; *Schwan,* Amtsgeheimnis oder Aktenöffentlichkeit? (1984); *Burkert,* Informationszugang und Datenschutz (1992); *Weber,* RDV 2005, 243 ff.

57 Dazu *HDSB,* 14., 22 f., 165 ff. und 18. TB, 45 ff.; *BlnDSB,* JB 1990, 8; *Simitis,* Zwanzig Jahre, a.a.O., 147 f.; *Sokol,* DuD 1997, 380 ff., in *Bäumler* (Hrsg.), Der neue Datenschutz (1998) 35 ff.; *Burkert,* in *LfD NW* (Hrsg.), Neue Instrumente im Datenschutz (1999) 88 ff.; *Dix,* in Freundesgabe für *A. Büllesbach* (2002) 169 ff.; und demgegenüber *Langer,* Informationsfreiheit als Grenze informationeller Selbstbestimmung (1992) ins. 66 ff., 149 ff.; aber auch *Scholz/Pitschas,* Informationelle Selbstbestimmung 103 ff.

58 Vgl. die Informationszugangsgesetze der Länder Brandenburg v. 20.3.1998, GVBl. I, 46, Berlin v. 29.10.1999, GVBl. I, 561, Schleswig-Holstein v. 9.2.2000, GVBl. 2000, 166 und Nordrhein-Westfalen v. 27.11.2001, GV-Bl. 2001, 806; sowie *LfD Bbg,* TB 2000, 130 ff.; *ULD SH,* TB 2001, 139 ff., 2004, 159 ff.; *LfD NW,* 16. TB, 183 ff; dazu insb. *Roßnagel/Sokol,* Handbuch, 9.1, Rdnr. 21 ff.; *Dix,* DuD 1999, 316; *Bäumler,* NJW 2000, 1982 ff.; *Weichert,* DuD 2000, 262 ff.; *Nordmann,* RDV 2001, 71 ff.; *Sokol* in Festschrift für *v. Zezschwitz* (2005) 206 ff.

59 Vgl. insb. Open and Shut: Enhancing the Right to Know and the Right to Privacy, Report of the Standing Committee on Justice and Solicitor General on the Review of the Access to Information Act and the Privacy Act (1987); Une vie privée mieux respectée – Un citoyen mieux informé, Commission d'accès à l'information du Québec, Rapport sur la mise en oeuvre de la Loi sur l'accès aux documents des organismes publics et sur la protection des renseignements personnels (1987); sowie *Burkert,* Informationszugang, 28 ff., 157 ff.

Gesetz zur Informationsfreiheit verabschiedet.[60] Die Verbindung zum Datenschutz ist schon deshalb kaum zu übersehen, weil die Aufgaben des eigens eingerichteten „Informationsbeauftragten“ dem BfDI übertragen wurden (§ 12). Hinzu kommen besondere Anforderungen an den Umgang mit Unterlagen, die personenbezogene Daten enthalten (§ 5 IFG).

Zudem: Je weniger der enge Zusammenhang zwischen dem Datenschutz einerseits und der Informationsfreiheit sowie dem Informationsgleichgewicht andererseits bedacht wird, desto deutlicher setzt sich ein **privatistisches Verständnis der gesetzlichen Anforderungen an die Verarbeitung personenbezogener Daten** durch. Allein schon aus Gründen einer besseren Legitimation, aber auch im Hinblick auf eine möglichst unkomplizierte rechtliche Zuordnung, spricht sicherlich viel dafür, die Verarbeitungsvorschriften nur als ein weiteres Beispiel aus der ohnehin recht langen Reihe der Anwendungsfälle des **allgemeinen Persönlichkeitsrechts** anzusehen.[61] Schließlich geht es um die Bedingungen, unter denen Angaben verwertet werden dürfen, die sich auf ganz bestimmte, jederzeit präzisierbare Personen beziehen, deren Interessen also unmittelbar tangiert sind. Insofern ist es in der Tat nur zu verständlich, wenn auf genau jene Rechtsfigur zurückgegriffen wird, die den Einzelnen vor Verletzungen seiner Persönlichkeit schützen soll.[62] 25

In dem Maße freilich, in dem die Verarbeitung personenbezogener Daten zum Unterfall des **allgemeinen Persönlichkeitsrechts** erklärt wird, verengt sich auch die Regelungsperspektive. Die Auseinandersetzung mit der Verarbeitung und ihren Folgen gerät zum rein individuellen Problem, für dessen Lösung, so scheint es, lediglich die Grundsätze in Betracht kommen können, die ansonsten ebenfalls bei der rechtlichen Bewertung von Eingriffen in individuelle Rechtspositionen zu beachten sind. Schon der hartnäckige Versuch, die Verarbeitung einer bestimmten **„Persönlichkeitssphäre“** zuzuordnen, ist typisch dafür.[63] Mindestens ebenso bezeichnend sind Konstruktionen, die etwa mit Hilfe eines **„Rechts am eigenen Datum“** einen individuellen, eigentumsähnlichen Abwehranspruch zu begründen suchen,[64] oder gar die Verarbeitungsanforderungen aus dem „Dateneigentum“ der jeweils Betroffenen ableiten.[65] Die Konsequenzen des Verarbeitungsprozesses für die Kommunikationsstruktur einer demokratischen Gesellschaft rücken damit in den Hintergrund. Das Feld beherrschen die Überlegungen darüber, wie sich ein dogmatisch überzeugender Ausgleich zwischen den Herrschaftsansprüchen der einzelnen **„Dateneigentümer“** erzielen lässt.[66] 26

---

60 Gesetz zur Regelung des Zugangs zu Informationen des Bundes (Informationsfreiheitsgesetz – IFG), BGBl. I, 2722; dazu insb. *Rossi*, Informationsfreiheitsgesetz (2006); *Sokol*, CR 2005, 835 ff. Vgl. auch *Burkert*, in *Lamnek/Tinnefeld* (Hrsg.), Globalisierung und und informationelle Rechtskultur in Europa (1998) 113 ff; *Trute*, Öffentlich-rechtliche Rahmenbedingungen einer Informationsordnung, VVDStRL 57 (1998) 216 ff.; *Angelov*, Grundlagen und Grenzen eines staatsbürgerlichen Informationszugangsanspruchs (2000); *Kloepfer*, Informationsrecht (2002); *Schoch/Klöpfer*, Informationsfreiheitsgesetz (2002); *Masing*, Transparente Verwaltung – Konturen eines Informationsverwaltungsrechts, VVDStRL 63 (2004) 379 ff.

61 Vgl. etwa die Begr. zum RegE eines BDSG, BT-Drs. 7/1027, 22; *Auernhammer,* BDSG § 1 Rdnr. 3; *Gola/Schomerus,* BDSG § 1 Rdnr. 6; *Sasse,* in Festschrift für *W. Mallmann*, 213 ff.; *Woertge,* Prinzipien, 80 f.; *Vogelgesang,* Grundrecht auf informationelle Selbstbestimmung? (1987), 39 ff. jeweils m.w.A.; aber auch *Pedrazzini,* in Festschrift für *Furgler* (1984), 316 ff.; sowie *Hufen*, in *Badura/Dreier* (Hrsg.), 50 Jahre Bundesverfassungsgericht Bd. 2 (2001) 26, 113 f.

62 Dazu *Simitis*, in Festschrift für *Pedrazzini*, 483 f.; sowie *Hufen*, in 50 Jahre BVerfG Bd. 2, 110 ff., 116.

63 Dazu insb. *Tiedemann/Sasse,* Delinquenzprophylaxe, 124 ff.; *Loschelder,* Der Staat 1981, 368 ff.; *Gola/Schomerus,* BDSG § 1 Rdnr. 6 und demgegenüber *W. Schmidt,* JZ 1974, 243 ff.; *O. Mallmann,* Zielfunktionen, 24 ff.; *Eberle*, in *K. Schmidt,* (Hrsg.), Rechtsdogmatik und Rechtspolitik (1990), 92 ff.; *Simitis,* in Festschrift für *Pedrazzini*, 482 ff.

64 *Meister,* Datenschutz, 117 ff., DuD 1983, 163 ff., 1984, 162 ff., 1986, 173 ff.; aber auch *Auernhammer,* BDSG Einf. Rdnr. 49.

65 Dazu schon *Miller,* Der Einbruch in die Privatsphäre (1971) 254 ff.; eine Betrachtungsweise, die vor allem im Zusammenhang mit der besonders von der EG-Kommission befürworteten Vermarktung der Informationsbestände der öffentlichen Verwaltung sowie den vor dem Hintergrund der beim grenzüberschreitenden Datenaustausch auftauchenden Schwierigkeiten propagierten Vertragsmodelle an Aktualität gewonnen hat, vgl. *Simitis,* RDV 1990, 7 f., 11 f., in *Büllesbach* (Hrsg.), Datenverkehr ohne Datenschutz? (1999) 211 ff. Daran ändert sich im Übrigen auch bei einem „neuartigen Eigentumsrecht“, *Ladeur,* DuD 2000, 18, nichts.

66 Zur Kritik vgl. auch *Simitis,* NJW 1984, 400; *Vogelgesang,* Grundrecht, 141 ff.; *Rogall,* GA 132 (1985) 11; *Trute,* JZ 1998, 825 ff.; *Roßnagel/Trute*, Handbuch 2.5, Rdnr. 19 ff.; *Pitschas,* DuD 1998, 148; *Di Martino*, Datenschutz im europäischen Recht (2005) 47 ff.; aber auch *Roßnagel,* ZRP 1997, 30; sowie § 1 Rdnr. 33 ff.

1.2 Die Zäsur: Das Volkszählungsurteil des BVerfG

Literatur

H. Bäumler, Normenklarheit als Instrument der Transparenz, JR 1984, 361 ff.; *ders.*, Datenschutz beim Verfassungsschutz, AöR 110 (1985) 30 ff.; *ders.*, Das Recht auf informationelle Selbstbestimmung im Sicherheitsbereich und der maschinenlesbare Ausweis, in *H. Hohmann* (Hrsg.), Freiheitssicherung durch Datenschutz (1987) 235 ff.; *R. Baumann,* Bundesdatenschutzgesetz: Plädoyer für die Beibehaltung der Gesetzeseinheit, RDV 1985, 3 ff.; *E. Benda,* Das Recht auf informationelle Selbstbestimmung und die Rechtsprechung des Bundesverfassungsgerichts, DuD 1984, 86 ff.; *U. Dammann,* Volkszählungsurteil des Bundesverfassungsgerichts, ÖVD 1984, 51 ff.; *E. Denninger,* Das Recht auf informationelle Selbstbestimmung und Innere Sicherheit – Folgerungen aus dem Volkszählungsgesetz-Urteil des Bundesverfassungsgerichts, in Informationsgesellschaft oder Überwachungsstaat, Strategien zur Wahrung der Freiheitsrechte im Computerzeitalter, Symposium der Hessischen Landesregierung I (1984) 285 ff.; *A. Di Martino,* Datenschutz im europäischen Recht (2005); *P.K. Donos,* Datenschutz-Prinzipien und Ziele (1998); *H. Ehmann,* Informationsschutz und Informationsverkehr im Zivilrecht, AcP 188 (1988) 298 ff.; *H. Geiger,* Das Urteil des Bundesverfassungsgerichts zum Volkszählungsgesetz 1983, DSWR 1984, 43 ff.; *G. Gross,* Das Recht auf informationelle Selbstbestimmung mit Blick auf die Volkszählung 1987, das neue Bundesstatistikgesetz und die Amtshilfe, AöR 113 (1988) 161 ff.; *U. Hartleb,* Das Urteil des Bundesverfassungsgerichts zum Volkszählungsgesetz und das Sozialrecht, DVR 13 (1984) 99 ff.; *F. Hase,* Das Recht auf informationelle Selbstbestimmung, DuR 1984, 39 ff.; *H. Heußner,* Das informationelle Selbstbestimmungsrecht in der Rechtsprechung des Bundesverfassungsgerichts, SGB 7/84, 279 ff.; *ders.*, Datenverarbeitung und die Rechtsprechung des Bundesverfassungsgerichts im Spannungsfeld zwischen Recht und Politik, AuR 1985, 309 ff.; *ders.*, Zielkonflikte bei der Rechtsgewährung, DRiZ 1987, 312 ff.; *F. Hufen,* Das Volkszählungsurteil des Bundesverfassungsgerichts und das Grundrecht auf informationelle Selbstbestimmung – eine juristische Antwort auf „1984"?, JZ 1984, 1072 ff.; *ders.*, Schutz der Persönlichkeit und Recht auf informationelle Selbstbestimmung, in *P. Badura/H. Dreier* (Hrsg), 50 Jahre Bundesverfassungsgericht Bd. 2 (2001) 105 ff.; *P. Krause,* Grundrechtliche Grenzen staatlicher und privater Informationserhebung und -verarbeitung, DB 1983, Beilage Nr. 23/83; *ders.*, Das Recht auf informationelle Selbstbestimmung, BVerfGE 65, 1, JuS 1984, 284 ff.; *R. Leuze,* Orwell „1984" – Utopie oder reale Gefahr?, DVBl. 1984, 1 ff.; *O. Mallmann,* Volkszählung und Grundgesetz, JZ 1983, 651 ff.; *ders.*, Zweigeteilter Datenschutz? – Auswirkungen des Volkszählungsurteils auf die Privatwirtschaft, CR 1988, 93 ff.; *H. Meister,* Orwell, Recht und Hysterie, Eine Bemerkung zum informationellen Selbstbestimmungsrecht, DuD 1984, 164 ff.; *ders.*, Schutz vor Datenschutz?, DuD 1986, 173 ff.; *U. Mückenberger,* Datenschutz als Verfassungsgebot, KJ 1984, 1 ff.; *A. Podlech,* Die Begrenzung staatlicher Informationsverarbeitung durch die Verfassung angesichts der Möglichkeit unbegrenzter Informationsverarbeitung mittels der Technik, Leviathan 1984, 85 ff.; *R. Riegel,* Rechtsgrundlagen für die informationelle Tätigkeit der Verfassungsschutzbehörden und datenschutzrechtliche Konsequenzen aus dem Volkszählungsurteil des Bundesverfassungsgerichts, DVBl. 1985, 765 ff.; *K. Rogall,* Moderne Fahndungsmethoden im Lichte gewandelten Grundrechtsverständnisses, GA 132 (1985) 1 ff.; *B. Schlink,* Das Recht der informationellen Selbstbestimmung, Der Staat 25 (1986) 233 ff.; *R. Scholz/R. Pitschas,* Informationelle Selbstbestimmung und staatliche Informationsverantwortung (1984); *R. Schomerus,* Datenschutzverfahrensrecht statt Datenverkehrsordnung, DSB 3/1984, 9 ff.; *S. Simitis,* Die informationelle Selbstbestimmung – Grundbedingung einer verfassungskonformen Informationsordnung, NJW 1984, 398 ff.; *ders.*, Von der Amtshilfe zur Informationshilfe, NJW 1986, 2795 ff.; *ders.*, Zur Datenschutzgesetzgebung: Vorgaben und Perspektiven, CR 1987, 602 ff.; *ders.*, Die Entscheidung des Bundesverfassungsgerichts zur Volkszählung – 10 Jahre danach, KritV 77 (1994) 121 ff.; *ders.*, Das Volkszählungsurteil oder der lange Weg zur Informationsaskese – (BVerfGE, 65, 1), KritV 83 (2000) 359 ff.; *W. Steinmüller,* Das Volkszählungsurteil des Bundesverfassungsgerichts, DuD 1984, 91 ff.; *K. Vogelgesang,* Grundrecht auf informationelle Selbstbestimmung (1987); *W. Zöllner,* Die gesetzgeberische Trennung des Datenschutzes für öffentliche und private Datenverarbeitung, RDV 1985, 3 ff.

27 Der zweite Abschnitt der Geschichte der Datenschutzes steht, anders als die Jahre zuvor, nicht im Vorzeichen der legislativen Aktivität, sondern ganz unter dem Eindruck einer richterlichen Entscheidung: dem **Urteil des BVerfG** v. 15.12.1983 **zum VZG 83**.[67] Seine Bedeutung ist freilich schwer zu erkennen, solange man sich an den eigentlichen Entscheidungsgegenstand hält, die Verfassungsmäßigkeit des 1982 einstimmig von Bundestag und Bundesrat verabschiedeten **Volkszählungsgesetzes**.[68] Weder kann davon die Rede sein, dass sich das BVerfG

---

67 BVerfGE 65, 1 = Dok. E 2 zu Art. 2 Abs. 1 GG.

68 BGBl. I 1982, 369. Zu den teilweise gravierenden Mängeln des Gesetzes, vor allem der mangelnden Trennung von Statistik und Verwaltungsvollzug vgl. den Zwischenbericht des *HDSB* zur Volkszählung 1983 v. 14.3.1983, LT-Drs. 10/573; sowie den Beschluss der DSBK v. 22.3.1983, Dok. F 6.

zum ersten Mal mit den verfassungsrechtlichen Aspekten statistischer Erhebungen beschäftigen musste,[69] noch lässt sich ernsthaft behaupten, der Gesetzgeber habe die Betroffenen dazu zwingen wollen, ähnlich detaillierte Informationen über ihren Gesundheitszustand oder gar ihre privaten Lebensgewohnheiten preiszugeben, wie etwa beim Anfang der Sechzigerjahre durchgeführten Mikrozensus.[70]

Die Tragweite der Entscheidung wird vielmehr erst verständlich, wenn man den **Symbolwert** 28
der für 1983 geplanten **Volkszählung** bedenkt. Was zunächst ganz nach einem reinen Routinevorgang aussah, geriet zunehmend zum Kristallisationspunkt all jener Befürchtungen, die eine bei jedem Behördengang genauso wie am eigenen Arbeitsplatz tagtäglich erfahrbare, dank einer ständig weiterentwickelten Informationstechnologie konsequent verfeinerte Datenerhebung weckte. Mit der Volkszählung schlug gleichsam eine bis dahin nur individuelle Erfahrung in ein kollektives Erlebnis um: Jede Bürgerin und jeder Bürger sah sich zu genau dem gleichen Zeitpunkt mit genau den gleichen Informationsanforderungen konfrontiert. Kein Wunder, wenn sich deshalb Zweifel und Kritik keineswegs auf einen bestimmten Bevölkerungsteil beschränkten. Vor allem die Erfahrungen der Datenschutzbeauftragten belegen deutlich genug: Der Protest gegen die Volkszählung lässt sich mit traditionellen Kriterien wie etwa dem Beruf, dem Einkommen, der sozialen Stellung, dem Bildungsgrad oder den politischen Überzeugungen weder lokalisieren noch erklären.[71] Genauso wenig überrascht es aber auch, dass sich der Protest, so unterschiedlich er im Übrigen ausgefallen sein mag, immer wieder um die eine Frage drehte, ob die Volkszählung nicht doch die Grundlage für eine schrankenlose, durch die automatisierte Verarbeitung begünstigte Verknüpfung der unzähligen, von den verschiedensten staatlichen und privaten Stellen bereits gespeicherten Daten abgeben könnte. Kurzum, im Widerstand gegen die Volkszählung manifestierte sich das tiefe Misstrauen gegenüber einer in ihren Konsequenzen kaum durchschaubaren, allein schon ihres rasanten Wandels wegen immer unheimlicheren Informationstechnologie, die aus der Perspektive der Betroffenen allzu leicht dazu führen könnte, steuernd in ihr Verhalten einzugreifen und ihnen damit jede Chance nehmen würde, ihr Leben nach ihren Vorstellungen zu gestalten.[72]

Genau dieser Hintergrund bestimmt die Argumentation des BVerfG. Konkret: Das Gericht 29
verzichtet bewusst darauf, den nächstliegenden Weg zu gehen, sich also ausschließlich zum VZG zu äußern. Die Reaktion der Bevölkerung, ihre „Furcht vor einer unkontrollierten Persönlichkeitserfassung" ist in den Augen des Gerichts Anlass genug, um sich zunächst ausführlich damit auseinanderzusetzen, welche Anforderungen die Verfassung an die Verarbeitung personenbezogener Daten stellt.[73] Eben deshalb reicht die Bedeutung der Entscheidung weit über den konkreten Konflikt hinaus. Das Gericht hat mit seinen insofern in der Tat bewusst programmatischen Aussagen[74] den Rahmen für alle künftigen Überlegungen zum Umgang mit personenbezogenen Daten verbindlich abgesteckt. Der Entscheidung lassen sich besonders acht Vorgaben entnehmen.

Die **Zulässigkeit der Verarbeitung** ist, erstens, zunächst und vor allem eine **verfassungs-** 30
rechtliche Frage. Wer nicht weiß, ob und von wem Informationen zu seiner Person zusammengestellt werden, büßt die Chance ein, die Konsequenzen seines Verhaltens ebenso wie die Reaktionen seiner Kommunikationspartner verlässlich einzuschätzen, und verzichtet mit zunehmender Unsicherheit auf die Ausübung seiner Grundrechte. Die Verarbeitung bedroht aber damit nicht nur die „individuellen Entfaltungschancen des Einzelnen", sie gefährdet vielmehr zugleich die Funktionsfähigkeit „eines auf die Handlungs- und Mitwirkungsfähigkeit seiner Bürger begründeten freiheitlichen demokratischen Gemeinwesens".[75] Genau genommen kehrt das Gericht mit diesen Feststellungen zum Ausgangspunkt der Diskussion über die Notwendigkeit einer Regelung der Verarbeitung personenbezogener Daten zurück.

---

69 Vgl. BVerfGE 27, 1 ff.
70 BVerfG, a.a.O.
71 Vgl. *HDSB,* 12. TB, 9 f.; *Simitis,* KritV 77 (1994) 122 f.
72 Dazu *Simitis,* KritV 83 (2000) 359 ff.
73 BVerfGE 65, 1 (41 ff.).
74 *Bäumler,* JR 1984, 361; *Simitis,* KritV 83 (2000) 361 ff.
75 BVerfG, a.a.O., 43.

Es stellt in einer freilich sehr viel deutlicheren und präziseren Sprache den schon vom hessischen Gesetzgeber[76] betonten, vom Bundesgesetzgeber dagegen vernachlässigten verfassungsrechtlichen Konnex wieder her: **Datenschutz ist Grundrechtschutz.**

31 Weil die Möglichkeiten des Einzelnen, sich den eigenen Vorstellungen entsprechend zu entwickeln, auch und gerade vom Umgang mit den Daten, die seine Person betreffen, abhängen, muss, zweitens, die Entscheidung, ob und in welchem Umfang die jeweiligen Angaben verarbeitet werden dürfen, zuvörderst ihm überlassen bleiben. In einer Gesellschaft, in der dank der automatisierten Datenverarbeitung personenbezogene Angaben unbegrenzt speicherbar, zudem „jederzeit ohne Rücksicht auf Entfernungen in Sekundenschnelle abrufbar sind" und schließlich „mit anderen Datensammlungen zu einem teilweise oder weitgehend vollständigen Persönlichkeitsbild zusammengefügt werden (können), ohne dass der Betroffene dessen Richtigkeit und Verwendung zureichend kontrollieren kann",[77] zählt deshalb die **„informationelle Selbstbestimmung"**[78] zu den Grundvoraussetzungen einer freien Entfaltung der Persönlichkeit.

32 Die Anbindung der informationellen Selbstbestimmung an die Verfassung, zwingt, drittens, dazu, mögliche **Einschränkungen** in einer für die Betroffenen ebenso erkennbaren wie klaren Weise **gesetzlich zu regeln**,[79] ein Ziel das sich letztlich nur mit Hilfe **bereichsspezifischer** Vorschriften erreichen lässt.

33 Der Vorrang der informationellen Selbstbestimmung mag, viertens, noch so klar feststehen, sie ist dennoch **nicht uneingeschränkt gewährleistet**. Personenbezogene Daten vermitteln keineswegs nur Informationen über die jeweils konkret Betroffenen, sie sind zugleich „Abbild sozialer Realität"[80] und insofern tendenziell stets auch Ansatzpunkt einer nicht zuletzt auf die Kenntnis der individuellen Situation angewiesenen gesellschaftlichen, wirtschaftlichen und staatlichen Aktivität. Die Priorität der informationellen Selbstbestimmung hat aber zur Folge, dass der Betroffene nur ausnahmsweise übergangen werden darf, genauer, lediglich in den Fällen, in denen ein **„überwiegendes Allgemeininteresse"** für eine Verarbeitung spricht.[81] Die Entscheidung der Betroffenen ist, anders ausgedrückt, keine beliebig überwindbare Barriere. Zudem: Mit dem bloßen Hinweis auf ein wie immer näher umschriebenes „überwiegendes Allgemeininteresse" ist es nicht getan. Die Daten bleiben vielmehr so lange unzugänglich wie die je spezifischen Informationserwartungen nicht vom Gesetzgeber sanktioniert worden sind, und zwar mit Vorschriften, die es auch und vor allem den Betroffenen ermöglichen, jederzeit nachzuvollziehen, unter welchen Bedingungen eine Verarbeitung überhaupt in Betracht kommt.[82]

34 Weder das Vorrecht der Betroffenen, selbst über die Verarbeitung zu entscheiden, noch die Verpflichtung, Ausnahmen gesetzlich festzuschreiben, sind, fünftens, an die Nutzung ganz bestimmter Angaben gebunden. Welche Folgen die Verarbeitung haben kann, lässt sich erst beurteilen, wenn Gewissheit darüber besteht, wofür die einzelnen Angaben jeweils verwendet werden sollen. **„Belanglose" Daten** gibt es deshalb nicht.[83] Die Verarbeitungsregelung muss sich infolgedessen ausschließlich an der „Personenbezogenheit" und nicht an der „Art der Angaben" orientieren.

35 Sowohl die Betroffenen als auch der Gesetzgeber können sich, sechstens, lediglich so lange ein verlässliches Bild der potenziellen Verarbeitungsfolgen machen, wie sie in der Lage sind, den Verarbeitungsprozess möglichst genau zu überblicken. Je konsequenter freilich der wahrscheinlich markanteste Vorteil einer automatisierten Verarbeitung genutzt wird, die **multifunktionale Verwendung** der jeweils gespeicherten Angaben, desto undurchsichtiger

76 o. Rdnr. 13; *Simitis,* Zwanzig Jahre, a.a.O., 141 ff.
77 BVerfG, a.a.O., 42.
78 BVerfG, a.a.O., 43.
79 BVerfG, a.a.O., 44, aber auch 46.
80 BVerfG, a.a.O., 44.
81 BVerfG, a.a.O., 44; sowie BVerfGE 78, 77 (85); 84, 192 (195).
82 BVerfG, a.a.O., 46.
83 BVerfG, a.a.O., 45.

gestaltet sich der Verarbeitungsprozess. Abhilfe kann unter diesen Umständen lediglich eine strenge **Zweckbindung** schaffen.[84]

Die Verpflichtung, jede Verarbeitung an einem von vornherein festgelegten, klar erkennbaren Zweck auszurichten, schränkt, siebtens, auch und gerade die Weiterleitung personenbezogener Daten innerhalb der öffentlichen Verwaltung ein. Die Übermittlung darf die Bindung an den ursprünglichen Erhebungszweck nicht gefährden. Eine Weitergabe kommt daher grundsätzlich nur in Betracht, wenn die jeweils zur Debatte stehenden Daten von den beteiligten Stellen zur Erfüllung dieses Zwecks benötigt werden. Die **öffentliche Verwaltung** ist mit anderen Worten **keine Informationseinheit**, innerhalb derer personenbezogene Angaben grundsätzlich frei ausgetauscht werden können. Der Gesetzgeber muss deshalb für einen **„amtshilfefesten Schutz gegen Zweckentfremdung"** sorgen[85] und darüber hinaus die im Interesse einer **„informationellen Gewaltenteilung"** notwendigen Vorkehrungen treffen.[86] 36

Ein wirksamer Schutz der informationellen Selbstbestimmung setzt, achtens, mehr voraus als nur ein Entscheidungsvorrecht der Betroffenen sowie eine gezielte Intervention des Gesetzgebers überall dort, wo dieses Vorrecht eingeschränkt werden soll. Beides trägt sicherlich dazu bei, den Verarbeitungsprozess durchsichtiger zu gestalten sowie dessen Konsequenzen rechtzeitig offen zu legen. Den Chancen der Betroffenen, die Verarbeitungs- und Verwaltungsabläufe wirklich zu durchschauen, sind freilich allein schon im Hinblick auf die Komplexität des Verarbeitungsprozesses Grenzen gesetzt. Erst recht dürften sie kaum in der Lage sein, auf die konstante Veränderung der Informations- und Kommunikationstechnologie mit Vorschlägen zu reagieren, die es erlauben könnten, den Auswirkungen auf die Verarbeitung personenbezogener Daten zuvorzukommen. Nichts anderes gilt letztlich für die gesetzliche Regelung. Sie beschränkt sich zwangsläufig auf abstrakte Vorgaben, sagt also nichts über die Art und Weise aus, in der sich der Umgang mit den jeweiligen Daten tatsächlich abspielt. Die gesetzlichen Vorschriften spiegeln zudem, wie sich gerade an der Erfahrung mit den Verarbeitungsbestimmungen leicht ablesen lässt,[87] immer nur einen bestimmten Technologiestand wider. Wenn deshalb nicht nur ein Höchstmaß an **Transparenz** gesichert, sondern auch die **Präventivfunktion** der gesetzlichen Vorschriften garantiert werden soll, muss der Verarbeitungsprozess in jeder seiner Phasen der **Kontrolle durch eine eigens dafür eingerichtete, unabhängige Instanz**, den **Datenschutzbeauftragten**, unterliegen.[88] 37

Das BVerfG hat mit dem Volkszählungsurteil die Bedingungen der Verarbeitung personenbezogener Daten neu definiert. Die unmittelbare Anbindung der informationellen Selbstbestimmung an das Grundgesetz schließt jeden Zweifel an der Bedeutung der Datenschutzgesetze aus, die unmissverständliche Forderung nach einer klaren Zweckbindung schränkt den Verarbeitungsradius von vornherein nachhaltig ein, die ausdrückliche Bekräftigung der Notwendigkeit einer unabhängigen Kontrollinstanz stärkt schließlich die Stellung der Datenschutzbeauftragten und erteilt allen Bestrebungen eine Absage, ihre Rechte zu unterlaufen. Die Erwartungen an den Gesetzgeber waren, so gesehen, groß.[89] Er konnte sich in Anbetracht der vom BVerfG formulierten Grundsätze weder einer gründlichen Revision des BDSG noch und erst recht der Verabschiedung einer Vielzahl bereichsspezifischer Regeln entziehen.[90] Doch so deutlich die Vorgaben des Gerichts waren, so ausgeprägt waren auch die Widerstände gegen jeden Versuch, sie konsequent umzusetzen.[91] Die ungewöhnlich heftige Kritik 38

---

84 BVerfG, a.a.O., 45.
85 BVerfG, a.a.O., 46.
86 BVerfG, a.a.O., 69.
87 o. Rdnr. 6 ff.; sowie *Simitis,* Zwanzig Jahre, a.a.O., 152 f., in *Sokol* (Hrsg.), Neue Instrumente, 5 ff.
88 BVerfG, a.a.O., 46; vgl. auch BVerfGE 67, 157 (185).
89 Dazu *Benda,* DuD 1984, 86 ff.; *Heußner,* SGB 7/1984, 279 ff., AuR 1985, 309 ff.; *Simitis,* NJW 1984, 398 ff., CR 1987, 602 ff.
90 Vgl. dazu den Beschluss der DSBK v. 27./28.3.1984, Dok. F 12 Nr. 2; die Stellungnahme des BfDI zu den Auswirkungen des Urteils des BVerfG v. 15.12.1983 zum VZG 1983 vorgelegt dem InnenA des Deutschen Bundestages am 25.4.1984, BfD I – 192 100/15, abgedr. in DÖV 1984, 504 ff.; sowie *HDSB,* 12. TB, 14 ff.
91 Dazu *Simitis,* KritV 83 (2000) 359 ff.

der Entscheidung, ja die unverhohlene Aufforderung, sie möglichst schnell zu den Akten zu legen, ist bezeichnend dafür.[92]

39 Die Folgen machten sich sehr bald bemerkbar. Zunächst indirekt: Bund und Länder waren sich in einem Punkt sofort einig. Welche Korrekturen wann erfolgen müssten, dürfe nur vom jeweils zuständigen Gesetzgeber bestimmt werden. Etwas anderes habe lediglich für das vom BVerfG beanstandete VZG zu gelten. Seine Revision dulde keinen Aufschub.[93] Ansonsten könne der Gesetzgeber wie in allen anderen vergleichbaren Fällen einen **„Übergangsbonus"** für sich in Anspruch nehmen.[94] Daran ist sicherlich so viel richtig: Das BVerfG war sich zwar der Tragweite seiner Anforderungen durchaus bewusst, hat aber trotzdem davon abgesehen, dem Gesetzgeber eine Frist zu setzen. Die Kompliziertheit der legislativen Aufgaben darf zudem ebenso wenig unterschätzt werden wie ihr Umfang. Beides kann nicht ohne Folgen für die Zeitspanne bleiben, die dem Gesetzgeber zugestanden werden muss.[95] Der „Übergangsbonus" ist dennoch nicht beliebig dehnbar und schon gar nicht eine Ausstiegsluke aus der Handlungspflicht des Gesetzgebers. Kurzum, so schwer es auch fällt, genaue Angaben zur Dauer der Übergangsfrist zu machen, so wenig entbindet der „Übergangsbonus" den Gesetzgeber von der Verpflichtung, zumindest einen Zeitplan, nicht zuletzt mit Hilfe einer Prioritätenskala der erforderlichen Regelungen, aufzustellen.[96] Anders und präziser ausgedrückt: Die Rangfolge in der Prioritätenskala bestimmt auch die Länge der Übergangsfrist: Je weitreichender die Auswirkungen der Verarbeitung auf die informationelle Selbstbestimmung sind, desto kürzer muss die dem Gesetzgeber zur Verfügung stehende Zeit sein.[97]

40 Solange deshalb sogar Jahre nach der Entscheidung des BVerfG zum VZG, bestenfalls vor einer „unangemessenen" oder „ungebührlichen" Verzögerung gewarnt wird,[98] verdichtet sich unweigerlich der Eindruck, dass nicht die Revision des geltenden Rechts, sondern die Aufrechterhaltung des status quo das eigentliche Ziel ist. Äußerungen, wie etwa der Hinweis darauf, dass die Tragweite der Entscheidung des BVerfG „für den übrigen Bereich der Rechtssetzung und Rechtsanwendung nicht von vornherein offen zu Tage" tritt,[99] oder die nachdrücklich wiederholte Mahnung, die Schwierigkeiten der „notwendigen Abstimmung zwischen Bund und Ländern",[100] erst recht aber die „chronische Überlastung des Gesetzgebers" ja nicht zu übersehen, tragen ebenso dazu bei wie die Aufforderung, sich doch mit der bereits bekundeten „Absicht" der Bundesregierung, aber auch einzelner Landesregierungen zufrieden zu geben, dem Parlament einen Entwurf zuzuleiten.[101] Pauschale Hinweise auf die Notwendigkeit, die „Funktionsfähigkeit" staatlicher Einrichtungen sicherzustellen,[102] ändern daran nichts,[103] zumal dann, wenn die „Funktionsfähigkeit" schlicht mit „bürokratischen Effizienzerwägungen" gleichgesetzt wird.[104] Kaum verwunderlich, wenn daher alle Mahnungen an die Adresse des Gesetzgebers schließlich verhallten, und auch von einer

---

92 Vgl. etwa *Schneider,* DÖV 1984, 161 ff.; *Meister,* DuD 1984, 162 ff., 1985, 173 ff.; *Rogall,* GA 132 (1985) 1 ff.; *Zöllner,* RDV 1985, 3 ff.; *Miller,* DuD 1986, 13; *Ehmann,* RDV 1989, 64 f., dazu auch *Donos*, Datenschutz, 71 ff., *Di Martino*, Datenschutz, 36 ff.

93 Die Neufassung wurde in der Tat keine zwei Jahre später vorgelegt, vgl. das Gesetz über eine Volks-, Berufs-, Gebäude-, Wohnungs- und Arbeitsstättenzählung v. 8.11.1985, BGBl. I, 2078.

94 Dazu BVerfGE 33, 1 (12 f.), 303 (347 f.); 41, 251 (266); 51, 268 (287).

95 Dazu BayVfGHE 38, 74 = Dok. E 13 zu Art. 2 Abs. 1 GG; BVerwG, NJW 1990, 2761, 2763 f.; OLG Frankfurt, NJW 1989, 47; *BfD,* 9. TB, 6 f.; *LfD BW,* 7. TB, 10 f.; *HDSB,* 15. TB, 17 ff.; *Alberts,* ZRP 1987, 193; *Simitis,* CR 1987, 604 ff., NJW 1989, 21; *Denninger,* CR 1988, 58 f.; *Vogelgesang,* DVBl. 1989, 962; *Pitschas/Aulehner,* NJW 1989, 2358.

96 Vgl. *BfD,* 9. TB, 7; *HDSB,* 15. TB, 20; sowie *Simitis,* CR 1987, 604 f.

97 Dazu BVerwG, NJW 1990, 2761, 2764; *Simitis/Fuckner,* NJW 1990, 2714.

98 Vgl. etwa OVG Berlin, Dok. E 9 und 10 zu § 13 Abs. 2 BDSG; VG Köln, Dok. E 13 zu § 13 Abs. 2 BDSG.

99 VG Hannover, Dok. E 36 zu Art. 2 Abs. 1 GG.

100 Ein Argument, das im Übrigen einen durchaus realen Hintergrund hat, wie vor allem die lange und mühevolle Auseinandersetzung über die für den Verfassungsschutz erforderlichen Verarbeitungsnormen zeigt, vgl. *HDSB,* 18. TB, 21 ff.

101 Dazu VG München, Dok. E 21 zu Art. 2 Abs. 1 GG.

102 Dazu BVerfGE 41, 251 (266); 51, 268 (287); sowie *Zeidler,* EuGrZ 1988, 207 ff.

103 Vgl. auch VG Stade, Dok. E 12 zu § 13 Abs. 2 BDSG.

104 OLG Hamm, Dok. E 27 zu Art. 2 Abs. 1 GG; vgl. auch *Heußner,* DRiZ 1987, 317.

Übergangsfrist nicht mehr die Rede war. Ob und wann der Gesetzgeber die nötigen Konsequenzen aus dem Volkszählungsurteil ziehen würde, blieb, so gesehen, offen.

Im Ergebnis hat sich vor allem eine Reihe von Landesgesetzgebern, in erster Linie aber der hessische Gesetzgeber, bemüht, den Anforderungen des Volkszählungsurteils ohne einen allzu großen Zeitverlust gerecht zu werden. Die Novellierung des HDSG,[105] in das über die allgemeinen Verarbeitungsvorschriften hinaus gezielt auch bereichsspezifische Bestimmungen, etwa zur Verwendung von Arbeitnehmerdaten (§ 34), aufgenommen wurden, ist ebenso bezeichnend dafür wie die Verabschiedung des ArchG,[106] des KrankHG,[107] des HSOG[108] und des VerfSchG.[109] 41

Der Bundesgesetzgeber hat dagegen ausgesprochen zögerlich reagiert.[110] Soweit es zudem überhaupt zu Regelungen kam, war der Regelungsgrund lange Zeit nicht so sehr eine an den Anforderungen des Volkszählungsurteils orientierte kritische Überprüfung bestehender Verarbeitungsaktivitäten, sondern vor allem die gesetzliche Absicherung neuer, aus der Perspektive der öffentlichen Stellen besonders dringlicher Verarbeitungsvorhaben.[111] Ganz in diesem Sinn wurden die vorhandenen Informationssysteme, etwa durch das **„Zentrale Verkehrsinformationssystem" (ZEVIS)**,[112] genauso konsequent weiter ausgebaut, wie dem Wunsch der öffentlichen Verwaltung Rechnung getragen, einen **„maschinenlesbaren Personalausweis"**[113] einzuführen, um die Vorteile der Automatisierung für einen breiteren Informationsaustausch besser zu nutzen. Sieben Jahre dauerte es dagegen bis zur Verabschiedung des novellierten **BDSG** im Dezember 1990.[114] Weitere sieben mussten vergehen, ehe es endlich zu einer Regelung der Verarbeitung personenbezogener Daten durch das **BKA** kam.[115] Manches, unter Verarbeitungsgesichtspunkten überaus wichtige Gesetz, wie die **StPO**, wurde überdies, zumeist freilich im Hinblick auf neue Tatbestände, in einem mühseligen, längst nicht abgeschlossenen Prozess nur schritt- und stückweise korrigiert.[116] Eine Entscheidung darüber, wann und unter welchen Bedingungen es zu einer neuen **Volkszählung** kommen könnte, ist erst 2001 gefällt worden. Mehr als siebzehn Jahre hat es also gedauert, bis, ganz nach den Vorstellungen des BVerfG,[117] mit dem „registergestützten Zensus" eine Alternative zur scheinbar unersetzlichen „Totalerhebung"gefunden wurde.[118] In anderen, mindestens ebenso zentralen Verarbeitungsbereichen, wie dem **Arbeitnehmerdatenschutz**, fehlt es schließlich nach wie vor an einer gesetzlichen Regelung.[119] 42

105 GVBl. I 1986, 309.
106 GVBl. I 1989, 270.
107 GVBl. I 1989, 452.
108 GVBl. I 1990, 197; dazu *HDSB,* 16., 16; 17. TB, 40 ff.
109 GVBl. I 1990, 753.
110 Vgl. auch *Simitis,* KritV 83 (2000) 370 f.
111 Mikrozensusgesetz, BGBl. I 1985, 955; Paßgesetz und Gesetz zur Änderung personalausweisrechtlicher Vorschriften, BGBl. I 1986, 545; Bundesstatistikgesetz, BGBl. I 1987, 462; Gesetz zur Änderung des Straßenverkehrsgesetzes, BGBl. I 1987, 486; Bundesarchivgesetz, BGBl. I 1988, 62.
112 Dazu *BfD,* 7., 27 ff. und 8. TB, 23 ff.; *HDSB,* 13. TB, 99 ff.; *HmbDSB,* 3., 85 ff. und 5. TB, 74 f.; sowie *LfD BW,* 5. TB, 63 ff.
113 Dazu *BfD,* 6., 6 ff., 7., 7 ff., 8., 8 ff. und 9. TB, 14 f.; *HDSB,* 12., 52 ff., 13., 93 ff. und 14. TB, 190 f.; sowie *LfD BW,* 5. TB, 15 f.
114 Dazu u. Rdnr. 52 ff.
115 Gesetz über das Bundeskriminalamt und die Zusammenarbeit des Bundes und der Länder in kriminalpolizeilichen Angelegenheiten, BGBl. I 1997, 1650.
116 Vgl. etwa das Strafverfahrensänderungsgesetz 1987 v. 27.1.1987, BGBl. I, 475; das Gesetz zur Änderung des Außenwirtschaftsgesetzes, des Strafgesetzbuches und anderer Gesetze v. 28.2.1992, BGBl. I, 372; das Strafverfahrensänderungsgesetz v. 17.3.1997, BGBl. I, 534; das Begleitgesetz zum Telekommunikationsgesetz v. 17.12.1997, BGBl. I, 3108, 3113; das Gesetz zur Verbesserung der Bekämpfung der Organisierten Kriminalität v. 4.5.1998, BGBl. I, 845, 846; das DNA-Identitätsfeststellungsgesetz v. 7.9.1998, BGBl. I, 2646; sowie das Gesetz zur strafrechtlichen Verankerung des Täter-Opfer-Ausgleichs und zur Änderung des Gesetzes über Fernmeldeanlagen v. 20.12.1999, BGBl. I, 2491.
117 BVerfG 65, 1 (55 f.).
118 Gesetz zur Vorbereitung eines registergestützten Zensus, BGBl. I 2001, 1882.
119 Dazu *Simitis,* NJW 1998, 2397, AuR 2001, 429 ff.; RdA 2003, Sonderbeilage, 43 ff.

43 Bei dem Versuch die Übergangsfrist zu instrumentalisieren, um die notwendigen Korrekturen und Ergänzungen, wenn nicht zu verhindern, so doch soweit wie möglich zu verzögern, ist es jedoch nicht geblieben. Parallel dazu verstärkten sich die Bestrebungen, Bedeutung und Tragweite der Entscheidung zur Volkszählung direkt in Frage zu stellen. Typisch dafür waren schon die gleich nach ihrer Verkündung einsetzenden Bemühungen, ihren Anwendungsbereich einzuschränken. Sie sei, so hieß es wieder und wieder, nur bei künftigen statistischen Erhebungen zu beachten,[120] wirke sich lediglich auf die automatisierte Verarbeitung aus,[121] ändere nichts an der Amtshilfe[122] und spiele grundsätzlich keine Rolle bei einer Verwendung personenbezogener Daten durch nicht-öffentliche Stellen.[123] Was schließlich die generellen Überlegungen zur informationellen Selbstbestimmung angehe, so könnten sie über die Fälle einer zwangsweisen Erhebung hinaus ebenso wenig eine Bindungswirkung beanspruchen[124] wie die Bemerkungen zur Erforderlichkeit einer Kontrolle des Verarbeitungsprozesses durch unabhängige Datenschutzbeauftragte.[125] Die Notwendigkeit einer umfassenden, auch und vor allem den nicht-öffentlichen Bereich verstärkt einbeziehenden gesetzlichen Regelung wurde damit genauso offen angezweifelt wie ein tendenziell uneingeschränktes Kontrollrecht der Datenschutzbeauftragten und besonders des BfDI.

44 Aber auch das Volkszählungsurteil selbst wurde, so überraschend es zunächst klingen mag, herangezogen, um unerwünschte Verarbeitungsbarrieren möglichst auszuschließen. Als Anknüpfungspunkt diente jene Passage, in der das BVerfG ausdrücklich feststellt, dass die informationelle Selbstbestimmung im „**überwiegenden Allgemeininteresse**" eingeschränkt werden kann.[126] Das Gericht hatte allerdings ebenso deutlich betont, dass die schlichte Berufung auf das „Allgemeininteresse" keinesfalls ausreicht.[127] Erst eine sorgfältige Abwägung der jeweils präzise anzugebenden Verarbeitungsinteressen der Allgemeinheit und der potenziellen Verarbeitungskonsequenzen für die Betroffenen kann ergeben, inwieweit das „Allgemeininteresse" den Vorrang verdient. Weil zudem jede Einschränkung der informationellen Selbstbestimmung eine entsprechende gesetzliche Regelung voraussetzt,[128] müssen die an einer Verarbeitung interessierten staatlichen Stellen ihre Erwartungen öffentlich legitimieren und können sie nur in dem Umfang den Betroffenen gegenüber geltend machen, in dem sie vom Gesetzgeber akzeptiert worden sind.

45 Genau diese Reihenfolge wird freilich nicht eingehalten, sondern auf den Kopf gestellt.[129] Der Akzent liegt eindeutig auf den „Allgemeininteressen", die deshalb auch die Bedingungen bestimmen, unter denen die informationelle Selbstbestimmung zur Geltung kommen darf. So fällt es auch nicht schwer, sich auf den Standpunkt zu stellen, dass das Volkszählungsurteil letztlich mit der Priorität der „Allgemeininteressen" nur den Grundsatz bestätigt hat, nach dem sich die öffentliche Verwaltung ohnehin richtet, und der daher im Mittelpunkt aller Überlegungen zur Verwendung personenbezogener Daten, ganz besonders aber im Sicherheitsbereich stehen muss.[130] Die „Allgemeininteressen" verwandeln sich so in eine Art „Über-Generalklausel", die es dank ihrer kaum zu übertreffenden Elastizität erlaubt, nahezu jede von öffentlichen Stellen nicht zuletzt unter Berufung auf die Rationalität und Effizienz

---

120 *Hartleb,* DVR 1984, 104.
121 *Roewer,* NJW 1985, 775; *Rogall,* GA 132 (1985) 13; *H.Ehmann,* RDV 1989, 66.
122 *Krause,* JuS 1984, 273; *Meydam,* DuD 1985, 17.
123 *Zöllner,* RDV 1985, 3 ff.; vgl. auch *H. Ehmann,* AcP 188 (1988) 303.
124 OVGNW, Dok. E 5 zu § 14 BDSG; *Vogelgesang,* Grundrecht, 87; *Kniesel,* Die Polizei, 1985, 171; *Ehmann,* AcP 188 (1988) 301 f., RDV 1989, 64; vgl. auch *Rebmann,* NJW 1985, 4; *Vahle,* DSB 10/1986, 2 f.
125 *Vogelgesang,* Grundrecht, 88.
126 BVerfGE 65, 1 (44).
127 Dazu auch *Simitis,* KritV 83 (2000) 365 ff.
128 BVerfG, a.a.O.
129 Vgl. auch *Simitis,* CR 1987, 604).
130 Vgl. etwa BVerwG, NJW 1988, 1863; 1990, 2761 (2762), 2765 (2766), 2768 (2769 f.); und demgegenüber OVG Bremen, Dok. E 11 zu § 13 Abs. 2 BDSG; sowie OVG Berlin, Dok. E 10 zu § 13 Abs. 2 BDSG. Besonders bezeichnend dafür sind nicht zuletzt die im Zusammenhang mit den Bestrebungen, die polizeiliche Datenverarbeitung neu zu regeln, immer wieder aufkommenden Kontroversen über die Frage, wann Daten an den Betroffenen vorbei erhoben werden dürfen, vgl. etwa *HDSB,* 17., 43 ff. und 18. TB, 50 ff.

ihrer Tätigkeit formulierte Verarbeitungserwartung zu erfüllen.[131] Mehr noch, die „Allgemeininteressen“ werden in Verbindung mit der vom BVerfG ebenfalls betonten „Gemeinschaftsbezogenheit und Gemeinschaftsgebundenheit“ des Einzelnen[132] auch als Gestaltungsrichtlinie für die Regelung der Verarbeitungsvorgänge im nicht-öffentlichen Bereich angesehen.[133] Deutlicher denn je wird aber damit die Entscheidungsprämisse des Bundesverfassungsgerichts ins Gegenteil verkehrt. Nicht die Einschränkung der informationellen Selbstbestimmung muss begründet, sondern das Entscheidungsvorrecht der Betroffenen gerechtfertigt werden.

Den im Volkszählungsurteil formulierten Verarbeitungsgrundsätzen wurden schließlich eine Reihe von „Gegenprinzipien“ gegenübergestellt. So wurde die informationelle Selbstbestimmung mit dem „Grundrecht auf Sicherheit“ konfrontiert,[134] die Zweckbindung und das damit verbundene Verbot einer Datensammlung auf Vorrat mit der staatlichen Pflicht zur „Informationsvorsorge“,[135] die Forderung nach einer strikt funktionalen Trennung der Verarbeitung mit dem rechtsstaatlichen Gebot „administrativer Verfahrenseffizienz“[136] sowie die Erwartung, gerade die Gefahren einer automatisierten Verarbeitung besonders zu bedenken, mit dem nachdrücklichen Hinweis auf die besondere Bedeutung, die besonders dieser Verarbeitungsform für eine Erfüllung staatlicher Aufgaben zukomme.[137] Das Ziel liegt auf der Hand: Der Kontrast soll einen Abwägungsprozess gleichsam erzwingen und so eine direkte Anwendung der vom BVerfG aufgestellten Grundsätze verhindern. Einmal mehr geht es also darum, die Bedeutung des Volkszählungsurteils möglichst zu relativieren. 46

Zweifel und Widerstände ändern dennoch nichts daran, dass die Entscheidung des BVerfG zum VZG 83, in den Worten der Autoren einer der wohl schärfsten kritischen Analysen des Volkszählungsurteils,[138] ein „Meilenstein auf dem Weg in die Zukunft der Informationsgesellschaft“ ist. Das Volkszählungsurteil leitet eine neue, ungleich schwierigere Etappe in der Geschichte der Datenschutzgesetzgebung ein. Das rechtliche Fundament der informationellen Selbstbestimmung mag, dank der Entscheidung des Bundesverfassungsgerichts, solider denn je sein, die Regelungsinstrumente sind dafür umso brüchiger. 47

Die Zeit, in der Bundes- und Landesgesetzgeber meinten, grundsätzlich mit einem einzigen Gesetz auskommen zu können, war spätestens mit dem Volkszählungsurteil beendet. Wenn der Forderung nach einer gesetzlichen Grundlage, aus der sich die jeweiligen Beschränkungen der informationellen Selbstbestimmung „klar und für den Bürger erkennbar“ ergeben müssen,[139] wirklich Rechnung getragen werden soll, dann muss sich der Akzent eindeutig auf **bereichsspezifische Regelungen** verschieben. Dem Gesetzgeber bleibt, so gesehen, nichts anderes übrig, als sich mehr und mehr auf die konkreten Verarbeitungszusammenhänge zu konzentrieren, um in Kenntnis ihrer Besonderheiten ein verfassungskonformes Normengerüst zu entwickeln.[140] Generelle Aussagen, wie sie bis zur Entscheidung des BVerfG üblich gewesen sind, werden in den Hintergrund gedrängt. Sie haben nur noch eine komplementäre „**Auffangfunktion**“, helfen also dort aus, wo es an bereichsspezifischen Bestimmungen fehlt.[141] Es gilt also ein breit gefächertes, an genau umschriebenen Verarbeitungszusammenhängen orientiertes Regelsystem aufzubauen, das die Anwendung der allgemeinen Vor- 48

131 Dazu auch *Nitsch,* ZRP 1995, 364; *Hoffmann-Riem,* AöR 123 (1998) 513 ff.; *Pitschas,* in Verhandlungen des 62. DJT, II/1 (1998) M 9 ff.; sowie *Simitis,* KritV 83 (2000) 361 ff.

132 BVerfG, a.a.O.

133 So z.B. *Vogelgesang,* Grundrecht, 189, 194 ff.

134 *Isensee,* Das Grundrecht auf Sicherheit (1983) insb. 21 f., 27 ff.; *Scholz/Pitschas,* Informationelle Selbstbestimmung, 110 ff.; aber auch *Vogelgesang,* Grundrecht, 193 f.

135 *Scholz/Pitschas,* Informationelle Selbstbestimmung, 101 ff., 132 ff.; *Vogelgesang,* Grundrecht, 190 f.

136 *Scholz/Pitschas,* Informationelle Selbstbestimmung, 116 ff.; *Scholz,* der landkreis 1987, 157; *Hartleb,* DVR 1984, 105 f.; *Schickedanz,* BayVBl. 1984, 708.

137 *Scholz,* der landkreis 1987, 156 ff.; vgl. auch *Loschelder,* Der Staat 20 (1981) 372; *Isensee,* DÖV 1983, 568 f.; *Kloepfer,* Datenschutz als Grundrecht (1980) 10.

138 *Scholz/Pitschas,* Informationelle Selbstbestimmung, 12.

139 BVerfGE 65, 1 (44).

140 Vgl. *HDSB,* 12. TB, 14 ff.; sowie *Bäumler,* JR 1984, 361 ff.; *Benda,* DuD 1984, 89 f.; *Simitis,* NJW 1984, 402, CR 1987, 605 f.

141 *Simitis,* CR 1987, 605.

schriften zwar gezielt reduziert, nicht jedoch eliminiert. Der unbestreitbare Vorrang bereichsspezifischer Bestimmungen kommt mit anderen Worten keineswegs einem, sei es auch nur langfristigen, Verzicht auf jegliche übergreifende Regelung gleich.

49 Genau genommen wird damit jene Entwicklung fortgesetzt, die sich schon bei der Auseinandersetzung mit der Forderung abgezeichnet hatte, die KpS-Vorschriften durch eine gesetzliche Regelung der polizeilichen Datenverarbeitung abzulösen,[142] und später vor allem durch die Verabschiedung der SGB-Normen zur Verarbeitung von Sozialdaten bestätigt wurde.[143] Inwieweit es jedoch einer eigenen Regelung bedarf oder ob es bei bestimmten, für eine Reihe anderer Verarbeitungszusammenhänge ebenso geltenden und deshalb allgemeiner formulierten Erwartungen bleiben kann, lässt sich erst beantworten, wenn über die Verarbeitungsinteressenten, ihre Motivationen und Ziele, die vorgesehenen Verarbeitungsmodalitäten sowie die gewünschten Daten Klarheit besteht, und so auch und gerade über die potenziellen Auswirkungen auf die Betroffenen. Zudem: Eine bereichsspezifische Reaktion setzt nicht notwendigerweise eine besondere, gleichsam als Gegenstück zu den Datenschutzgesetzen konzipierte, ausschließlich auf einen präzise umrissenen Verarbeitungszusammenhang beschränkte gesetzliche Regelung voraus.[144] Im Gegenteil, Zweck und Tragweite der jeweils in Frage kommenden Verarbeitungsvorschriften sind nur richtig zu beurteilen, wenn sie, wie sich etwa an den Bestimmungen über die Meldedaten,[145] die Verwertung von Patientendaten im Krankenhausbereich[146] oder die polizeiliche Datenverarbeitung[147] zeigt, von Anfang als Teil einer Gesamtregelung konzipiert werden, die in erster Linie dazu dient, Struktur, Funktion und Kompetenzen der konkret verantwortlichen Stelle festzulegen.[148] Der Regelungsumfang richtet sich im Übrigen einmal mehr nach den sich aus dem je spezifische Verarbeitungszusammenhang ergebenden Erfordernissen. Intensität und Dichte der legislativen Intervention mögen sich deshalb, gemessen an ihrem bisherigen Verlauf, zwangsläufig beträchtlich erhöhen. Die vom BVerfG postulierte **Priorität bereichsspezifischer Regelungen** muss aber deshalb weder eine schier grenzenlose Normeninflation noch und erst recht ein Normendickicht zur Folge haben, das selbst den besten Vorsatz illusorisch erscheinen lässt, die vom Gericht im Interesse des Betroffenen geforderte Transparenz der Verarbeitung sicherzustellen.[149]

1.3 Die Neubestimmung der gesetzlichen Grundlagen: Vom 3. HDSG bis zur Novellierung des BDSG

Literatur

H. Auernhammer, Der neue Referentenentwurf zur Novellierung des Bundesdatenschutzgesetzes, DuD 1984, 5 ff.; *H.P. Bull,* Was ist Informationsrecht, IuR 1986, 287 ff.; *ders.,* Vom Datenschutz zum Informationsrecht – Hoffnungen und Enttäuschungen, in H. Hohmann (Hrsg.), Freiheitssicherung durch Datenschutz (1987) 173 ff.; *U. Dammann,* Das Bundesdatenschutzgesetz 1990, NVwZ 1991, 640 ff.; *E. Dörr,* Die Änderungen im neuen Datenschutzrecht mit Auswirkungen für die Wirtschaft, DB 1991, 427 ff.; *H. Ehmann,* Zur Zweckbindung privater Datennutzung – Zugleich ein Beitrag des Datenschutzrechts mit einer Stellungnahme zu den Entwürfen zur Änderung des Bundesdatenschutzgesetzes, RDV 1988, 169 ff.; *ders.,* Neue Reformvorstellungen zum Datenschutzrecht – Die neuesten Regelungsvorschläge im nicht-öffentlichen Bereich und ihre Grundlagen, RDV 1989, 64 ff.; *H.A. Lennartz,* Betrachtungen zum Referentenentwurf eines BDSG, CR 1988, 686 ff.;

142 o. Rdnr. 17.

143 Dazu *Borchert,* in GK-SGB X 2 Einl. Rdnr. 9 ff., § 35 Rdnr. 1 ff.

144 Vgl. freilich *Zöllner,* Daten- und Informationsschutz im Arbeitsverhältnis (2. Aufl. 1983) insb. 3 f., 101 f.

145 Vgl. die §§ 2 ff., 17 ff. MRRG; *Medert/Süßmuth/Schweinoch,* Melderecht des Bundes und der Länder, Teil I: Bundesrecht (o.J.) Einf. I A Rdnr. 1 ff.; *Simitis,* in Festschrift für W.Mallmann (1978), 259 ff.; sowie *HDSB,* 18. TB, 70 ff.

146 Vgl. etwa die §§ 7 ff. HambKHG; 11 ff. des HKHG; sowie den Beschluss der DSBK v. 14.3.1986, Dok. F 31; *DSK Rheinland-Pfalz,* Datenschutz im Krankenhaus, Informationen zum Datenschutz, H. 4 (1989); *HmbDSB,* 4. TB, 97 ff.; *HDSB,* 15., 63 ff. und 17. TB, 65 ff.; *LfD BW,* 7. TB, 66 ff.

147 Vgl. etwa die §§ 27 ff. BrPolG, 13 ff. HSOG, 9 ff. PolGNW, 25 a ff. PVG RhPf, 25 ff. SPolG; sowie *HDSB,* 17., 40 ff. und 18. TB, 47 ff.

148 Vgl. dazu auch *Simitis,* CR 1987, 605.

149 Vgl. freilich *Denninger,* in Informationsgesellschaft I, 315; *Vogelgesang,* Grundrecht, 152 f.

R. Schomerus, Das informationelle Selbstbestimmungsrecht in neueren Datenschutzgesetzentwürfen, RDV 1986, 62 ff.; *S. Simitis/St. Walz*, Das neue hessische Datenschutzgesetz, RDV 1987, 157 ff.; *St. Walz,* Das neue Bundesdatenschutzgesetz. Kompromiß als Leitprinzip, CR 1991, 364 ff.

1970 hatte der hessische Gesetzgeber als erster den Versuch unternommen, die Verarbeitung personenbezogener Daten zu regeln. Sechzehn Jahre später, im November 1986, war es wiederum der hessische Gesetzgeber, der als allererster nicht nur die Konsequenzen aus der Entscheidung des BVerfG zum 1. VZG[150] zog, sondern auch den nicht zuletzt von einer sich konstant verändernden Informations- und Kommunikationstechnologie geprägten Erfahrungen der vergangenen Jahre Rechnung trug.[151] Das 3. HDSG[152] löste sich von der Vorstellung, der Gesetzgeber müsse sich lediglich mit einer „missbräuchlichen“ Verwendung personenbezogener Angaben beschäftigen, verwarf die Verknüpfung der gesetzlichen Anforderungen mit einer Verarbeitung in „Dateien“, bezog die Akten ausdrücklich ein, stellte klar, dass es für die Erhebung genauso gesetzlicher Bestimmungen bedarf wie für jede andere Verarbeitungsphase, schrieb die Zweckbindung fest, räumte dem Datenschutzbeauftragten ein uneingeschränktes Kontrollrecht ein und formulierte zugleich eine Reihe bereichsspezifischer Vorschriften vor allem für die Verarbeitung von Arbeitnehmerdaten sowie die Verwendung personenbezogener Angaben im Rahmen der wissenschaftlichen Forschung.[153] 50

In den folgenden drei Jahren wurden das bremische,[154] das nordrhein-westfälische,[155] das hamburgische[156] und das berliner DSG[157] novelliert. Unterschiede gab es durchaus.[158] So sah das DSG NW keine Benachrichtigungspflicht (§ 18 Abs. 2 HDSG) vor, eine Entscheidung, die vom bremischen Gesetzgeber geteilt wurde, der es überdies, anders als der nordrhein-westfälische (§ 26 Abs. 2) und der hessische Gesetzgeber (§ 29 Abs. 2 HDSG), bei den traditionellen Kontrollschranken beließ. Das Auskunfts- und Einsichtsrecht des Datenschutzbeauftragten versagte also dem Verfassungsschutz und den Polizeibehörden gegenüber, sollte die Kenntnisnahme der jeweiligen Unterlagen und Akten die „Sicherheit des Bundes oder eines Landes“ gefährden (§ 27 Abs. 3 Satz 4 BrDSG). Die Unterschiede im Detail ändern allerdings nichts am klaren, sich in den weitgehend wortgleichen Formulierungen widerspiegelnden Konsens über die Grundprinzipien einer verfassungskonformen Verarbeitungsregelung, angefangen beim eindeutigen Vorrang der informationellen Selbstbestimmung (§§ 1 Nr. 1 HDSG; 1 Abs. 1 BrDSG; 1 DSG NW; 1 HmbDSG; 1 Abs. 1 Nr. 1 BlnDSG), über den weiten, auch und gerade die Akten gezielt umfassenden Anwendungsbereich der gesetzlichen Vorschriften (§§ 2 Abs. 2 und 6 HDSG; 2 Abs. 2 und 6 Nr. 5 BrDSG; 3 Abs. 2 und 5 DSG NW; 4 Abs. 2 und 6 HmbDSG; 4 Abs. 2 und 3 Nr. 4 BlnDSG) und die Verpflichtung, sich durchweg an einem bereits zum Zeitpunkt der Erhebung oder Speicherung definierten Zweck zu orientieren (§§ 13 HDSG; 12 BrDSG; 13 DSG NW; 13 HmbDSG; 11 BlnDSG), bis hin zu einem Höchstmaß an Transparenz. Ein besonders bezeichnendes Beispiel dafür ist die einhellige Ablehnung der vom BDSG 77 (§ 1 Abs. 2 Satz 2) postulierten und seinerzeit von sämtlichen Landesgesetzen übernommenen Sonderregelung für „interne Daten“.[159] Ebenso einmütig ist im Übrigen die Entscheidung für eine institutionalisierte, unabhängige Kontrolle (§§ 21 ff. HDSG; 24 ff. BrDSG; 21 ff. DSG NW; 21 ff. HmbDSG; 21 ff. BlnDSG). Kurzum, alle fünf Gesetze konkretisierten die Vorgaben des BVerfG und legten damit zugleich einen neuen, gemeinsamen legislativen Rahmen für die Verarbeitung personenbezogener Daten fest. 51

150 BVerfGE 65, 1.
151 Dazu *Simitis,* Zwanzig Jahre, a.a.O., 145 f.
152 GVBl. I 1986, 309.
153 Vgl. *Simitis/Walz,* RDV 1987, 157 ff.
154 GBl. 1987, 263.
155 GVBl. 1988, 160.
156 GVBl. I 1990, 133.
157 GVBl. 1991, 16; vgl. dazu den JB 1990 des *BlnDSB,* 8 ff.
158 Vgl. dazu auch die kritischen Bemerkungen des *HmbDSB* in seinem 8. TB, 1 f.
159 Vgl. dazu die Begr. des RegE, BT-Drs. 7/1027, 18; *BfD,* 1. TB, 124; und die 3. Auflage dieses Kommentars, § 1 Rdnr. 28 ff.; sowie *Roßnagel/Abel*, Handbuch, 2.7, Rdnr. 40 ff.

52 Zur **Novellierung des BDSG** kam es dagegen erst am 20. Dezember 1990.[160] Vorausgegangen war eine ebenso lange wie kontroverse, von komplizierten parlamentarischen Verhandlungen begleitete Diskussion. Genau genommen hat die Novellierungsdebatte, so seltsam es auch klingen mag, fast unmittelbar nach der Verabschiedung des BDSG 77 begonnen. Schon die ersten Reaktionen waren eher zurückhaltend, ja geradezu skeptisch.[161] Der Berichterstatter, der SPD-Abgeordnete *Haenschke,* hielt das Gesetz lediglich für einen akzeptablen Ausweg aus den mit der Verarbeitung personenbezogener Daten verbundenen Schwierigkeiten.[162] Ähnlich äußerten sich der Parlamentarische Staatssekretär im Bundesministerium des Innern *Baum*[163] und der nordrhein-westfälische Innenminister *Dr. Hirsch.*[164] Beide sahen im BDSG 77 nur einen ersten Schritt. Insofern war es in der Tat nicht weiter verwunderlich, wenn sowohl die Regierung als auch die Opposition nur wenige Monate nach dem Abschluss des Gesetzgebungsprozesses keinen Zweifel an der Notwendigkeit ließen, das BDSG möglichst bald zu überarbeiten.[165]

53 Während sich jedoch die Bundesregierung gegen eine Gesetzeskorrektur vor der nächsten Legislaturperiode aussprach, waren die Bundestagsfraktionen nicht bereit, bis 1981 zu warten. Konsequenterweise legte die Fraktion der CDU/CSU am 24.1.1980 den Entwurf eines Gesetzes zur Änderung des BDSG vor.[166] Er greift manche Frage auf, die in den darauf folgenden Jahren ebenfalls im Mittelpunkt aller Bemühungen stehen sollte, die Anforderungen an die Verarbeitung personenbezogener Daten sehr viel präziser zu formulieren, zugleich aber deutlich zu verschärfen. Dafür ist schon die Bereitschaft symptomatisch, die Anwendung des Gesetzes nicht mehr von einer **Verarbeitung in „Dateien"** abhängig zu machen. Mindestens genauso bezeichnend ist allerdings die Forderung, den für die nicht-öffentlichen Stellen zuständigen **Aufsichtsbehörden** das Recht einzuräumen, Sicherungsmaßnahmen anzuordnen und unter Umständen den Betrieb einzelner Anlagen oder auch der gesamten Datenverarbeitung zu untersagen. Etwas über einen Monat später, am 27.2.1980, brachten die Koalitionsfraktionen SPD und F.D.P. ihrerseits Änderungsvorschläge ein.[167] Sie deckten sich zwar teilweise mit dem Oppositionsentwurf, so etwa bei der angestrebten Verschärfung der **Zweckbindung**, sprachen jedoch darüber hinaus eine Reihe weiterer Punkte an, darunter die mangelhafte, auf eine bloße **Anlassaufsicht** beschränkte Kontrolle im nicht-öffentlichen Bereich, an denen sich sehr schnell erweist, wie wenig das BDSG 77 dem Ziel einer wirklich wirksamen Verarbeitungsregelung gerecht geworden war.

54 Zu einer Korrektur des Gesetzes kam es, schon mit Rücksicht auf das Ende der Legislaturperiode, jedoch nicht. Die Notwendigkeit einer Novellierung wurde immerhin in der Regierungserklärung v. 24.11.1980 bestätigt.[168] Weder die zum wiederholten Mal bekräftigte Novellierungsintention noch die detaillierten, längst ausgiebig diskutierten Vorschläge[169] vermochten freilich den Gesetzgebungsprozess zu beschleunigen. Fast anderthalb Jahre vergingen vielmehr, bis der Bundesminister des Innern am 31.3.1982 einen Referentenentwurf vorlegte,[170] der aber, wohl auch mit Rücksicht auf den Regierungswechsel, folgenlos blieb. Nichts anderes gilt für den späteren, allerdings zu entschieden weniger Korrekturen bereiten

160 BGBl. I, 2954.
161 Dazu *Simitis,* NJW 1977, 730 f.; sowie die 3. Auflage dieses Kommentars, Einl. Rdnr. 2 ff.
162 Vgl. den Sten.Ber. über die zweite und dritte Lesung des Entwurfs am 10.6.1976, 250. Bundestagssitzung, 17750.
163 Sten.Ber., a.a.O.
164 liberal 18 (1976) 885 f.
165 Vgl. die Antwort der Bundesregierung v. 4.4.1977 auf eine Kleine Anfrage, BT-Drs. 8/191, aber auch die damit durchaus übereinstimmenden Antworten in den Fragestunden v. 27.9. und 18.10.1978, Sten.Ber. über die 106., 8398 sowie die 110. Sitzung, 8686.
166 BT-Drs. 8/3608.
167 BT-Drs. 8/3703.
168 BT-Drs. 9/5, 25 f.
169 Vgl. insb. *HDSB,* 10. TB, 18 ff.; sowie *Bull,* Ziele und Mittel des Datenschutzes (1981) 24 ff.
170 Abgedr. in Datenschutz-Berater 1982, H. 5, 2 ff. = DANA 1982, H. 4, 8 f.; zur Kritik vgl. insb. *BfD,* 5. TB, 110 ff.; sowie *Simitis,* in Tagungsband der 6. DAFTA (1983) 29 ff.

Entwurf v. 23.6.1983.[171] Diesmal war der Grund jedoch ein ganz anderer. Das BVerfG hatte mit seiner Entscheidung zum VZG 1983[172] die „gemächlich verlaufende, eher lustlos geführte Novellierungsdiskussion"[173] jäh unterbrochen. Die übliche, nicht zuletzt durch die beiden Referentenentwürfe zur Begründung ihrer ablehnenden Haltung gegenüber mancher Reformforderung herangezogene Feststellung, das BDSG habe sich durchaus bewährt, seine Regelungsgrundsätze müssten deshalb beibehalten werden, sodass lediglich punktuelle Korrekturen erforderlich seien,[174] nutzte in Anbetracht der genauen Vorgaben des Gerichts und ihrer weitreichenden Konsequenzen nichts mehr.[175]

Die Bundesregierung reagierte freilich lange nicht. Stattdessen übernahmen wieder die Bun- 55
destagsfraktionen die Initiative, zunächst die SPD. Ihr bereits am 27.3.1984 vorgelegter Entwurf[176] gründete sich zwar größtenteils auf früher diskutierte Vorschläge, sprach sich jedoch unter dem Eindruck des Volkszählungsurteils sehr viel dezidierter als etwa der Koalitionsentwurf von 1980[177] für eine restriktive Verarbeitungsregelung aus, wie sich allein schon an den Vorstellungen über die Aufgabe des in Aussicht genommenen Gesetzes zeigt. Es soll, so heißt es in der Begründung,[178] im Interesse eines **„fairen Umgangs mit personenbezogenen Daten"** verbindliche Grundsätze für jegliche „Verarbeitung oder sonstige Nutzung" aufstellen und damit den Schutz vor den Verarbeitungsgefahren ebenso wie den Ausgleich der bei einer „unangemessenen" Verwendung von Informationen entstehenden Schäden gewährleisten, anders also als das BDSG nicht lediglich danach trachten, mögliche **„Missbrauchsfälle"** zu verhindern.[179] Erheblich länger brauchten die Koalitionsfraktionen. CDU/CSU und F.D.P. brachten erst am 28.1.1986 ein Artikelgesetz ein, das neben der Änderung des BDSG (Art. 1) eine Neuregelung des VwVfG (Art. 2), des BVerfSchG (Art. 3) und des StVG (Art. 4) vorsah.[180] Parallel dazu legte die Bundesregierung entsprechend der zwischen den Koalitionsfraktionen geschlossenen Vereinbarung nicht nur gleichlautende Änderungsvorschläge vor,[181] sondern auch den Entwurf eines Gesetzes über den Militärischen Abschirmdienst.[182] Ergänzt wurden diese Regelungsvorhaben schließlich durch den Entwurf eines Gesetzes über die informationelle Zusammenarbeit der Sicherheits- und Strafverfolgungsbehörden des Bundes und der Länder in Angelegenheiten des Staats- und Verfassungsschutzes und nachrichtendienstlicher Tätigkeit (Zusammenarbeitsgesetz – ZAG).[183]

Die Weichen für die weitere Diskussion waren damit gestellt. Vor allem zweierlei fällt dabei 56
auf. Zunächst: Die bis dahin übliche Beschränkung der legislativen Intervention auf die Verabschiedung eines Datenschutzgesetzes wurde aufgegeben. Die Novellierungsvorschläge zum BDSG 77 waren vielmehr Teil eines **„Gesetzespakets"**, dessen Schwerpunkt eindeutig im Sicherheitsbereich lag. Nicht von ungefähr wurde deshalb kaum noch vom BDSG, sondern global von den „Sicherheitsgesetzen" gesprochen. Als Begründung diente das Volkszählungsurteil[184] und besonders die sich aus der Entscheidung ergebende Verpflichtung, nicht nur die Vorschriften der Datenschutzgesetze, sondern auch die bereichsspezifischen Regelungen, „über die Erhebung, Verarbeitung und Nutzung personenbezogener Daten insbesondere im

171 Abgedr. in DuD 1983, 260 ff. = Datenschutz-Berater 1983, H. 9, 2 ff. = DANA 1983, H. 5, 5 ff.; zur Kritik vgl. insb. die Erklärung der DSBK v. 4.11.1983, Dok. F 11; *BfD,* 6. TB, 56 f.; *HDSB,* 12. TB, 17 ff.
172 BVerfGE 65, 1.
173 *Schomerus,* RDV 1986, 62.
174 Statt aller *Auernhammer,* DuD 1984, 5 ff.; vgl. aber auch *BfD,* 5. TB, 110.
175 Dazu o. Rdnr. 29 ff.
176 BT-Drs. 10/1180.
177 o. Rdnr. 53.
178 BT-Drs. a.a.O., 18.
179 Zu weiteren Einzelheiten und zur Kritik vgl. den Sten.Ber. der 72. Sitzung des InnenA des Deutschen Bundestages v. 24.6.1985, Prot Nr. 72; sowie die Ausschuss-Drucks. 10/90, 91, 92, 93, 94; aber auch *Schomerus,* RDV 1986, 62 ff.
180 BT-Drs. 10/4737.
181 BT-Drs. 10/5343.
182 BT-Drs. 10/5342.
183 BT-Drs. 10/5344.
184 BVerfGE 65, 1.

Sicherheitsbereich zu überprüfen".[185] Das BVerfG hat freilich seine Erwartungen an den Gesetzgeber, anders als es eine solche Formulierung suggeriert, keineswegs auf die Korrektur ganz bestimmter Regelungen beschränkt, noch und erst recht die Revision des BDSG an die Überprüfung der für den Sicherheitsbereich geltenden Verarbeitungsvorschriften gekoppelt.[186]

57 Wenn deshalb beides, die Novellierung des BDSG und die Regelung der Verarbeitung personenbezogener Daten im Sicherheitsbereich, damals wie später, immer wieder miteinander verknüpft wurde, so aus anderen Gründen. Mit dem Volkszählungsurteil haben sich die Anforderungen an die Verwendung personenbezogener Angaben verschärft, ohne Rücksicht im Übrigen darauf, ob es etwa um die Speicherungs- und Übermittlungsbedingungen oder das Auskunftsrecht der Betroffenen geht. Eine **vorweggenommene Revision des BDSG** könnte unter diesen Umständen weitreichende Konsequenzen für die **Sicherheitsbehörden** haben. Ihre Informationserwartungen müssten auch und gerade an den revidierten BDSG-Grundsätzen gemessen werden. Negative Auswirkungen lassen sich daher am ehesten vermeiden, wenn bereits im Novellierungsprozess für Formulierungen gesorgt wird, die nachteilige Konsequenzen ausschließen. Genau diese Überlegung hat bei der Reform des BDSG 77 dazu geführt, das BDSG in ein „Gesetzespaket" aufzunehmen, und auch die strikte Weigerung ausgelöst, es „aufzuschnüren".[187] Mehr als ein Jahrzehnt später, bei der Revision des BDSG 90, waren es dieselben Befürchtungen, die letztlich zur Folge hatten, dass etwa das Recht der nach § 4f zu bestellenden Beauftragten für den Datenschutz, die externe Kontrollinstanz, also den BfDI, einzuschalten (§ 4g Abs. 1 Satz 2), faktisch außer Kraft gesetzt wurde.[188]

58 Koalitionsentwurf und Regierungsvorschläge schlugen eine eindeutig restriktive Richtung ein.[189] Ganz in diesem Sinn hatte der Bundesinnenminister bereits am 25.4.1984 in seinem für den Innenausschuss des Deutschen Bundestages bestimmten Bericht zum Volkszählungsurteil vor einem „Stillstand der Verwaltung" und einem „erheblichen Bürokratiezuwachs" als Folge einer „maximalistischen Interpretation" der Aussagen des BVerfG gewarnt.[190] Der Koalitionsentwurf mahnte ebenfalls zur Vorsicht und stellte unter anderem ausdrücklich fest, dass der Gesetzgeber zwar verpflichtet sei, die **informationelle Selbstbestimmung auch im nicht-öffentlichen Bereich** zu gewährleisten, dabei aber die verfassungsrechtlich genauso garantierte allgemeine Handlungsfreiheit der nicht-öffentlichen Stellen „nicht unzumutbar einschränken" dürfe. Koalitionsfraktionen und Bundesregierung lehnten es deshalb ausdrücklich ab, von der „Grundkonzeption des BDSG" abzugehen.[191] Sie erklärten sich vielmehr lediglich dazu bereit, Änderungen vorzunehmen, die sich möglichst reibungslos in dieses Konzept einfügen ließen und zugleich dazu verhelfen könnten, „Fehlentwicklungen" zu korrigieren.

59 Die BDSG-Bestimmungen sollten daher nach wie vor nur bei einer **Verarbeitung in „Dateien"** zum Zuge kommen, andere Verarbeitungsformen dagegen, wenn überhaupt, ausschließlich im öffentlichen Bereich berücksichtigt und zudem außerhalb des BDSG in „verfahrensrechtlichen Querschnitts-" oder in bereichsspezifischen Gesetzen angesprochen werden.[192] Die „nicht formatierte Informationsverarbeitung in herkömmlichen Verfahren",[193] in erster Linie also die **Verarbeitung in Akten**, wurde deshalb in die **Neuregelung des**

185 BT-Drs. 10/4737, 33.

186 So aber die Position der Bundesregierung, vgl. statt aller die Bemerkungen des Parlamentarischen Staatssekretärs beim Bundesminister des Innern, *Spranger* anlässlich der ersten Lesung der einschlägigen Regierungsvorlagen am 24.4.1986, Sten.Ber. über die 213. Bundestagssitzung, 16352 und demgegenüber die deutlich zurückhaltenderen, freilich vor allem auf das Zusammenarbeitsgesetz bezogenen Äußerungen des Abgeordneten *Dr. Hirsch*, ebda., 16360.

187 Vgl. auch *Dammann,* NVwZ 1991, 640.

188 Dazu § 4g Rdnr. 25 ff.

189 Vgl. auch den Beschluss der DSBK v. 14.3.1986, Dok. F 27; *BfD,* 9. TB, 75 ff.; *HDSB,* 15. TB, 52 ff.; *LfD BW,* 7. TB, 8; sowie *Schomerus,* RDV 1986, 64 f.

190 Das Volkszählungsgesetz-Urteil des Bundesverfassungsgerichts v. 15.12.1983 – 1 BvR 209/83 u.a., Erste Folgerungen, Az.: 0I4 – 191501/2c, 4.

191 Vgl. etwa BT-Drs. 10/4737, 34.

192 BT-Drs. a.a.O.

193 BT-Drs. 10/4737, 47.

VwVfG einbezogen.[194] Nach demselben Muster wurde auch die **Erhebung** behandelt. Während sie in den Vorschlägen zum BDSG, ganz nach dem Vorbild der bis dahin geltenden Regelung, überhaupt nicht vorkam, war sie in den Novellierungsentwürfen zum VwVfG,[195] zum BVerfSchG[196] sowie zum StVG (Art. 4 § 34) durchaus enthalten. Der Kontrast zwischen öffentlichem und nicht-öffentlichem Bereich fiel, so gesehen, noch schärfer als bisher aus. Regierung und Koalition bauten mit anderen Worten die schon vorhandenen Ansätze für einen „Zwei-Klassen-Schutz“[197] konsequent aus.

Die deutlich ambivalente Reaktion auf die Entscheidung des BVerfG war genauso gut an den 60
Bestimmungen zur **Kontrollkompetenz des BfDI** abzulesen.[198] Vordergründig sah es ganz danach aus, als ob der Kritik an den immer wieder, vor allem im Bundesbereich unternommenen Versuchen,[199] die Kontrolle einzuschränken, Rechnung getragen und die Stellung des BfDI verbessert werden sollte.[200] So wurde nicht nur klargestellt, dass weder das **Steuer-** noch das **Arztgeheimnis** der Kontrollbefugnis des BfDI entgegenstünden (§ 19 Abs. 5 Nr. 3 a). Ihm wurde vielmehr ausdrücklich auch das Recht zugestanden, **Akten** dann zu überprüfen, wenn Datenschutzanforderungen „außerhalb von Dateien“ ebenfalls beachtet werden müssen (§ 19 Abs. 1 Nr. 2), allerdings nur soweit im Einzelfall „hinreichende Anhaltspunkte“ für eine Verletzung der Rechte der Betroffenen bestehen sollten.

Allein schon die Begründung für diese scheinbar so datenschutzfreundliche Konzession, 61
reicht freilich aus, um jeden Zweifel am eigentlichen Ziel der angestrebten Gesetzeskorrektur zu zerstreuen. Der BfDI, so heißt es,[201] könnte sich sonst in ein „umfassendes Kontrollorgan“ verwandeln, „welches ohne Rücksicht auf das unterschiedliche Gefährdungspotenzial, das mit den verschiedenen Arten der Datenverarbeitung verbunden ist, nahezu alle Vorgänge in der öffentlichen Verwaltung überprüfen dürfte“. Aber auch die Bereitschaft, **Steuer-** und **Patientendaten** einzubeziehen, signalisierte alles andere als die Absicht, den Datenschutz zu konsolidieren, ja auszubauen. Das Kontrollrecht des BfDI wurde zwar bestätigt, den Betroffenen aber zugleich, ebenso wie bei den in **Personalakten** enthaltenen oder im Rahmen einer **Sicherheitsüberprüfung** zusammengestellten Angaben (§ 19 Abs. 5 Nr. 3 b), ein **Widerspruchsrecht** eingeräumt. Weil es sich um „besonders sensible Daten“ handle, müsse es dem Betroffenen überlassen bleiben, zu entscheiden, ob er „eine Einsichtnahme durch den BfDI wünscht oder nicht“.[202] Die Kontrolle wird, mit anderen Worten, keineswegs um irgendwelcher staatlicher, gesellschaftlicher oder sonstiger Belange willen begrenzt, vielmehr ausschließlich im Interesse der Betroffenen selbst. Ihre Restriktion soll, so paradox es klingen mag, den Respekt vor den Betroffenen dokumentieren, nicht mehr und nicht weniger. Dass aber eine Kontrolle, deren primäre Aufgabe es ist, Verfahren und Modalitäten der Verarbeitung zu überprüfen, ihren Aussagewert verliert, wenn mögliche Widersprüche einen verlässlichen Überblick über den Umfang, den Ablauf und die Konsequenzen des Verarbeitungsprozesses verhindern, wird gar nicht erst erwähnt.

Auch im **nicht-öffentlichen Bereich** gab es durchaus Ansätze, den Datenschutz zu verbes- 62
sern. So wurde den **Aufsichtsbehörden** erstmalig das Recht zugestanden, Maßnahmen zur Korrektur technischer oder organisatorischer Mängel zu treffen (§§ 30 Abs. 4, 40 Abs. 2). Umso großzügiger fielen dafür die Verarbeitungsvoraussetzungen aus. Manche der bereits bestehenden Verarbeitungsschranken, wie etwa das Verbot, bei einer **listenmäßigen Übermittlung** Informationen über die Zugehörigkeit der jeweils betroffenen Personen zu einer

---

194 Statt von „personenbezogenen Daten“ war von „personenbezogenen Informationen“, BT-Drs. a.a.O., Art. 2 § 3a Abs. 2, die Rede.
195 BT-Drs. a.a.O., § 3a Abs. 1.
196 A.a.O., Art. 3 § 6.
197 Vgl. *HDSB,* 15. TB, 53.
198 Art. 1, § 19 des Koalitionsentwurfs, BT-Drs. 10/4737.
199 Vgl. etwa *BfD,* 3., 57 ff., 5., 100, 6., 53 und 7. TB, 73; *Bull,* DuD 1980, 183; *Riegel,* DSWR 1983, 287, DÖV 1985, 314 ff.; aber auch *LfD BW,* 1., 14 und 2. TB, 117 ff.; *HmbDSB,* 2., 72 ff., 3., 30 ff., 6., 74 ff. und 7. TB, 72 ff.
200 BT-Drs. a.a.O., 35.
201 BT-Drs. 10/4737, 41.
202 BT-Drs. a.a.O., 42.

bestimmten Gruppe weiterzugeben,[203] wurde beseitigt (§ 24 Abs. 1 Nr. 3). Die Verpflichtung, sich bei der Verarbeitung grundsätzlich an den **Zweck** der mit dem Betroffenen geschlossenen vertraglichen Vereinbarung zu halten (§§ 23, 24 Abs. 1 BDSG), wurde zudem gelockert. Listenmäßige Weitergaben sollten grundsätzlich so lange ohne Rücksicht auf das Vertragsziel zulässig sein, wie sie für Zwecke der **Werbung** oder der **Markt- und Meinungsforschung** erfolgen (§ 24 Abs. 1 Nr. 5).[204]

63 Weder die von den Koalitionsfraktionen und der Regierung eingebrachten, noch die einen Monat später, am 28.2.1986, vorgelegten Vorschläge der SPD-regierten Bundesländer,[205] die sich vor allem an den Novellierungsvorstellungen im Landesbereich[206] orientierten, führten jedoch zu einer Revision des BDSG. Sie scheiterte einmal mehr am Ablauf der Legislaturperiode. Die erste Fassung eines neuen Referentenentwurfs wurde gleich zu Beginn der nächsten Legislaturperiode, am 10.3.1987, fertiggestellt. Die zweite folgte kurz darauf, am 1.6.1987, die dritte, diesmal endgültige, am 5.11.1987. Weitere Korrekturen blieben, wie sich am etwas über ein Jahr später, am 20.12.1988, vom Bundeskabinett verabschiedeten Regierungsentwurf zeigt, trotz der teilweise sehr kritischen Reaktionen,[207] aus, sieht man einmal von eher nebensächlichen Änderungen ab.[208] Der Regierungsentwurf eines „Gesetzes zur Fortentwicklung der Datenverarbeitung und des Datenschutzes" wurde am 30.12.1988 dem Bundesrat zugeleitet[209] und am 6.4.1989 zusammen mit der Stellungnahme des Bundesrates sowie der Gegenäußerung der Bundesregierung im Bundestag eingebracht.[210]

64 Noch davor hatte freilich die SPD-Fraktion zwei Entwürfe vorgelegt, die am 26.1.1989 in erster Lesung im Bundestag beraten wurden.[211] Der erste Entwurf[212] war ganz auf die Stellung des BfDI und die Modalitäten seiner Berufung zugeschnitten. Der **BfDI** sollte nach dem Vorbild etwa des HDSG 1986 (§ 21 Abs. 1) oder des DSG NW 1988 (§ 21 Abs. 1) **auf Vorschlag der Bundesregierung vom Bundestag gewählt werden**.[213] Die SPD-Fraktion sprach sich damit für eine schon von der Fraktion der GRÜNEN[214] befürwortete Regelung aus. Beides, die Institution des Datenschutzbeauftragten und die Bedingungen seiner Wahl, sollte allerdings nach den Vorstellungen der SPD-Fraktion im Grundgesetz verankert werden, um die besondere, auch vom BVerfG betonte Bedeutung der **Kontrollaufgabe** zu unterstreichen und zugleich die **Unabhängigkeit des Datenschutzbeauftragten** zu stärken. Der zweite Entwurf[215] griff die früheren Vorschläge der SPD[216] auf, formulierte sie aber sehr viel genauer. Die Einbeziehung der Akten, die Erweiterung der Kontrollbefugnisse des BfDI, Sondervorschriften über den Direktzugriff und die Videoüberwachung zählten ebenso dazu wie ein Widerspruchsrecht gegen die Direktwerbung. Der Entwurf definierte darüber hinaus das Ziel und den Rahmen der gesetzlichen Regelung neu. Ihre nicht mehr auf den „**Missbrauch**" beschränkten, sondern generell auf den **Umgang mit personenbezogenen Informationen** zugeschnittenen Vorschriften sollten in ein „Bundes-Informationsschutzgesetz" aufgenommen werden, um so nicht zuletzt die enge Verbindung mit dem gesetzlich noch abzusichernden **Informationszugangsrecht** zu unterstreichen.

---

203 Dazu die 3. Auflage dieses Kommentars, § 24 Rdnr. 61 ff., 70.

204 Zu weiteren Einzelheiten sowie zur Kritik der Entwürfe vgl. die Beschlüsse der DSBK v. 27.1.1986, Dok. F 26 und 14.3.1986, Dok. F 27; *BfD*, 9. TB, 75 ff.; *HDSB*, 15. TB, 52 ff.; sowie die Sten.Ber. der im Rahmen der 110. v. 21.4.1986, Prot Nr. 110, 113. v. 28.4.1986, Prot Nr. 113 und 115. Sitzung des InnenA des Deutschen Bundestages v. 29.4.1986, Prot Nr. 115, durchgeführten Anhörung und die Ausschuss-Drucks. 10/150, 153, 154, 155.

205 BR-Drs. 121/86.

206 o. Rdnr. 50 f.

207 Vgl. etwa *BfD*, 10. TB, 97 ff.; sowie *HDSB*, 16. TB, 18 f.

208 Vgl. dazu *BfD*, 11. TB, 85; sowie *HmbDSB*, 6. TB, 1 ff., 87.

209 BR-Drs. 618/88.

210 BT-Drs. 11/4306.

211 Vgl. den Sten.Ber. über die 122. Sitzung, 8978 ff.

212 BT-Drs. 11/3729.

213 Vgl. dazu auch *HDSB*, 17. TB, 35 f.

214 BT-Drs. 11/2175.

215 BT-Drs. 11/3730.

216 o. Rdnr. 55.

Der Regierungsentwurf hielt demgegenüber an den in der vorausgegangenen Legislaturperiode von der damaligen Bundesregierung und den Koalitionsfraktionen eingenommenen Positionen fest.[217] Die **BDSG-Novellierung** war also nach wie vor **Teil eines**, allerdings im Hinblick auf die inzwischen erfolgte Verabschiedung des StVG[218] und die von Anfang an auch in den Koalitionsfraktionen geäußerten Vorbehalte gegenüber dem ZAG,[219] etwas anders zusammengefügten **Gesetzespakets**. Geblieben waren die Neufassung des BDSG (Art. 1), die Änderung des VwVfG (Art. 2) und die Neuregelung des BVerfSchG (Art. 3). Hinzu kamen der früher getrennt eingebrachte Entwurf für ein MAD-Gesetz (Art. 4) und die neu vorgelegten Vorschläge für ein BND-Gesetz (Art. 5). Für das überarbeitete und vor allem um die spezifischen BND-Bestimmungen verkürzte sowie in „Gesetz über Mitteilungen in Angelegenheiten des Staats- und Verfassungsschutzes sowie der nachrichtendienstlichen Tätigkeit (Verfassungsschutzmitteilungsgesetz – VerfSchMiG)“ umbenannte ZAG gab es seit dem 2.11.1987 ebenfalls einen ersten, am 18.4.1988, also kurz nach der Einbringung des Gesetzespakets revidierten Entwurf, der jedoch von der Diskussion über die übrigen Gesetzesvorhaben abgekoppelt und später zugunsten einer Integration einiger seiner Vorschriften in die entsprechenden Teile des „Pakets“ fallen gelassen wurde. 65

Leitlinie aller Überlegungen war im Übrigen nach wie vor die Überzeugung, dass die „Grundkonzeption“ des BDSG beibehalten werden müsste.[220] Die Korrekturen beschränkten sich deshalb weitgehend auf den Gesetzesaufbau. So blieb es im **nicht-öffentlichen Bereich** bei der Unterscheidung zwischen der Verarbeitung für eigene (§§ 22 ff. BDSG 1977) und für fremde Zwecke (§§ 31 ff. BDSG 1977), die beiden bislang getrennten Abschnitte wurden jedoch neu geordnet und zusammengefasst (§§ 25 – 34 BDSG). Selbst dort, wo der Regierungsentwurf, wie bei der Formulierung des Gesetzeszwecks (Art. 1, § 1 Abs. 1), in offenem Gegensatz zum BDSG (§ 1 Abs. 1), aber ganz im Sinn der sich bereits in der 10. Legislaturperiode abzeichnenden Bestrebungen,[221] ausdrücklich davon absah, der gesetzlichen Regelung auch nur andeutungsweise lediglich die Aufgabe zuzuschreiben, den **„Missbrauch“** bei der Verarbeitung personenbezogener Daten zu verhindern, bemühte sich die Begründung,[222] den Eindruck eines „Systembruchs“ zu zerstreuen. Mehr als „Missverständnisse zu vermeiden“, die deshalb entstehen könnten, weil sich die im Interesse einer Gewährleistung der informationellen Selbstbestimmung erforderlichen Vorschriften nicht gegen „einen ‚Missbrauch‘ der Datenverarbeitung im eigentlichen Wortsinn“ richteten, habe man nicht gewollt. 66

So gesehen überrascht auch die erneute Weigerung nicht, die **Erhebung** einzubeziehen, oder gar von der **Verarbeitung in „Dateien“** abzurücken, sie also nicht mehr als Anknüpfungspunkt und Anwendungsgrenze der BDSG-Regelung zu betrachten. Ausnahmen wurden zwar toleriert, aber wiederum nur im Rahmen der anderen im Regierungsentwurf enthaltenen Gesetzesvorhaben. Der Entwurf beließ es schließlich bei jener eigentümlichen, bereits für die früheren Koalitions- und Regierungsvorschläge typischen Kombination von Konzessionen an die Forderung nach strengeren Verarbeitungsbedingungen und, gemessen an den BDSG-Vorschriften, merklich entschärften Erwartungen.[223] Sowohl die Einschränkungen der **Kontrollrechte des BfDI** als auch die Liberalisierung der **Verarbeitung im nicht-öffentlichen Bereich** wurden daher übernommen, ja teilweise ausgebaut. Die ursprünglich nur auf den BfDI bezogenen Kontrollschranken sollten künftig auch für die **Überwachungstätigkeit der Länderinstanzen** gelten, „soweit ihre datenschutzrechtliche Kontrolle die Anwendung oder Ausführung von Bundesrecht zum Gegenstand hat“ (§ 22 Abs. 6). Die **listenmäßigen Übermittlungen** wurden ebenfalls weiter erleichtert. Von der bis dahin gerade bei einer Weitergabe für Zwecke der **Werbung**, der **Markt- oder der Meinungsforschung** für selbstverständlich gehaltenen Interessenabwägung (§ 24 Abs. 2 BDSG 77) war keine Rede mehr. 67

217 o. Rdnr. 56.
218 BGBl. I 1987, 486.
219 o. Rdnr. 55.
220 BT-Drs. 11/4306, 35 f.
221 Vgl. etwa den Koalitionsentwurf, BT-Drs. 10/4737, Art. 1 Nr. 1, § 1 Abs. 1.
222 BT-Drs. 11/4306, 36.
223 o. Rdnr. 58 ff.

Der Entwurf stellte stattdessen lapidar fest, dass ein mit der Übermittlung unvereinbares „schutzwürdiges Interesse“ der Betroffenen „im Allgemeinen“ „nicht besteht“ (§ 26 Abs. 2 Nr. 2). Ein „Widerspruchsrecht“ (§ 26 Abs. 3) genüge deshalb völlig.

68 Wie schwierig sich die weitere Diskussion gestalten sollte, ließen schon die über 80 am 10.2.1989 beschlossenen **Einwände des Bundesrates**[224] erkennen. Allein 52 davon richteten sich gegen die Vorschläge zum BDSG. Neben der fehlenden **Einbeziehung der Akten** wurde der Mangel an Vorschriften über die **Erhebung** ebenso moniert wie die unzureichende **Zweckbindung** oder die nicht ausreichende Verwertung der Kontrollerfahrungen im **nicht-öffentlichen Bereich**. Der Bundesrat akzeptierte dagegen den Eingriff in die Kontrollrechte der Landesbeauftragten,[225] ja ging noch einen Schritt weiter. Die Betroffenen sollten, anders als es der Entwurf vorsah, der **Kontrolle** nicht nur bei der Anwendung bundesgesetzlicher Vorschriften widersprechen können. Auf den ersten Blick ein überraschender Vorschlag. Verständlich wird er erst vor dem Hintergrund der misslichen Erfahrungen mancher Bundesländer. Geheimhaltungsvorschriften waren vor allem der baden-württembergischen LfD bei ihren Kontrollen entgegengehalten worden.[226] Dem Bundesrat erschien deshalb eine **Angleichung der Kontrollvoraussetzungen im Bundes- und Landesbereich** als ein ebenso willkommener wie akzeptabler Ausweg. Die weitreichenden, auch und gerade unter verfassungsrechtlichen Gesichtspunkten überaus bedenklichen Folgen einer solchen Regelung wurden freilich übergangen.[227]

69 Im April 1989 schloss sich die DSBK der Kritik des Bundesrates bis auf den zuletzt erwähnten Punkt an und hob unter anderem die Bedeutung einer lückenlosen **Kontrolle durch die Datenschutzbeauftragten** sowie die Notwendigkeit gleichwertiger Verarbeitungsanforderungen im öffentlichen und nicht-öffentlichen Bereich hervor.[228] Die Bundesregierung hatte zwar in ihrer Gegenäußerung etlichen Vorschlägen des Bundesrates zugestimmt,[229] bei den wirklich entscheidenden, auch von den DSB immer wieder betonten Punkten[230] jedoch entweder an ihrer Position festgehalten oder die Auseinandersetzung auf die späteren parlamentarischen Beratungen verschoben. Die **Akten** blieben ebenso wie die **Erhebung** ausgeklammert, die **Kontrollkompetenzen des BfDI** und der **Aufsichtsbehörden** waren nach wie vor erheblich eingeschränkt, dem Auskunftsrecht der Betroffenen standen immer noch viel zu viele Hindernisse entgegen und an einer Verpflichtung, **Direktanschlüsse** nur unter bestimmten, gesetzlich definierten Voraussetzungen einzurichten, fehlte es unverändert, um nur einige Beispiele zu nennen.

70 Die Folgen machten sich sehr schnell bemerkbar. Die Verabschiedung des Gesetzes verzögerte sich erneut: Zwischen der ersten, am 28.4.1989 durchgeführten Lesung[231] und der zweiten verging mehr als ein Jahr. Sie fand erst am 31.5.1989 statt.[232] Unter dem Eindruck der nicht zuletzt von den Datenschutzbeauftragten des Bundes und der Länder im Innenausschuss des Deutschen Bundestages, anlässlich der von den zuständigen Arbeitskreisen der Fraktionen der CDU/CSU und der SPD eigens veranstalteten Befragungen von Sachverständigen[233] und im Rahmen der am 19. und 23.6.1989 vom Innenausschuss durchgeführten Anhörungen[234] geltend gemachten Vorbehalte, versuchten sowohl die Koalitions- als auch die Oppositionsfraktionen Alternativen vorzuschlagen.

---

224 BT-Drs. 11/4306, 72 ff.
225 o. Rdnr. 67.
226 Dazu statt aller *LfD BW,* 10. TB, 82 ff.
227 u. Rdnr. 77, 85.
228 Beschluss v. 5./6.4.1989, Dok. F 43.
229 BT-Drs. a.a.O., 89 ff.
230 Vgl. insb. die Beschlüsse v. 14.3.1986, Dok. F 27 und 6.6.1988, Dok. F 37; *BfD,* 11. TB, 85 ff.; sowie *HDSB,* 17. TB, 34 ff.
231 Vgl. dazu den Sten.Ber. über die 141. Sitzung des Deutschen Bundestages, 10473 ff.
232 Vgl. dazu den Sten.Ber. über die 214. Sitzung des Deutschen Bundestages, 16777 ff.
233 Vgl. dazu auch *BfD,* 12. TB, 91 f.
234 Vgl. die Sten.Ber. über die 56., Prot Nr. 56 und 58. Sitzung, Prot Nr. 58, sowie die Ausschuss-Drucks. 11/69.

Die am 29.5.1990 vorgelegte **Beschlussempfehlung des Innenausschusses**[235] spiegelt den in der Koalition nach langen Verhandlungen gefundenen Kompromiss wider.[236] Manche bis dahin hartnäckig verteidigte Position wurde aufgegeben. Noch am 26.1.1989 hatte beispielsweise der CDU-Abgeordnete *Dr. Blens* in der Debatte über die SPD-Entwürfe[237] die Forderung, der Bundesregierung bei der **Wahl des BfDI** künftig lediglich ein Vorschlagsrecht einzuräumen und im Übrigen die Entscheidung dem Bundestag zu überlassen, mit der Bemerkung zurückgewiesen: „Alle Datenschutzbeauftragten haben ihr Amt in voller Unabhängigkeit von der Regierung und dem jeweiligen Innenminister ausüben können. Es besteht für uns also keine Veranlassung, das bisher praktizierte und bewährte Verfahren zu ändern“.[238] Ganz anders die Beschlussempfehlung: Sie befürwortete ausdrücklich eine **Wahl durch den Bundestag**.[239] „Wir bringen damit“, so meinte der F.D.P.-Abgeordnete *Dr. Hirsch* „zum Ausdruck, dass der Datenschutzbeauftragte unser verlängerter Arm, unser Ohr, unser Prüfungsinstrument ist.“[240] 71

Fast genauso radikal fiel die Kehrtwende bei den **Akten** und der **Erhebung** aus. Die Vorschläge zur Neuregelung des VwVfG[241] wurden ersatzlos gestrichen. Von der Notwendigkeit einer ausschließlich bereichsspezifischen Regelung war keine Rede mehr. Der Weg ins BDSG blieb dennoch partiell versperrt. Die Beschlussempfehlung lehnte es ab, sämtliche verarbeitenden Stellen einzubeziehen. Sowohl die Vorschriften über die Akten als auch die Erhebungsbestimmungen beschränkten sich auf Verarbeitungsvorgänge im öffentlichen Bereich.[242] Die einzige Ausnahme bekräftigte zugleich den Grundsatz, dass sich der Gesetzgeber außerhalb des öffentlichen Bereichs nur für die Verarbeitung in Dateien interessieren dürfte: Die für **nicht-öffentliche Stellen** geltenden Bestimmungen sollten auch dann zum Zuge kommen, wenn in den Akten „offensichtlich aus einer Datei entnommene“ Daten verarbeitet würden.[243] 72

Genauso wenig nahm die Empfehlung die bis dahin ohne weiteres akzeptierten, schon im BDSG enthaltenen (§ 13 Abs. 3) generalklauselhaften Einschränkungen des **Auskunftsrechts** unbefragt hin. Sie versuchte vielmehr, einer ebenso abstrakten wie undifferenzierten Berufung auf die Verweigerungsgründe vorzubauen, und verlangte deshalb, ähnlich wie zuvor das HDSG (§ 18 Abs. 5), ausdrücklich eine Interessenabwägung.[244] Den öffentlichen Stellen wurde also auferlegt, sich bei jedem Auskunftsersuchen zu vergewissern, ob die „öffentliche Sicherheit“, die „ordnungsgemäße Erfüllung der jeweiligen Aufgaben“ oder spezifische Verarbeitungsmodalitäten es in Anbetracht der konkreten Situation des Betroffenen tatsächlich rechtfertigten, sein grundsätzlich bestehendes Auskunftsrecht zu übergehen. Die Beschlussempfehlung sprach sich aber auch gegen Informationsprivilegien zugunsten der **Werbung sowie der Markt- und Meinungsforschung** aus. **Listenmäßige Übermittlungen** sollten ausnahmslos denselben Regeln unterliegen.[245] Im Übrigen beließ es die Empfehlung zwar 73

235 BT-Drs. 11/7235.

236 Die F.D.P. hatte sich bereits bei den Beratungen über das Regierungsprogramm kritisch geäußert und ihre Einwände im Kabinett zu Protokoll gegeben; darauf hat etwa der Abgeordnete *Dr. Blens* bei der ersten Lesung des RegE, a.a.O., 10477 ausdrücklich hingewiesen; vgl. aber auch die Bemerkungen des Abgeordneten *Dr. Hirsch*, ebda., 10482; sowie *HmbDSB*, 7. TB, 1.

237 o. Rdnr. 64.

238 Sten.Ber. über 122. Sitzung, 8981.

239 BT-Drs. a.a.O., § 20 Abs. 1.

240 Sten.Ber. über die 214. Sitzung des Bundestages am 31.5.1990, 16783 f.; vgl. auch die am 22.6.1990 im Bundesrat anlässlich der Beratungen über die Ausschussempfehlungen zu der vom Bundestag verabschiedeten Gesetzesfassung zu Protokoll gegebene Erklärung des Parlamentarischen Staatssekretärs beim Bundesminister des Innern *Dr. Waffenschmidt*: „Besonders hervorheben möchte ich, das die Unabhängigkeit des BfDI gestärkt worden ist. Nicht mehr der Bundesminister des Innern allein wählt ihn aus, sondern die Bundesregierung wird ihn künftig dem Deutschen Bundestag zur Wahl vorschlagen.“, Sten. Ber. über die 615. Sitzung des Bundesrates, 376.

241 Art. 2 des RegE, BT-Drs. 11/4306.

242 BT-Drs. a.a.O., §§ 1 Abs. 2, 3 Abs. 2a, 13 Abs. 5, 17 Abs. 1 Nr. 2, 18 Abs. 1, 4a, 22 Abs. 1.

243 BT-Drs. a.a.O., § 25 Abs. 2.

244 BT-Drs. a.a.O., § 17 Abs. 3.

245 BT-Drs. a.a.O., § 26 Abs. 2.

bei der vom Regierungsentwurf[246] bejahten Zulässigkeit der Übermittlung einer Angabe über die Zugehörigkeit des Betroffenen zu einer bestimmten Personengruppe, versuchte jedoch, den Kreis der möglichen Referenzmerkmale von vornherein einzuschränken. Im Zusammenhang mit der ohnehin erforderlichen Interessenabwägung[247] wurde daher, um des Betroffenen willen, eine Vermutung aufgestellt. Bei der Weitergabe einer Reihe, einzeln aufgezählter, sich unter anderem auf gesundheitliche Verhältnisse, strafbare Handlungen, oder politische Anschauungen beziehender Daten könnte „im Allgemeinen" von einem die Übermittlung ausschließenden „schutzwürdigen Interesse" des Betroffenen ausgegangen werden.[248]

74 Umso mehr fallen jene Teile des Regierungsentwurfs auf, bei denen sich die Beschlussempfehlung zu keinen Kompromissen bereit fand. Dazu rechnen beispielsweise die Restriktionen der **Kontrollrechte des BfDI**.[249] Der generelle Vorbehalt zugunsten der **fachlichen Kompetenz** der verantwortlichen Stellen[250] wurde ebenso aufrechterhalten wie die Verknüpfung einer Kontrolle der etwa dem **Steuer-** oder **Arztgeheimnis** unterliegenden Daten mit einem Widerspruchsrecht des Betroffenen.[251] Korrigiert wurde lediglich das Verfahren. Die Betroffenen sollten ihr **Widerspruchsrecht** nicht mehr gegenüber der jeweiligen öffentlichen Stelle geltend machen, sondern sich „im Einzelfall" unmittelbar an den BfDI wenden.[252] Auch an der Absicht, deutlich geringere Anforderungen an die Verarbeitung im **nicht-öffentlichen Bereich** zu stellen,[253] änderte sich nichts.[254]

75 Ganz in diesem Sinn gab sich die Empfehlung nicht damit zufrieden, die nicht-öffentlichen Stellen aus dem Anwendungsbereich der von ihr vorgeschlagenen Vorschriften zur Verarbeitung in **Akten** und zur **Erhebung** personenbezogener Daten auszunehmen.[255] Sie weigerte sich vielmehr ausdrücklich, den vom Regierungsentwurf eingeschlagenen Weg gerade dort zu verlassen, wo, wie etwa bei der Regelung der Aufgaben der **Aufsichtsbehörde**,[256] die angestrebte Korrektur des BDSG (§§ 30, 40) eindeutig das Ziel verfolgte, jede Interpretation auszuschließen, die dazu führen könnte, die Orientierung der gesetzlichen Bestimmungen an der „Datei" in Zweifel zu ziehen. Umgekehrt zögerte die Beschlussempfehlung nicht, Änderungen in den Fällen vorzunehmen, in denen sich der Regierungsentwurf für einheitliche Anforderungen entschieden hatte. Statt es deshalb bei einer einzigen **Schadensersatzvorschrift** zu belassen,[257] behandelte die Empfehlung die Haftungsbedingungen in zwei sehr unterschiedlichen Bestimmungen. Die eine[258] sprach sich im Gegensatz zum Regierungsentwurf für eine verschuldensunabhängige **Haftung** aus, beschränkte sich aber dabei ausdrücklich auf die durch öffentliche Stellen verursachten Schäden. Die andere[259] ging nur auf den nicht-öffentlichen Bereich ein, gab sich mit einer Umkehr der Beweislast zufrieden und lehnte im Übrigen den bei einer Verarbeitung personenbezogener Daten durch öffentliche Stellen auch von der Empfehlung in Anlehnung an den Regierungsentwurf[260] durchaus akzeptierten Ersatz immaterieller Schäden[261] ab.

246 BT-Drs. 11/4306, § 24 Abs. 2 Nr. 1b.
247 BT-Drs. 11/7235, § 24 Abs. 2 Nr. 2; die Empfehlung übernimmt insoweit wörtlich die Formulierung des RegE.
248 A.a.O., § 24 Abs. 2 Nr. 2 Satz 2.
249 BT-Drs. 11/4306, § 22.
250 A.a.O., § 22 Abs. 1 Satz 1.
251 A.a.O., § 22 Abs. 2 Nr. 3.
252 BT-Drs. 11/7235, § 22 Abs. 2 Nr. 3.
253 Vgl. insb. die Ausführungen des Abgeordneten *Dr. Blens* im Rahmen der ersten Lesung des RegE, Sten.Ber. über die 141. Sitzung des Deutschen Bundestages am 28.4.1989, 10478 f.
254 Darauf haben die Abgeordneten *Dr. Blens* und *Dr. Hirsch* anlässlich der zweiten Lesung, Sten.Ber. über die 214. Sitzung des Deutschen Bundestages, 16778, 16783 eindringlich hingewiesen.
255 o. Rdnr. 72.
256 BT-Drs. 11/4306, § 34.
257 BT-Drs. 11/4306, § 7.
258 BT-Drs. 11/7235, § 7.
259 A.a.O., § 7a.
260 BT-Drs. 11/4306, § 7 Abs. 2.
261 A.a.O., § 7 Abs. 2.

Der Opposition reichten die von den Koalitionsfraktionen vorgeschlagenen Korrekturen des Regierungsentwurfs nicht. Die SPD-Fraktion stellte deshalb ihren früher schon eingebrachten Entwurf eines Bundes-Informationsschutzgesetzes[262] als Änderungsantrag zu Art. 1 des Regierungsentwurfs[263] zur Abstimmung. Die GRÜNEN legten neben einem Entschließungsantrag v. 30.5.1990,[264] in dem unter anderem die Bundesregierung aufgefordert wurde, ihren Gesetzentwurf „wegen erheblicher, auch verfassungsrechtlicher Bedenken zurückzuziehen", ebenfalls einen Änderungsantrag zu Art. 1 vor, der sowohl den Anwendungsbereich der für **nicht-öffentliche Stellen** geltenden Regeln auf die Verarbeitung in Akten erstreckte als auch schärfere Kontrollbedingungen, eine striktere Zweckbindung sowie eine besondere gesetzliche Grundlage für die Einrichtung von **On-line Anbindungen** anstrebte. Die Koalitionsfraktionen waren jedoch zu weiteren Modifikationen nicht bereit. Der Regierungsentwurf[265] wurde deshalb in der Fassung der Beschlussempfehlung[266] am 31.5.1990 in zweiter und dritter Lesung gegen die Stimmen der Opposition angenommen.[267] 76

Die Novellierung des BDSG war damit freilich nicht abgeschlossen. Der **Bundesrat** beharrte auf seiner Kritik am Gesetzespaket.[268] So wurde einmal mehr die mangelnde Bereitschaft, **Erhebungsvorschriften für nicht-öffentliche Stellen** vorzusehen, ebenso moniert, wie die Privilegierung **„interner" Dateien**, die unzureichende Regelung der Einrichtung von **Direktzugriffen**, die lückenhafte Zweckbindung bei Übermittlungen nicht-öffentlicher Stellen sowie die Restriktion der **Kontrollbefugnisse des BfDI**. Anders als früher[269] lehnte es aber der Bundesrat ab, die **Kontrollbedingungen** in den Ländern der für den BfDI geplanten Regelung anzugleichen. Mit der wichtigste Grund dafür war, dass sich inzwischen eine wachsende Zahl von Landesgesetzgebern mit Rücksicht auf das Volkszählungsurteil[270] für sehr viel weiterreichende Kontrollbefugnisse der Datenschutzbeauftragten entschieden hatte.[271] Der Bundesrat machte deshalb einheitliche Vorschriften nicht zuletzt vom Verzicht auf das Widerspruchsrecht abhängig.[272] 77

Die Stellungnahme des Bundesrates ging schließlich auf zwei bis dahin von der Ländervertretung nicht angesprochenen Punkte ein. Mit seiner ersten Bemerkung versuchte der Bundesrat, den Anwendungsbereich des BDSG präziser zu umschreiben. Statt es beim allgemeinen Hinweis auf die **„nicht-öffentlichen Stellen"** zu belassen,[273] setzte sich die Ländervertretung dafür ein, das Gesetz nur auf personenbezogene Daten anzuwenden, die „geschäftsmäßig oder für berufliche oder gewerbliche Zwecke" verarbeitet oder genutzt würden.[274] Damit sollte jeder Zweifel daran, dass der Gesetzgeber, gerade vor dem Hintergrund der zunehmenden Verbreitung von Personal Computern und elektronischen Notizbüchern, rein **private Verarbeitungsvorgänge** nicht einbeziehen wolle, eindeutig ausgeschlossen werden.[275] Schon bei den parlamentarischen Verhandlungen[276] hatte sich allerdings gezeigt, dass eine restriktive Interpretation des Wortes **„geschäftsmäßig"** sehr leicht dazu führen könnte, etwa die von Vereinen, also auch von Gewerkschaften oder politischen Parteien vorgenommene Verarbeitung auszunehmen. Die zweite Bemerkung bezog sich auf die **grenzüberschreitenden Übermittlungen** personenbezogener Daten. Sowohl der Regierungsentwurf als auch 78

262 BT-Drs. 11/3730, o. Rdnr. 64.
263 BT-Drs. 11/7273.
264 BT-Drs. 11/7276.
265 BT-Drs. 11/4306.
266 BT-Drs. 11/7235.
267 Vgl. den Sten.Ber. über die 214. Sitzung des Deutschen Bundestages, 16793 f., 16850 f.
268 Dazu o. Rdnr. 68.
269 o. Rdnr. 68.
270 BVerfGE 65, 1.
271 Vgl. o. Rdnr. 50 f.
272 BR-Drs. a.a.O., 10 f. = BT-Drs. a.a.O., 4.
273 BT-Drs. 11/4306, § 1 Abs. 2 Nr. 3.
274 BT-Drs. 11/7235, § 1 Abs. 2a.
275 Vgl. dazu auch die Bemerkungen des Abgeordneten *Dr. Hirsch* im Rahmen der zweiten Lesung des RegE, Sten.Ber. über die 214. Sitzung des Deutschen Bundestages am 31.5.1990, 16784.
276 Vgl. die Ausführungen des Abgeordneten *Dr. Hirsch*, Sten.Ber. a.a.O.

die Beschlussempfehlung des Innenausschusses hatten zwar den einschlägigen § 11 Abs. 3 des BDSG 77 umformuliert,[277] ohne aber auf die Übermittlungsvoraussetzungen, also vor allem auf die Notwendigkeit einer **gleichwertigen Regelung** im Empfängerland wirklich einzugehen, und es im Übrigen vermieden, entsprechende Anforderungen an den **nicht-öffentlichen Bereich** zu stellen.

79 Alles Gründe, die es nach Meinung der Ländervertretung rechtfertigten, den Gesetzestext noch einmal zu überarbeiten. Der Bundesrat entschied sich deshalb am 22.6.1990 dafür, den **Vermittlungsausschuss** anzurufen.[278] Dessen, am 14.9.1990, nur wenige Wochen vor dem Ende einer weiteren Legislaturperiode, vorgelegte Beschlussempfehlung[279] setzte sich nicht mit allen vom Bundesrat kritisierten Punkte auseinander. So ging der Ausschuss weder auf den **grenzüberschreitenden Datenaustausch** ein, noch versuchte er, den **nicht-öffentlichen Bereich** klarer zu definieren, oder den **Direktzugriff** strenger zu regeln. Dagegen sprach er sich ebenfalls dafür aus, die **Erhebung** personenbezogener Daten durch nicht-öffentliche Stellen nicht weiter unberücksichtigt zu lassen, beließ es aber nicht bei der für alle anderen Verarbeitungsphasen geltenden Regelung. Der Ausschuss gab stattdessen einer der Datenschutzkonvention des Europarates[280] wörtlich entnommenen, nach Meinung des Berichterstatters, des Abgeordneten *Dr. Hüsch*,[281] sich eigentlich bereits aus dem BGB ergebenden Formulierung den Vorzug. Personenbezogene Daten müssten, so die Beschlussempfehlung, „nach Treu und Glauben und auf rechtmäßige Weise" erhoben werden.[282] Der Vermittlungsausschuss kam schließlich auch bei der Forderung, die Zweckbindung bei Übermittlungen nicht-öffentlicher Stellen besser zu gewährleisten, den Vorstellungen des Bundesrates weitgehend entgegen.[283]

80 Sehr viel weniger kompromissbereit zeigte sich der Vermittlungsausschuss dagegen in einer ganzen Reihe weiterer Punkte. So weigerte er sich, die Bestimmung über die **„internen" Dateien**[284] zu streichen, und fand sich nur bei öffentlichen Stellen bereit, die Akten in die gesetzliche Regelung einzubeziehen.[285] Am kompliziertesten fiel der Kompromiss bei den **Kontrollbefugnissen des BfDI** aus. Der Ausschuss rückte zwar vom allgemeinen Vorbehalt zugunsten der **Fachkompetenz** der jeweiligen öffentlichen Stelle[286] ebenso ab[287] wie von einer strikt **einzelfallbezogenen Aktenkontrolle**[288] und vom **Widerspruchsrecht** der Betroffenen bei der Überprüfung von Daten, die dem **Steuergeheimnis** unterliegen,[289] beschränkte sich aber im Übrigen darauf, zweierlei klarzustellen: Mit seinem Widerspruch könne der Betroffene nur den Zugang zu den auf seine Person bezogenen Daten versperren.[290] Die einzelnen öffentlichen Stellen müssten zudem die Betroffenen „unbeschadet des Kontrollrechts des BfDI" über das ihnen zustehende Widerspruchsrecht „in allgemeiner Form" unterrichten.[291]

81 Am 19.9.1990 nahm der Bundestag gegen die Stimmen der GRÜNEN die Beschlussempfehlung des Vermittlungsausschusses an.[292] Drei Monate später, am 20.12.1990, fast auf den

277 BT-Drs. 11/4306, § 15.
278 BR-Drs. 379/90, Beschluss; vgl. auch den Sten.Ber. über die 615. Sitzung des Bundesrates, 362, 374 ff.
279 BT-Drs. 11/7843; vgl. dazu auch den Bericht des Abgeordneten *Dr. Hüsch,* Sten.Ber. über die 225. Sitzung des Deutschen Bundestages am 19.9.1990, 17786 ff.
280 Dok. D 3.3, Art. 5 Buchst. a; dazu u. Rdnr. 158.
281 Sten.Ber. a.a.O., 17786.
282 BT-Drs. a.a.O., Nr. 6b.
283 BT-Drs. a.a.O., Nrn. 6d, 7b.
284 BT-Drs.BT-Drs. 11/4306 i.d.F. der BT-Drs. 11/7235, § 1 Abs. 3 Nr. 2 = BR-Drs. 379/90, § 1 Abs. 4 Nr. 2.
285 BT-Drs. a.a.O., § 1 Abs. 3 Nr. 2 Satz 2.
286 BT-Drs. 11/4306 i.d.F. der BT-Drs. 11/7235, § 22 Abs. 1 Satz 1 = BR-Drs. 379/90, § 24 Abs. 1 Satz 1.
287 BT-Drs. 11/7843, Nr. 4 a aa.
288 BT-Drs. 11/4306 i.d.F. der BT-Drs. 11/7235, § 22 Abs. 1 Satz 2 = BR-Drs. 379/90, § 24 Abs. 1 Satz 2; BT-Drs. 11/7843, Nr. 4 a bb.
289 BT-Drs. 11/4306 i.d.F. der BT-Drs. 11/7235, § 22 Abs. 2 Nr. 3 b = BR-Drs. 379/90, § 24 Abs. 2 Nr. 2b; BT-Drs. 11/7843, Nr. 4 b aa.
290 BT-Drs. 11/7843, Nr. 4 b bb.
291 BT-Drs. 11/7843, Nr. 4 b cc.
292 Sten.Ber. a.a.O., 17789.

Tag genau sieben Jahre nach dem Volkszählungsurteil des BVerfG,[293] wurde das novellierte BDSG **verkündet**.[294]

Kein Zweifel: Die Regierungsvorschläge haben sich in vielen, gerade vor dem Hintergrund der Entscheidung des BVerfG zum VZG 1983[295] besonders wichtigen Punkten nicht durchgesetzt. Ganz gleich, ob man die Aussagen des BDSG 90 zur Verarbeitung personenbezogener Daten in Akten, die Erhebungsregeln oder die Vorschriften über die Kontrollrechte des BfDI nimmt, die Spuren der Kritik an der Regierungsvorlage sind nicht zu übersehen. Wer allerdings nach einer derart langen Vorbereitungsphase und den eingehenden, nahezu jedes Detail immer wieder aufgreifenden Diskussionen eine in sich geschlossene, klar formulierte, von Widersprüchen unbelastete Regelung erwartete, fand in Wirklichkeit ein **Flickwerk** vor.[296] Auf scheinbar verbindliche Positionsbestimmungen folgten Kompromisse, die den einmal eingenommenen Standpunkt verwässerten, ja ins Gegenteil verkehrten.[297] Verarbeitungsanforderungen, die auf deutlich restriktiven Erwartungen beruhten, wurden, kaum ausgesprochen, an Bedingungen geknüpft, die, vorsichtig ausgedrückt, schwerlich mit den verfassungsrechtlichen, vom BVerfG[298] genau umschriebenen Vorgaben in Einklang zu bringen sind. Die vielen missglückten Formulierungen verwischen schließlich in einer beträchtlichen Zahl von Fällen die Intentionen des Gesetzgebers und provozieren förmlich Interpretationskonflikte. 82

Zu den Vorschriften, die fast jedes dieser Merkmale aufweisen, gehörte vor allem die Regelung der **Kontrollbefugnisse des BfDI**. Sowohl der erste Absatz des § 24 BDSG 90 als auch der Beginn des zweiten Absatzes vermitteln den Eindruck, der Gesetzgeber habe die Kontrolle stärken wollen. Gleich im Anschluss daran (§ 24 Abs. 2 Satz 4 BDSG 90) wurde den Betroffenen freilich ein allerdings an höchst umständliche, zudem unterschiedlich interpretierbare Verfahrensmodalitäten gekoppeltes **Widerspruchsrecht** eingeräumt. So lässt sich schon darüber streiten, was das Gesetz (§ 24 Abs. 2 Satz 5 BDSG 90) eigentlich meint, wenn es feststellt, dass die jeweilige öffentliche Stelle „unbeschadet des Kontrollrechts des BfDI" die Betroffenen über das ihnen zustehende Recht „unterrichtet", sich der Überprüfung ihrer Daten zu widersetzen. Man kann, nicht zuletzt mit Rücksicht auf die Entstehungsgeschichte, den Standpunkt einnehmen, der BfDI brauche seine Kontrolle nicht davon abhängig zu machen, ob die Betroffenen ausreichend informiert worden seien. Man kann aber genauso gut der Ansicht sein, dass es, bei aller prinzipiellen Anerkennung der Bedeutung einer Kontrolle durch den BfDI, keine Überprüfung ohne vorherige, rechtzeitige Unterrichtung der Betroffenen geben dürfe. Weit schwerer noch als die gewiss nicht zu unterschätzenden Interpretationsprobleme wiegt die Tatsache, dass der Gesetzgeber mit der Einführung des **Widerspruchsrechts** die vom BVerfG[299] geforderte ebenso unabhängige wie wirksame Kontrolle in Frage gestellt hat.[300] 83

Nicht von ungefähr haben die Datenschutzbeauftragten wieder und wieder daran erinnert, dass die Kontrolle ihrem Ziel, Aufschluss über den jeweiligen Verarbeitungsablauf zu geben, nur dann gerecht zu werden vermag, wenn jederzeit die Möglichkeit besteht, die gesamte Verarbeitungstätigkeit einer einzelnen öffentlichen Stelle oder auch eines bestimmten Verwaltungszweigs in die Überprüfung einzubeziehen.[301] Den Datenschutzbeauftragten muss deshalb nicht nur die **Entscheidung über Zeitpunkt und Gegenstand der Kontrolle**, sondern genauso über deren **Umfang** überlassen bleiben. Erst wenn diese Voraussetzung ohne 84

293 BVerfGE 65, 1.
294 Gesetz zur Fortentwicklung der Datenverarbeitung und des Datenschutzes, Art. 1, Bundesdatenschutzgesetz, BGBl. I, 2955.
295 BVerfGE 65, 1.
296 Vgl. auch *HDSB,* 19. TB, 21 f.; dass man mit dem Gesetz „leben" könne, so der zuständige Referatsleiter im Bundesministerium des Innern *Dörr,* Datenschutz-Berater 1991, H. 1, 2, ist noch kein Ausweis besonderer Qualität.
297 Vgl. auch *Walz,* CR 1991, 364 ff., „Kompromiss als Leitprinzip".
298 BVerfGE 65, 1; dazu o. Rdnr. 30 ff.
299 BVerfGE 65, 1 (46).
300 Dazu auch *HDSB,* 19. TB, 22 ff.; *BlnDSB,* JB 1990, 12 f.; *Walz,* CR 1991, 368 f.
301 Vgl. etwa die Beschlüsse der DSBK v. 14.3.1986, Dok. F 27 und 6.6.1988, Dok. F 37; sowie *HDSB,* 17. TB, 13 f.

jeden Abstrich erfüllt ist, besteht wirklich die Chance, sowohl Verstöße gegen die gesetzlich festgelegten Verarbeitungsbedingungen aufzudecken als auch strukturell bedingten Verarbeitungsgefahren rechtzeitig entgegenzuwirken.

85 Nicht minder bedenklich ist, gerade unter verfassungsrechtlichen Aspekten, der Versuch des Gesetzgebers (§ 24 Abs. 6; vgl. aber auch § 38 Abs. 4 Satz 3 BDSG 90), die Rechte der **Kontrollinstanzen der Länder** einzuschränken.[302] Der Gesetzeswortlaut war zwar wiederum alles andere als klar. So viel dürfte freilich weder beim BDSG 90 noch bei jeder anderen bundesgesetzlichen Regelung der Verarbeitung personenbezogener Daten zu bestreiten sein: Dem Bundesgesetzgeber ist es verwehrt, das Kontrollverfahren für Verarbeitungsbereiche festzulegen, die ausschließlich der Regelungskompetenz des Landesgesetzgebers unterliegen. Selbst wenn man sich deshalb bereit finden sollte, den später gestrichenen Zusatz, „soweit ihre (der zuständigen Landesinstanzen) datenschutzrechtliche Kontrolle die Anwendung oder Ausführung von Bundesrecht zum Gegenstand hat",[303] in welcher Form immer, wieder hineinzulesen, ist es zumindest fraglich, ob der Bundesgesetzgeber Regelungen treffen kann, die über die materiellen Überprüfungsvoraussetzungen hinausgehen, das Kontrollverfahren also einbeziehen.[304]

86 Neben den offenkundigen Mängeln einzelner Vorschriften waren es aber vor allem drei weitaus prinzipiellere Gründe, die schon bei der Verabschiedung des BDSG 90 deutlich erkennen ließen, dass die gesetzliche Regelung nicht lange Bestand haben würde. Das BDSG 90 hat, erstens, nicht dazu beigetragen, den Datenschutz einheitlich zu regeln, sondern, im Gegenteil die Kluft zwischen dem BDSG einerseits und den LDSG andererseits nur noch weiter vertieft. Unterschiede hat es zwar schon immer gegeben. Die Geschichte der Datenschutzgesetzgebung ist gerade durch den fortwährenden Versuch der Landesgesetzgeber gekennzeichnet, die Verarbeitungsbedingungen konsequent auszubauen.[305] Die **Divergenz zwischen dem BDSG und einer ganzen Reihe von Landesdatenschutzgesetzen** war aber niemals zuvor so groß.[306] Wiederum drängt sich das Beispiel der **Kontrollrechte des Datenschutzbeauftragten** auf. Nichts anderes gilt für die **Zweckbindung**, die Erhebungsvoraussetzungen oder das **Auskunftsrecht der Betroffenen**. Die unterschiedlichen, ja oft gegensätzlichen Reaktionen waren zudem alles andere als zufällig. Anders als der Bund hatten die Länder sich bei ihren Entscheidungen wirklich an die Vorgaben des Volkszählungsurteils[307] gehalten, und nicht versucht, ihnen so wenig wie möglich Rechnung zu tragen.

87 Jede Datenschutzregelung hat, zweitens, von Anfang an unter dem Vorbehalt einer sich ständig weiterentwickelnden **Informations- und Kommunikationstechnologie** gestanden.[308] Spätestens seit der fortschreitenden **Miniaturisierung** des technischen Instrumentariums und der nicht minder evidenten **Dezentralisierung der Verarbeitung** haben sich die traditionellen Regelungskonzepte mehr und mehr als problematisch erwiesen, angefangen bei der Zuordnung der Verantwortung für die einzelnen Verarbeitungsvorgänge, über die spezifischen an die „Übermittlung" gestellten Anforderungen, bis hin zu den Kontrollvoraussetzungen.[309] Das BDSG 90 hat freilich, allen Mahnungen zum Trotz,[310] die seit 1976 eingetretenen technologischen Veränderungen weitgehend übergangen.[311] So setzt es sich weder mit den Kon-

---

302 Dazu auch *HDSB,* 19. TB, 24 f.; *LfD NRW,* 10. TB, 15; sowie die „Gemeinsame Erklärung der Datenschutzbeauftragten der Länder Berlin, Bremen, Hamburg, Hessen, Niedersachsen, Nordrhein-Westfalen und Schleswig-Holstein zu der im Bundesdatenschutzgesetz vorgesehenen Einschränkung der Kontrollrechte" v. 3.6.1991, Dok. F, der sich auch der RhPfDSB sowie der SaarlDSB angeschlossen haben.

303 BT-Drs. 11/4306, § 22 Abs. 6.

304 Dazu auch § 24 Rdnr. 5 ff.

305 Dazu *Simitis,* Zwanzig Jahre, a.a.O., 144 ff.; sowie o. Rdnr. 1 ff., 50.

306 Vgl. auch *Einwag,* Datenschutz-Berater 1991, H. 2, 2.

307 BVerfGE 65, 1; dazu o. Rdnr. 30 ff.

308 o. Rdnr. 6 ff.; vgl. auch *Simitis,* in Informationsgesellschaft II, 37 ff., Zwanzig Jahre, a.a.O., 138 ff., DuD 2000, 716 f.

309 Dazu *HDSB,* 18. TB, 14 ff., 112 ff.; *BlnDSB,* JB 1990, 18 f.; sowie *Simitis,* Zwanzig Jahre, a.a.O., 152 f.; *Walz,* in *Frommann* (Hrsg.), Dezentrale elektronische Datenverarbeitung in der sozialen Arbeit (1987) 336 ff.

310 Vgl. etwa die Beschlüsse der DSBK v. 14.3.1986, II 1, Dok. F 27 und v. 10.9.1988, Dok. F 40.

311 Vgl. dazu auch *HmbDSB,* 8. TB, 3 ff.; sowie *HDSB,* 19. TB, 25.

sequenzen einer zunehmend selbstverständlichen **Verknüpfung** der verschiedenen Daten wirklich auseinander, noch versucht es, etwa die Folgen der **Videotechnologie** wenigstens anzusprechen. Von einer flexiblen, der weiteren Entwicklung gegenüber offenen Regelung, die es erlauben könnte, wenigstens die sich bereits abzeichnenden Modifikationen der Verarbeitungstechnologie aufzufangen, kann deshalb nicht die Rede sein. Verarbeitungsvorschriften, die diese Erwartung nicht erfüllen, haben aber sehr schnell mit der täglichen Verarbeitungspraxis kaum noch etwas zu tun und verwirken damit ihren Geltungsanspruch.[312]

Der Bundesgesetzgeber hat, drittens, seine Entscheidung zu einem Zeitpunkt gefällt, zu dem sich eine supranationale Regelung bereits abzeichnete. Die EG-Kommission hatte zwar lange davon abgesehen, eigene Vorschläge zu formulieren,[313] ihre zögerliche Haltung dann aber doch, nicht zuletzt unter dem Eindruck der herannahenden Vollendung des Gemeinsamen Marktes, aufgegeben, und einen ersten Entwurf für eine Datenschutzrichtlinie vorgelegt.[314] Er bestätigte die bereits in den Vorarbeiten sichtbar gewordenen, gravierenden Unterschiede zur Novellierung des BDSG. So war die EG-Kommission von Anfang an der festen Überzeugung, dass personenbezogene Daten grundsätzlich nur für einen im Voraus verbindlich definierten, den Betroffenen bekannten und von ihnen akzeptierten Zweck verarbeitet werden dürfen.[315] Und so hatte die EG-Kommission keinen Zweifel daran gelassen, dass es auch und gerade im nicht-öffentlichen Bereich eine ebenso unabhängige wie uneingeschränkte Verarbeitungskontrolle geben muss.[316] Kurzum, der Gegensatz zu der bei der Revision des BDSG nicht nur beibehaltenen, sondern gezielt ausgebauten **Bevorzugung des nicht-öffentlichen Bereichs** könnte kaum größer sein. Der Gesetzgeber hat, so gesehen, das Risiko einer gemeinschaftswidrigen und deshalb allenfalls bis zur endgültigen, freilich bereits absehbaren Annahme der EG-Datenschutzrichtlinie anwendbaren Regelung in Kauf genommen. 88

1.4 Die Verlagerung der Regelungsschwerpunkte: Anpassung des BDSG an die EG-Datenschutzrichtlinie

Literatur

H. Bäumler, Der neue Datenschutz in der Realität, DuD 2000, 257 ff.; *U. Brühann,* EU-Datenschutzrichtlinie – Umsetzung in einem vernetzten Europa, DuD 1996, 66 ff.; *U. Brühann/Th. Zerdick,* Umsetzung der EG-Datenschutzrichtlinie, CR 1996, 429 ff.; *Chr. von Burgsdorff,* Die Umsetzung der EG-Datenschutzrichtlinien im nicht-öffentlichen Bereich (2003); *W. Däubler,* Das neue Bundesdatenschutzgesetz und seine Auswirkungen auf das Arbeitsrecht, NZA 2001, 874 ff.; *Deutscher Juristentag,* Geben moderne Technologien und die europäische Integration Anlass, Notwendigkeit und Grenzen des Datenschutzes neu zu bestimmen?, Verhandlungen des 62. DJT; *M. Kloepfer,* Gutachten, Bd. I (1998) D 1 ff.; *R. Pitschas/ R. Hamm/H. Redeker,* Referate, Bd. II (1998) M 9 ff.; *H. Ehmann,* Prinzipien des deutschen Datenschutzrechts – unter Berücksichtigung der Datenschutzrichtlinie der EG vom 24.10.1995, RDV 1998, 235 ff.; *H. Ehmann/H. Sutschet,* EU-Datenschutzrichtlinie – Umsetzungsbedarf und Auswirkungen aus der Sicht des Arbeitsrechts, RDV 1997, 3 ff.; *M. Franzen,* Die Novellierung des Bundesdatenschutzgesetzes und ihre Bedeutung für die Privatwirtschaft, DB 2001, 1867 ff.; *G. Gounalakis/E. Mand,* Die neue EG-Datenschutzrichtlinie – Grundlagen einer Umsetzung in nationales Recht, CR 1997, 431 ff., 497 ff.; *J. Jacob,* Perspektiven des neuen Datenschutzrechts, DuD 2000, 5 ff.; *W. Kilian,* Europäisches Datenschutzrecht – Persönlichkeitsrecht und Binnenmarkt, in *M. Th. Tinnefeld/L. Philipps/S. Heil* (Hrsg.), Informationsgesellschaft und Rechtskultur in Europa (1995) 98 ff.; *LfD NW,* Die Bedeutung der EG-Datenschutzrichtlinie für öffentliche Stellen (1998); *S. Lütkemeier,* EU-Datenschutz-Richtlinie – Umsetzung in nationales Recht, DuD 1995, 597 ff.; *W. Rudolf,* Die europäische Datenschutz-Richtlinie und die Organisation der Datenschutzkontrolle, DuD 1995, 446 ff.; *ders.,* Datenschutzkontrolle in Deutschland und die europäische Datenschutzrichtlinie, in Festschrift für *K. Stern* (1997) 1347 ff.; *B. Schierbaum,* EG-Datenschutzrichtlinie – Änderungsbedarf des BSDG und Auswirkungen auf die Beteiligung von Betriebsräten, AuR 1998, 350 ff.; *ders.,* Nichtumsetzung der EG-Datenschutzrichtlinie,

312 Vgl. dazu auch *Simitis,* CR 1987, 613.
313 Dazu u. Rdnr. 203 ff.
314 Vorschlag für eine Richtlinie des Rates zum Schutz von Personen bei der Verarbeitung personenbezogener Daten, KOM (90) 314 endg. – SYN 287.
315 Vorschlag, a.a.O., 30, Art. 12, 13.
316 Vorschlag, a.a.O., 46, Art. 26.

PersR 1998, 502 ff.; *ders.,* Das neue Bundesdatenschutzgesetz – Novellierung mit erheblicher Verzögerung, PersR 2001, 275 ff.; *S. Simitis,* Datenschutz – Rückschritt oder Neubeginn?, NJW 1998, 2473 ff.; *M.Th. Tinnefeld,* Die Novellierung des BDSG im Zeichen des Gemeinschaftsrechts, NJW 2001, 3078 ff.; *M. Weber,* EG-Datenschutzrichtlinie – Konsequenzen für die deutsche Datenschutzgesetzgebung, CR 1995, 297 ff.; *dies.,* Der betriebliche Datenschutzbeauftragte im Licht der EG-Datenschutzrichtlinie, DuD (1995) 698 ff.

89 Das BDSG wurde etwas über ein Jahrzehnt nach der Revision von 1990 erneut novelliert. Anders als 1976 und 1990 waren es nicht nationale Erfahrungen und Entwicklungen, sondern supranationale Aktivitäten, die den Gesetzgeber zur Intervention veranlassten. Mit der EG-Datenschutzrichtlinie v. 24.10.1995[317] veränderten sich auch die Regelungsprämissen. Die Richtlinie steckt den **Handlungsrahmen der nationalen Gesetzgeber** ab und zwingt sie, ihre Rechte den Gemeinschaftsvorgaben anzupassen. Mehr noch: Die Umsetzung lässt sich im Unterschied zum Volkszählungsurteil des BVerfG[318] nicht nahezu beliebig verzögern.[319] Die EG-Datenschutzrichtlinie sieht neben inhaltlichen Anforderungen eine genauso verbindliche **Anpassungsfrist** vor. Die Mitgliedstaaten müssen alle notwendigen Regelungen innerhalb von drei Jahren nach der Annahme der Richtlinie, also bis zum 24.10.1998 getroffen haben.

90 Weder der Bund noch die Länder haben sich daran gehalten. Einmal mehr haben freilich die **Länder** zuerst reagiert, zunächst Brandenburg[320] und Hessen,[321] etwas später Schleswig-Holstein,[322] Baden-Württemberg,[323] Nordrhein-Westfalen[324] und Bayern.[325] Und erneut sind es die LDSG, diesmal vor allem das LDSG SH und das BbgDSG, die mit ihren Bestimmungen zur Datenvermeidung und Datensparsamkeit (§§ 4 Abs. 1 LDSG SH, 11c BbgDSG), zum Datenschutzaudit (§§ 4 Abs. 2 LDSG SH, 11c BbgDSG), zur Systemwartung (§ 11a BbgDSG), zu mobilen Verarbeitungssystemen (§ 18 LDSG SH), zur Videoüberwachung (§§ 20 LDSG SH, 33c BbgDSG) und zu einer Vereinheitlichung der Kontrolle (§§ 32 ff. LDSG SH) Maßstäbe für die weitere Entwicklung des Datenschutzes gesetzt haben. Zudem: Gesetze wie das LDSG SH[326] und das BbgDSG sind exemplarisch für eine Umsetzung, die ganz den Intentionen der EG-Datenschutzrichtlinie entspricht, sich also nicht auf eine bloße Anpassung an die Vorgaben der Richtlinie beschränkt, sondern auch und gerade bestrebt ist, den Datenschutz konsequent auszubauen.[327]

91 Im **Bundesbereich** ist es dagegen bis zum Ende der Legislaturperiode bei internen Entwürfen des BMI geblieben, die im Übrigen durchweg von der Überzeugung gekennzeichnet waren, dass, allen gegenteiligen, nicht zuletzt von der DSBK geäußerten Erwartungen[328] zum Trotz, einige wenige, zumal eher geringfügige Korrekturen des BDSG völlig ausreichten, um der EG-Datenschutzrichtlinie Rechnung zu tragen.[329] Daran hat sich auch nach der Bundestagswahl vom Oktober 1998 nichts geändert. SPD und BÜNDNIS 90/DIE GRÜNEN[330] haben zwar in ihrer Koalitionsvereinbarung, ähnlich wie zuvor der Gesetzesentwurf der Fraktion BÜNDNIS 90/DIE GRÜNEN[331] und das Eckwerte-Papier der SPD,[332] einen bürgernahen, modernen und effizienten Datenschutz gefordert, das BMI blieb aber bei Entwürfen, die

317 Dazu u. Rdnr. 204 ff.
318 BVerfGE 65, 1.
319 Dazu o. Rdnr. 39 ff.
320 GVBl. I, 1998, 243.
321 GVBl. I, 1999,. 98.
322 GVBl. 2000, 169.
323 GBl. 2000, 450.
324 GV. 2000, 542.
325 GVBl. 2000, 752.
326 Dazu insb. *Bäumler,* DuD 2000, 257 ff.
327 Erwägungsgründe Nr. 10; dazu *Dammann/Simitis,* EG-Datenschutzrichtlinie Rdnr. 10.
328 Entschließung zur Novellierung des Bundesdatenschutzgesetzes und Modernisierung des Datenschutzes v. 23./24.10.1997, Dok. F 147.
329 Vgl. insb. *Weber,* CR 1995, 297 ff.; aber auch *Wuermeling,* Datenschutzberater 2/95, 4 f.; sowie *Christians,* RDV 2000, Sonderdruck zur BDSG-Novellierung, 4.
330 Aufbruch und Erneuerung – Deutschlands Weg ins 21. Jahrhundert (1998) Nr. 13.
331 BT-Drs. 11/2175; sowie *von Burgsdorff,* Umsetzung 171 ff., 206 f
332 Modernes Datenschutzrecht für die (globale) Wissens- und Informationsgesellschaft (1998).

deutlich darauf bedacht waren, das BDSG 90 soweit wie nur irgend möglich beizubehalten. So lässt sich an den Entwürfen vom 13.1., 11.3., 4.5. und 15.10.1999 unschwer verfolgen, wie sich das BMI gerade bei den schon im Zusammenhang mit dem BDSG 90 kritisierten Regelungen etwa zur Einbeziehung der Erhebung, zur Zweckbindung, zu den Rechten des BfDI und überhaupt zur Verarbeitungskontrolle, bestenfalls zu punktuellen Konzessionen bereit gefunden hat, und auch dies nur scheibchenweise.

Ebenso bezeichnend sind die Versuche, manche, offensichtlich als besonders störend empfundene Vorgabe der EG-Datenschutzrichtlinie in eine völlig wertlose Vorschrift zu verwandeln. Den **Beauftragten für den Datenschutz** wurde beispielsweise noch im Entwurf v. 11.3.1999 ebenfalls das Recht zugestanden, sich „in Zweifelsfällen" direkt an den BfDI zu wenden (§ 4g Abs. 1 Satz 2). Kurz darauf, im Entwurf v. 4.5.1999, heißt es dagegen, Beauftragte öffentlicher Stellen dürften den BfDI nur „im Benehmen" mit dem Leiter der verantwortlichen Stelle anrufen (§ 4g Abs. 1 Satz 2). Der nächste Schritt war damit vorprogrammiert und wird im Entwurf v. 15.10.1999 vollzogen: Bei „Unstimmigkeiten" bleibt es der obersten Bundesbehörde vorbehalten, zu entscheiden, ob der BfDI überhaupt eingeschaltet werden darf (§ 4g Abs. 1 Satz 3). Daran hat sich bis zum Kabinettsentwurf v. 14.6.2000 (§ 4g Abs. 1 Satz 3) und zum Regierungsentwurf v. 18.8.2000 (§ 4g Abs. 1 Satz 3) nichts mehr geändert.[333] Kurzum, die Konsultation des BfDI hängt ganz von der öffentlichen Verwaltung ab. Damit verflüchtigt sich aber auch endgültig die von der EG-Datenschutzrichtlinie geforderte Unabhängigkeit des Beauftragten (Art. 18 Abs. 2).[334] 92

Gewiss, Ansätze einer **Modernisierung** des BDSG gab es auch. So enthält bereits der Entwurf v. 11.3.1999 Vorschriften zur Pseudonymisierung (§ 3 Abs. 6 a), zur Datenvermeidung und Datensparsamkeit (§ 3 a), zur Videoüberwachung (§ 6 b), zu den mobilen personenbezogenen Speicher- und Verarbeitungsmedien (§ 3 Abs. 10) sowie zum Datenschutzaudit (§ 9a). Keine dieser Bestimmungen war freilich ein originärer Beitrag zur Entwicklung des Datenschutzes. Mit jeder von ihnen wurden vielmehr vor allem im LDSG SH und den Telekommunikationsgesetzen bereits vorgesehene Regelungen aufgegriffen. Genau genommen hat der Gesetzgeber damit nur eine alte Übung bestätigt. Landesregelungen rechneten schon beim BDSG 77 und genauso beim BDSG 90 zu den wichtigsten Vorgaben. Gerade an den Vorschriften, die sich am Telekommunikations- und Multimediarecht orientieren, zeigt sich allerdings zugleich, wie sehr es dem Gesetzgeber an einem Regelungskonzept fehlte. 93

Auf den ersten Blick spricht sicherlich viel dafür, dem TDDSG i. d. F. von 1997 (§ 3 Abs. 4) sowie dem MDStV (§ 12 Abs. 5) zu folgen, und ähnlich wie das LDSG SH (§ 4 Abs. 1) und das BbgDSG (§ 11 c) die **Datensparsamkeit** ausdrücklich anzusprechen. Trotzdem lässt sich aus mindestens zwei Gründen keine dieser Bestimmungen einfach auf das BDSG übertragen. Die Verpflichtung zur Sparsamkeit braucht gar nicht erst neu entdeckt zu werden. Sie zählte von Anfang an zu den elementaren Datenschutzgrundsätzen und ist spätestens durch das vom BVerfG nachdrücklich betonte Verbot, personenbezogene Daten auf Vorrat zu verarbeiten,[335] noch einmal klar in den Vordergrund gerückt worden. Anders und schärfer formuliert: Mit der Restriktion auf die jeweils „erforderlichen" Daten allein ist es nicht getan. Verantwortliche Stellen müssen vielmehr zunächst prüfen, ob sie nicht ohne personenbezogene Angaben auskommen können, und sich, soweit es eine Alternative gibt, dafür entscheiden. Datensparsamkeit ist deshalb keine Frage, die sich nur bei „Datenverarbeitungssystemen", sondern bei jeder Verwendung personenbezogener Angaben stellt. So angebracht es daher ist, Versäumtes nachzuholen, die Datensparsamkeit also explizit im BDSG zu erwähnen, sosehr kommt es zugleich darauf an, es in einer Form zu tun, die den Gesetzesaufgaben entspricht und nicht unnötige Irritationen auslöst. 94

Beides, die Widerstände gegen eine konsequente Umsetzung der EG-Datenschutzrichtlinie und das mangelnde Regelungskonzept, hätten für eine mindestens ebenso intensive Ausein- 95

333 Entwurf eines Gesetzes zur Änderung des Bundesdatenschutzgesetzes und anderer Gesetze, BR-Drs. 461/00, 17.
334 Vgl. auch *von Burgsdorff*, Umsetzung 90 ff.
335 BVerfGE 65 1 (47).

andersetzung mit den Revisionsplänen wie im Vorfeld des BDSG 90 gesprochen. Doch dazu ist es nicht gekommen. Die weitgehend internen Debatten konzentrierten sich vorwiegend auf einzelne Vorschriften und wurden kaum durch die Forderung ausgelöst, Datenschutzmängel zu korrigieren, oder die Verarbeitungsanforderungen zu verstärken. Den Diskussionsverlauf bestimmten vielmehr neben sicherheitspolitischen Bedenken gegen die geplante Regelung der Videoüberwachung, die scharfe Kritik betrieblicher Datenschutzbeauftragter am vorgeschlagenen Datenschutzaudit,[336] für das es im Übrigen noch keinerlei gesetzliche Grundlage gab, und der von einzelnen Ländern vehement verlangte Verzicht auf jeden Versuch, die Aufspaltung der Kontrolle aufzuheben sowie die Überwachungsaufgaben einer einzigen, wirklich unabhängigen Instanz zu übertragen. Die Erwartung der DSBK, massenhafte Datenerhebungen an klare, nicht zuletzt eine strikte Zweckbindung garantierende Voraussetzungen zu knüpfen,[337] wurde dagegen genauso übergangen wie die nicht nur längst fällige, sondern auch und gerade von der EG-Datenschutzrichtlinie (Art. 2 (b)) eindeutig gebotene Aufhebung der Trennung zwischen der Erhebung einerseits und der Verarbeitung andererseits.

96 Begünstigt und beschleunigt wurde diese Entwicklung durch die anhaltende Verzögerung der Umsetzung der EG-Datenschutzrichtlinie. Die **Überschreitung der Frist** blieb nicht ohne Folgen. Die EG-Kommission leitete am 11.1.2000 ein **Vertragsverletzungsverfahren** gegen Deutschland und weitere vier Mitgliedstaaten der EU, Frankreich, Irland, Luxemburg und die Niederlande, vor dem EuGH ein.[338] Eine Verurteilung hätte, allen gegenteiligen Behauptungen zum Trotz, kaum mit dem Hinweis auf die zahlreichen, oft dem deutschen Recht nicht vertrauten Anforderungen der EG-Datenschutzrichtlinie und ihre weitreichenden Auswirkungen in einer Vielzahl von Rechtsgebieten vermieden werden können, zumal dann, wenn sich ein Mitgliedstaat darauf beruft,[339] der, wie die Bundesrepublik, auf eine lange Datenschutztradition zurückblicken kann. Wirklich hilfreich hätte deshalb allenfalls eine rasche Verabschiedung der für eine Anpassung an die Richtlinie erforderlichen gesetzlichen Vorschriften sein können, eine Entscheidung, die freilich kaum mit der immer wieder angekündigten umfassenden Reform des BDSG vereinbar gewesen wäre.

97 Vor das Dilemma gestellt, eine Revision des BDSG selbst um den Preis einer Verurteilung anzustreben, oder auf eine grundlegende Reform zu verzichten, um sich ganz auf eine schnelle Umsetzung der EG-Datenschutzrichtlinie zu konzentrieren, wählte das BMI, dem sich später auch die Bundesregierung anschlosseinen bereits im Eckwerte-Papier der SPD[340] angedeuteten Ausweg. Auf eine **erste** mehr oder weniger ausschließlich der Anpassung an die EG-Vorgaben gewidmete **Novellierungsstufe** sollte möglichst bald eine **zweite Phase** folgen, deren Ziel eine konsequente Modernisierung des Datenschutzes sein müsste. Kurzum, die Modernisierung wurde verschoben, die Anpassung dafür beschleunigt. Während sich noch bis Ende März 2000 lediglich einzelne Vorentwürfe abwechselten, wurde am 17. April ein Referentenentwurf vorgelegt und am 25. Mai nach einer Reihe vorwiegend auf Interventionen der Länder zurückzuführender Korrekturen dem Kabinett zugeleitet. Am 14.6. kam es dann zum Kabinettsbeschluss.

98 Ähnlich schnell verlief auch das **parlamentarische Verfahren**. Der Bundesrat nahm am 29.9.2000 Stellung zu dem ihm einige Tage zuvor, am 18.8, übersandten[341] Gesetzentwurf.[342] Der Bundestag überwies den wenig später eingebrachten Entwurf[343] am 27.10. an die Ausschüsse. Die Ausschussberatungen wurden mit dem Bericht und der Empfehlung des BT-

---

336 Vgl. demgegenüber die Entschließung der DSBK v. 12./13.10.2000 zur Novellierung des BDSG, abgedr. im 18. TB des *BfD,* 228 (Anlage 24).

337 Entschließung zur Modernisierung des Datenschutzrechts jetzt – umfassende Novellierung des BDSG nicht aufschieben v. 25./26.3.1999, abgedr. im 18. TB des *BfD,* 212 (Anlage 9).

338 Kommission der Europäischen Gemeinschaften gegen Bundesrepublik Deutschland, Rechtssache C-443/00.

339 Vgl. die Klagebeantwortung der Bundesrepublik II; sowie *Christians,* RDV 2000, Sonderdruck 4 f.

340 o. Rdnr. 91.

341 BR-Drs. 461/00.

342 BR-Drs. 461/1/00.

343 BT-Drs. 14/4329.

InnA v. 4.4.2001[344] abgeschlossen. Zwei Tage danach, am 6.4.2001, verabschiedete der Bundestag mit den Stimmen der Koalitionsfraktionen SPD und BÜNDNIS 90/DIE GRÜNEN gegen die Stimmen der PDS bei Stimmenthaltung der Fraktionen CDU/CSU und F.D.P. das „Gesetz zur Änderung des Bundesdatenschutzgesetzes und anderer Gesetze". Am darauf folgenden Tag, dem 22.5.2001, trat es in Kraft.[345]

Die im Vergleich zum BDSG 90[346] geradezu auffällige Kürze der parlamentarischen Verhand- 99
lungen sagt weit mehr über den Zeitdruck als über die Qualität des Gesetzes aus. Die Beratungen des Bundestages standen wie schon der Kabinettsbeschluss ganz unter dem Vorzeichen der Kommissionsklage. Kritik und Einwände konnten zudem umso leichter zurückgestellt werden, als wohl niemand die Notwendigkeit einer echten Reform bestritten hat. Sie ist lediglich vertagt worden. Vor allem dem **Bundesrat** ist es zu verdanken, dass trotzdem einige im Interesse eines besseren Datenschutzes unerlässliche Korrekturen vorgenommen wurden.[347] Dazu zählt vor allem die allerdings nicht vollständige Streichung jener Vorschrift, die den obersten Bundesbehörden das Letztentscheidungsrecht darüber einräumte, ob der Beauftragte den BfDI anrufen darf (§ 4g Abs. 1 Satz 3 des RegE). Sie gilt nur noch für bestimmte öffentliche Stellen, wie die Verfassungsschutzbehörden oder die Steuerprüfungsstellen (§ 4 Abs. 3 Satz 2). Ebenso hervorzuheben sind die Wiederaufnahme der im RegE nicht mehr enthaltenen Bestimmung über die mobilen personenbezogenen Speicher- und Verarbeitungsmedien (§ 6 c), die deutlich restriktivere Regelung der Videoüberwachung (§ 6 b), oder die freilich recht spärlichen Versuche, die Informationspflichten der verantwortlichen Stelle auszubauen (§ 28 Abs. 4 Satz 2).

Das Ergebnis ist trotzdem befremdlich. Der Bundestag **verabschiedete** zwar das **Gesetz**, 100
aber **mit der erklärten Intention, es möglichst bald wieder aufzuheben**, ein in der Geschichte der Bundesrepublik wohl ziemlich einmaliger Vorgang.[348] Zudem: die Absicht, einer Verurteilung der Bundesrepublik durch den EuGH vorzubeugen, rechtfertigt genauso wenig wie die Erwartung, den Datenschutz, wenn nicht schon in der laufenden, so doch zu Beginn der nächsten Legislaturperiode zu modernisieren, noch lange nicht die Entscheidung für eine gesetzliche Regelung, die gleich in mehrfacher Hinsicht kaum zu vertreten ist. Schon deshalb, weil gerade ein Gesetz, so provisorisch es im Übrigen sein mag, das die Betroffenen vor den Konsequenzen der Verwendung ihrer Daten zu schützen sucht, und daher auf klare Verarbeitungsgrenzen ebenso wie auf die Transparenz des Verarbeitungsablaufs, ganz besonders aber auf das Recht der Betroffenen achten muss, zu erfahren, was mit Ihren Daten geschieht, seiner Aufgabe nur genügen kann, wenn es ein **Mindestmaß an Verständlichkeit und Lesbarkeit** aufweist.

Zugegeben, weder das BDSG 77 noch das BDSG 90 waren Musterbeispiele an Präzision. 101
Beide sind daher oft und scharf kritisiert worden.[349] Das BDSG 01 fällt weit dahinter zurück.[350] Eine ganze Reihe durchaus zentraler Bestimmungen ist mit der vom BVerfG[351] gerade bei gesetzlichen Regelungen der Verarbeitung personenbezogener Daten ausdrücklich verlangten Normenklarheit unvereinbar. Vorschriften wie der § 28 sind nur eines von vielen Beispielen dafür. Eine auffällig exzessive Verwendung von Generalklauseln und unbestimmten Rechtsbegriffen, die Überfrachtung mit Ausnahmeregelungen, deren Tragweite nur schwer, wenn überhaupt abzuschätzen ist, komplizierte, kaum nachzuvollziehende Verweisungen und eindeutig nicht aufeinander abgestimmte Vorschriften machen das Gesetz unleserlich und die Interpretation vollends zum Risiko.

---

344 BT-Drs. 14/5793.
345 BGBl. I 904.
346 Dazu o. Rdnr. 52.
347 Vgl. die BR-Drs. 461/1/00, die Gegenäußerung der Bundesregierung, BT-Drs. 14/4458, sowie die Beschlussempfehlung und den Bericht des BT-InnA, BT-Drs. 14/5793, 83 ff.
348 Vgl. auch *Christians*, RDV 2000, Sonderdruck, 5; sowie *von Burgsdorff*, Umsetzung 213 f.; *Schild*. DuD 1997, 720 ff.
349 Dazu die 4. Auflage dieses Kommentars, § 1 Rdnr. 16, 196.
350 Vgl. auch *LfD Bbg*, TB 1999, 17 f., sowie *HDSB*, 28. TB, 18.
351 BVerfGE 65, 1 (44).

102 Die aufgeschobene Modernisierung entbindet zudem nicht von der **Pflicht**, über die konsequente Umsetzung der EG-Datenschutzrichtlinie hinaus **Schwachstellen der bisherigen Vorschriften zu korrigieren** und vor allem **keine neuen Datenschutzdefizite entstehen zu lassen** (Erwägungsgrund Nr. 10). Der Gesetzgeber ist beiden Zielen nicht gerecht geworden. Die vielen, mit immer neuen Änderungen verbundenen Entwürfe sind kein Gegenbeweis.[352] Wohl hat es nicht nur im Vergleich zum BDSG 90 durchaus Verbesserungen gegeben. Die Einbeziehung neuer Verarbeitungskonstellationen gehört ebenso dazu wie die Korrektur eindeutig datenschutzwidriger Regelungen bei der Videoüberwachung (§ 6 b), der Ausbau der Rechte des BfDI (§ 24) und die Rücknahme mancher Privilegierung der öffentlichen Stellen (§ 4 g). Genauso steht aber fest, dass offenkundige Verstöße gegen die EG-Datenschutzrichtlinie, wie die mangelnde Unabhängigkeit der Beauftragten für den Datenschutz (§ 4 f) oder die richtlinienwidrige Regelung der Kontrolle im nicht-öffentlichen Bereich (§ 38), nicht beseitigt worden sind. Abgesehen davon enthält das Gesetz, wie sich allein schon an § 4g Abs. 3 zeigt, nach wie vor Sonderregelungen für die Sicherheitsbehörden, die einer datenschutzkonformen Verarbeitung personenbezogener Daten zuwiderlaufen. Vorschriften, wie die Bestimmung über die Medien (§ 41), sind schließlich nicht nur ein eindeutiger, durch nichts zu rechtfertigender Rückschritt gegenüber dem bisher geltenden Recht (§ 41 BDSG 90).[353] Sie lassen sich auch nicht mit den Vorgaben der EG-Datenschutzrichtlinie (Art. 9) vereinbaren.[354]

1.5 Perspektiven

Literatur

Ph. E. Agre/M. Rotenberg, Technology and Privacy: The New Landscape (1997); *B. Baeriswyl/B. Rudin,* Perspektive Datenschutz (2002); *H. Bäumler* (Hrso. Rdg.), Der neue Datenschutz, Datenschutz in der Informationsgesellschaft von morgen (1998); *ders.*, Marktwirtschaftlicher Datenschutz, in Freundesgabe für *A. Büllesbach* (2002) 105 ff.; *H. Bäumler/A. v. Mutius* (Hrsg.), Datenschutzgesetze der dritten Generation (1999); *J. Bizer,* Technik oder Recht – Neue Steuerungsinstrumente im Datenschutz, in *B. Sokol* (Hrsg.), 20 Jahre Datenschutz – Individualismus oder Gemeinschaftssinn? (1998) 115 ff.; *ders.,* Datenschutz durch Technikgestaltung, in *H. Bäumler/A. v. Mutius* (Hrsg.), Datenschutzgesetze 28 ff.; *ders.,* Ziele und Elemente der Modernisierung des Datenschutzrechts, DuD 2001, 274 ff.; *ders.*, Datenschutzrecht, in *M. Schulte* (Hrsg.) Handbuch des Technikrechts (2003) 561 ff.; *A. Büllesbach*, Innovativer und technikgestaltender Datenschutz – gesellschaftliche und wirtschaftliche Anforderungen, in *S. Lamnek/M-Th. Tinnefeld*, Zeit und kommunikative Rechtskultur in Europa (2000) 366 ff.; *Chr. von Burgsdorff*, Die Umsetzung der EG-Datenschutzrichtlinie im nicht-öffentlichen Bereich (2003); *P.K. Donos*, Datenschutz – Prinzipien und Ziele (1998); *Chr. Gusy,* Informationelle Selbstbestimmung und Datenschutz: Fortführung oder Neuanfang, KritV 2000, 52 ff.; *S. Gutwirth*, Privacy and the information age (2002); *W. Hoffmann-Riem,* Datenschutz als Schutz eines diffusen Interesses in der Risikogesellschaft, in *L. Krämer/H. Micklitz/K. Tonner* (Hrsg.), Recht und diffuse Interessen in der Europäischen Rechtsordnung (1997) 777 ff.; *ders.,* Informationelle Selbstbestimmung als Grundrecht kommunikativer Entfaltung, in *H. Bäumler* (Hrsg.), Der neue Datenschutz 11 ff.; *ders.*, Informationelle Selbstbestimmung in der Informationsgesellschaft – Auf dem Weg zu einem neuen Konzept des Datenschutzes, AöR 1998, 514 ff.; *W. Kilian*, Rekonzeptualisderung des Datenschutzrechts durch Technisierung und Selbstregulierung, in Freundesgabe für *A. Büllesbach* (2002) 151 ff.; *K.H. Ladeur,* Datenschutz – vom Abwehrrecht zur planerischen Optimierung von Wissensnetzwerken, Zur „objektiv-rechtlichen Dimension" des Datenschutzes, DuD 2000 12 ff.; *R. O'Harrow*, No place to hide (2005); *R. Pitschas,* Informationelle Selbstbestimmung zwischen digitaler Ökonomie und Internet, DuD 1998, 139 ff.; *J. Rosen*, The naked crowd,: Reclaiming security and freedom in an anxious age (2004); *A. Roßnagel,* Freiheit durch Systemgestaltung, in Festschrift für *A. Podlech* (1994) 227 ff.; *ders.,* Globale Datennetze: Ohnmacht des Staates – Selbstschutz der Bürger. Thesen zur Änderung der Staatsaufgaben in einer „civil information society", ZRP 1997, 26 ff.; *ders.*, Marktwirtschaftlicher Datenschutz – eine Regulierungsperspektive, in Freundesgabe für *A. Büllesbach* (2002) 131 ff.; *ders*., Modernisierung des Datenschutzes für eine Welt allgegnwärtiger Datenverarbeitung, MMR 2005, 71 ff; *A. Roßnagel/A. Pfitzmann/H.J. Garstka,* Modernisierung des Datenschutzrechts (2001); *W. Schulz,* Verfassungsrechtlicher „Datenschutzauftrag" in der Informationsgesellschaft, Die Verwaltung 1999, 137 ff.; *S. Simitis,* Die Erosion des Datenschutzes, in *B. Sokol* (Hrsg.), Neue Instrumente im Datenschutz (1999) 5 ff.; *ders.,* Auf dem Weg zu einem neuen Datenschutzkonzept, DuD 2000,

352 Vgl. freilich *BfD,* 18. TB, 25 und demgenüber etwa *von Burgsdorff*, Umsetzung 212 ff.
353 Dazu die 4. Auflage dieses Kommentars, § 41 Rdnr. 1 ff., 27 ff.
354 Vgl. auch *LfD Bbg,* TB 2000, 18; sowie § 41 Rdnr. 4 ff.

714 ff.; *ders.*, Technologiewandel – Ansatz und Musterbeispiel veränderter Gesetzgebungsstrategien, in *B. Falkenburg* (Hrsg.), Wem dient die Technik? (2004) 29 ff.; *ders.*, Datenschutz – eine notwendige Utopie, in Summa, *D. Simon* zum 70. Geburtstag (2005) 511 ff.; *D. Solove*, The digital person (2004); *H.H. Trute,* Der Schutz personenbezogener Informationen in der Informationsgesellschaft, JZ 1998, 822 ff.

Der Gesetzgeber hat mit der Entscheidung für eine „**Modernisierung**" die Diskussion über die Zukunft des Datenschutzes eingeleitet.[355] Zwar lässt sich kaum angeben, bis wann die eingeforderte, diesmal gründliche Revision der gesetzlichen Anforderungen an die Verarbeitung personenbezogener Daten abgeschlossen sein muss. Während zunächst noch Konsens darüber zu bestehen schien, dass die Anpassung an die EG-Datenschutzrichtlinie und die Modernisierung in ein und derselben Legislaturperiode erfolgen sollte, verblasste der zeitliche Rahmen für die Modernisierung zusehends. Schließlich blieb es bei der Feststellung, dass jedenfalls eine „umfassende Neukonzeption des BDSG" „noch in dieser Legislaturperiode" vorbereitet werden sollte.[356] An der Überzeugung, dass Struktur, Instrumente und Wirkungsmöglichkeiten der Datenschutzregelungen von Grund auf überprüft werden müssen, änderte sich aber nichts. Ganz in diesem Sinn wurde bereits vor der Verabschiedung des BDSG 01 von den Koalitionsfraktionen SPD und BÜNDNIS 90/DIE GRÜNEN mit Unterstützung des BMI ein „Begleitausschuss" eingesetzt und ein Gutachten vergeben.[357] Regierung und Parlament sollten so möglichst zu Beginn der neuen Legislaturperiode in der Lage sein, die notwendigen Entscheidungen zu treffen. 103

Die **Begründung** des BDSG 01[358] gibt freilich ebenso deutlich zu erkennen, dass eine Modernisierung des Datenschutzes weit mehr verlangt als nur eine noch so gründliche Revision des BDSG. Sie soll den Schutz der Betroffenen im öffentlichen und nicht-öffentlichen Bereich verbessern und erweitern, die Stellung der Datenschutzbeauftragten stärken, ein gleich hohes, den Vorgaben der EG-Datenschutzrichtlinie entsprechendes Schutzniveau auch im Rahmen der bereichsspezifischen Regelungen garantieren, und überhaupt die Übersichtlichkeit und Verständlichkeit der Datenschutzanforderungen sicherstellen.[359] 104

Das wenig später publizierte **Gutachten**[360] greift diese Erwartungen auf und versucht, sie in konkrete Anregungen für eine weitreichende strukturelle und inhaltliche Revision des BDSG umzusetzen. Anders als bisher soll es nicht mehr nur eine unter vielen Datenschutzregelungen, sondern die eindeutig verbindliche Grundlage aller Datenschutzvorschriften sein. Seine Vorschriften müssten deshalb zwar allgemein gehalten, aber trotzdem so präzise wie möglich formuliert werden und auf den Verarbeitungsverlauf ebenso eingehen wie auf die Organisation und die Kontrolle des Datenschutzes, die Chancen einer Selbstregulierung sowie die gezielte Verwendung technischer Schutzvorkehrungen. Konsequenterweise spricht sich das Gutachten für eine **Stärkung der Selbstbestimmung der Betroffenen**, etwa durch eine klare opt-in Regelung, genauso dezidiert aus wie für eine **Restriktion der Profilbildung**, einen **nachhaltigen Ausbau des Selbstdatenschutzes**, eine **verbesserte Rolle unternehmensspezifischer Selbstregulierungen**, ein **integriertes Datenschutzmanagementsystem** und eine **datenschutzgerechte Verarbeitungstechnologie**. 105

Eindringlicher hätte die Modernisierungsabsicht kaum ausgedrückt werden können. An der Ambivalenz der „**Modernisierung**" ändert sich trotzdem nichts. Dahinter kann sich eine durchaus weitreichende Renovierung, die allerdings an den bislang maßgeblichen Grundlagen und Zielen der gesetzlichen Regelung festhält, ebenso gut verbergen wie ein neues Datenschutzkonzept. Die **Begründung** des BDSG 01 weist, zumindest an einer Vielzahl von Stellen, eher in die erste Richtung, das **Gutachten** deutlicher in die zweite.[361] Erst recht 106

355 Vgl. die Begründung des Gesetzesentwurfs BR-Drs. 461/00, 74 f., 2.4 Ausblick; sowie *Tauss/Özdemir*, RDV 2000, 143 ff.
356 BR-Drs. 461/00, 74.
357 Dazu *LfD BbG,* TB 2000, 19.
358 BR-Drs. 461/00, 74 f.
359 Vgl.auch *BfD,* 18. TB, 27 f.
360 *Roßnagel/Pfitzmann/Garstka*, Modernisierunt g des Datenschutzrechts (2001).
361 Vgl. vor allem 22 ff.; aber auch *Tauss*, in Freundesgabe für *Büllesbach* (2001) insb. 122 ff.

kommt es unter diesen Umständen darauf an, Voraussetzungen und Grenzen einer **„Modernisierung“** klarzustellen. Vorweg freilich so viel: Für wie immer verstandene Modernisierungsversuche gilt nichts anderes als für alle bisherigen und künftigen Datenschutzregelungen. Sie entstehen im Vorzeichen einer sich ständig wandelnden Technologie und können deshalb nur solange auf die Verwendung personenbezogener Daten Einfluss nehmen wie die mit ihr verbundenen sozialen und ökonomischen Folgen relativ konstant bleiben. **„Modernisierungen“** sind, anders und schärfer ausgedrückt, nicht mehr als **Zwischenstationen eines unverändert offenen Regelungsprozesses.**

107 Zudem: Revisionen des BDSG sind nie leicht gefallen. Die Widerstände gegen neue, den Datenschutz noch besser garantierende Verarbeitungsrestriktionen haben sich freilich von Mal zu Mal verschärft und dementsprechend hat auch die **Dauer der Vorarbeiten** zugenommen. Kaum verwunderlich, wenn deshalb die Verabschiedung des BDSG 01, das eigentlich nur ein kurzes Zwischenspiel sein sollte, schon einige Jahre zurückliegt und nicht einmal Ansätze einer legislativen Vorbereitung der so kategorisch angekündigten „Modernisierung“ auszumachen sind.

108 Schließlich: Die **Glaubwürdigkeit** aller Forderungen, sich für präzisere und vor allem engere Verarbeitungsgrenzen zu entscheiden, schwindet in dem Maße, in dem der einst so selbstverständliche **Schutz der Privatheit** verblasst. In einer Gesellschaft, in der in Kenntnis der Betroffenen und mit ihrer Hilfe aus eindeutig kommerziellen Gründen zusammengestellte und immer weiter perfektionierte Profile längst zum Alltag gehören, in der RFID-Chips den Haushalt organisieren und zugleich personenbezogene Daten externalisieren und kommerzialisieren, und in der sich der Einzelne, angefangen beim Mobiltelefon bis hin zum Internet, selbst veröffentlicht, ja sich als Werbefläche anbietet und den eigenen Körper versteigert,[362] gerät die Privatheit unweigerlich zum Relikt einer überholten historischen Epoche. Mehr denn je stellt sich damit aber auch und gerade die Frage, welchen Wert der Datenschutz noch hat.[363]

109 So wichtig es freilich ist, den Kontext zu bedenken, in den sich gegenwärtig jede Reform des Datenschutzes situiert, so wenig dürfen darüber ihre Prämissen vernachlässig werden. Datenschutz ist von Anfang an, erst recht aber seit der Entscheidung des BVerfG zur Volkszählung,[364] eine normative Aufgabe gewesen. Wo Grundrechte auf dem Spiel stehen, hat der Gesetzgeber keine Wahl. Er muss die Bedingungen für einen grundrechtskonformen Umgang mit personenbezogenen Daten verbindlich vorschreiben. Genau diese Erwartung wird aber immer offener in Frage gestellt. Stichworte wie **„Selbstregulierung“** und **„Selbstdatenschutz“** signalisieren den Perspektivenwandel.[365] Auf Regeln wird zwar nicht verzichtet, der Schwerpunkt verschiebt sich jedoch mehr und mehr vom Gesetzgeber auf die verantwortlichen Stellen. Sie, so heißt es wieder und wieder, stünden nicht nur der Verarbeitung am nächsten, wüssten also auch am besten, wie man mit ihr umzugehen habe, sondern müssten allein schon wegen des Vertrauens in ihre Tätigkeit konsequent darauf bedacht sein, personenbezogene Daten gegen einen unberechtigten Zugriff abzuschirmen und damit die Interessen der Betroffenen zu wahren. Letztlich könnte deshalb unter Datenschutzgesichtspunkten nichts effektiver sein als eine von den ureigensten Interessen der verantwortlichen Stellen getragene und geforderte Selbstregulierung, zumal vor dem Hintergrund einer generell angestrebten Deregulierung. Der Datenschutz scheint, so gesehen, an einem Wendepunkt angekommen zu sein. Das bislang dominierende **interventionistische Regelungsmodell**

---

362 Dazu statt aller *Rosen*, The unwanted gaze (2000) insb. 26 ff., 54 ff., 159 ff., Naked Crowd, insb. 20 ff., 40 ff.; *O'Harrow*, No place to hide, insb. 34 ff., 74 ff., 281 ff.; sowie *Simitis*, in Summa, 512 ff.

363 *Simitis*, in Summa, 523 ff.

364 BVerfGE 65, 1 (44); sowie o. Rdnr. 30 ff.

365 Vgl. insb. *Roßnagel/Pfitzmann/Garstka*, Modernisierung 148 ff.,153 ff.; *Roßnagel/Roßnagel*, Handbuch 1 Rdnr. 65 f., 3.4; 3.6; *Bizer*, in *Schulte* (Hrsg.), Handbuch Technikrecht, 590 ff.; *Garstka*, in *Baeriswyl/Rudin* (Hrsg.), Perspektive Datenschutz 159 ff.; *Büllesbach*, RDV 2000, 1 ff., 2005, Beilage zu H. 1, 13 ff.; *Heil*, DuD, 2001 129 ff.; *Karstedt-Meierrricks*, Dud 2001, 287 ff.aber auch *Tinnefeld/Ehmann/Gerling*, Einführung 13 ff.

soll, jedenfalls in weiten, gerade für die Betroffenen besonders wichtigen Teilen, durch eine **marktwirtschaftliche Regelung** substituiert werden.[366]

Wer genau hinschaut, merkt schnell: Diktion und Argumentation der Überlegungen zu einer möglichst unbehelligten **„Selbstregulierung"** des Datenschutzes stehen ganz im Zeichen der Debatte in den Vereinigten Staaten. Um jedem Missverständnis vorzubeugen: Gegen eine intensive Bobachtung gerade der Entwicklung in den USA lässt sich nicht das Geringste einwenden. Im Gegenteil, dort hat die Auseinandersetzung mit den Folgen der Verarbeitung personenbezogener Daten begonnen[367] und dort sind auch nahezu alle Verarbeitungsmodalitäten entstanden, die, wie etwa Kundenkarten oder RFID-Chips, um nur zwei Beispiele zu nehmen, die Notwendigkeit nachhaltig illustriert haben, den Datenschutz immer wieder zu überdenken. Die Erfahrungen in den USA sind deshalb ein ebenso zentraler wie unentbehrlicher Teil jeder Datenschutzdiskussion. Trotzdem spricht alles gegen eine unreflektierte Rezeption der in den Vereinigten Staaten propagierten Datenschutzvorstellungen. Wo der Vermarktung personenbezogener Daten praktisch keine Grenze mehr gesetzt ist[368] und sich zudem legislative Interventionen von Anfang an unter ganz anderen Voraussetzungen vollzogen haben, verändern sich zwangsläufig Ansätze und Möglichkeiten einer Regulierung.[369] Bezeichnenderweise haben sich gerade Unternehmen, die personenbezogene Daten systematisch verarbeiten, nachdrücklich für eine Selbstregulierung eingesetzt, allerdings nicht nur, um die Verarbeitungsbedingungen selbst zu bestimmen, vielmehr auch, um ihre Datensammlungen durch konsequent ausgebaute Übermittlungsangebote an staatliche Stellen besser verwerten zu können.[370] 110

Abgesehen davon sprechen besonders die Erfahrungen in den Vereinigten Staaten für gesetzlich definierte Verarbeitungsbedingungen. Mit das beste Beispiel dafür ist **Datamining**.[371] In keinem anderen Fall lässt sich deutlicher verfolgen, wie sich die einmal gesammelten Daten zunehmend von ihrem Erhebungszweck lösen und in ein selbständiges Informationskapital verwandeln. Ihr ursprünglicher Verarbeitungszweck ist nur noch der Schlüssel zu einer tendenziell grenzenlosen Proliferation der Daten. Die verarbeitenden Stellen entwickeln sich so mehr und mehr zu **„Datenlagern"** im eigentlichen Sinne des Wortes. Ihre Geschäftspolitik wird durch das Ziel bestimmt, den Datenbestand fortlaufend auszubauen und so zugleich die Verwertbarkeit der Daten zu maximieren. Selbst gesetzte Verarbeitungsregeln orientieren daher den Verarbeitungsverlauf primär, wenn nicht ausschließlich an den Verwertungsinteressen des „Datenlagers" bieten folglich keinen Schutz gegen eine zum Prinzip erhobene **Zweckentfremdung**. Wenn deshalb eine Zweckbindung, ganz im Sinn der Europäischen Grundrechtecharta (Art. 8 Abs. 2),[372] des Europäischen Verfassungsvertrages (Titel II Art. II-9)[373] und des BVerfG,[374] garantiert werden soll, führt kein Weg an einer gesetzlichen Regelung vorbei. 111

So viel ist allerdings richtig: Gesetzliche Regelungen mögen noch so erforderlich sein, sie stoßen vor allem dann, wenn die Datenschutzgrundsätze um bereichsspezifische Normen ergänzt werden, sehr bald auf Grenzen. Der Gesetzgeber kann es zwar, will er die Effizienz der Verarbeitungsvorgaben sichern, nicht bei Vorschriften belassen, die sich in allgemeinen Aussagen etwa zur Zweckbindung, zur Übermittlung personenbezogener Daten oder zu den Rechten der Betroffenen erschöpfen. Die Erfahrungen in so unterschiedlichen Verarbei- 112

366 Vgl. etwa *Bäumler*, in Freundesgabe für *A. Büllesbach*, 105 ff.; *A. Büllesbach*, in *S. Lamnek/M-Th. Tinnefeld*, Zeit und kommunikative Rechtskultur in Europa, 366 ff.; *Kilian*, in Freundesgabe für *A.Büllesbach* (2002) 151 ff.; *Roßnagel*, MMR 2005, 75; sowie *Garante per la protezione die dati personali*, Da costa e risorsa (2002).

367 Dazu o. Rdnr. 1, u. Rdnr. 131 f.; sowie *Schwartz/Reidenberg*, Data Privacy (1996) 6 ff., 19 ff.

368 Statt aller *O'Harrow*, No place to hide, insb. 37 ff.

369 Dazu insb. *Schwartz*, 117 Harv.L.Rev. (2004) 2055, 2069 ff, 2094 ff.

370 Vgl. insb. *O'Harrow*, No place to hide, 58 ff., 223 ff.

371 Statt aller *O'Harrow*, No place to hide, insb. 49 ff., 53 ff.; aber auch § 3 Rdnr. 25 f.; § 3a Rdr. 17 ff.; § 4d Rdnr. 33 f.; sowie *Roßnagel/Scholz*, Handbuch 9.2.

372 Dazu u. Rdnr. 242.

373 Dazu u. Rdnr. 244 f.

374 BVerfGE 65, 1 (45), o. Rdnr. 35 f.

tungsbereichen wie den Arbeitsbeziehungen[375] oder der Forschung[376] haben jedoch immer wieder gezeigt, dass bereichsspezifische Bestimmungen keinesfalls alle nur möglichen Verarbeitungsvarianten abdecken können. Im Gegenteil, je weiter die Regelung detailliert wird, desto weniger überschaubar ist sie und desto mehr läuft sie Gefahr, sich in Widersprüche zu verstricken und an Wirksamkeit einzubüßen.[377] Selbstbestimmte Regeln gleichen diesen Mangel aus und ermöglichen es zugleich, die Verarbeitungsanforderungen zu verfeinern und noch verarbeitungsadäquater zu gestalten.[378] Aus genau diesem Grund haben die EG-Datenschutzrichtlinie (Art. 27)[379] und im Anschluss daran das BDSG (§38a)[380] solche Regelungsversuche nicht nur generalisiert, sondern ausdrücklich in das gesetzliche Regelungssystem aufgenommen. Die Flexibilisierung der Regelungsformen ändert freilich nichts am Regelungsprinzip: Selbstbestimmte Vorschriften sind eine weitere Spielart der Konkretisierung der gesetzlichen Vorgaben. Ihre Rechtmäßigkeit ist deshalb durchweg an diesen Vorgaben zu messen.[381]

113 Nichts anders ist es beim **„Selbstdatenschutz“**. Wiederum ist der Einfluss der Diskussion in den Vereinigten Staaten kaum zu übersehen. Gleichviel, ob es um Anonymisierungstechniken oder eigens entwickelte „privacy enhancing technologies“ (PET) geht, beides erweist sich gerade vor dem Hintergrund fehlender gesetzlicher Verarbeitungsvorschriften als ein ebenso willkommenes wie naheliegendes Selbstverteidigungsmittel.[382] Die auf sich gestellten Betroffenen haben damit zumindest die Möglichkeit, selbst Barrieren gegen einen von ihnen nicht gebilligten Zugriff auf ihre Daten aufzurichten. Schutzlosigkeit ist so gesehen nicht Schicksal. Wer die Herrschaft über die eigenen Daten behalten will, dem wird die Chance dazu vor allem durch eine wachsende Anzahl technischer Instrumente geboten. Kaum verwunderlich, wenn die **„Eigenverantwortung“** unter diesen Umständen sehr schnell zum Vermarktungsmotto der diversen Schutzvorrichtungen geworden ist. Die Kehrseite ist freilich genauso wenig zu übersehen. Die Anbieter der Selbstschutzinstrumente haben es nicht versäumt, den Absatz ihrer Produkte zu nutzen, um möglichst viele Informationen über die potentiellen und wirklichen Abnehmer zu sammeln und zu verwerten, zumeist freilich ohne die Betroffenen zu informieren.

114 An der Effektivität der Schutzwirkung vieler dieser Vorkehrungen lässt sich, wie sich etwa an der Pseudonymisierung ebenso zeigt wie an Schutzfiltern im Internet, trotzdem nicht zweifeln. Sie sind aber deshalb noch lange keine Alternative zu gesetzlichen Verarbeitungsrestriktionen. Wer sie dazu, sei es auch nur partiell, im Namen einer nachdrücklich geforderten **Selbstverantwortung** stilisiert, reduziert den Datenschutz auf eine rein **individuelle Angelegenheit** und übergeht seine vom BVerfG[383] ausdrücklich betonte **konstitutive Funktion für die Demokratiefähigkeit einer Gesellschaft.** Zudem, in dem Maße, in dem sich der Akzent auf die Eigenverantwortung der Betroffenen verschiebt, schlägt sie zunehmend in eine Verpflichtung der Betroffenen um, einer unberechtigten Verwendung ihrer Daten rechtzeitig vorzubeugen.[384] Die Eigenverantwortung ist, anders gesagt, Prolog und Bestätigung eines potentiellen **Eigenverschuldens**. Die Folgen liegen auf der Hand: Die verantwortlichen Stellen können sich bei einer unbefugten Verarbeitung personenbezogener Daten leichter einer Ersatzpflicht entziehen. Ihre ohnehin, jedenfalls im nicht-öffentlichen Bereich (§ 8),[385] unzulängliche Haftpflicht würde so noch weiter zurückgeschraubt werden.

---

375 Dazu § 28 Rdnr. 48 f., 107.
376 Dazu § 40 Rdnr. 26 ff.
377 Dazu auch *Simitis*, DuD 2000, 718 ff., sowie in *Falkenburg* (Hrsg.), Wem dient die Technik 39 f.
378 Vgl. auch *Roßnagel/Trute*, Handbuch 2.5, Rdnr. 55.
379 Vgl. *Dammann/Simitis*, EG-Datenschutzrichtlinie Art. 27 Rdnr. 1 ff.
380 Dazu § 38a Rdnr. 2 ff., 32 ff.
381 Dazu auch § 28 Rdnr. 49, § 40 Rdnr. 27 f. sowie § 4c Rdnr. 47 ff.
382 Vgl.etwa *Cavoukian/Hamilton*, Privacy payoff (2002) insb. 251 ff.; *Agre*, in *Agre/Rotenberg*, Technology, 7 ff., *Burkert*, ebda., 125 ff.; *Philipps*, ebda., 243 ff.
383 BVerfGE 65, 1 (43).; sowie § 1 Rdnr. 35 ff.
384 Vgl. etwa *Roßnagel/Roßnagel*, Handbuch 3.4, Rdnr. 20.
385 Dazu § 8 Rdnr. 1 ff., 18 ff.

Erst recht lassen sich gesetzlich vorgeschriebene Verarbeitungsbedingungen nicht durch eine noch so verfeinerte **Datenschutztechnologie** ersetzen. Angesichts einer sich unablässig ausweitenden Verarbeitung personenbezogener Daten und immer neuer Zugriffstrategien kann zwar die Notwendigkeit technischer Vorkehrungen kaum bestritten werden, die den Betroffenen eine reale Chance einräumen, Kommunikation so zu gestalten, dass sie nicht zwangsläufig zur Diffusion ihrer Daten gerät,[386] Die Unerlässlichkeit einer technologischen Reaktion auf eine zunehmend komplexere Informations- und Kommunikationstechnologie rechtfertigt jedoch nicht die implizite oder gar explizite Verdrängung normativer Verarbeitungsprämissen durch eine nachgerade fetischisierte **Datensicherheit**. Genaugenommen wiederholen sich damit, wenngleich um ein Vielfaches subtiler und in Anbetracht der veränderten Technologie zumindest auf den ersten Blick weitaus überzeugender, Bestrebungen, die schon die allerersten Versuche begleitet haben, den Datenschutz gesetzlich zu verankern. Wie damals scheint auch heute nichts näher zu liegen, als den Datenschutz mit dem Instrumentarium einer „automatisierten“ Verarbeitung zu garantieren, sich also gerade der Technologie zu bedienen, die genauso den Anstoß für eine Verarbeitungsregelung gegeben hat. Einmal mehr steht aber ebenso fest: So unentbehrlich Datensicherheit ist, so klar kommt ihr nach wie vor eine **ausschließlich akzessorische Funktion** zu. 115

Gleichviel, ob es um die klassischen, in den Datenschutzgesetzen von Anfang an aufgezählten Sicherheitsmaßnahmen oder die später entstandenen, ganz vom Datenschutz her konzipierten „Privacy enhancing technologies“ (PET)[387] geht, beide tragen, wenn auch unterschiedlich, dazu bei, die Betroffenen vor Manipulationsversuchen zu bewahren und verstärken zugleich deren Möglichkeiten, selbst zu bestimmen, wie mit Informationen zu ihrer Person verfahren werden darf. Ob sie allerdings nur zusätzlich dafür eingesetzt, oder, wie bei den „Privacy enhancing technologies“, eigens im Hinblick darauf entwickelt werden, ist letztlich nicht weiter wichtig. Zugangs- und Zugriffskontrollen sind, allein schon im Interesse der Betreiber, bei jedem Rechenzentrum und ohne Rücksicht auf die Art der jeweils verarbeiteten Daten Routinevorkehrungen. Nichts anders ist es bei der Verschlüsselung oder der Pseudonymisierung. Beides verhilft dazu, Informationsbestände besser abzuschotten. Auf die Provenienz und den Inhalt der Daten kommt es dabei ebenso wenig an wie auf die Verwendungsabsichten. Genau dieses **breite Nutzungsspektrum** ist auch die **Grundvoraussetzung der Akzeptanz und des Erfolgs von Datensicherheitsmaßnahmen**, zugleich aber ein untrügliches Zeichen dafür, dass Datensicherheit grundsätzlich normenindifferent ist. Ihre Datenschutzrelevanz hängt, mit anderen Worten, von der Bereitschaft ab, einen restriktiven Umgang mit personenbezogenen Angaben zu bejahen und verbindlich vorzuschreiben. 116

Je größer die Bedeutung ist, die dem Datenschutz beigemessen wird und je präziser die Erwartungen sind, desto schärfer und differenzierter fallen auch die **Sicherheitsvorkehrungen** aus. So präjudizieren die Übermittlungsvoraussetzungen Art und Umfang der Weitergabekontrollen. So entscheiden sich Inhalt und Ausmaß der Datensparsamkeit am Verbindlichkeitsgrad der Verpflichtung, personenbezogene nur solange zu verarbeiten, wie es keine Alternative zur personenbezogenen Information gibt. Und so richtet sich der Stellenwert der Anonymisierung danach, wann und wie lange der Personenbezug beibehalten werden kann. Jede Reduktion des Datenschutzes auf eine wie immer konzipierte und konkretisierte Datensicherheit koppelt deshalb die Datenverarbeitung von dem aus der Datenschutzperspektive letztlich einzig maßgeblichen Gesichtspunkt ab, der Frage nach den Bedingungen, unter denen eine Verarbeitung überhaupt zulässig sein soll. Für traditionelle oder neue Sicherheitskonzepte gilt daher gleichermaßen, sie können verbindlichen Vorgaben nicht substituieren, sondern müssen stets auf klaren Datenschutzprinzipien beruhen. 117

Deutlicher denn je steht allerdings auch fest: Der Gesetzgeber muss den Weg für einen Datenschutz bahnen, der sich nicht darauf beschränkt, Technologiefolgen aufzufangen, vielmehr 118

386 Dazu. § 3a Rdnr. 22 ff.

387 Dazu o. Rdnr. 113; § 3a Rdnr. 81; sowie *Roßnagel/Hansen*, Handbuch 3.3; *Roßnagel*, MMR 2005, 74; *Pfitzmann*, in *Bäumler/Mutius* (Hrsg.), Datenschutzgesetze der dritten Generation (1999) 18 ff.; jeweils mit weiteren Angaben.

die **Informations- und Kommunikationstechnologie** bewusst **als Instrument nutzt, um die eigenen Ziele zu erreichen**. So begrüßenswert die Einbeziehung der automatisierten Einzelentscheidungen (§ 6 a), der Überwachung durch optisch-elektronische Einrichtungen (§ 6 b) oder der mobilen personenbezogenen Speicherungs- und Verarbeitungsmedien (§ 6 c) in das BDSG 01 deshalb ist, so wenig darf sich der Gesetzgeber damit zufrieden geben. Datenschutzregelungen sind von Anfang an der Gefahr ausgesetzt gewesen, von der sich immer schneller entwickelnden Verarbeitungstechnologie überholt zu werden[388] Spätestens am Internet hat sich zudem gezeigt, dass die gleichsam klassischen, rein normativen Vorgaben nicht mehr ausreichen. Wenn Verarbeitungsanforderungen noch eine Chance haben sollen, den Verarbeitungsablauf zu beeinflussen, dann nur unter der Voraussetzung, dass sie auch und gerade in technische, in den Verarbeitungsprozess verbindlich integrierte Vorkehrungen umgesetzt werden. Ähnlich wie bei der Datenvermeidung (§ 3 a) gilt es daher Soft- und Hardware so zu konstruieren, dass sich normative und technische Anforderungen ergänzen.[389] Genau genommen bahnt sich damit bei der Verarbeitung personenbezogener Daten eine Entwicklung an, die an durchaus vergleichbare Tendenzen etwa beim Umweltschutz erinnert. Hier wie dort sind produktbezogene Vorgaben feste Bestandteile einer Gesetzgebungsstrategie, die Gefahren für die Betroffenen zu antizipieren sucht und deshalb die jeweilige Technologie bewusst instrumentalisiert, um sie zu vermeiden.

119 An der Notwendigkeit gesetzlich festgeschriebener Verarbeitungsbedingungen ändert auch die **Globalisierung** unternehmerischer Aktivitäten nichts. Personenbezogene Daten werden sicherlich immer häufiger weit über die Grenzen des Landes hinaus verwendet, in dem sie zunächst erhoben und verarbeitet wurden, und zwar sowohl im nicht-öffentlichen als auch im öffentlichen Bereich. So unterschiedliche Beispiele wie die in der Europäischen Union vor allem im Rahmen der polizeilichen und justitiellen Zusammenarbeit angelegten zentralen Datensammlungen[390] und die weltweite Verarbeitung von Passagier-, Kunden- oder Arbeitnehmerdaten einzelner Unternehmen[391] illustrieren den Wandel. So selbstverständlich freilich mittlerweile eine globalisierte oder zumindest internationalisierte Verarbeitung ist, so wenig kündigt sie zwangsläufig eine Ablösung der bisherigen Regelungsformen an, nicht zuletzt, jedenfalls im nicht-öffentlichen Bereich, zugunsten von Verhaltensvorschriften einzelner oder miteinander kooperierender Unternehmen.[392] Eine Selbstregulierung mag sich anbieten, sie ist trotzdem keineswegs der einzig mögliche Weg. Schon deshalb nicht, weil die Verpflichtung des Gesetzgebers, das Recht der Betroffenen zu garantieren, selbst über den Umgang mit ihren Daten zu bestimmen, nicht durch die Globalisierung suspendiert oder gar aufgehoben wird.

120 Nicht von ungefähr beziehen die EG-Datenschutzrichtlinie (Art. 25, 26) und ganz nach ihrem Vorbild das BDSG (§§ 4b, 4c) die Übermittlung personenbezogener Daten in Drittländer ausdrücklich in ihre Regelung ein.[393] Der **Datenschutz endet** eben **nicht an den nationalen Grenzen**. Die **Übermittlung** ist vielmehr an Bedingungen gebunden, die gezielt versuchen, den Schutz der Betroffenen ohne Rücksicht auf territoriale Beschränkungen sicherzustellen. Zur Debatte steht daher lediglich die Frage, ob eine globalisierte Verarbeitung andere und bessere Instrumente voraussetzt, nicht jedoch ein wie immer gearteter Rückzug des Gesetzgebers zugunsten einer Selbstregulierung.[394] Ebenso deutlich ist die Reaktion des Europäi-

---

388 Dazu o. Rdnr. 6 ff.; *Simitis,* in *Sokol* (Hrsg.), Neue Instrumente, 5 ff., DuD 2000, 716 f., in Falkenburg (Hrsg.) Wem dient die Technik? 35 ff; sowie *Roßnagel/Pfitzmann/Garstka,* Modernisierung, 184 ff., 228 ff.; *Roßnagel,* MMR 2005 74; *Tinnefeld*, NJW 2001, 3078

389 Dazu *Simitis,* in *Sokol* (Hrsg.), Neue Instrumente, 5 ff., DuD 2000, 725 f.; *Bizer,* in *Sokol* (Hrsg.), 20 Jahre Datenschutz, 115 ff., in *Schulte* (Hrsg.), Handbuch Technikrecht, 592 ff.; *Roßnagel,* in Festschrift für *Podlech,* 227 ff.; *Roßnagel/Roßnagel*, Handbuch 1 Rdnr. 46; *Roßnagel/Dix*, ebda., 3.5 Rdnr. 28 ff.; *von Burgsdorff,* Umsetzung 11 ff.

390 Dazu u. Rdnr. 234 ff.

391 Vgl. etwa *Büllesbach*, in *Büllesbach* (Hrsg.), Datenverkehr ohne Datenschutz? (1999) 51 ff., RDV 2005, Beilage zu H. 1; 15; *Roßnagel/Büllesbach*, Handbuch 7.1 Rdnr. 89 ff.; *Roßnagel/Kranz*, Handbuch 7.4 Rdnr. 19 ff.

392 Vgl. auch *Bizer*, in *Schulte* (Hrsg.), Handbuch Technikrecht, 597 f., und demgegenüber *Roßnagel/Roßnagel*, Handbuch 3.4 Rdnr. 3, 18, 37; *Roßnagel/Büllesbach*, Handbuch 7.1 Rdnr. 90.

393 Dazu § 4b Rdnr. 25 ff; § 4c Rdnr. 1 ff.

394 Vgl. *Simitis*, in *Büllesbach*, Datenverkehr, 177 ff.

schen Verfassungsvertrages.[395] Mit dem Verzicht auf die bisherige Säulenaufteilung wird den Mitgliedstaaten auch die Möglichkeit genommen, die Anforderungen an die Verarbeitung personenbezogener Daten in ihren jeweiligen Vereinbarungen unterschiedlich festzulegen.[396] Gleichviel, ob im Rahmen des vom Verfassungsvertrag ausdrücklich geforderten europäischen Datenschutzgesetzes (Titel VI Art. 50 Abs. 2) oder einer anderen Regelung, der in der Verfassung verankerte Datenschutz bestimmt auch im öffentlichen Bereich den Verarbeitungsspielraum. Betroffen sind im Übrigen keineswegs nur unionsinterne Vorgänge, vielmehr genauso die Übermittlung, etwa aus zentralen Datensammlungen, in Drittstaaten.

Eine tendenziell weltweite Verarbeitung personenbezogener Daten ist nicht die einzige Form 121
der Globalisierung. **Global angelegte Netzwerke** haben eine ebenso globale Kommunikation zur Folge. Wiederum freilich kein Grund, die Regelungsfähigkeit gesetzlicher Vorschriften anzuzweifeln.[397] Ihr Schwerpunkt muss allerdings, anders als sonst, bei der Kommunikationsinfrastruktur liegen. Ob also der Datenschutz gewahrt werden kann, hängt in erster Linie von verbindlichen Vorgaben an die Betreiber ab. Sie verfügen über die Netze und sind deshalb auch die primären Adressaten der Verpflichtungen, die einen datenschutzkonformen Kommunikationsverlauf sichern.

Gerade weil der legislativen Intervention unverändert eine entscheidende Rolle zukommt, 122
kann es nicht bei einzelnen inhaltlichen Korrekturen der bisherigen gesetzlichen Regelung bleiben. Vielmehr gilt es, zunächst und vor allem Aufbau und Struktur der Datenschutzvorschriften von Grund auf zu revidieren.[398] Das **BDSG muss auf die zentralen für jede Verarbeitung personenbezogener Daten gleichermaßen verbindlichen Grundsätze reduziert werden**, angefangen bei einer eindeutigen Verknüpfung des Datenschutzes mit dem Grundrecht der Betroffenen auf informationelle Selbstbestimmung, über eine genauso unmissverständliche Verpflichtung der verantwortlichen Stellen zur Datenvermeidung sowie einer strikten Zweckbindung bis hin zu den Rechten der Betroffenen und einer Kontrolle aller verantwortlichen Stellen nach einheitlichen Grundsätzen durch die Datenschutzbeauftragten. So wenig mithin die Bedeutung bereichsspezifischer Regelungen unterschätzt werden darf, sosehr kommt es darauf an, einer Desintegration des Datenschutzes entgegenzuwirken. Die Aufgabe des BDSG besteht eben keineswegs lediglich darin, Anreiz und Anknüpfungspunkt für weitere Datenschutzvorschriften zu sein, sich im Übrigen aber aus der Regelung der Verarbeitung personenbezogener Daten zu verabschieden. Das BDSG muss im Gegenteil in erster Linie den Rahmen festlegen, innerhalb dessen alle anderen Bestimmungen anzusiedeln sind. Nur dann kann es gelingen, einen wirklich konsistenten und gerade deshalb auch besonders effizienten Datenschutz zu sichern.

Mit strukturellen Eingriffen in das BDSG allein ist es freilich nicht getan. Genauso erforderlich 123
ist es, den weiteren **Zerfall des Datenschutzes** in eine Vielzahl kaum abgestimmter, widersprüchlicher und mit unnötigen Wiederholungen belasteter bereichsspezifischer Regelungen aufzuhalten. Die zunehmende Verselbstständigung des Telekommunikationsrechts, die Schwierigkeiten, den Arbeitnehmerdatenschutz zu gewährleisten, die immer lascheren Zugriffsbedingungen auf Patientendaten oder im Sicherheitsbereich sind Symptome einer fortschreitenden Auflösung des Datenschutzes, die von einem konstanten Abbau der Verarbeitungsanforderungen begleitet wird. Eine „Bereinigung" des geltenden Datenschutzrechts, die lediglich darauf abzielen würde, einzelne Vorschriften kursorisch zu überprüfen, reicht unter diesen Umständen nicht aus. Vielmehr müssen alle noch nötigen gesetzlichen Bestimmungen in ein **einheitliches**, von gemeinsamen Grundsätzen getragenes und an diesen Prinzipien immer wieder von Neuem zu messendes **Regelwerk** überführt werden.[399]

---

395 Dazu u. Rdnr. 244 ff.
396 Vgl. *Simitis*, Der verkürzte Datenschutz (2004) 14 ff., 37 ff.; sowie u. Rdnr. 246.
397 Vgl. jedoch *Roßnagel/Roßnagel*, Handbuch 3.4 Rdnr. 3, 18.
398 Dazu *Simitis,* DuD 2000, 718 ff.; *Donas*, Datenschutz, 186 ff.; sowie *Roßnagel/Pfitzmann/Garstka,* Modernisierung, 35 ff; *Bizer,* DuD 2001, 274 ff.
399 Dazu auch *Roßnagel/Pfitzmann/Garstka,* Modernisierung, 43 ff.; *von Burgsdorff*, Umsetzung 19 ff.

124 Parallelen zum SGB drängen sich zwar auf, verleiten jedoch leicht zu falschen Schlüssen. Anders als dort geht es beim Datenschutz keineswegs nur um geschlossene Regelungsbereiche, die sich, wie beim SGB, unschwer in einzelne „Bücher" umwandeln ließen, sondern auch um eine beträchtliche Anzahl von Vorschriften, die nicht aus dem Kontext der jeweiligen Gesetze herausgelöst werden können. Die Datenschutzbestimmungen zu statistischen Erhebungen sind ebenso bezeichnend dafür wie die Verarbeitungsvorgaben im Sicherheitsbereich oder im Telekommunikations- und Multimediarecht. Umso komplizierter gestaltet sich die **Integration in ein gemeinsames Regelungssystem**. Eine Alternative dazu gibt es dennoch nicht, wenn der Datenschutz nicht an der Unübersichtlichkeit und Widersprüchlichkeit seiner Vorschriften scheitern soll.

125 Der Gesetzgeber muss schließlich, anders als bisher, auf die **Lesbarkeit und Verständlichkeit** der Datenschutzregelungen besonders bedacht sein. Beides ist von Anfang an vernachlässigt worden. Der Hang, sich hinter Generalklauseln und unbestimmten Rechtsbegriffen zurückzuziehen, statt zu versuchen, Ziele und Anforderungen des Datenschutzes möglichst präzise zu umschreiben, war schon beim BDSG 77 deutlich ausgeprägt.[400] Daran hat sich auch später nichts geändert. Im Gegenteil, das BDSG ist von Reform zu Reform noch unlesbarer geworden.[401] Nichts anderes gilt für die bereichsspezifischen Vorschriften.

126 Die Betroffenen können sich zwar sowohl an die **Datenschutzbeauftragte** (§ 21)[402] als auch an die **behördlichen und betrieblichen Beauftragten** (§ 4f Abs. 5 Satz 2)[403] wenden. Ihre Intervention ist aber kein Ausgleich für mangelnde Lesbarkeit und Verständlichkeit der Datenschutzbestimmungen. So sehr es Aufgabe aller Beauftragten ist, den Betroffenen bei einer möglichen Verletzung ihrer Rechte zu helfen und ihnen deshalb auch beim Verständnis der einschlägigen Vorschriften behilflich zu sein, so wenig soll ihre Tätigkeit das nachholen, was dem Gesetzgeber primär obliegt: die Verarbeitungsvoraussetzungen in einer Weise zu formulieren, die den Betroffenen zumindest die Chance einräumt, erkennen zu können, wann auf ihre Daten zugegriffen werden darf und welche Rechte sie haben. **Normenklarheit** ist weder beim Datenschutz noch sonst ein verfassungsrechtliches Gebot, das den Gesetzgeber lediglich dazu verpflichtet, professionelle Interpreten zu installieren, vielmehr eine um der Betroffenen willen formulierte Pflicht.[404] Sie endlich zu erfüllen, ist einer der wichtigsten Verpflichtungen des Gesetzgebers.

2. Internationale Entwicklung

2.1 Nationale Rechte

Literatur

J. Bing, A Comparative Outline of Privacy Legislation, Comparative Law Yearbook 2 (1979) 149 ff.; *J. Bing/K. Selmer (Hrsg.),* A Decade of Computers and Law (1980); *D. Flaherty,* Privacy and Government Data Banks (1979); *ders.,* Protecting Privacy in Surveillance Societies (1989); *F. Hondius,* Emerging Data Protection in Europe (1975); *ders.,* A Decade of International Data Protection, Netherlands International Law Review 30 (1983) 103 ff.; *OECD* (Hrsg.), Policy Issues in Data Protection and Privacy (1974); *P.M. Schwartz/J. Reidenberg,* Data Privacy Law (1996); *S. Simitis,* Reviewing Privacy in an Information Society, 135 U.Penn.L. Rev. 707 ff. (1987); *Université Libre de Bruxelles* (Hrsg.), Informatique et droit en Europe (1985)

127 **Die internationale Entwicklung** des Datenschutzes lässt sich in **vier Perioden** unterteilen. Der **erste Abschnitt**[405] beginnt mit dem HDSG von 1970 und setzt sich mit dem schwedi-

400 Vgl. die 3. Auflage dieses Kommentars, Einl. Rdnr.79.
401 Dazu o. Rdnr. 100 f.; sowie *Roßnagel/Pfitzmann/Garstka,* Modernisierung, 29 ff.
402 Dazu § 21 Rdnr. 3 ff.; sowie etwa die §§ 27 LDSG BW, 27 Berl DSG, 21 BbGDSG, 28 HDSG, 25 DSG NW, 40 LDSG SH, und Art. 9 BayDSG.
403 Dazu § 4f Rdnr. 155 ff.
404 BVerfGE 65, 1 (44).
405 Zu den Gesetzestexten vgl. *Dammann/Mallmann/Simitis (Hrsg.),* Die Gesetzgebung zum Datenschutz (1977) 129 ff.

schen Datengesetz von 1973, dem US-amerikanischen Privacy Act von 1974, dem Privacy Committee Act der australischen Provinz New South Wales von 1975 und dem kanadischen Human Rights Act von 1977 fort. 1978 folgten dann das französische Gesetz über die elektronische Datenverarbeitung, die Dateien und die Freiheitsrechte, das dänische Gesetz über die privaten Register, das 1987 durch ein Gesetz über die Register der Behörden ergänzt wurde, das norwegische Gesetz über Personendaten-Register und das österreichische Datenschutzgesetz. Ein Jahr später wurde schließlich das luxemburgische Gesetz über die Verwendung von personenbezogenen Daten bei der Datenverarbeitung verabschiedet, die letzte gesetzliche Regelung vor der Datenschutzkonvention des Europarates von 1981,[406] die auch das Ende dieser ersten Periode markiert.

Allen diesen Gesetzen ist eines gemeinsam. Anders als in den meisten Fällen einer legislati- 128
ven Intervention konnte der Gesetzgeber nirgends auf ein umfangreiches, über lange Jahre hinweg gesammeltes, womöglich noch mit Hilfe einer Vielzahl richterlicher Entscheidungen aufgearbeitetes Fallmaterial zurückgreifen. Die mit der Automatisierung verbundenen Probleme begannen sich vielmehr erst abzuzeichnen, durften aber nicht weiter vernachlässigt werden, wollte der Gesetzgeber seine Chance wahren, die politischen und gesellschaftlichen Folgen der radikal geänderten Verarbeitungsbedingungen aufzufangen. Die legislative Aufgabe war deshalb mit einem **ungewöhnlich hohen Maß an Unsicherheitsfaktoren** belastet. So gesehen hatte der Gesetzgeber keine Wahl: Er musste Regelungsformen den Vorzug geben, die den Nachteil eines nur vage beschreibbaren Regelungsgegenstandes durch ein Höchstmaß an Flexibilität kompensierten. Die Reaktion fiel allerdings keineswegs einheitlich aus. Genau genommen lassen sich **drei Regelungsmodelle** unterscheiden:

Das **BDSG** und das **österreichische DSG**[407] sind besonders typische Beispiele einer **global** 129
angelegten, grundsätzlich also von jedem, der personenbezogene Daten verarbeiten möchte, zu beachtender Regelung. Konsequenterweise sind die Bestimmungen aller drei Gesetze sehr allgemein gehalten. Das Informationsdefizit des Gesetzgebers verbirgt sich mit anderen Worten hinter einer Vielzahl von **Generalklauseln**.[408] Der Gesetzgeber sieht in ihrer Dehnbarkeit das am ehesten geeignete Mittel, um sowohl eine denkbar umfassende als auch eine möglichst anpassungsfähige Regelung zu erzielen.

Den genau **umgekehrten Weg** hat der **schwedische Gesetzgeber** eingeschlagen.[409] Das In- 130
formationsdefizit wurde gar nicht erst bestritten oder verhüllt. Der Gesetzgeber hat deshalb offen davon abgesehen, den Verarbeitungsverlauf an detailliert formulierte Bedingungen zu knüpfen, sondern sich stattdessen darauf beschränkt, eine **Kontrollinstanz** einzurichten und zugleich jede automatisierte Verarbeitung personenbezogener Daten von einer **Genehmigung** dieser Instanz abhängig zu machen. Der Schwerpunkt liegt also eindeutig bei einem Verfahren, das zur **Offenlegung der Verarbeitungsziele und der Verarbeitungsmodalitäten** zwingt. Die Vorteile sind kaum zu übersehen. Die **Genehmigungspflicht** eröffnet einerseits der Kontrollinstanz die Chance, gezielt zu reagieren. Sie kann **ihre Erwartungen** von der jeweiligen Situation her formulieren und so den Schutz der Betroffenen durch präzise Auflagen maximieren. Dank der Genehmigungspflicht erscheint es aber auch möglich, den unstreitig lückenhaften Wissensstand des Gesetzgebers zu korrigieren und so die Grundlage für weitere, sehr viel präzisere Regelungen zu schaffen.[410] Aus eben diesen Gründen hat sich auch der **norwegische Gesetzgeber** für ein Lizensierungssystem entschieden, ja ist sogar einen Schritt weitergegangen. Anders als in Schweden blieb die Genchmigungspflicht nicht auf automatisierte Verarbeitungen beschränkt. Vielmehr wurden sämtliche „Personendaten-Register" mit „sensitiven" Daten, also etwa Angaben zur Gesundheit der Betroffenen oder zu ihren Vorstrafen, einbezogen (§ 9 Satz 2).

---

406 Dazu u. Rdnr. 151 ff.

407 Dazu insb. *Dohr,* ÖVD 11/1974, 513; *Stadler,* in *Pawlikowsky* (Hrsg.), Datenschutz, Leitfaden und Materialien (1979) 46 ff.

408 Dazu auch o. Rdnr. 20.

409 Dazu insb. *Seipel,* ABD och juridik (1975); *Hellner,* in Festschrift für *R. Schmidt* (1976) 265 ff.; *Freese,* in Online (Hrsg.), Transnational Data Regulation (1979) 197 ff.; *Flaherty,* Protecting Privacy, 93 ff.

410 Vgl. auch *Bing,* Comparative Law Yearbook 2 (1978) 151 f., 167.

131 Einen **dritten**, wiederum ganz anders gestalteten **Weg** haben schließlich vor allem die **Vereinigten Staaten** verfolgt.[411] Der Gesetzgeber fand sich zwar durchaus bereit, bestimmte Vorstellungen zum Ablauf des Verarbeitungsprozesses in die gesetzlichen Vorschriften aufzunehmen, verzichtete jedoch bewusst auf eine allgemeine Regelung zugunsten eines eindeutig **bereichsspezifischen Ansatzes**.[412] Typisch dafür war schon der Fair Credit Reporting Act von 1970. Die **Kreditvergabe** ist einer der Fälle, an denen sich vor allem in den Vereinigten Staaten die Diskussion über die Gefahren einer „Dossiergesellschaft"[413] entzündete.[414] So überrascht es nicht, dass sich der Bundesgesetzgeber, zumal vor dem Hintergrund eines sich verstärkenden Verbraucherschutzes, bei seiner ersten Reaktion auf die Verarbeitung personenbezogener Daten ganz auf die Kreditinstitute konzentrierte.[415] Der Anlass der legislativen Intervention bestimmte freilich auch ihre Grenzen: Sie sollte sich keineswegs generell mit Datenschutzfragen auseinander setzen, vielmehr lediglich auf die Probleme eingehen, die sich beim **Konsumentenkredit** stellen.

132 Nichts anderes gilt für die später verabschiedeten gesetzlichen Regelungen, etwa im Rahmen des Public Health Services Act, des Drug Abuse Office and Treatment Act oder des Family Educational Rights and Privacy Act.[416] Der Gesetzgeber blieb auch dort bei einer **dezidiert punktuellen Reaktion**, wo, wie beim Privacy Act von 1974, alle Bundesbehörden angesprochen werden.[417] Die ohnehin recht knapp gehaltenen Verarbeitungsrichtlinien sind fast durchweg an den Vorbehalt einer aufgabenorientierten Präzisierung gebunden. Konsequenterweise hat es die im Privacy Act ausdrücklich vorgesehene (sec. 5) Kommission zur Bewertung seiner Auswirkungen ausdrücklich abgelehnt, eine allgemeine Datenschutzregelung zu empfehlen[418] und stattdessen lediglich weitere bereichsspezifische Vorschriften gefordert, etwa für die Verarbeitung von Arbeitnehmerdaten,[419] die Verwendung personenbezogener Angaben im Versicherungsbereich[420] oder den besseren Schutz der Sozialdaten.[421]

133 Nicht jedes Gesetz entspricht freilich einem der drei Regelungsmodelle. Mancher Gesetzgeber hat vielmehr versucht, die **verschiedenen Ansätze miteinander zu verbinden**. So erinnert das **französische DSG**[422] zunächst durchaus an die schwedische Regelung. Auf die Einrichtung einer speziellen Kontrollinstanz (Art. 6 ff.), der Commission Nationale de l'Informatique et des Libertés (Nationale Kommission für die elektronische Datenverarbeitung und die Freiheitsrechte),[423] folgt die Verpflichtung, personenbezogene Daten nur nach einer Genehmigung durch die Kommission zu verarbeiten (Art. 15). Das Gesetz sieht aber in der Genehmigung, anders als in Schweden, nicht das eigentliche und entscheidende Regelungsmittel, sondern nur eine zusätzliche, im Prinzip auf den öffentlichen Bereich beschränkte Schutzvorkehrung. Für nicht-öffentliche Stellen ist dagegen lediglich eine Anmeldung vorgesehen (Art. 16). Konsequenterweise verschiebt sich der Schwerpunkt auf eine Vielzahl materieller Aussagen

---

411 Dazu insb. *Westin,* Privacy and Freedom (1967); *Miller,* Der Einbruch in die Privatsphäre (1973); *Flaherty,* Protecting Privacy, 305 ff.; *Schwartz/Reidenberg,* Data Privacy 6 ff.; *Schwartz,* 37 American Journal of Comparative Law, 675 ff. (1989), RDV 1989, 153 ff.

412 Vgl. auch Records, Computers and the Rights of Citizens, Report of the Secretary's Advisory Committee on Automated Personal Data Systems, U.S. Department of Health, Education & Welfare (1973); sowie *Schwartz/Reidenberg,* Data Privacy insb.19 ff.

413 *Miller,* Einbruch, 29 ff.

414 Dazu statt aller Personal Privacy in an Information Society – The Report of the Privacy Protection Study Commission (1977) 41 ff.

415 Dazu *Schwartz/Reidenberg,* Data Privacy, 286 ff.

416 Dazu Personal Privacy, a.a.O., 277 ff., 393 ff., 445 ff.

417 Dazu insb. Personal Privacy, a.a.O., 497 ff.; *Schwartz/Reidenberg,* Data Privacy 91 ff.

418 Personal Privacy, a.a.O., 497 ff., sowie Appendix 4: The Privacy Act of 1974: An Assessment.

419 Personal Privacy, a.a.O., 223 ff.; dazu *Schwartz/Reidenberg,* Data Privacy 352 ff.

420 Personal Privacy, a.a.O., 155 ff.

421 Personal Privacy, a.a.O., 445 ff.

422 Dazu insb. *Lucas,* Le droit de l'informatique (1987) 35 ff.; *Delahaie/Paoletti,* Informatique et libertés (1987); *Huet/Maisl,* Droit de l'informatique et des télécommunications (1989) 133 ff.; sowie *CNIL,* Dix ans d'informatique et libertés (1988).

423 Dazu insb. *Mitrou,* Die Entwicklung der institutionellen Kontrolle des Datenschutzes (1993) 185 ff.

zur Verarbeitung (Art. 25 ff.), die durchaus auf der Linie der entsprechenden Vorschriften in der Bundesrepublik oder in Österreich liegen

Auch im **luxemburgischen DSG** spielt die Genehmigung eine zentrale Rolle. Das Gesetz folgt allerdings weder dem schwedischen Urmodell noch schließt es sich der französischen Variante an. Genehmigungspflichtig ist zwar wie in Frankreich nur die von ganz bestimmten Stellen vorgenommene Verarbeitung, anders jedoch als dort, sind es nicht die öffentlichen, sondern die nicht-öffentlichen Stellen, die der Genehmigung bedürfen (Art. 4 ff.). Der Staat kann aber deshalb nicht ohne weiteres jede nur von den Behörden gewünschte Datenbank einrichten. Vielmehr müssen eigens dafür verabschiedete, in einem Gesetz oder einer Verordnung enthaltene Vorschriften vorliegen (Art. 8). Das luxemburgische DSG verknüpft damit das Lizensierungsmodell mit einem Regelungsansatz, in dessen Mittelpunkt bereichsspezifische Bestimmungen stehen. 134

Ähnlich hatte bereits der **norwegische** und der **dänische** Gesetzgeber reagiert: So geht das norwegische DSG nach einigen, vor allem der Kontrollinstanz (§§ 2 ff.) sowie der Genehmigungspflicht (§§ 9 ff.) gewidmeten allgemeinen Bestimmungen auf Vorschriften über, die gezielt ausgewählten Verarbeitungsbereichen gewidmet sind (§§ 13 ff.). Der dänische Gesetzgeber integrierte die gegenüber dem schwedischen Modell stark abgeschwächte Genehmigungspflicht von Anfang an in ein Regelungssystem, das nicht nur den öffentlichen und den nicht-öffentlichen Bereich in getrennten Gesetzen behandelt, sondern auch die Verarbeitungsbedingungen vor allem im nicht-öffentlichen Bereich sorgfältig danach differenziert, ob es etwa um Kreditauskunfteien (§§ 8 ff. des Gesetzes über private Register) oder Adressverlage geht (§§ 17 ff). 135

Der **zweite**, bis 1988 andauernde **Abschnitt** steht ganz unter dem Eindruck der im Januar 1981 zur Zeichnung aufgelegten **Konvention des Europarates** zum Schutz des Menschen bei der automatisierten Verarbeitung personenbezogener Daten.[424] Die damals schon bestehenden Gesetze sind sicherlich nicht ohne Wirkung auf die neu hinzugekommenen Regelungen geblieben, angefangen beim isländischen Gesetz über die systematische Aufzeichnung persönlicher Daten und dem israelischen Gesetz über den Schutz der Privatsphäre, die beide aus dem Jahr 1981 stammen, über das britische DSG von 1984,[425] das finnische Gesetz über personenbezogene Unterlagen von 1987 bis hin zum irischen DSG, dem australischen Privacy Act sowie dem japanischen Gesetz über den Schutz der durch öffentliche Stellen automatisiert verarbeiteten personenbezogenen Daten, die allesamt 1988 verabschiedet wurden, dem portugiesischen DSG von 1991 und dem schweizerischen DSG von 1992.[426] Ein Blick in das israelische (§ 9), das britische (sec. 4 ff.) oder das portugiesische DSG (§§ 4 ff., 17 ff.) genügt, um festzustellen, welchen Einfluss etwa die in den Siebzigerjahren entwickelten Registrierungsvorstellungen gehabt haben. 136

An der dominierenden Rolle der **Europaratskonvention** ändert sich trotzdem nichts. Sie brachte zwar genau genommen keine neuen Gesichtspunkte, sondern beschränkte sich in Wirklichkeit darauf, einige der wichtigsten, bis dahin die Diskussion beherrschenden Grundsätze zusammenzufassen.[427] Durch die Verankerung in einem internationalen, von der Autorität einer ebenfalls internationalen Organisation getragenen Dokument erhielten sie freilich eine neue Qualität. Keiner dieser Grundsätze ließ sich fortan als partikuläre Erwartung eines bestimmten nationalen Gesetzgebers abtun. Jedes dieser Prinzipien muss vielmehr als Teil international akzeptierter Verhaltensregeln betrachtet werden, auch und gerade im Hinblick darauf, dass die Konvention im ständigen Meinungsaustausch mit der OECD entstanden ist.[428] Kurzum, der Europarat sprengte mit der Konvention endgültig den Rahmen **isolierter nationaler Reaktionen** auf die Notwendigkeit, rechtlich verbindliche Regeln für 137

---

424 Dazu u. Rdnr. 151.
425 Dazu insb. *Panagiotides,* Der Data Protection Act 1984 (1998).
426 Dazu *Steinlin/Seethaler,* in *Maurer/Vogt* (Hrsg.), Kommentar zum Schweizerischen Datenschutzgesetz (1995) Entstehungsgeschichte insb. Rdnr. 17 ff., 34 ff.; *Schweizer* (Hrsg.), Das neue Datenschutzgesetz des Bundes (1993).
427 Dazu u. Rdnr. 154 ff.
428 Vgl. u. Rdnr. 184 ff.

die Verarbeitung personenbezogener Daten vorzusehen und bot zugleich all jenen Gesetzgebern eine Handlungsgrundlage an, die sich aus welchem Grunde immer noch nicht zur Intervention entschlossen hatten.

138 So gesehen überrascht es nicht weiter, wenn beispielsweise in den einleitenden Bemerkungen zum **irischen DSG**[429] ausdrücklich auf die Datenschutzkonvention des Europarates Bezug genommen wird. Selbst dort aber, wo, wie etwa im **finnischen DSG**, eine ähnlich klare Verweisung fehlt, ist der Einfluss des Übereinkommens unschwer auszumachen. Die Vorschriften über „sensitive" Daten (§ 6 f.) sind ebenso bezeichnend dafür wie die Bestimmungen über die Rechte der Betroffenen (§§ 9 ff.). Auch das **schweizerische DSG** ist ganz im Vorzeichen der Europaratsregelung entstanden. Die Schweiz hatte sowohl an der Konvention als auch an den nachfolgenden Empfehlungen mitgearbeitet und war deshalb in den Entstehungsprozess der Europaratsposition eingebunden.[430] Vorschriften wie etwa die Bestimmungen zur Zulässigkeit der Verarbeitung personenbezogener Daten (Art. 4) oder zu den sensitiven Angaben (Art. 3 Buchst. c, 17 Abs. 2) illustrieren die Affinität zum Übereinkommen. Nichts anderes gilt schließlich für das **australische DSG**. Die 11 vom Gesetz aufgezählten Verarbeitungsprinzipien (sec. 14 ff.) knüpfen unmittelbar an die von der Konvention genauso wie von den OECD-Leitlinien[431] aufgestellten Grundregeln für den Umgang mit personenbezogenen Daten an.

139 Die **Internationalisierung der Verarbeitungsgrundsätze** trug zudem entscheidend dazu bei, die passive, wenn nicht ablehnende Haltung mancher Gesetzgeber zu überwinden. Spätestens seit der Konvention war die Gefahr kaum zu übersehen, sich künftig wegen der fehlenden eigenen Datenschutzregelung überhaupt nicht mehr an einem internationalen Datenaustausch beteiligen zu können, und damit sowohl den Zugang zu einer Vielzahl gerade für einzelne Unternehmensbranchen wichtiger Informationen einzubüßen als auch auf wirtschaftlich nicht minder interessante Verarbeitungsaufträge verzichten zu müssen. Die Geschichte der **britischen Datenschutzgesetzgebung** ist das wohl beste Beispiel dafür. Die Vorarbeiten für eine gesetzliche Regelung[432] waren eigentlich bereits relativ bald nach 1970 abgeschlossen.[433] Alle Versuche, die Konsequenzen daraus zu ziehen, blieben freilich ergebnislos.[434] Erst unter dem Eindruck des Übereinkommens und seiner möglichen Folgen fand sich die britische Regierung bereit, einen Entwurf einzubringen.[435] Konsequenterweise orientierte sich der Gesetzgeber an den Konventionsvorgaben.[436] Eine durchaus vergleichbare Entwicklung lässt sich in **Japan** beobachten, wenngleich sich die zunächst verabschiedeten gesetzlichen Vorschriften auf die Verarbeitung im öffentlichen Bereich beschränkten, und es erst fünfzehn Jahre später, 2003, zu einer allgemein anwendbaren Regelung kam.

140 Mit der **dritten**, in der Zeit nach 1980 einsetzenden **Entwicklungsphase** begann die **Revision der ursprünglichen Regelungsvorstellungen**. Allzu deutlich hatte sich mittlerweile gezeigt, dass keines der Regelungsmodelle wirklich der Aufgabe gerecht werden konnte, den Verarbeitungsverlauf an wirksame Bedingungen zu knüpfen und zugleich eine essentiell präventive Kontrolle sicherzustellen. So ist beispielsweise das **Lizensierungsmodell** allein schon an dem mit seiner Realisierung zwangsläufig verbundenen **Übermaß an Bürokratisierung**

---

429 Dazu *Clark,* Data Protection Law in Ireland (1990) 21 ff.

430 Dazu *Steinlin/Seethaler,* in *Maurer/Vogt* (Hrsg.), Kommentar zum Schweizerischen Datenschutzgesetz, Entstehungsgeschichte, insb. Rdnr. 11.

431 u. Rdnr. 184.

432 Vgl. dazu vor allem den 1972 vorgelegten *Younger*-Report (Report of the Committee on Privacy), 177 ff.; sowie *Panagiotides,* Data Protection Act, 58 ff.

433 Vgl. insb. den 1978 vorgelegten *Lindop*-Report (Report of the Committee on Data Protection); sowie *Panagiotides,* Data Protection Act, 117 ff.

434 Dazu *Panagiotides,* Data Protection Act, 132 ff. Zur Kritik an der Forderung nach einer gesetzlichen Regelung vgl. statt aller *Rumbelow,* International Business Lawyer 1984, 153 ff.

435 Dazu *Panagiotides,* Data Protection Act, 151 ff.; sowie Data Protection Registrar, First Report (1985) 13; *Michael,* Public Law 1982, 360 ff.; *Savage/Edwards,* 35 International and Comparative Law Quarterly (1986) 710 ff.

436 Vgl. *Panagiotides,* Data Protection Act, 170 ff.; sowie *Savage/Edwards,* A Guide to the Data Protection Act 1984 (1984) 8; *Niblett,* Data Protection Act 1984 (1984) 8.

gescheitert.[437] Je selbstverständlicher es erschien, personenbezogene Daten automatisiert zu verarbeiten, desto schwerer fiel es, mit der wachsenden Zahl der Genehmigungsanträge Schritt zu halten. Die Erwartung, genaue, der konkreten Verarbeitungssituation angepasste Anforderungen vorschreiben zu können, geriet damit mehr und mehr zur Fiktion. Nicht von ungefähr verschob sich in **Frankreich** der Schwerpunkt zunehmend auf die in Art. 17 des DSG vorgesehene vereinfachte Anmeldung.[438] Mit jedem Schritt in diese Richtung wurde freilich der Anspruch aufgegeben, die Verarbeitung von Anfang an in ein möglichst konkretes Regelungsschema einzubinden, eine Erfahrung, die sich bei den von der CNIL entwickelten „nationalen Modellen"[439] wiederholte. Erst recht galt dies dort, wo das Gesetz, wie in **Großbritannien**, nicht nur die Lizensierung in eine streng formalisierte Registrierung verwandelte (sec. 6), sondern offensichtlich bemüht war, korrigierende Eingriffe des „Registrators" möglichst zu unterbinden (sec. 7).

Genauso hat aber jenes Regelungsmodell versagt, das mit wenigen, möglichst allgemein gehaltenen Vorschriften auszukommen meinte. Die **Generalklauseln** erwiesen sich eben nicht als ideale Instrumente einer fortwährenden Anpassung an die vielfältigen Auswirkungen einer sich konstant verändernden Verarbeitungstechnologie. Sie wurden vielmehr zunehmend dafür verwendet, die bisherige Verarbeitungspraxis ebenso zu legitimieren wie neue Verarbeitungswünsche.[440] Die bewusst vage formulierten gesetzlichen Bestimmungen provozieren förmlich höchst unterschiedliche, ja sich widersprechende Interpretationen und stärken damit eindeutig die Position der verantwortlichen Stellen. Sie leiten nicht nur den Verarbeitungsprozess ein, sondern sind auch als erste angesprochen, wenn es um die Frage geht, unter welchen Bedingungen er sich abspielen darf. Den verantwortlichen Stellen bleibt es insofern, zunächst jedenfalls, überlassen, die Interpretationsakzente zu setzen. Solange es deshalb an präzisen, an den jeweiligen Verarbeitungskonstellationen ausgerichteten Regeln fehlt, ist es nur zu verständlich, dass sie in aller Regel der Interpretation den Vorrang einräumen, die ihren Interessen am ehesten entgegenkommt. 141

Schließlich hat auch das konsequent **bereichsspezifische Regelungsmodell** nicht dazu verholfen, die Verarbeitungsprobleme ebenso effizient wie überzeugend anzugehen. Der von Anfang an begrenzte Regelungsgegenstand bietet zwar die Chance einer möglichst genauen legislativen Reaktion. Wo sich jedoch der Gesetzgeber bewusst mit punktuellen Interventionen zufrieden gibt und sich dabei nicht von einem Regelungskonzept leiten lässt, das die Interventionsziele ebenso klar festlegt wie eine Reihe von Verarbeitungsprinzipien, muss es, wie etwa das Beispiel des US-amerikanischen Computer Matching Act von 1988[441] deutlich zeigt, unweigerlich zu einer zerfaserten, letztlich völlig willkürlich zusammengesetzten Regelung kommen.[442] Mehr denn je sehen sich unter diesen Umständen die verantwortlichen Stellen in der Lage, ihre Erwartungen durchzusetzen, zumal dann, wenn nicht einmal eine Kontrollinstanz besteht, die mit Hilfe einer systematischen Überprüfung der verschiedenen Verarbeitungsbereiche dafür sorgen könnte, zumindest die eklatantesten Widersprüche zwischen den jeweiligen Regelungen abzumildern.[443] 142

Kurzum, keines der ersten, zwischen 1970 und 1980 entwickelten Regelungsmodelle kann den Anspruch erheben, **den einzig richtigen Weg** für eine überzeugende Auseinandersetzung mit der Verarbeitung personenbezogener Daten gewiesen zu haben. Jedes von ihnen ist vielmehr **unter bestimmten historischen Bedingungen** entstanden und gibt deshalb nur so lange eine ebenso verständliche wie legitime Reflexionsgrundlage für eine Verarbeitungsregelung ab, 143

437 Vgl. auch *Flaherty,* Protecting Privacy, 395.
438 Dazu CNIL, Dix ans, 70 f.; *Huet/Maisl,* Droit, 171 ff.; *Lucas,* Droit, 48 ff.
439 Dazu statt aller CNIL, 3e rapport d'activité 1982 (1983) 56 f.
440 Dazu *Simitis,* in Informationsgesellschaft II, 29 ff.
441 Dazu insb. *Flaherty,* Protecting Privacy, 344 ff.; *Strong,* 2 Software Law Journal, 391 ff. (1988).
442 Vgl. dazu auch *Schwartz,* 37 American Journal of Comparative Law, 697 f. (1989), RDV 1989, 153 f., 43 Hastings Law Journal 1322 ff. (1992).
443 Dazu insb. *Flaherty,* Protecting Privacy, 310 ff.; *Rotenberg,* 8 Government Information Quarterly 79 ff. (1991); 43 *Schwartz,* Hastings Law Journal 1374 ff. (1992).

wie es bei diesen Bedingungen bleibt.[444] Ganz in diesem Sinn hat sich der **isländische Gesetzgeber** ausdrücklich für eine befristete Geltung des Datengesetzes von 1981 ausgesprochen (Art. 30).[445] Auch die **kanadische Gesetzgebung** verpflichtet das Parlament, sich nach einem genau festgelegten Zeitraum erneut mit dem Gesetz zu befassen, um die unter Umständen angebrachten Korrekturen vorzunehmen.[446] Nur eine als permanenter, nicht zuletzt durch den Wandel der Verarbeitungstechnologie geprägter **Lernprozess** verstandene Datenschutzgesetzgebung kann ihrer Aufgabe gerecht werden.[447]

144 Konsequenterweise wurde das **schwedische DSG** bereits 1982 vor allem mit dem Ziel revidiert, die einst für so unentbehrlich gehaltene **Genehmigungspflicht** nachhaltig einzuschränken.[448] Nahezu gleichzeitig entschied sich der **kanadische Bundesgesetzgeber** für eine Reform der ursprünglichen Vorschriften.[449] Die Schwerpunkte wurden neu verteilt. Das Gesetz baute zwar manche früher schon getroffene Regelung, etwa zum Auskunftsrecht der Betroffenen aus (sec. 12 ff.), rückte aber zugleich die 1977 noch weitgehend vernachlässigte **Kontrollinstanz** in den Mittelpunkt (sec. 29 ff., 53 ff.). Eine strikte, nicht mehr von einzelnen Beschwerden abhängige Überwachung durch den DSB verbunden mit einer Reihe von Eingriffsrechten erschien dem Gesetzgeber als die wichtigste Voraussetzung sowohl für die Einhaltung der Verarbeitungsgrundsätze als auch für die Fortentwicklung der gesetzlichen Anforderungen. **Finnland** ist ebenfalls nicht bei den für die Siebzigerjahre typischen Vorstellungen geblieben. Das 1987 verabschiedete DSG wurde von Anfang an um eine „Datenschutz-Verordnung“ ergänzt, deren ausschließliche Aufgabe es war, die generellen Anforderungen des DSG in präzise Vorgaben für bestimmte, in der Verordnung konkret angesprochene Verarbeitungszusammenhänge umzuwandeln. Das DSG bildet gleichsam die Folie, vor der dann die allein relevanten, **bereichsspezifisch konzipierten Verarbeitungsregeln** formuliert werden, eine Vorstellung, die auch im Mittelpunkt der beiden, 1990 und 1991 publizierten Berichte der Kommission zur Reform des **schwedischen DSG** gestanden hat.

145 Kein anderes Gesetz spiegelt die Zweifel an den ursprünglichen Regelungsvorstellungen und den Versuch, neue Ansätze zu finden, wohl so deutlich wider wie das 1988 verkündete **niederländische DSG**.[450] In seiner langen, sechzehn Jahre währenden Vorgeschichte[451] wechseln sich die Bereitschaft, möglichst bald gesetzliche Vorschriften zu verabschieden und eine merkliche, nicht zuletzt durch eine herbe Kritik an den anderswo entwickelten Instrumenten ausgelöste Zurückhaltung immer wieder ab.[452] So sprachen sich die ersten, 1976 vorgelegten Vorschläge für jene in der zweiten Hälfte der Siebzigerjahre typische Mischung zwischen einer **Genehmigungspflicht** und einer Reihe **allgemeiner Verarbeitungsgrundsätze** aus,[453] während fast alle danach formulierten Überlegungen vor allem vom Wunsch geprägt waren, den mit der **Registrierung** und der Genehmigung verbundenen **Bürokratisierungstendenzen** vorzubeugen. Der Gesetzgeber entschied sich schließlich für ein Regelungssystem, das bestimmten, auch in Großbritannien dominierenden Überlegungen[454] entspricht. Das Ziel einer möglichst flexiblen, in erster Linie bereichsspezifisch orientierten Regelung wird zwar nach wie vor verfolgt (vgl. etwa Art. 22, 27), der Gesetzgeber verzichtet aber wenigstens teilweise darauf, unmittelbar einzugreifen. Den **verantwortlichen Stellen** bleibt es vielmehr grund-

---

444 Dazu *Simitis,* 135 U.Penn.L.Rev. 737 ff. (1987).

445 Vgl. auch *Simitis,* 135 U.Penn.L.Rev. 741 f. (1987).

446 So schon der 1987 verabschiedete Freedom of Information and Protection of Individual Privacy Act der Provinz Ontario (sec. 68).

447 Vgl. *Simitis,* 135 U.Penn.L.Rev. 741 (1987), in *Falkenburg* (Hrsg.), Wem dient die Technik (2004) 35 ff.

448 Vgl. insb. § 2a; sowie *Freese,* TDR 1983, 449; *Flaherty,* Protecting Privacy, 115 f., 159 ff.

449 Privacy Act von 1982; dazu insb. *Flaherty,* Protecting Privacy, 246 ff.

450 Dazu *Vandenberghe,* Computerrecht 1989, 58 ff.; *Nugter,* Transborder Flow of Personal Data within the EC (1990) 145 ff.

451 Dazu Wet Persoonsregistraties, I, Parlamentaire Behandeling Twede Kamer der Staten-Generaal, II, Parlamentaire Behandeling Eerste Kamer der Staten-Generaal, (1988).

452 Dazu etwa *Holvast,* Computerrecht 1989, 65 ff.

453 Privacy en persoonsregistratie, Eindrapport van de Staatscommissie bescherming persoonlijke levenssfeer in verband mit persoonsregistraties (1976), insb. 38 ff.

454 Vgl. den *Lindop*-Report, a.a.O., 164 ff.

sätzlich vorbehalten, die Verarbeitungsbedingungen vor dem Hintergrund der im Gesetz festgelegten Grundsätze selbst festzulegen (Art. 15 Abs. 1). Ob allerdings ihre Vorstellungen ausreichen, hängt von der Reaktion der Kontrollinstanz ab (Art. 15 Abs. 2 und 3). Sie entscheidet darüber, wie die jeweilige, im Amtsblatt zu publizierende Regelung (Art. 15 Abs. 4) letztlich auszusehen hat. Der Gesetzgeber zieht sich also keineswegs zugunsten einer reinen **Standesregelung** zurück. Er optiert lediglich für ein Verfahren, das ihn entlasten soll, ohne jedoch die staatliche Entscheidungsprärogative zu gefährden. Gerade deshalb begnügt sich das Gesetz nicht damit, der Kontrollinstanz eine Schlüsselstellung einzuräumen,[455] sondern legt zugleich besonderen Wert auf Vorschläge von Organisationen, die für ihren Sektor repräsentativ sind (Art. 1, 15 Abs. 2).

Die **Revisionsbestrebungen** verliefen verständlicherweise nicht immer gleich. Trotzdem 146
weisen sie eine Reihe durchaus **gemeinsamer Tendenzen** auf. Je deutlicher sich etwa der Akzent von allgemeinen Überlegungen zum Datenschutz auf die Frage nach der Wirksamkeit normativer Anforderungen verlagert, desto **differenzierter** gerät der **Regelungsprozess**. Mehr und mehr gewinnt damit eine **neue Generation von Datenschutzvorschriften** Gestalt. Der Gesetzgeber hält zwar durchaus am Ziel fest, generell geltende Anforderungen zu formulieren. Er beschränkt sich aber zunehmend auf jenen **harten Kern von Verarbeitungsgrundsätzen**, der sich im Volkszählungsurteil des BVerfG[456] ebenso findet wie etwa im australischen DSG (sec. 14) oder in der Datenschutzkonvention des Europarates (Art. 5),[457] angefangen bei der Verpflichtung, nur die konkret erforderlichen Daten möglichst beim Betroffenen selbst zu erheben, über die strenge Zweckbindung der Verarbeitung bis hin zu konsequent ausgebauten Rechten der Betroffenen.[458] Die eigentliche Verarbeitungsregelung ist dagegen in Bestimmungen enthalten, die unmittelbar auf **einzelne Verarbeitungssituationen** zugeschnitten sind.[459]

Mehr denn je insistierte zudem der Gesetzgeber auf einer **umfassenden Kontrolle**. Der 147
Kontrollinstanz wurden deshalb mit immer größerer Selbstverständlichkeit Rechte eingeräumt, die ihr präventive Eingriffe ebenso gestatten wie eine korrigierende, bis zu einem Verarbeitungsverbot reichende Intervention.[460] Die **Eingriffsbefugnisse** haben freilich ihren Preis. Die mit mehr Kompetenzen ausgestattete **Überwachungsinstanz** muss sich **ihrerseits der Kontrolle unterwerfen**, ohne Rücksicht im Übrigen darauf, ob der Gesetzgeber, wie in Großbritannien, dafür eigene **Gerichte** vorsieht (DSG sec. 3 § 3, sowie Zusatzartikel 2 sec. 8 ff.), die gerichtliche Intervention, wie in Kanada (Privacy Act sec. 41 ff.) und Österreich (DSG § 36 Abs. 3), lediglich ausdrücklich anspricht, oder sie, wie in Frankreich, schlicht voraussetzt. Dass damit kontroverse, die Kontrollinstanz letztlich zur Revision der eigenen Position zwingende Interpretationen der Datenschutzvorschriften durchaus verbunden sein können, zeigen vor allem die Erfahrungen in Frankreich.[461]

Schließlich hat sich der Anwendungsbereich der **normativ abgesicherten Verarbeitungs-** 148
anforderungen erheblich ausgeweitet. Die Mehrzahl der DSG interessierte sich lediglich dafür, ob personenbezogene Daten verarbeitet werden sollen,[462] fragte also nicht zunächst nach der **Verarbeitungsform**,[463] eine im Übrigen bereits vom BDSG 1977 (§§ 1 Abs. 2, 2 Abs. 2) akzeptierte Regelungsmaxime.[464] Konsequenterweise rückten die mühseligen Auseinandersetzungen darüber, wann eine **Automatisierung** vorliegt und wo nur von einer **manu-**

455 Dazu *Voermans,* Computerrecht 1989, 72 ff.
456 BVerfGE 65, 1; dazu o. Rdnr. 30 ff.
457 Dazu u. Rdnr. 154 ff.
458 Dazu auch o. Rdnr. 105
459 Vgl. auch *Flaherty,* Protecting Privacy, 404 f.
460 Dazu auch *Flaherty,* Protecting Privacy, 380 ff.; *Simitis,* 135 U.Penn.L.Rev. 742 ff. (1987).
461 Dazu *CNIL,* 8e rapport d'activité 1986 (1987) 28 ff.; *Huet/Maisl,* Droit, 198 ff., 235 ff.; *Simitis,* in Festschrift für *Pedrazzini* (1990) 481 f.
462 Vgl. etwa § 1 f. des finnischen, sec. 6 des australischen und § 1 des niederländischen DSG.
463 So noch das britische (sec. 1) oder das irische DSG (sec. 1); dazu auch *Bing,* Comparative Law Yearbook 2 (1978) 156 f.
464 Dazu die 3. Auflage dieses Kommentars, Einl. Rdnr. 48, § 2 Rdnr. 74.

ellen Verarbeitung gesprochen werden kann, in den Hintergrund.[465] Stattdessen dominierten die Versuche, den **Anwendungsbereich** der verbindlich vorgeschriebenen Verarbeitungsvoraussetzungen **funktional einzugrenzen**, also etwa die aus rein „persönlichen Gründen" oder lediglich für „normale private Zwecke" vorgenommenen Verarbeitungen auszunehmen, um Formeln aufzugreifen, die beispielsweise sowohl vom finnischen (§ 1 Abs. 2) als auch vom niederländischen DSG (§ 2 Abs. 1 Buchst. a) verwendet wurden.

149 Die **vierte Phase** ist durch einen merklichen **Rückgang der Regelungskompetenz nationaler Gesetzgeber** gekennzeichnet. Soweit es sich jedenfalls um Mitgliedstaaten der Europäischen Union handelt, richten sich ihre Handlungs- und Entscheidungsmöglichkeiten grundsätzlich nach den Vorgaben der EG-Datenschutzrichtlinie von 1995 sowie aller weiteren die Verarbeitung personenbezogener Daten betreffenden Rechtsakte der Union.[466] Anders also als bei der Datenschutzkonvention des Europarates[467] haben die Mitgliedstaaten keine Wahl. Sie können einer Übernahme der Verarbeitungsgrundsätze nicht ausweichen, die in der EG-Datenschutzrichtlinie enthalten sind. Die **supranationalen Anforderungen** und nicht etwa noch so ausgeprägte, von der Richtlinie aber nicht geteilte nationale Erwartungen sind deshalb der Maßstab, den die Mitgliedstaaten an ihre Regelungsabsichten anlegen müssen. Kaum verwunderlich, wenn deshalb Mitgliedstaaten wie Griechenland und Italien, die trotz langer, teilweise bis in die Achtzigerjahre zurückreichender Diskussionen noch keine Regelung hatten, als erste Datenschutzgesetze verabschiedeten, Italien bereits Ende 1966, Griechenland Anfang 1997.[468] Ebenso wenig überrascht es aber auch, dass sich die Umsetzung der EG-Datenschutzrichtlinie dort als besonders schwierig erwies, ja es einer Klage der EG-Kommission bedurfte, um eine weitere Verzögerung zu vermeiden,[469] wo, wie in Frankreich und Deutschland, der Datenschutz auf eine lange Tradition zurückblicken konnte. Die schon bei den Beratungen der Richtlinie im Rat sichtbar gewordenen Bemühungen, möglichst viel von den eigenen Vorstellungen durchzusetzen.[470] wiederholten sich bei der Anpassung. So deutlich im Übrigen die EG-Datenschutzrichtlinie die Mitgliedstaaten auffordert, den Datenschutz fortlaufend und konsequent weiterzuentwickeln (Erwägungsgrund Nr. 9), so wenig lässt sie auch nur den geringsten Zweifel aufkommen, dass ihre Vorschriften den ebenso verbindlichen wie gemeinsamen Ausgangspunkt der regulativen Aktivitäten aller Mitgliedstaaten bilden.

150 Faktisch reicht freilich der **Einflussbereich der EG-Datenschutzrichtlinie** sehr viel weiter. Die vom BDSG 01 (§ 4b Abs. 2 Satz 2) bestätigte Verpflichtung, personenbezogene Daten nur in Drittstaaten zu übermitteln, die ein **„angemessenes Datenschutzniveau"** gewährleisten (Art. 25 Abs. 1),[471] begünstigt und befördert eine fortschreitende Angleichung der Datenschutzgesetzgebung. Die EG-Datenschutzrichtlinie geht zwar keineswegs davon aus, dass ein „angemessener" Schutz nur dort besteht, wo Regeln gelten, die sich mit ihren Vorschriften decken. Art. 25 gibt vielmehr eindeutig zu erkennen, dass nur das Ziel, ein der Richtlinie entsprechendes „Schutzniveau" zählt, der Weg dahin aber durchaus verschieden sein kann.[472] Das gemeinsame Ziel bleibt aber, wie die Erfahrung zeigt, nicht ohne Folgen für die Regelungsinhalte. Sie nähern sich mehr und mehr an.[473] Der zunehmend intensive, zumal global angelegte Austausch personenbezogener Daten erhöht zudem das Interesse an möglichst einheitlichen Verarbeitungsregeln. Weitgehend aufeinander abgestimmte Vorschriften sind eine

465 Ein besonders bezeichnendes Beispiel dafür sind die immer wieder aufkommenden Schwierigkeiten bei der Auslegung des Art. 45 des französischen DSG, der unter anderem die Anwendung bestimmter Erhebungs- und Speicherungsvorschriften auf die manuelle Verarbeitung ausdehnt; dazu statt aller *Huet/Maisl,* Droit, 184 ff.
466 Dazu u. Rdnr. 203 ff.
467 Dazu u. Rdnr. 151 ff.
468 Vgl. *Mitrou,* RDV 1998, 56 ff.
469 Dazu o. Rdnr. 96.
470 Vgl. *Simitis,* in *Tinnefeld/Philipps/Heil,* Informationgesellschaft und Rechtskultur in Europa (1995) 53 ff.
471 Dazu § 4b Rdnr. 38 ff., 48 ff.
472 Vgl. *Dammann/Simitis,* EG-Datenschutzrichtlinie, Einl. Rdnr. 29, Art. 25 Rdnr. 8 ff.; *Simitis,* in Collected Courses of the Academy of European Law 1997, VIII – 1 (2001) 118 ff.
473 Dazu o. Rdnr. 146 ff.

der wichtigsten Voraussetzungen für einen ebenso schnellen wie reibungslosen Zugriff auf die jeweils gewünschten Daten. Ähnlich wie zuvor die Datenschutzkonvention des Europarates[474] hat sich deshalb auch die Richtlinie zu einem **international genutzten Regelungsmodell** entwickelt. Die fast gleichzeitig im April bzw. Mai 2000 verabschiedeten Neufassungen des **isländischen** und des **norwegischen DSG** sind typisch dafür. Im einen wie im anderen Fall wurden bereits bestehende DSG ganz nach dem Muster der Mitgliedstaaten der Europäischen Union der Richtlinie angepasst. Mehr und mehr bemüht sich zudem der Europarat, der EG-Datenschutzrichtlinie bei seinen Beratungen über neue Empfehlungen Rechnung zu tragen. In dem Maße schließlich, in dem die „Angemessenheit", wie etwa im Falle der Schweiz[475] Kanadas[476] und Argentiniens[477] von der EG-Kommission geprüft und festgestellt wird, verstärkt sich auch der Einfluss der Richtlinie.

2.2 Internationale Regelungen

Literatur

H. Auernhammer, Die Europäische Datenschutzkonvention und ihre Auswirkungen auf den grenzüberschreitenden Datenverkehr, DuD 1985, 7 ff.; *M. Bergmann,* Grenzüberschreitender Datenschutz (1985); *J. Bing,* The Council of Europe Convention and the OECD Guidelines on Data Protection, 5 Michigan Yearbook of International Legal Studies, 271 ff. (1984); *M. Briat,* Synthesis Report on the Application of the Guidelines Governing the Protection of Privacy and Transborder Flows of Personal Data – Update as of December 1983, in *OECD* (Hrsg.), Transborder Data Flows, Proceedings of an OECD Conference held December 1983 (1985) 351 ff.; *G. Buquicchio,* Aspetti internazionali della protezione dei dati: il ruolo svolto dal Consiglio d'Europa, in *N. Matteucci* (Hrsg.), Privacy e banche dei dati (1981) 67 ff.; *H. Burkert,* Die Konvention des Europarates zum Datenschutz, CR 1988, 751 ff.; *R. Ellger,* Der Datenschutz im grenzüberschreitenden Datenverkehr (1990); *ders.,* Datenschutz und europäischer Binnenmarkt, RDV 1991, 57 ff., 121 ff.; *A.C. Evans,* European Data Protection Law, 29 American Journal of Comparative Law, 571 ff. (1981); *G. Garzon Clariana,* La protección de los datos personales y la función normativa del Consejo de Europa, Revista de Instituticiones Europeas 8 (1981) 1 ff.; *H.P. Gassmann,* The Activities of the OECD in the Field of Transnational Data Regulation, in Online (Hrsg.), Data Regulation and Third World Realities (1978) 177 ff.; *F. Henke,* Die Datenschutzkonvention des Europarates (1986); *R. Gellman,* Can privacy be regulated effectively on a national level? Thoughts on the possible need for international privacy rules, 41 Villanova L.Rev. (1996) 129 ff.; *F. Hondius,* Emerging Data Protection in Europe (1975); *ders.,* The Work of the Council of Europe in the Area of Data Protection, in Online (Hrsg.), Data Regulation. European and Third World Realities (1978) 59 ff.; *ders.,* A Decade of International Data Protection, Netherlands International Law Review 30 (1983) 103 ff.; *M. Kirby,* Developing International Rules to Protect Privacy, Law and Computer Technology 1979, 53 ff.; *ders.,* Transborder Data Flows and the Basic Rules of Data Privacy, Stanford Journal of International Studies 1980, 19 ff.; *W.J. Kirsch,* The Protection of Privacy and Transborder Flows of Personal Data. The Work of the Council of Europe, the Organization for Economic Co-operation and the European Economic Comunity, Law Review of the Europa Instituut, University of Amsterdam 1981, 21 ff.; *A.C.M. Nugter,* Transborder Flow of Personal Data within the EC (1990); *P.H. Patrick,* Privacy Restriction on Transnational Data Flows: A Comparison of the Council of Europe Draft Convention and the OECD-Guidelines, 21 Jurimetrics Journal, 405 ff. (1981); *R. Riegel,* Europäische Gemeinschaften und Datenschutz, ZRP 1990, 132 ff.; *ders.,* Gemeinschaftsrechtlicher Datenschutz, CR 1991, 179 ff.; *R. Schweizer,* Die Konvention des Europarates und die Richtlinien der OECD zum internationalen Datenschutz. Internationaler Datenschutz aus schweizerischer Sicht, in Informatique et protection de la personnalité (1981) 255 ff.; *ders.,* Europäisches Datenschutzrecht – Was zu tun bleibt, DuD 1989, 542 ff.; *P. Seipel,* Transborder Flows of Personal Data. Reflections on the OECD-Guidelines, TDR 1981, 32 ff.; *S. Simitis,* Datenschutz und Europäische Gemeinschaft, RDV 1990, 3 ff.; *ders.,* Verarbeitung von Arbeitnehmerdaten – Die Empfehlung des Europarates, CR 1991, 161 ff.; *ders.,* Zur Internationalisierung des Arbeitnehmerdatenschutzes – Die Verhaltensregeln der Internationalen Arbeitsorganisation, in Festschrift für *Dieterich* (1999) 601 ff.; *L.N. Wochner,* Der Persönlichkeitsschutz im grenzüberschreitenden Datenverkehr (1981).

474 Dazu o. Rdnr. 136 ff.
475 ABl. Nr. L 215/1 v. 25.8.2000.
476 ABl. Nr. L 2/13 v. 4.1.2002, 13 ff., allerdings beschränkt auf die Bundesebene.
477 Abl. Nr. L 168 v. 5.7.2003.

2.2.1 Europarat

151 Keine andere internationale Organisation hat die Entwicklung des Datenschutzes auch nur annähernd so nachhaltig beeinflusst wie der **Europarat**.[478] Bereits 1968 hatte die **Beratende Versammlung** das Ministerkomitee aufgefordert, zu prüfen, ob die Europäische Menschenrechtskonvention und die nationalen Rechtsordnungen der Mitgliedstaaten genügten, um den Einzelnen ausreichend gegen die sich aus der Entwicklung der Verarbeitungstechnologie ergebenden Gefahren zu schützen.[479] Fünf Jahre später verabschiedete das **Ministerkomitee** eine erste **Entschließung** zur Verarbeitung personenbezogener Daten im nicht-öffentlichen Bereich.[480] 1974 folgte die zweite, diesmal dem öffentlichen Bereich gewidmete Resolution.[481] Schon bei den Vorarbeiten war freilich klar geworden, dass es bei den beiden Entschließungen nicht bleiben konnte, die genau genommen nicht mehr beinhalteten als einen an die Mitgliedstaaten gerichteten Appell, bei der Verarbeitung personenbezogener Daten bestimmte Grundsätze zu beachten. Vielmehr galt es, die nationalen Vorschriften durch eine verbindliche **internationale Vereinbarung** abzustützen und zu ergänzen. Konsequenterweise beauftragte das Ministerkomitee 1976 eine Expertenkommission mit der Vorbereitung einer Konvention, die auch den grenzüberschreitenden Datenaustausch berücksichtigen sollte.[482] Im Mai 1979 legte die Kommission einen Entwurf vor. Ein Jahr später verabschiedete das Ministerkomitee den von einer zweiten Expertengruppe überarbeiteten Text. Am 28. Januar 1981 wurde schließlich das **„Übereinkommen zum Schutz des Menschen bei der automatisierten Verarbeitung personenbezogener Daten“**[483] zur Zeichnung aufgelegt. Es trat am 1.10.1985 nach der Ratifikation durch Frankreich, Norwegen, Schweden, Spanien und die Bundesrepublik zunächst zwischen diesen fünf Staaten in Kraft (Art. 22 Abs. 2).

152 Der Europarat war von Anfang an auf eine **breite Wirkung** der Konvention bedacht. Deshalb strebte er nicht nur eine intensive Kooperation mit der OECD an,[484] sondern sprach sich auch für ein **offenes**, also nicht auf seine Mitgliedstaaten beschränktes **Übereinkommen** aus (Art. 23). Ebenso deutlich steht aber fest: Der Europarat wollte zwar möglichst viele nationale Gesetzgeber zur Intervention veranlassen, nicht jedoch die konkret erforderlichen **legislativen Eingriffe substituieren**.[485] Die Konvention enthält, so gesehen, eine Reihe von **Anregungen**, die einerseits **Ansatzpunkte für nationale Regelungen** liefern, andererseits aber auch ein **Mindestmaß an Übereinstimmung** zwischen diesen Regelungen garantieren sollen. Konsequenterweise fordert Art. 4 Abs. 1 die Vertragsparteien ausdrücklich auf, die für eine Verwirklichung der im Übereinkommen aufgezählten Verarbeitungsgrundsätze notwendigen Maßnahmen zu treffen. Aus dem gleichen Grund vermeidet es die Konvention, sich bei bestimmten, besonders kritischen Punkten festzulegen. So geht sie beispielsweise weder auf die Frage ein, welche Restriktionen mit Rücksicht auf die „öffentliche Sicherheit“ oder die „monetären Interessen“ des Staates (Art. 9 Abs. 2 Buchst. a) in Kauf genommen werden müssen, noch gibt sie, nicht einmal andeutungsweise, zu erkennen, wie die in Art. 6 für die Verarbeitung „sensitiver Daten“ geforderten „angemessenen“ Schutzvorkehrungen auszusehen haben. Beides bleibt vielmehr ausdrücklich der jeweiligen nationalen Rechtsordnung überlassen.

---

478 Dazu auch o. Rdnr. 136 ff.
479 Recommendation Nr. 509 v. 31.1.1968.
480 Entschließung (73) 22, Dok. D 3.2.
481 Entschließung (74) 29, Dok. D 3.1.
482 Zur Vorgeschichte vgl. insb. *Hondius,* Emerging data protection in Europe (1975) 63 ff., Netherlands International Law Review 30 (1983) 112 ff.; *Henke,* Die Datenschutzkonvention des Europarates (1986), 44 ff.
483 European Treaty Series No. 108, EU DS, EuRAT-Conv.
484 Council of Europe, Explanatory Report on the Convention for the Protection of Individuals with regard to Automatic Processing of Personal Data (1981) Nr. 14.
485 Explanatory Report, Nr. 20; vgl. auch *Henke,* Datenschutzkonvention, 57 ff.; *Simitis,* RDV 1990, 9 ff.; *Ellger,* RDV 1991, 62.

Von einem auch nur teilweise **unmittelbar anwendungsfähigen Übereinkommen** kann unter diesen Umständen keine Rede sein.[486] Die Konvention ist im Gegenteil ihrer ganzen Geschichte und Intention nach eindeutig ein **„non-self-executing treaty“**, aus dem deshalb keinerlei Rechte direkt abgeleitet werden können.[487] Ebenso wenig kann sich daher der nationale Gesetzgeber durch die Unterzeichnung und Ratifikation der Konvention eigene Entscheidungen ersparen. Die **Ratifikation** bleibt ihm vielmehr so lange versperrt wie er noch keine, den Konventionserwartungen entsprechende Regelung getroffen hat.[488] Das Beispiel Spaniens spricht zwar auf den ersten Blick dagegen. Korrekterweise hätte es in der Tat nicht zu einer Ratifikation kommen dürfen. Sie ist allerdings nicht zuletzt mit Rücksicht auf die in der spanischen Verfassung (Art. 18 Abs. 4) und die von der spanischen Regierung bekräftigte Bereitschaft hingenommen worden, möglichst bald ein DSG vorzulegen. Der Europarat hat sich zudem später dem Versuch der britischen Regierung erfolgreich widersetzt, sich auf dem Umweg über die Ratifikation allen weiteren Diskussionen über eine Datenschutzgesetzgebung zu entziehen und überdies gerade in Anbetracht der Erfahrungen mit Spanien die **„Vorleistungspflicht“** der ratifikationsbereiten Staaten bekräftigt.[489] 153

Die Konvention steckt gleich zu Beginn ihren **Anwendungsbereich** klar ab: Sie will lediglich Regeln für die **automatisierte Verarbeitung** personenbezogener Daten bereitstellen (Art. 1), und zwar ohne Rücksicht darauf, ob die Verarbeitung im **öffentlichen oder im nicht-öffentlichen Bereich** stattfindet (Art. 3 Abs. 1). Wohlgemerkt, eine Regelung der **manuellen Verarbeitung** wird deshalb nicht für überflüssig gehalten. Vielmehr bleibt es den Vertragsstaaten vorbehalten, zu entscheiden, ob das Übereinkommen auch dafür die Regelungsgrundlage abgeben soll (Art. 3 Abs. 2 Buchst. c). Die Konvention lässt sich insofern nicht als Argument gegen Vorschriften zur manuellen Verarbeitung nutzen. Der Europarat hat sich in Wirklichkeit nur für eine historisch bedingte und insofern durchaus verständliche Abfolge ausgesprochen. Die Automatisierung war im Rahmen des Europarates genauso wie auf nationaler Ebene der unmittelbare Anknüpfungspunkt für die Forderung nach rechtlich verbindlichen Verarbeitungsvoraussetzungen. Die Auseinandersetzung mit den Automatisierungsfolgen erschien infolgedessen als die vordringlichste Aufgabe.[490] So gesehen signalisiert das Übereinkommen lediglich einen ersten notwendigen Schritt, baut also keineswegs Sperren gegen weiterreichende Regelungsbestrebungen auf. 154

Noch in einer anderen Beziehung schränkt die Konvention ihren Anwendungsbereich deutlich ein. Sie will mit den von ihr akzeptierten Verarbeitungsgrundsätzen ausschließlich **natürliche Personen** gegen die Automatisierungsfolgen schützen. Die Konvention teilt und bekräftigt insofern den von nahezu sämtlichen DSG eingenommenen Standpunkt. Der Einzelne soll gegen die Verarbeitungsgefahren abgeschirmt werden, und auch das Recht erhalten, selbst über den Umgang mit den sich auf seine Person beziehenden Daten zu bestimmen. 155

Unter den ersten DSG fanden sich freilich zwei, die sich, allerdings aus unterschiedlichen Gründen, gegen die Beschränkung auf natürliche Personen ausgesprochen hatten. So bezieht das österreichische DSG von 1978 (§ 3 Nr. 2) **juristische Personen und Personengemeinschaften** genauso wie natürliche Personen ein. Maßgeblich war wohl in erster Linie ein formaler Gesichtspunkt. Der Gesetzgeber hielt sich an den auch ansonsten geltenden Grundsatz: Juristische Personen sind unter rechtlichen Aspekten lediglich ein Unterfall der „Person“ und müssen infolgedessen, zunächst jedenfalls, genauso wie jede andere Person behandelt werden. Auch das norwegische DSG (§ 1 Abs. 2) stellt **„Einzelpersonen, Vereinigungen und Stiftungen“** auf eine Ebene. Dem Gesetzgeber ging es freilich dabei vor allem um einen noch besseren Schutz des Einzelnen. Die angestrebte Regelung sollte sich auf Organisationen 156

486 Vgl. freilich *Schweizer,* in Informatique et protection de la personnalité (1981) 278, DuD 1989, 543; aber auch *Garzon Clariana,* Revista de Instituciones Europeas 1981, 18.

487 Explanatory Report, Nr. 38; vgl. auch *Hondius,* Netherlands International Law Review 30 (1983) 116; *Auernhammer,* DuD 1985, 8; *Henke,* Datenschutzkonvention, 60 f.; *Simitis,* RDV 1990, 10; *Ellger,* Der Datenschutz im grenzüberschreitenden Datenverkehr (1990) 463.

488 Vgl. Explanatory Report, Nr. 39; *Simitis,* RDV 1990, 10.

489 Dazu *Simitis,* RDV 1990, 10.

490 Explanatory Report, Nr. 1; vgl. auch *Henke,* Datenschutzkonvention, 78 ff.

erstrecken, weil sich nach Meinung des Gesetzgebers nur so die mit der sozialen Aktivität des Einzelnen zusammenhängenden Informationen wirklich abdecken lassen. Ähnlich wurde auch in der Schweiz argumentiert, und zwar schon in den frühen, fast parallel zu den Beratungen über die Europaratskonvention verlaufenen Entstehungsphasen des Gesetzes. Als Begründung für die **Gleichbehandlung natürlicher und juristischer Personen** (Art. 2 Abs. 1 des schweizerischen DSG von 1993) wurde die „schweizerische Rechtstradition" angeführt,[491] konkret, das von Rechtsprechung und Lehre beiden, natürlichen und juristischen Personen, eingeräumte Persönlichkeitsrecht.[492] Anders als in Norwegen und wie in Österreich gibt daher ein ausschließlich formales Kriterium den Ausschlag. Das Gesetz ist nur auf Personenvereinigungen anzuwenden, die über eine eigene Rechtspersönlichkeit verfügen.[493]

157 Der Europarat entschied sich deshalb, auch mit Rücksicht auf die unterschiedlichen Reaktionen der Mitgliedstaaten, letztlich für einen **Kompromiss**. Was die Konvention selbst ablehnt, kann der **nationale Gesetzgeber** tun. Ob es also bei einer strikt auf natürliche Personen begrenzten Anwendung der Verarbeitungsgrundsätze bleibt, oder die sich auf Personengruppen, Vereinigungen oder Gesellschaften mit und ohne juristische Persönlichkeit beziehenden Daten genauso zu behandeln sind, hängt von seiner Entscheidung ab (Art. 3 Abs. 2 Buchst. b).

158 Die Konvention stellt fünf **Verarbeitungsgrundsätze** auf (Art. 5), die neben den Sondervorschriften über die Verarbeitung „sensitiver" Angaben (Art. 6) und den Rechten der Betroffenen (Art. 8) den nach Ansicht des Europarates unverzichtbaren, „**harten**", durch gezielte innerstaatliche Sanktionen abzusichernden (Art. 10) **Kern** des Datenschutzes ausmachen:[494] Personenbezogene Daten sind, erstens, in einer **rechtlich einwandfreien** sowie den Grundsätzen von **Treu und Glauben** entsprechenden Weise zu **erheben** und zu **verarbeiten**; dürfen, zweitens, nur für **genau festgelegte, rechtmäßige Zwecke** genutzt werden; müssen, drittens, für den jeweiligen **Verarbeitungszweck relevant** und vom Umfang her **angemessen** sein; haben, viertens, **sachlich richtig** und **auf dem neuesten Stand** zu sein; und sind, fünftens, stets so **aufzubewahren**, dass die Betroffenen lediglich innerhalb der für den jeweiligen Zweck **erforderlichen Verarbeitungszeit identifiziert** werden können.

159 Für „sensitive" Daten gelten Sonderregeln (Art. 6).[495] Die Konvention entsprach damit nicht nur einer Forderung des Ministerkomitees.[496] Sie schloss sich vielmehr auch der Mehrzahl der bis dahin verabschiedeten DSG an.[497] Dahinter stand durchweg die Überzeugung, dass sich die Gefahren einer automatisierten Verarbeitung nur richtig einschätzen lassen, wenn die Art der jeweils verwendeten Daten bedacht würde.[498] Je empfindlicher also die Angaben sein sollten, desto schärfer müsste der legislative Eingriff ausfallen. Verarbeitungsgrundsätze, die für Namen und Adressen zu gelten hätten, dürften nicht auch auf die Verwendung von Daten zur politischen Überzeugung oder zum Sexualleben übertragen werden.

160 Der Europarat sprach sich damit abermals für eine vor dem Hintergrund der **Entwicklungsgeschichte** der Datenschutzgesetzgebung durchaus verständliche Regelung aus. Anders jedoch als bei der Beschränkung der Konventionsregeln auf die automatisierte Verarbeitung,[499] manövrierte er sich mit den Sondervorschriften für „**sensitive" Daten** in eine Sackgasse. Die

---

491 Botschaft über die Änderung des Schweizerischen Zivilgesetzbuches v. 5. Mai 1982 (Persönlichkeitsschutz: Art. 28 ZGB und 49 OR), Bundesblatt der Schweizerischen Eidgenossenschaft 1982 II, 636 ff.; sowie *Pedrazzini,* in *Schweizer* (Hrsg.), Das neue Datenschutzrecht, 19, 23.

492 Zur Kritik vgl. insb. *Peter,* Das Datenschutzgesetz im Privatbereich (1994) 106 ff.

493 Dazu insb. *Buntschu,* in *Maurer/Vogt* (Hrsg.), Kommentar zum Schweizerischen Datenschutzgesetz (1995) Art. 2 Rdnr. 14 ff.

494 Dazu *Hondius,* Netherlands International Law Review 30 (1983) 116; *Wochner,* Persönlichkeitsschutz im grenzüberschreitenden Datenverkehr (1981) 250; *Bergmann,* Grenzüberschreitender Datenschutz (1985) 155; *Ellger,* Datenschutz, 465.

495 Dazu insb. *Simitis,* in Festschrift für *Pedrazzini* (1990) 469 ff.; *Henke,* Datenschutzkonvention, 112 ff.

496 Entschließung (74) 29, Nr. 3, Dok. D 3.1.

497 Vgl. § 4 des schwedischen DSG von 1973; Art. 31 des französischen DSG von 1978; die §§ 6 und 9 des norwegischen DSG von 1978; Art. 15 des luxemburgischen DSG von 1979; sowie die §§ 3 Abs. 2 und 9 Abs. 2 der beiden dänischen Gesetze über die privaten und die behördlichen Register von 1978 bzw. 1987.

498 Dazu *Simitis,* in Festschrift für *Pedrazzini,* 482 ff.

499 o. Rdnr. 139.

zahlreichen, vordergründig sehr wohl vergleichbaren Bestimmungen in den verschiedenen vor[500] und nach[501] der Konvention verabschiedeten Datenschutzgesetze täuschen einen Konsens vor. Ein Blick in die „**Sensitivitätslisten**" reicht, um festzustellen, wie sehr die Vorstellungen darüber abweichen, welche Angaben genau den geforderten besonderen Schutz verdienen.[502] Art. 6 der Konvention zählt beispielsweise ebenso wie etwa das norwegische DSG von 1978 (§§ 6 und 9) und das niederländische DSG von 1988 (§ 7 Abs. 1) sowie das dänische Gesetz über private Register von 1978 (§ 3 Abs. 2) Daten über das Sexualleben dazu, im französischen DSG von 1978 ist dagegen davon keine Rede. Umgekehrt bezieht der französische Gesetzgeber (Art. 31) genauso wie das luxemburgische DSG von 1979 (Art. 15 Buchst. e) die in Art. 6 der Konvention, aber auch im schwedischen DSG von 1973 und im niederländischen DSG von 1988 gar nicht erst erwähnten Angaben zur Gewerkschaftszugehörigkeit ausdrücklich ein. Das finnische DSG von 1987 (§ 6 Nr. 6) qualifiziert überdies Informationen über Sozialhilfemaßnahmen als „sensitiv", eine Entscheidung, die sich zwar mit den Intentionen des dänischen Gesetzgebers deckt,[503] nicht jedoch mit den, sei es im Übereinkommen, sei es in den übrigen Datenschutzgesetzen aufgelisteten Angaben. Schließlich: Hinweise auf die Daten zum finanziellen Status oder zum Drogenkonsum, wie sie sich im norwegischen DSG von 1978 finden (§ 9 Abs. 1 Nrn. 3, 5), bleiben die Ausnahme.[504]

Kaum verwunderlich, wenn es deshalb allen Versuchen zum Trotz[505] nicht gelungen ist, **Maßstäbe** zu entwickeln, die es erlauben könnten, die **„Sensitivität"** eindeutig **zu bestimmen**. Ebenso wenig überraschen die immer längeren Listen der Fälle, in denen die zunächst sehr restriktiv formulierten Bedingungen gelockert werden, mit der Folge, dass sich die Verarbeitung zu guter Letzt gleichsam „normalisiert".[506] Entscheidend sind eben nicht die Daten, maßgeblich ist vielmehr allein der jeweilige **Verarbeitungszusammenhang**.[507] Namen der Insassen einer Heilanstalt sind weitaus „sensitiver" als Angaben über die Gewerkschaftszugehörigkeit im Mitgliederverzeichnis einer Arbeitnehmerorganisation. Genauso wenig lässt sich wohl bestreiten, dass der **„Sensitivitätsgrad"** von Gesundheitsdaten höchst unterschiedlich ist, je nachdem, ob sie von einem Krankenhaus oder von einer Auskunftei verarbeitet werden sollen. Kurzum, Art. 6 mag auf den ersten Blick den Eindruck erwecken, dass die Konvention mit dieser Vorschrift einen zentralen Punkt aller Verarbeitungsregelungen anspricht. In Wirklichkeit trägt das Übereinkommen mit dieser Bestimmung allenfalls zur Verwirrung, nicht jedoch zur Lösung der Verarbeitungsprobleme bei. 161

Art. 6 listet die **„sensitiven" Daten** auf. Angaben zur rassischen Herkunft, zu den politischen und religiösen Überzeugungen sowie zu den Vorstrafen zählen ebenso dazu wie Daten über die Gesundheit und das Sexualleben. Die **Aufzählung** ist allerdings **nicht abschließend**. Den nationalen Gesetzgebern steht es vielmehr frei, sie zu ergänzen.[508] Anders als man aber vielleicht meinen könnte, nimmt die Konvention die „Sensitivität" keineswegs zum Anlass, um zumindest eine automatisierte Verarbeitung zu verbieten. Art. 6 suspendiert vielmehr lediglich die Verarbeitung bis zur Einführung **„angemessener" Schutzvorkehrungen** im Rahmen des jeweiligen nationalen Rechts. Die scheinbar so kategorische Aussage zugunsten verschärfter Verarbeitungsbedingungen verliert damit viel von ihrer Bedeutung. Das **natio-** 162

---

500 Dazu o. Rdnr. 159.

501 Vgl. etwa § 4 des isländischen DSG von 1981; sec. 2 (3) des britischen DSG von 1984; sec. 16 (1 Buchst. c) des irischen DSG von 1988; § 2 Abs. 2 des finnischen DSG von 1987; § 7 des niederländischen DSG von 1988; Art. 6 des belgischen DSG von 1992; Art. 3 Buchst. c, 17 Abs. 2 des schweizerischen DSG von 1992.

502 Dazu *Simitis,* in Festschrift für *Pedrazzini*, 470 ff.

503 § 3 Abs. 2 des Gesetzes über private Register von 1978 und § 9 Abs. 2 des Gesetzes über die Register der Behörden von 1987 sprechen von Angaben, die sich auf „wesentliche soziale Probleme" beziehen.

504 Vgl. auch § 4 Abs. 2 des isländischen DSG von 1981.

505 Dazu insb. *Bing,* in *Selmer,* Data Banks and Society (1972) 98 ff., in *Bing/Selmer,* A Decade of Computers and Law (1980) 78 ff.

506 Vgl. statt aller § 7 des finnischen DSG von 1987.

507 BVerfGE 65, 1 (45); *Simitis,* DVR 2 (1973) 143 ff., in Festschrift für *Pedrazzini*, 469 ff.; im Unterschied zum abstrakten, auf die Daten beschränkten Hinweis im Konventionstext, findet sich in der Begründung manche Bemerkung, die in diese Richtung weist, vgl. Explanatory Report, Nr. 48.

508 Explanatory Report, Nr. 48.

nale Recht hat es letztlich allein in der Hand, das Schutzniveau zu präzisieren, damit aber auch den Wert der von der Konvention erwarteten Sonderregelung zu bestimmen.

163 Das Übereinkommen schreibt auch die **Rechte** fest, die den Betroffenen zustehen müssen, wenn sie weder den Überblick über die Verarbeitung der sich auf ihre Person beziehenden Daten noch die Möglichkeit verlieren sollen, Korrekturen anzubringen (Art. 8).[509] Die Konvention gibt sich allerdings nicht mit der bloßen Forderung zufrieden, ein **Auskunfts-** ebenso wie ein **Berichtigungs- und ein Löschungsrecht** zu garantieren. Sie spezifiziert vielmehr zunächst ihre Erwartungen an die Auskunft in einer gerade im Hinblick auf den grenzüberschreitenden Datenaustausch besonders wichtigen Weise. Die Betroffenen sind keineswegs nur über die **konkret verwendeten Daten** und den **Verarbeitungszweck** zu unterrichten, sondern genauso über den **gewöhnlichen Aufenthaltsort** oder den Sitz des jeweils **Verantwortlichen** (Art. 8 Buchst. a). Art. 8 verlangt daneben eine **regelmäßige**, in einer für die Betroffenen verständlichen Form verfasste **Information** (Buchst. b). Die nationalen Rechte müssen ferner **Rechtsmittel** vorsehen, die es den Betroffenen erlauben, sich jederzeit gegen abschlägige Bescheide der verantwortlichen Stellen zu wehren (Art. 8 Buchst. d).

164 Die Konvention verlangt die Einrichtung einer oder mehrerer **unabhängiger Kontrollinstanzen** (Art. 1 des Zusatzprotokolls).[510] Der ursprüngliche Konventionstext enthielt, merkwürdig genug, keinerlei Regelung dazu. Mit der wichtigste Grund dafür waren Meinungsdivergenzen zwischen den Mitgliedstaaten über Stellung und Funktion einer besonderen, eigens der Kontrolle des Datenschutzes gewidmeten Instanz. Erst unter dem Eindruck der von allen Datenschutzgesetzen ebenso wie von der EG-Datenschutzrichtlinie (Art. 28) bestätigten Notwendigkeit, die Vorgaben an die Verarbeitung personenbezogener Daten mit einer möglichst wirksamen Überwachung des Verarbeitungsprozesses zu verknüpfen, hat sich der Europarat entschlossen, die längst fällige Korrektur der Konvention nachzuholen. Art. 1 des Zusatzprotokolls bringt freilich nichts Neues, wie sich schon an dem eng an Art. 28 der EG-Datenschutzrichtlinie angelehnten Wortlaut zeigt. Genauso wie die EG-Datenschutzrichtlinie sieht auch das Zusatzprotokoll ausdrücklich davon ab, irgendeines der bestehenden nationalen Kontrollmodelle festzuschreiben. Art. 1 Abs. 1 des Zusatzprotokolls räumt zwar mit der Formulierung „eine oder mehrere Instanzen" ganz nach dem Vorbild von Art. 28 Abs. 1 der EG-Datenschutzrichtlinie, vor allem mit Rücksicht auf Dänemark und Deutschland, den einzelnen Staaten einen organisatorischen Spielraum ein. Ob aber die jeweilige Kontrollregelung den Anforderungen des Zusatzprotokolls entspricht, richtet sich einzig und allein nach den in Art. 1 vorgesehenen materiellen Kriterien.[511]

165 Die Kontrollinstanz muss ihre Aufgaben in **„völliger Unabhängigkeit"** erfüllen (Art. 1 Abs. 3 des Zusatzprotokolls). Der Europarat wiederholt und bestätigt damit das in den nationalen Rechten[512] ebenso wie in der EG-Datenschutzrichtlinie (Art. 28 Abs. 1 Satz 2)[513] verankerte Grundprinzip einer glaubwürdigen, aber auch wirklich wirksamen Verarbeitungskontrolle. Das Zusatzprotokoll verpflichtet daher genauso wie die EG-Datenschutzrichtlinie dazu, das bisher in der Bundesrepublik geltende und vom BDSG 01 übernommene Kontrollsystem zu korrigieren,[514] um eine im öffentlichen und nicht-öffentlichen Bereich gleichermaßen unabhängige Kontrolle zu garantieren.[515] Das Zusatzprotokoll sieht im Übrigen vor, dass die Kontrollinstanz mit **Untersuchungs- und Eingriffsrechten** ausgestattet sowie berechtigt sein muss, sich bei einer Verletzung der in der Konvention aufgezählten, von den nationalen Gesetzgebern umzusetzenden Verarbeitungsvorgaben **an das zuständige Gericht zu wenden** (Art. 1 Abs. 2 Buchst. a), unterstreicht das **Recht jedes Einzelnen, die Kontrollinstanz anzurufen** (Art. 1 Abs. 2 Buchst. b), spricht sich für die Möglichkeit einer **gerichtlichen**

509 Dazu auch *Henke,* Datenschutzkonvention, 127 ff.
510 Zusatzprotokoll v. 8.11.2001 zur Konvention Nr. 108 von 1981, European Treaty Series Nr. 179, EU DS, Eu-RAT-Conv.
511 Dazu insb. *Dammann/Simitis,* EG-Datenschutzrichtlinie, Einl. Rdnr. 40, Art. 28 Rdnr. 3 ff.
512 Vgl. statt aller BVerfGE 65, 1 (46); sowie o. Rdnr.37 und die §§ 22 Rdnr. 15 ff.; 38 Rdnr. 2 ff.
513 Dazu *Dammann/Simitis,* EG-Datenschutzrichtlinie, Einl. Rdnr. 40; Art. 28 Rdnr. 5.
514 Dazu o. Rdnr. 102.
515 Vgl. auch *Dammann/Simitis,* EG-Datenschutzrichtlinie, Einl. Rdnr. 43, Art. 28 Rdnr. 4.

Überprüfung der Entscheidungen der Kontrollinstanz aus (Art. 2 Abs. 4) und betrachtet schließlich die **Kooperation der Kontrollinstanzen** als Teil der von der Konvention (Art. 13 ff.) ohnehin angestrebten Zusammenarbeit der Vertragsparteien.

Der Europarat hat schließlich auch zum **grenzüberschreitenden Datenaustausch** Stellung genommen. Die **Konvention selbst** beschränkt sich freilich auf Regeln, die lediglich **Übermittlungen personenbezogener Daten im Anwendungsbereich des Übereinkommens** betreffen. Art. 12 beruht deshalb auf der nicht nur nahe liegenden, sondern auch berechtigten Annahme, dass es sich durchweg um einen Bereich handelt, innerhalb dessen personenbezogene Daten ausschließlich nach den in der Konvention enthaltenen sowie durch die nationalen Rechte präzisierten und ergänzten Grundsätze verarbeitet werden dürfen.[516] Verständlicherweise stellt deshalb Art. 12 Abs. 2 fest, dass der bloße Hinweis auf den Schutz der Persönlichkeit der Betroffenen nicht dazu legitimiert, die Übermittlung personenbezogener Daten in das Hoheitsgebiet anderer Vertragsparteien zu unterbinden, oder von einer besonderen Genehmigung abhängig zu machen. Keinem Vertragsstaat ist es also bei einem grenzüberschreitenden Datenaustausch im Prinzip erlaubt, höhere Ansprüche an die Verarbeitung zu stellen, als es die von den Vertragsstaaten akzeptierten Konventionsvorschriften vorsehen. Die Konvention entscheidet sich infolgedessen im Widerstreit zwischen „freiem Informationsaustausch" und „Datenschutz", allen gegenteiligen Behauptungen zum Trotz, **keineswegs für eine prinzipiell ungehinderte internationale Zirkulation** personenbezogener Angaben.[517] Erst die Existenz einer von allen Vertragsstaaten akzeptierten Mindestregelung ebnet vielmehr den Weg zu einem grenzüberschreitenden Transfer der Daten. Ganz in diesem Sinn hat etwa Schweden nach der Ratifikation des Übereinkommens auf die bis dahin in § 11 DSG des DSG von 1973 vorgesehene Genehmigung bei Übermittlungen in andere Vertragsstaaten verzichtet. 166

Solange sich deshalb die Vertragsstaaten bei ihren Anforderungen an den Transfer personenbezogener Daten unterhalb der Ebene prohibitiver Eingriffe bewegen, bleibt es ihnen überlassen, den Rahmen zu bestimmen, innerhalb dessen sich der Informationsaustausch abspielen muss.[518] So steht es ihnen beispielsweise nach wie vor frei, eine **Meldepflicht** einzuführen, um sich eine bessere Übersicht zu verschaffen. Eines ändert sich trotzdem nicht: Weil sich die Konvention nicht als Ersatz nationaler Bestimmungen, sondern als Anreiz und Grundlage einer nationalen Regelung versteht, ja ihr ausdrücklich die Konkretisierung der Konventionsgrundsätze überträgt, geben die **nationalen Vorschriften** auch den Maßstab für die Zulässigkeit der Übermittlung ab.[519] Die **Bundesrepublik** hat daher anlässlich der Hinterlegung der Ratifikationsurkunde in einer **interpretatorischen Erklärung** zu Art. 12 Abs. 2 klargestellt, dass ihrer Meinung nach innerstaatliche Bestimmungen, nach denen Übermittlungen schutzwürdige Belange der Betroffenen nicht verletzen dürften, voll in Einklang mit der Konvention stünden.[520] 167

Die Konvention durchbricht in zwei Fällen den Übermittlungsgrundsatz des Art. 12 Abs. 2. Zunächst: Sonderregeln für **„sensitive" Daten** berechtigen auch zu Sondervorschriften bei einer Übermittlung in einen anderen Vertragsstaat, so lange jedenfalls wie im Empfängerstaat keine „gleichwertigen" Schutzvorkehrungen bestehen (Art. 12 Abs. 3 Buchst. a). Auf den ersten Blick eine durchaus konsequente Regelung: Die in Art. 6 bereits getroffene Entscheidung zugunsten besonderer Vorschriften für „sensitive" Angaben[521] setzt sich in Art. 12 Abs. 3 Buchst. a fort. Die beiden Konventionsbestimmungen sind allerdings keineswegs deckungsgleich.[522] Während Art. 6 die „sensitiven" Daten aufzählt, beschränkt sich Art. 12 Abs. 3 Buchst. a darauf, Daten sowie Dateien und Datensammlungen zu erwähnen, die wegen ihrer 168

516 Dazu auch *Simitis,* RDV 1990, 11.
517 Vgl. etwa *Ulbricht,* CR 1990, 604.
518 Vgl. auch *Wochner,* Persönlichkeitsschutz, 158; *Henke,* Datenschutzkonvention, 167; *Ellger,* Datenschutz, 474.
519 Explanatory Report, Nr. 67; vgl. auch *Auernhammer,* DuD 1985, 9; *Henke,* Datenschutzkonvention, 168; *Ellger,* Datenschutz, 473 f.
520 Bekanntmachung v. 26.9.1985, BGBl. II 1985, 1134.
521 o. Rdnr. 159 ff.
522 Vgl. auch Explanatory Report, Nr. 69; *Henke,* Datenschutzkonvention, 1271 f.; *Schweizer,* DuD 1989, 543 f.; *Simitis,* RDV 1990, 11.

„**Beschaffenheit**“ einer speziellen Regelung unterliegen. Art. 6 bietet also bestenfalls einen Anhaltspunkt, ohne jedoch das nationale Recht daran hindern zu können, völlig andere, den eigenen Vorstellungen entsprechende Wege bei der Auswahl der konkret in Betracht kommenden Daten zu gehen. So sind etwa „**Sozialdaten**“ nicht in der „Sensitivitätsliste“ des Art. 6 enthalten, dürfen aber beispielsweise in der Bundesrepublik nur unter bestimmten gesetzlich geregelten Bedingungen verarbeitet werden (SGB X 2 §§ 67 ff.). Allein schon deshalb lassen sich der Konvention keine Einwände gegen die speziell auf Übermittlungen ins Ausland bezogene Vorschrift des § 77 SGB X 2 entnehmen. Im Gegenteil, Art. 12 Abs. 2 Buchst. a berechtigt zu sehr viel weiterreichenden Regelungen. Daran wird freilich auch deutlich, wie sehr der Anwendungsbereich des Art. 12 Abs. 2 auf dem Umweg über die „Beschaffenheit“ der Daten eingeschränkt werden kann.

169 Die zweite Ausnahme soll dem Versuch vorbeugen, **Vertragsstaaten als Zwischenstationen** zu nutzen, um die personenbezogenen Daten letztlich in einem Land zu verarbeiten, **das nicht an die Vorgaben der Konvention gebunden ist** (Art. 12 Abs. 3 Buchst. b). Die Konvention erkennt einerseits die Notwendigkeit besonderer Datenschutzregelungen an, muss aber andererseits davon ausgehen, dass es durchaus Staaten gibt, die nicht über einschlägige Vorschriften verfügen. Der Transfer in einen anderen Vertragsstaat wird deshalb grundsätzlich lediglich so lange als legitim angesehen, wie auch die Verarbeitung dort erfolgt. Wo dagegen die Übermittlung lediglich den **Weg in einen „datenschutzfreien“ Drittstaat bahnen soll**, ist jeder Mitgliedstaat berechtigt, **den Transfer zu untersagen**. So einleuchtend freilich die Vorschrift des Art. 12 Abs. 3 Buchst. b ist, so kompliziert gestaltet sich ihre Anwendung.[523] Dass die Übermittlung in einen Vertragsstaat wirklich nur zu Transitzwecken erfolgt, dürfte nur selten feststehen und sich im Übrigen kaum nachweisen lassen. Abgesehen davon fällt es schwer, Art. 12 Abs. 3 Buchst. b in den Fällen anzuwenden, in denen die Daten nicht gleich weitertransferiert, sondern auch verarbeitet werden.[524] Seit dem Zusatzabkommen zur Konvention sind die Vertragsstaaten schließlich verpflichtet, eine Übermittlung nur in Drittstaaten zuzulassen, die über eine „angemessene“ Datenschutzregelung verfügen (Art. 2 Abs. 1).[525] Gleichviel deshalb, ob die Daten direkt oder indirekt, also auf dem Umweg über einen anderen Vertragsstaat, in ein Drittland gelangen sollen, der Transfer ist erst statthaft, wenn Klarheit darüber besteht, nach welchen Regeln personenbezogene Angaben im Drittstaat verarbeitet werden, und wie der Schutz einzuschätzen ist, den sie gewähren.

170 Das Übereinkommen enthält allerdings auch eine Reihe weiterer, **nicht unmittelbar erkennbarer Ausnahmen**.[526] Vertragsstaaten sind etwa nach Art. 3 Abs. 2 Buchst. a berechtigt, die Konvention auf bestimmte Arten von **automatisierten Dateien oder Datensammlungen** nicht anzuwenden, vorausgesetzt, sie werden in einem Verzeichnis näher umschrieben, das beim Europarat zu hinterlegen ist. So hat Großbritannien erklärt, Dateien, die nur zu Buchführungszwecken angelegt werden, lediglich der Berechnung von Arbeitsvergütungen oder Altersrenten dienen oder nach einem Gesetz öffentlich zugänglich sein müssen, nicht nach den Konventionsregeln behandeln zu wollen.[527] Auch Luxemburg hat von der Möglichkeit des Art. 3 Abs. 2 Buchst. a Gebrauch gemacht, allerdings für Dateien, die, sei es allgemein zugänglich sind, sei es nur Angaben über ihren Eigentümer enthalten, oder schließlich für völkerrechtliche Organisationen angelegt werden.[528] Konsequenterweise brauchen sich die übrigen Vertragsstaaten bei Übermittlungen, die mit einer dieser Dateien zusammenhängen, nicht nach Art. 12 Abs. 2 zu richten.[529] Genau genommen müssen sie dafür besondere Bedin-

523 Dazu auch *Henke,* Datenschutzkonvention, 172 ff.; *Bergmann,* Grenzüberschreitender Datenschutz, 159; *Wochner,* Persönlichkeitsschutz, 260 f.; *Ellger,* Datenschutz, 477 ff.
524 Dazu *Ellger,* Datenschutz, 477 f.
525 Dazu u. Rdnr. 172.
526 Dazu auch *Ellger,* Datenschutz, 479 ff.
527 Bek. v. 18.12.1987 über den Geltungsbereich des Übereinkommens zum Schutz des Menschen bei der automatischen Verarbeitung personenbezogener Daten, BGBl. II 1988, 72.
528 Bek. v. 27.5.1988, a.a.O., 590.
529 Vgl. auch *Ellger,* Datenschutz, 480 f.

gungen vorsehen, weil Art. 3 Abs. 2 Buchst. a nur auf Dateien anzuwenden ist, die keinen Datenschutzvorschriften unterliegen (Art. 12 Abs. 2 Buchst. a Satz 2).

Die Konvention hält sich auch bei den Regeln über den grenzüberschreitenden Datenaus- 171 tausch an die Absicht, grundsätzlich nur die **automatisierte Verarbeitung** einzubeziehen, versucht aber, den Besonderheiten der Übermittlung durch flexiblere Formulierungen Rechnung zu tragen. Art. 12 Abs. 1 verlangt deshalb keineswegs eine **automatisierte Weitergabe**. Vielmehr genügt es, wenn eine automatisierte Verarbeitung in einem der Vertragsstaaten bereits stattgefunden hat oder beabsichtigt ist. Die Übermittlung **manuell verarbeiteter Angaben** unterliegt daher ebenfalls den Konventionsvorschriften, sofern die Daten im Hinblick auf eine automatisierte Verarbeitung im Empfängerland weitergegeben werden. Genauso wenig spielt das **Transportmittel** eine Rolle. Ob also beispielsweise Online-Verbindungen bestehen, oder andere Übermittlungswege genutzt werden, ist völlig gleichgültig.[530]

Die Konvention äußert sich dagegen nicht zur **Übermittlung** personenbezogener Daten **in** 172 **Staaten**, die das Übereinkommen **nicht ratifiziert** haben. Der Versuch, Art. 12 als Ansatzpunkt zu nutzen, um doch noch „konventionskonforme", zuweilen freilich überaus missverständliche, ja widersprüchliche Regelungen zu formulieren, konnte deshalb nicht ausbleiben.[531] Erst das Zusatzprotokoll v. 8.11.2001[532] brachte auch hier die notwendige Klarheit. Der Europarat lehnte sich wiederum an die nationalen Datenschutzgesetze und noch mehr an die EG-Datenschutzrichtlinie an. Wie Art. 25 Abs. 1 der Richtlinie fordert auch Art. 2 Abs. 1 des Zusatzprotokolls, dass Übermittlungen auf Drittstaaten beschränkt bleiben, die über ein **angemessenes Datenschutzniveau** verfügen. Einmal mehr darf freilich nicht außer Acht gelassen werden: Das jeweilige nationale Recht und nicht die Konvention selbst ist der einzig relevante Vergleichsmaßstab.[533] Wie die Richtlinie lässt zudem das Zusatzprotokoll immer dann Ausnahmen zu, wenn **spezifische Interessen der Betroffenen** es erfordern, oder **legitime, vor allem öffentliche Interessen**, vorgehen (Art. 2 Abs. 2 Buchst. a). Ganz im Sinne der Richtlinie (Art. 26 Abs. 2) begnügt sich schließlich der Europarat ebenfalls mit **vertraglichen Schutzvorkehrungen**, vorausgesetzt sie sind von der jeweils zuständigen Kontrollinstanz geprüft und für ausreichend befunden worden (Art. 2 Abs. 2 Buchst. b).[534]

Die Konvention bleibt freilich nicht bei den Aussagen zum grenzüberschreitenden Datenaus- 173 tausch stehen. Sie versucht vielmehr genauso, die Geltung der Konventionsprinzipien über die Grenzen der einzelnen Vertragsstaaten hinweg sicherzustellen. Das Übereinkommen fordert deshalb die Vertragsstaaten auf, sich bei der Anwendung des Übereinkommens gegenseitig zu unterstützen (Art. 13) und schreibt zugleich ein Verfahren vor, dessen Ziel es ist, einerseits einen reibungslosen Informationsaustausch über die rechtliche sowie die faktische Lage des Datenschutzes in den einzelnen Vertragsstaaten sicherzustellen (Art. 13 Abs. 3) und andererseits den Betroffenen die Möglichkeit zu geben, ihre in der Konvention (Art. 8) verbrieften Rechte selbst dann geltend zu machen, wenn sie sich im Ausland aufhalten. Beide Aufgaben sind von Stellen wahrzunehmen, die eigens von jedem der Vertragsstaaten benannt werden müssen (Art. 13 Abs. 2). Sie sind nicht nur Ansprechpartner für die je spezifischen Informationserwartungen (Art. 13 Abs. 3), sondern zugleich Übermittler der von den Betroffenen jeweils gestellten Anträge, sofern es die Betroffenen nicht vorziehen sollten, sich direkt an die konkret in Frage kommenden verantwortlichen Stellen zu wenden (Art. 14 Abs. 2).

Der Konventionstext enthält keinerlei Hinweis darauf, welche Instanz nach Meinung des Eu- 174 roparates diese Aufgaben am ehesten und besten übernehmen könnte. Die Begründung[535] ist weniger zurückhaltend. Sie lässt jedenfalls eine deutliche Präferenz für die mit der Kontrolle des Datenschutzes betrauten Instanzen erkennen. Dafür spricht in der Tat sehr viel. Jede dieser Instanzen ist nicht nur verpflichtet, sich mit der Entwicklung des Datenschutzes kontinuier-

530 Vgl. auch Explanatory Report, Nr. 63.
531 Zur Kritik vgl. auch *Henke,* Datenschutzkonvention, 166; *Bergmann,* Grenzüberschreitender Datenschutz, 177; *Ellger,* Datenschutz, 472.
532 o. Rdnr. 164.
533 Dazu auch o. Rdnr. 167.
534 Dazu § 4c Rdnr. 47 ff.
535 Explanatory Report, Nrn. 73, 74.

lich auseinander zu setzen, verfügt also über die notwendigen Informationen oder kann sie sich zumindest beschaffen. Zu den Aufgaben der Kontrollinstanzen gehört es vielmehr, auch und gerade die Betroffenen zu unterstützen.[536] So gesehen erscheint es geradezu selbstverständlich, ihnen die Aufgabe zu übertragen, Anträge weiterzuleiten, zumal sie ihrer ganzen Funktion nach die Gewähr für die von der Konvention (Art. 15) geforderte datenschutzkonforme Behandlung dieser Anträge bieten. Konsequenterweise haben sich etwa Schweden, Norwegen und Großbritannien dafür entschieden, dem Generalsekretär des Europarates die jeweiligen Kontrollinstanzen als die nach Art. 13 Abs. 2 zuständigen Stellen zu benennen.[537]

175 Die **Bundesrepublik** hat stattdessen im Bundesbereich dem Bundesminister des Innern und im Landesbereich mit Ausnahme Hamburgs (Senatsamt für Verwaltungsdienst) den **Innenministern bzw. -senatoren** den Vorzug gegeben.[538] Die auf den ersten Blick überraschende, ja kaum einleuchtende Entscheidung[539] wird verständlich, sobald man die **Aufgaben** der nach Art. 13 Abs. 2 zu benennenden Stellen vor allem im Zusammenhang mit der Unterstützung der Betroffenen näher betrachtet. Sie müssen keineswegs nur **Anträge der Betroffenen entgegennehmen und weiterleiten** (Art. 14), oder **Informationen vermitteln** (Art. 13 Abs. 3). Sie sind vielmehr auch berechtigt, sowohl **Anträge als auch Informationsersuchen abzulehnen** (Art. 16). Zu den möglichen Gründen zählt die Unvereinbarkeit mit den Befugnissen der jeweils für die Beantwortung zuständigen Stellen (Buchst. a) ebenso wie die Inkompatibilität mit den Konventionsvorschriften (Buchst. b) oder der Verstoß gegen den ordre public des Staates, dem auch die angesprochene Stelle angehört (Buchst. c). Ganz gleich nun, auf welchen dieser Gründe sich die nach Art. 13 Abs. 2 zuständige Stelle im Einzelfall beruft, ihre Entscheidung ist stets ein **Verwaltungsakt**. Genau darin liegt auch der kritische Punkt. Die für den **öffentlichen Bereich zuständigen Kontrollinstanzen**, der Bundesbeauftragte und die Landesbeauftragten für den Datenschutz, sind bewusst nicht in die öffentliche Verwaltung integriert worden.[540] Ihre auch vom BVerfG[541] verlangte **Unabhängigkeit** lässt sich nur so lange bewahren, wie die Distanz zur Verwaltung ebenso rechtlich wie institutionell verankert wird. Vor diesem Hintergrund haben die DSG des Bundes und der Länder bislang ausdrücklich darauf verzichtet, den DSB **Eingriffsbefugnisse** einzuräumen. Insofern hätte es in der Tat den bisherigen Grundsätzen des Datenschutzrechts in der Bundesrepublik widersprochen, den DSB die Aufgaben der in der Konvention vorgesehenen Stellen zu übertragen.

176 Die in Art. 13 ff. vorgesehenen Verfahren tragen zwar zu einer besseren Anwendung der Konvention bei, eignen sich allerdings weder dazu, eine möglichst **einheitliche Anwendung** noch eine **Korrektur** oder gar **Weiterentwicklung** des Übereinkommens sicherzustellen. Beides muss aber von Anfang an bedacht werden, wenn die Konvention nicht Gefahr laufen soll an Interpretationskontroversen genauso zu scheitern wie an den Konsequenzen einer sich unablässig verändernden Verarbeitungstechnologie. Der Europarat hat sich deshalb entschlossen, einen **Beratenden Ausschuss** einzurichten (Art. 18). Er soll die bei der Anwendung des Übereinkommens gewonnenen Erfahrungen auswerten, Vorschläge für notwendige Änderungen machen, aber auch zu einzelnen, von den Vertragsstaaten aufgeworfenen Fragen Stellung nehmen (Art. 19).[542]

177 Ob sich diese Ziele erreichen lassen, hängt freilich in ganz besonderem Maße von der **Zusammensetzung** des Ausschusses ab.[543] Die Konvention beschränkt sich darauf, festzustellen, dass die Vertragsstaaten je einen Vertreter in den Ausschuss entsenden (Art. 18 Abs. 2).

536 Dazu die §§ 21 Rdnr. 1 ff.; § 24 Rdnr. 30 f.; 38 Rdnr. 30f.; *Simitis,* 135 U.Penn.L.Rev. 742 ff. (1987); *Flaherty,* Protecting Privacy in Surveillance Societies (1989) 371 ff.
537 Bek. v. 18.12.1987 und 27.5.1988, BGBl. II 1988, 74, 591.
538 Vgl. Art. 2 des Gesetzes zu dem Übereinkommen v. 28.1.1981 zum Schutz des Menschen bei der automatischen Verarbeitung personenbezogener Daten v. 13.3.1985, BGBl. II 1985, 538 sowie die Bek. v. 18.12.1987, BGBl. II 1988, 73 f., 15 ff.
539 Vgl. etwa die Kritik von *Ellger,* Datenschutz, 483; aber auch *Henke*, Datenschutzkonvention, 182.
540 Dazu § 22 Rdnr. 1 ff.
541 BVerfGE 65, 1 (46).
542 Dazu auch *Henke,* Datenschutzkonvention, 197 ff.; *Schweizer,* DuD 1989, 544.
543 Vgl. auch *Schweizer,* DuD 1989, 544.

Ihnen ist es also auch vorbehalten, die Auswahl zu treffen. Die Erfahrung zeigt, dass sie dabei offensichtlich dazu neigen, andere Maßstäbe anzulegen als bei der Expertenkommission, die bis zum In-Kraft-Treten der Konvention die einzige konsultative Instanz des Europarates in Datenschutzfragen war. Solange es darum ging, sei es die Konvention, sei es einzelne Empfehlungen vorzubereiten, erschien es vielen Mitgliedstaaten selbstverständlich, sich durch unabhängige Sachverständige vertreten zu lassen.[544] Sobald sich aber der Akzent auf die Einhaltung der mit der Ratifikation verbundenen Verpflichtungen und die sich daraus möglicherweise für die weitere Anwendung der Konvention ergebenden Konsequenzen verlagerte, zogen es die Mitgliedstaaten mehr und mehr vor, reine **Regierungsvertreter** zu benennen, eine Entscheidung, die dem Ausschuss viel von den Chancen einer offenen auch und gerade auf die Fortschreibung der Konvention bedachten Kritik nimmt.

Der Europarat musste sehr bald einsehen, dass **allgemeine Verarbeitungsgrundsätze**, wie 178
sie die Konvention enthält, **nicht ausreichen**. Der Zwang zum Kompromiss zwischen den höchst unterschiedlichen Ansichten der Mitgliedstaaten, die kaum zu übersehende Tendenz, möglichst viele der eigenen Vorstellungen durchzusetzen und die nicht gerade einfachen Entscheidungsprozeduren machen es schwer, wirklich neue, oft in radikalem Gegensatz zu den herkömmlichen nationalen administrativen und rechtlichen Strukturen stehende Handlungskonzepte durchzusetzen.[545] Die Konvention kann sich im Übrigen, genauso wie die nationalen DSG, nur an einem bestimmten Stadium der Verarbeitungstechnologie orientieren,[546] vermag also bestenfalls vorläufige Antworten auf die Verarbeitungsprobleme zu bieten. Der Europarat sprach sich daher schon sehr früh dafür aus, die Konvention durch eine Reihe von **Empfehlungen** zu ergänzen.[547] Das Ministerkomitee verabschiedete die erste dieser Empfehlungen bereits fünf Tage bevor die Konvention zur Unterzeichnung aufgelegt wurde. Sie enthielt Regelungsvorschläge zu den automatisierten medizinischen Datenbanken.[548] Es folgten Empfehlungen zu so unterschiedlichen Anwendungsbereichen der Verwendung personenbezogener Daten, wie etwa der wissenschaftlichen Forschung und der Statistik,[549] der Direktwerbung,[550] der sozialen Sicherheit,[551] der polizeilichen Tätigkeit,[552] den Arbeitsbeziehungen,[553] dem Zahlungsverkehr,[554] der Information Dritter durch öffentliche Stellen,[555] den Telekommunikationsdiensten,[556] dem Umgang mit medizinischen Daten[557] oder dem Internet.[558]

So verschieden die Ansatzpunkte sind, so deutlich durchzieht alle Empfehlungen eine Über- 179
zeugung: Die Wirksamkeit des Datenschutzes hängt entscheidend von der Fähigkeit ab, gezielt auf konkrete, gerade aus der Perspektive der Betroffenen besonders wichtige Verarbeitungssituationen zu reagieren. Der Europarat hat deshalb immer wieder Problemfelder aufgegriffen, in denen die Verarbeitungsgefahren ebenso akut wie weitreichend sind.[559] Kurzum, auf die Konvention folgte eine konsequent betriebene **bereichsspezifische Konkretisierung** der zunächst mit Hilfe des Übereinkommens abstrakt formulierten Verarbeitungsgrundsätze. Dass es im Laufe dieses Konkretisierungsprozesses immer wieder dazu kam, manche noch von der Konvention eingenommene Position zunehmend in Frage zu stellen, überrascht nicht. So

544 Dazu *Hondius,* Data protection, 67 f.
545 Dazu *Simitis,* CR 1991, 162 f.
546 Dazu o. Rdnr .87, 143; vgl. auch *Burkert,* CR 1988, 757.
547 Dazu *Simitis,* CR 1991, 163 f.; *Burkert,* CR 1988, 756 f.; *Ellger,* Datenschutz, 489 ff.
548 Regulations for Automated Medical Data Banks, Empfehlung Nr. R (81) 1 v. 23.1.1981, (abgelöst durch Nr. (97) 5 v. 13.2.1997).
549 Empfehlung Nr. R (83) 10 v. 23.9.1983, EU DS, EuRat-R (83)10; sowie Empfehlung Nr. R (97) 18 v. 30.9.1997, EU DS, EuRat-R (97)18.
550 Empfehlung Nr. R (85) 20 v. 25.10.1985, EU DS, EuRat-R (85)20.
551 Empfehlung Nr. R (86) 1 v. 23.1.1986, EU DS, EuRat-R (86)1.
552 Empfehlung Nr. R (87) 15 v. 17.9.1987, EU DS, EuRat-R (87)15.
553 Empfehlung Nr. R (89) 2 v. 18.1.1989, EU DS, EuRat-R (89)2.
554 Empfehlung Nr. R (90) 19 v. 13.9.1990, EU DS, EuRat-R (90)19.
555 Empfehlung Nr. R (91) 10 v. 9.9.199, EU DS, EuRat-R (91)10.
556 Empfehlung Nr. R (95) 4 v. 7.2.1995, EU DS, EuRat-R (95)4.
557 Empfehlung Nr. R (97) 5 v. 13.2.1997, EU DS, EuRat-R (97)5.
558 Empfehlung Nr. R (99) 5 v. 23.2.1999, EU DS, EuRat-R (99)5.
559 Dazu *Simitis,* CR 1991, 163 f.

verlor die zunächst so nachdrücklich verfochtene Konzentration der Regelungsanstrengungen auf die **automatisierte Verarbeitung** mehr und mehr an Überzeugungskraft. Symptomatisch dafür waren bereits die ersten Vorschläge zur Verwendung personenbezogener Angaben im Rahmen der wissenschaftlichen Forschung und der Statistik.[560] Art. 1 Nr. 1.1 gibt die Unterscheidung zwischen automatisierter und manueller Verarbeitung offen auf. Nicht ganz so weit geht die Empfehlung zur Verarbeitung personenbezogener Daten für Beschäftigungszwecke.[561] Sie stellt ebenfalls die Verarbeitungsform zugunsten des Verarbeitungszusammenhangs zurück, wenngleich nur partiell. Der Europarat akzeptiert aber trotzdem, dass es gar nicht gelingen kann, eine wirklich wirksame Regelung zu finden, solange die enge Verbindung zwischen den einzelnen Verarbeitungsformen unbeachtet bleibt. Die Empfehlung entscheidet sich deshalb für Lösungen, die dieser, gerade für das Arbeitsverhältnis typischen Verknüpfung Rechnung tragen. Die vorgeschlagenen Verarbeitungsgrundsätze sollen jedenfalls dann auch für manuell verarbeitete Angaben gelten, wenn ihre Einbeziehung für das Verständnis der automatisierten Daten erforderlich ist (Art. 1 Nr. 1.1 Abs. 2).[562]

180 **Empfehlungen** bieten zwar die Chance, flexibler und zugleich innovativer zu reagieren, haben aber den Nachteil, völlig **unverbindlich** zu sein. Anders als nach der Ratifikation einer Konvention braucht sich kein Mitgliedstaat an sie zu halten. Ihre **Wirkung** darf dennoch **nicht unterschätzt** werden. Sie knüpfen nicht nur an eine Konvention an, deren internationale Ausstrahlung unbestritten ist,[563] sondern behandeln durchweg Fragen, die in jedem der Mitgliedstaaten eine zentrale Rolle spielen, denen also das nationale Recht nicht aus dem Weg gehen kann. Formal mag deshalb kein Mitgliedstaat gehalten sein, sie aufzugreifen. Faktisch zwingen sie aber ebenso dazu, sich den Problemen zu stellen, wie die eigenen Vorstellungen kritisch zu überprüfen. Die Empfehlungen dokumentieren den Konsens über die Notwendigkeit, die Verarbeitungsbedingungen in den konkret angesprochenen Bereichen festzulegen und geben deutlich zu erkennen, welches die Eckwerte einer solchen Regelung sein müssten. Kaum verwunderlich, wenn sich daher einzelne Mitgliedstaaten, trotz der unstreitigen Unverbindlichkeit der Empfehlungen, immer wieder veranlasst gesehen haben, von der in den Verfahrensbestimmungen des Ministerkomitees vorgesehenen Möglichkeit Gebrauch zu machen, **Vorbehalte** anzubringen.[564] So hat sich beispielsweise die Bundesrepublik bei der Annahme der Empfehlung über die Nutzung personenbezogener Daten im Polizeibereich[565] die Entscheidung darüber vorbehalten, ob die von der Polizei eingerichteten Dateien auf Angaben beschränkt werden sollten, die für die Abwehr einer konkreten Gefahr oder die Verfolgung einer speziellen Straftat erforderlich sind.[566] Mit jedem Vorbehalt bestätigt sich freilich auch, dass die Empfehlungen des Europarates durchaus in der Lage sind, das nationale Recht zu beeinflussen und die Regelung der Verarbeitung personenbezogener Daten weiterzuentwickeln.

181 Konvention und Empfehlungen illustrieren die Intensität, mit der sich der Europarat fast zwei Jahrzehnte lang mit Datenschutzfragen beschäftigt und damit auch die Voraussetzungen für eine breite internationale Anerkennung des Datenschutzes geschaffen hat. Sein Einfluss ist freilich seit der Annahme der **EG-Datenschutzrichtlinie** v. 24.10.1995[567] immer weiter zurückgegangen. Fast alle Staaten, die, sei es die Konvention mitgestaltet, sei es, sich erst unter ihrem Eindruck für eine Datenschutzregelung entschlossen hatten, gehören auch der Europäischen Union an. Die Handlungs- und Entscheidungsbedingungen jedes dieser Länder haben sich aber mit der Richtlinie von Grund auf gewandelt. Sie und nicht die Konvention gibt fortan den Ton an. Mehr noch, die EG-Kommission ist deutlicher denn je auf eine möglichst einheitliche Stellungnahme der Unionsstaaten im Europarat bedacht. Die Teilnahme

---

560 Empfehlung Nr. R (83) 10 v. 23.9.1983, EU DS, EuRat-R (83)10.
561 Empfehlung Nr. R (89) 2 v. 18.1.1989, EU DS, EuRat-R (89)2.
562 Dazu *Simitis,* CR 1991, 167 f.
563 o. Rdnr. 136 ff.
564 Vgl. Rules of procedure for the meetings of the Ministers' Deputies, 3rd revised edition: 1971, Strasbourg 1983, Art. 9 Nr. 1 i.V.m. 10 Nr. 2 Buchst. c.
565 Empfehlung Nr. R (87) 15 v. 17.9.1987, EU DS, EuRat-R (87)15.
566 Empfehlung a.a.O. Anm. 1.
567 Dazu u. Rdnr. 204 ff.

von Kommissionsvertretern an den Ausschüssen des Europarates und besonders am „Beratenden Ausschuss“ ist ebenso bezeichnend dafür wie die unmittelbaren Reaktionen der Kommission auf einzelne Regelungsvorschläge.

In dem Maße aber, in dem sich der Akzent eindeutig auf die Europäische Union verlagerte, veränderten sich auch die Aufgaben des Europarates, und zwar gleich zweifach. Dem **Europarat** kommt, jedenfalls soweit es generell um den Datenschutz geht, genau genommen nur noch eine **Hilfsfunktion** zu. Anders und schärfer ausgedrückt: Die Verabschiedung eigener Datenschutzgesetze und die damit verbundene Ratifikation der Konvention sind nur Vorbedingung für einen eventuellen Beitritt zur Europäischen Union. Sobald er erfolgt ist, gilt genauso wie für alle übrigen Mitgliedstaaten, die Konvention wird durch die EG-Datenschutzrichtlinie verdrängt. Sie gibt, ebenso wie alle weiteren Unionsregelungen den Maßstab für den Umgang mit personenbezogenen Daten ab. Verständlicherweise versuchen deshalb potenzielle Beitrittsstaaten ihre Gesetze vordergründig zwar an der Konvention, in Wirklichkeit jedoch möglichst an der EG-Datenschutzrichtlinie auszurichten.[568] Erst recht verwundert es kaum, dass auch der Europarat seine Vorgaben, wie sich am Zusatzprotokoll zur Datenschutzkonvention vom November 2001[569] zeigt, der Richtlinie angleicht. 182

Der Europarat hat freilich zugleich eine zweite Rolle übernommen, die sich ganz im Sinne der eigenen Tradition durch eigenständige Initiativen für neue Datenschutzregelungen auszeichnet. Die Mitgliedstaaten der Europäischen Union greifen auf den Europarat immer dann zurück, wenn sie zwar gemeinsame Regelungen anstreben, es jedoch vermeiden möchten, die im Vergleich zur Datenschutzkonvention von 1981 sehr viel deutlicheren und schärferen Vorgaben der EG-Datenschutzrichtlinie zu übernehmen. Die Richtlinie bietet durchaus die Möglichkeit dazu. Sie nimmt alle **Unionsaktivitäten, die nicht unter das Gemeinschaftsrecht fallen**, ausdrücklich aus ihrem Anwendungsbereich aus (Art. 3 Abs. 2). Die Richtlinie belässt es im Übrigen nicht bei dieser allgemeinen Feststellung, sondern erwähnt unter anderem besonders den **Sicherheitsbereich**.[570] Die Tendenz dazu zeichnete sich bereits zu einem Zeitpunkt ab, zu dem die EG-Datenschutzrichtlinie noch nicht angenommen, ihre Grundsätze und Anforderungen aber entweder schon klar erkennbar waren oder sogar feststanden. Das Schengener Durchführungsübereinkommen[571] und die Europol-Konvention[572] sind die besten Beispiele dafür. In beiden Fällen werden die Datenschutzbestimmungen mit einem Hinweis auf die Datenschutzkonvention von 1981 verbunden (Art. 38, 117, 126, 129 des Schengener Durchführungsübereinkommens; Art. 10, 14 der Europol-Konvention). Die Bestrebungen, den Europarat einzuschalten, verstärken sich zudem dann, wenn, wie bei der „Datennetzkriminalität“,[573] außereuropäische Staaten, in erster Linie die Vereinigten Staaten, einbezogen werden sollen. Das Ergebnis ist einmal mehr eine Regelung, die den Datenschutz eindeutig zurückschraubt. Kurzum, die Intervention des Europarates entwickelt sich zunehmend zu einem gezielt genutzten Mittel, um **Kompromisse durchzusetzen**, die zulasten des national und supranational erreichten Datenschutzes gehen.[574] 183

568 Vgl. etwa das tschechische DSG v. 4.4.2000; das ungarische DSG v. 26.7.2000; sowie die 1996 verabschiedeten DSG in Estland und Litauen; aber auch das polnische DSG v. 1997.

569 Dazu o. Rdnr. 164, 173.

570 Vgl. auch die Erwägungsgründe 13 und 16; sowie u. Rdnr. 233 ff.; *Dammann/Simitis,* EG-Datenschutzrichtlinie, Einl. Rdnr. 58 ff., Art. 3 Rdnr. 6; *Simitis,* in Collected Courses of the Academy of European Law 1997, VIII – 1 (2001) 115 ff.; sowie § 4b Rdnr. 40.

571 Übereinkommen zur Durchführung des Übereinkommens von Schengen v. 14.6.1985 zwischen den Regierungen der Staaten der Benelux-Wirtschaftsunion, der Bundesrepublik Deutschland und der Französischen Republik betreffend den schrittweisen Abbau der Kontrollen an den gemeinsamen Grenzen einschließlich der Erklärungen zum Recht der Nacheile v.19.6.1990, BGBl. II 1993, 1013.

572 Übereinkommen aufgrund von Artikel K.3 des Vertrags über die Europäische Union über die Errichtung eines Europäischen Polizeiamts v. 26.7.1995, ergänzt durch den Beschluss des Rates v. 3.12.1998, ABl. 1995 Nr. C 316/25, 1999 Nr. C 26/21.

573 Vgl. European Committee on Crime Problems (CDPC), Committee of Experts on Crime in Cyber-Space, Draft Convention on Cyber-Crime (Draft N° 24 REV. 2), PC-CY (2000) Draft N° 24 REV. 2 v. 19.11.2000; sowie *Bäumler,* DuD 2001, 348 ff.; *Dix,* DuD 2001, 588 ff.; *Breyer,* DuD 2001, 592 ff.

574 Dazu *Simitis,* in Collected Courses 117 f.

2.2.2 OECD

184 Die Organisation für wirtschaftliche Zusammenarbeit und Entwicklung **(OECD)** hat sich, wie der Europarat, schon sehr früh für eine Regelung der Verarbeitung personenbezogener Daten ausgesprochen.[575] Erste Ansätze wurden bereits auf einem 1974 veranstalteten Seminar formuliert.[576] Unmittelbar nach einem drei Jahre später organisierten Symposium[577] betraute die OECD eine Expertengruppe („Expert Group on Transborder Data Barriers") mit der Aufgabe, den möglichen Auswirkungen besonderer Anforderungen an den Umgang mit personenbezogenen Angaben auf den grenzüberschreitenden Datenaustausch nachzugehen.[578] Spätestens seit diesem Zeitpunkt zeichneten sich auch die unterschiedlichen Erwartungen der beiden Organisationen klar ab. Für den **Europarat** war die internationale Absicherung des Datenschutzes nicht mehr und nicht weniger als die konsequente Fortführung der **Europäischen Menschenrechtskonvention**.[579] Seine Bemühungen standen deshalb von Anfang an im Zeichen der Forderung, den **Einzelnen** vor den **Gefahren** einer durch die Automatisierung geprägten **Verarbeitungstechnologie** zu schützen. Demgegenüber hat die OECD zwar die Notwendigkeit international akzeptierter Regeln ebenfalls ausdrücklich bejaht,[580] in den sich immer stärker abzeichnenden nationalen Datenschutzvorschriften aber zugleich Vorboten eines neuen Protektionismus gesehen.[581] Einer internationalen Regelung kam daher aus der Sicht der **OECD** zuvörderst die Aufgabe zu, potenzielle Handelshemmnisse rechtzeitig zu verhindern. Reflexionen über Richtlinien zum grenzüberschreitenden Datenaustausch waren konsequenterweise für sie stets auch Überlegungen zum **freien Informationsfluss**.[582]

185 Die langen und ausführlichen Vorarbeiten führten schließlich zu den am 23. September 1980 vom Rat der OECD verabschiedeten **„Leitlinien für den Schutz des Persönlichkeitsbereichs und den grenzüberschreitenden Verkehr personenbezogener Daten"**.[583] Im Unterschied zum Europarat hat mithin die OECD **kein völkerrechtlich verbindliches Dokument** vorgelegt, sondern sich darauf beschränkt, ihren Mitgliedstaaten **Vorschläge** für einheitliche Grundsätze zur Verarbeitung personenbezogener Daten und zum grenzüberschreitenden Datenaustausch zu machen.[584] In einer fünf Jahre später, am 11.4.1985, angenommenen „**Datendeklaration**" bekräftigte das Ministerkomitee der OECD die „Leitlinien" und betonte zugleich das Interesse der OECD an einem ungehinderten Informationsaustausch, also auch und gerade am Abbau der mit Datenschutzbestimmungen zusammenhängenden Handelsbarrieren.[585]

186 Wie der Europarat[586] spricht auch die OECD in ihren Leitlinien **öffentliche und nicht-öffentliche Stellen** gleichermaßen an (Nr. 2). Beide orientieren sich ferner an der Bedeutung und den Auswirkungen der **automatisierten Verarbeitung**. Die OECD sucht aber zugleich dem Eindruck einer Diskriminierung der Computerindustrie zuvorzukommen.[587] Die Leitlinien stellen deshalb die Formulierung der Konvention (Art. 3 Abs. 2 Buchst. c) auf den Kopf:

---

575 Dazu insb. *Hondius,* Emerging Data Protection, 57 ff.; *Gassmann,* in Online (Hrsg.), Data Regulation – European and Third World Realities (1980) 177 ff.; *Kirby,* Stanford Journal of International Studies 1980, 19 ff.; *Seipel,* TDR 1981, 32 ff.

576 Policy Issues in Data Protection and Privacy, Proceedings of the OECD-Seminar 24th to 26th June, 1974, OECD Informatics Studies 10 (1976).

577 *OECD-ICPP,* Transborder Data Flows and the Protection of Privacy, Proceedings of a Symposium held in Vienna, Austria, 20th to 23rd September 1977 (1979).

578 Dazu *Gassmann,* in Online, a.a.O., 182.

579 o. Rdnr. 151.

580 Vgl. insb. *Gassmann,* in Online, a.a.O., 180.

581 Dazu *Bing,* 5 Michigan Yearbook of International Legal Studies, 282 f. (1984).

582 *Gassmann,* a.a.O.

583 Dok. D 12.1.

584 Dazu auch *Schweizer,* in Informatique, a.a.O., 274; *Patrick,* 21 Jurimetrics Journal, 407 (1981); *Ellger,* Datenschutz, 515.

585 OECD, Declaration on Transborder Data Flows, The OECD Observer, Nr. 135 (May 1985).

586 o. Rdnr. 154.

587 Dazu insb. Expert Group on Transborder data Barriers and the Protection of Privacy, Statement by the U.S. Delegation, OECD, Doc. No. DSTI/ICCP/78.45, § 21 (a) (1977).

Statt es den einzelnen Staaten zu überlassen, die **manuelle Verarbeitung** einzubeziehen, räumen sie ihnen das Recht ein (Nr. 3 Buchst. c), die Verarbeitungsgrundsätze ausschließlich auf die automatisierte Verarbeitung anzuwenden.[588] Genauso wie bei der Datenschutzkonvention[589] spielt schließlich auch bei den Leitlinien der Gedanke eine zentrale Rolle, die Verarbeitungsgrundsätze müssten sich nach der **Art der Daten** richten. Im Unterschied freilich zum Europarat (Art. 6) legt die OECD den Akzent nicht auf die **„sensitiven"**, sondern auf die **„trivialen"** Angaben. Daten, von denen „offensichtlich keine Gefahr" ausgeht, können von der Anwendung der Leitlinien ausgeschlossen oder, anders ausgedrückt, „frei" verarbeitet werden (Nr. 3 Buchst. b). Die OECD rezipiert damit Vorstellungen, die in den Siebzigerjahren ebenso verbreitet waren, wie die Überlegungen zur „Sensitivität" einzelner Angaben.[590] Die „freien" Daten sind genau genommen nur das Gegenstück der „sensitiven" Angaben. Sie bilden gleichsam die unterste Stufe der „Sensitivitätsskala" und markieren gleichzeitig das Ende der Gefahrenzone. Einmal mehr bleibt freilich unbeachtet, dass die Daten für sich genommen nichts besagen. Welche Bedeutung ihre Verarbeitung hat, lässt sich erst angeben, wenn der **Verarbeitungszusammenhang** feststeht. Die Privilegierung der Verarbeitung **„freier"** Daten stellt deshalb einen wirksamen Datenschutz genauso in Frage wie die Sonderregeln für „sensitive" Angaben.[591]

Die Leitlinien enthalten acht **Verarbeitungsgrundsätze** (Nr. 7 bis 14). Sie decken sich mit 187
den Konventionsprinzipien.[592] Die Verpflichtung, personenbezogene Daten nur **rechtmäßig** zu **erheben** und sich dabei nach **Treu und Glauben** zu richten (Nr. 7) wird ebenso erwähnt wie die Notwendigkeit einer **zweckgebundenen** (Nrn. 9 und 10) sowie **transparenten Verarbeitung** (Nr. 12). Auch die in der Konvention garantierten **Rechte der Betroffenen**[593] werden genauso eindringlich hervorgehoben, angefangen beim **Auskunfts-** bis hin zum **Berichtigungs- und Löschungsrecht** (Nr. 14). Die geringen Abweichungen präzisieren lediglich Erwartungen, die bereits in der Konvention enthalten sind. So müssen die jeweils verarbeiteten Daten nicht nur **korrekt**, sondern auch **vollständig** sein (Nr. 8). Von den Mitgliedstaaten wird überdies verlangt, die **Verantwortung** der verantwortlichen Stelle für die Einhaltung der Verarbeitungsmaximen ausdrücklich vorzuschreiben (Nr. 14).

Das primäre Interesse der OECD lässt sich vor allem an den Vorschlägen zum **grenzüber-** 188
schreitenden Datenaustausch ablesen (Nr. 15 bis 18). Die Mitgliedstaaten werden ausdrücklich angehalten, einen **reibungslosen Informationsfluss** sicherzustellen, und damit auch dafür zu sorgen, dass personenbezogene Daten nach wie vor **in Drittländern verarbeitet** werden können. Die Leitlinien ermahnen deshalb die OECD-Mitglieder, sich der Bedeutung bewusst zu sein, die der Wiederausfuhr personenbezogener Angaben zukommt (Nr. 15); fordern sie auf, alle „zumutbaren und angemessenen Maßnahmen" zu treffen, um den Datenaustausch zu gewährleisten (Nr. 16); legen ihnen nahe, den Austausch so lange nicht einzuschränken wie nicht gegen die Leitlinien in „wesentlichen" Punkten verstoßen oder eine Umgehung des nationalen Rechts beabsichtigt wird (Nr. 17 Satz 1); akzeptieren Sonderregelungen für „sensitive" Daten nur, wenn keine „gleichwertige" Vorschriften im Empfängerland bestehen (Nr. 17 Satz 2); und heben schließlich die Notwendigkeit hervor, auf Übermittlungsschranken zu verzichten, die für den Schutz der Betroffenen nicht erforderlich sind (Nr. 18).

Die OECD spricht, anders als der Europarat,[594] mit ihren Vorschlägen **keineswegs nur die** 189
nationalen Gesetzgeber an. Sie unterstreicht zwar ebenfalls die besondere Bedeutung „angemessener" innerstaatlicher Vorschriften (Nr. 19 Buchst. a), verlangt jedoch gleichzeitig von ihren Mitgliedern, eine **„Selbstregulierung"** zu unterstützen (Nr. 19 Buchst. b). Wohlgemerkt, der Europarat hatte ebenfalls darauf hingewiesen, zugleich aber keinen Zweifel

---

588 Vgl. auch *Seipel,* TDR 1981, 32; *Bing,* 5 Michigan Yearbook of International Legal Studies 273 (1984).
589 o. Rdnr. 159 ff.
590 Dazu *Simitis,* DVR 2 (1973) 150 ff., in Festschrift für *Pedrazzini*, 483 f.
591 *Simitis,* DVR 2 (1973) 151 f., in Festschrift für *Pedrazzini*, 483 ff.
592 o. Rdnr. 158.
593 o. Rdnr. 163.
594 o. Rdnr. 151.

daran gelassen, dass es sich dabei immer nur um eine akzessorische Maßnahme handeln kann.[595] Regeln, die von den verantwortlichen Stellen entwickelt werden, sind, mit anderen Worten, durchaus willkommen, müssen sich allerdings durchweg an den jeweiligen gesetzlichen Vorgaben orientieren und sich strikt innerhalb des gesetzlich definierten Verarbeitungsrahmens bewegen. Demgegenüber stellen die Leitlinien (Nr. 19 Satz 1) beides auf eine Stufe. Die „Selbstregulierung" zählt, wie sich auch und gerade aus Nr. 19 Satz 2 ergibt, zu jenen **„anderen Verfahren"**, die nach den Vorstellungen der OECD genauso ausreichen, um den „Schutz des Persönlichkeitsrechts und der Grundfreiheiten" zu garantieren. Konsequenterweise müssten bei grenzüberschreitenden Übermittlungen Rechtsordnungen als durchaus **gleichwertig** angesehen werden, die über keine Verarbeitungsvorschriften verfügen, in deren Geltungsbereich aber lediglich von den verantwortlichen Stellen ausgearbeitete Vorschriften bestehen, eine Folge, die den Grundsätzen des Europarates eindeutig widerspricht und auch ansonsten allenfalls in wenigen extremen Ausnahmefällen hingenommen werden könnte.[596]

190 Die OECD ist ihren Grundsätzen auch in der Folgezeit treu geblieben. Mehr noch: Sie hat noch konsequenter versucht, **den grenzüberschreitenden Datenaustausch vor störenden Restriktionen zu bewahren** und die **Selbstregulierung** in den Vordergrund zu stellen. Die Leitlinien zur Kryptographie[597] und die Erklärung zum Datenschutz in Globalen Netzwerken[598] deuten in genau diese Richtung. In beiden Fällen reagiert die OECD auf nationale Kontrollabsichten und in beiden ist sie offenkundig bestrebt, Interventionen der nationalen Gesetzgeber international akzeptierte Maßnahmen zur Sicherheit der Informations- und Kommunikationsinfrastruktur entgegenzusetzen, um so den grenzüberschreitenden Datenaustausch gegen belastende Eingriffe abzuschirmen. Mit das beste Beispiel für das zentrale Anliegen aller OECD-Aktivitäten ist freilich der Anfang 2000 vorgestellte „Datenschutz-Generator".[599] Statt sich auch weiterhin mit allgemeinen Äußerungen zur Selbstregulierung zufrieden zu geben, hat es die OECD vorgezogen, der Industrie, den Verbänden und den verantwortlichen Stellen überhaupt ein Instrument anzubieten, das ihnen ermöglichen soll, sowohl ihre Verarbeitungspraktiken zu überprüfen als auch eigene Regeln vor dem Hintergrund der Leitlinien von 1980 sowie der nationalen und internationalen Anforderungen an die Verwendung personenbezogener Daten auszuarbeiten. Der **„Datenschutz-Generator"** enthält deshalb neben Anweisungen für ein internes **„Datenschutz-Audit"** und einem darauf abgestimmten Fragebogen, Informationen über private Organisationen, die bei der Formulierung der Verarbeitungsregeln behilflich sein könnten sowie Angaben zu den verschiedenen nicht zuletzt mit der Verarbeitungskontrolle betrauten Instanzen. Die OECD setzt sich zudem dafür ein, das Ergebnis der Selbstüberprüfung sowie die konkret getroffenen Datenschutzmaßnahmen zu publizieren, um so die Bereitschaft zu einer datenschutzkonformen Verarbeitung zu dokumentieren und zugleich Bedeutung und Tragweite der Selbstregulierung zu unterstreichen.

191 Auf der gleichen Linie liegen auch die Bestrebungen der OECD, Interventionen der Kontrollinstanzen und erst recht der Gerichte durch eigens auf die Datenschutzkonflikte zugeschnittene **Mediationsverfahren** möglichst abzulösen. Erst recht wird damit klar, dass sich die OECD mehr und mehr zum Gegenpol jener Organisationen entwickelt, die sich, wie der Europarat und die EG-Kommission, nachdrücklich für verbindliche, gesetzlich abgesicherte Regeln einsetzen. Die Vorstellungen der OECD sind, anders und schärfer ausgedrückt, nicht nur das **Gegenmodell zur Europaratskonvention**, vielmehr vor allem zur **EG-Datenschutzrichtlinie**. Ihre radikale Revision, wenn nicht gar ihre Aufhebung ist die „natürliche" Konsequenz einer zum Generalprinzip erhobenen und um Mediationsverfahren ergänzten Selbstregulierung.

595 Explanatory Report, Nr. 39.
596 Dazu § 4c Rdnr. 47 ff.
597 1997 OECD Guidelines for Cryptography Policy.
598 Declaration on Privacy in Global Networks v. 19.10.1998.
599 OECD Privacy Policy Statement Generator (2000).

2.2.3 Vereinte Nationen

Historisch gesehen reichen die Bemühungen der **Vereinten Nationen**, Datenschutzgrundsätze auszuarbeiten,[600] genauso weit zurück wie die entsprechenden Bestrebungen des Europarates.[601] Und nicht anders als beim Europarat war auch bei den Vereinten Nationen die Befürchtung, eine automatisierte Verarbeitung personenbezogener Daten könnte die **Menschenrechte** gefährden, Ansatzpunkt und Leitlinie aller Überlegungen zur Regelung des Verarbeitungsprozesses. Am 19.12.1968[602] forderte die **Generalversammlung** den Generalsekretär auf, die Auswirkungen der wissenschaftlich-technischen Entwicklung auf die Menschenrechte zu untersuchen und sich dabei unter anderem mit den sich aus der zunehmenden Verbreitung automatisierter Verarbeitungsverfahren ergebenden Gefahren für den Einzelnen ebenso auseinander zu setzen wie die Frage zu prüfen, welchen Einschränkungen derartige Verfahren in einer demokratischen Gesellschaft unterliegen müssten. Der Generalsekretär wurde darüber hinaus gebeten, die **UN-Menschenrechtskommission** einzuschalten sowie ein Arbeitsprogramm für die Vereinten Nationen zu entwerfen. 192

Die Kommission bekräftigte im Anschluss an eine erste, vorläufige Stellungnahme aus dem Jahr 1970[603] ihre Bereitschaft, sich mit den spezifischen, sich aus der Automatisierung ergebenden Menschenrechtsproblemen sowie der Notwendigkeit zu beschäftigen, einer möglichen Gefährdung grundlegender demokratischer Rechte und Freiheiten entgegenzuwirken.[604] Anders aber als der **Generalsekretär,** der in einem 1974 vorgelegten Bericht ausdrücklich auf die Konsequenzen einer automatisierten Verarbeitung personenbezogener Daten einging,[605] begnügte sich die Menschenrechtskommission damit, der Generalversammlung eine Reihe von Resolutionsentwürfen zuzuleiten, die lediglich allgemeine Bemerkungen zur **wissenschaftlich-technischen Entwicklung** enthielten.[606] 193

Die **Generalversammlung** gab sich damit nicht zufrieden. Sie verlangte vielmehr von der Menschenrechtskommission, Regelungen zu entwerfen, mit deren Hilfe die Achtung der Menschenrechte in Anbetracht der wissenschaftlich-technischen Entwicklung garantiert werden könnte.[607] Die Voraussetzungen für konkrete Aussagen zur **Verarbeitung personenbezogener Daten** waren damit geschaffen. Am 23.6.1985 legte dann der für die „Verhütung von Diskriminierungen sowie den Schutz von Minderheiten, die Menschenrechte und die wissenschaftlich-technische Entwicklung" zuständige Unterausschuss im Auftrag der Menschenrechtskommission einen Entwurf für Richtlinien zur **Verarbeitung personenbezogener Daten in automatisierten Dateien** vor.[608] Eine leicht modifizierte Fassung wurde 1988 von der **Menschenrechtskommission**[609] angenommen und am 4.12.1990 von der **Generalversammlung** verabschiedet.[610] 194

Die **UNO-Richtlinien** enthalten genauso wie die OECD-Leitlinien[611] lediglich eine Reihe von **Empfehlungen**. Anders jedoch als der Europarat[612] und die OECD[613] richten sich die Vereinten Nationen keineswegs primär oder gar ausschließlich an die einzelnen Staaten. Sie 195

600 Dazu insb. *Hondius,* Emerging Data Protection, 59 ff.; *Ellger,* Datenschutz, 564 ff.
601 o. Rdnr. 151.
602 Resolution 2450 (XXIII).
603 Commission on Human Rights, Human Rights and Scientific and Technological Developments, Report of the Secretary General, UN-Doc. E/CN. 4/1028, Add. 1-6.
604 Resolution 10 (XXVIII).
605 UN Economic and Social Council, Human Rights and Scientific and Technological Developments, Uses of electronics which may affect the rights of the person and the limits which should be placed on such uses in a democratic society, Report of the Secretary General, UN-Doc. E/CN. 4/1192 v. 31.1.1974.
606 UN-General Assembly, Human Rights and Technological Developments, UN-Doc. A/9937 v. 9.12.1974.
607 Resolution 3026 (XXVII) B.
608 Draft Guidelines for the Regulation of Computerized Personal Data Files (Report submitted by Mr. *L. Joinet*), UN-Doc. E/CN.4/Sub.2/1985/21.
609 UN-Guidelines Concerning Computerized Personal Data, Doc. E/CN.4/Sub.2/1988/22.
610 Dok. D 25.1.
611 o. Rdnr. 186 ff.
612 o. Rdnr. 152.
613 o. Rdnr. 189.

halten vielmehr Vorschriften zur Verarbeitung personenbezogener Daten im Rahmen **internationaler staatlicher Organisationen** für genauso erforderlich. Die Richtlinien wenden sich deshalb zwar zunächst an die Mitgliedstaaten (Teil A), erklären aber dann die an deren Adresse formulierten Verarbeitungsgrundsätze auch zur Grundlage für die interne Regelung internationaler Organisationen (Teil B). Die UNO-Richtlinien sehen im Übrigen ebenso wie die Datenschutzkonvention des Europarates[614] und die OECD-Leitlinien[615] gezielt davon ab, nur für bestimmte Stellen eine Verarbeitungsregelung vorzuschlagen. Sie beziehen vielmehr sowohl **den öffentlichen als auch den nicht-öffentlichen Bereich** ein.

196 Die Richtlinien lassen freilich eine Ausnahme zu: Den Mitgliedstaaten steht es frei, sich bei **Dateien**, die der „**humanitären Hilfe**" oder dem „**Schutz der Menschenrechte und Grundfreiheiten**" dienen, nicht an die ansonsten zu beachtenden Verarbeitungsgrundsätze zu halten.[616] Die Vereinten Nationen haben damit versucht, den besonderen für das Internationale Rote Kreuz genauso wie für Amnesty International oder den UNO-Hochkommissar für Flüchtlinge typischen Verarbeitungsbedingungen Rechnung zu tragen.[617] Keine dieser Organisationen könnte in der Tat etwa den Opfern politischer Verfolgung oder rassischer Diskriminierung helfen, sollte sie beispielsweise nur Daten speichern dürfen, für die eine Einwilligung der Betroffenen vorliegt oder gar verpflichtet sein, den für die Verfolgung Verantwortlichen Auskunft über die zu ihrer Person verarbeiteten Angaben zu erteilen. Die Richtlinien billigen trotzdem nicht den **Verzicht** auf jegliche Regelung. Sie tolerieren vielmehr lediglich eine **Modifikation** der generell anwendbaren Verarbeitungsgrundsätze, ohne allerdings zu präzisieren, wie weit sie im Einzelnen reichen darf. Eine wirklich praktikable Regelung wird sich freilich auf diesem Weg kaum erreichen lassen. Allein schon die erheblichen Unterschiede zwischen den in Betracht kommenden Organisationen sprechen gegen ein einheitliches Regelungsschema. Abgesehen davon bieten die nationalen Rechte, wie allein schon etwa die lange Liste der Ausnahmen vom Auskunftsrecht im BDSG (§ 34 Abs. 4 i.V.m. § 33 Abs. 2 Nrn. 2 bis 6) zeigt, genügend Anknüpfungspunkte, um die je spezifischen Zwecke solcher Organisationen bei der Anwendung der Datenschutzvorschriften zu berücksichtigen.

197 Bei den **Verarbeitungsgrundsätzen** lehnen sich die Vereinten Nationen eng an die Datenschutzkonvention des Europarates[618] und die OECD-Leitlinien[619] an. So sehen die Richtlinien neben der Verpflichtung, bei der **Erhebung Treu und Glauben** zu respektieren (1) und nur ebenso **richtige** wie **vollständige**, aber auch **kontinuierlich aktualisierte** Daten zu verarbeiten (2), eine **Zweckbindung** vor (3), garantieren den Betroffenen, die ihnen ansonsten eingeräumten **Rechte** (4) und fordern Sonderregeln für **„sensitive" Angaben** (5). In einer Beziehung gehen die Richtlinien allerdings weiter: Sie sind das erste internationale Dokument, das ausdrücklich die Einrichtung einer **unabhängigen Kontrollinstanz** verlangt (8).

198 Die Richtlinien nehmen schließlich auch zum **grenzüberschreitenden Datenaustausch** Stellung (9). Genauso wie die Datenschutzkonvention des Europarates[620] räumen sie dem Datenschutz den Vorrang ein, vermeiden es aber, sich auf eine ähnlich komplizierte Regelung einzulassen. Stattdessen stellen sie lediglich fest, dass ein Austausch so lange frei verlaufen muss, wie im Empfängerstaat eine **gleichwertige Regelung** besteht. Sollte es daran fehlen, dürfen nur die für einen Schutz der Betroffenen erforderlichen Einschränkungen vorgesehen werden.

---

614 o. Rdnr. 154.
615 o. Rdnr. 186.
616 Teil B Abs. 3, Dok. D 25.1.
617 Darauf hat der Berichterstatter *L. Joinet* unter anderem in einem Vortrag vor der 12. Internationalen Konferenz der Datenschutzbeauftragten ausdrücklich hingewiesen, abgedr. in CNIL, 11e rapport d'activité 1990 (1991) 77.
618 o. Rdnr. 158..
619 o. Rdnr. 187.
620 o. Rdnr. 166 f.

2.2.4. Internationale Arbeitsorganisation

Anders als der Europarat, die OECD und die Vereinten Nationen hat sich die **Internationale Arbeitsorganisation,** allein schon aus Kompetenzgründen, auf Regeln beschränkt, die sich lediglich auf den Schutz der Arbeitnehmerdaten beziehen. Sie reiht sich so gesehen in die Bemühungen ein, sich nicht mehr mit allgemeinen Grundsätzen zufrieden zu geben, sondern auch international gezielt einzelne, besonders kritische Verarbeitungsbereiche aufzugreifen und sich ganz auf sie zu konzentrieren. Die Parallele zu den Empfehlungen des Europarats bietet sich von selbst an.[621] Umso mehr als die Internationale Arbeitsorganisation genauso wie der Europarat bei allen seinen eindeutig bereichsspezifischen Regelungen von einer Konvention abgesehen hat. Im Unterschied aber zum Europarat[622] hat sie sich nicht für eine Empfehlung, sondern für einen im November1996 vom Verwaltungsrat der Internationalen Arbeitsorganisation verabschiedeten **Verhaltenskodex**[623] entschieden. 199

Vor allem drei Gründe haben dafür den Ausschlag gegeben. Die Internationale Arbeitsorganisation wollte, erstens, so schnell wie möglich in die internationale Debatte eingreifen, nicht zuletzt um Akzente im Hinblick auf andere Initiativen, etwa im Rahmen der EG-Kommission, zu setzen. Jeder Versuch, zu einer Konvention oder auch zu einer Empfehlung zu gelangen, wäre unweigerlich mit weitaus komplizierteren Verhandlungen und damit mit kaum kalkulierbaren Verzögerungen verbunden gewesen. Alle Erfahrungen mit **Verhaltensrichtlinien** bestätigen, zweitens, dass sie weit bessere Chancen bieten, sich auf neue und wirksamere Regelungen zu einigen. Verhaltensregeln mögen sich, drittens, primär an Arbeitgeber und Beschäftigte richten. Sie lassen aber den Gesetzgeber keineswegs aus, sondern verstehen sich grundsätzlich entweder als Ergänzung bestehender gesetzlicher Bestimmungen oder als Vorstadium einer gesetzlichen Regelung. Genau diese Eigenschaft macht sie dort besonders attraktiv, wo, wie beim Arbeitnehmerdatenschutz, die geringe Anzahl an nationalen Datenschutzgesetzen und die zuweilen beträchtlichen Unterschiede zwischen den nationalen arbeitsrechtlichen Vorschriften alle Bemühungen, international verbindliche Regeln zu vereinbaren, außerordentlich erschweren. 200

Der Verhaltenskodex rückt vor allem fünf Problemkomplexe in den Mittelpunkt. Er erweitert zunächst den traditionellen **Anwendungsbereich** der Vorschriften über die Verarbeitung von Arbeitnehmerdaten und bezieht gezielt **Unternehmens- und Personalberater** ein (13.1). Der Grund ist die zunehmende Verlagerung wichtiger Teile der Rekrutierung von Beschäftigten auf externe Instanzen. So übernehmen sie etwa Interviews und Tests. Regeln, die gerade diese beiden, unter dem Gesichtspunkt der Verarbeitung personenbezogener Daten besonders empfindlichen Bereiche betreffen (6.10, 6.11), drohen deshalb so lange leerzulaufen, wie sie nicht auch und gerade auf die Unternehmens- und Personalberater Anwendung finden. 201

Der Verhaltenskodex sieht zweitens, anders als die Datenschutzgesetze, in der **Einwilligung** der Betroffenen **keine vollwertige Alternative zu gesetzlichen Vorschriften**. Am Arbeitsverhältnis zeigt sich mehr denn je, dass sich Verarbeitungsvorgaben an der spezifischen Situation der Betroffenen orientieren müssen, konkret an der Bedeutung, die das Arbeitsverhältnis für die Beschäftigten hat, und an den Auswirkungen seiner Struktur auf ihr Verhalten. Der Verhaltenskodex stellt deshalb klar, dass die Zulässigkeit der Verarbeitung in einer Reihe ausdrücklich aufgezählter Fälle, etwa bei der Verwendung medizinischer (6.7) oder genetischer Daten (6.12), von einer gesetzlichen Regelung abhängt. Der Verhaltenskodex verlangt, drittens, eine regelmäßige **Überprüfung der Verarbeitungsmodalitäten** mit dem Ziel, den Zugriff auf personenbezogene Daten möglichst zu verringern (5.7). Der Verhaltenskodex schränkt, viertens, auch die Verarbeitungsmodalitäten der Arbeitnehmervertretungen ein (10.10) und hebt, schließlich, die Notwendigkeit **kollektivrechtlicher Regelungen** hervor (12.2). 202

621 Dazu o. Rdnr. 178.
622 Empfehlung Nr. R (89) 2 v. 18.1.1989, EU DS, EuRat-R (89)2.
623 Protection of worker's personal data. An ILO Code of practice (1997); dazu *Simitis,* in Festschrift für *Dieterich*, 601 ff.

3. Supranationale Regelungen

Literatur

M. Andenas/St. Zleptnig, Surveillance and data protection: Regulatory approaches in the EU and Member States, European Business Law Review 14 (2003) 765 ff.; *M. Baldus*, Transnationales Polizeirecht (2000); *U. Brühann,* Die europäische und internationale Datenschutzlandschaft nach Inkrafttreten der EG-Richtlinie, DuD 1998, 700 ff.; *ders.*, Datenschutz und Europäische Gemeinschaft, AfP 1998, 345 ff.; *ders.*, Die Veröffentlichung personenbezogener Daten als Datenschutzproblem – Zur Rechtsprechung des Europäischen Gerichtshofes, DuD 2004, 201 ff.; *A. Di Martino*, Datenschutz im europäischen Recht (2005); *O. Draf,* Die Regelung der Übermittlung personenbezogener Daten in Drittländer nach Art. 25, 26 der EG-Datenschutzrichtlinie (1999); *Chr.O. Dressel,* Die gemeinschaftsrechtliche Harmonisierung des Europäischen Datenschutzrechts (1994); *M. Körner-Dammann,* Der zweite Entwurf einer EG-Datenschutzrichtlinie RDV 1993, 14 ff.; *H.H. Schild,* Die EG-Datenschutz-Richtlinie, EuZW 1996, 549 ff.; *J. Kübler*, Die Säulen der Europäischen Union: einheitliche Grundrechte? (2002); *Th. Petri*, Europol – Grenzüberschreitende polizeiliche Zusammenarbeit (2001); *S. Simitis,* Datenschutz und Europäische Gemeinschaft, RDV1990, 33 ff.; *ders.*, Vom Markt zur Polis: Die EU-Richtlinie zum Datenschutz, in *M.Th. Tinnefeld/L. Philipps/S. Heil*, Informationsgesellschaft und Rechtskultur in Europa (1995) 51 ff.; *ders.,* Die EG-Datenschutzrichtlinie oder der schwierige Weg von einer partikulären zu einer gemeinsamen Regelung des Datenschutzes, in *J. Drexl/ K.F. Kreuzer/D.H. Scheuing/U. Sieber* (Hrsg.), Europarecht im Informationszeitalter (2000) 24 ff.; *ders.*, Data Protection in the European Union – The Quest for Common Rules, in Collected Courses of the Academy of European Law 1997, Bd. VIII – 1 (2001) 95 ff.; *ders.*, Der verkürzte Datenschutz (2004); *A. Viethen*, Datenschutz als Aufgabe der EG-Bestandsaufnahme des datenschutzspezifischen Sekundärrechts und Analyse anhand der Kompetenzordnung des EG-Vertrages (2003); *U. Wuermeling,* Handelshemmnis Datenschutz (2000); vgl. auch die Angaben zu 1.5.

3.1 Die Europäische Kommission

203 Die **Europäische Gemeinschaft** hat lange gezögert, sich für eigene Datenschutzvorschriften zu entscheiden.[624] Auf den ersten Blick kaum verständlich: Gleich viermal, 1975,[625] 1976,[626] 1979[627] und 1982,[628] hatte sich das **Europäische Parlament** nachdrücklich für eine Regelung ausgesprochen sowie die aus seiner Sicht wichtigsten Verarbeitungsgrundsätze formuliert. Die **EG-Kommission** zog es dennoch vor, nicht zu reagieren. Als Begründung dienten Zweifel an der eigenen Kompetenz ebenso wie die hartnäckig vertretene Meinung,[629] eine Ratifikation der Datenschutzkonvention des Europarates durch alle Mitgliedstaaten der Gemeinschaft reiche völlig aus. Weder die **Kommission** noch der **Rat** sahen sich im Übrigen durch die Forderungen des Parlaments daran gehindert, eine Politik zu verfolgen, die nicht nur die Entwicklung der Datenverarbeitung konsequent unterstützte, sondern auch den Austausch personenbezogener Daten innerhalb der Gemeinschaft forcierte.[630] Der Ausbau und die Standardisierung der Informations- und Kommunikationstechnologie,[631] die Einrichtung eines „Gemeinschaftsinformationsmarktes“[632] und die mit der wachsenden Freizügigkeit

624 Zum Verlauf der Diskussion innerhalb der Gemeinschaft vgl. *Hondius,* Emerging Data Protection, 69 ff.; *Simitis,* RDV 1990, 3 ff.; *Ellger,* Datenschutz, 532 ff., RDV 1991, 59 ff.; *Nugter,* Transborder Flow, 284 ff.; *Viethen*, Datenschutz, 20 ff.

625 Entschließung zum Schutz der Rechte des einzelnen angesichts der fortschreitenden technischen Entwicklung auf dem Gebiet der automatischen Datenverarbeitung v. 13.3.1975, ABl. EG C 60/48.

626 Entschließung v. 3.5.1976, ABl. EG C 100/27.

627 Entschließung zum Schutz der Rechte des einzelnen angesichts der fortschreitenden technischen Entwicklung auf dem Gebiet der Datenverarbeitung v. 8.5.1979, Dok. D 2.1.

628 Zweite Entschließung, a.a.O., v. 9.3.1982, Dok. D 2.2.

629 Statt aller Empfehlung der Kommission v. 29.7.1981, ABl. Nr. L 246/31 v. 29.3.1981.

630 Dazu *Simitis,* RDV 1990, 7 ff.; *Ellger,* Datenschutz, 532 ff., RDV 1991, 60.

631 Vgl. etwa den Beschluss des Rates über eine Definitionsphase für eine Gemeinschaftsaktion auf dem Gebiet der Telekommunikationstechnologien v. 25.7.1985, ABl. EG L 210/24 v. 7.8.1985, oder das Grünbuch der Kommission zur Telekommunikation, Dok. Kom. (87) 290 endg.

632 Vgl. etwa die Mitteilung der Kommission an den Rat v. 19.11.1985, Dok. Kom. (85) 658; Doc. L.O. 1.2 und 3 des Legal Observatory for the European Information Market; *Geiger,* RDV 1989, 203 ff.

verbundenen Maßnahmen zur grenzüberschreitenden Weitergabe von Daten im Sozialbereich[633] sind beispielhaft dafür.[634]

Die **EG-Kommission** änderte erst im September 1990 ihre Haltung. Am 13.9.1990 legte sie gleich ein ganzes Bündel von Vorschlägen vor.[635] Neben je einer Richtlinie zum Schutz von Personen bei der Verarbeitung personenbezogener Daten[636] sowie zu den speziellen Datenschutzproblemen im Telekommunikationsbereich waren darin der Entwurf einer Entschließung über die Anwendung der in Aussicht genommenen Verarbeitungsgrundsätze auf den gesamten öffentlichen Bereich der Mitgliedstaaten, eine Erklärung zum Datenschutz innerhalb der Gemeinschaftsorgane und -einrichtungen, Empfehlungen zur Aufnahme von Verhandlungen über den Beitritt zur Datenschutzkonvention des Europarates und schließlich ein Aktionsplan zur Informationssicherheit enthalten. Der Positionswechsel hätte kaum deutlicher ausfallen können. Das Ziel war fortan eine einheitliche, von der Geeinschaft bestimmte und auf ihren gesamten Bereich bezogene Regelung des Datenschutzes. Die EG-Kommission gab darüber hinaus mit der Aufnahme einer ISDN-Richtlinie in ihr Vorschlagspaket zu erkennen, dass ein konsequenter Datenschutz auch aus ihrer Perspektive eine fortschreitende Konkretisierung der generellen Verarbeitungsanforderungen durch **bereichsspezifische Regelungen** voraussetzt.[637] 204

Mit der wichtigste Grund für den Meinungswandel war sicherlich die immer näher rückende Vollendung des Gemeinsamen Marktes. Nach wie vor verfügten fünf der Mitgliedstaaten, Belgien, Griechenland, Italien, Spanien und Portugal, über keine Datenschutzvorschriften. Der Konflikt war, so gesehen, vorprogrammiert.[638] Jeder dieser Staaten hätte auch nach dem 1.1.1993 vom Austausch personenbezogener Daten ausgeschlossen werden müssen.[639] Zudem hatte sich mittlerweile der Akzent eindeutig von der wirtschaftlichen auf die **politische Union** verlagert.[640] Was aber bereits in den Vorarbeiten zum 1. HDSG[641] und zum französischen DSG[642] deutlich zum Ausdruck gekommen war, hatte das BVerfG in seinem Volkszählungsurteil[643] unmissverständlich bestätigt: Die Verarbeitung personenbezogener Daten tangiert die Grundrechte des Einzelnen und damit auch die Funktionsfähigkeit einer demokratischen Gesellschaft. Eine als politische Union verstandene und als **„Europa der Bürger"** apostrophierte Gemeinschaft[644] konnte es sich daher auch und gerade vor dem Hintergrund der damals schon in der Präambel der Einheitlichen Europäischen Akte betonten Bindung der Gemeinschaft an die Grundrechte[645] sowie der Rechtsprechung des Europäischen Gerichtshofs[646] nicht weiter leisten, auf eine Verarbeitungsregelung zu verzichten. 205

633 Vgl. etwa die Mitteilung der Kommission an den Rat v. 19.11.1985, Dok. Kom. (85) 658; Doc. L.O. 1.2 und 3 des Legal Observatory for the European Information Market; *Geiger,* RDV 1989, 203 ff.

634 Vgl. auch die Zusatzerklärung der Datenschutzbeauftragten der EG-Länder zur Berliner Resolution der Internationalen Konferenz der Datenschutzbeauftragten v. 30.8.1989, abgedr. in HDSB, 18. TB, 164.

635 KOM (90) 314 endg.-SYN 287- 288.

636 EU DS, EG-KOM (90)314.

637 Vgl. auch die Begründung der Datenschutzrichtlinie, a.a.O., I.

638 Vgl. auch die einleitenden Bemerkungen der Kommission, KOM (90) 314 endg., a.a.O., Nr. 6, 15; die Begründung a.a.O., II; sowie die Präambel der Datenschutzrichtlinie Abs. 5 und 6, a.a.O.

639 Dazu *HDSB,* 17., 28 ff.; 18., 27 ff. und 19. TB, 35 f.; *Simitis,* RDV 1990, 11 f., 21 ff.; aber auch *CNIL,* 10e rapport d'activité 1989 (1990) 32 ff.

640 Vgl. statt aller die Erklärung des Stuttgarter Gipfels von 1983, Bull. 6/83, 18 ff., sowie die Einheitliche Europäische Akte v. 17.2.1986, ABl. EG Nr. L 169/1 v.29.6.1987.

641 Dazu *Simitis,* Zwanzig Jahre Datenschutz in Hessen – eine kritische Bilanz, abgedr. im Anhang zu *HDSB,* 19. TB, 141 ff.; sowie o. Rdnr. 13.

642 Vgl. etwa das Dekret des französischen Staatspräsidenten v. 8.11.1974, Nr. 74.938, Journal Officiel 1974, 11403.

643 BVerfGE 65, 1 (42 f.); o. Rdnr. 30

644 Vgl. dazu auch das Weißbuch, Grundrechte und Freiheiten der Europäischen Bürger, Europäisches Parlament, FS 115, 274/endg.

645 A.a.O., Abs. 3.

646 Statt aller *Rutili,* 36/75, Slg. 1975, 1219 (1232); *Hauer,* 44/79, Slg. 1979, 3727 (3745); *Johnston,* 222/74, Slg. 1986, 1663 (1682).

206 Im Oktober 1992 legte die Kommission eine **zweite, revidierte Fassung** ihrer Vorschläge vor.[647] An den Grundprinzipien änderte sich wenig, am Aufbau und den einzelnen Regelungskomplexen dafür umso mehr. Die am BDSG ausgerichtete Aufspaltung der verantwortlichen Stellen wurde zugunsten grundsätzlich einheitlicher Anforderungen an öffentliche und nicht-öffentliche Stellen aufgegeben, die Rechte der Betroffenen wurden klarer formuliert, die Meldepflichten übersichtlicher gestaltet und die Befugnisse der Kontrollinstanz ausgebaut und zugleich genauer umrissen. Umso auffälliger ist die Wahl einer entschieden komplizierteren Überschrift. Statt es bei dem „Schutz von Personen bei der Verarbeitung personenbezogener Daten zu belassen", fügte die Kommission den **„freien Datenverkehr"** hinzu. Dahinter verbirgt sich nicht zuletzt der Wunsch mögliche Kompetenzkonflikte gar nicht erst aufkommen zu lassen. Der Hinweis auf den „freien Datenverkehr" soll die Verbindung zu der, jedenfalls zum damaligen Zeitpunkt, mit wichtigsten Kommissionsaufgabe verdeutlichen, die Funktionsfähigkeit des Binnenmarktes sicherzustellen, und so zugleich alle Zweifel an der Kommissionszuständigkeit ausschließen. Die Überschrift ist aber noch in einer anderen Hinsicht korrigiert worden. Während in der Vorlage von 1990 nur vom „Schutz der Personen" die Rede war, schränkt die Überschrift der zweiten Fassung den Schutz auf **„natürliche Personen"** ein. Vordergründig beugt die Kommission damit einem durchaus nahe liegenden Missverständnis vor. In Wirklichkeit beantwortet sie eine der Fragen, die bei jeder Diskussion über den Anwendungsbereich des Datenschutzes immer wieder auftauchen, genauso kategorisch wie etwa die LDSG und das BDSG: Datenschutzvorschriften sind mit Blick auf die Konsequenzen einer zunehmend automatisierten Datenverarbeitung für natürliche Personen konzipiert worden und deshalb nur so lange anwendbar wie es um Daten geht, die sich auf natürliche Personen beziehen. Juristische Personen bleiben so gesehen von vornherein außer Betracht.[648]

207 Mit der Vorlage der zweiten Fassung **verlagerte sich** auch **der Schwerpunkt** der Diskussionen über die Richtlinie von der Kommission **auf den Rat**. Die Verhandlungen dauerten fast drei Jahre und standen von Anfang an ganz im Vorzeichen einer deutlich widersprüchlichen Haltung der Mitgliedstaaten. Die Bereitschaft, **datenschutzfreundliche Korrekturen** anzubringen, war ebenso ausgeprägt wie der Wunsch, **nationale Vorstellungen** auf Kosten der Kohärenz und der Effizienz der angestrebten gemeinsamen Regelung durchzusetzen, oder **die eigenen, staatlichen Aktivitäten** möglichst aus dem Geltungsbereich der Richtlinie **auszunehmen**. So hat der Rat auch und gerade vor dem Hintergrund der unterschiedlichen Kontrollkonzepte in der Bundesrepublik den ursprünglichen Text gezielt geändert und ausdrücklich klargestellt, dass die Kontrollstellen ihre Aufgaben „in völliger Unabhängigkeit" wahrnehmen (EG-Datenschutzrichtlinie Art. 28 Abs. 1 Satz 2). Und es war auch der Rat, der gegen den hartnäckigen Widerstand der EG-Kommission, nicht nur die Verpflichtung der Mitgliedstaaten, den Datenschutz fortlaufend zu verbessern, betont, sondern auch explizit in Kauf genommen hat, dass es damit, allen Harmonisierungsbestrebungen zum Trotz, durchaus zu Diskrepanzen zwischen den Rechten der Mitgliedstaaten kommen kann (EG-Datenschutzrichtlinie Erwägungsgrund Nr. 9).

208 Der Rat hat aber auch umgekehrt nicht gezögert, den **Geltungsbereich der EG-Datenschutzrichtlinie** ebenso **deutlich einzuschränken**, eine Anwendung ihrer Regeln also etwa bei Verarbeitungen im Sicherheitsbereich „auf keinen Fall" zuzulassen (EG-Datenschutzrichtlinie Art. 3 Abs. 2). Genauso signifikant sind die Bemerkungen zur Verarbeitung von Bild- und Tondaten (EG-Datenschutzrichtlinie Erwägungsgrund Nr. 16). Wiederum nimmt der Rat eine eindeutig restriktive Haltung ein und einmal mehr ist es das Ziel seiner Intervention, staatliche Aktivitäten vor jedem Versuch zu bewahren, sie an den Vorgaben der EG-Datenschutzrichtlinie zu messen. So überrascht es auch nicht weiter, dass sich der Rat strikt geweigert hat, auf den Entschließungsvorschlag der Kommission einzugehen, der die Bereitschaft der Mitgliedstaaten bekunden sollte, sich auch außerhalb des Gemeinschaftsrechts an

647 EU DS, EG-KOM SYN 287, KOM (92) 422 endg.-SYN 287.
648 Dazu auch o. Rdnr. 155 ff.

die Vorgaben der Richtlinie zu halten.[649] Der Kommission blieb so gesehen nichts anderes übrig, als sich nicht zuletzt vor dem Hintergrund des Art. 286 des EG-Vertrages noch einmal ausdrücklich gegen eine solche Einschränkung auszusprechen.[650] Die Folgen reichen in der Tat weit: **Der Datenschutz wird** in einem entscheidenden, an Bedeutung ständig zunehmendem Aktivitätsbereich der Europäischen Union **massiv verkürzt**. Justiz- und Sicherheitspolitik entziehen sich den in der EG-Datenschutzrichtlinie formulierten Anforderungen an die Verarbeitung personenbezogener Angaben.[651] Daran ändern auch die stereotypen Verweisungen der Mitgliedstaaten in ihren jeweiligen Vereinbarungen[652] auf die Europaratskonvention von 1981 und die ebenfalls vom Europarat verabschiedete Empfehlung zur Verarbeitung polizeilicher Daten[653] nichts. Beide Dokumente sind sicherlich ein wichtiger Beitrag zum Datenschutz, beide bleiben aber hinter der Richtlinie zurück.

Schärfer hätte der **Widerspruch zu den Eingangsworten der EG-Datenschutzrichtlinie** kaum ausfallen können. Art. 1 Abs. 1 stellt ausdrücklich fest, dass der Richtlinie keine geringere Aufgabe zukommt als die **Gewährleistung der Grundrechte und Grundfreiheiten** der Betroffenen. Auch die Erwägungsgründe unterstreichen gleich mehrmals die Grundrechtsrelevanz der Richtlinie (Nr. 1, 10, 11).[654] Eine solche Aussage kann aber, soll sie wirklich ernst genommen werden, nichts anderes bedeuten, als dass die Richtlinie Maßstäbe setzt, die von der Europäischen Union an jede Verarbeitung personenbezogener Daten anzulegen sind, ohne Rücksicht also darauf, ob sie noch in den Anwendungsbereich der EG-Datenschutzrichtlinie fällt oder nicht.[655] Genau das wollte die EG-Kommission mit ihrem Entschließungsvorschlag erreichen und genau daran hat sich der Rat nicht gehalten. 209

Schließlich: Gerade die Mitgliedstaaten, die schon lange über ein Datenschutzgesetz verfügten, waren beharrlich, wenn auch mit wechselndem Erfolg, bestrebt, **nationale Regelungen**, an denen es ihnen besonders lag, möglichst unverändert in die EG-Datenschutzrichtlinie hinüberzuretten. Typische Beispiele dafür sind die BDSG-Bestimmungen zum betrieblichen Beauftragten (§§ 36, 37 BDSG 90) und die Sondervorschriften, etwa des französischen DSG von 1978 (Art. 31), zur Verarbeitung sensitiver Daten. 210

Die Debatten waren mühsam und langwierig, hakten sich wieder und wieder an eher nebensächlichen Details ebenso fest wie an den Bemühungen der Mitgliedstaaten, nur Verarbeitungsgrundsätze zu akzeptieren, die sich nicht allzu weit von den bereits geltenden oder bestenfalls in der Europaratskonvention von 1981 festgeschriebenen Anforderungen entfernten und drohten, etwa ein Jahr vor dem Abschluss der Beratungen zu scheitern.[656] Die Richtlinie wurde dann doch noch nach der Billigung durch den Rat[657] und das Europäische Parlament[658] sowie der Unterzeichnung durch die Präsidenten des Rates und des Parlaments am 24.10 1995 angenommen.[659] 211

Die **EG-Datenschutzrichtlinie** beruht auf **vier** im Richtlinientext ausdrücklich angesprochenen **Prämissen**. Parlament, Rat und Kommission sehen, erstens, in der Richtlinie eine Regelung, die ihre Legitimation aus der Verpflichtung der Europäischen Union bezieht, die 212

649 o. Rdnr. 204; sowie *Brühann,* in GH II/*Wolf* A 30 Vorbem. Rdnr. 2 ff., in *von der Goeben/Schwarze*, Vertrag Art. 286 EGV Rdnr. 83 ff.

650 Erklärung 120/00 zu Art. 3 Abs. 1 der Kommission, Rat der Europäischen Gemeinschaften, Dok. 14175/00 Anhang II v. 13.12.2000; vgl. auch *Brühann*, in *von der Groeben/Schwarze*, Vertrag Art. 286 EGV Rdnr. 85.

651 Vgl. *Dammann/Simitis,* EG-Datenschutzrichtlinie, Einl. Rdnr. 58 ff.; *Simitis,* in Collected Courses, 115 ff.; *Brühann*, in *von der Groeben/Schwarze*, Vertrag Art. 286 EGV Rdnr. 82, 86; sowie u. Rdnr. 233 ff.

652 Dazu u. Rdnr. 234 ff.

653 Empfehlung Nr. R(87) des Ministerkomitees an die Mitgliedstaaten über die Nutzung personenbezogener Daten im Polizeibereich v. 17. September 1987, EU-DS, EuRAT(87)15.

654 Vgl. auch *Brühann*, in GH II/*Wolf* A 30 Vorbem. Rdnr. 10 ff., Art. 1 Rdnr. 5.

655 Vgl. auch Europäische Kommission, Die Grundrechte in der Europäischen Union verbürgen, Bericht der Expertengruppe „Grundrechte" (1999) 13.

656 *Simitis,* in *Tinnefeld/Philipps/Heil* (Hrsg.), Informationgesellschaft, 54 ff., 59 f., in Collected Courses 111 ff.

657 Gemeinsamer Standpunkt des Rates v. 20.2.1995, ABl. Nr. C 93/1 v. 13. April 1995.

658 Beschluss v. 15. Juni 1995, ABl. BR. C 166 v. 3.7.1995.

659 Richtlinie 95/46/EG des Europäischen Parlaments und des Rates v. 24. Oktober 1995, ABl. EG Nr. L 281/31, v. 23.11.1995, EU-DS, EU Rat/Parl.

Grundrechte und Grundfreiheiten des Einzelnen zu gewährleisten (Art. 1 Abs. 1; Erwägungsgründe Nr. 1, 9, 10).[660] Der unmittelbare Zusammenhang zwischen den Grundrechten und den Datenschutzvorschriften **engt**, zweitens, **den Handlungsspielraum der Gemeinschaft ein**. Sie kann sich nur für eine Regelung entscheiden, die der verfassungspolitischen Bedeutung des Datenschutzes entspricht. Die Gemeinschaft muss, mit anderen Worten, ein „**hohes Schutzniveau**" garantieren (Erwägungsgrund Nr. 10).[661] Dieses Ziel setzt, drittens, eine Regelung voraus, die **alle verantwortliche Stellen** einbezieht, weder danach fragt, ob sie dem öffentlichen oder dem nicht-öffentlichen Bereich zuzuordnen sind, noch und erst recht Ausnahmen zugunsten einzelner Stellen, etwa weil sie Forschungsaufgaben nachgehen, zulässt. Entscheidend ist lediglich, ob personenbezogene Daten verarbeitetet werden (Art. 3 Abs. 1; Erwägungsgrund Nr. 12). Der **Vertrag zur Gründung der Europäischen Gemeinschaft** (Art. 100a EWG Vertrag = 95 Abs. 1 EGV) **ermächtigt**, viertens, die **Gemeinschaft, alle** im Interesse eines ebenso überzeugenden wie wirksamen Datenschutzes **erforderlichen Maßnahmen zu treffen** (Präambel).[662]

213 Die **Kompetenzklausel** ist überaus vorsichtig formuliert. Die Präambel verweist **„insbesondere"** auf Art. 100a EWG Vertrag (Art. 95 Abs. 1 EGV) und gibt damit zu erkennen, dass es sich dabei zwar um den wichtigsten, aber keineswegs um den einzigen Anknüpfungspunkt handelt.[663] Soweit es also nötig sein sollte, können auch andere Vorschriften, etwa Art. 308 EGV, herangezogen werden. Noch in einer anderen Hinsicht sichert die Präambel die Kompetenz der EG-Kommission ab. Der Hinweis auf Art. 100a EWG Vertrag (Art. 95 Abs. 1 EGV) ist bewusst allgemein gehalten. Unterschiede im Beschlussverfahren wirken sich also nicht auf die Zuständigkeit der Kommission aus. Selbst wenn mithin Anforderungen an die Verarbeitung von Arbeitnehmerdaten als Bestimmungen über die Rechte der Beschäftigten qualifiziert werden sollten, die mit Rücksicht auf Art. 95 Abs. 2 i.V.m. Art. 137 Abs. 3 EGV nur einstimmig verabschiedet werden können, bleibt es bei der Kompetenz der EG-Kommission. **Kompetenzkonflikte sind dennoch nicht ausgeschlossen**. Die Weigerung des Rates, dem Vorschlag der Kommission zu folgen, einheitliche Grundsätze für alle Verarbeitungen im Rahmen der Europäischen Union vorzusehen,[664] hat, trotz der in Art. 3 Abs. 2 der EG-Datenschutzrichtlinie von 1995 ausdrücklich festgehaltenen Einschränkung ihres Anwendungsbereichs, bei der Verwendung personenbezogener Daten durch öffentliche Stellen Grauzonen geschaffen, die, wie sich etwa an der Kontroverse über die Entscheidung des EG-Kommission, im September 2005 einen eigenen Regelungsvorschlag zur Speicherung der im Rahmen der Telekommunikation anfallenden Verbindungsdaten vorzulegen, besonders deutlich gezeigt hat, zwangsläufig zu Kompetenzstreitigkeiten zwischen Rat und EG-Kommission führen.[665]

214 **Kompetenzkonflikte** gibt es allerdings **auch in der EG-Kommission**. Sie sind solange nicht weiter beachtet worden, wie sich die Aufmerksamkeit ganz auf die EG-Datenschutzrichtlinie konzentrierte. Datenschutzfragen zählten von Anfang zum **Zuständigkeitsbereich der Generaldirektion „Binnenmarkt"**. Sie hat die ersten Regelungsvorschläge vorgelegt und ohne ihre Beharrlichkeit wäre die EG-Datenschutzrichtlinie kaum angenommen worden.[666] Sie war es auch, die in der Zeit danach die Akzente in der Datenschutzdiskussion im Gemeinschaftsbereich genauso wie in den Verhandlungen mit den Mitgliedstaaten gesetzt hat. Spätestens bei den ersten Überlegungen zu **bereichsspezifischen Regelungen** rückte

---

660 Dazu *Dammann/Simitis,* EG-Datenschutzrichtlinie, Einl. Rdnr. 3; *Brühann,* in GH II/*Wolf* A 30 Vorbem. Rdnr. 36 f., Art. 1 Rdnr. 7; *Simitis,* in Collected Courses 105.
661 Dazu *Dammann/Simitis,* EG-Datenschutzrichtlinie, Einl. Rdnr. 10; *Brühann,* in GH II/*Wolf* A 30 Vorbem. Rdnr. 36 f., Art.1 Rdnr. 8.
662 Dazu *Dammann/Simitis,* EG-Datenschutzrichtlinie, Einl. Rdnr. 3 ff.
663 Zu den Kompetenzproblemen vgl. auch *Karpenstein,* in Gedächtnisschrift für *Sasse* II (1981) 889 ff.; *Simitis,* RDV 1990, 13 ff.; *Ellger,* Datenschutz, 534 ff.; *Nugter,* Transborder Flow, 316 f.; *Viethen*, Datenschutz, 70 ff.; *Di Martino*, Datenschutz 30 f.
664 o. Rdnr. 204, 208.
665 Commission of the European Communities, Proposal for a Directive on the retention of data processed in connection with the provision of public electronic services and amending Directive 2002/58/EC, sowie EDPS, Opinion on the Proposal v. 26.9.2005; aber auch u. Rdnr. 233 ff.
666 Dazu *Simitis*, RDV 1990, 13 ff.; sowie o. Rdnr. 203 ff.

freilich die Kompetenzfrage zunehmend in den Vordergrund. Mit das beste Beispiel dafür ist der **Arbeitnehmerdatenschutz**. Zwar geht es einmal mehr um Datenschutzfragen, die aber durchweg die Arbeitsbeziehungen tangieren. Die Kompetenz verschiebt sich daher auf die Generaldirektion „Beschäftigung". So ist es nicht weiter verwunderlich, dass sie fast gleichzeitig mit der Datenschutzrichtlinie begonnen hat, eine besondere Regelung vorzubereiten. Wenn dennoch alle Bemühungen, eine Richtlinie zum Arbeitnehmerdatenschutz zu verabschieden, gescheitert sind, so auch, weil die Generaldirektion „Binnenmarkt" ihre Zuständigkeit für den Datenschutz konsequent nutzte, um sich mit Rücksicht auf ihre markt- und wettbewerbspolitischen Ziele den vorgeschlagenen Vorschriften zu widersetzen.

Erfahrungen wie diese bestätigen, dass sich **Querschnittsmaterien** wie der Datenschutz 215
einer **Monopolisierung der Zuständigkeit** durch einzelne Generaldirektionen entziehen. Ihn deshalb einer bestimmten Generaldirektion zu überlassen, heißt, Konflikte und Verzögerungen, die notwendige Änderungen blockieren, in Kauf nehmen. So gesehen, hätte alles dafür gesprochen, die **Kompetenz** für den Datenschutz sofort nach der Annahme der Datenschutzrichtlinie zu **zentralisieren**, sie also beim Kommissionspräsidenten oder beim Generalsekretariat anzusiedeln. Die EG-Kommission hat sich allerdings nach langem Zögern für eine andere Lösung entschieden. Die bisherige Zuständigkeit der Generaldirektion „Binnenmarkt" ist im März 2005 der **Generaldirektion „Justiz, Freiheit und Sicherheit"** übertragen worden. Mit den Ausschlag dafür hat wohl die Tatsache gegeben, dass zu den Aufgaben dieser Generaldirektion die **Grundrechte** gehören und damit auch Regelungen, die, wie der Datenschutz, von unmittelbarer Grundrechtsrelevanz sind.[667] An die Stelle der Verknüpfung mit dem Markt ist so die Anbindung an ein in der Tat für alle Datenschutzregelungen zentrales Element getreten.[668]

Die Verpflichtung, ein **hohes Schutzniveau** anzustreben und zu gewährleisten (Erwägungs- 216
grund Nr. 10), lässt der EG-Kommission keine Wahl. Die EG-Datenschutzrichtlinie von 1995 kann nur der erste Schritt auf dem Weg zu einem differenzierten am Verarbeitungskontext orientierten Regelsystem sein. Anders und präziser ausgedrückt: Der Erfolg der EG-Datenschutzrichtlinie hängt von der Bereitschaft und der Fähigkeit ab, sie in **bereichsspezifische Regelungen** umzusetzen (Erwägungsgrund Nr. 68). Nur sie können auf der nationalen ebenso wie auf der europäischen Ebene den Verarbeitungsvorgaben das Maß an Präzision verleihen, das verantwortlichen Stellen und Betroffene gleichermaßen erlaubt, die Anforderungen an den Umgang mit personenbezogenen Daten korrekt nachzuvollziehen.[669] Nur mit ihrer Hilfe lässt sich also der Verarbeitungsradius ebenso verlässlich festlegen wie eine wirksame Ausübung der Auskunfts- und Korrekturrechte der Betroffenen sicherstellen. Richtlinien, wie die zur elektronischen Kommunikation[670] oder zu den elektronischen Signaturen[671] illustrieren den allmählichen Übergang zu einer bereichsspezifischen Konkretisierung der EG-Datenschutzrichtlinie von 1995. Wie wenig freilich die damit verbundenen Widerstände und Schwierigkeiten unterschätzt werden dürfen, zeigen die anhaltenden Auseinandersetzungen um eine Richtlinie zum Schutz der Arbeitnehmerdaten.[672]

Die Anbindung an die Grundrechte (Art. 1 Abs. 1; Erwägungsgründe Nr. 1, 9, 10) zwingt 217
nicht nur dazu, verbindliche Verarbeitungsvorgaben an die Adresse sämtlicher verantwortlichen Stellen im Unionsbereich zu formulieren. Sie verpflichtet die **EG-Kommission, aber**

667 o. Rdnr. 212.

668 Dazu auch *EDPS*, Annual Report 2004, 8.

669 Vgl. *Simitis,* in Collected Courses, 107 ff.; sowie *Brühann*, in *von der Groeben/Schwarze*, Vertrag Art. 286 EGV Rdnr. 55 ff., 105 ff.

670 Richtlinie 97/66/EG des Europäischen Parlaments und des Rates v. 15.12.1997 über die Verarbeitung personenbezogener Daten und den Schutz der Privatsphäre im Bereich der Telekommunikation, ABl. Nr. L 24/1 v. 30.1.1988, ersetzt durch die Richtlinie 2002/58/EG des Europäischen Parlaments und des Rates v. 12.7.2002 über die Verarbeitung personenbezogener Daten und den Schutz der Privatsphäre in der elektronischen Kommunikation, ABl. EG Nr. L 201/37 v. 3. 2002. Zur Notwendigkeit einer neuen Richtlinie und zu den Gründen der Revision der ursprünglichen Vorschriften vgl. insb. Erwägungsgrund 4 der Richtlinie 2002/58.

671 Richtlinie 1999/93/EG des Europäischen Parlaments und des Rates v. 13.12.1999 über gemeinschaftliche Rahmenbedingungen für elektronische Signaturen, ABl. 2000 Nr. L 13/12

672 o. Rdnr. 214.

auch alle anderen Institutionen, Organe und Einrichtungen der Europäischen Union genauso dazu, **sich** bei der Verwendung personenbezogener Daten für die Erfüllung ihrer Aufgaben **an Regeln zu halten, die eine datenschutzkonforme Verarbeitung garantieren**. Ganz in diesem Sinn haben Rat und EG-Kommission in einer gemeinsamen Erklärung zum Erwägungsgrund Nr. 12 der EG-Datenschutzrichtlinie von 1995 klargestellt, dass für die Institutionen und Organe der Europäischen Union nicht anderes gelten darf als für die Mitgliedstaaten.[673] Art. 286 EGV bekräftigt diese Absicht für den Bereich der Gemeinschaft (Abs. 1) und sieht zugleich die Bestellung einer **unabhängigen Kontrollinstanz** vor (Abs. 2). Die Einzelheiten sind in einer vom Europäischen Parlament und vom Rat gemeinsam angenommenen Verordnung geregelt.[674] Sie enthält neben Verarbeitungsanforderungen, die weitgehend den Vorschriften der EG-Datenschutzrichtlinie von 1995 entsprechen (Art. 4 ff.), Bestimmungen, die Stellung und Aufgaben eines „**Europäischen Datenschutzbeauftragten**" präzisieren (Art. 41 ff.).[675]

218 So wichtig freilich die Verordnung ist, so wenig reicht sie aus, um den Anforderungen des Art. 286 EGV wirklich zu genügen, also die an die Mitgliedstaaten gerichteten Erwartungen an eine datenschutzkonforme Verwendung personenbezogener Daten genauso bei allen Verarbeitungsaktivitäten der Organe und Einrichtungen der Gemeinschaft zu beachten. Schon deshalb, weil, wie bei den Mitgliedstaaten, **sämtliche Datenschutzvorgaben der EG** umgesetzt werden müssen.[676] Die Verordnung bezieht sich lediglich auf die EG-Richtlinie zum Datenschutz und die allerdings mittlerweile neu verabschiedete Richtlinie zur Telekommunikation.[677] Sie ist daher nur ein erster Schritt. Zudem: Die Entscheidung für einen **Datenschutzbeauftragten** mag gefallen sein. Die Widerstände gegen seine Kontrolltätigkeit sind nach wie vor beträchtlich und zumeist, wie bei Europäischen Zentralbank, mit dem Versuch verbunden, sich einen Sonderstatus zuzusprechen der allenfalls eine Selbstkontrolle rechtfertigen könnte. Eine ebenso überzeugende wie wirksame Kontrolle setzt schließlich nicht nur **einheitliche Kontrollgrundsätze** voraus, sondern auch die Bereitschaft, die **Kontrollkompetenz des Europäischen Datenschutzbeauftragten** auf sämtliche Tätigkeiten der Europäischen Union zu erstrecken und damit nicht zuletzt auf die für die Betroffenen besonders wichtigen Verarbeitungsvorgänge im justitiellen und polizeilichen Bereich.[678]

219 Die **EG-Datenschutzrichtlinie** von 1995 bringt **kein neues Regelungssystem**. Die EG-Kommission war vielmehr, allein schon um der Akzeptanz ihrer Vorschläge willen, bestrebt, **zentrale Elemente der nationalen Datenschutzgesetze** miteinander **zu kombinieren**.[679] So fällt es auch nicht weiter schwer, die Vorbilder nahezu aller Vorschriften auszumachen.[680] Sicher, die Übernahme nationaler Regelungen kommt keineswegs einer schlichten Reproduktion gleich. Sie ist im Gegenteil oft mit Korrekturen und Kompromissen verbunden, die durchaus nachhaltige Folgen für die Bedeutung und die Tragweite der jeweiligen Bestimmungen haben. Mit das beste Beispiel ist die „**Datei**" (Art. 2 Buchst. c). Dass sie überhaupt in der EG-Datenschutzrichtlinie vorkommt, ist eine Konzession an die Bundesrepublik. Zwischen dem BDSG 90 (§ 3 Abs. 2) und der EG-Datenschutzrichtlinie besteht freilich ein entscheidender Unterschied. Die Richtlinie spricht zwar genauso wie das BDSG von „Dateien", definiert sie aber anders. Im Gegensatz zum BDSG liegt eine „**strukturierte Sammlung**" und damit eine „Datei" schon vor, wenn die konkret verarbeiteten Daten über ein einziges

---

673 Dazu *Dammann/Simitis,* EG-Datenschutzrichtlinie, Einl. Rdnr. 53 ff.; *Brühann*, in *von der Groeben/Schwarze*, Vertrag Art. 286 EGV Rdnr. 4 ff.

674 Verordnung (EG) Nr. 45/2001 v. 18.12.2001 zum Schutz natürlicher Personen bei der Verarbeitung personenbezogener Daten durch die Organe und Einrichtungen der Gemeinschaft und zum freien Datenverkehr, ABl. L8 v. 12.1.2001, dazu § 4b Rdnr. 30 ff.; vgl. auch *Brühann*, in *von der Groeben/Schwarze*, Vertrag Art. 286 Rdnr. EGV 20 ff., 82 ff.

675 Vgl. auch *EDPS*, Annual Report 2004, 9ff.; sowie *Brühann*, in *von der Groeben/Schwarze*, Vertrag Art. 286 EGV Rdnr. 102 ff.

676 Vgl. auch *Brühann*, in *von der Goeben/Schwarze*, Vertrag Art. 286 EGV Rdnr. 34, 106.

677 o. Rdnr. 216.

678 Dazu *Simitis*, Der verkürzte Datenschutz, 74 ff.; *EDPS*, Annual Report 2004, insb. 34ff; sowie u. Rdnr. 238ff.

679 Dazu *Simitis*, in *Tinnefeld/Philipps/Heil* (Hrsg.), Informationsgesellschaft, 54 ff., in Collected Courses, 111 f.

680 Vgl. *Dammann/Simitis,* EG-Datenschutzrichtlinie, Einl. Rdnr. 11 f.

gemeinsames Merkmal aufgefunden werden können.[681] Abgesehen davon, und wiederum im Widerspruch zum BDSG 90, hängt die Anwendung der Datenschutzvorschriften lediglich bei nicht-automatisierten Verarbeitungen von der Existenz einer „Datei" ab (Art. 3 Abs. 1).[682] Kurzum, hinter ein und demselben Begriff verbergen sich zwei diametral verschiedene Regelungsziele. Während das BDSG 90 den Geltungsbereich des Datenschutzes mit Hilfe der „Datei" einschränkt, umschreibt die EG-Datenschutzrichtlinie die „Datei" in einer Art und Weise, die jeden Versuch einer Restriktion möglichst verhindern soll. Das Zugeständnis an die Bundesrepublik ist so gesehen letztlich nicht mehr als eine verbale Konzession.

Am Beispiel der „Datei" wird aber auch deutlich, dass die **den Datenschutzgesetzen der Mitgliedstaaten entnommenen Regelungselemente** nur noch vor dem Hintergrund der Regelungsintentionen und der EG-Datenschutzrichtlinie und der je spezifischen Vorstellungen und Aufgaben der Europäischen Union gelesen und auszulegen sind. **Nationale Provenienz rechtfertigt**, anders ausgedrückt, **keine renationalisierte Interpretation**.[683] Dennoch bleibt es dabei: Die EG-Datenschutzrichtlinie ist in den Worten der CNIL ein „Flickwerk".[684] Der Nachteil liegt auf der Hand:[685] Die Richtlinie ist den **bereits bestehenden Regelungskonzepten verhaftet**, wie sich allein schon an der Bedeutung zeigt, die sie der Registrierung beimisst (Art. 18 f.), und droht deshalb genau wie diese Konzepte von einer Entwicklung überholt zu werden, die mehr denn je von einem immer schnelleren Wandel der Informations- und Kommunikationstechnologie gekennzeichnet ist. 220

Wie bei jeder andere Regelung stellt sich, zumal dann, wenn sie, wie die EG-Datenschutzrichtlinie ganz im Vorzeichen der Grundrechte der Betroffenen steht,[686] die Frage nach ihren **Anwendungsgrenzen**. EG-Kommission und Rat haben sich für **drei Anknüpfungspunkte** entschieden (§ 3), die freilich alle vordergründig zwar klare Schranken aufrichten, in Wirklichkeit aber Komplikationen und Konflikte keineswegs ausschließen. Das zeigt sich schon am bereits erwähnten auf eine möglichst weitgehende Entformalisierung bedachten Verständnis der **„Datei"** (§ 3 Abs. 1).[687] 221

Nicht anders ist es beim zweiten Anknüpfungspunkt: Eine Anwendung der Richtlinie scheidet bei allen Verarbeitungsvorgängen aus, die **„nicht in den Bereich des Gemeinschaftsrechts fallen"** (§ 3 Abs. 2, 1. Spiegelstrich). In dieser bewusst negativen Formulierung einer eigentlich naheliegenden, ja selbstverständlichen Beschränkung spiegelt sich die schon angesprochene Sorge des Rates wider, die Richtlinie könnte als Vorentscheidung und Grundlage einer für alle Verarbeitungsaktivitäten der Europäischen Union und ihrer jeweiligen Organe, Institutionen und Stellen geltenden Regelung angesehen werden.[688] Konsequenterweise belässt es Art. 3 Abs. 2 keineswegs bei einer allgemeinen Aussage, sondern präzisiert den Erwägungsgrund 12 durch den gezielten Hinweis auf bestimmte **Verarbeitungsvorgänge, die vor allem Sicherheitsfragen betreffen**. Die Beispiele konkretisieren die Anwendungsschranke und geben damit zugleich klar zu erkennen, dass sie sich ausschließlich auf Verwendungen personenbezogener Daten bezieht, die mit den in Art. 3 Abs. 2 angeführten Tätigkeiten zusammenhängen.[689] Konsequenterweise lässt sich nicht unter Hinweis auf Art. 3 Abs. 2 eine Anwendung der Richtlinie auf öffentliche Stellen generell ausschließen. Ganz in diesem Sinn hat der EuGH bei der Frage, ob die Gehälter der Beschäftigten des Öster- 222

---

681 Vgl. *Dammann/Simitis,* EG-Datenschutzrichtlinie, Einl. Rdnr. 20 f., Art. 2 Rdnr. 8 ff.; *Ehmann/Helfrich,* EG-Datenschutzrichtlinie, Art. 2 Rdnr. 31 ff.

682 Vgl. *Dammann/Simitis,* EG-Datenschutzrichtlinie, Art. 3 Rdnr. 5; *Ehmann/Helfrich,* EG-Datenschutzrichtlinie, Art. 3 Rdnr. 8 ff.

683 Dazu auch *Dammann/Simitis,* EG-Datenschutzrichtlinie, Einl. Rdnr. 13 ff. ; sowie *Brühann,* in GH II/*Wolf,* A 30 Rdnr. 47.

684 11e rapport d'activité 1990 (1991) 33.

685 Vgl. auch die kritischen Bemerkungen der *CNIL*, a.a.O., 53 ff.; sowie *Ellger,* RDV 1991, 134.

686 o. Rdnr. 212.

687 o. Rdnr. 219.

688 Dazu *Dammann/Simitis*, EG-Datenschutzrichtlinie Einleitung Rdnr. 57 ff. sowie o. Rdnr. 208 f.

689 So auch der EuGH in seiner Entscheidung im Fall Lindqvist, Urteil v. 6. November 2003, Rechtssache C-101/01, Rdnr. 44, DuD 2004, 244; sowie *Brühann*, DuD 2004, 202 f., AfP 2004, 221 ff.; *Dammann*, RDV 2004, 19 ff.; *Roßnagel*, MMR 2004, 88 f.; *Taraschka*, CR 2004,280 ff.

reichischen Rundfunks veröffentlicht werden dürfen, die Verpflichtung bestätigt, die Richtlinie zu berücksichtigen.[690]

223 Interpretationsversuche, die den Regelungsanspruch der Richtlinie noch weiter beschränken sind trotzdem nicht ausgeschlossen. So kann, wie sich am „Lindqvist"-Fall[691] zeigt, die Verweisung auf den Anwendungsbereich des Gemeinschaftsrechts auch als Ausgrenzung aller **„nichtwirtschaftlichen"**, besonders also der ehrenamtlichen oder religionsgemeinschaftlichen **Aktivitäten** ausgelegt werden, umso mehr als zunächst die EG-Kommission und später der Rat und das Europäische Parlament ihre Regelungskompetenz, freilich aus primär taktischen Gründen, Art. 100a EGV entnommen haben.[692] Dass sich aus der Anknüpfung an eine ganz auf die Beseitigung von Hindernissen für den freien Verkehr zwischen den Mitgliedstaaten ausgerichteten Vorschrift durchaus Schwierigkeiten ergeben könnten, ist dabei nicht übersehen, vielmehr bewusst in Kauf genommen worden. Nicht zuletzt deshalb wird in den Eingangssätzen der EG-Datenschutzrichtlinie keineswegs nur, sondern „insbesondere" auf Art. 100a EGV hingewiesen und damit zugleich jedem Versuch einer **selektiven Anwendung der Richtlinie** vorgebeugt. Eine kasuistische, an den jeweils verwendeten Daten orientierte Anwendung schließt zudem, wie der EuGH betont hat,[693] eine **verlässliche Einschätzung der Auswirkungen der Richtlinie** aus und unterläuft so ihr Ziel, einheitliche Regeln für alle Mitgliedstaaten festzulegen. An der Notwendigkeit einer unterschiedlichen und gerade mit Rücksicht auf die entsprechenden Vorschriften der Richtlinie, etwa zu den sensitiven Daten (Art. 6), sorgfältig differenzierenden Anwendung der Verarbeitungsvorgaben ändert sich freilich dadurch nichts.

224 Mit der dritten Anwendungsschranke, den Verarbeitungsvorgängen, die **„ausschließlich „persönlichen oder familiären" Aktivitäten** dienen (Art. 3 Abs. 2, 2. Spiegelstrich), hat sich die Rat für einen im nationalen Bereich bereits erprobten Anknüpfungspunkt entschieden. Der Rückgriff auf bestehende Regelungen schützt aber genauso wenig vor Interpretationskontroversen, wie sich besonders an den „persönlichen" Tätigkeiten zeigt. Die Konflikte werden im Gegenteil mit übernommen und über die Richtlinie gemeinschafsweit transportiert. Manches mag durch den Verzicht auf die noch in den Kommissionsvorschlägen enthaltene an keinerlei Einschränkungen geknüpfte Verweisung auf „private und persönliche" Tätigkeiten einfacher geworden sein. Der Text ist allerdings nach wie vor zu vage.[694] Erst recht gilt es deshalb hier wie sonst auf eine Interpretation zu achten, die **einer eindeutig restriktiven Auslegung** den Vorzug gibt.

225 Wohl keine anderen Bestimmungen der EG-Datenschutzrichtlinie demonstrieren ihr Ziel so klar wie die Verpflichtung, **personenbezogene Daten immer nur für bestimmte im Voraus festgelegte Zwecke zu verarbeiten** (Art. 6 Abs. 1 Buchst. b), und die Entscheidung für eine ebenso umfassende wie konsequente **Kontrolle** des Verarbeitungsprozesses durch **externe Kontrollinstanzen** (Art. 28). In beiden Fällen geht es um kardinale Voraussetzungen des Datenschutzes. Ohne Zweckbindung gibt es keine überschaubare und ohne die Überwachung durch außenstehende, „völlig unabhängige" Instanzen keine kontrollierbare Verarbeitung. Beides mag selbstverständlich erscheinen. Die Widerstände waren trotzdem groß. Schon deshalb, weil sich die EG-Datenschutzrichtlinie anders als nahezu alle früheren Regelungen primär auf den nicht-öffentlichen Bereich bezieht. Sowohl die Zweckbindung als auch die externe Kontrolle, sind vor allem bei nicht-öffentlichen Stellen immer wieder in Zweifel gezogen worden. Genauso war es im Rat. Doch die Versuche, die Zweckbindung möglichst zu verwässern, ja eine Speicherung auf Vorrat hinzunehmen, sind ebenso gescheitert wie die Bestrebungen, die externe Kontrolle, wenn nicht ganz, so doch größtenteils durch interne Kontrollmaßnahmen zu substituieren. Mit der Zweckbindung und den Kontrollbestimmungen

690 EuGH, Rs C-465/00, C-138/01, C-139/01, Österreichischer Rundfunk, Slg. 2003, I 4989.
691 EuGH, Lindqvist, a.a.O., vgl. insb. Rdnr. 2, 45.
692 Dazu *Dammann/Simitis*, EG-Datenschutzrichtlinie Einleitung Rdnr. 4 ff.
693 EuGH, Lindqvist, a.a.O. Rdnr. 40 f.
694 Dazu *Brühann,* in GH II/*Wolf* A 30 Art. 3. Rdnr. 13 f.; *Dammann/Simitis,* EG-Datenschutzrichtlinie, Art. 3 Rdnr. 5; *Ehmann/Helfrich,* EG-Datenschutzrichtlinie, Art. 2 Rdnr. 22 f.

hat der Rat zugleich die Überzeugung bekräftigt, dass es ohne einen normativen, gesetzlich vorbestimmten Verarbeitungsrahmen einen Datenschutz nicht geben kann.

Die Überwachung der Verarbeitung personenbezogener Daten bleibt **nationalen Instanzen** 226
vorbehalten. Die EG-Datenschutzrichtlinie von 1995 spricht sich damit für ein eindeutig **dezentrales Kontrollsystem** aus. Sie vernachlässigt trotzdem nicht die Gemeinschaftsebene, sondern sieht ausdrücklich eine freilich auf konsultative Funktionen beschränkte **„Gruppe"** vor (Art. 29) Sie hat in erster Linie drei Aufgaben: die **Defizite** bei der Durchführung der Richtlinie **offen zu legen** und mögliche **Auswege aufzuzeigen**, das **Schutzniveau in Drittstaaten zu bewerten** und schließlich die **Kommission** bei weiteren Datenschutzmaßnahmen **zu beraten** (Art. 30). Für eine dezentrale Regelung spricht vor allem eines. Je genauer sich die Kontrollinstanz in den Einzelheiten des nationalen Rechts, aber auch in den strukturellen Eigenarten nationaler Verwaltungen auskennt, desto größer sind die Erfolgschancen der Überwachung. Die Wirksamkeit der Kontrolle hängt, mit anderen Worten, nicht zuletzt von der **Nähe zu den Verarbeitungsvorgängen** ab. Weil sich jedoch alle nationalen Kontrollaktivitäten vor dem Hintergrund der Entscheidung der Europäischen Union für gemeinsame Anforderungen an die Verarbeitung personenbezogener Daten abspielen, kommt es ganz besonders darauf an, die Erfahrungen und Reaktionen in den Mitgliedstaaten immer wieder an der EG-Datenschutzrichtlinie zu messen, und sie zugleich zu nutzen, um notwendige Korrekturen der supranationalen Vorgaben rechtzeitig zu erkennen und anzustreben.

Die Geschichte der Art. 29 und 30 ist von den Bemühungen geprägt, die **Stellung der „Gruppe"** zu stärken, etwa durch den Verzicht auf den zunächst vorgesehenen Vorsitz eines Kom- 227
missionsvertreters, die ausdrückliche Anerkennung der Berechtigung, von sich aus jeden ihr wichtig erscheinenden Punkt aufzugreifen, oder die bewusste Einbeziehung des Europäischen Parlaments in den Kreis der Adressaten ihres jährlichen Berichts.[695] Ihre Zuordnung zur Generaldirektion „Binnenmarkt" wurde dagegen allein schon mit Rücksicht auf deren Zuständigkeit für den Datenschutz als selbstverständlich hingenommen. Die Folgen haben sich spätestens am Konflikt über die Übermittlung personenbezogener Daten in die Vereinigten Staaten gezeigt. Die Generaldirektion „Binnenmarkt" hat nicht nur die mit ihrer in Art. 29 Abs. 2 der EG-Datenschutzrichtlinie explizit vorgeschriebenen Beteiligung an der „Gruppe" verbundenen Informationsvorteile, sondern auch das Vorrecht, dem Ausschuss nach Art. 31 die jeweils erforderlichen Maßnahmen vorzuschlagen, konsequent genutzt, um sich über die eindeutig gegenteiligen Vorstellungen der „Gruppe" hinwegzusetzen.Einmal mehr hat sich aber damit bewahrheitet, wie nachteilig sich für den Datenschutz die Anbindung an eine Generaldirektion ist, der zugleich Aufgaben obliegen, die sehr schnell mit der Verpflichtung kollidieren können, sich für eine konsequente Restriktion der Verarbeitung personenbezogener Daten einzusetzen. Die Erfahrungen der Gruppe waren deshalb ein weiterer wichtiger Grund für eine Revision der ursprünglichen Kompetenzzuteilung und die Zuordnung des Datenschutzes an die Generaldirektion „Justiz, Freiheit und Sicherheit".

Die EG-Datenschutzrichtlinie von 1995 schreibt den Mitgliedstaaten eine **Frist** vor (Art. 32 228
Abs. Satz 1). Sie sind verpflichtet, ihre rechtlichen Regelungen den Anforderungen der Richtlinie an die Verarbeitung personenbezogener Daten in spätestens drei Jahren nach der Annahme der Richtlinie, also bis zum 24.10.1998, anzupassen.[696] Von einer rechtzeitigen **Umsetzung** kann allerdings keine Rede sein. Weder die Gefahr eines Vertragsverletzungsverfahrens noch die sonstigen Konsequenzen einer Fristüberschreitung haben die Mitgliedstaaten veranlasst, den Erwartungen der EG-Datenschutzrichtlinie nachzukommen. Genaugenommen haben nur zwei Mitgliedstaaten prompt reagiert, Italien, Ende 1996,[697] und Griechenland, Anfang 1997.[698] Beide Länder waren freilich auch die einzigen Mitgliedstaaten der

695 Dazu insb. die in *Dammann/Simitis,* EG-Datenschutzrichtlinie, Art. 29, 30, wiedergegebenen Begründungen zu den Änderungen der ursprünglich von der EG-Kommission befürworteten Regelungen; *Ehmann/Helfrich,* EG-Datenschutzrichtlinie, Art. 29 Rdnr. 7 ff.; vgl. auch *Di Martino*, Datenschutz 56 ff.

696 Dazu *Dammann/Simitis,* EG-Datenschutzrichtlinie, Art. 32 Rdnr. 2.

697 EU DS, I.

698 EU DS, GR.

Europäischen Union, die, trotz zahlreicher Anläufe, kein Datenschutzgesetz hatten. Weitere drei Mitgliedstaaten, Großbritannien,[699] Portugal[700] und Schweden[701] setzten die EG-Datenschutzrichtlinie vor dem 24.10.1998, mithin ebenfalls fristgerecht, um. Im selben Jahr, wenngleich mit einer geringen Fristüberschreitung, verabschiedete Belgien[702] ein neues Datenschutzgesetz. 1999, also noch nahe an der Frist, folgte Finnland.[703] Österreich,[704] Spanien[705] und Dänemark[706] schlossen dagegen erst 2000 die Revision ihrer Datenschutzregelungen ab.

229 Am schwierigsten gestaltete sich die Umsetzung in Deutschland und Frankreich. In beiden Ländern machten sich genau die Widerstände wieder bemerkbar, die bereits im Rat zu erheblichen Verzögerungen geführt hatten. Beide Länder waren deshalb von Anfang darauf bestrebt, den ihnen von der EG-Datenschutzrichtlinie gewährten Entscheidungsspielraum konsequent zu nutzen, um so nahe wie möglich an der bisherigen Regelung zu bleiben. So kam es in Deutschland erst im Mai 2001 zu einer notdürftigen Novellierung des BDSG.[707] Frankreich änderte dagegen sein Datenschutzgesetz erst 2004, also noch nach den Niederlanden, Luxemburg und Irland, als letzter Mitgliedstaat. Mittlerweile liegt auch der **erste der** in Art. 33 Abs. 1 der EG-Datenschutzrichtlinie vorgesehenen **Berichte der EG-Kommission** vor.[708] Er enthält neben einigen kritischen Bemerkungen an die Adresse der Mitgliedstaaten (3.2), Überlegungen zur besseren Interpretation und Anwendung einzelner Teile der Richtlinie, etwa ihrer Vorschriften zu den sensitiven Daten (4.2) oder zur Übermittlung personenbezogener Daten in Drittstaaten (4.4.5), sieht aber von Vorschlägen zur Revision der Richtlinie ab.

230 So richtig es ist, dass die EG-Datenschutzrichtlinie den **Umsetzungsprozess** bestimmt, so falsch wäre es, daraus zu folgern, dass die nationalen Regelungen nur noch Photokopien der supranationalen Vorschriften sind. Überall schimmern die **nationalen Traditionen** durch, wie sich allein schon an den griechischen (Art. 15 ff.)[709] und spanischen Bestimmungen (Art. 34 ff.)[710] zur Kontrollinstanz zeigt. Überall dort zudem, wo die EG-Datenschutzrichtlinie besonders **kritische Verarbeitungsbereiche** anspricht, fallen die Reaktionen sehr unterschiedlich aus. Wohl kein anderes Beispiel ist so bezeichnend dafür wie die Umsetzung des Art. 9 der EG-Datenschutzrichtlinie. Die vorsichtige, ihrer ganzen Intention und Formulierung nach aber klar auf ein Mindestmaß an Datenschutz bedachte Medienklausel der Richtlinie[711] hat in Deutschland nach einer heftigen Debatte zu einer Regelung geführt, die es peinlich vermeidet, sich festzulegen.[712] In Italien beschränkt sich dagegen der Gesetzgeber keineswegs auf Vorschriften, die, durchaus im Sinne der Richtlinie, den Datenschutz sicherzustellen suchen (Art. 136-137),[713] sondern schaltet auch gezielt den Datenschutzbeauftragten ein (Art. 138). Ihm obliegt es, die Journalistenverbände zu veranlassen, Verarbeitungsgrundsätze vorzulegen, die den Datenschutz gewährleisten, und in der vom Datenschutzbeauftragten akzeptierten Fassung verbindlich sind.[714] Kurzum, die Variationen sind bereits beträchtlich.[715] Sie werden in dem Maße zunehmen, in dem die Mitgliedstaaten ihre in der EG-

699 EU DS, GB.
700 EU DS, P.
701 EU DS, S.
702 EU DS, B.
703 EU DS, SF.
704 EU DS, A.
705 EU DS, E.
706 EU DS, DK.
707 Dazu o. Rdnr. 89 ff.
708 Kommission der Europäischen Gemeinschaften, Erster Bericht über die Durchführung der Datenschutzrichtlinie (95/46/EG), Brüssel, 15.5.2003, COM(2003) 265 endg.
709 EU DS, GR.
710 EU DS, E.
711 Dazu *Dammann/Simitis,* EG-Datenschutzrichtlinie, Art. 9 Rdnr. 1 ff.; *Brühann,* in GH II/*Wolf* A 30 Art. 9 Rdnr. 1 ff.
712 Dazu § 41 Rdnr. 4 ff., 24 ff.
713 Dok. D 29.1, Legislativdekret Nr. 196 – Datenschutzkodex.
714 Dazu Garante per la protezione dei dati personali, Relazione 1999 (1999) 57 ff.
715 Vgl. auch *Brühann,* DuD 1998, 700 ff.; sowie *BfD,* 18. TB, 31.

Datenschutzrichtlinie (Erwägungsgrund Nr. 9)[716] verankerte Verpflichtung ernst nehmen, den Datenschutz konsequent weiterzuentwickeln.

Datenschutzvorschriften sind **weder im nationalen noch im supranationalen Bereich statische oder gar abschließende Regelungen**. Sie reagieren auf eine, sich immer schneller entwickelnde Informations- und Kommunikationstechnologie und können deshalb ihrer Aufgabe nur solange gerecht werden wie sie den Auswirkungen der veränderten Technologie Rechnung tragen und zugleich die nicht zuletzt bei der Kontrolle der Verwendung personenbezogener Daten gewonnenen Erfahrungen ebenso fortlaufend wie konsequent verarbeiten. So gesehen gefährdet jeder Versuch, die Weiterentwicklung des Datenschutzes von einer vorherigen Revision der EG-Datenschutzrichtlinie abhängig zu machen, Effizienz und Glaubwürdigkeit der Verwendungsvorgaben in Frage zu stellen. Genauso wenig kann umgekehrt bestritten werden, dass sich individuelle Reaktionen der Mitgliedsstaaten schwerlich mit dem Harmonierungsziel der EG-Datenschutzrichtlinie wie auch jeder anderen Richtlinie vereinbaren lassen. Noch einmal: Dem Rat war das Dilemma durchaus bewusst.[717] Er hat sich, auch und vor allem mit Rücksicht auf die Grundrechtsrelevanz der Datenschutzbestimmungen, dennoch **gegen eine unkritische Harmonisierung** und **für eine kontinuierliche kritische Überprüfung durch die Mitgliedstaaten** entschieden. Die EG-Kommission hat allerdings die Korrektur ihrer traditionellen, strikt auf die Harmonisierung festgelegten Position[718] nicht hingenommen, sondern ihre vom Rat abgelehnten Vorstellungen in ihrer Stellungnahme zum Lindqvist-Fall erneut aufgegriffen.[719] 231

Bei der Verpflichtung der Mitgliedstaaten, **den Datenschutz fortlaufend auszubauen**, ist es auch nach der Lindqvist-Entscheidung des EuGH geblieben. Das Gericht stellt zwar fest, dass die EG-Datenschutzrichtlinie eine „grundsätzlich umfassende Harmonisierung" herbeiführt[720] und beruft sich dabei in erster Linie auf den Erwägungsgrund Nr. 8, übergeht aber im Übrigen den Erwägungsgrund Nr. 9, der gezielt genau die vom EuGH betonten Überlegungen präzisiert und relativiert. Der EuGH hütet sich jedoch davor, der besonders von der schwedischen Regierung in ihrer Stellungnahme,[721] tendenziell freilich genauso von der EG-Kommission vertretenen Ansicht zu folgen. Statt also den Mitgliedstaaten jeglichen Regelungsspielraum zu nehmen, gesteht ihnen das Gericht das Recht zu, sowohl die beträchtlichen Interpretations- und Konkretisierungsmöglichkeiten der teilweise überaus abstrakten Verarbeitungsvorgaben der EG-Datenschutzrichtlinie als auch die Chance zu nutzen, in den nicht von der Richtlinie erfassten Verarbeitungsbereichen nach ihren Grundsätzen vorzugehen, um den **Datenschutz auszuweiten und zu verbessern**.[722] Der EuGH ist also einerseits bedacht, die EG-Datenschutzrichtlinie nach den ansonsten ebenfalls geltenden Maßstäben zu behandeln, mithin einer störungsfreien Harmonisierung und einem freien Verkehr den Vorrang einzuräumen, andererseits jedoch bemüht, das von der EG-Datenschutzrichtlinie eindringlich geforderte **„hohe Datenschutzniveau"** (Erwägungsgrund Nr. 10) nicht aufs Spiel zu setzen. Im Ergebnis schwenkt so der EuGH, wenngleich verschleiert und auf Umwegen, auf die vom Rat vorgezeichnete Richtung bei der Verarbeitungsregelung ein.[723] 232

716 Dazu o. Rdnr. 207
717 o. Rdnr. 207.
718 Vgl. insb. Brühann, in GH/*Wolf* A 30 Vorb. Rdnr. 45: „Totale Harmonisierung".
719 EuGH, Urteil v. 6. November 2003, Rs. C-101/01, Rdnr. 94, DuD 2004, 244; vgl. auch *Brühann*, DuD 2004, 201, AfP 2004, 221 ff.; sowie Taraschka, CR 2004, 280ff.
720 a.a.O. Rdnr. 96.
721 a.a.O. Rdnr. 92.
722 a.a.O. Rdnr. 97 f.
723 Vgl., auch *Roßnagel*, MMR 2004,190; sowie o. Rdnr. 207; *Dammann/Simitis*, EG Datenschutzrichtlinie, Einl. Rdnr. 10; *Simitis*, NJW 1998, 2476; *Roßnagel/Pfitzmann/Garstka*, Modernisiereung, 56.

3.2 Der Rat

233 So sehr die Rolle der EG-Kommission bei der Entwicklung des Datenschutzes in der Europäischen Union im Vordergrund steht, so wenig darf der **Einfluss des Rates** unterschätzt werden. Vorschriften wie Art. 3 Abs. 2 der EG-Datenschutzrichtlinie[724] grenzen nicht nur den Anwendungsbereich der Richtlinie ein, sie bestätigen auch den Anspruch des Rates, sich besonders im **Innen- und Justizbereich** die Entscheidung über die Verarbeitungsvorgaben vorzubehalten. Die Legitimation dazu folgt unmittelbar aus der im Maastrichter Vertrag[725] getroffenen Regelung, wonach die Unionsaktivitäten auf drei, deutlich voneinander getrennten **„Säulen"** beruhen,[726] dem Gemeinschaftsrecht, der gemeinsamen Außen- und Sicherheitspolitik und der polizeilichen und justitiellen Zusammenarbeit. Während jedoch die Rechtsakte der ersten Säule nach den für das supranationale Gemeinschaftsrecht geltenden Modalitäten beschlossen werden, gründen sich die im Bereich der zweiten und dritten Säule anwendbaren Verarbeitungsbestimmungen auf **intergouvernementalen Übereinkünften**. Den Mitgliedstaaten bietet sich so die Möglichkeit, in ihren Vereinbarungen gezielt andere Wege zu gehen, als sie im Gemeinschaftsrecht beschritten worden sind.

234 Der Rat hat vor genau diesem Hintergrund bereits bestehende, mit einer intensiven Verarbeitung personenbezogener Daten verbundene Regelungen in seinen Kompetenzbereich einbezogen. Dazu zählt in erster Linie der in einem Beschluss des Rates vom 22. Mai 1999[727] zusammengefasste **„Schengen-Besitzstand"**,[728] angefangen mit dem ursprünglich zwischen den Staaten der Benelux-Wirtschaftsunion, Deutschland und Frankreich am 14. Juni 1985 geschlossenen **Schengener Übereinkommen** über den schrittweisen Abbau der Kontrollen an den gemeinsamen Grenzen (Schengen I), dem fast gleichzeitigen Durchführungsübereinkommen vom 19. Juni 1985 einschließlich der Schlussakte und der gemeinsamen Erklärungen (Schengen II) bis hin zu allen späteren Beitrittsabkommen und -protokollen sowie den Beschlüssen und Erklärungen des Schengen-Exekutivausschusses und den Beschlüssen der von ihm mit Entscheidungsbefugnissen ausgestatteten Zentralen Gruppe.[729] Nicht anders ist es beim **„Europol-Besitzstand"**. Wiederum wurde mit dem Europol-Übereinkommen[730] und der Vielzahl der mit damit zusammenhängenden Protokolle und Durchführungsbestimmungen[731] eine herausragende Sicherheitsaufgabe in die Arbeit des Rates integriert. Mehr noch: Art. 30 EUV gibt sich nicht damit zufrieden, die Grundelemente einer polizeilichen Kooperation ausdrücklich aufzuzählen (Abs. 1), sondern legt genauso explizit die Verpflichtung des Rates fest, die weitere Entwicklung von Europol durch bestimmte, konkret angeführte Maßnahmen zu unterstützen (Abs. 2). **Informationssysteme** wie die von **Europol**[732]

724 Dazu o. Rdnr. 208.

725 Vertrag über die Europäische Union unterzeichnet am 7. Februar 1992 und in Kraft getreten am 1. November 1993; dazu *Pechstein/Koenig*, Die Europäische Union – Die Verträge von Maastricht und Amsterdam (2. Auflage 1998) Rdnr. 1 ff.

726 *Röben*, in *Grabitz/Hilf*, EUV/EGV vor Art. 29 EUV Rdnr. 21 ff.; *Kübler*, Säulen, S. 26 ff.; *Di Martino*, Datenschutz 77 ff.; sowie *Viethen*, Datenschutz, 114 ff., jeweils mit weiteren Angaben.

727 ABl. 1999 Nr. L 176/11.

728 ABl. 2000 Nr. L 239/ 1.

729 Dazu insb. *Jour-Schröder/Weismeier*, in *von der Groeben/Schwarze*, Vertrag, Vorbem. zu den Art. 29 bis 42 EU Rdnr. 35 ff., 70 f.; *Schmahl*, ebda., Vorbem. zu den Art. 61 bis 69 RG Rdnr. 46 ff.; *Röben*, in *Grabitz/Hilf*, EUV/ EGV, vor Art. 29 EUV Rdnr. 10 ff.; sowie *Baldus*, Transnationales Polizeirecht, 95 f., 302 ff., 322 ff., 355 ff.

730 Übereinkommen auf Grund von Artikel K 3 über die Errichtung eines Europäischen Polizeiamtes, ABl. 1995 Nr. C 316/1

731 Dazu *Jour-Schröder*, in *von der Groeben/Schwarze*, Vertrag, Art. 30 EU Rdnr. 31 f.; *Röben*, in *Grabitz/Hilf*, EUV/EGV, Art. 30 EUV Rdnr. 9 ff.; *Petri*, Europol, 31 ff., 52 ff., 153 ff.; *Baldus*, Transnationales Polizeirecht. 302 ff., 322 ff., 355 ff.; *Kübler*, Säulen, 98 ff.

732 Dazu Art. 7ff. des Europol-Übereinkommens sowie die Rechtsakte des Rates v. 3. November 1998 über die Durchführungsbestimmungen für die von Europol geführten Arbeitsdateien zu Analysezwecken, ABl. 1999 Nr. C 26/1; zur Festlegung der Bestimmungen über die Übermittlung von personenbezogenen Daten durch Europol an Drittstaaten und Drittstellen, ABl. 1999 Nr. C 88/1; sowie *Kübler*, Säulen, 104 ff.; *Baldus*, Transnationales Polizeirecht, 302 ff.

und **Schengen** (SIS)[733] dokumentieren den konsequenten Aufbau unmittelbar vom Rat verantworteter und geförderter, kontinuierlich expandierender Sammlungen personenbezogener Angaben.

Europol und Schengen waren nur erste Stationen auf dem Weg zu weiteren, in sehr unterschiedlichen Bereichen angesiedelten Informationssystemen. So manifestiert sich etwa eine ganz im Sinne von Art. 30 EUV zunehmend intensivere Kooperation bei der Bekämpfung und Verhütung von Straftaten nicht nur in Konventionen wie dem Übereinkommen über die gegenseitige Amtshilfe und Zusammenarbeit der Zollverwaltungen,[734] vielmehr genauso in einem eigens durch das Übereinkommen über den Einsatz der Informationstechnologie im Zollbereich[735] geschaffenen **Zollinformationssystem** (ZIS). Ähnlich ist es bei der **justitiellen Kooperation** nach Art. 31 EUV. Die Koordinierung der Strafverfolgungsmaßnahmen konkretisiert sich in der Einrichtung von **Eurojust**.[736] Wie zuvor sein Gegenstück, das Europol-Informationssystem, ist Eurojust durch den am 26. Februar unterzeichneten und am 1. Februar 2003 in Kraft getretenen Vertrag von Nizza[737] ebenfalls in den EUV aufgenommen worden. Art. 31 verweist ausdrücklich auf Eurojust (Abs. 1 Buchst. a) und definiert zugleich dessen Aufgaben (Abs. 2), zu denen besonders die Unterstützung von Ermittlungen in Zusammenhang mit organisierter und überhaupt schwerer grenzüberschreitender Kriminalität rechnet. Nicht zuletzt am Beispiel von Europol zeigt sich aber auch, dass die Politik des Rates mehr und mehr von Bestrebungen gekennzeichnet ist, **vorhandene Datenbestände zu vernetzen und konsequent den Anforderungen einer möglichst einheitlichen europäischen Sicherheits- und Justizpolitik anzupassen**. Die explizit vorgesehene Verwendung von **Europol-Analysen** (Art. 31 Abs. 2 Buchst. b) illustriert diese Tendenz genauso wie die **Verknüpfung von Eurojust mit dem Europäischen Justitiellen Netz** (EJN).[738] 235

Der Rat greift freilich keineswegs nur über intergouvernementale Vereinbarungen in die Verarbeitung personenbezogener Daten ein. Seine Interventionen konzentrieren sich zwar immer wieder auf Materien, die der **„Dritten Säule“** zugerechnet werden. Seit sich jedoch die Europäische Union im am 2. Oktober 1997 unterzeichneten und am 1. Mai 1999 in Kraft getretenen Vertrag von Amsterdam[739] zum Ziel gesetzt hat, die Union als **„Raum der Freiheit, der Sicherheit und des Rechts“** zu erhalten und weiterzuentwickeln (Art. 2 Abs. 1, 4. Spiegelstrich)[740] sind Regelungsbereiche, wie etwa Visa, Asyl und Einwanderung, die zwangsläufig eine Verarbeitung personenbezogener Daten erfordern, vergemeinschaftet worden (Art. 61 EGV).[741] Datensammlungen wie **Eurodac**[742] konnten unter diesen Umständen nicht ausbleiben. An den Interventionsmöglichkeiten des Rates ändert sich zwar nichts, wohl aber an den Entscheidungsmaßstäben. Der Rat muss sich bei seinen Überlegungen an die Vorgaben des Gemeinschaftsrechts halten. Konsequenterweise bezieht sich beispielsweise die Eurodac-Verordnung ausdrücklich auf die **EG-Datenschutzrichtlinie** (Erwägungsgrund Nr.15) und 236

---

733 Übereinkommen zur Durchführung des Übereinkommens von Schengen v. 14. Juni 1985 zwischen den Regierungen der Staaten der Benelux-Wirtschaftsunion, der Bundesrepublik Deutschland und der Französischen Republik betreffend den schrittweisen Abbau der Kontrollen an den gemeinsamen Grenzen v. 19. Juni 1990, ABl. 2000 Nr. L 239/19, Art. 92 bis 119; dazu *Jour-Schröder*, in *von der Groeben/Schwarze*, Vertrag, Art. 30 EU Rdnr. 17 f.; *Baldus*, Transnationales Polizeirecht, 299 ff.;

734 „Neapel II-Übereinkommen“ v. 18. Dezember 1997, ABl. 1998 Nr. C 24/1.

735 Übereinkommen aufgrund von Artikel K. 3 des Vertrags über die Europäische Union über den Einsatz der Informationstechnologie im Zollbereich v. 26. Juli 1995, ABl. 1995 Nr. C 316/ 34.

736 Beschluss des Rates v. 28. Februar 2002 über die Errichtung von Eurojust zur Verstärkung der Bekämpfung der schweren Kriminalität, ABl. 2002 Nr. L 63/1.

737 ABl. 2001 Nr. C 80/1.

738 Rechtsakt v. 29 Juni 1998 zur Einrichtung eines Europäischen Justitiellen Netzes, ABl. 1998 Nr. L 191/ 4.

739 ABl. 1999 Nr. C 340/1.

740 Dazu auch die Mitteilung der Kommission KOM (1998) 459 endg.; sowie *Röben*, in *Grabitz/Hilf*, EUV/EG,or Art. 29 EUV Rdnr. 28; *Jour-Schröder/Wasmeier*, in *von der Groeben/Schwarze*, Vertrag, Vorbem. zu den Art. 29 bis 42 EUV Rdnr. 30 ff.

741 Dazu insb. *Schmahl*, in in *von der Groeben/Schwarze*, Vertrag, Vorbem. zu den Art. 61 bis 60 EGV Rdnr. 2 ff.

742 Verordnung (EG) Nr. 2725/2000 des Rates v. 11. Dezember 2000 über die Einrichtung von „Eurodac“ für den Vergleich von Fingerabdrücken zum Zwecke der effektiven Anwendung des Dubliner Übereinkommens, ABl. 2000 Nr. L 316/1. Dazu *EDPS*, Annual Report 2004, 29f.

orientiert sich ansonsten, etwa bei der Verarbeitungskontrolle (Art. 20 Abs. 11), genauso an den **für die Europäische Gemeinschaft geltenden Datenschutzgrundätzen.**

237 Die unterschiedlichen Ansatzpunkte, **intergouvernementale Vereinbarungen** einerseits und **Gemeinschaftsrecht** andererseits, begünstigen die Verabschiedung von Datenschutzvorschriften, die durch **fehlende Abstimmung, mangelnde Klarheit und zunehmende Inkonsistenz** auffallen.[743] So begnügen sich der Eurojust-Beschluss (Art. 19 Abs. 4) und das Übereinkommen über den Einsatz der Informationstechnologie im Zollbereich (Art. 15 Abs. 2) bei der Auskunftsverweigerung mit einer, allerdings tendenziell restriktiven Übernahme der üblichen Generalklauseln; die Europol-Konvention (Art. 19 Abs. 3) und das Schengener Durchführungsabkommen ergänzen dagegen diese Bestimmungen um Gründe, die eine Auskunft selbst dann verhindern, wenn sie in den Mitgliedstaaten durchaus möglich ist. So schließt die Eurodac-Verordnung (Art. 15 Abs. 5) eine Übermittlung an Behörden von Drittländern grundsätzlich aus; die Europol-Regelung[744] macht demgegenüber Weitergaben zwar zunächst von gewissen Voraussetzungen abhängig, räumt aber zu guter letzt dem Direktor das Recht ein, personenbezogene Daten immer dann zu übermitteln, wenn er es „für absolut notwendig hält" (Art. 2 Abs. 1 Buchst. b). So wird schließlich die Verarbeitungskontrolle entweder „Gemeinsamen Kontrollinstanzen", die sich, sei es auch aus Vertretern der nationalen Kontrollinstanzen (Europol-Konvention Art. 23; Schengener Durchführungsübereinkommen Art. 115; Übereinkommen über den Einsatz der Informationstechnologie im Zollbereich Art. 18), sei aus Richtern (Eurojust-Beschluss Art. 17) zusammensetzen, oder dem Europäischen Datenschutzbeauftragten (Eurodac-Verordnung Art. 20 Abs. 11) anvertraut. Zuweilen bleibt es sogar bei der vagen Aufforderung an die Mitgliedstaaten, „geeignete Maßnahmen" zu treffen (Übereinkommen über die Zusammenarbeit der Zollverwaltungen Art. 25 Abs. 2 Buchst. i). Überhaupt drängt sich der Eindruck auf, längst akzeptierte Datenschutzgrundsätze würden immer wieder in Frage gestellt, verwässert und auch weitgehend zurückgenommen.[745]

238 Die divergierenden, ja widersprüchlichen Regelungen dokumentieren sicherlich eines: Der Rat hat es vermieden, sich auf eine **einheitliche Regelung** zu verständigen. Reagiert wurde immer nur punktuell. Je mehr Datensammlungen aufgebaut und Informationssysteme eingerichtet wurden, desto deutlicher zeichnete sich deshalb, zumal unter dem Eindruck der wechselnden Anknüpfung an die Europaratskonvention und das Gemeinschaftsrecht, auch der mangelnde Konsens über ein Mindestmaß an generell anwendbaren Datenschutzgrundsätzen ab. Der Vorteil liegt freilich auf der Hand: Solange es an einer gemeinsamen Regelungsrundlage fehlt, fällt es leichter den Verarbeitungsanforderungen den Vorzug zu geben, die der beabsichtigten Verwendung am meisten entgegenkommen. Spätestens seit der Annahme der EG-Datenschutzrichtlinie steht freilich genauso fest: Datenschutzvorkehrungen garantieren den Respekt vor den Grundrechten der Betroffenen(Art. 1; Erwägungsgründe 1 und 2).[746] Die Richtlinie formuliert daher Verarbeitungsvorgaben, die sich nicht unter noch so naheliegenden formalen Aspekten beliebig übergehen lassen, sondern überall dort bedacht werden müssen, wo sich die Europäische Union für eine Verwendung personenbezogener Daten entscheidet.[747] Erst recht wird aber damit die **Notwendigkeit** unterstrichen, **sich auf einheitliche Verarbeitungsmaximen zu einigen,** eine Einsicht, der sich auch die Mitglieder des Rates nicht entziehen konnten.[748]

239 Bereits im März 1998 setze sich Italien im Rat der Europäischen Justiz- und Innenminister für die Verabschiedung von Verarbeitungsvorschriften ein, die bei der Einrichtung neuer Informationssysteme genauso berücksichtigt werden müssten wie bei bilateralen oder multi-

743 Dazu *Simitis*, Der verkürzte Datenschutz, 14 ff., 20 ff.

744 Rechtsakt zur Festlegung der Bestimmungen über die Übermittlung von personenbezogenen Daten durch Europol an Drittstaaten und Drittstellen ABl. 1999 Nr. C/1.

745 Vgl. etwa den 31. (2002) 54 ff. und 32. Tätigkeitsbericht des *HDSB* (2003) 19 ff.; sowie den 19. Tätigkeitsbericht des *BfD* (2001-2002) 106 ff.; sowie *Baldus*, Transnationales Polizeirecht, 319 ff.; *Petri*, Europol, 69 ff., 175 ff.; *Kübler*, Säulen, insb. 124 ff.; *Simitis*, Der verkürzte Datenschutz, 25 ff, jeweils . mit weiteren Angaben.

746 Dazu auch o. Rdnr. 212.

747 Vgl. auch *Kübler*, Säulen, 138 ff., 188 ff.; *Simitis*, Der verkürzte Datenschutz, insb. 43 ff.

748 Dazu *Simitis*, Der verkürzte Datenschutz, 28 ff.

lateralen Vereinbarungen zwischen den Mitgliedstaaten.[749] Der Ministerrat entschloss sich daraufhin zu einer **Bestandsaufnahme**, die als Grundlage für die nötigen Korrekturen dienen sollte und übertrug diese Aufgabe einer besonderen Arbeitsgruppe. Fast parallel dazu wurde die beabsichtigte **Harmonisierung der Verarbeitungsgrundsätze** in den **Aktionsplan des Rates** und der EG-Kommission zur Implementation der Bestimmungen des Amsterdamer Vertrages über den Aufbau eines Raumes der Freiheit, der Sicherheit und des Rechts aufgenommen.[750] Die Arbeitsgruppe „Informationssysteme und Datenschutz“ wich freilich ihrer eigentlichen Aufgabe aus. Statt einheitliche Regelungsprinzipien auszuarbeiten, beschränkte sie sich auf technisch-organisatorische Aspekte wie etwa die Zusammenlegung der für die einzelnen Informationssysteme zuständigen Sekretariate.

Ende 1999 reagierte der portugiesische Vorsitz darauf mit eigenen Überlegungen zu den **„Allgemeinen Grundsätzen des Datenschutzes im Rahmen der Ditten Säule“**.[751] Sie signalisierten eine deutliche Abkehr von der bis dahin gängigen Orientierung an der Datenschutzkonvention des Europarates. Gleichviel, ob es um die Übermittlungsvoraussetzungen, das Auskunftsrecht der Betroffenen oder die Informationspflichten der verantwortlichen Stellen ging, als Vorlage diente durchweg die EG-Datenschutzrichtlinie. Das Ergebnis war freilich erneut enttäuschend. Die Arbeitsgruppe fand sich zwar diesmal bereit, in ihrem „Entschließungsentwurf“ auf Verarbeitungsvorgaben einzugehen.[752] Der Akzent lag aber sichtlich auf einer Restriktion des Datenschutzes, wie allein schon die allen anderen Regelungsvorschlägen vorangestellten generellen Ausnahmen zeigen (Art. 2 Abs. 2). 240

Die griechische Präsidentschaft ließ sich deshalb auf den Entwurf gar nicht ein und legte ihrerseits in einer Note vom 3. Juni 2003 detaillierte **Regelungsgrundsätze** vor, die von der Forderung nach einer klaren Zweckbindung, über gezielte Übermittlungseinschränkungen, Informations- und Korrekturrechte der Betroffenen bis hin zu präzisen Kontrollvorkehrungen reichten. Doch weder die positive Aufnahme der griechischen Vorschläge noch die nachdrücklich geäußerte Erwartung mehrerer Ratsmitglieder nun endlich eine Regelung zu verabschieden, konnten die Mehrheit des Ministerrats überzeugen, von weiteren Verhandlungen abzusehen. Statt dessen wurde wiederum eine besondere Arbeitsgruppe eingesetzt, die sich allerdings nicht an die ihr ausdrücklich gesetzte Frist (Ende 2003) gehalten hat.[753] Nach weiteren eingehenden Diskussionen legte der **Rat** im Herbst 2005 dem **Europäischen Datenschutzbeauftragten** einen **Regelungsvorschlag** zur Stellungnahme vor.[754] Auf den ersten Blick haben sich damit die Chancen gebessert, endlich zu einer verbindlichen Regelung zu gelangen. Etliche der auch vom europäischen Datenschutzbeauftragten monierten Mängel wiegen freilich so schwer, dass sich eine weitere schwierige Auseinandersetzung kaum vermeiden lässt. So fehlt es beispielsweise an einer wirklich klaren Zweckbindung, die nicht zuletzt die Mitgliedsstaaten verpflichten muss, sich nicht nur bei weiteren Nutzungen zurückzuhalten, sondern eindeutig festzuschreiben, wann die Daten für welche Ziele verarbeitet werden dürfen. Erst recht kommt es ganz besonders darauf an, die Übermittlungsbedingungen bei einer Weitergabe an Drittstaaten zu präzisieren und die innereuropäische Verwendung der aus Drittländern übermittelten Daten lediglich zuzulassen, wenn bei ihrer Verarbeitung im Ursprungsland den Datenschutzanforderungen entsprochen worden ist. Die Verwendung biometrischer Daten mag zudem für selbstverständlich gehalten werden. Sie ist dennoch an besondere Bedingungen zu knüpfen. Wieso schließlich die ansonsten, jedenfalls nach der 241

749 European Union, The Council, JAI 15 (8321/98).

750 JAI 41 (13844/98).

751 Rat der Europäischen Union, Vermerk des portugiesischen Vorsitzes v. 22. Dezember 1999 (11.01) 14302/99, JAI 121; sowie Aufzeichnung des portugiesischen Vorsitzes für die Gruppe „Informationssysteme und Datenschutz“ v. 31. Januar 2000 (04.02) 552/00 JAI 10.

752 Rat der Europäischen Union, Vermerk des Vorsitzes für die Gruppe „Informationssysteme und Datenschutz“ v. 6. März 2001 (11.01) 6316/1/01 JAI 13.

753 Vgl. auch EDPS, Annual Report 2004, 36.

754 Proposal for a Council Framework Decision on the protection of personal data processed in the framework of police and judicial co-operation in criminal matters (COM (2005) 475 final); sowie EDPS, Opinion on the Proposal v. 19.12.2005.

EG-Datenschutzrichtlinie (Art. 15) ebenso wie nach allen nationalen DSG (§ 6a BDSG), grundsätzlich untersagte automatisierte Einzelentscheidung plötzlich möglich sein soll, ist nicht einzusehen.

3.3 Die Europäische Verfassung – Konsequenzen für den Datenschutz

242 Der von der EG-Datenschutzrichtlinie nachdrücklich betonte **Zusammenhang zwischen dem Datenschutz einerseits und den Grundrechten und Grundfreiheiten des Einzelnen andererseits**[755] ist seither bestätigt und bekräftigt worden. Art. 8 der am 7.12.2000 in Nizza proklamierten **Grundrechtecharta** der Europäischen Union garantiert ausdrücklich das **Recht auf Datenschutz**.[756] An die Stelle der in der EG-Datenschutzrichtlinie (Art. 1 Abs. 1; Erwägungsgründe Nr. 1, 9, 10) noch enthaltenen Hinweise ist so eine präzise, eindeutig auf den Datenschutz bezogene Aussage getreten.[757] Besonderer Reflexionen darüber, wie die Verweisungen im Text und in den Erwägungsgründen genau zu verstehen sind, und wie vor allem der „Schutz der Privatsphäre" (Art. 1) ausgelegt werden muss, bedarf es nicht mehr. Art. 8 der Grundrechtecharta definiert den Anknüpfungspunkt und legt damit auch den Handlungsrahmen fest. Die EG-Datenschutzrichtlinie steht so gesehen auf einer weitaus präziseren Grundlage.

243 Formal betrachtet, ist die Charta sicherlich keine verbindliche Vorgabe. Dennoch haben gleich mehrere Generalanwälte in ihren Schlussanträgen vor dem EuGH auf die Charta verwiesen, um klarzustellen, welche Grundrechte die Gemeinschaft respektieren und gewährleisten muss.[758] Die EG-Kommission hat zudem im März 2001 beschlossen, alle Vorschläge für Rechtsakte und Regelungen noch vor ihrer Einbringung auf ihre Vereinbarkeit mit der Charta zu prüfen.[759] Die Charta ist also, anders als man zunächst vermuten könnte, **kein folgenloses Dokument**. Überlegungen zur **Verwendung personenbezogener Daten im Bereich der Europäischen Union müssen sich an der Charta orientieren** und ihr Rechnung tragen.[760]

244 Die Charta war freilich nur ein erster, wenngleich besonders wichtiger Schritt auf dem Weg zu einer **Europäischen Verfassung**. Konsequenterweise ist sie in den **Entwurf eines Verfassungsvertrages** vom 18. Juli 2003[761] aufgenommen worden. Teil II des Vertrages gibt die Charta wörtlich wieder und reiht damit den Datenschutz genauso klar in die Grundrechte ein. Mehr noch: Der Entwurf ergänzt, um die Sprache des Konvents aufzugreifen, die „legislativen" Aufgaben der Europäischen Union um **„operative" Verpflichtungen**.[762] In Teil I, Titel VI, Art. 50 wird deshalb nicht nur das **Recht auf Datenschutz** bekräftigt (Abs. 1), sondern mit der Verpflichtung verbunden, die Voraussetzungen der Verwendung personenbezogener Daten durch **europäische Gesetze für den Gesamtbereich der Union** zu regeln, ohne Rücksicht im Übrigen darauf, ob die Verarbeitung im Rahmen spezifischer Unionsaktivitäten oder auf der Ebene der Mitgliedstaaten stattfindet.[763]

---

755 o. Rdnr 212, 216

756 Dazu insb. *Bernsdorff*, in *J.Meyer*, Kommentar zur Charta der Grundrechte der Europäischen Union (2003) Art. 8 Rdnr. 1 ff., 12 ff.

757 Vgl. auch den im Februar 1999 vorgelegten Bericht der von der Europäischen Kommission eingesetzten Expertengruppe „Grundrechte", Die Grundrechte in der Europäischen Union verbürgen (Europäische Gemeinschaften 1999) 13, 26.

758 Vgl. etwa die Schlussanträge der Generalanwälte *Alber*, in Rs. C-340/99 (TNT-Traco); *Jacobs*, in Rs. C-270/99 (Netherlands v. Parliament and Council) sowie in Rs. C-50/00 (Union de Pequennos Agricultores); Mischo, in Rs. 64/00 (Booker and Hydro v. the Scottish Ministers).

759 Bulletin Quotidien Europe No. 7918, v. 8.3.2001, S. 7.

760 Vgl. auch *Simitis*, Der verkürzte Datenschutz, 43 ff.

761 Entwurf eines Vertrags über eine Verfassung für Europa, vom Europäischen Konvent im Konsensverfahren angenommen am 13. Juni und 10. Juli 2003, dem Präsidenten des europäischen Rates in Rom überreicht am 18. Juli 2003.

762 Vgl. den Schlussbericht der Gruppe X „Freiheit, Sicherheit und Recht" v. 2. Dezember 2002, Europäischer Konvent, Sekretariat, CONV 426/02, WGX 14.

763 Vgl. auch Note of the Praesidium of the European Convention, Part One of the Constitution, Title VVI: The democratic life of the Union vom 2. April 2003, CONV 650/03 S. 3, 11.

Der Verfassungsvertrag setzt aber noch in einer anderen Beziehung neue Akzente. Die Aufforderung, an den an den europäischen Gesetzgeber, den Datenschutz zu gewährleisten, findet sich in jenem Teil der Vertrages, der die **demokratische Struktur** der Europäischen Union anspricht und ihre Grundbedingungen umschreibt. Der Datenschutz wird mit anderen Worten zu genau diesen Bedingungen gerechnet.[764] Der Verfassungsvertrag löst sich so von der lange Zeit für die Mitgliedstaaten ebenso wie für die EG-Datenschutzrichtlinie bezeichnenden Verknüpfung des Datenschutzes mit dem **Persönlichkeitsrecht**[765] und sieht im Datenschutz primär ein Grundrecht, das die für eine demokratische Gesellschaft unerlässliche **kommunikative Kompetenz** ihrer Mitglieder erhalten und stärken soll.[766] 245

Die vom Verfassungsentwurf ausdrücklich anerkannte **Priorität der europäischen Gesetzgebung** verändert die noch geltenden Regelungsbedingungen von Grund auf. Anders als früher sind die Unionsaufgaben nicht mehr drei sorgfältig voneinander getrennten „**Säulen**", zugeordnet, die Kompetenzen präjudizieren und so unterschiedliche, ja sich widersprechende Regelungen legitimieren.[767] Die Union ist im Gegenteil ein einheitlicher Bereich, in dem die in der Verfassung verankerten Grundrechte den Maßstab abgeben, der an jede von der Union getroffene Regelung angelegt werden muss. Wechselnde Kompetenzen rechtfertigen es deshalb weder den Datenschutz überhaupt in Frage zu stellen, noch mit seinen Grundelementen, wie etwa der Restriktion auf die wirklich benötigten Angaben, ihrer strikten Zweckbindung, den Rechten der Betroffenen und einer unabhängigen Kontrolle, beliebig umzugehen. **Bereichsspezifische Variationen** lassen sich zwar nicht vermeiden, setzen aber immer **Kompensationen** voraus, die einer Aushöhlung oder gar Verflüchtigung des Datenschutzes vorbeugen. Anders und konkreter ausgedrückt: Der Verfassungsvertrag zwingt die Europäische Union, ihre bisherigen Verarbeitungsregelungen zu überprüfen. Die Bestimmungen der EG-Datenschutzrichtlinie stehen daher genauso auf dem Prüfstand wie alle anderen Datenschutzvorschriften gleichviel aus welchem Unionsbereich. Sie sind nur solange akzeptabel wie sie den auf einen ebenso konsistenten wie konsequenten Datenschutz bedachten Anforderungen des Verfassungsvertrages standhalten.[768] 246

764 Vgl. auch *EDPS*, Annual Report 2004, 8.
765 Dazu o. Rdnr. 25 sowie § 1 Rdnr. 25, 33 ff.
766 Dazu § 1 Rdnr. 36 ff.
767 Dazu o. Rdnr. 233 ff.
768 Dazu auch Note of the Praesidium of the European Convention, Area of freedom, security and justice – draft Article, Part one – draft articles from Part two v. 14. März 2003, CONV 614/03, S. 31; *EDPS*, Annual Report 2004, 8; sowie *Andenas/Zleptnig*, 14 European Business Law Review (2003) 781.

Erster Abschnitt
Allgemeine und gemeinsame Bestimmungen

§ 1 Zweck und Anwendungsbereich des Gesetzes

(1) Zweck dieses Gesetzes ist es, den einzelnen davor zu schützen, daß er durch den Umgang mit seinen personenbezogenen Daten in seinem Persönlichkeitsrecht beeinträchtigt wird.
(2) Dieses Gesetz gilt für die Erhebung, Verarbeitung und Nutzung personenbezogener Daten durch
1. öffentliche Stellen des Bundes,
2. öffentliche Stellen der Länder, soweit der Datenschutz nicht durch Landesgesetz geregelt ist und soweit sie
a) Bundesrecht ausführen oder
b) als Organe der Rechtspflege tätig werden und es sich nicht um Verwaltungsangelegenheiten handelt,
3. nicht öffentliche Stellen, soweit sie die Daten unter Einsatz von Datenverarbeitungsanlagen verarbeiten, nutzen oder dafür erheben oder die Daten in oder aus nicht automatisierten Dateien verarbeiten, nutzen oder dafür erheben, es sei denn, die Erhebung, Verarbeitung oder Nutzung der Daten erfolgt ausschließlich für persönliche oder familiäre Tätigkeiten.
(3) Soweit andere Rechtsvorschriften des Bundes auf personenbezogene Daten einschließlich deren Veröffentlichung anzuwenden sind, gehen sie den Vorschriften dieses Gesetzes vor. Die Verpflichtung zur Wahrung gesetzlicher Geheimhaltungspflichten oder von Berufs- oder besonderen Amtsgeheimnissen, die nicht auf gesetzlichen Vorschriften beruhen, bleibt unberührt.
(4) Die Vorschriften dieses Gesetzes gehen denen des Verwaltungsverfahrensgesetzes vor, soweit bei der Ermittlung des Sachverhalts personenbezogene Daten verarbeitet werden.
(5) Dieses Gesetz findet keine Anwendung, sofern eine in einem anderen Mitgliedstaat der Europäischen Union oder in einem anderen Vertragsstaat des Abkommens über den Europäischen Wirtschaftsraum belegene verantwortliche Stelle personenbezogene Daten im Inland erhebt, verarbeitet oder nutzt, es sei denn, dies erfolgt durch eine Niederlassung im Inland. Dieses Gesetz findet Anwendung, sofern eine verantwortliche Stelle, die nicht in einem Mitgliedstaat der Europäischen Union oder in einem anderen Vertragsstaat des Abkommens über den Europäischen Wirtschaftsraum belegen ist, personenbezogene Daten im Inland erhebt, verarbeitet oder nutzt. Soweit die verantwortliche Stelle nach diesem Gesetz zu nennen ist, sind auch Angaben über im Inland ansässige Vertreter zu machen. Die Sätze 2 und 3 gelten nicht, sofern Datenträger nur zum Zweck des Transits durch das Inland eingesetzt werden. § 38 Abs. 1 Satz 1 bleibt unberührt.

Übersicht

1. Gesetzgebungskompetenz

Literatur*

M. Wochner, Das Datenschutzdurcheinander, DVBl. 1982, 233 ff.; *M. Kloepfer*, Geben moderne Technologien und die europäische Integration Anlass, Notwendigkeit und Grenzen des Schutzes personenbezogener Informationen neu zu bestimmen?, in Verhandlungen des 62. DJT 1998 Bd. 1 (1998) D 5 ff.

1.1 Zuständigkeit

1 Das Grundgesetz nimmt nirgends ausdrücklich zur Zuständigkeit für die gesetzliche Regelung der Verarbeitung personenbezogener Daten Stellung. Von einem „kompetenziellen Datenschutzdurcheinander"[1] kann dennoch nicht die Rede sein. Ein „Durcheinander" liegt vielmehr genauso viel oder genauso wenig vor wie bei jedem anderen Gegenstand, der sich nicht reibungslos in den Kompetenzkanon des Grundgesetzes einfügen lässt. Hier wie sonst bleibt nur übrig, den konkreten Regelungszusammenhang als Anknüpfungspunkt zu wählen, um vor dessen Hintergrund die **Gesetzgebungszuständigkeit** zu entscheiden.[2] Der bloße Hinweis auf die Verarbeitung personenbezogener Daten gibt, anders ausgedrückt, noch keinen Aufschluss über die **Regelungskompetenz**. Korrekte Aussagen dazu erscheinen erst möglich, wenn neben dem **Regelungsanlass** auch und gerade der je spezifische **Regelungskontext** feststeht.

2 Der **Bund** vermag unter diesen Umständen ebenso wenig die **ausschließliche Zuständigkeit** für sich in Anspruch zu nehmen wie die **Länder** ein Gesetzgebungsmonopol beanspruchen können. Die Regelung der Verarbeitung personenbezogener Daten ist eine Aufgabe, die nur von beiden zu erfüllen ist und die daher von Anfang an alle Chancen und Risiken einer genuin föderalen Regelung aufweist. Eben deshalb lässt sich auch eine wie immer verstandene „**Leitfunktion**" der Bundesgesetzgebung[3] weder rechtlich begründen, noch hat sie faktisch je

---

* Weitere Literaturnachweise vor den einzelnen Abschnitten.

1 *Wochner,* DVBl. 1982, 233 ff.; vgl. auch *Arndt,* JuS 1988, 682.

2 In diesem Sinn schon die Begr. des RegE zum BDSG 1977, BT-Drs. 7/1072, 16.

3 So die Begr. des RegE zum BDSG 90, BT-Drs. 11/4306, 35; vgl. allerdings auch *LfD BW,* 7. TB, 8; sowie *Dörr/Schmidt,* BDSG 9 f.

existiert. Ganz gleich, ob es um die anfänglichen Reaktionen auf die automatisierte Verarbeitung personenbezogener Daten ging[4] oder die späteren Bemühungen, die gesetzliche Regelung den Vorgaben des BVerfG,[5] aber auch den Anforderungen der EG-Datenschutzrichtlinie von 1995 anzupassen,[6] die **Initiative** hat durchweg **bei den Ländern** gelegen. Die Auseinandersetzung über die erforderlichen allgemeinen Datenschutzvorschriften ist, so gesehen, stets auf der Grundlage der von den Landesgesetzgebern entwickelten Regelungsmodelle erfolgt.

Die ständig wiederkehrenden Hinweise auf die besondere Rolle oder gar die „Leitfunktion" 3
des Bundes sind freilich keineswegs zufällig. Sie spiegeln vielmehr die aller **Kompetenzverteilung** zum Trotz latent vorhandenen, sich vornehmlich im Sicherheitsbereich immer wieder manifestierenden **zentralistischen Bestrebungen** wider. Die Kontroversen über die Novellierung der Verfassungsschutzgesetze im Vorfeld des BDSG 90[7] sind ebenso bezeichnend dafür wie die späteren Auseinandersetzungen über die verschiedenen Regelungen zur Terrorismusbekämpfung und die damit verbundenen Bestrebungen, die Zuständigkeiten des BKA zu erweitern.[8] Verlauf und Ergebnis dieser Diskussionen haben ein um das andere Mal bestätigt, dass die Chancen zu einer Regelung zu gelangen, die den Zugriff auf personenbezogene Daten an enge, möglichst präzise formulierte Bedingungen zu knüpfen, auch und vor allem von der Bereitschaft der Länder abhängt, nicht auf einer formalen Ebene zu verharren, sondern ihre Kompetenzansprüche zugleich als Verpflichtung zu verstehen, jeden Versuch, die Verarbeitung personenbezogener Ausgaben auszubauen, kritisch auf seine Vereinbarkeit mit der informationellen Selbstbestimmung der Betroffenen zu überprüfen.[9]

Kurzum, die Anforderungen an die Verarbeitung personenbezogener Daten sind kein „natür- 4
liches" Exerzierfeld expandierender bundesgesetzlicher Regelung. Der **Bundesgesetzgeber** kann und darf vielmehr nur in dem vom Grundgesetz (Art. 70) tolerierten Umfang eingreifen. Er muss sich, anders ausgedrückt, strikt auf die Fälle beschränken, bei denen er auch in der Lage ist, den Zusammenhang mit einer Materie nachzuweisen, für die ihm eine in der Verfassung begründete Kompetenz zustehen.[10]

Der **Einigungsvertrag**[11] hat diesen Grundsatz zwar für kurze Zeit durchbrochen,[12] ihn aber 5
keineswegs infrage gestellt. Die Verpflichtung der öffentlichen Stellen aller neuen Bundesländer, sich bei der Verarbeitung personenbezogener Daten nach dem BDSG zu richten,[13] hatte lediglich den Sinn, keine zeitlichen Verzögerungen aufkommen zu lassen und eine datenschutzkonforme Verwendung möglichst sofort zu garantieren. Die Verweisung auf das BDSG war also nicht mehr als eine Übergangsregelung, die an der Kompetenz der Landesgesetzgeber und damit an der ausschließlich ihnen vorbehaltenen Aufgabe, die letztlich allein maßgeblichen Regelungen zu treffen, nichts geändert hat.

Weil sich die **Bundeskompetenz** lediglich vom jeweiligen Regelungszusammenhang her, 6
mithin nur punktuell begründen lässt, kann es mit Rücksicht auf die Vielfalt der im BDSG angesprochenen Verarbeitungszusammenhänge **keinen einheitlichen, die gesamte Regelungsbreite des Gesetzes abdeckenden Anknüpfungspunkt** geben.[14] Vielmehr bietet es sich an, zunächst die beiden auch im Gesetz sorgfältig unterschiedenen **Adressatenkreise** auseinander zu halten, also auf öffentliche (§§ 12 ff.) und nicht-öffentliche Stellen (§§ 27 ff.) getrennt einzugehen. **Pauschale Zuweisungen verbieten sich** trotzdem. Gerade beim **nicht-öffentlichen Bereich** kann bei den Datenschutzvorschriften **weder global von öffentlich-rechtlichen Normen**[15] **noch** genauso kategorisch **von einer bürgerlich-rechtlichen Rege-**

4 Dazu Einl. Rdnr. 1 ff.
5 BVerfGE 65, 1; dazu Einl. Rdnr. 50 ff.
6 Dazu Einl. Rdnr. 89 ff.
7 Vgl. schon *HDSB,* 9. TB, 39 ff., sowie *HDSB*, 18. TB, 21 ff.
8 Vgl. etwa *BfD*, 21. TB, 24 ff.; sowie *BayDSB*, 21. TB,9 f.
9 Vgl. auch *Simitis*, Zwanzig Jahre a.a.O., 46 f.
10 Vgl. auch *Kloepfer,* in Verhandlungen des 62. DJT Bd. 1 D 45.
11 BGBl. II 1990, 885.
12 Dazu insb. *Stollreither,* DuD 1991, 282 ff.; sowie die 3. Aufl. dieses Kommentars, § 1 Rdnr. 65.
13 Anlage I Kap. II Sachgebiet C Abschn. III Nr. 3, BGBl. a.a.O., 917.
14 Vgl. auch *Kloepfer,* in Verhandlungen des 62. DJT Bd. 1 D 43.
15 *Wochner,* DVBl. 1982, 233, 236.

lung (Art. 74 Abs. 1 Nr. 1 GG)[16] **oder von Bestimmungen, die sich auf die Wirtschaft beziehen** (Art. 74 Abs. 1 Nr. 11 GG) die Rede sein.

7 Das BDSG schreibt zwar abschließend und verbindlich vor, unter welchen Bedingungen personenbezogene Daten verarbeitet werden dürfen. Nicht jede zwingende Vorschrift zählt jedoch ohne weiteres zum öffentlichen Recht. Zudem, so nahe es etwa liegt, bei den Bestimmungen über die Meldepflicht (§§ 4d, 4e) oder die Aufsichtsbehörden (§ 38) von öffentlichrechtlichen Vorschriften zu sprechen, so schwer fällt es, bei den Schadensersatzvorschriften (§§ 7, 8) genauso zu verfahren.[17] Je differenzierter sich deshalb die Verarbeitungsregelung gestaltet, desto nötiger erweist es sich, von einem einzigen Anknüpfungspunkt abzusehen und stattdessen auf die verschiedenen in Art. 74 GG aufgezählten Zuteilungsmaßstäbe zurückzugreifen,[18] also auf Art. 74 Abs. 1 Nr. 1 GG ebenso wie auf Art. 74 Abs. 1 Nr. 11 GG, unter Umständen aber auch, etwa bei der Übermittlung von Arbeitnehmerdaten (§§ 28 Abs. 3 Nr. 3 Satz 2, 29 Abs. 2 Satz 2) oder den Anforderungen an die internen Beauftragten (§§ 4f und 4 g), auf Art. 74 Abs. 1 Nr. 12 GG.

8 Auch bei **öffentlichen Stellen** gibt es keine auf die Verarbeitung personenbezogener Daten unmittelbar zugeschnittene, zudem auf den gesamten öffentlichen Bereich ohne weiteres anwendbare Kompetenzgrundlage. Die **Datenverarbeitung** wird zwar zu den mittlerweile selbstverständlichen **„Arbeits- und Organisationsmitteln“** der öffentlichen Verwaltung gezählt.[19] Ebenso selbstverständlich erscheint es deshalb, die gesetzlichen Anforderungen an den Umgang mit personenbezogenen Daten den Vorschriften zum **Verwaltungsverfahren** zuzurechnen[20] und damit die Gesetzgebungskompetenz aus den Art. 84 bis 86 GG abzuleiten, mit der Folge, dass sich Länder, Gemeinden und Gemeindeverbände, soweit sie Bundesrecht ausführen, an bundesrechtliche Vorgaben halten müssen.

9 Ein derart unverfälscht **instrumentelles Verständnis der Datenverarbeitung** spiegelt freilich eine besonders in der Zeit zwischen 1960 und 1975 weit verbreitete Tendenz wider, die Datenverarbeitung generell, mithin ohne Rücksicht auf die Art der Daten sowie den je spezifischen Verarbeitungsgegenstand, lediglich als eine bessere und vor allem rationellere Arbeitsmöglichkeit der öffentlichen Verwaltung anzusehen.[21] Sie wurde mit anderen Worten nur als eine vielversprechende Ergänzung und Variation der bereits genutzten Arbeitsinstrumente wahrgenommen. In dem Maße jedoch, in dem sich die Einsicht in die Notwendigkeit durchsetzte, eben nicht alle Daten nach den gleichen Grundsätzen zu behandeln, ließ sich eine solche Sicht der Datenverarbeitung nicht mehr aufrechterhalten. Der Gesetzgeber wird nicht deshalb zum Eingriff aufgefordert, weil die öffentliche Verwaltung Karteischränke durch Rechenzentren oder elektrische Schreibmaschinen durch Personal Computer ersetzt, also ihre **maschinelle Ausstattung** modernisieren möchte. Er soll vielmehr den **Auswirkungen** einer ebenso expandierenden wie ständig verfeinerten **Verarbeitungstechnologie** auf die **Möglichkeiten des Einzelnen, die eigene Entwicklung selbst zu bestimmen**, und damit verbunden auf die **Struktur von Staat und Gesellschaft** entgegentreten.[22]

10 Ganz in diesem Sinn sieht das BVerfG[23] in der rechtlichen Regelung der Verarbeitung ein für die **Funktionsfähigkeit einer demokratischen Gesellschaft** entscheidendes Element und verknüpft damit eine Reihe präziser, an die Adresse des Gesetzgebers gerichteter Erwartungen.[24] Alle seit 1970 entstandenen Gesetze sind deshalb nicht etwa organisatorische Anlei-

16 So wohl *v. Münch,* in *v. Münch/Kunig,* GG Art. 74 Rdnr. 5; *Ruckriegel,* Jura 1981, 346.
17 Vgl. auch *Hanisch,* BayVBl. 1983, 234 ff.; *Bothe,* in AK-GG Art. 74 Rdnr. 2; sowie *Wochner,* DVBl. 1982, 237 f.
18 Vgl. auch *Auernhammer,* BDSG Einf. Rdnr. 23; *Rengeling,* BK Art. 74 Nr. 11 Rdnr. 80.
19 So schon die Begr. des RegE zum BDSG 1977, BT-Drs. 7/1027, 16.
20 Vgl. *Auernhammer,* BDSG Einf. Rdnr. 22; *Arndt,* JuS 1988, 682.
21 Dazu Einl. Rdnr. 6 ff.; sowie *Simitis,* Zwanzig Jahre, a.a.O., 138 ff.; *Zeidler,* Über die Technisierung der Verwaltung (1959) 11 ff., 14 ff.; *Bull,* Verwaltung durch Maschinen (1964) 57 ff.; *v. Berg,* Automationsgerechte Rechts- und Verwaltungsvorschriften (1968) 15 ff.
22 Dazu Einl. Rdnr. 9 ff.; sowie *Roßnagel/Trute,* Handbuch 2.5, insb. Rdnr. 5 f.
23 BVerfGE 65, 1 (43).
24 Vgl. Einl. Rdnr. 29 ff.

tungen zum besseren Umgang mit Datenverarbeitungsanlagen, sondern greifen im Gegenteil bewusst in den Verarbeitungsprozess ein, um ihn von Anfang an in Bahnen zu lenken, die mit den Existenzbedingungen einer auf die Selbstbestimmung des Einzelnen gegründeten demokratischen Gesellschaft vereinbar sind. Jedes dieser Gesetze enthält daher, so unterschiedlich sie im Übrigen sein mögen, neben einer Reihe von Vorschriften zu den einzelnen Verarbeitungsvoraussetzungen, **Bestimmungen über die Rechte der Betroffenen** und die Aufgaben einer eigens im Hinblick auf die möglichen Verarbeitungskonsequenzen konzipierten **Kontrollinstanz**.

Mit jedem dieser Rechte, angefangen beim Auskunfts-, über das Berichtigungs-, bis hin zum Löschungsrecht, wird die Grenze zum **materiellen Recht** überschritten, der verfahrensrechtliche Bereich also eindeutig verlassen. Die Frage nach der Zuständigkeit des Bundesgesetzgebers kann deshalb nicht mit einem Hinweis auf die Art. 84 bis 86 GG beantwortet werden.[25] Sie stellt sich vielmehr neu und schärfer.[26] Nicht anders ist es bei der **Kontrolle**. Vordergründig mag es durchaus plausibel klingen, die Einrichtung einer besonderen Kontrollinstanz ebenso wie die Bedingungen ihrer Tätigkeit als einen spezifischen, auf die Verarbeitung personenbezogener Daten zugeschnittenen Aspekt des **Verwaltungsverfahrens** anzusehen. Mit allgemeinen Überlegungen über Kontrollaufgaben und Kontrollvorschriften ist es allerdings nicht getan. Korrekte Aussagen zur Gesetzgebungskompetenz sind vielmehr erst möglich, wenn **Struktur und Funktionen der jeweiligen Kontrollinstanz** bedacht werden. 11

Für den BfDI gilt genauso wie für die DSB der Länder: Beide sind **Konsultativ- und Kontrollinstanzen in einem**. Ihre Tätigkeit erschöpft sich mithin keineswegs darin, die verantwortlichen Stellen zu überwachen. Sie sind vielmehr auch und gerade verpflichtet, Parlament, Regierung und Verwaltung zu beraten, kurzum, ihre Erfahrungen zu nutzen, um Wege und Mittel aufzuzeigen, die es ermöglichen, den Konsequenzen einzelner Verarbeitungsmodalitäten ebenso wie den Auswirkungen einer ständig weiterentwickelten Informations- und Verarbeitungstechnologie rechtzeitig zu begegnen. Die DSB können sich deshalb nicht damit begnügen, festzustellen, ob sich die eine oder andere öffentliche Stelle in einem bestimmten Einzelfall an die gesetzlichen Vorschriften gehalten hat. Sie müssen sich im Gegenteil in erster Linie mit der **generellen Verarbeitungspraxis** im öffentlichen Bereich auseinander setzen, um **strukturelle Defizite** auszumachen sowie **geeignete Korrekturen** vorzuschlagen. Nur unter dieser Voraussetzung kann es ihnen gelingen, ihrer vom BVerfG[27] ausdrücklich betonten **präventiven Funktion** gerecht zu werden, und damit dem eigentlichen Ziel der gesetzlichen Vorschriften zu entsprechen, den Verarbeitungsfolgen vorzubeugen, statt lediglich zu versuchen, sie durch nachträgliche Maßnahmen auszugleichen. 12

Die **Gesetzgebungskompetenz des Bundes** lässt sich daher bei **materiellrechtlichen Datenschutzvorschriften** nur aus den **Art. 73 bis 75 GG** herleiten. Soweit also öffentliche Stellen personenbezogene Daten im Zusammenhang mit einer der dort angesprochenen, von der Bundeskompetenz abgedeckten Materien verarbeiten, kann auch die Zuständigkeit des Bundesgesetzgebers für eine Regelung, die etwa den von der Verarbeitung ihrer Daten Betroffenen bestimmte **Rechte gegenüber den jeweiligen öffentlichen Stellen** gewährt, nicht in Zweifel gezogen werden.[28] 13

Die Art. 73 bis 75 GG helfen dagegen bei der Entscheidung, einen **Datenschutzbeauftragten** vorzusehen und ihn mit den für seine Aufgabe erforderlichen Befugnissen auszustatten, nicht weiter. Auf die Einrichtung einer besonderen Kontrollinstanz lässt sich allerdings ebenso wenig verzichten wie auf eine Regelung, die eine unabhängige, umfassende und wirksame Kontrolle der Verarbeitung personenbezogener Daten garantiert. Beides zählt neben klar formulierten Anforderungen an den Ablauf des Verarbeitungsprozesses und eindeutig 14

25 Vgl. freilich *Roßnagel/Tinnefeld*, Handbuch 2.6, Rdnr. 12.
26 Vgl. auch *Bull,* in AK-GG Art. 84 Rdnr. 17.
27 BVerfGE 65, 1 (46).
28 Vgl. auch *Kloepfer,* in Verhandlungen des 62. DJT Bd. 1 D 43 f.; sowie *Tinnefeld/Ehmann/Gerling*, Einführung, 159 ff.

garantierten Rechten der Betroffenen zu den vom BVerfG[29] bekräftigten Grundbedingungen einer verfassungskonformen Verarbeitung. Solange es daher einen Datenschutzbeauftragten nicht gibt, muss den öffentlichen Stellen der Zugang zu personenbezogenen Daten genauso verwehrt bleiben, wie, wenn es an Vorschriften über die Erhebung, die Speicherung oder die Übermittlung fehlen sollte.

15 Der Bundesgesetzgeber hat insofern keine Wahl, er ist verpflichtet, die für eine Verarbeitungskontrolle erforderlichen Vorkehrungen zu treffen. Die **Organisationsgewalt des Bundes** (Art. 86 GG) bietet ihm die Voraussetzungen dafür. Der **Datenschutzbeauftragte** unterscheidet sich zwar seiner Stellung und Aufgaben nach deutlich von allen übrigen Behörden und öffentlichen Stellen.[30] Die Organisationsgewalt ist aber nicht an den bestehenden Strukturen ausgerichtet und an sie gebunden. Sie soll vielmehr dem Bund ermöglichen, alle unter verfassungsrechtlichen Aspekten notwendigen und insoweit für die **Funktionsfähigkeit der Bundesverwaltung** unentbehrlichen Institutionen zu errichten.[31] Dem Bundesgesetzgeber steht deshalb durchaus die Kompetenz zu, mit dem BfDI ein neues unabhängiges Bundesorgan im Organisationsbereich der Bundesregierung zu schaffen.[32]

16 Die **Zuständigkeit des Bundesgesetzgebers** ist freilich von vornherein klar **begrenzt**. Er kann nur Regelungen verabschieden, die sich auf den **BfDI** beziehen. Jeder Versuch, auf die **Stellung** oder die **Tätigkeit der LfD** Einfluss zu nehmen, ist demgegenüber unzulässig. Über beides vermag lediglich der jeweilige Landesgesetzgeber zu entscheiden. Genau darauf gründen sich die verfassungsrechtlichen Bedenken gegen § 24 Abs. 6 BDSG.[33] Vorschriften wie § 79 Abs. 3 Satz 2 SGB X sprechen nicht dagegen. Das SGB verdrängt keineswegs den eigentlich zuständigen BfDI zugunsten der LfD,[34] sondern stellt mit Rücksicht auf die verfassungsrechtliche Kompetenzverteilung lediglich klar, dass die Kontrolle der Leistungsträger ausschließlich den LfD obliegt und nach den für diese geltenden landesrechtlichen Vorschriften durchgeführt werden muss.[35]

17 Die Kompetenz schließlich für Datenschutzvorschriften, die sich auf die **Organe der Rechtspflege** beziehen, gründet sich auf die Zuständigkeit des Bundes für die Gerichtsverfassung und das gerichtliche Verfahren (Art. 72 Nr. 1 GG).

1.2 Kooperation

18 Die Kehrseite der strikten Kompetenzaufteilung ist ein **Kooperationszwang**. Die Kompetenzzuweisung mag eine Entscheidungsprärogative begründen, sie befreit aber nicht von der Verpflichtung zur Zusammenarbeit. Verantwortliche Stellen sind ebenso wie Datenschutzbeauftragte und Aufsichtsbehörden gleichermaßen auf gegenseitige Information, gemeinsame Beratung und koordinierte Reaktionen angewiesen. Schon deshalb, weil sich die Verarbeitungsprobleme, bei aller Unterschiedlichkeit der Regelungsvorstellungen, decken. Die Kompetenz mag deshalb die Reichweite der jeweiligen Entscheidung nicht zuletzt räumlich begrenzen, die Verarbeitungsprobleme kennen solche Grenzen nicht. Ein Erfahrungsaustausch drängt sich so gesehen von selbst auf. Zudem: Wenn die geltenden Verarbeitungsvorgaben wirklich immer wieder auf ihre Wirksamkeit überprüft werden sollen, dann kommt es erst recht auf eine möglichst breite Information und auch eine möglichst gemeinsame Reflexion an.

19 Beispiele dafür, dass **verantwortliche Stellen** sich keineswegs mit einer engen Kooperation zufriedengeben, sondern nicht minder konsequent darauf bedacht sind, sie zu institutionalisieren, gibt es genug. Mit die eindrucksvollsten finden sich im Sicherheitsbereich. Dort hat die Zusammenarbeit von Anfang an eine besonders wichtige Rolle gespielt und dort manifestiert sie sich vor allem im systematischen Aufbau gemeinsamer Informationssysteme,

---

29 BVerfGE 65, 1; dazu Einl. Rdnr. 29 ff.
30 Dazu die §§ 22 Rdrn 15 ff. und 24 Rdnr. 1 ff.
31 *Lerche,* in *Maunz/Dürig,* GG Art. 86 Rdnr. 13 ff., 75 ff.; *Jarass/Pieroth*, GG Art. 86 Rdnr. 2 ff.
32 Vgl. auch *Bull,* in AK-GG Art. 86 Rdnr. 30.
33 Dazu § 24 Rdnr. 28.
34 Vgl. freilich *Hauck/Haines,* SGB X 2 § 79 Rdnr. 29.
35 Vgl. auch *HDSB,* 15. TB, 43.

etwa bei der Polizei (INPOL)[36] oder dem Verfassungsschutz (NADIS).[37] Dort wird aber auch das Dilemma der Kooperation deutlich: der schleichende Übergang zu immer mehr zentralistisch angelegten Regelungen.[38]

Die **Datenschutzbeauftragten** haben sich ebenfalls sehr früh für eine intensive Kooperation entschieden. Ende 1979 wurde die **Konferenz der Datenschutzbeauftragten des Bundes und der Länder** gegründet.[39] Sie hat seither in einer Vielzahl von Beschlüssen nicht nur zu **einzelnen Verarbeitungskonflikten**[40] und **Gesetzesvorhaben**[41] Stellung genommen, vielmehr genauso zu den **Novellierungen des BDSG** und zur **Modernisierung des Datenschutzes,**[42] zu den Konsequenzen einer zunehmend **supranationalen Regelung** der Verarbeitung personenbezogener Daten[43] sowie zu den **Entwicklungstendenzen der Verarbeitungstechnologie** und die sich daraus ergebenden **legislativen Aufgaben**.[44] 20

Mit der Entscheidung für eine ständige „Konferenz" haben die Datenschutzbeauftragten eine in den DSG ausdrücklich formulierte Erwartung aufgegriffen. Während sich jedoch die LDSG eindeutig für eine **kooperative Koordination**[45] aussprechen und damit für die allein mit einer **klaren Kompetenzverteilung** vereinbare Zusammenarbeitsform,[46] erweckt das BDSG den Eindruck, der Bundesgesetzgeber strebe eine verfassungsrechtlich unzulässige steuernde **Koordination**[47] an. So heißt es in § 26 Abs. 4,[48] der BfDI **„wirkt"** auf die Zusammenarbeit mit den Kontrollinstanzen der Länder. Der Schluss liegt deshalb nahe, das BDSG räume dem BfDI eine besondere **Koordinationsbefugnis** ein, mit dem Ziel, eine **einheitliche Anwendung** der verschiedenen Verarbeitungsvorschriften sicherzustellen.[49] Der Bundesgesetzgeber 21

---

36 Vgl. etwa *BfD,* 18., 100 ff., 19. TB 96 ff., 101; *HDSG,* 30. TB, 64 f.; *LfD NW,* 15. TB 73 f.; *ULD SH,* TB 2004, 31 f.; sowie zur Entwicklung und den Konsequenzen der Zusammenarbeit *Riegel,* Datenschutz bei den Sicherheitsbehörden (1980) insb. 43 ff.; *Ringwald,* INPOL und StA (1984) 23 ff.; *Merten,* Datenschutz- und Datenverarbeitungsprobleme bei den Sicherheitsbehörden (1985) insb. 19 ff.; *Bäumler,* in *Lisken/Denninger* (Hrsg.), Handbuch J Rdnr. 100 ff., 149 ff., 240 ff.

37 Vgl. *BfD,* 16. TB, 281 ff.; *HDSB,* 18. 56 ff., 19. TB, 75 ff.; sowie *Merten,* a.a.O., insb. 35 ff.

38 o. Rdnr. 3.

39 Vgl. *HDSB,* DuD 1979, 155; aber auch *Rudolf,* in *Isensee/Kirchof* (Hrsg.), Handbuch des Staatsrechts IV (1990) 1110 f.

40 Vgl. etwa die Beschlüsse v. 28./29.9.1981 (Sozialhilfestatistik), Dok. F 1; v. 7.12.1987 (AIDS-Daten in polizeilichen Informationssystemen), Dok. F 30; v. 23./24.3.1992 (Arbeitnehmerdatenschutz), Dok. F 68; v. 5./ 6.10.1998 (Prüfungskompetenz der DSB bei den Gerichten), Dok. F 157; v. 7./8.3.2002 (Umgang mit personenbezogenen Daten bei Anbietern von Tele-, Medien- und Telekommunikationsdiensten) Dok. F 229; v. 24./ 25.10.2002 (zur systematischen verdachtslosen Datenspeicherung in der Telekommunikation und im Internet) Dok. F 235; v. 25./26.3.2004 (Automatische KfZ-Kennzeichenerfassung durch die Polizei) Dok. F 262.

41 Vgl. etwa die Beschlüsse v. 5./6.4.1989 (Strafverfahrensänderungsgesetz), Dok. F 45; v. 9/10.3.1994 (Ausländerzentralregister), Dok F 90; v. 14./15.3.1995 (Transplantationsgesetz), Dok F 124; v. 24.-26.102001 (LkW-Maut auf Autobahnen und allgemeine Maut auf privat errichteten Bundesfernstraßen) Dok. F 223; v. 7./ 8.3.2002 (Biometrische Merkmale in Personalausweisen und Pässen) Dok. F 227; v. 25./26.2003 (Gesundheitsmodernisierungsgesetz) F Dok. 254; v. 21.11.2003 (Gravierende Verschlechterungen des Datenschutzes im Entwurf des neuen Telekommunikationsgesetzes v. 21.11.2003) Dok. F 256.

42 Vgl. etwa die Beschlüsse v. 4.11.1983 (Novellierung des BDSG), Dok. F 11; v. 23./24.10.1997 (Novellierung des BDSG und Modernisierung des Datenschutzrechts), Dok. F 147; v. 5./61998 (Dringlichkeit der Datenschutzmodernisierung), Dok. F 156; v. 27./28.3.2003 (Forderungen der Konferenz der Datenschutzbeauftragten des Bundes und der Länder an Bundesgesetzgeber und Bundesregierung) Dok. F 237.

43 Vgl. etwa die Beschlüsse v. 16./17.1993 (Geänderter Vorschlag der EG-Kommission für eine Datenschutzrichtlinie), Dok. F 76; v. 9./10.11.1995 (Weiterentwicklung des Datenschutzes in der Europäischen Union), Dok. F 121; v. 19.9.1997 (Zum Entwurf einer Richtlinie über die Verarbeitung personenbezogener Daten und den Schutz der Privatsphäre im Bereich der Telekommunikation), Dok. F 146; v.13.2.2004 (Übermittlungen von Flugpassagierdaten an die US-Behörden) Dok. F 257.

44 Vgl. etwa die Beschlüsse v. 10.10.1988 (Telekommunikation), Dok. F 40; v. 9./10.3.1995 (Datenschutz bei elektronischen Mitteilungssystemen), Dok. F 110; v. 22./23.10.1996 (Datenschutz durch Technik), Dok. F 135; v. 23./24.10.1997 (Erforderlichkeit datenschutzfreundlicher Technologien), Dok. F 148); v. 27./28.3.2003 (Elektronische Signatur im Finanzbereich) Dok. F 242.

45 Dazu *Rudolf,* a.a.O., 1100 f.

46 Vgl. etwa die §§ 23 Abs. 7 BbgDSG; 24 Abs. 3 HDSG; 22 Abs. 6 DSG NRW; 26 Abs. 5 SDSG; 22 Abs. 7 DSG-LSA.

47 Dazu *Rudolf,* a.a.O.

48 Dazu § 26 Rdnr. 23 ff.

49 Vgl. *Auernhammer,* BDSG § 26 Rdnr. 6.

ist jedoch dazu überhaupt nicht berechtigt. Der BfDI kann folglich den LfD weder eine **Zusammenarbeit aufoktroyieren**, noch und erst recht die zwischen ihnen bestehenden Meinungsverschiedenheiten durch **eine** von ihm **für richtig gehaltene Interpretation** beenden.[50] Eine **Kooperation** setzt vielmehr die **Bereitschaft** aller DSB zur **Zusammenarbeit** voraus, und zwar nach bestimmten, ebenfalls von allen akzeptierten Regeln.

22 Auch dort, wo der Bundesgesetzgeber, wie im **nicht-öffentlichen Bereich**, von seiner konkurrierenden Gesetzgebungsbefugnis zwar Gebrauch gemacht hat, die Kontrolle aber den jeweils dafür zuständigen **Landesbehörden** obliegt (§ 38 Abs. 6), bleibt es bei einer rein **kooperativen Koordination**. Wiederum lässt sich deshalb aus § 26 Abs. 4 **kein Koordinierungsvorrecht des BfDI** ableiten. Konsequenterweise arbeiten die **Aufsichtsbehörden** in einem von ihnen eigens dafür geschaffenen Gremium, dem **„Düsseldorfer Kreis"**, zusammen und stimmen dort gemeinsam ihre Position zu einzelnen Anwendungsfragen des BDSG ab.[51]

2. Regelungsziel (Abs. 1)

Literatur

Vgl. die Angaben zu Einleitung 1.2, 1.4 und 1.5 sowie:

M. Albers, Infomationelle Selbstbestimmung (2005); J. Bizer, Datenschutzrecht, in *M. Schulte*, Handbuch des Technikrechts (2003) 561 ff; *A. Breitfeld,* Berufsfreiheit und Eigentumsgarantie als Schranke des Rechts auf informationelle Selbstbestimmung (1992); *J. Brossette,* Der Wert der Wahrheit im Schatten des Rechts auf informationelle Selbstbestimmung (1991); *H.P. Bull,* Zur verfassungsrechtlichen Verankerung des Datenschutzes, ÖVD 1979, H. 11, 3 ff.; *ders.,* Verfassungsrechtlicher Datenschutz, in Gedächtnisschrift für *Ch. Sasse II* (1981) 689 ff.; *ders.,* Ziele und Mittel des Datenschutzes (1981); *ders.,* Mehr Datenschutz durch weniger Verrechtlichung – zur Überarbeitung von Form und Inhalt der Datenschutzvorschriften, in *Bäumler* (Hrsg.), Der neue Datenschutz, Datenschutz in der Informationsgesellschaft von morgen (1998) 25 ff.; *ders.,* Neue Konzepte, neue Instrumente?, ZRP 1998, 310 ff.; Aus aktuellem Anlass: Bemerkungen über Stil und Technik der Datenschutzgesetzgebung, RDV 1999, 148 ff.; *P.K. Donos,* Datenschutz – Prinzipien und Ziele (1998); *G. Duttge,* Recht auf Datenschutz, ein Beitrag zur Interpretation der grundrechtlichen Schutzbereiche, Der Staat 1997, 280 ff.; *C.E. Eberle,* Transparenter Datenschutz durch Informations- und Kommunikationspläne, in *K. Schmidt* (Hrsg.), Rechtsdogmatik und Rechtspolitik – Hamburger Ringvorlesung (1990) 91 ff.; *H.U. Gallwas,* Verfassungsrechtliche Grundlagen des Datenschutzes, Der Staat 18 (1979) 507 ff.; *W. Hoffmann-Riem,* Datenschutz als Schutz eines diffusen Interesses in der Risikogesellschaft, in *Krämer/Micklitz/Tonner* (Hrsg.), Recht und diffuse Interessen in der Europäischen Rechtsordnung (1997) 777 ff.; *ders.,* Informationelle Selbstbestimmung als Grundrecht kommunikativer Entfaltung, in *Bäumler* (Hrsg.), Der neue Datenschutz, Datenschutz in der Informationsgesellschaft von morgen (1998) 11 ff.; *ders.,* Informationelle Selbstbestimmung in der Informationsgesellschaft, auf dem Weg zu einem neuen Konzept des Datenschutzes, AöR 123 (1998) 513 ff.; *M. Kloepfer,* Datenschutz als Grundrecht (1980); *ders.*, Geben moderne Technologien und die europäische Integration Anlass, Notwendigkeit und Grenzen des Schutzes personenbezogener Informationenneu zu bestimmen?, in Verhandlungen des 62. DJT 1998 Bd. 1 (1998) D 5 ff.; *P. Krause,* Datenschutz und Grundgesetz, DVR 9 (1980) 229 ff.; *M. Kutscha,* Datenschutz durch Zweckbindung – ein Auslaufmodell, ZRP 1999, 156; *K.-H. Ladeur*, Datenschutz – vom Abwehrrecht zur planerischen Optimierung von Wissensnetzwerken, Zur „objektiv-rechtlichen Dimension" des Datenschutzes, DuD 2000, 12 ff.; *M. Langer,* Informationsfreiheit als Grenze informationeller Selbstbestimmung (1992); *S. Petersen,* Grenzen des Verrechtlichungsgebotes im Datenschutz (2000); *R.Pitschas*, Geben moderne Technologien und die europäische Integration Anlass, Notwendigkeit und Grenzen des Schutzes personenbezogener Informationen neu zu bestimmen?, in Verhandlungen des 62. DJT 1998, Bd. 2 (1998) M 9 ff.; *K. Rogall,* Informationseingriff und Gesetzesvorbehalt im Strafprozeßrecht (1992); *D. Rohlf,* Der grundrechtliche Schutz der Privatsphäre (1980); *B. Schlink,* Das Recht auf informationelle Selbstbestimmung, Der Staat 25 (1986) 233 ff.; *R. Scholz/R. Pitschas,* Informationelle Selbstbestimmung und staatliche Informationsverwaltung (1984); *W.Schulz*, Verfassungsrechtlicher „Datenschutzauftrag" in der Informationsgesellschaft, Die Verwaltung 1999, 137 ff.; *E. Schwan,* Datenschutz, Vorbehalt des Gesetzes und Freiheitsgrundrechte, VerwArch 66 (1975) 120 ff.; *S. Simitis,* Datenschutz: Voraussetzung oder Ende der Kommunikation?, in Festschrift für *H. Coing* II (1982)

50 Vgl. auch *Gola/Schomerus,* BDSG § 26 Rdnr. 9.
51 Dazu auch § 38 Rdnr. 36.

495 ff.; *ders.*, Die informationelle Selbstbestimmung – Grundbedingung einer verfassungskonformen Informationsordnung, NJW 1984, 398 ff.; *ders.*, Reviewing Privacy in an Information Society, 135 U.Penn.L.Rev 707 ff. (1987); *ders.*, Datenschutz – eine notwendige Utopie, in Summa, Dieter Simon zum 70. Geburtstag (2005) 511 ff.; *H.-H. Trute,* Der Schutz personenbezogener Informationen in der Informationsgesellschaft, JZ 1998, 822; *ders.* Öffentlich-rechtliche Rahmenbedingungen einer Informationsordnung, VVDStRL 57 (1998) 213 ff.; *ders.*, Wissenspolitik und rechtliche Regulierung – Überlegungen am Beispiel der Erzeugung und Verwendung genetischer Daten, in *W. Hoffmann-Riem/M. Eifert* (Hrsg.), Innovation und rechtliche Regulierung (2002) 125 ff.; *K. Vogelgesang,* Grundrecht auf informationelle Selbstbestimmung (1987).

2.1 Schutz der informationellen Selbstbestimmung

§ 1 Abs. 1 definiert den **Zweck des Gesetzes** und legt den **Interpretationsrahmen** fest. Der Gesetzgeber schaltet genauso wie im BDSG 77 (§ 1 Abs. 1) und im BDSG 90 (§ 1 Abs. 1) den inhaltlichen Anforderungen an den Umgang mit personenbezogenen Daten eine Aussage über das Ziel seiner Intervention vor. Anders als im BDSG 77, aber ganz wie im BDSG 90 vermeidet es jedoch der Gesetzgeber, sich **generell zum Datenschutz** zu äußern, und beschränkt sich stattdessen darauf, den **Zweck dieses Gesetzes** anzugeben. Die entschieden vorsichtigere Formulierung trägt dem gewandelten Regelungskonzept Rechnung. Die Vorstellung, ein einziges Gesetz reiche völlig aus, um die mit der Verwendung personenbezogener Daten verbundenen Gefahren wirksam abzuwehren, ist endgültig der Einsicht gewichen, dass sich diese Aufgabe nur mit Hilfe einer differenzierten, an den jeweiligen Verarbeitungsvorgängen orientierten Reaktion erreichen lässt.[52] Das BDSG erhebt deshalb nicht mehr den Anspruch, den Datenschutz abschließend zu kodifizieren, es ist, im Gegenteil, nur noch einer von vielen Regelungsansätzen, Teil einer zunehmend von **bereichsspezifischen Vorschriften** dominierten Regelung, angefangen beim SGB über die Schul-, Melde-, Polizei-, Krankenhaus-, Statistik- und Archivgesetze, bis hin zum Telekommunikations- und Multimediarecht, innerhalb derer den BDSG-Normen lediglich eine „**Auffangfunktion**" zukommt.[53] Das Ziel bleibt freilich bei aller Unterschiedlichkeit der Regelungsgegenstände gleich, jedes dieser Gesetze konkretisiert und verstärkt den „Datenschutz". 23

Das BDSG soll den Einzelnen vor **„Beeinträchtigungen" seines „Persönlichkeitsrechts"** durch die Verwendung von Daten bewahren, die sich auf seine Person beziehen (§ 1 Abs. 1). Zweierlei fällt dabei auf. § 1 Abs. 1 weist zunächst, wie schon das BDSG 90 (§ 1 Abs. 1) und im Unterschied zur Parallelbestimmung des BDSG 77,[54] dem Gesetz keineswegs nur die Funktion zu, einer **„missbräuchlichen"** Verarbeitung entgegenzuwirken. Aufgabe dieser BDSG-Vorschriften ist es vielmehr, jede verarbeitungsbedingte Störung des „Persönlichkeitsrechts" möglichst auszuschließen, ohne Rücksicht also darauf, ob ein wie auch immer begründeter „Missbrauch" vorliegt. 24

Der Gesetzestext spricht zudem, anders als die meisten LDSG,[55] das geschützte Rechtsgut nach wie vor nicht direkt an.[56] Das **Recht des Einzelnen, selbst über die Preisgabe und Verwendung seiner Daten zu bestimmen**, wird mit keinem Wort erwähnt. § 1 Abs. 1 verweist vielmehr auf das **„Persönlichkeitsrecht"** und hält sich damit strikt an das BDSG 90. Der damals schon befremdliche, letztlich nur die Widerstände des Gesetzgebers gegen das Volkszählungsurteil des BVerfG[57] widerspiegelnde Wortlaut des Gesetzes,[58] ist allenfalls mit der Hast der Novellierung vom Mai 2001 zu erklären. Längst hat sich in der Diskussion über die Verarbeitung personenbezogener Daten die Anknüpfung an die informationelle Selbstbestimmung der Betroffenen durchgesetzt und längst steht auch fest, dass eine Verknüpfung mit dem Persönlichkeitsrecht, nicht nur Missverständnisse provoziert, sondern vor allem von 25

52 Einl. Rdnr. 32, 48 f.
53 Einl. Rdnr. 48.
54 Dazu die 3. Auflage dieses Kommentars, § 1 Rdnr. 20.
55 Vgl. etwa die §§ 1 Abs. Nr. 1 HDSG; 1 Abs. 1 Nr. 1 BlnDSG; 1 BbgDSG; 1 HmbDSG; 1 DSG NRW; 1 SDSG; 1 LDSG SH.
56 Vgl. aber auch § 1 LDSG BW; sowie Art. 1 BayDSG.
57 BVerfGE 65, 1.
58 Dazu Einl. Rdnr. 58 ff.

der spezifischen Bedeutung der Verarbeitungsvorgaben für die Kommunikations- und Partizipationsfähigkeit des Einzelnen ablenkt.[59] So sehr freilich die divergierende Wortwahl auch und gerade die unterschiedliche Bereitschaft signalisiert, den Anforderungen des BVerfG nachzukommen, so wenig lässt sich ihr eine prinzipielle inhaltliche Differenz entnehmen.[60] BDSG und LDSG sind demselben Ziel verpflichtet, das Vorrecht der Betroffenen zu garantieren, selbst darüber zu entscheiden, wer unter welchen Umständen und für welche Zwecke auf ihre Daten zurückgreifen darf.

26 Von der **„informationellen Selbstbestimmung"** war im Übrigen schon vor dem Urteil des BVerfG zum VZG 83[61] die Rede.[62] An kritischen Reaktionen hat es zwar nicht gefehlt.[63] Sie hingen aber fast durchweg mit der Befürchtung zusammen, eine solche Formulierung könnte, wie schon die schlichte Gleichstellung der Einwilligung in die Verarbeitung mit einer gesetzlichen Regelung der Verarbeitungsvoraussetzungen (§ 4 Abs. 1),[64] allzu leicht den Eindruck erwecken, die Betroffenen seien jederzeit in der Lage, ebenso selbstständig wie verbindlich die Verwendungsbedingungen aller sich auf ihre Person beziehenden Angaben festzulegen. Konsens bestand dagegen von Anfang an über Funktion und Bedeutung der „informationellen Selbstbestimmung".[65] Der sich immer stärker abzeichnenden Steuerbarkeit der Betroffenen durch die Verarbeitung ihrer Daten sollte ihr Recht entgegengehalten werden, selbst über die Zulässigkeit und die Modalitäten des Zugriffs auf ihre Daten zu befinden.

27 Die „informationelle Selbstbestimmung" wurde, mit anderen Worten, als das **rechtliche Gegengewicht** gegen eine immer weiter um sich greifende, zunehmend technisierte und systematisierte Verarbeitung personenbezogener Daten konzipiert.[66] Bei aller Verständlichkeit, ja Berechtigung der Informationserwartungen öffentlicher und nicht-öffentlicher Stellen darf es, so gesehen, keinen prinzipiell vorrangigen Informationsanspruch der jeweils interessierten Stelle oder auch nur eine grundsätzliche Vermutung zugunsten ihrer Erwartung geben, alle von ihr jeweils gewünschten Daten zusammenzutragen und zu verarbeiten.[67] Die „informationelle Selbstbestimmung" besagt infolgedessen nicht mehr und nicht weniger als dass mögliche Einschränkungen der Entscheidungsbefugnis der Betroffenen stets einer besonderen Rechtfertigung bedürfen, und nicht, umgekehrt, die Weigerung legitimiert werden muss, den Zugriff auf die eigenen Daten zu dulden.

28 Das BVerfG hat den Vorrang der **„informationellen Selbstbestimmung"** bekräftigt und verfassungsrechtlich abgesichert.[68] Spätestens seit der Entscheidung zum VZG 83 kann es daher keinen Zweifel mehr geben: Die gesetzlichen Anforderungen an die Verwendung personenbezogener Daten **konkretisieren und aktualisieren den Schutz der Grundrechte**. § 1 Abs. 1 ist deshalb **kein bloßer Programmsatz**, sondern **verbindliche Anwendungsvorgabe**. Der Gesetzgeber beschränkt sich also in § 1 Abs. 1 keineswegs darauf, die Aufgabe

---

59 Dazu auch Einl. Rdnr. 25 f.; sowie *Roßnagel/Trute*, Handbuch 2.5, Rdnr. 21 ff.; *Kloepfer*, in Verhandlungen des 62. DJT Bd. 1, insb. D 80 ff.; *Kunig*, in *v. Münch/Kunig*, GG Art. 2 Rdnr. 38.

60 Bezeichnenderweise wird in der Begründung des BDSG 90, die Verweisung auf das „Persönlichkeitsrecht" mit dem Hinweis gerechtfertigt, dass es sich dabei um das Grundrecht handle, „dem das Recht auf informationelle Selbstbestimmung immanent ist", BT-Drs. 10/437, 35.

61 BVerfGE 65, 1 (43).

62 Vgl. etwa *Steinmüller/Lutterbeck/Mallmann/Harbort/Kolb/Schneider*, Grundfragen des Datenschutzes, Gutachten im Auftrag des Bundesministeriums des Inneren, BT-Drs. 6/3826, 87 ff., 139; *Podlech*, in *Krauch* (Hrsg.), Erfassungschutz (1975) 72 ff., DVR 5 (1976) 23 ff., in *Perels* (Hrsg.), Grundrechte als Fundament der Demokratie (1979) 55, AK-GG, Art. 2 Abs. 1 Rdnr. 45; *Ch.Mallmann*, Datenschutz in Verwaltungs- und Informationssystemen (1976) 56 ff.; *Meister*, Datenschutz im Zivilrecht (2. Aufl. 1981) 111 ff., BB 1976, 1584 ff., ZRP 1979, 131; *Eberle*, DÖV 1977, 307; *Simon/Taeger*, Rasterfahndung (1981) 84; *Denninger*, ZRP 1981, 231.

63 Vgl. die 3. Auflage dieses Kommentars, Einl. Rdnr. 24, § 1 Rdnr. 11; *O. Mallmann*, Zielfunktionen des Datenschutzes (1977) 52 ff.

64 Dazu die 3. Auflage dieses Kommentars, § 3 Rdnr. 13 ff.; sowie die §§ 4 Rdnr., 6 f., 4a Rdnr. 1 ff.

65 Vgl. die 3. Auflage dieses Kommentars, Einl. Rdnr. 24.

66 Vgl. auch *Roßnagel/Trute*, Handbuch 2.5, Rdnr. 2; *Hufen*, in 50 Jahre BVerfG. Bd. 2, 117 f.

67 *Simitis*, DVR 2 (1973/74) 146 ff.

68 BVerfGE 65, 1 (42 ff.), sowie 77 (84), 84, 192 (194); 92, 191 (197); 96, 172(181); 100, 313 (358), 103, 21 (32, 35), Dok. E 34 zu Art. 2 Abs. 1 GG = NJW 1988, 3009; Einl. Rdnr. 30 ff.; *Hufen*, in 50 Jahre BVerfG., Bd. 2, 116 ff.; *Albers*, Informationelle Selbstbestimmung, 151 ff., 178 ff.

des BDSG zu beschreiben, er legt vielmehr auch und vor allem den Orientierungspunkt und das Ziel aller Auslegung fest. Ganz in diesem Sinn muss die Interpretation der BDSG-Bestimmungen den Respekt vor der informationellen Selbstbestimmung der Betroffenen besonders dort gewährleisten, wo sich das Gesetz zu abstrakt, unklar oder missverständlich ausdrückt. Die Auslegung des BDSG darf mithin nicht zum Vehikel einer Gesetzesanwendung werden, die eine expansive Verarbeitung hinnimmt oder gar begünstigt. Sie muss, im Gegenteil, einen eindeutig **restriktiven** Zugriff auf personenbezogene Daten sicherstellen. Kurzum, sie hat, wie bei jedem anderen Grundrecht,[69] stets den Weg einzuschlagen, der den Wirkungsgrad der informationellen Selbstbestimmung erhöht.

2.2 Verfassungsrechtliche Grundlage

2.2.1 Zur Notwendigkeit einer eigenen Regelung

Anders als die Landesverfassungen von Berlin (Art. 33), Brandenburg (Art. 11 Abs. 1); Bremen (Art. 12 Abs. 4), Mecklenburg-Vorpommern (Art. 6 Abs. 2), Nordrhein-Westfalen (Art. 4 Abs. 2), Rheinland-Pfalz (Art. 4 a), Sachsen (Art. 33), Sachsen-Anhalt (Art. 6 Abs. 1), Thüringen (Art. 6 Abs. 4) sowie des Saarlandes (Art. 2) und im Unterschied zur Europäischen Grundrechtscharta (Art. 8) sowie zum Europäischen Verfassungsvertrag (Teil II Titel II Art. II-8), aber auch zur griechischen (Art. 9), niederländischen (Art. 10), österreichischen (Art. 1 Abs. 5 DSG), portugiesischen (Art. 35) und spanischen (Art. 18) Verfassung geht das **Grundgesetz** nirgendwo ausdrücklich auf die **informationelle Selbstbestimmung** ein. Die wiederholt, etwa im Rahmen der mit dem Einigungsvertrag verbundenen Bestrebungen einer Verfassungsrevision[70] oder im Zusammenhang mit der angestrebten Modernisierung des Datenschutzes[71] geltend gemachten Forderungen, das Grundgesetz um eine entsprechende Regelung zu ergänzen,[72] sind ergebnislos geblieben. 29

Die Bedeutung einer **Aufnahme** der informationellen Selbstbestimmung **in die Verfassung** darf gewiss nicht überschätzt werden.[73] Wie immer die Verfassungsnorm letztlich ausfallen mag, sie kann nicht präzise einfachgesetzliche Aussagen zum Umgang mit personenbezogenen Daten ersetzen. Ebenso falsch wäre es jedoch, einen eigens der informationellen Selbstbestimmung gewidmeten Verfassungsartikel als überflüssiges, die Verfassung nur belastendes rhetorisches Beiwerk auszugeben. Nicht etwa lediglich deshalb, weil eine in der Verfassung verankerte Aussage Zweifel über die Gesetzgebungskompetenz[74] endgültig ausräumen würde, ein Motiv das beispielsweise bei der nordrhein-westfälischen Regelung[75] eine nicht unwichtige Rolle gespielt hat. Eine Verfassungsnorm könnte vielmehr am ehesten dazu verhelfen, den besonderen Stellenwert der informationellen Selbstbestimmung zu dokumentieren, also die Bedeutung, die einer unmissverständlich restriktiven, von der Selbstbestimmung der Betroffenen geprägten Verwendung personenbezogener Daten für die **spezifischen Entwicklungs- und Handlungsbedingungen des Einzelnen in einer hochtechnisierten Gesellschaft** zukommt, klar hervorzuheben. 30

---

69 BVerfGE 39, 38.

70 Vgl. insb. die Entschließung der DSBK v. 28.4.1992 zum Grundrecht auf Datenschutz, Dok. F 70; den Zwischenbericht des HDSB: „Zur Aufnahme des informationellen Selbstbestimmungsrechts und der Informationsfreiheit („Freedom of Information") in das Grundgesetz", abgedr. in *HDSB,* 20. TB, 117 ff.; HmbDSB, 11. TB 4 f.; sowie *Kloepfer,* Verfassungsänderung statt Verfassungsreform (2. Aufl. 1996) 77 ff.

71 Vgl. *Roßnagel/Pfitzmann/Garstka,* Modernisierung, 57 f.

72 Vgl. etwa *BfD,* 1. TB, 175 f.; Staatszielbestimmungen/Gesetzgebungsaufträge, Bericht der Sachverständigenkommission (1983) 219 ff.; *Gallwas,* Der Staat 18 (1979) 520; *Kloepfer,* Datenschutz als Grundrecht (1980), in Verhandlungsberichte des 62. DJT Bd. 1 D 36; *Bäumler*, JR 1984, 362; *Vogelgesang,* Grundrecht, 127 ff., CR 1995, 554,555; *Kunig,* Jura 1993, 395 ff.; *Schrader,* CR 1994, 427 ff.; *Benda,* in HdbVerf 123; *Albers*, Informationelle Selbstbestimmung, 600 ff.

73 Vgl. auch *Benda,* HdbVerf 123.

74 Dazu o. Rdnr. 1 ff.

75 Vgl. etwa *Ruckriegel/von der Groeben/Hunsche,* Datenschutz und Datenverarbeitung in Nordrhein-Westfalen (1979) Rdnr. 7 f.

31 Gerade der enge, vom BVerfG[76] dezidiert betonte Zusammenhang zwischen der **Existenz- und Funktionsfähigkeit einer demokratischen Gesellschaft** und dem Recht des Einzelnen, selbst über den Umgang mit seinen Daten zu entscheiden, verdeutlicht zudem, dass die informationelle Selbstbestimmung kein eher nebensächliches und deshalb nicht unbedingt erwähnenswertes Grundrecht ist, sondern zu den ebenso zentralen wie konstitutiven Elementen der Verfassung zählt. Schließlich: Erst die ausdrückliche Einbeziehung in die Verfassung begründet eine genauso explizite **Verpflichtung des Gesetzgebers**, **den Zugriff auf personenbezogene Angaben an verbindliche**, auf die Gewährleistung der informationellen Selbstbestimmung bedachte **Vorgaben zu knüpfen**.

32 Die Bereitschaft, den Grundrechtskatalog um die informationelle Selbstbestimmung zu ergänzen, spiegelt sicherlich oft besondere historische Erfahrungen wider. So sind die einschlägigen Verfassungsbestimmungen der neuen Bundesländer nicht anders als die entsprechenden Regelungen in der griechischen, spanischen oder portugiesischen Verfassung zuvörderst Reaktionen auf eine zum unverhohlenen **Herrschaftsinstrument staatlicher Politik** mutierte, ebenso systematische wie schrankenlose Verwendung personenbezogener Angaben. Trotzdem lässt sich keine dieser Vorschriften als Produkt einer partikulären, zumal längst abgeschlossenen Entwicklung abtun. Jede von ihnen ist vielmehr zugleich Ausdruck der Einsicht in die **Fragilität einer demokratischen Gesellschaft** und deshalb in die verfassungspolitische Aufgabe, allen Tendenzen vorzubeugen, den Einzelnen mit Hilfe einer vom wem immer vorgenommenen Verarbeitung personenbezogenerer Daten zu instrumentalisieren.

33 Eine ausdrückliche Verankerung der informationellen Selbstbestimmung im Grundgesetz ist freilich nur sinnvoll, wenn sowohl ihre Eigenart als auch ihre spezifische Aufgabe sorgfältig berücksichtigt werden. Genau dieses Ziel bleibt aber so lange unerfüllt, wie die informationelle Selbstbestimmung lediglich als Konkretisierung des ohnehin garantierten **allgemeinen Persönlichkeitsrechts** wahrgenommen wird. Die saarländische Verfassung ist ein typisches Beispiel dafür: Die Gewährleistung der informationellen Selbstbestimmung (Art. 2 Abs. 2) ergänzt und spezifiziert die Garantie der freien Entfaltung der Persönlichkeit (Art. 2 Abs. 1). Selbst dort jedoch, wo Persönlichkeitsrecht und informationelle Selbstbestimmung in getrennten, allerdings unmittelbar aufeinander folgenden Artikeln angesprochen werden, wie in den Verfassungen Brandenburgs (Art. 10, 11), Mecklenburg-Vorpommerns (Art. 5, 6), Sachsen-Anhalts (Art. 5, 6) und Thüringens (Art. 11, 12), deutet alles auf einen ebenso direkten wie ausschließlichen Zusammenhang beider Grundrechte hin.

34 Jede dieser Regelungen entspricht ohne Zweifel durchaus vertrauten Vorstellungen. Überlegungen zum Datenschutz sind immer schon mit Bemerkungen zu seiner **Affinität zum Persönlichkeitsrecht** verbunden worden.[77] Auch das BVerfG hat es in seiner Entscheidung zum VZG 83 nicht versäumt, Art. 2 Abs. 1 i.V.m. Art. 1 GG heranzuziehen, und damit die informationelle Selbstbestimmung mit genau den Verfassungsnormen zu verknüpfen, die das Persönlichkeitsrecht gewährleisten.[78] Nur: Das Persönlichkeitsrecht ist nie der einzige Referenzpunkt gewesen. Vor allem vier weitere Grundrechte, die **Meinungs-** (Art. 5 Abs. 1 GG), die **Versammlungs-** (Art. 8 Abs. 1 GG) und **Vereinigungsfreiheit** (Art. 9 Abs. 1 GG), das **Brief-, Post- und Fernmeldegeheimnis** (Art. 10 Abs. 1 GG) sowie die **Unverletzlichkeit der Wohnung** (Art. 13 GG) haben ebenfalls von Anfang an mit im Vordergrund aller Reflexionen zur verfassungsrechtlichen Relevanz des Datenschutzes gestanden.[79]

35 Nicht von ungefähr hat deshalb das BVerfG[80] Art. 2 Abs. 1 i.V.m. Art. 1 GG keineswegs als den einzig möglichen, vielmehr lediglich als den in **„erster Linie“** in Betracht kommenden Bezugspunkt angesehen. Dahinter steht ein durchaus vorsichtig formulierter, aber doch

---

76 BVerfGE 65, 1 (43); sowie 113, 29 (46).

77 Einl. Rdnr. 25 f.

78 BVerfGE 65, 1 (43) sowie Einl. Rdnr. 31; *Hufen*, in 50 Jahre BVerfG., Bd. 2, 50; aber auch *Dreier*, in *Dreier*, GG Art. 2 I, Rdnr. 78, „vorerst letzte Ausformung des allgemeinen Persönlichkeitsrechts …“; *Jarass/Pieroth*, GG Art. 2, Rdnr. 32; *Di Fabio*, in *Maunz/Dürig*, GG Art. 2 Abs. 1 Rdnr. 173.

79 Vgl. die 3. Auflage dieses Kommentars, § 1 Rdnr. 4e; sowie *Kloepfer*, in Verhandlungen des 62. DJT Bd. 1 D 51 f.; *Albers*, Informationelle Selbstbestimmung, 357 ff., 602 ff.

80 BVerfGE 65, 1 (41).

manifester Wechsel der Argumentationsebene. Noch im Mikrozensus-Urteil[81] orientierte sich das BVerfG an der traditionellen, bis dahin kaum je angezweifelten Vorstellung, dass nur die Verletzung bestimmter **Persönlichkeitssphären** eine Einschränkung des Zugriffs auf personenbezogene Informationen rechtfertigt. Die Entscheidung zum VZG 83[82] legt dagegen, ähnlich wie schon der hessische Gesetzgeber bei der Verabschiedung des HDSG von 1970,[83] den Akzent ganz auf die Auswirkungen einer dank der veränderten Informationstechnologie tendenziell stets multifunktionalen Nutzung personenbezogener Daten auf die **Kommunikationsfähigkeit** der Betroffenen und damit auf eine der „elementaren Funktionsbedingungen eines freiheitlichen demokratischen Gemeinwesens".[84]

Die informationelle Selbstbestimmung ist, anders und schärfer ausgedrückt, Grundbedingung der **kommunikativen Kompetenz** des Einzelnen[85] und insofern konstitutive Voraussetzung jener auch vom BVerfG[86] immer wieder angesprochenen **kommunikativen Selbstbestimmung**. Solange der Einzelne nicht selbst darüber entscheiden kann, wer unter welchen Voraussetzungen und mit welchen Zielen Zugang zu den seine Person betreffenden und sie damit auch beschreibenden und charakterisierenden Daten haben darf, läuft er Gefahr, jede Chance einzubüßen, am Kommunikationsprozess als Subjekt teilzunehmen und sich stattdessen in ein mehr und mehr manipulierbares **Informationsobjekt** zu verwandeln.[87] Die freie oder auch nur unkontrollierte Verfügbarkeit personenbezogener Daten versetzt, mit anderen Worten, die Betroffenen zunehmend in eine soziale Umwelt, in der sie nur noch Adressaten „optimierter" Verhaltenserwartungen sind, die mit Hilfe einer systematisch ausgebauten, technisch immer weiter verfeinerten Verarbeitung personenbezogener Daten entworfen werden. 36

Wenn deshalb eine wachsende **kommunikative Ausgrenzung**, ja Kommunikationsunfähigkeit verhindert werden soll, kann die Entscheidung über die Verwendung der Daten nicht den potenziellen Verarbeitungsinteressenten überlassen bleiben, vielmehr ist sie bei den Betroffenen anzusiedeln. Ihnen muss also, jedenfalls primär, das Recht zustehen, darüber zu befinden, ob und unter welchen Bedingungen auf ihre Daten zugegriffen werden darf. Nur solange sie selbst den Umgang mit den jeweiligen Angaben bestimmen können, haben sie zumindest die Möglichkeit, die eigene Situation korrekt abzuschätzen und den ebenfalls eigenen Standpunkt gleichviel ob Behörden oder Unternehmen gegenüber, am Arbeitsplatz oder in ihren sozialen Beziehungen, selbstständig zu formulieren und zu verteidigen, sich also als Kommunikationspartner zu konstituieren und zu behaupten.[88] 37

Weil es aber um die **Kommunikationsfähigkeit** geht, ist es zumindest missverständlich, die informationelle Selbstbestimmung in ein „subjektives öffentliches Recht auf Datenschutz" einerseits und ihre Bedeutung als Funktionsbedingung eines freiheitlich-demokratischen Gemeinwesens, also „Elemente einer objektiven Wertordnung" andererseits aufzuteilen.[89] 38

---

81 BVerfGE 27, 1 (6 ff.).

82 BVerfGE 65, 1 (42 f.).

83 Dazu Einl. Rdnr. 9 ff.; sowie *Simitis,* KritV 83 (2000) 367 ff.

84 Dazu Einl. Rdnr. 30 ff.

85 Vgl. *Simitis,* in Festschrift für *Coing* II 495 ff., NJW 1984, 400, 135 U.Penn.L.Rev. 707 ff. (1987), 83 KritV (2000), 368 f; *W.Schmidt,* JZ 1974, 246; *Scholz/Pitschas,* Informationelle Selbstbestimmung, 72 ff., 89 ff.; *Vogelgesang,* Grundrecht, 89 ff., 146; *Podlech,* in AK-GG Art. 2. Abs. 1 Rdnr. 38; *Hoffmann-Riem,* in *Bäumler* (Hrsg.), Datenschutz, 18 ff., in *Krämer/Micklitz/Tonner* (Hrsg.), Recht, 779 ff., AöR 123 (1998) 519 ff.; *Kloepfer,* in Verhandlungen des 62. DJT Bd. 1 D 69, 76 ff.; *Duttge,* Der Staat 1997, 284 f.; *Donos,* Datenschutz, 108 ff., 134 ff., 162 ff.; *Trute,* JZ 1998, 825 f.; *Roßnagel/Trute,* Handbuch 2.5, Rdnr. 22 ff.; *Höfling,* in *Möller/ v. Zezschwitsch* (Hrsg.), Videoüberwachung – Wohltat oder Plage (2000) 8 f.; *Roßnagel,* KJ 1990, 267 ff.; *Roßnagel/Pfitzmann/Garstka,* Modernisierung, 38 f., 58; *Ladeur,* DuD 2000, 15 ff.; *Bizer,* in *Schulte* (Hrsg.) Handbuch 663 f.; *Tinnefeld/Ehmann/Gerling,* Einführung, 145; sowie Einl. Rdnr. 25 f.; aber auch *Albers,* Informationelle Selbstbestimmung 361 ff.

86 Vgl. insb. BVerfGE 25, 256 (263 ff.) (Blinkfüer); 35, 202 (226 ff.) (Lebach); 54, 148 (219 ff.) (Eppler) 113, 348 (365); aber auch 113, 29 (46).

87 *Simitis,* in Festschrift für *Coing* II 503 ff., 135 U.Penn.L.Rev. 707 ff. (1987); *Podlech,* in AK-GG Art. 1 Abs. 1 Rdnr. 39, Art. 2. Abs. 1 Rdnr. 83.

88 So gesehen, hängt in der Tat auch die Identitätsfindung in ganz besonderem Maße von der informationellen Selbstbestimmung ab, AK-GG-*Podlech,* Art. 1 Abs. 1 Rdnr. 39.

89 So aber *Schmitt Glaeser,* in HbStR VI § 129 Rdnr. 87.

Beides ist unmittelbar aufeinander bezogen und kann daher nicht getrennt werden, ohne die Rechtfertigung und das Ziel der informationellen Selbstbestimmung infrage zu stellen. In dem Maße, im dem das Recht des Einzelnen garantiert und ausgeübt wird, selbst über die Preisgabe und die Verwendung seiner Daten zu entscheiden, sind auch die Grundbedingungen einer demokratischen Gesellschaft gewährleistet. Ein freiheitlich-demokratisches Gemeinwesen realisiert sich in der Kommunikationsfähigkeit seiner Bürger, genauso wie diese ihre Individualität erst in einer demokratisch strukturierten Gesellschaft entfalten und verwirklichen können.

39 Eben deshalb hat sich das BVerfG[90] keineswegs darauf beschränkt, auf die Folgen der Verarbeitung für das Recht des Einzelnen hinzuweisen, die eigene Entwicklung selbst zu gestalten, sondern in den Auswirkungen der Verwendung personenbezogener Daten auch und gerade eine **Gefährdung demokratischer Strukturen** gesehen. Aus dem gleichen Grund hat das Gericht die personenbezogenen Daten als **„Abbilder einer sozialen Realität"** umschrieben,[91] damit aber zugleich eine wie immer geartete Einordnung der personenbezogenen Angaben in das übliche Schema der **Eigentumsgegenstände** ausgeschlossen.[92]

40 Vordergründig mag daher manches dafür sprechen, die informationelle Selbstbestimmung als eine besondere Spielart des **„Rechts auf Selbstdarstellung"** anzusehen.[93] In Wirklichkeit werden damit sowohl der Reflexionsansatz als auch die Interpretationsperspektive genauso verengt wie bei der Subsumtion unter das **allgemeine Persönlichkeitsrecht**.[94] Preisgabe und Verwendung personenbezogener Daten sind eben kein ausschließlich individuelles, letztlich nur den Betroffenen angehendes Problem. Die Verletzung oder auch die Gefährdung seiner „personalen Grundbefindlichkeit"[95] reichen folglich weder aus, um das Entscheidungsvorrecht des Betroffenen zu begründen, noch und erst recht, um die spezifische Aufgabe der informationellen Selbstbestimmung zu verstehen. Maßgeblich ist vielmehr, dass sich die „Informationsverunsicherung"[96] nicht nur auf die Betroffenen auswirkt, vielmehr tendenziell immer und zugleich **strukturelle Konsequenzen im politisch-gesellschaftlichen Bereich** nach sich zieht.[97] Die informationelle Selbstbestimmung steht daher ihrer ganzen Bedeutung und Aufgabe nach in der Tat den in Art. 5, 8 oder 9 GG statuierten Grundrechten weitaus näher.[98]

41 Je mehr sich der Akzent vom **Persönlichkeitsrecht** auf die **kommunikative Kompetenz** verschiebt, desto deutlicher zeichnet sich der **enge Zusammenhang zwischen informationeller Selbstbestimmung und Informationsfreiheit** ab. Die Ziele sind sicherlich unterschiedlich: Während der informationellen Selbstbestimmung die Aufgabe zufällt, einer Steuerung und Instrumentalisierung des Einzelnen entgegenzuwirken, verfolgt die Informationsfreiheit den Zweck, die für eine echte Beteiligung an der politischen Willensbildung notwendige Information sicherzustellen. Im einen wie im anderen Fall geht es freilich um gleichermaßen elementare Voraussetzungen der für eine demokratische Gesellschaft essentiellen Kommunikationsfähigkeit des Einzelnen, die deshalb auch stets zusammen gesehen und behandelt werden müssen.[99]

42 Die Erfahrung hat zudem wieder und wieder gezeigt, dass jeder Versuch, die Unterlagen der öffentlichen Verwaltung zugänglich zu machen, unweigerlich Konsequenzen für den Umgang mit personenbezogenen Daten hat, ebenso wie umgekehrt Anforderungen an die Verarbeitung personenbezogener Angaben nicht ohne Folgen für die Transparenz staatlicher Tätigkeit

90 BVerfGE 65, 1 (43).
91 BVerfGE 65, 1 (44).
92 Dazu auch Einl. Rdnr. 26; sowie *Vogelgesang,* Grundrecht, 146 ff.; *Roßnagel/Trute*, Handbuch 2.5, Rdnr. 20 f.
93 *Schmitt Glaeser,* in HdbStR VI § 129 Rdnr. 76 ff.; aber auch *Di Fabio*, in *Maunz/Dürig*, GG Art. 2 Abs.1 Rdnr. 173; sowie dazu *Albers*, Informationelle Selbstbestimmung, 396 ff.
94 Vgl. auch *Albers*, Informationelle Selbstbestimmung, 396 ff; sowie o. Rdnr. 33 ff.
95 *Schmitt Glaeser,* HdbStR VI § 129 Rdnr. 85.
96 *Schmitt Glaeser,* a.a.O.
97 Vgl. auch *Albers*, Informationelle Selbstbestimmung, insb. 408 ff.
98 Vgl. auch *Scholz/Pitschas,* Informationelle Selbstbestimmung, 73 ff.; sowie *Hoffmann-Riem,* in *Bäumler* (Hrsg.), Datenschutz, 11 ff.; *Kloepfer,* in Verhandlungen des 62. DJT Bd. 1 D 85 ff.; *Roßnagel/Pfitzmann/Garstka,* Modernisierung, 58; *Albers*, Informationelle Selbstbestimmung, 410 ff., 422 ff.
99 Einl. Rdnr. 24 f.; sowie *Roßnagel/Sokol*, Handbuch 9.1, Rdnr. 1 ff.

bleiben.[100] Mit zu den geläufigsten Beispielen dafür gehören die Verarbeitungsprobleme bei der Archivierung,[101] im Zusammenhang mit statistischen Untersuchungen[102] oder im Rahmen der wissenschaftlichen Forschung überhaupt.[103] Eine verfassungsrechtliche Regelung, die sich an der Bedeutung der informationellen Selbstbestimmung für die Kommunikationsfähigkeit des Einzelnen orientiert, bleibt deshalb so lange unvollständig wie sie nicht auch das Recht auf Zugang zu den Daten der öffentlichen Verwaltung garantiert, zumal nur auf diese Weise die Voraussetzung für eine sorgfältig abgestimmte, den Schutz jedes der in Betracht kommenden Grundrechte konkretisierenden gesetzlichen Regelung geschaffen werden kann.[104]

Konsequenterweise hat eine Reihe von Landesverfassungen nicht nur zur informationellen Selbstbestimmung Stellung genommen,[105] sondern auch den **Zugang zu den Unterlagen der öffentlichen Verwaltung** ausdrücklich angesprochen. Während jedoch die brandenburgische Verfassung (Art. 21 Abs. 4) ein umfassendes Einsichtsrecht vorsieht, gewähren die Verfassungen Sachsens (Art. 34) und Sachsen-Anhalts (Art. 6 Abs. 2) lediglich ein Auskunftsrecht über Umweltdaten. Jede dieser Vorschriften zwingt freilich dazu, sich einmal mehr zu überlegen, wie die Verfassung **der Eigenart und der Bedeutung der informationellen Selbstbestimmung** gerecht werden könnte. So gesehen überrascht die Entscheidung des sächsischen Verfassungsgebers nicht, die informationelle Selbstbestimmung (Art. 33), das Auskunftsrecht über Umweltdaten (Art. 34) und das Petitionsrecht (Art. 35) deutlich abgehoben von den übrigen Grundrechten zusammenzustellen, also auch und gerade von der **freien Entfaltung der Persönlichkeit**. 43

Ein noch so klar formuliertes Grundrecht auf informationelle Selbstbestimmung genügt jedoch für sich genommen nicht. Die Chance des Einzelnen, selbst den Umgang mit den seine Person betreffenden Daten zu bestimmen, hängt genauso wie die Wirksamkeit der gesetzlichen Verarbeitungsanforderungen entscheidend von der Einrichtung einer **unabhängigen Kontrollinstanz** ab.[106] Ganz in diesem Sinn hat sich das BVerfG[107] für **Datenschutzbeauftragte** ausgesprochen und ihre Tätigkeit zu den unverzichtbaren Voraussetzungen einer verfassungskonformen Verarbeitung gezählt Mehrere Landesverfassungen sehen deshalb ausdrücklich die Bestellung eines Datenschutzbeauftragten vor.[108] Sowohl die Europäische Grundrechtecharta (Kap. II Art. 7 Abs. 3) als auch der Europäische Verfassungsvertrag bleiben ebenfalls nicht bei der Gewährleistung des Datenschutzes stehen, sondern ergänzen sie um die Forderung nach einer unabhängigen Überwachung (Teil II, Titel II Art. II-8 Abs. 3). Wie berechtigt sie ist, zeigen die immer wiederkehrenden Versuche, sei es die Kontrollmöglichkeiten des Datenschutzbeauftragten einzuschränken, sei es ganze Berufsgruppen, wie etwa Anwälte und Ärzte, von einer externen Kontrolle auszunehmen. Nur eine Verfassungsnorm kann letztlich die notwendigen rechtlichen Barrieren gegen alle solche Bemühungen aufrichten. 44

Vor dem Hintergrund der Entscheidung des BVerfG zum VZG 83,[109] aber auch der bisherigen Erfahrungen erscheint es schließlich notwendig, das Grundgesetz noch in einer weiteren 45

---

100 Vgl. dazu den Zwischenbericht des *HDSB,* a.a.O., 120 f.; *LfD Bbg,* TB 2000, 129 ff.; *LfD SH,* TB 2001,140; sowie *Burkert,* Informationszugang und Datenschutz (1992) insb. 11 ff., 233 ff., in *Lamnek/Tinnefeld* (Hrsg.), Globalisierung und informationelle Rechtskultur in Europa (1998) 113 ff., in *Sokol* (Hrsg.) Neue Instrumente, 88 ff.; *Sokol,* DuD 1997, 380 ff., in *Bäumler* (Hrsg.), Der neue Datenschutz (1998) 35 ff., CR 2005, 835 ff.

101 Vgl. etwa *BfD,* 2. TB, 14, 4. TB, 50 f.; *HDSB,* 12. TB, 128 ff., 14. TB, 175 ff.; sowie § 40 Rdnr. 20 ff.

102 Vgl. den Bericht der Kommission zur Verbesserung der informationellen Infrastruktur zwischen Wissenschaft und Statistik, Wege zu einer besseren informationellen Infrastruktur (2001) 149 ff., 259 ff.; *HDSB,* 33. TB 77 ff.; *HmbDSB,*18. TB 105 f.; sowie § 40 Rdnr. 24 ff.

103 Vgl. dazu auch § 40 Rdnr. 1 ff, 17 ff.; sowie *Simitis,* in Deutsch-Polnisches Kolloquium über Wirtschaftsrecht und das Recht des Persönlichkeitsschutzes (1985) 87 ff., in Festschrift für *Zeidler* II (1987) 1475 ff.; *Bizer,* Forschungsfreiheit und informationelle Selbstbestimmung (1992) 39 ff.

104 Dazu auch Einl. Rdnr. 24; sowie *LfD Bbg,* TB 2000, 141 ff.

105 o. Rdnr. 29.

106 Dazu § 24 Rdnr. 1 ff.

107 BVerfGE 65, 1 (46), 100, 313 (361 f.); aber auch BVerfGE 67, 157 (185).

108 Brandenburg (Art. 74); Mecklenburg-Vorpommern (Art. 34); Niedersachsen (Art. 46 a); Nordrhein-Westfalen (Art. 77 a); Sachsen (Art. 57); Sachsen Anhalt (Art. 63).

109 BVerfGE 65, 1.

Hinsicht zu ergänzen. Die verfassungsrechtliche Garantie der informationellen Selbstbestimmung ist nicht auf die Verwendung personenbezogener Daten durch bestimmte Stellen beschränkt. Dem Einzelnen steht vielmehr ohne Rücksicht darauf, wer jeweils an den Angaben interessiert ist, das Recht zu, über die Verarbeitung der seine Person betreffenden Daten zu befinden. **Öffentliche und nicht-öffentliche Stellen** sind infolgedessen gleichermaßen gehalten, sich danach zu richten.[110] Der Gesetzgeber ist allerdings genauso verpflichtet, die für einen wirksamen Schutz der informationellen Selbstbestimmung erforderlichen Maßnahmen nicht einseitig zu begrenzen. Nach wie vor stehen den immer weiter ausgebauten Anforderungen an die öffentlichen Stellen auffällig laschere Regelungen im nicht-öffentlichen Bereich gegenüber.[111] Unter diesen Umständen ist es nicht nur sinnvoll, vielmehr geradezu geboten, in der Verfassung klarzustellen, dass die informationelle Selbstbestimmung keineswegs nur ein gegen den Staat gerichtetes Abwehrrecht ist, sondern um der Kommunikationsfähigkeit des Einzelnen willen bei jedem Zugriff auf seine Daten beachtet werden muss und deshalb die **Pflicht des Gesetzgebers** begründet, **den Schutz im öffentlichen und im nicht-öffentlichen Bereich gleichwertig zu gestalten.**[112]

2.2.2 Verfassungsrechtliche Anknüpfungspunkte

46 Solange es an einer besonderen Verfassungsnorm fehlt, lässt sich das Recht des Einzelnen, selbst über die Preisgabe und Verwendung der seine Person betreffenden Daten zu entscheiden, nur aus dem **regulatorischen Konnex** einer Reihe von Grundrechtsartikeln ableiten, angefangen mit Art. 2 Abs. 1 i.V.m. mit Art. 1, über Art. 5 bis hin zu den Art. 8, 9 und 10 GG,[113] die allesamt darauf abzielen, die Kommunikationsfähigkeit des Einzelnen zu gewährleisten, sich aber durchweg darauf beschränken, bestimmte Teilaspekte anzusprechen. Ganz gleich deshalb, ob man Art. 2 Abs. 1 i.V.m. Art. 1[114] oder Art. 5[115] als Anknüpfungspunkt wählt, der Versuch, die informationelle Selbstbestimmung lediglich auf diesem Weg zu begründen, führt notgedrungen zu einer einseitigen, an der je spezifischen Anwendungsproblematik einer dieser Verfassungsnormen ausgerichteten Betrachtung und zwängt damit alle weiteren Überlegungen in einen Interpretationsrahmen, der etwa im Hinblick auf das vor dem Hintergrund ganz anderer Erfahrungen entwickelte Persönlichkeitsrecht festgelegt worden ist.

47 Wenn daher Fehldeutungen und Verzerrungen vermieden werden sollen, dann gilt es, unmittelbar an den gemeinsamen, durch den immer wiederkehrenden Zweck, die **Gewährleistung der Kommunikationsfähigkeit**, ausgezeichneten normativen Kontext anzuknüpfen.[116] So gesehen ist die informationelle Selbstbestimmung in der Tat **kein vollständig neues**, noch gar nicht in der Verfassung angesiedeltes **Grundrecht**,[117] vielmehr ein durchaus im **Regelungszusammenhang der die Kommunikationsfähigkeit garantierenden Grundrechte angelegtes** und deshalb im Grundgesetz genauso verankertes **Recht** des Einzelnen.

---

110 Dazu u. Rdnr. 48 ff.

111 Einl. Rdnr. 102; aber auch *Kloepfer,* in Verhandlungen des 62. DJT Bd. 1 D 82.

112 Vgl. den Zwischenbericht des *HDSB,* a.a.O., 119 f.; *Simitis,* NJW 1998, 2473 ff.; *Roßnagel/Pfitzmann/Garstka,* Modernisierung, 48 ff.; und demgegenüber *Zöllner,* RDV 1985, 110; *Drews,* RDV 1987, 58 ff.; *Kloepfer,* in Verhandlungen des 62. DJT Bd. 1 D 82 f., 146; *Albers*, Informationelle Selbstbestimmung, 262 ff.

113 Dazu o. Rdnr. 33 ff.; sowie *Dreier,* in *Dreier* (Hrsg.), GG Art. 2 I Rdnr. 79. Bezeichnenderweise spricht das BVerfG, BVerfGE 84, 239 (279), von einem „grundrechtlichen Datenschutz".

114 o. Rdnr. 33 f.

115 Vgl. insb. *Eberle,* DÖV 1977, 306 ff., in *W. Kilian/H. Porth* (Hrsg.), Juristische Probleme der Datenverarbeitung in der Medizin (1979) 98 ff.

116 Vgl. auch *Kloepfer,* in Verhandlungen des 62. DJT Bd. 1 D 81 f., D 85 f.; *Roßnagel/Trute,* Handbuch, Rdnr. 24.

117 *Simitis,* NJW 1984, 399; *Di Fabio,* in *Maunz/Dürig,* GG Art. 2 Abs. 1 Rdnr. 174; *Kunig,* in *v. Münch/Kunig,* GG Art. 2 Rdnr. 22 d.

2.3 Geltungsbereich

2.3.1 Öffentlicher und nicht-öffentlicher Bereich

Die informationelle Selbstbestimmung ist **Grundlage und Maßstab aller Verwendung personenbezogener Daten**. Das Recht, selbst über den Umgang mit den eigenen Daten zu entscheiden, steht deshalb dem Einzelnen nicht erst dann zu, wenn eine entsprechende gesetzliche Vorschrift vorliegt, sondern **ohne Rücksicht darauf, ob sich der Gesetzgeber geäußert hat oder nicht**.[118] Sofern noch keine Regelung besteht, der Gesetzgeber aber eine anstrebt, ist er verpflichtet, den Vorrang der informationellen Selbstbestimmung zu beachten.[119] Daraus ergeben sich vor allem zwei Anforderungen: Der Gesetzgeber muss in erster Linie für **flankierende Maßnahmen** sorgen, die eine ebenso ungestörte wie wirksame Ausübung der informationellen Selbstbestimmung sichern, und im Übrigen, soweit sich **Einschränkungen** als unumgänglich erweisen sollten, sie klar und für die Betroffenen nachvollziehbar formulieren.[120] 48

Erst recht ist die informationelle Selbstbestimmung **von jedem zu respektieren, der** gleichviel aus welchem Grund **personenbezogene Angaben verwenden möchte**. Sozialämter, Polizeidienststellen, Gesundheitsbehörden und Finanzämter sind genauso an das Entscheidungsvorrecht der Betroffenen gebunden wie Banken, Arbeitgeber, Versicherungen oder Adressverlage. Ganz in diesem Sinn schreiben die LDSG ausdrücklich vor, dass personenbezogene Daten grundsätzlich **beim Betroffenen mit seiner Kenntnis zu erheben** sind.[121] Das BDSG geht zwar ebenfalls davon aus, formuliert aber weniger klar (§ 4 Abs. 2 und 3). Durchweg steht also fest: Die Verwendung personenbezogener Angaben darf sich nicht an den Betroffenen vorbei vollziehen. Sie sind im Prinzip der einzige in Betracht kommende Ansprechpartner. Sie müssen deshalb wissen, wer sich für ihre Daten interessiert und damit auch jederzeit in der Lage sein, darüber zu befinden, ob die jeweiligen Angaben überhaupt und, wenn ja, unter welchen Umständen genutzt werden dürfen.[122] 49

Für öffentliche und nicht-öffentliche Stellen gilt daher gleichermaßen: Sie müssen ihren Informationsprozess so lange jedenfalls an der Entscheidung des Betroffenen über den Zugriff auf seine Daten und deren Verwendung ausrichten, wie es an einer anderslautenden gesetzlichen Regelung fehlt. Die informationelle Selbstbestimmung ist mithin **keine ausschließlich den staatlichen Bereich betreffende und deshalb nur dort zwingend zu beachtende verfassungsrechtliche Vorgabe**.[123] Das Bild des Betroffenen wird ohne Rücksicht darauf, ob Entscheidungen öffentlicher oder nicht-öffentlicher Stellen auf dem Spiel stehen, von den jeweils verwendeten Daten geprägt.[124] Längst hat sich zudem das Verarbeitungsinstrumentarium angeglichen; Personal- und Kreditinformationssysteme sind ebenso wie systematisch entwickelte Profile, die sei es einen besseren Absatz, sei es die Verminderung von Risiken sichern sollen, in Wirklichkeit nur Varianten bestimmter im öffentlichen Bereich genauso benutzter Informationsmittel, die im einen wie im anderen Fall den Weg für eine multifunktionale Verarbeitung ebnen.[125] 50

---

118 Vgl. auch *Schmitt Glaeser,* in HdbStR VI § 129 Rdnr. 90.

119 BVerfGE 65, 1 (43 f.), 92, 191 (197), 103, 21 (32 f.); u. Rdnr. 48 ff., 86 ff.

120 Dazu u. Rdnr. 98 ff.

121 §§ 12 Abs. 2 BbgDSG; 10 Abs. 1. BlnDSG; 10 Abs. 2 BrDSG; 12 Abs. 1 HDSG; 12 Abs. 2 HmbDSG; 9 Abs. 2 DSG M-V; 9 Abs. 1 NDSG; 12 Abs. 1 DSG NRW; 12 Abs. 2 RhPfDSG; 12 Abs. 2 SDSG; 12 Abs. 2 SächsDSG; 9 Abs. 2 DSG-LSA; 13 Abs. 1 LDSG SH; Art. 16 Abs. 3 BayDSG; aber auch, wenngleich nicht so klar, die §§ 14 Abs. 1 LDSG BW; 12 Abs. 2 HmbDSG; 19 Abs. 2 und ThürDSG.

122 Dazu auch § 4 Rdnr. 19 ff. und § 4a Rdnr. 1 ff., 31 ff., 64 ff.

123 BVerfGE 84, 192 (194 f.); *Simitis,* NJW 1984, 384; *BK-Zippelius,* Art. 1 Abs. 1 und 2 Rdnr. 89; *Mallmann,* in *Mallmann/Schroeter,* Aktuelle Rechtsfragen zum Datenschutz im Bankverkehr (1988) 12 ff., CR 1988, 93 ff.; *Kloepfer,* in Verhandlungen des 62. DJT Bd. 1 D 48, 62 f, 68 f.; *Roßnagel/Pfitzmann/Garstka,* Modernisierung, 50 ff.; aber auch *Dreier*, in *Dreier* (Hrsg.) GG Art. 2 I Rdnr. 92; *Di Fabio*, in *Maunz/Dürig*, GG Art. 2 Abs. 1 Rdnr. 189 ff.

124 BVerfGE, Dok. E 34 zu Art. 2 Abs. 1 GG = NJW 1988, 3009 f.

125 *Simitis,* in *Sokol* (Hrsg.), Neue Instrumente, 5 ff., 14 ff., DuD 2000, 717 f., in Summa, 521 ff.

51 Kaum verwunderlich, wenn sich deshalb auch die Folgen gleichen: Die Verarbeitung personenbezogener Angaben wirkt sich einmal mehr unmittelbar auf die **Kommunikationsfähigkeit** der Betroffenen aus, bestimmt ihre Betätigungsmöglichkeiten, beeinflusst ihr Verhalten und begünstigt ihre soziale Abstempelung, unter Umständen sogar ihre Ausgrenzung.[126] Ihre Chancen, einen Arbeitsplatz zu bekommen und sich beruflich weiterzuentwickeln, hängen genauso wie die Aussicht, einen Kredit oder eine Wohnung zu erhalten, entscheidend davon ab, welche Daten zu ihrer Person von wem unter welchen Voraussetzungen an wen weitergegeben werden. Wer daher keinen Einfluss auf die Erhebung und Nutzung von Angaben zu seiner beruflichen Tätigkeit, seiner Leistungsfähigkeit, seinen Einkommensverhältnissen, seinem Gesundheitszustand, seinen Einkaufs- und Urlaubsgewohnheiten hat, gerät, nicht anders als im öffentlichen Bereich, unter einen immer größeren Anpassungsdruck und läuft genauso Gefahr, für die unterschiedlichsten Ziele instrumentalisiert zu werden.[127]

52 Konsequenterweise hat daher: das BVerfG dem **Mieter** das Recht zugesprochen, den Vermieter über seine Entmündigung nicht zu informieren[128] und, umgekehrt, das Recht des **Vermieters** bestätigt, lediglich die Informationen an den Mieter weiterzugeben, die für eine Beurteilung des „berechtigten Interesses" an der Kündigung erforderlich sind;[129] der BGH seine frühere Rechtsprechung zur **Übergabe von Patientendaten** an den Praxisnachfolger revidiert und eine Einwilligung der Betroffenen verlangt;[130] das BAG ausdrücklich auf die verstärkte Abhängigkeit der Arbeitnehmer durch die Verarbeitung von **Verhaltens- und Leistungsdaten** hingewiesen und sich für eine Einschränkung der Verarbeitungsmöglichkeiten des Arbeitgebers ausgesprochen.[131]

53 Weil es aber Aufgabe der informationellen Selbstbestimmung ist, die Kommunikationsfähigkeit des Einzelnen zu gewährleisten, lässt sich die Verpflichtung nicht-öffentlicher Stellen, das Entscheidungsvorrecht der jeweils von der Verarbeitung ihrer Daten Betroffenen zu respektieren, auch nicht unter Hinweis auf die **Privatautonomie** infrage stellen.[132] Die Privatautonomie soll zwar jeden, der am rechtsgeschäftlichen Verkehr teilnimmt, in die Lage versetzen, den aus seiner Sicht besten Weg für die Verwirklichung seiner Vorstellungen zu wählen. Sie kann jedoch dieser Erwartung nur nachkommen, wenn gerade jenen verfassungsrechtlichen Anforderungen entsprochen wird, die dem Einzelnen die Möglichkeit verschaffen sollen, die eigenen Interessen erkennen und vertreten zu können. Die Privatautonomie ist deshalb kein der informationellen Selbstbestimmung vorgeschalteter Grundsatz, sondern ein Ordnungsprinzip, das nur dann in der Lage ist, sich zu entfalten, wenn die verfassungsrechtlich garantierten **Mindestbedingungen einer Kommunikationsfähigkeit** erfüllt sind.

54 Die Privatautonomie vermag daher weder einen, sei es auch nur prinzipiell freien Zugriff auf personenbezogene Daten zu begründen, noch den Verzicht auf gesetzliche Regelungen zu rechtfertigen, deren Ziel es ist, eine funktionsfähige informationelle Selbstbestimmung zu garantieren. **Verfassungsrechtlich bedenklich** sind, so gesehen, nicht die Vorschriften, mit deren Hilfe das Recht des Einzelnen bestätigt und gestärkt werden soll, selbst festzulegen, wer unter welchen Bedingungen auf seine Daten zugreifen darf, vielmehr jene Regelungen, die, wie etwa die nach wie vor unterschiedlichen Kontrollbedingungen im öffentlichen und nicht-öffentlichen Bereich, den Schutz der informationellen Selbstbestimmung gefährlich abschwächen.[133]

---

126 BVerfGE 84, 192 (195 f.).
127 BAG, Dok. E 4 zu BDSG § 2 Abs. 3 = NJW 1985, 450 (451 f.); *Simitis,* NJW 1985, 404; *ders.,* in *Sokol* (Hrsg.), Neue Instrumente, 14 ff., in Summa, 512 ff.
128 BVerfGE 84, 192.
129 BVerfGE 85, 219 (224).
130 BGH, NJW 1992, 737; dazu *Körner-Dammann,* ebda. 1543 ff.
131 BAG, a.a.O.; Dok. E 3 zu GG Art. 2 Abs. 1 = NJW 1984, 2910; Dok. E 4 zu § 23 BDSG (a.F.) = NJW 1987, 2459; NJW 1990, 2272; *Simitis,* NJW 1985, 401 ff., RDV 1989, 49 ff.; *FESTL,* BetrVG § 87 Rdnr. 215 ff.
132 Vgl. auch *Roßnagel/Pfitzmann/Garstka,* Modernisierung, 50; und demgegenüber *Zöllner,* DB 1984, 246; *Müllner,* BB 1984, 477; *Ehmann,* AcP 188 (1989) 230 ff., insb. 301 f.; *Breitfeld,* Berufsfreiheit, 18 ff.; *Büser,* BB 1997, 217; aber auch *Schmitt Glaeser,* HdbStR VI § 129 Rdnr. 90, 93.
133 Dazu auch Einl. Rdnr. 102.

Sosehr alle verantwortlichen Stellen verpflichtet sind, den Vorrang der informationellen Selbstbestimmung zu beachten, so wenig lässt sich daraus die Notwendigkeit ableiten, ein **einheitliches Verarbeitungsschema** zu entwickeln. Im Gegenteil, die rechtlichen Anforderungen an den Verarbeitungsverlauf müssen, soll ein möglichst wirksamer Schutz der informationellen Selbstbestimmung garantiert werden, den Besonderheiten der jeweiligen Verarbeitungssituation Rechnung tragen und folglich möglichst **bereichsspezifisch** ausgestaltet sein.[134] Ganz in diesem Sinne greifen das SGB ebenso wie etwa die Polizei-, Archiv-, Schul- oder Krankenhausgesetze die für ihren Anwendungsbereich typischen Verarbeitungsvorgänge auf. In dieselbe Richtung weist auch die wieder und wieder erhobene Forderung nach einem Arbeitnehmerdatenschutzgesetz.[135] Die Verarbeitung personenbezogener Daten ist, anders ausgedrückt, kein monolithischer Block, vielmehr Schauplatz sehr unterschiedlicher Verarbeitungsprozesse, die deshalb für sich betrachtet und behandelt werden müssen. 55

Je mehr sich freilich der Akzent auf die je spezifischen Merkmale der einzelnen Verarbeitungsprozesse verschiebt, desto weniger vermag die auch nach der Novellierung vom Mai 2001 unverändert beibehaltene **Aufteilung des BDSG in zwei** von konkreten Verarbeitungsvorgängen völlig losgelöste, **jeweils dem öffentlichen** (§§ 12 – 26) **und dem nicht-öffentlichen Bereich** (§§ 27 – 38) **gewidmete Normenkomplexe** zu überzeugen.[136] Nicht von ungefähr zählen deshalb der Verzicht auf die Gegenüberstellung der beiden Bereiche und die Konzentration des BDSG auf einige wenige auf alle Verarbeitungsvorgänge anwendbaren Grundsätze zu den wichtigsten Ansätzen einer Modernisierung des Datenschutzes.[137] Auch deshalb, weil die Erfahrung nur zu gut zeigt, dass eine abstrakte Aufteilung der verantwortlichen Stellen letztlich lediglich dazu dient, elementare Verarbeitungsanforderungen wie die Zweckbindung oder eine genauso uneingeschränkte wie unabhängige Kontrolle vor allem im nicht-öffentlichen Bereich zu unterlaufen. 56

2.3.2 Daten

Die informationelle Selbstbestimmung erstreckt sich auf **alle** die eigene Person betreffenden **Daten**. Ganz gleich also, ob Namen, Vorstrafen, Adressen, Angaben zur beruflichen, politischen oder gewerkschaftlichen Tätigkeit, Geburtsjahr, Krankheits- oder Einkommensdaten, Telefonnummern, Freizeitaktivitäten oder Informationen über die Wohnverhältnisse verwendet werden sollen, das Recht des Einzelnen, selbst über die Preisgabe und Verwendung seiner persönlichen Daten zu entscheiden, bleibt unberührt. Die informationelle Selbstbestimmung ist, anders ausgedrückt, eindeutig verarbeitungs- und nicht datenorientiert.[138] 57

Ein konsequenter, an den Folgen der Verarbeitung für die Betroffenen ausgerichteter Datenschutz verträgt sich nicht mit einer nach welchen Kriterien auch immer vorgenommenen Beschränkung auf bestimmte personenbezogene Angaben. An Versuchen dazu hat es nicht gefehlt.[139] Sie sind durchweg gescheitert, gleichviel ob es darum ging, „harmlose" oder „triviale" Daten aus dem Datenschutz auszunehmen oder ihn umgekehrt ausschließlich „sensitiven" Daten vorzubehalten. Welchen Aussagewert die konkret infrage kommenden Angaben haben, und wie sich ihre Benutzung auf die Betroffenen auswirken wird, lässt sich weder der „Natur" noch dem „Wesen" der Daten entnehmen, sondern einzig und allein dem jeweiligen **Verwendungszusammenhang**.[140] So büßen Namenslisten ihre angebliche „Harmlosigkeit" oder „Trivialität" spätestens ein, sobald sie im Hinblick auf eine gezielte Telefonwerbung zusammengestellt werden, die Zugehörigkeit zu einer politischen Organisation dokumentieren oder die Unterbringung in eine Anstalt zu erkennen geben. Genauso verändert sich der 58

---

134 o. Rdnr. 23.
135 Dazu *Simitis,* NJW 1998, 2397, AuR 2001, 429 ff., RdA 2003, Sonderbeilage zu H. 5, 43 ff.
136 Vgl. freilich *Petersen,* Grenzen, 49 ff., 153 ff.
137 Vgl. Einl. Rdnr. 122 f; sowie *Simitis,* DuD 2000, 719 ff.; *Roßnagel/Pfitzmann/Garstka,* Modernisierung, 48.
138 BVerfGE 65, 1 (45); *Simitis,* NJW 1984, 402.
139 Zur Geschichte und Entwicklung dieser Bestrebungen vgl. *Simitis,* in Festschrift für *Pedrazzini* (1990) 469 ff.
140 BVerfGE 65 1 (45); *Simitis,* NJW 1984, 402; sowie *Roßnagel/Trute,* Handbuch 2.5, Rdnr. 11, 19, 23; *Albers,* Informationelle Selbstbestimmung, insb. 447 ff.

„Sensitivitätsgrad" von Krankheitsdaten, je nachdem, ob sie ausschließlich im Rahmen einer ärztlichen Behandlung benutzt oder vom Arbeitgeber verlangt werden.

59 In dem Maße zudem, in dem die Automatisierung fortschreitet, verselbstständigen sich zugleich die Daten, lösen sich also aus ihrem ursprünglichen Verwendungszusammenhang und verwandeln sich in ein tendenziell beliebig nutzbares Informationsmaterial. Automatisierte Informationssysteme erweitern eben nicht nur die Speicherungskapazität und ermöglichen daneben keineswegs lediglich den sofortigen Abruf, sie bahnen vielmehr vor allem den Weg für eine **multifunktionale Verwendung**. Die Daten lassen sich mit anderen Worten jederzeit in einen neuen Verwendungszusammenhang stellen und gewinnen damit auch eine neue Bedeutung.[141]

60 Wenn daher der Einzelne wirklich das Recht haben soll, selbst festzulegen, was mit seinen Daten geschehen soll, dann darf es weder **frei zugängliche Verarbeitungsreservate** geben, noch zulässig sein, sein Entscheidungsvorrecht auf die Nutzung scheinbar **„wesensbedingt sensitiver Daten"** zu beschränken. Kurzum, die informationelle Selbstbestimmung beginnt nicht erst bei den Angaben zur Gesundheit oder zur politischen Überzeugung und endet genauso wenig bei Namen und Adressen.

61 Ebenso wenig geht es an, **„Daten ohne gezielten Personenbezug"**, Angaben also, die beim Verarbeitungsprozess mehr oder weniger beiläufig, etwa bei technischen Dienstleistungen oder der Kommunikation von Maschinen anfallen, auch nur vorläufig aus dem Anwendungsbereich der Datenschutzvorschriften herauszunehmen.[142] Ihre Entstehung mag sich nicht vermeiden lassen. Sie zu ignorieren, verbietet sich dagegen umso deutlicher. Der Verwendungszusammenhang bestimmt Inhalt und Umfang der Daten, die verarbeitet werden dürfen. Er verpflichtet deshalb die verantwortliche Stelle, alle Vorkehrungen zu treffen, um solche Daten, entweder zu eliminieren, oder ihre Verwendung, wie bei „Protokolldaten" (§ 14 Abs. 49,[143] an besonders restriktive Bedingungen zu knüpfen.

62 Die Ablehnung abstrakter Kategorisierungen schließt eine **unterschiedliche Behandlung einzelner Daten** keineswegs aus. Wann sie angebracht ist und wie sie im Einzelnen auszusehen hat, richtet sich immer nach dem **Verwendungszusammenhang** und nicht nach den Daten selbst. Die Sondervorschriften zu den „allgemein zugänglichen" Daten (§§ 28 Abs. 1 Nr. 3; 29 Abs. 1 Nr. 2)[144] sind nur eines von vielen Beispielen dafür. Einmal mehr gibt nicht die „Natur" der Daten den Ausschlag, sondern ausschließlich der Verarbeitungskontext. Weil sie Teil einer ihrer ganzen Entstehung und Zielsetzung nach öffentlichen Information sind, werden sie aus kommunikationsspezifischen Gründen einer Sonderbehandlung unterworfen, unterliegen aber bei einer Weiterverwendung erneut den generell anwendbaren Regeln.[145]

63 Ähnlich ist es bei den **„sensitiven Daten"**. Die Bereitschaft, sie mit Rücksicht auf die EG-Datenschutzrichtlinie (Art. 8)[146] ausdrücklich in das BDSG einzubeziehen (§§ 3 Abs. 9, 13 Abs. 2, 28 Abs. 6 bis 9, 29 Abs. 5) hat weder dazu geführt, den Anwendungsbereich des Gesetzes ganz oder weitgehend auf sie zu beschränken, noch und erst Recht zu einem Verwendungsverbot. Das BDSG begnügt sich vielmehr damit, die Verarbeitungsbedingungen zu verschärfen und vermeidet es im Übrigen, anders als die EG-Datenschutzrichtlinie (Art. 8 Abs. 1), auch nur den Eindruck zu erwecken, als wolle es die Verarbeitung „sensitiver Daten" generell untersagen.[147] Der Verwendungszusammenhang präjudiziert vielmehr erneut die Reaktion des Gesetzgebers. Vordergründig steht sie zwar ganz im Zeichen der Daten selbst. In Wirklichkeit kommt ihnen lediglich eine Warnfunktion zu. Wo immer sie auftauchen, stellt sich die Frage nach zusätzlichen Verarbeitungsvorkehrungen. Ob sie allerdings tatsächlich notwendig sind, entscheidet sich wie in allen anderen Verarbeitungsfällen am Verwendungskontext. So billigt das Gesetz konfessionellen Organisationen und politischen

---

141 BVerfGE 65, 1 (45); *Simitis,* NJW 1984, 402, in Summa, 515 ff.
142 So aber *Roßnagel/Pfitzmann/Garstka,* Modernisierung, 68 ff.
143 Dazu § 14 Rdnr. 106 ff; vgl. auch die §§ 15 Nr. 4 LDSG BW; 11 Abs. 5 BlnDSG; 13 Abs. 5 HDSG; 13 Abs. 6 LDSG SH.
144 Dazu § 28 Rdnr. 183 ff.
145 Dazu § 28 Rdnr. 320 ff.; aber auch *Roßnagel/Pfitzmann/Garstka,* Modernisierung, 62 f.
146 Dazu *Dammann/Simitis,* EG-Datenschutzrichtlinie Art. 8 Rdnr. 1 ff.
147 Dazu § 28 Rdnr. 320 ff.; sowie § 3 Rdnr. 250 ff.

Parteien ausdrücklich das Recht zu, Angaben zu den religiösen oder politischen Überzeugungen ihrer Mitglieder zu verarbeiten (§ 28 Abs. 9), eine Befugnis, die einschlägigen Tendenzbetrieben, jedenfalls für einen Teil ihrer Beschäftigten, genauso zustehen muss. Ebenso wenig lässt sich aber bestreiten, dass es allen anderen Arbeitgebern untersagt ist, genau diese Informationen direkt oder indirekt zu erheben.

Nichts anderes gilt übrigens dort wo das BDSG, wie in § 28 Abs. 3 Satz 3, die Übermittlungs- 64
und Nutzungsbedingungen lockert. Die listenmäßige Weitergabe wird lediglich für Zwecke der Werbung oder der Markt- und Meinungsforschung akzeptiert.[148] Erst der spezifische Verwendungszusammenhang legitimiert also in den Augen des Gesetzgebers eine Abkehr von den generell anwendbaren Verarbeitungsvoraussetzungen. Wer deshalb die Sonderregelung in Anspruch nehmen will, muss sich auf Verarbeitungsvorgänge beschränken, die sich nahtlos in den gesetzlich vorgeschriebenen Kontext einfügen.

2.3.3 „Persönlichkeitssphären"

Das Recht des Einzelnen, selbst über die Preisgabe und Verwendung der seine Person betref- 65
fenden Daten zu entscheiden, ist nicht an die Gefährdung oder gar Verletzung einer bestimmten **„Sphäre"** seiner „Persönlichkeit" geknüpft. Die informationelle Selbstbestimmung verflüchtigt sich also keineswegs bei der **„Individualsphäre"** und kommt umgekehrt nicht erst in den Fällen uneingeschränkt zur Geltung, in denen jener **„innerste", „schlechthin unantastbare Bezirk"** tangiert wird, der dem Einzelnen „um seiner freien und selbstverantwortlichen Persönlichkeitsentfaltung verbleiben muss".[149] Trotzdem überraschen die ständig wiederkehrenden Hinweise auf die **„Sphärentheorie"**[150] nicht. Sie sind die gleichsam natürliche Folge der lange Zeit weitgehend als selbstverständlich betrachteten Anbindung der informationellen Selbstbestimmung an das **allgemeine Persönlichkeitsrecht**.[151] Wer diesen Weg geht, versucht begreiflicherweise den Geltungsbereich der informationellen Selbstbestimmung mit Hilfe jener Konstruktionen zu umschreiben, die für die Anwendung des Persönlichkeitsrechts typisch sind.[152]

In Wirklichkeit wiederholt sich freilich, wenn auch unter anderem Vorzeichen, der Versuch, 66
die personenbezogenen Daten nach dem **Grad ihrer Sensitivität** aufzuteilen.[153] Im einen wie im anderen Fall wird die Berechtigung Dritter auf die Daten zuzugreifen, an abstrakten gleichsam daten- oder sphärenimmanenten Kriterien gemessen. In beiden Fällen richtet sich daher die prinzipielle Zulässigkeit der Verwendung ebenso wie das jeweils hinnehmbare Maß an Verarbeitung nicht nach dem je spezifischen Verwendungskontext. Er wird vielmehr gezielt durch das „Wesen" der Daten oder die „Natur" der Sphären verdrängt.[154] Für die Sphärenabfolge gilt daher genauso wie für jede Kategorisierung der Daten: Sie verleitet zu einer Argumentation, die Eigenart und Bedeutung der Verarbeitung personenbezogener Daten außer Acht lässt.

Ebenso wenig wie es deshalb, auch und gerade mit Rücksicht auf die automatisierungsbe- 67
dingte multifunktionale Verwendbarkeit der Daten,[155] gelingen kann, ihre „Trivialität" oder „Sensitivität" ein für alle Mal verbindlich festzulegen, ist es möglich, die einzelnen Angaben definitiv einer bestimmten „Sphäre" zuzuordnen.[156] Genauso wie es daher müßig ist, die Verar-

148 Dazu § 28 Rdnr. 232 ff.

149 BVerfGE 27, 1 (6), 344 (350 f.).

150 Vgl. etwa *Brochette,* Wert, 230 f.; *Rogall,* Informationseingriff, 48; *Degenhart,* JuS 1992, 363; aber auch *Geis,* JZ 1991, 113 f.

151 o. Rdnr. 33 ff.; sowie *Hufen*, in 50 Jahre BVerfG., 110 ff., 117 f.

152 Vgl. etwa *Rogall,* Informationseingriff, 57; aber auch *Mangoldt/Klein/Starck,* GG Art. 2 Abs. 1 Rdnr. 80.

153 o. Rdnr. 57 ff.

154 Statt aller *Geis,* JZ 1991, 114.

155 Einl. Rdnr. 8.

156 Vgl. auch *Dreier*, in *Dreier* (Hrsg.), GG Art. 2 I Rdnr. 88; *Di Fabio*, in *Maunz/Dürig*, GG Art. 2 Abs. 1 Rdnr. 174; *Benda,* in Festschrift für *Geiger* (1974) 30 ff.; *Schlink,* Die Amtshilfe (1982) 191 ff., Der Staat 25 (1986) 241 f.; *Podlech*, Leviathan 1984, 91 ff.; *Scholz/Pitschas,* Informationelle Selbstbestimmung, 35 f.; *Hufen*, JZ 1984, 1074, in 50 Jahre BVerfG., 118.

beitung von Daten zur Gesundheit der Betroffenen wegen ihrer Sensitivät schlichtweg zu verbieten,[157] sind Auseinandersetzungen darüber sinnlos, ob ihre Verwendung die „Individual-“, die „Privat-“ oder die „Intimsphäre“ berührt. Die Antwort hängt, nicht anders als etwa bei Daten über die Kreditwürdigkeit, einzig und allein vom **Verwendungszusammenhang** ab,[158] muss also anders ausfallen, je nachdem, ob es um die Einstellung in ein bestimmtes Unternehmen, den Abschluss eines Versicherungsvertrages, die Bearbeitung eines Darlehensantrags oder die Auseinandersetzung mit einem Opponenten in einer Hauptversammlung geht.[159]

68 Wie sehr es auf den **Verwendungszusammenhang** ankommt, zeigt sich besonders dann, **wenn die informationelle Selbstbestimmung eingeschränkt wird**. So müssen sich die Betroffenen mit einer, allerdings an Schutzvorkehrungen gebundenen Veröffentlichung von Angaben zu ihrer Entmündigung ebenso abfinden[160] wie mit Eintragungen ins Schuldnerverzeichnis[161] oder Kontrollmitteilungen über Einkünfte aus Kapitalvermögen.[162] In jedem dieser Fälle lässt sich die Restriktion lediglich mit Gründen rechtfertigen, die unmittelbar mit der intendierten Verwendung zusammenhängen und deshalb immer nur für sie gelten können.

2.3.4 Verarbeitungsformen und Verarbeitungsmittel

69 Das Recht des Einzelnen, selbst darüber zu entscheiden, wann wozu und vom wem Daten, die sich auf seine Person beziehen, verwendet werden dürfen, ist nicht an die **Verarbeitungsform** gebunden. Ob also die Angaben **manuell** oder **automatisch** verarbeitet werden, spielt keine Rolle. Die Automatisierung mag erst die Aufmerksamkeit auf die Bedeutung einer Verarbeitungsregelung gelenkt haben,[163] sie markiert aber nicht die Grenze der informationellen Selbstbestimmung. Schon deshalb, weil manuelle und automatisierte Verarbeitung weder aufeinander folgende Entwicklungsstadien noch und erst recht sich gegenseitig ausschließende Alternativen sind. Beide Verarbeitungsformen ergänzen sich vielmehr, wie vor allem das Beispiel der Aktenverweisungssysteme zeigt.[164] Die gezielte Integration beider Verarbeitungsformen in ein Informationssystem, das die Vorteile der Automatisierung konsequent nutzt, um den Informationswert von Polizei-, Personal- oder Versicherungsakten auszuschöpfen, bestätigt und unterstreicht die Notwendigkeit, den Respekt vor der informationellen Selbstbestimmung der Betroffenen auch bei einer manuellen Verarbeitung ihrer Daten zu gewährleisten.

70 Genauso wenig wie die Verarbeitungsform darf das **Verarbeitungsmittel** das Vorrecht der Betroffenen, selbst über den Umgang mit ihren Daten zu entscheiden, beschränken oder gar infrage stellen. Die informationelle Selbstbestimmung orientiert sich, anders ausgedrückt, ausschließlich an der Verwendung personenbezogener Daten und nicht daran, ob sie in **Dateien oder unstrukturierten Akten** enthalten sind. Die Verarbeitungsmöglichkeiten mögen sich mit dem Wechsel des Verarbeitungsmittels ändern. Der Zugang zu den Daten kann also bei Dateien leichter als bei einer Akte sein, die aus sehr verschiedenen, ungeordneten Unterlagen besteht. Für die Betroffenen ist aber ein Rückgriff auf ihre Angaben nicht deshalb weniger relevant, weil sie nur in unstrukturierten Akten zu finden sind. Jeder Versuch, ihr Entscheidungsvorrecht nur so lange anzuerkennen, wie bestimmte Verarbeitungsmittel benutzt werden, verstößt daher gegen die Forderung, keine Verwendung personenbezogener Daten an den Betroffenen vorbei, kurzum, ohne ihre Kenntnis und Mitwirkung zuzulassen.

71 Das BDSG trägt sicherlich der ersten dieser beiden Erwartungen Rechnung, und zwar ohne jede Einschränkung. Der Gesetzgeber hat an der bereits 1977 (§ 2 Abs. 2) eingenommenen Position konsequent festgehalten, **manuelle und automatisierte Verarbeitung gleicherma-**

157 o. Rdnr. 63.
158 Vgl. auch BVerfGE 109, 279 (318 ff.).
159 o. Rdnr. 58 ff.; vgl. auch BGHZ 91, 233 = Dok. E 8 zu § 32 BDSG 77.
160 BVerfGE 78, 77 (85 f.) = Dok. E 31 zu Art. 2 Abs. 1 GG.
161 BVerfG, Dok. Art. 2 Abs. 1 GG E 34 = NJW 1988, 3009 f.
162 BVerfGE 84, 239 (279 ff.).
163 Einl. Rdnr. 6 ff.
164 Einl. Rdnr. 14.

ßen einzubeziehen. Wenn das BDSG trotzdem zuweilen davon abweicht, so lediglich, um entweder **spezifischen Erscheinungsformen der Automatisierung**, etwa dem direkten Abruf (§ 10), Rechnung zu tragen oder um, sei es auf bestimmte **Verwendungskonstellationen** zu reagieren, die, wie etwa automatisierte Entscheidungen (§ 6 a), gerade für die Automatisierung typisch sind, sei es, um mit Rücksicht auf die **Verarbeitungskonsequenzen** ohnehin bestehende Anforderungen an die Verwendung personenbezogener Daten zu verstärken, beispielsweise bei der Bestellung eines Beauftragten (§ 4f Abs. 1 Satz 1) sowie den gesetzlich vorgeschriebenen technischen und organisatorischen Vorkehrungen (Anlage zu § 9).

Das BDSG ist dagegen der zweiten Erwartung nicht gefolgt. Der Gesetzgeber hat es vielmehr 72
von Anfang an vorgezogen, die Anwendung der Datenschutzvorschriften mit der Verwendung eines bestimmten **Verarbeitungsmittels** zu verknüpfen. Die kategorische Beschränkung der Verarbeitungsanforderungen auf die in „**Dateien**" verarbeiteten personenbezogenen Angaben (§§ 1 Abs. 2; 2 Abs. 2 des BDSG 77)[165] ist dafür genauso bezeichnend wie die spätere ebenso widerwillige wie begrenzte Einbeziehung der „Akten" (§§ 1 Abs. 2; 3 Abs. 3 des BDSG 90).[166] Was sich freilich schon im BDSG 90 andeutete, lässt sich nach der Anpassung des BDSG an die EG-Datenschutzrichtlinie von 1995 nicht mehr übersehen: Das Verarbeitungsmittel spielt nur noch eine periphere Rolle.

Schon deshalb, weil eine automatisierte Verarbeitung ausnahmslos die Verpflichtung be- 73
gründet, personenbezogene Daten nur unter den im BDSG genannten Bedingungen zu verwenden (§ 1 Abs. 2). Bei einer nicht-automatisierten Verarbeitung müssen dagegen die Angaben zwar in einer „Datei" enthalten sein. Die EG-Datenschutzrichtlinie hat aber zugleich den endlosen Streit darüber beendet, wann genau eine „Datei" vorliegt. Mehr als ein einziges Merkmal, mit dessen Hilfe die Daten geordnet und gefunden werden können, ist nicht erforderlich.[167] Konsequenterweise zählt deshalb jede **strukturierte Akte** zu den nicht-automatisierten Dateien.

Das BDSG bleibt dennoch hinter den Erwartungen der EG-Datenschutzrichtlinie von 1995 74
zurück und genügt erst recht nicht den verfassungsrechtlich garantierten Anforderungen der informationellen Selbstbestimmung. Die Richtlinie stellt ausdrücklich fest, dass der in den Mitgliedstaaten bereits erreichte Stand des Datenschutzes nicht unterschritten werden darf (Erwägungsgrund Nr. 10). Der Gesetzgeber hätte daher **alle Akten** einbeziehen müssen, statt die Gelegenheit zu nutzen, um mit einer rein formalen, den Erwägungsgründen der EG-Datenschutzrichtlinie eindeutig widersprechenden Argumentation die im BDSG 90 (§ 1 Abs. 2) jedenfalls partiell aufgegebenen Einschränkungen wieder einzuführen.

Das Ergebnis mutet umso merkwürdiger an als die damit nur schwer vereinbaren Vorschriften 75
der §§ 27 Abs. 2 und 34 Abs. 2 beibehalten wurden. Eine wie immer begründete Aufteilung der „Akten" hat sich zudem in zentralen Verarbeitungsbereichen längst als unhaltbar erwiesen. Mit das beste Beispiel dafür ist die **Verarbeitung von Arbeitnehmerdaten**. So ist sowohl für das Einsichtsrecht der Beschäftigten (§§ 83 BetrVG, 90 BBG, 13 BAT, 13a MTB II) als auch für das Mitbestimmungsrecht der Arbeitnehmervertretung bei Überwachungsmaßnahmen (§§ 86 Abs. 1 Nr. 6 BetrVG; 75 Abs. 3 Nr. 17 BPersVG) ein materieller Personalaktenbegriff maßgeblich.[168] Jeder Versuch, einzelne Unterlagen durch ein gezielt formalisiertes Personalaktenkonzept auszuschließen, ist deshalb von vornherein zum Scheitern verurteilt.

2.3.5 Verwendungszeitpunkt und Verwendungsmodalitäten

Das Recht der Betroffenen, selbst über die Verwendung ihrer Daten zu entscheiden, ist nur so 76
lange gewahrt, wie ihre Erwartungen und Vorgaben ohne Rücksicht auf den **Verwendungszeitpunkt** und die **Verwendungsmodalitäten** beachtet werden. So gesehen ist es gleich-

---

165 Dazu die 3. Auflage dieses Kommentars, Einl. Rdnr. 7 ff.; sowie die §§ 1 Rdnr. 26; 2 Rdnr. 172 ff.

166 Dazu die 4. Auflage dieses Kommentars, §§ 1 Rdnr. 49 f., 52 ff.; 3 Rdnr. 64 ff., 92 ff.

167 Vgl. *Dammann/Simitis,* EG-Datenschutzrichtlinie Einl. Rdnr. 20 f., 47 f., Art. 3 Rdnr. 5. Anders daher als die Amtl. Begr. der Novellierung vom Mai 2001, BR-Drucks. 461/00, 78, meint, verbietet sich jeder Vergleich mit dem BDSG 77.

168 Dazu § 28 Rdnr. 9, 34 f.; sowie *FESTL,* BetrVG § 83 Rdnr. 5; *DKK* (Hrsg.), BetrVG § 83 Rdnr. 5; sowie

gültig, ob die Daten **sofort, vorerst nicht oder sehr viel später** verarbeitet werden sollen.[169] Ebenso wenig kann es darauf ankommen, ob die **Verarbeitung**, wie im BDSG 77, nach dem Vorbild der frühen technischen Terminologie ganz auf die automatisierungstypischen Phasen beschränkt,[170] oder, wie es die meisten LDSG[171] genauso wie die EG-Datenschutzrichtlinie (Art. 2 Buchst. b) zu Recht getan haben, als ein sehr viel weiterreichender, letztlich jede Verwendung einbeziehender Vorgang verstanden wird.[172] Die informationelle Selbstbestimmung muss sich auf **jeglichen „Umgang"** (§ 1 Abs. 1) mit personenbezogenen Daten erstrecken, also auf **jede Verarbeitungstätigkeit** (§ 3 Abs. 4) und auf **alle „Nutzungen"** (§ 3 Abs. 5). Nur dann haben die Betroffenen eine realistische Chance, einzelne Verwendungen ebenso auszuschließen wie bestimmte Nutzungen zu billigen.

77 Erst recht sind die verantwortlichen Stellen verpflichtet, dem Recht der Betroffenen, selbst zu bestimmen, wie mit ihren Daten verfahren werden soll, bei jeder einzelnen **Verarbeitungsphase** Rechnung zu tragen. Gleichviel also, ob personenbezogene Daten erhoben, gespeichert, übermittelt, verändert, gesperrt oder gelöscht werden sollen, die Vorgaben der Betroffenen markieren die Verarbeitungsgrenzen. Die Risiken mögen bei der **Übermittlung** besonders ausgeprägt sein. Das Entscheidungsrecht der Betroffenen darf dennoch nicht auf die Weitergabe der Daten beschränkt werden. Der Verarbeitungsprozess lässt sich nur wirksam gestalten, wenn die Betroffenen schon bei der **Erhebung** eingreifen können. Sie signalisiert das Interesse der verantwortlichen Stelle an den Daten und verschafft ihr zugleich die Möglichkeit, die Angaben zu nutzen. Kein anderer Anknüpfungspunkt eignet sich deshalb besser, um die Betroffenen rechtzeitig vor nachteiligen Konsequenzen zu schützen.

78 Das BDSG spiegelt freilich nach wie vor den anhaltenden Widerstand gegen eine konsequente Einbeziehung der **Erhebung** wider.[173] Der Gesetzgeber hat zwar unter dem Druck der EG-Datenschutzrichtlinie die im BDSG 90 enthaltenen Vorbehalte gegen eine datenschutzkonforme Regelung der Erhebung aufgegeben, es aber vermieden, sie ausdrücklich als Teil der Verarbeitung zu bezeichnen (§ 3 Abs. 3 und 4).[174] Die EG-Datenschutzrichtlinie (Art. 2 Buchst. b) lässt freilich ebenso wenig wie die Mehrzahl der LDSG[175] keinen Zweifel aufkommen: die Erhebung ist nur eine von mehreren Verarbeitungsphasen.

2.4 Anwendungsvoraussetzungen

79 Die informationelle Selbstbestimmung hat eine essentiell **präventive Funktion**: Sie soll vor allem potenzielle Verfälschungen der Kommunikationsvoraussetzungen verhindern und nicht etwa nur bereits eingetretene Verzerrungen korrigieren. Ihr eigentlicher und entscheidender Ansatzpunkt ist insofern **nicht die Schädigung, sondern die Gefährdung** des Einzelnen.[176] Ganz in diesem Sinn materialisiert sich das Recht, selbst über die Verwendung der eigenen Daten zu entscheiden, in einer **generellen Verarbeitungssperre**, die grundsätzlich nur mit Hilfe der Betroffenen und unter den von ihm bestimmten Bedingungen überwunden werden kann. Genau genommen wiederholt und bestätigt sich damit auf der verfassungsrechtlichen Ebene jene Tendenz, die sowohl den Entstehungsprozess als auch die Entwicklung der Datenschutzgesetzgebung begleitet und beherrscht hat: den Verarbeitungsablauf von Anfang an an Vorgaben zu binden, die den Einzelnen vor verarbeitungsbedingten Schäden ebenso bewahren wie eine langfristig angelegte Manipulation seines Verhaltens ausschließen sollen.[177]

---

169 Vgl. freilich *Schmitt Glaeser,* HdWStR VI Rdnr. 97.
170 Vgl. die 3. Auflage dieses Kommentars, §§ 1 Rdnr. 18 a; 2 Rdnr. 75.
171 Vgl. etwa die §§ 1 LDSG BW; 1 BbgDSG; 1 HmbDSG; 1 Abs. 1 HDSG; 3 Abs. 4 DSG M-V; 1 DSG NRW; 1 SDSG; 1 LDSG SH; 3 Abs. 3 ThürDSG.
172 Vgl. auch *Roßnagel/Pfitzmann/Garstka,* Modernisierung, 67 f.
173 Einl. Rdnr. 59.
174 Dazu § 3 Rdnr. 100 ff., 114 ff.
175 Dazu o. Rdnr. 76.
176 Vgl. auch *Roßnagel//Trute*, Handbuch 2.5, Rdnr. 13, 23; *Scholz/Pitschas,* Informationelle Selbstbestimmung, 82 ff.; sowie *Bull,* in Gedächtnisschrift für *Sasse* II 879 f.; *Gallwas,* Der Staat 18 (1979) 510 f.; *Bizer*, in *Schulte* (Hrsg.), Handbuch, 564, 566 f., 569 f.; sowie *Albers*, Informationelle Selbstbestimmung, insb. 462 ff.
177 Einl. Rdnr. 11 ff.

Komplizierter Überlegungen darüber, wann genau die Schwelle eines verfassungsrechtlich unzulässigen **Eingriffs** in das Entscheidungsrecht des Einzelnen überschritten wird,[178] bedarf es deshalb nicht. Die Antwort ergibt sich unmittelbar aus der spezifischen Aufgabe der informationellen Selbstbestimmung sowie der sie konkretisierenden gesetzlichen Schutzvorkehrungen: Gerade weil sie zuvörderst den möglichen Verarbeitungsfolgen vorbeugen sollen, ist **jede sich am Betroffenen vorbei vollziehende**, nicht durch seine Entscheidung abgedeckte **Verwendung** der sich auf seine Person beziehenden Daten **ein Eingriff** in die informationelle Selbstbestimmung.[179] 80

Die Aussage, das BDSG habe den Zweck, den Einzelnen vor **„Beeinträchtigungen"** durch den Umgang mit den sich auf seine Person beziehenden Angaben zu schützen (§ 1 Abs. 1), ist, so gesehen, zumindest missverständlich. Ganz gleich, ob es um die Modalitäten geht, unter denen sich die Betroffenen auf ihr Recht berufen können, die Preisgabe und Verwendung ihrer Daten selbst zu bestimmen, oder um die Anwendungsbedingungen der gesetzlich festgelegten Verarbeitungsanforderungen, die Beeinträchtigung setzt **keinen** wie immer definierten **„Schaden"** des Betroffenen voraus. Sie ist vielmehr bereits bei einer **bloßen**, durch eine entsprechende Entscheidung des Betroffenen nicht abgedeckten **Verwendung** personenbezogener Angaben gegeben. 81

Die irritierende Wortwahl des Gesetzes illustriert einmal mehr die Schwierigkeiten seiner Entstehungsgeschichte, genauer, die mühselige Abkehr von der verfehlten Regelungskonzeption des BDSG 77. Das Gesetz verlangt zwar im Unterschied zu seiner ersten Fassung (§ 1 Abs. 1) keinen **„Missbrauch"** mehr.[180] Indem es aber von einer **„Beeinträchtigung"** spricht, legt es, wie schon das BDSG 90 (§ 1 Abs. 1), die Annahme nahe, mit dem schlichten Gebrauch der Daten sei es nicht getan, vielmehr müsse eine zusätzliche, darüber hinausreichende Bedingung erfüllt werden. Mit jedem Schritt in diese Richtung wird jedoch das **Entscheidungsvorrecht** des Betroffenen **relativiert**, damit allerdings zugleich die informationelle Selbstbestimmung untergraben. Kaum verwunderlich, wenn sich deshalb eine dem § 1 Abs. 1 entsprechende Formulierung in den LDSG nur vereinzelt wiederfindet.[181] 82

Auf die **Intensität der „Beeinträchtigung"** kommt es erst recht nicht an. **Grundrechtsirrelevante „Bagatellbeeinträchtigungen"** gibt es ebenso wenig wie **„unwesentliche" Verwendungen** personenbezogener Daten.[182] Die informationelle Selbstbestimmung verträgt sich nicht mit einer nach welchen Gesichtspunkten immer vorgenommenen **Klassifizierung der „Beeinträchtigungen"**. Weil jeder Zugriff auf die Daten der Entscheidung der Betroffenen unterliegt, kann **keine Verarbeitung „grundrechtsirrelevant"** sein. Weil es zudem ausschließlich Sache des Betroffenen ist, die beabsichtigte Nutzung zu bewerten, lässt sich keine Verwendung von vornherein als **„trivial"** ausgeben. Auf den ersten Blick mag zwar manches dafür sprechen, **„Zufallsfunde"** sowie **„gelegentliche Befragungen"**,[183] ja die **„Trivialkommunikation"**,[184] wenn nicht gar jedes **„sozialadäquate Verhalten"**[185] völlig auszuklammern. 83

178 Vgl. dazu etwa *Schwan,* VerwArch 66 (1975) 120 ff.; *Krause,* DVR 9 (1980) 238 f.; *Rohlf,* Schutz, 201 ff.; *Schlink,* Amtshilfe, 169 ff., Der Staat 25 (1986) 247 f.; *Scholz/Pitschas,* Informationelle Selbstbestimmung, 26 f., 82 ff.; *Rosenbaum,* Jura 1988, 180; *Rogall,* Informationseingriff, 51 ff., 62 ff.; *Kloepfer,* in Verhandlungen des 62. DJT Bd. 1 D 48 ff.; *Albers,* Informationelle Selbstbestimmung, 29 ff., 70 ff., 437 ff.; *Hufen,* in 50 Jahre BVerfG., 113 f., 117 f.

179 BVerfGE 65, 1 (43 f.); *Schmitt Glaeser,* HdbStR VI § 129 Rdnr. 96; *Jarass/Pieroth,* GG Art. 2 Rdnr. 32; *Pieroth/Schlink,* Grundrechte, Rdnr. 438; *Di Fabio,* in *Maunz/Dürig,* GG Art. 2 Abs. 1 Rdnr. 176; *Badura,* Staatsrecht, Rdnr. C 33; *Denninger,* in Informationsgesellschaft I 297; *Eberle,* in Rechtsdogmatik, 94 f.; vgl. auch *Rogall,* Informationseingriff, 59 ff.

180 o. Rdnr. 24.

181 §§ 1 LDSG BW; 1 ThürDSG; sowie Art. 1 BayDSG.

182 Vgl. freilich *Schmitt Glaeser,* HdbStR VI § 129 Rdnr. 97; *Kloepfer,* Grundrecht, 25, in Verhandlungen des 62. DJT Bd. 1 D 49 f.; *Bull,* Ziele, 45; *Eberle,* in Rechtsdogmatik, 94.

183 *Bull,* in Gedächtnisschrift für *Sasse II* 880 f.; *Schmitt Glaeser,* HdbStR VI § 129 Rdnr. 97.

184 *BfD,* Stellungnahme zu den Auswirkungen des Urteils des Bundesverfassungsgerichts v. 15.12.1983 zum Volkszählungsgesetz 1983, DVBl. 1984, 614; *Eberle,* in Rechtsdogmatik, 94; *Rogall,* Informationseingriff, 49; *Vogelgesang,* Grundrecht, 147 f.

185 Gutachten des Wissenschaftlichen Dienstes des Landtags Rheinland-Pfalz zum Volkszählungsurteil, v. 6.2.1984, LT-Drucks. 10/309, 8; Stellungnahme des *BfD,* 13.

84 Solche Typisierungen führen unweigerlich dazu, personenbezogene Daten in Gruppen zusammenzufassen, die nur scheinbar exakt definiert sind und gerade deshalb zulasten des Betroffenen jederzeit weiter ausgedehnt werden können. Auch die Befragung von Nachbarn durch Kreditauskunfteien kann durchaus „gelegentlich" erfolgen und „Zufallsfunde" haben ein sehr unterschiedliches Gewicht, je nachdem wo sie gemacht werden und in wessen Hände sie gelangen. Eine **Sonderbehandlung „unwesentlicher" Beeinträchtigungen** ist, so gesehen, Ausgangspunkt einer **verfassungswidrigen „Freizone"** für die Verarbeitung personenbezogener Angaben.[186] Statt sich daher auf eine wie immer geartete Gruppenbildung einzulassen, gilt es, die Entscheidung über die Verarbeitungsanforderungen **im Rahmen der Interpretation der jeweils einschlägigen gesetzlichen Bestimmungen**, etwa der Erhebungsvorschriften, zu fällen und sie von den je spezifischen Besonderheiten der konkret zu beurteilenden Verarbeitungssituation abhängig zu machen.[187]

85 Genauso wenig ist schließlich die Relevanz der Beeinträchtigung daran zu messen, ob die Daten unter **„Zwang"** erhoben worden sind.[188] Dahinter verbirgt sich die unzutreffende Vorstellung, regelungsbedürftig sei nur die Verwendung personenbezogener Daten durch „öffentliche Stellen".[189] Der „Zwang" legitimiert lediglich zusätzliche gesetzliche Vorkehrungen, nicht jedoch eine generelle Restriktion der Entscheidungsbefugnis des Betroffenen.

2.5 Einschränkungsbedingungen

2.5.1 Überwiegendes Allgemeininteresse

86 Die informationelle Selbstbestimmung ist **nicht unbegrenzt gewährleistet**. Ihre Aufgabe, die **Kommunikationsfähigkeit** des Einzelnen sicherzustellen, legt auch ihre Schranken fest. Weil die Daten immer und zugleich das **soziale Umfeld** der Betroffenen widerspiegeln, sich also niemals auf sie allein beziehen, sondern genauso die soziale Realität betreffen, in der sie leben und sich entwickeln, würde jeder Versuch, ihnen die ausschließliche, **absolute Herrschaft** über die Angaben einzuräumen, den **Kommunikationsprozess** destabilisieren, ja ihn schließlich aufheben.[190] Weil aber die informationelle Selbstbestimmung, die Kommunikationsfähigkeit auch und gerade in ihrer Eigenschaft als konstitutives Element einer von der **Mitwirkung des Einzelnen** geprägten Gesellschaft garantieren soll,[191] kann und darf das Recht, selbst über die Preisgabe und Verwendung der auf die eigene Person bezogenen Daten zu entscheiden, nicht beliebig eingeschränkt werden. Restriktionen sind vielmehr nur so weit zulässig, wie sie im **„überwiegenden Allgemeininteresse"** liegen.[192]

87 Die informationelle Selbstbestimmung bleibt daher der **eindeutig vorrangige Anknüpfungspunkt**.[193] Sie steht, anders ausgedrückt, in einem **Regel-Ausnahme-Verhältnis** zum „Allgemeininteresse". Von einem auch nur tendenziellen Vorrang des „Allgemeininteresses" kann deshalb keine Rede sein. Ebenso wenig lässt sich das „Allgemeininteresse" ohne weiteres auf eine Stufe mit der informationellen Selbstbestimmung stellen.[194] Während der Einzelne jederzeit das Recht für sich beanspruchen kann, über die Verwendung seiner persönlichen Daten zu entscheiden, bedarf **eine Verarbeitung**, die zwar **im „Allgemeininteresse"** vorgenommen, aber am Betroffenen vorbei erfolgen soll, stets einer **besonderen Begründung**. Dafür reicht weder der schlichte Hinweis auf das „Allgemeininteresse" noch dessen Substitution durch scheinbar präzisere, letztlich jedoch genauso nichtssagende Formeln aus, ange-

---

186 Dazu auch o. Rdnr. 58 ff.
187 Vgl. auch *Roßnagel/Trute*, Handbuch 2.5, Rdnr. 23.
188 Vgl. auch *Schmitt Glaeser*, a.a.O., sowie *Schlink*, Amtshilfe, 188 ff., Der Staat 25 (1986) 246 ff.
189 o. Rdnr. 48 ff.
190 Vgl. auch Einl. Rdnr. 26; sowie *Simitis*, KritV 83 (2000) 365 ff.
191 BVerfGE 65, 1 (43 f.), 85, 219 (224), o. Rdnr. 35 ff.
192 BVerfGE 65, 1 (43 f.), 67, 100 (143), 77, 1 (46), 78, 77 (85), 84, 239 (279), 103, 21 (33).
193 o. Rdnr. 48; *Simitis*, NJW 1984, 399, 83 KritV 83 (2000) 368 f.; *Scholz/Pitschas*, Informationelle Selbstbestimmung, 36; sowie *Di Fabio*, in *Maunz/Dürig*, GG Art. 2 Abs. 1 Rdnr. 179 ff.; und demgegenüber *Schmitt Glaeser*, HdbStR VI § 129 Rdnr. 104.
194 Vgl. aber *Schmitt Glaeser*, HdbStR VI § 129 Rdnr. 103 f.; *Gallwas*, Der Staat 18 (1979) 513.

fangen bei der „Funktionsfähigkeit“ und „Wirtschaftlichkeit“ der Verwaltung bis hin zum „reibungslosen Ablauf des rechtsgeschäftlichen Verkehrs“.

Erst recht ist es nicht mit generellen Ausführungen über das „Wesen“ der Leistungsverwal- 88
tung und der sich daraus ergebenden Notwendigkeit einer adäquaten „Informationsvorsorge“ oder zur Bedeutung der Planung für den Sozialstaat getan.[195] Das „Allgemeininteresse“ muss vielmehr, um überhaupt berücksichtigt zu werden, in **spezifische, genau nachvollziehbare sowie exakt eingrenzbare Informationserwartungen** aufgelöst werden. Nur wenn diese Voraussetzung erfüllt ist, sind wirklich überzeugende Aussagen sowohl zu der Frage möglich, ob und, wenn ja, in welchem Umfang ihm der Vorzug gegenüber der informationellen Selbstbestimmung gebührt, als auch über die Art und die Anzahl der jeweils erforderlichen Daten.[196] Das Entscheidungsvorrecht des Betroffenen lässt sich infolgedessen lediglich **punktuell** verdrängen, und erst nachdem nachgewiesen worden ist, dass eine **direkte Einschaltung des Betroffenen** nicht in Betracht kommt.

Ganz in diesem Sinn hat das BVerfG eine undifferenzierte, an keinerlei Verwendungs- 89
beschränkungen oder ergänzende Schutzvorkehrungen gebundene öffentliche Bekanntmachung der Entmündigung wegen Verschwendung oder Trunksucht[197] genauso wie die Bekanntgabe wirtschaftlicher Verhältnisse von Bürgern in einem Planfeststellungsbeschluss[198] für verfassungswidrig erklärt und umgekehrt dem Akteneinsichtsrecht parlamentarischer Untersuchungsausschüsse „prinzipiell“ den Vorrang vor dem Datenschutz eingeräumt[199] sowie, gleichsam präventiv, festgestellt, dass Kontrollmitteilungen etwa im Zusammenhang mit der Besteuerung von Zinserträgen aus Sparguthaben durchaus mit der informationellen Selbstbestimmung vereinbar sind.[200] Wohlgemerkt, Reflexions- und Bewertungsmaßstab ist ausschließlich das **spezifizierte „Allgemeininteresse“**.[201] Die informationelle Selbstbestimmung mag deshalb unter Umständen den Verarbeitungsprozess komplizieren oder ihn auch kostspieliger gestalten. Beides ist noch lange kein Grund, die Betroffenen auszuschalten.

Im **„überwiegenden Allgemeininteresse“** kann es auch liegen, die informationelle Selbst- 90
bestimmung einzuschränken, wenn **Grundrechte** miteinander **kollidieren**. Eine konsequent praktizierte informationelle Selbstbestimmung wirkt sich unweigerlich auf die Informationsverteilung aus und stellt dabei nicht zuletzt manche eingefahrene Verarbeitungspraxis infrage. So reduziert das Entscheidungsvorrecht der Betroffenen die Informationsmöglichkeiten potenzieller oder aktueller Arbeitgeber,[202] Vermieter[203] und Kreditgeber ebenso, wie es strukturelle Konsequenzen für die professionelle Verarbeitung personenbezogener Daten durch Auskunfteien, Werbeagenturen und Adressverlage nach sich zieht.[204] Konflikte können aber genauso dort entstehen, wo die Verwendung von Angaben auf dem Spiel steht, die mehrere Personen betreffen, wie etwa bei Daten, die sich auf den familienrechtlichen Status beziehen. In jedem dieser Fälle liegt es daher nahe, dem Anspruch der Betroffenen, selbst über den Umgang mit ihren persönlichen Daten zu entscheiden, sei es das allgemeine Persönlichkeitsrecht (Art. 2 Abs. 1 i.V.m. Art. 1 Abs. 1 GG), sei es die Handlungsfreiheit (Art. 2 Abs. 1 GG),[205] das Eigentumsrecht (Art. 14 GG)[206] oder die Berufsfreiheit (Art. 12 GG)[207] derjenigen entgegenzuhalten, die sich konkret für die Daten interessieren.

195 Vgl. *Simitis,* KritV 83 (2000) 366 und demgegenüber *Scholz/Pitschas,* Informationelle Selbstbestimmung, 125 ff; *Pitschas/Aulehner,* NJW 1989, 2355.
196 Dazu auch BVerfGE 65, 1 (43), 67, 100 (143), 103, 21 (33).
197 BVerfGE 78, 77 (84 f.); vgl. auch 84, 192.
198 BVerfGE 77, 121 (125).
199 BVerfGE 67, 100 (143 f.).
200 BVerfGE 84, 239 (279 f.); vgl. auch BVerfGE 67, 100 (142 f.).
201 Vgl. auch Hess.StaatsGH, DVBl. 1986, 936; BayVerfGH, CR 1989, 646; OVG Lüneburg, NJW 1992, 192.
202 OLG Hamm, NJW 1988, 1402; *Simitis,* RDV 1989, 49 ff.; sowie § 28 Rdnr. 34 ff., 66 ff.
203 Dazu BVerfGE 84, 192.
204 Dazu § 29 Rdnr. 66 ff.
205 Vgl. etwa *Wächter,* Datenschutz, Rdnr. 145.
206 Vgl. etwa *Zöllner,* RDV 1985, 11; *Breitfeld,* Berufsfreiheit, 84 ff., 124 ff.
207 Vgl. etwa *Zöllner,* a.a.O.; *Wächter*, Datenschutz, Rdnr. 145.; *Breitfeld,* Berufsfreiheit, 75 ff., 124 ff.; *Brossette,* Wert, 200 ff.

91 Abgesehen davon, dass sich die Betroffenen genauso auf jeden dieser Grundgesetzartikel berufen[208] und damit einen schier endlosen Abwägungsprozess einleiten könnten, gilt es, sich einmal mehr vor dem Missverständnis zu hüten, die informationelle Selbstbestimmung sei mit einem festen **Abwägungsvorbehalt** belastet. Ihre **Priorität** bleibt ohne Rücksicht darauf bestehen, ob Behörden oder Private die Angaben haben möchten.[209] Dem Grundgesetz lassen sich deshalb nicht **„Gegenrechte"** entnehmen, die das Entscheidungsvorrecht des Betroffenen prinzipiell infrage stellen. So begründet Art. 5 Abs. 1 GG, allen gegenteiligen Versuchen zum Trotz,[210] kein **„Grundrecht auf Informationsfreiheit"**, das etwa Auskunfteien, Marketingunternehmen, Detekteien und Adressverlage dazu berechtigt, sich über die informationelle Selbstbestimmung hinwegzusetzen. Ebenso wenig können sich Sicherheitsbehörden, auf dem Umweg über ein **„Grundrecht auf Sicherheit"**,[211] die notwendige Legitimation beschaffen, um auf die jeweils gewünschten Daten zuzugreifen.[212]

92 Wenn deshalb die Betroffenen aus dem Spiel bleiben sollen, dann wiederum nur soweit sich überzeugend nachweisen lässt, dass es die **spezifischen Merkmale** einer besonderen, **genau umschriebenen Verarbeitungssituation** rechtfertigen, sie bei der Verwendung bestimmter, sorgfältig abgegrenzter Daten zu übergehen. So hat das BVerfG aus der Mitwirkung des Standesbeamten bei der Eheschließung und ihrer Registrierung gefolgert, dass sich die Ehegatten nicht gegen die sich aus der Führung eines Doppelnamens ergebende Offenlegung ihres Familienstandes wehren können.[213] Wohlgemerkt, bekräftigt wird lediglich die Zulässigkeit des Doppelnamens. Der Familienstand ist deshalb unverändert keine beliebig zugängliche Angabe.[214] Das Gericht hat zudem volljährigen scheinehelichen Kindern[215] und in einem Nichtannahmebeschluss nahezu gleichzeitig auch den nichtehelichen Kindern[216] das Recht zugesprochen, die für die Kenntnis der eigenen Abstammung erforderlichen Informationen zu bekommen, damit aber die Kindesmutter verpflichtet, den Namen des leiblichen Vaters preiszugeben. Ebenso steht aber nach wie vor fest, dass sich die für das Kind geltenden Überlegungen nicht auf die Jugendämter übertragen lassen. Die Mutter braucht ihnen also nach wie vor nicht zu sagen, wer der Vater des Kindes ist. Für Adoptivkinder gelten zudem besondere, ihrer Situation angepasste Regeln (§§ 1758 BGB; 61 Abs. 2 Satz 1 PStG).

93 Kurzum, **spezifische Interessen** können in **speziellen Fällen Einschränkungen** der informationellen Selbstbestimmung **begründen**, **schließen** aber zugleich **jegliche Verallgemeinerung aus**. Mit Rücksicht auf die verfassungsrechtlich garantierte Handlungs- (Art. 2 Abs. 1 GG) und Berufsfreiheit (Art. 12 GG) muss es daher beispielsweise zulässig sein, die Publizität einzelner für die korrekte Abschätzung der Gläubiger und Investorenrisiken wichtiger Daten im Rahmen eines Schuldnerverzeichnisses sicherzustellen,[217] den Vermieter zu verpflichten, bei einer Kündigung bestimmte, für die Einschätzung seiner Gründe notwendige Angaben offen zu legen[218] oder auch einen begrenzten Austausch von Informationen über beantragte oder bereits zugesagte Kredite einzurichten.[219]

---

208 Vgl. auch *Scholz/Pitschas,* Informationelle Selbstbestimmung, 98 f.; *Vogelgesang,* Grundrecht, 107.
209 o. Rdnr. 48 ff.
210 Vgl. etwa *Ehmann,* RDV 1988, 178; *Langer,* Informationsfreiheit, 47 ff., 73 ff.; *Breitfeld,* Berufsfreiheit, 34 ff.; *Brossette,* Wert, 184 ff.
211 Einl. Rdnr. 46.
212 Vgl. auch *Bäumler,* in *Lisker/Denninger,* Handbuch J Rdnr. 28.
213 BVerfGE 78, 38 (51).
214 Vgl. freilich *Jarass/Pieroth,* GG Art. 2 Rdnr. 33 .
215 BVerfGE 79, 256 (268 f.).
216 BVerfG, FamRZ 1989, 147.
217 Dazu *BfD,* 10., 24 f. und 13. TB, 89; aber auch BVerfGE 78, 77 (85).
218 BVerfGE 85, 219 (224).
219 Dazu § 28 Rdnr. 94 ff.

2.5.2 „Absolute“ Eingriffsgrenzen

Die Verpflichtung, ein **„überwiegendes Allgemeininteresse“** nachzuweisen, schränkt die **Eingriffsmöglichkeiten** nur **relativ** ein. Der Eingriff wird begrenzt, aber nicht ausgeschlossen. Anders bei **absoluten Verarbeitungssperren**. Eine Abwägung kann es nicht mehr geben: Zugriff und Verarbeitung müssen unterbleiben,[220] eine Konsequenz, die sich, so scheint es, vor allem dann aufdrängt, wenn die beabsichtigte Verarbeitung gegen die in Art. 1 GG garantierte Menschenwürde verstößt, weil sie in den „unantastbaren Kernbereich privater Lebensgestaltung“ vordringt.[221] Genaugenommen, nur eine Variation jener bereits erwähnten Dreiteilung der Persönlichkeitsbereiche, die ebenfalls in einem „schlechthin unzugänglichen Bezirk“ der Privatsphäre kulminiert.[222] 94

Die Diskrepanz zwischen den emphatischen Hinweisen auf die Menschenwürde und der sich wie selbstverständlich anschließenden **interpretatorischen Relativierung** der angeblich unüberwindbaren Eingriffshürde ist freilich kaum zu übersehen.[223] So ändert die Forderung nach einem „unantastbaren Kernbereich privater Lebensgestaltung“ offensichtlich nichts an der Bereitschaft, den Strafbehörden einen tendenziell uneingeschränkten, allenfalls an den Verhältnismäßigkeitsgrundsatz gebundenen Zugang zu allen sie interessierenden Daten einzuräumen.[224] Nichts anderes gilt für die wieder und wieder nachdrücklich abgelehnte **„Registrierung und Katalogisierung des Einzelnen in seiner ganzen Persönlichkeit“**[225] und die genauso kategorisch verworfenen umfassenden **„Persönlichkeitsprofile“**.[226] Verfassungsrechtliche Bedenken tauchen weder bei den im Vorfeld von Adoptionen (§ 56d FGG) oder im Rahmen der Kinder- und Jugendhilfe (§ 36 Abs. 2 KJHG) erstellten „Profilen“ auf[227] noch bei den für Personalentscheidungen verwendeten „Profilabgleichsverfahren“[228] und den im Zusammenhang mit der Platzierung neuer Produkte[229] sowie der Kostenüberprüfung im Versicherungsbereich aufgezeichneten „Profilen“. BDSG (§ 6a Abs. 1) und EG-Datenschutzrichtlinie (Art. 15) sprechen sich schließlich dezidiert gegen „automatisierte Einzelentscheidungen“ aus, unterlaufen aber gleich die eigene Entscheidung durch eine eindrucksvolle Liste von Ausnahmen (§ 6a Abs. 2 BDSG; Art. 15 Abs. 2 der Richtlinie. 95

Auch der **„fehlende Sozialbezug“** der Daten begründet keine generelle Eingriffssperre.[230] Abstrakte Kriterien versagen einmal mehr.[231] Wer etwa bewusst eine höchst private Äußerungsform wählt, die es ihm erlauben soll, alle sonst geübte Vorsicht abzulegen und seinen Eindrücken, Gefühlen, Wünschen und Vorstellungen freien Lauf zu lassen, betrachtet sicherlich seine streng persönlichen, tagebuchartigen Aufzeichnungen als Äußerungen, die Dritten keinesfalls zugänglich sein sollen.[232] Von einer unüberwindlichen Zugriffsschranke kann trotz- 96

---

220 BVerfGE 80, 367 (373).

221 Vgl. etwa *BK-Zippelius,* Art. 1 Abs. 1 und 2 Rdnr. 84; *Jarass/Pieroth,* GG Art. 2 Rdnr. 37 a; *Schmitt Glaeser,* HdbStR VI § 129 Rdnr. 101; *Mangoldt/Klein/Starck,* GG Art. 1 Abs. 1 Rdnr. 63; *Rogall,* Informationseingriff, 66 f.; aber auch *Scholz/Pitschas,* Informationelle Selbstbestimmung, 33; *Vogelgesang,* Grundrecht, 199 ff.

222 o. Rdnr. 65.

223 Vgl. auch *Dreier*, in *Dreier* (Hrsg.) GG Art. 2 I, Rdnr. 87; *Degenhart,* JuS 1992, 363.

224 Vgl. etwa *Mangoldt/Klein/Starck,* GG Art. 1 Abs. 1 Rdnr. 63; aber auch die Ausführungen der die „Tagebuch“-Entscheidung des BVerfG tragenden Richter, BVerfGE 80, 367 (376 ff.).

225 Vgl. insb. BVerfGE 27, 1 (6), 65; 1 (42, 48, 53).

226 Dazu Beschluss der DSBK v. 27./28.3.1984, Dok. F 12, 2.7; *BfD,* 2. TB 65; *Di Fabio*, in *Maunz/Dürig*, GG Art. 2 Abs. 1 Rdnr. 184; *Podlech,* AK GG Art. 2 Abs. 1 Rdnr. 79; *Benda,* in Festschrift für *Geiger* 23, HdbVerfR 124; *Bull,* ÖVD 1979, H. 11, 6; *Heußner,* in Festschrift für *Wannagat* (1981) 175; *Denninger,* in Informationsgesellschaft I 307 f.; aber auch *Schmitt Glaeser,* HdbStR VI Rdnr. 101.

227 Vgl. dazu auch *Benda,* in Festschrift für *Geiger* 40 ff.

228 Vgl. etwa *Gola/Wronka,* NZA 1991, 792; *Wohlgemuth,* Datenschutz, Rdnr. 489 f.; *Schneider,* Handbuch B 44, 50, 233.

229 Vgl. auch den 9. TB des HmbDSB, 121.

230 Vgl. freilich BVerfGE 65, 1 (46); *Schmitt Glaeser,* HdbStR VI § 129 Rdnr. 62; *Jarass/Pieroth,* GG Art. 2 Rdnr. 47; *Tinnefeld/Ehmann/Gerling*, Einführung, 148.

231 Vgl. auch *Denninger,* in Informationsgesellschaft I 299 f.; *Podlech,* in AK Art. 2 Abs. 1 Rdnr. 37 ff.; *Vogelgesang,* Grundrecht, 168.

232 Vgl. dazu insb. die Ausführungen der vier die „Tagebuch“-Entscheidung des BVerfG nicht mittragenden Richter, BVerfGE 80, 367 (381 ff.).

dem keine Rede sein, wie sich vor allem an der „Tagebuch"-Entscheidung des BVerfG zeigt.[233] Die Kontroverse hat sich hier wie sonst am **Verwendungszusammenhang** entzündet.[234] Anders und präziser ausgedrückt: Gestritten wurde eben nicht allgemein über Tagebücher, sondern konkret über die Möglichkeit, sie für Strafverfolgungszwecke zu verwenden. In genau diesem Zusammenhang wurde die Frage nach den zulässigen Informationsquellen gestellt und, wenn auch verschieden, beantwortet.

97 Kurzum, **absolute Eingriffssperren gibt es nicht**. Maßgeblich ist vielmehr wie immer der **Verwendungszusammenhang**. Erst wenn er feststeht, lassen sich die Verarbeitungsgründe ebenso wie die Verarbeitungsfolgen nachvollziehen und beurteilen. Nur dann ist es deshalb auch möglich, zu entscheiden, ob eine Verwendung personenbezogener Daten unterbleiben muss, oder unter bestimmten, genau zu definierenden Bedingungen zugelassen werden darf.[235]

2.5.3 Gesetzliche Grundlage

98 **Einschränkungen** der informationellen Selbstbestimmung bedürfen stets einer **besonderen gesetzlichen Grundlage**.[236] Weil die informationelle Selbstbestimmung verfassungsrechtlich abgesichert ist,[237] vermag nur der Gesetzgeber die Bedingungen einer möglichen Restriktion festzulegen, also auch und gerade Grenzen zu ziehen, die für den Betroffenen verbindlich sind.[238] Selbst noch so klar definierte **„überwiegende Allgemeininteressen"** können infolgedessen das Entscheidungsvorrecht des Betroffenen erst verdrängen, wenn sie **Gegenstand** einer sich **ausdrücklich auf sie und ihre Folgen beziehenden gesetzlichen Regelung** geworden sind. Bloße **Verwaltungsvorschriften** reichen mithin keinesfalls aus, auch nicht in Form von Informations- und Kommunikationsplänen.[239] Das Entscheidungsvorrecht der Betroffenen ist, so gesehen, doppelt abgesichert. **Einschränkungen** müssen, erstens, einer inhaltlichen Anforderung genügen, konkret: **im „überwiegenden Allgemeininteresse" geboten** sein, und, zweitens, eine formale Voraussetzung erfüllen: **in ein Gesetz eingehen**.

99 Die ebenso eindeutige wie naheliegende und immer wieder bestätigte Forderung des BVerfG nach einer gesetzlichen Grundlage ist freilich nicht unwidersprochen hingenommen worden. Zweifel und Kritik spiegeln sich am klarsten in dem kaum kaschierten Vorwurf wider, das Gericht habe sich für einen **„totalen Eingriffsvorbehalt"**[240] entschieden. Damit würde aber nicht nur jede Differenzierung unterbunden, sondern, fast noch schlimmer, eine Entwicklung eingeleitet, die zwangsläufig dazu führen müsste, eine Unzahl bereichsspezifischer Datenschutzgesetze und damit ein letztlich undurchdringliches Regelungsdickicht zu produzieren.[241] Eines ist sicher richtig: Das Gericht hat es nicht bei einem generellen Eingriffsvorbehalt belassen, vielmehr in ein und derselben Entscheidung den Akzent auf bereichsspezifische Regelungen verschoben,[242] deren Notwendigkeit, sich nach dem jeweiligen Verwendungszusammenhang bestimmt[243] und die sich deshalb nicht von vornherein auf einige wenige Vorschriften begrenzen lassen. Der Gesetzgeber darf sich allerdings nicht mit der Verabschiedung bereichsspezifischer Regelungen zufrieden geben. Er muss genauso für ein kohärentes, auf einheitlichen, im BDSG festgehaltenen Regelungsgrundsätzen beruhendes

---

233 BVerfGE 80, 367.
234 Dazu o. Rdnr. 58 ff.
235 Vgl. auch BVerfGE 80, 367 (374); *Dreier*, in *Dreier* (Hrsg.) GG Art. 2 I Rdnr. 88.
236 BVerfGE 65, 1 (44), 67, 100 (143), 77, 1 (46), 84, 239 (280), 89, 69 (84); 92, 191 (197), 113, 29 (50); BVerwG, NJW 1991, 1246 (1247); BayVerfGH, BayVBL. 1995, 143; HessVGH, DVBl. 1996, 570; Einl. Rdnr. 32; sowie *Kunig*, in v. *Münch/Kunig*, GG Art. 2 Rdnr. 107; *Dreier*, in *Dreier* (Hrsg.) GG Art. 2. I, Rdnr. 86; *Jarass/Pieroth*, GG Art. 2 Rdnr. 45; *Kloepfer*, in Verhandlungen des 62. DJT Bd. 1 D 48 f.; *Simitis*, DuD 2000, 720 f.; *Hufen*, in 50 Jahre BVerfG., 118; *Limbach*, RDV 2002, 163; *Bizer*, in *Schulte* (Hrsg.), Handbuch, 562, 571, 581.
237 o. Rdnr. 46 ff.
238 Vgl. freilich *Schmitt Glaeser*, HdBStR VI § 129 Rdnr. 103.
239 Vgl. freilich *Eberle*, in Rechtsdogmatik, 100 ff.
240 *Tinnefeld/Ehmann/Gerling*, Einführung 463.
241 Vgl. insb. *Kloepfer/Breitkreuz*, DVBl. 1998, 1149 ff.; *Hoffmann-Riem*, AöR 123 (1998), 516 f.; *Tinnefeld/Ehmann/Gerling*, Einführung 464 ff.
242 BVerfGE 65, 1 (44, 46)
243 Dazu o. Rdnr. 23, 55, u. Rdnr. 107.

Datenschutzsystem sorgen, kurzum für ein System das einerseits gezielt diversifiziert, es andererseits jedoch nicht minder konsequent vermeidet, den Datenschutz jedes Mal neu zu initiieren.[244] Anders und schärfer ausgedrückt: **Die Gefahr liegt in der Zerfaserung und nicht im Gesetzesvorbehalt.**

Beides, die inhaltliche Anforderung und die formale Voraussetzung, hängt untrennbar 100
zusammen. Die materielle Prüfung erlaubt es nicht nur, festzustellen, ob und in welchem Umfang ein genau spezifiziertes „Allgemeininteresse" „überwiegt", sie ist zugleich die unverzichtbare Vorstufe, um bestimmte auf der formalen Ebene zwingend zu beachtende Vorgaben überhaupt erfüllen zu können. Die gesetzliche Regelung muss, zunächst, dem Gebot der **Normenklarheit** genügen, mit anderen Worten, in einer zuvörderst für die Betroffenen nachvollziehbaren Weise den **Ablauf des Verarbeitungsprozesses** und die **Voraussetzungen** sowie den **Umfang der Einschränkung** ihres Entscheidungsvorrechts zu erkennen geben.[245] Der Gesetzgeber ist also verpflichtet, den je spezifischen **Zweck** der im Einzelnen angestrebten Regelung ebenso **präzise zu umschreiben** wie die für dessen Verwirklichung **erforderlichen Daten.**[246]

So wichtig freilich eine möglichst präzise Regelung der Eingriffsbedingungen ist, so wenig 101
reicht sie für sich genommen aus. Wenn das Ziel, den **Eingriff** in die informationelle Selbstbestimmung verlässlich **zu begrenzen** und zugleich die **Folgen** für die Betroffenen möglichst **überschaubar** zu gestalten, wirklich erreicht werden soll, darf es weder **Zweckentfremdungen**[247] geben noch zulässig sein, **Daten auf Vorrat** zu sammeln,[248] Datendepots also anzulegen, um sie zu einem späteren Zeitpunkt für dann erst zu präzisierende Ziele zu benutzen.[249] Letztlich genauso wichtig ist aber auch eine eindeutig **restriktive Interpretation** der jeweiligen Verarbeitungsvoraussetzungen.

Regelungen, die lediglich **indirekt** die Intention zu erkennen geben, personenbezogene Daten 102
zu verwenden, sind keine ausreichende Verarbeitungsgrundlage. Die bloße **Beschreibung bestimmter Aufgaben** mag deshalb durchaus den Zugriff auf personenbezogene Angaben implizieren,[250] sie berechtigt trotzdem so lange nicht dazu, die Daten zu verarbeiten, wie die Verarbeitungsabsicht nicht ausdrücklich angesprochen worden ist.[251] Nicht von ungefähr hat das BVerfG die informationelle Selbstbestimmung ausdrücklich als „amtshilfefest" umschrieben.[252] Abstrakte Hinweise auf die „Amtshilfe" oder die „Funktionstüchtigkeit" der öffentlichen Verwaltung reichen also ebenso wenig aus wie allgemeine Amtshilfevorschriften.[253] Erst recht lässt sich eine Verarbeitung nicht mit dem Hinweis begründen, der Gesetzgeber sei

---

244 Dazu Einl. Rdnr. 122 ff.

245 BVerfGE 65, 1 (44), 92, 191 (197); 113, 29 (50); BVerwG, NJW 1990, 2761 (2763), 2765 (2766)BayVerfGH, BayVBl. 1985, 652 (653); *Simitis,* NJW 1984, 400; *Dreier*, in *Dreier* GG Art. 2 I Rdnr. 86; *Di Fabio*, in *Maunz/Dürig*, GG Art. 2 Abs. 1 Rdnr. 182; *Jarass/Pieroth*, GG Art. 2 Rdnr., 45; *Bäumler,* in *Lisker/Denninger*, Handbuch J Rdnr. 10; *Scholz/Pitschas*, Informationelle Selbstbestimmung 30 f.; *Roßnagel/Pfitzmann/Garstka,* Modernisierung, 52 ff.

246 BVerfGE 65, 1 (44, 46) 113, 29 (5i); 343 (377 ff.); *Simitis,* in Festschrift für *Coing* 517, NJW 1984, 402; *Denninger,* in Informationsgesellschaft I 295; *Schmitt Glaeser,* in HdbStR VI § 129 Rdnr. 105; *Donos*, Datenschutz 162 ff.

247 BVerfGE 65, 1 (46, 69), 84, 239 (280); 92, 191 (197); 113, 348 (384 ff.); *Schmitt Glaeser,* a.a.O.; *Di Fabio*., in *Maunz/Dürig*, GG Art. 2 Abs. 1 Rdnr. 182; *Mallmann*, CR 1988, 97; *Jarass*, NJW 1989, 861; *Hufen*, in 50 Jahre BVerfG., 118; *Simitis,* DuD 2000, 722; *Roßnagel/Pfitzmann/Garstka,* Modernisierung, 111 ff., 115 f.

248 BVerfGE 65, 1 (46); *Denninger,* in Informationsgesellschaft I 302; *Bäumler,* in *Lisker/Denninger*, Handbuch J Rdnr. 13; *Roßnagel/Pfitzmann/Garstka,* Modernisierung, 112; sowie §§ 13 Rdnr. 26 und 28 Rdnr. 59, 62, 92, 102 f., 147.

249 Vgl. freilich *Hartleb,* DVR 13 (1984) 107; *Vogelgesang,* Grundrecht 68.

250 Vgl. etwa *Rogall,* Informationseingriff, 68; *Eberle,* in Rechtsdogmatik 97 f.

251 BVerwG, NJW 1990, 2770, das deshalb die polizeirechtliche Generalklausel nur übergangsweise für tolerierbar erklärte; *Di Fabio*, in *Maunz/Dürig*, GG Art. 2 Abs. 1 Rdnr. 182; *Hufen*, in 50 Jahre BVerfG., 118; aber auch *Vogelgesang*, DVBl. 1989, 967 f.

252 BVerfGE 65, 1 (46), 84, 239 (280).

253 Dazu *Jarass/Pieroth*, GG Art. 2 Rdnr. 45; *Di Fabio*, in *Maunz/Dürig*, GG Art. 2 Abs. 1, Rdnr. 182 f.; *Tinnefeld/Ehmann/Gerling*, Einführung, 151; *Simitis*, NJW 1986, 2795 ff.; *Gross*, AöR 113 (1988) 206 ff.; *Heußner*, BB1990, 1283; *Lehner*, Der Vorbehalt des Gesetzes für die Übermittlung von Informationen im Wege der Amtshilfe (1996) 136 ff.

„stillschweigend“ von einer Verwendung personenbezogener Angaben ausgegangen.[254] Nichts anderes gilt schließlich für Regelungen, die, wie § 4 Abs. 2 Satz 2 Nr. 1 und die entsprechenden LDSG-Bestimmungen,[255] eine Verarbeitung immer dann zulassen, wenn eine Rechtsvorschrift die Verarbeitung personenbezogener Daten **„zwingend voraussetzt“**.[256] Sie waren als Übergangslösung bis zur Verabschiedung der vom BVerfG[257] angemahnten bereichsspezifischen Vorschriften gedacht,[258] sind aber längst zur Dauerregelung geworden, die sich zudem mehr und mehr als Einfallstor einer gesetzlich sanktionierten Umgehung der Verpflichtung erwiesen hat, die Eingriffsbedingungen genau zu umschreiben. Was deshalb, wenn überhaupt, allenfalls für eine kurze Zeit tolerabel war, verstößt mittlerweile offen gegen die verfassungsrechtlichen Anforderungen an die Verarbeitung personenbezogener Daten.[259]

103 **Gesetzliche Regelungen**, die das Recht des Einzelnen **einschränken**, selbst über die Preisgabe und Verwendung der seine Person betreffenden Daten zu entscheiden, brauchen **nicht ausdrücklich** auf die informationelle Selbstbestimmung und ihre verfassungsrechtliche Grundlage **hinzuweisen**. Der Gesetzgeber greift mit jeder dieser Regelungen in ein vom Grundgesetz garantiertes Recht ein. Auf den ersten Blick spricht deshalb alles dafür, das in Art. 19 Abs. 1 GG formulierte **Zitiergebot** zu beachten. Weder der Bundes- noch die Landesgesetzgeber haben sich jedoch daran gehalten. So geben die meisten LDSG den Schutz der informationellen Selbstbestimmung zwar ausdrücklich als das Ziel ihrer Vorschriften an,[260] vermeiden es aber, genauso deutlich hervorzuheben, dass etliche ihrer Bestimmungen in das Entscheidungsvorrecht der Betroffenen eingreifen und es gezielt begrenzen.

104 Nicht anders ist es bei den bereichsspezifischen Regelungen, angefangen bei den Krankenhausgesetzen über das SGB bis hin zu den Polizei- und Verfassungsschutzgesetzen. Selbst dort, wo, wie beispielsweise im HSOG, auf die mögliche Einschränkung von Grundrechten ausdrücklich verwiesen wird (§ 10), bleibt die informationelle Selbstbestimmung unerwähnt, wohl auch deshalb, weil die Verfassungen in aller Regel nicht ausdrücklich auf den Datenschutz eingehen, ja unter Umständen nicht einmal eine Parallelbestimmung zu Art. 2 GG Abs. 1 enthalten.

105 Die Reaktion des Gesetzgebers überrascht allerdings nicht. Sie spiegelt eine mittlerweile weit verbreitete, in der Rechtsprechung des BVerfG verankerte Tendenz wider, das **Zitiergebot restriktiv zu interpretieren**, um nicht zuletzt seiner Entwertung durch eine fortschreitende **Formalisierung** vorzubeugen.[261] So ist das Zitiergebot etwa dann nicht mehr als verbindlich angesehen worden, wenn die Verfassung, wie im Fall der allgemeinen Handlungsfreiheit, ein Grundrecht nur unter dem Vorbehalt der verfassungsmäßigen Ordnung gewährleistet.[262] Solange es daher an einer eigenen verfassungsrechtlichen Grundlage der informationellen Selbstbestimmung fehlt und Art. 2 Abs. 1 GG zu den wichtigsten Anknüpfungspunkten zählt,[263] braucht das Entscheidungsvorrecht des Einzelnen **nicht besonders erwähnt zu werden**.

---

254 BVerfGE 85, 386 (403); sowie *Simitis*, in Summa, 521 f..
255 Vgl. etwa die §§ 13 Abs. 3 Nr. 1 LDSG BW; 12 Abs. 2 Satz 3 und 13 Abs. 2 Buchst. a BbgDSG; 12 Abs. 2 Nr. 1 HDSG; 12 Abs. 2 Satz 4 und 13 Abs. 2 Nr 1 HmbDSG; 7 Abs. 1 Nr. 2 DSG M-V; 12 Abs. 1 Satz 2 und 13 Abs. 2 Buchst. a DSG NRW; 12 Abs. 3 und 4 sowie 13 Abs. 2 Buchst. c SDSG; 19 Abs. 2 Nr. 1 und 20 Abs. 2 Nr. 1 ThürDSG; sowie Art. 16 Abs. 2 Satz 2 Nr. 1 und 17 Abs. 2 Nr. 1 BayDSG.
256 Vgl. demgegenüber die §§ 5 Abs. 1 RhPfDSG; 4 Abs. 1 DSG-LSA; 4 Abs. 1 Nr. 1 SächsDSG; sowie 13 Abs. 3 Nr. 1, 14 Abs. 1 Nr. 1 und 15 Abs. 1 Nr. 2 LDSG SH.
257 BVerfGE 65, 1 (46).
258 Vgl. *Nungesser,* HDSG § 12 Rdnr. 11 f.
259 Vgl. auch *Dix,* RDV 1999, 144.
260 o. Rdnr. 25.
261 BVerfGE 28, 36 (46); 35, 185 (188); 64, 72 (79 f.); *Jarass/Pieroth,* GG Art. 19 Rdnr. 3 ff.; kritisch *Dreier*, in *Dreier* (Hrsg.) GG Art. 19 I Rdnr. 24 ff.
262 BVerfGE 10, 89 (99); 28, 36 (46).
263 o. Rdnr. 46 ff.

2.5.4 Verhältnismäßigkeit

Einschränkungen der informationellen Selbstbestimmung setzen nicht nur ein **„überwiegendes Allgemeininteresse“** und eine gesetzliche Regelung voraus.[264] Die beabsichtigte Regelung muss vielmehr auch **verhältnismäßig** sein.[265] Ganz gleich also, ob es um die Art der Daten, den Umfang oder die Modalitäten der Verarbeitung geht, der Gesetzgeber ist keineswegs berechtigt, die Maßnahmen zu treffen, die es aus seiner Sicht am ehesten und besten ermöglichen, das jeweils verfolgte Verarbeitungsziel zu verwirklichen, weil sie beispielsweise unter personalpolitischen Aspekten oder Kostengesichtspunkten besonders günstig sind. Er ist im Gegenteil verpflichtet, stets den Weg einzuschlagen, der **den Betroffenen am wenigsten belastet**,[266] ohne aber deshalb notwendigerweise jede nur denkbare Gefährdung der informationellen Selbstbestimmung ausschließen zu müssen.[267] 106

2.5.5 BDSG als Eingriffsregelung

Die erforderliche **Normenklarheit** lässt sich letztlich nur mit Hilfe einer **eindeutig bereichsspezifischen Regelung** erreichen.[268] Erst wenn sich der Gesetzgeber von Anfang an auf ganz bestimmte, konkret umschriebene Verarbeitungssituationen konzentriert, ist er auch in der Lage, ihre wichtigsten Merkmale genau zu erkennen und so den Weg für eine ebenso klare wie für die Betroffenen verständliche Formulierung der jeweils unumgänglichen Einschränkungen der informationellen Selbstbestimmung zu bahnen. Spätestens seit der Entscheidung des BVerfG zum VZG 83[269] hat sich deshalb der Schwerpunkt der legislativen Intervention mehr und mehr auf bereichsspezifische Normen verschoben.[270] Die SGB-Vorschriften sind genauso typisch dafür wie etwa die einschlägigen Bestimmungen der Krankenhaus-, Archiv-, Melde- oder Polizeigesetze. Dementsprechend hat sich auch die **Funktion des BDSG gewandelt**. Der Anspruch, möglichst alle Verarbeitungsfragen mit Hilfe einer **einzigen**, zwangsläufig sehr allgemein gehaltenen gesetzlichen **Regelung** zu beantworten, ist der Aufgabe gewichen, **Auswege** dort zu weisen, **wo es an bereichsspezifischen Regeln fehlt**. 107

Eines hat sich jedoch nicht geändert: Das BDSG ist auch als **„Auffanggesetz“**[271] über weite Strecken eine **Eingriffsregelung**. Ganz gleich, ob man die für öffentliche Stellen geltenden Vorschriften (§§ 12 ff.) oder die auf nicht-öffentliche Stellen anwendbaren Bestimmungen (§§ 27 ff.) nimmt, das Gesetz legt in beiden Fällen die Bedingungen fest, unter denen die verschiedenen Bundesbehörden ebenso wie Arbeitgeber, Banken, Versicherungen oder Werbeagenturen personenbezogene Angaben **an den Betroffenen vorbei** verarbeiten dürfen, **schränkt** also **deren Recht ein**, selbst über den Umgang mit ihren persönlichen Daten zu entscheiden. Konsequenterweise muss das BDSG, jedenfalls soweit es um diese Normen geht, nach genau den Kriterien beurteilt werden, die auch sonst bei Eingriffsnormen zu beachten sind.[272] Seine Vorschriften können also nur so lange beanspruchen, die Verarbeitung verbindlich zu regeln, wie sie den Anlass und das Ziel der jeweils infrage kommenden Verwendung sowie die Art der benötigten Angaben in einer gerade für die Betroffenen nachvollziehbaren Weise definieren. Die Forderung nach **Normenklarheit** ist, anders ausgedrückt, **nicht deshalb irrelevant, weil das BDSG auf dem Spiel steht**, vielmehr genauso zu respektieren.[273] 108

---

264 o. Rdnr. 86 ff.

265 BVerfGE 65, 1 (44); 67, 100 (143), 77, 1 (47), 84, 239 (279), 85, 219 (224), 103, 21 (33); 113, 29 (53 ff.); vgl. auch *Dreier*, in *Dreier* (Hrsg.) GG Art. 2 I Rdnr. 87; *Di Fabio*, in *Maunz/Dürig*, GG Art. 2 Abs. 1 Rdnr. 181; *Jarass/Pieroth*, GG Art. 2 Rdnr. 46; *Rogall*, Informationseingriff, 66 f.

266 Vgl. BVerfGE 65, 1 (46, 57); *Schmitt Glaeser*, in HdbStR VI § 129 Rdnr. 105.

267 BVerfG, Dok. E 22 zu Art. 2 Abs. 1 GG, 5.

268 BVerfGE 65, 1 (44, 46), 113, 29 (50 f.); 348 (377 ff.); sowie Einl. Rdnr. 32 und o. Rdnr. 23.

269 BVerfGE 65, 1 (44).

270 Vgl. auch *Hoffmann-Riem*, AöR 125 (1998) 517 ff.; *Kloepfer*, in Verhandlungen des 62. DJT Bd. 1 D 72 ff.; *Bull*, RDV 1999, 153; *Simitis*, DuD 2000, 715 f., 725 f.; *Roßnagel/Pfitzmann/Garstka*, Modernisierung, 29 ff.; *Bizer*, in *Schulte* (Hrsg.), Handbuch, 571, 582 f.

271 o. Rdnr. 23.

272 o. Rdnr. 94 ff.

273 o. Rdnr. 100; vgl. auch *Gola/Schomerus*, BDSG § 1 Rdnr. 16.

109 Neu ist diese Erwartung nicht. Wegen der unverhältnismäßig hohen Anzahl an **unbestimmten Rechtsbegriffen** und **Generalklauseln** war bereits dem BDSG 77 **mangelnde**, seine Verfassungsmäßigkeit zumindest infrage stellende **Normenklarheit** vorgeworfen worden.[274] Der **Abstraktionsgrad** des Gesetzes hat sich seither **kaum vermindert**. Mancher der seinerzeit dominierenden unbestimmten Rechtsbegriffe, wie etwa die **„schutzwürdigen Belange“**,[275] kommt zwar nicht mehr vor. Dafür ist aber nicht nur wie früher von **„berechtigten“** (§§ 15 Abs. 5; 16 Abs. 1 Nr. 2; 19 Abs. 4 Nr. 3; 28 Abs. 1 Nr. 3 und 3 Nr. 1; 29 Abs. 2 Nr. 1 Buchst. a), sondern auch von **„schutzwürdigen Interessen“** (§§ 4 Abs. 2 Nr. 2; 4b Abs. 2; 14 Abs. 2 Nr. 5 und 3; 28 Abs. 1 Nr. 2, 3 und 3 Nr. 3; 29 Abs. 1 Nr. 1 und 2; 30 Abs. 2 Nr. 1 und 2; 35 Abs. 3 Nr. 2, Abs. 5 und 7) die Rede. Vor allem die **Erhebungs-** und **Übermittlungsbestimmungen** (§§ 4, 4b, 13, 15 ff., 28 ff.) sind zudem typische Beispiele für Vorschriften, die sich in allgemeinen Aussagen erschöpfen und nicht zuletzt auf nicht näher definierte „**Aufgaben**“ der verantwortlichen Stellen rekurrieren (§§ 13 Abs. 1, 15 Abs. 1 Nr. 1). In dem Maße jedoch, in dem sich der Gesetzgeber gerade an derart neuralgischen Punkten der Verarbeitungsregelung mit unbestimmten Rechtsbegriffen und Generalklauseln zufrieden gibt, nimmt er ein **Defizit an Präzision** in Kauf, das zumindest erhebliche Zweifel an der verfassungsrechtlich geforderten Normenklarheit weckt.[276]

110 Die **bereichsspezifischen Regelungen** sind sicherlich auch kein Musterbeispiel an Bestimmtheit, zumal sie sich oft in der Wiedergabe der BDSG-Vorschriften erschöpfen.[277] Sie bleiben dennoch das letztlich einzige Mittel, um einen höchstmöglichen Grad an Exaktheit zu erreichen. Trotzdem lassen sich **Bestimmungen, die mehrere, durchaus unterschiedliche Verarbeitungssituationen regeln**, nicht vermeiden. Der Stellenwert des BDSG mag sich mehr und mehr ändern, wie sich allein schon an der zunehmenden Bedeutung bereichsspezifischer Normen zeigt. Ihm wird aber selbst dann eine zentrale Rolle zukommen, wenn es gelingen sollte, ein in sich geschlossenes, konsistentes, das BDSG und die bereichsspezifischen Vorschriften einbeziehendes Regelungssystem zu schaffen.[278] Erst recht gilt es daher auch an das BDSG die Maßstäbe anzulegen, die das BVerfG[279] für bereichsspezifische Regelungen formuliert hat. Verarbeitungsanforderungen sind hier wie sonst nur so lange verfassungskonform wie ihr Anlass, ihr Zweck, ihre Folgen und die konkret beanspruchten Daten den gesetzlichen Bestimmungen deutlich zu entnehmen sind. BDSG-Vorschriften werden freilich, weil sie im Unterschied zu bereichsspezifischen Normen unterschiedliche Verarbeitungskomplexe ansprechen, zwangsläufig immer einen höheren Abstraktionsgrad und damit auch ein geringeres Maß an Präzision aufweisen.[280]

111 Der **Handlungsspielraum des Gesetzgebers** ist deutlich **begrenzt**. Die Auswirkungen der Verarbeitung auf die Betroffenen bestimmen den Weg, den der Gesetzgeber einschlagen muss. Je höher die **Eingriffsintensität**, desto zwingender die **Verpflichtung, bereichsspezifische Regeln vorzusehen**.[281] Selbst eine der **je spezifischen Verarbeitungssituation gezielt angepasste Interpretation** einzelner BDSG-Bestimmungen ist **kein Ersatz** für gesetzliche Vorschriften, die sich eigens an den etwa für den Sicherheits- und Strafverfolgungsbereich typischen Verarbeitungszusammenhängen orientieren. Nicht von ungefähr sind daher die SGB-Vorschriften sowie die Bestimmungen der Statistik-, Krankenhaus- und Sicherheitsgesetze geradezu paradigmatisch für die Notwendigkeit und die Bedeutung bereichsspe-

274 Vgl. insb. *Sasse,* in *Schimmelpfeng* (Hrsg.), Aktuelle Beiträge über den Datenschutz (1977) 82, in Festschrift für *Mallmann* (1978) 224 f.; aber auch *Benda,* in Festschrift für *Geiger* (1974) 39; *Heußner,* in Festschrift für *Wannagat* (1981)186; *Denninger,* ZRP 1981, 235, in Informationsgesellschaft I 295; sowie die 3. Auflage dieses Kommentars, Einl. Rdnr. 79 ff.

275 Dazu die 3. Auflage dieses Kommentars, § 1 Rdnr. 4b ff., 23 Rdnr. 62 ff.

276 Dazu auch *Simitis,* NJW 1984, 400 f., DuD 2000, 715; und demgegenüber *Scholz/Pitschas,* Informationelle Selbstbestimmung, 31; *Schmitt Glaeser,* HdbStR VI § 129 Rdnr. 105.

277 Dazu *Simitis,* DuD 2000, 715 f.; *Roßnagel/Pfitzmann/Garstka,* Modernisierung, 30 ff.

278 Dazu Einl. Rdnr. 123 f.

279 o. Rdnr. 98 ff.

280 Insoweit ist es durchaus richtig, dass sich Generalklauseln nicht vermeiden lassen, *Vogelgesang,* Grundrecht, 206 ff.; *Rogall,* Informationseingriff, 67.

281 BVerfGE 65, 1 (44 ff.), 78, 77 (84 ff.), 92, 191 (197 ff.), 103, 21 (32 ff.).

zifischer Normen. Anders und präziser ausgedrückt: Die **„Auffangfunktion“**[282] des BDSG **versagt**, sobald die Eingriffsintensität einen bestimmten Grad übersteigt.

112 Die Grenze ist allerdings schwer zu bestimmen. Die mangelnde Präzision der BDSG-Normen ist jedenfalls solange **keine Anwendungsschranke** wie es um gleichsam **alltägliche Verarbeitungsvorgänge** geht, die üblicherweise **keine besonderen Belastungen** für die Betroffenen mit sich bringen.[283] Die Verwendung personenbezogener Daten im Rahmen der **allgemeinen Verwaltung** rechnet grundsätzlich ebenso dazu wie die Datenverarbeitung im Zusammenhang mit **Kauf-, Reise- oder Mietverträgen** und der vereinsspezifische Umgang mit **Mitgliederlisten**. Soweit dagegen der **Kredit- und Marketingbereich** auf dem Spiel steht, erscheint es zumindest zweifelhaft, ob die Generalklauseln der §§ 28 und 29 eine **verfassungskonforme Grundlage** für die Inanspruchnahme personenbezogener Angaben bieten. Erst recht gibt es keine Alternative zu einer bereichsspezifischen Regelung der Verarbeitung von **Arbeitnehmerdaten**.[284] Vorschriften wie § 12 Abs. 4 mögen den Eindruck erwecken, die BDSG-Bestimmungen reichten aus. Schon die Sonderregelung des § 28 Abs. 3 Satz 2 zeigt jedoch wie fragwürdig derartige Annahmen sind. Die mit der Kontrolle von Personalinformationssystemen verbundenen Probleme,[285] die besonderen Gefahren einer automatisierten Verarbeitung von dienst- und arbeitsrechtlichen Beurteilungen sowie psychologischen und medizinischen Befunden,[286] aber auch die unstreitig erforderliche strenge Abschottung der Daten zum Gesundheitszustand der einzelnen Arbeitnehmer[287] bestätigen, dass die BDSG-Vorschriften weit hinter den verfassungsrechtlichen Anforderungen zurückbleiben.

2.6 Verfahrensvorgaben und organisatorische Vorkehrungen

113 Die gesetzlichen Vorgaben müssen durch **Verfahrens- und Organisationsvorkehrungen** ergänzt werden.[288] Wenn sich die Verarbeitung in einem wirklich überschaubaren und kontrollierbaren Rahmen abspielen soll, dann genügt es nicht, den Verarbeitungsverlauf verbindlich abzustecken. Fast genauso kommt es darauf an, **administrative Maßnahmen** zu treffen, um sowohl die Organisation der verantwortlichen Stellen als auch den je spezifischen Verarbeitungsprozess den gesetzlichen Vorgaben anzupassen. Nur mit Hilfe solcher Vorkehrungen kann es zudem gelingen, der gesetzlichen Regelung jenes Maß an Flexibilität zu verleihen, dessen sie bedarf, um mit der Komplexität, aber auch der fortlaufenden Veränderung der Verarbeitungsmodalitäten Schritt zu halten.[289]

114 In diese Richtung weisen bereits die in der Anlage zu § 9 aufgezählten Maßnahmen.[290] Aber auch der Realitätsgehalt der Zweckbindung hängt vor allem bei statistischen Erhebungen sowie bei der Verarbeitung medizinischer Daten entscheidend von einer strikten, im organisatorischen Aufbau der verantwortlichen Stelle verankerten **Abschottung** der konkret verwendeten Angaben ab.[291] Wie wichtig es ist, Organisation und Verfahren in die Verarbeitungsanforderungen einzubeziehen, zeigt sich ferner besonders dann, wenn sich der **Verarbeitungszweck**, wie etwa bei manchen statistischen Untersuchungen oder im Rahmen der wissenschaftlichen Forschung, **nicht hinreichend präzise definieren lässt** und deshalb

---

282 o. Rdnr. 23.

283 Vgl. auch *Gola/Schomerus,* BDSG § 4 Rdnr. 8; *Vogelgesang,* Grundrecht, 204.

284 o. Rdnr. 55.

285 Vgl. *Simitis,* RDV 1989, 49 ff.; *Gola/Wronka,* Handbuch, 325 ff.; *Wohlgemuth,* Datenschutz, Rdnr. 623 ff.

286 Vgl. die §§ 29 Abs. 4 BbgDSG; 28 Abs. 5 HmbDSG; 34 Abs. 6 HDSG; 35 Abs. 6 DSG-MV; 29 Abs. 5 DSG NW; 31 Abs. 2 SDSG; 30 Abs. 2 LDSG SH; sowie *Simitis,* CR 1991, 173 f.

287 *Simitis,* a.a.O.; *Gola/Wronka,* Handbuch, 107 ff.; *Wohlgemuth,* Datenschutz, Rdnr. 318 ff.

288 Vgl. BVerfGE 65, 1 (44, 49); BVerfG, NJW 1988, 959; 113, 29 (57); *Di Fabio,* in *Maunz/Dürig,* GG Art. 2 Abs. 1 Rdnr. 177, 182 ff.; *Jarass/Pieroth,* GG Art. 2 Rdnr. 42a, 46; *Dreier,* in *Dreier* (Hrsg.), GG Art. 2 I Rdnr. 105.

289 Vgl. auch BVerfGE 65, 1 (44).

290 Dazu § 9 Rdnr. 47 ff.

291 Vgl. auch BVerfGE 65, 1 (49); BVerfG, Dok. E 22 zu Art. 2 Abs. 1 GG; sowie *Simitis,* NJW 1984, 403; *Scholz/Pitschas,* Informationelle Selbstbestimmung, 47 f.; *Schmitt Glaeser,* HdbStR VI § 129 Rdnr. 109 ff.; *Poppenhäger,* Die Übermittlung und Veröffentlichung statistischer Daten im Lichte des Rechts auf informationelle Selbstbestimmung (1995).

nicht zuletzt die Gefahr einer unzulässigen **Verarbeitung auf Vorrat**[292] auf der Hand liegt.[293] Die Unschärfe des Zwecks lässt sich wenigstens partiell durch die Schärfe der Organisations- und Verfahrensbedingungen kompensieren.

115 Nichts anderes gilt, schließlich, für Verarbeitungsvorgänge, die, wie etwa die polizeiliche Datenverarbeitung, die Betroffenen allein schon wegen der **Intensität des Eingriffs** besonders belasten. Den organisatorischen Vorkehrungen kommt hier eine erhöhte Schutzfunktion zu. Konsequenterweise hängt die Einrichtung von Dateien von einer eigens dafür zu erlassenden Errichtungsanordnung ab.[294] Ebenso unerlässlich ist es, Regeln für die Protokollierung von Abfragen und Änderungen vorzusehen, die eine ausschließliche Nutzung zu Kontrollzwecken sicherstellen,[295] Daten, die bei Eingriffen in das Telekommunikationsgeheimnis sowie im Rahmen akustischer Wohraumüberwachungen erhoben worden sind, besonders zu kennzeichnen,[296] oder die Modalitäten des Abgleichs von Fahndungsdateien präzise festzulegen.[297]

3. Anwendungsbereich (Abs. 2)

3.1 Systematischer Standort und Regelungsgehalt

116 Abs. 2 bestimmt den Anwendungsbereich in zweierlei Hinsicht. Zum einen wird festgelegt, welche Stellen vom Gesetz angesprochen werden, wenn sie mit personenbezogenen Daten umgehen. Zum anderen wird der sachliche Anwendungsbereich im Verhältnis zu der Zweckbestimmung des Abs. 1 genauer eingegrenzt. Während dort umfassend vom „Umgang“ mit personenbezogenen Daten die Rede ist, präzisiert Abs. 2 im Einleitungssatz, dass es (nur) um die „Erhebung, Verarbeitung und Nutzung“ geht – womit freilich ebenfalls eine sehr umfassende Beschreibung vorgenommen wird –, und sieht – für nicht öffentliche Stellen – darüber hinaus eine zweifache weitergehende Einschränkung vor (Nr. 3). So wird ein Verarbeiten oder Nutzen ausgeschlossen, das weder unter Einsatz von Datenverarbeitungsanlagen noch „in oder aus nicht automatisierten Dateien“ erfolgt. Außerdem fallen Aktivitäten nicht unter das Gesetz, die „ausschließlich für persönliche oder familiäre Tätigkeiten“ erfolgen.

117 Die Regelung des Abs. 2 steht in engem systematischen Zusammenhang mit den §§ 12 und 27, welche den Anwendungsbereich des zweiten Abschnitts („Datenverarbeitung der öffentlichen Stellen“) und des dritten Abschnitts („Datenverarbeitung nicht öffentlicher Stellen und öffentlich-rechtlicher Wettbewerbsunternehmen“) bestimmen. Für die Begriffe „Erhebung, Verarbeitung und Nutzung“ und „personenbezogene Daten“ sind die Legaldefinitionen des § 3 maßgeblich;[298] für die Begriffe „öffentliche Stellen des Bundes“ bzw. „der Länder“ und „nicht öffentliche Stellen“ gelten die Definitionen des § 2;[299] dabei ist besonders zu beachten, dass bestimmte Subjekte des Privatrechts als öffentliche Stelle definiert werden.[300]

118 Mit der **Novellierung 2001** wurde die Vorschrift an die Vorgaben der EU-Richtlinie angepasst. Danach genügt es für die Anwendbarkeit des Gesetzes in jedem Fall, dass Daten automatisiert verarbeitet werden; Dateibezug wird insoweit nicht mehr gefordert. Um persönliche-private Betätigungen aus dem Gesetz auszunehmen, wird nicht mehr positiv eine geschäftsmäßige, berufliche oder gewerbliche Zwecksetzung verlangt, sondern im Wege einer Ausnahmevorschrift – was systematisch plausibler ist – werden Aktivitäten, die „ausschließlich für persönliche oder familiäre Tätigkeiten“ erfolgen, von der Anwendung des Gesetzes ausgenommen.

---

292 o. Rdnr. 101.
293 BVerfGE 65, 1 (47); sowie § 40 Rdnr. 48 ff.
294 Vgl. etwa § 28 Abs. 1 HSOG.
295 Vgl. den 14., 57 ff., und 15. TB des HDSB, 182 ff.; sowie *Bäumler,* in *Lisker/Denninger*, Handbuch, J Rdnr. 121, 126f. f.
296 Vgl. etwa § 15a HSOG und die Kritik des HDSB, 33. TB, 47 f.
297 Vgl. etwa § 14 Abs. 5 HSOG und die Kritik des HDSB, 33. TB, 50 ff.
298 Vgl. dort zur „Erhebung“ Rdnr. 106 ff.; zur „Verarbeitung“ Rdnr. 117 ff.; zur „Nutzung“ Rdnr. 194 ff.; zu „personenbezogene Daten“ Rdnr. 3 ff.
299 Vgl. dort Rdnr. 15 ff., 58 ff.
300 Vgl. dort Rdnr. 32 ff., 62 ff.

3.2 Öffentliche Stellen des Bundes (Nr. 1)

Nach Nr. 1 gilt das Gesetz für die Erhebung, Verarbeitung und Nutzung personenbezogener 119
Daten durch **öffentliche Stellen des Bundes**. Entscheidend ist hier allein, dass **alle** diese Stellen erfasst werden.[301] Ausnahmen sieht das Gesetz nicht vor, weil es der Absicht des Gesetzgebers entspricht, den öffentlichen Bereich des Bundes voll einzubeziehen. Interpretatorische Versuche, einzelne Bereiche etwa im Hinblick auf deren besondere staatsrechtliche Stellung oder auf ihre spezifischen Aufgaben und Befugnisse von vornherein auszunehmen, sind damit unvereinbar. Die in manchen Fällen durchaus notwendigen Modifikationen werden vom Gesetz bereits ausdrücklich vorgesehen, etwa durch Einschränkungen des Auskunftsanspruchs[302] und Sonderregelungen für Medien.[303] Aber auch bei der Anwendung der Konkurrenzvorschriften der Abs. 3 und 4 darf die auf umfassenden Schutz angelegte Konzeption des Gesetzes nicht außer Betracht bleiben. Wegen des Begriffs der öffentlichen Stelle des Bundes wird auf die Erläuterungen zu § 2 Abs. 1 verwiesen.

3.3 Öffentliche Stellen der Länder (Nr. 2)

Nach Abs. 2 Nr. 2 gilt das Gesetz grundsätzlich auch für die öffentlichen Stellen der Länder. 120
Sobald und soweit ein Land den Datenschutz jedoch durch Landesgesetz regelt, wird das BDSG unanwendbar. Diese – im Regierungsentwurf zum BDSG 1977 noch nicht vorgesehene – Vorrangklausel zugunsten der Landesdatenschutzgesetze wurde auf Empfehlung des Vermittlungsausschusses eingefügt.

Eine Regelung, nach der ein Bundesgesetz hinter einer landesgesetzlichen Regelung zurück- 121
tritt, gab es zuvor nur in dem ebenfalls vom Bundesrat über den Vermittlungsausschuss durchgesetzten § 1 Abs. 3 VwVfG. Sie erspart den Behörden der Länder und Gemeinden die Komplikationen, die sich aus einer gleichzeitigen Anwendung von Bundes- und Landesdatenschutzrecht zwangsläufig ergeben würden. Der den Landesgesetzgebern vorbehaltene Gestaltungsspielraum ist zwar nicht ohne Risiko für die Rechtseinheit, hat sich aber in erster Linie als Motor für die Ergänzung und Fortentwicklung des Datenschutzes erwiesen. Die wünschenswerte Bundeseinheitlichkeit in den Grundstrukturen, wie etwa im sachlichen Anwendungsbereich, im Regelungssystem und in der Terminologie, konnte im Wesentlichen noch gewahrt werden. Im Übrigen hat das Landesrecht jedoch, insbesondere bei den Sondervorschriften und in Bezug auf öffentliche Unternehmen, eine ständig wachsende Vielfalt aufzuweisen, was nicht nur positiv zu beurteilen ist.

Die früher umstrittene Frage,[304] ob die Vorrangklausel nur bei einem Landesdatenschutzge- 122
setz eingreift, d.h. bei einer kodifikatorischen Regelung, nicht dagegen, wenn das Landesrecht nur einzelne Bestimmungen mit Datenschutzcharakter in verschiedenen Fachgesetzen aufweist, ist gegenstandslos geworden, nachdem alle – auch die neuen – Länder ein Landesdatenschutzgesetz erlassen haben.

Sämtliche Landesdatenschutzgesetze enthalten auch die für das Vorliegen einer Kodifikation 123
maßgeblichen Schutzmechanismen, wie sie das BDSG vorgibt. Dazu gehören Zulässigkeitsregelungen für die einzelnen Formen des Datenumgangs, ein Recht des Betroffenen auf Kenntnis seiner personenbezogenen Daten und auf Kontrolle der Korrektheit der Information, das Datengeheimnis, technisch-organisatorische Durchführungspflichten, Strafvorschriften und die unabhängige Datenschutzkontrolle. Geht man richtigerweise davon aus, dass die Vorrangklausel eine landesgesetzliche Datenschutzkodifikation fordert, so stellt sich die Frage, ob landesrechtliche Einzelregelungen in Fachgesetzen, die einem Landesdatenschutzgesetz vorgehen,[305] dem BDSG vorgehen, nicht mehr.[306]

---

301 *Gola/Schomerus,* BDSG Rdnr. 19.
302 § 19 Abs. 2 bis 4.
303 § 41.
304 Vgl. 4. Auflage § 7 Rdnr. 43.
305 Nach einer dem Abs. 3 entsprechenden Spezialitätsregelung.
306 Vgl. auch *Auernhammer,* BDSG § 12 Rdnr. 14.

124 Der Vorrang gilt auch für Landesdatenschutzgesetze, die nach dem BDSG in Kraft treten. Der Vorrang wird mit dem In-Kraft-Treten eines Landesdatenschutzgesetzes wirksam und mit dessen ersatzlosen Außer-Kraft-Treten wieder gegenstandslos.

125 Mit dem Ausdruck **„soweit“** (statt „wenn“) macht der Gesetzgeber deutlich, dass das BDSG immer nur insoweit verdrängt wird, wie das Landesdatenschutzgesetz eine eigene Regelung enthält. Danach, ob diese Regelung mit der des BDSG übereinstimmt oder ob sie für den Betroffenen günstiger oder weniger günstig ist, fragt das Gesetz nicht; entscheidend ist allein die Existenz einer Regelung.[307]

126 Zu unterscheiden ist allerdings zwischen Abweichungen im sachlichen Geltungsbereich (Schutzbereich) und Abweichungen beim Inhalt der sachlichen Regelungen. Zieht ein Landesdatenschutzgesetz die Schutzbereichsgrenzen enger, indem es beispielsweise automatisch verarbeitete Daten nur in Dateien erfasst (wie dies bei den Landesdatenschutzgesetzen der ersten Generation der Fall), so fehlt es für manuell bzw. außerhalb von Dateien automatisch verarbeitete Daten an einer Regelung, und das BDSG bleibt insoweit anwendbar. Nicht anders verhält es sich, wenn neue sachliche Regelungen – wie zur Videoüberwachung (§ 6 b) oder zur persönlichkeitsbewertenden automatisierten Entscheidung (§ 6 a) – noch nicht in das Landesrecht Eingang gefunden haben. Schließlich bleibt das BDSG anwendbar, wenn der Landesgesetzgeber bestimmte Adressaten ganz oder teilweise ausspart, wie etwa die Gerichte, soweit sie nicht Verwaltungsaufgaben wahrnehmen.[308] Andererseits greift der Vorrang auch dann ein, wenn einzelne Elemente nicht vorhanden sind, die Regelung aber nach ihrem objektiven Sinn und Zweck abschließenden Charakter hat; der Landesgesetzgeber hat dann dahin entschieden, dass es das betreffende Element nicht geben soll.[309]

127 Der Vorrang von Landesdatenschutzgesetzen bezieht sich nur auf die Vorschriften des BDSG. Im Verhältnis zu anderen Rechtsvorschriften des Bundes, etwa solchen des bereichsspezifischen Datenschutzes, bleibt es bei dem Grundsatz „Bundesrecht bricht Landesrecht“.[310]

128 Abs. 2 bestimmt, dass das Gesetz in gewissem Umfang für die öffentlichen Stellen der Länder **gilt**. Zum Tragen kommt dies selbstverständlich nur, soweit die Anwendungsvoraussetzungen der einzelnen Abschnitte bzw. Vorschriften erfüllt sind. Eine weitergehende Anwendung, etwa derart, dass für Stellen des Bundes geltende Vorschriften auf Stellen der Länder *entsprechend* angewendet werden sollen, ist nicht intendiert. Die §§ 18, 21 bis 26 und 42 sind daher in jedem Falle unanwendbar.[311] Dies bestätigen die ausdrücklichen Ausnahmeregelungen, nach welchen (nur) einzelne Vorschriften entsprechend anzuwenden sind.[312]

129 Für Leistungsträger nach dem Sozialgesetzbuch und die anderen in § 35 Abs. 1 SGB I genannten Stellen gilt nach § 79 Abs. 3 SGB X der Vorrang zugunsten der Landesdatenschutzgesetze nicht.[313] Der Gesetzgeber hat dem bundeseinheitlichen Schutz der Sozialdaten den Vorzug gegeben[314] und in Kauf genommen, dass die Kommunalverwaltungen und andere öffentliche Stellen der Länder entgegen der generellen Entscheidung des § 1 Abs. 2 die Vorschriften des BDSG anwenden müssen, soweit sie Leistungen nach dem Sozialgesetzbuch erbringen.

130 Das Gesetz kommt bei den öffentlichen Stellen der Länder im Übrigen nur zum Zuge, „soweit sie a) **Bundesrecht ausführen** oder b) als Organe der Rechtspflege tätig werden und es sich nicht um Verwaltungsangelegenheiten handelt“. Für die Ausführung von Bundesrecht genügt es nicht, dass die Stelle Bundesrecht beachtet oder anwendet; vielmehr muss ihr die Ausführung bundesrechtlicher Vorschriften, d.h. ihr Vollzug, als Aufgaben übertragen sein. Die Regelung knüpft an die Art. 83 ff. GG an, nach denen die Bundesgesetze grundsätzlich

307 Ebenso *Auernhammer,* BDSG § 12 Rdnr. 14.
308 So § 2 Abs. 1 Satz 2 DSG NW, § 2 Abs. 1 Satz 2 BbgDSG und § 1 Abs. 3 Satz 2 BrDSG.
309 Sog. Negativregelung, vgl. *Auernhammer,* BDSG § 12 Rdnr. 14; *Gola/Schomerus,* BDSG § 12 Rdnr. 5.
310 Art. 31 GG; vgl. *Auernhammer,* BDSG § 12 Rdnr. 10.
311 Vgl. *Gola/Schomerus,* BDSG § 12 Rdnr. 3.
312 § 23 Abs. 4 zum Zeugnisverweigerungsrecht der Landesbeauftragten gemäß § 12 Abs. 3; § 24 Abs. 2 zur Durchbrechung der Berufs- und besonderen Amtsgeheimnisse durch die Ermittlungsbefugnisse der Landesbeauftragten gemäß § 24 Abs. 6.
313 S. dazu vor allem *Walz,* in GK-SGB X 2 zu § 79.
314 Zur Begr. siehe Ausschussbericht, BT-Drs. 8/4022 S. 87 zu § 76.

von den Ländern ausgeführt werden und der Bundesgesetzgeber insoweit das Verwaltungsverfahren bestimmen kann. Soweit Stellen der Länder dagegen Landesrecht ausführen oder nicht gesetzesausführend tätig sind,[315] hat der Bundesgesetzgeber keinen Zugriff. Keine Rolle spielt es im Übrigen, ob die Länder Bundesgesetze als eigene Angelegenheit ausführen[316] oder im Auftrage des Bundes.[317] Ebenso wenig spielt eine Rolle, ob die Verarbeitung und Nutzung ausdrücklich durch bundesrechtliche Vorschriften vorgeschrieben ist; es genügt vielmehr, dass diese der Ausführung von Bundesrecht dienen.

Die **Organe der Rechtspflege**, die zu den öffentlichen Stellen gehören, werden unter b) 131
gesondert angesprochen, da der Gesetzgeber sie in weiterem Umfang einbezieht, als die sonstigen öffentlichen Stellen. Soweit es sich nicht um Verwaltungsangelegenheiten handelt, sind die Organe der Rechtspflege in vollem Umfang Adressaten des Gesetzes.[318] Für Verwaltungsangelegenheiten verbleibt es bei der Regelung nach a), d.h. das Gesetz greift nur ein, soweit dabei Bundesrecht ausgeführt wird. Zu den Verwaltungsangelegenheiten zählen die üblicherweise als Justizverwaltung bezeichneten Funktionen, die darauf gerichtet sind, die finanziellen, organisatorischen und personellen Voraussetzungen für die Tätigkeiten der Rechtspflege zu schaffen und zu unterhalten. Die volle Geltung des Gesetzes betrifft die eigentlichen, den Rechtspflegeorganen vorbehaltenen oder ihnen im Hinblick auf ihren besonderen Status übertragenen Aufgaben. Die wichtigsten Bereiche der Rechtspflege sind die gerichtliche Streitentscheidung in Rechtssachen (Rechtsprechung) und die freiwillige Gerichtsbarkeit. Umfasst werden auch die gerichtlichen Aufgaben in den Bereichen der Strafverfolgung und der Strafvollstreckung. Die Frage der Ausführung von Bundesrecht spielt hier keine Rolle.

Die Regelungen für die Organe der Rechtspflege haben mit dem seit der Novellierung 1990 132
erweiterten Anwendungsbereich des Gesetzes an praktischer Bedeutung gewonnen, außerdem auch dadurch, dass einzelne Länder insoweit von ihrem Zugriffsrecht auf die Gesetzgebungskompetenz keinen (vollen) Gebrauch gemacht haben.[319] Bei der praktischen Anwendung der Vorschriften des BDSG ist der Vorrang besonderer Vorschriften des Bundesrechts, insbesondere des Prozessrechts, nach Abs. 3 Satz 1 zu beachten.[320]

3.4 Sachlicher Anwendungsbereich bei öffentlichen Stellen (Einleitungssatz)

Für die öffentlichen Stellen des Bundes und der Länder wird der sachliche Anwendungsbe- 133
reich durch den Einleitungssatz näher bestimmt. Der Begriff „personenbezogene Daten" wird im Sinne der Legaldefinition des § 3 Abs. 1 verwendet. Ebenso handelt es sich bei den Begriffen „Erhebung, Verarbeitung und Nutzung" um gesetzliche Grundbegriffe, die in § 3 Abs. 3, 4 und 5 gesetzlich definiert sind.

Das Gesetz gilt für öffentliche Stellen uneingeschränkt, soweit es nicht selbst etwas anderes 134
bestimmt. Andere Einschränkungen lassen sich aus Abs. 2 nicht ableiten. Zwar fällt auf, dass das Gesetz nicht die denkbar weite Formulierung des Abs. 1 „Umgang mit … personenbezogenen Daten" verwendet und stattdessen von „Erhebung, Verarbeitung und Nutzung personenbezogener Daten" spricht. Auch wenn der Begriff „Umgang" nicht gesetzlich definiert ist,[321] lässt sich doch feststellen, dass er umfassender ist als die Summe der genannten Einzelbegriffe. Er umfasst z.B. auch die technischen und organisatorischen Maßnahmen nach § 9 sowie Handlungen zur Erfüllung der in § 6 genannten Rechte des Betroffenen. Dass eine Einschränkung dennoch nicht gewollt ist, zeigt die Bestimmung der Rechtsfolge dahin gehend, dass „dieses Gesetz gilt", also alle seine Vorschriften. Zudem sind in Abs. 3 Einschränkungen vorgesehen, die eine Geltung des Gesetzes über die Bereiche der Erhebung, Verarbeitung und Nutzung hinaus voraussetzen. Abs. 2 ist demnach dahin gehend zu lesen,

315 So genannte gesetzesfreie Verwaltung.
316 Art. 84 Abs. 1 GG.
317 Art. 85 Abs. 1 GG, vgl. *Auernhammer,* BDSG § 12 Rdnr. 7.
318 Vgl. *Gola/Schomerus,* § 2 Rdnr. 5.
319 Oben Rdnr. 211.
320 Vgl. insb. §§ 474 ff. ZPO.
321 Zu seiner Entstehung s. o. Rdnr. 187.

dass das Gesetz gilt, **wenn** personenbezogene Daten erhoben, verarbeitet oder genutzt werden, und zwar dann mit allen seinen Bestimmungen, soweit Einschränkungen nicht ausdrücklich vorgesehen sind.

135 Die wichtigste Regelung trifft der Einleitungssatz des Abs. 2 durch Schweigen: Indem weder hier noch in Abs. 1 von automatisierter Verarbeitung oder von Dateien die Rede ist, wird klargestellt, dass das Gesetz auf personenbezogene Daten anzuwenden ist, ohne dass dabei eine bestimmte Verarbeitungsform vorausgesetzt wird.[322]

3.5 Nicht öffentliche Stellen (Nr. 3)

136 Die Begriffsbestimmung für nicht öffentliche Stellen ergibt sich aus § 2 Abs. 4. Auch bei der Nr. 3 liegt – ebenso wie bei den öffentlichen Stellen nach Nrn. 1 und 2 – der Hauptregelungsgehalt darin, dass **alle** nicht-öffentlichen Stellen einbezogen werden, soweit nicht das Gesetz selbst etwas anderes bestimmt.

137 Mit der unter Nr. 3 geforderten Anwendungsvoraussetzung, dass der Datenumgang, soweit er nicht unter Einsatz von EDV-Anlagen – mithin manuell – erfolgt, einen Dateibezug haben muss, bewirkt das Gesetz, verglichen mit dem öffentlichen Bereich, eine gravierende Absenkung des Schutzniveaus.[323]

138 Die Grundentscheidung des Gesetzes, im nicht öffentlichen Bereich nur die dateigebundene Verarbeitung und Nutzung einzubeziehen,[324] schließt nicht aus, in einzelnen Beziehungen doch darüber hinauszugehen. So bezieht das Gesetz „Daten, die offensichtlich aus einer Datei entnommen worden sind", in die Anwendung des dritten Abschnitts[325] – und damit in die Anwendung des Gesetzes im Ganzen – ein. Nicht ganz so weitreichend, aber ebenso von großer praktischer Bedeutung ist die Verpflichtung der Stellen, die geschäftsmäßig Daten zum Zweck der Übermittlung speichern, auch ihre nicht in Dateien gespeicherten Daten in eine Auskunft an den Betroffenen einzubeziehen,[326] und zwar Daten über Herkunft und Empfänger sogar dann, „wenn diese Angaben nicht gespeichert sind".[327] Gewiss sind im nicht öffentlichen Bereich auch die Grundrechte der datenverarbeitenden Stellen in die rechtliche Bewertung einzubeziehen. Das Grundrecht auf informationelle Selbstbestimmung ist deshalb aber keineswegs neutralisiert. Es bleibt eine den Gesetzgeber bindende und die Gesetzesauslegung bestimmende verfassungsrechtliche Wertentscheidung. Konkurrierende verfassungsrechtliche Wertentscheidungen sind grundsätzlich nach den Regeln der praktischen Konkordanz aufzulösen. Dies erfordert jedoch eine differenziertere Interessen- und Situationsanalyse. Die Dateiform als pauschale Schutz-Untergrenze entspricht nicht der Struktur des Rechts auf informationelle Selbstbestimmung und bildet deshalb keine geeignete Abgrenzungslinie im Sinne der Konkordanz. Dementsprechend hat es auch das Bundesverfassungsgericht in den Folgeentscheidungen zum Volkszählungsurteil durchgängig abgelehnt, in diesem Zusammenhang auf das (automatisierte oder manuelle) Verfahren der Datenverarbeitung oder sonst auf die Form des Datenumgangs abzustellen, und zwar auch in den Entscheidungen zum nicht öffentlichen Bereich.[328] Die vom Gesetzgeber gewählte Art der Abstufung war schon bei der ursprünglichen Gesetzesberatung und zuletzt wieder bei der Novellierung 2000 äußerst umstritten[329] und wird, zumal sie punktuell bereits gelockert werden musste,[330] ein zentraler Ansatzpunkt für Forderungen nach einer Weiterentwicklung des Datenschutzes bleiben,[331] auch wenn ihre Übereinstimmung mit der Richtlinie kaum in Frage zu stellen ist.

---

322 Zur Gesetzesgeschichte siehe § 1 Rdnrn. 43, 49 ff., 53, 55.
323 Zur Entstehungsgeschichte vgl. o. Rdnrn. 39, 43, 49 ff.; zur Bewertung vgl. *Dammann,* NVwZ 1991, 640, 641, 643.
324 Zu deren Problematik s. o. Rdnrn. 184 f.
325 § 27 Abs. 2.
326 § 34 Abs. 2.
327 § 34 Abs. 1 Satz 4; zur Auslegung der auf den ersten Blick paradox erscheinenden Vorschrift vgl. zu § 34.
328 BVerfGE 78, 77, 84 – Entmündigung –; BVerfG JZ 1992, 752 – Eigenbedarf –.
329 Vgl. o. Rdnrn. 39, 43, 49 ff.
330 Siehe dazu im Folgenden.
331 Vgl. vor allem *Roßnagel/Pfitzmann/Garstka,* Modernisierung, S 48 ff., 60 f.

Nicht öffentliche Stellen unterliegen nach der ersten Alternative der Nr. 3 den gesetzlichen Regelungen ohne weitere Einschränkung, was die Form der Verarbeitung betrifft, wenn sie „Daten **unter Einsatz von Datenverarbeitungsanlagen** verarbeiten, nutzen oder dafür erheben“. Die bis zur Novellierung 2001 generell geltende Bedingung des Dateibezugs gilt also bei Einsatz von Datenverarbeitungsanlagen nicht mehr. Der Gesetzgeber hat damit einer Vorgabe der EG-Richtlinie entsprochen.[332] 139

Unter „Datenverarbeitungsanlage“ ist, wie sich aus der Legaldefinition der „automatisierten Verarbeitung“[333] ergibt, eine Anlage zum automatischen Datenumgang zu verstehen. Der Begriff ist angesichts der heutigen Vielfalt von Geräten, die aufgrund gespeicherter Programme (auch personenbezogene) Daten verarbeiten können, außerordentlich weit. Eine Begrenzung folgt daraus, dass sich der automatische Prozess gerade auf den personenbezogenen Gehalt der Daten beziehen muss.[334] 140

Die verschiedenen vom Gesetz aufgezählten Formen des Datenumgangs müssen **„unter Einsatz“** einer Datenverarbeitungsanlage erfolgen; bei der Erhebung kommt es darauf an, dass die Daten „dafür“, also für eine automatische Nutzung oder Verarbeitung, erhoben werden. Damit sind alle gesetzlich geregelten Formen des Datenumgangs erfasst. Für die Erhebung ist klargestellt, dass sie nicht notwendigerweise selbst automatisch erfolgen muss – etwa durch kontaktloses Lesen von Chipkarten oder mithilfe automatisierter biometrischer Identifizierungsverfahren –, sondern dass auch manuelle Formen der Erhebung ausreichen, wenn diese für eine spätere automatische Verarbeitung geschieht. Das Erfragen oder Ermitteln bzw. Festhalten von Daten auf Papier unterfällt also bereits dem Gesetz, wenn die Daten für eine spätere automatische Verarbeitung erhoben werden, wobei es gleichgültig ist, ob und in welcher Form – etwa auf Formularen oder im Freitext – die Daten zunächst fixiert werden. Ebenso irrelevant ist es, ob es tatsächlich zu der automatischen Verarbeitung oder Nutzung kommt oder gekommen ist; der objektiv zu beurteilende, im Zeitpunkt der Erhebung bestehende Zweck einer späteren automatischen Behandlung genügt. Die Gesetzesanwendung steht also nicht etwa („schwebend wirksam“) unter dem Vorbehalt, dass es zur automatischen Verarbeitung oder Nutzung kommt, noch entfällt sie rückwirkend, wenn der Verarbeitungszweck endgültig entfällt, etwa weil eine nur manuelle Verarbeitung beschlossen wurde oder die Daten (genutzt oder ungenutzt) vernichtet oder vergessen wurden. 141

Auch die Nutzung braucht nicht unmittelbar mit der Funktion einer Datenverarbeitungsanlage verbunden zu sein. Denn eine Nutzung unter deren Einsatz muss man schon dann bejahen, wenn Daten zunächst automatisch (inhaltlich oder in ihrer Darstellung) aufbereitet werden und dann – etwa als Computerausdruck in Listenform, als Einzelbriefe oder durch telefonische Auskünfte nach Dateiabfragen oder auch aufgrund der Erinnerung des Bearbeiters an frühere Verarbeitungsvorgänge – manuell genutzt werden.[335] Denn auch diesen Vorgängen liegt der EDV-Einsatz zugrunde. 142

Nach der zweiten Alternative der Nr. 3 gilt das Gesetz für nicht öffentliche Stellen auch dann, wenn diese „Daten in oder aus nicht automatisierten Dateien verarbeiten, nutzen oder dafür erheben“. Der **nicht automatisierte** Datenumgang wird also einbezogen, aber nur wenn er einen **Dateibezug** aufweist. Die Formulierung **„in oder aus“** ist die vom Gesetz auch in anderem Zusammenhang[336] verwendete Formel zur Umschreibung des geforderten Dateizusammenhangs. Die Varianten „in“ und „aus“ entsprechen den Funktionen „verarbeiten“ und „nutzen“. Auf die Feinheiten kommt es aber gar nicht an. Denn der mit „soweit“ beginnende Halbsatz besagt nicht etwa, dass nur die dort genannten Funktionen, also das Verarbeiten und Nutzen in oder aus Dateien für die genannten Zwecke, unter das BDSG fallen, sondern bewirkt, dass „dieses Gesetz“ (Einleitungssatz), also auch die Vorschriften, die sich beispielsweise mit der Auskunftserteilung, der Berichtigung oder technischen Maßnahmen befassen, 143

332 Art. 3 Abs. 1.
333 § 3 Abs. 2 Satz 1.
334 Vgl. im Einzelnen Erl. zu § 3 Abs. 2 Satz 1.
335 Dies entspricht der seit langem akzeptierten Auslegung des Merkmals „aus einer Datei“; vgl. dazu unten Rdnr. 142 f.
336 Vgl. §§ 27 Abs. 1, 38 Abs. 1, 2 und 5.

anzuwenden ist, wenn nur die allgemeine Voraussetzung erfüllt ist, dass die Daten von der nicht öffentlichen Stelle in oder aus Dateien verarbeitet oder genutzt werden.[337] Werden also die Daten von einer öffentlichen Stelle überhaupt in oder aus einer Datei verarbeitet oder genutzt, so sind alle einschlägigen Vorschriften anzuwenden, ohne dass es bei dem jeweiligen Vorgang noch einmal gesondert auf einen Dateibezug ankommt.

144 Maßgeblich ist dabei das personenbezogene Datum im Sinne der Legaldefinition des § 3 Abs. 1, d.h. die Angabe als **Information**. Demgegenüber kommt es auf die Identität der zeichenmäßigen Darstellung oder gar der physikalischen Verkörperung nicht an. Eine andere Auslegung würde zur Gesetzesumgehung geradezu einladen. Übermittelt also beispielsweise ein Sachbearbeiter Angaben, die er sich telefonisch von der dateiführenden Organisationseinheit hat mitteilen lassen, so werden Daten (im Sinne von Informationen) „aus einer Datei" übermittelt. Auch wenn also kein physikalischer, sondern nur ein logischer Dateibezug verlangt wird, muss doch aus Gründen der Abgrenzung ein gewisser Organisationszusammenhang bestehen.[338] Ungeachtet des vom Gesetz verwendeten Plurals („Dateien") genügt es im Übrigen vollauf, wenn Bezug zu einer einzigen Datei besteht.

145 Die Datei eines Dritten[339] wird der nicht öffentlichen Stelle nicht zugerechnet, und zwar auch dann nicht, wenn sie im direkten Zugriff steht und einen automatisierten Abruf im Sinne von § 10 zulässt. Von diesem Grundsatz macht § 27 Abs. 2 eine wichtige Ausnahme.[340]

146 Bereits das **Erheben** für eine Verarbeitung in oder aus einer Datei zieht die Verpflichtung zur Anwendung des Gesetzes nach sich. Dabei kommt es auf die objektive Zwecksetzung an. Es genügt daher, wenn bei normalem Lauf der Dinge eine spätere Speicherung des Informationsgehalts oder eines Teils davon in einer Datei nicht ausgeschlossen werden kann.

147 Das Gesetz ist auf nicht öffentliche Stellen dann nicht anwendbar, wenn „die Erhebung, Verarbeitung oder Nutzung … ausschließlich für **persönliche oder familiäre Tätigkeiten**" erfolgt.[341] Diese aus der Richtlinie übernommene Ausnahme[342] ist mit der Novellierung 2001 an die Stelle des bisher positiv formulierten Voraussetzung getreten, dass die Daten „geschäftsmäßig oder für berufliche oder gewerbliche Zwecke" verarbeitet oder genutzt werden müssen. Nach wie vor hat die Klausel die Funktion, eine Grenze zum persönlich-privaten Umgang mit Daten zu ziehen, der außerhalb des Gesetzes liegen soll. Die neue Formulierung bringt dieses Ziel deutlicher zum Ausdruck und bietet weniger Raum für eine Flucht aus dem Gesetz.[343]

148 Auch unter der neuen Gesetzesfassung ist eine **restriktive Auslegung** geboten. Nur dann entspricht die Bundesrepublik ihren völkerrechtlichen Verpflichtungen, die sie mit der Ratifizierung der Datenschutzkonvention des Europarats[344] eingegangen ist. Die Konvention kennt keine ausdrückliche Ausnahme für persönliche oder familiäre Tätigkeiten. Sie lässt Ausnahmen nur in bestimmten Fällen eines vorrangigen öffentlichen Interesses oder zum Schutze des Betroffenen oder der Rechte und Freiheiten Dritter[345] zu, soweit dies in einer demokratischen Gesellschaft eine hierzu notwendige Maßnahme ist. Ferner können Vertragsstaaten bestimmte Arten von Dateien bzw. Datensammlungen durch eine entsprechende Erklärung an den Europarat von der Anwendung des Übereinkommens ausnehmen.[346] Hiervon wurde jedoch im vorliegenden Zusammenhang kein Gebrauch gemacht. Die Ausnahmeklausel darf daher nicht als Freibrief verstanden werden. Vielmehr muss eine restriktive Auslegung dafür sorgen, dass im Sinne der Europaratskonvention nur solche Fälle ausgenommen werden, bei denen dies auch unter Berücksichtigung der geschützten Interessen der Betroffenen

337 Vgl. o. Rdnr. 219.
338 Wegen weiterer Einzelheiten s. § 3 Rdnr. 167.
339 § 3 Abs. 9.
340 Vgl. *Gola/Wronka,* RDV 1991, 165, 169.
341 Nr. 3 letzter Halbsatz.
342 Art. 3 Abs. 2, 2. Anstrich; zur Auslegung s. *Dammann/Simitis,* EG-Datenschutzrichtlinie, Art. 3 Rdnrn. 7 f.
343 Vgl. Voraufl. § 1 Rdnr. 228.
344 Konvention 108, BGBl. II 1985, 538; abgedr. in Dok. D 3.3.
345 Art. 9 Abs. 2.
346 Art. 3 Abs. 2 Buchst. a.

zum Schutz der Rechte und Freiheiten der verantwortlichen Stelle erforderlich ist. Damit ist zugleich dem Gebot einer verfassungskonformen Auslegung entsprochen.

Mit der Wendung „für **persönliche oder familiäre Tätigkeiten**" grenzt das Gesetz einen Bereich persönlicher Lebensführung ab von der beruflichen und geschäftlichen Sphäre. Hier betrachtet der Gesetzgeber denjenigen, der personenbezogene Daten erhebt, verarbeitet oder nutzt, als ebenso schutzbedürftig wie die Betroffenen und räumt diesen deshalb keinen rechtlichen Einfluss auf seinen Datenumgang ein. Entscheidend ist also, dass der Datenumgang im privaten Aktionskreis stattfindet. Diese Bedingung ist zugleich notwendig wie hinreichend. Wie intensiv die Belange von Betroffenen berührt werden, spielt keine Rolle. Auch der Umgang mit besonderen Daten nach § 3 Abs. 9 fällt unzweifelhaft unter die Ausnahme. Bei intensiven Rechtseingriffen können sich Abwehrrechte aus dem BGB ergeben.[347] 149

Umso wichtiger ist es, dass die vom Gesetz verlangte spezielle Zwecksetzung streng eingehalten wird. Der Datenumgang muss mit allen seinen Bestandteilen und während der gesamten Dauer **ausschließlich** für persönliche oder familiäre Tätigkeiten erfolgen. Werden beispielsweise die Adressen des persönlichen Freundes- und Bekanntenkreises auch nur einmal für eine Direktwerbeaktion zugunsten eines Dritten zur Verfügung gestellt oder genutzt, so entfällt die Ausnahme. Der konkrete Werbezweck ist dabei unerheblich; eine gewerbliche Produktwerbung fällt genauso darunter wie der Hinweis auf die erwünschte Unterstützung wohltätiger Organisationen oder kommunaler Anliegen. Jegliche nach außen gerichtete, über den persönlichen und familiären Kreis hinaustretende Tätigkeit verlässt den privilegierten Rahmen. Die Datenverarbeitung im Zusammenhang mit einem Familienbetrieb fällt deshalb ebenso heraus wie diejenige im Rahmen einer Heimarbeit. Dagegen gehört die Nutzung eines privaten Adressverzeichnisses durchaus zu den persönlichen Tätigkeiten, auch wenn Gruppenrundschreiben versandt werden, etwa mit Weihnachtgrüßen oder einer Virenwarnung. Eine erhebliche Größe einer Datensammlung oder eine hohe Intensität ihrer Verarbeitung schließen an sich einen persönlich-familiären Zweck nicht aus, können aber Indiz für eine darüber hinausgehende Zwecksetzung sein.[348] 150

Die Frage, was als **persönlich oder familiär** einerseits oder als beruflich, geschäftlich oder sonst weitergehend andererseits anzusehen ist, richtet sich nach der Verkehrsanschauung. Zu den typischen persönlich-familiären Bereichen gehören z.B. Freizeit, Liebhabereien, Urlaub, privater Konsum, Sport, Unterhaltung; die typische dazu gehörende Datenverarbeitung betrifft z.B. Adressen, Telefonnummern, Webadressen, Emailadressen, Geburtstage, weitere Angaben von Freunden, Bekannten, Verwandten, Hobby- und Tauschpartnern, Kollegen (nur soweit ausschließlich für private Kontakte genutzt, nicht für die Koordination von Berufseinsätzen), Favorites/Bookmarks zum Internet-Surfen, die „History" der privaten Browser-Nutzung, Email-Korrespondenz, alles gleich ob im PC, Notebook, Handheld oder Telefon gespeichert oder auch auf einem Server abgelegt. Zu den beruflichen Tätigkeiten zählen auch solche der freien Berufe, selbst wenn sie in privaten Räumen ausgeübt werden. Auch vorbereitende Tätigkeiten gehören zu den beruflichen, z.B. Marktforschung und Marketing. Bewerbungen sowie Aus- und Fortbildung, aber auch etwa die Vergütung, sind auf der Seite des Bewerbers bzw. Beschäftigten dem persönlichen Bereich zuzuordnen, auf der des Arbeitgebers oder Bildungsträgers dem Geschäft. Der Informationsaustausch innerhalb einer Organisation, etwa eines Vereins oder einer Kirchengemeinde, überschreitet den persönlich-familiären Rahmen. Auch wenn zur Informationsverbreitung eine allgemein zugängliche Website im Internet gewählt wird, wird dieser Bereich verlassen, ohne dass es auf den intendierten Empfängerkreis ankommt.[349] Die Verwaltung privaten Vermögens gehört grundsätzlich zum persönlichen Bereich, kann aber, wenn sie nach Form und Umfang geschäftliches Gepräge annimmt, darüber hinausgehen. Der familiären Tätigkeit steht die eine auf sonstige, dauerhafte Partnerschaft bezogene Tätigkeit gleich, solange es sich um eine private, nicht 151

347 Z.B. Unterlassungs- und Beseitigungsansprüche nach §§ 823 Abs. 1 oder Abs. 2 in Verbindung mit einem Schutzgesetz, 1004.
348 *Brühann*, Richtlinie, Art. 3 Rdnr. 14.
349 Vgl. EuGH C-101/01 vom 06.11.2003 (Lindqvist)

auf geschäftliche Zwecke gerichtete Verbindung handelt, wie etwa bei nicht familiär gebundenen Lebenspartnern oder Wohngemeinschaften.

152 Der **betroffene Personenkreis** wird meist den persönlichen oder familiären Zweck widerspiegeln. Das Gesetz verlangt aber nicht, dass zu allen Betroffenen eine persönliche oder familiäre Beziehung besteht. So können etwa durchaus Angaben zu Sportlern, Künstlern oder sonstigen Prominenten im Rahmen einer Liebhaberei gesammelt werden. Ebenso können in einem (nicht zur Veröffentlichung vorgesehenen) Tagebuch Angaben zu sonstigen Dritten enthalten sein. Stets müssen aber der gewählte äußere Rahmen, die organisatorische Anlage und die inhaltliche Konzeption der Datenverarbeitung die persönliche oder familiäre Zwecksetzung erkennen lassen. Deren bloße Behauptung ist irrelevant, wenn eine gewerbliche, politische oder sonstige weitergehende Zwecksetzung objektiv erkennbar ist.

153 Aus der speziellen Zwecksetzung ergibt sich auch eine Beschränkung hinsichtlich der **verantwortlichen Stelle**. Zwar grenzt das Gesetz, anders als die Richtlinie,[350] die Anwendung der Ausnahme nicht von vornherein auf den Fall ein, dass die verantwortliche Stelle eine natürliche Person ist, doch können juristische Personen begrifflich keine (eigenen) „persönlichen" oder gar „familiären" Tätigkeiten nachgehen. Die eindeutige Konzeption der Richtlinie schließt jeden Gedanken an eine Analogie, etwa im Sinne der „Unternehmensfamilie" mit „Töchtern" und „Schwestern", aus. Andererseits setzt das Gesetz, ebenso wenig wie die Richtlinie, voraus, dass der Datenumgang stets nur von einer einzigen Person ausgeht. Der privilegierte familiäre Rahmen wird nicht überschritten, wenn beispielsweise die in einem Haushalt zusammenlebenden Familienmitglieder unter Nutzung desselben PC eine Adressdatei gemeinsam pflegen und/oder nutzen (oder verstreut lebende über ein Netzwerk), solange sich die Nutzung nur insgesamt im persönlichen Bereich bewegt.

154 Aus der Nichtanwendbarkeit des Gesetzes folgt grundsätzlich, dass auch die Aufsichtsbehörde keine Aufgaben und Befugnisse hat. Solange ihr allerdings Anhaltspunkte für eine mehr als nur persönliche oder familiäre Erhebung, Verarbeitung oder Nutzung vorliegen, ist sie bis zur Klärung der Frage der Anwendbarkeit des Gesetzes zum Einsatz ihrer Befugnisse berechtigt.[351]

4. Subsidiarität (Abs. 3)

Literatur

Allgemein: *H. Wichmann*, Berufsgeheimnis, (2000), *A. Miedbrodt*, Besondere Datenschutzpflichten, in *Roßnagel* (Hrsg.), Handbuch Datenschutzrecht (2003), Kap. 4.9

Arztgeheimnis, Gesundheitswesen: *W. Däubler,* Die Schweigepflicht des Betriebsarztes – ein Stück wirksamer Datenschutz?, BB 1989, 282 ff.; *E. Deutsch,* Arztrecht und Arzneimittelrecht (1991), 172 ff., 181 ff.; *Chr. Dierks,* Schweigepflicht und Datenschutz in Gesundheitswesen und medizinischer Forschung (1993); *W. Kilian,* Rechtsprobleme der Behandlung von Patientendaten im Krankenhaus, MedR 1986, 7 ff.; *A. Laufs/ W. Uhlenbruck u.a.,* Handbuch des Arztrechts (1992), 378 ff. (Verf. G.-H. Schlund); *H. Schal,* Die Schweigepflicht des Betriebsarztes (1989); *H.D. Schirmer*, Datenschutz im Gesundheitswesen, in *Roßnagel*, Handbuch Datenschutzrecht (2003), Kap. 7.12; *H. Tegtmeyer-Metzdorf/R. Grundmann,* Krankenhausarzt und Recht (1990), 107 ff.; *M.Timm,* Grenzen ärztlicher Schweigepflicht (1988).

Sozialgeheimnis: *W. Binne,* Das neue Recht des Sozialdatenschutzes, NZS 1995, 97 ff.; *H. Pickel,* Rechte des Betroffenen im Sozialdatenschutz, SGb 2001, 57 ff.; *U.H. Rasmussen*, Datenschutz in der Sozialversicherung, in *Roßnagel* (Hrsg.), Handbuch Datenschutzrecht (2003), Kap. 8.14; *U. von Petersdorff*, Datenschutz in der Sozialverwaltung, in *Roßnagel* (Hrsg.), Handbuch Datenschutzrecht (2003), Kap. 8.13

Bankgeheimnis: *J. Bohnstedt*, Fernwartung – Die rechtlichen Grenzen des IT-Outsourcing durch Banken, Baden-Baden (2005); *A. Büllesbach,* Finanzdatenschutz in Europa, CR 2000, 544 ff.; *H. Eul*, Datenschutz im Kreditwesen und im Zahlungsverkehr, in *Roßnagel* (Hrsg.) Handbuch Datenschutzrecht (2003), Kap. 7.12;

350 Art. 3 Abs. 2, 2. Anstrich.
351 Vgl. auch Erl. zu § 38 Abs. 3 und 4.

A. Fisahn, Bankgeheimnis und informationelle Selbstbestimmung, CR 1995, 632 ff.; *P. Glauben*, Das Bankgeheimnis – Rechtsgrundlagen, Inhalt und Grenzen, DRiZ 2002, 104 ff.; *C. Junker,* Aktuelle Fragen zum Bankgeheimnis und zur Bankauskunft, DStR 1996, 224 ff.; *K. von Lewinski*, Betriebsprüfung, Bankgeheimnis und Datenschutz, DSWR 2002. 66 ff.; *O. Mallmann/A. Schroeter,* Aktuelle Fragen zum Datenschutz im Bankverkehr (1988), 26 ff.; *H.-J. Schaffland*, Datenschutz und Berufsgeheimnis bei Fusion – (k)ein Thema?, NJW 2002, 1539 ff.; *L. Thilo,* Bankgeheimnis, Bankauskunft und Datenschutzgesetze, NJW 1984, 582 ff.; *D. Ungnade,* Datenschutz im Kreditgewerbe (2. Aufl. 1991), 83 ff.; *J. Wieland,* Zinsbesteuerung und Bankgeheimnis, JZ 2000, 272 ff.

Statistikgeheimnis: *O. Ziegler,* Statistikgeheimnis und Datenschutz (1990); *H. Poppenhäger*, Datenschutz in der amtlichen Statistik, in *Roßnagel* (Hrsg.), Handbuch Datenschutzrecht (2003), Kap. 8.10

Steuergeheimnis: *S. Eilers,* Das Steuergeheimnis als Grenze des internationalen Auskunftsverkehrs (1987); *P. Kirchhof,* Steueranspruch und Informationseingriff, in *J. Lang* (Hrsg.), FS für *K. Tipke* zum 70. Geb. (1975), 27 ff.; *C. Topp*, Datenschutz in der Steuerverwaltung, in *Roßnagel*, Handbuch Datenschutzrecht (2003), Kap. 8.12; *H.-M. Wolffgang,* Informantenschutz im Steuerrecht, in *H.-K. Erichsen* u.a. (Hrsg.), Recht der Persönlichkeit (1996), 415 ff.

Anwalts- und Notargeheimnis: *M. Henssler,* Das anwaltliche Berufsgeheimnis, NJW 1994, 1817 ff.; *M. Henssler/M. Kilian,* Erwerb von Anwaltssozietäten – Das Prinzip des „sanften Übergangs", MDR 2001, 1274 ff.; *H. Huffer*, Schweigepflicht im Umbruch, NJW 2002, 1382 ff.; *H. Redeker,* Umgang mit personenbezogenen Daten durch Rechtsanwälte, FPR 1998, 294 ff.

4.1 Änderungen gegenüber dem BDSG 1990

Abs. 3 ist textlich identisch mit der Vorläufernorm im BDSG 1990 (§ 1 Abs. 4 BDSG 1990). 155
Die Änderung der Absatznummer wurde erforderlich, weil der frühere Absatz 3 mit den Regelungen über die Einschränkung des Anwendungsbereichs u.a. bei den so genannten „internen Dateien" gestrichen wurde.

Die im BDSG 1990 verwandten Definitionen der Begriffe Datei, Akte und Empfänger spie- 156
len bei der Subsidiaritätsprüfung insofern noch eine wichtige Rolle, als sie aufgrund von § 46 in allen „besonderen Rechtsvorschriften" des Bundes weitergelten. Die in Umsetzung der EG-Richtlinie im BDSG 2001 neu gefassten Begriffsbestimmungen werden insoweit nicht in das bereichsspezifische Bundesrecht übernommen.[352]

Als besondere Form des Datenumgangs, bei der eine mögliche Kollision zwischen BDSG 157
und Spezialnorm zu prüfen ist, nennt Abs. 3 auch die **Veröffentlichung**. Diese ausdrückliche Erwähnung hat allerdings nur klarstellenden Charakter, da die Veröffentlichung ohnehin unter den Begriff der Übermittlung i.S.v. § 3 Abs. 5 Satz 2 Nr. 3a fällt.[353]

4.2 Funktion der Norm

Abs. 3 **Satz 1** hat die Funktion, die Reichweite des Vorrangs bereichsspezifischer Regelungen 158
vor dem BDSG festzulegen. Umgekehrt ausgedrückt geht es darum, die Subsidiarität des BDSG gegenüber spezielleren Bestimmungen zu definieren. Die Konkurrenz von Rechtsvorschriften des Bundes innerhalb und außerhalb des BDSG, deren Gegenstand die Erhebung, Verarbeitung und Nutzung personenbezogener Daten ist, wird im Sinne der **Priorität der spezielleren Norm** geklärt. Die vielfach gebrauchte Charakterisierung des BDSG als „Auffanggesetz"[354] vereinfacht allerdings das komplexe Verhältnis zwischen den allgemeinen und den spezialgesetzlichen Bestimmungen zu stark.[355] **Satz 2** legt – wenn auch missverständlich formuliert[356] – fest, dass die breite Palette der auf gesetzlicher und untergesetzlicher Rechts-

352 Vgl. dazu § 46 Rdnrn. 1 ff.
353 Vgl. § 3 Rdnr. 157; a.A. *Dörr/Schmidt,* BDSG § 3 Rdnr. 24, die die Veröffentlichung als Unterform der „Nutzung" nach § 3 Abs. 6 einstufen; die Kontroverse hat hier keine praktische Bedeutung.
354 Vgl. *Gola/Schomerus,* BDSG § 1 Rdnr. 23 f.
355 Vgl. u. Rdnrn. 170 ff.
356 Vgl. u. Rdnr. 184.

grundlage bestehenden Sondergeheimnisse durch die Weitergabe- bzw. Übermittlungsvorschriften des BDSG nicht tangiert werden soll.[357]

159 Die Subsidiaritätsklausel hat durch die Novellierung 2001 gegenüber dem BDSG 1990 an **praktischer** Bedeutung gewonnen. Dies gilt insbesondere für den nicht-öffentlichen Bereich durch Wegfall des Sonderstatus der so genannten „internen Dateien" in Folge der Streichung des Abs. 3 und wegen der Ausdehnung des Anwendungsbereichs auf alle nicht-automatisierten Dateien (§§ 1 Abs. 2, 27 Abs. 2). Eine Zunahme potenzieller Gesetzeskonkurrenzen hat auch die Einbeziehung der Erhebung in die durch §§ 27 ff. geregelten Verarbeitungsphasen zur Folge. Generell hat die umfangreiche bereichsspezifische Gesetzgebung seit In-Kraft-Treten des BDSG 1977, insbesondere nach dem Volkszählungsurteil des Bundesverfassungsgerichts von 1983, dazu geführt, dass heute für sehr viel mehr Datenverarbeitungsvorgänge spezielle gesetzliche Bestimmungen greifen als früher.[358] Die dadurch eingetretene Unübersichtlichkeit hat das Nachdenken über eine grundlegende Reform des deutschen Datenschutzrechts, die das Regel-Ausnahmeverhältnis umkehrt und dem BDSG grundsätzlich den Vorrang vor bereichsspezifischen Normen einräumt, verstärkt;[359] der Durchbruch zu einer solchen umfassenden Neuorientierung ist aber noch nicht erreicht.

160 Soweit mögliche Unklarheiten bei der Abgrenzung zum BDSG dadurch ausgeschlossen werden, dass **im Spezialgesetz ausdrücklich** festgelegt wird, welche BDSG-Vorschriften ergänzend anzuwenden oder nicht anzuwenden sind, kommt es insoweit auf die Subsidiaritätsnorm des BDSG nicht mehr an. Beispiele dafür sind im Bereich der Telekommunikation § 90 TKG über die Übermittlung durch Diensteanbieter an ausländische öffentliche Stellen, § 95 Abs. 1 TKG über die Auftragsverarbeitung für den Entgelteinzug oder § 43 Satz 2 StUG für die Stasi-Unterlagen.[360] Obwohl das Zweite Kapitel des SGB X als „Vollregelung" des Datenschutzes für den Sozialleistungsbereich konzipiert ist, finden sich auch dort Verweisungen auf das BDSG (z.B. §§ 81 Abs. 4, 82 SGB X.[361] Vereinzelt finden sich sogar **Doppelverweisungen**, bei denen eine bereichsspezifische Bestimmung eine weitere spezialgesetzliche Norm in Bezug nimmt und erst diese letztere wiederum auf Vorschriften des BDSG verweist.[362]

161 Die Zahl der nach Abs. 3 Satz 1 vorrangigen Bestimmungen ist kaum übersehbar und nimmt auch über zwei Jahrzehnte nach dem Volkszählungsurteil des Bundesverfassungsgerichts von 1983 noch ständig zu. Die in dieser Entscheidung aus dem Recht auf informationelle Selbstbestimmung abgeleitete Pflicht des Gesetzgebers, eingriffsträchtige Verarbeitungssituationen präzise und normenklar selbst zu regeln,[363] verlangt bei jeder entsprechenden Änderung politischer oder gesellschaftlicher Regelungsgrundlagen die Neuschaffung oder Novellierung von Normen. Fast monatlich kommen neue hinzu. Durchaus verdienstvolle Listen datenschutzrechtlicher Spezialbestimmungen, wie sie immer wieder in der Literatur auftauchen,[364] müssen daher zwangsläufig unvollständig bleiben.

---

357 S. u. Rdnrn. 175 ff.

358 Zu der Grundsatzdiskussion im Anschluss an dieses Urteil über Notwendigkeit, Umfang und bevorzugte Bereiche spezieller Datenschutzgesetzgebung vgl. einerseits *Schweinoch,* RDV 1988, 64, 65 – BDSG als Vorbild – und andererseits *Simitis,* CR 1987, 602, 605 ff. – bereichsspezifische Vorschriften als Schwerpunkt der Datenschutzgesetzgebung –; s. außerdem *Vogelgesang,* Grundrecht, 151 ff., 201 ff.; vgl. auch Einleitung Rdnrn. 32, 48 f.

359 Vgl. dazu das vom Bundesministerium des Innern in Auftrag gegebene Gutachten von *Roßnagel/Pfitzmann/Garstka,* Modernisierung des Datenschutzrechts, 2001, insbes. S. 30 ff.; s.a. *Gerhold/Heil,* DuD 2001, 377, 381.

360 Vgl. zur lex-specialis-Wirkung des StUG OVG Berlin, RDV 1992, 182 f. m. zust. Anm. *D. Schmidt.*

361 Vgl. *Binne,* NZS 1995, 97 f.

362 § 61 Abs. 1 KJHG; s.a. § 284 Abs. 1 Satz 5 SGB V mit Verweis auf Datenschutzvorschriften des SGB X, die wiederum auf das BDSG Bezug nehmen.

363 Vgl. dazu Einl. Rdnrn. 48 f.

364 Z.B. *Schaffland/Wiltfang,* BDSG § 1 Rdnrn. 45 ff.

4.3 Anwendungsvoraussetzungen (Satz 1)

4.3.1 Anwendbarkeit des BDSG

Die Vorrangregelung des Abs. 3 Satz 1 spielt dort keine Rolle, wo das BDSG aufgrund seiner **eigenen Anwendungsbeschränkungen** nicht greift. Insoweit sich beispielsweise besondere Rechtsvorschriften auf den Datenumgang in **Akten** beziehen, kann wegen § 27 Abs. 2 eine Regelungskollision mit dem BDSG im nicht-öffentlichen Bereich nur insoweit eintreten, als es um Angaben geht, bei denen das Merkmal der Entnahme aus einer **automatisierten Datei** erfüllt ist. Die Subsidiaritätsklausel ist auch in solchen Fällen unanwendbar, in denen nicht Rechtsvorschriften **des Bundes**, sondern unmittelbar anwendbare Bestimmungen des **europäischen Gemeinschaftsrechts** Verarbeitungsvorgänge regeln. Den **unmittelbaren** Vorrang vor nationalem Recht räumt Art. 249 Abs. 2 EG-Vertrag allerdings nur den EG-**Verordnungen** ein, dann aber sowohl gegenüber dem BDSG als auch gegenüber speziellen deutschen Datenschutznormen.[365] Keinen Anwendungsvorrang haben Bundesgesetze, die EG-**Richtlinien** nach Art. 249 Abs. 3 EGV in die deutsche Rechtsordnung umsetzen.[366] Bei diesen handelt es sich um „normale" Rechtsvorschriften des Bundes nach Abs. 4 Satz 1. 162

Der Vorrang bereichsspezifischer Bundesvorschriften vor dem Datenschutzrecht **der Länder** ergibt sich nicht aus § 1 Abs. 3 BDSG, sondern aus Art. 31 GG („Bundesrecht bricht Landesrecht."), soweit die Gesetzgebungskompetenz des Bundes eingehalten wird. Zu den „anderen Rechtsvorschriften", die nach den Landesdatenschutzgesetzen die Datenverarbeitung und -nutzung erlauben,[367] gehören auch solche des Bundes.[368] 163

4.3.2 Rechtsvorschriften des Bundes

Unter die **Rechtsvorschriften** des Bundes fallen zunächst alle **Gesetze im formellen Sinn.** Dazu gehören auch die in bundesdeutsches Recht durch ein Zustimmungsgesetz inkorporierten Staatsverträge sowie die aufgrund von EG-Richtlinien verabschiedeten Gesetze.[369] Abs. 3 Satz 1 bevorzugt besondere Verarbeitungsvorschriften unabhängig davon, wie sie im speziellen Gesetz kategorisiert sind. So finden sich beispielsweise die Übermittlungsnormen des § 16 Abs. 2 bis 9 BStatG, die die Weitergabe von Einzelangaben aus Bundesstatistiken an dritte Personen und Stellen abschließend regeln, unter der Überschrift „Geheimhaltung"; die Abs. 1 und 10 des § 16 BStatG dagegen, die das Statistikgeheimnis im engeren Sinne definieren, fallen in den Anwendungsbereich von § 1 Abs. 3 Satz 2.[370] 164

Zu den Rechtsvorschriften gehören auch die **Rechtsverordnungen** sowie die **Satzungen** (bundesunmittelbarer) Körperschaften, Anstalten und Stiftungen. Angesichts der vom Bundesverfassungsgericht entwickelten „Wesentlichkeitstheorie" und der zentralen Bedeutung des Rechts auf informationelle Selbstbestimmung[371] muss sich allerdings der Gesetzgeber bei jeder Verordnungsermächtigung, die sich auf die Verarbeitung und Nutzung personenbezogener Daten bezieht, fragen, ob er die Regelung nicht unmittelbar im Gesetz treffen muss.[372] In jedem Fall ist es nach Art. 80 Abs. 1 GG erforderlich, dass die gesetzlichen Regelungs- 165

---

365 Vgl. z.B. die „Verordnung über die Übermittlung von unter die Geheimhaltungspflicht fallenden Informationen an das Statistische Amt der Europäischen Gemeinschaft", Abl. der EG Nr. L 151/1 v. 15.6.1990; s. dazu *HDSB,* 18. TB Ziff. 3.2.

366 Z.B. § 44a KWG zur Umsetzung der sog. Konsolidierungsrichtlinie; vgl. *Bleckmann,* Europarecht (6. Auflage 1997) Rdnrn. 444 f.

367 Z.B. § 4 Abs. 1 Satz 1 lit.a DSGNW.

368 Zu der Frage, ob dann, wenn in einem Bundesgesetz mangelhafte oder keine Datenschutzregelungen vorhanden sind, eine Ergänzung durch das Landesdatenschutzgesetz möglich ist, vgl. *Nungesser,* HDSG § 3 Rdnrn. 38 ff.

369 Vgl. o. Rdnr. 162.

370 S. u. Rdnr. 177.

371 Vgl. Einl. Rdnr. 30 ff.

372 Vgl. dazu *Rogall,* Informationseingriff und Gesetzesvorbehalt im Strafprozeßrecht (1992), 53 ff.; s.a. OLG Celle, NJW 1992, 253, wonach die „Richtlinien für das Straf- und Bußgeldverfahren (RiStBV)" nicht den Anforderungen an eine wirksame Eingriffsnorm genügten; der Gesetzgeber hat auf diese Situation mit der Verabschiedung des Justizmitteilungsgesetzes im Jahr 1997 reagiert (BGBl. I S.1430).

vorgaben für Verordnungen mit Datenschutzinhalt im Hinblick auf Art, Zweck und Ausmaß des Grundrechtseingriffs präzise formuliert sind.[373]

166 Nicht von Abs. 3 Satz 1 erfasst ist der normative Teil von **Tarifverträgen, Betriebs- und Dienstvereinbarungen**. Auch wenn deren normative Wirkung auf bundesrechtlicher Grundlage (TVG, BetrVG, BPersVG) beruht, werden deren Bestimmungen dennoch nicht selbst zu Rechtsvorschriften des Bundes.[374] Davon zu unterscheiden ist ihre Funktion als **andere Rechtsvorschriften** i.S.v. § 4 Abs. 1 und damit als Erlaubnistatbestände zur Verarbeitung personenbezogener Daten alternativ zu denen des BDSG.[375]

167 Abs. 3 Satz 1 ist auch für **öffentliche Stellen der Länder** beachtlich, insoweit die Landesdatenschutzgesetze für sie auf das BDSG verweisen. So hat die Inbezugnahme des BDSG für **öffentlich-rechtliche Wettbewerbsunternehmen** in Datenschutzgesetzen der Länder[376] zur Konsequenz, dass diese neben dem BDSG selbst auch den für nicht-öffentliche Stellen geltenden bereichsspezifischen Bundesvorschriften unterworfen sind.

168 Nicht zu den Rechtsvorschriften zählen Normen ohne unmittelbare Außenwirkung, d.h. **Erlasse** und **Verwaltungsvorschriften**. Diese sind jedoch insoweit bedeutsam, als sie vorrangige Normen konkretisieren bzw. interpretieren.[377] Den auf der Grundlage von § 38a zustande gekommenen **Verhaltensregeln** kommt ebenfalls nur gesetzesausfüllende Bedeutung zu.[378]

169 Unbeachtlich ist der **Entstehungszeitpunkt** der vorrangigen Rechtsnorm. Entscheidend ist ausschließlich die **Spezialität** ohne Rücksicht darauf, ob die speziellere Bestimmung vor oder nach dem In-Kraft-Treten des BDSG Geltung erlangt hat.

4.4 Vorrang und Deckungsgleichheit

170 Inwieweit sich der Subsidiaritätsgrundsatz im Einzelfall auswirkt, bestimmt sich allein nach Ziel und Inhalt der mit dem BDSG konkurrierenden Vorschrift; entscheidend für die Vorrangwirkung ist ausschließlich deren **Spezialität** im Verhältnis zur allgemeineren Regelung im BDSG. Der „soweit"-Vorbehalt in Abs. 3 Satz 1 verdeutlicht, dass die Verdrängung des BDSG nur in dem Umfang stattfindet, in dem nach einem genauen inhaltlichen Vergleich eine abweichende Regelung für den exakt gleichen Sachverhalt vorliegt. Erst eine **„deckungsgleiche"** Norm geht dem BDSG vor. Ein Rückgriff auf weiter gehende Erlaubnistatbestände des BDSG kommt dann nicht in Betracht. Umgekehrt kann das BDSG nicht von Normen verdrängt werden, die zwar Verarbeitungsvorgänge, insbesondere Übermittlungen, voraussetzen, aber personenbezogene Datenverarbeitung nicht ausdrücklich erwähnen.[379] In der Regel ist Deckungsgleichheit nur für einzelne Phasen der Datenverarbeitung oder -nutzung oder für einzelne Individualrechte gegeben. Daher schließt § 30 AO, der das **Steuergeheimnis** statuiert und damit in datenschutzrechtlicher Terminologie vor allem die Phase der Datenübermittlung regelt, die Anwendung des BDSG in der Finanzverwaltung und damit z.B. den Auskunftsanspruch des Steuerbürgers nach § 19 BDSG nicht aus.[380] Auch für die Datenverarbeitung im Strafverfahren enthält die StPO trotz ihrer detaillierten Normen keine abschließende Regelung, so dass der Rückgriff auf das allgemeine Datenschutzrecht notwendig bleibt.[381] Keine

373 Vgl. BVerfG, CR 1992, 431, 434 f. („Fangschaltungsbeschluss").
374 Ebenso *Gola/Schomerus,* BDSG § 1 Rdnr. 23; *Däubler/Klebe,* BDSG § 1 Rdnr. 13.
375 Vgl. § 4 Rdnr. 11; s.a. *Vogelgesang,* CR 1992, 163, 164.
376 Vgl. etwa § 3 Abs. 6 Satz 2 HDSG.
377 Ebenso *Gola/Schomerus,* BDSG § 1 Rdnr. 23.
378 Vgl. § 38a, Rdnrn. 39 ff.
379 Daher keine Spezialität des Umwandlungsgesetzes gegenüber dem BDSG, vgl. *Roßnagel/Büllesbach,* Handbuch des Datenschutzrechts, Kap. 7.1, Rdnr. 53; a.A. *Teichmann/Kiessling,* ZGR 2001, 33 ff.; s. zu dieser Kontroverse auch *Zöllner,* ZHR 2001, 440 ff.; *Simitis,* ZHR 2001, 453 ff.
380 Vgl. FG Köln, EFG 1998, 963 f.; wie hier auch *LDA Bbg.,* 10. TB (2001), 142; generell für Geltung des Datenschutzrechts in der Finanzverwaltung VerfGH Rh-Pf, DuD 1999, 105, 107 ff; *Kirchhof,* FS *Tipke,* 27, 33 ff.; *Roßnagel/Topp,* Handbuch des Datenschutzrechts, Kap. 8.12, Rdnrn. 21 ff., 46 ff.; für abschließende Regelung des gesamten Steuerverfahrensrechts durch die AO und deren grundsätzlichen Vorrang vor dem Datenschutzrecht BFH BStBl. 1994 II, 552; *Tipke/Kruse,* AO, § 30 Rdnr. 2
381 Vgl. *Roßnagel/Dembowski,* Handbuch des Datenschutzrechts, Kap. 8.1, Rdnr. 12

Deckungsgleichheit besteht trotz einheitlichem Verarbeitungsvorgang dann, wenn unterschiedliche Datenarten anfallen, die unterschiedlichen Regelungen unterliegen, wie etwa beim on-line-banking die Nutzungsdaten des Teledienstes dem TDDSG, die Inhaltsdaten des zugrundeliegenden Bankgeschäfts dagegen dem BDSG.[382] Auch umfangreiche Spezialnormenwerke sind vielfach keine Vollregelungen und lassen dem BDSG ergänzende Anwendungsfälle. Auch wenn z.B. die Erlaubnistatbestände abschließend geregelt sind wie im TDDSG und im MDStV für die Tele- und Mediendienste,[383] ist u.a. für die Begriffsbestimmungen (§ 3), die Anforderungen an die Einwilligung (§ 4a) oder die Betroffenenrechte (§§ 19 ff., 34 f.) wieder auf das BDSG zurückzugreifen.[384]

Außerhalb der Deckungsgleichheit bleibt es bei der Anwendung des BDSG; allerdings sind 171
dabei die in den folgenden Randnummern behandelten Einschränkungen zu beachten. So setzt die Vorrangwirkung zunächst voraus, dass die bereichsspezifische Vorschrift **verfassungskonform** das Recht auf informationelle Selbstbestimmung einschränkt. Ist dies nach dem Wortlaut nicht der Fall, kommt allerdings keineswegs automatisch die „Auffangfunktion" des BDSG zum Zug, vielmehr muss zunächst versucht werden, die Spezialnorm verfassungskonform zu interpretieren.[385] Ist dies nicht möglich, steht – im Gegensatz zu vorkonstitutionellem und untergesetzlichem Recht (z.B. Rechtsverordnungen) – bei förmlichen nachkonstitutionellen Gesetzen das Verwerfungsmonopol nach Art. 100 Abs. 1 GG dem Bundesverfassungsgericht zu. Es hatte in den vergangenen Jahren zu wiederholten Malen Gelegenheit, zur Grundgesetzkonformität bereichspezifischen Bundesrechts Stellung zu nehmen. So hat es z.B. die öffentliche **Bekanntmachung einer Entmündigung** als nicht zu rechtfertigenden Verstoß gegen das Persönlichkeitsrecht deklariert und die Vorschrift des damaligen § 687 ZPO für verfassungswidrig erklärt, ohne auf die Übermittlungsbestimmungen des BDSG einzugehen.[386] Die **steuerrechtliche Auskunftspflicht** nach § 93 Abs. 1 AO wurde verfassungskonform dahin gehend eingeschränkt, dass ein Schutz der „persönlichen Intimsphäre" vor „unzumutbaren Auskünften" sicherzustellen sei.[387] Dagegen hat das Bundesverfassungsgericht, was die **Eintragung in das Schuldnerverzeichnis** (damals § 107 Abs. 2 KO) anging, keinen Verfassungsverstoß feststellen können.[388] Die **Fernmeldeüberwachung durch den Bundesnachrichtendienst** hat das BVerfG eingeschränkt durch engere Vorgaben für Zweckänderungen und Übermittlungen.[389] Den **Ausschluss von Rundfunkaufnahmen in Gerichtsverhandlungen** durch § 169 Satz 2 GVG hat das Gericht für verfassungsgemäß erklärt.[390]

Die in der Literatur zum BDSG 1977 seinerzeit noch einhellig vertretene Auffassung, die 172
Subsidiaritätsklausel stelle keine inhaltlichen Anforderungen, so dass es unmaßgeblich sei, ob die bereichsspezifische Vorschrift das **Schutzniveau des BDSG** halte oder **unterschreite**,[391] ließ sich seit dem Volkszählungsurteil des Bundesverfassungsgerichts von 1983 und der grundrechtlichen Fundierung des Datenschutzes nicht mehr aufrechterhalten.[392] Unter diesem

382 Vgl. *Roßnagel/Eul*, Handbuch Datenschutzrecht, Kap. 7.2 Rdnrn. 79 ff.; a.A. *Bohnstedt*, Fernwartung, 86ff., 95 (auch Inhaltsdaten vom TDDSG erfasst).

383 Vgl. *Spindler/Dorschel*, CR 2005, 45 f.

384 Vgl. *Roßnagel/Roßnagel*, Handbuch Datenschutzrecht, Kap. 7.7, Rdnrn. 35 f.; s.a. a.a.O. Rdnrn. 27 ff. für die ergänzende Anwendung des BDSG auf die Datenverarbeitung durch Zertifizierungsanbieter nach dem SigG

385 Prüfung eines Umschreibungsanspruchs nach der GBO am Maßstab des Rechts auf informationelle Selbstbestimmung in BayObLG, NJW-RR 1993, 475 f.

386 BVerfG, RDV 1988, 194 = CR 1989, 51.

387 BVerfG, NJW 1990, 701 = RDV 1990, 139 = CR 1989, 827; die Erweiterung der Auskunftspflicht durch die Befugnis der Finanzämter zum Abruf von Kontoinformationen des Steuerpflichtigen, die Art. 2 des Gesetzes zur Förderung der Steuerehrlichkeit vom 23.12.2003 (BGBl. I S. 2928) eingeführt hat (§ 93 Abs. 7, 8; § 93b AO), hat das BVerfG im einstweiligen Anordnungsverfahren verfassungsrechtlich gebilligt, vgl. BVerfG, Beschl. v. 22.03.2005, 1 BVR 2357/04.

388 BVerfG, CR 1989, 528 = RDV 1989, 77.

389 BVerfG, NJW 2000, 55; die Konsequenzen hat der Gesetzgeber mit dem Gesetz zur Neuregelung von Beschränkungen des Brief-, Post- und Fernmeldegeheimnisses gezogen (BGBl. I 2001, S. 1254).

390 BVerfG, RDV 2001, 128.

391 Vgl. *Simitis u.a.*, BDSG (3. Aufl.) § 45 Rdnr. 17 m.w.N.

392 So *Gola/Schomerus*, BDSG § 1 Rdnr. 24.

Blickwinkel zu prüfen sind insbesondere Gesetze, die **vor** der Entscheidung des Bundesverfassungsgerichts in Kraft getreten sind.[393] Der in § 6 Abs. 1 Satz 3 BlnDSG enthaltene Grundsatz, wonach besondere Rechtsvorschriften nur dann die Datenverarbeitung erlauben, wenn sie einen dem Landesdatenschutzgesetz „vergleichbaren Datenschutz gewährleisten", lässt sich allerdings auf das BDSG nicht übertragen. Das BDSG bildet nicht mit allen seinen Einzelregelungen den verfassungsrechtlich gebotenen **Mindestschutz** für das informationelle Selbstbestimmungsrecht. Bei entsprechender Legitimation durch ein **„überwiegendes Allgemeininteresse"**[394] können spezielle Rechtsvorschriften auch zu Lasten des Betroffenen vom BDSG abweichen. Beispiele dafür finden sich insbesondere in den Gesetzen für die Sicherheitsbehörden. So lässt etwa § 9 BVerfSchG unter bestimmten Voraussetzungen heimliche Formen der Informationsbeschaffung bzw. Datenerhebung in Abweichung von § 4 Abs. 2 BDSG zu. Die gleichzeitig mit dem BDSG 2001 in Kraft getretenen Änderungen der Gesetze für das BKA, das BfV, den BND und den BGS nehmen diese Ämter und Dienste ganz oder teilweise aus den allgemeinen BDSG-Regelungen für die Zulässigkeit der Verarbeitung und die Betroffenenrechte heraus.[395]

173 Ein Rückgriff auf die Zulässigkeitstatbestände des BDSG kommt prinzipiell in den Bereichen nicht in Betracht, in denen nach den Vorgaben des Volkszählungs-Urteils des Bundesverfassungsgerichts aufgrund der **besonderen Eingriffsintensität** spezialgesetzliche Verarbeitungsbefugnisse geschaffen werden **müssen**.[396] Der verfassungsrechtliche so genannte **„Übergangsbonus"** kann über zwei Jahrzehnte nach dem höchstrichterlichen Urteil nicht mehr zur Legitimation fehlender bereichsspezifischer Normen in Anspruch genommen werden.[397]

174 Sind die Voraussetzungen für einen Normenvergleich gegeben, ist im Interesse der Wahrung des informationellen Selbstbestimmungsrechts besondere Aufmerksamkeit geboten, wenn **Rechte der Betroffenen** im Spezialgesetz gegenüber dem BDSG abweichend geregelt bzw. teilweise eingeschränkt sind. Zu unterscheiden ist zunächst der Fall, dass diese Beschränkung vom Gesetzgeber explizit gewollt ist; Beispiel dafür ist § 15 Abs. 3 BVerfSchG, der entgegen § 19 Abs. 1 Satz 1 Nrn. 1 und 2 BDSG die Herkunft gespeicherter Daten und die Empfänger von Datenübermittlungen obligatorisch aus der Auskunft an den Betroffenen ausschließt. Motiv hierfür war die vom Gesetzgeber intendierte Absicherung der spezifischen Tätigkeit des **Verfassungsschutzes**.[398] Sind andererseits Auskunftsverweigerungsgründe in einer Spezialvorschrift im Einzelnen aufgeführt,[399] verbietet es sich wegen deren Vorrangwirkung, zusätzlich die Auskunftseinschränkungen von § 19 Abs. 4 BDSG heranzuziehen. Im Verhältnis zwischen dem **arbeitsrechtlich** vorgesehenen **Einsichtsrecht in die Personalakte**[400] und dem Auskunftsanspruch des Beschäftigten nach § 34 BDSG gilt die Regel, dass die Subsidiaritätsklausel den individuellen Rechtsstatus nicht verschlechtern darf. Daraus ergeben sich zwei Konsequenzen: Zum einen können dem Recht auf Einsicht in die Personalakte die Auskunftsverweigerungstatbestände des BDSG[401] nicht entgegengehalten werden.[402] Andererseits können vom BDSG eingeräumte Rechtspositionen, die im Einsichtsrecht nicht enthalten sind, aber vom Gesetzgeber nicht ausdrücklich ausgeschlossen wurden, etwa das Auskunftsrecht über den Zweck der Speicherung,[403] nicht unter Hinweis auf die

393 Vgl. die Beispiele o. Rdnr. 171.
394 Vgl. Einl. Rdnrn. 33, 44 f.
395 Vgl. Art. 2 ff. des Gesetzes zur Änderung des BDSG und anderer Gesetze v. 18. Mai 2001, BGBl. I S. 904.
396 Vgl. o. Rdnr. 111 f.
397 Vgl. dazu Einl. Rdnr. 39 f. Wohl am längsten wurde der Übergangsbonus trotz eindringlicher Mahnungen durch die Judikatur an den Gesetzgeber für die Datenverarbeitung für Zwecke der Strafverfolgung in Anspruch genommen, vgl. kritisch z.B. OLG Frankfurt a.M., NJW 1995, 1102 und zuletzt NJW 1999, 73; das StVÄG 1999 hat inzwischen diese Legitimationslücke durch Einfügung datenschutzrechtlicher Bestimmungen in die StPO geschlossen (BGBl. I 2000, S. 1253), s. dazu *Pätzel*, DRiZ 2001, 24, 31 ff.
398 Vgl. Beschlussempfehlung und Bericht des Innenausschusses zum BDSG 1990, BT-Drs. 11/7235 v. 29.05.90, 107.
399 Z.B. § 8 Abs. 2 MRRG.
400 § 83 BetrVG; vgl.zu diesem Verhältnis § 34 Rdnr. 94.
401 § 34 Abs. 4 i.V.m. § 33 Abs. 2 Nr. 3 und 6.
402 So zutr. *DKK-Klebe*, BetrVG § 83 Rdnrn. 14 ff.; ebenso *Münch*, ArbR/Blomeyer (2. Aufl.) § 99 BetrVG Rdnr. 57.
403 § 34 Abs. 1 Satz 1 Nr. 3.

arbeitsrechtliche Sonderregelung verweigert werden.[404] Die zunächst parallele Konkurrenzproblematik zwischen BDSG und **öffentlichem Dienstrecht** besteht seit In-Kraft-Treten des 9. Gesetzes zur Änderung dienstrechtlicher Vorschriften[405] am 1.1.1993 für den Bereich der Beamten nicht mehr. Die Novellierung hat für das Einsichtsrecht eine abschließende Sonderregelung getroffen: § 90 Abs. 1 Satz 2 BBG stellt ausdrücklich klar, dass zur Personalakte auch die in Dateien gespeicherten Unterlagen gehören. § 90c Abs. 4 BBG enthält alle Fälle, in denen die Einsichtnahme zu verweigern bzw. durch eine Auskunft aus den Akten zu ersetzen ist.

4.5 Parallelgeltung besonderer Geheimhaltungspflichten (Satz 2)

4.5.1 Regelungsziel

Die Regelung in Abs. 3 Satz 2 soll sicherstellen, dass der auf **spezifische Verwaltungszweige** und **Berufsgruppen** bezogene Sonderschutz durch das BDSG nicht verringert wird. Bereichsspezifische Geheimhaltungsvorschriften bilden – und zwar vielfach bereits lange vor Entstehen der Datenschutzgesetzgebung – die Grundlage für eine besondere Vertrauensbeziehung zwischen dem Bürger und bestimmten Berufsständen bzw. für seine spezifischen Vertraulichkeitserwartungen gegenüber Teilen der öffentlichen Verwaltung. Abs. 3 Satz 2 stellt klar, dass das BDSG in keiner Weise in den Schutzbereich dieser Berufs- oder besondere Amtsgeheimnisse garantierenden Normen eingreifen möchte. Das BDSG betrachtet die speziellen Geheimhaltungspflichten als – im Interesse der Sicherung des informationellen Selbstbestimmungsrechts der Betroffenen notwendige – zusätzliche Schutzebene. 175

4.5.2 Regelungsbereich

Satz 2 umfasst drei Kategorien, nämlich die **gesetzlichen Geheimhaltungspflichten**, die **Berufsgeheimnisse**, die **nicht** auf gesetzlichen Vorschriften beruhen, sowie die **besonderen Amtsgeheimnisse**, die **nicht** gesetzlich geregelt sind. Eine vollständige Auflistung der unter diese drei Fallgruppen fallenden Normen ist kaum möglich; sie sind über zahlreiche Rechtsgebiete verstreut. 176

Bei den **gesetzlichen Geheimhaltungspflichten** handelt es sich in der Regel ebenfalls um Berufs- oder besondere Amtsgeheimnisse. Beim Berufsgeheimnis ist der einzelne Berufsangehörige wegen seiner besonderen Vertrauensstellung Geheimnisträger; hierher gehören beispielsweise das **Anwalts-**[406] und das **Notargeheimnis**[407] sowie die Verschwiegenheitspflichten der **Steuerberater**[408] und der **Wirtschaftsprüfer**.[409] Beim besonderen Amtsgeheimnis kann entweder die Stelle bzw. Institution selbst zur Wahrung des Geheimnisses verpflichtet sein; den einzelnen Mitarbeiter trifft die Pflicht dann über das Arbeits- bzw. Dienstrecht. Hierher zu rechnen sind u.a. das **Steuergeheimnis**[410] sowie das **Sozialgeheimnis**.[411] Besondere Amtsgeheimnisse liegen aber auch dann vor, wenn die Beschäftigten bestimmter öffentlicher Stellen direkt als Normadressaten angesprochen werden wie etwa beim **Statistik-** 177

---

404 Vgl. § 34 Rdnr. 79; sowie *FESTL,* BetrVG § 83 Rdnr. 33; *Richardi,* BetrVG § 83 Rdnrn. 24 f.; *Schaffland/Wiltfang,* BDSG § 1 Rdnr. 42, *C. Müller,* FS *Söllner* zum 70. Geb. (2000), 808, 843.

405 BGBl. I 1992, 1030.

406 § 43a BRAO; vgl. zusammenfassend *Henssler,* NJW 1994, 1817 ff.; *Roßnagel/Miedbrodt,* Handbuch Datenschutzrecht, Kap. 4.9, Rdnrn. 6 ff.

407 § 18 BNotO; zum Verhältnis von Schweigepflicht und notariellen Auskunftspflichten vgl. *Grziwotz,* CR 1991, 109 ff.

408 § 62 StBerG.

409 § 50 WPO.

410 § 30 AO; zur systematischen Einordnung *Tipke/Kruse,* AO § 30 Rdnr. 4 ff.; zur verfassungsrechtlichen Dimension vgl. *Eilers,* Das Steuergeheimnis als Grenze des internationalen Steuerverkehrs (1987), 21 ff.; zusammenfassend *Roßnagel/Miedbrodt,* Handbuch Datenschutzrecht, Kap. 4.9, Rdnrn. 51 ff.

411 § 35 SGB I; zur Neuregelung durch das 2. SGBÄndG von 1994 vgl. *Binne,* NZS 1995, 97 ff.; erneut novelliert zusammen mit dem BDSG durch Art. 2 des Gesetzes zur Änderung des BDSG und anderer Gesetze v. 18. Mai 2001, BGBl. I S. 904.

geheimnis[412] oder beim **Meldegeheimnis.**[413] Nicht nur Behördenmitarbeiter, sondern auch alle Dritten, die Kenntnis von Tatsache und Umständen einer Adoption erhalten, sind durch das **Adoptionsgeheimnis** des § 1758 BGB gebunden.[414]

178 In eine andere Kategorie gehören Verschwiegenheitspflichten, die nicht an Amt oder Profession anknüpfen, sondern an einen privilegierten Datenzugang, oder die aus der Verantwortlichkeit für potenziell den Datenschutz gefährdende technische Einrichtungen resultieren. Hierzu zählt z.B. § 86 TKG, der denjenigen an das **Fernmeldegeheimnis** bindet, der ganz oder teilweise geschäftsmäßig Telekommunikationsdienste erbringt oder daran mitwirkt.

179 Arbeitnehmern verbietet § 17 UWG bei Strafandrohung die Offenbarung von **Betriebs- und Geschäftsgeheimnissen.**[415] Eine Regelungskonkurrenz mit dem BDSG und damit ein Anwendungsfeld für Abs. 3 Satz 2 besteht allerdings nur dort, wo der Geheimnisinhalt personenbezogene Daten einschließt oder zumindest personenbeziehbar ist.[416] Generell ist für die Anwendbarkeit von Abs. 3 Satz 2 unmaßgeblich, ob die verschärften Regelungen sich auf Angaben zu natürlichen Personen beschränken[417] oder umfassend auch sonstige dienstlich oder beruflich erhobene oder zur Kenntnis genommene Informationen einschließen.[418]

180 Voraussetzung für die Qualifizierung als **gesetzliche** Geheimhaltungspflicht[419] ist deren **ausdrückliche** Statuierung außerhalb des BDSG. Die strafrechtliche Sanktionierung durch § 203 StGB reicht hierfür nicht aus; die in Abs. 1 dieser Vorschrift aufgeführten Fallgruppen sind in ihrer Mehrzahl nicht selbst gesetzlich verankert.[420]

181 Bei der Qualifizierung **gesetzlich nicht explizit kodifizierter Berufsgeheimnisse** als **Standesrecht** oder Berufsrecht gilt es zu differenzieren. So ist das **Arztgeheimnis,** strafrechtlich bewehrt durch § 203 Abs. 1 Nr. 1 StGB, Gegenstand der ärztlichen Berufsordnungen, die als autonomes Satzungsrecht der (Landes-)Ärztekammern für die kammerangehörigen Mediziner verbindliches Recht, keineswegs also nur freiwillige Vorgaben im Sinne einer Standesethik, setzen.[421] Für Klinikärzte enthalten verschiedene Landeskrankenhausgesetze Vertraulichkeitspflichten.[422] Verstöße gegen die Berufsordnung werden durch eine eigene Berufsgerichtsbarkeit geahndet. Für Gesundheits- und Sexualdaten legt § 28 Abs. 7 die für Gesundheitsberufe geltenden Geheimhaltungspflichten ausdrücklich als Verarbeitungsgrenzen fest und erstreckt diese auch auf in § 203 Abs. 1 und 3 nicht genannte Berufsgruppen.[423] Standesrecht im Sinne eines Berufsgruppenkodex mit strafrechtlicher Sanktion, aber **ohne** ausdrückliche gesetzliche Anordnung findet sich bei den **Berufspsychologen.**[424] Die **anwaltliche Schweigepflicht** wird durch § 43a BRAO vorgegeben.[425]

---

412 § 16 Abs. 1 BStatG.

413 § 5 Abs. 1 MRRG.

414 Die bereichsspezifische Verarbeitungsregelung für die zuständigen Sozialbehörden findet sich in § 9d AdoptionsvermittlungsG.

415 Zum Begriff *Baumbach/Hefermehl,* Wettbewerbsrecht (23. Aufl. 2004) § 17 UWG Rdnrn. 4 ff.

416 Z.B. Kundenlisten, vgl. BAG, RDV 1988, 259, 261, oder Vertreterverzeichnisse einer Versicherung, vgl. *Baumbach/Hefermehl,* Wettbewerbsrecht § 1 UWG Rdnr. 9.

417 Wie § 5 MRRG.

418 Wie z.B. das Steuergeheimnis nach § 30 AO.

419 Zu den Konsequenzen für die Regelungswirkung s. u. Rdnrn. 184 ff.

420 Anders z.B. das Notargeheimnis, § 203 Abs. 1 Nr. 3 StGB i.V.m. § 18 BNotO; vgl. die Übersicht bei *Wichmann,* Berufsgeheimnis, 27 ff.

421 Vgl. zusammenfassend *Roßnagel/Miedbrodt*, Handbuch Datenschutzrecht, Kap. 4.9, Rdnrn. 89 ff.

422 Z.B. §§ 3f. Bremisches Krankenhausdatenschutzgesetz.

423 Vgl. § 28 Rdnrn. 338 ff.

424 § 203 Abs. 1 Nr. 2 StGB; vgl. zum „Psychologengeheimnis" bei der Speicherung von Telefondaten durch den Arbeitgeber, also bei der Offenbarung innerhalb der speichernden Stelle, BAG NJW 1987, 1509 = CR 1987, 592; s.a. *Rott,* RDV 1989, 117.

425 Kein Subsidiaritätsproblem entsteht allerdings dann, wenn man die Anwendbarkeit des BDSG auf Rechtsanwälte aus verfassungsrechtlichen Gründen verneint wie *Rüpke,* NJW 1993, 3097 ff; gegen diese dogmatisch nur schwer nachvollziehbare Argumentation zutr. *Redeker,* FPR 1998, 294, 296 m.w.N.; für weitgehende Sonderstellung der Anwälte auch *Roßnagel/Abel*, Handbuch Datenschutzrecht, Kap. 7.11; vgl. zu der in diesem Kommentar vertretenen Anwendbarkeit des BDSG auf Anwälte § 27 Rdnr. 52 und § 38 Rdnr. 20.

182 Eine Sonderstellung nimmt das so genannte **„Bankgeheimnis“** ein. Es wird nirgendwo ausdrücklich gesetzlich erwähnt, aber etwa in § 30a AO vom Gesetzgeber in gewissem Umfang dadurch anerkannt, dass die Nachforschungsbefugnisse der Finanzämter bei Kreditinstituten eingeschränkt werden.[426] Im Übrigen ist das Bankgeheimnis Inhalt einer Nebenpflicht des Vertrages zwischen Kreditinstitut und Kunden und daher vor allem bei der Interpretation der Übermittlungsvorschriften des BDSG heranzuziehen.[427] Davon zu unterscheiden sind auf öffentlich-rechtliche Kreditinstitute bezogene Teilregelungen in Form besonderer **gesetzlicher** Amtsgeheimnisse.[428] In die gleiche Kategorie gehören § 9 KWG, der sich allerdings nicht an Bankangestellte, sondern u.a. an die Mitarbeiter des Bundesaufsichtsamts für das Kreditwesen richtet, und § 32 BBankG über die Schweigepflicht der Bediensteten der Deutschen Bundesbank.[429]

183 Eine geringe Rolle spielt die dritte in Abs. 3 Satz 2 angesprochene Fallgruppe, die **untergesetzlichen besonderen Amtsgeheimnisse**. Nicht hierher rechnen jedenfalls die tarifvertraglich vorgesehenen Verschwiegenheitspflichten im öffentlichen Dienst,[430] da sie lediglich das **allgemeine** Amtsgeheimnis der §§ 39 BRRG und 61 BBG – bzw. der entsprechenden Bestimmungen der Landesbeamtengesetze – auf die Angestellten und Arbeiter ausdehnen. Das von der **Rechtsprechung** entwickelte **„Personalaktengeheimnis“**[431] und die dazu von der Judikatur über Jahrzehnte hinweg herausgearbeiteten Grundsätze sind inzwischen für die **Beamten** in Bund und Ländern in detaillierterer Form kodifiziert worden durch entsprechende Änderungen im BRRG und im BBG;[432] das Personalaktengeheimnis gehört damit insoweit in die Kategorie der gesetzlichen Geheimhaltungspflichten. Nicht gesetzlich geregelt ist allerdings nach wie vor die Pflicht zum vertraulichen Umgang mit Personalakten von Beschäftigten, die **nicht Beamte** sind.[433] Für die Parallelgeltung des BDSG ist zu unterscheiden: Soweit es um die Angestellten und Arbeiter **im Bundesdienst** geht, sind aufgrund von § 12 Abs. 4, letzter Halbsatz auch deren Aktendaten vom BDSG erfasst.[434] Für Arbeitnehmer in der **Privatwirtschaft** dagegen kommt bei manuellen Daten wegen § 27 Abs. 1 Satz 1 eine Überschneidung von Personalaktengeheimnis und BDSG nur insoweit in Betracht, als es um die Verarbeitung sie betreffender Angaben in und aus nicht-automatisierten Dateien i.S.v. § 3 Abs. 2 Satz 2 geht.[435]

4.5.3 Konsequenzen der Parallelgeltung

184 Bei der Regelungswirkung („… bleibt unberührt“) muss differenziert werden. Für die **gesetzlichen** Geheimhaltungspflichten[436] enthält Abs. 3 Satz 2 gegenüber § 45 Satz 2 Nr. 1 BDSG 1977 eine weniger klare Zuordnung. Diese Bestimmung des ersten BDSG formulierte eindeutig, dass gesetzlichen Geheimhaltungspflichten – wie allen bereichsspezifischen Bestimmungen – **Vorrang** vor dem BDSG zukommt. Schon das BDSG 1990 dagegen behandelte sie gleich wie die **untergesetzlichen** Berufs- und Amtsgeheimnisse, die lediglich „unbe-

426 Vgl. *Tipke/Kruse*, AO § 30a Rdnr. 7; zur unterschiedlichen Rechtsprechung des BFH zum Umfang dieser Einschränkung *Wieland,* JZ 2000, 272 ff.
427 Vgl. Nr. 2 Abs. 1 AGB-Banken; dazu *Früh,* WM 2000, 497, 500; *Büllesbach,* CR 2000, 544, 546; wie hier auch *Roßnagel/Eul,* Handbuch Datenschutzrecht, Kap. 7.2., Rdnr. 3; ausf., dogmatische Fundierung bei *Bohnstedt*, Fernwartung, 455 ff., 144 ff.
428 Z.B. in den Sparkassengesetzen der Länder.
429 Vgl. dazu *Fisahn,* CR 1995, 633 f., der § 32 BBankG als „positivrechtliche Normierung“ des Bankgeheimnisses bezeichnet; zutreffender *Junker,* DStR 1996, 224 („indirekt vorausgesetzt“).
430 § 9 BAT, § 11 MTL/Bund.
431 Vgl. BVerwGE 75, 17, 18 f. = DÖV 1987, 75; s.a. *Geulen,* Die Personalakte in Recht und Praxis (1984), 48 f.
432 Vgl. § 90 Abs. 1 Satz 1 BBG sowie § 56 Abs. 1 Satz 1 BRRG; s. dazu *Battis,* NVwZ 1992, 956 f.; zur Vorrangwirkung gegenüber dem BDSG vgl. § 12 Rdnr. 24.
433 Zum „Personalaktengeheimnis“ im Arbeitsrecht vgl. BAG AP Nr. 14 zu § 611 BGB Persönlichkeitsrecht = BB 1987, 2300.
434 § 12 Abs. 4 BDSG, s. dazu § 12 Rdnr. 29.
435 Vgl. dazu § 3 Rdnrn. 83 ff.
436 Vgl. o. Rdnrn. 175 ff.

rührt" bleiben. Folgt man der Amtl. Begr. zum BDSG 1990,[437] war mit dieser Neuformulierung keine inhaltliche Änderung des bisherigen Rechtszustands beabsichtigt. Daher muss auch bei der Interpretation des im Jahr 2001 novellierten BDSG beachtet werden, dass der Unterschied zwischen Vorrang (Satz 1) und ergänzender Geltung (Satz 2) durchaus praktische Konsequenzen haben kann.[438]

185 Ohne Auswirkung zeigt sich dieser Unterschied dort, wo das Sondergeheimnis einerseits und das Datengeheimnis nach § 5 BDSG andererseits eine weitgehend inhaltsgleiche Regelung treffen, wie dies beim „Meldegeheimnis"[439] der Fall ist.[440] Relevant werden kann die Abgrenzung dagegen dann, wenn das Spezialgesetz sowohl das Sondergeheimnis als auch die zugelassenen Fälle seiner Durchbrechung gemeinsam regelt, die Reichweite des Geheimnisses mithin durch die erlaubten Ausnahmen erst definiert wird.[441] Hier muss es bei der Priorität bleiben;[442] die spezialgesetzlichen Geheimhaltungs- und Offenbarungstatbestände gehen den deckungsgleichen Regelungen des BDSG vor, ohne dass diese ergänzend angewandt werden könnten. Wenn z.B. § 16 Abs. 1 Satz 2 Nr. 1 BStatG für die Übermittlung und Veröffentlichung statistischer Einzelangaben aufgrund der Einwilligung des Befragten die Schriftform verlangt, besteht keine Möglichkeit, auf eine Zustimmung „in anderer Form" nach § 4a Abs. 1 Satz 3 BDSG auszuweichen.

186 Die entscheidende Differenz zwischen **Vorrang** und **„Unberührtbleiben"** besteht darin, dass im ersten Fall die Bestimmungen über die Sondergeheimnisse einschließlich der zugehörigen Offenbarungserlaubnisse auch dann anzuwenden sind, wenn das vom BDSG gesetzte Schutzniveau nicht eingehalten wird.[443] Wo dagegen BDSG und untergesetzliche Berufs- und besondere Amtsgeheimnisse nebeneinander gelten, hat dies zur Folge, dass Übermittlung, Offenbarung und Veröffentlichung nur dann zulässig sind, wenn sie nach **beiden** Regelungen erlaubt sind.[444] Anders ausgedrückt: Das Sondergeheimnis ist nur dann beachtlich, wenn es restriktiver ist als der vom BDSG gewährte Verarbeitungsspielraum, es also vom BDSG der speichernden Stelle ansonsten erlaubte Nutzungsformen verbietet.[445] Umgekehrt bildet das BDSG den Minimalstandard, der von standes- oder vertragsrechtlich begründeten Vertraulichkeitsnormen nicht unterschritten werden darf.

187 Aus dieser Rechtssituation hat die Judikatur vor allem im **Arztrecht** Konsequenzen gezogen. Dort legitimiert auch die lediglich stillschweigende bzw. konkludente Einwilligung die Offenbarung von Patientendaten i.S.v. § 203 StGB. Fallen diese Angaben allerdings gleichzeitig in den Anwendungsbereich des BDSG, da sie vom Arzt aus in seiner Praxis geführten automatisierten oder nicht-automatisierten Dateien übermittelt werden, gelten die strengeren Anforderungen des § 4a Abs. 1 Satz 3 und Abs. 3, grundsätzlich also das Schriftformerfordernis und die ausdrückliche Einbeziehung der Gesundheitsdaten in die Einwilligung.[446]

---

437 BT-Drs. 11/4306, 39.

438 Gleichsetzung dagegen bei *Dörr/Schmidt,* BDSG § 1 Rdnr. 22 ebenso wie bereits in der Amtl. Begr. a.a.O.; zutr. dagegen die Unterscheidung bei *Weyer,* DSG NW (1988) § 2 Rdnr. 11.

439 § 5 Abs. 1 MRRG.

440 Vgl. § 5 Rdnr. 7 f.; in der Steuerverwaltung bleibt § 5 BDSG trotz des Steuergeheimnisses des § 30 AO insoweit anwendbar, als die Phasen der Erhebung, Nutzung usw. betroffen sind, vgl. o. Rdnr. 170.

441 Z.B. § 16 BStatG.

442 So auch *Ziegler,* Statistikgeheimnis und Datenschutz (1990), 102; vgl. a. *Roßnagel/Poppenhäger*, Handbuch Datenschutzrecht, Kap. 8.10., Rdnr. 10.

443 Zu den Einschränkungen dieses Grundsatzes vgl. o. Rdnr. 172 ff.

444 Zu dieser „Zwei-Schranken-Theorie" erstmals *Weyer,* DSG NW (1988) § 2 Rdnr. 11; ebenso *Hanisch,* BayVBl. 1983, 234; *Barta,* Datenschutz im Krankenhaus (1999), 17, *Tinnefeld/Ehmann/Gerling*, Einführung, (4. Aufl. 2005), 190; *Roßnagel/Schirmer*, Handbuch Datenschutzrecht, Kap. 7.12, Rdnr. 26.

445 Wie z.B. das Steuergeheimnis, vgl. *Wolffgang,* Informantenschutz, 421 f.; wie hier auch *Bohnstedt,* Fernwartung, 107 ff., insbes. 110 ff. mit ausf. Begr.

446 Vgl. OLG Bremen, NJW 1992, 757 f.; wie hier auch *Körner-Dammann,* NJW 1992, 729, 730 f. sowie *Bongen/Kremer,* NJW 1990, 2911, 2914. Häufig wird in der arztrechtlichen Literatur der BDSG-Bezug nicht oder unzutreffend gesehen, vgl. z.B. *Hohenstatt,* AnwBl. 1993, 603 ff., FN 52, der fälschlich von einer „Vermengung" datenschutz- und strafrechtlicher Fragestellungen spricht; zutreffende parallele Prüfung von Datenschutzrecht und ärztlicher Schweigepflicht bei *Taupitz/Pitz/Wicklein*, MedR 2005, 262 ff.

Entfällt das Konkurrenzproblem deshalb, weil ein bisher vertraulicher Sachverhalt seinen **Geheimnischarakter** dadurch **verloren** hat, dass er allgemein bekannt geworden ist,[447] ändert sich nichts an der Anwendbarkeit der BDSG-Übermittlungsvorschriften, für die die Kenntnis des Empfängers keine Rolle spielt.[448] 188

Die Berufs- und besonderen Amtsgeheimnisse sind nicht nur bei der Prüfung der Zulässigkeit einer Übermittlung bzw. Offenbarung seitens der verantwortlichen Stelle beachtlich. Sie zeitigen auch für den Empfänger Konsequenzen. **§ 39 verschärft** die **Zweckbindung** für Daten, die von zur Verschwiegenheit verpflichteten Stellen bzw. Personen weitergegeben worden sind.[449] Eine Verwendung dieser Angaben mit geändertem Zweck ist nach § 39 Abs. 2 nur aufgrund spezieller gesetzlicher Erlaubnis zulässig.[450] Es genügt nicht, dass ein Anwendungsfall des in § 14 Abs. 2 BDSG enthaltenen Katalogs zugelassener Zweckänderungen[451] vorliegt bzw. im nicht-öffentlichen Bereich die Voraussetzungen des § 28 Abs. 5 Satz 2 i.V.m. Abs. 1 und 2 erfüllt sind. Auch im Verhältnis zu § 39 sind allerdings bereichsspezifische Vorschriften nach § 1 Abs. 3 Satz 1 als vorrangig zu beachten. Ein Beispiel hierfür ist § 16 Abs. 8 Satz 1 BStatG, der die Zweckbindung speziell für die Empfänger von Statistikdaten im Einzelnen festlegt. 189

Die **Kontrollbefugnis des Bundesbeauftragten für den Datenschutz** bei Angaben, die unter einem Berufs- oder besonderen Amtsgeheimnis stehen, richtet sich nach § 24 Abs. 2. Mit der Eröffnung der Kontrolle in Satz 1 Nr. 2 dieser Vorschrift wird gesetzessystematisch klargestellt, dass der Vorrang bereichsspezifischer Normen nach § 1 Abs. 3 gegenüber dem BfDI nicht greift.[452] 190

5. Verhältnis zum Verwaltungsverfahrensgesetz (Abs. 4)

Literatur

F.-L. Knemeyer, Geheimhaltungsanspruch und Offenbarungsbefugnis im Verwaltungsverfahren, NJW 1984, 2241 ff.; *ders.*, Auskunftsanspruch und behördliche Auskunftsverweigerung, JZ 1992, 348 ff.

5.1 Regelungsintention und unmittelbarer Anwendungsbereich

Der **Vorrang des BDSG** bei der Ermittlung des Sachverhalts im Verwaltungsverfahren[453] betrifft in erster Linie die **§§ 24** und **26 BVwVfG.**[454] Nach § 24 Abs. 1 Satz 2 BVwVfG „bestimmt (die Behörde) Art und Umfang der Ermittlungen". § 26 Abs. 1 BVwVfG erlaubt der Behörde, alle erforderlichen Beweismittel zu nutzen und dabei alternativ oder kumulativ „Auskünfte jeder Art einzuholen", Akten beizuziehen oder Dritte zu befragen. Der Untersuchungsgrundsatz des Verwaltungsverfahrensrechts lässt der Behörde prinzipiell freie Hand bei der Wahl der Mittel der Informationsbeschaffung. § 4 Abs. 2 Satz 1 dagegen statuiert den grundsätzlichen **Vorrang der Erhebung beim Betroffenen**, im Verwaltungsverfahren aufgrund eines Antrags mithin beim Antragsteller. Eine Abweichung von diesem Grundsatz setzt – von spezialgesetzlichen Ausnahmen abgesehen – nach § 4 Abs. 2 Satz 2 Nr. 2 voraus, dass die Besonderheit der Verwaltungsaufgabe eine Informationsbeschaffung bei Dritten erfordert oder diese unverhältnismäßigen bürokratischen Aufwand verhindert. Zusätzliche Bedingung ist das Fehlen von Anhaltspunkten dafür, dass überwiegende schutzwürdige Inte- 191

447 Vgl. *Eggersmann/Hoene,* CR 1990, 18, 19 ff. mit dem allerdings ungeeigneten Beispiel des Wegfalls der Schweigepflicht des Anwalts nach der Bekanntgabe personenbezogener Informationen seines Mandanten in der öffentlichen Verhandlung.
448 Vgl. § 3 Rdnr. 153.
449 Vgl. § 39 Rdnrn. 20 ff.
450 Vgl. § 39 Rdnrn. 35 ff.
451 Vgl. § 14 Rdnr. 53 ff.
452 Vgl. § 24 Rdnrn. 16 ff.
453 Vgl. dazu *Knack,* VwVfG § 24 Rdnr. 16; *Stelkens/Bonk/Sachs*, VwVfG § 24 Rdnr. 31.
454 Vgl. *Roßnagel/Globig*, Handbuch Datenschutzrecht, Kap. 4.7, Rdnr. 33

ressen des Betroffenen dadurch tangiert werden, dass er bei der Sachverhaltsfeststellung ausgeschlossen wird. Dies hat zur Konsequenz, dass bei der Ermittlung **personenbezogener** Angaben im Rahmen von Verwaltungsverfahren der Handlungsspielraum der Behörde erheblich eingeschränkt ist. Sie muss in aller Regel versuchen, benötigte Angaben beim Betroffenen selbst zu erfragen, bevor sie dritte Informationsquellen nutzt.[455]

5.2 Vorrang des BDSG im gesamten Verwaltungsverfahren

192 Eine wörtliche Interpretation von Abs. 4 führt zu dem **Umkehrschluss**, dass die Bestimmungen des BVwVfG außerhalb der Ermittlung von Sachverhalten (mit Personenbezug), also etwa bei der **Nutzung** der ermittelten personenbezogenen Angaben im weiteren Fortgang des Verwaltungsverfahrens, dem BDSG vorgehen.[456] Diese Argumentation greift zu kurz: Zum einen enthält das **BVwVfG selbst** eine **Subsidiaritätsklausel**; es nimmt seinen Geltungsanspruch zurück, soweit Rechtsvorschriften des Bundes inhaltsgleiche oder entgegenstehende Bestimmungen enthalten.[457] Diese Prioritätskriterien entsprechen denen des § 1 Abs. 3 Satz 1 BDSG, wonach „deckungsgleiche" speziellere Normen Vorrang haben. Entscheidendes Argument gegen diese strikt am Wortlaut anknüpfende Auslegung des Abs. 4 ist jedoch die **verfassungsrechtliche Fundierung** der im Ersten und Zweiten Abschnitt des BDSG für die Verarbeitung personenbezogener Daten durch öffentliche Stellen festgelegten Verarbeitungsbedingungen. Diese sichern das informationelle Selbstbestimmungsrecht auch und gerade in Verwaltungsverfahren, die den größten Teil behördlichen Handelns ausmachen. Bestimmungen wie etwa § 14 Abs. 2 Nr. 4 betreffend die Überprüfung der Angaben von Betroffenen sind direkt auf Verwaltungsverfahren zugeschnitten.

193 Die Behörden haben also das BDSG keineswegs nur in der Phase der „Ermittlung" von Sachverhalten, also vor allem bei der Erhebung und Speicherung personenbezogener Informationen, einzuhalten. Vielmehr greifen die Vorgaben des BDSG auch bei der Datennutzung **im weiteren Verlauf der Bearbeitung eines Vorgangs**.[458] Einige Landesgesetzgeber haben diesen verfassungsrechtlich begründeten umfassenden Vorrang des Datenschutzrechts ausdrücklich anerkannt.[459]

194 Konkrete Konsequenzen dieses Ansatzes ergeben sich zunächst aus § 14; die **Bindung** der Datenverwendung an den ursprünglichen Erhebungs- bzw. Speicherungs**zweck** ist während des gesamten Verwaltungsverfahrens zu respektieren. Werden zur Abwicklung des Verfahrens **Übermittlungen** notwendig, muss die Behörde die Zulässigkeitsvoraussetzungen der §§ 4b, 4c und 15 f. beachten.[460] Sind diese gewahrt, liegt auch i.S.v. § 30 BVwVfG eine „befugte" Offenbarung vor.[461] Sind die in § 15 BDSG festgelegten Bedingungen für eine Datenübermittlung zwischen öffentlichen Stellen nicht erfüllt, ist die Weitergabe personenbezogener Angaben auch im Rahmen der „Amtshilfe" nicht erlaubt.[462] § 30 BVwVfG und das Datengeheimnis des § 5 BDSG fallen insoweit auseinander, als das Verwaltungsgeheimnis auch personenbezogene Informationen abdeckt, die ausschließlich mündlich übermittelt bzw. genutzt und nicht in Dateien oder Akten aufgenommen werden.[463]

195 Zu differenzieren ist beim **Akteneinsichtsrecht**, das § 29 BVwVfG den **Beteiligten** gewährt, während § 19 Abs. 1 Satz 3 BDSG dem Betroffenen nur ein **Recht auf Auskunft über den Akteninhalt** einräumt. § 29 BVwVfG hat als weitergehende und speziellere, auf die Sicherung

---

455 Vgl. *Nungesser,* HDSG § 3 Rdnr. 24.
456 So *Schaffland/Wiltfang,* BDSG § 1 Rdnr. 36; *Auernhammer,* BDSG § 1 Rdnr. 18.
457 § 1 Abs. 1 und Abs. 2 Satz 1, jeweils 2. Halbsatz BVwVfG; vgl. dazu *Kopp/Ramsauer,* VwVfG § 1 Rdnrn. 30 ff.
458 Wie hier *Bergmann/Möhrle/Herb,* BDSG § 1 Rdnr. 63; *Dörr/Schmidt,* BDSG § 1 Anm. 25; für das Verwaltungsverfahren der Sozialleistungsträger ebenso *Binne,* NZS 1995, 97, 98.
459 Vgl. § 2 Abs. 4 BlnDSG; § 30 VwVfG NW; Art. 2 Abs. 8 BayDSG.
460 Ebenso *Obermayer/Hoffmann,* VwVfG § 5 Rdnr. 38; *Kopp/Ramsauer,* VwVfG § 5 Rdnrn. 19, 24; *Knack,* VwVfG § 5 Rdnr. 28 f.
461 So zutr. *Nungesser,* HDSG § 3 Rdnrn. 28, 30; zum Verhältnis von § 30 BVwVfG zum Datengeheimnis vgl. § 5 Rdnr. 10.
462 § 5 Abs. 2 Satz 2 BVwVfG; vgl. *Kopp/Ramsauer,* VwVfG § 5 Rdnr. 19 f.
463 Vgl. *Stelkens/Bonk/Sachs* § 30 Rdnr. 5

des rechtlichen Gehörs abzielende Regelung insoweit Priorität, als ein Betroffener, solange er den Beteiligtenstatus innehat, zwar Anspruch auf volle Akteneinsicht hat, hierfür allerdings ein rechtliches Interesse an der Kenntnis des Akteninhalts nachweisen muss. Eine Auskunft aus der Akte nach § 19 Abs. 1 Satz 3, die zwar keiner besonderen Begründung durch den Betroffenen bedarf, dafür aber auch nur die zur Person des Antragstellers gespeicherten Angaben umfasst, ist damit nicht ausgeschlossen.[464] Die **Kumulation** beider Individualrechte ist unproblematisch auch deshalb, weil die Ausschlussgründe in § 29 Abs. 2 BVwVfG und in § 19 Abs. 4 BDSG fast wörtlich übereinstimmen. Trotz unterschiedlichen Wortlauts muss auch die ablehnende Reaktion der aktenführenden Behörde nach beiden Gesetzen gleich ausfallen: Liegen nach einer Abwägung mit den Informationsinteressen des Verfahrensbeteiligten überwiegende Geheimhaltungsinteressen eines Dritten – etwa eines Informanten der Behörde – vor, besteht auch im Rahmen des § 29 Abs. 2 BVwVfG trotz der Formulierung „… nicht verpflichtet" kein Ermessen mehr.[465] Vielmehr **hat** – wie dies § 19 Abs. 4 BDSG für die Auskunftserteilung klarstellt – die Akteneinsicht **zu unterbleiben**, um einen unzulässigen Eingriff in das informationelle Selbstbestimmungsrecht dieses Dritten zu vermeiden.[466]

Keinen Vorrang hat auch § 4 BVwVfG, der in Ausführung von Art. 35 GG die **Amtshilfepflicht** der Behörden untereinander festlegt. Diese Norm begründet keine Befugnis für eine personenbezogene Informationshilfe und kann Eingriffe in die Grundrechtspositionen der Betroffenen nicht legitimieren.[467] Vielmehr greifen umgekehrt die Übermittlungsbestimmungen des BDSG wegen § 5 Abs. 2 Satz 1 Nr. 1 BVwVfG, wonach Amtshilfe dann nicht geleistet werden **darf**, wenn die ersuchte Behörde aus rechtlichen Gründen hierzu nicht in der Lage ist. Das BDSG ist eines der Gesetze i.S.v. § 5 Abs. 2 Satz 2 BVwVfG, das die ersuchte Behörde von der Pflicht zur Erteilung von Auskünften entbindet, wenn die Übermittlungsbefugnis nicht gegeben ist.[468] 196

6. Vorschriften zum internationalen Datenschutzrecht (Abs. 5)

Literatur

M. Bergmann, Grenzüberschreitender Datenschutz, Baden-Baden 1985; *U. Brühann,* Richtlinie 95/46, in *Grabitz/Hilf,* Das Recht der Europäischen Union, Band III A 30, Kommentierung zu Art. 4; *U. Dammann/ S. Simitis,* EG-Datenschutzrichtlinie, Baden-Baden 1997, Kommentierung zu § 4; *G. Dolderer/G. von Garrel/ Th. Müthlein/P. Schlumberger,* Die Auftragsverarbeitung im neuen BDSG, DVR 2001, 223 (229 ff.); *E. Duhr/H. Naujok/M. Peter/E. Seiffert,* Neues Datenschutzrecht für die Wirtschaft, DuD 2002, 5 ff.; *E. Ehmann/M. Helfrich,* EG-Datenschutzrichtlinie, Köln 1999; *R. Ellger,* Der Datenschutz im grenzüberschreitenden Datenverkehr, Baden-Baden 1990; *D. Korff,* EC Study on Implementation of Data Protection Directive, Study Contract ETD/2001/B5-3001/a/49, Cambridge 2002, http://europa.eu.int/comm/internal_market/privacy/studies_de.htm; *C. Kuner,* European Data Privacy Law and Online Business (Oxford 2003); *P. Schaar,* Neues Datenschutzrecht für das Internet, RDV 2001, 4 ff.; *P. Schaar*, Datenschutz im Internet, München 2002; *U. Wuermeling,* Handelshemmnis Datenschutz, Köln 2000

464 Vgl. *Stelkens/Bonk/Sachs,* VwVfG § 29 Rdnr. 9; *Knemeyer,* JZ 1992, 348, 350 f.; a.A. *Auernhammer,* BDSG § 1 Rdnr. 18. Zu beachten ist seit dem 1. Januar 2006 der neben § 29 BVwVfG auch im laufenden Verwaltungsverfahren von Behörden des Bundes geltende Auskunftsanspruch nach § 1 des Informationsfreiheitsgesetzes (IFG) vom 5. Sept. 2005, BGBl. I S. 2722; in Einzelfall bleibt der Anspruch nach § 29 BVwVfG wirkungsvoller, da dessen Ausnahmetatbestände in Abs. 2 enger gefasst sind als die in §§ 3 ff. IFG; zu dieser Anspruchskonkurrenz vgl. *Schmitz/Jastrow,* NVwZ 2005, 984, 989.

465 Vgl. *Knemeyer,* JZ 1992, 348, 351.

466 Vgl. *Obermayer/Grünewald,* VwVfG, § 29 Rdnr. 26.

467 Vgl. *Schlink,* Die Amtshilfe (Berlin 1982) 324 f.; ebenso *Roßnagel/Globig,* Handbuch Datenschutzrecht, Kap. 4.7, Rdnr. 34

468 Missverständlich BVerwG, RDV 1992, 26, 27, wonach das Recht auf informationelle Selbstbestimmung „die Anwendung von Amtshilfegrundsätzen" nicht ausschließt; ausführlich zum Verhältnis von Datenschutz und Amtshilfe nach dem Volkszählungsurteil des Bundesverfassungsgerichts *Schlink,* NVwZ 1986, 249 ff.; *Simitis,* NJW 1986, 2795 ff.

6.1 Allgemeines

197 Mit der Novellierung 2001 wurden erstmals Regelungen internationalrechtlicher Art aufgenommen, d.h. Kollisionsnormen – oder genauer gesagt: Kollisionsvermeidungsnormen –, welche bei grenzüberschreitenden Sachverhalten festlegen, welches Recht anzuwenden ist. Sie dienen der Umsetzung entsprechender Vorgaben der EG-Datenschutzrichtlinie.[469]

6.2 Innergemeinschaftliche Kollisionsvermeidungsnorm (Satz 1)

198 Mit Satz 1 wird Art. 4 Abs. 1 Buchst. a der EG-Datenschutzrichtlinie umgesetzt. Diese bestimmt, welcher Mitgliedstaat welches Recht für anwendbar zu erklären hat, wenn eine in einem Mitgliedstaat ansässige verantwortliche Stelle Verarbeitungsaktivitäten in einem anderen Mitgliedstaat betreibt. Es geht mithin um eine innergemeinschaftliche Kollisionsvermeidungsnorm. Die Richtlinie verlangt insoweit, dass „jeder Mitgliedstaat … die Vorschriften, die er zur Umsetzung dieser Richtlinie erlässt, auf alle Verarbeitungen personenbezogener Daten an(wendet), die im Rahmen der Tätigkeit einer Niederlassung ausgeführt werden, die der Verantwortliche im Hoheitsgebiet dieses Mitgliedstaates besitzt“. Das besondere und durchaus ungewöhnliche Element dieser Regelung besteht darin, dass jeder Mitgliedstaat seine Regelungen nicht nur auf Vorgänge auf seinem Territorium anzuwenden hat, sondern auch auf **Aktivitäten**, die **in einem anderen Mitgliedstaat** stattfinden. Komplementär dazu besteht die Verpflichtung des anderen Mitgliedstaates, solche Aktivitäten vom Geltungsanspruch seines Gesetzes auszunehmen. Diese Verpflichtung zur Rücknahme der nationalen Gesetzgebung ist in der Richtlinie allerdings nicht gesondert ausgesprochen.[470] Der Richtliniengeber hat sie offensichtlich als zwingende rechtslogische Entsprechung zu der Verpflichtung angesehen, die Anwendung des nationalen Rechts auf andere Mitgliedstaaten zu erstrecken, und hat auf eine gesonderte Erwähnung verzichtet. Jedenfalls ist er ausweislich der Begründung des geänderten Vorschlags davon ausgegangen, dass mit dieser Regelung „vermieden (wird), dass dieselbe Verarbeitung der Anwendung mehrerer einzelstaatlicher Rechtsvorschriften unterworfen wird“.

199 Der **Zweck der Vorschrift** besteht in formeller Hinsicht darin, Doppelregelungen und Regelungslücken zu vermeiden. Materiell kommt die Regelung zunächst Wirtschaftsunternehmen und anderen Einrichtungen entgegen, deren Aktivitäten in anderen europäischen Staaten nicht so intensiv sind, als dass sie dazu ausländische Niederlassungen eingerichtet hätten. Ihnen erlaubt die Regelung, allein auf der Grundlage ihres heimischen Datenschutzrechts zu operieren. Sie enthält aber auch ein wesentliches betroffenenfreundliches Element, indem sie für Aktivitäten einer Niederlassung in einem anderen Mitgliedstaat die Anwendung des Rechts des Ortes dieser Niederlassung fordert. Kunden und andere Betroffene, die mit der deutschen Niederlassung eines ausländischen Unternehmens aus dem EU-/EWR-Raum zu tun haben, werden infolgedessen nicht mit ausländischem Recht konfrontiert, sondern haben die gleichen Rechte aus dem BDSG wie gegenüber deutschen Stellen.[471] Da das Gesetz nicht auf den Sitz des Unternehmens, sondern den Ort der aktiven Niederlassung abstellt, ist die Regelung als Niederlassungsprinzip[472] oder als modifiziertes bzw. abgeschwächtes Sitzlandprinzip einzustufen.[473]

200 Die Umsetzung dieser Vorschrift ist in einigen Mitgliedstaaten, Deutschland eingeschlossen, auf Schwierigkeiten gestoßen. Zwar stellt die Mehrzahl der Mitgliedstaaten, so das Vereinigte

469 Art. 4 und Art. 17 Abs. 3, 2. Anstrich.

470 Vor allem daraus ergibt sich wohl die „excessive complexity“ der Vorschrift, Vgl. *Korff*, Implementation, S. 47

471 Vgl. Gesetzesbegründung zu § 1 Abs. 5; *Brühann*, Richtlinie, Art. 4 Rdnrn. 9 ff.

472 *Wuermeling*, a.a.O., S. 75.

473 Die Regelung wird teils auch als (reines) Sitzlandprinzip bezeichnet, wobei der Fall der Niederlassung dann als Ausnahme bezeichnet wird, vgl. *Dolderer/v. Garrel/Müthlein/Schlumberger*, DVR 2001, 223, 229; *Schaar*, RDV 2001, 4 f.

Königreich,[474] Schweden,[475] Finnland,[476] Dänemark,[477] Griechenland,[478] die Niederlande[479] und Frankreich,[480] der Richtlinie folgend, auf die Verarbeitung im Rahmen einer Niederlassung auf dem eigenen Territorium ab und realisiert damit ein spezifiziertes Personalprinzip. Dadurch erfolgt uno actu sowohl die Erstreckung in andere Mitgliedstaaten als auch die Einschränkung im eigenen Territorium. Die andere Regelungsvariante besteht darin, das Territorialitätsprinzip im Grundsatz beizubehalten und davon Ausnahmen vorzusehen. Diesen Weg haben Österreich[481] und Deutschland gewählt. Allerdings enthält das BDSG[482] nur die Rücknahme im eigenen Land, lässt aber die Erstreckung in das EU-Ausland vermissen.[483] Bei einem Land (Portugal) ist eine Umsetzung von Art. 4 nicht erkennbar. Im Ergebnis die gleiche Rechtslage dürfte in den zwei Ländern (Italien,[484] Spanien[485]) bestehen, die ausdrücklich am strikten Territorialitätsprinzip festhalten.

Durch die Verwendung des Begriffs der verantwortlichen Stelle in Absatz 5 Satz 1 in Verbin- 201
dung mit der Wendung „dies erfolgt durch …" (im letzten Halbsatz) wird einerseits klargestellt, das die bloße Existenz einer Niederlassung hier irrelevant ist,[486] andererseits, dass die Niederlassung selbst die verantwortliche Stelle sein muss; die Auftragsverarbeitung – sei es für die Muttergesellschaft/Hauptstelle, sei es für Dritte – wird nicht erfasst. Die Frage ihrer Anwendbarkeit auf Auftragsverarbeiter bei Beteiligung mehrerer Mitgliedstaaten bleibt in der Mehrzahl der Gesetze ungeregelt.[487] Sachgerecht und konsequent ist die Nichtanwendung bei Verarbeitung im Auftrag einer im EU-/EWR-Ausland angesiedelten verantwortlichen Stelle nur bezüglich der unmittelbar die Verarbeitung regelnden Vorschriften, nicht hinsichtlich der organisatorischen und Haftungsregelungen.

Inhaltlich knüpft die Richtlinie am Ort der Niederlassung als maßgeblichem Kriterium für 202
die Bestimmung des anzuwendenden Rechts an. Für alle Aktivitäten einer Niederlassung einer in einem Mitgliedstaat ansässigen verantwortlichen Stelle innerhalb des EU-/EWR-Raums gilt das Datenschutzrecht des Ortes der Niederlassung. Die Existenz einer Niederlassung vor Ort ist aber ohne Bedeutung, wenn die konkrete Aktivität nicht von dieser, sondern vom ausländischen Hauptsitz (oder einer Niederlassung in einem anderen Staat) ausgeht[488] oder wenn die Niederlassung nur als Auftragsverarbeiter fungiert.

Der **Begriff der Niederlassung** ist weit gefasst. Im Einklang mit der Begriffsdefinition im 203
Zusammenhang mit der Niederlassungsfreiheit nach Art. 52 ff. EG-Vertrag erklärt die Richtlinie „die effektive und tatsächliche Ausübung einer Tätigkeit mittels einer festen Einrichtung" zur hinreichenden Voraussetzung einer Niederlassung.[489] Damit sind auch die vom österreichischen Gesetz[490] explizit geforderten Merkmale der räumlichen und funktionalen Abgegrenztheit mit umfasst. Der Sitz der verantwortlichen Stelle, also etwa der Aktiengesellschaft, um deren Niederlassung es sich handelt, spielt dagegen keine Rolle, ebenso wenig die Rechtsform der Niederlassung.[491] Eine mobile Geschäftsstätte, wie etwa ein Verkaufswagen, wird zur

474 Sec. 5 Data Protection Act 1998, abgedr. in Dok. Unter D 18.1.
475 § 4 Satz 1.
476 § 4 Abs. 1.
477 § 4 Abs. 1 und 6.
478 Art. 3 Abs. 2a griechisches DSG, wobei die Beschränkung auf den EU-/EWR-Raum fehlt.
479 Art. 4 Abs. 1 niederländisches DSG, ebenfalls ohne geographische Begrenzung.
480 Art. 5 Abs. 1.
481 Art. 3 Abs. 1 Satz 2 österreichisches DSG, beschränkt auf EU-Mitgliedstaaten; der EWR bleibt unerwähnt. Der im österreichischen DSG verwendete Begriff des Auftraggebers entspricht der verantwortlichen Stelle im BDSG.
482 § 1 Abs. 5 Satz 1.
483 Vgl. *Korff*, Implementation, S. 46.
484 Art. 2.
485 Art. 2.
486 Vgl. *Korff*, Implementation, S. 47.
487 Anders Griechenland, Art. 3 Abs. 3 Buchst. A. Vgl. im Übrigen u. Rdnr. 208.
488 *Brühann*, Richtlinie, Art. 4 Rdnr. 14.
489 Erwägungsgrund 19.
490 § 4 Z. 15 DSG.
491 Erwägungsgrund 19, § 4 Z. 15 österreichisches DSG.

Niederlassung, wenn er an einem Ort regelmäßig wiederkehrend aufgestellt wird.[492] Ausgeschlossen vom Begriff sind ein Messestand und die Tätigkeit eines Reisenden ohne Geschäftsräume im bereisten Mitgliedstaat, auch wenn er Verträge abschließt.[493] Auch eine noch so intensive und zielgerichtete Direktwerbung bei einer bestimmten, auch genau lokalisierten Zielgruppe begründet keine Niederlassung am Zielort.[494] Als „Tätigkeit" ist dabei nur menschliche Aktivität anzusehen; ferngesteuerte EDV-Systeme, wie z.B. Server, sind keine Niederlassung.[495] Die Regelung steht im Einklang mit der Definition der Niederlassung in § 42 Abs. 2 GewO, auf welche die Begründung des RegE zur Novellierung 2001 hinweist.[496]

204 Wenn das Gesetz in Satz 1 wie auch in Satz 2 davon spricht, dass eine verantwortliche Stelle in einem anderen Mitgliedstaat **„belegen"** ist, so hat dies keine rechtlichen Implikationen. Von der Belegenheit wird im gesetzlichen Sprachgebrauch im Allgemeinen nur in Bezug auf Sachen gesprochen;[497] gemeint ist der Sitz der Niederlassung, wie er etwa im HGB verwendet wird.[498]

205 Der Vergleich der deutschen mit der (oben erwähnten) Mehrzahl der ausländischen Regelungen wird durch ein unterschiedliches Verständnis des Begriffs der verantwortlichen Stelle erschwert. Während das BDSG[499] davon ausgeht, dass eine Niederlassung zumindest in der Regel keine (eigene) verantwortliche Stelle darstellt, sondern einer solchen angehört, sehen jene anscheinend Niederlassungen grundsätzlich als (eigene) verantwortliche Stellen an. Andernfalls würden dort die Gesetze für alle auf dem eigenen Territorium niedergelassenen (EU-/EWR-ausländischen) Verantwortlichen der Verarbeitung (als solche, also insgesamt und nicht auf die Niederlassung beschränkt) Geltung beanspruchen und auch Niederlassungen „eigener" verantwortlicher Stellen in anderen Mitglieds- oder Vertragsstaaten in die Anwendung des Gesetzes einbezogen, was beides klar im Widerspruch zur Richtlinie stünde. Andererseits würde auch die Anwendung auf Niederlassungen von verantwortlichen Stellen, die ihren Sitz in anderen EU-/EWR-Staaten haben, im eigenen Territorium ausgeschlossen.[500] Dieser Widerspruch zur Richtlinie entfällt nur, wenn jede ausländische Niederlassung zwingend als (eigene) verantwortliche Stelle qualifizieren wird. Nach deutschem Verständnis erscheint es aber mehr als fraglich, ob die dafür von der Richtlinie geforderte Kompetenz, über die Zwecke und Mittel der Verarbeitung von personenbezogenen Daten zu entscheiden,[501] bei Niederlassungen generell unterstellt werden kann. Sie ist jedenfalls in der Definition der Niederlassung nicht begrifflich enthalten. Auf die Konsequenzen für Aktivitäten von in Deutschland bestehenden Niederlassungen von in anderen EU-/EWR-Staaten angesiedelten verantwortlichen Stellen wird sogleich zurückzukommen sein.

206 Aus deutscher Perspektive sind im Einzelnen die folgenden vier Konstellationen zu unterscheiden.

1. Aktivitäten einer in einem anderen EU-Mitgliedstaat oder einem EWR-Staat ansässigen verantwortlichen Stelle auf deutschem Territorium, die von einer in Deutschland bestehenden Zweigstelle ausgehen:
   - Nach § 1 Abs. 5 Satz 1 letzter Halbsatz ist das BDSG anzuwenden.

---

492 *Bergmann/Möhrle/Herb*, § 1 Rdnr. 43.

493 Laut *Kuner,* Online Business, Rdnr. 2.22 nehmen die Aufsichtsbehörden in Schweden und Finnland in diesem Fall bereits eine Niederlassung an.

494 Dem BDSG-Wortlaut folgend, aber mit Blick auf die Richtlinie zu weitgehend, beziehen *Dolderer u.a.,* RDV 2001, 203, 229 die Datenerhebung in Deutschland generell ein.

495 A.M. *Ehmann/Helfrich,* EG-Datenschutzrichtlinie, Art. 4, Rdnr. 15; *Bergmann/Möhrle/Herb*, § 1 Rdnr. 43.

496 Danach ist eine Niederlassung vorhanden, wenn der Gewerbetreibende einen zum dauernden Gebrauch eingerichteten ständig oder in regelmäßiger Wiederkehr von ihm benutzten Raum für den Betrieb seines Gewerbes besitzt.

497 Vgl. § 24 Abs. 1 ZPO.

498 Vgl. § 13 ff. HGB, welches vom Sitz der „Zweigniederlassung" spricht.

499 In § 1 Abs. 5 Satz 1.

500 § 4 Abs. 6 des dänischen Gesetzes ordnet die Gesetzesanwendung nur für den Fall an, dass die Verarbeitung außerhalb des Anwendungsbereichs der Richtlinie liegt.

501 Art. 2 Buchst. d.

■ Andere EU- oder EWR-Staaten dürfen nach Art. 4 Abs. 1 Buchst. a ihr Recht nicht für anwendbar erklären. Geschieht dies dennoch, wie im oben erwähnten Fall Schweden, so hat dies angesichts der eindeutigen und richtlinienkonformen BDSG-Regelung – jedenfalls für deutsche Rechtsanwender und Gerichte – keine rechtliche Auswirkung.

2. Aktivitäten einer in einem anderen EU-Mitgliedstaat oder einem EWR-Staat ansässigen verantwortlichen Stelle auf deutschem Territorium, die nicht von einer hiesigen Niederlassung ausgehen:
■ Nach § 1 Abs. 5 Satz 1 erster Halbsatz ist das BDSG unanwendbar, weil die Verarbeitung nicht durch eine Niederlassung im Inland erfolgt.
■ Bei korrekter Richtlinienumsetzung ist das Recht des Staates des Standortes der Niederlassung anzuwenden. Dies ist bei Österreich (ausdrückliche Erstreckung) und bei den oben genannten Ländern der Fall, die sich am Wortlaut der Richtlinie orientiert haben. Bei Ländern ohne explizite Umsetzung wie auch bei Ländern mit ausdrücklichem Territorialitätsprinzip besteht für diesen Fall eine Regelungslücke. Sie ist durch richtlinienkonforme Auslegung i.S.d. Art. 4 Abs. 1 Buchst. a dahin zu schließen, dass für solche Aktivitäten das Recht des Landes gilt, in dem die Niederlassung ansässig ist, von der die (für sie ausländischen) Aktivitäten ausgehen.

3. Aktivitäten in einem anderen EU-Mitgliedstaat oder einem EWR-Staat, die von einer dort bestehen Niederlassung einer in Deutschland bestehenden verantwortlichen Stelle ausgehen:
■ Das BDSG ist nach dem Territorialitätsprinzip und mangels anderweitiger Geltungsanordnung nicht anwendbar.
■ Das Recht des Staates, in dem die Niederlassung angesiedelt ist, ist anzuwenden. Dies folgt bei korrekter Umsetzung aus Art. 4 Abs. 1 Buchst. a der Richtlinie, bei Ländern mit explizitem Territorialitätsprinzip aus diesem. In Schweden, das auf die Einrichtung des Verantwortlichen der Verarbeitung in Schweden abstellt, wird eine richtlinienkonforme Auslegung dahin gehend geboten sein, dass auch eine in Schweden bestehende Niederlassung für die Anwendung des dortigen Rechts genügt.

4. Aktivitäten in einem anderen EU-Mitgliedstaat oder einem EWR-Staat, die von einer in Deutschland ansässigen Niederlassung – und nicht von einer etwa im anderen Staat bestehenden Niederlassung – ausgehen:
■ Da der Gesetzgeber es versäumt hat, die Anwendung des BDSG auf diese Aktivitäten anzuordnen, andererseits der betreffende EU- oder EWR-Staat verpflichtet ist, diesen Fall von der Anwendung seines Gesetzes auszunehmen, besteht hier eine Regelungslücke. Sie ist durch richtlinienkonforme Auslegung i.S.d. Art. 4 Abs. 1 Buchst. a dahin zu schließen, dass für solche Aktivitäten das BDSG anzuwenden ist.
■ Wie erwähnt, sind die Aktivitäten nach der Richtlinie von der Anwendung des Gesetzes des Landes, in dem sie stattfinden, auszunehmen. Dies ist bei den oben genannten Ländern, die sich am Wortlaut der Richtlinie orientiert haben, der Fall. Bei Ländern ohne explizite Umsetzung wie auch bei Ländern mit ausdrücklichem Territorialitätsprinzip besteht ein positiver Geltungskonflikt zwischen ihrem Recht und deutschem Recht. Er ist i.S.d. von Art. 4 Abs. 1 Buchst. a der Richtlinie vorgegebenen Regelung, also zugunsten der Anwendung des Rechts des Ortes der Niederlassung – hier also des BDSG – zu lösen.

Beispiele: Verarbeiten angestellte Vertreter eines deutschen Unternehmens Daten in Spanien, dann ist deutsches Recht anzuwenden, wenn sie vom deutschen Hauptsitz oder einer deutschen Niederlassung aus agieren, jedoch österreichisches Recht, wenn sie ihren Aktivitäten im Rahmen der Tätigkeiten der österreichischen Niederlassung des deutschen Unternehmens nachgehen. Entsprechend ist in Deutschland – beispielsweise von der Aufsichtsbehörde – irisches Datenschutzrecht anzuwenden, wenn der Mitarbeiter eines irischen Unternehmens in Deutschland mit personenbezogenen Daten umgeht und sein Unternehmen in Deutschland keine Niederlassung hat bzw. seine Aktivität nicht von einer solchen Niederlassung ausgeht.[502] 207

502 Vgl. zum Ganzen *Dammann/Simitis,* EG-Datenschutzrichtlinie, Erl. 1 ff. zu Art. 4.

208 Da in Deutschland, weil der Gesetzgeber am Territorialprinzip festgehalten hat, generell deutsches Recht gilt, regelt das Gesetz in erster Linie den Fall der Nichtanwendung deutschen Rechts (1. Halbsatz) und sieht die Anwendung deutschen Rechts lediglich als Rückausnahme (2. Halbsatz) vor („es sei denn, dies erfolgt durch eine Niederlassung im Inland").

209 Die Anwendung des BDSG ist nur ausgeschlossen, soweit die Verarbeitung in den Anwendungsbereich der Richtlinie fällt. Zwar fehlt eine dementsprechende Klarstellung, wie sie in § 4b Abs. 1 und 2 enthalten ist, jedoch beruht der Verzicht auf die Anwendung auf der Prämisse, dass stattdessen die Geltung richtlinienkonformen Datenschutzrechts eines anderen Mitgliedstaates (oder EWR-Staates) garantiert ist. Dies ist nur im Anwendungsbereich der Richtlinie der Fall. Da andernfalls eine verfassungswidrige Schutzlücke entstünde, ist dieses Verständnis als verfassungskonforme Auslegung geboten.[503]

210 Keiner ausdrücklichen Umsetzung bedurfte die Regelung des Art. 17 Abs. 3, 2. Anstrich der Richtlinie, wonach für einen Auftragsverarbeiter die Regelungen zur Datensicherung nach dem Recht seines Sitzlandes auch dann zu bestimmen sind, wenn er für einen Auftraggeber arbeitet, der in einem anderen Mitgliedstaat ansässig ist. Ebenso wenig bedurfte es im Gesetz der Erwähnung, dass die Verantwortlichkeit des Auftraggebers nach § 11 Abs. 1 auch dann bestehen bleibt, wenn der Auftragnehmer sich im Ausland befindet. Hinsichtlich der Übergabe personenbezogener Daten an den Auftragnehmer gilt für den EU-/EWR-Bereich das Prinzip der Gleichbehandlung mit der inländischen Situation;[504] bei der Vergabe ins Drittausland sind die Regelungen des Drittlandexports anzuwenden.[505]

211 Den Mitgliedstaaten der EU stellt das Gesetz die (anderen) Vertragsstaaten des Abkommens über den **Europäischen Wirtschaftsraum EWR** (Island, Liechtenstein, Norwegen) gleich. Dieses Abkommen verpflichtet in gleicher Weise zur Umsetzung der Richtlinie. Darauf gründet ihre Einbeziehung in die Regeln des europäischen informationellen Binnenraums.[506]

212 Nach der Logik des Binnenmarktes gehören auch **die Organe und Einrichtungen der Europäischen Gemeinschaft** in den Bereich des unbehinderten Datenverkehrs. Die dazu notwendige rechtliche Sicherung des Datenschutzes auf dem Niveau der (nur an die Mitgliedstaaten gerichteten) Datenschutzrichtlinie hat die Gemeinschaft mit Art. 268 (früher Art. 213 b) des EG-Vertrags und der darauf basierenden Verordnung 45/2000/EG geschaffen.[507] Die Notwendigkeit dieser Ergänzung war bei Erlass der Richtlinie noch nicht gesehen worden. Die insoweit in der Richtlinie und im BDSG bestehende Lücke ist durch eine analoge Anwendung der Regelung des Satzes 1 auf die Organe und Einrichtungen der Europäischen Gemeinschaft zu schließen. Zu diesen gehören beispielsweise die Kommission, der Rat, das Parlament, die Zentralbank und das Statistische Amt. Dagegen werden Europol, das Schengener Informationssystem und andere europäische Einrichtungen außerhalb des Gemeinschaftsrahmens von der Regelung nicht erfasst.[508]

213 Wie die Richtlinie klarstellt, gelten ihre internationalrechtlichen Regelungen nicht für den Bereich des Strafrechts. Die dort geltenden Territorialitätsregelungen bleiben daher unberührt.[509]

---

503 Vgl. *Korff*, Implementation, S. 45 f.
504 Vgl. § 3 Abs. 8 Satz 2 und dazu dort Rdnr. 242.
505 §§ 4b Abs. 2 ff., 4 c; vgl. Hinweise des *Innenministeriums BW* Nr. 39, StAnz. 5 v. 12.02.2001, Nr. 3.3; *Dolderer u.a.*, RDV 2001, 213, 230.
506 Was in einigen Mitgliedstaaten versäumt wurde, vgl. *Korff*, Implementation, S. 40 f.
507 Zur Zielstellung vgl. insbes. Erwägungsgründe 13 und 14 der VO 45/2000/EG
508 Ebd. Erwägungsgründe 14 bis 16
509 Erwägungsgrund 21; *Gola/Schomerus*, § 1 Rdnr. 31

6.3 Kollisionsvermeidungsnorm im Verhältnis zu Drittstaaten (Sätze 2 bis 4)

Nach Satz 2 ist das BDSG anzuwenden, wenn eine verantwortliche Stelle personenbezogene Daten im Inland erhebt, verarbeitet oder nutzt, die nicht in einem Mitgliedstaat der Union oder in einem EWG-Staat angesiedelt[510] ist. Im Verhältnis zu Drittstaaten verfolgt das Gesetz damit einen ganz anderen Ansatz als gegenüber den Staaten des EU-/EWR-Raums. Während es bei letzteren um eine praktikable und kohärente Regelung innerhalb eines Gebietes mit harmonisiertem Schutz geht, steht gegenüber Drittstaaten, da bei diesen ein adäquates Schutzniveau nicht generell vorausgesetzt werden kann, das Schutzbedürfnis im Vordergrund. Das deutsche Gesetz wird für anwendbar erklärt, weil sonst ein verminderter Schutz oder ein schutzloser Zustand eintreten könnte. Ob dies tatsächlich der Fall wäre, ist dem Gesetz gleichgültig. Auch verantwortliche Stellen in Staaten, deren Schutzniveau von der Kommission als adäquat anerkannt worden ist,[511] fallen unter die Regelung. Ebenso wenig spielt es eine Rolle, ob der Sitz im Drittausland in der Absicht gewählt wurde, der Anwendung des deutschen Gesetzes zu entgehen, bzw. ob der Tatbestand einer Gesetzesumgehung durch „forum shopping" objektiv feststellbar ist.[512] 214

Satz 2 regelt, ebenso wie Satz 1, nur das anwendbare Recht, nicht die internationale aufsichtsbehördliche Zuständigkeit oder den internationalen Gerichtsstand.[513] 215

Laut Begründung soll Satz 2 „mit Blick auf das im Bundesdatenschutzgesetz im Übrigen geltende Territorialitätsprinzip … lediglich deklaratorisch" sein; er sei „gleichwohl notwendig als Anknüpfungspunkt" für die nachfolgenden Sätze 3 (Regelung des Inlandsvertreters) und 4 (ausnahmsweise Geltung des Sitzlandes im Falle des Transits). Die Regelung des Satzes 2 hat jedoch durchaus eine eigenständige rechtliche Bedeutung. Sie bewirkt als internationalrechtliche Spezialregelung, dass die Vorschriften des zweiten Kapitels des ersten Teils des EGBGB zum internationalen Privatrecht[514] verdrängt werden. Diese kennen im Übrigen sehr verschiedenartige Anknüpfungen, so etwa bei Vertragsverhältnissen den Ort des gewöhnlichen Aufenthalts bzw. der Hauptniederlassung der zur charakteristischen Leistung verpflichteten Partei,[515] des gewöhnlichen Aufenthalts des Verbrauchers in bestimmten Bereichen der Verbraucherverträge[516] und wiederum andere bei gesetzlichen Schuldverhältnissen,[517] wobei die aus dem BDSG erwachsenden Schuldverhältnisse allerdings nicht erfasst werden. Infolge der Verdrängung können andere Anknüpfungen, etwa die sprachliche und thematische Ausrichtung einer Website auf das deutsche Publikum, keine Bedeutung erlangen.[518] 216

Satz 2 weicht in auffälliger Weise von der Vorgabe der Richtlinie[519] ab. Die Richtlinie verlangt die Anwendung des nationalen Rechts des Mitgliedstaates nur dann, wenn der im Drittland angesiedelte Verantwortliche „zum Zweck der Verarbeitung personenbezogener Daten **auf automatisierte oder nicht automatisierte Mittel zurückgreift**, die im Hoheitsgebiet des betreffenden Mitgliedstaates belegen sind". Von der Übernahme dieser Spezifizierung hat der deutsche Gesetzgeber schlicht Abstand genommen, was umso mehr erstaunen muss, als gerade dieses Merkmal den Kernpunkt heftiger Auseinandersetzungen um den Gehalt von Art. 4 der Richtlinie bildet. So wird insbesondere diskutiert, ob der Einwahlknoten eines Internetproviders, ein Server des Anbieters von Telekommunikationsdiensten oder der PC des Nutzers eines Online-Dienstes als ein in Europa belegenes Mittel ausreicht. Die Vorausset- 217

510 Das Gesetz spricht von „belegen", vgl. dazu o. Rdnr. 203.
511 Nach Art. 25 Abs. 6 der Richtlinie.
512 Laut Begr. des geänderten Vorschlags (abgedr. bei *Dammann/Simitis,* EG-Datenschutzrichtlinie, nach Art. 4) soll vermieden werden, dass der Betroffene den Schutz verliert, „insbesondere aufgrund eines Umgehens"; s. *Kuner,* Online Business, Rdnr. 3.25.
513 Zur Diskussion dieser Frage unter Art. 4 der Richtlinie vgl. *Swire,* Of Elephants, Mice, and Privacy: International choice of law and the Internet (1998), 32 International Lawyer 991, sowie *Kuner,* Online Business, Rdnrn. 306 f.
514 Vgl. dazu *Ellger,* Datenschutz, 584 ff.; *Bergmann,* Grenzüberschreitender Datenschutz, 230 ff.; *Däubler,* CR 1999, 49 (50 f.).
515 Art. 28 Abs. 2 EGBGB.
516 Art. 29 EGBGB.
517 Art. 38 ff. EGBGB.
518 Anders in diesem Falle *Duhr/Naujok/Peter/Seiffert,* DuD 2002, 5 (7).
519 Art. 4 Abs. 1 Buchstabe c.

zung eines Rückgriffs auf im EU-/EWR-Raum belegene Mittel hat durchaus einen eigenständigen Regelungsgehalt. Zwar wird sich ein im deutschen Territorium stattfindender Datenumgang in der klaren Mehrzahl der Fälle auf dort belegene Mittel stützen. Das ist vor allem der Fall, wenn die Aktivität von einer hiesigen Niederlassung ausgeht.[520] Es gibt aber auch andere Konstellationen, wie etwa die Erhebung durch einen reisenden Vertreter eines Drittstaatsunternehmens, der die Daten nicht im Inland speichert, sondern sie telefonisch an sein Unternehmen im Drittland durchgibt.

218 Die Richtlinie fordert von den Mitgliedstaaten, ihr Recht genau in dem Umfang für anwendbar zu erklären, wie er in der Richtlinie bestimmt ist. Nur so wird ein Regelungsgefälle vermieden, das die Harmonisierung infrage stellt. Nach den Grundsätzen der **richtlinienkonformen Auslegung** sind die in der Richtlinie genannten Voraussetzungen daher in den Satz 2 hineinzulesen. Der Gesetzgeber mag die Übernahme der betreffenden Merkmale der Richtlinie für überflüssig gehalten haben, er hat das Gesetz aber nicht in einer Weise formuliert, die eine Auslegung im Sinne der Richtlinie verbietet.

219 Die Richtlinie will mit dieser Regelung verhindern, dass die Betroffenen den Schutz dadurch verlieren oder nicht erhalten, dass ausländische Stellen zwar (weiterhin) Stützpunkte zur Verarbeitung von Daten im EU-/EWR-Raum unterhalten, diese aber im Zuge fortschreitender Automatisierung „unbemannt" gestalten, also in Form technischer Einrichtungen, wie z.B. von Servern, die sie von außerhalb steuern.[521] Diese technische Präsenz in Europa ist Legitimation und Bedingung des Einbezugs in die europäische Regelung. Eine Weltregelung war nicht bezweckt.

220 Satz 2 fordert zunächst, dass Daten **im Inland erhoben, verarbeitet oder genutzt** werden, und zwar durch eine in einem Drittland angesiedelte verantwortliche Stelle. Diese muss dabei über die Mittel und Zwecke der Verarbeitung entscheiden können.[522] Eine mindere Form der Mitwirkung oder Beteiligung genügt nicht.[523] Zu beachten sind die einschlägigen Legaldefinitionen.[524] Hinsichtlich der territorialen Zuordnung machen der Begriff der Verarbeitung und seine einzelnen Ausprägungen von der Speicherung bis zur Sperrung in der Regel keine Schwierigkeiten, da es sich jeweils um physische, an einen Datenträger gebundene Vorgänge handelt, der an einem bestimmten Ort belegen ist. Typisches Beispiel ist die Verarbeitung in einem in Deutschland belegenen EDV-System.[525] Die zivilrechtliche Zuordnung der Hardware ist dabei ohne Belang. Es genügt der bestimmende Einfluss auf die Software, wie etwa bei gehosteten Anwendungen.[526] Die Administration kann unmittelbar („eigenhändig") durch die verantwortliche Stelle erfolgen oder durch andere entsprechend ihren Weisungen.

221 Bei der Nutzung können dagegen der Ort, an dem der Nutzer agiert, und der Standort der genutzten Daten auseinander fallen, so bei der Online-Abfrage eines in Deutschland belegenen Servers von einem in einem Drittland belegenen Terminal aus. Dass der Schwerpunkt der Nutzung, nämlich die Verwendung der Daten zum Zweck einer Entscheidung oder Einschätzung, in diesem Fall im Drittland liegt, ist unschädlich; es genügt der dazu unzweifelhaft vorgenommene Rückgriff auf die in Deutschland belegenen Daten.

222 Gewisse Probleme gibt dagegen der Fall der **Erhebung** auf. Sie resultieren aus der komplexeren Struktur des Erhebungsvorgangs, an dem in der Regel zwei Akteure interaktiv beteiligt sind, nämlich neben der verantwortlichen Stelle zusätzlich das die Daten zur Verfügung stellende Subjekt. Diese Datenquelle kann ein Dritter sein; im Internet ist es meist der um seine Daten angegangene Betroffene. In beiden Fällen ist zu beachten, dass die erhebende Stelle

---

520 *Schaar,* RDV 2001, 4 (5); *Duhr/Naujok/Peter/Seiffert,* DuD 2002, 5 (6).
521 Nach *Ehmann/Helfrich,* EG-Datenschutzrichtlinie, Art. 4 Rdnr. 15, ist darin bereits eine Niederlassung zu sehen.
522 Treffend *Wuermeling,* a.a.O., S. 78: „die Verantwortlichkeit ist damit die Mindestvoraussetzung für das Band zwischen dem Verantwortlichen und den genutzten Mitteln".
523 So aber anscheinend *BBDI/ULDSH,* Neuregelungen, 3.1.1, die nur ein Mindestmaß an Einwirkungsmöglichkeit des Providers auf die in Deutschland stattfindende Datenverarbeitung fordern und die Erhebung mittels cookies nur als Beispiel anführen.
524 § 3 Abs. 3 bis 5.
525 Vgl. *Schaar,* RDV 2001, 4, 5; *Duhr/Naujok/Peter/Seiffert,* DuD 2002, 5 (7).
526 *Duhr/Naujok/Peter/Seiffert,* a.a.O.

nur für ihren eigenen Anteil an der Interaktion die Verantwortung trägt und damit als verantwortliche Stelle in die gesetzliche Pflicht genommen wird. Komplementär dazu besteht im erstgenannten Fall die Verantwortung des Dritten, der dann als übermittelnde Stelle (auch) verantwortliche Stelle im Sinne des Gesetzes ist. Diese Verantwortungsaufteilung ist für öffentliche Stellen vom Gesetz ausdrücklich angeordnet,[527] gilt als Prinzip aber auch für den nicht-öffentlichen Bereich. In entsprechender Weise ist die Abgrenzung der Verantwortung auch im Verhältnis zum Betroffenen vorzunehmen, der von seinem Recht auf informationelle Selbstbestimmung Gebrauch macht (auch wenn er damit nicht zur verantwortlichen Stelle im Sinne des Gesetzes wird).[528]

Füllt daher beispielsweise der Benutzer einer über das Internet zugänglichen **Website**, die auf einem in einem Drittland belegenen Server liegt, auf entsprechende Anforderung ein **Anmeldeformular** aus, so ist in Bezug darauf der Anbieter nicht als verantwortliche Stelle anzusehen. Er bietet lediglich den Nutzern an, seine Website aufzusuchen und nach eigenem Gutdünken Daten über sich an die Website zu senden, wobei er zwar die Form der Dateneingabe, nämlich die Datenfelder und ihre Anordnung, bestimmt, dagegen die Entscheidung, ob, wann und welche Daten übergeben werden sollen, allein beim Benutzer liegt, und zwar auch dann, wenn die (weitergehende) Benutzung der Website von der vorherigen Registrierung abhängt. Eine Erhebung, bei der der Anbieter als verantwortliche Stelle agiert, ist darin nicht zu sehen, da dieser keine Vorstellung davon und keinen Einfluss darauf hat, wer wann mit welchen Daten von seinem weltweit zur Verfügung stehenden Angebot Gebrauch machen wird. Insofern fehlt es an einem konkretisierten Erhebungswillen. Das Angebot, mittels der Website Daten zu senden, entspricht daher seiner Rechtsnatur nach der „invitatio ad offerendum" in der Rechtsgeschäftslehre, welche noch nicht als verbindliche Willenserklärung eingestuft ist. Da die datenschutzrelevanten Handlungen einschließlich ihres technischen Vollzugs in vollem Umfang vom Betroffenen ausgehen, könnte man im Übrigen auch nicht sagen, dass der *Inhaber* der Website für seine Maßnahmen der Erhebung, Verarbeitung oder Nutzung im Sinne der Regelung des Art. 4 Abs. 1 Buchstabe c auf den PC des Benutzers zurückgreift.[529] Die Auffassung, die für den Fall, dass eine Website nur nach Registrierung benutzt werden kann, einen „Rückgriff" auf den PC des Users annimmt, verkennt, dass dieser auch hier eine freie Entscheidung trifft. Sie läuft im Übrigen darauf hinaus, den das Internet prägenden Interaktionscharakter unzulässig in eine technische Präsenz aller Inhaber von Websites in den Mitgliedstaaten umzudeuten. 223

Dänemark hat bei der Umsetzung eine Regelung beibehalten, die eine Datenerhebung im Inland zum Zweck der Verarbeitung in einem Drittland stets – also auch ohne Rückgriff auf in Dänemark belegene Mittel – seinem Gesetz unterwirft.[530] Sie ist, ebenso wie die deutsche Regelung, in diesem Sinne einschränkend richtlinienkonform auszulegen. 224

Auch bei der „manuellen" Erhebung durch Zusendung von Erhebungsformularen oder Fragebögen durch (persönliche adressiertes) Direktmarketing kommt Satz 2 nicht zur Anwendung. Zwar mögen Fragebögen „Mittel" oder „equipment" im Sinne der Richtlinie sein – Fragebögen werden sogar von der Begründung des geänderten Vorschlags[531] eigens erwähnt – , die Datenabgabe erfolgt aber auch hier nicht seitens des Absenders qua Rückgriff auf „sein" Mittel Fragebogen, sondern durch autonome Entscheidung des Empfängers, der sich des Fragebogens dabei als *seines* Mittels bedient. 225

Nur ausnahmsweise kommt im Rahmen der Vorschrift auch ein Rückgriff auf Mittel in Betracht, die hinsichtlich ihrer Bestimmung nicht der verantwortlichen Stelle selbst, sondern einem anderen zugeordnet sind, d.h. auf fremde Mittel. Dies ist der Fall, wenn der Betroffene nicht zu einer autonomen Entscheidung aufgefordert, sondern sein DV-System ohne sein Wissen oder Wollen für fremde Zwecke funktionalisiert wird. So etwa, wenn eine im Dritt- 226

---

527 § 15 Abs. 2.
528 Vgl. § 3 Rdnr. 222.
529 Zustimmend *Duhr/Naujok/Peter/Seiffert,* DuD 2002, 5 (7).
530 § 4 Abs. 3 Nr. 2.
531 Abgedr. bei *Dammann/Simitis,* EG-Datenschutzrichtlinie, nach Art. 4.

land angesiedelte verantwortliche Stelle einem Betroffenen in Deutschland ein **Programm** auf die Festplatte setzt, welches ihr oder Dritten in der Folgezeit Daten über die Installation des PC oder über Aktivitäten des Benutzers übermitteln sollen, ohne dass dies vom Betroffenen selbst in Kenntnis der Tragweite durch eigene Entscheidung veranlasst worden ist.[532] Solche Programme können user-freundlich sein, etwa indem sie regelmäßig updates ermöglichen, oder nur dem Interesse der verantwortlichen Stelle dienen, z.B. zur Datenbeschaffung; in diesem Fall wird auch von **„spyware"** gesprochen. Zu nennen sind insbesondere **javascripts** und vergleichbare Software, die von einem Anbieter an den PC eines Betroffenen gesendet werden und dort Verarbeitungsschritte auslösen, durch die personenbezogene Daten des Betroffenen dem Anbieter oder Dritten bekannt werden. Weitere Beispiele der Indienstnahme von Computerfunktionen durch Außenstehende, die von einem Drittland aus operieren können, sind **Viren, Würmer** und **Trojanische Pferde**.[533] Auf diese Verarbeitungsvorgänge ist deutsches Recht anwendbar, da die verantwortliche Stelle im Drittland für *ihre* Verarbeitungsaktivitäten auf Elemente der Hard- und Software eines in Deutschland belegenen Computers zurückgreift.

227 Durch das Setzen und spätere Lesen von **cookies** werden zwar keine aktiven Programme, wohl aber auch Daten gespeichert, damit die Programme des Anbieters bei nachfolgenden Sessionen des gleichen Benutzers darauf zurückgreifen und ihn individuell im Hinblick auf seine Präferenzen und Attitüden behandeln können. Typischerweise kennzeichnen cookies Elemente des Nutzerverhaltens wie besuchte Seiten nach Uhrzeit, Dauer und Ablauf, woraus sich durch fortgesetzte Verknüpfung aussagekräftige Profile ergeben können. Die Identifizierbarkeit des Benutzers ist für den Anbieter oft zunächst nur latent gegeben, realisiert sich aber, sobald der Benutzer sich erstmals selbst identifiziert. Da er dabei regelmäßig nicht an diese Nebenfolge denkt und insoweit auch gegenüber dem Anbieter keine datenschutzrelevante Verfügung trifft, ist die gesamte Verarbeitung und Nutzung der cookies dem Anbieter als verantwortlicher Stelle zuzurechnen. Auch hier liegt ein Rückgriff auf Verarbeitungsmittel im deutschen Territorium und damit ein Fall der Anwendbarkeit des BDSG vor. Eine andere Beurteilung wird erst dann möglich, wenn die Verarbeitung von cookies so angelegt wird, dass sie ein Mittel für Zwecke des Benutzers werden, deren Steuerung vollkommen in seiner Hand liegt. Mit modernen Browsern kann der Benutzer zwar die Annahme von cookies, wenn auch nur nach recht pauschalen Kriterien, steuern und cookies jederzeit insgesamt oder einzeln löschen. Die Kenntnis von cookies, ihren Funktionen und ihrer Handhabung durch den Benutzer ist noch wenig verbreitet. Solange die Anbieter, die cookies setzen, die Benutzer nicht in die Lage versetzen, die Verarbeitung von cookies verantwortlich in die eigene Hand zu nehmen, und sich vergewissern, dass sie dies tun, bleiben sie selbst die dafür verantwortlichen Stellen und haben das BDSG anzuwenden.

228 Auch bei „manueller" Datenerhebung wird der Betroffene mitunter als Werkzeug instrumentalisiert, so wenn auf Erhebungsformularen (verdeckt oder verschlüsselt) individuelle Merkmale versteckt sind, etwa Angaben zu seinem Konsumverhalten, die aus der verwendeten Adressenkategorie stammen. In diesem Falle greift die erhebende Stelle auf das Mittel des „gezinkten" Fragebogens zurück, und daher ist Satz 2 insoweit anwendbar.

229 Bei der Nutzung von **Telekommunikationseinrichtungen** in Deutschland von einem Drittland aus ist danach zu unterscheiden, in welcher Rolle dieses Mittel genutzt wird. Die Benutzung eines Kommunikationsnetzes als Kunde oder sonst außenstehender Nutzer vermittelt (hinsichtlich der kommunizierten Daten) keine Verfügung über dieses Mittel;[534] es fehlt der bestimmende Einfluss auf Inhalt und Zweck des Datenumgangs im Rahmen der Steuerung der Netzwerkaktivitäten. Der Nutzer nimmt nur eine ihm vom Netzbetreiber angebotene Dienstleistung entgegen. Die von ihm ausgehende Aktivität entfaltet zwar Wirkungen auf deutschem Territorium, diese sind aber von ihrem Urheber dort nicht weiter beeinflussbar. Ein im Drittland niedergelassener Netzbetreiber kann aber vom Ausland her Möglichkeiten

532 *Duhr/Naujok/Peter/Seiffert,* DuD 2002, 5 (7).
533 Vgl. *Kuner,* Online Business, Rdnr. 3.27.
534 Vgl. *Kuner,* ebd.

der Steuerung des Betriebs und der Administration (Fernwartung, Remote Betrieb) besitzen, die in Bezug auf die dort verwalteten Daten (Nutzungs- und Abrechnungsdaten, keine Inhaltsdaten) die Anwendung des Satzes 2 rechtfertigen.

„Sofern" der gesetzliche Tatbestand erfüllt wird, findet „dieses Gesetz" Anwendung, d.h. alle seine Bestimmungen, soweit nur ihre jeweiligen Voraussetzungen erfüllt sind. Praktisch besonders wichtig sind die Pflichten zur Information des Betroffenen[535] und dessen Auskunfts-, Berichtigungs- und Löschungsrechte.[536] 230

Nach Satz 3 hat die verantwortliche Stelle „auch Angaben über im Inland ansässige Vertreter zu machen". Die Figur des **Inlandsvertreters** ist auch aus anderen Rechtsgebieten bekannt. Die Vorschrift dient der Umsetzung des Art. 4 Abs. 2 der EG-Datenschutzrichtlinie. Gemeint ist daher, dass, wie es die Richtlinie verlangt, zunächst ein Inlandsvertreter **zu bestellen** ist. Es wäre der Rechtsklarheit dienlich gewesen, diese Pflicht ausdrücklich auszusprechen. Ein Mangel hinsichtlich des Umfangs der Umsetzung ist darin zu sehen, dass die Verpflichtung, enger als die Richtlinie, nur greift, „soweit die verantwortliche Stelle nach diesem Gesetz zu nennen ist". Hierunter fällt vor allem die Verpflichtung zur Meldung bei der Aufsichtsbehörde nach § 4 d, die allerdings eher Ausnahme als Regel ist. Weiter gehört hierzu die Verpflichtung, bei optisch-elektronischer Beobachtung die verantwortliche Stelle erkennbar zu machen.[537] Der häufigste Fall ist die Unterrichtung des Betroffenen über die Identität der verantwortlichen Stelle bei der Datenerhebung.[538] 231

Die Einrichtung des Inlandsvertreters soll der leichteren Rechtsdurchsetzung dienen, insbesondere weil die Aufsichtsbehörde mit ihm kommunizieren kann, ohne sich mit territorialen Grenzen auseinander setzen zu müssen.[539] Auch Betroffene können sich an den Inlandsvertreter wenden, um ihre Rechte gegenüber der verantwortlichen Stelle geltend zu machen. 232

Adressat der Verpflichtung zur Bestellung und Benennung des Inlandsvertreters ist die im Drittland ansässige verantwortliche Stelle. Eine wirklich exterritoriale Wirkung hat die Norm jedoch nicht, da sie an den inländischen Datenumgang anknüpft. Eine Sanktion bei fehlender Bestellung, wie im Falle des Beauftragten für den Datenschutz,[540] ist nicht vorgesehen. 233

Der Inlandsvertreter kann auch eine juristische Person sein. Wesentlich sind der ihn identifizierende Name und eine Zustellanschrift. Keine grundsätzlichen Bedenken bestehen auch dagegen, die gleiche Person als Inlandsvertreter für mehrere Mitgliedstaaten oder seitens mehrerer verantwortlicher Stellen zu bestellen, solange sie für ihre Aufgabe nicht ungeeignet ist. Sie muss insbesondere bereit und in der Lage sein, auf Anforderungen der Aufsichtbehörden oder Betroffener einzugehen. 234

Die Bestellung und Benennung des Inlandsvertreters ist – ebenso wenig wie die Erfüllung anderer im BDSG enthaltener Anmelde- und Unterrichtungspflichten – keine Bedingung der Zulässigkeit des Datenumgangs. Die Aufsichtsbehörden können jedoch bei versäumter Bestellung einen Verstoß gegen § 1 Abs. 5 Satz 3 BDSG feststellen und ihre Befugnisse nach § 38 ausüben, freilich nur im Rahmen ihrer territorialen Kompetenzgrenzen zwangsweise durchsetzen. 235

Kritisch anzumerken bleibt, dass mit der Einführung der Figur des Inlandsvertreters die **Probleme der Rechtsdurchsetzung** keineswegs gelöst werden, die auftreten, wenn eine in einem Drittland ansässige verantwortliche Stelle nicht bereit ist, auf Anforderungen des Betroffenen oder der Aufsichtsbehörde einzugehen. In diesem Fall ist es sinnlos, den Inlandsvertreter vor einem deutschen Gericht zu verklagen. Da dieser selbst nicht passiv legitimiert ist, wäre eine Klage materiell unbegründet. Die Frage des Erfolgs einer gegen ihn gerichteten Vollstreckung stellt sich erst gar nicht. Ebenso wäre eine gegen den Inlandsvertreter (in Person) gerichtete Verfügung der Aufsichtsbehörde rechtswidrig, da ihm selbst keine Pflichten nach 236

535 Nach §§ 4 Abs. 3, 33.
536 Nach §§ 34 ff.
537 § 6b Abs. 1.
538 § 4 Abs. 3 Satz 1.
539 Zum Regelungszweck vgl. auch Erwägungsgrund 20 der Richtlinie sowie *Dammann/Simitis,* EG-Datenschutzrichtlinie, Art. 4, Erl. 10.
540 § 43 Abs. 1 Nr. 2.

dem BDSG übertragen sind. Insbesondere kann eine eigenständige Rechts- und Pflichtenstellung des Vertreters nicht der Aussage der Richtlinie[541] entnommen werden, dass seine Benennung „unbeschadet der Möglichkeit eines Vorgehens gegen den für die Verarbeitung Verantwortlichen selbst" erfolge. In der Begründung des geänderten Vorschlags der Kommission hieß es zwar noch, dass der Verantwortliche einen Inlandsvertreter benennt, der „in seine Rechte und Pflichten eintritt".[542] Da der Richtlinientext und die Erwägungsgründe hierauf aber nicht zurückgekommen sind und auch sonst keinerlei Anhaltspunkte in dieser Richtung bestehen, muss davon ausgegangen werden, dass diese Vorstellung nicht Inhalt der Richtlinie geworden ist. Ansprüche, Klagen und Verwaltungsverfügungen sind also nach wie vor an die verantwortliche Stelle selbst zu richten.[543] Nur die Zustellung wird vereinfacht, wenn ein Inlandsvertreter existiert. Sie kann bei diesem als Vertreter der ausländischen verantwortlichen Stelle erfolgen. Zu einer Reaktion kann auf diese Weise aber weder der Vertreter noch die Stelle gezwungen werden.

237 Es bleibt also letztlich leider doch dabei, dass die Rechte, die den Betroffenen nach dem BDSG zustehen, gegenüber einer in einem Drittland ansässigen, nicht kooperationswilligen Stelle in Deutschland weder behördlich noch gerichtlich durchsetzbar sind. Im Drittland sind sie es nur nach Maßgabe des dort geltenden Rechts, wobei der Geltungsanspruch im EU-/EWR-Mitgliedstaat in aller Regel keine Rolle spielt. Einen gewissen Wert hat die Regelung dennoch. Sie wird praktisch, wenn die verantwortliche Stelle sich einem Gerichts- oder Schiedsverfahren in Deutschland stellt. Darüber hinaus verstärkt und legitimiert sie die Schutzerwartungen der Betroffenen. Die Chancen einer außergerichtlichen Durchsetzung, etwa mit Hilfe öffentlichen Meinungsdrucks, werden dadurch verbessert.

238 Als Folge der sehr weiten tatbestandlichen Fassung der Richtlinie, die mit dem sehr umfassenden Verarbeitungsbegriff operiert,[544] bzw. des Satzes 2, welcher – kaum weniger weit – jedes Erheben, Verarbeiten und Nutzen einbezieht,[545] fiele auch der von einer Stelle im Drittland vorgenommene bloße **Transit** von Daten, gleich ob er leitungsgebunden oder durch Datenträgertransport erfolgt, unter die Normen der Absätze 3 und 4. Da in diesen Fällen ein regulativer Zugriff jedoch nicht geboten – und die praktische Durchsetzung regelmäßig illusorisch – erscheint, werden sie mit Satz 4, im Einklang mit der Richtlinie,[546] von der Anwendung ausgenommen. Während die Richtlinie dort davon spricht, dass „diese Mittel nur zum Zweck der Durchfuhr durch das Gebiet der Europäischen Gemeinschaft verwendet werden", stellt Satz 4 darauf ab, dass die „Datenträger nur zum Zweck des Transits durch das Inland eingesetzt werden". Problematisch sind damit die Fälle des Transits von einem Drittland durch Deutschland in einen anderen EU- oder EWR-Mitgliedstaat und umgekehrt. Der Wortlaut der Richtlinie scheint zwar auf den ersten Blick gegen deren Einbeziehung zu sprechen, doch macht es aus der Sicht der umsetzungspflichtigen Mitgliedstaaten, für die nur ein Transit vorliegt, keinen Sinn, diese Verarbeitung ihrem Gesetz zu unterwerfen. Der Normzweck, bloßen Transit unbehelligt zu lassen, muss erst recht gelten, wenn der Transit in einem (anderen) EG- oder EWR-Mitgliedstaat beginnt oder endet und damit das Wirksamwerden des europäischen Datenschutzstandards regelmäßig gesichert ist.[547] Die Erwähnung der Datenträger ist nicht einschränkend, sondern exemplarisch gemeint. Für den datenträgerlosen Transit, ob leitungsgebunden oder per Funk, muss erst recht gelten, dass die Sätze 2 und 3 nicht anwendbar sind. Der Begriff des Transits umfasst auch Zwischenspeicherungen auf Servern oder Routern, die bei paketvermittelnden Diensten typischen und technisch bedingten Protokollierungen und ähnliche begleitende Verarbeitungen, die lediglich der (sicheren) Abwicklung der Durchfuhr dienen und planmäßig, d.h. in der Regel programmgesteuert, ge-

541 Art. 4 Abs. 2 letzter Halbsatz.
542 Abgedr. bei *Dammann/Simitis,* EG-Datenschutzrichtlinie, zu Art. 4.
543 A.M. wohl *Ehmann/Helfrich,* EG-Datenschutzrichtlinie, Art. 4 Rdnr. 19, die den Inlandsvertreter als Anspruchsgegner bezeichnen.
544 Vgl. Art. 2 b.
545 Vgl. dazu die Legaldefinitionen des § 3 Abs. 3 bis 5.
546 Art. 4 Abs. 1 Buchst. c letzter Halbsatz.
547 Für eine Klarstellung im Sinne des EU-Transits plädiert demgegenüber *Korff,* Implementation, S. 48 f.

löscht werden.[548] Auch die Verarbeitung von Abrechnungsdaten, die sich auf den Datentransit beziehen, wird man wegen ihres akzessorischen Charakters noch einbeziehen können.[549] Werden solche Daten jedoch für andere Zwecke verwendet, weitergehend aufbewahrt oder zur Kenntnis genommen,[550] so entfällt die Privilegierung. Auf die Auftragsverarbeitung ist die Transitregelung nicht, auch nicht entsprechend, anzuwenden.[551]

6.4 Datenschutzaufsicht (Satz 5)

Die Regelungen über die Datenschutzaufsicht werden von den Kollisionsnormen nicht tangiert. Dies besagt Satz 5, wonach § 38 Abs. 1 Satz 1 unberührt bleibt. Damit wird klargestellt, dass die Regelungen des Abs. 5 über das anwendbare Recht keinen Einfluss auf die Zuständigkeiten der Aufsichtsbehörden haben und dass insbesondere aus der Anwendung des Rechts eines anderen EU-Mitgliedstaates oder EWR-Vertragsstaates kein Eintritt der Aufsichtsbehörden dieser Staaten in nach § 38 Abs. 1 Satz 1 bestehende Zuständigkeiten folgt. Da es hier um ganz verschiedene Regelungsmaterien geht, hätte auch ein Hinweis in der Gesetzesbegründung genügt. Praktische Konsequenz ist, dass die deutschen Aufsichtsbehörden in den betreffenden Fällen das Recht des jeweiligen anderen europäischen Staates anzuwenden haben.[552] Nicht zuletzt im Hinblick darauf wurde im gleichen Zug eine besondere internationale Amtshilfepflicht begründet.[553] Die vom Gesetz getroffene Aussage trifft im Übrigen für den – hier versehentlich nicht erwähnten – BfDI in gleicher Weise zu, soweit dieser in den Bereichen der Telekommunikations- und der Postdienstleistungen als Aufsichtsbehörde fungiert. Der aufsichtsbehördlichen Zuständigkeit steht nicht entgegen, dass die verantwortliche Stelle im Ausland angesiedelt ist. Es genügt, dass die Vorgänge oder Zustände, die Kontrollgegenstand sind, sich auf deutschem Territorium ereignen bzw. befinden. Die verantwortlichen Stellen – einschließlich ausländischer öffentlicher Stellen – sind als nicht-öffentliche Stellen nach § 2 Abs. 4 Satz 1 anzusehen. Der Ort des Vorgangs oder Zustandes ist für die Bestimmung der örtlich zuständigen Aufsichtsbehörde maßgeblich. 239

Das Gesetz enthält, wie auch schon die Richtlinie, keine Aussage zum internationalen Gerichtsstand. Dieser bleibt von der Regelung des anwendbaren Rechts ebenso unberührt wie die Zuständigkeit der Aufsichtsbehörden.[554] 240

548 Vgl. *Wuermeling,* S. 80.
549 So *Wuermeling,* Handelshemmnis Datenschutz, S. 80; zweifelnd *Ehmann/Helfrich,* EG-Datenschutzrichtlinie, Art. 4 Rdnr. 17.
550 *BBDI/ULDSH, Neuregelungen,* 3.1.1
551 *Wuermeling,* S. 79 f.
552 Dies wird seinerseits klargestellt durch § 38 Abs. 1 Satz 1 am Ende.
553 Art. 28 Abs. 6 Satz 3 der Richtlinie, umgesetzt mit § 38 Abs. 1 Satz 4.
554 *Kuner,* Online Business, Rdnr. 3.07, sieht Tendenzen für eine gegenteilige Position, ohne diese zu unterstützen.

§ 2 Öffentliche und nicht-öffentliche Stellen

(1) Öffentliche Stellen des Bundes sind die Behörden, die Organe der Rechtspflege und andere öffentlich-rechtlich organisierte Einrichtungen des Bundes, der bundesunmittelbaren Körperschaften, Anstalten und Stiftungen des öffentlichen Rechts sowie deren Vereinigungen ungeachtet ihrer Rechtsform. Als öffentliche Stellen gelten die aus dem Sondervermögen Deutsche Bundespost durch Gesetz hervorgegangenen Unternehmen, solange ihnen ein ausschließliches Recht nach dem Postgesetz zusteht.

(2) Öffentliche Stellen der Länder sind die Behörden, die Organe der Rechtspflege und andere öffentlich-rechtlich organisierte Einrichtungen eines Landes, einer Gemeinde, eines Gemeindeverbandes und sonstiger der Aufsicht des Landes unterstehender juristischer Personen des öffentlichen Rechts sowie deren Vereinigungen ungeachtet ihrer Rechtsform.

(3) Vereinigungen des privaten Rechts von öffentlichen Stellen des Bundes und der Länder, die Aufgaben der öffentlichen Verwaltung wahrnehmen, gelten ungeachtet der Beteiligung nicht-öffentlicher Stellen als öffentliche Stellen des Bundes, wenn

1. **sie über den Bereich eines Landes hinaus tätig werden oder**
2. **dem Bund die absolute Mehrheit der Anteile gehört oder die absolute Mehrheit der Stimmen zusteht.**

Andernfalls gelten sie als öffentliche Stellen der Länder.

(4) Nicht-öffentliche Stellen sind natürliche und juristische Personen, Gesellschaften und andere Personenvereinigungen des privaten Rechts, soweit sie nicht unter die Absätze 1 bis 3 fallen. Nimmt eine nicht-öffentliche Stelle hoheitliche Aufgaben der öffentlichen Verwaltung wahr, ist sie insoweit öffentliche Stelle im Sinne dieses Gesetzes.

Literatur

Zu Abs. 1-3: *W. Binne,* BDSG-Novelle: Was sind „öffentliche Stellen"?, DSB 12/1991, 11 ff.; *U. Dammann,* Die Vereinigung öffentlicher Stellen nach dem neuen BDSG, RDV 1992, 157 ff; *D.Ehlers/C. Heydemann,* Datenschutz in der Kommunalverwaltung, DVBl. 1990, 1 ff.; *H.P. Kunz-Hallstein,* Privilegien und Immunitäten internationaler Organisationen im Bereich nicht hoheitlicher Privatrechtsgeschäfte, NJW 1992, 3096 ff.; *v. Lewinski*, Kaufleute im Schutzbereich des BDSG, DuD 2000, 39 ff.; *H.H. Schild,* Die Flucht ins Privatrecht, NVwZ 1990, 339 f.; *ders.,* Der Geltungsbereich des Hessischen Datenschutzgesetzes für juristische Personen des Privatrechts oder die Flucht ins Privatrecht, RDV 1989, 232 ff.

Zu Abs. 4: *A. Biagosch,* Datenschutz und Datensicherung in der Versicherungswirtschaft, der Versicherungsbetrieb 5/1977, 13 ff.; *D. Biesalski,* Bundesdatenschutzgesetz – Datenverarbeitung im Konzern, BB 1978, 67 ff.; *A.Breinlinger*, Die Kontrolle des Datenschutzbeauftragten aus der Sicht der Aufsichtsbehörden, RDV 1995, 7 ff.; *A. Büllesbach,* Datenschutzrechtsfragen der internationalen Vertriebsdatenverarbeitung, in *A. Büllesbach* (Hrsg.), Datenverkehr ohne Datenschutz (1999) 51 ff.; *ders*., Datenschutz in einem globalen Unternehmen, RDV 2000, 1 ff.; *ders*., Konzeption und Funktion des Datenschutzbeauftragten vor dem Hintergrund der EG-Richtlinie und der Novellierung des BDSG, RDV 2001, 1 ff.; *G. Fasbender,* Schwachstellen der Informationsverarbeitung durch Dritte, RDV 1994, 12 ff.; *C. Freise/H.H. Wohlgemuth,* Rechtsfragen der konzernweiten Personaldatenverarbeitung, DVR 11 (1982) 285 ff.; *P. Gola*, Die Einwilligung als Legitimation für die Verarbeitung von Arbeitnehmerdaten, RDV 2000, 109 ff.; *H. Horchler,* Outsourcing (1996); *W. Kilian/ G. Scheja*, Freier Datenfluss im Allfinanzkonzern?, BB 2002, Beilage 3, 19 ff.; *P. Kriependorf,* Datenschutz im Konzern, DuD 1977, 16 ff.; *K. Linnenkohl,* Datenschutz und Tätigkeit des Betriebsrats, NJW 1981, 202 ff.; *P.G. Mohr,* Probleme des Datenschutzes in der Versicherungswirtschaft, ZgesVersW 1978, 43 ff.; *Th. Müthlein/J. Heck,* Outsourcing und Datenschutz: Vertragsgestaltungen aus datenschutzrechtlicher Sicht (2006); *E. Ruppmann,* Der konzerninterne Austausch personenbezogener Daten (2000); *M. Wächter,* Rechtliche Grundstrukturen der Datenverarbeitung im Auftrag, CR 1991, 333 ff.; *H.H. Wohlgemuth,* Datenschutz bei der Weitergabe von Arbeitnehmerdaten innerhalb von Konzernen, AuR 1987, 264 ff.

Zu den öffentlich-rechtlichen Religionsgesellschaften: *H. Claessen*, Datenschutz in der evangelischen Kirche, (2. Aufl. 1998); *W. Däubler*, Das kirchliche Arbeitsrecht und die Grundrechte der Arbeitnehmer, RdA 2003, 204 ff.; *U. Dammann,* Die Anwendung des neuen Bundesdatenschutzgesetzes auf die öffentlich-rechtlichen Religionsgesellschaften, NVwZ 1992, 1147 ff.; *H.U. Evers,* Probleme des Datenschutzes zwischen

Staat und Kirche, ZevKR 25 (1980) 173 ff.; S. *Fachet*, Datenschutz in der katholischen Kirche (1998); *H.U. Gallwas,* Zum Verhältnis von staatlicher Aufsicht und kirchlichem Datenschutzrecht, BayVBl. 1980, 423 ff.; *M. Germann,* Das kirchliche Datenschutzrecht als Ausdruck für evangelisches Kirchenrecht, ZevK 2003, 446 ff.; *Th. Hoeren,* Kirchen und Datenschutz (1986); *ders.*, Kirchen und Datenschutz – Zur Stellung der Kirchen im Novellierungsentwurf zum Bundesdatenschutzgesetz, DuD 1988, 286; *ders.*, Die Kirchen und das neue Bundesdatenschutzgesetz, NVwZ 1993, 650 ff.; *G. Lehnguth,* Datenschutz im kirchlichen Bereich, DVBl. 1986, 1081 ff.; *C. Link/H. de Wall,* Parlamentarisches Untersuchungsrecht und Kirchenfreiheit, JZ 1992, 1152 ff.; *D. Lorenz,* Datenschutz im kirchlichen Bereich, in Essener Gespräche 15 (1981) 84 ff.; *ders.*, Aktuelle Probleme des Datenschutzes, ZevKR 29 (1984) 422 ff.; *ders.*, Die Stellung der Kirchen nach dem Bundesdatenschutzgesetz 1990, ZevKR 37 (1992) 27 ff.; *ders.*, Kirchliche Datenverarbeitung unter staatlicher Kontrolle, ZevKR 45 (2000), 356 ff.; *ders.*, Die Novellierung des BDSG und ihre Auswirkung auf die Kirche, DVBl. 2001, 428 ff.; *Ch. Meyer,* Probleme des Datenschutzes aus der Sicht der kirchlichen Verwaltung, ZevKR 25 (1980) 199 ff.; *H.J. Pottmeyer,* Das kirchliche Krankenhaus – Zeugnis kirchlicher Diakonie und ihres Auftrags, in Essener Gespräche 17 (1983) 62 ff.; *W. Schatzschneider,* Staatliche Aufsicht und kirchliches Datenschutzrecht, BayVBl. 1980, 362 ff.; *ders.;* Kirchenautonomie und Datenschutzrecht (1984); *M. Stolleis,* Staatliche und kirchliche Zuständigkeiten im Datenschutzrecht, ZevKR 23 (1978) 230 ff.; *H. Weber*, Geltungsbereiche des primären und sekundären Europarechts für die Kirchen, ZevKR47 (2002), 221-247; *H. Weber*, Geltungsbereich des primären und sekundären Europarechts für die Kirchen, ZevKR 47 (2002), 221 ff.; *A. Ziekow,* Datenschutz und evangelisches Kirchenrecht (2002).

Übersicht

1. Vorbemerkung

Die §§ 2 und 3 enthalten Legaldefinitionen zu vom Gesetz verwendeten Grundbegriffen. 1
Während § 3 die Begriffe behandelt, die sich mit dem Datenumgang befassen, bezieht sich § 2 auf die Akteure.

Um die Übersichtlichkeit zu verbessern, wurden bei der Novellierung 1990 in § 2 Vorschriften 2
zusammengefasst, die im BDSG 1977 auf verschiedene Paragraphen verteilt waren.[1]

Von Änderungen während der Gesetzesberatung war nur Abs. 3 betroffen: 3
a) Die Bestimmung wurde auf Verlangen des Bundesrats[2] auf solche Vereinigungen des privaten Rechts eingeschränkt, die Aufgaben der öffentlichen Verwaltung wahrnehmen. Der Regierungsentwurf hatte dies nur in einer von drei Fallgruppen gefordert. Zugleich wurde in-

1 § 1 Abs. 2 Satz 1, § 7 Abs. 1 Satz 1 und Abs. 2 Satz 1, § 22 Abs. 1 Satz 1 und Abs. 3 und § 31 Satz 1 Abs. 1.
2 BT-Drs. 11/4306 S. 73.

nerhalb der Fallgruppe der Nr. 1 die Erstreckung der Tätigkeit vom „Bereich des Bundesgebietes" auf „über den Bereich eines Landes hinaus" zurückgenommen.
b) Innerhalb der Fallgruppe der Nr. 2 wurde die (schlichte) Mehrheit der Anteile oder Stimmen auf die absolute Mehrheit erhöht, weil auch dies nach Auffassung des Bundesrates[3] Voraussetzung für eine Qualifikation als öffentliche Stelle ist.
c) Unter demselben Gesichtspunkt wurde eine im Regierungsentwurf enthaltene dritte Fallgruppe gestrichen, die dahin bestimmt war, dass die Vereinigung „eine gemeinsame Willensbildung ihrer Mitglieder" bezweckt.

1.1 Regelungsfunktionen

4 Gewisse Auslegungsschwierigkeiten ergeben sich daraus, dass die Begriffe „öffentliche Stelle" und „nicht-öffentliche Stelle" in unterschiedlichen Regelungszusammenhängen verwendet werden:
a) Öffentliche und nicht-öffentliche Stellen sind nach näherer Maßgabe des § 1 Abs. 2 die Hauptadressaten des Gesetzes. Die Begriffe dienen insoweit der näheren Bestimmung des sachlichen **Anwendungsbereichs**.

5 b) Mit der Gegenüberstellung von öffentlichen und nicht-öffentlichen Stellen **unterscheidet** das Gesetz zwischen zwei **Teil-Anwendungsbereichen**, für die jeweils entweder nur die Bestimmungen des Zweiten oder die des Dritten Abschnitts anzuwenden sind, während die restlichen Abschnitte gemeinsame Vorschriften enthalten – ein Aufbauschema, das allerdings nicht strikt durchgehalten ist, wie etwa §§ 7 und 8 sowie 11 Abs. 4 zeigen. Mit der Qualifikation als öffentliche oder nicht-öffentliche Stelle ist die Frage des anwendbaren Rechts im Übrigen nicht abschließend entschieden, da unter bestimmten Voraussetzungen und in bestimmtem Umfang für öffentliche Stellen die im Übrigen für nicht-öffentliche Stellen geltenden Vorschriften für anwendbar erklärt werden, so für Wettbewerbsunternehmen nach §§ 12 Abs. 1, 27 Abs. 1 Satz 2 und für Daten im Rahmen dienst- oder arbeitsrechtlicher Rechtsverhältnisse nach § 12 Abs. 4.

6 c) Die Zulässigkeit einer Übermittlung richtet sich nach unterschiedlichen Vorschriften, je nachdem ob der **Empfänger** eine öffentliche[4] oder eine nicht-öffentliche Stelle[5] ist. Eine entsprechende Differenzierung gibt es bei der Erhebung.[6]

7 d) Mit dem Begriff der (öffentlichen oder nicht-öffentlichen) Stelle wird außerdem die **„verantwortliche Stelle"** i.S.d. § 3 Abs. 8 festgelegt, die ihrerseits mit ihrer Abgrenzung gegenüber dem „Dritten" nach § 3 Abs. 8 über das begriffliche Vorliegen einer Übermittlung i.S.d. § 3 Abs. 4 Nr. 3 entscheidet. Insoweit interessiert nicht die Frage der Zurechnung zu einem Teil-Anwendungsbereich, sondern dessen innere Strukturierung nach einzelnen Einheiten, denen die Datenherrschaft mit der Wirkung zugeschrieben wird, dass ihre Übertragung an eine andere Einheit nur nach den Kriterien einer zulässigen Übermittlung erfolgen darf.

8 e) Schließlich werden Mischorganisationen, an denen öffentliche Stellen des Bundes und der Länder beteiligt sind, **zwischen dem Bund und den Ländern aufgeteilt**, indem sie entweder als öffentliche Stelle des Bundes oder solche der Länder definiert werden (Abs. 3).

1.2 Verwandte Begriffe

9 Das Gesetz knüpft nicht in allen Fällen an die in § 2 definierten Begriffe an.
a) Der Begriff der „öffentlichen Stelle" – ohne Zusatz „des Bundes" oder „der Länder" –, der außer in der Überschrift zu § 2 auch in den Übermittlungsvorschriften der §§ 15[7] und 40 Abs. 2 vorkommt, wird nicht ausdrücklich definiert. Wie es die systematische Verwendung in der Überschrift zu § 2 nahelegt, ist er nicht in einem allgemeinen Sinne – als Stelle mit

3 A.a.O.
4 § 15.
5 §§ 16, 39 Abs. 1 Satz 2.
6 § 13 Abs. 4.
7 Überschrift und Abs. 1.

öffentlich-rechtlicher Organisationsform –, sondern als Sammelbegriff für die in § 2 definierten öffentlichen Stellen, also derer des Bundes und derer der Länder, anzusehen. Dies bestätigt das Gesetz, wenn es in § 15 Abs. 4 für die Übermittlung personenbezogener Daten an Stellen der öffentlich-rechtlichen Religionsgesellschaften die Vorschriften, die für die Übermittlung an öffentliche Stellen gelten, nur für „entsprechend“ anwendbar erklärt. Wenn hier nicht auf „nicht-öffentliche Stellen“ sondern auf „andere als öffentliche Stellen“ abgestellt wird, entspricht dies exakt dem Regelungszweck, die „Stellen der öffentlich-rechtlichen Religionsgesellschaften“,[8] die infolge ihrer öffentlich-rechtlichen Organisationsform keine nicht-öffentlichen Stellen nach § 2 Abs. 4 darstellen, sowie die Stellen ausländischer Staaten und anderer Subjekte des Völkerrechts[9] mit einzubeziehen.

b) Wenn bestimmt wird, dass die Fachaufsichtsbehörden „im **öffentlichen Bereich**“ die erforderlichen Festlegungen für automatisierte Abrufverfahren treffen können,[10] so ist damit (ebenfalls) die Gesamtheit der öffentlichen Stellen des Bundes und der Länder i.S.d. § 2 gemeint.[11] Hier hätte es nahegelegen, auf den Begriff der "öffentlichen Stelle" zurückzugreifen. In entsprechender Weise werden übrigens die nicht-öffentlichen Stellen in ihrer Gesamtheit sprachlich vom Gesetz zum „nicht-öffentlichen Bereich“ zusammengefasst, wenn dem Bundesbeauftragten aufgegeben wird, in seinem Tätigkeitsbericht die wesentliche Entwicklung auch dieses Teil-Anwendungsgebietes des Gesetzes darzustellen.[12] 10

c) Ungeklärt ist schließlich das Verhältnis zwischen dem Begriff der öffentlichen Stelle und dem bei der Regelung der Auftragsdatenverarbeitung neu eingeführten Begriff der **„öffentlichen Hand“**.[13] Aus der Entstehungsgeschichte lässt sich jedenfalls so viel entnehmen, dass nicht nur – auf Bundesebene – die Beherrschung einer nicht-öffentlichen Stelle durch den Bund zu einer aufsichtlichen Zuordnung zum BfDI führen soll, sondern dass dieser Mechanismus in entsprechender Weise auf Landesebene greifen soll. Der Begriff der öffentlichen Hand stammt aus der Finanzwissenschaft und ist kein feststehender Rechtsbegriff. Aus den in § 11 Abs. 4 vorgesehenen Rechtsfolgen – Aufsicht durch den BfDI oder LfD – lässt sich aber ableiten, dass es auf die Beherrschung durch den Bund oder ein Land ankommt und eine Beherrschung durch eine sonstige Person des öffentlichen Rechts, wie etwa öffentlich-rechtliche Religionsgesellschaften oder ausländische und internationale Behörden, nicht gemeint ist. Andererseits darf aus der Wahl des etwas unscharfen Begriffs der öffentlichen Hand geschlossen werden, dass eine unmittelbare Beherrschung durch den Bund oder ein Land nicht gefordert wird, sondern dass auch eine mittelbare Beherrschung ausreicht, wenn nur auf jeder Ebene der mehrheitliche Einfluss gegeben ist. 11

1.3 Regelungsbereich und Verhältnis zum Landesrecht

Die Definition des § 2 wie auch die des § 3 gelten, auch ohne dass das Gesetz dies ausdrücklich sagt, grundsätzlich **nur bei der Anwendung des BDSG**. Dies ist von besonderer praktischer Bedeutung, soweit es um die Definition der „öffentlichen Stellen der Länder“ durch Abs. 2 und 3 geht. Für diese gilt das Gesetz im ganzen bekanntlich nur, soweit der Datenschutz nicht durch Landesgesetz geregelt ist, und auch dann nur in bestimmtem Umfang.[14] Kommt demgemäß ein **Landesdatenschutzgesetz** zur Anwendung, so gilt in dessen Regelungszusammenhang die landesgesetzliche Definition der öffentlichen Stelle, und die Definitionen des § 2 können allenfalls als Auslegungshilfe mit herangezogen werden. Mit dem Inkrafttreten von Landesdatenschutzgesetzen (mit kongruentem Regelungsumfang) in allen Ländern reduziert sich daher die Bedeutung dieser Definitionen in deren Bereich auf die Fälle der Übermittlung durch eine öffentliche Stelle des Bundes: Ist in diesem Falle zu entscheiden, ob die 12

8 Vgl. § 15 Abs. 4.
9 Vgl. dazu u. Rdnr. 81 ff.
10 § 10 Abs. 2 Satz 3.
11 Für letztere freilich unter den in § 1 Abs. 2 Nr. 2 genannten Voraussetzungen.
12 § 26 Abs. 1 Satz 2.
13 § 11 Abs. 4 Nr. 1b; vgl. dazu § 11 Rdnr. 74.
14 § 1 Abs. 2 Nr. 2.

Übermittlung an § 15 oder an § 16 zu messen ist, so richtet sich die Qualifikation als öffentliche oder nicht-öffentliche Stelle allein an den Definitionen des § 2 und nicht etwa an Bestimmungen eines Landesdatenschutzgesetzes. Allgemeiner gesprochen gelten die Definitionen des § 2 nur insoweit, wie der Bund von seiner Gesetzgebungskompetenz Gebrauch gemacht hat.

13 Wird eine Stelle vom BDSG und einem Landesdatenschutzgesetz unterschiedlich qualifiziert, so ist folgendes zu berücksichtigen. Die vom Bund für den nicht-öffentlichen Sektor in Anspruch genommenen Gesetzgebungskompetenzen berechtigen ihn, den Begriff der nicht-öffentlichen Stelle verbindlich festzulegen wie auch bestimmte begriffliche Ausgrenzungen – etwa für den beliehenen Unternehmer – vorzunehmen. Erklärt ein Landesdatenschutzgesetz für ein vom BDSG als nicht-öffentliche Stelle einbezogenes Rechtssubjekt das Landesdatenschutzgesetz für anwendbar, so geht nach Art. 31 GG („Bundesrecht bricht Landesrecht") das BDSG vor. Aus der vom Bundesgesetzgeber vorgenommenen Qualifikation als nicht-öffentliche Stelle folgt, dass für die Anwendung der Rücktrittsklausel des § 1 Abs. 2 Nr. 2 kein Raum besteht.[15]

14 Qualifiziert dagegen das BDSG eine Stelle als öffentliche Stelle der Länder, so führt dies im Falle der Übermittlung an diese Stelle durch eine öffentliche Stelle des Bundes – wie oben erwähnt – zur Anwendung des § 15, für den Datenumgang durch die Stelle selbst jedoch (grundsätzlich) zur Subsidiarität des BDSG nach § 1 Abs. 2 Nr. 2 im Verhältnis zum Landesdatenschutzgesetz. Dessen Regeln sind dann anzuwenden. Etwaige inhaltliche Widersprüche zu den Regelungen des BDSG interessieren nicht, da dieses unanwendbar ist. Verweist das Landesdatenschutzgesetz auf das BDSG, so ist darin eine Rechtsfolgenverweisung zu sehen. Wird die betreffende Stelle vom Landesdatenschutzgesetz nicht erfasst, greift die Subsidiaritätsregelung im Ergebnis nicht, da dann „(in)soweit der Datenschutz nicht durch Landesgesetz geregelt ist". Führt die Stelle des Landes Bundesrecht aus, gilt das BDSG gemäß § 1 Abs. 2 Nr. 2a; eine Datenschutzaufsicht fehlt dann allerdings. Soweit sie nicht Bundesrecht ausführt, besteht insgesamt eine Regelungslücke, die durch entsprechende Anwendung der Landesvorschriften bzw. – de lege ferenda – vom Landesgesetzgeber zu schließen ist.

2. Öffentliche Stellen des Bundes (Abs. 1 Satz 1)

2.1 Begriff der Stelle

15 Soweit mit dem Begriff der (öffentlichen) Stelle zugleich die verantwortliche Stelle i.S.d. § 3 Abs. 7 festgelegt und damit die begrifflichen Voraussetzungen der Übermittlung[16] wesentlich vorbestimmt werden,[17] sind zwei ganz unterschiedliche Interpretationen möglich: ein funktionaler und ein organisatorischer Stellenbegriff. Der zum BDSG 1977 entwickelte funktionale Stellenbegriff,[18] der sich weithin durchgesetzt hat,[19] geht davon aus, dass im datenschutzrechtlichen Sinne eine andere Stelle und damit ein Dritter vorliegt, sobald die Daten nicht mehr für die ursprüngliche, sondern für eine andere Aufgabe verwendet werden sollen. Diese Interpretation entsprach dem Ziel, die Vorschriften zur Zulässigkeit der Verarbeitung von Daten stets anzuwenden, wenn sich deren Verwendungszweck ändert.[20] Der organisatorische Stellenbegriff betrachtet dagegen eine ausschließlich aufbauorganisatorisch definierte Einheit als verantwortliche Stelle und sieht Dritte nur in organisatorisch außerhalb derselben angesiedelten Organisationseinheiten.

16 Mit der Novellierung 1990 hat sich der Gesetzgeber den funktionalen Stellenbegriff *im Ergebnis* zu eigen gemacht, indem er das Verbot mit Erlaubnisvorbehalt[21] über die Übermittlung

---

15 Vgl. *Schild,* NVwZ 1990, 339 f.
16 § 3 Abs. 8 Satz 2 und Abs. 4 Nr. 3.
17 Vgl. o. Rdnr. 7.
18 Vgl. 3. Auflage § 7 Rdnrn. 10 bis 20.
19 Vgl. etwa *Bergmann/Möhrle/Herb,* BDSG § 3 Rdnr. 118 ff., 126; BVerfG NJW 1988, 959, 961; OVG Lüneburg RDV 1989, 241, 243.
20 Vgl. *Simitis,* NJW 1986, 2795, 2800.
21 § 3 BDSG 1977.

und die weiteren „Phasen" der Datenverarbeitung hinaus auf die Nutzung erstreckt hat, und zwar auch und gerade auf die Nutzung durch die verantwortliche Stelle selbst.[22] Der Schutz vor einer datenschutzwidrigen Zweckentfremdung personenbezogener Daten ist damit im neuen BDSG lückenlos gewährleistet. Die Regeln zur Zulässigkeit der Nutzung bilden unter dem neuen Gesetz formal und materiell sogar den Kern des Schutzes gegen eine die informationelle Selbstbestimmung beeinträchtigende Datenverwertung – formal, weil die Übermittlungserlaubnisse der §§ 4 b, 15, 16 jeweils auf die Zulässigkeit nach der Nutzungsvorschrift des § 14 zurückverweisen, materiell, weil § 14 den Grundsatz der Zweckbindung realisiert und damit über die allgemeinen rechtsstaatlichen Erfordernisse der Zuständigkeit und der Erforderlichkeit hinausgeht, auf die die Übermittlungsregelungen weitgehend rekurrieren.

Mit der Einführung einer umfassenden Zulässigkeitsregelung für die Datennutzung ist das interpretatorische Ziel des funktionalen Stellenbegriffs auf anderem Wege, aber in vollem Umfang erreicht worden. Die Entscheidung des Gesetzgebers bestätigt daher den von den Vertretern des funktionalen Ansatzes angenommenen Schutzbedarf und erlaubt es daher auch, auf diesen weiterhin zurückzugreifen, soweit es seiner Anwendung noch bedarf, um diesem Schutzbedarf zu entsprechen. Keinesfalls können sich jedenfalls diejenigen, die zum BDSG 1977 einen organisationsorientierten Behörden- und Stellenbegriff vertreten haben, durch die Novellierung bestätigt fühlen.[23] 17

Der enge Zusammenhang zwischen dem Stellenbegriff und der Neukonzeption des Zulässigkeitsregimes ist wichtig für die Tragweite der Interpretation des Stellenbegriffs. Da sich der Gesetzgeber für einen umfassenden Schutz gegen datenschutzwidrige Nutzung personenbezogener Daten, nicht aber gegen einen funktionalen Stellenbegriff, der bisher interpretatorisch das Gleiche leistete, entschieden hat,[24] darf die Wahl eines organisationsorientierten Stellenbegriffs unter dem BDSG 1990 nicht überinterpretiert werden. Sie ist keine datenschutzpolitische Richtungsentscheidung, sondern lediglich die rechtstechnische Konsequenz aus dem erweiterten Schutzsystem. Der organisatorische Stellenbegriff hat deshalb dort, aber auch nur dort seine Existenzberechtigung, wo der Schutzzweck durch eine umfassende Nutzungsregelung erreicht wird. Dies ist heute beim BDSG wie auch bei den Landesdatenschutzgesetzen der Fall. Fehlen dagegen umfassende Zulässigkeitsregelungen zur Datennutzung, wie dies in einzelnen Feldern des bereichsspezifischen Datenschutzes noch der Fall ist, so ist der Begriff der Stelle im Rahmen einer verfassungskonformen Auslegung weiterhin funktional zu bestimmen, soweit sich zur Schließung sonst bestehender Datenschutzlücken nicht andere methodische Ansätze – wie etwa eine analoge Anwendung der Übermittlungsvorschriften[25] oder ein Rückgriff auf das BDSG – anbieten. 18

Nach § 1 Abs. 4 VwVfG sind **Behörden** die Dienststellen, die Aufgaben der öffentlichen Verwaltung wahrnehmen. Damit eine Behörde und nicht nur ein Behördenteil vorliegt, muss darüber hinaus eine gewisse **organisatorische Selbstständigkeit** bestehen, die insbesondere in der Unabhängigkeit vom Wechsel des Amtsinhabers, der Selbstständigkeit der Aufgabenerledigung und in der Möglichkeit, die eigenen Angelegenheiten in einem gewissen Umfang selbst zu gestalten, zum Ausdruck kommt. 19

Von der Behörde sind zu unterscheiden deren unselbstständige **Teile und Untergliederungen**, wie etwa Abteilungen, Dezernate, Referate und Sachgebiete sowie Außen- und Zweigstellen. 20

Auch wenn danach der **Bund** (die Körperschaft Bundesrepublik Deutschland) unter dem Gesichtspunkt der Einteilung in verantwortliche Stellen und Dritte nicht als **eine** (und nur eine) Stelle angesehen werden kann, ist doch seine Zugehörigkeit zum öffentlichen Bereich und insofern auch seine Eigenschaft als öffentliche Stelle nicht zu bestreiten.[26] Als Mitglied einer 21

22 Verbot durch § 4 Abs. 1, Erlaubnis durch § 14 Abs. 1 und 2.
23 Vgl. freilich *Gola/Schomerus,* § 2 Rdnrn. 6 ff.
24 So zutreffend *Dörr/Schmidt,* BDSG § 2 Rdnr. 3.
25 So ausdrücklich § 14 Abs. 4 DSG NW sowie für in Akten verbundene Daten § 15 Abs. 6.
26 So im Ergebnis wohl auch *Gola/Schomerus,* BDSG § 2 Rdnr. 14, die auf die gesamte öffentlich-rechtliche Tätigkeit des Bundes abstellen.

Vereinigung oder Inhaber von Gesellschaftsanteilen ist der Bund daher jedenfalls öffentliche Stelle des Bundes i.S.d. § 2 Abs. 1 und 3.

2.2 Zuordnung zum Bund

22 Die Qualifikationen einer bestimmten Organisationseinheit als öffentliche Stelle **des Bundes** bereitet grundsätzlich keine Schwierigkeiten, wenn sie eine öffentlich-rechtlich organisierte Einrichtung oder Teil einer solchen ist. Es genügt dann die Feststellung, dass es sich entweder um eine bundeseigene Stelle handelt[27] oder aber um eine bundesunmittelbare juristische Person.[28] Das Gleiche gilt von Vereinigungen solcher Stellen, solange diese wiederum in öffentlich-rechtlicher Form organisiert sind. Probleme ergeben sich jedoch bei den privatrechtlich organisierten Vereinigungen, zum einen in Bezug auf die Abgrenzung gegenüber den nichtöffentlichen Stellen gemäß Abs. 4 Satz 1, zum anderen wegen des abweichenden Wortlauts der Parallelregelung des Abs. 3.[29]

2.3 Behörden, Organe der Rechtspflege und andere öffentlich-rechtlich organisierte Einrichtungen

23 **Behörde** gemäß § 1 Abs. 4 VwVfG ist jede Stelle, die Aufgaben der öffentlichen Verwaltung wahrnimmt. Soweit eine solche Stelle öffentlich-rechtlich organisiert ist, fällt sie unter den Behördenbegriff des Abs. 1. Eine nicht-öffentliche Stelle ist gemäß Abs. 4 Satz 2 ebenfalls öffentliche Stelle, soweit sie hoheitliche Aufgaben der öffentlichen Verwaltung wahrnimmt. Eine schlicht hoheitliche Erfüllung von Verwaltungsaufgaben genügt hier – anders als nach § 1 Abs. 4 VwVfG – nicht.

24 Der Unterschied zwischen Behörden einerseits und sonstigen öffentlich-rechtlich organisierten Einrichtungen andererseits ist datenschutzrechtlich ohne Bedeutung. Die „Behörden" werden nur deshalb gesondert aufgeführt, weil dieser Begriff besser bekannt und anschaulicher ist.

25 Alle drei Gewalten gliedern sich in Behörden und sonstige öffentlich-rechtliche Stellen. Im Exekutivbereich sind Behörden die typische Erscheinungsform. Die **Organe der Rechtspflege** werden seit der Novellierung 1990 gesondert erwähnt, um klarzustellen, dass die Gerichte nicht nur in ihrer Eigenschaft als Justizverwaltung, sondern auch als Spruchkörper, d.h. als rechtsprechende Gewalt, einbezogen werden. Die Einstufung der Notare als Organe der Rechtspflege richtet sich nach den Landesdatenschutzgesetzen; sie sind öffentliche Stellen im Sinne des DSG NW.[30]

26 Durch die beispielhafte Aufzählung der Behörden und der Organe der Rechtspflege sowie die komplementäre Formulierung „andere öffentlich-rechtlich organisierte Einrichtungen" macht das Gesetz deutlich, dass der **gesamte öffentlich-rechtliche Organisationsbereich des Bundes** einbezogen wird.[31] Öffentlich-rechtliche Einrichtungen des Bundes einschließlich der bundesunmittelbaren Körperschaften, Anstalten und Stiftungen des öffentlichen Rechts, die von vornherein nicht unter das Gesetz fallen, sind daher nicht denkbar; dies umso weniger, als mit den „Vereinigungen" sogar Betätigungen in privatrechtlicher Organisationsform in gewissem Umfang dem öffentlichen Bereich zugeschlagen werden.

27 Dabei wird zwischen dem eigenen Bereich des Bundes, d.h. den Organen der Körperschaft Bundesrepublik Deutschland, einerseits und den bundesunmittelbaren Körperschaften, Anstalten und Stiftungen des öffentlichen Rechts, die rechtlich selbstständige, vom Bund verschiedene, aber ihm (und nicht einem Land) zugeordnete juristische Personen sind, in datenschutzrechtlicher Hinsicht kein Unterschied gemacht. Zu den **Behörden des Bundes** gehören[32]

---

27 Vgl. u. Rdnrn. 23 ff.
28 Vgl. u. Rdnr. 31.
29 Vgl. dazu u. Rdnrn. 37 ff., 41 ff.
30 BGH, NJW 1991, 568; zur – entsprechenden – Einstufung nach anderen Landesdatenschutzgesetzen vgl. *Rüpke,* NJW 1991, 549.
31 Vgl. *Gola/Schomerus,* BDSG § 2 Rdnr. 14; *Schaffland/Wiltfang,* BDSG § 2 Rdnr. 4.
32 Vgl. Art. 86, 87 GG.

- die obersten Bundesbehörden (z.B. Bundesminister, Bundeskanzleramt, Bundespräsidialamt, Bundesrechnungshof, Bundesbank, Präsidenten des Bundesverfassungsgerichts und anderer Bundesgerichte, Präsidenten des Bundestags und des Bundesrats)
- die Bundesoberbehörden und die Bundeszentralstellen, die jeweils einer obersten Bundesbehörde unmittelbar nachgeordnet sind (z.B. Bundesverwaltungsamt, Statistisches Bundesamt, Bundesamt für Finanzen, Bundesgesundheitsamt, Kraftfahrt-Bundesamt, Bundeskriminalamt, Bundesamt für Verfassungsschutz, Bundesbeauftragter für die Unterlagen des Staatssicherheitsdienstes der ehemaligen DDR)
- die bundeseigenen Mittel- und Unterbehörden, d.h. die einer obersten oder oberen Bundesbehörde nachgeordneten Behörden mit einem örtlich begrenzten Zuständigkeitsbereich (z.B. die Behörden der Bundesfinanzverwaltung, der Bundeswehrverwaltung, der Bundesgrenzschutzverwaltung, der Bundeswasserstraßenverwaltung, der Bundesschifffahrtsverwaltung und die Auslandsvertretungen des Auswärtigen Dienstes).[33]

28 **Organe der Rechtspflege** des Bundes sind das Bundesverfassungsgericht, die obersten Bundesgerichtshöfe und die Bundesgerichte[34] sowie der Generalbundesanwalt beim Bundesgerichtshof und der Oberbundesanwalt beim Bundesverwaltungsgericht.

29 **Andere öffentlich-rechtlich organisierte Einrichtungen** des Bundes sind z.B. der Bundespräsident, der Bundestag[35] und der Bundesrat,[36] sowie die Fraktionen und parlamentarischen Gruppen des Bundestags; der einzelne Abgeordnete ist grundsätzlich im Hinblick auf seine von Fremdbestimmung und öffentlich-rechtlicher Aufgabenbindung freie Mandatswahrnehmung[37] ungeachtet des von ihm bekleideten obersten Staatsamtes[38] als nicht-öffentliche Stelle nach § 2 Abs. 4 Satz 1 anzusehen; nur in Ausübung besonderer geschäftsordnungsmäßiger Funktionen, etwa als Ausschussvorsitzender oder Bearbeiter einer Petition als Mitglied des Petitionsausschusses handelt er als Organ der öffentlichen Stelle Bundestag.

30 Für **Bundestag** und Bundesrat wird teilweise vertreten, sie seien nur insoweit öffentliche Stelle und damit Adressaten des BDSG, wie sie Verwaltung ausüben.[39] Aus dem BDSG ist dies nicht begründbar, da nicht ersichtlich ist, was einer Qualifikation als öffentlich-rechtlich organisierter Einrichtung des Bundes entgegenstehen könnte. Zutreffend ist, dass bei der Anwendung der Vorschriften des BDSG auf das Parlament wie auf die anderen Verfassungsorgane jeweils geprüft werden muss, ob und in welchem Umfang Bundesgesetze auf dem Gebiet des Parlamentsrechts – wie etwa das Abgeordnetengesetz und das G 10-Gesetz – Regelungen enthalten, die nach § 1 Abs. 3 vorgehen, und ob Einschränkungen unter dem Gesichtspunkt der verfassungskonformen Gesetzesauslegung zu beachten sind. So werden beispielsweise der Bundestag und der Bundesrat als parlamentarische Körperschaften vom BfDI zwar nach § 26 Abs. 3 S. 1 beraten, aber in verfassungskonformer Auslegung des § 24 Abs. 1 nicht kontrolliert, weil der Exekutive keine Kontrollbefugnisse gegenüber der Legislative zustehen. Im Übrigen haben sich in der Praxis bislang keine Probleme ergeben, die Anlass geben, die Anwendbarkeit des BDSG insgesamt in Frage zu stellen. In der zwölften Legislaturperiode im Bundestag angestellte Überlegungen, den Bundestag, seine Gremien, Gliederungen und Mitglieder und deren Mitarbeiter sowie auch die Bundestagsverwaltung von den materiellen Regelungen des BDSG ausdrücklich freizustellen, soweit es um die Wahrnehmung parlamentarischer Aufgaben geht, und stattdessen entsprechende Regelungen sowie ein Beschwerdeverfahren vor einem parlamentarischen Gremium in die Geschäftsordnung des Deutschen Bundestags aufzunehmen, würden den Betroffenen weitgehend rechtlos

---

33 Ein vollständiges Verzeichnis der Bundesbehörden enthält *K.D. Schnapauff (Hrsg.)*, Die Bundesrepublik Deutschland, Staatshandbuch, Teilausgabe Bund (2000).

34 Art. 94-96 GG.

35 Vgl. Durchführungsbestimmungen zum BDSG im Geschäftsbereich des Bundesministers der Verteidigung zu § 2, Ministerialblatt des Bundesministers der Verteidigung 1991, 312.

36 Als parlamentarische Körperschaften; als Verwaltung sind sie Bundesbehörden; ebenso *Gola/Schomerus,* BDSG § 2 Rdnr. 14; *Bergmann/Möhrle/Herb,* BDSG § 2 Rdnrn. 9, 12; *Schaffland/Wiltfang,* BDSG § 2 Rdnr. 4.

37 Art. 38 Abs. 1 GG.

38 Vgl. *Maunz/Dürig,* GG Art. 34 Rdnr. 94, 38 Rdnr. 8.

39 Vgl. die bei *Auernhammer,* Textausgabe § 2 Rdnr. 3 zitierten Berichterstatter der Koalitionsfraktionen.

stellen, ohne dass dafür eine verfassungsrechtliche Begründung – etwa im Grundsatz der Freiheit von Weisungen nach Art. 38 Abs. 1 S. 2 GG oder der Indemnität nach Art. 46 Abs. 1 GG – ersichtlich wäre. Sie sind daher kein geeigneter Ansatz zur Herstellung einer praktischen Konkordanz der verfassungsrechtlichen Positionen.[40]

31 Öffentliche Stellen sind auch die Behörden und sonstigen öffentlich-rechtlich organisierten Stellen der **bundesunmittelbaren Körperschaften, Anstalten und Stiftungen** des öffentlichen Rechts. Durch sie übt der Bund die sog. mittelbare Bundesverwaltung aus.[41] Zu diesen zählen beispielsweise die Bundesagentur für Arbeit in Nürnberg einschließlich der ihr nachgeordneten Stellen, das Bundesinstitut für Berufsbildung, der Bundesverband für den Selbstschutz, die landesübergreifend tätigen Sozialversicherungsträger, wie etwa die Bundesversicherungsanstalt für Angestellte,[42] die Deutsche Bundesbank einschließlich der Landeszentralbanken, die Rundfunkanstalt des Bundesrechts Deutsche Welle, in öffentlich-rechtlicher Form organisierte Unternehmen des Bundes,[43] die Bundesanstalt für vereinigungsbedingte Sonderaufgaben (BVS), die Kassenärztliche und die Kassenzahnärztliche Bundesvereinigung, die Wirtschaftsprüferkammer, die Stiftung Preußischer Kulturbesitz, die Stiftung Haus der Geschichte der Bundesrepublik Deutschland, die Stiftung Mutter und Kind, die Stiftung „Erinnerung, Verantwortung und Zukunft“ zur Entschädigung von Zwangsarbeitern und weitere durch Bundesgesetz errichtete Stiftungen.

2.4 Vereinigungen öffentlicher Stellen des Bundes (Abs. 3)

2.4.1 Regelungszweck und Anwendungsbereich

32 Neben den einzelnen Behörden, Rechtspflegeorganen und anderen öffentlich-rechtlich organisierten Einrichtungen bezieht die Definition auch **deren Vereinigungen** mit ein, und zwar **ungeachtet ihrer Rechtsform**. Ist eine solche Vereinigung öffentlich-rechtlich organisiert, so ist sie schon deshalb eine öffentliche Stelle des Bundes. Das Gesetz geht aber darüber hinaus und bezieht auch und gerade privatrechtlich organisierte Vereinigungen mit ein. Motiv dafür ist die Überlegung, dass die spezifische – überwiegend strengere – datenschutzrechtliche Verantwortung der öffentlichen Stellen auch dann Platz greifen soll, wenn mehrere öffentliche Stellen in einer gesonderten Organisation zusammenwirken und dafür, aus welchen Gründen auch immer, eine privatrechtliche Organisationsform gewählt haben. Die Qualifikation einer privatrechtlichen Einrichtung als „öffentliche Stelle“ hat nicht zwingend zur Folge, dass sie nunmehr insgesamt wie eine Behörde zu behandeln ist. Handelt es sich nämlich bei der Vereinigung um ein **Wettbewerbsunternehmen**, so unterfällt sie kraft ihrer Einstufung als öffentliche Stelle lediglich in puncto Kontrolle[44] und interner Durchführung[45] den für den öffentlichen Bereich geltenden Vorschriften, während im Übrigen die Vorschriften des nichtöffentlichen Schutzes zum Zuge kommen.[46] Als „öffentliche Stelle“ ist die Vereinigung ungeachtet ihrer privatrechtlichen Organisationsform insoweit als „öffentlich-rechtliches Unternehmen“ im Sinne der genannten Vorschriften anzusehen.

33 In systematischer Hinsicht ist zu beachten, dass Abs. 3 für Vereinigungen des privaten Rechts, an denen sowohl öffentliche Stellen des Bundes als auch solche der Länder beteiligt sind (Bund-Länder-Mischvereinigungen), eine Sondervorschrift enthält. Für diese, aber auch nur für diese, ist **Abs. 3** als **Spezialvorschrift** anzusehen, die Abs. 1 verdrängt.[47] Sind dagegen an einer Vereinigung nicht zugleich mindestens eine öffentliche Stelle des Bundes und eine öffentliche Stelle eines Landes beteiligt, so bleibt es bei der Anwendbarkeit des Abs. 1, ohne dass es im Übrigen auf eine etwaige zusätzliche Beteiligung nicht-öffentlicher Stellen ankommt.

40 Zu den kommunalen Vertretungskörperschaften vgl. *Ehlers/Heydemann,* DVBl. 1990, 1 ff., 7 ff.
41 Vgl. Art. 86, 87 Abs. 2 und 3 Satz 1 GG.
42 § 90 Abs. 1 SGB IV.
43 Z.B. Kreditanstalt für Wiederaufbau, Deutsche Ausgleichsbank.
44 §§ 21, 24 f.
45 § 18.
46 §§ 12 Abs. 2 Nr. 1, 27 Abs. 1 Nr. 2.
47 Für Anwendung des Abs. 1 auch in diesem Falle anscheinend *Schaffland/Wiltfang,* BDSG § 2 Rdnr. 11.

2.4.2 Begriff der Vereinigung

Der Begriff der **Vereinigung** ist weit auszulegen. Das Gesetz definiert den Begriff nicht. Doch zeigt Abs. 3 Nr. 2, dass nicht nur Vereinigungen gemeint sind, bei denen sich die Willensbildung nach dem Anteil der Stimmen vollzieht, sondern auch solche, wo diese nach Anteilen erfolgt. Auch setzt Abs. 4 Satz 1 ausdrücklich voraus, dass Gesellschaften des privaten Rechts unter Abs. 1 und damit unter den Begriff der Vereinigung fallen können. Erfasst werden also nicht nur (rechtsfähige und nichtrechtsfähige) Vereine (insb. Verbände) und sonstige Organisationen mit körperschaftlicher Struktur, sondern auch Gesellschaften, und zwar **Personengesellschaften** (wie BGB-Gesellschaft, OHG und KG) gleichermaßen wie **Kapitalgesellschaften** (wie GmbH und AG). Dementsprechend nennt auch die Begründung des Regierungsentwurfs die regelmäßig als GmbH errichteten Verkehrsverbünde als typische Beispiele einer Vereinigung öffentlicher Stellen. Die Einbeziehung der Kapitalgesellschaften ist zwar grundsätzlich unbestritten,[48] die praktischen Konsequenzen sind aber noch nicht überall gezogen. 34

Auch Gesellschaften, bei denen der Bund oder eine Stelle des Bundes **alle Anteile** hält,[49] sind Vereinigungen im Sinne der Definition.[50] Wenn schon Vereinigungen, bei denen mehrere Stellen des Bundes zusammenwirken, als öffentliche Stelle eingestuft werden, so muss dies erst recht gelten, wenn eine Stelle des Bundes die Vereinigung allein beherrscht. Dies entspricht auch der Logik des Abs. 3. Wenn bereits eine mehrheitliche Beteiligung des Bundes ausreicht, um eine Vereinigung als öffentliche Stelle des Bundes zu qualifizieren, so kann bei einer hundertprozentigen Beteiligung nichts anderes gelten. Wandelt der Bund beispielsweise ein in öffentlich-rechtlicher Rechtsform organisiertes Kreditinstitut in eine AG um, so ändert dies nichts an der Eigenschaft als öffentliche Stelle; erst wenn er die Anteilsmehrheit veräußert und damit den beherrschenden Einfluss verliert[51] oder das Institut nicht mehr für Zwecke des Bundes eingesetzt wird,[52] verändert es sich zur nicht-öffentlichen Stelle. 35

Stiftungen sind nach allgemeinem Sprachgebrauch zwar keine „Vereinigungen". Da entscheidend aber nicht die Organisationsform, sondern die Beherrschung durch einze oder mehrere öffentliche Stellen des Bundes ist, sind neben bundesunmittelbaren Stiftungen des öffentlichen Rechts in entsprechender Anwendung des Begriffs „Vereinigung" auch Stiftungen des privaten Rechts als öffentliche Stellen des Bundes einzustufen, wenn sie vom Bund beherrscht und zur Erreichung seiner spezifischen Zwecke eingesetzt werden.[53] Dies kann insbesondere in Betracht kommen, wenn der Bund für die betreffende Aufgabe über keinen Verwaltungsunterbau (in Behördenform) verfügt und sich stattdessen, aber in vergleichbarer Weise, einer Stiftung bedient. 36

2.4.3 Beherrschung durch den Bund

Vereinigungen des privaten Rechts sind nur dann als öffentliche Stelle nach Abs. 1 zu qualifizieren, wenn sie von einer oder mehreren Stellen des Bundes **beherrscht** werden. Für den Fall der Mischvereinigungen stellt Abs. 3 ausdrücklich dar, dass eine Qualifikation als öffentliche Stelle „ungeachtet der Beteiligung nicht-öffentlicher Stellen" erfolgt, wenn nur die anderen Voraussetzungen vorliegen. Auch wenn eine entsprechende Klausel in Abs. 1 fehlt, ergibt sich doch aus dem Regelungszweck, dass auch hier die Beteiligung anderer als öffentlicher Stellen des Bundes unschädlich ist, solange die sonstigen Voraussetzungen bestehen. 37

Allerdings schweigt Abs. 1 – wiederum abweichend von Abs. 3 – auch bezüglich der Frage, welcher Grad an Einfluss bestehen muss, damit eine Vereinigung noch als „deren" Vereinigung, d.h. als Vereinigung von öffentlichen Stellen des Bundes, angesehen werden kann. Ent- 38

48 *Schild,* RDV 1989, 232 ff. verneint, grundsätzlich zu Recht, die Kompetenz des Landesgesetzgebers, geht aber der Einstufung innerhalb des BDSG nicht näher nach.
49 Einmann-GmbH, Alleinaktionär bei einer AG.
50 Vgl. *Nungesser,* HDSG § 3 Rdnr. 6; *Hess. Landesregierung,* LT-Drs. 12/4328*; a. M. Bergmann/Möhrle/Herb,* § 2 Rdnr. 10 ff.
51 Vgl. u. Rdnrn. 37 ff.
52 Vgl. u. Rdnrn. 41 ff.
53 Enger, ohne Rücksicht auf diesen Regelungszweck, *Bergmann/Möhrle/Herb*, § 2 Rdnr. 11

scheidend dafür ist, ob die öffentlichen Stellen des Bundes die Tätigkeit der Vereinigung in den wesentlichen Fragen steuern können, etwa dadurch, dass sie über eine absolute Mehrheit der Stimmen oder Anteile in den Entscheidungsorganen der Vereinigung verfügen.

39 Ein geringerer Anteil kann dann ausreichen, wenn die Beherrschung auf andere Weise, etwa durch einen Beherrschungsvertrag, gesichert ist. So kann beispielsweise eine Beherrschung durch öffentliche Stellen des Bundes gegeben sein, wenn Mitglieder eines Vereins nicht die Dienststellen, sondern deren jeweilige Leiter oder sonst bestimmte Funktionsträger sind und dadurch ein beherrschender Einfluss der Dienststellen gegeben ist, wie dies beispielsweise bei manchen als e.V. organisierten Einrichtungen der Personalfürsorge der Fall ist.[54] Ebenso genügt es, wenn der beherrschende Einfluss der öffentlichen Stelle(n) des Bundes durch eine Klausel der Vereinssatzung gesichert ist, nach welcher die Geschäftsführung bei einer Dienststelle der Bundesverwaltung liegt oder unter deren Kontrolle erfolgt.[55] Diese Auslegung entspricht § 104 Abs. 1 Nr. 2 BHO, wonach der Bundesrechnungshof die Haushalts- und Wirtschaftsführung einer juristischen Person des Privatrechts prüft, wenn „sie vom Bund oder einer vom Bund bestellten Person allein oder überwiegend verwaltet wird“. Schließlich kann eine vollständige finanzielle Abhängigkeit auf eine Beherrschung hindeuten.

40 Bei einer **Stiftung** ist darauf abzustellen, ob der Bund sich durch das Errichtungsgeschäft oder die Satzung den beherrschenden Einfluss auf die Geschäfte gesichert hat, z.B. durch die Befugnis, das oder die maßgeblichen Stiftungsorgane mehrheitlich zu besetzen oder durch eine anderweitige Möglichkeit den Lauf der Geschäfte wesentlich zu bestimmen.

2.4.4 Öffentliche Aufgabe

41 Eine privatrechtliche Vereinigung ist – ungeachtet des insoweit neutralen Gesetzeswortlauts – nur dann als öffentliche Stelle zu qualifizieren, wenn sie den **spezifischen Zwecken der** an ihr beteiligten öffentlichen **Stelle(n) des Bundes dient** und damit im weitesten Sinne an der Erfüllung einer **öffentlichen Aufgabe** teilnimmt. Ausgeschlossen sind dagegen reine **Finanzbeteiligungen**, also Beteiligungen, die in keinem Zusammenhang mit den spezifischen Aufgaben und Zielen der öffentlichen Stelle(n) des Bundes stehen.

42 Zwar enthält Abs. 1 – anders als Abs. 3 – keine ausdrückliche tatbestandliche Einschränkung in diesem Sinne; sie folgt jedoch aus dem Normzweck. Die Qualifikation als öffentliche Stelle und die damit verbundene kontrollmäßige Gleichstellung mit Bundesbehörden beruht auf der Vorstellung, dass die Tätigkeit des Bundes nach einheitlichen Grundsätzen **kontrolliert** werden soll,[56] gleichgültig ob sie sich, wie allgemein üblich, durch Behörden und sonstige öffentlich-rechtliche Stellen oder – ausnahmsweise – durch privatrechtlich organisierte Einrichtungen vollzieht. Diese Gleichbehandlung soll bewirken, dass sich die Frage einer „Flucht ins Privatrecht“ gar nicht erst stellt. Bei reinen Finanzbeteiligungen kommt diese Überlegung nicht zum Tragen, da es an einem Sachzusammenhang zwischen dem Tätigkeitsfeld der privatrechtlichen Einrichtung und den besonderen Pflichten der öffentlichen Stelle von vornherein fehlt.

43 Entsprechend diesem Normzweck ist die ungeschriebene gesetzliche Voraussetzung, dass die Beteiligung der öffentlichen Stelle(n) der Erfüllung einer öffentlichen Aufgabe dienen muss, weit auszulegen.[57] Entscheidend ist allein, ob die Funktion tatsächlich als öffentliche Aufgabe wahrgenommen wird; auf eine gesetzliche Aufgabenzuweisung kann es daher nicht

---

54 Vgl. Durchführungsbestimmungen zum BDSG im Geschäftsbereich des Bundesministers der Verteidigung zu § 2, Ministerialblatt des Bundesministers der Verteidigung 1991, 312.

55 Vgl. a.a.O.

56 Während die materiellen Vorschriften im Falle von Wettbewerbsunternehmen unberührt bleiben, vgl. o. Rdnr. 32.

57 Vgl. zum gleichartig geregelten Landesrecht einerseits *Grell,* LDSG BW § 2 Rdnr. 10, demzufolge die Vereinigung sich „irgendwie öffentlich betätigen“ muss; sowie *Stähler,* DSG NW § 2 Rdnr. 4 „soweit sie Aufgaben der öffentlichen Verwaltung wahrnehmen“; ähnlich *Schild,* NVwZ 1990, 339 f.; sowie anscheinend noch enger *Kutzmann,* LDatG RhPf § 2 Anm. 1; andererseits *Nungesser,* HDSG § 3 Rdnr. 3 ff., der allein auf die Gesetzgebungskompetenz des Landes für die beteiligten Stellen des Landes abstellt; ohne Einschränkung auch *Schaffland/Wiltfang,* BDSG § 2 Rdnr. 10, die allerdings Personen- und Kapitalgesellschaften überhaupt nicht als Vereinigungen im Auge haben.

ankommen. Ebenso wenig ist eine hoheitliche Form der Aufgabenerfüllung erforderlich.[58] Es muss allerdings stets eine öffentliche Aufgabe gerade der an der Vereinigung beteiligten Stelle(n) des Bundes sein, was bedeutet, dass es sich um eine staatliche Aufgabe handeln muss. Eine öffentliche Aufgabe in dem (weiteren) Sinne, dass ein Bezug zu den Belangen der Allgemeinheit genügt, so etwa wenn von der „öffentlichen Aufgabe der Presse" gesprochen wird, genügt nicht.[59]

Erforderlich ist nicht unbedingt eine direkte Teilnahme an der Ausführung einer öffentlichen Aufgabe, sondern es genügt ebenso die Mitwirkung an **Hilfs-, Neben- und Servicefunktionen**, wobei die Mitwirkung auch in einer **Unterstützung oder Förderung** liegen kann. 44

Bezugspunkt muss die **öffentliche Aufgabe** einer Stelle **des Bundes** sein. Dabei kommen alle Aufgaben des Bundes in Betracht. In der Praxis lässt sich der notwendige Aufgabenbezug nach folgenden Kriterien ermitteln: 45

- Gibt es einen Zusammenhang zwischen einer öffentlichen Aufgabe der beteiligten Stelle(n) des Bundes und den Zielen und Zwecken der Beteiligungsgesellschaft oder sonstigen Vereinigungen?
- Spielt es für die Unternehmensziele der Beteiligungsgesellschaft (oder die Ziele einer sonstigen Vereinigung) eine Rolle, dass die Beteiligung von einer bestimmten Stelle des Bundes gehalten wird (und nicht von irgendwelchen Privaten)?

Der Umstand, dass die öffentlichen Stellen des Bundes gerade im Hinblick auf ihre öffentlichen Aufgaben an der Vereinigung beteiligt sind, reicht genau genommen für sich noch nicht aus. Er ist aber ein Indiz dafür, dass die Vereinigung ihrerseits an der Aufgabenerfüllung der an ihr beteiligten öffentlichen Stellen mitwirkt. Die Beteiligung muss mit anderen Worten der Hebel sein, mit dem die Vereinigung für die Erfüllung der Aufgaben der beteiligten öffentlichen Stellen instrumentalisiert wird. 46

Eindeutig zu bejahen ist dies bei den sog. Nichtregierungsorganisationen (**NRO**, international **NGO** – non government organisations – genannt), die beispielsweise im Bereich der Entwicklungshilfe an Stelle des sonst üblichen Verwaltungsunterbaus agieren.[60] 47

Bei einer **Stiftung** kommt es darauf an, ob der Bund durch den Stiftungszweck seine spezifischen Aufgaben erfüllt oder Ziele verfolgt. War dies bei der Errichtung der Stiftung der Fall, so ist dies ein Indiz dafür, dass auch die Geschäftstätigkeit der Erfüllung von Aufgaben des Bundes dient. Auch das Bestehen eines Monopols indiziert den Bezug zu einer öffentlichen Aufgabe. 48

Die durch Umwandlung aus den volkseigenen Kombinaten und sonstigen Wirtschaftseinheiten der ehemaligen DDR entstandenen Kapitalgesellschaften, deren Anteilseigner die Bundesanstalt für vereinigungsbedingte Sonderaufgaben – BVS (früher **Treuhandanstalt**) ist, sind keine öffentlichen Stellen. Der gesetzliche Auftrag der Treuhandanstalt richtete sich auf die Stillegung, Sanierung und Privatisierung der Unternehmen – erschöpft sich also in der Neustrukturierung und Anpassung durch entsprechende Verfügungen **über** die Unternehmen –, nicht jedoch auf die Erfüllung öffentlicher Aufgaben **durch** die Unternehmenspolitik der einzelnen Treuhandunternehmen. 49

Dasselbe gilt für die aus der ehemaligen sowjetisch-deutschen Aktiengesellschaft (SDAG) Wismut hervorgegangene Wismut GmbH i.A.[61] Die daraus abgespaltene Wismut I GmbH ist dagegen als öffentliche Stelle anzusehen, da zwar nicht unbedingt die Stillegung der Bergbaubetriebe, wohl aber die von ihr ebenfalls durchzuführende Sanierung und die Rekultivierung der Bergbaualtlasten öffentliche Aufgaben darstellen.[62] 50

Welche öffentliche Aufgabe des Bundes durch eine privatrechtliche Vereinigung ausgeführt, unterstützt oder gefördert wird, spielt keine Rolle. Eine Einschränkung, etwa auf Routineauf- 51

---

58 So zum alten Recht *Schild,* RDV 1989, 232 ff., 234 f.

59 Vgl. zu den Begriffen *Bull,* Die Staatsaufgaben nach dem Grundgesetz, 2. Aufl. 1977, 47 ff., sowie zum Aufgabenbestand des Bundes, *ders.,* a.a.O., insbes. 211 ff.

60 U.a. Gesellschaft für Technische Zusammenarbeit.

61 Im Aufbau; vgl. Art. 2 §§ 1 und 2 des Ratifikationsgesetzes v. 12.12.1991, BGBl. II 1991, 1138.

62 Ratifikationsgesetz a.a.O. Art. 3 § 1 Abs. 2.

gaben des Verwaltungsvollzugs, wäre nicht gerechtfertigt. Daher kommen z.B. auch Aufgaben der Planung, der Erfolgskontrolle, der Untersuchung und Optimierung der Aufbau- und Ablauforganisation und der staatlichen Öffentlichkeitsarbeit in Betracht. Die Aufgaben können auch an die Regierungsfunktionen anknüpfen. Entscheidend ist stets nur, dass es sich um die spezifischen Aufgaben der beteiligten öffentlichen Stellen des Bundes handelt.

52 In fachlicher Gliederung kommen insbesondere Aufgaben aus folgenden Bereichen in Betracht

- Daseinsvorsorge (Errichtung und Unterhaltung von Einrichtungen der Energieversorgung, der Verkehrsinfrastruktur und von Verkehrsträgern für den Verkehr auf der Straße, der Schiene, zu Wasser und in der Luft)[63]
- Sicherung der wirtschaftlichen Grundlagen des Allgemeinwesens (regional-, struktur- und branchenbezogene Wirtschaftsförderung, Technologieförderung, Luft- und Raumfahrtförderung)
- Sicherung der öffentlichen Kommunikationsinfrastruktur (Telekommunikations- und sonstige Postdienste)
- Einrichtungen der Kulturpflege, der Wissenschaft und der Information
- Wohnungsbau und Siedlungswesen (sozialer Wohnungsbau, Wohnungsbauförderung, Wohnungsversorgung für Bundesbedienstete)
- Einrichtungen der Entwicklungshilfe.

53 Bei den Hilfs-, Neben- und Servicefunktionen gibt es folgende Schwerpunkte:

- Datenverarbeitungsunternehmen, insbesondere Rechenzentren
- Verwertung von bei der Erfüllung öffentlicher Aufgaben erlangten Daten zu Werbezwecken (Reklame-Gesellschaften)
- Druckerei- und Verlagsgesellschaften
- Vermarktung der von öffentlichen Stellen angebotenen Leistungen, etwa auf dem Gebiet des Verkehrs, des Transports und der Telekommunikation
- Beherbergungs- und Restaurantbetriebe (zur Verfügung durch die Bundesregierung)
- sonstige Hilfs- und Nebenbetriebe.

54 Keine Rolle spielt es, ob zwischen der Vereinigung und den beteiligten öffentlichen Stellen ein Vertragsverhältnis besteht und welche rechtliche Ausgestaltung ein solches ggf. hat. Insbesondere ist ein Auftragsverhältnis nach § 11 weder notwendig noch schädlich.

55 Das Vorliegen einer öffentlichen Aufgabe wird nicht dadurch ausgeschlossen, dass bei der Aufgabenerfüllung **Wettbewerb** mit privaten Anbietern besteht.[64] Es genügt, dass die staatliche Teilnahme am Wettbewerb zum Zweck der Erfüllung einer öffentlichen Aufgabe erfolgt. Durch den Abbau staatlicher Monopole, durch Deregulierung und durch Privatisierung verschiedener Bereiche hat der Umfang der Felder zugenommen, in denen staatliche Aufgabenerfüllung und privates Marktgeschehen in einer Gemengelage stattfinden, so etwa im Bereich des Verkehrs und der Telekommunikation. Hier ist jeweils zu prüfen, ob die staatliche Betätigung durch private Vereinigungen nur noch eine wirtschaftliche Betätigung mit Erwerbscharakter darstellt oder ob sie unverändert der Erfüllung öffentlicher Aufgaben dient, etwa der Sicherstellung eines im öffentlichen Interesse unverzichtbaren Kernangebots oder der Sicherung der Versorgung in Feldern, die bei rein wettbewerblich-privatwirtschaftlicher Struktur nicht hinreichend bedient würden. Im Zweifel wird man aus der Tatsache, dass der Staat entsprechende Unternehmen nur teilweise verkauft, die Kontrolle über die Unternehmen jedoch nicht aus der Hand gegeben hat, schließen können, dass dies unter dem Gesichtspunkt der Erfüllung öffentlicher Aufgaben so geschehen ist.

56 Ist eine privatrechtlich organisierte Vereinigung nach Abs. 1 als öffentliche Stelle des Bundes anzusehen, so kann sie ihrerseits allein oder mit anderen öffentlichen Stellen des Bundes wiederum an einer privatrechtlich organisierten Vereinigung beteiligt sein, für die dann ebenfalls zu prüfen ist, ob sie eine öffentliche Stelle darstellt. Da die Vereinigung als öffentliche Stelle definiert ist, bedurfte es hierzu keiner klarstellenden Regelung, wie sie § 53 Abs. 3 Satz 2

63 Vgl. zum Begriff der Daseinsvorsorge und zur Anwendung auf Flughäfen insbes. HDSB, 33. TB S. 23f.
64 Zu den Rechtsfolgen im Falle eines öffentlich-rechtlichen Wettbewerbsunternehmens s. o. Rdnr. 32.

Haushaltsgrundsätzegesetz für die mehrstufige Beherrschung enthält. In der Praxis können daher auch **Dachverbände** sowie vor allem **Tochtergesellschaften** von Bundesunternehmen öffentliche Stellen nach Abs. 1 sein.[65]

Beispiele für Vereinigungen, die nach Abs. 1 öffentliche Stellen sind: DEG – Deutsche Investitions- und Entwicklungsgesellschaft mbH, Köln, Deutsche Gesellschaft für technische Zusammenarbeit (GTZ) GmbH, Eschborn/Ts., Deutscher Entwicklungsdienst Gemeinnützige Gesellschaft mbH, Bonn, JURIS GmbH Juristisches Informationssystem für die Bundesrepublik Deutschland, Saarbrücken, Vereinigte Bundesverkehrsbetriebe GmbH, Köln, zahlreiche Wohnungsbau- und Siedlungsgesellschaften, Bundesanzeigerverlagsgesellschaft mbH, Bonn, Wissenschaftliches Institut für Kommunikationsdienste GmbH (WIK), Bad Honnef, Kunst- und Ausstellungshalle der Bundesrepublik Deutschland GmbH, Bonn. 57

2.5 Unternehmen, denen ein ausschließliches Recht nach dem Postgesetz zusteht (Abs. 1 Satz 2)

Von der Regelung des Satzes 2 ist – nach Ablauf der Monopolrechte der Deutschen Telekom AG und einer entsprechenden Anpassung des Wortlauts der Vorschrift – nur noch die **Deutsche Post AG** betroffen. Dieser steht nach § 51 Postgesetz[66] bis Ende des Jahres 2007 eine gesetzliche Exklusivlizenz in einem Teilbereich der Beförderung von Briefen und adressierten Katalogen zu. Satz 2 bewirkt, dass die Deutsche Post AG als ganze, nicht nur der Exklusivbereich, als öffentliche Stelle gilt. Wie bei allen öffentlichen Stellen ist auch hier gesondert zu prüfen, ob ein öffentlich-rechtliches Wettbewerbsunternehmen vorliegt, was bei der Deutschen Post AG aufgrund ihrer Gesamtausrichtung zutrifft. Sie unterfällt deshalb gemäß §§ 12 Abs. 1, 27 Abs. 1 Nr. 2 a hinsichtlich der Beurteilung ihres Datenumgangs nicht den Vorschriften des Zweiten, sondern denen des Dritten Abschnitts. Diese Interpretation muss sich zwar darüber hinwegsetzen, dass Satz 2 nur eine „öffentliche", keine „öffentlich-rechtliche" Stelle fingiert, entspricht aber dem gesetzgeberischen Zweck, die betreffenden Einrichtungen hinsichtlich der materiellen Vorschriften mit ihren den Wettbewerbern gleichzustellen, jedoch für die interne Organisation und die externe Kontrolle während der Fortdauer der Monopolrechte die (strengeren) für öffentliche Stellen geltenden Regelungen beizubehalten. 58

3. Öffentliche Stellen der Länder (Abs. 2)

Wie bereits näher dargelegt[67] hat die Definition der öffentlichen Stellen der Länder nur im Regelungskontext des BDSG Bedeutung. Inhaltlich ist sie vollständig der Definition der öffentlichen Stellen des Bundes nach Abs. 1 nachgebildet. Auf die vorstehenden Erläuterungen zu Abs. 1 kann deshalb in vollem Umfang verwiesen werden. Mit der Formulierung öffentliche Stellen **„der Länder"** ist nicht etwa gemeint, dass die betreffende Stelle mehreren Ländern zugeordnet sein muss, vielmehr soll nur zum Ausdruck gebracht werden, dass die Definition für alle Länder gilt. 59

Während Abs. 1 von „bundesunmittelbaren" Körperschaften, Anstalten und Stiftungen des öffentlichen Rechts spricht, stellt Abs. 2 darauf ab, ob es sich um der **Aufsicht** des Landes unterstehende juristische Personen des öffentlichen Rechts handelt. Auf die Art und Intensität der Aufsicht oder deren Unmittelbarkeit kommt es nicht an. Es genügt also eine Rechtsaufsicht, die auch inhaltlich weiter eingeschränkt sein kann. Ebenso genügt die Aufsicht durch eine Stelle, die ihrerseits unter der Aufsicht des Landes steht.[68] 60

Erfasst werden insbesondere 61

- die kommunalen Gebietskörperschaften (unter ausdrücklichem Einschluss der Gemeindeverbände)

---

65 Vgl. o. Rdnr. 11 a.E.
66 BGBl. I 1997, S. 3294, 3304 f. idF des Art. 1 des Gesetzes vom 2.9.2001 BGBl. I S. 2271
67 o. Rdnr. 12 ff.
68 Im Ergebnis ebenso *Gola/Schomerus,* BDSG § 2 Rdnr. 18.

- Industrie- und Handelskammern, Handwerkskammern und Innungen
- Universitäten
- Rundfunkanstalten
- Sozialversicherungsträger, deren Tätigkeitsbereich Landesgrenzen nicht überschreitet
- öffentlich-rechtliche Verbände.

62 Zusammen mit dem Anwendungsbereich des Abs. 1 wird der gesamte Bereich der öffentlichen Verwaltung erfasst. Nicht dazu gehören ausländische Dienststellen[69] und die öffentlich-rechtlichen Religionsgesellschaften.[70] Ebenso wie in Abs. 1 werden auch die privatrechtlichen Vereinigungen mit einbezogen; die abweichende Formulierung „derer" (statt „deren") hat keine sachliche Bedeutung.

4. Bund-Länder-Mischvereinigungen (Abs. 3)

63 Für Vereinigungen in privater Rechtsform, an denen jeweils mindestens eine öffentliche Stelle des Bundes und eines Landes beteiligt sind, war unter dem BDSG 1977 streitig, unter welchen Voraussetzungen sie als Stelle des Bundes und wann sie als Stelle eines Landes anzusehen sind.[71] Die Spezialvorschrift des Abs. 3 (i.d.F. der Novellierung 1990) regelt diese Frage in der Weise, dass zunächst alle privatrechtlichen Vereinigungen, an denen der Bund und mindestens ein Land beteiligt sind, als öffentliche Stelle qualifiziert werden, wenn sie Aufgaben der öffentlichen Verwaltung wahrnehmen. Ist eine solche Vereinigung über den Bereich eines Landes hinaus tätig oder steht dem Bund die absolute Mehrheit der Anteile oder Stimmen zu, so wird sie als Stelle des Bundes eingestuft, in allen anderen Fällen als Stelle der Länder. Welchem Land im Falle der Beteiligung mehrerer Länder die öffentliche Stelle zuzuordnen ist, bleibt mangels Gesetzgebungskompetenz ungeregelt. Auslegungsprobleme ergeben sich hinsichtlich des Begriffs der Aufgaben der öffentlichen Verwaltung.[72]

64 Ebenso wie bei den Vereinigungen nach Abs. 1 und Abs. 2 kommen auch bei den Mischvereinigungen **alle Arten von Vereinigungen** des privaten Rechts in Betracht, insbesondere also auch Kapitalgesellschaften.[73] Ebenso wie bei Abs. 1 hat die Einstufung als öffentliche Stelle zwingende Rechtsfolgen nur bezüglich der Kontrolle und Durchführung des Datenschutzes, während die anzuwendenden materiellen Vorschriften davon abhängen, ob ein Wettbewerbsunternehmen vorliegt.[74]

65 An der Vereinigung müssen **öffentliche Stellen des Bundes und solche der Länder** beteiligt sein. Mit **„und"** ist im Hinblick auf den Charakter des Abs. 3 als Spezialvorschrift im Verhältnis zu den Abs. 1 und 2 eine kumulative Verknüpfung gemeint. An der Vereinigung muss folglich mindestens eine öffentliche Stelle des Bundes und mindestens eine Stelle eines Landes beteiligt sein. Sind nur Stellen des Bundes beteiligt, so ist auf die Vereinigung Abs. 1 anzuwenden; sind es ausschließlich Stellen der Länder, gilt Abs. 2. Der Umstand, dass zwei oder mehr Länder beteiligt sind, begründet keine Verwaltungskompetenz des Bundes; eine landesübergreifende Betätigung genügt hierfür nur im Falle der Sozialversicherungsträger.[75] Eine Einordnung als Bundesstelle nach Abs. 3 mit der Folge der Aufsicht durch den BfDI verbietet sich deshalb.

66 Gleichgültig ist, ob es sich bei einer öffentlichen Stelle des Bundes oder eines Landes um eine öffentlich-rechtlich organisierte Einrichtung oder um eine privatrechtlich organisierte Einrichtung handelt, die als Vereinigung öffentlicher Stellen eine öffentliche Stelle im Sinne der genannten Vorschriften darstellt.[76]

---

69 Vgl. Rdnr. 82 f.
70 Vgl. Rdnr. 84 ff.
71 Vgl. 3. Auflage § 7 Rdnr. 31 f.
72 Vgl. Rdnr. 69 ff.
73 Vgl. o. Rdnr. 34.
74 Vgl. Rdnr. 32, 55.
75 Art. 87 Abs. 2 GG, § 90 SGB IV; dies übersieht *Binne,* DSB 12/1991, 11 ff.
76 Vgl. o. Rdnr. 11 a.E., 56.

Ist die notwendige Beteiligung von mindestens einer öffentlichen Stelle des Bundes und eines Landes gegeben, so erfolgt die Einstufung als öffentliche Stelle **ungeachtet der Beteiligung nicht-öffentlicher Stellen**. Der Gesetzgeber trägt damit der Tatsache Rechnung, dass an manchen Vereinigungen neben Stellen des Bundes und der Länder auch private Einrichtungen beteiligt sind, ohne dass sich dadurch am datenschutzrechtlich wesentlichen Charakter der Vereinigung etwas ändern muss. 67

In welcher **Stärke** die nicht-öffentlichen Stellen beteiligt sind, spielt keine Rolle. Theoretisch steht auch eine mehrheitliche Beteiligung nicht-öffentlicher Stellen einer Qualifikation als öffentliche Stelle nach Abs. 3 nicht entgegen. Da das Gesetz aber in jedem Falle voraussetzt, dass die Mischvereinigung Aufgaben der öffentlichen Verwaltung wahrnimmt, kommen als öffentliche Stelle zu qualifizierende Mischvereinigungen in der Regel nur bei mehrheitlicher Beteiligung der öffentlichen Stellen vor. 68

Öffentliche Stelle nach Abs. 3 kann nur eine Vereinigung sein, die **Aufgaben der öffentlichen Verwaltung** wahrnimmt. Entsprechend der Intention des Gesetzes, die Tätigkeit öffentlicher Stellen kontrollmäßig gleich zu behandeln, auch wenn sie in privatrechtlicher Organisationsform erfolgt, ist der Begriff „Aufgaben der öffentlichen Verwaltung" weit auszulegen. Entscheidend ist, ob die Vereinigung an der Erfüllung der spezifischen Aufgaben der beteiligten öffentlichen Stellen mitwirkt, sie fördert oder unterstützt.[77] 69

Aus dem Vergleich mit der Regelung zum beliehenen Unternehmer,[78] die auf hoheitliche Aufgaben der öffentlichen Verwaltung abstellt, ergibt sich, dass bei den Vereinigungen nach Abs. 1-3 ein hoheitlicher Charakter nicht gefordert wird. 70

Mit „Aufgaben der öffentlichen Verwaltung" sind alle Aufgaben der Stellen des Bundes und der Länder gemeint. Ausgeschlossen ist eine nur auf Gewinnerzielung gerichtete gewerbliche Tätigkeit.[79] 71

Eine weitere typische Aufgabe von Mischvereinigungen öffentlicher Stellen, die meist in der Form des Verbandes wahrgenommen wird, besteht in der kontinuierlichen wechselseitigen Abstimmung und Koordinierung ihrer Aufgabenerfüllung, etwa im Hinblick auf raumübergreifende Wirkungszusammenhänge oder zur Vermeidung ungünstiger Markteinflüsse. 72

Für die Qualifikation als öffentliche Stelle **des Bundes** sieht das Gesetz zwei Kriterien vor; das Vorliegen eines dieser Kriterien ist notwendig, aber auch hinreichend. Nach dem ersten Kriterium muss die Vereinigung **über den Bereich eines Landes hinaus tätig** werden (Nr. 1). Diese Vorschrift ist unter Kompetenzgesichtspunkten nicht unproblematisch. Da in diesem Falle weder eine mehrheitliche oder sonst qualifizierte Beteiligung des Bundes noch anderer Tatbestände verlangt werden, aus denen sich eine Beherrschung seitens des Bundes ergibt, scheint die landesübergreifende Tätigkeit das einzige Merkmal zu sein, an das die Qualifikation als öffentliche Stelle des Bundes anknüpfen kann.[80] Den grundgesetzlichen Regelungen über die Verwaltungszuständigkeiten lässt sich allerdings nur für den speziellen Fall der Sozialversicherungsträger der Grundsatz entnehmen, dass ein landesübergreifender Zuständigkeitsbereich zur Einstufung als bundesunmittelbare Körperschaft des öffentlichen Rechts führt.[81] Im Übrigen hängt es allein vom Gegenstand der Verwaltungsaufgabe ab, ob sie durch die Länder oder durch bundeseigene Verwaltung auszuführen ist. Die Regelung ist daher in verfassungskonformer Weise dahin auszulegen, dass sie nur unter der weiteren Voraussetzung eingreift, dass die wahrgenommene Aufgabe der öffentlichen Verwaltung nach der grundgesetzlichen Kompetenzordnung Gegenstand bundeseigener Verwaltung ist. 73

Beispiele für Mischvereinigungen, die öffentliche Stelle des Bundes nach Nr. 1 sind: Verband Deutscher Rentenversicherungsträger e.V.,[82] Rhein-Main Verkehrsverbund GmbH, Frankfurt/Main. 74

---

77 Vgl. näher o. Rdnr. 41 ff.
78 Abs. 4 Satz 2.
79 Wegen weiterer Einzelheiten zum Aufgabenbezug s. o. Rdnr. 41 ff., 51 ff.
80 *Dörr/Schmidt,* BDSG § 2 Rdnr. 12; *Binne,* DSB 12/1991, 11 ff.
81 Art. 87 Abs. 2 GG.
82 Der VDR und seine Datenstelle gelten bereits nach § 146 Abs. 5 SGB VI als öffentliche Stelle im Sinne des BDSG.

75 Nach Nr. 2 genügt es für eine Qualifikation als öffentliche Stelle des Bundes ebenso, wenn dem Bund die **absolute Mehrheit der Anteile** gehört oder die **absolute Mehrheit der Stimmen** zusteht. Dies ist nicht der Fall, wenn der Bund und ein Land über je 50% der Anteile verfügen. Streng genommen muss auch im Falle der Nr. 2 ergänzend gefordert werden, dass die wahrgenommene Verwaltungsaufgabe in den Verwaltungskompetenzbereich des Bundes gehört. Angesichts der vorausgesetzten Beherrschung durch eine absolute Mehrheit des Bundes dürften sich insoweit praktische Schwierigkeiten jedoch nur selten ergeben.

76 **Beispiele** für Mischvereinigungen, die öffentliche Stelle des Bundes nach Nr. 2 sind: Hauptverband der gewerblichen Berufsgenossenschaften e.V., mehrere Großforschungseinrichtungen in der Rechtsform der GmbH, Deutsches Institut für Entwicklungspolitik Gemeinnützige Gesellschaft mbH, Berlin, Wissenschaftszentrum Berlin für Sozialforschung gemeinnützige Gesellschaft mbH, Berlin.

77 Nach Satz 2 gelten Vereinigungen **andernfalls**, d.h. wenn weder die Voraussetzungen nach Nr. 1 noch die nach Nr. 2 vorliegen, als öffentliche Stellen **der Länder**.[83] Das Wort „andernfalls“ knüpft an den mit „wenn“ beginnenden Halbsatz des Satzes 1 an. Die im ersten Halbsatz genannten tatbestandlichen Voraussetzungen, insbesondere die Beteiligung öffentlicher Stellen des Bundes und der Länder und die Wahrnehmung einer Aufgabe der öffentlichen Verwaltung, müssen also vorliegen; ebenso gilt die Maßgabe „ungeachtet der Beteiligung nicht-öffentlicher Stellen“. Ist also eine Vereinigung wegen der Wahrnehmung einer Aufgabe der öffentlichen Verwaltung als öffentliche Stelle anzusehen, fällt sie aber unter keinem der unter Nrn. 1 und 2 genannten Gesichtspunkte in den Bereich des Bundes, so ist sie als öffentliche Stelle der Länder anzusehen. Genau genommen kann es sich freilich immer nur um die öffentliche Stelle **eines** Landes handeln.[84] Ebenso wenig wie in Abs. 2 trifft das Gesetz eine Aussage darüber, welchem der beteiligten Länder die Stelle zuzuordnen ist; hierfür hätte der Bund auch keine Gesetzgebungskompetenz. Fehlen staatsvertragliche Abmachungen, wird in erster Linie das Sitzland maßgeblich sein.

78 Wie in den Abs. 1 und 2 können als beteiligte Stellen des Bundes oder eines Landes auch Vereinigungen fungieren, die nach den Regelungen des § 2 als öffentliche Stelle anzusehen sind.[85]

79 Während das Gesetz im Falle von Vereinigungen öffentlicher Stellen des Bundes[86] oder der Länder[87] diese unter den jeweils genannten Voraussetzungen definitorisch zur öffentlichen Stelle bestimmt, greift es im Falle der Mischvereinigungen nach Abs. 3 auf das dogmatische Mittel der Fiktion zurück. Diese „gelten“ jeweils nur als öffentliche Stelle. Ein tieferer Sinn ist freilich nicht erkennbar. Die sprachliche Inkonsistenz rührt wohl daraus, dass in Abs. 1 und Abs. 2 das Phänomen der Vereinigungen nicht gesondert geregelt, sondern nur durch die kurze Formel „und deren Vereinigungen“ angesprochen wird. Unabhängig von der Regelungsform ist festzustellen, dass es sich in allen Fällen um privatrechtlich organisierte Einrichtungen handelt, die aber vom BDSG als öffentliche Stellen eingestuft werden.

80 **Beispiele** für Mischvereinigungen, die öffentliche Stelle eines Landes nach Satz 2 sind: Fraport AG, Frankfurt/Main,[88] Flughafen-GmbHs Berlin-Brandenburg, Hamburg, Köln/Bonn und München, Duisburger Hafen AG, Duisburg, LEG Saar, Landesentwicklungsgesellschaft Saarland mbH, Saarbrücken, GKSS-Forschungszentrum Geesthacht GmbH, Geesthacht, Deutsches Primatenzentrum GmbH, Göttingen, Fachinformationszentrum Chemie GmbH, Berlin, Fachinformationszentrum Karlsruhe, Gesellschaft für wissenschaftlich-technische Information mbH, Karlsruhe, Heinrich-Hertz-Institut für Nachrichtentechnik Berlin GmbH, Berlin, Deutsches Historisches Museum GmbH, Berlin.

83 Zu den Rechtsfolgen s. Rdnr. 12 ff.
84 Vgl. o. Rdnr. 59.
85 Vgl. o. Rdnr. 56.
86 Abs. 1.
87 Abs. 2.
88 So HDSB 34. TB S. 25 f. entgegen der Auff. des Hess. Landesredierung

5. Ausländische Behörden und andere ausländische öffentliche Stellen

Das Gesetz definiert als öffentliche Stellen nur öffentliche Stellen des Bundes und solche der Länder. Ist deshalb schon fraglich, ob Organisationen, die zwar einen öffentlich-rechtlichen Organisationsstatus haben, aber nicht der staatlichen Organisation des Bundes oder eines Landes zugehören, wie dies bei den öffentlich-rechtlichen Religionsgesellschaften der Fall ist,[89] so ist jedenfalls klar, dass nur deutsches, nicht aber ausländisches Recht eine Stelle als (deutsche) Behörde oder sonstige öffentliche Stelle zu qualifizieren vermag. **Diplomatische** und **konsularische Vertretungen** ausländischer Staaten in der Bundesrepublik, sonstige hier ansässige **ausländische Behörden** oder **Streitkräfte**[90] sowie Einrichtungen **internationaler Organisationen**[91] und **supranationaler Einrichtungen**[92] fallen daher nicht unter die Abs. 1-3. Dasselbe gilt für ihre Vereinigungen. Ausländische Behörden sowie internationale und supranationale Organisationen sind Völkerrechtssubjekte und fallen damit aus dem Begriffspaar öffentliche Stellen/nicht-öffentliche Stellen heraus. Sie besitzen jedoch Rechts- und Geschäftsfähigkeit wie juristische Personen[93] und sind daher im Regelungssystem des BDSG wie solche zu behandeln. Ihre fehlende Erwähnung in § 2[94] bezweckt allein den Schutz ihrer völkerrechtlich verbrieften Aktionsfreiheit, stellt jedoch im Übrigen keinen datenschutzrechtlichen Freibrief dar. 81

Auf der Grundlage der Vereinbarungen über die Aufnahme von diplomatischen Beziehungen und der Zustimmung zur Errichtung von konsularischen Vertretungen in Verbindung mit den Bestimmungen der Vertragsgesetze zu dem Wiener Übereinkommen über Diplomatische Beziehungen[95] und zu dem Wiener Übereinkommen über Konsularische Beziehungen[96] – wodurch beide Übereinkommen unmittelbar geltendes deutsches Bundesrecht sind –, wie auch nach Völkergewohnheitsrecht dürfen solche ausländische Vertretungen in dem durch diese rechtlichen Bestimmungen gebildeten Rahmen in der Bundesrepublik Deutschland auch behördlich tätig werden. Für internationale und supranationale Organisationen ergibt sich die Gestattung in der Regel aus den Gründungsverträgen oder speziellen Sitzstandsabkommen. Sie gilt jeweils für den entsprechenden Wirkungskreis. Zur Erfüllung der sich daraus ergebenden Aufgaben sind diese Stellen auch zum Umgang mit personenbezogenen Daten berechtigt, so etwa im Zusammenhang mit der Betreuung eines Angehörigen ihres Entsendestaats oder der Benachrichtigung durch den Empfangsstaat.[97] Dabei sind sie verpflichtet, in Deutschland geltende Gesetze zu beachten.[98] Insoweit kann sich dabei auch ein Verstoß gegen das BDSG ergeben. Steht eine Verarbeitung personenbezogener Daten durch eine ausländische Behörde oder eine sonstige ausländische öffentliche Stelle in keinem sachlichen Zusammenhang mit ihren erlaubten Aufgaben, so verstößt sie gegen innerstaatliches Recht und gegen Völkerrecht. Unter beiden Aspekten sind der gerichtlichen Rechtsverfolgung allerdings durch die diplomatische Immunität nach den genannten Abkommen sowie durch besondere Abkommen oder gesetzliche Bestimmungen über die „Gewährung von Vor- 82

---

89 Vgl. näher u. Rdnr. 84 ff.
90 Z.B. nach dem NATO-Truppenstatut sowie dem Zusatzabkommen.
91 Z.B. Zweigstelle Karlsruhe der Internationalen Atom-Energie-Organisation, Zweigamt Bonn des Internationalen Arbeitsamts, Institut für Pädagogik der UNESCO in Hamburg, der Hohe Flüchtlingskommissar der Vereinten Nationen in Bonn, die Zweigstelle der UNEP in Bonn, die NATO-Organisation für Produktion und Logistik NAMMA in München, das European Space Operation Center ESOC der ESA in Darmstadt, das Europäische Laboratorium für Molekularbiologie in Heidelberg, die Europäische Organisation für Astronomische Forschung in der südlichen Hemisphäre ESO in Garching.
92 Z.B. das Europäische Patentamt in München.
93 Vgl. etwa *Kunz-Hallstein*, NJW 1992, 3069 ff., 3070.
94 Die im Hinblick auf internationale Verpflichtungen nachzuholen ist.
95 WÜD; BGBl. II 1964, 959.
96 WÜK; BGBl. II 1969, 1585.
97 Vgl. Art. 36, 37 WÜK.
98 Art. 41 Abs. 1 WÜD; Art. 55 Abs. 1 WÜK.

rechten und Befreiungen" – insbesondere von der staatlichen Gerichtsbarkeit und Vollstreckung – enge Grenzen gesetzt.[99]

83 Hinsichtlich des anwendbaren Rechts ist bei diplomatischen und konsularischen Vertretungen von EU- oder EWR-Mitgliedstaaten Art. 4 Abs.1 Buchst. b zu beachten. Danach haben die Mitgliedstaaten ihr Datenschutzrecht auch auf ihre ausländischen Vertretungen anzuwenden; dies beinhaltet – unausgesprochen – die spiegelbildliche Pflicht, Vertretungen anderer Mitgliedstaaten von der Anwendung des eigenen Datenschutzrechts auszunehmen. Das BDSG hat von einer expliziten Umsetzung abgesehen, da sich diese Rechtslage bereits aus dem Völkerrecht ergibt.

6. Öffentlich-rechtliche Religionsgesellschaften

6.1 Allgemeines

84 Die Einordnung der öffentlich-rechtlich organisierten Religionsgesellschaften sowie der ihnen zugeordneten öffentlich-rechtlich organisierten Werke und Einrichtungen in das Regelungssystem des BDSG stößt auf große Schwierigkeiten und hat eine umfangreiche publizistische Auseinandersetzung ausgelöst, die auch unter dem neuen Gesetz fortdauert.[100] Die Schwierigkeiten gehen im Kern darauf zurück, dass der Gesetzgeber in auffallendem Gegensatz zu seinem sonst üblichen Vorgehen jede ausdrückliche Regelung über die Anwendbarkeit des Gesetzes auf die öffentlich-rechtlichen Religionsgesellschaften oder etwa dabei zu beachtende Schranken unterlassen hat,[101] und dies obwohl eine undifferenzierte Einbeziehung offensichtlich auf ebenso gravierende verfassungsrechtliche Bedenken stoßen muss wie eine pauschale Ausklammerung. Aber nicht nur auf die Frage, ob und in welchem Umfang das Gesetz anzuwenden ist, ist der Gesetzgeber eine Antwort schuldig geblieben, sondern ebenso in Bezug auf die nicht weniger schwierige Frage, ob denn die öffentlich-rechtlichen Religionsgesellschaften – wegen ihrer Rechtsform – nach den für öffentliche Stellen geltenden Regeln oder ob sie – im Hinblick auf ihren vom Staat unabhängigen Status – nach den für Private geltenden Regeln zu beurteilen sind.[102]

85 Zu den hier betroffenen Körperschaften des öffentlichen Rechts gehören die Evangelischen Landeskirchen, die Evangelische Kirche in Deutschland, die Vereinigte Evangelisch-Lutherische Kirche Deutschland, die Evangelische Kirche der Union, die Evangelischen Freikirchen, der Bund Evangelisch-Freikirchlicher Gemeinden – Baptisten, die Mennoniten, die Bistümer der Katholischen Kirche, das Bistum der Altkatholiken in Deutschland, die Russisch-Orthodoxe Kirche, die Heilsarmee und die Israelitischen Kultusgemeinden. Ebenso betroffen sind zahlreiche öffentlich-rechtlich organisierte Einzeleinrichtungen wie etwa Kirchengemeinden, Synodalverbände, Orden und Genossenschaften, die als Teile der Kirchen gelten oder ihnen fest zugeordnet sind. Diese werden im folgenden nicht mehr gesondert erwähnt, sind aber grundsätzlich gleich zu behandeln.[103]

6.2 Aussagen und Schweigen des Gesetzgebers

86 Die öffentlich-rechtlichen Religionsgesellschaften sind bei wörtlicher Anwendung der Legaldefinition weder Stellen des Bundes noch bundesunmittelbare Körperschaften i.S.d. Abs. 1.

---

99 Z.B. für die Sonderorganisationen der Vereinten Nationen Abkommen v. 21. Nov. 1947, BGBl. I 1954, 639, 645, für die IEAO VO v. 30. Juli 1960, BGBl. II 1960, 1993 ff.; vgl. *Kunz-Hallstein,* NJW 1992, 3069 ff.

100 Vgl. Literaturangaben vor Rdnr. 1.

101 Vgl. etwa zur Betriebsverfassung §§ 118 Abs. 2 BetrVG, 112 Satz 1 BPersVG, zur Unternehmensmitbestimmung § 1 Abs. 4 Satz 2 MitbestG, zur Organisation der Berufsbildung § 84a Berufsbildungsgesetz, zum Verwaltungsverfahren § 2 Abs. 1 VwVfG sowie zum Beamtenrecht § 135 BRRG.

102 Eigene Lösung s. u. Rdnr. 107 ff.

103 Vgl. *Maunz,* in *Maunz/Dürig,* GG Art. 140 Rdnr. 31.

Ebenso wenig sind sie übrigens öffentliche Stellen eines Landes im Sinne der Landesdatenschutzgesetze, da sie auch einer Landesaufsicht nicht unterstehen.[104]

Dass der Gesetzgeber es vermeidet, die öffentlich-rechtlichen Religionsgesellschaften als öffentliche Stelle des Bundes oder eines Landes einzuordnen, zeigt sich bei ihrer Behandlung als Empfänger von Übermittlungen seitens öffentlicher Stellen. Zwar hat er die entsprechende Spezialregelung des § 15 Abs. 4 in einen Paragraphen mit der Überschrift „Datenübermittlung an öffentliche Stellen" eingeordnet. Er hat jedoch – wie schon die Vorgängervorschrift des § 10 Abs. 2 a.F. – ausdrücklich nur eine **entsprechende** Geltung der Abs. 1 bis 3 angeordnet. Dies legt den Schluss nahe, dass er die öffentlich-rechtlichen Religionsgesellschaften nicht als öffentliche Stellen i.S.d. § 15 Abs. 1 ansieht. 87

Der Regierungsentwurf hatte noch ausdrücklich vorgesehen, dass das Gesetz „für öffentlich-rechtliche Religionsgesellschaften sowie die ihnen zugeordneten karitativen und erzieherischen Einrichtungen des öffentlichen Rechts" nicht gilt.[105] Für „die den öffentlich-rechtlichen Religionsgesellschaften zugeordneten karitativen und erzieherischen Einrichtungen des privaten Rechts" hatte der Regierungsentwurf[106] darüber hinaus eine stark eingeschränkte Geltung vorgesehen. Die Fraktion DIE GRÜNEN, der diese „sehr weitgehenden Ausnahmen … in keiner Weise gerechtfertigt" erschienen, hat eine Regelung dahingehend vorgeschlagen, dass die Regelung des zweiten Abschnitts „entsprechend für die Tätigkeit der öffentlich-rechtlichen Religionsgesellschaften sowie der ihnen zugeordneten privatrechtlich organisierten Einrichtungen (gelten), sofern nicht sichergestellt ist, dass bei ihnen ausreichende Datenschutzmaßnahmen getroffen werden". Der Innenausschuß hat jedoch mehrheitlich beschlossen, die erwähnte Sonderregelung des Regierungsentwurfs ersatzlos zu streichen. Hierbei ist es geblieben. Zwar verlangte der Bundesrat im Vermittlungsverfahren[107] wie vorher schon die SPD-Fraktion die Wiederherstellung der Fassung des Regierungsentwurfs, blieb jedoch in diesem Punkt erfolglos.[108] Der Bericht des Innenausschusses des Deutschen Bundestages enthält sich zu den Motiven dieser bedeutsamen Entscheidung eigenartigerweise jeder Äußerung, wie übrigens auch das Vermittlungsbegehren des Bundesrates einer Begründung entbehrt. Dem Vernehmen nach soll die Erwägung bei Mitgliedern des Innenausschusses eine Rolle gespielt haben, dass dem Bund für eine Regelung der Angelegenheiten der öffentlich-rechtlichen Religionsgesellschaften die Gesetzgebungskompetenz fehle. Da diese Erwägung keinen Eingang in die Gesetzesmaterialien gefunden hat, muss sie für die historische Auslegung außer Betracht bleiben; auf die Frage der Gesetzgebungskompetenz ist aber bei der verfassungskonformen Auslegung zurückzukommen. 88

Zwar lässt sich argumentieren, die Sonderregelungen des Regierungsentwurfs seien als überflüssig, da bereits aus dem BDSG bzw. dem GG folgend, und insofern in der Absicht gestrichen worden, den bestehenden Rechtszustand aufrechtzuerhalten.[109] Angesichts der fortdauernden Meinungsverschiedenheiten, die sich während des Gesetzgebungsverfahrens noch verschärften,[110] und der in anderen Bereichen üblichen Praxis ausdrücklicher Geltungsbestimmungen[111] liegt es freilich näher, der **Streichung materielle Bedeutung** zuzuerkennen oder sie zumindest im Sinne einer bewussten Nicht-Entscheidung zu interpretieren – dies umso mehr, als Bundesregierung und Koalitionsfraktionen eine Sonderregelung des Vorläuferentwurfs für privatrechtlich organisierte kirchliche Einrichtungen in der vorangegangenen Legislaturperiode ausdrücklich damit begründet hatten, damit solle „die insoweit strittige Rechtslage geklärt 89

---

104 Allg. Auff., vgl. etwa *Lorenz,* ZevKR 37 (1992) 29; *Voll,* Handbuch des Bayerischen Staatskirchenrechts (1985) 376.
105 BT-Drs. 11/4306, § 1 Abs. 4 Nr. 2 a.
106 Unter Nr. 2 b.
107 BR-Drucks. 379/90.
108 BR-Drucks. 11/7235 S. 86 und 11/7843.
109 Vgl. *Lorenz,* ZevKR 37 (1992) 30.
110 Wenn etwa „messbare Beeinträchtigungen" auch im Kernbereich verneint werden und „dem Datenschutz der Vorrang" eingeräumt wird – *Lehnguth,* DVBl. 1986, 1081, 1086 f.; oder wenn das BDSG grundsätzlich auch für die Kirchen verbindlich erklärt wird, da es „genug Freiraum" lasse, so *Hoeren,* Kirchen, 64 ff.
111 Vgl. o. Rdnr. 84.

werden".[112] Die zum BDSG 1977 verbreitete These von der Ausklammerung der verfassten Kirchen durch „beredtes Schweigen"[113] lässt sich unter der neuen Fassung des Gesetzes nicht mehr vertreten, und schon gar nicht lässt sich diese als „rechtslogisch(e)" Folge der erwähnten Freistellungsklauseln des Betriebsverfassungs- und Personalvertretungsrechts begründen.[114]

6.3 BDSG für alle geltendes Gesetz (Art. 137 Abs. 3 WV)

90 Das Argument fehlender Gesetzgebungskompetenz trifft nur insofern zu, als eine spezielle Kompetenz des Bundes, die Rechtsverhältnisse der öffentlich-rechtlichen Religionsgesellschaften gesetzlich zu regeln, nicht besteht. Hieraus kann jedoch nicht geschlossen werden, dass dem Bund jegliche Datenschutzregelung, die sich (auch) an die öffentlich-rechtlichen Religionsgesellschaften richtet, versagt sei. Im Gegenteil: Wenn den Religionsgesellschaften durch Art. 140 GG i.V.m. Art. 137 Abs. 3 WV das Recht garantiert ist, ihre Angelegenheiten „selbstständig innerhalb der Schranken des für alle geltenden Gesetzes" zu ordnen und zu verwalten, wird vorausgesetzt, dass der Bund wie auch die Länder im Rahmen ihrer Gesetzgebungskompetenzen solche Gesetze erlassen können.[115]

91 Ein „für alle geltendes Gesetz" liegt nach Auffassung des Bundesverfassungsgerichts zunächst einmal dann vor, wenn es für die Religionsgesellschaft dieselbe Bedeutung hat wie für jedermann, jedoch nicht, wenn es sie härter trifft, insbesondere weil es ihren geistig-religiösen Auftrag beschränkt.[116] Dass dies beim BDSG der Fall sei, ist behauptet aber nur mit allgemeinen Erwägungen begründet worden.[117] Der notwendige konkrete Nachweis, durch welche datenschutzrechtliche Vorschriften in welche Rechtspositionen der Religionsgesellschaften stärker als bei anderen Gesetzesadressaten eingegriffen wird, ist nicht erbracht.[118] Daher ist davon auszugehen, dass das **BDSG ein für alle geltendes Gesetz** i.S.v. Art. 137 Abs. 3 Satz 1 WV ist.[119]

92 Das Bundesverfassungsgericht wendet Art. 140 GG i.V.m. Art. 137 Abs. 3 WV darüber hinaus als materielle Wertentscheidung zugunsten der Selbstständigkeit der Religionsgesellschaften in der Weise an, dass ein einschränkendes Gesetz nach Maßgabe einer **Abwägung** zwischen den mit ihm verfolgten Allgemeininteressen einerseits und dem Prinzip der Autonomie der Religionsgesellschaften andererseits seinerseits einschränkend auszulegen ist oder gänzlich zurücktreten muss.[120] Im Rahmen dieser Güterabwägung sind die konkurrierenden Verfassungsgüter so zueinander ins Verhältnis zu bringen, dass beide möglichst weitgehend verwirklicht werden.[121]

93 Sind damit das vom BDSG geschützte informationelle Selbstbestimmungsrecht des einzelnen einerseits und das Recht der öffentlich-rechtlichen Religionsgesellschaften auf eigenständige Regelung ihrer Angelegenheiten andererseits zueinander in Beziehung zu setzen, so ist es unerlässlich, sowohl nach den einzelnen Regelungskomplexen des BDSG als auch nach den verschiedenen Tätigkeitsfeldern der Religionsgesellschaften zu **differenzieren**; bei einer

---

112 Vgl. BT-Drs. 10/5343 und 10/4737 § 30 Abs. 1 und Begründung, S. 14, 44; dazu *Lehnguth,* DVBl. 1986, 1081, 1082.
113 *Stolleis,* ZevKR 23 (1978) 230, 233; *Schatzschneider,* BayVBl. 1978, 362, 363.
114 So freilich *Voll,* aaO (Fn. 104), 375.
115 *Gallwas,* BayVBl. 1980, 423; kompetenzrechtliche Bedenken klar verneinend auch *Lorenz,* ZevKR 37 (1992) 27, 28.
116 Vgl. BVerfGE 42, 312, 332 f.
117 *Dahrmann,* ZevKR 31 (1986) 395 f.; *Lorenz,* ZevKR 37 (1992) 27, 36.
118 *Lehnguth,* DVBl. 1986, 1081, 1086 f.
119 So auch die *Bundesregierung* zur Begründung von Ausnahmeregelungen im Vorläuferentwurf der 10. Legislaturperiode, a.a.O.
120 BVerfGE 53, 366, 404; 72, 278, 289.
121 *Hesse,* Grundzüge des Verfassungsrechts der Bundesrepublik Deutschland (18. Aufl. 1991) Rdnr. 72, 317 f.; *Lerche,* Übermaß und Verfassungsrecht (1961) 125; zur Anwendung im Verhältnis zum parlamentarischen Untersuchungsrecht vgl. *Link/de Wall,* JZ 1992, 1155 f.

abstrakten Gegenüberstellung wäre der gebotene schonendste Ausgleich unmöglich.[122] Auch eine Unterscheidung lediglich nach dem „Prinzip des Datenschutzes" einerseits, das für alle gilt, und dem BDSG andererseits, dessen Regelungen für die Religionsgesellschaften nicht gelten sollen, wäre zu grob.[123]

Die verfassungsrechtlich gebotene Güterabwägung kann auch nicht derart in ein striktes Subsidiaritätsprinzip umgedeutet werden, dass eine gesetzliche Regelung schon immer dann zu unterbleiben habe, wenn die Kirchen zu einer autonomen Regelung der Angelegenheit in der Lage seien.[124] Aus dem Prinzip der Güterabwägung lässt sich auch nicht folgern, dass ein staatliches Gesetz von Verfassungs wegen durch eine nachfolgende kirchliche Regelung verdrängt werde, wie dies sowohl für die Kirchen[125] als auch für die diesen zugeordneten privatrechtlich organisierten Werke und Einrichtungen vertreten wird.[126] Demgegenüber ist in methodischer Hinsicht darauf hinzuweisen, dass bei der Abwägung dem vom staatlichen Gesetz verfolgten Regelungszweck (hier: der Grundrechtssicherung) das Recht der öffentlich-rechtlich verfassten Religionsgesellschaften auf eine grundsätzlich eigenständige Regelung ihrer Angelegenheiten gegenübersteht. Die Frage, in welcher Weise die öffentlich-rechtlichen Religionsgesellschaften die betreffende Materie bisher geregelt haben oder künftig – voraussichtlich – regeln werden, insbesondere ob diese Regelungen im wesentlichen mit dem staatlichen Gesetz übereinstimmen, kann für die Abwägung keine Rolle spielen, da das Wesen der autonomen Gestaltung gerade in der Freiheit von staatlich gesetzten Vorgaben besteht.[127] Bei der für die Güterabwägung wesentlichen Frage, wie stark das Bedürfnis für eine gesetzliche Regelung ist, muss daher das gesamte Spektrum andernfalls zulässiger autonomer Regelungen zugrunde gelegt werden. Hierzu gehört auch die Möglichkeit, dass autonome Regelungen nicht ergehen oder deutlich hinter dem staatlichen Gesetz zurückbleiben, wie dies etwa bei der fehlenden Reaktion auf die erweiterten verfassungsrechtlichen Anforderungen in der Folge des Volkszählungsurteils des Bundesverfassungsgerichts aus dem Jahr 1983 der Fall ist.[128] 94

Für eine möglichst konkrete Vorgehensweise bei der verfassungsrechtlich gebotenen Güterabwägung spricht auch die Praxis des Bundesverfassungsgerichts, nicht ganze Gesetze oder Regelungskomplexe, sondern jeweils Einzelbestimmungen darauf zu überprüfen, ob ihre Anwendung auf die Religionsgesellschaften (oder deren Einrichtungen und Werke) mit deren verfassungsrechtlich garantierter Autonomie zu vereinbaren ist. Dies ist gerade beim Bundesdatenschutzgesetz mit seinen außerordentlich vielgestaltigen Regelungen, die von der Zulässigkeit der Informationsverarbeitung und -verwendung über Kontroll- und Gestaltungsrechte des einzelnen bis hin zu Maßnahmen der internen Durchführung und der externen Kontrolle sowie der technischen Sicherung reichen, aber auch Haftungs- und Strafvorschriften umfassen, unerlässlich. 95

Schließlich kann heute – anders als in den späten siebziger Jahren – die Notwendigkeit autonomer Regelung nicht mit der Ungewissheit bezüglich der praktischen Auswirkungen des BDSG begründet werden. Vielmehr gibt es umfangreiche Erfahrungen mit der Anwendung des Bundes- sowie der Landesdatenschutzgesetze der ersten wie der zweiten Generation, dokumentiert nicht zuletzt in ausführlichen Tätigkeitsberichten der Datenschutzbeauftragten, 96

122 Für Differenzierung schon *Schweinoch,* in *Gallwas/Schweinoch,* BDSG § 7 Rdnr. 59 f.; *Hörle,* AfP 1978, 1989 f.; *Gallwas,* BayVBl. 1980, 423, 426; *Louis,* Grundzüge des Datenschutzrechts, S. 51; *Hoeren,* Kirchen, 62, 66; dagegen mit sehr allgemeinen Hinweisen auf die Eigenständigkeit bei allen Aufgaben, die „Freiheit innerkirchlicher Kommunikation" und die „Beziehung der Kirche zum Menschen" *Lorenz,* ZevKR 1992, 27, 29, 36 ff.; *ders.,* in Essener Gespräche 1981, 84, 91 ff.

123 So aber vor allem *Lorenz,* in Essener Gespräche 1981, 84, 98 ff., 103; *ders.,* Ev. Staatslexikon (3. Aufl. 1987) 454.

124 So im Ergebnis *Lorenz,* ZevKR 37 (1992) 27, 37 f., wenn er zwar die Bindung an das „Datenschutzprinzip" einräumt, aber doch für dessen Verwirklichung insgesamt Freiraum für den „eigenen Weg" postuliert; ähnlich – für Trennung zwischen Ob und Wie – *Schatzschneider,* Kirchenautonomie, 24 f.

125 *Hoeren,* Kirchen, 66; der „Immunisierungseffekt" soll aber nur bei „vergleichbaren" Regelungen eintreten; vgl. *ders.,* DuD 1988, 286 ff.

126 Vgl. dazu näher Erl. zu Abs. 4.

127 So auch *Lorenz,* ZevKR 37 (1992) 27, 30.

128 Zur notwendigen Anpassung vgl. *Hoeren,* Kirchen, 32 f. sowie jetzt auch *Lorenz,* ZevKR 37 (1992) 27, 39 f.

wie auch – wenn auch kaum publiziert[129] – mit der Anwendung der den staatlichen Regelungen weitestgehend nachgebildeten kirchlichen Datenschutzvorschriften. Hinweise auf Beeinträchtigungen des autonomen Status der Religionsgesellschaften können deshalb jedenfalls heute nur dann als relevant angesehen werden, wenn sie sich auf näher beschriebene Folgen der Anwendung ganz bestimmter staatlicher Normen in konkreten kirchlichen Anwendungssituationen beziehen.

97 Gegenüber der Zeit des Erlasses des BDSG 1977 hat sich die **verfassungsrechtliche Ausgangssituation grundlegend verändert**. Zwar war der Grundrechtsbezug des Datenschutzes schon damals evident, doch galten Datenschutzgesetze als politisch wünschenswerte Maßnahmen im Vorfeld der Grundrechte, zu deren Erlass freilich nach damals vorherrschender Auffassung eine verfassungsrechtliche Verpflichtung nicht bestand.[130] Spätestens seit dem Volkszählungsurteil des Bundesverfassungsgerichts steht aber fest, dass der Umgang mit personenbezogenen Informationen nicht nur einer gesetzlichen Ermächtigung bedarf, sondern ebenso weiterer gesetzlicher Vorkehrungen der Organisation und des Verfahrens, die der Gefahr einer Verletzung des Persönlichkeitsrechts entgegenwirken.[131] Damit steht nicht nur der Kern des Datenschutzes, sondern seine wesentlichen Strukturen, wie sie dem BDSG 1990 zugrunde liegen, als verfassungsverbindliche Vorgabe für den Gesetzgeber fest. Sein unmittelbarer Bezug zu den verfassungsrechtlichen Grundprinzipien der Menschenwürde und der Demokratie[132] verleiht dem Recht auf informationelle Selbstbestimmung zudem ein besonderes Gewicht, das bei der verfassungsrechtlichen Güterabwägung zu beachten ist. Einen einfach-gesetzlichen Ausdruck hat diese verstärkte Verbindlichkeit in der Unabdingbarkeit der Rechte auf Auskunft, Berichtigung, Löschung und Sperrung gefunden.[133] Mit der grundrechtlichen Dimension des Datenschutzes ist ein genereller Vorrang der Kirchenautonomie nicht vereinbar.[134] Im Gegenteil ist festzustellen, dass der Umgang einer Religionsgesellschaft mit personenbezogenen Daten jedenfalls seit der Anerkennung einer grundrechtlichen Befugnis zur informationellen Selbstbestimmung nur noch bedingt als „ihre Angelegenheit" angesehen werden kann; nur für Mitglieder und Funktionsträger lässt sich argumentieren, dass ihre Daten durch selbstbestimmte Eingliederung auch Angelegenheit der Religionsgesellschaft geworden sind.

98 Die Verpflichtung, den Grundrechtsschutz durch gesetzliche Regelungen zu sichern, besteht nicht nur in Bezug auf staatliche Maßnahmen, sondern grundsätzlich auch in Bezug auf den privaten Sektor, wenn die individuelle Selbstbestimmung wegen ungleicher Kräfteverhältnisse nicht zum sachgerechten Interessenausgleich führt.[135] Dementsprechend gehen die Regelungskonzepte des BDSG und der Datenschutzkonvention des Europarats, aber auch das der DS-Richtlinie der EG,[136] von der Vorstellung eines grundsätzlich gleichartigen Schutzbedarfs in allen Bereichen aus. Im gleichen Sinne hat das Bundesverfassungsgericht besonders klargestellt, dass das Recht auf informationelle Selbstbestimmung „nicht auf den jeweiligen Anwendungsbereich der Datenschutzgesetze des Bundes und der Länder oder datenschutzrelevanter gesetzlicher Sonderregelungen beschränkt ist".[137]

99 Schließlich ergibt sich aus der erwähnten, vom Gesetzgeber erstmals mit dem BDSG 1990 festgelegten **Unabdingbarkeit** der Rechte des Betroffenen[138] ein neues gesetzessystematisches Argument für eine grundsätzliche Einbeziehung der öffentlich-rechtlichen Religionsgesellschaften. Wenn diese Rechte durch Rechtsgeschäft – etwa eine Abrede in einem Miet-

---

129 Vgl. *Hoeren,* Kirchen, 201, 203.
130 Vgl. Begr. des RegE, BT-Drs. 7/1027 Abschnitte 2.1 – 2.2; *Gallwas,* in *Gallwas/Schweinoch,* BDSG § 1 Rdnr. 8 ff.; *Simitis,* 3. Auflage Einleitung Rdnr. 25.
131 BVerfGE 65, 1 – Leitsatz 2 –, 45 f.
132 Vgl. o. § 1 Rdnr. 25 f.
133 § 6 Abs. 1; s. dazu unten Rdnr. 99.
134 Vgl. *Hoeren,* DuD 1988, 286 ff.; *Lehnguth,* DVBl. 1986, 1086 f.
135 Vgl. BVerfGE 81, 242, 254 f.; speziell zur informationellen Selbstbestimmung s. *Mallmann,* CR 1988, 93 ff.
136 Abgedr. in Dok. D 3.3 und D 2.3 sowie bei *Dammann/Simitis,* BDSG Textausgabe.
137 BVerfGE 78, 77, 84; Dok. Art. 2 Abs. 1 GG E 31 S. 6.
138 § 6 Abs. 1.

vertrag – nicht ausgeschlossen werden können, so spricht dies entschieden gegen eine Auslegung des Gesetzes, der zufolge diese Rechte bei Rechtsgeschäften mit einer bestimmten Kategorie von datenverarbeitenden und -nutzenden Stellen – im Beispiel: eine öffentlich-rechtliche Religionsgesellschaft als Vermieter – von vornherein nicht gelten würden.

Auf Seiten der Religionsgesellschaften ist nach folgenden Grundsätzen zu differenzieren. Die 100
Substanz der Autonomie der Religionsgesellschaft wird umso mehr tangiert, je stärker ein Gesetz die Religionsgesellschaften in ihrer Besonderheit trifft. Dazu gehören vor allen Dingen Fragen der **internen Organisation und Meinungsbildung**.[139] In ihrer Eigenart betroffen sind Religionsgesellschaften ferner, soweit das **Mitgliedschaftsverhältnis** datenschutzrechtlich ausgestaltet wird, etwa durch Bestimmungen darüber, welche Daten über die Mitglieder verarbeitet und für welche Zwecke sie verwendet werden dürfen oder in welchen Verfahren und unter welchen Voraussetzungen die Mitglieder ein Recht auf Auskunft, Berichtigung usw. haben. Es versteht sich, dass es dabei nur um Daten der Mitglieder selbst, nicht aber etwa um solche von Angehörigen gehen kann.[140] Schließlich ist auch beim **Berufsrecht** der Amtsträger der Religionsgesellschaften eine spezifische Betroffenheit zu bejahen.

Andererseits ist eine besondere Betroffenheit nicht erkennbar, soweit das Gesetz den Daten- 101
schutz im Rahmen von Rechtsverhältnissen des **allgemeinen Geschäftsverkehrs** – etwa bei Kauf, Miete, Darlehen oder einem Krankenhaus-Aufnahmevertrag – ausgestaltet und damit das bürgerliche Recht auch im Verhältnis zu öffentlich-rechtlichen Religionsgesellschaften zur Geltung bringt.[141] Die Regelungen des BDSG, die sich z.B. auf die Verarbeitung und Nutzung der Daten eines Patienten und dessen Recht auf Auskunft beziehen, gehören ebenso wie die Grundsätze der ärztlichen Aufklärungs- und Dokumentationspflicht zum bürgerlichen Recht. Für den letztgenannten Bereich des Arztrechts ist eine Regelungsautonomie bislang zu Recht nicht gefordert worden; für die datenschutzrechtlichen Aspekte des gleichen Sachverhalts wäre dies ebenso unangebracht.[142] Auch in anderen Rechtsbereichen werden öffentlich-rechtliche Religionsgesellschaften je nach Kontext mitunter als nicht-öffentliche Stelle behandelt, so etwa im Verwaltungskostenrecht nach dem StUG.[143]

6.4 Völkerrechtliche und europarechtliche Anforderungen

Auch aus völkerrechtlicher Sicht bestehen Bedenken gegen eine pauschale Ausklammerung 102
bestimmter Bereiche des Umgangs mit personenbezogenen Daten aus der staatlichen Schutzregelung. Mit dem Beitritt zur Datenschutzkonvention des Europarats[144] hat sich die Bundesrepublik verpflichtet, die darin aufgestellten Grundsätze für den Datenschutz durch die erforderlichen Maßnahmen **in ihrem innerstaatlichen Recht** zu verwirklichen.[145] Diese Verpflichtung gilt umfassend, nämlich für den öffentlichen und den privaten Bereich.[146] Von

139 Dem entsprechen die o. unter Rdnr. 82 erwähnten gesetzlichen Exemtionen und verschiedenen verfassungsgerichtlichen Entscheidungen, wie etwa zur Unanwendbarkeit bestimmter Vorschriften des Nordrhein-Westfälischen Krankenhausgesetzes, BVerfGE 53, 366 ff. oder der Verpflichtung zur Einrichtung eines Berufsbildungsausschusses nach § 56 Berufsbildungsgesetz, BVerfGE 72, 278 ff.

140 Vgl. BVerfGE 19, 206, 216 = NJW 1966, 147; BFH NVwZ 1992, 303.

141 Dementsprechend wird bei Beziehungen des Rechtsverkehrs zu Dritten auch die verfassungsrechtliche Justizgewährungspflicht bejaht, vgl. etwa *Schmidt-Aßmann,* in *Maunz/Dürig,* GG Art. 19 Abs. 4 Rdnr. 113; verfassungsrechtlich problematisch ist die Subsidiaritätsklausel des § 38 Landeskrankenhausgesetz Rheinland-Pfalz v. 28. Nov. 1986, GVBl. 342; nach den Parallelregelungen der §§ 1 Abs. 3 Bremisches Krankenhausdatenschutzgesetz v. 25. April 1989, BremGBl. 202 und 12 Abs. 7 Hess. Krankenhausgesetz 1989 v. 13. Dez. 1989, GVBl. I, 452 gehen eigene Regelungen der Religionsgesellschaften nur vor, wenn sie den Zielen des Gesetzes entsprechen, sodass der Grundrechtsschutz prinzipiell gewährleistet bleibt; gegen die gesamte materielle Regelung bestehen Kompetenzbedenken wegen Art. 74 Nr. 1 GG, weil es sich um eine durch das BDSG geregelte Materie des bürgerlichen Rechts handeln dürfte.

142 Einleuchtend, wenn auch zu Unrecht auf die Schadensersatzvorschrift des § 8 eingeschränkt, daher *Lorenz,* ZevKR 37 (1992) 27, 31.

143 Vgl. OVG Berlin, NJ 2000, 330 f.

144 Konvention 108 – Übereinkommen zum Schutz des Menschen bei der automatischen Verarbeitung personenbezogener Daten v. 28. Jan. 1981, BGBl. II 1985, 538, abgedr. in Dok. D 3.3.

145 Art. 4 Abs. 1.

146 Art. 3 Abs. 1.

der Möglichkeit, durch eine entsprechende Erklärung bei der Unterzeichnung oder bei der Hinterlegung der Ratifikationsurkunde bekannt zu geben, dass das Übereinkommen auf bestimmte Arten von automatisierten Dateien oder Datensammlungen nicht angewendet wird,[147] hat die Bundesrepublik in Bezug auf die Religionsgesellschaften keinen Gebrauch gemacht. Im Übrigen lässt das Übereinkommen grundsätzlich zwar Ausnahmen und Einschränkungen zu,[148] jedoch nur unter bestimmten Voraussetzungen und nicht in der Form einer generellen Freistellung bestimmter Adressaten von allen datenschutzrechtlichen Verpflichtungen.

103 Kirchliche Datenschutzregelungen können auch nicht als „die erforderlichen Maßnahmen der Bundesrepublik in ihrem innerstaatlichen Recht“ angesehen werden. Zwar erkennt der erläuternde Bericht ausdrücklich an, dass hier neben Gesetzen auch Verordnungen, Verwaltungsrichtlinien usw. in Betracht kommen und dass diese bindenden Maßnahmen durch freiwillige Regelungen ergänzt werden können.[149] Er stellt jedoch zugleich klar, dass solche freiwilligen Maßnahmen allein zur Einhaltung des Übereinkommens nicht ausreichen.

104 Des weiteren verpflichtet das Übereinkommen jede Vertragspartei, „geeignete **Sanktionen und Rechtsmittel** für Verletzungen der Vorschriften des innerstaatlichen Rechts, welche die … Grundsätze für den Datenschutz verwirklichen, festzulegen“.[150] Der erläuternde Bericht führt hierzu aus, dass es jedem Staat überlassen bleiben solle, „die Art dieser Sanktionen und Rechtsmittel zu bestimmen“ (zivilrechtliche, verwaltungsrechtliche, strafrechtliche), lässt aber wiederum keinen Zweifel daran, dass dies „im innerstaatlichen Recht der Mitgliedsstaaten“ zu geschehen hat.[151]

105 Die von den Kirchen erlassenen oder künftig zu erlassenden Datenschutzregelungen haben nicht den von Art. 4 der Konvention 108 des Europarats geforderten Charakter von Maßnahmen „im innerstaatlichen Recht“. Sie sind keine staatlichen, sondern staatsfrei zustande gekommene Regelungen. Der Staat ist weder für ihren Inhalt noch für ihre Einhaltung verantwortlich. Zudem kennt das kirchliche Datenschutzrecht keine dem staatlichen Datenschutzrecht vergleichbaren zivilrechtlichen und verwaltungsrechtlichen Sanktionen; der strafrechtliche Schutz fehlt vollständig.

106 Von der Anwendung der Datenschutzrichtlinie sind Kirchen und andere Religionsgemeinschaften weder ausgenommen, noch gestattet diese den Mitgliedstaaten deren pauschale Befreiung. Nach der Rechtsprechung des EuGH setzt die Anwendung eines auf der Grundlage des Art. 100a EG-Vertrag (Herstellung des Binnenmarktes) ergangenen Rechtsakts nicht voraus, dass im konkreten Anwendungsfall tatsächlich ein Zusammenhang mit dem freien Verkehr zwischen Mitgliedstaaten besteht.[152] Auch Aktivitäten ohne unmittelbaren Wirtschaftsbezug und ohne Marktteilnahme können daher erfasst werden. Aus Anlass einer Website, auf welcher eine schwedische Kirchenangestellte den örtlichen Konfirmanden Informationen anbot, hat der EuGH ausdrücklich die Anwendbarkeit der Richtlinie auf religionsgemeinschaftliche (wie auch auf ehrenamtliche) Tätigkeiten festgestellt.[153] Die Mitgliedstaaten sind daher auch in Bezug auf Religionsgesellschaften verpflichtet, die Anforderungen der Richtlinie umzusetzen. Eine richtlinienkonforme Auslegung gebietet ihre grundsätzliche Einbeziehung in den Anwendungsbereich des BDSG.[154]

6.5 Differenzierte Lösung

107 Im Hinblick auf die konsequente Vermeidung einer Festlegung seitens des Gesetzgebers einerseits[155] und auf die schwerwiegenden verfassungsrechtlichen und völkerrechtlichen Beden-

147 Art. 3 Abs. 2.
148 Art. 9.
149 Nr. 39, BR-Drucks. 406/84, S. 26.
150 Art. 10.
151 A.a.O. 28.
152 C-465/00, C-138/01, C-139/01 Österreichischer Rundfunk; C-101/01 Lindqvist
153 C-101/01 Lindqvist, Nrn. 37 ff. und dazu Anm. *Dammann*, RDV 2004, 19 ff.
154 Vgl.auch *Hoeren*, MMR Heft 4/2003 S. XXVIII
155 o. Rdnr. 90 f.

ken gegen eine vollständige Ausblendung der öffentlich-rechtlichen Religionsgesellschaften aus dem Adressatenkreis des Gesetzes andererseits ist eine **verfassungs- und vertragskonforme Auslegung** möglich und geboten. Eine differenzierte Anwendung des Art. 137 Abs. 3 WV bedeutet keine Rückkehr zu der unter der Weimarer Reichsverfassung vorherrschenden Auffassung, derzufolge nur der innere Bereich der Religionsgesellschaft als Kernbereich der Kirchenautonomie gesetzesfest war, während der äußere Bereich einem uneingeschränkten und vorbehaltlosen Gesetzesvorbehalt unterlag.[156] Sie zieht lediglich die Konsequenz daraus, dass mit der verfassungsrechtlich geschützten Wirkung der Religionsgesellschaft nach außen Konflikte mit ebenfalls verfassungsrechtlich geschützten Positionen Dritter verbunden sein können, die dann nach den Grundsätzen der praktischen Konkordanz aufzulösen sind. Im Einzelnen ergeben sich in Bezug auf die öffentlich-rechtlich organisierten Religionsgesellschaften einschließlich der ihnen zugeordneten ebenfalls öffentlich-rechtlich organisierten Einrichtungen und Werke folgende Konsequenzen.

a) Die Anwendung des BDSG ist nicht generell ausgeschlossen. Die genannten Stellen sind 108
im Hinblick darauf, dass ihre öffentlich-rechtliche Organisationsform nicht ihrer Einbindung in die staatliche Verwaltung,[157] sondern gerade umgekehrt der statusmäßigen Sicherung ihres unabhängigen Status im staatsfreien Raum dient,[158] nicht nach den für Behörden und öffentliche Stellen geltenden Regeln des Zweiten Abschnittes,[159] sondern **nach den** für Private geltenden **Regelungen des Dritten Abschnitts** zu behandeln.[160] Damit wird auch dem Umstand besser Rechnung getragen, dass ihre Rechtsbeziehungen zu Betroffenen nicht auf öffentlich-rechtlicher Unterwerfung beruhen, sondern auf freier Entscheidung der einzelnen Betroffenen.

b) Das BDSG ist jedoch im Hinblick auf das grundgesetzlich verbürgte Recht der Religions- 109
gesellschaften auf eine selbstständige Ordnung und Verwaltung ihrer Angelegenheiten unanwendbar, soweit der Umgang mit personenbezogenen Daten ausschließlich die Mitgliedschaft, Angelegenheiten der Religionsausübung, das Innehaben und Ausüben religionsspezifischer Ämter und Funktionen und andere vergleichbare organisationsinterne Angelegenheiten der Religionsgesellschaft zum Gegenstand hat. Die insoweit bestehende Freistellung beschränkt sich auf **Mitglieder und Funktionsträger**. Die Vereinbarkeit einer so begrenzten Freistellung mit der Verfassung ergibt sich daraus, dass es sich hier um den Kernbereich der durch Art. 137 Abs. 3 WV geschützten Autonomie der Religionsgesellschaften handelt und der Kernbereich des Grundrechts insofern unangetastet bleibt, als der Datenumgang letztlich auf der Mitgliedschaft und damit auf einem freien und reversiblen Akt der Selbstbestimmung des Betroffenen beruht.

Ob das deutsche Recht den Anforderungen der Konvention 108 des Europarats entspricht, 110
muss allerdings auch bei dieser Gesetzesauslegung bezweifelt werden, nicht nur weil Art. 9 eine Abweichung von der Verpflichtung zu geeigneten Sicherungsmaßnahmen,[161] die mit dieser Auslegung verbunden ist, generell nicht vorsieht, sondern auch weil fraglich bleibt, ob diese Abweichung dem „Schutz des Betroffenen oder der Rechte und Freiheiten Dritter dient" und hierfür „in einer demokratischen Gesellschaft eine notwendige Maßnahme" dar-

156 Vgl. *Hesse,* in Handbuch des Staatskirchenrechts der Bundesrepublik Deutschland, hrsg. von *Friesenhahn/Scheuner,* Bd. 1, 435 f.; *Hoeren,* Kirchen, 43 f.

157 BVerfGE 66, 1, 19 f.

158 *v. Campenhausen,* Staatskirchenrecht (1983) 95 ff.; *Link/de Wall,* JZ 1992, 1153 f.; *Lorenz,* ZevKR 37 (1992) 27, 28 f.; *Schmidt-Aßmann,* in *Maunz/Dürig,* GG Art. 19 Abs. 4 Rdnr. 112; *Meyer- Teschendorf,* AöR 103 (1978), 289, 314, 318; die für die Gegenmeinung angeführten Aufgaben bzw. der Auftrag oder auch Öffentlichkeitsauftrag der Kirchen sind solche nur aus kirchlicher Sicht, dies verkennt *Voll,* aaO (Fn. 104) 375 f.

159 Für deren analoge Anwendung *Hoeren,* Kirchen, 65; die insoweit in Betracht kommende Gesetzgebungskompetenz für das Verwaltungsverfahren genügt hierfür freilich nicht, vgl. die Ausnahme der Kirche durch § 2 Abs. 1 VwVfG, vgl. *Gallwas,* BayVBl. 1980, 423.

160 So schon *Gallwas,* BayVBl. 1980, 424; dem entspricht auch die österreichische Rechtslage, vgl. etwa Erläuterungen zur Regierungsvorlage 72 der Blg Sten Prot 16. GP S. 23; *Stadler,* Österr. Zeitschrift für Wirtschaftsrecht 1979, 1; Bescheid der *Datenschutzkommission* v. 14.8.1986 GZ 120. 106 S. 4 ff. sowie mit Vorbehalt *H.Schwendenwein,* Österreichisches Staatskirchenrecht, Essen 1992, 360; zur Behandlung wie Private aus der Sicht des parlamentarischen Untersuchungsrechts vgl. *Link/de Wall,* JZ 1992, 1153 f.

161 Art. 7.

stellt. Gegen die Konventionskonformität spricht, dass privatrechtlich organisierten Religionsgesellschaften eine Freistellung versagt bleibt, wie auch die Tatsache, dass die anderen Vertragsstaaten vergleichbare Exemtionen nicht kennen.

111 In Bezug auf die Daten der Beschäftigten der Religionsgesellschaften ist eine Differenzierung danach angebracht, ob es sich um Personen handelt, deren Aufgabe und innerorganisatorischer Status unmittelbar mit dem religiösen Charakter der Gesellschaft zu tun hat. Trifft dies nicht zu, ist eine Nichtanwendung des BDSG für eine verfassungsrechtliche Güterkonkordanz nicht geboten. Auch kann der Beschäftigungsvertrag in diesen Fällen – ganz abgesehen von der Unabdingbarkeit nach § 6 Abs. 1 – nicht im Sinne eines Verzichts auf das staatliche Datenschutzrecht gedeutet werden.

112 c) Soweit öffentlich-rechtlich organisierte Religionsgesellschaften mit personenbezogenen Daten umgehen, die durch Teilnahme am allgemeinen Rechtsverkehr angefallen sind, wie dies etwa bei Daten aus der Vermietung von Wohnungen, dem Vertrieb von Druckerzeugnissen oder der Abwicklung von Werkverträgen der Fall ist, ist das BDSG anzuwenden, da der besondere Status als Religionsgesellschaft in diesen Fällen keine Rolle spielt und daher eine Einschränkung der durch das allgemeine Gesetz den Betroffenen eingeräumten Rechte und Schutzwirkungen nicht rechtfertigen kann.

113 Die vorstehenden Grundsätze gelten für die materiellen, d.h. den Umgang mit personenbezogenen Daten regelnden Vorschriften[162] sowie die daran anknüpfenden Haftungsregelungen.[163] Dagegen ist die Art und Weise der **innerorganisatorischen Durchführung** des Datenschutzes den Religionsgesellschaften insgesamt zur eigenen Gestaltung überlassen; die §§ 4f und 4g sind nicht anzuwenden. Auch bei der Ausübung der **Kontrolle durch die Aufsichtsbehörden** nach § 38 ist dem besonderen Status der Religionsgesellschaften Rechnung zu tragen. Die Kontrollbefugnisse beziehen sich nur auf Materien, auf die die materiellen Vorschriften des Gesetzes (oder bereichsspezifische Datenschutzvorschriften) anzuwenden sind. Auch insoweit hat die Aufsicht bei ihrem Vorgehen dem autonomen Status Rechnung zu tragen; insbesondere sind aufsichtliche Maßnahmen, die den freigestellten internen Bereich tangieren, möglichst zu vermeiden. Eine vollständige Freiheit von staatlicher Einsichtnahme ist verfassungsrechtlich nicht gefordert.[164]

114 Soweit einer öffentlich-rechtlich organisierten Religionsgesellschaft **(Landes-)Verwaltungsaufgaben** oder **hoheitliche Befugnisse** (etwa im Friedhofswesen oder in Bezug auf die Kirchensteuer) übertragen sind, ist sie öffentliche Stelle nach dem jeweiligen Landesdatenschutzgesetz[165] wie auch öffentliche Stelle eines Landes nach Abs. 2.[166] Die sog. gemeinsamen Angelegenheiten des Staates und der Religionsgesellschaften stellen datenschutzrechtlich keine besonders zu behandelnde Kategorie dar. Sie sind durch eine notwendige Verzahnung von Funktionen beider Seiten bei der Aufgabenerfüllung gekennzeichnet.[167] Die datenschutzrechtliche Beurteilung richtet sich danach, ob der Umgang mit personenbezogenen Daten dem staatlichen Funktionskreis oder demjenigen der Religionsgesellschaft zuzurechnen ist. Demgemäß ist ein Datenumgang im Rahmen des Religionsunterrichtes an einer staatlichen Schule oder an der Theologischen Fakultät einer Landesuniversität der jeweiligen öffentlichen Stelle des Landes zuzurechnen. Bei der Anstaltsseelsorge in Strafanstalten und Krankenhäusern eines öffentlich-rechtlichen Trägers ist die vom Anstaltsseelsorger betriebene Verarbeitung personenbezogener Daten seiner Religionsgesellschaft zuzurechnen. Entsprechendes gilt bei den Militärseelsorgern. Der Grund besteht darin, dass die seelsorgerische Tätigkeit im Verhältnis zu den Betroffenen nicht als Betätigung der öffentlichen Stelle angesehen werden

162 Verarbeitung und Nutzung §§ 4, 11, 28 – 31, 39 – 41; Rechte der Betroffenen §§ 6, 33 – 35.

163 Schadensersatz § 8; Strafvorschriften § 43.

164 Zur vergleichbaren Beurteilung des parlamentarischen Untersuchungsrechts vgl. *Link/de Wall,* JZ 1992, 1154 ff.

165 *Schweinoch,* in *Gallwas/Schweinoch,* BDSG § 7 Rdnr. 59; *Gallwas,* BayVBl. 1980, 423; *Schweinoch/Geiger,* BayDSG Art. 2 Anm. 6; *Hörle,* AfP 1978, 198 f.

166 Vgl. *Hoeren,* Kirchen, 62 f.

167 Vgl. *v. Campenhausen,* Staatskirchenrecht (2. Aufl. 1983) 113 ff.; *v. Busse,* Gemeinsame Angelegenheiten von Staat und Kirche, Bd. 3 der Schriftenreihe Rechtswissenschaftliche Forschung und Entwicklung, hrsg. von *M. Lehmann,* 1978.

kann; deren Beitrag erschöpft sich in der Bereitstellung der äußeren Voraussetzungen, auch wenn diese im Falle der Militärseelsorge die Anstellung der Seelsorger als staatliche Amtsträger sowie die Tragung sämtlicher Kosten umfasst.[168]

7. Nicht-öffentliche Stellen (Abs. 4)

7.1 Terminologie

Genauso wie die vorausgehenden Absätze **ergänzt und konkretisiert** § 2 Abs. 4 den § 1 Abs. 2.[169] Während das Gesetz dort die **Normadressaten** lediglich aufzählt, werden sie in § 2 **näher umschrieben**. Einmal mehr zeigt sich dabei: Das BDSG beschränkt sich nicht darauf, die Verwendung personenbezogener Angaben dann zu regeln, wenn sie dazu dient, staatliche Aufgaben zu erfüllen. Seine Bestimmungen greifen vielmehr ohne Rücksicht darauf ein, wer sich jeweils für Daten interessiert.[170] **„Öffentliche" und „nicht-öffentliche Stellen"** sind deshalb **gleichermaßen verpflichtet**, personenbezogene Daten nur unter bestimmten, im BDSG zwingend festgelegten Bedingungen zu verwenden. 115

Die Wortwahl befremdet. Sie geht auf das BDSG 77 (§§ 22, 31) zurück. Was damals schon galt,[171] trifft nach wie vor zu: Sie fügt sich, wenn überhaupt, nur schlecht in die übliche juristische Terminologie. Die **„Stelle"** ist ein für die **verwaltungsrechtliche Nomenklatur** typischer Begriff (§ 1 Abs. 4 VwVfG), der deshalb Vorstellungen widerspiegelt, die mit der organisatorischen Struktur des öffentlichen Bereichs unmittelbar verbunden sind. Wo deshalb dessen Grenzen überschritten werden sollen, spricht, zunächst jedenfalls, alles dafür, die Terminologie zu wechseln, also die Begriffe zu wählen, die für den jeweils in Betracht kommenden Regelungsbereich kennzeichnend sind. So gesehen, hätte es sicherlich nahe gelegen, sowohl in § 1 Abs. 2 als auch in § 2 und dementsprechend in den §§ 27 ff. auf die „öffentlichen Stellen" die „Privaten" folgen zu lassen. Die Definition der Normadressaten wäre freilich damit keineswegs korrekter und klarer ausgefallen. Schon im Hinblick darauf, dass sich der Staat bei seiner Tätigkeit immer wieder privatrechtlicher Unternehmensformen bedient, ohne aber deshalb zum „Privaten" zu werden. Ebenso wenig geht es freilich an, die staatlichen Unternehmen schlicht den „öffentlichen Stellen" zuzurechnen. 116

Der Gesetzgeber musste infolgedessen, wollte er seine Verpflichtung erfüllen, jede Verarbeitung zu regeln,[172] darauf verzichten, alle Normadressaten positiv zu umschreiben und sich stattdessen mit einer **negativen Abgrenzung** zufrieden geben. Genau dieses Dilemma spiegelt die Wortwahl wider. Kurzum, der Verlust an Präzision ist der Preis für einen lückenlosen Anwendungsbereich. Anders ausgedrückt: Der Gesetzgeber findet sich mit dem juristisch inkorrekten Sprachgebrauch ab, um keine Zweifel an seiner Intention aufkommen zu lassen, datenschutzfreie Bereiche nicht hinzunehmen. Das durchaus verständliche Ziel rechtfertigt es aber nicht, an der ebenso unglücklichen wie missverständlichen Wortwahl auch künftig festzuhalten, nicht zuletzt in Anbetracht der sich fortlaufend verändernden Informations- und Kommunikationstechnologie.[173] 117

7.2 Normadressaten

Das BDSG **verzichtet auf eine abstrakte Umschreibung** der **„nicht-öffentlichen" Stellen**. § 2 Abs. 4 zählt stattdessen die konkret in Betracht kommenden „Stellen" auf: Natürliche und juristische Personen rechnen ebenso dazu wie Gesellschaften und andere privatrechtlich 118

168 Vgl. Vertrag der Bundesrepublik mit der EKD zur Regelung der evangelischen Militärseelsorge v. 22.2.1957 sowie Gesetz über die Militärseelsorge v. 26.7.1957, BGBl. II 1957, 701 welches für die katholische Militärseelsorge die erwähnten vertraglichen Regelungen übernimmt; vgl. dazu *v. Campenhausen,* a.a.O., 115 f.

169 Dazu § 1 Rdnr. 48 ff., 116 ff.

170 Vgl. auch § 1 Rdnr. 119 ff.

171 Dazu die 3. Auflage dieses Kommentars, § 21 Rdnr. 3 ff.

172 Dazu § 1 Rdnr. 48 ff.

173 Vgl.auch die kritischen Bemerkungen von *Roßnagel/Wedde*, Handbuch 4.3, Rdnr. 78 f.

organisierte Personenvereinigungen. Die Enumeration hat einen doppelten Vorzug. Sie entlastet den Gesetzgeber von der ohnehin nicht lösbaren Aufgabe, einen für den nicht-öffentlichen Bereich völlig untypischen Anknüpfungspunkt zu definieren und erlaubt ihm zudem, sein Ziel einmal mehr deutlich zum Ausdruck zu bringen, jede Verwendung und Nutzung personenbezogener Daten einzubeziehen. Ganz in diesem Sinn entformalisiert der Gesetzgeber die „nicht-öffentliche Stelle". Entscheidend ist allein, dass personenbezogene Daten verarbeitet werden. Auf die **Rechtsform** der „nicht-öffentlichen Stelle" **kommt es** dagegen **nicht an**. Der Datenschutz lässt sich, mit anderen Worten, nicht durch einen Wechsel der Rechtsform umgehen.

119 Betroffen ist zunächst **jede natürliche Person.**[174] Das Gesetz interessiert sich also nicht dafür, ob jemand als Architekt, Versicherungsvertreter, Anwalt, Apotheker, Steuerberater, oder Makler tätig ist, eine Biographie schreibt, eine Marktanalyse oder ein epidemiologisches Forschungsprojekt durchführt. Ebenso wenig ist es von Bedeutung, inwieweit der jeweils in Betracht kommende Einzelne allein arbeitet oder über eine bestimmte Anzahl von Mitarbeitern verfügt. Die Verarbeitung personenbezogener Daten genügt, um die Verpflichtung auszulösen, die jeweiligen Angaben nur unter den gesetzlich festgelegten Bedingungen zu verwenden.

120 Betroffen ist ferner **jede juristische Person.**[175] Ganz gleich also, ob es um als GmbH organisierte Auskunfteien, Markt- und Meinungsforschungsinstitute, Telefondienste, Adressverlage, Detekteien oder Reisebüros, als Kommanditgesellschaft auf Aktien konstituierte Banken, als Aktiengesellschaften tätige Privatkliniken, um Konsum- oder Wohnungsbaugenossenschaften, Berufs-, Sport- oder Wissenschaftsorganisationen, die sich für die Rechtsform eines eingetragenen Vereins entschieden haben, geht, oder um rechtsfähige Stiftungen, die Verbraucher- oder Umweltschutzaufgaben wahrnehmen, die BDSG-Vorschriften bleiben anwendbar.

121 Betroffen ist darüber hinaus **jede Personengesellschaft**. § 2 Abs. 4 deckt auch und gerade die Grauzone zwischen natürlichen und juristischen Personen ab. Das jeweilige Maß an juristischer Selbstständigkeit ist deshalb ebenso gleichgültig wie der Kapitalisierungsgrad. Ein als Gesellschaft des bürgerlichen Rechts organisiertes Baukonsortium ist also genauso verpflichtet, die BDSG-Vorschriften einzuhalten, wie etwa ein als GmbH und Co. KG agierendes Versandunternehmen oder Servicerechenzentrum, eine Anwaltssozietät oder ein als OHG auftretender Filmverleih.

122 Betroffen sind schließlich auch **nicht-rechtsfähige Vereine**.[176] Gewerkschaften und politische Parteien, Berufsverbände und Mittelstandskartelle fallen infolgedessen ebenso unter den Anwendungsbereich des BDSG wie jede andere, personenbezogene Daten verarbeitende „Stelle".

7.3 Ausnahmen

123 § 1 Abs. 3 bezieht **nicht jede nicht-öffentliche Stelle** in den Anwendungsbereich des BDSG. Nicht-öffentliche Stellen, die personenbezogene Daten ausschließlich für **persönliche** oder **familiäre Tätigkeiten** verwenden, sind vielmehr von der Verpflichtung ausgenommen, sich dabei strikt an bestimmte, gesetzlich festgelegte Bedingungen zu halten.[177] Der Gesetzgeber hatte seinen Regelungsanspruch, vor allem unter dem Eindruck der Dezentralisierung und Miniaturisierung der automatisierten Verarbeitung,[178] bereits im BDSG 90 (§ 1 Abs. 2 Nr. 3) auf eine Verarbeitung für „geschäftsmäßige", „berufliche" oder „gewerbliche" Zwecke beschränkt.[179] Die Novellierung vom Mai 2001 hat die Ausnahmen mit Rücksicht auf die

174 Zu den möglichen Ausnahmen vgl. u. Rdnr. 123 ff. sowie die §§ 1 Rdnr. 136 ff. und § 27 Rdnr. 43 ff.
175 Zu den möglichen Ausnahmen vgl. u. Rdnr. 123 ff. und § 27 Rdnr. 43 ff.
176 Zu den möglichen Ausnahmen vgl. u. Rdnr. 123 ff. und § 27 Rdnr. 5.
177 Dazu §§ 1 Rdnr. 147 ff. und 27 Rdnr. 43 ff.
178 Vgl. die 4. Auflage dieses Kommentars, § 1 Rdnr. 54, 60.
179 Vgl. die 4. Auflage dieses Kommentars, §§ 1 Rdnr. 221 ff.; 27 Rdnr. 28 ff.

EG-Datenschutzrichtlinie (Art. 3 Abs. 2)[180] neu definiert und zugleich dem Wortlaut der Richtlinie angepasst.[181]

Der Sache nach hat sich kaum etwas geändert. Das BDSG hatte eine Verwendung für **rein „private" Zwecke** schon früher, allerdings nur indirekt, ausgeklammert.[182] Die Abgrenzung gegenüber allen übrigen Verarbeitungsaktivitäten fällt freilich leichter. So braucht, zumal vor dem Hintergrund der der Lindqvist-Entscheidung des EuGH,[183] nicht mehr darüber gestritten zu werden, ob die Verwendung für „ideelle" Zwecke genauso noch zu den „privaten" oder doch zu den „geschäftsmäßigen" Verarbeitungsaktivitäten zählt.[184] Schwierigkeiten können allenfalls bei der Präzisierung der „persönlichen" Tätigkeiten auftauchen. Mehr denn je kommt es daher, ganz im Sinne der EG-Datenschutzrichtlinie (Art. 3 Abs. 2) darauf an, dass sich beide Ausnahmen ausschließlich auf natürliche Personen beziehen und es deshalb immer nur um die sie betreffenden privaten Verarbeitungsvorgänge gehen kann.[185] 124

Privatrechtliche Vereinigungen öffentlicher Stellen des Bundes und der Länder, die **Aufgaben der öffentlichen Verwaltung** erfüllen und entweder **über den Bereich eines Landes hinaus** tätig sind, oder bei denen der Bund über die **absolute Mehrheit der Anteile oder der Stimmen verfügt**, werden **wie „öffentliche Stellen" behandelt** (§ 2 Abs. 3 Satz 1 Nr. 1 und 2).[186] Ähnliche Regelungen finden sich auch in den LDSG.[187] Wohlgemerkt, das Gesetz schränkt, anders als in § 1 Abs. 2 Nr. 3, nicht seinen Anwendungsbereich ein.[188] Es unterwirft vielmehr lediglich bestimmte nicht-öffentliche Stellen einer Sonderregelung. 125

Mit der wichtigste Grund dafür ist die für das BDSG von Anfang an charakteristische Begünstigung der nicht-öffentlichen Stellen.[189] Solange die Verarbeitungsbedingungen unterschiedlich ausfallen und der Datenschutz im nicht-öffentlichen Bereich gezielt abgeschwächt wird, überraschen die Bemühungen nicht, die Diskrepanz wenigstens jedenfalls dort zu korrigieren, wo sich die öffentliche Verwaltung privatrechtlicher Organisationsformen bei der Erfüllung ihrer Aufgaben bedient. Die Ausdehnung der „öffentlichen Stellen" kompensiert, mit anderen Worten, wenigstens partiell die mangelnde Regelungskonsequenz des Gesetzgebers. Je eindeutiger sich deshalb die Verarbeitungsanforderungen decken, desto weniger besteht Anlass, die jeweils in Betracht kommenden nicht-öffentlichen Stellen in den öffentlichen Bereich einzubeziehen. Regelungen wie § 2 Abs. 3 Satz 1 Nr. 1 und 2 lassen sich dann erst recht nicht mehr aufrechterhalten. 126

Hintergrund und Ziel der gesetzlichen Regelung mögen freilich noch so klar sein, ihre konkreten Auswirkungen sind es nicht. Das Gesetz **spricht** in § 2 Abs. 3 Satz 1 Nr. 1 und 2 **keineswegs bestimmte, klar und abschließend definierte „nicht-öffentliche Stellen" an**. Um welche Stellen es sich im Einzelnen handelt, richtet sich vielmehr nach den jeweils von den **öffentlichen Verwaltung wahrgenommenen Aufgaben**. Einen **festen Aufgabenkatalog** gibt es deshalb nicht, wie sich allein schon an der Entwicklung der Leistungsverwaltung und den Auseinandersetzungen um die Rolle und den Umfang der Privatisierung zeigt. Jede Veränderung wirkt sich daher zwangsläufig auf die Inanspruchnahme privatrechtlicher Organisationsformen aus. 127

Ebenso wenig gilt es zu übersehen, dass § 2 Abs. 3 Satz 1 Nr. 1 und 2 nicht immer dazu führt, die konkret betroffenen nicht-öffentlichen Stellen genauso wie öffentliche Stellen zu behandeln. Soweit sie sich **am Wettbewerb beteiligen**, bleiben die für nicht-öffentliche Stellen 128

---

180 Dazu *Dammann/Simitis,* EG-Datenschutzrichtlinie Art. 3 Rdnr. 7 f.; *Brühann,* in GH II/*Wolf* A 30 Art. 3 Rdnr. 13 f.; *Ehmann/Helfrich,* EG-Datenschutzrichtlinie Art. 3 Rdnr. 22 f.

181 Dazu § 1 Rdnr. 116, 147 ff.

182 Dazu die 4. Auflage dieses Kommentars, §§ 1 Rdnr. 54, 228; 2 Rdnr. 119; 27 Rdnr. 28.

183 Urteil v. 6. November 2003, Rs. C-101/01, DuD 2004, 244: dazu Einleitung Rdnr. 223 ff.

184 Vgl. die 4. Auflage dieses Kommentars, §§ 1 Rdnr. 221; 27 Rdnr. 28.

185 Vgl. auch § 27 Rdnr. 51 f.

186 Dazu o. Rdnr. 37 ff.

187 Vgl. etwa die §§ 2 Abs. 2 Satz 1 LDSG BW; 2 Abs. 1 Satz 2 SDSG; 3 Abs. 1 Nr. 2 LDSG SH; 2 Abs. 2 Satz 1 ThürDSG; sowie Art. 2 Abs. 2 BayDSG.

188 Dazu o. Rdnr. 120 f.

189 Dazu Einleitung Rdnr. 58 ff., 102, § 1 Rdnr. 48 ff.

geltenden Vorschriften (§§ 27 ff.) anwendbar,[190] sieht man einmal von den zusätzlichen organisatorischen Anforderungen (§ 18) und der Kontrollkompetenz des BfDI (§§ 24 ff.) ab.

129 Den öffentlichen Stellen sind schließlich nicht-öffentliche Stellen zuzurechnen, die **hoheitliche Aufgaben der öffentlichen Verwaltung** erfüllen (§ 2 Abs. 4 Satz 2).[191] Der Gesetzgeber ändert einmal mehr nur die Zuordnung, schließt also keineswegs die Anwendung des BDSG aus. Das Gesetz übergeht zudem erneut die Rechtsform und orientiert sich ganz an der Aufgabe. Nicht-öffentliche Stellen, die als **Beliehene** handeln, üben hoheitliche Funktionen aus und sind Träger öffentlicher Verwaltung (§ 1 Abs. 4 VwVfG). Soweit sie deshalb personenbezogene Daten verarbeiten, müssen sie den Anforderungen genügen, die für öffentliche Stellen gelten (§§ 13 ff.).

130 Der **Beleihungszweck variiert** freilich sehr stark. Die **Anwendungsfälle** des § 2 Abs. 4 Satz 2 **lassen sich** daher **nicht abschließend aufzählen**. Notare und Schiedsmänner rechnen ebenso dazu wie öffentliche Privatschulträger und Feuerbestattungsvereine. Nichts anderes gilt für die Technischen Überwachungsvereine. Sie und nicht etwa die von ihnen jeweils eingesetzten Sachverständigen und Prüfer sind daher die für die Einhaltung der gesetzlich vorgeschriebenen Verarbeitungsbedingungen verantwortliche nicht-öffentliche Stelle.

131 Die **Ausnahme** des § 2 Abs. 4 Satz 2 ist strikt **aufgabenbedingt**. Sie gilt deshalb nur für Verarbeitungsvorgänge, die mit der jeweils übernommenen Aufgabe der öffentlichen Verwaltung zusammenhängen. Jede sonstige Verarbeitung, etwa in der Praxis eines beamteten Notars, der auch anwaltlich tätig ist, unterliegt daher uneingeschränkt den BDSG-Vorschriften, die auf nicht-öffentliche Stellen anzuwenden sind (§§ 27 ff.).[192] Beliehene unterstehen insofern grundsätzlich einem **Doppelregime**. Weil sie zugleich öffentliche und nicht-öffentliche Stellen sind, müssen sie sich sowohl an die Bestimmungen für den öffentlichen Bereich als auch an die Vorschriften für nicht-öffentliche Stellen halten.

7.4 Einzelfragen

132 **Freiberuflich Tätige** sind bei der Verwendung und Nutzung personenbezogener Daten uneingeschränkt an die Verarbeitungsvorgaben für nicht-öffentliche Stellen (§§ 27 ff.) gebunden. Zwar gibt es besonders bei freiberuflich Tätigen zahlreiche Sonderregelungen, die sich auch und gerade auf die Verarbeitung personenbezogener Angaben auswirken. Die verschiedenen beruflichen Schweigepflichten gehören ebenso dazu wie etwa die gesetzlichen Anforderungen an die Rechnungslegung. So evident aber die Existenz berufstypischer Vorschriften ist, so wenig reicht sie aus, um die Anwendung des BDSG prinzipiell infrage zu stellen. Vielmehr geht es durchweg um zusätzliche Verarbeitungsbestimmungen, deren Geltung nach § 1 Abs. 4 zu beurteilen ist.[193] Das BDSG wird, anders ausgedrückt, nur punktuell verdrängt und nicht etwa insgesamt ausgeschlossen. Problematisch kann deshalb allenfalls sein, ob die Daten für eigene (§ 28) oder geschäftsmäßig zu Übermittlungszwecken (§ 29) verarbeitet werden.

133 **Verbände und politische Parteien** zählen ebenfalls uneingeschränkt zu den nicht-öffentlichen Stellen. So verschieden ihre Zwecke sein mögen, das Gesetz weicht weder bei karitativen noch bei koalitions-, berufs-, wissenschafts-, wirtschafts-, sport- oder allgemeinpolitischen Zielsetzungen von seiner Anwendungsgrenze ab, der Verarbeitung für rein persönliche oder familiäre Tätigkeiten (§ 1 Abs. 2 Nr. 3). Ganz gleich deshalb, ob es um eine politische Partei, die Arbeiterwohlfahrt, den ADAC, den Hochschulverband, die einzelnen Industriegewerkschaften, die verschiedenen Arbeitgebervereinigungen oder den DFB geht, Zulässigkeit und Ablauf der Verarbeitung bestimmen sich nach den für nicht-öffentliche Stellen geltenden BDSG-Vorschriften (§§ 28 ff.).[194] Die Eigenart des Verbandes mag sich mithin in der Art und

---

190 Dazu o. Rdnr. 32, 55.

191 Vgl. auch die §§ 2 Abs. 2 Satz 3 LDSG BW; 2 Abs. 1 Satz 3 BbgDSG; 2 Abs. 1 Nr. 3 HmbDSG; 3 Abs. 1 Satz 2 HDSG; 2 Abs. 2 Satz 3 SDSG; 2 Abs. 2 Satz 2 ThürDSG.

192 Vgl. auch *Gola/Schomerus*, BDSG § 27 Rdnr. 6; *Schaffland/Wiltfang*, BDSG § 27 Rdnr. 16.

193 Dazu § 1 Rdnr. 191 ff.

194 Dazu § 27 Rdnr. 5.

im Umfang der jeweils verwendeten Daten widerspiegeln, sie beeinflusst nicht die Geltung des Gesetzes.

134 Das BDSG kommt allerdings Organisationen, die etwa politische, religiöse oder gewerkschaftliche Aufgaben wahrnehmen, besonders entgegen. Der **Zugang zu „sensitiven" Daten** (§ 3 Abs. 9) ist in ihrem Fall entschieden leichter (§ 28 Abs. 9).[195] Die Verarbeitungsbedingungen werden zudem keineswegs nur durch das BDSG festgelegt. So vereinfachen etwa die **Vorschriften des Melderechts (§ 22Abs. 1 MRRG)** den Zugriff von politischen Parteien und Wählergruppen auf Daten, die bei der Wahlvorbereitung besonders wichtig sind, freilich nur unter bestimmten sowohl auf die Wünsche der Wahlberechtigten als auch auf die Erforderlichkeit der Daten bedachten Vorsaussetzungen. Der Gesetzgeber belässt es also durchaus bei der Verpflichtung der politischen Parteien, den Datenschutzanforderungen Rechnung zu tragen, bemüht sich jedoch, den spezifischen Funktionen der Parteien Rechnung zu tragen.

135 Einzelne Verbände, wie die Arbeiterwohlfahrt, übernehmen zuweilen **hoheitliche Aufgaben**. Solange sie dafür Daten verarbeiten, müssen sie als **öffentliche Stellen** betrachtet und behandelt werden, zählen jedoch ansonsten, also etwa dann, wenn sich die Arbeiterwohlfahrt im Rahmen der freien Jugendhilfe betätigt (§ 3 KJHG), nach wie vor zu den nicht-öffentlichen Stellen. Die konkret anwendbaren Vorschriften variieren freilich, je nachdem, ob der Verband Daten nur für eigene Zwecke (§ 28) oder auch für seine Mitglieder verarbeitet (§ 29).[196]

136 **Privatrechtlich organisierte kirchliche Einrichtungen** sind ebenfalls nicht-öffentliche Stellen und müssen sich infolgedessen nach den für diese geltenden Verarbeitungsvorschriften richten.[197] Die privatrechtliche Organisationsform ist zwar nicht mehr als eine rechtliche Hülle. Sie ändert insofern nichts an der Verbindung zur Kirche. Der Gesetzgeber hat aber bei der Novellierung bewusst nicht nur darauf verzichtet, die öffentlich-rechtlichen Religionsgesellschaften aus dem Anwendungsbereich des BDSG herauszunehmen, sondern vor allem davon abgesehen, den privatrechtlich organisierten kirchlichen Einrichtungen einen Sonderstatus einzuräumen.[198] Erst recht reichen deshalb pauschale Hinweise auf die vom BVerfG betonte „Besonderheit"[199] der Religionsgesellschaften[200] nicht aus, um das BDSG zu übergehen.[201]

137 Die nahe liegenden Vergleiche mit dem BetrVG (§ 118 Abs. 2) oder den organisationsrechtlichen Vorkehrungen einzelner Krankenhausgesetze[202] geben ebenfalls nichts her.[203] Das **Entscheidungsvorrecht der jeweiligen Leitungsinstanz** wird genauso wenig wie sonst tangiert. Die BDSG-Vorschriften zielen eben nicht auf eine Veränderung der organisatorischen Struktur ab. Sie beschränken sich vielmehr darauf, den nach wie vor ausschließlich von der konkret für die Leitung der einzelnen Einrichtung zuständigen Instanz gestalteten und verantworteten Verarbeitungsprozess an Voraussetzungen zu binden, die der Verpflichtung aller verarbeitenden Stellen Rechnung tragen, einer Gefährdung der informationellen Selbstbestimmung entgegenzuwirken.[204] Den kirchlichen Einrichtungen bleibt es daher unbenommen, ihren je spezifischen, von den Vorstellungen und Erwartungen der für sie maßgeblichen Religionsgesellschaft geprägten Aufgaben nachzugehen.

---

195 Dazu § 28 Rdnr. 353 ff.
196 Dazu § 27 Rdnr. 3.
197 Vgl. auch *Tinnefeld/Ehmann/Gerling*, Einführung, 176; *Gallwas,* BayVBl. 1980, 423 ff.; *Evers,* ZevKR 25 (1980) 179 ff.
198 o. Rdnr. 88. Daran kann auch die Einbeziehung der Caritas in den Geltungsbereich der „Anordnungen über den kirchlichen Datenschutz für die Diözesen der Bundesrepublik Deutschland" (KDO) in der Fassung von 1994 (1 Abs. Nr. 2) nichts ändern.
199 BVerfGE 42,312 (334); 72, 278 (289).
200 Vgl. etwa *Pottmeyer,* Essener Gespräche 17 (1983) 62 ff.; *Schatzschneider,* Kirchenautonomie, 39 ff.; *Voll,* Handbuch, 377 f.
201 o. Rdnr. 95; sowie *Evers,* ZevKR 25 (1980) 179 f.; *Gallwas,* BayVBl. 1980, 424 f.; *Hoeren,* DuD 1988, 286 ff.; *Lehnguth,* DVBl. 1986, 1086 f.; *Roßnagel/Wedde*, Handbuch 4.3, Rdnr. 62.
202 Dazu BVerfGE 46, 73; 53, 366.
203 Vgl. auch *Hoeren,* Kirchen, 64 f.
204 Dazu o. Rdnr. 90 ff.

138 Die **Verarbeitungsmotive** fallen ebenso wenig wie bei allen anderen verantwortlichen Stellen ins Gewicht. Kurzum, weder karitative Zwecke noch erzieherische Ziele entbinden von der Verpflichtung, den gesetzlich vorgeschriebenen Verarbeitungsbedingungen zu genügen.[205] Gleichviel deshalb, ob es um Krankenhäuser, Schulen, Kindergärten, Beratungsstellen oder sonstige Sozialeinrichtungen geht, die BDSG-Vorschriften zur Verarbeitung personenbezogener Angaben durch nicht-öffentliche Stellen legen den Verarbeitungsspielraum der kirchlichen Einrichtungen fest.[206] Welche Vorschriften konkret zu beachten sind, hängt nicht zuletzt davon ab, ob die Angaben, wie bei kirchlichen Rechenzentren,[207] **geschäftsmäßig zum Zwecke der Übermittlung** (§ 29) oder, wie bei den verschiedenen Sozialeinrichtungen, **lediglich für eigene Zwecke** (§ 28) verarbeitet werden sollen. Kirchliche Einrichtungen können sich schließlich bei der Verwendung **„sensitiver Daten"** (§ 3 Abs. 9) unter Umständen auf die Sonderregelung des § 28 Abs. 9 berufen.[208]

139 **Punktuelle Einschränkungen** kann es allerdings geben. So scheidet eine Anwendung des BDSG von vornherein aus, wenn die Verarbeitung unmittelbar mit der **Besonderheit kirchlicher Tätigkeit** zusammenhängt.[209] Ein typisches Beispiel dafür ist die Verwendung von Patientendaten im Rahmen der seelsorgerischen Aktivität des Krankenhausgeistlichen. Die BDSG-Bestimmungen sind dagegen nur teilweise zu berücksichtigen, soweit eine der Kirche gehörende Zeitung oder eine von ihr betriebene Fernsehgesellschaft personenbezogene Daten für **journalistisch-redaktionelle Zwecke** verarbeitet oder nutzt (§ 41).

140 Den Religionsgesellschaften steht es im Übrigen frei, die gesetzlichen Vorgaben durch **eigene Anforderungen zu präzisieren und auszubauen**.[210] Die kirchlichen Datenschutzvorschriften[211] sind freilich nicht gesetzlich vorgeschriebenen bereichsspezifischen Regelungen gleichzustellen.[212] Sie können also das BDSG **nicht verdrängen**,[213] sondern müssen sich strikt innerhalb des vom BDSG festgelegten Rahmens bewegen. Etwas anderes kann lediglich für Verarbeitungsfälle gelten, die den Kernbereich kirchlicher Tätigkeit unmittelbar tangieren und für die deshalb eine Anwendung des BDSG gar nicht erst in Betracht kommt.[214]

141 **Arbeitnehmervertretungen** sind keine eigenständigen Stellen.[215] Ganz gleich, ob man den Betriebsrat (§ 1 BetrVG)[216] einschließlich seiner Ausschüsse, beispielsweise des Wirtschaftsauschusses (§ 106 BetrVG),[217] den Gesamtbetriebs- (§ 47 BetrVG)[218] den Konzernbetriebsrat (§ 54 BetrVG),[219] die Jugend- und Auszubildendendenvertretung (§ 71 f. BetrVG),[220] den

---

205 Vgl. auch o. Rdnr. 123.

206 Vgl. demgegenüber *Stolleis,* ZevKR 23 (1978) 246 ff., der wohl nur für „eklatante Grenzfälle" eine Anwendung der BDSG-Bestimmungen bejaht; sowie *Hoeren,* Kirche, 75 ff., der, soweit es an kirchlichen Datenschutzvorschriften fehlt, die konfessionellen Krankenhäuser der BDSG-Regelung für den öffentlichen Bereich unterstellt.

207 Dazu *Meyer,* ZevKR 25 (1980) 204 f.; *Hoeren,* Kirchen, 78 ff.

208 Dazu § 28 Rdnr. 353 f.

209 Vgl. o. Rdnr. 107 ff.

210 Vgl. auch *HDSB,* 8. TB, 98 ff.

211 Dazu insb. *Hoeren,* Kirchen, 185 ff.; *Meyer,* ZevKR 25 (1980) 217 ff.; *Voll,* Handbuch, 377 f.

212 Vgl. auch o. Rdnr. 105.

213 Dazu auch o. Rdnr. 108 und demgegenüber *Hoeren,* Kirchen, 68 ff.; *Voll,* Handbuch, 378.

214 o. Rdnr. 107 ff., 139.

215 Vgl. auch *Gola/Schomerus,* BDSG §§ 2 Rdnr. 21; 3 Rdnr. 49; 27 Rdnr. 3; *Gola/Wronka,* Handbuch, Rdnr. 1175; *Schaffland/Wiltfang,* BDSG § 27 Rdnr. 45; *Roßnagel/Wedde,* Handbuch 4.3, Rdnr. 56; *Küpferle,* Arbeitnehmerdatenschuz im Spannungsfeld von Bundesdatenschutzgesetz und Betriebsverfassungsgesetz (1986) 358 ff.

216 Vgl. BAG v. 11.11.97, DB 1998, 627 (628 ff.), v. 3.6.03, AP Nr. 1 zu § 89 BetrVG 1972; *FESTL,* BetrVG § 1 Rdnr. 210; *Klebe,* in *DKK* (Hrsg.), BetrVG § 94 Rdnr. 40; *Wohlgemuth,* Datenschutz, Rdnr. 371; *Küpferle,* Arbeitnehmerdatenschutz 365 ff.; eine im Übrigen auch von sämtlichen für den nicht-öffentlichen Bereich zuständigen Aufsichtsbehörden geteilte Meinung, statt aller *BW-IM,* TB 1985, 50 f.

217 Vgl. *FESTL,* BetrVG § 1 Rdnr. 210; *Wohlgemuth,* Datenschutz, Rdnr. 371

218 BAG aaO.; *Klebe,* in *DKK* (Hrsg.), BetrVG § 94 Rdnr. 40; *Küpferle,* Arbeitnehmerdatenschutz, 381.

219 Vgl. *Wohlgemuth,* Datenschutz, Rdnr. 371; *Küpferle,* Arbeitnehmerdatenschutz, 381 ff.; unklar *FESTL,* BetrVG § 83 Rdnr. 24.

220 Vgl. *Wohlgemuth,* Datenschutz, Rdnr. 371

Personal- (§ 1 BPersVG)[221] und den Gesamtpersonalrat (§ 55 BPersVG),[222] oder den Sprecher- (§ 2 SprecherAuG) und den Gesamtsprecherausschuss (§ 16 SprAuG) nimmt, jede dieser Vertretungen ist Teil einer bestimmten verarbeitenden Stelle und deshalb kein „Dritter" i.S.d. § 3 Abs. 8 Satz 2.[223] Dabei bleibt es auch dann, wenn einzelne Arbeitnehmervertretungen für mehrere miteinander verbundene verarbeitende Stellen zuständig sind, jedenfalls solange sie, wie der Konzernbetriebsrat (§ 54 BetrVG) einer dieser Stellen zugeordnet sind. Der Konzerbetriebsrat ist allerdings im Verhältnis zu allen anderen Konzernunternehmen und zu deren Gesamtbetriebsräten[224] „Dritter".[225] An der spezifischen Aufgabenstellung der jeweiligen Arbeitnehmervertretung[226] kann zudem ebenso wenig gezweifelt werden wie an der Berechtigung, ihren Funktionen selbstständig mit Hilfe besonderer, eigens dafür vorgesehener Rechte nachzugehen.[227] Ihre Autonomie hat lediglich zur Konsequenz, dass bei der Anwendung des BDSG, also etwa bei der Geltendmachung des Auskunftsrechts (§ 34) oder der Kontrolltätigkeit des Beauftragten (§ 4g Abs. 1), ihre Selbstständigkeit berücksichtigt werden muss.[228] Erst recht geht es schließlich nicht an, die jeweiligen Mitglieder der Arbeitnehmervertretung als nicht-öffentliche Stellen anzusehen. Sie handeln im Rahmen einer kollektiven Vertretung, der allein die gesetzlich verankerten Aufgaben und Rechte zugewiesen sind.[229]

Verbundene Unternehmen zählen ebenfalls nicht zu den nicht-öffentlichen Stellen.[230] Die 142
Form der Verbindung ist dabei genauso gleichgültig wie ihre **Intensität**. Aus der Sicht des BDSG macht es also keinen Unterschied, ob es sich um einen Unterordnungs-, einen Gleichordnungs- oder einen faktischen Konzern handelt.[231] **Normadressat** ist immer nur **das einzelne am Konzern beteiligte Unternehmen** einschließlich der Konzernobergesellschaft, **nicht** jedoch **der Konzern** selbst. Eine noch so ausgeprägte ökonomische Einheit begründet mithin keine Informationseinheit. Die jeweils in Betracht kommenden Unternehmen sind infolgedessen aus der Perspektive des BDSG im Verhältnis zueinander **„Dritte"** i.S.d. § 3 Abs. 8 Satz 2.[232] Jede Weitergabe personenbezogener Angaben ist daher eine Übermittlung an Außenstehende, selbst wenn sie die Beteiligten als eindeutig interne Angelegenheit ansehen, und muss sich folglich nach den für nicht-öffentliche Stellen geltenden Übermittlungsvorschriften (§§ 28 f.) richten.[233]

Das BDSG schlägt mithin einen anderen Weg ein als etwa das Betriebsverfassungs- (§§ 54 ff. 143
BetrVG), das Aktien- (§§ 15 ff. AktG) oder das Steuerrecht.[234] Es **übergeht** bewusst die **Unternehmensverflechtung**. Weder die Vorschläge für eine differenzierende, den Mischkonzern besonders behandelnde Regelung, noch die Hinweise auf die von bestimmten rechtlich verbindlichen Vorgaben, wie der Verpflichtung zur Spartentrennung bei Versicherungsun-

---

221 *Battis/Bleckmann*, CR 1989, 532; *Gola/Wronka*, Handbuch, Rdnr. 1175; *Tinnefeld/Ehmann/Gerling*, Einführung, 309.
222 Vgl. *Tinnefeld/Ehmann/Gerling*, Einführung, 309.
223 Dazu auch § 3 Rdnr. 240.
224 Also keineswegs „immer", wie *Tinnefeld/Ehmann/Gerling*, Einführung 309, meinen.
225 Vgl. auch *Wohlgemuth*, Datenschutz, Rdnr. 371; *Küpferle*, Arbeitnehmerdatenschutz, 382; *Roßnagel/Wedde*, Handbuch 4.3, Rdnr. 56; *Linnenkohl*, NJW 1981, 202.
226 Vgl. etwa § 80 BetrVG.
227 Vgl. etwa die §§ 87, 99, 102, 106 BetrVG.
228 Dazu § 4g Rdnr. 6 ff., 40 ff.
229 Vgl. auch die Stellungnahme des Düsseldorfer Kreises der Aufsichtsbehörden, DuD 1981, 199; sowie *Gola*, PersR 1990, 33.
230 Dazu auch § 4f Rdnr. 35 f.; sowie *Ruppmann*, Austausch, 48 ff.; *Büllesbach*, RDV 2001, 4 f.; *Gola/Schomerus*, BDSG § 27 Rdnr. 4; *Gola/Wronka*, Handbuch, Rdnr. 601; *Gola*, RDV 2002, 114; *Schaffland/Wiltfang*, BDSG §§ 2 Rdnr. 17, 27 Rdnr. 24.; *Roßnagel/Wedde*, Handbuch 4.3, Rdnr. 40; *Däubler*, Belegschaften Rdnr. 450; sowie *BWHInwBDSG*, Nr. 35, A 1, Dok. B 1.44.
231 Vgl. auch *Ruppmann*, Austausch, 68 ff.; *Roßnagel/Wedde*, Handbuch 4.3, Rdnr. 51; *Schaffland/Wiltfang*, BDSG § 27 Rdnr. 24; *Biesalski*, BB 1978, 68.
232 Dazu § 3 Rdnr. 229 ff.
233 Vgl. auch *Ruppmann*, Austausch, 68 ff.; *Gola/Schomerus*, BDSG §§ 2 Rdnr. 21, 27 Rdnr. 4 f.; *Gola/Wronka*, Handbuch, Rdnr. 602 f.; *Schaffland/Wiltfang*, BDSG § 27 Rdnr. 24; *Tinnefeld//Ehmann/Gerling*, Einführung, 350; *Roßnagel/Wedde*, Handbuch 4.3, Rdnr. 52; *Roßnagel/Büllesbach*, Handbuch 6.1, Rdnr. 65; *Wohlgemuth*, Datenschutz, Rdnr. 364.
234 Vgl. etwa § 7a KörpStG; 2 Abs. 2 Nr. 2 UStG; § 2 Abs. 2 GewStG.

ternehmen, weitgehend provozierte Konzernierung oder auf das Interesse der Arbeitnehmer an einem gerade in ökonomisch kritischen Situationen fast unentbehrlichem Informationsaustausch, konnten den Gesetzgeber umstimmen.[235] Dazu hat sicherlich auch beigetragen, dass sich die EG-Datenschutzrichtlinie genauso ablehnend auf alle Versuche reagiert hat, eine Sonderregelung für Konzerne vorzusehen.[236]

144 Die starre Haltung hat einen durchaus verständlichen Hintergrund. Der Gesetzgeber sucht die Verarbeitungsgefahren auch und vor allem durch eine **gezielte Einschränkung der Verwendung personenbezogener Daten** aufzufangen.[237] Deshalb darf eine Verarbeitung nur unter den im BDSG näher definierten Voraussetzungen stattfinden (§ 4 Abs. 1). Aus dem gleichen Grund versucht das Gesetz den Verarbeitungsprozess, nicht zuletzt mit Hilfe der Übermittlungsvorschriften (§§ 28 f.), möglichst überschaubar und kontrollierbar zu gestalten. Genau dieses Ziel ist bei einer Konzernierung gefährdet. Ein prinzipiell freier konzerninterner Datenaustausch macht es, ganz gleich wie er gerechtfertigt wird,[238] schwer, wenn nicht unmöglich, den Verarbeitungsprozess nachzuvollziehen. Der ursprüngliche Informationsadressat wird zur Durchgangsstation. Die je spezifischen Interessen des Konzerns und der an ihm beteiligten Unternehmen definieren und erweitern, zumal bei einer Diversifizierung, den Verbreitungsradius. Angaben, die beispielsweise für ein Versandhaus bestimmt waren, könnten genauso gut an ein Reisebüro, ein Kreditinstitut, eine Versicherung oder auch eine Heizölfirma gelangen.

145 Wenn daher die Betroffenen wirklich die Chance haben sollen, den Verarbeitungsverlauf zu verfolgen, und damit auf die Verwendung ihrer Daten Einfluss zu nehmen, dann hat der Gesetzgeber keine Alternative: Er muss sich bei seinen Anforderungen an den einzelnen Unternehmen orientieren und die Konzernierung ignorieren. Denkbar ist allenfalls, den Konzern punktuell, also für einzelne genau umschriebene Sachverhalte, als Einheit zu behandeln.[239] Die Bestellung eines **Konzernbeauftragten** nach dem Muster der §§ 4f und 4g ist ein Beispiel dafür.[240]

146 Die Konzernierung bleibt selbst bei einer **Eingliederung** (§§ 319 ff. AktG) gleichgültig. Das BDSG lehnt die vom Aktienrecht tolerierten Einwirkungsmöglichkeiten auf die jeweils betroffenen Unternehmen ab. Die Konzernspitze kann also keine Informationserwartungen durchsetzen, die eine Verarbeitung personenbezogener Daten voraussetzen.

147 Das BDSG lässt auch keine Ausnahmen zugunsten einer konzernweiten Verwendung bestimmter Daten zu. **Arbeitnehmerdaten** sind deshalb, solange es sich nicht um Beschäftigte handelt, die mit Rücksicht auf die Art und die Besonderheiten ihrer Aufgaben einer eindeutig an den je spezifischen Konzerninteressen ausgerichteten Tätigkeit nachgehen,[241] wie alle übrigen personenbezogenen Angaben zu behandeln. Erst recht spielt es keine Rolle, ob Bewerberdaten oder sonstige Personalinformationen lediglich konzernintern oder auch an Dritte übermittelt werden sollen.[242] Gesetzliche Vorschriften, die dem Konzernbetriebsrat, genauso wie dem Betriebs- oder dem Gesamtbetriebsrat, den Zugang zu den für seine Aufgaben erforderlichen Informationen garantieren, ändern daran nichts. Sie rechtfertigen lediglich bestimmte aufgabenbedingte Übermittlungen, ohne deshalb die grundsätzliche Ablehnung

---

235 Vgl. dazu den Bericht des BT-InnA zum BDSG 77, BT-Drs. 7/5277, 5; sowie *Simitis,* NJW 1977, 733 ff.; *Ruppmann,* Austausch, 49 ff.; aber auch *Roßnagel/Büllesbach*, Handbuch 7.1, Rdnr. 112: „Die Sicherstellung von Datenschutz und Datensicherheit im Konzern ist eine Management-Aufgabe"; *Büllesbach,* in *Büllesbach,* (Hrsg.), Datenverkehr, 66 ff.

236 Dazu *Ruppmann,* Austausch, 88 ff.

237 Vgl. § 1 Rdnr. 48 ff., 79 ff.

238 Dazu *Ruppmann,* Austausch, 27 ff., 42 ff.

239 Dazu auch *Ruppmann,* Austausch, 116 ff.

240 Dazu § 4f Rdnr. 36 f.; *Ruppmann,* Austausch, 137 f.; *Büllesbach,* RDV 2001, 4 f.; *Roßnagel/Büllesbach,* Handbuch 7.1, Rdnr. 64 ff.

241 Vgl. auch den 5. BerHessLR, LT-Drs. 13/2650, 19; sowie *Däubler,* Belegschaften, Rdnr. 454, der von einem „konzerndimensionalen Arbeitsverhältnis" spricht; *Ruppmann,* Austausch, 75 ff.; *Gola/Wronka*, Handbuch Rdnr. 613; *Gola*, RDV 2002, 114; *Roßnagel/Büllesbach*, Handbuch 6.1, Rdnr. 67.

242 Vgl. auch *Kroll,* Datenschutz im Arbeitsverhältnis (1981)) 132; *Küpferle,* Arbeitnehmerdatenschutz, 150; *Freise/Wohlgemuth,* DVR 11 (1982) 287 f.

einer Anknüpfung an den Konzern infrage zu stellen.[243] Nichts anderes gilt für den **Versicherungsbereich**. Einen wie immer begründeten Sonderstatus für Versicherungskonzerne gibt es nicht. Die gesetzliche Regelung ist infolgedessen ebenfalls uneingeschränkt zu beachten.

Der scharfe Kontrast zwischen der der genauso klaren wie dezidierten Einstellung des 148
BDSG einerseits und der ansonsten rechtlich durchaus akzeptierten,[244] mit einer sorgfältig abgestimmten, oft zentral gesteuerten Unternehmenspolitik verbundenen Unternehmensverflechtung andererseits löst immer wieder Versuche aus, die Konzernsperre zu überwinden. Wohl am nächsten liegt es, **vertragliche Ansatzpunkte** zu nutzen,[245] vor allem dann, wenn sie, wie etwa **Beherrschungsverträge** (§ 308 AktG), ein Weisungsrecht einräumen. Die bloße Leitungsfunktion nutzt freilich nichts. Weisungen, die das abhängige Unternehmen veranlassen sollen, bestimmte von ihm verarbeitete personenbezogene Daten zu übermitteln, sind grundsätzlich rechtswidrig. Ob eine Weitergabe zulässig ist, kann vielmehr erst auf der Grundlage der zwischen den Betroffenen und dem konkret in Betracht kommenden Unternehmen bestehenden Verträge beurteilt werden.

Genauso wenig kann sich die Konzernspitze auf einen **Betriebsführungsvertrag** berufen, 149
um die von den einzelnen Konzernunternehmen verarbeiteten Daten zu verwenden. Die Übernahme der Betriebsführung durch die Obergesellschaft schließt zwar notwendigerweise den Zugang zu den Informationen ein, über die das jeweils betroffene Konzernunternehmen verfügt. Die Konzernmutter lässt sich insofern nicht mehr als „Dritter" ansehen.[246] Die Obergesellschaft darf dennoch mit den Daten nicht ganz nach ihren Vorstellungen und Interessen umgehen. Sie muss sich vielmehr an die sich aus ihrer vertraglich definierten, auf die Betriebsführung beschränkten Tätigkeit ergebenden Verarbeitungsgrenzen halten. Der Obergesellschaft ist es, anders ausgedrückt, verwehrt, die personenbezogenen Angaben für eigene Zwecke zu verwenden. Will sie es trotzdem tun, dann nur unter den gesetzlich vorgeschriebenen Übermittlungsvoraussetzungen (§ 28). In dem Maße also, in dem die Betriebsführung die Verarbeitung nicht deckt, wird die Obergesellschaft wieder zum „Dritten" und ist entsprechend zu behandeln.

Auch **Kooperationsvereinbarungen**, die eine gegenseitige Unterrichtung der verschiedenen 150
Konzernunternehmen über ein eigens einzurichtendes konzerninternes Informationssystem sicherstellen sollen,[247] helfen nicht weiter. Das Kooperationsverhältnis berührt nicht die rechtlichen Selbstständigkeit der Kooperationspartner. Weder der gezielt beschränkte Teilnehmerkreis noch die ausdrücklich bekundete Kooperationsbereitschaft berechtigen daher die beteiligten Konzernunternehmen dazu, personenbezogene Daten, sei es auch nur konzernintern, ohne weiteres zu verbreiten. Jede Weitergabe ist deshalb eine Übermittlung i.S.d. § 28 und insoweit an die dort formulierten Bedingungen gebunden.

Organisatorische Maßnahmen sind ein weiteres Mittel, um die **Verarbeitung zu zentra-** 151
lisieren und zugleich den konzerninternen Informationsaustausch zu erleichtern. Mit das gängigste Beispiel dafür ist ein **gemeinsames Rechenzentrum**. Gleichviel freilich ob die Verarbeitung einem, sei es eigens dafür gegründetem, sei es nicht zuletzt im Hinblick darauf erworbenem[248] rechtlich selbstständigem Unternehmen übertragen oder in einem der Konzernunternehmen vorgenommen wird, sie erfolgt stets **im Auftrag** (§ 11) der einzelnen am Konzern beteiligten Unternehmen.[249] Der Auftragnehmer ist zwar im Verhältnis zum Auftrag-

243 Vgl. auch *Wohlgemuth,* Datenschutz, Rdnr. 364 f.; *Gola/Wronka,* Handbuch, Rdnr. 611 ff.; *Küpferle,* Arbeitnehmerdatenschutz, 150 f; *Linnenkohl,* NJW 1981, 203; *Freise/Wohlgemuth,* DVR 11 (1982) 285 ff.
244 o. Rdnr. 143.
245 Dazu *Ruppmann,* Austausch, 116 ff.
246 o. Rdnr. 142.
247 Vgl. Arbeitskreis „Datenschutz" der Spitzenorganisationen der Wirtschaft, Beiträge zu Auslegungsproblemen des Bundesdatenschutzgesetzes (1978) 12 f.
248 Dazu insb. LG Darmstadt, CR 1987, 101; *Kort,* ebda. 105 ff., AG 1987, 193 ff.; *Stein,* ZGR 2 (1988) 163 ff.
249 Vgl. auch den 10., LT-Drs. 14/3086, 6 und 15. *BerHessLR*, LT-Drs. 15/4659, 18; *Gola/Schomerus,* BDSG §§ 11 Rdnr. 6, 27 Rdnr. 5; *Gola/Wronka*, Handbuch 604 f.; *Schaffland/Wiltfang,* BDSG § 27 Rdnr. 25; *Roßnagel/Wedde*, Handbuch 4.3, Rdnr. 52; *Roßnagel/Büllesbach*, Handbuch 6.1, Rdnr. 66, 7.1, Rdnr. 26; *Kroll,* Datenschutz, 116; *Kriependorf,* DuD 1977, 17; *Breinlinger*, RDV 1995, 215.

geber kein „Dritter" (§ 3 Abs. 8 Satz 2),[250] jedoch weder befugt, die Daten für eigene Zwecke zu verwenden, noch darf er sie ohne weiteres Dritten zugänglich machen.[251] Sein Handlungsspielraum ist vielmehr von vornherein begrenzt. Er muss sich nach den **Weisungen des einzelnen Auftraggebers** richten (§ 11 Abs. 3 Satz 1).[252] Nur dieser kann infolgedessen festlegen, wer unter welchen Bedingungen berechtigt sein soll, Kenntnis der Daten zu erlangen.

152 Die Rechtmäßigkeit seiner Weisungen beurteilt sich ausschließlich nach den für ihn, den Auftraggeber, geltenden Anforderungen. Ihn trifft daher auch die **volle Verantwortung** für die Einhaltung der gesetzlichen Verarbeitungsvoraussetzungen[253] und damit auch die Verpflichtung, dafür zu sorgen, dass etwa die Beschäftigten ihr Auskunfts- (§ 34) und Einsichtsrecht (§ 83 BetrVG) ebenso uneingeschränkt ausüben können wie die Betriebsräte ihr Kontrollrecht (§ 80 Abs. 1 Nr. 1 BetrVG).[254] Eben diese Verantwortung ist zugleich eine in ihrer Wirksamkeit nicht zu unterschätzende Barriere gegen die Gefahr, dass der konzerninterne Informationsaustausch mit Rücksicht auf die Unternehmensverflechtung nicht oder nur ungenügend unterbunden wird.[255] Kurzum, das gemeinsame Rechenzentrum verändert nicht das **Verhältnis der Konzernunternehmen zueinander: Sie bleiben „Dritte"**, denen ein unmittelbarer Zugriff auf die Daten untersagt ist.[256]

153 Ein Auftrag liegt allerdings dann nicht mehr vor, wenn entweder **nur die Anlage** oder **lediglich das erforderliche Personal** zur Verfügung gestellt wird, das an der Verarbeitung interessierte Konzernunternehmen sich aber im Übrigen sowohl die Organisation als auch die Durchführung des Verarbeitungsprozesses vorbehält. Die Verarbeitung ist dann nach § 28 zu beurteilen.[257] An der prinzipiellen Unzulässigkeit einer konzernweiten Verwendung ändert sich freilich einmal mehr nichts. § 11 ist ebenfalls nicht anzuwenden, wenn das Konzernrechenzentrum personenbezogene Daten für **eigene Zwecke** verarbeitet. Die Übermittlungsbedingungen richten sich insoweit wiederum nach § 28. Die einzelnen Konzernunternehmen sind insofern nach wie vor als „Dritte" zu behandeln.[258]

154 Von der Einrichtung eines gemeinsamen Rechenzentrums ist die **Auslagerung bestimmter Aufgabenbereiche** zu unterscheiden. So kann beispielsweise der Produktionsprozess vollständig bei einem der Konzernunternehmen verbleiben, der Vertrieb aber von einem der anderen am Konzern beteiligten Unternehmen übernommen und in eigener Zuständigkeit organisiert werden. Ähnliches gilt für die Produktentwicklung oder die Lohn- und Gehaltsverwaltung. Genauso wie bei der Einrichtung eines Konzernrechenzentrums steht auch hinter der **Funktionsübertragung** die Absicht einer konzerninternen Arbeitsteilung mit dem Ziel, vorhandene Kapazitäten besser zu nutzen sowie die Konzernpolitik gezielter zu steuern. Anders jedoch als beim Rechenzentrum wird bei der Funktionsübertragung nicht nur die Verarbeitung abgespalten, sondern der gesamte ihr jeweils zugrunde liegende Aufgabenbereich einschließlich der für die Erfüllung der konkreten Funktion notwendigen rechtlichen Zuständigkeit.[259]

155 Die Übernahme des Vertriebs beinhaltet also zugleich das Recht, die entsprechenden Verträge abzuschließen, die Übertragung der Lohn- und Gehaltsverwaltung berechtigt auch dazu, etwa die Löhne und Gehälter zu errechnen und auszuzahlen sowie die erforderlichen steuerlichen Erklärungen abzugeben. Von einem Auftrag kann deshalb nicht mehr die Rede sein.[260] Die Verarbeitung erfolgt vielmehr für **eigene Zwecke** des Konzernunternehmens, das die infrage

250 Dazu § 3 Rdnr. 243 ff., aber auch LG Darmstadt, CR 1987, 101 (104).
251 Dazu § 11 Rdnr. 66 ff.
252 Dazu § 11 Rdnr. 56 ff.
253 Dazu § 11 Rdnr. 40 ff., 73 ff.
254 Vgl. auch LG Darmstadt, CR 1987 101 (104).
255 Vgl. auch *Wohlgemuth,* AuR 1987, 266; *Stein,* ZGR 2 (1988) 176; *Däubler,* Belegschaften, Rdnr. 452.
256 o. Rdnr. 142.
257 Dazu *Mühlein/Heck,* Outsourcing, 43 f.; *Ruppmann,* Austausch, 116 f.; sowie *Schaffland/Wiltfang,* BDSG § 27 Rdnr. 30.
258 o. Rdnr. 142.
259 Vgl. auch § 11 Rdnr. 17 ff.; *Gola/Schomerus*, BDSG §§ 11 Rdnr. 9, 27 Rdnr. 5; *Gola/Wronka,* Handbuch, Rdnr. 607; *Breinlinger*, RDV 1995, 215.
260 Dazu § 11 Rdnr. 18; und demgegenüber *Horchler,* Outsourcing, 72, 171.

kommende Funktion übernommen hat. Maßgeblich ist insofern § 28.[261] Die gezielte Zuteilung der Verarbeitung mag damit leichter werden, ein freier Informationsaustausch im Konzern bleibt dennoch ausgeschlossen.

Die eindeutige Weigerung des Gesetzgebers, Konzerne als verantwortliche Stellen anzusehen, 156
zwingt auch dazu, ebenso klar jeden Versuch abzulehnen, **§ 28 Abs. 1 Nr. 2** in einer Weise zu interpretieren, die letztlich doch einen möglichst uneingeschränkten konzerninternen Informationsaustausch rechtlich absichern würde. Die Konzernunternehmen haben sicherlich, allein schon wegen ihrer Verflechtung, gemeinsame Interessen, die aus ihrer Sicht durchaus für einen Informationsaustausch sprechen. § 28 Abs. 1 Nr. 2 verlangt freilich mehr. Die Übermittlung lässt sich mit dem BDSG erst vereinbaren, wenn ein **„berechtigtes" Interesse** vorliegt.[262] Ob es gegeben ist, lässt sich nur vor dem Hintergrund der Grundentscheidung des BDSG zur Konzernierung beantworten. Anders und konkreter ausgedrückt: Ein „berechtigtes" Interesse am Informationsaustausch kann aus der Verflechtung nicht gefolgert werden, ohne gegen die ausdrückliche Entscheidung des Gesetzgebers zu verstoßen, den Konzern nicht als Informationseinheit zu behandeln.[263]

Die Übermittlung muss zudem nach § 28 Abs. 1 Nr. 2 unterbleiben, wenn ihr ein **überwie-** 157
gendes „schutzwürdiges Interesse" des Betroffenen entgegensteht.[264] Bei einem tendenziell offenen Datenaustausch im Konzern, droht die Transparenz der Verarbeitung verloren zu gehen. Der Mangel an Transparenz stellt aber die informationelle Selbstbestimmung der Betroffenen infrage.[265] Sie haben deshalb nicht nur ein durchaus „schutzwürdiges", mit der Weitergabe ihrer Daten unvereinbares Interesse. Ihre Belange müssen vielmehr den Informationserwartungen des Konzerns vorgehen.[266]

Übermittlungen an bestimmte Konzernunternehmen oder die Konzernobergesellschaft 158
können unter Umständen nach **§ 28 Abs. 3 Nr. 1** zulässig sein. Der Übermittlungsadressat muss ein „berechtigtes Interesse" an den konkret in Betracht kommenden personenbezogenen Daten nachweisen. Typische Fälle dafür sind Konzernwarndienste und die Weitergabe für die interne Kommunikation im Konzern erforderlicher Angaben.[267] Anders als bei den Versuchen, einen generellen konzerninternen Datenaustausch sicherzustellen, ist hier der Übermittlungsradius von vornherein begrenzt. Der Übermittlungsempfänger lässt sich deshalb unschwer lokalisieren. Die Weitergabe ist zudem durchweg auf bestimmte ebenfalls erkennbare Zwecke und die damit zusammenhängenden Daten beschränkt. Sie verletzt deshalb grundsätzlich kein „schutzwürdiges Interesse" der Betroffenen.

Konzernunternehmen, die personenbezogene Angaben gemeinsam nutzen möchten, bleibt 159
unter diesen Umständen nur die Möglichkeit, das **Einverständnis der Betroffenen** einzuholen (§ 4 Abs. 1). Der bloße Hinweis auf die beabsichtigte Übermittlung an weitere Konzernunternehmen reicht dafür nicht aus. Für die Betroffenen ist es vor allem bei Mischkonzernen besonders wichtig, einen verlässlichen Überblick über die potenziellen Übermittlungsadressaten zu gewinnen. Konsequenterweise muss die Einwilligung so formuliert sein, dass ihr sowohl die **Übermittlungsempfänger** als auch die vom Betroffenen akzeptierten **Verwendungszwecke** zu entnehmen sind (§ 4 Abs. 3).[268] Auf die Einwilligung lässt sich im Übrigen selbst dann nicht verzichten, wenn, gleichviel aus welchem Grund, ein Interesse der Betroffenen an der Weitergabe ihrer Daten unterstellt werden kann. Es ist ihnen vorbehalten,

261 Vgl. auch BWH, HinwBDSG Nr. 26, 3, Dok. B.1.30; 10. den 10. *BerHessLR*, LT-Drs. 14/3086, 6; sowie *Gola/Schomerus,* BDSG § 27 Rdnr. 5; *Schaffland/Wiltfang,* BDSG §§ 11 Rdnr. 7, 27 Rdnr. 29; *Gola/Wronka,* Handbuch, Rdnr. 616 f.; *Müthlein/Heck,* Outsourcing, 36 ff.; *Ruppmann,* Austausch, 67 f.; *Wächter,* CR 1991, 333; *Fasbender,* RDV 1994, 14.

262 Dazu § 28 Rdnr. 133 ff.

263 Vgl. auch *Wohlgemuth,* AuR 1987, 265; *Küpferle/Wohlgemuth,* Personaldatenverarbeitende Systeme (1987) Rdnr. 140; *Däubler,* Belegschaften, Rdnr. 451; und demgegenüber *Wächter,* CR 1991, 333; wohl auch *Ruppmann,* Austausch, 61.

264 Dazu § 28 Rdnr. 161 ff.

265 o. Rdnr. 144.

266 Einschränkend *Gola/Wronka*, Handbuch, Rdnr. 618; vgl. auch *Däubler*, Belegschaften, Rdnr. 451.

267 Vgl. BWHinwBDSG Nr. 34 Dok. B 1.39; sowie *Ruppmann,* Austausch, 63.

268 Dazu die Kommentierung der §§ 4 Rdnr. 41 ff. und 4a Rdnr. 70 ff.

darüber zu entscheiden, wer die Angaben bekommen darf. Sie müssen deshalb auch angeben, welche Vorstellungen sie haben. Ebenso wenig reichen stillschweigende oder konkludente Erklärungen aus. Das Einverständnis muss ausdrücklich erfolgen.[269]

160 Soweit es allerdings um **Arbeitnehmerdaten** geht, bietet sich neben der Einwilligung der jeweils betroffenen Beschäftigten eine **Betriebsvereinbarung** als Grundlage für einen konzernweiten Datenaustausch an.[270] Das Ziel, eine für den gesamten Konzern geltende Regelung zu treffen, bestimmt auch die Verhandlungspartner. Ansprechpartner der Konzernleitung ist der Konzernbetriebsrat (§§ 54, 58 BetrVG).[271] Eine solche Vereinbarung ist zudem mit Rücksicht darauf, dass die Datenverarbeitung in aller Regel automatisiert erfolgt, mitbestimmungspflichtig (§ 87 Abs. 1 Nr. 6 BetrVG).[272] Die Parteien müssen sich bei ihren Entscheidungen an den im BDSG festgelegten Verarbeitungsmaßstäben orientieren. Betriebsvereinbarungen enthalten zwar Normen, die zu jenen „anderen Rechtsvorschriften" zählen, welche nach § 4 Abs. 1 BDSG alternativ zu den BDSG-Vorschriften eine Verarbeitung personenbezogener Daten rechtfertigen können.[273] Die jeweils beschlossenen Regelungen sind trotzdem durchweg an den sich aus der informationellen Selbstbestimmung der Betroffenen ergebenden Anforderungen zu messen. Betriebsvereinbarungen können so gesehen die BDSG-Bestimmungen ergänzen und weiterentwickeln, nicht aber den Schutz der Betroffenen verringern.[274] Konsequenterweise darf genauso wie sonst nur die konkret erforderliche Anzahl an Arbeitnehmerdarten übermittelt sowie verarbeitet werden und nicht etwa jede von den Parteien gutgeheißene Anzahl.[275]

161 Zu den nicht-öffentliche Stellen rechnen schließlich **Ausländer und ausländische juristische Personen und Personenvereinigungen des privaten Rechts**, sofern sie selbst oder im Rahmen von **unselbstständigen Zweigstellen, Niederlassungen und Repräsentanzen** personenbezogene Daten in Deutschland verarbeiten (§ 1 Abs. 5 Satz 2).[276] Nichts anderes gilt, freilich mit gewissen Einschränkungen, für ausländische öffentliche Stellen.[277] Bei verantwortlichen Stellen, die in einem anderen Mitgliedstaat der Europäischen Union oder einem anderen Vertragsstaat des Abkommens über den Europäischen Wirtschaftsraum belegen sind, scheidet dagegen eine Anwendung des BDSG generell aus (§ 1 Abs. 5 Satz 1).[278] Sie sind also selbst dann keine nicht-öffentliche Stellen, wenn sie personenbezogene Daten im Inland verarbeiten, und müssen sich deshalb nur nach dem für sie maßgeblichen Recht richten.

---

269 Dazu § 4a Rdnr. 44, 78.
270 Dazu auch *Gola/Wronka*, Handbuch, Rdnr. 619 ff.; *Däubler*, Belegschaften Rdnr. 453; *Roßnagel/Büllesbach*, Handbuch 7.1, Rdnr. 45.
271 BAG DB 1996, 1985.
272 Dazu § 28 Rdnr. 45 ff.
273 Dazu § 4 Rdnr. 11.
274 Dazu die §§ 4 Rdnr. 17, 28 Rdnr. 49; sowie *HmbDSB*, TB 2000/01, 193; den 15. *BerHessLR*, LT-Drs. 15/4659, 18 f., aber auch den 11. *BerHessLR*, LT-Drs. 14/159; *Ruppmann*, Austausch 120.
275 Vgl. freilich *Gola/Wronka*, Handbuch, Rdnr. 621; *Roßnagel/Büllesbach*, Handbuch 6.1, Rdnr. 70.
276 Dazu § 1 Rdnr. 214 ff.
277 Dazu o. Rdnr. 81 f. .
278 Dazu § 1 Rdnr. 198 ff.

§ 3 Weitere Begriffsbestimmungen

(1) Personenbezogene Daten sind Einzelangaben über persönliche oder sachliche Verhältnisse einer bestimmten oder bestimmbaren natürlichen Person (Betroffener).

(2) Automatisierte Verarbeitung ist die Erhebung, Verarbeitung oder Nutzung personenbezogener Daten unter Einsatz von Datenverarbeitungsanlagen. Eine nicht automatisierte Datei ist jede nicht automatisierte Sammlung personenbezogener Daten, die gleichartig aufgebaut ist und nach bestimmten Merkmalen zugänglich ist und ausgewertet werden kann.

(3) Erheben ist das Beschaffen von Daten über den Betroffenen.

(4) Verarbeiten ist das Speichern, Verändern, Übermitteln, Sperren und Löschen personenbezogener Daten. Im einzelnen ist, ungeachtet der dabei angewendeten Verfahren:

1. **Speichern das Erfassen, Aufnehmen oder Aufbewahren personenbezogener Daten auf einem Datenträger zum Zwecke ihrer weiteren Verarbeitung oder Nutzung,**
2. **Verändern das inhaltliche Umgestalten gespeicherter personenbezogener Daten,**
3. **Übermitteln das Bekanntgeben gespeicherter oder durch Datenverarbeitung gewonnener personenbezogener Daten an einen Dritten in der Weise, daß**
   a) **die Daten an den Dritten weitergegeben werden oder**
   b) **der Dritte zur Einsicht oder zum Abruf bereitgehaltene Daten einsieht oder abruft,**
4. **Sperren das Kennzeichnen gespeicherter personenbezogener Daten, um ihre weitere Verarbeitung oder Nutzung einzuschränken,**
5. **Löschen das Unkenntlichmachen gespeicherter personenbezogener Daten.**

(5) Nutzen ist jede Verwendung personenbezogener Daten, soweit es sich nicht um Verarbeitung handelt.

(6) Anonymisieren ist das Verändern personenbezogener Daten derart, daß die Einzelangaben über persönliche oder sachliche Verhältnisse nicht mehr oder nur mit einem unverhältnismäßig großen Aufwand an Zeit, Kosten und Arbeitskraft einer bestimmten oder bestimmbaren natürlichen Person zugeordnet werden können.

(6a) Pseudonymisieren ist das Ersetzen des Namens und anderer Identifikationsmerkmale durch ein Kennzeichen zu dem Zweck, die Bestimmung des Betroffenen auszuschließen oder wesentlich zu erschweren.

(7) Verantwortliche Stelle ist jede Person oder Stelle, die personenbezogene Daten für sich selbst erhebt, verarbeitet oder nutzt oder dies durch andere im Auftrag vornehmen lässt.

(8) Empfänger ist jede Person oder Stelle, die Daten erhält. Dritter ist jede Person oder Stelle außerhalb der verantwortlichen Stelle. Dritte sind nicht der Betroffene sowie Personen und Stellen, die im Inland, in einem anderen Mitgliedstaat der Europäischen Union oder in einem anderen Vertragsstaat des Abkommens über den Europäischen Wirtschaftsraum personenbezogene Daten im Auftrag erheben, verarbeiten oder nutzen.

(9) Besondere Arten personenbezogener Daten sind Angaben über die rassische und ethnische Herkunft, politische Meinungen, religiöse oder philosophische Überzeugungen, Gewerkschaftszugehörigkeit, Gesundheit oder Sexualleben.

(10) Mobile personenbezogene Speicher- und Verarbeitungsmedien sind Datenträger,

1. **die an den Betroffenen ausgegeben werden,**
2. **auf denen personenbezogene Daten über die Speicherung hinaus durch die ausgebende oder eine andere Stelle automatisiert verarbeitet werden können und**
3. **bei denen der Betroffene diese Verarbeitung nur durch den Gebrauch des Mediums beeinflussen kann.**

Literatur

AK Technik der Datenschutzbeauftragten des Bundes und der Länder, Datenschutzfreundliche Technologien, DuD 1997, 709 ff.; *Art. 29 Datenschutzgruppe*, Arbeitspapier über Biometrie vom 1.8.2003 (WP 80); *Art. 29 Datenschutzgruppe*, Arbeitspapier Datenschutzfragen im Zusammenhang mit der RFID-Technik vom 19.1.2005 (WP 105); *Art. 29 Datenschutzgruppe*, Arbeitspapier über genetische Daten vom 17.3.2004 (WP 91); *Arzt,* Nutzung von Satellitendaten in der Umweltüberwachung, DuD 2000, 204 ff.; *Bizer,* Datenspeicherung in zentralen und peripheren Netzen versus Smart-Card, in *K.P. Möller/F. v. Zezschwitz* (Hrsg.), Verwaltung im Zeitalter des Internet 2002, S. 19-70; *Bizer/Bleumer,* Pseudonyme, DuD 1997, 46; S. Booth/R. Jenkins/D. Moxon/ N. Semmens/C. Spencer/M. Taylor/D. Townend (2004) „What are Personal Data?“ (A study conducted for the Information Commissioner, http://www.informationcommissioner.gov.uk/cms/DocumentUploads/What%20 are%20personal%20data%20research.pdf; *Lee A. Bygrave,* The body as data? Reflections on the relationship of data privacy law with the human body, paper for the conference „Body as Data“on 8th Sept. 2003, organised by the Victorian Privacy Commissioner (Australia); *Dieckmann/Eul/Klevenz,* Verhindert der Datenschutz Fusionen? Fusionen aus der Sicht der betrieblichen Datenschutzbeauftragten, RDV 2000, 149 ff.; *Dittrich/ Schlörer,* Anonymisierung von Forschungsdaten und Identifikation anonymer Datensätze, DuD 1987, 30 ff.; *M. Essers/J.Hartung*, Datenschutz bei Unternehmenstransaktionen, RDV 2002,278 ff.; *Eurostat,* Protection de la vie privée, informatique et progrès de la documentation statistique, Informations de l'Eurostat Numéro spécial, Luxembourg 1986; *I. Geis,* Individualrechte in der sich verändernden europäischen Datenschutzlandschaft, CR 1995, 171 ff.; *Goldenbohm/Weise,* Erweiterter Dateibegriff im neuen BDSG, CR 1991, 535 ff.; *Paul de Guchteneire/Ekkehard Mochmann,* (eds.), Data Protection and Data Access, Reports from ten countries, with an annotated international bibliography, Hrsg. *SWIDOC/IFDO,* Amsterdam 1990; *HDSB,* 12. TB, 176 ff.; *G. Hornung*, Der Personenbezug biometrischer Daten, DuD 2004, 429 ff.; *Jehle,* (Hrsg.) Datenzugang und Datenschutz in der kriminologischen Forschung, Kriminologie und Praxis, Bd. 2, Eigenverlag der kriminoligischen Zentralstelle e.V., Wiesbaden 1987; *Jürgens,* Die Vernichtung von Datenträgern mit personenbezogenen medizinischen Daten, DuD 1998, 449 f.; *Kommission zur Verbesserung der informationellen Infrastruktur zwischen Wissenschaft und Statistik* (Hrsg.), Wege zu einer besseren informationellen Infrastruktur, Baden-Baden, 2001; *W. Kamlah*, Scoring-Verfahren – Statistik und Datenschutzrecht, ZVI 2004, 9ff.; *K. Klein*, Zur datenschutzrechtlichen Relevanz des Scorings von Kreditrisiken, BKR 2003, 488 ff.; *Krupp/Preissl,* Die Neufassung des BDSG und die wissenschaftliche Forschung, CR 1989, 121 ff.; *von Lewinski,* Kaufleute im Schutzbereich des BDSG, DuD 2000, 39 ff.; *Lüttge,* Unternehmensumwandlungen und Datenschutz, NJW 2000, 2463 ff.; *Th. Mackenthun*, Datenschutzrechtliche Voraussetzungen der Verarbeitung von Kundendaten beim zentralen Rating und Scoring im Bank-Konzern, WM 2004, 1713 ff.; *Rainer Metschke/ Rita Wellbrock,* Datenschutz in Wissenschaft und Forschung, Beiträge zum Datenschutz, Hrsg. *Hessischer Datenschutzbeauftragter* (Selbstverlag), Wiesbaden 2000; *Miller,* Datenschutz in der Forschung, DuD 1986, 7 ff.; *F. Möller*, Data Warehouse als Warnsignal an die Datenschutzbeauftragten, DuD 1998, 555ff.; *J. Möller/ B.-C. Florax*, Datenschutzrechtliche Unbedenklichkeit des Scoring von Kreditrisiken?, NJW 2003 2724 ff.; *J. Müller/M. Handy*, RFID und Datenschutzrecht, DuD 2004, 655ff.; *Paaß,* Anonymität statistischer Einzelangaben, DuD 1985, 97 ff.; *Paaß/Wauschkuhn,* Datenzugang, Datenschutz und Anonymisierung, Berichte der GMD Nr. 148, München/Wien 1985; *T.B. Petri*, Das Scoringverfahren der SCHUFA, DuD 2001, 290f.; *ders.*, Sind Scorewerte rechtswidrig?, DuD 2003, 631 ff.; *B. Raum,* Umweltschutz und Schutz personenbezogener Daten, CR 1993, 162 ff.; *E. Ruess/A. Patzak*, Marktortprinzip und Nutzerortung – Gedanken zum Problemfeld Internationales Wettbewerbsrecht und Datenschutz im Internet, RDV 2003, 172 ff.; *Runge,* Die „Datei-Meldung“ im neuen BDSG, RDV 1998, 109 f.; *G. Saeltzer*, Sind diese Daten personenbezogen oder nicht?, DuD 2004, 218 ff.; *P. Schaar*, Datenschutz im Internet, München 2002; *H.-J. Schaffland*, Datenschutz und Bankgeheimnis bei Fusion – (k)ein Thema? NJW 2002 1539 ff.; *H.H. Schild,* Die EG-Datenschutzrichtlinie, EuZW 1996, 549 ff.; *M. Schladebach*, Genetische Daten im Datenschutzrecht, CR 2003, 225ff; *Simitis,* „Sensitive Daten“ – Zur Geschichte und Wirkung einer Fiktion, in Festschrift für *M.M. Pedrazzini* (1990) 469 ff.; *ders.*, Revisiting Sensitive Data, Council of Europe 1999; *ders.*, Die Erosion des Datenschutzes, in *B. Sokol* (Hrsg.), Neue Instrumente des Datenschutzes (1999) 5 ff.; *ders.*, Zur Internationalisierung des Arbeitnehmerdatenschutzes – Die Verhaltensregeln der Internationalen Arbeitsorganisation, in Festschrift für *Th. Dieterich* (1999) 601 ff.; *Statistics Sweden,* Statistics and Privacy: Future access to Data for Official Statistics – Cooperation or Distrust?, Report from a Conferenc, 24-26 june 1987; *Statistisches Bundesamt* (Hrsg.), Die faktische Anonymität von Mikrodaten, Reihe Forum der Bundesstatistik, Stuttgart 1991; *Sutschet,* Über Informationsverbote zur Wissensgesellschaft?, RDV 2000, 107 ff.; *Tinnefeld/Mönke,* Datenschutz und Video in der Medizin, CR 1998, 368 ff.; *Wagner,* Selbstorganisation des Wissenschaftssystems würde Datenschutz vereinfachen und Re-Analysen befördern, ZUMA-Nachrichten 47, Jg. 24, S. 75 ff.; *Weichert,* Datenschutzrechtliche Anforderungen an Chipkarten, DuD 1997, 266 ff.; *R. Wellbrock*, Datenschutzrechtliche Aspekte des Aufbaus von Biobanken für Forschungszwecke, MedR 2003, 77 ff.; *Wengert/Widmann/Wengert,* Bankenfusion und Datenschutz – Eine kritische Betrachtung der Fusionspraxis, RDV 2000, 47 ff. = NJW 2000, 1289 ff.: *M. Gräfin von Westerholt/W. Döring*, Datenschutzrechtliche Aspekte der Radio Frequency Identification, CR 2004, 710 ff.

Übersicht

1. Vorbemerkung

In § 3 sind Legaldefinitionen zu den wichtigsten gesetzlichen Begriffen zusammengestellt. 1
Die Definitionen der personenbezogenen Daten,[1] der automatisierten Verarbeitung und der nicht-automatisierten Datei,[2] der Erhebung,[3] der Nutzung[4] und der Phasen der Datenverarbeitung[5] dienen der Präzisierung des sachlichen Anwendungsbereichs; die nähere Bestimmung der verantwortlichen Stelle[6] dient dazu, die durch das Gesetz verpflichteten Subjekte zu kennzeichnen; in Verbindung mit dem Begriff des Dritten[7] dient sie zugleich der Definition der Übermittlung. Mit der Novellierung 2001 wurden zu den Begriffen „Pseudonymisieren"[8] und „besondere Arten personenbezogener Daten"[9] neue Definitionen aufgenommen und einige weitere Bestimmungen an die EU-Richtlinie angepasst. Nach wie vor finden sich weitere Legaldefinitionen an anderen Stellen des Gesetzes.[10] Für andere nicht weniger bedeutende und klärungsbedürftige Begriffe fehlen Legaldefinitionen, z.B. für: schutzwürdige Interessen, Merkmal, Art der Daten. Zu beachten ist, dass das BDSG eine Reihe von Begriffen **anders definiert, als sie in der Umgangs- oder in der DV-Fachsprache verwendet** werden. So werden beispielsweise die Begriffe „Verarbeiten", „Speichern" und die weiteren Verarbei-

1 Abs. 1.
2 Abs. 2.
3 Abs. 3.
4 Abs. 5.
5 Abs. 4.
6 Abs. 7.
7 Abs. 8 Satz 2 und 3.
8 Abs. 6 a.
9 Abs. 9; gemeint sind die sensitiven Daten.
10 „öffentliche" und „nicht-öffentliche Stelle" in § 2; „Datengeheimnis" in § 5; „Stapelverarbeitung" in § 10 Abs. 4; „Zugangskontrolle" und weitere Kontrollformen in der Anlage zu § 9 Satz 1.

tungsphasen in Abs. 4 nicht im Sinne der Technik der automatisierten Datenverarbeitung, sondern „ungeachtet der dabei angewendeten Verfahren“, d.h. medienneutral, definiert.

2 Die Definitionen der Abs. 2 und 3 bis 6 verlangen – im Gegensatz zum BDSG 1977 – jeweils ausdrücklich, dass sich die Datensammlung bzw. die Aktivität auf „personenbezogene Daten“ bezieht. Dies ist methodisch verfehlt, da personenbezogene Daten bereits nach § 1 Abs. 1 und 2 eine selbstständige Anwendungsvoraussetzung darstellen, im Ergebnis aber unschädlich. Das Wort „personenbezogen“ ist hier nur als sprachliches Beiwerk zu betrachten.

2. Personenbezogene Daten (Abs. 1)

3 „Personenbezogene Daten“ ist der wichtigste und am häufigsten verwendete Begriff des BDSG. Das Gesetz verwendet den Begriff durchweg in der Mehrzahl. Es besteht aber kein Zweifel daran, dass die Regelungen auch bezüglich eines einzelnen personenbezogenen Datums anzuwenden sind, beispielsweise wenn eine Anschrift zu berichtigen ist.

2.1 Einzelangaben über persönliche und sachliche Verhältnisse

4 Der Begriff „Einzelangaben über persönliche oder sachliche Verhältnisse“ findet sich auch in § 203 Abs. 2 Satz 2 StGB, wo er das Handlungsobjekt einer Verletzung des persönlichen Lebens- und Geheimbereichs beschreibt, sowie in § 16 Abs. 1 des Gesetzes über die Statistik für Bundeszwecke, dort als Umschreibung des Gegenstandes des Statistikgeheimnisses. Im Gegensatz zu diesen Vorschriften kommt es im Rahmen des BDSG jedoch nicht darauf an, zu welchem Zweck die Daten erfasst worden sind. Woher die Information stammt – vom Betroffenen selbst oder von einem anderen –, ist ebenso gleichgültig wie die **Form ihrer Repräsentation**[11] (natürliche Sprache, formalisierte Sprache, maschinenlesbarer Code, vereinbarte oder allgemein bekannte Zeichensprache, z.B. Kopfnicken) und die **Darstellung der Zeichen** (analog, digital, numerisch, alphanumerisch). Auch die eine Person betreffenden **Bild- und Tonaufnahmen**, also Informationsdarstellungen ohne sprachlich-symbolische Vermittlung, sind „Angaben“, wie sich aus ihrer ausdrücklichen Erwähnung in der mit der Novellierung 1990 aufgenommenen Aktendefinition[12] wie auch aus der Datenschutzrichtlinie[13] eindeutig ergibt.

5 Der Begriff **„Angabe“** umfasst **jede Information**. Sie kann Gegenstand einer Mitteilung sein und dient dann der Vermittlung von Kenntnis an den Empfänger, oder sie wird aufbewahrt, dient also dem Verfügbarhalten von Kenntnis. Notwendig ist ein finales, auf Vermittlung oder Aufbewahrung gerichtetes Element. **Spuren** als solche, so wie sie irgendwo hinterlassen wurden, wie z.B. Bremsspuren, Blutspuren, Fingerabdrücke, Flecken, Risse, Abnutzung, sind deshalb zunächst einmal keine Angaben, ebenso wenig wie menschliche Haare, Speichelreste und anderes irgendwo hinterlassenes Körpermaterial.[14] Sie können aber Ausgangspunkt für das Herstellen von Angaben sein, etwa durch Aufzeichnen, Messen, chemisch-physikalisches oder genetisches Analysieren, Aufnehmen oder Beschreiben zum Zweck der Mitteilung oder Aufbewahrung. Blutproben sind ab dem Zeitpunkt ihrer Entnahme und insbesondere bei ihrer nachfolgenden Nutzung[15] Angaben und – Personenbezug vorausgesetzt[16] – personenbezogene Daten. Entsprechendes gilt für Zellmaterial ab dessen Aufnahme zum Zweck genetischer Analyse. Allgemein ausgedrückt: Der Datenschutz bewegt sich auf der Ebene der Information, nicht auf der der realen Außenwelt. Gegenstände und Prozesse der Außenwelt – einschließlich des menschlichen Körpers und seiner Beschaffenheit im Einzelnen – sind daher keine

---

11 KG, Dok. § 2 Abs. 1 E 3 S. 7 f.

12 Seit der Novellierung 2001 nach § 46 Abs.2 Satz 1 nur noch begrenzt weitergeltend.

13 Erwägungsgründe 14 bis 17.; vgl. dazu Erster Bericht der Kommission über die Durchführung der Datenschutzrichtlinie vom 15.5.2003 (EG 95/46) COM (2003) 265(01)

14 Vgl. allgemein dazu *Spranger*, Die Rechte des Patienten bei der Entnahme und Nutzung von Körpersubstanzen, NJW 2005, 1084 ff.

15 *Spranger* aaO S.1086 bejaht bei Nutzung regelmäßig eine Datenübermittlung.

16 Vgl. Rdnr. 73.

Angaben; sie werden es erst, wenn sie durch symbolische Repräsentation oder durch einen Akt der Zweckbestimmung zum Mittel einer Kommunikation gemacht werden. Rauch ist sichtbares Zeichen eines realen Vorgangs; Rauchzeichen sind Elemente einer Kommunikation. Zähne, Finger, Haare und Narben sind als solche keine personenbezogen Daten; Gebissabdrucke, Fingerabdrücke und menschliche Gewebeproben, die zur Identifizierung ihrer Träger oder zu anderen Informationszwecken aufgenommen oder aufbewahrt werden, können es sehr wohl sein. Die Tatsache, dass der interessante Informationsgehalt bei einer Materialprobe nicht direkt wahrgenommen werden kann, sondern erst durch technisch-wissenschaftliche Analysen gewonnen werden muss, steht der Einstufung als personenbezogene Daten nicht entgegen. Die Unterscheidung von Daten und Datenträger entscheidet nicht über die Anwendbarkeit des Gesetzes; vielmehr gelten dessen Regeln, wie sich etwa bei den Vorschriften zur Datensicherheit zeigt, gerade auch für den Umgang mit Datenträgern, soweit sie personenbezogene Daten enthalten. Allerdings kann die Anwendung einiger datenschutzrechtlicher Prinzipien, wie etwa des Auskunfts- und Berichtigungsrechts, bei nicht sprachlich-textlichen Datensammlungen Probleme aufwerfen.

Auf die konkrete **Semantik** (inhaltliche Bedeutung) der Information, auf ihre **Sigmatik** (Hin- 6
weisfunktion auf das Abgebildete oder Benannte, im Datenschutz genauer: auf die benannte Person, also insbesondere Namen und andere direkte Identifikationsmerkmale) und auf ihre Pragmatik (Verwendung für Entscheidungen bzw. Handlungen) kommt es beim Begriff Angabe nicht an; vorausgesetzt wird aber, dass überhaupt eine Semantik oder Sigmatik vorhanden ist. Dass die Information bereits allgemein bekannt (offenkundig) ist, schließt eine Angabe nicht aus.

Weiter muss es sich um Angaben **über persönliche oder sachliche Verhältnisse** einer Per- 7
son handeln. Deren interne Unterscheidung spielt keine Rolle. Der Gesetzgeber verwendet die Formulierung, um deutlich zu machen, dass er **alle** Informationen, die über die Bezugsperson etwas aussagen, erfassen will, unabhängig davon, unter welchem Aspekt sie gesehen und welcher Lebensbereich angesprochen ist. Der Begriff ist daher außerordentlich weit. Allen Tendenzen, den Datenschutz auf einen bestimmten Teilbereich der personenbezogenen Informationen, etwa auf die Intim- und Privatsphäre, zu beschränken und vermeintlich weniger sensitive Bereiche, etwa die berufliche und geschäftliche Sphäre, auszuklammern, hat sich der Gesetzgeber verschlossen.[17]

Ebenso hat es der Gesetzgeber abgelehnt, bestimmte elementare Angaben, die üblicherweise 8
zur Identifizierung einer Person benutzt werden, wie Namen, Anschrift, Geburtsdatum und Beruf, von vornherein aus dem Schutz auszuklammern und sie zu **„freien Daten"** zu erklären.[18] Hier war die Erfahrung ausschlaggebend, dass auch die Verarbeitung solcher Daten die Individualsphäre des Bürgers stören kann, so wenn z.B. als Nachsendeadresse die Anschrift einer Strafvollzugsanstalt übermittelt wird. Zutreffend hat das BVerfG festgestellt, dass es „unter den Bedingungen der automatischen Datenverarbeitung kein „belangloses" Datum mehr (gibt)".[19] Ebenso wenig sind offenkundige und allgemein zugängliche Daten aus dem Begriff ausgeklammert; das Schutzinteresse des Betroffenen richtet sich auch hier darauf, zu wissen, was über ihn gespeichert ist, und die Richtigkeit gespeicherter Daten zu kontrollieren. Schließlich kommt es auch auf die Menge oder die Reichhaltigkeit der Informationen im einzelnen nicht an. Deshalb sind auch Angaben mit geringer Aussagekraft („X ist mittelgroß"), oder Bildaufnahmen von erkennbaren Beschäftigten mit niedriger Wiedergabefrequenz personenbezogene Daten.[20]

Was im Einzelnen zu den Angaben über persönliche und sachliche Verhältnisse einer Person 9
gehört, lässt sich nicht erschöpfend aufzählen. Das Gesetz selbst gibt verschiedene Beispiele. Es nennt in § 28 Abs. 3 Satz 1 Nr. 3: Berufs-, Branchen- oder Geschäftsbezeichnung, Namen, Titel, akademische Grade, Anschrift und Geburtsjahr. Auch die ebenfalls dort erwähnte „Zuge-

---

17 Vgl. KG, Dok. § 2 Abs. 1 E 2 S. 3; für Ausklammerung de lege ferenda *v. Lewinski,* DuD 2000, 39.
18 Bericht des *Innenausschusses,* BT-Drs. 7/5277 Abschn. II, ebenso schon Begr. des RegE, BT-Drs. 7/1027 Abschn. 3.9.4.
19 Volkszählungsurteil, BVerfGE 65, 1 ff., 45.
20 Eine wegen niedriger Bildwiedergaberate „geringe Information" ändert daran nichts, so aber *Loy,* Zulässigkeit von Webcams auf Baustellen, ZfI 2000, 181, 183

hörigkeit zu einer Personengruppe"[21] gehört dazu. Die einen gesteigerten Schutz genießenden besonderen Arten personenbezogener Daten sind in § 3 Abs. 9 katalogisiert; dazu gehören z.B. Daten über Gesundheit und Sexualleben, politische Meinungen und religiöse oder philosophische Überzeugungen.

10 Diese Beispiele erlauben einige verallgemeinernde Feststellungen. Zu den persönlichen und sachlichen Verhältnissen gehören sowohl äußerliche, **körperliche Merkmale** (Größe, Gewicht, Konfektionsmaße, Haarfarbe, Fingerabdrücke, bei Bildern insbesondere Gesichtsausdruck und Gebärden) als auch innere, geistige **Zustände** (Einstellungen, Motive, Wünsche, politische, religiöse oder sexuelle Einstellungen oder Präferenzen), ferner **Handlungen, Äußerungen** und sonstige Verhaltensweisen der Person, unabhängig davon, wie lang sie zeitlich zurückliegen, und zwar einschließlich etwaiger zeitlicher, örtlicher und sonstiger Spezifizierungen (Reisen, besuchte Länder, Konsum- und Freizeitaktivitäten sowie -gewohnheiten, ärztliche Behandlungen, Schul- und Berufsausbildung, berufliche Tätigkeiten, Internet-Besuche und -Transaktionen, finanzielle Aktivitäten, Sozialleistungen) sowie **Verbindungen und Beziehungen** (Verwandtschaftsverhältnisse, Freunde/Bekannte, Mitgliedschaften, Kontextinformationen bei Bild- und Tonaufnahmen). Schließlich sind auch **Namen** und als Namensersatz fungierende Angaben einbezogen, die ausschließlich der **Identifizierung** der Person dienen, freilich meist ohne irgendetwas über ihre „Verhältnisse" auszusagen[22] (Geburtsnamen, frühere Namen, Künstler- oder Decknamen/Pseudonyme, Konto- und Kreditkartennummern, Telefonnummern, IP-Adressen, Personenkennzeichen, Kfz.-Kennzeichen, Aktenzeichen, email-Adressen, Benutzernamen, genetische Fingerabdrücke, biometrische Daten). Identifizierungsmerkmale würden deshalb aus der Definition der personenbezogenen Daten herausfallen, wenn man diese ganz wörtlich nähme. In den meisten Fällen sind sie aber unentbehrlich, um den Personenbezug herzustellen, indem sie die die Verhältnisse beschreibenden Daten mit ihrem Gegenstand, der Person, verknüpfen. Sie gehören daher logisch zwingend zu den personenbezogenen Daten und werden auch vom Gesetz selbst, etwa in § 28 Abs. 3 Buchst. c, entsprechend einbezogen. Ohne jeden Kontext, also etwa als isolierte Personennummer, verlieren sie jedoch diese Eigenschaft.[23] Die Sozialversicherungsnummer, Ausweisnummern, Kundennummern, Personalkennzeichen und ähnliche Identifizierungsmerkmale sowie persönlich zugeteilte oder selbstgewählte Berechtigungskennzeichen (Kenn- oder Schlüsselwort, PIN, Transaktionsnummer TAN), ob numerisch oder alphanumerisch aufgebaut, gehören also, wenn sie im Kontext verwendet werden, grundsätzlich zu den personenbezogenen Daten, auch wenn die Herstellung des Personenbezugs, etwa bei TANs, für Außenstehende unmöglich sein kann.[24]

11 Unabhängig von den gesetzlichen Beispielen ist für die Auslegung noch Folgendes zu berücksichtigen. Unstreitig ist, dass nicht nur körperliche und geistige Eigenschaften und Merkmale, die der Person als solcher zukommen (z.B. Größe, Gesicht, gesundheitliche und psychologische Merkmale), zu den persönlichen und sachlichen Verhältnissen gehören, sondern auch ihre sozialen, wirtschaftlichen und sonstigen **Beziehungen zur Umwelt**. Einbezogen sind daher beispielsweise auch Angaben über Vermögensverhältnisse, über die berufliche und wirtschaftliche Betätigung (berufliche Position, Arbeitgeber, Beteiligung an Handelsgesellschaften), über die familiäre Situation, über Verwandtschaftsverhältnisse, über Wohnverhältnisse, über private **Aktivitäten** und **Beziehungen** (Freizeitverhalten, Mitgliedschaft und Betätigung in Organisationen, Konsumverhalten, Aufenthaltsangaben/Standortdaten,[25] Reisen, Kontakte) und über privat- und öffentlich-rechtliche Beziehungen und Verhältnisse (Eigentum oder andere Rechte an bestimmten Gegenständen, Vertragspartner, Inhalt und Abwicklung

---

21 Etwa: Kunde der Stelle.
22 Die Information erschöpft sich im sigmatischen Aspekt der Information, vgl. dazu oben Rdnr. 6.
23 Es können – kraft Kontext – jedoch ungespeicherte beschreibende personenbezogene Daten vorhanden sein, vgl. unten Rdnr. 119.
24 Relativer Personenbezug, vgl. unten Rdnr. 35.
25 *Schrey/Meister*, Verwendbarkeit von Standortdaten und M-Commerce, K&R 2002, 277, 280.

von Verträgen, staatliche Zeugnisse, Anerkennungen, Zulassungen, Verbote), jeweils einschließlich der näheren Spezifikationen, etwa hinsichtlich Raum und Zeit.[26]

Auch **Werturteile** dienen der Darstellung persönlicher und sachlicher Verhältnisse einer Person und gehören daher zu den Angaben im Sinne der gesetzlichen Definition. Das Gesetz enthält keine Anhaltspunkte, dass Werturteile generell vom Datenschutz ausgenommen sein sollen. Den Begriffen „Angabe" und „Verhältnisse" lässt sich eine Einengung auf Information tatsächlicher Art nicht entnehmen. Das Werturteil erschöpft sich, jedenfalls wenn es im praktischen Zusammenhang auf eine Person angewendet wird, keineswegs darin, die Subjektivität des Urteilenden auszudrücken, sondern bezweckt gerade eine informative Aussage über den Betroffenen und dient typischerweise der Steuerung des künftigen Verhaltens gegenüber dem Betroffenen auf der Grundlage von Erkenntnissen und Erfahrungen. Auch dies rechtfertigt die Einstufung als personenbezogenes Datum.[27] Dass das Werturteil – z.B. „guter Kunde", „treuer Arbeitnehmer", „schwierig im Umgang", „Frauenheld", „Scorewert 75"[28] – die einzelnen tatsächlichen Elemente, auf denen es aufbaut, nicht erkennen lässt, ändert nichts daran, dass es etwas über die „Verhältnisse" des Betroffenen „angibt". Ein vollständiger Mangel an Informationswert ist zwar theoretisch denkbar, praktisch aber selten. Mitunter können gerade sehr abstrakt und subjektiv erscheinende Aussagen[29] die Verhältnisse des Betroffenen sehr scharf umreißen. 12

Auch die Existenz von Berichtigungsvorschriften beweist nur, dass es im Anwendungsbereich des BDSG berichtigungsfähige personenbezogene Daten geben muss. Sie stützt aber keineswegs den Schluss, dass Angaben, die nicht oder nicht ohne weiteres an dem Kriterium der Richtigkeit gemessen werden können, vom Datenschutz schlechthin freigestellt werden sollen.[30] Entscheidend ist vielmehr, dass der Gesetzgeber dem Einzelnen eine umfassende Kontrolle darüber ermöglichen will, welche Angaben zu seiner Person von welchen Stellen gespeichert werden. In der Praxis, etwa bei Personalbeurteilungen und Kreditauskünften, haben Werturteile oft die gleiche Bedeutung wie rein tatsächliche Aussagen. Wegen ihrer subjektiven Einfärbung, der geringen Nachprüfbarkeit und des hier besonders großen Risikos von Missverständnissen gefährdet die Verarbeitung solcher Angaben die schutzwürdigen Belange des Betroffenen sogar in gesteigertem Maße. Gerade hier müssen deshalb die gesetzlichen Schutzmechanismen Platz greifen.[31] 13

Auch Aussagen mit negativem Vorzeichen („Merkmal a trifft nicht zu") kennzeichnen die Verhältnisse, z.B. „nicht vorbestraft" oder „im Polizeicomputer nicht gespeichert".[32] Hier kann der Informationswert praktisch gegen Null gehen; dann liegen u.U. – je nach Kontext – keine personenbezogenen Daten vor („kein Weltrekordler", „kein Tiefseetaucher"). 14

Unter den Begriff personenbezogene Daten fallen nur **Einzelangaben**. Der Begriff stammt aus dem Statistikrecht. § 16 Abs. 1 Nr. 3 BStatG sieht eine Ausnahme von der Geheimhaltungspflicht vor, wenn Einzelangaben mehrerer Befragter in statistischen Ergebnissen zusammengefasst dargestellt sind. Hierzu hat die Praxis folgende einschränkende Grundsätze entwickelt, die auch im Datenschutzrecht anzuwenden sind. 15

Zusammenfassende Angaben bzw. **aggregierte Daten** sind keine personenbezogenen Daten, es sei denn, **einer** Person kann **eine** Angabe zugeordnet werden. Beispiel: Die Personen A, B und C sind Anhänger der Y-Sekte: personenbezogene Daten; dieselben haben ein Körpergewicht von zusammen 200 kg: kein personenbezogenes Datum. Eine Zusammenfassung liegt nur dann vor, wenn über die Verhältnisse der einzelnen Personen nichts mehr ausgesagt wird. Die Bildung von Größenklassen (A, B und C gehören zur Einkommensgruppe von 16

26 Zur Abgrenzung zu sachbezogen Daten und Daten anderer Betroffener s. unten Rdnrn. 42 ff. und 57 ff.
27 So zur Begründung der Einstufung der RFID als personenbezogenes Datum nach Art. 2 Buchstabe a der EG-Datenschutzrichtlinie die *Art. 29 Datenschutzgruppe*, WP 105, Abschnitt 4.1.
28 Vgl. dazu unten Rdnr. 71.
29 „wird unterschiedlich beurteilt", vgl. *O.Mallmann,* Zielfunktionen, 88 f.
30 Zur Frage der Berichtigung in solchen Fällen s. Erl. zu §§ 20, 35.
31 Zu Planungs- und Prognosedaten s. u. Rdnrn. 50 ff.
32 Daher nahm der BGH hier eine Verletzung des Dienstgeheimnisses an, BGH, DuD 2001, 425; zur Speicherproblematik vgl. Rdnr. 96.

30.000 bis 50.000 DM) oder von allgemeineren Begriffen („Handwerker“ statt „Schlosser“, „Schreiner“, „Elektriker“; sog. Merkmalsaggregierung) genügt nicht. Es müssen die Angaben von mindestens drei Personen zusammengefasst sein, da andernfalls jeder Beteiligte durch Subtraktion die Angabe des anderen errechnen kann. Ausnahmsweise ist die Zusammenfassung der Angaben von mehr als drei Personen erforderlich, wenn die Angaben eines Beteiligten quantitativ durchschlagen.[33] Aggregierte Daten können außerdem dann personenbezogene Daten sein, wenn bekannt ist, dass die Werte aller Gruppenmitglieder nicht weit auseinander liegen oder wenn ein Gruppenergebnis im gegebenen sozialen Kontext den einzelnen Mitgliedern zugerechnet wird, so etwa Leistungsmengen beim Gruppenakkord oder Umsätze einer Anwaltsgemeinschaft.[34]

2.2 Natürliche Person

17 Personenbezogene Daten sind nur solche Angaben, die sich auf eine **natürliche Person** beziehen. Jeder lebende Mensch ist natürliche Person.[35] Weder Alter noch Nationalität oder Wohnsitz spielen eine Rolle. Für **Verstorbene** fehlt eine ausdrückliche Regelung. Das BDSG will die freie Entfaltung der Persönlichkeit des Einzelnen schützen; zu diesem Zweck gewährt es ihm Rechtspositionen,[36] die eine aktive Teilnahme am Verarbeitungsprozess ermöglichen. Das BDSG setzt daher eine lebende Person voraus.[37] Zwar ist die Würde des Menschen nach Art. 1 Abs. 1 GG auch nach seinem Tode zu respektieren;[38] auch gelten einzelne spezialgesetzliche Datenschutzbestimmungen, wie Arzt-, Statistik- und Steuergeheimnis zeitlich über den Tod der Betroffenen hinaus.[39] Das Persönlichkeitsrecht nach Art. 2 Abs. 1 GG erlischt jedoch mit dem Tode.[40] Daher ist auch eine entsprechende Ausdehnung der Vorschriften des BDSG nicht gerechtfertigt. Vielmehr ist zu berücksichtigen, dass der grundsätzliche Vorrang der Belange des Betroffenen vor den Informationsinteressen Dritter und der Allgemeinheit (wissenschaftliche Forschung), von dem das BDSG ausgeht, zeitlich begrenzt sein muss. Daten Verstorbener fallen auch nicht unter die Datenschutzrichtlinie.[41] Zu beachten ist freilich, dass Daten eines Verstorbenen zugleich Angaben über eine lebende Person sein können, z.B. eine erbliche Krankheit bezüglich der Nachkommen. Angaben über Ungeborene, etwa aus pränataler Diagnostik, werden nicht als deren Daten,[42] wohl aber als Daten der Mutter vom Gesetz erfasst. Angaben über **juristische Personen** und **Personenmehrheiten**, wie Personengesellschaften, Vereine und Gruppen, hat der Gesetzgeber aus dem Anwendungsbereich des BDSG bewusst ausgenommen.[43] Zwar gelten die Grundrechte nach Art. 19 Abs. 3 GG „auch für inländische juristische Personen, soweit sie ihrem Wesen nach auf diese anwendbar sind“. Der Gesetzgeber hat jedoch einer ganz auf die Bedürfnisse der natürlichen Einzelperson zugeschnittenen Regelung den Vorzug gegeben und von einer Einbeziehung von juristischen Personen und von Personengruppen, die zwangsläufig eine Verflachung bedingt hätte, abgesehen. Auch die Datenschutzrichtlinie verzichtet auf eine Einbeziehung.[44]

---

33 Sog. Dominanz-Regel, Beispiel: Die Summe der Monatsbezüge des Vorstandes A, seiner Sekretärin B und seines Fahrers C beträgt 100.000 DM: Einzelangabe bezüglich A.
34 Vgl. auch Rdnr. 19.
35 Vgl. *Palandt,* BGB Einf. vor § 1 Anm. 1.
36 Einwilligung nach §§ 4 Abs. 1, 4 a, Kontrollrechte nach § 6 Abs. 1.
37 H.M.; a.M. *Bergmann/Möhrle/Herb,* BDSG § 3 Rdnr. 5, die das BDSG für eine „gewisse Übergangszeit“ anwenden wollen; s. aber auch § 4 Abs. 1 Satz 2 BlnDSG, der Daten Verstorbener einbezieht, „es sei denn, dass schutzwürdige Belange des Betroffenen nicht mehr beeinträchtigt werden können“.
38 BVerfGE 30, 173, 194 Mephisto.
39 Mit welcher zeitlichen Grenze ist umstritten.
40 BVerfGE, a.a.O.; vgl. auch *Palandt,* BGB § 823 Anm. 15; *Seifert,* Postmortaler Schutz des Persönlichkeitsrechts und Schadensersatz, NJW 1999, 1889 ff.
41 Vgl. *Dammann/Simitis,* EG-Datenschutzrichtlinie Art. 2 Erl. 1.
42 So aber *Bergmann/Möhrle/Herb,* BDSG § 3 Rdnr. 6.
43 OLG Karlsruhe, Dok. § 2 Abs. 1 E 5 = RDV 1987, 142; vgl. Begr. des RegE, BT-Drs. 7/1027 Abschn. 3.9.4.
44 Erwägungsgrund 24; vgl. auch *Dammann/Simitis,* a.a.O.

Die Aussparung juristischer Personen trägt der Tatsache Rechnung, dass deren Existenz- und Funktionsbedingungen sich von denen natürlicher Personen so grundlegend unterscheiden, dass auch der Umgang mit sie betreffenden Informationen nach anderen Grundsätzen beurteilt werden muss. Während für den Einzelnen die informationelle Selbstbestimmung den Ausgangspunkt bildet, unterliegen juristische Personen insbesondere aus Gründen des Konsumenten-, Anleger- und Gläubigerschutzes vielfältigen Pflichten zur Publizität und Rechnungslegung, die durch die EG-Bilanzrichtlinie noch erweitert worden sind. Einige Länder (Österreich, Dänemark, Norwegen, Luxemburg) haben dennoch juristische Personen und/ oder Handelsgesellschaften in den Schutzbereich einbezogen, was insoweit vernünftig erscheint, als es um die Kontrolle der Datenverarbeitung durch die Betroffenen geht.[45] Die Anwendung der Zulässigkeitsregelungen erscheint dagegen aus europarechtlicher Sicht problematisch. Zwar sind die Mitgliedstaaten nicht grundsätzlich gehindert, den Schutzbereich auszudehnen, doch haben sie dabei das Gemeinschaftsrecht im übrigen zu beachten.[46] Bedenken bestehen insoweit in Bezug auf Angaben, die sich zugleich auf eine juristische und eine natürliche Person beziehen,[47] weil dann der Datenschutz der juristischen Person zu einer Schmälerung der Datenschutzrechte, insbesondere des Datenzugangs der mitbetroffenen natürlichen Person führen kann. 18

Die Frage der Einbeziehung von **Personengruppen** ist intensiv geprüft worden. Sie stellt sich beispielsweise im Blick auf Vereine und ähnliche Personengemeinschaften, aber auch bei Personenmehrheiten, die nicht durch formale Mitgliedschaft und Satzung zuverlässig abgrenzbar sind, so etwa wenn Ämter für Verfassungsschutz Informationen über verfassungsfeindliche Bestrebungen sammeln oder wenn Strafverfolgungsorgane bei der Bekämpfung organisierter Kriminalität bestimmte Marktsegmente, Geschäftsbranchen, Wohnquartiere oder Treffpunkte ins Visier nehmen. Länder wie Norwegen und Österreich haben deshalb Personengemeinschaften bzw. Vereinigungen neben Einzelpersonen gleichgestellt zusätzlich aufgenommen. Für das BDSG hat der Gesetzgeber dies unter Hinweis auf das Fehlen brauchbarer Abgrenzungskriterien abgelehnt. Auch ohne gesonderte Einstufung als Schutzsubjekt sind Gruppen aber nicht völlig schutzlos. Immer wenn die zu einer Personenmehrheit gespeicherten Daten zugleich etwas über die Verhältnisse der einzelnen Mitglieder aussagen und diese – was die Regel sein dürfte – bestimmbar sind, sind es deren personenbezogene Daten. Dies gilt vor allem dann, wenn die Gruppendaten nach dem Verarbeitungskontext Konsequenzen für die einzelnen Gruppenmitglieder haben, so etwa wenn die Leistung oder das Verhalten von Gruppen sich auf die Entlohnung der einzelnen Arbeitnehmer auswirkt oder andere individuelle arbeitsrechtliche Maßnahmen auslöst.[48] Auch wenn juristische Personen und Personengruppen als solche vom Gesetz nicht geschützt werden, können Angaben über diese doch zugleich Angaben über eine natürliche Person sein und insofern in den Schutzbereich fallen.[49] Im Übrigen gelten beispielsweise für die Sicherheitsbehörden bereichsspezifische Datenschutzvorschriften. 19

2.3 Bestimmt oder bestimmbar

Das Merkmal „bestimmt oder bestimmbar“ ist eine wichtige Voraussetzung für die Anwendung des Gesetzes. Seine praktische Bedeutung ist durch das Gebot der Anonymisierung und Pseudonymisierung nach § 3a nochmals gewachsen. Für eine realitätsnahe rechtliche Beurteilung sind vor allem zwei Momente wesentlich. Zum ersten muss der Kontext der jeweiligen Verarbeitung beachtet werden. Dabei spielen vor allem die tatsächliche oder doch mögliche Verknüpfung mit anderen Datenbeständen und DV-Programmen der verantwortlichen Stelle oder Dritter eine wichtige Rolle. Aussagen über die Personenbezogenheit bestimmter Daten- 20

45 Vgl. zum ganzen *Tuner,* DuD 1985, 20 ff.; *Rumpf,* DSWR 1984, 135 ff.
46 EuGH C-101/01 (Lindqvist) Nrn. 98 f.
47 Näher zu Angaben mit Doppelbezug unten Rdnrn. 42 ff.
48 Vgl. *Simitis,* RDV 1989, 49 ff., 55 f. und das BAG-Urteil zum Gruppenakkord, RDV 1986, 138 ff., dessen Ausführungen zu § 87 Abs. 1 Nr. 6 BetrVG allerdings nicht nur auf die Frage der Bestimmbarkeit abheben.
49 Vgl. u. Rdnrn. 42 ff., 44.

kategorien „als solcher", wie etwa biometrischer Daten, Pseudonyme oder Templates, sind daher von nur begrenztem Wert, weil sie selten ohne einen solchen Kontext verarbeitet werden. Zur Beachtung des jeweiligen Kontextes gehört auch die Unterscheidung der verschiedenen Verfahrensschritte, etwa der Ausgabe von Ausweisen mit biometrischen Merkmalen und ihrer Verwendung mit dem Matching der gemessenen und der – zentral oder dezentral – gespeicherten Daten.[50] Zum zweiten ist die relative Natur des Personenbezugs zu beachten: Daten, die für die verantwortliche Stelle kraft ihrer Verfügung über Zusatzwissen, wie etwa Zuordnungslisten zu Pseudonymen oder Dechiffrierprogrammen, eindeutig personenbezogen sind, können für Außenstehende, die auf solche Mittel nicht zurückgreifen können, ebenso klar nicht personenbezogen sein.[51]

21 Schließlich muss die Person, über deren Verhältnisse die Angaben etwas aussagen, bestimmt oder bestimmbar sein. Die Person ist **bestimmt**, wenn feststeht, dass sich die Angaben auf diese Person und nicht auf eine andere beziehen. Werden Daten über eine **anwesende Person** erhoben oder sonst verarbeitet, so ergibt sich deren Bestimmtheit bereits allein aus ihrer Gegenwart; ob ihr Name oder andere Identifikationsmerkmale bekannt oder feststellbar sind, ist ohne Bedeutung (sog. handshake identification).[52] Der Personenbezug muss bejaht werden, denn die verantwortliche Stelle kann die Daten gegenüber der anwesenden Person „personenbezogen" verwenden, auch ohne deren Identifikationsdaten zu kennen. Beruht der Personenbezug nur auf der Anwesenheit des Betroffenen, so entfällt er nachträglich ex nunc, wenn dieser sich entfernt, es sei denn der Betroffene kann von Seiten der verantwortlichen Stelle weiterhin optisch identifiziert werden. Meist wird der Betroffene durch die verarbeiteten Daten bestimmt. Auf welche Weise dies geschieht, ist unerheblich. Zur Identifikation kann der **Name** ausreichen, wenn aufgrund des objektiven Zusammenhangs feststeht, dass die Daten nur einen bestimmten Kreis von Personen betreffen (etwa Daten in der Personalabteilung eines Kleinbetriebs). Gehören dem Personenkreis mehrere Träger des gleichen Namens an, so sind zur Bestimmung weitere Angaben, wie Anschrift, Beruf oder Geburtsdatum erforderlich. Ebenso kann je nach organisatorischem Kontext eine Person allein durch eine Kennziffer oder ein Kennzeichen (Personalnummer, Sozialversicherungsnummer, Ausweisnummer, Aktenzeichen) bestimmt sein.

22 Personenbezogene Daten liegen bereits dann vor, wenn die Bezugsperson **bestimmbar** ist. Dies ist der Fall, wenn die Person zwar nicht durch die Daten allein (eindeutig) identifiziert wird, jedoch mit Hilfe anderer Informationen festgestellt werden kann. So ließen sich aus den von einer Hochschule in Form statistischer Tabellen veröffentlichten Ergebnissen einer Prüfungsstatistik unschwer bis zu 16 Einzelangaben zu einem Prüfungskandidaten entnehmen, der in seinem Fach als einziger eine Prüfung abgelegt hatte.[53]

23 Ob die Person bestimmt oder nur bestimmbar ist, ist für die Anwendbarkeit des BDSG unerheblich. Die Abgrenzung ist daher nur von theoretischem Interesse. Dagegen ist die Grenze zwischen Bestimmbarkeit und Nichtbestimmbarkeit für die Anwendung des BDSG ausschlaggebend. Umso problematischer ist es, dass das Gesetz den Begriff „bestimmbar" nicht näher präzisiert. Der Wortlaut lässt offen, ob es genügt, dass objektiv irgendeine Möglichkeit der Bestimmung besteht, oder ob es erforderlich ist, dass jedermann, dem die Daten zur Kenntnis gelangen, die Bezugsperson bestimmen könnte. Unklar bleibt auch, ob es genügt, dass eine Bestimmung des Betroffenen theoretisch nicht auszuschließen ist, oder ob eine praktisch relevante Wahrscheinlichkeit zu fordern ist.

24 Auf den Ausschluss einer (nur) praktisch relevanten Bestimmbarkeit stellt der Begriff des Anonymisierens nach der Legaldefinition des Abs. 6 ab. „Personenbezogene Daten" und „Anonymisieren" (bzw. „anonymisierte Daten") sind jedoch nach der vom Gesetzgeber gewählten Konzeption keine komplementären Begriffe; nach Abs. 6 anonymisierte Daten können – da die Bestimmbarkeit nur erschwert, aber nicht beseitigt werden muss – personen-

---

50 Vgl. *Hornung*, DuD 2004, 429, 430.
51 Vgl. unten Rdnrn. 33 ff.
52 *Booth/Jenkins/Moxon/Semmens/Spencer/Taylor/Townend* (2004), What are Personal Data?, S. 127.
53 Vgl. den 5. TB des *HDSB*, LT-Drs. 8/2475 Abschn. 4.6.

bezogene Daten nach Abs. 1 bleiben.[54] Dies kommt im BDSG nur mittelbar dadurch zum Ausdruck, dass die Begriffsbestimmung zu „Anonymisieren" systematisch von der Definition der „personenbezogenen Daten" abgekoppelt ist, ergibt sich aber dennoch eindeutig daraus, dass der Gesetzgeber sich insoweit ausdrücklich auf das Bundesstatistikgesetz bezieht[55] und anonymisierte Daten im Statistikrecht durch das Statistikgeheimnis geschützt bleiben.[56] Die Gegenauffassung, die die Begriffe „anonymisiert" und „nicht personenbezogen" gleichsetzt,[57] gelangt nur unter Postulierung – dogmatisch schwer begründbarer – Datenschutzpflichten in Bezug auf nicht dem Gesetz unterfallende Daten zu dem notwendigen lückenlosen Schutz.

Für die Praxis sind diese Unterschiede durchaus nicht marginal. Zwar werden in dem in Verwaltung und Wirtschaft nach wie vor überwiegenden Bereich, wo die Datenverarbeitung der Anbahnung und der Abwicklung von Rechtsverhältnissen oder Geschäftsbeziehungen mit bestimmten Einzelpersonen dient – seien es nun Steuerpflichtige, Empfänger von Verwaltungsleistungen, Arbeitnehmer, Kunden oder Mitglieder –, regelmäßig nur Daten zu „bestimmten" Personen verarbeitet. Daneben nimmt jedoch der Bereich ständig an Bedeutung zu, wo die Verarbeitung von Angaben ausschließlich zu dem Zweck erfolgt, Zustände und Entwicklungen auf einer allgemeineren, von der Einzelperson abstrahierenden Ebene darzustellen, Strukturen zu erkennen und Gesetzmäßigkeiten zu erforschen, m. a. W. zu statistischen, planerischen und wissenschaftlichen Zwecken. Die dazu benötigten Daten werden teilweise originär erhoben, z.B. durch Befragungen, in zunehmendem Maße aber auch aus der automatisierten operativen Ebene, d.h. insbesondere aus den Dateien des Vollzugs von Geschäfts- und Verwaltungsaufgaben sowie der Produktions- und Betriebsablaufsteuerung, gewonnen. Diese Daten werden meist nicht schlicht kopiert, sondern entsprechend der unterschiedlichen Zwecksetzung in mitunter komplizierter Weise ausgewählt, verdichtet und umstrukturiert. 25

In beiden Fällen, bei originär erhobenen wie bei abgeleiteten Daten, folgt aus der statistischen, planerischen oder wissenschaftlichen Zwecksetzung, dass auf Angaben, die die Bezugspersonen „bestimmen", die Namen und Anschriften, meist verzichtet werden kann. Andererseits werden diese Dateien oft nicht speziell daraufhin konzipiert, dass jeder Rückschluss auf einzelne Bezugspersonen ausgeschlossen ist. Das Ziel, die Daten in vielfältiger Weise auswerten und verknüpfen zu können, bedingt grundsätzlich eine nicht-aggregierte Darstellungsform, d.h. die Speicherung von Datensätzen zu den individuellen Merkmalsträgern. Dabei genügt es unter methodischen Gesichtspunkten, dass mehrere Daten oder Datensätze derselben Bezugsperson als zusammengehörig erkennbar sind. Die Bestimmbarkeit der Identität der Person selbst ist methodisch nicht erforderlich. In der Praxis werden jedoch vielfach solche Daten zur Identifikation der Datensätze benutzt (sog. ID-Merkmale), die objektiv auch die Bezugspersonen bestimmbar machen, z.B. Geburtstage und Namensbestandteile. Außerdem kann die Bezugsperson mit Hilfe von Merkmalskombinationen bestimmbar sein (z.B. Schornsteinfeger mit vier Kindern in X-Stadt). Schließlich ist es selbst bei aggregierten Daten oft möglich, mit Hilfe mathematisch-statistischer Methoden individuelle Datensätze zurück zu gewinnen, aus deren Merkmalen die Bezugspersonen bestimmbar sein können. In automatisierten Datenverarbeitungssystemen stehen oft Auswertungs- und Analyseprogramme zur Verfügung, die diese Re-Individualisierung sehr erleichtern. 26

Die besonderen Schwierigkeiten, die sich bei der Anwendung des Begriffs „bestimmbar" ergeben, entstehen daraus, dass die Möglichkeit, aus Daten Angaben über bestimmte Personen zu entnehmen, nicht allein von den Daten selbst abhängt, sondern auch von außerhalb liegenden Faktoren. 27

a) Der Umfang der möglichen Re-Individualisierung ist außer von der Datenstruktur davon abhängig, wie hoch die methodischen Instrumente entwickelt sind, die auf die Daten ange- 28

54 Ebenso *Auernhammer*, BDSG, § 3 Rdnr. 47, *Bizer* unten Rdnr. 217.
55 Begr. zu § 3 des RegE.
56 Vgl. § 16 Abs. 6-8 BStatG.
57 *Roßnagel/Scholz*, MMR 2000, 721, 725 ff., *Gola/Schomerus*, BDSG, § 3 Rdnrn. 43 f., *Hornung*, DuD 2004, 429, *Roßnagel/Pfitzmann/Garstka*, Modernisierung, S. 103.

wendet werden können. Wo der Laie nur statistische Tabellen sieht, kann der Mathematiker dank ausgefeilter „Schnüffeltechniken" dem Computer oft in kürzester Zeit ganze Kolonnen mit individuellen Datensätzen entlocken.

29 b) Die Frage, ob gegebene Daten der Bezugsperson zugeordnet werden können, hängt davon ab, was über diese bereits bekannt ist bzw. in Erfahrung gebracht werden kann (**„Zusatzwissen"**). Eine Personal- oder eine Kontonummer macht zusammen mit der Angabe des Arbeitgebers bzw. des Kreditinstituts die Bezugsperson bestimmbar, aber nur für denjenigen, der die Zuordnung der Nummern zu Namen und Anschrift kennt oder ermitteln kann. Zeitpunkt und Dauer einer Heilkur machen die Bezugsperson in einem Betrieb zwar für die Kollegen derselben Abteilung, für die Angehörigen der Personalabteilung, der Krankenkasse und für den Träger der Kureinrichtung identifizierbar; Außenstehenden ist das notwendige Zusatzwissen dagegen in der Regel verschlossen. Durch eine Berufs-, eine Orts- und eine Straßenangabe (auch ohne Hausnummer) kann die Bezugsperson mittels eines Adressbuches identifizierbar sein.

30 Die Frage lautet daher, von welchen Möglichkeiten der Re-Individualisierung und von welchem Zusatzwissen bei der Prüfung der Bestimmbarkeit auszugehen ist. Die Entstehungsgeschichte der Vorschrift trägt zu ihrer Beantwortung nur wenig bei.

31 Fest steht zunächst, dass der Gesetzgeber die Problematik der Daten, die scheinbar anonym sind, tatsächlich aber zur Gewinnung von Aussagen über bestimmte Personen verwendet werden können, erkannt und in seine Überlegungen aufgenommen hat.[58] Ebenso klar steht fest, dass der Gesetzgeber daraus nicht die Konsequenz gezogen hat, den Datenschutz auf Daten zu beschränken, die in direktem Kontext mit Identifizierungsmerkmalen stehen und damit die Bezugspersonen bestimmen, sondern auch die Angaben bloß bestimmbarer Personen unter den gesetzlichen Schutz gestellt hat. Der – unrealistischen – Annahme, dass letztlich alle anonymisierten und aggregierten Daten wieder auf bestimmte Personen zurückbezogen werden können und daher in den gesetzlichen Schutzbereich einzubeziehen seien, ist der Gesetzgeber nicht gefolgt. Andererseits verlangt er auch nicht, dass die Re-Identifikation vom Betriebszweck gedeckt ist. Seine Lösung besteht vielmehr darin, die **objektive Bestimmbarkeit des Betroffenen im konkreten Fall** entscheiden zu lassen. Wie er dieses Kriterium genau verstanden und angewendet wissen will, hat der Gesetzgeber jedoch nicht deutlich gemacht. Man wird die Auslegung daher in erster Linie sowohl am allgemeinen Schutzzweck des Gesetzes auszurichten haben, als auch an dem erkennbaren Willen des Gesetzgebers, nicht dort Restriktionen aufzuerlegen, wo ein konkretes Schutzbedürfnis nicht besteht.

32 In der Frage der Re-Individualisierung aggregierter Daten verlangt das Schutzbedürfnis der Betroffenen als Ausgangspunkt eine streng objektive Interpretation: Ist es nach dem wissenschaftlich-technischen Stand der Kunst möglich, aus den aggregierten Daten individuelle Datensätze zu reproduzieren, so muss bei der Frage nach der Bestimmbarkeit von deren Existenz ausgegangen werden. Welcher technische und intellektuelle Aufwand erforderlich ist, ist unmaßgeblich. Es genügt, dass das zur Rückverwandlung von Aggregatdaten in Einzeldaten benötigte fachliche know-how und die technischen Hilfsmittel am Markt zu haben sind.

33 Bei der Berücksichtigung von **Zusatzwissen** führt nur eine **differenzierende Betrachtung** zu angemessenen Ergebnissen.[59] Ausgangspunkt ist die Feststellung, dass für denjenigen, der über das zur Identifikation benötigte Zusatzwissen verfügt, die Bezugsperson bestimmbar ist, für andere nicht. Der Begriff des personenbezogenen Datums ist daher **relativ**.[60] Es ist z.B. denkbar, dass nur eine Person oder Stelle über das erforderliche Zusatzwissen verfügt und es vor der Kenntnisnahme durch Dritte schützt. So werden etwa bei Umfragen die Erhebungsformulare oft nicht namentlich, sondern nur mit einer laufenden Nummer gekennzeichnet und die Liste mit der Zuordnung von Adressen und Nummern unter besonderem Verschluss gehalten. Nach dem gleichen Prinzip arbeiten die Methoden der **Verschlüsselung**

58 S. schon das Gutachten von *Steinmüller u.a.,* Grundfragen des Datenschutzes, in BT-Drs. 6/3826, 54 ff.; Die Empfehlungen des Juristentags, DJT-Datenschutz, 26 ff. sowie die ausdrückliche Fragestellung in der Anhörung 1974, 18, 150 ff.

59 Vgl. *Gola/Schomerus,* BDSG § 3 Rdnr. 9.

60 Zustimmend *Hornung,* DuD 2004, 429, 430

(Codierung, Kryptographie), von denen zu Zwecken der Geheimhaltung, insb. der geheimen Übermittlung von Informationen Gebrauch gemacht wird. Keine Anonymisierung bewirkt die Verschlüsselung nach einem bekannten Code, z.B. nach dem Morse-Alphabet oder dem ASCII-Code.

Dass verschlüsselte Daten jedenfalls für die den Schlüssel besitzende verantwortliche Stelle personenbezogene Daten darstellen, zeigen die Vorschriften der §§ 30 Abs. 1 und 40 Abs. 2: Die Absonderung und getrennte Speicherung der zur Identifikation geeigneten Daten ist nur eine spezifische Sicherungsmaßnahme, macht aber das BDSG nicht unanwendbar, solange eine Wiederzusammenführung möglich. Das Gleiche muss gelten, wenn die zur Identifikation geeigneten Angaben nicht aus der Datei abgespalten werden, sondern von vornherein getrennt von den – für sich genommenen anonymen – Daten und anders als automatisiert oder als Datei gehalten werden. 34

Bei der Anwendung der einzelnen Vorschriften des BDSG kann freilich berücksichtigt werden, dass die Daten für Personen, denen der Code unzugänglich ist, keine personenbezogenen, sondern anonyme Daten sind (**relativen Personenbezug**). Das gilt etwa für die Regelungen der Übermittlung und des sonstigen Zugänglichmachens. Da der Empfänger die Betroffenen nicht bestimmen kann, erhält er keine personenbezogenen Daten. Auch die nach § 9 gebotenen Durchführungsmaßnahmen können der spezifischen Situation angepasst werden. Notwendig bleibt der Schutz gegen unbefugtes Ändern oder Löschen. Ein Schutz gegen die bloße Kenntnisnahme der Daten erübrigt sich, da sie keine personenbezogenen Informationen vermitteln. Entscheidend ist dabei aber die absolute Unzugänglichkeit des Codes für Dritte. Wird dieser etwa nachträglich doch preisgegeben, so werden die vorher relativ anonymen Daten auch für die Empfänger bestimmbar und damit personenbezogen. Daher müssen die Übermittlungsregelungen auf den Code angewendet werden, und zwar so, als ob er auch den Inhalt der Daten enthielte, deren Re-Identifizierung er dient. Das für einen Code Gesagte gilt in gleicher Weise für von der verarbeitenden Stelle verschlossen gehaltenes Zusatzwissen. 35

Keine größeren Probleme wirft auch der Fall auf, wenn das zur Identifikation benötigte **Zusatzwissen aus allgemein zugänglichen Quellen**, z.B. aus Publikationen, aus öffentlichen Registern, dem Internet oder von Pressearchiven, Auskunfteien oder sonstigen Informationsdiensten, mit allgemein zugänglichen Mitteln und Methoden, also etwa mit Hilfe von Suchmaschinen und kommerziellen Informationsanbietern, beschafft werden kann. Es handelt sich dann um personenbezogene Daten, unabhängig davon, ob das Zusatzwissen schon vorliegt oder erst besorgt werden muss und ob eine entsprechende Absicht besteht. Auch eine vertragliche Verpflichtung des Empfängers gegenüber dem Übermittler, die Daten nur anonym zu nutzen, z.B. nur statistisch auszuwerten, lässt die Eigenschaft als personenbezogene Daten unberührt, eignet sich also nicht, eine gesetzlich nicht zulässige Übermittlung zu ermöglichen. Enthält beispielsweise eine der Stadtplanung dienende Datenbank Individualdatensätze mit den Feldern „Straße" (oder „Baublock") und „Geburtsdatum", so könnten bereits mit Hilfe des diese Daten ebenfalls umfassenden Wählerverzeichnisses, das nach den gesetzlichen Bestimmungen jeweils vor den Wahlen während einer bestimmten Frist jedermann zur Einsicht offen liegt und vielerorts nach Straßen gegliedert ist, die meisten Betroffenen identifiziert und ihnen die sonstigen planungsrelevanten Angaben über die wirtschaftlichen, beruflichen und sozialen Verhältnisse zugeordnet werden. Bei Angaben über Haushalte sind die Betroffenen in aller Regel leicht bestimmbar, wenn Ort, Straße und Hausnummer angegeben sind. Bei der Einschätzung des erreichbaren Zusatzwissens ist zu berücksichtigen, dass sich die Menge des veröffentlichten Materials und seine Auffindbarkeit durch das Internet fortlaufend dramatisch erweitern. Auch die technische Erschließbarkeit kann sich schnell ändern. Die faktische Verfügbarkeit von Gentests, die zur Klärung von Abstammungs- und Verwandschaftsverhältnissen angeboten werden und auf der Basis von Speichel oder Körperzellen arbeiten, führt im Prinzip zur Identifizierbarkeit von Körpersubstanzen, die bisher als anonym gelten konnten.[61] 36

61 Vgl. dazu *Wellbrock*, MedR 2003, 77, 78 f., die die faktische Anonymisierung als mittelfristig fraglich einstuft.

37 Sehr problematisch sind dagegen die Fälle, in denen das zur Identifikation geeignete **Zusatzwissen weder allgemein zugänglich noch gänzlich unzugänglich** ist. Sie dürften in der Praxis am häufigsten vorkommen. Da der Einzelne nicht isoliert für sich lebt, sondern in fast allen seinen Aktivitäten von der Ausbildung über den Beruf und die Tätigkeit in Organisationen bis hin zur Freizeit durch Interaktionen und Kommunikationen Informationen über sich abgibt und da die Rechtsordnung, von Ausnahmen abgesehen, den Gebrauch dieser Informationen in das Belieben derer stellt, die diese Information besitzen, ist es theoretisch niemals auszuschließen, dass derjenige, der Zusatzwissen benötigt, sich diese Information durch Befragung von Personen, die etwas über den Betroffenen wissen, beschafft. Diese Möglichkeit der Identifizierung kann nicht mit dem Hinweis darauf ignoriert werden, dass der Betroffene sich so verhalten könne, dass kein zur Identifizierung geeignetes Wissen in Umlauf kommt. Denn da die Rechtsordnung ihm freistellt, seine Umwelt mehr oder weniger von sich wissen zu lassen, dürfen aus einem freizügigen Informationsverhalten grundsätzlich keine rechtlich nachteiligen Folgerungen gezogen werden. Als zugänglich muss deshalb alles Wissen über Einzelpersonen angesehen werden, dessen legales Bekanntwerden nach sozialüblichen Maßstäben nicht ausgeschlossen werden kann. Wenn es, wie in der Praxis häufig, unmöglich ist, zuverlässig abzuschätzen, ob zur Identifikation geeignetes Zusatzwissen existiert und ob es zugänglich ist, muss die verantwortlichen Stelle im Zweifel vom Vorliegen des Personenbezugs ausgehen; andernfalls könnte ihr im Falle einer späteren Identifikation eine Sorgfaltspflichtverletzung und gegebenenfalls ein strafrechtlicher Verstoß mit Eventualvorsatz vorgeworfen werden.

38 Das BDSG 1977 kannte noch keine Sondervorschriften zugunsten der Nutzung und Übermittlung personenbezogener Daten für Zwecke wissenschaftlicher Forschung, wie sie mit der Novellierung 1990 aufgenommen wurden.[62] Daraus rechtfertigte sich eine Auslegung des Begriffs „bestimmbar", die dem Verfassungswert der Forschungsfreiheit dadurch Rechnung trägt, dass der für die Bestimmung des Betroffenen nötige Aufwand und der Wert der so zu erlangenden Information im Sinne einer Verhältnismäßigkeitsklausel in den Begriff „bestimmbar" mit einbezogen wurde.[63] Für eine solche Relativierung besteht heute kein Grund mehr.

39 Daraus ergibt sich folgende Auslegung: Die von Angaben betroffene Person ist bestimmbar, wenn ihre Identität – nötigenfalls auch unter Verwendung von zugänglichem Zusatzwissen, mit Unterstützung mathematisch-statistischer Experten und unter Rückgriff auf externe DV-Kapazität – festgestellt werden kann.

2.4 Betroffener (Abs. 1)

40 Neben der Definition der „personenbezogenen Daten" enthält Abs. 1 eine Regelung des gesetzlichen Sprachgebrauchs: Die bestimmte oder bestimmbare natürliche Person, über deren persönliche oder sachliche Verhältnisse die Einzelangaben etwas aussagen – also die Bezugsperson der personenbezogenen Daten –, wird vom Gesetz kurz als **„Betroffener"** bezeichnet. Die gleiche Beziehung zwischen Daten und Personen meint das Gesetz, wenn es von „zu seiner (des Betroffenen) Person gespeicherten Daten"[64] spricht.[65]

41 Der Betroffene ist der „Einzelne", dessen Persönlichkeitsrecht zu schützen das Gesetz bezweckt (§ 1 Abs. 1), von dessen Einwilligung die Zulässigkeit der Datenverarbeitung abhängt (§ 4 Abs. 1), dem das Gesetz eine Reihe von Rechten zur Beeinflussung und Kontrolle der Datenverarbeitung einräumt (jeweils zweiter Unterabschnitt des zweiten und dritten Abschnitts), der sich an den BfDI wenden (§ 21) und der als Verletzter den Strafantrag nach § 44 Abs. 2 stellen kann.

42 **2.4.1 Abgrenzung bei Bezug zu mehreren Personen:** Stehen Daten in Beziehung zu **mehreren Personen**, so stellt sich die Frage, wer von ihnen Betroffener ist. Das gleiche Ab-

62 §§ 14 Abs. 2 Nr. 9 mit 15 Abs. 1 Nr. 2, 28 Abs. 3 Nr. 4 Satz 1.
63 Vgl. 3. Auflage § 2 Rdnrn. 35-37.
64 §§ 19 Abs. 1 Nr. 1, 34 Abs. 1 Nr. 1, 41 Abs. 3 Satz 1.
65 Vgl. BGH, Dok. § 34 E 2 S. 5.

grenzungsproblem taucht auf, wenn Angaben sowohl mit einer natürlichen Person als auch mit einer juristischen Person oder einer Personengesellschaft zu tun haben. Verschiedene Fallgruppen sind zu unterscheiden.[66]

a) Handelt es sich um Angaben über familiäre, geschäftliche und sonstige **Beziehungen** zwischen Personen (Franz Müller, X-Dorf, Maurer; Bruder von Hans Müller, Y-Dorf, Gastwirt; A hat B angerufen), so gehören zu den personenbezogenen Daten jeder Person nicht nur die ausschließlich sie selbst betreffenden Angaben, sondern auch die Angabe, dass eine Beziehung einer bestimmten Art besteht (hat einen Bruder) und die zur Identifizierung der Beziehungsperson notwendigen Angaben (Name, Anschrift). So haben die automatisch erfassten Telefonverbindungsdaten regelmäßig für beide Kommunikationspartner den Charakter personenbezogener Daten.[67] Sollten weitergehende Daten der Beziehungsperson gespeichert sein (Beruf, Angaben zu ihren persönlichen und sachlichen – nicht beziehungsbezogenen – Verhältnissen), so betreffen sie nur diese. Zwar mögen Angaben über eine Beziehungsperson Rückschlüsse auf die Primärperson zulassen („sage mir, mit wem du umgehst …“), doch handelt es sich dabei eben nur um Folgerungen, nicht um direkte Aussagen zur Primärperson. Diese Auslegung entspricht dem grundsätzlichen Regelungsansatz des BDSG. Das BDSG räumt dem Betroffenen die Befugnis ein, die Verarbeitung seiner Daten weitgehend zu beeinflussen und zu kontrollieren. Jedes Mal aber, wenn diese Rechte in Bezug auf bestimmte Daten von zwei oder mehr Personen ausgeübt werden können, drohen Kollisionen und eine gegenseitige Neutralisierung. Verlangt die eine Bezugsperson Löschung oder Berichtigung, so will die andere vielleicht den bestehenden Zustand erhalten. Regelungen, mit denen sich solche Konflikte lösen lassen, enthält das Gesetz nur ganz punktuell.[68] Offensichtlich geht also der Gesetzgeber davon aus, dass in aller Regel ein – und nur ein – Betroffener in Aktion tritt. Allgemein gilt daher der Grundsatz: Betroffener ist nur derjenige, auf dessen Verhältnisse sich die Daten **unmittelbar** beziehen. Personen, über die sich nur mittelbar, per Rückschluss etwas ergibt, weil sie mit der ersten Person in einer bestimmten Beziehung stehen, sind dagegen nicht Betroffene.[69] Auch wenn Verhältnisse eines Angehörigen – etwa Religionszugehörigkeit oder eigene Einkünfte – steuerlich oder sozialrechtlich für eigene Rechte und Pflichten maßgeblich sind, werden sie nicht zu eigenen Verhältnissen. Angaben über die Art einer Beziehung und die Bezeichnung der Beziehungsperson haben dagegen von vornherein einen doppelten Personenbezug; beide Beteiligte sind daher Betroffener. Keinen Unterschied macht es, wenn einer der Beteiligten eine juristische Person oder eine Personengesellschaft ist; wiederum sind Angaben, die die Beziehung der natürlichen Person zur juristischen Person oder Personengesellschaft kennzeichnen, personenbezogene Daten; Angaben zu den Verhältnissen der letzteren sind nicht Daten der natürlichen Person, auch wenn sie Rückschlüsse auf diese zulassen. 43

Weitere **Beispielsfälle**: 44

- Eine Krankenversicherung speichert zu den Daten des Versicherten auch Namen und Anschrift des behandelnden Arztes; der Versicherte ist auch insoweit Betroffener; der Arzt ist Betroffener bezüglich seines Namens und seiner Anschrift, im Übrigen nur bezüglich der Angaben, dass er den Versicherten behandelt, nicht bezüglich sonstiger Angaben des Versicherten (Versicherungsbeginn, -ort, -leistungen etc.).
- Zu den Angaben über ein Unternehmen (Firma, Adresse, Rechtsform, Anzahl der Beschäftigten, Jahresumsatz, Produkte usw.) werden auch die Namen und Funktionen der Vorstandsmitglieder (oder Geschäftsführer, Prokuristen, Betriebsräte, sonstigen Unternehmensangehörigen) gespeichert; zu den personenbezogenen Daten der Unternehmensangehörigen gehören Zugehörigkeit zum Unternehmen und Funktion, von den unternehmensbezogenen Daten aber nur Firma und Adresse.

66 Zu Daten mit Personen- und Sachbezug s. u. Rdnrn. 57 ff.
67 Vgl. BAG, Dok. § 3 E 3 S. 10 f.
68 Auskunftsverweigerung im Interesse eines Dritten, § 19 Abs. 4 Nr. 3, § 34 Abs. 4 i.V.m. § 33 Abs. 2 Nr. 3.
69 *Stähler,* DSG NW § 3 Rdnr. 7; *Ungnade,* Datenschutz, 25.

- Angaben über die Art der Beteiligung an einer Gesellschaft, die Höhe der Einlage, über Verbindlichkeiten usw. sind personenbezogene Angaben des Gesellschafters.[70]
- Angaben über Verhältnisse einer Personengesellschaft (BGB-Gesellschaft, OHG, KG) sind als solche keine personenbezogenen Daten;[71] die Gesellschaft hat keine Rechte nach dem BDSG.[72] Angaben über eine Personengesellschaft beziehen sich regelmäßig zugleich auf die Verhältnisse der einzelnen Gesellschafter; sind diese bestimmbare natürliche Personen, liegen personenbezogene Daten vor; diese Betroffenen können die Datenschutzrechte geltend machen.[73]
- Daten einer Kapitalgesellschaft sind auch nicht deshalb zugleich Daten eines Gesellschafters, weil es sich um eine Ein-Mann-GmbH handelt.[74]
- Rechtliche Identität besteht dagegen bei einem Einzelkaufmann. Die Firma ist nur ein anderer Name der Person. Zur Firma gespeicherte Angaben sind daher stets Daten zur Person des Inhabers.
- Genetische Daten beziehen sich häufig auf die gesamte biologische Familie, was zu datenschutzrechtlichen Komplikationen führen kann.[75]

45 b) Eine zweite Fallgruppe innerhalb der Daten mit Beziehung zu mehreren Personen bilden die **Herkunfts- oder Quellenangaben**: Zu den Angaben einer natürlichen Person wird auf eine andere natürliche Person hingewiesen, die diese Angaben geliefert hat. Dabei kann es sich beispielsweise um den Gewährsmann eines Journalisten oder den „V-Mann" (Vertrauensmann) der Kriminalpolizei handeln. Vorab ist klarzustellen, dass es für die Frage, ob Angaben über die Verhältnisse einer Person vorliegen, grundsätzlich keine Rolle spielt, ob diese Angaben nur für sich stehen („B hat einen Ladendiebstahl begangen") oder ob sie – relativiert – in der Form einer Aussage eines Dritten auftreten („laut X hat B einen Ladendiebstahl begangen"). Ebenso klar ist, dass zu den Verhältnissen der Person des Informationslieferanten nur die als von ihm geliefert gekennzeichneten Angaben zu rechnen sind.

46 Die Angaben, die die Person des Informationslieferanten bezeichnen, beziehen sich in erster Linie auf deren Verhältnisse. Für den von der Sachaussage Betroffenen haben sie zunächst eine mittelbare Bedeutung: sie besagen etwas über die gelieferte Information; erst diese Information selbst sagt inhaltlich etwas über die Verhältnisse des Betroffenen. Die mittelbare Bedeutung liegt darin, dass sie eine Beurteilung oder Bewertung der Information, genauer: der Wahrheit, Zuverlässigkeit oder Genauigkeit der Information, erlaubt. Der Inhalt der Information (im Beispiel: „B hat einen Ladendiebstahl begangen") hängt aber nicht von der Person dessen ab, von dem diese Information stammt. Darüber hinaus liefert die Quellenangabe aber auch die inhaltliche Aussage, dass der Lieferant in Bezug auf die Person des Betroffenen tätig geworden ist. Dies betrifft zwar primär die Verhältnisse der Quelle; da die Handlung aber auch die Interessen des Betroffenen tangiert und insoweit gegen ihn gerichtet ist, ist dieser als Objekt der Handlung ebenfalls in seinen Verhältnissen betroffen. Die Lieferung von Angaben auf ein Datenkonto lässt sich, was die Relationen zwischen den Beteiligten angeht, genauso wie die Einzahlung von Geld auf ein Bankkonto des Betroffenen auffassen; dass keine gleichartige Entreicherung beim Lieferanten eintritt, ändert nichts an der zweiwertigen Handlungsrelation.

47 c) Das unter b) zu den Datenlieferanten Gesagte gilt entsprechend für **Datenempfänger**, die in Zusammenhang mit den Daten eines Betroffenen notiert werden. Die Person des Empfängers besagt zunächst etwas über die Aktivitäten der verantwortlichen Stelle, fügt aber den Informationen über die Verhältnisse des Betroffenen, dessen Daten übermittelt worden sind, die Aussage hinzu, dass die speichernde Stelle ihm gegenüber tätig geworden ist, indem sie

---

70 So bei Speicherung zur Person des Geschäftsführers und Gesellschafters einer GmbH, s. BGH, Dok. § 2 Abs. 1 E 4 S. 3 f. im Hinblick auf die persönliche Kreditrelevanz; *Ungnade,* Datenschutz, 25.
71 Vgl. o. Rdnrn. 15, 18.
72 OLG Karlsruhe, Dok. § 2 Abs. 1 E 5 S. 3.
73 Ebenso *Gola/Schomerus,* § 3 Rdnr. 3.
74 A.M. soweit es sich um kreditrelevante Verhältnisse handelt, auch bei GmbH, die nach Gesamtbild im Innenverhältnis Personengesellschaft ist, *Zöllner,* ZHR 1985, 179 ff., 182 f.
75 *Art. 29 Datenschutzgruppe*, WP 91, S. 5, 9f.

den Empfänger über seine Verhältnisse informiert hat.[76] Ob Angaben über Herkunft und Empfänger zu den personenbezogenen Daten des Betroffenen gehören, war zum BDSG 1977 umstritten,[77] wurde aber mit der Novellierung positiv entschieden. Im öffentlichen wie im nicht-öffentlichen Bereich erstreckt sich die „Auskunft an den Betroffenen“[78] ausdrücklich auch auf Herkunft und Empfänger. Dass dabei nicht die in der Legaldefinition des Abs. 1 verwendete Formulierung „personenbezogene Daten“, sondern der Ausdruck „zu seiner Person (des Betroffenen) gespeicherte Daten“ zugrunde gelegt wird,[79] dürfte nur im Sprachduktus begründet sein (die Gesetzesbegründung schweigt), hat aber letztlich deshalb keine Bedeutung, weil in den Folgebestimmungen jeweils mit dem Begriff „die personenbezogenen Daten“ auf die genannte abweichende Formulierung Bezug genommen wird, wobei offensichtlich keine sachliche Einschränkung intendiert ist.[80]

d) Anders zu beurteilen sind Angaben über die Person dessen, der als verantwortliche Stelle 48
oder als deren Beschäftigter personenbezogene Daten gespeichert oder sonst verarbeitet hat. Man kann die Tätigkeitsangaben als Verarbeitungs- und Verwendungsprotokolle, die Bezeichnung des Verarbeitenden als **Dateiführer- oder Protokollantendaten** bezeichnen. Solche Angaben besagen etwas über den Umgang der bei der verantwortlichen Stelle Beschäftigten mit den personenbezogenen Daten des Betroffenen, lassen aber deren Inhalt unberührt und haben auch keinen signifikanten auf diesen gerichteten Handlungswert. Sie gehören daher nicht zu den Angaben des Betroffenen.[81]

Umgekehrt werden Daten des Betroffenen nicht dadurch (auch) zu Daten einer die Daten ver- 49
arbeitenden oder verwendenden Person, dass ihnen ein diese identifizierender Verarbeitungs- oder Verwendungsprotokollvermerk angefügt wird. Angaben zur – auch beruflichen – Tätigkeit gehören zwar zu den Angaben über persönliche und sachliche Verhältnisse. Dazu können auch die Angaben gehören, die eine Person identifizieren, auf die sich die Tätigkeit bezieht („Vertreter V hat am 30. Januar den Kunden K besucht“: „K“ gehört zu den personenbezogenen Daten des V).[82] Bezieht sich aber die Tätigkeit nicht auf eine andere Person, sondern nur auf deren Daten, so können auch nur Angaben über die Daten, nicht über die betroffene Person, zu den Tätigkeitsmerkmalen gerechnet werden. Personenbezogene Daten der die Daten verarbeitenden/verwendenden Person könnten daher z.B. lauten: „P hat am 3. Februar den Datensatz Nr. X ergänzt“, aber nicht: „P hat die Daten gespeichert/abgerufen, dass Kunde K bestimmte Waren zu bestimmten Konditionen erhalten hat“.

e) Eine weitere Fallgruppe bilden die **Planungs- und Prognosedaten**. Planungsdaten be- 50
schreiben eine Planvorstellung oder Planvorgabe der planenden Person oder Institution A zu einer Person P, auf die sich der angestrebte Zustand oder der geplante Ablauf bezieht; z.B. ein Autohändler kennzeichnet die in eine geplante Rückrufaktion einzubeziehenden Käufer; ein Personalleiter kennzeichnet die Absicht, einen Mitarbeiter zu fördern, etwa durch Angabe vorgesehener Karriereschritte. Bei Prognosedaten legt A nicht seine Pläne, sondern seine Zukunftserwartungen in Bezug auf B nieder, z.B. ein Autohändler kennzeichnet den Termin, zu dem sein Kunde voraussichtlich einen neuen Wagen bestellen wird, oder ein Großhändler schätzt den voraussichtlichen Jahresumsatz eines Handelsvertreters. Nicht zu den Planungs- und Prognosedaten gehören Angaben über den Inhalt vertraglicher Vereinbarungen – etwa: „A wird in vier Wochen Waren liefern“. Auch wenn die Abreden erst in der Zukunft erfüllt werden, beschreiben die Angaben doch schon gegenwärtige Rechte und Pflichten. Die Kenntnis der Daten durch die Bezugsperson und ihre Mitwirkung an ihrer Festlegung sind keine brauchbaren Kriterien für die Abgrenzung des Betroffenen.[83]

76 Eingehend BGH, Dok. § 34 E 2 S. 5 ff.; *Auernhammer,* BDSG § 3 Rdnr. 5.
77 Vgl. 3. Auflage § 2 Rdnrn. 58 ff.; BGH, Dok. § 34 E 2 S. 5 ff.
78 Überschriften der §§ 19 und 34.
79 §§ 19 Abs. 1, 34 Abs. 1.
80 So auch BGH, NJW 1981, 1738 zu 34 BDSG a.F.
81 Ebenso *Schaffland/Wiltfang,* BDSG § 3 Rdnr. 10; a.M. *Auernhammer,* BDSG § 3 Rdnr. 5.
82 Vgl. o. Rdnr. 43.
83 A.M. *Schaffland/Wiltfang,* BDSG § 3 Rdnr. 7.

51 Das Problem bei Planungs- wie auch bei Prognosedaten besteht darin, dass sie einerseits subjektive Absichten und Einschätzungen darstellen und insofern der inneren, grundsätzlich geschützten Sphäre dessen angehören, der plant bzw. prognostiziert, andererseits aber keineswegs ausgeschlossen ist, dass sich die Existenz solcher Daten auf den Betroffenen schon vom Zeitpunkt der Plan- oder Prognoseaufstellung nachhaltig auswirkt. Der Fall einer Einstufung in der Rubrik „Förderung nicht geplant" oder „Aufstieg unwahrscheinlich" in einer Personalplanungsdatei genügt, um das zu verdeutlichen.

52 Das Gesetz schließt Planungs- und Prognosedaten aus seinem Schutzbereich weder ausdrücklich aus, noch lässt sich aus dem Begriff „Verhältnisse einer … Person" ein entsprechender gesetzgeberischer Wille entnehmen. Ebenso wie Werturteile sind Planungs- und Prognosedaten synthetische Urteile, die sowohl auf subjektiven als auch auf objektiven Momenten aufbauen. Sie implizieren daher stets eine Aussage über Vergangenes und Gegenwärtiges und sagen damit etwas über die Verhältnisse des Betroffenen aus. Sie sind daher personenbezogene Daten dessen, auf den sich die Planung oder Prognose bezieht.[84] Dem Schutzbedürfnis der planenden bzw. prognostizierenden Person hat der Gesetzgeber durch Ausnahmen von der Auskunftspflicht, deren Anwendung von den Bedingungen des Einzelfalles abhängt, in ausreichender Weise Rechnung getragen.

53 Voraussetzung dafür, dass die Bezugsperson Betroffener ist, bleibt selbstverständlich, dass die (Planungs- oder Prognose-)Daten etwas über seine Verhältnisse aussagen. Die Angaben müssen daher mehr über ihn besagen, als dass etwas in Bezug auf ihn unternommen werden soll – etwa dass ein Vertreter ihn aufsuchen oder ihm ein Vertragsangebot gemacht werden soll („Sachbearbeiteranweisung") – oder dass ein ihn betreffendes Ereignis erwartet wird – etwa dass er seine Versicherungssumme erhöhen wird. Ausreichend ist dagegen eine Angabe, die eine Beurteilung seiner Person impliziert – etwa die individuell festgelegte Kreditlinie oder die Einstufung als potenzieller Führungsnachwuchs, da damit eine Aussage über die aktuelle Kreditwürdigkeit bzw. über Eignung und Fähigkeiten verbunden ist. Anders ist es, wenn ein Kreditlimit nach allgemeinen Kriterien bestimmt ist, etwa für alle Gehaltsempfänger das dreifache Monatsgehalt.

54 Ist die Person desjenigen bezeichnet, der die Planungs- oder Prognosedaten aufgestellt hat, so ist dieser ebenfalls Betroffener. Da solche Daten einen starken subjektiven Einschlag haben, sagen sie auch etwas über seine Verhältnisse aus.

55 f) Aussagen einer Person über eine andere sind grundsätzlich für beide Beteiligten personenbezogene Daten, so z.B. ärztliche Notizen, Arbeitnehmer-Beurteilungen oder psychologische Gutachten. Dies ändert sich allerdings dann, wenn die Daten aufgrund der Umstände ihres Zustandekommens gar nicht dazu bestimmt und geeignet sind, etwas über die Verhältnisse der Person auszusagen, auf die sie sich beziehen, sondern allein in ihrer Eigenschaft als Äußerung einer Person interessieren. Dies kann etwa der Fall sein, wenn in einer Umfrage oder in einem psychologischen Test eine Aussage zu einer prominenten Person verlangt wird (**Aussagen ohne objektbezogene Informationsfunktion**). Antworten auf die Frage „eignet sich der Politiker X als Bundeskanzler" interessieren von vornherein nur als Information über die Einstellung der Befragten zu X, nicht aber als Erkenntnisquelle über dessen Eignung. In der Regel wird auch die im Rahmen eines psychologischen Tests gegebene Auskunft „meine Eltern verstehen mich nicht" nicht als Angabe über die Verhältnisse des Vaters und der Mutter aufgefasst werden können.

56 g) Der gesetzliche **Vertreter** ist nicht auch selbst Betroffener; er kann die Datenschutzrechte des Vertretenen (als fremde Rechte) nur im Rahmen seiner Vertretungsmacht geltend machen.

57 **2.4.2 Abgrenzung bei Personen- und Sachbezug:** Ein ähnliches Abgrenzungsproblem wie bei Daten mit Bezug zu zwei Personen tritt auf, wenn Daten sich sowohl auf eine Person als auch auf eine Sache beziehen. Unproblematisch ist wiederum der Fall des logisch notwendigen Doppelbezugs: Lauten die Daten „die Person ist Eigentümer des Gegenstandes G", so handelt es sich in vollem Umfang um personenbezogene Daten des P. Die Eigenschaft, Eigen-

84 H.M. vgl. *Auernhammer,* BDSG § 3 Rdnr. 5; *Gola/Schomerus,* BDSG § 3 Rdnr. 8.

tümer von G zu sein, gehört zu seinen sachlichen Verhältnissen. Im Eigentum von P zu stehen, ist gleichzeitig eine Eigenschaft des Gegenstandes G, also ein sachbezogenes Datum. Diese Gegenseitigkeit folgt logisch notwendig daraus, dass das Prädikat „Eigentum" eine direkte Relation zwischen einer Person, dem Eigentümer, und einem Gegenstand herstellt.

Problematisch ist die Abgrenzung allerdings insoweit, als es um Angaben geht, die zunächst 58
einmal nur eine Sache betreffen, **mittelbar** aber auch für die Person von Bedeutung sind, die in einer Beziehung zu der Sache steht. So beziehen sich Angaben über die Lage, den Grundriss und die Ausstattung einer Wohnung zunächst einmal auf die Sache „Grundstück", können aber auch im Zusammenhang mit Mieter und Vermieter interessieren. Angaben über Größe, Beschaffenheit, Bebauung und Nutzung eines Grundstücks können selbst für die Verhältnisse des Inhabers einer Wohnung auf dem Nachbargrundstück aufschlussreich sein, da sie die Wohngegend charakterisieren, in der er sich niedergelassen hat. Würde man allerdings einen solchen mittelbaren Zusammenhang ausreichen lassen, so hätte der Personenbezug kaum noch begrenzende Funktion. Jede sachbezogene Angabe wäre zugleich personenbezogenes Datum aller derjenigen Personen, die mit der Sache in einer auch nur entfernten Verbindung stehen. Aber auch bei direkter Person-Sach-Beziehung, wie sie z.B. durch ein Eigentums-, Besitz- oder Nutzungs- oder Produzentenverhältnis begründet wird, ist eine Abgrenzung notwendig. Die **Abgrenzung** kann nicht abstrakt nach logischen und semantischen Kriterien erfolgen, sondern muss **pragmatisch** orientiert sein. In der Regel wird man nur solche Angaben über eine Sache als personenbezogenes Datum des Eigentümers, Besitzers usw. ansehen können, die die Sache identifizieren und sie in dem nach dem jeweiligen Lebenszusammenhang zur Beschreibung der Sachbeziehung notwendigen Umfang charakterisieren.[85] Eine restriktive Auslegung folgt aus dem verfassungsrechtlichen Gebot, das Grundrecht der informationellen Selbstbestimmung den konkurrierenden Grundrechten – insbesondere der Berufsfreiheit und der allgemeinen Handlungsfreiheit – im Sinne praktischer Konkordanz zuzuordnen.

So gehören zur Charakterisierung der Sachbeziehung „Grundeigentum" Angaben über Lage, 59
Größe, Bebauung und Nutzung eines Grundstücks. Ergebnisse von Bodenuntersuchungen, baustatische Werte und Angaben zur Verlegung von Leitungen wird man dagegen schwerlich als personenbezogene Daten des Eigentümers bezeichnen können.[86] Zu den Angaben des Mieters eines Kraftfahrzeugs wird man Marke, Modell und polizeiliches Kennzeichen rechnen müssen, nicht aber etwa in demselben Verfahren gespeicherte Angaben über technische Details oder über frühere Reparaturen des Fahrzeugs. Zu den Daten eines Arbeitnehmers/Bediensteten gehören auch die Angaben, die seinen Arbeitsplatz bzw. seine Stelle bezeichnen und allgemein charakterisieren, nicht aber die Details der Arbeitsplatz- bzw. Stellenbeschreibung (Tätigkeitsmerkmale, Anforderungsprofil, Umweltbelastung). Dem Inhaber einer Internet-Domain wird man neben dieser Inhaberschaft alle von ihm selbst erstellten und hochgeladenen Objekte zurechnen können, bei anderen Objekten nur die Tatsache, dass er sie auf seiner Website eingestellt hat oder sie dort duldet, nicht aber deren Inhalte im einzelnen.

Wo Angaben gespeichert sind, ist für den Begriff des personenbezogenen Datums gleichgül- 60
tig. Die gesetzlichen Regelungen greifen freilich nur ein, wenn sie automatisiert verarbeitet oder in einer Datei gespeichert oder aus einer Datei übermittelt werden. Daher werden auch Daten, die in ein DV-Anwendungsprogramm eingebettet sind, z.B. als Festwerte, erfasst. Die eigentlichen **Programmanweisungen** oder **-befehle**, nach denen sich Art und Ablauf der automatisierten Verarbeitung richten, sind keine personenbezogenen Daten. Sie sagen nichts über die Verhältnisse einer Person aus, auf deren Daten sie eventuell künftig einwirken, sondern enthalten eine bedingte Absicht der verarbeitenden Stelle, in bestimmter Weise mit den Daten zu verfahren (daher auch „Verfahrensangaben"). Ebenso wie (manuelle) Sachbearbeiteranweisungen regeln sie nur das künftige interne Verhalten der verantwortlichen Stelle.[87]

---

85 Zust. *Stähler,* DSG NW § 3 Rdnr. 8; für uneingeschränkte Einbeziehung grundstücksbezogener Umweltdaten dagegen *Raum,* CR 93, 162 ff.; *Taeger,* CR 91, 681 ff.; *Ziegler,* NVwZ 93, 347 f.; *Arzt,* DuD 2000, 204 (206).

86 Ohne auf die Problematik der nötigen Abgrenzung einzugehen a.M. *Raum,* CR 1993, 162 ff.; *Arzt,* DuD 2000, 204 ff. (206 f.).

87 Vgl. o. Rdnr. 53; *Gola/Schomerus,* BDSG § 3 Rdnr. 6.

2.5 Weitere Beispiele und Anwendungsfälle

61 **Namen, Personalnummern, Pseudonyme**
Namen und Zeichenfolgen mit Namensersatzfunktion (Pseudonyme) sind personenbezogen bzw. vermitteln Personenbezug, wenn bekannt ist oder mit zugänglichem Zusatzwissen festgestellt werden kann, auf welche Person sie sich beziehen.[88]

62 **E-Mail-Adressen** vermitteln, wenn der Inhaber eine natürliche Person ist, in der Regel den Personenbezug, sei es weil die Zuordnung durch ihre Verwendung verbreitet bekannt oder über Suchmaschinen und Verzeichnisse auffindbar geworden ist, sei es weil der Serviceprovider – zumindest in bestimmten Fällen – ohne Rechtsverstoß Auskunft über die Person des Inhabers geben kann. Auch bei Verwendung einer falschen, fremden E-Mail-Adresse („Maskerade") kann der Absender mit Hilfe der IP-Nummer des absendenden Rechners bestimmbar sein (sofern nicht auch diese manipuliert ist).[89] Bei Absendung in einem Internet-Cafe oder über einen Remailing-System kann die Zuordnung zu einem bestimmtem Nutzer allenfalls über bei diesen vorhandene Daten erfolgen; von – für Dritte – fehlendem Personenbezug ist auszugehen, falls der Absender tatsächlich allgemein unbekannt ist und der Remailing-Service rechtlich verpflichtet und in der Lage ist, die Vertraulichkeit zu wahren.[90] Inhaltsinformationen aus E-Mails können über die E-Mail-Adressen den Beteiligten zugeordnet werden. Hat der Inhaber seinen E-Mail-Account einer anderen Person überlassen, etwa Bekannten oder mehreren Mitarbeitern, so sind die Daten dem Inhaber zuzurechnen; dem tatsächlichen Benutzer nur, soweit dieser die Zuordnung tatsächlich vornehmen kann und rechtmäßig mitteilen darf, oder an Hand identifizierender Inhaltsdaten.

63 Eine feste **IP-Adresse/IP-Nummer**, mit der sich jeder Server bei der Kommunikation im Internet identifiziert, bestimmt in der Regel dessen Inhaber, begründet mithin Personbezug, falls dieser eine natürliche Person ist. Bei den heute üblichen, vom Service-Provider pro Wählverbindung vergebenen dynamischen IP-Nummern, kann dieser an Hand der von ihm geführten Bestands- und Verbindungsdaten die Zuordnung zum Inhaber des Rechners vornehmen, solange die Daten nicht gelöscht sind. Nach h. M. besteht dazu nach Abschluss der Verbindung eine Verpflichtung nach § 3 Abs. 1 TDSV bzw. § 6 Abs.1 TDDSG.[91] Je nach organisatorischer Gestaltung kann es zur Zuordnung ferner erforderlich sein, weitere Angaben seitens des Betreibers einer Firewall, eines Proxy Servers oder eines Lokalen Netzes (LAN, WLAN) beizuziehen.[92] Mit IP-Nummern verknüpfte Daten über die Internet-Nutzung sind daher in der Regel personenbezogene Daten.[93] Durch Zwischenschaltung eines Anomysierungsdienstes wird der Personenbezug aufgehoben, soweit rechtlich und faktisch die Anonymität gewährleistet ist. Soweit Strafverfolgungsorgane die Anonymität aufheben (lassen) können, wird der bis dahin für Außenstehende nicht vorhandene Personenbezug dadurch für diejenigen wiederhergestellt, denen die Identität ggf. im Verlauf des Ermittlungs- und Strafverfahrens offen gelegt wird (relativer Personenbezug).[94]

64 Die Inhaber von **Internet-Domain-Namen** sind nach dem Registrar Registration Agreement (RAA) in den WHOIS-Datenbanken des ICANN und der regionalen Vergabeorganisationen verzeichnet, in der Regel mit Namen, Anschrift, Telefonnummer, Faxnummer und E-Mail-Adresse; damit ist der Internet-Domain-Namen regelmäßig personenbezogen.[95] Allerdings

---

88 Zu Namen vgl. oben Rdnrn. 10, 21; zum Zusatzwissen Rdnrn. 27 ff.
89 *Ruess/Patzak*, RDV 2002, 167, 172.
90 Laut LG Frankfurt/M, Beschl. vom 15.9.2003 Az: 5/6 Qs 47/03, ist ein Telekommunikationsunternehmen zur Auskunft an die Strafverfolgungsbehörde nach §§ 100g, 100h StPO nicht verpflichtet, wenn eine Rechtspflicht des Providers zur Erhebung und Speicherung solcher Daten der Nutzer nicht besteht.
91 AG Darmstadt, Az.: 300 C 397/04; a.M. Regierungspräsidium Darmstadt in einer Entscheidung vom Januar 2003 unter Berufung auf notwendige Dokumentation der ordnungsgemäßen Leistungserbringung, vgl. dazu *P. Schmitz*, MMR 2003, 69, 70.
92 *Schaar*, Datenschutz im Internet, Rdnr. 170 ff., *Ruess/Patzak*, a.a.O. S. 169; *Weber*, DuD 2003, 625, 627.
93 *Schaar* a.a.O., Rdnrn. 174 f.; *Nordemann/Dustmann*, CR 2003, 380, 386; dagegen einschränkend *Bizer*, in Beck- Multimediarecht, § 3 TDDSG Rdnr. 214; vgl. auch *ders.*, DuD 2004,627.
94 Vgl. Rndrn. 20, 33 ff.
95 Nach Kritik seitens des Datenschutzes wurde zwar nicht der Datenkranz, wohl aber die Recherchierbarkeit teilweise eingeschränkt, vgl. *Schaar*, a.a.O. Rdnrn. 46 f.

erlangt damit nicht per se der gesamte Inhalt der Domain ebenfalls diese Qualität; vielmehr kommt es auf den direkten Bezug an.[96]

Cookies sind kleine Dateien, die von dem Webserver eines Internet-Anbieters erzeugt und über einen mit ihm in Verbindung stehenden Web-Browser auf der Festplatte des Rechners eines Internet-Nutzers meist ohne dessen Wissen abgelegt werden, um diesen bei einer späteren erneuten Verbindung wieder erkennen (nicht notwendig: identifizieren) zu können. Cookies können selbst identifizierende Merkmale enthalten. Meist dienen sie der Verknüpfung von Daten aus zwei oder mehreren Verbindungen und nutzen den in den Dateien des Anbieters vorhandenen oder einen erst bei einer künftigen Verbindung vom Benutzer – etwa anlässlich eines Vertragsschusses – gelieferten Personenbezug. Cookies liefern also durch ihre verknüpfende Eigenschaft in manchen Situationen aktuell (zusätzliche) personenbezogene Daten, in anderen solche, die zunächst anonym sind, im üblichen weiteren Verlauf aber Personenbezug erhalten können, ohne dass der Nutzer sich dessen bewusst ist.[97] Potentiell personenbezogene Daten müssen von Anfang an wie personenbezogene Daten behandelt werden, wenn eine Sorgfaltspflichtverletzung und ein Verstoß mit Eventualvorsatz vermieden werden sollen.[98] 65

Darstellungen in **Bild** und **Ton** werden vom Datenschutz ebenso umfasst wie sprachlich vermittelte Angaben.[99] 66

Namen, Personennummern und -kennzeichen gehören, auch wenn sie keine inhaltlichen Angaben vermitteln, zu den personenbezogenen Daten.[100] 67

Blutproben und aufgenommene Spuren sind im Gegensatz zu den Gegenständen der Außenwelt selbst als Angaben einzustufen.[101] 68

Geografische Standortdaten oder Positionsdaten (auch: Lokalisierungsdaten), wie z.B. GPS-Koordinaten, sind zwar nicht als isolierte Daten personenbezogene Daten, wohl aber in Verbindung mit anderen personenbezogenen Daten, etwa wenn sie den Aufenthaltsort einer bestimmbaren Person beschreiben oder den Ort eines Geschehens, an dem eine bestimmbare Person beteiligt ist. Entsprechendes gilt für **Zeitangaben oder Zeitstempel**. 69

RFID tags (Funkchips) können je nach Inhalt und Kontext personenbezogene Daten vermitteln.[102] Enthalten sie allgemein verwendete Identifizierungsdaten, wie Namen und Anschrift, so werden im Falle des Lesens diese sowie ggf. weitere gespeicherte personenbezogene Daten mitgeteilt, so etwa der Geburtstag und ein biometrisches Merkmal bei entsprechend ausgestalteten Ausweis- oder Berechtigungspapieren. Dazu können weitere, von der lesenden Stelle erzeugte Daten treten, wie z.B. Ort und Datum des Lesevorgangs, etwa beim Betreten und Verlassen definierter Zonen.[103] Ein mit einer Ware verbundener RFID tag, der selbst nur eine Waren-Identifikation und/oder warenbezogene Daten enthält, vermittelt personenbezogene Daten ihres Inhabers/Besitzers, sobald er unter Bedingungen gelesen wird, die eine Verknüpfung mit dessen Person erlauben, so bei Verbindung mit diese identifizierenden Daten etwa aus einer Kunden- oder Zahlungskarte beim Kassieren oder beim Lesen während ihrer körperlichen Anwesenheit.[104] Entsprechendes gilt für RFID tags auf Banknoten oder auszuleihenden Büchern. Das automatische Lesen bei Entnahme einer Ware aus einem Regal (zwecks Lagerbestandskontrolle) ist dagegen noch ohne Bezug zu dem einkaufenden Kunden.[105] RFID tags als Warenidentifikation erweitern die Möglichkeit, Verarbeitungen, die im Laufe der Zeit in Bezug auf eine bestimmte Ware oder einen sonstigen bestimmten Gegenstand bei verschiedenen verantwortlichen Stellen erfolgt sind, eindeutig zu verknüpfen, ähnlich wie bisher nur bei nummerierten Produkten, wie etwa Kraftfahrzeugen 70

96 Doppelbezug, vgl. oben Rdnrn. 57 ff.
97 Zum ganzen s. *Schaar*, a.a.O. Rdnrn. 177 f.
98 Vgl. *Schaar*, a.a.O. Rdnr. 186.
99 S. oben Rdnrn. 4 f.
100 S. oben Rdnr. 10.
101 S. oben Rdnr. 5.
102 S. insbes. *Art. 29 Datenschutzgruppe*, WP 105 vom 19.1.2005, Abschnitte 3 und 4.1.
103 Vgl. *Gräfin von Westerholt/Döring*, CR 2004, 710, 712 f.; Müller/Handy, DuD 2004, 655, 657.
104 S. oben Rdnr. 21.
105 *Gräfin von Westerholt/Döring*, CR 2004, 710, 712.

(mittels des Kfz-Briefs) und bei als Namenspapier ausgestalteten Wertpapieren. Nicht alle warenbezogenen Daten sind dabei als personenbezogene Daten aller als Eigentümer, Besitzer, Bearbeiter usw. beteiligten Personen einzustufen, ebenso wenig wie Daten eines Beteiligten auf die anderen Beteiligten abfärben.[106]

71 Mit einem **Score, Score-** oder **Scoring-Wert** weist eine verantwortliche Stelle einem Betroffenen eine bestimmte Bewertung oder Platzierung innerhalb einer bestimmten Vielzahl von Betroffenen zu dem Zweck ein, ihn statt mit einer vieldimensionalen, u. U. schwer überschaubaren Beurteilung zusammenfassend mit einer einzigen Zahl zu bewerten und innerhalb einer Skala einzuordnen. Da solche Werte dazu bestimmt und geeignet sind, das Geschäfts-, Arbeits- oder sonstige Verhältnis zu gestalten oder zumindest zu beeinflussen,[107] sind solche Werte als personenbezogene Daten einzustufen, auch wenn sie durch statistische Korrelation der Daten des Betroffenen mit den Daten anderer Personen gewonnen wurden.[108] Wegen der Fehleranfälligkeit der Verfahren, insbesondere der Blindheit der rein statistischen Analyse, haben die Betroffenen etwa beim Kredit-Scoring ein erhebliches Interesse an datenschutzrechtlichen Kontroll- und Korrekturmöglichkeiten.[109] Beispielsweise führte die Wahrnehmung des Auskunftsrechts bei der SCHUFA (bis zu einer von den Aufsichtsbehörden verlangten Programmkorrektur) zu einem dramatisch schlechten Score, offensichtlich aufgrund der in der Datenbasis abgebildeten statistischen Tatsache, dass Betroffene vor allem dann Auskünfte anfordern, wenn bereits akute Bonitätsprobleme aufgetreten sind.

72 Als **Data Warehouse** bezeichnet man üblicherweise eine aus Daten der operativen Ebene gespeiste besondere Datenbank mit dem Zweck der Analyse der Daten zu strategischen Zwecken, wobei die strategisch zu unterstützenden Maßnahmen sich auch auf Einzelpersonen richten können. Die Datenbasis eines Data Warehouse vermittelt personenbezogene Daten, soweit sie, wie üblich, Individualdatensätze enthält und diese entweder über direkte Identifizierungsmerkmale oder an Hand übereinstimmender Merkmale mit Personendatensätzen der Geschäftsabwicklung oder anderen Dateien mit Personenbezug verknüpft werden können, also nicht wirksam anonymisiert sind.[110] Üblicherweise finden sich in der Datenbasis gemischt personenbezogene Daten, mehr oder wenig wirksam anonymisierte Mikrodaten und aggregierte Daten ohne Personenbezug.[111] Verarbeitungsergebnisse des Warehousing sind personenbezogen, wenn sie Aussagen zur Steuerung des individuellen Verhaltens gegenüber natürlichen Personen (Kunden, Geschäftspartner, Arbeitnehmer usw.) darstellen, etwa durch Hinweise auf deren potentielles Kaufinteresse oder Risiken für die komplikationsfreie Vertragsabwicklung, oder wenn sie den „Kundenwert" beziffern;[112] auch wenn solche Hinweise nur eine entsprechende Wahrscheinlichkeit ausdrücken, also mit einer Unschärfe belastet sind. Generelle, statistische Erkenntnisse als solche, etwa dass Käufer bestimmter Produkte aus einer bestimmtem Altersgruppe und Region gehäuft auch bestimmte andere Konsuminteressen haben, sind dagegen noch nicht personenbezogen.

73 Die **genetischen Daten**, die durch DNA-Analyse aus menschlichem Zellmaterial gewonnen werden können, umfassen sowohl beschreibende Daten, indem sie genetische Veranlagung ihres Trägers codieren, als auch Elemente, die aufgrund ihrer (praktischen) Einzigartigkeit als Identifikationsmerkmale verwendet werden können („genetischer Fingerabdruck").[113] Genetische Daten sind im doppelten Wortsinn „geborene" personenbezogene Daten.[114] Auch

---

106 Vgl. oben Rdnrn. 42 ff., 57 ff.

107 So zur Begründung der Einstufung der RFID als personenbezogenes Datum nach Art. 2 Buchstabe a der EG-Datenschutzrichtlinie die *Art. 29 Datenschutzgruppe*, WP RFID Abschnitt 4.1.

108 *Petri*, DuD 2001, 290, 291; ders., DuD 2003, 631, 633 f.; *Gola/Schomerus*, BDSG, § 3 Rdnr. 3, § 6a Rdnr. 15; *Globig*, NJW 2003 H.4 S.XIV; *Klein*, BKR 2003, 488, 489f.; *Mackenthun*, WM 2004, 1713, 1715 (nur für Banken-Scoring, weil auf konkreten Kundendaten basierend, was freilich auch für das SCHUFA-Scoring zutrifft); *Möller/Florax*, NJW 2003, 2724f.; Personenbezug ablehnend dagegen *Würmeling*, NJW 2002, 3508,3509; *Kamlah*, MMR 2003 H. 2 S. V,VI; *ders.*, ZVI 2004, 9, 10 f.

109 Zur Fehlerproblematik vgl. *Petri*, DuD 2003,631, 632 f.

110 Zur Zulässigkeit vgl. *Büllesbach*, CR 2000, 11 ff.

111 Ausführlich *Möller*, DuD 1998, 555, 564.

112 Vgl. *Möller*, DuD 1998, 555, 557.

113 Zum semantischen und sigmatischen Aspekt der Information s. o. Rdnr. 6.

114 *Art. 29 Datenschutzgruppe*, WP 91, S. 5 f.; *Schladebach*, CR 2003, 225, 226 f.

andere **biometrische Merkmale** können je nach technischem Konzept selbst bei sehr großen Grundgesamtheiten eine eindeutige Identifikation leisten. Die Personenbeziehbarkeit ist zu bejahen, auch wenn der Träger zunächst nicht namentlich bekannt ist. Es genügt, dass er durch Vergleich ermittelt werden kann, auch wenn die Wahrscheinlichkeit, dass es dazu kommt, gering ist. Dabei ist zu beachten, dass genetische und biometrische Daten typischerweise zugänglich bzw. reproduzierbar, sind. Biometrische Daten sind ausnahmsweise für Dritte und auch für die verantwortliche Stelle nicht per se personenbezogen, wenn sie nur als **Template**, d. h. als strukturierte Reduktion eines Abbilds, oder nur in chiffrierter Form vorliegen und weder die Ursprungsinformation zurück gewonnen werden kann noch durch Verknüpfung mit anderen Daten ein Personenbezug herstellbar ist.[115] Die Verknüpfung zwischen Template und weiteren Daten kann dabei etwa durch ihre Anordnung auf einem Datenträger, durch Verweisdaten oder durch die zeitliche Abfolge bei der Übermittlung möglich sein. Es genügt aber auch jede andere Methode der Zuordnung, z.B. Hinweise auf Speicheradressen oder andere logische oder physische Verknüpfungen. Menschliches **Zellmaterial** wird erst mit der Aufnahme zum Zweck der Untersuchung zur „Angabe".[116]

3. Automatisierter Datenumgang und nicht-automatisierte Datei (Abs. 2)

3.1 Vorbemerkung

Der Dateibegriff hat seine ursprünglich zentrale Rolle bei der Bestimmung des sachlichen Anwendungsbereichs des Gesetzes weitgehend eingebüßt. Seit der Novellierung 1990 ist er im öffentlichen Bereich nicht mehr konstitutive Voraussetzung;[117] seit 2001 ist er dies auch im nicht-öffentlichen Bereich nur noch im Feld des manuellen Datenumgangs. Bei automatisiertem Datenumgang fallen die Daten dort nunmehr „automatisch" in den Schutzbereich, ohne dass es noch auf das Vorliegen einer Datei ankommt.[118] Nur im Restbereich des manuellen Umgangs im nicht-öffentlichen Bereich ist das Gesetz nach wie vor im Allgemeinen unanwendbar, wenn dieser Umgang außerhalb von Daten stattfindet; es greift dann nur ausnahmsweise ein, wenn die Daten einer Datei entnommen sind[119] sowie bei der Auskunft durch Stellen, die geschäftsmäßig Auskünfte erteilen.[120] Inhaltlich wurde die Dateidefinition mit der Novellierung der EG-Datenschutzrichtlinie angepasst. 74

Die Legaldefinition bestimmt nur die Voraussetzungen, unter denen eine Datei im Sinne des Gesetzes vorliegt; sie nennt **die den Begriff „Datei" konstituierenden Elemente**. Sie beantwortet jedoch nur bruchstückhaft die für den sachlichen Anwendungsbereich im nicht-öffentlichen Sektor ebenso wichtige Frage, unter welchen Voraussetzungen personenbezogene Daten als „in oder aus einer Datei verarbeitet oder genutzt" anzusehen sind.[121] 75

Der Begriff stammt aus der ADV-Fachsprache. Der Gesetzgeber hat ihm jedoch einen abweichenden, **datenschutzspezifischen Inhalt** beigelegt.[122] Ein Rückgriff auf fachsprachliche Definitionen ist deshalb ausgeschlossen. 76

Die für seine **Auslegung** in erster Linie maßgebliche Funktion des Dateibegriffs ist die Begrenzung des Schutzbereichs: Weil und soweit die Daten durch ihren logischen und organisatorischen Kontext leichter zugänglich, erschließbar oder auswertbar sind, werden sie in den Schutzbereich einbezogen. Bei automatisiertem Datenumgang sieht das Gesetz dies generell als gegeben an. Versuche, das Volkszählungsurteil des BVerfG für eine restriktive Auslegung 77

115 *Art. 29 Datenschutzgruppe*, WP 80, S. 4f.; detailliert und präzise *Hornung*, DuD 2004, 429 ff.
116 Vgl. oben Rdnr. 5.
117 Differenzierungen finden sich noch in §§ 19 Abs. 1 Satz 3, 20 Abs. 1 Satz 2, Abs. 4 und Abs. 5.
118 Zur Bewertung vgl. zustimmend *Runge*, RDV 1998, 109 f.; kritisch *Sutschet*, RDV 2000, 107 ff. (113 f.).
119 § 27 Abs. 2.
120 Nach § 34 Abs. 2.
121 § 1 Abs. 2 Nr. 3.
122 Vgl. *Auernhammer*, BDSG § 3 Rdnr. 9.

heranzuziehen,[123] verkennen, dass das Recht auf informationelle Selbstbestimmung ganz unabhängig von bestimmten technisch-organisatorischen Bedingungen gilt.

3.2 Automatisierte Verarbeitung (Abs. 2 Satz 1)

78 Die Definition der automatisierten Verarbeitung kann kaum als gelungen bezeichnet werden. Zunächst erscheint es als redaktioneller Missgriff, wenn die Funktion „Verarbeitung" definiert wird als „die Erhebung, Verarbeitung oder Nutzung". Denn damit werden gleichzeitig zwei verschiedene Verarbeitungsbegriffe eingeführt. Der klassische, in Abs. 4 definierte Begriff des Verarbeitens, der die Funktionen der Erhebung und Nutzung nicht umfasst, wird überlagert von einem weiteren, diese Elemente umfassenden Begriff, der den Forderungen der Datenschutzrichtlinie[124] entspricht. Auch wenn dieser neue, weite Begriff nur in der spezifizierten Form „automatisierte Verarbeitung" auftritt, ist die Spaltung des Verarbeitungsbegriffs ein Ärgernis. Wenig hilfreich erscheint auch die Definition des Begriffs „automatisiert" durch die Formel „unter Einsatz von Datenverarbeitungsanlagen". Was das Merkmal automatisiert sachlich ausmacht, bleibt dabei offen, ebenso die Frage, in welcher Weise die personenbezogenen Daten Objekt dieser Form der Verarbeitung sein müssen. Schließlich ist auch versäumt worden, die Legaldefinition redaktionell fruchtbar zu machen. An den entscheidenden Stellen, nämlich bei der Bestimmung des Anwendungsbereichs des Gesetzes in §§ 1 Abs. 2 Nr. 3 und 27 Abs. 1 Satz 1 greift das Gesetz statt auf den definierten Begriff auf dessen Definition zurück. An anderer Stelle spricht es von automatisierter Verarbeitung, fügt jedoch das Erheben und Nutzen noch hinzu, obwohl dies doch nach der Legaldefinition bereits umfasst ist.[125]

79 Wenn das Gesetz verlangt, dass die Erhebung, Verarbeitung oder Nutzung **„unter Einsatz von Datenverarbeitungsanlagen"** erfolgt, so ist damit keine konventionelle, in jedem Einzelschritt vom Menschen zu bedienende Anlage, wie etwa eine manuelle Schreibmaschine oder ein manuelles Drucksatzsystem gemeint, sondern gerade eine Anlage zum automatisierten Handhaben von Daten. Die genaue Abgrenzung muss sich am Regelungszweck orientieren. Diese besteht zum einen im Abgrenzen des Anwendungsbereichs des Gesetzes im nichtöffentlichen Sektor. Dort wird nicht jeder Datenumgang schlechthin erfasst, sondern nur ein solcher, der entweder in einem automatisierten Verfahren oder im Zusammenhang mit einer nicht-automatisierten Datei stattfindet. Entscheidend ist hier, wie insbesondere die Begriffsbestimmungen nicht nicht-automatisierten Datei zeigt, die erleichterte Zugänglichkeit und Auswertbarkeit der Daten in einem Datenbestand. Der gleiche Aspekt liegt auch den anderen Regelungen, die auf den Begriff der automatisierten Verarbeitung zurückgreifen, zugrunde. So wird beispielsweise nicht jeder Umgang mit personenbezogenen Daten der Aufsichtsbehörde nach § 4d gemeldet, sondern nur automatisierte Verarbeitungen, weil von diesen erhöhte Risiken und Wirkungen ausgehen. Nur für solche werden auch besondere Festlegungen nach § 18 Abs. 2 Satz 2 (Dateistatut) verlangt. Demgemäß muss auch der Einsatz der Datenverarbeitungsanlage zur Zugänglichkeit der Daten oder zur Auswertung des Bestandes, in dem sie sich befinden, beitragen. Dies ist nur der Fall, wenn mit Hilfe der Anlage ein Programm abläuft, das die verschiedenen personenbezogenen Daten nach ihrem Informationsgehalt unterscheiden und dementsprechend unterschiedlich handhaben kann.[126] Eine Anlage, die alle personenbezogenen Daten gleich behandelt oder lediglich Unterschiede macht, die nicht vom Inhalt der personenbezogenen Daten abhängen, begründet kein automatisiertes Verarbeiten im Sinne des Gesetzes, noch weniger eine Anlage, die personenbezogene und sonstige Daten gleich behandelt. Daher reichen beispielsweise Anlagen nicht aus, die Daten, Datenbestände oder Datenträger lediglich transportieren, kopieren oder – unter Beibehaltung des Informationsgehalts –, deren Darstellungsform umwandeln.[127] Kopier- und Faxgeräte

123 Vgl. *Goldenbohm/Weise,* CR 1991, 535, 536.
124 Art. 2 b.
125 So in §§ 4f Abs. 1 Satz 1 und 8 Abs. 1 Satz 1.
126 Vgl. *Dammann/Simitis,* EG-Datenschutzrichtlinie, Art. 3 Anm. 3 f.
127 Z.B.Rohrpost, automatische Sortierung auf der Grundlage optischer Zeichenerkennung der Adressdaten.

sind daher keine Anlagen zur automatisierten Verarbeitung kopierter oder gefaxter personenbezogener Daten. Sie können allerdings der automatisierten Verarbeitung von Daten der Benutzer dienen. Auch die automatisierte Bewegung von Datenträgern, etwa beim Weiterschalten oder Rückspulen von optischen Aufnahmegeräten, macht diese nicht zur automatisierten Datenverarbeitungsanlage. Das Gleiche gilt für Systeme zur automatischen Belichtung oder Scharfeinstellung. Ebenso wenig genügt eine uhrzeitmäßige Programmierung, die etwa alle zehn Minuten eine Bildaufnahme auslöst. Generell lässt sich sagen, dass bei der Verarbeitung von (bewegten wie unbewegten) Bildern – einschließlich der Bilder von Texten[128] – für sich genommen noch keine automatisierte Verarbeitung der Bildinhalte erfolgt. Dies ist erst dann der Fall, wenn eine Anlage über Programme verfügt, die in der Lage sind, die dargestellten Inhalte in Abhängigkeit von ihren personenbezogenen Informationsgehalten zu behandeln, also z.B. Bilder anhand eines vorgegebenen Musters einer bestimmten Person zuzuordnen oder Informationen bestimmter Art aufzufinden, z.B. nach Hautfarbe oder aufgrund typischer Bewegungen. Ebenso genügt es, wenn die bildlichen Darstellungen mit zusätzlichen personenbezogenen Kennzeichen verknüpft sind, mit deren Hilfe auch die bildlichen Informationsgehalte erschlossen werden können.[129] Eine Anlage zur Aufnahme, Übertragung und Speicherung digitalisierter optischer Signale (Video-Anlage) ohne programmgesteuerte Auswertbarkeit der Bilder und ohne Verknüpfung zu personenbezogenen Textdaten (auch „dumme“ Video-Überwachung genannt) fällt daher nicht unter den Begriff, wohl aber Systeme, die Personen durch Vergleich mit gespeicherten biometrischen Daten erkennen oder selbsttätig Kfz-Kennzeichen lesen und in Textdaten umsetzen können; ebenso die von Geldautomaten aufgenommen Bilder, da sie mit Benutzerdaten der Bank-Transaktion verknüpft werden. Zu beachten ist allerdings, dass die Sonderregelung des § 6b zur Videoüberwachung in ihrem Tatbestand eigenständig ist und daher ein automatisiertes Verfahren nicht voraussetzt.[130]

Es genügt ein automatisiertes Erheben, Verarbeiten *oder* Nutzen. Damit wird alles das, was 80
man mit EDV-Anlagen in Bezug auf personenbezogene Daten tun kann, typischerweise erfasst. Sobald ein Programm auf gespeicherte Daten eines Betroffenen zugreift, um die im Programm vorgesehenen Funktionen anzuwenden, liegt bereits entweder ein Speichern oder ein Nutzen dieser Daten vor, ohne dass es noch darauf ankommt, welcher Art die vom Programm vorgesehene Funktion im Einzelnen ist, ob also etwa Daten eines Betroffenen auf dem Bildschirm dargestellt werden sollen, ob sie im Rahmen einer Auswertung nach Betroffenen mit bestimmten Merkmalen gesucht werden oder ob die Angaben in einen Bescheid oder eine Rechnung an den Betroffenen aufgenommen werden oder in einen Bericht einfließen sollen. Eine automatisierte Erhebung könnte etwa vorliegen, wenn aufgrund programmmäßig vorgegebener Kriterien nur die Daten einer bestimmten Auswahl von Betroffenen aufgezeichnet werden, z.B. bei einer chipkartengesteuerten Einlasskontrolle Protokolldaten lediglich von Besuchern, nicht aber von Firmenangehörigen.

Anders als vor der Novellierung 2001 hängt die Anwendbarkeit des Gesetzes nicht mehr da- 81
von ab, dass personenbezogene Daten in einer nach bestimmten Merkmalen auswertbaren Sammlung (auswertbare Datei) verarbeitet werden. Die ohnehin mehr theoretische Frage einer Untergrenze hinsichtlich der Größe und Struktur der Datensammlung hat sich damit erledigt.

Die Auswertung muss durch **automatisierte Verfahren** erfolgen können. Ein automatisier- 82
tes Verfahren liegt vor, wenn wesentliche Verfahrensschritte, insbesondere das Lesen und Vergleichen von Daten, in programmgesteuerten Einrichtungen ablaufen.[131] Es genügt, dass die Sammlung automatisiert ausgewertet werden **kann**. Hiervon ist bereits dann auszugehen, wenn die Datensammlung maschinell gelesen und damit einer automatisierten Auswertung zugänglich gemacht werden kann. Die Datensammlung muss bereits in einem entsprechend aufbereiteten Zustand vorliegen. Wenn ein maschinelles Lesen erst nach manueller Bearbeitung jedes einzelnen Datensatzes möglich ist, ist die automatisierte Auswertbarkeit zu verneinen.

128 Etwa von TIF- oder pdf-Dateien.
129 Etwa durch die kombinierte Aufzeichnung von Bildern und kontobezogenen Daten durch Geldautomaten.
130 Vgl. § 6b Rdnr. 36.
131 Vgl. VV BDSG Abschn. 9.2.

83 Andererseits genügt es, wenn die Daten in einer standardisierten Form vorliegen, so dass sie mit Standardsoftware verarbeitet werden können. Ob ein entsprechendes System tatsächlich aktuell installiert ist, kann im Hinblick auf die heute geringen Anschaffungskosten keine Rolle mehr spielen. Deshalb ist beispielsweise ein Schutz gegen das Entwenden von Datenträgern nach § 9 geboten, wenn ein Datenbestand so geartet ist, dass ihn jeder Besitzer mit geringem Aufwand einer automatisierten Auswertung zuführen kann. Auf der anderen Seite schließt die Notwendigkeit, die Daten erst Zeichen für Zeichen manuell in maschinenlesbare Form zu übertragen, das Merkmal „automatisierte Auswertbarkeit" klar aus. Aber auch wenn ein Bestand erst auf der Ebene der einzelnen Datensätze (z.B. durch Kennzeichnung der Angaben und ihre Zuordnung zu bestimmten Merkmalen) manuell bearbeitet werden muss, so ist die Aufwandsschwelle hinreichend hoch, um die Auswertbarkeit nach bestimmten Merkmalen verneinen zu können.

84 **Beispiele:**

- Telefax: Begründet keinen auswertbaren Datenbestand.
- Stapel maschinenlesbarer Schecks: automatisierte Verarbeitung.
- Digitalisierte Fingerabdrucksammlung mit automatisiertem Vergleich: automatisierte Verarbeitung.
- Video- oder Tonaufzeichnung: automatisierte Verarbeitung, wenn programmgesteuert nach personenbezogenen Merkmalen aufgenommen oder auswertbar oder wenn mit automatisiert verarbeiteten Textdaten verknüpft.
- Texte in Textverarbeitungssystemen: automatisierte Verarbeitung.

3.3 Nicht-automatisierte Datei (Abs. 2 Satz 2)

85 Die Legaldefinition der nicht-automatisierten Datei wurde im Rahmen der Novellierung 2001 vereinfacht. Wie früher wird eine Sammlung personenbezogener Daten verlangt, die gleichartig aufgebaut ist. Es genügt nunmehr aber, dass sie nach bestimmten Merkmalen zugänglich ist und ausgewertet werden kann; die Möglichkeit, sie nach bestimmten Merkmalen zu ordnen und umzuordnen, ist entfallen. Eine Mehrzahl von ordnungsfähigen, d.h. sortierbaren, Merkmalen wird daher nicht mehr gefordert.

86 Eine **Sammlung** ist eine zielstrebig zusammengetragene oder aufrechterhaltene Mehrheit von Elementen, die in einem gewissen inneren und äußeren Zusammenhang stehen. Der innere Zusammenhang kann darin bestehen, dass die Informationen sich inhaltlich auf einen gemeinsamen Bereich beziehen (z.B. Arbeitnehmer, Kunden) oder einem bestimmten Zweck dienen (z.B. Personaleinsatzsteuerung, Debitorenbuchhaltung, Zugangskontrolle). Unschädlich ist es, wenn die Sammlung neben personenbezogenen auch andere Daten umfasst (z.B. Unternehmensregister). Der notwendige äußere Zusammenhang ergibt sich aus der im zweiten Halbsatz verlangten Zugänglichkeit und Auswertbarkeit. Unerheblich ist, ob der Gegenstandsbereich, auf den sich die Daten beziehen (z.B. die Kunden eines Unternehmens), vollständig erfasst ist.

87 Bei der Frage, ob **eine oder mehrere Datensammlungen** vorliegen, ist nicht der physische, sondern der pragmatische Aspekt entscheidend. Datenbereiche, die unterschiedliche Gegenstände betreffen und unterschiedlichen Zwecken dienen, wie z.B. Kundendaten und Personaldaten, bilden daher auch dann zwei verschiedene Sammlungen, wenn sie in einer gemeinsamen Kartei zusammengeschlossen sind. Umgekehrt werden aus einer Sammlung nicht dadurch mehrere, dass der Bestand physisch in einzelne Teilbestände mit nur wenigen Merkmalen (z.B. Listen mit der Identifikationsnummer und jeweils nur einem Merkmal) aufgegliedert wird.

88 Fällt eine Verarbeitung trotz automatisierter Anteile nicht unter Nr. 1, so bleibt zu prüfen, ob die Voraussetzungen der Nr. 2 erfüllt sind. Automatisierte Elemente schließen also das Vorliegen einer „nicht-automatisierten Datei" nicht zwingend aus.

89 Der **gleichartige Aufbau** muss in Bezug auf die „bestimmten Merkmale" bestehen, nach denen die Sammlung zugänglich ist und ausgewertet werden kann. Dies kommt zwar im Wortlaut des Gesetzes nicht zum Ausdruck, ergibt sich aber zwanglos, wenn man den Zweck der

Definition berücksichtigt.[132] Der gleichartige Aufbau ist bei manueller Bearbeitung die notwendige formale Voraussetzung, damit der informatorische Inhalt der Datensammlung leichter erschlossen werden kann, als dies bei Akten der Fall ist.[133] Sofern die im Gesetz in Bezug auf die Erschließbarkeit geforderten Voraussetzungen infolge des Aufbaus der Datensammlung erfüllt sind, genügt dies aber auch, um den Dabeibegriff zu bejahen. Ein noch weitergehender gleichartiger Aufbau kann nicht verlangt werden. Mithin ist es notwendig, aber auch ausreichend, dass die Sammlung durch ihren gleichartigen Aufbau nach bestimmten Merkmalen zugänglich ist und ausgewertet werden kann. Ein gleichartiger Aufbau setzt voraus, dass die zu den Betroffenen gespeicherten Daten nicht in zufälliger und wechselnder Anordnung, sondern nach einem bestimmten formalen Ordnungsschema dargestellt sind. Die Ordnung kann den Charakter einer feststehenden räumlichen Verteilung der Daten auf den Datenträgern haben, etwa durch die Felder eines Formulars, oder kann sich aus einer vorgegebenen Reihenfolge oder Nummerierung ergeben (z.B. nummerierte Abschnitte, etwa 1. Namen, 2. Kenntnisse, 3. Einsatzgebiete etc.). Innerhalb der einzelnen Felder oder Abschnitte wird kein gleichartiger Aufbau gefordert. Lautet z.B. die Bezeichnung einer Datenart „Schulbildung" und sind im entsprechenden Abschnitt Arten, Orte und Zeitpunkte abgelegter Prüfungen angegeben, so ist es für den „gleichartigen Aufbau" unschädlich, wenn innerhalb des Feldes „Schulbildung" keine bestimmte Ordnung besteht. Auch die Existenz einer allgemeinen Rubrik „Sonstiges" oder „Bemerkungen" stört den gleichartigen Aufbau nicht. Ein „Merkmal" liegt darin jedoch nicht. Ein gleichartiger Aufbau besteht schon dann, wenn jeweils für „Name", „Adresse" und für „sonstige Daten" verschiedene Abschnitte vorgesehen sind.

Die Definition fordert zunächst, dass die Sammlung nach bestimmten Merkmalen[134] **zugänglich** ist. Dies heißt so viel, als dass die Sammlung bestimmte Merkmale aufweisen muss, anhand derer gesuchte Teilmengen von personenbezogenen Daten, insbesondere über einen oder mehrere Betroffene, gefunden werden können. Als solche fungieren typischerweise Namen oder Aktenzeichen bzw. Geschäfts- oder Kundennummern; es können aber auch Kalendertage oder Adressen sein, wenn diese zu den personenbezogenen Daten gehören. Die Elemente der Datensammlung (z.B. Karteikarten) können geordnet oder in ungeordneter Folge vorliegen. 90

„Merkmal" ist der (abstrakte) Gattungsbegriff für die (konkreten) Angaben einer bestimmten Kategorie. Beispielsweise können dem Merkmal „Beruf" die Angaben „Elektriker", „Maurer", „Handelsvertreter" zugeordnet sein, dem Merkmal „Körpergröße in cm" die Angabe „180" oder eine andere Zahl, dem Merkmal „Personalnummer" die den einzelnen Mitarbeitern vergebenen konkreten Personalnummern. Nach ihrer Aussage kann unterschieden werden zwischen Merkmalen, die ausschließlich der Identifikation ihrer Träger innerhalb einer Mehrheit von Merkmalsträgern dienen (reine Identifikations- oder Kennzeichen, Eigennamen; die „Hilfsmerkmale" nach § 10 Abs. 1 BStatG fallen in der Regel hierunter), solchen, die etwas über den Merkmalsträger, insbesondere über seine Eigenschaften oder Verhältnisse, aussagen (bedeutungstragende Merkmale, z.B. Alter, Größe, Beruf, Familienstand; i.d.R. „Erhebungsmerkmale" nach § 10 Abs. 1 BStatG), und solchen, die beide Funktionen haben (z.B. das amtliche Kfz-Kennzeichen, das ein bestimmtes Fahrzeug und mittelbar dessen Halter identifiziert und den Ort der Zulassung angibt). Um Merkmale handelt es sich z.B. bei den in § 28 Abs. 2 aufgezählten Datenkategorien Namen, Titel, akademische Grade, Anschrift, Geburtsjahr und den besonderen Datenarten nach § 3 Abs. 9 (sensitive Daten). Um die Bezeichnung der Merkmale geht es auch, wenn im Zusammenhang mit der Meldepflicht[135] von „diesbezüglichen Daten oder Datenkategorien" gesprochen wird. In verschiedenen Bereichen, auf die das BDSG anzuwenden ist, sind abweichende Termini eingeführt. In der ADV-Fachsprache sind die Ausdrücke „Feldname" bzw. „Bezeichnung eines Datenfeldes" und „Datum" gebräuchlich. Die empirische Sozialforschung spricht von „Variable" und „Wert". Die Auf- 91

132 Vgl. o. Rdnr. 77.
133 Vgl. *Gola/Schomerus*, BDSG, § 3 Rdnr.17; *Klug*, RDV 2001, 266, 267.
134 Vgl. dazu o. Rdnr. 87.
135 § 4e Nr. 5.

teilung des Merkmals in Merkmalsausprägungen wird in der Statistik als „sachliche Gliederung" bezeichnet.

92 Ungeachtet des insoweit indifferenten Gesetzeswortlauts muss es sich bei den zur Auswertung dienenden Merkmalen um **personenbezogene** Merkmale handeln. Nur unter dieser Voraussetzung ist die für das Eingreifen des Datenschutzes entscheidende Bedingung erfüllt, dass gerade die besondere Organisationsform die Zugänglichkeit bzw. Verwertbarkeit personenbezogener Daten erhöht.

93 Eine Datei liegt nur vor, wenn die Sammlung auch nach bestimmten Merkmalen **ausgewertet** werden kann; die „bestimmten Merkmale" können dabei durchaus dieselben sein, nach denen die Daten zugänglich sind. Der Begriff „auswerten" wird im Gesetz nicht definiert und auch in anderem Zusammenhang nicht verwendet. „Auswerten" ist jede Aktivität, durch die in der Sammlung enthaltenen Informationen genutzt werden, wofür bereits die Kenntnisnahme genügt; ein Umsetzen der Information in eine Entscheidung oder Handlung ist nicht erforderlich.[136] Von „Auswerten" spricht man zwar in der Regel nur bei Vorgängen, die eine gewisse Komplexität aufweisen, insbesondere wenn sie mit der Selektion oder dem Vergleich einer Vielzahl von Daten verbunden sind, so etwa wenn die Daten aller Männer über achtzehn oder die zehn Antragsteller mit der längsten Bearbeitungsdauer aus einem Datenbestand ausgewählt werden. Werden dagegen die Daten eines einzelnen Betroffenen mit Hilfe des üblichen Ordnungsmerkmals (z.B. Namen, Personalnummer, Aktenzeichen) aufgerufen, so würde man umgangssprachlich wohl nicht von einer Auswertung sprechen. Abgesehen davon, dass der Umgangssprache für die Auslegung nur Indizcharakter zukommt, ist die Unterscheidung zwischen einem einfachen Zugriff und einer komplexen Operation im Ergebnis deshalb nicht von Bedeutung, weil entscheidend nicht ist, welche Operationen tatsächlich erfolgen, sondern ob Auswertungen möglich sind.

94 Dies ist schon dann der Fall, wenn bei einem Merkmal mindestens zwei verschiedene Angaben vorgesehen sind. In diesem Falle können Betroffene mit der einen Angabe von denjenigen mit der anderen Angabe unterschieden, mithin die Sammlung nach diesem Merkmal ausgewertet werden. Da das Gesetz Auswertbarkeit nicht nur nach einem Merkmal sondern nach „bestimmten Merkmalen" verlangt, muss die Sammlung mindestens zwei Merkmale mit mindestens zwei verschiedenen vorgesehenen Angaben umfassen. Entscheidend ist dabei die Struktur der Datensammlung, nicht der tatsächliche Datenbestand. So ist eine Auswertung nach dem Merkmal Staatsangehörigkeit nicht deshalb unmöglich, weil im betreffenden Zeitpunkt zufällig nur eine einzige Staatsangehörigkeit vorkommt; dies wäre vielmehr das Ergebnis einer entsprechenden Auswertung.

95 Zum Dateibegriff des BDSG 1977 war bestritten, dass die Formulierung „nach bestimmten Merkmalen" zwei verschiedene Kategorien von Angaben erfordert. Die Gegenauffassung, nach der bereits eine Datenkategorie (etwa: Staatsangehörigkeit) mit mindestens zwei verschiedenen Angaben (im Beispiel etwa: deutsch/Ausländer) ausreicht, versteht „Merkmal" als konkrete Angabe, d.h. im Sinne von „Merkmalsausprägung". Sie stützt sich auf einen umgangssprachlich auch vorkommenden Sprachgebrauch, entspricht aber nicht der Intention des Gesetzes. In der Praxis ist die Unterscheidung von begrenzter Bedeutung, da Datensammlungen, die nur nach einem einzigen (abstrakten) Merkmal auswertbar sind, selten sind.[137]

96 Die Frage, wie viele sortierfähige Merkmale vorhanden sind, kann im Einzelfall Probleme aufwerfen, vor allem bei gegliederten und bei verschlüsselten Angaben. So enthält das Geburtsdatum eine Tages-, eine Monats- und eine Jahresangabe, die zusammen, aber auch unabhängig voneinander, als Ordnungskriterium verwendet werden können. Das Gleiche gilt für die Anschrift. Der Name einer natürlichen Person gliedert sich in Familien- und Vornamen. Das Personenkennzeichen nach dem Entwurf eines Bundesmeldegesetzes,[138] das zwar nicht eingeführt wurde, aber in ähnlicher Form in einzelnen Verwaltungszweigen und in den neuen

136 Vgl. u. Rdnr. 189.
137 Zum Meinungsstand vgl. 3. Auflage § 2 Rdnrn. 186, 188-190; zum neuen BDSG s. *v. Sponeck,* CR 1991, 534; *Bergmann/Möhrle/Herb,* BDSG § 3 Rdnrn. 56 ff.
138 BT-Drs. 7/1059, BR-Drucks. 391/73.

Bundesländern existiert, enthält das Geburtsdatum sowie in verschlüsselter Form das Geschlecht und das Land, das das PK vergeben hat. Dem Abgrenzungsgedanken, der der Dateidefinition zugrunde liegt, entspricht es, hier grundsätzlich nicht auf den formalen Aufbau der Informationsdarstellung, sondern auf den Informationsgehalt abzustellen. Dabei ist von einer natürlichen Verkehrsanschauung auszugehen.[139] Demgemäß wären bei einer dem Verwaltungsvollzug oder der Geschäftsabwicklung dienenden Datensammlung der Name (Vorname, Familienname), die Anschrift (Postleitzahl, Ort, Straße, Hausnummer) und der Unfallzeitpunkt (Uhrzeit, Tag, Monat, Jahr) als jeweils ein Merkmal aufzufassen. Bei einer der Sicherheitsplanung dienenden Datensammlung wären dagegen Uhrzeit, Tag, Wochentag, Monat und Jahr im Hinblick auf ihre in diesem Kontext selbstständige Bedeutung als fünf getrennte Merkmale anzusehen. Das Personenkennzeichen ist zunächst als Ganzes ein (Identifikations-) Merkmal, enthält aber außerdem die Merkmale Geburtsdatum, Geschlecht und Vergabeland.

Eine bestimmte für den Begriff Sammlung konstitutive **Mindestanzahl** von Daten oder von 97
Betroffenen wird vom Gesetz nicht verlangt.[140] Zwar trifft es zu, dass erst bei einer größeren Datenmenge die Organisationsform der Datei das Auffinden, Auswerten und Umordnen der Daten erleichtert. Der Gesetzgeber stellt jedoch nicht auf die konkrete Wirkung im Einzelfall ab (was im Übrigen auch die Abgrenzungsschwierigkeiten nur potenziert hätte), sondern lässt die abstrakte Gefahr ausreichen, die er mit der Erfüllung des Dateibegriffs als gegeben ansieht. Aus der Sicht der Praxis durchaus nahe liegende Bemühungen, mittels einer Analyse der Gefährdungssituation eine kritische „Untergrenze" zu konstruieren, unterhalb deren das Gesetz nicht anwendbar sein soll, würden darauf hinauslaufen, diese gesetzgeberische Grundentscheidung zu unterlaufen.

Die Legaldefinition fordert positiv, dass es sich um eine **nicht-automatisierte** Sammlung 98
personenbezogener Daten handeln muss. Dieses Merkmal ist so zu interpretieren, dass es komplementär zur „automatisierten Verarbeitung" nach Satz 1 ist. Führt eine automatisierte Funktion – z.B. mangels Bezug zu den personenbezogenen Daten – nicht zur Qualifikation als automatisierte Verarbeitung i.S.d. Satzes 1, so steht der Annahme einer nicht-automatisierten Datei nach Satz 2 nichts im Wege. So würde beispielsweise ein Transportsystem, mit dem ein mit Karteikarten besetztes Karussell mechanisch auf Anforderung des Benutzers den Wagen mit einem bestimmten Buchstaben präsentiert, nicht zur Qualifikation als automatisiertes Verfahren nach Satz 1 ausreichen; hier liegt eine nicht-automatisierte Datei nach Satz 2 vor.

Beispiele für nicht-automatisierte Dateien: 99

- Personalkartei,
- Krankheitskartei,
- Sammlung ausgefüllter Formulare wie Anträge, Erfassungsbögen, Ein- und Ausgabebelege.[141]

Keine Dateien sind:

- auf einem Mikrofilm aufgezeichnete Daten (nicht zugänglich),
- Foto- und Lichtsatzfolien,
- Videofilme von Menschenansammlungen (personenbezogene Daten ohne weitere Installation und Aufbereitung nicht zugänglich),
- Mikrofiches (Frage der Organisation im konkreten Fall),
- einzelner Fragebogen.[142]

---

139 Vgl. *Schaffland/Wiltfang,* BDSG § 3 Rdnr. 97 ff.; *Geiger,* in *Schweinoch/Geiger,* BayDSG Art. 5 Anm. 13; *Gallwas,* in *Gallwas/Schweinoch,* BDSG § 2 Rdnr. 41.
140 *Auernhammer,* BDSG § 3 Rdnr. 10; VV BDSG Abschn. B 5.2.
141 VG Wiesbaden, Dok. § 14 E 3 S. 6.
142 BAG, Dok. § 23 E 4 S. 4.

4. Erheben (Abs. 3)

100 Die Datenerhebung wurde vom BDSG 1977 gleichsam als minder bedeutsame Vorbereitung der Datenspeicherung angesehen, an die es lediglich eine rechtliche Aufklärungspflicht der erhebenden Stelle knüpfte. Seit dem Volkszählungsurteil des Bundesverfassungsgerichts steht jedoch fest, dass gerade die Datenerhebung aus der Sicht des Betroffenen die markanteste und in die informationelle Selbstbestimmung typischerweise am stärksten eingreifende Aktivität darstellt. Sie wurde dann schrittweise mit den Novellierungen 1990 und 2001 ebenso wie die Speicherung, Übermittlung und die sonstigen Phasen der Datenverarbeitung ausdrücklich unter den Gesetzesvorbehalt gestellt.

101 Definitorisch wurde die Erhebung allerdings **nicht als Phase der Datenverarbeitung** (Abs. 4) gefasst, sondern als eigenständiger Begriff davon abgehoben. Dies hatte zur Folge, dass sie in allen auf die Datenverarbeitung abstellenden gesetzlichen Regelungen, wie etwa die grundlegende Zulässigkeitsregelung des § 4, das Datengeheimnis des § 5 und die Verpflichtung zu technischen und organisatorischen Maßnahmen nach § 9 gesondert genannt werden musste. Die Erhebung spielt insofern eine besondere Rolle, als bei der Zweckbindung jeweils auf den Zweck abgestellt wird, für den die Daten erhoben worden sind.[143]

102 Das Gesetz definiert das **Erheben** als das **Beschaffen** von Daten über den Betroffenen. Das Erheben besteht damit in einer Aktivität, durch die die erhebende Stelle **Kenntnis** von den betreffenden Daten **erhält** oder **Verfügung** über diese **begründet**. Jedoch erfüllt nicht jedes Erhalten oder Empfangen die Voraussetzungen des Beschaffens. Vielmehr muss zu der objektiven Tatsache der Begründung der Verfügung über die Daten ein aktives Handeln kommen, das von einem entsprechenden der erhebenden Stelle zurechenbaren **Willen** der handelnden Person getragen ist.[144] Dass die bloß objektive Begründung der Verfügung über die Daten nicht ausreicht, ergibt sich daraus, dass das Gesetz selbst Fälle der Speicherung von Daten und damit eine Verfügung über diese Daten voraussetzt, ohne dass eine Erhebung vorausgegangen ist (so § 14 Abs. 1 Satz 2). Kein Erheben ist das Heraussuchen (-lassen) aus schon vorhandenem Material.[145]

103 Auch wenn ein subjektives Moment gefordert ist, wird der Begriff vom Gesetz doch weiter gefasst, als er etwa im fachsprachlichen Gebrauch der Statistik und der Demoskopie Verwendung findet, wo nur die systematische Befragung, Beobachtung oder Messung von Daten in einer Vielzahl von Fällen (mit dem Zweck einer statistischen Auswertung) als Erhebung bezeichnet wird. Demgegenüber erfasst die Legaldefinition auch Maßnahmen der Informationsbeschaffung, die nicht Bestandteil eines weitergehenden Erhebungsplans sind.

104 Das vom Begriff des Beschaffens geforderte aktive und subjektive Element fehlt, wenn Daten einer Stelle ohne jedes eigene Zutun zuwachsen.[146] Dazu zählen insbesondere die unverlangte Mitteilung und die unverlangte Zusendung von Daten, ebenso aber auch der Anfall durch andere einseitige Verfügungen Dritter, etwa durch Schenkung oder testamentarische Verfügung. Erfolgt die Übergabe oder Anlieferung dagegen in Erfüllung einer zuvor getroffenen vertraglichen oder sonstigen Absprache, so handelt es sich um „beschaffte" Daten. Ebenso liegt der Fall, wenn der Empfänger zuvor öffentlich oder gegenüber der über die Daten verfügenden Stelle sein Interesse an den Daten oder Daten einer bestimmten Art geäußert hat. Dies kann beispielsweise auch durch einen Hinweis auf gesetzliche Mitteilungspflichten erfolgen oder durch einen Appell, sachdienliche Hinweise zur Aufklärung eines Vorgangs zu geben.

105 Für den Begriff des Erhebens irrelevant sind der Anlass der Datenbeschaffung, ihr Zweck und die beabsichtigte oder tatsächliche Verwendung der erhaltenen Informationen. Insbesondere braucht nicht die Absicht bestehen, die Informationen personenbezogen zu verwenden.[147] Auch die Methode der Beschaffung spielt keine Rolle.[148] Neben der Befragung kommen

143 Vgl. §§ 4 Abs. 3 Nr. 2, 14 Abs. 1, 28 Abs. 1 Satz 2.
144 Vgl. *Dörr/Schmidt,* BDSG § 3 zu Abs. 4.
145 Vgl. *Stähler,* DSG NW § 3 Rdnr. 10.
146 *Stähler,* DSG NW § 3 Rdnr. 10, *Nungesser,* HDSG § 2 Rdnrn. 35, 37.
147 Vgl. *Bergmann/Möhrle/Herb,* BDSG § 3 Rdnr. 64.
148 *Weyer,* DSG NW § 3 Rdnr. 4.

etwa die Beobachtung, Bild- und Tonaufnahmen, Messungen sowie die körperliche Übernahme aller Arten von Informationsträgern in Betracht. Auch die Beteiligung des Betroffenen ist für den Begriff ohne Bedeutung, wie sich aus der abgestuften Zulässigkeitsregelung des § 4 Abs. 2 ergibt.

Ebenso unwesentlich ist es, ob die beschaffte Information zur Kenntnis genommen oder sonst 106
inhaltlich genutzt werden soll; es genügt vollauf, wenn die Möglichkeit dazu eröffnet wird. Da die Erhebung selbstständig neben der Speicherung steht, ist es schließlich auch irrelevant, ob das Beschaffen in eine Speicherung der beschafften Daten einmündet. Dies dürfte in der Regel der Fall sein, ist aber nicht begriffsnotwendig, sodass beispielsweise auch die geistige Aufnahme der beschafften Information vollauf genügt, ohne dass es noch auf das spätere Erinnern-Können, geschweige denn eine Nutzung ankommt. Die Übernahme von Datenträgern zur auftragsgemäßen Vernichtung oder Löschung ist kein Erheben, wenn durch Organisation und Technik eine einwandfreie Beseitigung der personenbezogenen Daten gewährleistet ist.

Das Beschaffen ist erfolgt, sobald die Stelle eigene Verfügung über die Daten begründet hat. 107
Dazu genügt es, wenn eine für die erhebende Stelle handelnde Person Datenträger in Besitz oder Daten zur Kenntnis genommen hat. Eine Vollmacht ist dafür nicht erforderlich.

Gegenstand der Beschaffung müssen „Daten über den Betroffenen" sein. Es fällt auf, dass 108
nicht der in Abs. 1 definierte Begriff „personenbezogene Daten" verwendet wird. Ein sachlicher Unterschied ist aber nicht ersichtlich, da es Daten „über den Betroffenen" sein müssen und der Betroffene als bestimmte oder bestimmbare natürliche Person definiert ist (Abs. 1). Ein Erheben scheidet demnach mangels Personenbezug nur aus, wenn der Betroffene nicht bestimmbar ist. Die Bestimmbarkeit fehlt, wenn die beschaffende Stelle einschließlich der für sie handelnden Personen zu keinem Zeitpunkt in der Lage ist, die Bezugsperson zu bestimmen. Bei der Datenbeschaffung durch Befragen oder Beobachten ist die Bestimmbarkeit in aller Regel zu bejahen, ohne dass es darauf ankommt, ob Namen und Anschriften oder andere Identifizierungsmerkmale festgestellt und festgehalten werden; es genügt, dass nicht auszuschließen ist, dass die befragenden oder beobachtenden Personen durch die visuelle Wahrnehmung der betreffenden Personen zur Bestimmung ihrer Identität in der Lage sein können.[149] Nur wenn eine Datenerhebung nach dem Vorbild der Urnenwahl so organisiert ist, dass die erhaltenen Angaben zu keinem Zeitpunkt einer bestimmbaren Person zugeordnet werden können, scheidet ein Erheben mangels Personenbezug aus.

Beispiele für Erheben: 109

- Erfragen personenbezogener Angaben, auch durch Aktenanforderung, gleich, ob mit oder ohne Einwilligung des Betroffenen,
- Beobachten personenbezogener Verhältnisse,
- Spurenlesen, wenn Betroffener bestimmbar,
- Erfassen von Verbindungsdaten in der Telekommunikation (z.B. für Telefongebührennachweis),
- Messen, Fernmessen, Wiegen in Bezug auf personenbezogene Verhältnisse,
- Fotografieren, Filmen bestimmbarer Personen,
- Ärztliche Anamnese und Diagnose,
- Entnahme einer Blutprobe zwecks Analyse,
- Entnahme oder Inbesitznahme von menschlichem Zellmaterial zwecks genomanalytischer Untersuchung,
- Feststellung persönlicher Sachverhalte bei Beratung (Rechtsanwalt, Bildungsberatung, Psychotherapie usw.),
- Ausweise, Briefe und andere Unterlagen Lesen, die einer natürlichen Person zugeordnet werden können oder etwas über deren Verhältnisse aussagen,
- Tonaufnahmen von bestimmbarer Person oder mit personenbezogenen Daten (z.B. Telefonüberwachung),
- Datenträger oder Unterlagen mit personenbezogenen Daten holen oder aktiv übernehmen,

149 Vgl. *Dörr/Schmidt,* BDSG § 3 Erl. zu Abs. 7.

- Inbesitznahme gefundener Datenträger mit personenbezogenen Daten,
- Kauf einer Auskunftei mit Archiv, soweit natürliche Personen betroffen sind; ebenso Übernahme einer Arzt- oder Rechtsanwaltspraxis.

110 Ein Erheben ist zu verneinen:

- beiläufige Wahrnehmung,
- Übernahme von Datenträgern, die keine personenbezogenen Daten enthalten,
- Erben von Datenträgern,
- Entgegennahme zwecks Datenträgervernichtung/Löschung als Auftragsdienstleistung,
- Videoüberwachung, wenn Personen nicht erkennbar,
- anonyme Telefonberatung.

5. Verarbeiten (Abs. 4), Verarbeitungsphasen

111 Abs. 4 enthält Begriffsbestimmungen zu den fünf im Begriff „verarbeiten" zusammengefassten Verarbeitungsphasen. Diesen Sammelbegriff verwendet das Gesetz immer dann, wenn Regelungen für alle Phasen gleichermaßen gelten sollen. Auch wenn der Begriff nicht mehr in der Gesetzesbezeichnung enthalten ist, spielt er – neben dem Begriff „personenbezogene Daten" – eine zentrale Rolle, was sich schon an der Häufigkeit seiner Verwendung (über 80 mal) ablesen lässt. Die Varianten „Verarbeiten (von Daten)" und „Datenverarbeitung" sind gleichbedeutend.

112 Das Gesetz definiert die Verarbeitungsphasen **„ungeachtet der dabei angewendeten Verfahren"** (Satz 2). Dies besonders zu betonen ist notwendig, weil einige der definierten wie auch der definierenden Begriffe aus der Fachsprache der ADV entlehnt sind, wo sie allein auf automatisierte Verarbeitungsvorgänge bezogen werden (Speichern, Übermitteln, Erfassen, Datenträger). Das BDSG gibt diesen Begriffen für seinen Anwendungsbereich einen abweichenden, medienneutralen Inhalt. **Manuelle** (in Österreich „händische"), d.h. **konventionelle, Verarbeitung** wird damit ebenso einbezogen wie automatische, soweit das Gesetz nicht speziell andere Regelungen vorsieht.[150]

113 Die Verarbeitungsphasen werden im Übrigen auch unabhängig vom Dateibegriff definiert. So kann beispielsweise der Begriff des Speicherns i.S.d. Nr. 1 erfüllt sein, wenn nur ein einziges Datum auf einem sonst unbeschriebenen Datenträger fixiert wird. Damit ein vom Gesetz erfasster Vorgang vorliegt, muss für den nicht-öffentlichen Bereich bei nicht-automatisierter Verarbeitung jedoch stets ein bestimmter Zusammenhang mit einer Datei bestehen, sei es, dass die Verarbeitung in einer Datei stattfindet, sei es, dass Daten aus einer Datei übermittelt werden.[151]

5.1 Speichern (Abs. 4 Satz 2 Nr. 1)

114 Auch der Begriff „Speichern" gehört zu den am häufigsten verwendeten Fachbegriffen. Die Legaldefinition des **„Speicherns"** enthält vier Komponenten: die Tätigkeit besteht im Erfassen, Aufnehmen oder Aufbewahren; ihr Objekt sind personenbezogene Daten; das Medium ist ein Datenträger; und der Zweck besteht in der weiteren Verarbeitung oder Nutzung. Auf die Art des Verfahrens kommt es nicht an, s.o. Rdnr. 118; vgl. zum Begriff VV BDSG Abschnitt B 5.3.

115 **5.1.1 Erfassen, Aufnehmen, Aufbewahren:** Die Begriffe **„Erfassen"** und **„Aufnehmen"** sind sehr weit. Sie decken alle Formen der Verkörperung (als Vorgang) von Signalen einschließlich optischer[152] und akustischer Signale, ohne dass es (hier) auf den Inhalt der Information, auf die Art der Aufzeichnung oder Fixierung, auf die Sprache oder den Code, auf die Art der Signale oder auf das physikalische Trägermedium ankommt. Der Begriff Erfassen ist weiter als die Datenerfassung im Sinne der ADV-Fachsprache. Im Vordergrund steht hier die

---

150 Vgl. §§ 1 Abs. 2 Satz 2, 23 Satz 2.
151 § 1 Abs. 2 Nr. 3; nur im Ergebnis richtig daher BAG, Dok. § 23 E 4 S. 4; das Ausfüllen eines Fragebogens ist Speichern, fraglich ist hier nur der Dateizusammenhang.
152 Vgl. dazu OVG Hamburg, Dok. § 13 Abs. 2 E 3 S. 9.

geistig gesteuerte Tätigkeit einer Person (z.B. Schreiben per Hand oder mit Schreibmaschine. Bedienung eines Datenerfassungsgeräts, Dateneingabe über Terminal, Erstellen von Drucksatz). Dagegen bedeutet „Aufnehmen" das Aufzeichnen mit Hilfe einer apparativen Vorrichtung, die eingegebene oder sonst ankommende Signale auf einem Medium aufnimmt. Hier wird an den Sprachgebrauch angeknüpft, wie er etwa in „Tonaufnahme" (z.B. Magnetband-Aufnahme) oder „Bildaufnahme" vorkommt. Die Alternative **„Aufbewahren"** ist erfüllt, wenn jemand Daten nicht selbst aufzeichnet (erfasst oder aufnimmt), sondern bereits aufgezeichnete Daten in der bestehenden Verkörperung entgegennimmt (etwa durch Übernahme eines Magnetbandes, einer Kartei, von Papieren oder Bildern) und sie zur eigenen Verwendung behält. Darunter fällt beispielsweise die Annahme von Adressen, um damit eigenes Werbematerial zu versenden. Die Dauer der Aufbewahrung kann nicht entscheiden, da sie mit dem Schutzbedürfnis nichts zu tun hat.

Das Ermitteln oder Erheben von Informationen, d.h. das **Beschaffen** von Erkenntnissen als 116 solches, ist vom Begriff „Speichern" nicht erfasst, ist aber seit der Novellierung 1990 Gegenstand einer besonderen, vom „Verarbeiten" abgesetzten Begriffsbestimmung und Zulässigkeitsregelung. Die Differenzierung hat aber in der Praxis keine allzu großen Konsequenzen, da die Daten meist in einem Zuge beschafft und aufgezeichnet werden.

Der Begriff „Speichern" setzt nicht voraus, dass die Daten noch nicht in gespeicherter Form 117 vorliegen. Auf ein rein technisch bedingtes Umspeichern sind die Zulässigkeitstatbestände jedoch nicht anzuwenden. Dagegen entspricht es dem Schutzbedürfnis des Betroffenen, einen erlaubnisbedürftigen Speichervorgang anzunehmen, wenn der Verwendungszusammenhang geändert oder die Verfügbarkeit der Daten durch die neue Speicherung erhöht wird.[153]

Speichern setzt die Verkörperung „auf einem **Datenträger**" voraus. Datenträger ist jedes 118 Medium, auf dem Daten lesbar festgehalten werden können. Auf die Art des Lesens, etwa die Notwendigkeit technischer Instrumente, kommt es nicht an; entscheidend ist allein, dass die Information wiedergewonnen werden kann. Der Begriff ist daher sehr weit. Er ist losgelöst von der ADV-Fachsprache, aus der er übernommen ist, zu verstehen. Jedes Material, das beschriftet werden oder in anderer Weise Informationen aufnehmen kann, genügt. Auch die Technik der Beschriftung oder sonstigen Informationsaufnahme spielt keine Rolle. Neben maschinell lesbaren Datenträgern, wie Disketten und Magnetplatten, sowie Schreibpapier, kommen auch ungebräuchliche Medien, wie z.B. markierte Stäbe oder Knotenschnüre, in Betracht. Auch der Hauptspeicher einer EDV-Anlage ist nicht per se ausgenommen.[154] Die Speicherung ist eine Objektivierung von Information; das menschliche Gedächtnis ist kein Datenträger im Sinne der Definition.

Es genügt die **logische** Speicherung, d.h. die Wiedergewinnbarkeit der Information unter 119 Anwendung der im vorhandenen Kontext bestehenden Regeln; eine physische Speicherung einer jeden Angabe ist nicht begriffsnotwendig. Gespeichert sind daher auch sog. **Dateiüberschriften bzw. Verfahrensüberschriften**, d.h. Angaben, die sich auf alle in der Datei oder in dem automatisierten Verfahren erfassten Merkmalsträger beziehen. Sie bilden meist das Selektionskriterium für die Aufnahme (z.B. „schlechte Zahler", „Abonnenten der X-Zeitschrift", „Stellenbewerber"). Ob das Kriterium physisch an der Datei oder dem Verfahren angebracht ist, spielt keine Rolle. Der Wille des Gesetzgebers, auch solche Daten einzubeziehen, kommt in § 28 Abs. 3 Satz 1 Nr. 3 (Personengruppe) sowie in der Definition des Dateibegriffs in der Gesetzesfassung bis 1990 zum Ausdruck, nach der es ausreicht, dass eine Sammlung von Daten **„nach** bestimmten Merkmalen erfasst" wird.[155] Trotz **physischer Nichtspeicherung** liegen gespeicherte Daten im Sinne des Gesetzes ferner auch dann vor, wenn der Tatsache der Nichtspeicherung nach Lage der Dinge (insbesondere wegen des Anspruchs auf Vollständigkeit) ein gleichwertiger Informationsgehalt zukommt wie bei physischer Speicherung (Beispiele: unter den im Bezirk B tätigen vereidigten Sachverständigen ist X nicht aufgeführt; im Rechtssinne gespeichert ist die Information, dass X dieser Personen-

153 Vgl. aber *Zöllner,* Informationsschutz, 59.
154 A.M. *Ringwald,* JZ 1983, 293; vgl. Rdnr. 124.
155 Vgl. dazu näher 3. Auflage § 2 Rdnr. 183.

gruppe nicht zugehört; in der Personaldatei ist bei Mitarbeiter M das Datenfeld „Fremdsprachen" unbesetzt; gespeichert ist damit, dass M keine Fremdsprachen beherrscht.[156] Da die Art der Kodierung technisch weithin austauschbar ist und daher rechtlich irrelevant bleiben muss, sind die durch physische Nichtspeicherung dargestellten Daten vom Gesetz ebenso geschützt wie positiv kodierte Angaben. Dies ist insbesondere bei der Prüfung der Zulässigkeit der Datenverarbeitung und bei der Kontrolle durch den Betroffenen zu beachten (im zweiten Beispiel hätte die Auskunft z.B. zu lauten „Fremdsprachen: keine"; die Berichtigung erfolgt hier in der Form der Speicherung).

120 **5.1.2 Zweck weiterer Verarbeitung oder Nutzung:** Eine Speicherung liegt nur dann vor, wenn die Daten **„zum Zwecke ihrer weiteren Verarbeitung oder Nutzung"** fixiert werden. Dahinter steht die Überlegung, dass nicht die Existenz von Daten, sondern erst ihre drohende Verwendung die Belange Betroffener tangiert. Entscheidend ist dabei nicht die Nutzung der physikalischen Signale, sondern der in den Daten verkörperten Information. Die praktische Bedeutung der Klausel ist gering, da das Erfassen, Aufnehmen und Aufbewahren von Daten regelmäßig kein Selbstzweck ist, sondern gerade dazu dient, die Information verfügbar zu halten. Da der Begriff „Nutzung" auch die bloße Kenntnisnahme umfasst, ist damit der geforderte Zweck gegeben. Ob, wann und wie es zur Verwendung kommen wird, braucht im Einzelnen noch nicht festzustehen. Die früher vereinzelt vertretene Auffassung, dass eine mehrmalige Verwendung bezweckt sein müsse, findet weder im Wortlaut noch im Zweck der Vorschrift eine Stütze. Die Entgegennahme und Aufbewahrung von Adressenaufklebern ist daher Speicherung, auch wenn nur eine einmalige Werbeaktion bezweckt ist. Freilich kann es hier an einer Datei fehlen.

121 Nur wenn an eine weitere Nutzung der in den Daten verkörperten Information überhaupt nicht gedacht ist, wird der Begriff ausgeschlossen. Dass eine solche Ausnahmesituation vorliegt, muss sich aus dem jeweiligen Sachzusammenhang **objektiv** ergeben. Dies ist z.B. der Fall, wenn Daten nur zu Schulungs- oder Übungszwecken oder im Rahmen einer Beschäftigungstherapie oder zur Funktionsprüfung von Geräten oder Programmen erfasst werden.

122 Unerheblich ist, ob eine weitere Verarbeitung oder Nutzung gewünscht und direkt angestrebt wird oder ob die Daten nur für den Fall, dass sie benötigt werden, festgehalten werden.[157] Der Zweck bedingter Verwendung reicht völlig aus, und zwar auch dann, wenn die Bedingung von außerhalb gesetzt wird. Deshalb genügt es, wenn sich jemand für den Fall späterer Streitigkeiten mit entsprechenden Aufzeichnungen wappnet, sich Reservedatenbestände anlegt, auf die er beim Verlust der Originaldaten zurückgreifen kann (Datensicherung im engeren Sinne), oder Daten zu Revisionszwecken aufbewahrt Ebenso genügt der Zweck, bei einer statistischen Erhebung im Rahmen der Plausibilitätskontrolle nachfragen zu können, auch wenn vorgesehen ist, danach den Personenbezug zu beseitigen. Der Versuch, die nur zur statistischen Auswertung erfolgende Datenverarbeitung aus dem Begriff der Speicherung – und damit aus dem Anwendungsbereich des BDSG – auszuklammern, ist mit der Existenz der Regelungen des § 30 Abs. 1 nicht vereinbar.

123 Ein rechtliches Verwendungs- bzw. **Nutzungsverbot** schließt den Nutzungszweck nur dann aus, wenn es **absolut** ist. Dass ein relatives Verbot den Verwendungszweck nicht berührt, zeigt sich am Fall der Sperrung. Wenn Daten nicht gelöscht, sondern nur gesperrt werden, lässt das in der Regel darauf schließen, dass die Möglichkeit der Verwendung offen gehalten werden soll. Folgerichtig geht der Gesetzgeber davon aus, dass nach wie vor gespeicherte Daten vorliegen.

124 Die Zweck-Klausel kommt nicht bei sog. **Zwischenspeicherungen** im Ablauf eines automatisierten Verarbeitungsprozesses zum Tragen. Werden die zwischengespeicherten Daten aber nicht alsbald gelöscht, so kann ihre Wirkung nach außen dringen; in diesem Falle sind die Daten „gespeichert".

---

156 Ebenso *Wohlgemuth,* Arbeitnehmer Rdnr. 171. Auch im Strafrecht wird die Negativauskunft („keine Daten über X vorhanden") einer positiven Auskunft gleichgestellt, vgl. BGH DuD 2001, 425 ff. = BGHSt 46, 339 ff. = NJW 2001, 2032 ff. zur Verletzung des Dienstgeheimisses.

157 *Schaffland/Wiltfang,* BDSG § 3 Rdnr. 38.

Die Fixierung von Daten bei der Eingabe zur sofortigen Verarbeitung (Online-Betrieb) ist eine Speicherung, wenn die Verarbeitungsergebnisse verwendet werden sollen.[158] Eine erneute Kenntnisnahme der Eingabedaten braucht nicht bezweckt zu sein. Es genügt, dass sie in die Verarbeitung eingehen. Daher genügt beispielsweise die Eingabe von Personalien zwecks Abfrage, ob die Person in einem gespeicherten Bestand enthalten ist. Die bezweckte Verwendung liegt in der Kenntnisnahme der Antwort des Systems, welche sich auf die Eingabedaten bezieht. 125

Werden Daten zunächst auf **nicht maschinenlesbaren Datenträgern,** z.B. Formularen aufgezeichnet, um später auf ein maschinenlesbares Medium übertragen zu werden („Datenerfassung" im Sinne der DV-Fachsprache), so liegt darin kein unter dem Gesichtspunkt fehlender Außenwirkung datenschutzirrelevanter Vorgang. Dass die Formulare alsbald vernichtet werden, ändert nichts daran, dass die Daten schon im Zeitpunkt der Formularerfassung zur weiteren Verarbeitung oder Nutzung bestimmt waren. 126

Ist die bezweckte Verarbeitung oder Nutzung erfolgt oder ist eine weitere **Verwendung** aus anderen Gründen **nicht mehr bezweckt,** so hören die Daten nicht auf, „gespeichert" zu sein. Mit „Speichern" bzw. „Speicherung" meint das Gesetz stets die Aktivität des Erfassens, Aufnehmens oder Aufbewahrens (im Sinne von In-Verwahrung-Nehmen), nicht die Aufrechterhaltung eines schon bestehenden Zustandes. Dies zeigt schon die Einordnung in die Phasen der Datenverarbeitung, die alle Tätigkeiten bzw. (datentechnisch) Transaktionen oder Transformationen darstellen. Es ergibt sich ebenfalls aus dem systematischen Zusammenhang von Speicherungs- und Löschungsregeln. Wäre „Speichern" im Sinne von Gespeichert-Halten zu verstehen, so dürfte dieser Zustand nur so lange aufrechterhalten werden, wie die gesetzlichen Voraussetzungen bestehen. Im Zeitpunkt der Aufgabenerledigung oder Zweckerfüllung müsste der Zustand beendet, die Daten also ohne weiteres gelöscht werden. Tatsächlich sieht das Gesetz für diesen Fall aber eine differenzierende Regelung vor.[159] Es geht mithin sowohl davon aus, dass die Speicherung nicht per se unzulässig ist, als auch davon, dass die Daten noch „gespeichert" sind. 127

5.2 Verändern (Abs. 4 Satz 2 Nr. 2)

Das Gesetz betrachtet das Verändern als eine der fünf Phasen der Datenverarbeitung. Regelungen speziell zur Datenveränderung finden sich in den §§ 14 Abs. 1 und 2, 28 Abs. 1, 29 Abs. 1, 30 Abs. 2; in §§ 32 Abs. 4, 39 Abs. 2 geht es nicht um die Änderung personenbezogener Daten; die Definition ist insoweit nicht einschlägig. Der Wortlaut der gesetzlichen Definition birgt keine besonderen Probleme. Schwierigkeiten ergeben sich jedoch daraus, dass der Gesetzgeber keine Bestimmung darüber getroffen hat, in welchem begrifflichen und regelungssystematischen Verhältnis das „Verändern" zum „Speichern" und „Löschen" steht. 128

5.2.1 Inhaltliches Umgestalten: Verändern ist „das inhaltliche Umgestalten gespeicherter Daten". **Inhaltliches Umgestalten** ist jede Maßnahme, durch die der Informationsgehalt (die Semantik) geändert wird. Nach der Maßnahme muss eine andere Information vorhanden sein als vorher. Das bloße Vergleichen gespeicherter Werte genügt nicht. Wird das Ergebnis des Vergleichs festgehalten, so liegt darin ein Speichern i.S.d. Nr. 1. Löschen und Anonymisieren sind in der Regel kein Ändern, weil die Information nur reduziert, nicht substituiert wird; anders wenn das entleerte Datenfeld einen positiven Aussagewert hat („Fehlanzeige"); so bezeugt das Melderegister nach Löschung der Angabe „evang.", dass der Betroffene nicht Mitglied einer kirchensteuerberechtigten Religionsgesellschaft ist. 129

Keine Veränderung ist die nur **formelle, äußerliche Umgestaltung**, die den Informationsgehalt unberührt lässt.[160] Keine Veränderung liegt daher beispielsweise vor, wenn ein ausgeschriebenes Wort durch seine Abkürzung („MdB" für „Mitglied des Bundestages", geboren „38" für „1938"), oder durch einen gleichbedeutenden Ausdruck (Synonym; „Reifeprüfung" 130

158 Ebenso *Wohlgemuth,* Arbeitnehmer Rdnr. 173.
159 Vgl. §§ 20, 33.
160 *Auernhammer,* BDSG § 3 Rdnr. 32.

für „Abitur“) ersetzt wird, wenn sich nur die datentechnische Verschlüsselung ändert oder wenn die Reihenfolge oder räumliche Anordnung bei gleich bleibendem Informationsgehalt umgestellt wird.[161]

131 Bei der begrifflichen Abgrenzung des Umgestaltens vom Löschen und vom Speichern besteht verbreitete Unsicherheit. Nicht gerade eindeutig heißt es schon in der amtlichen Begr. zu § 9 des RegE:[162] „Veränderungen sind immer dann gegeben, wenn das personenbezogene Datum einen anderen Inhalt bekommen hat. Das kann geschehen etwa durch Hinzufügen neuer Daten, durch teilweise Löschung oder durch Verknüpfung mit anderen personenbezogenen Daten. Die vollständige Löschung eines Datums, also dessen ersatzlose Beseitigung, ist keine Veränderung im Sinne dieser Vorschrift.“ Abwechselnd ist hier vom Singular „Datum“ und vom Plural „Daten“ die Rede. Dieser Unterschied ist aber für die Definition entscheidend, da die Löschung oder Speicherung eines einzelnen Merkmals/Datums zugleich den Charakter einer Änderung des Datensatzes bzw. der Gesamtaussage haben kann.

132 **5.2.2 Verarbeitungsobjekt:** Das Gesetz nennt als Verarbeitungsobjekt „gespeicherte personenbezogene Daten“. Der Plural **„Daten“** entspricht dem durchgängigen gesetzlichen Sprachgebrauch. **Regelungsgegenstand ist** aber **das einzelne Datum**, die Einzelangabe i.S.d. Abs. 1.[163] Das zeigt sich überall dort, wo das Gesetz nicht von personenbezogenen Daten überhaupt, sondern von näher bestimmten Daten spricht. So ist jede Angabe zu einer der in § 28 Abs. 3 Satz 1 Nr. 3 aufgeführten Kategorien, wie Namen, Titel, Berufsbezeichnung, Anschrift und Geburtsjahr, ein Datum für sich. Werden also beispielsweise die zur Person gespeicherten Angaben in dem bisher freien Feld „Beruf“ um die Angabe „Installateur“ ergänzt, so handelt es sich um eine Speicherung, nicht um eine Änderung. Die Erweiterung des Namens Müller zum Doppelnamen Müller-Erbach ist dagegen Änderung. Bezugsgröße ist das Merkmal Beruf bzw. Namen. Der Datensatz des PK besteht aus mehreren Daten bzw. Angaben; „-Erbach“ ist keine Angabe, sondern nur Teil einer solchen. Entscheidend ist also stets, ob eine Angabe oder nur ein Teil einer solchen hinzugefügt bzw. getilgt wird. Dass das Hinzufügen neuer Daten Verändern im Sinne des Gesetzes sei, lässt sich jedenfalls für den Normalfall nicht aufrechterhalten.

133 Eine allgemeine Aussage darüber, wann ein Datum, wann nur ein Teil eines Datums und wann mehrere Daten vorliegen, lässt sich abstrakt nicht machen. Die datentechnische Darstellung, insbesondere die Aufteilung in Datenfelder, ist nicht entscheidend. Vielmehr muss auf den jeweiligen Verwendungszusammenhang der Information abgestellt werden. Was danach die kleinste vernünftigerweise für sich zu behandelnde, insbesondere für Entscheidungen zu verwertende Information ist, ist der Gegenstand eines Datums bzw. einer Angabe im Sinne der Regelungen des BDSG. Straße und Hausnummer bilden danach im normalen Geschäftsverkehr bzw. Verwaltungsvollzug eine Einheit. Die Angabe „Sonntag, der 30. Januar 1944“ ist normalerweise ebenfalls ein Datum; aus der Perspektive eines Astrologen dürften es jedoch mehrere Daten sein. Zur verwandten Problematik der Einheit des sortierbaren Merkmals vgl. o. Rdnr. 94ff.

134 **5.2.3 Einzelfragen:** Ein Datum kann inhaltlich ganz oder teilweise umgestaltet werden („Kraftfahrzeug“/„Fahrrad“; „27. Jan. 1977“/„27. Jan. 1978“). Beides ist Verändern. Der Informationsgehalt eines Datums kann nicht nur in der Weise verändert werden, dass ein Datenfeld einen neuen Inhalt bekommt. Ein für den Begriff ebenso ausreichender Änderungseffekt kann eintreten, wenn der Aspekt bzw. die **Rubrik** wechselt, unter der die Angabe gesehen bzw. geführt wird, etwa indem die Dateiüberschrift oder die Datenfeldbezeichnung bzw. -beschreibung geändert wird („Mitglieder des X-Vereins“ statt „des Y-Vereins“; „Höhe der Zuwendung“ statt „Höhe des Darlehens“). Ebenso genügt ein Wechsel der Interpretationsregeln (Note „3“ bedeutet „durchschnittlich“ statt bisher „überdurchschnittlich“).

---

161 S. *Schaffland/Wiltfang,* BDSG § 3 Rdnr. 69.
162 BT-Drs. 7/1027.
163 Vgl. o. Rdnrn. 3 ff.

Unter bestimmten Umständen stellt auch die **Kontextänderung**, die etwa durch **Zusammenführen**[164] oder Trennen erfolgen kann, eine Veränderung dar. Voraussetzung dafür ist allerdings, dass der neue Kontext oder der Kontextverlust zu einem **veränderten Informationsgehalt** eines oder mehrerer bestimmter Daten führt.[165] Die Gesamtinformation muss eine andere sein als die Summe der Teilinformationen. Dies könnte etwa der Fall sein, wenn Daten über Fehlzeiten am Arbeitsplatz, Daten aus den Meldescheinen der Beherbergungsstätten oder Buchungsdaten aus dem Flugverkehr nach dem Kriterium ausgewählt und zusammengestellt werden, ob sie vermuten lassen, dass der Betroffene an bestimmten Veranstaltungen teilgenommen oder sich mit bestimmten anderen Personen getroffen hat; ebenso bei der Gegenüberstellung der Buchungen auf mehreren bisher getrennten Konten, wenn dadurch der wirtschaftliche Hintergrund erkennbar wird.[166] Die bloß summierend wirkende Zusammenführung oder Verknüpfung ist keine Veränderung gespeicherter Daten. Der Vorgang kann aber unter den Begriff der Speicherung fallen[167] oder eine Nutzung darstellen.[168] 135

Eine Änderung liegt auch dann vor, wenn mehrere Daten durch ein anderes Datum ersetzt werden, z.B. mehrere Einzelbuchungen durch einen Saldo.[169] 136

Keine Änderung, sondern nur eine Speicherung ist es, wenn zu einem Merkmal ein neues Datum gespeichert, aber auch das alte Datum aufbewahrt wird (Fortschreibung mit Historie). 137

Durch die Herstellung von **Auszügen** aus einer Datei, z.B. durch die Herstellung einer Teildatei der Angehörigen einer Religionsgesellschaft aus den Einwohnermeldedaten, werden die gespeicherten Daten nicht verändert.[170] Auch wenn die Zusammenstellung nach einem nicht in den gespeicherten Daten enthaltenen Kriterium erfolgt, liegt darin keine Veränderung, wohl aber eine Speicherung des Selektionskriteriums. 138

Werden Daten in der Weise umgestaltet, dass sie sich auf eine **andere Person** beziehen (Wechsel des Betroffenen), so liegt darin keine Veränderung, sondern für den ersten Betroffenen eine Löschung und für den zweiten eine Speicherung (z.B. die zu einer strafbaren Handlung oder einer Kreditaufnahme gehörende Personenangabe wird von „Peter Krause" auf „Peter Kraus" umgestellt). 139

Der Begriff „Verändern" ist unabhängig vom **Wahrheitswert** der Information. Die Ersetzung eines richtigen Datums durch ein falsches fällt ebenso darunter wie der umgekehrte Vorgang, die Berichtigung. Über die Konkurrenz der Verarbeitungsvorschriften ist damit noch nichts gesagt.[171] Keine Veränderung eines Datums liegt vor, wenn sich der Sachverhalt ändert und das Datum dadurch falsch wird (z.B. die Adresse durch Umzug, ein Schuldsaldo durch Zahlung). Schließlich ist auch das Anbringen eines Sperrvermerks (als solches) keine Änderung. Er beeinflusst die Verwendung, nicht aber den Informationsgehalt des Datums. 140

5.2.4 Verhältnis zu Speichern und Löschen: Die Definition der Änderung schließt begrifflich die Speicherung und die Löschung nicht aus. In den meisten Fällen besteht sie vielmehr aus einem Lösch- und einem Speicherungsvorgang; die Besonderheit besteht nur darin, dass das gespeicherte Datum an die Stelle des gelöschten tritt. Daraus ergibt sich die Frage, ob in diesen Fällen nur die Regelungen über Speichern und Löschen oder nur die Regelung über das Verändern oder die Regelungen kumulativ anzuwenden sind. 141

Der Gesetzgeber hat die Veränderung als eine eigene Phase der Verarbeitung geregelt, **um etwaige Lücken zwischen den anderen Phasen auszufüllen**. Da zumindest fraglich ist, ob bei einer Verknüpfung bisher getrennt gespeicherter Daten der Speicherungstatbestand als erfüllt angesehen würde, sollte insoweit noch der Änderungstatbestand im Hintergrund 142

164 Technisch: file-matching; logisch: Verknüpfen, vgl. z.B. *Auernhammer,* BDSG § 2 Rdnr. 12; *Bergmann/Möhrle/Herb,* BDSG § 3 Rdnr. 86.
165 Vgl. auch *Auernhammer,* BDSG § 3 Rdnr. 32; *Gola/Schomerus,* BDSG § 3 Rdnr. 30 sowie *Zöllner,* Informationsschutz, 59.
166 Zust. *Schaffland/Wiltfang,* BDSG § 3 Rdnr. 70.
167 Vgl. o. Rdnr. 117.
168 Vgl. u. Rdnr. 189.
169 *Schaffland/Wiltfang,* BDSG § 3 Rdnr. 72.
170 So aber *Simon/Taeger,* JZ 1982, 140, 143, für die Selektion nach vorgegebenen Merkmalen bei der Rasterfahndung; vgl. dazu *Kniesel/Tegtmeyer/Vahle,* Handbuch des Datenschutzes für Sicherheitsbehörden, Rdnr. 336 ff.
171 Zutr. *Zöllner,* Informationsschutz, 58 Fn. 2; siehe dazu im Folgenden.

stehen. Keinesfalls ist es aber Sinn der Regelung, die Zulässigkeitsvoraussetzungen einer Löschung oder einer Speicherung, die keine im Kontext weitergreifenden Folgen hat, zu verringern oder zu verschärfen, nur weil beide im gleichen Zuge erfolgen. Die **spezielleren Regelungen**, die den Interessenkonflikt zwischen verarbeitender Stelle und Betroffener darüber entscheiden, ob eine Information festgehalten bzw. vernichtet werden darf, **sind die Vorschriften zur Speicherung und zur Löschung**.[172] Die Änderungsregelungen sind daher nur dann anzuwenden, wenn entweder die Speicherungs- und/oder Löschungsregelungen nicht eingreifen oder wenn der Vorgang wegen seiner im Kontext größeren Tragweite durch diese Vorschriften nicht voll erfasst wird. Die Konkurrenz zwischen Speichern und Ändern spielt seit der Novellierung 1990 praktisch keine Rolle mehr, weil die bisher getrennten Erlaubnistatbestände in den §§ 14, 28 und 29 synchronisiert wurden; in § 30 tritt eine Gesetzeskonkurrenz nicht auf.

5.3 Übermitteln (Abs. 4 Satz 2 Nr. 3)

143 Das Übermitteln ist neben dem Speichern die wichtigste Verarbeitungsphase. Sie ist Gegenstand eingehender spezieller Zulässigkeitsregelungen (§§ 4 b, 15, 16, 28, 29, 40), und Gegenstand der Auskunftspflicht (§§ 19 Abs. 1 und 3, 34 Abs. 1 und 2) sowie von Dokumentations- und Publizitätspflichten (§§ 4e Nr. 6 und 8, 4g Abs. 2 Satz 2, 18 Abs. 2), wobei teilweise mit dem Begriff „Empfänger" operiert wird. Die Legaldefinition des **„Übermittelns"** enthält drei Komponenten: die Tätigkeit besteht im Bekanntgeben in der Form des Weitergebens (Nr. 3 a) oder der Einsicht bzw. des Abrufs (Nr. 3 b); beteiligt sind als bekannt gebende Instanz die verantwortliche Stelle (definiert in Abs. 7) und als Adressat ein Dritter (definiert in Abs. 8 Satz 2). Objekt sind gespeicherte oder durch Datenverarbeitung gewonnene Daten. Auf die Art des Verfahrens kommt es nicht an (Satz 2 erster Halbsatz), ebenso wenig wie auf den **Zweck** des Bekanntgebens. Dieses braucht insbesondere nicht im Interesse des Empfängers zu erfolgen. Auch die Bekanntgabe im Zuge einer **Anfrage** ist Übermittlung. Die zum Zweck einer Anfrage bzw. eines Übermittlungsersuchens bekannt gegebenen Anfragedaten sind nur dann nicht übermittelt, wenn der Empfänger keinerlei Möglichkeiten der Kenntnisnahme hat, was in der Regel nur durch umfangreiche technische und organisatorische Maßnahmen erreicht werden kann,[173] und die befragte Stelle auch nicht qua Prüfung des Antwortinhalts von den impliziten Anfragedaten Kenntnis nimmt, wozu sie datenschutzrechtlich verpflichtet sein kann.

144 Geht die Verfügung über Daten im Rahmen einer **Gesamtrechtsnachfolge** über, so liegt darin weder eine Übermittlung im Sinne des Gesetzes noch eine andere im BDSG oder in der EG-Richtlinie geregelte Form des Datenumgang.[174] Dies gilt ebenso für die totale Gesamtrechtsnachfolge, wie z.B. die Erbschaft und die Verschmelzung nach dem Umwandlungsgesetz, wie auch für die partielle Gesamtrechtsnachfolge, wie etwa die Aufspaltung, Abspaltung und Ausgliederung.[175]

145 **5.3.1 Bekanntgeben durch Weitergeben, Einsehen oder Abrufen:** Der wichtigste die „Übermittlung" erläuternde Begriff ist das **„Bekanntgeben"**. Ausschlaggebend ist dem Gesetzgeber die Verbreitung der in den Daten enthaltenen Informationen: Die einschlägigen Zulässigkeitsregelungen sollen eingreifen, weil jede Vergrößerung des Personenkreises, dem die Information zugänglich ist, die Belange des Betroffenen berührt. Demgegenüber kann es auf die Art und Weise der Darstellung der Daten in Form bestimmter Signale, ihrer Verkörperung in einem bestimmten Medium, dem Datenträger, und auf die Einzelheiten des

172 Vgl. auch *Riegel,* Sicherheitsbehörden, 17; *Stähler,* DSG NW § 3 Rdnr. 12.
173 Vgl. *Auernhammer,* BDSG § 3 Rdnr. 33.
174 Hinweise des baden-württembergischen Innenministeriums v. 18.1.2000 Abschnitt A 3, abgedr. in Dok. B 1.43.
175 Ebenfalls nach dem Umwandlungsgesetz; vgl. *Lüttge,* NJW 2000, 2463 ff. sowie *Dieckmann/Eul/Klevenz,* RDV 2000, 149ff., *Schaffland,* NJW 2002, 1539, 1540 f., *Essers/Hartung,* RDV 2002, 278, 286 gegen *Wengert/Widmann/Wengert,* NJW 2000, 1289 ff., die bei Bankenfusionen mangels Einwilligung unzulässige Übermittlungen annehmen; weiter differenzierend nach Umwandlungstypen und hinsichtlich des Umfangs der Übermittlung *Teichmann/Kießling,* ZGR 2001, 33 ff.

Vorganges der Informationsvermittlung nicht ankommen. Mit den beiden ausdrücklich genannten Varianten will das Gesetz **alle Formen der Bekanntgabe** erfassen.

Der Begriff **„Weitergeben"** trifft daher für **jede Handlung** zu, **durch die die** in den Daten enthaltene **Information in den Bereich des Adressaten gelangt**, gleichgültig, wie dies im Einzelnen geschieht, etwa durch mündliche, auch fernmündliche Mitteilung (auch an ein automatisches Aufzeichnungsgerät), durch drahtgebundene oder drahtlose Datenübertragung mit Aufzeichnung oder Kenntnisnahme durch den Empfänger, durch Übergabe oder Übersendung und Zugang des Datenträgers oder dadurch, dass man den Empfänger die Daten lesen lässt. Eine Information kann auch „sprachlos", mit Hilfe von Zeichen weitergegeben werden, so etwa wenn eine Frage durch Kopfnicken, „beredtes Schweigen" oder einen „vielsagenden Blick" beantwortet wird. Voraussetzung ist stets, dass jemand bewusst etwas „durchblicken lässt". Dagegen fehlt der für das „Weitergeben" begriffsnotwendige finale Aspekt, wenn lediglich Schlüsse aus dem Verhalten einer Person (nervöse Motorik, auffällige Sprechweise) gezogen werden können oder Datenträger ohne bewusste Mitwirkung des Besitzers – etwa durch versehentliches Liegenlassen – in die Verfügung eines Dritten übergehen.[176] Die Weitergabe ist erfolgt, sobald der Empfänger die Möglichkeit hat, unbehindert vom Weitergebenden die Information zur Kenntnis zu nehmen. Ob und wann er das tatsächlich tut, ist gleichgültig. Dies gilt z.B. bei der Eingabe in ein Datenverarbeitungssystem des Empfängers; ein Fall des Abrufs im Sinne der Alternative b liegt hier nicht vor. Eine Weitergabe von A an B wird auch bewirkt, wenn A in einem von B erhaltenen Datenbestand die Datensätze der Personen mit bestimmten Merkmalen löscht und die bereinigte Version zurückgibt.[177] Da es allein auf die Relevanz für den Betroffenen ankommt, sind auch die Absichten des Weitergebenden oder eine etwaige Vereinbarung mit dem Empfänger, dass dieser die Information nicht zur Kenntnis nehmen soll, nicht entscheidend. 146

Die übermittelnde Stelle kann auch dadurch „weitergeben", dass sie mit dem Empfänger vereinbart, die in ihrem Besitz befindlichen Daten künftig in dessen Auftrag zu verarbeiten.[178] Unerheblich ist ferner, ob der Weitergebende die Information selbst behält oder nicht. Die Übergabe einer Kopie steht daher der der Originaldaten gleich; ebenso die Übergabe einzelner Daten der einer ganzen Datei. Schließlich sind auch die zivilrechtlichen Begleitumstände grundsätzlich ohne Bedeutung. Wird etwa ein Datenträger verkauft, so liegt in der zwecks Übereignung erfolgenden Übergabe zugleich die Weitergabe der Daten i.S.d. Abs. 2. Verstößt die Übermittlung gegen § 4, so ist die Übereignung nach § 134 BGB nichtig. 147

Neben dem „Weitergeben", bei dem die übermittelnde Stelle aktiv wird, nennt das Gesetz als zweite Alternative des Bekanntgebens das **Einsehen** oder **Abrufen** (Nr. 3 b). Hier muss die übermittelnde Stelle zwar die Daten zunächst zu diesem Zweck bereithalten, also eine entsprechende technische und organisatorische Konstellation geschaffen haben, doch geht die entscheidende Aktivität vom Empfänger aus. Während das BDSG 1977 schon das Bereithalten als (vollendete) Übermittlung qualifizierte – und damit den Schutz vorverlegte – stuft das Gesetz seit der Novelle 1990 erst die Einsicht bzw. den Abruf, also die konkrete Inbesitznahme der Daten, als Übermittlung ein. Diese Lockerung erfolgte, weil sich die alte Regelung fast im Sinne eines Verbots der Online-Übermittlung ausgewirkt hatte. Der verringerte Schutz wird durch eine neue Regelung zur Zulässigkeit automatisierter Abrufverfahren und deren Betrieb (§ 10) teilweise ausgeglichen. Insgesamt zielt die Neuregelung darauf, die Möglichkeit der Übermittlung durch automatisierten Abruf zuzulassen, soweit nicht überwiegende schutzwürdige Belange der Betroffenen entgegenstehen.[179] 148

Auch wenn die entscheidende Aktivität im Falle der Einsicht und des Abrufs vom Empfänger ausgehen, bleibt es dabei, dass die datenbesitzende Stelle die übermittelnde Stelle ist. Die Übermittlung erfolgt aber erst, wenn der Empfänger einsieht oder abruft. Was die übermit- 149

176 Vgl. *Stähler,* DSG NW § 3 Rdnr. 13; vgl. aber auch *Wohlgemuth,* Datenschutz Rdnr. 353.

177 z.B. Auskunftei A löscht die Datensätze schlechter Zahler im Bestand des Adressenverlags B sog. Adressenwaschen; Übermittlung, weil B rekonstruieren kann, welche Daten gelöscht wurden, vgl. zum Abgleich u. Rdnr. 169.

178 Analog dem Besitzkonstitut nach § 930 BGB.

179 Vgl. *Dörr/Schmidt,* BDSG § 3 zu Abs. 5 Nr. 3.

telnde Stelle davor tut, richtet sich nicht nach den für die Zulässigkeit einer Übermittlung geltenden Vorschriften, sondern allein nach § 10.

150 Bereithalten ist ein **zweckgerichtetes** Handeln. Eine Einsicht in oder ein Abruf von bereitgehaltenen Daten liegt daher nicht vor, wenn sich jemand unbefugt Zugang zu den Daten verschafft, indem er etwa als Besucher unbeobachtet in eine Kartei Einblick nimmt oder bei einer Online-Verarbeitung in für ihn nicht bereitgehaltene Dateien, d.h. ohne Zugriffsrecht, eindringt.[180] Die verantwortliche Stelle ist aber nach § 9 verpflichtet, die Daten gegen unbefugte Kenntnisnahme zu sichern.

151 **„Einsehen"** ist nicht nur das direkte visuelle Lesen oder Betrachten des Datenträgers durch den Empfänger, wie etwa im Falle der Akteneinsicht, sondern auch jede andere Form des Nehmens oder Holens der Information in den Verfügungsbereich des Empfängers, etwa durch Übernahme der Datenträger oder von Kopien oder Aufnahmen mit der Möglichkeit späterer Kenntnisnahme.

152 Der Empfänger **„ruft ab"**, wen er sich mit Hilfe eines automatisierten Verfahrens die Verfügung über die (dazu bereitgehaltenen) Daten verschafft. Typisch, aber nicht begriffsnotwendig ist die unmittelbare Sichtbarmachung der Daten auf dem Bildschirm. Löst der Empfänger eine menschliche Entscheidung auf Seiten der übermittelnden Stelle darüber aus, ob und welche Daten zugänglich gemacht werden, so liegt kein Abruf, sondern eine Weitergabe vor.

153 Eine Bekanntgabe von Daten liegt auch dann vor, wenn der Empfänger die Information schon kennt.[181] Dies folgt aus dem formalen begrifflichen Ansatz des Gesetzes. Materielle Kriterien, insbesondere Fragen der Schutzwürdigkeit, tauchen erst bei den Regelungen der Zulässigkeit der Datenverarbeitung und der Kontrollrechte des Betroffenen auf. Wenn das Gesetz beispielsweise bei allgemein zugänglichen Daten kein Bußgeld vorsieht (§ 43), setzt es sowohl voraus, dass begrifflich eine Übermittlung vorliegt, als auch, dass die Allgemeinzugänglichkeit keine generelle Übermittlungsbefugnis begründet.

154 Keine Bekanntgabe – und damit keine Übermittlung – erfolgt, wenn die verantwortliche Stelle personenbezogene Daten im Interesse eines Dritten **nutzt**, ohne ihm die Information zugänglich zu machen. Dies ist z.B. der Fall, wenn die Stelle mit Hilfe ihres Adressenmaterials Werbematerial oder Fragebögen des Interessenten (Dritten) direkt an die Betroffenen versendet (sog. Adressenmittlung). Es liegt dann allein bei diesen, ob sie mit dem Interessenten in Verbindung treten und ihm Angaben zu ihrer Person zur Verfügung stellen wollen.

155 Von einer Bekanntgabe wird man auch dann nicht sprechen können, wenn dem Berechtigten ein Datenträger **zurückgegeben** wird, der durch eine rechtswidrige Handlung (z.B. Entwendung) oder durch ein Versehen (z.B. Zustellung an falsche Adresse, Verwechslung des Datenträgers) in den Besitz eines anderen gekommen ist. Die Rückgabe bewirkt keine neue, sondern nur die Wiederherstellung der ursprünglichen Informationszuordnung. Solche Vorgänge werden vom Zwecke der Übermittlungsregelung nicht erfasst. Auch die Rückgabe nach Ausführung einer Auftragsverarbeitung ist keine Übermittlung im Sinne der Definition. Keine Übermittlung im Sinne des Gesetzes ist schließlich die gesetzliche Gesamtrechtsnachfolge (z.B. Kundenkartei geht an Erben über).

156 **5.3.2 An den Dritten:** „Übermitteln" setzt zwei Beteiligte voraus: die Daten müssen **„durch die verantwortliche Stelle an den Dritten"** weitergegeben (Fall a) oder es müssen dafür bereitgehaltene Daten vom Dritten eingesehen oder abgerufen werden (Fall b). Beide Begriffe werden in Abs. 7 und 8 definiert. Es ist für die Übermittlung nicht begriffsnotwendig, dass die verantwortliche Stelle selbst (als natürliche Person, wenn diese die Stelle im Rechtssinne darstellt, oder sonst durch eine hierzu ermächtigte Person) handelt. Es genügt, dass Daten aus dem Bereich der verantwortlichen Stelle einem Dritten bekannt gegeben werden. Auch der unbefugt handelnde Mitarbeiter kann im Sinne der Legaldefinition „übermitteln" und damit z.B. den Tatbestand des § 43 Abs. 2 Nr. 1 erfüllen.

157 Entsprechend dem Wortlaut wie auch dem Schutzzweck der Verarbeitungsvorschriften braucht nicht ein bestimmter Dritter als Empfänger namentlich festzustehen; eine **Veröffentlichung**

180 S. auch *Schaffland/Wiltfang,* BDSG § 3 Rdnr. 60 f.
181 Zust. *Borchert,* GK-SGB X 2 § 35 Rdnr. 55.

oder Bekanntgabe an eine nicht genau feststehende Mehrzahl von Adressaten, die Dritte sind, erfüllt den Übermittlungsbegriff.[182]

158 Eine **(interne) Bekanntgabe** an einen Adressaten, der nicht „Dritter" (Abs. 8 Satz 2) ist,[183] ist zwar keine Übermittlung im Sinne des Gesetzes, wohl aber eine durch § 4 grundsätzlich verbotene Nutzung. Sie ist aber Gegenstand der Meldung nach §§ 4d, 4e Nr. 6 und der Auskunft (§§ 19 Abs. 1 Satz 1 Nr. 2, 33 Abs. 1 Satz 3, 34 Abs. 1 Satz 1 Nr. 2). Das Datengeheimnis (§ 5) schließt ein unbefugtes Bekanntgeben oder Zugänglichmachen generell, d.h. auch bezüglich anderer als „Dritter", aus. Dem ist bei den technisch-organisatorischen Durchführungsmaßnahmen nach § 9 Rechnung zu tragen.

159 **5.3.3 Gespeicherte oder gewonnene Daten:** Eine Übermittlung liegt nur vor beim Bekanntgeben **„gespeicherter oder durch Datenverarbeitung gewonnener Daten"**. Daten sind gespeichert, wenn sie auf einem Datenträger festgehalten sind. Zum Begriff „Daten" s.o. Rdnrn. 3 ff. Der **Inhalt und Umfang** der Übermittlung bestimmt sich jedoch logisch nach dem Kommunikationszusammenhang, nicht physikalisch nach den „gesendeten" Signalen. Eine Übermittlung gespeicherter Daten im Sinne des Gesetzes kann mithin auch beim Bekanntgeben von Daten vorliegen, die physisch nicht gespeichert sind.[184] Wie schon erwähnt, spielt es für das Bekanntgeben keine Rolle, ob ein Datenträger übergeben bzw. zum Lesen exponiert wird, ob die Daten übermittelt und vom Empfänger aufgezeichnet bzw. zur Kenntnis genommen werden oder ob die verantwortliche Stelle die Information aus den gespeicherten Daten liest und dem Empfänger mitteilt. Entscheidend ist allein, dass ihm die in den gespeicherten Daten verkörperte Information zugänglich gemacht wird.

160 Übermittelt werden **alle Daten**, die auf einem übergebenen Datenträger gespeichert sind. Absprachen, nur einen definierten Teil zu nutzen, ändern daran nichts. Dies gilt z.B. für auf einem Datenträger befindliche Restdaten aus früheren Verarbeitungen, auch wenn diese vom Empfänger nicht ohne weiteres gelesen und interpretiert werden können.[185]

161 Im nicht-öffentlichen Bereich muss im Hinblick auf den nach § 1 Abs. 2 Nr. 3 erforderlichen Dateibezug zwischen den in einer Datei gespeicherten Daten und dem Gegenstand der Bekanntgabe ein gewisser **Organisationszusammenhang** bestehen. Dabei ist von einer datenschutzgerechten Organisation (Anlage zu § 9 Satz 1) auszugehen. Die Mitteilung einer Angabe über einen Mitarbeiter aus einer Akte durch eine für Personalauskünfte unzuständige Stelle ist deshalb als Übermittlung aus einer Datei anzusehen, wenn sie bei datenschutzgerechter Organisation aus dem Personalinformationssystem erfolgt wäre; andernfalls würden Organisationsmängel datenschutzrechtlich „belohnt". Es genügt nicht, dass die Information irgendwann einmal in einer Datei enthalten war. Andererseits ist nicht erforderlich, dass die Daten gerade erst für den konkreten Fall aus einer Datei entnommen werden. Eine Zwischenspeicherung in anderer Form als einer Datei, z.B. durch Übernahme eines maschinellen Ausdrucks oder manuelle Übertragung in eine Akte, hebt den Zusammenhang normalerweise nicht auf.[186] Eine Übermittlung gespeicherter Daten „aus einer Datei", liegt ferner vor, wenn Gegenstand oder Ausgangspunkt der Bekanntgabe eine (nicht den Dateibegriff erfüllende) Liste oder ein Mikrofiche ist, deren Inhalt aber aus einer Datei stammt.[187] Ebenso genügt es, wenn der Sachbearbeiter, der mit der Datei arbeitet, bei einer Anfrage „aus dem Kopf" antwortet, weil er den Inhalt der Datei auswendig kennt. Dies folgt auch aus der Regelung des § 27 Abs. 2.

162 Die ausdrückliche Erwähnung der **„durch Datenverarbeitung unmittelbar gewonnenen Daten"** stellt klar, dass es nicht auf die Kongruenz von gespeicherten und bekannt gegebenen Information ankommt: Übermittlung liegt auch dann vor, wenn aus den gespeicherten Daten zunächst eine andere Information hergestellt und diese dann Gegenstand der Bekannt-

182 H.M.; a.M. *Auernhammer,* BDSG § 3 Rdnr. 34; *Dörr/Schmidt,* BDSG § 3 zu Abs. 6.
183 Vgl. u. Rdnrn. 229 f.
184 Z.B. Anfragemerkmale, sog. Dateiüberschriften und andere Selektionskriterien bzw. gemeinsame Merkmale, s. dazu Rdnr. 119.
185 A.M. *Schaffland/Wiltfang,* BDSG § 3 Rdnr. 62.
186 Im Erg. ebenso *Schaffland/Wiltfang,* BDSG § 3 Rdnr. 61.
187 Vgl. *Schaffland/Wiltfang,* BDSG § 3 Rdnr. 47 f.; *BfD,* 1. TB 4.1.2.

gabe wird. Entscheidend und nach dem Zweck der Regelung auch ausreichend ist es, dass der Informationsgehalt eines gespeicherten Datums in die Übermittlung eingeht, indem er deren Inhalt beeinflusst. Diesen Transformationsprozess bezeichnet das Gesetz nicht ganz glücklich als „durch Datenverarbeitung gewonnen". Dazu gehört zunächst der Fall, dass gespeicherte Daten nach streng mathematisch-logischen Verfahren verarbeitet werden, etwa indem aus Einzelwerten eine Summe, ein Produkt oder ein Durchschnittswert errechnet und dieses Ergebnis bekannt gegeben wird.[188] Dass die Verarbeitung in einem automatisierten Verfahren erfolgt, wird in der Praxis häufig sein, wird vom Gesetz aber nicht vorausgesetzt. „Datenverarbeitung" hat hier wie in allen anderen Fällen die per Legaldefinition (Abs. 4 Satz 2) bestimmte Bedeutung, ist also **unabhängig vom angewendeten Verfahren**. Es genügt also auch eine manuelle, d.h. geistige Aufbereitung, bei welcher gespeicherte Daten genutzt werden, etwa die Übermittlung „säumiger Zahler", wenn die gespeicherten Daten wiederholte Mahnungen ausweisen. Jedenfalls mit der Novellierung 1990 würde eine restriktive Interpretation der Formel „durch Datenverarbeitung gewonnen" oder Gesetzeskonzeption widersprechen. Auch die Verwendung gespeicherter Einzelangaben für synthetische Urteile genügt.[189] In die Verarbeitung können neben gespeicherten auch andere Daten eingehen, z.B. bei der Umrechnung eines gespeicherten absoluten Wertes in einen Prozentsatz eines nicht gespeicherten Wertes.

163 Der **Abgleich** von Dateien ist dann Übermittlung, wenn Dateien verschiedener Stellen beteiligt sind. Die Besonderheit liegt in der Vielzahl; im Übrigen ist der Abgleich weder ein Mehr noch ein Weniger als Sammelübermittlung(en). Zum Abgleich übergebene Daten sind übermittelt; wird ein Abgleichergebnis zurückgegeben, so liegt auch darin eine Übermittlung. Welche Daten rückübermittelt sind, richtet sich nach logischer Betrachtungsweise. Wurden z.B. Treffer gelöscht, so wird durch die Rückgabe des Abgleichergebnisses mitgeteilt, auf wen die Treffer-Merkmale zutreffen. Eine Übermittlung personenbezogener Daten ist nur dann ausgeschlossen, wenn der Empfänger den Inhalt des Ursprungsdatenbestands nicht (mehr) kennt. Bezüglich der nicht gelöschten Datensätze wird übermittelt, dass die Treffer-Merkmale nicht zutreffen, was ebenfalls eine Übermittlung personenbezogener Daten darstellt, sofern diese Information nicht nach dem Sachzusammenhang praktisch nichtssagend ist.[190]

5.4 Sperren (Abs. 4 Satz 2 Nr. 4)

164 Das Sperren personenbezogener Daten war schon im BDSG von 1977 ein wichtiges Regelungsinstrument. Mit der Novellierung 1990 wurde das Sperren als Phase der Datenverarbeitung eingestuft und mit einer Legaldefinition versehen. Die Regelungen zu den Voraussetzungen, unter denen eine Verpflichtung zum Sperren entsteht, und zu den Wirkungen einer Sperrung für die weitere Nutzbarkeit der Daten finden sich in den §§ 20 und 35. Eine ähnliche Wirkung wie die Sperrung haben der Widerspruch[191] und die gesonderte Speicherung von Identifikationsmerkmalen und sonstigen Angaben bei der Datenverarbeitung für die Markt- und Meinungsforschung bzw. für Zwecke der wissenschaftlichen Forschung nach §§ 30 Abs. 1 und 40 Abs. 2. Wegen der Einzelheiten zu den Voraussetzungen und den Wirkungen der Sperrung wird auf die entsprechenden Erläuterungen verwiesen.

165 Das Gesetz definiert das Sperren als „Kennzeichnen gespeicherter personenbezogener Daten, um ihre weitere Verarbeitung oder Nutzung einzuschränken". Gegenstand der Definition ist damit nur das **äußere Verfahren**, in welchem die Sperrung realisiert wird. Die Voraussetzungen der Sperrung tauchen dagegen in der Definition überhaupt nicht auf; die Wirkungen der Sperrung nur in Form der Zweckbestimmung „um _R … einzuschränken". Streng genommen handelt es sich damit nicht um eine Legaldefinition des Sperrens, sondern um die Festlegung der Form ihrer Realisierung. Die gesetzlichen Regelungen, die eine Sperrung anordnen, zeigen eindeutig, was „Sperren" im sachlichen Kern bedeutet: Es handelt sich um

188 Z.B. Mitteilung des aus gespeicherten Tages- oder Monatsumsätzen errechneten Jahresumsatzes.
189 Überholt insoweit *Zöllner,* ZHR 1985, 179 ff., 185 f.
190 Vgl. o. Rdnr. 119.
191 S. §§ 20 Abs. 5, 28 Abs. 4, 29 Abs. 4, 35 Abs. 5.

eine in die Zukunft wirkende Entscheidung der verantwortlichen Stelle des Inhalts, dass bestimmte Daten nicht mehr genutzt werden, es sei denn, die im Gesetz beschriebenen Ausnahmetatbestände liegen vor.[192] Es geht also um die Festlegung des künftigen Verarbeitungs- und Nutzungsumfangs, genauer um für die künftige Tätigkeit der Sachbearbeiter oder für die Ausführung von automatisierten Verarbeitungsprogrammen relevante Vorgaben. Um die Beachtung dieser Vorgaben auch sicherzustellen, verlangt das Gesetz als eine Durchführungsmaßnahme das entsprechende Kennzeichnen der betroffenen Daten.

Das Gesetz verlangt lediglich ein **Kennzeichnen**, lässt aber offen, in welcher Weise dies zu geschehen hat. Dies liegt auf der auch sonst vom Gesetz verfolgten Linie, Durchführungsmaßnahmen nur der von ihnen zu erfüllenden Funktion nach zu beschreiben, im Übrigen aber der verarbeitenden Stelle freie Hand zu lassen – eine Konzeption, die sich schon wegen der großen Vielfalt der Verarbeitungsformen und des technischen Wandels sehr empfiehlt. Entscheidend ist deshalb allein, dass die Kennzeichnung in der Weise erfolgt, dass die vom Gesetz verlangte und von der verarbeitenden Stelle mit der Sperrung angeordnete Verarbeitungs- und Nutzungsbeschränkung auch tatsächlich wirkt. Soweit beispielsweise die Nutzung ausgeschlossen ist, muss die Kennzeichnung – ggf. im Zusammenwirken mit weiteren nach § 9 zu ergreifenden Maßnahmen – so erfolgen, dass alle unter den Nutzungsbegriff fallenden Funktionen wirksam verhindert werden. Bei nicht-automatisierten Dateien wäre es deshalb nicht ausreichend, Karteikarten, deren Inhalt ganz zu sperren ist, oder einzelne Datenfelder, die zu sperren sind, um ein die Sperrung kennzeichnendes Merkmal (etwa: Stempelaufdruck „Gesperrt!“) zu ergänzen, da dadurch eine Kenntnisnahme und damit eine Nutzung durch die Sachbearbeiter auch über die ausnahmsweise zulässigen Fälle hinaus nicht verhindert würde. Vielmehr sind die zu sperrenden Daten zu löschen und an anderer Stelle zu speichern, auf die mit der Kennzeichnung hingewiesen werden kann. Hiervon kann – nach dem Grundgedanken des § 9 Satz 2 – nur abgesehen werden, soweit unter Berücksichtigung des Schutzbedürfnisses des Betroffenen der Aufwand unverhältnismäßig groß wäre. 166

Die Kennzeichnung als gesperrt muss so erfolgen, dass sie nicht übersehen oder falsch zugeordnet werden kann. Aus der Kennzeichnung – ggf. zusammen mit entsprechenden Arbeitsanweisungen, Dienstvorschriften usw. – muss eindeutig hervorgehen, dass die gesetzlich geforderten Einschränkungen der Verarbeitung und Nutzung zu beachten sind. 167

Ebenso wenig wie die Löschung darf die Sperrung in einer Form erfolgen, die **negative Rückschlüsse** auf die personenbezogenen Daten des Betroffenen zulässt (z.B. Kennzeichen „Gesperrt“ im Datenfeld für Vorstrafen). Von praktischer Bedeutung ist ferner, dass zu sperrende Daten in allen vorhandenen Ausfertigungen des Datenbestandes zu sperren sind, damit die Wirkung lückenlos eintritt. 168

Bei automatisierten Verfahren kann die Sperrung durch entsprechende Kennzeichnungen des Datenfeldes, des Datensatzes oder anderer bestimmter Datenmengen erfolgen. Die Verarbeitungssoftware ist dann so zu gestalten, dass Zugriffe auf den Inhalt der betreffenden Datenfelder nur noch dann erfolgen können, wenn eine der gesetzlichen Ausnahmen zutrifft. 169

Dem Gesetz entspricht es aber auch, wenn zu sperrende Daten bzw. Datensätze, die solche enthalten, aus dem Datenbestand herausgenommen und in einen gesonderten, als gesperrt zu kennzeichenden und zu behandelnden Sonderdatenbestand übernommen werden. In den Grunddatenbestand kann dann ein Hinweis auf den Sonderdatenbestand aufgenommen werden. Ebenso kann eine gesonderte Datei der gesperrten Datenfelder angelegt werden, dic dann bei jeder Verarbeitung zu durchlaufen ist und die Funktion haben muss, dass die Inhalte der gesperrten Datenfelder von der Verarbeitung ausgenommen werden, wenn die Voraussetzungen einer Ausnahme nicht vorliegen. 170

Schließlich ist es möglich, eine Kopie der Datei abzüglich der zu sperrenden Daten zur normalen Verarbeitung weiter zu verwenden und den ursprünglichen Bestand insgesamt zu sperren. Allerdings darf dabei nicht übersehen werden, dass der gesperrte Bestand auch Daten 171

192 Insoweit zutr. *Dörr/Schmidt,* § 3 zu Abs. 5 Nr. 4.

enthält, die anderen datenschutzrechtlichen Verpflichtungen (Löschung, Berichtigung) unterliegen können.

5.5 Löschen (Abs. 4 Satz 2 Nr. 5)

172 Während für die Verarbeitungsphasen der Speicherung, Übermittlung und Veränderung (abgesehen vom Sonderfall der Berichtigung) nur Verbotsvorschriften existieren (§ 4, ergänzt durch die Erlaubnistatbestände des 2. – 4. Abschn.), ist die Löschung Gegenstand sowohl von Verboten als auch von Geboten (insb. §§ 20, 35).[193]

173 Die Löschungsregelungen beziehen sich auf die Eigenschaft der Daten, bestimmte Informationen, insbesondere personenbezogene Angaben, zu repräsentieren und dadurch demjenigen, der Zugang zu den Daten hat, entsprechende Kenntnisse zu vermitteln. Zur Definition des „Löschens" verwendet das Gesetz deshalb den Begriff „Unkenntlichmachen". Die Funktion der Daten, Kenntnisse zu vermitteln, wird durch Löschungs**verbote** gewährleistet. Kriterien sind dabei die Aufgaben bzw. die Zwecke, zu denen die Daten gespeichert wurden, sowie die schutzwürdigen Belange des Betroffenen. Die Löschungsverbote schützen den Betroffenen davor, dass er die betreffenden Informationen erneut beibringen oder beweisen muss oder dass er durch den endgültigen Verlust von Informationen oder Beweismitteln Nachteile erleidet. Die Löschungs**gebote** zielen dagegen auf Aufhebung der Informationsfunktion. Ist die Speicherung nicht oder nicht mehr zulässig oder ist ihr Zweck erfüllt, so bewertet das Gesetz das Interesse des Betroffenen an der Beseitigung der Daten höher als das der verantwortlichen Stelle an ihrer Erhaltung. Der mögliche Nachteil (Beeinträchtigung schutzwürdiger Belange), vor dem das Gesetz den Betroffenen bewahren will, erschöpft sich dabei freilich nicht in dem jeweiligen technisch-organisatorischen Zustand der Datenspeicherung als solchem oder in dem Informiert-Sein der verantwortlichen Stelle, sondern liegt vor allem in der Gefahr einer nachteiligen Informationsnutzung. An diesen beiden Schutzzielen – potenziell günstige Informationen verfügbar zu erhalten, potenziell nachteilige Informationen auszuschalten – ist die Begriffsauslegung zu orientieren.

174 **5.5.1 Begriff und Formen des Unkenntlichmachens:** Der Begriff **„Unkenntlichmachen"** trifft auf jede Handlung zu, die irreversibel bewirkt, dass eine Information nicht länger aus gespeicherten Daten gewonnen werden kann.

175 Im Falle des **Löschungsverbots** ist jede Handlung verboten, die es der verantwortlichen Stelle künftig unmöglich macht, durch Rückgriff auf die gespeicherten Daten den darin verkörperten Informationswert wahrzunehmen. Die physische Beseitigung verkörperter Daten (z.B. durch Überschreiben oder durch Zerstörung des Datenträgers) ist daher dann keine Löschung, wenn die Daten zuvor oder im gleichen Zuge ohne Informationsverlust an anderer Stelle oder auf einem anderen Datenträger festgehalten worden sind oder werden. Dasselbe gilt, wenn sich nur die Art der Informationsdarstellung ändert, z.B. durch Abkürzung oder Verschlüsselung der Angabe oder durch Wechsel des Codes.

176 Umgekehrt muss die verantwortliche Stelle zur Erfüllung des **Löschungsgebots** einen Zustand herstellen, in dem sie die betreffende Information nicht mehr aus von ihr gespeicherten Daten gewinnen kann. Das Beseitigen einer bestimmten Datenverkörperung genügt nicht, wenn die betreffende Information mittels anderer gespeicherter Daten weiter verfügbar bleibt.

177 Mit welchen Verfahren und Mitteln die Daten unkenntlich gemacht werden, ist gleichgültig. Entscheidend ist allein der Erfolg. In Betracht kommen insbesondere folgende Möglichkeiten: a) Daten werden durch **Entfernung der Signale** (Druckerschwärze, Magnetisierung) ohne Eingriff in die Integrität des Datenträgers beseitigt (z.B. Überschreiben auf Magnetbändern, Unleserlichmachen einer Beschriftung durch Schwärzen oder Ausradieren). Das Schwärzen einzelner Daten eines Datensatzes genügt allerdings nicht, wenn dabei die unkenntlich zu machende Information teilweise erhalten bleibt.[194]

---

193 Zum Begriff vgl. VV BDSG Abschn. B 5.5.

194 Z.B. Karteikarte mit unleserlich gemachter Eintragung in der Spalte „Straftaten am Arbeitsplatz" wird weiter benutzt; vgl. *Innenministerium Baden-Württemberg,* StAnz. 27/1979, 5; *Senatskommission für das Personalwesen,* Amtsblatt der Freien Hansestadt Bremen 1979, 392.

b) Daten werden durch **Zerstörung des Datenträgers** beseitigt (Zerhacken oder Verbrennen von Lochkarten oder Formularen, Zerkratzen der magnetisierbar beschichteten Oberfläche von Platten- oder Trommelspeichern oder von Ton- und Videobändern). 178

c) Ergibt sich eine Information, die zu löschen ist oder nicht gelöscht werden darf, aus der Verknüpfung zweier (oder mehrerer) Daten-Teilmengen, jedoch nicht aus den unverknüpften Teilmengen, so kann die Löschung auch durch die irreversible **Löschung der Verknüpfung** erfolgen. Beispiel: Im Feld „Grundstückseigentum" des Personendatensatzes der Person P steht die Speicheradresse des Datensatzes für das Grundstück G, der seinerseits keine Eigentümerangaben enthält. Ist die Angabe „P ist Eigentümer von G" zu löschen, so genügt es, nur das Verknüpfungselement „Speicheradresse von G" zu löschen. Angewendet auf personenbezogene Daten bedeutet dies, dass die Löschung dadurch bewirkt werden kann, dass der Bezug auf eine bestimmbare Person aufgehoben wird. 179

d) Daten sind ferner dann gelöscht, wenn die sie darstellenden Zeichen zwar noch physisch vorhanden, aber **nicht** mehr **interpretierbar**, d.h. im Sinne bestimmter bedeutungshaltiger Aussagen ausdeutbar, sind. Dies ist bei automatisierter Speicherung z.B. der Fall, wenn die in der Verfahrensdokumentation und in Kennsätzen enthaltenen Angaben zur Codierung und zur Speicherorganisation vernichtet werden, der verantwortlichen Stelle dadurch nicht mehr bekannt sind und nicht oder nur mit absolut unverhältnismäßigem Aufwand rekonstruiert werden können. Die bloße Freigabe eines Bandes zur Wiederverwendung durch Löschen der Bandbezeichnung im Dateikatalog und auf dem Band selbst genügt nicht.[195] 180

Um eine Gefährdung der Rechte des Betroffenen zu vermeiden, sind in diesem Fall an die Unmöglichkeit strenge Anforderungen zu stellen: Die schlichte Aufwand-Zweck-Relation des § 9 und die Unverhältnismäßigkeit im Sinne der Anonymisierungsdefinition des Abs. 6 genügen nicht. Maßnahmen nach d) sind jedenfalls dann keine Löschung, wenn diese Variante gerade im Hinblick darauf gewählt wird, dass die Information evtl. doch noch reproduziert werden kann. 181

Um ein Löschungsgebot zu erfüllen, genügt es nicht, die Datenorganisation so zu verändern, dass ein **„gezielter Zugriff"** auf die betreffenden Daten ausgeschlossen wird.[196] Die Löschung soll im Gegensatz zur Sperre die Information zum Verschwinden bringen, nicht nur ihre Verwertbarkeit einschränken. Die in Standard-Software enthaltene Löschfunktion genügt daher in den meisten Fällen nicht den gesetzlich gestellten Anforderungen. Die Löschung in einer Datei unter gleichzeitiger Übernahme der Angabe in einen nicht dem Gesetz unterfallenden Bestand (im Hinblick auf den Dateibezug nach § 1 Abs. 2 Nr. 3) ist wegen Gesetzesumgehung nicht als Löschung anzuerkennen. Ein Löschungsverbot ist verletzt, sobald die verantwortliche Stelle die Information nicht mehr reproduzieren kann. Es genügt nicht, wenn sie nachweisen kann, dass die Daten nur noch irgendwo in ihrem Einflussbereich vorhanden sein müssen. 182

Unkenntlich (und damit gelöscht) sind Daten nur dann, wenn die Kenntnisnahme ihres Informationsgehalts der verantwortlichen Stelle **unmöglich** ist. Es genügt daher nicht, dass die speichernde Stelle ihren Mitarbeitern den Zugang versperrt oder ihnen die Kenntnisnahme und Nutzung verbietet und erklärt, die Daten nicht mehr verwenden zu wollen. Da solche Maßnahmen jederzeit rückgängig gemacht werden können, stehen die Daten nach wie vor zur Verfügung. Ebenso ist es, wenn die Daten lediglich als ungültig gekennzeichnet werden. 183

5.5.2 Verhältnis zur Datensicherung: Die Ausführung eines Löschungsgebots wird problematisch, wenn der Datenbestand aus Sicherungsgründen (Schutz gegen Datenverlust durch Verarbeitungsfehler) in mehreren Generationen aufbewahrt wird (Großvater/Vater/Sohn-Prinzip) oder die einzelnen Transaktionen samt dem Inhalt der gelöschten Daten protokolliert werden (**Datensicherung** im engeren Sinn). Aus dem oben[197] Gesagten folgt, dass zur Löschung nicht nur die Daten im jeweils aktuellen Haupt- bzw. Arbeitsdatenbestand, sondern in allen vorhandenen Dateien zu beseitigen sind, aus denen die betreffende Information zu entnehmen ist. Eine andere Auslegung widerspräche dem klaren Sinn und Zweck der Lö- 184

195 Vgl. *Jürgens,* DuD 1998, 449 ff.
196 *Walz,* in GK-SGB X 2 § 84 Rdnr. 21.
197 Rdnr. 182.

schungsvorschriften. Es lässt sich in diesem Fall auch nicht behaupten, die Daten dienten nicht mehr der weiteren Nutzung, seien daher nicht mehr gespeichert im Sinne von Nr. 1.[198]

185 Das rechtliche Problem liegt nicht in der Auslegung der Begriffe „löschen" und „speichern", auch nicht in der Frage des erforderlichen Aufwandes, sondern in der Bestimmung des Verhältnisses zwischen der Löschungspflicht einerseits und der Pflicht zur Sicherung des Datenbestandes, die sich aus § 9 i.V.m. den Löschungsverboten und aus anderen gesetzlichen Anforderungen (z.B. zur ordnungsgemäßen Buchführung) ergibt, andererseits. Dieser Konflikt ist so aufzulösen, dass die **Löschung im unter Beachtung der Sicherheitsanforderungen größtmöglichen Umfang und frühest möglichen Zeitpunkt** vorzunehmen ist. Zu löschende, zu Sicherungszwecken aber zunächst noch aufzubewahrende Daten dürfen ausschließlich im Sicherungsfall und dann nur zur Rekonstruktion des Datenbestandes durch die damit betrauten Personen verwendet werden. Dies ist durch entsprechende Maßnahmen (§ 9 i.V.m. Anlage) sicherzustellen.[199] Der Löschungsvorgang erfolgt hier mehrstufig, beginnend mit dem aktuellen Bestand; erst mit der Löschung der letzten das Datum enthaltenden Sicherungsversion ist die Löschung vollendet. Mitteilungen an Betroffene sollten in diesem Punkt keine Fehlvorstellung erzeugen.

186 Das Löschungsgebot ist aber nicht einseitig den Sicherungsanforderungen untergeordnet. Vielmehr muss auch die Sicherung datenschutzgemäß organisiert werden (§ 9 i.V.m. Anlage Satz 1), d.h. hier insbesondere so, dass den Löschungsverpflichtungen ohne unverhältnismäßige Verzögerung nachgekommen werden kann. Der Zeitraum hängt von den konkreten Umständen ab; eine Aufbewahrung von Sicherungsversionen mit zu löschenden Daten über eine Zeit von mehr als zwei Monaten dürfte in der Regel unzulässig sein.

187 Wird in einem Vorgang ein Datum durch ein anderes ersetzt, so handelt es sich begrifflich um eine Löschung, eine Speicherung und eine Änderung. Für die Zulässigkeit genügt es im Allgemeinen, wenn sowohl die Speicherung als auch die Löschung von der jeweiligen Spezialvorschrift gedeckt ist. Die Veränderungsregelung ist nur anzuwenden, wenn eine der speziellen Regelungen nicht anwendbar ist oder der Vorgang wegen seiner im Kontext größeren Tragweite von diesen Vorschriften nicht voll erfasst wird.[200]

6. Nutzen (Abs. 5)

188 Nach dem BDSG 1977 war das Nutzen keine dem Gesetzesvorbehalt unterstellte Phase der Verarbeitung. Nur im Rahmen des Datengeheimnisses war den bei der Verarbeitung Beschäftigten untersagt, die Daten unbefugt zu nutzen. Mit der Novellierung 1990 hat die Regelung des Nutzens die gleiche grundlegende Bedeutung erhalten wie die des Verarbeitens. Die Aufnahme von Nutzungsregelungen war zwingend notwendig, um den Grundsatz der Zweckbindung zu realisieren.

189 Als Nutzen bestimmt das Gesetz zunächst grundsätzlich „**jede Verwendung** personenbezogener Daten". Die Definition ist umfassend angelegt. Entscheidend ist die Nutzung des Informationsgehalts. Dieser muss gerade in seiner Eigenschaft als personenbezogene Information verwendet werden.[201] Nicht entscheidend ist, wer die Daten nutzt, zu welchem Zweck es geschieht und ob genutzte Daten zur Kenntnis genommen werden. Die Kenntnisnahme ist aber ein Fall des Nutzens,[202] ohne dass es auf eine Verwendung oder eine Verwendungsabsicht ankommt. Umgekehrt liegt eine Nutzung von gespeicherten Daten auch ohne aktuellen Zugriff auf den Träger vor, wenn die (parallel) im Gedächtnis gespeicherte Information in nach außen wirkende Entscheidungen eingeht[203] oder zu erkennen gegeben wird, dass man über bestimmte Kenntnisse verfügt. Ein bloßer Hinweis darauf, dass eine bestimmte Datei

---

198 *Walz,* in GK-SGB X 2 § 84 Rdnr. 23; a.M. *AWV,* Beiträge zum BDSG, Teil 2 S. 27.
199 S. §§ 14 Abs. 4, 31.
200 Vgl. auch o. Rdnrn. 141 f.
201 Vgl. u. Rdnr. 191.
202 *Bergmann/Möhrle/Herb,* BDSG § 3 Rdnr. 124.
203 *Bergmann/Möhrle/Herb,* a.a.O.

geführt wird, ist dagegen in der Regel noch kein Nutzen darin gespeicherter personenbezogener Daten. Eine Nutzung liegt, auch wenn (noch) keine Kenntnisnahme des Verarbeitungsergebnisses stattgefunden hat, dann vor, wenn personenbezogene Daten dupliziert oder personenbezogene Auszüge aus einer Datei hergestellt werden, wobei ein Ausdruck nicht erforderlich ist (z.B. Liste der Halter von zwei und mehr Fahrzeugen oder der Mitarbeiter mit weniger als zwei Jahren Betriebszugehörigkeit).

Bei einer automatisierten Abfrage der Daten der Person A werden nur deren gespeicherte personenbezogene Daten genutzt, nicht dagegen die Daten anderer Personen, deren Identifikationsmerkmale maschinenintern mit den Anfragedaten verglichen werden. Es handelt sich hierbei nur um einen verarbeitungstechnischen, maschineninternen Vorgang, der keine weiteren Folgen hat. Beim manuellen Blättern in einer Kartei oder beim Suchen in einer Liste, aber auch beim „Blättern" auf dem Bildschirm werden alle vom Bearbeiter zur Kenntnis genommenen Daten genutzt, nicht nur die der gesuchten Person. Soweit sich dabei die Kenntnisnahme auf die Identifizierungsmerkmale beschränkt, werden in aller Regel keine Bedenken unter dem Gesichtspunkt der Zulässigkeit bestehen, da der Zweck der Speicherung der Identifizierungsmerkmale gerade in der Prüfung der Identität besteht. Zur möglichst weitgehenden Reduzierung des Umfangs der Kenntnisnahme kann eine entsprechende Datenorganisation nach § 9 geboten sein, insbesondere derart, dass beim Suchen nur die Identifikationsdaten und möglichst wenige nicht-identische Daten zur Kenntnis gelangen. Kein Nutzen personenbezogener Daten liegt vor, wenn der Datenträger verwendet wird, ohne dass die auf ihn gespeicherten personenbezogenen Informationen zur Wirkung kommen oder zur Kenntnis gelangen (z.B. Transport in verschlüsselter Form oder verschlossenem Behältnis, maschinelles Umspeichern unter Löschung des Altbestandes). 190

Ein Nutzen personenbezogener Daten liegt nur vor, wenn sich die Verwendung auch auf den Personenbezug erstreckt. Bei einer **statistischen Auswertung** (etwa der Berechnung des Durchschnittsalters der erfassten Personen, des unter ihnen befindlichen Anteils der Rentner oder der Anzahl der Haushalte mit Einkünften oberhalb einer bestimmten Höhe) müssen zwar rechnerintern die Datensätze einzelner bestimmter Betroffener angesprochen und ausgewertet werden. Das Ergebnis ist jedoch nicht personenbezogen, und die rechnerinternen Vorgänge können vernachlässigt werden. 191

Werden aus der Datei A durch einen **Abgleich** mit der Datei B alle Personen gelöscht, die sich in der Datei B befinden und eine Ergebnisdatei A minus B erstellt, so sind die Daten aller Personen aus der Datei B genutzt worden, die zu einem Treffer geführt haben, nicht jedoch die der restlichen Betroffenen aus der Datei B. Außerdem sind die Daten aller Betroffenen aus der Datei A genutzt worden, denn für alle steht nach dem Abgleich fest, ob sie in der Datei B enthalten sind oder nicht. 192

Eine Verwendung personenbezogener Daten ist ein Nutzen im Sinne des Gesetzes nur, **„soweit es sich nicht um Verarbeitung handelt"**. Das Gesetz nimmt diese definitorische Ausgrenzung nicht etwa vor, weil solche Verwendungen weniger relevant wären, sondern um eine Konkurrenz zwischen den gesetzlichen Vorschriften zur Zulässigkeit der Verarbeitung einerseits und denen zur Nutzung andererseits zu vermeiden. Die Ausgrenzung der Verarbeitung aus dem Nutzungsbegriff bewirkt, dass Verarbeitungsvorgänge ausschließlich an den Vorschriften zur Verarbeitung und (nur) die verbleibenden Verwendungen an den Vorschriften zur Nutzung zu messen sind. Dasselbe Ergebnis hätte sich durch eine ausdrückliche Anordnung der Subsidiarität der Vorschriften zur Nutzung erreichen lassen. Eine Bekanntgabe, die keine Übermittlung ist, etwa weil der Adressat kein Dritter ist, ist Nutzung. Eine Information des Betroffenen ist freilich stets zulässig.[204] 193

Eine Nutzung ist nur dann ausgeschlossen, wenn ein konkreter Vorgang im Ergebnis eine Verarbeitung i.S.d. Abs. 4 darstellt. Eine Nutzung wird dagegen nicht ausgeschlossen, wenn eine Aktivität einer Verarbeitungsform sehr nahe kommt (z.B. das Bekanntgeben gespeicherter personenbezogener Daten an einen Empfänger, der nicht Dritter ist, oder ein Unkenntlichma- 194

204 Vgl. *Stähler,* DSG NW § 3 Rdnr. 14.

chen, das nur unvollkommen zur Löschung führt, etwa weil nach dem Schwärzen noch erkennbar ist, dass in dem betreffenden Datenfeld – z.B. Vorstrafen – eine Eintragung vorhanden war).

195 **Beispiele für Nutzen:**

- Verwendung von Daten zur Korrespondenz mit dem Betroffenen (Adressierung, In-Rechnung-Stellen)
- Dem Betroffenen andeuten, dass man bestimmte Daten oder Daten einer bestimmten Art über ihn besitzt
- Bereithalten von Daten zum Abruf, soweit keine Speicherung und noch keine Übermittlung vorliegt
- Duplizieren, kopieren
- Auszüge fertigen (etwa über einen Teil der Betroffenen oder mit einem Teil der Angaben)
- Auswerten durch verarbeitende Stelle mit personenbezogenem Ergebnis (z.B. Verkäuferlisten nach Umsatz, Beschäftigte nach Fehlzeiten)
- Mitteilen an Betroffenen
- Übersendung zur Auftragsverarbeitung sowie Rückgabe nach derselben.

Beispiele, bei denen kein Nutzen vorliegt:

- Maßnahmen, die ein Verarbeiten nach Abs. 4 darstellen
- Automatisierte Auswertung ohne personenbezogenes Ergebnis, wenn alsbaldige Löschung personenbezogener Zwischendateien gesichert ist (z.B. Errechnung des Abteilungsumsatzes aus gespeicherten Umsätzen der Abteilungsangehörigen, anonyme Liste der Monatsergebnisse, durchschnittliche Betriebszugehörigkeit nach einzelnen Organisationseinheiten)
- Programmgesteuertes Prüfen beim Abrufen, wenn Datensatz als Nicht-Treffer behandelt wird
- Datenbankstatistiken (z.B. über Bestand an Datensätzen, Verteilung nach Bereichen, Zu- und Abgänge, Änderungen).

7. Anonymisieren (Abs. 6)

196 Die Legaldefinition des „Anonymisierens" hat einen Vorläufer in § 31 Abs. 1 Nr. 2 BDSG 1977. Sie übernahm zwar von dort – wenn auch mit anderem Wortlaut – die Funktionsbeschreibung in dem Sinne, dass die Bestimmbarkeit der Person aufgehoben wird, wandelte sie jedoch zugleich in grundlegender Weise dadurch ab, dass die Zuordnung nicht mehr schlechthin ausgeschlossen sein muss, sondern es für ein „Anonymisieren" bereits ausreicht, wenn diese Zuordnung einen „**unverhältnismäßig großen Aufwand** an Zeit, Kosten und Arbeitskraft" erfordert.[205] Nur in der ersten Alternative, wenn „die Einzelangaben … nicht mehr … zugeordnet werden können", liegt im Anonymisieren zugleich eine Beseitigung des Personenbezugs, sodass keine personenbezogenen Daten nach Abs. 1 mehr vorliegen. Bleibt die Zuordnung aber möglich, wenn auch, wie in der zweiten Alternative beschrieben, nur mit einem unverhältnismäßig großen Aufwand, so bleibt die Qualität der Einzelangaben als personenbezogene Daten i.S.d. Abs. 1 erhalten. Anonymisieren bedeutet demnach ein Verändern der Daten im Sinne einer **Erschwerung der Bestimmbarkeit**, die ein gewisses Spektrum, nämlich von der wesentlichen Erschwerung (wegen des unverhältnismäßigen Aufwandes) bis hin zu ihrer völligen Unmöglichkeit umfasst.

197 Das Gesetz verwendet den Begriff der anonymisierten Daten im gleichen Sinne, wie er vom Bundesstatistikgesetz vom 22.01.1987[206] – gestützt im Wesentlichen auf Aussagen des Volkszählungsurteils – eingeführt worden ist. Ebenso wie dort bezeichnet das „Anonymisieren"

205 Häufig als „faktische" Anonymisierung bezeichnet; vgl. BVerfG, DVBl. 1987, 1207, 1208 ff.: *Wellbrock*, MedR 2003, 77, 78.

206 BGBl. I, 462.

eine starke Auflockerung des Personenbezugs, die der Gefahr eines Missbrauchs der Daten zum Nachteil der Betroffenen entgegenwirkt, aber den Informationsgehalt der betroffenen Datensammlung doch nicht so weitgehend verdünnt, dass eine Bestimmbarkeit von Betroffenen vollkommen ausgeschlossen werden kann. Ebenso wie dort ist die logische Konsequenz, dass der Datenschutz für die so transformierten Daten weiter gelten muss.

Der wichtigste Fall der Verwendung des Begriffs findet sich in der Sondervorschrift für die wissenschaftliche Forschung. Nach § 40 Abs. 2 sind für Zwecke der wissenschaftlichen Forschung erhobene oder gespeicherte personenbezogene Daten zu anonymisieren, sobald dies nach dem Forschungszweck möglich ist. Die Maßnahme muss innerhalb der beschriebenen Bandbreite liegen. Bewirkt sie keine vollständige Aufhebung des Personenbezugs, so bleiben die Daten insoweit personenbezogen und damit innerhalb des Anwendungsbereichs des Gesetzes. Dies ist bei den in der Praxis wissenschaftlicher Einrichtungen meist angewendeten Anonymisierungsverfahren ganz überwiegend der Fall.[207] 198

In der im Wesentlichen auf die Markt- und Meinungsforschung gemünzten Regelung des § 30 spricht das Gesetz von einer „Übermittlung in anonymisierter Form“ (Überschrift, entsprechend in Abs. 1 Satz 1). Hier ist zu beachten, dass nur die erste Alternative der Legaldefinition des „Anonymisierens“ gemeint ist. Denn da die Vorschrift keine gesetzliche Übermittlungsbefugnis vorsieht,[208] kommt eine Übermittlung von Datensammlungen, die Angaben über – wenn auch mit unverhältnismäßig großem Aufwand – bestimmbare Personen enthält, nicht in Betracht. 199

Von einer Anonymisierung kann nicht gesprochen werden, wenn die verarbeitende Stelle ohne unverhältnismäßig großem Aufwand in der Lage ist, die Betroffenen wieder bestimmt oder bestimmbar zu machen. Deshalb reicht eine getrennte Speicherung von Identifikatoren und sonstigen Merkmalen nicht aus, wenn die Wiederzusammenführung möglich ist; dies gilt auch, wenn die Zuordnungsliste besonders unter Verschluss genommen wird. Ebenso wenig reicht eine Pseudonymisierung im Sinne von Abs. 6a und § 3 Satz 2. Diese Beurteilung, die nach § 36 Abs. 1 des BDSG 1977 in Zweifel gezogen werden konnte, ergibt sich seit der Novelle von 1990 eindeutig aus den für die wissenschaftliche Forschung geltenden Sonderregelungen, wonach Daten grundsätzlich getrennt zu speichern und darüber hinaus zu anonymisieren sind, sobald dies nach dem Forschungszweck möglich ist (§ 40 Abs. 3). Einen unverhältnismäßig großen Aufwand muss eine Bestimmung des Betroffenen also nicht nur für Personen haben, die mit den betreffenden Dateien regelmäßig arbeiten (etwa für wirtschafts- oder sozialwissenschaftliche Analysen), sondern für jedermann einschließlich derjenigen, die die Daten technisch und sicherheitsmäßig verwalten (Datenbankverwalter, Systemverwalter, Datenschutzbeauftragter). Eine Anonymisierung liegt mit anderen Worten nur bei einer absolut irreversiblen Maßnahme vor. 200

Eine Anonymisierung kann in sehr unterschiedlicher Weise erfolgen. Bereits die **Erhebung** und die Speicherung können anonym (im Sinne der Legaldefinition) durchgeführt werden, wie die Praxis mancher Meinungsumfragen zeigt. Voraussetzung ist, a) dass nachträglich nicht feststellbar ist (etwa durch Markierungen der Belege oder durch Handschriftenvergleich), wer welche Erhebungsbögen eingeworfen hat, und b) dass nicht nach Angaben gefragt wird, durch die Einzelne ohne unverhältnismäßig großen Aufwand aus der Gesamtmenge der Befragten bestimmbar sind. Zeichnet ein Interviewer die Antworten der Befragungsperson auf, so sind die Angaben zunächst personenbezogen, werden aber anonym(isiert), sobald der Befrager zu einer Zuordnung von Antworten zu Befragten nicht mehr imstande ist. Eine vollständig anonyme Datenerhebung ist (bzgl. des Stimminhalts, nicht der Tatsache der Stimmabgabe) die geheime Wahl bzw. Abstimmung. 201

In den empirischen Sozialwissenschaften wird die Bezeichnung „anonyme Befragung“ häufig bereits dann verwendet, wenn keine Namen und Anschriften erhoben werden, oder wenn diese Angaben nur mit Hilfe einer laufenden Nummer auf den Erhebungsbogen und einer unter Verschluss gehaltenen (evtl. zur späteren Vernichtung vorgesehenen) Zuordnungsliste 202

207 Vgl. u. Rdnrn. 205 f.

208 Vgl. § 30 Abs. 4.

festzustellen sind. Dieser Sprachgebrauch entspricht nicht dem BDSG und kann eine die Einwilligung unwirksam machende Täuschung darstellen.

203 In den meisten Fällen lässt sich bei einer Befragung schwer vermeiden, dass einzelne Personen aus der Kombination ihrer Angaben bestimmbar sind. Deshalb ist die nachträgliche Anonymisierung der Regelfall. Zwei Fälle sind zu unterscheiden. Werden Daten für wissenschaftliche, planerische oder statistische Zwecke gewissermaßen als Nebenprodukt aus Dateien gewonnen, die dem Vollzug von Verwaltungsaufgaben oder der Geschäftsabwicklung dienen, so geschieht dies meist in der Weise, dass von den personenbezogenen Ausgangsdaten ein Abzug oder Auszug hergestellt und für den speziellen Zweck aufbereitet wird. Das Schicksal der Ausgangsdaten und ihre datenschutzrechtliche Beurteilung bleiben davon unberührt. Die in der abgeleiteten Datei enthaltenen Daten müssen dagegen anonymisiert werden, wenn vermieden werden soll, dass sie – kumulativ neben den Ausgangsdaten, die sich durch Fortschreibung geändert haben können – Gegenstand von Datenschutzverpflichtungen, insbesondere der Auskunfts- und der Berichtigungspflicht, werden. Sind die Daten eigens zur wissenschaftlichen, planerischen oder statistischen Verwendung erhoben worden, so betrifft die Anonymisierung den Originaldatenbestand.

204 Technisch erfolgt die Anonymisierung bei automatisierten Dateien entweder so, dass die einzelnen Daten, die zur Bestimmbarkeit führen, gelöscht werden, oder dadurch, dass ein neuer Datenbestand hergestellt wird, der diese Daten nicht mehr enthält. Die Anonymisierung ist dann erst in dem Zeitpunkt eingetreten, in dem der ursprüngliche Datenbestand gelöscht wird.

205 In der Praxis werden ganz unterschiedliche **Methoden der Anonymisierung** angewendet.[209] Welche Methode zum Erfolg führt, hängt vom Aufbau und Inhalt des jeweiligen Datenbestandes ab. Da alle Möglichkeiten, die Bezugspersonen mit noch verhältnismäßigem Aufwand zu bestimmen, ausgeschlossen werden müssen, wird häufig eine Kombination mehrerer Methoden erforderlich sein.

206 a) Unerlässlicher Bestandteil der Anonymisierung ist in jedem Falle die Löschung der expliziten bzw. direkten **Identifikationsmerkmale** wie Namen und Anschriften, Personenkennzeichen, Konto-Nummern usw.

207 b) Ist eine Bestimmung von Bezugspersonen dadurch möglich, dass innerhalb der Gesamtheit der vom Datenbestand betroffenen Personen (z.B. Einwohner der Gemeinde A) eine bestimmte Merkmalsausprägung nur bei jeweils einer Person vorliegt (z.B. „Alter 103 Jahre" oder „19 Kinder"), so müssen diese Angaben gelöscht oder durch allgemeiner gehaltene Aussagen ersetzt werden **(Merkmalsaggregierung)**. Im Beispielsfall könnten die Ersatzangaben „Alter über 80 Jahre" bzw. „fünf und mehr Kinder" lauten. Das (sehr selektive) Geburtsdatum kann meist ohne wesentlichen Informationsverlust durch das Geburtsjahr ersetzt werden. Verallgemeinert besteht die Methode darin, bei quantitativen Merkmalen (Größe, Einkommen, Alter usw.) größere Größenklassen zu bilden und bei qualitativen Merkmalen die selten auftretenden Ausprägungen in allgemeinere Ausdrücke mit aufzunehmen („Oberbürgermeister" zu „leitendes Verwaltungspersonal").

208 c) Die Bestimmbarkeit von Bezugspersonen kann weiter daraus folgen, dass bestimmte Kombinationen von Merkmalsausprägungen jeweils nur auf eine bestimmte Person zutreffen, von der man weiß, dass ihre Daten im Datenbestand enthalten sind. Die Anonymisierung kann dann ebenso wie b) erfolgen. Bei Datenbeständen mit vielen Variablen und Merkmalsausprägungen kann der Informationsverlust allerdings beträchtlich sein und die Auswertungsmöglichkeiten stärker beeinträchtigen.

209 d) Eine weitere Methode, die Bestimmbarkeit der Bezugsperson aufzuheben, besteht darin, in kontrollierter Weise **Zufallsfehler** in den Datenbestand einzubringen. Dies führt dazu, dass bei jedem einzelnen Datum später nicht mehr feststellbar ist, ob es den ursprünglichen oder einen veränderten Wert hat. Außerdem wird die Wahrscheinlichkeit verringert, mit Hilfe einer Merkmalskombination die Bezugsperson bestimmen zu können, weil einerseits ein Datum oder mehrere Daten der Bezugsperson verändert und andererseits die Daten eines

209 S. dazu insb. *G.Paaß/M.Wauschkuhn* und *Statistisches Bundesamt* (Hrsg.).

anderen durch Verfälschung mit den (ursprünglichen) Daten der Bezugsperson identisch geworden sein können. Auch bei dieser Methode besteht die Problematik im Informationsverlust. Mit wachsender Fehlerrate steigt zwar die Schutzwirkung, zwangsläufig wird aber zugleich die Genauigkeit der Auswertungen vermindert. Die Methode der kontrollierten Verfälschung oder „Kontamination", wie sie auch genannt wird, wird daher in der Praxis vor allem dort einsetzbar sein, wo die Daten ohnehin bereits größere Ungenauigkeiten aufweisen oder wo es auf eine große Genauigkeit der Auswertungsergebnisse nicht ankommt.

Einer Anonymisierung der Ausgangsdaten einer vielfältigen wissenschaftlichen, planerischen oder statistischen Zwecken dienenden Datenbank sind somit relativ enge Grenzen gesetzt. Die erwähnten Restriktionen haben allerdings wesentlich geringere Bedeutung, wenn es nicht um die Anonymisierung der Ausgangsdaten und damit um einen endgültigen Informationsverlust geht, sondern um die Erzeugung eines abgeleiteten Datenbestandes für einen bestimmten einzelnen Zweck, etwa für eine spezielle Auswertung oder zur Übermittlung an einen Interessenten, der die Daten analysieren möchte. Der auf den speziellen Zweck begrenzte Informationsbedarf ermöglicht den Verzicht auf einen Teil der Variablen, erlaubt Aggregierungen und u.U. auch kontrollierte Veränderungen in einem größeren Umfang. Als weitere Anonymisierungsmethode ist in diesen Fällen die partielle oder Mikro-Aggregierung zu nennen. Sie besteht darin, dass die Daten auf einem niedrigen Niveau bzw. nur teilweise aggregiert werden. 210

Bei der Übermittlung anonymisierter Datenbestände muss berücksichtigt werden, dass solche abgeleiteten Datenbestände, auch wenn sie für sich genommen anonym sind, im Verhältnis zu anderen ähnlich hergestellten Datenbeständen gerade das Zusatzwissen enthalten können, das eine Identifizierung von Bezugspersonen mit geringem Aufwand ermöglichen kann. Müssen beispielsweise bei der Darstellung der Angaben der Bewohner einer kleinen Gemeinde immer mehrere Jahrgänge zusammengefasst werden, um die Anonymität zu sichern, und würden einmal die Jahrgänge 1935 bis 1944, ein anderes Mal die Jahrgänge 1935 bis 1945 zusammengefasst, so könnten durch Differenzbildung leicht die Werte der bzw. des Angehörigen des Jahrgangs 1945 ermittelt werden. Ebenso ließe sich aus drei Versionen, die voneinander unabhängig stochastisch mit 3% Fehlern versehen worden sind, die Originalversion mit einer Sicherheit von fast 100% rekonstruieren. Eine statistische Datenbank oder ein sozialwissenschaftliches Datenarchiv, das die erwähnten Methoden flexibel handhaben und nur anonymisierte Datenbestände übermitteln möchte, muss daher den Umlauf von Versionen, die im Zusammenspiel eine Bestimmbarkeit der Betroffenen mit verhältnismäßigem Aufwand ermöglichen, genau kontrollieren, z.B. indem es solche Datenbestände jeweils nur für eine begrenzte Zeit zur Verfügung stellt. 211

8. Pseudonymisieren (Abs. 6 a)

Das Pseudonymisieren ist mit der **Novelle 2001** neu in die Begriffsbestimmungen des Gesetzes aufgenommen worden. Innerhalb des BDSG hat die Definition vor allem für den Grundsatz der Datensparsamkeit Bedeutung.[210] Nach § 3a Satz 2 ist bei der Gestaltung und Auswahl von Datenverarbeitungssystemen „insbesondere" von der Möglichkeit der Anonymisierung und der Pseudonymisierung Gebrauch zu machen.[211] Zur näheren Erläuterung der Definition leistet die Gesetzesbegründung keinen Beitrag. 212

Der Begriff des Pseudonymisierens geht auf zwei Regelungen im **TDDSG** 1997 zurück, die später auch in das TDDSG 2001 (BGBl. I S. 3721) übernommen worden sind. Nach § 4 Abs. 6 TDDSG 2001 hat der Dienstanbieter dem Nutzer von Telediensten die Inanspruchnahme und Bezahlung „anonym oder unter Pseudonym" zu ermöglichen, soweit dies technisch möglich und zumutbar ist (§ 4 Abs. 1 TDDSG 1997). Als zweite Regelung berechtigt § 6 Abs. 3 Satz 1 TDDSG den Dienstanbieter, für Zwecke der Werbung, der Marktforschung oder zur 213

210 BT-Drs. 14/4329, S. 33.
211 Siehe Kommentierung § 3a BDSG.

bedarfsgerechten Gestaltung der Teledienste Nutzungsprofile „bei Verwendung von Pseudonymen" zu erstellen, sofern der Nutzer dem nicht widerspricht (Änderung gegenüber § 4 Abs. 4 TDDSG 1997).[212] Eine **wortgleiche** Begriffsbestimmung der Pseudonymisierung findet sich für den Sozialdatenschutz in § 67 Abs. 8a SGB X. Vergleichbare Regelung enthalten die dem „Neuen Datenschutz" zuzurechnenden Landesdatenschutzgesetze.[213] § 66 Abs. 1 Satz 1 UrhG bezeichnet ein unter Pseudonym erscheinendes Werk als „pseudonymes Werk".

214 Der Name einer Person ist Ausdruck der **„Identität und Individualität"** eines Menschen, zumal der Name mit der Lebensgeschichte ihres Trägers verbunden ist und als solcher nach außen erkennbar wird.[214] Hingegen ist das Pseudonym ein „erfundener Name" oder auch „Deckname", unter dem eine Person gegenüber Dritten oder der Öffentlichkeit auftritt.[215] Beispiele aus dem Alltagsleben sind das Pseudonym des Künstlers oder des Geistlichen.[216] Nicht unter seinem Namen, sondern unter einem Pseudonym auftreten zu müssen, kann das Persönlichkeitsrecht verletzen.[217] Gegenstand der verfassungsrechtlich geschützten Persönlichkeitsentfaltung ist es aber auch, prinzipiell gegenüber Dritten unter einem Pseudonym auftreten zu dürfen. Die Verwendung von Pseudonymen eröffnet verantwortlichen Stellen die Möglichkeit personenbeziehbare Daten zu verarbeiten, ohne das informationelle Selbstbestimmungsrecht der Betroffenen unverhältnismäßig zu gefährden.

215 Pseudonymisieren ist nach der gesetzlichen Definition eine auf einen bestimmten Zweck gerichtete **Handlung**, nämlich „das Ersetzen des Namens und anderer Identifikationsmerkmale durch ein **Kennzeichen**". Dieses Kennzeichen ist das so genannte „Pseudonym", das an die Stelle des Namens (§ 12 BGB) und anderer Identifikationsmerkmale tritt. Mit dem **Namen** einer Person ist der gesetzliche Name einer natürlichen Person gemeint, unter dem sie amtlich identifiziert wird. Die Pseudonymisierung muss aber auch **andere Identifikationsmerkmale** der Person einschließen. Es reicht also zur Pseudonymisierung nicht aus, in einem Datensatz lediglich den gesetzlichen Namen durch einen Decknamen auszutauschen, aber andere zur Identifizierung geeignete Angaben wie die Adresse, den Beruf, das Alter, das Geschlecht oder Familien- und Lebensumstände etc. unberücksichtigt zu lassen. Die gesetzliche Definition verlangt ausdrücklich das Ersetzen des Namens „und" anderer Identifikationsmerkmale.

216 **Zweck** der Pseudonymisierung ist es, „die Bestimmung des Betroffenen auszuschließen oder wesentlich zu erschweren". Hinsichtlich der Zielbestimmung scheint zwischen dem Pseudonymisieren und dem **Anonymisieren** Übereinstimmung zu bestehen: Beide sind darauf gerichtet, den Personenbezug (§ 3 Abs. 1) eines Datums auszuschließen oder wesentlich zu erschweren, wenngleich der Gesetzgeber für das Anonymisieren in Abs. 6 eine andere Formulierung gewählt hat.[218] Allerdings besteht zwischen beiden Verfahren ein gravierender Unterschied, der in der für die Pseudonymisierung charakteristischen Zuordnungsregel begründet liegt. Während das Anonymisieren auch durch andere Verfahren wie beispielsweise das Löschen der Identifikationsmerkmale oder das Zusammenfassen von Datensätzen (Aggregieren) erreicht werden kann (s.o. Rdnr. 204), ist das Pseudonymisieren ausschließlich auf „das Ersetzen des Namens und anderer Identifikationsmerkmale" durch ein Kennzeichen beschränkt. Pseudonymisierung setzt also im Unterschied zur Anonymisierung immer eine Regel oder Funktion voraus, aus der sich die Zuordnung des Kennzeichens zu einer bestimmten Person ergibt.[219]

217 Die Möglichkeit, den Personenbezug über die **Zuordnungsregel** prinzipiell wieder herzustellen, schließt das Gesetz nicht aus. Häufig werden Pseudonyme gerade deswegen verwendet, um gegenüber einem bestimmten Personenkreis unter definierten Bedingungen für

212 Entsprechende Regelungen finden sich in § 18 Abs. 6 und § 19 Abs. 4 MD-StV.
213 Beispielsweise § 3 Abs. 2 Nr. 6 LDSG SH, § 3 Abs. 3 Nr. 8 BlnDSG, § 3 Abs. 3 Nr. 2 Bbg DSG oder § 3 Abs. 8 Satz 1 DSG NW.
214 BVerfGE 104, 373, 385 m.w.N. – st.Rspr.
215 *Bizer/Bleumer,* DuD 1997, 46.
216 *Bizer/Bleumer,* DuD 1997, 46: Nach § 1 Abs. 2 Nr. 4 PAuswG kann im Personalausweis auch der „Künstler/Ordensname" stehen, unter dem der Betreffende in der Öffentlichkeit auftritt.
217 BVerfGE 97, 391, 399.
218 … „nicht mehr oder oder nur mit unverhältnismäßig großem Aufwand (…) zugeordnet werden können."
219 *AK Technik,* DuD 1997, 711.

bestimmte Zwecke (beispielsweise der Forschung) die Pseudonyme aufdecken zu können. Auch ist die Zuordnungsregel, aus der sich die Zuweisung eines Pseudonyms („Kennzeichen") zu einer bestimmten Person ergibt, prinzipiell nicht vor einem Zugriff durch staatliche Sicherheitsbehörden geschützt. Soweit demnach eine Zuordnungsregel besteht, sind nach Abs. 6 a pseudonymisierte Daten **personenbeziehbare Daten** i.S.d. § 3 Abs. 1 BDSG.[220] Eine Differenzierung zwischen dem Personenkreis, der die Zuordnungsregel kennt („innen"), und denjenigen, die sich nicht kennen („außen"), sieht das Gesetz nicht vor.[221]

Sind pseudonymisierte Daten personenbeziehbare Daten, dann bedarf das Erheben, Verarbei- 218
ten und Nutzen dieser Daten regelmäßig einer **materiellen Rechtsregel**, die ihre Identifizierung risikoadäquat begrenzt. Derartige Rechtsregeln müssen beispielsweise die Sicherheit der Zuordnungsregel, die Zahl der pseudonymisierten Identifikationsmerkmale je Datensatz sowie das Dritten verfügbare Zusatzwissen berücksichtigen, mit dem ein pseudonymisierter Datensatz reidentifiziert werden kann.[222] Das Aufdeckungsrisiko kann z.B. mit der Zahl der Datensätze je Pseudonym wachsen. Einzelne Datenschutzgesetze untersagen beispielsweise der verarbeitenden Stelle den Zugriff auf die Zuordnungsregel[223] oder das Zusammenführen der Pseudonyme mit ihren Trägern.[224] Für die Verwendung pseudonymer Nutzungsprofile sieht § 6 Abs. 3 Satz 1 TDDSG ausdrücklich ein Widerspruchsrecht des Nutzers vor, um mit Rücksicht auf das durch die Profilbildung erhöhte Risiko einer Aufdeckung des Pseudonyms ein Mindestmaß an informationeller Selbstbestimmung zu gewährleisten.[225]

Drei **Verfahren einer Pseudonymisierung** lassen sich unterscheiden: 219

(1) Der Betroffene wählt sein Pseudonym selbst aus und verfügt alleine über die Zuordnungsregel.

(2) Ein vertrauenswürdiger Dritter verwaltet die Zuordnungsregel und

(3) der Datenverarbeiter vergibt und verwaltet das Pseudonym.

(ad 1.) Im ersten Fall eines **„selbstgenerierten Pseudonyms"** wählt der Betroffene das 220
Pseudonym selbst aus und verwaltet es auch selbst.[226] Die Sicherheit der Zuordnungsregel liegt allein in der Hand des Namensträgers.

(ad 2.) Im zweiten Fall wird das Pseudonym von einer **vertrauenswürdigen Institution** 221
verwaltet, die über die Zuordnungsregel verfügt, diese gegenüber Dritten vertraulich behandelt und nur zu definierten Zwecken aufdecken darf. Das Pseudonym kann vom Betroffenen ausgewählt, es kann ihm aber auch von der vertrauenswürdigen Institution zugewiesen worden sein. Beispiele sind der Einsatz eines Datentreuhänders in der wissenschaftlichen Forschung[227] oder die Verwaltung eines pseudonymen Zertifikats nach § 7 Abs. 1 Nr. 1 SigG.[228] Beide Beispiele verdeutlichen aber auch die Grenzen der Pseudonymisierung: In der wissenschaftlichen Forschung eingesetzte Pseudonyme unterliegen keinem Forschungsdatengeheimnis[229] und die Zertifizierungsdienstanbieter müssen die Identität eines Pseudonyms nach § 4 SigG unter näher bestimmten Voraussetzungen gegenüber Dritten sowie gegenüber den Sicherheitsbehörden aufdecken.[230]

(ad 3.) Im dritten Fall wird das Pseudonym von der für die **Datenverarbeitung verantwort-** 222
lichen Stelle verwaltet. Auch in diesem Fall ist unerheblich, ob der Nutzer oder der Verwalter

---

220 Bereits *Bizer,* in *Roßnagel,* Recht der Multimediadienste, 2000, TDDSG, § 3 Rdnr. 176; a.A. *Roßnagel/Scholz,* MMR 2000, 724 f.

221 Die These von *Roßnagel/Scholz,* MMR 2000, 726, *Roßnagel* in HdBDatSchR, Kap. 3.4, Rdnr. 62, pseudonyme Daten seien für Außenstehende anonyme Daten, findet im BDSG keine Grundlage. Für das TDDSG ist sie – wie § 6 Abs. 3 TDDSG zeigt – sogar unzutreffend. Sie könnte aber Grundlage einer zukünftigen Konzeption sein, so *Roßnagel/Pfitzmann/Garstka,* S. 102 ff.

222 Siehe auch *Roßnagel/Scholz,* MMR 2000, 728 ff.; *Roßnagel* in HdBDatSchR, Kap. 3.4 Rdnr. 61ff.

223 Solche Regeln enthalten beispielsweise § 11 Abs. 6 LDSG SH, § 3 Abs. 8 Satz 2 DSG NW.

224 So § 6 Abs. 3 Satz 3 TDDSG.

225 *Schaar,* DuD 2000, 276 f.; *Hillenbrand-Beck/Greß* DuD 2001, 391.

226 *AK Technik,* DuD 1997, 711.

227 Ein Beispiel ist der Datentreuhänder, der die Identifizierungsmerkmale verwaltet, *Bizer,* DuD 1999, 394 f.

228 S.a. *Roßnagel/Scholz,* MMR 2000, 725.

229 *Vetter,* DuD 1999, 389 ff.

230 Siehe im Einzelnen *Bizer,* Elektronische Signatur im Rechtsverkehr, in *Gimmy/Kröger* (Hrsg.), Handbuch zum Internetrecht, 2. Aufl. 2002, S. 76 f.

das Pseudonym auswählt und vergibt. Das Pseudonym schützt den Betroffenen zwar nicht vor der Kenntnis durch die verantwortliche Stelle, wohl aber seine Identität gegenüber Dritten, denen er gegenüber mit seinem Pseudonym auftritt. Beispiel eines solchen Verfahrens ist die Verwaltung von Pseudonymen für die Nutzung von Internet-Portalen durch ihren Verwalter.[231]

9. Beteiligte Stellen (Abs. 7 und 8)

223 Die „verantwortliche Stelle" (Abs. 7) und der „Dritte" (Abs. 9 Satz 2) sind nach Abs. 4 Nr. 3 die am „Übermitteln" begrifflich notwendig Beteiligten. Der Begriff „verantwortliche Stelle" dient mitunter auch zur Bezeichnung des Normadressaten. Nachdem das BDSG 1990 eigenständige Begriffsbestimmungen für „öffentliche" und „nicht-öffentliche Stellen" aufgenommen hat (in § 2), liegt der Regelungsbereich der Absätze 8 und 9 nur noch in der Klärung der begrifflichen Relation zum Betroffenen und zum Beauftragten. In Umsetzung der Richtlinie wurde mit der Novelle 2001 ein selbstständiger Begriff der Empfänger eingeführt (Abs. 8 Satz 1), der neben Dritten auch andere Adressaten einer Weitergabe umfasst. Die Informationspflichten der verantwortlichen Stelle wurden auf diese Tatbestände erweitert.[232]

9.1 Verantwortliche Stelle (Abs. 7)

224 Der Begriff der **verantwortlichen Stelle**[233] dient als Anknüpfungspunkt für vom Gesetz festgelegte Rechte und Pflichten. Mit dem Begriff „Stelle" verweist das Gesetz auf die Begriffsbestimmungen des § 2.

225 Knüpfen Rechte und Pflichten aus dem BDSG bei der verantwortlichen Stelle an, so bedeutet dies, dass sie tätig zu werden bzw. verbotene Handlungen (§ 4) zu unterlassen hat. Insofern lässt sie sich als Normadressat bezeichnen; der Träger von Rechten und Pflichten im Rechtssinne – und damit der richtige Antrags- oder Klagegegner im Streitfall – ist im nicht-öffentlichen Bereich in aller Regel damit identisch, im öffentlichen Bereich jedoch, sofern keine Sonderregelung besteht, jeweils die juristische Person des öffentlichen Rechts, der die Behörde oder öffentliche Stelle, die verantwortliche Stelle ist, angehört.

226 Nach dem Wortlaut der Definition könnte auch der Betroffene selbst verantwortliche Stelle sein (z.B. jemand zeichnet laufend medizinische Messwerte zu seiner Person auf). Obwohl eine ausdrückliche Ausnahme wie in der Definition des Dritten (Abs. 8 Satz 3) fehlt, ist auch hier der Begriff zu verneinen. Jedenfalls sind die Vorschriften des BDSG insgesamt nicht auf den Fall anzuwenden, dass jemand Daten zu seiner eigenen Person verarbeitet. Der Gesetzgeber will und kann den Betroffenen nicht vor sich selbst schützen und verlangt daher beispielsweise auch in § 203 Abs. 2 Satz 2 StGB ein unbefugtes Offenbaren von „Einzelangaben über … Verhältnisse eines *anderen*".

227 Die wesentliche Ergänzung des Abs. 7 im Verhältnis zu den Definitionen Stellen in § 2 besteht in der Festlegung, dass „verantwortliche Stelle" nicht nur ist, wer **„Daten für sich selbst erhebt, verarbeitet oder nutzt"**, sondern auch wer **„dies durch andere im Auftrag vornehmen lässt"**. Entsprechend einem allgemeinen Rechts- und Organisationsgrundsatz wird dadurch klargestellt, dass die Verantwortlichkeit einer Person oder Stelle nicht davon abhängt, ob sie Daten selbst speichert (und verarbeitet) oder ob sie sich dazu eines anderen, z.B. eines Service-Rechenzentrums oder eines Datenerfassungsbüros, bedient; sie bleibt auch dann verantwortliche Stelle. Dieses Prinzip liegt auch den speziellen Regelungen des § 11 Abs. 1 für die Datenverarbeitung im Auftrag zugrunde. Die dort getroffene sachliche Regelung wird durch Abs. 7 noch einmal definitorisch bestätigt.

228 Die gesetzliche Formulierung lässt rein grammatikalisch eine einschränkende Auslegung in dem Sinne zu, dass verantwortliche Stelle nicht ist, wer die im Relativsatz bestimmten Vor-

---

231 Beispiele aus dem E-Commerce bei *Roßnagel/Scholz,* MMR 2000, 725. Oder Auktionen, *Bizer,* in *Spindler/Wiebe* (Hrsg.), Internet-Auktionen, 2002.

232 S. §§ 4e Nr. 6, 19 Abs. 1 Satz 1 Nr. 2, 33 Abs. 1 Satz 3, 34 Abs. 1 Satz 1 Nr. 2.

233 Bis 2001 als speichernde Stelle bezeichnet.

aussetzungen nicht erfüllt. Tatsächlich wird vertreten, dass Personen und Stellen, die Daten im Auftrag verarbeiten, nicht „verantwortliche Stelle“ seien, da sie Daten nicht „für sich selbst“, sondern für den Auftraggeber speichern und auch nicht durch andere speichern lassen.[234] Die Vertreter dieser Auslegung scheinen davon auszugehen, dass dem Begriff „verantwortliche Stelle“ die Funktion beigelegt ist, die für die Beachtung der materiellen Datenschutzvorschriften verantwortliche Person oder Stelle zu bezeichnen. Tatsächlich werden die Rechte und Pflichten der auftraggebenden und beauftragten Personen und Stellen jedoch vom Gesetz ausdrücklich im Einzelnen bestimmt und gegeneinander abgegrenzt (§ 11). Für eine entsprechende Aufladung des Begriffs „verantwortliche Stelle“ besteht daher keine Notwendigkeit.[235] Zum gleichen Ergebnis wie hier gelangt, wer die im Auftrag verarbeitende Stelle institutionell dem Auftraggeber zurechnet und unter diesem Aspekt ihre Qualität als verantwortliche Stelle bejaht.[236]

9.2 Dritter (Abs. 8 Satz 2)

Die Bedeutung der Definition ergibt sich aus ihrem Zusammenhang mit dem Begriff der „Übermittlung“. Eine Übermittlung liegt nur dann, aber auch immer dann vor, wenn die verantwortliche Stelle[237] Daten einem Dritten bekannt gibt.[238] In anderen Vorschriften geht es darum, ob „überwiegende“ bzw. „berechtigte Interessen“ eines „Dritten“ bzw. „einer dritten Person“ eine Übermittlung (an einen anderen als den hier gemeinten Dritten) rechtfertigen,[239] ob sie einer Auskunft an den Betroffenen entgegenstehen[240] oder ob sie eine ausnahmsweise Nutzung gesperrter Daten legitimieren.[241] Die begriffliche Ausnahme der im Auftrag tätigen Personen und Stellen ist auf diese Fälle nicht anwendbar. 229

9.2.1 Außerhalb der verantwortlichen Stelle: Dritter ist, von den ausdrücklichen Ausnahmen abgesehen, „jede Person oder Stelle außerhalb der verantwortlichen Stelle“. Der Ausdruck **„jede Person oder Stelle“** ist gleichbedeutend mit „jeder“. Auf die Zugehörigkeit zum öffentlichen oder privaten Bereich, auf die Rechtsformen und auf den Sitz bzw. Wohnsitz kommt es nicht an. Auch Ausländer sind einbegriffen. Unerheblich ist auch, ob die Person oder Stelle Normadressat nach § 1 Abs. 2 ist. Durch Fusion kann ein Dritter Teil der verantwortlichen Stelle werden; durch Spaltung oder Ausgliederung können Dritte neu entstehen; dabei ist grundsätzlich der Zeitpunkt der Umwandlung maßgebend.[242] 230

Entscheidend ist das Kriterium **„außerhalb der verantwortlichen Stelle“**. Da im öffentlichen Bereich die einzelne Behörde oder öffentliche Stelle und nicht die jeweilige juristische Person des öffentlichen Rechts verantwortlichen Stelle ist, ist eine andere Behörde bzw. eine andere öffentliche Stelle stets „Dritter“, auch dann, wenn sie dem gleichen Rechtsträger angehört (z.B. zwei Landesbehörden, zwei Ämter einer Gemeindeverwaltung, untere und Mittelbehörde, Steueramt und Rechnungsprüfungsamt). Dies gilt unabhängig davon, ob sie räumlich getrennt untergebracht sind (Außen- und Zweigstellen). Ein Eigenbetrieb (z.B. Wasserwerk, Gartenbetrieb, Verkehrsbetrieb) ist im Verhältnis zu anderen Betrieben und Ämtern Dritter. Privatrechtssubjekte sind gegenüber einer Behörde oder öffentlichen Stelle stets Dritter; dies gilt grundsätzlich auch für beliehene Unternehmer. 231

Im nicht-öffentlichen Bereich ist **jede natürliche oder juristische Person und jede Gesellschaft oder sonstige Personenvereinigung des Privatrechts** eine verantwortliche Stelle,[243] im Verhältnis zu ihr ist jede andere Person, Gesellschaft oder Vereinigung daher Dritter. 232

234 *Auernhammer,* BDSG § 2 Rdnr. 15.
235 A.A. *Schaffland/Wiltfang,* BDSG § 3 Rdnr. 82.
236 So *Marx,* DSWR 1979, 88.
237 Abs. 8, vgl. o.
238 Abs. 5 Nr. 3, vgl. o. Rdnrn. 156 ff.
239 § 28 Abs. 3 Nr. 1.
240 §§ 19 Abs. 4 Nr. 3, 33 Abs. 2 Nr. 3.
241 §§ 20 Abs. 7 Nr. 1, 35 Abs. 8 Nr. 1.
242 Vgl. zur Anwendbarkeit der Übermittlungsregelungen oben Rdnr. 144.
243 Vgl. zu § 2.

Wirtschaftliche Verflechtungen haben, selbst wenn sie bis zur Eingliederung[244] gehen, auf die Beurteilung keinen Einfluss. **Verbundene Unternehmen** bleiben zueinander Dritte, solange sie rechtlich selbstständig sind. Eine nach dem Grad der Verbindung differenzierende Beurteilung sieht das Gesetz nicht vor.[245]

233 Gehören zu einer verantwortlichen Stelle (z.B. Aktiengesellschaft, OHG oder Einzelkaufmann) mehrere **Betriebe, Filialen** oder andere rechtlich unselbstständige **Zweigstellen**, so sind sie, auch untereinander, nicht Dritte. Die Übermittlungsvorschriften greifen nicht ein.

234 Zu einer öffentlichen oder nicht-öffentlichen verantwortlichen Stelle gehören auch die von ihr **beschäftigten Personen** (Arbeitnehmer, Beamte), dies allerdings nur so weit, als sie für die verantwortliche Stelle handeln. Gibt daher die verantwortliche Stelle einem ihrer Beschäftigten Daten im Hinblick auf seine **dienstliche Funktion** als Personalsachbearbeiter, Buchhalter, Archivverwalter usw. bekannt, so bleibt der Vorgang innerhalb der verantwortlichen Stelle, ist also keine Übermittlung. Ebenso wenig handelt es sich um eine Übermittlung, wenn Daten innerhalb einer arbeitsteiligen Organisation verschiedene Stationen (Arbeitsplätze) durchlaufen, wenn Daten aus Gründen der Arbeitsdisposition an andere Mitarbeiter abgegeben werden oder wenn sie zu Kontrollzwecken an Vorgesetzte gehen. Erfolgt eine Bekanntgabe dagegen ohne unmittelbaren Zusammenhang mit den dienstlichen Funktionen des Empfängers, so ist dieser als **Privatmann** angesprochen, also **Dritter**.[246] Dies ist etwa der Fall, wenn ein Mitarbeiter Kunden- oder Personalanschriften zur Verwertung im Rahmen einer Nebentätigkeit (z.B. Versicherungsagentur, Werbung für eine Vereinigung) erhält. Auch wenn er sie dienstlich erhalten hat, darf er sie nicht zu privaten Zwecken nutzen. „Betriebsklatsch" gehört zur privaten Sphäre.

235 Solange die Bekanntgabe an einen Beschäftigten der verantwortlichen Stelle funktionsbezogen bleibt, ist dieser nicht Dritter. Auf die Rechtmäßigkeit der Bekanntgabe im konkreten Fall kann es nicht ankommen. Teilt also beispielsweise die Personalabteilung dem Vorgesetzten des Betroffenen nicht nur (zulässigerweise) die Art einer Verwendungsbeschränkung, sondern auch die medizinische Diagnose mit, so ist dies zwar unzulässig, aber noch funktionsbezogen, denn der Vorgesetzte wurde im Hinblick auf den Personaleinsatz informiert. Ebenso wenig wird der (funktional zuständige) Empfänger einer Information dadurch zum Dritten, dass der bekannt gebende Mitarbeiter die ihm zugewiesenen Aufgaben und Befugnisse überschreitet, z.B. durch Nichteinhaltung des Dienstweges oder Eingriff in Kompetenzen einer anderen Fachabteilung.

236 Rechtlich selbstständige Einrichtungen sind auch dann Dritte, wenn sie organisatorisch, räumlich oder personell mit der verantwortlichen Stelle verbunden sind. Das gilt beispielsweise für **Betriebskrankenkassen**, und zwar auch dann, wenn sie ausschließlich durch Mitarbeiter des Betriebes in Personalunion geführt werden. Dagegen sind **Betriebsärzte** im Hinblick auf ihre Stellung nach dem Arbeitssicherstellungsgesetz nicht Dritte.[247] Dasselbe gilt für **Fachkräfte für Arbeitssicherheit**[248] und für den **Vertrauensmann der Schwerbehinderten**.[249]

237 Eine Person, die Funktionen sowohl innerhalb als auch außerhalb der verantwortlichen Stelle, d.h. als Dritte oder Beschäftigte eines Dritten, wahrnimmt, darf die Funktionskreise nicht verwischen. Daten, die ihr als Angehöriger der verantwortlichen Stelle zugänglich sind, darf sie nicht im Rahmen der anderen Funktionen nutzen. Die einschlägigen Vorschriften der §§ 4b Abs. 6, 5, 15 Abs. 3, 16 Abs. 4, 28 Abs. 5, 29 Abs. 4, 39 und 40 sind Ausdruck des seit der Novellierung 1990 das Gesetz prägenden Zweckbindungsgrundsatzes.

238 Für die Mitglieder von **Organen** der verantwortlichen Stelle, wie Vorstände, Aufsichtsräte, Verwaltungsräte und Geschäftsführer, sowie für **Gesellschafter** gilt grundsätzlich dasselbe

---

244 §§ 319 ff. AktG.
245 *Wengert u.a.*, RDV 2000, 47 ff. (49).
246 *Bergmann/Möhrle/Herb*, BDSG 3 Rdnr. 163.
247 Ebenso *Wohlgemuth*, Arbeitnehmer Rdnrn. 373 f.; *Kroll*, Datenschutz im Arbeitsverhältnis, 123 f.; *Tinnefeld/Tubies*, S. 49.
248 *Wohlgemuth*, Arbeitnehmer Rdnr. 375.
249 *Tinnefeld/Tubies*, S. 50.

wie für Beschäftigte. Sie stehen innerhalb der verantwortlichen Stelle, solange sie ausschließlich funktionsbezogen angesprochen werden.

Der **Datenschutzbeauftragte** (§ 4 f) ist ein Organ der internen Kontrolle der verantwortlichen Stelle. Er ist daher (in seiner Funktion) ebenfalls kein Dritter. Handelt es sich um einen externen Beauftragten, so gilt das Verbot der Funktionsvermischung.[250] 239

Die Organe der betrieblichen **Mitbestimmung** sowie der **Personalvertretung** (einschließlich Gesamtbetriebsrat, Jugendvertretung, Wirtschaftsausschuss und Wahlvorstand) sind keine Personenvereinigung nach § 1 Abs. 2, sondern unselbstständiger Teil der verantwortlichen Stelle.[251] Solange ihnen personenbezogene Daten im Hinblick auf ihre gesetzlichen Aufgaben zugänglich gemacht werden, greifen daher die Übermittlungsregeln des BDSG nicht ein; maßgeblich sind allein die Vorschriften des Arbeits- bzw. Personalvertretungsrechts. Auch soweit der Betriebs-/Personalrat selbst Daten speichert oder sonst verarbeitet, ist er nicht als **eigenständige** verantwortliche Stelle anzusehen. Der besonderen Stellung der Betriebs- und Personalräte ist dadurch Rechnung zu tragen, dass Auskunfts- und andere Kontrollansprüche der Betroffenen direkt an das Vertretungsorgan zu richten und unmittelbar von diesem zu beantworten sind, dass diese direkt mit der zuständigen Datenschutzkontrollinstanz verkehren können und dass der nach § 35 zu bestellende Datenschutzbeauftragte von seiner Verschwiegenheitspflicht gegenüber der Unternehmensleitung gezielt Gebrauch macht.[252] **Vertretungen**, die nicht bei der verantwortlichen Stelle, sondern **auf einer anderen Ebene** gebildet sind (**Konzernbetriebsräte, Gesamtpersonalräte**), sind im Verhältnis zu ihr jedoch Dritte.[253] Die Übermittlung personenbezogener Daten ist zulässig, soweit sie durch die gesetzlichen Aufgaben und Befugnisse der Beteiligten und ihre Pflicht zum Zusammenwirken gedeckt ist. **Gewerkschaftliche Vertrauensleute** sind keine Organe der verantwortlichen Stelle, sondern Vertreter einer Gewerkschaft im Betrieb und damit Dritte.[254] 240

Auch **Mitwirkungsorgane** der Schulverwaltung (Schulsprecher, Klassenpflegschaft etc.) sind Teil der Stelle, bei der sie gebildet sind. 241

Betriebs- oder unternehmensbezogene **Sozialeinrichtungen**, wie Urlaubskassen, Betriebssparvereine, Kindergärten, Erholungsstätten usw., stehen außerhalb der speichernden Stelle, wenn sie rechtlich verselbstständigt sind. 242

9.2.2 Betroffener und Beauftragte: Der **Betroffene** ist vom Begriff des Dritten ausdrücklich ausgenommen. Der sachliche Grund leuchtet unmittelbar ein: für die Bekanntgabe der Daten an den Betroffenen passen nicht die (gerade in seinem Interesse) restriktiven Voraussetzungen der Übermittlung; hier sollen ausschließlich die speziellen Auskunftsregeln gelten. Bereits der Begriff „Dritter" (statt „ein anderer") schließt den Betroffenen aus, denn er erfasst diejenigen, die nicht zu den zwei an der Verarbeitung personenbezogener Daten logisch notwendig Beteiligten, nämlich der verantwortlichen Stelle und dem Betroffenen, gehören. 243

Mit der Herausnahme der **„Personen und Stellen, die … im Auftrag erheben, verarbeiten oder nutzen"**, aus dem Begriff des Dritten geht das Gesetz vom umgangssprachlichen Begriffsverständnis zugunsten einer (freilich sprachlich nicht als solcher ausgewiesenen) Fiktion ab. Der Zweck dieser Konstruktion ist leicht zu erkennen: ebenso wie bei der Bekanntgabe der Daten an den Betroffenen soll die Anwendung der (als sachlich unangemessen erachteten) Übermittlungsvorschriften ausgeschlossen werden. Da es der Sache nach also nicht um eine institutionelle, sondern um eine funktionelle Sonderregelung geht, hätte es näher gelegen, diese Ausnahme in die Definition des Übermittelns einzufügen. Die datenschutzrechtliche Einstufung als „Nicht-Dritter" hat bei der Anwendung spezieller Geheimhaltungsbestimmungen keine Bedeutung. Die Regelung zielt darauf ab, die Weitergabe von Daten im Rahmen eines Auftragsverarbeitungsverhältnisses ganz allgemein von der Anwendbarkeit der Zulässigkeitsvorschriften freizustellen. Dies setzt voraus, dass auch die Vorschriften über die Zulässigkeit der Nutzung, 244

---

250 S. o. Rdnr. 230.
251 BAGE 87, 64 = Dok. § 37 E 2, S. 3 f.; *Simitis,* Schutz von Arbeitnehmerdaten, 46 ff.
252 Vgl. *Simitis,* Schutz von Arbeitnehmerdaten, 65 ff.
253 *Wohlgemuth,* Arbeitnehmer, Rdnr. 372; *Tinnefeld/Ehmann,* S. 99.
254 Vgl. *Simitis,* Schutz von Arbeitnehmerdaten, 93 ff.

welche hier begrifflich vorliegt, nicht angewendet werden. Der Gesetzgeber hätte anläßlich der Einbeziehung der Nutzung in die Zulässigkeitsregelungen die Privilegierung vom Tatbestand des Dritten und damit (nur) der Übermittlung ablösen und eine generelle Ausnahme vom Verbot des § 4 Abs. 1 verfügen müssen. Das Versäumnis dieser Anpassung ist als planwidrige Lücke anzusehen, die durch eine sinngemäße Anwendung der in Abs. 8 Satz enthaltenen Privilegierung zu schließen ist.

245 Zum Begriff „Auftrag" siehe daher näher die Erl. zu § 11. Auch soweit die Auftragsregelungen wegen gleichartiger Interessenlage entsprechend anzuwenden sind (z.B. Postdienstleister), ist der Auftragnehmer nicht als Dritter einzustufen.

246 Der Gesetzgeber erleichtert die Weitergabe an eine mit der Verarbeitung der Daten beauftragte Stelle aus der Erwägung heraus, dass der Empfänger in diesem Falle über die Informationen nicht selbstständig verfügen kann, sondern dass die Verfügungsgewalt und Verantwortlichkeit des Auftraggebers ungeschmälert bleiben. Insofern besteht gegenüber der Verarbeitung im eigenen Haus kein grundlegender Unterschied. Hieraus ergeben sich auch die notwendigen Begrenzungen. Entscheidend ist, dass die Daten bei der beauftragten Stelle genauso geschützt sind wie beim Auftraggeber. In tatsächlicher Hinsicht wird dies dadurch erreicht, dass der Auftraggeber die zu beauftragende Person oder Stelle sorgfältig auswählen und überwachen muss. In rechtlicher Hinsicht muss gesichert sein, dass die beauftragte Stelle und die dort beschäftigten Personen genauso dem Datenschutz unterstehen, wie es bei hausinterner Verarbeitung durch den Auftraggeber der Fall wäre. Dies ist im **Inland** ohne weiteres der Fall. Mit der Umsetzung der Datenschutz-Richtlinie ist aber davon auszugehen, dass auch in deren gesamten Anwendungsbereich ein gleichwertiger Datenschutz besteht. Das Gesetz nimmt deshalb auch Auftragsverarbeiter, die „im Geltungsbereich der Rechtsvorschriften zum Schutz personenbezogener Daten der Mitgliedsstaaten der Europäischen Union personenbezogene Daten im Auftrag erheben, verarbeiten oder nutzen", vom Begriff des Dritten aus. Das Gesetz geht damit sogar über den Geltungsbereich der Richtlinie hinaus, da diese nur insoweit gilt (und ein entsprechendes Datenschutzniveau garantiert), als die Europäische Gemeinschaft eine Regelungszuständigkeit besitzt. Der privatwirtschaftliche Sektor, zu dem Auftragsverarbeiter in aller Regel gehören, ist allerdings voll umfasst. Außerdem gilt die Datenschutzkonvention des Europarats für alle Mitgliedsstaaten der EU in umfassender Weise. Die Regelung gilt auch für Auftragsverarbeiter in einem Staat des Europäischen Wirtschaftsraums EWR,[255] wo die Datenschutzrichtlinie Kraft entsprechender Verträge in gleicher Weise umzusetzen ist wie in den Mitgliedsstaaten der EU. Die Organe und Einrichtungen der Europäischen Union sind als Auftragnehmer nicht als Dritte einzustufen, da auch insoweit Datenschutz nach Maßgabe der Richtlinie hergestellt wurde.[256] Sobald die Daten den hier umschriebenen Bereich verlassen, ist der Empfänger Dritter mit der Folge, dass die Übermittlungsschranken eingehalten werden müssen. Auf Sitz und Nationalität des Empfängers kommt es nicht an. Der Gesetzgeber hat es bei der Einführung der Nutzungszulässigkeitsregelungen versäumt, auch diese für die Auftragsentwicklung zu öffnen. Entsprechend dem unveränderten Normzweck sind die Nutzungsregelungen in diesem Sinne erweiternd auszulegen.

247 **9.2.3 Einzelfragen:** Die **ausländische Zweigniederlassung** der verantwortlichen Stelle ist im Gesetz nicht ausdrücklich als Dritter erwähnt. Daraus kann aber nicht geschlossen werden, dass der Gesetzgeber ausländische Zweigstellen inländischen gleichstellen möchte. Die Differenzierung bei den beauftragten Personen und Stellen lässt vielmehr den Willen des Gesetzgebers erkennen, personenbezogene Daten nicht aus dem harmonisierten europäischen Schutzbereich zu entlassen, ohne dass die gesetzlichen Voraussetzungen einer Übermittlung erfüllt sind. Ausländische Zweigstellen in Drittstaaten (außerhalb von EU und EWR) sind daher ebenfalls Dritte.[257]

---

255 Island, Liechtenstein, Norwegen. Vgl. Dazu *Rittweger/Schmidl*, DuD 2004, 617, 618 sowie unten § 4b Rdnr. 27 f.

256 Verordnung (EG) Nr. 45/2001 des Europäischen Parlaments und des Rates v. 18.12.2000 zum Schutz natürlicher Personen bei der Verarbeitung personenbezogener Daten durch die Organe und Einrichtungen der Gemeinschaft und zum freien Datenverkehr, ABl. L 8 v. 12.1.2001.

257 Ebenso *Bundesminister des Innern* im Einvernehmen mit dem *Bundesjustizminister* laut Antwort des Parl. Staatssekretärs *v. Schoeler* auf Frage des Abg. *Dr. Wendig*, BT-Drs. 8/4487, 14; *Auernhammer*, BDSG § 3 Rdnr. 57.

Aus der Sonderregelung für die Datenerhebung, -verarbeitung und -nutzung im Auftrag kann geschlossen werden, dass Außenstehende in anderen Fällen auch dann Dritte bleiben, wenn sie, z.B. im Rahmen eines Werk- oder Geschäftsbesorgungsvertrages, für die verantwortliche Stelle tätig sind. Auch die Erteilung von Vollmacht hat keinen Einfluss auf die Stellung als Dritter. Es wäre mit dem Schutzzweck des Gesetzes unvereinbar, wenn ein Außenstehender nach Belieben „internalisiert" werden könnte. Ein **selbstständiger Handelsvertreter** (§ 84 HGB) ist daher (im Gegensatz zu einem angestellten) Dritter. 248

Was das Gesetz ausdrücklich nur für die beauftragte Person oder Stelle im Verhältnis zur auftraggebenden Stelle festlegt, gilt selbstverständlich auch in umgekehrter Richtung. Der Auftraggeber ist für den Beauftragten ebenfalls kein Dritter; die Rückgabe der erhaltenen Daten und die Übergabe der Verarbeitungsergebnisse sind keine Übermittlung im Sinne des Gesetzes. Wird ein Auftragnehmer im Inland für einen innerhalb der EU oder des EWR ansässigen Auftraggeber tätig, so ist die Rückgabe der erhaltenen Daten sowie der Verarbeitungsergebnisse an den Auftraggeber nach dem Rechtsgedanken der Vorschrift ebenfalls nicht an den Regelungen zur Zulässigkeit[258] einer Übermittlung zu messen. 249

10. Besondere Arten personenbezogener Daten (Sensitive Daten) (Abs. 9)

Das BDSG enthält in den §§ 13 Abs. 2, 28 Abs. 6 bis 9 und 29 Abs. 5 Sonderregelungen für **„besondere Arten personenbezogener Daten". §** 3 Abs. 9 legt fest, welche Daten damit gemeint sind. Durchweg geht es dabei um Angaben, die in aller Regel als „sensitive Daten" bezeichnet werden.[259] Beides, die Aufzählung der Angaben und die Auflistung der Verarbeitungsbedingungen, entspricht zwar einer Vorgabe der EG-Datenschutzrichtlinie (Art. 8), markiert aber zugleich die Abkehr von einem der bislang tragenden Grundsätze des Datenschutzrechts.[260] Schon das HDSG von 1970 hatte bewusst darauf verzichtet, personenbezogene Daten aufzuteilen.[261] Genauso ist das BDSG verfahren.[262] Die LDSG haben sich ebenfalls daran gehalten.[263] 250

Abstrakte Kategorisierungen verleiten leicht zu falschen Schlüssen. Ob Daten „trivial" oder „sensitiv" sind, lässt sich nicht an wie immer zusammengestellten Listen ablesen, sondern allein dem **Verwendungszusammenhang** entnehmen.[264] Scheinbar „harmlose" Angaben entpuppen sich schnell als überaus „sensitiv", wenn Namen und Adresse die Unterbringung in eine Heilanstalt oder die Zugehörigkeit zu einer bestimmten ethnischen Gruppe oder Religionsgemeinschaft zu erkennen geben.[265] Umgekehrt variiert der „Sensitivitätsgrad" je nachdem, ob etwa Krankheitsdaten in die Patientendatei des behandelnden Arztes aufgenommen oder vom Arbeitgeber verlangt werden. Kurzum, so sehr auch feststeht, dass der Gesetzgeber keine personenbezogene Daten übergehen darf,[266] so wenig wird dadurch eine unterschiedliche Behandlung ausgeschlossen.[267] Inwieweit es aber dazu kommen muss, entscheidet sich nicht an den Daten, sondern richtet sich ausschließlich nach dem Verwendungskontext. 251

Die EG-Datenschutzrichtlinie schlägt freilich genau den Weg ein, den BDSG und LDSG nicht gehen wollten. Ganz nach dem Vorbild der Datenschutzkonvention des Europarates von 1981 (Art. 6)[268] sieht sie besondere Regeln für die Verarbeitung „sensitiver Daten" vor 252

258 §§ 4 Abs. 1, 28 f.
259 Dazu *Simitis*, „Sensitive Daten" 469 ff.; sowie *BlnBDI*, JB 2002, 25 ff.
260 Vgl. *Simitis*, NJW 1984, 402; sowie *Dammann/Simitis*, EG-Datenschutzrichtlinie, Art. 8 Rdnr. 3; *Brühann*, in GH II/Wolf A 30 Art. 8, Rdnr. 1 ff.; *Ehmann/Helfrich*, EG-Datenschutzrichtlinie, Art. 8 Rdnr. 9.
261 Vgl. *Simitis*, DVR 2 (1973) 143 ff.
262 Vgl. die 4. Auflage dieses Kommentars, § 1 Rdnr. 181 f.
263 Dazu insb. *HmbDSB*, 10. TB, 163 ff.
264 Dazu BVerfGE 65, 1 (45); *Simitis*, „Sensitive Daten", 484 ff.; *BlnBDI*, JB 2002, 25;. *Roßnagel/Tinnefeld*, Handbuch, 4.1., Rdnr. 37; sowie § 1 Rdnr. 58.
265 Vgl. auch *BlnBDI*, JB 2002, 256; *Gola/Schomerus*, BDSG § 3 Rdnr. 56.
266 Dazu auch § 1 Rdnr. 57 ff.
267 *Simitis*, „Sensitive Daten", 487 ff.; sowie § 1 Rdnr. 58 ff.
268 Dazu Einleitung Rdnr. 159 ff.

(Art. 8).[269] Mehr noch: Mit ihrer Entscheidung schließt sich die Richtlinie der schon 1978 durch das französische DSG vorgezeichneten und später durch das spanische, niederländische und britische DSG aufgenommenen Regelungsstrategie an.[270] Jedes dieser Gesetze bejaht zwar ebenfalls die Notwendigkeit eigener Vorschriften für „sensitive Daten", lässt aber auch keinen Zweifel am Ziel aufkommen, ihre Verarbeitung möglichst zu unterbinden. Art. 8 Abs. 1 der EG-Datenschutzrichtlinie greift mit dem **Verarbeitungsverbot** für „sensitive Daten" genau diese Einstellung auf und treibt sie gleichsam auf die Spitze.

253 Der Unterschied zwischen der EG-Datenschutzrichtlinie und der dezidiert kontextorientierten Annäherung des BDSG und der LDSG an die Verarbeitung personenbezogener Daten ist dennoch nicht so groß, wie es auf den ersten Blick scheint.[271] Das kategorische Verbot wird in den nachfolgenden Absätzen des Art. 8 der EG-Datenschutzrichtlinie mehr und mehr ausgedünnt. Jede der dort vorgesehenen Ausnahmen ist ein Tribut an kontextbedingte Anforderungen. Der **Verwendungszusammenhang** gewinnt, anders ausgedrückt, auf dem Umweg über die Ausnahmen wieder die Oberhand. So stellt Art. 8 Abs. 2 Buchst b fest, dass eine Verwendung „sensitiver Daten" im Rahmen von Arbeitsverhältnissen durchaus zulässig sein kann. So räumt Art 8 Buchst. d politischen Vereinigungen, religiösen Organisationen und Gewerkschaften das Recht ein, die Daten ihrer Mitglieder sowie der Personen zu verarbeiten, mit denen sie regelmäßig zusammenwirken. So hebt Art. 8 Abs. 3 das Verarbeitungsverbot für „sensitive Daten" bei einer Verwendung für medizinische Zwecke vollends auf, vorausgesetzt die Daten werden durch Personen verarbeitet, die, sei es, wie etwa Ärzte, einem Berufsgeheimnis unterliegen, sei es an eine besondere Geheimhaltungspflicht gebunden sind. Und so zählt schließlich Art. 8 die Daten über Straftaten gar nicht erst zu den mit dem Verarbeitungsverbot belegten Angaben (Art. 8 Abs. 1). Die EG-Datenschutzrichtlinie gibt sich vielmehr mit der Forderung nach gezielten, auf eine begrenzte und kontrollierte Verwendung bedachten Vorkehrungen zufrieden (Art. 8 Abs. 5).

254 Der Gesetzgeber hatte es unter diesen Umständen nicht besonders schwer. Er konnte die Regelung der EG-Datenschutzrichtlinie nahezu unverändert übernehmen, ohne die **Verknüpfung mit dem Verwendungszusammenhang** aufgeben zu müssen. Nicht von ungefähr findet sich deshalb im BDSG kein Verarbeitungsverbot. Die Sondervorschriften zu den „sensitiven Daten" werden vielmehr als das behandelt, was sie wirklich sind: Regelungen, die im Zusammenhang mit der Verwendung bestimmter ausdrücklich angegebener Daten **den Zugriff** auf die Angaben und ihre Verarbeitung **erschweren** und **nicht etwa untersagen sollen**. Anders als in der EG-Datenschutzrichtlinie sind zudem die in Art. 8 der EG-Datenschutzrichtlinie zusammengefassten Regelungselemente in **drei verschiedenen Vorschriften** enthalten. § 3 Abs. 9 **listet** die „sensitiven Daten" **auf** (Art. 8 Abs. 1). § 13 Abs. 2 gibt die für **öffentliche Stellen** relevanten Teile wieder (Art. 8 Abs. 2 Buchst. a, c, e, sowie Abs. 3 und 4). § 28 Abs. 6 bis 9 beinhaltet schließlich, die für den **nicht-öffentlichen Bereich** wichtigen Regelungen (Art. 8 Abs. 2 Buchst. a, c, d, e, sowie Abs. 3 und 4).

255 Der Gesetzgeber hat zugleich den Handlungsspielraum, den die EG-Datenschutzrichtlinie gewährt, gezielt genutzt, um den Schwerpunkt, ganz im Sinne der bisherigen Regelungen, auf Vorschriften zu legen, die den **Verwendungskontext** in den Vordergrund rücken. So verweist die Begründung des BDSG 01 ausdrücklich auf die besondere Bedeutung bereichsspezifischer Bestimmungen im Bereich des Gesundheitswesens, der sozialen Sicherheit und der Arbeitsbeziehungen[272] und bestätigt damit die Absicht des Gesetzgebers, sei es an den bereits vorhandenen Spezialregelungen, etwa im SGB, festzuhalten, sei es, neue, vor allem im Arbeitsrecht, zu schaffen. Genauso kontextbezogen sind auch Vorschriften wie § 13 Abs. 2 Nr. 9. Der Gesetzgeber spezifiziert seine Entscheidung für eine weitere Ausnahme

269 Dazu *Dammann/Simitis,* EG-Datenschutzrichtlinie, Art. 8 Rdnr. 1 ff.; *Brühann,* in GH II/*Wolf* A 30 Art. 8 Rdnr. 5 ff.; *Ehmann/Helfrich,* EG-Datenschutzrichtlinie, Art. 8 Rdnr. 1 ff.; *Simitis,* Revisiting, 1 ff.
270 Dazu *Simitis,* „Sensitive Daten", 470 ff.
271 Vgl. *Dammann/Simitis,* EG-Datenschutzrichtlinie, Einl. Rdnr. 45.
272 BR-Drs. 461/00, 96, 107.

und beschränkt gleichzeitig ihren Anwendungsbereich durch den Hinweis auf „zwingende Gründe der Verteidigung“ und bestehende völkerrechtliche Verpflichtungen.

Die Aufzählung der „sensitiven Daten“ in § 3 Abs. 9 ist **abschließend**. Art. 8 Abs. 1 der EG-Datenschutzrichtlinie gibt die Liste der „sensitiven Daten“ vor und begrenzt sie zugleich.[273] Der Handlungsspielraum der Mitgliedstaaten bleibt auf die Ausnahmen (Art. 8 Abs. 2 bis 7) beschränkt. EG-Datenschutzrichtlinie und BDSG schreiben damit einen Datenkatalog fest, der durchaus Vorbilder hat, aber keineswegs dem Anspruch gerecht wird, überzeugend anzugeben, welche Daten es rechtfertigen, die Verarbeitung an besondere, betont restriktive Voraussetzungen zu knüpfen. Wie die Datenschutzkonvention des Europarates (Art. 6)[274] orientiert sich auch die EG-Datenschutzrichtlinie am **Diskriminierungsverbot** der EMRK (Art. 14). Rassische und ethnische Herkunft, politische Meinungen, religiöse oder philosophische Überzeugungen sind nicht nur die zentralen Elemente der EMRK-Regelung, sondern jeder Diskriminierungsvorschrift, wie sich allein schon an Art. 3 Abs. 3 GG zeigt. 256

Für eine Anlehnung an die Diskriminierungsverbote spricht sicherlich, dass gerade die Verwendung der in Art. 8 Abs. 1 der EG-Datenschutzrichtlinie und § 3 Abs. 9 BDSG aufgezählten Daten durchaus dazu führen kann, die Betroffenen zu benachteiligen.[275] Der Umgang mit Angaben zur Rasse, zu religiösen oder politischen Überzeugungen oder zur Gewerkschaftszugehörigkeit bietet genügend Beispiele dafür. Trotzdem lassen sich Anknüpfungspunkte, die so lange jedenfalls selbstverständlich erscheinen, wie es darum geht, Diskriminierungen zu verhindern, nicht einfach auf Bestimmungen übertragen, deren Ziel es ist, den Anwendungsbereich der Verarbeitungsbedingungen für „sensitive Daten“ abzustecken. Schon die Datenschutzkonvention des Europarates (Art. 6) hatte deshalb den Datenkatalog erweitert, damit aber zugleich die Zweifel an der Möglichkeit genährt, die „sensitiven Daten“ verbindlich und erschöpfend aufzuzählen.[276] Sie sind erst recht dann nicht zu unterdrücken, wenn es, anders als in Art. 6 der Datenschutzkonvention des Europarates, nicht bei einer allgemeinen Aufforderung bleibt, für einen „geeigneten“ Schutz zu sorgen, sondern, wie in Art. 8 der EG-Datenschutzrichtlinie, auch die Regelungsgrundsätze umschrieben werden. 257

Die **Aufzählung** ist, gemessen an ihrem Zweck, Sonderbedingungen für die Verarbeitung „sensitiver“ Daten festzuschreiben, **willkürlich**, **antiquiert** und **unvollständig**.[277] Die Einbeziehung der Angaben zur rassischen und ethnischen Herkunft mag sich nicht zuletzt mit Rücksicht auf die Entstehungsgeschichte der Art. 6 der Datenschutzkonvention des Europarates und 8 der EG-Datenschutzrichtlinie von selbst aufdrängen. Ähnlich ist es bei den Angaben zur Gewerkschaftszugehörigkeit.[278] Andere, aus der Perspektive der Betroffenen nicht minder wichtige Daten, wie etwa Angaben zu ihrer finanziellen Lage, zu persönlichen Gewohnheiten, zu ihren Familienbeziehungen und zu physischen oder sozialen Auffälligkeiten bleiben unberücksichtigt. Wohl sind alle Bestrebungen gescheitert, auf eine abstrakte Zusammenstellung „sensitiver Daten“ zu verzichten.[279] Um so wichtiger wäre es aber gewesen, sich bei der Novellierung des BDSG nicht mit einer größtenteils unter ganz anderen Bedingungen zustande gekommenen „Sensitivitätsliste“ zufriedenzugeben, sondern zu versuchen, sie zu ergänzen, und sich dabei an der Eigenart sowie der spezifischen Bedeutung der Verarbeitung personenbezogener Daten zu orientieren. Anders als die EG-Datenschutzrichtlinie (Art. 8 Abs. 1) vermeidet es zudem das BDSG, auch nur den Eindruck zu erwecken, die Verarbeitung bestimmter Daten sei verboten.[280] Erst recht hätte es deshalb nahe gelegen, sich nicht darauf zu beschränken, die Aufzählung der Daten in § 8 Abs. 1 schlicht zu wiederholen, viel- 258

273 Vgl. *Brühann,* in GH II/*Wolf* A 30 Art. 8 Rdnr. 7.
274 Einleitung Rdnr. 159 ff.
275 Vgl. auch *Dammann/Simitis,* EG-Datenschutzrichtlinie, Art. 8 Rdnr. 6; *Brühann,* in GH II/*Wolf* A 30 Art. 8 Rdnr. 7.
276 Dazu *Simitis,* „Sensitive Daten“, 473 ff.
277 Vgl. auch *Dammann/Simitis,* EG-Datenschutzrichtlinie, Art. 8 Rdnr. 3; *Geis,* CR 1995, 174 ff.
278 Vgl. *Dammann-Simitis*, EG-Datenschutzrichtlinie Art. 8 Rdnr. 6.
279 Dazu *Simitis,* in *Tinnefeld/Philipps/Heil* (Hrsg.), Informationsgesellschaft und Rechtskultur in Europa (1995), 54 ff., 60, 64 f.
280 o. Rdnr. 4 ff.

mehr gerade die Erfahrungen mit der Verwendung personenbezogener Daten zu nutzen, um die Liste fortzuschreiben.

259 Mit das beste Beispiel dafür sind die **genetischen Angaben**.[281] In kaum einem anderen Fall wird die Tendenz, immer mehr Daten mit einem immer breiteren Informationsgehalt und einem immer größeren Risikopotenzial für die Betroffenen zu verarbeiten, so nachhaltig illustriert.[282] Und doch haben sich weder die EG-Datenschutzrichtlinie noch das BDSG bereit gefunden, auf die genetischen Daten einzugehen,[283] obgleich die Notwendigkeit, eigener, auf die spezifischen Gefahren ihrer Verwendung zugeschnittener gesetzlicher Bestimmungen in nahezu allen Mitgliedstaaten der Europäischen Union längst außer Frage steht,[284] von der, freilich erst später erfolgten, ausdrücklichen Gewährleistung der Integrität der genetischen Konstitution des Einzelnen in der Grundrechtscharta der Europäischen Union (Art. 3 Abs. 2) und im Enwurf für einen Europäischen Verfassungsvertrag (Titel I Art. II-3 Abs. 2) einmal abgesehen. Noch so energische Interpretationsanstrengungen helfen nicht weiter. Genetische Angaben lassen sich nur partiell unter die „Gesundheitsdaten“ subsumieren,[285] wie sich allein schon am stetig wachsenden Anwendungsbereich der DNA-Analysen zeigt.[286]

260 § 3 Abs. 9 zählt ebenso wie Art. 8 Abs. 1 der EG-Datenschutzrichtlinie keine Daten, vielmehr **Kategorien von Daten** auf. Schon der Wortlaut des § 3 Abs. 9 gibt deutlich zu erkennen, dass es nicht, wie beim Namen, der Adresse oder dem Beruf, um bestimmte Einzeldaten geht, sondern jeweils um Angaben, die einen gemeinsamen Bezugspunkt haben, wie etwa die ethnische Herkunft, das Sexualleben oder die religiösen Überzeugungen. Das Gesetz geht im Übrigen nicht auf Details ein. Welche Angaben zu welchem der Bezugspunkte gehören, bleibt also offen. In aller Regel dürfte es nicht schwer fallen, die einschlägigen Daten auszumachen. So gehören einzelne Krankheiten sowie Ablauf und Inhalt der medizinischen Behandlung einschließlich der möglicherweise immer noch eingenommenen Medikamente ebenso wie die Feststellung, dass eine bestimmte Person inzwischen genesen oder überhaupt völlig gesund sei, zu den **Angaben über die Gesundheit**.[287] Ebenso breit gefächert ist das Spektrum der Daten zu den **politischen Meinungen**. Die aktive Unterstützung allgemeinpolitischer Ziele fällt genauso darunter wie die dezidierte Ablehnung eines politischen Programms und die Mitgliedschaft in einer politischen Partei oder in einer Bürgerbewegung.

261 Mit dem Hinweis auf **„politische Meinungen“** und **„religiöse Überzeugungen“** (Art. 8 Abs. 1) gibt das Gesetz zu erkennen, dass die Sondervorschriften für die Verarbeitung „besonderer Arten personenbezogener Daten“ nicht erst zum Zuge kommen, wenn jemand einer politischen Partei oder einer Religionsgemeinschaft angehört, ohne Rücksicht darauf, um welche es sich im Einzelnen handelt. Der Beitritt zu einer politischen Organisation und der Austritt aus einer Kirche dokumentieren zwar besonders deutlich den politischen und religiösen Standort der Betroffenen, schließen aber keineswegs aus, dass in beiden Fällen andere Daten genauso einschlägig sein können. Nichts anderes gilt für die **Gewerkschaftszugehörigkeit**. Auf die Anzahl der Mitglieder der Gewerkschaft kommt es ebenso wenig an wie auf ihre po-

---

281 Im Unterschied zur EG-Datenschutzrichtlinie werden sie ausdrücklich in den 1996 verabschiedeten Verhaltensregeln der IAO für die Verarbeitung von Arbeitnehmerdaten (6.12), ILO, Protection of worker's personal data (1997), erwähnt. Die IAO sieht überdies gezielt davon ab, die „sensitiven Daten“ aufzulisten, und stellt stattdessen höhere, freilich durchaus differenzierte Anforderungen an die Verarbeitung bestimmter Angaben, deren Verwendung gerade im Zusammenhang mit Arbeitsverhältnissen schwerwiegende Folgen für die Betroffenen haben kann. Dazu *Simitis,* Internationalisierung, 615 ff.

282 Dazu *Simitis,* in *Sokol* (Hrsg.), Neue Instrumente, 11 ff.

283 Das übersieht *Weichert*, DuD 2002, 137.

284 Vgl. die Entschließungen der DSBK v. 12./13.10.2000 zu den datenschutzrechtlichen Konsequenzen der Entschlüsselung des menschlichen Genoms, Dok. F 201; auch abgedr. in *LfD NDS,* 15. TB, 219 ff.; sowie v. 24./26.10.2001 zur gesetzlichen Regelung von genetischen Untersuchungen, Dok. F 225; auch abgedr. in *HDSB,* 30. TB, 192 ff.; aber auch *Hofmann,* Rechtsfragen der Genomanalyse (1999), 30 ff.; *Halàsz*, Bio-materielle Selbstbestimmung, 2004; *Sokol*, DuD 2001, 5 ff.; *Weichert*, DuD 2002, 133 ff.; *Fisahn*, in *B. Sokol* (Hrsg.) Der gläserne Mensch (2003) 140 ff.

285 Vgl. auch *Dammann/Simitis,* EG-Datenschutzrichtlinie, Art. 8 Rdnr. 7; *Brühann,* in GH II/*Wolf* A 30 Art. 8 Rdnr. 9.

286 Vgl. etwa *BfD,* 18. TB, 161 ff.; *HmbDSB,* 18. TB 20 ff.; *LfD NDS,* 15. TB, 157 ff.

287 Vgl. auch *Dammann/Simitis,* EG-Datenschutzrichtlinie, Art. 8 Rdnr. 7; *Brühann,* in GH II/*Wolf* A 30 Art. 8 Rdnr. 8.

litische Neutralität oder ihre konfessionelle Ausrichtung. „Sensitiv" sind im Übrigen nicht nur Angaben zur Beteiligung an Arbeitnehmerorganisationen, sondern genauso Daten, die sich etwa auf die Mitarbeit in den verschiedenen von den Gewerkschaften gegründeten und für ihre Zwecke tätigen **Stiftungen** beziehen.

Nicht ganz einfach ist es dagegen, nachzuvollziehen, was der Gesetzgeber mit **„philosophischen Überzeugungen"** (Art. 8 Abs. 1) meint. Die Datenschutzkonvention des Europarates (Art. 6) erwähnt neben den „politischen Anschauungen" die „religiösen oder anderen Überzeugungen". Die EG-Datenschutzrichtlinie (§ 8 Abs. 1) schließt sich demgegenüber dem französischen DSG von 1978 (Art. 31 Abs. 1) an und spricht von „religiösen oder philosophischen Überzeugungen". Das BDSG (§ 3 Abs. 9) hält sich an die EG-Datenschutzrichtlinie. Allen drei Texten ist, trotz mancher unterschiedlichen Formulierung, eines gemeinsam: Sie wollen mit der Verklammerung der verschiedenen „Überzeugungen" jeden Zweifel ausschließen, dass nicht nur politische Meinungen und religiöse Ansichten, sondern auch weltanschauliche Vorstellungen zu den „sensitiven" Daten zählen, die keiner der beiden anderen Kategorien zugerechnet werden können, ja sich gezielt davon abheben. Atheisten und Anthroposophen haben deshalb genauso wie Christen, Moslems und Buddhisten oder die Mitglieder politischer Gruppierungen einen Anspruch darauf, dass Angaben, die sich auf ihre Überzeugungen beziehen, lediglich unter den besonderen, für „sensitive Daten" geltenden Bedingungen verarbeitet werden dürfen. 262

„Sensitiv" sind alle Angaben, die **direkt oder indirekt** Informationen zu den in § 3 Abs. 9 angegebenen Datenkategorien vermitteln.[288] Das BDSG verschärft, ebenso wie die EG-Datenschutzrichtlinie (Art. 8), bei bestimmten Daten mit Rücksicht auf ihre **„besondere Art"** und die damit verbundene erhöhte Gefährdung der Betroffenen die Verarbeitungsvoraussetzungen (§§ 13 Abs. 2, 28 Abs. 6 bis 9, 29 Abs. 5). Wenn aber der Schutz der Betroffenen möglichst wirksam sein soll, dann reicht es nicht, lediglich die Daten einzubeziehen, die unmittelbar die ethnische Herkunft, die Zugehörigkeit zu einer politischen Partei oder einzelne, sei es somatische, sei es psychische Krankheiten ansprechen. Die Sondervorschriften für sensitive Daten müssen vielmehr genauso für alle Angaben gelten, aus denen sich mittelbar ergibt, welcher Rasse bestimmte Personen angehören, welches ihre religiösen Überzeugungen sind, oder wie ihr Gesundheitszustand ist. 263

Ob die Angaben als **Information zu einer der in § 3 Abs. 9 erwähnten Kategorien** von Daten gedacht waren, ist ebenso gleichgültig wie die **Korrektheit der Schlüsse**, die sie nahe legen.[289] Entscheidend ist einzig und allein, inwieweit sie aktuellen oder potenziellen Empfängern den Eindruck vermitteln, dass sich den jeweiligen Daten Angaben zu politischen Vereinigungen, gewerkschaftlichen Organisationen oder Aussagen zu gesundheitlichen Risiken der Betroffenen entnehmen lassen. Teilnehmerverzeichnisse politischer Veranstaltungen zählen deshalb genauso zu den „besonderen Arten personenbezogener Daten" wie Hinweise auf die Hautfarbe bestimmter Personen und Bestelllisten eines Sex-Shops. 264

Nicht jede mittelbare Angabe zu den in § 3 Abs. 9 angegebenen Kategorien von Daten **reicht** freilich, um die Anwendung der §§ 13 Abs. 2, 28 Abs. 6 bis 9 oder 29 Abs. 5 auszulösen.[290] Alkoholkonsum ist für sich genommen noch kein Gesundheitsdatum. Die Einnahme von Medikamenten rechnet dagegen ebenso wie der Drogenkonsum zu den Angaben, die sich auf die Gesundheit beziehen und damit zu den „besonderen Arten" von Daten nach § 3 Abs. 9 zählen. Namenslisten sind grundsätzlich nicht daraufhin zu überprüfen, inwieweit sie Rückschlüsse auf sensitive Daten zulassen. Etwas anderes gilt vielmehr erst, wenn Namen, etwa im Rahmen einer Werbeaktion, bewusst zusammengestellt werden, die auf eine ethnische Herkunft oder religiöse Überzeugung schließen lassen.[291] Erst recht geht es nicht an, auf § 3 265

---

288 Vgl. auch *Dammann/Simitis,* EG-Datenschutzrichtlinie, Art. 8 Rdnr. 7; *Brühann,* in GH II/*Wolf* A 30 Art. 8 Rdnr. 9; *BlnBDI*, JB 2002, 26 f.; *Gola/Schomerus*, BDSG § 3 Rdnr. 56a.

289 Vgl. auch *Dammann/Simitis,* EG-Datenschutzrichtlinie, Art. 8 Rdnr. 7; *Brühann,* in GH II/*Wolf* A 30 Art. 8 Rdnr. 9.

290 Vgl. auch *Dammann/Simitis,* EG-Datenschutzrichtlinie, Art. 8 Rdnr. 7; *Brühann,* in GH II/*Wolf* A 30 Art. 8 Rdnr. 9.

291 Vgl. auch *BlnBDI*, JB 2002, 26 f.

Abs. 9 ohne weiteres bei Geburtsorten und Adressen zurückzugreifen, genauso wenig wie dann, wenn die Betroffenen eine bestimmte Sprache oder gar einen Dialekt fehlerlos sprechen. Eine Verknüpfung mit § 3 Abs. 9 lässt sich deshalb in jedem dieser Fälle erst mit Hilfe zusätzlicher Daten herstellen.[292] Solange aber **Zweifel** bestehen, ist die Anwendung der Sondervorschriften zur Verarbeitung „sensitiver" Daten **zu verneinen.**

11. Mobile personenbezogene Speicherkarten

266 Die gesetzliche Definition für „mobile personenbezogene Speicher- und Verarbeitungsmedien" – kurz auch als „Chipkarten" oder „Smart Card" bezeichnet – ist Bezugspunkt der materiell-rechtlichen Regelung in § 6 c. Beide Regelungen sind erst in der 2. und 3. Lesung der **Novelle 2001** auf Vorschlag der Regierungskoalition im Innenausschuss in das BDSG aufgenommen worden.[293] Vergleichbare Regelungen bestehen in einigen Landesdatenschutzgesetzen des Neuen Datenschutzrechts.[294] Der Gesetzgeber will mit der Aufnahme dieser Regelung den Gefahren Rechnung tragen, die durch die Verarbeitung personenbezogener Daten auf mobilen, d.h. tragbaren Rechnern möglich wird, die der Betroffene nicht unmittelbar nachvollziehen kann.[295]

267 Allgemeines Definitionsmerkmal ist ein mobiles **Medium**, auf dem personenbezogene Daten gespeichert und verarbeitet werden können. Die Speicherfunktion ist für das Medium konstitutiv. Darüber hinaus muss das Medium aber nur eine weitere der unter den Begriff der Verarbeitung nach § 3 Abs. 4 fallenden Eigenschaften des Veränderns, Übermittelns, Sperrens oder Löschens personenbezogener Daten erfüllen können.

268 Das Gesetz definiert das Speicher- und Verarbeitungsmedium als **„Datenträger"**. Die alltagssprachliche Assoziation einer Diskette ist allerdings zu eng, denn es kommt auf eine bestimmte „Beschaffenheit" und die „Gestaltung" des Mediums nicht an. Es müsse sich – so die Gesetzesbegründung – nicht um eine Karte handeln, sondern es könne sich „auch um ein Armband, eine Halskette oder andere Gegenstände" handeln.[296] Die allgemein verbreitete Verwendung des Begriff „Chipkarte" oder „Smart Card" ist daher zu eng. Das Gesetz will alle gegenwärtigen und zukünftigen Verarbeitungsformen auf gegenständlichen und mobilen Datenträgern erfassen. Die Definition ist also auch für Anwendungen des ubiquitären Computing offen. Mobiltelefone und tragbare Computer fallen allerdings nicht unter die Definition, weil sie die Voraussetzung der Nr. 3 nicht erfüllen (näher u. Rdnr. 271).[297] Mobile Datenträger i.S.d. Abs. 10 liegen nur vor, wenn sie kumulativ die drei Voraussetzungen der Nr. 1 bis 3 erfüllen.

269 **Nr. 1: Ausgabe an Betroffenen:** Der mobile Datenträger muss nach Nr. 1 an den Betroffenen ausgegeben werden. Die Regelung setzt mit anderen Worten eine Stelle voraus, die den mobilen Datenträger an den Betroffenen ausgibt. Mit diesem Merkmal wird auf die Verantwortlichkeit einer Stelle für die Gestaltung der auf dem Medium laufenden informationstechnischen Prozesse abgestellt. Der Gesetzgeber will damit Medien aus dem Anwendungsbereich der Definition ausschließen, die sich der Betroffene selbst beschafft hat. Auf zivilrechtliche Eigentumsverhältnisse stellt die Regelung nicht ab, es genügt eine Übergabe im tatsächlichen Sinne. Es kommt auch nicht darauf an, ob das Medium gegenständlich alleine oder im Zusammenhang oder in loser oder fester Verbindung mit anderen Gegenständen ausgegeben wird. Auch in Kleidungsstücke eingenähte oder auf Gegenstände aufgedampfte Speicher- und Verarbeitungsmedien fallen unter die Definition der Nr. 1, wenn sie in Verbindung mit diesen an den Betroffenen ausgegeben werden. Das Medium muss wegen der Verwendung des

---

292 Vgl. auch *Dammann/Simitis,* EG-Datenschutzrichtlinie, Art. 8 Rdnr. 7; *BlnBDI*, JB 2002, 26; *Schild,* EuZW 1996, 549 ff.

293 Beschlussempfehlung und Bericht des Innenausschusses v. 4. April 2002, BT-Drs. 14/5793. Im Innenausschuss hatten sich CDU/CSU, FDP und PDS enthalten.

294 Siehe Kommentierung zu § 6c BDSG.

295 BT-Drs. 14/5793, S. 63.

296 BT-Drs. 14/5793, S. 60.

297 BT-Drs. 14/5793, S. 60.

Begriffs **„Betroffener"** i.S.v. Abs. 1 an denjenigen ausgegeben werden, dessen personenbezogene Daten auf dem Medium gespeichert und verarbeitet werden. Es müssen aber nicht ausschließlich seine Daten, sondern es können darüber hinaus auch die Daten Dritter auf dem Medium gespeichert und verarbeitet werden. Das Medium kann auch „blanko" ausgegeben werden, wenn „noch keine" Verfahren oder personenbezogene Daten auf dem Medium gespeichert werden. Der Empfänger ist dann im weiteren Sinne zumindest zukünftig Betroffener.[298]

Nr. 2: Automatisierte Verarbeitung: Nach Nr. 2 müssen auf dem mobilen Medium über die Speicherung hinaus personenbezogene Daten „automatisiert verarbeitet werden können". Technisch muss das Medium also mit einem Prozessorchip ausgestattet sein, der über das Speichern hinaus auch eine Verarbeitung personenbezogener Daten ermöglicht.[299] „Dumme" Speichermedien wie CD oder Magnetkarten sind von der Regelung nicht erfasst.[300] Allerdings muss eine automatisierte Verarbeitung nicht zwingend erfolgen, die technische Möglichkeit reicht aus.[301] Die automatisierte Verarbeitung kann nach Nr. 2 durch die ausgebende oder eine andere Stelle erfolgen. Das Medium kann also von einer Stelle ausgegeben werden, während die Verarbeitungsprozesse durch andere Stellen erfolgen. In jedem Fall wird eine Schnittstelle vorausgesetzt, über die eine feste (Lesegerät) oder kontaktlose Verbindung (Funk) zwischen dem Medium und der Stelle, die die Verarbeitung steuert, hergestellt werden kann. Entscheidend ist, dass eine andere Stelle auf dem Medium automatisierte Verarbeitungsprozesse auslösen kann. Wenn das Medium lediglich ein automatisiertes Auslesen von Informationen aus dem Medium ermöglicht, erfüllt es die Anforderungen der Nr. 2 nicht. 270

Nr. 3: Beeinflussung durch Gebrauch: Schließlich darf der Betroffene nach Nr. 3 die Datenverarbeitung (Nr. 2) auf dem Medium nur durch den Gebrauch des Mediums beeinflussen. Dieses Merkmal schließt Speicher- und Verarbeitungsmedien aus, auf denen der Betroffene die Verarbeitungsprozesse selbst steuern kann. Dies ist beispielsweise der Fall bei Mobiltelefonen oder tragbaren Computern, die nicht unter die Regelung des Abs. 10 fallen.[302] Der Gegenbegriff zu Gebrauch ist das eigenständige Steuern von Verarbeitungsprozessen durch die Eingabe von Befehlen beispielsweise an einer Tastatur oder über eine Sprachsteuerung. Bloßer Gebrauch liegt hingegen vor, wenn das Medium in ein Lesegerät eingeführt oder im Fall einer kontaktlosen Karte an ihm vorbeigeführt wird. Allerdings handelt es sich nach der Gesetzesbegründung auch dann um einen Gebrauch i.S.d. Nr. 3, wenn der Betroffene „zwischen einigen wenigen vom Verfahren vorgegebenen Alternativen, etwa durch das Drücken einer Taste am Lesegerät", auswählt.[303] 271

298 BT-Drs. 14/5793, S. 60.
299 BT-Drs. 14/5793, S. 60.
300 BT-Drs. 14/5793, S. 60.
301 *Hornung*, DuD 2004, 16.
302 BT-Drs. 14/5793, S. 60.
303 BT-Drs. 14/5793, S. 60.

§ 3a Datenvermeidung und Datensparsamkeit

Gestaltung und Auswahl von Datenverarbeitungssystemen haben sich an dem Ziel auszurichten, keine oder so wenig personenbezogene Daten wie möglich zu erheben, zu verarbeiten oder zu nutzen. Insbesondere ist von den Möglichkeiten der Anonymisierung und Pseudonymisierung Gebrauch zu machen, soweit dies möglich ist und der Aufwand in einem angemessenen Verhältnis zu dem angestrebten Schutzzweck steht.

Literatur

AK Technik, Arbeitskreis Technik der Datenschutzbeauftragten, Datenschutzfreundliche Technologien, DuD 1997, 709 ff.; *R. Bachmeier,* Vorgaben für datenschutzgerechte Technik, DuD 1996, 672 ff.; *H. Bäumler,* Das TDDSG aus der Sicht eines Datenschutzbeauftragten, DuD 1999, 258 ff.; *ders.*, Wie geht es weiter mit dem Datenschutz, DuD 1997, 447 ff.; *J. Bizer,* Datenschutzrecht, in: *M. Schulte* (Hrsg.), Handbuch des Technikrechts 2003, S. 561 ff.; *ders.*, Datenschutz durch Technikgestaltung in: *Bäumler/v. Mutius* (Hrsg.) Datenschutzgesetze der dritten Generation 1999, S. 28 ff.; *ders.*, Technik oder Recht – Neue Steuerungsinstrumente im Datenschutz, in: *B. Sokol* (Hrsg.), 20 Jahre Datenschutz – Individualismus oder Gemeinsinn? (1998), S. 115 ff.; *ders.*, Technikfolgenabschätzung und Technikgestaltung, in: *H. Bäumler* (Hrsg.), Der neue Datenschutz (1998), S. 45 ff.; *ders.*, Datenschutz in Neuen Medien, in *H. Kubicek/D. Klumpp/G. Müller/W. Neu/ E. Raubold/A. Roßnagel* (Hrsg.), Jahrbuch Telekommunikation und Gesellschaft (1997), S. 146 ff.; *J. Borking*, Privacy-Enhancing Technologies (PET), DuD 2001, 607 ff.; *ders.*, Einsatz datenschutzfreundlicher Technologien in der Praxis, DuD 1998, 636 ff.; ders., Der Identity Protector, DuD 1996, 654 ff.; *BT-Enquete*, Zukunft der Medien in Wirtschaft und Gesellschaft. Deutschlands Weg in die Informationsgesellschaft, Vierter Zwischenbericht: Sicherheit und Schutz im Netz (1998), BT-Drs. 13/11002; *BT-Enquete*, Zukunft der Medien in Wirtschaft und Gesellschaft. Deutschlands Weg in die Informationsgesellschaft, Schlussbericht (1998), BT-Drs. 13/11004; *A. Büllesbach /H. Garstka,* Systemdatenschutz und persönliche Verantwortung, in *G. Müller/A. Pfitzmann,* (Hrsg.), Mehrseitige Sicherheit in der Kommunikationstechnik (1997), S. 383 ff.; *Bundesregierung*, Bericht über die Erfahrungen bei den neuen Informations- und Kommunikationsdiensten im Zusammenhang mit der Umsetzung des IuKDG (1999), BT-Drs. 14/1191; *H. Burkert,* Privacy-Enhancing Technologies: Typology, Critique, Vision, in: *P.E. Agre / M. Rotenberg* (Hrsg.), Technology and Privacy: The New Landscape (1997), S. 125 ff.; *A. Dix, Konzepte des* Systemdatenschutzes, in *A. Roßnagel* (Hrsg.), Handbuch Datenschutzrecht, 2003, Kap. 3.5; *Forschungsrat,* Informationsgesellschaft, Chancen, Innovationen und Herausforderungen, Feststellungen und Empfehlungen, hrsg. vom Bundesministerium für Bildung, Wissenschaft, Forschung und Technologie (BMBF) (1995); *H. Garstka,* Empfiehlt es sich, Notwendigkeit und Grenzen des Schutzes personenbezogener Informationen – auch grenzüberschreitender – Informationen neu zu bestimmen? DVBl. 1998, 981 ff.; *J. Jacob,* Perspektiven des neuen Datenschutzrechts, DuD 2000, 5 ff.; *M. Kloepfer,* Geben moderne Technologien und die europäische Integration Anlaß, Notwendigkeit und Grenzen des Schutzes personenbezogener Informationen neu zu bestimmen?, Gutachten D zum 62. Deutschen Juristentag (1998); *A. Pfitzmann,* Datenschutz durch Technik, DuD 1999, 405 ff.; *A. Podlech,* Individualdatenschutz – Systemdatenschutz, in FG für *H. Grüner* (1982), S. 451 ff.; *Registratiekamer:* Privacy-Enhancing Technologie. The path to anonymity Vol. I und Vol. II (1995); *T. Roessler*, Anonymität im Internet, DuD 1998, 619 ff.; *A. Roßnagel, A.* Rechtswissenschaftliche Technikfolgenforschung 1993; *ders.,* Freiheit durch Systemgestaltung, in FS für *A. Podlech* (1994), S. 227 ff.; *ders.*, Globale Datennetze: Ohnmacht des Staates ZRP 1997, 26 ff.; *ders.*, Neues Recht für Multimediadienste, NVwZ 1998, 1 ff.; *ders., Konzepte des* Selbstdatenschutzes, in *A. Roßnagel* (Hrsg.), Handbuch Datenschutzrecht, 2003, Kap. 3.4; *M. Schneider /U. Pordesch*, Identitätsmanagement, DuD 1998, 645 ff.; *H.H. Schrader,* Datenvermeidung durch Technik, DuD 1997, 128.

Übersicht

1. Vorbemerkung

Der Grundsatz der Datenvermeidung und Datensparsamkeit ist mit der Novelle 2001 als Element des Neuen bzw. Modernisierten Datenschutzes in das BDSG aufgenommen worden. 1
Ziel der Regelung ist es, bereits durch den gezielten Einsatz datenschutzfreundlicher Technik die Gefahren für das informationelle Selbstbestimmungsrecht der Betroffenen zu reduzieren.[1] Sie ist „Grundnorm" für das Konzept **„Datenschutz durch Technik"**, d.h. den Datenschutz nicht gegen, sondern mit und durch die Technik zu gewährleisten (s.u. Rdnr. 22 ff.). Das Konzept wird auch als Bestandteil des **Systemdatenschutzes** bezeichnet, weil es auf die Gestaltung der technischen und organisatorischen Bedingungen und Voraussetzungen der Datenverarbeitung zielt (s.u. Rdnr. 25).[2] Zusammen mit dem Datenschutzaudit (§ 9a) ergänzt es das klassische Modell der ordnungsrechtlichen Datenschutzregulierung, dessen Kernelement das Verbot mit datenschutzrechtlichem Erlaubnisvorbehalt ist.[3] Satz 2 der Regelung präzisiert den Grundsatz der Datenvermeidung und -sparsamkeit (s.u. Rdnr. 68 ff.).

Bei der Regelung handelt es sich um eine Konkretisierung des verfassungsrechtlichen 2
Grundsatzes der **Erforderlichkeit** in Form eines technischens Gestaltungsrechts.[4] Während die datenschutzrechtliche Regel der Erforderlichkeit das Erheben, Verarbeiten oder Nutzen personenbezogener Daten auf das für den Erhebungszweck notwendige Maß beschränkt, setzt § 3a diesen Grundsatz in eine Präferenzregel zur Gestaltung und Auswahl von Datenverarbeitungssystemen ein.

2. Gesetzgebungsgeschichte

2.1 Vorläufer im TDDSG/MDStV

Vorläufer und Vorbild der Regelung ist **§ 3 Abs. 4 TDDSG 1997**, der wiederum auf einen im 3
Rahmen eines Gutachtens unterbreiteten Vorschlag der Forschungsgruppe provet e.V. zurückgeht.[5] Die Regelung wurde 2001 im Rahmen des Elektronischen Geschäftsverkehrsgesetzes (EGG) aufgehoben, um das TDDSG zu verschlanken.[6] Diese bereichsspezifische Regelung des Grundsatzes der Datenvermeidung und -sparsamkeit war entbehrlich, nachdem der Gesetzgeber ihn im Mai 2001 in das allgemeine Datenschutzrecht des BDSG aufgenommen und zu einem Regelungsprinzip des allgemeinen Datenschutzrechts „hochgezont" hatte. Entsprechendes gilt für den gleichlautenden Grundsatz in § 12 Abs. 5 MDStV 1997, der unter Hinweis auf § 3a BDSG aus dem MDStV 2002 ebenfalls gestrichen worden ist.[7]

Bereits in der parlamentarischen **Debatte zum TDDSG 1997** bestand über die Bedeutung 4
des Regelungsprinzips Einigkeit. CDU/CSU und FDP bezeichneten sie in einer Entschließung als eines von vier Kernelementen.[8] Die SPD-Fraktion zählte sie zu den „Grundvoraus-

---

1 BT-Drs. 14/4329, S. 29.
2 BT-Drs. 13/7934, S. 22; BT-Drs. 14/4329, S. 33.
3 *Bizer* in: *Bäumler/v. Mutius* 1999, S. 28 ff.; Bizer in: Schulte 2003, S. 581.
4 Vgl. BT-Drs. 14/4329, S. 33.
5 *Bizer/Hammer/Pordech/Roßnagel*, Vorschläge zur Regelung von Datenschutz und Rechtssicherheit in Online-Multimedia-Anwendungen, im Auftrag des BMBWFT vom 15. Februar 1997 (§ 4 Abs. 1 E-Multimedia-Datenschutz). www.provet.org/bib/mmge.
6 Art. 3 des EGG vom 14. Dezember 2001, BGBl. I S. 3721; Begründung in BT-Drs. 14/6098, S. 27.
7 MD-StV i.d.F des Sechsten RdfkÄndStV vom 21. März 2002, HessGVBl. S. 38; HessLT-Drs. 15/3634, S. 16 f.; 45.
8 Entschließung vom 11. Juni 1996, BT-Drs. 13/7935, S. 3.

setzungen eines effektiven Schutzes der Beteiligten in elektronischen Netzen".[9] Die in der 13. Legislaturperiode eingesetzte Enquete-Kommission „Zukunft der Medien in Wirtschaft und Gesellschaft" bewertete den Ansatz in ihrem Schlussbericht vom 22. Juni 1998 als „richtungsweisend".[10] Jedoch solle aufmerksam beobachtet werden, ob sich die Bestimmungen im internationalen Vergleich „als sachgerecht, den Bürgerrechten dienlich, wettbewerbsfördernd oder als zu restriktiv" erweisen. Der auf Wunsch des Bundestages von der Bundesregierung am 18. Juni 1999 vorgelegte Evaluierungsbericht zum IuKDG würdigte den Grundsatz als ein „wesentliches Merkmal", ohne ihn aber mit Rücksicht auf den Umstand, dass sich Verfahren und Systeme noch „weitgehend im Entwicklungs- und Erprobungsstadium" befanden, abschließend zu bewerten.[11]

2.2 Regelung im BDSG

5 Den ersten Vorschlag zur Übernahme des Grundsatzes in das BDSG legte die Fraktion **Bündnis 90/Die Grünen** noch in der 13. Legislaturperiode im Rahmen eines eigenen Gesetzesvorschlags vor.[12] Danach sollte sich die verarbeitende Stelle bei der Gestaltung und Auswahl „informationstechnischer Produkte" (...) an dem Ziel ausrichten, keine oder so wenige personenbezogene Daten wie möglich zu verarbeiten.

6 Die Aufnahme des Regelungsprinzips in das BDSG erfolgte erst im Rahmen der **Novelle des BDSG vom Mai 2001.** Diese war zwar durch die Umsetzung der EG-Datenschutzrichtlinie veranlasst, diente aber gleichzeitig auch der Modernisierung des BDSG, um seine Wirksamkeit zu erhöhen. Zur Begründung heißt es, „durch die Gestaltung der Systemstrukturen" müsste „die Erhebung, Verarbeitung oder Nutzung personenbezogener Daten soweit wie möglich vermieden und dadurch Gefahren für das informationelle Selbstbestimmungsrecht des Betroffenen von vornherein minimiert werden".[13] Weder der Bundesrat noch die Opposition erhoben im Gesetzgebungsverfahren gegen die Regelung Einwände. Das MdB Gisela Schröter (SPD) bezeichnete die Regelung in der ersten Lesung des Gesetzes im Deutschen Bundestages als einen „guten Weg", um Gefahren für die informationelle Selbstbestimmung „systematisch zu reduzieren".[14] In der zweiten und dritten Lesung nannte der Abgeordnete Jörg Tauss (MdB SPD) sie ein „zentrales Instrument eines neuen Datenschutzes".[15] Die anderen Redner äußerten sich nicht zu diesem Thema.

7 Die Konferenz der **Datenschutzbeauftragten** des Bundes und der Länder hat sich bereits 1996 in Anlehnung an die Entwicklung eines Identity Protector in den Niederlanden und Kanada[16] für das Konzept „Datenschutz durch Technik" ausgesprochen.[17] 1997 folgte die Forderung nach rechtlichen Rahmenbedingungen für die Verwendung datenschutzfreundlicher Technologien.[18] Ein Jahr später verlangte sie, die Grundsätze u.a. „der Datenvermeidung und des Datenschutzes durch Technik" in den Mittelpunkt eines modernisierten Datenschutzrechts zu stellen.[19] Während des Gesetzgebungsverfahrens unterstützte sie die Übernahme „der zukunftsweisenden Bestimmungen zur Datenvermeidung" in das BDSG.[20]

9 Entschließungsantrag vom 11. Juni 1996, BT-Drs. 13/7934, S. 4.
10 BT-Drs. 13/11004, S. 17.
11 *Bundesregierung*, BT-Drs. 14/1191, S. 13.
12 § 16 Abs. 2 des Entwurfs, BT-Drs. 13/9082; *Weichert*, DuD 1997, 718.
13 BT-Drs. 14/4329, S. 33.
14 BT-Prot. 14/128, 12390 (C) vom 27. 10. 2000.
15 BT-Prot. 14/365, 16180 (B) vom 6. April 2001.
16 *Borking* DuD 1996, 654 ff.
17 52. DSBK vom 22./23.10.1996, DuD 1996, 758.
18 54. DSBK vom 23./24.10.1997, DuD 1997, 735.
19 56. DSKB vom 5./6.10.1998, DuD 1998, 732.
20 57. DSKB vom 25./26. 3. 1999, DuD 1999, 301. *Jacob,* DuD 2000, 7.

Der Datenschutz durch Technik gehört zu den konzeptionellen **Grundpfeilern** eines modernisierten Datenschutzrechts.[21] Die rot-grüne Regierungskoalition zählt ihn zu den Kernelementen für die sog. zweite Stufe der Datenschutzmodernisierung.[22] 8

3. Bedeutung der Regelung

Mit dem neuen Regelungselement der datenvermeidenden Technikgestaltung reagiert der Gesetzgeber auf die besonderen Gefährdungen des informationellen Selbstbestimmungsrechts unter den Bedingungen moderner Datenverarbeitung mit Hilfe eines **proaktiven** Instruments **datenschutzfreundlicher Technikgestaltung.**[23] Kennzeichen des geltenden datenschutzrechtlichen Regelungsinstrumentariums ist seine nur reaktive Wirkung auf Veränderungen der technischen Entwicklung. Zwar hat das BVerfG dem informationellen Selbstbestimmungsrecht seine verfassungsrechtlichen „Weihen" unter Hinweis auf die „modernen Bedingungen der Datenverarbeitung" verliehen,[24] jedoch hat das geltende Datenschutzrecht mit der dynamischen Entwicklung der Möglichkeiten, personenbezogene Daten zu erheben und zu verarbeiten nicht Schritt halten können.[25] Das Datenschutzrecht steht mit anderen Worten unter dem „Vorbehalt der informationstechnischen Entwicklung".[26] 9

3.1 Der Wandel der Datenverarbeitung

Bereits vor der 1990 abgeschlossenen Novellierung des ersten BDSG aus dem Jahre 1977 zeichnete sich ein gravierender **Umgestaltungsprozess der Datenverarbeitungstechnik** ab, der mit der Entwicklung des Internet Ende der 90er Jahren erheblich an Dynamik gewonnen hat.[27] Die Entfaltungsmöglichkeiten der informationellen Selbstbestimmung werden im Unterschied zu den Anfängen der Datenschutzdiskussion durch die Wirklichkeit einer dezentralen, vernetzten und digitalisierten Datenverarbeitung in Wirtschaft und Verwaltung in einem globalen Umfeld bestimmt. 10

3.1.1 Dezentralisierung: Während die erste Generation der Datenverarbeitung durch eine zentrale Großrechnertechnologie gekennzeichnet war, verläuft die nachfolgende Entwicklung als ein Prozess der **„Dezentralisierung"** von zentralen Großrechner zu dezentralen Arbeitsplatzrechnern, die nun auch mobil eingesetzt werden können (Laptops, Notebooks, Chipkarten).[28] Sie wird vorangetrieben durch erhebliche Fortschritte in der Entwicklung der Mikroelektronik, die es ermöglicht, auf immer weniger Platz immer mehr Leistung zu gleichbleibenden Preisen zur Verfügung zu stellen. Die Entwicklung kann auch als fortwährende „Miniaturisierung" der Datenverarbeitungstechnik bezeichnet werden.[29] So wird bspw. prognostiziert, dass im Jahr 2010 alle heute ortfest möglichen Dienste zu vergleichbaren Kosten und mit vergleichbar leistungsfähigen Endgeräten mobil möglich sein werden.[30] 11

3.1.2 Vernetzung: Die Unübersichtlichkeit der Datenverarbeitung wächst mit der sich seit den 90er Jahren entwickelnden **Vernetzung** der Datenverarbeitung über elektronische Netze der Telekommunikation.[31] Server-Client-Strukturen verknüpfen die an unterschiedlichen 12

---

21 *Roßnagel/Pfitzmann/Garstka*, Gutachten 2001, S. 35 ff., 184 ff.; *Bizer,* DuD 2001, 277; *Simitis,* DuD 2000, 725; *Kloepfer*, Gutachten DJT, D 99.

22 BT-Drs. 14/9709; MdB Tauss (SPD), BT-Prot. 14/165, S. 16 179.

23 *Roßnagel* in FS *Podlech*, S. 243; *Roßnagel,* ZRP 1997, 26 ff.; *Bäumler*, DuD 1997, 448; *Bizer* in: *Bäumler/ v. Mutius* 1999, 28 ff.

24 BVerfGE 65, 43 – Volkszählung.

25 *Walz*, DuD 1998, 151, 153; *Bäumler*, DuD 1997, 447; *Garstka*, DVBl. 1998, 987; *Forschungsrat* 1995, S. 32.

26 so *Simitis*, NJW 1984, 398, 402.

27 Vgl. *Bizer* in: *Bäumler/v. Mutius* 1999, S. 28, 38 ff.; ders. in: *Schulte* 2003, S. 567 ff.

28 *Leuze* in: Deutscher Bundestag, Zur Sache 17/1990, 210 f.; *Simitis*, NJW 1998, 2478; 12. TB des BfDI, 1989, 86 ff.: Nach dem IT-Bestandsverzeichnis des BMI 1988 waren von 15 225 gemeldeten DV-Anlagen 10 741 Einzelplatzsysteme.

29 *BT-Enquete*: Schlussbericht 1998, BT-Drs. 14/11004, S. 29.

30 *Pfitzmann,* DuD 2001, 195.

31 *Simitis* in: Deutscher Bundestag, 1990 (Fn. 26), S, 258; 14. TB des BfDI 1993, S. 150; *BT-Enquete*, Vierter Zwischenbericht: Sicherheit und Schutz im Netz, BT-Drs. 13/11002, 93.

Orten befindlichen Rechner und ermöglichen Übermittlungen und Zugriffe zwischen dezentral aufgestellten Rechnern über öffentliche und/oder geschlossene Netze. Die Entwicklung führt zu einer Vervielfachung dezentraler Datenbestände, die eine effektive Beschränkung und Kontrolle der Datenverarbeitung erheblich erschwert.

13 „Vernetzung" steht schließlich auch für die dynamische Entwicklung und **Integration** verschiedener Telekommunikationsnetze, die einen Austausch von Daten über Fest- und Funknetze und damit die Nutzung von als Tele-, Medien- oder Rundfunkdiensten angebotene Inhalte ermöglichen. In der Alltagssprache steht das **Internet** mit seiner dezentralen Netzstruktur als „Netz der Netze" als Synonym für das Vernetzungsphänomen, dessen Protokolle die Übermittlung von Daten nach freien Kapazitäten, nicht aber nach nationalen Landesgrenzen steuern.

14 **3.1.3 Digitalisierung:** Die **Digitalisierung** der Telekommunikation ermöglicht schließlich die Integration von Datenverarbeitung und Kommunikation. Die Umstellung von der analogen zur elektronischen (digitalen) Übertragungstechnik und von der elektromechanischen zur digitalen Vermittlungstechnik hat die Möglichkeit der Integration von der Erstellung elektronischer Dokumente, ihrer elektronischen Übertragung an einen Empfänger bis zu ihrer elektronischen Weiterverarbeitung eröffnet. Die technische Unterstützung des Integrationsprozesses von Vermittlung und Inhalten – auch als technische Konvergenz bezeichnet – basiert auf leistungsfähigen Kompressionsverfahren, die wiederum die Grundlage für das Angebot multimedialer Anwendungen bilden und damit neue Nutzungsformen und Märkte erschließen.

15 Unter Datenschutzgesichtspunkten ziehen die Digitalisierung und die sie begünstigende Konvergenz neue qualitative und quantitative **Dimensionen der Speicherung** personenbezogener Daten aus unterschiedlichen Nutzungszusammenhängen nach sich. Erst die Digitalisierung der Nachrichtenübertragung („vom Fernmeldewesen zur Telekommunikation") bietet die technische Voraussetzung dafür, dass personenbezogene Datenspuren in den Vermittlungsrechnern der Telekommunikationsanlagen sowie auf den Servern der elektronischen Angebote anfallen und sich die Nutzung der angebotenen elektronischen Inhalten und ihre Vermittlungswege je nach angewendeten Verfahren personenbezogen speichern und zu Nutzungsprofilen zusammenziehen lassen.[32]

16 **3.1.4 Globalisierung:** Die vernetzte Kommunikation ist technisch nicht an nationale Grenzen gebunden, sondern erfolgt im virtuellen Raum grenzüberschreitend.[33] Die Wahl der Standorte von Rechnerkapazitäten oder elektronischen Dienstleistungen orientiert sich aufgrund dieser **globalen Struktur** vornehmlich an Kostengesichtspunkten. Erscheinungen wie das Outsourcing der Datenverarbeitung an Standorten im Ausland erschweren die Kontrolle der Datenverarbeitung. Vor allem das Internet eröffnet einen problemlosen Zugriff auf Datenbestände auch jenseits der Grenzen, globalisiert die elektronischen Kommunikationskanäle und erleichtert ihre transnationale Kontrolle.

3.2 Gefährdungen

17 Aus der skizzierten Entwicklung ergeben sich spezifische Gefährdungen für das Datenschutzrecht:[34] Die Quantität der Datenverarbeitung schlägt aus der Sicht informationeller Selbstbestimmung in eine neue **Qualität der Gefährdung** um, der durch die Entwicklung und Implementierung neuer Instrumente zu begegnen ist. Sie resultiert erstens aus den neuen Möglichkeiten, umfassende Kunden- und Nutzungsprofile ohne Kenntnis und Zustimmung des Betroffenen zu generieren, und zweitens aus der Unübersichtlichkeit der Verarbeitung.

18 a) Für die datenverarbeitenden Stellen haben personenbezogene Daten vornehmlich eine **wirtschaftliche Bedeutung.**[35] Sie dienen zur Erfüllung von Verwaltungsaufgaben bzw. zur

---

32 *BT-Enquete*, BT-Drs. 13/11002, S. 91 ff.
33 Vgl. *Roßnagel*, ZRP 1997,
34 Vgl. *Roßnagel/Bizer*, DuD 1996, 209 ff.; *Schaar*, DuD 2001, 383 ff.; *Hillenbrand-Beck/Greß*, DuD 2001, 389 ff.; *BT-Enquete*, BT-Drs. 13/11002, S. 93 ff.
35 *Weichert* in: *Bäumler*, E-Privacy 2000, S. 158 ff.; *Schaar*, DuD 2001, 383 ff.

Verfolgung eigener Geschäftszwecke. Aus der Sicht der datenverarbeitenden Stellen sollen sie effizient genutzt und eingesetzt werden. Der Binnenrationalität ökonomischer Verwertung entspricht es, dass die für die Datenverarbeitung verantwortlichen Stellen bereits gespeicherte personenbezogene Daten auch für andere Zwecke verwenden wollen. Das Zusammenführen personenbezogener Daten aus unterschiedlichen Verwendungszwecken einschließlich der jeweiligen Kommunikationsdaten zu **Kunden- bzw. Nutzungsprofilen** soll es der verantwortlichen Stelle ermöglichen, die Verhaltensweisen, Bedürfnisse und Präferenzen „ihres" oder „potentieller" Kunden einschätzen und bewerten zu können, um durch entsprechende Angebote potentielle Kunden zu gewinnen oder eine bestehende Kundenbindung zu intensivieren.

Nach aussagekräftigen personenbezogenen Daten aus den unterschiedlichsten Verwendungs- 19
zusammenhängen besteht ungeachtet der jeweiligen datenschutzrechtlichen Schranken eine Nachfrage für Zwecke der **Werbung und der Marktforschung**.[36] Aus anderen Datenbeständen erworbene Daten werden mit eigenen Datenbeständen korreliert, ausgewertet und für eine gezielte Ansprache potentieller oder bereits bestehender Kunden genutzt. Aber auch durch die Vermarktung personenbezogener Daten aus eigenen Beständen bzw. ihren Tausch können für Werbung und Marktforschung wertvolle Datenbestände generiert werden.

Beispiel ist der Handel mit qualifizierten Adressen, die Aussagen über die Interessenprofile 20
sowie die wirtschaftliche Leistungsfähigkeit des Kunden erkennen lassen. Die Gefährdung informationeller Selbstbestimmung entsteht aus der Verfügung über Nutzungsprofile, ohne dass der Betroffene die ihn betreffenden Prozesse der Informationsgewinnung und Verarbeitung beeinflussen oder steuern kann. Gleichzeitig sind Kundendaten und -profile aufgrund ihres wirtschaftlichen Wertes gefährdet, von einzelnen Mitarbeitern der verantwortlichen Stelle missbräuchlich verwendet zu werden.[37]Eine weitere Gefährdung der informationellen Selbstbestimmung ergibt sich aus der Generierung von Scorewerten, die aus personenbezogenen und statistischen Informationen über einen Kunden generiert werden und seine Bonität bewerten.[38]

b) Die zweite Gefährdung besteht in einer zunehmenden **Unübersichtlichkeit** der Datenver- 21
arbeitung. Dezentralisierung und Vernetzung der Datenverarbeitung bedingen einen Verlust an Kontrolle über den Prozess und die Rechtmäßigkeit der Verarbeitung personenbezogener Daten.[39] Dies gilt nicht nur für den Betroffenen selbst, sondern auch für die verantwortliche Stelle, die bspw. die Datenflüsse innerhalb ihrer eigenen Netze nur durch umfangreiche Protokollierungen kontrollieren kann, was wiederum nur durch die Verarbeitung zumindest personenbeziehbarer Daten erreicht werden kann. Entsprechendes gilt unter den Bedingungen einer weltweiten Datenverarbeitung, die ungeachtet aller Rechtsregeln den Aufwand für eine nachlaufende Kontrolle der Verarbeitungsvorgänge durch interne Kontrollinstanzen, Kontrollbehörden oder die Betroffenen erhöht und damit erschwert.

3.3 Datenschutz durch Technik

Ein modernisiertes Datenschutzrecht muss auf die Entwicklung der Datenverarbeitungstech- 22
nik mit einem den Datenschutz der Inhalte und den Datenschutz des Netzrechts (TDDSG, TKG, TDSV) integrierenden einheitlichen und damit konvergenten Datenschutzrecht reagieren. Die erste Antwort auf die Entwicklung einer konvergenten Technik und den daraus entstehenden Gefährdungen für die informationelle Selbstbestimmung ist die Entwicklung eines **konvergenten Datenschutzrechts**.

Eine datenvermeidende und -sparsame Technikgestaltung ist die zweite Antwort auf die 23
technische Entwicklung der Datenverarbeitung: Aufgabe dieses **Technikgestaltungsrechts** ist es, die Erhebung, Verarbeitung und Nutzung personenbezogener Daten bereits auf der Ebene

36 Zum Adresshandel *Mattke*, Adresshandel 1995; s.a. *Weichert* in: *Bäumler*, E-Privacy 2000, S. 158 ff.
37 Bspw. beruhte die Veröffentlichung der Miles&More-Konten von Abgeordneten des Deutschen Bundestages auf einer missbräuchlichen Verwendung durch einen Mitarbeiter des Fluguntemehmens, vgl. *Bizer,* DuD 2002, 561.
38 *Weichert*, DuD 2005, 582 ff.
39 *BT-Enquete,* Neue Medien, BT-Drs. 13/11002, S. 91 ff.

der technischen Einrichtungen zu verringern. Bereits der „Rat für Forschung, Technologie und Innovation" hatte 1995 festgestellt, der traditionell normativ ausgestaltete Datenschutz müsse durch eine „Datenschutztechnologie" ergänzt werden, die durch eine verbindliche normative Vorgabe, „eine Verarbeitung personenbezogener Daten möglichst zu vermeiden", umgesetzt werden solle. Den Betroffenen sei ein Höchstmaß an Anonymität gegenüber Netzbetreibern und Dienstleistungsanbietern zu gewährleisten.[40]

24 Die Regelung beruht auf dem Konzept einer rechts- bzw. verfassungsgemäßen **Technikgestaltung.**[41] Sie ist eine konstruktive Weiterentwicklung der kritischen Analyse der Auswirkungen der Datenverarbeitung auf das allgemeine Persönlichkeitsrecht – heute der informationellen Selbstbestimmung[42] –, die in den 70er Jahren zu der Konstruktion einer am datenschutzrechtlichen Verbot mit Erlaubnisvorbehalt orientierten Datenschutzgesetzgebung geführt hat. Erst eine strategische Ausrichtung an dem „Leitbild der Informationsgesellschaft" hat Mitte der 90er Jahre im Zusammenhang mit der zunehmenden Bedeutung des Datenschutzes als Akzeptanzfaktor[43] die Einsicht gefördert, dass die Informationstechnik datenschutzfreundlich zu gestalten ist.

25 Die Gestaltung und Auswahl technischer Einrichtungen zielt auf die technischen Bedingungen der Datenverarbeitung und ist insofern ein Element des **Systemdatenschutzes**. Unter diesem Begriff werden mit *A. Podlech* die Summe der Rechtsregeln verstanden, die Vorgänge der Informationserhebung oder -verarbeitung rechtlich so ordnen, dass sie keine sozialschädlichen Folgen herbeiführen.[44] Sie lassen sich als Vorgaben charakterisieren, die auf die Gestaltung des technischen Systems der Erhebung, Verarbeitung und Nutzung zielen, um auf diese Weise die Einhaltung von rechtlichen Datenschutzanforderungen zu gewährleisten. In diesem Sinne sind auch die technisch-organisatorischen Anforderungen der Anlage zu § 9 BDSG Regelungen des Systemdatenschutzes. Auch § 3a zielt nach der Gesetzesbegründung auf die „Gestaltung der Systemstrukturen", um die Erhebung und Verwendung personenbezogener Daten zu vermeiden und die Selbstbestimmung der Nutzer sicherzustellen.[45]

26 Der Grundsatz der Datenvermeidung hat aber nicht nur für den Systemdatenschutz Bedeutung, sondern er zielt ebenso auf eine Förderung des **Selbstdatenschutzes**. Darunter sind Regelungselemente zu verstehen, die die Entscheidungsfreiheit des Nutzers und damit seine **individuelle Autonomie** stärken. Elemente des Selbstdatenschutzes sind bspw. die Möglichkeiten des Betroffenen, die Verarbeitung seiner Daten im Wege einer Einwilligung selbst zu steuern. Selbstdatenschutz realisiert sich aber auch, wenn der Betroffene entscheiden kann, gegenüber der für die Datenverarbeitung verantwortlichen Stelle anonym[46] oder unter Pseudonym[47] aufzutreten, um auf diese Weise seine Daten selbst zu schützen. Satz 2 der Regelung verpflichtet die verantwortliche Stelle, die Voraussetzungen für einen vom Betroffenen wahrzunehmenden Selbstdatenschutz zu treffen. Eine vergleichbare Regelungen enthält § 4 Abs. 6 TDDSG mit der Verpflichtung des Anbieters von Telediensten, dem Nutzer die Inanspruchnahme von Telediensten und ihre Bezahlung anonym oder unter Pseudonym zu ermöglichen.[48]

27 Die gesetzliche Vorgabe rechtlicher Gestaltungsziele soll die Entwicklung und Anwendung datenschutzfreundlicher Technologien fördern. Die Regelung leistet damit einen konstruktiven Beitrag zur Integration datenschutzrechtlicher Vorgaben in technische Gestaltungsprozesse.

---

40 *Forschungsrat* 1995, S. 32 f.

41 *Roßnagel* 1993; *Bizer* in: *Bäumler/v. Mutius* 1999, S. 28 ff.; *Bäumler*, DuD 1997, 449; *Trute*, JZ 1998, 827.

42 *Steinmüller/Lutterbeck/Mallmann*, Grundfragen des Datenschutzes 1973, BT-Drs. 6/3826; *Podlech*, DVR 1972/73, 149.

43 Siehe Kommentierung zu § 9a BDSG.

44 *Podlech* in FG *Grüner* 1982, 452; *Roßnagel* in: FS *Podlech* 1994, S. 236; *Bizer* in: Bäumler 1999, 36. s.a. *Büllesbach/Garstka* in: *Müller/Pfitzmann* 1997, S. 383 ff.; *Roßnagel/Dix,* Handbuch Datenschutzrecht, 2003, 3.5, Rn. 2-6.

45 BT-Drs. 14/4329, S. 33. Zu § 4 Abs. 4 bereits BT-Drs. 13/7934, 22; In diesem Sinne auch *Engel-Flechsig*, DuD 1997, 13; *Roßnagel*, ZRP 1997, 26; *Trute*, JZ 1998, 827; *BT-Enquete* BT-Drs. 13/11002, S. 95.

46 Siehe Kommentierung zu § 3 Abs. 6.

47 Siehe Kommentierung zu § 3 Abs. 6 a.

48 *Bizer*, Jahrbuch 1997, 148; § 12 Abs. 6 E-Telemediengesetz (TMG).

Die Regelung ist demnach ein „Prototyp innovativen Rechts".[49] Im Unterschied zu einer Regulierung mit rechtlichen Instrumenten des klassischen Ordnungsrechts bemüht sie sich, Datenschutzrisiken durch eine entsprechende **Gestaltung der Informationstechnik** „an der Quelle der Risiken" zu minimieren. Dieser Ansatz macht sich die besondere Gestaltungsfähigkeit der Informationstechnik zu nutze. Die Gestaltungsvorgabe der Datenvermeidung zielt auf eine Rezeption der informationellen Selbstbestimmung in die Leitbilder der Technikentwicklung.[50]

4. Verhältnis zu anderen Regelungen

4.1 Gleichlautende Regelungen

Eine **gleichlautende Regelung** hat der Bundesgesetzgeber im Rahmen der Novelle des BDSG 2001 in § 78b SGBX aufgenommen. Im Übrigen ist § 3a BDSG von jeder verantwortlichen Stelle (§ 3 Abs. 7 BDSG) als vor die Klammer gezogenes allgemeines Datenschutzrecht zu beachten. 28

In den **Landesdatenschutzgesetzen** ist der Grundsatz entweder als eigenständiges Regelungsprinzip[51] oder im Zusammenhang mit der Regelung der technisch-organisatorischen Maßnahmen zur Datensicherheit[52] aufgenommen worden. Das Hamburgische Datenschutzgesetz enthält die älteste gesetzliche Regelung des Grundsatzes der datenvermeidenden Technikgestaltung.[53] Eine entsprechende Regelung enthält auch der Rundfunk-Staatvertrag (§ 47 Abs. 5; § 47a Abs. 1 RStV). 29

4.2 Systematische Hinweise

Das Regelungsprinzip der Datenvermeidung und Datensparsamkeit steht im Zusammenhang mit dem in § 9a vorgesehenen **Datenschutzaudit**.[54] Die dort beabsichtigte „Verbesserung des Datenschutzes und der Datensicherheit" kann die verantwortliche Stelle insbesondere durch Maßnahmen der Datenvermeidung und Datensparsamkeit erreichen. Das Datenschutzaudit würde entsprechende Bemühungen und Erfolge ausweisen und auf diese Weise ermöglichen, das angebotene Datenschutzniveau im Wettbewerb zwischen den für die Verarbeitung verantwortlichen Stellen zu kennzeichnen. 30

Nach dem BDSG besteht keine Verpflichtung der verantwortlichen Stelle, den Betroffenen über die zur Datenvermeidung und –sparsamkeit getroffenen Maßnahmen zu **unterrichten**. Zumindest mittelbar ergibt sich eine solche Information für Nutzer von Tele- bzw. Mediendiensten, die nach § 4 Abs. 1 Satz 1 TDDSG / § 18 Abs. 1 Satz 1 MDStV zu Beginn des Nutzungsvorganges über „Art, Umfang und Zwecke" der Erhebung, Verarbeitung und Nutzung personenbezogener Daten zu unterrichten sind.[55] Ob und welche Maßnahmen der Dienstanbieter zur Datenvermeidung und -sparsamkeit ergriffen hat, kann der Nutzer von Tele- bzw. Mediendiensten indirekt auch der Unterrichtung über automatisierte Verfahren entnehmen, die eine spätere Identifizierung des Nutzers ermöglichen(§ 4 Abs. 1 Satz 3 TDDSG / § 18 Abs. 1 Satz 3 MDStV). 31

4.3 EG-Datenschutzrichtlinie

Die Regelung orientiert sich an den Anforderungen der EG-Datenschutzrichtlinie und setzt diese im Rahmen des den Mitgliedstaaten zur Verfügung stehenden Spielraums für die 32

49 *Bizer*, Jahrbuch 1997, 148.
50 Vgl. *Ulrich,* DuD 1996, 664.
51 § 4 Abs. 2 SHDSG; § 11b Abs. BbgDSG; § 5 Abs. 4 HbgDSG; § 4 Abs. 2 DSGNW; § 7 Abs. 4 NdsDSG; § 5a BlnDSG. S.a. *Roßnagel/Dix*, Handbuch Datenschutzrecht, 2003, 3.5, Rn. 3 f.
52 § 10 Abs. 1 Satz 1 HessDSG; § 9 Abs. 1 BW LDSG.
53 § 5 Abs. 4 HmbDSG i.d.F. vom 18. März 1997, GVBl. S. 76; *Schrader,* DuD 1998, 128.
54 Siehe Kommentierung § 9a.
55 *Bizer* in: *Roßnagel*, Recht der Multimediadienste 2000, TDDSG § 3 Rdnr. 144.

Sicherstellung eines „hohen Schutzniveaus" um.[56] Das Prinzip der Datenvermeidung ist eine Präzisierung des in Art. 6 Abs. 1 lit. c) EG-Datenschutzrichtlinie niedergelegten **Erforderlichkeitsgrundsatzes**.[57] Gestützt auf *Erwägungsgrund 53* enthält die Vorschrift eine technische Gestaltungsregelung, mit der die besonderen technologischen Risiken der Datenerhebung und -verarbeitung personenbezogener Daten minimiert werden sollen. Damit zielt sie nicht nur auf die Gewährleistung eines ausreichenden Niveaus an Datensicherheit, sondern formuliert auch Anforderungen an die Rechtmäßigkeit der Verarbeitung personenbezogener Daten.

33 Das Prinzip der datensparsamen Technikgestaltung und -auswahl ist ein **effektives Mittel**, um präventiv den nach Art. 17 Abs. 1 Satz 1 der EG-Datenschutzrichtlinie erforderlichen „Schutz gegen die zufällige oder unrechtmäßige Zerstörung, den zufälligen Verlust, die unberechtigte Änderung, die unberechtigte Weitergabe oder den unberechtigten Zugang – insbesondere wenn im Rahmen der Verarbeitung Daten in einem Netz übertragen werden – und gegen jede andere Form der unrechtmäßigen Verarbeitung personenbezogener Daten" zu gewährleisten.[58] Das Prinzip der Datenvermeidung und –sparsamkeit als Kriterium einer frühzeitigen Technikgestaltung und -auswahl wird schließlich durch *Erwägungsgrund 46* gestützt, wonach die zum Schutz der personenbezogener Daten geeigneten technischen und organisatorischen Maßnahmen „zum Zeitpunkt der Planung des Verarbeitungssystems" getroffen werden müssen.

5. Inhalt der Regelung (Satz 1)

5.1 Normadressat

34 Normadressat der Verpflichtung zur Datenvermeidung und -sparsamkeit ist die **verantwortliche Stelle** nach § 3 Abs. 7 bzw. im Fall der Tele- und Mediendienste deren Anbieter.[59] Das BDSG wendet sich unmittelbar nur an die in § 1 Abs. 2 genannten öffentlichen und nichtöffentlichen Stellen, nicht aber an die Hersteller und Anbieter von Datenverarbeitungssystemen.

35 Die Regelung wirkt sich aber mittelbar auch auf die **Hersteller und Anbieter** der Datenverarbeitungssysteme aus, wenn für die Verarbeitung verantwortliche Stellen im Rahmen ihrer Beschaffungsentscheidungen die Eigenschaft der Datenvermeidung nachfragen bzw. ihre zieladäquate Gestaltungsfähigkeit als Entscheidungskriterien in Ausschreibungen vorgeben und auf diese Weise eine Nachfrage nach datenvermeidenden Technologien erzeugen.

5.2 Zielvorgabe

36 Die Regelung beschränkt sich mit der Formulierung „an dem Ziel auszurichten" auf eine **Zielvorgabe**. Das Gesetz überlässt es damit der verantwortlichen Stelle, auf welche Weise sie das Ziel der Datenvermeidung und -sparsamkeit erreichen will. § 3a ist damit ein Regelungselement indirekter staatlicher Techniksteuerung. Ihre Umsetzung wird zum einen von den Angeboten der Hersteller und Anbieter technischer Datenverarbeitungssysteme abhängen. Zum anderen wird die Zielerfüllung davon beeinflusst werden, ob und inwieweit die verantwortlichen Stellen die Auswahl und Gestaltungsentscheidung zugunsten datenvermeidender und -sparsamer Verarbeitungssysteme als Wettbewerbsfaktor betrachten.[60] Vor dem Hintergrund der Bedeutung des Datenschutzes für die Akzeptanz automatisierter Datenverarbeitung könnte eine datensparsame Gestaltung und Auswahl der Verarbeitungssysteme zumindest in bestimmten Märkten einen Wettbewerbsvorteil darstellen.

---

56 Art. 5 EG-Datenschutzrichtlinie, Erwägungsgrund 10, 11; *Dammann/Simitis,* EG-Datenschutzrichtlinie, Einl. Rn. 10; *Dammann/Simitis*, EG-Datenschutzrichtlinie, Art. 5 Rdnr. 4; *Schild,* EuZW 1996, 550.
57 So allgemein: *Arbeitskreis Technik der Datenschutzbeauftragten*, DuD 1997, 709.
58 *Trute,* JZ 1998, 827.
59 BT-Drs. 13/7385, S. 22.
60 *Bizer*, Jahrbuch 1997, 147 f.; *Roßnagel*, NVwZ 1998, 4.

Das Ziel der Datenvermeidung und -sparsamkeit ist allerdings nicht konturenlos, sondern es wird durch **normative Vorgaben** präzisiert, die die verantwortlichen Stellen ohnehin einzuhalten haben (s.u. Rdnr. 52). Datenvermeidung und -sparsamkeit sind auch bei der Anwendung unbestimmter Rechtsbegriffe sowie von Ermessensspielräumen zu berücksichtigen. Die gesetzlichen Präzisierungen determinieren die Zielvorgabe allerdings **nicht abschließend**. Sie ist bei jeder Datenverarbeitungssysteme betreffenden Gestaltungs- und Auswahlentscheidung zu beachten und umzusetzen. 37

Der Grundsatz der Datenvermeidung und -sparsamkeit begründet nicht den Verzicht auf **gesetzlich erforderliche Datenverarbeitungen**. Die Gesetzesbegründung verweist auf die in bereichsspezifischen Regelungen für die Aufgabenerfüllung öffentlicher Stellen näher beschriebenen Register, nämlich das Zentrale Verkehrsinformationssystem (ZEVIS) beim Kraftfahrtbundesamt, das Ausländerzentralregister (AZR) beim Bundesverwaltungsamt, das polizeiliche Informationssystem (INPOL) beim Bundeskriminalamt sowie die bei den Nachrichtendiensten des Bundes geführten Informationssysteme.[61] Die Zielvorgabe wirkt sich aber auf die Gestaltung und Auswahl der für diese Systeme eingesetzten Anlagen und Programme aus, die ungeachtet der gesetzlichen Aufgabenstellung ihrerseits datenvermeidend und -sparsam zu gestalten sind. 38

Die verantwortliche Stelle verfügt über einen **Umsetzungsspielraum**, auf welche Weise sie das Ziel der Datenvermeidung und -sparsamkeit erreichen will. Sie kann das Ziel durch die Beschränkung der Erhebung, Verarbeitung oder Nutzung personenbezogener Daten, die Anwendung von Anonymisierungs- und Pseudonymisierungsverfahren umsetzen, oder lediglich durch eine Minimierung der erfassten und zu verarbeitenden Datensätze erreichen. Verschiedene Umsetzungsmöglichkeiten eröffnen auch die vorgesehenen Verarbeitungsschritte der personenbezogenen Daten („erheben", „verarbeiten, „nutzen"), zwischen denen differenziert werden kann. Schließlich bestehen erhebliche Spielräume bei der Auswahl oder Gestaltung der technischen Mittel und Verfahren. 39

Eine Zielvorgabe ist dem Datenschutzrecht nicht fremd, sondern im Zusammenhang mit der Formulierung von Anforderungen der Datensicherheit fester Bestandteil der datenschutzrechtlichen **Gesetzestechnik**. Eine vergleichbare Zielbestimmung enthält § 9 BDSG, wonach die datenverarbeitenden Stellen die erforderlichen technischen und organisatorischen Maßnahmen zu treffen haben, um die Ausführungen dieses Gesetzes, insbesondere die in der Anlage zu diesem Gesetz genannten Anforderungen, zu gewährleisten. In entsprechender Weise „final" angelegt ist auch Art. 17 Abs. 1 der EG-Datenschutzrichtlinie. Derartige Zielbestimmungen sind dem Technikrecht inhärent. Der Gesetzgeber beschränkt sich auf die Regelung einer Zielbestimmung, um einerseits eine schutzzielkonforme Entwicklung der Technik zu ermöglichen, andererseits aber die technische Entwicklung datenvermeidender Technologien nicht normativ zu blockieren. 40

Die Erfüllung der Zielvorgabe ist eine **Rechtspflicht** der verantwortlichen Stelle, wie sich aus dem imperativ formulierten Wortlaut der Vorschrift „hat sich an dem Ziel auszurichten" ergibt. Die Erfüllung der Zielvorgabe ist auch keinesfalls unbestimmt oder beliebig. Die Umsetzungsmöglichkeiten werden vielmehr durch das Gestaltungs- und Auswahlziel der Datenvermeidung und -sparsamkeit vorgegeben. Es eröffnet der verantwortlichen Stelle einen „Korridor" an Umsetzungsmöglichkeiten, auf welche Weise sie das Ziel umsetzen will. Der Gestaltungs- und Umsetzungsspielraum der verantwortlichen Stelle beschränkt sich aber nur auf die Mittel, mit denen sie das Ziel der Datenvermeidung und -sparsamkeit erreichen kann, an ihrer grundsätzlichen Verpflichtung einer datenvermeidenden Gestaltung und Auswahl ihrer Datenverarbeitungssysteme ändert sich nichts. 41

5.3 Gestaltung und Auswahl von Datenverarbeitungssystemen

Die Regelung zielt auf die Gestaltung und Auswahl von **Datenverarbeitungssystemen**. Nach DIN 44300 Nr. 99 handelt es sich hierbei um „eine Funktionseinheit zur Verarbeitung 42

61 BT-Drs. 14/4329, S. 33.

von Daten".[62] Der Begriff schließt Geräte und Baueinheiten (Hardware), Programme zur Datenverarbeitung (Software) sowie die Daten ein, durch deren Wechselwirkung der Verarbeitungsprozess möglich wird. Datenverarbeitungssysteme können zur Datenverarbeitung nach dem BDSG, aber auch für das Angebot und die Nutzung von Tele- bzw. Mediendiensten eingesetzt werden. Der Begriff wird auch im Telekommunikationsrecht neben dem der Telekommunikationsanlage verwendet.[63]

43 Das Gestaltungs- und Auswahlziel beschränkt sich nicht auf die Datenverarbeitungssysteme der verantwortlichen Stelle, obwohl nur diese Normadressat ist (Rdnr. 34). Das Gestaltungs- und Auswahlziel kann auch erreicht werden, indem dem **Betroffenen oder Nutzer** geeignete Mittel zur Verfügung gestellt werden, die eine datenvermeidende oder -sparsame Erhebung, Verarbeitung oder Nutzung seiner Daten durch das Datenverarbeitungssystem der verantwortlichen Stelle gewährleisten.

44 **Beispiele** sind die Bereitstellung von Dienstleistungen und technischen Werkzeugen wie Zertifizierungsdiensten, Chipkarten oder Chipkartenleser, mit deren Hilfe der Betroffene gegenüber verantwortlichen Stelle bzw. der Nutzer gegenüber dem Dienstanbieter unter Pseudonym handeln kann.[64] Ein Anwendungsbeispiel ist die Möglichkeit nach § 4 Abs. 6 TDDSG, Teledienste unter Pseudonym in Anspruch nehmen und bezahlen zu können. Entsprechendes gilt für die Nutzung von Terminals (für Fahrscheine etc.), an denen Kunden ihre Daten unter Pseudonym abrufen können. Zur Datensparsamkeit könnten schließlich Programme beitragen, die dem Nutzer zur Verfügung gestellt werden, damit er Cookies oder andere auf seinem Rechner hinterlegte intelligenten Programme abschalten oder nach Bedarf gestalten kann.[65] Das Ziel der Datenvermeidung und -sparsamkeit gilt auch für die Vergabe und Nutzung von eindeutigen Kennziffern für Hardware oder Softwarekomponenten im System des Nutzers, die eine Authentifizierung ohne seine Zustimmung technisch unterstützen und ermöglichen.[66] Ein negatives Beispiel sind Digital Rights Management-Systeme, die umfassende und dem Betroffene verborgene Nutzungsprofile anlegen.[67]

45 Die **Gestaltung der Datenverarbeitungssysteme** ist durch eine datenvermeidende und -sparsame Programmierung der eingesetzten oder einzusetzenden Software sowie eine entsprechende Konfiguration der eingesetzten Hardwarekomponenten zu verwirklichen. Die Gestaltung betrifft den Herstellungsprozess, lässt sich aber aufgrund der besonderen Modulationsfähigkeit der Software auch durch eine Veränderung der eingesetzten Software erreichen. Häufig ist es nur erforderlich, die Komponenten oder Programme datenschutzfreundlich zu gestalten, die das **Identitätsmanagement** der Betroffenen bzw. Nutzer betreffen.[68]

46 Das Ziel der Datenvermeidung und -sparsamkeit kann die verantwortliche Stelle auch durch die **Auswahl** des gesamten Systems oder einzelner Funktionsteile erreichen. Eine Auswahl setzt Entscheidungsalternativen zwischen mehreren Möglichkeiten voraus. Hierzu kann die verantwortliche Stelle das Ziel nach § 3a im Rahmen einer Ausschreibung vorgeben und ihre Beschaffungsentscheidungen an der Erfüllung der Vorgabe ausrichten. Stehen datenvermeidende und -sparsame Lösungen nicht zur Auswahl, bleibt nur die Gestaltung des Datenverarbeitungssystems.

47 Nach § 3a hat sich die Gestaltung **„und"** die Auswahl an dem Ziel der Datenvermeidung auszurichten. Die Gestaltung eines Datenverarbeitungssystems ist immer auch mit Auswahlentscheidungen zwischen verschiedenen Hardware- und Softwarekomponenten verbunden. Gestaltung und Auswahl sind notwendig miteinander verbunden. Die Regelung schließt aber

62 Siehe § 9 Rdnr. 90. Im Unterschied zur Datenverarbeitungsanlage, § 9 Rdnr. 72.
63 Siehe die mehrfache Verwendung in § 109 Abs. 1 Nr. 2, Abs. 2 Satz 1 TKG.
64 Siehe bspw. § 7 Abs. 1 Nr. 1 SigG; *Bizer* in: *Gimmy/Kröger* (Hrsg), Handbuch zum Internetrecht, 2. Aufl. 2002, S. 76 f.; *Hopp/Grünvogel*, DuD 2002, 79 ff.
65 *Bizer*, DuD 1998, 281.
66 Beispiel *Cornelius*, DuD 1999, 529 ff.
67 *Grimm/Puchta*, DuD 2006, 74ff.; *Hansen*, DuD 2006, 95ff.; *Spielkamp*, DuD 2006, 90ff.; *Möller/Bizer*, DuD 2006, 80ff.
68 *Hansen/Krasemann/Rost/Genghini*, DuD 2003, 551.

nicht aus, dass das Ziel lediglich durch die Auswahl eines bestimmten Datenverarbeitungssystems erreicht wird, das bereits datenvermeidend und -sparsam gestaltet worden ist.

Eine datensparsame Gestaltung und Auswahl von Datenverarbeitungssystemen setzt eine **Analyse** der beabsichtigten Erhebung, Verarbeitung und Nutzung personenbezogener Daten voraus. Auf der Grundlage dieser Analyse müssen Alternativen entworfen werden, die durch Gestaltungs- und Auswahlmaßnahmen umzusetzen sind. Soweit die Verarbeitung besondere Risiken für die Rechte und Freiheiten der Betroffenen aufweist, kann sie Bestandteil der nach Art. 20 EG-Datenschutzrichtlinie zu institutionalisierenden und in § 4d Abs. 5 vorgesehenen „Vorabkontrolle" sein.[69] Die Gestaltung und Auswahl des Datenverarbeitungssystems ist dann Bestandteil der im Rahmen der **Vorabkontrolle** durchzuführenden Zulässigkeitsprüfung der Datenverarbeitung. 48

Die Entwicklung technischer Gestaltungshinweise aus Rechtszielen ist eben so wenig wie die technische Entwicklung selbst „naturwüchsig und spontan", sondern sie ist gestaltungsfähig und gestaltungsbedürftig. Die Konkretisierung von Gestaltungsvorschlägen aus rechtlich vorgegebenen Verfassungs- und Rechtszielen lässt sich in einem mehrstufigen Prozess methodisch strukturieren. Beispiele für derartige **methodische Ableitungen** sind am Beispiel der Gestaltung betrieblicher ISDN-Telefonnebenstellenanlagen[70] und an der Gestaltung digitaler Signaturverfahren entwickelt und publiziert worden.[71] Entscheidend ist bei der Anwendung der Methode der „Konkretisierung rechtsgemäßer Technikgestaltung" (KORA) die schrittweise auf die Technik bezogene Konkretisierung von Rechtszielen als „Optimierungsgebote" zu technischen Gestaltungszielen und -anforderungen. Die Konkretisierungsschritte können je nach Anwendungsfall oder Technik zu erweitern oder zu präzisieren sein. 49

5.4 Umsetzung der Regelung

Die Zielvorgabe ist auf eine Vermeidung bzw. Reduktion der Erhebung, Verarbeitung oder Nutzung personenbezogener Daten (§ 3 Abs. 1) gerichtet. Keine Anwendung findet sie auf anonymisierte Daten im Sinne von § 3 Abs. 6, denn in diesem Fall ist die Regelung bereits erfüllt. Die Umsetzung der Zielvorgabe bezieht sich auf sämtliche Vorgänge der **Datenverarbeitung**, d.h. des Erhebens, Verarbeitens oder Nutzens personenbezogener Daten.[72] 50

Die Regelung ist durch die Alternative bestimmt, die Gestaltung und Auswahl der Datenverarbeitungssysteme an dem Ziel auszurichten, entweder „keine" (**Datenvermeidung**) oder „so wenige personenbezogene Daten wie möglich" (**Datensparsamkeit**) zu erheben, zu verarbeiten und zu nutzen. Aufgrund der Alternative lässt sich die Zielvorgabe abgestuft verwirklichen, entweder durch Maßnahmen der Datenvermeidung oder – schwächer – der Datensparsamkeit, wobei in Hinblick auf die personenbezogenen Datensätze sowie die Verarbeitungsschritte wiederum **Abstufungen** in der Gestaltung und Auswahl der technischen Systeme möglich sind. 51

5.4.1 Rechtliche Vorgaben: Als Zielvorgabe ist die Regelung prinzipiell auf eine **Optimierung** ausgerichtet. Zu beachten ist, dass das Mindestniveau der Umsetzung häufig durch **rechtliche Vorgaben** festgelegt, zumindest aber strukturiert ist (s.o. Rdnr. 37). 52

Zu den normativen Vorgaben gehört der Grundsatz der **Erforderlichkeit**, der in zahlreichen gesetzlichen Bestimmungen des Datenschutzrechts Voraussetzung für das Erheben, Verarbeiten und Nutzen personenbezogener Daten ist.[73] Die Gestaltung und Auswahl des Datenverarbeitungssystems muss gewährleisten, dass sich das Erheben, Verarbeiten und Nutzen personenbezogener Daten nur in dem für den legitimierten Zweck erforderlichen Umfang zulässig ist. 53

---

69 Siehe Kommentierung zu § 4d, Rdnr. 24 ff. Siehe auch *Bizer* in: *Bäumler* 1998,.45 ff. mwN.; *Hube*, DuD 1999, 31; *Roßnagel/Dix*, Handbuch Datenschutzrecht, 2003, 3.5, Rdnr. 32.

70 *Hammer/Pordesch/Roßnagel,* Betriebliche Telefon- und ISDN-Anlagen rechtgemäß gestaltet, Heidelberg 1993, S. 43 ff. KORA: „Konkretisierung rechtlicher Anforderungen"; *Roßnagel* 1993; auch *Bizer* in: *Bäumler* 1998, 54 ff.

71 *Pordesch/Roßnagel,* DuD 1994, 82 ff.

72 Siehe Kommentierung zu § 3 Abs. 3 bis 5.

73 Vgl. § 13 Abs. 1, § 14 Abs. 1, § 15 Abs. 1, 3 16 Abs. 1 Nr. 1, § 28 Abs. 1 Satz 1 Nr. 2 BDSG.

54 Große Bedeutung für die Umsetzung der Zielvorgabe hat insbesondere die technische Unterstützung der **Löschung** personenbezogener Daten bzw. des Personenbezugs. Nach § 20 Abs. 2 Nr. 2 und § 35 Abs. 2 Satz 2 Nr. 3 sind personenbezogene Daten zu löschen, wenn sie für die Erfüllung der Verwaltungsaufgabe bzw. den Geschäftszweck, zu dem sie gespeichert worden sind, nicht mehr erforderlich sind. Die Zielvorgabe kann bspw. durch technische unterstützte Löschungs- oder zeitlich wiederkehrende Prüfroutinen erfüllt werden, ob die Daten noch erforderlich sind. Eine solche Prüfroutine ist rechtlich lediglich nach § 35 Abs. 2 Satz 2 Nr. 4 für die geschäftsmäßige Verarbeitung für Zwecke der Übermittlung zwingend vorgeschrieben, sie ist aber rechtlich auch in den anderen Fällen geboten, in denen die verantwortliche Stelle zur Löschung verpflichtet ist, wenn die Speicherung der Daten bzw. des Personenbezugs nicht mehr erforderlich ist. Durch technische Gestaltungsmaßnahmen bzw. Auswahlentscheidungen kann das Rechtsziel der auf das erforderliche Maß begrenzten Datenspeicherung datensparsam erfüllt werden, indem der Personenbezug durch technisch unterstützte Prüf- und Löschungsroutinen zu einem möglichst frühen Zeitpunkt erfolgt.

55 Durch technische Gestaltungsmaßnahmen kann schließlich auch eine Unterschreitung der datenschutzrechtlich zulässigen **Höchstfristen** für die Speicherung von Abrechnungsdaten, die bei der Nutzung von Tele- und Mediendiensten anfallen, erreicht werden. Nach § 6 Abs. 7 TDDSG bzw. § 19 Abs. 8 MDStV beträgt die Höchstfrist sechs Monate, kann aber auch unterschritten werden.[74]

56 Die Zielvorgabe wird schließlich rechtlich flankiert und präzisiert durch die **technisch organisatorischen Vorgaben** nach § 9 und ihrer Anlage, deren Umsetzung jedoch auch ihrerseits an dem Ziel der Datenvermeidung und -sparsamkeit auszurichten sind. Mit zunehmender Komplexität vernetzter Systeme hat die Vorschrift für die technische Gestaltung der Hintergrundsysteme Bedeutung, in denen die einzelnen Vorgänge der Fachverfahren protokolliert werden.[75] Entsprechendes gilt für die technischen und organisatorischen Vorkehrungen nach § 4 Abs. 3 TDDSG bzw. § 18 Abs. 4 MDStV.

57 **5.4.2 Datenvermeidung:** Das Optimum der Datenvermeidung (Rdnr. 51) ist erreicht, wenn keine personenbezogenen Daten **erhoben** werden, weil in diesem Fall auch keine personenbezogenen Daten verarbeitet und genutzt werden können. Das Risiko einer Profilbildung über den einzelnen Nutzer ist bei einer Erhebung absolut anonymisierter Daten auf Null reduziert. Entsprechendes gilt, wenn lediglich nach § 3 Abs. 6 faktisch anonymisierte Daten erhoben werden, denn diese sind keine bestimmbaren Daten im Sinne des § 3 Abs. 1 BDSG.[76]

58 Das Ziel der Datenvermeidung kann auch durch **Abstufungen** auf der Ebene der Verarbeitungsschritte, insbesondere des Erhebens, Speicherns, Veränderns, Übermittelns (Verarbeiten) oder Nutzens erreicht werden. Aus dem Wortlaut des Gesetzes ergibt sich dies aus der Verknüpfung der Verarbeitungsschritte mit dem Begriff „oder".

59 Ein **Beispiel** für eine Maßnahme der Datenvermeidung ist das Erheben personenbezogener Daten, die ohne Personenbezug gespeichert werden und daher auch nur ohne Personenbezug verändert oder übermittelt werden können. Weitere Abstufungen sind möglich, wenn Daten von der verantwortlichen Stelle zwar personenbezogen erhoben und gespeichert werden, aber ohne Personenbezug an Dritte übermittelt werden. Der Personenbezug kann schließlich durch differenzierte Zugriffsregeln (Anlage zu § 9 Nr. 3) vermieden werden, wenn Daten bspw. personenbezogen gespeichert, aber von den Berechtigten nur ohne Personenbezug genutzt werden können. Schließlich kann der Personenbezug durch eine frühzeitige Löschung des Personenbezuges vermieden werden (siehe Rdnr. 54)

60 **Anwendungsfall** einer datenvermeidenden Technikgestaltung bzw. -auswahl ist die Implementierung barer Abrechnungsmechanismen bspw. bei Offline-Automaten zum Erwerb von Waren oder Dienstleistungen. Das Bezahlen mit Bargeld oder anonymen vorbezahlten Wertkarten erfordert im Unterschied zu einer Bezahlung mit einer EC- oder Kreditkarte keine

74 *Bizer*, DuD 2002, 302.
75 Vgl. für Dokumentenmanagement-Systeme (DMS) bspw. *Bizer/Hertel/Rost*, DuD 2005, 724, 727 f.
76 *Siehe* § 3 Rn. 202.

Erhebung personenbezogener Daten. Jedoch eröffnet die Abrechnung von Waren und Dienstleistungen mit Hilfe personalisierter Kunden- oder Rabattkarten regelmäßig die Möglichkeit personenbezogener Kundenprofile. Datenvermeidend wäre hingegen die Gestaltung und die Verwendung von Kundenkarten ohne Personenbezug.

Bei **Tele- und Mediendiensten** ist der Verzicht des Dienstanbieters, automatisierte Erhe- 61
bungsverfahren oder aktive Programme beim Nutzer zu speichern, mit deren Hilfe personenbezogene Nutzerdaten erhoben werden,[77] eine Maßnahme der Datenvermeidung. Datenvermeidend ist schließlich der generelle Verzicht auf Identifizierungsverfahren bei der Nutzung von Webseiten.[78]

5.4.3 Datensparsamkeit: Die zweite Alternative „so wenig personenbezogene Daten wie 62
möglich" zu erheben, verarbeiten oder zu nutzen" wird zum einen durch eine Reduktion der Zahl personenbezogener Datensätze (**Quantität**), zum anderen durch die Minimierung des Personenbezuges insbesondere durch Maßnahmen der Pseudonymisierung (**Qualität**) erreicht.

Die Zielvorgabe der Datensparsamkeit kann erreicht werden, wenn die personenbezogenen 63
Daten nach der **Zahl** der betroffenen Personen und bzw. oder der **Tiefe** der erhobenen Informationen reduziert wird. Rechtlicher Maßstab für eine technische Reduktion sind regelmäßig der Erhebungszweck sowie der Grundsatz der Erforderlichkeit. Technisch umgesetzt werden kann eine solche Reduktion bereits durch die Vorgabe entsprechend reduzierter Formulare und Masken, in die der Nutzer seine Angaben einzutragen hat. Beispiele sind bei der Bestellung von Waren der Verzicht auf Angaben über Beruf, Geschlecht, Alter, Telefonnummer etc.

Ein anderes Beispiel der Datensparsamkeit ist, wenn personenbezogene Daten nur **kurzzeitig** 64
oder vorübergehend erhoben und gespeichert werden, aber unmittelbar nach ihrer Nutzung wieder gelöscht werden. Eine solche Verpflichtung zur frühestmöglichen Löschung spätestens unmittelbar nach Ende der jeweiligen Nutzung enthält § 6 Abs. 1 i.V.m. § 4 Abs. 4 Nr. 1 TDDSG für Nutzungsdaten.

Datensparsamkeit lässt sich bspw. auch durch den Verzicht auf eine nutzungsabhängige und 65
die **Einführung einer pauschalen Abrechnung** der Nutzung erreichen. Die im Rahmen der Überprüfung der Nutzungsberechtigung anfallenden personenbezogenen Nutzungsdaten sind mangels Erforderlichkeit unmittelbar nach ihrer Prüfung zu löschen. Datensparsam ist auch der Verzicht auf die Abrechnung über Dritte (Inkasso), weil auf diese Weise die Übermittlung von Abrechnungsdaten unterbleiben kann.

Auch die **Abrechnung** von Leistungen kann datensparsam gestaltet werden. Ein Anwen- 66
dungsbeispiel ist § 6 Abs. 6 TDDSG, wonach die Abrechnung regelmäßig keine Angaben über den „Anbieter, Zeitpunkt, Dauer, Art, Inhalt und Häufigkeit" der vom Nutzer in Anspruch genommenen Dienste erkennen lassen darf. Eine Ausnahme gilt nur, wenn der Nutzer einen Einzelentgeltnachweis verlangt. Wird ein Dritter mit dem Inkasso beauftragt, dann kann durch technische Gestaltungsmaßnahmen der Inhalt der abzurechnenden Leistungen reduziert werden, soweit der Kunde diese direkt bspw. online beim Anbieter in Erfahrung bringen kann.

Datensparsam sind schließlich auch Verfahren, bei denen die Daten des Betroffenen unter 67
Pseudonym erhoben, verarbeitet oder genutzt werden bzw. der Nutzer unter einem Pseudonym handelt. Mit pseudonymisierten Daten kann nur das Ziel der Datensparsamkeit, aber nicht das der Datenvermeidung erreicht werden, weil pseudonymisierte Daten nach der Konzeption des BDSG personenbeziehbare Daten sind.[79]

6. Anonymisierung und Pseudonymisierung (Satz 2)

Satz 2 der Regelung verlangt zur Umsetzung der Anforderung der Datenvermeidung und 68
Datensparsamkeit, von den Möglichkeiten der **Anonymisierung und Pseudonymisierung**

77 Zu Cookies *Wichert,* DuD 1998, 273, *Bizer,* DuD 1998, 277 ff.; zu Java Aplets *Mack,* DuD 1998, 509.
78 Siehe zu „Single Sign In" im Internet *Mack,* DuD 2002, 272 ff.
79 Siehe § 3 Rdnr. 223.

Gebrauch zu machen. Beide Verfahren sind aber nur Regelbeispiele („insbesondere"), d.h. sie beschreiben nur „eine von mehreren Möglichkeiten der Ausgestaltung des Systemdatenschutzes"[80] und sind damit keineswegs abschließend. Der Vorbehalt des technisch Möglichen und Angemessenen gilt nur für die Anonymisierung und Pseudonymisierung, nicht aber für andere Möglichkeiten der Datenvermeidung und -sparsamkeit wie bspw. der Abstufung von Verarbeitungsschritten personenbezogener Daten.

6.1 Möglichkeiten

69 Laut Gesetzesbegründung besteht das Ziel des Regelbeispiels darin, „das Mitführen der vollen Identität Betroffener während der eigentlichen Datenverarbeitungsvorgänge zu reduzieren".[81] Allerdings gibt diese Begründung den gesetzlich geregelten Sachverhalt nur unvollständig wieder, denn das Erheben anonymer Daten[82] „reduziert" nicht lediglich die „volle Identität" des Betroffenen, sondern schließt sie aus.

70 Der Rechtsbegriff der Anonymisierung wird in § 3 Abs. 6 und der der Pseudonymisierung in Abs. 6 a bestimmt. Für die Verfahren kann auf die Erläuterungen zu diesen Bestimmungen verwiesen werden.[83] Am weitesten entwickelt sind Konzepte eines datenschutzfreundlichen Identitätsmanagements für die Kommunikation im Internet (s.a. Rdnr. 81 ff.).[84]

71 Einen speziellen **Anwendungsfall** der Anonymisierung und Pseudonymisierung regelt § 40 Abs. 2.[85] Für **Zwecke der wissenschaftlichen Forschung** verarbeitete personenbezogene Daten sind zu anonymisieren, sobald dies nach dem Forschungszweck möglich ist (Satz 1). Der Sache nach regelt § 40 Abs. 2 Satz 2 Anforderungen an die „bis dahin" zu gewährleistende Pseudonymisierung der für Forschungszwecke gespeicherten personenbezogenen Daten.[86] Gefordert ist eine gesonderte Aufbewahrung der Identifizierungsmerkmale sowie eine Beschränkung auf die Zusammenführung dieser Merkmale (Referenzliste) mit den pseudonymisierten Datensätzen.

72 Einen Anwendungsfall der Anonymisierung regelt § 30 Abs. 1 mit der Erhebung und Speicherung zum Zwecke der **Übermittlung in anonymisierter Form,** einer Sondervorschrift für Zwecke der Markt- und Meinungs- sowie der Sozialforschung. Die Regelung enthält Anforderungen für die Speicherung und Veränderung personenbezogener Daten, die nur anonymisiert übermittelt werden dürfen. Für die Speicherung der personenbezogen erhobenen Daten gelten Anforderungen einer Pseudonymisierung, nämlich eine gesonderte Speicherung der Identifizierungsmerkmale von den Einzelangaben.[87]

73 Rechtliche Vorgaben für die Auswahl und Gestaltung von Datenverarbeitungssystemen für Tele- und Mediendienste enthält die Verpflichtung nach § 4 Abs. 6 TDDSG / § 18 Abs. 6 MDStV, wonach die **Inanspruchnahme von Telediensten bzw. Mediendiensten** und ihre Bezahlung „anonym oder unter Pseudonym zu ermöglichen ist". Diese Anforderung steht wie auch § 3a unter dem Vorbehalt des technisch Möglichen und Zumutbaren.[88]

74 § 6 Abs. 3 TDDSG / § 19 Abs. 4 MDStV erlaubt die Anfertigung von **Nutzungsprofilen unter Pseudonym** für Zwecke der Werbung, der Marktforschung oder zur bedarfsgerechten Gestaltung der Tele- bzw. Mediendienste, wenn der Nutzer nicht widersprochen hat. Das Gesetz untersagt ausdrücklich ein Zusammenführen der pseudonymisierten Profile mit dem Träger des Pseudonyms. Für Zwecke der Marktforschung dürfen nach § 6 Abs. 5 Satz 4 TDDSG / § 19 Abs. 6 Satz 4 MDStV an andere Dienstanbieter nur **anonymisierte Nutzungsdaten** übermittelt werden.

---

80 BT-Drs. 14/4329, S. 33.
81 BT-Drs. 14/4329, S. 33.
82 Siehe § 3 Rdnr. 207.
83 Siehe § 3 Rdnr. 202 ff. sowie Rdnr. 218 ff.
84 S.a. *Federath/Berthold* in: *Bäumler*, E-Privacy 2000, S. 189 ff.; *Borking,* DuD 1996, 654 ff.; *Schneider/Pordesch,* DuD 1998, 645 ff.
85 Siehe § 40 Rdnr. 65 ff.
86 Siehe § 40 Rdnr. 73 ff.
87 Siehe § 3 Rdnr. 205; § 30 Rdnr. 9 ff.
88 Zwei positive Beispiele in *Fritsch/Roßnagel/Schwenke/Stadler*, DuD 2005, 592 ff.

6.2 Vorbehalt des Möglichen

Nach Satz 2 steht das Regelbeispiel der Anonymisierung und Pseudonymisierung unter dem Vorbehalt des Möglichen („soweit dies möglich ist"). Laut Gesetzesbegründung ist dieses Tatbestandsmerkmal als **Vorbehalt des technisch Möglichen** zu verstehen.[89] Das Gesetz wiederholt damit einen allgemeingültigen Grundsatz, wonach das Recht die Erfüllung unmöglicher Handlungen und Leistungen nicht erwarten darf. Ausgeschlossen sind damit jedoch nicht Lösungen, die technisch noch nicht realisiert worden sind, aber konzeptionell entwickelt sind und umgesetzt werden können. Derartige Lösungen können allerdings scheitern, wenn ihr Aufwand unangemessen ist (s.u. Rdnr. 76). 75

6.3 Vorbehalt des angemessenen Aufwandes

Die Umsetzung der Möglichkeiten einer Anonymisierung und Pseudonymisierung steht unter dem Vorbehalt, dass der Aufwand in einem angemessenen Verhältnis zu dem angestrebten Schutzzweck steht. Eine vergleichbare Relation zwischen Aufwand und Schutzzweck enthält auch § 9 Satz 2.[90] Nach der Gesetzbegründung bedeutet dies, dass die Umsetzung „aufgrund der vorgegebenen funktionalen Zusammenhänge sachgerecht" sein muss.[91] 76

Der **Schutzzweck** der Anonymisierung und Pseudonymisierung wird durch das Recht auf informationelle Selbstbestimmung bzw. den Schutz der Persönlichkeit nach § 1 Abs. 1 bestimmt. Der Schutzzweck ist erreicht, wenn ein Personenbezug der Daten vermieden oder zumindest reduziert werden kann, um auf diese Weise die Risiken für die informationelle Selbstbestimmung des Betroffenen zu minimieren. 77

Unter **„Aufwand"** sind die in Geld ausgedrückten Kosten zu verstehen, die für die technische Gestaltung bzw. Auswahl der in Satz 2 vorgesehenen Anonymisierung und Pseudonymisierung aufgewendet werden müssen. Zu Lasten der verantwortlichen Stelle können aber die Vorteile veranschlagt werden, die die verantwortliche Stelle erzielt, weil sie aufgrund einer datenvermeidenden und -sparsamen Gestaltung ihres Datenverarbeitungssystems Daten für ihre Geschäftszwecke oder Aufgaben erheben, verarbeiten oder nutzen kann. 78

Das Gesetz verlangt nur ein **angemessenes Verhältnis** zwischen Aufwand und angestrebten Schutzzweck der Maßnahmen. Da es sich bei dem informationellen Selbstbestimmungsrecht um ein immaterielles Recht handelt, können die materiellen Aufwände für Schutzmaßnahmen durch eine Anonymisierung und Pseudonymisierung von personenbezogene Daten nicht ohne Weiteres aufgerechnet werden.[92] Besondere Schutzbedürftigkeit genießen in jedem Fall die „besonderen Arten personenbezogener Daten" nach § 3 Abs. 9 sowie andere durch spezielle Rechtsvorschriften geschützte vertrauliche Daten (§ 203 StGB, § 88 TKG), die regelmäßig höhere Aufwendungen für die Gestaltung eines Datenverarbeitungssystems rechtfertigen. Angemessen ist ferner die Anwendung standardmäßig verfügbarer Anonymisierungs- und Pseudonymisierungsverfahren. Auch die mit geringen Aufwänden erreichbare Programmierung der Software ist regelmäßig angemessen. 79

Demgegenüber wird eine vollständige **Neuanschaffung** eines Datenverarbeitungssystems, nur weil das ältere über unzureichende Möglichkeiten einer Anonymisierung oder Pseudonymisierung verfügt, unangemessen sein. Dies gilt erst recht, wenn das bisherige System steuerlich noch nicht abgeschrieben ist. Das Kriterium der datenvermeidenden und -sparsamen Gestaltung eines Datenverarbeitungssystems im Rahmen einer Ausschreibung oder Beschaffungsmaßnahme ist jedoch regelmäßig nicht unangemessen. Umgekehrt kann sich die verantwortliche Stelle nicht auf einen unangemessenen Aufwand berufen, wenn sie nach Inkrafttreten des BDSG im Rahmen einer Ausschreibung oder Beschaffungsmaßnahme 80

---

89 BT-Drs. 14/4329, S. 33.
90 Siehe § 9 Rdnr. 23 f.
91 BT-Drs. 14/4329, S. 33.
92 Zur Diskussion um die Ökonomisierung der informationellen Selbstbestimmung siehe *Weichert* in: *Bäumler* (Hrsg.), E-Privacy 1999, S. 158 ff. einerseits und die Beiträge von *Roßnagel,* S. 131 ff., 133 und *Kilian,* S. 151 ff., in: *Bizer/Lutterbeck/Rieß* (Hrsg.), *FG Büllesbach* 2002.

eines Datenverarbeitungssystems oder eines relevanten Funktionsteils auf das Kriterium der Datenvermeidung und -sparsamkeit verzichtet hat.

7. Implementierungen

81 Die Entwicklung und Förderung datenvermeidender Technologien ist in Europa vor allem unter dem Begriff der **Privacy Enhancing Technologies (PET)** thematisiert worden.[93] Insbesondere aus den Niederlanden liegen eine Reihe von Entwicklungen vor.[94] Das Fünfte Rahmenprogramm „Forschung, technologische Entwicklung und Demonstration (1998-2002)“ vom 22. Dezember 1998 enthielt ein eigenes Themenfeld „Benutzerfreundliche Informationsgesellschaft“, in dem die Entwicklung von „Technologien für einen besseren Schutz der Privatsphäre“ ausdrücklich als ein Schwerpunkt ausgewiesen worden war.[95] Im Sechsten Rahmenprogramm (2002-2006) vom 26. Juni 2002 zählt zu den technologischen Prioritäten die „Erforschung von Technologien, mit denen die wichtigsten Sicherheitsprobleme in einer voll digitalisierten Welt bewältigt werden können und die der Notwendigkeit Rechnung tragen, die Rechte und die Privatsphäre der Bürger zu schützen“.[96] Ein konkretes Beispiel ist die Implementierung von Datenschutzanforderungen in die neue Generation des Internetprotokolls IPv6, das nach dem Willen der EU-Kommission den Grundrechten auf Schutz der Privatsphäre und des Datenschutzes umfassend Rechnung tragen soll.[97]

82 Auch der Bund hat – einer Empfehlung der Enquete-Kommission Neue Medien folgend[98] – in der 14. Legislaturperiode (1998-2002) im Rahmen seines Aktionsprogramms „Innovation und Arbeitsplätze in der Informationsgesellschaft des 21. Jahrhundert“ die **Entwicklung technischer Werkzeuge** für den Datenschutz gefördert.[99] Unterstützt wurde der Aufbau einer Infrastruktur unabhängiger Mix-Netzknoten im Internet, die eine verschlüsselte und anonyme Nutzung von Internetseiten ermöglichen soll.[100] In dem Projekt „Datenschutz in Telediensten – DASIT“ wurde ein Konzept für eine datensparsame Abwicklung elektronischer Bestellungen einschließlich der Lieferung und Bezahlung entwickelt und erprobt.[101]

8. Durchsetzung und Kontrolle

83 § 3a enthält eine rechtliche Verpflichtung der für die Datenverarbeitung verantwortlichen Stellen (siehe Rdnr. 34). Eine Verletzung der Verpflichtung ist nicht bußgeld- oder strafbewehrt. Die **Kontrolle**, ob verantwortliche Stellen ihre Verpflichtung zur datenvermeidenden- und datensparsamen Gestaltung und Auswahl von Datenverarbeitungssystemen einhalten, ist im nicht-öffentlichen Bereich Aufgabe der Aufsichtsbehörden nach § 38 Abs. 1 Satz 1, mangels ausreichender Befugnisse ist diese Kontrollkompetenz jedoch wenig wirksam.[102] Im Rahmen der internen Datenschutzkontrolle wirken die Beauftragten für den Datenschutz – sowohl in öffentlichen als auch in nicht-öffentlichen Stellen – nach § 4g Abs. 1 Satz 1 auf die Einhaltung der Verpflichtung hin. Aber auch diese Kontrollbefugnis beschränkt sich auf die

---

93 *Registratiekammer* 1995; *Burkert* in: *Agre/Rotenberg* 1997, S. 125 ff.; *Borking,* DuD 1998, 636 ff.; *Roßnagel/Hansen*, Handbuch Datenschutzrecht, 2003, 3.3, Rdnr. 25 ff.

94 *Borking,* DuD 2001, 607 ff.

95 Abl. EG L 25/1 S. 14 f. vom 1.2.1999.

96 Abl. EG L 232 S. 9 vom 29.8.2002.

97 KOM(2002)96, S. 16 vom 21. Februar 2002, siehe Artikel. 29 Data Protection Working Group Party, Opinion 2/2002 on the use of unique identifier in telecommunication terminal equipments: the example of Ipv6, Working Paper 48, Adopted on 30. May 2002.

98 BT-Drs. 13/10012, S. 109; 13/11004, S. 19.

99 BT-Drs. 14/8456, S. 67. Nach einer Pressemitteilung des Bundesministeriums für Wirtschaft und Technologie vom 31. Januar 2001 betrug das Fördervolumen 5,8 Millionen DM.

100 *Bäumler,* DuD 2001, 316; http://anon-online.de.

101 *Grimm/Löhndorf/Scholz,* DuD 1999, 272 ff. *Roßnagel* (Hrsg.), Datenschutz beim Online-Einkauf 2002; *Enzmann/Roßnagel*, CR 2002, 141 ff.

102 Siehe Kommentierung zu § 38; *Moos*, DuD 1998, 163 ff.

Identifizierung von Umsetzungsdefiziten und entsprechenden Anregungen.[103] Bei Bundesbehörden unterliegt die Einhaltung des § 3a der Kontrolle durch den Bundesbeauftragten für den Datenschutz (§ 24 Abs. 1 Satz 1).

Die Umsetzung der Verpflichtung nach § 3a kann im nicht-öffentlichen Bereich durch die Initiierung wirksamer **Markteffekte** gestärkt werden. Voraussetzung ist, dass Diensteanbieter gegenüber den Nutzern transparent machen, ob und in welchem Umfang ihre Datenverarbeitungssysteme datenvermeidend und -sparsame gestaltet sind. Eine solche **Unterrichtung** ist jedoch nicht verpflichtend, sie besteht für Anbieter von Tele- bzw. Mediendiensten allenfalls mittelbar (s.o. Rdnr. 31). 84

Die Implementierung datenvermeidender und -sparsamer Datenverarbeitungssysteme kann aber vor allem durch das in § 9a BDSG vorgesehene **Datenschutzaudit** ausgelöst werden.[104] Voraussetzung ist allerdings, dass auf einem Markt zwischen verantwortlichen Stellen ein Wettbewerb besteht, in dem Investitionen in den Datenschutz bspw. durch den Einsatz einer datenschutzfreundliche Technologie sich für die Kunden als ein relevanter Wettbewerbsfaktor darstellt. Das Datenschutzaudit ist eine im Wettbewerb zu verwendende Bescheinigung über diese Leistung. 85

103 Siehe § 4g Rdnr. 30.

104 *Bizer* in: *Bäumler* 1998, 54 ff.; Siehe Kommentierung zu § 9a. EU-Kommission KOM(2003)265 endg. vom 15.5.2003, Erster Bericht über die Durchführung der Datenschutzrichtlinie EG 95/46, S. 17.

§ 4 Zulässigkeit der Datenerhebung, -verarbeitung und -nutzung

(1) Die Erhebung, Verarbeitung und Nutzung personenbezogener Daten sind nur zulässig, soweit dieses Gesetz oder eine andere Rechtsvorschrift dies erlaubt oder anordnet oder der Betroffene eingewilligt hat.

(2) Personenbezogene Daten sind beim Betroffenen zu erheben. Ohne seine Mitwirkung dürfen sie nur erhoben werden, wenn

1. eine Rechtsvorschrift dies vorsieht oder zwingend voraussetzt oder

2. a) die zu erfüllende Verwaltungsaufgabe ihrer Art nach oder der Geschäftszweck eine Erhebung bei anderen Personen oder Stellen erforderlich macht oder

b) die Erhebung beim Betroffenen einen unverhältnismäßigen Aufwand erfordern würde

und keine Anhaltspunkte dafür bestehen, dass überwiegende schutzwürdige Interessen des Betroffenen beeinträchtigt werden.

(3) Werden personenbezogene Daten beim Betroffenen erhoben, so ist er, sofern er nicht bereits auf andere Weise Kenntnis erlangt hat, von der verantwortlichen Stelle über

1. die Identität der verantwortlichen Stelle,

2. die Zweckbestimmungen der Erhebung, Verarbeitung oder Nutzung und

3. die Kategorien von Empfängern nur, soweit der Betroffene nach den Umständen des Einzelfalles nicht mit der Übermittlung an diese rechnen muss,

zu unterrichten. Werden personenbezogene Daten beim Betroffenen aufgrund einer Rechtsvorschrift erhoben, die zur Auskunft verpflichtet, oder ist die Erteilung der Auskunft Voraussetzung für die Gewährung von Rechtsvorteilen, so ist der Betroffene hierauf, sonst auf die Freiwilligkeit seiner Angaben hinzuweisen. Soweit nach den Umständen des Einzelfalles erforderlich oder auf Verlangen, ist er über die Rechtsvorschrift und über die Folgen der Verweigerung von Angaben aufzuklären.

Literatur

J. Bizer, Datenschutzrechtliche Informationspflichten, DuD 2005, 451 ff.; *E. Duhr/H. Naujok/M. Peter/E. Seiffert,* Neues Datenschutzrecht für die Wirtschaft, DuD 2002, 5 ff.; *K. Globig*, Zulässigkeit der Erhebung, Verarbeitung und Nutzung im öffentlichen Bereich, in *A. Roßnagel* (Hrsg.) Handbuch Datenschutzrecht (2003), Kap. 4.7., S. 627 ff. *S. Klewitz-Hommelsen,* Ganzheitliche Datenverarbeitung in der öffentlichen Verwaltung und ihre Beschränkungen durch den Datenschutz, Heidelberg 1996; *C. Klug,* Beispiele richtlinienkonformer Auslegung des BDSG, RDV 2001, 266; *K. Rogall,* Informationseingriff und Gesetzesvorbehalt im Strafprozeßrecht (1992); *H.-H. Schild*, Datenerhebung, -verarbeitung und -nutzung, in *A. Roßnagel* (Hrsg.), Handbuch Datenschutzrecht, Kap. 4.2, S. 501 ff.; *S. Simitis,* Die EU-Datenschutzrichtlinie – Stillstand oder Anreiz?, NJW 1997, 281; *H. Trute,* Der Schutz personenbezogener Informationen in der Informationsgesellschaft, JZ 1998, 822; *K. Vogelgesang,* Grundrecht auf informationelle Selbstbestimmung? (1987); *H.-G. Woertge,* Die Prinzipien des Datenschutzrechts und ihre Realisierung im geltenden Recht (1984).

Übersicht

1. Zulässigkeitsalternative: Rechtsvorschrift oder Einwilligung (Abs. 1)

1.1 Änderungen gegenüber dem BDSG 1990

Gegenüber der Vorläufernorm im BDSG 1990 brachte die Novellierung 2001 für § 4 Abs. 1 nur eine wesentliche inhaltliche Änderung, die Aufnahme der Phase der Erhebung. Der Gesetzgeber zog damit die Konsequenzen aus den Vorgaben der EG-Datenschutzrichtlinie: Art. 2 lit. b sieht die Erhebung als Unterfall der Zulässigkeit der Verarbeitung an und macht diese ohne Rücksicht auf den öffentlichen oder nicht-öffentlichen Status der verantwortlichen Stelle von den in Art. 7 aufgeführten Voraussetzungen abhängig.[1] Durch diese Neuerung wurde mithin abweichend von der früheren Rechtslage auch die Erhebung im nicht-öffentlichen Bereich in den Gesetzesvorbehalt einbezogen.[2] 1

1.2 Funktion der Norm

Die Bedeutung des § 4 Abs. 1 für das Gesamtkonzept des BDSG kann kaum überschätzt werden. Er stellt die zentrale Norm zur Sicherung des informationellen Selbstbestimmungsrechts dar: Zur Legitimation eines Informationseingriffs erkennt der Gesetzgeber als einzige Alternative zum individuellen Verfügungsrecht über die Verwendung der eigenen Daten die Regelung durch eine **Rechtsvorschrift** an. Liegt keine **Einwilligung** i.S.v. § 4a vor, muss sich jede Datenverarbeitung auf das BDSG oder eine andere Rechtsvorschrift stützen können, sonst ist sie unzulässig. Diese ebenso strikte wie **abschließende Zulässigkeitsalternative** war zwar bereits im BDSG 1977 enthalten, hat jedoch erheblich an Bedeutung gewonnen, zunächst durch die Anerkennung des informationellen Selbstbestimmungsrechts und die Festlegung der Voraussetzungen für den Eingriff in dieses Recht durch das Volkszählungsurteil des Bundesverfassungsgerichts vom Dezember 1983, sodann durch die darauf aufbauende Dogmatik und Judikatur sowie schließlich durch die im Laufe der letzten beiden Jahrzehnte zunehmend ausgefächerte bereichsspezifische Gesetzgebung.[3] 2

Diese seit dem ersten BDSG 1977 angewandte Methode der Festlegung des zulässigen Verarbeitungsrahmens wurde und wird vielfach als **„Verbot mit Erlaubnisvorbehalt"** charakterisiert.[4] Zwar konkretisiert § 4 Abs. 1 für das personenbezogene Informationshandeln der Verwaltung den verfassungsrechtlichen Gesetzesvorbehalt.[5] Doch ist diese Terminologie insofern missverständlich, als es – anders als in den verwaltungsrechtlichen Vorbildern – nicht um ein gesetzliches Verbot geht, das durch einen besonderen Verwaltungsakt, eben die Erlaubnis, im Einzelfall wieder aufgehoben werden muss. Vielmehr ergibt sich die generelle Erlaubnis zur Datenverarbeitung bzw. -verwendung bereits direkt aus dem Gesetz, eben aus § 4 Abs. 1. Au- 3

1 Vgl. *Brühann*, in GH II/*Wolf* A 30, Rdnr. 6 zu Art. 7 EG-Datenschutzrichtlinie; zu den Konsequenzen für das Arbeitsverhältnis vgl. *Lambrich/Cahlik*, RDV 2002, 287, 289.
2 Vgl. die Begr. zum RegE, BT-Drs. 14/4329, 33 f., zu Nr. 6.
3 Vgl. zu dieser Entwicklung ausführlich Einleitung, Rdnrn. 27 ff., insbes. 38 ff.
4 Vgl. z.B. *Tinnefeld/Ehmann/Gerling*, Einführung, 88, 250; *Klewitz-Hommelsen*, Ganzheitliche Datenverarbeitung, 144; als Grundregel auch für die EG-Datenschutzrichtlinie *Brühann*, a.a.O.(Fußn. 1), Rdnr. 1.
5 Vgl. *Woertge*, Prinzipien, 152.

ßerdem betrifft die Norm nicht nur Behörden und damit Handlungen auf der Grundlage von Verwaltungsrecht, sondern auch die Unternehmen des nicht-öffentlichen Bereichs.[6]

1.3 Anwendungsbereich

4 Der „Erlaubnisvorbehalt" des Abs. 1 bezieht sich auf die **Formen der Datenverwendung**, wie sie in § 3 Abs. 3 (Erhebung), Abs. 4 (Verarbeitung) und Abs. 5 (Nutzung) definiert sind.

5 Die **Adressaten** der Norm ergeben sich aus § 1 Abs. 2.[7] Für nicht-öffentliche Stellen gilt das Gebot der Rechtfertigung ihrer Verarbeitung durch Einwilligung oder eine Rechtsvorschrift also nur insoweit, als diese unter Einsatz von Datenverarbeitungsanlagen bzw. in oder aus nicht automatisierten Dateien und nicht ausschließlich für persönliche oder familiäre Tätigkeiten erfolgt (§ 1 Abs. 2 Nr. 3).[8] Im Anwendungsbereich des Dritten Abschnitts sind auch die manuellen, aber offensichtlich aus einer automatisierten Verarbeitung entnommenen Daten einbezogen (§ 27 Abs. 2). § 4 Abs. 1 richtet sich auch an Stellen, die Auftragsdatenverarbeitung betreiben;[9] § 11 Abs. 3 Satz 1 beschränkt ihre Verarbeitungs- bzw. Nutzungsbefugnis auf den durch die Weisungen des Auftraggebers vorgezeichneten Rahmen. Mittelbar betroffen von den Zulässigkeitsvoraussetzungen des Abs. 1 sind über § 5 Satz 1 und das dort enthaltene Tatbestandsmerkmal „unbefugt" auch die Personen, die in den verantwortlichen Stellen bei der Datenverarbeitung beschäftigt sind.[10]

1.4 Verhältnis von Einwilligung und Rechtsvorschrift

6 Der Gesetzeswortlaut („oder") stellt das BDSG bzw. eine andere Rechtsvorschrift einerseits und die Einwilligung andererseits als Erlaubnistatbestände formal auf eine Stufe.[11] Dies könnte suggerieren, dass dort, wo gesetzliche Verarbeitungsbefugnisse bestehen, die verantwortliche Stelle nach ihrem Belieben auch eine Einwilligung des Betroffenen einholen könnte. Diese Lösung wird gelegentlich sogar „aus Gründen der Rechtssicherheit" empfohlen. Dieser Ansatz ist jedoch abzulehnen, weil bei Einholung einer Einwilligung beim Betroffenen immer der Eindruck erweckt wird, eine Wahlfreiheit und damit die Möglichkeit der Ablehnung der vorgesehenen Verwendung seiner Daten zu haben. Hat jedoch die verantwortliche Stelle die Absicht, bei Verweigerung des Einverständnisses doch wieder auf ihre gesetzliche Verarbeitungserlaubnis zurückzugreifen, wird der Betroffene im Ergebnis getäuscht. Die **Einwilligung** kommt mit anderen Worten nur dort in Betracht, wo Behörden oder Unternehmen **tatsächlich** und **rechtlich** über **mehrere Verarbeitungsalternativen** verfügen und bereit sind, die Verweigerung der Einwilligung durch den Betroffenen zu respektieren.[12]

7 Keinen Anwendungsbereich hat die Einwilligung mithin immer dann, wenn bzw. insoweit gesetzliche Verarbeitungs**pflichten** bestehen.[13] Die immer noch ungebrochene Entwicklung zu immer ausdifferenzierterer bereichsspezifischer Gesetzgebung[14] führt im Ergebnis daher im entsprechenden Umfang zu einer Abnahme der Bedeutung der Einwilligung als Verarbeitungsbefugnis.

1.5 „Andere Rechtsvorschriften"

8 Nach **§ 1 Abs. 3** haben bereichsspezifische Rechtsvorschriften **des Bundes Vorrang** vor dem BDSG. Dogmatisch folgerichtig wäre es daher, für diese Normgruppe auch die Anwendung

6 Kritisch daher zur Verwendung dieser verwaltungsrechtlichen Rechtsfigur auch *Woertge,* Prinzipien, 153 f.
7 Vgl. § 1 Rdnrn. 115 ff.
8 Vgl. § 1 Rdnrn. 138 ff.
9 Vgl. *Auernhammer,* BDSG § 4 Rdnr. 1.
10 Vgl. § 5 Rdnrn. 5, 20.
11 Für Vorrang der Einwilligung als Ausfluss der informationellen Selbstbestimmung de lege ferenda *Roßnagel/Pfitzmann/Garstka,* Modernisierung des Datenschutzrechts, BMI-Gutachten 2001, 72.
12 Zum Verhältnis von Rechtsvorschrift und Einwilligung im Arbeitsrecht vgl. *Lambrich/Cahlik*, RDV 2002, 287, 291 ff.
13 Zur daher vergleichsweise geringen Bedeutung der Einwilligung im öffentlichen Bereich vgl. § 4a Rdnrn. 16 ff.
14 Vgl. Einleitung, Rdnrn. 48 f.

des § 4 Abs. 1 auszuschließen und sie damit nicht als „**andere** Rechtsvorschriften" im Verhältnis zum BDSG einzustufen.[15] Diese Differenzierung hat jedoch keine praktische Bedeutung. Jedenfalls steht fest, dass nicht § 4 Abs. 1 die Maßstäbe für mögliche Kollisionen zwischen dem BDSG und anderem verarbeitungsbezogenen Bundesrecht abgibt, sondern nur § 1 Abs. 3.

Unter „Rechtsvorschrift" sind alle **materiellen Rechtsnormen mit unmittelbarer Außenwirkung** zu verstehen, also insbesondere **Gesetze** und **Rechtsverordnungen**, nicht aber Erlasse und Verwaltungsvorschriften.[16] Auch vorkonstitutionelles Gewohnheitsrecht scheidet aus.[17] Auch **landesrechtliche** Rechtsvorschriften können Verarbeitungsvorgänge nicht-öffentlicher Stellen zulassen, wenn der Landesgesetzgeber eine nach der Kompetenzverteilung des Grundgesetzes bestehende Zuständigkeit in Anspruch genommen hat.[18] So unterliegen (auch) private Krankenhäuser in manchen Bundesländern den Datenschutzvorschriften der Landeskrankenhausgesetze.[19] Landesrechtliche Verarbeitungsnormen für nicht-öffentliche Stellen finden sich auch in §§ 16 ff. des Mediendienstestaatsvertrags sowie in einigen Privatrundfunkgesetzen.[20] Ein weiteres Beispiel: Werden Forschungsdaten, die von Landesbehörden übermittelt worden sind, durch private Stellen (weiter)verarbeitet, müssen diese sich als Datenempfänger insoweit dem Gebot wissenschaftlicher Zweckbindung des jeweiligen Landesdatenschutzgesetzes unterwerfen.[21] 9

Zulässigkeitstatbestände ergeben sich weiter aus den **Satzungen der bundesunmittelbaren Körperschaften, Anstalten und Stiftungen des öffentlichen Rechts**.[22] Die Verarbeitungsbefugnis muss sich dabei im Rahmen der gesetzlich eingeräumten Satzungsautonomie halten. Davon zu unterscheiden sind die Satzungen von juristischen Personen des **privaten** Rechts, z.B. von Vereinen.[23] Deren Regelungen über die Verarbeitung der Mitgliederdaten haben keine Rechtsnormqualität, sondern müssen sich strikt im Rahmen des § 28 halten. 10

Als „Rechtsvorschrift" zu behandeln ist auch der **normative** Teil von Tarifverträgen und Betriebsvereinbarungen wegen seiner unmittelbaren Außenwirkung.[24] Die generelle Verbindlichkeit der **Tarif- und Betriebsnormen** für die Arbeitsverhältnisse ist angeordnet in § 4 Abs. 1 TVG sowie in § 77 Abs. 4 Satz 1 BetrVG.[25] Unabhängig von ihrem Charakter als „Rechtsvorschrift" stellt sich die Frage, ob Tarif- und Betriebsnormen die Verarbeitung von Arbeitnehmerdaten auch dann zulassen können, wenn sie das Schutzniveau des BDSG unterschreiten.[26] 11

1.6 Erlaubnisumfang

Ob und **inwieweit** eine Rechtsvorschrift außerhalb des BDSG den Umgang mit personenbezogenen Daten anordnet oder erlaubt, ist in jedem Einzelfall sorgfältig und **auf jede einzelne Phase** der Erhebung, Verarbeitung bzw. Nutzung bezogen zu prüfen. Dies hat der Gesetzgeber des BDSG 2001 durch die veränderte Formulierung des Zulässigkeitsvorbehalts („soweit …" statt vorher „wenn …") klargestellt. Sind nur einzelne Verarbeitungsvorgänge angeordnet 12

---

15 Vgl. *Gola/Schomerus*, BDSG § 4 Rdnr. 7.

16 Vgl. § 1 Rdnrn. 163 ff.; ausländische Vorschriften kommen natürlich nicht in Betracht, klarstellend insoweit *HL-Reg*, 17. Bericht der Aufsichtsbehörden für den Datenschutz vom 15.02.2005, LT-Drs. 16/3650, Abschn. 9.3., betr. die Übermittlung von Daten deutscher Wirtschaftsprüfer in die USA aufgrund des Sarbanes-Oxley Act 2002.

17 Vgl. *Rogall*, Informationseingriff, 66.

18 Vgl. *Auernhammer*, BDSG § 4 Rdnr. 7; zur Abgrenzung der Gesetzgebungszuständigkeiten im Datenschutzrecht vgl. § 1 Rdnrn. 1 ff.

19 Vgl. z.B. § 1 Abs. 2, 4 Bremisches Krankenhausdatenschutzgesetz.

20 Z.B. §§ 43 ff. BremLMG, §§ 53 ff. HmbMedienG.

21 Vgl. z.B. § 21 Abs. 5 BrDSG, § 33 Abs. 4 HDSG.

22 Vgl. § 2 Rdnr. 31.

23 Vgl. *Bergmann/Möhrle/Herb*, BDSG § 4 Rdnr. 22.

24 Vgl. § 1 Rdnr. 166.

25 Vgl. zur Rechtsnormqualität von Tarifnormen und zu den Unterschieden zwischen Betriebs- und Tarifnormen *Löwisch/Rieble*, TVG (2004), § 1 Rdnr. 15 ff.; zur Qualifikation von Betriebsvereinbarungen vgl. BVerfGE 73, 261, 268; BAG AP Nr. 15 zu § 87 BetrVG 1972 Überwachung = DuD 1989, 100; *Däubler/Kittner/Klebe/Berg*, BetrVG, § 77 Rdnr. 8 („privatrechtlicher Normenvertrag").

26 Dazu u. Rdnr. 16.

oder erlaubt, muss zur Legitimation der anderen Verarbeitungsformen wieder auf die allgemeinen Zulässigkeitstatbestände des BDSG zurückgegriffen werden.[27] Möglich ist auch umgekehrt, dass die Verarbeitung im Übrigen sich auf die generellen Erlaubnisnormen des BDSG stützt, einzelne Phasen dagegen ausdrücklich verboten sind. Bei **vorrangigen** Rechtsvorschriften des **Bundes** ist die „Deckungsgleichheit" nach § 1 Abs. 3 entscheidend; soweit sie nicht gegeben ist, bleibt es bei der Anwendung der Zulässigkeitstatbestände des BDSG.[28]

13 Ausdrückliche gesetzliche Verarbeitungs**gebote** implizieren die **Erlaubnis** zur Nutzung der zur Erfüllung dieser Pflichten erforderlichen Daten; dies wurde seinerzeit durch die Ergänzung des § 4 Abs. 1 im BDSG 1990 gegenüber der Vorläufernorm um die Worte „... oder anordnet" klargestellt.[29] **Gesetzliche Mitteilungspflichten** z.B. des Arbeitgebers gegenüber den Sozialversicherungsträgern enthalten mithin gleichzeitig seine Befugnis, die entsprechenden Angaben zu speichern und zu übermitteln. Buchführungspflichten nach dem Handelsrecht haben zur Voraussetzung, dass die entsprechenden Daten erhoben und aufgezeichnet werden. § 1 Abs. 3 KSchG, der zwar die Verwendung bzw. Offenlegung bestimmter Informationen im Rahmen der Sozialauswahl bei der Kündigung vorschreibt,[30] nicht jedoch den Datensatz und die Art der Verarbeitung konkret festlegt, gibt dem Arbeitgeber insoweit die Verarbeitungserlaubnis nach § 28 Abs. 1 Satz 1 Nrn. 1 bzw. 2.[31]

14 Ebenso wie eine nach § 1 Abs. 3 vorrangige Norm[32] vermag auch eine nach § 4 Abs. 1 „andere Rechtsvorschrift" den Umgang mit personenbezogenen Daten nur dann zu rechtfertigen, wenn sie in **verfassungskonformer** Weise in das informationelle Selbstbestimmungsrecht eingreift. Der Erlaubnistatbestand muss den Anforderungen des Volkszählungsurteils des Bundesverfassungsgerichts genügen: Der Informationseingriff muss zur Wahrung eines überwiegenden Allgemeininteresses[33] erforderlich sein, dem Verhältnismäßigkeitsgrundsatz Rechnung tragen[34] und normenklar formuliert sein, d.h. zumindest die zu verarbeitenden Datenarten und den Zweck der Verarbeitung benennen.[35] Diese Anforderungen hat das Bundesverfassungsgericht in seiner späteren Rechtsprechung wiederholt bekräftigt.[36]

15 Es reicht mithin grundsätzlich nicht aus, wenn einer Verwaltungsbehörde gesetzlich lediglich Aufgaben zugewiesen werden, ohne den dafür notwendigen Umgang mit personenbezogenen Angaben in Art und Umfang näher zu beschreiben. Bei derartigen bloßen **Aufgabenzuweisungsnormen** ist der Rückgriff auf die im BDSG enthaltenen allgemeinen Erlaubnistatbestände nur insoweit zulässig,[37] als nicht wegen der Eingriffsintensität der zur Aufgabenerfüllung notwendigen Datenverarbeitung bereichsspezifische Vorschriften erforderlich sind.[38] In dieser Fallgruppe kann eine „Auffangfunktion" des BDSG auch nicht über eine in einigen Landesdatenschutzgesetzen ausdrücklich aufgenommene erweiternde Tatbestandsalternative geschaffen werden, nach der es ausreicht, dass eine Aufgabe oder ein Geschäftszweck eine bestimmte Datenverarbeitung **„zwingend voraussetzt"**.[39] Zwar enthält auch § 4 Abs. 2 Satz 2 Nr. 1 diese Formulierung, doch dort geht es nicht um die Zulässigkeit der Verarbeitung selbst, sondern lediglich um die Möglichkeit der *Erhebung* ohne Mitwirkung des Betroffenen.

27 Zu den Einschränkungen vgl. u. Rdnr. 14.
28 Vgl. § 1 Rdnrn. 169 ff.
29 Vgl. Amtl. Begr. zum RegE BDSG 1990, BT-Drs. 11/4306, 41.
30 Vgl. dazu *Stahlhacke/Preis/Vossen,* Kündigung und Kündigungsschutz im Arbeitsverhältnis, Rdnr. 677; *Schaub,* BB 1993, 1089, 1093.
31 Vgl. *Gola/Schomerus,* BDSG § 4 Rdnr. 9 mit Hinweis auf BAG, RDV 1987, 129 = DB 1987, 1048; s.a. *Hueck/ v. Hoyningen-Huene,* KSchG § 1 Rdnr. 465.
32 Vgl. § 1 Rdnrn. 158 ff.
33 Vgl. § 1 Rdnrn. 86 ff.
34 Vgl. § 1 Rdnr. 105.
35 Ausführlich zu den formalen und inhaltlichen Voraussetzungen für bereichsspezifische Bestimmungen § 1 Rdnrn. 98 ff.
36 Vgl. BVerfGE 100, 313, 359 f. zu Art. 10 GG
37 Vgl. dazu *Bergmann/Möhrle/Herb,* BDSG § 4 Rdnr. 16; *Gola/Schomerus,* BDSG § 4 Rdnr. 8.
38 Ausf. dazu § 1 Rdnrn. 110 f.; gegen diese „Schwellentheorie" im Interesse der Reduzierung bereichsspezifischer Vorschriften *Globig,* in *Roßnagel (Hrsg.),* Hdb. Datenschutzrecht, Kap. 4.7, Rdnrn. 17 ff.
39 So z.B. § 7 Abs. 1 Nr. 1 HDSG, § 3 Abs. 1 Nr. 1 BrDSG; ohne diese bedenkliche Erweiterung z.B. § 4 Abs. 1 Nr. 1 NDSG und § 4 Abs. 1 lit. a DSG NW; wie hier *Schaffland/Wiltfang,* BDSG § 4 Rdnr. 3; s.a. § 1 Rdnr. 102.

§ 4 Abs. 1 trifft keine Aussage zur materiellen Qualität der „anderen Rechtsvorschriften“, also zu der Frage, ob diese auch dann die Verarbeitung personenbezogener Angaben zu rechtfertigen vermögen, wenn sie das durch das BDSG selbst gesetzte Schutzniveau **unterschreiten**. Ein ausdrückliches „Äquivalenzgebot“, wonach bereichsspezifische Vorschriften einen dem allgemeinen Datenschutzgesetz vergleichbaren Standard bieten müssen, gibt es nur vereinzelt im Landesrecht.[40] Dieses Prinzip lässt sich nicht auf das BDSG übertragen. Vorrangige Rechtsvorschriften nach § 1 Abs. 3 können auch zu Lasten des Betroffenen vom BDSG abweichen, wenn dies das „überwiegende Allgemeininteresse“ zwingend verlangt.[41] 16

Für **untergesetzliche** Normen kann dagegen eine solche Abweichung generell nicht zugelassen werden; der Regelungsspielraum des BDSG muss ausreichen. Zu Recht wird daher die Auffassung des Bundesarbeitsgerichts, wonach **Betriebsvereinbarungen** den Datenschutz gegenüber dem BDSG einschränken können,[42] vielfach abgelehnt.[43] Gleiches gilt für die **Tarifparteien**: Tarifnormen sind an die Grundrechte der Koalitionsmitglieder gebunden. Diese Grundrechtsbindung umfasst dementsprechend die Beachtung des informationellen Selbstbestimmungsrechts der Arbeitnehmer und begrenzt insoweit die Normsetzungsbefugnis der Tarifvertragspartner.[44] 17

1.7 Erlaubnisnormen im BDSG

Für die Datenverarbeitung der **öffentlichen Stellen** definiert das BDSG selbst die Zulässigkeitsvoraussetzungen für die Erhebung in § 4 Abs. 2, 3 und § 13, für die Speicherung, Veränderung und Nutzung in § 14 sowie für die Übermittlung in §§ 4 b, 4 c, 15 und 16. Die Rechtsgrundlagen der Datenverarbeitung im **nicht-öffentlichen Bereich** finden sich für die Erhebung in §§ 4 Abs. 2 und 3, 28 Abs. 1, 29 Abs. 1 und § 30 Abs. 1. Die Speicherung, Übermittlung und Nutzung für eigene Zwecke ist in § 28, für fremde Zwecke in §§ 29 und 30 geregelt; die Phasen der Sperrung und Löschung normiert § 35. Mit der Erfüllung der Meldepflicht nach § 4d ist die stelleninterne Nutzung oder – bei externer Meldepflicht an die Aufsichtsbehörde – ggf. Übermittlung personenbezogener Angaben – z.B. der Angaben zum Leitungspersonal der verantwortlichen Stelle und zu den Empfängern nach § 4e Satz 1 Nrn. 2 und 6 – zwangsläufig verbunden. Sonderbedingungen für die Verarbeitung zu **Forschungszwecken** schaffen u.a. die §§ 4a Abs. 2 und 40. § 41 enthält eine datenschutzrechtliche Teilregelung für die **Medien**. Für **Auftragnehmer** schließlich wird der Verarbeitungsrahmen durch § 11 Abs. 3 Satz 1 („nur im Rahmen der Weisungen des Auftraggebers“) festgelegt.[45] Die Novellierung 2001 hat weitere Verarbeitungstatbestände eingeführt. Dazu gehören z.B. § 6b über die Videoüberwachung und die Chipkartenregelung des § 6c.[46] 18

---

40 Vgl. § 6 Abs. 1 Satz 3 BlnDSG.

41 Zu möglichen absoluten Verarbeitungsschranken vgl. § 1 Rdnr. 94 ff.

42 So BAG, NJW 1987, 674 = DB 1986, 2080; ebenso *Schaffland/Wiltfang*, BDSG § 4 Rdnr. 3.

43 Vgl. *Gola/Schomerus*, BDSG § 4 Rdnr. 10; *Linnenkohl/Rauschenberg/Schütz*, BB 1987, 1454; *Simitis*, RDV 1989, 49, 60; *Wohlgemuth*, BB 1991, 340; *Wächter*, DuD 1988, 600; wie hier mit Hinweis auf Erwägungsgrund 12 der EG-Datenschutzrichtlinie, der die Schutzprinzipien der Richtlinie für *alle* Verarbeitungen im Anwendungsbereich des Gemeinschaftsrechts gelten lassen will, auch *Roßmann*, DuD 2002, 286, 288; zur Bindung der Betriebsvereinbarungsnormen an zwingendes staatliches Recht vgl. *Däubler/Kittner/ Klebe/Berg*, BetrVG § 77 Rdnr. 10. Dem BAG folgen u.a. *Lambrich/Cahlik*, RDV 2002, 287, 295 („gesetzliche Öffnungsklausel für die Betriebspartner“), *Wank* in Erfurter Kommentar zum Arbeitsrecht, 5. Aufl. 2005, § 4 BDSG Rdnrn. 2 f.; *Beckschulze/Henkel*, DB 2001, 1491, 1501

44 Vgl. *Kempen/Zachert*, TVG, Grundlagen, Rdnrn. 160 ff., insb. Rdnr. 161.

45 Vgl. § 11 Rdnrn. 56 ff.

46 Eine Übersicht über die bereichsspezifischen Bestimmungen in den allgemeinen Datenschutzgesetzen gibt *Globig* in *Roßnagel* (Hrsg.), Hdb. Datenschutzrecht, 671 ff.

2. Grundsatz der Direkterhebung mit Ausnahmen (Abs. 2)

2.1 Direkterhebung (Abs. 2 Satz 1)

19 Der in Abs. 2 Satz 1 formulierte Grundsatz, dass personenbezogene Daten beim Betroffenen zu erheben sind, beschränkt die grundsätzliche Pflicht zur unmittelbaren, direkten Datenerhebung bei den betroffenen Personen selbst natürlich nicht nur auf den männlichen Bevölkerungsteil. Kürzer und geschlechtsneutral wird im Folgenden der Begriff der „Direkterhebung“ verwendet, mit dem der Sachverhalt einer Datenerhebung **bei der betroffenen Person** zum Ausdruck gebracht werden soll. Der Grundsatz der Direkterhebung fand sich früher in § 13 Abs. 2, der nur für öffentliche Stellen anwendbar ist. Da die Europäische Datenschutzrichtlinie auch das Erheben von Daten in ihren umfassenden Verarbeitungsbegriff in Art. 2 Buchst. b einbezieht und keine Unterscheidungen zwischen der Datenverarbeitung im öffentlichen und im nicht-öffentlichen Bereich trifft, ist auch die Datenerhebung im nicht-öffentlichen Bereich dem Grundsatz der Direkterhebung zu unterstellen. Auch nach der Rechtsprechung des Bundesverfassungsgerichts strahlen die für die staatliche Erhebung und Verarbeitung personenbezogener Daten entwickelten Grundsätze auf die private Erhebung und Verarbeitung aus.[47] Mit der Novelle des BDSG 2001 ist der Grundsatz der Direkterhebung sowie die davon möglichen Ausnahmen in den Abschnitt über die allgemeinen und gemeinsamen Bestimmungen vorgezogen worden, sodass er nunmehr für den öffentlichen und den nicht-öffentlichen Bereich gilt.

20 Personenbezogene Daten sind bei der betroffenen Person zu erheben. Ausnahmen sind nur im Rahmen von Abs. 2 Satz 2 zulässig. Die betroffene Person soll wissen können, wer sich für ihre Daten interessiert,[48] Daten erhebt, speichert und sonst verarbeitet. Damit entspricht § 4 Abs. 2 Satz 1 für öffentliche Stellen einer der Hauptforderungen zum informationellen Selbstbestimmungsrecht im Volkszählungsurteil.[49] Die Erhebung bei der betroffenen Person bedeutet nicht nur, dass die sie betreffenden Daten **direkt bei ihr** erhoben werden, was im Grundsatz eine höhere Gewähr für die Richtigkeit der Daten bedeutet, sondern auch, dass die betroffene Person daran mitwirkt, um vom Erhebungsvorgang **Kenntnis zu erlangen**.[50] Zwar ist anders als beispielsweise nach dem nordrhein-westfälischen[51] oder hessischen Datenschutzgesetz[52] die „Kenntnis“ der betroffenen Person nicht ausdrücklich verlangt, sie ergibt sich aber indirekt aus § 4 Abs. 2 Satz 2 BDSG, der bei der Ausnahmeregelung von „ohne seine Mitwirkung“ spricht. Die Mitwirkung wird also sonst vorausgesetzt und damit auch die Kenntnis der betroffenen Person.

21 Voraussetzung für die Direkterhebungspflicht ist, dass **personenbezogene Daten** Gegenstand der Erhebung sind. Die zu erhebenden Daten müssen also Einzelangaben[53] zu einer oder mehreren betroffenen Personen enthalten. Aggregierte Daten, die über die Verhältnisse einer einzelnen Person nichts aussagen, fallen damit nicht unter Abs. 2 Satz 1. Soweit die zu erhebenden Daten jedoch Einzelangaben zu mehreren Personen umfassen sollen, etwa Einkünfte jedes Haushaltsmitglieds, müssen diese Daten jeweils bei der einzelnen betroffenen Person erhoben werden.

22 Die **Art der Direkterhebung** richtet sich nach den zu erhebenden Daten und den **Umständen im Einzelfall**. Sie unterliegt grundsätzlich dem Ermessen der erhebenden Stelle. Dies kann eine mündliche oder schriftliche Befragung der betroffenen Person sein oder auch Untersuchungen, Messungen, Aufnahmen, Tests, Beobachtungen oder Entnahme von Körpermaterial. Die Zulässigkeit besonderer Formen der Datenerhebung richtet sich, soweit dies nicht ohnehin spezialgesetzlich geregelt ist, nach allgemeinen Grundsätzen, letztlich nach dem ver-

47 Vgl. BVerfGE 84, 192, 194.
48 Vgl. *Simitis/Walz,* RDV 1987, 157, 161 f.
49 BVerfGE 65, 1, 43 ff.; *Auernhammer,* BDSG § 13 Rdnr. 11.
50 So auch *Bergmann/Möhrle/Herb,* BDSG § 13 Rdnr. 13; *Auernhammer,* BDSG § 13 Rdnr. 12.
51 § 12 Abs. 1 DSG NRW.
52 § 12 Abs. 1 HDSG.
53 S. § 3 Rdnr. 4 ff.

fassungsrechtlichen Grundsatz der Verhältnismäßigkeit. Die Art der Erhebung als solche ist jedoch grundsätzlich nicht Regelungsgegenstand von Abs. 2 Satz 1.

Die Direkterhebung ist auf die **Mitwirkung** der betroffenen Person angewiesen. Die Mitwirkung kann **aktiv** erfolgen, indem selbst informiert oder bei der Informationsaufnahme geholfen wird. Sie kann aber auch **passiv** sein und lediglich in der ausdrücklichen bewussten Duldung der Erhebung bestehen, der sich trotz vorhandener Möglichkeiten nicht entzogen wird. Eine physische Nähe zwischen der erhebenden und der betroffenen Person ist nicht erforderlich. Die Datenerhebung kann also beispielsweise auch im Wege der telefonischen Fernabfrage oder im Wege des sog. Fernwirkens erfolgen, das die automatische Datenabfrage als Grundlage für das Auslösen von Maßnahmen voraussetzt (z.B. Überwachen von Patientinnen oder Patienten). Mitwirkung liegt ebenfalls vor, wenn die Daten von einer hierfür von der betroffenen Person ausdrücklich bevollmächtigten Person erhoben werden.[54] Die Erfordernisse von **Kenntnis und Mitwirkung** der betroffenen Person ergeben sich aus dem Rechtsgedanken des verfassungsrechtlich garantierten Rechts auf informationelle Selbstbestimmung. Danach soll grundsätzlich die einzelne Person selbst darüber entscheiden, ob und welche Daten zur eigenen Person sie von sich preisgibt.[55] An dieser notwendigen Mitwirkung der betroffenen Person fehlt es, wenn heimlich Daten bei ihr erhoben werden. Dies kann z.B. eine Erhebung durch heimliches Foto- oder Videografieren oder heimliches Abhören des gesprochenen Wortes sein. Das von der betroffenen Person unbemerkte Auslesen von personenbezogenen Daten, die beispielsweise auf einem Funkchip („RFID") gespeichert sind, ist ebenfalls eine solche Datenerhebung. Auch eine Messung mit eindeutigem Bezug zu einer bestimmten Person im Straßenverkehr, von der die betroffene Person in der Regel im Zeitpunkt der Erhebung keine Kenntnis hat, kann dazu zählen. Derartige Erhebungen sind keine Direkterhebungen i.S.v. Abs. 2 Satz 1,[56] weil die die Kenntnis voraussetzende Mitwirkung der betroffenen Person bei der Erhebung entscheidend ist. Solche Erhebungen können allenfalls nach Abs. 2 Satz 2 zulässig sein.[57] An der Mitwirkung fehlt es auch, wenn die Daten von vornherein für einen anderen als den angegebenen Zweck verwendet werden sollen. Dies trifft etwa für eine Blutentnahme zu, von der die betroffene Person nicht weiß, dass sie auch für einen HIV-Test oder zur Genomanalyse benutzt werden soll. Gleiches gilt, wenn medizinische Daten etwa in einem Universitätskrankenhaus ohne Wissen der betroffenen Person auch für Forschungszwecke verwendet werden sollen. 23

Müssen Daten ausnahmsweise von einer zeitweilig nicht entscheidungsfähigen und damit **mitwirkungsunfähigen Person** erhoben werden, ist die betroffene Person davon unverzüglich dann zu unterrichten, wenn sie diese Information bewusst entgegennehmen kann. Nahe liegend ist dafür das Beispiel, dass nach einem Unfall eine bewusstlose Person eine Bluttransfusion erhalten muss und es dafür vorher der Feststellung der Blutgruppe bedarf. Die Unterrichtung soll die betroffene Person über die Tatsache der Datenerhebung in Kenntnis setzen. Es sind auch Fälle denkbar, in denen dadurch der betroffenen Person erst die Möglichkeit eröffnet wird, eventuell unrichtige Daten zu berichtigen oder gegebenenfalls gegen die Erhebung oder auch gegen eine eventuell nachfolgende Speicherung vorzugehen. Der sich aus den Umständen möglicherweise zwingend ergebende Makel der fehlenden Mitwirkung der betroffenen Person muss umgehend beseitigt werden. Die **Unterrichtungspflicht** ergibt sich aus dem Grundgedanken des Rechts auf informationelle Selbstbestimmung, sodass die Rechtmäßigkeit einer Speicherung gleichsam unter dem Vorbehalt der nachträglichen Unterrichtung steht. 24

Die Direkterhebung bedeutet weiterhin, dass die Person für die erhebende Stelle **bestimmt** oder **bestimmbar** ist. Eine anwesende Person steht allein durch ihre Anwesenheit eindeutig und unverwechselbar fest. Bei nicht physisch anwesenden Personen, deren Daten beispiels- 25

54 *Däubler/Klebe/Wedde,* BDSG § 13 Rdnr. 14.
55 BVerfGE 65, 1/43 ff.
56 So auch *Auernhammer,* BDSG § 13 Rdnr. 12.
57 Dazu Rdnrn. 26 ff.

weise auf telekommunikativen Wegen erhoben werden sollen, bedarf es verlässlicher Identifizierungs- und Authentifizierungsverfahren.

2.2 Erhebung ohne Mitwirkung (Abs. 2 Satz 2)

2.2.1 Ausnahmen im Überblick

26 **Ohne Mitwirkung** der betroffenen Person dürfen personenbezogene Daten über sie ausnahmsweise nur in folgenden Fällen erhoben werden:

- wenn eine Rechtsvorschrift dies vorsieht oder zwingend voraussetzt (Nr. 1),
- wenn die zu erfüllende Verwaltungsaufgabe ihrer Art nach oder der Geschäftszweck eine Erhebung bei anderen Personen oder Stellen erforderlich macht (Nr. 2a) oder
- wenn die Erhebung bei der betroffenen Person einen unverhältnismäßigen Aufwand erfordern würde (Nr. 2b).

Allerdings greifen die Ausnahmetatbestände der Nr. 2 nur, wenn im Einzelfall keine Anhaltspunkte dafür bestehen, dass dadurch überwiegende schutzwürdige Interessen der betroffenen Person beeinträchtigt werden.

27 Daneben gibt der sich für das Datenschutzrecht allgemein in § 4 Abs. 1 wiederfindende Grundsatz der informationellen Selbstbestimmung auch hier der betroffenen Person die Möglichkeit, ausdrücklich auf die Erhebung bei ihr zu verzichten und die erhebende Stelle zur Erhebung an eine andere Person oder Stelle zu verweisen. Die betroffene Person muss nur bei einer ausdrücklichen **Auskunftspflicht** selbst mitwirken oder die Erhebung bei ihr selbst dulden. Eine Datenerhebung ohne Mitwirkung kann nur aufgrund eines normenklaren und verhältnismäßigen Gesetzes zulässig sein. Der Grundsatz der Verhältnismäßigkeit ist auch bei der Auslegung der von § 4 Abs. 2 Satz 2 formulierten und zum Teil nicht unproblematischen Ausnahmeregelungen zu beachten.[58] Die Tatsache, dass die Erhebung von Daten dem Vorteil der betroffenen Person dient, gestattet keine Erhebung ohne ihre Mitwirkung. Maßgeblich ist allein das Vorliegen der Voraussetzungen von Abs. 2 Satz 2.[59]

28 Ohne Mitwirkung erfolgt eine Erhebung, wenn sie bei anderen Personen oder öffentlichen oder nicht-öffentlichen Stellen vorgenommen wird oder wenn die Daten zwar bei der betroffenen Person erhoben werden, diese die Datenerhebung aber gerade nicht bemerken soll, um den Zweck der Datenerhebung nicht zu vereiteln. Werden Daten nach § 4 Abs. 2 Satz 2 nicht bei der betroffenen Person erhoben, ist dieser Vorgang für die angefragte Stelle eine Datenübermittlung. Die Stelle hat daher im Rahmen ihrer Verantwortung zu prüfen, ob die **Zulässigkeitsvoraussetzungen** für diese Übermittlung z.B. nach § 15 oder § 28 vorliegen. Bezüglich der Datenübermittlung durch nicht-öffentliche Stellen auf Auskunftsverlangen öffentlicher Stellen ist § 13 Abs. 1a einschlägig.[60]

29 Übermittelt eine öffentliche Stelle, ohne dazu ausdrücklich aufgefordert zu sein, personenbezogene Daten an eine andere öffentliche Stelle, sog. **Spontanübermittlung**, darf dadurch, sofern diese Spontanübermittlung nicht ihrerseits bezüglich der empfangenden Stelle und der Art der Daten bereichsspezifisch geregelt ist,[61] die Erhebungsregelung des § 4 und hier insbesondere der Grundsatz der Direkterhebung nicht umgangen werden. Erhält eine Stelle im Wege der Spontanübermittlung ohne bereichsspezifische Regelung personenbezogene Daten, deren Erhebung nach § 4 unzulässig wäre, so darf sie diese Daten nicht nutzen. § 4 kann nicht durch die Berufung auf allgemeine Amtshilfepflichten verdrängt werden.[62] Selbst in den Fällen, in denen „spontan“ übermittelte Daten genutzt werden dürfen, hat die Stelle im Einzelfall zu prüfen, ob die betroffene Person über die der Stelle derart zugeflossenen Daten zumindest

58 S. z.B. Rdnrn. 31 u. 35.
59 So auch *Auernhammer,* BDSG § 13 Rdnr. 13.
60 S. § 13 Rdnrn. 29 ff.
61 Vgl. z.B. § 27 StUG, § 20 Abs. 1 BVerfSchG.
62 Zu den Problemen der Amtshilfe generell vgl. auch *Heußner,* Das informationelle Selbstbestimmungsrecht des Grundgesetzes als Schutz des Menschen vor totaler Erfassung, BB 1990, 1281/1283.

nachträglich in Kenntnis zu setzen ist.[63] Hier empfiehlt sich die Prüfung, ob die „Kenntnis" der betroffenen Person durch eine solche Regelung der Spontanübermittlung bewusst ausgeschlossen werden soll oder vorrangig nur die Kenntnisnahme bestimmter Daten durch die empfangende Stelle sichergestellt werden soll. Im zweiten Fall ist die betroffene Person grundsätzlich von der Spontanübermittlung in Kenntnis zu setzen.

2.2.2 Von Rechtsvorschrift vorgesehen oder zwingend vorausgesetzt (Nr. 1)

Ohne Mitwirkung der betroffenen Person dürfen personenbezogene Daten nach Abs. 2 Satz 30
2 Nr. 1 erste Alternative erhoben werden, wenn eine Rechtsvorschrift dies vorsieht. Unter einer Rechtsvorschrift sind Gesetze im formellen Sinne und Rechtsverordnungen sowie Satzungen zu verstehen.[64] Soweit bereichsspezifisch geregelte Erhebungsbefugnisse bestehen, finden sie aufgrund der Subsidiarität des BDSG generell vorrangig Anwendung.[65] Der **Vorrang bereichsspezifischer Regelungen** wird für das Erheben nur wiederholt, um seine Bedeutung hervorzuheben und um alle Ausnahmen vom Grundsatz der Direkterhebung vollständig und übersichtlich zusammenzufassen.[66] Welche Daten erhoben werden dürfen, muss die jeweilige Rechtsvorschrift allerdings ausdrücklich festlegen.

Die zweite Alternative von Abs. 2 Satz 2 Nr. 1, nach der die Rechtsvorschrift die Datenerhe- 31
bung zwingend voraussetzt, hat aufgrund der zwischenzeitlichen Schaffung einer Vielzahl bereichsspezifischer Erhebungsregelungen praktisch weitgehend an Bedeutung verloren. Die dem Gesetzgeber nach dem Volkszählungsurteil gemeinhin zugestandene Übergangszeit für den Erlass bereichsspezifischer Regelungen dürfte nach über zwanzig Jahren abgelaufen sein, sodass auch schon aus verfassungsrechtlichen Gründen **kaum noch Anwendungsfälle** dieser Vorschrift **rechtfertigbar** sind.[67] Sollte sie ausnahmsweise doch einmal zur Anwendung kommen müssen, weil eine Rechtsvorschrift anders nicht vollzogen werden kann, müssen die folgenden beiden Bedingungen erfüllt sein: Die Rechtsvorschrift kann nicht mit den bereits bei der Stelle vorhandenen oder ihr auf andere Weise rechtmäßig zugänglichen Daten vollzogen werden und die Mitwirkung, also damit die Kenntnis der betroffenen Person von dieser Datenerhebung muss ausgeschlossen sein. Das Vorliegen dieser beiden Bedingungen ist streng zu prüfen. Nach dem Gesetzeswortlaut sowie dem Sinn und Zweck der Rechtsvorschrift muss jede andere Interpretation ausgeschlossen sein.[68] Nur diese enge Auslegung ist angesichts des verfassungsrechtlichen Gebots der Normenklarheit vertretbar.[69]

2.2.3 Ausnahmen unter Abwägungsvorbehalt (Nr. 2)

2.2.3.1 Erforderlichkeit aufgrund der spezifischen Art der Verwaltungsaufgabe

Eine Datenerhebung ohne Mitwirkung der betroffenen Person bei anderen Personen oder Stel- 32
len kann dann zulässig sein, wenn die spezifische Art der Verwaltungsaufgabe oder – im nichtöffentlichen Bereich – der Geschäftszweck[70] dies erforderlich macht. Für die Erforderlichkeit gilt wie immer ein strenger Maßstab:[71] Eine Aufgabe kann ohne Kenntnis der betreffenden Daten nicht ordnungsgemäß erfüllt werden. Diese Ausnahme vom Grundsatz der Direkterhebung setzt allerdings voraus, dass es sich um eine Verwaltungsaufgabe handelt, die **ihrer Art nach** eine Erhebung ohne Mitwirkung erforderlich macht. Solche **spezifischen Verwaltungsaufgaben**, die ihrer eigenen Art nach nicht allein durch die Mitwirkung der betroffenen Personen erfüllbar sind, können sich nur selten stellen. Einer der wenigen Anwendungsbereiche

---

63 Vgl. insoweit die bereichsspezifische Regelung in § 30 StUG, der die Benachrichtigung der betroffenen Person in Fällen solcher Spontanübermittlungen regelt.
64 Vgl. zu Einzelheiten der Definition § 1 Rdnrn. 164 ff.
65 § 1 Abs. 3.
66 So auch *Gola/Schomerus,* BDSG (6. Aufl.) § 13 Anm. 6.2.
67 Vgl. § 1 Rdnr. 102.
68 *Demke/Schild,* HDSG § 12 Erl. II.1.b).
69 Vgl. zur ähnlichen Regelung in § 13 Abs. 2 Buchst. a) DSG NRW *Weyer,* DSG NW § 13 Rdnr. 10.
70 S. dazu Rdnr. 34.
71 S. § 13 Rdnrn. 25 f.

dieser Ausnahmeregelung ist beispielsweise die Einholung von Auskünften vor einer beabsichtigten öffentlichen Auszeichnung oder Ehrung.[72] Art und Umfang der Datenerhebung haben sich dabei im Rahmen der Bestimmungen des BDSG zu halten. Unzulässig wäre danach eine schrankenlose Ausforschung.[73] Zudem ist die Bedeutung der Ehrung mit den beabsichtigten Erhebungen abzuwägen, um möglichen schutzwürdigen Interessen der betroffenen Person Rechnung tragen zu können.

33 Soweit vertreten wird, dass die Ausnahmeregelung aus Nr. 2 Buchst. a) in erster Linie im Bereich staatlicher Leistungsgewährung anwendbar sei,[74] kann dem nur sehr eingeschränkt gefolgt werden. Maßgeblich ist nämlich die Art der Verwaltungsaufgabe, aus der allein sich die **Erforderlichkeit der Datenerhebung ohne Mitwirkung** der betroffenen Person begründen muss. Grundsätzlich kann es daher nicht darauf ankommen, ob die betroffene Person benötigte Informationen oder Unterlagen nicht selbst vorlegen will.[75] Allerdings ist gerade auch der Bereich staatlicher Leistungsgewährung mittlerweile bereichsspezifisch so stark durchnormiert, dass die BDSG-Auffangregelung ohnehin nur selten in Betracht kommen kann.

2.2.3.2 Erforderlichkeit aufgrund des Geschäftszweck

34 Der Grundsatz der Direkterhebung sowie die von ihm möglichen Ausnahmen und die mit ihm verbundenen Unterrichtungs-, Hinweis- und Aufklärungspflichten[76] gelten seit der Novelle des BDSG im Jahr 2001 auch für den **nicht-öffentlichen Bereich**.[77] Neu aufgenommen wurde daher in Nr. 2 Buchst. a) der Ausnahmetatbestand vom Grundsatz der Direkterhebung, dass der Geschäftszweck eine Erhebung bei anderen Personen oder Stellen erforderlich macht.[78] Auch dieser Ausnahmetatbestand ist eng auszulegen. Die Datenerhebung ist hier das Hilfsmittel,[79] das Mittel zur Erfüllung eines bestimmten geschäftlichen, beruflichen oder gewerblichen Zwecks im Rahmen von beispielsweise Dienst-, Kauf-, Kredit- oder Versicherungsverträgen. Zu denken wäre hier etwa an die Einholung von Bonitätsdaten per Kreditauskunftei bei Anbahnung eines Kreditvertrages. Anhaltspunkte können auch die in § 33 Abs. 2 Nr. 3 BDSG normierten Geheimhaltungsgründe bieten. So kann z.B. der Geschäftszweck der Tätigkeit von Detekteien zu einer Datenerhebung ohne Mitwirkung der betroffenen Person berechtigen.[80]

2.2.3.3 Unverhältnismäßiger Aufwand

35 Macht die Erhebung bei der betroffenen Person einen unverhältnismäßigen Aufwand erforderlich, gestattet Abs. 2 Nr. 2 Buchst. b) die Erhebung auch ohne ihre Mitwirkung. Die Ausnahme kann nicht schon bei jeder beliebigen Arbeits- oder Kostenersparnis greifen. Andernfalls würde die Ausnahmevorschrift den Grundsatz der Direkterhebung konterkarieren. Aus Gründen der notwendigen Transparenz[81] von Datenerhebungen sind hier vielmehr besonders hohe Anforderungen bei der Auslegung des unbestimmten Rechtsbegriffs zu stellen.[82] Zunächst ist jedenfalls zu versuchen, die Daten bei der betroffenen Person zu erheben.[83] Welcher dafür zu treibende Aufwand letztlich unverhältnismäßig ist, bemisst sich nicht allein nach der absoluten Höhe des Aufwandes, sondern nach dem **Verhältnis des Aufwandes zum Informationsinteresse** der betroffenen Person. Zu berücksichtigen sind außerdem insbeson-

---

72 *Bergmann/Möhrle/Herb,* BDSG § 13 Rdnr. 25.
73 Vgl. *Gola/Schomerus,* BDSG § 4 Rdnr. 26.
74 So z.B. *Gola/Schomerus,* BDSG § 4 Rdnr. 26; aber auch *Däubler/Klebe/Wedde,* BDSG § 13 Rdnr. 25.
75 So aber *Auernhammer,* BDSG § 13 Rdnr. 15.
76 S. dazu Rdnrn. 39 ff.
77 S. Rdnr. 19.
78 Zur Erforderlichkeit s. schon Rdnr. 32 u. § 13 Rdnrn. 25 f.
79 S. § 28 Rdnr. 22; *Auernhammer,* BDSG § 28 Rdnr. 2; *Däubler/Klebe/Wedde,* BDSG § 28 Rdnr. 7; *Gola/Schomerus,* BDSG § 28 Rdnr. 4.
80 So auch *Duhr u. a.,* DuD 2002, 5/12.
81 *Klug,* RDV 2001, 266/267.
82 *Däubler/Klebe/Wedde,* BDSG § 13 Rdnr. 30.
83 So auch *Bergmann/Möhrle/Herb,* BDSG § 13 Rdnr. 26.

dere die Art der zu erhebenden Daten sowie der Zeit- und Kostenaufwand einer Erhebung bei der betroffenen Person gegenüber einer Erhebung bei einer anderen Stelle.[84] Besteht beispielsweise eine Benachrichtigungspflicht nach § 19a oder § 33 BDSG, so ist der Kontakt zur betroffenen Person ohnehin herzustellen.[85] In etlichen Fällen dürfte eine Direkterhebung nicht mehr Aufwand erfordern als eine Benachrichtigung und somit geboten sein.

2.2.3.4 Überwiegende schutzwürdige Interessen:

Mögliche Erhebungen im Rahmen von § 4 Abs. 2 Satz 2 Nr. 2 Buchst. a) und b) setzen zusätzlich eine **Abwägung** nach dem Verhältnismäßigkeitsprinzip[86] voraus. Bestehen nämlich Anhaltspunkte dafür, dass überwiegende schutzwürdige Interessen der betroffenen Person beeinträchtigt werden, darf die Erhebung nicht durchgeführt werden.[87] Eine **Beeinträchtigung** kann sowohl durch die Art der Datenerhebung erfolgen als auch wegen der Person oder Stelle, bei der die Daten erhoben werden sollen. Die Gefahr beruflicher Nachteile oder privater Rufschädigungen ist hier zu berücksichtigen.[88] 36

Schutzwürdige Interessen sind offensichtlich gegeben, wenn es um Informationen beispielsweise über den Gesundheitszustand, ein politisches oder gewerkschaftliches Engagement oder um die anderen besonderen Arten personenbezogener Daten nach § 3 Abs. 9 BDSG geht. Ansonsten kann die Schutzbedürftigkeit personenbezogener Daten vielfach nur im Hinblick auf den jeweiligen **Verwendungszusammenhang** beurteilt werden.[89] Voraussetzung für die Zulässigkeit einer Erhebung ohne Mitwirkung der betroffenen Person ist also, dass das Interesse der Stelle an einer Erhebung ohne Mitwirkung und damit gegebenenfalls an der Erhebung selbst die schutzwürdigen Interessen der betroffenen Person übertrifft. Die Abwägung muss wie immer im Einzelfall vorgenommen werden. Damit ergibt sich hier eine doppelte Prüfung: Bei den überwiegenden schutzwürdigen Interessen muss es sich um besonders schützenswerte Belange handeln, die keinesfalls beeinträchtigt werden dürfen. Außerdem ist eine Abwägung zwischen den schützenswerten Interessen der betroffenen Person und den Interessen an der Erhebung vorzunehmen. 37

2.2.4 Benachrichtigung:

Findet eine Datenerhebung ausnahmsweise unter den Voraussetzungen von § 4 Abs. 2 Satz 2 ohne die Mitwirkung der betroffenen Person statt, bedeutet dies nicht zugleich, dass sie auch keine Kenntnis davon erhält. Vielmehr gebietet der Transparenzgrundsatz **grundsätzlich ihre Benachrichtigung**. Die Benachrichtigungspflicht wird für öffentliche Stellen in § 19a geregelt. Für nicht-öffentliche Stellen ist insoweit § 33 einschlägig. § 33 stellt zwar nicht auf die Erhebung ab, sondern auf die Speicherung, jedoch ist dies für die erforderliche Praxis der Benachrichtigungspflicht nicht von großer Bedeutung. 38

3. Unterrichtungs-, Hinweis- und Aufklärungspflichten bei der Direkterhebung (Abs. 3)

3.1 Kenntnis (Abs. 3 Satz 1)

Im Falle der Direkterhebung obliegt es der verantwortlichen Stelle, die betroffene Person über bestimmte tatsächliche und rechtliche Umstände zu informieren. Solche Informationen sollen es der betroffenen Person ermöglichen, in Kenntnis aller relevanten Umstände eine selbstbestimmte Entscheidung über die Preisgabe der Daten zur eigenen Person zu treffen. Dieser 39

---

84 Vgl. *Gola/Schomerus,* BDSG § 4 Rdnr. 28.
85 *Duhr u. a.,* DuD 2002, 5/12.
86 So auch *Däubler/Klebe/Wedde,* BDSG § 13 Rdnr. 34; *Bergmann/Möhrle/Herb,* BDSG § 13 Rdnr. 22; *Auernhammer,* BDSG § 13 Rdnr. 16.
87 Wie hier *Bergmann/Möhrle/Herb,* BDSG § 13 Rdnr. 22 u. BDSG 01 § 4 Rdnr. 38.
88 *Däubler/Klebe/Wedde,* BDSG § 13 Rdnr. 36.
89 Vgl. BVerfGE 65, 1/45.

spätestens mit der Volkszählungsentscheidung des Bundesverfassungsgerichts[90] gestärkte **Transparenzgedanke**[91] durchzieht auch die EG-Datenschutzrichtlinie.[92] In Umsetzung von Art. 10 der Richtlinie wurde der frühere § 13 Abs. 3 in abgeänderter Form als Abs. 3 in § 4 aufgenommen, der auch für nicht-öffentliche Stellen gilt. Soweit bereichsspezifische Informationspflichten keine abschließenden Regelungen treffen, kommt § 4 Abs. 3 ergänzend zur Anwendung.

40 Die Unterrichtungspflicht der verantwortlichen Stelle entfällt, wenn die betroffene Person von den Informationen, die sie erhalten soll, bereits auf andere Weise Kenntnis erlangt hat. Hierbei gilt es Folgendes zu beachten: Die verantwortliche Stelle darf nicht leichtfertig unterstellen, dass die betroffene Person „schon Bescheid wissen wird", sondern sie muss sich dieser **Kenntnis** der betroffenen Person **sicher sein**. Das schließt einen engen zeitlichen Zusammenhang zwischen dem Zugang der Informationen und dem Zeitpunkt der Datenerhebung ein. Nur dann kann davon ausgegangen werden, dass der betroffenen Person die Informationen noch **aktuell** bewusst sind.[93] Die Informationen müssen auch vollständig sein. Kennt die betroffene Person nur einen Teil der von Abs. 3 Satz 1 verlangten Informationen, bietet sich eine Gesamtunterrichtung an.

3.2 Unterrichtungspflichten

3.2.1 Identität (Nr. 1)

41 Die betroffene Person soll wissen, mit wem sie es bei der Datenerhebung zu tun hat. Daher ist sie umfassend und präzise über die Identität der verantwortlichen Stelle zu unterrichten. Ihr sind mindestens der vollständige Name, der Firmenname oder die Bezeichnung der öffentlichen Stelle und eine Anschrift bekannt zu geben, unter der Zustellungen vorgenommen werden können.[94] Maßstab für den Umfang und den Genauigkeitsgrad der Informationen ist die **Leichtigkeit der Kontaktaufnahmemöglichkeit** in schriftlicher sowie persönlicher Form, um sicherzustellen, dass die betroffene Person ihre Rechte – z.B. ihr Auskunftsrecht – problemlos ausüben kann. Daher sollte zusätzlich die Angabe von Telefon- und Faxnummern sowie der E-Mail-Adresse regelmäßig eine Selbstverständlichkeit sein.

3.2.2 Zweckbestimmung (Nr. 2):

42 Die Information der betroffenen Person über die Zweckbestimmungen der Erhebung, Verarbeitung oder Nutzung der Daten soll zur Sicherung der **Zweckbindung** beitragen. Die Zweckbenennung bildet den Maßstab für den weiteren Umgang mit den Daten und bindet ihn an den genannten Zweck. Der betroffenen Person wird damit zugleich die Möglichkeit eröffnet, selber zu überprüfen und nachzuvollziehen, ob die von ihr verlangten Daten dem genannten Zweck oder den genannten Zwecken entsprechen. Sie ist sowohl detailliert als auch vollständig über alle Zwecke zu unterrichten.[95] Eine Erhebung, Verarbeitung oder Nutzung von Daten für nicht genannte Zwecke ist grundsätzlich unzulässig.[96]

---

90 BVerfGE 65, 1/43 u. 59.

91 Zur gebotenen Transparenz vgl. auch *Simitis,* NJW 1997, 281/285 u. *Trute,* JZ 1998, 822/827.

92 Richtlinie 95/96/EG des Europäischen Parlaments und des Rates vom 24. Oktober 1995 zum Schutz natürlicher Personen bei der Verarbeitung personenbezogener Daten und zum freien Datenverkehr, ABl. Nr. L 281/31 vom 23.11.1995.

93 Vgl. *Dammann/Simitis,* EG-Datenschutzrichtlinie, Art. 10 Erl. 6.

94 *Dammann/Simitis,* EG-Datenschutzrichtlinie, Art. 10 Erl. 7.

95 Wie hier: *Däubler/Klebe/Wedde,* BDSG § 13 Rdnr. 41; *Gola/Schomerus,* BDSG § 4 Rdnr. 31.

96 So auch *Däubler/Klebe/Wedde,* BDSG § 13 Rdnr. 41; zu den Ausnahmen s. die Erl. zu § 14 Abs. 2 u. § 28 Abs. 2, 3.

3.2.3 Empfängerkategorien (Nr. 3):

Über Kategorien von Empfängerinnen und Empfängern[97] ist zu unterrichten. Hierzu zählen auch Auftragsdatenverarbeiter.[98] Die Unterrichtungspflicht besteht allerdings nur **eingeschränkt**. Sie entfällt, soweit die betroffene Person nach den Umständen des Einzelfalles mit der Übermittlung rechnen muss. 43

Die Vorschrift wirft Probleme auf. Statt generell zu regeln, dass über Empfängerkategorien zu informieren ist, verlangt sie die Prüfung der **Einzelfallumstände** und die Beantwortung der Frage, ob die betroffene Person unter den gegebenen Umständen mit einer Übermittlung rechnen muss. Dies kann ebenso zu branchenabhängigen Differenzierungen führen wie zu unterschiedlichen Anforderungen an die jeweils betroffene Person. Mit anderen Worten kann der Datenfluss – seine Rechtmäßigkeit vorausgesetzt – in einer Branche üblich sein, in einer anderen Branche hingegen nicht. Von wem zu erwarten ist, dass er oder sie davon Kenntnis besitzt, also mit dem Datenfluss rechnen muss, kann nicht schematisch beurteilt werden, sondern gehört zu den Umständen des Einzelfalles. Bei deren Prüfung sind daher hinsichtlich der betroffenen Person auch Kriterien wie z.B. Alter, Bildungsniveau, Länge des Aufenthalts in Deutschland und Vertrautheit mit dem deutschen Rechtssystem sowie mit den hiesigen Geschäftsgepflogenheiten zu berücksichtigen. Angesichts des damit verbundenen Aufwandes und der damit verbundenen Rechtsunsicherheiten empfiehlt es sich, zu unterrichten statt es zu unterlassen. Es kommt hinzu, dass eine Übermittlung in den meisten Fällen zu einer Zweckänderung führen dürfte, über die ohnehin zu unterrichten wäre. 44

3.3 Hinweispflichten (Abs. 3 Satz 2)

3.3.1 Hinweispflichten im Überblick

Der frühere § 13 Abs. 3 Satz 2 ist unverändert in § 4 Abs. 3 als Satz 2 übernommen worden. Er ist damit nicht mehr nur von öffentlichen Stellen einzuhalten, sondern auch im **nichtöffentlichen Bereich**. Die sich aus Satz 2 ergebenden Hinweispflichten auf 45

- eine Rechtsvorschrift,
- die eventuelle Voraussetzung der Gewährung von Rechtsvorteilen oder
- die Freiwilligkeit

sollen die betroffene Person in Ergänzung zum Hinweis, wofür sie die Daten abgeben soll, davon in Kenntnis setzen, inwieweit sie rechtlich oder tatsächlich zur Angabe der Daten verpflichtet ist oder inwieweit die Angabe in ihr freies Belieben gestellt ist.

3.3.2 Rechtsvorschrift

Aufgrund einer Rechtsvorschrift, die zur Auskunft verpflichtet, werden Daten dann erhoben, wenn eine Rechtsvorschrift die Datenerhebung ausdrücklich regelt, sich Art und Umfang der zu erhebenden Daten entweder durch ausdrückliche Aufzählung oder jedenfalls aus dem gesetzlichen Kontext ergeben und die betroffene Person zur Angabe dieser Daten verpflichtet ist, also eine **gesetzliche Auskunftspflicht** besteht. Die Hinweispflicht bezieht sich daher auf diese Rechtsvorschrift. Wenn eine Pflicht zur Duldung von Untersuchungen, Messungen oder anderen Maßnahmen zur Erhebung von Daten besteht, gilt bezüglich der Hinweispflicht das Gleiche – auf sie ist also hinzuweisen –, da Art und Grad der im Einzelfall vorgeschriebenen Mitwirkung der betroffenen Person bei der Datenerhebung für die Hinweispflicht ohne Belang ist.[99] Enthält die Rechtsvorschrift auch Ausnahmen von der Auskunftspflicht, muss die betroffene Person hierauf ebenfalls hingewiesen werden. Die Hinweispflichten nach § 4 Abs. 3 Satz 2 sollen die betroffene Person gerade den Umfang und damit auch die Grenzen sowie die Ausnahmen von der Auskunftspflicht erkennen lassen. Ob die Stelle zur Erhebung verpflichtet oder nur berechtigt ist, ist in diesem Zusammenhang unerheblich. 46

---

97 S. die Erl. zur Legaldefinition in § 3 Abs. 8.
98 *Klug*, RDV 2001, 266/268.
99 Vgl. *Weyer*, DSG NW § 12 Rdnr. 10a).

47 Der Hinweis auf die Rechtsvorschrift muss den offiziellen oder den allgemein gebräuchlichen Titel des Gesetzes oder der anderweitigen Rechtsquelle, die Bezeichnung der maßgeblichen Vorschrift sowie die Fundstelle der Veröffentlichung enthalten.[100] Der Hinweis auf die Rechtsvorschrift dient dazu, dass die betroffene Person ihre rechtliche Situation abschätzen kann. Deshalb ist sie nach § 4 Abs. 3 Satz 3 entweder auf ihr Verlangen hin oder soweit nach den Umständen des Einzelfalls erforderlich auch über die Rechtsvorschrift **aufzuklären.**[101]

3.3.3 Gewährung von Rechtsvorteilen

48 Besteht keine rechtliche Verpflichtung für die betroffene Person zur Angabe von Daten, ist jedoch die Erteilung der von ihr gewünschten Auskunft Voraussetzung für die Gewährung von **Rechtsvorteilen**, z.B. die Gewährung einer Subvention, so ist die betroffene Person auf diese Tatsache sowie auf die Rechtsvorschriften hinzuweisen, aus denen sich diese **Obliegenheit** zur Angabe der Daten ergibt. Dies werden in der Regel die Rechtsvorschriften sein, in denen die Erteilung der Rechtsvorteile geregelt ist. Zu denken ist an Fälle, in denen zu den gesetzlichen Voraussetzungen für die vorteilbringende Entscheidung auch bestimmte Angaben gehören, die beizubringen Obliegenheit der Antragstellerin oder des Antragstellers ist. Soweit sich diese Obliegenheit nicht aus einer Rechtsvorschrift ableiten lässt, ist die betroffene Person nur auf das Erfordernis der Daten für die Gewährung der Rechtsvorteile hinzuweisen.[102]

49 Ist die Gewährung von Rechtsvorteilen im Einzelfall auch mit Belastungen verbunden, so umfasst die Hinweispflicht die Offenlegung der gesamten rechtlichen Wirkung der Angabe der zu erhebenden Daten. Der Fall, dass die Verweigerung von Angaben zu **Rechtsnachteilen** führen würde, ist dem Fall, dass die Angabe von Daten Voraussetzung für die Erlangung von Rechtsvorteilen ist, grundsätzlich gleichzusetzen.[103]

3.3.4 Freiwilligkeit

50 Besteht weder eine Rechtspflicht noch eine Obliegenheit zur Auskunft, muss die Stelle auf die **Freiwilligkeit** der Preisgabe von Daten klar und eindeutig hinweisen. Dieser Hinweis auf die Freiwilligkeit umfasst die Mitteilung, dass eine rechtsverbindliche Auskunftspflicht nicht besteht und eine Verweigerung der Auskunft weder den Verzicht auf Rechtsvorteile bedeutet noch Rechtsnachteile nach sich zieht. Ergibt sich die Freiwilligkeit bereits aus einer Rechtsvorschrift, ist darauf und auf die Bestimmung selbst ebenfalls hinzuweisen.[104] Eine Aufforderung in Form einer Bitte macht die Freiwilligkeit nicht hinreichend deutlich. Vielmehr ist klar und unmissverständlich zu formulieren. Die Erfüllung der Hinweispflicht ersetzt auch nicht eine Einwilligung, die den Erfordernissen von § 4a[105] zu genügen hat.

3.4 Aufklärungspflichten (Abs. 3 Satz 3)

3.4.1 Voraussetzungen der Aufklärung

51 Reichen der betroffenen Person die Unterrichtung und die ihr gegebenen Hinweise für eine informierte und selbstbestimmte Entscheidungsfindung nicht aus, ist sie nach Abs. 3 Satz 3 berechtigt, weitere Aufklärung zu **verlangen** und zu **erhalten**. Über die bis dahin gegebenen Informationen hinaus weitere Aufklärung zu leisten, kann aber auch schon nach den **Umständen des Einzelfalles erforderlich** sein. Auch dann hat die Stelle, die die Daten erheben will, zusätzliche Informationen zu geben.

---

100 So auch *Däubler/Klebe/Wedde,* BDSG § 13 Rdnr. 42; a.A. *Schaffland/Wiltfang,* BDSG § 13 Rdnr. 16.
101 S. Rdnrn. 51 ff.
102 So auch *Gola/Schomerus,* BDSG § 4 Rdnr. 43.
103 Vgl. auch *Weyer,* DSG NW § 12 Rdnr. 10d); *Gola/Schomerus,* BDSG § 4 Rdnr. 43.
104 *Weyer,* DSG NW § 12 Rdnr. 10e); *Gola/Schomerus,* BDSG § 4 Rdnr. 44; *Däubler/Klebe/Wedde,* BDSG § 13 Rdnr. 44.
105 S. die dortigen Erl.

Das Vorliegen von Einzelfallumständen, die eine weitere Aufklärung erforderlich machen, sollte zugunsten der Selbstbestimmung der betroffenen Person großzügig verstanden werden. Maßgeblich ist hier der **Empfängerhorizont**. Ist beispielsweise erkennbar, dass die betroffene Person gar nicht oder nur wenig mit dem deutschen Rechtssystem vertraut ist, dürfte die Erforderlichkeit der weiteren Aufklärung regelmäßig zu bejahen sein. 52

3.4.2 Gegenstand der Aufklärung

Aufzuklären ist zunächst über die **Rechtsvorschrift**. Dies muss in einer solchen Weise geschehen, dass die betroffene Person den wesentlichen Inhalt der Vorschrift **nachvollziehen** kann.[106] Das bloße Vorlesen oder die bloße Wiedergabe des Gesetzestextes genügt hierbei nicht, vielmehr ist die maßgebliche Rechtsvorschrift bezogen auf den konkreten Erhebungsvorgang zu interpretieren. Der vom Gesetzgeber angestrebten Bürgerfreundlichkeit entspricht nur die inhaltliche Darstellung der Rechtslage und nicht eine abstrakte, lediglich formaljuristische Erläuterung. Für den Fall, dass die erhebende Stelle bereits mit ihren Hinweisen nach Satz 2 umfassend über die Rechtsvorschrift aufgeklärt haben sollte, hat sie diese Aufklärung gegebenenfalls nochmals zu wiederholen. Unabhängig davon, ob ausdrücklich danach gefragt wird, sollte bereits bei der Erläuterung der Rechtsvorschrift auch über die Folgen der Verweigerung von allen oder gegebenenfalls einzelnen Angaben informiert werden. 53

Die Aufklärung über die **Folgen der Verweigerung** von Angaben hat sich auf die Auswirkung der Verweigerung aller oder auch nur eines Teils der von der betroffenen Person verlangten Daten zu erstrecken. Die betroffene Person soll selbstbestimmt entscheiden sowie Vor- und Nachteile der Angabe bestimmter Daten abwägen können. Die Folgen der Verweigerung sind detailliert zu erörtern, also beispielsweise ob ein Antrag vollständig oder nur in bestimmten Teilen abzulehnen sein wird. 54

3.5 Form der Information

Für die aufgrund der Unterrichtungs-, Hinweis- und Aufklärungspflichten zu gebenden Informationen ist – anders als für die Einwilligung nach § 4a – kein spezielles Formerfordernis vorgesehen. Die Informationen haben allerdings klar und unmissverständlich zu sein.[107] Ihre notwendige Form richtet sich daher nach dem Schutzzweck und den Umständen des Einzelfalles. Bei schriftlichen Erhebungen ist somit grundsätzlich eine schriftliche und durch besondere Hervorhebung unübersehbare, unmissverständliche Information geboten. Sie ist auf dem Erhebungsformular eindeutig und verständlich anzubringen.[108] Auch bei mündlicher Erhebung sollte – nicht zuletzt zu Nachweiszwecken – **regelmäßig schriftlich** informiert werden und die mündliche Information die Ausnahme bilden. Zur Vereinfachung empfiehlt sich die Verwendung von Informations- oder Merkblättern.[109] Mehrsprachig angeboten erleichtern sie zudem die Verständigung mit Personen, die die deutsche Sprache nur teilweise beherrschen. 55

3.6 Zeitpunkt der Information

Den gesetzlichen Anforderungen genügt nur die **rechtzeitige**[110] Information. Die betroffene Person muss noch von ihrer Entscheidungsfreiheit Gebrauch machen können, und zwar auch dann, wenn sie zur Mitwirkung verpflichtet ist. Sie muss sich nämlich zumindest die Tatsache ihrer Verpflichtung gegenwärtig machen können. Die Information muss deshalb vor oder spätestens zu Beginn der Erhebung erfolgen. 56

---

106 So auch *Däubler/Klebe/Wedde,* BDSG § 13 Rdnr. 45.
107 So *Schaffland/Wiltfang,* BDSG § 13 Rdnr. 12 u. *Däubler/Klebe/Wedde,* BDSG § 13 Rdnr. 41.
108 *Däubler/Klebe/Wedde*, BDSG § 13 Rdnr. 41; *Bergmann/Möhrle/Herb*, BDSG § 13 Rdnr. 17; *Auernhammer*, BDSG § 13 Rdnr. 22.
109 Vgl. *Auernhammer,* BDSG § 13 Rdnr. 22.
110 *Däubler/Klebe/Wedde,* BDSG § 13 Rdnr. 41; *Schaffland/Wiltfang,* BDSG § 13 Rdnr. 19.

3.7 Rechtsfolgen unterlassener Information

57 Die rechtlichen Konsequenzen, die eine **Nichtbeachtung der Informationspflichten** nach sich zieht, werden vom BDSG nicht ausdrücklich geregelt. Allerdings ist zu beachten, dass die Informationspflichten aus § 4 Abs. 3 in Umsetzung der EG-Datenschutzrichtlinie vom Gesetzgeber in die zentrale Vorschrift über die Zulässigkeit der Datenerhebung, -verarbeitung und -nutzung aufgenommen worden sind. Eine rechtmäßige, nach Treu und Glauben erfolgende Datenerhebung setzt grundsätzlich die umfassende und ordnungsgemäße Information der betroffenen Person voraus.[111] In Anbetracht der Bedeutung, die gerade der Datenerhebung für das Recht auf informationelle Selbstbestimmung zukommt – also das Wissen um eine etwaige Verpflichtung zur Auskunft, um deren Umfang oder um die Freiwilligkeit – kommt der **korrekten Information** hohes Gewicht zu. Es muss auf die richtige Belehrung der erhebenden Stelle vertraut werden können. Damit ist eine Verletzung der Informationspflichten – außer bei nachträglicher Zustimmung zur Erhebung – grundsätzlich irreparabel, mit der Folge eines Verwertungsverbots der gewonnenen Tatsachenkenntnisse.[112] Unterbleiben die nach § 4 Abs. 3 vorgesehenen Informationen, so zieht dies verschiedene Konsequenzen nach sich. Maßgeblich ist dabei danach zu unterscheiden, ob die Datenerhebung auf freiwilliger Grundlage stattfindet oder sie sich auf eine durch eine Rechtsvorschrift[113] bestimmte Pflicht zur Preisgabe personenbezogener Daten gründet.

58 Ist die Aufforderung einer **öffentlichen Stelle**, Angaben zu machen, ein Verwaltungsakt, der die Adressatin oder den Adressaten (auch betroffene Person) zur Mitwirkung, d.h. in der Regel zu **Auskünften verpflichtet**,[114] so präzisiert § 4 Abs. 3 die Begründungspflicht nach § 39 Abs. 1 Satz 2 VwVfG. Fehlt eine vollständige und korrekte Information, so ist der Verwaltungsakt formell rechtswidrig. Er kann deshalb zurückgenommen und angefochten werden. Ein Recht auf Aufhebung besteht jedoch nicht, wenn keine andere Entscheidung in der Sache hätte getroffen werden können.[115] Die öffentliche Stelle ist verpflichtet, die Informationen nachzuholen bzw. zu korrigieren; der Fehler wird dadurch geheilt.[116] Wird infolge des Begründungsfehlers eine Rechtsbehelfsfrist versäumt, so kann nach § 45 Abs. 2 VwVfG Wiedereinsetzung verlangt werden, und zwar unabhängig davon, ob der Fehler inzwischen behoben ist.[117]

59 Rechtsvorschriften, die im **Privatrechtsverkehr** eine Pflicht zur Preisgabe von personenbezogenen Daten ausdrücklich normieren, sind nicht sehr häufig. Das Prinzip der Vertragsfreiheit gilt auch für die Offenbarung personenbezogener Daten im Rahmen von Vertragsverhandlungen.[118] In denjenigen Fällen, in denen eine **Rechtsvorschrift** zwar keine Pflicht der betroffenen Person zur Datenpreisgabe vorsieht, der verantwortlichen nicht-öffentlichen Stelle jedoch erlaubt ist, deren personenbezogene Daten auch ohne ihre Einwilligung zu verwenden, kann die Datenerhebung gleichwohl grundsätzlich nicht ohne Information der betroffenen Person erfolgen.[119] Regelmäßig sind mindestens die in § 4 Abs. 3 Satz 1 vorgesehenen Informationen der betroffenen Person zur Kenntnis zu geben, soweit sie nicht schon Kenntnis davon besitzt, um eine zulässige Datenerhebung sicherzustellen.[120] Unterbleibt eine solche Information, so kommen unter Umständen als Folgen der Unzulässigkeit sowohl eine

111 Vgl. *Dammann/Simitis*, EG-Datenschutzrichtlinie, Art. 10 Erl. 1.
112 So bzgl. der Verletzung der Belehrungspflicht nach § 101 Abs. 1 Satz 2 AO 1977 – BFH, RDV 1991, 143; vgl. auch *Schild*, in *Roßnagel* (Hrsg.), Handbuch Datenschutzrecht, Kap. 4.2, S. 512, Rdnr. 46.
113 S. § 1 Rdnrn. 164 ff.
114 So *Auernhammer*, BDSG § 13 Rdnr. 24; *Schaffland/Wiltfang*, BDSG § 13 Rdnrn. 24 f.; *Däubler/Klebe/Wedde*, BDSG § 13 Rdnr. 48.
115 § 46 VwVfG.
116 § 45 Abs. 1 Nr. 2 u. Abs. 2 VwVfG.
117 *Schaffland/Wiltfang*, BDSG § 13 Rdnr. 25.
118 So *Gola/Schomerus*, BDSG § 4 Rdnr. 41, die dort zutreffend auch problematisieren, ob der Vertragsschluss von der Mitteilung von Daten abhängig gemacht werden darf, die durch den Vertragszweck nicht gedeckt sind, und insoweit einen Verstoß gegen § 242 BGB erörtern.
119 S. dazu § 28 Rdnr. 63.
120 Vgl. § 28 Rdnr. 65.

Datenlöschung nach § 35 Abs. 2 Satz 2 Nr. 1 als auch die Verhängung eines Bußgeldes nach § 43 Abs. 2 Nr. 1 in Betracht.

Finden Datenerhebungen bei der betroffenen Person auf freiwilliger Grundlage statt, bedarf es dafür einer **wirksamen Einwilligung**. Dies gilt gleichermaßen für nicht-öffentliche wie für öffentliche Stellen, wobei Einwilligungen nach wie vor grundsätzlich nicht von Behörden dafür genutzt werden können, ihre hoheitlichen Befugnisse zu erweitern.[121] Eine wirksame Einwilligung liegt nur vor, wenn die betroffene Person zuvor **alle Informationen** bekommen hat, die notwendig sind, um Anlass, Ziel und Folgen der beabsichtigten Datenverarbeitung richtig abzuschätzen.[122] Unabhängig davon, ob die Informationspflichten aus § 4 Abs. 3 als Zulässigkeitsvoraussetzungen eingestuft werden oder nicht, fehlt es bei Datenverarbeitungen auf freiwilliger Grundlage spätestens an der wirksamen, also „informierten" Einwilligung, wenn die erforderlichen Informationen nicht gegeben worden sind. Derartige Datenerhebungen sind **unzulässig**. Etwaig gespeicherte Daten sind unverzüglich nach § 20 Abs. 2 Nr. 1 oder nach § 35 Abs. 2 Satz 2 Nr. 1 zu löschen. Auch der Bußgeldtatbestand aus § 43 Abs. 2 Nr. 1 dürfte regelmäßig erfüllt sein. Für mögliche Schadensersatzansprüche sind u.a. §§ 7, 8 zu prüfen. 60

121 S. auch bei § 13 Rdnr. 36.
122 § 4a Rdnrn. 70 ff.

§ 4a Einwilligung

(1) Die Einwilligung ist nur wirksam, wenn sie auf der freien Entscheidung des Betroffenen beruht. Er ist auf den vorgesehenen Zweck der Erhebung, Verarbeitung oder Nutzung sowie, soweit nach den Umständen des Einzelfalles erforderlich oder auf Verlangen, auf die Folgen der Verweigerung der Einwilligung hinzuweisen. Die Einwilligung bedarf der Schriftform, soweit nicht wegen besonderer Umstände eine andere Form angemessen ist. Soll die Einwilligung zusammen mit anderen Erklärungen schriftlich erteilt werden, ist sie besonders hervorzuheben.

(2) Im Bereich der wissenschaftlichen Forschung liegt ein besonderer Umstand im Sinne von Absatz 1 Satz 3 auch dann vor, wenn durch die Schriftform der bestimmte Forschungszweck erheblich beeinträchtigt würde. In diesem Fall sind der Hinweis nach Absatz 1 Satz 2 und die Gründe, aus denen sich die erhebliche Beeinträchtigung des bestimmten Forschungszwecks ergibt, schriftlich festzuhalten.

(3) Soweit besondere Arten personenbezogener Daten (§ 3 Abs. 9) erhoben, verarbeitet oder genutzt werden, muss sich die Einwilligung darüber hinaus ausdrücklich auf diese Daten beziehen.

Literatur

G.M. Beckhusen, Der Datenumgang innerhalb des Kreditinformationssystems der SCHUFA (2004); *J. Bizer,* Forschungsfreiheit und informationelle Selbstbestimmung (1992); *Chr. Born*, Schadenersatz bei Datenschutzverstößen: Ein ökonomisches Instrument des Datenschutzes mit präventiver Wirkung (2001); *U. Dammann/H.-J. Stange,* Reform des Datenschutzes im Kreditinformationssystem, ZIP 1986, 488 ff.; *E. Dörr,* Die Folgen einer Nichtbeachtung der Pflichten aus § 4 Abs. 2 BDSG, RDV 1992, 167 ff.; *W. Eberbach,* Einzelfall und wissenschaftliche Methode – ein Widerspruch. Rechtliche und ethische Aspekte klinischer Krebsstudien, MedR 1988, 7 ff.; *K. Fischer/R. Uthoff,* Das Recht der formularmäßigen Einwilligung des Privatpatienten bei externer Abrechnung, MedR 1996, 115 ff.; *L. Florian,* Die Einwilligung des Betroffenen nach § 3 Bundesdatenschutzgesetz und § 35 Sozialgesetzbuch I/67 Sozialgesetzbuch X, DRV 1980, 281 ff.; *A. Geiger,* Die Einwilligung in die Verarbeitung von personenbezogenen Daten als Ausübung des Rechts auf informationelle Selbstbestimmung, NVwZ 1989, 35 ff.; *H. Geiger,* BGH-Urteil zur SCHUFA-Klausel – Analyse und Konsequenzen, CR 1985, 72 ff.; *P. Gola*, Informationelle Selbstbestimmung in Form des Widerspruchsrechts, DuD 2001, 278 ff.; *ders.*, Die Erhebung und Verarbeitung „besonderer Arten personenbezogener Daten" im Arbeitsverhältnis, RDV 2001, 125 ff.; *ders.*, Die Einwilligung als Legitimation zur Verarbeitung von Arbeitnehmerdaten, RDV 2002, 109 ff.; *L. Gundermann,* E-Commerce trotz oder durch Datenschutz?, K&R 2000, 225 ff.; *H. Heidemann-Peuser*, Rechtskonforme Gestaltung von Datenschutzklauseln, DuD 2001, 389 ff.; *A. Hollmann,* Patientengeheimnis und medizinische Forschung, MedR 1992, 177 ff.; *M. Körner-Dammann,* Weitergabe von Patientendaten an ärztliche Verrechnungsstellen, NJW 1992, 729 ff.; *dies.*, Informierte Einwilligung als Schutzkonzept, in *D. Simon/M. Weiss* (Hrsg.), Zur Autonomie des Individuums (2000) 131 ff.; *W. Kohte,* Die rechtfertigende Einwilligung, AcP 185 (1985) 105 ff.; *J. Kroll,* Datenschutz im Arbeitsverhältnis (1981); *U. Lübking,* Datenschutz in der Kommunalverwaltung (1992); *A. v. Mutius*, Verfassungsrechtliche Grenzen der Einwilligung im Datenschutzrecht, in *J. Bizer/A. von Mutius/Th. Petri/Th. Weichert (Hrsg.),* Innovativer Datenschutz, 1992-2004, für *H. Bäumler* (2004), 101 ff.; *A. Podlech/M. Pfeifer,* Die informationelle Selbstbestimmung im Spannungsverhältnis zu modernen Werbestrategien, RDV 1998, 139 ff.; *G. von Puskás,* Die Datenschutzermächtigungsklausel, VerBAV 1980, 52 ff., 102 ff.; *H. Rasmussen*, Die elektronische Einwilligung im TDDSG, Dud 2002, 406 ff.; *K. Rogall,* Informationseingriff und Gesetzesvorbehalt im Strafprozeßrecht (1992); *P. Schaar*, Datenschutzrechtliche Einwilligung im Internet, MMR 2001, 644 ff.; *Cl. Schapper/P. Dauer,* Die Neugestaltung des SCHUFA-Verfahrens, CR 1987, 497 ff.; *dies.,* Die Entwicklung der Datenaufsicht im nicht-öffentlichen Bereich, RDV 1987, 169 ff.; *R. Schweizer,* Hinweise zur gesetzestechnischen Regelung der Arbeit mit Markt- und Sozialforschungsdaten, dargestellt mit Beispielen aus dem deutschen und amerikanischen Datenschutzrecht, in Festschrift für *M. Ferid* (1979) 703 ff.; *ders.,* Speicherung und Übermittlung anonymisierter Daten durch Sozial- und Marktforschungsinstitute nur bei Einwilligung des Befragten im Sinne des § 3 BDSG?, DB 1979, 1733 ff., 1781 ff.; *S. Simitis,* Datenschutz und wissenschaftliche Forschung, in Deutsch-Polnisches Kolloquium über Wirtschaftsrecht und das Recht des Persönlichkeitsschutzes, Studien zum ausländischen und internationalen Privatrecht Bd. 12 (1985) 87 ff.; *ders.,* Datenschutz – Ende der medizinischen Forschung, MedR 1985, 195 ff.; *ders.,* Datenschutz und kriminologische Forschung, in *J.-M. Jehle* (Hrsg.), Datenzugang und Datenschutz in der kriminologischen Forschung (1987) 47 ff.; *ders.,* Die Erosion des Datenschutzes, in *B. Sokol* (Hrsg.), Neue Instrumente im Datenschutz (1999) 5 ff.; *ders.,* Auf dem Weg zu einem neuen Datenschutzkonzept, DuD 2000, 714 ff.; *ders*. Datenschutz eine notwendige Utopie, in *R.M. Kiesow/R. Ogorek/S. Simitis*, Summa – *Dieter Simon* zum 70. Geburtstag (2005) 511 ff.; *J. Simon,* SCHUFA-Verfahren und neue SCHUFA-Klausel. Eine rechtliche und ökonomische Analyse, CR 1988, 637 ff.; *H.-D. Sproll,* Rechtliche Grenzen der Erhebung und Speicherung von Arbeitnehmerdaten, ZIP 1984, 23 ff.; *E. von Uckermann,* Einwilligung nach dem BDSG – ein Mißverständnis, DuD 1979, 163 ff.; *K. Vogelgesang,* Grundrecht auf informationelle Selbstbestimmung? (1987); *M. Wächter*, Datenschutz im Unternehmen (3. Aufl., 2003); *P. Wedde*, Die wirksame Einwilligung im Arbeitnehmerschutzrecht, DuD 2004, 169 ff.

Übersicht

1. Bedeutung und Tragweite

Die **Einwilligung** der Betroffenen rechtfertigt die Verwendung personenbezogener Daten genauso wie eine einschlägige Rechtsvorschrift (§ 4 Abs. 1). Das Gesetz bleibt damit ganz auf der schon vom BDSG 77 (§ 3 Satz 1 Nr. 2) vorgezeichneten und später vom BDSG 90 (§ 4 Abs. 1) bestätigten Linie. Die Einwilligung ist nach wie vor eine **vollwertige Alternative.**[1] Die Landesgesetzgeber verfahren genauso. 1

Vordergründig hat sich der Gesetzgeber für eine ebenso einleuchtende wie konsequente Regelung entschieden. Gerade weil es um die Verwendung personenbezogener Daten geht, spricht, jedenfalls zunächst, alles dafür, den Betroffenen die Entscheidung zu überlassen, ob und, wenn ja, unter welchen Bedingungen es dazu kommen darf. Ihre **Einwilligung** ist so gesehen **manifestes Zeichen ihrer verfassungsrechtlich garantierten informationellen Selbstbestimmung.**[2] Sie ist daher die Grundvoraussetzung jeder Erhebung, Verarbeitung oder Nutzung ihrer Daten und kann konsequenterweise nur durch besondere Rechtsvorschriften verdrängt und substituiert werden. Deshalb überrascht es nicht weiter, dass alle Datenschutzgesetze der Einwilligung von Anfang an eine von der EG-Datenschutzrichtlinie (Art. 7) ebenfalls uneingeschränkt akzeptierte Schlüsselfunktion zugewiesen haben.[3] 2

Der Gesetzgeber hat freilich wider besseres Wissen an einer **Fiktion** festgehalten.[4] Allein schon die Lehren aus der langen Geschichte der Allgemeinen Geschäftsbedingungen mahnen zur Vorsicht. Hier wie dort reichen abstrakte Bekenntnisse zur Selbstbestimmung nicht aus. Einmal mehr gilt es daher zu fragen, ob die Betroffenen überhaupt **Einwirkungsmöglichkei-** 3

1 Vgl. auch § 4 Rdnr. 6 ff., 19 ff.

2 Vgl. auch *Roßnagel/Pfitzmann/Garstka*, Modernisierung, 72 f.; *Bizer*, Forschungsfreiheit, 139 f., in *Roßnagel* (Hrsg.), Recht der Multimedia-Dienste, § 3 TDDSG Rdnr. 1; *Vogelgesang*, Grundrecht, 150; *Kothe*, AcP 85(1985) 155; *Podlech/Pfeiffer*, RDV 1998, 152; *Körner*, in *Simon/Weiss* (Hrsg.), Autonomie, 139. Umso merkwürdiger mutet es an, wenn einzelne Autoren der Einwilligung zwar eine Sonderstellung einräumen, sie aber zugleich als Grundrechtsverzicht deuten, vgl. etwa *Robbers,* JuS 1985, 928; *Stern,* Das Staatsrecht der Bundesrepublik Deutschland, III/2 (1994) § 86 I 5; aber auch *Eberle,* in Gedächtnisschrift für *Martens* (1987) 364; sowie *v. Mutius,* in Innovativer Datenschutz, 106 ff.; missverständlich *Brossette,* Der Wert der Wahrheit im Schatten der informationellen Selbstbestimmung (1991) 243.

3 Vgl. auch *Simitis*, in Summa, 519.

4 Dazu insb. *Simitis,* DVR 2 (1973/74) 160 f., DuD 2000, 720 ff.; *Schmidt,* JZ 1974, 247; *Heußner,* ZgesVersW 1978, 62 ff.; *Schapper/Dauer,* RDV 1987, 170 f.; *Vogelgesang,* Grundrecht, 150; *Körner*, in *Simon/Weiss* (Hrsg.), Autonomie, 141.

ten haben,[5] also auch und gerade Einfluss auf den Umgang mit ihren Daten nehmen können. Wie sehr es darauf ankommt, zeigt sich erst recht an den Erfahrungen mit dem Fragerecht des Arbeitgebers.[6] Sie verdeutlichen den konsequenten Ausbau eines ganz an den Interessen der Arbeitgeber ausgerichteten Informationsprozesses genauso wie die mangelnde Gegenwehr der Arbeitnehmerinnen und Arbeitnehmer. Nicht anders ist es bei einer Kontoeröffnung oder dem Abschluss von Kranken- und Lebensversicherungsverträgen. Arbeitgeber, Banken und Versicherungen sind zwar sicherlich auf durchaus personenbezogene Informationen angewiesen. Nur spielt diese Feststellung weiter keine Rolle, wenn es darum geht, die Bedeutung der Einwilligung richtig einzuschätzen. Entscheidend ist vielmehr, wie sich der Informationsprozess gestaltet. Wo, wie in jedem dieser Fälle, die Betroffenen in aller Regel nur die Wahl haben, die Fragen zu beantworten oder auf den Vertrag zu verzichten und sich auch durch einen Wechsel des potentiellen Vertragspartners grundsätzlich nichts ändert, ist die Einwilligung bedeutungslos. Bestimmungen wie die „SCHUFA-"[7] oder die „Allfinanzklausel"[8] illustrieren ihre Sinnlosigkeit.

4 Die Betroffenen interessieren sich zudem **primär für den jeweiligen Vertragsgegenstand** und allenfalls **sekundär für die ihnen abverlangten Informationen**. Sie sind aus der Sicht derjenigen, die auf einen Arbeitsplatz reflektieren, einen Stromanschluss wollen, sich Zugang zu den Telekommunikationsmitteln verschaffen möchten, oder die Absicht haben, eine Bankverbindung einzurichten, ein vielleicht lästiges, aber für den angestrebten Vertragsschluss irrelevantes Beiwerk, zumal dann, wenn der Vertragsgegenstand für sie von überragender, wenn nicht gar, wie beim Arbeitsplatz, von existentieller Bedeutung ist. Spätestens daran erweist sich aber: Die Einwilligung verhilft, entgegen der Annahme des Gesetzgebers, eben nicht dazu, die Verwendung personenbezogener Daten einzuschränken und zu kontrollieren. Sie ist vielmehr der **Schlüssel zu einem nahezu unbegrenzten**, von allen ansonsten zu beachtenden gesetzlichen Schranken befreiten **Zugang zu den von der verantwortlichen Stelle jeweils gewünschten Angaben**.[9]

5 Die Einwilligung wird überdies durch eine fortschreitende **Kommerzialisierung** letztlich **noch nachhaltiger entwertet**. Schon die kleinen Geldbeträge oder Geschenke für jeden, der sich bei einem Preisausschreiben bereit erklärt, einen Fragebogen auszufüllen,[10] oder sich eine Kundenkarte geben zu lassen, sind bezeichnend dafür. Erst recht sind die Kommerzialisierungsbestrebungen nicht zu übersehen, wenn für die Einwilligung ein regelrechtes Entgelt entrichtet wird. Die gekaufte Einwilligung entzieht jeder Auseinandersetzung mit den einzelnen Informationserwartungen die Grundlage und verlagert die Aufmerksamkeit ganz auf den Preis. Er und nicht die konkret erwünschte Information ist der eigentliche Verhandlungsgegenstand. Sie treibt nur den Preis hoch.[11]

6 Die Kommerzialisierung unterläuft noch in einer weiteren Beziehung die Prämissen der Datenschutzgesetzgebung. In dem Maße, in dem mit Hilfe der Einwilligung die ansonsten generell zu beachtenden, gesetzlich vorgeschriebenen Anforderungen an die Verwendung personenbezogener Daten systematisch ausgeschaltet werden, gehen auch die **Transparenz des Verarbeitungsprozesses und die Möglichkeit, ihn zu kontrollieren,** verloren. Wo aber beides schwindet, nimmt zugleich die **Kommunikations- und Partizipationsfähigkeit** der Betroffenen ab und ihre Manipulierbarkeit zu. Genau das also, was durch die informationelle

---

5 Vgl. insb. BVerfG 84, 192; 85, 191 (213), 219 (224); BGHZ 95, 362 (367 f.); sowie *Roßnagel/v. Zezwitsch*, Handbuch 3.1 Rdnr. 30; *Roßnagel/Pfitzmann/Garstka*, Modernisierung, 91; *Vogelgesang*, Grundrecht, 151 *Schapper/Dauer*, RDV 1987, 170, CR 1987, 497.
6 Dazu auch § 28 Rdnr. 10, 66 ff. m.w.A.; sowie u. Rdnr. 19.
7 Dazu u. Rdnr. 65 f.
8 Dazu u. Rdnr. 67 ff.
9 Vgl. schonh *HmbDSB*, 2. TB, 127 f.; sowie *Simitis*, in Summa, 519 f.
10 Vgl. etwa LG Stuttgart, DuD 1999, 294 (295).
11 Dazu auch *Simitis*, in *Sokol* (Hrsg.), Neue Instrumente, 14 ff.

Selbstbestimmung ausgeschlossen werden sollte,[12] zeichnet sich dann immer schärfer ab, wenn sie nur noch als **Verwertungsrecht** verstanden und behandelt wird.[13]

Nicht von ungefähr hat deshalb die Rechtsprechung beim Fragerecht des Arbeitgebers immer wieder korrigierend eingegriffen.[14] Genauso wenig haben die für den Datenschutz zuständigen Kontrollinstanzen gezögert, im Kredit- und Versicherungsbereich Änderungen durchzusetzen.[15] Das Ergebnis deckt sich durchweg: Die Einwilligung wird überall durch **zwingende Vorgaben** zurückgedrängt. Sie und nicht das Einverständnis der Betroffenen bestimmen die Voraussetzungen, unter denen auf personenbezogene Daten zugegriffen werden darf, gestalten aber damit das Verhältnis zwischen verbindlich vorgeschriebenen, vornehmlich gesetzlich geregelten Verwendungsbedingungen und der Einwilligung neu. Beides wird nicht mehr gleich behandelt. Die Einwilligung wird mehr und mehr zurückgedrängt. 7

Die Reaktionen der Gerichte und der Kontrollinstanzen für den Datenschutz zeigen aber auch, mit der bloßen Forderung nach einer **„freien Entscheidung“**(§ 4a Abs. 1 Satz 1 BDSG) oder der Feststellung, dass die Einwilligung **„ohne Zwang“** (Art. 2 Buchst. h der EG-Datenschutzrichtlinie) und **„ohne jeden Zweifel“** (Art. 7 Buchst. a der EG-Datenschutzrichtlinie) erteilt werden muss,[16] ist es nicht getan. Wohl klingt in jeder dieser Formulierungen das Unbehagen am bisherigen Umgang mit der Einwilligung an., Mehr als ein Ansatz für endlose Interpretationskontroversen wird aber nicht geboten.[17] Auch die Weigerung des Gesetzgebers ebenso wie zuvor der EG-Kommission eine Verarbeitung ohne Einverständnis der Betroffenen, sei es auch nur partiell, zuzulassen, ihnen aber dafür das Recht einzuräumen, die Verwendung ihrer Daten abzulehnen, führt keinen Schritt weiter. Der unveränderte Vorrang des **„opt-in“** vor einem **„opt-out“** erlaubt es zwar den Betroffenen, sich ganz auf die Notwendigkeit einer Einwilligung zu verlassen und bewahrt sie so davor, sich ständig gegen die Verarbeitung ihrer Daten zu wehren, ändert allerdings nichts an den Problemen der Einwilligung.[18] Solange es deshalb bei der gegenwärtigen Regelung des BDSG bleibt, werden die **Kontrollinstanzen für den Datenschutz** und die Gerichte mehr denn je die Aufgabe wahrnehmen müssen, die **Einwilligung** an ihren **Auswirkungen auf die informationelle Selbstbestimmung zu messen** und ihren **Wirkungsbereich** entsprechend **einzuschränken**. 8

Das BDSG enthält immerhin eine Reihe von **Verfahrensbedingungen**, die konsequent angewendet, es zumindest erschweren könnten, den Datenschutz allzu leicht zu unterlaufen. Dazu zählt die Verpflichtung, die Betroffenen über die Verwendungsziele und die möglichen Folgen einer Verweigerung der Einwilligung zu informieren (§ 4a Abs. 1 Satz 2)[19] ebenso wie die strenge Formbindung (§ 4a Abs. 1 Satz 3)[20] und die Pflicht, die Einwilligung nicht in einer Vielzahl anderer Erklärungen zu verstecken, sondern sie im Gegenteil besonders zu kennzeichnen (§ 4a Abs. 1 Satz 4).[21] 9

---

12 BVerfGE 65, 1 (43); § 1 Rdnr. 35 ff.

13 Vgl. auch *Simitis,* in *Sokol* (Hrsg.), Neue Instrumente, 33 ff., DuD 2000, 720 f.; *Roßnagel/Holznagel/Sonntag,* Handbuch 4.8, Rdnr. 3 f.; sowie zur Kommerzialisierung des Persönlichkeitsrechts BVerfG 101, 361; *Peifer,* GRUR 2002, 495 ff.

14 Dazu auch § 28 Rdnr. 10, 66; sowie u. Rdnr. 19.

15 Dazu u. Rdnr. 67 ff.

16 Dazu *Dammann/Simitis,* EG-Datenschutzrichtlinie Art. 2 Rdnr. 20 ff., Art. 7 Rdnr. 4; *Brühann,* in GH II/*Wolf* A 30 Art. 2 Rdnr. 26, Art. 7 Rdnr. 3; *Ehmann/Helfrich,* EG-Datenschutzrichtlinie Art. 2 Rdnr. 66 ff., Art. 7 Rdnr. 6 ff.

17 Vgl. etwa LG Stuttgart, DuD 1999, 294 (295); aber auch *Roßnagel/Pfitzmann/Garstka,* Modernisierung, 92.

18 Vgl. *Simitis,* DuD 2000, 721, in Summa 525.

19 Dazu u. Rdnr. 89 ff.

20 Dazu u. Rdnr. 33 ff.

21 Dazu u. Rdnr. 40 ff

2. Anwendungsbereich und Anwendungsgrenzen

10 Die §§ 4 Abs. 1 und 4a gelten für **alle verantwortlichen Stellen.**[22] Das Gesetz differenziert also weder zwischen öffentlichem und nicht-öffentlichem Bereich, noch nimmt es einzelne Stellen aus. Behörden können infolgedessen genauso wie Banken oder Marktforschungsinstitute grundsätzlich jede nur gewünschte Angabe für ihre Zwecke nutzen, vorausgesetzt die Betroffenen willigen ein. Der Vorteil liegt auf der Hand. Die Einwilligung verhilft, jedenfalls auf den ersten Blick, vor allem dazu, die ansonsten verbindlichen, sich, sei es aus den einschlägigen gesetzlichen Bestimmungen, sei es aus vertraglichen Abmachungen, ergebenden Verarbeitungsgrenzen zu überwinden. Kraftfahrzeugämter könnten so interessierten Dritten Daten übermitteln, die sie bei der Zulassung erhalten haben,[23] Schulen Angaben über die Familienverhältnisse und das Freizeitverhalten der Schüler erheben,[24] oder Eltern mit Hilfe eines eigens eingerichteten elektronischen Informationsverfahrens über jedes Fernbleiben ihrer Kinder vom Unterricht sofort benachrichtigen,[25] Schuldnerberatungsstellen ihre Informationen über den aktuellen Schuldenstand ausweiten,[26] Mieter- und Vermieterverbände die für den Mietenspiegel benötigten Angaben bekommen,[27] Ärzte die Daten ihrer Patienten an Verrechnungsstellen weitergeben[28] und Unternehmen Kundendaten gezielt für breit angelegte Marketingstrategien verwenden. Erst recht spielt die Einwilligung eine entscheidende Rolle, wenn, wie bei Meinungsumfragen, eine große Zahl von Personen in den Informationsprozess einbezogen werden soll, zu denen die verantwortliche Stelle bis dahin keinerlei Beziehung unterhalten hat.

11 Eine Verwendung personenbezogener Daten setzt entweder eine Einwilligung der Betroffenen oder ein Rechtsvorschrift voraus (§ 4 Abs. 1). Die Alternative ist klar, die Folge ebenso: einen dritten Weg gibt es nicht.[29] Wer sich deshalb weder auf das Einverständnis der Betroffenen berufen, noch auf eine gesetzliche Vorschrift verweisen kann, muss auf die Verwendung der Daten verzichten.

12 Grauzonen lassen sich dennoch nicht vermeiden. **Evaluationen von Lehrveranstaltungen** mit Hilfe von Umfragen, die, sei es von der Hochschule selbst, sei es von den Studierenden, durchgeführt werden, sind ein typisches Beispiel dafür.[30] Datenschutzfragen stellen sich schon deshalb, weil in aller Regel auch Informationen zur Bewertung der Dozenten erhoben werden. Eine gesetzliche Grundlage dafür gibt es eher selten. Selbst dort, wo sie besteht, wird nicht immer eine von der Hochschule verabschiedete Evaluationsordnung verlangt, die unter anderem einen datenschutzkonformen Umgang mit den jeweils verwendeten personenbezogenen Angaben sichern muss.[31] Ein besseres Mittel, um die benötigten Daten doch noch zu bekommen, als die Einwilligung der betroffenen Hochschullehrer scheint es unter diesen Umständen nicht zu geben. Jeder Versuch, ihr Einverständnis einzuholen, eröffnet ihnen allerdings die Möglichkeit, in den Verarbeitungsverlauf einzugreifen. Verständlicherweise ist daher mit Rücksicht auf die Aussagekraft der Umfragen gefordert worden, solange davon abzusehen, wie sie nicht durch eine einschlägige Rechtsvorschrift legitimiert sind.[32]

13 Entscheidend kann in Wirklichkeit nur die Tatsache sein, dass es bei jeder dieser Umfragen ausschließlich um ein besonderes, den Betroffenen anvertrautes Amt und die damit verbundenen Aufgaben geht. Die Parallele zur Archivdiskussion und zur Verwendung personenbe-

22 Dazu § 1 Rdnr. 119 ff.
23 Dazu *BfD,* 1. TB, 108 f.; *HDSB,* 7. TB, LT-Drs. 9/67, 29.
24 Dazu *HDSB,* 7., LT-Drs. 9/67, 35 ff., 8. TB, 42 f., 33. TB 109 f.
25 Lfd NW, TB 2005,130 f.
26 Vgl. etwa *HDSB,* 21. TB, 71.
27 Vgl. etwa den 10. TB des *HmbDSB,* 84 ff.
28 BGHZ, 115, 123; 116, 268; OLG Bremen, NJW 1992, 757; OLG Oldenburg, NJW 1992, 758.
29 Dazu auch § 4 Rdnr. 2 ff.
30 Dazu insb. *BlnDSB,* JB 1991, 118 f., 1992, 123; *LfD RhPf,* 14. TB, 62 f.; *HDSB,* 29. TB,114 f; *LfD NW,* TB 2005, 122 ff.
31 Vgl. etwa die §§ 8 Abs. 3 NRWHG., sowie 6 BerlHG.
32 Dazu *LfD NW,* TB 2005, 122, und demgegenüber BlnDSB, JB 1991, 118; 1992, 123. Vgl. auch *LfD RhPf,* 14. TB, 62; *HDSB,* 29. TB, 114.

zogener Daten im Rahmen der historischen Forschung liegt auf der Hand.[33] Hier wie dort gilt: Solange Angaben zur Debatte stehen, die mit der **Wahrnehmung einer bestimmten Funktion** zusammenhängen und für die konkrete Evaluation erforderlich sind,[34] müssen sie ohne Rücksicht auf die Einstellung des jeweiligen Funktionsträgers zugänglich sein und deshalb auch verarbeiten werden können. Die informationelle Selbstbestimmung wird, anders ausgedrückt, erst bei der Verwendung von Angaben, die in keinerlei Beziehung zur je spezifischen Funktion stehen, zur Verarbeitungsbarriere.[35] Konsequenterweise ist von Anfang an auf eine **strikt funktionsbezogene Auswahl und Verarbeitung der Daten** zu achten. Eine Verwertung für andere Zwecke, etwa die personalrechtliche Bewertung der Betroffenen. scheidet so gesehen von vornherein aus. Die Zulässigkeit der Umfragen hängt daher nicht von der Mitbestimmung der Personalvertretung ab.[36] Sie ist zwar durchaus berechtigt, zu kontrollieren, ob der Verwendungszweck respektiert wird, nicht aber legitimiert, die Verarbeitung funktionsbezogener Daten zu verhindern oder einzuschränken.[37]

Das BDSG räumt zwar allen verantwortlichen Stellen die Möglichkeit ein, auf das Einver- 14
ständnis der Betroffenen zurückzugreifen. Die Einwilligung ist trotzdem eine **in erster Linie für den nicht-öffentlichen Bereich** ebenso typische wie wichtige Verarbeitungsvoraussetzung. Nur hier kann sie sich, wenn überhaupt, als wirkliche Alternative zur gesetzlichen Regelung erweisen. Nur im nicht-öffentlichen Bereich lassen sich deshalb mit ihrer Hilfe die Verarbeitungsmöglichkeiten substanziell erweitern. Demgegenüber kommt der Einwilligung **im öffentlichen Bereich eine ungleich geringere Bedeutung** zu.

Schon deshalb, weil **öffentliche Stellen** lediglich dazu befugt sind, bestimmten, in der Regel 15
gesetzlich definierten Aufgaben nachzugehen. Damit ist freilich auch die Verarbeitungsgrenze abgesteckt. Öffentliche Stellen dürfen, anders ausgedrückt, immer nur die Daten verwenden, die zur Erfüllung dieser Aufgaben erforderlich sind, brauchen aber dafür nicht das Einverständnis der Betroffenen. Ebenso wenig mithin wie sie dazu berechtigt sind, ihre Aufgaben jederzeit beliebig neu festzulegen, sind sie befugt, entweder mehr oder auch andere Daten mit Hilfe einer Einwilligung der Betroffenen zu verarbeiten.[38]

Am öffentlichen Bereich zeigt sich überdies, wie fragwürdig die Vorstellung ist, die Betrof- 16
fenen könnten wirklich **frei entscheiden, wer ihre Daten verarbeiten darf**.[39] Sie sind von vornherein in einer schwierigen, wenn nicht prekären Lage, weil sie sich mit den Informationswünschen einer Stelle konfrontiert sehen, deren Kompetenzen sie schwerlich genau abzuschätzen vermögen, und deren Tätigkeit alle Merkmale staatlicher Autorität aufweist. Die Betroffenen haben zudem, gerade wenn sie eine bestimmte Leistung beantragen und sich etwa mit der Einsicht in eine Reihe ansonsten unzugänglicher Unterlagen einverstanden erklären sollen, letztlich keine Wahl. Verweigern sie ihr Einverständnis, müssen sie mit der Ablehnung ihres Antrages rechnen. Nicht von ungefähr begnügen sich daher die LDSG, anders als das BDSG (§ 4a Abs. 1 Satz 2), keineswegs damit, den öffentlichen Stellen vorzuschreiben, die Folgen einer Verweigerung, sei es „mit Rücksicht auf die Umstände des Einzelfalles“, sei es „auf Verlangen“ anzugeben,[40] sondern verpflichten sie ausdrücklich, von sich aus auf die Konsequenzen hinzuweisen.[41]

33 Dazu § 40 Rdnr. 16., 83; *HDSB,* 10., 33 ff., 11., 38 ff. und 12. TB, 128 ff.; *Simitis,* in Festschrift für *Zeidler*, Bd. 2 (1987) 1475 ff., 1493 ff.

34 Dazu auch *LfD NW*, TB 2005, 121 f.; sowie *LfD RhPf,* 14. TB, 62; *HDSB*, 29. TB, 114.

35 Ebenso *HDSB*, 29. TB, 114; vgl. auch *Giesen, DuD 1995 256 ff.*; einschränkend *Tinnefeld*, DuD 2001, 21 ff.

36 Anders wohl *Gola/Schomerus*, BDSG § 4a Rdnr. 3.

37 Dazu auch *LfD RhPf,* 14. TB, 62.

38 Vgl. auch *Roßnagel/Holznagel/Sonntag*, Handbuch 4.8., Rdnr. 24; *Roßnagel/Pfitzmann/Garstka,* Modernisierung, 73 f.; *Stange,* Datenschutzrecht, Rdnr. 93; *Lübking,* Datenschutz, Rdnr. 411.

39 o. Rdnr. 3 ff.; sowie *LfD MV,* 1. TB, 40; *Roßnagel/Globig*, Handbuch 4.7, Rdnr. 42. f.; anders wohl auch für den öffentlichen Bereich *v. Mutius,* in Innovativer Datenschutz, 113 f.

40 Dazu u. Rdnr. 73 ff.

41 Dazu u. Rdnr. 104.

17 Öffentliche Stellen dürfen deshalb grundsätzlich nur auf die Einwilligung zurückgreifen, sofern eine entsprechende **gesetzliche Regelung** besteht, die auch die Verweigerungsfolgen umschreibt. Das Einverständnis der Betroffenen reicht ansonsten lediglich in **wenigen Ausnahmefällen** aus, um die Verarbeitung ihrer Daten zu rechtfertigen. Mit das wichtigste Beispiel dafür ist die Erhebung von Angaben, die ausschließlich dazu dienen sollen, **Entscheidungsprozesse** im Interesse der Betroffenen **zu erleichtern und zu beschleunigen**.[42] Eine Einwilligung ist darüber hinaus unproblematisch, soweit etwa im Bildungs-, Kultur- oder Sozialbereich ermittelt werden soll, wie die Betroffenen **einzelne Leistungen beurteilen** und welche Möglichkeiten es gibt, sie wirksamer zu gestalten. Gegen die Einwilligung lässt sich ferner nichts einwenden, wenn es um Daten geht, die für eine detailliertere Information der Betroffenen über einzelne, für sie besonders relevanten Aktivitäten der öffentlichen Verwaltung nötig sind.

18 Ebenso gerechtfertigt erscheint es schließlich, das Einverständnis der Betroffenen bei einer **Übermittlung** ihrer Daten **an nicht-öffentlichen Stellen** einzuholen. Die Weitergabe kann zwar auch ohne Einwilligung erfolgen. Ein „berechtigtes Interesse" des Empfängers genügt, sofern keine „schutzwürdigen" Belange des Betroffenen vorliegen (§ 16 Abs. 1 Nr. 2).[43] Oft fällt es aber schwer, festzustellen, inwieweit die Informationserwartung wirklich „berechtigt" ist und ob ihr nicht doch ein „schutzwürdiges Interesse" des Betroffenen entgegensteht. Die Einwilligung erspart die Güterabwägung und schließt das mit ihr verbundene Risiko aus.

19 Auch im **nicht-öffentlichen Bereich gilt es** freilich **Grenzen zu ziehen**. Die Einwilligung scheidet als Regelungsinstrument immer dann aus, wenn sich **die Betroffenen in einer Situation befinden, die ihnen keine Möglichkeit zu einer eigenen, selbstständigen Stellungnahme lässt**, die Einwilligung also nur dazu dienen würde, einen scheinbar von ihnen gebilligten Vorgang rechtlich abzusichern.[44] Ganz in diesem Sinn verbietet das SGB I (§ 32) privatrechtliche Vereinbarungen, die das Sozialgeheimnis zum Nachteil des Sozialleistungsberechtigten einschränken. Der Arbeitgeber darf infolgedessen die vollständige bei der Berufsgenossenschaft geführte **Unfallakte** selbst dann nicht einsehen, wenn der Arbeitnehmer damit einverstanden sein sollte.[45] Aus dem gleichen Grund können Arbeitnehmerinnen und Arbeitnehmer nur in die Verarbeitung von Angaben einwilligen, die für das **konkrete Arbeitsverhältnis objektiv erforderlich** sind.[46] Im Übrigen lassen sich gerade beim Arbeitsverhältnis gesetzliche oder von der Rechtsprechung, etwa im Zusammenhang mit dem Fragerecht des Arbeitgebers, entwickelte Informationssperren[47] auch nicht durch eine Einwilligung der Beschäftigten überwinden.[48] Erst recht geht es daher nicht an, die mangelnde Möglichkeit, auf das Einverständnis der Betroffenen zurückzugreifen, durch eine **„Selbstauskunft"** des Arbeitnehmers, Mieters oder Patienten zu kompensieren.[49]

---

42 Vgl. auch *Roßnagel/Pfitzmann/Garstka,* Modernisierung, 73 f.
43 Dazu § 16 Rdnr. 16 ff.
44 Dazu o. Rdnr. 3 ff.
45 Vgl. *BfD,* 14. TB, 100; aber auch *HmbDSB,* 9. TB, 35.
46 Vgl. auch *FESTL*, BetrVG § 83 Rdnr. 28; *DKK/Buschmann,* BetrVG § 83 Rdnr. 3, 22; MünchArbR-*Blomeyer,* § 99 Rdnr. 18.
47 Dazu § 28 Rdnr. 10, 66.
48 Vgl. etwa *HmbDSB,* 10., 166 und 11. TB, 167 f.; *LfD SA* 1. TB, 89 f.; *BWHinwBDSG*, Nr. 34, StAnz. V. 2.1.1996, 7, 10 = Dok. B.1.39, 2; sowie *FESTL*, BetrVG § 83 Rdnr. 28; *DKK/Buschmann,* BetrVG § 83 Rdnr. 24 *Gola/Wronka,* Handbuch, Rdnr. 149 f.; *ErfK-Wank,* § 4 BDSG Rdnr. 7; *Däubler,* Belegschaften, Rdnr. 161.
49 Dazu §§ 28 Rdnr. 70; 33 Rdnr. 32; *BfD*, 15. TB, 435 f.; *HDSB,* 17. TB, 71; *HmbDSB,* 11. TB, 171 f.; sowie das nordrhein-westfälische Krebsregistergesetz v. 12.2.1985, GVBl. 1985, S. 125 ff., § 7 Abs. 2.

3. Rechtliche Einordnung

Die Einwilligung ist eine **rechtsgeschäftliche Erklärung.**[50] Sie wird allerdings oft als bloße Realhandlung bezeichnet.[51] Die unterschiedliche Bewertung hat einen einfachen Hintergrund: Die Realhandlung hat scheinbar den Vorteil, sich nach der **Einsichtsfähigkeit** der Betroffenen zu richten, und so die Chance zu bieten, auf die Frage, von wann an die Betroffenen selbst über die Verwendung ihrer Daten bestimmen können, flexibel zu reagieren. Genauso ist es freilich, allen gegenteiligen Annahmen zum Trotz, bei der rechtgeschäftlichen Erklärung. So verringert sich beispielsweise der Entscheidungsspielraum der Eltern in dem Maße, in dem die Einsichtsfähigkeit ihrer Kinder zunimmt. Eben deshalb kann es auch bei der Einwilligung in die Verwendung der eigenen Daten nur darauf ankommen, ob die Betroffenen in der Lage sind, die Konsequenzen der Verwendung ihrer Daten zu übersehen und sich deshalb auch dazu verbindlich zu äußern.[52] Der Umweg über die Realhandlung ist daher ebenso missverständlich wie überflüssig. 20

Abstrakte Aussagen darüber, wann die **Einsichtsfähigkeit** gegeben ist, scheiden von vornherein aus. Erst recht geht es nicht an, sie mit einem bestimmten Allter zu verknüpfen.[53] Maßgeblich kann vielmehr immer nur der jeweilige **Verwendungszusammenhang** sein. Er entscheidet im Übrigen auch darüber, ob die Einwilligung der betroffenen minderjährigen Personen ausreicht, oder die ihrer gesetzlichen Vertreter zusätzlich erforderlich ist.[54] Kurzum, erst in Kenntnis der konkreten Verarbeitungsabsichten und Verarbeitungsbedingungen lässt sich verlässlich beurteilen, inwieweit die Betroffenen selbst entscheiden können, was mit ihren Daten geschehen soll. Der **Ausbildungsbereich** ist ein typisches Beispiel dafür. Nicht nur, weil Stand und Verlauf der Ausbildung Aussagen zur persönlichen Entwicklung Minderjähriger ermöglichen und deshalb auch zu seiner Fähigkeit, die Folgen der Verwendung ihrer Daten abzuschätzen. Mindestens genauso fällt ins Gewicht, dass die Rechtsordnung von der Schulmitverwaltung bis hin zur betrieblichen Jugend- und Auszubildendenvertretung ihre Bereitschaft bekundet, Minderjährigen eigene Mitwirkungs- und Entscheidungsrechte zuzugestehen. Soweit daher Daten etwa mit dem Ziel erhoben werden, die Ausbildungsbedingungen zu überprüfen, hängt die Zulässigkeit der Verarbeitung grundsätzlich nicht vom Einverständnis der gesetzlichen Vertreter, sondern von der Einwilligung der betroffenen Jugendlichen ab. Vor allem bei Umfragen zur schulischen Situation kann es allerdings durchaus sein, dass Daten verwertet werden sollen, die unmittelbar die Eltern betreffen und deshalb nicht ohne ihre Kenntnis und Einwilligung verwendet werden dürfen.[55] 21

Ähnlich ist es im **Arbeitsbereich**. Der Gesetzgeber hat sich für die Selbstständigkeit der Jugendlichen schon zu einem sehr frühen Zeitpunkt ausgesprochen (§ 113 BGB) und sie seither immer wieder betont.[56] Sowohl der Arbeitgeber als auch jeder andere, der sich für die Daten jugendlicher Arbeitnehmer interessiert, ist deshalb auf ihre Einwilligung jedenfalls so lange angewiesen wie es an einer die Verarbeitung legitimierenden gesetzlichen Vorschrift fehlt. 22

---

50 Vgl. auch LG Hamburg, ZIP 1982, 1313, 1315; LG Bremen, DuD 2001, 620; *Bergmann/Möhrle/Herb*, BDSG § 4a Rdnr. 8; *Klebe*, in *Däubler/Klebe/Wedde*, BDSG § 4 Rdnr. 9; *Weichert*, in ComHdB 132 Rdnr. 46; *Roßnagel/Duhr*, Handbuch 7.5, Rdnr. 37; *Wächter*, Datenschutz, Rdnr. 231; *Lübking*, Datenschutz, 394; *Beckhusen*. Datenumgang, 154; *Hollmann*, NJW 1978, 2332; *Hümmerich*, DuD 1978, 136 f.; *Schuster/Simon*, NJW 1980, 1288; *Kohte*, AcP 185 (1985) 152 ff; *Podlech/Pfeiffer*, RDV 1998, 152; aber auch *Tinnefeld/Ehmann/Gerling*, Einführung, 318; *Roßnagel/Holznagell/Sonntag*, Handbuch, 4.8, Rdnr. 20 f.; *Däubler*, Belegschaften Rdnr. 138

51 Vgl. etwa *Gola/Schomerus*, BDSG § 4a Rdnr. 10; *Schaffland/Wiltfang*, BDSG § 4a Rdnr. 21; *von Uckermann*, DuD 1979, 166.

52 Vgl. auch *Klebe, in Däubler/Klebe/Wedde*, BDSG § 4 Rdnr. 9; *Gola/Schomerus*, BDSG § 4a Rdnr. 10; *Tinnefeld/Ehmann/Gerling*, Einführung, 318 f.; *Roßnagel/Globig*, Handbuch 4.7, Rdnr. 44; *ErfK-Wank*, § 4 Rdnr. 5; *Däubler*, Belegschaften, Rdnr. 138; *Roßnagel/Pfitzmann/Garstka*, Modernisierung, 95; *Beckhusen*, Datenumgang, 159 f.; *Kloepfer*, Informationsrecht § 8, Rdnr. 75; *Körner*, in *Simon/Weiss* (Hrsg.), Autonomie, 132.

53 Vgl. freilich *Schaffland/Wiltfang*, BDSG § 4a Rdnr. 21; *Roßnagel/Holznagel/Sonntag*, Handbuch 4.8, Rdnr. 22 und demgegenüber *Beckhusen*, Datenumgang, 160.

54 Vgl. auch *Beckhusen*, Datenumgang, 160.

55 Vgl. auch *HDSB*, 7., LT-Drs. 9/67, 35 f., 42 f., 16. TB, 114 ff.; *Roßnagel/Pfitzmann/Garstka*, Modernisierung, 95.

56 Vgl. etwa die §§ 60 ff. BetrVG, 15 KSchG, 36 SGB I.

Mit der Eingehung des Arbeitsverhältnisses wird, mit anderen Worten, zugleich das Recht der Jugendlichen begründet, selbst über die Verwendung der Daten zu bestimmen, die sich auf ihre Arbeitnehmertätigkeit beziehen.[57]

23 Bei der Verarbeitung von **Gesundheitsdaten** bleibt es ebenfalls dabei. Weil bei minderjährigen Patienten, die bereits in der Lage sind, Notwendigkeit und Tragweite einer ärztlichen Behandlung zu beurteilen, medizinische Eingriffe nicht ohne ihr Einverständnis vorgenommen werden dürfen, müssen sie auch selbst über die Verwendung von Angaben zu ihrer Gesundheit entscheiden können. Ärzte und Krankenhäuser haben sich danach ebenso zu richten wie die Betreiber von Krankheitsregistern. Die Verarbeitung der Daten aids- oder krebskranker Jugendlicher hängt daher von ihrer Einwilligung ab.

24 Nicht anders ist es schließlich bei **Sozialdaten**. Minderjährige sind vom fünfzehnten Lebensjahr an berechtigt, Anträge zu stellen und Sozialleistungen entgegenzunehmen (§ 36 SGB I). Soweit deshalb eine Einwilligung erforderlich ist, müssen sie die jeweils notwendigen Entscheidungen selbst treffen.

25 Die Einwilligung kann **angefochten werden**.[58] Das **Anfechtungsrecht** steht ausschließlich demjenigen zu, der befugt ist, über die Verwendung der Daten zu bestimmen. Minderjährige sind deshalb, soweit sie einsichtsfähig sind, nicht nur berechtigt, selbst über eine beabsichtigte Verwendung ihrer Daten,[59] sondern genauso über die Anfechtung ihrer Einwilligung zu entscheiden. Als **Anfechtungsgrund** kommt ein **Irrtum** (§ 119 BGB) genauso wie eine **Täuschung** (§ 123 BGB) in Betracht. Das BDSG begnügt sich keineswegs damit, die Zulässigkeit der Verwendung von der Einwilligung der Betroffenen abhängig zu machen, sondern knüpft sie zugleich an Bedingungen, die es den Betroffenen vor allem erlauben sollen, ihre Entscheidung selbstständig und in Kenntnis der Verarbeitungsbedingungen zu treffen (§ 4a).[60] Das Gesetz legt insofern besonderen Wert auf eine Erklärung, die den Willen der Betroffenen präzise und korrekt wiedergibt. Solange deshalb Wille und Erklärung auseinander fallen, muss eine Anfechtung möglich sein.[61] Ob sie sich allerdings empfiehlt, lässt sich erst sagen, wenn die unter Umständen damit verbundene Schadenersatzpflicht (§ 122 Abs. 2 BGB) bedacht wird. Die Einwilligung wird durch die Anfechtung rückwirkend aufgehoben (§ 142 Abs. 1 BGB) mit der Folge, dass alle bereits erfolgten Verarbeitungen von Anfang an unzulässig gewesen sind.[62]

26 Der Wirksamkeit einer Einwilligung können genauso **Nichtigkeitsgründe** entgegenstehen. Schon deshalb, weil das Gesetz die Einwilligung im Interesse der Betroffenen an bestimmte formale Voraussetzungen knüpft, also grundsätzlich eine schriftliche Erklärung verlangt (§ 4a Abs. 1 Satz 3).[63] Wird dagegen verstoßen, ist die Einwilligung nichtig (§ 125 BGB).[64] Die Betroffenen sind zudem nur berechtigt, sich mit einer Verwendung ihrer Daten einverstanden erklären, die im Einklang mit den gesetzlichen Vorschriften steht. Soweit der Gesetzgeber deshalb die Verarbeitung untersagt, ist die Einwilligung ebenfalls nichtig (§ 134 BGB). Das Verwendungsverbot muss allerdings nicht immer aus einer gesetzlichen Vorschrift folgen,

---

57 Dazu auch *Kroll,* Datenschutz, 172 f.

58 Vgl. auch *Tinnefeld/Ehmann/Gerling*, Einführung, 324; *Weichert,* in ComHdB 132 Rdnr. 46; *Roßnagel//Holznagel/Sonntag*, Handbuch 4.8, Rdnr. 23; *Wohlgemuth*, Datenschutz, Rdnr. 202; *Kroll,* Datenschutz, 168; *Däubler*, Belegschaften, 153; *Kohte,* AcP 185 (1985) 139 ff.

59 o. Rdnr. 20 ff.

60 Dazu u. 70 ff.

61 Sie kann im Übrigen auch nicht durch einen Hinweis Rechtsmissbrauch und damit auf § 242 BGB ersetzt werden, vgl.freilich *Gola/Schomerus*, BDSG § 4a Rdnr. 7. Generalklauseln wie Treu und Glauben greifen erst ein, wenn eine gesetzlichen Grundlage fehlt oder nicht ausreicht. Genau die ist aber bei einer Korrektur der Einwilligung nicht der Fall.

62 Vgl. auch *Tinnefeld/Ehmann/Gerling*, Einführung, 324; *Weichert*, in ComHdB Rdnr. 48; *Beckhusen*, Datenumgang, 186; *Kohte,* AcP 185 (1985) 140 f.; einschränkend *Kroll,* Datenschutz, 169.

63 u. Rdnr. 33 ff.

64 Dazu auch u. Rdnr. 35, 39; sowie *Gola/Schomerus,* BDSG § 4a Rdnr. 13; *Schaffland/Wiltfang,* BDSG § 4a Rdnr. 9; *Tinnefeld/Ehmann/Gerling*, Einführung, 324; *Roßnagel/Holznagel/Sonntag*, Handbuch 4.8, Rdnr. 40; *Gola/Wronlka*, Handbuch, Rdnr. 154; *Lübking*, Datenschutz, Rdnr. 403; *Kroll*, Datenschutz, 179; *Beckhusen*, Datenumgang, 169; *Schaar*, MMR 2001, 646;

sondern kann sich genauso aus bestimmten, von der Rechtsprechung entwickelten Grundsätzen ergeben. So hat die Rechtsprechung das Fragerecht des Arbeitgebers gezielt eingeschränkt und damit Grenzen gezogen, an denen auch eine Einwilligung des Arbeitnehmers nichts zu ändern vermag.[65] Die Einwilligung muss schließlich auf der „freien Entscheidung" der Betroffenen beruhen (§ 4a Abs. 1 Satz 1).[66] Soweit sie sich deshalb nur mit Rücksicht darauf, dass sie sonst keine Chance haben, eine für sie besonders wichtige Leistung zu bekommen,[67] oder um sich nicht ihren Arbeitsplatz gefährdenden Konflikten auszusetzen, bereit finden, in die Verarbeitung ihrer Daten einzuwilligen, kann ihre Erklärung nichtig sein (§§ 134, 138 BGB).[68]

4. Zeitpunkt

27 Die Einwilligung muss der Verarbeitung vorausgehen. Das BDSG gibt sich weder mit einer nachträglichen „Genehmigung" zufrieden noch mit einer „Zustimmung", die an keinen bestimmten Zeitpunkt gebunden ist, sondern verlangt **eine der Verarbeitung vorgeschaltete Erklärung** der Betroffenen.[69] Sie sollen auch und vor allem deshalb nicht vor vollendete Tatsachen gestellt werden, weil es oft kaum noch einen Sinn hat, sich gegen eine bereits erfolgte Verarbeitung zu wehren, wie sich allein schon an den Konsequenzen einer Übermittlung zeigt. Eine noch so kategorisch verweigerte „Zustimmung" nutzt den Betroffenen nichts mehr, wenn ihre Daten an alle möglichen Adressaten weitergeleitet worden sind.

28 Der richtige Zeitpunkt für die Abgabe der Erklärung lässt sich trotzdem nicht immer einfach bestimmen. Die Schwierigkeiten werden besonders bei umfangreichen **Befragungen** deutlich.[70] Allgemeine Aussagen über Hintergrund und Ziel der Befragung sind zwar ein wichtiger Anhaltspunkt für die Entscheidung der Betroffenen. Um welche Daten es genau geht und welche Konsequenzen sich aus ihrer Verarbeitung ergeben könnten, lässt sich aber nur in Kenntnis der einzelnen Fragen beurteilen. Der Zeitpunkt, zu dem die Betroffenen über alle für ihre Entscheidung wichtigen Informationen verfügen, ist deshalb, so paradox es klingen mag, erst nach dem Ende der Befragung erreicht.[71] Eine Einwilligung, die unmittelbar im Anschluss an die Erhebung abgegeben wird, entspricht daher durchaus dem Zweck der gesetzlichen Regelung. Erklären sich die Betroffenen mit der Verarbeitung ihrer Daten einverstanden, darf sie fortgesetzt werden, lehnen sie eine Verwendung dagegen ab, müssen sämtliche bereits erhobenen Angaben in ihrer Gegenwart sofort vernichtet werden.

29 **Nachträgliche Erklärungen** ändern nichts an der Unzulässigkeit der Verarbeitung.[72] Eine Genehmigung (§ 184 BGB) ist eben keine Einwilligung (§ 183 BGB) und eine Heilung kennt das BDSG ebenso wenig wie es Ausnahmen vom in § 4a Abs. 1 festgelegten Zeitpunkt vorsieht. Wo es deshalb an der Einwilligung fehlt, bleibt nichts anderes übrig als die Rechtswidrigkeit der Verarbeitung festzustellen. Bereits gespeicherte Daten sind infolgedessen zu löschen (§§ 20 Abs. 2 Nr. 1; 35 Abs. 2 Nr. 1).[73] Ganz ohne Bedeutung ist die nachträgliche Zustimmung freilich nicht. Sie spielt im Hinblick auf mögliche **Schadenersatzansprüche** der Betroffenen (§§ 7, 8) eine Rolle. Wer in die Verarbeitung seiner Daten nicht einwilligt,

---

65 Dazu § 28 Rdnr. 10, 66 ff. m.w.A.; sowie o. Rdnr. 19.

66 Dazu u. Rdnr. 62 ff.

67 Vgl. etwa *LFD RhPf*, 14. TB, 62.

68 Vgl. auch *Bergmann/Möhrle/Herb*, BDSG § 4a Rdnr. 16; *Weichert*, in ComHdB 132 Rdnr. 46; *Roßnagel/Holznagel/Sonntag*, Handbuch 4.8, Rdnr. 23; *Däubler*, Belegschaften, Rdnr. 161; *Kohte*, AcP 185 (1985) 135.

69 Vgl. auch OLG Köln, NJW 1993, 793; *Gola/Schomerus*, BDSG § 4a Rdnr. 5; *Schaffland/Wiltfang*, BDSG § 4a Rdnr. 2; *Weichert*, in ComHdB 132 Rdnr. 44; *Tinnefeld/Ehmann/Gerling*, Einführung, 318; *Däubler*, Belegschaften, Rdnr. 137; *ErfK-Wank*, § 4 BDSG Rdnr. 5.

70 Vgl. dazu den Dritten Jahresbericht der Wissenschaftlichen Kommission des Landes Nordrhein-Westfalen zur Begleitung des Modellversuchs mit Breitbandkabel, Bd. 5 der Begleitforschung des Landes Nordrhein-Westfalen zum Kabelpilotprojekt Dortmund (1988) 18 ff.

71 Vgl. auch Jahresbericht, a.a.O., 20, sowie den Abschlussbericht der Kommission, Bd. 19 Teil III der Begleitforschung, a.a.O. (1989) 795 f.

72 Vgl. auch *Schaffland/Wiltfang*, BDSG § 4a Rdnr. 2; *Roßnagel/Holznagel/Sonntag*, Handbuch 4.8, Rdnr. 19.

73 Dazu auch OLG Koblenz, RDV 1990, 37.

sich jedoch im Nachhinein damit einverstanden erklärt, verzichtet in aller Regel auf den ihm unter Umständen zustehenden Schadenersatz.[74] An der Löschungspflicht der verantwortlichen Stelle ändert sich freilich nichts. Sie ergibt sich unmittelbar aus den §§ 20 Abs. 2 Nr. 1 und 35 Abs. 2 Nr. 1 und kann durch wie immer gedeutete nachträgliche Äußerungen der Betroffenen nicht in Frage gestellt werden.[75] Die Verwendung der Daten setzt in jedem Fall eine den Anforderungen des § 4a voll entsprechende Einwilligung voraus.

5. Formale Anforderungen

5.1 Höchstpersönliche Abgabe

30 Die Betroffenen müssen sich **höchstpersönlich** mit der Verarbeitung ihrer Daten einverstanden erklären.[76] BDSG äußert sich zwar nicht ausdrücklich dazu. Die Bereitschaft des Gesetzgebers, die Einwilligung als Zulässigkeitsvoraussetzung anzuerkennen (§ 4 Abs. 1), hat aber nur so lange einen Sinn, wie sich die Betroffenen selbst unmittelbar zu der Frage äußern, ob und unter welchen Bedingungen auf Daten zu ihrer Person zugegriffen werden darf. Sie sind über den Hintergrund und die Ziele der Verwendung zu informieren (§ 4a Abs. 1 Satz 2) und daher auch allein in der Lage, die Auswirkungen einer Verarbeitung abzuwägen und zu entscheiden, inwieweit sie sich auf die jeweiligen Informationswünsche einlassen möchten. Gerade deshalb dürfen die Betroffenen selbst dann nicht übergangen werden, wenn sie minderjährig sind[77] und aus dem gleichen Grund müssen sie höchstpersönlich in die beabsichtigte Verwendung ihrer Daten einwilligen.

31 Eine Abgabe der nach § 4 Abs. 1 erforderlichen Einwilligung durch einen **Bevollmächtigten** scheidet daher aus.[78] Ob sich die Vollmacht konkret auf die Einwilligung bezieht oder nur allgemein erteilt ist, spielt weiter keine Rolle. Ebenso wenig fallen die mit einer Bevollmächtigung möglicherweise verbundenen Vorteile für die Betroffenen ins Gewicht. Entscheidend ist ausschließlich das vom Gesetzgeber angestrebte Höchstmaß an Schutz der informationellen Selbstbestimmung. Handelt freilich der „Bevollmächtigte" nur als **Bote**, so ist gegen die Wirksamkeit der Einwilligung nichts einzuwenden.[79]

32 Erst recht genügen Klauseln, die beispielsweise im Zusammenhang mit **Umfragen** lediglich eine Einwilligung des **„Haushaltsvorstandes"** vorsehen, nicht den Anforderungen des § 4 Abs. 1. Abgesehen davon, dass sie den gesetzlichen Vorschriften über die Stellung der Ehegatten (§§ 1356, 1626 f. BGB) widersprechen, sind sie mit dem höchstpersönlichen Recht jedes einzelnen Familienmitgliedes, selbst über die Verarbeitung der eigenen Daten zu entscheiden, unvereinbar. Etwas anderes gilt lediglich dann, wenn etwa Kinder nicht einwilligungsfähig sind und die Entscheidung deshalb, genauso wie bei einer Verwendung der Daten für eine bessere Zusammenarbeit von **Kindergarten und Schulen**,[80] von den gesetzlichen Vertretern getroffen werden muss.[81]

---

74 Vgl. auch *Gola/Schomerus*, BDSG § 4a Rdnr. 15; *Schaffland/Wiltfang*, BDSG § 4a Rdnr. 3; *Kroll*, Datenschutz, 167.

75 Vgl. freilich *Schaffland/Wiltfang*, BDSG § 4a Rdnr. 3; *Gola/Schomerus*, BDSG. BDSG § 4a Rdnr. 15

76 Vgl. auch *Auernhammer*, BDSG § 4 Rdnr. 11; *Stange*, Datenschutzrecht, Rdnr. 100; *Klebe*, in *Däubler/Klebe/Wedde*, BDSG § 4 Rdnr. 9; *Tinnefeld/Ehmann/Gerling*, Einführung, 321; *Born*, Schadensersatz bei Datenschutzverstößen (2001) 90; *Florian*, DVR 1980, 287 f.; *Podlech/Pfeifer*, RDV 1998, 152.

77 Dazu o. Rdnr. 20 ff.

78 Vgl. auch *Auernhammer*, BDSG § 4 Rdnr. 11; *Stange*, Datenschutzrecht, Rdnr. 100; *Kroll*, Datenschutz, 174; *Kohte*, AcP 185 (1985) 143; und demgegenüber *Gola/Schomerus*, BDSG § 4a Rdnr. 10; *Schaffland/Wiltfang*, BDSG § 4a Rdnr. 24; *Roßnagel/Holznagel/Sonntag*, Handbuch, 4.8, Rdnr. 27; *Beckhusen*, Datenumgang, 168.

79 Vgl. auch *Kroll*, Datenschutz, 174; *Beckhusen*, Datenumgang, 168.

80 Vgl. *HDSB*, 33. TB, 109 f.

81 Dazu o. Rdnr. 20.

5.2 Schriftform

Die Einwilligung muss **schriftlich** erklärt werden (§ 4a Abs. 1 Satz 3) und den in § 126 BGB näher geregelten Voraussetzungen entsprechen. Die Betroffenen müssen daher ihr Einverständnis nicht nur schriftlich festhalten, sondern auch **eigenhändig unterzeichnen**. Die Formbindung ist eine Schutzvorkehrung zugunsten der Betroffenen. Das Gesetz gibt sich mit einer bloßen Erklärung nicht zufrieden. Die Betroffenen sollen vielmehr daran gehindert werden, sich unbedacht und vorschnell zu äußern. Die Schriftform ist hier wie sonst das Mittel dazu. Sie zwingt die Betroffenen gleichsam anzuhalten und sich die Folgen ihrer Erklärung zu überlegen. Die Schriftform bestätigt, so gesehen, einerseits die Zulässigkeit einer auf der Einwilligung der Betroffenen beruhenden Verwendung und sichert andererseits deren Chancen, sich erst einverstanden zu erklären, wenn sie die Konsequenzen der Verarbeitung ihrer Daten überblicken. Es geht also keineswegs nur darum, im Streitfall nachweisen zu können, dass die Betroffenen nichts gegen den Zugriff auf ihre Daten einzuwenden hatten. Das schriftliche Einverständnis erleichtert zwar durchaus die Position der verantwortlichen Stelle bei späteren Meinungsverschiedenheiten. Dem BDSG kommt es aber vor allem anderen auf ein Verfahren an, das den Interessen der Betroffenen und ihrer spezifischen Situation Rechnung trägt.[82] 33

§ 4a Abs. 1 Satz 3 formuliert einen **allgemeinen Grundsatz**, der bei jeder Verwendung beachtet werden muss. Ob also die Daten erst erhoben oder lediglich für andere Zwecke genutzt werden sollen, ist nicht weiter wichtig. Die blosse Bekanntgabe der beabsichtigten Übermittlung von Patientendaten an eine ärztliche Verrechungsstelle durch einen Anhang im Sprechzimmer des Arztes genügt daher auf keinen Fall.[83] Ebenso wenig entspricht ein Fax den gesetzlichen Anforderungen.[84] Besondere Geheimhaltungsvorschriften, wie etwa das Arzt- oder das Steuergeheimnis, befreien nicht von der Verpflichtung, die Schriftform einzuhalten.[85] Solange die Verarbeitung nicht durch eine gesetzliche Vorschrift abgedeckt ist, bedarf es einer schriftlich erteilten Einwilligung der Betroffenen. 34

Erklärungen, die den Anforderungen des § 4a Abs. 1 Satz 3 nicht genügen, sind **nichtig** (§ 125 BGB).[86] Eine trotzdem vorgenommene Verarbeitung kann eine **Schadenersatzpflicht** ebenso auslösen (§§ 7, 8) wie eine Geldbuße (§ 43 Abs. 2 Nr. 1) oder eine **Strafe** (§ 44 Abs. 1 i.V.m. § 43 Abs. 2 Nr. 1) nach sich ziehen. Wer immer personenbezogene Daten verwerten möchte, muss sich zuvor vergewissern, welche gesetzliche Vorschriften zu beachten sind, und damit auch und gerade, ob ein schriftliches Einverständnis der Betroffenen vorliegt. Noch so nachdrückliche Hinweise auf mündliche Abmachungen reichen daher nicht aus, um die Zulässigkeit der Verarbeitung zu begründen. Eine mündlich erklärte Einwilligung kann unter diesen Umständen den Betroffenen allenfalls in einem Schadenersatzprozess vorgehalten werden und damit ihren Ersatzanspruch in Frage stellen. 35

5.3 Elektronische Form

Die Einwilligung kann auch in **elektronischer Form** abgegeben werden. Das BDSG geht zwar anders als manche LDSG,[87] das TKG (§ 94) und das TDDSG (§ 3 Abs. 3 i.V.m. § 4 Abs. 2) nicht auf die Möglichkeit einer elektronischen Einwilligung ein. Einer ausdrücklichen Erwähnung bedarf es allerdings nicht. Die elektronische Form ist vielmehr so lange zu- 36

---

82 Vgl. auch *Dörr,* RDV 1992, 167; *Podlech/Pfeiffer,* RDV 1998, 152; *Gundermann,* K&R 2000, 229; *Roßnagel/Pfitzmann/Garstka,* Modernisierung, 93 f.; *Beckhusen*, Datenumgang, 168; das übersieht *v. Mutius*, in Innovativer Datenschutz, 124 f.

83 Dazu BGH, NJW 1992, 2348; OLG Bremen, NJW 1992, 757; *Däubler*, Belegschaften, Rdnr. 145.

84 Vgl. BGH, CR 1994, 29;

85 Vgl. auch BGHZ 116, 268 (273), anders freilich als der BGH meint, unterscheidet § 4a Abs. 1 Satz 3 nicht zwischen automatisierten und manuell geführten Dateien; OLG Bremen, NJW 1992, 757; *Bongen/Kremer,* NJW 1990, 2911; *Körner-Dammann,* NJW 1992, 730, Anm. zu LM Nr. 137 zu § 134 BGB.

86 Dazu o. Rdnr. 26.

87 Vgl. etwa die §§ 4 Abs. 4 LDSG BW; 4 Abs. 3 BbgDSG; 3 Abs. 4 Nr. 2 BrDSG; 8 Abs. 2 DSG M-V; 4 Abs. 1 Satz 6 DSG NRW; 4 Abs. 5 SächsDSG; 4 Abs. 3 DSG-LSA; 12 Abs. 3 LDSG SH; sowie *Nungesser,* HDSG § 7 Rdnr. 17.

lässig wie sie nicht eindeutig ausgeschlossen wird (§ 126 Abs. 3 BGB). Genau daran fehlt es aber in § 4a. Elektronische Einwilligungen können daher jederzeit anstelle der gesetzlich vorgesehenen schriftlichen Einverständniserklärungen verwendet werden.[88]

37 Elektronische Einwilligungen sind nur unter bestimmten, in jedem Fall einzuhaltenden **Bedingungen** wirksam. Sie müssen nachweisbar durch die Betroffenen vorgenommen worden sein und ihnen zugeordnet werden können sowie eine den Anforderungen des SiG (§ 2) entsprechende digitale Signatur aufweisen (§ 126a BGB).[89] Ebenso sehr kommt es darauf an, die Authentizität der Erklärung zu gewährleisten und deshalb vor allem mögliche Modifikationen und Verfälschungen durch nicht erkennbare Eingriffe auszuschließen. Die verantwortliche Stelle ist ferner verpflichtet, die Erklärungen der Betroffenen zu protokollieren.[90] Der Einwilligungstext muss schließlich den Betroffenen jederzeit zugänglich sein.

38 Die bloße Tatsache, dass etwa ein Versicherungsvertrag über Internet geschlossen wird, reicht also nicht aus, um bei der Einwilligung der Betroffenen in Verwendungen ihrer Daten, die nicht mehr unter den Vertragszweck fallen, von jeder formalen Voraussetzung abzusehen.[91] Erst recht genügt nicht ein lediglich mit einer E-Mail erklärtes Einverständnis.[92] Auf die jeweils vorhandenen technischen Möglichkeiten kommt es im Übrigen nicht an. So lässt sich auf die digitale Signatur oder auf die Abschirmung gegen versteckte Eingriffe nicht etwa deshalb verzichten, weil die technische Ausstattung dafür, sei es auch nur vorübergehend, fehlt.[93]

39 Elektronische Einwilligungen, die diese Bedingungen nicht erfüllen, sind **nichtig**. Die Konsequenzen decken sich mit den Folgen einer Verletzung der Schriftform.[94]

5.4 Gesonderter Hinweis

40 Soll die Einwilligung **zusammen mit anderen Erklärungen** abgegeben werden, so ist sie im jeweiligen Schriftstück **besonders zu kennzeichnen** (§ 4a Abs. 1 Satz 4). Die Schriftform kann ihre Warnfunktion nur so lange erfüllen, wie die Betroffenen auch deutlich erkennen können, dass von ihnen erwartet wird, sich mit der Verarbeitung seiner Daten einverstanden zu erklären. Die Einwilligung darf deshalb nicht in ein Erklärungspaket eingebunden werden.[95] Die Anforderungen an die Schriftform müssen vielmehr der spezifischen Bedeutung einer Verarbeitung personenbezogener Daten Rechnung tragen. Der Gesetzgeber hat sich daher zu Recht für einen Wortlaut entschieden, der sich am Verbot von Überraschungsklauseln bei allgemeinen Geschäftsbedingungen (§ 305c Abs. 1 BGB) orientiert.[96]

41 Eine den gesetzlichen Erwartungen wirklich entsprechende, deutliche Hervorhebung der Einwilligungserklärung lässt sich am ehesten durch ihre Aufnahme in ein **getrenntes**, besonders zu unterzeichnendes **Formular** erreichen.[97] Die Erklärung muss zudem **drucktechnisch** so konzipiert sein, dass die Aufmerksamkeit der Betroffenen **gezielt auf die geforderte Einwilligung** in die Verarbeitung ihrer Daten gelenkt wird. Dazu gehört auch und gerade eine Ausgestaltung, die es den Betroffenen erlaubt, klar zu erkennen, womit sie sich einverstanden erklären sollen, und ihnen deshalb, dort, wo es um unterschiedliche Daten oder um die Verwendung für mehrere Zwecke geht, die Möglichkeit einräumt, die aus ihrer Perspektive

---

88 Vgl. auch *HmbDSB,* 18. TB, 170; *Gola/Schomerus*, BDAG § 4a Rdnr. 13; *Tinnefeld/Ehmann/Gerling*, Einführung, 321; *Beckhusen*, Datenumgang, 169; *Roßnagel*, NJW 2001, 1817 ff.; *Rasmussen*, DuD 2002, 406 ff.

89 Vgl. auch *Roßnagel/Holznagel/Sonntag*, Handbuch 4.8, Rdnr. 28; *Däubler*, Belegschaften, Rdnr. 144; *Beckhusen*, Datenumgang, 169.

90 Vgl. auch *HmbDSB,* 18. TB, 170; *Roßnagel/Pfitzmann/Garstka,* Modernisierung, 94.

91 Vgl. auch *HmbDSB,* 18. TB, 169 f.; *Beckhusen*, Datenumgang, 169.

92 Vgl. auch *Bergmann/Möhrle/Herb*, BDSG § 4a Rdnr. 84; *Beckhusen*, Datenumgang, 169.

93 Vgl. freilich *Roßnagel/Pfitzmann/Garstka,* Modernisierung, 94.

94 o. Rdnr. 26.

95 Dazu auch OLG Celle, Dok. § 3 BDSG E 1 = NJW 1980, 347; LG Stuttgart, DuD 1999, 297, 299.

96 Vgl. die Begründung des BDSG 77, BT-Drs. 11/4306, 35 ff.

97 Vgl. auch, Dok. B 1.4., 3.2; sowie OLG Celle, NJW 1980, 347; *H. Geiger,* CR 1985, 76; *Wohlgemuth,* Datenschutz, Rdnr. 186.

richtige Auswahl zu treffen.[98] Bloße Hinweise auf die **allgemeinen Geschäftsbedingungen** reichen daher nicht aus, und zwar selbst dann, wenn die beabsichtigte Verarbeitung bei der Aufzählung der einzelnen Bedingungen eigens betont wird.[99] Ebenso wenig genügen Merkblätter oder Aushänge, in denen die Verarbeitung erwähnt wird, den Anforderungen des § 4a Abs. 1 Satz 4.

Fehlt es an dem gesetzlich geforderten besonderen Hinweis auf die Einwilligung und werden personenbezogene Daten trotzdem verwendet, so ist ihre Verarbeitung rechtswidrig und deshalb **unzulässig.**[100] Die Daten sind unverzüglich zu löschen (§§ 20 Abs. 2 Nr. 1; 35 Abs. 2 Nr. 1). Daran ändert sich grundsätzlich auch dann nichts, wenn die verantwortliche Stelle auf Grund einer gesetzlichen Vorschrift durchaus berechtigt gewesen wäre, die Angaben zu verarbeiten. Schon deshalb, weil sich die auf der Grundlage einer Einwilligung der Betroffenen verwendeten Daten nicht zwangsläufig mit den Angaben decken, die mit Rücksicht auf die jeweils in Betracht kommende gesetzliche Regelung verarbeitet werden dürfen. Die verantwortliche Stelle muss schließlich mit einer Schadenersatzpflicht (§§ 7, 8), gegebenenfalls mit einer Geldbuße (§ 43 Abs. 2 Nr. 1) oder auch einer Strafe (§ 44 Abs. 1 i.V.m. § 43 Abs. 2 Nr. 1), rechnen. 42

5.5 Ausnahmen

Die Einwilligung braucht nicht schriftlich erteilt zu werden, wenn **besondere Umstände** es rechtfertigen, einer anderen Form den Vorzug zu geben (§ 4a Abs. 1 Satz 2 Satz 3). Das Gesetz räumt zwar der Schriftform den unbedingten Vorrang ein, geht aber einer allzu starren Regelung aus dem Weg. Ausnahmen sind zwar möglich, eine ausdrückliche, das Einverständnis des Betroffenen dokumentierende Erklärung bleibt jedoch unerlässlich. Was sich also ändern kann, ist lediglich die **Erklärungsform**. Die „besonderen Umstände" mögen es deshalb angebracht erscheinen lassen, auf eine schriftliche Äußerung zu verzichten, sie berechtigen dagegen denjenigen, der sich für die Daten interessiert, keineswegs dazu, die Betroffenen zu übergehen, Angaben also, die sich auf ihre Person beziehen, ohne deren Einverständnis zu verwenden. An die Stelle einer schriftlichen Einwilligung kann damit nur eine ebenso klar auf die konkret beabsichtigte Verarbeitung oder Nutzung bezogene **mündliche Erklärung** treten.[101] 43

Weder eine **konkludente**[102] noch und erst recht eine **stillschweigende**[103] oder gar **mutmaßliche** Einwilligung[104] reichen infolgedessen aus.[105] § 4a Abs. 1 Satz 3 ist im Übrigen, weil es sich dem Wortlaut und der Intention des Gesetzes nach eindeutig um eine Ausnahme handelt, stets **möglichst restriktiv anzuwenden**.[106] 44

98 Dazu BGH, NJW 1986, 47; sowie *Tinnefeld/Ehmann/Gerling*, Einführung, 322; *Gola/Schomerus*, BDSG § 4a Rdnr. 14; *Bergmann/Möhrle/Herb*, BDSG § 4a Rdnr. 93; *Roßnagel/Holznagel/Sonntag*, Handbuch 4.8, Rdnr. 41; *Roßnagel/Pfitzmann/Garstka,* Modernisierung, 97; *Beckhusen*, Datenumgang, 170; *Fischer/Uthoff,* MedR1996, 115; *Breinlinger*, RDV 1997, 250.

99 Vgl. auch *BWHinwBDSG*, Dok. B 1.4, 3.2; *Gola/Schomerus,* BDSG § 4a Rdnr. 14; *Schaffland/Wiltfang*, BDSG § 4a Rdnr. 30; *Roßnagel/Holznagel/Sonntag*, Handbuch 4.8, Rdnr. 42; *Beckhusen*, Datenumgang, 170.

100 Vgl. auch *Roßnagel/Holznagel/Sonntag*, Handbuch 4.8, Rdnr. 43; *Beckhusen*, Datenumgang, 171; *Dörr,* RDV 1992, 168.

101 Vgl. auch *Bergmann/Möhrle/Herb,* BDSG § 4a Rdnr. 86; *Wohlgemuth,* Datenschutz, Rdnr. 182; *Kroll,* Datenschutz, 181.

102 Vgl. aber OLG Frankfurt, CR 2001, 294 (296); *Schaffland/Wiltfang,* BDSG § 4a Rdnr. 5; *Bergmann/Möhrle/Herb,* BDSG § 4a Rdnr. 87; *Roßnagel/Globig*, Handbuch 4.7 Rdnr. 47; *Roßnagel/Holznagel/Sonntag*. Handbuch, 4.8, Rdnr. 29; *Lübking,* Datenschutz, Rdnr. 399. Mit einem Hinweis auf die EG-Datenschutzrichtlinie (Art. 7 Buchst. a) lässt sich eine solche Annahme nicht rechtfertigen, vgl. freilich *Tinnefeld/Ehmann/Gerling*, Einführung, 323. Der Gesetzgeber hat, durchaus im Rahmen seiner Kompetenz, bewusst eine entschieden präzisere und restriktivere Formulierung gewählt, die es deshalb auch zu beachten gilt.

103 Vgl. freilich *Schaffland/Wiltfang,* BDSG § 4a Rdnr. 5; *Weichert,* in ComHdB 132 Rdnr. 48.

104 Vgl. auch *Auernhammer,* BDSG § 4 Rdnr. 14; *Schaffland/Wiltfang,* BDSG § 4a Rdnr. 23; *Roßnagel/Globig*, Handbuch 4.7 Rdnr. 47; *Kloepfer*, Informationsrecht § 8, Rdnr. 77.

105 Ebenso *Wohlgemuth,* Datenschutz, Rdnr. 182; *Körner-Dammann,* NJW 1992, 730, Anm. zu LM Nr. 137 § 134 BGB; vgl. auch BGHZ 116, 268 (273); vgl. auch u. Rdnr. 78.

106 Vgl. auch LG Darmstadt, RDV 1999, 29; sowie *Roßnagel/Pfitzmann/Garstka,* Modernisierung, 94.

45 Das BDSG verzichtet, sieht man einmal von der Sonderregelung des § 4a Abs. 2 ab,[107] bewusst darauf, anzugeben, wann genau „**besondere Umstände**" vorliegen. Die Antwort auf die Frage, ob von der Notwendigkeit einer schriftlichen Einwilligung abgewichen werden darf, lässt sich deshalb nicht abstrakt geben, sondern immer nur in Kenntnis der je **spezifischen Verarbeitungsumstände**. So kann es beispielsweise von Bedeutung sein, wie schnell sich die Betroffenen auch und gerade im eigenen Interesse äußern müssen. Soweit sie etwa einen bestimmten Auftrag telefonisch erteilen und zugleich auf dessen sofortiger Ausführung bestehen, muss eine mündliche Einwilligung ausreichen. Die von ihnen eigens betonte **Eilbedürftigkeit** verringert die ebenfalls in ihrem Interesse festgelegten formalen Anforderungen an ihr Einverständnis.

46 Ähnlich verhält es sich bei neuen Datenerhebungen im Rahmen **langjähriger geschäftlicher Beziehungen**. Ein mündlich erklärtes Einverständnis kann unter Umständen ausreichen.[108] Entscheidend ist allerdings letztlich nicht die bloße Dauer der geschäftlichen Beziehung, sondern der konkrete Verarbeitungszusammenhang. Nur solange er die beabsichtige Verwendung rechtfertigt, erscheint es auch vertretbar, weniger strenge Anforderungen an die Einwilligungsform zu stellen. Sofern es also beispielsweise lediglich darum geht, zusätzliche Daten für einen früher schon festgelegten Zweck zu speichern, reicht eine mündliche Erklärung aus. Sollen die Angaben dagegen an bislang nicht vorgesehene Empfänger übermittelt oder für einen anderen Zweck verwendet werden, bedarf es erneut einer schriftlichen oder elektronischen Einwilligung.

47 Zu den Fällen, in denen es bei einer **mündlichen Erklärung** bleiben kann, zählt auch die Verarbeitung personenbezogener Daten im Rahmen der **wissenschaftlichen Forschung** (§ 4a Abs. 2).[109] Einmal mehr gilt also: Der mögliche Dispens von der Schriftlichkeit entbindet nicht von der Verpflichtung, das Einverständnis des Betroffenen einzuholen.[110] Das BDSG mag mithin in § 4a Abs. 2 ausdrücklich anerkennen, dass die Schriftform bei der Durchführung wissenschaftlicher Untersuchungen besondere Probleme bereiten kann, findet sich aber keineswegs bereit, noch einen Schritt weiterzugehen und vom Erfordernis einer die Verwendung billigenden Erklärung abzusehen.[111] Zudem: Das Regel-Ausnahme-Verhältnis wird auch bei der wissenschaftlichen Forschung nicht angetastet. Ein mündliches Einverständnis reicht also wiederum nur **ausnahmsweise** aus.

48 Das Gesetz sichert den Vorrang der schriftlichen Erklärung gleich dreifach ab: Der Verzicht auf die Schriftform muss, erstens, auf den **konkret verfolgten Forschungszweck** zurückzuführen sein. Mit dem Nachweis, dass die Verarbeitung wissenschaftlichen Zielen dient, ist es infolgedessen nicht getan. Den Ausschlag gibt erst der spezifische Forschungszweck. Er ist der Maßstab, der allein dazu berechtigt, der Frage nachzugehen, ob Konsequenzen für die Erklärungsform gezogen werden müssen. Wie der Forschungszweck organisatorisch im Einzelnen angegangen wird, inwieweit es also bei einem Projekt bleiben kann, oder mehrere durchgeführt werden müssen, spielt allerdings keine Rolle.

49 Die Sonderregelung des § 4a Abs. 2 greift freilich, anders als § 40,[112] keineswegs nur bei Forschungseinrichtungen ein. Sie ist vielmehr im **Gesamtbereich der wissenschaftlichen Forschung** anwendbar. Eine institutionelle Anbindung ist also nicht erforderlich, obgleich die meisten Projekte mit einzelnen Forschungseinrichtungen zusammenhängen dürften. Ebenso wenig geht es aber hier wie sonst an, sich auf Definitionen der wissenschaftlichen

---

107 Dazu u. Rdnr. 47 ff.

108 Vgl. auch *Bergmann/Möhrle/Herb,* BDSG § 4a Rdnr. 87; *Gola/Schomerus,* BDSG § 4a Rdnr. 13; *Schaffland/Wiltfang,* BDSG § 4a Rdnr. 5.

109 Vgl. auch Art. 15 Abs. 3 Satz 2 BayDSG; sowie die §§ 4 Abs. 5 LDSG BW; 4 Abs. 4 ThürDSG.

110 o. Rdnr. 43; sowie *Gola/Schomerus,* BDG § 4a Rdnr. 16

111 Vgl. demgegenüber die §§ 28 Abs. 2 BbgDSG; 27 Abs. 1 HmbDSG; 33 Abs. 1 HDSG; 28 Abs. 2 DSG NRW; 30 Abs. 2 SDSG. Zur Bedeutung der Einwilligung vgl. *Simitis,* Datenschutz und wissenschaftliche Forschung, 105 ff., Datenschutz und kriminologische Forschung, 57 ff., MedR 1985, 195 ff.; *Bizer,* Forschungsfreiheit, 139 ff.

112 Dazu § 40 Rdnr. 29 ff.

Forschung einzulassen.[113] Umso wichtiger ist es, auf Merkmale wie die **Unabhängigkeit der Forscher** oder den **Entstehungs- und Verwendungszusammenhang** der Projekte zu achten.[114] Umfragen, die, sei es einen kommerziellen Hintergrund haben, sei es kommerziell verwertet werden sollen, lassen sich deshalb nicht als wissenschaftliche Forschung ausgeben. Die Datenerhebung bleibt daher an die Schriftform gebunden.[115]

Der **Forschungszweck** ist, zweitens, noch kein ausreichender Grund, um sich mit einer mündlichen Erklärung zu begnügen. Auf das schriftliche Einverständnis darf erst verzichtet werden, wenn die Aufforderung an die Betroffenen, schriftlich einzuwilligen, eine **„erhebliche Beeinträchtigung"** des Forschungszwecks zur Folge haben könnte. § 4a Abs. 2 lässt insofern weder die bloßen Befürchtungen der beteiligten Wissenschaftler noch jede möglicherweise auftretende Beeinträchtigung gelten. Die Zulässigkeit mündlicher Einwilligungen ist vielmehr an einen bestimmten Beeinträchtigungsgrad gebunden. Anders ausgedrückt: Die schriftliche Einwilligung mag lästig sein, indem sie nicht zuletzt den Projektverlauf kompliziert. Sie ist trotzdem so lange unentbehrlich wie sie nicht den konkreten Forschungszweck nachhaltig gefährdet. Sobald jedoch davon ausgegangen werden kann, bedarf es keiner zusätzlichen, sich etwa an den „schutzwürdigen Belangen" oder dem „Geheimhaltungsinteresse" der Betroffenen orientierenden Rechtfertigung. 50

Bei einem Verzicht auf das schriftliche Einverständnis sind, drittens, sowohl der Verarbeitungszweck als auch die Gründe schriftlich zu fixieren, die für eine „erhebliche" Beeinträchtigung sprechen (§ 4a Abs. 2 Satz 2). Das Gesetz kompensiert die Konzession an die jeweils an der Verarbeitung interessierte Stelle durch eine **Dokumentationspflicht**. Allen Versuchen, sich doch möglichst schnell und oft über die Verpflichtung hinwegzusetzen, die Betroffenen unmittelbar anzusprechen und ihr Einverständnis einzuholen, wird damit eine Barriere vorgeschoben. Die verantwortliche Stelle kann zwar eine einfachere Erklärungsform wählen, ist aber gehalten, ihren Entscheidungsprozess zu dokumentieren. Sie darf also die Gründe, die aus ihrer Sicht gegen eine Einwilligung sprechen, nicht für sich behalten, sondern muss sie in einer Form festhalten, die eine jederzeitige Überprüfung, sei es durch die Betroffenen, sei es durch die zuständige Kontrollinstanz ermöglicht. 51

Entgegen dem Wortlaut des § 4 Abs. 3 Satz 1, muss es allerdings zulässig sein, nicht nur auf die Schriftform, sondern auf die **Einwilligung** überhaupt **zu verzichten**, sofern es **objektiv unmöglich ist, das Einverständnis der Betroffenen einzuholen**.[116] Typische Beispiele dafür sind etwa Studien über ausländische Arbeitnehmerinnen und Arbeitnehmer, die in ihre Heimat zurückgekehrt sind, oder über Kinder, die entweder von ihrer Mutter oder von ihrem Vater verlassen wurden. Selbst wenn es bei vielen Beschäftigten möglich sein sollte, die Adressen im Heimatland zu ermitteln, ist die Zahl der Betroffenen, die nicht mehr aufzufinden sind, erfahrungsgemäß groß. Wo zudem ein Elternteil die eigene Familie verlässt und die Kinder noch nicht in der Lage sind, Tragweite und Folgen der Untersuchung zu beurteilen sowie die elterliche Sorge nach wie vor beiden Elternteilen obliegt, erscheint es von vornherein aussichtslos, sich um die rechtlich erforderliche (§ 1629 BGB) Einwilligung des abwesenden Elternteils zu bemühen. Durchweg geht es also um Fälle, in denen ausschließlich **objektive Gründe** die Beteiligung der Betroffenen unmöglich machen.[117] Keine dieser Verarbeitungssituationen lässt sich zudem unter die in § 4a Abs. 2 Satz 1 angesprochene Konstellation subsumieren. Das Projekt ist eben nicht durch die Verpflichtung gefährdet, ein schriftliches Einverständnis der Betroffenen einzuholen. Die Gefahr geht vielmehr von der Unmöglichkeit aus, die Bereitschaft der Betroffenen zu erkunden, in die Verarbeitung einzuwilligen. 52

Wollte man das Projekt daran scheitern lassen, so würde man zwar dem Wortlaut des Gesetzes Rechnung tragen, seinen Zweck aber missachten. Das BDSG belässt es nicht bei der all- 53

---

113 Dazu § 40 Rdnr. 35.
114 Dazu § 40 Rdnr. 36 ff.
115 Dazu auch § 40 Rdnr. 37.
116 Vgl. auch *Tinnefeld/Ehmann/Gerling*, Einführung 323 f.
117 Vgl. auch *HDSB*, 15. TB, 50; *Hollmann*, MedR 1992, 180.

gemeinen Regelung des § 4a Abs. 1 Satz 2,[118] sondern räumt der wissenschaftlichen Forschung in § 4 Abs. 2 ausdrücklich eine im Übrigen durch die §§ 14 Abs. 2 Nr. 9, 28 Abs. 6 Nr. 4, 29 Abs. 5 und 40 bestätigte Sonderstellung ein. Wenn aber bereits eine „erhebliche Beeinträchtigung" des Forschungszwecks ausreicht, um die Einwilligungsbedingungen zu modifizieren, dann darf die sehr viel weiterreichende Belastung des Projekts durch die Unmöglichkeit, die Betroffenen zu erreichen und ihr Einverständnis zu bekommen, nicht einfach ignoriert werden. Die Verarbeitung muss vielmehr auch in diesem Fall zulässig sein,[119] ohne Rücksicht darauf, ob ein öffentliches Interesse an der Durchführung des Projekts besteht oder nicht.[120] Eines ändert sich trotzdem nicht: die **Dokumentationspflicht** der verantwortlichen Stelle. Sie muss genauso wie bei der Formerleichterung schriftlich festhalten, welches im Einzelnen die Gründe gewesen sind, die es ihr unmöglich gemacht haben, die Einwilligung einzuholen.

54 Die objektive Unmöglichkeit, sich mit den Betroffenen in Verbindung zu setzen, ist der einzige Grund, der es rechtfertigen könnte, von ihrer Einwilligung abzusehen.[121] **Mangelnde Einwilligungsfähigkeit** berechtigt also keineswegs dazu, unmittelbar auf die Daten zuzugreifen.[122] Die Entscheidung, ob die Angaben für ein bestimmtes Forschungsprojekt verwendet werden dürfen, liegt beim gesetzlichen Vertreter. Erst recht geht es nicht an, auf die Einwilligung zu verzichten, weil es den Betroffenen nicht **„zuzumuten"** sei, ihr Einverständnis einzuholen. Das BDSG hat die Entscheidungskompetenz eindeutig zugeordnet: Solange es an einer anderslautenden gesetzlichen Regelung fehlt, bleibt es den Betroffenen überlassen, selbst darüber zu befinden, wer zu welchen Zwecken berechtigt ist, ihre Daten auszuwerten. „Selbstbestimmungsrecht" und „Selbstbestimmungslast" lassen sich deshalb nicht voneinander trennen,[123] ganz gleich im Übrigen, um welche Daten es im Einzelnen auch gehen mag.

55 Für **medizinische Forschungsprojekte** und **Forschungsnetze** gilt infolgedessen genauso wie für jede andere Untersuchung: der Zugang zu den Daten setzt das Einverständnis der Betroffenen voraus. Die Sorge um die Betroffenen berechtigt also nicht dazu, ihr Entscheidungsrecht zu unterlaufen, ebenso wenig wie sie es rechtfertigt, Forschung und Therapie zu vermengen, mithin Daten, die durchaus korrekt im Hinblick auf den Behandlungsvertrag erhoben worden sind (§ 28 Abs. 1 Nr. 1) für Forschungszwecke zu nutzen.[124] Allzu leicht könnte sich sonst der Hinweis auf eine mögliche gesundheitliche Gefährdung als Einfallstor einer sich konsequent an den Betroffenen vorbei vollziehenden „Beforschung" erweisen.[125] Wo deshalb Forschungsprojekte die Betroffenen wirklich „in unerträglicher Weise" zu belasten drohen,[126] muss der Gesetzgeber eingreifen und die Voraussetzungen für eine auf die Einwilligung nicht mehr angewiesene Forschung schaffen. Die gesetzlichen Vorschriften über die Einrichtung von Krebsregistern sind ein typisches Beispiel dafür.[127] Solange es jedoch an einschlägigen gesetzlichen Bestimmungen fehlt, gibt es keine Alternative zum Einverständnis der Betroffenen. Die Rücksichtnahme auf die Betroffenen kann unter diesen Umständen nur dazu führen, das Forschungsinstrumentarium zu überprüfen und anderen, für die Betroffenen schonenderen Methoden den Vorzug zu geben.[128]

---

118 o. Rdnr. 33 f.
119 Vgl. auch *HDSB,* 15. TB, 50.
120 Vgl. freilich die §§ 28 Abs. 2 Buchst. c BbgDSG; 30 Abs. 1 Nr. 2 BlnDSG; 28 Abs. 2 Nr. 3 DSG NRW; 30 Abs. 2 Satz 2 SDSG; 22 Abs. 4 LDSG SH; sowie *Bizer,* Forschungsfreiheit, 261.
121 Vgl. freilich die §§ 28 Abs. 2 BbgDSG; 30 Abs. 2 BlnDSG; 28 Abs. 2 Nr. 2 und 3 DSG NRW; 30 Abs. 2 SDSG; 22 Abs. 3 Nr. 2 und 3 LDSG SH.
122 Vgl. auch *Bizer,* Forschungsfreiheit, 260 und demgegenüber Wissenschaftsrat, Empfehlungen und Stellungnahmen 1982 (1983) 115; *Wolters,* Datenschutz und medizinische Forschungsfreiheit (1988) 87.
123 Das übersieht *Hermann,* MedR 1988, 3.
124 Vgl. auch *LfD NW,* TB 2005, 127 f.; *Bizer,* Forschungsfreiheit, 256.
125 Vgl. auch *Simitis,* MedR 1985, 198.
126 Vgl. *DSB NW,* 9. TB, 19.
127 Vgl. etwa die §§ 2 Abs. 2 HmbKrebsRG; 31 Abs. 2 SKHG; 3 NWKrebRG; sowie *HDSB,* 21. TB, 58 ff.; *LfD BW,* 14. TB, 81 ff.; *Bizer,* Forschungsfreiheit, 371 ff.
128 Vgl. auch *LfD BW,* 5., 37 ff., 6., 106 f. und 10. TB, 114 f.; sowie *LfD SH,* 6. TB, 47; *BfD,* 12. TB, 112; *Eberbach,* MedR 1988, 7 ff.; *Bizer,* Forschungsfreiheit, 258 f.; *Schrage,* RDV 1990, 116 ff.

Keine „besonderen Umstände" i.S.d. § 4 Abs. 2 Satz 2 liegen dann vor, wenn personenbezogene Daten im Rahmen einer mit oder ohne Fragebogen durchgeführten **Umfrage** erhoben werden.[129] Die Betroffenen mögen bei einer Umfrage leichter als in nahezu jedem anderen Fall in der Lage sein, zu erkennen, dass Angaben zu ihrer Person verarbeitet werden sollen. Die Verpflichtung, ein schriftliches Einverständnis der Betroffenen einzuholen, richtet sich aber weder danach, wie offenkundig die Verwendungsabsicht ist, noch bestimmt sie sich allein nach dem Umfang der gestellten Fragen.[130] Daran ändert auch eine ebenso differenzierte wie präzise Information der Betroffenen über das Ziel und die Modalitäten der Verarbeitung nichts.[131] Sie zählt zu den gesetzlich vorgesehenen Einwilligungsbedingungen (§ 4a Abs. 1 Satz 2)[132] und ist insofern ihrer ganzen Aufgabe nach dazu bestimmt, die Schriftform zu ergänzen, nicht jedoch sie zu ersetzen. Genauso wenig ist schließlich die „Harmlosigkeit" der erfragten Daten ein ausreichender Grund, um die Anwendung des § 4a Abs. 1 Satz 3 in Frage zu stellen.[133] Das BDSG beschränkt sich darauf, die Einwilligungsvoraussetzungen bei „sensitiven Daten" zu verschärfen (§ 4a Abs. 3)[134] und lässt deshalb keine weitere Gewichtung zu, die es erlauben könnte, die generell geltenden Anforderungen, sei es auch nur partiell, zurückzunehmen. 56

Die Befürchtung, eine Aufforderung, sich schriftlich einverstanden zu erklären, könnte die Betroffenen misstrauisch stimmen und sie zu negativen Reaktionen veranlassen, rechtfertigt es ebenfalls nicht, von der Schriftform oder gar von einer Einwilligung überhaupt abzusehen.[135] Das **„Misstrauen"** der Betroffenen ist keine „ungewollte" und deshalb korrekturbedürftige Folge der gesetzlichen Regelung. Vorschriften wie der § 4a Abs. 1 Satz 3 verfolgen das Ziel, die Betroffenen davor zu bewahren, die Verarbeitung ihrer Daten einfach hinzunehmen.[136] Der Zugriff auf personenbezogene Angaben wird deshalb bewusst erschwert. Formalitäten, die aus der Perspektive der an den Daten interessierten Stellen kontraproduktiv erscheinen, sind daher notwendige Vorkehrungen zum Schutz der Betroffenen. 57

Weder die Schriftform noch die Pflicht, die Betroffenen über Anlass und Folgen der beabsichtigten Verarbeitung zu informieren (§ 4a Abs. 1 Satz 2)[137] wirken sich im Übrigen zwangsläufig nachteilig auf die Erhebung aus. Beides, Schriftform und Aufklärungspflicht, zwingt vielmehr dazu, die **überkommenen Erhebungsmethoden zu überprüfen** und, anders als bisher, den Dialog mit den Befragten zu suchen.[138] Die Betroffenen sind eben **keine** bloßen **Informationsobjekte** und dürfen deshalb nicht beliebig „ab-" und „ausgefragt" werden. Sie müssen daher, ohne Rücksicht darauf, wer zu welchen Zwecken die Daten haben möchte, in die Lage versetzt werden, selbst über die Verwendung der ihre Person betreffenden Angaben zu entscheiden. In dem Maße aber, in dem die Betroffenen wirklich informiert werden und zugleich die Chance erhalten, den Zugang zu ihren Daten zu bestimmen, nimmt, wie die Erfahrung zeigt, nicht nur ihre Kooperationsbereitschaft zu, sondern auch die Verlässlichkeit ihrer Angaben.[139] 58

---

129 Vgl. allerdings auch § 30 Rdnr. 47 f.
130 Vgl. freilich *Gola/Schomerus,* BDSG §§ 4a Rdnr. 13; 30 Rdnr. 5.
131 Vgl. freilich *Bergmann/Möhrle/Herb,* BDSG § 4a Rdnr. 85.
132 Dazu u. Rdnr. 70 ff.
133 Vgl. freilich *Schaffland/Wiltfang,* BDSG § 4a Rdnr. 5.
134 Dazu u. Rdnr. 86 ff.
135 Vgl. auch *LfD BW,* 4. TB, 91; aber auch *Gola/Schomerus,* BDSG § 4a Rdnr. 13; und demgegenüber *Bergmann/Möhrle/Herb,* BDSG § 4a Rdnr. 86.
136 Dazu o. Rdnr. 33.
137 Dazu u. Rdnr. 70 ff.
138 Vgl. auch *BfD,* 3., 25 und 4. TB, 48, sowie die im Anhang zum 3. TB, a.a.O., 63 ff. abgedruckten Mitteilungen des Bundesministeriums für Verkehr zur Anpassung der empirischen Forschung an die Bestimmungen des BDSG v. 18.6.1980.
139 Vgl. insb. den Abschlußbericht der Wissenschaftlichen Kommission des Landes Nordrhein-Westfalen zur Begleitung des Modellversuchs mit Breitbandkabel, Bd. 19 Teil III der Begleitforschung des Landes Nordrhein-Westfalen zum Kabelpilotprojekt Dortmund (1989) 793 ff.

59 Eine „einwilligungsbedingte" Steigerung der **Kosten** berechtigt ebenfalls nicht dazu, Umfragen besonders zu behandeln.[140] Es ist sicherlich richtig, dass allein schon die möglicherweise höhere Zahl derer, die es ablehnen, sich mit der Verarbeitung ihrer Daten einverstanden zu erklären, höhere Kosten zur Folge haben kann. Das BDSG trägt jedoch mit seiner Regelung der verfassungsrechtlich begründeten Verpflichtung des Gesetzgebers Rechnung, die informationelle Selbstbestimmung zu gewährleisten. § 4a formuliert deshalb eine Reihe von Vorgaben, denen aus der Sicht des Gesetzgebers eine elementare Bedeutung für eine funktionsfähige informationelle Selbstbestimmung zukommt und legt damit auch die **Allokation der Kosten** fest. Sie sind von denjenigen zu tragen, die personenbezogene Daten verarbeiten möchten. Erhöhte Kosten sind daher kein Argument für eine wie immer geartete Rücknahme der gesetzlichen Anforderungen, sondern allenfalls ein Faktor, den diejenigen, die sich für die Daten interessieren, bei ihren Dispositionen berücksichtigen müssen.[141]

60 An der Verpflichtung, eine schriftliche Einwilligung der Betroffenen einzuholen, ändert schließlich auch die Absicht nichts, die jeweils erhobenen Daten zu **anonymisieren**. Das BDSG ist ohne Zweifel dann nicht zu beachten, wenn eine Umfrage von Anfang an so gestaltet wird, dass schon die Erhebung völlig anonym verläuft.[142] Wo kein Personenbezug besteht, bedarf es auch keiner Einwilligung. Soweit dagegen bei der Erhebung festgehalten wird, um wessen Daten es sich handelt, und die Speicherung, jedenfalls zunächst, personenbezogen erfolgt, ist der Betroffene, zumindest für einen gewissen Zeitraum, sehr wohl bestimmbar. Wie später mit den Daten umgegangen werden soll, spielt daher keine Rolle. Solange auch nur ein Teil der Verarbeitung personenbezogen erfolgt, darf auf die Daten nicht ohne die schriftlich erklärte Einwilligung der Betroffenen zugegriffen werden.[143] § 30 Abs. 1 hat darauf keinen Einfluss. Dort werden lediglich die für bestimmte Verarbeitungsfälle geltenden Verarbeitungsmodalitäten geregelt, nicht jedoch die Zulässigkeitsvoraussetzungen der Verarbeitung.[144] Die verantwortliche Stelle ist insofern nach wie vor auf das Einverständnis der Betroffenen angewiesen.

61 Bei **telefonischen Umfragen** kann dagegen eine **mündliche Einwilligung** ausreichen. Einmal mehr kommt es aber auf die **konkreten Umstände** an.[145] Will man am Ziel des Gesetzes festhalten, der Form den Vorzug zu geben, die am ehesten und besten das Entscheidungsvorrecht der Betroffenen gewährleistet, dann darf die bloße Tatsache, dass die Daten telefonisch erhoben werden, nicht genügen, um von einem schriftlichen Einverständnis abzusehen. Ansonsten hätte es jeder, der eine Umfrage veranstaltet, in der Hand, die Einwilligungsform den eigenen Interessen anzupassen. Maßgeblich können deshalb nur die spezifischen Merkmale der jeweiligen telefonischen Befragung sein. Je kürzer sie ausfällt und je geringer die Zahl der erhobenen Daten ist, desto besser können die Betroffenen die möglichen Verarbeitungsfolgen überschauen und desto vertretbarer erscheint es auch aus ihrer Sicht, sich mit einer mündlichen Einwilligung zufrieden zu geben. Hier wie sonst müssen die Betroffenen freilich ihr Einverständnis **ausdrücklich erklären**,[146] darf also die Einwilligung nicht aus der bloßen Beantwortung der Fragen gefolgert werden. Ähnlich ist die Lage bei kurzen **mündlichen Einfachbefragungen**. Den Ausschlag müssen wiederum Gegenstand und Dauer der Befragung geben. Dagegen scheidet ein mündliches Einverständnis bei **Mehrfachbefragungen** aus. Die Betroffenen werden weit intensiver in den Informationsprozess einbezogen und müssen sich deshalb sehr viel eingehender mit dem Ziel und den Folgen der Befragung auseinander setzen können. Eine Alternative zur schriftlichen Einwilligung kann es daher nicht geben.

---

140 Vgl. freilich *Schweizer,* DB 1979, 1733 f., in Festschrift für *Ferid*, 705; *Wronka,* DBW 40 (1980) 585.
141 Vgl. auch *Bergmann/Möhrle/Herb,* BDSG § 4a Rdnr. 88; *Lübking*, Datenschutz, Rdnr. 404; *Körner-Dammann,* NJW 1992, 730.
142 Dazu *HDSB,* 16. TB, 112 ff.; sowie § 3 Rdnr. 202 ff.
143 Das übersieht *Schweizer,* DB 1977, 337 ff.
144 Dazu § 30 Rdnr. 8 ff., 30 ff.
145 Vgl. *HDSB,* 16. TB, 27 ff., 113; sowie *Lübking,* Datenschutz, Rdnr. 405; aber auch *Gola/Schomerus*, BDSG § 30 Rdnr. 5.
146 o. Rdnr. 43 f.

6. Inhaltliche Anforderungen

6.1 Freie Entscheidung

Die Einwilligung muss auf der „**freien Entscheidung**" der Betroffenen beruhen (§ 4a Abs. 1 Satz 1). Das BDSG greift mit dieser Formulierung eine Vorgabe der EG-Datenschutzrichtlinie auf. Sie verlangt ausdrücklich ein „**ohne Zwang**" erteiltes Einverständnis der Betroffenen (Art. 2 Buchst. h). Sowohl die EG als auch der Bundesgesetzgeber haben sich damit für eine Regelung ausgesprochen, die offen zur Kenntnis nimmt, dass es nicht ausreicht, auf die Einwilligung zu verweisen, sondern genauso darauf ankommt, den Einwilligungskontext zu bedenken. „Ohne Zwang" und „freie Entscheidung" sind deshalb **keine Leerformeln**. Sie konkretisieren vielmehr die Absicht, die Einwilligung als Verwendungsregulativ nur so lange zu akzeptieren wie sich die Betroffenen nicht in einer Situation befinden, die sie faktisch dazu zwingt, sich mit dem Zugriff auf ihre jeweils verlangten Daten einverstanden zu erklären.[147] Abhängigkeitsverhältnisse, wie sie bei Arbeitsbeziehungen bestehen oder auch bei der Inanspruchnahme von Leistungen, auf welche die Betroffenen existenziell angewiesen sind, exemplifizieren die Befürchtungen und erklären die Reaktion der EG und des Bundesgesetzgebers.[148] 62

Das BDSG versucht zwar mit formalen Anforderungen an die Einwilligung (§ 4a Abs. 1 Satz 3)[149] und der Informationspflicht der verantwortlichen Stelle (§ 4a Abs. 1 Satz 2),[150] den Betroffenen einen ausreichenden Handlungsspielraum einzuräumen. Beides reicht aber nicht aus. Mindestens ebenso wichtig ist es, jeden Versuch der verantwortlichen Stelle zu unterbinden, ihre Leistungen an die Bereitschaft der Betroffenen zu knüpfen, in die Verwendung bestimmter sie betreffender Daten einzuwilligen. Die verantwortlichen Stelle bleibt also einerseits unverändert berechtigt, die jeweils erforderlichen Daten zu verarbeiten (§ 28 Abs. 1 Nr. 1), darf aber andererseits nicht ihre Leistung mit dem Zugriff auf weitere konkret nicht benötigte Angaben verknüpfen.[151] Genau genommen wird damit das im Telekommunikations- und Multimediarecht ausdrücklich vorgesehene **Koppelungsverbot** generalisiert.[152] Hier wie dort geht es darum, eine Verfälschung der Einwilligung zu verhindern. Wenn sie die Vorstellungen der Betroffenen wirklich widerspiegeln soll, muss ihr Einverständnis vor direkt oder indirekt aufgezwungenen Informationserwartungen Dritter bewahrt werden. Gleichviel deshalb, ob die Koppelung im Zusammenhang mit einer Arbeitsbeziehung, einem Versicherungsverhältnis, einer Kontoeröffnung, einem Internetzugang oder einem Krankenhausaufenthalt steht, sie stellt die „freie Entscheidung" der Betroffenen in Frage und ist daher unzulässig. 63

Einwilligungen, die gegen das Koppelungsverbot verstoßen, sind **unwirksam** (§ 4a Abs. 1 Satz 1). Bereits erhobene Daten sind unverzüglich zu löschen (§§ 20 Abs. 2 Nr. 1; 35 Abs. 2 Nr. 1). Die verantwortliche Stelle muss zudem mit einer Geldbuße (§ 43 Abs. 2 Nr. 1) oder auch einer Strafe (§ 44 Abs. 1 i.V.m. § 43 Abs. 2 Nr. 1) und unter Umständen mit einer Schadenersatzpflicht (§§ 7, 8) rechnen. 64

So wichtig Vorkehrungen wie das Koppelungsverbot sind, sie reichen nicht aus, um eine möglichst freie Entscheidung der Betroffenen sicherzustellen. Schon die langen, immer wieder aufflammenden Auseinandersetzungen über die so genannte **„SCHUFA-Klausel"** sind lehr- 65

---

147 Dazu auch o. Rdnr. 3 ff.

148 Vgl. den Geänderten Vorschlag für eine Richtlinie des Rates zum Schutz natürlicher Personen bei der Verarbeitung personenbezogener Daten und zum freien Datenverkehr, ABl. Nr. C 311 v.27.11.1992, 30 = EU DS, EG KOM SYN 287, Kommentare zu den Artikeln, Art. 2 g; sowie *Dammann/Simitis,* EG-Datenschutzrichtlinie Art. 2 Rdnr. 23; *Brühann,* in GH II/*Wolf* A 30 Art. 2 Rdnr. 26.

149 Dazu o. Rdnr. 30 ff.

150 Dazu u. Rdnr. 70 ff.

151 Vgl. auch *Roßnagel/Holznagel/Sonntag,* Handbuch 4.8, Rdnr. 76 f.; *Roßnagel/Pfitzmann/Garstka,* Modernisierung, 92; *Simitis,* DuD 2000, 721 f.; *Däubler,* Belegschaften Rdnr. 155 f.; *Beckhusen,* Datenumgang, 156 f.

152 Vgl. die §§ 95 Abs. 5 TGK; 3 Abs. 4 TDDSG; 12 Abs. 4 MDStV; sowie *Tinnefeld/Ehmann/Gerling,* Einführung,320; *Schaar,* MMR 2001, 641; *Rasmussen,* DuD 2002, 393.

reich genug.[153] Das Interesse der Kreditinstitute, ihre Risiken durch eine Zentralisierung der Information über die Kreditnehmer einzuschränken, liegt auf der Hand. Bestrebungen, die darauf hinauslaufen, einen gemeinsamen, jederzeit zugänglichen Mindestbestand an Daten einzurichten, sind unter diesen Umständen nur zu verständlich. Die Einwilligung der Betroffenen über eine eigens dafür konzipierte, die Übermittlung an die gemeinsame Informationszentrale garantierende Klausel ist, so gesehen, das denkbar beste Mittel dafür. Sie entlastet die Kreditinstitute vor den Interpretationsschwierigkeiten der gesetzlichen Übermittlungsbestimmungen und ermöglicht den Zugang zu allen gewünschten Angaben. Ebenso wenig sind aber die Gefahren für die Betroffenen zu übersehen. Mit der Zentralisierung verändert sich zwangsläufig der Verarbeitungsradius. Die Daten sind nicht mehr nur dem jeweiligen Vertragspartner zugänglich, sondern genauso einer Vielzahl anderer Interessenten.[154]

66 Den Betroffenen bleibt freilich nichts anderes übrig als sich mit der Klausel abzufinden. Statt also selbst den Umgang mit ihren Angaben zu bestimmen, **sanktionieren sie mit ihrer Einwilligung eine eindeutig fremdbestimmte Verwendung**. Dass die „SCHUFA-Klausel" dennoch wieder und wieder in Frage gestellt und zugunsten der Betroffenen korrigiert wurde, ist auf die Intervention der für den Datenschutz zuständigen Kontrollinstanzen zurückzuführen.[155] Sie haben, angefangen bei der mangelhaften Information der Betroffenen über die fehlenden Absicherung gegen unberechtigte Abfragen und die betont restriktive Auskunftspraxis bis hin zum Scoring-Verfahren, die im Interesse der Betroffenen notwendigen Änderungen nicht nur nachdrücklich angemahnt, sondern weitgehend durchgesetzt, damit aber zugleich die auch vom BGH[156] ausdrücklich angesprochene Unzulänglichkeit einer Regelung wie der des § 4 Abs. 1 demonstriert. Das Ergebnis ihrer Intervention spiegelt sich in der unter ihrer Kooperation ausgearbeiteten, im Juni 2002 in Kraft getretenen Neufassung der SCHUFA-Klausel.[157]

67 Ähnlich ist es bei den im Versicherungsbereich verwendeten **„Datenschutzermächtigungs-"**[158] und **„Allfinanzklauseln"**[159] verlaufen. Die Weitergabe der jeweils für eine Rückversicherung benötigten Daten der Versicherten wird damit ebenso abgedeckt wie eine mit dem Versicherungszweck nicht vereinbare Zirkulation der Angaben im Rahmen einer Versicherungsgruppe oder eines Allfinanzverbundes. Die Betroffenen haben einmal mehr keine Wahl. Sie sind auf den Abschluss einer Versicherung angewiesen und legitimieren deshalb mit ihrem Einverständnis eine unter Datenschutzgesichtspunkten nicht vertretbare, weil nicht erforderliche Verwendung ihrer Daten. Die Klauseln durchbrechen mit anderen Worten die ansonsten geltenden Verarbeitungsgrenzen und passen den Verarbeitungsprozess den unternehmenspolitischen Zielen der Versicherungen an. „Ermächtigt" wird so gesehen nicht zum „Datenschutz", sondern zu seiner Einschränkung.

68 Korrekturen der Verarbeitungserwartungen lassen sich unter diesen Umständen nicht an die Einwilligung knüpfen, vielmehr wiederum nur durch eine **Intervention der Kontrollinstanzen** erzielen. Konsequenterweise ist es schließlich auf ihre Initiative hin[160] zu einer vom Bundesamt für das Versicherungswesen genehmigten **„Datenschutzermächtigungsklausel"** ge-

153 Vgl. etwa BGH, WM 1978, 999 ff., NJW 1984, 1889 ff., BGHZ 95, 362 ff.; *BfD,* 1., 115 f., 2., 55 f. und 18. TB, 181 f.; *HmbDSB,* 2., 124 ff., 17., 126 ff. und 18. TB 176 ff.; sowie *Beckhusen*, Datenumgang 145 ff.; *Schapper/Dauer*, RDV 1987, 172; *Simon*, CR, 1988, 637 ff.

154 Dazu auch § 29 Rdnr. 109 ff.; sowie *Beckhusen*, Datenumgang 105 ff., 146 ff.

155 Statt aller *BfD*, 2., 55 f., 8., 52 f., 9., 68 ff., Anlage 6, 94, 16., 409 f., und 18. TB, 181, Anlage 30; *BrLfD*, 7., 72 und 15. TB, 59 ff.; *HmbDSB,* 1., 52, 4. TB, 135 f. und 11. TB, 152; *LfD NDS,* 11., 228 ff. und 12. TB 244.; das Gemeinsame Kommuniqué der Kreditwirtschaft, der für den Datenschutz im privaten Bereich zuständigen Behörden und der Konferenz der Datenschutzbeauftragten des Bundes und der Länder zum Bankauskunftsverfahren III, abgedr. im 7. TB des *BfD,* Anlage 2, 111 f.

156 BGHZ 95, 362 = Dok. § 3 E 2; vgl. auch *BfD*, 8. TB, 52 f.; *HmbDSB,* 4. TB, 134 f.; sowie *Beckhusen*, Datenumgang 148 ff.; *Schapper/Dauer*, CR 1986, 320 ff.; *Simitis*, JZ 1986, 188 ff.

157 Abgedruckt in *BfD*, 18. TB, Anlage 30 = RDV 2002, 158; vgl. auch *Beckhusen*, Datenumgang 151f.; sowie OLG Frankfurt, RDV 2003, 245.

158 Dazu *Schütte,* NJW 1979, 592 f.; *von Puskás,* VerBAV 1980, 52 ff., 102 ff.; *Dahl,* Arbeitgeber, 1980, 73 ff.; *Simitis,* VersR 1981, 203 f.

159 Dazu *BfD,* 15., 437 und 16. TB, 410.

160 Vgl. *BfD*, 1., 113 f., und 2. TB, 55.

kommen.[161] Sie zwingt die Versicherer, ihre Informationsanforderungen der konkreten Verarbeitungssituation anzupassen und legt zugleich die Übermittlungsvorgänge offen.[162] Auch wenn deshalb die Verarbeitungsbedingungen formal nach wie vor in einer durch die „Einwilligung" der Betroffenen sanktionierten Vertragsklausel enthalten sind, geben sie eine unter dem Einfluss der Aufsichtsinstanzen entstandene und von ihnen gebilligte Regelung wieder.[163] Von einer Einwilligung im Sinne des § 4 Abs. 1 kann infolgedessen keine Rede mehr sein.

Die **„Allfinanzklauseln"** sind so gesehen ebenfalls das Ergebnis einer von den Kontrollinstanzen geforderten und mit ihr abgestimmten Korrektur der ursprünglichen Verarbeitungsabsichten.[164] Der Informationsaustausch unter den an einem „Allfinanzverbund" beteiligten Versicherungen, Banken und Bausparkassen hat allerdings die Kontrollinstanzen veranlasst, sich nicht mit Regeln zu begnügen, die lediglich an die Adresse der Versicherungen gerichtet sind. Die Kreditwirtschaft wurde vielmehr genauso einbezogen.[165] Das Interventionsspektrum hat sich also einmal mehr auf Kosten der nach § 4 Abs. 1 scheinbar immer noch maßgeblichen „Einwilligung" ausgeweitet. 69

6.2 Informationspflicht der verantwortlichen Stelle

Die verantwortliche Stelle ist verpflichtet, die Betroffenen **rechtzeitig und umfassend** über die beabsichtigte Verwendung ihrer Daten **zu unterrichten** (§ 4a Abs. 1 Satz 2). Die Betroffenen müssen also noch **vor der Einwilligung** alle Informationen bekommen, die notwendig sind, um Anlass, Ziel und Folgen der Verarbeitung korrekt abzuschätzen.[166] Die verantwortliche Stelle kann deshalb nur mit einem rechtlich einwandfreien Einverständnis der Betroffenen rechnen, wenn sie zuvor ihrer **Informationspflicht** voll entsprochen hat. Das Gesetz gibt sich mit anderen Worten weder mit einem bloßen Informationsangebot zufrieden, noch stellt es den Informationspflichtigen frei, sich mit den Angaben zu begnügen, die aus ihrer Sicht zweckmäßig erscheinen. 70

§ 4a Abs. 1 Satz 2 ist bei **jeder Verwendung** personenbezogener Daten zu beachten, **die an das Einverständnis der Betroffenen gebunden ist**. Ganz gleich also, ob bestimmte Angaben von den Betroffenen verlangt werden, oder sie ihre Daten unaufgefordert mitteilen, die verantwortliche Stelle muss ihrer Informationspflicht nachkommen. Aus der Bereitschaft, sich von sich aus zur eigenen Person zu äußern, lässt sich ebenso wenig schließen, dass die Betroffenen die Verarbeitungsmodalitäten kennen, wie sich, umgekehrt, aus der Anfrage der verantwortlichen Stelle ergibt, dass die Betroffenen ahnungslos sind und folglich zunächst über die beabsichtigte Verwendung informiert werden müssen. Das Gesetz geht daher durchweg davon aus, dass die Einwilligung wertlos ist, solange die Betroffenen nicht über eine nicht nur ausreichende, sondern auch und gerade von der verantwortlichen Stelle vermittelte Information verfügen. Spekulationen über den Wissensstand der Betroffenen sind deshalb kein Maßstab für die Notwendigkeit und den Umfang der Information. § 4a Abs. 1 Satz 2 legt beides zwingend fest. 71

Die Informationspflicht bezieht sich auf die **gesamte beabsichtigte Verwendung** der Daten. Die verantwortliche Stelle ist zwar in erster Linie verpflichtet, auf den **Verwendungszweck** hinzuweisen (§ 4a Abs. 1 Satz 2),[167] darf sich aber nicht darauf beschränken. Sowohl die Verwendungsziele als auch und vor allem die Verarbeitungsfolgen lassen sich erst abschätzen, wenn die jeweils **gewünschten Daten** genauso wie die **Verarbeitungsbedingungen** und die 72

---

161 VerBAV 1979, 408.
162 Dazu von Puskás, VersR 1981, 204.
163 Vgl. *BfD,* 15. TB, 437.
164 Dazu *BfD,* 16. TB, 410.
165 Dazu BfD, 16. TB, 410.
166 Vgl. auch *Roßnagel/Holznagel/Sonntag*, Handbuch 4.8 Rdnr. 48; MünchArbR-*Blomeyer,* § 97 Rdnr. 18; DKK/*Buschmann*, BetrVG, § 83 Rdnr. 20; *Wohlgemuth*, Datenschutz, Rdnr. 197; *Beckhusen*, Datenumgang, 161; sowie *Körner*, in *Simon/Weiss* (Hrsg.), Autonomie, 132 ff.
167 Dazu auch *Bergmann/Möhrle/Herb*, BDSG § 4a Rdnr. 81; *Schaffland/Wiltfang*, BDSG § 4a Rdnr. 11; *Däubler*, Belegschaften, Rdnr. 140, 148; *Gola*, RDV 2002, 111.

potenziellen Übermittlungsempfänger angegeben werden.[168] Sofern zudem die Daten in einem Land **außerhalb der Europäischen Union** verwendet werden sollen, sind die Betroffenen ausdrücklich auf die dort geltenden Verarbeitungsvoraussetzungen und die damit möglicherweise verbundenen Risiken aufmerksam zu machen.[169] Die Information muss schließlich in einer für die Betroffenen **verständlichen Weise** erfolgen.[170]

73 Die Informationspflicht erstreckt sich auch auf Angaben zu den möglichen **Folgen einer Verweigerung** der Einwilligung (§ 4a Abs. 1 Satz 2).[171] Das Gesetz sieht freilich eine kaum verständliche Einschränkung vor: die verantwortlichen Stelle soll sich dazu nur soweit es **„nach den Umständen des Einzelfalles"** nötig ist oder **„auf Verlangen"** der Betroffenen äußern.[172] Eine Informationspflicht besteht also nur **ausnahmsweise**. Das wohl beste Beispiel dafür sind die Fälle, in denen nach personenbezogenen Daten im Zusammenhang mit Leistungen öffentlicher Stellen gefragt wird.[173] Die Betroffenen riskieren bei einer Verweigerung bestimmte für sie möglicherweise besonders wichtige Leistungen nicht zu bekommen. Die verantwortliche Stelle hat deshalb keine Wahl. Sie muss die Betroffenen über die Konsequenzen der Weigerung informieren, sich mit der Verarbeitung ihrer Daten einverstanden zu erklären. Das Gesetz geht, genau genommen, selbst in diesen Fällen **nicht von einer Informationspflicht** aus. § 4a Abs. 1 Satz 2 zwingt die verantwortliche Stelle lediglich dazu, den Einzelfall auf seine Besonderheiten hin zu überprüfen, und räumt ihr damit letztlich die Entscheidung darüber ein, ob eine Information erfolgen muss.

74 Die Betroffenen müssen sich daher **im Regelfall selbst nach den Verweigerungsfolgen erkundigen**. Solange sie sich also passiv verhalten, brauchen die möglichen Konsequenzen einer Verweigerung gar nicht erst erwähnt zu werden. Mit dem Zweck des Gesetzes, das Recht der Betroffenen, selbst über den Umgang mit ihren Daten zu entscheiden, auch durch die Verpflichtung sicherzustellen, sie nach ihrem Einverständnis zu fragen, lässt sich eine solche Regelung nicht vereinbaren. Im Gegenteil: Gerade wenn es um die Konsequenzen einer negativen Reaktion der Betroffenen geht, spricht alles für eine ebenso originäre wie **uneingeschränkte Informationspflicht** der verantwortlichen Stelle. Die Betroffenen können die Bedeutung ihres Einverständnisses so lange nicht verlässlich ermessen, wie sie nicht wissen, welche Risiken sie mit der Ablehnung einer Verwendung ihrer Daten eingehen.[174] Noch so detaillierte Aussagen über den Verwendungszweck und die Verarbeitungsbedingungen nützen daher genauso wenig wie exakte Angaben über die Übermittlungsadressaten, wenn die Folgen der Verweigerung offen bleiben. Unterscheidungen, wie sie das BDSG in § 4a Abs. 1 Satz 2 vornimmt, sind deshalb unzulässig. Sie verfolgen, wie schon die Entstehungsgeschichte des BDSG 90 zeigt, in Wirklichkeit nur ein Ziel, die Informationspflicht zugunsten der verantwortlichen Stellen zu „entformalisieren",[175] die potenziell Informationspflichtigen also so wenig wie möglich zu belasten.

75 Mag sein, dass sich Aussagen über die Verweigerungsfolgen besonders dazu eignen, die Betroffenen davon abzuhalten, ihre Daten offen zu legen. Die Konsequenz kann aber nicht sein, die Informationsvermittlung zugunsten der verantwortlichen Stelle einzuschränken. § 4a Abs. 1 Satz 2 muss daher **verfassungskonform angewendet werden**. Die verantwortliche Stelle darf also nicht die Reaktion der Betroffenen abwarten. Sie ist vielmehr verpflichtet, die

168 Dazu § 4 Rdnr. 39 ff.; sowie *Bergmann/Möhrle/Herb*, BDSG § 4a Rdnr. 81; *Roßnagel/ Holznagel/Sonntag*, Handbuch, 4.8 Rdnr. 45; *Roßnagel/Duhr*, Handbuch, Rdnr. 7.5 Rdnr. 39; *Roßnagel/Scholz*, Hanbuch, 9.2 Rdnr. 120; *Gola/Wronka*, Handbuch, Rdnr. 152; *Wohlgemuth*, Datenschutz, Rdnr. 196; *Däubler*, Belegschafften, Rdnr. 140, 148; *Beckhusen*, Datenumgang, 163; *Beckhusen*, Datenumgang, 183 ff.

169 Dazu § 4b Rdnr. 85 ff.

170 Dazu auch o. Rdnr. 41; sowie *Beckhusen*, Datenumgang, 164.

171 Dazu auch u. Rdnr. 89 ff.

172 Vgl. auch § 4 Abs. 2 Satz 1 ThürDSG.

173 Dazu o. Rdnr. 16.

174 Vgl. auch OLG Celle, NJW 1980, 347; *LfD RhPf*, 14. TB, 62; *Roßnagel/Holznagel/Sonntag*, Handbuch 4.8 Rdnr. 47; *Roßnagel/Holznagel/Sonntag*, Handbuch 4.8 Rdnr. 47; *Däubler*, Belegschaften, Rdnr. 141; *Lübking*, Datenschutz, Rdnr. 400; einschränkend *Gola/Schomerus*, BDSG; *Tinnefeld/Ehmann/Gerling*, Einführung 320; *Gola/Wronka*, Handbuch, Rdnr. 153; *Beckhusen*, Datenumgang, 166 f.; *Gola*, RDV 2002, 111.

175 Vgl. den Sten.Ber. der 85. Sitzung des BT-InnA am 16.5.1990, 39.

Frage nach den möglichen Verweigerungsfolgen **selbst aufzugreifen** und die Betroffenen entsprechend zu unterrichten. Ganz in diesem Sinn haben sich nahezu alle LDSG eindeutig für eine Offenlegung der Verweigerungsfolgen entschieden.[176]

Die Bedeutung der Informationspflicht bestimmt auch die **Folgen** ihrer **Verletzung**. Nicht ausreichend unterrichtete Betroffene können nicht wirksam einwilligen. Die Verarbeitung ihrer Daten ist deshalb **unzulässig**.[177] Bereits erhobene Daten sind daher unverzüglich zu löschen (§§ 20 Abs. 2 Nr. 1; 35 Abs. 2 Nr. 1). Die verantwortliche Stelle muss darüber hinaus mit einem **Schadenersatzanspruch** (§§ 7, 8) ebenso wie mit einer Geldbuße (§ 43 Abs. 2 Nr. 1), unter Umständen aber auch mit einer Strafe (§ 44 Abs. 1 i.V.m. § 43 Abs. 2 Nr. 1) rechnen. 76

6.3 Bestimmtheit

Die Einwilligung muss sich eindeutig auf einen genau umschriebenen Verwendungsvorgang beziehen. Formale Anforderungen[178] helfen daher für sich genommen nicht weiter. Die Einwilligung kann vielmehr die ihr zugewiesene Aufgabe, das Entscheidungsvorrecht der Betroffenen ebenso zu gewährleisten wie zu konkretisieren, nur dann erfüllen, wenn sie **hinreichend bestimmt** ist, also klar zu erkennen gibt, unter welchen Bedingungen sich die Betroffenen mit der Verarbeitung welcher Daten einverstanden erklärt haben.[179] Weder **Blankoeinwilligungen** noch **pauschal gehaltene Erklärungen**, die den Betroffenen die Möglichkeit nehmen, die Tragweite ihres Einverständnisses zu überblicken, sind deshalb mit § 4a Abs. 1 vereinbar.[180] 77

Ebenso wenig entsprechen **mutmaßliche**, **stillschweigende** oder **konkludente Erklärungen** den gesetzlichen Anforderungen.[181] Dass solche Erklärungen in anderen Einwilligungsfällen, so auch im Zusammenhang mit dem Bankgeheimnis oder der ärztlichen Schweigepflicht, durchaus genügen, spielt weiter keine Rolle. Entscheidend kann nur sein, wie sich die informationelle Selbstbestimmung am besten gewährleisten lässt. Genau dieses Ziel wird aber gefährdet, sobald an die Stelle einer klaren Äußerung der Betroffenen eine von ihnen nicht beeinflussbare Interpretation ihres Verhaltens tritt. 78

Erst recht liegt keine den gesetzlichen Anforderungen entsprechende Einwilligung (§ 4a) vor, wenn die Betroffenen nicht innerhalb einer bestimmten Frist **widersprochen** haben.[182] Das BDSG bürdet nicht ihnen die Pflicht auf, sich gegen eine Verwendung ihrer Daten zu wehren, sondern verpflichtet die verantwortlichen Stellen, sich um das Einverständnis der Betroffenen zu bemühen. Die Verarbeitung kann deshalb erst eingeleitet werden, wenn eine Einwilligung vorliegt, und muss sich strikt nach den in ihr festgehaltenen Bedingungen richten.[183] Genauso verbietet sich jeder Versuch, den fehlenden Widerspruch zum Nachteil der Betroffenen auszulegen, ihn also beispielsweise als Indiz dafür zu werten, dass sie keine schutzwürdigen In- 79

---

176 o. Rdnr. 16; vgl. auch *Körner*, in *Simon/Weiss* (Hrsg.), Autonomie, 140.

177 Vgl. auch *Tinnefeld/Ehmann/Gerling,* Einführung, 324; *Däubler,* Belegschaften, Rdnr. 142.

178 o. Rdnr. 30 ff.

179 Dazu auch o. Rdnr. 44 sowie BGHZ 95, 362 (367 f.); 115, 123 (127); 116, 268 (273); OLG Celle, NJW 1980, 347, 348; *Gola/Schomerus*, BDSG § 4a Rdnr. 11; *Bergmann/Möhrle/Herb*, BDSG § 4a Rdnr. 76; *Schaffland/Wiltfang*, BDSG § 4a Rdnr. 12, 19; *Roßnagel/Duhr*, Handbuch 7.5, Rdnr. 39; *FESTL*,BetrVG § 83 Rdnr. 27; *DKK/Buschmann*, BetrVG § 83 Rdnr. 24; *Gola/Wronka*, Handbuch Rdnr. 152; *Beckhusen*, Datenumgang, 162 f.; *Gola*, RDV 2002, 111.

180 Vgl. auch BGHZ, a.a.O.; OLG Celle, a.a.O.; OLG Düsseldorf., RDV 1995, 247; OLG Schleswig, RDV 1998, 115; *LfD* MV, 1. TB, 40, 53; *Bergmann/Möhrle/Herb,* BDSG § 4a Rdnr. 92; *Gola/Schomerus,* BDSG § 4a Rdnr. 11; *Weichert,* in ComHdB 132 Rdnr. 47; *Roßnagel/Holznagel/Sonntag*, Handbuch, 4.8, Rdnr. 49, 53; *Roßnagel/Duhr*, Handbuch 7.5, Rdnr. 39; *Lübking,* Datenschutz, Rdnr. 397, 445; *Däubler*, Belegschaften, Rdnr. 159; *Beckhusen*, Datenumgang, 161 f.; *Breinlinger*, RDV 1997, 250; *Büllesbach*, CR 2000, 550; einschränkend *Schaffland/Wiltfang,* BDSG § 4a Rdnr. 11, 12.

181 Dazu auch o. Rdnr. 44.

182 Vgl. auch *LfD NDS,* 10. TB, 32; *Gola/Schomerus,* BDSG § 4a Rdnr. 19; *Körner-Dammann,* NJW 1992, 730.

183 Vgl. auch BGHZ 115, 123 (127).

teressen haben, die einer ansonsten zulässigen, von den gesetzlichen Verarbeitungsvoraussetzungen abgedeckten Verwendung entgegenstehen könnten.[184] Eine Ausnahme gilt lediglich für die ausdrücklich in den §§ 28 Abs. 4[185] und 29 Abs. 4[186] geregelten Fälle. Auch nachträglich erteilte **Genehmigungen**[187] lassen sich schließlich nicht in Einwilligungen für künftige Verarbeitungen umdeuten.

80 Der Forderung nach einer Erklärung, die präzise auf die beabsichtigte Verarbeitung eingeht, sind sicherlich Grenzen gesetzt. Niemand kann ernsthaft mit einer Äußerung der Betroffenen rechnen, die minutiös alle Einzelheiten des Verarbeitungsprozesses aufgreift. Wer derlei erwartet, belastet die ohnehin reichlich überschätzte Einwilligung[188] mit Anforderungen, denen sie nicht genügen kann. Bei aller Bedeutung, die das BDSG dem Einverständnis der Betroffenen beimisst, muss deshalb eine **relative Unvollständigkeit** der Einwilligung in Kauf genommen werden.[189] Wie spezifiziert die Erklärung zu sein hat, lässt sich letztlich nur vor dem Hintergrund der **konkreten Verarbeitungssituation** beurteilen. So viel steht dennoch fest: Der Erklärung müssen in jedem Fall nicht nur die jeweils **in Betracht kommenden Angaben** zu entnehmen sein, sondern auch die gebilligten **Verarbeitungsziele** und **Verarbeitungsphasen**.[190] Soweit eine **Übermittlung** in Betracht kommt, muss sich aus der Einwilligung ergeben, wem konkret die Daten zugänglich gemacht werden dürfen.[191]

81 Mit **allgemein gehaltenen Aussagen**, die sich auf das Einverständnis der Betroffenen mit der Verarbeitung ihrer Daten im Rahmen einer **„ordnungsgemäßen Geschäftsführung"** oder zur **„üblichen Betreuung des Ermächtigenden"** beschränken, ist es deshalb nicht getan. Ebenso wenig genügt eine **generelle Einwilligung in die Übermittlung** personenbezogener Angaben, etwa für **Werbe-, Meinungsforschungs- oder Kreditsicherungszwecke,** oder, scheinbar genauer, in die Weitergabe der „Daten des Kreditnehmers über die Abwicklung des Kredits". Die Erklärung muss vielmehr präzisieren, welche der jeweils verarbeiteten Angaben dafür benutzt werden dürfen.[192] Unter Umständen kann allerdings auch der Hinweis auf einen bestimmten Datensatz genügen.[193] Nur unter dieser Voraussetzung haben die Betroffenen die Chance, eine aus ihrer Sicht besonders gefährliche Verarbeitung einzelner Angaben, etwa die uneingeschränkte Übermittlung von „Negativmerkmalen" an Kreditinformationssysteme, rechtzeitig zu verhindern.[194]

82 Nichts anderes gilt für ein allgemeines Einverständnis mit der **Übermittlung an andere Unternehmen** derselben Branche. Ein wirksamer Schutz gegen die möglichen Verarbeitungsfolgen hängt hier wie sonst in ganz besonderem Maße von einer rechtzeitigen Begrenzung des Empfängerkreises ab. Die Erklärung muss daher mit einer möglichst präzisen Auswahl der potenziellen Adressaten verbunden sein.[195] Ganz in diesem Sinn haben die Aufsichtsinstanzen im Versicherungs- und Kreditbereich Formulierungen durchgesetzt,[196] die nicht nur einzelne Verarbeitungsaspekte gezielt ansprechen, sondern auch und gerade die Übermittlungsmöglichkeiten einschränken.

---

184 So aber *Gola/Schomerus,* BDSG § 4a Rdnr. 19 f.
185 Dazu § 28 Rdnr. 272 ff.
186 Dazu § 29 Rdnr.
187 Dazu o. Rdnr. 27.
188 o. Rdnr. 2 ff.
189 Vgl. auch *Beckhusen*, Datenumgang, 162, 164.
190 Vgl. auch § 5 Abs. 2 Satz 2 HmbDSG.
191 Vgl. auch OLG Celle, NJW 1980, 348; *Gola/Schomerus,* BDSG § 4a Rdnr. 19f.; *Schaffland/Wiltfang,* BDSG § 4a Rdnr. 12; *Lübking,* Datenschutz, Rdnr. 398; *Kroll,* Datenschutz, 175 ff.; *Däubler*, Belegschaften, Rdnr. 140; *Beckhusen*, Datenumgang, 164.
192 BGHZ 95, 362; OLG Celle, NJW 1980, 348; OLG München, BB 1984, 1965; vgl. auch *BWHinwBDSG*, Nr. 3, Dok. B 1.4, 3.1; *Beckhusen*, Datenumgang, 164 f; *H.Geiger,* CR 1985, 75; einschränkend *Schaffland/Wiltfang,* BDSG § 4a Rdnr. 12.
193 Dazu *BWHinwBDSG*, a.a.O.
194 Vgl. insb. BGHZ 95, 362 (368); aber auch *Beckhusen*, Datenumgang 163.
195 Vgl. auch *Gola/Schomerus,* BDSG § 4a Rdnr. 20; *Heußner,* ZgesVerW 1978, 63 f.
196 o. Rdnr. 65 ff.

Genauso ist schließlich bei **Arbeitsverträgen** zu verfahren.[197] Der Arbeitgeber mag gute Gründe für seinen Wunsch haben, sich nicht mit einer Verarbeitung der Daten zu begnügen, die nach § 28 ohnehin verwendet werden dürfen. Er kann aber dieses Ziel nicht mit Hilfe einer Erklärung des Arbeitnehmers erreichen, die ihn dazu ermächtigt, alle jeweils benötigten Angaben zu verwenden, sondern ist auf eine Einwilligung angewiesen, die zu erkennen gibt, welche Daten im Einzelnen gemeint, bei wem sie zu erheben sind und wer für eine Übermittlung in Betracht kommt. 83

Bei **vorformulierten, in allgemeine Geschäftsbedingungen aufgenommenen Einverständniserklärungen** ergibt sich die Notwendigkeit einer inhaltlich klar bestimmten Erklärung auch aus den Sondervorschriften für AGB[198] So verstoßen **pauschale Einwilligungen** schon deshalb gegen diese Bestimmungen, weil sie in aller Regel mit einem nach § 305c Abs. 1 BGB unzulässigen Überraschungseffekt verbunden sind.[199] Sie benachteiligen zudem die Betroffenen unangemessen, indem sie ihnen die Möglichkeit nehmen, die Einwilligungsfolgen zu überschauen, und sind deshalb nach § 307 BGB unwirksam.[200] Eine Missachtung der gesetzlichen Anforderungen an die Einwilligung kann schließlich nach § 307 Abs. 2 Nr. 1 BGB ebenfalls zu einer Unzulässigkeit vorformulierter bewusst allgemein gehaltener Einverständniserklärungen führen.[201] Die AGB-Regelungen sind genauso auf Einwilligungsklauseln in Arbeitsverträgen anzuwenden (§ 310 Abs. 4 BGB).[202] 84

Unklarheiten gehen zulasten der verantwortlichen Stelle.[203] 85

6.4 Verwendung sensitiver Daten

Soweit eine Verwendung **„sensitiver Daten"** (§ 3 Abs. 9) beabsichtigt ist, muss sich die **Einwilligung ausdrücklich darauf beziehen** (§ 4a Abs. 3). Das Gesetz trägt damit der von der EG-Datenschutzrichtlinie verlangten besonderen Behandlung solcher Daten[204] Rechnung. Weil sie grundsätzlich unzugänglich sein sollen (Art. 8 Abs. 1), den Betroffenen aber trotzdem zugestanden wird, sich mit ihrer Verwendung einverstanden zu erklären, bleibt es nicht bei den generellen Anforderungen an die Einwilligung (Art. 8 Abs. 2 Buchst. a).[205] Ganz nach dem Vorbild der EG-Datenschutzrichtlinie lässt auch das BDSG eine Verwendung zu, sofern sich die Betroffenen einverstanden erklärt haben und schreibt ebenfalls explizit vor, dass sich ihre Einwilligung gezielt darauf beziehen muss (§§ 13 Abs. 2 Nr. 2; 28 Abs. 6; 29 Abs. 5). Kurzum, der prinzipiell restriktivere Umgang mit sensitiven Daten wirkt sich unmittelbar auf den Einwilligungstext aus. 86

---

197 Vgl. auch *BWHinwBDSG*, Nr. 22, Dok. B 1.26 1.2; sowie *Gola/Wronka,* Handbuch, Rdnr. 152.; *Däubler,* Belegschaften, Rdnr. 139 ff.; *Wohlgemuth,* Datenschutz, Rdnr. 343 ff.

198 Vgl. auch *Bergmann/MöhrleHerb*, BDSG § 4a Rdnr. 26; *Gola/Schomerus*, BDSG Rdnr. 8; *Tinnefeld/Ehmann/Gerling*, Einführung 325 ff.; *Roßnagel/Holznagel/Sonntag*, Handbuch 4.8, Rdnr. 60; *Däubler*, Belegschaften, Rdnr. 163 ff.; *Beckhusen*, Datenumgang, 177 ff.

199 Dazu auch o. Rdnr. 77; sowie OLG Karlsruhe, RDV 1988, 146; OLG Schleswig, DSB 2/98, 15; KG Berlin, RDV 1995, 245,246; sowie *Bergmann/Möhrle/Herb,* BDSG § 4a Rdnr. 36; *Gola/Schomerus,* BDSG § 4a Rdnr. 8; *Tinnefeld/Ehmann/Gerling,* Einführung, 322; *Beckhusen*, Datenumgang, 178.

200 BGHZ 95, 362 (367 ff.); OLG Düsseldorf, VuR 1995, 353; OLG Frankfurt DuD 1999, 231, 232 f.; LG Halle, CR 1998, 86; e *Bergmann/Möhrle/Herb,* BDSG § 4a Rdnr. 36; *Gola/Schomerus,* BDSG § 4a Rdnr. 8; *Schaffland/Wiltfang,* BDSG § 4a Rdnr. 12 f.; *Tinnefeld/Ehmann/Gerling,* Einführung, 326 ff; *Beckhusen*, Datenumgang, 177; *Schuster/Simon,* NJW 1980, 1228; *H.Geiger,* CR 1985, 76; *Kohte,* AcP 185 (1985) 134 f; *Simitis,* JZ 1986, 188 f.; *Büllesbach*, CR 2000, 550; *Heidemann-Peuser*, DuD 2002, 393.

201 Vgl. auch *Beckhusen*, Datenumgang, 177 f.

202 Dazu auch *Däubler*, Belegschaften, Rdnr. 163 ff., NZA 2001, 1332; *Lindemann*, AuR 2002, 87; *Hümmerich/Holthusen*, NZA 2002, 173.

203 Vgl. auch *BWHinwBDSG* Nr. 3, Dok. B 1.4, 3.1; sowie *Gola/Schomerus,* BDSG § 4a Rdnr. 11; *Däubler,* Belegschaften, Rdnr. 167; *Sproll,* ZIP 1984, 31.

204 Dazu *Dammann/Simitis,* EG-Datenschutzrichtlinie Art. 8 Rdnr. 1 ff; *Brühann,* in GH II/*Wolf* A 30 Art. 8 Rdnr. 5 ff.; *Ehmann/Helfrich,* EG-Datenschutzrichtlinie Art. 8 Rdnr. 1 ff.

205 Dazu *Dammann/Simitis,* EG-Datenschutzrichtlinie Art. 8 Rdnr. 9; *Brühann,* in GH II/*Wolf* A 30 Art. 8 Rdnr. 10; *Ehmann/Helfrich,* EG-Datenschutzrichtlinie Art. 8 Rdnr. 14 ff.

87 Der Gesetzgeber hat freilich mit § 4a Abs. 3 lediglich die ohnehin geltenden allgemeinen Grundsätze präzisiert.[206] § 4a Abs. 3 rechtfertigt deshalb nicht den Umkehrschluss, ähnlich genaue Aussagen seien bei allen anderen Daten im Allgemeinen nicht erforderlich.[207] Auch für sensitive Daten gilt im Übrigen, dass der Einwilligung zu entnehmen sein muss, um **welche** der in § 3 Abs. 9 aufgezählten **Angaben** es im sich Einzelnen handelt und in **welchem Kontext** sie **unter welchen Bedingungen für welche Zwecke** verwendet werden sollen.[208]

88 Erst recht muss es dabei bleiben, dass **konkludente** und **stillschweigende** Einwilligungen ausscheiden.[209] Nichts anderes darf für **mündliche Erklärunmgen** gelten.[210] Wohl sind sie ansonsten, wenn auch nur ausnahmsweise, zulässig (§ 4a Abs. 1 Satz 3),[211] eine Konzession, die sich allerdings nicht auf die Verwendung sensitiver Daten übertragen lässt. § 3 Abs. 9 listet sehr unterschiedliche Daten auf.[212] Schon deshalb verbietet sich eine generelle Freigabe für mündliche Erklärungen. Weitaus wichtiger ist freilich, dass die Forderung nach einer ausdrücklichen Angabe der jeweils in Betracht kommenden Daten ihren Sinn zu verlieren droht, wenn der Hinweis auf die konkret gewünschten Daten im Kontext einer entformalisierten und daher nur schwer rekonstruierbaren Erklärung erfolgt.[213] Ein lediglich mündlich abgegebenes Einverständnis kann infolgedessen den Zugriff auf sensitive Daten nicht rechtfertigen. **Anonymisierte Meinungsumfragen** werden davon nicht im Geringsten tangiert, vorausgesetzt, die Anonymisierung wird nicht nachträglich vorgenommen.[214]

7. Verweigerung

89 Die Betroffenen sind berechtigt, **die Einwilligung zu verweigern**. Das BDSG nimmt, anders als nahezu alle Landesgesetze,[215] nicht ausdrücklich dazu Stellung. § 4 begnügt sich vielmehr damit, die Voraussetzungen festzulegen, unter denen eine Verwendung personenbezogener Daten zulässig ist. Die Verweigerung wird dagegen nur mittelbar, im Zusammenhang mit der Informationspflicht der verantwortlichen Stelle (§ 4a Abs. 1 Satz 2),[216] angesprochen.[217]

90 Die Zurückhaltung des BDSG mag auf den ersten Blick überraschen, ist allerdings nicht unverständlich. Die Zulässigkeit der Verarbeitung entscheidet sich am Einverständnis der Betroffenen. Mehr als die für eine wirksame Einwilligung maßgeblichen Bedingungen braucht, so gesehen, nicht angegeben zu werden. Zudem: Mit der Bereitschaft, die Einwilligung als rechtlich einwandfreie Verarbeitungsgrundlage anzusehen, unterstreicht das Gesetz das Recht der Betroffenen, selbst zu bestimmen, wer wann Zugang zu welchen ihrer Daten haben soll. Für den Gesetzgeber ist die **Verweigerung** daher die **selbstverständliche und insofern nicht weiter erwähnenswerte Kehrseite der Einwilligung**. Kurzum, die Verweigerung signalisiert den Abschluss des vom BDSG geforderten und gewährleisteten Entscheidungsprozesses der Betroffenen genauso verbindlich wie die Einwilligung.

91 Die Verweigerung darf deshalb grundsätzlich nicht zu einer **Benachteiligung** der Betroffenen führen.[218] Wenn ihnen die Entscheidung tatsächlich überlassen bleiben soll, dann müssen sie zwischen Einverständnis und Verweigerung wirklich wählen können, also auch nicht latent

---

206 o. Rdnr. 77 ff.
207 Dazu o. Rdnr. 81 ff.
208 Vgl. auch *Däubler*, Belegschaften, Rdnr. 175 f.; *Gola*, RDV 2001, 125 ff.
209 Dazu auch o. Rdnr. 44, 78; sowie *Gola/Schomerus*, BDSG § 4a Rdnr. 16a; und demgegenüber *Kloepfer*, Informationsrecht § 8, Rdnr. 78.
210 Vgl. auch *Gola/Schomerus*, BDSG §§ 3 Rdnr. 57, 4a Rdnr. 16a.
211 Dazu o. Rdnr. 43 ff.
212 Dazu § 3 Rdnr. 262 ff.
213 Das übersieht der *BlnDSB*, JB 2002, 27.
214 Dazu o. Rdnr. 60.
215 Vgl. Art. 15 Abs. 2 BayDSG; sowie die §§ 4 Abs. 2 Satz 4 LDSG BW; 4 Abs. 2 Satz 3 BbgDSG; 5 Abs. 2 Satz 2 HmbDSG; 7 Abs. 2 Satz 5 HDSG; § 8 Abs. 1 DSG M-V; 4 Satz 4 DSG NW; 4 Abs. 1 Satz 4 SDSG; § 4 Abs. 2 SächsDSG; 9 Abs. 3 DSG-LSA; 12 Abs. 2 Satz 2 DSG SH.
216 Dazu o. Rdnr. 70 ff., 73 ff.
217 Vgl. auch § 4 Abs. 3 Satz 1 ThürDSG.
218 Vgl. auch *LfD RhPf*, 14. TB, 62; *Roßnagel/Holznagel/Sonntag*, Handbuch 4.8, Rdnr. 63.

einem auf den ansonsten drohenden Nachteilen beruhenden Zwang zur Einwilligung ausgesetzt sein. Je deutlicher sich allerdings der weitgehend fiktive Charakter der Einwilligung abzeichnet,[219] desto offenkundiger ist die Gefahr einer Benachteiligung. Kredit-, Versicherungs- und Arbeitnehmer können nicht einfach die Konsequenzen einer Weigerung ignorieren, dem Wunsch nach zusätzlichen Daten oder erweiterten Verarbeitungsmöglichkeiten nachzukommen. Eine negative Reaktion gefährdet die von ihnen angestrebte vertragliche Beziehung genauso wie ihren Arbeitsplatz.

Wenn deshalb das Ziel der gesetzlichen Regelung, das Recht der Betroffenen zu gewährleisten, 92
selbst über die Verwendung ihrer Daten zu entscheiden, nicht vollends unterlaufen werden soll, dann gilt es, die drohende Benachteiligung möglichst einzuschränken. Ein konsequent praktiziertes **Koppelungsverbot**[220] bietet die Chance dazu. Auch sonst ist es keineswegs ohne weiteres zulässig, den **Abschluss eines Vertrages** mit Rücksicht auf die verweigerte Einwilligung abzulehnen. So sieht § 5 Abs. 2 PflVG ausdrücklich einen Annahmezwang bei Kraftfahrtversicherungen vor. Der Versicherer kann daher auch dann nicht von einem Vertrag absehen, wenn es potenzielle Versicherungsnehmer ablehnen, auf seine Verarbeitungserwartungen einzugehen. Dem Versicherer bleibt unter diesen Umständen nichts anderes übrig, als sich mit den gesetzlichen Verarbeitungsmöglichkeiten (§ 28) abzufinden.[221] Einmal mehr zeigt sich aber: Die bloße Verweigerung der Einwilligung reicht für die Ablehnung eines Vertragsschlusses nur so lange aus wie die verantwortliche Stelle darzulegen vermag, dass sie gerade auf die konkret gewünschten Angaben oder Verarbeitungsvorgänge angewiesen ist.

Die verantwortliche Stelle darf sich schließlich nach der Verweigerung grundsätzlich nicht 93
auf bestimmte bis dahin **den Betroffenen gegenüber nicht erwähnte gesetzliche Vorschriften** berufen, um die beabsichtigte Verarbeitung doch noch durchzuführen. Mit ihrer Entscheidung, die Betroffenen aufzufordern, in die Verwendung ihrer Daten einzuwilligen, hat die verantwortliche Stelle bewusst einen Weg gewählt, den sie gar nicht zu gehen brauchte. Sie hat aber damit den Betroffenen den Eindruck vermittelt, dass es ausschließlich deren Sache sei, über die Verarbeitung zu befinden und damit zugleich eine Ablehnung ihrer Informationswünsche in Kauf genommen. Eine bloß nachträgliche Information der Betroffenen über die veränderte Verarbeitungsgrundlage reicht deshalb, jedenfalls bei nicht-öffentlichen Stellen, in der Regel nicht aus. Die verantwortlichen Stellen sind vielmehr mit Rücksicht auf ihr Verhalten grundsätzlich verpflichtet, die Verweigerung zu respektieren.[222] Etwas anderes kann nur gelten, wenn die verarbeitende Stelle nachzuweisen vermag, dass schwerwiegende, im öffentlichen Interesse liegende Gründe eine Verwendung der Daten gebieten.

8. Widerruf

Die Betroffenen können ihre bereits erteilte **Einwilligung widerrufen.**[223] Das BDSG äußert 94
sich zwar, anders als die meisten Landesgesetze[224] und im Unterschied zum TDDSG (§ 4 Abs. 3) nicht dazu.[225] Der Widerruf dient aber genau dem Zweck, den auch die vom BDSG ausdrücklich geforderte Einwilligung (§ 4 Abs. 1) verfolgt: Die Betroffenen sollen mit Rück-

---

219 Dazu o. Rdnr. 3 ff.

220 o. Rdnr. 63.

221 Vgl. auch *von Puskás,* VerBAV 1980, 109; *Simitis,* VersR 1981, 203.

222 Vgl. auch *LfD NW,* 5. TB, 76.

223 Vgl. auch OLG Düsseldorf, ZIP 1985, 1319; *Schaffland/Wiltfang,* BDSG § 4a Rdnr. 26; *Gola/Schomerus,* BDSG § 4a Rdnr. 18; *Bergmann/Möhrle/Herb,* BDSG § 4a Rdnr. 24; *Weichert,* in ComHdB 132 Rdnr. 51, NJW 2001, 647; *Tinnefeld/Ehmann/Gerling,* Einführung, 324; *Roßnagel/Holznagel/Sonntag,* Handbuch 4.8, Rdnr. 64; MünchArbR-*Blomeyer,* § 97 Rdnr. 18; *Däubler,* Belegschaften, Rdnr. 169 ff.; *Wohlgemuth,* Datenschutz, Rdnr. 201; *Beckhusen,* Datenumgang, 183; *Lübking,* Datenschutz, Rdnr. 401; *Kohte,* AcP 185 (1985) 138; Gola, DuD 2001, 279; *Schaar,* MMR 2001, 647.

224 Vgl. die §§ 4 Abs. 2 Satz 4 LDSG BW; 4 Abs. 2 Satz 3 BbgDSG; 5 Abs. 2 Satz 2 HmbDSG; 7 Abs. 2 Satz 5 HDSG; 8 Abs. 1 DSG M-V; 4 Abs. 1 Satz 5 DSG NW; 4 Abs. 1 Satz 4 SDSG; 4 Abs. 3 SächsDSG; 4 Abs. 2 DSG-LSA; 12 Abs. 2 LDSG SH.

225 Vgl. auch Art. 15 Abs. 2 BayDSG; sowie § 4 ThürDSG.

sicht auf ihr verfassungsrechtlich garantiertes Recht auf informationelle Selbstbestimmung die Möglichkeit haben, Einfluss auf den Umgang mit ihren Daten zu nehmen.[226] Die Einwilligung sichert die präventive Kontrolle, der Widerruf die nachträgliche Korrektur der zunächst gebilligten Verwendung der eigenen Daten. Die Betroffenen müssen, anders ausgedrückt, nicht nur die rechtzeitig, sondern auch die zu spät erkannten Verwendungsfolgen auffangen können.

95 Genau diese elementare Bedeutung der Widerrufsmöglichkeit für die Gewährleistung der informationellen Selbstbestimmung schließt einen **Verzicht** auf den Widerruf aus.[227] Der Widerruf unterscheidet sich im Übrigen deutlich vom **Widerspruch** nach den §§ 28 Abs. 4 und 29 Abs. 4 i.V.m. 28 Abs. 4. Er setzt eine bereits erteilte Einwilligung voraus, während sich der Widerspruch auf Verarbeitungsvorgänge bezieht, die ohne Einverständnis der Betroffenen, allerdings im Rahmen der gesetzlichen Befugnisse der verantwortlichen Stelle durchgeführt worden sind.[228]

96 Der Widerruf erfordert ebenso wie die Einwilligung[229] eine **höchstpersönliche, schriftlich oder in elektronischer Form abzugebende Erklärung.**[230] Sie muss sich an diejenigen richten, denen gegenüber auch das ursprüngliche Einverständnis bekundet worden ist. Ob es allerdings zu einem Widerruf kommt, ist ausschließlich Sache der Betroffenen. Ihnen ist es auch vorbehalten, den **Zeitpunkt** des Widerrufs zu bestimmen. Sie sind also weder verpflichtet, sich im Zusammenhang mit der Einwilligung einen späteren Widerruf vorzubehalten, noch und erst recht eine besondere, eigens auf den Widerruf abgestellte Vereinbarung einzugehen.

97 Ebenso wenig wie die Einwilligung[231] braucht sich der Widerruf auf die gesamte Verarbeitung und Nutzung zu erstrecken. Den Betroffenen bleibt es vielmehr überlassen, zu entscheiden, **ob und in welchem Umfang** sie ihr bereits erteiltes Einverständnis **zurücknehmen möchten**. Sie sind also durchaus berechtigt, den Widerruf beispielsweise auf alle oder nur ganz bestimmte Übermittlungen zu beschränken.

98 Der Widerruf ist so lange unproblematisch, wie die jeweils in Betracht kommenden Daten **noch nicht verarbeitet oder sonst genutzt** worden sind. Mehr als die Einwilligung der Betroffenen liegt in einem solchen Fall nicht vor. Sie können deshalb ihr Einverständnis ohne weiteres widerrufen.[232] Einer besonderen Begründung bedarf es infolgedessen nicht. **Nach Beginn der Verarbeitung** scheidet dagegen ein Widerruf **teilweise oder auch ganz aus**. Eine Widerrufsmöglichkeit besteht dann nicht mehr, wenn die etwa im Rahmen einer Umfrage erhobenen Daten inzwischen anonymisiert worden sind. Jegliche Verbindung zu den ursprünglich betroffenen Personen ist damit entfallen. Eine Anwendung des BDSG kommt nicht mehr in Betracht. Weder die ursprünglich erklärte Einwilligung noch ihr späterer Widerruf können sich daher in irgendeiner Weise auf die weitere Verarbeitung auswirken.

99 Soweit die Betroffenen im Zusammenhang mit einer bestimmten **rechtsgeschäftlichen Beziehung** in die Verwendung ihrer Daten eingewilligt haben, können sie ihr Einverständnis grundsätzlich nur widerrufen, wenn ihnen die Fortsetzung der Verarbeitung **objektiv nicht mehr zuzumuten ist**. Die Betroffenen gehen bei ihrer Einwilligung von einem auch und gerade durch die Information der verantwortlichen Stelle (§ 4a Abs. 1 Satz 2)[233] bestätigten Verarbeitungsverlauf aus. Die ihrem **Einverständnis zugrunde liegenden Verarbeitungsbedingungen** müssen deshalb auch den Maßstab dafür abgeben, ob ein Widerruf berechtigt ist. Ändert sich also der ursprünglich von der verantwortlichen Stelle beschriebene und von

---

226 201 o. Rdnr. 2; sowie *Roßnagel/Holznagel/Sonntag*, Handbuch 4.8, Rdnr. 64; *Beckhusen*, Datenumgang, 183.

227 Vgl. auch *Schaffland/Wiltfang*, BDSG § 4a Rdnr. 27; *Bergmann/Möhrle/Herb*, BDSG § 4a Rdnr. 24; *Roßnagel/Holznagel/Sonntag*, Handbuch 4.8, Rdnr. 65; *Gola/Schomerus*, BDSG § 4a Rdnr. 18; *Beckhusen*, Datenumgang, 184; *Schapper/Dauer*, RDV 1987, 171; und demgegenüber *Wächter*, Datenschutz, Rdnr. 232.

228 Dazu auch § 28 Rdnr. 272 ff.

229 204 o. Rdnr. 30 ff.

230 Vgl. demgegenüber *Weichert*, ComHdB 132 Rdnr. 51; *Tinnefeld/Ehmann/Gerling*, Einführung, 124; *Däubler*, Belgschaften, Rdnr. 170; *Beckhusen*, Datenumgang, 183; *Schaar*, MMR 2001, 647.

231 o. Rdnr. 80.

232 Vgl. auch *Klebe*, in *Däubler/Klebe/Wedde*, BDSG § 4 Rdnr. 19; *Beckhusen*, Datenumgang, 184.

233 o. Rdnr. 70 ff.

den Betroffenen zur Kenntnis genommene Verarbeitungsverlauf, dann steht ihnen das Recht zu, ihre Einwilligung zu widerrufen.[234] Einer **wiederholten Nichtbeachtung** der im Zusammenhang mit der Einwilligung festgelegten Verarbeitungsvoraussetzungen **bedarf es nicht**. Schon die begründete Annahme, dass die verantwortliche Stelle nicht gewillt ist, sich an diese Bedingungen zu halten, weil sie es etwa unterlässt, konkret erforderliche organisatorische Vorkehrungen zu treffen, genügt, um den Widerruf zu rechtfertigen.

Die Betroffenen können auch dann widerrufen, **wenn die rechtsgeschäftliche Beziehung** 100
entfällt, vor deren Hintergrund sie sich bereit erklärt haben, in die Verarbeitung ihrer Daten einzuwilligen.[235] Gleichviel, ob es um einen Versicherungs-, einen Kredit-, einen Arbeits- oder einen Reisevertrag geht, jede dieser Abmachungen begründet die Verbindung der Betroffenen zur verantwortlichen Stelle und legitimiert zugleich aus der Sicht beider die Erwartung, das Verarbeitungsspektrum mit Hilfe der Einwilligung zu erweitern. Der Wegfall des „Hauptgeschäfts" kann deshalb nicht belanglos sein, ohne Rücksicht im Übrigen darauf, ob er auf eine „normale", ablaufbedingte, eine vorzeitige, beiderseitig angestrebte oder eine einseitig herbeigeführte Beendigung zurückzuführen ist. Vielmehr erscheint es zumindest zweifelhaft, inwieweit sich eine zwar nicht rechtlich, aber faktisch so eng mit der inzwischen aufgehobenen rechtsgeschäftlichen Beziehung zusammenhängende Erklärung wie das Einverständnis in die Verarbeitung zusätzlicher Daten noch aufrechterhalten lässt. Die Entscheidung darüber muss denjenigen überlassen bleiben, die auch über die Zulässigkeit der Verarbeitung zu befinden hatten. Die Betroffenen haben mit ihrer Einwilligung den Zugriff auf ihre Daten rechtlich abgesichert. Ihnen steht deshalb ebenfalls das Recht zu, ihr Einverständnis zu widerrufen.

Die Betroffenen müssen beim Widerruf ihrer ursprünglich erteilten Einverständniserklärung 101
die **Interessen der verantwortlichen Stelle** bedenken. Sie wird im Vertrauen auf die zunächst erteilte Einwilligung in aller Regel zumindest eine Reihe von Maßnahmen getroffen haben, um die beabsichtigte Verarbeitung einzuleiten. Die Betroffenen sind unter diesen Umständen verpflichtet, ihren Widerruf entsprechend anzukündigen, der verantwortlichen Stelle also **genügend Zeit einräumen**, um der veränderten Situation Rechnung zu tragen.[236]

Die Einwilligung kann **nur mit Wirkung für die Zukunft** widerrufen werden.[237] Die verantwortliche Stelle konnte sich zunächst ganz auf das Einverständnis der Betroffenen verlassen und war deshalb bis zum Widerruf vollauf berechtigt, die Daten zu verwenden. Die Betroffenen müssen daher insoweit die Konsequenzen ihrer ursprünglichen Erklärung in Kauf nehmen. Der Widerruf hindert, mit anderen Worten, die verantwortliche Stelle nur an der **weiteren Verwendung** der Angaben, stellt also nicht eine bereits erfolgte Verarbeitung infrage.

Welche **Folgen** diese Aussage im Einzelnen hat, hängt entscheidend vom **bisherigen Ver-** 103
arbeitungsverlauf ab. Solange die Daten nicht einmal erhoben worden sind, versetzt der Widerruf die verantwortliche Stelle in genau den Stand, in dem sie vor Erteilung der Einwilligung war. Die Möglichkeit, auf die von ihr gewünschten Angaben zuzugreifen, entfällt. Hat die Verarbeitung dagegen bereits begonnen, dann gilt es, danach zu unterscheiden, ob die Daten lediglich erhoben und unter Umständen gespeichert oder schon weiterverwendet, also eventuell auch an Dritte übermittelt worden sind. Soweit die Verwendung nicht über die Erhebung oder die Speicherung hinausgekommen ist, schließt der Widerruf vordergründig

234 Vgl. auch *Schaffland/Wiltfang*, BDSG § 4a Rdnr. 26; *Bergmann/Möhrle/Herb*, BDSG § 4a Rdnr. 24; *Gola/Schomerus*, BDSG § 4a Rdnr. 18; *Roßnagel/Holznagel/Sonntag*,Handbuch 4.8, Rdnr. 65; *Beckhusen*, Datenumgang, 184.

235 Vgl. auch *Roßnagel/Holznagel/Sonntag*, Handbuch 4.8, Rdnr. 66; *Beckhusen*, Datenumgang, 185.

236 Vgl. auch *Kohte*, AcP 185 (1985) 138.

237 Vgl. auch die §§ 4 Abs. 2 Satz 3 BbgDSG; 5 Abs. 2 Satz 2 HmbDSG; 7 Abs. 2 Satz 5 HDSG; 8 Abs. 1 DSG M-V; 4 Abs. 1 Satz 4 DSG NRW; 4 Abs. 1 Satz 3 SDSG; 4 Abs. 3 SächsDSG; 4 Abs. 2 SSG-LSA; 12 Abs. 1 Satz 2 LDSG SH; sowie OLG Düsseldorf, ZIP 1985, 1319; *Gola/Schomerus*, BDSG § 4a Rdnr. 18; *Schaffland/Wiltfang*, BDSG § 4a Rdnr. 28; *Bergmann/Möhrle/Herb*, BDSG § 4a Rdnr. 24; *Tinnefeld/Ehmann/Gerling*, Einführung, 324; *Roßnagel/Duhr*, Handbuch 7.5, Rdnr. 40; *Däubler*, Belegschaften, Rdnr. 170; *Lübking*, Datenschutz, Rdnr. 401; *Beckhusen*, Datenumgang, 185; *Schaar*, MMR 2001, 647; *Gola*, DuD, 2001, 279.

zwar nur jede weitere Verarbeitung aus, zwingt aber damit in Wirklichkeit zur Löschung der Daten. Mit dem Widerruf verliert die verantwortliche Stelle die Berechtigung, die Angaben für ihre Zwecke zu nutzen. Sie müssen deshalb gelöscht werden (§§ 20 Abs. 2 Nr. 1; 35 Abs. 2 Nr. 1). Sind dagegen die Daten an Dritte weitergegeben worden, ist die verantwortliche Stelle lediglich verpflichtet, die Empfänger über den Widerruf zu informieren und so einer weiteren Verarbeitung vorzubeugen.

9. Landesrecht

104 Für die Landesgesetze gilt genauso wie für das BDSG: Rechtsvorschriften und Einwilligung werden überall als gleichwertige Anknüpfungspunkte einer rechtlich zulässigen Verwendung personenbezogener Daten angesehen.[238] Die LDSG enthalten allerdings an manchen durchaus entscheidenden Punkten, wie etwa bei der Erteilung, der Wirksamkeit, der Verweigerung oder dem Widerruf der Einwilligung, detailliertere und präzisere Regelungen.[239] In jeder dieser Vorschriften, ganz besonders aber in der gesetzlichen Absicherung des Widerrufs,[240] spiegeln sich die Zweifel an der Schutzfunktion der Einwilligung und der Versuch wider, ihre vor allem in der Alltagspraxis der gesetzlichen Kontrollinstanzen sichtbar gewordenen Mängel wenigstens partiell durch eine genauere Information sowie eine wirksamere Reaktion der Betroffenen auffangen zu können. Die Länder haben zudem mit ihren Vorschriften die Voraussetzungen für eine immer breitere Anerkennung der elektronischen Abgabe von Einwilligungen geschaffen.[241]

238 Vgl. etwa Art. 15 Abs. 1 BayDSG; sowie die §§ 4 Abs. 1 LDSG BW; 6 Abs. 1 BlnDSG; 4 Abs. 1 BbgDSG; 5 Abs. 1 Satz 1 HmbDSG; 7 Abs. 1 HDSG; 4 Abs. 1 Satz 1 DSG NW; 4 Abs. 1 Satz 1 SDSG; 11 Abs. 1 LDSG SH; 4 Abs. 1 ThürDSG.

239 Vgl. etwa die §§ 4 Abs. 2 Satz 4 LDSG BW; 4 Abs. 2 Satz 3 BbgDSG; 5 Abs. 2 Satz 2 und 4 HmbDSG; 7 Abs. 2 Satz 5 HDSG; 4 Abs. 1 Satz 4 und 5 DSG NW; 4 Abs. 1 Satz 4 SDSG; 12 Abs. 2 und Abs. 3 LDSG SH.

240 Dazu auch o. Rdnr. 94.

241 Dazu o. Rdnr. 36.

§ 4b Übermittlung personenbezogener Daten ins Ausland sowie an über- oder zwischenstaatliche Stellen

(1) Für die Übermittlung personenbezogener Daten an Stellen
1. in anderen Mitgliedstaaten der Europäischen Union,
2. in anderen Vertragsstaaten des Abkommens über den Europäischen Wirtschaftsraum oder
3. der Organe und Einrichtungen der Europäischen Gemeinschaften
gelten § 15 Abs. 1, § 16 Abs. 1 und §§ 28 bis 30 nach Maßgabe der für diese Übermittlung geltenden Gesetze und Vereinbarungen, soweit die Übermittlung im Rahmen von Tätigkeiten erfolgt, die ganz oder teilweise in den Anwendungsbereich des Rechts der Europäischen Gemeinschaften fallen.

(2) Für die Übermittlung personenbezogener Daten an Stellen nach Absatz 1, die nicht im Rahmen von Tätigkeiten erfolgt, die ganz oder teilweise in den Anwendungsbereich des Rechts der Europäischen Gemeinschaften fallen, sowie an sonstige ausländische oder über- oder zwischenstaatliche Stellen gilt Absatz 1 entsprechend. Die Übermittlung unterbleibt, soweit der Betroffene ein schutzwürdiges Interesse an dem Ausschluss der Übermittlung hat, insbesondere wenn bei den in Satz 1 genannten Stellen ein angemessenes Datenschutzniveau nicht gewährleistet ist. Satz 2 gilt nicht, wenn die Übermittlung zur Erfüllung eigener Aufgaben einer öffentlichen Stelle des Bundes aus zwingenden Gründen der Verteidigung oder der Erfüllung über- oder zwischenstaatlicher Verpflichtungen auf dem Gebiet der Krisenbewältigung oder Konfliktverhinderung oder für humanitäre Maßnahmen erforderlich ist.

(3) Die Angemessenheit des Schutzniveaus wird unter Berücksichtigung aller Umstände beurteilt, die bei einer Datenübermittlung oder einer Kategorie von Datenübermittlungen von Bedeutung sind; insbesondere können die Art der Daten, die Zweckbestimmung, die Dauer der geplanten Verarbeitung, das Herkunfts- und das Endbestimmungsland, die für den betreffenden Empfänger geltenden Rechtsnormen sowie die für ihn geltenden Standesregeln und Sicherheitsmaßnahmen herangezogen werden.

(4) In den Fällen des § 16 Abs. 1 Nr. 2 unterrichtet die übermittelnde Stelle den Betroffenen von der Übermittlung seiner Daten. Dies gilt nicht, wenn damit zu rechnen ist, dass er davon auf andere Weise Kenntnis erlangt, oder wenn die Unterrichtung die öffentliche Sicherheit gefährden oder sonst dem Wohl des Bundes oder eines Landes Nachteile bereiten würde.

(5) Die Verantwortung für die Zulässigkeit der Übermittlung trägt die übermittelnde Stelle.

(6) Die Stelle, an die die Daten übermittelt werden, ist auf den Zweck hinzuweisen, zu dessen Erfüllung die Daten übermittelt werden.

Literatur

V. Backes/H. Eul/ M. Guthmann/R. Martwich/M. Schnidt, Entscheidungshilfe für die Übermittlung personenbezogener Daten in Drittländer, RDV 2004, 156 ff.; *M. Baldus,* Transnationales Polizeirecht (2001; *M. Bergmann,* Grenzüberschreitender Datenschutz (1985); *M. Bothe/W. Kilian,* Rechtsfragen grenzüberschreitender Datenflüsse (1992); *A. Büllesbach* (Hrsg.), Datenverkehr ohne Datenschutz (1999); *ders.*, Datenschutz in einem globalen Unternehmen, RDV 2000, 1 ff.; *ders.*, Überblick über europäische Datenschutzregelungen bzgl. des Datenaustauschs mit Ländern außerhalb der Europäischen Union, RDV 2002, 55 ff; *A. Büllesbach/P. Höss-Löw,* Vertragslösung, Safe-Harbor oder Privacy Code of Conduct – Handlungsoptionen globaler Unternehmen, DuD 2001, 135 ff.; *W. Däubler,* Grenzüberschreitender Datenschutz – Handlungsmöglichkeiten des Betriebsrats, RDV 1998, 96 ff.; *ders.,* Übermittlungen von Arbeitnehmerdaten ins Ausland, in *A. Büllesbach* (Hrsg.), Datenverkehr ohne Datenschutz (1999) 71 ff; *U. Dammann,* Internationaler Datenschutz, RDV 2002, 70 ff.; *ders.*, Safe Harbor – Neue Elemente im internationalen Datenschutz, in *D. Simon/M. Weiss* (Hrsg.), Zur Autonomie des Individuums ((2000) 19 ff.; *J. Dhont/M.V. Pérez Asinari/Y. Poullet*, Safe Harbour Decision Implementation Study (2004); *A. Dix,* Internationale Aspekte, in *H. Bäumler* (Hrsg.), E-Privacy (2000) 93 ff.; *O. Draf,* Die Regelung der Übermittlung personenbezogener Daten in Drittländer nach Art. 25, 26 der EG-Datenschutzrichtlinie; *E. Ehmann,* „Vertragslösungen" auf der Basis der EG-Datenschutzrichtlinie?, CR 1991,

234 ff.; *ders.*, Datenschutzvertragsmodell, CR 1993, 255 ff.; *R. Ellger,* Der Datenschutz im grenzüberschreitenden Verkehr (1990); *ders.*, Vertragslösungen als Ersatz für ein angemessenes Schutzniveau bei Datenübermittlungen in Drittstaaten nach dem neuen Europäischen Datenschutzrecht, RabelsZ 60 (1996) 738 ff.; *G.M. Epperson,* Contracts for Transnational Information Services: Securing Equivalency of Data Protection, 22 Harvard International Law Journal 157 ff. (1981); *D. Flaherty,* Protecting Privacy in Surveillance Societies (1989); *F. Gackenholz,* Datenübermittlung ins Ausland unter besonderer Berücksichtigung internationaler Konzerne, DuD 2000, 727 ff.; *A. Hatje,* Datenaustausch und Datenschutz in der Europäischen Union, in *S. Magiera/K.P. Sommermann,* Verwaltung in der Europäischen Union (2001); *G. Gounalakis/W. Radke,* Das Verhältnis des Internationalen Privatrechts zum Europäischen Gemeinschaftsrecht am Beispiel des Diskriminierungsverbots (Art. 6 EGV), der Niederlassungsfreiheit (Art. 52, 58 EGV) und des Kollisionsrechts der EG-Datenschutzrichtlinie, ZvglRWiss 98 (1999) 2 ff.; *A. Hatje*, Datenaustausch und Datenschutz in der Europäischen Union – Zur informationellen Vernetzung der Verwaltungen im Zeichen der Europäischen Integration, in *S. Magiera/K.-P. Sommermann*, (Hrsg.), Verwaltung in der Europäischen Union (2001) 193 ff.; *H. Heil,* Datenschutz durch Selbstregulierung: der europäische Ansatz, DuD 2001, 129ff.; *ders.*, Europäische Herausforderung – Transatlantische Debatte, DuD 1999, 458 ff.; *ders.*, Safe Harbor: Ein Zwischenstandsbericht, DuD 2000, 444 f.; *M.D. Hilber*, Die datenschutzrechtliche Zulässigkeit intranet-basierter Datenbanken internationaler Konzerne, RDV 2005, 143 ff.; *E.J. Janger/P. Schwartz*, The Gramm-Leach-Bliley Act, Information Privacy, and the Limits of Default, 86 Minnesota Law Review (2002) 1219 ff.; *A. Karstedt-Meierrieks*, Selbstregulierung des Datenschutzes: Alibi oder Chance?, DuD 2001, 287 ff.; *W. Kilian/G. Scheja,* Freier Datenfluss im Allfinanzkonzern, BB 2002, Beilage 3, 19 ff.; *Ch.Klug,* Globaler Arbeitnehmerdatenschutz – Ausstrahlungswirkungen der EG-Datenschutzrichtlinie auf Drittländer am Beispiel der USA, RDV 1999, 109 ff.; *ders.,* Persönlichkeitsschutz beim Datentransfer in die USA – Die Safe-Harbor-Lösung, RDV 2000, 212 ff.; *H. Koch,* Rechtsvereinheitlichung und Kollisionsrecht im Recht des grenzüberschreitenden Datenverkehrs – Europäische Initiativen, RDV 1991, 105 ff.; *J. Kübler,* Die Säulen der Union: einheitliche Grundrechte? (2002); *Chr. Kuner*, European Data Privacy Law and Online Business (2003); *Chr. Kuner/J. Hlajdk,* Die alternativen Standardvertragsklauseln der EU für internationale Übermittlungen, RDV 2005, 193 ff.; *Th. Lambrich/Cahlik*, Austausch von Arbeitnehmerdaten im multinationalen Konzerndatenschutz- und betriebsverfassungsrechtliche Rahmenbedingungen, RDV 2002, 287 ff.; *Th. Müthlein,* Datenschutz in Online Diensten, RDV 1996, 224 ff.; *B. Napier,* Vertragliche Lösungen für das Problem des gleichwertigen Datenschutzes im grenzüberschreitenden Datenverkehr, RDV 1990, 209 ff.; *R. Niedermeier/St. Schröcker,* Die „Homogene Datenschutzzelle", RDV 2001, 90 ff.; *V. Papakonstantinou*, Self-Regulation and the Protection of Privacy (2002); *Ph. Rähter*, Die EU-US Flugdatenaffäre, DuD 2004, 468 ff.; *Ph. Räther/ N. Seitz*, Übermittlung personenbezogener Daten in Drittländer, MMR 2002, 425 ff.; *dies.*, Ausnahmen im Transfer in Drittländer – Die beiden Ausnahmen nach § 4c Abs. 2 BDSG, MMR 2002, 520 ff.; *J. Reidenberg,* E-Commerce and Trans-Atlantic Privacy, 38 Houston Law Review 717 ff. (2001); *F. Rigaux,* La loi applicable à la protection des individus à l'égard du traitement automatisé de données à caractère personnel, Revue critique de droit international privé 1980, 443 ff.; *ders.*, Le régime des données informatisées en droit international privé, Journal du droit international 1986, 311 ff.; *Chr. Rittweger/B. Weiße*, Unternehmensrichtlinien für den Datenschutz in Drittländern, CR 2003, 142 ff.; *Chr. Rittweger/M. Schmidl*, Einwirkung von Standardvertragsklauseln auf § 28 BDSG, DuD 2004, 617 ff.; *E. Ruppmann,* Der konzerninterne Austausch personenbezogener Daten (2000); *G. Schaffer,* The Power of EU Collective Action: The Impact of EU Data Privacy Regulation on US Business Practice, European Law Journal 5 (1999) 419 ff.; *ders.*, Globalization and Social Protection: The Impact of EU and International Rules in the Ratcheting Up of U.S. Privacy Standards, Yale Journal of International Law 25 (2000) 1, 49 ff.; *I.M. Schrecker,* Problematik der Umsetzung der EG-Richtlinie in einer Multi-Nationalen Kartenorganisation, in *A. Büllesbach* (Hrsg.), Datenverkehr ohne Datenschutz (1999) 157 ff.; *Chr. Schröder*, Der Zugriff der USA auf Daten europäischer Flugpassagiere – Neue Gefahren durch Passagier-Profilbildung? (CAPPS II), RDV 2003, 285 ff.; *ders.*, Verbindliche Unternehmensregelungen, DuD 2004, 462 ff.; *P. Schwartz/J. Reidenberg,* Data Privacy law (1996); *S. Simitis,* Grenzüberschreitender Datenaustausch – Notwendige Vorbemerkungen zu einer dringend erforderlichen Regelung, in Festschrift für *M. Ferid* (1978) 355 ff.; *ders.,* Verarbeitung von Arbeitnehmerdaten. Die Empfehlung des Europarates, CR 1991, 161 ff.; *ders.,* Der Transfer von Daten in Drittländer – ein Streit ohne Ende?, in *A. Büllesbach* (Hrsg.), Datenverkehr ohne Datenschutz (1999) 177 ff.; *ders.*, Data Protection in the European Union – the Quest for Common Rules, in Collected Courses of the Academy of European Law 1997, Bd. VIII 1 (2001) 94 ff.; *ders.,* Quatre hypothèses et quatre dilemmes – À propos de l'état actuel de la protection des données personnelles des salariés, Droit Social 2002, 88 ff.; *ders.*, Der verkürzte Datenschutz (2004); *D. Solove*, Access and Aggregation: Public Records, Privacy and the Constitution, 86 Minnesota Law Review (2002) 1137 ff.; *T. Stein,* Transnationale Datenübermittlung und die Kompetenz der Europäischen Gemeinschaft zum Abschluß eines internationalen Abkommens zum Datenschutz mit dritten Staaten, in Festschrift für *W. Rudolf* (2001) 513 ff.; *R. Steinbach,* Die Umsetzung der EG-Richtlinie im Sozialgesetzbuch, NZS 2002, 15 ff.; *P. Swire*, Trustwrap: The Importance of Legal Rules to Electronic Commerce and Internet Privacy, 54 Hastings Law Journal (2002-2003) 847 ff.; *V. Ulbricht,* Der grenzüberschreitende Datenschutz im Europa- und Völkerrecht, CR 1990, 602 ff.;

Th. Weichert, Internationalisierung des Datenverkehrs und Datenschutz für ArbeitnehmerInnen, DANA 1996. H. 4/5, 9 ff.; *R. Weniger*, Grenzüberschreitende Datenübermittlungen international tätiger Unternehmen (2004); *G. Wisskirchen*, Grenzüberschreitender Verkehr von Arbeitnehmerdaten, CR 2004, 862 ff.; *H.H. Wohlgemuth,* Konfliktfälle bei grenzüberschreitender Personaldatenverarbeitung, BB 1991, 340 ff.; *U. Wuermeling,* Handelshemmnis Datenschutz (2000).

Übersicht

1. Vorbemerkung

Anders als das BDSG 90 (§ 17)[1] beschränkt sich das BDSG 01 nicht darauf, nur Übermittlungen öffentlicher Stellen ins Ausland anzusprechen, sondern regelt **jeden grenzüberschreitenden Datenaustausch** (§§ 4b, 4c), soweit keine bereichsspezifische Vorschriften, wie etwa bei Sozialdaten (§ 77 SGB X),[2] vorliegen. Die Korrektur geht auf die **EG-Datenschutzrichtlinie** zurück und greift ihre Vorgaben auf (Art. 25, 26).[3] Auf den ersten Blick ist der Preis der Angleichung an die EG-Datenschutzrichtlinie eine tendenziell weniger strenge Regelung.[4] Während das BDSG 90 die Zulässigkeit von Übermittlungen von der Existenz **„gleichwertiger Datenschutzanforderungen"** im Empfängerland abhängig machte,[5] verlangt die EG-Datenschutzrichtlinie (Art. 25 Abs. 1) und dementsprechend auch das BDSG 01 (§ 4b Abs. 2 Satz 2) ein **„angemessenes Datenschutzniveau"**. Mehr noch, die EG-Datenschutzrichtlinie belässt es nicht bei weitgehend selbstverständlichen, auch unter der Geltung des BDSG 90 akzeptierten Ausnahmen (Art. 26 Abs. 1), etwa bei der Weitergabe der für die Reservierung eines Hotels oder überhaupt für die Erfüllung vertraglicher Abmachungen erforderlichen Daten (Art. 26 Abs. 1 Buchst. b der EG-Datenschutzrichtlinie; § 4c Abs. 1 Satz 1 Nr. 2 BDSG 01). Sie hält vielmehr Übermittlungen selbst dann für zulässig, wenn es zwar an einem „angemessenen Schutzniveau" fehlt, aber die Bereitschaft, den Schutz der Betroffenen sicherzustellen, vertraglich festgehalten wird (Art. 26 Abs. 2 der EG-Datenschutzrichtlinie; § 4c Abs. 2 BDSG 01). 1

Die **EG-Datenschutzrichtlinie** ist, nicht zuletzt vor dem Hintergrund der relativ geringen Anzahl an Datenschutzgesetzen,[6] ohne Zweifel auf ein Höchstmaß an **Flexibilität** bedacht wie sich auch und gerade an der vom BDSG 01 (§ 4b Abs. 3) ebenfalls übernommenen Definition der „Angemessenheit" zeigt (Art. 25 Abs. 2). Der Datenschutz soll zwar gewährleistet, die möglichen Folgen für den internationalen Datentransfer aber genauso bedacht werden. Genau dieses Ziel hat allerdings auch die für das BDSG 90 maßgebliche Forderung nach „gleichwertigen" Regelungen verfolgt. 2

Sosehr sich freilich die §§ 4b und 4c an den Art. 25 und 26 der EG-Datenschutzrichtlinie orientieren, so falsch wäre es, in beiden Vorschriften nicht mehr zu sehen als eine ebenso 3

1 Dazu die 4. Auflage dieses Kommentars, § 1 Rdnr. 84 ff., sowie § 17 Rdnr. 1 ff.
2 Dazu *Steinbach,* NZS 2002, 21 ff.
3 Dazu *Dammann/Simitis,* EG-Datenschutzrichtlinie, Art. 25 Rdnr. 1 ff.; *Brühann,* in GH II/*Wolf* A 30 Art. 25 Rdnr. 1 ff.; *Ehmann/Helfrich,* EG-Datenschutzrichtlinie, Art. 25 Rdnr. 1 ff.
4 Dazu *Simitis,* in Collected Courses, 119 ff.
5 Dazu die 4. Auflage dieses Kommentars, § 1 Rdnr. 87 ff.
6 Dazu Einleitung, Rdnr. 127 ff.

sorgfältige wie getreue Wiedergabe der Richtlinie. Der Gesetzgeber hat vielmehr die Novellierungschance genutzt, um die **Übermittlungsschranken** der EG-Datenschutzrichtlinie gleich in mehrfacher Hinsicht **zu lockern**. Wohl am ehesten leuchtet der Verzicht auf die Forderung nach einem „angemessenen Datenschutzniveau" im Empfängerland für bestimmte, von **öffentlichen Stellen des Bundes** vorgenommene Übermittlungen ein (§ 4b Abs. 2 Satz 1).[7] Die Sonderregelung ist auf wenige eindeutig außergewöhnliche Fälle beschränkt, die zudem nicht in den Anwendungsbereich der EG-Datenschutzrichtlinie fallen.

4 Anders ist es schon bei der Sondervorschrift für **„verbindliche Unternehmensregelungen"** (§ 4c Abs. 2 Satz 2).[8] Interne, vor allem für multinationale Konzerne typische Verhaltensvorschriften, die sowohl den Informationsaustausch unter den beteiligten Unternehmen erleichtern als auch eine zentralisierte Verarbeitung ermöglichen sollen, werden auf eine Stufe mit den in der EG-Datenschutzrichtlinie erwähnten „Vertragsklauseln" (Art. 26 Abs. 2 Satz 2) gestellt. Die Verpflichtung, keine personenbezogenen Daten weiterzugeben, wenn im Empfängerland ein „angemessener" Schutz der Betroffenen nicht garantiert ist, wird damit weiter verwässert. Das Risiko einer unkontrollierbaren Verbreitung ihrer Daten nimmt noch einmal beträchtlich zu, zumal das Gesetz auf jede Präzisierung der Übermittlungsbedingungen verzichtet.

5 Die **Genehmigung durch die Aufsichtsbehörden** (§ 4c Abs. 2)[9] ist sicherlich ein wichtiger Schritt auf dem Weg zu den von der EG-Datenschutzrichtlinie (Art. 26 Abs. 2) geforderten „Garantien" bei Übermittlungen in Länder, die keinen „angemessenen" Schutz bieten. Allerdings ist es schon zweifelhaft, inwieweit die bloße Intervention der Kontrollinstanzen ausreicht, ob also der Gesetzgeber nicht doch bestimmte, eindeutig verbindliche Grundbedingungen festlegen muss. Die Einbeziehung der Kontrollinstanzen genügt jedenfalls dann mit Sicherheit nicht, wenn eine Vielzahl, gerade aus der Perspektive der Betroffenen besonders wichtiger verantwortlicher Stellen ausgenommen wird. Genau das sieht freilich § 4c Abs. 2 Satz 3 vor. So hat sich der Gesetzgeber bei öffentlichen Stellen für eine Sonderregelung entschieden, die eigentliche Kontrollinstanz aber gar nicht erst einbezogen. Den öffentlichen Stellen bleibt es vielmehr überlassen, selbst darüber zu befinden, ob die Betroffenen mit einem Schutz rechnen können, der wirklich „angemessen" ist.

6 Die Entscheidung des Gesetzgebers, auf alle grenzüberschreitenden **Übermittlungen** einzugehen, zwingt dazu, sie **aufzuteilen**. Die Umsetzung der EG-Datenschutzrichtlinie ist zwar den Mitgliedstaaten vorbehalten, sie handeln jedoch in einem verbindlich vorgeschriebenen Rahmen und legen dabei ebenso vorbestimmte Bedingungen für den Umgang mit personenbezogenen Daten fest. Anders und präziser ausgedrückt: Die Intervention des nationalen Gesetzgebers illustriert und bekräftigt den Harmonisierungs- und Vereinheitlichungseffekt der EG-Datenschutzrichtlinie.[10] **Übermittlungen innerhalb der Europäischen Union** mögen daher unverändert nationale Grenzen überschreiten. Sie dürfen aber, solange sich jedenfalls die Weitergabe im **Anwendungsbereich des EG-Rechts** bewegt, lediglich nach den auch für inländische Stellen geltenden Grundsätzen beurteilt werden. Maßgeblich ist also in erster Linie das BDSG. Genau diesem Gesichtspunkt trägt § 4b Abs. 1 Nr. 1 Rechnung.[11]

7 Bei **Übermittlungen in Drittländer und Weitergaben, die nicht das Gemeinschaftsrecht tangieren**, entscheidet sich dagegen die Zulässigkeit am **Datenschutzniveau im Empfängerland** (§ 4b Abs. 2). Sie müssen immer dann unterbleiben, wenn kein **angemessener Schutz** der Betroffenen garantiert ist. Den Maßstab gibt auch hier zuvörderst das BDSG und damit mittelbar die EG-Datenschutzrichtlinie ab. Ihren im BDSG konkretisierten und weiterentwickelten Anforderungen an den Umgang mit personenbezogenen Daten ist zu entnehmen, ob der Schutz im Empfängerland einen Grad aufweist, der eine Weitergabe rechtfertigt.[12]

---

7 Dazu u. Rdnr. 81 ff.
8 Dazu § 4c Rdnr. 59 ff.
9 Dazu § 4c Rdnr. 29 ff.
10 Dazu *Dammann/Simitis*, EG-Datenschutzrichtlinie, Einleitung, Rdnr. 9 ff.; *Simitis*, in *Tinnefeld/Philipps/Heil*, Informationsgesellschaft, 54 ff.
11 Dazu u. Rdnr. 25.
12 Dazu u. Rdnr. 38 f.

2. Räumlicher Geltungsbereich des BDSG

Das BDSG ist grundsätzlich bei **jeder Verwendung personenbezogener Daten innerhalb Deutschlands** zu beachten. Ebenso klar sind auch die Ausnahmen. Das BDSG muss zunächst immer dann zurückstehen, wenn andere, vorwiegend **bereichsspezifische Bestimmungen** vorgehen (§ 1 Abs. 3),[13] oder **landesgesetzliche Vorschriften** anzuwenden sind. Nichts anderes gilt, in den Fällen, in denen die Daten von **verantwortlichen Stellen** verwendet werden, die, sei es innerhalb der Europäischen Union, sei es in einem Vertragsstaat des Abkommens über den Europäischen Wirtschaftsraum belegen sind (§ 1 Abs. 5). Das BDSG wird erneut verdrängt, diesmal jedoch von dem für die je spezifische verantwortliche Stelle anwendbarem Recht.[14] Der Gesetzgeber interessiert sich im Übrigen lediglich dafür, ob personenbezogene Angaben in **seinem Kompetenzbereich** erhoben, verarbeitet oder genutzt werden sollen. Wo dies zutrifft, muss sich ihre Verwendung ausschließlich nach den im BDSG definierten Voraussetzungen richten. 8

Auf die **Nationalität** oder den **Sitz** der verantwortlichen Stelle kommt es daher nicht weiter an. **Ausländische Unternehmen oder Institutionen**, die in der Bundesrepublik personenbezogene Daten verarbeiten, sind an genau die Regeln gebunden, die auch für inländische Stellen gelten.[15] Die anzuwendenden Vorschriften decken sich zwar nicht immer. Die Unterschiede in den gesetzlichen Anknüpfungspunkten ändern aber nichts an der Verpflichtung, auf personenbezogene Daten nur so lange zurückzugreifen, wie die vom BDSG vorgeschriebenen Verwendungsbedingungen erfüllt sind. 9

So hat sich das Gesetz (§§ 1 Abs. 2 Nr. 1; 2; 12) für eine eindeutig **inlandsbezogene Definition der „öffentlichen Stellen"** entschieden. **Ausländische öffentliche Stellen** müssen infolgedessen die für den **nicht-öffentlichen Bereich** in Betracht kommenden Bestimmungen (§§ 27 ff.) beachten. Ebenso beschränkt ist der Anwendungsbereich der §§ 41 Abs. 2 bis 4, sowie 42. Sie sind lediglich bei einer Verwendung personenbezogener Daten durch **Rundfunkanstalten** heranzuziehen, die dem Bundesrecht unterstehen, scheiden also bei einer staatlichen **ausländischen Rundfunkanstalt** aus. Neben den hier ebenfalls maßgeblichen allgemeinen Vorschriften für nicht-öffentliche Stellen (§§ 27 ff.) sind auch die medienspezifischen Sonderregelungen anzuwenden. 10

Erst recht spielt es keine Rolle, ob derjenige, der sich für die Verwendung der Daten interessiert, in der Bundesrepublik **wohnhaft** ist, sich in ihrem Bereich **gewöhnlich aufhält,** oder sich dort nur **vorübergehend befindet**. Wiederum kann es nur von Bedeutung sein, ob in der Bundesrepublik auf personenbezogene Daten in einer Weise zugegriffen werden soll, die den vom BDSG geregelten Verwendungsmodalitäten (§ 1 Abs. 2) entspricht. 11

Ebenso wenig fällt die **Inter- oder Supranationalität der verantwortlichen Stelle** ins Gewicht. Gleichviel mithin, ob eine internationale Organisation in der Bundesrepublik ihren Sitz hat oder lediglich eine Vertretung unterhält, sie darf personenbezogene Daten nur unter den im BDSG für nicht-öffentliche Stellen näher definierten Voraussetzungen verwenden, soweit sie nicht einem Sonderstatus unterliegt, der ausdrücklich auch den Umgang mit solchen Angaben regelt.[16] Weder die Europäische Raumfahrtagentur (ESA) noch das Europäische Patentamt oder das Internationale Rote Kreuz können sich mithin der Anwendung des BDSG entziehen. Für die Antwort auf die Frage nach dessen Geltung ist nicht der inter- oder supranationale Charakter der jeweiligen Organisation, sondern die Verwendung personenbezogener Angaben im nationalen Bereich maßgebend. 12

Auch die Tatsache, dass ausschließlich Daten über **Ausländer** oder nur im **Ausland wohnender Personen** verwendet werden, bleibt folgenlos. Das BDSG unterscheidet nicht danach, ob die Betroffenen (§ 3 Abs. 1)[17] In- oder Ausländer sind. Es interessiert sich auch nicht dafür, inwieweit sie sich ständig in seinem Anwendungsbereich oder anderswo aufhalten. 13

---

13 Dazu § 1 Rdnr. 158 ff.
14 Dazu § 1 Rdnr. 198 ff.
15 Das verkennt *Knauth,* WM 1990, 210, Nationalität und Hoheitsgebiet sind eben zweierlei.
16 Dazu u. Rdnr. 24.
17 Dazu § 3 Rdnr. 40 ff.

Den Ausschlag gibt einzig und allein der **Verwendungsort**. Solange er sich in Deutschland befindet, bleibt es bei den Verwendungsvorgaben des BDSG. Eine GmbH also, die lediglich Daten über die Beschäftigten ihrer ausländischen Tochtergesellschaften speichert, ist an das BDSG genauso gebunden wie ein nur im Inland operierendes Versandhaus, das Angaben zur Person seiner Kunden verarbeitet.

14 Genauso irrelevant ist es, ob die **Verwendung ganz oder teilweise in Deutschland** erfolgen soll. Zwar ist es durchaus denkbar, dass etwa eine Werbeagentur bestimmte Daten in der Bundesrepublik erhebt und speichert, sie aber erst im Ausland zu life-style-Profilen verarbeitet. Das BDSG greift jedoch nicht erst ein, wenn der je spezifische Verwendungsvorgang abgeschlossen ist. Seine Vorschriften kommen vielmehr bereits in dem Augenblick zum Zuge, in dem einer der in § 3 näher umschriebenen Verwendungszusammenhänge vorliegt. Die bloße Erhebung, sei es unmittelbar, sei es mit Hilfe einer listenmäßigen Übermittlung (§ 28 Abs. 3 Nr. 3) reicht also schon aus, um die Verpflichtung auszulösen, strikt nach den gesetzlichen Anforderungen vorzugehen.

15 Die Anwendung des BDSG hängt auch nicht von der **rechtlichen** oder gar **ökonomischen Selbstständigkeit** der Stelle ab, die Daten im Inland verwendet. Das Gesetz würde seine Aufgabe verfehlen, die informationelle Selbstbestimmung so wirksam wie möglich zu garantieren, wollte man die mangelnde rechtliche Selbstständigkeit der Repräsentanz oder Niederlassung einer schweizerischen Bank genügen lassen, die sei es im Inland erhobene, sei es ihr aus der Schweiz übermittelte Daten verarbeiten möchte, um sie von der Verpflichtung zu befreien, sich an das BDSG zu halten. Die Lokalisierung der Verarbeitung in der Bundesrepublik muss deshalb den Ausschlag geben.[18] So gesehen ist es gleichgültig, wer die Daten verwendet, die als Aktiengesellschaft organisierte hundertprozentige Tochtergesellschaft eines in den Vereinigten Staaten domizilierten Kreditkartenunternehmens, die Vertretung einer ausländischen Handelskammer oder die Verbindungsstelle eines internationalen Verbandes. Die Zulässigkeit der Verarbeitung richtet sich in jedem Fall nach den BDSG-Bestimmungen.

16 Das BDSG kann ferner nicht deshalb übergangen werden, weil die von einem inländischen Unternehmen vorzunehmende Verarbeitung lediglich im **Auftrag** eines ausländischen Interessenten durchgeführt werden soll. Das Gesetz sieht ohne Zweifel in der Auftragsverarbeitung eine von den Interessen des Auftraggebers sowie seiner Entscheidungsbefugnis beherrschte organisatorische Vorkehrung. § 11 Abs. 1 Satz 1 weist ihm daher konsequenterweise die Verantwortung für einen den gesetzlichen Vorschriften entsprechenden Verarbeitungsablauf zu.[19] BDSG gibt aber damit zugleich deutlich zu erkennen, dass es aus seiner Sicht gleichgültig ist, ob der an den Daten Interessierte die Angaben selbst verarbeitet oder anderswo verarbeiten lässt. Die gesetzlichen Anforderungen sind in jedem Fall einzuhalten. Folglich kann es nicht darauf ankommen, wo sich der Auftraggeber befindet.[20] Die **Rechtmäßigkeit der Verarbeitung** beurteilt sich **ausschließlich nach dem BDSG**.

17 Welchen Wert das Gesetz auf die Einhaltung seiner Vorgaben legt, zeigt sich nicht zuletzt an der Verpflichtung der Auftragnehmer, **Auftraggeber, die aus dem Ausland operieren**, wie „Dritte" zu behandeln (§ 3 Abs. 8 Satz 3),[21] sich also bei jeder Weitergabe nach den Übermittlungsvorschriften zu richten. Die verschärften Weitergabebedingungen sind eine gezielt aufgestellte Barriere, um die mit einer auslandsbezogenen Auftragsverarbeitung verbundenen Risiken für eine strikte Anwendung der BDSG-Grundsätze möglichst zu mindern. Dieser Intention läuft jeder Versuch zuwider, das BDSG auszuschalten, weil der Auftraggeber im Ausland ansässig ist.[22] Dem Gesetzeszweck entspricht im Gegenteil nur eine **verstärkte Verantwortung des Auftragnehmers**. Mit Rücksicht auf seine Inlandsbeziehung und der sich daraus ergebenden größeren „Nähe" zu den BDSG-Anforderungen, erscheint es durchaus

---

18 Vgl. § 2 Rdnr. 157; sowie *Schapper,* CR 1987, 92; das übersieht *Bergmann,* Grenzüberschreitender Datenschutz, 95.

19 Vgl. § 11 Rdnr. 40 ff.

20 Vgl. auch *Bergmann,* Grenzüberschreitender Datenschutz, 96.

21 Dazu § 3 Rdnr. 253 ff.

22 Vgl. *Ellger,* Datenschutz, 217.

vertretbar, die Verantwortung für die Einhaltung der gesetzlichen Vorschriften, im Unterschied zu den reinen Inlandsfällen (§ 11 Abs. 1 Satz 1), nicht nur dem Auftraggeber, sondern auch dem Auftragnehmer aufzuerlegen.

Etwas anderes kann nur dann gelten, wenn **in der Bundesrepublik domizilierte Auftragnehmer im Ausland erhobene und gespeicherte Daten dort** auch **verarbeiten sollen**. Ein lediglich in der Person eines der Beteiligten begründeter Inlandsbezug genügt nicht. Solange sich die Verarbeitung selbst durchweg im Ausland abspielt, scheidet eine Anwendung des BDSG von vornherein aus.[23] 18

Der Geltungsanspruch des BDSG wird schließlich nicht durch den **Zweck** infrage gestellt, den ein **im Ausland ansässiger Interessent** mit einer im Inland durchzuführenden Verarbeitung verfolgt. Das Gesetz ist also uneingeschränkt zu beachten, ohne Rücksicht darauf, ob ein multinationaler Versicherungskonzern die Daten aller Versicherungsnehmer zentral verarbeiten, eine religiöse Vereinigung weltweit Mitglieder gewinnen, eine ausländische Investmentgesellschaft potenzielle inländische Kunden direkt ansprechen, eine Organisation zum Schutz der Umwelt oder zur Hilfeleistung für politische Gefangene[24] gezielt um Unterstützung werben möchte. Die Anwendungsgrenzen des BDSG können sich infolgedessen allenfalls aus dem Gesetz selbst ergeben, in erster Linie also aus § 1 Abs. 2 bis 5, nicht jedoch ihm vorgelagert sein. 19

Das BDSG bestimmt freilich seinen Geltungsanspruch nicht nur dann, wenn es darum geht, die Pflichten der verarbeitenden Stellen festzulegen, ausschließlich danach, ob personenbezogene Daten im Bereich der Bundesrepublik verarbeitet oder genutzt werden sollen. Es bleibt auch dort dabei, wo die vom Gesetzgeber akzeptierten **Verwendungsprivilegien** zur Debatte stehen. Für ausländische Zeitungen oder Presseagenturen gilt nichts anderes als für die inländische Presse. Sie können sich gleichermaßen auf das in § 41 statuierte Medienprivileg berufen. Genauso steht es ausländischen Forschungseinrichtungen zu, die jeweils für Zwecke der wissenschaftlichen Forschung benötigten Angaben nach den besonderen in § 40 festgelegten Bedingungen zu verarbeiten. 20

Konsequenterweise lehnt es der Gesetzgeber ebenfalls ab, die **Rechte der Betroffenen** (§§ 6, 19, 20, 34, 35) **den eigenen Staatsangehörigen oder den im Inland wohnhaften Personen vorzubehalten**. Sofern deshalb die in den §§ 19 und 34 festgehaltenen Voraussetzungen erfüllt sind, kann sich keine öffentliche oder private Stelle mit Rücksicht auf die Nationalität oder den Aufenthaltsort des Betroffenen weigern, **Auskunft** zu erteilen.[25] Die Betroffenen müssen folglich selbst dann **benachrichtigt** werden (§§ 19a, 33), wenn sie beispielsweise ihren gewöhnlichen Aufenthalt im Ausland haben. Erst recht geht es weder an, ein grundsätzlich mangelndes Interesse an der Benachrichtigung zu unterstellen, noch ist es statthaft, die Benachrichtigung davon abhängig zu machen, ob die Betroffenen über Vermögen in der Bundesrepublik verfügen.[26] Die verantwortlichen Stellen dürfen also ihre Reaktion nicht variieren, je nachdem, wo sich die Betroffenen aufhalten. Spekulationen über das Verhalten der Betroffenen bleiben infolgedessen ebenso ausgeschlossen wie eine am Verhältnismäßigkeitsgrundsatz orientierte Interpretation der gesetzlichen Pflichten.[27] Genauso wenig berechtigen Wohnsitz und Staatsangehörigkeit dazu, etwa die **Löschung** unzulässig gespeicherter Daten (§§ 20 Abs. 2 Nr. 1, 35 Abs. 2 Satz 2 Nr. 1) abzulehnen. 21

Kurzum, jede sich innerhalb der Bundesrepublik abspielende Verarbeitung oder Nutzung löst, sofern die Anwendungsvoraussetzungen des BDSG erfüllt sind, dessen Geltungsanspruch aus und begrenzt ihn zugleich. Man kann, so gesehen, von einem **Territorialitätsprinzip** sprechen,[28] aber auch die BDSG-Vorschriften als **Eingriffsnormen** qualifizieren.[29] Am Ergebnis 22

23 Vgl. auch *Ellger,* Datenschutz, 217; und demgegenüber *Bergmann,* Grenzüberschreitender Datenschutz, 96.
24 Vgl. freilich u. Rdnr. 81 f.
25 Vgl. auch *Ellger,* Datenschutz, 216; das übersehen *Schaffland/Wiltfang,* BDSG § 26 Rdnr. 37 a.
26 Vgl. freilich *Schaffland/Wiltfang,* BDSG § 26 Rdnr. 27 a; *Wochner,* Grenzüberschreitender Datenverkehr, 156.
27 Vgl. auch *Bergmann,* Grenzüberschreitender Datenschutz, 97 f.; *Ellger,* Datenschutz, 216; sowie den Bericht des baden-württembergischen Innenministeriums, Datenschutz im nicht-öffentlichen Bereich (1985) 71.
28 Vgl. *Rigaux,* Journal du Droit International 1986, 311 ff.
29 Vgl. *Ellger,* Datenschutz, 597 ff.; *Koch,* RDV 1991, 110 f.

ändert sich nichts. Der „ordnungsrelevante" Charakter der Datenschutzregelung[30] führt zu einer **Sonderanknüpfung**[31] und damit letztlich genauso wie das Territorialitätsprinzip zur Anwendung der BDSG-Bestimmungen sowie der jeweiligen bereichsspezifischen Vorschriften zurück,[32] ohne Rücksicht im Übrigen darauf, ob die personenbezogenen Daten von öffentlichen Stellen oder im nicht-öffentlichen Bereich verwendet werden.[33] Deshalb hat es weder einen Sinn, sich auf einen Streit über die „günstigere" Regelung einzulassen,[34] noch die übliche Liste möglicher Anknüpfungspunkte abzuklopfen,[35] oder sich gar mit Voraussetzungen und Grenzen einer Rechtswahl[36] zu befassen.

23 Die **territorial bestimmten Geltungsschranken** lassen sich grundsätzlich nur in den Fällen überwinden, in denen es auch jenseits der deutschen Grenzen unstreitig bei den für die Bundesrepublik aufgestellten Verarbeitungsanforderungen bleiben muss. Die **diplomatischen Vertretungen** sind das klassische Beispiel dafür. Sie verwenden zwar personenbezogene Daten im Ausland, sind aber dennoch so zu behandeln, wie wenn sie im Inland wären, haben sich also an die von jeder inländischen öffentlichen Stelle zu beachtenden Bedingungen (§§ 12 ff.) zu halten.

24 Umgekehrt scheidet eine Anwendung des BDSG innerhalb Deutschlands aus, sobald die verantwortliche Stelle einen **exterritorialen Status** für sich in Anspruch nehmen kann. **Diplomatische Vertretungen** können deshalb auch beim Umgang mit personenbezogenen Daten nach eigenem Recht verfahren. Nichts anderes gilt für Institutionen und Organisationen, deren Exterritorialität, wie etwa bei der **Europäischen Zentralbank** (EZB),[37] ausdrücklich anerkannt worden ist. So selbstverständlich diese Feststellung freilich erscheinen mag, so wenig gilt es, ihre Folgen zu übersehen. Die Exterritorialität schaltet eine Regelung aus, deren Ziel es ist, den Betroffenen zu ermöglichen, ihre Grundrechte wahrzunehmen. Eine großzügige, extensive Interpretation verbietet sich deshalb von vornherein. Die **Exterritorialität** ist im Gegenteil ebenso vorsichtig wie **restriktiv auszulegen**. Die einer bestimmten internationalen Organisation zugestandenen fiskalischen Privilegien reichen daher nicht aus, um sie auch von der Verpflichtung zu befreien, sich etwa bei der Verwendung von Daten, die auf ihre Beschäftigten beziehen, strikt nach den BDSG-Vorschriften sowie den einschlägigen bereichsspezifischen Bestimmungen vorzugehen.

3. Grenzüberschreitender Datenaustausch

3.1 Übermittlungen an Stellen innerhalb der Europäischen Union, in EWR-Vertragsstaaten oder an Organe und Einrichtungen der Europäischen Gemeinschaft im Rahmen von Tätigkeiten, die in den Anwendungsbereich des EG-Rechts fallen (Abs. 1)

25 Die **Zulässigkeit grenzüberschreitender Übermittlungen** bestimmt sich **in drei**, in § 4b Abs. 1 abschließend aufgezählten **Fällen** nach den für die **Weitergabe personenbezogener Daten im Inland** geltenden Grundsätzen.[38] Übermittlungen **innerhalb der Europäischen Union** (§ 4b Abs. 1 Nr. 1) sowie **in die EWR-Staaten** (§ 4b Abs. 1 Nr. 2) zählen ebenso dazu

30 *Ellger,* Datenschutz, 602 ff.; *Bergmann,* Datenschutz, 244 f.; vgl. auch *Koch,* RDV 1991, 111.
31 *Koch,* RDV 1991, 111; *Ellger,* Datenschutz, 646 ff.
32 Vgl. etwa *Koch,* RDV 1991, 111.
33 Vgl. freilich *Ellger,* Datenschutz, 582 ff., 650 ff.; *Koch,* RDV 1991, 110, die zwar zunächst zwischen den beiden Bereichen unterscheiden, um dann doch in beiden Fällen den Vorrang des BDSG zu betonen.
34 Dazu *Seipel,* TDR 1981, 39.
35 Vgl. etwa *Rigaux,* Revue critique de droit international privé 1980, 443 ff. (Aufenthaltsort des Betroffenen); *Bing,* in Scandinavian Studies in Law 24 (1980) 90 ff. (Nutzungsort der Daten); aber auch *Bischoff,* in Council of Europe, Committee of Experts on Data Protection, Doc. CJ-PD (80) (1980) (Sitz der verantwortlichen Stelle).
36 37-. u. Rdnr. 44; vgl. auch die kritischen Bemerkungen von *Ellger,* Datenschutz, 634 f., 648.
37 Vgl. das Abkommen zwischen der EZB und der Bundesregierung v. 18.9.1998, in Kraft getreten durch das Zustimmungsgesetz v. 19.12.1998, BGBl. II 1998, 2995 ff.
38 Dazu auch o. Rdnr. 6.

wie Weitergaben an **Organe und Einrichtungen der Europäischen Gemeinschaft** (§ 4b Abs. 1 Nr. 3). Das Gesetz bezieht **alle öffentlichen und nicht-öffentlichen Stellen** ein, ohne Rücksicht im Übrigen darauf, ob es um die Übermittlung oder den Empfang personenbezogener Daten geht. Ebenso wenig spielt es eine Rolle, um **welches Organ oder welche Einrichtung der EG** es im Einzelnen geht. Die Anbindung an die Gemeinschaft genügt genauso wie die Lokalisierung der übermittelnden Stelle oder des Adressaten in der Union oder im „Europäischen Wirtschaftsraum", um Voraussetzungen und Grenzen der Weitergabe nach § 4b Abs. 1 zu bestimmen.

Übermittlungen **innerhalb der Europäischen Union** (§ 4b Abs. 1 Nr. 1) sind, genau genommen, nur eine **Variation der Weitergaben an inländische Stellen**.[39] Sie mögen an Adressaten gerichtet sein, die in einem anderen Land domiziliert sind. Sie vollziehen sich dennoch in einem von gemeinsamen Prinzipien geprägten und gestalteten Rechtsraum. Mehr noch: die **Harmonisierung des Datenschutzrechts** ist mit einer ebenso verbindlichen wie für alle Mitgliedstaaten geltenden **Kontrolle** verknüpft. Die Entscheidung über unterschiedliche Anwendungen und Interpretationskontroversen bleibt nicht den nationalen Gerichten vorbehalten. Konflikte über Bedeutung und Tragweite der Verwendungsvorgaben haben vielmehr letztlich eine **Intervention des EuGH** zur Folge. Ihm allein steht es zu, die korrekte Deutung festzulegen und damit auch eine **einheitliche Anwendung** sicherzustellen (Art. 220 EGV). Im Verhältnis der Mitgliedstaaten zueinander mögen deshalb **Kollisionsnormen** durchaus nötig sein (§ 1 Abs. 5),[40] für den Datentransfer gibt es aber grundsätzlich nur einen Anknüpfungspunkt, die auch bei Übermittlungen an inländische Stellen zu beachtenden Regeln. 26

Die Einbeziehung der **EWR-Vertragsstaaten** (§ 4b Abs. 1 Nr. 2) ist auf das 1993 in Kraft getretene[41] Abkommen über den Europäischen Wirtschaftsraum v. 2.5.1992[42] sowie das Anpassungsprotokoll zum Abkommen über den Europäischen Wirtschaftsraum v. 17.3.1993[43] zurückzuführen. Die damaligen Mitgliedstaaten der EWG und der EGKS einerseits und der EFTA andererseits wollten mit dieser Übereinkunft einen „Europäischen Wirtschaftsraum" schaffen, der, wie der EG-Binnenmarkt, einen freien Waren-, Dienstleistungs- und Kapitalverkehr sowie die Freizügigkeit der Arbeitnehmer und Selbstständigen sichern sollte.[44] Jeder Schritt in diese Richtung führt aber, nicht anders als bei der EG, zu einem immer intensiveren grenzüberschreitenden Datenaustausch. Konsequenterweise zählt die EG-Datenschutzrichtlinie zu den auch für den „Europäischen Wirtschaftsraum" maßgeblichen Regelungen. Wie schon in den Fällen des § 1 Abs. 5[45] gilt es daher auch bei Übermittlungen personenbezogener Daten nach den für die EG geltenden Grundsätzen vorzugehen. 27

§ 4b Abs. 1 Nr. 2 hat freilich nur **geringe Auswirkungen**. Der Anwendungsbereich des EWR-Abkommens hat sich seit dem Beitritt Finnlands, Österreichs und Schwedens zur EU auf **Norwegen, Island und Liechtenstein** reduziert. Norwegen und Island haben nicht nur eine lange Datenschutztradition,[46] sondern ihre Datenschutzgesetze nahezu gleichzeitig, Norwegen im April 2000 und Island im Mai desselben Jahres, der EG-Datenschutzrichtlinie angepasst. In beiden Fällen liegen deshalb Regelungen vor, die sich ohne weiteres auf eine Ebene mit den Datenschutzgesetzen der EU-Mitgliedstaaten stellen lassen und die daher nach genau den von auch den Mitgliedstaaten zu beachtenden Kriterien anzuwenden sind. Hinzu kommt, dass der EuGH auch im Europäischen Wirtschaftsraum Garant einer einheitlichen Interpretation und Anwendung des Gemeinschaftsrechts ist. 28

Anders als in § 4b Nr. 1 und 2 geht es in Nr. 3 nicht um grenzüberschreitende Übermittlungen, sondern um die Weitergabe personenbezogener Daten an die **Europäische Gemeinschaft**. § 4b Abs. 1 Nr. 3 umschreibt mit dem Hinweis auf die Organe und Einrichtungen der EG die 29

39 Dazu auch o. Rdnr. 6.
40 Dazu § 1 Rdnr. 198 ff.
41 Vgl. die Bekanntmachung v. 14.10.1993, BGBl. I 1993, 1666.
42 BGBl. II 1993, 266.
43 BGBl. II 1993, 1294.
44 Vgl. insb. *Streit,* NJW 1994, 555 ff.
45 Dazu § 1 Rdnr. 198 ff.
46 Dazu Einleitung Rdnr. 127 ff.

möglichen Adressaten, erklärt aber damit nicht von vornherein jede Übermittlung an einen dieser Empfänger für zulässig. Für die EG gilt vielmehr genauso wie für die Mitgliedstaaten der Europäischen Union oder die Vertragsstaaten des EWR-Abkommens: Die besonderen Übermittlungsbedingungen erklären sich erst vor dem Hintergrund einer auf die gleichen Ziele ausgerichteten und von den gleichen Prinzipien getragenen Regelung der Verwendung personenbezogener Daten. Genau dieser Erwartung hat die EG lange Zeit nicht genügt. Die Folge war eine Vielzahl oft sehr scharfer Kontroversen, die durch die Weigerung der Mitgliedstaaten ausgelöst wurden, die von einzelnen EG-Stellen gewünschten Daten zu übermitteln. Mit das beste Beispiel dafür sind die Auseinandersetzungen über die Weitergabe statistischer Daten.[47]

30 Seit der **Verordnung (EG) Nr. 45/2001** verfügt die EG ebenfalls über eine eigene Datenschutzregelung.[48] Sie trägt der in Art. 286 EGV formulierten Forderung Rechnung, den Schutz der Grundrechte und Grundfreiheiten der Betroffenen bei der Verarbeitung personenbezogener Daten zu gewährleisten (Art. 1), und entspricht so der vor allem im Rahmen der Beratungen des Rates über die EG-Datenschutzrichtlinie wieder und wieder geäußerten Erwartung, es nicht bei Regeln an die Adresse der Mitgliedstaaten zu belassen, sondern genauso die Organe und Einrichtungen der Europäischen Union einzubeziehen.[49] Wie in den Mitgliedstaaten[50] kann allerdings der Datenschutz auch in der Gemeinschaft letztlich nur über **bereichsspezifische Regelungen** garantiert werden, die abstrakte Vorgaben durch gezielte Reaktionen auf konkrete Verarbeitungszusammenhänge ersetzen. Die Verordnung bleibt dennoch der verbindliche Rahmen. Bereichsspezifische Konkretisierungen rechtfertigen keine Abweichung von den in der Verordnung postulierten Verarbeitungsgrundsätzen. Jede Verwendung personenbezogener Daten durch die verschiedenen EG-Stellen ist deshalb an ihnen zu messen.

31 Die Verordnung ist auf **alle Gemeinschaftsorgane** ebenso anzuwenden wie **auf sämtliche auf den EG-, den EGKS- und den EURATOM-Vertrag zurückzuführende Einrichtungen** (Art. 3 Abs. 1). EG-Kommission, EuGH und Rechnungshof müssen sich also an die Verordnung genauso halten wie die EZB, die Europäische Investitionsbank oder der Wirtschafts- und Sozialausschuss. Nichts anderes gilt für Einrichtungen, die auf dem **Sekundärrecht** der Gemeinschaft beruhen, wie die Europäische Stiftung zur Verbesserung der Arbeits- und Lebensbedingungen, die Europäische Beobachtungsstelle für Drogen und Drogensucht, die Europäische Agentur für Sicherheit und Gesundheitsschutz am Arbeitsplatz, die Europäische Agentur für die Beurteilung von Arzneimitteln oder das Europäische Zentrum für die Förderung der Berufsbildung.

32 Die Verordnung orientiert sich an der EG-Datenschutzrichtlinie, gleichviel, ob es um die Verwendungsvoraussetzungen (Art. 4 ff., 10, 21 ff., 25 ff.) oder die Rechte der Betroffenen (Art. 11 ff.) geht. Übermittlungen innerhalb der Gemeinschaft (Art. 7) ebenso wie an Dritte (Art. 8 f.) werden gesondert, wiederum ganz nach dem Vorbild der EG-Datenschutzrichtlinie, geregelt. Die Verordnung entspricht schließlich mit der Einrichtung einer unabhängigen Kontrollinstanz, des Europäischen Datenschutzbeauftragten, einer weiteren Forderung des EGV (Art. 286 Abs. 2).

33 Übermittlungen nach § 4b Abs. 1 setzen durchweg einen Zusammenhang mit **Tätigkeiten** voraus, **auf die das Gemeinschaftsrecht anzuwenden ist**. § 4b Abs. 1 reagiert auf die unter dem Einfluss der EG-Datenschutzrichtlinie veränderten Verwendungsbedingungen personenbezogener Daten.[51] Sie schaffen einen einheitlichen Verwendungsraum, begrenzen ihn aller-

---

47 Vgl. etwa den Beschluss der 48. DSBK v. 26./27. September 1994 zum Vorschlag der Kommission der Europäischen Union für eine Verordnung (EG) des Rates über die Tätigkeit der Gemeinschaft im Bereich der Statistik – EG-Statistikverordnung, Dok. F 97; sowie den 13., 60, 14., 126 und 15. TB des *BfD*, 318 f.

48 Verordnung (EG) Nr. 45/2001 des Europäischen Parlaments und des Rates v. 18.12.2001 zum Schutz natürlicher Personen bei der Verarbeitung personenbezogener Daten durch die Organe und Einrichtungen der Gemeinschaft und zum freien Datenverkehr, ABl. L 8 v. 12.1.2001, abgedr. in EU-DS, EU Rat/Parl VO (EG) 45/2001.

49 Vgl. *Dammann/Simitis,* EG-Datenschutzrichtlinie, Einleitung, Rdnr. 51 ff.

50 Dazu § 1 Rdnr. 107.

51 o. Rdnr. 6.

dings auf den Anwendungsbereich des Gemeinschaftsrechts. Die EG-Datenschutzrichtlinie weist gleich mehrmals darauf hin (Erwägungsgründe 12, 13; Art. 3 Abs. 2) und präjudiziert so die Tragweite des 4b Abs. 1. Die Sonderregelung für die in Nr. 1 bis 3 genannten Stellen vereinfacht deshalb zwar die Übermittlungsmodalitäten im Vergleich zur Weitergabe in Drittländer (§ 4b Abs. 2), greift jedoch lediglich bei Aktivitäten ein, für die das Gemeinschafsrecht maßgeblich ist. So einfach sich freilich diese Beschränkung anhört, so schwer fällt es, sie konsequent anzuwenden. Im Rahmen der veränderten Aufgaben der sich längst zur politischen Union gewandelten EU entstehen, etwa im Justiz- und Sicherheitsbereich, Informationssysteme wie **Europol**, **Eurodac** und **Eurojust**, die nicht nur die wachsende Verarbeitung personenbezogener Daten demonstrieren, sondern auch und vor allem die zunehmend schärfer **kollidierenden Regelungsansprüche zwischenstaatlicher Vereinbarungen einerseits und des EG-Datenschutzrechts andererseits**. Die Folge sind Unklarheiten und Widersprüche, die einen ebenso überzeugenden wie effizienten Datenschutz zunehmend in Frage stellen.[52] Um so dringlicher ist es, den im EU-Verfassungsvertrag vorgezeichneten Weg einzuschlagen, sich also für einen radikalen **Verzicht auf eine „säulenorientierte" Kompetenz**[53] und damit auf ein System unweigerlich miteinander konkurrierender und konfligierender Zuständigkeiten zu entscheiden und statt dessen den Datenschutz auf eine **einheitliche**, durchweg vom in Europäischen Verfassungsvertrag ausdrücklich anerkannten Grundrecht auf Datenschutz (Teil II, Titel I, Art. II 8) bestimmte **Grundlage** zu stellen.[54]

§ 4b Abs. 1 ist schon dann anzuwenden, wenn die Übermittlung mit Aktivitäten zusammenhängt, die nur **„teilweise"** dem Gemeinschaftsrecht unterstehen. Das BDSG versucht, den **Anwendungsbereich** des § 4b Abs. 1 möglichst auszudehnen, und verzichtet daher, genauso wie die Verordnung (EG) Nr. 45 /2001 (Art. 3),[55] bewusst darauf, lediglich Weitergaben im Rahmen von Tätigkeiten einzubeziehen, die ebenso eindeutig wie vollständig dem Gemeinschaftsrecht unterstehen. Wie hoch der jeweils relevante Anteil ist, spielt keine Rolle. Sobald das Gemeinschaftsrecht tangiert wird, ändern sich auch die Übermittlungsbedingungen. Ebenso klar ist freilich: Solange das Gemeinschaftsrecht nicht betroffen ist, richtet sich die Zulässigkeit der Übermittlungen nach § 4b Abs. 2. Die verantwortlichen Stellen müssen also Restriktionen (§ 4b Abs. 2 Satz 2) in Kauf nehmen, die es bei einer Weitergabe nach Abs. 1 nicht gibt. 34

Auf **die Art oder den Gegenstand der Tätigkeit** kommt es nicht an. Der Konnex zum Gemeinschaftsrecht genügt, um die Anwendung des § 4b Abs. 1 zu rechtfertigen. Mögliche Einschränkungen können sich deshalb nur aus dem Gemeinschaftsrecht ergeben. Indem es seinen Anwendungsbereich festlegt, trifft es auch die Entscheidung darüber, welche Aktivitäten nach seinen Regeln beurteilt werden müssen und legt damit zugleich den Geltungsbereich des § 4b Abs. 1 fest. 35

Übermittlungen nach § 4b Abs. 1 müssen sich **primär nach den BDSG-Bestimmungen** richten (§ 4b Abs. 1). **Öffentliche Stellen** sind deshalb verpflichtet, in erster Linie die §§ 15 Abs. 1 und 16 Abs. 1 zu beachten, **nicht-öffentliche Stellen** die §§ 28 bis 30. Konsequenterweise müssen **Auftragnehmer** im EU/EWR-Bereich nach genau den Grundsätzen behandelt werden, die auch bei einem Auftrag in der Bundesrepublik gelten. Sie sind also, anders als bei Aufträgen in ein Drittland, keine Dritte (§ 3 Abs. 8 Satz 2).[56] Ebenso wie bei Übermittlungen an inländische Stellen gilt es freilich sich auch hier an besondere, sich aus **bereichsspezifischen Bestimmungen** ergebenden Vorgaben zu halten. Bereichsspezifische Normen können allerdings, genauso wie sonst,[57] lediglich dann den Vorrang beanspruchen, wenn sie die **für den jeweiligen Regelungszusammenhang typischen Datenschutzprobleme** ansprechen. 36

52 Dazu Einleitung Rdnr. 233 ff.; *Simitis*, Der verkürzte Datenschutz,13 ff.; *Kübler*, Säulen, 60 ff.
53 Vgl. insb. *Kübler*, Säulen, 138 ff.
54 Dazu Einleitung Rdnr. 242 ff.
55 o. Rdnr. 30.
56 Vgl. auch *BlnDSB*, JB 2003, 114 f.; *Gola/Schomerus*, BDSG § 4b Rdnr. 5; *Dammann*, RDV 2002, 73; sowie § 4c Rdnr. 50 ff.
57 Vgl. § 1 Rdnr. 158 ff.

37 Anders als bei Weitergaben im Inland kann es aber durchaus sein, dass Voraussetzungen und Grenzen der Übermittlung, sei es aus **supranationalen Regelungen**, etwa für Übermittlungen an den EuGH (Art. 21 EuGH-Satzung; §§ 2 EuGH-Verfahrensordnung; 65 EuGVerfO) oder den Europäischen Rechnungshof (Art. 248 Abs. 3 EGV), sei es aus **bilateralen Vereinbarungen** zwischen EG-Mitgliedstaaten oder einzelnen EG-Einrichtungen und den Mitgliedstaaten[58] folgen (§ 4b Abs. 1).

3.2 Übermittlungen, die nicht mit EG-spezifischen Tätigkeiten zusammenhängen, sowie Weitergaben in Drittländer und an über- oder zwischenstaatliche Stellen (Abs. 2)

38 Übermittlungen, die **nicht mit EG-spezifischen Tätigkeiten zusammenhängen**, sowie Weitergaben **in Drittländer** und **an über- oder zwischenstaatliche Stellen** müssen, ebenso wie die Übermittlungen nach § 4b Abs. 1, **sowohl bei öffentlichen als auch bei nicht-öffentlichen Stellen** zuallererst **den Anforderungen der einschlägigen BDSG-Vorschriften** (§§ 15 Abs. 1, 16 Abs. 1 und 28 bis 30) **entsprechen** (§ 4b Abs. 2 Satz 1). Der grenzüberschreitende Datentransfer ist infolgedessen nach genau den Maßstäben zu beurteilen, die auch an Übermittlungen anzulegen sind, die sich an inländische Stellen richten. Die Zulässigkeit der Weitergabe richtet sich deshalb im einen wie im anderen Fall in erster Linie nach dem BDSG. Übermittlungssperren wie die **„schutzwürdigen Belange"** und die **„berechtigten Interessen"** der Betroffenen (§ 15 Abs. 1 Nr. 2 i.V.m. § 14 Abs. 2 Nr. 5 und 9; § 16 Abs. 1 Nr. 1 i.V.m. § 14 Abs. 2 Nr. 5 und 9; § 15 Abs. 5; § 16 Abs. 2 i.V.m. § 14 Abs. 2 Nr. 5; § 28 Abs. 1 Satz 1 Nr. 2 und 3, Abs. 3 Satz 1 Nr. 3 und 4; § 29 Abs. 1 und 2; § 30 Abs. 2) oder die Sonderregelungen für **sensitive Daten** (§ 15 Abs. 1 Nr. 2; § 28 Abs. 6 bis 9; § 29 Abs. 5; § 30 Abs. 5) wirken sich daher gleichermaßen auf alle Übermittlung aus, müssen also ohne Rücksicht darauf berücksichtigt werden, wo der Adressat domiziliert ist.

39 Die Intention, personenbezogene Daten in ein **Drittland** oder an eine **internationale Organisation** weiterzugeben, reicht folglich unter keinen Umständen aus, um den Geltungsanspruch der §§ 15 Abs. 1, 16 Abs. 1 und 28 bis 30 einzuschränken. Wie das **„Schutzniveau"** im Drittland im Einzelnen aussieht, inwieweit es also wirklich „**angemessen**" ist (§ 4b Abs. 2 Satz 2), spielt so lange keine Rolle, wie nicht feststeht, dass personenbezogene Angaben entweder nach der jeweils anwendbaren BDSG-Vorschrift oder nach den im Einzelfall maßgeblichen bereichsspezifischen Bestimmungen überhaupt übermittelt werden dürfen.[59]

40 Die Zulässigkeit der Übermittlung kann sich, genauso wie bei einer Weitergabe nach § 4b Abs. 1, auch aus einem **bilateralen Abkommen** oder einem **internationalen Übereinkommen** ergeben (§ 4b Abs. 2 Satz 1). Die „Vereinbarung" verdrängt die Übermittlungsvorschriften des BDSG und legt selbst die Maßstäbe für die Weitergabe fest. Das BDSG verzichtet allerdings auf jede inhaltliche Anforderung. Ob die jeweils in Betracht kommende Konvention **Datenschutzvorkehrungen** enthält, ist, jedenfalls zunächst, gleichgültig. Im Unterschied zu § 4b Abs. 1 geht es freilich keineswegs nur um Vereinbarungen, die den Datenschutz allein schon deshalb gewährleisten, weil sie EG-relevante Tätigkeiten regeln.[60] Konventionen, die zwar einen Datentransfer ermöglichen, den Schutz der Betroffenen aber nicht sicherstellen, können im Gegenteil durchaus eine Rolle spielen, zumal § 4b sowohl auf öffentliche als auch auf nicht-öffentliche Stellen anzuwenden ist. Der öffentliche Bereich ist jedoch das gleichsam klassische Beispiel für Übereinkommen, in deren Mittelpunkt etwa die Kriminalitätsbekämpfung oder ein nicht zuletzt unter präventiven Gesichtspunkten angestrebter Informationsaustausch zwischen Sicherheitsbehörden steht, und die deshalb den Datenschutz gezielt relativieren.[61]

58 o. Rdnr. 24.
59 *Brühann,* in GH II/*Wolf* A 30 Art. 25 Rdnr. 9, spricht deshalb zu Recht von einer „Doppelschranke".
60 o. Rdnr. 33 f.
61 Vgl. insb. *Baldus,* Transnationales Polizeirecht, 59 ff., 120 ff., 246 ff.; *Hatje,* in *Magiera/Sommermann* (Hrsg., Verwaltung, 193 ff.; *Kübler,* Säulen, 53 ff., 98 ff.

Die Tatsache, dass eine Vereinbarung existiert, rechtfertigt trotzdem noch keineswegs eine Übermittlung. Die Weitergabe muss vielmehr unterbleiben, wenn die Konvention kein **„angemessenes Datenschutzniveau"** garantiert oder **schutzwürdige Belange der Betroffenen** verletzt (§ 4b Abs. 2 Satz 2). Das BDSG 01 mag, anders als das BDSG 90 (§ 17 Abs. 2),[62] keine ordre-public-Klausel enthalten. § 4b Abs. 2 Satz 2 erfüllt aber genau dieselbe Funktion. Das Gesetz reagiert auf das Datenschutzdefizit internationaler Abmachungen mit einer **Verarbeitungssperre.** Gleichviel also, welcher Vereinbarung die übermittelnde Stelle mit der Weitergabe Rechnung tragen will, die Übermittlung ist nur zulässig, wenn der Datenschutz gewährleistet ist. 41

Reine **Empfehlungen**, wie sie etwa von der OECD[63] oder vom Europarat[64] ausgesprochen worden sind, **reichen** dagegen **als Übermittlungsgrundlage nicht aus**. **Ebenso wenig genügt die** bloße **Unterzeichnung einer Konvention** durch die Bundesrepublik. Empfehlungen können sich genauso wie Konventionen erst nach ihrer Umsetzung in nationales Recht auf Übermittlungsvorgänge auswirken und nur so lange wie die nationalen Regeln auch Übermittlungsvorschriften enthalten, die sich tatsächlich auf die konkret beabsichtigte Weitergabe beziehen.[65] Etwas anderes kann lediglich bei Übereinkommen gelten, die, im Unterschied etwa zur **Datenschutzkonvention des Europarates,**[66] eindeutig „self-executing" sind. 42

Die Übermittlungsgrundlage lässt sich auch **nicht mit Hilfe von Rechtswahlklauseln bestimmen.**[67] Sie sind genau genommen nur eine Sonderform der vertraglichen Abmachung. Statt die Verwendungsbedingungen im Einzelnen zu regeln, wird lediglich das anwendbare Recht festgelegt. Das BDSG lehnt zwar **vertragliche Vereinbarungen**, soweit es um grenzüberschreitende Übermittlungen personenbezogener Daten geht, keineswegs generell ab. Sie müssen aber, um als Anknüpfungspunkt für die Verwendung personenbezogener Daten überhaupt in Betracht zu kommen, auf die Verwendungsmodalitäten eingehen (§ 4c Abs. 2 Satz 1.[68] Abmachungen, die nicht mehr enthalten als eine allgemeine Verweisung auf ein bestimmtes Recht, sind deshalb unzulässig.[69] Ob das jeweils ausgewählte Recht „angemessen" (§ 4b Abs. 2 Satz 2) ist oder nicht, spielt daher weiter keine Rolle. Für alle Überlegungen zur Zulässigkeit der Weitergabe ist vielmehr unverändert das Recht des Empfängerlandes maßgeblich. 43

Die ebenfalls in § 4b vorgesehene Möglichkeit einer **Einwilligung** (Abs. 1 Nr. 1) hilft genauso wenig weiter. Die Betroffenen sind nur befugt, sich auf die Übermittlung ihrer Daten in ein Land einzulassen, dessen Recht ihnen keinen angemessenen Schutz gewährt. Es ist ihnen also einmal mehr **verwehrt, das anwendbare Recht beliebig auszuwählen.** 44

Schutzwürdige Interessen der Betroffenen, die gegen eine grenzüberschreitende Übermittlung sprechen, schließen die Weitergabe aus (§ 4b Abs. 2 Satz 2). Das BDSG sieht neben der Vereinbarkeit mit den Anforderungen der BDSG-Vorschriften oder der einschlägigen bereichsspezifischen Bestimmungen und internationalen Vereinbarungen (§ 4b Abs. 2 Satz 1) eine zweite, letztlich allein entscheidende Zulässigkeitsbedingung vor. Ihre Grundlage sind nicht die Erwartungen der jeweils maßgeblichen Übermittlungsregelungen, sondern die Belange der Betroffenen. Wann ihre Interessen „schutzwürdig" sind, ist freilich dem Gesetz nicht zu entnehmen. § 4b Abs. 2 Satz 2 belässt es bei einem allgemeinen Hinweis auf die Belange der Betroffenen und bringt im Übrigen nur ein Beispiel: den Mangel an einem „angemessenen" Schutz im Empfängerland. 45

§ 4b Abs. 2 Satz 2 gibt immerhin so viel zu erkennen: **Auf den angemessenen Schutz im Empfängerland allein kommt es keineswegs an**. Nicht von ungefähr setzt das BDSG in § 4 Abs. 2 Satz 2, anders als die EG-Datenschutzrichtlinie (Art. 25 Abs. 1), den Akzent nicht auf die Angemessenheit des Schutzniveaus im Empfängerland, vielmehr bewusst auf die **Stelle** 46

---

62 Dazu die 4. Auflage dieses Kommentars, § 1 Rdnr. 86 f.
63 Dazu Einleitung Rdnr. 184 ff.; sowie *Dix,* in *Bäumler* (Hrsg.), E-Privacy, 94 f.
64 Dazu Einleitung Rdnr. 178 ff.; aber auch *Dix,* in *Bäumler* (Hrsg.), E-Privacy, 95 f.
65 Das übersieht *Ulbricht,* CR 1990, 604.
66 Dazu Einleitung, Rdnr. 151 ff.
67 Dazu insb. *Epperson,* 22 Harvard International Law Journal, 171 ff. (1981).
68 Dazu § 4c Rdnr. 47 ff.
69 Vgl. auch *Ellger,* Datenschutz, 407 f., 648; *Koch,* RDV 1991, 109 ff.

an die sich die Übermittlung richtet. Sie operiert zwar in einem Land, dessen Recht auch ihren Aktionsspielraum bestimmt. Bei der Beurteilung der Übermittlung und noch genauer der Bedeutung, die sie für die Betroffenen hat, gilt es allerdings, auch und vor allem, den Blick auf den konkreten Übermittlungsadressaten zu richten.[70] Die Übermittlung kann daher an den **Bedenken der Betroffenen gegen die konkret angestrebte Verwendung oder die Person des Adressaten** ebenso wie an ihrem Wunsch scheitern, die **Verwendung der eigenen Daten** möglichst einzuschränken und **überschaubar zu halten**, ohne Rücksicht im Übrigen darauf, wie die Schutzvorkehrungen im Empfängerland jeweils einzustufen sind. Mehr als einer **kurz begründeten Erklärung** bedarf es nicht.

47 Ob das Interesse der Betroffenen, die Übermittlung zu verhindern, wirklich **„schutzwürdig"** ist, kann nicht von der übermittelnden Stelle oder gar vom Adressaten entschieden, sondern letztlich nur von den Betroffenen selbst bestimmt werden. **Verbindliche Anhaltspunkte**, die auch die Betroffenen hinnehmen müssen, gibt es lediglich in zwei Fällen: wenn die **EG-Kommission** nach Art. 31 Abs. 2 der EG-Datenschutzrichtlinie[71] auf der Grundlage einer Empfehlung der Datenschutzgruppe (Art. 29 und 30 Abs. 1 Buchst. b der EG-Datenschutzrichtlinie) das Datenschutzniveau im Empfängerland für „angemessen" erklärt,[72] oder die jeweils zuständige **Aufsichtsbehörde** die geplanten Übermittlungen ausdrücklich genehmigt hat (§ 4c Abs. 2).[73]

48 Das BDSG enthält zwar **keine Definition der „Angemessenheit"**, wohl aber eine Reihe von **Kriterien**, die es erleichtern sollen, auszumachen, wann ein „angemessenes Schutzniveau" besteht (§ 4b Abs. 3). Wie die EG-Datenschutzrichtlinie (Art. 25 Abs. 2) zieht es auch das BDSG vor, den Kreis der in Betracht kommenden Rechte nicht von vornherein durch ebenso präzise wie verbindliche Angaben einzuschränken. Die Kriterien lassen im Übrigen genauso wie die entsprechenden Vorgaben der EG-Datenschutzrichtlinie keinen Zweifel aufkommen: Abstrakte Aussagen scheiden aus. Ob das Schutzniveau „angemessen" ist, lässt sich nur **von Fall zu Fall** entscheiden. Erst die Kenntnis der **je spezifischen Umstände des Einzelfalles** erlaubt es, **das Schutzniveau zu beurteilen und damit zugleich die Frage nach seiner Angemessenheit zu beantworten**.[74]

49 Ganz in diesem Sinn sind die **Bewertungskriterien** eine Mischung eher genereller Anknüpfungspunkte und eindeutig auf den konkreten Übermittlungsvorgang bezogener Anhaltspunkte. So verweist § 4b Abs. 3 einerseits auf die gesetzlichen Vorschriften, Standesregeln und Sicherheitsmaßnahmen, denen der Adressat beim Umgang mit den jeweils übermittelten Daten genügen muss, betont allerdings andererseits nicht minder nachdrücklich die Notwendigkeit, den Übermittlungszweck, die Verarbeitungsdauer, die Art der Daten sowie das Herkunfts- und Endbestimmungsland zu berücksichtigen. Wie sehr es auf den Einzelfall ankommt, zeigt sich auch daran, dass der Gesetzgeber keineswegs für sich in Anspruch nimmt, sämtliche entscheidungsrelevanten Kriterien aufgezählt zu haben. § 4b Abs. 3 gibt im Gegenteil ausdrücklich zu erkennen, dass es sich lediglich um **Beispiele** handelt, die gerade vor dem Hintergrund der konkret beabsichtigten Übermittlung durch weitere Gesichtspunkte ergänzt werden können.

50 Wie wichtig die einzelnen in § 4b Abs. 3 angegebenen Anknüpfungspunkte sind, zeigt sich vor allem am Beispiel der **Daten**. Ihnen kommt nicht zuletzt unter zwei Gesichtspunkten eine besondere Bedeutung zu. Zunächst: § 4b Abs. 3 erinnert damit an die Sonderregelung für **sensitive Daten** (§§ 3 Abs. 9; 14 Abs. 5, 6; 28 Abs. 6 bis 9).[75] Sie zwingt übermittelnde Stel-

---

70 Vgl. auch *Gola/Schomerus*, BDSG § 4b Rdnr. 7; *Backes/EulGuthmann/Martwich/Schmidt*, RDV 2004, 156. Das übersehen *Rittweger/Weiße*, CR 2003, 146 f. Erst recht bedarf es deshalb keiner korrigierenden „richtlinienkonformen" Interpretation des § 4b Abs. 2.

71 Dazu *Dammann/Simitis,* EG-Datenschutzrichtlinie, Art. 31 Rdnr. 2 f.; *Brühann,* in GH II/*Wolf* A 30 Art. 31 Rdnr. 5 ff.; *Ehmann/Helfrich,* EG-Datenschutzrichtlinie, Art. 31 Rdnr. 6 ff.; *Simitis,* in *Büllesbach* (Hrsg.), Datenverkehr, 189 ff., in Collected Courses, 139 ff.

72 Dazu u. Rdnr. 64 f.

73 Dazu § 4c Rdnr. 29 ff.

74 Vgl. auch *Gola/Schomerus*, BDSG § 4b Rdnr. 11.

75 Dazu die §§ 14 Rdnr. 176 ff.; 28 Rdnr. 320 ff.

len, die Verwendungsanforderungen beim grenzüberschreitenden Datenaustausch ebenso zu verschärfen. Keineswegs nur deshalb, weil die einschlägigen Vorschriften bereits bei den Überlegungen bedacht werden müssen, ob das BDSG überhaupt eine Weitergabe zulässt. Vielmehr vor allem mit Rücksicht darauf, dass ein entsprechend hohes Schutzniveau im Empfängerland genauso gewährleistet sein muss. Generelle Datenschutzvorschriften reichen daher bei sensitiven Daten nicht aus. Erst Vorschriften, die etwa die Daten gezielt vor dem Zugriff Dritter bewahren und die Weitergabe grundsätzlich ausschließen, sichern den notwendigen Schutz der Bertoffenen.

Ähnlich ist es bei **Arbeitnehmerdaten.**[76] Verwendung unterliegt ebenfalls einer Vielzahl 51
von Sonderbedingungen. Die Palette reicht von den nachhaltig beschränkten Übermittlungsmöglichkeiten an Dritte über die strenge Abschottung der Gesundheitsdaten bis hin zu den Kontroll- und Mitbestimmungsrechten der Arbeitnehmervertretung.[77] Die beabsichtigte Weitergabe in ein Drittland ändert nichts an der Verpflichtung der Arbeitgeber, bei ihrer Entscheidung die speziellen, ganz auf die Verwendung von Arbeitnehmerdaten abgestellten Verwendungsvoraussetzungen zu berücksichtigen. So kann beispielsweise die Verarbeitung der Arbeitnehmerdaten nicht an den Arbeitnehmervertretungen vorbei in ein Drittland verlegt werden, ganz gleich im Übrigen, ob es dabei nur darum geht, sie kostengünstiger durch eine Tochtergesellschaft des Unternehmens durchführen zu lassen, oder die Daten aller Beschäftigten eines weltweit agierenden Konzerns zusammenzuführen und zentralisiert zu verarbeiten. Die §§ 80 Abs. 1 Nr. 1 und 87 Abs. 1 Nr. 6 BetrVG sind nach wie vor uneingeschränkt zu beachten.[78] Genauso kommt es darauf an, sich noch vor der Übermittlung zu vergewissern, wie die Verwendungsgrenzen für Arbeitnehmerdaten im Empfängerland im Einzelnen aussehen. So darf sich etwa der in § 28 Abs. 3 Satz 2 ausdrücklich gewährleistete Schutz der Beschäftigten gegen eine Vermarktung ihrer Daten,[79] nicht deshalb verflüchtigen, weil die Angaben in einem Drittland verwendet werden.

Das BDSG mag den Einzelfall in den Vordergrund stellen, es ist trotzdem nicht bereit, jede 52
an ihm orientierte Entscheidung hinzunehmen. **„Angemessen“** ist vielmehr **nur ein „Datenschutzniveau“, das auf Regeln beruht, die den in der Bundesrepublik geltenden Anforderungen** an die Verwendung personenbezogener Daten **gleichwertig sind.**[80] Wann diese Voraussetzung erfüllt ist, lässt sich ohne **einen Vergleich, der zugleich bewertet**, nicht feststellen. Ausgangspunkt aller Überlegungen muss dabei die Bereitschaft sein, zu akzeptieren, dass es durchaus unterschiedliche Wege geben kann, den Schutz der Betroffenen zu gewährleisten. **Gleichwertigkeit ist nicht Deckungsgleichheit**. Ansatz und Leitlinie des Vergleichs können, so gesehen, nur das Ziel, die Intensität und die Verbindlichkeit der jeweiligen Regelung sein. Sie sind an den Erwartungen zu messen, die den „noyau dur“ des Datenschutzes, seinen „**harten Kern**“ also, ausmachen.[81] Gemeint sind jene Anforderungen, die, so verschieden die Entwicklung verlaufen sein mag, nicht nur die Verwendungsbedingungen personenbezogener Daten national wie international geprägt, sondern auch und gerade die Grundlage für die gemeinsamen in der EG-Datenschutzrichtlinie verankerten Datenschutzprinzipien der Europäischen Union abgegeben haben.

Die Regelung im Empfängerland muss, **erstens**, genauso wie alle Datenschutzvorschriften, 53
in Kenntnis der besonderen, mit der Verwendung personenbezogener Angaben **verbundenen Probleme** und als Reaktion auf diese entstanden sein.[82] Generelle Ausführungen etwa zum „allgemeinen Persönlichkeitsrecht“ oder zur „privacy“ genügen infolgedessen nicht.[83] Wie eine bestimmte Rechtsordnung die Regelungsakzente verteilt und welche Verarbeitungsprobleme sie im Einzelnen aufgreift ist dagegen gleichgültig. Aussagen zur Gleichwertigkeit

76 Dazu auch § 4c Rdnr. 57.
77 Dazu § 28 insb. Rdnr. 9 ff., 34 ff.
78 Vgl. auch *Wohlgemuth,* BB 1991, 342 f.; *Däubler,* RDV 1998, 96 ff.
79 Dazu § 28 Rdnr. 249 ff.
80 Dazu auch o. Rdnr. 1 f.; anders *Gola/Schomerus*, BDSG § 4b Rdnr. 12.
81 Dazu *Simitis,* in *Büllesbach* (Hrsg.), Datenverkehr, 192 ff.
82 Dazu auch *Büllesbach*, RDV 2002, 55 ff.
83 Dazu *Simitis,* 135 U.Penn.L.Rev. 707 ff. (1987); *Schwartz/Reidenberg,* Data Privacy law, 29 ff.

sind prinzipiell nur **punktuelle**, im Hinblick auf einen bestimmten Verarbeitungszusammenhang formulierte und deshalb von vornherein auf diesen begrenzte **Stellungnahmen**.

54 Ein ähnlich dem BDSG bewusst **allgemein gehaltenes, grundsätzlich sämtliche Verwendungen einbeziehendes Gesetz**, wie etwa das argentinische DSG von 1998, das chilenische „Gesetz zum Schutz des Privatlebens" von 1999, oder das neuseeländische Gesetz zum „Schutz der Privatheit" von 1993, kommt deshalb als gleichwertige Regelung, jedenfalls zunächst, genauso in Betracht wie gesetzliche Regelungen, welche, wie die australischen Datenschutzvorschriften,[84] den **öffentlichen Bereich** konsequent behandeln, dafür aber auf die Verarbeitungsaktivitäten nicht-öffentlicher Stellen bestenfalls rudimentär eingehen, oder die vor allem für die Vereinigten Staaten typischen bereichsspezifischen Vorschriften.[85] Ebenso wenig sind Gesetze, die, wie das israelische DSG von 1981, den Akzent ganz auf **automatisierte Verwendungen** legen, von vornherein irrelevant. Entscheidend ist letztlich allein, ob die jeweilige Regelung überhaupt Bestimmungen enthält, die auf den **konkreten Verwendungsvorgang** anwendbar sind, und, wenn ja, wie die Bedingungen aussehen, unter denen personenbezogene Daten verwendet werden dürfen.

55 **Die Regelung im Empfängerland** muss, **zweitens**, **rechtlich bindend** sein. Angemessen ist deshalb grundsätzlich nur eine **gesetzliche Regelung**. Die immer wieder, sei es unter Berufung auf die Eigenart einzelner Rechtsordnungen, sei es im Hinblick auf „kulturelle" Besonderheiten, gegen die Forderung nach gesetzlichen Vorschriften vorgebrachten Einwände haben sich längst als nicht stichhaltig erwiesen.[86] So ist in Großbritannien bereits 1984, also mehr als ein Jahrzehnt vor der EG-Datenschutzrichtlinie, ein DSG verabschiedet worden. Erst recht geht es nicht an, die Vereinigten Staaten als Musterbeispiel eines Landes auszugeben, das ohne jede gesetzliche Regelung auskommt. Ganz gleich, ob man den Privacy Act von 1974 oder die konstant zunehmende Zahl bereichsspezifischer Bestimmungen nimmt, die legislative Intervention ist, wie auch sonst, Entwicklungsvoraussetzung und Bestandsgarantie des Datenschutzes.[87] Selbst diejenigen, die zunächst gesetzliche Vorschriften für indiskutabel gehalten haben, sprechen mittlerweile von einem „Amalgam" und stellen die Notwendigkeit gesetzlicher Vorgaben allenfalls in Teilen des nicht-öffentlichen Bereichs infrage.[88] Kurzum, die Gesetzestechnik mag ebenso wie der Anwendungsbereich der einzelnen Regelungen differieren. An der Überzeugung, dass letztlich nur ein Gesetz das für einen genauso konsequenten wie effizienten Datenschutz unerlässliche Maß an Transparenz und Verbindlichkeit garantieren kann, ändert sich nichts.

56 Allenfalls **gesetzesgleiche Normen** können deshalb als gleichwertige Regelungen angesehen werden. Bloße **Verwaltungsvorschriften oder Verwaltungsanordnungen** reichen demgegenüber nicht aus, selbst wenn sie detaillierte Verarbeitungsbedingungen enthalten und den Betroffenen Rechte einräumen. Gesetzliche Regelungen lassen sich zwar mit ihrer Hilfe ausdifferenzieren, nicht aber durch sie ersetzen.[89] **Richterliche Entscheidungen** genügen ebenfalls nicht. Der Rechtsprechung kommt lediglich eine Hilfsfunktion zu. Sie vermag, anders ausgedrückt, nicht an die Stelle der erforderlichen Rechtsnormen zu treten, sondern nur zu deren besserem Verständnis beizutragen.[90]

57 **Die Regelung im Empfängerland** muss, **drittens**, neben normativen Vorgaben hinreichend spezifizierte Anforderungen an die **Datensicherheit** enthalten. BDSG (§ 9 und Anhang zu

---

84 Der heftig umstrttene, dazu auch Simitis, in *Büllesbach* (Hrsg.), Datenverkehr, 210 f.,aber doch noch verabschiedete Privacy Amendment (Private Sector) Act 2000, mit dem auch die nichtöffentlichen Stellen in die Datenschutzregelungen einbezogenen werden sollten, ist inzwischen wieder aufgehoben worden.

85 Dazu *Flaherty,* Protecting Privacy, 305 ff.; *Schwartz/Reidenberg,* Data Privacy law 29 ff.

86 Vgl. auch *Bennett,* Convergence Revisited: Toward a Global Policy for the Protection of Personal Data, in *Agre/Rotenberg* (Hrsg.), Technology and Privacy: The New Landscape (1997) 99 ff.

87 Statt aller *Schwartz/Reidenberg,* Data Privacy Law insb. 91 ff., 153 ff., 205 ff., 223 ff., 266 ff., 352 ff.; sowie *Schwartz*, 43 Hastings Law Journal (1992) 1321 ff.; *Solove*, 86 Minnesota Law Review (2002) 1137 ff.; *Janger/Schwartz*, ebda. 1219 ff.

88 Vgl. etwa *Wellbery,* in *Büllesbach* (Hrsg), Datenverkehr, 167 ff.; *Swire*, 54 Hastings Law Journal (2002-2003) 847 ff.; aber auch *Reidenberg*, ebda., 877 ff.

89 Vgl. auch *Simitis,* in *Büllesbach* (Hrsg.), Datenverkehr, 208.

90 Vgl. auch *Ellger,* Datenschutz, 210.

§ 9) und EG-Datenschutzrichtlinie (Art. 17) bestätigen gleichermaßen: Der Datenschutz läuft so lange Gefahr, weitgehend Fiktion zu bleiben, wie die normativen Vorgaben nicht, sei es in technische Vorkehrungen umgesetzt, sei es durch eine Reihe technisch-organisatorischer Maßnahmen ergänzt werden.[91] Die Geschichte der Datenschutzgesetze zeigt freilich auch, wie sich allein schon am Beispiel des BDSG 01 erweist,[92] dass alle Auflistungen solcher Maßnahmen, nicht zuletzt mit Rücksicht auf die laufende Fortentwicklung der Informations- und Kommunikationstechnologie, vorläufig und korrekturbedürftig sind. Beide, BDSG und EG-Datenschutzrichtlinie, bieten deshalb weniger eine Checkliste als eine **Orientierungshilfe**, die es erlaubt, abzuschätzen, welchen Erwartungen im Empfängerland genügt werden muss, um eine technologie- und risikoadäquate Datensicherheit zu gewährleisten.

Die Regelung im Empfängerland muss, viertens, ein **Mindestmaß an Garantien des Datenschutzes** aufweisen. Dazu gehören neben **verbindlichen Verwendungsbedingungen** einschließlich einer klaren **Zweckbindung**[93] das Recht der Betroffenen auf **Auskunft, Berichtigung und Löschung** sowie ein **Widerspruchs- und Schadenersatzrecht**. Solange der **Übermittlungszweck** den Verwendungsspielraum des Adressaten nicht auch und vor allem bei der Weitergabe in ein Drittland definitiv einschränkt, werden die Betroffenen mit einem unkalkulierbaren Risiko belastet. Die Übermittlung droht zur Vorstufe einer Verwendungsfreigabe zu werden. **Zweckentfremdungen** lassen sich weniger denn je kontrollieren. Die Korrekturchancen verflüchtigen sich. Das BDSG verpflichtet zwar die übermittelnde Stelle, den Adressaten ausdrücklich auf den Übermittlungszweck hinzuweisen (§ 4b Abs. 6).[94] Nur macht es einen Unterschied, ob es bei einem bloßen Hinweis bleibt, oder, ob das für den Empfänger geltende Recht ihn eindeutig dazu anhält, sich bei allen seinen Verwendungsplänen strikt nach dem Übermittlungszweck zu richten. Erst unter dieser Voraussetzung kann aus einem Appell an den Adressaten eine reale **Verwendungsbarriere** werden. § 4b Abs. 6 schließt deshalb nicht aus, die Zweckbindung mit als eine der wichtigsten Bedingungen einer angemessenen Verwendungsregelung anzusehen. Das Gesetz stellt vielmehr mit dieser Bestimmung lediglich eine ebenso rechtzeitige wie ausreichende Information des Adressaten über den Übermittlungszweck sicher. 58

Besondere Bedeutung kommt auch dem **Auskunftsrecht** zu. Dreierlei gilt es dabei vor allem zu beachten. Die Auskunft muss vollständig sein, sich also auf alle jeweils verwendeten Daten der Betroffenen erstrecken und überdies sämtliche Informationen enthalten, die zum Verständnis der Aktivitäten und Ziele des Übermittlungsadressaten erforderlich sind. Die Auskunft darf zudem nicht entgeltpflichtig sein. Ein uneingeschränktes Auskunftsrecht gibt es schließlich nirgendwo. BDSG (§§ 19 Abs. 2 bis 4; 34 Abs. 1 Satz 3, Abs. 2 Satz 2) und EG-Datenschutzrichtlinie (Art. 13) fallen so gesehen nicht aus den Rahmen. Umso mehr kommt es darauf an, sich nicht mit der bloßen Existenz eines Auskunftsrechts zufrieden zu geben, sondern sich besonders **mit den Ausnahmen auseinander zu setzen**. BDSG und EG-Datenschutzrichtlinie geben die Grenze zu erkennen, die nicht überschritten werden darf. 59

Zu den Verwendungsrestriktionen, die unter Angemessenheitsgesichtspunkten eine wichtige Rolle spielen, gehört die **Weiterübermittlung**[95] Entscheidungen über die Angemessenheit sind grundsätzlich immer nur Stellungnahmen zum „Datenschutzniveau“ im Empfängerland. Die dort geltende Regelung steht im Mittelpunkt aller Überlegungen und ist deshalb auch der einzige Vergleichsgegenstand. Aussagen zu den Auswirkungen der Übermittlung bleiben daher lediglich so lange gültig, wie das **Empfängerland** auch **Endstation der Weitergabe** ist. Ein ausreichender Schutz der Betroffenen setzt unter diesen Umständen entweder Vorschriften zur Weiterübermittlung voraus, die gezielt in die Angemessenheitsprüfung ein- 60

---

91 Vgl. etwa *Burkert,* Privacy-Enhancing Technologies: Typology, Critique, Vision, in *Agre/Rotenberg,* Technology and Privacy: The New landscape (1997) 125 ff.; *Bizer,* Technikfolgeabschätzung und Technikgestaltung im Datenschutzrecht, in *Bäumler,* Der neue Datenschutz (1998) 45 ff.; *Roßnagel/Ernestus*, Handbuch 3.2.; *Roßnagel/Hansen*, Handbuch, 3.3.

92 Dazu § 9 Rdnr. 20 ff., 47 ff.

93 Vgl. auch *Gola/Schomerus*, BDSG § 4b Rdnr. 13.

94 Dazu u. Rdnr. 93 ff.

95 Vgl. auch *Gola/Schomerus*, BDSG § 4b Rdnr. 13.

bezogen werden müssen, oder eine ausdrückliche Verpflichtung des Übermittlungsadressaten, sich vor jeder Weitergabe in ein anderes Land an die Betroffenen zu wenden und ihre Einwilligung einzuholen.

61 **Die Regelung im Empfängerland** muss, **fünftens**, eine verlässliche **Kontrolle** der Verwendung personenbezogener Daten gewährleisten. Detaillierte Kontrollanforderungen zählen seit jeher zu den elementaren Bestandteilen des Datenschutzes. Das BVerfG[96] hat genauso wie die EG-Datenschutzrichtlinie (Art. 28)[97] eine fortlaufende Kontrolle als Grundbedingung eines „effektiven Schutzes“ der Betroffenen angesehen. Der EGV (Art. 286 Abs. 2), die Grundrechtecharta der EU (Art. 8 Abs. 3) und der Europäische Verfassungsvertrag (Titel II Art. II-8 Nr. 3)[98] haben sich nicht nur zum Datenschutz bekannt, sondern ebenso nachdrücklich eine Kontrolle gefordert. Ganz in diesem Sinn hat schließlich der Europarat die Datenschutzkonvention von 1981 in dem 2001 verabschiedeten Zusatzprotokoll um Vorschriften zur Verarbeitungskontrolle ergänzt.[99] Nationale, supranationale und internationale Vorschriften lehnen es zudem eindeutig ab, sich mit einer Selbstkontrolle zufrieden zu geben, und fordern stattdessen eine eigens eingerichtete unabhängige Kontrollinstanz. Hier wie sonst kann es freilich nicht darum gehen, ein mehr oder weniger exaktes Abbild der BDSG-Vorschriften zu verlangen, zumal die EG-Datenschutzrichtlinie ausdrücklich davon abgesehen hat, sich auf ein einziges Modell festzulegen.[100] **„Angemessen“ ist** vielmehr **jedes funktional äquivalente Kontrollmodell**.

62 Drei Bedingungen sind dafür erforderlich: Die Kontrollinstanz muss, erstens, **unabhängig**, mithin berechtigt sein, Anlass, Zeitpunkt und Modalitäten der Überprüfung selbst festzulegen und auch sonst ihre Aufgaben weisungsfrei wahrzunehmen. Dagegen ist eine eigens aufgebaute und institutionell klar getrennte Kontrollorganisation genauso wenig erforderlich wie eine Kontrollkompetenz, die sich auf alle Verwendungsvorgänge erstreckt. Eine auf der Grundlage bereichsspezifischer Vorschriften konzipierte und eingerichtete Überwachung reicht völlig aus. Die Kontrollinstanz braucht sich auch nicht ausschließlich mit Datenschutzfragen zu beschäftigen. Mit das beste Beispiel dafür ist die Kontrolle der Verwendung von Gesundheits- oder Konsumentendaten in den Vereinigten Staaten. Sie ist von vornherein auf einen gesetzlich definierten Bereich beschränkt und wird von Instanzen ausgeübt, die keineswegs nur Datenschutzaufgaben nachgehen.[101]

63 Die Kontrollinstanz muss, zweitens, **zu sämtlichen jeweils verwendeten Daten Zugang haben**, **alle ihre erforderlich erscheinenden Informationen verlangen und bekommen können**, und, soweit sie **Mängel** bei der Verwendung personenbezogener Daten **feststellen sollte, berechtigt sein, korrigierend einzugreifen**. Die Kontrollinstanz muss, drittens, sowohl für die Betroffenen als auch für die verantwortlichen Stellen **Ansprechpartner und Informationsstelle** sein und so nicht zuletzt den übermittelnden Stellen ebenso wie den Kontrollinstanzen in der Bundesrepublik die Chance bieten, sich jederzeit ein verlässliches Bild des Datenschutzes im Empfängerland zu machen.

64 Die Entscheidung über die Angemessenheit der Verwendungsregelung im Empfängerland schafft einerseits Gewissheit über die Zulässigkeit der Übermittlung, birgt aber andererseits die **Gefahr unterschiedlicher Reaktionen in den EU-Mitgliedstaaten** in sich. Die EG-Datenschutzrichtlinie begnügt sich deshalb nicht damit, Entscheidungskriterien vorzuschreiben. Sie sieht vielmehr auch eine deutlich **präventiv ausgerichtete Harmonisierungsstrategie** vor. Im Mittelpunkt steht dabei die **„Datenschutzgruppe“** (Art. 29).[102] Sie ist unter anderem

---

96 BVerfGE 65, 1 (46).
97 Dazu *Simitis,* in Collected Courses, 135 ff.
98 Dazu auch Einleitung, Rdnr. 242 ff.
99 Art. 1 abgedr. in EU-DS, EuRAT-Conv; sowie Einleitung, Rdnr. 164 f.
100 Dazu *Dammann/Simitis,* EG-Datenschutzrichtlinie, Einleitung, Rdnr. 40; *Brühann,* in GH II/*Wolf* A 30 Art. 29 Rdnr. 5; *Simitis,* in Collected Courses, 136 f.; *Kuner*, European data privacy law, 124 ff.
101 Vgl. insb. *Schwartz/Reidenberg,* Data Privacy Law 281 ff., 304 ff.; sowie *National Research Council*, For the Record-Protecting Electronic Health Information (1997) 134 ff.
102 Dazu *Dammann/Simitis,* EG-Datenschutzrichtlinie, Art. 29 Rdnr. 1 ff.; *Ehmann-Helfrich,* EG-Datenschutzrichtlinie, Art. 29 Rdnr. 1 ff; *Simitis,* in Collected Courses, 139 f.; *Draf,* Regelung, 149 ff.

verpflichtet, sich mit dem Schutzniveau in Drittländern zu beschäftigen (Art. 30 Abs. 1 Buchst. b), um der EG-Kommission die Möglichkeit zu geben, Entscheidungen in den Mitgliedstaaten zur Angemessenheit einer bestimmten Regelung entweder vorwegzunehmen oder nachträglich zu korrigieren (Art. 30 Abs. 2 und 3).[103]

Die Datenschutzgruppe hat deshalb nicht nur **Richtlinien zur Angemessenheit** ausgearbeitet,[104] sondern schon sehr früh damit begonnen, eine **Liste der Drittländer** anzulegen, die über ein **angemessenes Schutzniveau** verfügen. Die EG-Kommission ist der EG-Datenschutzgruppe in jedem dieser Fälle gefolgt.[105] Genau genommen haben sich freilich Datenschutzgruppe und Kommission mit diesen Entscheidungen in Widerspruch zum wichtigsten, in der EG-Datenschutzrichtlinie (Art. 25 Abs. 2) und im BDSG (§ 4b Abs. 3) gleichermaßen betonten Bewertungs- und Entscheidungskriterium gesetzt: die Angemessenheit strikt vom **Einzelfall** her zu bewerten.[106] Beide, Datenschutzgruppe und EG-Kommission, orientieren sich eben nicht an konkreten Übermittlungsfällen, sondern setzen sich abstrakt mit rechtlichen Regelungen auseinander. Damit droht gerade die von der EG-Datenschutzrichtlinie und vom BDSG angestrebte Flexibilität verloren zu gehen. Daran ändern auch die von der Datenschutzgruppe immer wieder unternommenen Versuche nichts, Kriterien zu nutzen, wie etwa eine Risikoanalyse, die einer **Schematisierung** entgegenwirken könnten.[107] Zudem: Allgemeine Aussagen, wie sie bei der Schweiz oder Kanada noch möglich sind, scheiden dort, wo, wie in den Vereinigten Staaten, bereichsspezifische Regelungen vorherrschen, von vornherein aus. 65

Soll deshalb an den Entscheidungsvorgaben der EG-Datenschutzrichtlinie und des BDSG auch weiterhin festgehalten werden, muss die **„Angemessenheitsliste"** der EG-Kommission zwar zur Kenntnis genommen, aber nur als **Anregung** angesehen werden, die übermittelnde Stellen ebenso wie nationale Kontrollinstanzen nicht davon entbindet, sich **am Einzelfall zu orientieren und dessen Besonderheiten zu berücksichtigen**. Die „Angemessenheitsliste" ist, anders ausgedrückt, Entscheidungshilfe, nicht aber Entscheidungsersatz. 66

Die Intervention der Datenschutzgruppe kann auch aus einem weiteren Grund ausgesprochen kontraproduktiv sein. Die Datenschutzgruppe ist einer bestimmten Generaldirektion zugeordnet, der auch die Aufgabe zufällt, die Arbeit n der Gruppe zu begleiten und zu ihren Vorschlägen in der EG-Kommission Stellung zu nehmen. Zwei ganz verschiedene Faktoren gewinnen deshalb im Reflexionsprozess der Generaldirektion, letztlich aber genauso bei den Beratungen und Stellungnahmen der Gruppe, an Bedeutung: die Tendenz, die jeweiligen Entscheidungen mit der **Politik der eigenen Generaldirektion** in Einklang zu bringen, sowie die Bestrebungen, alle Aktivitäten, wenn nicht abzuwehren, so doch zu kontrollieren, die der **Alleinkompetenz** in Datenschutzfragen gefährlich werden könnten. 67

Mit das signifikanteste Beispiel dafür ist die Reaktion der bis März 2005 zuständigen Generaldirektion „Binnenmarkt" auf die Vorschläge der Generaldirektion „Beschäftigung und soziale Beziehungen" für eine EG-Richtlinie zum **Arbeitnehmerdatenschutz**.[108] Erste Überlegungen waren bereits zu Beginn der Neunzigerjahre angestellt worden.[109] Sie wurden nach der Verabschiedung der EG-Datenschutzrichtlinie von 1995 wieder aufgenommen und führten schließlich zu einem ersten Entwurf, der allerdings sehr bald auf den Widerstand der 68

---

103 Dazu *Dammann/Simitis,* EG-Datenschutzrichtlinie, Art. 30 Rdnr. 1 ff.; *Brühann,* in GH II/*Wolf* A 30 Art. 30 Rdnr. 1 ff.; *Ehmann/Helfrich,* EG-Datenschutzrichtlinie, Art. 30 Rdnr. 1 ff.; vgl. auch den Ersten Jahresbericht der Datenschutzgruppe, EG-Kommission XV/5015/98.

104 Übermittlungen personenbezogener an Drittländer: Anwendung von Art. 25 und 26 der EG- Datenschutzrichtlinie, DG Markt D/5025/98, WP 12 v. 24.7.1998.

105 Argentinien (ABl. EG v. 5.7.2003, Nr. L 168/19; Kanada (ABl. EG v. 4.1.2000, Nr. L 215/1); Schweiz (ABl. EG v. 25.8.2000, Nr. L 215/1; sowie Guernsey (ABl. EG v. 25. 11. 2003, Nr. L 308/27); Isle of Man (ABl. EG v. 30.4.2004, Nr. L 151/51 sowie Berichtigung in ABl. EG v. 10.6.2004, Nr. L 208/47). Länder, wie Ungarn, deren ursprüngliche Regelungen ebenfalls für angemessen gehalten worden waren, sind mittlerweile der EU beigetreten und unterliegen deshalb den allgemein für alle EU-Mitglieder geltenden, vor allem an der EG-Datenschutzrichtlinie von 1995 orientierten Anforderungen.

106 Dazu o. Rdnr. 48 ff.

107 Dazu *Simitis,* in *Büllesbach* (Hrsg.), Datenverkehr, 189 ff.

108 Dazu auch Einleitung Rdnr. 214 f.

109 Dazu *Simitis,* European Law Journal 5 (1999) 45 ff.

Datenschutzgruppe stieß.[110] Nach einer langen und komplizierten Diskussion blieb lediglich ein Fragment übrig, das nur einzelne Aspekte des Arbeitnehmerdatenschutzes aufgreift, darunter vor allem die Überwachung der von den Beschäftigten versendeten oder empfangenen E-Mails.[111] Alle noch so nachdrückliche Hinweise, dass wirklich überzeugende Aussagen erst vor dem Hintergrund klarer Vorstellungen über die Verwendung von Arbeitnehmerdaten möglich sind, haben die Datenschutzgruppe nicht von ihrer reduktionistischen Reaktion abgebracht.[112] Der Kompetenzwechsel vom März 2005[113] hat sich auch auf die Datenschutzgruppe ausgewirkt. Sie ist zwar nach wie vor mit einer Generaldirektion verbunden, deren Schwerpunkt aber die Grundrechte sind und deren Aufgaben sich deshalb weit mehr als bisher mit denen der Gruppe decken.

69 Der Konflikt zwischen den Anforderungen an ebenso überzeugende wie wirksame Datenschutzvorgaben und den jeweiligen Interessen der EG-Kommission lässt sich fast noch deutlicher an den Aktivitäten des nach **Art. 31** der EG-Datenschutzrichtlinie gebildeten **Ausschusses** nachvollziehen.[114] Anders als bei der Datenschutzgruppe geht es beim Ausschuss darum, der Kommission die Möglichkeit einzuräumen, sich von den Mitgliedstaaten bei Maßnahmen unterstützen zu lassen, die den **Datenschutz weiter konkretisieren** oder **Schwierigkeiten überwinden** sollen, **die bei der Umsetzung der Richtlinie auftauchen**. Konsequenterweise setzt sich der Ausschuss aus Vertretern der Mitgliedstaaten zusammen. Wie wichtig er für die EG-Kommission ist, zeigt sich besonders in den Fällen, in denen sich, wie etwa bei Angemessenheitsfragen, ihre Vorstellungen nicht mit denen der Datenschutzgruppe decken. Die Beratungen im Ausschuss bieten der EG-Kommission die Chance, mit seiner Hilfe die aus ihrer Sicht angebrachten Maßnahmen durchzusetzen. Erst recht wird aber deutlich, wie sehr es darauf ankommt, welche Generaldirektion für den Datenschutz zuständig ist. Sie führt nicht nur den Vorsitz in der Gruppe, sondern kann ihre Beteiligung nutzen, um ihre Erwartungen zu realisieren. Die lange Anbindung an die Generaldirektion „Binnenmarkt" ist deshalb wiederum nicht folgenlos geblieben. Mit dem Kompetenzwechsel verändern sich auch die Aktionsprämissen des Ausschusses.

70 Mit eines der markantesten Beispiele für das **Zusammenspiel von EG-Kommission und Ausschuss** sind die **„Safe Harbour Grundsätze"**.[115] Sie beruhen auf einem vom US-Handelsministerium ausgearbeiteten Text und sind das Ergebnis langer, von wiederholten Stellungnahmen der Datenschutzgruppe begleiteten Verhandlungen zwischen der amerikanischen Regierung und der EG-Kommission.[116] Die Grundsätze werden durch eine Liste „Häufig gestellter Fragen" (FAQ) ergänzt, die eine doppelte Funktion hat.[117] Sie soll in einem fiktiven dialogischen Verfahren einerseits einzelne, für den Übermittlungsvorgang wichtige Punkte

---

110 Vgl. Stellungnahme 8/2001 bezüglich der Verarbeitung personenbezogener Daten in Arbeitgeber/Arbeitnehmer-Beziehungen, DG Markt 5062/01, WP 48; aber auch DG Beschäftigung, First stage consultation of social partners on the protection of workers' personal data, Juni 2001, und DG Markt, Detailed comments to the draft documents for the first stage consultation of social partners on Data Protection, Juni 2001.

111 Draft Recommendation on the Surveillance and Monitoring of Electronic Communications in the Workplace, v. 19.4.2002, 5401/02/EN.

112 Vgl. *Simitis,* Droit Social 2002, 90 ff. Zur weiteren Entwicklung *Simitis*, RdA 2003, Sonderbeilage zu H. 5, 43 ff.

113 Dazu Einleitung Rdnr. 215.

114 Dazu *Dammann/Simitis,* EG-Datenschutzrichtlinie, Art. 31 Rdnr. 1 ff.; *Brühann,* in GH II/*Wolf* A 30 Art. 31 Rdnr. 1 ff.; *Ehmann/Helfrich,* EG-Datenschutzrichtlinie, Art. 31 Rdnr. 1 ff.; *Simitis,* in Collected Courses, 140 f.; *Draf,* Regelung, 152 ff.

115 Entscheidung v. 26.7.2000 K (2000) 2441 gemäß der Richtlinie 95/46/EG des Europäischen Parlaments und des Rates über die Angemessenheit des von den Grundsätzen K (2000) 2441 des „sicheren Hafens" und der diesbezüglichen „Häufig gestellten Fragen" (FAQ) gewährleisteten Schutzes, vorgelegt vom Handelsministerium der Vereinigten Staaten von Amerika, ABl. EG v. 25.8.2000 Nr. L 215/7, abgedr. in EU-DS, EU Entscheidung.

116 Vgl. etwa Stellungnahme 4/99 v. 7.6.1999, DG Markt 5066/99, WP 21; 7/99 v. 3.12.1999, DG Markt 5146/99, WP 27; 3/2000 v. 16.3.2000, DG Markt 5019/00, WP 31; 4/2000 v. 16.5.2000, DG Markt CA07/434/00, WP32; sowie *Dammann,* in *Simon/Weiss* (Hrsg.), Autonomie, 19 ff.; *Dix,* in *Bäumler* (Hrsg.), E-Privacy, 98 ff.; *Heil,* DuD 1999, 458 ff.; 2000, 444 f.; *Klug,* RDV 1999, 109 ff., 2000, 212 ff.; *Schaffer,* European Law Journal 5 (1999) 419 ff., 25 Yale Journal of International Law (2000) 1, 49ff.; *Reidenberg,* 38 Houston Law Review, 738 ff. (2001); *Dhont/Pérez Asinari/Poullet*, Safe Harbour, 13 ff., 28 ff.; *Kuner*, European data privacy, 138 ff.

117 Vgl. auch *Weniger*, Datenübermittlungen, 423 f; *Dammann,* in *Simon/Weiss* (Hrsg.), Autonomie, 27; *Räther/Seitz*, MMR 2002, 428.

präzisieren und andererseits möglichen Interpretationskonflikten durch die Verdeutlichung der Anwendungsmaßstäbe vorbeugen.

Gemessen an den üblichen internationalen Vereinbarungen sind die **„Safe Harbour Grundsätze" ein eigenartiges Dokument**.[118] Sie lassen sich am ehesten mit den Übermittlungsregelungen nach Art. 26 Abs. 2 der EG-Datenschutzrichtlinie und § 4c Abs. 2 vergleichen.[119] Wie dort liegt auch hier den Übermittlungsvorschriften eine Selbstverpflichtung einzelner verantwortlicher Stellen zugrunde, die von einer dritten, unabhängigen Instanz geprüft und akzeptiert worden ist. Und wie dort wird auch hier der Verwendungsspielraum der verantwortlichen Stellen durch Vorgaben bestimmt, die der Situation der Betroffenen und ihren Interessen Rechnung zu tragen suchen. So gesehen ist es zwar richtig, dass die „Safe Harbour Grundsätze" den Versuch des US-Handelsministeriums dokumentieren, ein „angemessenes Datenschutzniveau" in Zusammenarbeit mit einzelnen Unternehmen sicherzustellen, aber ebenso irreführend wie falsch, den Eindruck zu erwecken, die EG-Kommission habe mit der Anerkennung dieser Grundsätze das US-amerikanische Recht für „angemessen" erklärt. 71

Die „Safe Harbour Grundsätze" legen zunächst den Akzent auf ein Mindestmaß an Transparenz und sehen deshalb eine Reihe von **Informationspflichten** vor (Anhang I). So muss den Betroffenen mitgeteilt werden, wer für welche Zwecke ihre Daten verwendet, sowie, falls weitere Übermittlungen beabsichtigt sind, um welche Daten es sich dabei handeln würde und was die Betroffenen dagegen unternehmen könnten. Den Betroffenen wird ferner eine „**Wahlmöglichkeit**" („opt out") eingeräumt (Anhang I).[120] Es steht ihnen frei, sich entweder generell für die Weitergabe ihrer Daten an Dritte zu entscheiden, oder sich mit einem Verwendungszweck einverstanden zu erklären, der mit dem ursprünglichen Erhebungsziel nicht zu vereinbaren ist. Die Weitergabe **sensitiver Daten** bedarf allerdings stets einer ausdrücklichen Zustimmung der Betroffenen (Anhang I; Anhang II, FAQ 1). Die „Safe Harbour Grundsätze" sehen schließlich neben **Auskunfts- und Berichtigungsrechten** und **Datensicherheitsmaßnahmen** auch **Beschwerdeinstanzen** vor (Anhang I; Anhang II FAQ 8, 11). Die **Federal Trade Commission** und das **US-Verkehrsministerium** werden mit der Aufgabe betraut, Beschwerden der Betroffenen zu prüfen, und gegebenenfalls Unterlassungs- sowie Schadenersatzansprüche geltend zu machen. 72

Die „Safe Harbour Grundsätze" gehen sicherlich auf nahezu alle Fragen ein, die unter dem Gesichtspunkt der „**Angemessenheit**" von Bedeutung sind. Die einzelnen Regelungen sind allerdings gerade an besonders kritischen Stellen **weit davon entfernt, den Ansprüchen des BDSG und der EG-Datenschutzrichtlinie zu genügen**. Schon der stiefmütterliche Umgang mit der **Zweckbindung** lässt aufmerken (Anhang I). Statt sie, wie in der EG-Datenschutzrichtlinie (Art. 6 Abs. 1 Buchst. b), als eine ebenso selbstverständliche wie allgemeingültige Sperre anzusehen, wird sie mit einer „Wahlmöglichkeit" (Anhang I) verknüpft, die den Eindruck vermittelt, dass Zweckentfremdungen eben nicht die Ausnahme sein müssen, sondern durchaus den Normalfall bilden. Die „opt-out" Vorschriften sind zudem viel zu allgemein formuliert, decken also letztlich, sieht man einmal von den sensitiven Daten (Anhang II, FAQ 1) ab, jede Abweichung vom Erhebungszweck ab. Die Forderung nach „**kostengünstigen Verfahren**" (Anhang I) stellt schließlich das wohl wichtigste Prinzip der EG-Datenschutzrichtlinie vollends auf den Kopf. Belastet wird nicht derjenige, der im eigenen Interesse eine Zweckentfremdung anstrebt, sondern die Betroffenen, also diejenigen, die der ganzen Intention der EG-Datenschutzrichtlinie nach vor Zweckentfremdungen bewahrt werden sollen. 73

Genauso fragwürdig sind die Aussagen zum **Auskunftsrecht** (Anhang II, FAQ 8). Die restriktive Tendenz ist wiederum überdeutlich. **Verhältnismäßigkeit und Zumutbarkeit** sind Grundsätze, die förmlich dazu auffordern, die Information der Betroffenen so gering wie möglich zu halten. Die Feststellung, dass die Betroffenen nicht Zugang zu allen „**Speicherformen**" verlangen können, entwertet das Auskunftsrecht noch zusätzlich. Mindestens 74

118 Dazu auch *Weniger*, Datenübermittlungen, 418 ff.; *Dammann*, in *Simon/Weiss* (Hrsg.), Autonomie, 19 ff.; *Heil*, DuD 2000, 444 ff.; *Klug*, RDV 2000, 212 ff.; aber auch *Stein*, in Festschrift für *W. Rudolf*, 522 f., 527 ff.

119 Dazu § 4c Rdnr. 47 ff.

120 Dazu auch *Dammann*, in *Simon/Weiss* (Hrsg.), Autonomie, 22, 24 f.

ebenso schwer wiegt überdies, dass die „Safe Harbour Grundsätze“ weder **Regelungen zur Weitergabe in Länder außerhalb der Vereinigten Staaten**, die über keine Datenschutzvorschriften verfügen, noch **Schadenersatzbestimmungen** enthalten. Mehr als ausgiebige Hinweise auf die allgemeinen Schadenersatzgrundsätze (Anhang IV) finden sich in den „Safe Harbour Grundsätzen“ nicht. Die ausführliche Aufzählung der Rechtsprechung bestätigt nur die Erfahrung, die, lange vor der EG-Datenschutzrichtlinie, sowohl die Landes- als auch den Bundesgesetzgeber veranlasst hatte, den Schadensausgleich an besondere eigens auf die Risiken der Verwendung personenbezogener Daten zugeschnittene Normen zu knüpfen.[121]

75 Die „Safe Harbour Grundsätze“ stellen noch in einer anderen Hinsicht den von der EG-Datenschutzrichtlinie ebenso wie vom BDSG angestrebten Schutz der Betroffenen nachhaltig infrage. Zunächst: Unternehmen, die für sich die Vorteile der „Safe Harbour Grundsätze“ in Anspruch nehmen wollen, brauchen lediglich zu erklären, dass sie bereit sind, die Grundsätze als verbindlich anzuerkennen (Anhang II, FAQ 6). Ob sie die dafür erforderlichen Voraussetzungen, etwa im Bereich der **Datensicherheit**, tatsächlich erfüllen, wird nicht weiter geprüft. Eine „**Selbstzertifizierung“** genügt. Mehr als ein Schreiben an das US-Handelsministerium, das bestimmte Angaben enthalten muss, ist nicht erforderlich. Zudem: Die „Safe Harbour Grundsätze“ sehen grundsätzlich nur eine **Selbstkontrolle** vor, die mit einer **Dokumentationspflicht** verbunden ist (Anhang II, FAQ 7). Externe Instanzen können erst bei Beschwerden oder Verfahren wegen unlauterer und irreführender Geschäftspraktiken eingreifen.

76 Die „Safe Harbour Grundsätze“ sind, allen gegenteiligen Prognosen zum Trotz (Anhang I), keineswegs auf ein breites Interesse gestoßen. Die **Anzahl der Unternehmen**, die sich schließlich in die beim US-Handelsministerium geführte Liste haben eintragen lassen, ist bemerkenswert niedrig.[122] Umso auffälliger sind dafür die kritischen, ja rundweg ablehnenden Äußerungen. Beides wird freilich nicht etwa mit den kaum zu übersehenden Datenschutzmängeln begründet, sondern mit dem an die Adresse der US-Regierung gerichteten Vorwurf, der Europäischen Union entschieden zu viel entgegengekommen zu sein.[123]

77 Die resignierte Feststellung der **Datenschutzgruppe**,[124] die „Safe Harbour Grundsätze“ sollten möglichst bald vor dem Hintergrund der ersten Erfahrungen überprüft werden, ist mehr als bezeichnend.[125] Alle ihre noch so nachdrücklich vorgebrachten Einwände hatten kaum etwas genutzt. Eine zeitlich absehbare Überprüfung war deshalb in den Augen der Datenschutzgruppe das einzig noch verbliebene Mittel, um die negativen Auswirkungen einer von ihr ausdrücklich als „nicht funktionsfähig“ bezeichneten Regelung wenigstens einigermaßen aufzufangen. Nicht viel anders erging es dem **Europäischen Parlament**. Seine Vorbehalte[126] haben die EG-Kommission ebenfalls nicht davon abgehalten, ihre Entscheidung in der bereits vorgesehenen Form zu treffen. Das Parlament, so meinte sie, habe offenkundig davon abgesehen, ihr eine Überschreitung ihrer Befugnisse vorzuwerfen. Sie könne deshalb an ihren

121 Dazu die 4. Auflage dieses Kommentars, § 7 Rdnr. 1 ff.

122 Statt aller *Loomis,* Data Privacy Safeguards Get Scant Response in the United States, New York Law Journal v. 30.11.2000; *McCullagh,* Safe Harbour Is a Lonely Harbor, Wired News v. 5.1.2001. Ganz anders freilich die Einschätzung der EG-Kommission, vgl. Commission Staff Working Document, The Implementation of Commission Decision 520/200/EC on the adequate protection of personal data provided by the Safe Harbour privacy Principles and related Frequently Asked Questions issued by the US department of Commerce, v. 20.10.2004, SEC (2004) 1323, insb. II und III.

123 Dazu insb. das Protokoll der Anhörung vor dem Subcommittee on Commerce, Trade and Consumer Protection of the Committee on Energy and Commerce, House of Representatives, zur EU Data Protection Directive: Implications for the U.S. Privacy Debate, am 8.3.2001, Serial No. 107-19, 42 ff.; sowie *Schaffer,* European Law Journal 5 (1999) 427 ff., 433 f.; *Reidenberg,* 38 Houston Law Review, 739 f., 743 f. (2001); aber auch *Dhont/Pérez Asinari/Poullet*, Safe Harbour, 105 ff.; *Kuner*, European data privacy, 142 ff.

124 Dazu auch *Weniger*, Datenübermittlungen, 430 ff.; sowie *Räther/Seitz*, MMR 2002, 430.

125 Stellungnahme 4/2000 v. 16.5.2000, DG Markt CA07/434/00, WP32.

126 Entschließung v. 5.7.2000 zu dem Entwurf einer Entscheidung der Kommission über die Angemessenheit der US-Grundsätze des Sicheren Hafens und diesbezügliche Häufig Gestellte Fragen (FAQ), vorgelegt vom Handelsministerium der Vereinigten Staaten von Amerika (C5-0280/2000-2000/2144(COS)), Protokoll v. 5.7.2000; vgl. auch den Bericht des Ausschusses für die Freiheiten und Rechte der Bürger, Justiz und innere Angelegenheiten, A5-0177/2000.

Vorstellungen festhalten. Das US-Handelsministerium sei im Übrigen über die Bedenken des Europäischen Parlaments informiert worden.

Die EG-Kommission hat damit, wohl aus außenhandels- und markpolitischen Gründen,[127] an einer Regelung festgehalten, die wegen ihrer offenkundigen **Datenschutzdefizite** gleich zweifach **gegen ebenso zentrale wie verbindliche Grundsätze des Gemeinschaftsrechts verstößt**.[128] Sie ist zunächst mit der in der **EG-Datenschutzrichtlinie** mehrfach betonten **Anbindung des Datenschutzes an die Grundrechte der Betroffenen** (Art. 1 Abs. 1; Erwägungsgründe Nr. 1, 2 und 10) unvereinbar. Sie verletzt zudem die explizite **Selbstverpflichtung der EG-Kommission**, alle ihre Entscheidungen an der **Charta der Grundrechte** und deshalb auch an dem dort ausdrücklich garantierten Schutz der personenbezogenen Daten (Art. 8) zu messen.[129] 78

Mehr denn je kommt es daher darauf an, die „Safe Harbour Grundsätze" nicht einfach hinzunehmen.[130] Vielmehr gilt es, sich **von Fall zu Fall** zu vergewissern, ob ihre **Anwendung** in Anbetracht ihrer Datenschutzdefizite **überhaupt in Betracht kommt**. Die **Entscheidung der EG-Kommission** steht dem, so merkwürdig es zunächst klingen mag, nicht entgegen. Die EG-Kommission kannte die Mängel ihrer Stellungnahme nur zu gut. Statt deshalb auf einer konsequenten Anwendung zu bestehen, hat sie die **nationalen Kontrollinstanzen** förmlich dazu aufgefordert, die Übermittlungsadressaten sorgfältig zu überprüfen und, sollte es sich als nötig erweisen, die **Anwendung der „Safe Harbour Grundsätze" auszusetzen** (Art. 3 Abs. 1). Anders und schärfer ausgedrückt: Die EG-Kommission hat die „Safe Harbour Grundsätze" mit einem **Vorbehalt** verknüpft und zugleich die **Verantwortung** für ihre Anwendung auf die nationalen Kontrollinstanzen und die übermittelnden Stellen **verschoben**. Erst recht kann unter diesen Umständen nicht davon die Rede sein, dass Verfahren nach 4c Abs. 2 mit Rücksicht auf die „Safe Harbour Grundsätze" überflüssig geworden sind. 79

Für die Entscheidung der EG-Kommission zur **Übermittlung der Daten von Flugpassagieren in die Vereinigten Staaten**[131] gilt genauso: Die Kommission hat sich einmal mehr von vorwiegend außen- und handelspolitischen Überlegungen leiten lassen und sich erneut zu Kompromissen bereit gefunden, die mit ihrer Verpflichtung unvereinbar sind, die Grundrechte der Betroffenen bei allen Aussagen zur Verwendung personenbezogener Daten zu respektieren.[132] Allein schon die offenkundig **mangelhafte Abschottung** der Daten in den Vereinigten Staaten und die von den ersten Erfahrungen bereits bestätigten, eindeutig über die eigentlichen Übermittlungsadressaten hinaus reichenden **Zugriffsmöglichkeiten** genügen, um die inakzeptablen Übermittlungsrisiken zu illustrieren. Sie sind übrigens ebenso wie weitere nicht minder gravierende Defizite wiederholt und unmissverständlich von den Datenschutzbeauftragten, der Art. 29 Gruppe und dem Europäischen Parlament,[133] freilich ohne jeden Erfolg, angemahnt worden.[134] 80

---

127 Vgl. insb. die Informationsnote von EG-Kommissar *Bolkenstein* v. 6.12.1999 zum Dialog mit den Vereinigten Staaten, EG-Kommission SEC (1999) 2063.

128 Vgl. auch *Dix,* in *Bäumler* (Hrsg.), E-Privacy, 101; *Weniger*, Datenübermittlungen, 531 f.

129 Bulletin Quotidien Europe No. 7918, v. 8.3.2001, 7; sowie Einleitung Rdnr. 243.

130 Anders wohl *Dammann,* in *Simon/Weiss* (Hrsg.), Autonomie, 28 f.

131 Entschließung v. 14.5.2004 über die Angemessenheit des Schutzes der personenbezogenen Daten, die in den Passenger Name Records von Fluggästen enthalten sind, welche dem United States Bureau of Customs and Border Protection übermittelt werden, ABl. EG v. 6.7.2004, Nr. L 235/11; sowie Beschluss des Ministerrats zu einem bilateralen Abkommen nach Art. 300 des EG Vertrages, ABl. EG v. 20.5.2004, Nr. L 183/83, 84. Das europäische Parlament hat den EuGH angerufen und verlangt, beide Dokumente für nichtig zu erklären. Generalanwalt *Léger* hat sich in seiner Stellungnahme v. 22.11.2005 sowohl aus verfahrensrechtlichen als aus inhaltlichen Gründen ebenfalls für einer Nichtigerklärung ausgesprochen, vgl. insb. I 25 ff., 35 ff., 46 ff., 54 ff., sowie 71 f.

132 o. Rdnr. 78.

133 Vgl. insb. Art. 29 Datenschutzgruppe, Stellungnahme 8/2004 zur Unterrichtung von Fluggästen anlässlich der Übermittlung persönlicher Daten bei Flügen zwischen der Europäischen Union und den Vereinigten Staaten von Amerika, angenommen am 30.9.2004, WP 97; die Entschließung der DSBK v. 13.2.2004 zur Übermittlung von Flugpassagierdaten an US-Behörden, Dok. F 257; sowie *BlnDSB*, JB 2003, 113 f. und 2004, 119 f.

134 Vgl. auch *Weniger*, Datenübermittlungen, 532 ff.; *Räther*, DuD 2004, 425 ff.; *Schröder*, RDV 2003, 285 ff.

81 Das BDSG lässt in § 4b Abs. 2 Satz 3 eine, allerdings auf **öffentliche Stellen** beschränkte **Ausnahme** von der **Verpflichtung** zu, **von Übermittlungen abzusehen**, die gegen **schutzwürdige Interessen der Betroffenen** verstoßen (§ 4b Abs. 2 Satz 2).[135] Die übermittelnden Stellen sind deshalb nicht gehalten, personenbezogene Daten nur in Länder mit einem angemessenen Datenschutzniveau weiterzugeben. Anders als sonst wird freilich die Sonderregelung nicht mit einer der üblichen Generalklauseln gerechtfertigt, also etwa durch einen Hinweis auf mögliche Nachteile der generell anwendbaren Datenschutzvorschriften für das „Gemeinwohl" oder die „öffentliche Sicherheit" (§§ 15 Abs. 3; 28 Abs. 3, und Abs. 9 Satz 4). Der Gesetzgeber ist im Gegenteil offenkundig bestrebt, die Ausnahme präzise zu formulieren und zugleich ihren Anwendungsbereich klar zu begrenzen. Mit einer der Gründe dafür war es wohl auch, dass der grenzüberscheitende Datenaustausch im Sicherheitsbereich durch supra- und internationale Vereinbarungen,[136] wie etwa das Schengener und das EUROPOL Übereinkommen sowie die Interpol Statuten, und eine Reihe bereichsspezifischer Bestimmungen, etwa § 14 BKAG, geregelt wird.[137]

82 Öffentliche Stellen können sich nur unter **drei Bedingungen** auf § 4b Abs. 2 Satz 3 berufen. Die Übermittlung muss, erstens, eindeutig dazu bestimmt sein, **eigene Aufgaben** zu erfüllen. Weder das Interesse des Adressaten noch und erst recht die Erwartungen anderer inländischer Stellen berechtigen deshalb zur Weitergabe. Die Übermittlung ist, zweitens, lediglich zulässig, wenn dafür **zwingende Gründe** vorliegen. § 4b Abs. 2 Satz 3 greift also erst bei Anlässen ein, in denen der konkrete Verwendungszusammenhang ebenso wie eine Überprüfung der Verwendungsvorschriften im Empfängerland jede andere Möglichkeit der Informationsvermittlung von vornherein versperrt. Übermittlungen kommen, drittens, ausschließlich in bestimmten ausdrücklich angegebenen Fällen in Betracht: im **Verteidigungsfall**, im Hinblick auf Verpflichtungen, die sich aus **über- oder zwischenstaatlichen Vereinbarungen zur Krisenbewältigung oder Konfliktverhinderung** ergeben sowie für **humanitäre Maßnahmen.**

83 Das Gesetz legt sich dagegen **nicht auf einzelne Daten** fest. Es bleibt daher bei der generellen Vorbehaltsklausel. In Betracht kommen alle jeweils **erforderlichen** personenbezogenen Angaben, ohne Rücksicht im Übrigen darauf, ob sie zu den sensitiven Daten (§ 3 Abs. 9) zählen oder nicht. So begrenzt deshalb die Weitergabemöglichkeiten sind, so breit ist das Spektrum der Daten. Verteidigungsfall und humanitäre Maßnahmen sind höchst unterschiedliche Übermittlungsanlässe, die deshalb zwangsläufig auch zu kaum definierbaren Verwendungsvariationen der jeweils weitergegebenen Daten führen. Umso entscheidender ist die Erforderlichkeitsprüfung. Sie bietet genau genommen die einzige Chance, sowohl bei der Art als auch bei der Anzahl der Angaben gerade im Hinblick auf die Interessen der Betroffenen restriktiv vorzugehen.

84 Das Gesetz äußert sich zwar zu den übermittelnden Stellen, sagt aber nichts über die **Adressaten**. Sie müssen also keineswegs ebenfalls öffentliche Stellen sein. Im Gegenteil, aus der Einbeziehung der humanitären Maßnahmen in die Übermittlungsgründe folgt, dass es sich, etwa bei Epidemien, Hungersnot oder Umweltkatastrophen, durchaus um humanitäre Organisationen handeln kann. Maßgeblich ist mit anderen Worten immer der Verwendungszusammenhang. So spricht er bei der Verteidigung oder der Krisenbewältigung durchaus dafür, dass es um öffentliche Stellen gehen wird, bei Konfliktverhinderungen oder humanitären Maßnahmen aber genauso um nichtstaatliche Stellen.

3.3 Benachrichtigung (Abs. 4)

85 Bei **Übermittlungen öffentlicher Stellen** enthält das BDSG eine Sonderregelung für **Weitergaben an nicht-öffentliche Stellen,** die ein berechtigtes Interesse an den Daten haben (§ 4b Abs. 4 Satz 1 i.V.m. § 16 Abs. 1 Nr. 2). Ihre Voraussetzungen richten sich insofern auch

135 Dazu o. Rdnr. 45 ff.
136 Vgl. insb. *Baldus*, Transnationales Polizeirecht, 292 ff., 305 ff., 315 ff.; *Weniger*, Datenübermittlungen 55 ff.
137 Dazu auch Einleitung Rdnr. 234 ff.

für die entsprechenden Übermittlungen im Inland geltenden Bedingungen.[138] Die schlichte Wiederholung der bereits im BDSG 90 (§ 17 Abs. 1. i.V.m. § 16 Abs. 3)[139] vorgesehenen Anforderungen an eine Benachrichtigungspflicht ist weder mit den Vorgaben der EG-Datenschutzrichtlinie noch mit den Grundsätzen des novellierten BDSG vereinbar. Der Gesetzgeber hat unter dem Eindruck der EG-Datenschutzrichtlinie (Art. 10 und 11) seine ursprüngliche Haltung revidiert und, soweit Daten ohne Kenntnis der Betroffenen erhoben werden, auch bei öffentlichen Stellen eine Benachrichtigungspflicht eingeführt (§ 19a). Anders als früher sieht das BDSG zudem jetzt bei Übermittlungen in Drittländer zu Recht Grundsätze vor, die für **öffentliche und nicht-öffentliche Stellen** gleichermaßen gelten.[140] Im einen wie im anderen Fall bringen Übermittlungen in Drittländer spezifische Gefahren mit sich, die vor allem mit den unterschiedlichen Verwendungsvoraussetzungen zusammenhängen. Risiken und Konsequenzen der Weitergabe sind infolgedessen bei nicht-öffentlichen Stellen genauso wie bei öffentlichen Stellen zu bedenken. In beiden Fällen müssen deshalb die Weitergabebedingungen den übermittlungstypischen Gefahren Rechnung tragen und entsprechend reagieren

Ganz in diesem Sinn räumt der Gesetzgeber den **„schutzwürdigen Interessen"** der Betrof- 86
fenen eine Schlüsselfunktion ein (§ 4b Abs. 2 Satz 2).[141] Die Betroffenen haben allerdings so lange nicht wirklich eine Chance, **ihre Belange vorzubringen und zu vertreten**, wie sie die Übermittlungsabsicht nicht kennen und folglich auch nicht **zur Übermittlungsabsicht Stellung nehmen können**. Beides setzt eine Benachrichtigung voraus, die nicht nur **rechtzeitig** erfolgen, sondern zugleich **ausreichende Informationen** über die geplante Weitergabe vermitteln muss. Dazu gehören Angaben zu den Adressaten, zur Art und zum Umfang der zu übermittelnden Daten, zum Verwendungszweck sowie auch und vor allem zum Datenschutz im Empfängerland. Die Betroffenen müssen zudem über genügend Zeit verfügen, um die Übermittlungsrisiken einzuschätzen und die Konsequenzen abzuwägen. **Richtlinien- und BDSG-konform** ist so gesehen **nur ein ersatzloser Verzicht auf die** in § 4b Abs. 4 Satz 1 **vorgesehene Einschränkung der Benachrichtigungspflicht**.

Eine **Unterrichtung durch den potenziellen Empfänger** entlastet die übermittelnden Stel- 87
len nicht von ihrer **Informationspflicht**. Sie sichert zwar eine erste Auskunft, zwingt aber die Betroffenen grundsätzlich dazu, sich bei jeder Rückfrage an eine im Ausland belegene Stelle zu wenden, die überdies unter Umständen weder gehalten noch gewohnt ist, darauf in einer den Anforderungen des Datenschutzes entsprechenden Art und Weise einzugehen.

Die **Benachrichtigungspflicht entfällt** zunächst soweit die Kenntnis der Übermittlung die 88
öffentliche Sicherheit gefährden oder **Nachteile für das Wohl des Bundes oder eines Landes** haben würde (§ 4b Abs. 4 Satz 2). Das Gesetz gibt damit die Regelung für Inlandsübermittlungen (§ 16 Abs. 3 Satz 2) wörtlich wieder und belässt es so bei den auch für die Einschränkung der Auskunftspflicht (§ 19 Abs. 4 Nr. 2) verwendeten, überaus unpräzisen Generalklauseln. Einmal mehr entsteht auf diese Weise eine Grauzone, die es der verantwortlichen Stelle erleichtert, von einer Information der Betroffenen abzusehen. Eine Benachrichtigungspflicht besteht aber auch dann nicht, wenn die Betroffenen **„auf andere Weise"** von der Übermittlung **„Kenntnis erlangen"** (§ 4c Abs. 4 Satz 2), wiederum eine bereits für Inlandsübermittlungen geltende Benachrichtigungsschranke (§ 16 Abs. 3 Satz 2). Eine derart vage, den unterschiedlichsten Interpretationen zugängliche Einschränkung widerspricht offen den Vorgaben der EG-Datenschutzrichtlinie (Art. 13) und den für das BDSG maßgeblichen, gerade auf eine Gewährleistung der informationellen Selbstbestimmung bedachten Datenschutzgrundsätzen.[142]

138 Dazu § 16 Rdnr. 15 ff.
139 Dazu die 4. Auflage dieses Kommentars, § 17 Rdnr. 21 sowie § 16 Rdnr. 33 ff.
140 Dazu o. Rdnr. 25 ff., 38 ff.
141 o. Rdnr. 45 ff.
142 Vgl. auch o. Rdnr. 86.

3.4 Verantwortung (Abs. 5)

89 Die **Verantwortung** für eine korrekte, den gesetzlichen Anforderungen entsprechende Übermittlung **liegt bei der übermittelnden Stelle** (§ 4b Abs. 5). Das BDSG 01 übernimmt und generalisiert damit einen bereits im BDSG 90 (§ 17 Abs. 3) enthaltenen Grundsatz. Was seinerzeit nur die logische Konsequenz einer bereits für Übermittlungen öffentlicher Stellen im Inland geltenden Bestimmung (§ 16 Abs. 2) für eine ebenfalls öffentlichen Stellen vorbehaltenen Vorschrift zum grenzüberschreitenden Datenaustausch (§ 17 Abs. 4) war, wird durch die Entscheidung des Gesetzgebers, gemeinsame Regeln für alle verantwortliche Stellen vorzusehen,[143] verallgemeinert. Ganz gleich also, ob die verantwortliche Stelle dem öffentlichen oder dem nicht-öffentlichen Bereich angehört, die Verantwortung für die Weitergabe bleibt bei ihr. Sie verfügt über die Daten, kennt den Übermittlungsanlass, weiß, wer sie bekommen soll und kann daher am ehesten und besten beurteilen, was mit den Daten geschehen wird. Ihr ist deshalb nicht nur die Entscheidung vorbehalten, ob es schließlich zur Weitergabe kommt. Sie muss vielmehr genauso dafür einstehen, dass die Übermittlung strikt nach den dafür maßgeblichen, in § 4b näher definierten Voraussetzungen vorgenommen wurde.[144]

90 § 4b Abs. 5 gilt **für alle verantwortliche Stellen ohne Rücksicht auf den Übermittlungsadressaten, den Grund der Weitergabe oder den künftigen Verwendungskontext der Daten**. Die Verantwortung trifft also die übermittelnde Stelle für Weitergaben in einen anderen Mitgliedstaat der Europäischen Union (§ 4b Abs. 1 Nr. 1) ebenso wie für Übermittlungen in ein Drittland oder an eine internationale Organisation (§ 4b Abs. 2). Ob der Empfänger eine Bank, eine Werbeagentur, ein Forschungsinstitut oder eine Gesundheitsbehörde ist, spielt zudem genauso wenig eine Rolle wie die **Art der Daten** oder die **beabsichtigte Verwendung**. An der Verantwortung der übermittelnden Stelle ändert sich mithin nichts, so verschieden im Übrigen die Anforderungen an die Zulässigkeit der jeweiligen Übermittlung sein mögen. Bei der Verantwortung der übermittelnden Stelle bleibt es schließlich auch in den Fällen, in denen **öffentliche Stellen berechtigt sind**, personenbezogene Daten weiterzugeben, **ohne sich** mit dem **Schutzniveau im Empfängerland** oder **möglicherweise entgegenstehenden Interessen** der Betroffenen **beschäftigen zu müssen** (§ 4b Abs. 2 Satz 3). Das Gesetz verringert zwar die Anforderungen an die Übermittlung, befreit aber nicht die übermittelnde Stelle von der Pflicht, ihre Zulässigkeit zu prüfen, und damit auch nicht von der Verantwortung für die Weitergabe.

91 Die Verantwortung richtet sich zunächst nach den auch für **Übermittlungen an inländische Stellen** geltenden Grundsätzen, zumal die Weitergabe zuallererst den Anforderungen der §§ 15 Abs. 1, 16 Abs. 1 und 28 bis 30 genügen muss (§ 4b Abs. 1 und Abs. 2 Satz 1).[145] Dreh- und Angelpunkt aller Überlegungen zur Verantwortung der übermittelnden Stelle sind allerdings die beim grenzüberschreitenden Datenaustausch besonders zu beachtenden Zulässigkeitsbedingungen. Dazu zählt in erster Linie die **Angemessenheit des Schutzniveaus** im Empfängerland (§ 4b Abs. 2 Satz 2).[146] Ebenso wichtig ist aber auch eine rechtzeitige **Information der Betroffenen**,[147] nicht zuletzt um beurteilen zu können, welche Bedeutung der Übermittlung aus ihrer Sicht zukommt und wie sie aus welchem Grund zu ihr stehen (§ 4b Abs. 2 Satz 2).[148] In beiden Fällen muss sich die übermittelnde Stelle noch vor der Weitergabe sicher sein, dass die gesetzlichen Voraussetzungen erfüllt sind. Nur dann kann sie ernsthaft behaupten, ihrer Verantwortung genügt zu haben. Zweifel und Unsicherheit sind ihr deshalb stets anzulasten.

92 Übermittelnde Stellen, die gegen ihre Verpflichtungen verstoßen, müssen mit einem **Schadenersatzanspruch** der Betroffenen (§§ 7 und 8) ebenso rechnen wie mit einem **Bußgeld** (§ 43 Abs. 2 Nr. 1) und gegebenenfalls mit einer **Strafe** (§ 44 Abs. 1 Satz 1).

143 Dazu o. Rdnr. 25 ff., 38 ff.
144 Vgl. auch *Bergmann/Möhrle/Herb*, BDSG, § 4b Rdnr. 33; *Gola/Schomerus*, BDSG § 4b Rdnr. 18
145 Dazu o. Rdnr. 36, 38.
146 Dazu o. Rdnr. 52 ff.
147 Dazu o. Rdnr. 86.
148 o. Rdnr. 45 ff.

3.5 Zweckbindung (Abs. 6)

Übermittelnde Stellen müssen die Adressaten **auf den Übermittlungszweck hinweisen** (§ 4b Abs. 6). Auch hier übernimmt und verallgemeinert das BDSG 01 eine im BDSG 90 (§ 17 Abs. 4) bereits enthaltene, aber auf öffentliche Stellen beschränkte Vorschrift. Das BDSG 01 formuliert allerdings entschieden vorsichtiger. Anders als das BDSG 90 verlangt § 4b Abs. 6 nicht mehr von den übermittelnden Stellen, den Adressaten mitzuteilen, dass die Daten nur für den jeweiligen Übermittlungszweck verwendet werden dürfen,[149] sondern gibt sich, jedenfalls seinem Wortlaut nach, mit einem bloßen Hinweis auf den Zweck zufrieden. Die Änderung ist umso überraschender als das Gesetz nur eine Bestimmung später (§ 4c Abs. 1 Satz 2) und immer noch im Zusammenhang mit dem grenzüberschreitenden Austausch am Text des BDSG 90 festhält.[150] 93

Der Hinweis auf den Zweck muss trotzdem an eine genauso eindeutige wie nachhaltige Betonung der **Verpflichtung der Adressaten** gekoppelt sein, **den Übermittlungszweck als Maßstab und Grenze aller Verwendungen der ihnen zugegangen Daten anzusehen**. Die Entscheidung für die gegenwärtige Fassung hat zwar einen scheinbar durchaus realistischen Hintergrund. Bei grenzüberschreitenden Übermittlungen spricht in der Tat manches dafür, dass sich die Chancen, korrigierend einzugreifen, gerade bei Zweckentfremdungen nachhaltig verringern. Ebenso wenig lässt sich freilich übersehen, dass sich § 4b Abs. 6 auf jede Übermittlung bezieht. Soweit es jedoch um **Weitergaben nach § 4b Abs. 1** geht,[151] steht von vornherein fest, dass die Adressaten verpflichtet sind, sich an den Übermittlungszweck zu halten. Aber auch bei **Übermittlungen nach § 4b Abs. 2** ist die Zweckbindung keineswegs gleichgültig. Sie zählt vielmehr zu den Kriterien, die unbedingt bei der Beurteilung des Schutzniveaus im Empfängerland herangezogen werden müssen.[152] Die übermittelnde Stelle ist insofern verpflichtet, sich ganz besonders damit auseinander zu setzen, ob und wie die Zweckbindung durchgesetzt werden kann. Lediglich **in den Fällen des § 4b Abs. 2 Satz 3**[153] sind Schwierigkeiten nicht auszuschließen. Sie rechtfertigen allerdings keineswegs den Verzicht auf den ursprünglichen Wortlaut. Alles hätte im Gegenteil dafür gesprochen, es bei der anfänglichen Formulierung zu belassen, und nicht den Eindruck zu erwecken, der Gesetzgeber habe resignierend davon abgesehen, sich für eine strikte Einhaltung der Zweckbindung einzusetzen. 94

Sofern eine **Verwendung** der konkret übermittelten Daten **für andere Zwecke** zulässig sein soll, sind diese ebenfalls anzuführen. Nur so lässt sich der Verwendungsrahmen genau abstecken und deshalb auch mögliche Zweckentfremdungen leichter erkennen. 95

Die Verpflichtung, auf den Übermittlungszweck hinzuweisen, zwingt die übermittelnde Stelle, noch einmal zu überprüfen, ob die **Zweckbindung** sowohl bei der generellen Frage nach den Interessen der Betroffenen (§ 4b Abs. 2 Satz 2) als auch im Rahmen der Angemessenheitsprüfung ausreichend bedacht worden ist, oder ob weitere fallspezifische Vorkehrungen erforderlich sind. Dazu rechnet etwa eine **zeitliche Befristung** der Verwendung. Ebenso wichtig ist, vor allem bei regelmäßigen Übermittlungen, eine **regelmäßige Information über die bisherige Verwendung**, in der zugleich die Einhaltung der Zweckbindung bestätigt werden muss. 96

4. Datenimport

Das BDSG geht auf den **„Datenimport“** überhaupt nicht ein. Eine Verwendung personenbezogener Daten ist zwar nach § 4 Abs. 1 auch dann zulässig, wenn sie durch **„andere“**, also 97

149 Dazu die 4. Auflage dieses Kommentars, § 15 Rdnr. 40.
150 Dazu § 4c Rdnr. 25.
151 Dazu o. Rdnr. 25 ff.
152 Dazu o. Rdnr. 58.
153 Dazu o. Rdnr. 81 ff.

nicht im BDSG enthaltene, **Rechtsvorschriften** erlaubt oder angeordnet wird.[154] Damit sind jedoch ausschließlich die im Bereich der Bundesrepublik geltenden Bestimmungen gemeint. Auf § 4 Abs. 1 lässt sich deshalb nur bei ausländischen Vorschriften zurückgreifen, die über die Ratifizierung völkerrechtlicher Vereinbarungen oder die Umsetzung supranationaler Bestimmungen zum Bestandteil der inländischen Rechtsordnung geworden sind.[155] „Importierte“ Daten müssen infolgedessen **nach** genau **den Regeln** verarbeitet werden, **die auch beim Umgang mit den im Inland erhobenen Angaben zu beachten sind**.

98 Auf die **„Importgründe“** kommt es daher nicht an. Es ist also gleichgültig, ob eine Behörde im Rahmen ihrer Aufgaben bestimmte im Ausland vorhandene Informationen bekommen, eine Bank mehr über einen potenziellen ausländischen Kreditnehmer erfahren, eine Wirtschaftsauskunftei ihr Angebot über die nationalen Grenzen hinaus erweitern oder ein Werbeunternehmen einen speziellen Personenkreis ansprechen möchte, zu dem auch Ausländer gehören. Ebenso wenig macht es einen Unterschied, ob die Daten lediglich im Inland verwendet, reexportiert, für eigene Zwecke oder im Auftrag einer im Ausland ansässigen Stelle verwendet werden sollen. Keine Rolle spielt ferner, welchen Bedingungen die **Erhebung im Ursprungsland** genügen muss, personenbezogene Angaben mithin, wie bei Kreditinformationssystemen in den Vereinigten Staaten, durchaus leichter als in der Bundesrepublik gesammelt und gespeichert werden können.[156] Genauso belanglos sind schließlich **Form** und **Umfang der Übermittlung**. Ob also ganze Datenbestände verschickt, abgerufen oder überspielt oder nur wenige auf eine ganz bestimmte Person bezogene Angaben weitergegeben werden, fällt nicht weiter ins Gewicht.

99 Entscheidend ist lediglich, dass es sich in jedem dieser Fälle um Daten handelt, die in Deutschland verwendet werden sollen. Sobald daher die Angaben in den Verfügungsbereich der jeweiligen inländischen Stelle gelangen, muss sich diese ausschließlich nach dem BDSG oder den möglicherweise anwendbaren bereichsspezifischen Vorschriften richten.[157] Kurzum, verwendbar sind lediglich **korrekte, mit Mitteln und für Ziele, die nach den in der Bundesrepublik geltenden Maßstäben rechtmäßig sind, erhobene Angaben.**

100 Die verantwortlichen Stellen sind infolgedessen verpflichtet, sowohl die **Richtigkeit** als auch die **Provenienz** der Angaben **zu überprüfen**. Sie dürfen davon grundsätzlich nur bei Übermittlungen innerhalb der Europäischen Union oder aus dem Europäischen Wirtschaftsraum absehen. Die gemeinsamen Verwendungsgrundsätze erleichtern nicht nur den Datenaustausch (§ 4b Abs. 1),[158] sondern **entbinden auch von der Kontrollpflicht**. Sie wird umso nachdrücklicher zu beachten sein, je weiter sich die Verwendungsmöglichkeiten gestalten, und je geringer die Anforderungen an die Verwendung personenbezogener Daten im Absenderland sind. Kommt die inländische Stelle ihrer Überprüfungspflicht nicht nach, muss sie mit einem **Schadenersatzanspruch** der Betroffenen nach den §§ 7 oder 8 sowie einer **Geldbuße** (§ 43 Abs. 2 Nr. 1) und gegebenenfalls einer **Strafe** (§ 44 Abs. 1) rechnen.

5. Landesrecht

101 **BDSG** und **LDSG** stimmen fast durchweg überein. Die §§ 4b und 4c kehren auch in den einschlägigen LDSG-Bestimmungen wieder. Wohl gibt es Unterschiede, etwa bei der Übernahme der auf die EG-Datenschutzrichtlinie (Art. 26) zurückzuführenden Aufzählung der **Ausnahmefälle**, in denen personenbezogene Daten weitergegeben werden dürfen, obgleich es im Empfängerland an einem angemessenen Datenschutzniveau fehlt. Einige LDSG geben

---

154 Dazu § 4 Rdnr. 8 ff.
155 Vgl. auch *Bergmann,* Grenzüberschreitender Datenschutz, 94; *Ellger,* Datenschutz, 214.
156 Dazu insb. *Schwartz/Reidenberg,* Data Privacy Law, 266 ff.
157 Vgl. auch *Bergmann,* Grenzüberschreitender Datenschutz, 94 f.; *Ellger,* Datenschutz, 215.
158 Dazu o. Rdnr. 25 ff.

die Liste ganz wieder,[159] andere nur teilweise.[160] Eines überrascht freilich: Die nahezu einmütige Einbeziehung der gerade im öffentlichen Bereich besonders problematischen **Einwilligung**,[161] zumal ohne jede Andeutung eines Vorbehalts.[162] Lediglich das ThürDSG (§ 23 Abs. 2 Nr. 1) verlangt, wie auch die EG-Datenschutzrichtlinie (Art. 26 Abs. 1 Buchst. a), ein „zweifelsfreies" Einverständnis der Betroffenen.

Zu den wenigen bemerkenswerten Abweichungen rechnet die Sondervorschrift des Blnl- 102
DSG (§ 14 Abs. 5) zur Übermittlung **nicht automatisiert verarbeiteter und nicht bereits gespeicherter oder noch zu speichernder Daten im Rahmen des internationalen Rechtshilfeverkehrs**. Ihre Weitergabe setzt eine ausdrückliche EG-Regelung, eine internationale Vereinbarung oder gleichwertige Datenschutzanforderungen im Empfängerland voraus. Soweit die Daten für eine öffentliche Stelle bestimmt sind, muss ihre Weitergabe ebenso erforderlich wie zweckgebunden sein.

159 Vgl. Art. 21 Abs. 2 BayDSG; sowie die §§ 17 Abs. 3 LDSG RP; 17 Abs. 3 SDSG; 16 Abs. 3 SächsDSG; 23 Abs. 2 ThürDSG.

160 Vgl. die §§ 20 Abs. 4 LDSG BW; 14 Abs. 3 Bln. DSG; 17a Abs. 1 BbgDSG; 18 Abs. 3 BrDSG; 17 Abs. 3 HmbDSG; 17 Abs. 2 HDSG; 16 Abs. 3 DSG MV; 14 Abs. 2 NDSG; 17 Abs. 2 DSG NW; 13 Abs. 2 DSG LSA; 16 Abs. 2 LDSG SH.

161 Dazu § 4a Rdnr. 16 ff.

162 Vgl. Art. 21 Abs. 2 Satz 4 Nr. 1 BayDSG; die§ 20 Abs. 4 Nr. 1LDSG BW; 14 Abs. 3 Nr. 1 BlnDSG; 17a Abs. 1 Nr. 1 BbgDSG; 18 Abs. 3 Nr. 1 BrDSG; 17 Abs. 3 Nr. 1 HmbDSG; 17 Abs.2 Nr. 1 HDSG; 16 Abs. 3 Nr. 1 DSG MV; 17 Abs. 2 Nr. 1 DSG NW; 17 Abs. 3 Nr. 1 LDSG RP; 17 bAbs. 3 Nr. 1 SDSG; 17 Abs. 3 Nr. 1 SächsDSG; 13 Abs. 2 Nr. 1 DSG LSA.

§ 4c Ausnahmen

(1) Im Rahmen von Tätigkeiten, die ganz oder teilweise in den Anwendungsbereich des Rechts der Europäischen Gemeinschaften fallen, ist eine Übermittlung personenbezogener Daten an andere als die in § 4b Abs. 1 genannten Stellen, auch wenn bei ihnen ein angemessenes Datenschutzniveau nicht gewährleistet ist, zulässig, sofern

1. der Betroffene seine Einwilligung gegeben hat,

2. die Übermittlung für die Erfüllung eines Vertrags zwischen dem Betroffenen und der verantwortlichen Stelle oder zur Durchführung von vorvertraglichen Maßnahmen, die auf Veranlassung des Betroffenen getroffen worden sind, erforderlich ist,

3. die Übermittlung zum Abschluss oder zur Erfüllung eines Vertrags erforderlich ist, der im Interesse des Betroffenen von der verantwortlichen Stelle mit einem Dritten geschlossen wurde oder geschlossen werden soll,

4. die Übermittlung für die Wahrung eines wichtigen öffentlichen Interesses oder zur Geltendmachung, Ausübung oder Verteidigung von Rechtsansprüchen vor Gericht erforderlich ist,

5. die Übermittlung für die Wahrung lebenswichtiger Interessen des Betroffenen erforderlich ist oder

6. die Übermittlung aus einem Register erfolgt, das zur Information der Öffentlichkeit bestimmt ist und entweder der gesamten Öffentlichkeit oder allen Personen, die ein berechtigtes Interesse nachweisen können, zur Einsichtnahme offen steht, soweit die gesetzlichen Voraussetzungen im Einzelfall gegeben sind.

Die Stelle, an die die Daten übermittelt werden, ist darauf hinzuweisen, dass die übermittelten Daten nur zu dem Zweck verarbeitet oder genutzt werden dürfen, zu dessen Erfüllung sie übermittelt werden.

(2) Unbeschadet des Absatzes 1 Satz 1 kann die zuständige Aufsichtsbehörde einzelne Übermittlungen oder bestimmte Arten von Übermittlungen personenbezogener Daten an andere als die in § 4b Abs. 1 genannten Stellen genehmigen, wenn die verantwortliche Stelle ausreichende Garantien hinsichtlich des Schutzes des Persönlichkeitsrechts und der Ausübung der damit verbundenen Rechte vorweist; die Garantien können sich insbesondere aus Vertragsklauseln oder verbindlichen Unternehmensregelungen ergeben. Bei den Post- und Telekommunikationsunternehmen ist der Bundesbeauftragte für den Datenschutz und die Informationsfreiheit zuständig. Sofern die Übermittlung durch öffentliche Stellen erfolgen soll, nehmen diese die Prüfung nach Satz 1 vor.

(3) Die Länder teilen dem Bund die nach Absatz 2 Satz 1 ergangenen Entscheidungen mit.

Literatur

Vgl. die Angaben zu § 4b.

Übersicht

1. Vorbemerkung

§ 4c ergänzt und verdrängt § 4b. Die Grundregel des § 4b Abs. 2 Satz 2, grenzüberschreitende Übermittlungen nur zuzulassen, wenn bei den Übermittlungsadressaten ein „angemessenes Datenschutzniveau" besteht,[1] wird durchbrochen und ihre Tragweite erheblich reduziert. Anders als die Überschrift des § 4c nahe legt, geht es, jedenfalls in weiten Teilen des § 4c Abs. 1, **keineswegs um „Ausnahmen"**, sondern um die gleichsam normalen, **alltäglichen** und deshalb immer wiederkehrenden **Übermittlungen**. Hotelbuchungen, Flugreservierungen gehören ebenso dazu wie Überweisungen oder Warenbestellungen. Der Gesetzgeber wollte, wie schon die EG-Datenschutzrichtlinie (Art. 26 Abs. 1), den Übermittlungsablauf im Normalfall, aber auch und vor allem dort, wo die Betroffenen, wie bei Reservierungen oder Warenbestellungen, unmittelbar beteiligt sind, nicht unnötig belasten. Die Folge ist eine verkehrt aufgebaute Regelung. Die scheinbar zentrale Bestimmung, der § 4b, spielt, wie auch Art. 25 der EG-Datenschutzrichtlinie, eine eher sekundäre Rolle.[2] 1

Das BDSG hält sich freilich nicht nur bei der Überschrift, sondern auch sonst ganz an Art. 26 der EG-Datenschutzrichtlinie. Auf die **gesetzlich definierten Ausnahmen** (§ 4c Abs. 1 Satz 1) folgen, wie dort (Art. 26 Abs. 2), **genehmigungspflichtige Ausnahmen** (§ 4c Abs. 2). Das BDSG räumt damit den **Aufsichtsbehörden**, genauso wie die EG-Datenschutzrichtlinie, eine zentrale Rolle ein. Ob etwa Vertragsklauseln fehlende oder nicht ausreichende Datenschutzregeln im Empfängerland substituieren können, hängt von ihrer Entscheidung ab. Die Bereitschaft, es nicht bei der Forderung nach einem angemessen Datenschutzniveau zu belassen, stärkt mithin die Stellung der Kontrollinstanzen und illustriert zugleich einmal mehr die Eigenart ihrer Funktion.[3] Kontrolle ist in ihrem Fall weit mehr als nur nachträgliche Überprüfung. Ihrer Intervention kommt vielmehr die Aufgabe zu, den Übermittlungsverlauf von Anfang an in datenschutzkonforme Bahnen zu lenken.[4] EG-Datenschutzrichtlinie und BDSG demonstrieren so gesehen am Beispiel grenzüberschreitender Übermittlungen den elementaren Beitrag der Kontrollinstanzen zu einem ebenso wirksamen wie funktionsfähigen Datenschutz. 2

Die enge Anlehnung des § 4c an Art. 26 der EG-Datenschutzrichtlinie bringt allerdings auch Schwierigkeiten mit sich. So knüpft das BDSG (§ 4c Abs. 2) wie die EG-Datenschutzrichtlinie (Art. 26 Abs. 2) die Genehmigung von Übermittlungen in Länder, die nicht über ein angemessenes Datenschutzniveau verfügen, an **„ausreichende Garantien"** und übernimmt damit eine bereits im Kontext der EG-Datenschutzrichtlinie höchst unklare Formulierung.[5] Der Gesetzgeber hat lediglich den Bezugspunkt ausgewechselt. Statt die Garantien, wie die EG-Datenschutzrichtlinie, auf den Schutz „der Privatsphäre, der Grundrechte und Grundfreiheiten" zu beziehen, ist nur vom „Persönlichkeitsrecht" die Rede. Die Aussage ist dadurch nicht präziser geworden, abgesehen davon, dass der Verzicht auf die Verknüpfung mit den Grundrechten und Grundfreiheiten gerade vor dem Hintergrund der für den Datenschutz konstitutiven informationellen Selbstbestimmung der Betroffenen kaum nachvollziehbar ist. 3

Der **Anwendungsbereich** des § 4c ist beschränkt. § 4c Abs. 1 und 2 gilt, wie § 4b Abs. 1, nur **für Tätigkeiten, die ganz oder teilweise dem Gemeinschaftsrecht unterstehen**.[6] Keine Rolle spielt dagegen, ob die Daten von **öffentlichen oder nicht-öffentlichen Stellen** übermittelt werden, und **wer die Adressaten sind**. Öffentliche und nicht-öffentliche Stellen in Drittländern kommen deshalb genauso in Betracht wie zwischen- oder überstaatliche Stellen. Das Gesetz ist also einerseits bestrebt, die Weitergabe zu vereinfachen, findet sich aber andererseits lediglich bei Aktivitäten, die sich im Rahmen der ersten Säule abspielen, zu Konzessionen bereit. Damit steht zugleich fest: Jenseits der in § 4c Abs. 1 Satz 1 ausdrücklich gezogenen Grenzen bestimmt § 4b Abs. 2 unverändert die Übermittlungsvoraussetzungen. 4

---

1 Dazu § 4b Rdnr. 46 ff.
2 Vgl. auch *Simitis,* in Collected Courses, 123 f.
3 Dazu auch §§ 24 Rdnr. 5 ff. und § 38 Rdnr. 27 ff.
4 Dazu u. Rdnr. 40 f.
5 Dazu *Dammann/Simitis,* EG-Datenschutzrichtlinie, Art. 26 Rdnr. 12 ff.; *Brühann,* in GH II/*Wolf* A 30 Art. 26 Rdnr. 12 ff.; *Ehmann/Helfrich,* EG-Datenschutzrichtlinie, Art. 26 Rdnr. 16 f.
6 Dazu § 4b Rdnr. 33 ff.

5 Der Grund ist schwer nachzuvollziehen. Folgt man der Begründung des Regierungsentwurfs,[7] ist das Ziel, den Wirtschaftsverkehr mit Drittländern nicht „unangemessen zu beeinträchtigen". Vorschriften, wie der § 4c Abs. 2 sprechen in der Tat dafür. Vertragliche Abmachungen und unternehmensinterne Regelungen sind für wirtschaftliche Aktivitäten typisch. Die gesetzlichen Ausnahmen (§ 4c Abs. 1 Satz 1) passen dagegen nicht ohne weiteres dazu, jedenfalls soweit es um die Wahrung „wichtiger öffentlicher Interessen" (Nr. 4) oder „lebenswichtiger Interessen der Betroffenen" (Nr. 5) geht. Immerhin handelt es sich dabei um Anknüpfungspunkte, die so oder in ähnlicher Form auch in § 28 zu finden sind, also in einer auf nicht-öffentliche Stellen zugeschnittenen Bestimmung. Umso mehr überrascht freilich die Einbeziehung öffentlicher sowie zwischen- und überstaatlicher Stellen.

6 § 4c erweitert zwar die Übermittlungsmöglichkeiten, ändert allerdings nichts an der Grundbedingung aller Weitergaben: Grenzüberschreitende Übermittlung sind nur zulässig, wenn die jeweils in Betracht kommenden personenbezogenen Daten **nach den einschlägigen Bestimmungen des BDSG** (§§ 15 Abs. 1, 16 Abs. 1 und 28 bis 30) **überhaupt weitergegeben werden dürfen.** Jeder Überlegung zur Anwendbarkeit des § 4c Abs. 1 und 2 muss deshalb **die Prüfung der bei Übermittlungen generell zu beachtenden BDSG-Vorschriften vorausgehen.** Solange ihren Anforderungen nicht genügt ist, scheidet auch und gerade eine Weitergabe in Drittländer aus.[8]

2. Gesetzliche Ausnahmen (Abs. 1)

2.1 Anwendungsfälle (Abs. 1 Satz 1)

7 § 4c Abs. 1 Satz 1 **zählt die sechs Fälle**, in denen personenbezogene Daten in Länder ohne ein angemessenes Datenschutzniveau übermittelt werden dürfen, **abschließend** auf und legt damit die Liste der gesetzlichen Ausnahmen verbindlich fest. Bis auf die vorvertraglichen Maßnahmen (Nr. 2) und die im Interesse der Betroffenen mit Dritten abgeschlossenen Verträge (Nr. 3) ist keine von ihnen eigens für § 4c Abs. 1 formuliert worden. Alle finden sich vielmehr auch in anderen BDSG-Vorschriften wieder, vor allem in den §§ 13 Abs. 2 und 28, und entsprechen zudem den Vorgaben der EG-Datenschutzrichtlinie (Art. 26 Abs. 1). Überraschend ist höchstens die oft verkürzte Wiedergabe, wie etwa bei den „lebenswichtigen Interessen" (Nr. 5). Die Interpretation der zumeist fast nur aus Generalklauseln bestehenden Ausnahmen kompliziert sich damit nur noch mehr.

8 Die Auflistung beginnt mit der **Einwilligung** der Betroffenen (Nr. 1). Grenzüberschreitende Übermittlungen werden damit genauso behandelt wie jede Verwendung personenbezogener Daten im Inland: Mit ihrem Einverständnis legen die Betroffenen auch die Bedingungen für den Umgang mit ihren Daten verbindlich fest. Er richtet sich nach den von ihnen gewollten und ausdrücklich akzeptierten Vorgaben (§ 4 Abs. 1).[9] Die Einwilligung definiert so gesehen die Übermittlungsvoraussetzungen neu. Sie rechtfertigt infolgedessen auch einen Verzicht auf einen angemessenen Datenschutz im Empfängerland, allerdings nur solange sie den Anforderungen des § 4a genügt. Erst recht wird aber deutlich, wie wenig es angeht, die Einwilligung ohne Rücksicht darauf genügen zu lassen, ob sie gegenüber einer nicht-öffentlichen oder einen öffentlichen Stelle abgegeben wird. Die Bereitschaft Ausnahmen zu formulieren, die für beide Arten von Stellen gelten,[10] wäre Anlass genug gewesen, die **Fragwürdigkeit der Einwilligung im öffentlichen Bereich** zu bedenken[11] und die Anwendung der Nr. 1 entsprechend zu beschränken. § 4c Abs. 1 Nr. 1 spricht übrigens nur **eine von mehreren Möglichkeiten** an, Übermittlungen zu rechtfertigen. Die verantwortliche Stelle kann daher, gerade dann, wenn es am Einverständnis der Betroffenen fehlt, auf einen der anderen Anknüpfungspunkte,

7 BR-Drs. 461/00, 94.
8 Dazu § 4b Rdnr. 36, 38.
9 Dazu § 4 Rdnr. 6 f., 19 ff., sowie die §§ 4a Rdnr. 1, 62 ff.; 28 Rdnr. 18.
10 o. Rdnr. 4.
11 Dazu § 4a Rdnr. 14 ff.

also etwa auf Nr. 2, zurückgreifen,[12] auch wenn sich damit ihr Handlungsspielraum in aller Regel verkleinern dürfte.

Die Betroffenen müssen sich zunächst und vor allem der **Tragweite ihrer Erklärung** bewusst 9
sein. Die in § 4a Abs. 1 Satz 2 vorgesehene Verpflichtung der übermittelnden Stelle, die Betroffenen über den Übermittlungszweck zu unterrichten,[13] verdichtet sich zu einer **Informationspflicht** über die je **spezifischen Risiken der beabsichtigten Weitergabe** in ein Drittland.[14] Sie sind also nicht nur darüber zu informieren, welche Daten, wohin mit welchem Ziel, an wen genau übermittelt und unter Voraussetzungen verarbeitet werden sollen.[15] Vielmehr gilt es, sie, gerade wenn es im Empfängerland an gleichwertigen Datenschutzvorkehrungen fehlt, besonders darauf hinzuweisen.

Die Einwilligung muss, zudem, den in § 4a Abs. 1 vorgeschriebenen, also auch den dort aus- 10
drücklich vorgesehenen **formalen Anforderungen** (Satz 3) genügen, allerdings mit einer Einschränkung. Das Gesetz verlangt zwar grundsätzlich eine schriftliche Erklärung, lässt jedoch Ausnahmen zu.[16] Die **Schriftform** soll die Betroffenen dazu veranlassen, über die Konsequenzen ihrer Erklärung nachzudenken und sich erst nach einer Abwägung der Risiken zu entscheiden. Wo deshalb, wie bei der Übermittlung in Drittländer, die Gefahr einer an keine Schranken gebundenen und auch nicht kontrollierbaren Verwendung besteht, ist die Schriftform in jedem Fall einzuhalten. Die Einwilligung muss sich zudem eindeutig auf den konkreten Übermittlungsfall beziehen. **Pauschaleinwilligungen** scheiden deshalb von vornherein aus.[17] Ebenso wenig reicht besonders bei **Arbeitnehmern** eine standardisierte Einwilligung aller Beschäftigten aus, die es dem Arbeitgeber, einem **Konzernunternehmen**, ermöglichen soll, alle von ihm gewünschte Daten unterschiedslos weltweit zu übermitteln.[18]

Das Einverständnis der Betroffenen kann aber auch im Hinblick auf die von § 4a Abs. 1 ge- 11
forderte „**freie Entscheidung**"[19] problematisch sein.[20] Ein typisches Beispiel dafür ist die Einwilligung von **Arbeitnehmern**,[21] vom Sonderfall der Beschäftigten multinationaler Unternehmen einmal abgesehen.[22] Sie ist grundsätzlich solange zu akzeptieren, wie es um Arbeitsverhältnisse geht, die mit **Auslandseinsätzen** verbunden sind.[23] Übermittlungen um einer **zentralisierten Verarbeitung der Arbeitnehmerdaten** willen, etwa in eigens eingerichteten Informationssystemen, unterliegen zudem der Mitbestimmung des Betriebsrates (§ 87 Abs. 1 Nr. 6 BetrVG), der deshalb gerade in Fällen, wie denen des § 4c Abs. 1 Nr. 1 eine besondere Bedeutung zukommt.[24] Gerade bei Arbeitsverhältnissen muss schließlich daran erinnert werden, dass Übermittlungen in Drittländer nur in Betracht kommen, wenn weder BDSG-Bestimmungen noch bereichsspezifische Vorschriften einer Weitergabe entgegenstehen.[25]

Übermittlungen sind, zweitens, **zulässig, sofern sie mit einer vertraglichen Beziehung** 12
zwischen der übermittelnden Stelle und den Betroffenen zusammenhängen oder **im Rahmen vorvertraglicher, von den Betroffenen veranlasster Maßnahmen erfolgen** (Nr.2). Wie bei der Einwilligung (§ 4c Abs. 1 Satz 1 Nr. 1) hält sich das Gesetz hier ebenfalls an eine der für die Verwendung personenbezogener Daten im Inland wichtigsten Vorschriften: § 28

12 Missverständlich *Backes/Eul/Guthmann/Martwich/Schmidt*, RDV 2004, 157.
13 Dazu § 4a Rdnr. 70 ff.
14 Vgl. auch *Gola/Schomerus*, BDSG § 4c Rdnr. 5.
15 Dazu auch den 14. *BerHessL*, LT-Drs. 15/2950, 24.
16 Dazu § 4a Rdnr. 33 ff., 43 ff.
17 Vgl. auch *HmbDSB*, 18. TB, 196 f.; *Gola/Schomerus*, BDSG § 4c Rdnr. 5.
18 Dazu *HmbDSB*, 18. TB, 196 f.
19 Dazu § 4a Rdnr. 62 ff.
20 Vgl. auch den 14. *BerHessL*, LT-Drs. 15/2950, 24.
21 Vgl. auch Art. 29 Datenschutzgruppe, Stellungnahme 8/2001 zur Verarbeitung personenbezogener Daten in Arbeitgeber/Arbeitnehmer-Beziehungen, angenommen am 3.9.2001, WP 48; sowie *Gola/Schomerus*, BDSG § 4c Rdnr. 5.
22 Dazu u. Rdnr. 15.
23 Dazu auch u, Rdnr. 15.
24 Dazu auch u. Rdnr. 57, 63.
25 Dazu o. Rdnr. 6, sowie § 4b Rdnr. 51.

Abs. 1 Satz 1 Nr. 1. Neben den für die Anwendung des § 28 maßgeblichen Gesichtspunkten[26] gilt es freilich eine Reihe weiterer, vor dem Hintergrund einer auslandsbezogenen Übermittlung besonders wichtiger Aspekte zu beachten.

13 Entscheidend ist zunächst **nicht der Ort**, an dem sich der Empfänger befindet, sondern ausschließlich der unmittelbare **Zusammenhang zwischen der Übermittlung und der vertraglichen oder vorvertraglichen Beziehung**. Wohin die jeweils in Betracht kommenden Angaben übermittelt werden sollen, spielt also weiter keine Rolle. Auf die Datenschutzvorkehrungen im Empfängerland kommt es deshalb grundsätzlich so lange nicht an, wie es sich um **eindeutig auslandsbezogene Vereinbarungen** handelt.[27] Reise- und Flugbuchungen, Auslandsüberweisungen sowie die Weitergabe der Garantiedaten an einen ausländischen Hersteller sind genauso typische Beispiele dafür wie die Reservierung von Mietwagen und Übermittlung von Angaben im Rahmen eines Versicherungsvertrages, der im Hinblick auf einen Auslandsaufenthalt abgeschlossen wurde. In jedem dieser Fälle wissen die Betroffenen nicht nur, dass Daten zu ihrer Person ins Ausland weitergegeben werden müssen, sondern sie streben selbst vertragliche Beziehungen an, die ihren Zweck erst durch diese Weitergabe erfüllen können. Unter diesen Umständen erscheint es auch gerechtfertigt, sich auf die Frage nach den Datenschutzvorkehrungen im Empfängerland gar nicht erst einzulassen.

14 Eine durchaus vergleichbare Situation liegt dann vor, wenn es zwar an einem klar auslandsbezogenen Vertragszweck fehlt, das Vertragsverhältnis aber einen für die Betroffenen **deutlich erkennbaren** und von ihnen auch **in Kauf genommenen Auslandsbezug** aufweist. **Arbeitsverträge leitender Angestellter multinationaler Unternehmen** sind eines der Beispiele dafür. Sie kennen die Unternehmensstruktur, wissen, dass eine interne Mobilität zu den organisatorischen Begleitmerkmalen der Multinationalität zählt und müssen daher mit einer Übermittlung der im Interesse dieser Mobilität erforderlichen Informationen rechnen.[28] Der Akzent liegt insofern auf der **Eigenart bestimmter Arbeitsverhältnisse** und nicht etwa auf der Multinationalität des Unternehmens.[29]

15 Die für leitende Angestellte typische Situation kann sich insofern durchaus bei anderen Beschäftigten wiederholen, vor allem in Fällen, in denen sich etwa ein Teil ihrer **Tätigkeit im Ausland** vollzieht, oder eine **Versetzung** an ein im Ausland befindliches konzernangehöriges Unternehmen erfolgen soll.[30] Wiederum geben ausschließlich die Besonderheiten ihrer Aufgaben den Ausschlag, und nicht etwa die Tatsache, dass ein konzerninterner Austausch „weit verbreitet" oder gar „offenkundig" ist.[31] Bei allen übrigen Arbeitnehmern könnte allenfalls eine ausdrücklich in ihren **Arbeitsvertrag** aufgenommene **Übermittlungsklausel** die Weitergabe rechtfertigen, die allerdings den Anforderungen an vertragliche Abmachungen (§ 4c Abs. 2) genauso wie den nicht zuletzt in bereichsspezifischen gesetzlichen Bestimmungen festgehaltenen Erwartungen entsprechen müsste.[32]

16 Bei **vorvertraglichen Beziehungen** versucht das Gesetz (§ 4c Abs. Satz 1 Nr. 2), allen Bestrebungen der potenziellen Vertragspartner entgegenzuwirken, die noch unklare Situation zu nutzen, um Daten der Betroffenen in Drittländer weiterzugeben. Die bloße Kenntnis der Übermittlungsabsicht berechtigt noch nicht zur Weitergabe. Sie ist vielmehr **nur auf Veranlassung der Betroffenen** zulässig. Das BDSG besteht damit wiederum auf einer aktiven Mitwirkung der Betroffenen und legitimiert damit die Verwendung der Daten in einem Land, das über kein angemessenes Schutzniveau verfügt.

17 **Übermittlungen sind**, drittens, **zulässig, wenn sie dazu dienen, einen Vertrag zu erfüllen, den Dritte im Interesse der Betroffenen abschließen wollen oder bereits abgeschlossen**

26 Dazu § 28 Rdnr. 79 ff.
27 Vgl. auch *Ellger,* Datenschutz, 201; *Bergmann,* Grenzüberschreitender Datenschutz, 85.
28 So gesehen kann man durchaus von einem „konzerndimensionalen Arbeitsverhältnis" sprechen, *Däubler,* Belegschaften, Rdnr. 454; vgl. auch den 5., LT-Drs. 13/2650, 19, und 8. *BerHessL,* LT-Drs. 14/299, 16; *Weichert,* DANA 1996, H. 4/5, 11; *Ruppmann,* Austausch, 75 ff.; sowie § 28 Rdnr. 212.
29 Vgl. auch *Ruppmann,* Austausch, 75 f.; *Wohlgemuth,* BB 1991, 342.
30 Dazu auch *Wohlgemuth,* BB 1991, 342.
31 Vgl. auch *Däubler,* in *Büllesbach* (Hrsg.), Datenverkehr, 80; *Wohlgemuth,* BB 1991, 341.
32 Dazu o. Rdnr. 6, sowie § 4b Rdnr. 51.

haben (§ 4c Abs. 1 Satz 1 Nr. 3). Das BDSG greift mit dieser Bestimmung eine in der EG-Datenschutzrichtlinie (Art. 26 Abs. 1 Buchst. c) ausdrücklich erwähnte, im BDSG (§ 28) allerdings nicht unmittelbar angesprochene Fallkonstellation auf. Gemeint sind Verträge, an denen die Betroffenen zwar **nicht beteiligt** sind, von denen sie **aber begünstigt** werden. Die Palette reicht von einer Bücherbestellung über die auf Veranlassung eines inländischen Reisebüros von lokalen Unternehmen vorgenommenen Hotel- oder Mietwagenreservierungen bis hin zur Einschaltung von Korrespondenzbanken im Rahmen internationaler Überweisungen. Keiner dieser Verträge lässt sich ohne Kenntnis bestimmter Informationen über die Betroffenen erfüllen. Wenn sie daher das direkt an sie auszuliefernde Buch bekommen, sich auf die Überweisung verlassen oder von der Reservierung profitieren wollen, müssen sie die Weitergabe ihrer Daten hinnehmen. Das BDSG findet sich deshalb bereit, die Übermittlung im manifesten Interesse der Betroffenen zu tolerieren und knüpft daher einmal mehr die Weitergabe nicht an ein angemessenes Datenschutzniveau im Empfängerland.

Übermittlungen sind, viertens, **zulässig, wenn damit wichtige öffentliche Interessen gewahrt oder Rechtsansprüche vor Gericht geltend gemacht, ausgeübt oder verteidigt werden sollen** (§ 4c Abs. 1 Satz 1 Nr. 4). Die restriktive Tendenz des Gesetzes bleibt sichtbar. Gleichviel welche der beiden Anwendungsvarianten man nimmt, das BDSG bemüht sich, wie schon die EG-Datenschutzrichtlinie (Art. 26 Abs. 1 Buchst. d), um Formulierungen, die den Anwendungsbereich des § 4c Abs. 1 Satz 1 Nr. 4 möglichst überschaubar gestalten sollen. Anders jedoch als bei den vorausgehenden Bestimmungen (Nr. 1 bis 3) verzichtet der Gesetzgeber in Nr. 4 auf die Forderung nach einem angemessenen Datenschutzniveau im Empfängerland nicht mit Rücksicht auf die Mitwirkung der Betroffenen und ihr evidentes Interesse an der Weitergabe ihrer Daten. Die Übermittlung wird vielmehr mit **„übergeordneten“ Interessen** gerechtfertigt. Öffentliche Belange und das Interesse an einer komplikationsfreien Geltendmachung von Rechtsansprüchen versetzen die Weitergabe in einen **neuen Legitimationskontext** und stellen sie damit auf eine andere Grundlage. 18

Die Übermittlung setzt ein **qualifiziertes „öffentliches Interesse“** voraus. Vage Hinweise auf öffentliche Belange reichen deshalb nicht aus. Das Gesetz gibt allerdings nicht einmal andeutungsweise an, wann ein **„wichtiges“** öffentliches Interesse vorliegt. Die **Darlegungslast** verschiebt sich unter diesen Umständen ganz auf die übermittelnde Stelle. Sie muss begründen, warum dem „öffentlichen Interesse“, auf das sie sich beruft, um die Übermittlung zu rechtfertigen, eine besondere Bedeutung zukommt. Sie trägt daher auch die Verantwortung dafür, dass tatsächlich nicht ein beliebiges, sondern ein wirklich „wichtiges“ öffentliches Interesse auf dem Spiel steht. Zu den schon bei den Vorarbeiten der EG-Datenschutzrichtlinie angeführten Beispielen gehört vor allem die Übermittlung der für eine Überwachung von Finanzinstituten erforderlichen Daten.[33] Die Erwägungsgründe (Nr. 58) verweisen auf den internationalen Datenaustausch der Steuer- oder Zollverwaltungen sowie der für die soziale Sicherheit zuständigen Dienste. 19

Wie sehr es auf eine betont **restriktive Interpretation** ankommt, zeigt die Erfahrung mit § 28 Abs. 8. Der Gesetzgeber hat die ihm von der EG-Datenschutzrichtlinie (Art. 8 Abs. 4) eingeräumte Möglichkeit genutzt, den Verwendungsspielraum sensitiver Daten mit Rücksicht auf wichtige öffentliche Interessen zu erweitern, um besonders die Befugnisse der **Sicherheitsbehörden** auszubauen.[34] Mit ähnlichen Bestrebungen ist deshalb auch bei der Anwendung des § 4c Abs. 1 Satz 1 Nr. 4 zu rechnen. Nicht von ungefähr ist bereits im Zusammenhang mit der entsprechenden Bestimmung in der EG-Datenschutzrichtlinie (Art. 26 Abs. 1 Buchst. d) auf ihre Bedeutung für die Bekämpfung der Geldwäsche hingewiesen worden.[35] Interpretationsversuchen, die in diese Richtung zielen, sind freilich schon deshalb, jedenfalls partiell, Grenzen gesetzt, weil die Anwendung des § 4c Abs. 1 Satz 1 20

33 Vgl. den Geänderten Vorschlag der Kommission v. 15.10.1992, EU DS, EG-KOM SYN 287, Kommentare zu den Artikeln, Art. 26.
34 Dazu § 28 Rdnr. 344 ff.
35 Vgl. den Geänderten Vorschlag der Kommission v. 15.10.1992, EU DS, EG-KOM SYN 287, Kommentare zu den Artikeln, Art. 26.

Nr. 4 strikt auf den Geltungsbereich des Gemeinschaftsrechts begrenzt ist.[36] Abgesehen davon werden die Voraussetzungen für grenzüberschreitende Übermittlungen im Sicherheitsbereich in aller Regel, sei es in Beschlüssen des Rates und Abkommen zwischen den EU-Mitgliedstaaten, sei es in internationalen Vereinbarungen festgelegt.[37]

21 Das BDSG lässt, wie bei sensitiven Daten (§ 28 Abs. 6 Nr. 3),[38] in § 4c Abs. 1 Nr. 4 ebenfalls eine Übermittlung zu, um **Rechtsansprüche** geltend zu machen, auszuüben oder zu verteidigen. Weitergaben sind allerdings, anders als bei sensitiven Angaben, nur zulässig, wenn die Daten im Zusammenhang mit einem **gerichtlichen Verfahren** verwendet werden sollen. Das Gesetz versieht damit sämtliche, **keineswegs auf bestimmte Personen beschränkte,** sich also auf die Prozessbeteiligten genauso wie auf Zeugen beziehende Übermittlungen mit einer verbindlichen Verwendungsschranke. **Verfahrenszwecke rechtfertigen und begrenzen zugleich den Zugriff auf die Daten**. Umso unverständlicher ist es, warum der Gesetzgeber in § 28 Abs. 6 Nr. 3 auf diese Einschränkung verzichtet hat, obwohl sie in der EG-Datenschutzrichtlinie sowohl in Art. 8 Abs. 2 Buchst. e als auch in Art. 26 Abs. 1 Buchst. d ausdrücklich erwähnt wird. Umgekehrt enthält § 28 Abs. 6 Nr. 3 eine Restriktion, die in § 4c Abs. 1 Nr. 4 gar nicht vorkommt. Mag sein, dass die gezielte Einengung auf gerichtliche Verfahren dafür spricht, die Weitergabe nicht an überwiegenden schutzwürdigen Interessen der Betroffenen scheitern zu lassen. Verfahrensbedingte Übermittlungen sind freilich grundsätzlich in bilateralen und internationalen Vereinbarungen geregelt. Ob deshalb eine unbeschränkte Weitergabe gerechtfertigt ist, erscheint zumindest zweifelhaft.

22 **Übermittlungen sind**, fünftens, **zulässig, um lebenswichtige Interessen zu wahren** (§ 4c Abs. 1 Satz 1 Nr. 5). Im Einklang mit der EG-Datenschutzrichtlinie (Art. 26 Abs. 1 Buchst. e) und anders als in den §§ 13 Abs. 2 Nr. 3 sowie 28 Abs. 6 Nr. 1[39] verzichtet das Gesetz darauf, die Übermittlung auf Fälle zu beschränken, in denen die Betroffenen physisch oder rechtlich nicht in der Lage sind, selbst zu entscheiden. Einen plausiblen Grund dafür gibt es nicht. Die Tatsache, dass in der EG-Datenschutzrichtlinie, Art. 26 Abs. 1 Buchst. e offensichtlich Art. 7 Buchst. d aufgreift und schlicht wiederholt, ist noch lange keine ausreichende Begründung. Im Gegenteil, gerade die im Laufe der Entstehungsgeschichte der EG-Datenschutzrichtlinie angeführten „schweren medizinischen Fälle“, etwa die sofortige Übermittlung von Blutwerten für eine Transfusion nach einem Unfall, sprechen ebenso wie die Ausführungen der EG-Kommission zu ihrem Regelungsvorschlag[40] eindeutig für eine Begrenzung. Erst recht kommt es daher auf eine restriktive Interpretation an, deren Ziel es sein muss, die **Entscheidung den Betroffenen zu überlassen**. Es sind ihre „lebenswichtige“ Interessen, die auf dem Spiel stehen. Sie sind es deshalb auch, die, solange sie es können, darüber zu bestimmen haben, ob ihre Daten weitergegeben werden sollen. Das Gesetz (§ 4c Abs. 1 Satz 1 Nr. 1[41]) bietet dazu durchaus die Möglichkeit. § 4c Abs. 1 Satz 1 Nr. 5 ist insofern **weitgehend überflüssig**.

23 **Übermittlungen** sind, sechstens, **zulässig, wenn die Daten aus öffentlichen Registern stammen** (§ 4c Abs. 1 Satz 1 Nr. 6). Die Übermittlungsschranken sind bei öffentlich zugänglichen Daten generell niedriger. Der Gesetzgeber reagiert freilich in § 4c Abs. 1 Nr. 6, ganz nach dem Vorbild der EG-Datenschutzrichtlinie (Art. 26 Abs. 1 Buchst. f), deutlich restriktiver als etwa bei der Weitergabe sensitiver Daten (§ 28 Nr. 2).[42] Geregelt wird, ähnlich wie in § 28 Abs. 1 Satz 1 Nr. 3,[43] lediglich die Übermittlung von Daten aus **allen öffentlichen** und deshalb **nicht nur behördlichen** Registern.[44] **Uneingeschränkt übermittlungsfähig** sind allerdings

36 Dazu o. Rdnr. 4.
37 Dazu § 4b Rdnr. 40, 81.
38 Dazu § 28 Rdnr. 332 f.
39 Dazu die §§ 13 Rdnr. 37; 28 Rdnr. 327 ff.
40 Vgl. den Geänderten Vorschlag der Kommission v. 15.10.1992, EU DS, EG-KOM SYN 287, Kommentare zu den Artikeln, Art. 7; Art. 26.
41 Dazu o. Rdnr. 8 ff.
42 Dazu § 28 Rdnr. 330 f.
43 Dazu § 28 Rdnr. 191 ff.
44 Vgl. auch *Gola/Schomerus*, BDSG § 4c Rdnr. 8.

nur personenbezogene Angaben aus ebenfalls uneingeschränkt einsehbaren Registern, wie dem Handels-, Vereins- oder Güterrechtsregister. Wo dagegen der Zugang eine **besondere Berechtigung** voraussetzt, wie beim Grundbuch, dem BZR und dem Schuldnerverzeichnis, ist die **Übermittlungsmöglichkeit genauso begrenzt**. Weitergabeberechtigt sind ausschließlich diejenigen, die auch sonst Einsicht nehmen dürfen. Nichts anderes gilt für die **Adressaten**. Als Empfänger kommen also, wie die Erwägungsgründe der EG-Datenschutzrichtlinie (Nr. 58) ausdrücklich hervorheben, **nur Stellen** in Betracht, **die** ihrerseits **befugt gewesen wären, das je spezifische Register zu konsultieren**. Die Übermittlung in ein Drittland legitimiert mit anderen Worten nicht einen, sei es nur indirekten, freien Informationszugang. Die Daten bleiben beschränkt zugänglich.

§ 4c Abs. 1 Satz 1 Nr. 1 lässt auch und gerade bei **öffentlichen Registern** nur die Übermittlung der Daten **bestimmter Einzelpersonen** zu. Eine Weitergabe aller im Register enthaltenen Angaben oder nur verschiedener Kategorien von Daten scheidet also von vornherein aus.[45] Die Chancen, eine solche, von der EG-Datenschutzrichtlinie (Erwägungsgrund Nr. 58) ausdrücklich befürwortete Regelung durchzusetzen, sind freilich in Anbetracht der zunehmenden Automatisierung der Register nicht allzu groß, wie allein schon die Erfahrungen mit der Reproduktion einzelner Register und ihrer bewusst international betriebenen kommerziellen Verwertung zeigen. Der Anwendungsbereich des § 4c Abs. 1 Satz 1 Nr. 6 dürfte sich daher mehr und mehr auf Übermittlungen aus beschränkt zugänglichen Registern reduzieren. 24

2.2 Zweckbindung (Abs. 1 Satz 2)

Übermittelnde Stellen müssen die Adressaten auf ihre **Verpflichtung** hinweisen, **die ihnen zugegangenen Daten nur für den Übermittlungszweck zu verwenden** (§ 4c Abs. 1 Satz 2). Auf den ersten Blick wiederholt das Gesetz eine bereits in § 4b getroffene Regelung (Abs. 6).[46] Statt es freilich bei dem dort gewählten Wortlaut zu belassen, hält sich der Gesetzgeber in § 4c Abs. 1 Satz 2 ganz an § 17 Abs. 4 des BDSG 90.[47] Der Vorteil: Die Gefahr einer eindeutig dem Zweck der Hinweispflicht, aber auch der Entstehungsgeschichte der gesetzlichen Regelung widersprechenden Interpretation[48] kann gar nicht erst auftreten. Vielmehr steht eindeutig fest, dass der Hinweis auf den Übermittlungszweck nur so lange einen Sinn hat, wie die Übermittlungsadressaten auch und vor allem auf ihren durch den Übermittlungszweck verbindlich begrenzten Verwendungsspielraum aufmerksam gemacht werden. Interpretation und Anwendung der §§ 4b Abs. 6 und 4c Abs. 1 Satz 2 müssen sich deshalb erst recht nach den gleichen Grundsätzen richten.[49] 25

2.3 Verantwortung

Die **übermittelnde Stelle** ist für die Einhaltung der gesetzlichen Anforderungen **verantwortlich**. Anders als § 4b beinhaltet § 4c keine dem § 4b Abs. 5 entsprechende Regelung. Das Gesetz beschränkt sich zwar l in § 4c darauf, festzulegen, wann § 4b Abs. 2 nicht beachtet werden muss, personenbezogene Daten also selbst dann übermittelt werden dürfen, wenn sich der Adressat nicht an „angemessene" Datenschutzvorgaben halten muss. Über die Verantwortung für die Weitergabe ist aber damit nichts ausgesagt. Sie richtet sich deshalb, wie bei allen anderen Übermittlungen, nach § 4b Abs. 5.[50] 26

Für eine Anwendung des § 4b Abs. 5 spricht auch, dass die in § 4c Abs. 1 Satz 1 geregelten **Übermittlungskonstellationen** es genauso wie die Übermittlungsfälle des § 4b Abs. 1 und 2 rechtfertigen, die **Verantwortung** für die Weitergabe **der übermittelnden Stelle aufzuerlegen**. Gleichviel, ob es um die für eine Einwilligung der Betroffenen (Nr. 1) notwendigen 27

45 Vgl. auch *Gola/Schomerus*, BDSG § 4c Rdnr. 8.
46 Dazu § 4b Rdnr. 93 ff.
47 Dazu die 4. Auflage dieses Kommentars, § 17 Rdnr. 40 ff., sowie § 4b Rdnr. 93.
48 Vgl. § 4b Abs. 6 des RegE, sowie die Begründung, BR-Drs. 461/00, 84, und § 4b Rdnr. 93.
49 Dazu § 4b Rdnr. 94 f.; anders *Bergmann/Möhrle/Herb*, BDSG § 4c Rdnr. 13 f.
50 Dazu § 4b Rdnr. 89 ff.

Informationen, die Restriktion der Übermittlung auf die für die Erfüllung der konkret bestehenden vertraglicher Verpflichtungen erforderlichen Angaben (Nr. 2), die Feststellung, ob ein „wichtiges" öffentliches Interesse vorliegt (Nr. 4), oder die Weitergabe personenbezogener Angaben aus öffentlichen Registern (Nr. 6) geht, die übermittelnde Stelle ist in jedem dieser Fälle verpflichtet, zu prüfen, ob die gesetzlich vorgeschriebenen Übermittlungsvoraussetzungen gegeben sind. Sie muss deshalb auch dafür einstehen.

28 Übermittelnde Stellen, die ihrer Verantwortung nicht nachkommen, müssen genauso wie in den Übermittlungsfällen des § 4b Abs. 1 und 2[51] nicht nur mit einer **Schadenersatzpflicht** (§§ 7 und 8), sondern auch mit einem **Bußgeld** (§ 43 Abs. 2 Nr. 1) und gegebenenfalls mit einer **Strafe** (§ 44 Abs. 1 Satz 1) rechnen.

3. Genehmigungspflichtige Ausnahmen (Abs. 2)

3.1 Regelungskonzept

29 § 4c Abs. 2 ergänzt die Liste des § 4c Abs. 1 Satz 1 um **genehmigungspflichtige Ausnahmen.** Beide Vorschriften verfolgen dasselbe Ziel: grenzüberschreitende Übermittlungen zu erleichtern. So deutlich der Gesetzgeber auf einem „angemessenen Datenschutzniveau" besteht (§ 4b Abs. 2 Satz 2), so wenig kann er übersehen, dass der Datenschutz nicht zuletzt unter dem Einflusse der Europäischen Union international zwar zunimmt,[52] die **Anzahl der Länder, die über angemessene Regelungen verfügen**, aber immer noch klein ist. Beides, gesetzlich vorgesehene und genehmigungspflichtige Ausnahmen, spiegelt deshalb, wie schon Art. 26 Abs. 1 und 2 der EG-Datenschutzrichtlinie, den Versuch wider, **Kompromisse** zu finden, die eine Übermittlung erlauben, ohne den Datenschutz nachhaltig infrage zu stellen. Beides illustriert schließlich den Wunsch des Gesetzgebers, eine **ebenso flexible wie möglichst breit anwendbare Regelung** durch eine **Kombination generell geltender Vorschriften** (§ 4c Abs. 1 Satz 1) und **Einzelfallentscheidungen** (§ 4c Abs. 2) zu erreichen.

30 Das Ziel mag gleich sein, der Gesetzgeber geht dennoch verschieden vor. Die **gesetzlichen Ausnahmen** (§ 4c Abs. 1 Satz 1) sind nicht nur **abschließend aufgezählt**, sondern auch mit einem durch die **Mitwirkung der Betroffenen** oder den **Hinweis auf übergeordnete Interessen** legitimierten **Verzicht auf ein angemessenes Datenschutzniveau** verbunden.[53] Die **genehmigungspflichtigen Ausnahmen** (§ 4c Abs. 2) sind dagegen **nicht näher definiert** und durchweg an die **Gewährleistung des Datenschutzes** geknüpft. Zudem: Anders als bei den gesetzlichen Ausnahmen liegt bei den genehmigungspflichtigen Ausnahmen der Akzent auf der **administrativen Steuerung.**[54] Den an der Übermittlung interessierten Stellen steht es zwar frei, Regeln zu formulieren. Ob es zu einer Übermittlung kommt, hängt letztlich ganz von der jeweils zuständigen Aufsichtsbehörde ab. Ihre Intervention ermöglicht einerseits eine am Einzelfall orientierte Lösung zu finden, garantiert aber andererseits eine datenschutzkonforme Weitergabe.

31 § 4c Abs. 2 ist deshalb **kein Anwendungsfall einer „Selbstregulierung"**, geschweige denn ein erstes Zeichen für ein neues auch und gerade an der „Selbstregulierung" orientiertes Datenschutzkonzept,[55] allenfalls ein typisches Beispiel einer **„regulierten Selbstregulierung".**[56] Der Gesetzgeber hat es genauso wie die EG-Datenschutzrichtlinie (Art. 26 Abs. 2) abgelehnt,[57] Regelungen zu treffen, die den Vorstellungen und Zielen der übermittelnden

51 Dazu § 4b Rdnr. 92.

52 Dazu Einleitung, Rdnr. 127 ff.

53 Dazu o. Rdnr. 7 ff.

54 Dazu auch o. Rdnr. 2.

55 Dazu Einleitung. Rdnr. 109 ff.; vgl. freilich *Heil,* DuD 2001, 129 ff.; *Karstedt- Meierrieks,* DuD 2001, 287 ff.; *Räther/Seitz,* MMR 2002, 526; aber auch *Weniger,* Datenübermittlungen, 500.

56 Dazu insb. *Hoffmann/Riem,* in *M. Schulte* (Hrsg.), Technische Innovation und Recht (1997), 3 ff.; Regulierte Selbstregulierung als Steuerungskonzept des Gewährleistungsstaats, Symposium für *W. Hoffmann-Riem,* Die Verwaltung (2001), Beiheft 4; sowie *Roßnagel/Roßnagel,* Handbuch 3.6 Rdnr. 68 ff.

57 Dazu *Dammann/Simitis,* EG-Datenschutzrichtlinie, Art. 26 Rdnr. 20; *Brühann,* in GH II/*Wolf* A 30 Art. 26 Rdnr. 13.

Stellen entsprechen. Ihre Erwartungen sind eben nicht Anknüpfungspunkt und Maßstab der angestrebten Regelung, sondern die vom Gesetz (§ 4c Abs. 2) geforderten und von der Aufsichtsbehörde sorgfältig zu überprüfenden **Datenschutz-Garantien**. Den **übermittelnden Stellen** fällt so gesehen eine zweifache Aufgabe zu: Die **Initiative** liegt, erstens ganz bei ihnen. Es ist also ausschließlich ihre Sache zu entscheiden, ob in Anbetracht ihrer Aktivitäten und Erfahrungen eine Übermittlungsregelung nach § 4c Abs. 2 angebracht erscheint. Sie müssen, zweitens, in Kenntnis und unter Berücksichtigung der je spezifischen Merkmale der geplanten Weitergabe den Aufsichtsbehörden einen **Regelungsvorschlag** vorlegen. Mit ihrem Vorstoß schlagen sie, anders ausgedrückt, die **Brücke zum Einzelfall** und schaffen damit die Voraussetzungen für Übermittlungsbedingungen, die sich seinen Besonderheiten anpassen ohne deshalb die Anforderungen des Datenschutzes zu übergehen.

§ 4c Abs. 2 ist, bei genauer Betrachtung, eine Variante der zunächst in das britische DSG von 32
1984 (sec. 36 Abs. 4) und das niederländische DSG von 1989 (§ 15 f.) aufgenommenen und später von der EG-Datenschutzrichtlinie (Art. 27)[58] sowie vom BDSG (§ 38a)[59] übernommenen **Verhaltensregeln**. Sie bieten den verantwortlichen Stellen die Möglichkeit, eigene Vorschriften zu entwickeln, allerdings immer nur im Rahmen der gesetzlichen Vorgaben an die Verwendung personenbezogener Daten und mit dem Ziel, die gesetzlichen Bestimmungen weiter zu konkretisieren.[60] Wie die Verhaltensregeln sind auch die Übermittlungsvorschriften nach § 4c Abs. 2 ein **komplementäres Instrument**, das die gesetzlichen Anforderungen präzisieren und nicht etwa substituieren soll.[61] Beide werden deshalb vom Gesetzgeber nur in Verbindung mit einer Genehmigung durch die Aufsichtsbehörden hingenommen. Anders als bei den Verhaltensregeln geht es freilich nicht darum, auf Verwendungsprobleme im nationalen Bereich zu reagieren, sondern den **Mangel an Datenschutzbestimmungen im Empfängerland zu kompensieren** und eine möglichst weltweite Geltung der Datenschutzgrundsätze sicherzustellen.

Gegenstand einer Regelung nach § 4c Abs. 2 kann eine **einzelne Übermittlung** ebenso wie 33
die Weitergabe einer **bestimmten Art von Daten** sein. Das Gesetz geht zwar von besonderen auf den Einzelfall zugeschnittenen Regelungen aus, vermeidet es aber, Einzelheiten anzusprechen. Allein schon der Aufwand legt es jedoch nahe, auf § 4c Abs. 2 vor allem bei Übermittlungen zurückzugreifen, die sich durch **eine Reihe gemeinsamer Merkmale** auszeichnen sowie **regelmäßig und vielfach** erfolgen. Die **Adressaten** brauchen dagegen nicht identisch zu sein. Der Vorteil einer Regelung nach § 4c Abs. 2 liegt im Gegenteil in der Möglichkeit, Übermittlungen personenbezogener Daten an verschiedene Geschäftspartner in einer Vielzahl von Ländern nach denselben Grundsätzen vorzunehmen. Erst recht gibt genau dieser Gesichtspunkt dann den Ausschlag, wenn die Daten an mehrere Unternehmen weitergeben werden sollen, die in unterschiedlichen Ländern tätig sind, aber ein und derselben Unternehmensgruppe angehören.

§ 4c Abs. 2 richtet sich primär an **nicht-öffentliche Stellen**. Dafür spricht schon der Geset- 34
zeswortlaut. Die Zuweisung der Genehmigungsaufgabe an die „Aufsichtsbehörden" deutet genauso in diese Richtung wie der Hinweis auf „Vertragsklauseln" und „Unternehmensregelungen" als Grundlage möglicher Garantien (§ 4c Abs. 2 Satz 1). Regelungen nach § 4c Abs. 2 können zudem die ihnen zugedachte kompensatorische Funktion grundsätzlich nur im nicht-öffentlichen Bereich erfüllen. Bei **öffentlichen Stellen** lässt sich dagegen ein angemessenes Datenschutzniveau im Prinzip lediglich über **internationale Vereinbarungen** erreichen.

§ 4c Abs. 2 Satz 3 legt allerdings den Schluss nahe, dass **öffentliche Stellen** ebenfalls Rege- 35
lungen nach § 4c Abs. 2 anstreben können. Das Gesetz geht zwar in dieser Bestimmung nur auf die Genehmigungskompetenz ein. Aussagen dazu machen jedoch nur so lange einen Sinn, wie es auch Regelungen geben kann, die kontrolliert und genehmigt werden müssen. Aller-

58 Dazu *Dammann/Simitis*, EG-Datenschutzrichtlinie, Einleitung, Rdnr. 11, Art. 27 Rdnr. 1 ff.; *Brühann*, in GH II/*Wolf* A 30 Art. 27 Rdnr. 1 ff.; *Papakonstantinou*, Self-Regulation, 24 ff., 91 ff.

59 Dazu § 38a insb. Rdnr. 32 ff.

60 Vgl. auch *Simitis*, in Collected Courses, 109 f.; *Papakonstantinou*, Self-Regulation, 35 ff., 51 ff., 143 ff.

61 Dazu *Simitis*, DuD 2000, 724 f.; sowie *Dix*, in *Bäumler* (Hrsg.), E-Privacy, 101.

dings fällt es schwer, sich vorzustellen, um welche Daten es dabei gehen kann, und wer die möglichen Adressaten sind. In Betracht kommen wohl lediglich Übermittlungen an **internationale Organisationen** und **nicht-öffentliche Stellen**. Für die ersteren gilt freilich genauso wie für die Weitergabe personenbezogener Daten an öffentliche Stellen in Drittländern: Der Datenaustausch wird in internationalen Abkommen geregelt. Bei den letzteren dürfte es sich um gelegentliche Übermittlungen handeln, eine Anwendung des § 4c also schon deshalb nicht gerechtfertigt sein.[62]

3.2 Genehmigung

36 Die nach § 4c Abs. 2 Satz 1 erforderliche **Genehmigung** ist bei **Übermittlungen nicht-öffentlicher Stellen** von der nach § 38 für die Kontrolle des Datenschutzes zuständigen **Aufsichtsbehörde**[63] zu erteilen. Im Allgemeinen dürfte es die Aufsichtsbehörde sein, in deren Zuständigkeitsbereich, die **verantwortliche Stelle** ihren **Sitz** hat. Kompetenzschwierigkeiten werden in aller Regel durch den **Düsseldorfer Kreis**[64] gelöst. Weitaus komplizierter ist die Lage allerdings dann, wenn, wie bei Unternehmensregelungen,[65] die **Aufsichtsbehörden mehrerer EU-Mitgliedstaaten** in Betracht kommen. Die Art. 29 Datenschutzgruppe hat nachdrücklich für eine Koordination plädiert und Vorschläge vorgelegt.[66] Die Europäischen Datenschutzbeauftragten sind sich mittlerweile einig, multinationale Unternehmen nach ihrem Hauptsitz innerhalb der Europäischen Union aufzuteilen und die Entscheidungen der jeweiligen Aufsichtsbehörden unionsweit anzuerkennen.[67] Bei Post- (§ 42 Abs. 3 PostG) und Telekommunikationsunternehmen liegt die Kontroll- und damit auch die Genehmigungskompetenz beim **BfDI** (§ 4c Abs. 2 Satz 2).

37 Die **Aufsichtsbehörden** entscheiden nach pflichtgemäßem Ermessen. Ihre Entscheidungsfreiheit ist allerdings in zweifacher Hinsicht **eingeschränkt**. Soweit die EG-Kommission, wie etwa im Fall der EG-Standardvertragsklauseln,[68] bestimmte Regelungen nach Art. 31 Abs. 2 der EG Datenschutzrichtlinie ausdrücklich als **ausreichende Garantien** anerkannt hat, müssen sich auch die Aufsichtsbehörden danach richten (Art. 26 Abs. 4 der EG-Datenschutzrichtlinie).[69] Genauso ist es, wenn **bereits erteilte Genehmigungen** nach einem **Widerspruch** eines Mitgliedstaates oder der EG-Kommission für unzulässig erklärt werden (Art. 26 Abs. 3 i.V.m Art. 21 Abs. 2).[70] Die Genehmigung ist dann **zurückzunehmen**.[71] Nach wie vor fehlt es jedoch an einer verbindlichen Regelung, die auch und vor allem im Interesse der verantwortlichen Stellen den Zeitraum genau festlegen müsste, innerhalb dessen Widersprüche geltend gemacht werden können. An ihrer Notwendigkeit ändert auch ein **Widerrufsvorbehalt**[72] nichts. Er macht zwar auf das Widerrufsrisiko aufmerksam, beseitigt aber solange nicht die Ungewissheit, wie er nicht an eine Frist geknüpft ist. Erste Vorschläge der EG-Kommission waren allein schon deshalb wenig hilfreich, weil sie keine Ausschlussfrist vorgesehen haben.[73]

---

62 Dazu o. Rdnr. 32 f.
63 Dazu § 38 Rdnr. 13.
64 Dazu die §§ 1 Rdnr. 22, 38, 36, sowie *BlnDSB*, JB 2002, 136 ff.
65 Dazu u. Rdnr. 59 ff.; sowie *BlnDSB*, JB 2003, 111.
66 Übermittlung personenbezogener Daten in Drittländer: Anwendung von Art. 26 Abs. 2 der EU-Datenschutzrichtlinie auf verbindliche unternehmensinterne Vorschriften für den internationalen Datentransfer, angenommen am 3.6.2003, WP 74; sowie Working Document Setting Forth a Co-Operation Procedure for Issuing Common Opinions on Adequate Safeguards Resulting from „Binding Corporate Rules, angenommen am 14.4.2005, WP107.
67 Vgl. auch *BlnDSB*, JB 2003, 110.
68 Dazu u. Rdnr. 50 ff.
69 Vgl. auch *BWHinwBDSG* Nr. 40 v. 18.2.2002, B 2.8 = Dok. B 1.45; 15; *BerHessLR*, LT-Drs. 15/4659, 15 f.; *Tinnefeld/Ehmann/Gerling*, Einführung, 351.
70 Dazu auch *BlnDSB*, JB 2003, 111, 1134 ff.
71 Vgl. auch *Dammann/Simitis,* EG-Datenschutzrichtlinie, Art. 26. Rdnr. 20; *Roßnagel/Hillenbrand-Beck*, Handbuch 5.4, Rdnr. 85.
72 Vgl. *Schaffland/Witfang*, BDSG § 4c Rdnr. 3, 4; *Roßnagel/Hildenbrand-Beck*, Handbuch 5.4, Rdnr. 85; *Bergmann/Möhrle/Herb*, BDSG § 4c Rdnr. 24; aber auch *Backes/Eul/Guthmann/Martwich/Schmidt*, RDV 2004, 163.
73 EG-Kommission. Mitteilungen der Mitgliedstaaten nach Art. 26 Abs. 3 der Richtlinie und Austausch bewährter Verfahren, Vermerk v. 21.8.03; dazu *BlnDSB*, JB 2003, 111.

Die Genehmigung ist ein **Verwaltungsakt**. Wird sie verweigert, kann die verantwortliche Stelle dagegen vorgehen (§§ 68 ff. VwGO).

Genehmigungen dürfen grundsätzlich nur für einen **beschränkten Zeitraum** erteilt werden. Die Aufsichtsbehörden müssen also nicht nur auf den Inhalt und die Durchsetzbarkeit der einzelnen Regelungen achten, sondern auch ihre **Geltungsdauer befristen**.[74] Gleichviel, ob es um vertragliche Vereinbarungen oder Unternehmensregelungen geht, die Bewertung orientiert sich am speziellen Entscheidungskontext.[75] Die Bereitschaft, bestimmte Anforderungen an die Übermittlungen personenbezogener Daten in Drittländer für ausreichend zu halten, ist deshalb von vornherein mit konkreten Übermittlungskonstellationen und Verwendungsmodalitäten verknüpft, die sich unter dem Einfluss einer sich verändernden Unternehmenspolitik ebenso wandeln können wie unter der Einwirkung neuer gesetzlicher Vorschriften in den Empfängerländern. Beides spricht eindeutig dafür, die Genehmigung zeitlich zu begrenzen. Wie wichtig eine zeitliche Befristung ist, zeigt sich nicht zuletzt an den Entscheidungen der EG-Kommission zu den Standardvertragsklauseln und zur Auftragsverarbeitung. Die Geltungsdauer ist in beiden Fällen klar festgelegt.[76] 38

Eine **Sonderregelung** gilt für **öffentliche Stellen** (§ 4c Abs. 2 Satz 3). Das Gesetz behält ihnen die Entscheidung vor und durchbricht damit den ansonsten geltenden Grundsatz einer klaren Trennung zwischen der übermittelnden Stelle und der Genehmigungsinstanz. Im Unterschied zu nicht-öffentlichen Stellen brauchen sich also öffentliche Stellen nicht einer vom Einfluss und den Erwartungen der übermittelnden Stelle sorgfältig abgeschotteten und konsequent auf einen angemessen Schutz der Betroffenen bedachten Prüfung zu unterwerfen. Mehr noch: Der Gesetzgeber akzeptiert eine **Selbstkontrolle**, obwohl sich das BDSG in § 21 ausdrücklich für eine Überwachung aller öffentlichen Stellen durch den BfDI ausspricht. Umso grotesker wirkt es, dass der BfDI zwar für Genehmigungen bei der Post und den Telekommunikationsunternehmen zuständig ist (§ 4c Abs. 2 Satz 2), nicht aber in seinem ureigensten Kompetenzbereich, der Verwendung personenbezogene Daten durch öffentliche Stellen. § 4c Abs. 2 Satz 3 verstößt deshalb gegen die Systematik des BDSG und verletzt zugleich einen ebenso elementaren wie unverzichtbaren, von der EG-Datenschutzrichtlinie (Art. 28 Abs. 1)[77] explizit bestätigten Grundsatz des Datenschutzes: die Forderung nach einer unabhängigen Kontrolle.[78] 39

Die Intervention der Aufsichtsbehörden hat eine primär **diagnostische Funktion**, die allerdings um eine mindestens ebenso wichtige **prognostische Aufgabe** ergänzt wird.[79] Sie müssen zuallererst feststellen, ob die in § 4c Abs. 2 geforderten **Garantien** vorliegen,[80] die Voraussetzungen also prüfen, unter denen die beabsichtigte Übermittlung stattfinden soll. Sie sind aber genauso verpflichtet, sich mit der **Bestandsfestigkeit** der vorgeschlagenen Regelung auseinander zu setzen. Gemeint ist mehr als die Bereitschaft der beteiligten Stellen, sich auf Maßnahmen zur Durchsetzung der vorgesehenen Verwendungsschranken einzulassen. Die Aufsichtbehörden sind vielmehr auch und vor allem gehalten, die Bereitwilligkeit und Fähigkeit der übermittelnden Stellen zu beurteilen, sich nicht nur momentan, sondern **langfristig** nach den Garantien zu richten. 40

Eine noch so kritische Durchsicht des **Textes** der geplanten Regelung reicht so gesehen nicht aus. Ebenso wenig genügt es, sie mit bereits bestehenden Vereinbarungen abzugleichen. Die Aufsichtsbehörden müssen auf die **organisatorischen und technischen Rahmenbedingungen** genauso eingehen, wie auf die **bisherige Art und Weise der Verwendung personenbezogener Daten** durch die übermittelnde Stelle und, besonders dann, wenn es im Empfängerland keine oder nur rudimentäre Schutzvorkehrungen gibt, auf die **Zugriffsmöglichkeiten staatlicher oder anderer Stellen**. Nur dann besteht eine Chance, das künftige Verhalten der Übermitt- 41

74 Vgl. auch *Dammann/Simitis*, EG-Datenschutzrichtlinie, Art. 26. Rdnr. 20.
75 Dazu o. Rdnr. 31 sowie u. Rdnr. 60.
76 Dazu u. Rdnr. 50.
77 Dazu *Dammann/Simitis*, EG-Datenschutzrichtlinie, Einleitung, Rdnr. 40, Art. 28 Rdnr. 5.
78 BVerfGE 65, 1 (46); § 1 Rdnr. 10 ff.
79 Vgl. auch *Roßnagel/Hillenbrand-Beck*, Handbuch 5.4, Rdnr. 79.
80 Dazu u. Rdnr. 45 f,.

lungsadressaten, wie es die EG-Standardklauseln (Art. 4 Abs. 1 Buchst. c) ebenfalls ausdrücklich verlangen, zu bewerten, in die Entscheidung über die Genehmigung einzubeziehen.

42 **Fehlerhafte Genehmigungen** können eine **Ersatzpflicht der Aufsichtsbehörden** (Art. 34 GG i.V.m. § 839 BGB), aber auch der dafür verantwortlichen **Bediensteten** (§ 839 BGB) zur Folge haben.[81] Die Genehmigung nach § 4c Abs. 2 ist eine vom Gesetzgeber festgeschriebene Bedingung, die im Interesse der Betroffenen den spezifischen, mit der Übermittlung ihrer Daten in ein Drittland verbundenen Gefahren vorbeugen soll[82] § 4c Abs. 2 begründet deshalb eine ihnen gegenüber bestehende Amtspflicht. Fehlerhafte Genehmigungen sind infolgedessen **Amtspflichtverletzungen**, die bei einer Schädigung der Betroffenen eine **Amtshaftung** auslösen. Die Gründe können in einer unvollständigen Prüfung der Regelungsvorschläge und der Übermittlungsmodalitäten ebenso liegen wie in der Nichtbeachtung maßgeblicher Vorschriften, wie etwa der Entscheidungen der EG-Kommission zu den Standardvertragsklauseln oder der Auftragsverarbeitung.[83]

43 Die **Länder** sind verpflichtet, den **Bund** über die **Entscheidungen der Aufsichtsbehörden** nach § 4c Abs. 2 **zu informieren** (§ 4c Abs. 3). Der Gesetzgeber trägt mit dieser Vorschrift der in Art. 26 Abs. 3 der EG-Datenschutzrichtlinie vorgesehenen Pflicht der Mitgliedstaaten Rechnung, die EG-Kommission über die jeweils erteilten Genehmigungen zu unterrichten.[84] Der EG-Kommission soll damit die Möglichkeit gegeben werden, eine einheitliche Genehmigungspraxis nach Art. 31 Abs. 2 der EG-Datenschutzrichtlinie sicherzustellen.[85]

44 Der Bund ist **Durchgangsstation** und nicht Kontrollinstanz. Seine Aufgabe erschöpft sich also darin, alle ihm zugegangenen Genehmigungen an die EG-Kommission weiterzugeben. Er ist deshalb weder befugt, eine Auswahl zu treffen, noch berechtigt, einzelne Genehmigungen zu kommentieren. Divergenzen sind im „**Düsseldorfer Kreis**" zu erörtern.[86] Ihm bleibt es auch überlassen, nach Auswegen zu suchen. Die Erfahrung zeigt im Übrigen, dass die Aufsichtsbehörden gerade bei Fragen, die mit grenzüberschreitenden Übermittlungen zusammenhängen, bestrebt sind, sich rechtzeitig auf gemeinsame Regelungen zu einigen.[87]

3.3 Garantien

45 § 4c Abs. 2 macht die Genehmigung von **„ausreichenden Garantien"** abhängig. Das Gesetz sieht von weiteren, präziseren Aussagen zwar ab, gibt aber einen Bezugspunkt an: das **Persönlichkeitsrecht**. Der Hinweis mag nahe liegen, er ist trotzdem befremdlich. Die EG-Datenschutzrichtlinie (Art. 26 Abs. 2) geht zwar ähnlich vor.[88] In ihrem Fall waren es allerdings besonders terminologische Schwierigkeiten und die noch fehlende eigene Regelungstradition, die schließlich zur kumulativen Aufzählung mehrerer Bezugspunkte führte. Davon konnte jedoch bei der Novellierung des BDSG keine Rede sein. Was mit dem Datenschutz genau gemeint ist, stand ebenso längst fest, wie die verbindliche Grundlage aller Reflexionen über den Umgang mit personenbezogenen Daten, die **informationelle Selbstbestimmung** der Betroffenen. Sie und nicht der vage Hinweis auf das Persönlichkeitsrecht bestimmt deshalb die Anforderungen, denen „ausreichende Garantien" genügen müssen. Der Gesetzgeber hat es allerdings hier wie schon in § 1 Abs. 1 vorgezogen, an einer genauso überholten wie missverständlichen Formulierung festzuhalten.[89]

46 § 4c Abs. 2 legt damit den Akzent auf genau die Punkte, die auch für die Anwendung des § 4b Abs. 2 relevant sind.[90] Im einen wie im anderen Fall geht es um ein **„angemessenes Daten-**

---

81 Dazu auch § 7 Rdnr. 74.
82 Dazu o. Rdnr. 40 f.
83 Dazu u. Rdnr. 50 ff.
84 Dazu *Dammann/Simitis,* EG-Datenschutzrichtlinie, Art. 26 Rdnr. 21 ff.; *Brühann,* in GH II/*Wolf* A 30 Art. 26 Rdnr. 14 ff.; *Ehmann/Helfrich,* EG-Datenschutzrichtlinie, Art. 26 Rdnr. 28 ff.
85 Dazu auch *BlnDSB*, JB 2003, 111, 115.
86 Dazu die § 1 Rdnr. 22; 38 Rdnr. 36.
87 o. Rdnr. 36
88 Dazu o. Rdnr. 3.
89 Dazu § 1 Rdnr. 24 ff.
90 Dazu § 4b Rdnr. 48 ff.

schutzniveau" und in beiden Fällen kommt es auf die **Gleichwertigkeit** der angestrebten Regelung mit den in erster Linie im BDSG festgeschriebenen Verwendungsvorgaben an. Durchweg steht zudem der Schutz der Betroffenen im Mittelpunkt. Um ihretwillen muss festgestellt werden, ob „angemessene" Verwendungsschranken bestehen und nicht etwa um eine bessere Abwägung mit den Übermittlungserwartungen der verantwortlichen Stelle oder des Adressaten zu ermöglichen.[91] So wichtig es jedoch zunächst ist, das Augenmerk auf die **materiellen Voraussetzungen** zu richten, so wenig darf darüber ihre **Durchsetzung** vernachlässigt werden. Für § 4c Abs. 2 gilt daher, wie schon für die EG-Datenschutzrichtlinie (Art. 26. Abs. 2),[92] Regelungen, die, formal gesehen, durchaus sämtliche unter Angemessenheitsgesichtspunkten entscheidenden Anforderungen enthalten, reichen so lange nicht aus, wie ihre Durchsetzung nicht sichergestellt ist. Erwartungen, die bei der Bewertung der Angemessenheit gesetzlicher Vorschriften angebracht sind, lassen sich gewiss nicht auf Fälle übertragen, in denen es, wie in § 4c Abs. 2, vor allem um Vereinbarungen zwischen der übermittelnden Stelle und den Adressaten geht. Dennoch müssen auch diese Abmachungen so angelegt sein, dass eine konsequente und kontrollierbare Einhaltung der konkret vorgesehenen Verwendungsvoraussetzungen gewährleistet ist.

3.4 Vertragsklauseln

Vertragliche Vereinbarungen sind die wohl wichtigste Möglichkeit, die in § 4c Abs. 2 geforderten „Garantien" zu erbringen. Das BDSG weist ebenso ausdrücklich darauf hin wie die EG-Datenschutzrichtlinie (Art. 26 Abs. 2). Beide tragen damit einer schon kurz nach der Verabschiedung der ersten DSG, vor allem im Umfeld der Datenschutzkonvention des Europarates von 1981,[93] geäußerten Erwartung Rechnung.[94] Die Hoffnung, vertragliche Abmachungen als Regelungsinstrument nutzen zu können, hat zudem schon sehr früh immer intensivere Bestrebungen ausgelöst, die **Vertragsklauseln zu standardisieren und zu internationalisieren**. Die in einer gemeinsamen Studie des Europarates, der Europäischen Kommission und der Internationalen Handelskammer entwickelten Vorschläge sind mit das wichtigste Beispiel dafür.[95] 47

Nationale Erfahrungen und internationale Regelungsversuche haben freilich wieder und wieder das **gravierende**, gleich auf mehrere Gründe zurückzuführende **Datenschutzdefizit** aller vertraglichen Vereinbarungen verdeutlicht. So können die Vertragsparteien zwar im Verhältnis zueinander durchaus akzeptable Datenschutzvorkehrungen festlegen, nicht aber die bei einer Übermittlung in Drittländer gerade aus der Perspektive der Betroffenen besonders zu bedenkenden Zugriffsrechte staatlicher Stellen in Frage Stellen, geschweige denn ausschließen. So ändert die Bereitschaft zur vertraglichen Absicherung des Datenschutzes nichts an der Berechtigung der Vertragsparteien, ihre Abmachung jederzeit neu zu gestalten. So schreiben vertragliche Vereinbarungen durchaus Verpflichtungen im Umgang mit personenbezogenen Daten fest, garantieren jedoch den Betroffenen keine Kontrollmöglichkeiten wie sie die Datenschutzgesetze bieten. Und so sehen vertragliche Vereinbarungen schließlich fast durchweg davon ab, den Betroffenen Haftungsansprüche zuzugestehen.[96] 48

Manches lässt sich sicherlich partiell korrigieren, wie sich etwa an den vom **Düsseldorfer Kreis** verabschiedeten Regelungen von General Electric für den Datenschutz von Mitarbeiterdaten, sowie der Deutschen Telekom Gruppe zum Schutz der Persönlichkeitsrechte im 49

---

91 Das verkennen *Rittweger/Weiße*, CR 2003, 145.

92 Dazu *Dammann/Simitis,* EG-Datenschutzrichtlinie, Art. 26 Rdnr. 14 f.; *Brühann,* in GH II/*Wolf* A 30 Art. 26 Rdnr. 12.

93 Dazu Einleitung Rdnr. 151 ff.

94 Dazu insb. *Simitis,* RDV 1990, 11 f.; *Napier,* RDV 1990, 209 ff.; *Ehmann,* CR 1991, 234 ff., CR 1993, 255 ff.; *Ellger,* Datenschutz, 203 ff., RabelsZ 60 (1996), 743 ff.; *Draf,* Regelung, 127 ff.; *Wuermeling,* Handelshemmnis, 158 ff.

95 Model contract to ensure equivalent protection in the context of transborder data flows with explanatory report, angenommen vom Beratenden Ausschuß des Europarates am 2.11.1992, EU-DS, EuRAT.

96 Dazu insb. *Simitis/Dammann,* EG-Datenschutzrichtlinie, Art. 26 Rdnr. 16; *Simitis,* RDV 1990, 12; *Ehmann,* CR 1991, 235 f.; *Ellger,* RabelsZ 60 (1996), 761 ff.; *Draf,* Regelung, 141 f.; *Wuermeling,* Handelshemmnis, 158 ff.

Umgang mit personenbezogenen Daten zeigt.[97] Fast noch signifikanter ist das Beispiel der Co-Branding Vereinbarung zur „Bahn-Card" zwischen der Deutschen Bahn und einer Reihe von Tochtergesellschaften des US-amerikanischen Citicorp Konzerns und der dort vorgesehenen Kontrolle durch den BlnlDSB in den Vereinigten Staaten.[98] Ob solche Erfahrungen wiederholbar sind, hängt allerdings ganz von der keineswegs selbstverständlichen Bereitschaft des Empfängerlandes ab, Kontrollen durch eine ausländische öffentliche Stelle hinzunehmen. Datenschutzaudits (§ 9a) sind kein Ersatz dafür.[99] Sie verbessern zwar die Überwachungsmöglichkeiten, ohne aber die unabhängige Überprüfung mit allen ihren Konsequenzen ersetzen zu können.[100] Noch so präzise **Vertragsklauseln** bieten infolgedessen grundsätzlich **keine ausreichenden Datenschutzgarantien**.

50 **EG-Kommission** und Rat waren sich dessen durchaus bewusst. Sie haben es deshalb nicht bei dem Hinweis auf vertragliche Vereinbarungen (Art. 26 Abs. 2) belassen, sondern in Art. 26 Abs. 4 der EG-Kommission das Recht eingeräumt, **„Standardvertragsklauseln"** zu verabschieden, die einen angemessenen Schutz der Betroffenen sicherstellen.[101] Die Möglichkeit, Übermittlungsmodalitäten vertraglich zu regeln, wird also durchaus beibehalten, von der EG-Kommission aber erwartet, die den üblichen vertraglichen Abmachungen anhaftenden **Risiken für die Betroffenen** mit Hilfe eigens dafür entwickelter Vertragsbestimmungen **zu minimieren**. Sechs Jahre nach der Annahme der EG-Datenschutzrichtlinie hat die EG-Kommission nach Stellungnahmen der Datenschutzgruppe (Art. 29) und des Ausschusses (Art. 31) **Standardvertragsklauseln** für die Übermittlung personenbezogener Daten in Drittländer verabschiedet[102] und nur wenig später Regeln zur **Auftragsdatenverarbeitung**.[103] Die EG-Kommission war sich freilich nicht nur der Notwendigkeit ihrer Intervention bewusst (Standardvertragsklauseln, Erwägungsgrund Nr. 5), sondern genauso der Schwierigkeit ihrer Aufgabe, nicht zuletzt vor dem Hintergrund der sehr unterschiedlichen Übermittlungskonstellationen. Sie hat sich deshalb ausdrücklich dafür ausgesprochen, ihre Entscheidungen nach drei Jahren neu zu bewerten (Standardvertragsklauseln, Art. 5 Satz 1; Auftragsverarbeitung, Art. 5 Satz 1). Konsequenterweise wurden die **Standardvertragklauseln** nach eingehender Beratung mit einer Reihe international agierender Verbände und Institutionen, zu denen auch die Internationale Handelskammer gehörte, die sich bereits an einem früheren Regelungsversuch beteiligt hatte (o. Rdnr. 42), geändert und Ende 2004 neu verabschiedet.[104]

51 Beide Regelungen stellen die vertraglichen Vereinbarungen auf eine völlig **neue Grundlage**. Die EG-Kommission nimmt mit ihren Entscheidungen für sich in Anspruch, Klauseln formuliert zu haben, die eindeutig den Erwartungen des Art. 26 Abs. 2 der EG-Datenschutzrichtlinie entsprechen. Die Klauseln sind deshalb kein Vorschlag an die Vertragsparteien über den beliebig verhandelt werden kann. Sie beruhen auf **verbindlichen Datenschutzgrundsätzen**, die keinerlei Verhandlungsspielraum zulassen (Standardvertragsklauseln, Art. 1, Erwägungsgrund 3, Anlagen 2 und 3; Auftragsdatenverarbeitung, Art. 1, Erwägungsgrund 5 Satz 2). Ebenso folgerichtig ist es aber auch, dass keines der beiden Dokumente den Aufsichtsbe-

97 Dazu *BlnDSB*, JB 2003, 114 f.

98 Dazu *BlnDSB,* JB 1995, 20 ff., 1997, 161 f., 1999, 125 f., 2000, 144; *Draf,* Regelung, 131 ff.; *Kilian/Scheja,* BB 2002, Beilage 3, 27 f.

99 Vgl. freilich *Reidenberg/Schwartz,* Data Privacy, 403; *Draf,* Regelung, 142 f.

100 Dazu § 9a Rdnr. 26 ff., 37 ff.

101 Dazu *Dammann/Simitis,* EG-Datenschutzrichtlinie, Art. 26 Rdnr. 28 f.; *Brühann,* in GH II/*Wolf* A 30 Art. 26 Rdnr. 21; *Ehmann/Helfrich,* EG-Datenschutzrichtlinie, Art. 26 Rdnr. 34 ff.

102 Entscheidung der Kommission v. 15.6.2001. hinsichtlich Standardvertragsklauseln für die Übermittlung personenbezogener Daten in Drittländer nach der Richtlinie 95/46/EG, ABl. Nr. L 181/19 v. 4.7.2001, abgedr. in EU-DS; sowie Stellungnahme der Datenschutzgruppe 1/2001, angenommen am 26.1.2001, WP 38; *BWHinwBDSG* Nr. 40 v. 18.2.2002, B 2.5, 3 = D B 1.45.

103 Entscheidung der Kommission v. 27.12.2001 hinsichtlich Standardvertragsklauseln für die Übermittlung personenbezogener Daten an Auftragsverarbeiter in Drittländer nach der Richtlinie 95/46/EG, ABl. Nr.L 6/52 v. 10.1.2002; sowie Stellungnahme der Datenschutzgruppe 7/2001 v. 13.9.2001, WP 47.

104 Entscheidung der Kommission v. 27.12.2004 zur Änderung der Entscheidung 2001/497/EG bezüglich der Einführung alternativer Standardvertragsklauseln für die Übermittlung personenbezogener Daten in Drittländer (2004/915/EG, ABl. EG Nr. L 385 v. 29.12.2004; sowie Art. 29 Datenschutzgruppe, Stellungnahme zu dem von mehreren Wirtschaftsverbänden eingereichten Entwurf von Standardvertragaklauseln, v. 17.12.2004, WP 84.

hörden nur Maßstäbe für eigene Entscheidungen vorgibt. Beide legen nach der ihrem Text vorgeschalteten ebenso unübersehbaren wie unmissverständlichen Aussage die von der Richtlinie geforderten „**ausreichenden Garantien**" fest (Art. 1 beider Dokumente). Wo sich daher die Vertragspartner bei ihrer Vereinbarung strikt an diese Klauseln gehalten haben, bedarf es **keiner Genehmigung** mehr, sondern grundsätzlich nur noch einer **Information** der Aufsichtsbehörden.[105] Abweichungen zwingen im Übrigen selbst dann zu einem Genehmigungsverfahren, wenn sie durchaus auf den Schutz der Betroffenen bedacht sind.[106] **Andere Abmachungen** sind zwar unverändert möglich, werden aber weitgehend verdrängt. Die Vertragsparteien haben ein ebenso offenkundiges wie legitimes Interesse, sich an die Klauseln zu halten. Sie können sicher sein, sich für gesetzeskonforme Regelung entschieden zu haben und sich überdies mühsame Auseinandersetzungen mit den Aufsichtsbehörden über die Zulässigkeit anderer Ansätze ersparen. Kurzum, die EG-Kommission hat mit ihren Entscheidungen die **weitere Entwicklung klar präjudiziert**. Ihre „Klauseln" sind die Regel, von der es sich gar nicht erst lohnt, abzuweichen.

Beide Dokumente sind **komplexe, mehrteilige Texte**. So enthält die Entscheidung über die 52
allgemeinen Standardvertragsklauseln einen relativ kurzen Hauptteil (Art. 1 bis 7), in dem sich vor allem Vorschriften zu ihrem Anwendungsbereich (Art. 2) und zu den Kompetenzen der Aufsichtsbehörden (Art. 4) finden. Er wird durch einen Anhang und drei Anlagen ergänzt. Der Anhang enthält zwei Standardverträge, in denen die Pflichten der „Datenexporteure" und „Datenimporteure" aufgelistet werden. Die Anlagen bestehen aus einem Formular, in das die wichtigsten Informationen zur übermittelnden Stelle und zu den Adressaten eingetragen werden müssen und einer Aufzählung der verbindlichen Datenschutzgrundsätze. Nach dem gleichen Muster ist auch die Regelung der Auftragsverarbeitung strukturiert.

Der Aufbau illustriert das **Ziel** der EG-Kommission. Sie möchte mit ihrer Intervention den 53
gesamten Übermittlungsvorgang verbindlich gestalten. Bezeichnend dafür ist schon, dass sie sich keineswegs damit zufrieden gibt, Vertragsklauseln auszuarbeiten, sondern sie mit bis ins Detail verbindlich festgelegten Formularen verknüpft (Standardvertragsklauseln, Anhang, Anlage 1; Auftragsverarbeitung, Anhang). Die Betroffenen sollen also vor den Übermittlungsrisiken auch und gerade durch exakt vorgeschriebene Unterlagen gesichert werden, die ein Mindestmaß an sofort erhältlicher Information und ein Höchstmaß an Transparenz gewährleisten.

Auf der gleichen Linie liegen jene Klauseln, die direkt auf **offenkundigen Defizite** der meisten 54
sonst üblichen Vereinbarungen eingehen.[107] Dazu zählen Vorschriften zur **Drittbegünstigung** (Standardvertragsklauseln, Anhang, Klausel 3; Auftragsverarbeitung, Anhang, Klausel 3), zur **Haftung** (Standardvertragsklauseln, Anhang, Klausel 6; Auftragsverarbeitung, Anhang, Klausel 6), zur **Kündigung** (Standardvertragsklauseln, Anhang, Klausel 9), zur **Vertragsänderung** (Standardvertragsklauseln, Anhang, Klausel 11; Auftragsverarbeitung, Anhang, Klausel 10), zur **Weiterübermittlung** (Standardvertragsklauseln, Anlage 2 Nr. 6; 3 Nr. 3) sowie zum **Direktmarketing** (Standardvertragsklauseln, Anlage 2 Nr. 8). Gleichviel, ob man die ausdrückliche Einbeziehung der Betroffenen als Drittbegünstigte, die gesamtschuldnerische Haftung oder das Änderungsverbot nimmt, die EG-Kommission zwingt die Vereinbarung in ein Regelungskorsett, das altbekannte Risiken für die Betroffenen ausschließen, oder wenigstens eindämmen soll.

In einem Punkt bleiben freilich die Entscheidung zu den Standardvertragsklauseln hinter den 55
Anforderungen der EG-Datenschutzrichtlinie und des BDSG zurück: bei der **Kontrolle**. Die **Prüfung der Verarbeitungseinrichtungen** durch die übermittelnde Stelle ist kein Ersatz dafür, auch wenn sie durch ein unabhängiges Gremium erfolgen kann (Standardvertragsklau-

105 Dazu *BWHinwBDSG* Nr 40 v. 18.2.2002, B 2.7 = Dok. B 1.45; sowie *Gola/Schomerus*, BDSG § 4c Rdnr. 16; *Rittweger/Weiße*, CR 2003, 149; *Backes/Eul/Guthmann/Martwich/Schmidt*, RDV 2004. 160; aber auch u. Rdnr. 66: anders 15. *BerHessLR*, LT-Drs. 15/4659, 16; *Bergmann/Möhrle/Herb*, BDSG § 4c Rdnr. 23; wohl auch *Tinnefeld/Ehmann/Gerling*, Einführung, 351.

106 Vgl. auch *BWHinwBDSG* Nr 40 v. 18.2.2002, B 2.5 = Dok. B 1.45; *BayDatAufsB* 1. TB, 47; 16. BerHessLR, LT-Drs. 17/1680, 10, 15.

107 Dazu o. Rdnr. 48; sowie *Kuner/Hladyk*, RDV 2005, 295 ff.

seln, Anhang, Klausel 5 Buchst. d; Auftragsverarbeitung, Anhang, Klausel 5 Buchst. f). Ebenso wenig vermögen die **Kooperationspflicht der Übermittlungsadressaten** mit der für die übermittelnden Stellen zuständigen Kontrollinstanz und ein auf „sachdienliche" Anfragen bezogenes und damit Interpretationskontroversen ausgeliefertes **Auskunftsrecht** der Betroffenen (Standardvertragsklauseln, Anhang, Klausel 5 Buchst. c) die mangelnde Überwachung durch eine unabhängige Instanz auszugleichen. Erst recht bieten ein **Schlichtungsverfahren** sowie das Recht der Betroffenen, die **Gerichte des Mitgliedstaates** anzurufen, **in dem die übermittelnde Stelle ihren Sitz hat** (Standardvertragsklauseln, Anhang, Klausel 7; Auftragsverarbeitung, Anhang, Klausel 7) eine ausreichende Kompensation. Eine „angemessene Garantie" liegt, jedenfalls grundsätzlich, nur vor, wenn die Übermittlungsadressaten von der für die **übermittelnde Stelle zuständigen Kontrollinstanz** nach den für dies geltenden Bestimmungen überprüfen kann (Auftragsverarbeitung, Anhang, Klausel 8 Abs. 2).

56 Die EG-Kommission unterlegt schließlich die Standardvertragsklauseln (Anlagen 2 und 3) ausdrücklich mit den zentralen **Verarbeitungsgrundsätzen der EG-Datenschutzrichtlinie** (Art. 6). Der **Übermittlungszweck** bestimmt deshalb von Anfang an den Verwendungsspielraum des Übermittlungsadressaten. Mehr noch: Die Kommission versucht einer an den Interessen der Vertragsparteien ausgerichteten restriktiven **Interpretation** der Grundsätze vorzubeugen und schreibt daher ausdrücklich vor, sie „im Lichte" der EG-Datenschutzrichtlinie auszulegen (Standardvertragsklauseln, Anlage 2 Satz 1).

57 Beide Kommissionsentscheidungen gehen zwar davon aus, dass sie „angemessene Garantien" bieten, die keiner weiteren Überprüfung durch die Aufsichtsbehörden bedürfen,[108] sehen aber trotzdem eine Interventionsmöglichkeit der für die übermittelnden Stellen zuständigen **Aufsichtsbehörden** vor (Standardvertragsklauseln, Art. 4 Abs. 1; Auftragsverarbeitung, Art. 4). Sie ist zunächst immer dann gegeben, wenn der nationale Gesetzgeber die in der EG-Datenschutzrichtlinie vorgesehenen Verarbeitungsbedingungen (Art. 5 bis 22), Rechtsbehelfe, Sanktionen und Haftungsvoraussetzungen (Art. 22 bis 24), Anforderungen an Verhaltensregeln (Art. 27) oder Kontrollvorkehrungen um besondere Vorschriften ergänzt hat. Die Intervention dient also dazu, die Rechtmäßigkeit der Übermittlung auch und gerade vor dem Hintergrund der speziellen BDSG-Bestimmungen zu prüfen. So „angemessen" mit anderen Worten die von der EG-Kommission postulierten Garantien sind, so „angemessen" ist auch die Erwartung, dass die konkrete Übermittlungsvereinbarung den BDSG-Regelungen entsprechen muss. Die Aufsichtsbehörden sind deshalb berechtigt, eine **Präzisierung** bestimmter Klauseln oder auch **zusätzliche Vorkehrungen** zu verlangen. So reichen die Standardklauseln der EG-Kommission für Übermittlungen von **Arbeitnehmerdaten** nicht aus. Sie kommen zwar als Ansatzpunkt in Betracht, müssen aber, etwa im Hinblick auf die Mitbestimmungsrechte des Betriebsrates (insb. § 87 BetrVG Abs. 1 Nr. 6), mit Hilfe weitaus speziellerer Regeln ergänzt werden.

58 Die **Aufsichtsbehörden** können zudem in drei weiteren, in beiden Kommissionsentscheidungen ausdrücklich hervorgehobenen Fällen, eingreifen und **Übermittlungsvereinbarungen aussetzen oder untersagen** (Standardvertragklauseln, Art. 4 Abs. 1; Auftragsverarbeitung, Art. 4 Abs. 1). Ein Anlass zur Intervention liegt zunächst immer dann vor, wenn vertraglich zugesicherte Garantien leer zulaufen drohen, weil der **Datenschutz im Empfängerland Einschränkungsmöglichkeiten unterliegt**, die das von der EG-Datenschutzrichtlinie und dem BDSG tolerierte Maß übersteigen. Gemeint sind in vor allem Beschränkungen zugunsten öffentlicher Stellen (Art. 13 der EG-Datenschutzrichtlinie; §§ 28 Abs. 3 Satz 1 Nr. 2, Abs. 8; 29 Abs. 5). Eine Intervention ist ferner zulässig, falls die für den konkreten Übermittlungsvorgang oder einem anderen Anlass **zuständige Aufsichtsbehörde** feststellen sollte, dass **der Adressat die Vertragsklauseln nicht beachtet**. Zu einem Eingriff kann es schließlich kommen, wenn es sehr wahrscheinlich erscheint, dass der Übermittlungsempfänger die **Klauseln nicht einhalten wird** und den Betroffenen deshalb ein **irreparabler Schaden** entstehen könnte. Eine **Sonderregelung** gilt für den **Standardvertrag II** (Art. 4 Abs. 2). Die Aufsichtsbehörden sind unter den ansonsten geltenden Bedingungen ebenfalls befugt, einzugreifen,

108 Dazu o. Rdnr. 51.

sofern es der **Übermittlungsadressat**, sei es **ablehnt**, **mit den Kontrollinstanzen** aufrichtig **zusammenzuarbeiten**, sei es **klar festgelegten Vertragpflichten zuwider handelt**, oder die **übermittelnde Stelle** innerhalb eines Monats **keine Maßnahmen trifft**, um den **Übermittlungsadressaten zu veranlassen**, **seine Pflichten zu erfüllen**.

3.5 Unternehmensregelungen

59 „Ausreichende Garantien" lassen sich auch durch **verbindliche Unternehmensregelungen** sicherstellen (§ 4c Abs. 2).[109] Anders als die EG-Datenschutzrichtlinie (Art. 26 Abs. 2) hat sich das BDSG nicht auf die Vertragsklauseln beschränkt, sondern ausdrücklich auf diese zweite Möglichkeit verwiesen. Überlegungen zu den Unternehmensregelungen hatten zwar auch bei der **Beratungen über die Richtlinie** eine Rolle gespielt, die EG-Kommission entschied sich aber dann dafür, die Vertragsklauseln lediglich als Beispiel zu bringen und so die Möglichkeit weiterer Vereinbarungen explizit anzudeuten. So überrascht es nicht weiter, dass die EG-Kommission im Zusammenhang mit der Informationspflicht der Mitgliedstaaten über Genehmigungen[110] Unternehmensregelungen ausdrücklich als Anwendungsfall des Art. 26 Abs. 2 der EG-Datenschutzrichtlinie qualifiziert hat.[111] Ganz in diesem Sinn haben sich auch die Art. 29 Datenschutzgruppe ebenso wie die Internationale Handelskammer zu den Voraussetzungen verbindlicher Unternehmensregelungen eingehend geäußert.[112] Gemeint sind Regeln zum **Datenaustausch in multinationalen Unternehmen** ebenso wie **Vereinbarungen** zur Verwendung personenbezogener Daten im Rahmen einer **Unternehmenskooperation**. Der mit Abstand wichtigste Anwendungsfall sind freilich **internationalen Konzerne**.[113] Sie haben sich am nachdrücklichsten für solche Regelungen eingesetzt.[114] Ihre **„codes of conduct"** sind deshalb auch die eigentliche Domäne des § 4c Abs. 2,[115] wie etwa das Beispiel von Daimler-Chrysler zeigt.[116] Von den eigentlichen Unternehmensregelungen sind vor allem die von Unternehmensverbänden ausgearbeiteten **„Muster"** zu unterscheiden.[117] Sie werden erst in dem Augenblick zu einer nach § 4c Abs. 2 relevanten Regelung, in dem sie von einem konkreten Unternehmen übernommen werden.

60 Die unterschiedlichen Anwendungsbeispiele mahnen zur Vorsicht gegenüber allen Versuchen, **einheitliche Anforderungen** an sämtliche Unternehmensregelungen vorzusehen.[118] Mag sein, dass es auch hier, wie bei den Standardvertragsklauseln gelingen kann, einen

109 Vgl. *BlnDSB*, JB 2002, 33 ff., 2003, 110 f.; *BWHinwBDSG* Nr. 40 v. 18.2.2002, B 2.5 = D B 1.45, TB 2003, 19; *Gola/Schomerus*, BDSG § 4c Rdnr. 15; *Gackenholz*, DuD 2000, 732; *Räther/Seitz*, MMR 2002, 520 ff.; *Rittweger/Weiße*,CR 2003, 142 ff.; *Schröder*, DuD 2004, 462 ff.

110 Dazu o. Rdnr. 43.

111 Vgl. *BlnDSB*, JB 2003, 116.

112 Übermittlungen personenbezogener Daten in Drittländer: Anwendung von Art. 26 Absatz 2 der EU-Datenschutzrichtlinie auf verbindliche unternehmensinterne Vorschriften für den internationalen Datentransfer, angenommen am 3.6.2003, WP 74; sowie Working Document Establishing a Model Checklist Application for Approval of Binding Corporate Rules, angenommen am 14.4.2005, WP 108; International Chamber of Commerce report on binding corporate rules for international transfers of personal data, v. 28.10.2004.

113 Vgl. etwa *Bothe/Kilian,* Rechtsfragen, 78 ff.; *Ruppmann*, Austausch, 81 ff.; *Schrecker,* in *Büllesbach* (Hrsg.), Datenverkehr, 157 ff.; *Müthlein,* RDV 1996, 224 ff.; *Däubler,* RDV 1998, 96 ff.; *Klug,* RDV 1999, 109 ff.; *Gackenholz,* DuD 2000, 729 ff.; *Büllesbach,* RDV 2000, 1 ff., RDV 2002, 55 ff; *Büllesbach/Höss-Löw*, DuD 2001, 135 ff.; *Niedermeier/Schröcker,* RDV 2001, 90 ff.; *Schröder*, DuD 2004, 463 ff.; *Backes/Eul/Guthmann/Martwich/Schmidt*, RDV 2004, 160 f.; *Hilber*, RDV 2005, 249 ff.

114 Vgl. auch die Begr. des RegE, BR-Drs. 461/00, 85.

115 Dazu insb. *Roßnagel/Büllesbach*, Handbuch 7.1, Rdnr. 101 ff.; *Büllesbach*. RDV 2002, 55 ff; *Büllesbach/Höss-Löw*, DuD 2001, 135 ff.; *Backes/Eul/Guthmann/Martwich/Schmidt*, RDV 2004,160 f.; *Weniger*, Datenübermittlungen 496 ff.

116 Der „code of conduct" von Daimler-Chrysler ist in *BlnDSB*, Dokumente zu Datenschutz und Informationssicherheit (2002), 39, veröffentlicht; vgl. auch *BlnDSB*, JB 2002, 136; sowie *Hilber*, RDV 2005, 130 f.

117 Typisch dafür ist etwa das vom „Düsseldorfer Kreis" verabschiedete „Muster einer Unternehmensrichtlinie für die Datenweitergabe innerhalb international tätiger Versicherungsunternehmen", *BlnDSB* JB 2002, 136; vgl. aber auch *HmbDSB* 18. TB, 172 f.

118 Vgl. etwa Art. 29 Datenschutzgruppe, Übermittlungen personenbezogener Daten in Drittländer: Anwendung von Art. 26 Absatz 2 der EU-Datenschutzrichtlinie auf verbindliche unternehmensinterne Vorschriften für den internationalen Datentransfer, angenommen am 3.6.2003, WP 74

gemeinsamen Regelungskern zu entwickeln. Wie die einzelne Regelung freilich auszusehen hat, bestimmt sich letztlich nach der **spezifischen Situation der jeweiligen Unternehmen und ihrem Verhältnis zueinander**.[119] Für eine Unternehmenskooperation gilt so gesehen nichts anderes als für Konzerne. Je nachdem, ob eines der beteiligten Unternehmen über die **Leitungsmacht** verfügt, oder ob sie **gleichgeordnet** sind, verändern sich auch die Bedingungen, unter denen **Unternehmensregelungen ausgearbeitet und durchgesetzt werden**.

61 Für **multinationale Konzerne** gilt zudem **genauso wie für nationale Unternehmensverbindungen**: Der **Adressat ist** aus der Perspektive des BDSG unverändert **Dritter** (§ 3 Abs. 8 Satz 2),[120] nur dass in einem Fall, die Übermittlung in ein Drittland erfolgt, im anderen aber auf das Inland beschränkt bleibt. Ein „Konzernprivileg" für Unternehmen, die ihren Sitz in der Europäischen Union haben, gibt es nicht,[121] gleichviel im Übrigen, ob die Übermittlung an ein anderes **selbständiges Konzernunternehmen** oder an eine **unselbständige Zweigstelle** erfolgen soll.[122] Sichtbar wird allerdings daran so viel: Die Unternehmensregelungen sind nur eine **Spielart der vertraglich vereinbarten Übermittlungsklauseln**.[123] Anders und präziser ausgedrückt: Die Leitungsmacht erleichtert es sicherlich, einheitliche Regeln zu formulieren und ihre Anwendung organisatorisch besser umzusetzen, etwa über einen gemeinsamen, an die Muttergesellschaft angebundenen **Konzerndatenschutzbeauftragten**.[124] Die Unternehmensregelung bedarf dennoch einmal mehr einer Absicherung durch **vertragliche Vereinbarungen**.[125] Daran ändern auch wie immer konstruierte einseitige Verpflichtungen, den Weisungen der Muttergesellschaft zu folgen[126] nichts. Sie scheitern an der Besonderheit des BDSG, also an seiner aus Datenschutzzwecken eindeutig vorgeschriebenen Trennung der einzelnen Unternehmen.

62 Die Unternehmensregelungen müssen nicht nur an den besonderen, sich aus der **Unternehmensverbindung** ergebenden Datenschutzanforderungen, sondern genauso an den **Geschäftszielen** der beteiligten Unternehmen, ihren jeweiligen **Verwendungserwartungen** sowie an der **Art der verwendeten personenbezogenen Angaben** gemessen werden. Von einer „homogenen Datenschutzzelle"[127] kann unter diesen Umständen keine Rede sein. Erst recht geht es nicht an, sie aus einer „einheitlichen Datensicherheitsstruktur" abzuleiten.[128] Die Datensicherheit zählt zwar zu den Voraussetzungen eines wirksamen Datenschutzes, ist aber nur eines der Elemente, die bei der Frage nach ausreichenden Garantien berücksichtigt werden müssen.[129]

63 An die Unternehmensregelungen sind grundsätzlich genau die Anforderungen zu stellen, die auch bei vertraglichen Vereinbarungen zu beachten sind.[130] Sie müssen also zunächst den **Übermittlungsvoraussetzungen des BDSG** (§§ 28 ff.) und der gegebenenfalls einschlägigen bereichsspezifischen Vorschriften genügenUnternehmensregelungen, die eine Weitergabe von **Arbeitnehmerdaten** vorsehen, können sich deshalb nicht lediglich an den ansonsten ebenfalls zu bedenkenden „angemessenen Garantien" orientieren. Vielmehr muss nicht nur nach der Erforderlichkeit der Übermittlung für die Erfüllung des Arbeitsvertrages gefragt,[131] sondern auch und vor allem den Anforderungen des BetrVG Rechnung getragen werden.[132] Eine Über-

---

119 Vgl. auch *BlnDSB*, JB 2002, 34 f.

120 Dazu § 3 Rdnr. 236 ff, sowie § 28 Rdnr. 211; aber auch *BlnDSB*, JB 2002, 34; *Gackenholz*, DuD 2000, 731 f.

121 So aber *Niedermeier/Schröcker,* RDV 2001, 91; und demgegenüber *Kilian/Scheja,* BB 2002, Beilage 3, 27 ff.

122 Vgl. den 15. BerHessLR, LT-Drs. 15/4659, 14, 16.

123 Im Ergebnis wohl auch *Büllesbach/Höss-Löw*, DuD 2001, 139; *Räther/Seitz*, MMR 2002, 527.

124 Dazu insb. *Büllesbach/Höss-Löw*, DuD 2001, 137; *Roßnagel/Büllesbach*, Handbuch 7.1, Rdnr. 101 ff.

125 Das übersehen *Büllesbach/Höss-Löw*, DuD 2001, 137; *Roßnagel/Büllesbach*, Handbuch, 7.1, Rdnr. 101 ff.; aber auch *Räther/Seitz*, MMR 2002, 527.

126 Vgl. etwa *Roßnagel/Büllesbach*, Handbuch, 7.1. Rdnr. 102; *Büllesbach/Höss-Löw*, DuD 2001, 138; *Räther/Seitz*, MMR 2002, 527; aber auch *Schröder*, DuD 2004, 466.

127 *Niedermeier/Schröcker,* RDV 2001, 92 f.

128 *Niedermeier/Schröcker,* RDV 2001, 96.

129 Vgl. auch *Gackenholz,* DuD 2000, 731; *Kilian/Scheja,* BB 2002, Beilage 3, 27.

130 Dazu o. Rdnr. 47 ff.

131 Vgl. auch *BlnDSB*, JB 2002, 138; 15. *BerHessL*, LT-Drs. 15/4659, 18; *Weniger*, Datenübermittlungen 529; und demgegenüber *Backes/Eul/Guthmann/Martwich/Schmidt*, RDV 2004, 162.

132 Vgl. auch *BlnDSB*, JB 2002, 138; *Backes/Eul/Guthmann/Martwich/Schmidt*, RDV 2004, 161 f.; *Weniger*, Datenübermittlungen, 296 ff.

mittlung von Beschäftigtendaten ist ohne **Mitbestimmung** des Betriebsrats (§ 87 Abs. 1 Nr. 6 BetrVG) unzulässig. Ob, und wenn ja, unter welchen Bedingungen Daten **an andere Konzernunternehmen** weitergebenen werden dürfen, ist mit dem Betriebsrat zu vereinbaren, gleichviel, ob die Konzernmutter oder nur eines der Konzernunternehmen in Deutschland angesiedelt ist. Der Arbeitgeber ist daher verpflichtet, die **Arbeitnehmervertretung** über die konkret betroffenen **Daten** ebenso zu **informieren**, wie über den **Verwendungszweck** und die **Verarbeitungsbedingungen beim Übermittlungsadressaten**. Er muss zudem genauso sicherstellen, dass sich der Empfänger an die Vereinbarung hält, also besonders von jeder **Änderung der Verarbeitungsziele** sowie von einer **Weiterübermittlung** absieht.[133]

Soweit es bei den Unternehmensregelungen um die spezifischen Weitergabebedingungen für grenzüberschreitende Übermittlungen geht, liegt der Akzent einmal mehr auf den **„ausreichenden Garantien“** (§ 4c Abs. 2).[134] Neben den **generellen Angemessenheitsvoraussetzungen**[135] müssen daher vor allem die in den Entscheidungen der EG-Kommission zu den **Standardvertragsklauseln** und zur **Auftragsverarbeitung** vorgeschriebenen Übermittlungsgrundsätze[136] beachtet werden. Bestimmungen zur **Zweckbindung**, zu den **Rechten der Betroffenen** und zur **Weiterübermittlung** gehören ebenso dazu wie **Kontrollvorkehrungen** und präzise Vorgaben zur **Datensicherheit** sowie zum **Anwendungsbereich** der Regelung.[137] Den Unternehmen bleibt es im Übrigen überlassen, ihre Übermittlungsvorgaben so **aufzubauen**, wie sie es aus ihrer Perspektive für angebracht halten. Sie können sich also durchaus für eine zweigeteilte Regelung entscheiden, in der zunächst generell geltende Datenschutzvorschriften gebracht und dann besondere Bedingungen beispielsweise für Kunden-, Arbeitnehmer- oder Geschäftspartnerdaten festgeschrieben werden. Ebenso gut ist es aber möglich, lediglich einzelne Verarbeitungsbereiche aufzugreifen, wie etwa die Weitergabe von Arbeitnehmerdaten, nicht zuletzt mit Rücksicht auf eine geplante Zentralisierung der Verarbeitung.[138] 64

Unternehmensregelungen müssen, um den Anforderungen des § 4c Abs. 2 zu entsprechen, **verbindlich** sein. Eben deshalb ist es nicht nur irreführend, vielmehr schlicht falsch, von **„codes of conduct“** zu sprechen.[139] Dem Konzern bleibt es zwar überlassen, die Opportunität einer Unternehmensregelung zu beurteilen. Soweit es jedoch um ihren Inhalt und ihre Geltung geht, hat er keine Wahl. Er muss sich sowohl an bestimmte inhaltliche Erwartungen halten als auch die Verbindlichkeit der angestrebten Regelung sicherstellen. Ein ausdrücklicher Hinweis auf die Bereitschaft, den Datenschutz zu garantieren, in den Richtlinien zur Konzernpolitik reicht daher genauso wenig aus wie eine entsprechende Erklärung der Konzernspitze. § 4c Abs. 2 fordert verbindliche vertragliche Vereinbarungen.[140] 65

Unternehmensregelungen sind durchweg **genehmigungspflichtig**.[141] Anders also als bei vertraglichen Vereinbarungen gibt es keine Alternative zur Überprüfung durch die Aufsichtsbehörden, jedenfalls solange wie es an einer der Stellungnahme zu den Standardver- 66

---

133 Vgl. auch *BlnDSB*, JB 2002, 138; *Backes/Eul/Guthmann/Martwich/Schmidt*, RDV 2004, 162; *Weniger*, Datenübermittlungen, 529 f.

134 Dazu o. Rdnr. 45 ff.; *BlnDSB*, JB 2002, 33 ff.; aber auch Art. 29 Datenschutzgruppe, Working document establishing a model checklist application for approval of binding corporate rules, angenommen am 14.4.2005, WP 108; sowie *Gackenholz*, DuD 2000, 731 f.

135 Dazu § 4b Rdnr. 52 ff.; sowie *Gackenholz*, DuD 2000, 731.

136 o. Rdnr. 50 ff.

137 Vgl. auch *Roßnagel/Hillenbrand-Beck*, Handbuch 5.4, Rdnr. 84; *Gola/Schomerus*, BDSG § 4c Rdnr. 15; *Weniger*, Datenübermittlungen, 503 ff.

138 Dazu *Büllesbach/Höss-Löw*, DuD 2001, 138; sowie *Bergmann/Möhrle/Herb*, BDSG § 4c Rdnr. 138.

139 o. Rdnr. 59.

140 Dazu auch o. Rdnr. 61.

141 Vgl. auch *BlnDSB*, JB 2002, 137, 2003, 116; 15. *BerHessL*, LT-Drs. 15/4659, 16 f.; *Roßnagel/Hillenbrand-Beck*, Handbuch 5.4 Rdnr. 84; anders wohl *Gola/Schomerus*, BDSG § 4c Rdnr. 16; *Bergmann/Möhrle/Herb*, BDSG § 4c Rdnr. 17; sowie Hilger, RDV, 2005, 150. Zu einer mögichen Checkliste für Anforderungen an die Genehmigung von Unternehmensregelungen vgl. Art. 29 Datenschutzgruppe, Working Document establishing a Model Checklist Application for Approval of Binding Corporate Rules, angenommen am 14.4.2004, WP108.

tragsklauseln[142] vergleichbaren Entscheidung der EG Kommission fehlt.[143] Daran ändert auch die Verantwortung der übermittelnden Stelle[144] nichts. Genehmigung und Verantwortung sind zweierlei. Die Verantwortung bezieht sich auf die individuellen Pflichten der je spezifischen übermittelnden Stelle. Der Genehmigung fällt die generelle Aufgabe zu, die datenschutzrechtlichen Anforderungen zu sichern.[145]

67 **Gegenstand der Genehmigung** ist die jeweilige **Unternehmensregelung**. Auf den ersten Blick scheint zwar manches dafür zu sprechen, dass die Genehmigung lediglich einzelne Übermittlungen betreffen kann, allein schon um den Vorwurf einer verwaltungsrechtlich unzulässigen „Blanko-Genehmigung" zu vermeiden.[146] Eine derart restriktive Interpretation widerspricht freilich den sowohl für § 4c Abs. 2 als auch für Art. 26 Abs. 2 der EG-Datenschutzrichtlinie maßgeblichen Vorstellungen. Beide Vorschriften verfolgen eindeutig den Zweck, den internationalen Datenaustausch auch und vor allem durch eine Standardisierung der Übermittlungsbedingungen zu erleichtern. Ganz in diesem Sinn erwähnt § 4c Abs. 2 nicht lediglich einzelne Weitergaben, sondern genauso „bestimmte Arten von Übermittlungen". Konsequenterweise kann sich die Genehmigung durchaus auf die Unternehmensregelung beziehen.[147] Der übermittelnden Stelle wird damit jede Möglichkeit genommen, abzuweichen. Ihre Entscheidungen sind nur solange von der Genehmigung gedeckt, wie sie sich strikt an die Unternehmensregelung hält.

68 Um welche **Datenarten** es bei der Regelung geht, spielt weiter keine Rolle. Gleichviel also, ob Kunden-, Geschäftspartner- oder Arbeitnehmerdaten weitergegeben werden sollen, die Übermittlung bleibt genehmigungspflichtig. Aufgabe der **Aufsichtsbehörde** ist es, wie bei vertraglichen Vereinbarungen,[148] zu prüfen, ob ausreichende Garantien vorliegen und die Verbindlichkeit der Regelung gewährleistet ist. Sofern diese Voraussetzungen nicht erfüllt sind, können die Aufsichtsbehörden Korrekturen verlangen oder die Genehmigung verweigern.

3.6 Verantwortung

69 Die **übermittelnden Stellen** bleiben auch bei einer Genehmigung nach § 4c grundsätzlich für die Zulässigkeit der Übermittlungen **verantwortlich**.[149] Sie informieren zwar die Aufsichtsbehörden über den Übermittlungskontext und die Verwendungsmodalitäten. Soweit jedoch ihre Angaben nicht stimmen, oder die Weitergabe nicht unter den ausdrücklich genehmigten Voraussetzungen erfolgt, müssen sie dafür einstehen. Die einmal erteilte Genehmigung legalisiert nicht unzulässige Verwendungen personenbezogener Daten. Die übermittelnden Stellen müssen also **für Schäden aufkommen**, die den Betroffenen entstehen. Ihnen droht zudem eine **Geldbuße** sowie gegebenenfalls eine **Strafe**.[150] Eine mögliche Schadenersatzpflicht kann allerdings mit der Haftung nach den in den vertraglichen Vereinbarungen oder Unternehmensregelungen vorgesehenen Ausgleichsbedingungen[151] konkurrieren. Den Betroffenen muss es freistehen, sich auf die für sie günstigere Regelung zu berufen.

4. Landesrecht

70 Zum Landesrecht vgl. § 4b Rdnr. 101 f.

142 Dazu o. Rdnr. 50 ff.
143 Dazu o. Rdnr. 37, aber auch Rdnr, 51 f.
144 Dazu u. Rdnr. 69.
145 Dazu auch o. Rdnr. 40 f.
146 So *BWHinwBDSG* Nr. 40 v. 18.2.2002, B 2.2 = D B 1.45; *BlnDSB*, JB 2002, 37; sowie *Schaffland/Wiltfang*, BDSG § 4c Rdnr. 4; *Weniger*, Datenübermittlungen, 521; wohl auch *Gola/Schomerus*, BDSG § 4c Rdnr. 17; *Bergmann/Möhrle/Herb*, BDSG § 4c Rdnr. 17.
147 Vgl. auch *Tinnefeld/Ehmann/Gerling*, Einführung 350
148 Dazu o. Rdnr. 40 f.
149 Dazu o. Rdnr. 26 f.
150 Dazu o. Rdnr. 28.
151 o. Rdnr. 54.

§ 4d Meldepflicht

(1) Verfahren automatisierter Verarbeitungen sind vor ihrer Inbetriebnahme von nicht öffentlichen verantwortlichen Stellen der zuständigen Aufsichtsbehörde und von öffentlichen verantwortlichen Stellen des Bundes sowie von den Post- und Telekommunikationsunternehmen dem Bundesbeauftragten für den Datenschutz und die Informationsfreiheit nach Maßgabe von § 4e zu melden.
(2) Die Meldepflicht entfällt, wenn die verantwortliche Stelle einen Beauftragten für den Datenschutz bestellt hat.
(3) Die Meldepflicht entfällt ferner, wenn die verantwortliche Stelle personenbezogene Daten für eigene Zwecke erhebt, verarbeitet oder nutzt, hierbei höchstens vier Arbeitnehmer mit der Erhebung, Verarbeitung oder Nutzung personenbezogener Daten beschäftigt und entweder eine Einwilligung der Betroffenen vorliegt oder die Erhebung, Verarbeitung oder Nutzung der Zweckbestimmung eines Vertragsverhältnisses oder vertragsähnlichen Vertrauensverhältnisses mit den Betroffenen dient.
(4) Die Absätze 2 und 3 gelten nicht, wenn es sich um automatisierte Verarbeitungen handelt, in denen geschäftsmäßig personenbezogene Daten von der jeweiligen Stelle
1. zum Zweck der Übermittlung oder
2. zum Zweck der anonymisierten Übermittlung
gespeichert werden.
(5) Soweit automatisierte Verarbeitungen besondere Risiken für die Rechte und Freiheiten der Betroffenen aufweisen, unterliegen sie der Prüfung vor Beginn der Verarbeitung (Vorabkontrolle). Eine Vorabkontrolle ist insbesondere durchzuführen, wenn
1. besondere Arten personenbezogener Daten (§ 3 Abs. 9) verarbeitet werden oder
2. die Verarbeitung personenbezogener Daten dazu bestimmt ist, die Persönlichkeit des Betroffenen zu bewerten einschließlich seiner Fähigkeiten, seiner Leistung oder seines Verhaltens,
es sei denn, dass eine gesetzliche Verpflichtung oder eine Einwilligung des Betroffenen vorliegt oder die Erhebung, Verarbeitung oder Nutzung der Zweckbestimmung eines Vertragsverhältnisses oder vertragsähnlichen Vertrauensverhältnisses mit dem Betroffenen dient.
(6) Zuständig für die Vorabkontrolle ist der Beauftragte für den Datenschutz. Dieser nimmt die Vorabkontrolle nach Empfang der Übersicht nach § 4g Abs. 2 Satz 1 vor. Er hat sich in Zweifelsfällen an die Aufsichtsbehörde oder bei den Post- und Telekommunikationsunternehmen an den Bundesbeauftragten für den Datenschutz und die Informationsfreiheit zu wenden.

Literatur

U. Dammann, Das Dateistatut nach § 18 Abs. 2 BDSG, DuD 1993, 547 ff.; *T. Engelien-Schulz,* Die Vorabkontrolle gemäß § 4d Abs. 5 und 6 Bundesdatenschutzgesetz (BDSG), RDV 2003, 270 ff.; *H.-J. Garstka,* Vorabkontrolle durch behördliche und betriebliche Datenschutzbeauftragte, in: *B. Sokol* (Hg.), Neue Instrumente im Datenschutz, 1999, 65 ff.; *R. Hillenbrand-Beck/W. Wedler,* Bericht über den 6. Workshop der Datenschutzaufsichtsbehörden, RDV 2001, 48 ff.; *Ch. Klug,* Die Vorabkontrolle – Eine neue Aufgabe für betriebliche und behördliche Datenschutzbeauftragte, RDV 2001, 12 ff; *T.B. Petri,* Inhaltliche Anforderungen an die Verfahrensübersicht nach §§ 4g Abs. 2, 4e BDSG als Grundlage für ein effektives Datenschutzmanagement, RDV 2003, 267 ff.; *H.-H. Schild,* Meldepflichten und Vorabkontrolle, DuD 2001, 282 ff.; *R. Voßbein,* Vorabkontrolle gemäß BDSG, DuD 2003, 427 ff.

Übersicht

1. Normkonzeption, Vorgaben der EG-Datenschutzrichtlinie

1 Mit der Vorschrift verfolgt der Gesetzgeber mehrere Regelungsziele: In Umsetzung der verbindlichen[1] Vorgaben der EG-Datenschutzrichtlinie[2] begründet § 4d eine **neue Meldepflicht** für **verantwortliche Stellen**, die personenbezogene Daten zu **eigenen Geschäftszwecken** verwenden. Gleichzeitig wird für **verantwortliche Stellen ohne eigenes inhaltliches Verarbeitungsinteresse** (Verarbeiter nach § 29, § 30) die **herkömmliche Struktur** des bestehenden deutschen Meldesystems **beibehalten** (vgl. Abs. 1 und 4). Die Vorschrift wirkt komplex, weil der Gesetzgeber neben der in Abs. 1 bis 4 geregelten Meldepflicht zusätzlich in Abs. 5 und 6 die Verpflichtung vorsieht, besonders risikoträchtige Verarbeitungen einer präventiven Rechtmäßigkeitsprüfung zu unterziehen (**Vorabkontrolle**). Mit der Regelung von Meldepflicht und Vorabkontrolle kommt der Gesetzgeber teilweise seine verfassungsrechtlichen Pflicht zum „Grundrechtsschutz durch Verfahren" nach.[3]

2 § 4d spiegelt damit die **unterschiedlichen Ausgangspunkte der Mitgliedstaaten bei der Aushandlung der EG-Datenschutzrichtlinie** wider: Während nach dem Willen der meisten EU-Mitgliedstaaten die Zulässigkeit der Datenverwendung von deren vorherigen Registrierung bei einer staatlichen Kontrollbehörde abhängig gemacht werden sollte, verfolgte Deutschland weitgehend erfolgreich die Ziele, seine Konzeption einer teils staatlichen, teils betrieblichen Datenschutzkontrolle in der Grundstruktur zu bewahren sowie eine **präventive Rechtmäßigkeitskontrolle** umfangmäßig **zu begrenzen**.[4] Diesen Zielsetzungen entsprechend wurde die Richtlinie gegenüber ihrem ursprünglichen Entwurf abgeändert: Nunmehr dürfen die Mitgliedstaaten nach Art. 18 Abs. 2 Ausnahmen von der Meldepflicht vorsehen, wenn die verantwortliche Stelle einen Datenschutzbeauftragten bestellt, der die ordnungsgemäße Umsetzung der datenschutzrechtlichen Bestimmungen überwacht und ein Verfahrensverzeichnis führt. Außerdem dürfen die Mitgliedstaaten die präventive Rechtmäßigkeitskontrolle auf **risikoträchtige Verarbeitungen** beschränken. Gleichzeitig eröffnet Art. 20 Abs. 2 in der verabschiedeten Fassung auch die Möglichkeit, die Vorabkontrolle von der staatlichen auf eine innerbetriebliche Kontrollebene (Datenschutzbeauftragte) zu verlagern.

3 Mit der Meldepflicht und der Vorabkontrolle werden also in § 4d zwei **Instrumente zur Kontrolle der betrieblichen Datenschutzorganisation** verknüpft, die ihrer ursprünglichen Idee im Richtlinienentwurf nach allein der staatlichen Kontrollstelle zugute kommen sollte, die m.a.W. sowohl die Aufgabe der präventiven Rechtmäßigkeitsprüfung als auch der Registerführung übernehmen sollte. Demgegenüber verknüpft § 4d jetzt die **Meldepflicht und die Vorabkontrolle mit zwei unterschiedlichen institutionellen Bezugspunkten**: Die Meldepflicht dient der Aufgabenerfüllung der Aufsichtsbehörde (stellenexterner Bezugspunkt), die Vorabkontrolle hat hingegen stets[5] der Datenschutzbeauftragte vorzunehmen (stelleninterner Bezugspunkt). Die **Regelungen in § 4d** werden dabei nur verständlich, wenn man sie **gedanklich mit § 4g und § 38 verknüpft**. Diese Normen beschreiben die Rechtmäßigkeitskontrollen und die Registerführung durch den Datenschutzbeauftragten und durch die Aufsichtsbehörde

1 Vgl. BT-Drs. 14/4329. Nach Art. 249 EGV ist eine EG-Richtlinie für jeden Mitgliedstaat, an den sie gerichtet wird, hinsichtlich des zu erreichenden Ziels verbindlich, überlässt jedoch den innerstaatlichen Stellen die Wahl der Form und der Mittel.

2 Grafische Übersicht über die Meldepflicht nach der EG-Datenschutzrichtlinie bei *Tinnefeld/Ehmann/Gerling* Datenschutzrecht, 424.

3 Vgl. dazu § 4e Rdnr. 1.

4 Vgl. zu dem ursprünglichen Entwurf der EU-Kommission und den späteren Änderungen *Ehmann/Helfrich*, EG-Datenschutzrichtlinie, vor Art. 18 Rdnrn. 1 ff.

5 Anders z.T. landesrechtliche Regelungen für öffentliche Stellen der Länder, vgl. z.B. § 9 Abs. 1 LDSG S-H (Vorabkontrolle durch ULD, wenn die öffentliche Stelle keinen behördlichen Datenschutzbeauftragten bestellt).

inhaltlich weitgehend vergleichbar. Mit anderen Worten lässt § 4d Abs. 2 die Meldepflicht nach Bestellung eines Datenschutzbeauftragten nur deshalb regelmäßig entfallen, weil die innerbetriebliche Datenschutzkontrolle insoweit die staatliche Kontrolle weitgehend gleichwertig entlasten soll: Statt der staatlichen präventiven (und laufenden) Überprüfung des an sich meldepflichtigen Verfahrens erfolgt eine stelleninterne Vorabkontrolle nach Abs. 5 und 6 sowie eine laufende Rechtmäßigkeitskontrolle nach § 4g Abs. 1 Nr. 1. Die staatliche Registerführung wird durch die Führung der Verfahrensübersicht nach § 4g Abs. 2 durch den Datenschutzbeauftragten ersetzt. Die staatliche Aufsicht beschränkt sich danach zumeist auf Hilfestellungen für den Datenschutzbeauftragten (vgl. § 4d Abs. 6 Satz 3, § 4g Abs. 1 Satz 2) und auf eine Art „staatliche Kontrolle der innerbetrieblichen Kontrolle" (§ 38). Aus der geschilderten Verknüpfung folgt zugleich, dass die **staatliche Registerführung nach § 38 und die betriebliche Führung der Übersicht** nach § 4g hinsichtlich der **inhaltlichen Gestaltung** (vgl. § 4e) **und** ihrer **Transparenz** (vgl. § 4g Abs. 2 Satz 2 und § 38 Abs. 2 Satz 2) **gleichwertig** sein müssen.[6]

Vor der Novellierung des BDSG im Jahr 2001 waren nichtöffentliche Stellen nach § 32 4
lediglich zur Meldung an die jeweilige Datenschutzaufsichtsbehörde verpflichtet, soweit sie kein eigenes inhaltliches Interesse an den verarbeiteten personenbezogenen Daten hatten (Datenverarbeitung nach § 11, nach § 29 und § 30 BDSG, in erster Linie also Auftragsdatenverarbeitung, Auskunfteitätigkeit, Adresshandel usw.). Nach § 26 Abs. 5 waren öffentliche Stellen des Bundes generell gehalten, ihre Dateien dem Bundesbeauftragten für den Datenschutz zu melden.[7] Hinsichtlich der **Adressaten der Meldepflicht** hat die Anpassung des BDSG an die EG-Datenschutzrichtlinie grundlegende Veränderungen erbracht: Art. 18 Abs. 1 EG-Datenschutzrichtlinie sieht eine Meldung „durch den für die Verarbeitung Verantwortlichen" vor. Eine Unterscheidung zwischen öffentlichen und nichtöffentlichen Stellen entfällt nach Art. 18. Dem entsprechend sind § 32, § 26 Abs. 5 gestrichen worden. § 4d regelt nunmehr gleichermaßen die Meldepflicht der nichtöffentlichen und öffentlichen Stellen, dabei wird die **Meldepflicht an die Verantwortlichkeit für die Verarbeitung geknüpft**, vgl. Rdnr. 13 ff.

Art. 18 der EG-Datenschutzrichtlinie verpflichtet die Mitgliedstaaten, eine grundsätzliche 5
Meldepflicht für alle verantwortlichen Stellen bei den **Kontrollstellen** nach Art 28 EG-Datenschutzrichtlinie einzuführen. Diese Aufgaben nehmen der Bundesbeauftragte für die in § 24 Abs. 1-3 genannten Stellen sowie die Aufsichtsbehörden nach § 38 wahr, die auch bislang die staatliche Datenschutzkontrolle wahrgenommen haben. Ungeachtet der Vorgabe in Art. 28 der Richtlinie, die nationalen Kontrollstellen hätten die ihnen zugewiesenen Aufgaben „in völliger Unabhängigkeit" wahrzunehmen,[8] haben die meisten Bundesländer die bisherige Struktur ihrer Datenschutzaufsicht beibehalten.

§ 4d sieht eine Meldepflicht nur für „**Verfahren automatisierter Verarbeitungen**" vor. Der 6
Begriff des Verfahrens wird in Anlehnung an die Begründung zu Art. 18 des geänderten EG-Richtlinien-Vorschlags von 1990 als ein **Ablauf von Verarbeitungsschritten** definiert, nämlich als „ein Paket der repititiven (wiederholenden) oder nichtrepititiven Verarbeitungen, mit denen eine oder mehrere vom Standpunkt der für die Verarbeitung verantwortlichen Person und der betroffenen Person aus miteinander verbundenen Zweckbestimmung(en) realisiert werden soll(en)."[9] Dem Wortlaut nach entfällt damit die Meldepflicht für einen einzelnen

---

6 *Petri,* RDV 2003, 267 ff.; *Schild,* DuD 2001, 282 ff., str., vor allem Vertreter der GDD unterscheiden aus pragmatischen Gesichtspunkten zwischen einem wenig aussagekräftigen „Verzeichnis für Jedermann" und einer werthaltigeren „internen Verfahrensübersicht", vgl. *GDD* (Hrsg.): Datenschutz im Unternehmen – Arbeitshilfe für die betriebliche Praxis, 2003, S. 126 und 129. Dies wird jedoch dem grundsätzlichen Anliegen der Richtlinie einer „Offenlegung der Zweckbestimmungen der Verarbeitungen sowie ihren wichtigsten Merkmalen mit dem Zweck der Überprüfung ihrer Vereinbarkeit mit den einzelstaatlichen Regelungen zur Umsetzung" der Richtlinie durch die Öffentlichkeit nicht gerecht, vgl. Erwägungen 48-51 der Richtlinie.

7 Vergleichbare Verpflichtungen sahen die Landesdatenschutzgesetze auch für öffentliche Stellen der Länder gegenüber den jeweiligen Landesbeauftragten für den Datenschutz vor, z.B. § 23 DSG NRW i.d.F. vom 15. März 1988 (GV NW S. 160).

8 Dazu vgl. Kommentierung zu § 38.

9 So *LfD NW*, 14. TB 2003, S. 179/180 in Anlehnung an *Brühann,* in G/H III *Wolf*, Rdnr. 5 zu Art. 18.

Verarbeitungsschritt, weil dieser nicht als „Verfahren" anzusehen ist (z.B. eine Speicherung ohne vorgesehene weitere Verarbeitungsschritte). Dies wird den Bedürfnissen der Praxis gerecht, scheint aber nicht ganz den Vorgaben der Richtlinie zu entsprechen. Zwar trifft es zu, dass die Richtlinie mit „Verarbeitung(en)" in Anknüpfung an die Legaldefinition des Art. 2 lit b) die verschiedenen Formen des Datenumgangs von der programmgesteuerten Transaktion bis zur Kenntnisnahme und der anschließenden Verwendung meint.[10] Es ist aber fraglich, ob die in Art. 18 Abs. 1 gebildete Alternative „Verarbeitung" oder „Verarbeitungen" im Sinne einer Wahlmöglichkeit gedacht ist und dass man wie § 4d mit dem Begriff des Verfahrens die Meldepflicht für einen isoliert erfolgenden einzelnen Verarbeitungsschritt gänzlich abschneiden darf. Naheliegender ist folgende Interpretation: Die Richtlinie berücksichtigt mit der genannten Alternative, dass die Meldung eines jeden Verarbeitungsschrittes im Falle einer Verarbeitungsabfolge im Zusammenhang einer konkreten Zielsetzung (z.B. Datenerhebung, Datenspeicherung, Datenänderung und Datenlöschung) einen überzogenen Bürokratismus darstellen würde. In einem solchen Fall genügt die Meldung eines „Verfahrens" im Sinne des § 4d. Im Hinblick auf den verfolgten Schutzzweck der Richtlinie ist hieraus jedoch nicht der generelle Verzicht auf die Meldepflicht abzuleiten, wenn lediglich ein **isolierter Verarbeitungsschritt** und nicht eine Abfolge von Verarbeitungsschritten vorgenommen werden soll. Große praktische Relevanz dürfte die beschriebene Verkürzung der Meldepflicht nicht haben, da bei der automatisierten Verarbeitung in aller Regel mehrere Verarbeitungsschritte vorgenommen werden – Ausnahmen sind jedoch denkbar.

7 Wie bereits erwähnt ist die für das BDSG wichtigste **Ausnahme von der Meldepflicht** in Art. 18 Abs. 2 für Unternehmen vorgesehen, die **personenbezogene Daten für eigene Zwecke** verwenden. Nach dieser Vorschrift dürfen die Mitgliedstaaten solche Stellen von der Meldepflicht ausnehmen, die einen Datenschutzbeauftragten bestellt haben. Voraussetzung hierfür ist allerdings, dass der Datenschutzbeauftragte die Anwendung der datenschutzrechtlichen Bestimmungen **unabhängig überwacht** und ein **Verzeichnis der vorgenommenen Verarbeitungen** führt. Man nimmt deshalb an, dass Öffentliche Stellen (des Bundes) generell von der Meldepflicht ausgenommen seien, weil für sie die Bestellung eines behördlichen Datenschutzbeauftragten obligatorisch ist, § 4f Abs. 1 Satz 1.

8 Diese Rechtslage wird teilweise dahingehend bewertet, der „Grundsatz" der Meldepflicht laufe im öffentlichen Bereich leer. Überdies sei die Verknüpfung der Meldepflicht mit der Vorabkontrolle sachfremd, weil beide Pflichten allein über die Bestellung des Datenschutzbeauftragten verklammert seien. Aus systematischen Gründen sollten die Vorschriften über Meldepflicht und Vorabkontrolle getrennt werden.[11] Diese Auffassung legt indes eine sehr formelle Betrachtungsweise an. Sie scheint insbesondere den oben beschriebenen **inneren Zusammenhang zwischen Meldepflicht, Vorabkontrolle und laufender Rechtmäßigkeitskontrolle** nach Art. 18 Abs. 2 und Art. 20 zu vernachlässigen. Da die Richtlinie bei der Meldepflicht und bei der Vorabkontrolle kaum zwischen der stelleninternen und der externen staatlichen Rechtmäßigkeitskontrolle unterscheidet, sind auch die Anforderungen an den Datenschutzbeauftragen nach Art. 18 Abs. 2 relativ streng: Eine Rechtmäßigkeitskontrolle genügt nur dann der Richtlinie, wenn sie „unabhängig" erfolgt (was angesichts der lediglich funktionalen Absicherung des Datenschutzbeauftragten in § 4f Abs. 3 Sätze 3 und 4 allenfalls für „Vollzeit"-Datenschutzbeauftragte gelten mag).

9 Der Anregung der Richtlinie in Art. 18 Abs. 5, auch **nichtautomatisierte Verarbeitungen** einer Meldepflicht zu unterziehen, ist der deutsche Gesetzgeber ebenso wenig gefolgt wie der in Art. 18 Abs. 4 eingeräumten Möglichkeit, so genannte **Tendenzbetriebe** (vgl. § 28 Abs. 9) von der Meldepflicht auszunehmen.

10 Im Ergebnis ist § 4d als Versuch des Gesetzgebers zu werten, die von der Richtlinie vorgegebenen Ziele der **erhöhten Transparenz der Datenverarbeitung** einerseits und der **materiellen Zulässigkeitskontrolle sensitiver Verarbeitungen** andererseits in einer für das tradierte und eingeführte deutsche Regelungsmodell einigermaßen kompatiblen Weise zu

10 *Dammann/Simitis*, EG-Datenschutzrichtlinie, Anm. 4 zu Art. 18.
11 So beispielsweise *Bergmann/Möhrle/Herb* BDSG § 4d Rn. 8, 9.

kombinieren. Dem entspricht auch die Tatsache, dass die zu meldenden Angaben nach § 38 Abs. 2 in das Register aufgenommen und damit der Öffentlichkeit zugänglich gemacht werden. Soweit hier das Ziel im Vordergrund steht, allgemein Transparenz über die Verarbeitungsstrukturen und über möglicherweise Daten verarbeitende Stellen herzustellen, machen die Bürger bislang nur zurückhaltend von der Möglichkeit Gebrauch, Einsicht in das Register zu nehmen.[12] Die Meldepflicht nach § 4d wird auf die Fälle der traditionellen Meldepflicht für Datenverarbeiter nach §§ 29, 30 sowie auf Kleinstbetriebe beschränkt, die keinen Datenschutzbeauftragten bestellen. In der Praxis einiger Aufsichtsbehörden zieht die Meldung regelmäßig eine Vorortkontrolle oder zumindest ein Beratungsgespräch anhand der gemeldeten Informationen nach sich. Sie stellt damit nicht nur eine rechtliche Belastung, sondern auch die Chance der meldenden Unternehmen dar, die eigene betriebliche Datenschutzorganisation durch relativ kostengünstige staatliche Hilfestellungen zu verbessern.

2. Meldepflichtige Stellen; Ausnahmen von der Meldepflicht (Abs. 1 bis 4)

Meldepflichtige Stellen sind nach Abs. 1 grundsätzlich alle verantwortlichen öffentlichen und nicht-öffentlichen Stellen. Danach sind im Grundsatz auch Stellen meldepflichtig, die im Sinne des § 39 einem besonderen **Amtsgeheimnis oder einer Verschwiegenheitspflicht** unterliegen, zum Beispiel Ärzte, Beratungsstellen oder Rechtsanwälte.[13] Soweit Notare öffentliche Aufgaben erfüllen, unterliegen sie (auch) der Meldepflicht nach Landesrecht. 11

Die Regel der Meldepflicht nach Abs. 1 wird jedoch in den Abs. 2 bis 4 erheblich modifiziert.[14] Die unübersichtlich gestaltete Regelung der **Meldepflicht nichtöffentlicher Stellen** lässt sich im Ergebnis dahingehend zusammenfassen, dass sie nur für solche verantwortliche Stellen besteht, die nach §§ 29, 30 personenbezogene Daten verarbeiten. Meldepflichtig sind auch Kleinbetriebe ohne Datenschutzbeauftragte, die im Eigeninteresse personenbezogene Daten ohne Einwilligung der Betroffenen verarbeiten, ohne dass dies nach § 28 Abs. 1 Nr. 1 gerechtfertigt ist. Im Einzelnen lässt sich dies wie folgt ableiten: 12

(1) **Verantwortliche Stellen, die für eigene Geschäftszwecke** personenbezogene Daten verwenden (also Datenverarbeitung nach § 28 betreiben) unterliegen nur „im Grundsatz" der Meldepflicht, vgl. Abs. 1, nach Abs. 2 und 3 bestehen aber zwei gewichtige Ausnahmen. Die **Meldepflicht entfällt** für Stellen mit einem eigenen inhaltlichen Verarbeitungsinteresse, wenn sie einen **betrieblichen Datenschutzbeauftragten** bestellt haben, **Abs. 2**. Da nach § 4f Abs. 1 BDSG die Pflicht zur Bestellung eines Datenschutzbeauftragten alle Unternehmen ab einer gewissen Mindestzahl von datenverarbeitenden Beschäftigten[15] trifft, verkehrt Abs. 2 den in Abs. 1 aufgestellten Grundsatz der allgemeinen Meldepflicht praktisch in einen Ausnahmefall. Die Meldepflicht entfällt nach Abs. 3 ferner, wenn die **verantwortliche Stelle für eigene Geschäftszwecke Daten verarbeitet, dabei weniger als fünf**[16] **Arbeitnehmer** mit der Verwendung personenbezogener Daten beschäftigt und die automatisierte Datenverarbeitung ausschließlich **mit Einwilligung** der Betroffenen **oder zur Vertragserfüllung** (bzw. zur Erfüllung eines vertragsähnlichen Vertrauensverhältnisses erfolgt. 13

Diese in Abs. 3 vorgesehene Befreiung der Kleinunternehmen von der Meldepflicht gilt unter den dort genannten Voraussetzungen auch dann, wenn sie nach § 4f Abs. 1 Satz 6 ausnahmsweise doch einen betrieblichen Beauftragten bestellen müssen, weil sie eine **Vorabkontrolle** der § 4d Abs. 5 unterliegenden „sensiblen" Verarbeitungen durchführen. Befreiung von der Meldepflicht und Pflicht zur Bestellung eines internen Beauftragten sind in diesen Fällen ent- 14

---

12 Dazu vgl. 1.TB RegMittelfranken, 2002/2003, S. 13.

13 In der Tendenz ähnlich wohl *Zuck* in *Abel*, Datenschutz in Anwaltschaft, Notariat und Justiz, München 2003, § 2 Abschnitt II, vgl. z.B. Rdnr. 34, 35, 48. A.A. *Rüpke*, RDV 2003, 72, 74 ff. Vgl. dazu Kommentierung zu § 38, Rdnr. 19 f.

14 Deshalb wird üblicherweise darauf hingewiesen, dass die Meldung aufgrund der Ausnahmebestimmungen praktisch zur Ausnahme werde, vgl. 2. TB IM BW 2003, S. 15.

15 Dazu § 4f Rdnr. 8 ff.

16 Nach einem Gesetzentwurf des Bundesrates soll diese Grenze auf zwanzig Arbeitnehmer angehoben werden, vgl. BR-Drs. 599/05.

koppelt. Umgekehrt gilt: Hat eine verantwortliche Stelle freiwillig einen internen Beauftragten bestellt, entfällt die Meldepflicht.[17]

15 (2) **Verantwortliche Stellen,** die geschäftsmäßig **zum Zweck der Übermittlung** oder zum Zweck der **anonymen Übermittlung** personenbezogene Daten speichern (§§ 29, 30), sind **ausnahmslos zur Meldung** ihrer Verfahren automatisierter Verarbeitungen **verpflichtet**. Denn für sie sieht Abs. 4 eine „Ausnahme von den Ausnahmen" nach Abs. 2 und 3 vor. § 29 erfasst insbesondere Auskunfteien, Detekteien, Kreditschutzorganisationen (z.B. die „SCHUFA"), Wirtschafts- und Brancheninformationsdienste, Fachinformationssysteme und Telefonmarketingfirmen. Abs. 4 Satz 2 statuiert die Meldepflicht zur Aufsichtsbehörde für die Stellen, die geschäftsmäßig Daten **„zum Zwecke der anonymisierten Übermittlung speichern"**, meint mithin die Unternehmen, deren Datenverarbeitung in § 30 geregelt ist. Hierzu gehören insbesondere Institute für Markt- und Meinungsforschung. Damit behält der Gesetzgeber die seit dem BDSG 1977 bestehende, generelle Meldepflicht für Datenverarbeiter ohne eigenes inhaltliches Verarbeitungsinteresse bei. In erster Linie berücksichtigt er dabei, dass die **gewerbsmäßige Übermittlungstätigkeit ein gesteigertes Gefährdungspotential** für das Recht auf informationelle Selbstbestimmung der jeweils Betroffenen mit sich bringt. Dem folgt eine gesteigerte staatliche Überwachungspflicht, die sich allerdings ihrer Zielsetzung nach von etwaigen gewerberechtlichen Zuverlässigkeitskontrollen (z.B. für Auskunfteien, vgl. § 38 Abs. 1 Nr. 2 GewO) unterscheidet.[18]

16 (3) **Entfallen ist die Meldepflicht** für Stellen, die nicht für eine Verarbeitung personenbezogener Daten verantwortlich sind, also für Auftragsdatenverarbeiter und sonstige **Stellen, die nach § 11 zu beurteilen sind.**[19] Zu dieser in der Praxis größten Gruppe der Verarbeiter für fremde Geschäftszwecke gehören beispielsweise Service-Rechenzentren und „Konzerndatenverarbeiter", d.h. Unternehmen, die für andere konzernangehörige Gesellschaften bestimmte, festgelegte Datenverarbeitungsprozesse übernommen haben. Gegenüber der Rechtslage nach dem BDSG 1990 von der Meldepflicht befreit sind weiterhin u.a. privatärztliche Verrechnungsstellen, Betriebe für Mikroverfilmung oder Konvertierung sowie Firmen zur Vernichtung und Entsorgung von Datenträgern. Allerdings unterliegt ein Auftragsdatenverarbeiter insoweit der Meldepflicht, als er in anderer Hinsicht für eine automatisierte Verarbeitung verantwortlich ist. Bislang machten Stellen nach § 11 weitaus mehr als die Hälfte der insgesamt zum Register nach § 38 gemeldeten Stellen aus.[20]

17 Der **Wegfall der Meldepflicht** für nicht-verantwortliche Datenverarbeiter nach § 11 ist **nicht ungeteilt positiv aufgenommen** worden. Einige Aufsichtsbehörden hatten die Meldungen von Auftragsdatenverarbeitern bislang zum Anlass genommen, vor Ort eine Überprüfung der betrieblichen Datenschutzorganisation vorzunehmen. Für die betroffenen Stellen bedeutete dies eine relativ kostengünstige Beratung zur Verbesserung datenschutzrechtlicher betrieblicher Vorkehrungen. Im Übrigen wurde die Aufnahme in das Melderegister nach § 38 Abs. 2 in Verbindung mit etwaigen aufsichtsbehördlichen Bestätigungen der ordnungsgemäßen Datenschutzorganisation von einigen Unternehmen gleichsam als werbewirksames „Datenschutzgütesiegel" verwendet.[21] In diesem Sinne ist die häufig zu hörende Kritik überzogen, das herkömmliche Meldesystem sei sehr aufwändig und wenig effektiv gewesen.[22]

---

17 Vgl. die Begr. zum RegE, BT-Drs. 14/4329, S. 35, zu § 4d Abs. 2. Vgl. auch *BlnDSB/ULD* (Hrsg.): Neuregelungen im BDSG (2001), S. 37.

18 Vgl. bereits Regierungsentwurf zur Regelung der Meldepflicht im BDSG 1977, BT-Drs. 7/1027, S. 31 (zu § 30).

19 Dementsprechend sieht der 24. TB BremDSB 2002, S. 54 nur eine Befreiung von der Meldepflicht „in aller Regel" vor.

20 Vgl. z.B. TB LD HH 2000/2001, S. 198: Wegfall von etwa vier Fünfteln (209 von 255) der bislang gemeldeten Stellen absehbar; 1. TB *ThürIM* (Berichtszeitraum 2001-2002), S. 5: Wegfall von etwa 90% der bislang gemeldeten Stellen.

21 Vgl. beispielsweise 1. TB *SächsIM* (Berichtszeitraum 2001-2002), S. 8-9. Zum Datenschutzgütesiegel vgl. Kommentierung zu § 9a.

22 So aber *Weichert* in *Kilian*/Hanssen Computerrechtshandbuch (2002), § 134 Rdnr. 40.

Öffentliche verantwortliche Stellen des Bundes sind nach § 4f Abs. 1 Satz 1 generell verpflichtet, einen behördlichen Datenschutzbeauftragten zu bestellen. Nach Abs. 2 **entfällt** für sie regelmäßig die **Meldepflicht**.[23] 18

Für die Erfüllung der externen Meldepflicht der in Abs. 4 genannten Stellen **persönlich** verantwortlich sind die **Inhaber** (z.B. Einzelkaufmann), **Vorstände** (z.B. bei AGs), Geschäftsführer (z.B. bei GmbHs) oder sonstigen **„gesetzlich oder nach der Verfassung des Unternehmens berufenen Leiter“**[24] der betroffenen Stelle. Dass § 4d nicht nur eine unternehmeris-institutionelle, sondern eine persönliche Verantwortlichkeit statuiert, macht § 43 Abs. 1 Nr. 1 deutlich, der Verstöße gegen die Pflicht zur rechtzeitigen, korrekten und vollständigen Meldung als **Ordnungswidrigkeit** einstuft.[25] Da der betriebliche Beauftragte für den Datenschutz den gesetzlichen Auftrag hat, auf die Einhaltung des BDSG und damit auch des § 4d hinzuwirken, gehört bei Stellen nach Abs. 4 die Gewährleistung vollständiger und pünktlicher Meldungen an die Aufsichtsbehörde mit zu seinen Aufgaben. Hilfsmittel dafür ist u.a. die ihm selbst nach § 4g Abs. 2 Satz 1 zur Verfügung zu stellende Übersicht. Eine bußgeldrechtliche Verantwortlichkeit ergibt sich jedoch daraus für ihn nicht. 19

3. Empfänger der Meldung

Nach Abs. 1 kommen zwei Empfänger der Meldung in Betracht. Grundsätzlich haben sich verantwortliche nichtöffentliche Stellen an die „**zuständige Aufsichtsbehörde**“ zu wenden. **Örtlich zuständig** ist die Aufsichtsbehörde, in der die verantwortliche Stelle ihren (deutschen) Hauptgeschäftssitz hat. Die zuständige Aufsichtsbehörde für den Datenschutz im nichtöffentlichen Bereich im Sinne des § 38 bestimmt sich nach dem Landesrecht, vgl. § 38 Abs. 6.[26] Bei hierarchischem Aufbau der externen Kontrolle, wie er in mehreren Bundesländern besteht, ist instanziell die untere Aufsichtsbehörde für die Entgegennahme der Anmeldungen zuständig, falls dies im Landesrecht nicht abweichend geregelt ist. 20

Telekommunikationsunternehmen haben ihre Meldung an den **Bundesbeauftragten für den Datenschutz** zu richten. Telekommunikationsunternehmen im Sinne des Abs. 1 sind Stellen, die für die geschäftsmäßige Erbringung von Telekommunikationsdiensten Daten von natürlichen Personen automatisiert verwenden.[27] Soweit solche Telekommunikationsunternehmen nichtöffentliche Stellen sind (was der Regelfall ist), dient die ausdrückliche Adressierung zum Bundesbeauftragten für den Datenschutz nur zur Klarstellung, da dieser für Telekommunikationsunternehmen nur überwiegend die Funktion der zuständigen Aufsichtsbehörde wahrnimmt, vgl. § 115 Abs. 4 TKG.[28] 21

Mit den **Postunternehmen**, die ebenfalls ihre Meldung an den Bundesbeauftragten zu richten haben, sind die in § 2 Abs. 1 Satz 2 definierten Unternehmen gemeint, die aus dem Sondervermögen Deutsche Bundespost durch Gesetz hervorgegangen sind, solange ihnen ein ausschließliches Recht nach dem Postgesetz zusteht; dies betrifft derzeit nur noch die Post AG. 22

Wie bereits (unter Rdnr. 19) ausgeführt, ist in der Praxis kaum ein Fall denkbar, in dem **öffentliche Stellen des Bundes** einer Meldepflicht unterliegen. Die Vorschrift des Abs. 1, wonach öffentliche Stellen ihre Meldung an den Bundesbeauftragten zu richten haben, läuft deshalb „leer“. Im Hinblick auf die Prämisse der EG-Datenschutzrichtlinie, dass die interne Datenschutzkontrolle in ihrem Schutzniveau der externen staatlichen Datenschutzkontrolle vergleichbar sein müsse, scheint die Befreiung von der Meldepflicht nur konsequent zu sein. 23

23 Dazu § 4f Rdnr. 15.
24 Vgl. § 4e Abs. 1 Nr. 2.
25 Vgl. § 43 Rdnr. 33.
26 Eine Liste der Aufsichtsbehörden für den Datenschutz im nichtöffentlichen Bereich ist auf der Webseite des Berliner Beauftragten für Datenschutz und Informationsfreiheit abrufbar (www.datenschutz-berlin.de). Zu Einzelheiten zur Bestimmung der Zuständigkeit vgl. § 38.
27 Nach § 115 Abs. 4 TKG unterliegen Telekommunikationsunternehmen auch der Kontrolle des Bundesbeauftragten durch den Datenschutz, soweit sie Daten von Unternehmen verarbeiten. Die Meldepflicht nach § 4d ist indes durch den Anwendungsbereich des BDSG auf natürliche Personen beschränkt.
28 Vgl. § 38 Rdnr. 15.

Als Kompensation für den Wegfall der externen Meldepflicht haben die verantwortlichen Stellen nach § 4g Abs. 2 immerhin dem behördlichen Beauftragten eine **Übersicht** über die nach § 4e Satz 1 zu meldenden Angaben zur Verfügung zu stellen.

4. Gegenstand der Meldepflicht: Verfahren automatisierter Verarbeitungen

24 Gegenstand der Meldepflicht sind nach § 4d Abs. 1 Verfahren automatisierter Verarbeitungen. § 3 Abs. 2 Satz 1 setzt die „automatisierte Verarbeitung" mit der Erhebung, Verarbeitung oder Nutzung personenbezogener Daten unter Einsatz von Datenverarbeitungsanlagen gleich. Damit kann jeder einzelne Verarbeitungsschritt eine automatisierte Verarbeitung darstellen. Demgegenüber taucht der Begriff **„Verfahren automatisierter Verarbeitungen"** ausschließlich in § 4d als Anknüpfungspunkt für die Meldepflicht auf. Dieses Tatbestandsmerkmal ist erst gegen Ende des Gesetzgebungsverfahrens auf Wunsch des Bundesrates aufgenommen worden, um ein befürchtetes Ausufern der Meldepflicht zu verhindern und meint ein Paket bzw. eine Abfolge von Verarbeitungsschritten.[29] Obwohl diese Korrektur allerdings nicht konsequent erfolgt ist,[30] kann also eine Vielzahl von Datenverarbeitungsdateien ein Verfahren darstellen.[31]

25 Die Erfahrungen aus der Praxis zeigen, dass verantwortliche Stellen dazu neigen, Verfahren möglichst abstrakt zu fassen. Die gemeldeten Verfahren nähern sich dann dem häufig dem Unternehmenszweck an, was nicht den Anforderungen der §§ 4d, 4e entspricht. Wie sich aus der Bußgeldbewehrung in § 43 Abs. 1 Nr. 1 ergibt, **müssen Verfahren** zumindest **so aussagekräftig** sein, dass der Aufsichtsbehörde anhand der Verfahrensmeldung **eine erste kursorische Rechtmäßigkeitsprüfung** ermöglicht wird.[32] Als Beispiel für ein noch hinreichend aussagekräftiges, zu meldendes Verfahren wird in den Gesetzesmaterialien das Verfahren zur „Kreditverwaltung" genannt,[33] denkbar sind ferner unter bestimmten umfassenderen Zwecken wie Sozialhilfeabrechnung, Kundenbetreuung, Mitgliederverwaltung, Lieferantenmanagement, Personaldateiführung o.a. zusammengefasste DV-Arbeitsabläufe. Regelmäßig stellt auch die Videoüberwachung nach § 6b ein meldepflichtiges Verfahren dar.

5. Zeitpunkt und Form der Meldung

26 Verantwortliche Stellen haben die Verfahren automatisierter Verarbeitungen nach Abs. 1 zeitlich **vor deren Inbetriebnahme** zu melden. Dies gilt ebenfalls für die **Veränderung und Beendigung** von bestehenden Verfahren, vgl. § 4e Satz 2.[34] § 4d weicht damit von der früheren Konzeption der Meldepflicht nach § 32 ab, wonach Meldungen zum Register innerhalb eines Monats nach Aufnahme der Verarbeitung zu erfolgen hatte.

27 Die **Form der Meldung** ist im BDSG nicht verbindlich vorgeschrieben. In der Praxis am weitesten verbreitet ist die **Schriftform** (Schreiben, Formular). Daneben kommt die Meldung durch Übersendung eines für die automatisierte (Weiter-)Verarbeitung bestimmten Datenträgers (z.B. **Diskette**) in Betracht. Theoretisch denkbar, wenngleich in der Praxis nicht relevant

---

29 Vgl. Bericht des Innenausschusses, BT-Drs. 14/4329, S. 35, zu § 4d Abs. 2. Zu europarechtlichen Bedenken bzgl. der Vorschrift siehe Rdnr. 7.

30 § 38 Abs. 2 Satz 1 stellt noch wie der ursprüngliche Regierungsentwurf auf ein Register der nach § 4d meldepflichtigen automatisierten *Verarbeitungen* ab, obwohl nach der endgültigen Fassung von § 4d nur die entsprechenden *Verfahren* zu melden sind.

31 Vgl. *Hillenbrandt-Beck*, in: *Roßnagel* HdbDSR Abschnitt 5.4 Rdnr. 49.

32 *Petri*, RDV 2003, 267 ff.; vgl. auch Erwägung 48 der Datenschutzrichtlinie.

33 Vgl. Abl. EG Nr. C 311/30 v. 27.11.1992, Begr. zu Art. 18, Nr. 1 c; s. dazu *Dammann/Simitis*, EG-Datenschutzrichtlinie, Komm. Art. 18 Rdnr. 4. Für ein Kreditinstitut dürfte diese Verfahrensbeschreibung allerdings regelmäßig zu allgemein gehalten sein, weil sie sich bereits dem Unternehmenszweck annähert und deshalb zu wenig aussagekräftig ist.

34 Zur Dynamik des Prozesses der Meldepflicht vgl. *Wächter*, Datenschutz im Unternehmen (2003), Rdnr. 367. Die Beendigung findet keine ausdrückliche Erwähnung, stellt aber eine Veränderung dar; ebenso *Tinnefeld/Ehmann/Gerling*, Datenschutzrecht, 440.

ist auch die Meldung zur Niederschrift bei der Aufsichtsbehörde. Eine Meldung per **elektronischer Mail** wird teilweise von den Behörden wegen der damit verbundenen **Authentizitätsprobleme** abgelehnt, vorherige Absprachen sind deshalb empfehlenswert. Zur Vereinfachung und Vereinheitlichung der Meldeprozedur stellen die Aufsichtsbehörden **Vordrucke** zur Verfügung.[35] In jedem Fall verlangt § 4d eine besondere datenschutzrechtliche Mitteilung; die betroffenen Stellen dürfen sich nicht damit begnügen, ganz oder teilweise auf anderweitige Unterlagen, auf Meldungen zu anderen Registern oder auf Branchenverzeichnisse zu verweisen.

6. Rechtswirkungen der Meldung, Bußgeldverfahren

Unklar ist es, welche Rechtswirkungen eine vollzogene Meldung nach sich zieht. Insoweit 28
bietet es sich an, zwischen den Auswirkungen der Meldung auf das aufsichtsbehördliche Verfahren und der materiellen Rechtmäßigkeit der gemeldeten Verfahren zu unterscheiden.

Nach § 38 Abs. 2 Satz 1 sind die Aufsichtsbehörden lediglich verpflichtet, ordnungsgemäß 29
gemeldete Verfahren in das Verfahrensregister aufzunehmen und dieses zu führen. Die Aufnahme bedingt nach Maßgabe § 38 Abs. 1 allerdings zumindest eine Rechtmäßigkeitskontrolle in formeller Hinsicht. In aller Regel wird die Aufsichtsbehörde die Mitteilung also **auf Vollständigkeit überprüfen**. Fehlen Angaben, fordert die Aufsichtsbehörde zur Nachmeldung auf und kann – wie auch bei verspäteter Meldung – ein Bußgeldverfahren einleiten. Auch wenn der Zweck der Meldung in der Ermöglichung inhaltlicher Prüfungen der mitgeteilten Angaben dient, zwingt die Anmeldung die Aufsichtsbehörde aber **nicht** zu einer **inhaltlichen** Prüfung. Das Schweigen der Aufsichtsbehörde auf eine Meldung kann deshalb nicht dahin gehend interpretiert werden, dass diese das gemeldete Verfahren für rechtmäßig hält. Die Aufnahme in das Register nach § 38 Abs. 2 ist **kein Verwaltungsakt**; sie hat nicht die Funktion einer Lizenzierung oder impliziten Genehmigung der gemeldeten Verfahren bzw. ihrer Inhalte wie Geschäftszwecke, Datenarten oder Übermittlungen. Eine der Publizität des Handelsregisters nach § 15 HGB entsprechende Rechtswirkung im Geschäftsverkehr kommt dem Register nach § 38 Abs. 2 nicht zu. Die Registereintragung ist also **weder konstitutiv noch bestätigend für die Rechtmäßigkeit** des vorgesehenen Verarbeitungsverfahrens. Gleichwohl braucht die Aufsichtsbehörde Anmeldungen mit erkennbar rechtswidrigen Verarbeitungszwecken nicht einzutragen, wenn sie das gemeldete Verfahren zu unterbinden gedenkt.

Die Meldung kann gleichwohl **Rechtswirkungen auch in materieller Hinsicht** entfalten. 30
Da sie vor Beginn der Durchführung von automatisierten Verarbeitungen zu erfolgen hat, dient sie regelmäßig dazu, die wesentlichen **Verarbeitungszwecke eines Verfahrens konkretisierend festzulegen**, vgl. § 14 Abs. 1, § 28 Abs. 1 Satz 2 BDSG.[36] Eine Abänderung gegenüber den in der Verfahrensübersicht festgelegten Verarbeitungszwecken ist dann nur nach den Regeln der Zweckänderung (vgl. § 14 Abs.2, § 28 Abs. 2, 3) zulässig. Das Fehlen einer Meldung wird jedoch nicht zugleich die Rechtswidrigkeit der geplanten Verarbeitungsverfahren nach sich ziehen. Hiergegen spricht beispielsweise, dass ansonsten der Bußgeldtatbestand des § 43 Abs. 1 Nr. 1 weitgehend leerliefe: eine fehlende oder fehlerhafte Meldung verwirklichte dann nämlich zugleich regelmäßig einen der Bußgeldtatbestände nach § 43 Abs. 2.[37]

---

35 Vgl. *Hillenbrand-Beck/Wedler*, RDV 2001, 48 ff. Soweit die Aufsichtsbehörden über Websites verfügen, stellen sie dort inhaltlich weitgehend identische Formulare und Hinweisblätter zum Download zur Verfügung. Eine Übersicht zu Links sind auf der Website des Berliner Beauftragten für Datenschutz und Informationsfreiheit (www.datenschutz-berlin.de) abrufbar.

36 Vgl. *v. Zeschwitz*, in *Roßnagel* HdbDSR, Abschnitt 3.1, Rn 39 zu vergleichbaren landesdatenschutzrechtlichen Regelungen.

37 Für die hoheitliche automatisierte Verarbeitung tendenziell anders VG Gießen, DuD 2002, 626, 629: Verfahrensübersicht nach § 6 HDSG als formelle Rechtmäßigkeitsbedingung. Für die Verfahrensübersicht nach § 4g Abs. 2 besteht allerdings auch keine Bußgeldpflichtbewehrung nach § 43 Abs. 1 wie für die Meldepflicht.

7. Vorabkontrolle bei besonderen Risiken (Abs. 5)[38]

31 Der Gesetzgeber setzt mit § 4d Abs. 5 und 6 die **Vorgaben des Art. 20 der Richtlinie** um, kommt aber zugleich seiner **grundrechtlich gebotenen Schutzpflicht aus Art. 2 Abs. 1, Art. 1 Abs. 1 GG** nach, besondere organisatorische und verfahrensrechtliche Vorkehrungen vorzusehen, die der Gefahr einer Verletzung des Persönlichkeitsrechts von Betroffenen entgegenwirken.[39] Die Verpflichtung zur so genannten Vorabkontrolle nimmt dabei auf die Tatsache Rücksicht, dass die laufende Rechtmäßigkeitskontrolle nach § 4g Abs. 1 Nr. 1 sich zumindest dann als unzureichend erweist, wenn eine automatisierte Verarbeitung den Betroffenen besonders gefährdet. Dementsprechend gebietet § 4d Abs. 5 Satz 1 eine so genannte **Vorabkontrolle**, wenn automatisierte[40] Verarbeitungen besondere Risiken für die Rechte und Freiheiten der Betroffenen aufweisen. Vorabkontrolle bedeutet, dass der Datenschutzbeauftragte der verantwortlichen Stelle die datenschutzrechtliche Rechtmäßigkeit der beabsichtigten Verarbeitung **vor ihrer Inbetriebnahme** zu überprüfen hat.

32 Ob eine automatisierte Verarbeitung **besondere Risiken** für den Betroffenen mit sich bringt, hat die **verantwortliche Stelle selbständig zu prüfen und festzustellen**. Der deutsche Gesetzgeber hat insoweit auf einen abschließenden Katalog verzichtet und lediglich zwei Regelbeispiele benannt. **Nr. 1** betrifft dabei die Verwendung von in **§ 3 Abs. 9** als besonders sensitiv eingestuften Angaben wie etwa solchen über rassische und ethnische Herkunft, Gesundheit usw. Die Vorabkontrolle hat in diesem Fall insbesondere die für diese Datengruppe speziellen Verarbeitungsvoraussetzungen zu beachten, also z.B. §§ 28 Abs. 6, 29 Abs. 5 und 30 Abs. 5. **Nr. 2** hebt die Verarbeitung solcher Daten hervor, mit deren Hilfe die **Persönlichkeit des Betroffenen** einschließlich seiner Fähigkeiten, Leistungen oder seines Verhaltens **bewertet** werden sollen. Beispiele dafür sind im Bereich des Arbeitnehmerdatenschutzes Angaben, die im Zusammenhang mit sog. **Assessment-Verfahren** bei Stellenbewerbungsverfahren oder für die Aufstellung von **Beförderungsranglisten** verwendet werden.[41] Hierher gehören auch Kredit- und Handelsauskunfteien, Warndateien jeglicher Art (z.B. Schwarzfahrerdatei, Wagnisdateien der Versicherungswirtschaft usw.) sowie Verzeichnisse von Vorstrafen oder ungünstiger verwaltungsrechtlichen Entscheidungen (z.B. Ausländerzentralregister, Gewerbezentralregister).

33 Für Verarbeitungen nach den beiden Regelbeispielen des Abs. 5 – und nur nach diesen[42] – muss allerdings in drei Fällen regelmäßig keine **Vorabkontrolle** durchgeführt werden: 1) Die Verarbeitung ist Gegenstand einer **gesetzlichen Verpflichtung** der verantwortlichen Stelle, 2) der Betroffene hat in sie **eingewilligt** oder 3) sie dient der **Zweckbestimmung eines Vertrags- oder vertragsähnlichen Vertrauensverhältnisses**. Verarbeitungen erfolgen nur dann aufgrund gesetzlicher Verpflichtung, wenn sie i.S.v. § 4 Abs. 1 **„angeordnet"** sind; es genügt nicht, dass ein Gesetz sie lediglich **erlaubt** oder voraussetzt. Gesetzlich angeordnet sind beispielsweise Eintragungen strafgerichtlicher Verurteilungen in das Bundeszentralregister.[43] Hinsichtlich der Einwilligung und in Bezug auf Vertragsverhältnisse ist zu beachten, dass die **Pflicht zur Vorabkontrolle nur entfällt, soweit die Rechtsgrundlage den gesamten Umfang der automatisierten Verarbeitung abdeckt**. So ist die Reichweite der Einwilligung insbesondere bei komplexen Datensammel- und analysesystemen (sog. Data Warehouses und Data Mining-Systemen) zu prüfen, die häufig im Zusammenhang mit Kundengewinnungs-

---

38 Dazu auch § 4f Rdnrn. 81-89.

39 BVerfGE 65, 1, 44 unter Bezugnahme auf BVerfGE 53, 30 (65) – Mülheim-Kärlich und BVerfGE 63, 131 (143). Auf den grundrechtlichen Zusammenhang weist auch *Klug*, RDV 2001, S. 12 hin.

40 Damit entfällt die Verpflichtung zur Vorabkontrolle bei nichtautomatisierten Verarbeitungen, z.B. Speicherung von personenbezogenen Daten in (manuell geführten) Personalakten.

41 Ebenso *Bergmann/Möhrle/Herb* BDSG § 4d Rdnr. 34.

42 Dem eindeutigen Wortlaut nach beziehen sich die Ausnahmen von der Vorabkontrolle nur auf die Regelbeispiele in Abs. 5 Satz 2, nicht aber auf sonstige Fälle der Vorabkontrolle nach Abs. 5 Satz 1. So auch *Schild*, DuD 2001, 285 gegen *Klug*, RDV 2001, 12, 16. Dazu § 4g Rdnr. 88.

43 Vgl. § 1, § 3 Nr. 1, § 4 BZRG. Nach *Engelien-Schulz*, RDV 2003, 270, 272 hingegen ist das Bundeszentralregister ein typischer Fall, der bei richtlinienkonformer Auslegung zu einer Vorabkontrolle verpflichtet, weil bei der automatisierten Verarbeitung personenbezogener Daten durch zentrale Register der Öffentlichen Hand besondere Risiken für die „Handlungs- und Entfaltungschancen" entstehen.

und Kundenbindungsprogrammen auftreten.[44] Im Kontext mit arbeitsvertraglichen Vertragsverhältnissen ist eine Vorabkontrolle jedenfalls bei Revisionswerkzeugen, Wissensdatenbanken und komplexen Produktionssteuerungssystemen erforderlich, zumal letztere regelmäßig Personaldatenverwaltungsmodule enthalten.[45] Eine Vorabkontrolle dürfte schon deshalb geboten sein, um in solchen Fällen dafür Sorge zu tragen, dass die Grenzen der Rechtsgrundlagen eingehalten werden. Sollte eine Vorabkontrolle entbehrlich sein, befreit dies den betrieblichen oder behördlichen Beauftragten weder von seiner Pflicht zur laufenden Rechtmäßigkeitskontrolle noch von seiner generellen Pflicht, auf die Einhaltung des BDSG hinzuwirken.[46]

Mögliche weitere **Anhaltspunkte für das Bestehen besonderer Risiken** sind in Erwägung 34
53 der Richtlinie aufgeführt: Dort werden die Art der Verarbeitung, die Tragweite für den Betroffenen, eine risikoträchtige Zweckbestimmung und die besondere Verwendung einer neuen Technologie als besondere Risiken für die Rechte und Freiheiten der betroffenen Personen bezeichnet. Dabei dürfte die **Art der Verarbeitung** häufig langfristig angelegte, problematische oder für den Betroffenen intransparente Verfahren meinen (z.B. geheime Videoüberwachung). Die Art der Verarbeitung kann aber auch den Umfang der Verarbeitung oder die Art der verwendeten Daten betreffen[47] (Sensitivität der Daten, vgl. z.B. § 3 Abs. 7, § 28 Abs. 3 Satz 2[48]). Für besondere Arten bezogener Daten sieht der bereits erwähnte Regelfall des § 4d Abs. 5 Nr. 1 ausdrücklich eine Vorabkontrolle vor. Diese wird auch erforderlich sein, wenn die **Zweckbestimmung der Verarbeitung** für die Betroffenen risikoträchtig ist, was typischerweise der Fall ist, wenn die Verwendung der Daten dazu dient, Personen von einer bestimmten Leistung, einem Vertrag oder von der Inanspruchnahme eines Rechts auszuschließen.[49] Charakteristische Anwendungsfälle hierfür dürften die Errichtung von Warndateien und Bonitätsbewertungssysteme (Scoringverfahren) sein.[50] Solche Verfahren werden teilweise vom Regelbeispiel § 4d Abs. 5 Nr. 2 erfasst. Verfahren, die eine **besondere Tragweite** für die Betroffenen haben, erfordern ebenfalls eine präventive Rechtmäßigkeitsprüfung. Eine solche besondere Tragweite kann sich aus dem großen Umfang der verarbeiteten Daten oder des betroffenen Personenkreises,[51] aber auch aus der **Wahrscheinlichkeit irreversibler Schäden** für das Selbstbestimmungsrecht oder anderer Rechtsgüter der Betroffenen ergeben. Die **Verwendung einer neuen Technologie oder eines besonders komplexen Verarbeitungssystems**[52] dürfte ebenfalls regelmäßig eine Vorabkontrolle erfordern. Insoweit ist die Vorabkontrolle häufig bei Vorhaben zu bejahen, für die der Gesetzgeber selbst besondere Rechtmäßigkeitsbedingungen formuliert hat, z.B. bei automatisierten Einzelentscheidungen nach § 6a (z.B. Scoring-Verfahren), der Videoüberwachung nach § 6b, den Chipkartenlösungen nach § 6c[53] oder den automatisierten Abrufverfahren nach § 10. Die **wesentliche Änderung** eines Verfahrens, das zuvor bereits vorabkontrollpflichtig gewesen ist, dürfte regelmäßig ebenfalls der Vorabkontrolle unterliegen.[54]

In der Praxis gehen einige Unternehmen dazu über, **sämtliche automatisierte Verfahren** 35
einer Vorabkontrolle zu unterziehen.[55] Andere arbeiten – ähnlich wie einige länderrechtliche Datenschutzvorschriften es vorsehen[56] – mit generellen **Freigabeverfahren**, bei denen ein Verfahren erst nach formeller Zustimmung des Datenschutzbeauftragten in Betrieb genommen

---

44 Im Zusammenhang mit Kundenbindungsprogrammen vgl. Gutachten des ULD S-H 2003, 50 ff. Vgl. ferner *Klug*, RDV 2001, S. 12, 16.
45 Vgl. *Kieper/Petri*, DuD 2003, 605 ff., zu Produktionssteuerungssystemen ebenda S. 612-613.
46 § 4g Abs. 1 Nr. 1 und § 4g Abs. 1 Satz 1.
47 So auch *Brühann*, in *G/H* III *Wolf*, A 30, Art. 20 Rn. 6.
48 Die besondere Schutzwürdigkeit für Angaben im Zusammenhang mit Straftaten und strafrechtlichen Verurteilungen wird auch in Art. 8 Abs. 5 der Richtlinie gesehen.
49 Vgl. Erwägung 53 (in Spiegelstriche gefasster Einschub).
50 Im Ergebnis ähnlich *Gola/Schomerus* BDSG § 4d Rdnr. 13.
51 So wohl auch 18. TB BfD (1999-2000), 2.1.3, S. 26.
52 Vgl. 18. TB BfD (1999-2000), 2.1.3, S. 26.
53 Zu letzteren vgl. *Weichert* in Roßnagel, HdbDSR 2003, Abschnitt 9.5 Rdnrn. 58 ff.
54 Vgl. TB 2004 ULD SH, S. 88.
55 Vgl. TB ULD 2004, S. 69, 70.
56 Vgl. § 10 Abs. 3 DSG NRW, § 7 Abs. 6 HessDSG.

werden kann. Neben dem möglicherweise vorhandenen Anspruch auf besonders effektiven Datenschutz spielen wohl vor allem die beschriebenen Probleme eine Rolle, vorabkontrollpflichtige Verfahren von nicht prüfpflichtigen Verfahren datenschutzrechtlich abzugrenzen. Die in diesem Zusammenhang teilweise geäußerte Kritik der mangelnden **Praktikabilität**[57] des § 4d Abs. 5 und 6 mag einen berechtigten Kern haben, ist indes in ihrer Schärfe nicht ganz nachvollziehbar. Anhand einer werthaltigen Verfahrensübersicht nach § 4g Abs. 2 Satz 1 lässt sich relativ schnell erkennen, inwiefern ein Verfahren eine besondere datenschutzrechtliche Relevanz aufweist und deshalb einer besonderen präventiven Rechtmäßigkeitsprüfung bedarf. Soweit die Verpflichtung zu einer Vorabkontrolle fraglich ist, ist zumindest ein Mindestgefährdungspotential vorhanden. Da der Begriff des „besonderen Risikos“ ein unbestimmter Rechtsbegriff ist, besteht auch ein gewisser Beurteilungsspielraum.[58] In Zweifelsfällen dürfte allerdings die Durchführung einer präventiven Rechtmäßigkeitsprüfung zu empfehlen sein.

8. Durchführung der Vorabkontrolle (Abs. 6)

36 Das BDSG enthält nur wenige **konkrete Vorgaben** für die Art und Weise der Durchführung der Vorabkontrolle. **Zuständig** für die Vornahme der Vorabkontrolle ist der betriebliche bzw. behördliche **Datenschutzbeauftragte**, § 4d Abs. 6[59]. Er hat sie **vor der Inbetriebnahme des Verfahrens** nach Empfang der Verfahrensübersicht durchzuführen.[60] Hieraus und aus der allgemeinen Verpflichtung der verantwortlichen Stelle, den Datenschutzbeauftragten rechtzeitig über Vorhaben automatisierter Verarbeitungen zu unterrichten,[61] wird zu Recht abgeleitet, dass die Unterrichtung des Datenschutzbeauftragten nur dann rechtzeitig erfolgt, wenn dieser hinreichend Zeit zur Prüfung der materiellen Rechtmäßigkeit der beabsichtigten automatisierten Verarbeitung und zur Abgabe einer entsprechenden Stellungnahme bleibt.[62] Feststehen dürfte auch, dass die **Verfahrensübersicht als erste Information** für eine Bestandsaufnahme der automatisierten Verfahren dienen dürfte, von ihrem Informationsgehalt in den meisten Fällen jedoch nicht annähernd ausreicht, um eine zuverlässige rechtliche Beurteilung eines konkreten Verfahrens durchführen zu können.[63] Die Vorabkontrolle stellt in erster Linie eine **Kontrolle der materiellen Rechtmäßigkeit** dar.[64] Wie der Datenschutzbeauftragte diese Rechtmäßigkeitsprüfung vornimmt, liegt weitgehend in seinem Beurteilungsspielraum. Dem materiellen Prüfauftrag entsprechend ist es empfehlenswert, zunächst zu prüfen, ob die **Tatbestandsvoraussetzungen der Verarbeitungsgrundlage** (z.B. § 4 Abs. 1 i.V.m. einer einschlägigen Rechtsvorschrift oder i.V.m. mit einer Einwilligung nach § 4a) gegeben sind. Insoweit einzubeziehen sind insbesondere die betroffenen Personengruppen, und die diesbezüglichen Daten oder Datenkategorien, der Verarbeitungszweck sowie mögliche Empfänger der verwendeten Daten. Weiterhin sind Aspekte der **technisch-organisatorischen Maßnahmen** nach § 9 und die Grundsätze der Datenvermeidung und Datensparsamkeit nach § 3a in die Prüfung einzubeziehen.[65] Zu berücksichtigen ist schließlich, ob die **Rechte der Betroffenen** hinreichend gewahrt bleiben (vgl. § 6) und welche **Transparenzregeln** im Übrigen zu beachten sind.[66] Die Vorabkontrolle schließt mit einer Stellungnahme des Datenschutzbeauf-

57 Vgl. *Gliss*, DSB 2003, Nr. 6 S. 14-15.
58 *Gola/Wronka*, Handbuch zum Arbeitnehmerdatenschutz, Rdnr. 897.
59 Dazu § 4g Rdnr. 82.
60 Vgl. § 4d Abs. 5 Satz 1, Abs. 6 Satz 2.
61 § 4g Abs. 1 Nr. 1 letzter Halbsatz.
62 Dazu auch § 4g Rdnr. 84, 85; Ferner *Engelien*-Schulz, RDV 2003, 271; *Klug*: RDV 2001, 14.
63 Vgl. *Wächter*, Datenschutz im Unternehmen (2003) Rdnr. 370: Übersicht als „Einstieg“ für den Datenschutzbeauftragten in die Dokumentation der Programmanwendungen.
64 Begründung des Regierungsentwurfs zu § 4d, BT-Drs. 14/4329.
65 Hierauf weisen *Tinnefeld/Ehmann/Gerling*, Datenschutzrecht, S. 443 und *Bergmann/Möhrle/Herb*, § 4d Rdnr. 38 hin.
66 Zum Beispiel besondere Informationspflicht nach § 6a Abs. 2 Nr. 2, Pflicht zur Erkennbarmachung einer Beobachtung nach § 6b Abs. 2, Unterrichtungspflichten nach § 6c Abs. 1 oder die allgemeine Benachrichtigungspflicht nach § 19a bzw. § 33.

tragten gegenüber der Leitung der verantwortlichen Stelle ab. Dies ist zwar nicht ausdrücklich gesetzlich vorgeschrieben, ergibt sich aber aus dem Sinn und Zweck der Vorabkontrolle[67]. Sie kann entweder die Zulässigkeit der vorgesehenen Verarbeitung feststellen, Bedenken formulieren und ggf. Vorschläge zu deren Ausräumung enthalten. Im Hinblick auf das Erfordernis einer datenschutzgerechten innerbetrieblichen bzw. innerbehördlichen Organisation (Anlage zu § 9 Satz 1, Satz 1), wegen der Überprüfbarkeit durch die Kontrollstelle sowie nicht zuletzt aus haftungsrechtlichen Gründen empfiehlt sich eine **schriftliche Dokumentation** zumindest der wesentlichen Erwägungen. Eine förmliche „Genehmigung" der fraglichen Verarbeitung erteilt der Datenschutzbeauftragte nicht. Die verarbeitende Stelle behält die volle und alleinige Verantwortlichkeit für die Rechtmäßigkeit der Verarbeitung, gleich ob sie der Empfehlung des Beauftragten folgt oder sich über die Bedenken des Beauftragten hinwegsetzt.

In Zweifelsfällen hat sich der betriebliche Datenschutzbeauftragte an die Aufsichtsbehörde zu wenden. Wie sich aus § 4d Abs. 6 Satz 3 ergibt, gilt diese **Konsultationspflicht**[68] lediglich für Datenschutzbeauftragte nichtöffentlicher Stellen; Datenschutzbeauftragte öffentlicher Stellen sind hiervon ausgenommen. **Zweifelsfälle** liegen vor, wenn anhand der vorgelegten Unterlagen rechtliche Bedenken gegen das beabsichtigte Vorhaben nicht ausgeräumt werden können. Dann kommt der Datenschutzbeauftragte seiner Aufgabe, auf die Einhaltung der datenschutzrechtlichen Bestimmungen hinzuwirken, nur nach, wenn er eine Klärung darüber herbeiführt, ob das vorab kontrollpflichtige Verfahren rechtswidrig ist oder ob es u.U. durch Veränderung der Verfahrensabläufe bzw. zusätzlicher Sicherungen rechtskonform gestaltet werden kann.[69] Erfahrungsgemäß kommt allerdings nur ein relativ geringer Prozentsatz der betrieblichen Datenschutzbeauftragten dieser Pflicht (und dann zumeist inoffiziell) nach. Das ist nicht verwunderlich, weil die Leitung der verantwortlichen Stellen mit der an und für sich legitimen Forderung der Unternehmensidentifikation auch regelmäßig die Erwartung an den Datenschutzbeauftragten herantragen, Probleme hausintern zu lösen.[70] 37

Hilfestellungen für die Durchführung der Vorabkontrolle sind auf den Websites einiger Datenschutzbehörden zu finden.[71] Auch wenn die Anforderungen von **Audits** nicht in allen Details auf die der Vorabkontrolle übertragbar sind, können die üblicherweise veröffentlichten Anforderungskataloge ebenfalls hilfreich sein.[72] Teilweise wird der **Rückgriff auf IT-Standardisierungen** wie Information Technology Security Evaluation Criteria (IT-SEC), Common Criteria (CC) usw. empfohlen,[73] wobei sich solche Standards derzeit noch tendenziell auf Aspekte der Datensicherheit beschränken. 38

9. Rechtswirkungen vorgenommener und pflichtwidrig unterlassener Vorabkontrollen

Welche **Rechtswirkungen die durchgeführte Vorabkontrolle** zeitigt, ergibt sich nicht unmittelbar aus § 4d. Dem Schutzzweck der Norm entsprechend, bei besonderen Risiken für die Betroffenen rechtswidrige Verfahren bereits vor ihrer Inbetriebnahme zu vermeiden,[74] dürfte die Vorabkontrolle ähnlich wie beispielsweise die Anhörung eines Betriebsrates bei dem Ausspruch einer Kündigung nach § 102 BetrVG ein **formelles Rechtmäßigkeitskrite-** 39

67 Vgl. Erwägungsgrund 54 der EG-Datenschutzrichtlinie.

68 Zur Konsultationspflicht § 4g Rdnr. 85.

69 Ähnlich *Schild*, DuD 2001, 286.

70 Bedenken hinsichtlich des entstehenden Konfliktpotentials auch bei *Klug*, RDV 2001, 12, 20.

71 Z.B. enthält die Website des Hessischen Landesbeauftragten für Datenschutz Anwendungshinweise für die Vorabkontrolle nach hessischem Recht (www.datenschutz-hessen.de). Vgl. auch das gemeinsame Webportal zahlreicher Datenschutzbehörden (www.datenschutz.de).

72 Nach Maßgabe der Beachtung des Urheberrechts insoweit beispielsweise zu empfehlen: Anforderungskatalog des ULD SH für die Begutachtung von IT-Produkten im Rahmen des Gütesiegelverfahrens (www.datenschutz-zentrum.de); internet privacy standards der Datenschutz Nord GmbH (www.datenschutz-nord.de).

73 Vgl. dazu *Vossbein*, DuD 2003, 427 ff.

74 Vgl. Erwägungsgründe 53 und 54 der Richtlinie.

rium darstellen.[75] Da die automatisierte Verarbeitung stets Realaktcharakter trägt, bedurfte es hierzu keiner ausdrücklichen „Wirksamkeitsklausel".[76] Indiziell könnte hierfür auch der Verzicht des Gesetzgebers sprechen, das Unterlassen einer Vorabkontrolle trotz der mit dem automatisierten Verfahren verbundenen erheblichen Risiken für Betroffene (!) nach § 43 Abs. 1 nicht unter Buße zu stellen: Wenn die Durchführung einer Vorabkontrolle wie hier als formelle Rechtmäßigkeitsbedingung für die folgende Verarbeitung angesehen wird, **liegt bei ihrer Unterlassung eine rechtswidrige Verarbeitung** vor, die nach § 43 Abs. 2 zu beurteilen wäre.

40 Folgt man der hier vertretenen Auffassung, hat die verantwortliche Stelle zwar eine **Stellungnahme des Datenschutzbeauftragten einzuholen, kann sich jedoch über ihre Empfehlungen hinwegsetzen,** ohne dass dies unmittelbar Auswirkungen auf die materielle Rechtmäßigkeit der Verarbeitung hat. Dies ergibt sich aus der reinen Hilfsfunktion des Beauftragten, der die Verantwortlichkeit der Stellenleitung[77] unberührt lässt. Hat der Datenschutzbeauftragte **rechtliche Bedenken** zu dem geplanten Verfahren geäußert, kann allerdings seine gleichwohl erfolgende Einführung ordnungsrechtliche[78] und zivilrechtliche Folgen nach sich ziehen, wenn sich nachträglich die rechtliche Einschätzung des Beauftragten bestätigt. So dürfte der verantwortlichen Stelle in **Haftungsfällen** nach § 7 Satz 2 nur noch unter besonderen Umständen[79] der Nachweis gelingen, dass sie die nach den **Umständen des Falles gebotene Sorgfalt** beachtet habe. Soweit der Datenschutzbeauftragte rechtliche Bedenken aufrechterhält, muss er sich an die Aufsichtsbehörde wenden (§ 4d Abs. 6 Satz 3). Kommt er insoweit seiner **Konsultationspflicht** nicht nach, verhält er sich pflichtwidrig. In Extremfällen kann ein solches Unterlassen zu einem Abberufungsverlangen durch die Aufsichtsbehörde nach § 38 Abs. 5 Satz 3 führen, weil der Beauftragte hierdurch dokumentiert, dass er die für die Ausübung seines Amts erforderliche Zuverlässigkeit nicht besitzt.

41 Hält der Beauftragte das Verfahren nach ordnungsgemäß durchgeführter Vorabkontrolle für rechtskonform, folgt hieraus nicht die materielle Rechtmäßigkeit des Verfahrens. Die Vorabkontrolle ist nur notwendige, nicht aber allein hinreichende Rechtmäßigkeitsbedingung für risikoträchtige Verarbeitungsverfahren. Insbesondere ist die Aufsichtsbehörde an die Einschätzung des Datenschutzbeauftragten nicht gebunden, wie sich aus ihrer Kontrollfunktion gegenüber dem Beauftragten nach § 38 und dessen Konsultationspflichten in Zweifelsfällen nach § 4d Abs. 6 Satz 3 ergibt.

---

75 Ähnlich für landesrechtlich vorgesehene Vorabkontrolle VG Gießen, Beschluss vom 16. Juli 2004 (- 22 L 2286/04), IÖD 2004, 215 (Ls. 6); streitig, a.A. *Klug*, RDV 2001, S. 12, 18.

76 Anders als bei § 102 Abs. 1 Satz 3 BetrVG, wonach eine Kündigungserklärung nicht als Realakt, sondern als rechtliche Gestaltungserklärung unwirksam ist.

77 Vgl. § 3 Abs. 7 einerseits und § 4g Abs. 1 Satz 1, wonach der Datenschutzbeauftragte lediglich auf die Rechtmäßigkeit der Verarbeitung „hinzuwirken", sie aber nicht sicherzustellen hat.

78 Z.B. kommt die Einleitung eines Bußgeldverfahrens nach § 43 Abs. 2 in Betracht.

79 Praktiziert wird etwa die Einholung eines Sachverständigenrats oder die bemerkenswerter Weise nicht seltene Konsultation der Aufsichtsbehörde, um eine Kontrolle der abgelehnten Auffassung des Datenschutzbeauftragten zu erlangen.

§ 4e Inhalt der Meldepflicht

Sofern Verfahren automatisierter Verarbeitungen meldepflichtig sind, sind folgende Angaben zu machen:
1. **Name oder Firma der verantwortlichen Stelle,**
2. **Inhaber, Vorstände, Geschäftsführer oder sonstige gesetzlich oder nach der Verfassung des Unternehmens berufene Leiter und die mit der Leitung der Datenverarbeitung beauftragten Personen,**
3. **Anschrift der verantwortlichen Stelle,**
4. **Zweckbestimmungen der Datenerhebung, -verarbeitung oder -nutzung,**
5. **eine Beschreibung der betroffenen Personengruppen und der diesbezüglichen Daten oder Datenkategorien,**
6. **Empfänger oder Kategorien von Empfängern, denen die Daten mitgeteilt werden können,**
7. **Regelfristen für die Löschung der Daten,**
8. **eine geplante Datenübermittlung in Drittstaaten,**
9. **eine allgemeine Beschreibung, die es ermöglicht, vorläufig zu beurteilen, ob die Maßnahmen des § 9 zur Gewährleistung der Sicherheit der Verarbeitung angemessen sind.**

§ 4d Abs. 1 und 4 gilt für die Änderung der nach Satz 1 mitgeteilten Angaben sowie für den Zeitpunkt der Aufnahme und der Beendigungen der meldepflichtigen Tätigkeit entsprechend.

Literatur

Vgl. Literatur zu § 4d

Übersicht

1. Einführung

§ 4e setzt die Vorgaben von Art. 19 der EG-Datenschutzrichtlinie um. Mit den Melde- und Dokumentationspflichten nach § 4d und § 4g in Verbindung mit § 4e kommt der Gesetzgeber zugleich seiner Pflicht nach, das Grundrecht auf informationelle Selbstbestimmung nicht nur im Wege materiellrechtlicher Ge- und Verbote, sondern auch durch **verfahrensrechtliche Vorkehrungen zu schützen.**[1] Die Vorgaben des § 4e sollen den mit der Datenschutzkontrolle betrauten Personen und Stellen erste Informationen über vorhandene oder geplante Verarbeitungsverfahren und damit einen Einstieg in eine effektive Rechtmäßigkeitskontrolle ermöglichen. Damit stellen die Meldepflicht nach § 4d und die Pflicht zum Führen einer Verfahrensübersicht nach § 4g Abs. 2 den Teil eines **„Grundrechtsschutzes durch Verfahren"**[2] dar. Ob es verfassungsrechtlich geboten ist, eine Meldepflicht vorzusehen, ist zweifelhaft, kann aber angesichts der Vorgaben der Datenschutzrichtlinie letztlich dahinstehen. 1

Die Vorschrift legt den **Inhalt der Meldepflicht** fest, deren Voraussetzungen, Adressaten, Ausnahmen und Rechtsfolgen sich nach § 4d richten. Zugleich werden in Verbindung mit § 4g Abs. 2 Satz 1 die **Vorgaben für den Mindestinhalt der Verfahrensübersicht** getroffen, die dem Datenschutzbeauftragten von der verantwortlichen Stelle zur Verfügung zu stellen 2

1 BVerfGE 65, 1, 44 (Volkszählungsurteil) unter Berufung auf BVerfGE 53, 30, 65; 63, 131, 143.
2 Vgl. *Weichert* in *Kilian/Hanssen* Computerrechtshandbuch (2003), § 134.

ist. Die Pflicht zum Führen des Verfahrensregisters durch die Aufsichtsbehörde[3] bzw. der Verfahrensübersicht durch die verantwortliche Stelle (meist verwirklicht durch den Datenschutzbeauftragten)[4] sind damit ebenso wenig in § 4e geregelt wie die dazu gehörigen Transparenzvorschriften.[5] Der nach § 32 Abs. 2 und 3 BDSG 1990 meldepflichtige Katalog ist in § 4e teilweise wörtlich übernommen, teilweise geändert und ergänzt worden. Weggefallen sind u.a. die Angaben zur Person des internen Datenschutzbeauftragten und zu den eingesetzten Datenverarbeitungsanlagen (Hardwarekomponenten).

3 **Für die Meldepraxis wesentlich** sind die Anforderungen der Aufsichtsbehörden; diese haben für die Meldung nach § 4d im Jahr 2001 ein **Formularmuster** erarbeitet,[6] der auch von den meisten Websites der Aufsichtsbehörden weitgehend inhaltsgleich mit Auslegungshinweisen abgerufen werden kann.[7] Unterschieden wird dabei zwischen den Angaben des Stammblattes zur Identifizierung der verantwortlichen Stelle (Nr. 1-3), den Anlagenblättern zur eigentlichen Verfahrensbeschreibung (Nr. 4-8) und dem nicht-öffentlichen Teil mit Angaben zu technischen und organisatorischen Maßnahmen (Nr. 9).

2. Mitteilungspflichtige Angaben (Satz 1)

4 Nach **Nr. 1** ist der **Name oder die Firma der verantwortlichen Stelle** zu nennen. Die Definition der verantwortlichen Stelle ergibt sich aus § 3 Abs. 7. Zweigniederlassungen und unselbstständige Zweigstellen sind nicht (mehr) meldepflichtig, dem Zweck der Meldepflicht entsprechend hat die verantwortliche Stelle jedoch ggf. kenntlich zu machen, an welchen Standorten das gemeldete Verfahren durchgeführt wird. Der Name ist vollständig anzugeben, bei natürlichen Personen sind also Vor- und Zuname zu nennen. Die anzugebende Firma ist der Handelsname nach § 17 HGB. Sofern eine Handelsregistereintragung des Unternehmens existiert, soll die verantwortliche Stelle zu ihrer eindeutigen Identifizierung verpflichtet sein, bei der Meldung auch ihre Handelsregisternummer mitzuteilen[8] – dies ist zweifelhaft, da die Meldung nach § 4d rechtlich völlig unabhängig von der Handelsregistereintragung zu erfolgen hat.

5 Nr. 2 fordert, dass **Inhaber, Vorstände, Geschäftsführer oder sonstige gesetzliche oder nach der Verfassung des Unternehmens berufene Leiter** und **die mit der Leitung der Datenverarbeitung beauftragten Personen** mitgeteilt werden. Konkret zu nennen sind die mit der Leitung der verantwortlichen Stelle betrauten natürlichen Personen mit Vor- und Zunamen. Zusätzlich sind die mit der Leitung der Datenverarbeitung beauftragten Personen mitzuteilen. Regelmäßig wird es sich dabei um den Leiter der DV-Abteilung handeln. Gibt es einen solchen oder einen vergleichbaren Funktionsträger nicht, ist der Leiter der Stelle wegen seiner auch die Datenverarbeitung umfassenden Verantwortlichkeit auch in dieser Rubrik einzutragen. Weil nur generell nach den gesetzlich oder durch Satzung bestellten Leitern gefragt wird, muss die auf der Geschäftsführungs- oder Vorstandsebene speziell für den Datenschutz verantwortliche Person nicht zwingend angegeben werden, wird aber sinnvoller Weise ebenfalls benannt. Die Informationen zu Nr. 2 sind relevant für die Feststellung der persönlichen Verantwortlichkeit für die Vollständigkeit und Richtigkeit der Meldung und damit der möglichen Betroffenen von Bußgeldverfahren nach § 43 Abs. 1 Satz 1 Nr. 1.[9] Verantwortliche Stellen in Drittstaaten, auf die das BDSG Anwendung findet, weil sie im Inland Daten verarbeiten, müssen hier auch den Namen oder die Firma des in Deutschland ansässigen Vertreters benennen (§ 1 Abs. 5 Sätze 2 und 3). Ein etwaig vorhandener Daten-

---

3 § 38 Abs. 2 Satz 1.

4 § 4g Abs. 2 Satz 1.

5 § 38 Abs. 2 Satz 2 (Aufsichtsbehörde) und § 4g Abs. 2 Satz 2 (Datenschutzbeauftragter). Zum inneren Zusammenhang von Verfahrensregister nach § 38 und Verfahrensübersicht nach § 4g vgl. *Petri*, RDV 2003, 267, 268 f.

6 Vgl. *Hillenbrand-Beck/Wedler,* RDV 2001, 48, 49 ff.

7 Adressliste der Aufsichtsbehörden mit entsprechenden Links: www.datenschutz-berlin.de.

8 So *Bergemann/Möhrle/Herb* BDSG § 4e Rdnr. 7.

9 Dies verkennt *Schafflandt/Wiltfang* BDSG § 4e Rdnr. 3.

schutzbeauftragter muss (anders als nach § 32 Abs. 2 Nr. 5 BDSG 1990) nicht gemeldet werden. Da er regelmäßig den vornehmlichen Ansprechpartner der Aufsichtsbehörden darstellt, ist die Angabe seines Namens jedoch zweckmäßig.[10]

6 Die nach Nr. 3 erforderliche Mitteilung der **Anschrift** soll die jederzeitige Erreichbarkeit der Verantwortlichen und damit die Kontrollierbarkeit der Datenverarbeitung durch die Aufsichtsbehörde gewährleisten. Über die Registertransparenz werden zugleich Betroffenen, die nach einer Registereinsicht ihre Individualrechte bei der verantwortlichen Stelle geltend machen wollen, in die Lage versetzt zu erfahren, wohin genau sie sich wenden müssen. **Anzugeben ist die reale Adresse** der Geschäftsräume, eine reine Postfachanschrift genügt nicht, weil sie keine örtliche Identifizierung ermöglicht.[11] Die Angabe von Telekommunikationsverbindungen (Telefon, Telefax, elektronische Mail usw.) ist nicht erforderlich, wenngleich die Meldeformulare sie aus Zweckmäßigkeitsgründen vorsehen.

7 Nr. 4 enthält die Rubrik **Zweckbestimmungen der Datenerhebung, -verarbeitung oder -nutzung**. Gemeint sind damit die „Primärzwecke", die von der verantwortlichen Stelle vorher für das jeweilige Verfahren automatisierter Verarbeitungen festgelegt wurden (vgl. § 28 Abs. 1 Satz 2)[12] und im Fall der Erhebung beim Betroffenen diesem vorher mitgeteilt werden oder zur Kenntnis gelangt sein müssen (vgl. § 4 Abs. 3 Satz 1 Nr. 2). Aus der ausdrücklichen Anknüpfung an die Zweckbestimmung der automatisierten Verwendung ergibt sich, dass die Zweckbestimmung nicht mehr wie nach § 32 Abs. 2 Nr. 4 BDSG 1990 aus dem „Unternehmensgegenstand" oder einem „Geschäftszweck" abgeleitet werden kann, der sich in allgemeiner Form z.B. aus der Satzung, dem Gesellschaftsvertrag oder sonstigen Gründungsdokumenten ergibt und auch bei der Gewerbe- und ggf. Handelsregistereintragung anzugeben ist.[13] Da die Festlegung der Verarbeitungszwecke regelmäßig erhebliche Auswirkungen auf den zulässigen Umfang der Datenverwendung hat, ist vielmehr auf eine möglichst eindeutige und aussagekräftige Beschreibung der Verarbeitungszwecke besonders Wert zu legen.[14]

8 Nach Nr. 5 ist eine **Beschreibung der betroffenen Personengruppen und der diesbezüglichen Daten oder Datenkategorien** abzugeben. In Bezug auf betroffene Personengruppen sind bei Wirtschaftsunternehmen abstrakt drei Kategorien denkbar: Unternehmensangehörige, Vertragspartner im weitesten Sinne (untergliedert in Kunden, Lieferanten sowie Vertragsinteressenten) und Dritte. Ob eine Benennung eine dieser Oberkategorien der Pflicht zur vollständigen Meldung genügt,[15] hängt allerdings davon ab, ob diese Kategorien in Ansehung des jeweils gemeldeten Verfahrens **zur vorläufigen Rechtmäßigkeitsbeurteilung hinreichend aussagekräftig** sind. Regelmäßig wachsen dabei die Anforderungen an die Bestimmtheit der betroffenen Personengruppen mit dem Umfang und der Komplexität der Datenverarbeitung. Bei der Meldung der Videoüberwachung in einem Verkaufsraum etwa wird die Angabe der Betroffenen als „Mitarbeiter, Lieferanten und Kunden" hinreichend präzise sein,[16] bei einem automatisierten Bonitätsbewertungssystem in einem Kreditinstitut[17] reicht hingegen die Angabe „Kunden" unter Umständen nicht, weil diese Personengruppe auch für eine kursorische Rechtmäßigkeitsbeurteilung viel zu groß ist (sind die betroffenen Kunden Darlehensnehmer, kann die Bonitätsbewertung als Solche rechtmäßig sein, bei Sparbuchinhabern hingegen nicht usw. Aussagekräftiger wäre eine Unterscheidung etwa zwischen Darlehensnehmern, Bürgen, Anlegern usw.). Betrifft ein Verfahren mehrere Personenkreise, sind diese alle zu nennen.

---

10 Er wird dem entsprechend auch in Meldeformularen optional aufgeführt.
11 So zu Recht *Bergmann/Möhrle/Herb* BDSG § 4e Rdnr. 9.
12 Vgl. *Brühann* in: GH III/*Wolf* A 30, Art. 19 Rdnr. 7.
13 Dies verkennt *Schaffland/Wiltfang* BDSG § 4e Rdnr. 3.
14 So auch *Schild*, DuD 2001, 282, 284. Weitergehend *Bergmann/Möhrle/Herb* BDSG § 4e Rdnr. 10, die eine kumulative Angabe des Geschäftszweckes und des konkreten Verarbeitungszweckes verlangen.
15 So in der Tendenz *Gola/Schomerus* BDSG § 4e Rdnr. 8.
16 Vgl. IM BW: Musterdokumentation zur Videoüberwachung nach § 4 e, HinwBDSG (Nr. 40).
17 Hier liegt wegen der Bestellung eines Datenschutzbeauftragten selbstverständlich regelmäßig keine Meldepflicht nach § 4d, aber die Pflicht zum Führen einer Verfahrensübersicht nach § 4g Abs. 2 vor.

9 Jeder betroffenen Personengruppe sind die jeweils auf sie bezogenen verwendeten **Daten oder Datenkategorien** zuzuordnen. Gemeint ist eine Beschreibung des Umfangs der im Verfahren verwendeten personenbezogenen Daten. Dabei soll insbesondere ersichtlich sein, ob (und ggf. welche) sensible Daten nach § 3 Abs. 9 verwendet werden.[18] Werden für mehrere betroffene Personengruppen unterschiedliche Daten(kategorien) verwendet, ist regelmäßig zu kennzeichnen, für welche betroffenen Personengruppen welche Datenkategorien verwendet werden. Sah § 32 Abs. 2 Nr. 6 BDSG 1990 noch vor, dass lediglich eine „allgemeine Beschreibung der Art der gespeicherten personenbezogenen Daten" erforderlich sei, sind diese Abmilderungen der Meldepflicht entfallen. Dies deutet darauf hin, dass gegenüber der Rechtslage vor der Novellierung 2001 strengere inhaltliche Anforderungen an die Meldung der verwendeten Datenkategorien zu beachten sind.

10 Nach Nr. 6 sind **die Empfänger oder Kategorien von Empfängern zu nennen, denen die Daten mitgeteilt werden können.** Empfänger ist nach § 3 Abs. 8 Satz 1 jede Person oder Stelle, die Daten erhält, also nicht nur eine andere verantwortliche Stelle, sondern z.B. auch Auftragnehmer nach § 11 oder Zweigstellen und Filialen.[19] Für die Verfahrensübersicht wird bei stelleninternen Datenempfängern empfohlen, die Benennung der Empfänger mit der Funktionsbezeichnung zu verknüpfen.[20] Während die nach § 4g Abs. 2 Satz 1 „ergänzte Verfahrensübersicht" dem Datenschutzbeauftragten zugriffsberechtigte Personen konkret benennen muss, hat der Meldepflichtige dem Wortlaut der Nr. 6 zufolge eine **freie Wahl zwischen** der Angabe der **konkreten Datenempfänger** und der Angabe einer **Kategorie von Empfängern**. Die Benennung eines **konkreten Empfängers** ist sinnvoll, wenn Datenweitergaben nur an eine oder sehr wenige Empfänger erfolgen. Da das Verfahren vor seiner Inbetriebnahme zu melden ist, wird die Meldepflicht bereits durch die realistische Möglichkeit der Mitteilung an die zu nennenden Empfänger begründet, ohne dass diese tatsächlich später in jedem Einzelfall durchgeführt wird.[21] Wichtigster Anwendungsbereich sind die bisher in § 32 Abs. 3 Nr. 2 BDSG 1990 erfassten Empfänger regelmäßiger Übermittlungen. Die Regelmäßigkeit kann sowohl zeitlich bestimmt sein (z.B. tägliche, wöchentliche Übermittlung) als auch durch bestimmte Anlässe (z.B. Versicherungsfall, bei Auskunfteien Kundenanfrage) bedingt sein. Auch Stellen mit online-Datenzugriff zählen zu den regelmäßigen Empfängern. Es reicht weiterhin aus, dass diese Möglichkeit nur für einen Teil der von dem Verarbeitungsverfahren betroffenen Personen(kategorien) vorliegt.

11 Nach Nr. 7 sind die **tatsächlichen Regelfristen für die Löschung der Daten** zu melden. Die Vorschrift beruht nicht auf einer Vorgabe der EG-Datenschutzrichtlinie, sondern entstammt der ehemaligen Dateienmeldepflicht der öffentlichen Stellen.[22] Die zu Nr. 7 weithin verbreitete Meldepraxis nicht-öffentlicher Stellen anzugeben, die Daten würden innerhalb der gesetzlichen Regelfrist(en) gelöscht, ist rechtswidrig, selbst wenn auf eine konkrete Norm (z.B. § 35 Abs. 2) Bezug genommen wird. Sie lässt außer Betracht, dass anhand der gemeldeten Daten überprüft werden soll, ob die gesetzlichen Regellöschfristen eingehalten werden, was bei einer bloßen Referenz auf Normen nicht möglich ist. Die Meldepflicht als Solche wirkt allerdings auch nicht normativ in dem Sinne, dass mit der Meldung gleichsam „hausinterne Fristenregelungen" geschaffen werden. Anderes ist weder aus dem Wortlaut noch aus dem kontrollbezogenen Normzweck abzuleiten. Gleichwohl trifft es zu, dass die Regelfristen üblicherweise bei der Festlegung von Verarbeitungszwecken zu bestimmen sind, weil sich aus der Zwecksetzung zumeist auch die zulässige Speicherdauer ergibt.[23]

12 Nr. 8 verlangt, auch eine **geplante Übermittlung in Drittstaaten** in die Meldung aufzunehmen. Dies soll die Überprüfung ermöglichen bzw. erleichtern, ob die Zulässigkeitsvoraussetzungen der §§ 4b und 4c eingehalten sind. Da diese Vorschriften zumindest grundsätzlich an

---

18 Vgl. Gesetzesbegründung, vgl. BT-Drs. 14/4329, S. 36 zu § 4e.
19 Vgl. *Schild,* DuD 2001, 282, 284.
20 *Gola/Wronka* Handbuch zum Arbeitnehmerdatenschutz, Rdnr. 885.
21 Vgl. *Simitis/Dammann* EG-Datenschutzrichtlinie, Komm., Art. 19 Rdnr. 7.
22 § 18 Abs. 2 Nr. 6 BDSG 1990.
23 Ähnlich wohl *Gola/Schomerus* BDSG § 4e Rdnr. 9.

jede einzelne Datenübermittlung anknüpfen, erscheint es nur konsequent zu sein, dass das bisher in § 32 Abs. 3 Nr. 2 BDSG 1990 enthaltene Tatbestandsmerkmal der „Regelmäßigkeit" einer Übermittlung entfallen ist. Für die Begründung der Meldepflicht genügt also die Planung einer einzigen Drittstaatenübermittlung. Eine solche Übermittlung ist geplant, wenn das anzumeldende Verfahren eine Datenweitergabe an Stellen[24] außerhalb der Europäischen Union oder anderer Vertragsstaaten des EWR (vgl. § 4b Abs. 1 und 2) vorsieht. Nicht erforderlich ist, dass Zeitpunkt und nähere Umstände der Übermittlung bereits bekannt sind. Der Regelungszweck ist nur erfüllt, wenn im Einzelnen die Übermittlungszwecke, die betroffenen Datenkategorien und die Namen der Zielländer genannt werden. Sind keine Drittstaatenübermittlungen geplant, genügt die Angabe „entfällt".[25] Soll abweichend hiervon später eine solche Übermittlung erfolgen, löst dies als wesentliche Änderung des Verfahrens eine Pflicht zur Nachmeldung aus (vgl. Rdnr. 14).

Nr. 9 sieht eine **allgemeine Beschreibung der vorgesehenen Datensicherungsvorkehrungen** vor, die eine **vorläufige Beurteilung ihrer Angemessenheit** ermöglichen soll. Gemeint ist eine Beschreibung aller wesentlichen Datensicherheitsmaßnahmen nach § 9, die im Zusammenhang mit dem zu meldenden Verfahren stehen. Den Beurteilungsmaßstab für die Angemessenheit stellt nach § 9 Satz 2 das Verhältnis von Aufwand und angestrebtem Schutzzweck dar. Dem entsprechend müssen bei höherer Sensitivität der in dem Verfahren verarbeiteten Daten präzisere Angaben zu den Sicherheitsmaßnahmen gemacht werden. Da aber nur eine vorläufige Einschätzung ermöglicht werden soll, reichen dem Wortlaut zufolge kategorisierende Angaben wie „Einsatz von Antivirusprogrammen", „Sperrung von Diskettenlaufwerken" o.ä. aus. Führt die Stelle eine Vielzahl von Verfahren durch, kann dies zu einem erheblichen Dokumentationsaufwand führen. Bei Verfahrensübersichten entspricht es deshalb den Gepflogenheiten einiger Unternehmen, zu Nr. 9 jedem Verfahren standardisierte Sicherheitsstufen zuzuweisen, anstatt jeweils umfangreich Einzelmaßnahmen entsprechend der Anlage zu § 9 Satz 1 anzugeben. Das ist zulässig, wenn (z.B. aus einem Anhang) ersichtlich wird, welche Sicherheitsstufen welche Einzelmaßnahmen nach § 9 beinhalten. Die Informationen nach Nr. 9 unterliegen nicht dem Einsichtsrecht in das bei der Aufsichtsbehörde geführte Register (vgl. § 38 Abs. 2 Satz 3). 13

3. Grundsatz der Registeraktualität (Satz 2)

Satz 2 will sicherstellen, dass das Register ständig aktuell bleibt. Deshalb ist **jede einzelne Änderung** der nach Satz 1 meldepflichtigen Angaben anzuzeigen. Häufige Änderungen treten in der Praxis vor allem bei dem nach Nr. 2 namentlich zu benennenden Führungspersonal auf. Wegen der Verweisung auf § 4d Abs. 1, der die Erstmeldung „vor Inbetriebnahme des automatisierten Verarbeitungsverfahrens" verlangt, sind auch Änderungen **vor** ihrer Umsetzung bzw. Anwendung mitzuteilen. Dem gleichen Zweck der Registeraktualität dient die Verpflichtung, den Zeitpunkt, und d.h. das genaue Datum, der Aufnahme und der Beendigung der meldepflichtigen Tätigkeit anzugeben. Die Bereitschaft zur Abgabe von Änderungsmeldungen wird erhöht, wenn die verantwortlichen Stellen von den Aufsichtsbehörden den jeweils aktuellen Registerstand, bei automatisierter Führung in Form eines Ausdrucks, erhalten.[26] Eine Rechtspflicht zur Abgabe einer Meldebestätigung besteht allerdings für die Aufsichtsbehörde nicht. 14

24 Auf eine „Verantwortlichkeit" dieser Stellen in Sinne des § 3 Abs. 7 kommt es hierbei nicht an, vgl. § 3 Abs. 8 Satz 2.
25 *Schafflandt/Wiltfang* BDSG § 4e Rdnr. 7.
26 Vgl. *LfD NDS,* XI. TB, 219.

4. Bewehrung der Meldepflicht (§ 43 Abs. 1 Satz 1 Nr. 1)

15 In Bezug auf die erstmalige Erfüllung der Meldepflicht[27] dürfte § 4e – in Verbindung mit § 4d und § 4g wohl eine der am meisten verletzten Vorschriften des BDSG sein,[28] was naturgemäß die Frage nach Sanktionen für Verstöße aufwirft. Kommt die verantwortliche Stelle ihrer Meldepflicht nicht vollständig, nicht rechtzeitig oder überhaupt nicht nach, kann dies mit einem **Bußgeld** pro Meldeverstoß gegen die verantwortliche(n) Person(en) geahndet werden, wie sich aus **§ 43 Abs. 1 Satz 1 Nr. 1** ergibt.[29] Bislang greifen die Aufsichtsbehörden allerdings nur bei erheblichen Verstößen zu der Einleitung eines Ordnungswidrigkeitenverfahrens; zeigen sich Unternehmen einsichtig, wird von der Verhängung von Bußgeldern zumeist abgesehen.[30] Dem entsprechend wird die Aufsichtsbehörde in der Regel von einem Bußgeldverfahren absehen, wenn eine fehlende Meldung umgehend nachgeholt wird. Erhebliche Verstöße, die in der Vergangenheit zu Bußgeldern geführt haben, sind vor allem dann anzunehmen, wenn die verantwortlichen Stellen trotz Aufforderungen und Nachfragen durch die Aufsichtsbehörde ihrer Meldepflicht nicht hinreichend nachgekommen sind.[31] Ein Bußgeld kommt auch bei der Versäumnis oder Verspätung von Änderungsmeldungen in Betracht, wenn hierdurch ein unnötig hoher Verwaltungsaufwand entsteht, etwa bei nicht gemeldetem Umzug.[32] Die Vorschrift des § 43 Abs. 1 Satz 1 Nr. 1 gilt nicht für die Nichterstellung einer Verfahrensübersicht nach § 4g Abs. 2 Satz 1. Allerdings kann die Aufsichtsbehörde dann ihren ebenfalls bußgeldbewehrten Auskunftsanspruch nach § 38 Abs. 3, 4 nutzen und ggf. zwangsweise durchsetzen, um sich die in § 4e aufgeführten Informationen zu beschaffen.

---

27 Vgl. aber 1. TB IM BW (2001), S. 7, wonach nach erfolgter erster Meldung laufende Nachkontrollen wenige Verstöße erbrachten.

28 Vgl. z.B. *Petri*, RDV 2003, 267 (Fn. 5).

29 Der Verstoß gegen die Meldepflicht nach dem BDSG 1990 war nach § 44 Abs. 1 Nr. 2 bußgeldbewehrt, vgl. TB 2000/2001 HmbDSB, S. 199.

30 Selbst bei Aufsichtsbehörden mit zahlreichen verantwortlichen Stellen bewegt sich die Zahl der Bußgeldverfahren zumeist im ein- oder zweistelligen Bereich; vgl. z.B. 2. TB IM BW (2003), S. 22; 16. TB der HessLReg (LT-Drs. 16/1680, S. 15.

31 2. TB IM BW (2003), S. 22.

32 Vgl. *LfD NDS,* XII. TB, 257.

§ 4f Beauftragter für den Datenschutz

(1) Öffentliche und nicht öffentliche Stellen, die personenbezogene Daten automatisiert erheben, verarbeiten oder nutzen, haben einen Beauftragten für den Datenschutz schriftlich zu bestellen. Nicht öffentliche Stellen sind hierzu spätestens innerhalb eines Monats nach Aufnahme ihrer Tätigkeit verpflichtet. Das Gleiche gilt, wenn personenbezogene Daten auf andere Weise erhoben, verarbeitet oder genutzt werden und damit in der Regel mindestens 20 Personen beschäftigt sind. Die Sätze 1 und 2 gelten nicht für nicht öffentliche Stellen, die höchstens vier Arbeitnehmer mit der Erhebung, Verarbeitung oder Nutzung personenbezogener Daten beschäftigen. Soweit aufgrund der Struktur einer öffentlichen Stelle erforderlich, genügt die Bestellung eines Beauftragten für den Datenschutz für mehrere Bereiche. Soweit nicht öffentliche Stellen automatisierte Verarbeitungen vornehmen, die einer Vorabkontrolle unterliegen oder personenbezogene Daten geschäftsmäßig zum Zweck der Übermittlung oder der anonymisierten Übermittlung erheben, verarbeiten oder nutzen, haben sie unabhängig von der Anzahl der Arbeitnehmer einen Beauftragten für den Datenschutz zu bestellen.
(2) Zum Beauftragten für den Datenschutz darf nur bestellt werden, wer die zur Erfüllung seiner Aufgaben erforderliche Fachkunde und Zuverlässigkeit besitzt. Mit dieser Aufgabe kann auch eine Person außerhalb der verantwortlichen Stelle betraut werden. Öffentliche Stellen können mit Zustimmung ihrer Aufsichtsbehörde einen Bediensteten aus einer anderen öffentlichen Stelle zum Beauftragten für den Datenschutz bestellen.
(3) Der Beauftragte für den Datenschutz ist dem Leiter der öffentlichen oder nicht öffentlichen Stelle unmittelbar zu unterstellen. Er ist in Ausübung seiner Fachkunde auf dem Gebiet des Datenschutzes weisungsfrei. Er darf wegen der Erfüllung seiner Aufgaben nicht benachteiligt werden. Die Bestellung zum Beauftragten für den Datenschutz kann in entsprechender Anwendung von § 626 des Bürgerlichen Gesetzbuches, bei nicht öffentlichen Stellen auch auf Verlangen der Aufsichtsbehörde, widerrufen werden.
(4) Der Beauftragte für den Datenschutz ist zur Verschwiegenheit über die Identität des Betroffenen sowie über Umstände, die Rückschlüsse auf den Betroffenen zulassen, verpflichtet, soweit er nicht davon durch den Betroffenen befreit wird.
(5) Die öffentlichen und nicht öffentlichen Stellen haben den Beauftragten für den Datenschutz bei der Erfüllung seiner Aufgaben zu unterstützen und ihm insbesondere, soweit dies zur Erfüllung seiner Aufgaben erforderlich ist, Hilfspersonal sowie Räume, Einrichtungen, Geräte und Mittel zur Verfügung zu stellen. Betroffene können sich jederzeit an den Beauftragten für den Datenschutz wenden.

Literatur

H. Bäumler/ Chr. Nordmann, Gerichtliche Datenschutzbeauftragte, in *R.B. Abel* (Hrsg.), Datenschutz in Anwaltschaft, Notariat und Justiz (2. Aufl. 2003) 129 ff.; *B. Beder,* Betriebsrat und betrieblicher Datenschutzbeauftragter, CR 1990, 475 f.; *ders.,* Datenschutzbeauftragter im Unternehmen: eine originär anwaltliche Aufgabe, CR 1990, 618 ff.; *U. Berger-Delhey,* Abberufung von Datenschutzbeauftragten durch Aufsichtsbehörden, PersV 1996, 443 ff.; *J. Berwanger,* Wann endet das Amt des betrieblichen Datenschutzbeauftragten?, DSB, 2005, H. 7 und 8, 16 ff.; *A. Breinlinger,* Anforderungen des BDSG an den betrieblichen Datenschutzbeauftragten, RDV 1993, 53 ff.; *dies.,* Die Kontrolle des Datenschutzbeauftragten aus der Sicht der Aufsichtsbehörden, RDV 1995, 7 ff.; *A. Büllesbach,* Konzeption und Funktion des Datenschutzbeauftragten vor dem Hintergrund der EG-Richtlinie und der Novellierung des BDSG, RDV 2001, 1 ff.; *St. Drewes,* Der externe Datenschutzbeauftragte und das Berufsgeheimnis der Apotheker, RDV 2005, 14 ff.; *H.L. Drews,* Der Datenschutzbeauftragte (DSB) in einem Industrieunternehmen (1997); *H.L. Drews/H.J. Kranz,* Datenschutzaudit, DuD 2000, 226 ff.; *E. Ehmann* (Hrsg.), Der Datenschutzbeauftragte im Unternehmen: Funktion, Stellung, Berufsbild (1993); *Ch. Ehrich,* Die Bedeutung des § 36 III 4 BDSG für die Kündigung des betrieblichen Datenschutzbeauftragten durch den Arbeitgeber, NZA 1993, 248 ff.; *ders.,* Ordentliche Kündigung des betrieblichen Datenschutzbeauftragten, CR 1993, 226 ff.; *ders.,* Amt, Anstellung und Mitbestimmung bei betrieblichen Beauftragten (1993); *Th. Engelien-Schulz,* Die Vorabkontrolle gemäß § 4d Abs. 5 und Abs. 6 BDSG; *ders.,* Zur Reichweite der Kontrollkompetenz behördlicher Datenschutzbeauftragter bezogen auf die Daten über die Gesundheit, RdA 2005, 7 ff.; *P. Gola,* Die Position des betrieblichen Datenschutzbeauftragten nach dem neuen BDSG, DuD 1991, 341 ff.; *ders.,* Der auditierte Datenschutzbeauftragte – oder von der Kontrolle der Kontrolleure, RDV 2000, 93 ff.; *P. Gola/A. Jaspers,* Von der Unabhängigkeit des betrieblichen Datenschutzbeauftragten, RDV 1998, 47 ff.; *B. Grunewald,* Der betriebliche Datenschutzbeauftragte, RDV 1993, 226 ff.; *M. Helfrich,* Haftung des betrieblichen Datenschutzbeauftragten, CR 1992, 456 ff.; *A. Jaspers,* Zur Kündigung und Weiterbeschäftigung des betrieblichen Datenschutzbeauftragten, RDV 1997, 89 f.; *Chr. Klug,* Die Vorabkontrolle – Eine neue Aufgabe für betriebliche und behördliche Datenschutzbeauftragte, RDV 2001, 12 ff.; *ders.* Internationalisierung der Selbstkontrolle im Datenschutz, RDV 2005, 163 ff.; *H.J. Kranz,* Neue Aufgaben des betrieblichen Datenschutzbeauftragten: Compliance Institution in der globalen Informationsgesellschaft, DuD 1999, 463 ff.; *F. Moos,* Datenschutzkontrolle in Tele- und Mediendiensten, DuD 1998, 162 ff.; *P. Münch,* Zum fachlichen Profil der Beauftragten für Datenschutz und Datensicherheit, RDV 1993, 157 ff.; *G. Nitsche,* Datenschutz bei einem Finanzdienstleister, DuD 2001, 164 ff.; *A. Ostrowicz,* Kündigungsschutz versus Abberufungsschutz des Datenschutzbeauftragten, RDV 1995, 112 ff.; *Th:B. Petri,* Inhaltliche Anforderungen an die Verfahrensübersicht nach §§ 4g Abs. 2, 4e BDSG als Grundlage eines effektiven Datenschutzmanagements, RDV 2003, 267 ff.; *U. Ramrath,* Betriebsvereinbarungen über die einvernehmliche Bestellung des „betrieblichen" Datenschutzbeauftragten, RDV 1989, 163 ff.; *A. Roßnagel,* Datenschutzaudit, DuD 1997, 505 ff.; *ders.,* Audits stärken Datenschutzbeauftragte, DuD 2000, 231 ff.; *I. Rudolf,* Aufgaben und Stellung des betrieblichen Datenschutzbeauftragten, NZA 1996, 296 ff.; *G. Rüpke,* Freie Advokatur, anwaltliches Berufsgeheimnis und datenschutzrechtliche Kontrollbefugnisse, RDV 2003, 72 ff.; *ders.* Ein Beauftragter für den Datenschutz in der Anwaltskanzlei, RDV 2004, 252 ff.; *E. Ruppmann,* Der konzerninterne Austausch personenbezogener Daten (2000); *F. Schaible,* Die Haftung des betrieblichen Datenschutzbeauftragten, DuD 1980, 79 ff.; *B. Schierbaum,* Kontrolle des Datenschutzes im öffentlichen Bereich – Funktion und Aufgaben von Datenschutzbeauftragten und Aufsichtsbehörden, PersR 1997, 345 ff.; *B. Schierbaum/E. Kiesche,* Arbeitnehmerdatenschutz – Aufgaben für den betrieblichen Datenschutzbeauftragten und den Betriebsrat, CR 1993, 151 ff.; *dies.,* Der betriebliche Datenschutzbeauftragte – Bestellung und Abberufung, persönliche Voraussetzungen und rechtliche Stellung, CR 1992, 726 ff.; *H.H. Schild,* Der interne Datenschutzbeauftragte: neue Aufgaben durch neues BDSG in Betrieb und Verwaltung, RDV 1998, 52 ff.; *ders.,* Der behördliche Datenschutzbeauftragte, DuD 2001 31 ff.; *B. Schlemann,* Rechts des betrieblichen Datenschutzbeauftragten (1996); *J. Schneider,* Datenschutz und Beauftragter für den Datenschutz in der Anwaltskanzlei, AnwBl 2004, 618; *S. Simitis,* Der betriebliche Datenschutzbeauftragte – Zur notwendigen Korrektur einer notwendigen Kontrollinstanz, NJW 1998, 2395; *I. Spickschen,* Einsichtnahme in Personalakten – Recht des „gesetzlichen" behördlichen Datenschutzbeauftragten i.S.d. § 81 Abs. 4 SGB X, DuD 1995, 72 ff.; *H.-D. Steguweit,* Versicherung im EDV-Bereich, RDV 1986, 247 ff.; *M.Th. Tinnefeld,* Datenschutzbeauftragter im Unternehmen – Qualifikation und Stellung, CR 1991, 29 ff.; *dies.,* Arbeitnehmerdatenschutz und neue Unternehmenskulturen – Stand und Regelungsbedarf, ZRP 1999, 197 ff.; *R. Voßbein* (Hrsg.), Die Organisation der Arbeit des betrieblichen Datenschutzbeauftragten (1997); *M. Wächter,* Datenschutz im Unternehmen (3. Aufl. 2003); *ders.,* Datenschutz contra Betriebsverfassung, DuD 1993, 146 f.; *ders.,* Datenschutzbeauftragter und allgemeines Arbeitsrecht – § 36 Abs. 3 S. 4 BDSG im Spannungsfeld, DuD 1994, 256 ff.; *St. Walz,* Selbstkontrolle versus Fremdkontrolle – Konzeptwechsel im deutschen Datenschutzrecht, in *D. Simon/M. Weiss* (Hrsg.), Zur Autonomie des Individuums (2000) 455 ff.; *M. Weber,* Der betriebliche Datenschutzbeauftragte im Lichte der EG-Datenschutzrichtlinie, DuD 1995, 698 ff.; *J. Weidemann,* Kontrollbefugnis des Datenschutzbeauftragten bei Betriebs- und Personalräten, ZBVR 1998, 74 ff.; *I. Wind,* Die Kontrolle des Datenschutzes im nicht-öffentlichen Bereich (1994); *D. Weitze,* Haben Steuerberater einen betrieblichen Datenschutzbeauftragten zu bestellen, DStR 2004, 2218 ff.; *R. Weniger,* Das Verfahrensverzeichnis als Mittel datenschutzkonformer Organisation, RDV 2005, 153 ff.; *H. Wohlgemuth,* Mitwirkung des Datenschutzbeauftragten beim Arbeitnehmerdatenschutz, BB 1995, 673 ff.; *H. Zuck,* Datenschutz, Anwaltsrechte und Berufspflichten nach BRAO und BDSG, in *R.B. Abel,* Datenschutz in Anwaltschaft, Notariat und Justiz (2. Aufl. 2003) 17 ff.

Übersicht

1. Vorgeschichte – Kontrollprinzipien

Auf den ersten Blick wiederholen und bekräftigen die §§ 4f und 4g eine der ältesten und markantesten Regelungen des BDSG: die Verpflichtung der verantwortlichen Stelle, einen Beauftragten für den Datenschutz zu bestellen. Sie war schon im BDSG 77 enthalten (§§ 28, 29) und ist leicht verändert vom BDSG 90 (§§ 36, 37) übernommen worden. In Wirklichkeit hat sich sowohl das Regelungskonzept als auch sein Anwendungsbereich von Grund auf gewandelt. Die alte Regelung spiegelte jenes Dilemma wider, das von Anfang an alle Diskussionen über die Notwendigkeit einer Kontrolle der Verarbeitung personenbezogener Daten beherrscht hat.[1] Während sich beim öffentlichen Bereich die Forderung nach einer eigens einzurichtenden, unabhängigen Kontrollinstanz ungeachtet mancher Vorbehalte sehr bald durchsetzte, wurde eine **Fremdkontrolle** der nicht-öffentlichen Stellen noch kurz vor der Verabschiedung des BDSG 77 strikt abgelehnt und lediglich eine möglichst ganz den verantwortlichen Stellen überlassene **Selbstkontrolle** für akzeptabel erklärt. Der Gesetzgeber entschied sich schließlich für einen Kompromiss.[2] Die Selbstkontrolle erhielt zwar im nicht-öffentlichen Bereich den Vorzug, allerdings ergänzt um eine merklich abgeschwächte Fremdkontrolle. 1

Die Folge war ein **zweistufiges Kontrollsystem**, das die Kontrollaufgabe primär einer internen Instanz, dem freilich gesetzlich vorgeschriebenen Beauftragten für den Datenschutz überträgt und im Übrigen unter bestimmten ebenso sorgfältig abgestuften wie eindeutig restriktiven Bedingungen eine externe Kontrolle durch staatliche Aufsichtsbehörden vorsieht (§§ 28, 29, 38 BDSG 77). Daran hat sich auch nach dem Volkszählungsurteil des BVerfG[3] nichts geändert. Die vom Gericht ausdrücklich hervorgehobene Bedeutung unabhängiger Datenschutzbeauftragter für einen wirklich funktionierenden Datenschutz[4] hat den Gesetzgeber bei der 1990 erfolgten Novellierung des BDSG nicht daran gehindert, an der alten Regelung festzuhalten (§§ 36, 37, 38 BDSG 90). Kurzum, die Selbstkontrolle rangierte unverändert vor einer stark eingeschränkten Fremdkontrolle. 2

Der Schluss, dass es auch nach der Reform vom Mai 2001 dabei geblieben ist, liegt, so gesehen, nahe. Anders als früher haben freilich nicht die Erwartungen des nationalen Gesetzgebers die Novellierung ausgelöst und bestimmt, sondern eine supranationale Regelung: die **EG-Datenschutzrichtlinie** von 1995. Sie ist sicherlich über weite Strecken ein Mosaik nationaler Datenschutzvorschriften.[5] Zu den Bausteinen deutscher Provenienz gehört neben dem „Verbot mit Erlaubnisvorbehalt" (Art. 7 Satz 1) vor allem der „betriebliche Datenschutzbeauftragte" (Art. 18 Abs. 2). Aus seiner Aufnahme in die Richtlinie folgt jedoch genauso wenig eine Inkorporation der BDSG- Vorstellungen zum „betrieblichen Datenschutzbeauftragten" wie sich aus der Übernahme der Grundsätze des französischen oder spanischen Rechts zu den sensitiven Daten eine Rezeption französischen (Art. 31 des Datenschutzgesetzes v. 6.1.1978) oder spanischen Rechts (Art. 7 und 8 des Datenschutzgesetzes v. 29.10.1992) folgern lässt.[6] Anders und schärfer ausgedrückt: Art. 18 Abs. 2 der Richtlinie mag an die BDSG-Vorschriften anknüpfen, ist allerdings keineswegs das Spiegelbild der §§ 36 und 37 des BDSG 90, damit aber auch der für ihre Anwendung maßgeblichen Grundsätze. **Inhalt und Tragweite des Art. 18 Abs. 2 sind vielmehr ausschließlich der Richtlinie zu entnehmen**.[7] 3

Konsequenterweise müssen sich auch alle Überlegungen zu den §§ 4f und 4g an der EG-Datenschutzrichtlinie ausrichten. Sie und nicht das BDSG, gleichviel in welcher seiner frü- 4

---

1 Dazu *Simitis,* DVR 2 (1973/74) 172 ff.; *Dammann,* Die Kontrolle des Datenschutzes (1977), 11 ff., 72 ff.; *Mitrou,* Die Entwicklung der institutionellen Kontrolle des Datenschutzes (1993) 31 ff.

2 Vgl. die 4. Auflage dieses Kommentars, § 28 Rdnr. 1 ff.

3 BVerfGE 65, 1.

4 BVerfGE 65, 1 (46).

5 Dazu Einleitung, Rdnr. 210 ff.; *Simitis,* Vom Markt zur Polis: Die EU-Richtlinie zum Datenschutz, in *Tinnefeld/Philipps/Heil,* Informationsgesellschaft und Rechtskultur in Europa (1995) 54 ff.; *Dammann/Simitis,* EG-Datenschutzrichtlinie, Einl. Rdnr. 11.

6 Vgl. *Simitis,* Data Protection in the European Union – the Quest for Common Rules (2001) 40; das verkennt *Weber,* DuD 1995, 698 f.

7 Von einer „Konzeptleihe" der EG-Datenschutzrichtlinie, *Büllesbach,* RDV 2001, 4, aber auch *Drews,* Der Datenschutzbeauftragte, 8, kann deshalb keine Rede sein.

heren Fassungen, gibt die **Interpretationsmaßstäbe** vor.[8] Gewiss, die Ansatzpunkte unterscheiden sich deutlich: Die Richtlinie (Art. 18 Abs. 2) sieht in der Bestellung eines Beauftragten für den Datenschutz nur eine **Alternative zur Meldepflicht** (Art. 18 Abs. 1),[9] das BDSG (§ 4f Abs. 1 Satz 1) **schreibt dagegen eine Bestellung generell vor.**[10] Art. 18 Abs. 2 räumt zudem den nationalen Gesetzgebern einen erheblichen Spielraum bei der Entscheidung über Stellung und Funktion des Beauftragten ein.[11] Ganz gleich aber, ob sie sich für einen Beauftragten entscheiden und wie sie dessen Position und Aufgaben im Einzelnen ausgestalten, sie bleiben an die Vorgaben der Richtlinie gebunden. Ihre Prinzipien sind deshalb auch die Wegmarken der Anwendung des nationalen Rechts.[12]

5 Die EG-Datenschutzrichtlinie weist, anders als das BDSG 90, der **Selbstkontrolle** eine eindeutig **komplementäre Funktion** zu.[13] Der primäre Kontrollansatz ist die Überwachung durch eine ebenso selbstständige wie unabhängige Kontrollstelle (Art. 28).[14] Die interne Kontrolle wird, so gesehen, als zusätzliches in der verantwortlichen Stelle angesiedeltes Kontrollmittel wahrgenommen, das deshalb grundsätzlich den für die externe Kontrollinstanz geltenden Anforderungen genügen muss. Konsequenterweise hat sich der Rat zu Zugeständnissen bei der Meldepflicht erst bereitgefunden,[15] als die **Unabhängigkeit** des Beauftragten ausdrücklich im Text des Art. 18 Abs. 2 der EG-Datenschutzrichtlinie verankert und in den Erwägungsgründen (Nr. 49) noch einmal besonders betont wurde.[16] Gerade diese gezielte Verknüpfung der Tätigkeit des Beauftragten mit den Aktivitäten der externen Kontrollinstanz hat auch zur Folge, dass keine noch so minutiöse Ausgestaltung der Erwartungen an den Beauftragten ausreicht, um die externe Überwachung zu substituieren.[17] Der Beauftragte ist daher aus der Perspektive der EG-Datenschutzrichtlinie nicht nur ständiger Ansprechpartner der externen Kontrollinstanz, sondern verpflichtet, sie immer dann einzuschalten, wenn der Verarbeitungsprozess den gesetzlichen Vorgaben widerspricht.[18]

6 Die EG-Datenschutzrichtlinie korrigiert so das noch in den §§ 36 und 37 des BDSG 90 tolerierte Kontrolldefizit im nicht-öffentlichen Bereich und stellt zugleich das Gleichgewicht zwischen öffentlichem und nicht-öffentlichem Sektor her. Im einen wie im anderen Fall gründet sich die Überwachung der jeweils für die Verarbeitung personenbezogener Daten verantwortlichen Stellen auf eine **gesetzlich abgesicherte Fremdkontrolle** und wird durch weitere, ebenfalls **gesetzlich vorgeschriebene Vorkehrungen der Selbstkontrolle** zusätzlich gewährleistet. Daran ändert auch der beschränkte Anwendungsbereich der EG-Datenschutzrichtlinie nichts. Die Verpflichtung, sich an ihre Vorgaben zu halten, endet an den Grenzen des Gemeinschaftsrechts (Art. 3 Abs. 2),[19] erstreckt sich also nicht auf den gesamten öffentlichen Bereich. Notwendigkeit und Vorrang der Fremdkontrolle sind aber bei öffentlichen Stellen nie bestritten worden.[20] Die Richtlinie zwingt, so gesehen, nicht dazu,

---

8 Dazu *Dammann/Simitis,* EG-Datenschutzrichtlinie, Einl. Rdnr. 11 ff.; *Simitis,* Die EG-Datenschutzrichtlinie oder der schwierige Weg von einer partikulären zu einer gemeinsamen Regelung des Datenschutzes, in *Drexl/Kreuzer/Scheuing/Sieber* (Hrsg.), Europarecht im Informationszeitalter (2000) 26 f.; sowie *Brühann,* in GH II/*Wolf,* A 30 Vorbem. Rdnr. 45.

9 Vgl. *Dammann/Simitis,* EG-Datenschutzrichtlinie, Art. 18 Rdnr. 11; *Ehmann/Helfrich,* EG Datenschutzrichtlinie, Rdnr. 4; *Brühann,* in GH II/*Wolf,* A 30 Art. 18 Rdnr. 10 ff.; *Brühann/Zerdick,* CR 1996, 434; *Walz,* Selbstkontrolle, 462 f.

10 Dazu u. Rdnr. 8 ff.

11 Vgl. *Dammann/Simitis,* EG-Datenschutzrichtlinie, Art. 18 Rdnr. 11.

12 Zur Übernahme von Art. 18 Abs. 2 der EG-Datenschutzrichtlinie in den Mitgliedstaaten vgl. *Klug,* RDV 2005, 163 ff.

13 Dazu insb. *Walz,* Selbstkontrolle, 459 ff.; missverständlich *Klug,* RDV 2005, 163.

14 Dazu *Dammann/Simitis,* EG-Datenschutzrichtlinie, Einl. Rdnr. 40, Art. 30 Rdnr. 1 ff.

15 Dazu o. Rdnr. 4.

16 Vgl. *Brühann,* in GH II/*Wolf,* A 30 Art. 18 Rdnr. 14 ff.; *Dammann/Simitis,* EG-Datenschutzrichtlinie, Art. 18 Rdnr. 11; *Ehmann/Helfrich,* EG Datenschutzrichtlinie, Art. 18 Rdnr. 15; *Ruppmann,* Austausch, 107 ff.; *Gola/Jaspers,* RDV 1998, 47; *Schild,* DuD 2001, 33; sowie *Klug,* RDV 2005, 164 f.

17 Vgl. auch *Brühann,* RDV 1993, H. 5/6, Sonderbeilage II ff., DuD 1996, 69; *Walz,* Selbstkontrolle, 463.

18 Dazu § 4g Rdnr. 23.

19 Dazu *Dammann/Simitis,* EG-Datenschutzrichtlinie, Art. 3 Rdnr. 6.

20 o. Rdnr. 1.

bestimmte verantwortliche Stellen besonders zu behandeln. Sie garantiert, im Gegenteil, einen einheitlichen Umgang mit allen verantwortlichen Stellen ohne Rücksicht darauf, ob sie dem öffentlichen oder dem nicht-öffentlichen Bereich zuzurechnen sind. § 4f Abs. 1 baut mit der generellen Verpflichtung, einen Beauftragten für den Datenschutz zu bestellen, genau diese Tendenz konsequent weiter aus.

Die Vorgaben der EG-Datenschutzrichtlinie (Art. 18 Abs. 2) illustrieren zusammen mit den BDSG-spezifischen Anforderungen (§§ 4f und 4g) die Eigenart der Beauftragten für den Datenschutz und begründen zugleich die besondere Bedeutung ihrer Aufgabe. **„Beauftragte“** gibt es auch sonst. Die Strahlenschutzbeauftragten (§§ 20, 55 der 1. StrahlenschutzVO) rechnen ebenso dazu wie die Sicherheits- (§§ 5 ASiG) oder die Immissionsschutzbeauftragten (§§ 53 ff. BImSchG) und die Beauftragten für den Gewässerschutz (§ 4 WHG). Rückschlüsse auf die Position des Beauftragten für den Datenschutz verbieten sich dennoch. Maßgeblich ist nicht die Existenz weiterer „Beauftragter“, sondern ausschließlich die konkrete Konfliktlage, die den Gesetzgeber veranlasst hat, sich für einen „Beauftragten“ zu entscheiden. So lassen sich beispielsweise Struktur und Details der Tätigkeit von Gewässer- oder Strahlenschutzbeauftragten nur in Kenntnis der für ihre Aktivitäten relevanten Problemkonstellationen und Regelungsziele festlegen. Aussagen des Gesetzgebers zu einem bestimmten „Beauftragten“ präjudizieren folglich nicht im Geringsten die Überlegungen zu irgendeinem der anderen „Beauftragten“. Noch genauer: Reflexionen über den Beauftragten für den Datenschutz müssen sich an den Prinzipien und Anforderungen des Datenschutzes orientieren. Argumente zur Interpretation der §§ 4f und 4g sind deshalb **stets an den Vorgaben und Zielen des BDSG zu messen**, selbst wenn sie sich bei anderen „Beauftragten“ durchaus bei der Beurteilung der Möglichkeiten und Grenzen ihrer Betätigung eine Rolle gespielt haben. 7

2. Pflicht zur Bestellung

2.1. Normadressaten (Abs. 1)

§ 4f verpflichtet grundsätzlich **alle verantwortlichen Stellen** einen Beauftragten für den Datenschutz zu bestellen. Anders also als die früheren Fassungen des BDSG beschränkt sich die Verpflichtung keineswegs auf nicht-öffentliche Stellen.[21] Öffentliche Stellen sind vielmehr genauso gehalten, eine interne Kontrollinstanz einzurichten. Das Gesetz sieht mit anderen Worten sowohl **„betriebliche“** als auch **„behördliche“ Beauftragte** vor. Der Bundesgesetzgeber schließt sich damit einer 1986 vom 3. HDSG (§ 5 Abs. 2)[22] eingeleiteten Entwicklung an. Den Ausschlag haben durchweg die positiven Erfahrungen im nicht-öffentlichen Bereich gegeben. Die Beauftragten für den Datenschutz haben sich, trotz mancher Vorbehalte,[23] zu einer der wichtigsten Voraussetzungen einer wirksamen Verarbeitungskontrolle entwickelt. Ihre Tätigkeit erleichtert es den verantwortlichen Stellen, die jeweils für sie geltenden Anforderungen verlässlich zu übersehen sowie die konkret erforderlichen organisatorischen Vorkehrungen zu treffen, gewährleistet einen möglichst transparenten Umgang mit personenbezogenen Daten, verbessert die Erfolgschancen der externen Überwachung, nicht zuletzt durch die gesetzlich ebenfalls vorgeschriebene Kooperation mit der zuständigen Kontrollinstanz (§ 4g Abs. 1 Satz 2),[24] und stellt eine direkte Information der Betroffenen (§ 4f Abs. 5 Satz 2)[25] ebenso wie Außenstehender Dritter sicher (§ 4g Abs. 2 Satz 2).[26] Konsequenterweise kann eine gesetzliche Regelung, die auch und gerade auf eine effiziente Anwendung ihrer Anforderungen bedacht ist, den Beitrag nicht ignorieren, den Beauftragte für den Datenschutz dazu leisten können. Sie muss, im Gegenteil, darauf bedacht 8

21 Vgl. die 4. Auflage diese Kommentars § 28 Rdnr. 11 ff.

22 Dazu *Simitis,* in *Meyer/Stolleis,* HessStVwR, 157 ff.; *Nungesser,* HDSG § 5 Rdnr. 1; sowie zu den weiteren früheren Ansätzen *Vogelgesang,* CR 1993, 378 ff.; *Schierbaum,* PersR 1997, 345 ff.

23 Vgl. insb. *Ehmann,* in *Ehmann* (Hrsg.), Der Datenschutzbeauftragte, 1 ff.; *Breinlinger,* RDV 1993, 53 ff.

24 Dazu § 4g Rdnr. 13 ff.

25 Dazu u. Rdnr. 156 ff.

26 Dazu § 4g Rdnr. 70 ff.

sein, die Bestellung von Beauftragten ohne Rücksicht darauf zu verlangen, ob personenbezogene Daten von öffentlichen oder nicht-öffentlichen Stellen verarbeitet werden.

9 Die Einbeziehung aller verantwortlichen Stellen hat zur Folge, dass weder ihre **Organisationsform** noch die **rechtliche Grundlage der Verarbeitung**, jedenfalls für die Bestellung eines Beauftragten, eine Rolle spielt. Entscheidend ist lediglich, ob personenbezogene Daten verarbeitet werden. So ist es, anders als bei der Frage, welche gesetzliche Bestimmungen auf die Verarbeitung anzuwenden sind, nicht weiter wichtig, ob sich ein **öffentlich-rechtliches Unternehmen** am Wettbewerb beteiligt oder nicht (§ 27 Abs. 1). Ebenso wenig fällt ins Gewicht, inwieweit die verantwortliche Stelle im Rahmen der ihr genuin zustehenden Funktionen, oder als **Beliehene** handelt. Im einen wie im anderen Fall sind die jeweiligen Stellen verpflichtet, einen Beauftragten zu bestellen. Die Zugehörigkeit zum öffentlichen oder nicht-öffentlichen Bereich wirkt sich, so gesehen, lediglich auf die unter Umständen unterschiedlichen Modalitäten der Bestellung und Aufgabenerfüllung der Beauftragten aus (§ 4f Abs. 1 Sätze 4, 5 und 6, Abs. 2 Satz 3, Abs. 3 Satz 4; § 4g Abs. 1 Satz 2 sowie Abs. 3). Die sowohl bei öffentlich-rechtlichen Unternehmen als auch bei Beliehenen mögliche parallele Wahrnehmung von Aufgaben im öffentlichen und nicht-öffentlichen Bereich muss zudem bei den Anforderungen an die Fachkunde und Zuverlässigkeit des konkret zu bestellenden Beauftragten besonders bedacht werden.[27]

10 Die Verpflichtung aller verantwortlichen Stellen, Datenschutzbeauftragte unter den ebenfalls in § 4 Abs. 1 festgelegten Voraussetzungen zu bestellen, schließt genauso jeden Versuch aus, einzelne **Berufe** auszunehmen. Für Rechtsanwälte gilt so gesehen nichts anderes als für Ärzte, Apotheker, Steuerberater und Wirtschaftsprüfer: Die Bestellung eines Beauftragten zählt auch bei ihnen zu den verbindlichen Vorgaben einer gesetzeskonformen Verwendung personenbezogener Daten.[28] Jeder dieser Berufe zeichnet sich zwar durch ein gesetzlich verankertes, zumal strafrechtlich abgesichertes (§ 203 Abs. 1 StGB) sowie standesrechtlich bekräftigtes und weiter konkretisiertes Berufsgeheimnis aus,[29] das die Pflicht widerspiegelt, mit Mandanten-, Patienten- und Klientendaten besonders sorgsam umzugehen. Keines dieser Geheimnisse rechtfertigt jedoch den Verzicht auf einen Beauftragten, sei es überhaupt, sei es lediglich soweit die Verarbeitung der Mandanten- oder Patientendaten betroffen ist.[30] Schon deshalb, weil der Gesetzgeber im BDSG ausdrücklich darauf Wert gelegt hat, den mit Berufsgeheimnissen verbundenen Sonderschutz beizubehalten (§ 1 Abs. 3 Satz 2).[31] Bestimmungen wie die §§ 28 Abs. 7 und 39 unterstreichen zudem, wie konsequent das BDSG die eigenen Verarbeitungsbedingungen um die Schutzwirkung der Berufsgeheimnisse ergänzt.[32] Abgesehen davon kann die interne, dem Beauftragten anvertraute Kontrolle den gesetzlichen Anforderungen nur genügen, wenn sie sich an den Besonderheiten der jeweiligen Stelle orientiert[33] und muss folglich gerade diejenigen Daten uneingeschränkt einbeziehen, die im Mittelpunkt der für die je spezifische Stelle typischen Aktivitäten stehen.[34] Welche Kontrollmaßnahmen also nötig sind und wie sie im Einzelnen auszusehen haben, richtet sich stets nach dem Verwendungskontext. Erst recht wird allerdings damit deutlich, dass die Bestellung eines Beauftragten den auch von den **Berufsgeheimnissen** angestrebten **Schutz der Betroffenen** nicht gefährdet, vielmehr **merklich erhöht**. Aus genau diesem Grund hat der Gesetzgeber bei den Beratungen des BDSG 01 alle auf die Kontrollkompetenz des BfDI

27 Dazu u. Rdnr. 83 ff.

28 Vgl. auch *BW-IM TB*, 3 (2005) 21 ff. *Zuck*, in *Abel* (Hrsg.), Datenschutz § 2 Rdnr. 37; *Roßnagel/Schirmer*, Handbuch, 7.12 Rdnr.98; *Schneider*, AnwBl 2004, 618 ff.; *Weitze*, DStR 2004, 2218 f., 2221; *Drewes*, RDV 2005, 14 ff; *Bergmann/Möhrle/Herb*, BDSG § 4g Rdnr. 20; und demgegenüber *Abel*, in *Abel* (Hrsg.), Datenschutz § 1 Rdnr. 31 f.; *Roßnagel/Abel*, Handbuch, 7.11 Rdnr. 32 f.; *Rüpke*, RDV 2004, 252 ff.

29 Dazu § 1 Rdnr. 177 ff.

30 So wohl *Rüpke*, RDV 2004, 255.

31 Dazu § 1 Rdnr. 175 ff.

32 Dazu die §§ 1 Rdnr. 175 f.; 28 Rdnr. 338 ff.; 39 Rdnr. 1 ff.

33 Dazu § 4g Rdnr. 33.

34 Dazu auch § 4g Rdnr. 35.

bezogenen Zweifel zurückgewiesen und die im BDSG 90 enthaltene Widerspruchsmöglichkeit der Betroffenen (§ 24 Abs. 2 Satz 4 und 5)[35] ersatzlos gestrichen.[36]

11 Die §§ 4f und 4g kehren, wenngleich **indirekt, in** einer Reihe von **Sonderregelungen zu einzelnen Verarbeitungsbereichen** wieder. So müssen **Sozialleistungsträger** (§ 35 SGB I) zwar einen Beauftragten für den Datenschutz bestellen (§ 81 Abs. 4 SGB X), haben sich aber dabei nach den für das BDSG maßgeblichen Vorstellungen zu richten.[37] Nicht anders ist es bei **kirchlichen Einrichtungen**. Sowohl § 22 DSG-EKD als auch die § 16 KDO schreiben die Bestellung zentraler Datenschutzbeauftragter vor. Hinzu kommen die in beiden Regelungen (§§ 22 Abs. 2 DSG-EKD, 18a KDO) ebenfalls, allerdings nicht zwingend vorgesehenen Beauftragten für die jeweiligen kirchlichen Stellen. Inhaltlich, also vor allem bei den Anforderungen an die Auswahl und der Aufgabenbeschreibung, orientieren sich beide Kirchen genauso am BDSG.[38]

2.2 Abstufungen (Abs. 1)

12 Das BDSG belässt es nicht bei der generellen Verpflichtung, einen Beauftragten zu bestellen. Ob es dazu kommen muss, richtet sich vielmehr nach **drei Kriterien**: der **Verarbeitungsform**, der Bedeutung, die der Gesetzgeber den **Verarbeitungsaktivitäten** bestimmter verantwortlicher Stellen beimisst, und der **Anzahl der bei der Verarbeitung beschäftigten Personen** (§ 4f). Jedes dieser Kriterien ist zwar getrennt zu betrachten, begründet jedoch für sich genommen nicht immer die Pflicht, einen Beauftragten zu bestellen, wie sich allein schon an der automatisierten Verarbeitung personenbezogener Daten durch nicht-öffentliche Stellen zeigt (§ 4f Abs. 1 Satz 4).[39] Das Ergebnis ist eine überaus komplizierte, kaum durchschaubare und mit systemfremden, einem konsequenten Datenschutz widersprechenden Elementen, wie etwa der Anknüpfung an die Beschäftigtenzahl, belastete Regelung.

13 § 4f verbindet zunächst die Bestellung eines Beauftragten mit einer bestimmten **Verarbeitungsform**, noch genauer, der **automatisierten** Erhebung, Verarbeitung und Nutzung personenbezogener Daten (Abs. 1 Satz 1). Gemeint ist **keineswegs nur eine vollautomatisierte**, **vielmehr jede, ganz oder teilweise automatisierte Verwendung.** Das Gesetz hält sich dabei zwar an die Formulierung des BDSG 90 (§ 38 Abs. 1), das seinerseits den Wortlaut des BDSG 77 (§ 28 Abs. 1: „automatische“ Verarbeitung) nur leicht variiert hatte. Beide Regelungen standen aber noch weitgehend unter dem Eindruck der Vorstellung, dass der Datenschutz in erster Linie die Aufgabe hat, den Automatisierungsfolgen entgegenzuwirken. Automatisierte und nicht automatisierte Verarbeitung wurden deshalb strikt voneinander getrennt und unterschiedlich behandelt.[40] Die Folge war eine lange Zeit hartnäckig verteidigte, dezidiert restriktive Interpretation der automatisierten Verarbeitung. Die Automatisierung hat freilich, allen gegenteiligen Prognosen zum Trotz, andere Verarbeitungsformen keineswegs verdrängt. Erst recht kann nicht davon die Rede sein, dass beide Verarbeitungsweisen beziehungslos nebeneinander bestehen. Beide werden vielmehr, wie etwa das Beispiel der Personalinformationssysteme zeigt, gezielt miteinander verwoben.

14 Konsequenterweise belässt es die EG-Datenschutzrichtlinie nicht bei der Unterscheidung von automatisierter und nicht automatisierter Verarbeitung, sondern spricht von einer „ganz oder teilweise automatisierten Verarbeitung“ (Art. 3 Abs. 1).[41] § 3 Abs. 2 definiert deshalb die automatisierte Verarbeitung in einer Weise, die von vornherein jeden Versuch ausschließt, die Automatisierung mit einem vollständig automatisierten Verarbeitungsprozess gleichzuset-

---

35 Dazu die 4. Auflage dieses Kommentars, § 24 Rdnr. 27 ff.
36 BT-Drs. 11/4306, 42; vgl. auch § 24 Rdnr. 17 ff.; sowie *Drewes*, RDV 2005, 16.
37 Dazu *Rombach*, in *Hauck/Noftz*, SGB X, § 81 Rdnr. 46 ff.
38 Vgl. *Roßnagel/Arlt*, Handbuch 8.15 Rdnr. 23 ff.; sowie *Fachet*, Datenschutz in der katholischen Kirche (1998) § 17 Rdnr. 5.1 ff.
39 Dazu u. Rdnr. 16.
40 Dazu Einleitung Rdnr. 6 ff.
41 Vgl. *Dammann/Simitis,* EG-Datenschutzrichtlinie, Art. 3 Rdnrn. 3 f.; *Ehmann/Helfrich,* EG Datenschutzrichtlinie, Art. 3 Rdnr. 7 ff.

zen.[42] Für § 4f Abs. 1 folgt daraus, dass eine **nur teilweise automatisierte Verarbeitung** bereits ausreicht, um die Verpflichtung auszulösen, einen Beauftragten für den Datenschutz zu bestellen. Wo deshalb **nicht automatisiert geführte Akten automatisiert erschlossen werden** können, sind die Voraussetzungen für eine Anwendung des § 4f gegeben.

15 Die **automatisierte Verarbeitung führt** allerdings **nicht zwingend zur Bestellung eines Beauftragten**. Das Gesetz unterscheidet vielmehr zwischen öffentlichen und nicht-öffentlichen Stellen. **Öffentliche Stellen** haben keine Wahl: **Die Verarbeitungsform indiziert die Pflicht zur Bestellung** (§ 4f Abs. 1 Satz 1). Bei **nicht-öffentlichen Stellen** entscheidet dagegen die **Art der Verarbeitungsaktivitäten**. Verantwortliche Stellen, die personenbezogene Daten **geschäftsmäßig zu Übermittlungszwecken** verarbeiten, müssen einen Beauftragten bestellen (§ 4f Abs. 1 Satz 6). Das Gesetz legt also den Akzent auf zwei Risikofaktoren, die in ihrer Kombination das Gefährdungspotenzial der Verarbeitung besonders steigern. Die „Geschäftsmäßigkeit“[43] zeigt die Intensität der Verarbeitung an, die intendierte „Übermittlung“ signalisiert einen breiten Kreis von Verwendungsinteressenten. Ob die Daten personenbezogen oder anonymisiert weitergegeben werden, spielt weiter keine Rolle (§ 4f Satz 6). Die Nachhaltigkeit der Verarbeitung und die Anonymisierungsschranken[44] rechtfertigen die Gleichbehandlung. Ganz in diesem Sinn unterscheidet das Gesetz auch bei der Meldepflicht nicht danach, in welcher Form die Daten übermittelt werden. Auskunfteien, Adressenmakler- sowie Markt- und Meinungsforschungsinstitute sind mit Rücksicht auf das Gefährdungspotenzial ihrer Tätigkeit, in jedem Fall meldepflichtig (§ 4d Abs. 4). Nicht anders ist es bei verantwortlichen Stellen, die einer **Vorabkontrolle** (§ 4d Abs. 5)[45] unterliegen (§ 4f Abs. 1 Satz 6). Einmal mehr gibt die Gefährdung der Betroffenen den Ausschlag. Sie liegt gerade dort auf der Hand, wo, sei es sensitive Daten (§ 3 Abs. 9)[46] verarbeitet, sei es personenbezogene Angaben verwendet werden, um ein Persönlichkeitsbild aufzuzeichnen oder das Verhalten der Betroffenen zu bewerten. Konsequenterweise gibt sich das Gesetz nicht mit der Vorabkontrolle zufrieden, sondern schreibt immer dann, wenn ihre Voraussetzungen vorliegen, auch die Bestellung eines Beauftragten vor.

16 Bei **allen anderen nicht-öffentlichen Stellen** richtet sich die Verpflichtung, einen Beauftragten zu bestellen, nach der **Anzahl der bei der automatisierten Verarbeitung beschäftigten Arbeitnehmerinnen und Arbeitnehmer**. Konkret: eine Bestellung ist erst erforderlich, wenn es **mindestens fünf** sind (§ 4f Abs. 1 Satz 4). Das BDSG belässt es insofern, jedenfalls bei einem Teil der nicht-öffentlichen Stellen, bei der bereits 1977 getroffenen Regelung. Schon damals war die Zahl der Beschäftigten das entscheidende Kriterium und schon damals hatte sich der Gesetzgeber auf eine Mindestzahl von fünf festgelegt (§ 28 Abs. 1 Satz 1). Geändert hat sich lediglich die Formulierung: Das Gesetz gibt die Höchstzahl (vier) für die Befreiung von der Verpflichtung zur Bestellung und nicht mehr die Mindestzahl für ihre Einhaltung an. Schon damals war, schließlich, nachdrücklich darauf hingewiesen worden, dass die Anzahl der Beschäftigten nichts über den einzig relevanten Grund für eine interne Kontrollinstanz besagt: die Verarbeitung personenbezogener Daten.[47] Die Tatsache, dass es fünf, zwanzig oder hundert sind, lässt keinerlei Schluss auf die konkret genutzten Daten, die jeweilige Verarbeitungsstruktur oder die Verwendungsziele zu. Solange aber nichts darüber bekannt ist, fällt es schwer, wenn nicht unmöglich, sich ein verlässliches Bild über Verlauf und Konsequenzen der Verarbeitung und damit auch über die Notwendigkeit besonderer interner Kontrollvorkehrungen zu machen. Was deshalb etwa beim BetrVG (§ 1) plausibel erscheint, lässt sich nicht schlicht auf den Datenschutz übertragen. Die Anzahl von fünf Beschäftigten ist keine gleichsam magische, vom Gesetzgeber jederzeit und überall verwendbare Zahl, vielmehr ein eindeutig **sachfremdes Kriterium**.[48]

---

42 Dazu § 3 Rdnr. 78 ff.
43 Dazu § 29 Rdnr. 49 ff.
44 Dazu die §§ 30 Rdnr. 52 ff., 83 ff. und 3 Rdnr.196 ff.
45 Dazu § 4d Rdnr. 32 ff.
46 Dazu § 3 Rdnr. 257 ff.
47 Vgl. die 3. Auflage dieses Kommentars, § 28 Rdnr. 28.
48 Dazu sowie zu Reformbestrebungen auch *BW-IM TB*, 3 (2005) 18 f.

Sinkt die Zahl der Beschäftigten nicht nur vorübergehend **unter fünf**, dann entfällt auch die Verpflichtung, einen Beauftragten für den Datenschutz zu bestellen. Sollte es einen Beauftragten schon geben, endet seine Tätigkeit, sobald die Anzahl der Beschäftigten die in § 4f Abs. 1 Satz 4 vorgesehene Mindestzahl unterschreitet. Ein **Widerruf** (§ 4f Abs. 3 Satz 4) ist im Interesse des Beauftragten, aber auch im Hinblick auf möglicherweise von ihm erhobenen Einwände, dennoch erforderlich.[49] Die Abwicklung des zwischen dem Beauftragten und der verantwortlichen Stelle bestehenden Vertragsverhältnisses[50] und besonders, die sich daraus noch für beide Seiten ergebenden Rechte und Pflichten ändern daran nichts. Dem Beauftragten steht keine der in § 4g näher definierten Kompetenzen mehr zu. Die Verarbeitung muss sich ohne seine Mitwirkung vollziehen und entzieht sich uneingeschränkt seiner Überwachung. Der verantwortlichen Stelle steht es selbstverständlich frei, dem Beauftragten weiterhin mit Kontrollaufgaben zu betrauen. Seine Befugnisse bestimmen sich allerdings nicht nach den im BDSG zwingend geregelten Voraussetzungen (§§ 4f und 4g), sondern ausschließlich nach den jeweils vereinbarten Bedingungen.[51] 17

Bei einer **nicht-automatisierten Verarbeitung** personenbezogener Daten, ist ein Beauftragter immer dann zu bestellen, wenn **mindestens zwanzig Personen** dabei beschäftigt werden (§ 4f Abs. 1 Satz 3). Gleichviel also, ob es sich um öffentliche oder nicht-öffentliche Stellen handelt, maßgeblich ist einzig und allein die gesetzliche Mindestzahl. Der Gesetzgeber bezieht mithin wiederum die öffentlichen Stellen ein, belässt es aber im Übrigen an der bereits im BDSG 77 (§ 28 Abs. 1 Satz 2) vorgesehenen Mindestzahl. Einmal mehr gilt freilich: Einen sachlichen Grund dafür gibt es nicht.[52] Wie bei der automatisierten Verarbeitung kommt es auch bei der nicht-automatisierten nicht auf die Anzahl der Beschäftigten an, vielmehr lediglich auf die Verwendung personenbezogener Daten an. Sie löst die Gefährdung der Betroffenen aus, rechtfertigt die Intervention des Gesetzgebers und legitimiert die Bestellung eines Beauftragten. 18

Die gesetzlich vorgeschriebene Mindestzahl muss **„in der Regel"** erreicht sein (§ 4f Abs. 1 Satz 3). Der Gesetzgeber toleriert also durchaus **vorübergehende Schwankungen**, verlangt aber, dass die Anzahl der bei der Verarbeitung beschäftigten Personen im Normalfall, also über einen längeren Zeitraum, nicht unter zwanzig liegen darf. Abstrakte, zumal aus einem ganz anderen Kontext, etwa der Anwendung des BetrVG, abgeleitete Aussagen über diesen Zeitraum führen im Übrigen nicht weiter.[53] Er lässt sich nur in Kenntnis der je spezifischen Ziele und Aktivitätsbedingungen der verantwortlichen Stelle angeben, dürfte jedoch in aller Regel mindestens ein Jahr betragen.[54] Kurzum, eine temporäre Unterschreitung stellt weder die Verpflichtung, einen Beauftragten zu bestellen, infrage, noch beendet sie die Tätigkeit eines bereits bestellten Beauftragten.[55] Entscheidend ist ferner nur die Anzahl der jeweils für die Verarbeitung benötigten Personen. Das Gesetz erwartet im Übrigen **keineswegs**, dass sie **ständig** mit Verarbeitungsaufgaben beschäftigt sein müssen. Die Mindestzahl ist vielmehr selbst dann erreicht, wenn Verarbeitungsaufgaben gelegentlich anfallen und von wenigstens zwanzig nach ihrer Arbeitsplatzbeschreibung oder dem Organisationsplan der verantwortlichen Stelle damit betrauten Personen wahrgenommen werden.[56] 19

Verarbeitet die verantwortliche Stelle personenbezogene Daten **sowohl nicht automatisiert als auch automatisiert**, gilt es zunächst zu klären, um welche Verarbeitungsaufgaben es im Einzelnen geht, und darüber hinaus festzustellen, inwieweit die beiden Verarbeitungsverfahren wirklich völlig getrennt voneinander verlaufen oder doch miteinander verbunden sind. 20

---

49 Vgl. auch *Gola/Schomerus*, BDSG § 4f Rdnr. 16.
50 Dazu u. Rdnr. 60.
51 Dazu u. Rdnr. 30 f.
52 Dazu o. Rdnr. 16.
53 Vgl. freilich *Gola/Schomerus*, BDSG § 4f Rdnr. 11; *Schaffland/Wiltfang*, BDSG § 4f Rdnr.14.
54 Vgl. auch *Bergmann/Möhrle/Herb*, BDSG § 4f Rdnr. 34; *Gola/Schomerus*, BDSG § 4f Rdnr. 11.
55 Vgl. auch *Bergmann/Möhrle/Herb,* BDSG § 4f Rdnr. 34 ff.; *Schaffland/Wiltfang,* BDSG § 4f Rdnr. 14; *Gola/Schomerus,* BDSG § 4f Rdnr. 11; *Gola/Wronka*, Handbuch, Rdnr. 785; *Schlemann,* Recht, 82.
56 Vgl. auch *Gola/Schomerus*, BDSG § 4f Rdnr. 12; *Gola/Wronka*, Handbuch, Rdnr. 787; sowie *Roßnagel/Schirmer*, Handbuch, 7.12, Rdnr. 98.

Aus der Tatsache, dass beide Verfahren verwendet werden, folgt also noch keineswegs, dass die Beschäftigten in zwei verschiedenen Gruppen zusammenzufassen sind, um erst danach zu entscheiden, ob die jedenfalls für bestimmte nicht-öffentliche Stellen geforderte Mindestzahl erreicht ist. Beschäftigte, die sich an der nicht automatisierten Verarbeitung beteiligen, sind bei der Berechnung der bei einer automatisierten Verarbeitung geltenden Mindestzahl nur uninteressant, wenn ihre Tätigkeit in keinerlei Zusammenhang mit den automatisierten Verfahren steht. Sobald freilich die gesetzliche Mindestzahl **in einem der beiden Verarbeitungsverfahren** erreicht ist, muss ein Beauftragter bestellt werden.[57]

21 § 4f spricht bei der Festlegung der für die Bestellung eines Beauftragten erforderlichen Mindestzahl von Beschäftigten abwechselnd von **„Personen"** (Abs. 1 Satz 3) und **„Arbeitnehmern"** (Abs. 1 Satz 4). Die unterschiedliche Wortwahl hängt sicherlich mit den Normadressaten zusammen. So lange es, wie in § 4f Abs. 1 Satz 4, um nicht-öffentliche Stellen geht, ist ganz nach dem Vorbild der früheren Fassungen des BDSG (§§ 28 Abs. 1 BDSG 77; 36 Abs. 1 BDSG 90) von „Arbeitnehmern" die Rede. Wo dagegen, wie in § 4f Abs. 1 Satz 3, öffentlichen Stellen mit einbezogenen werden, entscheidet sich der Gesetzgeber für eine neutralere Formulierung, die sich sowohl auf die Arbeitnehmer der nicht-öffentlichen als auch auf die Bediensteten der öffentlichen Stellen anwenden lässt.

22 Die Formulierungsschwierigkeiten sind freilich mindestens ebenso symptomatisch für das schon bald nach der Verabschiedung des BDSG 77 sichtbar gewordene und seither immer wieder bestätigte Dilemma:[58] Das Gesetz bejaht in den §§ 4f und 4g die Notwendigkeit einer internen Kontrolle und orientiert seine Erwartungen an der Bestellung eines eigens damit betrauten Beauftragten. Die Anwendungsbedingungen beider Bestimmungen müssen deshalb in einer Weise ausgelegt werden, die Kontrolle ermöglicht und stabilisiert und nicht umgekehrt unterläuft. Maßgeblich darf, so gesehen, nur sein, ob die jeweils in Betracht kommenden Personen **Aufgaben erfüllen, die mit der Verarbeitung personenbezogener Daten zusammenhängen**, nicht aber, ob sie, zumal unter formalen Gesichtspunkten, als Arbeitnehmer angesehen werden können.[59] Für § 4f Abs. 1 Satz 4 gilt folglich genauso wie für Satz 3: **Entscheidend ist** ausschließlich **die Anzahl der bei der Verarbeitung beschäftigten Personen und nicht die Arbeitnehmereigenschaft.**

23 **Voll- und Teilzeitbeschäftigte** sind infolgedessen gleichermaßen einzubeziehen.[60] Auf den **Anteil der für die Datenverarbeitung aufgewendeten Arbeitszeit** kommt es ebenfalls nicht weiter an.[61] Das Gesetz legt keine Prozentsätze fest. **Genauso wenig spielen die im Einzelnen wahrgenommenen Aufgaben eine Rolle.** Beides richtet sich in erster Linie nach den je spezifischen Zielen sowie den organisatorischen und finanziellen Möglichkeiten der konkret verantwortlichen Stelle. Danach bestimmt sich deshalb auch, ob die Beschäftigten durch ihre Tätigkeit bei der Verarbeitung personenbezogener Daten voll ausgelastet werden oder noch andere, damit nicht verbundene Aufgaben übernehmen müssen. Für die Anwendung des § 4f Abs. 1 Satz 4 genügt es, wenn das Arbeitsprogramm der jeweils in Betracht kommenden Beschäftigten einen **festen Posten** aufweist, der es erlaubt, sie der Verarbeitung personenbezogener Daten zuzuordnen. Wer also nur gelegentlich oder im Rahmen ganz anderer Funktionen, wie etwa die Mitarbeiter der Revisionsabteilung oder die Wartungstechniker, mit der Verarbeitung zu tun hat, zählt nicht zu den nach § 4f Abs. 1 Satz 4 zu berücksichtigenden Personen.

24 Ebenso wenig ist es von Bedeutung, ob die Datenverarbeitungsaufgaben **eigenen Beschäftigten oder Leiharbeitnehmern** übertragen werden.[62] Der verantwortlichen Stelle bleibt es überlassen, wie sie den Verarbeitungsprozess organisiert. Es steht ihr also frei, das eigene

57 Vgl. auch *Schlemann*, Recht, 80.
58 Vgl. die 3. Auflage dieses Kommentars, § 28 Rdnr. 31 ff.
59 Wie sehr es darauf ankommt, zeigt sich etwa am Beispiel der Anwaltskanzleien, dazu *Zuck*, in *Abel* (Hrsg.), Datenschutz § 2 Rdnr. 37
60 Vgl. auch *Gola/Schomerus*, BDSG § 4f Rdnr. 11; *Schaffland/Wiltfang,* BDSG § 4f Rdnr. 11; *Schlemann,* Recht, 82.
61 Vgl. auch *Schaffland/Wiltfang,* BDSG § 4f Rdnr. 12; *Schlemann,* Recht, 86.
62 Vgl. auch *Bergmann/Möhrle/Herb*, BDSG § 4f Rdnr. 21.

Personal einzusetzen, oder auf Leiharbeitnehmer zurückzugreifen. Soweit sie sich aber für letzteres entscheidet, ist die **Art und Weise, in der sie ihre Arbeitsleistung erbringen,** Ansatzpunkt und Richtschnur aller weiteren Überlegungen zur Anwendung des § 4f Abs. 1 Satz 4. So gesehen, steht nicht ihr eigentlicher Arbeitgeber, der Verleiher, im Vordergrund, sondern der Entleiher, anders und konkreter ausgedrückt: die verantwortliche Stelle. Die Leiharbeitnehmer werden von ihr angefordert und üben ihre Tätigkeit in einem von ihren Vorstellungen bestimmten Kontext ganz nach ihren Weisungen aus.[63] Sie sind deshalb allen anderen bei der Verarbeitung beschäftigten Personen gleichzustellen.

25 Schwieriger ist es bei **Vertretern**. Soweit sie beispielsweise Antragsformulare ausfüllen, beteiligen sie sich an der Verarbeitung personenbezogener Daten für eine bestimmte verantwortliche Stelle, etwa ein Versicherungsunternehmen. Ob allerdings daraus ihre Einbeziehung in den Kreis der nach § 4f Abs. 1 Satz 4 relevanten Personen gefolgert werden kann, richtet sich nach dem **Maß ihrer organisatorischen Eingliederung** in die verantwortliche Stelle. Die kritische Grenze liegt bei Vertretern, die **Verarbeitungsvorgänge** ganz oder größtenteils **mit eigenen Mitteln** durchführen. Sollte es sich dabei um Mittel handeln, die Teil einer von ihnen aufgebauten und verantworteten Arbeitsorganisation sind, ist zugleich der Punkt erreicht, an dem das BDSG getrennt auf Vertreter und Vertretene anzuwenden ist. Solange dagegen die Selbstständigkeitsgrenze nicht überschritten wird, gehören die Vertreter zu den Beschäftigten, die bei der Berechnung der in § 4f Abs. 1 Satz 4 für die Bestellung eines Beauftragten geforderten Mindestzahl von Beschäftigten berücksichtigt werden müssen.

26 **Auszubildende**, **Volontäre** und **Praktikanten** sind ebenfalls nach den ansonsten geltenden Maßstäben zu beurteilen. Einmal mehr kommt es deshalb auf ihre Beteiligung am Verarbeitungsprozess an. Sofern daher ihre Arbeitsleistung die Verarbeitung personenbezogener Daten umfasst und sie, wie auch alle anderen in Frage kommenden Personen, lange genug beschäftigt werden, sind sie mitzuzählen.[64]

27 Die jeweils in Betracht kommenden Beschäftigten müssen **keineswegs in ein und demselben Betrieb oder am gleichen Ort** tätig sein. Maßgeblich ist lediglich ihre Zugehörigkeit zur verantwortlichen Stelle. Genauso irrelevant ist die **Organisationsform der Datenverarbeitung**. Gleichviel also, ob sie zentral oder dezentral erfolgt, für die Bestellung eines Beauftragten ist immer nur ihre Beschäftigung mit Verarbeitungsaufgaben wichtig.[65] **Telearbeiter** sind folglich ebenso einzubeziehen wie Beschäftige, die personenbezogene Daten in der Filiale einer Bank, der Repräsentanz einer Versicherung oder der Personalabteilung eines Automobilunternehmens verarbeiten.

28 Zu berücksichtigen ist **jede mit der Verarbeitung zusammenhängende Tätigkeit**.[66] Ob also jemand im Rechenzentrum eines Unternehmens tätig ist, am Bankschalter Daten für eine Kontoeröffnung aufnimmt, im Büro eines Kunden, an einem Point of Sale oder lediglich an einem programmgesteuerten Peripheriegerät arbeitet, Angaben zunächst in seinen PC eingibt und später übermittelt, die, sei es im Rahmen einer sich anbahnenden, sei es für eine bereits laufenden geschäftlichen Beziehung benötigt werden, ist gleichgültig.

29 Die konkrete Verarbeitungsaktivität muss nicht automatisiert sein, sondern kann ebenso gut im nicht automatisierten Bereich liegen. Bestimmend ist nicht die einzelne Tätigkeit. Der Akzent liegt vielmehr auf dem **Gesamtverlauf der Verarbeitung**. Solange deshalb die nicht automatisierten Aktivitäten nur akzessorische Funktionen im Rahmen eines Verarbeitungsprozesses haben, in dessen Mittelpunkt die Automatisierung steht, sind Beschäftigte, die Verarbeitungsaufgaben nicht automatisiert erfüllen, mit zu berücksichtigen. Ob jemand direkt am Computer arbeitet, oder mit der Hand Antragsformulare ausfüllt, fällt deshalb nicht weiter ins Gewicht. Ebenso wenig ist es von Bedeutung, inwieweit eine Verknüpfung mit der automatisierten Verarbeitung, wie etwa bei einer Verwendung maschinenlesbarer

63 Das übersehen *Schaffland/Witfang*, BDSG § 4f Rdnr. 10a.
64 o. Rdnr. 19; sowie *Bergmann/Möhrle/Herb*, BDSG § 4f Rdnr. 35.
65 Vgl. auch *Bergmann/Möhrle/Herb*, BDSG § 4f Rdnr. 25; *Gola/Schomerus*, BDSG § 4f Rdnr. 14; *Schaffland/Wiltfang*, BDSG § 4f Rdnr. 18 ff.
66 Vgl. auch *Gola/Schomerus,* BDSG § 4f Rdnr. 13; *Schlemann,* Recht, 84.

Formulare, schon vorliegt oder nicht. Erst recht spielt die Qualifikation der Beschäftigten keine Rolle, vor allem also, ob sie in der Lage sind, den Verarbeitungsprozess ganz oder teilweise selbstständig durchzuführen. Das Gesetz ist lediglich an der Beteiligung an der Verarbeitung interessiert und nicht an den je spezifischen Kenntnissen der Beschäftigten.

30 **Beauftragte** können auch **freiwillig bestellt werden**. § 4f Abs. 1 legt zwar fest, wann ein Beauftragter bestellt werden muss, hindert aber verantwortliche Stellen nicht daran, sich von sich aus für einen Beauftragten zu entscheiden. Allzu oft dürfte es allerdings nicht dazu kommen. Öffentliche Stellen, die personenbezogene Daten automatisiert verarbeiten (§ 4f Abs. 1 Satz 1) scheiden mit Rücksicht auf ihre generell bestehende Verpflichtung, einen Beauftragten zu bestellen, von vornherein aus, genauso wie nicht-öffentlichen Stellen, die der Vorabkontrolle unterliegen, oder personenbezogene Angaben geschäftsmäßig zu Übermittlungszwecken verwenden (§ 4f Abs. 1 Satz 6).[67] Nicht-öffentliche Stellen, die personenbezogene Daten automatisiert verarbeiten (§ 4f Abs. 1 Satz 1), kommen im Hinblick auf die niedrige Verpflichtungsschwelle (§ 4f Abs. 1 Satz 4)[68] ebenfalls kaum in Betracht. Bleiben, so gesehen, nur öffentliche und nicht-öffentliche Stellen übrig, die personenbezogene Angaben nicht-automatisiert verarbeiten und auch sie nur bedingt (§ 4f f Abs. 1 Satz 3).[69]

31 Verantwortliche Stellen **brauchen sich** bei einer **freiwilligen Bestellung nicht an die gesetzlichen Vorgaben zu halten**. Sie können im Gegenteil Position und Aufgaben des Beauftragten ganz nach ihren Vorstellungen ausgestalten. Von der verantwortlichen Stelle hängt es infolgedessen ab, ob und in welchem Umfang ihr Weisungsrecht eingeschränkt und überhaupt die Unabhängigkeit des Beauftragten garantiert wird, ganz davon zu schweigen, dass sie jederzeit in der Lage ist, die Reichweite sowie die Bedingungen seiner Tätigkeit zu revidieren. Die **freiwillige Bestellung kann** deshalb **nicht einer Bestellung nach § 4f Abs. 1 gleichgesetzt werden**.[70] Sie rechtfertigt daher auch nicht eine Befreiung von der Meldepflicht nach § 4d Abs. 2.[71]

3. Zuordnung (Abs. 1)

32 § 4f begründet eine Verpflichtung der jeweils für die Verarbeitung personenbezogener Daten verantwortlichen Stelle. Sie muss den Beauftragten bestellen. Sie bestimmt also auch, wer für ihren Tätigkeitsbereich die in § 4g näher umschriebenen Aufgaben übernehmen soll. Der **Beauftragte ist** infolgedessen stets **einer bestimmten öffentlichen oder nicht-öffentlichen Stelle zugeordnet**, noch genauer, der Stelle, die im Einzelfall Daten für sich selbst erhebt, verarbeitet oder nutzt (§ 3 Abs. 7).[72]

33 Soweit es sich dabei um **nicht-öffentliche Stellen** handelt, kommt im Hinblick auf § 2 Abs. 4[73] neben natürlichen Personen immer nur die konkret betroffene juristische Person, Gesellschaft oder sonstige Personenvereinigung des privaten Rechts in Betracht. Ganz gleich mithin wie eine GmbH, KG oder AG organisatorisch ausgestaltet sein mag, ohne Rücksicht also darauf, ob sie aus einem einzigen Betrieb oder aus mehreren Betrieben besteht, die an einem oder mehreren Orten angesiedelt sind, oder ob sie völlig selbstständig oder mit anderen Unternehmen eng verflochten ist, § 4f nimmt davon keine Notiz. Orientierungs- und Anknüpfungspunkt bleibt stets die **je spezifische rechtliche Einheit**.

34 Der nach § 4f zu bestellende Beauftragte ist konsequenterweise, allen noch so eingefahrenen Formulierungen zum Trotz, **weder ein „betrieblicher" noch** und erst recht ein **„Unternehmensbeauftragter"**. § 4f erwartet von keiner GmbH & Co., KG, OHG oder AG einen Beauf-

67 Dazu o. Rdnr. 13, 15.
68 Dazu o. Rdnr. 16.
69 Dazu o. Rdnr. 18.
70 Ebenso *Däubler,* in *Däubler/Klebe/Wedde,* BDSG § 36 Rdnr. 18; Kasseler Handbuch/*Blechmann,* 2.10, Rdnr. 373; *Schlemann,* Recht, 97; wohl auch *Schaffland/Wiltfang,* BDSG § 4g Rdnr. 1.
71 Dazu § 4d Rdnr. 13.
72 Dazu § 3 Rdnr. 229 f.
73 Dazu § 2 Rdnr. 115 ff.

tragten für jeden ihrer Betriebe zu bestellen, sondern verlangt einen **eindeutig der jeweiligen rechtlichen Einheit unmittelbar zugeordneten Beauftragten**. Die Entscheidung darüber, wie die Aufgaben des Beauftragten in Anbetracht der konkreten Unternehmensstruktur am besten zu erfüllen sind, bleibt freilich der jeweiligen Unternehmen überlassen. So gesehen, verträgt sich eine Regelung, die dem Beauftragten Hilfskräfte für jeden einzelnen Betrieb zur Verfügung stellt, durchaus mit § 4f.[74] Nur handelt es sich dabei um rein interne Unternehmensvorschriften, die mit der gesetzlich geforderten Bestellung eines Beauftragten nichts zu tun haben, auch wenn sie es ihm ermöglichen, seinen Aufgaben besser nachzukommen.

Soweit ein Unternehmen mehrere, rechtlich selbständige Einheiten umfasst, ist jede von ihnen verpflichtet, einen eigenen Beauftragten zu bestellen. Das BDSG hat im Unterschied zum Betriebsverfassungs-, Konzern-, Kartell- oder Steuerrecht bewusst davon abgesehen, sich am Unternehmen zu orientieren und sich stattdessen für einen **eindeutig formalen Bezugspunkt** entschieden. Noch so enge, wirtschaftlich begründete und organisatorisch abgesicherte Beziehungen müssen hinter der rechtlichen Selbstständigkeit zurückzustehen. Sie allein bestimmt, wen die Pflicht, einen Beauftragten zu bestellen, trifft und konsequenterweise auch, wo die Grenzen seiner Zuständigkeit sowie seiner Aktivitäten verlaufen. 35

Am Beispiel des Unternehmens zeigt sich freilich auch, dass die rigide Anbindung an die rechtliche Einheit nicht immer überzeugt. Sie schließt eine flexiblere Reaktion aus, die es durchaus ermöglichen könnte, die interne Kontrolle gezielt der Unternehmensstruktur anzupassen und sie so effizienter zu gestalten. So mag die **Konzernierung** an der formalen rechtlichen Selbstständigkeit der Konzerunternehmen nichts ändern. Sie bleibt jedoch in einer Vielzahl von Fällen, wie sich vor allem an den Kunden- und Arbeitnehmerdaten erweist, nicht ohne Folgen für die Verwendung personenbezogener Angaben. Nicht von ungefähr haben sich daher mehrere Konzerne für Beauftragte entschieden, die für ihren Gesamtbereich zuständig sind und deren Kompetenzen durch ein Netzwerk interner Vorschriften präzisiert und abgedeckt werden. An der originären Verpflichtung der einzelnen Konzernunternehmen, einen eigenen Beauftragten zu bestellen, ändert sich allerdings dadurch nichts,[75] selbst wenn sich alle Konzernunternehmen getrennt für denselben Beauftragten aussprechen.[76] Die übereinstimmende Bestellung kann unterschiedliche Unternehmensinteressen nicht überspielen und setzt den Beauftragten Konflikten aus, die mit seiner Funktion unvereinbar sind.[77] Unproblematisch sind dagegen konzernweite organisatorische Vorkehrungen, die auf eine Koordination der Tätigkeit der einzelnen Beauftragten abzielen, freilich nur so lange wie der spezifische Verantwortungsbereich der einzelnen Beauftragten nicht tangiert wird.[78] Die Bestellung von **Konzernbeauftragten** ist dennoch ein weiteres deutliches Symptom dafür, dass in dem Masse, in dem personenbezogene Daten im Konzern zirkulieren und ihre Verwendung auch und gerade durch die von der Obergesellschaft definierten Konzerninteressen bestimmt wird, eine an rein formalen Gesichtspunkten ausgerichtete und deshalb fragmentierte interne Überwachung letztlich die Wirksamkeit des Datenschutzes infrage stellt. Aus genau diesem Grund spricht in der Tat viel für eine an der Konzernspitze angesiedelte interne Kontrollinstanz. Der Gesetzgeber müsste daher anders als bisher einer differenzierteren Regelung den Vorzug geben, also die Bestellung eines Konzernbeauftragten ausdrücklich vorsehen. 36

Eine besondere Spielart des „Konzernbeauftragten" sind die **Beauftragten multinationaler Unternehmen**.[79] Ihre Bestellung spiegelt einerseits die Globalisierung der wirtschaftlichen Tätigkeit und damit verbunden, den zunehmenden, ebenso global angelegten Austausch personenbezogener Daten und andererseits die Tatsache wider, dass Datenschutzvorschriften 37

74 Dazu u. Rdnr. 144.

75 Dazu auch *Ruppmann,* Austausch, 111 ff.; *Schlemann,* Recht, 210 ff.; *Bergmann/Möhrle/Herb,* BDSG § 4f Rdnr. 39; *Schaffland/Wiltfang,* BDSG § 4f Rdnr. 61.; *Gola/Schomerus*, BDSG § 4f Rdnr. 8; *Däubler,* in *Däubler/Klebe/ Wedde,* BDSG § 36 Rdnr. 8; Kasseler Handbuch/*Blechmann,* 2.10, Rdnr. 399; *Drews,* Der Datenschutzbeauftragte, 17, 31; *Nitsche,* DuD 2001, 164 ff.; unklar *Roßnagel/Königshofen*, Handbuch, 5.5, Rdnr. 100 f.

76 Anders *Bergmann/Möhrle/Herb*, BDSG § 4f Rdnr. 39; wohl auch *Gola/Schomerus*, BDSG § 4f Rdnr. 8.

77 Dazu u. Rdnr. 110; aber auch *Gola/Schomerus*, BDSG § 4f Rdnr. 24.

78 Dazu auch den 13. *BerHessLR*, LT-Drs. 15/1539, 50.

79 Dazu *Büllesbach,* RDV 2001, 4 f.; *Ruppmann,* Austausch, 131 ff.; aber auch *Kranz,* DuD 1999, 463.

nicht nur von Land zu Land differieren, sondern unverändert die Ausnahme sind. Als Reaktion auf beides haben die Versuche zugenommen, gemeinsame Kontrollstrukturen mit Hilfe global anwendbarer unternehmensinterner Regeln zu schaffen, die sich mehr und mehr zum exemplarischen Anwendungsfall des § 4c Abs. 2 Satz 1 und der damit verbundenen Probleme entwickelt haben.[80]

38 Bei **öffentlichen Stellen** ist der **Beauftragte** grundsätzlich genauso **der jeweils verantwortlichen Stelle zugeordnet**. Die Verarbeitung ist also einmal mehr der eigentliche und entscheidende Gesichtspunkt nicht nur für die Bestellung, sondern auch für die administrative Anbindung des Beauftragten. Konsequenterweise zieht es etwa das HDSG (§ 5 Abs. 1 Satz 1) vor, nicht lediglich auf die „öffentlichen Stellen" zu verweisen, sondern gezielt auf die „datenverarbeitenden Stellen". Dahinter verbirgt sich zugleich die Aufforderung, den Verantwortungskreis des Beauftragten möglichst präzise festzulegen. Die Zuordnung darf sich mit anderen Worten nicht nach dem Verwaltungsaufbau und den für diesen typischen Hierarchien richten. Den Vorzug verdient vielmehr immer die Regelung, die am ehesten und besten einen wirksamen Datenschutz sichert.

39 Anders als bei nicht-öffentlichen Stellen kann nach § 4f Abs. 1 Satz 5 **ein Beauftragter für mehrere Bereiche bestellt werden**. Ähnlich hatte bereits das HDSG (§ 5 Abs. 3 Satz 2) ausdrücklich vorgesehen, dass mehrere verarbeitende Stellen gemeinsam einen Beauftragten bestellen können.[81] Der unterschiedliche Ansatz gibt allerdings auch die deutlich verschiedene Perspektive zu erkennen. Das HDSG orientiert sich ausschließlich am Datenschutz und knüpft deshalb die Zusammenlegung an die Bedingung, dass darunter die Tätigkeit des Beauftragten nicht leiden darf. Das BDSG sieht hingegen in der Behördenstruktur den einzig relevanten Grund für eine mögliche Zusammenlegung (§ 4f Abs. 1 Satz 5). Ganz in diesem Sinn verweist die Begründung auf die organisatorischen Besonderheiten einzelner Bereiche, etwa des Verteidigungsministeriums oder des Bundesgrenzschutzes, hebt jedoch zugleich die Notwendigkeit hervor, einen Mehraufwand „in Grenzen zu halten".[82] Beide Kriterien haben mit dem Zweck der Bestellung eines Beauftragten wenig zu tun, die Implementationsbedingungen des Datenschutzes zu verbessern, eignen sich also kaum dazu, die Regelung des § 4f Abs. 1 Satz 5 zu rechtfertigen. Umso mehr kommt es darauf an, beabsichtigte Zusammenlegungen am Gesetzeszweck zu messen, also zunächst und vor allem nach ihren potenziellen Auswirkungen auf die Stellung des Beauftragten und die Erfüllung seiner Aufgaben zu fragen.

4. Formen

4.1 Wahlfreiheit (Abs. 2 Satz 2)

40 Die **Entscheidung darüber, wer Beauftragter werden soll, ist ausschließlich Sache der verantwortlichen Stelle**. Das BDSG legt zwar die Voraussetzungen der Bestellung fest (§ 4f Abs. 1) und äußert sich darüber hinaus zur Qualifikation (§ 4f Abs. 2 Satz 1), zur Stellung (§ 4f Abs. 3 bis 6) sowie zu den Aufgaben des Beauftragten (§ 4g), sieht aber im Übrigen bewusst davon ab, die Entscheidungsfreiheit der verantwortlichen Stelle weiter einzuengen. Ihre Vorstellungen darüber, wie der Verpflichtung, einen Beauftragten zu bestellen, auch und vor allem in Kenntnis der eigenen Organisationsstruktur und der jeweiligen Verarbeitungsaktivitäten am besten entsprochen werden kann, geben deshalb den Ausschlag.

41 Der verantwortlichen Stelle bleibt es, so gesehen, überlassen, zu entscheiden, ob ein **haupt- oder ein nebenamtlicher Beauftragter** den Vorzug verdient.[83] Genauso steht es ihr frei, **einen ihrer Beschäftigten oder einen Außenstehenden zum Beauftragten zu bestellen** (§ 4f Abs. 2 Satz 2). Das Gesetz bietet beide Möglichkeiten an und stellt zudem beide ausdrücklich auf eine Stufe.

80 Dazu § 4c Rdnr. 59 ff.
81 Dazu *Nungesser,* HDSG § 5 Rdnr. 30.
82 BR-Drs. 461/00, 88.
83 Dazu u. Rdnr. 148 ff.

42 Bei **öffentlichen Stellen** ist die Entscheidungsfreiheit freilich gleich in zweifacher Hinsicht eingeschränkt (§ 4f Abs. 2 Satz 3). Sie können sich zwar genauso für einen **externen Beauftragten** entscheiden, brauchen aber dafür die **Zustimmung ihrer Aufsichtsbehörde**. Ob sich also ihre Erwartungen letztlich durchsetzen, hängt von der Einschätzung einer Instanz ab, die ihrer ganzen Funktion nach dazu gehalten ist, die Wahl der Kontrollform eben nicht an der je spezifischen Situation der jeweiligen öffentlichen Stelle, sondern primär an ihrer Verträglichkeit mit einem bewusst sehr viel allgemeiner angelegten Konzept des behördlichen Arbeitsablaufs zu messen. Der Kreis der möglichen Kandidaten ist zudem von vornherein eingeschränkt. In Betracht kommen nur **Bedienstete einer anderen Behörde**. Personen, die dem nicht-öffentlichen Bereich angehören, scheiden infolgedessen ohne Rücksicht auf ihre Fachkunde und Zuverlässigkeit (§ 4f Abs. 2 Satz 1) von vornherein aus. Anders mithin als die Verarbeitung selbst, die unter Umständen auch außerhalb des öffentlichen Bereichs erfolgen darf, ist die Kontrolle den Bediensteten öffentlicher Stellen ausschließlich vorbehalten.

43 Die verantwortliche Stelle mag bei der Wahl der Kontrollform grundsätzlich frei sein, sie muss allerdings **sorgfältig prüfen, welche der** beiden **prinzipiell gleichwertigen Optionen** die gesetzlich geforderte Überwachung der Verarbeitung am ehesten gewährleistet. Abstrakte Vorgaben gibt es freilich nicht. Entscheidend sind vielmehr Kontext und Umstände der Verarbeitung sowie die sich daraus an den Beauftragten ergebenden Anforderungen. So dürfte etwa bei kleineren und mittleren Unternehmen, die zudem personenbezogene Daten nur in beschränktem Unfang verwenden, ein externer Beauftragter durchaus ausreichen.[84] Wo dagegen die verantwortliche Stelle eine bestimmte Größe übersteigt und überdies eine breit angelegte, systematische Verarbeitung stattfindet, spricht jedenfalls zunächst alles für einen internen Beauftragten.

44 **Verantwortliche Stellen**, die ihre **Sorgfaltspflicht bei der Wahl der Kontrollform verletzen, sind unter Umständen schadenersatzpflichtig**. So kann bei einer nicht-öffentlichen Stelle ein Organisationsverschulden vorliegen, wenn sich die Bestellung eines externen Beauftragten als unzureichend erweisen und die mangelhafte Kontrolle Schäden für die Betroffenen nach sich ziehen sollte. Die verantwortliche Stelle wäre dann nach § 823 Abs. 1 BGB verpflichtet, die eingetretenen Schäden auszugleichen.[85]

4.2 Interne und externe Beauftragte – Gemeinsamkeiten und Besonderheiten

45 **Interne und externe Beauftragte** haben eines gemeinsam: Sie **nehmen für die verantwortliche Stelle bestimmte gesetzlich definierte Aufgaben** (§ 4g) **wahr und sind** deshalb **Teil ihrer Organisation**. Gleichviel daher, ob sich die verantwortliche Stelle für einen externen oder einen internen Beauftragten entscheidet, sie muss den gesetzlich ebenfalls festgeschriebenen organisatorischen Anforderungen (§ 4f Abs. 3 Satz 1) genauso Rechnung tragen wie seine Rechte (§§ 4f Abs. 3 Sätze 2 und 3, 4g Abs. 1) respektieren und die für eine korrekte Erfüllung seiner Aufgaben erforderlichen Informationen und Arbeitsmöglichkeiten bereitstellen (§§ 4f Abs. 5 Satz 1, 4g Abs. 2 Satz 1). Beides, die gezielte Einbeziehung in die Organisation der verantwortlichen Stelle und die breit angelegte, gesetzlich abgesicherte Kontrolle der Verarbeitungsbedingungen, hat zur Folge, dass **weder externe noch** und erst recht **interne Beauftragte „Dritte"** i.S.d. § 3 Abs. 8 Satz 2 **sind**. Die rechtliche Beziehung zwischen dem Beauftragten und der verantwortlichen Stelle gestaltet sich zwar verschieden, je nachdem, ob es sich um externe oder interne Beauftragte handelt.[86] Im einen wie im anderen Fall geht es aber auch und vor allem bei der Kenntnisnahme personenbezogener Daten um einen essentiellen Teil der Kontrollfunktion des Beauftragten. Sie dient ausschließlich der Überwachung der Verwendung personenbezogener Angaben und ist insofern ein eindeutig interner, sich ganz im Organisationsbereich der verantwortlichen Stelle abspielender Vorgang. Die zudem an eine strenge Verschwiegenheitspflicht (§ 4f Abs. 4) gebundene **Kenntnisnahme der Daten** ist deshalb **keine „Übermittlung"** i.S.d. § 3 Abs. 4 Nr. 3.

---

84 Vgl. auch *Gola/Schomerus*, BDSG § 4f Rdnr. 17; *Schaffland/Wiltfang*, BDSG § 4f Rdnr. 47.
85 Dazu § 7 Rdnr. 59 ff.
86 Dazu u. Rdnr. 60.

46 Die prinzipielle Gleichsetzung externer und interner Beauftragter kann freilich nicht darüber hinwegtäuschen, dass zwischen beiden durchaus Unterschiede bestehen. **Interne Beauftragte üben ihre Kontrollfunktion immer nur im Rahmen einer bestimmten verantwortlichen Stelle und lediglich für diese aus**. Die Kontrollaufgabe ist entweder der ausschließliche Gegenstand ihres Beschäftigungsverhältnisses oder eine von mehreren Tätigkeiten, die aber allesamt mit ihrem Arbeits- oder Dienstverhältnis bei der verantwortlichen Stelle zusammenhängen. **Externe Beauftragte sind** dagegen **von vornherein bestrebt, die Kontrollfunktion bei möglichst vielen verantwortlichen Stellen wahrzunehmen**. Nur in dem Maße, in dem es ihnen gelingt, ihre Aktivitäten breit zu streuen, ihre Dienste also jeder verantwortlichen Stelle anzubieten, die darauf zurückgreifen möchte, bietet sich ihnen die Chance, die Kontrollfunktion zu einer wirklich selbstständigen Beschäftigung auszubauen. Eine Exklusivität der Kontrollbeziehung ist daher aus ihrer Sicht schlicht kontraproduktiv. Nicht von ungefähr ergänzen deshalb Berufe, die mit ihren Leistungen einen offenen Kreis von Adressaten ansprechen, ihr Angebot um die Kontrollaufgabe. Rechtsanwälte, Wirtschaftsprüfer und Unternehmensberater sind typische Beispiele dafür.[87]

47 § 4f Abs. 2 Satz 2 nimmt mit der Anerkennung externer Beauftragter eine **Mehrfachbeschäftigung** in Kauf. Sie ist so lange unproblematisch wie die Kontrollaufgabe etwa für mehrere eindeutig selbstständige und auch nicht miteinander konkurrierende kleine oder mittlere Unternehmen übernommen wird. Bei Unternehmen, die, sei es im Wettbewerb stehen, ja sich unter Umständen weitgehend für dieselben Daten interessieren, sei es miteinander verbunden sind, kann es dagegen zu **Interessenkollisionen** kommen.[88] Wo sie sich abzeichnen, sind Zweifel an der Qualifikation des Beauftragten, genauer, an seiner **Zuverlässigkeit** (§ 4f Abs. 2 Satz 1) angebracht.[89]

48 § 4f spricht nicht ausdrücklich von „internen" und „externen" Beauftragten. Das Gesetz (§ 4f Abs. 2 Satz 2) stellt lediglich fest, dass die Kontrollaufgabe auch von einer **„Person"** außerhalb der verantwortlichen Stelle übernommen werden kann. Für externe Beauftragte gilt, so gesehen, jedenfalls zunächst, nichts anderes als für interne: Im einen wie im anderen Fall ist die Kontrollfunktion **„natürlichen Personen"** zu übertragen. Das Gesetz schließt allerdings eine weitergehende Interpretation keineswegs aus. Im Gegenteil: Weil es an einer expliziten Einschränkung auf „natürliche Personen" fehlt, ist **bei externen Beauftragten** die Bestellung **„juristischer Personen"** zum Beauftragten grundsätzlich zulässig.[90] Sie ist genau genommen nur die fast selbstverständliche Konsequenz der gerade von externen Beauftragten systematisch angestrebten Mehrfachbeschäftigung sowie ihrer ebenso ausgeprägten Professionalisierung und entspricht im Übrigen der Entwicklung in anderen durchaus vergleichbaren Bereichen, etwa der Wirtschaftsprüfung (§ 319 Abs. 1 HGB).

49 Komplizierte Umwege, wie die Bestellung eines Mitarbeiters der juristischen Person zum Beauftragten,[91] sind deshalb ebenso unnötig wie fehl am Platz. Vertragspartner der verantwortlichen Stelle ist auch bei dieser Konstruktion die juristische Person. An sie wendet sich die verantwortliche Stelle und sie ist es ebenfalls, die einen ihrer Mitarbeiter auswählt und zur Verfügung stellt. Sowohl die Entscheidung über die Person des Beauftragten als auch seine Zugehörigkeit zur juristischen Person, geben also deutlich zu erkennen, dass sich die Bestellung über die juristische Person und unter ihrer Mitwirkung vollzieht. Jeder Versuch, ihre Beteiligung zu verleugnen und sich stattdessen mit einer Fiktion zufrieden zu geben, verzerrt daher den Entscheidungsablauf und macht es schwer, wenn nicht unmöglich, die Bestellung korrekt zu bewerten.

---

87 Vgl. etwa *Schaffland/Wiltfang,* BDSG § 4f Rdnr. 53 ff.; *Gola/Schomerus,* BDSG § 4f Rdnr. 18; *Beder,* CR 1990, 618 ff.; *Helfrich,* in *Ehmann* (Hrsg.), Der Datenschutzbeauftragte, 106 ff.; *Kongehl,* ebda., 123 ff.; *Hoeren,* ebda., 147 ff.; *Schlemann,* Recht, 212 ff.; *Drews,* Der Datenschutzbeauftragte, 16.

88 Vgl. auch *Gola/Schomerus,* BDSG § 4f Rdnr. 24; *Bergmann/Möhrle/Herb,* BDSG § 4f Rdnr. 72; *Schlemann,* Recht, 264.

89 Dazu u. Rdnr. 94 ff., 110.

90 Anders *Gola/Schomerus*, BDSG § 4f Rdnr. 19; *Schaffland/Wiltfang*, BDSG § 4f Rdnr. 45. *Roßnagel/Königshofen*, Handbuch, 5.5, Rdnr. 99; *Roßnagel/Abel*, Handbuch, 5.6, Rdnr. 58; *Gola/Wronka*, Handbuch, Rdnr. 797.

91 *Gola/Schomerus,* BDSG § 4f Rdnr. 19; aber auch *Schlemann,* Recht, 262.

Ebenso wenig lässt sich aus der in § 4f Abs. 2 Satz 1 geforderten „Fachkunde" und „Zuverlässigkeit" ein Einwand gegen die Bestellung einer juristischen Person zum Beauftragten ableiten.[92] Beides sind keine „natürlichen Personen" vorbehaltene Eigenschaften. Gesetzliche Regelungen wie etwa die WPO (§§ 27 ff.) oder das ASiG (§ 19) demonstrieren, dass Attribute, die einst durchaus auf „natürliche Personen" zugeschnitten waren, längst auch zu Qualifikationsmerkmalen juristischer Personen geworden sind. 50

Bei der Bestellung einer juristischen Person zum Beauftragten gilt es besonders auf **Interessenkollisionen** zu achten. Mögliche Verflechtungen mit der verantwortlichen Stelle spielen dabei eine wichtige Rolle. Sie begründen Abhängigkeitsverhältnisse, die eine ebenso unabhängige wie umfassende Prüfung und damit die gesetzliche geforderte Zuverlässigkeit des Beauftragten (§ 4f Abs. 2 Satz 1) infrage stellen.[93] 51

Bei **Kommanditgesellschaften, offenen Handelsgesellschaften** und **Einzelunternehmen** ist genauso wie bei juristischen Personen zu verfahren. Sie kommen mithin durchaus als externe Beauftragte in Betracht. Den Ausschlag gibt also wiederum nicht die rechtliche Organisationsform des potenziellen Beauftragten. Vielmehr sind hier wie sonst Fachkunde und Zuverlässigkeit entscheidend. 52

5. Bestellung

5.1 Formale Voraussetzungen (Abs. 1)

Öffentliche Stellen, die personenbezogene Daten **automatisiert verarbeiten**, müssen **spätestens bei Beginn der Verarbeitung einen Beauftragten bestellen** (§ 4f Abs. 1 Satz 1). Anders also als bei der nicht-automatisierten Verarbeitung (§ 4f Abs. 1 Satz 3) sieht das Gesetz **keine Frist** vor. Die Verarbeitungsform ist, freilich nur bei öffentlichen Stellen, offensichtlich Grund genug, um darauf zu verzichten. Die Automatisierung löst nicht nur eine generelle Verpflichtung der öffentlichen Stellen aus, einen Beauftragten zu bestellen, sondern verknüpft auch zeitlich die Entscheidung für die Verarbeitung mit der Bestellung. So gesehen, spricht alles dafür, die Bestellung vorzunehmen, **sobald sich die Verarbeitungsintention konkret abzeichnet**. Öffentliche Stellen dürfen, von Ausnahmefällen abgesehen, personenbezogene Daten im Prinzip lediglich verarbeiten, wenn dafür eine gesetzliche Regelung vorliegt (§§ 13 Abs. 2 Nr. 1, 14 Abs. 2 Nr. 1, 15 Abs. 1 Nr. 2).[94] Sie sind deshalb durchaus in der Lage, rechtzeitig abzuschätzen, welche Verarbeitungsaufgaben auf sie zukommen. Umso wichtiger ist es, den Beauftragten ebenfalls so früh wie möglich in die Entscheidung über Form und Verlauf der Verarbeitung einzuschalten. Zu seinen Aufgaben zählt es keineswegs nur, Gegenstand und Ablauf der Verarbeitung nachträglich zu überprüfen, vielmehr genauso Mittel und Wege aufzuzeigen, die eine Gefährdung der Betroffenen verhindern. Ganz in diesem Sinn verpflichtet § 4g Abs. 1 Satz 3 Nr. 2 die verantwortliche Stelle, den Beauftragten über ihre Automatisierungsvorhaben bereits im Planungsstadium und nicht erst nach ihrer Verwirklichung zu informieren.[95] Von genau dieser Überlegung gilt es auch bei der Bestellung des Beauftragten auszugehen. 53

Öffentliche Stellen, die personenbezogene Daten nicht automatisiert verarbeiten sowie sämtlich nicht-öffentliche Stellen müssen einen Beauftragten **spätestens einen Monat nach Aufnahme ihrer Tätigkeit** bestellen (§ 4f Abs. 1 Satz 2). Der Gesetzgeber belässt es damit bei der bereits in den früheren Fassungen des BDSG (§§ 28 Abs. 2 Satz 1 BDSG 77, 36 Abs. 1 Satz 1 BDSG 90) enthaltenen Regelung, bezieht aber zugleich einen Teil der öffentlichen Stellen ein. Anders als bei diesen kommt es allerdings bei nicht-öffentlichen Stellen auf die Verarbeitungsform ebenso wenig an, wie darauf, ob es sich um Stellen han- 54

92 Vgl. freilich *Gola/Schomerus*, BDSG § 4f Rdnr. 19; *Schaffland/Wiltfang,* BDSG § 4f Rdnr. 45; *Schlemann,* Recht, 262.
93 Dazu u. Rdnr. 96 ff.
94 Dazu die §§ 13 Rdnr. 35, 14 Rdnr. 56; 15 Rdnr. 18.
95 Dazu § 4g Rdnr. 43 ff.

delt, die personenbezogene Daten geschäftsmäßig zu Übermittlungszwecken verarbeiten (§ 4d Abs. 4) oder einer Vorabkontrolle unterliegen (§ 4d Abs. 5). Sie sind ausnahmslos berechtigt, die Frist in Anspruch zu nehmen.

55 § 4f Abs. 1 Satz 2 ist **missverständlich**. Der Gesetzeswortlaut legt den Schluss nahe, dass die Frist mit der Geschäftsaufnahme zu laufen beginnt. Die Bestellung des Beauftragten richtet sich aber einzig allein danach, ob personenbezogene Daten unter bestimmten in § 4f näher definierten Bedingungen verarbeitet werden. **Die Frist kann** unter diesen Umständen **erst einsetzen, wenn die organisatorischen Voraussetzungen für eine automatisierte Verarbeitung vorliegen oder** die **bei nicht automatisierten Verarbeitungen** erforderliche **Mindestzahl von Beschäftigten gegeben ist.**[96]

56 Die Bestellung muss **schriftlich erfolgen** (§ 4f Abs. 1 Satz 1). Mit der Schriftform unterstreicht das Gesetz die Bedeutung, die es den Aufgaben des Beauftragten beimisst. Schon der Art und Weise der Bestellung muss deshalb klar zu entnehmen sein, dass es sich um eine besondere Position mit einem eigenen, gesetzlich definierten Aufgabenkreis handelt. Die Schriftform soll zudem sowohl die verantwortliche Stelle als auch den Beauftragten veranlassen, sich eingehend mit den gesetzlichen Anforderungen auseinander zu setzen. Sie ermöglicht es schließlich der Aufsichtsbehörde, sich schnell und verlässlich darüber zu informieren, ob eine Bestellung stattgefunden hat und wer der Beauftragte genau ist.

57 § 4f Abs. 1 Satz 1 verlangt eine von **beiden Parteien unterschriebene** Urkunde (§ 126 BGB) und nicht etwa nur eine schriftliche Mitteilung.[97] Auf die rechtliche Beziehung zwischen der verantwortlichen Stelle und dem Beauftragten kommt es dabei nicht an. § 4f Abs. 1 Satz 1 orientiert sich ausschließlich an der Bestellung. Sie verpflichtet also selbst dann zu einer schriftlichen Vereinbarung, wenn der Bestellung, wie bei internen Beauftragten, ein formfreies Arbeitsverhältnis zugrunde liegt.[98] Konsequenterweise muss die Bestellung zum Beauftragten auch bei einer **Versetzung** schriftlich geschehen und von diesem gegengezeichnet werden.

58 Die **Vereinbarung** muss mit Rücksicht auf die besondere Stellung des Beauftragten **gesondert erfolgen.**[99] Sie kann also nicht einfach in einen anderen, ohnehin beabsichtigten oder bereits bestehenden Vertrag eingefügt werden. Die Vereinbarung muss darüber hinaus bestimmten **Mindestanforderungen** genügen. Dazu zählen nicht nur eine Aufgabenbeschreibung und eine Festlegung der Beschäftigungsdauer, sondern genauso die nach § 4f Abs. 3 erforderliche Präzisierung der organisatorischen Stellung des Beauftragten sowie eine ausreichende Konkretisierung der Verpflichtung der verantwortlichen Stelle, die für eine korrekte Erfüllung der Aufgaben des Beauftragten erforderliche personelle und materielle Unterstützung zu gewähren (§ 4f Abs. 5).[100]

59 Die **Schriftform** ist **konstitutiv**. Fehlt es an einer schriftlichen Vereinbarung, ist deshalb die Bestellung **unwirksam**.[101] Die verantwortliche Stelle hat also ihre Verpflichtung aus § 4f Abs. 1 nicht erfüllt. Ihr droht deshalb eine **Geldbuße** (§ 43 Abs. 1 Nr. 2 und Abs. 3), unter Umständen aber auch eine **Schadenersatzpflicht**. Bei **externen „Beauftragten"** ist jede Kenntnisnahme der jeweils verarbeiteten personenbezogenen Daten eine gesetzlich nicht ab-

---

96 Vgl. auch *Auernhammer,* BDSG § 36 Rdnr. 4; *Bergmann/Möhrle/Herb,* BDSG § 4f Rdnr. 54; *Schlemann,* Recht, 101.

97 Vgl. auch *Bergmann/Möhrle/Herb,* BDSG § 4f Rdnr. 55; *Tinnefeld/EhmannGerling,* Einführung, 447; *Roßnagel/Königshofen,* Handbuch, 5.5, Rdnr. 94; *Roßnagel/Abel,* Handbuch, 5.6, Rdnr. 57; *Drews,* Der Datenschutzbeauftragte, 16; *Schlemann,* Recht, 100; *Gola,* DuD 1991, 342; anders *Däubler,* in *Däubler/Klebe/Wedde,* BDSG § 36 Rdnr. 21.

98 Vgl. auch *Bergmann/Möhrle/Herb,* BDSG § 4f Rdnr. 57; *Roßnagel/Königshofen,* Handbuch, 5.5, Rdnr. 94; *Schierbaum/Kiesche,* CR 1992, 728; und demgegenüber *Gola/Schomerus,* BDSG § 4f Rdnr. 30.

99 Vgl. auch *Bergmann/Möhrle/Herb,* BDSG § 4f Rdnr. 56 f.; sowie *Schierbaum/Krische,* CR 1992, 728; und demgegenüber *Schlemann,* Recht, 100.

100 Vgl. auch *Tinnefeld/Ehmann/Gerling,* Einführung, 447; anders Kasseler Handbuch/*Blechmann,* 2.10 Rdnr. 408; *Schlemann,* Recht, 100.

101 Vgl. auch *Gola/Schomerus,* BDSG § 4f Rdnr. 30; *Tinnefeld/Ehmann/Gerling,* Einführung, 447; *Däubler,* in *Däubler/Klebe/Wedde,* BDSG § 36 Rdnr. 21; *Gola/Wronka,* Handbuch, Rdnr. 814; MünchArbR/*Blomeyer,* § 99 Rdnr. 79; sowie Kasseler Handbuch/*Blechmann,* 2.10 Rdnr. 408.

gedeckte Übermittlung. Sollte deshalb den Betroffenen dadurch ein Schaden entstehen, kann die verantwortlichen Stelle,[102] genauso übrigens wie der „Beauftragte",[103] verpflichtet sein, ihn auszugleichen. Eine Bestrafung wegen unbefugter Übermittlung (§ 44 Abs. 1) scheidet dagegen grundsätzlich aus, weil in aller Regel weder die verantwortliche Stelle noch der „Beauftragte" vorsätzlich oder in der Absicht, sich zu bereichern, gehandelt haben dürften.

5.2 Grundverhältnis und Dauer

Die **Anforderungen an das Amt** des Beauftragten werden in den §§ 4f und 4g detailliert und **abschließend für alle Beauftragten geregelt**. **Art und Inhalt der individuellen Rechtsbeziehung zwischen dem Beauftragten und der verantwortlichen Stelle** sind dagegen **nicht gesetzlich festgelegt**. Anders und konkreter ausgedrückt: Die §§ 4f und 4g definieren, wann welche verantwortliche Stellen einen Beauftragten bestellen müssen, und gehen genauso präzise auf die Rechte und Pflichten des Beauftragten bei der Verarbeitungskontrolle ein. Sie äußern sich aber verständlicherweise nicht zu seinem Vergütungsanspruch oder zur Frage, ob ihm etwa auch Urlaub und Pensionsansprüche zustehen. Schon deshalb, weil die Antwort zwangsläufig variiert, je nachdem, ob sich die verantwortliche Stelle für einen internen oder einen externen Beauftragten entscheidet. Bei internen Beauftragten geht die Bestellung zum Beauftragten, jedenfalls bei nicht-öffentlichen Stellen, in der Regel mit einem **Arbeitsverhältnis** einher.[104] Bei externen Beauftragten ist die Bestellung dagegen typischerweise mit einem **Dienst- oder Geschäftsbesorgungsvertrag** verknüpft.[105] Eine mindestens ebenso wichtige Rolle spielt aber auch, ob der Beauftragte von einer öffentlichen oder einer nicht-öffentlichen Stelle bestellt wird. Die rechtliche Struktur der verantwortlichen Stelle wirkt sich unweigerlich auf ihre rechtliche Beziehung zum Beauftragten aus. Gestaltungsmöglichkeiten, die sich bei den Arbeitnehmern und Arbeitnehmerinnen nicht-öffentlicher Stellen anbieten, sind bei Beamten nicht ohne weiteres gegeben. 60

Die **Bestellung** des Beauftragten kann **befristet oder unbefristet auf unbestimmte Zeit erfolgen**,[106] ohne Rücksicht im Übrigen darauf, ob es sich um interne oder externe Beauftragte handelt.[107] Das BDSG äußert sich nicht zur Dauer der Bestellung. Etwas anderes lässt sich auch nicht den Vorschriften über den **Widerruf** der Bestellung entnehmen.[108] Sie schränken zwar die Möglichkeiten verbindlich ein, die Bestellung zu beenden, besagen allerdings nichts darüber, ob es zeitlich begrenzt werden kann. Der verantwortlichen Stelle steht es, so gesehen, frei, die Dauer der Bestellung festzulegen. Ihr wird aber damit eine Entscheidung überlassen, die nicht zuletzt dazu genutzt werden kann, Intensität und Reichweite der Kontrolle zu untergraben.[109] Je kürzer die Dauer der Bestellung ist, desto leichter fällt es der verantwortlichen Stelle, sich von einem unbequemen Beauftragten zu trennen. Daran ändern auch das Benachteiligungsverbot (§ 4f Abs. 3 Satz 3)[110] und das **strikt begrenzte Widerrufsrecht** der verantwortlichen Stelle (§ 4f Abs. 3 Satz 4)[111] nichts. Solange sie den Zeitraum der Bestellung beliebig zu bestimmen vermag, ist sie mit Hilfe einer ganz ihren Vorstellungen 61

---

102 Dazu § 7 Rdnr. 59 ff.
103 Dazu § 4g Rdnr. 103 ff.
104 Vgl. auch *Däubler,* in *Däubler/Klebe/Wedde,* BDSG § 36 Rdnr. 23; Kasseler Handbuch/*Blechmann,* 2.10 Rdnr. 381; *Schlemann,* Recht, 227.
105 Vgl. auch *Bergmann/Möhrle/Herb,* BDSG § 4f Rdnr. 69; *Däubler,* in *Däubler/Klebe/Wedde,* BDSG § 36 Rdnr. 24; Kasseler Handbuch/*Blechmann,* 2.10 Rdnr. 380; *Schlemann,* Recht, 261.
106 Vgl. auch *BW-IM TB,* 3 (2005) 23 f.; *Tinnefeld/Ehmann/Gerling,* Einführung, 450 f.; *Schaffland/Wiltfang,* BDSG § 4f Rdnr. 65f ; *Schlemann,* Recht, 254. Einschränkend *Bergmann/Möhrle/Herb,* BDSG § 4f Rdnr. 68; *Däubler,* in *Däubler/Klebe/Wedde,* BDSG § 36 Rdnr. 58; wohl auch *Gola/Schomerus,* BDSG § 4f. Rdnr. 32; Kasseler Handbuch/*Blechmann,* 2.10 Rdnr. 410.
107 Vgl. freilich *Tinnefeld/Ehmann/Gerling,* Einführung, 451.
108 Vgl. freilich den 15. *BerHessLR,* LT-Drs. 15/4659, 48; *Gola/Schomerus,* BDSG § 4f Rdnr. 32; KasselerHandbuch/*Blechmann,* 2.10 Rdnr. 410.
109 Vgl. auch *Gola/Schomerus,* § 4f Rdnr. 32; *Bergmann/Möhrle/Herb,* BDSG § 4f Rdnr. 68 *Tinnefeld/Ehmann/Gerling,* Einführung, 450; *Wächter,* DuD 1994, 259.
110 Dazu u. Rdnr. 130 ff.
111 Dazu u. Rdnr. 181 ff.

angepassten Befristung durchaus in der Lage, die Bestellung relativ schnell zu beenden, ohne auf die ansonsten geltenden Anforderungen Rücksicht nehmen zu müssen. Eine gesetzliche Mindestdauer gehört daher zu den Grundvoraussetzungen einer gegen Einflussnahmen der verantwortlichen Stelle geschützten, wirklich unabhängigen Wahrnehmung der Aufgaben des Beauftragten.[112]

62 Solange es freilich an einer gesetzlichen Regelung fehlt, hat die verantwortliche Stelle die Wahl zwischen einer unbefristeten und einer von vornherein zeitlich begrenzten Bestellung. Ein **sachlicher Grund** ist **für die Befristung nicht erforderlich**.[113] Die verantwortliche Stelle darf allerdings den Zeitraum der Bestellung nicht so festlegen, dass der Beauftragte schon wegen der kurzen Dauer kein ernsthaftes Interesse an einer intensiven Kontrolle und einer eingehenden Beratung der verantwortlichen Stelle haben kann. Die gesetzlichen Anforderungen sind zudem nur mit einer im Prinzip langfristig angelegten Kontrolle des Verarbeitungsprozesses sowie der unter Umständen erforderlichen Korrekturmaßnahmen kompatibel. Die Bestellung muss, so gesehen, **grundsätzlich für zwei Jahre** erfolgen.[114]

63 Eine **Befristung**, die lediglich den Zweck verfolgt, eine **Probezeit** zu vereinbaren, ist dagegen **unzulässig**.[115] Die verantwortliche Stelle ist von vornherein verpflichtet, ihre Auswahl strikt nach den gesetzlichen Voraussetzungen zu treffen (§ 4f Abs. 2 Satz 1) und sich auch zu vergewissern, ob sie erfüllt sind.[116] Sie ist deshalb weder berechtigt, potenzielle Kandidaten und Kandidatinnen auszuprobieren, noch und erst recht befugt, geringere Anforderungen an die Fachkunde und Zuverlässigkeit des Beauftragten während der Probezeit zu stellen.[117] Wo sich Zweifel an der Eignung des Beauftragten ergeben, bietet der **Widerruf** (§ 4f Abs. 3 Satz 4), der im Übrigen jederzeit erfolgen kann, den einzigen Ausweg.

64 Eine Verknüpfung der Bestellung mit einer **auflösenden Bedingung** ist **mit dem BDSG unvereinbar**.[118] Das Gesetz legt die Auflösungsgründe abschließend und verbindlich fest. Auflösende Bedingungen würden der verantwortlichen Stelle bei der Beendigung der Bestellung einen Spielraum einräumen, den sie nach den gesetzlichen Vorgaben gerade nicht haben soll.

5.3 Mitbestimmung

65 **Arbeitnehmervertretungen haben bei der Bestellung des Beauftragten kein Mitbestimmungsrecht. Betriebs- und Personalrat stehen lediglich die Mitbestimmungsmöglichkeiten zur Verfügung, die sie auch ansonsten bei der Einstellung oder Versetzung von Beschäftigten in Anspruch nehmen können** (§§ 99 Abs. 1 BetrVG; 75 Abs. 1, Nr. 1 und 3).[119] Der Gesetzgeber hat es beim BDSG 01 wie zuvor schon versäumt, eine ebenso fragwürdige wie kontraproduktive Regelung zu korrigieren.[120] Vordergründig mag es gute Gründe dafür geben. Ganz gleich, welchen Weg die verantwortliche Stelle geht, ob sie sich also für einen internen oder einen externen Beauftragten entscheidet, sie kommt durchweg einer gesetzlichen Verpflichtung nach (§ 4f Abs. 1). Mehr noch: Der Gesetzgeber schreibt nicht nur

---

112 Dazu auch u. Rdnr. 131.

113 Anders *Gola/Schomerus*, BDSG § 4f Rdnr. 32; *Bergmann/Möhrle/Herb*, BDSG § 4f Rdnr. 68; Kasseler Handbuch/*Blechmann*, 2.10 Rdnr. 411.

114 Vgl. auch *Tinnefeld/Ehmann/Gerling*, Einführung, 349; *BW-IM TB*, 3 (2005) 24; sowie *Bergmann/Möhrle/Herb*, § 4f Rdnr. 69 (mindestens fünf Jahre); 15. *BerHessLR*, LT-Drs. 15/4659, 48 (ebenfalls fünf Jahre, aber nur für externe Beauftragte); *Gola/Schomerus*, BDSG § 4f Rdnr. 32.

115 Anders *Däubler*, in *Däubler/Klebe/Wedde*, BDSG § 36 Rdnr. 58; Kasseler Handbuch/*Blechmann*, 2.10 Rdnr. 412; *Schlemann*, Recht, 255.

116 Dazu u. Rdnr. 84 ff.

117 Vgl. freilich Kasseler Handbuch/*Blechmann*, 2.10 Rdnr. 412.

118 Vgl. auch Kasseler Handbuch/*Blechmann*, 2.10 Rdnr. 411.

119 Vgl. etwa BAG AP Nr. 4 zu § 99 BetrVG 1972 Versetzung; ArbG Dortmund, RDV 1998, 77; VG Sigmaringen, Dok. § 36 BDSG 90, E 6; *Gola/Schomerus*, BDSG § 4f Rdnr. 33; *Bergmann/Möhrle/Herb*, BDSG § 4f Rdnr. 76; *Schaffland/Wiltfang*, BDSG § 4f Rdnr. 65; *FESTL*, BetrVG § 99 Rdnr. 110; *DKK/Kittner*, BetrVG § 99 Rdnr. 98; MünchArbR/*Blomeyer*, § 99 Rdnr. 79; Kasseler Handbuch/*Blechmann*, 2.10 Rdnr. 416 f.; *Däubler*, Belegschaften, Rdnr. 597 ff.; *Ehrich*, Amt, 253 ff.; *Schlemann*, Recht, 271; *v. Sponeck*, in *Ehmann* (Hrsg.), Der Datenschutzbeauftragte, 37; *Schierbaum/Kiesche*, CR 1992, 726; *Breinlinger*, RDV 1993, 53; *Rudolf*, NZA 1996, 298.

120 Zur Vorgeschichte vgl. die 3. Auflage dieses Kommentars, § 28 Rdnr. 88.

die Bestellung vor, er legt auch die Aufgaben des Beauftragten genauso verbindlich fest (§ 4g).[121] Das Beschäftigungsverhältnis bestätigt und exekutiert daher eindeutig vorformulierte Erwartungen. Für eine Mitbestimmung bleibt deshalb, so scheint es, kein Raum. Arbeitgeber und Beschäftigte müssen sich mit dem Beauftragten gleichermaßen abfinden.

Eine ebenso gesetzeskonforme wie effiziente Kontrolle muss **alle von der verantwortlichen Stelle verwendeten personenbezogenen Daten** einbeziehen.[122] Genau das ist aber bei **Arbeitnehmerdaten** nicht der Fall. Der Beauftragte kann die Verarbeitung nur überprüfen, wenn sie von der verantwortlichen Stelle selbst oder in ihrem Auftrag vorgenommen wird. Sein Kontrollrecht versagt dagegen bei **sämtlichen von der Arbeitnehmervertretung verwendeten Angaben.**[123] Ihre **Unabhängigkeit** verträgt sich nicht mit dem Vorrecht der verantwortlichen Stelle, den Beauftragten ausschließlich nach ihren Vorstellungen auszuwählen und zu bestellen.[124] So lange deshalb der Gesetzgeber eine **einseitige Bestellung** hinnimmt, schränkt er auch die Kontrollkompetenz des Beauftragten ein.[125] 66

Nur ein **eigens auf die Bestellung des Beauftragten zugeschnittenes Mitbestimmungsrecht** kann zudem **eine Beteiligung der Arbeitnehmervertretung ohne Rücksicht darauf** gewährleisten, **ob die Verarbeitungskontrolle einem internen oder einem externen Beauftragten anvertraut werden soll**. Wie nötig eine solche Regelung ist, zeigt sich einmal mehr an der Kontrolle der Arbeitnehmervertretungen. Ein auf interne Beauftragte beschränktes Mitbestimmungsrecht, schließt zugleich die Mitwirkung bei externen Beauftragten aus,[126] verwehrt ihnen allerdings damit auch das Recht, Arbeitnehmervertretungen zu überwachen. Jeder Versuch, die Beauftragten aufzuspalten, ist deshalb mit einem wirklich ernstgenommenen Datenschutz unvereinbar. Für ein gesetzlich garantiertes Mitbestimmungsrecht spricht schließlich die mindestens ebenso offenkundige Notwendigkeit, die Beteiligung der Arbeitnehmervertretungen **nicht von der Position des in Aussicht genommenen Beauftragten abhängig zu machen**, sie also bei leitenden Angestellten gar nicht erst in Betracht zu ziehen.[127] Wiederum bleiben die Konsequenzen für die Aufgaben des Beauftragten außer Betracht und erneut geben sachfremde, eindeutig nicht am Datenschutz orientierte Gesichtspunkte den Ausschlag. Wo die entsprechende Regelung lokalisiert werden soll, ist dagegen zweitrangig. Sie kann in das BDSG, aber genauso gut in ein Arbeitnehmerdatenschutzgesetz aufgenommen werden.[128] Für Letzteres spricht jedenfalls, dass eine Mitbestimmung der Arbeitnehmervertretung nur infrage kommt, wenn Daten der Beschäftigten verwendet werden. Gleichviel freilich, für welchen Weg sich der Gesetzgeber entscheidet, nicht-öffentliche und öffentliche Stellen müssen gleichermaßen einbezogen werden und das Mitbestimmungsrecht sowohl bei internen als auch bei externen Beauftragten gewährleistet sein. 67

Das **fehlende Mitbestimmungsrecht** kann der Arbeitnehmervertretung bei **betrieblichen Beauftragten durch eine freiwillige Betriebsvereinbarung eingeräumt werden.**[129] Die Mitbestimmungsmöglichkeiten der Betriebsräte lassen sich auch bei personellen Angelegenheiten, zu denen die Bestellung des Beauftragten ebenfalls zählt,[130] mit Hilfe einer entspre- 68

121 Vgl. auch BAG AP Nr. 4 zu § 99 BetrVG 1972, Versetzung.
122 Dazu § 4g Rdnr. 29 ff.
123 BAG AP Nr. 1 zu § 36 BDSG; *Bergmann/Möhrle/Herb*, BDSG § 4g Rdnr. 65; *Gola/Schomerus*, BDSG § 4g Rdnr. 11; *Schaffland/Wiltfang*, BDSG § 4f Rdnr. 83 ff., 4g Rdnr. 29; *DKK/Buschmann*, BetrVG § 80 Rdnr. 10; *Klebe*, ebda., § 94 Rdnr. 41; *Simitis*, NJW 1998, 2395;. *Gola/Jaspers*, RDV 1998, 48; *Ehmann*, CR 1998, 331 f; *Weidemann*, ZBVR 1998, 74 ff.
124 Dazu o. Rdnr. 40.
125 Dazu auch u. Rdnr. 209 sowie § 4g Rdnr. 40 ff.
126 Dazu u. Rdnr. 75 f.
127 Dazu u. Rdnr. 74.
128 Dazu etwa BT-Drs. 12/2948 v. 26.6.1992; sowie schon *Simitis*, Schutz von Arbeitnehmerdaten – Regelungsdefizite, Lösungsvorschläge (1980) 83 ff.
129 Vgl. auch LAG Düsseldorf, RDV 1989, 34; *Gola/Schomerus*, BDSG § 4f Rdnr. 36; *Schaffland /Wiltfang*, BDSG § 4f Rdnr. 65h; *Tinnefeld/Ehmann/Gerling*, Einführung, 453; *Däubler*, Belegschaften Rdnr. 597; wohl ebenfalls Kasseler Handbuch/*Blechmann*, 2.10 Rdnr. 431 f.; und demgegenüber *Bergmann/Möhrle/Herb*, BDSG § 4f Rdnr. 79; *Schlemann*, Recht, 271; *Ramrath*, RDV 1989, 165 ff.; *Wächter*, DuD 1994, 258; *v. Sponeck*, in *Ehmann* (Hrsg.), Der Datenschutzbeauftragte, 46.
130 Dazu u. Rdnr. 70 ff.

chenden Abmachung zwischen der Arbeitnehmervertretung und dem Arbeitgeber ausweiten.[131] § 99 Abs. 2 Nr. 1 BetrVG verweist ganz in diesem Sinn auf die Betriebsvereinbarungen. Das Alleinentscheidungsrecht der verantwortlichen Stelle[132] könnte also durch eine Übereinkunft eingeschränkt werden, die ausdrücklich deren Bereitschaft bekundet, den Beauftragten nur gemeinsam mit der Arbeitnehmervertretung zu bestellen.

69 Die Betriebsvereinbarung muss allerdings eine Regelung für den Fall enthalten, dass sich die Parteien nicht einigen können. Das BDSG verpflichtet die verantwortliche Stelle einen Beauftragten zu bestellen (§ 4f Abs. 1) und sieht dafür eine verbindliche Frist vor (§ 4f Abs. 1 Satz 2). Meinungsverschiedenheiten zwischen Arbeitgeber und Betriebsrat dürfen deshalb die rechtzeitige Bestellung des Beauftragten nicht gefährden. So gesehen, reicht es nicht, eine **Einigungsstelle** (§ 76 BetrVG) vorzusehen. Genauso wichtig ist es vielmehr, ein **Verfahren festzulegen, das jede Verzögerung ausschließt** (§ 76 Abs. 4 BetrVG). Nur wenn beides gesichert ist, kann der Betriebsrat beanspruchen, bei der Bestellung mitzuwirken, ist also eine einseitige Entscheidung der verantwortlichen Stelle ausgeschlossen.[133] Der Arbeitnehmervertretung steht dann auch ein **Unterlassungsanspruch** gegen einen Arbeitgeber zu, der das vereinbarte Mitbestimmungsrecht übergeht.[134]

70 Voraussetzungen und Grenzen der **Einstellung eines internen Beauftragten oder einer mit seiner Bestellung verbundenen Versetzung** richten sich nach den §§ 99 BetrVG und 75 Abs. 1 Nr. 1 i.V.m. den §§ 68 Abs. 2 und 77 Abs. 2 BPersVG. Orientierungspunkt und Entscheidungsgrundlage sind dabei weder die Verwendungsbedingungen personenbezogener Daten noch Inhalt und Ziele der Aufgabe des Beauftragten, vielmehr ausschließlich seine Arbeitnehmereigenschaft sowie die auch für die beabsichtigte Einstellung oder Versetzung maßgeblichen gesetzlichen Anforderungen an seine Auswahl. BetrVG und BPersVG räumen zwar der Arbeitnehmervertretung eine grundsätzlich funktionsindifferentes Mitbestimmungsrecht ein, sehen aber dafür verbindliche Kriterien vor, die genauso im Falle des Beauftragten beachtet werden müssen.

71 Das Mitbestimmungsrecht des Betriebsrates wird nicht durch die §§ 5 Abs. 3, 105 BetrVG eingeschränkt. Der **Beauftragte** ist **kein leitender Angestellter**.[135] Er nimmt zwar im Rahmen der verantwortlichen Stelle eine besonders hervorgehobene Position ein. Die unmittelbare Anbindung an die Leitung der verantwortlichen Stelle (§ 4f Abs. 3 Satz 1) ist ebenso bezeichnend dafür wie etwa die Weisungsfreiheit bei der Ausübung seiner Fachkunde (§ 4f Abs. 3 Satz 2) oder das Verbot, ihn wegen seiner Tätigkeit zu benachteiligen (§ 4f Abs. 3 Satz 3). Die BDSG-Vorschriften reichen allerdings nicht aus, um den Beauftragten als leitenden Angestellten anzusehen. Ausschlaggebend sind vielmehr lediglich die im BetrVG (§ 5 Abs. 3) festgelegten Maßstäbe. Danach kommen als leitende Angestellte nur Beschäftigte mit Unternehmerfunktionen in Betracht.[136] Der Akzent liegt also eindeutig auf der selbstständigen Wahrnehmung besonderer unternehmerischer Aufgaben.

72 Der Beauftragte übt eine spezifische, gesetzlich definierte **Kontrollfunktion** aus, die ihrer ganzen Grundlage und Zielsetzung nach **keine unternehmerische Tätigkeit** ist. Gleichviel welche seiner in § 4g aufgezählten Pflichten man nimmt, sie spiegeln durchweg die Erwartung des BDSG wider, eine datenschutzkonforme Verwendung personenbezogener Angaben auch und vor allem durch eine bei der verantwortlichen Stelle eingerichteten Kontrollinstanz zu gewährleisten. Aus genau diesem Grund spricht sich das Gesetz für eine direkte Kommunikation mit der Leitung der verantwortlichen Stelle aus (§ 4f Abs. 3 Satz 1) und betont

---

131 Dazu *FESTL*, BetrVG § 1 Rdnr. 249; *DKK/Däubler*, BetrVG, Einl. Rdnr. 84 ff.
132 Dazu o. Rdnr. 40.
133 Vgl. auch Kasseler Handbuch/*Blechmann*, 2.10 Rdnr. 432.
134 Vgl. LAG Düsseldorf, RDV 1989, 34; sowie Kasseler Handbuch/*Blechmann*, 2.10 Rdnr. 433.
135 Vgl. auch *Gola/Schomerus*, BDSG § 4f Rdnr. 33; *Bergmann/Möhrle/Herb*, BDSG § 4f. Rdnr. 65; *Tinnefeld/EhmannGerling*, Einführung, 452; *Roßnagel/Königshofen*, Handbuch, 5.5, Rdnr. 946 *Schlemann*, Recht 274 f.; *Wind*, RDV 1991, 18; einschränkend *Schaffland/Wiltfang*, BDSG § 4f Rdnr. 41; Kasseler Handbuch/*Blechmann*, 2.10 Rdnrn. 401 ff.; *v. Sponeck*, in *Ehmann* (Hrsg.), Der Datenschutzbeauftragte, 43 f.
136 Statt aller BAG AP Nrn. 1, 2, 16, 22, 32, 42 zu § 5 BetrVG 1972, aber auch Nr. 72 zu § 87 BetrVG 1972, Arbeitszeit; sowie *FESTL*, BetrVG § 5 Rdnr. 332 f.

ausdrücklich die Weisungsfreiheit des Beauftragten (§ 4f Abs. 3 Satz 2). Gleichviel deshalb, ob der Beauftragte im Einzelfall den Verarbeitungsablauf kontrolliert, oder die verantwortliche Stelle bei der Entscheidung über konkret erforderliche organisatorische oder technische Schutzvorkehrungen berät, Richtschnur seiner Tätigkeit sind nicht die Vorstellungen der verantwortlichen Stelle, vielmehr ausschließlich die gesetzlichen Vorgaben an die Verarbeitung personenbezogener Daten. An ihnen und nicht an welchen auch immer unternehmensspezifischen Erwartungen muss er die Zulässigkeit der Verwendung und die Notwendigkeit bestimmter Schutzmaßnahmen messen.

Daran ändert auch die **Größe des Unternehmens** oder der **Umfang der Verarbeitung** nichts.[137] Beides kann sich durchaus auf die Datenschutzanforderungen auswirken, macht aber aus der Tätigkeit des Beauftragten noch keine unternehmerische Aufgabe. Ebenso wenig kann davon die Rede sein, wenn die verantwortliche Stelle es dem Beauftragten überlässt, seine **Mitarbeiter selbst auszuwählen und einzustellen**, oder ihm die Befugnis einräumt, **bestimmte, aus seiner Sicht erforderlichen Vorkehrungen zu treffen**.[138] Status und Bedeutung des Beauftragten mögen dadurch an Gewicht gewinnen. Seine Aktivität bleibt aber genauso wie die seiner Mitarbeiterinnen und Mitarbeiter auch in diesen Fällen streng von der unternehmerischen Tätigkeit getrennt. Eine Anwendung des § 5 Abs. 3 BetrVG scheidet daher selbst bei einem steigenden Maß an Eigenverantwortung aus. 73

Das **Mitbestimmungsrecht entfällt** dagegen, wenn ein **leitender Angestellter als Beauftragter** vorgesehen ist.[139] Die verantwortliche Stelle ist dann lediglich verpflichtet, den Betriebsrat (§ 105 BetrVG) ebenso wie den Sprecherausschuss (§ 31 Abs. 1 SprecherausschussG) **rechtzeitig zu unterrichten**. Die Einschränkung der Mitbestimmung hängt allerdings ganz davon ab, ob der leitende Angestellte die Funktion des Beauftragten zusätzlich übernehmen oder sich ihr ausschließlich widmen soll. **Erst die Verbindung** der Kontrolle **mit anderen Aufgaben**, die es rechtfertigen, den Beschäftigten **als leitenden Angestellten anzusehen, verdrängt die Mitbestimmung**. Der Verzicht auf diese Aufgaben entzieht deshalb nicht nur die Qualifikation zum leitenden Angestellten. Er reaktiviert auch das Mitbestimmungsrecht der Arbeitnehmervertretung. Auf die Größe des Unternehmens kommt es übrigens hier ebenso wenig wie sonst an.[140] Sie ist kein nach § 5 Abs. 3 BetrVG relevantes Kriterium. Die Konzentration der verschiedenen Aufgabenbereiche in einer Person kann allerdings zu **Interessenkollisionen** führen, die, etwa beim Leiter der Rechts- oder der Marketingabteilung, die Zuverlässigkeit des in Aussicht genommenen Beauftragten und damit die Zulässigkeit seiner Bestellung infrage stellen (§ 4f Abs. 2 Satz 1).[141] 74

Bei **externen Beauftragten** steht der Arbeitnehmervertretung **kein Mitbestimmungsrecht** zu.[142] Die Mitwirkungsmöglichkeit richtet sich hier wie sonst ausschließlich nach arbeits- und dienstrechtlichen Gesichtspunkten.[143] Wo es deshalb, wie bei den externen Beauftragten, an der Arbeitnehmereigenschaft fehlt, kann es auch keine Mitbestimmung geben. Die Rechtsprechung hat allerdings den Anwendungsbereich des Mitbestimmungsrechts ausgeweitet. Es ist nicht mehr an die Begründung eines Arbeitsverhältnisses gekoppelt. Das Mitbestimmungsrecht greift vielmehr genauso bei **Personen** ein, **die in den Betrieb integriert werden sollen**, um dessen arbeitstechnischen Zweck gemeinsam mit anderen, ebenfalls weisungsge- 75

137 Vgl. freilich *Schaffland/Wiltfang,* BDSG § 4f Rdnr. 41 f.; Kasseler Handbuch/*Blechmann,* 2.10 Rdnr. 203; *v. Sponeck,* in *Ehmann* (Hrsg.), Der Datenschutzbeauftragte, 44.

138 Vgl. freilich *Schaffland/Wiltfang,* BDSG § 4f Rdnr. 42; *Schlemann,* Recht, 275 f.

139 Vgl. auch BAG AP Nr. 4 zu § 99 BetrVG 1972, Versetzung; sowie *Bergmann/Möhrle/Herb,* BDSG § 4f Rdnr. 65, 76; Kasseler Handbuch/*Blechmann,* 2.10 Rdnr. 404; *v. Sponeck,* in *Ehmann* (Hrsg.), Der Datenschutzbeauftragte, 43.

140 Das übersieht *v. Sponeck,* in *Ehmann* (Hrsg.), Der Datenschutzbeauftragte, 44.

141 Vgl. auch *Tinnefeld/Ehmann/Gerling,* Einführung, 453; *Däubler,* Belegschaften Rdnr. 596; *Schlemann,* Recht, 206; sowie u. Rdnr. 99 ff.

142 Vgl. auch *Bergmann/Möhrle/Herb,* BDSG § 4f Rdnr. 80; *Schaffland/Wiltfang,* BDSG § 4f Rdnr. 65; MünchArbR/*Blomeyer,* § 99 Rdnr. 79; Kasseler Handbuch/*Blechmann,* 2.10 Rdnr. 422; *Schlemann,* Recht, 280 f.; *v. Sponeck,* in *Ehmann* (Hrsg.), Der Datenschutzbeauftragte, 49 f.; *Ehrich,* DB 1991, 1983; *Kort,* RdA 1992, 382; *Wächter,* DuD 1994, 259.

143 Vgl. o. Rdnr. 70.

bundenen Beschäftigten zu verwirklichen. Entscheidend ist also der organisatorische, vom konkreten Betriebszweck geprägte Zusammenhang und nicht das jeweils zwischen den in Betracht kommenden Personen und dem Betriebsinhaber bestehende Rechtsverhältnis.[144] Die Arbeitnehmervertretungen können allerdings **auch unter Berücksichtigung dieser Überlegungen kein Mitbestimmungsrecht bei externen Beauftragten** für sich in Anspruch nehmen.[145]

76 Richtig ist, dass **sowohl interne als auch externe Beauftragte** den gesetzlichen Anforderungen an **ihre Tätigkeit nicht ohne ein Mindestmass an organisatorischen Vorkehrungen**, die notwendigerweise an der Organisation der verantwortlichen Stelle ausgerichtet sein müssen, **genügen können**. Weder die Kontrolle des Verarbeitungsverlaufs noch die Beratung der verantwortlichen Stelle oder die Information der Betroffenen (§ 4f Abs. 5 Satz 2) lassen sich ohne solche Vorkehrungen gewährleisten. Genauso trifft es zu, dass jeder Beauftragte bei seiner Tätigkeit deshalb nicht nur auf die Unterstützung der verantwortlichen Stelle (§ 4f Abs. 5 Satz 1), sondern genauso auf eine Kooperation mit ihren Beschäftigten angewiesen ist.

77 **Die von der Rechtsprechung entwickelten Grundsätze lassen sich trotzdem nicht auf den Beauftragten anwenden.**[146] Schon deshalb, weil er **nicht weisungsgebunden** ist (§ 4f Abs. 3 Satz 2). Seine Tätigkeit ordnet sich eben nicht in einen vom Direktionsrecht der verantwortlichen Stelle gestalteten organisatorischen Zusammenhang ein. Sie spielt sich vielmehr ohne Rücksicht auf das Direktionsrecht nach eigenen, vom BDSG in den §§ 4f und 4g festgelegten Grundsätzen ab. Erst recht kann daher **nicht davon die Rede sein**, dass **die Aktivitäten der Beschäftigten und die Tätigkeit des Beauftragten Teile eines einheitlichen, am arbeitstechnischen Zweck des Betriebes orientierten Arbeitsprozesses sind**. Der Beauftragte ist an die spezifischen Ziele des BDSG gebunden und muss seine Tätigkeit ganz danach richten. Die auch bei externen Beauftragten weitgehend unvermeidliche **Lokalisierung einzelner Aktivitäten in der verantwortlichen Stelle reicht auch nicht aus**, um die fehlende Weisungsbindung und die mangelnde Einordnung ihrer Tätigkeiten in ein von den Erwartungen der verantwortlichen Stelle bestimmten Arbeitsablauf zu kompensieren.[147] Die Lokalisierung lässt sich von ihrem Hintergrund und ihren Zielen nicht lösen. Für beides sind aber ausschließlich die im BDSG definierten gesetzlichen Vorgaben und nicht die Interessen und Erwartungen der verantwortlichen Stelle maßgeblich. So gesehen, kann nur fraglich sein, ob sich mit Rücksicht auf den Umfang und die Bedeutung der in der verantwortlichen Stelle lokalisierten Aktivitäten die gesetzlich vorgeschriebenen Kontroll- und Beratungsaufgaben durch einen externen Beauftragter wirklich zuverlässig erfüllen lassen (§ 4f Abs. 2 Satz 1), oder ob nicht doch ein interner Beauftragter bestellt werden müsste.

78 Die **verantwortliche Stelle** ist **verpflichtet, die Arbeitnehmervertretung** über die geplante Einstellung oder Versetzung **rechtzeitig zu unterrichten**, sämtliche für die Beurteilung der beabsichtigten Entscheidung benötigten **Unterlagen** zur Verfügung zu stellen und sie, soweit erforderlich, durch gezielte **Auskünfte** zur persönlichen und fachlichen Qualifikation des in Aussicht genommenen Beauftragten zu ergänzen (§§ 99 Abs. 1 BetrVG und 68 Abs. 2 BPersVG).

79 Die **Arbeitnehmervertretung** kann ihre **Zustimmung** nur aus **bestimmten**, in den §§ 99 Abs. 2 BetrVG und 77 Abs. 2 BPersVG abschließend aufgezählten **Gründen verweigern**. Mit am wichtigsten ist der **Verstoß gegen eine gesetzliche Vorschrift** (§§ 99 Abs. 2 Nr. 1, 77 Abs. 2 Nr. 1 BPersVG). Welche Bestimmungen in Betracht kommen, ergibt sich in erster Linie aus der in den §§ 80 Abs. 1 Nr. 1 BetrVG und 68 Abs. 1 Nr. 2 BPersVG näher geregelten Überwachungspflicht der Arbeitnehmervertretung. Sie erstreckt sich auf die Anwendung

---

144 Dazu *FESTL*, BetrVG § 99 Rdnr. 33 ff.; *DKK/Kittner,* BetrVG § 99 Rdnr. 38, jeweils m.w.A.

145 Vgl. freilich BAG AP Nr. 4 zu § 99 BetrVG 1972, Versetzung; LAG Frankfurt, CR 1990, 342; *Gola/Schomerus*, BDSG § 4f Rdnr. 33; *Tinnefeld/EhmannGerling,* Einführung, 452; *FESTL*,, BetrVG § 99 Rdnr. 69; *DKK/Kittner,* BetrVG § 99 Rdnr. 38; *Däubler*, Belegschaften, Rdnr. 599; *Schierbaum/Kiesche,* CR 1993, 151; *Breinlinger*, RDV 1993, 226.

146 Vgl. auch *Schaffland/Wiltfang*, BDSG § 4f Rdnr. 65; Bergmann/Möhrle/Herb, BDSG § 4f Rdnr. 82; *Kort*, RdA 1992, 378; *Ehmann*, CR 1993, 778; *Grunewald*, RDV 1993, 226; *Rudolf*, NZA 1996, 296.

147 So aber das LAG Frankfurt, CR 1990, 342.

aller für die Beschäftigten relevanten gesetzlichen Vorschriften und damit auch auf die Anwendung des BDSG.[148] Die **Arbeitnehmervertretung ist**, anders und konkreter ausgedrückt, **gesetzlich gehalten, zu überprüfen, ob der** vorgeschlagene **Beauftragte den in § 4f näher umschriebenen Anforderungen genügt**.[149] Sie muss sich deshalb genauso wie die verantwortliche Stelle mit seiner **Fachkunde** ebenso wie mit seiner **Zuverlässigkeit** auseinander setzen.[150]

Im Unterschied zur Einstellung ist bei der **Versetzung** nicht immer klar, wann sie vorliegt. 80
Sie setzt in jedem Fall die Zuweisung eines anderen Arbeitsbereichs voraus (§ 95 Abs. 3 BetrVG). Genau diese Bedingung ist mit der Übernahme der Funktion eines Beauftragten erfüllt. Die Tätigkeit des Beauftragten ist eine eigenständige Aufgabe, die sich mit Rücksicht auf die gesetzlichen Anforderungen (§§ 4f und 4g) deutlich von jeder anderen Aktivität abhebt.[151] Ob deshalb, wie etwa bei Beschäftigten im EDV-Bereich oder in der Rechtsabteilung, Berührungspunkte zwischen der bisherigen Tätigkeit und den Aufgaben des Beauftragten bestehen, ist gleichgültig.[152] Eine mögliche Affinität der verschiedenen Aktivitäten kann allenfalls, wenn der Beauftragte noch mit weiteren Aufgaben betraut ist, also seine Funktion nebenamtlich wahrnimmt, bei der Prüfung seiner **Zuverlässigkeit** von Bedeutung sein.[153] Ebenso wenig kommt es auf die Arbeitsbelastung des Beauftragten an, und zwar im Vergleich zur Inanspruchnahme aus anderen ebenfalls wahrgenommenen Aufgaben. Entscheidend ist weder ein wie immer kalkulierter Prozentsatz seiner funktionsspezifischen Belastung[154] noch die Intensität der Verarbeitung, sondern ausschließlich die Besonderheit der Aufgaben des Beauftragten.[155] Beides, **Belastung und Verarbeitungsumfang**, sind Kriterien, die erneut **lediglich im Zusammenhang mit der Zuverlässigkeit** bedacht werden müssen.

Eine **Versetzung liegt nicht vor**, wenn ein **Mitarbeiter des Beauftragten** ihm nachfolgen 81
soll. Der Wechsel bleibt zwar nicht ohne Konsequenzen für die Stellung des Betroffenen und dessen Arbeitsbedingungen, sein Tätigkeitsbereich verändert sich aber grundsätzlich nicht.[156] Der Arbeitnehmervertretung steht unter diesen Umständen ein Mitbestimmungsrecht nur bei einer **Umgruppierung** (§§ 99 Abs. 1 BetrVG) oder **Übertragung** einer höher zu bewertenden Tätigkeit (§ 76 Abs. 1 Nr. 3 BPersVG) zu.

Die Versetzung ist mit einer **Änderungskündigung** (§ 2 KSchG) verbunden. Aufgaben wie 82
die Funktion des Beauftragten können den Beschäftigten, allein schon mit Rücksicht auf die damit verbundene besondere Verantwortung, nicht einfach aufgedrängt werden, ohne Rücksicht im Übrigen darauf, ob der bisherige Arbeitsbereich präzise oder nur vage umschrieben war.[157] Eine Verpflichtung zur Übernahme der Beauftragtenfunktion kann deshalb in kein bereits bestehendes Beschäftigungsverhältnis hineininterpretiert werden. Den Beschäftigten muss es vielmehr in jedem Fall frei stehen, das Angebot der verantwortlichen Stelle anzunehmen, oder, in Kenntnis der sich daraus für die Fortsetzung ihres Arbeitsverhältnisses ergebenden Konsequenzen, abzulehnen (§ 2 KSchG).

---

148 Dazu auch § 28 Rdnr. 38 f.

149 Vgl. auch BAG AP Nr. 4 zu § 99 BetrVG 1972, Versetzung; sowie *Gola/Schomerus,* BDSG § 4f Rdnr. 35; *Schaffland/Wiltfang,* BDSG § 4f Rdnr. 65; *DKK/Kittner,* BetrVG § 99 Rdnr. 175 a; *Kort,* RdA 1992, 382; *Wronka,* RDV 1994, 186.

150 Vgl. auch *Schaffland/Wiltfang,* BDSG § 4f Rdnr. 65; *Bergmann/Möhrle/ Herb,* BDSG § 4f Rdnr. 94; *Gola/ Schomerus,* BDSG § 4f Rdnr. 35; *FESTL,* BetrVG § 99 Rdnr. 165; Kasseler Handbuch/*Blechmann,* 2.10 Rdnr. 426; *Schlemann,* Recht, 279; *Däubler,* Belegschaften, Rdnr. 598; *Wohlgemuth,* BB 1995, 1352; *Rudolf,* NZA 1996, 299; und demgegenüber MünchArbR/*Blomeyer,* § 99 Rdnr. 79; *Ehrich,* DB 1991, 1983.

151 Vgl. auch Kasseler Handbuch/*Blechmann,* 2.10 Rdnr. 418.

152 Vgl. freilich *v. Sponeck,* in *Ehmann* (Hrsg.), Der Datenschutzbeauftragte, 41.

153 Dazu insb. BAG AP Nr. 4 zu § 99 BetrVG 1972, Versetzung; sowie u. Rdnrn. 148 ff.

154 Vgl. aber LAG München, Dok. § 28 BDSG 77 E 1; ArbG Offenbach, Dok. § 36 BDSG 90 E 1; sowie *Schaffland/Wiltfang,* BDSG § 4f Rdnr. 65; *Ehrich,* Amt, 258.

155 Vgl. auch ArbG Dortmund, RDV 1998, 77; DKK/*Kittner,* BetrVG § 99 Rdnr. 98; Kasseler Handbuch/*Blechmann,* 2.10 Rdnrn. 419 f.; *Schlemann,* Recht, 272; im Erg. wohl auch *Schaffland/Wiltfang,* BDSG § 4f Rdnr. 65.

156 Vgl. auch *Schaffland/Wiltfang,* BDSG § 4f Rdnr. 65; *Schlemann,* Recht, 272; *v. Sponeck,* in *Ehmann* (Hrsg.), Der Datenschutzbeauftragte, 41.

157 Einschränkend *Gola/Schomerus,* BDSG § 4f Rdnr. 30; *Gola/Wronka,* Handbuch, Rdnr. 815.

5.4 Qualifikation (Abs. 2 Satz 1)

83 Das BDSG hat die Bestellung des Beauftragten schon immer an zwei Qualifikationsmerkmale geknüpft: **Fachkunde und Zuverlässigkeit** (§§ 28 Abs. 2 BDSG 77, 36 Abs. 2 BDSG 90, 4f Abs. 2 Satz 1), aber davon abgesehen, seine Erwartungen zu präzisieren. Die Folge war eine weit verbreitete Unsicherheit, die zumeist mit einer langen Liste kaum erfüllbarer Anforderungen kompensiert wurde.[158] Doch die anfängliche Ungewissheit ist unter dem Eindruck einer zunehmenden **Professionalisierung der Beauftragten** mehr und mehr gewichen. Längst gibt es keinen Zweifel mehr daran, dass Beauftragte durchaus einen Beruf i.S.v. Art. 12 GG ausüben.[159] Die ständig wachsende Zahl der Beauftragten, die Gründung von Standesorganisationen,[160] die Einrichtung besonderer Ausbildungsprogramme,[161] die Interventionen der Aufsichtsbehörden[162] und der Gerichte[163] sind alles Faktoren, die wesentlich dazu beigetragen haben, die Konturen beider Anforderungen, also sowohl der Fachkunde als auch der Zuverlässigkeit, sichtlich zu schärfen. Akzeptanzprobleme und kontroverse Interpretationen der Bestellungs- und Aktivitätsbedingungen des Beauftragten gibt es sicherlich nach wie vor.[164] Die Schwierigkeiten einer verlässlichen Konkretisierung der gesetzlichen Erwartungen haben sich gleichwohl, gerade vor dem Hintergrund der bisherigen Erfahrungen mit der Tätigkeit der Beauftragten, deutlich verringert. Erst recht hat aber die Forderung, mehr denn je auf die Qualifikation der Beauftragten zu achten, an Gewicht gewonnen.

84 Die **Trias rechtlicher, organisatorischer und technischer Kenntnisse** ist Leitlinie und Maßstab sämtlicher Überlegungen zur gesetzlich geforderten **Fachkunde** (§ 4f Abs. 2 Satz 1) des Beauftragten.[165] Bei allen Überlegungen zu jedem dieser Grundelemente gilt es dreierlei zu berücksichtigen. Ein **festes Anforderungsprofil gibt es**, erstens, **nicht**. Ebenso wie die Bedingungen, unter denen sich die Verarbeitung abspielt, variieren, verändern sich auch die Erwartungen an den Beauftragten. Welchen Anforderungen er im Einzelnen genügen muss, lässt sich deshalb nur sagen, wenn die je spezifischen Umstände seiner Tätigkeit feststehen. Erst dann zeichnet sich verlässlich ab, wo die Schwerpunkte der konkret notwendigen rechtlichen, organisatorischen und technischen Kenntnisse liegen, und nur unter dieser Voraussetzung kann es gelingen, der Gefahr zu entgehen, irreale Leitbilder zu scheinbar verbindlichen gesetzlichen Richtlinien zu erklären.[166]

85 Das Anforderungsprofil ist, zweitens, ein **offenes**, sich fortlaufend änderndes **Profil**.[167] Keiner seiner Bezugspunkte ist abschließend definiert. Jeder von ihnen muss vielmehr unter dem Eindruck einer sich ständig weiter entwickelnden Verarbeitungstechnologie immer wieder neu umschrieben werden. Sie bestimmt die Modalitäten des Verarbeitungsprozesses und wirkt sich deshalb auf den organisatorischen genauso wie auf den rechtlichen Rahmen der Verarbeitung aus. Ihr Wandel ist daher zugleich Vorstufe von Modifikationen im organisatorischen und rechtlichen Umfeld.

---

158 Vgl. die 4. Auflage dieses Kommentars, § 28 Rdnr. 112 f.

159 Dazu LG Ulm, CR 1991, 103 mit Anm. *Ehmann*; sowie *Schaffland/Wiltfang*, BDSG R§ 4f Rdnr. 22.

160 Dazu *Ehmann*, CR 1990, 559; *Münch*, RDV 1993, 160 f.; sowie *Kongehl*, CR 1990, 236, DSB 8/1990, 10; *Wind*, DuD 1990, 10.

161 Vgl. *Kongehl*, in *Ehmann* (Hrsg.), Der Datenschutzbeauftragte, 135 f., 141 ff.; *SchafflandWiltfang*, BDSG § 4f Rdnr. 22; *Tinnefeld/Ehmann/Gerling*, Einführung, 449; *Bäumler*, DuD 1997, 446 ff.

162 Vgl. etwa den 4., LT-Drs. 13/584, 17, 20, und 5. *BerHessL*, LT-Drs. 13/2650, 28; sowie *Ehmann*, in *Ehmann* (Hrsg.), Der Datenschutzbeauftragte, 6 ff.; *Wind*, Kontrolle, 140, 163, 170 f.

163 Statt aller BAG AP Nr. 4 zu § 99 BetrVG 1972, Versetzung; dazu o. Rdnr. 66.

164 Dazu insb. *Ehmann*, in *Ehmann* (Hrsg.), Der Datenschutzbeauftragte, 3 ff.; *Münch*, RDV 1993, 157 f; *Walz*, RDV 1994, 174 ff.; *Breinlinger*, RDV 1995, 9 f.; sowie *Herweg/Jaspers*, Datenschutz in Deutschland, Ergebnisse der Umfrage zur Datenschutzpraxis und zur Stellung des Datenschutzbeauftragten von 1996 (1997).

165 Vgl. auch *BWHinwBDSG* Nr. 31, 1.1, Dok. B 1.36; *Gola/Schomerus*, BDSG § 4f Rdnr. 20 f.; *Bergmann/Möhrle/Herb*, BDSG § 4f Rdnr. 95; *Schaffland/Wiltfang*, BDSG § 4f Rdnr. 22; *Schlemann*, Recht, 193 ff.; *Wächter*, in *Ehmann* (Hrsg.), Der Datenschutzbeauftragte, 97 ff.; *Bäumler/Nordmann*, Datenschutzbeauftragte, in *Abel* (Hrsg.) Datenschutz, § 8 Rdnr. 26 f:; *Drews*, Der Datenschutzbeauftragte, 12 ff; *Breinlinger*, RDV 1993, 53 f.; *Münch*, RDV 1993, 157 ff.; *Rudolf*, NZA 1996, 297 f.

166 Vgl. auch *Gola/Schomerus*, BDSG § 4f Rdnr. 29.

167 Vgl. auch *Wächter*, in *Ehmann* (Hrsg.), Der Datenschutzbeauftragte, 105.

Bei den Anforderungen ist, drittens, auch die **personelle Ausstattung** des Beauftragten (§ 4f Abs. 5 Satz 1)[168] zu berücksichtigen. Wo der Beauftragte, wie bei größeren Unternehmen, über Hilfspersonal verfügt, bietet sich eine gezielt auf spezifische Kompetenzen der Mitarbeiterinnen und Mitarbeiter, etwa ihren besonderen arbeitsrechtlichen oder technischen Kenntnissen, gegründete Arbeitsteilung an. Der Beauftragte ist dann zwar unverändert ausschließlich für die Wahrnehmung der gesetzlich vorgeschriebenen Aufgaben zuständig und verantwortlich. Welche Anforderungen aber an seine Fachkunde zu stellen sind, kann durchaus unter Berücksichtigung einer solchen Arbeitsteilung bestimmt werden. Umso mehr muss freilich der Akzent auf die organisatorischen Fähigkeiten des Beauftragten gelegt werden. 86

Die Konsequenzen machen sich freilich nicht nur bei der Definition des Anforderungsprofils, sondern auch beim Beauftragten selbst bemerkbar. Der Wechsel der Anforderungen zwingt zur **Fortbildung**.[169] Beauftragte können sich, zumal vor dem Hintergrund einer zunehmenden Professionalisierung, nicht auf ihre schon erworbenen Kenntnisse verlassen. Sie garantieren ihnen eine allenfalls **temporäre Fachkunde**. Ob die Beauftragten also die gesetzlich geforderte Kompetenz aufweisen, misst sich gerade an der Bereitschaft, ihren Wissenstand zu überprüfen und zu erweitern. Für die verantwortliche Stelle erwächst aber daraus die Verpflichtung, den Beauftragten bei seinen Bemühungen zu unterstützen, sich fortzubilden (§ 4f Abs. 5 Satz 1).[170] 87

Funktion und Tätigkeit des Beauftragten werden durch die Verpflichtung bestimmt und geleitet, für eine datenschutzkonforme Verarbeitung zu sorgen. Er muss deshalb zunächst und vor allem über genügend **rechtliche Kenntnisse** verfügen, um Hintergrund, Anforderungen und Ziel der datenschutzrelevanten rechtlichen Regelungen erkennen und so auch die Konsequenzen für die verantwortliche Stelle ausmachen zu können.[171] Summarische Kenntnisse reichen dafür sicherlich nicht. Das BDSG zeichnet sich nicht zuletzt durch eine ungewöhnlich hohe Anzahl an Generalklauseln aus. Gleichviel, ob man die „berechtigten Interessen" oder die „schutzwürdigen Belange" nimmt, Formeln wie diese prägen die Anwendung so zentraler Bestimmungen des BDSG wie etwa des § 28 und damit auch den Alltag der Verarbeitung. Der Beauftragte muss daher in der Lage sein, eine datenschutzkonforme Interpretation selbst dann zu vertreten, wenn die mangelnde Präzision des Gesetzes Umgehungen begünstigt, ja sogar herausfordert. **Interpretationskonflikte** dürfen sich mit anderen Worten nicht an ihm vorbei vollziehen. Der Beauftragte muss im Gegenteil, will er seiner Aufgabe gerecht werden, den eigenen Sachverstand einbringen und auf **Lösungen** hinwirken, **die sich streng an den BDSG-Zielen ausrichten**. 88

Zu den erforderlichen rechtlichen Kenntnissen gehört ferner die **Vertrautheit mit den besonderen, für den** je spezifischen **Handlungskontext der verantwortlichen Stelle relevanten Regelungen**. Ganz gleich, ob die Daten von Bankkunden, Beschäftigten oder Versicherten verwendet werden, Aussagen über Voraussetzungen und Grenzen der Verarbeitung setzen mehr voraus als nur die Kenntnis des BDSG und einzelner bereichsspezifischer Vorschriften. Wann etwa auf Angaben zur Person der Beschäftigten zugegriffen werden darf, hängt von den gesetzlichen Übermittlungspflichten des Arbeitgebers ebenso ab wie von den einschlägigen Bestimmungen in Tarifverträgen und Betriebsvereinbarungen. Genauso liegt es auf der Hand, dass Vorschriften über die Organisation und die Geschäftsabläufe von Kreditunternehmen oder Versicherungsgesellschaften nicht ohne Folgen für die Verarbeitung personenbezogener Daten bleiben. In dem Maße freilich, in dem die für den generellen rechtlichen Handlungsrahmen der jeweiligen verantwortlichen Stelle einschlägigen Regelungen einbezogen werden, verändern sich auch die Anforderungen an den Beauftragten. Das Spektrum weitet sich beträchtlich aus. Genau genommen bleibt in Anbetracht der höchst unterschiedlichen öffentlichen und nicht-öffentlichen Stellen kaum ein Rechtsgebiet ausgespart. Erst 89

168 Dazu u. Rdnr. 144 f.
169 Dazu auch *Ehmann,* in *Ehmann* (Hrsg.), Der Datenschutzbeauftragte, 12; *Schlemann,* Recht, 171; *Münch,* RDV 1993, 161.
170 Dazu u. Rdnr. 152 ff.
171 Vgl. auch *Roßnagel/Abel*, Handbuch, 5.6, Rdnr.40 f.; *Schlemann*, Recht, 193 f.

recht wird aber deutlich, wie wenig sich eine Aussage über die erforderlichen Kenntnisse ohne konkrete Bezugnahme auf eine verantwortliche Stelle machen lässt. Dennoch gibt es durchaus Bereiche, die bei nahezu jeder Stelle eine wichtige Rolle spielen. Das Arbeits- und Sozialrecht ist neben dem Vertragsrecht das wichtigste Beispiel dafür.

90 Der Beauftragte muss ferner über ausreichende **organisatorische Kenntnisse** verfügen, um Entscheidungsabläufe und Entscheidungsstrukturen nachzuvollziehen und die im Interesse einer datenschutzkonformen Verarbeitung erforderlichen Korrekturen anzustreben.[172] Weder die jeweils notwendigen internen Zugangsbarrieren noch eine korrekte Information der Betroffenen (§§ 19a, 33) und erst recht nicht eine den gesetzlichen Anforderungen entsprechende Datensicherheit (§ 9 und Anlage zu § 9) lassen sich ohne ein sorgsam aufgebautes Geflecht organisatorischer Vorkehrungen sicherstellen. Dem Beauftragten fällt, so gesehen, eine doppelte Aufgabe zu. Er muss bestehende organisatorische Hindernisse ausmachen und die verantwortliche Stelle beraten, wie sie am besten ausgeräumt werden könnten, sowie neue auf die spezifischen Erfordernisse des Datenschutzes zugeschnittene Maßnahmen entwickeln. Beides setzt weit mehr voraus als nur die Fähigkeit, die Organisation der verantwortlichen Stelle zu überblicken. Mindestens ebenso wichtig ist die Kompetenz, organisatorische Zusammenhänge zu definieren und dabei sowohl die Funktionsbedingungen der verantwortlichen Stelle zu bedenken als auch die Anforderungen eines ebenso konsequenten wie wirksamen Datenschutzes zu respektieren.

91 Die organisatorische Kompetenz des Beauftragten muss im Zusammenhang mit seiner **sozialen Kompetenz** gesehen und beurteilt werden.[173] Nicht von ungefähr verlangt das BDSG vom Beauftragten, Personen, die an der Verarbeitung beteiligt sind, mit den Erfordernissen des Datenschutzes vertraut zu machen (§ 4g Abs. 1 Satz 3 Nr. 2). Das Gesetz unterstreicht damit einen spezifischen Aspekt der Aufgaben des Beauftragten, seine **Vermittlungsfunktion**. Es ist zuvörderst seine Sache, sowohl die Beschäftigten als auch die Leitung der verantwortlichen Stelle auf die Notwendigkeit einer datenschutzkonformen Verarbeitung hinzuweisen, und überhaupt das Bewusstsein für die Bedeutung des Datenschutzes zu schärfen. Das BDSG sieht mit anderen Worten im Beauftragten nicht nur eine Kontroll- und Beratungsinstanz, sondern genauso eine Instanz, die aufmerksam macht, erklärt und bei Zweifelsfragen immer zur Verfügung steht. Genau diese Erwartung muss auch bei der Beurteilung der Kompetenz des Beauftragten bedacht werden.

92 Der Beauftragte muss schließlich über genügend **technische Kenntnisse** verfügen. Die Entwicklung des Datenschutzes ist untrennbar mit der Entwicklung einer ganz im Zeichen der Automatisierung stehenden Verarbeitungstechnologie verbunden.[174] Nicht zuletzt Bestimmungen wie die §§ 3a, 6a und 9a dokumentieren und unterstreichen die Bemühungen des Gesetzgebers, mit dem Wandel der Technologie Schritt zu halten. Verständlicherweise kommt deshalb der Verarbeitungstechnologie und ihren Konsequenzen für die Betroffenen gerade bei der Kontrolle der Verwendung personenbezogener Daten durch die einzelnen verantwortlichen Stellen eine besondere Bedeutung zu. So gesehen, zählen technische Kenntnisse zu Recht zu den Grundvoraussetzungen der Kontrollkompetenz des Beauftragten.[175]

93 Die gesetzlich geforderte **Fachkunde** darf trotzdem **nicht mit ausgeprägten Spezialkenntnissen** im rechtlichen, organisatorischen oder technischen Bereich **gleichgesetzt werden**. Das BDSG räumt bei der Bestellung zum Beauftragten weder Informatikern noch Juristen oder Betriebswirten den Vorrang ein.[176] Entscheidend ist vielmehr, ob alle drei Kompetenzkomponenten in ausreichenden Maße gegeben sind. Wie die Gewichte verteilt sind, spielt dagegen keine Rolle. Wichtig ist allerdings, dass die **erforderliche Fachkunde** bereits **zum Zeitpunkt der Bestellung vorhanden sein muss**.[177] Nur dann lässt sich eine den gesetzli-

172 Vgl. auch *Bergmann/Möhrle/Herb*, BDSG § 4f Rdnr. 96; *Gola/Schomerus*, BDSG § 4f Rdnr. 21.
173 Vgl. *Tinnefeld/Ehmann/Gerling*, Einführung, 448; *Roßnagel/Königshofen*, Handbuch, 5.5, Rdnr. 117 ff.
174 Dazu Einleitung Rdnr. 6 ff.
175 Vgl. auch *Schaffland/Wiltfang*, BDSG § 4f Rdnr. 22.
176 Dazu *Roßnagel/Abel*, Handbuch, 5.6, Rdnr. 44; *Gola/Wronka*, Handbuch, Rdnr. 802;*Helfrich*, in *Ehmann* (Hrsg.), Der Datenschutzbeauftragte, 106 ff.; *Kongehl*, ebda., 123 ff.; *Hoeren*, ebda., 160 ff.
177 Vgl. auch *Gola/Schomerus*, BDSG § 4f Rdnr. 23.

chen Anforderungen entsprechende Auswahl vollziehen, so wenig im Übrigen bestritten werden kann, dass der Beauftragte nicht zuletzt durch die Wahrnehmung seiner Aufgaben in die Lage versetzt wird, seine Fachkunde zu erweitern und zu vertiefen. Die Lernfähigkeit des Beauftragten reicht mit anderen Worten ebenso wenig aus, wie die Überzeugung der verantwortlichen Stelle, dass sich dem Beauftragten nach seiner Bestellung und dank seiner Funktion durchaus die Gelegenheit bieten wird, die nötige Fachkunde zu erwerben.[178]

Bei der **Zuverlässigkeit** sind subjektive genauso wie objektive Faktoren zu bedenken. Die subjektiven beziehen sich auf **persönliche Eigenschaften**, die objektiven auf mögliche **Interessenkollisionen**.[179] Beides sind **gleichgewichtige Kriterien**. Eine Bestellung kann also nur erfolgen, wenn die erforderlichen persönlichen Eigenschaften gegeben sind und keine Interessenkollisionen vorliegen, die sich nachteilig auf die Tätigkeit des Beauftragten auswirken können. Einwandfreie subjektive Voraussetzungen reichen also für sich genommen ebenso wenig aus wie die Gewissheit, dass mit Interessenkollisionen nicht zu rechnen ist. 94

Soweit es um die **persönlichen Eigenschaften**[180] geht, ist das **bisherige Verhalten** des in Aussicht genommenen Beauftragten einer der wichtigsten Anknüpfungspunkte. Hier wie sonst gilt aber, dass nur Vorgänge berücksichtigt werden dürfen, die für die konkret in Betracht kommenden Aufgabe, mithin die Tätigkeit als Beauftragter, relevant sind. Eine Bestellung scheidet also aus, wenn jemand etwa bei der Verarbeitung medizinischer oder Personaldaten gegen Datenschutzvorschriften verstoßen oder überhaupt Schweigepflichten verletzt hat. Umgekehrt reicht beispielsweise die Tatsache, dass jemand in einem ganz anderen Bereich mit einer Geldbuße belegt worden ist, keineswegs aus, um die Zuverlässigkeit zu verneinen. 95

Zum Beauftragten darf ferner nur jemand bestellt werden, der bereit ist, **Konflikte auf sich zu nehmen** und sie durchzustehen. Die Tätigkeit des Beauftragten ist von vornherein mit einem erheblichen Konfliktpotenzial belastet, gleichviel ob die Investition der im Interesse der Datensicherheit erforderlichen Mittel (§ 9) oder die Grenzen der Erhebung und Übermittlung bestimmter Daten auf dem Spiel stehen. So wichtig es deshalb gerade aus der Perspektive des Beauftragten ist, auf die Ziele und organisatorischen Besonderheiten der verantwortlichen Stelle einzugehen, so wenig darf er ihr gegenüber die Distanz verlieren, die es ihm auch und vor allem erlaubt, sich ihren Erwartungen überall dort unmissverständlich zu widersetzen, wo sie mit dem gesetzlich geforderten Schutz der Betroffenen bei der Verarbeitung ihrer Daten nicht vereinbar sind.[181] 96

Eine verlässliche Kontrolle setzt eine **klare Trennung zwischen der verantwortlichen Stelle und dem Beauftragten** voraus. Wo die Trennung fehlt, entstehen **Interessenkonflikte**, die eine konsequente Anwendung der gesetzlichen Anforderungen an den Beauftragten infrage stellt. Wer in das Unternehmen investiert, ja dank seiner finanziellen Beteiligung auf dessen Entwicklung Einfluss nimmt, oder sie gar ganz an seinen Vorstellungen ausrichtet, kommt als Beauftragter nicht in Betracht. Die Dominanz der wirtschaftlichen und unternehmerischen Erwartungen untergräbt nicht nur die für eine korrekte Erfüllung der Aufgaben des Beauftragten unerlässliche Distanz gegenüber der verantwortlichen Stelle, sondern genauso seine Unabhängigkeit. Der Konflikt ist am deutlichsten bei **Unternehmensinhabern, Alleinaktionären oder einer Einmann-GmbH**.[182] Er ist aber auch dort vorhanden, wo der in Aussicht genommene **Beauftragte am Unternehmen beteiligt ist**. Ob es sich dabei um eine aus der 97

178 Vgl. freilich *Schaffland/Wiltfang*, BDSG § 4f Rdnr. 24; *Nungesser,* HDSG § 5 Rdnr. 14; aber auch MünchArbR/*Blomeyer,* § 99 Rdnr. 79; Kasseler Handbuch/*Blechmann,* 2.10 Rdnr. 384; *Wohlgemuth,* BB 1995, 674.

179 Vgl. auch *Bergmann/Möhrle/Herb*, BDSG § 4f Rdnr. 99 ff.; *Gola/Schomerus,* BDSG § 4f Rdnr. 23 f.; *Schaffland/Wiltfang*, BDSG § 4f Rdnr. 23; *Tinnefeld/Ehmann/Gerling*, Einführung, 448; *Roßnagel/Abel*, Handbuch, 5.6, Rdnr. 45 ff; Kasseler Handbuch/*Blechmann,* 2.10 Rdnr. 385, 387; *Schlemann,* Recht, 203 ff; *Wächter,* in *Ehmann* (Hrsg.), Der Datenschutzbeauftragte, 102 ff.; *BäumlerNordmann,* Datenschutzbeauftragte, in *Abel* (Hrsg.) Datenschutz, § 8 Rdnr. 28 f.; *Drews,* Der Datenschutzbeauftragte, 14.

180 Vgl. auch den 5. *BerHessL*, LT-Drs. 13/2650, 24; *Bergmann/Möhrle/Herb*, BDSG § 4f Rdnr. 100; *Schaffland/Wiltfang,* BDSG § 4f Rdnr. 23; Kasseler Handbuch/*Blechmann,* 2.10 Rdnr. 385; *Bäumler/Nordmann,* Datenschutzbeauftragte, in *Abel* (Hrsg.) Datenschutz, § 8 Rdnr. 28; *Breinlinger,* RDV 1993, 54.

181 Vgl. auch *Schaffland/Wiltfang*, BDSG § 4f Rdnr. 23; *Breinlinger,* RDV 1993, 54.

182 Ebenso *Gola/Schomerus,* BDSG § 4f Rdnr. 26; *Auernhammer,* BDSG § 36 Rdnr. 19; *Schlemann,* Recht, 205.

Unternehmensperspektive wirklich erhebliche Beteiligung handelt, spielt weiter keine Rolle. Entscheidend ist die Gefährdung der Integrität des Beauftragten, die aus dem finanziellen Interesse am Unternehmen erwächst. Sie reicht aus, um die Zuverlässigkeit zu verneinen.

98 Genauso ist bei **Personen** zu verfahren, **die ihrer** ganzen **Position und Funktion** nach berechtigt sind, die **Grundsätze festzulegen, nach denen sich die verantwortliche Stelle bei ihrer Tätigkeit richten muss**, und dafür auch die Verantwortung tragen. **Vorstände, Geschäftsführer und sonstige mit der Leitung der verantwortlichen Stelle betraute Personen** sind die klassischen Beispiele dafür. Ihr verbindlicher Orientierungspunkt sind die Ziele und Interessen der verantwortlichen Stelle. Beides ist deshalb auch der Schwerpunkt ihrer Entscheidungen. Der Datenschutz gerät so zwangsläufig an die zweite Stelle und wird infolgedessen aus der Sicht der je spezifischen Erwartungen der verantwortlichen Stelle wahrgenommen und interpretiert. Wie verschieden die Sicht sein kann, zeigt sich etwa an den Vorstellungen über die Zentralisierung der Verarbeitung von Kunden- und Arbeitnehmerdaten bei multinationalen Unternehmen ebenso wie beim Umgang mit personenbezogenen Daten bei Fusionen und Unternehmensübernahmen. Der Interessenkonflikt ist, so gesehen, einmal mehr unvermeidlich, eine Bestellung zum Beauftragten aber damit ausgeschlossen.[183]

99 Bei **leitenden Angestellten** hängt die Zuverlässigkeit bei einer Bestellung zum **nebenamtlichen Beauftragten** davon ab, ob die weiteren Tätigkeiten mit der primären Verpflichtung des Beauftragten kompatibel sind, für eine datenschutzkonforme Verarbeitung zu sorgen. Eine **Unvereinbarkeit** ist grundsätzlich immer dann zu bejahen, wenn es um **Tätigkeiten** geht, die **mit der Verarbeitung** personenbezogener Daten **zusammenhängen** oder **sich auf sie auswirken**.

100 So darf der **Beauftragte nicht nebenher Leiter der EDV-Abteilung** sein.[184] Vordergründig spricht zwar manches für die Kombination beider Aufgaben. Sie bietet die Chance, jemanden zu gewinnen, der nicht nur über unstreitig wichtige Spezialkenntnisse verfügt, sondern auch in einem gerade unter Datenschutzgesichtspunkten besonders bedeutsamen Bereich beschäftigt ist. Der **Interessenkonflikt** lässt sich trotzdem weder herunterspielen noch und erst recht verleugnen. Der EDV-Leiter ist in erster Linie verpflichtet, die, zumal nicht auf personenbezogene Daten beschränkte, Verarbeitung so einzurichten und zu betreiben, dass den Verarbeitungszielen der verantwortlichen Stelle unter Berücksichtigung der von ihr definierten organisatorischen und finanziellen Anforderungen entsprochen werden kann. Genau diese Erwartungen müsste er aber als Beauftragter ständig überprüfen und zugleich versuchen, sie den Erfordernissen des Datenschutzes anzupassen. Je ausgeprägter zudem die Automatisierung ist, desto mehr würde die Kontrolle auf eine Überprüfung der eigenen Tätigkeit hinauslaufen. Mit organisatorischen Vorkehrungen lässt sich der Konflikt nicht beheben. Der EDV-Leiter bleibt unverändert Ansprüchen ausgesetzt, die einander widersprechen. Erst recht hilft der Hinweis weiter, Anzahl und Qualifikationen der Beschäftigten, ließen der verantwortlichen Stelle keine Wahl.[185] Sie ist gesetzlich verpflichtet, eine den in § 4f Abs. 2 Satz 1 festgeschriebenen Bedingungen entsprechende Regelung zu finden, und nicht umgekehrt berechtigt, das Gesetz ihren organisatorischen und personalpolitischen Gegebenheiten anzupassen. Das BDSG sieht in § 4f Abs. 2 Satz 1 weder Ausnahmen vor, noch nimmt es Einschränkungen seiner Anwendung im Zeichen einer wie immer verstandenen Verhältnismäßigkeit hin.

101 Nicht anders ist es beim **Leiter der Marketing-Abteilung**. Wiederum liegt eindeutig ein **Interessenkonflikt** vor, einmal mehr **verbietet sich** deshalb **eine Bestellung zum Beauftragten**. Seine Aufgabe lässt sich ohne eine eingehende Beschäftigung mit personenbezoge-

183 Vgl. auch den 2. *BerBbgL*, LT-Drs. 2/166, 12; *BWHinwBDSG* Nr. 31, 1.1, Dok B 1.36; *Bergmann/Möhrle/Herb,* BDSG § 4f Rdnr. 115; *Gola/Schomerus,* BDSG 4f Rdnr. 26; MünchArbR/*Blomeyer,* § 99 Rdnr. 78; *Schlemann,* Recht, 205; und demgegenüber *Schaffland/Wiltfang,* BDSG § 4f Rdnr. 40.

184 Vgl. auch den 12. *BerNDSL* 60 f; den 2. *BerBbgL*, LT-Drs. 2/166, 11; *BWHinwBDSG* Nr. 31, 1.1, Dok. B 1.36; BAG AP Nr. 4 zu § 99 BetrVG 1972, Versetzung; sowie *Bergmann/Möhrle/Herb,* BDSG § 4f Rdnr. 104; *Tinnefeld/Ehmann/Gerling,* Einführung, 448; *Schlemann,* Recht, 206; *Wächter,* in *Ehmann* (Hrsg.), Der Datenschutzbeauftragte, 103; einschränkend MünchArbR/*Blomeyer,* § 99 Rdnr. 78; und demgegenüber *Gola/Schomerus,* BDSG § 4f Rdnr. 26; *Schaffland/Wiltfang,* BDSG § 4f Rdnr. 34; Kasseler Handbuch/*Blechmann,* 2.10 Rdnr. 394.

185 Vgl. freilich *Gola/Schomerus,* BDSG § 4f Rdnr. 26; *Schaffland/Wiltfang,* BDSG § 4f Rdnrn. 33 f.; *Bergmann/Möhrle/Herb,* BDSG § 4f Rdnr. 108.

nen Daten nicht erfüllen. Ganz gleich, ob es darum geht, sich den Zugang zu einem bestimmten Markt zu sichern, einzelne Kunden zu gewinnen, oder neue Verkaufsstrategien zu entwickeln, personenbezogene Angaben spielen dabei eine wichtige Rolle. Die in der Regel breit angelegten und detailliert formulierten Informationserwartungen der Marketing-Abteilung geraten zudem sehr leicht in Konflikt mit den Verwendungssperren des BDSG. Eine Verknüpfung beider Funktionen ist daher mit Rücksicht auf die Inkompatibilität der jeweils damit verbundenen Aufgaben mit der in § 4f Abs. 2 Satz 1 geforderten Zuverlässigkeit des Beauftragten unvereinbar.[186]

Personalleiter scheiden ebenfalls aus.[187] Die Daten der Beschäftigten zählen zu den am häufigsten verarbeiteten Angaben. Ihre Verwendung ist zudem nicht nur mit einem beträchtlichen Risiko für die Betroffenen, sondern auch mit einer Vielzahl von Streitfragen belastet.[188] Jeder Versuch, ausgerechnet jemanden zum Beauftragten zu bestellen, der wie kein anderer in die Verarbeitung von Beschäftigtendaten involviert ist und dabei vor allem die Interessen der verantwortlichen Stelle wahren muss, löst deshalb Konflikte aus, die sich negativ auf die Zuverlässigkeit des potenziellen Beauftragten auswirken. 102

Leiter der Rechtsabteilung erfüllen ebenfalls **nicht die gesetzlichen Voraussetzungen für die Bestellung** zum Beauftragten.[189] Nicht etwa, weil ihnen zumeist die erforderlichen technischen Kenntnisse fehlen, und ihnen deshalb schon die Fachkunde abgesprochen werden muss.[190] Ihre Bestellung scheitert vielmehr an den Interessenkonflikten, die bei der Anwendung der Datenschutzvorschriften auftreten können. Die vielfach unbestimmten, ja mehrdeutigen Aussagen des Gesetzgebers begünstigen unterschiedliche, sich oft gegenseitig ausschließende Interpretationen. Auf dem Spiel stehen dabei nicht nur nachrangige Probleme, sondern so zentrale Fragen wie die Erhebungs- und Übermittlungsvoraussetzungen. Rechtsabteilungen pflegen sich aber in einer solchen Situation nachhaltig für eine Auslegung einzusetzen, die den Interessen der verantwortlichen Stelle entgegenkommt. Beauftragte müssen dagegen auf eine Interpretation bedacht sein, die jedem Versuch entgegenwirkt, die Rechte der Betroffenen zu verkürzen. Das Konfliktpotenzial ist daher keineswegs gering, oder gar vernachlässigenswert.[191] Leiter von Rechtsabteilungen können unter diesen Umständen die erforderliche Zuverlässigkeit nicht für sich in Anspruch nehmen. Ihre Bestellung zum Beauftragten muss folglich unterbleiben. 103

Ebenso wenig können Leiter der Revisionsabteilung zu Beauftragten bestellt werden.[192] Ihre generelle Qualifikation ist allein schon wegen ihrer besonderen Kenntnis der organisatorischen Abläufe und ihrer Kontrollerfahrung nicht zu bestreiten.[193] Ihre Zuverlässigkeit wird allerdings durch einen doppelten Interessenkonflikt infrage gestellt. Beauftragte und Revisoren richten sich bei ihrer Tätigkeit zwar nach verschiedenen Prinzipien, die aber durchaus miteinander kollidieren können. Während bei den Revisoren Wirtschaftlichkeitsgesichtspunkte im Vordergrund stehen, ist eine datenschutzkonforme Verarbeitung Aus- 104

---

186 Vgl. auch den 2. *BerBbgL*, LT-Drs. 2/166, 11; *Tinnefeld/Ehmann/Gerling*, Einleitung, 448; *Schlemann*, Recht, 206; und demgegenüber *Bergmann/Möhrle/Herb*, BDSG § 4f Rdnr. 108.

187 Vgl. auch den 2. *BerBbgL*, LT-Drs. 2/166, 11; *Bergmann/Möhrle/Herb*, BDSG § 4f Rdnr. 104; *Gola/Schomerus*, BDSG § 4f Rdnr. 26; *Tinnefeld/Ehmann/Gerling*, Einführung, 448; *Schlemann*, Recht, 206; *Wächter*, in *Ehmann* (Hrsg.), Der Datenschutzbeauftragte, 103; *Bäumler/Nordmann*, Datenschutzbeauftragte, in *Abel* (Hrsg.) Datenschutz, § 8 Rdnr. 29; *Breinlinger*, RDV 1993, 55; im Erg. wohl ebenso *Schaffland/Wiltfang*, BDSG § 4f Rdnr. 30; einschränkend MünchArbR/*Blomeyer*, § 99 Rdnr. 78; und demgegenüber Kasseler Handbuch/ *Blechmann*, 2.10 Rdnr. 394.

188 Dazu § 28 Rdnr. 9 ff., 34 ff.

189 Vgl. auch *Tinnefeld/EhmannGerling*, Einführung, 448; im Erg. wohl ebenso *Schlemann*, Recht, 208; und demgegenüber *BfD-Info* 4 (5. Aufl. 2004), Die Datenschutzbeauftragten in Behörde und Betrieb, 11; *Schaffland/Wiltfang*, BDSG § 4f Rdnr. 30; *Bergmann/Möhrle/Herb*, BDSG § 4f Rdnr. 108;MünchArbR/*Blomeyer*, § 99 Rdnr. 78; Kasseler Handbuch/*Blechmann*, 2.10 Rdnr. 394.

190 Vgl. freilich *Schaffland/Wiltfang*, BDSG § 4f Rdnr. 37.

191 So aber *Schaffland/Wiltfang*, BDSG § 4f Rdnr. 37; *Schlemann*, Recht, 208.

192 Vgl. auch *Schlemann*, Recht, 209; wohl ebenso *Schaffland/Wiltfang*, BDSG § 36 Rdnr. 38; und demgegenüber *Bergmann/Möhrle/Herb*, BDSG § 4f Rdnr. 108; MünchArbR/*Blomeyer*, § 99 Rdnr. 78; Kasseler Handbuch/ *Blechmann*, 2.10 Rdnr. 304.

193 Vgl. den 2. *BerHessL*, LT-Drs. 12/5153, 13; *Ziener*, in *Voßbein* (Hrsg.), Organisation, 71 ff.

gangspunkt und Ziel aller Aktivitäten des Beauftragten. Konzessionen an die Wirtschaftlichkeit sind, so gesehen, nur dort erlaubt, wo die Wirksamkeit der Verarbeitungssperren nicht darunter leidet, oder, wenn der Gesetzgeber sie, wie in § 9 BDSG, ausdrücklich in Kauf nimmt. Revisoren sind zudem im Rahmen ihrer Tätigkeit berechtigt, den Beauftragten zu prüfen. Sie unterliegen freilich genauso der Kontrollkompetenz des Beauftragten. Bei einer Bestellung des Leiters der Revisionsabteilung zum Beauftragten stünde er deshalb vor der Aufgabe, sich selbst zweimal, wenngleich unter verschiedenem Vorzeichen, zu kontrollieren, eine Erwartung, die der Glaubwürdigkeit des Datenschutzes ebenso abträglich ist, wie einer konsequenten Einlösung seiner Anforderungen.[194]

105 **Vertriebs- und Betriebsleiter kommen als Beauftragte** genauso **nicht in Betracht**.[195] Beide müssen sich im Rahmen ihrer Tätigkeit auch mit der Verarbeitung personenbezogener Daten beschäftigen. Der Direktvertrieb ist ein besonders deutliches Beispiel dafür. Beide sind dabei gleichermaßen gehalten, Verarbeitungsregelungen zu treffen und Verarbeitungsstrategien zu entwerfen, die sich so eng wie möglich an die Erwartungen der verantwortlichen Stelle anlehnen und sie zu verwirklichen suchen. Beide würden daher bei einer Bestellung einem Interessenkonflikt ausgesetzt sein, der ihre Zuverlässigkeit untergräbt und daher ihrer Bestellung entgegensteht.

106 Die **Bedenken gegen die Zuverlässigkeit der Leiter** der EDV-, Personal-, Rechts-, Rechts- und Revisionsabteilungen sowie der Vertriebs- und Betriebsleiter **gelten genauso für ihre Mitarbeiterinnen und Mitarbeiter**.[196] Ihre Zuverlässigkeit steht daher ebenfalls grundsätzlich keineswegs nur dann außer Frage, wenn sich ihre Tätigkeit ganz auf die Aufgaben des Beauftragten konzentriert. Die für die jeweiligen Abteilungsleiter typischen Interessenkonflikte wiederholen sich dagegen genauso bei einer nebenamtlichen Beschäftigung. Sie wiegen allerdings noch schwerer, weil die Mitarbeiterinnen und Mitarbeiter viel fester in die je spezifischen organisatorischen Zusammenhänge eingebunden sind und in aller Regel über einen geringeren Handlungsspielraum verfügen.[197] Mit der bloßen Befreiung von Aufgaben, die mit der Verarbeitung personenbezogener Daten verbunden sind, lässt sich deshalb die Zuverlässigkeit nicht sicherstellen.[198]

107 Zweifel an der gesetzlich geforderten Zuverlässigkeit sind auch bei **Sicherheits- und Geheimschutzbeauftragten** angebracht.[199] Ihre Kenntnisse und Erfahrungen im Bereich der Datensicherheit legen zwar nahe, sie zu Beauftragten zu bestellen.[200] Ihre Zuverlässigkeit wird aber durch mögliche Interessenkonflikte infrage gestellt. So ist eine Zusammenarbeit zwischen Sicherheitsbeauftragten und Verfassungsschutzämtern besonders bei Rüstungsbetrieben üblich.[201] Für die Tätigkeit als Beauftragter ist eine solche Kooperation nicht gleichgültig. Sie bringt ihn gerade dann in Schwierigkeiten, wenn er, wie bei der Zusammenarbeit mit dem Verfassungsschutz verpflichtet ist, Informationen zu liefern. Die gesetzlichen Übermittlungssperren (§§ 15, 28, 29) sind gegenüber jedem zu beachten, der personenbezogene Daten haben möchte. Gerade dort aber, wo es das BDSG bei einigen wenigen, überaus allgemein gehaltenen Formulierungen belässt (§ 28 Abs. 3 Nr. 2), ist es für die Betroffenen sehr wichtig, sich auf eine Interpretation verlassen zu können, die den Mangel an Präzision nicht nutzt, um die Übermittlungsmöglichkeiten auszuweiten, sondern solchen Tendenzen mit Rücksicht auf die Ziele und Grundsätze des Datenschutzes widersteht. Genau diese Erwartung droht bei einer

---

194 Vgl. auch *Schlemann,* Recht, 209; sowie *Schaffland/Wiltfang,* BDSG § 4f Rdnr. 38.
195 Vgl. den 2. *BerBbgL*, LT-Drs. 2/166, 11; sowie *Gola/Schomerus,* BDSG § 4f Rdnr. 26; *Schlemann*, Recht, 206.
196 Vgl. auch BAG AP Nr. 4 zu § 99 BetrVG 1972, Versetzung.
197 Vgl. auch *Bergmann/Möhrle/Herb*, BDSG § 4f Rdnr. 108. Das wird in den *BWHinwBDSG* Nr. 31, 1.1, Dok. B 1.36, sowie dem 2. *BerHessL*, LT-Drs. 12/5153, 13, ebenso übersehen wie von *Gola/Schomerus*, BDSG § 4f Rdnr. 27; *Tinnefeld/Ehmann/Gerling,* Einführung, 448 f.; *Schlemann,* Recht, 208 f.
198 So aber *Schlemann,* Recht, 208 f.
199 Vgl. auch *Bäumler/Nordmann,* Datenschutzbeauftragte, in *Abel* (Hrsg.) Datenschutz, § 8 Rdnr. 2.
200 Vgl. *Münch,* RDV 1993, 158; sowie *BfD-Info* 4, Die Datenschutzbeauftragten, 11; *Gola/Schomerus*, BDSG § 4f Rdnr. 27.
201 Vgl. LAG München, Dok. § 28 BDSG 77, E 1.

festen Kooperation mit dem Verfassungsschutz missachtet zu werden.[202] Solange deshalb Sicherheits- oder Geheimschutzbeauftragte für diese Zusammenarbeit verantwortlich sind, fehlt es ihnen an der für die Bestellung zum Beauftragten erforderlichen Zuverlässigkeit.[203]

Interessenkonflikte schließen auch **die Bestellung von Betriebs- und Personalräten zu** 108
Beauftragten aus.[204] Die Arbeitnehmervertretung ist verpflichtet, die Anwendung der Datenschutzregelungen zu überwachen (§§ 80 Abs. 1 Nr. 1 BetrVG und 68 Abs. 1 Nr. 2 BPersVG)[205] und berechtigt, sich an der Entscheidung über die Einstellung des Beauftragten zu beteiligen.[206] Daraus lässt sich zwar auf die Fachkunde der Arbeitnehmervertreter, nicht aber auf ihre Zuverlässigkeit schließen.[207] Schon deshalb, weil die Vorstellungen der Betriebs- und Personalräte über den Umgang mit Arbeitnehmerdaten durchaus mit den Anforderungen des Datenschutzes kollidieren können.[208] Arbeitnehmervertretungen tendieren oft dazu, sei es, Konzessionen bei der Verarbeitung von Arbeitnehmerdaten um den Preis anderer von ihnen angestrebter Regelungen zu machen, sei es, ihre Rechte durch Abmachungen zu untermauern, die ihnen eigene Verarbeitungsmöglichkeiten einräumen. Beides illustriert nicht nur Erwartungen, die mit den Datenschutzgrundsätzen nicht vereinbar sind, vielmehr auch Konflikte, auf die sich gerade der Beauftragte einlassen muss. Solange aber der Beauftragte zugleich Mitglied der Arbeitnehmervertretung ist, bringt die Doppeleigenschaft Belastungen mit sich, die leicht zu Zugeständnissen zwingen, die sich mit einer konsequenten Anwendung der Datenschutzgrundsätze nicht vertragen. Ein Beauftragter, der seine Mitgliedschaft in der Arbeitnehmervertretung beibehält, ist zudem dem Arbeitgeber gegenüber in einer sehr viel schwierigeren Lage. Er ist als Betriebsrat unverändert dessen Gegenpart und Verhandlungspartner, eine Position, die leicht in immer wieder neue aufgebaute Zugangsbarrieren zu den jeweils verarbeiteten Daten umschlagen kann.

Für die **Mitglieder der Sprecherausschüsse der leitenden Angestellten** gilt nichts anderes 109
als für Personal- und Betriebsräte: sie scheiden als Beauftragte aus. Ihre Kontroll- und Mitwirkungsmöglichkeiten mögen geringer sein. Der Interessenkonflikt wird aber dadurch nicht beseitigt und führt deshalb erneut dazu, die **Zuverlässigkeit zu verneinen**.

Eine Mehrfachbeschäftigung wirkt sich auch auf die Zuverlässigkeit **externer Beauftragter** 110
aus. Schon die **Konflikte**, die sich **aus der parallelen Tätigkeit** für verschiedene verantwortliche Stellen ergeben könnten, wecken berechtigte Zweifel an der Zuverlässigkeit.[209] So liegt es beispielsweise nahe, die Schwierigkeiten bei der Bestellung eines **Konzerndatenschutzbeauftragten** mit Hilfe von Verträgen zu überwinden, die mit den einzelnen Konzern unternehmen geschlossen werden.[210] Eine solche Regelung erweist sich spätestens bei einer Konzernpolitik als problematisch, die darauf bedacht ist, die Verarbeitung personenbezogener Daten zu zentralisieren oder zumindest einen konzernweiten Zugriff sicherzustellen, um den Informationswert der Angaben ebenso konzernweit auszuschöpfen.[211] Die Zuverlässigkeit ist erst recht nicht mehr gegeben, wenn **Rechtsanwälte, Wirtschaftsprüfer** oder **Unternehmensberater**, die auch sonst für die verantwortliche Stelle tätig sind, zum Beauftragten bestellt werden sollen.[212]

---

202 Das übersehen *Dörr/Schmidt*, BDSG § 36 Rdnr. 19; vgl. aber auch MünchArbR/*Blomeyer*, § 99 Rdnr. 78; Kasseler Handbuch/*Blechmann*, 2.10 Rdnr. 394; *Schlemann*, Recht, 210.

203 Vgl. auch *Gola/Wronka*, Handbuch, Rdnr. 808.

204 Vgl. auch *Bergmann/Möhrle/Herb*, BDSG § 4f Rdnr. 105; MünchArbR/*Blomeyer*, § 99 Rdnr. 78; *Schlemann*, Recht, 214; *Kort*, RdA 1982, 382; *Beder*, CR 1990, 475; und demgegenüber den 15. *BerHessLR*, LT-Drs. 15/4659, 49; *Gola/Schomerus*, BDSG § 4f Rdnr. 28; *Gola/Wronka*, Handbuch, Rdnr. 809 ff.; Kasseler Handbuch/*Blechmann*, 2.10 Rdnr. 396; sowie *Breinlinger*, RDV 1993, 55; *Rudolf*, NZA 1996, 298.

205 Dazu § 28 Rdnr. 38f.

206 Dazu o. Rdnr. 70 ff.

207 Vgl. freilich *Gola/Schomerus*, BDSG § 4f Rdnr. 28.

208 Dazu § 28 Rdnr. 51 ff.

209 Dazu auch o. Rdnr. 46 f.

210 Vgl. auch o. Rdnr. 35 f.

211 Vgl. auch *Gola/Schomerus*, BDSG § 4f Rdnr. 24; *Schaffland/Wiltfang*, BDSG § 4f Rdnr. 60; und demgegenüber *Bergmann/Möhrle/Herb*, BDSG § 4f Rdnrn. 72; sowie Kasseler Handbuch/*Blechmann*, 2.10 Rdnr. 400.

212 Vgl. auch *Bergmann/Möhrle/Herb*, BDSG § 4f Rdnr. 111; *Wächter*, in *Ehmann* (Hrsg.), Der Datenschutzbeauftragte, 103; einschränkend *Schlemann*, Recht, 214.

111 Fehlt es an der erforderlichen Fachkunde oder Zuverlässigkeit, so ist ein Beauftragter **nicht bestellt**. § 4f sieht nicht nur, sofern die dort näher umschriebenen Voraussetzungen vorliegen (§ 4f Abs. 1),[213] eine Pflicht zur Bestellung vor, sondern legt auch die Qualifikationsmerkmale verbindlich fest (§ 4f Abs. 2 Satz 1). Die verantwortliche Stelle muss sich daher keineswegs lediglich vergewissern, ob § 4f Abs.1 in ihrem Fall anwendbar ist. Sie ist vielmehr genauso gehalten, Fachkunde und Zuverlässigkeit des in Aussicht genommenen Beauftragten **vor der Bestellung** zu prüfen. Das Gesetz duldet weder einen Aufschub noch eine unzureichende Prüfung. Die Qualifikationsmerkmale sind, mit anderen Worten, konstitutive Elemente der Bestellung, die deshalb zu dem Zeitpunkt, zu dem sie erfolgt, gegeben sein müssen.[214]

112 Ein Verstoß gegen § 4f Abs. 2 Satz 1 ist eine **Ordnungswidrigkeit** (§ 43 Abs. 1 Nr. 2) und kann mit einer **Geldbuße** geahndet werden (§ 43 Abs. 3).[215] Das BDSG beschränkt sich eben keineswegs darauf, eine Geldbuße nur bei einer nicht rechtzeitig erfolgten Bestellung vorzusehen (§43 Abs. 1 Nr. 2),[216] sondern reagiert genauso, wenn eine Bestellung nicht erfolgt ist, sei es, weil sie einfach unterlassen wurde, sei es, weil die gesetzlichen Voraussetzungen nicht erfüllt sind.

113 Die **Aufsichtsbehörde** kann darüber hinaus wegen der mangelnden Fachkunde oder Zuverlässigkeit die **Abberufung** des Beauftragten verlangen (§ 38 Abs. 5 Satz 3).[217] Sie ist zwar nicht befugt, selbst den Beauftragten von seinem Amt zu entbinden. Die verantwortliche Stelle hat aber dennoch keine Wahl. Sie muss die Bestellung **unverzüglich widerrufen**.[218]

114 Verstöße gegen § 4f Abs. 2 Satz 1 können **Schadenersatzpflichten** auslösen. So kann die **verantwortliche Stelle** nach § 7[219] sowie wegen einer Verletzung ihrer Organisationspflicht nach § 823 Abs. 1 BGB,[220] verpflichtet sein, Schäden auszugleichen, die den Betroffenen bei der Verarbeitung ihrer Daten durch die mangelnden Fachkunde oder Zuverlässigkeit des zu Unrecht bestellten Beauftragten verursacht wurden. Eine Ersatzpflicht kann unter Umständen aber auch den **„Beauftragten"** selbst treffen. Vor allem **externe Beauftragte**, die eine Übernahme der Beauftragtenfunktion in ihr berufliches Angebot einbeziehen, müssen mit einer Ausgleichspflicht dann rechnen, wenn sie mögliche Hinderungsgründe nicht geprüft oder in Kenntnis der fehlenden Qualifikation schadensstiftende Maßnahmen veranlasst haben. Haftungsgrundlage ist, soweit es um die verantwortliche Stelle geht, ihre vertragliche Beziehung zum Beauftragten, beim Ersatzanspruch des Betroffenen der § 823 Abs. 1 BGB.

6. Organisatorische Stellung

6.1 Unmittelbare Unterstellung unter die Geschäftsleitung (Abs. 3 Satz 1)

115 Der Beauftragte muss dem **Leiter der verantwortlichen Stelle unmittelbar unterstellt** werden (§ 4f Abs. 3 Satz 1). Das BDSG vermeidet es zwar, den Beauftragten in ein ausformuliertes Organisationsschema einzubinden. Das Gesetz gibt aber eine Reihe von Grundsätzen vor, die allesamt darauf abzielen, die besondere Stellung des Beauftragten zu verdeutlichen und abzusichern. Dazu zählt zunächst die **Ansiedlung des Beauftragten bei der Leitung** der verantwortlichen Stelle. Der verantwortlichen Stelle ist damit von vornherein jede Möglichkeit genommen, einer anderen organisatorischen Regelung, etwa der Anbindung an einen bestimmten Bereichs- oder Abteilungsleiter, gleichviel aus welchen Gründen, den Vorzug zu

213 Dazu o. Rdnr. 8 ff.
214 Dazu auch o. Rdnr. 93.
215 Vgl. auch *Gola/Schomerus*, BDSG § 4f Rdnr. 23.
216 So aber *Dörr/Schmidt,* BDSG § 36 Rdnr. 25.
217 Dazu § 38 Rdnr. 64.
218 Vgl. auch *BrLFD,* 17. TB 99; *Bergmann/Möhrle/Herb,* BDSG § 38 Rdnrn. 79 f.; *Wind,* Kontrolle, 88 f.; *Schlemann,* Recht, 239; sowie *Wedler,* in *Ehmann* (Hrsg.), Der Datenschutzbeauftragte, 88.
219 Dazu § 7 Rdnr. 18 ff.
220 Dazu § 7 Rdnr. 59 ff.

geben.[221] Das Gesetz räumt so Kompetenz- und Kommunikationsschwierigkeiten aus dem Weg und ermöglicht es, Datenschutzfragen unmittelbar in den Entscheidungsprozess über Struktur und Aktivitäten der verantwortlichen Stelle einzubringen. Es unterstreicht allerdings auch, dass der Beauftragte **ausschließlich der Leitung** der verantwortlichen Stelle **rechenschaftspflichtig ist**. Das BDSG integriert also einerseits den Beauftragten in die Organisation der verantwortlichen Stelle, nimmt ihn jedoch andererseits gezielt aus ihrem hierarchischen Aufbau heraus. Ob er deshalb noch anderen Aufgaben nachgeht und um welche es sich dabei handelt, ist genauso gleichgültig wie seine Einstufung. Seine **Stellung bestimmt sich einzig und allein aus seiner Funktion**.

116 Das BDSG enthält keinerlei Angaben darüber, welchem **Leitungsbereich** der Beauftragte zuzuordnen ist. Der verantwortlichen Stelle fällt deshalb die Aufgabe zu, den zuständigen Bereich zu bestimmen. Sie muss dabei nicht nur Eigenart und Bedeutung der Aufgabe des Beauftragten bedenken, sondern auch Bereiche möglichst vermeiden, bei denen die Verwendung personenbezogener Daten eine besondere Rolle spielt.[222] Typische Beispiele dafür sind etwa „Personal" oder „Ein- und Verkauf".[223] Allzu leicht könnte es sonst zu Friktionen kommen oder gar zu Versuchen, steuernd in die Tätigkeit des Beauftragten einzugreifen. Am ehesten bietet sich deshalb entweder eine Verknüpfung mit der Leitungsspitze an oder mit Bereichen wie „Revision" oder „Organisation".

117 Das BDSG äußert sich auch nicht dazu, wie der Beauftragte **einzustufen** ist, ob also als Bereichs-, Hauptabteilungsleiter oder Abteilungsdirektor. Die Entscheidung bleibt vielmehr der verantwortlichen Stelle überlassen.[224] Sie muss allerdings dabei **der besonderen Stellung des Beauftragten Rechnung tragen**. Aufgaben, wie vor allem eine ebenso umfassende wie uneingeschränkte Kontrolle der Verarbeitung, erfordern eine gerade durch eine entsprechende organisatorische Einstufung abgesicherte Autorität.

118 § 4f Abs. 3 Satz 1 berechtigt den Beauftragten, sich **jederzeit an die Leitung der verantwortlichen Stelle zu wenden** und sie auf notwendige Maßnahmen ebenso wie auf mögliche Verstöße aufmerksam zu machen.[225] Der Datenschutz mag also im Rahmen der verantwortlichen Stelle in sehr unterschiedlichen Zusammenhängen eine Rolle spielen. Welche Vorkehrungen aber mit Rücksicht auf die verschiedenen Datenschutzregelungen getroffenen werden müssen und wie auf eine Verletzung der Datenschutzanforderungen zu reagieren ist, sind Fragen, die unmittelbar die Leitung der verantwortlichen Stelle angehen. Das direkte Vortragsrecht des Beauftragten bekräftigt, so gesehen, die gesetzlich vorgeschriebene Kompetenzzuweisung und erinnert zugleich die Leitung an ihre Verpflichtung, den Beauftragten, etwa bei einer geplanten Automatisierung der Verarbeitung (§ 4g Abs. 1 Satz 3 Nr. 1), in ihren Entscheidungsprozess einzuschalten.

119 Der unmittelbare Kontakt zur Leitung der verantwortlichen Stelle begründet **keine unbegrenzte Informationspflicht** des Beauftragten. Seine Kontrollfunktion setzt den Zugang zu allen jeweils verarbeiten Daten voraus und sichert ihn zugleich ab. Der Beauftragte ist mithin auch dort zugangsberechtigt, wo es sich, um besonders geschützte Daten handelt, etwa die vom Werksarzt oder im Hinblick auf bestimmte, ausdrücklich als vertraulich qualifizierte gesetzliche Übermittlungspflichten der verantwortliche Stelle verarbeitete Angaben.[226] Der uneingeschränkte Zugang lässt sich aber nur aufrecht erhalten, wenn er nicht zum Mittel wird, Informationsbarrieren zugunsten der Leitung der verantwortlichen Stelle zu umgehen und den Beauftragten so für ihre Informationserwartungen zu instrumentalisieren. Jeder Versuch, seine organisatorische Zuordnung, also seine **„Unterstellung"** unter die Leitung, **in eine**

221 Vgl. dazu die Auskunft der Aufsichtsbehörde Baden-Württemberg für den nicht-öffentlichen Bereich, RDV 1994, 105.

222 Ebenso *Bergmann/Möhrle/Herb,* BDSG § 4f Rdnr. 118; *Schlemann,* Recht, 150.

223 Anders *Schaffland/Wiltfang,* BDSG § 4f Rdnr. 46; Kasseler Handbuch/*Blechmann,* 2.10 Rdnr. 481.

224 Vgl. auch *Schaffland/Wiltfang*, BDSG § 4f Rdnr. 46; *Gola/Schomerus*, BDSG § 4f Rdnr. 47; Kasseler Handbuch/*Blechmann,* 2.10 Rdnr. 479.

225 Ebenso *Bergmann/Möhrle/Herb,* BDSG § 4f Rdnr. 116; *Gola/Schomerus,* BDSG § 4f Rdnr. 47; *Roßnagel/Königshofen*, Handbuch, 5.5, Rdnr. 95; Kasseler Handbuch/*Blechmann,* 2.10 Rdnr. 480.

226 Dazu § 4g Rdnr. 35 ff.

Informationspflicht über die konkret verarbeiteten Daten **umzudeuten**, ist mit den gesetzlich vorgeschriebenen Aufgaben des Beauftragten ebenso unvereinbar wie mit seiner auch und vor allem von der EG-Datenschutzrichtlinie ausdrücklich geforderten **Unabhängigkeit** (Art. 18 Abs. 2).[227]

120 Der Beauftragte ist folglich nicht nur berechtigt, sondern ohne Rücksicht auf den Verarbeitungsbereich und das Verarbeitungsverfahren verpflichtet, keine personenbezogene Daten weiterzugeben, die der Leitung der verantwortlichen Stelle nicht zugänglich sind. Anders als in § 4f Abs. 4 spricht allerdings das BDSG die **Verschwiegenheitspflicht** des Beauftragten in § 4f Abs. 3 Satz 1 nicht ausdrücklich an. § 4f. Abs. 4 ist aber keine abschließende Regelung, sondern greift lediglich einen weiteren Sonderaspekt der Verschwiegenheitspflicht auf.[228] In beiden Fällen erweist sie sich als die Kehrseite einer wirklich umfassenden Verarbeitungskontrolle.

6.2 Weisungsfreiheit (Abs. 3 Satz 2)

121 Der Beauftragte ist **weisungsfrei** (§ 4f Abs. 3 Satz 2). Seine Verpflichtung, auf die Einhaltung der Datenschutzregelungen **„hinzuwirken"** (§ 4g Abs. 1 Satz 1) bleibt so lange reine Leerformel, wie die verantwortliche Stelle ihn jederzeit anweisen kann, wie er sich zu verhalten hat. Das BDSG lässt es daher gar nicht erst zum Konflikt kommen. Es spricht der verantwortlichen Stelle jede Befugnis ab, dem Beauftragten vorzuschreiben, wie er seiner Aufgabe nachgehen und welche Konsequenzen er aus seinen Erfahrungen mit der Verarbeitung ziehen muss. Die Weisungsfreiheit ist deshalb **Kernstück seiner Unabhängigkeit**. Erst recht wird aber deutlich, dass die Bestellung des Beauftragten keineswegs nur ein formaler Vorgang ist, vielmehr durchaus die Handlungsbedingungen der verantwortlichen Stelle verändert.

122 § 4f Abs. 3 Satz 2 **grenzt die Weisungsfreiheit ein**. Anordnungen müssen lediglich dann unterbleiben, wenn der Beauftragte seine **„Fachkunde"** ausübt. Der Gesetzgeber folgt mit dieser etwas befremdlichen Formulierung dem Beispiel durchaus vergleichbarer Regelungen. So gewährleistet etwa § 8 Abs. 1 ASiG die Weisungsfreiheit der Betriebsärzte und Fachkräfte für Arbeitssicherheit bei der Anwendung ihrer „arbeitsmedizinischen und sicherheitstechnischen" Fachkunde. Gemeint ist hier wie dort der **gesamte Tätigkeitsbereich** des jeweiligen Beauftragten. Die „Fachkunde" legitimiert seine Bestellung (§ 4f Abs. 2 Satz 1) und rechtfertigt auch das Verbot, in seine Tätigkeit einzugreifen. Ganz gleich also, ob es um den Ablauf bestimmter Verarbeitungsvorgänge, Maßnahmen der Datensicherheit oder Verstöße gegen Datenschutzregelungen geht, Weisungen der verantwortlichen Stelle sollen den Beauftragten nicht daran hindern, seine Meinung nach seinen Kenntnissen und Erfahrungen und nicht nach ihren Wünschen zu bilden und zu vertreten. Weil aber die Weisungsfreiheit eine strikt funktionsabhängige Beschränkung der Rechte der verantwortlichen Stelle ist, bleibt der Beauftragte **bei weiteren, von ihm ebenfalls wahrgenommenen Aufgaben weisungsgebunden**.[229]

123 Die Weisungsfreiheit erstreckt sich auf die **Mitarbeiterinnen und Mitarbeiter** des Beauftragten.[230] Sie werden ihm zugeordnet und sollen ihm bei der Erfüllung seiner Aufgaben behilflich sein. Sie sind deshalb genauso wie der Beauftragte selbst in einem Bereich tätig, der sich Interventionen und Anordnungen der verantwortlichen Stelle entzieht. Jeder Versuch, sie anders als den Beauftragten zu behandeln, würde unter diesen Umständen dazu führen, seine gesetzlich garantierte Weisungsfreiheit zu unterlaufen. **Weisungsberechtigt** ist daher ihnen gegenüber **nur der Beauftragte**.

124 **Prüfaufträge** sind **keine Weisungen**. Zu den Aufgaben des Beauftragten gehört es auch und vor allem die verantwortliche Stelle bei Entscheidungen über Datenschutzmaßnahmen zu be-

---

227 Dazu o. Rdnr. 5; sowie *Gola/Schomerus*, BDSG § 4f Rdnr 46.

228 Dazu auch u. Rdnr. 166 ff.

229 Vgl. auch *Bergmann/Möhrle/Herb*, BDSG § 4f Rdnr. 126; *Gola/Schomerus*, BDSG § 4f Rdnr. 48; *Schaffland/Wiltfang*, BDSG § 4f Rdnr. 27; Kasseler Handbuch/*Blechmann*, 2.10 Rdnr. 485.

230 Vgl. auch *BWHinwBDSG* Nr. 9, 6, Dok. B 1.10; *Schaffland/Wiltfang*, BDSG § 4f Rdnr. 27; *Bergmann/Möhrle/Herb*, BDSG § 4f Rdnr. 128; *Schlemann*, Recht, 151.

raten.[231] Die Initiative dazu muss keineswegs immer beim Beauftragten liegen, sondern kann genauso gut von der **verantwortlichen Stelle** ausgehen. Der Beauftragte muss deshalb mit Rücksicht auf seine Beratungsfunktion Prüfungsaufträge jedenfalls so lange annehmen, wie sie vom Umfang und von der Dauer her nicht die Erfüllung seiner weiteren Aufgaben gefährden.[232] Der Beauftragte ist aber auch der Arbeitnehmervertretung gegenüber verpflichtet, sie bei ihren Bemühungen zu unterstützen, den Schutz der Beschäftigtendaten zu gewährleisten und auszubauen.[233] **Personal- und Betriebsräte sind** daher **ebenfalls berechtigt**, **ihn zu beauftragen**, datenschutzrelevante Vorgänge oder Maßnahmen **zu prüfen**.[234]

Die verantwortliche Stelle ist im Rahmen ihrer **Dienstaufsicht,** anders als bei der Ausübung 125
der Fachkunde des Beauftragten, **weisungsberechtigt**.[235] Er kontrolliert die Verarbeitung und berät die verantwortliche Stelle, nimmt ihr aber nicht die Verantwortung für eine korrekte Anwendung der Datenschutzregelungen ab. Sie muss die jeweils erforderlichen Entscheidungen treffen und auch dafür einstehen. Sie ist deshalb nicht nur berechtigt, sondern verpflichtet, **sich zu vergewissern**, ob der Beauftragte **ordnungsgemäß seinen Aufgaben nachkommt**. Ihre Pflichten erschöpfen sich also nicht in seiner Bestellung, nur die Zielrichtung ändert sich. Soweit daher die verantwortliche Stelle **Mängel ausmacht**, muss sie auf eine **Korrektur dringen** und ist folglich befugt, die entsprechenden Weisungen zu erteilen.

Die **Grenze zwischen** einer **noch gerechtfertigten Anordnung** und einer **unzulässigen** 126
Weisung ist freilich **flüssig**. Eingriffe in die Kontrolltätigkeit des Beauftragten lassen sich unschwer als Beanstandungen einer mangelhaften Aufgabenerfüllung ausgeben. Die verantwortliche Stelle überschreitet deshalb grundsätzlich nur so lange nicht ihre Rechte wie sie sich bei ihren Bemerkungen und Erwartungen auf den **äußeren Ablauf** der Aktivitäten des Beauftragten **beschränkt**, also die Vernachlässigung einzelner Verarbeitungsbereiche, eine ungebührliche Verzögerung der Vorschläge für bestimmte Sicherheitsvorkehrungen oder die unterlassene Information der Beschäftigten über Datenschutzregelungen moniert.

Die Weisungsfreiheit begründet keine **Entscheidungsrechte** des Beauftragten.[236] Aus der 127
Verpflichtung der verantwortlichen Stelle, seine „Fachkunde" zu respektieren und sich jeder Intervention in seine Tätigkeit zu enthalten, lässt sich nicht das Recht ableiten, selbst zu bestimmen, welche Verarbeitungsmaßnahmen im Einzelnen getroffen werden müssen. Die Entscheidungskompetenz liegt unverändert bei der verantwortlichen Stelle. Sie kann sich an die Stellungnahme des Beauftragten halten, braucht ihr aber nicht zu folgen. Aber auch wenn die verantwortliche Stelle dem Beauftragten Entscheidungsbefugnisse übertragen sollte, wird sie von ihrer Verantwortung nicht entlastet, sondern der Beauftragte zusätzlich belastet.

Ebenso wenig lassen sich aus der Weisungsfreiheit **Anordnungsbefugnisse** gegenüber den 128
Beschäftigten der verantwortlichen Stelle ableiten.[237] Sie muss zwar den Beauftragten bei seiner Tätigkeit unterstützen (§ 4f Abs. 5 Satz 1), behält aber ihr Direktionsrecht unverändert bei. Es ist deshalb ihre Aufgabe, die Beschäftigten anzuweisen, den Beauftragten mit allen für seine Beratungs- und Kontrollfunktion erforderlichen Informationen zu versorgen und ihm Zugang zu den jeweils verarbeiteten personenbezogenen Daten zu gewähren. Der Beauftragte kann daher selbst dann keine Anordnungen erteilen, wenn er Verstöße gegen Datenschutzregelungen feststellt. Er muss sich vielmehr, wie auch sonst, an die Leitung der verantwortlichen Stelle wenden und gegebenenfalls die zuständige externe Kontrollinstanz einschalten (§ 4g Abs. 1 Satz 2).[238] Ein Nachteil erwächst ihm daraus nicht. Im Gegenteil,

---

231 Dazu § 4g Rdnr. 3, 34 ff.

232 Ebenso *Gola/Schomerus,* BDSG § 4f Rdnr. 48a; *Bergmann/Möhrle/Herb,* BDSG § 4f Rdnr. 126; *Schaffland/Wiltfang*, BDSG § 4f Rdnr. 27; *Rudolf,* NZA 1996, 299.

233 Dazu § 4g Rdnr. 8 f.

234 Vgl. auch *Gola/Schomerus,* BDSG § 4f Rdnr. 48a; *Bergmann/Möhrle/Herb,* BDSG § 4f Rdnr. 127.

235 Vgl. auch BAG AP Nr. 4 zu § 99 BetrVG 1972, Versetzung; sowie den 11. *BerHessLR*, LT-Drs. 14/41159, 23; *Gola/Schomerus,* BDSG § 4f Rdnr. 48; *Schlemann,* Recht, 152.

236 Vgl. auch *Gola/Schomerus,* BDSG § 4f Rdnr. 48.

237 Ebenso *Schaffland/Wiltfang,* BDSG § 4f Rdnrn. 68; *Bergmann/Möhrle/Herb*, BDSG § 4f Rdnr. 128; Kasseler Handbuch/*Blechmann,* 2.10 Rdnr. 483; *Schlemann,* Recht, 152.

238 Dazu § 4g Rdnr. 13 ff., 23.

das fehlende Weisungsrecht bewahrt ihn davor, sich unmittelbar in die Verarbeitungsabläufe zu involvieren, und hilft ihm so, die nötige Distanz zur verarbeitenden Stelle beizubehalten.[239]

129 Das BDSG **gleicht die mangelnden Entscheidungsbefugnisse** des Beauftragten, jedenfalls teilweise, **durch eine verstärkte Intervention externer Kontrollinstanzen** (Aufsichtsbehörden und BfDI) aus. Wer die Bestellung eines Beauftragten so nachdrücklich wie das BDSG fordert und ihm zugleich Weisungsfreiheit garantiert, räumt seinen Stellungnahmen eine besondere Bedeutung für die Wahrung des Datenschutzes ein. Negative Reaktionen der verantwortlichen Stelle, vor allem aber ihre Weigerung, beanstandete Verstöße gegen Datenschutzvorschriften zu korrigieren, lassen sich deshalb nicht ignorieren. Das BDSG beschränkt sich daher nicht darauf, den Konflikt zwischen dem Beauftragten und der verantwortlichen Stelle in Kauf zu nehmen. Es sieht vielmehr vor, dass sich der Beauftragte vor allem dann, wenn der Konflikt eine datenschutzkonforme Verarbeitung nachhaltig gefährdet, an die jeweils zuständige externe Kontrollinstanz wenden kann (§ 4f Abs. 1 Sätze 2 bis 4). Sie ist verpflichtet, ihn auch und gerade gegenüber der verantwortlichen Stelle ganz besonders in den Fällen zu unterstützen, in denen notwendige, vom Beauftragten geforderte Maßnahmen an ihrem Widerstand zu scheitern drohen.[240] Weisungsfreiheit und Eingriff der externen Kontrollinstanzen sind, so gesehen, aneinander gekoppelt.

6.3 Benachteiligungsverbot (Abs. 3 Satz 3)

130 Der Beauftragte darf **nicht** wegen der mit seiner Funktion verbundenen Tätigkeiten **benachteiligt werden** (§ 4f Abs. 3 Satz 3). Das **Benachteiligungsverbot** ergänzt die Weisungsfreiheit und stärkt die Unabhängigkeit des Beauftragten. Die Verpflichtung der verantwortlichen Stelle, von Anordnungen abzusehen, verbessert zwar die Chancen einer effizienten Anwendung der Datenschutzregelungen, setzt jedoch den Beauftragten erst recht der Gefahr von Pressionen aus. Weder den internen noch den externen Beauftragten kann die Reaktion der verantwortlichen Stelle auf ihre Tätigkeit gleichgültig sein. Für beide steht weit mehr auf dem Spiel als nur die korrekte Erfüllung ihrer Aufgaben. Konflikte belasten ihre Beziehung zur speichernden Stelle und gefährden letztlich ihren Arbeitsplatz ebenso wie die Fortsetzung ihrer vertraglichen Zusammenarbeit mit der verantwortlichen Stelle. Je schwerer aber die potenziellen finanziellen und beruflichen Nachteile, zumal im Zeichen einer fortschreitenden Professionalisierung der Beauftragten, wiegen, desto problematischer gerät der Widerstand gegen die Vorstellungen der verantwortlichen Stelle. Das Gesetz versucht mit dem Benachteiligungsverbot genau dieser Gefahr zu begegnen. Die Beauftragten sollen von der Belastung möglicher Diskriminierungen freigehalten werden.

131 **Die gesetzliche Regelung greift zu kurz**. Sie vernachlässigt die folgenschwerste Benachteiligung: **Missliebige Beauftragte brauchen nicht weiter oder nicht wieder beschäftigt zu werden**. Die verantwortliche Stelle muss also, um sich keinem Vorwurf auszusetzen, nur die Bestellung auslaufen lassen und sich im Übrigen bemühen, den Beschäftigungszeitraum vorsorglich möglichst kurz zu halten.[241] Nicht von ungefähr war deshalb schon bei den Beratungen des BDSG 77 ein besonderer Kündigungsschutz für Beauftragte gefordert worden. Der Gesetzgeber hat es freilich abgelehnt, eine entsprechende Regelung in das BDSG aufzunehmen.[242] Das BDSG 90 hat ebenfalls keinen umfassenden Schutz gegen eine Benachteiligung durch die Beendigung der Beschäftigung gebracht, und sich stattdessen darauf beschränkt, die Widerrufsmöglichkeiten zu begrenzen (§ 36 Abs. 3 Satz 3). Dabei ist es geblieben (§ 4f Abs. 3 Satz 4).[243] Eine wirklich wirksame Regelung setzt mehr voraus. Sie muss auch und vor allem eine **Mindestdauer der Bestellung** zum Beauftragten vorsehen. Solange es daran fehlt, bleibt das Benachteiligungsverbot ein Torso.

---

239 Vgl. *Ehmann*, in *Ehmann* (Hrsg.), Der Datenschutzbeauftragte, 3.
240 Dazu § 4g Rdnr. 13, 21.
241 Dazu auch o. Rdnr. 60 ff.
242 Dazu die 4. Auflage dieses Kommentars, § 28 Rdnr. 156.
243 Vgl. auch *Gola/Schomerus*, BDSG § 4f Rdnr. 39; und demgegenüber *Schaffland/Wiltfang*, BDSG § 4f Rdnr. 65 b.

Das Benachteiligungsverbot **richtet sich an die verantwortliche Stelle selbst genauso wie an jeden ihrer Beschäftigten**. Ihrer Leitung ist es also ebenso wie einer ihrer Abteilungen oder einzelnen für die Verarbeitung zuständigen Beschäftigten untersagt, den Beauftragten wegen seiner Tätigkeit zu benachteiligen. 132

§ 4f Abs. 3 Satz 3 verbietet **jede Benachteiligung.**[244] **Indirekte Benachteiligungen** sind deshalb **genauso unzulässig wie direkte.**[245] Das Verbot greift also auch ein, wenn die verantwortliche Stelle die anstehende Beförderung des Beauftragten verzögert, ihm zwar Räume zur Verfügung stellt, sie aber so aussucht, dass die Kommunikation mit der verantwortlichen Stelle darunter ebenso leidet wie der Zugang zu einzelnen für die Verarbeitung relevanten Bereichen, oder ihm Vergünstigungen verweigert, die allen Beschäftigten zugute kommen. 133

Das Benachteiligungsverbot ist erst recht bei einer **Auflösung des Beschäftigungsverhältnisses** oder einer **Versetzung** des Beauftragten zu beachten. **Kündigungen** aus bestimmten im Verhalten oder in der Person des Beauftragten liegenden Gründen, die scheinbar nichts mit der Tätigkeit des Beauftragten zu tun haben, **sind** immer dann **unwirksam, wenn** damit der **wirkliche Anlass, die Aktivitäten des Beauftragten, verdeckt wird.**[246] Genauso ist es bei einer **Versetzung**, bei der organisatorische Zwänge vorgeschoben werden. Umgehungen des Benachteiligungsverbotes sind vor allem bei Beauftragten, die ihre Kontrollfunktion nur nebenamtlich ausüben, besonders schwer zu durchschauen. Die Wahrnehmung mehrerer Aufgaben bietet der verantwortlichen Stelle auch mehr Möglichkeiten, Sanktionen zu verschleiern, die sich gegen die Tätigkeit des Beauftragten richten. 134

Bei **externen Beauftragten** ist es nicht anders. Ihre vertragliche Beziehung zur verantwortlichen Stelle kann, etwa bei Wirtschaftprüfern oder Unternehmensberatern, durchaus auf Aktivitäten zurückzuführen sein, die nicht mit ihrer Tätigkeit als Beauftragte zusammenhängen. Jeder Versuch aber, Gründe zu konstruieren, die von Konflikten über die Verarbeitungskontrolle ablenken, verstößt gegen das Benachteiligungsverbot. Die Folge: die Auflösung ist unwirksam, das **Vertragsverhältnis** zwischen der verantwortlichen Stelle und dem externen Beauftragten **besteht unverändert fort**. 135

Das Benachteiligungsverbot gilt genauso für **Mitarbeiterinnen und Mitarbeiter des Beauftragten**. Ihre Tätigkeit ist Teil der Aktivitäten des Beauftragten. Durch ihre Benachteiligung lässt sich deshalb auch eine Sanktionierung des Beauftragten erreichen. Schutzvorkehrungen, die in seinem Fall zu beachten sind, müssen daher bei ihnen ebenfalls berücksichtigt werden. 136

Das Benachteiligungsverbot bezieht sich gleichermaßen auf **bereits ausgeführte und lediglich angedrohte** Nachteile. Der Beauftragte soll seine Aufgaben nicht unter dem Druck möglicher Benachteiligungen erfüllen. Ob die verantwortliche Stelle ihn tatsächlich benachteiligt hat, ist deshalb nicht weiter wichtig. Die verantwortliche Stelle darf genauso wenig Konsequenzen für den Fall ankündigen, dass der Beauftragte bestimmte Verarbeitungspraktiken beanstandet oder ihren Vorstellungen nicht entgegenkommt. 137

§ 4f Abs. 3 Satz 3 gilt **ohne Rücksicht darauf,** ob die verantwortliche Stelle **sich der Benachteiligung bewusst ist, sie in Kauf nimmt**, oder **sie absichtlich anstrebt**. Das Gesetz will den Beauftragten vor Einflussnahmen bewahren, die Verlauf und Ziel seiner Tätigkeit verfälschen könnten. Mehr als eine **objektiv feststellbare nachteilige Behandlung** ist daher nicht erforderlich, solange jedenfalls keine Gründe dafür vorliegen, die nicht mit der Tätigkeit des Beauftragten zusammenhängen.[247] 138

Das Benachteiligungsverbot ist **nicht an die Dauer der Bestellung** gebunden.[248] Es gilt vielmehr so lange fort, wie die verantwortliche Stelle seine Tätigkeit zum Anlass nehmen könnte, um Maßnahmen zu treffen, die sich nachteilig auf ihn auswirken. 139

---

244 Vgl. auch *Bergmann/Möhrle/Herb,* BDSG § 4f Rdnr. 130.

245 Vgl. auch *Bergmann/Möhrle/Herb,* BDSG § 4f Rdnr. 130; *Schaffland/Wiltfang,* BDSG § 4f Rdnr. 28; *Schlemann,* Recht, 153 f.; *Schierbaum/Kiesche,* CR 1992, 731.

246 Vgl. auch *Gola/Schomerus*, BDSG § 4f Rdnr. 42.

247 Vgl. auch *Bergmann/Möhrle/Herb,* BDSG § 4f Rdnr. 130; *Schlemann,* Recht, 154; *Schierbaum/Kiesche*, CR 1992, 731.

248 Vgl. auch *Gola/Schomerus,* BDSG § 4f Rdnr. 53; *Schaffland/Wiltfang,* BDSG § 4f Rdnr. 28; Kasseler Handbuch/*Blechmann,* 2.10 Rdnr. 488; *Schlemann,* Recht, 156.

140 Das BDSG knüpft **keine Sanktionen** an die Verletzung des Benachteiligungsverbots. Hinzu kommen die Schwierigkeiten, Benachteiligungen aufzuzeigen. Sie werden selten offen erfolgen. Vor allem der Nachweis indirekter Benachteiligungen setzt oft einen Aufwand voraus, den der Beauftragte nicht leisten kann, ohne die Erfüllung seiner Aufgaben zu gefährden und sich noch mehr in Konflikte mit der verantwortlichen Stelle zu verstricken. Beides, die fehlenden Sanktionen und der komplizierte Nachweis, stellt deshalb die Wirksamkeit des Benachteiligungsverbots nachhaltig in Frage.

141 Umso wichtiger ist die **Unterstützung durch die Arbeitnehmervertretung**. Sie kann allerdings erst bei einer Auflösung des Beschäftigungsverhältnisses oder einer Versetzung eingreifen, ist dann aber im Rahmen ihrer Mitbestimmungsrechte (§§ 99 Abs. 1 BetrVG, 75 Abs. 1 Nrn. 1 und 3 BPersVG) nicht nur befugt, den von der verantwortlichen Stelle vorgebrachten Gründen nachzugehen, sondern ebenso berechtigt, ihre Zustimmung wegen eines Verstoßes gegen § 4f Abs. 3 Satz 3 zu verweigern (§§ 99 Abs. 2 Nr. 1 BetrVG, 77 Abs. 2 Nr. 1 BPersVG).[249]

6.4 Unterstützungspflicht (Abs. 5 Satz 1)

142 Die verantwortliche Stelle muss den Beauftragten bei der Erfüllung seiner Aufgaben **unterstützen** (§ 4f Abs. 5). Mit der Verpflichtung, einen Beauftragten zu bestellen (§ 4f Abs. 1), und der Verankerung der für seine Betätigung maßgeblichen Grundsätze im Gesetz (§ 4g) legt das BDSG zwar den rechtlichen Rahmen für die Einrichtung einer internen Kontrollinstanz fest, gewährleistet aber noch nicht ihre Funktionsfähigkeit. Genau diesem Ziel dient die **Unterstützungspflicht**. Sie verpflichtet die verantwortliche Stelle für die erforderliche **materielle und personelle Ausstattung** ebenso zu sorgen wie alle für eine ordnungsgemäße Erfüllung der Aufgaben des Beauftragten notwendigen **organisatorischen Maßnahmen** zu treffen.[250] Das BDSG verzichtet allerdings mit gutem Grund auf detaillierte Angaben. Welche Anforderungen nötig sind, lässt sich nur in Kenntnis der verantwortlichen Stelle und besonders der Verarbeitungsmodalitäten sagen.

143 Die **Entscheidung** über die im Einzelnen erforderlichen **Mittel und Maßnahmen** liegt ausschließlich **bei der verantwortlichen Stelle**. Der Beauftragte ist allerdings genauso gehalten, sich zu vergewissern, ob beides ausreicht. Im Dissensfall kann er sich an die jeweils für ihn zuständige **externe Kontrollinstanz** wenden (§ 4g Satz 2). Sollte sie seine Kritik teilen, muss sie sich bei der verantwortlichen Stelle für eine angemessene Ausstattung ebenso einsetzen wie für die notwendigen organisatorischen Vorkehrungen.

144 Bei der **personellen Ausstattung** verweist das Gesetz auf das erforderliche **„Hilfspersonal"** und übernimmt damit eine bereits im ASiG (§ 2 Abs. 2 Satz 2) sowie im BImmSchG (§ 55 Abs. 4) verwendete Formulierung. Sie ist sicherlich insoweit zutreffend als die Verpflichtung, die in § 4g näher definierten Aufgaben zu erfüllen, unverändert den Beauftragten selbst trifft. Er braucht zwar Mitarbeiterinnen und Mitarbeiter, darf aber nicht verdrängt werden, ganz gleich im Übrigen über welche Qualifikationen sie verfügen und wie die ihnen konkret übertragenen Aufgaben aussehen. Der Hinweis auf das „Hilfspersonal" verleitet allerdings leicht dazu, Qualifikation und Funktion der Mitarbeiter- und Mitarbeiterinnen herunterzuspielen. Je größer die verantwortliche Stelle und je umfangreicher die Verarbeitung ist, desto unerlässlicher erweist sich eine Arbeitsteilung. Ein typisches Beispiel dafür ist die Zuweisung bestimmter, sei es an spezifischen Aufgaben, sei es an organisatorischen Untergliederungen der verantwortlichen Stellen orientierter Tätigkeitsbereiche an einzelne Mitarbeiterinnen oder Mitarbeiter des Beauftragten.[251] Die beträchtlichen **Anforderungen an die Fachkunde** des Beauftragten legen es zudem nahe, seine in gewissen Gebieten möglicherweise weniger

249 Dazu auch o. Rdnr. 79.
250 Dazu *Bergmann/Möhrle/Herb,* BDSG § 4f Rdnr. 161 ff.; *Roßnagel/Königshofen*, Handbuch, 5.5, Rdnr. 105; *Schlemann,* Recht, 161 ff.
251 Vgl. *Schaffland/Wiltfang,* BDSG § 4f Rdnr. 64 a; Kasseler Handbuch/*Blechmann,* 2.10 Rdnr. 492.

ausgeprägten Kenntnisse durch eine entsprechende Qualifikation einzelner Mitarbeiterinnen oder Mitarbeiter **zu kompensieren.**[252]

Vor allem mit Rücksicht auf eine effizientere organisatorische Ausgestaltung der Tätigkeit des Beauftragten kann es sich auch empfehlen, einen **Vertreter** vorzusehen.[253] Das BDSG enthält zwar keine entsprechende Regelung. Eine Verlagerung der gesetzlich gewährleisteten Kompetenzen des Beauftragten scheidet unter diesen Umständen von vornherein aus. Dennoch ist es nicht nur zulässig, dem Vertreter, solange er dem Beauftragten eindeutig unterstellt bleibt, einen festen Aufgabenkreis zu übertragen. Er kann vielmehr den Beauftragten auch bei kurzfristigen Verhinderungen ersetzen. Im Hinblick darauf müssen deshalb bei seiner Auswahl die für die Bestellung des Beauftragten geltenden Bedingungen, vor allem also der Ausschluss von Interessenkollisionen, bedacht werden. 145

Bei der **sachlichen Ausstattung** erwähnt das Gesetz, wiederum in Anlehnung an das ASiG (§ 2 Abs. 2 Satz 2) sowie das BImmSchG (§ 55 Abs. 4) ausdrücklich die Verpflichtung der verantwortlichen Stelle, für die erforderlichen **Räume, Einrichtungen, Geräte und Mittel** zu sorgen.[254] Mit zu bedenken sind dabei spezifische Aufgaben des Beauftragten, wie etwa die Pflicht, die an der Verarbeitung beteiligten Beschäftigten mit den Anforderungen der Datenschutzregelungen vertraut zu machen (§ 4g Abs. 1 Satz 3 Nr. 2), aber auch die Notwendigkeit, die Entwicklung des Datenschutzes ebenso wie der Verarbeitungstechnologie zu verfolgen.[255] Die Ausstattung wird zudem verständlicherweise variieren, je nachdem, ob es sich um einen internen oder einen externen Beauftragten handelt. 146

Die Formulierung des § 4f Abs. 5 Satz 1 gibt ausdrücklich zu erkennen, dass es sich bei den Hinweisen auf die **personelle, sachliche und finanzielle Ausstattung** zwar um besonders wichtige, aber eben nur um **Beispiele für die Unterstützungspflicht** der verantwortlichen Stelle handelt. Sie aktualisiert sich genauso in **organisatorischen Maßnahmen**, die es dem Beauftragten erst ermöglichen, seine Aufgaben ungehindert zu erfüllen. Zu ihnen zählen zwei im BDSG explizit angesprochenen Pflichten, die **rechtzeitige Unterrichtung über Vorhaben der automatisierten Verarbeitung** (§ 4g Abs. 1 Satz 3 Nr. 1)[256] und die **Bereitstellung einer Übersicht über die in § 4e Satz 1 näher präzisierten Angaben** (§ 4g Abs. 2 Satz 1).[257] **Weisungen**, die einen jederzeitigen und unbeschränkten Zugang des Beauftragten zu den jeweils verarbeiteten personenbezogenen Daten sichern, die Beschäftigten anhalten, ihm alle für seine Tätigkeit erforderlichen Informationen mitzuteilen, sein Recht bestätigen, in bestimmten Fällen selbst Anordnungen zu geben, und überhaupt die Notwendigkeit einer engen Kooperation mit dem Beauftragten unterstreichen, gehören aber ebenso dazu.[258] 147

Die verantwortliche Stelle muss bei **nebenamtlichen Beauftragten** außer einer ausreichenden Ausstattung auch und vor allem gewährleisten, dass der Beauftragte über **genügend Zeit** verfügt, um seinen Aufgaben ordnungsgemäß nachzukommen.[259] Der verantwortlichen Stelle steht es zwar im Prinzip frei, sich für einen haupt- oder einen nebenamtlichen Beauftragten zu entscheiden.[260] Anders aber als hauptamtliche Beauftragte müssen nebenamtliche ihre Arbeitszeit zwischen mehreren Tätigkeiten aufteilen. Die verantwortliche Stelle ist daher, 148

252 Dazu auch o. Rdnr. 93.

253 Vgl. auch *Schaffland/Wiltfang,* BDSG § 4f Rdnr. 44; *Bergmann/Möhrle/Herb,* BDSG § 4f Rdnr. 173; *Schlemann,* Recht, 163.

254 Dazu *Bergmann/Möhrle/Herb,* BDSG § 4f Rdnr. 131, 176 f.; Kasseler Handbuch/*Blechmann,* 2.10 Rdnr. 493; *Schlemann,* Recht, 167 ff.

255 Vgl. auch *Bergmann/Möhrle/Herb,* BDSG § 4f Rdnr. 179; *Gola,* RDV 1991, 341 ff.

256 Dazu § 4g Rdnr. 43 ff.

257 Dazu § 4g Rdnr. 60 ff.

258 Vgl. auch *BWHinwBDSG* Nr. 31, 1.1, Dok. B 1.36; *Schaffland/Wiltfang,* BDSG § 4f Rdnr. 68; *Schlemann,* Recht, 698.

259 Vgl. dazu den 2. *BerBbgL*, LT-Drs. 2/166, 11; sowie den 5., LT-Drs. 13/2650, 24 und 7. *BerHessL*, LT-Drs. 13/6385, 23; *BW-IM TB*, 3 (2005) 25 ff.;.aber auch *Bergmann/Möhrle/Herb,* BDSG § 4f Rdnr. 63; *Gola/ Schomerus,* BDSG § 4f Rdnr. 54; *Gola/Wronka*, Handbuch, Rdnr. 806; Kasseler Handbuch/*Blechmann,* 2.10 Rdnr. 390; *Schlemann,* Recht, 231; *Bäumler/Nordmann,* Datenschutzbeauftragte, in *Abel* (Hrsg.) Datenschutz, § 8 Rdnr. 67.

260 o. Rdnr. 41; sowie *Schaffland/Wiltfang,* BDSG § 4f Rdnr. 29; *Bergmann/Möhrle/Herb*, BDSG § 4f Rdnr. 165; Kasseler Handbuch/*Blechmann,* 2.10 Rdnr. 387; *Schlemann,* Recht, 229 ff.

verpflichtet, besonders auf das Zeitbudget des Beauftragten zu achten. Sie weist dem Beauftragten die einzelnen Tätigkeiten zu. Ihr obliegt es deshalb auch, nicht nur zu prüfen, ob sie mit der Kontrollfunktion des Beauftragten kompatibel sind,[261] sondern sich genauso mit der Frage auseinander zu setzen, wie viel Zeit dem Beauftragten für weitere Tätigkeiten übrig bleibt. Nur wenn beides sorgfältig beachtet wird, lässt sich die Bestellung von „Pseudo-Beauftragten" vermeiden.[262]

149 **Abstrakte Kriterien gibt es nicht**. Weder die Anzahl der Beschäftigten[263] noch die Zahl der jeweils verwendeten Computer[264] reichen für sich genommen aus, um die Entscheidung für einen haupt- oder einen nebenamtlichen Beauftragten zu rechtfertigen oder gar zwingend vorzuschreiben. Erst recht eignen sie sich nicht dazu, Prozenttabellen aufzustellen, denen dann scheinbar exakt zu entnehmen ist, welchen Anteil der Gesamttätigkeit die Aufgaben des Beauftragten jeweils ausmachen.[265] Ansatz- und Orientierungspunkt sind allein Art und Umfang der verwendeten personenbezogener Daten, die im Einzelnen eingesetzten Verarbeitungsverfahren und die konkret verfolgten Verarbeitungszwecke.[266]

150 Die Entscheidung darüber, **ob ein haupt- oder ein nebenamtlicher Beauftragter bestellt werden soll**, ist eine **Maßnahme zur innerbehördlichen oder innerbetrieblichen Organisation** (Anlage zu § 9 Satz 1).[267] BfDI (§ 24 Abs. 1) und Aufsichtsbehörden (§ 38 Abs. 1) sind daher berechtigt und verpflichtet, sich zu vergewissern, ob dem nebenamtlichen Beauftragten wirklich ausreichend Zeit eingeräumt worden ist. Sollte dies nicht der Fall sein, kann bei öffentlichen Stellen der BfDI Korrekturen vorschlagen (§ 24 Abs. 5 Satz 2),[268] bei nichtöffentlichen Stellen die Aufsichtsbehörde die erforderlichen Maßnahmen anordnen (§ 38 Abs. 5 Satz 1).[269]

151 Die Einrichtung eines **besonderen Datenschutzgremiums** kann, jedenfalls von einer bestimmten Größe der verantwortlichen Stelle an, dazu beitragen, den Austausch von Informationen über die Verarbeitungserfahrungen und die Koordination der jeweils erforderlichen Datenschutzmaßnahmen zu verbessern.[270] Die einzelnen an der Verarbeitung beteiligten Bereiche der verantwortlichen Stelle sollten in diesem Gremium ebenso vertreten sein, wie die für Organisationsfragen zuständige Abteilung. Auch hier gilt aber: Das Gremium muss zwar den Beauftragten bei der Erfüllung seiner Aufgaben unterstützen, darf sie ihm aber nicht abnehmen. Ebenso wenig ist er befugt, sie an das Gremium zu delegieren. Wie die Reaktionen auf die verschiedenen Erfahrungen und die Vorschläge für die konkret notwendigen Datenschutzvorkehrungen also letztlich auszusehen haben, bleibt dem Beauftragten überlassen. Der verantwortlichen Stelle ist es freilich unbenommen, dem Gremium Entscheidungsrechte zu übertragen und es damit zu ermächtigen, die aus seiner Sicht erforderlichen Konsequenzen aus den Reaktionen und Vorschlägen des Beauftragten zu ziehen.

152 Die verantwortliche Stelle muss im Rahmen ihrer Unterstützungspflicht **internen Beauftragten** ermöglichen, **sich angemessen und kontinuierlich fortzubilden**.[271] Nur so kann von ihnen ernsthaft erwartet werden, auf Verarbeitungsvorhaben, die gerade neue Entwicklungen der Informations- und Kommunikationstechnologie verwerten, adäquat zu reagieren (4f Abs. 1 Satz 4 Nr. 1). Nur dann lässt sich zudem wirklich davon ausgehen, dass sie in der Lage sind, den sich nicht zuletzt unter dem Eindruck europarechtlicher und internationaler

---

261 Dazu auch o. Rdnr. 99, 106.
262 Dazu *Ehmann*, in *Ehmann* (Hrsg.), Der Datenschutzbeauftragte, 7 f.
263 Vgl. freilich ArbG Offenbach, Dok. § 36 BDSG 90 E 1; aber auch ArbG Dresden, Dok. § 36 BDSG 90 E 2.
264 Vgl. freilich *Bergmann/Möhrle/Herb*, BDSG § 4f Rdnr. 165.
265 So aber ArbG Offenbach, Dok. § 36 BDSG 90 E 1.
266 Dazu auch *Bergmann/Möhrle/Herb*, BDSG § 4f Rdnr. 165; Kasseler Handbuch/*Blechmann*, 2.10 Rdnr. 390; *Schlemann*, Recht, 232; *Ehmann*, CR 1993, 778.
267 Dazu § 9 Rdnr. 20 ff.
268 Dazu § 24 Rdnr. 41 ff.
269 Dazu § 38 Rdnr. 65 f.; sowie den 2. *BerBbgL*, LT-Drs. 2/166, 11; den 5. *BerHessL*, LT-Drs. 13/2650, 24; *Ehmann*, in *Ehmann* (Hrsg.), Der Datenschutzbeauftragte, 8.
270 Dazu *Bergmann/Möhrle/Herb*, BDSG § 4f Rdnr. 174; *Schlemann*, Recht, 166.
271 Dazu auch o. Rdnr. 87; sowie *ULD SH*, 25. TB 56; *Bergmann/Möhrle/Herb*, BDSG § 4f Rdnr. 166; *Gola/Schomerus*, BDSG §§ 4f Rdnr. 54; *Schlemann*, Recht, 171.

Vorgaben ebenfalls verändernden Anforderungen des Datenschutzes Rechnung zu tragen. Die **Kosten** sind von der **verantwortlichen Stelle** zu übernehmen. Sie ist verpflichtet, sich sowohl bei der Bestellung als auch später zu vergewissern, dass der Beauftragte über die erforderliche Fachkunde verfügt.[272] Indem sie deshalb für die Fortbildung sorgt, entspricht sie zunächst und vor allem ihrer Pflicht, die Verarbeitung durch einen Beauftragten überwachen zu lassen, der in jedem Stadium seiner Tätigkeit den gesetzlichen Anforderungen genügt.

153 Die **Fortbildungsveranstaltungen** müssen im Zusammenhang mit den **im Rahmen der verantwortlichen Stelle** zu erfüllenden **Aufgaben des Beauftragten** stehen. Sie sollen neue, bei der konkreten Tätigkeit des Beauftragten verwertbaren Kenntnisse vermitteln und dürfen sich deshalb nicht in abstrakten, von jeglichen Anwendungsproblemen abgehobenen Betrachtungen über die Verarbeitung personenbezogener Daten und den Datenschutz erschöpfen. Der Beauftragte muss überdies, bei aller Anerkennung der Notwendigkeit einer Fortbildung und der Verpflichtung der verantwortlichen Stelle, es ihm zu ermöglichen, **Rücksicht auf interne organisatorische Erfordernisse nehmen**. Vor allem der Zeitpunkt und die Dauer der Fortbildung sind daran auszurichten.

154 **Externe Beauftragte** müssen dagegen **selbst für ihre Fortbildung sorgen**. Sie ist Teil ihrer Professionalisierung und Grundvoraussetzung ihrer Bereitschaft, sich zum Beauftragten bestellen zu lassen. Eine Vernachlässigung der Fortbildung stellt ihre Fachkunde infrage und schließt deshalb ihre Eignung zum Beauftragten aus.

7. Anrufungsrecht des Betroffenen (Abs. 5 Satz 2)

155 Jeder Betroffene hat das **Recht, den Beauftragten anzurufen** (§ 4f Abs. 5 Satz 2). Das Gesetz überträgt damit auf die Beauftragten eine bereits für den BfDI (§ 21)[273] und die LfD[274] geltende Regelung. Die Erweiterung ist allerdings mehr als nur eine nachträgliche Anpassung. Sie signalisiert die unter dem Eindruck der EG-Datenschutzrichtlinie veränderte Sicht der Beauftragten.[275] Ihre Forderung nach einer eindeutig unabhängigen internen Kontrollinstanz (Art. 18 Abs. 2) zwingt dazu, die Beauftragten soweit wie möglich zu verselbstständigen und dem Datenschutzbeauftragten anzunähern. Das Anrufungsrecht bestätigt und illustriert die **Parallelität der Aufgaben interner und externer Kontrollinstanzen**. Weil die Beauftragten genau wie der BfDI und die LfD primär über eine korrekte Anwendung der Datenschutzvorschriften zu wachen haben, sind sie wie diese zum Ansprechpartner der Betroffenen prädestiniert. Ihre Kenntnis der Verarbeitung und ihre gesetzlich vorgeschriebene und abgesicherte Distanz gegenüber der verantwortlichen Stelle[276] sind die Gewähr für eine verlässliche, an den Grundsätzen des Datenschutzes und damit auch und gerade am Recht der Betroffenen, selbst über den Umgang mit ihren Daten zu bestimmen, orientierte Beratung.

156 Das **Anrufungsrecht** steht **allen Betroffenen** zu. Das Gesetz vermeidet jede Unterscheidung. Die Beschäftigten der verantwortlichen Stelle sind deshalb ebenso berechtigt, sich an den Beauftragten zu wenden, wie Kunden, Lieferanten, Kreditnehmer oder Bürgerinnen und Bürger für deren Steuern, Führerscheine oder Sozialleistungen sie zuständig ist. Mehr als eine Verbindung zur verantwortlichen Stelle, die zu der Annahme berechtigt, dass personenbezogene Daten verarbeitet werden, ist nicht erforderlich. Wo sie plausibel dargelegt werden kann, muss der Beauftragte auf die Äußerungen des Betroffenen reagieren.

157 **Anrufungsberechtigt** sind **nur die Betroffenen selbst**. Das Gesetz will ihnen die Möglichkeit geben, sich Klarheit über den Umgang mit ihren Daten zu verschaffen, um damit ihre Rechte besser wahren zu können. Es muss ihnen deshalb zwar überlassen bleiben, zu entscheiden, wann und für welche Sachverhalte der Beauftragte eingeschaltet werden soll. Sie sind aber nicht berechtigt, den Beauftragten beispielsweise dann anzurufen, wenn sie sich

272 Dazu o. Rdnr. 85, 87.
273 Dazu § 21 Rdnr. 3 ff.
274 Vgl. etwa die §§ 28 HDSG; 25 DSG NW; 40 LDSG SH.
275 Dazu o. Rdnr. 5 f.
276 Dazu o. Rdnr. 97, 129.

gegen einzelne, ihnen bekannt gewordene Praktiken, die sie nicht berühren, oder gegen die Weigerung wenden möchten, ihnen bestimmte Daten Dritter zu übermitteln.

158 Die Anrufung des Beauftragten setzt generell die Geschäftsfähigkeit des Betroffenen voraus. Anrufungsberechtigt sind auch **Minderjährige**, sofern sie die Konsequenzen der Verwendung ihrer Daten und die Bedeutung ihrer Rechte erkennen können. Genauso wie bei der Einwilligung (§ 4a)[277] und der Anrufung des BfDI[278] ist also auch hier nicht das Alter, sondern die **Einsichtsfähigkeit** entscheidend. Soweit deshalb verantwortlichen Stellen etwa Daten von Schülerinnen und Schülern verarbeiten, steht diesen grundsätzlich durchaus das Recht zu, die zuständigen Beauftragten anzurufen.

159 Die Betroffenen können den Beauftragten **nur anrufen**, wenn **ihre Rechte** bei der Verwendung ihrer Daten **verletzt worden sind**. § 4f Abs. 5 grenzt zwar die Anrufung, anders als § 21,[279] nicht auf einen bestimmten Anlass ein. Die Wortwahl des Gesetzgebers spricht aber ebenso für eine Einschränkung wie die ausdrückliche Anlehnung an die für den BfDI geltende Regelung.[280] Jede andere Interpretation würde zudem die **Grenzen zum Auskunftsrecht** (§§ 19, 34) verwischen.[281] Soweit die Betroffenen wissen wollen, ob und unter welchen Bedingungen ihre Daten verarbeitet werden, ist der Adressat die verantwortliche Stelle und das Mittel dazu das Auskunftsrecht. Die Anrufung hilft ihnen dagegen dann weiterzukommen, wenn die Auskunft unterbleibt, keine ausreichende Information vermittelt oder überhaupt Zweifel an der Zulässigkeit der Verarbeitung bestehen. Sie ist deshalb Reaktion auf ein Verhalten der verantwortlichen Stelle, dass aus der Sicht des Betroffenen, seine Rechte verletzt.

160 Um **welche Rechte** es sich dabei handelt, **ist gleichgültig**. Eine aus der Perspektive des Betroffenen unzulässige Übermittlung reicht ebenso aus wie eine unvollständige Auskunft. Der Betroffene braucht im Übrigen die Verletzung **nicht nachzuweisen**. Er muss nur die Gründe angeben, die dafür sprechen. Ob eine Verletzung **schon erfolgt ist**, **oder nur droht**, spielt ebenfalls keine Rolle. Datenschutz hat vor allem eine Präventivfunktion. Betroffene müssen deshalb ihre Rechte auch ausüben können, um sich abzeichnende Verletzungen abzuwenden.[282]

161 Betroffene sind berechtigt, sich **unmittelbar an den Beauftragten zu wenden**. § 4f Abs. 5 Satz 2 gewährleistet nicht nur den Zugang zum Beauftragten, sondern schließt auch Umwege aus, die den Betroffenen die Möglichkeit nehmen könnten, den Beauftragten ebenso schnell wie vertraulich anzurufen. Sie brauchen also weder den Dienstweg einzuhalten, noch zunächst die verantwortliche Stelle zu informieren oder sich nach irgendeiner Regelung zu richten, die eine direkte Kommunikation mit dem Beauftragten unterläuft, ohne Rücksicht im Übrigen darauf, ob sie Beschäftigte der verantwortlichen Stelle oder Außenstehende sind.

162 Die Anrufung ist **weder form- noch fristgebunden**. Die Betroffenen können sich also sowohl schriftlich als auch mündlich an den Beauftragten wenden. Ebenso bleibt es ihnen überlassen, den Zeitpunkt der Anrufung zu bestimmen.

163 Der Beauftragte muss **jeder Beschwerde** nachgehen. Sind die Äußerungen der Betroffenen unklar oder unvollständig, ist der Beauftragte verpflichtet, ihnen mitzuteilen, welche Informationen er noch benötigt. Die Betroffenen sind über das **Ergebnis** seiner Ermittlungen **zu unterrichten**. Der Beauftragte muss allerdings dabei mögliche **Geheimhaltungspflichten** der verantwortlichen Stelle ebenso beachten wie auf ihre Kompetenzen Rücksicht nehmen. So berechtigt deshalb Aussagen sind, die sich auf das Auskunftsrecht der Betroffenen beziehen, so unzulässig wäre es, eine unterlassene Auskunft auf dem Weg über die Anrufung nachzuholen.[283] Sollte der Beauftragte feststellen, dass eine Verletzung tatsächlich vorliegt, sind die Betroffenen auf ihre Rechte hinzuweisen.

164 Der Beauftragte ist verpflichtet, **Stillschweigen über die Identität** des Betroffenen zu bewahren (§ 4f Abs. 4), muss aber auch **alle** ihm vom Betroffenen **mitgeteilten Angaben ver-**

277 Dazu § 4a Rdnr. 20 ff.
278 Dazu § 21 Rdnr. 3.
279 Dazu § 21 Rdnr. 4 ff.
280 Vgl. die Amtl. Begr., BR-Drs. 461/00, 89.
281 Dazu auch § 21 Rdnr. 21.
282 Dazu auch § 21 Rdnr. 9.
283 Dazu auch § 21 Rdnr. 20 f.

traulich behandeln. Etwas anderes gilt grundsätzlich nur, wenn der Betroffene sich damit ausdrücklich einverstanden erklärt hat.[284]

Die Beschränkung des Anrufungsrechts auf Verstöße gegen die Rechte der Betroffenen schließt nicht die Möglichkeit aus, sich **aus anderen Anlässen** an den Beauftragten zu wenden. Er bleibt auch dann Ansprechpartner der Betroffenen, wenn es etwa darum geht, ihn ohne Bezug auf die eigene Person auf Verstöße gegen die Datenschutzvorschriften aufmerksam zu machen, oder sich allgemein über die Verarbeitungsbedingungen personenbezogener Daten zu informieren. Der Beauftragte ist im Übrigen unverändert zur Verschwiegenheit verpflichtet.[285] 165

8. Verschwiegenheitspflicht des Beauftragten (Abs. 4)

Der Beauftragte darf **weder die Identität des Betroffenen noch Umstände offen legen, die Rückschlüsse auf ihn zulassen** (§ 4f Abs. 4). Der Gesetzgeber hat es einmal mehr vermieden, eine **Verschwiegenheitspflicht** festzuschreiben, die sich auf die gesamte Tätigkeit des Beauftragten bezieht. Ihre Notwendigkeit steht dennoch außer Frage.[286] Niemand hat je ernsthaft bezweifelt, dass der Beauftragte keinen Zugang zu allen jeweils verarbeiteten personenbezogenen Daten haben kann, ohne einer Verschwiegenheitspflicht zu unterliegen. Jede Einschränkung der Verschwiegenheitspflicht spaltet grundsätzlich auch sein Zugangsrecht auf und setzt zugleich eine den gesetzlichen Anforderungen entsprechende Erfüllung seiner Funktion aufs Spiel. Der Beauftragte ist unabhängige Kontrollinstanz und nicht „Hilfsperson" der verantwortlichen Stelle.[287] Er vermag deshalb seinen Aufgaben nur so lange wirklich nachzukommen, wie er nicht, sei es mit Rücksicht auf seine „Unterstellung" unter ihre Leitung (§ 4f Abs. 3 Satz 1), sei es im Hinblick auf nicht näher präzisierte „Treuepflichten",[288] angehalten werden kann, die ihm zur Kenntnis gelangten Daten weiterzugeben. § 4f Abs. 4 spricht daher zwar lediglich einen **Teilaspekt der Verschwiegenheitspflicht** an, unterstreicht aber umso mehr die Dringlichkeit einer allgemeinen Regelung. 166

§ 4f Abs. 4 schützt in erster Linie **Betroffene**, die sich an den Beauftragten wenden, um sich **über die Verarbeitung ihrer Daten zu beschweren**.[289] Die Verschwiegenheitspflicht ergänzt, so gesehen, das Recht der Betroffenen, den Beauftragten anzurufen (§ 4f Abs. 5 Satz 2).[290] Der Beauftragte soll, um sie vor möglichen Nachteilen zu schützen, ihren Fragen und Beanstandungen nachgehen, ohne dass sie damit in Zusammenhang gebracht werden. Beschäftigte stehen am ehesten vor diesem Dilemma. § 4f Abs. 4 ist aber keineswegs nur auf sie anwendbar. Der Beauftragte muss sich vielmehr bei Anfragen und Beschwerden aller anderen Betroffenen genauso verhalten. Gleichviel also, ob es um Kunden, Leistungsberechtigte, potenzielle Käufer, Teilnehmer einer Umfrage oder Personen handelt, deren Daten aus sonst einem Grund verarbeitet worden sind, die Verschwiegenheitspflicht gilt unverändert. 167

Die Verschwiegenheitspflicht greift nicht nur bei Personen ein, deren Daten tatsächlich verarbeitet werden. Sie ist ebenso zu beachten, wenn jemand **Anhaltspunkte für eine mögliche Verarbeitung** seiner Daten **hat**, und sich deshalb an den Beauftragten wendet. § 4f Abs. 4 ist dagegen **nicht** in Fällen **anzuwenden**, in denen der Beauftragte, **entweder von Dritten**, sei es im Rahmen seiner Tätigkeit, sei es unaufgefordert, **Informationen** zu Verarbeitungsvorgängen bekommt, **oder** sie **selbst einholt**.[291] Er muss zwar auch dann in der Lage sein, jede Auskunft gegenüber der verantwortlichen Stelle zu verweigern. Die Berechtigung dazu 168

284 Dazu § 21 Rdnr. 23 sowie u. Rdnr. 171.
285 Dazu u. Rdnr. 166 ff.
286 Dazu auch o. Rdnr. 120.
287 So aber *Dörr/Schmidt,* BDSG § 4f Rdnr. 32.
288 Vgl. freilich *Schaffland/Wiltfang,* BDSG § 36 Rdnr. 67; aber auch *Schlemann,* Recht, 160.
289 Vgl. auch *Auernhammer,* BDSG § 36 Rdnr. 31; *Gola/Schomerus,* BDSG § 4f Rdnr. 50.
290 Dazu o. Rdnr. 156 ff.
291 Anders wohl *Gola/Schomerus,* BDSG § 4f Rdnr. 51; einschränkend *Schlemann,* Recht, 157.

folgt allerdings **nicht aus § 4f Abs. 4, sondern aus der allgemein auf seine Tätigkeit bezogenen Verschwiegenheitspflicht**.[292]

169 Der Beauftragte muss über **alle Angaben** Stillschweigen bewahren, mit deren Hilfe der Betroffene **direkt oder indirekt identifiziert** werden könnte. Er ist also nicht befugt, den Namen, die Adresse oder Daten preiszugeben, die, wie etwa Art und Dauer der Beschäftigung, Zahlungsbesonderheiten, berufliche Eigenschaften, persönliche Gewohnheiten oder familiäre Merkmale, Rückschlüsse auf die Betroffenen zulassen. Die Betroffenen dürfen in den Berichten und Äußerungen des Beauftragten weder genannt werden, noch, um die Sprache des BDSG aufzugreifen (§ 3 Abs. 1), „bestimmbar" sein.

170 Die Verschwiegenheitspflicht gilt primär gegenüber der **verantwortlichen Stelle** sowie der **Arbeitnehmervertretung** und dem **Werksarzt**,[293] ist aber genauso gegenüber **Dritten** und **externen Kontrollinstanzen** (Aufsichtsbehörden, BfDI) zu beachten.[294] § 4f Abs. 3 bekräftigt damit die Unabhängigkeit des Beauftragten und betont zugleich mindestens ebenso deutlich seine Distanz zur verantwortlichen Stelle. Wie schon bei der Weisungsfreiheit zeigt sich auch bei der Verschwiegenheitspflicht: Der verantwortlichen Stelle ist es genauso untersagt, auf den Verlauf und die Ergebnisse der Tätigkeit des Beauftragten Einfluss zu nehmen, wie sie davon absehen muss, ihn als Informationsquelle zu nutzen. Wie er vorzugehen hat, und was er ihr sagen darf, ist allein an den Anforderungen des Datenschutzes zu messen, bestimmt sich also nicht nach ihren Interessen oder gar Anordnungen.

171 Der **Betroffene** kann den Beauftragten von seiner **Verschwiegenheitspflicht entbinden** (§ 4f Abs. 4). Eine ebenso **ausdrückliche wie eindeutige schriftliche Erklärung** ist die Voraussetzung dafür.[295] Konkludente Aussagen oder Verhaltensweisen reichen nicht. Der Betroffene muss zudem die **Gründe kennen**, die für eine Weitergabe seiner Daten sprechen. Nur dann kann er die Reichweite seiner Entscheidung abschätzen. Das Einverständnis kann deshalb grundsätzlich nicht generell von Anfang an erteilt werden, sondern in der Regel erst, wenn der Beauftragte eine Offenlegung der Daten konkret in Betracht zieht und auch in der Lage ist, die Gründe, etwa eine Löschung oder Berichtigung falscher Daten, zu nennen. Solange sich daher der Betroffene nicht mit einer Offenlegung seiner Identität einverstanden erklärt hat, muss der Beauftragte selbst in den Fällen davon absehen, in denen ihre Preisgabe erforderlich wäre, um einer Beschwerde des Betroffenen weiter nachzugehen.[296]

172 Die Verschwiegenheitspflicht wird **nicht** dadurch **gegenstandslos**, dass der Beauftragte bei der Prüfung der Angaben des Betroffenen **Verstöße gegen die Datenschutzvorschriften** feststellt. Er muss zwar Verletzungen des Datenschutzes monieren und dabei unter Umständen auch darauf eingehen, wessen Daten im Einzelnen in unzulässiger Weise verarbeitet worden sind. Der Beauftragte ist aber keineswegs verpflichtet, der verantwortlichen Stelle oder der externen Kontrollinstanz den Anlass seiner Prüfung mitzuteilen.[297] Im Gegenteil, Notwendigkeit und Ausmaß einer Durchbrechung der Verschwiegenheitspflicht beurteilen sich im Prinzip ausschließlich nach § 4f Abs. 4. Die Identität des Betroffenen darf also lediglich mit seinem Einverständnis preisgegeben werden. Etwas anderes kann nur in den Fällen gelten, in denen entweder **der Betroffene selbst am Verarbeitungsprozess beteiligt war und gegen gesetzliche Vorgaben**, sei es grob fahrlässig, sei es vorsätzlich **verstoßen hat**,[298] oder eine **Gefährdung Dritter** nicht vermieden werden kann, ohne die Identität des Betroffenen offen zu legen.[299]

292 Dazu auch o. Rdnr. 120.
293 Dazu auch *Bergmann/Möhrle/Herb,* BDSG § 4f Rdnr. 154; *Schild,* DuD 2001, 33.
294 Vgl. auch *Bergmann/Möhrle/Herb,* BDSG § 4f Rdnr. 154; *Schlemann,* Recht, 159; *Drews,* Der Datenschutzbeauftragte, 20.
295 Vgl. auch *Auernhammer,* BDSG § 36 Rdnr. 31; *Bergmann/Möhrle/Herb,* BDSG § 4f Rdnr. 156; *Schlemann,* Recht, 158.
296 Vgl. auch *Drews,* Der Datenschutzbeauftragte, 20.
297 Vgl. auch *Gola/Schomerus,* BDSG § 4f Rdnr. 50; anders wohl MünchArbR/*Blomeyer,* § 99 Rdnr. 81.
298 Vgl. auch *Bergmann/Möhrle/Herb,* BDSG § 4f Rdnr. 155; *Gola/Schomerus,* BDSG § 4f Rdnr. 50.
299 Vgl. auch *Bergmann/Möhrle/Herb,* BDSG § 4f Rdnr. 155; *Schlemann,* Recht, 158.

Die Verschwiegenheitspflicht ist **nicht an die Dauer der Bestellung gebunden.**[300] Sie muss 173
vielmehr so lange beachtet werden, wie der Betroffene sich nicht für eine Offenlegung seiner Daten entschieden hat.

Das Gesetz sieht bei einer **Verletzung** der Verschwiegenheitspflicht **keine Sanktionen** vor. 174
Verstöße begründen allerdings Zweifel an seiner Zuverlässigkeit und können deshalb zu einem **Widerruf** seiner Bestellung führen, entweder durch die verantwortliche Stelle (§ 4f Abs. 3 Satz 4) oder, allerdings nur bei nicht-öffentlichen Stellen, auf Verlangen der Aufsichtsbehörde (§ 4f Abs. 3 Satz 4).[301] Eine **Schadensersatzpflicht des Beauftragten** kommt ebenfalls in Betracht.[302] Als Anspruchsgrundlage bietet sich neben § 823 Abs. 1 BGB auch § 823 Abs. 2 BGB i.V.m. § 4f Abs. 4 an. Mit der Verschwiegenheitspflicht wahrt das BDSG gerade die Interessen der Betroffenen. Sie vermittelt ihnen die Gewissheit, dass ihre Äußerungen vertraulich bleiben und ihnen deshalb keine Nachteile entstehen werden. § 4f Abs. 4 ist daher eine Schutzvorschrift zugunsten des Betroffenen. Ihre Verletzung begründet deshalb einen Ersatzanspruch nach § 823 Abs. 2 BGB gegen den Beauftragten.[303]

9. Beendigung (Abs. 3 Satz 4)

Die **Bestellung** des Beauftragten **endet mit dem Ablauf der dafür vereinbarten Frist.**[304] 175
Die Art der zwischen der verantwortlichen Stelle und dem Beauftragten bestehenden rechtlichen Beziehung[305] spielt dabei ebenso wenig eine Rolle, wie die Frage, ob es sich um einen internen oder einen externen Beauftragten handelt. Entscheidend ist lediglich die vereinbarte Dauer der Bestellung. Dabei bleibt es auch dann, wenn interne Beauftragte noch weitere Aufgaben ausüben. Sie sind sorgfältig von der Bestellung zu trennen und für sich zu betrachten. Sie beeinflussen deshalb die Dauer der Bestellung genauso wenig wie diese umkehrt etwas darüber aussagt, wie lange und unter welchen Voraussetzungen die zusätzlichen Tätigkeiten wahrzunehmen sind.

Die verantwortliche Stelle und der Beauftragte können zudem die Bestellung **einver-** 176
nehmlich beenden.[306] Aus der Pflicht zur Bestellung (§ 4f Abs. 1) folgt nicht die Verpflichtung, an der einmal getroffenen Entscheidung unter allen Umständen festzuhalten. Sie ist jedenfalls dann hinfällig, wenn sich beide Parteien nicht mehr danach richten wollen, und deshalb gemeinsam ihre Aufhebung anstreben. Beide sind allerdings verpflichtet, an einem reibungslosen Übergang mitzuwirken. Eine einvernehmliche Beendigung ist daher zwar zulässig, setzt aber vor allem die rechtzeitige Bestellung eines neuen Beauftragten voraus.

Einvernehmliche Beendigungen sind trotzdem nicht problemlos. Sie können ein Wegloben 177
unbequemer Beauftragter genauso verhüllen wie letzter Akt einer zunehmenden, durch die fortwährende Obstruktion der verantwortlichen Stelle ausgelösten Resignation des Beauftragten sein. So evident aber die Gefahr einer Umgehung der strikten Begrenzung einer Beendigung der Bestellung (§ 4f Abs. 3 Satz 4) und des Benachteiligungsverbots (§ 4f Abs. 3 Satz 3)[307] sein mag, sie rechtfertigt es nicht, einvernehmliche Beendigungen generell auszuschließen. Das BDSG lässt zwar Interventionen der externen Kontrollinstanzen zu (§ 4g Abs. 1 Satz 2) und räumt ihnen, jedenfalls bei nicht-öffentlichen Stellen, sogar das Recht ein, eine Abberufung des Beauftragten zu verlangen (§§ 4f Abs. 3 Satz 4; 38 Abs. 5 Satz 3), geht jedoch keineswegs soweit, den verantwortlichen Stellen und ihren jeweiligen Beauftragten eine von beiden nicht mehr gewünschte und daher aus ihrer Sicht unvertretbare Kooperation aufzuzwingen. Wo sich deshalb der Beauftragte nicht widersetzt und auch nicht die externe

---

300 Vgl. auch *Schlemann,* Recht, 158.
301 Vgl. auch *LfD NDS,* 12. TB 61; *Gola/Schomerus,* BDSG § 4f Rdnr. 52.
302 Dazu auch § 4g Rdnr. 104 ff.
303 Vgl. auch *Gola/Schomerus,* BDSG § 4f Rdnr. 51; *Bergmann/Möhrle/Herb,* BDSG § 4f Rdnr. 157; *Schlemann,* Recht, 159.
304 Dazu auch o. Rdnr. 61 ff.
305 Dazu o. Rdnr. 60.
306 Vgl. auch Kasseler Handbuch/*Blechmann,* 2.10 Rdnr. 471.
307 Dazu o. Rdnr. 130 ff.

Kontrollinstanz um Unterstützung angeht (§ 4g Abs. 1 Satz 2), muss es bei der einvernehmlichen Beendigung bleiben.

178 Die Parteien müssen ihr Einverständnis in einer **gemeinsamen, ausdrücklich auf die Beendigung der Bestellung bezogenen Vereinbarung schriftlich** festhalten.[308] Das BDSG sieht allerdings anders als bei der Bestellung (§ 4f Abs. 1 Nr. 1) davon ab, die Schriftform vorzuschreiben. Sie liegt jedoch im einen wie im anderen Fall, allein schon aus Beweisgründen, im Interesse beider Parteien und sorgt zudem für die notwendige Klarheit gegenüber den externen Kontrollinstanzen.[309]

179 Die Bestellung endet ferner, wenn der **Beauftragte sein Amt niederlegt**.[310] Das BDSG schränkt die Widerrufsmöglichkeiten der verantwortlichen Stelle, nicht jedoch die Entscheidungsfreiheit des Beauftragten ein. Die Sonderregelung des § 4f Abs. 3 Satz 4 soll die Unabhängigkeit des Beauftragten stärken. Sie lässt sich folglich nicht in einen Zwang des Beauftragten umdeuten, seine Funktion auch gegen seinen Willen wahrzunehmen. Er ist allerdings verpflichtet, den Weg zu wählen, der die Funktionsfähigkeit der verantwortlichen Stele am wenigsten beeinträchtigt, muss also der verantwortlichen Stelle **ausreichend Zeit** einräumen, um **einen neuen Beauftragten zu bestellen**. Eine **sofortige Beendigung** kommt deshalb grundsätzlich nur in Betracht, wenn der Beauftragte, vor allem mit Rücksicht auf Konflikte, die auch nicht mit Hilfe der externen Kontrollinstanz gelöst werden konnten, keine Möglichkeit zu einer Kooperation mit der verantwortlichen Stelle mehr sieht. Soweit diese Voraussetzung nicht vorliegen sollte, verpflichtet eine vorzeitige Beendigung der Bestellung in der Regel interne und externe Beauftragte gleichermaßen dazu, die der verantwortlichen Stelle dadurch entstanden **Schäden auszugleichen**.

180 Die einseitige Beendigung setzt genauso wie die einvernehmliche Auflösung der Bestellung eine **besondere, ausdrücklich auf die Bestellung bezogene schriftliche Erklärung** voraus.

181 Die **verantwortliche Stelle** kann die **Bestellung widerrufen** (§ 4f Abs. 3 Satz 4). Im Unterschied zu den sonstigen Auflösungsfällen äußert sich das BDSG ausdrücklich zur Beendigung der Bestellung durch die verantwortliche Stelle. Der Gesetzgeber hat sich dabei mit dem **Widerrufsrecht** für eine **eigens auf die Bestellung** zugeschnittene Regelung entschieden. Das BDSG sieht also gezielt davon ab, das jeweils damit verknüpfte Rechtsverhältnis zwischen dem Beauftragten und der verantwortlichen Stelle[311] einzubeziehen. Der Akzent liegt vielmehr ausschließlich auf der Bestellung. Ist sie einmal erfolgt, steht **jeder verantwortlichen Stelle** ein **Widerrufsrecht** zu, das gegenüber **jedem Beauftragten** ausgeübt werden kann.

182 Die **Bestellung kann** in entsprechender Anwendung des § 626 BGB **nur aus wichtigem Grund widerrufen werden** (§ 4f Abs. 3 Satz 4). Das BDSG unterstreicht damit den Ausnahmecharakter des Widerrufs und schränkt zugleich die Widerrufsmöglichkeiten ein. Die verantwortliche Stelle soll sich zwar von der Bestellung lösen können, aber lediglich in einer Weise, die der besonderen Bedeutung der Aufgaben des Beauftragten Rechnung trägt. Das BDSG versperrt deshalb den Rückgriff auf die der verantwortlichen Stelle ansonsten zustehenden vertrags-, arbeits- oder dienstrechtlichen Anknüpfungspunkte und lässt nur einen erheblich eingeschränkten Widerruf zu. Er reduziert die Chancen, die Bestellung zu beenden, stabilisiert die Tätigkeit des Beauftragten und baut seine Unabhängigkeit aus.[312] Die Sonderregelung des § 4f Abs. 3 Satz 4 ist daher nur aus der Funktion des Beauftragten heraus zu verstehen und ganz auf sie bezogen. Anders als beim Kündigungsschutz geht es also nicht um einen Arbeitsplatzschutz des Beschäftigten.[313] Er profitiert lediglich von einer Regelung,

---

308 Vgl. auch *Bergmann/Möhrle/Herb,* BDSG § 4f Rdnr. 58; *Schlemann,* Recht, 245; und demgegenüber Kasseler Handbuch/*Blechmann,* 2.10 Rdnr. 471.

309 Dazu o. Rdnr. 56

310 Ebenso *Bergmann/Möhrle/Herb,* BDSG § 4f Rdnr. 66; *Schlemann,* Recht, 257.

311 Dazu o. Rdnr. 60.

312 Vgl. auch *Gola/Jaspers,* RDV 1998, 48.

313 So aber *Schaffland/Wiltfang,* BDSG § 4f Rdnr. 65b, 65e; *Beder,* CR 1990, 476, 619; vgl. auch *Herb,* in *Ehmann* (Hrsg.), Der Datenschutzbeauftragte, 52.

die eben nicht auf den Schutz des Beauftragten vor einer Kündigung, sondern auf die Wirksamkeit des Datenschutzes bedacht ist und sie garantieren soll.[314]

„Wichtig" sind **ausschließlich Gründe**, die mit der **Funktion des Beauftragten** zusammenhängen und ihre **weitere Ausübung unmöglich machen oder gefährden**. Schwerwiegende Versäumnisse bei der Beratung der verantwortlichen Stelle über die nach § 9 erforderlichen Maßnahmen der Datensicherheit, eine systematische Vernachlässigung der Prüfung einzelner Verarbeitungsbereiche, nachträglich festgestellte Mängel der Fachkunde, Verstöße gegen Verschwiegenheitspflichten und die beharrliche Weigerung, Beratungs- oder Schulungsverpflichtungen zu erfüllen, sind typische Beispiele dafür.[315] 183

Das **Widerrufsrecht** schließt jede weitere rechtliche Möglichkeit der verantwortlichen Stelle aus, die **Bestellung einseitig zu beenden**. Das BDSG kann sein Ziel, eine Beendigung nur ausnahmsweise und unter genau vorgeschriebenen Bedingungen zuzulassen, nur erreichen, wenn die verantwortliche Stelle nicht auf andere rechtliche Anknüpfungspunkte auszuweichen vermag.[316] Der verantwortlichen Stelle muss es deshalb auch und vor allem untersagt sein, das zwischen ihr und dem Beauftragten bestehende Rechtsverhältnis aufzulösen, um die Bestellung, wenngleich mittelbar, zu beenden. 184

Bei **internen Beauftragten scheidet** daher **eine ordentliche Kündigung aus.**[317] Auf den Kündigungsgrund kommt es dabei nicht an. Soweit es sich um Vorgänge handelt, die mit der Person oder dem Verhalten des Beauftragten zusammenhängen, werden sie allerdings in der Regel auch beim Widerrufsrecht eine Rolle spielen. Soweit dagegen die verantwortliche Stelle aus finanziellen, organisatorischen oder personalpolitischen Überlegungen, sei es den internen Beauftragten durch einen externen ersetzen, sei es dem bisher ausschließlich mit Datenschutzaufgaben beschäftigten Beauftragten weitere Tätigkeiten übertragen möchte, ist sie zu einer betriebsbedingten Kündigung nicht berechtigt.[318] Sie muss vielmehr ihre Pläne bis zum Ablauf der für die Bestellung vereinbarten Frist zurückstellen. 185

Eine **außerordentliche Kündigung kommt ebenso wenig in Betracht**. Das Widerrufsrecht geht einmal mehr vor. Nicht jeder „wichtige" Grund, der nach § 626 zu einer Auflösung des Arbeitsverhältnisses berechtigt hätte, rechtfertigt deshalb die Beendigung der Bestellung.[319] Vielmehr können nur Gründe berücksichtigt werden, die mit der Tätigkeit des Beauftragten zusammenhängen. 186

Die Einschränkungen gelten **ohne Rücksicht darauf**, ob die Beauftragten **lediglich ihrer Datenschutzfunktion** nachgehen, oder **noch weitere Aufgaben** wahrnehmen, also nur **nebenamtlich** tätig sind. Differenzierungen, die darauf hinauslaufen, sowohl eine ordentliche als auch eine außerordentliche Kündigung jedenfalls so lange hinzunehmen, wie sie mit den zusätzlich übernommenen Aufgaben zusammenhängen,[320] sind mit dem Zweck des § 4f 187

---

314 Vgl. auch *Gola/Schomerus,* BDSG § 4f Rdnr. 39; *Tinnefeld/Ehmann/Gerling,* Einführung, 449.

315 Vgl. auch *Bergmann/Möhrle/Herb,* BDSG § 4f Rdnr. 141; *Schlemann,* Recht, 241; *Herb,* in *Ehmann* (Hrsg.), Der Datenschutzbeauftragte, 55.

316 Vgl. auch *Gola/Jaspers,* RDV 1998, 49; anders wohl *BerHessL,* 14. TB, LT-Drs. 15/2950, 37.

317 Vgl. auch *Bergmann/Möhrle/Herb,* BDSG § 4f Rdnr. 138; *Gola/Schomerus,* BDSG § 4f Rdnr. 39f.; *Tinnefeld/Ehmann/Gerling,* Einführung, 449; *Gola/Wronka,* Handbuch, Rdnr. 825; ErfK/*Wank,* BDSG § 36 Rdnr. 5; *Herb,* in *Ehmann* (Hrsg.), Der Datenschutzbeauftragte, 58; *Beder,* CR 1990, 619; *Wohlgemuth,* BB 1992, 284; *Schierbaum/Kiesche,* CR 1992, 729; *Gola/Jaspers,* RDV 1998, 48 f.; sowie *Grunewald,* RDV 1993, 228; und demgegenüber LAG Berlin, Dok. § 36 BDSG 1990, E 7; LAG Niedersachsen, RDV 2004, 177; ArbG Dresden, RDV 1994, 140; *Schaffland/Wiltfang,* BDSG § 4f Anm. 65e; *Roßnagel/Königshofen,* Handbuch, 5.5, Rdnr. 128; Kasseler Handbuch/*Blechmann,* 2.10 Rdnrn. 454, 456; *Ehrich,* Amt, 265 f., CR 1993, 229, NZA 1993, 248; *Wächter,* DuD 1994, 260 f.; *Ostrowicz,* RDV 1995, 113 ff.; *Berwanger,* DSB 2005, H. 7 und 8, 17; wohl auch MünchArbR/*Blomeyer,* § 99 Rdnr. 88; *Schlemann,* Recht, 247.

318 Vgl. auch *Gola/Schomerus,* BDSG § 4f Rdnr. 39 f.; *Ehmann,* CR 1994, 485; und demgegenüber ArbG Dresden, Dok. § 36 BDSG 90, E 2; *Schaffland/Wiltfang,* BDSG § 4f Rdnr. 65 e; Kasseler Handbuch/*Blechmann,* 2.10 Rdnr. 458 ff.; *Schlemann,* Recht, 249; *Ostrowicz,* RDV 1995, 115 f.; wohl auch ArbG Erfurt, Dok. § 36 BDSG 90, E 5.

319 So allerdings *Schlemann,* Recht, 246.

320 Vgl. etwa LAG Berlin, Dok. § 36 BDSG 90, E 7; LAG Niedersachsen, RDV 2004, 177; *Schaffland/Wiltfang,* BDSG § 4f Rdnr. 65 e; Kasseler Handbuch/*Blechmann,* 2.10 Rdnr. 456 f.; *Ehrich,* Amt, 265 f., CR 1993, 229, NZA 1993, 248; *Schierbaum/Kiesche,* CR 1992, 728; *Ostrowicz,* RDV 1995, 115; aber auch MünchArbR/*Blomeyer,* § 99 Rdnr. 88.

Abs. 3 unvereinbar. Die verantwortliche Stelle wird so in die Lage versetzt, die Bestellung doch noch an der gesetzlichen Regelung vorbei zu beenden.[321] Etwas anderes kann nur gelten, wenn die möglichen Kündigungsanlässe, sich, wie bei personen- und verhaltensbedingten Gründen, zwar zunächst bei den zusätzlich übernommenen Tätigkeiten abzeichnen, aber genauso eine korrekte Erfüllung der Datenschutzaufgaben in Frage stellen. Einer Kündigung bedarf es freilich dann erst recht nicht. Der Widerruf reicht völlig aus.[322]

188 Der **Widerruf** wirkt sich auf das **Arbeitsverhältnis** des Beauftragten aus. Bei **hauptamtlichen Beauftragten** genügen die Widerrufsgründe für eine außerordentlichen Kündigung (§ 626 BGB) aus.[323] Der Widerruf muss allerdings durch eine entsprechende, auf das Arbeitsverhältnis zugemünzte Erklärung ergänzt werden.[324] Bei **nebenamtlichen Beauftragten** kommt es darauf an, wie sich der Widerruf mit diesen Aufgaben verträgt. Entscheidend ist also, ob die Widerrufsgründe auch in ihrem Fall bedacht werden müssen und welche Konsequenzen sie für die weitere Zusammenarbeit haben. Von den Widerrufsgründen hängt es im Übrigen auch ab, ob eine **Beendigungs- oder eine Änderungskündigung** angebracht ist.

189 Die verantwortliche Stelle muss bei einer Kündigung des Beschäftigungsverhältnisses die **Mitbestimmungsrechte der Arbeitnehmervertretung** beachten. **Betriebs- und Personalräte** können zwar beim Widerruf ebenso wenig mitwirken wie bei der Bestellung.[325] Wie bei der Einstellung stehen ihnen aber auch bei der Auflösung des Arbeitsverhältnisses oder bei einer widerrufsbedingten Versetzung **Mitbestimmungsrechte** zu (§§ 99, 102 BetrVG, 77 Abs. 3, 79 BPersVG).[326] Die verantwortliche Stelle muss deshalb Betriebs- und Personalräte vor der Kündigung **anhören** und ihnen alle für die Beurteilung der Rechtmäßigkeit des Widerrufs erforderlichen Informationen zukommen lassen. Die Arbeitnehmervertretung kann zudem, sollte sie der Ansicht sein, dass die gesetzlichen Voraussetzungen nicht gegeben sind, ihre **Zustimmung verweigern** (§§ 99 Abs. 2 Nr. 1 BetrVG, 79 Abs. 1 i.V.m. 77 Abs. 2 Nr. 1 BPersVG). Sie ist, so gesehen, nicht nur berechtigt, sondern verpflichtet, die Widerrufsgründe zu überprüfen.[327]

190 Sollte es sich beim Beauftragten um einen **leitenden Angestellten** handeln, muss die verantwortliche Stelle den **Sprecherausschuss** anhören (§ 31 Abs. 2 SprecherausschussG).[328] Der Ausschuss hat genauso wie Betriebs- und Personalräte einen Anspruch darauf, vollständig informiert zu werden und ist ebenso befugt, die Rechtmäßigkeit der Kündigung zu überprüfen. Er kann allerdings nicht der Kündigung widersprechen, sondern nur Bedenken äußern.

191 Bei **externen Beauftragten** beendet der Widerruf nach § 4f Abs. 3 Satz 4 ihre **vertragliche Beziehung zur verantwortlichen Stelle**.[329] Die Verweisung auf § 626 BGB spricht nicht dagegen. Sie schränkt keineswegs den Anwendungsbereich des § 4f Abs. 3 Satz 4 ein,[330] sondern verdeutlicht lediglich, dass der Widerruf wie die außerordentliche Kündigung nur erfolgen darf, wenn „wichtige" Gründe vorliegen. Auf den Vertragstyp kommt es deshalb nicht an. Es ist also gleichgültig, ob im Einzelfall ein Dienst- oder ein Geschäftsbesorgungsvertrag besteht. Genauso wenig spielt es eine Rolle, wie schutzbedürftig externe Beauftragte im Vergleich zu internen Beauftragten sind.[331] Der Akzent liegt auch hier auf einer möglichst ungestörten Ausübung der Funktion des Beauftragten und nicht auf seinem Beschäftigungsschutz.[332] Vertragsklauseln, die eine vorzeitige Auflösung, sei es generell, sei es unter bestimmten mit den Widerrufsgründen nach § 4f Abs. 3 Satz 4 nicht übereinstimmenden

---

321 Vgl. auch *Gola/Schomerus*, BDSG § 4f Rdnr. 40, 42.
322 Anders wohl *Gola/Wronka*, Handbuch, Rdnr. 829.
323 Einschränkend Kasseler Handbuch/*Blechmann*, 2.10 Rdnr. 449.
324 Vgl. auch *Gola/Schomerus*, BDDSG § 4f Rdnr. 39.
325 Dazu o. Rdnr. 65.
326 Dazu o. Rdnr. 70 ff.
327 Dazu auch o. Rdnr. 78 f.
328 Dazu auch o. Rdnr. 74.
329 Ebenso *Bergmann/Möhrle/Herb*, BDSG § 4f Rdnr. 141; Kasseler Handbuch/*Blechmann*, 2.10 Rdnr. 45; *Schlemann*, Recht, 265; *Herb*, in *Ehmann* (Hrsg.), Der Datenschutzbeauftragte, 58.
330 So aber *Dörr/Schmidt*, BDSG § 36 Rdnr. 29; *Gola/Schomerus*, BDSG § 4f Rdnr. 45.
331 Vgl. freilich *Helfrich*, in *Ehmann* (Hrsg.), Der Datenschutzbeauftragte, 115.
332 Dazu auch o. Rdnr. 182.

Bedingungen zulassen, verstoßen infolgedessen gegen das BDSG und sind daher nichtig (§ 134 BGB).[333]

192 Der **Widerruf** kann bei **nicht-öffentlichen Stellen** auch **auf Verlangen der Aufsichtsbehörde** erfolgen (§ 4f Abs. 3 Satz 4). Das BDSG räumt also der externen Kontrollinstanz des Recht ein, initiativ zu werden. Das Gesetz zieht allerdings damit nicht die Konsequenz aus der Entscheidung, die öffentlichen Stellen in die Verpflichtung einzubeziehen, Beauftragte zu bestellen (§ 4f Abs. 1).[334] § 4f Abs. 3 Satz 4 belässt es vielmehr bei der im BDSG 90 bereits enthaltenen Regelung. Das Widerrufsrecht steht daher keineswegs allen externen Kontrollinstanzen zu, sondern nur den für den nicht-öffentlichen Bereich zuständigen Aufsichtsbehörden (§ 38).

193 Die Einschränkung lässt sich jedenfalls nicht mit den unverändert fehlenden Exekutivbefugnissen des BfDI[335] begründen. § 4f Abs. 3 Satz 4 gibt der Aufsichtsbehörde keineswegs das Recht, unmittelbar einzugreifen, mithin die Bestellung selbst zu widerrufen. Die Entscheidung muss ebenso wie bei der Bestellung von der verantwortlichen Stelle getroffen werden. Ihr ist es deshalb in beiden Fällen vorbehalten, die entsprechenden Erklärungen abzugeben. Der Grund für die Zurückhaltung des Gesetzgebers liegt vielmehr in den gerade bei der Einrichtung einer internen Kontrolle manifesten Widerständen gegen eine Gleichstellung des BfDI mit den Aufsichtsbehörden. Genauso wie das BDSG eine Unterstützung des Beauftragten durch den BfDI nur bedingt hinnimmt (§ 4g Abs. 3),[336] schränkt es in § 4f Abs. 3 Satz 4 die Möglichkeiten des BfDI ein, sich etwa bei einer mangelhaften Fachkunde oder Zuverlässigkeit des Beauftragten einzuschalten. Beides ist freilich mit einer Regelung unvereinbar, die auf eine unabhängige, ganz dem Datenschutz verpflichtete Kontrolle abzielt.

194 § 4f Abs. 3 Satz 4 bestätigt die in § 38 Abs. 5 Satz 3 ausdrücklich angesprochene **Aufgabe der Aufsichtsbehörden**, **Fachkunde und Zuverlässigkeit** der Beauftragten **zu überprüfen**.[337] Das Gesetz hat damit nicht zuletzt den Erfahrungen der Aufsichtsbehörden Rechnung getragen.[338] Das BDSG begnügt sich also nicht damit, die Kriterien für die Bestellung zu bestimmen (§ 4f Abs. 2 Satz 1),[339] sondern schreibt ebenso eine Kontrolle durch die Aufsichtsbehörden vor, die sicherstellen soll, dass Beauftragte auch nach ihrer Bestellung den gesetzlichen Anforderungen genügen. § 38 Abs. 5 Satz 3 überlässt es freilich der Aufsichtsbehörde die Konsequenzen zu ziehen. Sie kann einen Widerruf verlangen, muss es aber nicht.[340] Soweit sie allerdings zum Ergebnis gelangen sollte, dass es keine Alternative zu einem Widerruf gibt, legt sie damit auch die Reaktion der verantwortlichen Stelle fest. Sie **muss** sich an die Aufforderung der Aufsichtsbehörde halten, **die Bestellung** mithin **widerrufen**.[341]

195 Dem Beauftragten ist **rechtzeitig vor dem Widerruf** Gelegenheit zu geben, **Stellung zu nehmen**.[342] Sollte sich dabei zeigen, dass durchaus ernsthafte Chancen einer Korrektur der Versäumnisse oder Mängel bestehen, muss, zumindest vorläufig, von einem Widerruf abgesehen werden.

196 Der Beauftragte hat **keinen Weiterbeschäftigungsanspruch**.[343] Die verantwortliche Stelle kann weder entscheiden, ob überhaupt ein Beauftragter bestellt werden soll, noch steht es ihr zu, seine Aufgaben zu definieren. Beides ist gesetzlich festgeschrieben (§§ 4f und 4g). Das BDSG bestimmt konsequenterweise auch seine Rechte und Pflichten. Meinungsverschiedenheiten über den Widerruf berechtigen ihn deshalb, selbst wenn man eine Kündigung seines

333 Vgl. auch *Bergmann/Möhrle/Herb*, BDSG § 4f Rdnr. 141.
334 Dazu o. Rdnr. 8 ff.
335 Dazu § 24 Rdnr. 41 ff.
336 Dazu § 4g Rdnr. 25 ff.
337 Dazu § 38 Rdnr. 67.
338 Vgl. etwa den 5. *BerHessL*, LT-Drs. 13/2650, 23 ff.; sowie *Ehmann,* in *Ehmann* (Hrsg.), Der Datenschutzbeauftragte, 11 ff.; und o. Rdnr. 83.
339 Dazu o. Rdnr. 83 ff.
340 Dazu § 38 Rdnr. 67.
341 Dazu § 38 Rdnr. 67.
342 Vgl. auch *Bergmann/Möhrle/Herb,* BDSG § 4f Rdnr. 147; *Herb,* in *Ehmann* (Hrsg.), Der Datenschutzbeauftragte, 57; *Drews,* Der Datenschutzbeauftragte, 36.
343 Ebenso LAG Erfurt, RDV 1996, 195.

Beschäftigungsverhältnisses für zulässig halten sollte,[344] nicht dazu, seine Weiterbeschäftigung zu erzwingen.[345]

197 Die verantwortliche Stelle muss die Bestellung innerhalb einer **Frist** von **zwei Wochen** widerrufen nachdem sie Kenntnis von den Widerrufsgründen erlangt hat (§ 4f Abs. 3 Satz 4 i.V.m. § 626 Abs. 2 BGB).[346] Mit der Verweisung auf § 626 BGB bezieht sich das BDSG keineswegs nur auf die Beschränkung der möglichen Anlässe für eine Auflösung des Beschäftigungsverhältnisses, vielmehr genauso auf die zeitliche Einschränkung der Geltendmachung wichtiger Gründe. Anders aber als in § 626 BGB steht bei der Anwendung des BDSG nicht der Schutz des Beschäftigten im Vordergrund, sondern der Funktion des Beauftragten. Die Frist zwingt die verantwortliche Stelle zu einer schnellen Reaktion. Sie entlastet deshalb den Beauftragten vom Risiko einer nicht kalkulierbaren Berufung auf mögliche Widerrufsgründe.

198 Der Widerruf setzt eine ebenso **ausdrückliche** wie **eindeutige Erklärung** der verantwortlichen Stelle voraus. Der Beauftragte muss die Absicht der verantwortlichen Stelle, seine Bestellung zu beenden, klar erkennen können. Konkludente Erklärungen scheiden deshalb aus.[347]

199 Der Widerruf muss **schriftlich** erfolgen.[348] Das BDSG sieht zwar beim Widerruf, anders als bei der Bestellung (§ 4f Abs. 1 Satz 1),[349] nicht ausdrücklich eine Form vor. Beides, Bestellung und Widerruf, ist aber für den Bestand der gesetzlich vorgeschriebenen Kontrollinstanz gleichermaßen wichtig. Beides muss deshalb an Bedingungen geknüpft sein, die gegenüber der verantwortlichen Stelle ebenso wie nach außen hin erkennen lassen, welche Bedeutung das Gesetz einer ebenso nachhaltigen wie unabhängigen Überwachung der Verarbeitung und damit dem Beauftragten beimisst. Die Schriftlichkeit entspricht gerade dieser Erwartung und ist daher beim Beginn seiner Tätigkeit genauso zu beachten wie bei ihrer Beendigung.[350]

200 **Beauftragte sind** durchweg **einer verantwortlichen Stelle zugeordnet**. Ihr obliegt es den Beauftragten zu bestellen (§ 4f Abs. 1) und es sind ihre Verarbeitungsaktivitäten, die seinen Tätigkeitsbereich bestimmen. **Wenn sie deshalb aufhört zu existieren**, **wird auch seine Aufgabe gegenstandslos**. Die **Unternehmensfusion** ist beispielhaft dafür. Vor ihr hatte möglicherweise jedes der fusionierenden Unternehmen einen eigenen Beauftragten. Nach ihr bleibt in aller Regel nur das **Unternehmen** übrig, **in das alle anderen eingegliedert wurden**. Konsequenterweise kann es auch **nur noch einen für den gesamten neu zusammengesetzten Unternehmensbereich zuständigen Beauftragten** geben. Alle übrigen verlieren mit der Fusion ihr Amt.[351] Wie sich ihre Beziehung zum übernehmenden Unternehmen weiter gestaltet, hängt bei **internen Beauftragten** von den sich aus § 613a BGB ergebenden arbeitsrechtlichen Konsequenzen und den im Zusammenhang damit konkret getroffenen Regelungen ab. Eine Fortsetzung des Arbeitsverhältnisses bleibt freilich ohne jede Wirkung auf die Aufgaben als Beauftragter. Sie sind, jedenfalls soweit es um den bisherigen Beauftragten geht, ersatzlos entfallen.[352] § 613a BGB verhilft zwar dazu, das Arbeitsverhältnis, nicht aber die Bestellung zum Beauftragten zu verlängern. Die früheren Beauftragten können so gesehen weiterhin Datenschutzfragen bearbeiten, müssen jedoch ihren Status aufgeben. Bei **externen Beauftragten** führt die Fusion zu einer Auflösung der bisherigen vertraglichen Beziehung, begründet allerdings unter Umständen zugleich einen Anspruch des Beauftragten

---

344 Dazu o. Rdnr. 184 f.

345 Vgl. freilich *Gola/Schomerus*, BDSG § 4f Rdnr. 43; Kasseler Handbuch/*Blechmann*, 2.10 Rdnr. 476; *Gola/Jaspers*, RDV 1998, 50.

346 Ebenso *Schaffland/Wiltfang*, BDSG § 4f Rdnr. 65 d; *Gola/Schomerus*, BDSG § 4f Rdnr. 44; *Bergmann/Möhrle/Herb*, BDSG § 4f Rdnr. 144; *Schlemann*, Recht, 241.

347 Anders *Gola/Schomerus*, BDSG § 4f Rdnr. 44; Kasseler Handbuch/*Blechmann*, 2.10 Rdnr. 468; *Rudolf*, NZA 1996, 301; wohl auch *Schlemann*, Recht, 233.

348 Ebenso *Auernhammer*, BDSG § 36 Rdnr. 8; *Bergmann/Möhrle/Herb*, BDSG § 4f Rdnr. 58; *Ehrich*, Amt, 260; *Schlemann*, Recht, 233; *Berwanger*, 2005, H. 7 und 8, 18.

349 Dazu o. Rdnr. 55 f.

350 Anders *Gola/Schomerus*, BDSG § 4f Rdnr. 44; Kasseler Handbuch/*Blechmann*, 2.10 Rdnr. 468; *Rudolf*, NZA 1996, 301.

351 Vgl. auch *Däubler*, RdA 2004, 58.

352 Das verkennt das ArbG Frankfurt, RDV 2001, 290.

auf die ihm dadurch entstandenen Schäden. Wird dagegen ein **neues Unternehmen** gegründet, muss ebenfalls, sofern die Voraussetzungen des § 4f Abs. 1 vorliegen, ein **neuer Beauftragter** unverzüglich bestellt werden. Übergangsmandate kennt das Gesetz nicht. Sie lassen sich auch nicht mit Hilfe des § 21a BetrVG konstruieren.[353] Die Pflicht zur sofortigen Bestellung eines Beauftragten ist das einzige Gegenmittel gegen einen kontrollfreien Zeitraum.

10. Streitigkeiten

Streitigkeiten zwischen der verantwortlichen Stelle und den **externen Kontrollinstanzen** 201 über die Bestellung oder den Widerruf eines Beauftragten, aber auch über die einzelnen Anforderungen der §§ 4f und 4g sind vor den Verwaltungsgerichten auszutragen. Für Streitigkeiten, die mit dem **Beschäftigungsverhältnis** eines internen Beauftragten oder der Mitbestimmung der Arbeitnehmervertretung bei seiner Einstellung, Versetzung oder Kündigung zusammenhängen, sind bei behördlichen Beauftragten die Verwaltungsgerichte, bei betrieblichen die Arbeitsgerichte zuständig. Bei externen Beauftragten liegt dagegen die Zuständigkeit bei den Zivilgerichten. Sie sind auch für alle weiteren Streitigkeiten zuständig, also besonders für **Schadenersatzansprüche** gegen die verantwortliche Stelle oder den Beauftragten selbst.

11. Landesrecht

Die Landesgesetzgeber waren, wie zumeist, auch beim behördlichen Beauftragten Vorreiter 202 und Wegweiser der bundesgesetzlichen Regelung. Hessen hatte bereits Ende der Siebzigerjahre in den Verwaltungsvorschriften zum HDSG von 1976 einen Beauftragten bei allen Behörden und öffentlichen Stellen vorgesehen.[354] Das 3. HDSG von 1986 (§ 5 Abs. 2) schrieb diese Verpflichtung fest, und setzte zugleich die Akzente für weitere Reaktionen auf Landesebene.[355] Erst im Zusammenhang mit der Umsetzung der EG-Datenschutzrichtlinie haben sich freilich nahezu alle Landesgesetzgeber für die Bestellung behördlicher Beauftragter ausgesprochen. Das 1998 revidierte HDSG[356] hat einmal mehr nicht nur die Grundlage für die LDSG abgegeben, sondern zugleich die Tendenz deutlich erkennen lassen, die sich später bei den übrigen Landesgesetzen bestätigte: eine weitaus konsequentere und präzisere Regelung als die §§ 4f und 4g des BDSG anzustreben.

Allerdings gibt es auch deutlich restriktivere Tendenzen. So sehen einige LDSG davon ab, 203 **die öffentlichen Stellen zu verpflichten, einen Beauftragten zu bestellen**. Sie können sich dafür entscheiden, müssen es aber nicht.[357] Das BayDSG (Art. 25 Abs. 2 Satz 1) stellt dagegen die Verpflichtung nicht infrage, beschränkt sie jedoch auf Stellen, die personenbezogene Daten **automatisiert** verarbeiten. Eine Reihe weiterer LDSG nehmen Verfahren, die lediglich der Datensicherung, der Büroorganisation oder der Führung öffentlichkeitsbestimmter Register dienen, von der Kontrolle des Beauftragten aus.[358] Das NDSG (§ 8a Abs. 5) geht noch weiter. Die Landesregierung kann die Verpflichtung, einen Beauftragten zu bestellen, einschränken, wenn Daten automatisiert verarbeitet werden, bei denen eine Beeinträchtigung der informationellen Selbstbestimmung nicht zu erwarten ist.

353 Vgl. freilich *Däubler*, RDV 2004, 58.
354 Dazu *Simitis*, in *Meyer/Stolleis*, HessStVwR (2. Aufl. 1986) 131.
355 Dazu *Vogelgesang*, CR 1993, 378 ff.; *Schierbaum*, PersR 1997, 345 ff.
356 Dazu *Simitis*, in *Meyer/Stolleis*, HessStVwR 157 ff.; sowie *Nungesser*, HDSG § 5 Rdnr. 1 ff.
357 Vgl. die §§ 10 Abs. 1 LDSG BW; 10a Abs. 1 HmbDSG; 8 Abs. 1 SDSG; 11 Abs. 1 SächsDSG; 10 Abs. 1 LDSG SH.
358 Vgl. die §§ 14a Abs. 1 Satz 1 DSG-LSA; 10a Abs. 1 Satz 2 ThürDSG.

204 Im Unterschied zum BDSG (§4f Abs. 1 Satz 5) können sich nach den LDSG nicht nur **mehrere Stellen für einen Beauftragten entscheiden.**[359] Öffentliche Stellen sind vielmehr, soweit es ihre Struktur und die Diversität ihrer Aufgaben erfordert, auch berechtigt, sich für **mehrere Beauftragte** zu entscheiden (§ 32a Abs. 1 Satz 4 DSG NW). Einige LDSG[360] ermächtigen zudem generell die verantwortlichen Stellen, **Bedienstete anderer öffentlicher Stellen** als Beauftragte vorzusehen, eine Entscheidung, die nach § 5 Abs. 3 Satz 2 des HDSG dem HDSB mitgeteilt werden muss. HDSG (§ 5 Abs. 3 Satz 1) und DSG BW (§ 10 Abs. 2 Satz 2) sehen schließlich vor, dass **Bedienstete der Aufsichtsbehörde** durchaus als Beauftragte in Betracht kommen, vorausgesetzt, sie stimmt zu.

205 Die LDSG betonen genauso wie das BDSG (§ 4f Abs. 2 Satz 1), die Verpflichtung der verantwortlichen Stelle, auf Fachkunde und Zuverlässigkeit des in Aussicht genommenen Beauftragten zu achten. Sie weisen jedoch ebenso eindringlich auf die Notwendigkeit hin, möglichen **Interessenkonflikten** nachzugehen.[361]

206 Präzisierungen, die vor allem möglichen Auseinandersetzungen über die jeweils notwendigen Regelungen vorbeugen sollen, finden sich auch bei den Aussagen zu den **Aufgaben des Beauftragten**. So heben das BerlnDSG (§ 19a Abs. 1 Satz 3 Nr. 4), das HmbDSG (§ 10a Abs. 5 Satz 1) und das DSG NW (§ 32a Abs. 1 Satz 7) die **Pflicht** des Beauftragten hervor, den **Personalrat** bei seinen Bemühungen **zu unterstützen**, eine datenschutzkonforme Verarbeitung von Beschäftigtendaten sicherzustellen.

207 Genauso auffällig sind die Bestrebungen der LDSG, einen ebenso wirksamen wie störungsfreien Ablauf der Tätigkeit des Beauftragten zu gewährleisten. So verpflichtet das HDSG (§ 5 Abs. 2 Sätze 3 und 4) die verantwortliche Stelle, den Beauftragten **rechtzeitig** über **sämtliche Maßnahmen, die sich auf die Verarbeitung personenbezogener Daten auswirken**, nicht nur **zu informieren**, sondern auch **anzuhören**. Maßnahmen, bei denen dieser Pflicht nicht nachgekommen worden ist, sind bis zur Unterrichtung und Anhörung des Beauftragten auszusetzen. Auch das DSG NW (§ 32a Abs. 1 Satz 7) sieht ausdrücklich ein **Beteiligungsrecht** des Beauftragten vor. Nicht ganz so weit geht das BayDSG. Es beschränkt, wie das BDSG (§ 4g Abs. 1 Satz 3 Nr. 1), die Informationspflicht auf die Einrichtung oder Änderung automatisierter Verfahren (Art. 26 Abs. 3 Satz 1), knüpft aber die Verwendung solcher Verfahren grundsätzlich an eine **Freigabe** durch den Beauftragten (Art. 26 Abs. 3 Satz 2).

208 Die LDSG betonen zudem das **Einsichtsrecht** des Beauftragten in alle für seine Tätigkeit erforderlichen Unterlagen und Verfahren,[362] begrenzen es allerdings zugleich. Es kann in aller Regel nur so lange ausgeübt werden, wie ihm keine gesetzlichen Vorschriften oder besondere Geheimhaltungspflichten entgegenstehen.[363] Das BayDSG (Art. 25 Abs. 4 Satz 2) lässt zudem, ganz nach dem Vorbild des BDSG 90 (§ 24 Abs. 2 Satz 4 Nr. 2) eine Einsicht in Akten, die dem Arztgeheimnis unterliegen, mit der Sicherheitsüberprüfung zusammenhängen sowie Personalakten, die nicht in Dateien geführt werden, nur mit Einwilligung der Betroffenen zu. Das ThürDSG (§ 10a Abs. 4) verlangt zwar ebenfalls eine Einwilligung, schreibt aber zusätzlich vor, dass Akten, in denen Daten enthalten sind, welche die Sicherheit des Bundes oder der Länder gefährden könnten, nur im Benehmen mit dem Leiter der verantwortlichen Stelle eingesehen werden dürfen. Das DSG NW (§ 32 Abs. 3 Satz 3) schließt dagegen das Einsichtsrecht nur bei Betriebs- und Geschäftsgeheimnissen von Eigenbetrieben und öffentlich-rechtlichen Wettbewerbsunternehmen aus.

---

359 Vgl. Art. 25 Abs. 2 Satz 2 BayDSG; sowie die §§ 10 Abs. 2 Satz 3 LDSG BW; 19a BlnDSG Abs. 1 Satz 2; 7a Abs. 2 Satz 3; 5 Abs. 3 Satz 2 HDSG; 20 Abs. 1 Satz 2 DSG M-V; 8a Abs. 4 NDSG; 32a Abs. 1 Satz 3 DSG NW; 8 Abs. 1 Satz 3 SDSG; 10 Abs. 1 Satz 2 LDSG SH; 10 Abs. 6 ThürDSG.

360 Vgl. die §§ 7a Abs. 3 BbgDSG, 5 Abs. 3 Satz 3 HDSG; 8a Abs. 1 Satz 2 NDSG; 10a Abs. 1 Satz 2; 11 Abs. 1 Satz 4 LDSG RP.

361 Vgl. die §§ 10 Abs. 2 Satz 1 LDSG BW; 19a Abs. 2 Satz 1 BlnDSG; 7a Abs. 1 Satz 2 BbgDSG; 5 Abs. 1 Satz 2 HDSG; 20 Abs. 1 Satz 3 DSG M-V; 8a Abs. 2 Satz 1 NDSG; 32a Abs. 2 Satz 3 DSG NW; 11 Abs. 2 Satz 1 SächsDSG; 10 LDSG SH; 10a Abs. 1 Satz 4 Thür DSG.

362 Vgl. Art. 25 Abs. 4 Satz 2 BayDSG; sowie die §§ 7a Abs. 5 Satz 3 BbgDSG; 5 Abs. 2 Satz 3 HDSG; 8 Abs. 2 Satz 3 SDSG; 14a Abs. 3 Satz 1 DSG-LSA;10 Abs. 3 Satz 5 LDSG SH.

363 Vgl. Art. 25 Abs. 4 Satz 2 BayDSG; sowie die §§ 7a Abs. 5 Satz 3 BbgDSG;10a Abs. 5 Satz 3 HmbDSG; 5 Abs. 3 HDSG; 21 Abs. 2 Satz 3 SDSG; 14a Abs. 3 Satz 2 DSG-LSA; 10 Abs. 3 Satz 6 LDSG SH.

Probleme entstehen allerdings auch bei der **Verarbeitung** von Arbeitnehmerdaten und generell von personenbezogenen Angaben **durch Personalräte**. Das Kontrollrecht der Beauftragten erstreckt sich zwar auf alle Verarbeitungsvorgänge, so lange jedenfalls der Gesetzgeber keine Ausnahmen vorgesehen hat. Ganz in diesem Sinn bestätigt § 32a DSG NW ausdrücklich die Kontroll- und Beratungskompetenz der Beauftragten bei Personalräten. Wie bei § 4f Abs. 1 ist allerdings auch bei den nach den LDSG-Bestimmungen bestellten Beauftragten ihre Unabhängigkeit Zugangsvoraussetzung zu den Unterlagen der Arbeitnehmervertretungen.[364] In Ländern, in denen deshalb eine Mitbestimmung der Personalräte bei der Bestellung der Beauftragten vorgeschrieben ist,[365] kann den Beauftragten die Einsicht nicht verwehrt werden. Überall dort aber, wo es an entsprechenden gesetzlichen Vorkehrungen fehlt, muss eine Kontrolle unterbleiben. 209

Die LDSG räumen ferner allen **Beschäftigten** der jeweiligen öffentlichen Stelle ausdrücklich das **Recht** ein, **sich ohne Einhaltung des Dienstweges an den Beauftragten zu wenden**.[366] 210

Die LDSG heben, schließlich, zwar eher selten das **Recht der Beauftragten** hervor, **den DSB anzurufen**,[367] sehen aber durchweg in der Kooperation mit dem DSB eine ebenso notwendige wie selbstverständliche Voraussetzung einer erfolgreichen Wahrnehmung ihrer Aufgaben.[368] Alle Landesgesetzgeber haben deshalb, anders als das BDSG (§ 4g Abs. 3), bewusst davon abgesehen, die Zusammenarbeit des Beauftragten mit dem DSB an wie immer formulierte Einschränkungen zu knüpfen. 211

364 Dazu o. Rdnr. 66 sowie § 4g Rdnr. 40 ff.
365 Vgl.etwa die §§ 74 Abs. 1 Nr. HPVG; 79 Abs. 3 Nr. 2 LPVG B.-W.; 66 PersVG Bbg.
366 Vgl. Art. 26 Abs. 3 Satz 6 BayDSG; sowie die §§ 10a Abs. 6 HmbDSG; 5 Abs. 1 Satz 6 HDSG; 32a Abs. 4 Satz 1 DSG NW; 21 Abs. 3 SDSG; 10 Abs. 3 Satz 4 LDSG SH.
367 Vgl. Art. 25 Abs. 3 Satz 3 BayDSG; sowie die §§ 19a Abs. 4 BlnDSB; 10a Abs. 5 Satz 2 HmbDSG; § 10 Abs. 4 Satz 3 LDSG-SH.
368 Vgl. insb. *Nungesser,* HDSG § 5 Rdnr. 1.

§ 4g Aufgaben des Beauftragten für den Datenschutz

(1) Der Beauftragte für den Datenschutz wirkt auf die Einhaltung dieses Gesetzes und anderer Vorschriften über den Datenschutz hin. Zu diesem Zweck kann sich der Beauftragte für den Datenschutz in Zweifelsfällen an die für die Datenschutzkontrolle bei der verantwortlichen Stelle zuständige Behörde wenden. Er hat insbesondere

1. **die ordnungsgemäße Anwendung der Datenverarbeitungsprogramme, mit deren Hilfe personenbezogene Daten verarbeitet werden sollen, zu überwachen; zu diesem Zweck ist er über Vorhaben der automatisierten Verarbeitung personenbezogener Daten rechtzeitig zu unterrichten,**
2. **die bei der Verarbeitung personenbezogener Daten tätigen Personen durch geeignete Maßnahmen mit den Vorschriften dieses Gesetzes sowie anderer Vorschriften über den Datenschutz und mit den jeweiligen besonderen Erfordernissen des Datenschutzes vertraut zu machen.**

(2) Dem Beauftragten für den Datenschutz ist von der verantwortlichen Stelle eine Übersicht über die in § 4e Satz 1 genannten Angaben sowie über zugriffsberechtigte Personen zur Verfügung zu stellen. Im Fall des § 4d Abs. 2 macht der Beauftragte für den Datenschutz die Angaben nach § 4e Satz 1 Nr. 1 bis 8 auf Antrag jedermann in geeigneter Weise verfügbar. Im Fall des § 4d Abs. 3 gilt Satz 2 entsprechend für die verantwortliche Stelle.

(3) Auf die in § 6 Abs. 2 Satz 4 genannten Behörden findet Absatz 2 Satz 2 keine Anwendung. Absatz 1 Satz 2 findet mit der Maßgabe Anwendung, dass der behördliche Beauftragte für den Datenschutz das Benehmen mit dem Behördenleiter herstellt; bei Unstimmigkeiten zwischen dem behördlichen Beauftragten für den Datenschutz und dem Behördenleiter entscheidet die oberste Bundesbehörde.

Literatur: Vgl. die Angaben zu § 4f.

Übersicht

1. Grundlagen

1.1 Struktur und Prinzipien

1 § 4g definiert die **Aufgaben des Beauftragten**. Das Gesetz spricht sie allerdings nicht nur dort an. Erst recht kann nicht davon die Rede sein, dass sie in § 4g abschließend umschrieben werden. So ist der Beauftragte nach § 4d Abs. 6 Satz 1 für die Vorabkontrolle zuständig[1] und so hebt § 4f Abs. 5 Satz 2 ausdrücklich das Recht des Betroffenen hervor, sich jederzeit an den Beauftragten zu wenden, unterstreicht aber damit auch dessen Pflicht, Fragen und Beschwerden nachzugehen.[2] Selbst dort, wo das Gesetz, wie in § 4g Abs. 1 Satz 3, einzelne

1 Dazu u. Rdnr. 81 ff.
2 Dazu § 4f Rdnr. 155 ff.

Aufgaben explizit anspricht, fügt es gleich hinzu, dass es sich dabei nur um Beispiele handelt, und stellt im Übrigen ganz allgemein fest, dass der Beauftragte auf die Einhaltung der Datenschutzvorschriften „hinwirken" muss.

Beides, die lediglich **indikative Enumeration** und die bewusst **allgemein gehaltene Formulierung** der wohl wichtigsten Aufgabe des Beauftragten, seiner **Kontrollfunktion**,[3] illustriert und bekräftigt die Leitlinie der gesetzlichen Regelung: Die **Aufgaben des Beauftragten lassen sich nicht abstrakt umreißen**. Wie sie genau aussehen, kann erst vor dem Hintergrund seiner Tätigkeit für eine bestimmte verantwortliche Stelle gesagt werden. Das Gesetz gibt, anders ausgedrückt, nur einen verbindlichen Rahmen vor, der in Kenntnis und unter Berücksichtigung der je spezifischen Ziele der konkret in Betracht kommenden verantwortlichen Stelle und der besonderen Merkmale ihrer Verarbeitungsaktivitäten ausgefüllt werden muss. § 4g ist deshalb sowohl für die verantwortliche Stelle als auch und vor allem für den Beauftragten nur **Grundlage** der Präzisierung seiner Aktivitäten, **nicht** aber **erschöpfende Antwort** auf die Frage nach ihrem exakten Inhalt.[4] 2

Den Aufgaben des Beauftragten entspricht eine ebenso breit angelegte **Informations- und Konsultationspflicht der verantwortlichen Stelle**. Ansätze dafür finden sich gleich mehrmals im BDSG, genauer, in der allgemeinen, in § 4f Abs. 5 Satz 1 geregelten Unterstützungspflicht[5] ebenso wie in der Verpflichtung, den Beauftragten im voraus über Automatisierungsvorhaben zu informieren (§ 4g Abs. 1 Satz 3 Nr. 1), und ihm eine Reihe gerade für seine Tätigkeit wichtiger Informationen zur Verfügung zu stellen (§ 4g Abs. 2 Satz 1). Jede dieser Bestimmungen spiegelt die Einsicht wider, dass der Beauftragte seine vielfältigen Aufgaben nur erfüllen kann, wenn er die Möglichkeit hat, seine Überlegungen und Einwände rechtzeitig vorzubringen. Die vom Gesetzgeber geforderte Einrichtung einer internen Kontrollinstanz (§ 4f Abs. 1) ist, so gesehen, Teil jener **präventiven Strategie**, die auch sonst die gesetzlichen Anforderungen an die Verarbeitung personenbezogener Daten auszeichnet.[6] 3

Die verantwortliche Stelle muss daher **vor jeder Entscheidung**, die sich auf die Verarbeitung personenbezogener Daten auswirkt, und nicht etwa nur bei automatisierten Vorhaben (§ 4g Abs. 1 Satz 3 Nr. 1),[7] **den Beauftragten informieren und konsultieren**. Sie ist also verpflichtet, dem Beauftragten Gelegenheit zu geben, seine Position in Kenntnis ihrer Absichten und Gründe rechtzeitig und eindeutig zu präzisieren. Welchen Weg, sie dann geht, bleibt ihr überlassen. Wichtig ist lediglich, dass sie mit den für einen ebenso korrekten wie konsequenten Datenschutz maßgeblichen Gesichtspunkten noch vor ihrer endgültigen Stellungnahme konfrontiert wird. 4

1.2 Kompetenzkonflikte

Ganz gleich wie die Aufgaben des Beauftragten im Einzelnen aussehen, sie ändern nichts an der Verteilung der Entscheidungskompetenzen. Die **Entscheidungsbefugnis** liegt unverändert bei **der verantwortlichen Stelle**.[8] Der Beauftragte kann zwar im Rahmen seiner Aufgaben beobachten, prüfen, beraten und unter Umständen die externe Kontrollinstanz einschalten, nicht jedoch die verantwortliche Stelle bei der Entscheidung über die jeweils erforderlichen Maßnahmen substituieren. Selbst wenn sie ihn also dazu ermächtigen sollte, ist es ihre Entscheidungskompetenz, die wahrgenommen wird, und nicht ein genuines Recht des Beauftragten. 5

§ 4g stellt ebenso wenig die **Kontroll- und Mitbestimmungsrechte der Arbeitnehmervertretungen** (§§ 80 Abs. 1 Nr. 1, 87 Abs. 1 Nr. 6, 94 BetrVG; 68 Abs. 1 Nr. 2, 75 Abs. 3 6

3 Dazu u. Rdnr. 29 ff.
4 Vgl. auch *Gola/Schomerus,* BDSG § 4g Rdnr. 5, 7; *Bergmann/Möhrle/Herb,* BDSG § 4g Rdnr. 11; *Schaffland/Wiltfang*, BDSG § 4g Rdnr. 23; *Schlemann,* Recht, 109; *Schild,* DuD 2001, 34.
5 Dazu § 4f Rdnr. 142 ff.
6 Dazu § 4f Rdnr. 1 ff.; sowie § 1 Rdnr. 12, 79.
7 Dazu u. Rdnr. 43 ff.
8 Dazu auch § 4f Rdnr. 125; sowie *Gola/Schomerus,* BDSG § 4g Rdnr. 2; *Bergmann/Möhrle/Herb,* BDSG § 4f Rdnr. 17; MünchArbR/*Blomeyer,* § 99 Rdnr. 83.

Nr. 8 und 17 BPersVG) infrage.[9] Die Kompetenzen des Beauftragten einerseits und der Betriebs- und Personalräte, aber auch der Jugend- und Auszubildendenvertretungen (§§ 70 Abs. 1 Nr. 2 BetrVG; 61 Abs. 1 Nr. 2 BPersVG) andererseits überschneiden sich zwar partiell, gründen sich aber auf verschiedene Regelungskonzepte und sind deshalb auch mit unterschiedlichen Konsequenzen verbunden. Weder Beauftragte noch Arbeitnehmervertretungen können daher ein Kontrollmonopol beanspruchen. Beide müssen vielmehr ihre Kontrollaufgabe grundsätzlich unabhängig voneinander unter den jeweils für sie geltenden Bedingungen und mit den ihnen zustehenden Mitteln erfüllen.

7 § 4g **verdoppelt**, so gesehen, **die Kontrolle**. Ob also die verantwortliche Stelle bei der Verwendung der Daten ihrer Beschäftigten die Datenschutzregelungen beachtet, muss vom Beauftragten genauso wie von der Arbeitnehmervertretung kontrolliert werden. Beschäftigte, die meinen, Angaben zu ihrer Person würden unter Verletzung der gesetzlichen Bestimmungen verarbeitet, können sich zudem sowohl an den Beauftragten als auch an die Arbeitnehmervertretung wenden. Soweit es schließlich um die Mitbestimmungsrechte der Arbeitnehmervertretungen geht, ist es ihnen zwar vorbehalten, sie wahrzunehmen. Der Beauftragte muss sich aber, weil eine den gesetzlichen Anforderungen entsprechende Regelung der Verarbeitung von Beschäftigtendaten auch gerade davon abhängt, vergewissern, dass die Mitbestimmungsrechte beachtet werden.[10] Umgekehrt, schließt das Kontrollrecht der Arbeitnehmervertretungen (§§ 80 Abs. 1 Nr. 1 BetrVG, 68 Abs. 1 Nr. 2 BPersVG) auch die Berechtigung ein, zu prüfen, ob der Beauftragte seine Aufgaben ordnungsgemäß erfüllt.[11]

8 Der Beauftragte ist zur **Kooperation mit der Arbeitnehmervertretung** verpflichtet.[12] Die Verdoppelung der Kontrolle mag die Wirksamkeit des Datenschutzes verbessern. Sie erhöht aber zugleich die Gefahr von Konflikten zwischen dem Beauftragten und der Arbeitnehmervertretung. Umso wichtiger ist ihre Zusammenarbeit. Beide, Beauftragter und Arbeitnehmervertretung, sind aufeinander angewiesen. Der Beauftragte braucht den ständigen Informationsaustausch mit Betriebs- und Personalräten, um bei seinen Überlegungen und Erwartungen der besonderen Situation der Beschäftigten gerecht zu werden. Die Arbeitnehmervertretung benötigt die Verbindung zum Beauftragten, um die konkreten Auswirkungen der Datenschutzregelungen auf die Verarbeitungsaktivitäten der verantwortlichen Stelle ebenso abzuschätzen wie die Effizienz der eigenen Einwirkungsmöglichkeiten auf die Verwendung der Beschäftigtendaten. Dem Beauftragten bietet die Kooperation zudem die Chance, die Arbeitnehmervertretung unmittelbar auf die Notwendigkeit, sich gerade bei den von ihr angestrebten Regelungen an der Priorität der informationellen Selbstbestimmung der Beschäftigten zu orientieren, und sie damit auch auf die Grenzen ihrer Interventions- und Regelungsmöglichkeiten hinzuweisen.[13]

9 Die Beauftragten müssen im Rahmen ihrer Kooperationspflicht der Arbeitnehmervertretung für **Einzelauskünfte** ebenso wie für eine **langfristige Zusammenarbeit** im Hinblick auf die Überprüfung bestehender und die Entwicklung neuer Datenschutzmaßnahmen zur Verfügung stehen. Betriebs- und Personalräte können daher die Beauftragten jederzeit ansprechen und sich von ihnen beraten lassen. Die Beauftragten sind also **keine eigens zu bestellenden Sachverständige** (§ 80 Abs. 3 BetrVG). Die Kooperation mit den Betriebs- und Personalräten ist Teil ihrer normalen Tätigkeit.

---

9 Dazu auch § 28 Rdnr. 38 f.; sowie LAG Niedersachsen, EzA § 37 BetrVG 1972 Nr. 64; *FESTL*, BetrVG § 80 Rdnr. 7; *DKK/Buschmann*, BetrVG § 80 Rdnr. 10; MünchArbR/*Blomeyer*, § 99 Rdnr. 89; *Gola/Wronka*, Handbuch, Rdnr. 920 ff.; *Schlemann*, Recht, 45; *Bösche/Grimberg*, in *Ehmann* (Hrsg.), Der Datenschutzbeauftragte, 24 ff.

10 Vgl. auch *FESTL*, BetrVG § 87 Rdnr. 234; *Gola/Schomerus*, BDSG § 4g Rdnr. 6; *Wohlgemuth*, BB 1995, 673; und demgegenüber MünchArbR/*Blomeyer*, § 99 Rdnr. 83; Kasseler Handbuch/*Blechmann*, 2.10 Rdnr. 507 f.

11 Vgl. auch *FESTL*, BetrVG § 80 Rdnr. 7; *DKK/Buschmann*, BetrVG § 80 Rdnr.10 ; *Gola/Wronka*, Handbuch, Rdnr. 934 f.; sowie § 4f Rdnr. 79.

12 Vgl. auch *Gola/Schomerus*, BDSG § 4g Rdnr. 6; *Schaffland/Wiltfang*, BDSG § 4f Rdnr. 29: *FESTL*, BetrVG § 80 Rdnr. 7; *DKK/Buschmann*, BetrVG § 80 Rdnr. 10; *Schlemann*, Recht, 58; *Wächter*, Datenschutz, Rdnr. 280 f.

13 Dazu auch § 28 Rdnr. 40.

Die **Kontrollkompetenz der Beauftragten** wird **nicht durch das Datenschutzaudit** nach § 9a **infrage gestellt**. Das BDSG bietet mit dem Audit den verantwortlichen Stellen die Chance, ihre Datenschutzvorkehrungen durch unabhängige Gutachter überprüfen zu lassen, um einerseits Defizite aufzudecken und andererseits gerade bei umfangreichen Verarbeitungen den Nachweis ihrer Bereitschaft zu führen, sich an die Datenschutzanforderungen zu halten.[14] Dieses Ziel ist aber nur zu erreichen, wenn auch die Kontrollbedingungen einbezogen werden,[15] angefangen bei der Ausstattung des Beauftragten über seine Zugangsmöglichkeiten zu den gesamten jeweils verarbeiteten Daten und dem Verlauf des Kontrollprozesses bis hin zu den Reaktionen auf die Erfahrungen und Forderungen des Beauftragten. 10

Ein ernst genommenes Audit ist, so gesehen, immer und zugleich **Evaluation der Aktivitäten des Beauftragten**. Seine **Unabhängigkeit** wird trotzdem **nicht verletzt**. Die Bestellung des Beauftragten entbindet die verantwortliche Stelle nicht von ihrer Pflicht, sich laufend zu vergewissern, ob die Tätigkeit des Beauftragten den gesetzlichen Anforderungen genügt. Ebenso wenig folgt aus der Bestellung, dass nur noch der Beauftragte berechtigt ist, über wirksamere Kontrollmechanismen nachzudenken. Die Verbesserung der Kontrollvoraussetzungen bleibt unverändert primär eine Aufgabe der verantwortlichen Stelle.[16] Das Audit ist eines der wichtigsten dafür in Betracht kommenden Mittel. Die vielfältigen Klagen über die Qualität der Beauftragten und die nachdrücklichen Forderungen nach qualitativ höheren Leistungen[17] zwingen förmlich dazu, Instrumente zu nutzen, die es nicht nur erlauben, die bisherige Tätigkeit zu überprüfen, sondern auch Maßstäbe für künftige Aktivitäten zu setzen. 11

Das **Datenschutzaudit** darf jedoch dem Beauftragten gegenüber **nicht als Druckmittel** benutzt werden. Es geht deshalb weder an, die Auditierung an ihm vorbei durchzuführen,[18] noch ist es statthaft, ihre Ergebnisse zum Anlass zu nehmen, um ihm bestimmte Verfahren oder Verhaltensweisen vorzuschreiben.[19] Beides wäre ein unzulässiger Eingriff in seine gesetzlich garantierte Unabhängigkeit[20] und ein Verstoß gegen seine gesetzlich ebenfalls gewährleistete Weisungsfreiheit (§ 4f Abs. 3 Satz 2).[21] Beauftragte müssen deshalb in die Vorbereitungen der Auditierung einbezogen und über ihre Ergebnisse unterrichtet werden, aber auch Gelegenheit erhalten, Stellung zu nehmen. Wo aber Gegenäußerungen und Kritik Konflikte auslösen, ist der Beauftragte hier wie sonst berechtigt, die externe Kontrollinstanz anzurufen (§ 4g Abs. 1 Satz 2) und sie damit in den Entscheidungsprozess über den weiteren Umgang mit den im Audit formulierten Erwartungen einzuschalten. 12

1.3 Zusammenarbeit mit der Aufsichtsbehörde (Abs. 1 Satz 2)

Beauftragte sind berechtigt, **sich an die externe Kontrollinstanz zu wenden**. Das BDSG hebt gleich zweimal ihr Recht hervor, sie einzuschalten. § 4g Abs. 1 Satz 2 legt ihre Befugnis generell fest, die jeweils zuständige externe Kontrollinstanz anzurufen. § 4d Abs. 6 Satz 2 geht dagegen lediglich im Zusammenhang mit einer ganz bestimmten, aus der Perspektive des Gesetzgebers allerdings besonders wichtigen Aufgabe, der Vorabkontrolle, darauf ein.[22] Beide Vorschriften konkretisieren ein Regelungssystem, das gezielt externe und interne Kontrolle miteinander verbindet.[23] Gleichviel, ob man die behördlichen oder die betrieblichen Beauftragten, die Aufsichtsbehörden oder den BfDI nimmt, jede dieser Kontrollinstanzen ist **Teil eines Systems**, **das** durchweg **auf die Kombination interner und externer Elemente** 13

14 Dazu § 9a Rdnr. 2 ff.
15 Vgl. auch *Gola,* RDV 2000, 95.
16 Dazu auch § 4f Rdnr. 85, 125.
17 Dazu insb. *Ehmann,* in *Ehmann* (Hrsg.), Der Datenschutzbeauftragte, 3 ff.; *Breinlinger,* RDV 1993, 53 ff., 1995, 7 ff.
18 Vgl. auch *Roßnagel,* DuD 1997, 513, 2000, 231; *Gola,* RDV 2000, 95 f.; sowie *Wächter*, Datenschutz, Rdnr. 296.
19 Vgl. auch *Gola,* RDV 2000, 95; *Drews/Kranz,* DuD 2000, 230.
20 Dazu § 4f Rdnr. 5 f., 119, 121, 182.
21 Dazu § 4f Rdnr. 121 ff.; sowie *Gola,* RDV 2000, 96.
22 Dazu § 4d Rdnr. 37.
23 Dazu § 4f Rdnr. 5 f.; sowie *Walz,* Selbstkontrolle, 462 ff.

angelegt ist. Interne und externe Kontrollinstanzen sind nicht parallel bestehende und allenfalls gelegentlich zusammenarbeitende Kontrolleinrichtungen, sondern auf eine konsequent praktizierte Kooperation ausgerichtete Instanzen. Das Regelungssystem kann deshalb nur so lange reibungslos funktionieren wie sich die einzelnen Kontrolleinrichtungen ergänzen, der Beauftragte also die externe Instanz unterrichtet sowie auf ihre Unterstützung rekurriert, und die Aufsichtsbehörde genauso auf den Beauftragten zurückgreift und ihre Anforderungen unter Verwertung seiner Informationen formuliert.

14 Der Gesetzgeber hat sich freilich nur zögernd bereitgefunden, die frühere, noch an der Vorstellung einer deutlichen Abgrenzung von Selbst- und Fremdkontrolle orientierte Regelung aufzugeben.[24] Die Widerstände lassen sich am unverändert restriktiven Wortlaut des § 4g Abs. 1 Satz 2 ebenso ablesen, wie an der massiven Einschränkung der Berechtigung einzelner behördlicher Beauftragter den BfDI einzuschalten (§ 4g Abs. 3). Interpretation und Anwendung der §§ 4g Abs. 1 Satz 2 und 4d Abs. 6 Satz 2 dürfen dennoch nicht am überholten Regelungskonzept der früheren BDSG-Fassungen festhalten, sondern müssen den Vorgaben der EG-Datenschutzrichtlinie Rechnung tragen.[25] Sie fordert einen Beauftragten, dessen völlige Unabhängigkeit sich auch und gerade in einer ebenso kontinuierlichen wie ungestörten Kooperation mit der externen Kontrollinstanz materialisiert.

15 **Beauftragte öffentlicher Stellen** können sich **an den BfDI** wenden (§ 4g Abs. 1 Satz 2). Die Entscheidung des Gesetzgebers, alle verantwortlichen Stellen zu verpflichten, Beauftragte zu bestellen (§ 4f Abs. 1),[26] wirkt sich auf die Wahl des Ansprechpartners aus. In Betracht kommt immer nur die externe Kontrollinstanz, die für die jeweilige verantwortliche Stelle zuständig ist, bei öffentlichen Stellen also der BfDI. Ihm obliegt es nach § 24 die Einhaltung der Datenschutzregelungen bei öffentlichen Stellen zu überwachen,[27] nur über ihn lässt sich deshalb die vom BDSG angestrebte, ihn § 4g Abs. 1 Satz 2 festgeschriebene Kommunikation zwischen interner und externer Kontrollinstanz realisieren.

16 **Beauftragte nicht-öffentlicher Stellen** können grundsätzlich **die nach § 38 zuständige Aufsichtsbehörde** (§ 4g Abs. 1 Satz 2) anrufen. Das BDSG behält insoweit die früher schon geltende Regelung bei. Wie schon nach dem BDSG 90 (§ 37 Abs. 1 Satz 2) sind die Aufsichtsbehörden auch nach der Novellierung Ansprechpartner der Beauftragten. Sie müssen im Rahmen ihrer Aufgaben ohnehin kontrollieren, ob die Beauftragten ihren Aufgaben nachkommen und sind gerade deshalb befugt, ihre Abberufung zu verlangen (§ 38 Abs. 5 Satz 3).[28] Das Recht der Beauftragten, die Aufsichtsbehörde einzuschalten, ist, so gesehen, Teil eines sehr viel breiter angelegten Kommunikationsprozesses, der eine verlässliche Kontrolle der verantwortlichen Stelle sichern soll.

17 Bei **Beauftragten von Post- und Telekommunikationsunternehmen** kommt es dagegen auf die **konkret verwendeten Daten** an. Soweit es sich um **Angaben** handelt, die **für „die geschäftsmäßige Erbringung von Telekommunikationsdiensten"** benötigt werden, müssen sie sich an den **BfDI** wenden (§ 4g Abs. 1 Satz 2 i.V.m. § 115 Abs. 4 Satz 1 TKG). Geht es dagegen um **Daten, die sich auf die Beschäftigten beziehen, oder sonstige personenbezogene Informationen**, ist, wie bei allen sonstigen nicht-öffentlichen Stellen, die **Aufsichtsbehörde nach § 38** zuständig (§ 4g Abs. 1 Satz 2). Die komplizierte, nur schwer nachvollziehbare Regelung deutete sich bereits in den ersten Entwürfen zum BDSG 01 an. Als Ansprechpartner der Beauftragten war zwar ursprünglich, wohl in Anlehnung an den seinerzeitigen § 91 Abs. 1 TKG, die Regulierungsbehörde angegeben. An ihre Stelle trat allerdings später der BfDI mit Rücksicht auf seine ebenfalls in § 91 Abs. 4 TKG ausdrücklich bekräftigte Kontrollkompetenz für den Datenschutz.[29] Der BT-Innenausschuss

---

24 Dazu § 4f Rdnr. 1 ff.
25 Dazu § 4f Rdnr. 5 ff.; sowie *Walz*, Selbstkontrolle, 459 ff.
26 Dazu § 4f Rdnr. 8 ff.
27 Dazu § 24 Rdnr. 5 f.
28 Dazu § 38 Rdnr. 67; sowie § 4f Rdnr. 193 ff.
29 Vgl. dazu § 4g Abs. 1 Satz 4 des RegE, BR-Drs. 461/00, 16.

zog es jedoch vor, einer Anregung des Bundesrates[30] zu folgen.[31] Die auf die verschiedenen verantwortlichen Stellen zugeschnittenen Bestimmungen des RegE (§ 4 Abs. 1 Sätze 2 bis 4)[32] wurden durch die generelle Verweisung auf die „zuständige Behörde“ ersetzt (§ 4 Abs. 1 Satz 2). Damit entfiel aber auch die im RegE (§ 4g Abs. 1 Satz 4)[33] vorgesehene einheitliche Zuständigkeit des BfDI für alle von den Post- und Telekommunikationsunternehmen verwendeten Daten. Dabei ist es auch später geblieben. Das 2004 novellierte TKG enthält detaillierte Vorschriften zum Datenschutz (§§ 91 ff.), übernimmt jedoch wörtlich die früheren Kontrollregeln (§ 115 Abs. 4).

Beauftragte von Tele- und Mediendiensten müssen sich demgegenüber, wie jede andere nicht-öffentliche Stelle, **an die** nach § 38 für sie zuständigen **Aufsichtsbehörden** wenden. Die im Telekommunikationsrecht angelegte Spaltung der Kontrolle[34] wirkt sich auch auf die Anwendung des § 4g Abs. 1 Satz 2 aus. Der Gesetzgeber hat Tele- und Mediendienste nicht in die Sonderregelung für Post- und Telekommunikationsunternehmen einbezogen. Die externe Kontrolle obliegt daher unverändert den Aufsichtsbehörden. Der BfDI hat lediglich eine konsultative, mit einer Berichtspflicht verbundene Funktion (§ 8 TDDSG). Die Beauftragten müssen sich deshalb nach wie vor ebenfalls an die Aufsichtsbehörden halten. 18

Der Beauftragte **„kann“** die externe Kontrollinstanz anrufen (§ 4g Abs. 1 Satz 2 und 3), **ist also** durchaus **berechtigt, nicht aber verpflichtet, sie einzuschalten**. Die eindeutige Entscheidung des Gesetzgebers für ein Kontrollsystem, das interne und externe Überwachung miteinander verbindet, begründet noch keine Pflicht, sich an die externe Kontrollinstanz zu wenden. Das Gesetz belässt es vielmehr zu Recht bei der schon im BDSG 76 (§ 29 Abs. 1 Satz 2) enthaltenen, allerdings vor dem Hintergrund ganz anderer Kontrollvorstellungen[35] zustande gekommenen und vom BDSG 90 (§ 37 Abs. 1 Satz 2) übernommenen, betont zurückhaltenden Formulierung. Sie ist auch unter veränderten Kontrollbedingungen sinnvoll und wichtig. Der Beauftragte mag als interne Kontrollinstanz der verantwortlichen Stelle angegliedert sein. Grundlage und Maßstab seiner weisungsfreien Tätigkeit (§ 4f Abs. 3 Satz 2) sind jedoch ausschließlich die Datenschutzregelungen und ihre Anforderungen an die Verwendung personenbezogener Daten.[36] Ihn unter diesen Umständen anzuhalten, die externe Kontrollinstanz fortlaufend einzuschalten, würde die Kontrolle **unnötig belasten und bürokratisieren**, zumal die externe Kontrollinstanz von sich aus jederzeit alle ihr erforderlich erscheinenden Kontrollmaßnahmen treffen (§ 38 Abs. 5) oder zumindest vorschlagen kann (§ 24), und auch zur Kontrolle des Beauftragten verpflichtet ist.[37] Konsequenterweise zieht es das Gesetz vor, den Beauftragten einen **breiten Ermessensspielraum** einzuräumen. Die Entscheidung, wann die externe Kontrollinstanz angerufen werden soll, bleibt ihm infolgedessen überlassen. 19

Ganz in diesem Sinn stellt § 4g Abs. 1 Satz 2 fest, dass sich der Beauftragte **„im Zweifelsfall“** an die externe Kontrollinstanz wenden kann. Dem Gesetzgeber geht es also nicht darum, die Beauftragten im Interesse der verantwortlichen Stelle aufzufordern, möglichst davon abzusehen, eine fremde, außerhalb der verantwortlichen Stelle belegene Instanz einzuschalten. Das BDSG bekräftigt vielmehr einerseits das Recht der Beauftragten, **selbst darüber zu befinden, wann sie um Rat oder Hilfe nachsuchen müssen,** verdeutlicht aber andererseits, dass die Beauftragten **im Normalfall**, dank ihrer Fachkunde und ihren Erfahrungen, durchaus **in der Lage sein sollten, die jeweils angebrachte Lösung zu finden**. 20

Die Beauftragten sind immer dann **berechtigt**, sich an die externe Kontrollinstanz zu wenden, wenn **Schwierigkeiten bei der Umsetzung der Datenschutzregelungen ihre ebenso korrekte wie konsequente Anwendung gefährden**. Das Gesetz sieht bewusst davon ab, die 21

30 BR-Drs. 461/00, Beschluss, 5, Nr. 5.
31 BT-Drs. 14/5793, 17, 85.
32 BR-Drs. 461/00, 16.
33 BR-Drs. 461/00, 16.
34 Dazu *Moos,* DuD 1998, 162 ff.
35 Dazu die 3. Auflage dieses Kommentars, § 28 Rdnr. 1 ff.; sowie § 4f Rdnr. 1 ff.
36 Dazu § 4f Rdnr. 5 f., 121 ff.
37 Dazu die §§ 24 Rdnr. 41 ff. und 38 Rdnr. 64 ff.

möglichen Anrufungsgründe aufzuzählen und begnügt sich stattdessen damit, die Anrufung mit der Verpflichtung der Beauftragten zu verknüpfen, sich für die Einhaltung der rechtlichen Anforderungen an die Verarbeitung personenbezogener Daten einzusetzen (§ 4g Abs. 1 Satz 2). Unsicherheiten bei der Präzisierung der rechtlichen Vorgaben kommen deshalb ebenso in Betracht wie unterschiedliche Vorstellungen über die konkret zu treffenden Maßnahmen oder Versuche der verantwortliche Stelle, auf die Tätigkeit der Beauftragten, sei es über organisatorische Hindernisse, sei es auf irgendeine andere Weise Einfluss zu nehmen. So wenig bestritten werden kann, dass die externe Kontrollinstanz sich ihre Meinung selbst bilden muss, so klar ist aber auch, dass es zu ihren wichtigsten Aufgaben zählt, **die Beauftragten nicht nur** eingehend **zu beraten**, sondern **sie genauso** nachhaltig **zu unterstützen**.[38]

22 So können **ambivalente oder unklare gesetzliche Vorschriften** die Beauftragten veranlassen, sich an die externe Kontrollinstanz zu wenden.[39] Beispiele dafür finden sich nicht nur bei der oft sehr schwierigen Abgrenzung zwischen dem BDSG und einzelnen bereichsspezifischen Bestimmungen, etwa im Bereich des Sozial- oder des Telekommunikationsrechts. Nicht anders ist es bei Übermittlungen personenbezogener Daten in Staaten außerhalb der Europäischen Union vor allem dann, wenn einzelne Regelungen auf ihre Angemessenheit geprüft werden sollen (§ 4b Abs. 2). Zu Komplikationen kann es auch bei der **Beurteilung von Verarbeitungsprogrammen und Datensicherungsmaßnahmen** kommen. Erst recht lösen schließlich Fragen der **personellen, finanziellen und räumlichen Ausstattung** der Beauftragten oder ihr **Zugang zu den jeweils verarbeiteten Daten** Konflikte aus, die es rechtfertigen, die externe Kontrollinstanz einzuschalten.

23 Bei **Verstößen gegen die Datenschutzregelungen** sind **die Beauftragten** grundsätzlich **verpflichtet**, sich an die externe Kontrollinstanz zu wenden.[40] Sie müssen zwar in aller Regel zunächst alle ihnen zur Verfügung stehenden Mittel erschöpfen, um eine Korrektur zu erzielen, also die Leitung der verantwortlichen Stelle ebenso nachdrücklich auf die Verstöße aufmerksam machen wie konkrete Abhilfemaßnahmen vorschlagen.[41] Zuwiderhandlungen gegen die Datenschutzbestimmungen sind aber **keine interne Angelegenheit der verantwortlichen Stelle**. Auseinandersetzungen über Verletzungen von Datenschutzvorschriften lassen sich deshalb nicht auf eine Ebene mit Konsultationen über mögliche Datensicherungsmaßnahmen stellen. Die Kooperation zwischen Beauftragten und externer Kontrollinstanz soll gerade verhindern, dass Verletzungen der rechtlichen Vorgaben unaufgedeckt und folgenlos bleiben. Die Pflicht der Beauftragten, auf die Einhaltung der Datenschutzregelungen hinzuwirken (§ 4g Abs. 1 Satz 1) beinhaltet auch die Verpflichtung, ein Verhalten der verantwortlichen Stelle nicht hinzunehmen, das den Datenschutzvorschriften widerspricht. Wo daher die Intervention der Beauftragten erfolglos bleibt, oder es sich um einen nicht zuletzt wegen der Folgen für die Betroffenen besonders schweren Verstoß handelt, haben die Beauftragten keine Wahl: Sie müssen sich an die externe Kontrollinstanz wenden. Beauftragte, die es unterlassen, **die externe Kontrollinstanz einzuschalten, verletzen** deshalb **ihre Kontrollpflicht**.

24 **Beauftragte nicht-öffentlicher Stellen** sind **nicht verpflichtet**, die **verantwortliche Stelle vorab zu informieren**.[42] Es kann zwar im Einzelfall gute Gründe dafür geben, sie zu unterrichten. Die Entscheidung liegt aber genauso bei den Beauftragten, wie es ihre Sache ist, zu bestimmen, ob und wann sie die jeweils zuständige externe Kontrollinstanz, also die Aufsichtsbehörde nach § 38 oder den BfDI, einschalten müssen (§ 4g Abs. 1 Satz 2).[43] Orientierungspunkt und Maßstab ihrer Stellungnahme ist lediglich ihre Aufgabe, sich für die Einhaltung der Datenschutzregelungen einzusetzen und ihre Anwendung zu kontrollieren. Eine wie immer formulierte Informationspflicht lässt sich deshalb weder aus der Tatsache ableiten,

38 Dazu § 38 Rdnr. 64 ff.
39 Vgl. auch *Gola/Schomerus,* BDSG § 4g Rdnr. 14; *Bergmann/Möhrle/Herb,* BDSG § 4f Rdnr. 21.
40 Vgl. auch *Bergmann/Möhrle/Herb,* BDSG § 4f Rdnr. 23; einschränkend *Gola/Schomerus,* BDSG § 4g Rdnr. 15.
41 Ebenso *Bergmann/Möhrle/Herb,* BDSG § 4f Rdnr. 21; *Gola/Schomerus,* BDSG § 4g Rdnr. 16; Kasseler Handbuch/*Blechmann,* 2.10 Rdnr. 590.
42 Vgl. auch *BWHinwBDSG* Nr. 8, Dok. B 1.9, 6.
43 o. Rdnr. 19; sowie *Schlemann,* Recht, 65; anders *Gola/Schomerus,* BDSG § 4f Rdnr. 16.

dass nur die verantwortliche Stelle die jeweils erforderlichen Datenschutzmaßnahmen treffen kann,[44] noch aus Treuepflichten, die der vertraglichen Beziehung der Beauftragten zur verantwortlichen Stelle entnommen werden.[45] Dass sich im Übrigen aus der Unterrichtung der externen Kontrollinstanz Konsequenzen für die verantwortliche Stelle ergeben können (§§ 38 Abs. 5, 43, 44), versteht sich von selbst. Es ist jedoch nicht Aufgabe der Beauftragten, sie zu verhindern. Vielmehr obliegt es ihnen, die Intervention der externen Kontrollinstanz im Interesse eines ebenso konsequenten wie wirksamen Datenschutzes mit allen damit einhergehenden Folgen auszulösen.

Beauftragte öffentlicher Stellen sind grundsätzlich **ebenfalls berechtigt, selbst zu entscheiden, ob sie den BfDI direkt oder erst nach einer entsprechenden Information der verantwortlichen Stelle einschalten sollen.** § 4g Abs. 1 unterscheidet nicht zwischen nicht-öffentlichen und öffentlichen Stellen. Das Gesetz sieht allerdings eine **Ausnahme** vor: Beauftragte der in **§ 6 Abs. 2 Satz 4 genannten Behörden** dürfen, solange es sich nicht um Fragen handelt, die sich auf die Vorabkontrolle beziehen,[46] **den BfDI nur im Benehmen mit dem Leiter der verantwortlichen Stelle** anrufen (§ 4g Abs. 3 Satz 2). Gemeint sind vor allem die Verfassungsschutzbehörden, der Bundesnachrichtendienst und der Militärische Abschirmdienst sowie weitere sicherheitsrelevante Behörden des Bundesministeriums der Verteidigung (§ 6 Abs. 2 Satz 4 i.V.m. § 19 Abs. 3). § 4g Abs. 3 Satz 2 ist aber auch auf Staatsanwaltschaften, Polizeibehörden und die Finanzverwaltung anzuwenden, soweit sie im Rahmen der Abgabenordnung personenbezogene Daten zu Überwachungs- und Prüfungszwecken verarbeitet (§ 6 Abs. 2 Satz 4). Das BDSG schließt damit gezielt die direkte Kommunikation zwischen den Beauftragten und dem BfDI aus. Vordergründig sind es nach wie vor die Beauftragten, die sich an ihn wenden, allerdings auf dem Umweg über die verantwortliche Stelle. Gleichviel also was immer die Beauftragten veranlasst, den BfDI anzurufen, sie müssen in jedem Fall zunächst den Leiter der verantwortlichen Stelle ansprechen. § 4g Abs. 3 Satz 2 geht zwar nicht ganz so weit, die Kommunikation mit dem BfDI offen zu unterbinden, verlangt mithin kein „Einvernehmen", sondern belässt es beim „Benehmen". Das BDSG baut dennoch Barrieren auf, die eine umfassende Information der verantwortlichen Stelle sichern, und zugleich die Einschaltung des BfDI ebenso erschweren wie verzögern. 25

Sind die **Beauftragten und der Leiter der verantwortlichen Stelle unterschiedlicher Meinung**, darf der **BfDI nur angerufen werden**, wenn sich die **oberste Bundesbehörde** damit **einverstanden erklärt** (§ 4g Abs. 3 Satz 2). Das Gesetz bleibt also nicht bei der Verpflichtung stehen, den Leiter der verantwortlichen Stelle im Voraus zu informieren. Es geht vielmehr einen Schritt weiter, der die Absicht des Gesetzgebers noch deutlicher werden lässt: eine von der öffentlichen Stelle nicht gewollte Intervention des BfDI möglichst zu verhindern. Der Gesetzgeber zieht es freilich wiederum vor, sein Ziel nicht unmittelbar anzustreben, sondern über eine zusätzliche Verfahrensvorkehrung, deren Folgen sehr viel schwerer wiegen: die Einschaltung der obersten Bundesbehörde. Der Beauftragte ist damit auf sie angewiesen. Ohne ihre Zustimmung bleibt der Weg zum BfDI versperrt. Weil aber sie und nicht er entscheidet, ob der BfDI über Divergenzen und Konflikte informiert werden darf, wird das Kontrollsystem des BDSG einseitig zugunsten der öffentlichen Stellen korrigiert. Die oberste Bundesbehörde kann im Einzelfall sicherlich anders als der Leiter der verantwortlichen Stelle reagieren. Am Ergebnis ändert sich jedoch nichts: **Das BDSG verweigert** mit dieser Vorschrift **den Beauftragten der betroffenen öffentlichen Stellen** endgültig **das Recht, den BfDI selbstständig anzurufen, und verkürzt zugleich substanziell ihre Einwirkungsmöglichkeiten**. 26

Mit der Unabhängigkeit der Beauftragten ist eine solche Regelung nicht vereinbar. Sie setzt eine ungestörte Kommunikation mit der externen Kontrollinstanz und damit gerade die 27

---

44 So aber *Schaffland/Wiltfang,* BDSG § 4g Rdnr. 5.

45 Vgl. freilich *Gola/Schomerus,* BDSG § 4g Rdnr. 16; *Gola/Wronka,* Handbuch, Rdnr. 875 f.; Kasseler Handbuch/*Blechmann,* 2.10 Rdnr. 590; *Wedler,* in *Ehmann* (Hrsg.), Der Datenschutzbeauftragte, 86; *Schlemann,* Recht, 66.

46 Dazu u. Rdnr. 86.

Möglichkeit voraus, sich ebenso direkt wie vertraulich an sie zu wenden.[47] § 4 Abs. 3 Satz 2 ist zwar anders als die entsprechenden Vorschriften des RegE (§ 4 Abs. 1 Sätze 2 und 3)[48] keine für alle öffentliche Stellen geltende Bestimmung. **Das BDSG verstößt** trotzdem **gegen die EG-Datenschutzrichtlinie**[49] **genauso wie gegen die Anforderungen des BVerfG an eine verfassungskonforme Regelung der Verarbeitung personenbezogener Daten**. Die EG-Datenschutzrichtlinie mag im öffentlichen Bereich nur partiell anwendbar sein (Art. 3 Abs. 2).[50] Sie schreibt aber mit der Forderung nach völliger Unabhängigkeit der Beauftragten[51] ebenso wie zuvor das BVerfG[52] die wichtigste Bedingung für eine wirklich wirksame Kontrolle fest. Einen überzeugende Grund für eine Ausnahme, die sich zudem auf einen für die Betroffenen besonders kritischen Bereich bezieht, hat der Gesetzgeber nicht angegeben. Die Notwendigkeit, die Kenntnis bestimmter Vorgänge gerade im Fall der in § 6 Abs. 4 aufgezählten Behörden auf einen engen Kreis von Personen zu begrenzen, rechtfertigt es hier genauso wenig wie sonst, den BfDI auszuschließen und damit eine Kontrolle der Verarbeitung zu gefährden. Nicht von ungefähr haben die LDSG nicht nur bewusst von einer solchen Einschränkung abgesehen,[53] vielmehr auch auf einer engen Kooperation zwischen dem Datenschutzbeauftragten und den behördlichen Beauftragten gerade bei der Kontrolle der verantwortlichen Stellen bestanden.[54]

28 Beauftragte können sich der Einschaltung der externen Kontrollinstanz nicht durch eine **Information der Betroffenen** entziehen. Schon deshalb, weil sich dem Recht des Beauftragten, die Aufsichtsbehörde oder den BfDI anzurufen (§ 4g Abs. 1 Satz 2), nicht die Befugnis entnehmen lässt, die Betroffenen zu unterrichten. Das Anrufungsrecht ist für das BDSG lediglich Voraussetzung und Mittel der vom Gesetzgeber angestrebten Kooperation zwischen dem Beauftragten und der externen Kontrollinstanz.[55] Die Information der Betroffenen wird dagegen über ihr genauso ausdrücklich anerkanntes Recht gewährleistet, sich jederzeit an den Beauftragten zu wenden (§ 4f Abs. 5 Satz 2).[56] Ihre Unterrichtung kann deshalb weder die Einschaltung der externen Kontrollinstanz ersetzen, noch und erst recht sie als gleichsam milderes Mittel verdrängen. Selbst dann also, wenn Verstöße gegen die Datenschutzregelungen den Beauftragten veranlassen, die externe Kontrollinstanz anzurufen, ist es nicht seine Aufgabe, sondern ausschließlich ihre Sache, die Betroffenen zu informieren (§§ 24 Abs. 5; 38 Abs. 1 Satz 5).[57]

2. Aufgaben

2.1 Einhaltung der Datenschutzregelungen (Abs. 1 Satz 1)

29 Die Beauftragten müssen **auf die Einhaltung der Datenschutzregelungen „hinwirken“** (§ 4g Abs. 1 Satz 1). Der Gesetzeswortlaut spiegelt die Schwierigkeit wider, die wohl wichtigste Aufgabe der Beauftragten präzise zu umschreiben. Das BDSG hatte in seinen beiden früheren Fassungen noch von der Pflicht der Beauftragten gesprochen, die Ausführung der Datenschutzvorschriften „sicherzustellen“ (§§ 29 Satz 1 BDSG 77; 37 Abs. 1 Satz 1 BDSG 90).[58] Doch die gewiss weitaus markantere Wortwahl stand in Widerspruch zu den Kompetenzen des Beauftragten. Das Entscheidungsrecht lag damals wie heute ausschließlich bei

---

47 Dazu o. Rdnr. 13.
48 BR-Drs. 461/00, 16.
49 Vgl. auch *Schild,* DuD 2001, 33.
50 Dazu *Brühann,* in GH II/*Wolf* A 30, Art. 3 Rdnr. 1 ff., 8; *Dammann/Simitis,* EG-Datenschutzrichtlinie Art. 3 Rdnr. 6; *Ehmann/Helfrich,* EG-Datenschutzrichtlinie Art. 3 Rdnr. 18 ff.
51 Dazu § 4f Rdnr. 5 f.
52 BVerfGE 65, 1 (46).
53 Dazu § 4f Rdnr. 210 f.
54 Vgl. *Nungesser,* HDSG § 5 Rdnr. 1.
55 Dazu o. Rdnr. 13; sowie § 4f Rdnr. 5 f.
56 Dazu § 4f Rdnr. 155 ff.
57 Dazu §§ 24 Rdnr. 41 ff. und 38 Rdnr. 37.
58 Dazu die 3. Auflage dieses Kommentars, § 29 Rdnr. 2.

der verantwortliche Stelle.[59] Nur sie verfügt deshalb über die rechtlichen und faktischen Mittel, die gesetzlichen Vorgaben zu erfüllen und damit auch den Datenschutz „sicherzustellen". Verständlicherweise hat sich daher der Gesetzgeber für eine deutlich zurückhaltendere Formulierung entschieden. Sie lässt das Ziel der Aktivitäten des Beauftragten ebenso erkennen wie seine beschränkten Einwirkungsmöglichkeiten. Gleichviel ob er die Verarbeitung kontrolliert, oder die verantwortliche Stelle berät, **alles was er letztlich vermag, ist Datenschutzdefizite auszumachen und die für eine datenschutzkonforme Verarbeitung erforderlichen Verbesserungen anzuregen**. Er kann sich mit anderen Worten dafür einsetzen, sie aber weder verwirklichen noch gewährleisten. Dabei bleibt es selbst dann, wenn er sich an die externe Kontrollinstanz wendet (§ 4g Abs. 1 Satz 2).[60] Ihre Intervention setzt nicht schlicht die Vorstellungen des Beauftragten um, sondern gründet sich ausschließlich auf ihre Einschätzung und wird mit Mitteln durchgeführt, die nur ihr zustehen.[61] 30

Gemeint sind **alle Datenschutzregelungen**. § 4g Abs. 1 Satz 1 verweist auf das BDSG ebenso wie auf jede weitere für die Verarbeitung personenbezogener Daten einschlägige Vorschrift. Der Gesetzgeber trägt damit der zunehmenden Ausfächerung des Datenschutzes Rechnung. Das BDSG mag im Mittelpunkt der legislativen Bemühungen stehen, den Datenschutz zu gewährleisten, es ist aber keineswegs der einzige für die Tätigkeit der Beauftragten wichtige rechtliche Anknüpfungspunkt. Die Palette reicht vielmehr **von den unterschiedlichsten bereichsspezifischen Vorschriften bis hin zu Vereinbarungen mit den Arbeitnehmervertretungen**.[62] Bestimmungen wie die §§ 67 ff. SGB X oder die §§ 91 ff. TKG sowie 3 ff. TDDSG zählen ebenso dazu wie die verschiedenen Geheimhaltungspflichten, das Akteneinsichtsrecht der Arbeitnehmer (§§ 83 BetrVG) und die Sondervorschriften über Personalfragebögen (§§ 94 BetrVG, 75 Abs. 3 Nr. 8, 76 Abs. 2 Nr. 2 BPersVG).[63] 31

Die Beauftragten müssen also, die einzelnen Datensicherungsmaßnahmen (§ 9), die strikte Verwendungsbeschränkung von Protokolldaten (§ 14 Abs. 4) oder die Einhaltung des Datenschutzes bei der Auftragsvergabe (§ 11) genauso überprüfen wie sich mit der Reaktion der verantwortlichen Stelle auf Auskunfts- und Berichtigungsersuchen der Betroffenen (§§ 19, 20, 34, 35), der Zulässigkeit von Übermittlungen in Drittstaaten (§§ 4b , 4c) oder der Rechtmäßigkeit von Profilbildungen (§ 6a) auseinander setzen. Sie sind aber ebenso verpflichtet, Personalakten (§§ 83 BetrVG, 65 Abs. 2 Satz 3 BPersVG), Abrechnungssysteme für Telefondaten und E-Mails auf ihre Verwendung für die Überwachung von Beschäftigten (§§ 87 Nr. 6 BetrVG, 75 Abs. 3 Nr. 16 BPersVG) sowie die Installation von Video-Kameras im Kundenbereich von Banken oder Kaufhäusern (§ 6b), oder die Erhebung personenbezogener Daten für Marketingzwecke, sei es generell (§ 28 Abs. 1 und 3 Nr. 3), sei es im Rahmen von Telediensten (§ 5 TDDSG) zu kontrollieren. 32

Entscheidend sind allerdings **letztlich immer die** je **spezifischen Verarbeitungsziele und Verarbeitungsbedingungen der** konkret in Betracht kommenden **verantwortlichen Stelle**. Der Übergang von der sehr allgemeinen gehaltenen Verweisung in § 4g Abs. 1 Satz 1 zu einer möglichst präzisen Definition der relevanten Vorschriften lässt sich also nur in Kenntnis der verantwortlichen Stelle und ihrer Verarbeitungserwartungen vollziehen. Erst dann kann sich auch erweisen, ob das BDSG wirklich den Verarbeitungsverlauf bestimmt, oder ob, wie etwa bei der Verwendung von Beschäftigtendaten, sehr viel speziellere Regelungen den Ton angeben. Dementsprechend verteilen sich die Schwerpunkte der Tätigkeit der Beauftragten.[64] 33

Die Beauftragten mögen mithin eine vom BDSG primär im Hinblick auf die Anwendung seiner Vorschriften geschaffene Instanz sein. Ihre **Beratungs- und Kontrollfunktion verklam-** 34

---

59 Vgl. o. Rdnr. 5.
60 Dazu o. Rdnr. 13 ff.
61 Dazu §§ 24 Rdnr. 5 ff., 41 ff. und 38 Rdnr. 27 ff.
62 Vgl. auch *Gola/Schomerus,* BDSG § 4g Rdnr. 3; *Schaffland/Wiltfang,* BDSG § 4g Rdnr. 2; Kasseler Handbuch/*Blechmann,* 2.10 Rdnr. 505; *Schlemann,* Recht, 127 f.; *Wächter,* Datenschutz, Rdnr. 291; *Schierbaum/Kiesche,* CR 1993, 152; *Wohlgemuth,* BB 1995, 674; *Breinlinger,* RDV 1995, 8; anders für Betriebs- und Personalvereinbarungen MünchArbR/*Blomeyer,* § 99 Rdnr. 83; ErfK/*Wank,* BDSG § 37 Rdnr. 1.
63 Einschränkend Kasseler Handbuch/*Blechmann,* 2.10 Rdnr. 505.
64 Vgl. auch *Gola/Schomerus,* BDSG § 4g Rdnr. 5.

mert aber **sämtliche auf die verantwortliche Stelle anwendbaren Regelungen**. Wo sie jeweils angesiedelt sind, spielt weiter keine Rolle. Maßgeblich ist allein ihr Ziel, den Schutz der Betroffenen bei der Verwendung ihrer Daten zu garantieren. Es begründet nicht nur die Pflicht der verantwortlichen Stelle zu einem bestimmten Verhalten, sondern genauso die Verpflichtung der Beauftragten mit ihrer Beratungs- und Kontrolltätigkeit zur Effektivität des Datenschutzes beizutragen.

35 Das **Kontrollrecht** der Beauftragten **erstreckt sich auf alle personenbezogene Daten**. Gleichviel, ob es um interne oder externe, behördliche oder betriebliche Beauftragte geht, alle sind **gesetzlich vorgesehene Kontrollinstanzen** (§ 4f Abs. 1). Bei allen hat zudem **der Gesetzgeber ausdrücklich davon abgesehen, Kontrollschranken aufzurichten**. Sie sind also nicht nur befugt, die Daten der jeweiligen Versicherungsnehmer, Bankkunden, Beschäftigten oder Leistungsabnehmer einzusehen, sondern können auch und gerade die Verwendung **medizinischer Daten genauso wie aller anderen Angaben, die einer Geheimhaltungspflicht unterliegen**, kontrollieren.[65] Den Beauftragten kann mithin, anders als es manche LDSG-Vorschrift nahe legt,[66] weder das Personalakten- oder das Arztgeheimnis entgegengehalten werden, noch und erst recht ist es zulässig, die Überprüfung von einer Einwilligung der Betroffenen abhängig zu machen.[67]

36 Das BDSG belässt es zwar ausdrücklich bei der Verpflichtung, gesetzliche Geheimhaltungspflichten sowie Berufs- und Amtsgeheimnisse einzuhalten (§ 1 Abs. 3 Satz 2). Gemeint ist aber damit lediglich, dass sie beim Umgang mit personenbezogenen Daten nach wie vor zu beachten sind,[68] nicht jedoch, dass ihre Anwendung ebenso wie die Verarbeitung der konkret betroffenen Angaben von der Überprüfung durch die im BDSG vorgesehenen externen und internen Kontrollinstanzen ausgenommen werden müssen. Bezeichnenderweise hat es der Gesetzgeber bei der Novellierung von 1990 für nötig gehalten, die Kontrollkompetenz des BfDI bei personenbezogenen Daten, die, sei es dem Arztgeheimnis unterliegen, sei es in Personalakten oder in den Akten der Sicherheitsüberprüfung enthalten sind, einzuschränken (§ 24 Abs. 2 Satz 4 Nr. 2). Und ebenso wenig verwundert es, dass die ersatzlose Streichung dieser Regelung als Wiederherstellung seiner Zuständigkeit verstanden worden ist.[69]

37 Das **unbegrenzte Kontroll- und Einsichtsrecht der Beauftragten** könnte nur angezweifelt werden, wenn damit die verantwortlichen Stelle oder auch Dritte ebenfalls in die Lage versetzt würden, auf die Daten zuzugreifen. Genau das ist jedoch von vornherein ausgeschlossen. Keineswegs lediglich im Hinblick auf die unter dem Eindruck der EG-Datenschutzrichtlinie verstärkte **Unabhängigkeit** des Beauftragten,[70] vielmehr auch und vor allem mit Rücksicht auf ihre strikte, Dritten gegenüber genauso geltenden **Verschwiegenheitspflicht**.[71]

38 **Kontrolle und Beratung** umfassen **sämtliche Formen und Phasen der Verwendung personenbezogener Angaben**. Beides bezieht sich also auf **automatisierte und nicht-automatisierte Verarbeitungen** ebenso wie auf die **Erhebung, Speicherung, Übermittlung oder Nutzung** der Daten. Die Anforderungen an die Tätigkeit der Beauftragten sind, so gesehen, beträchtlich. Sie berechtigen aber nicht dazu, einzelne Verwendungsaspekte weniger wichtig zu nehmen, oder auszuklammern.[72] Die organisatorischen Voraussetzungen ihrer Tätigkeit müssen vielmehr von Anfang an so ausgestaltetet werden, dass sie diesen Erwartungen genügen können. Je umfangreicher und differenzierter deshalb die Aufgaben ausfallen, desto gewichtiger ist die Unterstützungspflicht der verantwortlichen Stelle (§ 4f Abs. 5 Satz 1).[73]

---

65 Vgl. auch *BlnDSB*, JB 1992, 96; *BW-IM TB*, 3 (2005) 20 f.; *Gola/Wronka*, Handbuch, Rdnr. 865; MünchArbR/*Blomeyer,* § 99 Rdnr. 84; *Spickschen,* DuD 1995, 74 f.; wohl auch *Schlemann*, Recht, 128.

66 Dazu § 4f Rdnr. 208; vgl. auch *HDSB*, RDV 2000, 38; *Bäumler/Nordmann,* Datenschutzbeauftragte, in *Abel* (Hrsg.) Datenschutz, § 8 Rdnr. 53.

67 Anders, jedenfalls für die Einsicht in Personalakten, *BfD*, 19. TB, 122.

68 Dazu § 1 Rdnr. 175 ff.

69 Dazu § 24 Rdnr. 1b ff.

70 Dazu § 4f Rdnr. 5 f.

71 Dazu § 4f Rdnr. 120, 166 ff.

72 Vgl. freilich *Dörr/Schmidt,* BDSG § 37 Rdnr. 4, 5.

73 Dazu § 4f Rdnr. 142 ff.

Die **Kontrolle** erstreckt sich **auf die gesamte verantwortliche Stelle**. Wo die Daten im Einzelnen verarbeitet werden und wer sie verwendet, ist gleichgültig. Die Personal- und Revisionsabteilung sowie der Betriebsarzt[74] fallen genauso unter die Kontrollkompetenz der Beauftragten wie die Zentrale einer Bank und ihre Filialen, das Rechenzentrum ebenso wie die Marketing- oder die Personalabteilung einer Supermarktkette. Keine Rolle spielt es schließlich, ob die verantwortliche Stelle personenbezogene Daten selbst verarbeitet oder sie durch einen Auftragnehmer verarbeiten lässt. Sie ist in beiden Fällen gehalten, die Voraussetzungen für eine datenschutzkonforme Verarbeitung zu schaffen (§ 11). An der Zuständigkeit der Beauftragten ändert sich deshalb genauso wenig etwas. Die verantwortliche Stelle ist also verpflichtet, sie sowohl an der **Auswahl des Auftragnehmers** zu beteiligen als auch bei der **Formulierung der mit dem Auftrag verbundenen Weisungen** (§ 11 Abs. 3)[75] zu konsultieren. Die Beauftragten können im Übrigen die **Einhaltung der Vorgaben** des Auftraggebers zwar, solange es jedenfalls an einer entsprechenden Vereinbarung fehlt, nicht unmittelbar beim Auftragnehmer kontrollieren, müssen sich aber nicht zuletzt anhand der Verarbeitungsergebnisse vergewissern, ob sie beachtet worden sind.[76] 39

Arbeitnehmervertretungen unterstehen **nicht der Kontrolle** der Beauftragten. Betriebs- und Personalräte können zwar ihren Aufgaben nicht nachkommen, ohne Daten der Beschäftigten zu verarbeiten.[77] Sie sind zudem nicht Dritte i.S.d. § 3 Abs. 8 Satz 2, sondern Teil der verantwortlichen Stelle.[78] Beides genügt aber nicht, um die Kontrollkompetenz der Beauftragten zu begründen. Sie scheitert an ihrer unzureichenden Unabhängigkeit, noch präziser, am Vorrecht der verantwortlichen Stelle den Beauftragten zu bestellen (§ 4f Abs. 1), aber auch abzuberufen (§ 4f Abs. 3 Satz 4).[79] Beides kann sich leicht als Quelle zunehmender Abhängigkeit erweisen. Die Arbeitnehmervertretungen haben sich deshalb immer wieder geweigert, das Kontrollrecht der Beauftragten anzuerkennen. Aus dem gleichen Grund hat sich schließlich das BAG veranlasst gesehen, den Kontrollanspruch der Beauftragten für unvereinbar mit der gesetzlich garantierten Unabhängigkeit der Betriebsräte zu erklären.[80] Weder die Verschwiegenheitspflicht der Beauftragten noch deren Verpflichtung, mit der Arbeitnehmervertretung zusammenzuarbeiten, reichen nach Meinung des Gerichts aus, um vor allem das einseitige Entscheidungsrecht der verantwortlichen Stelle bei der Bestellung und damit das eindeutige Übergewicht des Arbeitgebers zu kompensieren.[81] Nichts anderes gilt übrigens für Personalräte.[82] Solange daher an der gegenwärtigen Regelung festgehalten wird, muss es bei der Zugangssperre für die Beauftragten bleiben. 40

Die Folge ist eine **lückenhafte Kontrolle**. Die Verwendung von Daten, die sich auf die Beschäftigten beziehen, wird nur überprüft, soweit sie auf Veranlassung der verantwortlichen Stelle für ihre Zwecke, in ihrem Tätigkeits- und Entscheidungsbereich geschieht. Bei den von der Arbeitnehmervertretung verarbeiteten Angaben, findet dagegen keine Kontrolle statt, ohne Rücksicht im Übrigen auf die Art und den Umfang der Daten sowie die Mittel der Verarbeitung. Die **Bestellung eines zusätzlichen Beauftragten,** sei es durch eine Vereinbarung zwischen der Arbeitnehmervertretung und dem Arbeitgeber,[83] sei es durch die Arbeitnehmervertretung[84] ist **kein Ausweg,** gleichviel im Übrigen, ob es sich um ein und dieselbe Person handelt oder nicht. Schon deshalb, weil ihm die gesetzlich festgeschriebenen Rechte möglicherweise vertraglich eingeräumt, nicht aber genauso wie bei einem nach § 4f bestellten Be- 41

---

74 Vgl. auch MünchArbR/*Blomeyer,* § 99 Rdnr. 84.
75 Dazu § 11 Rdnr. 56 ff.
76 Vgl. auch *Bergmann/Möhrle/Herb,* BDSG § 4f Rdnr. 34; *Schaffland/Wiltfang,* BDSG § 4g Rdnr. 9; Kasseler Handbuch/*Blechmann,* 2.10 Rdnr. 536; *Schlemann,* Recht, 141.
77 Dazu § 28 Rdnr. 51 ff.
78 Dazu § 3 Rdnr. 247.
79 Dazu § 4f Rdnr. 66 f.
80 AP Nr. 1 zu § 36 BDSG; sowie § 4f Rdnr. 66.
81 Dazu auch § 4f Rdnr. 66.
82 Vgl. *Weidemann,* ZBVR 1998, 75.
83 *DKK/Klebe*, BetrVG § 94 Rdnr. 43.
84 *DKK/Klebe*, BetrVG § 94 Rdnr. 43; *Roßnagel/Königshofen*, Handbuch, 5.6, Rdnr. 65; *Gola/Wronka*, Handbuch, Rdnr. 869; *Däubler*, Belegschaften, Rdnr. 641; *Schierbaum*, PersR, 2002, 499.

auftragten garantiert werden können, von den Problemen bei der Kooperation mit der externen Kontrollinstanz einmal abgesehen.[85] Die Bestellung eines Sonderbeauftragten krankt zudem an exakt den für die Beauftragten typischen Mängeln. Ihre Unabhängigkeit ist mindestens ebenso fraglich, diesmal allerdings wegen der Verbindung zur Arbeitnehmervertretung.[86]

42 Das Kontrolldefizit ist ein **eindeutiger Verstoß gegen die EG-Datenschutzrichtlinie**,[87] aber auch gegen das vom BDSG akzeptierte Kontrollsystem. Beide gehen nicht nur von einer lückenlosen Überprüfung aus, sondern sehen zugleich in der völligen Unabhängigkeit des Beauftragten das konstitutive und deshalb unverzichtbare Element der Kontrolle.[88] Solange sie deshalb nicht gewährleistet ist, bleibt die Forderung der EU-Datenschutzrichtlinie unerfüllt und das Kontrollsystem des BDSG inkohärent. Der Gesetzgeber hat unter diesen Umständen keine Wahl. Er muss eine Kontrolle sicherstellen, die durchaus die Arbeitnehmervertretungen einbezieht, zugleich aber deren Sonderstellung respektiert. Beides lässt sich nur dann erreichen, wenn den Arbeitnehmervertretungen ein Mitbestimmungsrecht bei der Bestellung der Beauftragten eingeräumt wird.[89] Ebenso wenig darf es jedoch einen Zweifel daran geben, dass sich die Beauftragten bei Meinungsverschiedenheiten über die Kontrollergebnisse oder die Verarbeitungsabsichten der Arbeitnehmervertretungen lediglich an die externe Kontrollinstanz wenden können.[90]

2.2 Kontrolle der Datenverarbeitungsprogramme (Abs. 1 Satz 3 Nr. 1)

43 Der Beauftragte muss die **ordnungsgemäße Anwendung der Verarbeitungsprogramme** überwachen (§ 4g Abs. 1 Satz 3 Nr. 1). Das BDSG hebt mit dieser Bestimmung die besondere Verantwortung des Beauftragten für die technischen Aspekte der Verarbeitung hervor. Das Gesetz verlangt allerdings mehr als nur eine Kontrolle der Verwendung bereits vorhandener Programme. Die Überprüfung ist hier wie sonst Teil einer Regelung, die zunächst und vor allem auf die Prävention möglicher Verstöße gegen die Anforderungen des Datenschutzes bedacht ist. Die Überprüfung der Programme ist daher primär **Kontrolle der Programmgestaltung**.[91]

44 Die verantwortliche Stelle muss deshalb den Beauftragten **rechtzeitig** über Automatisierungsvorhaben **unterrichten** und ihm **Gelegenheit geben, Stellung zu nehmen** (§ 4g Abs. 1 Satz 3 Nr. 1). Die Informationspflicht konkretisiert die generelle Verpflichtung der verantwortlichen Stelle, den Beauftragten zu unterstützen (§ 4f Abs. 5 Satz 1).[92] § 4g Abs. 1 Satz 3 Nr. 1 wiederholt und bestätigt, genau genommen, die ohnehin bestehende Pflicht der verantwortlichen Stelle, den Beauftragten immer dann zu unterrichten und zu konsultieren, wenn Entscheidungen anstehen, die sich auf die Verarbeitung personenbezogener Daten auswirken.[93] So gesehen, hätte der Gesetzgeber nicht unbedingt darauf eingehen müssen. Wenn er es dennoch tut, so mit Rücksicht auf die weitreichenden Folgen einer ständig fortentwickelten Verarbeitungstechnologie. Sie rechtfertigen es, gerade im Zusammenhang mit der Einführung neuer Verarbeitungsprogramme ausdrücklich zu verlangen, dass keine Entscheidungen ohne Kenntnis und Mitwirkung der Beauftragten gefällt werden.[94]

45 Die Information muss **zu einem Zeitpunkt** erfolgen, **zu dem es noch möglich ist, Korrekturen anzubringen**.[95] Das Gesetz gibt sich also nicht mit einer bloßen Mitteilung zufrieden,

---

85 Dazu auch § 4f Rdnr. 30 f.
86 Vgl. auch *Gola/Schomerus*, BDSG § 4f Rdnr. 11; *Gola/Wronka*, Handbuch, Rdnr. 869; *Kort*, RdA 1992, 381.
87 Vgl. auch *Ehmann*, CR 1998, 332; *Weidemann*, ZBVR 1998, 76.
88 Dazu § 4f Rdnr. 5 f.
89 Dazu § 4f Rdnr. 67.
90 Vgl. auch *Weidemann*, ZBVR 1998, 76.
91 Vgl. auch *Bergmann/Möhrle/Herb*, BDSG § 4g Rdnr. Rdnr. 27; *Schaffland/Witfang*, BDSG § 4g Rdnr. 8; Kasseler Handbuch/*Blechmann*, 2.10 Rdnr. 514; *Schlemann*, Recht, 112; *Breinlinger*, RDV 1995, 8.
92 Dazu § 4f Rdnr. 142 ff.
93 Dazu o. Rdnr. 3.
94 Vgl. auch *BWHinwBDSG* Nr. 10, Dok. B 1.11, 4.2.
95 Vgl. auch *Bergmann/Möhrle/Herb*, BDSG § 4f Rdnr. 28; *Gola/Schomerus*, BDSG § 4g Rdnr. 18; *Roßnagel/Königshofen*, Handbuch, 5.5, Rdnr. 26; Kasseler Handbuch/*Blechmann*, 2.10 Rdnr. 513; *Drews*, Der Datenschutzbeauftragte, 26; *Bäumler/Nordmann*, Datenschutzbeauftragte, in *Abel* (Hrsg.) Datenschutz, § 8 Rdnr. 40; *Rudolf*, NZA 1996, 300.

die zwar die Information des Beauftragten gewährleistet, die verantwortlichen Stelle aber nicht daran hindert, mit der Verwirklichung ihrer Pläne fortzufahren. Die Unterrichtung des Beauftragten zwingt sie vielmehr von jeder weiteren Entscheidung bis zu seiner Reaktion abzusehen. Sie löst mit anderen Worte eine **Sperre** aus, die erst behoben werden kann, wenn feststeht, dass es sich um ein datenschutzkonformes Verarbeitungsprogramm handelt.[96]

Die Beauftragten sind **verpflichtet**, die bereits eingeführten oder erst geplanten Verarbeitungsprogramme **auf ihre Vereinbarkeit mit den Anforderungen des Datenschutzes zu überprüfen, nicht jedoch gehalten, darzulegen, wie sich** die aus ihrer Sicht erforderlichen **Korrekturen** im Einzelnen **realisieren lassen**. Das Gesetz sieht in ihnen keine Spezialisten für die Ausarbeitung oder Durchführung von Programmen, so sehr auch die Kenntnis der Verarbeitungstechnologie mit zu den zentralen Voraussetzungen ihrer Fachkunde zählt.[97] Ihre Aufgabe beschränkt sich vielmehr darauf, aufzuzeigen, welchen Voraussetzungen das jeweilige Programm genügen muss, um eine datenschutzkonforme Verarbeitung zu gewährleisten.[98] Der verantwortlichen Stelle obliegt es dann, sie technisch umzusetzen. 46

Die **Kontrolle** der Verarbeitungsprogramme ist **von den Beauftragten selbst durchzuführen**. 47
Das Gesetz spricht sie unmittelbar an und definiert die Überprüfung ebenso deutlich als ihre Aufgabe. Sie dürfen sich deshalb nicht damit begnügen, das Ergebnis einer Kontrolle zu übernehmen, die, sei es innerhalb der verantwortlichen Stelle, sei es in ihrem Auftrag von Dritten vorgenommen wurde, können sich jedoch durchaus an einer bereits laufenden Prüfung beteiligen.[99] Die Beauftragten und ihre Mitarbeiterinnen und Mitarbeiter werden freilich nicht immer über den notwendigen Sachverstand verfügen, um die Programme richtig bewerten zu können. Wo das der Fall ist, muss die verantwortliche Stelle den Beauftragten im Rahmen ihrer Unterstützungspflicht (§ 4f Abs. 5 Satz 1) die Möglichkeit geben, auf **externe Experten** zurückzugreifen.[100] Sie bleiben aber verpflichtet, Ziel und Kriterien der Prüfung festzulegen, und sind im Übrigen unverändert verantwortlich für die Kontrolle.[101]

Die Kontrollen der Verarbeitungsprogramme müssen **regelmäßig stattfinden** und **brauchen nicht angemeldet zu sein**.[102] Entscheidung über den Zeitpunkt, die Modalitäten und das Verfahren der Überprüfung liegt ganz bei den Beauftragten, schon deshalb, weil sich das Prüfungsschema nicht abstrakt bestimmen lässt, sondern dem Prüfungsgegenstand anpassen muss.[103] Stichproben können daher ebenso gut ausreichen wie eine detaillierte Kontrolle nötig sein kann. Fest steht lediglich, dass eine Anwendung der jeweiligen Verarbeitungsprogramme nur dann **ordnungsgemäß** ist, wenn sie den gesetzlichen Erwartungen an eine datenschutzkonforme Verarbeitung entspricht. Der Beauftragte wird daher in aller Regel nicht umhin können, die Zulässigkeit der Verarbeitung genauso zu überprüfen wie etwa die Programmabsicherung und die Sicherstellung der Verarbeitungsresultate.[104] Das **Ergebnis** der Kontrolle und die **Folgerungen der Beauftragten** müssen **dokumentiert** und den **Prüfungsadressaten** sowie der **Leitung der verantwortlichen Stelle mitgeteilt werden**.[105] 48

96 Vgl. auch *Münch*, RDV 2003, 223.
97 Dazu § 4f Rdnr. 92.
98 Dazu *Schaffland/Wiltfang,* BDSG § 4g Rdnr. 6; *Schlemann*, Recht, 113 f; *Drews,* Der Datenschutzbeauftragte, 20 ff.; *Abel,* DuD 1992, 80 ff.
99 Dazu auch *BWHinwBDSG* Nr. 6, Dok. B 1.7, 9.2; Kasseler Handbuch/*Blechmann,* 2.10 Rdnr. 532; *Schlemann,* Recht, 116.
100 Vgl. auch *BWHinwBDSG* Nr. 6, Dok. B 1.7, 9.2; *Schaffland/Wiltfang,* BDSG § 4g Rdnr. 7.
101 Zur Kontrolle der Auftragsverarbeitung vgl.o. Rdnr. 39.
102 Vgl. auch *BWHinwBDSG* Nr. 10, Dok. B 1.11, 4.1; *Bergmann/Möhrle/Herb,* BDSG § 4f Rdnr. 30; *Gola/Schomerus,* BDSG § 4g Rdnr. 19; Kasseler Handbuch/*Blechmann,* 2.10 Rdnr. 533; *Schlemann,* Recht, 114, 116; *Abel,* DuD 1992, 80 ff.
103 Vgl. auch *Bergmann/Möhrle/Herb,* BDSG § 37 Rdnr. 24 ff.; *Gola/Schomerus,* BDSG § 4g Rdnr. 19; Kasseler Handbuch/*Blechmann,* 2.10 Rdnr. 534.
104 Dazu auch *Bergmann/Möhrle/Herb,* BDSG § 4f 37 Rdnr. 26; *Schaffland/Wiltfang,* BDSG § 4f Rdnr. 6; *Schlemann,* Recht, 113; *Abel,* DuD 1992, 80 ff.
105 Vgl. *BWHinwBDSG* Nr. 10, Dok. B 1.11, 4.1; sowie *Gola/Schomerus*, BDSG § 4f Rdnr. 19.

2.3 Schulung (Abs. 1 Satz 3 Nr. 2)

49 Die Beauftragten müssen **alle an der Verarbeitung beteiligten Personen** mit **Ziel und Inhalt der Datenschutzvorschriften vertraut machen** (§ 4g Abs. 1 Satz 3 Nr. 2). Zur Beratungs- und Kontrollfunktion der Beauftragten kommt so eine weitere Aufgabe: die **Schulung der Beschäftigten**. Konsultation und Überwachung reichen in den Augen des Gesetzgebers für eine datenschutzkonforme Verarbeitung personenbezogener Angaben nicht aus. Die Wirksamkeit der gesetzlichen Regelung hängt vielmehr auch und vor allem davon ab, dass gerade diejenigen, die mit der Verarbeitung betraut sind, wissen, welchen rechtlichen Anforderungen sie genügen muss. Die Schulung ist das Mittel dazu. Niemand eignet sich aber besser dafür, sie zu übernehmen, als die Beauftragten. Ihre Bestellung spiegelt ebenso wie ihre Beratungs- und Kontrollfunktion den Wunsch des Gesetzgebers wider, die Geltung der Datenschutzvorschriften zu gewährleisten. Die damit verbundenen Anforderungen zu vermitteln, ist, so gesehen, nur die zwingende Konsequenz der zentralen Verpflichtung aller Beauftragten, sich für die Einhaltung der Datenschutzvorschriften einzusetzen (§ 4g Abs. 1 Satz 1).[106]

50 § 4g Satz Abs. 1 Satz 3 Nr. 2 bezieht sich auf **sämtliche Personen, deren Tätigkeit mit der Verwendung personenbezogener Angaben verbunden ist.** Das Gesetz verzichtet ausdrücklich auf Auswahlkriterien. Ob also die jeweils in Betracht kommenden Personen ständig oder gar ausschließlich mit der Verarbeitung beschäftigt sind, Daten nur im Rahmen anderer Aufgaben verwenden, Angaben lediglich erheben oder auch speichern und übermitteln, ist ebenso wenig von Bedeutung wie etwa die Art der Daten und der Umfang der Verarbeitung. Die Mitarbeiterinnen und Mitarbeiter des Rechenzentrums sind daher genauso betroffen wie die Beschäftigten der Personal- oder Vertriebsabteilung.[107] Die Beauftragten müssen allerdings jedes dieser Tätigkeitsmerkmale bei den Schulungsmaßnahmen berücksichtigen und sie entsprechend ausgestalten.[108]

51 Aufgabe der Beauftragten ist es, die **erforderlichen Datenschutzkenntnisse weiterzugeben**. Sie müssen also die generellen Datenschutzanforderungen den spezifischen Verarbeitungszielen und Aktivitäten der verantwortlichen Stelle sowie den tatsächlichen Verarbeitungsbedingungen anpassen. Nur in dem Maße, in dem es ihnen gelingt, den Schritt aus der Abstraktion der allgemeinen Vorgaben an die Verwendung personenbezogener Daten in die konkrete Realität des Arbeitsplatzes zu vollziehen, können die Beschäftigten die kritischen Punkte der eigenen Tätigkeit wirklich wahrnehmen. Konsequenterweise verzichtet das BDSG auf Einzelheiten. Den**Beauftragten bleibt es** vielmehr **überlassen**, die **Schwerpunkte ebenso festzulegen wie Form und Inhalt der Schulung**.

52 Die Schulungsfunktion der Beauftragten hat noch einen weiteren Vorteil. Richtig durchgeführt, verbessert sie zugleich die **Kommunikation zwischen den Beschäftigten und dem Beauftragten**. Sie sichert also nicht nur die Kenntnis der Datenschutzanforderungen, sondern auch die Chance, Datenschutzvorkehrungen in gegenseitiger Anregung wirksamer umzusetzen. Je nachhaltiger sich deshalb die Wissensvermittlung zu einem Meinungsaustausch entwickelt, desto mehr können die Beauftragten mit Bemerkungen und Vorschlägen rechnen, die dazu beitragen, seine Tätigkeit effizienter zu gestalten.

53 Die Beauftragten müssen bei der Schulung auf **alle** für die verantwortliche Stelle relevanten **Datenschutzvorschriften** eingehen. § 4g Abs. 1 Satz 3 Nr. 2 hält sich insoweit an die Formulierung des § 4g Abs. 1 Satz 1.[109] Das BDSG stellt in beiden Fällen klar, dass sämtliche rechtliche Vorgaben einbezogen werden müssen, ohne Rücksicht also darauf, ob sie im BDSG oder in einer anderen Regelung enthalten sind. In beiden Fällen steht aber genauso fest, dass die Beauftragten keineswegs gehalten ist, jede Einzelheit aufzugreifen, geschweige denn zu kennen.

106 Vgl. auch *Roßnagel/Königshofen*, Handbuch, 5.5, Rdnr. 41; *Bäumler/Nordmann*, Datenschutzbeauftragte, in *Abel* (Hrsg.) Datenschutz, § 8 Rdnr. 47 f.
107 Vgl. auch *Schlemann*, Recht, 118.
108 Vgl. auch *Schaffland/Wiltfang*, BDSG § 4f Rdnr. 12 ff.
109 Dazu o. Rdnr. 29 ff.

Die Beschäftigten müssen den Datenschutzanforderungen nicht erst Rechnung tragen, wenn die Beauftragten ihrer Schulungsfunktion nachgekommen sind. Die Schulung soll sie zwar mit den Anforderungen des Datenschutzes vertraut machen, nicht aber die verantwortliche Stelle von der Pflicht befreien, sich selbst zu vergewissern, welchen Bedingungen die Verwendung personenbezogener Angaben unterliegt, und ihre Beschäftigten entsprechend **zu informieren**. Dennoch empfiehlt es sich, beides, **Schulung und Verarbeitungsaktivitäten, aufeinander abzustimmen**. Das gilt besonders für das Datengeheimnis (§ 5). Beschäftigte, die darauf verpflichtet werden müssen,[110] können seine Tragweite in aller Regel erst mit Hilfe der Schulung richtig ermessen.[111] 54

Die Beauftragten müssen bei der Vorbereitung und Durchführung der Schulung **sowohl mit der verantwortlichen Stelle als auch mit der Arbeitnehmervertretung zusammenarbeiten**. Betriebs- und Personalräten steht bei Maßnahmen zur Berufsbildung ein **Mitbestimmungsrecht** zu (§§ 98 BetrVG; 75 Abs. 3 Nr. 6 BPersVG). Gemeint sind alle Vorkehrungen, mit deren Hilfe Kenntnisse vermittelt werden sollen, die im Hinblick auf die jeweils ausgeübte Tätigkeit erforderlich sind. Beschäftigte, die personenbezogene Daten verarbeiten, sind aber ganz besonders auf Informationen über die Anforderungen des Datenschutzes angewiesen. **Die Schulung** nach § 4g Abs. 1 Satz 5 Nr. 2 **zählt** deshalb, **formal** jedenfalls, **zu den mitbestimmungspflichtigen beruflichen Bildungsmaßnahmen**. 55

Die Schulung fügt sich freilich nicht in das übliche Bild der Berufsbildungsmaßnahmen. Das BDSG legt keineswegs nur den Gegenstand der Schulung fest, es überträgt vielmehr auch die ausschließliche Verantwortung dafür den Beauftragten. Das Gesetz drängt also die Arbeitnehmervertretung und die verantwortliche Stelle gleichermaßen zurück.[112] Die **Beauftragten sollen** auf der Grundlage ihrer Fachkunde und Kenntnisse der Verarbeitungsabläufe **selbst Inhalt und Verlauf der Schulung bestimmen,** aber auch bei der **Auswahl der Teilnehmerinnen und Teilnehmer** mitwirken.[113] Es ist deshalb ihre Sache, ob ihr Schwerpunkt bei besonderen Veranstaltungen liegen, sie mehr schriftlich, etwa mit Hilfe von Merkblättern und Rundschreiben, oder weitgehend mündlich stattfinden, vorwiegend kollektiv oder gezielt individuell erfolgen, regelmäßig durchgeführt oder in erster Linie mit einzelnen unter Datenschutzgesichtspunkten wichtigen Anlässen, etwa der Verpflichtung auf das Datengeheimnis, der Einführung neuer Verfahren oder einzelnen Kontrollen, verknüpft werden soll.[114] Die Beauftragten müssen allerdings in jedem Fall auch und gerade auf die Vorschriften eingehen, die sich auf die **Rechte der Betroffenen** beziehen, also vor allem auf ihr Auskunftsrecht (§§ 19, 34) und die ihnen gegenüber bestehenden Informationspflichten der verantwortlichen Stelle (§§ 19a, 33). 56

Die Beauftragten können aber, **trotz ihrer im BDSG verankerten Kompetenzprärogative, nicht auf die Zusammenarbeit mit der verantwortlichen Stelle und der Arbeitnehmervertretung verzichten.**[115] Ganz gleich, ob es um Ort und Zeit der Schulung oder die Freistellung der Beschäftigten von ihren sonstigen Aufgaben und die Anordnung der Teilnahme geht, keine dieser Fragen lässt sich ohne **Mitwirkung der verantwortlichen Stelle** regeln. § 4g Abs. 1 Satz 3 Nr. 2 mag ihrem Mitbestimmungsrecht die Wirkung nehmen. Die Beauftragten bleiben dennoch auf die Arbeitnehmervertretungen angewiesen. Nur solange sie ihre Schulungspläne in Kooperation mit Betriebs- und Personalräten verwirklichen, können sie nicht nur rechtzeitig den Kontrollrechten der Arbeitnehmervertretungen (§§ 80 Abs. 1 Satz 1 BetrVG; 68 Abs. 1 Nr. 2 BPersVG)[116] Rechnung tragen, sondern auch deren Erfahrungen nutzen und zugleich ihre Legitimation gegenüber den Beschäftigten stärken. Die Beauftrag- 57

110 Dazu § 5 Rdnr. 13 ff.
111 Vgl. auch *BWHinwBDSG* Nr. 33, Dok. B 1.38, 5; *BerHessL*, 14. TB, LT-Drs. 15/2950, 37; *Gola/Schomerus*, BDSG § 4f Rdnr. 21; *Schlemann,* Recht, 121.
112 Vgl. freilich *Bergmann/Möhrle/Herb,* BDSG § 4f Rdnr. 40; *Gola/Schomerus,* BDSG § 4g Rdnr. 20; *Schlemann,* Recht, 121.
113 Dazu u. Rdnr. 91 f.
114 Vgl.auch *Roßnagel/Königshofen*, Handbuch, 5.5, Rdnr. 44;
115 Dazu auch o. Rdnr. 8.
116 Dazu § 28 Rdnr. 38 f.; sowie § 4f Rdnr. 79 und o. Rdnr. 7.

ten müssen sich daher für Verfahren entscheiden, die sich an den auch sonst für Berufsbildungsmaßnahmen geltenden Regeln orientieren. Die Grenzen ergeben sich aus ihrer in § 4g Abs. 1 Satz 3 Nr. 2 festgeschriebenen Alleinverantwortung.

58 Die Schulung muss **während der Arbeitszeit** erfolgen. Die verantwortliche Stelle ist deshalb verpflichtet, die Beschäftigten insoweit von anderen Aufgaben **freizustellen**.

59 Die **Beauftragten** müssen die **Schulung** grundsätzlich **selbst durchführen**.[117] Sie können freilich, soweit es der Gegenstand angebracht erscheinen lässt, auch **externe Experten** heranziehen. Eine Delegation der Schulungsaufgabe ist damit nicht verbunden. Sie bleibt eine genuine Aufgabe der Beauftragten.[118] Außenstehende erfüllen deshalb reine Hilfsfunktionen und müssen sich daher nach Vorgaben richten, die von den Beauftragten bestimmt werden. Sie sind zudem verpflichtet, sich zu vergewissern, ob ihr eigener Beitrag den Erwartungen des Gesetzgebers entspricht.

2.4 Übersicht (Abs. 2 Satz 1)

60 **Die Beauftragten müssen**, um den gesetzlichen Anforderungen nachkommen zu können, über **ein Mindestmaß an Information über die Organisation der verantwortlichen Stelle sowie über Ziele, Struktur und Ablauf der Verarbeitung verfügen**. Anders als nach dem BDSG 77 (§ 29 Satz 3 Nr. 1) und ganz nach dem Vorbild des BDSG 90 (§ 37 Abs. 2) ist es allerdings Aufgabe **der verantwortlichen Stelle** und nicht der Beauftragten, die erforderlichen Angaben zusammenzutragen und in einer **Übersicht** zusammenzufassen (§ 4g Abs. 2 Satz 1). Der Gesetzgeber trägt damit dem Hauptzweck der Übersicht Rechnung: Sie soll den Beauftragten ein erstes verlässliches Bild der konkreten Verarbeitungsbedingungen und ihres organisatorischen Rahmens vermitteln, dient also grundsätzlich der besseren Vorbereitung ihrer Tätigkeit.[119] Aus genau diesem Grund spricht das Gesetz die verantwortliche Stelle unmittelbar an. Sie hat nicht nur den besten Einblick in die eigene Organisation, sondern überschaut auch am ehesten den Verarbeitungsprozess. Sie muss zudem aus sehr verschiedenen Anlässen Informationen zusammenstellen, die einen großen Teil der in § 4g Abs. 2 Satz 1 geforderten Angaben abdecken. Interne Revisionsprüfungen rechnen ebenso dazu wie die Vernetzung einzelner Organisationseinheiten oder die technischen und organisatorischen Maßnahmen nach § 9.

61 So sehr freilich die Beauftragten auf die Übersicht angewiesen sind, so wenig dürfen sie sich darauf verlassen. Ihre Informations- und Kontrollrechte ermöglichen es ihnen, sich zu vergewissern, ob die Angaben zutreffen, und erlauben es ihnen damit auch, die erforderlichen Korrekturen vorzunehmen. Die verantwortliche Stelle ist trotzdem gehalten, **Änderungen** von sich aus **anzuzeigen**. Die Bereitstellung der Übersicht ist also keine einmalige, sondern eine **fortlaufende Verpflichtung**.[120]

62 Die Übersicht ist nicht nur für die Beauftragten wichtig.[121] Sie verbessert auch die Position der **Betroffenen**. Die Chance, eine schnelle und zuverlässige Auskunft (§§ 19, 34) zu bekommen sowie mögliche Auskunftssperren auszumachen, nimmt in dem Maße zu, in dem sich die Schwierigkeiten verringern, den Zuständigen zu ermitteln und zur Stellungnahme aufzufordern. Nichts anderes gilt für Berichtigungen und Löschungen (§§ 20, 35). Der Übersicht kommt schließlich aus der Perspektive der **externen Kontrollinstanzen** ebenfalls eine besondere Bedeutung zu. Sie bietet sich vor allem bei Kontrollen (§§ 24 Abs. 1 und 4, 38 Abs. 1 und 4) als Orientierungspunkt an. Mit ihrer Hilfe kann gezielter gefragt und recherchiert werden. Gleichviel deshalb, ob man nur die Beauftragten nimmt, oder auch die Betroffenen und die externen Kontrollinstanzen einbezieht, die Übersicht trägt durchweg dazu bei, die Kontrollierbarkeit der Verarbeitung zu steigern.

---

117 Dazu auch o. Rdnr. 47; sowie *Roßnagel/Königshofen*, Handbuch, 5.6, Rdnr. 44 f.

118 Vgl. auch *Roßnagel/Königshofen*, Handbuch, 5.5, Rdnr. 45.

119 Vgl. auch *Petri*, RDV 2003, 269.

120 Ebenso *Bergmann/Möhrle/Herb,* BDSG § 4f Rdnr. 46; *Gola/Schomerus*, BDSG § 4f Rdnr. 28; *Gola/Wronka*, Handbuch, Rdnr. 882; *Schild*, RDV 1998, 54, DuD 2001, 282; *Petri*, RDV 2003, 269.

121 Zur Funktion der Übersicht vgl. *Petri*, RDV 2003, 268 f.; *Weniger*, RDV 2005, 153, 155.

§ 4g Abs. 2 Satz 1 verteilt die Aufgaben verbindlich. Die verantwortliche Stelle kann deshalb ihre Verpflichtung **nicht an die Beauftragten delegieren.**[122] Sie hat ihnen gegenüber eine im Gesetz ausdrücklich festgelegte Informationspflicht, die sie auch selbst erfüllen muss. Sie trägt deshalb auch die Verantwortung dafür. 63

§ 4g Abs. 2 Satz 1 ist von **allen verantwortlichen Stellen** zu beachten. Mit der Generalisierung der Pflicht, einen Beauftragten zu bestellen (§ 4f Abs. 1),[123] verallgemeinert sich auch die Verpflichtung, eine Übersicht auszuarbeiten. Sie ist das zwingende Korrelat der Einrichtung einer internen Kontrollinstanz. Gleichviel also, ob es um eine nicht-öffentliche oder eine öffentliche Stellen geht, die Beauftragten müssen in jedem Fall eine Übersicht erhalten. Ebenso wenig spielen die Zwecke der Verarbeitung, ihr Umfang oder die Daten eine Rolle. Sie können sich durchaus auf den Inhalt der Übersicht auswirken, nicht jedoch auf die Verpflichtung, sie zu erstellen. 64

Die Übersicht muss **sämtliche Angaben, die bei meldepflichtigen Verarbeitungen gemacht werden müssen** (§ 4e Satz 1) **sowie Informationen über zugriffsberechtigte Personen** enthalten (§ 4g Abs. 2 Satz 1). Das Gesetz stellt also im Unterschied zum BDSG 77 (§ 29 Satz 2 Nr. 1) und zum BDSG 90 (§ 37 Abs. 2) keine eigens auf die Übersicht zugeschnittene Liste auf. Es greift vielmehr nahezu ausschließlich auf die für die Meldepflicht (§ 4e) maßgebliche Aufzählung zurück.[124] Die Änderung ist auf die EG-Datenschutzrichtlinie zurückzuführen, genauer, auf die dort vorgesehene Alternative zur Verpflichtung, automatische Verarbeitungen an die externe Kontrollinstanz zu melden (Art. 18).[125] Verantwortliche Stellen, die einen Beauftragten bestellt haben, sind nicht meldepflichtig (Art. 18 Abs. 2), eine Regelung die später vom BDSG übernommen wurde (§ 4d Abs. 2).[126] Ebenso wie die EG-Datenschutzrichtlinie hält aber auch das BDSG, zumal vor dem Hintergrund einer von der Richtlinie bewusst angestrebten Information der Öffentlichkeit (Art. 21)[127] über die Verarbeitung (§ 4g Abs. 2 Satz 2), an einer „Meldung" fest. Nur der Adressat ändert sich: An die Stelle der externen tritt die interne Kontrollinstanz. Die Übersicht ersetzt mit anderen Worten die Meldung. 65

Das Ergebnis ist eher verwirrend als sachdienlich. Angaben, die, wie etwa der Name oder die Firma der verantwortlichen Stelle und ihre Adresse (§ 4e Satz 1 Nr. 1 und 3), bei einer für die Öffentlichkeit bestimmten Information durchaus einen Sinn haben, sind bei einer Übersicht, die primär den Beauftragten behilflich sein soll, schlicht überflüssig. Nicht von ungefähr begnügt sich deshalb das BDSG in § 4g Abs. 2 Satz 1 keineswegs mit einer Verweisung auf § 4e Satz 1, sondern verlangt, ganz wie zuvor § 37 Abs. 2 Nr. 6 BDSG 90, Angaben zu den zugriffsberechtigten Personen. Sie werden weder in Art. 19 der EG-Datenschutzrichtlinie noch in § 4e Satz 1 erwähnt, sind jedoch für die Beauftragten unverzichtbar. Ohne Kenntnis der Zugriffsberechtigten lassen sich Ausmaß und Folgen der Verarbeitung nicht richtig einschätzen. 66

Die Übersicht muss **alle Verarbeitungen** einbeziehen. § 4g Abs. 2 Satz 1 verweist zwar auf § 4e Satz 1, spricht aber lediglich von den dort genannten Angaben. Das Gesetz sieht also **ausdrücklich davon ab, die Einschränkung der Meldepflicht auf automatisierte Verarbeitungen** (§ 4e Satz 1)[128] **zu übernehmen.**[129] Die Beauftragten sind keineswegs nur für automatisierte Verarbeitungen zuständig. Ihre Informations- und Kontrollrechte erstrecken sich auf die gesamten Verarbeitungsaktivitäten der verantwortlichen Stelle.[130] Eine Beschrän- 67

122 Vgl. auch *Schaffland/Wiltfang,* BDSG § 4g Rdnr. 32; *Gola/Schomerus,* BDSG § 4g Rdnr. 24; *Petri,* RDV 2003, 269; *Weniger,* RDV 2005, 154.
123 Dazu § 4f Rdnr. 8 ff.
124 Dazu § 4e Rdnr. 4 ff.
125 Dazu *Dammann/Simitis,* EG-Datenschutzrichtlinie Art. 18 Rdnr. 1 ff., 11; *Brühann,* in GH II/*Wolf,* A 30 Art. 18 Rdnr. 1 ff., 14; *Ehmann/Helfrich,* EG-Datenschutzrichtlinie, Art. 18 Rdnr.1 f., 10 ff.
126 Dazu § 4d Rdnr. 13.
127 Dazu *Dammann/Simitis,* EG-Datenschutzrichtlinie Art. 21 Rdnr. 1 f.; *Brühann,* in GH II/*Wolf,* A 30 Art. 21 Rdnr. 1 ff., 5; *Ehmann/Helfrich,* EG-Datenschutzrichtlinie, Art. 21 Rdnr. 1 f.
128 Dazu § 4d Rdnr. 6.
129 Vgl. freilich *Gola/Schomerus*, BDSG § 4f Rdnr. 23; *Bergmann/Möhrle/Herb*, BDSG § 4f Rdnr.42.
130 Dazu o. Rdnr. 38.

kung der Übersicht auf einzelne Verarbeitungen würde deshalb dem Zweck des § 4g Abs. 2 Satz 1 zuwiderlaufen, sicherzustellen, dass alle Beauftragten die für den Gesamtbereich ihrer Tätigkeit nötige Grundinformation erhalten müssen.

68 § 4g Abs. 2 Satz 1 zählt die in die Übersicht aufzunehmenden Angaben **verbindlich und abschließend** auf. Die verantwortliche Stelle ist deshalb ebenso wenig berechtigt, die Übersicht ihren Vorstellungen anzupassen, wie die Beauftragten Variationen verlangen können, die ihnen angebracht erscheinen. Eine weiterreichende Information wird damit freilich keineswegs unterbunden. Die Beauftragten sind im Gegenteil im Rahmen ihrer Aufgaben jederzeit befugt, Präzisierungen und Ergänzungen anzufordern. Diese sind allerdings nur Folgewirkungen und nicht Bestandteil der Übersicht. Jeder Versuch, Art und Umfang der Angaben offen zulassen,[131] oder die Übersicht in wiederum tendenziell unbegrenzte interne Informationen und einige wenige für die Öffentlichkeit bestimmte Angaben aufzuspalten[132] droht dagegen die spezifischen, gesetzlich abgesicherten Aufgaben der Übersicht zu verwischen und damit ihre korrekte Erfüllung zu gefährden.

69 Soweit sich die Übersicht mit der Meldepflicht deckt, bedarf es keiner zusätzlichen Erläuterung.[133] Soweit es dagegen um die **Zugriffsberechtigten** geht, gilt es zunächst, sie von den in § 4e Satz 1 Nr. 6 ausdrücklich erwähnten Übermittlungsempfängern zu unterscheiden. Dritte, an die, sei es mit Rücksicht auf ihre vertraglichen Beziehungen zur verantwortlichen Stelle, sei es im Hinblick auf gesetzliche Verpflichtungen, personenbezogene Daten weitergegeben werden, sind deshalb zwar „zugriffsberechtigt" zählen aber zu den Übermittlungsempfängern.[134] **Zugriffsberechtigte Personen** i.S.d. § 4g Abs. 2 Satz 1 sind, so gesehen, grundsätzlich **nur Beschäftigte** der verantwortlichen Stelle, **die auf Grund ihrer Position oder Funktion Zugang zu bestimmten dafür relevanten Daten haben.**[135] Beides ist daher in jedem Fall in die Übersicht aufzunehmen. Auf eine namentliche Nennung kann dagegen verzichtet werden.[136]

2.5 Öffentlichkeit (Abs. 2 Satz 2)

70 Die Beauftragten müssen die **Öffentlichkeit der gesetzlich vorgeschriebenen Informationen über die verantwortliche Stelle** (§ 4e Satz 1 Nr. 1 bis 8) gewährleisten (§ 4g Abs. 2 Satz 2). Der Gesetzgeber hat sich anders als früher (§ 32 des BDSG 77 und des BDSG 90) und wiederum unter dem Eindruck der EG-Datenschutzrichtlinie (Art. 21)[137] grundsätzlich für ein **Mindestmaß an öffentlichen Informationen** ausgesprochen. Das Mittel dafür ist in der Regel die Meldepflicht (§ 4d Abs. 1)[138] und die mit ihr, jedenfalls bei nicht-öffentlichen Stellen, verbundene Einrichtung eines öffentlichen Registers bei den Aufsichtsbehörden (§ 38 Abs. 2).[139] Wo die Meldepflicht aber mit Rücksicht auf die Bestellung eines Beauftragten entfällt (§ 4d), ist dieser auch für die Information der Öffentlichkeit verantwortlich (§ 4g Abs. 2 Satz 2).

71 Soweit deshalb, wie im **öffentlichen Bereich**, alle verantwortlichen Stellen, die personenbezogene Daten automatisiert verarbeiten, Beauftragte bestellen müssen (§ 4f Abs. 1 Satz 1),[140] sind nur diese berechtigt und verpflichtet, Informationen weiterzugeben. Soweit dagegen das BDSG, wie im **nicht-öffentlichen Bereich**, **Ausnahmen von der Verpflichtung zur Bestellung eines Beauftragten zulässt** (§ 4f Abs. 1 Satz 4),[141] **verlagert sich die**

---

131 Vgl. *Weniger*, RDV 2005, 155.
132 *Gola/Schomerus*, BDSG § 4f Rdnr. 25
133 Zu den Einzelheiten vgl. § 4e Rdnr. 4 ff.
134 Das übersehen *Schaffland/Wiltfang*, BDSG § 4g Rdnr. 36 ff.
135 Vgl. auch *Gola/Schomerus*, BDSG § 4g Rdnr. 26; *Bergmann/Möhrle/Herb*, § 4g Rdnr. 47; *Petri*, RDV 2003, 269.
136 Anders *Gola/Schomerus*, BDSG § 4g Rdnr. 26; *Bergmann/Möhrle/Herb*, BDSG § 4f Rdnr. 47.
137 Dazu *Dammann/Simitis*, EG-Datenschutzrichtlinie, Art. 21 Rdnr. 1 ff.; *Brühann*, in GH II/*Wolf*, A 30 Art. 21 Rdnr. 1 ff., 5; *Ehmann/Helfrich*, EG-Datenschutzrichtlinie, Art. 21 Rdnr. 1 ff.
138 Dazu § 4d Rdnr. 1 ff.
139 Dazu § 38 Rdnr. 45 ff.
140 Dazu § 4f Rdnr. 15.
141 Dazu § 4f Rdnr. 16.

Verpflichtung zur Information der Öffentlichkeit entweder auf die Aufsichtsbehörde (§ 38 Abs. 2) **oder auf die verantwortliche Stelle selbst** (§ 4g Abs. 2 Satz 3).[142]

Informationsgrundlage ist die von der verantwortlichen Stelle für den Beauftragten ausgearbeitete **Übersicht** (§ 4g Abs. 2 Satz 1).[143] Sie besteht fast ausschließlich aus **meldepflichtigen Angaben** (§ 4e Satz 1) und nur diese sind für die Information der Öffentlichkeit bestimmt (§ 4 Abs. 2 Satz 2).[144] Die Übersicht bekommt so eine **zusätzliche Funktion**. Sie ist nicht nur ein internes, primär für den Beauftragten bestimmtes Informationsmittel, sondern vermittelt auch nach außen hin Angaben über die verantwortliche Stelle. 72

Die Informationen über die verantwortliche Stelle sind **nur auf Antrag** erhältlich. § 4g Abs. 2 Satz 2 geht zwar nicht näher auf die Bedingungen ein, unter denen Dritte Zugang haben können, baut aber **drei generell geltende Sperren** auf. Die **Antragsverpflichtung** ist die erste und wohl auffälligste Barriere. Schon deshalb, weil sie ein manifestes Zeichen dafür ist, dass die Entlastung der verantwortlichen Stelle von der Meldepflicht (§ 4d Abs. 2), jedenfalls bei nicht-öffentlichen Stellen, mit einer Belastung der potenziellen Informationsadressaten einhergeht. Mit der Befreiung von der Meldepflicht entfällt auch die Eintragung in das von den Aufsichtsbehörden geführte Register (§ 38 Abs. 2 Satz 1).[145] Interessierte Dritte können also die gesetzlich vorgeschriebenen Informationen nicht unmittelbar einsehen (§ 38 Abs. 2 Satz 2), sondern müssen den Umweg über einen Antrag an die verantwortliche Stelle beschreiten und so ihr Einsichtsrecht geltend machen.[146] 73

Die Angaben sind den Antragsstellern, zweitens, **„in geeigneter Weise"** bekannt zu machen (§ 4g Abs. 2 Satz 2). Das Gesetz richtet damit eine weitere, letztlich nicht weniger einschneidende Zugangssperre auf. Wann und wie die Informationen übermittelt werden, bleibt den Beauftragten überlassen.[147] Interessierte Dritte können also zwar durchaus mit den Angaben rechnen, sind aber ganz auf die Beauftragten angewiesen, gemessen an der Einsicht in das von den Aufsichtsbehörden geführte Register, eine zusätzliche, nicht zu unterschätzende Belastung. Die Beauftragten bestimmen den ihnen richtig erscheinenden Weg. Von ihnen hängt es also nicht nur ab, wie sich die Mitteilung der Angaben im Einzelnen gestaltet, sondern auch, welches Gewicht der Information Dritter, vor allem mit Rücksicht auf die weiteren Aufgaben der Beauftragten beigemessen wird. 74

Weder der Antrag auf Erteilung der Information nach § 4g Abs. 2 Satz 2 **noch ihre Weitergabe dürfen** deshalb **an formale oder inhaltliche Bedingungen geknüpft werden, die den Informationszugang einschränken oder erschweren**. Variationen mögen nicht zuletzt mit Rücksicht auf die Größe der verantwortlichen Stelle unvermeidlich sein, sie sind aber nur so lange zulässig wie sie nicht den Informationszugang unterlaufen. Die Beauftragten dürfen sich daher auf die Belange der verantwortlichen Stellen ebenso wenig berufen wie auf die eigene Belastung. Sie müssen also **von jedem Versuch absehen**, die **Antragssteller zu veranlassen**, ihre **Motive offen zu legen**, oder gar ein **besonderes Interesse nachzuweisen**. Genauso unstatthaft wäre es, **zwischen den einzelnen Angaben zu unterscheiden** und nur einige von ihnen, aus welchem Grund immer, ohne weiteres mitzuteilen. Erst recht ist es mit der Informationspflicht der Beauftragten unvereinbar, die Informationen **nur gegen eine Gebühr zu gewähren**, um etwa die Anzahl der Anträge möglichst klein und überschaubar zu halten. Eine **mündliche Anfrage** muss schließlich im Hinblick darauf, dass es sich durchweg um Informationen handelt, die den Beauftragten bereits zur Verfügung stehen, ausreichen. Die Beauftragten können zudem den **Zeitpunkt der Antwort** nicht beliebig bestimmen. Das Gesetz legt in § 4g Abs. 2 Satz 2 einen **Informationsanspruch** fest, den die Beauftragten erfüllen müssen. Die Information ist daher unverzüglich, also ohne schuldhaftes Zögern (§ 121 BGB), zu erteilen. 75

142 Dazu u. Rdnr. 80.
143 Dazu o. Rdnr. 60 ff.
144 Vgl. auch *BWHinwBDSG* Nr. 40, Dok. B 1.40, 3.7; *Schaffland/Wiltfang*, BDSG § 4f Rdnr. 30.
145 Dazu § 38 Rdnr. 45 ff.
146 Vgl. auch *Gola/Schomerus*, BDSG § 4f Rdnr. 30.
147 Vgl. auch *Bergmann/Möhrle/Herb*, BDSG § 4f Rdnr. 49; *Gola/Schomerus*, BDSG § 4f Rdnr. 30; *Roßnagel/Königshofen*, Handbuch, 5.6, Rdnr. 68.

76 **Angaben zur Datensicherheit zählen**, drittens, **nicht zu den für die Öffentlichkeit bestimmten Informationen**. § 4g Abs. 2 Satz 2. verweist zwar auf § 4e Satz 1, nimmt aber die Nr. 9, also Angaben zur Datensicherheit ausdrücklich aus. Die beiden bereits erwähnten Verarbeitungssperren werden damit um eine zusätzliche, diesmal allerdings am Informationsinhalt ausgerichtete Barriere ergänzt. So sehr das BDSG ein Mindestmaß an Information der Öffentlichkeit zu gewährleisten sucht, so wenig findet es sich bereit, Aussagen zur Sicherheit des Verarbeitungsprozesses einzubeziehen. Die Tatsache, dass § 4e Satz 1 Nr. 9 lediglich eine „allgemeine Beschreibung" der Sicherheitsvorkehrungen verlangt, spricht nicht dagegen. Sie muss immerhin genügend Details enthalten, um beurteilen zu können, ob der Sicherheitsstandard wirklich angemessen ist.[148] Die Gefahr, dass Außenstehende doch noch Einblick in das Sicherheitssystem der verantwortlichen Stelle bekommen, lässt sich deshalb nicht ausschließen. Das BDSG schränkt daher zu Recht die Verweisung auf § 4e Satz 1 ein.

77 Die Beauftragten müssen die in § 4g Abs. 2 Satz 2 aufgezählten Angaben **„jedermann"** zur Verfügung stellen. Die Information ist für die Öffentlichkeit gedacht. Konsequenterweise lehnt das Gesetz jede Unterscheidung ab. Wer immer sich deshalb für die Angaben interessiert, muss sie auch bekommen, gleichviel ob es sich um eine natürliche oder eine juristische Person, um Außenstehende, die sich generell über die verantwortliche Stelle informieren möchten, oder um Konkurrenten, die ein spezielles Interesse an ihrer Tätigkeit haben, handelt. Wie die verantwortliche Stelle zu einem so weit gefassten Adressatenkreis steht, spielt keine Rolle. Sie hat sich mit ihrer Entscheidung, einen Beauftragten zu bestellen, zugleich verpflichtet, die Weitergabe der für die Öffentlichkeit bestimmten Angaben hinzunehmen (§ 4d Abs. 2 i.V.m. § 4g Abs. 2 Satz 2). Mehr noch, sie muss im Rahmen ihrer Unterstützungspflicht (§ 4f Abs. 5 Satz 1)[149] den Beauftragten in die Lage versetzen, den organisatorischen Anforderungen zu genügen, die mit der gesetzlich vorgeschriebenen Information der Öffentlichkeit verbunden sind.

78 Die **Verpflichtung** der Beauftragten, **die Information der Öffentlichkeit sicherzustellen, gilt nicht uneingeschränkt**. Das Gesetz sieht Ausnahmen vor (§ 4g Abs. 3 Satz 1). Die Sonderregelung beschränkt sich, wie bei der Kooperation zwischen den Beauftragten und der externen Kontrollinstanz (§ 4g Abs. 1 Satz 2),[150] auf die in § 6 Abs. 2 Satz 4 genannten Behörden. Genau genommen überträgt der Gesetzgeber die bereits für das Auskunftsrecht der Betroffenen (§ 19 Abs. 3) und ihre Benachrichtigung (§ 6 Abs. 2) geltende, eindeutig restriktive Regelung auf die Information der Öffentlichkeit. **Der Informationszugang endet** im einen wie im anderen Fall **dort, wo der Arkanbereich der staatlichen Tätigkeit beginnt**.

79 Die Entscheidung des Gesetzgebers überzeugt trotzdem nicht. Schon deshalb, weil es **keine zwingenden Gründe** dafür gibt, die Information der Öffentlichkeit nach exakt den Grundsätzen zu behandeln, die in einem anderen Kontext möglicherweise angebracht sind. Ein konsequent an der informationellen Selbstbestimmung orientierter Datenschutz spricht im Gegenteil dafür, die Frage nach den Voraussetzungen und Grenzen des Zugangs immer wieder neu aufzuwerfen und sie deshalb stets in Kenntnis der Besonderheiten der je spezifischen Regelungssituation zu beantworten. § 4g Abs. 3 Satz 1 lässt sich aber auch nicht mit dem lapidaren Hinweis rechtfertigen, eine Information der Öffentlichkeit sei bei keiner dieser Behörden „sachgerecht".[151] Ihr gemeinsames Merkmal, die Wahrnehmung von Sicherheitsaufgaben, berechtigt noch lange nicht dazu, sie gleich zu behandeln. Ein folgerichtiger Datenschutz verträgt sich hier wie sonst nicht mit undifferenzierten Reaktionen. Maßgeblich kann deshalb nur sein, welche Konsequenzen der Zugang zu den in § 4g Abs. 2 Satz 2 angegebenen Daten für die Erfüllung der Aufgaben jeder einzelnen dieser Behörden hätte. Nur so kann es gelingen, verlässlich festzustellen, ob es tatsächlich angebracht ist, bei Polizeibehörden, dem Militärischen Abschirmdienst, den Staatsanwaltschaften und der Finanzverwaltung nach ein und derselben Regel vorzugehen.

---

148 Dazu § 4e Rdnr. 13.
149 Dazu § 4f Rdnr. 142 ff.
150 Dazu o. Rdnr. 25 ff.
151 So die Amtl. Begr. zu § 4g Abs. 2 Satz 4, BR-Drs. 461/00, 90.

Verantwortliche Stellen, die **keinen Beauftragten zu bestellen brauchen** (§ 4f Abs. 1 Satz 4),[152] **und auch nicht meldepflichtig sind** (§ 4d Abs. 3),[153] müssen die Information der Öffentlichkeit **selbst übernehmen** (§ 4 Abs. 2 Satz 3). Der Beauftragte mag zwar im Regelfall dafür verantwortlich sein (§ 4g Abs. 2 Satz 2). Seine Einschaltung ist aber ebenso wie die Meldepflicht (§ 4d Abs. 1) nur ein vom Gesetzgeber gezielt verwendetes Mittel, um die Information der Öffentlichkeit möglichst wirksam umzusetzen. Sie muss daher auch dann gewährleistet sein, wenn weder ein Beauftragter vorhanden ist, noch eine Meldepflicht besteht. Ganz in diesem Sinn stellt die EG-Datenschutzrichtlinie (Art. 21 Abs. 3) klar, dass in einem solchen Fall die Verpflichtung zur Information die verantwortliche Stelle unmittelbar trifft.[154] Das BDSG trägt mit § 4g Abs. 2 Satz 3 genau dieser Erwartung Rechnung. Die verantwortliche Stelle muss sich im Übrigen strikt an die Grundsätze halten, die auch für die Information durch die Beauftragten gelten.[155] 80

2.6 Vorabkontrolle (§ 4d Abs. 6)

Die Beauftragten sind verpflichtet, die in § 4d Abs. 5 vorgesehene **Vorabkontrolle** durchzuführen (§ 4d Abs. 6 Satz 1). Das Gesetz ergänzt damit ihre Kontroll- und Beratungsfunktion (§ 4g Abs. 1 Satz 1)[156] durch eine weitere Aufgabe, die sich durch das Recht und die Pflicht auszeichnet, die **materielle Zulässigkeit besonders riskanter automatisierter Verarbeitungsverfahren** (§ 4d Abs. 5)[157] vorweg **zu prüfen**. Gleichviel deshalb, ob Persönlichkeitsprofile erstellt, oder sensitive Daten (§ 3 Abs. 9) verarbeitet werden sollen, die verantwortliche Stelle muss zuvor den Beauftragten einschalten.[158] Ob und unter welchen Bedingungen die entsprechenden Verfahren eingeleitet werden dürfen, hängt daher von seiner Stellungnahme ab. Der Beauftragte ist allerdings **nicht gehalten, abzuwarten, bis sich die verantwortliche Stelle an ihn wendet**. Wo er nach seiner Kenntnis ihrer Verarbeitungsabsichten und der bisherigen Verarbeitungsvorgänge der Meinung ist, dass die Voraussetzungen einer Vorabkontrolle vorliegen, muss er sie darauf aufmerksam machen.[159] Weigert sie sich seiner Aufforderung zu folgen, ist er verpflichtet, die externe Kontrollinstanz anzurufen (§§ 4d Abs. 6 Satz 3; 24 Abs. 1).[160] 81

Die Vorabkontrolle ist eine **allen Beauftragten** zugewiesene und zugleich vorbehaltene Aufgabe. § 4d Abs. 6 Satz 3 legt zwar den Schluss nahe, dass lediglich die Beauftragten nicht-öffentlicher Stellen berechtigt und verpflichtet sind, eine Vorabkontrolle vorzunehmen. Nur sie können sich in der Tat in Zweifelsfällen an die „Aufsichtsbehörde" (§ 38) oder bei Post- und Telekommunikationsunternehmen an den BfDI wenden, und nur sie, so scheint es, kommen deshalb in Betracht. **Öffentliche und nicht-öffentliche Stellen sind** allerdings **gleichermaßen verpflichtet, Vorabkontrollen durchzuführen**.[161] Automatisierte Verarbeitungen personenbezogener Daten, die „Rechte und Freiheiten der Betroffenen" besonders gefährden (§ 4d Abs. 5 Satz 1), sind keine Spezialität nicht-öffentlicher Stellen, wie sich allein schon am Sicherheits- und Gesundheitsbereich deutlich genug zeigt. Die EG-Datenschutzrichtlinie (Art. 20) lässt daher, jedenfalls für ihren Anwendungsbereich, keine unterschiedliche Behandlung zu.[162] Die in § 4d Abs. 5 ursprünglich vorgesehene Beschränkung auf 82

152 Dazu § 4f Rdnr. 16 f.
153 Dazu § 4d Rdnr. 13 f.
154 Dazu *Dammann/Simitis*, EG-Datenschutzichtlinie, Art. 21 Rdnr. 4; *Ehmann/Helfrich*, EG-Datenschutzrichtlinie, Art. 21 Rdnr. 8.
155 Dazu o. Rdnr. 73 ff.
156 Dazu o. Rdnr. 29 ff.
157 Dazu § 4d Rdnr. 32 ff.
158 Vgl. auch *Gola/Wronka*, Handbuch, Rdnr. 896 f.; *Klug*, RDV 2000, 12; *Schild*, DuD 2001, 285.
159 Vgl. auch *Schild*, RDV 1998, 55, DuD 2001, 34.
160 Dazu u. Rdnr. 85.
161 Vgl. auch *Schild*, DuD 2001, 34; *Klug*, RDV 2001, 12 ff.; *Engelien-Schulz*, RDV 2003, 270 ff.
162 Vgl. *Brühann*, in GH II/*Wolf*, A 30 Art. 20 Rdnr. 7; *Dammann/Simitis*, EG-Datenschutzrichtlinie, Art. 20 Rdnr. 6 f.; *Ehmann/Helfrich*, EG-Datenschutzrichtlinie, Art. 20 Rdnr. 10 ff.

nicht-öffentliche Stellen[163] ist deshalb zu Recht aufgegeben worden. **Der Gesetzgeber** hat es aber **versehentlich unterlassen**, § 4d Abs. 6 Satz 3 entsprechend zu korrigieren.

83 Auch die in der EG-Datenschutzrichtlinie ausdrücklich vorgesehene **Verknüpfung von Meldepflicht und Vorabkontrolle** (Art. 20 Abs. 2)[164] rechtfertigt keine Sonderbehandlung der öffentlichen Stellen. Sie sind zwar von der Meldepflicht befreit, aber nur, weil sie durchweg verpflichtet sind, einen Beauftragten zu bestellen (§ 4f Abs. 1).[165] Die Beauftragten treten an die Stelle der externen Kontrollinstanz. Die ansonsten für sie bestimmte Meldung (§ 4e) ist an die Beauftragten zu richten (§ 4d Abs. 6 Satz 2). Sie sind deshalb auch für Vorabkontrollen zuständig.

84 Die Vorabkontrolle setzt neben einer **detaillierten Information über die konkreten Verarbeitungsabsichten** auch und vor allem **ein hinreichendes Maß an Kenntnissen über Geschäftszwecke, Aktivitäten und Organisation der verantwortlichen Stelle** voraus. Nicht von ungefähr stellt das Gesetz fest, dass die gesetzlich vorgeschriebene Information der Beauftragten (§ 4g Abs. 2 Satz 1)[166] der Vorabkontrolle vorausgehen muss (§ 4d Abs. 6 Satz 2). Die Beauftragten sollen sich, anders und präziser ausgedrückt, auf die speziellen, mit der Vorabkontrolle verbundenen Fragen nicht einlassen, ohne den generellen Verarbeitungskontext richtig einschätzen zu können, also erst, wenn sie etwa wissen, welche Daten ansonsten verarbeitet werden, wer die Adressaten von Übermittlungen sind und wie die organisatorischen und technischen Sicherheitsvorkehrungen aussehen, alles Angaben, die in der Übersicht nach § 4g Abs. 2 Satz 1 enthalten sein müssen, aber immer nur den Rahmen für die im Hinblick auf die Vorabkontrolle jeweils erforderliche Information abstecken. Die verantwortliche Stelle darf es deshalb nicht dabei belassen. Sie muss vielmehr den Beauftragten mit sämtlichen für die Beurteilung der geplanten Verarbeitung und besonders ihrer Risiken nötigen Angaben versorgen. Der Beauftragte braucht sich allerdings nicht damit zufrieden zu geben. Die Verpflichtung, die Vorabkontrolle durchzuführen, berechtigt ihn, **zusätzliche Informationen anzufordern** und begründet die **Pflicht der verantwortlichen Stelle, sie zu gewähren**.[167]

85 Die Beauftragten sind gerade im Zusammenhang mit der Vorabkontrolle zu einer **engen Kooperation mit der externen Kontrollinstanz** verpflichtet, also den Aufsichtsbehörden nach § 38 bei nicht-öffentlichen Stellen (§ 4d Abs. 6 Satz 3) sowie dem BfDI bei Post- und Telekommunikationsunternehmen (§ 4d Abs. 6 Satz 3) und öffentlichen Stellen (§ 24 Abs. 1).[168] Anders als in § 4g Abs. 1 Satz 2 stellt es deshalb das BDSG **nicht in das Ermessen der Beauftragten**, sich „in Zweifelsfällen“ an die externe Kontrollinstanz zu wenden („kann“),[169] sondern sieht es als ihre **Pflicht an, sie anzurufen** („hat“). Der unterschiedliche Wortlaut ist sicherlich in erster Linie auf die EG-Datenschutzrichtlinie zurückzuführen. Sie akzeptiert eine Vorabkontrolle durch die Beauftragten, verlangt jedoch zugleich ausdrücklich, dass die externe Kontrollinstanz in Zweifelsfällen eingeschaltet werden muss (Art. 21 Abs. 2).[170] Maßgeblich dafür sind genau die Gründe, die auch die Vorabkontrolle rechtfertigen. Wo die Verarbeitung, wie in den in § 4d Abs. 5 angesprochenen Fällen, mit besonderen Risiken für die Betroffenen verbunden ist, verstärkt beides, die Vorabkontrolle und die obligatorische Konsultation der externen Kontrollinstanz, ihren Schutz.

86 **Die Beauftragten öffentlicher Stellen sind** bei allen mit einer Vorabkontrolle zusammenhängenden Fragen **berechtigt, sich direkt an den BfDI zu wenden**.[171] § 4d Abs. 6 sieht, wohl ebenfalls mit Rücksicht auf die besondere Bedeutung der Vorabkontrolle, keine der ansonsten für die Anrufung der externen Kontrollinstanz geltenden Einschränkungen (§ 4g

---

163 Zuletzt im BMI-Entwurf zur Novellierung des BDSG v. 15.10.1999.
164 Vgl. *Brühann,* in GH II/*Wolf,* A 30 Rdnr. 8; *Dammann/Simitis,* EG-Datenschutzrichtlinie, Art. 20 Rdnr. 6.
165 Dazu § 4f Rdnr. 15.
166 Dazu o. Rdnr. 60 ff.
167 Vgl. auch *Roßnagel/Königshofen*, Handbuch, 5.5, Rdnr. 60; sowie *Weniger*, RDV 2005, 156 f.
168 Dazu auch o. Rdnr. 13 ff.; sowie *Roßnagel/Königshofen*, Handbuch, 5.5, Rdnr. 59.
169 Dazu o. Rdnr. 19 ff.
170 *Dammann/Simitis,* EG-Datenschutzrichtlinie, Art. 20 Rdnr. 7; *Brühann,* in GH II/*Wolf,* A 30 Art. 20 Rdnr. 7; *Ehmann/Helfrich,* EG-Datenschutzrichtlinie, Art. 20 Rdnr. 12 f.
171 Anders *Engelien-Schulz*, RDV 2003, 272.

Abs. 3 Satz 2)[172] vor. Die Beauftragten der in § 6 Abs. 2 Satz 4 genannten Behörden brauchen sich also weder zunächst an den Leiter der verantwortlichen Stelle zu wenden, noch ist es der obersten Bundesbehörde vorbehalten, zu bestimmen, ob der BfDI überhaupt eingeschaltet werden darf.[173] Das Gesetz entscheidet sich mithin für die allein der Stellung und den Aufgaben des Beauftragten, aber auch den Anforderungen der EG-Datenschutzrichtlinie entsprechende Regelung.[174] § 4d Abs. 6 Satz 3 illustriert und bestätigt damit einmal mehr, dass eine datenschutzkonforme Verarbeitung hier wie sonst von einer sorgfältig aufeinander abgestimmten und von denselben Grundsätzen geleiteten Tätigkeit der Beauftragten und der externen Kontrollinstanz abhängt.[175]

Wird die **externe Kontrollinstanz** angerufen, muss sie unter Berücksichtigung der Überle- 87
gungen des Beauftragten und der möglicherweise erforderlichen eigenen Erkundigungen eine **Stellungnahme** zu der beabsichtigten Verarbeitung abgeben.[176]

Das BDSG sieht **drei Ausnahmen** von der Vorabkontrolle vor (§ 4d Abs. 5 Satz 2).[177] Sie 88
scheidet erstens aus, wenn die **verantwortliche Stelle gesetzlich verpflichtet ist**, die jeweils in Betracht kommenden Daten zu verarbeiten. Sie ist, zweitens, in allen Fällen nicht notwendig, in denen sich **die Betroffenen damit einverstanden erklärt haben**. Und sie ist schließlich nicht erforderlich, wenn die Angaben im Hinblick auf den **spezifischen Zweck einer zwischen der verantwortlichen Stelle und den Betroffenen bestehenden vertraglichen oder vertragsähnlichen Beziehung** benötigt werden. Alle drei Ausnahmen dokumentieren weit eher die Widerstände des Gesetzgebers gegen die Einführung einer Vorabkontrolle als die Bereitschaft, sie möglichst wirksam auszugestalten. Die EG-Datenschutzrichtlinie akzeptiert lediglich eine Einschränkung. Von der Vorabkontrolle darf nur bei gesetzlich vorgeschriebenen Verarbeitungen abgesehen werden, und auch dies nur dann, wenn sie mit den im Interesse der Betroffenen konkret notwendigen Sicherungsvorkehrungen verknüpft sind (Art. 20 Abs. 3).[178] Die beiden anderen Ausnahmen wurden dagegen verständlicherweise gar nicht erst in Betracht gezogen. Weder die Einwilligung noch und erst recht die zunächst jedenfalls ganz der verantwortlichen Stelle überlassene Entscheidung, ob die risikobehafteten Daten wirklich erforderlich sind, bieten die gerade bei besonders riskanten Verarbeitungen unerlässliche Sicherheit für die Betroffenen. **§ 4d Abs. 5 Satz 2 schränkt** deshalb insoweit **den von der EU-Datenschutzrichtlinie angestrebten Schutz der Betroffenen empfindlich ein, und ist daher mit ihren Vorgaben nicht vereinbar**.

Der **Verzicht auf die Vorabkontrolle befreit die Beauftragten nicht von ihrer Kontroll-** 89
pflicht (§ 4g Abs. 1).[179] Eine präventive Intervention mag zwar entfallen, umso mehr gewinnt aber ihre Verpflichtung an Bedeutung, auch und vor allem Verarbeitungen, die besondere Risiken für die Betroffenen mit sich bringen, eingehend zu überprüfen. Der Beauftragte muss sich also nach wie vor mit der Verarbeitung auseinander setzen, allerdings grundsätzlich erst zu einem späteren Zeitpunkt. Die Verarbeitungsrisiken legen es freilich nicht zuletzt im Interesse der verantwortlichen Stelle nahe, nicht die nachträgliche Kontrolle abzuwarten, sondern den Beauftragten schon bei den Verarbeitungsvorbereitungen zu konsultieren und damit mögliche Einwände rechtzeitig aufzufangen.

2.7 Sonstige Aufgaben

Das BDSG hindert die verantwortliche Stelle nicht daran, den Beauftragten **weitere Aufgaben** 90
zu übertragen.[180] Ihre Entscheidung steht allerdings immer unter einem **doppelten Vorbehalt**. Die Beauftragten dürfen zunächst weder unmittelbar noch mittelbar Aufgaben übernehmen,

172 Dazu o. Rdnr. 25 ff.
173 Vgl. *Schild,* DuD 2001, 34.
174 Dazu o. Rdnr. 27.
175 Dazu auch o. Rdnr. 13 f.
176 Dazu § 38 Rdnr. 30 f.
177 Dazu § 4d Rdnr. 33.
178 Vgl. *Dammann/Simitis,* EG-Datenschutzrichtlinie, Art. 20 Rdnr. 8.
179 Dazu o. Rdnr. 29 ff.
180 Dazu o. Rdnr. 1 f.

die, wie etwa die Übersicht nach § 4g Abs. 2 Satz 1, von der verantwortlichen Stelle selbst wahrgenommen werden müssen.[181] Zusätzliche Erwartungen dürfen zudem in keinem Fall die ordnungsgemäße Erfüllung der gesetzlich vorgeschriebenen Aufgaben der Beauftragten infrage stellen und damit ihre Zuverlässigkeit gefährden (§ 4f Abs. 2 Satz 1).[182] Das Gesetz duldet keine Überforderung, die es den Beauftragten schwer, wenn nicht unmöglich macht, ihrer Beratungs- und Kontrollfunktion ebenso umfassend wie konsequent nachzukommen.

91 § 4g Abs. 1 Satz 5 Nr. 2 betraut zwar die Beauftragten mit der **Schulung der Beschäftigten**,[183] räumt ihnen jedoch, anders als das BDSG 77 (§ 29 Satz 3 Nr. 3) und das BDSG 90 (§ 37 Abs. 1 Satz 3 Nr. 3)[184] **kein Mitspracherecht bei ihrer Auswahl** ein. Was den Gesetzgeber dazu veranlasst hat, ist nicht ersichtlich. Die Einschränkung der Befugnisse der Beauftragten kann jedenfalls nicht auf die EG-Datenschutzrichtlinie zurückgeführt werden. Sie betont die Unabhängigkeit der Beauftragten und hebt seine aus ihrer Sicht wichtigsten Funktionen hervor (Art. 18 Abs. 2), überlässt es aber im Übrigen den Mitgliedstaaten die Aufgaben der Beauftragten näher zu regeln.[185] Genauso wenig rechtfertigen die sonstigen Aufgaben der Beauftragten eine Revision ihrer Kompetenzen. Im Gegenteil: **Schulung und Mitwirkung bei der Auswahl sind eng miteinander verbundene Anforderungen**. Beide verfolgen denselben Zweck, bessere Bedingungen für die Wahrung des Datenschutzes bei den Beschäftigten selbst zu schaffen. Eben deshalb reicht die Schulung für sich genommen nicht aus. Vielmehr gilt es schon bei der Übertragung von Verarbeitungsaufgaben auf die Qualifikation der Beschäftigten zu achten.

92 Die Beauftragten mögen deshalb nicht mehr berechtigt sein, eine Beteiligung zu verlangen. Die verantwortliche Stelle ist dennoch verpflichtet, sie genauso wie bei jedem anderen datenschutzrelevanten Verarbeitungsvorgang zu konsultieren.[186] **Die Beauftragten sind** also **in allen Fällen anzuhören, in denen jemand, sei es neu eingestellt, sei es versetzt werden und Verarbeitungsaufgaben übernehmen soll**. Nichts anderes gilt für die **Arbeitnehmervertretung**. Die Stellungnahme der Beauftragten ist Teil der Information, die sie braucht, um ihr Mitbestimmungsrecht (§§ 99 Abs. 1 Satz 1 BetrVG, 75 Abs. 1 BPersVG) ausüben zu können. Je bedeutsamer im Übrigen die zu besetzende Position unter Datenschutzgesichtspunkten ist, desto weniger lässt sich auf die **persönliche Beteiligung** der Beauftragten verzichten. Nur so kann es gelingen, Einwände rechtzeitig aufzugreifen, die sich etwa auf die mangelnde Qualifikation der konkret in Betracht kommenden Person beziehen. Die Anhörung der Beauftragten ist, so gesehen, Teil der vom BDSG angestrebten **präventiven Kontrolle** und bedarf insoweit keiner ausdrücklichen Erwähnung im Gesetz.

93 Meinungsverschiedenheiten über die Qualifikation oder die Verlässlichkeit der jeweils in Aussicht genommenen Personen können die Beauftragten dazu zwingen, weiter zu gehen als nur den Dissens zwar schriftlich, aber lediglich intern zu formulieren. Sie müssen sich vielmehr jedenfalls dann **an die externe Kontrollinstanz wenden** (§ 4g Abs. 1 Sätze 2 bis 4),[187] wenn sie der Überzeugung sind, dass die Beschäftigung einer bestimmten Person etwa die Vertraulichkeit der Verarbeitung oder die strikte Einhaltung der gesetzlich vorgeschriebenen Sicherheitsvorkehrungen nachhaltig gefährden könnte, und sich der Konflikt nicht anders beilegen lässt.

2.8 Bericht

94 Die Beauftragten sollten ihre Erfahrungen und Vorschläge in einem in regelmäßigen Abständen vorgelegten **Bericht** dokumentieren.[188] Sie sind zwar im Unterschied zu den externen

181 o. Rdnr. 63.
182 Dazu auch § 4f Rdnr. 97 ff.
183 Dazu o. Rdnr. 49 ff.
184 Vgl. die 3. Auflage dieses Kommentars, § 29 Rdnr. 50 ff.
185 Dazu *Dammann/Simitis,* EG-Datenschutzrichtlinie, Art. 19 Rdnr. 11.
186 Dazu o. Rdnr. 3.
187 Dazu o. Rdnr. 13 ff., 19 ff.
188 Vgl. auch *Bergmann/Möhrle/Herb,* BDSG § 4g Rdnr. 53; *Schaffland/Wiltfang,* BDSG § 4g Rdnr. 41; Kasseler Handbuch/*Blechmann,* 2.10 Rdnr. 560; *Schlemann,* Recht, 144.

Kontrollinstanzen (§§ 26 Abs. 1, 38 Abs. Abs. 1 Satz 6) zu Recht nicht dazu verpflichtet. Ein Berichtszwang würde die Tätigkeit der Beauftragten unnötig bürokratisieren. Ob zudem ein Bericht wirklich nötig ist, lässt sich nicht abstrakt beurteilen. Maßgeblich sind letztlich allein die Größe der verantwortlichen Stelle sowie der Umfang und die Art ihrer Verarbeitungsaktivitäten.

Die Vorteile einer kontinuierlichen Berichterstattung dürfen trotzdem nicht unterschätzt 95 werden. Sie vermittelt nicht nur eine **Übersicht** über den jeweiligen Stand der Datenschutzvorkehrungen und die noch offenen Fragen,[189] sondern erlaubt es auch, die Aufmerksamkeit rechtzeitig auf sich anbahnende Veränderungen im Verarbeitungsbereich auch und vor allem im Zusammenhang mit der Entwicklung der Verarbeitungstechnologie zu lenken. Der Bericht kann schließlich im Konfliktfall zur **Entlastung der Beauftragten** beitragen. Kritik und Vorwürfe lassen sich mit Hilfe einer regelmäßigen Übersicht über die eigenen Kontrollerfahrungen und Initiativen sehr viel leichter entkräften.

Adressat des Berichts ist die **Leitung der verantwortlichen Stelle**. Anders als die in § 4g 96 Abs. 2 Satz 2 vorgesehene Information[190] ist der Bericht also ein **internes**, ausschließlich für die verantwortliche Stelle bestimmtes **Dokument**.[191] Dass die externe Kontrollinstanz im Rahmen ihrer Kontrolltätigkeit durchaus darauf zurückgreifen kann (§§ 24 Abs. 4, 38 Abs. 4), ändert daran nichts. Die Beauftragten sind im Übrigen auch bei ihrer Berichterstattung an ihre **Verschwiegenheitspflicht**[192] gebunden.

3. Haftung

3.1 Vorbemerkung

Kontroll- und Beratungsfunktion verleihen der Tätigkeit der Beauftragten ein besonderes 97 Gewicht.[193] Die verantwortliche Stelle mag unverändert frei entscheiden. Sie kann aber die Reaktionen des Beauftragten schon wegen der engen Verknüpfung interner und externer Kontrolle nicht ignorieren.[194] Unter diesen Umständen liegt es nahe, die Beauftragten für unterlassene Kontrollen, mangelhafte Schulung, falsche, weil unsachgemäße Beratung, unzulässige Übermittlungen oder Verletzungen ihrer Verschwiegenheitspflicht verantwortlich zu machen, also **Ersatz für Schäden zu verlangen, die, sei es der verantwortlichen Stelle, sei es den Betroffenen entstanden sind**.

3.2 Schadenersatzansprüche der verantwortlichen Stelle

Nicht-öffentliche Stellen können sich, um ihren Schadenersatzanspruch zu begründen, auf 98 eine **positive Forderungsverletzung** des Beauftragten berufen.[195] Sowohl interne als auch externe Beauftragte üben ihre Aufgaben im Rahmen einer vertraglichen Beziehung zur verantwortlichen Stelle aus.[196] Beide sind deshalb gleichermaßen verpflichtet, Schäden auszugleichen, die aus eine Schlechterfüllung ihrer Aufgaben zurückzuführen sind. Der Schaden kann auch in Ansprüchen Betroffener gegen die verantwortliche Stelle bestehen. Sie begründen grundsätzlich einen Regressanspruch gegen den Beauftragten.

Externe Beauftragte müssen **in vollem Umfang** für die von ihnen verursachten Schäden 99 aufkommen. Eine Beschränkung könnte sich lediglich aus vertraglichen, die Haftung einschränkenden Abmachungen ergeben.

---

189 Dazu *Schlemann,* Recht, 144 f.; vgl. auch *Schaffland/Wiltfang,* BDSG § 4g Rdnr. 42.
190 Dazu o. Rdnr. 70 ff.
191 Anders wohl *Schlemann,* Recht, 144.
192 Dazu § 4f Rdnr. 166 ff.
193 Dazu o. Rdnr. 29 ff.
194 Dazu o. Rdnr. 13 ff.
195 Vgl. auch *Gola/Schomerus,* BDSG § 4g Rdnr. 35; *Bergmann/Möhrle/Herb,* BDSG § 4f Rdnr. 67; Kasseler Handbuch/*Blechmann,* 2.10 Rdnr. 501; *Schlemann,* Recht, 295; *Wind,* RDV 1991, 21; *Helfrich,* CR 1992, 458.
196 Dazu § 4f Rdnr. 60.

100 **Interne Beauftragte** haften mit Rücksicht auf die Grundsätze der Arbeitnehmerhaftung[197] grundsätzlich **nur für grob fahrlässig oder vorsätzlich verursachte Schäden**.[198] Die Ersatzpflicht hängt allerdings entscheidend von den Umständen des Einzelfalles ab, also beispielsweise davon, ob die verantwortliche Stelle ihrer Unterstützungspflicht (§ 4f Abs. 5 Satz 1) voll genügt hat, der Beauftragte aber trotzdem nicht seiner Kontrollaufgabe nachgekommen ist. Bloße Hinweise auf die hohen Anforderungen seiner Tätigkeit reichen freilich nicht aus, um die Haftung zu mindern oder gar auszuschließen. Erst wenn bestimmte an ihn gerichteten Erwartungen nachweislich Folgen für sein Verhalten im konkreten Schadensfall gehabt haben, können sie mit bedacht werden.

101 **Öffentliche Stellen** können sich bei ihrem Schadenersatzanspruch auf die **§§ 46 BRRG und 78 BBG** berufen, allerdings nur **bei Beauftragten**, die entweder **Beamte** oder **Beschäftigte** sind, **auf deren Arbeitsverhältnis ein Tarifvertrag des öffentlichen Dienstes anzuwenden ist** (§§ 14 BAT, 11 MTArb). Der jeweils entstandene Schaden ist im Übrigen lediglich in den Fällen auszugleichen, in denen die Beauftragten gegen ihre Pflichten **vorsätzlich oder grob fahrlässig** verstoßen haben.

102 Bei **Beauftragten, deren Beschäftigungsverhältnisse nicht den Tarifverträgen des öffentlichen Dienstes unterliegen**, richtet sich die Haftung **nach den auch sonst für Arbeitnehmerinnen und Arbeitnehmer geltenden Grundsätzen**. Als Anspruchsgrundlage kommt infolgedessen erneut vor allem eine **positive Forderungsverletzung** in Betracht. Die Haftung bleibt zudem einmal mehr grundsätzlich auf Schäden begrenzt, die **grob fahrlässig oder vorsätzlich** verursacht wurden.

3.3 Schadenersatzansprüche Betroffener

103 Betroffene **können** gegenüber **den Beauftragten nicht-öffentlicher Stellen keine vertragsrechtlichen Ansprüche geltend machen.** Ob es sich dabei um interne oder externe Beauftragte handelt, ist nicht weiter wichtig. Eine vertragliche Beziehung ist weder gegeben noch lässt sie sich auf dem Umweg über einen Vertrag zugunsten Dritter oder einem Vertrag mit Schutzwirkung für Dritte konstruieren.[199]

104 Als Anknüpfungspunkt kommt deshalb **ausschließlich das Deliktsrecht** in Betracht, in erster Linie **§ 823 Abs. 1 BGB**.[200] Beauftragte, die gegen ihre Pflichten verstoßen, können dadurch die informationelle Selbstbestimmung der Betroffenen und damit ihr in § 823 Abs. 1 geschütztes Persönlichkeitsrecht verletzen. Bei allen Überlegungen zu einem Ausgleich möglicher Schäden gilt es allerdings die Eigenart der Stellung des Beauftragten zu bedenken. Es ist zwar seine Aufgabe, Datenschutzdefizite auszumachen und Korrekturwege aufzuzeigen. Ob und welche Konsequenzen daraus gezogen werden, hängt aber ganz von der verantwortlichen Stelle ab. Nur sie kann die konkret erforderlichen Maßnahmen treffen, nur sie wird deshalb in aller Regel die Verantwortung für die eingetretenen Schäden tragen. **Die Ersatzpflicht der Beauftragten ist**, so gesehen, **der Ausnahmefall**.

105 Sie wird im Prinzip **lediglich bei Schäden** zu bejahen sein, **die**, wie bei einer Verletzung der Verschwiegenheitspflicht (§ 4f Abs. 4),[201] **unmittelbar auf den Beauftragten zurückzuführen sind**. Anders ist es dagegen schon, wenn der Beauftragte etwa Verarbeitungsdefizite übersehen hat und die verantwortliche Stelle daher grundsätzlich gar nicht in der Lage war, nachteilige Folgen für die Betroffenen abzuwenden. Die Ersatzpflicht ist erst unter der Voraussetzung zu bejahen, dass der Beauftragte die Möglichkeit besaß, die Defizite zu erkennen,

---

197 Dazu BAG AP Nr. 82 zu § 611 BGB, Haftung des Arbeitnehmers; sowie § 7 Rdnr. 70 ff.

198 Vgl. auch *Gola/Schomerus,* BDSG § 4g Rdnr. 35; *Bergmann/Möhrle/Herb*, BDSG § 4f Rdnr. 62; *Tinnefeld/Ehmann/Gerling,* Einführung, 451; *Roßnagel/Königshofen*, Handbuch, 5.5, Rdnr. 124; *Roßnagel/Abel*, Handbuch, 5.6, Rdnr. 63; *Gola/Wronka*, Handbuch, Rdnr. 898; Kasseler Handbuch/*Blechmann,* 2.10 Rdnr. 502; *Schlemann,* Recht, 296; *Geis,* in *Ehmann* (Hrsg.), Der Datenschutzbeauftragte, 72 f.; *Tinnefeld,* DuD 1994, 210.

199 Vgl. auch *Gola/Schomerus,* BDSG § 4g Rdnr. 32; *Schlemann,* Recht, 282; *Helfrich,* CR 1992, 456, 460.

200 Vgl. auch *Gola/Schomerus*, BDSG § 4g Rdnr. 34; *Bergmann/Möhrle/Herb,* BDSG § 4f Rdnr. 65; *Tinnefeld/Ehmann/Gerling,,* Einführung, 451 f.; *Schlemann*, Recht, 284; *Geis,* in *Ehmann* (Hrsg.), Der Datenschutzbeauftragte, 64; *Helfrich,* CR 1992, 457; und demgegenüber *Schaffland/Wiltfang,* BDSG § 4g Rdnr. 28.

201 Dazu § 4f Rdnr. 166 ff.

ihm also die verantwortliche Stelle ordnungsgemäß den Zugang zu allen Informationen über ihre Verarbeitungsaktivitäten gewährt und auch die nötigen organisatorischen und personellen Mittel zur Verfügung gestellt hatte.[202]

Als weitere Anspruchsgrundlage bietet sich **§ 823 Abs. 2 BGB i.V.m. mit den §§ 4f und 4g** an.[203] Das BDSG beschränkt sich nicht darauf, die verantwortliche Stelle zu verpflichten, einen Beauftragten zu bestellen (§ 4f Abs. 1). Es legt die Aufgaben des Beauftragten ebenso fest (§§ 4g Abs. 1 und 2; 4d Abs. 6) wie die Anforderungen an seine Qualifikation (§ 4f Abs. 2 Satz 1) und die Grundbedingungen seiner Tätigkeit (§§ 4f Abs. 3 bis 5 und 4g Abs. 1 Sätze 2 bis 4 und Abs. 2). In jeder dieser Regelungen kehrt die Überzeugung wieder, dass ein Kontrollkonzept, das auch und vor allem die Einrichtung einer internen Kontrollinstanz einschließt, eine ebenso elementare wie unverzichtbare Voraussetzung eines wirksamen Schutzes der Betroffenen ist. Der Beauftragte muss deshalb den Verarbeitungsprozess ohne Rücksicht auf die Vorstellungen und Wünsche der verantwortlichen Stelle kontrollieren und sich dabei stets der besonderen Situation der Betroffenen bewusst sein. Seine Tätigkeit ist infolgedessen durchweg **drittorientiert**. Die **§§ 4f und 4g** sind daher **Schutzvorschriften i.S.d. § 823 Abs. 2 BGB**.[204] Der Erfolg einer Schadenersatzklage hängt freilich, wie bei § 823 Abs. 1 BGB, letztlich vom Verschulden des Beauftragten ab. Einmal mehr kommt es, so gesehen, auf den Nachweis an, dass der Schaden dem Beauftragten zugerechnet werden kann und von ihm fahrlässig oder vorsätzlich verursacht worden ist.[205] 106

Ein Schadenersatzanspruch ließe sich schließlich auch mit Hilfe der **§§ 824 und 826 BGB** begründen.[206] Beide Vorschriften können vor allem bei Verstößen des Beauftragten gegen seine Verschwiegenheitspflicht eine Rolle spielen, wenn also der Beauftragte entweder wahre Tatsachen weitergegeben hat, die er Dritten oder auch der verantwortlichen Stelle gegenüber nicht hätte erwähnen dürfen (§ 826 BGB), oder unwahre Tatsachen mit nachteiligen Folgen für die Betroffenen verbreitet hat (§ 824 BGB). 107

Bei **Beauftragten öffentlicher Stellen** richtet sich ein möglicher Schadenersatzanspruch der Betroffenen **ebenfalls nach den §§ 823 ff. BGB**. Öffentliche und nicht-öffentliche Stellen sind gleichermaßen verpflichtet, personenbezogene Daten nur unter Bedingungen zu verwenden, die den Respekt vor der informationellen Selbstbestimmung der Betroffenen genauso gewährleisten wie eine strikte Einhaltung der gesetzlichen Verarbeitungsvorgaben. Aus genau diesem Grund hat der Gesetzgeber die Notwendigkeit einer unabhängigen, ganz am Datenschutz ausgerichteten internen Kontrolle auch bei öffentlichen Stellen anerkannt (§ 4f Abs. 1).[207] So zentral aber die von den Beauftragten wahrgenommenen Aufgaben sind, so wenig lässt sich daraus weder folgern, dass sie ein **öffentliches Amt** ausüben, noch und erst Recht, dass sie einer **hoheitlichen Tätigkeit** nachgehen. 108

Ebenso wenig spielt der **Status der Beauftragten** eine Rolle. Gleichviel, ob es sich um Beamte oder Angestellte im öffentlichen Dienst handelt, die Aufgaben variieren nicht. Sie definieren sich durchweg nach den gleichen bei allen Beauftragten zu beachtenden Kriterien und decken sich zudem bis auf eine Reihe von Variationen, etwa bei den Regeln zur Anrufung der externen Kontrollinstanz (§ 4g Abs. 3), mit den für die Beauftragten nicht-öffentlicher Stellen geltenden Anforderungen. **§ 839 BGB scheidet** unter diesen Umständen **genauso** als Anspruchsgrundlage **aus wie Art. 34 GG i.V.m. § 839 BGB**. Jedes andere Ergebnis würde zudem in Anbetracht der höchst unterschiedlichen öffentlichen Stellen unweigerlich zu einer 109

202 Vgl. auch *Gola/Schomerus,* BDSG § 4g Rdnr. 34; Kasseler Handbuch/*Blechmann,* 2.10 Rdnr. 496.

203 Vgl. auch *Bergmann/Möhrle/Herb,* BDSG § 4f Rdnr. 65; *Roßnagel/Königshofen*, Handbuch, 5.5, Rdnr. 125; *Geis,* in *Ehmann* (Hrsg.), Der Datenschutzbeauftragte, 69 f.; *Helfrich,* CR 1992, 457; einschränkend Kasseler Handbuch/*Blechmann,* 2.10 Rdnr. 498.

204 Anders *Gola/Schomerus,* BDSG § 4g Rdnr. 32; *Schaffland/Witlfang*, BDSG § 4f Rdnr. 28; *Schlemann,* Recht, 284; *Wind,* RDV 1991, 22.

205 Vgl. auch *Roßnagel/Königshofen*, Handbuch, 5.5, Rdnr. 125 f.

206 Vgl. auch Kasseler Handbuch/*Blechmann,* 2.10 Rdnr. 499; *Geis,* in *Ehmann* (Hrsg.), Der Datenschutzbeauftragte, 71; *Schlemann,* Recht, 285.

207 Dazu § 4f Rdnr. 8 ff., 15 ff.

ebenso komplizierten wie unübersichtlichen Regelung führen. Es muss daher bei der Anwendung der §§ 823 ff. BGB bleiben.[208]

110 Die **Beweislast** liegt grundsätzlich durchweg **bei den Betroffenen**. Die in § 7 Abs. 1 Satz 2 für Ansprüche gegen die verantwortliche Stelle vorgesehene Umkehr der Beweislast ist bei einer Inanspruchnahme des Beauftragten nicht anzuwenden.[209] Bei **externen Beauftragten** gilt es allerdings zu beachten, dass ihre mit dem Aufbau einer eigenen, den Kontrollaufgaben gewidmeten Organisation verbundene Professionalisierung zwangsläufig dazu führt, dass Vorschriften wie die §§ 31 und 831 BGB zunehmend an Bedeutung gewinnen. Der Schwerpunkt der Überlegungen zur Schadenersatzpflicht verschiebt sich aber dadurch, vor allem bei einem Anspruch aus § 823 Abs. 1, auf das **Organisationsverschulden** und damit auf eine Objektivierung der Haftung verbunden mit einer Zurückdrängung der Exkulpationsmöglichkeit und einer **Umkehr der Beweislast** nach den von der Rechtsprechung zur Produzentenhaftung entwickelten Grundsätzen.[210]

111 Grundsätzlich ist der **gesamte jeweils entstandene Schaden** zu ersetzen. Bei einem Anspruch aus § 823 Abs. 1 BGB sind auch die gerade bei Verstößen gegen die Verarbeitungsvorgaben besonders typischen **immateriellen Schäden** auszugleichen (§ 847 BGB).[211] Soweit die Betroffenen schließlich **Vermögensschäden** erlitten haben, bieten die §§ 823 Abs. 2 und 826 BGB die Möglichkeit, sie ersetzt zu bekommen.

112 **Internen Beauftragten** steht ein **Freistellungsanspruch** gegen die verantwortliche Stelle zu.[212] Sie sind deshalb genauso zu behandeln, wie wenn sie die verantwortliche Stelle selbst geschädigt hätten.[213] Ein Ausgleich entfällt also grundsätzlich, wenn sie sich nicht grob fahrlässig oder vorsätzlich verhalten haben. Der Freistellungsanspruch ist allerdings auch für die Betroffenen von Vorteil. Er bietet ihnen die Chance, die verantwortliche Stelle auf dem Umweg über die Inanspruchnahme des Beauftragten zu veranlassen, für den ihnen zugefügten Schaden aufzukommen. Das Risiko, bei einer Klage gegen den Beauftragten allein schon aus finanziellen Gründen leer auszugehen, vermindern sich damit beträchtlich.

3.4 Versicherung

113 Beauftragte können sich **gegen mögliche Schadenersatzansprüche versichern**. Die Zweckmäßigkeit einer Versicherung ist allerdings bei internen Beauftragten vor allem mit Rücksicht auf ihren Freistellungsanspruch nicht ganz so evident.[214] Das Interesse an der Versicherung liegt, so gesehen, weit eher bei der verantwortlichen Stelle. Sie ist es im Übrigen auch, die bei internen Beauftragten den Abschluss grundsätzlich übernimmt. Externe Beauftragte müssen sich dagegen selbst versichern.

114 **Gegenstand und Höhe der Versicherung** hängen entscheidend von der Größe der verantwortlichen Stelle und ihren Verarbeitungsaktivitäten ab. Vor allem bei verantwortlichen Stellen, die geschäftsmäßig personenbezogene Daten verarbeiten, spricht manches dafür, es nicht bei der normalen Berufshaftpflichtversicherung zu belassen, sondern sie um eine eigens auf die Verarbeitungsrisiken zugeschnittene Haftpflicht- sowie eine Rechtsschutzversicherung zu ergänzen.[215]

4. Landesrecht

115 Zum Landesrecht vgl. § 4f Rdnr. 202 ff.

---

208 Vgl. auch *Gola/Schomerus*, BDSG § 4f Rdnr. 33; anders *Bergmann/Möhrle/Herb*, BDSG § 4f Rdnr. 64.
209 Dazu auch § 7 Rdnr. 21 ff.; sowie Kasseler Handbuch/*Blechmann,* 2.10 Rdnr. 494; *Geis,* in *Ehmann* (Hrsg.), Der Datenschutzbeauftragte, 68; *Schlemann,* Recht, 288.
210 Statt aller BGHZ 51, 91 (104 f.); 67, 359 (361); 116, 60 (72 f.).
211 Dazu auch § 7 Rdnr. 32 f.
212 Vgl. auch *Bergmann/Möhrle/Herb*, BDSG § 4f Rdnr. 65.
213 Dazu o. Rdnr. 100.
214 Vgl. auch *Schaffland/Wiltfang,* BDSG § 4g Rdnr. 28; *Gola/Schomerus*, BDSG § 4g Rdnr. 35.
215 Vgl. *Steguweit,* RDV 1986, 253 ff.; *Wuermeling,* Datenschutzberater 9/1992, 3; *Helfrich,* in *Ehmann* (Hrsg.), Der Datenschutzbeauftragte, 118; *Schlemann,* Recht, 282.

§ 5 Datengeheimnis

Den bei der Datenverarbeitung beschäftigten Personen ist untersagt, personenbezogene Daten unbefugt zu erheben, zu verarbeiten oder zu nutzen (Datengeheimnis). Diese Personen sind, soweit sie bei nicht-öffentlichen Stellen beschäftigt werden, bei der Aufnahme ihrer Tätigkeit auf das Datengeheimnis zu verpflichten. Das Datengeheimnis besteht auch nach Beendigung ihrer Tätigkeit fort.

Literatur

U. Dieckmann, Die Verpflichtung externer Personen – insbesondere externer Prüfer – zur Einhaltung datenschutzrechtlicher Vorschriften, RDV 2004, 256 ff.; *H. Gliss*, Verpflichtung von Mitarbeitern auf das Datengeheimnis, DSB 2001, Nr. 9, 11 ff.; *Th. Müthlein*, Datenschutz-Organisation – Verpflichtung der Mitarbeiter, IT-Sicherheit 1/2003, 41 ff.; *G. Runge*, Datengeheimnis und Mitarbeiterschulung, DuD 1993, 321 ff.

Übersicht

1. Vorbemerkung

§ 5 **unterscheidet** sich von der entsprechenden Vorschrift des BDSG 1990 nur in einem Punkt: In Satz 1 wurde als zusätzliche Verarbeitungsphase die **Erhebung** (§ 3 Abs. 3) aufgenommen. Diese Ergänzung zieht die Konsequenz aus der Regelungsvorgabe der EG-Datenschutzrichtlinie, die in Art. 2 lit. b die Erhebung als Unterfall der Verarbeitung ansieht und die Verarbeitung insgesamt, d.h. auch im nicht-öffentlichen Bereich, ihren Zulässigkeitsbedingungen unterwirft (Art. 7 EG-Datenschutzrichtlinie).[1] 1

Damit wurde die in § 5 BDSG 1990 noch bestehende Divergenz zwischen dem umfassenden Regelungszweck, nämlich ein Verbot **jeder** Form der durch das BDSG nicht erlaubten Datenverwendung auszusprechen, und der Ausklammerung der Datenerhebung beseitigt. 2

Der Stellenwert des Datengeheimnisses im Regelungssystem des BDSG ist aufgrund von Änderungen und Ergänzungen in anderen Vorschriften, die den erlaubten Verarbeitungsrahmen genauer definieren und eingrenzen, durch die Novellierung 2001 größer geworden. Dies gilt beispielsweise für § 6b mit der Regelung über die Zulässigkeit der Videoüberwachung und für die in §§ 13, 14, 28 und 29 enthaltenen Vorschriften über die Verarbeitung sensibler Daten i.S.v. § 3 Abs. 9. Das Spektrum möglicher Fälle von Verstößen gegen § 5 wird auch erweitert durch die detaillierten Vorgaben für Datenübermittlungen in Drittstaaten (§§ 4 b, 4 c). Die entsprechende Geltung der Auftragsvorschriften für (Fern-)Wartungsfirmen nach § 11 Abs. 5 bringt auch für deren Mitarbeiter die Bindung an das Datengeheimnis.[2] 3

Unverändert gelassen hat das BDSG 2001 trotz gegenteiliger Regelung in manchen neueren Landesdatenschutzgesetzen die durch das BDSG 1990 eingeführte Beschränkung der förmlichen **Verpflichtung** auf das Datengeheimnis auf den nicht-öffentlichen Bereich.[3] 4

---

1 Vgl. Amtl. Begr. zu § 5 BDSG-E, BT-Drs. 14/4329, 37.
2 Vgl. § 11 Rdnr. 85 i.V.m. Rdnr. 67
3 Vgl. u. Rdnr. 33.

2. Das Datengeheimnis (Satz 1)

2.1 Rechtsnatur und Regelungsziel

5 Satz 1 statuiert ein **unmittelbar** an die bei der Datenverarbeitung Beschäftigten, also an natürliche Personen, gerichtetes **gesetzliches Verbot unbefugter Datenverwendung**. Damit soll gewährleistet werden, dass die Einhaltung der an die datenverarbeitenden Stellen adressierten materiellen Zulässigkeitsvorschriften des BDSG zu einer Rechtspflicht wird, die von den handelnden Personen **persönlich** zu erfüllen ist.

6 Die unmittelbare gesetzliche Bindung der bei der Datenverarbeitung Beschäftigten durch § 5 Satz 1 hat zur Konsequenz, dass das Datengeheimnis unabhängig von der Qualifikation und der Wirksamkeit des zwischen ihnen und der speichernden Stelle bestehenden Rechtsverhältnisses greift.[4] Dementsprechend hat das Verbot unbefugter Datenverwendung nicht nur den Charakter einer vertraglichen Nebenpflicht; es entzieht sich vielmehr der Disposition der Vertragsparteien. Auch darauf, ob die Verpflichtung nach Satz 2 überhaupt vorgenommen wurde oder ob sie rechtlich mangelhaft ist, kommt es nicht an.[5]

2.2 Anwendungsbereich

7 Das Datengeheimnis nach § 5 Satz 1 lässt **andere Berufs- oder Amtsgeheimnisse**, zu deren Wahrung die bei der Datenverarbeitung beschäftigten Personen verpflichtet sind, **unberührt**;[6] beide gelten nebeneinander. So wird z.B. die Befugnis der Ärzte zur Weitergabe von Patientendaten kumulativ zu den durch das BDSG statuierten Schranken durch die Regelungen über die **ärztliche Schweigepflicht** bestimmt, und zwar bei Datenoffenbarungen an Dritte ebenso wie bei solchen innerhalb einer speichernden Stelle (z.B. Krankenhaus). Entsprechendes gilt für andere Berufsgeheimnisträger wie Steuerberater (§ 62 StBerG), Wirtschaftsprüfer (§ 50 WPO) und Rechtsanwälte (§ 2 BRAO).

8 **Gesetzliche Geheimhaltungspflichten**, soweit sie nach § 1 Abs. 3 Satz 1 aufgrund ihrer Spezialität und Deckungsgleichheit **Vorrang** vor den Übermittlungsnormen des BDSG haben,[7] definieren für ihren Anwendungsbereich auch den Rahmen der Verarbeitungsbefugnisse i.S.d. § 5 Satz 1 für die Beschäftigten. Ein Beispiel dafür ist § 16 BStatG über das Statistikgeheimnis, der die Zulässigkeit der Übermittlung und Veröffentlichung von Statistikdaten detailliert festlegt.[8] Eine völlige Deckungsgleichheit von § 5 mit anderen Geheimnisvorschriften ist allerdings nie möglich, da die BDSG-Norm – insoweit ist der Begriff „Datengeheimnis" missverständlich – sich nicht nur auf die Weitergabe, Offenbarung bzw. Übermittlung von Daten bezieht, sondern alle Phasen der Datenverarbeitung und -nutzung betrifft.[9] Deshalb gilt die Verpflichtung zur Wahrung des Fernmeldegeheimnisses nach § 88 TKG kumulativ zu § 5 für den, der geschäftsmäßig Telekommunikationsdienste erbringt oder daran mitwirkt und dabei gleichzeitig personenbezogene Angaben erhebt, speichert oder nutzt.

9 Im Verhältnis zum **allgemeinen Amtsgeheimnis**[10] dagegen ist § 5 Satz 1 die speziellere Norm:[11] Die „offenkundigen" Daten sind vom Datengeheimnis ebenso wenig ausgenommen wie die „Mitteilungen im dienstlichen Verkehr". Es führt daher zu Missverständnissen, wenn man das Datengeheimnis im öffentlichen Bereich als Teil der dort geltenden dienst- und arbeitsrechtlichen Verschwiegenheitspflicht klassifiziert.[12]

---

4 Vgl. auch u. Rdnrn. 14 f.
5 Vgl. u. Rdnr. 28.
6 § 1 Abs. 3 Satz 2; vgl. § 1 Rdnrn. 175 ff.
7 Vgl. § 1 Rdnrn. 177 ff.
8 Vgl. *Ziegler,* Statistikgeheimnis und Datenschutz, 1990, 101 f.
9 Dazu u. Rdnr. 20; dies verkennen *Wiese/Ehmann/Niese/Knoblauch,* BayDSG Art. 5 Rdnr. 14, wonach das Statistikgeheimnis das Datengeheimnis verdrängt.
10 Vgl. § 61 Abs. 1 BBG und die entsprechenden Vorschriften der Landesbeamtengesetze.
11 Vgl. dazu § 1 Rdnr. 184.
12 So *Dörr/Schmidt,* BDSG Anm. zu § 5.

Einen wichtigen Unterschied gibt es auch zu dem im **Verwaltungsverfahren** zu beachtenden 10
Geheimhaltungsgebot:[13] Diese Norm beschränkt den Vertraulichkeitsschutz im Wesentlichen auf die an dem Verwaltungsverfahren **Beteiligten**.[14]

Auch das „**Medienprivileg**" befreit nicht vom Datengeheimnis; § 41 Abs. 1 zählt § 5 explizit 11
zu den Normen, die die Bundesländer in ihre Regelungen für die Datenverarbeitung zu journalistisch-redaktionellen oder literarischen Zwecken in ihre Pressegesetzgebung aufzunehmen haben.[15] Daraus resultiert für die Journalisten die Pflicht, sich beim Umgang mit personenbezogenen Informationen an den Pressekodex und die Grundsätze zum Redaktionsdatenschutz des Deutschen Presserates zu halten.[16]

Direkt von § 5 betroffen sind auch die Mitarbeiter der **Deutschen Welle**, und zwar unabhängig 12
davon, ob es sich um administrative oder zu redaktionellen Zwecken verwendete Angaben handelt.[17]

2.3 Verpflichteter Personenkreis

Als Adressaten der Geheimhaltungsverpflichtung benennt § 5 bewusst weit gefasst die **„bei** 13
der Datenverarbeitung beschäftigten Personen". Da die Novellierung 2001 in Satz 1 die Erhebung eingefügt hat, gehören dazu jetzt explizit auch die Mitarbeiter, die – in welcher Form auch immer – personenbezogene Daten beschaffen (§ 3 Abs. 3).

Bei der Abgrenzung des durch § 5 verpflichteten Personenkreises kommt es entscheidend auf 14
eine **umfassende Definition des Schutzzwecks** an.[18] Als „bei der Datenverarbeitung beschäftigt" ist daher eine Person immer dann anzusehen, wenn das ihr übertragene oder von ihr wahrgenommene Aufgaben- bzw. Tätigkeitsgebiet sie mit personenbezogenen Daten dauernd oder regelmäßig in der Weise in Verbindung bringt, dass sie diese zur Kenntnis nehmen, verarbeiten oder in sonstiger Weise verwenden („nutzen") kann. Dabei kommt es weder auf die rechtliche Qualifikation des Beschäftigungsverhältnisses[19] noch darauf an, ob die personenbezogene Angaben betreffenden Aktivitäten den Schwerpunkt der Tätigkeit des Mitarbeiters bilden. Ausreichend ist daher, wenn – unabhängig vom zugewiesenen Beschäftigungsinhalt – die **faktische Möglichkeit des Zugangs** zu und der Verwendung von personenbezogenen Angaben der verantwortlichen Stelle besteht.[20]

Um dem Datengeheimnis unterworfen zu sein, braucht **kein „Normalarbeitsverhältnis"** 15
vorzuliegen. Einbezogen sind vielmehr auch arbeitnehmerähnliche Personen, Teilzeitbeschäftigte, Werkstudenten, Aushilfen und Lehrlinge.[21] Auch freie Mitarbeiter, die an der Datenverarbeitung der verantwortlichen Stelle beteiligt sind, können betroffen sein. Grundlage für die Rechtsbeziehung zwischen der verantwortlichen Stelle und dem auf das Datengeheimnis verpflichteten Mitarbeiter kann ein Beamtenverhältnis, ein Dienst- oder Arbeitsvertrag, bei entsprechender Ausgestaltung aber auch ein Werkvertrag – z.B. über die Erstellung einer Publikation aus personenbezogenen Archivunterlagen – sein.[22]

Klassische Zielgruppe des § 5 war ursprünglich das Bedienungspersonal im **Rechenzen-** 16
trum der datenverarbeitenden Stelle. Durch die Dezentralisierung der betriebs- und behördeninternen Informationstechnik, durch die Ausstattung zahlreicher Arbeitsplätze mit **Personalcomputern** hat sich der Personenkreis, der Tätigkeiten der automatisierten Datenverarbeitung ausführt, im Laufe der vergangenen Jahrzehnte erheblich vergrößert. Erfasst sind nicht nur die z. B. in den Bereichen Verwaltungsvollzug, Personal, Verkauf, Marketing,

---

13 Vgl. § 30 BVwVfG.
14 Zum Verhältnis der beiden Normen vgl. *Stelkens/Bonk/Sachs,* BVwVfG § 30 Rdnr. 2.
15 Vgl. § 41 Rdnr. 24 f.
16 Vgl. *Tillmanns* in *Möller/v. Zezschwitz* (Hrsg.), Datenschutz und Medien, 69, 77; s.a. *Bizer*, DuD 2002, 561
17 § 41 Abs. 4 Satz 1; vgl. dazu § 41 Rdnr. 41.
18 Vgl. *Bergmann/Möhrle/Herb,* BDSG § 5 Rdnr. 10.
19 So auch *Gola/Schomerus,* BDSG § 5 Rdnr. 8.
20 Ebenso *Däubler/Klebe,* BDSG § 5 Rdnr. 5; enger *Auernhammer,* BDSG § 5 Rdnr. 2.
21 Vgl. *Bergmann/Möhrle/Herb,* BDSG § 5 Rdnr. 14.
22 Vgl. *Auernhammer,* BDSG § 5 Rdnr. 2.

Buchhaltung, Controlling und Kundenberatung bis hin zu den Außendienstlern und Telearbeitern[23] mit personenbezogenen Daten umgehenden Beschäftigten erfasst. Da es entscheidend auf das Kriterium des durch den Dienstbetrieb ermöglichten Datenzugangs ankommt,[24] müssen auch Schreibkräfte oder Registratoren, die personenbezogene Datenunterlagen herstellen bzw. verwalten, einbezogen werden.[25] Auch beim Reinigungspersonal wird dieses Kriterium erfüllt.[26] Auch jede andere typische Hilfs- und Begleitfunktion zur Verarbeitung oder Nutzung löst die Verpflichtung zur Wahrung des Datengeheimnisses aus (z.B. Poststelle, Botendienst usw.).

17 § 5 erfasst nur solche Personen, die zur speichernden Stelle in einem **„Beschäftigungsverhältnis“** stehen.[27] Nicht betroffen sind daher z.B. die Mitglieder der **Organe** von Kapitalgesellschaften (Vorstand, Aufsichtsrat) sowie der **Unternehmensinhaber** oder der **Geschäftsführer** einer GmbH. Aus dem gleichen Grund scheiden im öffentlichen Bereich etwa die **Bundesminister** und **Parlamentarischen Staatssekretäre**, die zum Bund in einem öffentlich-rechtlichen Amtsverhältnis besonderer Art stehen,[28] von vornherein aus dem verpflichteten Personenkreis aus. Personal eines Wartungsunternehmens muss von diesem, nicht vom Kunden verpflichtet werden.[29]

18 Der **interne Datenschutzbeauftragte** (§ 4 f) wiederum fällt in den Anwendungsbereich des § 5.[30] Seine gesetzliche Aufgabe, die ordnungsgemäße Anwendung der Datenverarbeitungsprogramme, mit deren Hilfe personenbezogene Daten verarbeitet werden sollen, zu überwachen,[31] bringt zwangsläufig auch den ständigen Kontakt mit diesen Daten selbst mit sich. Gleiches gilt bei der Überprüfung der Dateienübersicht des § 4g Abs. 2. Seine spezielle Schweigepflicht nach § 4f Abs. 4[32] bleibt unberührt, verdrängt jedoch § 5 nicht.[33]

19 Auch Mitglieder von **Betriebsräten** und **Personalräten** sind in dieser Funktion dem Datengeheimnis unterworfen.[34] Diese Gremien arbeiten zwar funktional unabhängig, bleiben aber **Teil der verantwortlichen Stelle**.[35] Die Möglichkeit des Datenzugangs zu Zwecken der Erhebung, Verarbeitung und Nutzung[36] ergibt sich in diesen Fällen allerdings nicht aus der arbeitsvertraglich oder dienstrechtlich geschuldeten Tätigkeit, sondern aus den Aufgaben und Befugnissen nach dem Betriebsverfassungs- und Personalvertretungsrecht und damit nur mittelbar aus dem Beschäftigungsverhältnis. Auch hier gibt es mangels Deckungsgleichheit gegenüber § 5 keinen Vorrang,[37] sondern nur eine parallele Geltung[38] der Verschwiegenheitspflicht der Betriebsrats- bzw. Personalratsmitglieder,[39] erfasst doch nur § 5 die Erhebung, Speicherung und interne Nutzung der Mitarbeiterdaten durch diese Vertretungsorgane. Die

---

23 Vgl. *Gliss*, DSB 9/2001, 11
24 Vgl. o. Rdnr. 14.
25 Zu eng daher *Schaffland/Wiltfang,* BDSG § 5 Rdnr. 5; wie hier *Gola/Schomerus,* BDSG § 5 Rdnr. 9; *Wilde,* Komm. zum BayDSG, Art. 5 Rdnr. 8.
26 Wie hier *Däubler/Klebe,* BDSG § 5 Rdnr. 5; *Müthlein*, IT-Sicherheit 1/2003, 41, 42; a.A. *Auernhammer,* BDSG § 5 Rdnr. 2.
27 S. o. Rdnrn. 14 f.
28 § 1 BundesministerG, § 1 Abs. 3 ParlStG.
29 Vgl. *Wächter,* Datenschutz im Unternehmen, Rdnrn. 464 ff.; Leiharbeitnehmer sind vom Verleiher zu verpflichten, so *Bergmann/Möhrle/Herb*, BDSG § 5 Rdnr. 21.
30 Für den Regelfall ebenfalls bejaht von *Gola/Schomerus,* BDSG § 5 Rdnr. 9; a.A. *Bergmann/ Möhrle/Herb,* BDSG § 5 Rdnr. 20.
31 § 4g Abs. 3 Nr. 1.
32 Vgl. ausführlich dazu § 4f Rdnrn. 166 ff.
33 S. o. Rdnr. 7.
34 Ebenso BAG, Beschl. v. 3.6.2003, Az. 1 ABR 19/02, ganz oder teilweise abgedr. in AiB 2004, 184 ff. mit Anm. *Bergmann*; AP Nr. 1 zu § 89 BetrVG 1972 m. Anm. *Simitis*; SAE 2004, 287 ff. m. Anm. *Reichold*; s. auch *Oetker*, GK-BetrVG § 79 Rdnr. 59; *Bizer*, DuD 1997, 653, 655; zweifelnd *Wächter*, Datenschutz im Unternehmen Rdnrn. 425 ff.
35 Vgl. § 3 Rdnr. 240; s. auch BayVGH, RDV 1988, 36, 37 mit in diesem Punkt zust. Anm. von *Gola*.
36 Zu diesem Kriterium s. o. Rdnr. 14.
37 So aber *Wolber,* PersV 1980, 177, 180; *Linnenkohl,* NJW 1981, 202, 207.
38 S. o. Rdnr. 7.
39 Vgl. § 99 Abs. 1 Satz 3 BetrVG; § 10 BPersVG; wie hier *Battis/Bleckmann,* CR 1989, 532, 534; *Bizer,* DuD 1997, 653, 655; *Gola,* DuD 1997, 344.

Unabhängigkeit des Betriebsrats, insbesondere seine Befugnisse, wird durch die **Abgabe der förmlichen Verpflichtungserklärungen** nach Satz 2 nicht tangiert.[40] Die Frage der Unabhängigkeit stellt sich eher dort, wo es um die **Kontrollbefugnisse des internen Datenschutzbeauftragten** gegenüber der Beschäftigtenvertretung geht.[41]

2.4 Unbefugte Datenverarbeitung und Nutzung

§ 5 Satz 1 untersagt **alle** unzulässigen Verhaltensweisen beim Umgang mit personenbezogenen Daten.[42] Anders, als es der Begriff „Datengeheimnis" suggeriert, bezieht sich die Vorschrift nicht nur auf die interne **Weitergabe** bzw. **Offenbarung** und die externe **Übermittlung**. Die Vorschrift statuiert vielmehr ein umfassendes Verbot normwidrigen Datenumgangs und betrifft alle Phasen der Datenverarbeitung: Sie verbietet auch die unberechtigte **Erhebung, Speicherung**, **Veränderung**, **Sperrung** oder **Löschung** sowie jede andere Art und Weise unzulässiger **Verwendung**.[43] 20

Bei der Prüfung, ob eine Erhebungs-, Verarbeitungs- oder Nutzungsbefugnis vorliegt oder nicht („**unbefugt**"), sind zwei Ebenen zu unterscheiden. Zunächst ist § 5 immer dann verletzt, wenn – auf die verantwortliche Stelle bezogen – ein Verstoß gegen das **BDSG** oder gegen eine **bereichsspezifische Datenschutzvorschrift** vorliegt. 21

Das **BDSG** enthält an mehreren Stellen explizite **Verarbeitungsverbote**. So untersagen beispielsweise §§ 14 Abs. 4 und 31, Protokollierungsdaten für andere als Datensicherungs- bzw. durch den DV-Betrieb bedingte Zwecke zu verwenden. § 15 Abs. 5 schließt bei der Übermittlung die Verwendung von Angaben durch den Empfänger aus, soweit diese für die Aufgabenerfüllung nicht gebraucht werden, aber mit anderen notwendigen Unterlagen untrennbar zusammenhängen. § 28 Abs. 2 erklärt für den Regelfall die listenmäßige Übermittlung von Arbeitnehmerdaten durch den Arbeitgeber zu Werbezwecken für unzulässig. Für die sensiblen Daten des § 3 Abs. 9 gilt quer durch das BDSG ein besonders strenges Verarbeitungsregime (vgl. u. a. §§ 13 Abs. 2, 14 Abs. 5 und 6, 28 Abs. 6 bis 9, 29 Abs. 5). Für die **spezialgesetzlichen** Geheimhaltungspflichten und -verbote wird auf die Kommentierung zu § 1 Abs. 3 verwiesen.[44] 22

Zweite Prüfungsebene ist der **konkrete Befugnisumfang** des einzelnen bei der Datenverarbeitung Beschäftigten innerhalb des durch BDSG und bereichseigene Bestimmungen gesetzten Rahmens, wie er durch **vertragliche Nebenpflichten** und **arbeitsplatzspezifische Regelungen** konkretisiert ist. In Betracht kommen hier der Geschäftsverteilungsplan, Einzelweisungen des Vorgesetzten, die präzise definierte Passwortberechtigung, die Anweisung einer auftraggebenden Stelle usw. Der Mitarbeiter einer Versicherung beispielsweise, der ausschließlich für die Bearbeitung der Angelegenheiten der Kunden mit den Anfangsbuchstaben A bis M zuständig ist, aber Angaben eines Versicherungsnehmers mit dem Anfangsbuchstaben Z aus der Datenbank abruft, verstößt gegen das Datengeheimnis.[45] Genereller ausgedrückt: Die **interne Geschäfts- oder Zuständigkeitsverteilung** eines Betriebes oder einer Behörde – wichtiges Element der innerbehördlichen bzw. innerbetrieblichen Gestaltung der Organisation i.S.v. Satz 1 der Anlage zu § 9 Satz 1 – ist zusätzlicher Prüfungsmaßstab im Rahmen des § 5.[46] 23

---

40 So aber u.a. *Küpferle,* Arbeitnehmerdatenschutz im Spannungsfeld von Bundesdatenschutzgesetz und Betriebsverfassungsgesetz, 1986, 391 ff., der im Übrigen aber die Geltung des Datengeheimnisses für Betriebsratsmitglieder bejaht; *FESTL,* BetrVG § 79 Rdnr. 38; wie hier u.a. *Gola/Wronka,* Handbuch zum Arbeitnehmerdatenschutz Rdnrn. 704 ff.; *Simitis,* Schutz von Arbeitnehmerdaten, 1980, 57 ff.; *Schaffland/Wiltfang,* BDSG, § 5 Rdnr. 9.

41 Vgl. dazu § 4g Rdnr. 7 (gegenseitiges Kontrollrecht).

42 Vgl. o. Rdnr. 2.

43 Vgl. ausführlich zum Begriff der Nutzung § 3 Rdnr. 194 ff.; s. auch *Schmidl,* MMR 2005, 501, 503 ff., der zu Recht eine gesteigerte Verraulichkeitsprüfung durch E-Mail-Disclaimer verneint.

44 Vgl. § 1 Rdnrn. 175 ff.

45 Vgl. LAG Baden-Württemberg, RDV 1995, 81 f.: Vertragsverletzung einer Beschäftigten durch Zugriff auf für sie gesperrte personenbezogene Firmendaten.

46 Wie hier *Bergmann/Möhrle/Herb,* BDSG § 5 Rdnr. 30; *Ancot,* Komm. zum SächsDSG § 6 Rdnr. 3; a.A. *Gallwas,* BDSG § 5 Rdnr. 8; *Schaffland/Wiltfang,* BDSG § 5 Rdnr. 11.

24 Der Verstoß besteht also auch dann, wenn im Verhältnis zwischen der verantwortlichen Stelle und dem Betroffenen – wie im o. a. Beispiel zwischen der Versicherung und dem Kunden Z[47] – die Verarbeitung zulässig ist.[48] Deswegen vermag auch eine Einwilligung des Betroffenen gegenüber dem einzelnen mit seinen Daten umgehenden Beschäftigten nur die fehlende gesetzliche Verarbeitungsbefugnis nach dem BDSG oder einer bereichsspezifischen Vorschrift zu ersetzen; sie kann aber die Missachtung der stelleninternen Zuständigkeitsbegrenzung nicht legitimieren.[49]

25 Da § 5 Zuwiderhandlungen sowohl gegen das BDSG selbst und bereichsspezifische Vorschriften als auch gegen vertragliche und organisationsinterne Regelungen verbietet, ergibt sich ein weites Spektrum möglicher Verstoßfälle. So gehört die Offenbarung dienstlicher Informationen im privaten Kollegengespräch ebenso dazu wie der Abruf von gespeicherten Daten aus **privater Neugier** bzw. zu **persönlichen Verwendungszwecken.**[50] Die **Entwendung von Datenträgern**[51] ist ebenso untersagt wie das **Überschreiten** der dem einzelnen Mitarbeiter eingeräumten **DV-Nutzerberechtigung**. Das Datengeheimnis kann auch verletzt sein, wenn ein Personalsachbearbeiter Beihilfeangelegenheiten mitbetreut und damit gegen das Gebot der getrennten Bearbeitung und Aufbewahrung von Beihilfeakten verstoßen wird.[52] Verboten ist auch, der Presse vertrauliche Kundendaten zugänglich zu machen.[53]

26 Zwischen § 5 und § 9 besteht ein enger Zusammenhang. So wird das Datengeheimnis regelmäßig missachtet, wenn technisch-organisatorische **Vorkehrungen der Datensicherung umgangen** werden.[54] Dies heißt aber noch nicht, dass das bloß versehentliche Unterlassen notwendiger Schutzmaßnahmen nach § 9 selbst eine unbefugte Verarbeitung i.S.d. § 5 darstellt.[55] In jedem Fall setzt eine effiziente **Organisationsgestaltung** i.S.v. Satz 1 der Anlage zu § 9 voraus, dass Gegenstand und Umfang der zulässigen Datenverarbeitung und -nutzung eindeutig, d.h. **auf den einzelnen Beschäftigten** als Adressaten des Datengeheimnisses **zugeschnitten**, festgelegt sein müssen.[56]

3. Verpflichtung auf das Datengeheimnis (Satz 2)

3.1 Rechtsnatur und Regelungsbereich

27 Satz 2 sieht die **förmliche Verpflichtung** auf das Datengeheimnis nur für **nicht-öffentliche Stellen** vor. Maßgeblich für den Anwendungsbereich ist die Definition dieser Stellen in § 2 Abs. 4.[57] Auch die Mitarbeiter von Unternehmen, die Datenverarbeitung im Auftrag betreiben, sind von diesem zu verpflichten.[58]

---

47 Vgl. o. Rdnr. 23.
48 Vgl. § 14 Rdnr. 11.
49 Vgl. *Däubler/Klebe,* BDSG § 5 Rdnr. 9; zu Verarbeitungsverboten für die in Bürgerämtern mit Funktionen unterschiedlicher Behörden tätigen Mitarbeiter vgl. *Sensburg,* DuD 1998, 650, 651 f.; vgl. auch – bedenklich – BGH, NJW-RR 1999, 767, wonach der Einsatz von Bediensteten privater Krankenversicherungen in Verwaltungsstellen öffentlich-rechtlicher Krankenhassen keinen Verstoß gegen § 5 darstellt.
50 Vgl. *Bergmann/Möhrle/Herb,* BDSG § 5 Rdnr. 4.
51 Vgl. *Schaffland/Wiltfang,* BDSG § 5 Rdnr. 13.
52 Vgl. §§ 56a BRRG, 90a BBG; s. a. *BrLfD,* 18. JB (1995) 36 f. zu den Konsequenzen dieses Trennungsgebots.
53 Vgl. *Bizer*, DuD 2002, 561 zur namentlichen Mitteilung der Erwerber von „Bonusmeilen" durch Mitarbeiter von Fluggesellschaften.
54 Vgl. *Tinnefeld/Ehmann/Gerling*, Einführung, 371.
55 Wie hier *Schaffland/Wiltfang,* BDSG § 5 Rdnr. 14 („finales Handeln") erforderlich.
56 Vgl. o. Rdnr. 23.
57 Vgl. § 2 Rdnrn. 115 ff.
58 § 11 Abs. 4; zur Pflicht des Auftraggebers, sich vom Auftragnehmer die Verpflichtung seiner Mitarbeiter nachweisen zu lassen, vgl. § 11 Rdnr. 43; wie hier *Bergmann/Möhrle/Herb,* BDSG § 5 Rdnr. 22; *Marburger,* WzS 1985, 108 f.; a.A. *Schaffland/Wiltfang,* BDSG § 5 Rdnr. 20; differenzierend *Dieckmann*, RDV, 2004, 256, 257, 261 f., der u.U., eine ergänzende Verpflichtung durch den Auftraggeber für notwendig hält, insbesondere wenn Daten unter Berufsgeheimnis betroffen sind.

Die Verpflichtung ist nicht konstitutiv für die Geltung des Datengeheimnisses. Satz 1 ist auch dann anwendbar, wenn eine Verpflichtung gar nicht vorgenommen wurde oder mangelhaft war.[59] Von Seiten des betroffenen Beschäftigten handelt es sich nicht um eine rechtsgeschäftliche Willenserklärung, sondern um einen **Realakt**, d.h. die Bestätigung der Kenntnisnahme von dem umfassenden Verbot unbefugter Datenerhebung, -verarbeitung und -nutzung. Dementsprechend bestehen auch keine Hindernisse, Minderjährige, z.B. Lehrlinge, zu verpflichten.[60] 28

3.2 Zeitpunkt, Form und Inhalt der Verpflichtung

Die Verpflichtung hat – so der Wortlaut des Satzes 2 – **„bei der Aufnahme (der) Tätigkeit“** 29
zu erfolgen. Dies wird in der Regel der Zeitpunkt der **Arbeitsaufnahme** bei der verantwortlichen Stelle sein. Anderes gilt nur dann, wenn innerhalb der Stelle von einem Arbeitsplatz ohne Datenumgang auf einen anderen Arbeitsplatz gewechselt wird, bei dem personenbezogene Angaben zu erheben, zu verarbeiten bzw. zu nutzen sind; dann hat die Verpflichtung bei diesem Wechsel zu erfolgen.

Die Verpflichtung enthält zwei Elemente: Zum einen die **Information** über den Inhalt der 30
Pflicht zur Wahrung des Datengeheimnisses, zum anderen die **Aufforderung**, diese Verpflichtung gewissenhaft zu erfüllen. Dabei ist die Schriftform nicht obligatorisch, aber aus Nachweisgründen dringend zu empfehlen. In der Praxis hat sich zumeist das Verfahren eingespielt, bei der Einstellung den Beschäftigten eine entsprechende **Zusatzerklärung zum Arbeitsvertrag** unterzeichnen zu lassen, das Original zur Personalakte zu nehmen und dem Mitarbeiter eine Kopie auszuhändigen. Dabei reicht es in keinem Fall aus, kommentarlos die förmliche Verpflichtung unterschreiben zu lassen oder dem einzustellenden Mitarbeiter lediglich den bloßen Wortlaut des § 5 vorzulesen. Vielmehr hat eine möglichst präzise, auch auf die für den einzelnen Arbeitsplatz geltenden speziellen Bestimmungen bezogene **Unterrichtung**, verbunden mit Hinweisen auf deren praktische Umsetzung sowie die Konsequenzen bei Verstößen, zu erfolgen.[61] Dementsprechend reicht es nicht aus, das Datengeheimnis als eine Bestimmung unter vielen in die Arbeitsordnung aufzunehmen und diese zum Bestandteil des Arbeitsvertrags zu machen.[62] Findet sich das Datengeheimnis nur im „Kleingedruckten“ des Arbeitsvertrags, wird dies der Tragweite des § 5 nicht gerecht.[63] genügen mündliche Zusatzhinweise auf § 5 bei bereits bestehender schriftlicher Verpflichtung auf andere Berufs- oder Amtsgeheimnisse wegen des unterschiedlichen Pflichteninhalts nicht.[64]

Da die Schriftform aber keine konstitutive Wirkung für die Geltung des Datengeheimnisses 31
hat, spielt es im Ergebnis keine Rolle, wenn ein Beschäftigter seine Unterschrift unter eine Verpflichtungserklärung **verweigert**: Das Datengeheimnis trifft ihn trotzdem.[65] Allerdings muss diese Ablehnung Grundlage für arbeitsrechtliche Konsequenzen sein. Ein solcher Mitarbeiter kann auf einem Arbeitsplatz, der den Umgang mit personenbezogenen Daten voraussetzt, nicht eingesetzt werden.

Bei der Vermittlung des Inhalts von § 5 und der Durchführung von Verpflichtungen spielt der 32
betriebliche Datenschutzbeauftragte eine wichtige Rolle. § 4g Abs. 1 Satz 3 Nr. 2 weist ihm die Aufgabe zu, die bei der Datenverarbeitung Beschäftigten über ihre Aufgaben und Pflichten zu unterrichten.[66] Allerdings gehört es nicht zu seinen gesetzlichen Aufgaben, ist aber in der Praxis vielfach auch seine Sache, bei Neueinstellungen bzw. Arbeitsplatzwechseln im Auftrag des Arbeitgebers die Verpflichtungen selbst vorzunehmen.[67]

---

59 Was aber nicht rechtfertigt, den internen Datenschutzbeauftragten auszunehmen, weil es sich sonst um „reinen Formalismus“ handele, so aber *Schaffland/Wiltfang*, BDSG § 5 Rdnr. 8.
60 Vgl. *Bergmann/Möhrle/Herb*, BDSG § 5 Rdnr. 43.
61 Vgl. *Roßnagel/Königshofen*, Hdb. Datenschutzrecht, Kap 5 Rdnr. 46; *Müthlein*, IT-Sicherheit 1/2003, 41, 43 (Merkblätter, Broschüren, Schulungsmaßnahmen).
62 Vgl. *Wächter*, Datenschutz im Unternehmen Rdnrn. 441 ff.
63 Ebenso *Schaffland/Wiltfang*, BDSG § 5 Rdnr. 18.
64 So aber *Runge*, DuD 1993, 321, 323 für das Beispiel des „Bankgeheimnisses“.
65 Vgl. *Schaffland/Wiltfang*, BDSG § 5 Rdnr. 22.
66 Vgl. dazu § 4g Rdnrn. 49 ff., insbes. Rdnr. 54.
67 Vgl. *Gola/Schomerus*, BDSG § 5 Rdnr. 13.

33 Für die **öffentlichen Stellen** des Bundes besteht zwar das Erfordernis der förmlichen Verpflichtung nicht.[68] Dies besagt aber nicht, dass das Datengeheimnis bei den Beschäftigten im öffentlichen Dienst geringere Bedeutung hätte. Unverzichtbar bleibt der informatorische Teil, d.h. die arbeitsplatzbezogene **Belehrung bzw. Unterrichtung**, auch bei öffentlichen Stellen.[69]

4. Fortbestand nach Beendigung der Tätigkeit (Satz 3)

34 Der **Fortbestand des Datengeheimnisses** nach Satz 3 bezieht sich auf den Zeitpunkt, zu dem die mit personenbezogenem Datenumgang verbundene Tätigkeit des Beschäftigten beendet wird. Dies wird in der Regel das Ausscheiden aus der verantwortlichen Stelle durch Wechsel des Arbeitgebers, Eintritt in den Ruhestand o. ä. sein. Gemeint ist aber auch die innerbetriebliche Umsetzung auf einen Arbeitsplatz, bei dem überhaupt keine persönlichen Daten genutzt werden. Satz 3 entspricht anderen gesetzlichen und beamten- bzw. tarifrechtlichen Geheimhaltungsbestimmungen, die ebenfalls eine Weitergeltung vorsehen.[70]

35 Nach dem Ausscheiden konzentriert sich der Regelungsgehalt des § 5 auf das Verbot einer unzulässigen **Offenbarung** bzw. Weitergabe personenbezogener Angaben. Die anderen unzulässigen Verarbeitungsformen, etwa die unberechtigte Speicherung oder Veränderung, spielen dann keine Rolle mehr, wenn kein Zugang zu den Datenbeständen der verantwortlichen Stelle mehr besteht.

5. Sanktionen

5.1 Ordnungswidrigkeiten und Strafrecht

36 Einige Verhaltensweisen, mit denen § 5 missachtet wird, stellen gleichzeitig Ordnungswidrigkeiten nach § 43 Abs. 2 dar. Dazu gehören u.a. die unbefugte Erhebung oder Verarbeitung,[71] das unberechtigte Bereithalten zum Abruf nicht allgemein zugänglicher Daten[72] sowie die zweckwidrige Weitergabe an Dritte,[73] jeweils mit Vorsatz oder Fahrlässigkeit begangen.

37 Das in § 43 Abs. 2 verwendete Tatbestandsmerkmal der nicht allgemein zugänglichen Daten spielt für die Anwendung des § 5 keine Rolle.[74] Das Datengeheimnis greift also weiter als seine Sanktionierbarkeit durch Bußgelder. Umgekehrt kann eine Ordnungswidrigkeit nach § 43 Abs. 2 auch dann vorliegen, wenn der Täter nicht zu den Normadressaten des § 5 gehört, etwa beim Datenabruf durch einen außenstehenden Dritten.[75] § 44 Abs. 1 stellt die in § 43 Abs. 2 als ordnungswidrig eingestuften Handlungen dann unter Strafe, wenn diese **gegen Entgelt** oder **in Bereicherungs- oder Schädigungsabsicht** begangen werden.[76] Erforderlich ist nach § 44 Abs. 2 ein Strafantrag. Neben dem Betroffenen und den Datenschutzbehörden ist auch die verantwortliche Stelle strafantragsberechtigt.

38 Außerhalb des BDSG enthält das Strafgesetzbuch eine Reihe weiterer Bestimmungen, die Verstöße gegen Offenbarungs- oder Übermittlungsverbote sanktionieren. Dazu gehört **§ 203 StGB**, der die Verletzung von Berufsgeheimnissen regelt. Verstößt der Träger eines Berufsgeheimnisses im Zusammenhang mit der Nutzung von Daten der verantwortlichen Stelle gegen diese Norm, liegt zugleich ein Bruch des Datengeheimnisses nach § 5 vor. Strafver-

---

68 Anders teilweise in den Landesdatenschutzgesetzen, vgl. z.B. § 6 Abs. 2 SächsDSG.
69 So ausdrücklich z.B. § 9 Satz 2 HDSG; wie hier auch *Bergmann/Möhrle/Herb,* BDSG § 5 Rdnr. 40.
70 Z.B. § 39 Abs. 1 BRRG, § 61 Abs. 3 BBG.
71 Abs. 2 Nr. 1.
72 Abs. 2 Nr. 2.
73 Abs. 2 Nr. 5; ausführlich zu den Fallgruppen des § 43 Abs. 2 die Komm. in § 43 Rdnrn. 44 ff.
74 S. o. Rdnr. 9.
75 Vgl. § 43 Rdnr. 23.
76 Vgl. § 44 Rdnr. 8

schärfung tritt ein, wenn Dienstgeheimnisse verletzt und dadurch wichtige öffentliche Interessen gefährdet werden.[77]

39 § 43 und die Strafnorm des § 44 greifen nicht gegenüber den Verantwortlichen der datenverarbeitenden Stelle, wenn sie es unterlassen haben, die Verpflichtungen nach Satz 2 vorzunehmen. Da diese Unterlassung aber eine mangelhafte Organisationsgestaltung nach Satz 1 der Anlage zu § 9 darstellt,[78] kann die Aufsichtsbehörde mit Anordnungen nach § 38 Abs. 5 Satz 1 einschreiten.[79]

5.2 Arbeits- und Dienstrecht

40 Außerhalb des Strafrechts steht das Instrumentarium des Arbeits- bzw. öffentlichen Dienstrechts dann zur Verfügung, wenn der Verstoß gegen § 5 – was regelmäßig der Fall sein wird – gleichzeitig eine Verletzung arbeitsvertraglicher oder beamtenrechtlicher Pflichten darstellt. Je nach Schwere der Verfehlung kommen z.B. die Abmahnung oder die ordentliche bzw. fristlose Kündigung in Betracht.[80] Für Beamte sind disziplinarische Konsequenzen möglich, wenn die Verletzung des Datengeheimnisses zugleich ein Dienstvergehen ist.

77 § 353b StGB; vgl. dazu OLG Köln, NJW 1988, 2489 betr. die Verwendung von Daten aus einem polizeilichen Informationssystem zu privaten Zwecken; zur gleichen Fallkonstellation BGH, DuD 2001, 425 ff; s. a. OLG Zweibrücken, DSB 6/91, 16 f. zur unbefugten Preisgabe eines Codeworts für Halterabfragen aus dem zentralen Verkehrsinformationssystem ZEVIS.

78 S.o. Rdnr. 26.

79 Vgl. § 38 Rdnr. 65.

80 Vgl. LAG Baden-Württemberg, RDV 1995, 81; LAG Köln, DB 1983, 124, das allerdings eine klare Abgrenzung der Verarbeitungsbefugnisse des betroffenen Mitarbeiters durch den Arbeitgeber zur Voraussetzung einer Kündigung macht.

§ 6 Unabdingbare Rechte des Betroffenen

(1) Die Rechte des Betroffenen auf Auskunft (§§ 19, 34) und auf Berichtigung, Löschung oder Sperrung (§§ 20, 35) können nicht durch Rechtsgeschäft ausgeschlossen oder beschränkt werden.
(2) Sind die Daten des Betroffenen automatisiert in der Weise gespeichert, dass mehrere Stellen speicherungsberechtigt sind, und ist der Betroffene nicht in der Lage festzustellen, welche Stelle die Daten gespeichert hat, so kann er sich an jede dieser Stellen wenden. Diese ist verpflichtet, das Vorbringen des Betroffenen an die Stelle, die die Daten gespeichert hat, weiterzuleiten. Der Betroffene ist über die Weiterleitung und jene Stelle zu unterrichten. Die in § 19 Abs. 3 genannten Stellen, die Behörden der Staatsanwaltschaft und der Polizei sowie öffentliche Stellen der Finanzverwaltung, soweit sie personenbezogene Daten in Erfüllung ihrer gesetzlichen Aufgaben im Anwendungsbereich der Abgabenordnung zur Überwachung und Prüfung speichern, können statt des Betroffenen den Bundesbeauftragten für den Datenschutz und die Informationsfreiheit unterrichten. In diesem Fall richtet sich das weitere Verfahren nach § 19 Abs. 6.

Literatur

H.-P. Bull, Reasonable Expectations of Privacy, in: *J. Bizer/A. v. Mutius/T. Petri/T. Weichert (Hrsg.),* Innovativer Datenschutz 1992-2004, Wünsche-Wege-Wirklichkeit, Für Helmut Bäumler, 2004, 85 ff.; *W. Däubler,* Individualrechte des Arbeitnehmers nach dem neuen BDSG, CR 1991, 475 ff.; *E. Denninger,* Verfassungsrechtliche Grenzen polizeilicher Datenverarbeitung insbesondere durch das Bundeskriminalamt, CR 1988, 51 ff.; *H.-U. Gallwas,* Der allgemeine Konflikt zwischen dem Recht auf informationelle Selbstbestimmung und der Informationsfreiheit, NJW 1992, 2785 ff.; *B. Holznagel/M. Sonntag,* Einwilligung, in: *A. Roßnagel (Hrsg.),* Handbuch Datenschutzrecht, (2003), Kap. 4.8, 678 ff.; *F.-L. Knemeyer,* Auskunftsanspruch und behördliche Auskunftsverweigerung, JZ 1992, 348; *K.H. Ladeur,* Datenschutz – vom Abwehrrecht zur planerischen Optimierung von Wissensnetzwerken, DuD 2000, S. 12 ff.; *H. Mayer-Metzner,* Auskunft aus Dateien der Sicherheits- und Strafverfolgungsorgane (1994); *R. Riegel,* Datenschutz bei Sicherheitsbehörden, 2. Aufl. (1992); *A. Roßnagel/A. Pfitzmann/H. Garstha,* Modernisierung des Datenschutzrechts, Gutachten im Auftrag des Bundesministeriums des Innern (2001); *P. Scholz,* Datenschutz bei Data Warehousing und Data Mining, in: *A. Roßnagel (Hrsg.),* Handbuch Datenschutzrecht, Kap. 9.2, 1833 ff.; *S. Simitis/G. Fuckner,* Informationelle Selbstbestimmung und „staatliches Geheimhaltungsinteresse", NJW 1990, 2713; *B. Sokol/R. Tiaden* Big Brother und die schöne neue Welt der Vermarktung personenbezogener Informationen, in: *B. Lutterbeck/J. Bizer/J. Rieß(Hrsg.),* Umbruch von Regelungssystemen in der Informationsgesellschaft, Freundesgabe für Alfred Büllesbach; 2002, 161 ff.; *P. Wedde,* Rechte der Betroffenen, in: *A. Roßnagel (Hrsg.),* Handbuch Datenschutzrecht (2003), Kap. 4.4, 546 ff.; *T. Weichert,* Die Ökonomisierung des Rechts auf informationelle Selbstbestimmung, NJW 2001, 1463.

Übersicht

1. Vorbemerkung

1 § 6 enthält Festlegungen, die für den Datenschutz angesichts der zunehmenden Kommerzialisierung und Vernetzung der Datenverarbeitung von essentieller Bedeutung sind. Mit Recht ist darauf hingewiesen worden, dass der dezentrale und weltweite Anfall von personenbezogenen Daten, die technische und organisatorische Komplexität der Kommunikations-

infrastrukturen und wirtschaftlichen Abläufe, die zunehmend genutzte Möglichkeit, Daten unbemerkt und unsichtbar zu erheben, sowie die nahezu unbegrenzten Speicher- und Vervielfältigungsmöglichkeiten die Transparenz drastisch verringern, den Nachvollzug der Verarbeitungsvorgänge nahezu ausschließen und zunehmend zu Kontrollverlusten der betroffenen Personen führen.[1] Vor diesem Hintergrund ist § 6 zu interpretieren, der in Abs. 1 zentrale Rechte der Betroffenen aufzählt und ihre Unabdingbarkeit festlegt.

Abs. 2 enthält Bestimmungen zum Schutz der Rechte der Betroffenen für die Fälle, in denen 2 „ihre" Daten in einer Datei gespeichert sind, bei der mehrere Stellen im Geltungsbereich des Gesetzes zugriffsberechtigt sind. Abs. 2 Sätze 4 und 5 sollen den Besonderheiten im Sicherheitsbereich Rechnung tragen.

2. Unabdingbare Rechte der Betroffenen (Abs. 1)

2.1 Inhalt und Bedeutung der Rechte

Die in Abs. 1 aufgezählten Rechte der Betroffenen auf Auskunft, Berichtigung, Löschung 3 und Sperrung sind Voraussetzung und zugleich Bestandteil des durch Art. 2 Abs. 1 i.V.m. mit Art. 1 Abs. 1 GG gewährleisteten Rechts auf informationelle Selbstbestimmung. Die betroffene Person hat grundsätzlich ein Recht zu wissen, „wer was wann und bei welcher Gelegenheit über (sie) weiß".[2] Der Auskunftsanspruch ermöglicht ihr zugleich die Überprüfung, ob die verantwortliche Stelle rechtmäßig Daten zu ihrer Person verarbeitet. Damit gehört das Auskunftsrecht, funktional gesehen, zu den erforderlichen verfahrensrechtlichen Vorkehrungen des Rechts auf informationelle Selbstbestimmung.[3] Dazu zählen in gleicher Weise die Rechte auf Berichtigung, Löschung und Sperrung, durch die Betroffene erst in die Lage versetzt werden, aufgrund der durch die Auskunft gewonnenen Erkenntnisse ggf. eine rechtswidrige Verarbeitung personenbezogener Daten zu unterbinden.[4] Das Recht auf informationelle Selbstbestimmung ist kein bloßes Abwehrrecht, sondern umfasst mehrere Komponenten, die in § 6 Abs. 1 konkretisiert werden. Neben ein System differenzierter Transparenz (Benachrichtigungs-, Auskunfts-, und Einsichtsgewährungspflichten) treten aktive Steuerungs- und Einwirkungsrechte der einzelnen Person. Informationelle Selbstbestimmung ist daher weder auf eine vor die Klammer gezogene prozedurale Information über die Speicherung und Nutzung personenbezogener Daten noch auf die Abwehr von Eingriffen zu reduzieren.[5] Sie ist vielmehr Garant der Kommunikations- und Handlungsfähigkeit des einzelnen Menschen und Voraussetzung für dessen kommunikative Selbstbestimmung.[6] Schon durch die im geltenden Recht vorgesehenen Individualrechte[7] werden die betroffenen Personen zu „Teilnehmern des Datenschutzes".[8] Sie erhalten nicht nur mit dem Auskunftsrecht, sondern auch mit den anderen Kontroll- und Steuerungsrechten ein „sanftes Druckmittel"[9] gegenüber der verantwortlichen Stelle, das vor Gericht durchgesetzt werden kann. Indem der Gesetzgeber diese Betroffenenrechte der Disposition durch Rechtsgeschäft entzieht, misst er ihnen strikten Bestandsschutz bei. Neben § 4 BDSG enthält § 6 Abs. 1 BDSG deshalb die zweite Grundschutznorm des Gesetzes.[10]

---

1 So *Roßnagel/Pfitzmann/Garstka*, Modernisierungsgutachten, 169; vgl. auch *Sokol/Tiaden* in: *Bizer/Lutterbeck/Rieß*, Freundesgabe f. A. Büllesbach, 161 ff.

2 BVerfGE 65, 1, 43.

3 Vgl. BVerfGE 65, 1, 46; BVerwGE 89, 14, 17; OVG Bremen, NJW 1987, 2393 f.; *Simitis/Fuckner,* NJW 1990, 2717; *Däubler,* CR 1991, 475; *Gallwas,* NJW 1992, 2785, 2789.

4 So ausdrücklich BVerfGE 65, 1, 46 für Löschungspflichten.

5 Das verkennt *Ladeur*, DuD 2000, 12, 17.

6 Vgl. Rdnrn. 36 ff. zu § 1, 280 zu § 28; *Hoffmann-Riem*, DuD 1998, 684 ff.; *Sokol/Tiaden* in: *Bizer/Lutterbeck/Rieß*, Freundesgabe f. A. Büllesbach, 161 ff., 167.

7 Vgl. die Vorschläge für eine Ausweitung des Katalogs der Betroffenenrechte bei *Roßnagel/Pfitzmann/Garstka*, Modernisierungsgutachten, 169 f.

8 Vgl. *Roßnagel/Pfitzmann/Garstka*, Modernisierungsgutachten, 37.

9 So – bezogen auf das Auskunftsrecht – *Roßnagel/Pfitzmann/Garstka*, Modernisierungsgutachten, 170.

10 So *Wedde* in: *Roßnagel*, Handbuch Datenschutzrecht, Kap. 4.4, 565.

4 Das Auskunftsrecht der Betroffenen wird in §§ 19, 34 geregelt, die Rechte auf Berichtigung, Löschung und Sperrung bestimmen sich nach §§ 20, 35. Nach Abs. 1 können diese Rechte nicht durch Rechtsgeschäft ausgeschlossen oder beschränkt werden. Abs. 1 konstituiert also nicht die genannten Rechte der Betroffenen, sondern setzt sie voraus.[11]

5 Das **Auskunftsrecht** wird für den öffentlichen Bereich in § 19, für den nicht-öffentlichen Bereich in § 34 geregelt. Eine (in Abs. 1 nicht genannte) Vorstufe des Auskunftsrechts bildet die Benachrichtigung, die für den öffentlichen Bereich in § 19 a, für den nicht-öffentlichen Bereich in § 33 vorgesehen ist.

6 Die Rechte auf **Berichtigung, Sperrung und Löschung** regelt für den öffentlichen Bereich § 20, für den nicht-öffentlichen Bereich § 35. Nach Maßgabe dieser Einzelregelungen handelt es sich hierbei im Übrigen weitgehend um die verantwortliche Stelle treffende Verpflichtungen, die unabhängig davon bestehen, ob die betroffene Person einen Anspruch geltend macht. So sind nach §§ 20 Abs. 1, 35 Abs. 1 unrichtige Daten bereits kraft Gesetzes zu berichtigen.

2.2 Anwendungsvoraussetzungen

7 Abs. 1 stellt klar, dass die dort aufgeführten Rechte nicht durch Rechtsgeschäft ausgeschlossen oder beschränkt werden können. **Zweck** der Vorschrift ist die Einschränkung der Dispositionsbefugnis im Interesse der Betroffenen.[12]

8 Diese Beschränkung der Individualautonomie soll verhindern, dass Betroffene sich ihrer grundlegenden datenschutzrechtlichen Ansprüche begeben. Während die Verarbeitung personenbezogener Daten und deren Nutzung insofern zur Disposition der Betroffenen stehen, als sie nach Maßgabe des § 4 ihre Einwilligung erklären können,[13] schließt das Gesetz eine Abbedingung der in Abs. 1 genannten Rechte von vornherein aus. Ob und wie häufig sie ihre Rechte ausüben wollen, unterliegt ausschließlich der freien Entscheidung der Betroffenen.

9 Die Vorschrift behandelt nicht die Frage, ob Betroffene aus der Verarbeitung ihrer personenbezogener Daten einen wirtschaftlichen Nutzen ziehen dürfen, also insofern ein Verwertungsrecht haben. Auch wenn die **zunehmende Vermarktung personenbezogener Daten** zu einer problematischen Ökonomisierung des Rechts auf informationelle Selbstbestimmung führt,[14] die teilweise zur Einordnung des Datenschutzes als „neuartiges Eigentumsrecht" herangezogen wird,[15] bleibt es dabei, dass Betroffene in die Verarbeitung ihrer Daten auch gegen Entgelt einwilligen, ihre Daten also „verkaufen" dürfen, soweit nicht besondere Umstände (z.B. Geschäftsunfähigkeit oder eine menschenunwürdige und nicht durch ein überwiegendes berechtigtes Interesse gerechtfertigte Berichterstattung über Sterbende, Unfall- oder Katastrophenopfer)[16] dem Grenzen setzen. Sie sind aber durch § 6 Abs. 1 daran gehindert, sich ihre Rechte „abkaufen" zu lassen.

10 Der zunehmende Einsatz von **Data Warehousing- und Data Mining-Technologien** steigert die Intransparenz der Datenverarbeitung noch zusätzlich und verringert faktisch die Informations- und Steuerungschancen betroffener Personen.[17] Solche modernen Verfahren zur Verarbeitung personenbezogener Daten ermöglichen die Profilbildung in bisher ungekanntem Ausmaß. Damit sind auch dann verstärkte Risiken für die informationelle Autonomie verbunden, wenn derartige Profile keine weitgehenden Aussagen über die Persönlichkeitsstrukturen

---

11 So auch *Bergmann/Möhrle/Herb,* BDSG §c6 Rdnr. 4.

12 Vgl. die Amtl. Begr. zum RegE, BT-Drs. 11/4306, 41.

13 Vergl. zu dem auch insoweit bestehenden Schutzbedürfnis die Kommenterung des § 4 Abs. 1.

14 Dazu *Weichert*, NJW 2001, 1463 ff.; *Sokol/Tiaden* in: *Bizer/Lutterbeck/Rieß*, Freundesgabe f. A. Büllesbach, 161 ff.

15 So *Ladeur*, DuD 2000, 18; gegen ihn zutreffend *Weichert*, NJW 2001, 1468; vgl. auch Einl. Rdnr. 26, sowie *Roßnagel/Pfitzmann/Garstka*, Modernisierungsgutachten, 37 f.

16 Vgl. § 3 Abs. 1 Nr. 4 Rundfunkstaatsvertrag.

17 Dazu *Scholz*, in: *Roßnagel*, Handbuch Datenschutzrecht, Kap. 9.2; *Sokol/Tiaden* in: *Bizer/Lutterbeck/Rieß (Hrsg.)*, Freundesgabe f. A. Büllesbach, 161, 163 f.; *LDA Brandenburg*, TB 2000, Anl. 2, 166 ff.; *BlnBDI*, JB 2000, 4.6.3, 142 ff.

Betroffener zulassen.[18] Derartige Verfahren können durch die informierte Einwilligung Betroffener nur dann legitimiert werden, wenn sie nicht zu einer unbefristeten Speicherung personenbezogener Daten genutzt werden. Denn eine Einwilligung, die mit einer Beschränkung des Löschungsrechts nach den §§ 20, 35 verbunden wäre, verstieße gegen § 6 Abs. 1 und wäre unwirksam.[19]

Abs. 1 soll ein **Rechtsgeschäft** mit dem dort bezeichneten Inhalt ausschließen. Ein Rechtsgeschäft besteht aus einer oder mehreren Willenserklärungen, die allein oder in Verbindung mit anderen Tatbestandsmerkmalen eine Rechtsfolge herbeiführen, weil sie gewollt ist.[20] Hierunter fällt zunächst eine einseitige Willenserklärung der betroffenen Person (Verzicht). Weiter kann es sich um einen Vertrag der betroffenen Person mit der verantwortlichen Stelle (z.B.Arbeits- oder Darlehensvertrag)[21] oder einer dritten Person bzw. Stelle handeln.[22] 11

Abs. 1 soll eine Disposition **der Betroffenen** verhindern.[23] Dafür spricht neben der Absicht des Gesetzgebers, die Dispositionsbefugnis im eigenen Interesse der Betroffenen einzuschränken,[24] auch die Überschrift, die Bestandteil der Vorschrift ist: „Unabdingbare" Rechte sind solche, über die der Rechtsinhaber, also die betroffene Person, nicht disponieren kann. 12

Durch Rechtsgeschäfte, an denen Betroffene nicht beteiligt sind, oder außerhalb rechtsgeschäftlichen Handelns können diesen kraft Gesetzes zustehende Rechte ohnehin nicht ausgeschlossen oder beschränkt werden. Dem steht im öffentlichen Bereich bereits die Bindung der verantwortlichen Stelle an das Gesetz entgegen. Insoweit ist eine Anwendung des § 6 Abs. 1 entbehrlich. Dennoch mag die Vorschrift dort klarstellend herangezogen werden, wo die verantwortliche Stelle durch rechtsgeschäftliches Handeln einseitig die fraglichen Rechtspositionen beschneiden will.[25] 13

Abs. 1 gilt zum einen für den **nicht-öffentlichen Bereich**. Vor allem hier hat die Vorschrift praktische Bedeutung. Das Privatrecht geht regelmäßig davon aus, dass die einzelne Person selbst eine Regelung ihrer Lebensverhältnisse treffen kann, die von der Rechtsordnung anerkannt wird. Der Grundsatz der Privatautonomie folgt aus dem Prinzip der Selbstbestimmung des Menschen und wird im Kern durch Art. 1, 2 GG geschützt. Die Grenzen der Privatautonomie ergeben sich unter anderem aus der Schutzbedürftigkeit des Individuums. Dementsprechend sieht das Privatrecht vielfach vor, dass individuelle Schutzrechte nicht disponibel sind. Arbeitsrechtliche Gesetze sind in der Regel einseitig zwingendes, zuungunsten der Arbeitnehmerinnen und Arbeitnehmer nicht abdingbares Recht. § 137 BGB sieht vor, dass die Befugnis zur Verfügung über ein unveräußerliches Recht nicht durch Rechtsgeschäfte ausgeschlossen oder beschränkt werden kann. 14

Die Unabdingbarkeit gilt unabhängig von der Form des Rechtsgeschäfts. Es kommt nicht darauf an, ob es sich um schriftliche oder mündliche, um ausdrückliche oder konkludente Erklärungen handelt. Einzelvertragliche Vereinbarungen sind ebenso umfasst wie allgemeine Geschäftsbedingungen. Im letzteren Fall ist auch das AGBG zu berücksichtigen. 15

Abs. 1 ist darüber hinaus im **öffentlichen Bereich** anwendbar. Auch hier bestehen vergleichbare Vorschriften. Der grundsätzlich – bei bestehender Dispositionsbefugnis – mögliche Verzicht auf öffentlich-rechtliche Rechtspositionen kann im Einzelfall ausgeschlossen sein.[26] So steht etwa § 2 Abs. 3 BBesG dem Verzicht eines Beamten oder einer Beamtin auf Besoldung entgegen. 16

---

18 Vgl. einerseits *Scholz*, in: *Roßnagel*, Handbuch Datenschutzrecht, Kap. 9.2, 1846; andererseits *Bull*, in: *Bizer/ v. Mutius/Petri/Weichert (Hrsg.)*, Innovativer Datenschutz 1992-2004, 85, 89 f.

19 Vgl. *BlnBDI*, JB 2000, 143.

20 *Palandt/Heinrichs*, BGB, Überbl. 2 vor § 104.

21 Vgl. *Tinnefeld/Ehmann/Gerling*, 415.

22 *Auernhammer*, BDSG § 6 Rdnr. 8; zum öffentlichen Bereich vgl. u. Rdnrn. 14 ff.

23 Vgl. auch *Auernhammer*, a.a.O.

24 Vgl. o. Rdnr. 7.

25 Vgl. zu Verwaltungsakten u. Rdnr. 17.

26 Vgl. *Erichsen/Martens*, Allg. Verwaltungsrecht, 12. Aufl. 2002, § 11 Rdnr. 54.

17 Auch das öffentliche Recht kennt (ein- oder mehrseitige) Rechtsgeschäfte im oben (Rdnr. 11) ausgeführten Sinn.[27] Hierunter fallen öffentlich-rechtliche Verträge (§§ 54 ff. VwVfG), die in der Praxis zunehmende Bedeutung erlangen. Die Regeln des Bürgerlichen Rechts über Willenserklärungen und Verträge finden hier entsprechende Anwendung.[28] Darüber hinaus gilt Abs. 1 für Rechtsgeschäfte öffentlicher Stellen auf dem Gebiet des Privatrechts (fiskalisches Handeln). Die Streitfrage, ob hoheitliche Maßnahmen, insbesondere **Verwaltungsakte** (einseitige) Rechtsgeschäfte darstellen,[29] hat in diesem Zusammenhang keine praktische Bedeutung. Die Verwaltung ist unabhängig von Abs. 1 schon verfassungsrechtlich daran gehindert, die gesetzlichen Rechte der Betroffenen auf Auskunft, Berichtigung, Sperrung und Löschung einseitig durch hoheitliche Maßnahmen (z.B. durch Nebenbestimmungen zu einem Verwaltungsakt) auszuschließen oder zu beschränken.[30]

18 Die Unabdingbarkeit erstreckt sich jeweils auf den **gesamten Regelungskomplex** der in Abs. 1 erwähnten **§§ 19, 34, 20 und 35**, da diese uneingeschränkt in Bezug genommen werden. Hierzu gehören z.B. im Falle des Auskunftsrechts auch dessen einzelne Modalitäten (z.B. die Unentgeltlichkeit nach §§ 19 Abs. 7, 34 Abs. 5 Satz 1). Ebenso schließt das Recht auf Sperrung i.S.d. Abs. 1 das Recht auf Gegendarstellung und das daran geknüpfte Verbot der Übermittlung ohne Gegendarstellung gemäß § 35 Abs. 6 Sätze 2 und 3 sowie die Beschränkung der Übermittlung und Nutzung gesperrter Daten nach § 35 Abs. 8 ein. Soweit diese Vorschriften die Verarbeitung personenbezogener Daten i.S.d. § 3 Abs. 4 regeln, kann unter Berücksichtigung des Schutzzwecks der jeweiligen Vorschrift eine modifizierende, die Betroffenen besserstellende[31] Regelung aufgrund einer Einwilligung gemäß § 4 in Betracht kommen.

19 Abs. 1 enthält **keine abschließende Regelung der unabdingbaren Rechte** der Betroffenen. Die Unabdingbarkeit der dort aufgeführten Rechte wird angesichts ihrer elementaren Bedeutung für das Recht auf informationelle Selbstbestimmung ausdrücklich klargestellt. Daraus kann jedoch nicht im Wege des Umkehrschlusses gefolgert werden, dass die zahlreichen nicht in Abs. 1 erwähnten im BDSG vorgesehenen Rechte der Betroffenen disponibel sind. Das BDSG sieht angesichts der Anforderungen des Volkszählungsurteils des Bundesverfassungsgerichts[32] ein aufeinander abgestimmtes System von Schutzinstrumenten vor. Dieses darf im Hinblick auf die typischerweise bestehende Abhängigkeitssituation und die daraus resultierenden Schutzerfordernisse[33] grundsätzlich nicht durchbrochen werden, und zwar weder durch Rechtsgeschäft noch außerhalb rechtsgeschäftlichen Handelns.[34] Die Vorschriften des BDSG sind also – auch über die Regelung der Rechte der Betroffenen hinaus – grundsätzlich zwingender Natur.[35] Dies gilt nur dann nicht, wenn die Zulässigkeit einer Ausnahme den gesetzlichen Regelungen eindeutig entnommen werden kann (z.B. aufgrund einer wirksamen Einwilligung[36] nach Maßgabe des § 4).

20 Zu den nicht in Abs. 1 erwähnten, aber gleichwohl indisponiblen Rechten gehören etwa: das Recht, sich an den BfDI und an die Aufsichtsbehörde zu wenden;[37] das allgemeine Wider-

27 Vgl. *Wolff/Bachof/Stober*, Verwaltungsrecht, Bd. 1, § 36 Rdnr. 9.

28 Vgl. § 62 VwVfG.

29 Bejahend z.B. *Meyer/Borgs,* VwVfG § 35 Rdnr. 11; *Löwer,* DVBl. 1980, 954 f.; verneinend z.B. *Forsthoff,* Lehrbuch des Verwaltungsrechts, Allgemeiner Teil, 10. Aufl. 1973, 200, 206.

30 Vgl. Art. 20 Abs. 3 GG; im Erg. ebenso *Gola/Schomerus,* BDSG § 6 Rdnr. 4; *Bergmann/Möhrle/Herb,* BDSG § 6 Rdnr. 22.

31 Vgl. Rdnr. 22.

32 BVerfGE 65, 1, 41 ff.

33 Vgl. dazu, dass Betroffene unter den heutigen und künftigen Bedingungen der Datenverarbeitung im besonderen Maße des Schutzes bedürfen BVerfGE 65, 1, 42 f.

34 Vgl. *Gola/Schomerus,* BDSG § 6 Rdnr. 2.

35 Vgl. *Simitis,* RDV 1989, 49, 59 f.

36 Zu den Grenzen der Einwilligung vgl. *Holznagel/Sonntag* in: *Roßnagel*, Handbuch Datenschutzrecht, Kap. 4.8, 687 f.

37 §§ 21; vgl. auch *Gola/Schomerus,* BDSG § 6 Rdnr. 2, sowie die entsprechenden Regelungen in mehreren Landesdatenschutzgesetzen, z.B. § 7 BlnDSG, § 5 BbgDSG, § 6 HmbDSG, § 5 DSG NRW, § 5 SächsDSG. Ein entsprechendes ausdrückliches Recht, die Aufsichtsbehörde anzurufen, sieht das Gesetz zwar nicht vor, es ergibt sich aber indirekt aus § 38 Abs. 1 und ist ebenfalls unabdingbar, vgl. auch *Weichert*, NJW 2001, 1463, 1468.

spruchsrecht[38] ebenso wie das besondere Widerspruchsrecht gegen die Datennutzung zur Direktwerbung,[39] der Schadensersatzanspruch nach § 7, die Benachrichtigung nach Maßgabe der §§ 19 a, 33 und das Recht auf Speicherung einer Gegendarstellung gegenüber Bundesrundfunkanstalten.[40]

Ausgeschlossen ist ein Recht, wenn das Rechtsgeschäft darauf abzielt, dass die betroffene Person das Recht insgesamt nicht mehr geltend machen kann. **Beschränkt** wird ein Recht durch jede Änderung zum Nachteil der Betroffenen, insbesondere wenn es nur unter zusätzlichen, vom Gesetz nicht vorgesehenen Bedingungen oder Voraussetzungen (z.B. Auskunft nur nach persönlicher Vorsprache) oder nur noch teilweise geltend gemacht werden können soll oder wenn an die Geltendmachung Nachteile (z.B. Vertragsstrafen, Verzicht auf Schadensersatz) geknüpft werden. Dies gilt auch, wenn hinsichtlich der Rechte der Betroffenen ein Zurückbehaltungsrecht wegen anderer Forderungen geltend gemacht wird.[41] Mit dem Widerspruch nach § 28 Abs. 3 können Betroffene auch dann nachträglich eine Sperrung von Daten bewirken, wenn sie zunächst vertraglich einer Nutzung der Daten zu Werbezwecken zugestimmt haben.[42] Erhaltene Gegenleistungen sind nach den zivilrechtlichen Regeln zur Rückabwicklung von Verträgen zurückzugewähren. 21

Der Wortlaut des Abs. 1 bezieht sich ausdrücklich auf den Ausschluss und die Beschränkung der Betroffenenrechte. Einer Modifikation der in Abs. 1 genannten Rechte zugunsten der Betroffenen (z.B. Erweiterung des Auskunftsanspruchs) steht die Vorschrift deshalb nicht entgegen.[43] 22

2.3 Rechtsfolgen

Rechtsfolge eines Verstoßes gegen Abs. 1 ist bei einem privatrechtlichen Rechtsgeschäft dessen Unwirksamkeit. Der Verstoß gegen die Begrenzung rechtsgeschäftlicher Gestaltungsmöglichkeit macht das Rechtsgeschäft von vornherein unwirksam, ohne dass es insoweit einer Anwendung des § 134 BGB bedarf.[44] 23

Verstößt ein öffentlich-rechtlicher Vertrag gegen Abs. 1, so ist er grundsätzlich insgesamt gemäß § 59 Abs. 1 VwVfG nichtig (zur Teilnichtigkeit vgl. § 59 Abs. 3 VwVfG). Auch wenn § 134 BGB nicht einschlägig ist, so kann – zumal im Hinblick auf die Bedeutung der in Abs. 1 aufgeführten Rechte für das Recht auf informationelle Selbstbestimmung – nichts anderes gelten als im Falle des qualifizierten Verstoßes gegen ein gesetzliches Verbot.[45] Bei subordinationsrechtlichen Verträgen kann sich die Nichtigkeit auch aus § 59 Abs. 2 VwVfG ergeben. 24

Verwaltungsakte und andere hoheitliche Maßnahmen, die die Rechte der Betroffenen auf Auskunft, Berichtigung, Löschung oder Sperrung ausschließen oder beschränken, sind unabhängig von ihrer Qualifikation als Rechtsgeschäft[46] rechtswidrig. Sie können von den Betroffenen mit den zulässigen Rechtsmitteln[47] angegriffen werden. Nichtig ist ein entsprechender Verwaltungsakt nur unter den Voraussetzungen des § 44 VwVfG. Ein „besonders schwerwiegender Fehler“ i.S.d. Abs. 1 dieser Vorschrift wird im Hinblick auf die Bedeutung der genannten Rechte für das Recht auf informationelle Selbstbestimmung regelmäßig zu beja- 25

---

38 §§ 20 Abs. 5, 35 Abs. 5.
39 § 28 Abs. 3; vgl. auch *Weichert*, NJW 2001, 1463, 1468.
40 § 41 Abs. 2.
41 Vgl. *Gola/Schomerus,* BDSG § 6 Rdnr. 5; *Bergmann/Möhrle/Herb,* BDSG § 6 Rdnrn. 27 ff.; vgl. auch AG Freiburg, NJW 1990, 770: Ein Arzt kann gegen den Anspruch des Patienten auf Herausgabe der Krankenunterlagen kein Zurückbehaltungsrecht geltend machen.
42 *Weichert*, NJW 2001, 1463, 1468.
43 *Wedde* in: *Roßnagel*, Handbuch Datenschutzrecht, 565, spricht von einem „Verböserungsverbot“.
44 Vgl. *Auernhammer,* BDSG § 6 Rdnr. 9; Weichert, NJW 2001, 1469, zieht § 138 BGB als Auffangnorm in Betracht, wenn Data-Mining- und Data-Warehouse-Konzepte hinter dem Rücken der Betroffenen verfolgt werden.
45 Zu den bei der Auslegung des § 59 Abs. 1 VwVfG bestehenden Streitfragen vgl. *Kopp/Ramsauer,* VwVfG § 59 Rdnr. 8 ff. m.w.N.
46 Vgl. o. Rdnr. 17.
47 Bei Verwaltungsakten vgl. insb. §§ 68 f., 113 f. VwGO.

hen sein. Ob er „bei verständiger Würdigung aller in Betracht kommenden Umstände offenkundig ist", ist Frage des Einzelfalles.[48]

3. Verfahren bei Verbunddateien und vernetzten Systemen (Abs. 2)

3.1 Normzweck

26 Abs. 2 enthält besondere Verfahrensregelungen für die Geltendmachung der in Abs. 1 bezeichneten Rechte, soweit Daten des Betroffenen in einer Datei gespeichert sind, bei der mehrere Stellen speicherungsberechtigt sind. Nach der Amtl. Begr. zum RegE des BDSG 1990[49] soll Abs. 2 sicherstellen, dass der Betroffene seine Rechte auch bei so genannten **Verbunddateien** oder **vernetzten Systemen** wirksam geltend machen kann, bei denen nach außen nicht ohne weiteres erkennbar ist, wer für einzelne Daten die verantwortliche Stelle i.S.d. § 3 Abs. 7 ist. Deren Pflichten korrespondieren mit den in Abs. 1 bezeichneten Rechten des Betroffenen. Abs. 2 soll verhindern, dass diese Rechte mangels Kenntnis der verantwortlichen Stelle leerlaufen.

3.2 Verfahren nach Abs. 2 Satz 1

3.2.1 Datei mit mehreren speicherungsberechtigten Stellen

27 Abs. 2 Satz 1 setzt voraus, dass die Daten des Betroffenen automatisiert in der Weise gespeichert sind, dass mehrere Stellen speicherungsberechtigt sind.[50] Hierzu gehören Verbunddateien und vernetzte Systeme. Die Vorschrift gilt nicht für nichtautomatisierte Dateien. Weiter müssen **mehrere**, das heißt mindestens zwei **Stellen speicherungsberechtigt** sein. Dabei kann es sich um öffentliche oder nicht-öffentliche Stellen handeln. Diese müssen berechtigt sein, in der Datei personenbezogene Daten i.S.d. § 3 Abs. 4 Nr. 1 zu speichern. Ohne Bedeutung sind insoweit Berechtigung bzw. Verantwortlichkeit hinsichtlich der weiteren Datenverarbeitung (§ 3 Abs. 4 Nr. 2 – 5).

28 Zu trennen ist zwischen den Fragen, wer **speicherungsberechtigt** ist und wer **„verantwortliche Stelle"** i.S.d. § 3 Abs. 7 ist.[51] Das Gesetz geht in Abs. 2 davon aus, dass hinsichtlich einer Datei grundsätzlich (nur) eine „verantwortliche Stelle" besteht, die Verpflichtete hinsichtlich der in Abs. 1 bezeichneten Rechte ist, dass aber mehrere Stellen speicherungsberechtigt sind.[52] Die Vorschrift weist also nicht quasi gesamtschuldnerisch allen speicherungsberechtigten Stellen die Verantwortung einer verantwortlichen Stelle hinsichtlich aller in der gemeinsamen Datei gespeicherten Daten zu; die Verantwortlichkeit bleibt vielmehr getrennt.[53]

29 Im öffentlichen Bereich erfüllt zum Beispiel **NADIS**, das Informationssystem der Verfassungsschutzbehörden,[54] diese Voraussetzungen. Speicherungsberechtigt sind das Bundesamt und die Landesämter für Verfassungsschutz.[55] In der Personenzentraldatei sind im Wesentlichen Personengrunddaten, Aktenzeichen (beim BfV oder einem Landesamt für Verfassungsschutz geführte Akten) sowie einige Kurzhinweise gespeichert. Darüber hinausgehende Hinweise werden nur in Sonderdateien (z.B. zur Sicherheitsüberprüfung) mit begrenzter Zugriffsberechtigung gespeichert.[56] Die Verantwortung einer verantwortlichen Stelle im Sinne der allgemeinen Vorschriften des Datenschutzrechts trägt nach § 6 Satz 5

48 Allgemein hierzu *Kopp/Ramsauer,* VwVfG § 44 Rdnrn. 7.
49 BT-Drs. 11/4306, S. 41.
50 Vgl. auch die identischen Voraussetzungen des § 7 Abs. 4.
51 Dazu Komm. des § 3 Abs. 7.
52 Zum Erfordernis der Berücksichtigung des § 6 Abs. 2 bezogen auf den Eigentümerbeschluss über die Einführung einer Videoüberwachung des Hauseingangsbereichs bei einer Wohneigentumsanlage BayObLG, NJW-RR 2005, 384 = DSB 2005 Nr. 3, 20 m.Anm. *Vahle.*
53 So ausdrücklich die Amtl. Begr. zum RegE des BDSG 1990, BT-Drs. 11/4306, S. 41.
54 Vgl. dazu auch Komm. des § 3 Abs. 2.
55 Vgl. §§ 5 f., 10 f. BVerfSchG sowie die einschlägigen Regelungen in den Verfassungsschutzgesetzen der Länder.
56 Näher zu NADIS *Riegel,* Datenschutz bei Sicherheitsbehörden, 2. Aufl. 1992, S. 60; *Mayer-Metzner,* Auskunft aus Dateien der Sicherheits- und Strafverfolgungsorgane, S. 56 ff.

BVerfSchG jede Verfassungsschutzbehörde nur für die von ihr eingegebenen Daten; nur sie darf diese Daten verändern, sperren oder löschen.[57] Das Bundesverfassungsschutzgesetz enthält keine dem § 6 Abs. 2 nach § 1 Abs. 3 Satz 1 BDSG vorgehenden Vorschriften, sodass es bei der Anwendbarkeit des Nr. 2 bleibt.[58]

30 Entsprechendes gilt für die im Rahmen des polizeilichen Informationssystems **INPOL** geführten Dateien. Zentralstelle des Systems ist das BKA (vgl. § 2 BKAG). Die Daten werden teilweise von den Verbundteilnehmern (u.a. den Polizeien der Länder) in das System eingegeben. Dementsprechend besteht eine abgestufte und geteilte Verantwortung.[59] So obliegt eine Löschungspflicht ggf. nur der Behörde, welche die Daten unmittelbar eingegeben hat.[60]

31 Für Verbundsysteme wird die Auffassung vertreten, die jeweilige Zentralstelle sei prinzipiell verantwortliche Stelle und trage die Gesamtverantwortung für das System.[61] Soweit die Zentralstelle nicht selbst die Eingabe bzw. Speicherung vornehme, sondern dies unmittelbar durch die Stelle erfolge, welche die betreffenden Informationen erhoben oder sonstwie gewonnen habe, müsse auch diese Stelle als verantwortliche Stelle betrachtet werden.[62]

3.2.2 Stelle, die die Daten gespeichert hat, nicht feststellbar

32 Abs. 2 Satz 1 setzt weiter voraus, dass der Betroffene nicht in der Lage ist, die Stelle festzustellen, welche die Daten gespeichert hat. Ob dies der Fall ist, ist unter Anwendung eines objektivierten Maßstabs zu entscheiden, wobei der Schutzzweck der Norm zu berücksichtigen ist. Auf die individuellen Kenntnisse des jeweiligen Betroffenen kommt es aber nicht an. Die Komplexität der Organisations- und Verarbeitungsstrukturen bildet den Grund für die Regelung des Abs. 2. Im Hinblick hierauf und angesichts der grundlegenden Bedeutung der in Abs. 1 aufgezählten Rechte des Betroffenen für das Recht auf informationelle Selbstbestimmung[63] ist im Regelfall davon auszugehen, dass der Betroffene bei Dateien i.S.d. Abs. 2 Satz 1 nicht in der Lage ist, die Stelle festzustellen, welche die Daten gespeichert hat.

33 Nach der Amtl. Begr. zum RegE des BDSG 1990[64] ist Abs. 2 bei Verbunddateien oder vernetzten Systemen anzuwenden, „bei denen **nach außen nicht ohne weiteres erkennbar** ist, wer für einzelne Daten die speichernde Stelle ist" (Hervorhebung durch Verf.). Hieraus folgt, dass der Betroffene nach dem Willen des Gesetzgebers insoweit keine Nachforschungen anstellen muss.[65] Er braucht weder bei den infrage kommenden Stellen rückzufragen noch sich sonst beraten zu lassen.

34 Allein aus der Tatsache, dass der Betroffene gemäß § 19a oder § 33 Abs. 1 benachrichtigt wurde, kann nicht ohne weiteres geschlossen werden, dass er bei Dateien i.S.d. Abs. 2 Satz 1 die Stelle, welche die Daten gespeichert hat, feststellen kann.[66] Hat er etwa von mehreren an einem Verbundsystem beteiligten Stellen Benachrichtigungen erhalten, wird er dennoch zur Zuordnung bestimmter Daten vielfach nicht in der Lage sein, zumal die Daten gemäß § 19a, § 33 Abs. 1 nicht konkret, sondern ihrer Art nach zu bezeichnen sind, sodass Überschneidungen möglich sind.

---

57 Zu Datenlöschung und Aktenvernichtung bei NADIS vgl. BfD TB 2001/2002, 17.
58 Hierfür spricht auch die Verweisung in § 6 Abs. 2 Satz 4 auf § 19 Abs. 3 (u.a. „Verfassungsschutzbehörden").
59 Vgl. *Riegel,* a.a.O., S. 37 ff.; *ders.,* Bundespolizeirecht, § 2 BKAG Anm. II 1 f.; *Denninger,* CR 1988, 51 ff.; *Ahlf,* Das Bundeskriminalamt als Zentralstelle, Wiesbaden 1985; *Mayer-Metzner,* Auskunft aus Dateien der Sicherheits- und Strafverfolgungsorgane, S. 14 ff.; zur Fortentwicklung von INPOL BfD TB 2001/2002, 13.8; zu den Voraussetzungen der Zulässigkeit der Speicherung von Daten in Dateien des BKA VG Gießen, NVwZ NVwZ 2002, 1531=DuD 2002, 626; vgl. ferner HessVGH, Urt. v. 2.11.1990 – 7 UE 1181/84 – Leitsätze in CR 1992, 693; Dateienrichtlinien v. 26.2.1981, GMBl. 1981, 114 = Dok. A 8.
60 BVerwG, Urt. v. 22.10.2003 – 6 C 3.03 – Buchholz 402.46 BKAG Nr. 2
61 Vgl. zur datenschutzrechtlichen Verantwortung des BKA als Zentralstelle § 12 BKAG.
62 *Riegel,* a.a.O., S. 134 f.; vgl. auch *ders.,* NJW 1983, 657 f.; *BfD,* 3. TB, 3.11.2.1; *Bull,* DVR 1982, 1 ff., 25.
63 Vgl. o. Rdnr. 3.
64 BT-Drs. 11/4306, S. 41.
65 Vgl. *Gola/Schomerus,* BDSG § 7 Rdnr. 6.
66 A.M. *Gola/Schomerus,* BDSG § 6 Rdnr. 6.

3.2.3 Rechtsfolgen

35 Sind die Voraussetzungen des Abs. 2 Satz 1 erfüllt, so kann sich der Betroffene an **jede der speicherungsberechtigten Stellen wenden** und ihr gegenüber den Anspruch auf Auskunft, Berichtigung, Löschung oder Sperrung geltend machen; entsprechendes gilt grundsätzlich für die Geltendmachung sonstiger individueller Rechte (z.B. Widerspruchsrecht).[67] Es kommt also nicht darauf an, ob es sich um die Stelle, welche die Speicherung vorgenommen hat bzw. die verantwortliche Stelle i.S.d. § 3 Abs. 7 handelt. Die bestehende datenschutzrechtliche Verantwortung bleibt unberührt.[68]

36 Abs. 2 Satz 1 schreibt keine besondere Form vor. Der Betroffene kann sich also schriftlich oder mündlich an jede der speicherungsberechtigten Stellen wenden.

37 Handelt es sich bei der vom Betroffenen in Anspruch genommenen Stelle um die Stelle, welche die Speicherung vorgenommen hat, so hat sie dessen Ersuchen nach Maßgabe der gesetzlichen Bestimmungen nachzukommen. Wenn die Voraussetzungen des Abs. 2 Satz 1 erfüllt sind, der Betroffene sich also nicht an die Stelle, welche die Speicherung vorgenommen hat, sondern an eine nur speicherungsberechtigte Stelle gewandt hat, so ist diese nach Abs. 2 Satz 2 verpflichtet, **das Vorbringen des Betroffenen an die Stelle weiterzuleiten, welche die Speicherung vorgenommen hat**.

38 Das Gesetz regelt insoweit Form und Verfahren nicht; dies bleibt deshalb der in Anspruch genommenen Stelle vorbehalten. Mangels näherer gesetzlicher Bestimmung hat Weiterleitung unverzüglich, d.h. ohne schuldhaftes Zögern zu erfolgen.

39 Handelt es sich um schriftliches Vorbringen des Betroffenen, so ist dieses urschriftlich (im Original) an die Stelle weiterzuleiten, welche die Speicherung vorgenommen hat. Eine Vorabinformation (z.B. per e-mail oder Telefax) ist dadurch nicht ausgeschlossen. Bei mündlichem Vorbringen ist eine Weiterleitung in schriftlicher Form nicht ausdrücklich vorgeschrieben. Dennoch empfiehlt sich ein solches Verfahren zur Vermeidung von Missverständnissen und aus Gründen der Beweissicherung.

40 Durch die Weiterleitung erhält die Stelle, welche die Speicherung vorgenommen hat, Kenntnis von dem vom Betroffenen geltend gemachten Anspruch auf Auskunft, Berichtigung, Löschung oder Sperrung. Sie hat nunmehr nach Maßgabe der §§ 19, 20, 34 bzw. 35 zu verfahren.

41 Abs. 2 Satz 3 sieht eine Abgabenachricht an den Betroffenen vor. Dieser ist **über die Weiterleitung und die Stelle, die die Daten gespeichert hat, zu unterrichten**. Der Betroffene ist also über die Weiterleitung seines Vorbringens zu informieren. Weiter sind ihm Name und Anschrift der speichernden Stelle mitzuteilen. Auch insoweit sind Form und Verfahren nicht geregelt. Die Grundsätze zu Form und Verfahren der Benachrichtigung (§§ 19 a, 33 Abs. 1) können insoweit herangezogen werden.[69] In jedem Falle hat die Unterrichtung in einer Form zu erfolgen, die die Kenntnisnahme durch den Betroffenen sicherstellt. Wird er schriftlich benachrichtigt, so muss dies in einem verschlossenen Brief geschehen. Die Unterrichtung hat unverzüglich zu erfolgen.

42 Zur Unterrichtung verpflichtet ist die Stelle, an die sich der Betroffene gemäß Abs. 2 Satz 1 gewandt hat. Dies folgt aus dem systematischen Zusammenhang mit Abs. 2 Satz 2. Allerdings bestehen grundsätzlich keine Bedenken dagegen, die Vornahme der Unterrichtung auf die Stelle, die die Daten gespeichert hat, zu übertragen, sofern dies nicht zu Verzögerungen führt.

3.3 Besonderheiten im Sicherheitsbereich (Abs. 2 Sätze 4 und 5)

43 Abs. 2 Satz 4 sieht eine **Ausnahme von der** durch Satz 3 vorgeschriebenen **Unterrichtung des Betroffenen** vor. Danach können die in Satz 4 bezeichneten Stellen statt seiner den Bundesbeauftragten für den Datenschutz unterrichten. Das weitere Verfahren richtet sich dann

67 Vgl. oben Rdnr. 20
68 Vgl. o. Rdnr. 28.
69 Vgl. § 33 Rdnrn. 8 ff.

nach § 19 Abs. 6. Diese Regelungen sollen den Besonderheiten der Sicherheitsbehörden Rechnung tragen.[70]

3.3.1 Normadressaten

Die Aufzählung der Adressaten des Abs. 2 Satz 4 ist abschließend. Sie umfasst zunächst die in § 19 Abs. 3 genannten Stellen, d.h. 44

- die Verfassungsschutzbehörden (Bundesamt und Landesämter bzw. Dienststellen für Verfassungsschutz),
- den Bundesnachrichtendienst,
- den Militärischen Abschirmdienst und
- andere Behörden des Bundesministers der Verteidigung, soweit die Sicherheit des Bundes berührt wird.

Darüber hinaus gehören zu den Adressaten der Vorschrift 45

- die (Bundes- und Landes-)Behörden der Staatsanwaltschaft und der Polizei (Bundesanwaltschaft, Staatanwaltschaften, Bundeskriminalamt, Bundesgrenzschutz); mit Polizei ist nur die Vollzugspolizei gemeint, nicht Behörden, deren Aufgaben lediglich dem materiellen Polizeibegriff unterfallen, wie z.B. Ordnungsämter und Gewerbeämter und
- öffentliche Stellen der Finanzverwaltung, soweit sie personenbezogene Daten in Erfüllung ihrer gesetzlichen Aufgaben im Anwendungsbereich der Abgabenordnung zur Überwachung und Prüfung speichern, also im Wesentlichen für die Steuerfahndung, die Betriebsprüfung und das Steuerstrafrecht.

3.3.2 Verfahren im Einzelnen

Abs. 2 Satz 4 legt lediglich fest, dass die dort genannten Behörden statt des Betroffenen den Bundesbeauftragten für den Datenschutz unterrichten können. Der Betroffene wird also nicht über die Stelle, die die Daten gespeichert hat, informiert. Unter welchen Voraussetzungen dies zulässig ist, wird in der Vorschrift nicht geregelt. Die damit bestehende Regelungslücke ist durch **entsprechende Anwendung des § 19 Abs. 4** zu füllen. Die Nichtunterrichtung des Betroffenen führt nämlich regelmäßig dazu, dass dieser mangels Kenntnis der verantwortlichen Stelle als des Anspruchsgegners seine Rechte auf Auskunft, Berichtigung, Löschung und Sperrung nicht realisieren kann. Dies ist nur unter den Voraussetzungen des § 19 Abs. 4 gerechtfertigt, d.h. wenn eine Auskunft hinsichtlich der zur Person des Betroffenen gespeicherten Daten unterbleibt. Dafür spricht der enge Zusammenhang zwischen § 6 und § 19: § 6 Abs. 2 soll die Wahrnehmung des Auskunftsrechts und der weiteren in Abs. 1 genannten Rechte ermöglichen. Die Vorschrift verweist in den Sätzen 4 und 5 auf § 19 Abs. 3 und 6. 46

Die Nichtunterrichtung des Betroffenen nach Abs. 2 Satz 4 ist also nur zulässig, wenn die Benennung der Stelle, welche die Daten gespeichert hat, die Voraussetzungen des § 19 Abs. 4 Nr. 1, 2 oder 3 erfüllen würde und deswegen das Interesse des Betroffenen an der Unterrichtung zurücktreten muss.[71] In der Praxis wird wohl allein § 19 Abs. 2 Nr. 1 in Betracht kommen, etwa wenn der Betroffene bereits aus der Benennung der speichernden Stelle auf bestimmte laufende Ermittlungen schließen könnte und dadurch die rechtmäßige Aufgabenerfüllung der speichernden Stelle gefährdet würde. Abs. 2 Satz 4 ist als Ausnahme von der im Regelfall nach Abs. 2 Satz 3 vorzunehmenden Unterrichtung des Betroffenen eng auszulegen. 47

Wenn nach Abs. 2 Satz 4 die dort bezeichneten Stellen statt des Betroffenen den BfDI unterrichten „können", wird ihnen damit **kein Ermessen** eingeräumt.[72] entsprechende Wortwahl („kann", „können") führt nicht notwendig zur Annahme einer Ermessensentscheidung. Vielmehr kann auch die Ermächtigung der Behörde gemeint sein, eine bestimmte Entscheidung 48

70 BT-Drs. 11/4306, S. 41.
71 Vgl. § 19 Rdnrn. 82 ff.
72 A.M. ohne Begründung *Auernhammer,* BDSG 90 § 6 Rdnr. 14; *Bergmann/Möhrle/Herb,* BDSG § 6 Rdnr. 61.

zu treffen, zu der sie, wenn die rechtlichen Voraussetzungen vorliegen, auch verpflichtet ist.[73] Maßgeblich ist also, ob die Voraussetzungen des § 19 Abs. 4 vorliegen.[74] die Auslegung des Abs. 2 Satz 4 im Sinne einer solchen Ermächtigung spricht wiederum der enge Zusammenhang mit § 19 BDSG. Diese Vorschrift lässt – anders als § 13 Abs. 2 BDSG 1977[75] – für ein Ermessen der Behörde bei der Entscheidung über die Auskunftserteilung keinen Raum.[76] Dies folgt nicht nur aus dem Wortlaut, sondern auch aus der Entstehungsgeschichte des § 19: Das Recht des Bürgers auf Auskunft sollte erweitert werden. Gegenüber jeder Stelle, also auch gegenüber den Strafverfolgungs- und Sicherheitsbehörden, soll grundsätzlich ein Auskunftsrecht bestehen (Bericht des federführenden Innenausschusses des Deutschen Bundestages).[77] Diese Wertung des Gesetzgebers, die den im Volkszählungsurteil des Bundesverfassungsgerichts entwickelten Grundsätzen Rechnung trägt,[78] muss auch für die nach § 6 Abs. 2 Satz 4 zu treffende Entscheidung gelten, bei der es ebenfalls um das Spannungsverhältnis zwischen Geheimhaltungsinteressen im Sicherheitsbereich und individuellem Auskunfts- (und Korrektur-)Interesse geht. Würde man stattdessen die Unterrichtung des Betroffenen über die Stelle, die die Daten gespeichert hat, in das Ermessen der vom Betroffenen ersuchten Stelle stellen, so würde die Grundsatzentscheidung des Gesetzgebers für einen Auskunftsanspruch gegenüber Sicherheitsbehörden in einem praktisch wichtigen Bereich ohne erkennbaren Grund leerlaufen.

49 Weiterhin besteht insoweit kein Beurteilungsspielraum, da keine der Ausnahmen vorliegt, die die Annahme einer Einschätzungsprärogative rechtfertigen. Die Voraussetzungen und die Grenzen der Entscheidung nach Abs. 2 Satz 4 unterliegen damit in vollem Umfang gerichtlicher Nachprüfung.[79]

50 Bei **Auskunftsersuchen** trifft die Stelle, an die sich der Betroffene nach Abs. 2 Satz 1 gewandt hat, nach der Konzeption des Gesetzes grundsätzlich eine abschließende Entscheidung, wenn sie statt des Betroffenen den BfDI unterrichtet. Abs. 2 Satz 5 sieht vor, dass sich das „weitere Verfahren" dann nach § 19 Abs. 6 richtet. Damit wird der Betroffene auf das – nicht gleichwertige – Ersatzrecht nach Maßgabe dieser Vorschrift verwiesen, die für den Fall gilt, dass dem Betroffenen keine Auskunft erteilt wird.[80] Daraus folgt, dass eine Entscheidung der speichernden Stelle über das Auskunftsersuchen dann grundsätzlich nicht mehr ergehen soll.

51 Beinhaltet die Nichtunterrichtung des Betroffenen nach Abs. 2 Satz 4 der Sache nach zugleich eine abschlägige Entscheidung über sein Auskunftsersuchen, so ist diese Entscheidung als Verwaltungsakt i.S.d. § 35 Abs. 1 VwVfG zu qualifizieren.[81] Dem Betroffenen ist dann ein rechtsmittelfähiger Bescheid zu erteilen. § 4 a Satz 1 VwGO ist nicht anwendbar, da der Betroffene die Sachentscheidung im Sinne dieser Vorschrift (die Entscheidung über das Auskunftsersuchen) im Regelfall mangels Kenntnis der Stelle, die die Daten gespeichert hat, gar nicht angreifen kann.

52 Art. 19 Abs. 4 GG ist zu beachten, der nicht nur das formelle Recht und die Möglichkeit, die Gerichte anzurufen, garantiert, sondern auch die Effektivität des Rechtsschutzes; der Bürger hat danach einen substanziellen Anspruch auf eine tatsächlich wirksame gerichtliche Kontrolle.[82] Würde das Gesetz verhindern, dass der Bürger grundsätzlich Kenntnis davon erlangen könnte, wer wo über welche seiner personenbezogenen Daten in welcher Weise und zu welchen Zwecken verfügt, so wäre sein Rechtsschutz verfassungsrechtlich unzureichend.[83]

---

73 Vgl. BVerwGE 23, 25, 29; 44, 339, 342; 74, 315, 323; *Sachs*, in: *Stelkens/Bonk/Sachs*, VwVfG § 40 Rdnr. 12; *Kopp/Ramsauer*, VwVfG, § 40 Rdnrn. 8 ff. m.w.N.
74 Vgl. o. Rdnrn. 46 f.
75 Vgl. 3. Auflage § 13 Rdnr. 50.
76 Vgl. BVerwGE 89, 14, 17 = NJW 1992, 451; *Knemeyer*, JZ 1992, 348, 349; s. im Einzelnen § 19 Rdnrn. 75 f.
77 BT-Drs. 11/7235, S. 101 f.; vgl. auch BVerwG, a.a.O.
78 Vgl. BVerfGE 65, 1, 46.
79 Vgl. auch BVerwGE 89, 14, 17.
80 Vgl. u. Rdnrn. 58 ff.
81 Vgl. auch BVerwGE 31, 301, 307; 74, 115, 118.
82 BVerfGE 53, 115, 127 f.
83 Vgl. BVerfGE 65, 1, 70.

Diese verfassungsrechtlichen Anforderungen sind bei der Begründung des erwähnten Verwaltungsakts (vgl. oben Rdnr. 51) zu beachten. Die Begründung muss unter Bezugnahme auf Abs. 2 Satz 4 grundsätzlich erkennen lassen, dass die vom Betroffenen ersuchte Stelle nicht die Stelle ist, welche die Daten gespeichert hat, und dass diese in entsprechender Anwendung des § 19 Abs. 4 nicht benannt werden kann. Nur unter dieser Voraussetzung ist der Betroffene regelmäßig in der Lage, Rechtsschutz zu erlangen, indem er auf Nennung der Stelle klagt, welche die Daten gespeichert hat. Die ersuchte Stelle muss die Wertung der Umstände, die die Geheimhaltungsbedürftigkeit begründen, so einleuchtend darlegen, dass das Gericht diese Wertung unter Berücksichtigung rechtsstaatlicher Belange noch als triftig anerkennen kann.[84] Der Bescheid bedarf in entsprechender Anwendung des § 19 Abs. 5 nur insoweit keiner Begründung, als durch die Mitteilung der tatsächlichen und rechtlichen Gründe, auf welche die Entscheidung gestützt wird, der mit der Auskunftsverweigerung verfolgte Zweck gefährdet würde.[85] 53

Abs. 2 Satz 4 setzt voraus, dass die vom Betroffenen ersuchte Stelle nicht die Stelle ist, welche die Daten gespeichert hat, und demgemäß auch nicht befugt ist zu entscheiden, ob dem Betroffenen gemäß § 19 Abs. 1 Auskunft erteilt wird. Die nach Abs. 2 Satz 4 zu treffende Entscheidung betrifft allein die Frage, ob statt des Betroffenen der BfDI zu unterrichten ist. Beschreitet der Betroffene den Rechtsweg, so wird er in der Praxis häufig zwei nacheinander geschaltete Prozesse führen müssen, um auf dem Rechtsweg eine Auskunft gemäß § 19 Abs. 1 zu erlangen: Ein Verfahren, in dem er auf Benennung der speichernden Stelle klagt, und ein weiteres, dessen Gegenstand die eigentliche Auskunftserteilung durch die speichernde Stelle bildet. 54

Dieses Erfordernis erscheint im Hinblick auf die durch Art. 19 Abs. 4 GG gebotene Effektivität des Rechtsschutzes und angesichts des Verfassungsrangs des Auskunftsrechts problematisch. Die Träger des Systems sind gehalten, das Auskunftsverfahren in einer diesen Anforderungen Rechnung tragenden Weise zu gestalten, etwa in der Weise, dass die Bearbeitung durch eine – dem Betroffenen gegenüber zu bezeichnende – Stelle erfolgt, die sich mit den Verbundteilnehmern abstimmt.[86] Nur wenn eine entsprechende Verfahrensgestaltung aus zwingenden Gründen ausscheidet, können die oben dargestellten Konsequenzen hinzunehmen sein. 55

Verlangt der Betroffene **Berichtigung, Löschung oder Sperrung**, so entscheidet die Stelle, an die er sich nach Abs. 2 Satz 1 gewandt hat, gemäß Abs. 2 Satz 4, ob statt des Betroffenen der BfDI über die Weiterleitung und die Stelle, die die Daten gespeichert hat, zu unterrichten ist. Sie trifft keine Entscheidung über das Ersuchen des Betroffenen. Dies ist Sache jener Stelle, an die das Ersuchen nach Abs. 2 Satz 2 weiterzuleiten ist. Die Verpflichtung der speichernden Stelle, nach Maßgabe des § 20 zu verfahren, bleibt von der Regelung des Abs. 2 Satz 5 unberührt. Etwaige Geheimhaltungserfordernisse ändern nichts an der – grundsätzlich unabhängig von einem Antrag des Betroffenen bestehenden – Pflicht, bei Vorliegen der gesetzlichen Voraussetzungen eine Berichtigung, Löschung oder Sperrung vorzunehmen. § 19 Abs. 6, auf den Abs. 2 Satz 5 verweist, stellt insoweit – anders als bezüglich der Auskunft – kein Ersatzrecht dar. Insoweit kann es bei dem „weiterem Verfahren" lediglich um die fehlende Unterrichtung des Betroffenen nach Abs. 2 Satz 3 gehen, die allerdings vom BfDI nicht nachgeholt werden darf. 56

Soweit die speicherungsberechtigte Stelle statt des Betroffenen den BfDI unterrichtet, gelten die obigen Ausführungen zum Auskunftsersuchen entsprechend.[87] Die Verweigerung der Unterrichtung stellt auch hier einen Verwaltungakt dar, gegen den der Betroffene den Rechtsweg beschreiten kann. 57

---

84 Vgl. BVerwGE 66, 233, 236; 74, 115, 120.
85 Vgl. § 19 Rdnrn. 104 ff.
86 Vgl. z.B. die für das BKA geltenden Dateienrichtlinien v. 26.2.1981 (GMBl. 7/1981, S. 14 = Dok. A 8) unter 6.1; dazu Hess.VGH, Urt. v. 2.11.1990 – 7 UE 1181/84, Leitsätze in CR 1992, 693.
87 Rdnrn. 50 ff.

3.3.3 Verfahren nach § 19 Abs. 6

58 Unterrichtet die vom Betroffenen nach Abs. 2 Satz 1 ersuchte Stelle statt seiner den BfDI, so richtet sich das weitere Verfahren gemäß **Abs. 2 Satz 5** nach § 19 Abs. 6. Mit letzterer Vorschrift wurde ein Ersatzrecht für die Bürger geschaffen, denen gegenüber eine Auskunftserteilung abgelehnt wurde.[88]

In diesem Falle tritt bei Auskunftsbegehren das Ersatzrecht an die Stelle des ursprünglichen Antrags.[89] Die vom BfDI an den Betroffenen ergehende Mitteilung darf nach Maßgabe des § 19 Abs. 6 Satz 2 grundsätzlich keine Rückschlüsse auf den Erkenntnisstand der verantwortlichen Stelle (bzw. nach dem Regelungszweck der Stelle, die die Daten gespeichert hat)[90] zulassen. Nach der ratio des Abs. 2 Sätze 4 und 5 darf auch die Identität der verantwortlichen (bzw. speichernden) Stelle nicht offen gelegt werden.[91]

60 Verlangt der Betroffene die Berichtigung, Löschung oder Sperrung von Daten, so ist die Formulierung, das weitere Verfahren richte sich nach § 19 Abs. 6, missverständlich, da es insoweit nicht um ein Ersatzrecht wie bei der Auskunft gehen kann.[92] Die Verweisung hat hier lediglich die Bedeutung, dass die Rechtmäßigkeit der Nichtunterrichtung des Betroffenen vom BfDI geprüft und dem Betroffenen eine entsprechende Mitteilung gemacht werden kann. Dem Betroffenen bleibt es aber unbenommen, unter den Voraussetzungen des § 21 den BfDI hinsichtlich des geltend gemachten Anspruchs auf Berichtigung, Löschung oder Sperrung anzurufen. Der BfDI kann insoweit auch unabhängig von einer Eingabe des Betroffenen nach § 24 von Amts wegen tätig werden.

61 Abs. 2 Satz 5 bestimmt, dass sich das **weitere** Verfahren nach § 19 Abs. 6 richtet. Auf die Unterrichtung des BfDI selbst ist § 19 Abs. 6 Satz 1 also nicht anwendbar. Diese hat generell und unabhängig von einem entsprechenden „Verlangen" des Betroffenen zu erfolgen; sie hat auch nicht das Unterbleiben einer Feststellung der Sicherheitsgefährdung durch die oberste Bundesbehörde zur Voraussetzung. Die Verweisung bezieht sich somit nur auf § 19 Abs. 6 Satz 171.[93] Auskunfterteilung durch den BfDI ist unentgeltlich. § 19 Abs. 7 ist insoweit auch ohne Verweisung entsprechend anwendbar.

88 Vgl. zur Parallelregelung in § 15 Abs. 3 Satz 3 und 4 BVerfSchG OVG Münster, DVBl. 1995, 371, 372; vgl auch § 19 Rdnrn. 111 ff.
89 Vgl. o. Rdnr. 50.
90 Vgl. auch oben Rdnrn 27 f.
91 Krit. zu den entsprechenden Vorschriften im HDSG *Simitis*, in: *Meyer/Stolleis,* HessStVwR S. 137 f.
92 Vgl. o. Rdnr. 56.
93 So auch *Auernhammer,* BDSG § 6 Rdnr. 15.

§ 6a Automatisierte Einzelentscheidung

(1) Entscheidungen, die für den Betroffenen eine rechtliche Folge nach sich ziehen oder ihn erheblich beeinträchtigen, dürfen nicht ausschließlich auf eine automatisierte Verarbeitung oder Nutzung personenbezogener Daten gestützt werden, die der Bewertung einzelner Persönlichkeitsmerkmale dienen.
(2) Dies gilt nicht, wenn
1. die Entscheidung im Rahmen des Abschlusses oder der Erfüllung eines Vertragsverhältnisses oder eines sonstigen Rechtsverhältnisses ergeht und dem Begehren des Betroffenen stattgegeben wurde oder
2. die Wahrung der berechtigten Interessen des Betroffenen durch geeignete Maßnahmen gewährleistet und dem Betroffenen von der verantwortlichen Stelle die Tatsache des Vorliegens einer Entscheidung im Sinne des Absatzes 1 mitgeteilt wird. Als geeignete Maßnahme gilt insbesondere die Möglichkeit des Betroffenen, seinen Standpunkt geltend zu machen. Die verantwortliche Stelle ist verpflichtet, ihre Entscheidung erneut zu prüfen.
(3) Das Recht des Betroffenen auf Auskunft nach § 19 und § 34 erstreckt sich auch auf den logischen Aufbau der automatisierten Verarbeitung der ihn betreffenden Daten.

Literatur

A. Albrecht, Biometrische Verfahren im Spannungsfeld von Authentizität im elektronischen Rechtsverkehr und Persönlichkeitsschutz (2003); *G.M. Beckhusen*, Der Datenumgang innerhalb des Kreditinformationssystems der SCHUFA: unter besonderer Berücksichtigung des Scoring-Verfahrens ASS und der Betroffenenrechte (2004); *ders.*, Das Scoring-Verfahren der SCHUFA im Wirkungsbereich des Datenschutzrechts, BKR 2005, 335 ff.; *F. Braunsfeld/U. Richter*, Bonitätsbeurteilung mittels DV-gestützter Verfahren, CR 1996, 775 ff.; *E. Duhr/H. Naujok/M. Peter/E. Seiffert*, Neues Datenschutzrecht für die Wirtschaft, DuD 2001, 5 ff.; *K. Globig*, Checkliste für Einzelentscheidungen, DuD 2003, 4; *W. Kamlah*, Das SCHUFA-Verfahren, MMR 1999, 395 ff.; *ders.*, Scoring Verfahren – Statistik und Datenschutzrecht, ZVI 2004, 9 ff; *K. Klein*, Zur datenschutzrechtlichen Relevanz des Scoring von Kreditrisiken, BKR 2003, 488 ff.; *M. Kloepfer/G. Kutzschbach*, Schufa und Datenschutzrecht, MMR 1998, 650 ff.; *C. Koch*, Scoring-Systeme in der Kreditwirtschaft, MMR 1998, 458 ff.; *K. von Lewinski*, Persönlichkeitsprofile und Datenschutz bei CRM, RDV 2003, 122 ff.; *Th. Mackenthun*, Datenschutzrechtliche Voraussetzungen der Verarbeitung von Kundendaten beim zentralen Rating und Scoring im Bankkonzern, WM 2004, 1713 ff.; *J. Moeller/B.-Chr. Florax*, Datenschutzrechtliche Unbedenklichkeit des Scoring von Kreditrisiken, NJW 2003, 2724 ff.; *dies.*, Kreditwirtschaftliche Scoring-Verfahren, Verbot automatisierter Einzelentscheidungen gem. § 6a BDSG, MMR 2002, 806 ff.; *T.B. Petri*, Das Scoringverfahren der SCHUFA, DuD 2001, 290 f.; *B.Sokol* (Hrsg.), Living by numbers: Leben zwischen Statistik und Wirklichkeit (2005); *T. Wolber*, Datenschutzrechtliche Zulässigkeit automatisierter Kreditentscheidungen: rechtliche Rahmenbedingungen für die elektronische Risikobewertung, CR 2003, 623 ff.

Übersicht

1. Vorbemerkung

1 **Gegenstand** der Regelung ist die Beschränkung, belastende Entscheidungen ausschließlich auf eine automatisierte Verarbeitung wertender personenbezogener Daten zu stützen (Abs. 1). Im Mittelpunkt steht damit im Unterschied zu den sonstigen Regelungen des Gesetzes nicht die Begrenzung der Verarbeitung personenbezogener Daten, sondern ihre Verwendung gegenüber den Betroffenen in Form automatisierter Entscheidungen. Von dem Verbot automatisierter Entscheidung sieht Abs. 2 zwei Ausnahmen vor, die den Anwendungsbereich der Regelung erheblich einschränken. Abs. 3 weitet den datenschutzrechtlichen Auskunftsanspruch auf den logischen Aufbau der Verarbeitung der Bewertungsdaten aus.

2. Zweck der Regelung

2 Die Regelung dient dem Schutz des Persönlichkeitsrechts des Betroffenen vor ihn belastenden automatisierten Wertungsentscheidungen. Die Gesetzesbegründung versieht die Regelung etwas missverständlich mit dem Etikett der „Bürgerfreundlichkeit".[1]

3 Die Vorschrift soll verhindern, dass Entscheidungen „ausschließlich aufgrund von automatisiert erstellten Persönlichkeitsprofilen getroffen werden, ohne dass eine Person den Sachverhalt neu überprüft".[2] Der Betroffene soll **nicht zum Objekt** einer automatisierten Verarbeitung bewertender Persönlichkeitsmerkmale werden, sondern eine auf einer Bewertung von Persönlichkeitsmerkmalen beruhende Entscheidungen soll von einer Person gegenüber dem Betroffenen verantwortet werden.[3] Letztlich ist die Regelung Ausdruck der Befürchtung, nur noch maschinell erzeugte Entscheidungen würden über Menschen bestimmen.

4 Die Gesetzesbegründung zu der Vorschrift hebt die durch den Auskunftsanspruch nach Abs. 3 gewährleistete **Transparenz** hervor: Die Vorschrift solle verhindern, dass Entscheidungen aufgrund von Persönlichkeitsprofilen ergehen, ohne dass der Betroffene die Möglichkeit habe, „die zugrunde liegenden Angaben und Bewertungsmaßstäbe zu erfahren".[4]

3. Gesetzgebungsgeschichte

5 Abs. 1 und 2 der Vorschrift setzen unter enger Anlehnung an ihren Wortlaut die Vorgaben des Art. 15 der **EG-Datenschutzrichtlinie** um. Abs. 3 beruht auf Art. 12 Buchstabe a) dritter Spiegelstrich der **EG-Datenschutzrichtlinie**. Akzentuierter als die deutsche Gesetzesbegründung weist der europäische Gesetzgeber auf die „missbräuchliche Verwendung der Informatik bei der Entscheidungsfindung" als eine der Hauptgefahren der Zukunft hin. Zur Begründung des Rechts gegen automatisierte Einzelentscheidungen wird hervorgehoben, dass ein von der Maschine geliefertes Ergebnis „einen scheinbar objektiven und unbestreitbaren Charakter" habe, dem ein menschlicher Entscheidungsträger übermäßige Bedeutung beimessen könne.[5]

Der Regierungsentwurf blieb in den Gesetzesberatungen unverändert. Geändert wurde durch den berichterstattenden Innenausschuss lediglich eine Formulierung in der Begründung. Nach dem Regierungsentwurf sollte eine automatisierte Entscheidung nur untersagt sein, wenn die Verarbeitung der wertenden Merkmale und die Entscheidung **„in einer Hand"** liegen.[6] Demgegenüber stellt die Begründung des Innenausschusses als Ergebnis der parlamentarischen Beratungen klar, es komme nicht darauf an, dass das Bewertungsverfahren (Scoring-Verfahren) und die abschließende Entscheidung in einer Hand liegen.[7] Die Bewer-

1 BT-Drs. 14/4329, S. 29.
2 BT-Drs. 14/4329, S. 30.
3 *Dammann/Simitis*, EG-Datenschutzrichtlinie, Art. 15 Rdnr. 1 f.
4 BT-Drs. 14/4329, S. 37.
5 *Dammann/Simitis*, EG-Datenschutzrichtlinie, Art. 15 vor Rdnr. 1.
6 BT-Drs. 14/4329, S. 29.
7 BT-Drs. 14/5793, S. 65.

tung von Persönlichkeitsmerkmalen erfordere „in jedem Fall eine Beurteilung durch einen Menschen, die das Ergebnis einer standardisierten Computeranalyse nicht zur einzigen Entscheidungsgrundlage macht"[8] (s.u. Rdnr. 29). Die Bewertung von Persönlichkeitsmerkmalen müsse Raum lassen, für eine Überprüfung und Relativierung ihres Ergebnisses, „insbesondere auf Grund eigener zusätzlicher Erkenntnisse oder besonderer Umstände des Einzelfalles".

Zur Reichweite des **Auskunftsanspruches** des Abs. 3 bat der Bundesrat die Bundesregierung um Prüfung, „ob und gegebenenfalls in welcher Form" sichergestellt werden könne, „dass Betriebs- und Geschäftsgeheimnisse der verantwortlichen Stelle angemessen geschützt werden".[9] Nach Ansicht des Innenausschusses trägt der Regierungsentwurf diesem Bedenken jedoch bereits Rechnung, „da sich die Auskunftspflicht nur auf den logischen Aufbau der automatisierten Verarbeitung, nicht aber beispielsweise auf Auskünfte über die verwendete Software" bezieht (s.u. Rdnr. 56).[10] 7

4. Verhältnis zu anderen Regelungen

Die Regelung in Abs. 1 und 2 setzt eine zulässige Erhebung, Verarbeitung und Nutzung personenbezogener Daten voraus. Sie beschränkt sich ihrem **Regelungsgegenstand** nach auf die Verwendung personenbezogener Daten für bestimmte automatisierte Entscheidungen. Abs. 3 ergänzt den gegenüber öffentlichen Stellen aus § 19 sowie den aus § 34 gegenüber nicht-öffentlichen Stellen bestehenden Auskunftsanspruch. 8

Eine vergleichbare Regelung enthält **§ 90g Abs. 4 BBG**. Danach dürfen beamtenrechtliche Entscheidungen „nicht ausschließlich auf Informationen und Erkenntnisse gestützt werden, die unmittelbar durch automatisierte Verarbeitung personenbezogener Daten gewonnen werden". Entsprechende Regelungen haben die Länder in ihren Beamtengesetzen vorgesehen (vgl. § 107g Abs. 3 HBG). Eine ähnliche Regelung gilt nach § 67b Abs. 4 SGB X für Entscheidungen, die sich auf eine automatisierte Verarbeitung von Sozialdaten stützt. 9

Das Verwaltungsverfahrensrecht kennt in § 37 Abs. 5 Satz 1 VwVfG den „mit Hilfe automatischer Einrichtungen" erlassenen schriftlichen **Verwaltungsakt**, der aber nicht zu verwechseln ist mit einer Regelung automatisierter Entscheidungen, die sich auf die Bewertung von Persönlichkeitsmerkmalen stützen. Das Gesetz regelt im übrigen nur Anforderungen an die Form eines automationsunterstützten Verwaltungsaktes. 10

Auch die **Landesdatenschutzgesetze** sehen, soweit sie die EG-Datenschutzrichtlinie umgesetzt haben, ein Verbot automatisierter Entscheidungen nach den Vorgaben des Art. 15 EG-Datenschutzrichtlinie für den Bereich ihrer Landesverwaltung vor.[11] 11

5. Entscheidungen (Abs. 1)

Normadressat sind die für die Verarbeitung verantwortlichen Stellen (§ 3 Abs. 7). Von Bedeutung ist die Regelung für die öffentlichen Stellen des Bundes sowie nicht-öffentliche Stellen im Sinne von § 1 Abs. 2 Nr. 1 und Nr. 3. Soweit Landesgesetzgeber das Verbot automatisierter Entscheidungen nicht geregelt haben, findet § 6a nach der Vorrangregel des § 1 Abs. 2 Nr. 2 Anwendung.[12] 12

8 BT-Drs. 14/5793, S. 65.
9 BT-Drs. 14/4329, S. 55.
10 BT-Drs. 14/5793, S. 65.
11 § 4 Abs. 7 LDSG BW; Art. 15 Abs. 6 BayDSG; § 15a BlnDSG; § 4 Abs. 4 Bbg DSG; § 5a HmbDSG; § 7 Abs. 3 HDSG; § 10a NDSG; § 4 Abs. 4 DSG NW; § 4a DSG LSA; § 19 LDSG SH; § 5a ThürDSG.
12 Siehe § 1 Rdnr. 125 f.

5.1 Belastende Entscheidungen

13 Abs. 1 enthält – wie durch die Formulierung „dürfen nicht" deutlich wird – ein grundsätzliches **Verbot** bestimmter Entscheidungen.[13] Ausnahmen regelt Abs. 2. Die Verbotsnorm unterscheidet nicht zwischen öffentlichen oder nicht-öffentlichen Stellen, sondern gilt für beide gleichermaßen.

14 Die Gesetzesbegründung weist darauf hin, dass nach Art. 15 Abs. 2 b) EG-Datenschutzrichtlinie von dem Verbot durch einzelstaatliches Gesetz abgesehen werde könne, das geeignete Garantien vorsehen müsse.[14] solches Gesetz könnte sich auf das in § 1 Abs. 3 Satz 1 geregelte Subsidiaritätsprinzip stützen, wonach bereichsspezifische Rechtsvorschriften den Regelungen des BDSG vorgehen. Ein solches Gesetz muss aber ausreichende Garantien vorsehen, um den Anforderungen der EG-Datenschutzrichtlinie zu genügen.

15 Untersagt sind den Betroffenen **belastende** Entscheidungen. Das Gesetz spricht von Entscheidungen, die „für den Betroffenen eine rechtliche Folge nach sich ziehen oder ihn erheblich beeinträchtigen". Fast gleichlautend ist die Vorgabe des Art. 15 Abs. 1 EG-Datenschutzrichtlinie, wonach den Betroffenen das Recht einzuräumen ist, „keiner für sie rechtliche Folgen nach sich ziehenden und keiner sie erheblich beeinträchtigenden Entscheidung" unterworfen zu sein.

16 **5.1.1 Rechtliche Folge (1. Alternative):** Nach der ersten Alternative muss die Entscheidung den Betroffenen nicht unmittelbar belasten. Ausreichend ist es, wenn die Entscheidung die **rechtliche Folge** erst „nach sich zieht". Die Regelung lässt demnach eine (interne) Entscheidung der verantwortlichen Stelle genügen, die erst durch einen Umsetzungsakt gegenüber dem Betroffenen rechtliche Folgen auslöst.

17 Es ist nicht erforderlich, dass die den Betroffenen belastende Rechtsfolge durch die für die Entscheidung **verantwortliche Stelle** gesetzt wird. Die rechtlichen Konsequenzen der Entscheidung können auch durch eine andere Stelle gegenüber dem Betroffenen gesetzt werden.

18 Im öffentlichen Bereich haben in der Regel **Verwaltungsakte** (§ 35 VwVfG) rechtliche Folgen.[15] Beispiele sind die Erteilung einer Erlaubnis oder die Bewilligung einer Leistung bzw. ihrer Verweigerung oder ihre Rücknahme oder ihr Widerruf.[16] Rechtliche Folgen hat aber auch die Kündigung eines öffentlich-rechtlichen Vertrages, die Feststellung eines Rechtsverhältnisses oder der Anspruch auf ein tatsächliches Handeln oder Unterlassen.

19 Im nicht-öffentlichen Bereich haben vor allem **Willenserklärungen** rechtliche Folgen. Beispiele sind die Annahme eines Vertragsangebotes oder die Kündigung eines Vertrages. Ob die Ablehnung eines Kreditantrages oder einer Stellenbewerbung für den Betroffenen „rechtliche" Folgen hat, ist von der Konstellation im Einzelfall abhängig. Im Zweifel kommt aber die zweite Alternative, eine erhebliche Beeinträchtigung, in Betracht (s.u. Rdnr. 30). Rechtliche Folgen haben auch Ansprüche auf Handeln oder Unterlassen bzw. die Feststellung eines Rechtsverhältnisses.

20 **Keine rechtliche Folge** löst die Entscheidung aus, einer Zahl von automatisiert ausgewählten Betroffenen Werbeprospekte zu übersenden.[17] Sie kann aber eine erhebliche Belästigung der Betroffenen bewirken (s.u. Rdnr. 23).

21 **5.1.2 Erhebliche Beeinträchtigung (2. Alternative)**: Untersagt sind Entscheidungen, die den Betroffenen „erheblich beeinträchtigen". Eine gleichlautende Formulierung steht in Art. 15 Abs. 1 **EG-Datenschutzrichtlinie**. Sie wurde aufgenommen, weil in den Verhandlungen umstritten war, ob bspw. die Ablehnung eines Kreditantrages rechtliche Folgen haben könne. Daran bestanden Zweifel, da durch die Ablehnung eine vertragliche Verpflichtung gerade nicht zustande kommt.[18] Die Aufnahme der „erheblichen Beeinträchtigung" sollte diese Konstellation zweifelsfrei abdecken.

---

13 BT-Drs. 14/4329, S. 29.
14 BT-Drs. 14/4329, S. 37.
15 BT-Drs. 14/4329, S. 37.
16 Vgl. *Dammann/Simitis*, EG-Datenschutzrichtlinie, Art. 15 Rdnr. 5.
17 Begründung Kommissionsvorschlag Abl EG Nr. C 311 vom 27.11.1992, S. 26.
18 *Brühann* in GH II/*Wolf* A30, Art. 15 Rdnr. 6.

Erforderlich ist eine **erhebliche Beeinträchtigung**. Eine bloße Belästigung reicht nicht aus. Die Entscheidung muss vielmehr eine nachhaltige Beeinträchtigung bspw. der wirtschaftlichen oder persönlichen Entfaltung des Betroffenen bewirken. 22

Beispiele einer erheblichen Beeinträchtigung sind die Ablehnung eines Kreditantrages oder einer Stellenbewerbung.[19] Auch die Entscheidung über die Leistungsfähigkeit eines Arbeitnehmers, über die Zuverlässigkeit von Personen oder ihr Verhalten in bestimmten Situationen beeinträchtigt den Betroffenen erheblich. 23

Keine erhebliche Beeinträchtigung des Betroffenen bewirkte nach der Vorstellung der EU-Kommission die Übersendung von **Werbematerial**.[20] Das Verständnis über die Erheblichkeitsschwelle ist allerdings situations- und zeitabhängig. Da die EU-Kommission 1992 über die Möglichkeiten einer zielgerichteten und vor allem wiederholten Werbung über Email nur unvollständige Vorstellungen haben konnte, ist eine erhebliche Beeinträchtigung durch die Übersendung von Werbematerial keinesfalls ausgeschlossen.[21] Erheblich belästigend kann die Übersendung von Werbematerial bspw. sein, wenn der Absender die Versuche des Empfängers nicht beachtet, eine Einstellung der Übersendung zu erreichen. Erheblich belästigend kann bspw. auch die unverlangte Übersendung von Emails mit pornographischen Angeboten einschließlich einschlägigen Bildmaterials sein. 24

5.2 Automatisierte Verarbeitung

Untersagt sind nur Entscheidungen, die „ausschließlich auf eine automatisierte Verarbeitung personenbezogener Daten gestützt werden". Eine **automatisierte Verarbeitung** liegt vor, wenn personenbezogene Daten unter Einsatz von Datenverarbeitungsanlagen erhoben, verarbeitet oder genutzt werden (§ 3 Abs. 2). Der gegenüber Vorentwürfen gestrichene Begriff der „Nutzung" ist bereits in der Legaldefinition der automatisierten Verarbeitung enthalten.[22] 25

Die Entscheidung **stützt** sich auf eine automatisierte Verarbeitung, wenn sie das Ergebnis eines programmgesteuerten Verarbeitungsprozesses ist. Präziser ist hier Art. 15 Abs. 1 EG-Datenschutzrichtlinie, wonach die Entscheidung „aufgrund einer automatisierten Verarbeitung … ergeht" 26

Die Entscheidung muss **ausschließlich** auf eine automatisierte Verarbeitung gestützt werden, d.h. eine erneute Überprüfung durch einen Menschen darf „nicht vorgesehen sein".[23] Die Regelung verbietet nur die unmittelbare Anwendung eines automatisiert erzeugten Ergebnisses auf einen Sachverhalt. Dies ist bspw. der Fall, wenn ein Sachbearbeiter einen Kreditantrag nur aufgrund eines negativen Score-Ergebnisses ohne Prüfung der Kundendaten oder bspw. der SCHUFA-Auskunft ablehnt.[24] Sobald das automatisierte erzeugte Ergebnis von einem zuständigen Entscheidungsträger verantwortet wird, d.h. zur Kenntnis genommen, geprüft und bestätigt wird, greift das Verbot der automatisierten Entscheidung nicht.[25] 27

Das Verbot richtet sich nicht gegen eine automationsgestützte **Vorbereitung einer Entscheidung**,[26] solange sie sich nicht ausschließlich auf das automatisiert erzeugte Ergebnis stützt und dieses ohne jede weitere Prüfung übernimmt. Soweit die letzte Entscheidung von einem Menschen getroffen wird, darf sie sich auch auf einen automatisiert erzeugten Entscheidungsvorschlag stützen.[27] Die verantwortliche Stelle darf also bspw. die Kreditwürdigkeit eines Kunden automatisiert prüfen und das Ergebnis ihrer Entscheidung zugrunde legen, wenn der Sachbearbeiter den Einzelfall prüft und die Entscheidung selbst trifft.[28] Entsprechendes gilt 28

---

19 *Dammann/Simitis*, EG-Datenschutzrichtlinie, Art. 15 Rdnr. 5; *Ehmann/Helfrich*, EG-Datenschutzrichtlinie 1999, Art. 15 Rdnr. 19.
20 Siehe Fußn. 17.
21 A.A. *Dammann/Simitis*, EG-Datenschutzrichtlinie, Art. 15 Rdnr. 5; *Weber* DuD 1995, 702.
22 A.A. *Duhr/Naujock/Peter/Seiffert*, DuD 2002, 25 f.
23 BT-Drs. 14/4329, S. 37.
24 *Koch*, MMR 1998, 460.
25 s.a. *Koch,* MMR 1998, 460 mit weiteren Beispielen.
26 *Dammann/Simitis*, EG-Datenschutzrichtlinie, Art. 15 Rdnr. 3; *Brühann* in GH II/*Wolf* A 30, Art. 15 Rdnr. 7.
27 *Dammann/Simitis*, EG-Datenschutzrichtlinie, Art. 15 Rdnr. 3.
28 *Brühann* in GH II/*Wolf* A 30, Art. 15 Rdnr. 7.

für automatisiert erstellte Eignungslisten oder automatisierte Psychotests.[29] Auch eine automatisierte Vorauswahl in einer Personengruppe nach bestimmten Suchkriterien bspw. im Vorfeld einer Personalbesetzung ist zulässig.[30]
Automatisierte Verarbeitung und Entscheidung müssen nach dem Willen des berichterstattenden Innenausschusses **nicht in einer Hand** liegen (s.o. Rdnr. 5).[31] Die gegenteilige Interpretation im Regierungsentwurf[32] ist angesichts des Votums des Gesetzgebers unbeachtlich. Die Bundesregierung unterbreitet nach Art. 76 Abs. 1 GG dem Deutschen Bundestag nur Gesetzesvorlagen zur Beschlussfassung, ist aber für den Gesetzesbeschluss nicht zuständig. Nach Art. 77 Abs. 1 GG werden Gesetze vom Bundestag beschlossen, so dass nur seine Beschlüsse bzw. die seiner zuständigen Ausschüsse den authentischen Willen des Gesetzgebers wiedergeben.

5.3 Bewertung einzelner Persönlichkeitsmerkmale

30 Die Verarbeitung der personenbezogenen Daten muss **„der Bewertung einzelner Persönlichkeitsmerkmale"** dienen. Die Gesetzesbegründung verweist auf die in Art. 15 Abs. 1 EG-Datenschutzrichtlinie genannten Beispiele der beruflichen Leistungsfähigkeit, der Kreditwürdigkeit, der Zuverlässigkeit oder des Verhaltens des Betroffenen.[33]

31 Typischer Anwendungsfall eines automatisierten Bewertungsverfahren sind sog. **Scoring-Verfahren**,[34] die bspw. in der Kredit- und Versicherungswirtschaft, aber auch zur Bewertung von Arbeitnehmern zur Anwendung kommen. In solchen Verfahren werden Personen nach einem oder mehreren Kriterien mit Hilfe einer Punktbewertung automationsunterstützt in eine Reihenfolge gebracht,[35] auf deren Grundlage Entscheidungen bspw. über die Kreditwürdigkeit, eine Einladung zum Bewerbungsgespräch, eine Beförderung oder Entlassung gefällt werden können.

32 Für die **Punktbewertung** bestimmter Merkmale werden statistische Daten mit Erfahrungswerten aus dem jeweiligen Geschäftsfeld kombiniert.[36] Je nach Erfahrung wird bestimmten Personengruppen je Merkmal ein Wert zugeordnet, die schließlich zusammengezählt einen Punktestand (Score) ergeben. Je höher bspw. ein Wert ist, desto geringer soll die Wahrscheinlichkeit einer späteren Vertragsstörung sein. Im Ergebnis liefert der Score-Wert eine prognostische Bewertung bspw. über die Kreditwürdigkeit eines Kunden oder die Leistungsfähigkeit eines Bewerbers.

33 Gegenstand der Bewertung sind **„einzelne Persönlichkeitsmerkmale"** einer natürlichen Person. Art. 15 Abs. 1 spricht von der „Bewertung einzelner Aspekte" der Person. Solche Merkmale bzw. Aspekte einer Person können ihr Alter, ihr Geschlecht, der Beruf, die Ausbildung, das Einkommen, die Zahl und das Alter der Kinder etc. sein. Auch Messwerte über physiologische oder organische Befunde einer Person sind Persönlichkeitsmerkmale.[37] Die Merkmale sind immer personenbezogene Daten im Sinne des § 3 Abs. 1.

34 Die Summe der Merkmale ergibt das (Teil)**Profil einer Persönlichkeit**, auf deren Bewertung („kreditwürdig"/„nicht kreditwürdig") sich die Entscheidung („ablehnen"/„annehmen") stützt. Allerdings verwenden weder das Gesetz noch die EG-Datenschutzrichtlinie den Begriff des Persönlichkeitsprofils.[38] Er spielt aber in der Begründung des Gesetzes bzw.

---

29 *Brühann* in GH II/*Wolf* A 30, Art. 15 Rdnr. 7.
30 BT-Drs. 14/4329, S. 37: „automatisierter Abgleich des Personalbestandes anhand bestimmter Suchkriterien, wie etwa Alter, Ausbildung, Zusatzqualifikation u.ä."
31 BT-Drs. 14/5793, S. 65.
32 BT-Drs. 14/4329, S. 29; *Christians* DANA 4/2000, 19.
33 BT-Drs. 14/4329, S. 37.
34 BT-Drs. 14/4329, S. 37. „Score" (engl.) = Punktestand.
35 BT-Drs. 14/4329, S. 37.
36 *Petri,* DuD 2001, 291; *Braunsfeld/Richter,* CR 1996, 775 ff.; *Koch,* MMR 1998, 458.
37 A.A. *Dammann/Simitis*, EG-Datenschutzrichtlinie, Art. 15 Rdnr. 4, die auf die Komplexität der Merkmale und ihrer Eignung für eine Bewertung abstellen.
38 Er war nur in früheren Entwürfen der Richtlinie enthalten, vgl. *Dammann/Simitis*, EG-Datenschutzrichtlinie, Art. 15 Rdnr. 6.

der Richtlinie als „Persönlichkeitsprofile“[39] bzw. als „Standardprofil einer Persönlichkeit“[40] eine Rolle und bezeichnet dort das Ergebnis des automatisierten Verarbeitungsvorganges als Summe der einzelnen Merkmale bzw. Aspekte einer Person, das je nach Programmierung des Systems als positiv oder negativ eingestuft wird. Entscheidend ist, dass die Bewertung mehrerer Merkmale einer Persönlichkeit erfassen muss.

Automatisierte Entscheidungen, die sich lediglich auf die Bewertung **eines** vorgegebenes Persönlichkeitsmerkmals stützen, fallen nicht unter das Verbot nach Abs. 1. Ein Beispiel ist die automatisierte Entscheidung des **Geldausgabeautomaten**, die Auszahlung eines bestimmten Betrages zu verweigern, weil der Verfügungsrahmen erschöpft ist.[41] Der individuelle Verfügungsrahmen des Kunden ist in dem Beispielsfall jedoch nur „ein“ Persönlichkeitsmerkmal, das automatisiert verarbeitet zu der wertenden Entscheidung „keine Auszahlung“ führt. Andere Beispiele sind die automatisierte Genehmigung von Kreditkartenverfügungen oder automatisiert gesteuerte Abgleiche von Guthaben, um Überweisungen, Scheck- oder Lastschriftaufträge auszuführen.[42] Auf das der Verfügung zugrunde liegende Rechtsverhältnis kommt es entgegen der Gesetzesbegründung[43] nicht an. Die Zulässigkeit einer Bewertung in die Dispositionsfreiheit der Vertragsparteien zu stellen, würde die Regelung zumal bei ungleichen Machtverhältnissen zwischen Anbieter und Kunden völlig leer laufen lassen. 35

Die automatisierte Verarbeitung muss der Bewertung von Persönlichkeitsmerkmalen „**dienen**“, d.h. zwischen Verarbeitung und Bewertung muss ein **funktionaler Zusammenhang** bestehen. Art. 15 Abs. 1 EG-Datenschutzrichtlinie spricht präziser von einer Verarbeitung von Daten „zum Zweck der Bewertung“ An diesem funktionalen Zusammenhang fehlt es, wenn die automatisierte Verarbeitung nicht auf eine Bewertung einer Eigenschaft des Betroffenen zielt. Im Unterschied zu der Bewertung „kreditwürdig“, dient die Verarbeitung der Information „Verfügungsrahmen ausgeschöpft“ durch den Geldautomaten keiner Bewertung der Person. 36

Kein funktionaler Zusammenhang zwischen Verarbeitung und Bewertung besteht ferner, soweit biometrische Merkmale ausschließlich für den Zweck der Identifikation ihres Merkmalträgers erhoben, verarbeitet oder genutzt werden.[44] Beispiele solcher Merkmale sind der Finger- oder Handabdruck, die Iris des Auges oder die Stimme einer Person.[45] Die Regelung findet aber Anwendung, wenn biometrische Identifikationsmerkmale zur Bewertung von Persönlichkeitsmerkmalen als Grundlage für eine Entscheidung automatisiert verarbeitet werden. 37

6. Ausnahmen (Abs. 2)

Von dem Verbot automatisierter Einzelentscheidung sieht Abs. 2 Satz 1 zwei als **Alternative** formulierte Ausnahmen vor, mit denen der Gesetzgeber Art. 15 Abs. 2 a) EG-Datenschutzrichtlinie umgesetzt hat. Insbesondere die erste Alternative ist bereits in der Diskussion der EG-Datenschutzrichtlinie als zu weitgehend kritisiert worden.[46] Satz 2 und 3 des Abs. 2 präzisieren ein Tatbestandsmerkmal der zweiten Alternative. 38

6.1 Den Betroffenen begünstigende Entscheidung (1. Alternative)

Nach der **ersten Alternative** des Abs. 2 Satz 1 Nr. 1 ist eine automatisierte Entscheidung zulässig, wenn sie „im Rahmen des Abschlusses oder der Erfüllung eines Vertragsverhältnisses oder eines sonstigen Rechtsverhältnisses ergeht und dem Begehren des Betroffenen stattgegeben wurde“. 39

---

39 BT-Drs, 14/4329, S. 29.
40 Abl. EG C 311 vom 27.11.1992, S. 27.
41 *Brühann* in GH II/*Wolf* A 30, Art. 15 Rdnr. 8.
42 BT-Drs. 14/4329, S. 37.
43 BT-Drs. 14/5793, S. 37; *Koch*, MMR 1998, 459.
44 BT-Drs. 14/4329, S. 37.
45 BT-Drs. 14/4329, S. 37.
46 *Dammann/Simitis*, EG-Datenschutzrichtlinie, Einl. Rdnr. 39; *Kilian*, Europäisches Datenschutzrecht in *Tinnefeld/Philipps/Heil* (Hrsg.), Informationsgesellschaft und Rechtskultur in Europa 1995, S. 105.

40 Dem **Begehren** des Betroffenen muss **stattgegeben** worden sein, wobei es unerheblich ist, ob die Entscheidung rechtliche Verpflichtungen nach sich zieht und sich in diesem Sinne für den Betroffenen belastend auswirkt. Abzustellen ist auf das Begehren insgesamt und nicht nur auf einen Teil der Entscheidung. Stattgebende Entscheidungen sind bspw. die Annahme eines Vertragsangebotes oder eines Antrages auf eine tatsächliche Leistung oder eine Erlaubnis. In einem Auswahlverfahren sind demnach die automatisierten Entscheidungen über die Ablehnung von Bewerbern durch einen Sachbearbeiter individuell zu überprüfen, während dies bei dem angenommenen Bewerber nicht der Fall ist.[47]

41 Zweite Voraussetzung der ersten Alternative ist, dass die Entscheidung „im Rahmen des Abschlusses oder der Erfüllung eines **Vertragsverhältnisses** oder eines sonstigen Rechtsverhältnisses" ergeht. Letztere soll im öffentlichen Bereich Fallgestaltungen erfassen, die mit den Vertragsverhältnissen im Privatrecht vergleichbar sind,[48] im Regelfall also öffentlich-rechtliche Verträge. Der Vertrag oder das Rechtsverhältnis muss zwischen der für die Entscheidung verantwortlichen Stelle und dem Betroffenen bestehen.[49]

6.2 Wahrung berechtigter Interessen (2. Alternative)

42 Nach der **zweiten Alternative** (Abs. 2 Satz 1 Nr. 2) ist eine automatisierte Entscheidung zulässig, wenn die „Wahrung der berechtigten Interessen des Betroffenen durch geeignete Maßnahmen gewährleistet und dem Betroffenen von der verantwortlichen Stelle die Tatsachen des Vorliegens einer Entscheidung im Sinne des Absatzes 1 mitgeteilt wird".

43 **6.2.1 Berechtigte Interessen des Betroffenen:** Das **berechtigte Interesse** des Betroffenen besteht nach dem Zweck der Regelung (s.o. Rdnr. 3) in einer Sachentscheidung, die das konkrete und individuelle Vorbringen des Betroffenen berücksichtigt und von einem Sachbearbeiter persönlich vorzunehmen und zu verantworten ist. Das berechtigte Interesse muss durch „geeignete Maßnahmen" gewährleistet werden.

44 Als eine **geeignete Maßnahme** nennt Abs. 2 Satz 2 im Anschluss an Art. 15 Abs. 2 a) EG-Datenschutzrichtlinie als Regelbeispiel („insbesondere") die Möglichkeit des Betroffenen, seinen **Standpunkt** geltend zu machen. Hierbei können auch neue Gesichtspunkte geltend gemacht werden. Andernfalls wäre „eine Überprüfung und Relativierung" des Ergebnisses „insbesondere auf Grund eigener zusätzlicher Erkenntnisse oder besonderer Umstände des Einzelfalles"[50] nicht möglich.

45 **Andere geeignete Maßnahmen** sind nicht ausgeschlossen, soweit sie die berechtigten Interessen der betroffenen Person nur wirksam wahren.[51] Die EU-Kommission deutet als eine weitere Maßnahme die Aussetzung einer Entscheidung an, bis eine „nicht automatische Prüfung der Akte" vorgenommen worden ist.[52]

46 Die verantwortliche Stelle – der gegenüber der Standpunkt geltend zu machen ist – wird durch Satz 3 verpflichtet, ihre Entscheidung erneut zu überprüfen. Eine solche **Überprüfung** darf „nicht ausschließlich automatisiert erfolgen".[53] Sie muss den vom Betroffenen vertretenen Standpunkt zur Kenntnis nehmen und bei ihrer Entscheidungsfindung berücksichtigen.[54] Die bloße Wiederholung der zunächst getroffenen Computerentscheidung ist also nicht ausreichend.

47 **6.2.2 Mitteilung der automatisierten Entscheidung:** Die in der zweiten Alternative (Abs. 2 Satz 1 Nr. 2) formulierte Ausnahme liegt nur vor, wenn dem Betroffenen gegenüber transparent ist, dass die verantwortliche Stelle eine automatisierte Entscheidung getroffen

---

47 Vgl. EU-Kommission, Abl. EG C 311 vom 27.11.1992, S. 27; *Brühann* in GH II/*Wolf* A 30, Art. 15 Rdnr. 9.
48 BT-Drs. 14/4329, S. 37.
49 *Dammann/Simitis*, EG-Datenschutzrichtlinie, Art. 15 Rdnr. 10.
50 BT-Drs. 14/5793, S. 65.
51 BT-Drs. 14/4329, S. 37.
52 Abl. EG C 311 vom 27.11.1992, S. 27.
53 BT-Drs. 14/4329, S. 37.
54 *Dammann/Simitis*, EG-Datenschutzrichtlinie, Art. 15 Rdnr. 10.

hat. Die verantwortliche Stelle ist daher nach Abs. 2 Satz 1 Nr. 2 verpflichtet, dem Betroffenen **mitzuteilen**, dass eine Entscheidung im Sinne von Abs. 1 getroffen worden ist. Keine Mitteilungspflicht besteht im Fall einer dem Begehren stattgebenden Entscheidung.[55]

Die Mitteilung muss, um ihren Zweck zu erfüllen, für den Betroffenen **verständlich** und 48 nachvollziehbar sein. Der Betroffene muss der Mitteilung ferner entnehmen können, wer die verantwortliche Stelle ist (vgl. § 4 Abs. 3 Satz 1 Nr. 1). Sie sollte den Betroffenen darauf hinweisen, auf welche Weise er eine Wahrung seiner berechtigten Interessen bewirken kann.[56]

Die Mitteilung nach Abs. 2 Satz 1 Nr. 1 muss den Betroffenen **zeitlich** zusammen mit der 49 Entscheidung erreichen. Eine nur einmalige Mitteilung im Zusammenhang mit der Benachrichtigung nach § 33 BDSG über die erstmalige Speicherung personenbezogener Daten[57] entspricht nicht dem Zweck der Regelung, die Tatsache einer automatisierten Entscheidung dem Betroffenen transparent zu machen.

Das Gesetz enthält für die Mitteilung keine **Formvorschriften**. Die Beweislast für den Zugang 50 der Mitteilung liegt jedoch bei der verantwortlichen Stelle, so dass es in seinem Interesse liegen sollte, eine beweissichere Form der Mitteilung zu wählen.

7. Auskunftsanspruch (Abs. 3)

Nach Abs. 3 erstreckt sich der datenschutzrechtliche Auskunftsanspruch nach § 19 und § 34 51 auch „auf den **logischen Aufbau** der automatisierten Verarbeitung der ihn betreffenden Daten". Die Regelung setzt den gleichlautenden Art. 12 Abs. 1 a) dritter Spiegelstrich und erweitert den bereits bestehenden Auskunftsanspruch um eine weitere Information.

Die Ausweitung des Auskunftsanspruches soll dem Betroffenen veranschaulichen, auf welche 52 Weise seine Daten zu einer Entscheidung verarbeitet werden.[58] Die Regelung soll nach der Gesetzesbegründung „**Transparenz**" schaffen.[59] Der Betroffene muss der Auskunft entnehmen können, welche Daten und Bewertungsmaßstäbe der Entscheidung zugrunde liegen,[60] um die Richtigkeit der Entscheidung überprüfen und letztlich auch substantiiert bestreiten zu können.[61]

Normadressat des Auskunftsanspruch ist die für die Entscheidung verantwortliche Stelle. 53 Da Entscheidung und die Verarbeitung der Persönlichkeitsmerkmale nicht in einer Hand liegen müssen (s.o. Rdnr. 5, 29), besteht der Auskunftsanspruch auch gegenüber der die Persönlichkeitsmerkmale und ihre Bewertung verarbeitenden Stelle.[62] Andernfalls würde der Auskunftsanspruch über die Bewertung von Persönlichkeitsmerkmalen leer laufen.

Die Auskunft umfasst nicht den gesamten logischen Aufbau des automatisierten Verarbei- 54 tungssystems in ihren zahlreichen Varianten vom Betriebssystem bis zu den verschiedenen implementierten Anwendungsprogrammen. Sie beschränkt sich vielmehr auf die **tragenden Funktionsprinzipien** der von der verantwortlichen Stelle vorgesehenen Verarbeitung der Daten des Betroffenen.[63] Auskünfte über die verwendete Software sind mit Rücksicht auf etwaige Betriebs- und Geschäftsgeheimnisse nicht erfasst.[64]

Offenzulegen sind vor allem die Kriterien, auf die sich das **Bewertungsverfahren** stützt (s.o. 55 Rdnr. 31 f.). Der Betroffene soll nachvollziehen können, auf welche seiner Daten die einzelnen Bewertungen seiner Persönlichkeitsmerkmale beruhen und welche Bedeutung die Werte für die automatisierte Entscheidung haben.[65] Bei einer Ablehnung eines Kreditantrages wird

---

55 *Koch,* MMR 1998, 461.
56 A.A. *Koch,* MMR 1998, 461 gegen eine aktive Hinweispflicht.
57 So aber *Koch,* MMR 1998, 460.
58 BT-Drs. 14/4329, S. 38.
59 BT-Drs. 14/4329, S. 38.
60 BT-Drs. 14/4329, S. 37.
61 *Dammann/Simitis*, EG-Datenschutzrichtlinie, Art. 12 Rdnr. 11; *Brühann* in GH II/*Wolf* A 30, Art. 12 Rdnr. 11.
62 *Kloepfer/Kutzschbach,* MMR 1998, 658; A.A. *Kamlah*, MMR 1999, 403.
63 *Dammann/Simitis*, EG-Datenschutzrichtlinie, Art. 12 Rdnr. 8, 11.
64 BT-Drs. 14/4329, S. 38.
65 *Dammann/Simitis*, EG-Datenschutzrichtlinie, Art. 10 ff.

sich diese Auskunft auf die Zahl und Art der verwendeten Informationen und ihre angenommene Wertigkeit beschränken können.[66]

56 Die verantwortliche Stelle kann die Auskunft nicht unter Berufung auf **Betriebs- und Geschäftsgeheimnisse** verweigern (s.o. Rdnr. 7).[67] Die Auskunft stellt für die verpflichtete Stelle eine verhältnismäßige Einschränkung ihrer Berufsausübungsfreiheit dar.[68] Zumal sich der Auskunftsanspruch nur auf den logischen Aufbau der automatisierten Verarbeitung der Daten des Betroffenen bezieht und gerade kein allgemeiner Ausforschungsanspruch ist.

8. Durchsetzung und Kontrolle

57 Abs. 1 enthält ein **unmittelbar geltendes Verbot**, das keines Umsetzungsaktes bedarf. Ein Verstoß ist nicht bußgeld- oder strafbewehrt. Entsprechendes gilt für einen Verstoß gegen die Mitteilungspflicht nach Abs. 2 Satz 1 Nr. 1.[69] Entgegen Abs. 1 verbotswidrig gefällte Entscheidungen sind rechtswidrig. Ihre Aufhebung bzw. Feststellung ihrer Unwirksamkeit kann im Klagewege prozessual durchgesetzt werden. Entsprechendes gilt für die Durchsetzung des Auskunftsanspruches.

58 Die Beachtung des Verbotes unterliegt bei nicht-öffentlichen Stellen der **Kontrolle** der Aufsichtsbehörden nach § 38 Abs. 1 Satz 1, die insbesondere die Betroffenen über den Gesetzesverstoß unterrichten können.[70] Automatisierte Entscheidungen von Bundesbehörden unterliegen der Kontrolle durch den Bundesbeauftragten für den Datenschutz (§ 24 Abs. 1 Satz 1). Im Rahmen der internen Datenschutzkontrolle wirken die Beauftragten für den Datenschutz – sowohl in öffentlichen als auch in nicht-öffentlichen Stellen – nach § 4g Abs. 1 Satz 1 auf die Beachtung des Verbotes hin.[71]

66 *Brühann* in GH II/*Wolf* A 30, Art. 12 Rdnr. 11.
67 Vgl. *Koch,* MMR 1998, 461.
68 Im Ergebnis ebenso *Kloepfer/Kutzschbach*, MMR 1998, 658; A.A. *Koch,* MMR 1998, 461 f.; *Kamlah*, MMR 1999, 403.
69 *Koch*, MMR 1998, 460.
70 Siehe § 38 Rdnr. 37.
71 Siehe § 4g Rdnr. 30.

§ 6b Beobachtung öffentlich zugänglicher Räume mit optisch-elektronischen Einrichtungen

(1) Die Beobachtung öffentlich zugänglicher Räume mit optisch-elektronischen Einrichtungen (Videoüberwachung) ist nur zulässig, soweit sie
1. zur Aufgabenerfüllung öffentlicher Stellen,
2. zur Wahrnehmung des Hausrechts oder
3. zur Wahrnehmung berechtigter Interessen für konkret festgelegte Zwecke
erforderlich ist und keine Anhaltspunkte bestehen, dass schutzwürdige Interessen der betroffenen Personen überwiegen.

(2) Der Umstand der Beobachtung und die verantwortliche Stelle sind durch geeignete Maßnahmen erkennbar zu machen.

(3) Die Verarbeitung oder Nutzung von nach Absatz 1 erhobenen Daten ist zulässig, wenn sie zum Erreichen des verfolgten Zweckes erforderlich ist und keine Anhaltspunkte bestehen, dass schutzwürdige Interessen der Betroffenen überwiegen. Für einen anderen Zweck dürfen sie nur verarbeitet oder genutzt werden, soweit dies zur Abwehr von Gefahren für die staatliche und öffentliche Sicherheit sowie zur Verfolgung von Straftaten erforderlich ist.

(4) Werden durch Videoüberwachung erhobene Daten einer bestimmten Person zugeordnet, ist diese über eine Verarbeitung oder Nutzung entsprechend §§ 19a und 33 zu benachrichtigen.

(5) Die Daten sind unverzüglich zu löschen, wenn sie zur Erreichung des Zwecks nicht mehr erforderlich sind oder schutzwürdige Interessen der Betroffenen einer weiteren Speicherung entgegenstehen.

Literatur

E.-H. Ahlf, Videotechnik in Privatunternehmen und Behörden, CR 1991, 424 ff.; *M. Anderheiden*, Videoüberwachung in der Fußgängerzone, VG Karlsruhe 11 K 191/01 vom 10.10.2001, JuS 2003, 438 ff.; *H. Bäumler*, Datenschutzrechtliche Grenzen der Videoüberwachung, RDV 2001, 67 ff.; *E. Duhr/H. Naujock/M. Peter/E. Seiffert*, Neues Datenschutzrecht für die Wirtschaft, DuD 2002, 5 ff.; *H. Garstka*, Videoüberwachung: Allheilmittel oder Gift für die Freiheitsrechte? DuD 2000, 192 f.; *Hessische Landesregierung*, Vierzehnter Bericht der Landesregierung über die Tätigkeit der für den nicht-öffentlichen Bereich in Hessen zuständigen Aufsichtsbehörde vom 18. September 2001, LT-Drs. 15/2950; *W. Höfling*, Grundrechtliche Anforderungen an Ermächtigungen zur Videoaufzeichnung und -überwachung durch Verwaltungsbehörden, in: *F. v. Zezschwitz / K.P. Möller* (Hrsg.) Videoüberwachung 2000, S. 29 ff.; *M.W. Huff*, Videoüberwachung im öffentlichen und privaten Bereich – Eine Zwischenbilanz, JuS 2005, 896 ff.; *Innenministerium Baden-Württemberg*, Hinweise zum Datenschutz für private Unternehmen und Organisationen Nr. 40 vom 28. Februar 2002, Az. 2-0552.1/17: Die neue datenschutzrechtliche Regelung zur Videoüberwachung; *M. Kloepfer, M./K. Breitkreutz*, Videoaufnahmen und Videoaufzeichnungen als Rechtsproblem, DVBl. 1998, 1149 ff.; *D. Nogala*, Ordnung durch Beobachtung – Videoüberwachung als urbane Einrichtung, in: *N. Gestring u.a.* (Hrsg.), Jahrbuch StadtRegion 2002; *G. Saelzter*, Die 13 Irrtümer der Videoüberwachung, DuD 2000, 194 ff.; *ders.*, Vorsicht Videoüberwachung, DuD 1997, 462 ff.; *T. Weichert*, Rechtsfragen der Videoüberwachung, DuD 2000, 662 ff.; *ders.*, Regelung zur Videoüberwachung verbesserungsbedürftig, DANA 3/2001, 5 ff.; *M. Wilke*, Videoüberwachung, RDV 2005, 96 ff.; *J. Wohlfarth*, Staatliche Videoüberwachung des öffentlichen Raumes, RDV 2000, 101 ff.; *F. v. Zezschwitz*, Videoüberwachung als datenschutzrechtliches Problem in: *A. Roßnagel* (Hrsg.), Handbuch Datenschutzrecht 2003, Kap. 9.3; *ders.*, Videoüberwachung in Hessen, DuD 2000, 636 ff.; *F. v. Zezschwitz / K.P. Möller* (Hrsg.), Videoüberwachung 2000.

Übersicht

1. Vorbemerkung

1 **Gegenstand der Regelung** ist die Beschränkung der Videoüberwachung öffentlich zugänglicher Räume. Abs. 1 regelt die Voraussetzungen einer zulässigen Beobachtung, Abs. 2 verpflichtet zur Kennzeichnung der Videobeobachtung, Abs. 3 regelt die Voraussetzungen einer Verarbeitung oder Nutzung der aus der Beobachtung gewonnenen personenbezogenen Daten, Abs. 4 die Benachrichtigung der Betroffenen im Fall der Zuordnung von Aufnahmen zu ihrer Person und Abs. 5 schließlich die Löschung der gespeicherten Daten.

2 Die **Bedeutung** der Videoüberwachung hat in den letzten Jahren sprunghaft zugenommen. Ausschlaggebend ist der technische Fortschritt der Videotechnik, die die Anschaffung und Installierung immer kleinerer und leistungsfähigerer Geräte zu verhältnismäßig geringen Kosten ermöglicht.[1] Im nicht-öffentlichen Bereich wird von über 400.000 Überwachungsanlagen ausgegangen.[2] Für die Liegenschaften des Bundes (Bundesministerien und BKA) hat die Bundesregierung im Jahr 2001 eine Gesamtzahl von 1.477 Kameras für 55 Liegenschaften genannt.[3]

3 Für die **zukünftige Entwicklung** wird auf die weitverbreitete Nutzung der Videoüberwachung in Großbritannien verwiesen, diese aber auch kritisch gewürdigt.[4] In der Bevölkerung wird die Videoüberwachung öffentlicher Plätze weitgehend akzeptiert, wenngleich die Zustimmung in den letzten Jahren etwas abgenommen hat.[5] Mittlerweile wird die Ambivalenz der Videoüberwachung zwischen Wirksamkeit und Sicherheitsgefühl einerseits und der Gefahr einer flächendeckenden Überwachung des öffentlichen Raumes wieder etwas stärker in den Vordergrund gerückt.[6]

2. Zweck der Regelung

4 Der **Gesetzgeber** wollte mit der gesetzlichen Regelung „die in weiten Bereichen durch öffentliche und nicht-öffentliche Stellen bereits durchgeführte" Videoüberwachung öffentlich zugänglicher Räume unter Wahrung der informationellen Selbstbestimmung auf eine gesetzliche Grundlage stellen.[7] Die gegenüber der Regierungsvorlage im Gesetzgebungsverfahren vorgenommene Verschärfung sollte unter Beachtung der Grundrechtspositionen der Betreiber von Überwachungsanlagen „eine restriktivere Verwendungspraxis" herbeiführen, ohne zugleich schützenswerte Beobachtungszwecke auszuschließen.[8] Zu diesem Zweck wurde der Kreis der eine Videoüberwachung rechtfertigenden Sachverhalte beschränkt, eine enge Zweckbindung der im Wege der Überwachung gewonnenen Daten vorgesehen und die Transparenz für die Betroffenen erhöht.[9]

---

1 *Garstka*, DuD 2000, 192 f. Zu nennen ist auch die Entwicklung der Satellitenüberwachung, *Arzt*, DuD 2000, 204 ff.
2 *DSBK*, Entschließung vom 14./15. März 2000, Grenzen der Videoüberwachung, DuD 2000, 304.
3 BT-Drs. 14/7905 vom 18. Dezember 2001.
4 *Nogala* 2002.
5 1998: 83%, 2001: 75% nach *Opaschowski*, DuD 2001, 680 (Repräsentative Umfrage des BAT).
6 *Nogala* 2002; *v. Zezschwitz/Möller*, Videoüberwachung 2000; *Saelzter*, DuD 2000, 194 ff.
7 BT-Drs. 14/4329, S. 38,
8 BT-Drs. 14/5793, S. 61.
9 BT-Drs. 14/5793, S. 61.

Verfassungsrechtlich greift die Erhebung personenbezogener Bilddaten in das informationelle Selbstbestimmungsrecht des Betroffenen ein.[10] Die Verbreitung des eigenen Bildes betrifft zudem das aus dem allgemeinen Persönlichkeitsrecht abgeleitete Recht am eigenen Bild.[11] Aber auch die bloße Beobachtung in Form von Übersichtsbildern, ohne dass einzelne Personen zu erkennen sind, ist grundrechtsrelevant, weil bereits die Unsicherheit, „ob abweichende Verhaltensweisen jederzeit notiert und als Informationen dauerhaft gespeichert, verwendet oder weitergegeben werden" die Menschen von der Ausübung ihrer Grundrechte abhalten kann.[12] Bereits der Umstand einer bloßen Beobachtung kann die Entscheidung beeinflussen und beeinträchtigten, ob und auf welche Weise man sich im öffentlichen Raum bewegt, darstellt oder sozial interagiert. Eine Beeinträchtigung, die sich auch auf die Bereitschaft und Entscheidung auswirken kann, seine politischen Rechte wahrzunehmen, seine Meinung zu äußern (Art. 5 Abs. 1 GG), sich mit anderen zusammenzuschließen (Art. 9 Abs. 1 GG) oder sich zu versammeln (Art. 8 GG).[13] Auch nach der zivilgerichtlichen Rechtsprechung genügt für die Verletzung des Persönlichkeitsrechts die subjektive Sicht des Betroffenen, ständig überwacht zu werden, auch wenn tatsächlich keine Aufnahmen angefertigt wurden.[14] Über die objektiv-rechtliche Bedeutung der Grundrechte finden die betroffenen Positionen bei der Auslegung privatrechtlicher Regelungen Beachtung (Drittwirkung). 5

3. Gesetzgebungsgeschichte

Ein erster Regelungsvorschlag für die Beschränkung der Videoüberwachung wurde in der **11. Legislaturperiode** am 13. Dezember 1988 von der damals in der Opposition befindlichen SPD-Fraktion in dem Entwurf zu einem Bundes-Informationsschutzgesetz vorgelegt.[15] § 56 des Entwurfes erfasste nicht nur die Beobachtung öffentlicher, sondern auch privater Räume durch optische Einrichtungen und regelte die Aufzeichnung der gewonnenen Bilder. Der Entwurf lehnte eine heimliche Erfassung kategorisch ab. Eine Überwachung sollte in offener Form lediglich im Rahmen des Hausrechts zulässig sein. Aufgezeichnete Daten sollten nach 48 Stunden gelöscht werden, soweit sie nicht zur Beweissicherung erforderlich sind. Außerdem untersagte der Regelungsentwurf die Erstellung von Bewegungsprofilen. 6

Ein weiterer Regelungsvorschlag wurde mit Datum vom 14. November 1997 erst wieder in der **13. Legislaturperiode** von der Fraktion Bündnis90/Die Grünen in die parlamentarische Beratung eingebracht,[16] jedoch nicht mehr eingehend beraten. Hingegen formulierte der Deutsche Bundestag in einem auf die Beratung des 16. Tätigkeitsberichts 1995-1996 des Bundesbeauftragten für den Datenschutz folgenden Entschließung vom 24. Juni 1998 die Erwartung, die Bundesregierung werde einen datenschutzrechtlichen Gesetzesvorschlag erarbeiten, der die Videoüberwachung an „klare Voraussetzungen" binde.[17] Sie dürfe „nur unter einschränkenden Bedingungen ohne Kenntnis der betroffenen Bürger erfolgen". 7

Die im Jahr 2000 von der **Regierungskoalition** aus SPD und Bündnis90/Die Grünen vorgeschlagene Fassung– zu dem der Bundesrat keine Änderungswünsche hatte – wurde vom Bundestag auf der Grundlage der Beschlussempfehlung des berichterstattenden Innenausschusses vom 4. April 2001 in zweiter und dritter Lesung präzisiert und verschärft.[18] Die Änderungen der Regierungskoalition berücksichtigen die Ergebnisse einer vom Innenausschuss des Deutschen Bundestages am 5. Juli 2000 durchgeführten Anhörung,[19] in der die 8

10 *Höfling* in *v. Zezschwitz/Möller*, S. 29 ff.
11 BVerfGE 34, 238, 246 – Tonband; 35, 202, 220 – Lebach; 97, 228, 268 – Kurzberichterstattung 101, 361, 381 – Caroline; *Helle*, Besondere Persönlichkeitsrechte im Privatrecht 1991, S. 45 ff.
12 BVerfGE 65, 1, 43; 69, 315, 349.
13 Vgl. *Höfling* in *v. Zezschwitz/Möller*, S. 33 ff.; *Roggan*, NVwZ 2001, 134.
14 BGH, NJW 1995, 1955, 1957, LG Braunschweig NJW 1998, 2458.
15 BT-Drs. 11/3730, dazu *Ahlf*, CR 1991, 429 f.
16 § 33 BT-Drs. 13/9082.
17 BT-Drs. 13/11168, S. 2; BT-Prot. 13/224 vom 24. Juni 1998 S. 22 739 (C).
18 BT-Drs. 14/5793, S. 16 f., 61.
19 MdB *Schröter* (SPD), BT-Prot. 14/128 vom 27. Oktober 2000, S. 12 390 (C).

Regierungsvorlage von Datenschutzseite u.a. wegen ihrer Unbestimmtheit kritisiert wurde.[20] Gegenüber dem Regierungsentwurf wurden insbesondere die tatbestandlichen Voraussetzungen der Erfassung (Abs. 1) sowie der weiteren Verarbeitung (Abs. 3) der aus der Videoüberwachung gewonnenen Daten enger gefasst und das Erfordernis des Hinweises auf die Benachrichtigung in Abs. 4 eingefügt. In der parlamentarischen Debatte verdeutlichte das MdB Grietje Bettin (Bündnis90/Die Grünen), dass die Regierungskoalition mit der Regelung den „Wildwuchs" der Videoüberwachung „öffentlicher Plätze und privatwirtschaftlicher Räume" begrenzen wollte, „um jede unnötige und überflüssige Maßnahme zu verhindern".[21]

9 Aber nicht nur die Änderungen im Gesetzgebungsverfahren, sondern auch die Änderungsanträge der CDU/CSU einerseits sowie der PDS andererseits belegen, dass die Regelung der Videoüberwachung im Deutschen Bundestag als eines der Kernelemente der Datenschutznovelle angesehen wurde. Der mit Mehrheit im Innenausschuss und ebenso in der zweiten und dritten Beratung im Deutschen Bundestag abgelehnte **Änderungsantrag der PDS** sah eine Ausweitung der Regelung auf nicht-öffentliche Räume, eine schärfere Zweckbindung, eine Löschungsfrist von regelmäßig 24 Stunden, erweiterte Transparenzpflichten sowie eine Pflicht zur Vorabkontrolle vor.[22] Bereits in der ersten Beratung hatte die PDS den Regierungsentwurf kritisiert.[23] Den Vorschlag der Regierungskoalition lehnte die PDS als „mangelhaft" ab, weil er die Videoüberwachung nicht auf besondere Ausnahmesituationen beschränke.

10 Der lediglich in den Ausschussberatungen eingebrachte **Änderungsantrag der Fraktion CDU/CSU** entspricht bis auf einen Punkt dem Änderungsantrag der Regierungskoalition.[24] Während die in Kraft getretene Fassung in Abs. 3 eine Zweckänderung der erhobenen Daten nur zur Gefahrenabwehr oder Straftatverfolgung vorsieht, hatte die CDU/CSU eine Ausweitung auch „zur Gefahrenvorsorge oder Straftatenverhütung" beantragt. Die Videoüberwachung solle „auch zur vorbeugenden Bekämpfung von kriminogenen Gefahren" erfolgen und zwar auch dann „wenn noch keine konkreten Hinweise für einen bestimmten Raum oder bestimmte Täter oder Taten vorliegen". Die Intention dieses Vorschlages erläuterte das MdB Beatrix Philipp (CDU/CSU) in der parlamentarischen Debatte mit dem Hinweis, dass das „Sicherheitsempfinden der Bürger", das sich vom tatsächlichen Bedrohungspotential oft erheblich unterscheide, Berücksichtigung finden müsse.[25]

11 Die **FDP-Fraktion** begründete Ihre Ablehnung der gesamten Novelle u.a. mit der Regelung zur Videoüberwachung, ohne jedoch eigene Änderungsanträge einzubringen. Sie begrüßte ausdrücklich die Regelungen zur Transparenz der Videoüberwachung sowie zur unverzüglichen Löschung, kritisierte aber fehlende Zweckbindung, die öffentlichen Stellen eine Videoüberwachung „zur Erfüllung jeder beliebigen Aufgabe" ermögliche.[26]

12 Die gesetzliche Regelung der Videoüberwachung wurde von der **Konferenz der Datenschutzbeauftragten** mehrfach im Rahmen der Novellierungsdiskussion 1996,[27] 1997[28] und schließlich zwei Mal im Jahr 2000 gefordert.[29] In der Entschließung der 59. Konferenz vom März 2000 wurde die Gefahr beschworen, der zunehmende Einsatz von Videokameras werde sich zu einer „Überwachungsinfrastruktur" entwickeln.[30] Die Konferenz betonte das Recht eines Jeden, sich in der Öffentlichkeit zu bewegen, ohne dass sein Verhalten durch

---

20 *Kalk*, LfD Sachsen-Anhalt, Stellungnahme zur Anhörung des BT-Innenausschusses vom 23.6.2000.
21 BT-Prot. 14/165 vom 6. April 2001, S. 16 184 (A).
22 BT-Drs. 14/5812; BT-Drs. 14/5793, S. 54; (Innen)Ausschuss-Drs. 14/437; BT-Prot. 14/165 vom 6. April 2001, S. 16 166 (D).
23 BT-Prot. 14/128 vom 27. Oktober 2000, S. 12 394 (B).
24 BT-Drs. 14/5793, S. 59.
25 MdB *Beatrix Philipp* (CDU), BT-Prot. 14/165, 16 183 (C).
26 BT-Prot. 14/165 vom 6. April 2001, S. 16 184 (D).
27 *DSBK*, Entschließung vom 14./15. März 1996, Modernisierung und europäische Harmonisierung des Datenschutzrechts, Anlage 15 zum 16. TB des BfD 1995-96, S. 470.
28 *DSBK*, Entschließung vom 23./24. Oktober 1997, Novellierung des Bundesdatenschutzgesetzes, DuD 1997, 733.
29 *DSBK*, Entschließung vom 14./15. März 2000, Grenzen der Videoüberwachung, DuD 2000, 304; Entschließung vom 12./13. Oktober 2000, Einsatz optisch-elektronischer Aufnahmetechnik durch Unternehmen und Private, DuD 2000, 683.
30 *DSBK*, Entschließung vom 14./15. März 2000 (Fußn. 28), DuD 2000, 304.

Kameras aufgezeichnet wird, und plädierte für ein Verbot einer großflächigen oder flächendeckenden Videoüberwachung. Darüber hinaus formulierten die Datenschutzbeauftragten konkrete Anforderungen an die Zulässigkeit einer Videoüberwachung und setzten sich für eine regelmäßige Prüfung ihrer Erforderlichkeit ein. In einer weiteren Entschließung vom Oktober 2000 wurde die von der Bundesregierung geplante Regelung kritisiert, weil sie keine ausreichenden Eingrenzungen enthalte. Die Regelung müsste insbesondere an die neuen technischen Möglichkeiten angepasst werden, Bildaufnahmen auch über das Internet zu verbreiten.[31]

Die **Konferenz der Innenminister und -senatoren** hat im Mai 2000 in Düsseldorf den „offenen Einsatz von Videoüberwachungsmaßnahmen an Kriminalitätsgesichtspunkten im öffentlichen Raum" als einen geeignetes Mittel bewertet, um die Wahrnehmung der polizeilichen Aufgaben im Rahmen der Gefahrenabwehr und der Strafverfolgung wirksam zu unterstützen". Durch den offenen Einsatz an Kriminalitätsbrennpunkten könnten „im Rahmen eines den jeweils spezifischen Gegebenheiten Rechnung tragenden Konzeptes" die Prävention verstärkt, die Kriminalitätshäufigkeit reduziert, die Aufklärung von Straftaten gesteigert und das Sicherheitsgefühl verbessert werden".[32] 13

In seiner auf die Beratung des 18. Tätigkeitsberichts 1999-2000 des Bundesbeauftragten für den Datenschutz folgenden Entschließung[33] begrüßte der Deutsche Bundestag die Absicht der Bundesregierung, eine **Strafvorschrift** zum Schutze vor Verletzungen der Intimsphäre und des Kernbereichs der Privatsphäre „durch unbefugte Bildaufnahmen bzw. deren Veröffentlichung zu schaffen". 14

4. Verhältnis zu anderen Regelungen

4.1 BDSG / KunstUrhG

Je nach technischer Gestaltung und Erfassungsgrad unterliegt die Videoüberwachung der **Vorabkontrolle** nach § 4d Abs. 5 Satz 1 BDSG,[34] der eine besondere verfahrenssichernde Funktion zukommt.[35] Voraussetzung der Vorabkontrolle ist die Verwendung elektronischer Kameras zur Erfassung von Personen („automatisierte Verarbeitung"), deren Einsatz besondere Risiken für die Rechte und Freiheiten der Betroffenen aufweisen muss. Dies ist regelmäßig der Fall, wenn das Zusammenschalten von Videokameras die Anfertigung und Auswertung von Bewegungs- oder Kontaktprofilen einzelner Personen ermöglicht. Die Gesetzesbegründung sieht besondere Risiken, wenn Überwachungskameras „in größerer Zahl und zentral kontrolliert eingesetzt werden".[36] Besondere Risiken weisen auch Verfahren auf, die eine hohe Auflösung biometrischer Merkmale wie insbesondere des Gesichts aufweisen oder bei denen die aufgenommenen Bilder mit bestimmten Merkmalen (bspw. Gesichter) einer Personen abgeglichen werden.[37] Auch der Einsatz von schwenkbaren Kameras mit Zoomfunktionen[38] kann die Intimsphäre von Menschen gefährden. Besondere Risiken erzeugen schließlich Videokameras, deren Daten unverschlüsselt über Funk an die Steuerungseinheit übertragen werden, so dass sich Angreifer die Bilddaten über das Scannen der Funkverbindung verschaffen und zu eigenen Zwecken missbrauchen können.[39] 15

Die für die Videoüberwachung verantwortliche Stelle muss bei der Auswahl und Gestaltung der einzusetzenden technischen Einrichtungen den Grundsatz der **Datenvermeidung und Datensparsamkeit** nach § 3a beachten.[40] Der Grundsatz ist nicht nur bei der technischen 16

31 Entschließung vom 12./13. Oktober 2000 (Fußn. 28), DuD 2000, 683.
32 161. Sitzung vom 5. Mai 2000 in Düsseldorf, Beschluss Nr. 23.
33 BT-Drs. 14/9490 vom 18. Juni 2002.
34 BT-Drs. 14/5793, S. 62; *DSBK*, DuD 2000, 304.
35 BT-Drs. 14/5793, S. 62.
36 BT-Drs. 14/5793, S. 62.
37 BT-Drs. 14/5793, S. 62.
38 Vgl. BT-Drs. 14/5793, S. 62.
39 Die Notwendigkeit zur Verschlüsselung ergibt sich aus Nr. 4 der Anlage zu § 9 BDSG.
40 BT-Drs. 14/5793, S. 61; *DSBK*, DuD 2000, 304; *Weichert*, DuD 2000, 668.

Konfiguration der Kameraeinstellungen zu beachten, bei denen ein Personenbezug nach Möglichkeit zu vermeiden ist. Er gilt ebenso für die Programmierung der Speicherung, die Einrichtung von Zugangssperren zu den gespeicherten Daten sowie für das routinemäßige Löschen bzw. Überschreiben einmal erfasster Daten.

17 Soweit personenbezogene Aufnahmen automatisiert (§ 3 Abs. 2) erhoben, verarbeitet oder genutzt werden können, unterliegen diese Verfahren der **Meldepflicht** nach § 4d Abs. 1.[41] Zu den meldepflichtigen Angaben gehört u.a. der Zweck der Videoüberwachung, dessen Festlegung wiederum für die Prüfung der Erforderlichkeit sowie der Abwägung nach Abs. 1 und Abs. 3 von Bedeutung ist.

18 Soweit Videoaufnahmen durch einen Auftragnehmer – in Betracht kommen vor allem Sicherheitsdienste oder Detektivbüros – erfolgen, sind die Regelungen über die **Datenverarbeitung im Auftrag** in § 11 zu beachten. Die Grenzen der Auftragsdatenverarbeitung werden im Fall einer Funktionsübertragung überschritten mit der Folge, dass der private Sicherheitsdienst für die Beobachtung und weitere Verarbeitung verantwortlich ist.[42] Im Fall einer Funktionsübertragung wird es regelmäßig an der Voraussetzung nach Abs. 1 Nr. 3 fehlen, weil der Sicherheitsdienst sich nicht auf die berechtigten Interessen des Auftraggebers stützen kann.

19 § 6b Abs. 3 und § 22 f. **KunstUrhG** überschneiden sich im Anwendungsbereich der Übermittlung. Nach § 22 KunstUrhG dürfen Bildnisse nur mit Einwilligung des Abgebildeten „verbreitet oder öffentlich zur Schau gestellt werden". § 22 f. KunstUrhG erfasst also nicht das Entstehen, Speichern, Verändern oder Nutzen der Aufnahmen,[43] sondern nur einen Ausschnitt der durch § 6b Abs. 3 Satz 3 geregelten Übermittlung personenbezogener Bildnisse in Form der Verbreitung oder der öffentlichen zur Schaustellung. Mit Rücksicht auf die Subsidiaritätsregel des § 1 Abs. 3 Satz 1 BDSG, die nach ihrem Wortlaut ausdrücklich auch für Regelungen über die Veröffentlichung personenbezogener Daten gilt, geht § 22 f. KunstUrhG der Regelung aus § 6b Abs. 3 Satz 1 vor.[44]

20 Wegen § 41 Abs. 1 BDSG findet die Regelung keine Anwendung auf Bildaufnahmen durch Unternehmen und Hilfsunternehmen der **Presse**, soweit die Aufnahmen zu ausschließlich journalistisch-redaktionellen Zwecken erfolgt. Insoweit finden jedoch die von der Rechtsprechung entwickelten Grundsätze zum Schutz des Persönlichkeitsrechts Anwendung.[45]

21 Die **EG-Datenschutzrichtlinie 95/46/EG** findet nach Erwägungsgrund 14 auf die Erfassung, Übermittlung, Veränderung, Speicherung, Aufbewahrung oder Weitergabe von personenbezogenen Daten grundsätzlich Anwendung. Voraussetzung ist eine automatisierte Verarbeitung der Daten, die eine Strukturierung und damit Auswertung nach personenbezogenen Daten ermöglicht.[46] Das Abspielen eines Videobandes erfüllt diese Voraussetzung nicht,[47] wohingegen das Scannen analog erfasster Bilder eine automatisierte Verarbeitung personenbezogener Daten ermöglicht und insoweit dem Datenschutzrecht unterliegt. Ausgenommen aus dem Anwendungsbereich der Richtlinie ist lediglich die Videoüberwachung für Zwecke der öffentlichen Sicherheit, da diese nicht unter das Gemeinschaftsrecht fallen.[48] Nach Art. 33 Abs. 2 ist die EU-Kommission verpflichtet, die Anwendung der Richtlinie auf die Verarbeitung personenbezogener Bild- und Tondaten zu prüfen und geeignete Vorschläge zu unterbreiten, die sich unter Berücksichtigung der Entwicklung der Informationsgesellschaft und der Arbeiten über die Informationsgesellschaft als notwendig erweisen könnten.

---

41 BT-Drs. 14/5793, S. 62; Nach *40. BWHinwBDSG* 2002 Pkt A 3.7. soll die Videoüberwachung stets einem automatisierten Verfahren gleichzusetzen sein.

42 *40. BWHinwBDSG* 2002 Pkt A 3.2; *Weichert*, DuD 2000, 667.

43 BGH, NJW 1966, 2354; *Ahlf*, CR 1991, 424 ff.

44 Unentschieden *Duhr/Naujock/Peter/Seiffert*, DuD 2002, 30.

45 Siehe Kommentierung zu § 41 BDSG.

46 Erwägungsgrund 15.

47 *Dammann/Simitis*, EG-Datenschutzrichtlinie, Art. 3, Rdnr. 3.

48 Erwägungsgrund 16 sowie Art. 1 Abs. 2 erster Spiegelstrich EG-DatSchRL.

4.2 Landesdatenschutz und Polizeirecht

Zahlreiche Landesgesetzgeber sehen in ihren Polizeigesetzen Befugnisnormen zur Videoüberwachung öffentlicher Plätze durch die **Gefahrenabwehrbehörden**, insbesondere durch die Polizeibehörden, vor.[49] Daneben haben Landesgesetzgeber in ihren Datenschutzgesetzen Befugnisnormen zur optisch-elektronischen Überwachung im Rahmen des **Hausrechts** der Behörden der Landesverwaltung vorgesehen.[50] Wegen § 3 Abs. 2 Nr. 2 findet § 6b auf die Videoüberwachung durch öffentliche Stellen der Länder keine Anwendung. Soweit § 6b Abs. 1 die Videoüberwachung ohne eine personenbezogene Erfassung regelt, fehlt es dem Bund für den Bereich der Landesverwaltung an der erforderlichen Gesetzgebungskompetenz. 22

4.3 Bundesregelungen im Sicherheitsbereich

Die bereichsspezifischen Regelungen des Bundes zur Videoüberwachung für Zwecke der **Gefahrenabwehr und der Straftatverfolgung** gehen der Regelung des § 6b vor (§ 1 Abs. 3).[51] Solche Regelungen hat der Bund im Rahmen seiner Gesetzgebungskompetenz für den Bundesgrenzschutz, das Bundeskriminalamt, die Zollfahndung, die Nachrichtendienste sowie materiell für das Versammlungsrecht und die Strafprozessordnung getroffen. Unter dem Gesichtspunkt der offenen Erhebung weist § 6b eine gewisse Ähnlichkeit noch am ehesten mit § 27 Satz 1 Nr. 2 BGS-Gesetz auf, der den Bundesgrenzschutz ermächtigt, „selbsttätige Bildaufnahme- und Bildaufzeichnungsgeräte" zur Sicherung von Grenzübergangsstellen und zum Schutz des Amtssitzes von Verfassungsorganen einzusetzen. 23

In den übrigen Fällen der Gefahrenabwehr lässt der Gesetzgeber eine verdeckte Beobachtung und Erhebung zu: So ist die **Bundespolizei** nach § 26 BPolG-Gesetz unter näher bestimmten Voraussetzungen in seinem Aufgabenbereich befugt, Bildaufzeichnungen von personenbezogenen Personen „in einer für den Betroffenen nicht erkennbaren Weise" zur Abwehr näher bestimmter Gefahren anzufertigen und zu verwenden. Über eine vergleichbare Befugnis verfügt nach § 23 Abs. 2 Nr. 2 a) BKA-Gesetz das **Bundeskriminalamt** zum Schutz von Zeugen sowie zum Schutz der Räumlichkeiten, in denen sich Mitglieder von Verfassungsorganen aufhalten. Bereichspezifische Grundlagen für die heimliche Erhebung von personenbezogenen Daten durch Bildaufnahmen enthält das Zollfahndungsgesetz vom 16. August 2002 (BGBl. I S. 3202) für das **Zollkriminalamt** in § 19 Zollfahndungsdienstgesetz (ZFdG) sowie für die **Zollfahndungsämter** in § 29 ZFdG. 24

Gehen von einer **Veranstaltung oder Ansammlung** Gefahren für die Grenze oder dem Grenzschutz unterliegende Objekte[52] aus, dann ist die Bundespolizei nach § 26 Abs. 1 BPolG-Gesetz zu Bildaufzeichnungen befugt, auch wenn Dritte unvermeidbar betroffen werden (§ 26 Abs. 1 Satz 2 BPolG-Gesetz). Eine **versammlungsrechtliche** Grundlage für den Einsatz einer Videoüberwachung hat der Gesetzgeber zur Abwehr von erheblichen von öffentlichen Versammlungen ausgehenden Gefahren in geschlossenen Räumen oder unter freiem Himmel mit §§ 12a, 19a VersG geschaffen. 25

Auch die **Nachrichtendienste** verfügen über gesetzlich geregelte Befugnisse, personenbezogene Informationen heimlich über Bild- und Tonaufnahmen zu beschaffen. Das Bundesamt für Verfassungsschutz kann sich auf § 8 Abs. 2 Satz 1 BVerfSchG stützen. Im Einzelfall ist der Einsatz von Bildaufzeichnungen nach § 9 Abs. 2 Satz 2 BVerfSchG auch in Wohnungen zulässig, wenn es zur Abwehr einer gegenwärtigen gemeinen Gefahr oder einer gegenwärtigen Lebensgefahr für einzelne Personen unerlässlich ist. Entsprechendes gilt für 26

---

49 Bspw. Art. 32 Abs. 2 BayPAG; § 14 Abs. 4 HSOG; § 32 Avs. 3 MWSOG; § 32 Abs. 3 NdsGefAG; § 15a NWPolG; § 16 Abs. 2 SOG LSA; § 38 Abs. 2 SächsPolG; § 27 Abs. 2 SPolG; siehe *Roggan*, NVwZ 2001, 134, 136 f.; *v. Zezschwitz*, DuD 2000, 670 ff.

50 § 33c BbgDSG; § 31b Bln DSG; § 29b DSG NW; § 20 SH LDSG; § 30 DSG LSA.

51 BT-Drs. 14/4329, S. 38; BT-Drs. 14/5793, S. 61.

52 § 23 Abs. 1 Nr. 4 BGS-Gesetz: Anlage oder Einrichtung der Eisenbahnen des Bundes (§ 3), einer dem Luftverkehr dienenden Anlage oder Einrichtung eines Verkehrsflughafens (§ 4), dem Amtssitz eines Verfassungsorgans oder eines Bundesministeriums (§ 5) oder an einer Grenzübergangstelle (§ 61) oder in ihrer unmittelbaren Nähe.

den Bundesnachrichtendienste (§ 3 BND-Gesetz) sowie den Militärischen Abschirmdienst (§ 4 f. MAD-Gesetz).

27 Für Zwecke der **Straftatverfolgung** enthält § 100 c Abs. 1 a) StPO eine gesetzliche Grundlage für die verdeckte Aufzeichnung von Bildern. Danach dürfen „Lichtbilder und Bildaufzeichnungen" ohne Wissen des Betroffenen hergestellt werden, „wenn die Erforschung des Sachverhaltes oder die Ermittlung des Aufenthaltsortes des Täters auf andere Weise weniger erfolgversprechend oder erschwert wäre". Die Maßnahmen dürfen sich auch gegen andere Personen richten (§ 100c Abs. 2 Satz 2 StPO). Sie dürfen auch durchgeführt werden, „wenn Dritte unvermeidbar betroffen sind" (§ 100 c Abs. 3 StPO). Die Verkehrsüberwachung mit Hilfe von Radarmessgeräten erfolgt im Rahmen des § 53 Abs. 1 OWiG.

5. Beobachten (Abs. 1)

28 Nach Absatz 1 ist das Beobachten öffentlich-zugänglicher Räume mit optisch-elektronischen Einrichtungen (Videoüberwachung) nur zulässig, soweit sie für drei abschließend geregelte Zwecke erforderlich ist und keine Anhaltspunkte bestehen, dass schutzwürdige Interessen der Betroffenen überwiegen.

5.1 Adressat der Regelung

29 Adressat der Regelung sind öffentliche **Stellen des Bundes** und **nicht-öffentliche Stellen**,[53] soweit sie Einrichtungen der Videoüberwachung aufstellen und verantwortlich betreiben. Der in Nr. 1 geregelte Zweck („Aufgaben öffentlicher Stellen") kann ausschließlich von den öffentlichen Stellen des Bundes, die in Nr. 3 („berechtigte Interessen") ausschließlich von nicht-öffentlichen Stellen, hingegen der in Nr. 2 geregelte Zweck (Hausrecht) von den öffentlichen Stellen des Bundes sowie nicht-öffentlichen Stellen in Anspruch genommen werden.[54] Keine Anwendung findet das Gesetz auf öffentliche Stellen der Länder, denn diese verfügen über eigene Datenschutzgesetze (§ 1 Abs. 2 Nr. 2).

5.2 Anwendungsausschluss für ausschließlich private oder familiäre Zwecke

30 § 6b kommt nicht zur Anwendung, wenn die Videoüberwachung **ausschließlich für private oder familiäre Tätigkeiten** erfolgt (§ 1 Abs. 2 Nr. 3).[55] In diesen Fällen ist die Videoüberwachung nur in den von der Rechtsprechung entwickelten Grenzen bspw. für den Schutz des Eigentums zulässig.[56] Soweit eine Videoüberwachung im Rahmen beruflicher oder gewerblicher Tätigkeiten erfolgt, unterliegt sie wieder den Voraussetzungen des § 6b.[57]

31 Der Anwendungsausschluss nach § 1 Abs. 2 Nr. 3 ist mit Rücksicht auf die möglichen Gefährdungen des Persönlichkeitsrechts durch eine Videoüberwachung **restriktiv** auszulegen.[58] Wegen des Tatbestandsmerkmals „ausschließlich" findet § 6b bereits Anwendung, wenn die Videoüberwachung nur zum Teil den Kreis einer privaten oder familiären Tätigkeit überschreitet. Für **private Tätigkeiten** erfolgt die Videoüberwachung, wenn mit ihr ausschließlich eigene Zwecke verfolgt werden, d.h. der Umstand der Beobachtung sowie ihre Aufnahmen ausschließlich im privaten Bereich verbleiben.[59] Entsprechendes gilt für die Verfolgung ausschließlich **familiärer Tätigkeiten**. Dies wird regelmäßig der Fall sein, wenn sich die Videoüberwachung auf die Beobachtung ausschließlich privater Räume beschränkt.

---

53 BT-Drs. 14/4329, S. 28.
54 BT-Drs. 14/5793, S. 61.
55 A.A. *Duhr/Naujock/Peter/Seiffert*, DuD 2002, 27, wonach § 6b gesetzestechnisch eine Ausnahmevorschrift zu § 1 Abs. 2 Nr. 3 ist.
56 Vgl. LG Itzehoe NJW-RR 1999, 1394 f.; BGH, NJW 1995, 1955, 1957.
57 *Dammann/Simitis*, EG-Datenschutzrichtlinie, Art. 3 Rdnr. 8.
58 Siehe § 3 Rdnr. 146 ff.; *Brühann* in GH II/*Wolf* A 30, Art. 3 Rdnr. 13.
59 Siehe § 3 Rdnr. 149.

In diesen Fällen würde § 6b allerdings ohnehin keine Anwendung finden, weil das Tatbestandsmerkmal „öffentlich zugänglicher Räume" nach Abs. 1 nicht erfüllt ist (s.u. Rdnr. 39).

Der Anwendungsausschluss nach § 1 Abs. 2 Nr. 3 findet auf die Videoüberwachung öffentlich zugänglicher Räume keine Anwendung, wenn mit der Videoüberwachung Personen außerhalb des privaten oder familiären Bereiches von einem bestimmten Verhalten abgehalten werden sollen oder um ein derartiges Verhalten zur Beweissicherung festzuhalten. Da eine Videoüberwachung **Abschreckungswirkung** nur entfalten kann, wenn die von einem bestimmten Verhalten betroffenen Personen von ihr Kenntnis haben, ist die offene Überwachung öffentlich zugänglicher Räume keine ausschließlich private Tätigkeit. Sie soll vielmehr Dritte zu einem bestimmten Verhalten bzw. Unterlassen veranlassen und überschreitet damit den Kreis einer ausschließlich privaten Tätigkeit. Unter diesem Gesichtspunkt erfolgt die Videoüberwachung eines öffentlich zugänglichen Eingangsbereiches eines Eigenheimes zur Störerabwehr nicht für eine ausschließlich private Tätigkeit.[60] 32

Die Videoüberwachung eines öffentlich zugänglichen Raumes, um Beweise für ein nicht normgemäßes Verhalten eines Dritten für eine spätere Rechtsverfolgung festzuhalten (**Beweissicherung**), überschreitet den Kreis der ausschließlich privaten bzw. familiären Tätigkeiten. Mit der Beweissicherung wird regelmäßig der Zweck verfolgt, einen über den privaten oder familiären Kreis hinausgehenden Personenkreis festzuhalten, um ihn für den Fall einer Strafanzeige oder einer Zivilklage gegenüber dem Betroffenen oder den zuständigen Institutionen verwenden zu können. Die Beweissicherung liegt damit außerhalb privater oder familiärer Tätigkeiten und fällt damit in den Anwendungsbereich des § 6b. 33

Auch die Beobachtung des öffentlich zugänglichen Eingangsbereiches einer privaten Haustür mit Hilfe einer Videokamera fällt in den Anwendungsbereich des § 6b.[61] Die **Zugangskontrolle** erfolgt zwar für den privaten Zweck, sich der Identität oder Lauterkeit eines Besuchers zu vergewissern. Die Beobachtung mit der Videokamera sowie eine gegebenenfalls erfolgende Aufzeichnung der erfassten Daten überschreitet jedoch den Kreis einer ausschließlich privaten Tätigkeit, soweit sie auf die Beobachtung eines öffentlich zugänglichen Raumes gerichtet ist. Hierzu zählt mit Rücksicht auf den Schutz der beobachteten Personen auch der jedermann zugängliche Eingangsbereich einer privaten Haus- oder Wohnungstür.[62] 34

5.3 Videoüberwachung

Die Regelung verwendet für eine Beobachtung mit „optisch-elektronischen Einrichtungen" die Legaldefinition der „Videoüberwachung". Das Tatbestandsmerkmal der **optischen** Beobachtung bezeichnet die Erfassung in Form von Bildern, wobei es nicht darauf ankommt, ob laufend Bilder, in bestimmten Zeitintervallen oder nach einer automatischen Auslösung durch Überschreiten einer Infrarotschranke anfertigt werden. Bei der **Einrichtung** handelt es sich um Hardware, die eine optisch-elektronische Beobachtung ermöglicht. Gemeint sind Kameras gleich welcher Größe und Funktionalität, die ortsfest installiert oder beweglich eingesetzt werden,[63] deren Erfassungsfeld fest oder schwenkbar eingerichtet ist und die mit oder ohne Zoom ausgestattet sein können. 35

Die Einrichtung muss eine optisch-**elektronische** Beobachtung ermöglichen. Dies ist beim Einsatz einer digitalen Kameratechnik regelmäßig der Fall. Jedoch findet die Regelung nach der Gesetzesbegründung auch auf eine analoge Kameratechnik Anwendung.[64] Die Gesetzesbegründung betont, dass die Regelung entgegen § 1 Abs. 2 Nr. 3 keine Erfassung unter 36

60 Im Ergebnis ebenso AG Wedding WuM 1998, 342 f.; LG Berlin NZM 2001, 207 f.

61 A.A. *40. BWHinwBDSG 2002,* Pkt. A 2.1.

62 A.A. *40. BWHinwBDSG 2002,* Pkt. A 2.1.

63 Nach *Duhr/Naujock/Peter/Seiffert*, DuD 2002, 27 beschränkt das Merkmal „Einrichtung" die Anwendung auf ortsfeste Kameras.

64 Siehe die Begründung in BT-Drs. 14/5793, S. 62. Die Formulierung „insbesondere bei Anwendung digitaler Kameratechnik" zu Abs. 1 a.E. sowie Abs. 3 setzt die Anwendung der Regelung auf analoge Kameratechnik voraus. Zu Abs. 4 ist ausdrücklich von der analogen Kameratechnik die Rede.

Einsatz von oder für Datenverarbeitungsanlagen voraussetzt.[65] Darüber hinaus hängen die Auswirkungen einer Beobachtung auch von der Vorstellung des Betroffenen ab, der jedoch nicht unterscheiden kann, ob eine analoge oder digitale Kameratechnik installiert worden ist. Das Tatbestandsmerkmal der elektronischen Beobachtung ist bereits erfüllt, wenn die Einrichtung selbst bzw. mindestens eine wesentliche Funktionen **elektronisch gesteuert** werden kann. In diesem Sinne können zunächst auch elektronisch gesteuerte Ferngläser eine optisch-elektronische Beobachtung ermöglichen.[66]

37 Das Gesetz unterscheidet zwischen Beobachtung (Abs. 1) und der Aufzeichnung in Form der Verarbeitung oder Nutzung (Abs. 3). Die **Beobachtung** ohne eine Speicherung der Bilder (Kamera-Monitor-Prinzip) genügt für die Anwendung des § 6b.[67] Beobachtung bezeichnet nach seinem Wortsinn das Ergebnis einer zunächst abwartenden Haltung, die sich jedoch Handlungsmöglichkeiten offen lässt. Der Beobachtende verbleibt zunächst in einer passiven Haltung, lässt die Dinge sich entwickeln, um dann gegebenenfalls einzugreifen oder eingreifen zu lassen. Abs. 1 stellt allerdings nur auf eine Beobachtung *durch eine technische Einrichtung* ab. Für die Anwendung des Abs. 1 genügt es also, wenn das „Auge der Videokamera" auf einen öffentlichen Raum gerichtet ist, um eine soziale Intervention zeitgleich oder nachfolgend zu ermöglichen. Ob eine natürliche Person die Videoaufnahmen zeitgleich beobachtet, um auf ein abweichendes Verhalten zu reagieren, ist für die Anwendung der Vorschrift unerheblich. Mangels „Beobachtung" findet die Regelung auf eine Videoverfilmung von Gebäuden oder Straßenzügen zum Zweck einer digitalisierten Kartierung keine Anwendung.[68]

38 Im Unterschied zum Erheben (§ 3 Abs. 3) setzt das Beobachten nicht notwendiger Weise eine **Erfassung personenbezogener Daten** voraus. Für die Anwendung des Abs. 1 ist ausreichend, dass öffentlich zugängliche Räume (s.u. Rdnr. 40) durch Überblicksaufnahmen auch ohne unmittelbaren Personenbezug beobachtet werden. Die Unterscheidung ist für die in Abs. 3 geregelte Zweckbindung von Bedeutung, die nur für die nach Abs. 1 erhobenen personenbezogenen Daten gilt. Mit Rücksicht auf die Notwendigkeit, dem Betroffenen Klarheit über den Umstand einer Videoüberwachung und ihren Verantwortlichen zu verschaffen (s.u. Rdnr. 66 ff.), gilt die Transparenzpflicht nach Abs. 2 auch für bloße Übersichtsaufnahmen. Die Löschungspflicht nach Abs. 5 gilt ebenfalls nicht nur für personenbezogene Daten (s.u. Rdnr. 102).

39 Die Regelung erfasst ihrem Wortlaut nach nicht das Aufstellen von **Attrappen**, denn Voraussetzung ist eine Beobachtung mit optisch-elektronischen Einrichtungen. Zwar kann von einer Attrappe derselbe Überwachungsdruck ausgehen wie von einer tatsächlich funktionsfähigen Überwachungseinrichtung, jedoch fehlt es nicht nur am Tatbestandsmerkmal der Beobachtung (s.o. Rdnr. 37) wie auch an einer optisch-elektronischen Einrichtung. Sinn und Zweck der Attrappe ist es, bei den Betroffenen die Vorstellung einer funktionsfähigen Anlage zu erzeugen, um sie von einem unerwünschten Verhalten abzuhalten. Unter dieser Voraussetzung erfüllt die Attrappe nur ihren Zweck, wenn sie deutlich sichtbar aufgestellt wird und auf den Umstand einer Videoüberwachung hingewiesen wird. Da der Betroffene bei einer Attrappe davon ausgehen muss, dass es sich um eine funktionsfähige Anlage handelt, ist auf die für die (vermeintliche) Beobachtung verantwortliche Stelle in entsprechender Anwendung des Abs. 2 hinzuweisen (s.u. Rdnr. 71).

5.4 Öffentlich zugängliche Räume

40 Beobachtet werden müssen **öffentlich zugängliche Räume.** Darunter sind umbaute Flächen zu verstehen, die ihrem Zweck nach dazu bestimmt sind, von einer unbestimmten Zahl oder nach nur allgemeinen Merkmalen bestimmten Personen betreten und genutzt zu werden.

---

65 BT-Drs. 14/5793, S. 62.

66 A.A. offenbar *Duhr/Naujock/Peter/Seiffert*, DuD 2002, 27.

67 BT-Drs. 14/4329, S. 38.

68 Siehe zur Gebäudedatenbank VG Karlsruhe DuD 2000, 294 ff.; LG Waldshut-Tiengen DuD 2000, 106; *Weichert*, DuD 1999, 42.

Beispielhaft nennt die Begründung „Bahnsteige, Ausstellungsräume eines Museums, Verkaufsräume oder Schalterhallen".[69]

Maßgeblich für den Begriff des Raumes in § 6b ist, dass der Betroffene nur über begrenzte Möglichkeiten verfügt, der Videoüberwachung auszuweichen. Unter diesem Gesichtspunkt können Räume auch **außerhalb von Gebäuden** liegen,[70] wenn sie nur umgrenzt sind. Räume im Sinne des Gesetzes sind also auch umgrenzte Plätze oder Parks.[71] Auch öffentliche Straßen, Wege, Ladenpassagen oder Fußgängerzonen etc. fallen unter die gesetzliche Regelung ebenso wie Tankstellen und andere Außenanlagen, die durch Umgrenzungen die Möglichkeiten beschränken, sich der Videoüberwachung zu entziehen. Öffentlich zugänglich ist auch der Eingangsbereich vor der Haustür eines Gebäudes oder einer Wohnanlage.[72] 41

Öffentlich zugänglich ist ein Raum, wenn sich seine Zugänglichkeit nach allgemeinen Merkmalen bestimmt, die von jeder Person erfüllt werden kann. In diesem Sinn sind Räume auch öffentlich zugänglich, wenn man bspw. ein Eintrittsgeld entrichten muss[73] oder andere im voraus bestimmbare und von jedermann erfüllbare Zugangsvoraussetzungen gelten. In diesem Sinne öffentlich sind auch Schalterhallen in Banken und Sparkassen, zu denen man nur mit Hilfe einer Kunden-, EC- oder Kreditkarte Zutritt bekommt. Andere Beispiele sind Verkehrsanlagen und Kultureinrichtungen etc. Auch von der Allgemeinheit zu benutzende Toiletten sind in diesem Sinne öffentlich zugängliche Räume, auch wenn der Nutzer sie abschließen kann. Treppenhäuser sind öffentlich zugänglich, wenn man sie ohne individuelle Erlaubnis, bspw. durch einen von einem Berechtigten ausgelösten automatischen Türöffner, betreten kann.[74] 42

Nicht öffentlich zugänglich sind Räume, die nur von einem bestimmten Personenkreis betreten werden dürfen wie bspw. eine nur Werksangehörigen zugängliche Halle eines Unternehmens.[75] Aus diesem Grund findet die Regelung keine Anwendung auf eine Videoüberwachung am Arbeitsplatz,[76] jedenfalls soweit dieser nicht öffentlich zugänglich ist. Soweit die Arbeitstätigkeit in öffentlich zugänglichen Räumen geleistet wird wie bspw. Verkaufsräumen, Schalterhallen oder Verkehrseinrichtungen, findet Abs. 1 Anwendung. Nichts anderes gilt für die dem Publikumsverkehr geöffneten Flure, Aufzüge oder Hoch- bzw. Tiefgaragen. Sie sind nur dann für die Öffentlichkeit unzugänglich, wenn der Zugang offensichtlich auf einen bestimmten Personenkreis beschränkt ist. So ist beispielsweise ein abgeschlossener Hausflur in einer Wohnanlage, eine Garage oder Einstellplatz nicht öffentlich zugänglich, wenn er nur mit Hilfe eines Schlüssels oder eines Signals von dem Berechtigten geöffnet werden kann.[77] 43

5.5 Zulässige Beobachtungszwecke

Die Videoüberwachung öffentlicher Räume ist nach Abs. 1 nur zulässig, soweit sie zur Aufgabenerfüllung öffentlicher Stellen (Nr. 1, s. Rdnr. 45), zur Wahrnehmung des Hausrechts (Nr. 2, s. Rdnr. 47) oder zur Wahrnehmung berechtigter Interessen für konkret festgelegte Zwecke (Nr. 3, s. Rdnr. 51) erforderlich ist (Rdnr. 56) und keine Anhaltspunkte bestehen, dass schutzwürdige Interessen der Betroffenen überwiegen (Rdnr. 60). 44

---

69 BT-Drs. 14/4329, S. 38.
70 *40. BWHinwBDSG* 2002, Pkt. A 1.2; *39. BWHinwBDSG* 2001 Pkt. C 2.
71 *Weichert,* DuD 2000, 666.
72 KG NZM 2002, 702 f. setzt dies für den Fall eines im Klingeltableau angebrachten Videoauges voraus.
73 So auch *40. BWHinwBDSG* 2002, Pkt. A. 1.2.
74 Beispiele sind die Zugänge zu Arztpraxen oder Anwaltskanzleien in größeren Wohneinheiten, *Duhr/Naujock/Peter/Seiffert,* DuD 2002, 27.
75 Vgl. BT-Drs. 14/4329, S. 38.
76 BT-Drs. 14/4329, S. 38.
77 40. *BWHinwBDSG 2002, Pkt.* A 1.2; Siehe auch *Hessische Landesregierung,* HessLT-Drs. 15/2950, S. 12.

5.5.1 Aufgabenerfüllung öffentlicher Stellen (Nr. 1)

45 Nach Nr. 1 ist die Videoüberwachung nur zur **Aufgabenerfüllung öffentlicher Stellen** (Nr. 1) zulässig. Der Regierungsentwurf[78] hatte die Videoüberwachung auch für die Aufgabenerfüllung nicht öffentlicher Stellen vorgesehen. Der Gesetzgeber ist diesem Vorschlag aber nicht gefolgt, so dass nicht-öffentliche Stellen ihre Videoüberwachung nicht auf die Nr. 1, sondern nur auf die Nr. 2 und Nr. 3 stützen können.

46 Mit dem Begriff der Aufgabenerfüllung sind die **gesetzlichen Aufgaben** gemeint.[79] Da die bereichsspezifischen Regelungen des Bundes für die Sicherheitsbehörden (s.o. Rdnr. 23 ff.) der Bestimmung des § 6b vorgehen[80] und die Zahl der Bundesbehörden gering ist, ist der **Anwendungsbereich** dieser Regelung beschränkt. Die Videoüberwachung muss **„zur"** Aufgabenerfüllung der öffentlichen Stelle erforderlich sein. Gemeint ist damit nicht, dass die gesetzlichen Aufgaben unmittelbar durch die Videoüberwachung erfüllt werden müssen, sondern ausreichend ist, dass sie ihre Erfüllung im weitesten Sinn unterstützt („zur"). Unter die Regelung fällt damit eine Videoüberwachung, mit der die Funktionsfähigkeit öffentlich zugänglicher Räume gewährleistet werden kann, die zur Aufgabenerfüllung der öffentlichen Stellen des Bundes verwendet werden („Gebäudesicherheit", „Zugangskontrolle"). Gegenüber dem Hausrecht nach Nr. 2 wird es regelmäßig zu Überschneidungen kommen. Auf die Nr. 1 können Bundesbehörden ihre Videoüberwachung außerhalb öffentlicher Gebäude des Bundes zur Erfüllung ihrer Aufgaben stützen.

5.5.2 Wahrnehmung des Hausrechts (Nr. 2)

47 Zulässig ist die Videoüberwachung zur Wahrnehmung des Hausrechts. Auf die Bestimmung können sich öffentliche ebenso wie nicht-öffentliche Stellen berufen.[81]

48 Das Hausrecht umfasst die Befugnis, **Störer** aus einem bestimmten Raum zu verweisen und ihnen das Betreten für die Zukunft zu untersagen.[82] **Zivilrechtlich** ergibt sich das Hausrecht aus den Abwehransprüchen des Eigentümers nach §§ 859 ff, 904, § 1004 BGB. Grund und Schranken können sich auch aus spezialgesetzlichen Bestimmungen wie bspw. dem Mietrecht (§ 535 BGB) oder dem Wohnungseigentümergesetz (§ 21 WEG) ergeben.

49 Für den **öffentlichen Bereich** ist das Hausrecht häufig öffentlich-rechtlich geregelt bspw. im Recht der Sitzungsleitung im Verwaltungsverfahren in § 89 VwVfG oder dem Recht zur Sitzungspolizei im Gerichtssaal nach §§ 175 bis 183 GVG. Soweit das Hausrecht nicht spezialgesetzlich geregelt ist, folgt es in den Grenzen des sachenrechtlichen Widmungszwecks aus der Zuständigkeit und Verantwortlichkeit der Verwaltung, für ihre Gebäude zu sorgen.[83]

50 Eine Videoüberwachung zur Wahrnehmung des Hausrechts kann präventive Zwecke sowie repressive Zwecke verfolgen. Der **Prävention** dient eine Videoüberwachung, wenn sie Personen davon abhalten soll, Rechtsverstöße zu begehen. Die Abschreckungswirkung soll darauf beruhen, dass potentielle Störer von Rechtsverstößen innerhalb „des Hauses" Abstand nehmen, weil sie aufgrund der Videoüberwachung eine Verfolgung befürchten. Für eine (repressive) **Verfolgung** von Verstößen gegen das Hausrecht kommt es zumeist auf die Beweissicherung der Videoaufnahmen an, um das Geschehen aufklären und gegebenenfalls vor Gericht verwenden zu können.

5.5.3 Wahrnehmung berechtigter Interessen (Nr. 3)

51 Das Tatbestandsmerkmal der „Wahrnehmung berechtigter Interessen für konkret festgelegte Zwecke", das nur für nichtöffentliche Stellen gilt,[84] geht auf eine Formulierung der Mehrheit

78 BT-Drs. 14/4329, S. 10.
79 BT-Drs. 14/5793, S. 61.
80 BT-Drs. 14/5793, S. 61.
81 BT-Drs. 14/5793, S. 61; *Duhr/Naujock/Peter/Seiffert*, DuD 2002, 28.
82 *Denninger* in: *Lisken/Denninger*, Handbuch des Polizeirechts, Kap. E., Rdnr. 13.
83 *Wolff/Bachof/Stober*, Verwaltungsrecht I, 1994, § 22 Rdnr. 51
84 BT-Drs. 14/5793, S. 61.

im Innenausschuss zurück. Der Gesetzgeber hat sich gegenüber der früheren Formulierung im Regierungsentwurf „Erfüllung eigener Geschäftszwecke“[85] ausdrücklich für eine **engere Fassung** der Zulässigkeitsvoraussetzungen entschieden.[86] Mit der Formulierung der „berechtigten Interessen“ hat sich der Gesetzgeber an der gleichlautenden Formulierung des § 28 Abs. 1 Satz 2 Nr. 2 BDSG orientiert, der als Ausnahmetatbestand restriktiv auszulegen ist.[87]

Die für die Beobachtung verantwortliche Stelle kann sich für die berechtigten Belange auf **wirtschaftliche ebenso wie ideelle Interessen** stützen.[88] Maßgeblich sind allerdings nicht allein subjektive Interessen, sondern nur solche, die auch objektiv begründbar sind.[89] Ein berechtigtes Interesse besteht regelmäßig im Schutz des Eigentums. Daran fehlt es jedoch bei einer Videoüberwachung eines öffentlichen Zugangsweges, wenn sie nur den Blick aus dem Fenster sparen soll.[90] Kategorisch schließt die Begründung berechtigte Interessen aus, „wenn die Beobachtung der Hauptzweck oder ein wesentlicher Nebenzweck der **Geschäftstätigkeit**“ ist.[91] 52

Eine Videoüberwachung kann sich allerdings nur auf berechtigte Interessen stützen, wenn ihre **Zwecke konkret festgelegt** worden sind. Dieser Anforderung genügt im Regelfall nur eine schriftlich oder elektronisch gegen Veränderung geschützte Festlegung, der für die einzelne Einrichtung ins Auge gefassten Zwecke.[92] Allgemeine Umschreibungen „zur Gefahrenabwehr“ oder „zur Straftatverfolgung“ genügen nicht. Die für die Beobachtung verantwortliche Stelle soll durch die Festlegung veranlasst werden, die Legitimation der Überwachung zu reflektieren. 53

Nach der Gesetzesbegründung müssen die Zwecke „**vor Beginn**“ der Videoüberwachung konkret festgelegt werden. Sie soll die Nachprüfung erleichtern, ob die jeweilige Beobachtungsmaßnahme erforderlich war.[93] Dies kann nur erreicht werden, wenn die Beobachtungszwecke dokumentiert werden, bevor sie in Betrieb genommen wird.[94] Sie sind, soweit es sich um eine automatisierte Verarbeitung handelt, Bestandteil der Meldungen nach § 4e Satz 1 Nr. 4 (s.o. Rdnr. 17). 54

Die **Beweislast** für erstens die konkrete und zweitens die rechtzeitige Festlegung der Zwecke liegt bei der für die Videoüberwachung verantwortlichen Stelle. Kann sie einen ausreichenden Nachweis nicht führen, ist die Beobachtung insoweit unzulässig. 55

5.5.4 Erforderlichkeit

Eine Videoüberwachung ist nur zulässig, „soweit“ sie zu den in Nr. 1 bis 3 genannten Zwecken auch **erforderlich** ist. Kriterium ist, ob der Zweck der Videoüberwachung auch durch mildere, ebenfalls geeignete Mittel erreicht werden kann. Unzulässig ist die Videoüberwachung, wenn sie bereits ungeeignet ist, den angestrebten Überwachungszweck zu erreichen. Maßstab der Prüfung ist eine objektive Betrachtungsweise – eine rein subjektive Sichtweise genügt den gesetzlichen Anforderungen nicht.[95] Ungeeignet ist eine Videoüberwachung zur Abschreckung von Störern bzw. Straftätern, wenn der Umstand der Überwachung tagsüber nur schlecht und nachts gar nicht zu erkennen ist.[96] An der Eignung fehlt es ferner, wenn die Videoüberwachung mangels ausreichender Beleuchtung im Dunkeln nicht funktionsfähig ist. Eine Videoüberwachung ist bspw. nicht erforderlich, wenn der Schutz des Eigentums bzw. des Hausrechts auch durch andere geeignete Maßnahmen wie die nächtliche Beleuch- 56

---

85 BT-Drs. 14/4329, S. 10.
86 BT-Drs. 14/5793, S. 61.
87 BT-Drs. 14/5793, S. 61; s.a. Kommentierung zu § 28 Rdnr. 133.
88 Siehe Kommentierung zu § 28, Rdnr. 139.
89 BT-Drs. 14/5793, S. 61.
90 LG Berlin, Urteil vom 22.8.1986, Az.: 8 O 197/85, siehe BDSG-Dokumentation E 23.
91 BT-Drs. 14/5793, S. 61.
92 Vgl. *Duhr/Naujock/Peter/Seiffert*, DuD 2002, 28.
93 BT-Drs. 14/5793, S. 61.
94 *40. BWHinwBDSG* 2002, Pkt. A. Pkt. 3.2; *Duhr/Naujock/Peter/Seiffert*, DuD 2002, 28.
95 *Duhr/Naujock/Peter/Seiffert*, DuD 2002, 28.
96 Vgl. LG Itzehoe WuM 2000, 128, 129.

tung des Hausflures, den Einbau einer Schließanlage oder durch häufigere Kontrollen des Hausmeisters bzw. des Sicherheitspersonals erreicht werden kann.[97]

57 Die Prüfung der rechtlichen Voraussetzung setzt die Feststellung des **Zwecks der Videoüberwachung** voraus. Während zu rein präventiven Zwecken eine Kamera-Monitor-Überwachung ohne Aufzeichnung ausreichen wird, erfordert eine repressive Ausrichtung regelmäßig aus Gründen der Beweissicherung die Möglichkeit, Aufnahmen anzufertigen. Insbesondere nach Nr. 3 muss der Zweck der Videoüberwachung vorher festgelegt sein (s.o. Rdnr. 53).

58 Gegenstand der Erforderlichkeitsprüfung ist nicht nur das Aufstellen der technischen Einrichtung, sondern auch die **konkrete Einstellung** der Beobachtung. So wird bspw. die Videoüberwachung des Eingangsbereiches eines Gebäudes nicht erforderlich sein, wenn dieser von dem vorhandenen Sicherheitspersonal eingesehen werden kann. Ebenso wenig wird zur Abwehr von Anschlägen die Erfassung der Kennzeichen aller an der Räumlichkeit vorbeifahrenden Kraftfahrzeuge erforderlich sein. Die **Einzelfallprüfung** hat auch für das Zoomen einzelner Personen Bedeutung, das erstens nur im Fall eines konkreten Anlasses erforderlich sein kann und zweitens für die Abwehr konkreter Gefahrenlagen häufig nicht geeignet, wohl aber zur Identifizierung eines Störers oder Täters geeignet sein kann.

59 Die für die Beobachtung verantwortliche Stelle muss im Rahmen der Erforderlichkeit die unterschiedlichen **technischen Gestaltungsmöglichkeiten** der Videoüberwachung berücksichtigen. Soweit sich die Anlage nicht ohnehin auf Übersichtsaufnahmen beschränkt, die einen (auch späteren) Personenbezug ausschließen, ist der Grundsatz der datensparsamen bzw. -vermeidenden Auswahl und Gestaltung der **Videoüberwachung nach § 3a** zu beachten.[98] Relevante Gestaltungsfaktoren sind neben den Funktionen der Anlage (fest/beweglich/schwenkbar, mit oder ohne Zoom) auch die konkreten Einstellungen. Gegenüber einer Dauerbeobachtung ist bspw. eine Gestaltung ein milderes Mittel und in diesem Sinne auch datensparsamer, wenn die Beobachtung nur im Einzelfall durch eine Lichtschranke ausgelöst wird.[99] Datensparsam ist auch ein System, in dem die Zoomfunktion nicht dauerhaft arbeitet, sondern erst durch das Bedienungspersonal im Fall eines konkreten Anlasses aktiviert wird.[100] Auch kann der Ausleuchtwinkel einer Kamera durch eine Verschleierung auf den wirklich sicherheitsrelevanten Bereich reduziert werden und auf diese Weise die Beobachtung auf das erforderliche Maß reduzieren.[101]

5.5.5 Abwägung

60 Soweit die Videoüberwachung erforderlich ist, kann sie gleichwohl unzulässig sein, wenn Anhaltspunkte bestehen, dass **schutzwürdige Interessen der Betroffenen** überwiegen.[102] Maßstab sind die durch das Recht auf informationelle Selbstbestimmung geschützten Interessen derjenigen, die Objekt der Videoüberwachung sind. Der Stellenwert der Schutzwürdigkeit wächst mit zunehmender Bedeutung der Möglichkeit zur individuellen Entfaltung im öffentlichen Raum und ist letztlich immer kontext- und situationsbezogen. Öffentliche Durchgangsbereiche kann man rasch durchmessen, aber ebenso gut auch spontan zur sozialen Kommunikation nutzen, wenn man bspw. Bekannte trifft, einem Straßenmusiker zu hört oder Gefallen an den Auslagen in einem Geschäft findet. Die Schutzbedürftigkeit ist regelmäßig in öffentlichen Räumen hoch, in denen sich Menschen typischerweise länger aufhalten und/oder miteinander kommunizieren.[103] **Betroffen** sind nach § 3 Abs. 1 nicht nur die Personen, deren Identität bestimmt werden kann, sondern auch die lediglich mit zusätzlichen Informationen bestimmbaren Personen.

97 Vgl. LG Berlin NZM 2001, 707, 708.
98 Siehe Kommentierung zu § 3a.
99 *Weichert*, DuD 2000, 668.
100 *Weichert*, DuD 2000, 668.
101 *Weichert*, DuD 2000, 668.
102 Siehe auch BT-Drs. 14/5793, S. 62.
103 Vgl. *Weichert*, DuD 2000, 667.

Ausreichend ist für Abs. 1, dass **Anhaltspunkte** für das Überwiegen schutzwürdiger Interessen bestehen. Schutzwürdige Interessen müssen sich auf belegbare Tatsachen stützen,[104] spekulative Vermutungen genügen nicht, bewiesene Tatsachen sind allerdings auch nicht erforderlich. 61

Schutzwürdige Interessen der Betroffenen überwiegen, wenn bspw. die Videoüberwachung eine gezielte Überwachung einzelner Personen ermöglicht, durch die der Betroffene zu einem **Objekt** der Beobachtung wird, der er sich nicht entziehen kann. Unzulässig ist eine Beobachtung, die die Intimsphäre der Betroffenen berührt. Beispiele einer solchen unzulässigen Beobachtung sind Videoaufnahmen von Umkleidekabinen oder Toiletten für den Zweck der Diebstahlsprävention.[105] 62

Der mit der Beobachtung verfolgte Zweck muss in einem angemessenen Verhältnis zu den schutzwürdigen Interessen der Betroffenen im Einzelfall stehen. Auch der BGH hat in seiner Rechtsprechung auf die Notwendigkeit einer **Abwägung im Einzelfall** unter Berücksichtigung aller verfassungsrechtlich geschützten Personen hingewiesen.[106] 63

Eine Videoüberwachung ist insbesondere dann als ein **intensiver Eingriff** in die Rechte der Betroffenen zu gewichten, wenn sie im Rahmen eines normgemäßen Verhaltens zu einer Verfolgung keinen Anlass gegeben haben.[107] Von erheblichem Gewicht ist eine Videoüberwachung ferner, wenn sie ununterbrochen einen Raum unter Kontrolle hält, dem die Betroffenen nicht ausweichen können.[108] Nur beispielhaft ist die Überwachung des Hofdurchgangs zu einer Wohnanlage rund um die Uhr zu nennen, der sich Mieter und Besucher nicht entziehen können.[109] Unverhältnismäßig ist auch die permanente Beobachtung in öffentlichen Einrichtungen der Verkehrsinfrastruktur, wenn es keine überwachungsfreien Zonen gibt.[110] 64

Derartige Eingriffe sind allenfalls zum Schutz mindestens gleichgewichtiger Rechtsgüter, insbesondere aber zur Abwehr von **Rechtsgütern von erheblichem** Gewicht gerechtfertigt.[111] Dies ist bspw. nicht der Fall, wenn die Überwachung im eben genannten Beispielsfall nur dem Schutz gegen Sachbeschädigung dient.[112] Unzumutbar ist auch die Installierung eines Videoauges in Höhe der Klingelanlage, die eine Beobachtung des Eingangsbereiches einer Wohnanlage von allen Wohnungen aus ermöglicht.[113] Unverhältnismäßig ist schließlich die Überwachung öffentlicher Zugangswege, soweit sie auch eine Kontrolle der Nachbarn bzw. ihrer Besucher ermöglicht.[114] Im Einzelfall gerechtfertigt kann eine Videoüberwachung aber sein, wenn sie einem seh- oder gehbehinderten Wohnungsinhaber zu erkennen ermöglicht, wer vor seiner Wohnungstür steht und klingelt.[115] Gerechtfertigt wird ferner regelmäßig eine Beobachtung gefährdeter Einrichtungen sein, die häufig von Anschlägen bedroht sind (Jüdischer Friedhof). 65

6. Transparenz (Abs. 2)

Die **Verpflichtung zur Transparenz** gehört zu den zentralen Elementen der gesetzlichen Regelung. Der Gesetzgeber stellt sie in den Zusammenhang mit anderen „Verfahrenssicherungen", mit denen das informationelle Selbstbestimmungsrecht gewahrt werden soll. Der Umstand eine Videoüberwachung erkennen zu können, ermöglicht dem Betroffenen, entweder sein Verhalten „unter dem Auge" der Kamera darauf einzurichten oder der Kamera 66

104 *Landesregierung Hessen*, LT-Drs. 15/2950, S. 13.
105 BT-Drs. 14/5793, S. 62.
106 BGH, NJW 1995, 1957; *Duhr/Naujock/Peter/Seiffert*, DuD 2002, 28.
107 Vgl. BGH, NJW 1995, 1957.
108 Vgl. LG Braunschweig NJW 1998, 2457, 2458; *Hessische Landesregierung*, LT-Drs. 15/2950, S. 13.
109 Vgl. LG Berlin NZM 2001, 207; AG Wedding WuM 1998, 342, 343.
110 *Duhr/Naujock/Peter/Seiffert*, DuD 2002, 28.
111 LG Berlin NZM 2001, 207.
112 LG Berlin NZM 2001, 207, 208 – Vorinstanz AG Schöneberg NZM 2000, 983 = ZMR 2000, 542.
113 KG NZM 2002, 702, 703.
114 BGH, NJW 1995, 1955, 1956; OLG Karlsruhe WuM 2000, 128, 129.
115 Vgl. AG Köln NJW-RR 1995, 1226 f. Entscheidend ist die Beschränkung auf eine anlassbezogene Überwachung.

auszuweichen. Eine abschreckende Wirkung kann die Videoüberwachung ohnehin nur entfalten, wenn sie gegenüber dem (potentiellen) Störer auch offen erfolgt; eine Erkenntnis, die sich die Rechtsprechung seit Jahren zu eigen gemacht hat.[116]

67 Der **Umstand** der Videoüberwachung muss durch geeignete Maßnahmen kenntlich gemacht werden. Erforderlich sind nach dem Gesetz keine detaillierten Informationen über Art und Umfang der Videoüberwachung, bspw. über die Zahl der Kameras, vorhandene Zoomfunktionen oder das Überwachungspotenzial.[117] Ausreichend sind erkennbare Hinweise auf die Tatsache, dass ein bestimmter Raum mit Hilfe von Videos überwacht wird. Der Betroffene muss aber eine Vorstellung bekommen können, welcher Raum von der Videoüberwachung erfasst wird, um dieser ausweichen zu können.

68 Das Gesetz verlangt, dass der Umstand der Videoüberwachung durch geeignete Maßnahmen **erkennbar** wird. Die Videoüberwachung muss nicht von jedem Betroffenen erkannt werden. Ausreichend ist die Möglichkeit des Betroffenen, die Videoüberwachung zu erkennen. Maßstab sind die subjektiven Möglichkeiten derjenigen, die typischerweise den Raum betreten und sich in diesem aufhalten und daher über den Umstand der Videoüberwachung informiert werden müssen. Optische Hinweise müssen im Blickfeld des Betroffenen,[118] akustische Hinweise müssen deutlich und klar formuliert und in regelmäßigen Abständen, die sich an der durchschnittlichen Aufenthaltsdauer in dem Raum orientieren, wiederholt werden.

69 Die Erkennbarkeit muss durch **geeignete Maßnahmen** gewährleistet werden. Wird bspw. ein Raum videoüberwacht, der nach seiner Lage typischerweise von blinden Menschen besucht wird, dann ist bspw. ein graphischer Hinweis ungeeignet, den typischerweise Betroffenen die erforderliche Transparenz zu vermitteln. Geeignet sind in diesem Fall nur akustische Hinweise über Lautsprecher. Ungeeignet ist ein textlicher Hinweis in deutscher Sprache, wenn der Raum typischerweise von des Deutschen nicht mächtigen oder des Lesens unkundigen Menschen betreten wird. Unter diesen Umständen wird sich die verantwortliche Stelle sowohl schriftlicher Hinweise in Form von Texttafeln, ggf. auch in unterschiedlichen Sprachen („Achtung Videoüberwachung"), bzw. allgemein verständlicher Piktogramme bedienen müssen.[119] Die Erkennbarkeit einer Videoüberwachung könnte durch die Entwicklung und Verwendung einheitlicher Symbole und Farben in Piktogrammen erheblich gesteigert werden.

70 Auf gesonderte optische Hinweise kann nur in **Ausnahmefällen** verzichtet werden, wenn die Kamera für den Betroffenen deutlich sichtbar angebracht ist.[120] Allerdings muss der Betroffene nach Sinn und Zweck der Regelung die Möglichkeit haben, der Überwachung auszuweichen. Soweit der Betroffene die Videokamera aber erst als solche erkennt, wenn er sich in ihrem Erfassungsfeld befindet, ist ein zusätzlicher Hinweis im räumlichen Vorfeld erforderlich. Im Einzelfall kann der Umstand der Videoüberwachung durch das Aufstellen von Monitoren erkennbar gemacht werden, durch die der Umstand einer Beobachtung erkennbar ist.[121] Die Betroffenen müssen allerdings nach Art und Umfang der Aufnahmen erkennen können, dass sie sich im Erfassungsfeld einer Videoüberwachung befinden. Dies wird bspw. nicht der Fall sein, wenn auf dem Monitor eine andere Umgebung mit anderen Personen zu sehen ist,[122] so dass der Betroffene den Umstand der Videoüberwachung nicht auf sich beziehen kann. Ungeeignet ist das Aufstellen von Monitoren, wenn nach der Gestaltung des Raumes der Blick des Betroffenen gezielt auf andere Objekte (bspw. Verkaufsware) gelenkt wird, wie dies bspw. in Läden und Kaufhäusern regelmäßig der Fall ist.

---

116 BGH, NJW 1995, 1955; OLG Karlsruhe NZM 2002, 703. Siehe zur arbeitsrechtlichen Rechtsprechung: BAG NZA 1988, 92; LAG Baden-Württemberg RDV 2000, 27, 1440; LAG Köln RDV 1997, 183; LAG Hamm RDV 2001, 288, 289.

117 Kritisch *Bäumler*, RDV 2001, 70, der Informationen über das Überwachungspotenzial (Aufzeichnung, kontrollierte Nutzung, Übertragung) durch Lichtsignale fordert.

118 *40. BWHinwBDSG 2002,* Pkt. A. 3.3.

119 *Duhr/Naujock/Peter/Seiffert*, DuD 2002, 29.

120 *Landesregierung Hessen*, LT-Drs. 15/2950, S. 13.

121 40. *BWHinwBDSG 2002*, Pkt. A. 3.3.

122 In diesem Fall würden die Aufnahmen im Sinne von Abs. 3 Satz 1 übermittelt werden, ohne dass dies erforderlich ist.

Der Betroffene muss neben dem Umstand der Videoüberwachung auch die für sie **verantwortliche Stelle** im Sinne von Abs. 2 erkennen können. Verantwortlich ist nach § 3 Abs. 7 die Stelle, die personenbezogene Daten aus der Beobachtung erhebt, verarbeitet oder nutzt. Dies gilt auch für das Aufstellen einer Attrappe (s.o. Rdnr. 39). 71

Die Information über die verantwortliche Stelle muss es dem Betroffenen ermöglichen, ohne weitere Recherchen festzustellen, gegenüber wem er wirksam seine **Datenschutzrechte** insbesondere auf Auskunft oder Löschung geltend machen kann. Hierzu benötigt der Betroffene Angaben über die Identität der verantwortlichen Stelle (vgl. § 4 Abs. 3 Satz 1 Nr. 1), nämlich mindestens den Namen der verantwortlichen Stelle und ihre Anschrift.[123] Ein Hinweis auf eine örtliche Stelle – bspw. in Kaufhäusern „die Kundeninformation im Erdgeschoss“ – wird ausreichend sein, wenn der Betroffene an diesem Ort auskunftsbereites Personal ohne unzumutbare Wartezeiten antreffen kann.[124] 72

7. Verarbeitung oder Nutzung (Abs. 3)

Abs. 3 regelt die Verarbeitung oder Nutzung personenbezogener Daten, die aus einer Beobachtung nach Abs. 1 in der technischen Einrichtung entstanden sind. Die Verarbeitung oder Nutzung dieser Daten ist nur zulässig, wenn sie zum Erreichen des verfolgten Zweckes erforderlich sind und keine Anhaltspunkte bestehen, dass schutzwürdige Interessen überwiegen. Satz 2 lässt eine Zweckänderung nur zu, soweit dies zur Abwehr von Gefahren für die staatliche und öffentliche Sicherheit sowie zur Verfolgung von Straftaten erforderlich ist (s.u. Rdnr. 81). 73

7.1 Zweckbindung (Satz 1)

Die Regelung in Abs. 3 Satz 1 enthält „**besondere Zulässigkeitsvoraussetzungen**“ für die Verwendung der nach Abs. 1 erhobenen personenbezogenen Daten.[125] Die Vorschrift kombiniert die Regelung der Zulässigkeit mit der strikten Bindung der Verarbeitung oder Nutzung der aus der Videoüberwachung gewonnenen Daten an den in Abs. 1 geregelten „originären Beobachtungszweck“.[126] Die **Zweckbindung** gilt für alle Phasen der Verarbeitung.[127] Die Rechtfertigung dieser Regelung ergibt sich aus den besonderen Risiken, die sich für den Betroffenen aus einer weiteren Verarbeitung oder Nutzung optisch-elektronischer Aufnahmen ergeben können. Über die gesetzlichen Zulässigkeitsvoraussetzungen hinaus ist eine Verarbeitung oder Nutzung nur mit einer den Anforderungen des § 4 Abs. 1, § 4a Abs. 1 genügenden Einwilligung zulässig. 74

Die Gesetzesbegründung hebt hervor, dass von der Zulässigkeit der Beobachtung nicht auf die der Verarbeitung oder Nutzung der erhobenen personenbezogenen Daten geschlossen werden könne. Vielmehr muss in einem „**eigenen Prüfschritt**“ die Erforderlichkeit der weiteren Verarbeitung oder Nutzung festgestellt werden und zwar für jeden einzelnen Schritt der Verarbeitung gesondert.[128] So kann im Einzelfall die Erhebung personenbezogener Daten zulässig ein, aber nicht ihre Speicherung, bzw. die Speicherung, aber nicht ihre Übermittlung. 75

Die Zweckbindung findet nur Anwendung auf die im Rahmen der Beobachtung nach Abs. 1 **erhobenen personenbezogenen** Daten (Rdnr. 38). Ausreichend ist, dass die erhobenen Daten bestimmbar sind. Dies ist bspw. der Fall, wenn die betroffenen Personen durch Dritte identifiziert oder auch über weitere Maßnahmen der Verarbeitung oder Nutzung bestimmt werden können. 76

Die Verarbeitung oder Nutzung ist an den mit der Beobachtung **verfolgten Zweck** gebunden. Die Zulässigkeit der Verarbeitung oder Nutzung muss sich damit innerhalb der nach Abs. 1 77

123 Siehe § 4, Rdnr. 41.
124 Vgl. *40. BWHinwBDSG 2002,* Pkt. A. 3.3.
125 BT-Drs. 14/5793, S. 62.
126 BT-Drs. 14/5793, S. 62.
127 BT-Drs. 14/5793, S. 62.
128 BT-Drs. 14/5793, S. 62.

Nr. 1 bis 3 zulässigen und durch die jeweilige Beobachtung konkret verfolgten Zwecke bewegen. Nach Abs. 1 Nr. 3 sind die mit der „Wahrnehmung berechtigter Interessen" verfolgten Zwecke bereits vor der Beobachtung konkret festzulegen und zu bestimmen (s.o. Rdnr. 53), die dann auch für die Zulässigkeit der weiteren Verarbeitung oder Nutzung von Bedeutung sind. Die mit der Videoüberwachung im Rahmen der „Aufgabenerfüllung öffentlicher Stellen" (Abs. 1 Nr. 1) sowie die im Rahmen der Wahrnehmung des Hausrechts (Abs. 1 Nr. 2) verfolgten Zwecke sind, soweit im Wege der Beobachtung personenbezogene Daten erhoben werden, Inhalt der Meldepflicht nach § 4e Nr. 4 und müssen nach § 4d Abs. 1 ebenfalls vor Inbetriebnahme der Videoüberwachung gemeldet werden und damit von der verantwortlichen Stelle festgelegt werden (s.o. Rdnr. 16).

78 Eine auf die Beobachtung folgende Verarbeitung oder Nutzung muss für die festgelegten Zwecke **erforderlich** sein (s.o. Rdnr. 56). Erfolgt bspw. die Speicherung zur **Abwehr konkreter Gefahren**, dann kann allenfalls eine kurzzeitige Speicherung erforderlich sein, um den Sicherheitskräften die für das sofortige Eingreifen erforderlichen Informationen vermitteln zu können. Eine wirksame Gefahrenabwehr erfordert in erster Linie ein unverzügliches Einschreiten des Sicherheitspersonals bzw. der Polizei, um Schäden an geschützten Rechtsgütern rechtzeitig abwenden zu können. Eine längerfristige Speicherung zur Dokumentation ist zur Gefahrenabwehr nicht erforderlich, wohl aber zur **Beweissicherung** für ein späteres Gerichtsverfahren.

79 Es dürfen keine Anhaltspunkte bestehen, dass **schutzwürdige Belange** der Betroffenen die Verarbeitung oder Nutzung überwiegt. Anhaltspunkte sind weniger als bewiesene Tatsachen, aber mehr als bloße Vermutungen (s.o. Rdnr. 61). Das Interesse des Betroffenen, „nicht zum Objekt automatisierter Verarbeitungen" zu werden, überwiegt nach der Gesetzesbegründung regelmäßig.[129] Schutzwürdige Interessen sind bspw. in besonderer Weise berührt, „wenn **automatisierte Verfahren** beispielsweise zum Vergrößern und Herausfiltern einzelner Personen, zur biometrischen Erkennung, zum Bildabgleich oder zur Profilerstellung eingesetzt werden oder in dem zur Videoüberwachung eingesetzten System verfügbar und einsatzbereit sind".[130] Der Abwägungsklausel kommt damit bei der Anwendung digitaler Videoüberwachungssysteme besondere Bedeutung zu.[131] Der Einsatz automatisierter Systeme, um einzelne Personen zu erkennen, ist nach der Vorstellung des Gesetzgebers „nur ausnahmsweise" zulässig.[132] In der Abwägungsentscheidung ist zu berücksichtigen, dass das Gewicht der informationellen Selbstbestimmung zu Gunsten des Betroffenen an Bedeutung gewinnt, je leistungsfähiger die Möglichkeiten einer automatisierten Auswertung von Videoaufnahmen im Zuge der technischen Entwicklung werden.[133]

80 Eine **Abwägung** ist für jeden einzelnen Verarbeitungsschritt erforderlich.[134] Neben der Abwägung der Zwecke der Verarbeitung oder Nutzung gegenüber den schutzwürdigen Interessen der Betroffenen können auch technische und organisatorische Vorkehrungen wie bspw. die Dauer der Speicherung oder Vorkehrungen der Löschung ebenso wie besondere Maßnahmen der Datenvermeidung und der Datensparsamkeit berücksichtigt werden. Durch solche Maßnahmen können die Auswirkungen eines Eingriffs in das informationelle Selbstbestimmungsrecht minimiert werden. Schutzwürdige Belange des Betroffenen überwiegen unter Berücksichtigung des Schutzzwecks des Gesetzes regelmäßig die gesetzlich vorgesehenen Verwendungszwecke, wenn die verantwortliche Stelle den Betroffenen auch um seine Einwilligung fragen könnte.

81 Bereits die **Speicherung** (§ 3 Abs. 4 Nr. 1) von personenbezogenen Bildnissen beeinträchtigt schutzwürdige Belange des Betroffenen. Sein Schutzbedürfnis ergibt sich aus der Möglichkeit mit Hilfe der Aufnahme, sein „Erscheinungsbild in einer bestimmten Situation von diesem

---

129 BT-Drs. 14/5793, S. 62.
130 BT-Drs. 14/5793, S. 62.
131 BT-Drs. 14/5793, S. 62.
132 BT-Drs. 14/5793, S. 62.
133 BT-Drs. 14/5793, S. 62.
134 BT-Drs. 14/5793, S. 62.

abzulösen, datenmäßig zu fixieren und jederzeit vor einem unbestimmten Personenkreis zu reproduzieren".[135] Dieses schutzwürdige Interesse überwiegt allerdings nicht, wenn die Aufnahmen zur Beweissicherung eines rechtswidrigen Verhaltens dienen und die Speicherung nur die betreffende Handlungssequenz betrifft und nur vorübergehend gespeichert wird. Die schutzwürdigen Interessen überwiegen hingegen die Bedeutung der nach Abs. 1 Nr. 1 bis 3 verfolgten Zwecke, wenn sie bspw. eine vertiefte Analyse des Verhaltens eines Betroffenen durch die Speicherung längerer Zeitintervalle oder die Bildung von Bewegungs- und Verhaltensprofilen durch die Kombination mehrerer Kameraeinstellungen ermöglichen.

Durch Maßnahmen der **Veränderung** (§ 3 Abs. 4 Nr. 2) können Aufnahmen zur Identifi- 82 zierung von Störern oder Straftätern oder für Vergleiche mit vorgespeicherten Merkmalen auf- und vorbereitet werden. Der Gefahr einer Manipulation der gespeicherten Bilder im Wege einer gezielten Bearbeitung ist durch besondere Maßnahmen der Datensicherheit zu begegnen. Die Wirklichkeit der Bilder verfälschende Eingriffe verletzen immer schutzwürdige Belange des Betroffenen und sind unzulässig.

Schutzwürdige Belange wird die **Übermittlung** (§ 3 Abs. 4 Nr. 3) personenbezogener Bild- 83 aufnahmen an Dritte regelmäßig beeinträchtigen, weil mit jeder Übermittlung der Kreis der potentiellen Empfänger erweitert wird und damit das Risiko, dass mit der Entfernung von der erhebenden Stelle die Zweckbindung durchbrochen wird. Unter diesem Gesichtspunkt der Risikoerhöhung beeinträchtigt eine Übermittlung personenbezogener Aufnahmen regelmäßig schutzwürdige Belange des Betroffenen. Ihnen kommt ein überwiegendes Gewicht zu, wenn der Kreis der Empfänger nicht eng begrenzt und die Zweckbindung durch zusätzliche Maßnahmen abgesichert wird. Von Bedeutung ist dies insbesondere, wenn die Videoüberwachung durch einen privaten Sicherheitsdienst außerhalb der Grenzen einer Auftragsdatenverarbeitung durchgeführt wird. Überwiegend sind die schutzwürdigen Belange des Betroffenen regelmäßig, wenn die erfassten Daten über ein Netz mehreren Empfängern zur Verfügung gestellt werden. Ein Beispiel für eine solche unzulässige Übermittlung ist die Einspeisung von Aufnahmen aus einer Videoüberwachung des Eingangsbereich einer Wohnanlage oder eines Kinderspielplatzes in das Kabelnetz einer Wohnanlage,[136] über die alle Wohnungsinhaber die Aufnahmen abrufen können.

Eine **Veröffentlichung** der aus einer Überwachung gewonnenen personenbezogenen Bilder 84 in öffentlichen Medien oder eine Verbreitung von durch WebCams aufgenommenen Bilder in das Internet, verletzen regelmäßig schutzwürdige Belange der Betroffenen und sind damit unzulässig. Nach § 22 Abs. 1 Satz 1 KunstUrhG, der nach § 1 Abs. 3 Satz 1 ohnehin § 6b Abs. 3 Satz vorgeht (s.o. Rdnr. 19), dürfen Bildnisse nur mit Einwilligung des Abgebildeten verbreitet oder öffentlich zur Schau gestellt werden.

Schutzwürdige Interessen können schließlich auch durch die **Nutzung** gespeicherter Bild- 85 aufnahmen beeinträchtigt werden, insbesondere wenn die Aufnahmen mit anderen bereits gespeicherten Daten abgeglichen werden. Ein Beispiel ist der Abgleich von Kfz-Kennzeichen durch Überwachungsanlagen des öffentlichen Verkehrs oder der Abgleich mit bereits aus anderen Quellen erhobenen und gespeicherten biometrischen Merkmalen, der im Trefferfall automatisch eine bestimmte Handlung oder Aktion wie die Abriegelung eines Raumes oder die Verweigerung eines Zuganges auslöst.[137] Automatisierte Verfahren, die zum Vergrößern und Herausfiltern einzelner Personen, zur biometrischen Erkennung, zum Bildabgleich oder zur Profilerstellung eingesetzt werden, verletzen regelmäßig überwiegende schutzwürdige Interessen des Betroffenen und sind „nur ausnahmsweise" zulässig, wenn der nach Abs. 1 Nr. 1 bis 3 zulässige Zweck auf andere Weise nicht wirksam erreicht werden kann.[138]

---

135 BVerfGE 101, 361 (381).

136 Beispiel aus der *Hamburgische Datenschutzbeauftragte*, Mehr Service – weniger Datenschutz? Hamburg 1999, S. 5 f.

137 *Kessel*, LfD Mecklenburg-Vorpommern, Stellungnahme für Bundestag Innenausschuss, vom 23.6.2000; Vgl. auch Kommentierung zu § 6 a.

138 BT-Drs. 14/5793, S. 62.

7.2 Zweckänderung (Satz 2)

86 Abs. 3 Satz 2 regelt abschließend zwei Fälle, in denen die in Satz 1 vorgeschriebene Zweckbindung für einen „**anderen Zweck**“ als den originären Beobachtungszweck durchbrochen werden darf. Die Verarbeitung oder Nutzung für einen anderen Zweck ist zulässig, „soweit dies zur Abwehr von Gefahren für die staatliche und öffentliche Sicherheit sowie zur Verfolgung von Straftaten erforderlich ist“. Die Regelung orientiert sich an den Voraussetzungen des § 28 Abs. 3 Nr. 2.

87 Der Begriff der Abwehr von **Gefahren für die staatliche Sicherheit** geht auf die Regelung von Ausnahmen der Zweckbindung in Art. 13 Abs. 1 a) EG-Datenschutzrichtlinie zurück,[139] in dem der Begriff der Sicherheit des Staates verwendet wird. Im deutschen Sicherheitsrecht hat er eine Entsprechung mit dem Begriff der „Sicherheit des Bundes und der Länder“ in Art. 73 Nr. 10b GG, einer Teilmenge aus der verfassungsrechtlichen Legaldefinition des Verfassungsschutzes. § 4 Abs. 1 b) BVerfSchG definiert die staatliche Sicherheit im Zusammenhang mit aufzuklärenden „Bestrebungen gegen die Sicherheit des Bundes oder eines Landes“ als politisch bestimmte, ziel- und zweckgerichtete Verhaltensweisen, die darauf gerichtet sind, „den Bund, Länder oder deren Einrichtungen in ihrer Funktionsfähigkeit erheblich zu beeinträchtigen“.

88 Auf den polizeirechtlichen Begriff nimmt die Abwehr von Gefahren für die **öffentliche Sicherheit** Bezug, für die die Polizei- und Ordnungsbehörden nach den Polizeigesetzen der Länder und in Sonderbereichen (Bundesgrenzschutz, Zollfahndung) auch die Polizei des Bundes zuständig ist. Unter der öffentlichen Sicherheit wird im Polizeirecht „die Unverletzlichkeit der Rechtsordnung, der subjektiven Rechte und Rechtsgüter des Einzelnen sowie der Einrichtungen und Veranstaltungen des Staates oder sonstiger Träger der Hoheitsgewalt“ verstanden.[140] Die Verwendung der von der Polizei zur Gefahrenabwehr erlangten personenbezogenen Daten ist in den Polizeigesetzen der Länder geregelt.[141]

89 Für die Verfolgung von Straftaten ist schließlich die Staatsanwaltschaft (§ 163 Abs. 1 StPO) sowie die Polizei als ihren Hilfsbeamten (§ 152 GVG) zuständig. Die Verwendung der im Rahmen der Straftatverfolgung erlangten Daten bestimmt sich nach den Vorschriften der StPO.[142]

90 Mit Rücksicht auf die Zuständigkeit spezieller staatlicher Behörden für die Aufgaben der Gefahrenabwehr und der Straftatverfolgung beschränkt sich die Bedeutung der Regelung im Wesentlichen auf die **Übermittlung** der aus der Beobachtung gewonnenen Daten an die zuständigen Behörden. Allenfalls in Einzelfällen wird im Rahmen zulässiger Nothilfe eine Nutzung der Überwachungsdaten zur Gefahrenabwehr vorstellbar, jedoch in Anbetracht der Verfügbarkeit der Vollzugspolizei regelmäßig nicht erforderlich sein. Eine Übermittlung personenbezogener Videoaufnahmen an private Sicherheitsdienste (Wachgesellschaften, Detektive) kann nicht auf Abs. 3 Satz 2 gestützt werden.

91 Die Regelung ist **abschließend**: Ein Rückgriff auf weitere in § 28 Abs. 3 bzw. § 14 Abs. 2 bis 6 enthaltenen Tatbestände zulässiger Zweckänderung ist nach dem Willen des Gesetzgebers ausgeschlossen. Damit ist auch die Herausgabe oder Nutzung von Bildmaterial aus einer Videoüberwachung zur Wahrnehmung berechtigter Interessen eines Dritten (vgl. § 28 Abs. 3 Nr. 1) oder für Werbungszwecke (vgl. § 28 Abs. 3 Nr. 3) ausgeschlossen.[143]

8. Benachrichtigung (Abs. 4)

92 Nach Abs. 4 muss der Betroffene entsprechend § 19a und § 33 über eine Verarbeitung oder Nutzung seiner Daten benachrichtigt werden, wenn durch die Videoüberwachung erhobene Daten seiner Person zugeordnet werden. Die Regel wurde erst auf Beschlussempfehlung des

139 Siehe Begründung zur gleichlautenden Formulierung in § 28 Abs. 3, BT-Drs. 14/4329, S. 43.
140 *Denninger* in *Lisken/Denninger*, Handbuch des Polizeirechts, Kap. E, Rdnr. 6 ff.
141 *Bäumler* in *Lisken/Denninger*, Kap. J., Rdnr. 739 ff.
142 Beispielsweise die Verwendung von Bildern für eine öffentliche Fahndung in § 131a StPO.
143 So BT-Drs. 14/5793, S. 62.

Innenausschusses in das Gesetz aufgenommen.[144] Sie soll eine Benachrichtigung auch in den Fällen gewährleisten, in denen Daten nicht durch automatisierte Verfahren einer digitalen Videoüberwachung, sondern lediglich durch den Einsatz analoger Videotechnik erhoben worden sind.[145] Zweck der Transparenzregelung ist es, dem Betroffenen die Verfolgung seiner Rechte zu ermöglichten. Dieser kann zwar wegen der nach Abs. 2 erforderlichen Kennzeichnung von dem Umstand der Videoüberwachung Kenntnis nehmen, ihm gegenüber ist jedoch das Überwachungspotenzial intransparent, d.h. der Betroffene kann nicht erkennen, ob überhaupt und wenn ja in welchem Umfang eine Verarbeitung oder Nutzung seiner Daten erfolgt.

Die Benachrichtigung nach Abs. 4 wird im Unterschied zu den allgemeinen Benachrichtigungspflichten, die eine Speicherung personenbezogener Daten voraussetzen (§ 19a Abs. 1 Satz 1, § 33 Abs. 1), bereits mit einer **Zuordnung erhobener Daten** zu einer bestimmten Person ausgelöst. Nach dem Wortlaut der Bestimmung scheint der Betroffene schon unterrichtet werden zu müssen, wenn die Zuordnung zu seiner Person aus dem Ergebnis der bloßen Beobachtung auch ohne Speicherung seiner Daten erfolgt (Kamera-Monitoring). Andererseits bezieht sich der Inhalt der Benachrichtigung auf die notwendigerweise der Erhebung folgenden „Verarbeitung oder Nutzung" und knüpft insofern doch wieder an eine Speicherung der durch Videoüberwachung erhobenen Daten an. Die Zuordnung der erhobenen Daten zu einer bestimmten Person kann allerdings auch manuell erfolgen, sie muss nicht automatisiert gesteuert sein, um die Benachrichtigung auszulösen. 93

Voraussetzung der Benachrichtigung ist, dass die erhobenen Daten einer **bestimmten Person** (§ 3 Abs. 1) zugeordnet werden. Die Zuordnung zu einer durch weitere Informationen lediglich bestimm*baren* Person löst die Benachrichtigungspflicht nicht aus. Nicht benachrichtigt werden muss, wenn nur die bloße Möglichkeit einer Zuordnung besteht,[146] denn Abs. 4 setzt eine tatsächlich erfolgte Zuordnung voraus.[147] Die Erfüllung Verpflichtung aus Abs. 4 setzt regelmäßig die Kenntnis der Identität des Betroffenen, insbesondere seinen Namen voraus.[148] Die Regelung differenziert nicht nach Störer bzw. Täter, Opfer, Helfer oder Passanten. Zu benachrichtigen sind ausnahmslos alle Personen, wenn erhobene Daten ihnen als bestimmte Person zugeordnet worden sind. 94

Der Betroffene ist über eine **Verarbeitung oder Nutzung** seiner Daten entsprechend § 19a und § 33 zu benachrichtigen. Unabhängig von der Verweisung ist der Betroffene nach Abs. 4 in jedem Fall über die auf die Erhebung folgende „Verarbeitung oder Nutzung" seiner Daten zu unterrichten. Hierzu gehören insbesondere auch Informationen über das eingesetzte automatisierte Verfahren der Beobachtung und Identifizierung des Betroffenen. Über die Aufnahmen selbst kann sich der Betroffene mit Hilfe seines Auskunftsanspruches nach § 19 bzw. § 34 Kenntnis verschaffen. 95

Eine Benachrichtigung **entsprechend § 19a und § 33** bedeutet, dass die allgemeinen Regelungen über eine Benachrichtigung durch öffentliche Stellen nach § 19a bzw. nichtöffentliche Stellen nach § 33 unter Berücksichtigung der besonderen Bedingungen der auf die Videoüberwachung folgenden Verarbeitung oder Nutzung anzuwenden sind. Neben dem Umstand und Umfang der Verarbeitung oder Nutzung der erhobenen Daten nach Abs. 4 hat eine *öffentliche Stelle* nach § 19a Abs. 1 Satz 1 den Betroffenen über den Umstand der Speicherung, die Identität der verantwortlichen Stelle sowie über die Zweckbestimmungen der Erhebung, Verarbeitung oder Nutzung zu unterrichten. *Nichtöffentliche Stellen* haben nach § 33 Abs. 1 Satz 1 darüber hinaus den Betroffenen über die Art der Daten zu benachrichtigen. 96

Nach § 19a Abs. 1 Satz 2, § 33 Abs. 1 Satz 3 ist der Betroffene über die **Kategorien der Empfänger** von Daten zu unterrichten, soweit er nicht mit einer Übermittlung rechnen 97

---

144 BT-Drs. 14/5793, S. 62.
145 BT-Drs. 14/5793, S. 62.
146 Unzutreffend *40. BWHinwBDSG 2002*, Pkt. A. 3.5.
147 Andernfalls müsste die verantwortliche Stelle den Betroffenen tatsächlich identifizieren, nur weil die Möglichkeit einer Zuordnung besteht.
148 *Duhr/Naujock/Peter/Seiffert*, DuD 2002, 30.

muss.[149] Die Rückausnahme ist mit Rücksicht auf die Bedeutung, die der Gesetzgeber der Transparenz der Verwendung von den aus Videoüberwachungen erhobenen Daten zugemessen hat, sowie im Hinblick auf die in Abs. 3 geregelte strikte Zweckbindung restriktiv auszulegen. Der Betroffene muss regelmäßig nicht damit rechnen, dass seine Daten im Falle einer Zuordnung an die für die Gefahrenabwehr oder Straftatverfolgung zuständigen Behörden übermittelt werden. Ausnahmen sind möglich, soweit der Betroffene als Störer oder Täter identifiziert worden ist. Die für den Empfänger geltenden Benachrichtigungspflichten werden durch Abs. 4 i.V.m. § 19a bzw. § 33 nicht aufgehoben.

98 Öffentliche Stellen dürfen den Betroffenen über eine nach Abs. 3 Satz 2 zulässige Übermittlung der erhobenen Daten **an Verfassungsschutzbehörden** (Rdnr. 87) nur mit deren Zustimmung unterrichten (§ 19a Abs. 3 i.V.m. § 19 Abs. 3). Eine Auskunft ist jedoch an den Bundesbeauftragten für den Datenschutz möglich (§ 19 Abs. 6). Auf die weiteren Ausnahmen in § 19 Abs. 4 f. wird hingewiesen. Nichtöffentliche Stellen können auf eine Benachrichtigung über die **Übermittlung an Sicherheitsbehörden** nach § 33 Abs. 2 Nr. 6 nur verzichten, wenn die zuständige öffentliche Stelle dieser gegenüber förmlich „festgestellt hat", dass ein Bekanntwerden der Daten die öffentliche Sicherheit oder Ordnung gefährde oder sonst dem Wohl des Bundes oder eines Landes Nachteile bereiten würde.

99 Die in § 33 Abs. 2 für **nichtöffentlichen Stellen** vorgesehenen **Ausnahmen** von der Benachrichtigungspflicht erfordern unter Berücksichtigung der besonderen Bedingungen der Videoüberwachung und der Bedeutung der Transparenzregelung eine restriktive Auslegung. Aus dem Umstand der nach Abs. 2 erforderlichen offenen Beobachtung folgt nicht, dass der Betroffene auch Kenntnis von der Speicherung oder Übermittlung seiner Daten hat (§ 33 Abs. 2 Nr. 1). Auch stammen die aus der Videoüberwachung erhobenen personenbezogenen Daten nicht aus „allgemein zugänglichen Quellen" im Sinne von § 33 Abs. 2 Nr. 7 a, selbst wenn sie aus der Beobachtung öffentlich zugänglicher Räume kommen. Maßgeblich ist hier nicht, dass der Betroffene sich in einem öffentlichen Raum aufgehalten hat, sondern sich die für die Videoüberwachung verantwortliche Stelle diesen Umstand durch die Aufnahme und ihre Zuordnung zu einer bestimmten Person dauerhaft verfügbar macht.

100 Eine nicht erfolgte, nicht richtige oder nicht vollständige Benachrichtigung durch eine nicht öffentliche Stelle nach § 33 Abs. 1 ist nach § 43 Abs. 1 Nr. 8 mit Bußgeld bewehrt.[150] Die Bußgeldregelung findet bei einer automatisierten Verarbeitung erhobene Daten (digitale Kameratechnik) unmittelbar, bei analoger Kameratechnik über die Verweisung in Abs. 4 auf § 33 Anwendung.

9. Löschung (Abs. 5)

101 Nach Abs. 5 sind die Daten unverzüglich zu **löschen**, wenn sie nicht mehr erforderlich sind, um den Zweck zu erreichen, oder schutzwürdige Interessen der Betroffenen einer weiteren Speicherung entgegenstehen. Die Löschung ist die konsequenteste Form, um die Zweckbindung der Datenverarbeitung und die Interessen der Betroffenen zu gewährleisten.

102 Eine Löschung setzt **gespeicherte Daten** voraus (§ 3 Abs. 4 Nr. 5). Die Regelung gilt aber nicht nur für personenbezogene Daten, sondern erfasst alle aus der Beobachtung durch eine Videoüberwachung gespeicherten Daten. Das Gesetz spricht nur von „Daten", den die Gesetzesbegründung mit der ebenfalls offeneren Formulierung des „Videomaterials" erläutert.[151]

103 **Gelöscht** sind die Daten, wenn sie unkenntlich gemacht sind (§ 3 Abs. 4 Nr. 5). Welches Verfahren im einzelnen anzuwenden ist, lässt die Regelung offen. Zu beachten ist jedoch eine datenvermeidende Gestaltung bzw. Auswahl der technischen Systeme zur Löschung

149 Siehe § 19a Rdnr. 24, § 33 Rdnr. 33ff. Der in § 33 Abs. 1 Satz 2 geregelte Fall einer geschäftsmäßigen Speicherung zum Zweck der Übermittlung ist nach Abs. 1 Nr. 3 ausgeschlossen.

150 Siehe § 33 Rdnr. 43.

151 BT-Drs. 14/5793, S. 62.

nach § 3a.[152] Die Gesetzesbegründung hält eine „automatisierte periodische Löschung etwa durch Selbstüberschreibung zurückliegender Aufnahmen" für am wirksamsten.[153]

Unverzüglich gelöscht sind die Daten, wenn sie ohne schuldhaftes Zögern unkenntlich gemacht werden. Der zeitlich relevante Zeitpunkt richtet sich nach der Erforderlichkeit für den Erhebungszweck bzw. die schutzwürdigen Interessen der Betroffenen. Die Voraussetzungen erfordern also zunächst eine Prüfung, ob und in welchem Umfang das gespeicherte Material benötigt wird oder schutzwürdige Interessen der Betroffenen der Speicherung entgegenstehen. Der Verpflichtung zur unverzüglichen Löschung geht daher zunächst eine Verpflichtung zur **unverzüglichen Prüfung** voraus, die nach der Gesetzesbegründung „in der Regel innerhalb von ein bis zwei Arbeitstagen" vorzunehmen ist.[154] Auf den Schritt der „Bedarfsklärung" muss unverzüglich die Löschung der nicht mehr erforderlichen bzw. der die schutzwürdigen Interessen der Betroffenen beeinträchtigenden Daten erfolgen. 104

Eine Verpflichtung zur unverzüglichen Löschung besteht, wenn die Daten entweder für die **Erreichung des Zwecks nicht mehr erforderlich** sind *oder* schutzwürdige Interessen der Betroffenen einer weiteren Speicherung entgegenstehen. Bei den in der ersten Alternative genannten Zwecken sind die vor der Beobachtung festzulegenden Zwecke nach Abs. 1 Nr. 1 bis 3 gemeint. Unverzüglich zu löschen sind zunächst alle Daten, deren Speicherung bereits nach Abs. 3 Satz 1 oder 2 nicht mehr erforderlich war. Nicht mehr erforderlich und daher zu löschen sind ebenfalls alle Aufnahmen, die zur Aufklärung einer Störung oder einer Tat keinen Beitrag leisten können. Die Speicherung der verbleibenden Restmenge ist nicht mehr erforderlich, wenn die Gefahr bereits abgewehrt worden ist oder sie für die weitere Rechtsverfolgung nicht mehr benötigt werden. Letzteres kann bspw. der Fall sein, wenn die verantwortliche Stelle von einer Verfolgung verletzter Recht absieht oder eine weitere Untersuchung der Störung oder Tat eingestellt worden ist. Auch eine gesonderte Speicherung der Aufnahmen zur Beweissicherung macht zumindest eine weitere Speicherung im System der Videoüberwachung nicht mehr erforderlich. Entsprechendes gilt, wenn die Aufnahmen als Beweismittel an die zur Verfolgung zuständige Stelle nach Abs. 3 Satz 2 übermittelt worden sind. 105

Nach der zweiten Alternative sind die Daten zu löschen, wenn **schutzwürdige Interessen der Betroffenen** einer weiteren Speicherung entgegenstehen. Entgegen der Begründung[155] sind die beiden Voraussetzungen nicht durch ein „und" verbunden, sondern durch ein „oder" als eine **Alternative** gesetzt. Eine weitere Speicherung der Daten kann also nach der ersten Alternative durchaus noch erforderlich sein, wohingegen sie nach der zweiten Alternative bereits zu löschen sind. Dies kann insbesondere der Fall sein, wenn das Verfahren zur Aufklärung oder Verfolgung von Vorkommnissen nicht zügig betrieben wird und auf diese Weise die Löschung unangemessen verzögert wird.[156] Aufgrund der Formulierung der Regelung und ausweislich der Begründung sind die Daten zu löschen, wenn eine der beiden Alternativen vorliegt. 106

152 BT-Drs. 14/5793, S. 63.
153 BT-Drs. 14/5793, S. 63.
154 BT-Drs. 14/5793, S. 63. Die stellenweise in der Anhörung des Innenausschusses geäußerte Vorstellung einer Löschungsfrist von zwei Wochen – so *Schneider*, Innenministerium Baden Württemberg, Stellungnahme für Bundestag Innenausschuss, vom 23.6.2000 – hat im Gesetz keinen Niederschlag gefunden.
155 BT-Drs. 14/5793, S. 63.
156 BT-Drs. 14/5793, S. 63.

§ 6c Mobile personenbezogene Speicher- und Verarbeitungsmedien

(1) Die Stelle, die ein mobiles personenbezogenes Speicher- und Verarbeitungsmedium ausgibt oder ein Verfahren zur automatisierten Verarbeitung personenbezogener Daten, das ganz oder teilweise auf einem solchen Medium abläuft, auf das Medium aufbringt, ändert oder hierzu bereithält, muss den Betroffenen
1. über ihre Identität und Anschrift,
2. in allgemein verständlicher Form über die Funktionsweise des Mediums einschließlich der Art der zu verarbeitenden personenbezogenen Daten,
3. darüber, wie er seine Rechte nach den §§ 19, 20, 34 und 35 ausüben kann, und
4. über die bei Verlust oder Zerstörung des Mediums zu treffenden Maßnahmen unterrichten, soweit der Betroffene nicht bereits Kenntnis erlangt hat.

(2) Die nach Absatz 1 verpflichtete Stelle hat dafür Sorge zu tragen, dass die zur Wahrnehmung des Auskunftsrechts erforderlichen Geräte oder Einrichtungen in angemessenem Umfang zum unentgeltlichen Gebrauch zur Verfügung stehen.

(3) Kommunikationsvorgänge, die auf dem Medium eine Datenverarbeitung auslösen, müssen für den Betroffenen eindeutig erkennbar sein.

Literatur

Arbeitskreis „Technische und organisatorische Datenschutzfragen" der Konferenz der Datenschutzbeauftragten, Anforderungen zur informationstechnischen Sicherheit bei Chipkarten, DuD 1997, 254 ff. = BfD, 16. TB 1995/96, Anlage 22; *J. Bizer*, Datenspeicherung in zentralen und peripheren Netzen versus SmartCard in *K.P. Möller / F.v. Zezschwitz* (Hrsg.), Verwaltung im Zeitalter des Internet, 2002, S. 19 ff.; *ders.*, Datenschutzrechtliche Informationspflichten, in *H. Bäumler/A. v. Mutius* (Hrsg.), Datenschutz als Wettbewerbsvorteil 2002, S. 125 ff.; *ders.*, Gesundheitskarte, DuD 2004, 243; *ders.*, Rechtliche Möglichkeiten und Schranken der Patientenchipkarte, in BSI (Hrsg.), Chipkarte in der Medizin (BSI 7154) 1994, S. 57 ff.; *P. Blitzinger*, Biometrie und Datenschutz: datenschutzgerechter Einsatz biometrischer Verfahren in Sicherheitsinfrastrukturen, DuD 2005, 726 ff.; *U. Eisenberg/J. Puschke/T. Singelnstein*, Überwachung mittels RFID-Technologie: Aspekte der Ausforschung und Kontrolle mit neuartigen Funk-Chips, ZRP 2005, 9 ff.; *M. Hansen/M. Wiese*, RFID, DuD 2004, 109; *B. Holznagel/M. Bonnekoh,* Radio Frequency Identification – Innovation vs. Datenschutz, MMR 2006, 17 ff.; *G. Hornung,* Biometrische Systeme – Rechtsfragen eines Identifikationsmittel der Zukunft, KJ 2004, 344 ff.; *ders.,* Datenschutz für Chipkarten, die Anwendung des § 6c BDSG auf Signatur- und Biometriekarten, DuD 2004,15 ff.; *ders.*, „Digitale" Ausweise im Ausland: Zum Stand der internationalen Entwicklung bei Chipkartenausweisen, DuD 2005, 62 ff.; *ders.*, Die digitale Identität: Rechtsprobleme von Chipkartenausweisen, digitaler Personalausweis, elektronische Gesundheitskarte, JobCard-Verfahren (2005); *H. Kelter/St. Wittmann*, Radio Frequency Identification, DuD 2004, 331 ff.; *C.M. Lahner*, Anwendung des § 6c BDSG auf RFID,. DuD 2004, 723 ff.; *M. Leistenschneider*, JobCard, DuD 2004, 175; *J. Meier*, Wearable Computing, „tragbare Technik", CF 2004, 1, 4 ff.; *J. Mueller*, Ist das Auslesen von RFID-Tags zulässig? Schutz von RFID-Transponderinformationen durch § 86 TKG, DuD 2004, 215 ff.; *A. Roßnagel*, Digitale Ausweise: Hoffungen und Risiken, DuD 2005, 59ff.; *ders.*, Grundrechtliche Risiken und Chancen durch Chipkartennutzung in *B. Wolfinger* (Hrsg.), Innovationen bei Rechen- und Kommunikationssystemen 1994, 267 ff.; *A. Roßnagel/G. Hornung*, Biometrische Daten in Ausweisen, DuD 2005, 69 ff.; *A. Roßnagel/J. Müller*, Ubiquitous Computing – neue Herausforderungen für den Datenschutz, CR 2004, 625 ff.; *G. Saeltzer*, Sind diese Daten personenbezogen oder nicht? Wie der Personenbezug von Daten, auch biometrischer, sich fundiert prüfen lässt, DuD 2004, 218 ff.; *T. Weichert*, Datenschutzrechtliche Anforderungen an Chipkarten, DuD 1997, 266 ff.; *ders.*, Die elektronische Gesundheitskarte, DuD 2004, 391 ff.; *ders.*, Vertrauen in die Vertraulichkeit bei der elektronischen Gesundheitskarte, GesR 2005, 151 ff.; *M. Westerholt/W. Döring*, Datenschutzrechtliche Aspekte der Radio Frequency Identification, CR 2004, 710 ff.

Übersicht

1. Vorbemerkung

Gegenstand der Vorschrift ist die **Transparenz der Verarbeitungsprozesse** auf „mobilen personenbezogenen Speicher- und Verarbeitungsmedien“ gegenüber den Betroffenen. Art und Funktionalität dieser Medien sind in § 3 Abs. 10 legaldefiniert. § 6c findet nur Anwendung auf die in § 3 Abs. 10 definierten Medien,[1] die in anderen Regelungen oder in der Literatur auch als „Chipkarten“ oder „SmartCards“ bezeichnet werden (s.u. Rdnr. 21). Abs. 1 regelt die Unterrichtungspflichten der verantwortlichen Stelle gegenüber dem Betroffenen, Abs. 2 verpflichtet die verantwortliche Stelle technische Vorrichtungen zur Wahrnehmung des Auskunftsrechts bereitzuhalten und Abs. 3 formuliert Anforderungen an die Transparenz der Datenverarbeitung auf dem Medium. 1

2. Zweck und Hintergrund der Regelung

Die Vorschrift betrifft ausschließlich **mobile Medien** mit einem eigenen Prozessor („intelligente Chipkarten“) in der Hand des Betroffenen (§ 3 Abs. 10 Nr. 1), auf denen personenbezogene Daten über die Speicherung hinaus automatisiert verarbeitet werden können (§ 3 Abs. 10 Nr. 2) und deren Verarbeitung der Betroffene durch den Gebrauch des Mediums beeinflussen kann (§ 3 Abs. 10 Nr. 3).[2] Aus dem Anwendungsbereich des Mediums ausgeschlossen sind mangels Verarbeitungsmöglichkeit einfache Magnetkarten, aber auch Medien, die über eine eigene Steuerungseinheit verfügen (Laptops, Palm, Handys, PDA etc.). Keine Anwendung findet die Regelung auf mobile Medien, die über integrierte Komponenten verfügen, mit denen Daten eingegeben, verarbeitet oder auf dem Medium gespeicherte Daten sichtbar gemacht werden können. 2

2.1 Risiken

Mit den Regelungen über die Unterrichtung (Abs. 1), die technischen Voraussetzungen einer Auskunft (Abs. 2) sowie der Transparenz von Verarbeitungen (Abs. 3) begegnet der Gesetzgeber dem **Verlust an Kenntnis und Kontrolle** über die auf dem Medium initiierten Speicher- und Verarbeitungsprozesse. Ohne technische Hilfsmittel ist es dem Besitzer eines solchen Mediums (s.o., Rdnr. 2) nicht möglich, die über ihn auf seiner Karte gespeicherten und möglicherweise aufgrund von Verarbeitungen sich verändernden Inhalte zu sehen und damit zur Kenntnis zu nehmen. Anderen einen Zugriff auf eigene Daten eröffnen zu müssen, die auf dem Medium gespeichert sind, ohne ihren Inhalt zu kennen, führt unweigerlich zu Verun- 3

1 Siehe § 3 Rdnr. 266 ff.
2 Siehe § 3 Rdnr. 270 f.

sicherung im eigenen Verhalten.[3] Entsprechendes gilt für das Speichern, Ändern, Sperren oder Löschen von personenbezogenen Daten auf dem Medium.[4] Damit der Betroffene weiß, was andere über ihn aus seinem Medium erfahren können,[5] sind gesonderte Rechtsregeln der Transparenz erforderlich. Der Betroffene muss erfahren und erkennen können, ob und welche personenbezogenen Daten mit welchen Funktionen auf seinem Medium verarbeitet werden.[6]

2.2 Bedeutung mobiler Medien

4 Hintergrund der Regelung ist die **wachsende Bedeutung** leistungsfähiger mobiler Datenträgern mit eigenen Rechnereinheiten, auf denen personenbezogene Daten gespeichert und verarbeitet werden können. Sie beruht zunächst auf einem in den letzten Jahren sich verändernden Paradigma der elektronischen Datenverarbeitung, in dem automatisierte Großrechneranlagen durch dezentrale Rechnerlösungen ersetzt worden sind (**Dezentralisierung**) und die mit der Entwicklung immer leistungsfähigerer Chips immer kleiner geworden sind (**Miniaturisierung**). Die Entwicklung verläuft kurz zusammengefasst vom Großrechner zum Laptop über das Handy zur intelligenten Chipkarte.[7]

5 Die **Europäische Union** fördert seit Jahren die Entwicklung, Herstellung und Anwendung „intelligenter Chipkarten".[8] Zentrale Bedeutung für die Formulierung der EU-Politik hat das vom Europäischen Rat am 19./20. Juni 2000 in Feira/Portugal verabschiedete Aktionsprogramm „eEurope 2002",[9] in dem die Förderung „intelligenter Chipkarten" als „Mehrzwecktechnologie" erstens zum Schutz der Privatsphäre und der Vertraulichkeit und zweitens zum Schutz elektronischer Dienste beschlossen wurde. Initiiert wurde die Förderung durch den sogenannten „Chipkartengipfel" in Lissabon vom 11. April 2001, an dem sich neben der Kommission vor allem die einschlägigen Herstellerfirmen beteiligt haben. In der auf diesem Gipfel beschlossenen **Chipkartencharta** wird vor allem auf die vertrauensbildende Funktion intelligenter Chipkarten für den sicheren Zugang zu elektronischen Diensten abgestellt. Im Mittelpunkt steht die Förderung von Signaturkarten, auf denen die für Authentifizierungsdienste erforderlichen Signaturschlüssel gespeichert werden. Nach Angaben der Kommission wurde dieser Sektor bis 2002 mit 100 Mill. Euro an Forschungsgeldern unterstützt.[10] Mittlerweile hat die Kommission ihre Absicht bekräftigt, die Förderung elektronischer Signaturkarten, aber auch die Entwicklung einer europäischen Krankenversichertenkarte im Rahmen des Programms eEurope 2002 fortzusetzen.[11] Die gezielte Förderung der Chipkartenindustrie ist im Zusammenhang mit den europäischen Anteilen am Weltmarkt zu sehen. Weltweit ist Europa mit ca. 57,8 % der größte Markt für Prozessorchipkarten gefolgt von Asien (34%) und weit abgeschlagen dem amerikanischen Markt (7,5%).[12]

2.3 Anwendungen

6 Auf dem **Weltmarkt** entfällt der überwiegende Anteil der mit einem Prozessor versehenen Chipkarten auf den Telekommunikationssektor (66%), wohingegen andere Anwendungen wie der Finanzbereich (23%) oder das Bezahlfernsehen (4%) abgeschlagen folgen.[13] Die

3 *BT-Enquete*, Zwischenbericht Sicherheit und Schutz, BT-Drs. 14/11002, S. 53, 94; *47. DSKB*, Entschließung vom 9./10. 3.1994, Chipkarte als gesetzliche Krankenversichertenkarte, DuD 1994, 246.

4 S.a. *Roßnagel* in *Wolfinger*, S. 269 f.

5 BVerfGE 65, 1, 44.

6 S.a. *Bizer* in: Rechliche Möglichkeiten und Schranken der Patientenchipkarten, Bonn 1994, 57ff.

7 Siehe § 3 a, Rdnr. 11; *Bizer* in *Möller/Zezschwitz*, S. 19; *BT-Enquete*, Schlussbericht, BT-Drs. 14/11004, S. 29; *BT-Enquete*, Zwischenbericht Sicherheit und Schutz, BT-Drs. 14/11002, S. 53, 91.

8 Damit sind Karten mit Mikroprozessor oder Memory-Chip.

9 KOM(2000)330endg.

10 *Europäische Kommission*, *e*Europe Benchmarking, Bericht vom 5. Februar 2002, KOM(2002)62 endg., S. 11.

11 *e*Europe 2005: Eine Informationsgesellschaft für Alle, Bericht vom 28. Mai 2002, KOM(2002)263 endg, S. 11, 15, 18.

12 Quellen: www.eurosmart.com/C-Figures/C3-Geographical.htm bzw. C3-Sectors.htm.

13 Quellen: www.eurosmart.com/C-Figures/C3-Geographical.htm bzw. /C3-Sectors.htm.

derzeit wichtigsten **Anwendungsbereiche** sind **in Deutschland** neben den SIM-Karten für die Nutzung von Mobilfunkdiensten[14] die mit einem Prozessorchip ausgestatteten ec-Karten[15] und auf denen neben der GeldKarte auch multifunktionale Anwendungen installiert werden können.

Beispiele für **weitere Anwendungen**[16] sind die Studierendenkarte,[17] elektronische Tickets[18] 7
oder zahlreiche Varianten der Kundenkarte, die hauptsächlich für Zwecke der Kundenbindung häufig auch im Zusammenhang mit einer Rabattierung eingesetzt werden. Aufgrund der wirtschaftlichen Bedeutung des Gesundheitswesens sowie seiner zentralen Steuerung ist die Entwicklung und Fortschreibung des Konzepts der Krankenversichertenkarte (s.u. Rdnr. 15) zu einem mobilen Speicher- und Verarbeitungsmedium immer wieder in Diskussion, bspw. als Patientenchipkarte,[19] als Gesundheitskarte[20] oder als Patientenpass.[21] Als weitere Anwendungen werden die Verwendung mobiler Medien als Datenträger für den Führerschein[22] oder Fahrzeugpapiere,[23] die Ausgabe digitaler Dienstausweise[24] oder eines elektronischen (Personal)Ausweises mit oder ohne Signaturfunktion,[25] mit oder ohne biometrische Merkmale.[26] Die Diskussion der Kartenkonzepte der letzten 10 Jahre zeigt, dass die Einführung der Chipkartentechnologie aufgrund der Kosten für die Anschaffung der Kartentechnologie selbst, insbesondere aber auch für die Anpassung der Umgebungsbedingungen mit erheblichen Infrastrukturkosten verbunden ist, denen häufig keine in einem angemessenen Zeitraum zu erreichenden Einsparungen gegenüber zu stehen scheinen.[27]

3. Gesetzgebungsgeschichte

In der **13. Legislaturperiode** ist von der Fraktion Bündnis90/Die Grünen ein erster Rege- 8
lungsvorschlag am 14. November 1997 in einem Gesetzentwurf zum BDSG eingebracht worden.[28] Der Entwurf sah über die nun in Kraft getretene Regelung hinaus ein ausdrückliches Verbot mit Erlaubnisvorbehalt, fand jedoch im Deutschen Bundestag keine Mehrheit. Allerdings forderte der Deutsche Bundestag die Bundesregierung am 18. Dezember 1997 im Anschluss an seine Beratungen des 15. Tätigkeitsberichtes des Bundesbeauftragten für den Datenschutz (BfDI) für die Jahre 1993-1994 zu einer Gesetzesinitiative auf, Gesundheits-

---

14 Ende 2001 ca. 60 Mill. Teilnehmer, *Regulierungsbehörde für Telekommunikation und Post*, Jahresbericht 2000/2001, S. 192

15 Im Jahr 2001 ca. 52 Karten mit Geldkartenfunktion in Deutschland. Quelle: http://www.scard.de/statistik/marktanteile_ec_servicekarten.pdf (September 2002) ; S.a. *Zitzelsberger/Hogen*, DuD 2002, 271 ff.

16 Siehe den Überblick bei *Bizer* in *v. Zezschwitz/Möller*, S. 36 ff. Frühere Darstellungen bei *Goebel/Scheller*, ArchPT 1995, 273 ff.; *Weichert*, DuD 1997, 266.

17 *Bundesregierung*, Antwort auf die Kleine Anfrage der Fraktion der PDS vom 13.7.2000, Förderung von Studierenden-Chip-Cards durch Bundesmittel, BT-Drs. 14/3890.

18 *BT-Enquete,* Schlussbericht 1998, BT-Drs. 14/11004, S. 147.

19 *Stark*, DuD 1997, 575 ff.; *Bundesamt für Sicherheit in der Informationstechnik*, Chipkarten in der Medizin, BSI 7154, 1994.

20 *BT-Enquete*, Zwischenbericht Sicherheit und Schutz, BT-Drs. 14/11002, S. 9, 91; *Bundesregierung*, Fortschrittsbericht zum Aktionsprogramm Innovation und Arbeitsplätze in der Informationsgesellschaft des 21. Jahrhunderts vom 20. März 2002, BT-Drs. 14/8456, S. 20.

21 *Bundesregierung,* Patientenpass, Antwort auf Kleine Anfrage der CDU/CSU Fraktion vom 15.2.2002, BT-Drs. 14/8255.

22 *Weichert*, DuD 1996, 77, 79.

23 *Bundesregierung*, Antwort auf eine Kleine Anfrage der Abg. Annette Fasse u.a., Möglichkeiten der Einführung elektronischer Fahrzeugdokumente vom 15. Mai 2002, BT-Drs. 14/9105.

24 *Bundesregierung*, Fortschrittsbericht (Fn. 20), S. 104.

25 *Roßnagel*, DuD 2002, 281 ff.

26 *BT-Enquete,* Zwischenbericht Sicherheit und Schutz, BT-Drs. 14/11002, S. 49; *Bundesregierung*, Antwort auf die Kleine Anfrage der Fraktion PDS vom 22. April 2002, BT-Drs. 14/8839.

27 Ausführlicher *Bizer* in *Möller/v. Zezschwitz*, S. 49 ff. In dieser Schwierigkeit hat die Redeweise von der Technik, die noch ihre Anwendung suche, ihren Grund.

28 § 32 E-BDSG, BT-Drs. 14/9082, S. 12.

daten auf „Patientendatenkarten“ zu schützen.[29] Ein Jahr später befand der Bundestag nach den Beratungen des 16. Tätigkeitsberichtes des BfDI für die Jahre 1995-1996 am 24. Juni 1998, dass „eine Regelung über den Einsatz von Chipkarten notwendig sei“.[30] Die Datenverarbeitung einschließlich der Datenspeicherung müsse auf den unbedingt erforderlichen Umfang beschränkt werden, die Kartenherausgeber müsse eine zweckfremde Nutzung der Chipkartendaten durch technisch-organisatorische Maßnahmen verhindern und jeder Chipkarteninhaber müsse die Möglichkeit haben, sich kostenlos und ohne großen sonstigen Aufwand über den Inhalt seiner Chipkarte zu informieren. Auch die in derselben Legislaturperiode eingesetzte Enquete-Kommission „Zukunft der Medien in Wirtschaft und Gesellschaft“ empfahl in ihrem Schlussbericht vom 22. Juni 1998 „weitreichende Regelungen zum Verbraucher- und Datenschutz“ und nannte als Beispiel ausdrücklich die „Vermeidung von Nutzerprofilen z.B. durch aufladbare Chipkarten“.[31]

9 Gleichwohl verzichtete die rot-grüne Bundesregierung in ihrem in der **14. Legislaturperiode** eingebrachten Regierungsentwurf im Unterschied zu einem früheren Arbeitsentwurf[32] auf eine Chipkarten-Regelung.[33] Die schließlich in Kraft getretene Regelung geht auf einen im **Innenausschuss** vor der zweiten und dritten Beratung von der Koalitionsfraktion eingebrachten Regelungsvorschlag zurück.[34] In der parlamentarischen Debatte kritisierte die CDU/CSU die Regelung, ohne jedoch ihre Einwände zu präzisieren.[35] Die FDP, die in der ersten Lesung noch prüfen wollte, ob eine solche Regelung in das Gesetz einzufügen sei,[36] konstatierte nach der Vorlage durch die Regierungsfraktionen noch Beratungsbedarf, ohne diesen aber näher zu konkretisieren.[37]

10 Die **Konferenz der Datenschutzbeauftragten** hat sich zunächst 1994[38] und 1995[39] im Zusammenhang mit einer Reihe von Pilotanwendungen zu datenschutzrechtlichen Anforderungen an Chipkarten im Gesundheitswesen geäußert. 2001 rief die Konferenz wesentliche Anforderungen im Hinblick auf eine angekündigte „Medikamentenchipkarte“ in Erinnerung.[40] Kernforderungen der Konferenz sind die Gewährleistung der Freiwilligkeit, die technische Trennung der Datenbestände auf Multifunktionskarten sowie die Transparenz der Speicher- und Verarbeitungsprozesse. 1997 hat die Arbeitsgruppe Technik der Datenschutzbeauftragten „Anforderungen zur informationstechnischen Sicherheit bei Chipkarten“ formuliert und veröffentlicht.[41] Eine allgemeine Datenschutzregelung forderte die Konferenz erst im Zusammenhang mit der Modernisierung des Datenschutzrechts 1997[42] und 1999.[43] Mit Blick auf die Gesetzgebung zur Terrorismusbekämpfung Anfang 2002 hat die Konferenz auch zur Speicherung biometrischer Merkmale in Personalausweisen und Pässen Stellung genommen,[44] deren technische Konfiguration derzeit in der Diskussion ist.

---

29 BT-Drs. 13/7699, S. 2, Pkt. 8, S. 5; BT-Prot. 13/211 vom 18.12.1997, S. 19 163 (B).
30 BT-Drs. 13/11168, S. 2, Pkt. 2. BT-Prot. 13/244 vom 24. Juni 1998 S. 22 7739 (C).
31 BT-Drs. 13/11004, S. 119.
32 § 6c E-BDSG vom 6. Juli 1999; Vgl. auch *Bundesregierung*, Antwort auf eine Kleine Anfrage der Fraktion der PDS vom 1. September 1999, BT-Drs. 14/1527, S.17.
33 BT-Drs. 14/4329.
34 BT-Drs. 14/5793, S. 16, 63.
35 *Philipp* (MdB CDU/CSU), BT-Prot. 14/165 vom 6. April 2001, S. 16 182 (A).
36 *van Essen* (MdB FDP), BT-Prot. 14/128 vom 27. Oktober 2000, S. 12 393 (C).
37 *Schmidt-Jortzig* (MdB FDP), BT-Prot. 14/165 vom 6. April 2001, S. 16 184 (C).
38 47. *DSBK,* Entschließung vom 9./10. März 1994, Chipkarten als gesetzliche Krankenversichertenkarte DuD 1994, 246 f.; *Wellbrock*, DuD 1994, 70 ff.
39 *50. DSBK,* Entschließung vom 9./10. November 1995, Datenschutzrechtliche Anforderungen an den Einsatz von Chipkarten im Gesundheitswesen, DuD 1995, 85 f.
40 62. *DSBK,* Entschließung vom 24./25. Oktober 2001, Datenschutzrechtliche Anforderungen an den „Arzneimittelpass“ (Medikamentenchipkarte), DuD 2001, 763.
41 DuD 1997, 254 ff.
42 *54. DSBK,* Entschließung vom 23./24. Oktober 1997, Novellierung des Bundesdatenschutzgesetzes, DuD 1997, 733, 734.
43 *57. DSBK,* Entschließung vom 25./26. März 1999, Modernisierung des Datenschutzrechts jetzt, DuD 1999, 301.
44 62. *DSBK,* Entschließung vom 24./25. Oktober 2001, DuD 2001, 763; *63. DSKB*, Entschließung vom 7./8. März 2002, DuD 2002, 247.

4. Verhältnis zu anderen Regelungen

4.1 BDSG

Die Vorschrift regelt nur die Transparenz der Speicher- und Verarbeitungsprozesse. Die **Rechtmäßigkeit der Verarbeitung** personenbezogener Daten richtet sich nach den für die verantwortliche Stelle geltenden Datenschutzvorschriften. Dies sind für öffentliche Stelle des Bundes die §§ 4 f. und §§ 12 ff. bzw. für nichtöffentliche Stellen die §§ 4 f. und §§ 27 ff. Erfolgt die Verarbeitung personenbezogener Daten mit Einwilligung des Betroffenen, dann muss die durch Abs. 1 vorgeschriebene Unterrichtung (s.u. Rdnr. 22) vor der Einwilligung erfolgen.[45] 11

§ 6c enthält keine Bestimmungen über die **Anforderungen zur Datensicherheit**. Jedoch verpflichtet Art. 17 der EG-Datenschutzrichtlinie die für die Datenverarbeitung Verantwortlichen dazu, die geeigneten technischen und organisatorischen Maßnahmen" durchzuführen, die „gegen jede andere Form der unrechtmäßigen Verarbeitung personenbezogener Daten erforderlich sind". Diesem Gedanken folgt auch § 9 Satz 1, wonach die verantwortlichen Stellen die erforderlichen technischen und organisatorischen Maßnahmen treffen müssen, „um die Ausführung der Vorschriften dieses Gesetzes (...) zu gewährleisten". Die als Regelbeispiele genannten in der Anlage zu § 9 näher beschriebenen Maßnahmen sind in Hinblick auf die Besonderheiten der mobilen Speicher- und Verarbeitungsprozesse näher zu präzisieren.[46] 12

Bei der Ausgabe bzw. Konfiguration **multifunktionaler Medien** sind bspw. die Anforderung nach Nr. 3 der Anlage zu § 9 zu beachten. Danach ist durch eine informationstechnisch abgesicherte Zugriffskontrolle zu gewährleisten, dass nur die Berechtigten „ausschließlich auf die ihrer Zugriffsberechtigung unterliegenden Daten zugreifen können" Besondere Bedeutung kommt der Anforderung nach Nr. 8 zu, wonach zu gewährleisten ist, dass zu unterschiedlichen Zwecken erhobene Daten getrennt verarbeitet werden können. Für multifunktionale Medien ist also regelmäßig eine nach Sektoren ausdifferenzierte Sicherung der Schreib- und Leserechte vorzusehen.[47] Zu den weiteren Maßnahmen nach Nr. 3 gehört der Schutz der auf dem Medium gespeicherten Daten vor einem unberechtigten Zugang (Vertraulichkeit) sowie ihrer Veränderung (Integrität).[48] Schließlich kann die Verantwortlichkeit für eine bestimmte Speicherung und Datenverarbeitung nur nachvollzogen werden, wenn die einzelnen Verarbeitungsschritte in angemessenen Umfang auf dem Medium protokolliert werden (Nr. 5 der Anlage).[49] 13

Bei der Umsetzung der Anforderungen nach Abs. 2 und 3 sind der Grundsatz der **Datensparsamkeit und Datenvermeidung nach § 3a** als auch § 9 mit der dazugehörigen Anlage zu beachten. So müssen die Einrichtungen zur Wahrnehmung des Auskunftsanspruches nach Abs. 2 so aufgestellt bzw. konfiguriert sein, dass die Auskünfte nicht von umstehenden Personen wahrgenommen werden können.[50] Entsprechendes gilt für die in Abs. 3 vorgeschriebene Signalisierung von Kommunikationsvorgängen,[51] bei denen sichergestellt sein muss, dass sie nur von dem Betroffenen wahrgenommen werden können. 14

4.2 Krankenversicherungskarte

Eine bereichsspezifische Datenschutzregelung besteht für die **Krankenversichertenkarte** nach § 291 SGB V.[52] Es handelt sich um einen Datenträger, den die Krankenkassen an Stelle 15

45 *Bergmann/Möhrle/Herb* BDSG, § 6c Rdnr. 10.

46 BT-Drs. 14/5793, S. 63; *Bizer* in *Möller/ v. Zezschwitz*, S. 31.; Zu den technischen Anforderungen aus Sicht des Datenschutzes: *AK Technik*, DuD 1997, 254 ff.

47 *Bizer* in *Möller/v. Zezschwitz*, S. 32; *BT-Enquete,* Zwischenbericht Sicherheit und Schutz, BT-Drs. 14/11002, S. 54.

48 *Bizer* in *Möller/v. Zezschwitz*, S. 32; *BT-Enquete,* Zwischenbericht Sicherheit und Schutz, BT-Drs. 14/11002, S. 54.

49 *Bizer* in *Möller/v. Zezschwitz*, S. 32.

50 BT-Drs. 14/5793, S. 63.

51 BT-Drs. 14/5793, S. 63.

52 Zur datenschutzrechtlichen Diskussion siehe DSKB (Fn. 38 f.), *Kuhlmann*, DuD 1993, 198 ff.; *Schäfer*, DuD 1993, 685 ff.; *Weichert*, DuD 1997, 266 ff.; zu Patientenkarten *Bizer* in *Möller/v. Zezschwitz*, S. 36 ff.

des früheren Krankenscheins an ihre Versicherten ausgeben (§ 15 Abs. 5, § 291 Abs. 1 SGB V) und die diese dem behandelnden Arzt vor Beginn der Behandlung auszuhändigen haben (§ 15 Abs. 2 SGB V). Allerdings darf auf der Krankenversichertenkarte nur ein beschränkter Datensatz aufgenommen werden, nämlich die Bezeichnung der Krankenkasse, der Familienname, der Vorname, das Geburtsdatum und die Anschrift des Versicherten, die Krankenversichertennummer, der Status des Versicherten sowie der Tag des Beginns des Versicherungsschutzes, bei befristeter Gültigkeit auch das Datum des Fristablaufs (§ 15 Abs. 4, § 291 Abs. 2, 4 SGB V). Unter Kostengesichtspunkten ist der Hauptzweck der Krankenversichertenkarte, die automatisierte Übernahme der administrativen Versichertendaten in die EDV des Arztes und ihre weitere Verarbeitung zu ermöglichen.[53] Für diese Anforderung genügt eine technische Ausstattung des Mediums mit einem Speicherchip, für die sich die die Karte finanzierenden Krankenkassen auch entschieden haben. Allerdings können die auf der Krankenversichertenkarte gespeicherten Daten dort lediglich ausgelesen werden, so dass es an der für eine Anwendung des § 6c notwendigen Voraussetzung nach § 3 Abs. 10 Nr. 2 fehlt, nämlich dass die auf dem Medium gespeicherten Daten auf diesem auch automatisiert verarbeitet werden können.[54]

4.3 Signaturkarte

16 **Qualifizierte elektronische Signaturen** setzen definitionsgemäß voraus, dass sie mit einer „sicheren Signaturerstellungseinheiten erzeugt werden“ (§ 2 Nr. 3 b SigG). Hierzu werden ausschließlich mit eigenen Rechnereinheiten versehene SmartCards (Signaturkarte) eingesetzt, auf denen der Signaturschlüssel (§ 2 Nr. 4 SigG) abgelegt und für den Signiervorgang abgerufen wird.[55] Die technischen Anforderungen ergeben sich aus § 17 Abs. 1 SigG und der SigV. Eine Anwendung des § 6c auf die Signaturfunktion scheidet jedoch regelmäßig aus, weil es an der nach § 3 Abs. 10 Nr. 2 erforderlichen „automatisierten Verarbeitung“ des auf dem Medium gespeicherten Signaturschlüssels fehlt. Dieser wird lediglich von der Signaturerstellungseinheit für das Signieren einer Datei *genutzt* (§ 3 Abs. 5), aber nicht im Sinne von § 3 Abs. 4 verändert oder übermittelt oder sonst verarbeitet. Seiner Funktionalität nach darf der Signaturschlüssel nicht preisgegeben (§ 15 Abs. 1 Satz 2 SigV) und daher auch nicht an Dritte übermittelt werden.

17 Soweit die Signaturkarte mit weiteren Anwendungen als **multifunktionale Karte oder Rucksackanwendung**[56] konfiguriert wird, kann § 6c unter der Voraussetzung Anwendung finden, dass die Anforderungen der Legaldefinition des § 3 Abs. 10 erfüllt werden. Im Rahmen **fortgeschrittener elektronischer Signaturen** kann das sich auf den Signaturschlüssel beziehende Zertifikat auf der Karte gespeichert und dort gegebenenfalls auch aktualisiert, gesperrt oder gelöscht und in diesem Sinne auch **verarbeitet** werden (§ 3 Abs. 10 Nr. 2 i.V.m. Abs. 4).

4.4 Pässe und Personalausweise

18 Die nach § 4 Abs. 2 PassG sowie PersAuswG in Reisepässen und Personalausweisen vorgesehenen „**Zonen für das automatische Lesen**“ erfüllen die nach § 3 Abs. 10 Nr. 2 erforderliche Voraussetzung einer über das Speichern hinausgehenden automatisierten Verarbeitung personenbezogener Daten[57] nicht, so dass insoweit § 6c keine Anwendung findet.

19 Der Gesetzgeber hat allerdings mit Inkrafttreten des Terrorismusbekämpfungsgesetzes vom 9. Januar 2002[58] die Rechtsgrundlagen für Reisepässe und Personalausweise um die **Aufnahme biometrischer Merkmale** erweitert. Die Regelungen sehen vor, dass das Lichtbild

---

53 Näher *Bizer* in *Möller/v. Zezschwitz*, S. 36 ff.
54 Siehe § 3 Rdnr. 270.
55 Vgl. *Bizer*, Elektronische Signaturen im Rechtsverkehr in *Gimmy/Kröger*, Handbuch zum Internetrecht, 2. Auf. 2002, S. 69.
56 Beispiele bei *Bizer* in *Möller/v. Zezschwitz*, S. 52 f.
57 Siehe § 3 Rdnr. 270.
58 BGBl. I S. 361.

der Person, ihre Unterschrift und weitere biometrische Merkmale „auch in mit Sicherungsverfahren verschlüsselter Form in den Pass bzw. in den Personalausweis einzubringen sind" (§ 4 Abs. 2 Satz 2 PassG, § 1 Abs. 4 Satz 2 PersAuswG). Näheres regelt ein noch zu erlassenden Bundesgesetz (§ 4 Abs. 4 Satz 1 PassG, § 1 Abs. 5 Satz 1 PersAuswG). Jedoch gilt nach § 16 Abs. 6 Satz 1 PassG, § 3 Abs. 5 PersAuswG ein strikte Zweckbindung für die verschlüsselten Merkmale und Angaben, die nur zur Überprüfung der Echtheit des Dokumentes und zur Identitätsprüfung des Inhabers „ausgelesen und verwendet werden dürfen". Damit erfüllen Reisepass und Personalausweis nicht die für eine Anwendung des § 6c erforderliche Anforderung einer Verarbeitung der auf dem Medium gespeicherten Daten (§ 3 Abs. 10 Nr. 2). Das Ausweisrecht sieht im übrigen in § 16 Abs. 6 Satz 2 PassG, § 3 Abs. 5 Satz 2 PersAuswG einen spezialgesetzlichen Auskunftsanspruch des Inhabers gegenüber der Ausweisbehörde „über den Inhalt der verschlüsselten Merkmale und Angaben" vor, der insoweit § 19 vorgeht.
Dem PassG bzw. PersAuswG entsprechende Bestimmungen sieht das **Ausländerrecht** in 20
§ 78 Aufenthaltsgesetz (AufenthG) für die dort geregelten Aufenthaltstitel, den Ausweisersatz und andere Bescheinigungen vor.[59] Neben Ausweisen „mit Zonen", die ein automatisiertes Auslesen der gespeicherten Informationen ermöglichen (§ 78 Abs. 4, 6 Satz 1, Abs. 7), besteht auch die Möglichkeit, die Angaben zur Person zusammen mit biometrischen Merkmalen in verschlüsselter Form in das Medium einzubringen (Abs. 3, Abs. 6 Satz 3).[60] Soweit keine Möglichkeit besteht, die auf den Dokumenten eingebrachten Informationen auf dem Medium zu verarbeiten (§ 3 Abs. 10 Nr. 2), fehlt es an der für eine Anwendung des § 6c erforderlichen Voraussetzung.

4.5 Landesdatenschutzgesetze

Gesetzliche Regelungen für die Gestaltung mobiler Speicher- und Verarbeitungsmedien, die 21
von öffentlichen Stellen der Länder ausgegeben bzw. verwendet werden, finden sich in zahlreichen Landesdatenschutzgesetzen.[61] Unter diesen lehnen sich die nach dem BDSG 2001 erlassenen Landesregelungen deutlich an die Bundesregelung an.[62] Die vor dem BDSG 2001 erlassenen Regelungen weichen von der Bundesregelung teils in der Nomenklatur ab („Datenträgern", „Chipkarten" oder „Informationstechnischen Systeme"), teils regeln sie im Unterschied zur Bundesregelung die Zulässigkeit, die an die Einwilligung des Betroffenen gekoppelt wird oder „aufgrund einer Rechtsvorschrift" möglich sein soll.[63] Regelungen über die Transparenz der Datenverarbeitung auf dem Medium entsprechen in den wesentlichen Grundzügen der Bundesregelung.

5. Unterrichtung (Absatz 1)

Abs. 1 enthält eine Verpflichtung zur Unterrichtung des Betroffenen über den für die Ausgabe 22
des Mediums bzw. für das automatisierte Verfahren Verantwortlichen (Nr. 1), die Funktionsweise des Mediums und der zu verarbeitenden Daten (Nr. 2), die Ausübung der Rechte des Betroffenen (Nr. 3) sowie die bei Verlust oder Zerstörung zu treffenden Maßnahmen (Nr. 4).

5.1 Normadressat

Zur Unterrichtung verpflichtet ist die Stelle, die das Medium an den Betroffenen ausgibt (s.u. 23
Rdnr. 24 ff.) oder ein Verfahren zur automatisierten Verarbeitung personenbezogener Daten, das ganz oder teilweise auf dem Medium abläuft, auf das Medium aufbringt, ändert oder

59 Art. 1 des Zuwanderungsgesetzes vom 20. Juni 2002, BGBl. I S. 1944.
60 Die Regelungen gehen auf entsprechende Änderungen durch das TerrBekämpfG vom 9. Januar 2002 zurück, vgl. *Weichert*, DuD 2002, 425.
61 § 31c BlnDSG; § 5 Abs. 3 Bbg DSG; § 5b HmbDSG; § 7 Abs. 3 HDSG; § 6a NDSG; § 29a DSG NW; § 25 DSG LSA; § 8a LDSG SH; § 18 SDSG.
62 § 31c BlnDSG; § 6a NDSG; § 25 DSG LSA; § 18 SDSG.
63 § 8a LDSG SH; § 5 Abs. 3 Bbg DSG; § 29a DSG NW.

hierzu bereithält (s.u. Rdnr. 27 ff.). Die zur Unterrichtung nach Abs. 1 verpflichtete Stelle kann, muss aber nicht mit der für die konkrete Verarbeitung personenbezogener Daten verantwortlichen Stelle (§ 3 Abs. 7) identisch sein.[64]

5.1.1 Ausgabe des Mediums

24 Normadressat ist die **Stelle, die das Medium** an den Betroffenen **ausgibt**. Das Medium muss zum Zeitpunkt der Ausgabe nur die Anforderungen des § 3 Abs. 10 erfüllen, um die Unterrichtungspflicht auszulösen. Voraussetzung der Unterrichtungspflicht ist es also nicht, dass bereits personenbezogene Daten des Betroffenen auf dem Medium gespeichert worden sind.[65] Es genügt, dass das Medium über die Funktionalität verfügt, personenbezogene Daten zu speichern und zu verarbeiten (§ 3 Abs. 10 Nr. 2) und der Betroffene die Verarbeitung nur durch Gebrauch auslösen *kann* (§ 3 Abs. 10 Nr. 2).[66] Nach Sinn und Zweck der Regelung soll der Betroffene „von Anfang an" die Funktionalitäten des Mediums kennen, um bereits „vor dem ersten Speichern" seiner Daten die Bedeutung und Tragweite der Verwendung des Mediums erkennen zu können.[67] Der Gesetzgeber will den Betroffenen in die Lage versetzen, informiert über die Verwendung des Mediums entscheiden zu können.[68]

25 Die Verarbeitung personenbezogener Daten wird **„nur durch den Gebrauch"** des Mediums beeinflusst (§ 3 Abs. 10 Nr. 3), wenn der Betroffene die Datenverarbeitung typischerweise nur durch das Ein- oder Vorbeiführen an einem Lesegerät beeinflussen kann. Um eine Beeinflussung durch Gebrauch handelt es sich auch, wenn der Betroffene zwischen „einigen wenigen vom Verfahren vorgegebenen Alternativen" auswählen kann, bspw. „durch das Drücken einer Taste am Lesegerät".[69] Aus dem Anwendungsbereich der Regelung fallen jedoch Medien, die eine individuelle Steuerung der einzelnen Verarbeitungsprozesse durch die Eingabe differenzierter Programmiercodes (Befehle) ermöglichen.

26 Ohne Bedeutung für die Erfüllung der Anforderung, die Verarbeitung auf dem Medium nur durch Gebrauch beeinflussen zu können (§ 3 Abs. 10 Nr. 3), ist es, wenn der Zugriff auf das Medium die Eingabe eines speziellen Geheimnisses („Wissen") erfordert wie dies bspw. bei einem Schutz durch **Passwort oder PIN** der Fall ist.[70] Die Authentifizierung des berechtigten Inhabers des Mediums ist lediglich Voraussetzung, um Verarbeitungsprozesse auf dem Medium durch Gebrauch auslösen zu können. Sie ist der eigentlichen Verarbeitung der auf dem Medium im Sinne von § 3 Abs. 10 Nr. 2 gespeicherten Daten vorgelagert und kann diese damit auch nicht beeinflussen. Unerheblich ist auch, dass der mit der Eingabe einer PIN oder eines Passwortes auf dem Medium ablaufende Prüfungsprozess nicht im Sinne von § 3 Abs. 10 Nr. 2 von der das Medium ausgebenden oder einer anderen Stelle ausgeht, sondern von dem Betroffenen angestoßen wird. Einerseits finden die Transparenzanforderungen des § 6c keine Anwendung für den mit der Prüfung der Berechtigung verbundenen Verarbeitungsprozess, andererseits steht die Berechtigungsprüfung aber auch der Anwendung der Anforderungen nach § 6c nicht entgegen.

5.1.2 Aufbringen des automatisierten Verfahrens

27 Da die Entscheidung über die Verwendung eines konkreten Mediums die Kenntnis der auf dem Medium aufgebrachten automatisierten **Verarbeitungsverfahren** voraussetzt, hat der Gesetzgeber neben der ausgebenden Stelle auch die für das konkrete Verarbeitungsverfahren verantwortlichen Stellen verpflichtet, den Betroffenen zu unterrichten. Letztlich kann der Betroffene eine informierte Entscheidung über die Verwendung des Mediums nur in Kenntnis

64 *Bergmann/Möhrle/Herb* BDSG, § 6c Rdnr. 9.
65 BT-Drs. 14/5793, S. 63.
66 Siehe zu den Anforderungen § 3 Rdnr. 270 f.
67 BT-Drs. 14/5793, S. 63.
68 BT-Drs. 14/5793, S. 63.
69 BT-Drs. 14/5763, S. 60; Siehe auch § 3 Rdnr. 271.
70 So bspw. für den Signaturschlüssel bei elektronisch qualifizierten und akkreditierten Signaturen § 15 Abs. 1 Satz 1 SigV; So auch *Bundesregierung*, Begründung zu § 15 Abs. 1 SigV.

der auf dem Medium aufgebrachten Programme bzw. ihrer wesentlichen Funktionen treffen.[71] Die Verpflichtung, auch über das automatisierte Verarbeitungsverfahren zu unterrichten, ist die zwingende Konsequenz aus der Intransparenz der Verarbeitungsvorgänge auf dem Medium. Werden verschiedene Verfahren unterschiedlicher Stellen auf dem Medium eingerichtet (multifunktionale Karte), dann ist jede einzelne Stelle zur Unterrichtung über ihr Verfahren verantwortlich.

Gesetzlich definiert sind „die Verfahren zur **automatisierten Verarbeitung** personenbezogener Daten“ in § 3 Abs. 2.[72] Es muss sich um Verfahren handeln, die „ganz oder teilweise“ auf dem Medium ablaufen. Der gesamte Verarbeitungsprozess *kann* also, muss aber nicht vollständig auf dem Medium erfolgen. Ausreichend ist eine Interaktion zwischen dem Medium und einer Datenverarbeitungsanlage. Allerdings setzt die Regelung voraus, dass die Verarbeitung auf dem Medium die Voraussetzungen nach § 3 Abs. 10 erfüllt, d.h. es muss zumindest *eine* automatisierte Verarbeitung der auf dem Medium gespeicherten personenbezogenen Daten möglich sein.[73] Beschränkt die technische Konfiguration des Verfahrens das Medium auf die Funktion, personenbezogene Daten aus dem Medium auszulesen, dann besteht die Unterrichtungspflicht nach Abs. 1 nicht. 28

Zur Unterrichtung verpflichtet sind nicht nur die Stellen, die das automatisierte Verfahren auf das Medium aufbringen, sondern auch diejenigen Stellen, die das bereits aufgebrachte Verfahren ändern. Eine **Änderung des Verfahrens** erfolgt, wenn Funktionsteile des Programms fortgeschrieben, gelöscht oder ersetzt werden. Normadressat ist im Fall einer Änderung des Verfahrens die Stelle, die das Verfahren auf das Medium aufgebracht hat. Das Verfahren kann aber auch nach seiner Emission von anderen Stellen geändert werden, bspw. von einem mit der Wartung oder Fortschreibung des Programms beauftragten Dienstleister, der in diesem Fall zur Unterrichtung verpflichtet ist. 29

Die Bedeutung, die der Gesetzgeber einer frühzeitigen Unterrichtung des Betroffenen vor einer ersten Speicherung seiner Daten auf dem Medium zumisst,[74] zeigt sich an dem Umstand, dass auch diejenige Stelle der Unterrichtungspflicht unterliegt, die das automatisierte Verfahren lediglich bereithält, damit es auf das Medium aufgebracht bzw. installiert wird. **Bereitgehalten** wird das automatisierte Verfahren, wenn es bspw. zum Download im Internet angeboten wird.[75] Bereitgehalten wird es aber auch, wenn es offline auf einem Datenträger angeboten wird. Die Unterrichtungspflicht der ein Verfahren bereithaltenden Stelle wird nicht dadurch ersetzt, dass eine andere Stelle das Verfahren auf dem Medium einrichtet. Die Unterrichtung des Betroffenen kann allerdings *über* die das Verfahren einrichtende oder das Medium ausgebende Stelle erfolgen, indem die originären Informationen der das Verfahren bereithaltenden Stelle an den Betroffenen weitergegeben werden. 30

5.2 Adressat der Unterrichtung

Adressat der Unterrichtung ist der **Betroffene**, dem das Medium ausgehändigt wird (s.o. Rdnr. 24) Die Wortwahl ist mit Rücksicht auf den Begriff des Betroffenen in § 3 Abs. 1 unglücklich, denn zum Zeitpunkt der Übergabe des Mediums werden Daten des Betroffenen weder verarbeitet noch müssen sie in Zukunft verarbeitet werden. Sinn und Zweck der Unterrichtung ist, dass der Betroffene aufgrund der Unterrichtung entscheiden kann, ob er das Medium überhaupt verwenden will.[76] In der ersten Alternative ist der Betroffene lediglich der möglicherweise in Zukunft **betroffene Empfänger** des Mediums, dessen Daten nach Übergabe verarbeitet werden können, aber nicht notwendig müssen. 31

71 BT-Drs. 14/5793, S. 63.
72 Siehe § 3 Rdnr. 78 ff.
73 Siehe § 3 Rdnr. 270.
74 Siehe ausdrücklich BT-Drs. 14/5793, S. 63.
75 BT-Drs. 14/5793, S. 63.
76 BT-Drs. 14/5793, S. 63.

32 In der zweiten Alternative der automatisierten Verarbeitung personenbezogener Daten (s.o. Rdnr. 27) ist Betroffener auch der **potentiell** von einem automatisierten Verfahren **Betroffene** gemeint, dessen Daten in Zukunft auf dem Medium ganz oder teilweise automatisiert verarbeitet werden sollen, aber nicht notwendigerweise müssen.

33 Die Unterrichtung kann auf besondere Schwierigkeiten stoßen, wenn der datenschutzrechtlich Betroffene nicht der Inhaber des Mediums ist, sondern (auch) die **Daten eines Dritten** auf dem Medium gespeichert und verarbeitet werden. In diesem Fall gilt die Verpflichtung zur Unterrichtung auch gegenüber diesem Dritten.

5.3 Modalitäten der Unterrichtung

5.3.1 Zeitpunkt der Unterrichtung

34 Die Vorschrift enthält keine explizite Regelung, zu welchem **Zeitpunkt** der Betroffene unterrichtet werden soll. Nach Sinn und Zweck der Unterrichtung muss sie aber so früh wie möglich erfolgen, denn der Betroffene soll „von Anfang an" die Funktionalitäten des Mediums und der Verfahren kennen, „um bereits vor dem ersten Speichern" seiner Daten die Bedeutung und Tragweite des Verfahrens erkennen zu können.[77] Der Betroffene ist daher in der ersten Alternative zum Zeitpunkt der Übergabe des Mediums und in der zweiten Alternative zu dem Zeitpunkt zu unterrichten, zu dem das Verfahren auf das Medium aufgebracht, geändert bzw. bereitgehalten wird.

35 Die Unterrichtung muss mit Rücksicht auf den Inhalt der Unterrichtung auch **nachhaltig** sein, d.h. sie müssen dem Betroffenen dauerhaft zur Verfügung stehen. Zweck der Unterrichtung des Betroffenen ist neben der Unterstützung seiner Entscheidungsbildung vor einer Nutzung des Mediums auch, ihm die Wahrnehmung seiner Rechte (Nr. 1 und Nr. 3) zu ermöglichen, sowie ihm die erforderlichen Maßnahmen im Fall des Verlustes oder der Zerstörung des Mediums zu ermöglichen (Nr. 4). Diese Informationen sind ihrem Charakter und Zweck nach situationsabhängig, d.h. sie werden über die gesamte Nutzungsdauer benötigt. Entsprechendes gilt für die Informationen über die Funktionsweise des Mediums. Aus diesem Grund sollte die Unterrichtung dem Betroffenen auf einem dauerhaften Datenträger ausgehändigt oder übermittelt sowie im Internet zum Download bereitgehalten werden.

5.3.2 Form der Unterrichtung

36 Die Regelung enthält keine Angaben über die **Form der Unterrichtung**. Orientierung bietet die Schriftform, die nicht nur für die Einwilligung (§ 4a Abs. 1 Satz 4), sondern auch die Erteilung der Auskunft zumindest durch nichtöffentliche Stellen die regelmäßig vorgeschriebene Form ist, soweit sie nicht wegen besonderer Umstände unangemessen ist (§ 35 Abs. 3).[78] Für die Wahl der Form ist maßgebend, dass der Inhalt der Unterrichtung nicht nur flüchtig ist, sondern von dem Betroffenen insbesondere auch bei späterem Bedarf zur Kenntnis genommen werden kann (s.o. Rdnr. 35). Einer besonderen Authentifizierung in Form bspw. einer Unterschrift bedarf die Unterrichtung nicht. Keine besonderen Umstände dürfte es bereiten, dem Betroffenen die Unterrichtung in schriftlicher Form zusammen mit dem Medium auszuhändigen. Entsprechendes gilt, wenn das automatisierte Verfahren aufgebracht oder geändert wird, wenn hierzu das Medium übergeben werden muss. Unangemessen ist jedoch die Unterrichtung über ein Schriftdokument, wenn das automatisierte Verfahren im Internet zum Abruf *bereitgehalten* wird. In diesem Fall genügt eine Unterrichtung auch in elektronischer Form.

37 Die Unterrichtung muss nicht nur nach Abs. 1 Nr. 2 „allgemein verständlich" sein (s.u. Rdnr. 48), sondern auch in den Fällen der Nr. 1, 2 und 4. Maßstab ist der Empfängerhorizont der Personen, an die das Medium ausgegeben wird bzw. auf deren Medien automatisierte Verarbeitungsverfahren aufgebracht, geändert oder für sie bereitgehalten werden. Wird das Medium gezielt an Personen ausgegeben, die bspw. die deutsche Sprache nicht beherrschen

---

77 BT-Drs. 14/5793, S. 63.

78 Für öffentliche Stellen gilt § 19 Abs. 1 Satz 4, siehe § 19 Rdnr. 54.

oder in besonderer Weise gehindert sind, den Inhalt der Unterrichtung zur Kenntnis zu nehmen (Analphabeten, Blinde etc.), muss sich die Form der Unterrichtung auch an dieser Nutzergruppe orientieren (s.u. Rdnr. 49).

Die **Beweislast** für die Tatsache der Unterrichtung trägt die zur Unterrichtung verpflichtete Stelle. Die Bereitstellung der Unterrichtung sollte die verpflichtete Stelle daher dokumentieren. 38

5.4 Identität und Anschrift (Nr. 1)

Der Betroffene ist über die **Identität und die Anschrift** der jeweiligen Stellen zu unterrichten (Nr. 1). Die Verpflichtung betrifft sowohl die das Medium ausgebende Stelle als auch die für das einzelne Verfahren verantwortliche Stelle. Zweck der Unterrichtungspflicht ist, dass der Betroffene seine Rechte gegenüber der verpflichteten Stelle wahrnehmen kann.[79] Die Angaben müssen also ausreichend sein, um den datenschutzrechtlichen Auskunftsanspruch nach § 19, § 34 wahrnehmen und ggf. auch gerichtlich durchsetzen zu können (§ 130 Nr. 1 ZPO). 39

Angaben zur Identität einer **natürlichen Person** umfassen ihren Vor- und Nachnamen, durch den sie im Zusammenhang mit der postalischen Anschrift identifiziert werden kann. Eine Postfachadresse genügt nicht. Bei **juristischen Personen** ist der Firmenname anzugeben sowie der des Vertretungsberechtigten und die postalische Anschrift. 40

Über die Identität der verantwortlichen Stelle ist der Betroffene auch nach § 4 Abs. 3 Satz 1 Nr. 1 zu unterrichten, wenn seine Daten bei ihm erhoben werden.[80] **Parallelen** weist die Regelung auch mit der Anbieterkennzeichnung nach § 6 Nr. 1 TDG („Name und Anschrift") auf. Im Rahmen der Informationspflichten über Fernabsatzverträge nach § 312c Abs. 1 BGB i.V.m. § 1 Nr. 1 und Nr. 2 der BGB-Informationspflichten-Verordnung ist der Verbraucher ebenfalls über „Identität" und „Anschrift" des Unternehmers zu unterrichten.[81] Die Beachtung der unterschiedlichen Unterrichtungspflichten ist vor allem für die Stellen von Bedeutung, die automatisierte Verfahren im Internet als Teledienst zum Abruf bereithalten oder im Wege eines Fernabsatzgeschäftes vertreiben. 41

5.5 Gegenstand der Unterrichtung (Nr. 2)

Die oben genannten Stellen (Rdnr. 24, 27) müssen den Betroffenen über die **Funktionsweise des Mediums** einschließlich der **Art der** zu verarbeitenden personenbezogenen **Daten** unterrichten. Der Unterrichtung über die Funktionsweise des Mediums kommt zentrale Bedeutung zu.[82] Der Betroffene muss ihr entnehmen können, welche seiner personenbezogenen Daten mit welchen Programmfunktionen verarbeitet werden können. Zu unterrichten ist sowohl über die Funktionsweise des „nackten Mediums" (s.u. Rdnr. 43) als auch über das auf das Medium aufgebrachte bzw. bereitgehaltene automatisierte Verfahren (s.u. Rdnr. 44). 42

5.5.1 Funktionsweise des Mediums

Wird dem Betroffenen das Medium ohne ein automatisiertes Verfahren ausgehändigt, dann umfasst die Funktionsweise des Mediums seine **wesentlichen Grundfunktionen** sowie das mögliche Verwendungspotenzial.[83] Ihrem Zweck nach soll der betroffene Empfänger die „Möglichkeiten und Risiken des Mediums" für seine informationelle Selbstbestimmung erkennen können.[84] Konkret bedeutet dies, dass der Empfänger darüber unterrichtet werden muss, dass es sich um ein Medium mit einem Prozessorchip handelt, auf das mit Hilfe eines eigenen Programmiercodes Verfahren zur automatisierten Verarbeitung personenbezogener Daten installiert werden können.[85] Über die Art der Daten kann der betroffene Empfänger 43

79 BT-Drs. 14/5793, S. 63.
80 Siehe § 4 Rdnr. 41.
81 Siehe *Bizer* in *Bäumler/v. Mutius*, S. 130.
82 BT-Drs. 14/5793, S. 63.
83 BT-Drs. 14/5793, S. 63.
84 BT-Drs. 14/5793, S. 63.
85 BT-Drs. 14/5793, S. 63.

ohne Kenntnis des Verfahrens und seiner konkreten Anwendung wohl kaum unterrichtet werden. Der Empfänger kann und muss aber erfahren, auf welche Weise (kontaktlos, ohne/mit Freigabe etc.) automatisierte Verfahren auf dem Medium installiert werden können, um diesen Prozess gegebenenfalls auch unterbinden zu können.[86]

5.5.2 Funktionsweise der automatisierten Verfahren

44 Gegenstand der Unterrichtung über das Aufbringen, Ändern oder Bereithalten automatisierter Verfahren sind die **erforderlichen Vorkehrungen** zur Verarbeitung personenbezogener Daten, die auf dem Medium getroffenen werden. Dies sind im Wesentlichen die Installation des Programmiercodes sowie die Zuweisung von Speicherplatz,[87] mit der auch gleichzeitig die Nutzung für mono- oder multifunktionale Anwendungen festgelegt wird.

45 Der für den Betroffenen entscheidende Informationsgehalt ergibt sich aus der Unterrichtung über die **konkreten Funktionen des Verfahrens.** Dabei ist der Betroffene nicht nur über das auf dem Medium installierte Verfahren zu unterrichten, sondern auch über die Verarbeitungsfunktionen außerhalb des Mediums („ganz oder teilweise auf einem solchen Medium abläuft").[88] Der Betroffene kann die Funktionsweise des Verfahrens in seinen Auswirkungen auf seine informationelle Selbstbestimmung erst dann vollständig ermessen, wenn er insbesondere über die Kommunikationsvorgänge zwischen dem Medium einerseits und externen Komponenten (Lese- bzw. Schreibgerät) und ihre Signalisierung unterrichtet wird (siehe Abs. 3, s.u. Rdnr. 71). Nach der Gesetzesbegründung ist auch über etwaige manuell vorzunehmende Entscheidungen zu unterrichten.[89]

46 Von zentraler Bedeutung für die Unterrichtung über die Funktionsweise des automatisierten Verfahrens sind Art und Umfang der **Schreib- sowie der Leseberechtigung**. Die Schreibberechtigung umfasst, wer welche Programme und Daten auf dem Medium speichern bzw. ändern darf, während die Leseberechtigung bestimmt, wer welche Programme und Daten auf dem Medium nutzen darf.[90] Soll das Medium für mehrere Zwecke (multifunktionales Medium) verwendet werden, dann ist der Betroffene über die differenzierten Schreib- und Leserechte der einzelnen Sektoren zu unterrichten.

47 Der Betroffene ist über die Funktionsweise des Mediums einschließlich der **Art der zu verarbeitenden personenbezogenen Daten** zu unterrichten. In Anlehnung an § 3 Abs. 9 sind unter Datenarten Kategorien von Daten zu verstehen, die für bestimmte Zwecke verarbeitet werden. Zeitlich muss der Betroffene *vor* der eigentlichen Verarbeitung (§ 3 Abs. 4) der personenbezogenen Daten unterrichtet werden. Über die Verarbeitung der Datenkategorien zu bestimmten Verwendungszwecken kann der Betroffene aber sinnvoll nur mit Blick auf einzelne Anwendungen unterrichtet werden.

5.5.3 Allgemein verständlicher Form

48 Die Unterrichtung des Betroffenen über die Funktionsweise des Mediums einschließlich der zu verarbeitenden Art der Daten muss in **allgemein verständlicher Form** erfolgen. Offensichtlich hatte der Gesetzgeber Sorge, die Unterrichtung könnte mit technischen Details überfrachtet den Betroffenen überfordern und damit ihren Zweck verfehlen. Ohne Zweifel sollte unter dem rechtstaatlichen Postulat der Normenklarheit jede Unterrichtung allgemein und nicht nur für den Spezialisten verständlich sein (s.o. Rdnr. 37). Umgekehrt verweist die Gesetzesbegründung aber auch darauf, dass detaillierte technische Beschreibungen von den Betroffenen nicht beansprucht werden könnten.[91]

86 BT-Drs. 14/5793, S. 63.
87 BT-Drs. 14/5793, S. 63.
88 BT-Drs. 14/5793, S. 63.
89 BT-Drs. 14/5793, S. 63.
90 Ausführlicher *Bizer* in *Möller/v. Zezschwitz*, S. 28 ff.
91 BT-Drs. 14/5793, S. 63.

Allgemein verständlich ist eine Unterrichtung, wenn sie von den typischerweise **betroffenen Personen** verstanden werden können. Bezugsgröße ist die Gruppe der Personen, denen das Medium ausgehändigt worden ist, bzw. der von der automatisierten Verarbeitung betroffenen Personen. Unterstellt werden darf ein der deutschen Sprache und des Lesens kundiger Betroffener. Ausnahmen sind allerdings möglich, wenn das Medium an eine spezielle Gruppe mit spezifischen Behinderungen (Blinde) oder Defiziten (Sprache, Lesen) gezielt ausgegeben wird. Die Anforderung der Verständlichkeit wird im Regelfall weder durch ein typisches Juristendeutsch noch durch die Sprache der Techniker erfüllt. Erforderlich sind stattdessen kurze und übersichtlich gegliederte Ausführungen in deutscher Sprache über die wesentlichen Funktionen des Mediums. Die Verständlichkeit kann durch knappe Beispiele und/oder Grafiken zusätzlich erhöht werden. 49

5.6 Ausübung der Rechte des Betroffenen (Nr. 3)

Der Betroffene ist darüber zu unterrichten, **wie** er seine Rechte nach den §§ 19, 20, 34 und 35 ausüben kann. Die Regelung setzt die Rechte auf Auskunft nach §§ 19 und 34 sowie Berichtigung, Löschung und Sperrung nach §§ 20 und 35 voraus. Gegenstand der Unterrichtung ist ausschließlich die **Art und Weise** der Wahrnehmung dieser Recht unter Berücksichtigung der Besonderheiten des Mediums.[92] Welche Informationen von den zur Unterrichtung verpflichteten Stellen nach Abs. 1 im einzelnen zu erteilen sind, ist von der konkreten Gestaltung des Mediums bzw. des Verfahrens zur automatisierten Verarbeitung abhängig. 50

Erforderlich sind zumindest **allgemeine Informationen** über die zur Wahrnehmung der Rechte erforderlichen technischen Hilfsmittel und ihre Verfügbarkeit (Abs. 2, s.u. Rdnr. 57 ff.), ihre Standorte sowie ihre wesentlichen Grundfunktionen. Soweit der Betroffene seine Rechte selbst ausüben kann, muss er hierüber informiert werden. Bedarf es technischer Hilfsmittel muss er über diese, ihre Verfügbarkeit, ihre wesentlichen Grundfunktionen unterrichtet werden sowie an wen er sich im Bedarfsfall wenden kann. Bei komplexen Vorgänge, die mehrere Bedienungsschritte erfordern, ist eine kurze Anleitung bzw. eine Menüsteuerung erforderlich. Bei multifunktionalen Medien kann es einer nach den einzelnen Anwendungen differenzierenden Unterrichtung bedürfen. Der Betroffene muss schließlich darüber unterrichtet werden, **an wen** er sich wenden muss, um seine Rechte auf Berichtigung, Löschung oder Sperrung seiner auf dem Medium gespeicherten Daten auszuüben. 51

5.7 Maßnahmen bei Verlust oder Zerstörung (Nr. 4)

Abhängig von der konkreten auf dem Medium installierten Anwendung können dem Betroffenen im Fall eines **Verlustes oder der Zerstörung des Mediums** materielle oder immaterielle Schäden entstehen, weil die auf dem Medium gespeicherten Daten nicht mehr verfügbar sind. Nach dem Zweck der Regelung ist der physischen Zerstörung des Mediums jede Beeinträchtigung ihrer **Funktionsfähigkeit** gleichzustellen, die eine Verarbeitung der auf dem Medium gespeicherten Informationen verhindert. 52

Der Gesetzgeber hat die Regelung allerdings auf die Verpflichtung beschränkt, den Betroffenen über die in diesen Fällen **„zu treffenden Maßnahmen"** zu unterrichten. Da die zu treffenden Maßnahmen vom Einzelfall der Anwendung abhängig sind, überlässt es der Gesetzgeber den verantwortlichen Stellen, welche Verfahren und Maßnahmen dem Betroffenen im Einzelfall angeboten werden. Hierzu gehört auch die Unterrichtung, welche Stellen technische Unterstützung anbieten und über das für eine Wiederherstellung oder für eine Rekonstruktion des Datenbestandes erforderliche Wissen verfügen. 53

Die Regelung schließt an die Verpflichtung der für die Datenverarbeitung verantwortlichen Stelle zur **Verfügbarkeitskontrolle** in Nr. 7 der Anlage zu § 9 an, wonach geeignete Maßnahmen zu treffen sind, um personenbezogene Daten gegen eine zufällige Zerstörung oder 54

92 BT-Drs. 14/5793, S. 63 f.

Verlust zu schützen.[93] Zur Unterrichtung nach Abs. 1 Nr. 4 verpflichtet sind nicht die für die Verarbeitung verantwortlichen Stellen, sondern nur die, die das Medium an den Betroffenen ausgeben bzw. das automatisierte Verarbeitungsverfahren auf das Medium aufbringen, ändern oder bereithalten.

5.8 Ausnahme von der Unterrichtung

55 Auf eine Unterrichtung kann nur verzichtet werden, **soweit** der Betroffene nicht bereits Kenntnis erlangt hat. Der Akzent der Rückausnahme liegt auf der bereits in der Vergangenheit erlangten Kenntnis des Betroffenen sowie auf dem einschränkenden „soweit". Die Regelung will lediglich den nach Abs. 1 verantwortlichen Stellen einen zusätzlichen Aufwand durch **Doppelinformationen ersparen**. Insbesondere soll der Betroffene bei Verfahrensänderungen nur im Umfang der Änderungen, aber nicht erneut über das gesamte Verfahren informiert werden müssen.[94] Auch liegt es in der Verantwortung des Betroffenen, ihm bereits ausgehändigte Unterlagen aufzubewahren.[95]

56 Lebensfremd ist allerdings die Vorstellung der Gesetzesbegründung, es liege in der Eigenverantwortung des Betroffenen, „sich Notizen über eine erfolgte Unterrichtungen zu machen".[96] Die Annahme eines konzentrierten Zuhörers, der das Gehörte zutreffend schriftlich festhalten kann, überschätzt die Fähigkeit breiter Bevölkerungskreise. Zudem wird übersehen, dass die **Beweislast** für die bereits erlangte Kenntnis des Betroffenen bei der zur Unterrichtung verpflichteten Stelle liegt. Während die Unterrichtung lediglich voraussetzt, dass den Empfänger eine Mitteilung erreicht hat, verlangt die im Gesetz vorgesehene „Erlangung einer Kenntnis", dass der Empfänger den Inhalt der Mitteilung auch tatsächlich zur Kenntnis genommen hat. Um dies zu gewährleisten, muss dem Betroffenen der Inhalt der Unterrichtung auf einem dauerhaften Datenträger zur Kenntnis gegeben worden sein.

6. Unterstützung der Unterrichtung (Abs. 2)

57 Nach Abs. 2 müssen die nach Abs. 1 verpflichteten Stellen (Rdnr. 24, 27) dafür Sorge tragen, dass die zur Wahrnehmung des Auskunftsrechts erforderlichen Geräte oder Einrichtungen in angemessenem Umfang zum unentgeltlichen Gebrauch zur Verfügung stehen. Hintergrund der Regelung ist, dass der Betroffene die auf dem Medium ablaufende Verarbeitung seiner Daten nicht nachvollziehen kann. Obwohl er im Besitz des Mediums ist (§ 3 Abs. 10 Nr. 1), kann er ohne technische Hilfsmittel nicht erkennen, welche seiner Daten auf dem Medium gespeichert sind. Die fehlende Transparenz ist für den Betroffenen von besonderer Bedeutung, wenn die über ihn auf dem Medium gespeicherten personenbezogenen Daten von Dritten ausgelesen oder verarbeitet werden können.

6.1 Normadressat

58 Abs. 2 setzt das Bestehen eines **Auskunftsrechts** voraus, über das der Betroffene nach § 19 gegenüber öffentlichen Stellen und nach § 34 gegenüber nichtöffentlichen Stellen verfügt. Erteilt werden muss die Auskunft von der Stelle, die für die Datenverarbeitung verantwortlich ist (§ 3 Abs. 7).[97] Dies ist regelmäßig die Stelle, die mit Hilfe des Mediums personenbezogene Daten über den Betroffenen erhebt (§ 3 Abs. 3), verarbeitet (§ 3 Abs. 4) oder nutzt (§ 3 Abs. 5).

59 Für die Verpflichtung, die erforderlichen Geräte oder Einrichtungen zur Verfügung zu stellen, verweist das Gesetz ausdrücklich auf die **Stellen nach Abs. 1**, die das Medium ausgeben

93 Siehe § 9 Rdnr. 156 ff.
94 BT-Drs. 14/5793, S. 64.
95 BT-Drs. 14/5793, S. 64.
96 BT-Drs. 14/5793, S. 64.
97 Siehe § 19 Rdnr. 17.

oder automatisierte Verfahren auf das Medium aufbringen, ändern oder hierzu bereithalten. Diese und nicht die für die konkrete Verarbeitung verantwortlichen Stellen müssen nach Abs. 1 die **infrastrukturellen Voraussetzungen** schaffen, dass der Betroffene sein Auskunftsrecht gegenüber der für die Verarbeitung seiner Daten verantwortlichen Stelle wahrnehmen kann. Die in Abs. 2 vorgenommene Adressierung der Verpflichtung ist auch sinnvoll, denn nur die Stellen, die das Medium ausgeben bzw. die automatisierte Verarbeitungsverfahren aufbringen, ändern oder bereithalten, verfügen über die erforderlichen technischen Kenntnisse, über bspw. Schnittstellen und Datenstrukturen der Medien, die eine Gestaltung der für das Auskunftsrecht erforderlichen Einrichtungen und Geräte erst ermöglichen.

Aufgrund des Verweises auf die in Abs. 1 genannten Stellen gilt die Verpflichtung nach Abs. 2 auch für die Stellen, die automatisierte Verfahren lediglich **bereithalten** (s.o. Rdnr. 30), ohne ein Medium auszugeben und ohne das Verfahren auf ein Medium aufzubringen bzw. zu ändern. Unter dieser Voraussetzung ist die Verpflichtung, Geräte und Einrichtungen zur Wahrnehmung des Auskunftsrechts zur Verfügung zu stellen, nur verhältnismäßig, wenn sie sich auf die Bereitstellung der softwaremäßigen Voraussetzungen zur Wahrnehmung des Auskunftsrechtes beschränkt. 60

6.2 Geräte und Einrichtungen

Zur Verfügung gestellt werden müssen **Geräte oder Einrichtungen,** die zur Wahrnehmung des Auskunftsrechts erforderlich sind. Der Begriff der Geräte bzw. Einrichtungen wird auch in § 4f Abs. 5 verwendet, dort allerdings im Zusammenhang mit der dem betrieblichen oder behördlichen Datenschutzbeauftragten zur Erfüllung seiner Aufgaben zur Verfügung zu stellenden Infrastruktur.[98] „Geräten“ sind die Hardwarekomponenten gemeint (Lesegeräte etc.), mit deren Hilfe das Auskunftsrecht wahrgenommen werden kann. Unter „Einrichtungen“ sind über mobile Geräte hinausgehende Anlagen zu verstehen (bspw. Terminals mit Bildschirm oder Drucker), die dem Betroffenen eine Auskunft über seine Daten ermöglichen. 61

Die zur Verfügung zu stellenden Geräte oder Einrichtungen müssen zur **Wahrnehmung des Auskunftsrechts erforderlich** sein. Kann die Auskunft auch auf andere Weise als über Geräte oder Einrichtungen erlangt werden – bspw. durch ein Display auf dem Medium – dann sind diese nicht erforderlich. Soweit der Betroffene zur Wahrnehmung seines Auskunftsrechtes auf Geräte oder Einrichtungen angewiesen ist, müssen sie diesen Zweck funktionsgerecht erfüllen. Allerdings ist es nicht erforderlich, dass Geräte oder Einrichtungen die Wahrnehmung des Auskunftsrechts in gleicher Weise ermöglichen. Neben Einrichtungen (Terminals), die dem Betroffenen einen vollständigen oder aktuellen Auszug aus dem Medium erstellen, sind auch Geräte denkbar, die nur eine Einsichtnahme ermöglichen (Lesegeräte). 62

Auskunft bedeutet, dass die verpflichtete Stelle dem Betroffenen auf seine Initiative einen bestimmten Sachverhalt mitteilt (vgl. § 19 Abs. 1 Satz 1, § 34 Abs. 1 Satz 1). **Nichtöffentliche Stellen** müssen diese Auskunft regelmäßig **schriftlich** erteilen, soweit nicht wegen der besonderen Umstände eine andere Form der Auskunftserteilung angemessen ist (§ 34 Abs. 3). Für die technische Gestaltung der Geräte und Einrichtungen bedeutet dies, dass sie in der Regel eine schriftliche Auskunft ermöglichen müssen (§ 9 Satz 1).[99] Eine Auskunft in anderer Weise, bspw. in Form einer bloßen **Einsichtnahme** über einen Bildschirm, kommt nur in Betracht, wenn die Gründe in der Sphäre des Betroffenen liegen.[100] Dies kann der Fall sein, wenn sich der Betroffene mit einer Einsicht in seine Daten begnügen will oder keine Daten über ihn gespeichert sind und er deswegen auf eine schriftliche Auskunft verzichtet.[101] Für die Gestaltung der Geräte und Einrichtungen bedeutet dies zwangsläufig, dass ein angemessener Anteil von ihnen eine schriftliche Auskunft ermöglichen muss (s.u. Rdnr. 66). 63

98 Siehe § 4f Rdnr. 142ff.
99 Siehe § 34 Rdnr. 50ff.
100 Siehe § 34 Rdnr. 50ff.
101 Siehe § 34 Rdnr. 50, 48.

64 Im Unterschied zur Auskunft durch nichtöffentliche Stellen bestimmen **öffentliche Stellen** nach § 19 Abs. 1 Satz 4 „insbesondere die Form der Auskunftserteilung nach pflichtgemäßem Ermessen". Allerdings reduziert sich dieses Ermessen, wenn der Betroffene über ein berechtigtes Interesse an einer schriftlichen Auskunft verfügt, weil er bspw. die über ihn gespeicherten Daten überprüfen will oder über ein Beweisdokument verfügen muss. Auch bei öffentlichen Stellen ist daher die **schriftliche Auskunft** die Regel und nicht die Ausnahme,[102] so dass auch für die von öffentlichen Stellen eingesetzten Medien die Geräte und Einrichtungen in angemessenen Umfang eine schriftliche Auskunft ermöglichen müssen (s.u. Rdnr. 66).

65 Weitere technische Anforderungen ergeben sich unmittelbar aus Abs. 2 nicht. Insbesondere fehlt es gegenüber internen Vorfassungen an einer Gestaltungsvorgabe, die es dem Betroffenen festzustellen ermöglicht, welche weiteren Verfahren auf das Medium aufgebracht sind. Allerdings sind bei der technischen und organisatorischen Gestaltung der Auskunft nach Abs. 2 die Anforderungen nach der Anlage zu § 9 sowie des Grundsatzes der Datenvermeidung und Datensparsamkeit zu beachten (s.o. Rdnr. 12 ff.).

6.3 Umfang der Verpflichtung

66 Die Geräte und Einrichtungen müssen allerdings nur „**im angemessenen Umfang**" zur Verfügung stehen. Die Auslegung des unbestimmten Rechtsbegriffs soll nach der Vorstellung des Gesetzgebers eine flexible Rechtsanwendung „insbesondere im Hinblick auf die Sensibilität der im Einzelfall betroffenen personenbezogenen Daten, den wirtschaftlichen Aufwand, die Verbreitung eines Verfahrens und den technischen Fortschritt" ermöglichen.[103] Angemessen bezieht sich zum einen auf eine ausreichende Zahl an Geräten und Einrichtungen (Quantität) und zum anderen auf die Art ihrer Ausstattung (Qualität).

67 Maßstab für eine ausreichende Anzahl an Geräten und Einrichtungen (**Quantität**) ist einerseits die Zahl der Betroffenen, die ein mobiles personenbezogenes Speicher- und Verarbeitungsmedium aktiv benutzen, und andererseits die Bedingungen, unter denen das Medium typischerweise von den Betroffenen verwendet wird. Ob jedem Betroffenen ein eigenes Lesegerät zur Verfügung gestellt werden kann, hängt letztlich von einem angemessenen Verhältnis der dafür zu erbringenden Kosten und der Bedeutung der gespeicherten Daten ab. Jedenfalls nach der Gesetzesbegründung soll nicht jedes Lese- und/oder Schreibgerät, mit dem das Medium kommunizière, über eine Auskunftsfunktion verfügen müssen.[104] Ausgangspunkt muss die Interessenlage des Betroffenen sein, sich über den Inhalt seines Mediums Kenntnis verschaffen zu können, bevor er einen Verarbeitungsvorgang zulässt, der ihn möglicherweise negativen Sanktionen aussetzt, mit zusätzlichem Aufwand belastet oder menschlich unangenehm ist, weil er unter den Augen der Öffentlichkeit stattfindet. Regelmäßig wird dem Betroffenen daher zumindest eine Möglichkeit anzubieten sein, auf seine in dem Medium gespeicherten Daten Einsicht zu nehmen, *bevor* und *nachdem* er eine Verarbeitung seiner Daten auf dem Medium ermöglicht hat.

68 Weder muss jedes Gerät noch muss jede Einrichtung das Auskunftsrecht in vollständiger Funktionalität ermöglichen (**Qualität**). Angemessen ist es bspw., wenn nur eine beschränkte Zahl an Einrichtungen eine schriftliche Auskunft ermöglicht, während die Einsicht in die auf dem Medium gespeicherten Daten regelmäßig im Zusammenhang mit seiner Nutzung möglich sein muss (s.o. Rdnr. 67). Andererseits darf es für den Betroffenen auch nicht mit einem unzumutbaren Aufwand verbunden sein, einen schriftlichen Auszug über die auf dem Medium zu seiner Person gespeicherten Daten zu bekommen. Es genügt jedoch eine Konzentration derartiger Einrichtungen in Örtlichkeiten, die regelmäßig von den Betroffenen aufgesucht werden müssen, wenn sie das Medium verwenden.

102 Siehe § 19 Rdnr. 53.
103 BT-Drs. 14/5793, S. 64.
104 BT-Drs. 14/5793, S. 64.

6.4 Kosten

69 Ebenso wie die vom Betroffenen erbetene Auskunft regelmäßig unentgeltlich zu erteilen ist (§ 19 und § 34 Abs. 5 Satz 1),[105] müssen auch die zur Wahrnehmung des Auskunftsrechts erforderlichen Geräte oder Einrichtungen nach Abs. 2 „in angemessenem Umfang **zum unentgeltlichen Gebrauch**" zur Verfügung gestellt werden. Die Unentgeltlichkeit bezieht sich auf den „Gebrauch" der für das Auskunftsrecht erforderlichen Geräte oder Einrichtungen.[106] Andernfalls würde die Gewährleistung des unentgeltlichen Auskunftsanspruches leer laufen.

70 Ein Anspruch auf **Übereignung** oder auf Einräumung eigenen **Besitzes** an den Geräten wird durch die Regelung nicht begründet.[107] Allerdings dürfen bspw. Lesegeräte gegen Entgelt den Betroffenen angeboten werden, wenn und soweit der Bedarf für einen angemessenen unentgeltlichen Gebrauch zur Wahrnehmung des Auskunftsanspruches bereits gedeckt ist.

7. Erkennbarkeit der Kommunikationsvorgänge (Abs. 3)

71 Nach Abs. 3 müssen Kommunikationsvorgänge, die auf dem Medium eine Datenverarbeitung auslösen, für den Betroffenen eindeutig erkennbar sein (**Signalisierung**). Die Regelung geht über die bloße Eingabekontrolle nach Nr. 5 der Anlage zu § 9 hinaus, die lediglich eine nachträgliche Feststellung einer Verarbeitung personenbezogener Daten verlangt. Demgegenüber verlangt Abs. 3 zumindest eine zeitgleiche Signalisierung der Verarbeitung.

72 Die Regelung soll sicherstellen, „dass Verarbeitungen nicht unbemerkt, z.B. beim Vorbeigehen an einem Terminal, ausgelöst werden".[108] Abs. 3 ergänzt insofern die einmalige Unterrichtungspflicht nach Abs. 1 um eine **anlassbezogene Signalisierung** einzelner Verarbeitungsvorgänge.[109] Der Betroffene hat nach der Signalisierung die Möglichkeit, sich über seinen Auskunftsanspruch Kenntnis über den neuen Datensatz zu verschaffen. Die Signalisierung überlässt es dem Betroffenen, die Verarbeitung abzubrechen.

73 Die **Signalisierung** kann in Form eines akustischen Zeichens, aber auch durch farbliche Warnhinweise auf dem Medium, dem Schreibgerät oder anderen an dem Verarbeitungsprozess beteiligten Systemkomponenten wie bspw. auf einem Bildschirm erfolgen. Sie muss allerdings eine Kenntnisnahme Dritter ausschließen.[110] Entscheidend ist, dass die Kommunikationsvorgänge eindeutig für den **Betroffenen** (§ 3 Abs. 1) erkennbar sind, dessen Daten auf dem Medium verarbeitet werden. Insofern muss die Signalisierung auf die Kenntnisse und Möglichkeiten des Betroffenen abgestimmt sein, ihr auch den richtigen Bedeutungsgehalt zuzuschreiben. Die Signalisierung muss **eindeutig** sein, d.h. sie muss sich von anderen Zeichen eindeutig unterscheiden und für den Betroffenen unverwechselbar auf einen Kommunikationsvorgang hinweisen.

74 Dem Betroffenen müssen nur **Kommunikationsvorgänge** erkennbar sein, die auf dem Medium eine Datenverarbeitung auslösen. Die Verarbeitung personenbezogener Daten bezieht sich auf die in § 3 Abs. 4 definierten Verarbeitungsschritte des Speicherns, Veränderns, Übermittelns, Sperren und Löschens. Allerdings muss die Signalisierung nicht zwischen den einzelnen Schritten der Verarbeitung signalisieren. Es genügt, wenn der Kommunikationsvorgang dem Betroffenen angezeigt wird, durch den die Verarbeitung auf dem Medium angesteuert wird. Der Steuerungsbefehl kann von einer externen Stelle ausgehen, in die das Medium eingeführt (Schreibgerät) oder an dem es vorbeigeführt wird (kontaktloses Schreibgerät). Es ist allerdings nicht ausgeschlossen, dass die Datenverarbeitung in dem Medium durch eine Uhr ausgelöst wird. Entscheidend ist der Kommunikationsvorgang zwischen

105 Siehe § 19 Rdnr. 117; § 34 Rdnr. 59 ff.
106 BT-Drs. 14/5793, S. 64.
107 BT-Drs. 14/5793, S. 64.
108 BT-Drs. 14/5793, S. 64.
109 BT-Drs. 14/5793, S. 64.
110 BT-Drs. 14/5793, S. 63.

Medium und externer Stelle, durch den eine Verarbeitung auf dem Medium ausgelöst wird. Die Übertragung kann kontaktlos funkgesteuert oder durch eine feste Schnittstelle erfolgen.

75 **Verantwortlich** für die Umsetzung der Signalisierung müssen nach dem systematischen Zusammenhang der Regelung die Stellen nach Abs. 1 sein. Da die Signalisierung durch das automatisierte Verarbeitungsverfahren veranlasst werden muss, kann sich der Beitrag der ein „nacktes Medium" ausgebenden Stelle auf die Bereitstellung der erforderlichen hardwareseitigen Schnittstellen, bei fortentwickelter Technik auch auf eine Signalisierung auf dem Medium beschränken. Da die Regelung hinsichtlich des Normadressaten offen formuliert ist, kann das Signal auch durch die Stelle gesetzt werden, die eine Datenverarbeitung ausgelöst hat.

§ 7 Schadensersatz

Fügt eine verantwortliche Stelle dem Betroffenen durch eine nach diesem Gesetz oder nach anderen Vorschriften über den Datenschutz unzulässige oder unrichtige Erhebung, Verarbeitung oder Nutzung seiner personenbezogenen Daten einen Schaden zu, ist sie oder ihr Träger dem Betroffenen zum Schadensersatz verpflichtet. Die Ersatzpflicht entfällt, soweit die verantwortliche Stelle die nach den Umständen des Falles gebotene Sorgfalt beachtet hat.

Literatur

G.M. Beckhusen, Der Datenumgang innerhalb des Kreditinformationssystems der SCHUFA (2004); *Chr. Born*, Schadensersatz bei Datenschutzverstößen (2001); R. *Breuer,* Das Computer-Versicherungskonzept (2. Aufl. 1988); *I. Geis,* Haftungsrisiken im Datenschutzrecht für Unternehmen, CR 1993, 269 ff.; *ders.*, Haftungsrisiken des Datenschutzbeauftragten bei ungenügender Wahrung des Datenschutzes, in E. Ehmann (Hrsg.), Der Datenschutzbeauftragte im Unternehmen (1993) 63 ff.; *K. Greve,* Haftung für Datenverarbeitung – Ansprüche der Betroffenen (1988); *M. Helfrich,* Haftung des betrieblichen Datenschutzbeauftragten, CR 1992, 456 ff.; *D. Klippel,* Deliktsrechtliche Probleme des Datenschutzes, BB 1983, 407 ff.; *W. Knabben,* Datenhaftung. Der Datenunfall und seine zivilrechtliche Folgen (1979); *O. Mattke,* Adressenhandel (1995); *G. Müller/M. Wächter*, Zur Aufnahme einer verschuldensunabhängigen Schadensersatzregelung in das BDSG, DuD 1989, 239 ff.; *R. Niedermeier/St. Schröcker*, Ersatzfähigkeit immaterieller Schäden aufgrund rechtswidriger Datenverarbeitung, RDV 2002, 217 ff.; *G. Schmidt,* Wann haftet der Staat? (1989); *A. Teschner*, Schadensersatzanspüche im Zusammenhang mit datenschutzrechtlichen Verletzungen, in *R.B Abel* (Hrsg.), Datenschutz in Anwaltschaft, Notariat und Justiz (2. Aufl. 2003) 243 ff.; *M. Wächter,* § 7 Bundesdatenschutzgesetz: ein Akt symbolischer Gesetzgebung?, DuD 1992, 402 f.; *I. Wind,* Haftung bei der Verarbeitung personenbezogener Daten, RDV 1991, 16 ff.; *U. Wuermeling,* Computer-Versicherungen, DSB 9/1992, 1 ff.

Übersicht

1. Vorbemerkung

Forderungen nach einer **Schadensersatzpflicht** der verantwortlichen Stelle bei einem Verstoß 1 gegen die Datenschutzbestimmungen haben schon in der **Vorgeschichte des BDSG 77** eine wichtige Rolle gespielt.[1] Der Gesetzgeber hat es allerdings vermieden, sie aufzugreifen. Ihre Berechtigung wurde zwar nicht in Zweifel gezogen, ihre Verwirklichung aber verschoben. Als Begründung diente einerseits die damals noch ausstehende Verabschiedung des später aus Kompetenzgründen vom BVerfG für nichtig erklärten Staatshaftungsgesetzes[2] und andererseits der Mangel an einem überzeugenden Regelungsmodell für den nicht-öffentlichen Bereich.[3] Die Erfahrungen mit dem BDSG sollten deshalb abgewartet und mögliche Schadensfälle erst einmal mit Hilfe der allgemeinen Bestimmungen geregelt werden.[4] Die Widerstände waren freilich damit nicht ausgeräumt. Schon kurz nach dem In-Kraft-Treten des BDSG 77

1 Dazu die 3. Auflage dieses Kommentars, § 4 Rdnr. 28.
2 BVerfGE 61, 149.
3 Dazu die 3. Auflage dieses Kommentars, Rdnr. 28.
4 Dazu die 3. Auflage dieses Kommentars, Rdnrn. 28, 33 ff.

hatten sich alle Bundestagsfraktionen, wenn auch in getrennten Vorschlägen, für eine Schadensersatzpflicht ausgesprochen.[5]

2 Die **LDSG** waren, wie auch sonst, keineswegs dem Beispiel des BDSG gefolgt. Vielmehr hatte sich bereits 1978 das 2. HDSG für eine **verschuldensunabhängige Haftung** ausgesprochen (§ 8 Abs. 2). Eine ganze Reihe von Landesgesetzen schlossen sich, bei aller Unterschiedlichkeit in den Details, an.[6] Noch vor der 1990 erfolgten Novellierung des BDSG bestätigten zudem das 3. HDSG von 1986 (§ 20) genauso wie das DSG NW von 1988 (§ 20), das BlnDSG von 1990 (§ 18) und das HmbDSG von 1990 (§ 20) die Notwendigkeit einer eigens auf die Verarbeitung personenbezogener Daten zugeschnittenen, gezielt auf eine Anknüpfung an das Verschulden verzichtenden Schadensersatzvorschrift.

3 Der Bundesgesetzgeber hat sich dennoch auch bei der **Reform von 1990** nicht zu einer ebenso eindeutigen wie umfassenden Regelung entschließen können.[7] Die alten Vorbehalte schlugen in den beiden, dem Schadensersatz gewidmeten Bestimmungen, den §§ 7 und 8, einmal mehr durch. Eine echte Schadensersatzpflicht wurde lediglich für den öffentlichen Bereich vorgesehen (§ 7). Bei nicht-öffentlichen Stellen blieb es dagegen bei einer bloßen Beweislastumkehr (§ 8). Selbst bei den öffentlichen Stellen trug das Gesetz der ausdrücklich bekundeten Bereitschaft, eine den veränderten Verarbeitungsbedingungen entsprechende Ersatzpflicht vorzusehen,[8] keineswegs konsequent Rechnung. Ein Ersatzanspruch bestand nur bei einer automatisierten Verarbeitung (§ 7 Abs. 1). Das Gesetz kehrte, so gesehen, zu der ansonsten längst verworfenen und mit einer wirklichen Gewährleistung der informationellen Selbstbestimmung unvereinbaren Restriktion der Schutzvorkehrungen auf automatisierte Verarbeitungsvorgänge[9] zurück. Ähnlich hatten freilich, bei aller Bereitschaft zu einer besonderen Schadensersatzregelung, auch die Landesgesetzgeber reagiert.[10]

4 Die **EG-Datenschutzrichtlinie** (Art. 23)[11] hat den Gesetzgeber gezwungen, seine Position erneut zu überprüfen. Die Richtlinie fordert nicht nur eine besondere Schadensersatzregelung. Sie entscheidet sich vielmehr genauso klar für eine **verschuldensunabhängige Haftung** (Art. 23 Abs. 1).[12] Verantwortliche Stellen, die durch eine **rechtswidrige Verarbeitung** einen Schaden verursachen, sind zum Ersatz verpflichtet. Auf die Verarbeitungsform kommt es nicht weiter an. Die Ersatzpflicht entsteht also **ohne Rücksicht darauf, ob es sich um automatisierte oder nicht-automatisierte Verarbeitungen handelt**.[13] Die EG-Datenschutzrichtlinie verzichtet schließlich darauf, **Höchstsummen** festzulegen[14] oder die Ersatzpflicht für bestimmte Schäden, etwa **immaterielle Verletzungen**, auszuschließen.[15] Die Richtlinie (Art. 23 Abs. 1) spricht bewusst nur von Schäden, lässt sich mithin, anders als die Rechte mancher Mitgliedstaaten, nicht auf Differenzierungen ein, sondern sucht im Gegenteil einen möglichst vollständigen Ausgleich des Schadens sicherzustellen.[16] Ganz in diesem Sinn verpflichtet die EG-Datenschutzrichtlinie zum Ersatz aller rechtswidrig zugefügten Schäden, gewährt also keineswegs nur denjenigen einen Anspruch, deren Daten verarbeitet worden sind.[17] Sie räumt allerdings den verantwortlichen Stellen die Möglichkeit ein, sich zu **entlasten** (Art. 23

---

5 Dazu die 3. Auflage dieses Kommentars, Rdnr. 31.
6 Dazu die 3. Auflage dieses Kommentars, § 4 Rdnr. 74 ff.; sowie *K. Schmidt*, Wann haftet der Staat? Rdnr. 49 ff.
7 Dazu die 4. Auflage dieses Kommentars, § 7 Rdnr. 3 f., sowie § 8 Rdnr. 1 ff.
8 BT-Drs. 11/4306, 11.
9 Dazu § 1 Rdnr. 69 ff.
10 Dazu die 4. Auflage dieses Kommentars, § 7 Rdnr. 4.
11 Dazu *Dammann/Simitis*, EG-Datenschutzrichtlinie Art. 3 Rdnr. 2 ff.; *Brühann*, in GH/*Wolf*, A 30 Rdnr. 5 ff.; *Ehmann/Helfrich*, EG-Datenschutzrichtlinie Art. 23 Rdnr. 4 ff.
12 Vgl. *Brühann*, in GH/*Wolf*, A 30 Art. 23 Rdnr. 5 ff.; *Dammann/Simitis*, EG-Datenschutzrichtlinie Art. 23 Rdnr. 6; aber auch *Ehmann/Helfrich*, EG-Datenschutzrichtlinie Art. 23 Rdnr. 17.
13 Vgl. *Dammann/Simitis*, EG-Datenschutzrichtlinie Art. 23 Rdnr. 6; *Brühann*, in GH/*Wolf*, A 30 Rdnr. 5.
14 Dazu *Dammann/Simitis*, EG-Datenschutzrichtlinie Art. 23 Rdnr. 5.
15 Dazu *Brühann*, in GH/*Wolf*, A 30 Art. 23 Rdnr. 5; *Dammann/Simitis*, EG-Datenschutzrichtlinie Art. 23 Rdnr. 5; *Brühann/Zerdick*, CR 1996, 435; *Niedermeier/Schröcker*, RDV 2002, 222 ff.
16 Vgl. auch *Wuermeling*, Handelshemmnis Datenschutz (2000) 97; *Kopp*, RDV 1993, 8; *Lütkemeier*, DuD 1995, 600; und demgegenüber *Ehmann/Helfrich*, EG-Datenschutzrichtlinie Art. 23 Rdnr. 4 ff.
17 Dazu *Dammann/Simitis*, EG-Datenschutzrichtlinie Art. 23 Rdnr. 2; *Brühann*, in GH/*Wolf*, A 30 Art. 23 Rdnr. 6.

Abs. 2),[18] bürdet ihnen aber dafür die **Beweislast** auf. Die **Mitgliedstaaten** sind jedoch **keineswegs gehalten**, diesen Teil der EG-Regelung zu übernehmen. Sie können vielmehr durchaus von jeder Haftungsbefreiung absehen.[19]

Der Gesetzgeber hat jedenfalls in einer Beziehung die Vorgaben der EG-Datenschutzrichtlinie konsequent umgesetzt: Das BDSG gewährt den Betroffenen zum ersten Mal einen **echten Schadensersatzanspruch**, der gegenüber **allen verantwortlichen Stellen** geltend gemacht werden kann (§ 7).[20] Die Tage der Verweisungen auf andere Regelungen sind ebenso vorbei wie die Zeiten der Versuche, sich bei nicht-öffentlichen Stellen allenfalls auf eine Beweislastumkehr einzulassen (§ 8 BDSG 90), oder die Ersatzpflicht öffentlicher Stellen auf automatisierte Verarbeitungen zu begrenzen (§ 7 BDSG 90).[21] **Ansonsten hat es der Gesetzgeber vorgezogen**, alle wirklichen oder vermeintlichen Freiräume zu nutzen, um **den Schadensersatzanspruch einzuschränken**. So gesteht die Novellierung den verantwortlichen Stellen ohne Not eine Entlastungsmöglichkeit zu (§ 7 Satz 2).[22] So billigt das Gesetz den Betroffenen einen Anspruch auf Ersatz immaterieller Schäden nur zu, wenn ihre Daten von öffentlichen Stellen verarbeitet werden (§ 8 Abs. 2), und übergeht damit, ganz im Gegensatz zur Richtlinie, einmal mehr Verarbeitungsschäden, die für die Verletzung von Datenschutzbestimmungen besonders typisch sind.[23] So verschärft das Gesetz schließlich zwar die Haftung bei öffentlichen Stellen, soweit sie personenbezogene Daten automatisiert verarbeiten (§ 8 Abs. 1),[24] belässt es aber damit bei einer Regelung, die in dieser Einseitigkeit bereits bei der Verabschiedung des BDSG 90 (§ 7) unhaltbar war[25] und erst recht nicht mit dem auch und gerade von der EG-Datenschutzrichtlinie angestrebten Schutz der Betroffenen vereinbart werden kann. Die Mitgliedstaaten dürfen, bei aller Verpflichtung die Richtlinie umzusetzen, nicht hinter ihr bereits erreichtes „Schutzniveau“ zurückgehen (Erwägungsgrund Nr. 10), und sind im Übrigen gehalten, den Datenschutz konsequent weiter auszubauen (Erwägungsgründe Nr. 9 und 10).[26] Die Entscheidung des BDSG 90 (§ 7) für eine Gefährdungshaftung[27] legte, so gesehen, zugleich den Haftungsmaßstab für künftige Regelungen fest. Eine bloße Wiederholung der alten Vorschrift (§ 8) reicht deshalb nicht aus. Der Gesetzgeber hätte vielmehr die Schadensersatzpflicht der nicht-öffentlichen Stellen genauso unmissverständlich vom Verschulden abkoppeln müssen wie die Ausgleichspflicht der öffentlichen Stellen.[28] 5

Manches spricht sicherlich dafür, die **Bedeutung einer Schadensersatzpflicht** nicht überzubewerten. Das BDSG versucht genauso wie alle übrigen Datenschutzgesetze die Verwendung personenbezogener Daten an Vorkehrungen zu knüpfen, die eine Gefährdung der Betroffenen von vornherein ausschließen.[29] Die Datenschutzvorschriften sollen also möglichen Schäden **vorbeugen** und sie **nicht** etwa **nur nachträglich ausgleichen**. Wer immer personenbezogene Daten verwenden möchte, muss sich folglich von der Erhebung bis zur Löschung an Verhaltensmaßstäben orientieren, die ihrer ganzen Konzeption und Formulierung nach darauf abzielen, die Betroffenen vor Schäden zu bewahren. Ein wirklich effizienter Datenschutz macht infolgedessen Schadensersatzansprüche gegenstandslos. Sie können nur ein Verhalten kompensieren, das durch die in den Datenschutzgesetzen festgelegten Verwendungsanforderungen gerade verhindert werden soll. 6

18 Vgl. *Brühann,* in GH/*Wolf,* A 30 Art. 30 Art. 23 Rdnr. 8 ff.; *Dammann/Simitis,* EG-Datenschutzrichtlinie Art. 23 Rdnr. 7 ff.; *Ehmann/Helfrich,* EG-Datenschutzrichtlinie Art. 23 Rdnr. 4 ff.

19 *Dammann/Simitis,* EG-Datenschutzrichtlinie Art. 23 Rdnr. 7; *Brühann,* in GH/*Wolf,* A 30 Art. 23 Rdnr. 8; *Ehmann/Helfrich,* EG-Datenschutzrichtlinie Art. 23 Rdnr. 28.

20 Dazu u. Rdnr. 10.

21 Dazu o. Rdnr. 1 ff.

22 Dazu u. Rdnr. 21 ff.

23 Dazu u. Rdnr. 32 ff.

24 Dazu u. Rdnr. 15.

25 Dazu die 4. Auflage dieses Kommentars, § 7 Rdnr. 4.

26 Dazu *Dammann/Simitis,* EG-Datenschutzrichtlinie Einl. Rdnr. 10; *Simitis,* in *Tinnefeld/Philipps/Heil,* Informationsgesellschaft und Rechtskultur in Europa (1995) 66 f.

27 Dazu auch § 8 Rdnr. 1 f.

28 Vgl. auch *Roßnagel/Pfitzmann/Garstka,* Modernisierung 179 f.

29 Dazu § 1 Rdnr. 12, 79.

7 **Schadensersatzansprüche sind dennoch nicht überflüssig**. Sie bleiben dann ein unentbehrliches Korrektiv, wenn sich die Verwendung der Daten außerhalb des gesetzlich vorgeschriebenen Rahmens abspielt. Sie mögen zwar nicht ausreichen. Wirksame Korrekturen aber lassen sich ohne die gesetzlich garantierten Löschungs- und Sperrungsansprüche (§§ 6 Abs. 1, 20, 35)[30] nicht erreichen. Keiner dieser Ansprüche verhilft aber den Betroffenen zu einem Ausgleich der möglicherweise erlittenen Schäden. Die Chancen der Betroffenen, den Schaden ersetzt zu bekommen, hängen freilich entscheidend davon ab, ob die Ausgleichsmaßstäbe den spezifischen Bedingungen der Verwendung personenbezogener Daten Rechnung tragen. Erst der Schritt aus den allgemeinen Schadensersatznormen in eine besondere am Ablauf und den Risiken der Verwendung personenbezogener Angaben orientierte Schadensersatzpflicht verwandelt die abstrakte Möglichkeit eines Schadensersatzes in eine reelle Chance, einen echten Ausgleich zu erhalten. Die §§ 7 und 8 sind insofern, ungeachtet aller ihrer Mängel, keineswegs nur manifeste Beispiele einer rein „symbolischen" Gesetzgebung.[31]

8 Die Schadensersatzpflicht hat im Übrigen, genauso wie alle anderen in den Datenschutzgesetzen enthaltenen Verarbeitungsregelungen, eine nicht zu unterschätzende, wenngleich komplementäre **Präventivfunktion**. Die Ersatzpflicht soll nicht nur ein gesetzwidriges Verhalten ahnden, sondern auch zu einer gesetzeskonformen Verwendung personenbezogener Daten anhalten. Sie ist deshalb auch als Warnung vor jedem Versuch zu verstehen, von den gesetzlich festgelegten Verarbeitungs- und Nutzungsbedingungen abzuweichen.

2. Anwendungsbereich

9 **Anspruchsberechtigt** sind **ausschließlich Personen, die durch eine unzulässige oder unrichtige Verarbeitung ihrer Daten einen Schaden erlitten haben** (§ 7). Nur sie sind **„Betroffene"** i.S.d. BDSG (§ 3 Abs. 1),[32] nur ihnen steht deshalb das Recht zu, Schadensersatz zu verlangen, ohne Rücksicht im Übrigen darauf, ob der Schaden auf der Verletzung einer im BDSG oder anderswo enthaltenen Datenschutzvorschrift beruht. Der Schadensersatzanspruch ergänzt, so gesehen, die übrigen Rechte, die das BDSG den Betroffenen gewährt (§ 6 Abs. 1).[33] Selbst wenn deshalb **Dritte** geschädigt werden sollten, weil sie etwa aufwendige Vorkehrungen treffen mussten, um eine Verwendung der ihnen von einem Adressverlag oder der Meldebehörde überlassenen, unrichtig oder unzulässig verarbeiteten Daten zu verhindern, können sie, anders als nach Art. 23 der EG-Datenschutzrichtlinie,[34] keinen Ersatzanspruch geltend machen. Ebenso wenig sind **juristische Personen** berechtigt, sich auf § 7 zu berufen. Eine unrichtige oder unzulässige Verarbeitung kann zwar auch in ihrem Fall Schäden hervorrufen, wenn beispielweise Angaben, die sich auf sie beziehen, falsch verarbeitet worden sind, oder sie bei ihren Entscheidungen auf Daten zurückgegriffen haben, die, sei es nicht korrekt waren, sei es gar nicht erst verwendet werden durften. Juristische Personen sind aber hier genauso wie sonst im Rahmen des BDSG keine „Betroffenen".[35] Der Schadensersatzanspruch bleibt deshalb natürlichen Personen vorbehalten.

10 **Ersatzpflichtig ist jede verantwortliche Stelle, die Betroffenen** durch eine rechtswidrige Verwendung ihrer Daten[36] **Schäden zufügt**. Der Gesetzgeber verzichtet bewusst auf jegliche Unterscheidung. Keine verantwortliche Stelle ist von der Ersatzpflicht ausgenommen. § 7 ist also **gleichermaßen auf öffentliche und nicht-öffentliche Stellen** anzuwenden. Ebenso wenig findet sich das Gesetz zu einer Sonderbehandlung einzelner wie immer definierter Stellen bereit. Den Betroffenen steht mit anderen Worten ein Schadensersatzanspruch ohne Rücksicht

---

30 Dazu die §§ 6 Rdnr. 6; 20 Rdnr. 34 ff.; 35 Rdnr. 18 ff..; vgl. auch *Ehmann*, CR 1999, 751; *Teschner*, in *Abel* (Hrsg.), Datenschutz, Rdnr. 1 ff.

31 Ein im Übrigen auch gegenüber dem in § 8 nahezu unverändert übernommenen § 7 des BDSG 90 zu Unrecht erhobener Vorwurf, vgl. aber *Wächter,* DuD 1992, 402 f..

32 Dazu § 3 Rdnr. 40 ff.

33 Dazu § 6 Rdnr. 3 ff., 19 f.; sowie u. Rdnr. 44 f.

34 o. Rdnr. 4.

35 Dazu Einleitung Rdnr. 155 ff., 206 und § 3 Rdnr. 17 ff.

36 Dazu u. Rdnr. 18 ff.

darauf zu, ob es sich bei der verantwortlichen Stelle um eine Versicherungsgesellschaft, eine Bundesanstalt, ein Marketing-Unternehmen, den Grenzschutz, ein Versandhaus, ein privatrechtlich organisiertes Kreditinstitut oder eine Sparkasse handelt. Der Gesetzgeber nimmt nur eine Präzisierung vor, die allerdings ausschließlich darauf abzielt, die Ersatzpflicht sicherzustellen. Bei **öffentlichen Stellen** sind deren **Träger** gehalten, den Schaden auszugleichen (§ 7). Der Anwendungsbereich des § 7 reicht allerdings bei öffentlichen Stellen weiter als zunächst angenommen werden könnte. Die meisten **LDSG** nehmen, soweit es um **öffentlich-rechtliche Kreditinstitute oder öffentlich-rechtliche, sich am Wettbewerb beteiligende Unternehmen überhaupt** geht, ihren Geltungsanspruch zurück und verweisen statt dessen auf die BDSG-Vorschriften für nicht-öffentlichen Stellen.[37] Die Haftung der Unternehmen richtet sich so gesehen in der Regel nach § 7. Lediglich das BayDSG (Art. 3 Abs. 1 und 2) und das ThürDSG (§ 26) entscheiden sich zwar auch für das BDSG, belassen es aber bei den auf öffentliche Stellen anwendbaren Bestimmungen, also auch bei § 8. Das NDSG (§ 2 Abs. 3 und 4) sowie das LDSG-RP (§ 2 Abs. 3 und 4) greifen ebenfalls generell auf das BDSG zurück. Öffentlich-rechtliche Kreditinstitute werden jedoch als einzige Unternehmen den nicht-öffentlichen Stellen gleichgesetzt. Nur bei ihnen muss deshalb im Haftungsfall § 7 beachtet werden, ansonsten ist § 8 heranzuziehen. Das BlnDSG (§ 2 Abs. 3) hält schließlich an der eigenen Haftungsregelung (§ 18) fest, die sich weitgehend mit § 8 deckt.

Verantwortliche Stellen sind auch dann nach § 7 ersatzpflichtig, wenn die Schäden durch ihre 11 **Auftragnehmer** verursacht werden. § 11 Abs. 1 Satz 2 lässt keine Zweifel aufkommen: Auftraggeber unterliegen den generell für verantwortliche Stellen geltenden Haftungsvoraussetzungen. Sie sind deshalb genauso die Adressaten von Schadensersatzansprüchen wie wenn sie die personenbezogenen Daten selbst verarbeitet hätten.[38] Etwas anderes kommt nur dann in Betracht, wenn sich der Auftragnehmer entweder nicht an die Weisungen des Auftraggebers gehalten, oder die ihm überlassenen Daten für eigene Zwecke verwendet hat. Er wird damit auch und vor allem unter Haftungsgesichtspunkten zu einer diese Daten eigenständig verarbeitenden Stelle, die für den eingetretenen Schaden nach den in den §§ 7 und 8 näher geregelten Bedingungen aufkommen muss (§ 11 Abs. 1 Satz 2).

§ 7 ist nicht auf Schadensersatzansprüche gegen **Beauftragte für den Datenschutz** (§ 4f) 12 anzuwenden. Sie zählen nicht zu den verantwortlichen Stellen (§ 1 Abs. 7).[39] Soweit sie personenbezogene Daten verwenden, ist die Verarbeitung Teil ihrer Kontroll- und Beratungsfunktion und ausschließlich nach den dafür geltenden Grundsätzen zu beurteilen. Danach bestimmt sich auch eine mögliche Haftung gegenüber den Betroffenen gleichviel im Übrigen, ob es um die Anspruchsgrundlage[40] oder die Verteilung der Beweislast geht.[41]

Genauso wenig lassen sich aus § 7 Schadensersatzansprüche gegen einzelne **Beschäftigte** 13 **der verantwortlichen Stelle** ableiten.[42] Sie mögen zwar an der Verarbeitung personenbezogener Daten beteiligt sein. Die Angaben werden aber nicht nach ihren Vorstellungen und für ihre Zwecke verarbeitet. Die Entscheidung darüber, ob und welche Daten für welche Ziele verwendet werden sollen, liegt vielmehr bei der Stelle, für die sie jeweils tätig sind. Nur sie erfüllt daher die Voraussetzungen des § 3 Abs. 7[43] und nur in ihrem Fall kommt folglich eine Anwendung des § 7 in Betracht.

Der Schadensersatzanspruch aus § 7 ist weder auf bestimmte **Verarbeitungsphasen** noch 14 auf eine spezifische **Verwendungsart** beschränkt. Die Betroffenen sollen, ganz im Sinn der EG-Datenschutzrichtlinie (Art. 23 Abs. 1),[44] möglichst lückenlos gegen die Konsequenzen unrichtiger oder unzulässiger Verarbeitungen geschützt werden. Ob deshalb die verantwort-

---

37 Vgl. etwa die §§ 2 Abs. 4 LDSG BW; 2 Abs. 2 BbgDSG; 2 Abs. 2 und 3 HmbDSG; 3 Abs. 6 HDSG; 2 Abs. 2 DSG NW; 2 Abs. 2 SDSG; 2 Abs. 3 SächsDSG; 3 Abs. 2 LDSG-SH.
38 Dazu § 11 Rdnr. 40 ff.
39 Dazu § 3 Rdnr. 230 ff.
40 Dazu § 4g Rdnr. 103 ff.
41 Dazu § 4g Rdnr. 110.
42 Dazu auch u. Rdnr. 70 ff.
43 Dazu § 3 Rdnr. 230 ff.
44 Dazu o. Rdnr. 4.

liche Stelle bereits bei der Erhebung, erst bei der Übermittlung oder im Zusammenhang mit der Nutzung der jeweils verwendeten Daten gegen die Datenschutzvorschriften verstoßen hat, spielt weiter keine Rolle. An der Berechtigung der Betroffenen, den ihnen entstandenen Schaden geltend zu machen und von der verantwortlichen Stelle Ersatz nach § 7 zu verlangen, ändert sich nichts.

15 § 7 gewährt den Betroffenen einen Schadensersatzanspruch **ohne Rücksicht auf die Verarbeitungsform**. Die verantwortlichen Stellen müssen sowohl bei automatisierten als auch bei nicht-automatisierten Verarbeitungen für die Folgen der Verwendung personenbezogener Daten einstehen. Genau genommen geht das Gesetz verschieden vor, je nachdem, ob es sich um eine **öffentliche oder eine nicht-öffentliche Stelle** handelt. § 7 greift bei beiden lediglich so lange gleichermaßen ein, wie die Schäden auf eine **nicht-automatisierte Verarbeitung** zurückzuführen sind. Bei **automatisierten Verarbeitungen** richtet sich dagegen der Schadensersatzanspruch **nur bei nicht-öffentlichen Stellen** ausschließlich nach § 7. Die Ersatzpflicht **öffentlicher Stellen** bestimmt sich in erster Linie nach § 8. § 7 greift allenfalls ergänzend ein.[45] Die Konsequenzen sind gravierend: Im Unterschied zu § 8 sieht § 7 keinen Ausgleich immaterieller Schäden vor[46] und belastet zudem die Betroffenen einmal mehr mit dem Risiko einer Entlastung der verantwortlichen Stelle (§ 7 Abs. 1 Satz 2).[47] Das Gesetz billigt also den Betroffenen zwar durchaus einen Ersatzanspruch zu, gestaltet ihn aber unterschiedlich aus, obgleich die Schäden im einen wie im anderen Fall mit einer automatisierten Verarbeitung zusammenhängen. Den Betroffenen bleibt unter diesen Umständen nichts anderes übrig, als zu versuchen, die mangelhafte Kompensation ihrer Schäden mit Hilfe weiterer Anspruchsgrundlagen, etwa des § 823 Abs. 1 BGB, zu korrigieren, die allerdings auch mit etlichen Imponderabilien behaftet sind.[48]

16 § 7 ist bei **jedem Verstoß gegen eine Datenschutzvorschrift** anzuwenden, der den Betroffenen **einen Schaden zufügt**. Das Gesetz schränkt weder den Kreis der in Betracht kommenden Vorschriften ein, noch und erst recht legt es Wert darauf, dass es sich um eine im BDSG enthaltene Bestimmung handeln muss (§ 7 Satz 1). Entscheidend ist lediglich, dass verbindliche Verarbeitungsvorgaben nicht eingehalten worden sind. Ob es also im Einzelnen um die Anforderungen des § 28, einer bereichsspezifischen Bestimmung oder einer mit Rücksicht auf § 87 Abs. 1 Nr. 6 BetrVG abgeschlossenen Betriebsvereinbarung geht, spielt weiter keine Rolle.

17 Wann ein **Verstoß** vorliegt, richtet sich nach der jeweils in Betracht kommenden Vorschrift. Ihr ist deshalb auch zu entnehmen, ob die Ersatzpflicht eine automatisierte Verarbeitung voraussetzt, die Daten in einer nicht-automatisierte Datei (§ 3 Abs. 2 Satz 2) enthalten sein müssen, oder ihre Aufnahme in nicht-strukturierte Unterlagen genügt. Die für das BDSG geltenden Bedingungen sind daher genauso wenig generell anwendbar wie es einen Schadensersatzanspruch nur bei der Verletzung einer BDSG-Vorschrift gibt.

3. Haftung

18 Die verantwortliche Stelle haftet für Schäden, die auf eine **unzulässige oder unrichtige** Verwendung personenbezogener Daten zurückzuführen sind (§ 7 Satz 1). Das Gesetz greift damit eine zunächst in den LDSG enthaltene und später vom BDSG 90 (§ 8) übernommene Formulierung auf.[49] Die Wortwahl mag auf den ersten Blick überraschen. „Unrichtige" Verarbeitungen sind schließlich ebenfalls „unzulässig".[50] Sie ist aber dennoch verständlich. Zweifel an der Reichweite der gesetzlichen Regelung sollen gar nicht erst aufkommen, ein

45 Vgl. § 8 Rdnr. 36.
46 Dazu u. Rdnr. 32; sowie § 8 Rdnr. 16 ff.
47 Dazu u. Rdnr. 21 ff.
48 Dazu u. Rdnr. 59 ff.
49 Sie findet sich schon in § 4 Abs. 2 des DSG-NW von 1978 und kehrt in § 6 des HmbDSG von 1981 ebenso wieder wie im revidierten DSG-NW von 1988 (§ 20) und im 3. HDSG von 1986 (§ 20).
50 Vgl. auch *Schmidt,* Wann haftet der Staat? Rdnr. 456 ff.; *Gola/Schomerus,* BDSG § 7 Rdnr. 4.

Schadensausgleich also immer dann gewährleistet sein, wenn sich die Verarbeitung unter Voraussetzungen abspielt, die dem vom BDSG angestrebten Schutz der Betroffenen gegen die möglichen Konsequenzen der Verwendung ihrer Daten zuwiderlaufen. So gesehen gilt es, jedem Streit darüber, welche Bestimmungen genau zu den Zulässigkeitsvorschriften zählen und wo deren Grenzen im Einzelnen verlaufen, rechtzeitig aus dem Weg zu gehen. Ganz in diesem Sinn stellt § 7 Satz 1 klar, dass es nicht darauf ankommt, ob die Betroffenen durch eine Verwendung ihrer Daten, die eindeutig weder durch eine gesetzliche Vorschrift noch durch die Einwilligung der Betroffenen abgedeckt ist (§ 4 Abs. 1), geschädigt worden sind, oder „nur" durch eine „unrichtige" Verarbeitung ihrer Angaben. Die dafür verantwortliche Stelle ist im einen wie im anderen Fall ersatzpflichtig.

Unzulässig ist **jede rechtswidrige Verwendung personenbezogener Daten**. Verstöße gegen eine BDSG-Bestimmung oder eine andere Rechtsvorschrift über den Datenschutz sind das typische Beispiel dafür. So ist die Rechtswidrigkeit dann zu bejahen, wenn die verantwortliche Stelle ihre Zuständigkeit überschreitet (§ 14 Abs. 1), unrichtige Angaben nicht berichtigt (§§ 20 Abs. 1 Satz 1; 35 Abs. 1), gesperrte Daten an Dritte weitergibt, ohne dazu berechtigt zu sein (§§ 20 Abs. 7; 35 Abs. 8), ihren Informationspflichten nicht nachkommt, genauso aber in den Fällen, in denen die jeweiligen Übermittlungsempfänger, Angaben, die sie erhalten haben, zweckentfremden (§§ 15 Abs. 3; 28 Abs. 5).[51] Rechtswidrig ist zudem jede Verarbeitung, für die keine Einwilligung der Betroffenen vorliegt, solange es jedenfalls an einer einschlägigen, die Verwendung der Daten legitimierenden Rechtsvorschrift fehlt (§ 4 Abs. 1). An der Rechtswidrigkeit und damit an der Unzulässigkeit ändert sich schließlich auch dann nichts, wenn der Verstoß gegen die konkret in Betracht kommende Bestimmung lediglich als Ordnungswidrigkeit geahndet wird.[52] Mindestens ebenso wichtig ist freilich die Einbeziehung der nicht im BDSG enthaltenen Bestimmungen, wie etwa der Vorschriften des Telekommunikationsrechts. So gehen sowohl das TKG (§§ 91 ff.) als auch das TDDSG (§§ 3 ff.) genauso wie der MDStV (§§ 12 ff.) unmittelbar auf die Verwendung personenbezogener Daten ein und verdrängen insoweit das BDSG (§ 1 Abs. 3 Satz 1), sehen aber bis auf das TKG (§ 40) keine Schadensersatzpflicht bei einer Verletzung der gesetzlichen Vorgaben vor. Die Betroffenen können sich deshalb auf § 7 berufen, um einen Ausgleich der ihnen entstandenen Schäden zu verlangen. 19

Unrichtig ist **jede Verarbeitung falscher, unvollständiger oder durch den Verarbeitungsprozess verfälschter Daten**. Die Unrichtigkeit kann auf menschlichem oder technischem Versagen beruhen. Programmier- und Eingabefehler sowie technische Mängel der Hard- oder Software genügen daher ebenso wie Angaben, die für den konkreten Verarbeitungszweck nicht ausreichen und deshalb zu falschen Schlüssen über die Betroffenen verleiten.[53] Nichts anderes gilt für Verwechslungen. Die gespeicherten Daten mögen zwar durchaus zutreffen und auch korrekt weitergegeben worden sein. Sie sind aber trotzdem unrichtig, weil sie sich auf die falsche Person beziehen. Die verantwortliche Stelle muss deshalb hier wie sonst den Fehler vertreten, der dazu geführt hat, die Daten Dritter als Daten der Betroffenen auszugeben.[54] 20

Unzulässige und unrichtige Verwendungen verpflichten die verantwortliche Stelle grundsätzlich dazu, **den eingetretenen Schaden auszugleichen** (§ 7 Abs. 1 Satz 1). Das BDSG verzichtet in Übereinstimmung mit der EG-Datenschutzrichtlinie (Art. 23 Abs. 1)[55] darauf, die Ersatzpflicht von weiteren subjektiven oder objektiven Voraussetzungen abhängig zu machen. Das rechtswidrige Verhalten der verantwortlichen Stelle reicht so gesehen, zu- 21

51 Vgl. auch *Bergmann/Möhrle/Herb*, BDSG § 7 Rdnr. 9; *Gola/Schomerus*, BDSG § 7 Rdnr. 3; *Gola/Wronka*, Handbuch, Rdnr. 741; *Beckhusen*, Datenumgang, 313; *Niedermeier/Schröcker*, RDV 2002, 218.

52 Vgl. auch *Bergmann/Möhrle/Herb*, BDSG § 7 Rdnr. 9; *Beckhusen*, Datenumgang, 313; *Niedermeier/Schröcker*, RDV 2002, 218.

53 Vgl. auch *Auernhammer,* BDSG § 7 Rdnr. 6; *Gola*/Schomerus, BDSG § 7 Rdnr. 4; *Bergmann, Möhrle/Herb*, BDSG § 7 Rdnr. 9; *Gola/Wronka*, Handbuch, Rdnr. 742; *Schmidt,* Wann haftet der Staat? Rdnr. 454; und demgegenüber *Müller/Wächter,* DuD 1989, 241.

54 Vgl. demgegenüber LG Aachen, DSB 11/91, 22; *Dörr/Schmidt,* BDSG § 7 Rdnr. 9.

55 Dazu o. Rdnr. 4.

mindest auf den ersten Blick, aus, um ihre Ersatzpflicht zu begründen. Der Gesetz belässt es jedoch nicht dabei. Der verantwortlichen Stelle wird die Möglichkeit eingeräumt, **sich zu entlasten** (§ 7 Satz 2). Der Gesetzgeber gibt damit den zunächst im BDSG 90 (§ 7) wenigstens partiell eingeschlagenen sowie in § 8 konsequent weiterverfolgten Weg auf und kehrt über eine Hintertür zur **Verschuldenshaftung** zurück. Anders als die EG-Datenschutzrichtlinie, die zwar eine Entlastung für diskutabel gehalten, sich freilich nicht selbst dazu bereit gefunden, sondern sie lediglich als eine akzeptable, der Entscheidung der Mitgliedstaaten überlassene Ausnahme angesehen hat, schreibt § 7 Satz 2 eine Entlastungsmöglichkeit fest, und verwendet dabei eine weitaus weniger restriktive Formulierung als Art. 23 Abs. 2 der EG-Datenschutzrichtlinie.[56] Der Akzent verschiebt sich damit eindeutig auf das Verschulden der verantwortlichen Stelle. Konsequenterweise hatte der Regierungsentwurf noch eindeutig von einer „schuldhaften" Zufügung des Schadens gesprochen.[57] Auf Vorschlag des Bundesrates wurde allerdings, mit Rücksicht auf die Beweislastverteilung in § 7 Abs. 1 Satz 2, auf genau diesen Hinweis verzichtet. Sie ist mit anderen Worten der manifeste Ausdruck der Entscheidung des Gesetzgebers für eine Verschuldenshaftung und bedarf so gesehen keiner weiteren Bestätigung.

22 Der Gesetzgeber schränkt freilich die Tragweite seiner Konzession ein. **§ 7 Satz 2 verbindet** unter dem Eindruck der EG-Datenschutzrichtlinie (Art. 23 Abs. 2),[58] aber auch vor dem Hintergrund des § 8 BDSG-90[59] **die Entlastungsmöglichkeit mit der Verpflichtung der verantwortlichen Stelle, sich selbst zu entlasten**. Man kann, wie es im Zusammenhang mit der durchaus vergleichbaren Regelung des § 8 BDSG 90 zumeist geschehen ist, von einer „Beweislastumkehr"[60] oder auch von einem „vermutetem Verschulden"[61] sprechen. Im Ergebnis ändert sich genau genommen nichts. Die Verpflichtung, den Schadensvorgang aufzuklären, liegt nicht primär bei den Betroffenen, sondern bei der verantwortlichen Stelle. Kurzum, für Streitigkeiten über den Ausgleich von Schäden, die bei einer unzulässigen oder unrichtigen Verwendung personenbezogener Daten entstehen, gilt **eine eigene Beweisregel**, die der verantwortlichen Stelle auferlegt, sich zu entlasten.

23 Die **Betroffenen sind** unter diesen Umständen **lediglich gehalten, nachzuweisen, dass die verantwortliche Stelle ihnen durch eine unrichtige oder unzulässige Verwendung ihrer Daten einen Schaden zugefügt hat**. Welchen Erwartungen die Betroffenen dabei im Einzelnen genügen müssen, ergibt sich aus dem Leitgedanken der gesetzlich vorgeschriebenen Verteilung der Beweislast. Sie weist zwar der verantwortlichen Stelle einen Ausweg aus der Ersatzpflicht, bemüht sich allerdings zugleich, die Chancen der Betroffenen, einen Ausgleich für die erlittenen Schäden zu bekommen, gerade durch die Regelung der Beweislast zu verbessern. Mit Rücksicht deshalb darauf, dass die Betroffenen, von absoluten Ausnahmefällen einmal abgesehen, die Organisation der verantwortlichen Stelle nicht überblicken, kann von ihnen weder verlangt werden, die genauen Schadensursachen anzugeben, noch und erst recht den exakten Verlauf der Schädigung zu beschreiben, kurzum die Kausalität nachzuweisen.[62] Sie brauchen daher nur darzutun, dass die verantwortliche Stelle ihre Daten verwendet hat.[63] Soweit sie Informationen dazu benötigen, bietet ihnen ihr vom BDSG ausdrücklich garantiertes Auskunftsrecht (§§ 19, 34) die Möglichkeit, sie zu bekommen. Am Schadensersatz-

---

56 Dazu *Dammann/Simitis,* EG-Datenschutzrichtlinie Art. 23 Rdnr. 7 ff.; *Brühann,* in GH/*Wolf,* A 30 Art. 23 Rdnr. 8 ff.

57 Vgl. die Begr. der Novellierung des § 7, BR-Drs. 461/00, 93.

58 Vgl. *Brühann,* in GH/*Wolf,* A 30 Art. 23 Rdnr. 8; *Dammann/Simitis,* EG-Datenschutzrichtlinie Art. 23 Rdnr. 9; *Ehmann/Helfrich,* EG-Datenschutzrichtlinie Art. 23 Rdnr. 28.

59 Dazu die 4. Auflage dieses Kommentars, § 8 Rdnr. 1 ff.

60 Statt aller *Auernhammer,* BDSG § 8 Rdnr. 3; *Gola/Schomerus,* BDSG § 7 Rdnr. 9; *Bergmann/ Möhrle/Herb,* BDSG § 7 Rdnr. 14; *Klebe,* in *Däubler/Klebe/Wedde,* BDSG § 8 Rdnr. 5; *Gola/Wronka*, Handbuch, Rdnr. 746; *Beckhusen*, Datenumgang, 314; *Niedermeier/Schröcker*, RDV 2002, 221.

61 So *Tinnefeld/Ehmann/Gerling,* Einführung, 419; *Däubler*, Belegschaften, 263.

62 Ebenso wohl *Gola/Schomerus*, BDSG § 7 Rdnr.7, 11; *Wank*, in ErfK, BDSG 160, § 7 Rdnr. 7; anders *Schaffland/Wiltfang*, BDSG § 7 Rdnr. 2; *Bergmann/Möhrle/Herb, BDSG § 7 Rdnr. 17*; *Wind*, RDV. 1991, 213. Dazu auch *Roßnagel/Pfitzmann/Garstka*, Modernisierung 181 f.

63 Vgl. auch *Bergmann/Möhrle/Herb*, BDSG § 7 Rdnr. 17; *Beckhusen*, Datenumgang, 314.f.

anspruch bestätigt sich, so gesehen, einmal mehr, wie sehr das Auskunftsrecht Grundbedingung und Vorstufe einer wirklich wirksamen Ausübung der Rechte der Betroffenen ist.

Die **verantwortliche Stelle muss** demgegenüber, will sie sich entlasten, **den Beweis erbringen, dass der Schaden eingetreten ist, obgleich sie alle im konkreten Fall erforderlichen Maßnahmen getroffen hat, um eine gesetzeskonforme Verwendung personenbezogener Daten zu gewährleisten** (§ 7 Satz 2). Wohlgemerkt, zur Debatte steht weder eine abstrakte Betrachtung über notwendige Schutzvorkehrungen noch und erst recht geht es an, sich an den personellen, ökonomischen oder technischen Möglichkeiten der verantwortlichen Stelle zu orientieren. Entscheidend ist einzig und allein die **je spezifische Verwendungssituation**. Sie setzt den Maßstab und bestimmt zugleich wie die gesetzlich „gebotene Sorgfalt" (§ 7 Satz 2) zu verstehen ist. Zu ihren wichtigsten Prüfsteinen zählen neben der Transparenz und Sicherung der Zweckbindung (§§ 13 ff., 28 f.), die regelmäßige Überprüfung der Datenbestände, die Funktionsfähigkeit und Effizienz der internen Kontrollinstanzen, also auch und vor allem des Beauftragten (§ 4f), Vorkehrungen der Datensicherung (§ 9), sowie die Auswahlkriterien und die Überwachung von Auftragnehmern (§ 11). 24

Eine Ersatzpflicht scheidet unter diesen Umständen **nur aus, wenn das Verhalten der verantwortlichen Stelle zwar den gesetzlichen Anforderungen entsprach, der Schaden aber trotzdem nicht verhindert werden konnte**. Unerlaubte Eingriffe Außenstehender in den Verarbeitungsprozess, gezielte, von Dritten gesteuerte Durchbrechungen der Sicherheitsmaßnahmen sowie eigenmächtige Verwendungen der Daten durch Übermittlungsempfänger oder Auftragnehmer sind typische Beispiele dafür. Nur dann kann sich die verantwortliche Stelle auf einen fehlenden Kausalzusammenhang berufen.[64] Eine Entlastung kommt dagegen nicht in Betracht, wenn die unrichtige oder unzulässige Verwendung auf **Fehler oder Nachlässigkeiten des Personals der verantwortlichen Stelle** zurückzuführen ist. § 7 Abs. 1 Satz 2 überträgt weder unmittelbar noch mittelbar § 831 BGB in das BDSG. Die **verantwortliche Stelle muss für ihre Beschäftigten einstehen**. 25

Zu den Beschäftigten zählen auch die **internen Beauftragten für den Datenschutz**. § 4f. Abs. 3 Satz 2 betont zwar ausdrücklich, dass ihnen keine Weisungen erteilt werden dürfen.[65] Entscheidend sind aber die unverändert weiterbestehende Verantwortung der verantwortlichen Stelle sowie die spezifischen Verpflichtungen der Beauftragten.[66] Sie werden von der verantwortlichen Stelle bestellt und übernehmen es auch in ihrem Interesse, die rechtlich vorgeschriebenen Verarbeitungsbedingungen vor dem Hintergrund der für die konkrete Stelle maßgeblichen Ziele und Modalitäten der Verwendung personenbezogener Daten zu präzisieren (§ 4g Abs. 1 Satz 1). An ihnen liegt es also, einerseits rechtzeitig auf die notwendigen Verfahren und Vorkehrungen hinzuweisen, die eine datenschutzkonforme Verarbeitung sicherstellen, und andererseits ebenso rechtzeitig Mängel aufzudecken sowie die erforderlichen Korrekturen aufzuzeigen.[67] Die Beauftragten sind daher Teil der Organisation der verantwortlichen Stelle. Sie muss folglich für Schäden aufkommen, die etwa deshalb entstanden sind, weil der Beauftragte es versäumt hat, klarzustellen, welche Maßnahmen konkret getroffen werden müssten, um die in § 28 vorgesehenen Übermittlungsschranken verlässlich einzuhalten, oder den Zugriff Unbefugter (§ 9) zu unterbinden.[68] 26

Die verantwortlichen Stellen sind aber genauso bei **externen Beauftragten für den Datenschutz** ersatzpflichtig.[69] Maßgeblich sind einmal mehr einzig und allein die Bedingungen, unter denen sie ihre Aufgaben erfüllen. Den verantwortlichen Stellen mag es zwar bei der Bestellung des Beauftragten grundsätzlich freistehen, den aus ihrer Sicht besseren Weg zu wählen (§ 4f Abs. 2 Satz 2).[70] Gleichviel aber, ob sie einem internen oder einem externen 27

---

64 Vgl. auch *Bergmann/Möhrle/Herb*, BDSG § 7 Rdnr. 14; *Schaffland/Wiltfang*, BDG § 7 Rdnr. 2; *Beckhusen*, Datenumgang, 315.
65 Dazu § 4f Rdnr. 121 ff.
66 Dazu § 4g Rdnr. 5, 29 ff.
67 Vgl. § 4g Rdnr. 29 ff.
68 Dazu § 4g Rdnr. 104 ff.
69 Vgl. auch *Wind,* RDV 1991, 20.
70 Dazu § 4f Rdnr. 40 ff.

Beauftragten den Vorzug geben, an den Voraussetzungen, unter denen die Beauftragten tätig werden, ändert sich ebenso wenig etwas wie an der organisatorischen Zuordnung zur verantwortlichen Stelle.[71] Beide gehen durchweg Aufgaben nach, die auf die jeweilige verantwortliche Stelle bezogen und zugeschnitten sind. Externe Beauftragte betätigen sich also in genau dem Rahmen, der auch die Aktivitäten der internen Beauftragten festlegt und der das Recht der verantwortlichen Stellen zu entscheiden, inwieweit Überlegungen und Anregungen der Beauftragten entsprochen werden muss, genauso wenig tangiert, wie ihre Verantwortung für den Verarbeitungsablauf.[72]

28 Die verantwortliche Stelle kann sich durch den Nachweis eines **Mitverschuldens der Betroffenen** (§ 254 BGB) auch **partiell entlasten.**[73]

29 § 7 Satz 2 ist bei Ansprüchen, die, wie etwa **Beseitigungs- und Unterlassungsansprüche**, darauf abzielen, entweder einen bereits erlittenen Schaden auszugleichen oder eine neue Schädigung zu verhindern,[74] ebenfalls anzuwenden.

4. Schadensersatz

30 Die verantwortliche Stelle ist nach § 7 Satz 1 verpflichtet, den Betroffenen **sämtliche materielle Schäden** zu ersetzen, die durch eine unrichtige oder unzulässige Verwendung ihrer Daten entstanden sind. Die Betroffenen müssen freilich einen **Schaden tatsächlich erlitten haben**.[75] Die bloße Übermittlung falscher Angaben, etwa an oder durch die SCHUFA, reicht daher nicht aus. Solange sie folgenlos bleibt, scheidet auch eine Ersatzpflicht der verantwortlichen Stelle aus.[76]

31 Wie sich der Schaden im Einzelnen gestaltet, ist dagegen ohne Bedeutung. Das Gesetz sieht gezielt davon ab, die Ersatzpflicht auf bestimmte materielle Schäden zu beschränken. Die Ausgleichspflicht muss sich vielmehr dem Einzelfall anpassen, also gerade die jeweils verursachten **Vermögensschäden** abdecken. Nur dann kann es gelingen, den zuweilen überaus unterschiedlichen Fallkonstellationen ebenso Rechnung zu tragen wie den gesamten Schaden zu ersetzen. Auf beides kommt es beispielsweise besonders an, wenn die Einstellung unstreitig hochqualifizierter Bewerberinnen oder Bewerber in ausgesprochen sensiblen Tätigkeitsbereichen wiederholt scheitert, weil den potenziellen Arbeitgebern Auskünfte zu ihren konkreten beruflichen Fähigkeiten, ihrer Vertrauenswürdigkeit oder überhaupt ihrer Verlässlichkeit vorgelegen haben, die auf falschen Daten beruhen.[77] Nicht anders ist es in den Fällen, in denen, einzelne Daten gelöscht worden sind, ohne die bestimmte, für die Betroffenen besonders wichtigen Ansprüche gar nicht erst geltend gemacht werden können, und sie sich deshalb gezwungen sehen, Kredite aufzunehmen.[78]

32 § 7 Satz 1 gewährt dagegen keinen Anspruch auf Ersatz **immaterieller Schäden**. Die Bereitschaft des Gesetzgebers spät aber doch noch einen besonderen Schadensersatzanspruch bei unrichtigen oder unzulässigen Verwendungen personenbezogener Daten anzuerkennen,[79] hat der EG-Datenschutzrichtlinie zum Trotz[80] nichts an der Weigerung geändert, ihn auf immaterielle Schäden zu erstrecken. Vielmehr ist es bei der schon im BDSG 90 (§ 7 Abs. 2)[81] ent-

---

71 Dazu § 4f Rdnr. 45 ff.
72 Dazu § 4g Rdnr. 5.
73 Dazu u. Rdnr. 67.
74 Dazu u. Rdnr. 36.
75 Vgl. auch *Bergmann/Möhrle/Herb*, BDSG § 7 Rdnr. 11; *Beckhusen*, Datenumgang, 316..
76 Vgl. OLG Frankfurt, CR 1989, 19 ff.; *Beckhusen*, Datenumgang, 313.
77 Vgl. dazu auch § 28 Rdnr. 72, 128; sowie *HDSB,* 6. TB, LT-Drs. 8/3962, 25.
78 Vgl. LG Paderborn, DB 1981, 1038; *Klebe*, in *Däubler/Klebe/Wedde*, BDSG § 7 Rdnr. 5; *Beckhusen*, Datenumgang, 317.
79 o. Rdnr. 5.
80 Dazu *Dammann/Simitis*, EG-Datenschutzrichtlinie, Art. 23 Rdnr. 3; *Kopp*, RDV 1993, 8; *Wuermeling*, DB 1996, 663 ff.; sowie *Brühann/Zerdick*, CR 1994, 435; anders *Ehmann/Helfrich*, EG-Datenschutzrichtlinie Art. 23 Rdnr. 20 ff; *Schneider*, CR, 1993, 39.
81 Dazu die 4. Auflage dieses Kommentars, § 7 Rdnr. 23 ff.

haltenen Konzession geblieben. Immaterielle Schäden sind nur bei automatisierten Verarbeitungen durch öffentliche Stellen zu ersetzen (§ 8 Abs. 2).[82] An § 8 wird freilich auch deutlich, wie wenig sich eine derartige, auf bestimmte Stellen beschränkte Regelung rechtfertigen lässt. Automatisierte Verarbeitungen legitimieren nicht deshalb den Ersatz immaterieller Schäden, weil sie von öffentlichen Stellen vorgenommen worden sind. Für die Betroffenen macht es keinen Unterschied, ob die Verarbeitung bei einer Bank oder einer Meldebehörde erfolgt ist. Der Verarbeitungsschwerpunkt hat sich überdies längst von den öffentlichen auf die nicht-öffentlichen Stellen verschoben.[83] Der Gesetzgeber enthält also den Betroffenen in der Mehrzahl aller Verarbeitungsfälle einen Anspruch vor. Wie grotesk zudem die gegenwärtige Regelung ist, erweist sich etwa bei einem Vergleich zwischen öffentlich-rechtlich organisierten Krankenhäusern einerseits und privatrechtlich ausgestalteten Kliniken andererseits. Die Verarbeitungsbereiche beider decken sich im Prinzip weitgehend, die Schadenersatzpflichten dagegen nicht, zumindest so lange ausschließlich § 7 Satz 1 herangezogen wird. Für immaterielle Schäden müssen lediglich die ersteren aufkommen, die letzteren brauchen dagegen nur materielle Schäden auszugleichen. Schließlich: **Eine an der Verarbeitungsform orientierte Aufteilung der Ersatzpflicht ist anachronistisch**. Sie entspricht ganz den frühen Reaktionen auf die Verarbeitung personenbezogener Daten und übergeht die Tatsache, dass sich solche, damals noch verständliche Aufspaltungen der Verarbeitungsformen nicht mehr aufrechterhalten lassen.[84] Sie schränken im Übrigen nicht nur ohne Grund den Schutz der Betroffenen ein, sondern belasten auch die Anwendung der Datenschutzvorschriften mit ebenso unnötigen wie langwierigen Interpretationskontroversen über Elemente und Grenzen der Automatisierung.[85]

Die **Betroffenen können** dennoch **von der jeweils verantwortlichen Stelle verlangen, die ihnen entstandenen immateriellen Schäden zu ersetzen**.[86] Für eine Schadenersatzpflicht 33
spricht sowohl die Rechtsprechung zum allgemeinen Persönlichkeitsrecht als auch die Reform des § 253 BGB. Spätestens seit der Caroline von Monaco-Entscheidung des BGH vom November 1994[87] steht fest, dass sich die Verpflichtung für immaterielle Schäden aufzukommen, aus der Verknüpfung des allgemeinen Persönlichkeitsrechts mit Art. 1 und 2 Abs. 1 GG ergibt. Die Schadensersatzpflicht ist anders ausgedrückt kein Schmerzensgeld im klassischen Sinn. Ihr kommt vielmehr eine verfassungsrechtlich abgesicherte Doppelfunktion zu: die Genugtuung der Geschädigten ebenso sicherzustellen wie auch und vor allem einer Kommerzialisierung des Persönlichkeitsrechts vorzubeugen.[88] Konsequenterweise hat der Gesetzgeber das allgemeine Persönlichkeitsrecht bei der Reform des § 253 BGB zwar nicht einbezogen, zugleich aber einen Anspruch auf Ersatz der immateriellen Schäden unter Hinweis auf die Ableitung des Persönlichkeitsrechts aus dem Grundgesetz explizit bejaht.[89] Nichts anderes gilt für die informationelle Bestimmung. Man mag darüber streiten, ob sie, wie ursprünglich angenommen, ebenfalls als eine besondere Ausprägung des allgemeinen Persönlichkeitsrechts,[90] oder ein eigenständiges, die kommunikative Selbstbestimmung garantierendes Grundrecht ist.[91] Eines bleibt gleich: Immaterielle Schäden sind auszugleichen.

---

82 Vgl. freilich *Niedermeier/Schröcker*, RDV 2002, 224, sowie *Bergmann/Möhrle/Herb*, BDSG § 7 Rdnr. 12, die einen Anspruch auf immaterielle Schäden mit einer richtlinienkonformen Interpretation des § 7 begründen;.

83 Dazu insb. *Simitis*, in *Sokol* (Hrsg.), Neue Instrumente des Datenschutzes (1999) 5 ff.

84 Dazu Einleitung Rdnr. 6 ff.

85 Zur Kritik an den §§ 7 und 8 vgl. auch *Roßnagel/Pfitzmann/Garstka*, Modernisierung, 178 ff.

86 Vgl. auch *Gola/Schomerus*, BDSG § 7 Rdnr. 13, 19; *Tinnefeld/Ehmann/Gerling*, Einführung, 419 f.; *Bergmann/Möhrle/Herb*, BDSG § 7 Rdnr. 12; *Beckhusen*, Datenumgang, 323 f.; *Born*, Schadensersatz, 68; und demgegenüber *Schaffland/Wiltfang*, BDSG § 7 Rdnr. 9.

87 BGHZ 128, 1 (14 ff.).

88 Statt aller BGHZ 128, 14 f., 143, 214 (218); sowie BVerfG, NJW 2000, 2187.

89 Vgl.die Begründung des Gesetzentwurfs der Bundesregierung, BT-Drs. 14/7752, 25; sowie *Wagner*, NJW 2002, 2052, JZ 2004, 328 f..; *Beckhusen*, Datenschutz, 323 f.

90 Dazu Einleitung Rdnr. 25 f., § 1 Rdnr. 33.

91 Dazu § 1 Rdnr. 35 ff.

34 Die **Schwere der Verletzung** ist gleichgültig.[92] § 8 Abs. 2 knüpft zwar ebenso wie die Rechtsprechung[93] den Anspruch an die Intensität der Verletzung. Die Einschränkung leuchtet allerdings jedenfalls so lange nicht ein wie der Schaden tatsächlich Ausgleichsmaßstab sein soll, und zugleich bedacht wird, dass immaterielle Schäden die eigentliche Konsequenz unrichtiger oder unzulässiger Verarbeitungen sind.[94] Der Grad der Beeinträchtigung kann sich deshalb zwar durchaus auf die Höhe des Anspruchs auswirken, muss aber außer Betracht bleiben, soweit es um die Anerkennung des Anspruchs geht.[95] Nur unter dieser Voraussetzung kann den Betroffenen wirklich dazu verholfen werden, gerade ihre immaterielle Schäden ersetzt zu bekommen.[96]

35 Den Betroffenen steht neben einem Schadensersatz- auch ein **Unterlassungsanspruch** zu. So wichtig es aus ihrer Perspektive ist, eingetretene Schäden zu korrigieren, so wenig darf darüber ihr Interesse vernachlässigt werden, es entweder zu Schäden gar nicht kommen zu lassen, oder zumindest ihre Wiederholung auszuschließen. § 7 begründet einen deliktsrechtlichen Anspruch,[97] dessen Ziel es ist, den Schutz der informationellen Selbstbestimmung sicherzustellen. Die Betroffenen müssen deshalb ebenso wie bei einer Verletzung des Persönlichkeitsrechts (§ 823 Abs. 1 BGB) in der Lage sein, einen Unterlassungsanspruch geltend zu machen.[98]

36 Die Betroffenen können schließlich eine **Beseitigung** der durch den Schadensersatz nicht abgedeckten Folgen unrichtiger oder unzulässiger Verwendungen ihrer Daten verlangen. Das BDSG gewährt zwar den Betroffenen mit der Löschung, der Sperrung und der Berichtigung (§§ 6, 20, 35) Rechte, die eindeutig auf die Korrektur von Fehlinformationen und damit auf die Beseitigung der Auswirkungen rechtswidriger Verwendungen personenbezogener Angaben abzielen. Die §§ 20 Abs. 8 und 35 Abs. 7 verpflichten zudem die verantwortliche Stelle, die jeweils vorgenommenen Korrekturen allen Stellen mitzuteilen, denen, sei es fehlerhafte, sei es unzulässig verarbeitete Daten übermittelt worden sind, allerdings nur soweit der damit verbundene Aufwand nicht „unverhältnismäßig" ist.[99] In dem Maße daher, in dem die besonderen, im BDSG näher präzisierten Beseitigungsrechte nicht ausreichen oder überhaupt nicht weiterhelfen, muss es den Betroffene freistehen, sich, wie beim Unterlassungsanspruch,[100] auf § 7 zu berufen und eine Berichtigung,[101] in erster Linie also einen **Widerruf**,[102] so lange zu fordern wie der Empfänger die Daten nicht gelöscht hat.

5. Haftung mehrerer Ersatzpflichtiger

37 Haben **mehrere verantwortliche Stellen** den Schaden verursacht, haften sie als **Gesamtschuldner**.[103] § 7 gewährt den Betroffenen einen deliktsrechtlichen Anspruch.[104] Bei mehreren Haftpflichtigen ist deshalb § 840 Abs. 1 BGB anzuwenden. Wird also ein Kredit nicht

92 Dazu auch § 8 Rdnr. 17 f.
93 Statt aller BGHZ 35, 363 (368 ff.); 128, 15.
94 Dazu auch § 8 Rdnr. 16.
95 Vgl. demgegenüber BAG, DB 1985, 2307; OLG Frankfurt, NJW-RR 1988, 562 (565); LG Berlin, NJW-RR 2005, 1565; *Bergmann/Möhrle/Herb*, BDSG § 7 Rdnr. 13, 20; *Gola/Schomerus*, BDSG § 7 Rdnr. 19; *Gola/Wronka*, Handbuch, 752; *Klebe*, in *Däubler/Klebe/Wedde*, BDSG § 8 Rdnr. 6; *Beckhusen*, Datenumgang, 324; *Geis*, CR 1993, 270.
96 Vgl. auch *Schneider*, Handbuch, Rdnr. B 142, 283 ff.
97 Vgl. auch BR-Drs. 461/00 Beschluss S. 6; sowie BT-Drs. 14/5793, 92.
98 Vgl. auch OLG Hamm, NJW 1996, 131; sowie BAG, BAGE 50, 202 (208 f.); *Auernhammer*, BDSG § 8 Rdnr. 9; *Schaffland/Wiltfang*, BDSG § 7 Rdnr. 7; *Klebe*, in *Däubler/Klebe/Wedde*, BDSG § 8 Rdnr. 7; *Brüggemeier*, Deliktsrecht (1986) Rdnr. 285; *Greve*, Haftung, 274 ff.; *Mattke*, Adressenhandel, 232 ff.; *Beckhusen*, Datenumgang, 326.
99 Dazu die §§ 20 Rdnr. 91 ff. und 35 Rdnr. 63 ff.
100 o. Rdnr. 35.
101 Vgl. auch *Auernhammer*, BDSG § 8 Rdnr. 9; *Mattke*, Adressenhandel, 232 ff.
102 Vgl. auch BGH, NJW 1984, 436 f. = BB 1983, 2016 ff.; BAG, BAGE 50, 202 (208 f.); OLG Hamm, RDV 1990, 36; aber auch BGH, NJW 1984, 1887; OLG Celle, NJW 1980, 347 f.; sowie *Brüggemeier*, Deliktsrecht Rdnr. 285; *Geis*, CR 1993, 270.
103 Vgl. auch *Bergmann/Möhrle/Herb*, BDSG § 7 Rdnr. 5; *Gola/Schomerus*, BDSG § 7 Rdnr. 15.
104 o. Rdnr. 35.

erteilt, oder eine Krankenversicherung nicht abgeschlossen, weil die infrage kommenden Unternehmen unüberprüft unrichtige Angaben Dritter zur Kreditfähigkeit oder zum Gesundheitszustand der Betroffenen übernommen haben, steht es diesen frei, sei es eine der beteiligten Stellen für den gesamten jeweils entstandenen Schaden in Anspruch zu nehmen, sei es von jeder dieser Stellen einen bestimmten Teilbetrag zu verlangen (§ 421 Satz 1 BGB). Gleicht eine der beteiligten Stellen den Schaden aus, werden auch die übrigen Schuldner von ihrer Ersatzpflicht befreit (§ 422 Abs. 1 Satz 1 BGB). Die Schadensersatzleistung begründet im Innenverhältnis einen **Regressanspruch** gegenüber der für den Schaden verantwortlichen Stelle. Der Schadensersatz ist im Übrigen grundsätzlich zu gleichen Teilen von allen beteiligten Stellen zu tragen, es sei denn, sie haben besondere Abmachungen für den Fall einer Schadensersatzleistung getroffen (§ 426 Abs. 1 Satz 1 BGB).

6. Verbunddateien, vernetzte und zentralisierte Verarbeitungssysteme

Beteiligen sich mehrere verantwortliche Stellen an nicht-automatisierten Dateien oder automatisierten Informationssystemen mit dem Ziel, auf den jeweiligen Datenbestand zugreifen zu können, **ist jede von ihnen verpflichtet, Schadensersatzansprüche der Betroffenen an die Stelle weiterzuleiten, auf deren Veranlassung die Speicherung stattgefunden hat**. Bei verbundenen Dateien und erst recht bei vernetzten oder zentralisierten Verarbeitungssystemen kann es sich für die Betroffenen als problematisch oder gar aussichtslos erweisen, **die für den Schaden verantwortliche Stelle zu identifizieren**. Zentral angelegte Risikodateien mögen ebenso wie die SCHUFA und die Einrichtung von Datenpools die Informationsmöglichkeiten der beteiligten Stellen verbessern.[105] Sie erschweren es aber zugleich den Betroffenen, den Informationsfluss nachzuvollziehen und damit den Schadenshergang zu rekonstruieren. 38

Der Gesetzgeber war sich dessen durchaus bewusst. Die Chance der Betroffenen, Schadensersatz selbst dann zu bekommen, wenn sie nicht in der Lage sind, die konkret dafür verantwortliche Stelle auszumachen, bleibt allerdings, wie im BDSG 90 (§ 7 Abs. 4), auf die Fälle beschränkt, in denen sich **mehrere öffentliche Stellen an einer automatisierten Verarbeitung beteiligen** (§ 8 Abs. 4).[106] Bei nicht-öffentlichen Stellen belastet dagegen das Gesetz genauso wie bei nicht-automatisierten Verarbeitungen die Betroffenen mit dem Risiko für Schäden, die im Rahmen einer Verarbeitung entstehen, deren Modalitäten sie in aller Regel weder kennen noch durchschauen können. 39

Die Benachteiligung der Betroffenen ist umso verwunderlicher als sich der Gesetzgeber in einem durchaus vergleichbaren Zusammenhang, bei der Ausübung ihrer **Berichtigungs-, Löschungs- und Sperrungsansprüche** (§ 6 Abs. 2), für eine Regelung entschieden hat, die durchaus der Lage der Betroffenen Rechnung trägt. Soweit mehrere Stellen speicherungsberechtigt sind, muss jede von ihnen, diejenige Stelle, von der die Daten stammen, über Äußerungen und Forderungen der Betroffenen informieren.[107] Der Gesetzgeber zweifelt also zwar nicht die Berechtigung der verantwortlichen Stellen an, die Verarbeitungsmodalitäten festzulegen, verlangt aber ausdrücklich, dass die Rechte der Betroffenen dadurch nicht unterlaufen werden dürfen. Nicht anders ist es beim **Schadensersatzanspruch**. Er zählt genauso zu den Rechten der Betroffenen wie etwa der Auskunfts- oder der Löschungsanspruch.[108] Einmal mehr dürfen deshalb die Betroffenen nicht der Gefahr ausgesetzt werden, ihren Anspruchsgegner nicht identifizieren zu können, ohne Rücksicht im Übrigen darauf, ob ihnen möglicherweise auch gegen die zentrale Informationsstelle oder eine andere ebenfalls am Verbund beteiligte Stelle ein Ersatzanspruch zusteht.[109] 40

105 Dazu auch §§ 28 Rdnr. 94 ff., 155 f. und 29 Rdnr. 109 ff.
106 Dazu § 8 Rdnr. 24 ff.
107 Dazu § 6 Rdnr. 26 ff.
108 Dazu auch u. Rdnr. 46.
109 Dazu o. Rdnr. 38.

41 Anders als das BDSG 90 beschränkt freilich die Novellierung die Sonderregelung des § 6 Abs. 2 auf **automatisierte Verarbeitungen.**[110] Einen Grund dafür gibt es nicht. Der Hinweis, der Gesetzgeber habe lediglich der Änderung des Dateibegriffs Rechnung tragen wollen,[111] ist ebenso irreführend wie unzutreffend. Das BDSG 90 (§ 6 Abs. 2) hatte bewusst nicht zwischen automatisierter und nicht-automatisierter Verarbeitung unterschieden. Die mit Rücksicht auf die EG-Datenschutzrichtlinie erforderliche terminologische Korrektur hätte deshalb genauso beides einbeziehen müssen. Mit der Restriktion auf automatisierte Verarbeitungen hat der Gesetzgeber deshalb nicht nur die Betroffenen einmal mehr unnötig benachteiligt, sondern auch gegen die ausdrückliche Vorgabe der EG-Datenschutzrichtlinie verstoßen, das bereits erreichte Schutzniveau nicht abzusenken.[112] Die Unterscheidung zwischen automatisierter und nicht-automatisierter Verarbeitung lässt sich daher nicht aufrechterhalten und kann bestenfalls als redaktionelles Versehen angesehen werden.

42 Gleichviel deshalb ob die Verarbeitung **automatisiert oder nicht-automatisiert** erfolgt, **an der Pflicht** der jeweils angesprochenen Stelle, **die Forderung der Betroffenen weiterzuleiten, ändert sich nichts.** Keineswegs nur dann, wenn sich die Provenienz der Angaben, wie bei zentralisierten Informationssystemen, ohnehin unschwer feststellen lässt.[113] Die beteiligten Stellen sind vielmehr im Hinblick darauf, dass sich der Schaden in einem Informationsverbund ereignet hat, der von ihnen mitgetragen und mit den jeweils vereinbarten Angaben versorgt wird, durchweg gehalten, die Betroffenen vor Komplikationen zu bewahren, die eine Durchsetzung ihrer Schadensersatzansprüche gefährden könnten.

7. Mitverschulden

43 Bei der Beurteilung der Ersatzpflicht ist ein mögliches **Mitverschulden** der Betroffenen zu berücksichtigen. § 7 verweist zwar anders als § 8 (Abs. 5)[114] nicht ausdrücklich auf § 254 BGB. Für deliktsrechtliche Ansprüche gilt aber ohne Rücksicht darauf, ob sie im BGB oder anderswo geregelt sind: ein Mitverschulden wirkt sich auf die Ersatzpflicht aus. Schadensersatzforderungen der Betroffenen sind deshalb stets auch an ihrem Verhalten zu messen. Vom Ausmaß ihres Mitverschuldens hängt es also ab, ob die Ersatzpflicht lediglich reduziert werden oder ganz entfallen muss, weil etwa die Unrichtigkeit der Daten ausschließlich darauf zurückzuführen ist, dass sie von Anfang an falsche Angaben gemacht oder eine dringend erforderliche Berichtigung unterlassen haben. Die Betroffenen müssen sich zudem das Verhalten ihrer gesetzlichen Vertreter und Erfüllungsgehilfen zurechnen lassen (§ 254 Abs. 2 Satz 2 BGB). Ob und in welchem Umfang die Betroffenen den Schaden mitverschuldet haben, muss von der verantwortlichen Stelle nachgewiesen werden.[115]

8. Übertragbarkeit

44 Schadensersatzansprüche aus § 7 sind **weder übertragbar noch vererblich.**[116] Sie werden zwar in § 6 nicht ausdrücklich erwähnt, zählen aber genauso zu den höchstpersönlichen und deshalb ausschließlich den Betroffenen vorbehaltenen Rechten.[117] Die ansonsten bei deliktsrechtlichen Ansprüchen anwendbare Grundsätze scheiden daher aus. Die Betroffenen können also durchaus ihre Rechte über einen Bevollmächtigten ausüben. Gesetzliche Vertreter

110 Dazu § 6 Rdnr. 26 ff.
111 Vgl. BR-Drs. 461/00, 90.
112 Dazu o. Rdnr. 5.
113 Dazu OLG Celle, NJW 1980, 347 f.; sowie OLG Frankfurt, CR 1989, 19 ff.
114 Dazu § 8 Rdnr. 30.
115 Vgl. auch *Bergmann/Möhrle/Herb*, BDSG § 7 Rdnr. 15; *Beckhusen*, Datenumgang, 317.
116 Vgl. auch *Bergmann/Möhrle/Herb*, BDSG § 6 Rdnr. 12; *Gola/Schomerus*, BDSG § 6 Rdnr. 3.
117 Dazu § 6 Rdnr. 20; *Bergmann/Möhrle/Herb*, BDSG § 6 Rdnr. 51.

sind ebenfalls berechtigt, Schadenersatzansprüche geltend zu machen.[118] Eine Übertragung ist dagegen genauso unzulässig wie eine Vererbung.

Konsequenterweise scheidet eine **Pfändung** ebenso aus wie eine **Aufrechnung**. Die Ersatzansprüche gehören zudem nicht zur **Konkursmasse** der Betroffenen. 45

9. Verzicht – Freizeichnung

Die Betroffenen können auf ihre Ersatzansprüche **weder von sich aus verzichten noch sie im Rahmen einer rechtsgeschäftlichen Vereinbarung** mit der verantwortlichen Stelle **ausschließen oder beschränken**. Genauso wie jedes der in § 6 besonders erwähnten Rechte ist auch der Schadensersatzanspruch unverzichtbarer Teil jener Vorkehrungen, die es den Betroffenen ermöglichen, sich zu vergewissern, was mit ihren Daten geschieht und korrigierend auf die jeweiligen Verarbeitungsprozesse einzuwirken.[119] Der Ersatzanspruch sichert so gesehen keineswegs nur den Ausgleich bereits erlittener Schäden. Er hat vielmehr zugleich eine in ihrer Bedeutung für die Implementation einer datenschutzkonformen Verarbeitung nicht zu unterschätzende präventive Funktion.[120] Betroffenen steht es deshalb **nicht frei**, auf ihre Ansprüche **zu verzichten**, gleichviel im Übrigen, ob die Schäden von einer öffentlichen oder einer nicht-öffentlichen Stelle verursacht wurden. Sie können lediglich davon absehen, ihr Recht auf Schadensersatz geltend zu machen. 46

Verantwortliche Stellen können ihre Ersatzpflicht auch nicht **mit Hilfe Allgemeiner Geschäftsbedingungen ganz oder teilweise ausschließen**.[121] Nicht etwa deshalb, weil eine solche Regelung die Betroffenen „unangemessen benachteiligt" und daher nach § 307 Abs. 1 BGB unwirksam ist. Freizeichnungen sind keineswegs nur dann unstatthaft, wenn die Haftung ohne Rücksicht darauf unterbleiben soll, ob sich die verantwortliche Stelle vorsätzlich, arglistig oder grob fahrlässig verhalten hat, und umgekehrt in den Fällen zulässig, in denen die Verantwortung lediglich für leicht fahrlässig verursachte Schäden nicht übernommen wird, es sei denn, die Schäden sind auf mangelhafte Sicherungsvorkehrungen zurückzuführen und hängen auch nicht mit der Verarbeitung sensitiver Daten zusammen.[122] Entscheidend sind vielmehr einzig und allein Funktion und Bedeutung der Schadensersatzansprüche. Weil sie zu den konstitutiven Elementen eines wirklich wirksamen Datenschutzes zählen, verstößt jeder Versuch, sie in welchem Umfang immer auszuschließen, gegen „wesentliche Grundgedanken der rechtlichen Regelung" und ist infolgedessen nach § 307 Abs. 2 Nr. 1 BGB unwirksam. 47

10. Verjährung

Der Schadensersatzanspruch **verjährt** grundsätzlich **drei Jahre** nachdem der Geschädigte den Schaden festgestellt und auch erfahren hat, wen die Ersatzpflicht trifft, **spätestens aber dreißig Jahre** nach der Begehung der schadensstiftenden Handlung. § 7 geht anders als § 8 Abs. 6 nicht ausdrücklich auf die Verjährung ein.[123] Es muss deshalb bei den generell anwendbaren Verjährungsbestimmungen bleiben (§ 195, 199 BGB). 48

11. Versicherung

Verantwortliche Stellen können sich **gegen mögliche Schadenersatzansprüche** der Betroffenen **versichern**. Eigens abgeschlossene Versicherungsverträge sind so gesehen die Kehrseite der Verpflichtung, für Schäden einzustehen, die mit einer unrichtigen oder unzulässigen 49

118 Vgl. auch *Bergmann//Möhrle/Herb*, BDSG § 7 Rdnr. 4.
119 Dazu § 6 Rdnr. 3, 20; sowie *Bergmann/Möhrle/Herb*, BDSG § 7 Rdnr. 16.
120 Dazu o. Rdnr. 8.
121 Vgl. auch *Bergmann/Möhrle/Herb*, BDSG § 7 Rdnr. 16.
122 Vgl. etwa *Greve*, Haftung, 263 ff.; *Geis*, CR 1993, 272.
123 Dazu § 8 Rdnr. 34.

Verarbeitung zusammenhängen. In Betracht kommen sowohl eine **Haftpflicht- als auch eine Rechtsschutzversicherung.**[124]

50 Bei einer **Haftpflichtversicherung** ist es für die verantwortliche Stelle am einfachsten, eine bereits eingegangene Betriebshaftpflichtversicherung entsprechend zu ergänzen. Dem Versicherungsschutz unterliegen zunächst grundsätzlich **sämtliche Vermögensschäden**, die auf eine fahrlässige Verletzung der gesetzlich geregelten Verarbeitungsbedingungen zurückzuführen sind. Fahrlässig verursachte **immaterielle Schäden** lassen sich ebenfalls einbeziehen. Die Versicherung erstreckt sich schließlich in aller Regel auf die persönliche gesetzliche Haftpflicht der Organe und Beschäftigten des Versicherungsnehmers sowie auf Ersatzansprüche, die sich gegen den Beauftragten richten.

51 Die **Rechtsschutzversicherung** deckt vor allem die Kosten gerichtlicher Auseinandersetzungen ab, die mit Schadensersatzansprüchen der Betroffenen zusammenhängen. Sie greift in aller Regel aber auch bei Auslagen ein, die, sei es bei der Geltendmachung von Auskunfts-, Löschungs- oder Berichtigungsrechten, sei es bei Verfahren nach den §§ 43 und 44 entstehen. Die praktische Bedeutung einer Rechtsschutzversicherung wird dann besonders deutlich, wenn man, wie nicht zuletzt das Beispiel des § 28 zeigt,[125] die oft sehr unklar formulierten Anforderungen des BDSG an die Verwendung personenbezogener Daten bedenkt.

12. Weitergehende Ansprüche

12.1 Konkurrenzen und Abgrenzungen

52 Die Betroffenen können ihren Schadensersatzanspruch **auch nach anderen, für sie günstigeren Vorschriften geltend machen**. § 7 begründet zwar einen selbstständigen, ganz auf die Verwendung personenbezogener Daten zugeschnittenen Schadensersatzanspruch. Das BDSG, schließt aber damit schon deshalb keineswegs jede weitere Möglichkeit aus, einen Ausgleich für die konkret erlittenen Schäden zu verlangen, weil § 7 einen gleich dreifach eingeschränkten Anspruch gewährt. Er richtet sich zunächst ausschließlich gegen diejenige öffentliche oder nicht-öffentliche Stelle, die den Schaden zu verantworten hat, sagt also nichts darüber aus, ob und unter welchen Voraussetzungen ihre Beschäftigten oder der Beauftragte für den Datenschutz (§ 4f) belangt werden können. Die Anwendung des § 7 setzt, zweitens, soweit sich der Anspruch auf die Verletzung einer BDSG-Vorschrift gründet und die Daten nicht automatisiert verarbeitet werden, grundsätzlich eine Verarbeitung in nicht-automatisierten Dateien voraus. Weder vertragliche noch deliktsrechtliche Ansprüche sind dagegen an diese Bedingung gebunden. § 7 erlaubt es schließlich der verantwortlichen Stelle, sich zu entlasten (Satz 2) und schwächt so die Chancen der Betroffenen, ihre Schäden vollständig ersetzt zu bekommen. Einmal mehr zeigt sich deshalb, wie wichtig es für die Betroffenen ist, auf andere, für sie vorteilhaftere Vorschriften zurückzugreifen, um die Kompensationsgrenzen des § 7 zu korrigieren.

53 Einer **besonderen gesetzlichen Bestimmung** bedarf es dafür nicht. Der Gesetzgeber hätte sich, im Gegenteil, nur äußern müssen, wenn es seine Absicht gewesen wäre, die Anwendung aller weiteren, einen Schadensersatzanspruch ebenfalls rechtfertigenden Vorschriften auszuschließen. Solange es daran fehlt, bleibt es deshalb bei dem generell für das Haftungsrecht geltenden Grundsatz: Die Betroffenen können sich auf jede für sie vorteilhaftere Regelung berufen. Nicht von ungefähr hat daher der BT-Innenausschuss die bereits im BDSG 90 enthaltene (§ 7 Abs. 7) und vom RegE (§ 7 Abs. 3) übernommene Bestimmung, die genau diesen Grundsatz betonte, mit Rücksicht auf ihren rein deklaratorischen Charakter gestrichen.[126]

---

124 Dazu die KES/utimaco Sicherheitsstudie 1993/94: So sehen DV-Anwender ihre Sicherheit, KES-Zeitschrift für Kommunikation und EDV-Sicherheit 3/94, 27 ff., insb. 42; sowie *Breuer,* Das Computer-Versicherungskonzept; *Knabben,* Datenhaftung, 41 f.; *Wächter,* Datenschutz, Rdnr. 1321 ff.; *Wuermeling,* DSB 9/1992, 1 ff.; *Geis,* CR 1993, 273.

125 Dazu § 28 Rdnr. 133 ff, 208 ff.

126 BT-Drs. 14/5793, 92.

§ 7 garantiert so gesehen einen **Mindestanspruch**.[127] Wann immer die Voraussetzungen günstiger sind, steht es den Betroffenen frei, ihren Schadensersatzanspruch auf eine andere Grundlage zu stellen. Die Palette der dafür in Betracht kommenden Anknüpfungspunkte ist breit. Sie reicht von vertrags- und deliktsrechtlichen Vorschriften bis hin zu den besonderen Haftungsregelungen für Schäden, die von öffentlichen Stellen verursacht werden. Ebenso klar ist auch, dass § 7 **Ansprüche gegen die Beschäftigten der verantwortlichen Stelle oder den Beauftragten für den Datenschutz**[128] nicht tangiert. 54

12.2 Vorvertragliche und vertragliche Ansprüche

Schadensersatzansprüche könnten den Betroffenen aus einem **Verschulden bei Vertragsverhandlungen** erwachsen. Personenbezogene Daten werden in einer Vielzahl von Fällen gerade im Rahmen vorvertraglicher Verhandlungen verwendet (§ 28 Abs. 1 Satz 1 Nr. 1).[129] Typische Beispiele dafür sind die Verarbeitung von Bewerberdaten oder von Angaben zur Person potenzieller Kreditnehmer. Die verantwortliche Stelle ist in jedem dieser Fälle verpflichtet, die gesetzlichen Verwendungsvoraussetzungen (§ 28) zu beachten und die Betroffenen nicht zuletzt durch die nötigen Sicherungsvorkehrungen (§ 9) vor verarbeitungsbedingten Schäden zu bewahren. Sofern ihnen deshalb durch eine von der verantwortlichen Stelle schuldhaft (§ 276 BGB) verursachte unrichtige oder unzulässige Verwendung ein Schaden entstehen sollte, steht ihnen wegen der Verletzung vorvertraglicher Sorgfaltspflichten ein Ersatzanspruch zu.[130] 55

Schadensersatzansprüche könnten sich im Rahmen einer **vertraglichen Beziehung** zwischen den Betroffenen und der verantwortlichen Stelle aus einer **positiven Forderungsverletzung** ergeben. Vertragsverhältnisse gehen zwangsläufig mit der Verarbeitung einer Vielzahl gerade auf die jeweiligen Vertragspartner bezogener Daten einher. Die Verwendung von Kunden-, Lieferanten- oder Beschäftigtendaten sind typische Beispiele dafür. Das BDSG erkennt ausdrücklich die Berechtigung zur Verarbeitung an (§ 28 Abs. 1 Satz 1 Nr. 1),[131] knüpft sie aber um der Betroffenen willen hier wie sonst an eine Vielzahl restriktiver Bedingungen, angefangen bei den gesetzlich festgelegten Verarbeitungsvoraussetzungen bis hin zu den konkret notwendigen Sicherungsvorkehrungen. Zu den vertraglichen Neben-, genauer Schutzpflichten, der verantwortlichen Stelle gehört es deshalb, sich im Interesse der Vertragspartner und zu ihrem Schutz strikt nach den in sämtlichen für die Verarbeitung relevanten Vorschriften formulierten Anforderungen zu richten. Eine von der verantwortlichen Stelle zu vertretende (§ 276 BGB) unrichtige oder unzulässige Verwendung, wie etwa die Vermietung von Kundendaten,[132] ist daher genauso eine positive Forderungsverletzung, die einen Schadensersatzanspruch begründet[133] wie die mit der Bitte um sofortigen Rückruf bei einer Bewerbung verbundene Übermittlung von Arbeitnehmerdaten an andere Arbeitgeber[134] oder eine ohne die Einwilligung der Betroffenen erfolgte Mitteilung der Kündigung eines Kreditkartenvertrages an die SCHUFA.[135] 56

---

127 Vgl. auch *Gola/Schomerus*, BDSG § 7 Rdnr. 16; *Beckhusen*, Datenumgang, 318 f.

128 Dazu § 4g Rdnr. 97 ff.

129 Dazu § 28 Rdnr. 119 ff.

130 Vgl. auch *Gola/Schomerus,* BDSG § 7 Rdnr. 18; *Schaffland/Wiltfang,* BDSG § 7 Rdnr. 5 *Klebe,* in *Däubler/Klebe/Wedde,* BDSG § 8 Rdnr. 3; *Wächter,* Datenschutz, Rdnr. 1275, 1283 ff; *Schneider,* Handbuch, Rdnr. B 276; MünchArbR/*Blomeyer*, § 99 Rdnr. 69; *Roßnagel/Pfitzmann/Garstka*, Modernisierung, 178; *Wind,* RDV 1991, 17; *Geis,* CR 1993, 271.

131 Dazu § 28 Rdnr. 79 ff.

132 Vgl. auch § 28 Rdnr. 137, 150, 158, 173, 219.

133 Vgl. auch *Gola/Schomerus,* BDSG § 7 Rdnr. 18; *Schaffland/Wiltfang,* BDSG § 7 Rdnr. 5 *Klebe,* in *Däubler/Klebe/Wedde,* BDSG § 8 Rdnr. 3; *Gola/Wronka*, Handbuch, Rdnr. 762; *Wächter,* Datenschutz, Rdnr. 1274, 1279 ff; *Schneider,* Handbuch, Rdnr. B 276; MünchArbR/*Blomeyer*, § 99 Rdnr. 69; *Knabben,* Datenhaftung, 27 f.; *Roßnagel/Pfitzmann/Garstka*, Modernisierung, 178; *Wind,* RDV 1991, 17; *Geis,* CR 1993, 271.

134 Vgl. LAG Hamburg, NZA 1992, 509; aber auch BHG, NJW 1981, 1697.

135 LG Bonn, RDV 1995, 253.

57 Ein Verstoß gegen eine **vertragliche Hauptpflicht** und, damit verbunden, eine Schadensersatzpflicht wegen der **Nichterfüllung** des Vertrages (§§ 323 ff. BGB) dürfte dagegen nur selten vorliegen. Die bloße Tatsache, dass die verantwortliche Stelle geschäftsmäßig Daten für fremde Zwecke verarbeitet, reicht jedenfalls nicht aus, um eine Ersatzpflicht zu begründen.[136] Schon deshalb, weil eine vertragliche Beziehung zu den Betroffenen nicht notwendigerweise bestehen muss, wie sich etwa am Beispiel der Kreditauskunfteien oder des Adressenhandels zeigt. Selbst wenn man aber davon absieht, wird es zumeist an einer Verarbeitung zwar nicht fehlen, die Hauptpflicht aber durchaus, allerdings schlecht, erfüllt sein.

58 Die vertragliche Haftung erstreckt sich genauso auf die Verantwortung für das Verhalten von **Erfüllungsgehilfen** (§ 278 BGB). Dazu zählen nicht nur die Beschäftigten der verantwortlichen Stelle, sondern auch der Beauftragte für den Datenschutz.[137]

12.3 Deliktsrechtliche Ansprüche

59 Den Betroffenen könnte bei einer unrichtigen oder unzulässigen Verarbeitung ihrer Daten ein Anspruch aus **§ 823 Abs. 1 BGB**, in der Regel i.V.m. den §§ 30, 31 BGB, gegen die verantwortliche Stelle zustehen. Rechtswidrige Verarbeitungen verletzen die **informationelle Selbstbestimmung** der Betroffenen. Sowohl das BVerfG[138] als auch der Gesetzgeber (§ 1 Abs. 1) haben ihre Affinität zum allgemeinen Persönlichkeitsrecht ausdrücklich hervorgehoben. Gleichviel freilich, ob man es dabei belässt, oder den Akzent auf die kommunikative Kompetenz der Betroffenen verlagert,[139] die informationelle Selbstbestimmung zählt genauso wie das allgemeine Persönlichkeitsrecht zu den in § 823 Abs. 1 BGB angesprochenen sonstigen Rechten, deren Verletzung eine Schadensersatzpflicht nach sich zieht. Besonderer Reflexionen über ein „Recht am eigenen Datum" und, damit verbunden, einen Eingriff in das Eigentum der Betroffenen[140] bedarf es daher ebenso wenig wie umständlicher Versuche, zwischen den einzelnen Sphären des Persönlichkeitsrechts zu differenzieren und dementsprechend Voraussetzungen und Grenzen einer Schadensersatzpflicht zu konstruieren.[141]

60 § 823 Abs. 1 BGB kann freilich auch bei der informationellen Selbstbestimmung lediglich **Auffangtatbestand** sein,[142] lässt sich also mit anderen Worten nur so lange heranziehen wie es an einer auf den konkreten Anspruch bezogenen Regelung fehlt. Genau diese Voraussetzung erfüllt aber § 7.[143] § 823 Abs. 1 BGB kommt so gesehen nur eine **Hilfsfunktion** zu.[144] Ihre Bedeutung darf freilich schon deshalb nicht unterschätzt werden, weil eine Ersatzpflicht nach § 7 auf Schäden beschränkt ist, die sich bei der Verwendung personenbezogener Daten ereignet haben. Andere durchaus nahe liegende Schadensquellen, etwa Kontrolldefizite, die auf Fehlentscheidungen externer Beauftragter zurückzuführen sind, werden also nicht berücksichtigt.[145] Die unterbliebene Einbeziehung der immateriellen Schäden wirkt sich ebenfalls auf die Anwendung des § 823 Abs. 1 aus.[146] § 823 Abs. 1 BGB ist deshalb als Korrektiv einer unzureichenden gesetzlichen Regelung unentbehrlich.

---

136 Vgl. auch *Wind,* RDV 1992, 16; das übersehen *Wächter,* Datenschutz, Rdnr. 1280 ff.; *Schneider,* Handbuch, Rdnr. B 276

137 Dazu o. Rdnr. 26 f.

138 Dazu insb. BVerfGE 65, 1 (41).

139 Dazu § 1 Rdnr. 24, 33 ff.

140 *Meister,* Datenschutz im Zivilrecht – Das Recht am eigenen Datum (2. Aufl. 1981), DuD 1983, 163; dazu die 4. Auflage dieses Kommentars, § 4 Rdnrn. 36 ff.

141 *Klippel,* BB 1983, 407 ff.

142 Dazu insb. BGHZ 80, 311 (319), 91, 233 (237 f.); BGH, NJW 1984, 436 (437), 1986, 2505 (2506 f.); sowie *Bergmann/Möhrle/Herb*, BDSG §§ 6 Rdnr. 48, 35 Rdnr. 96; *Beckhusen*, Datenumgang, 318; *Simitis,* NJW 1981, 1701; und demgegenüber *Wächter*, Datenschutz, Rdnr. 1271..

143 Dazu o. Rdnr. 1 ff.

144 Statt aller *Simitis,* NJW 1981, 1701; *Auernhammer,* BDSG § 8 Rdnr. 5; *Brüggemeier,* Deliktsrecht Rdnr. 277 ff.; *Wind,* RDV 1991, 17 f.; *Geis,* CR 1993, 270 f.

145 Dazu § 4f Rdnr. 43 f.

146 Dazu o. Rdnr. 32 f.

§ 823 Abs. 1 BGB gewährt einen Ersatzanspruch nur, wenn der Schaden der verantwortlichen Stelle zugerechnet werden kann. Maßstab dafür ist die **Organisationspflicht** der jeweils in Betracht kommenden Stelle. Welchen Anforderungen sie genügen muss, ist den BDSG-Vorschriften ebenso zu entnehmen wie den für die je spezifische Verarbeitung relevanten Regelungen. Beide legen sowohl die Voraussetzungen fest, unter denen personenbezogene Daten überhaupt verwendet werden dürfen, als auch die Bedingungen, an die sich die verantwortliche Stelle beim Verarbeitungsablauf zu halten hat. Gleichviel deshalb, ob es, wie bei den Übermittlungsmodalitäten, um inhaltliche Fragen, oder, wie bei den Sicherheitsvorkehrungen, um organisatorische Aspekte geht, die Organisationspflicht ist die rechtliche Klammer für eine datenschutzkonforme Verwendung und ihre Verletzung die Grundlage einer Schadensersatzpflicht nach § 823 Abs. 1 BGB.[147] Ob menschliches oder technisches Versagen vorliegt, spielt weiter keine Rolle. Die verantwortliche Stelle muss für die gesamte Organisation der Verarbeitung einstehen, also für ein Fehlverhalten ihrer Beschäftigten genauso wie für die Mängel und die Funktionsunfähigkeit der von ihr eingesetzten Verarbeitungsanlagen und Systeme. 61

Die Betroffenen können mit ihrer **Einwilligung** Ziel und Ablauf der Verarbeitung, wenn auch mit gewissen Einschränkungen, billigen (§§ 4, 4a),[148] nicht jedoch die verantwortliche Stelle von der Pflicht entlasten, die jeweils erforderlichen Sicherungsvorkehrungen zu treffen.[149] Das Gesetz verlangt allerdings keineswegs nur eine schriftliche (§ 4a Abs. 1 Satz 3), vielmehr auch und vor allem eine inhaltlich bestimmte, auf ausreichende Informationen gestützte Erklärung (§ 4a Abs. 1 Satz 2).[150] Der Wortlaut der Einwilligung spielt daher eine genauso wichtige Rolle wie die ihr vorausgegangenen Angaben der verantwortlichen Stelle zum Zweck und zu den Modalitäten der Verarbeitung. Die Ersatzpflicht lässt sich deshalb nicht durch Hinweise auf stillschweigende oder konkludente Erklärungen der Betroffenen infrage stellen.[151] Im Übrigen muss sorgfältig geprüft werden, ob sich die Einwilligung auf den gesamten Verarbeitungsprozess bezieht, oder nur auf die eine oder andere seiner Phasen. Ebenso wichtig ist es schließlich, festzustellen, inwieweit die Betroffenen mit ihrer Erklärung jede Übermittlung oder lediglich einzelne Übermittlungsvorgänge gebilligt haben. 62

§ 4a Abs. 1 verlangt eine vor Beginn der Verarbeitung abgegebene Erklärung der Betroffenen.[152] Eine **nachträglich erteilte Zustimmung** ändert infolgedessen nichts an der **Unzulässigkeit** der Verarbeitung. Sie kann sich aber auf den Schadensersatzanspruch auswirken.[153] Sobald die Betroffenen ausdrücklich und unmissverständlich zu erkennen geben, dass sie gegen die bereits erfolgte Verarbeitung nichts einzuwenden haben, können sie sich, jedenfalls soweit es um einen Anspruch aus § 823 Abs. 1 BGB geht, nicht mehr auf ein rechtswidriges Verhalten der verantwortlichen Stelle berufen. 63

Immaterielle Schäden sind, sofern ein Anspruch aus § 823 Abs. 1 BGB vorliegt, ebenfalls auszugleichen. Sie zählen zu den typischen Folgen fehlgelaufener Verarbeitungen und müssen deshalb genauso wie bei einer Verletzung des Persönlichkeitsrechts in den Schadensersatz einbezogen werden.[154] Wie beim allgemeinen Persönlichkeitsrecht ist auch bei der informationellen Selbststimmung das Grundgesetz Anknüpfungspunkt und Grundlage des Ausgleichsanspruchs.[155] So ist Ausgleich etwa dann zu gewähren, wenn unzutreffende Angaben über schlechte Zahlungsmoral und wiederholten Bankrott übermittelt,[156] bereits im Strafregister getilgte Vorstrafen bekannt gegeben,[157] HIV-Tests ohne Einwilligung der Betroffenen vorge- 64

147 Vgl. auch LG Paderborn, DB 1981, 1038; sowie *Auernhammer,* BDSG § 8 Rdnr. 6; *Greve,* Haftung, 180 ff.; *Wind,* RDV 1991, 128.
148 Dazu die §§ 4 Rdnr. 19 ff. und 4a Rdnr. 1 ff., 10 ff.
149 Vgl. auch *Greve,* Haftung, 174.
150 Dazu § 4a Rdnr. 70 ff.
151 Dazu § 4a Rdnr. 44 .
152 Dazu § 4a Rdnr. 27 ff.
153 Dazu § 4a Rdnr. 29.
154 Vgl. auch o. Rdnr. 32 ff.
155 Dazu o. Rdnr. 33
156 OLG, Frankfurt, CR 1989, 19 ff.
157 LG Köln, RDV 1993, 138.

nommen[158] oder Dritte öffentlich aufgefordert werden, sich sofort beim Arbeitgeber zu melden, falls sich ein bestimmter, namentlich genannter Arbeitnehmer bei ihnen bewerben sollte.[159]

65 Die **Schwere der Verletzung** wirkt sich mit Rücksicht auf die spezifischen Aufgaben der informationellen Selbstbestimmung auch bei immateriellen Schäden, die im Zusammenhang mit einem Schadenersatzanspruch nach § 823 Abs. 1 BGB geltendgemacht werden, **nicht auf die Ersatzberechtigung, sondern lediglich auf die Ersatzhöhe aus.**[160]

66 Bei Schäden, die auf ein **Fehlverhalten einzelner Beschäftigter** oder des **Beauftragten für den Datenschutz** zurückzuführen sind, kommt grundsätzlich auch § 831 i.V.m. § 823 Abs. 1 BGB als Anspruchsgrundlage in Betracht.[161] Die „Weisungsfreiheit" (§ 4f Abs. 3 Satz 2) des Beauftragten schließt hier genauso wenig wie bei einer Ersatzpflicht nach § 7[162] oder bei vertraglichen Ersatzansprüchen[163] die Verpflichtung der verantwortlichen Stelle aus, für Schäden einzustehen, die durch einen Verstoß des Beauftragten gegen seine in § 4g näher umschriebenen Aufgaben verursacht wurden.[164] Fraglich könnte allenfalls sein, ob die Haftung nicht doch aus § 823 BGB i.V.m. den §§ 30, 31 BGB abgeleitet werden müsste.[165] Keine seiner Kompetenzen[166] rechtfertigt es jedoch, den Beauftragten denjenigen verfassungsmäßigen Vertretern der verantwortlichen Stelle gleichzusetzen, die unternehmerische Funktionen wahrnehmen und gerade deshalb nicht in den Anwendungsbereich des § 831 BGB fallen.

67 § 831 BGB räumt freilich der verantwortlichen Stelle die Möglichkeit ein, **sich zu entlasten**. Gelingt es ihr nachzuweisen, dass sie ihre Beschäftigten nicht nur sorgfältig ausgewählt, sondern sie auch eingehend belehrt hat, wie sie sich bei der Verarbeitung personenbezogener Daten verhalten müssen, braucht sie für den Schaden nicht aufzukommen. Das Risiko einer Entlastung lässt sich zwar durch erhöhte Anforderungen an die Organisationspflicht der verantwortlichen Stelle weitgehend ausschließen.[167] Genau genommen wird aber damit § 831 BGB durch eine unmittelbar dem § 823 Abs. 1 BGB entnommene Schadensersatzpflicht ausgeschaltet. Umso mehr spricht alles dafür, es bei einer direkten Anwendung des § 823 Abs. 1 BGB zu belassen und nicht erst den Umweg über § 831 BGB zu beschreiten.

68 Als weitere Anspruchsgrundlagen kommen die **§§ 823 Abs. 2, 824 und 826 BGB** in Betracht. Gleichviel, ob es sich um die Zulässigkeitsbedingungen (§ 4), die organisatorischen und technischen Vorkehrungen (§ 9) oder die Rechte der Betroffenen (§§ 6, 19 ff., 33 ff.) handelt, durchweg geht es um Schutzgesetze i.S.d. § 823 Abs. 2 BGB.[168] Gerade weil die Übermittlung zu den markantesten Aspekten der Verarbeitung personenbezogener Daten zählt (§§ 15 f., 28 ff.),[169] liegt es zudem nahe, § 824 BGB heranzuziehen, eine Vorschrift also, die unmittelbar darauf abzielt, Schäden auszugleichen, die auf die Auswirkungen der Verbreitung von Informationen auf die Kreditfähigkeit oder die wirtschaftliche Lage der Betroffenen zurückzuführen sind.[170] § 826 BGB weist, schließlich, als Generalklausel den Vorteil auf, einen

---

158 LG Köln, RDV 1995, 251.
159 LAG Hamburg, NZA 1992, 509.
160 Dazu o. Rdnr. 34.
161 Vgl. etwa *Auernhammer,* BDSG § 8 Rdnr. 8; *Gola/Schomerus*, BDSG § 7 Rdnr. 10; *Gola/Wronka*, Handbuch, Rdnr. 747; *Greve,* Haftung, 138 ff.; *Wind,* RDV 1991, 19 f.
162 Dazu o. Rdnr. 26 f.
163 Dazu o. Rdnr. 58
164 Vgl. auch *Auernhammer,* BDSG § 8 Rdnr. 5; *Gola/Schomerus*, BDSG § 7 Rdnr. 10; *Gola/Wronka*, Handbuch, Rdnr. 747; *Greve,* Haftung, 141; *Wächter,* Datenschutz, Rdnr. 1309 ff.; im Ergebnis ebenso *Wind,* RDV 1991, 19; und demgegenüber *Schlemann,* Recht, 297.
165 So *Knabben,* Datenhaftung, 35.
166 Dazu § 4g Rdnr. 29 ff.
167 Vgl. etwa *Geis,* CR 1993, 271; *Gola/Schomerus*, BDSG § 7 Rdnr. 10; *Klebe,* in *Däubler/Klebe/ Wedde,* BDSG § 8 Rdnr. 5.
168 Vgl. etwa OLG Hamm, NJW 1996, 131; LG Berlin, Dok. § 1 Abs. 3 BDSG 77 E 2; *Auernhammer,* BDSG § 8 Rdnr. 5; *Bergmann/Möhrle/Herb,* BDSG § 6 Rdnr. 48; *Schaffland/Wiltfang*, BDSG § 7 Rdnr. 5; *Klebe,* in *Däubler/Klebe/ Wedde,* BDSG § 8 Rdnr. 4; MünchArbR/*Blomeyer*, § 99 Rdnr. 69; *Greve,* Haftung, 147 f., 160 ff.; *Beckhusen*, Datenumgang, 325; *Wächter*, Datenschutz, Rdnr. 1270, 1287; *Wind,* RDV 1991, 18 f.; *Geis,* CR 1993, 271.
169 Dazu die §§ 15 Rdnr. 4 ff.; 28 Rdnr. 205 ff., 208 ff., 312 ff.; 29 Rdnr. 223 ff.
170 Vgl. etwa OLG Frankfurt, RDV 1988, 148 ff.; *Auernhammer,* BDSG § 8 Rdnr. 5; *Klebe,* in *Däubler/Klebe/ Wedde,* BDSG § 8 Rdnr. 34; *Beckhusen*, Datenumgang, 327 ff.; *Wind,* RDV 1991, 19.

tendenziell offenen Anwendungsbereich zu haben, damit aber gerade Schäden abzudecken, die von anderen Normen nicht erfasst werden.[171] Nach allen drei Bestimmungen sind überdies **Vermögensschäden** ebenfalls zu ersetzen. Keine der drei Vorschriften bietet allerdings Ersatzmöglichkeiten, die § 7, jedenfalls seiner ganzen Konzeption nach, nicht bereits gewährt. § 7 greift nicht nur bei jeder unrichtigen oder unzulässigen Verwendung personenbezogener Daten ein, sondern verpflichtet zugleich die verantwortlichen Stellen, für Vermögensschäden genauso wie für alle anderen materiellen Schäden aufzukommen.[172] Bei allen drei Bestimmungen gilt es daher zunächst und vor allem zu prüfen, inwieweit es tatsächlich um **Schäden** geht, **die nicht in den Anwendungsbereich des § 7 fallen.**

Nichts anders ist bei der **Haftung öffentlicher Stellen** für Schäden, die bei der Verwendung personenbezogener Daten, sei es im Rahmen **hoheitlicher Tätigkeiten**, sei es im Zusammenhang mit **fiskalischen Aktivitäten** entstehen. § 7 gilt für öffentliche genauso wie für nicht-öffentliche Stellen.[173] Das Gesetz unterscheidet zudem nicht zwischen den verschiedenen Tätigkeiten der öffentlichen Stellen, sondern legt den Akzent ausschließlich auf den Umgang mit personenbezogenen Angaben.[174] Soweit die Verarbeitung deshalb entweder unrichtig oder unzulässig ist, sind die öffentlichen Stellen oder ihre Träger schadensersatzpflichtig, und zwar für den gesamten jeweils entstandenen Schaden. § 7 geht deshalb grundsätzlich allen weiteren, sich möglicherweise anbietenden Anspruchsgrundlagen vor. 69

12.4 Ansprüche gegen die Beschäftigten

Die Betroffenen können für die ihnen entstandenen Schäden auch diejenigen **Beschäftigten** der verantwortlichen Stelle in Anspruch nehmen, **die den Schaden verursacht haben**. Die Haftungsgrundlage variiert grundsätzlich danach, ob es sich um nicht-öffentliche oder öffentliche Stellen handelt. 70

Bei Arbeitnehmerinnen und Arbeitnehmern **nicht-öffentlicher Stellen** scheiden vorvertragliche oder vertragliche Ansprüche mit Rücksicht auf die mangelnde vertragliche Beziehung aus. In Betracht kommen lediglich **deliktsrechtliche Ansprüche**. Anders aber als bei der verantwortlichen Stelle,[175] bestimmt sich die Schadensersatzpflicht nicht nach § 7. Mögliche Anspruchsgrundlagen sind vielmehr die §§ 823 Abs. 1 und 2, 824 und 826 BGB.[176] Die Beweislast liegt, ebenfalls im Unterschied zu Ansprüchen, die sich gegen die verantwortliche Stelle richten (§ 7 Satz 2),[177] bei den Betroffenen. 71

Die Beschäftigen mögen zwar grundsätzlich ersatzpflichtig sein, tragen jedoch nur **partiell das Haftungsrisiko**. Sie müssen die von ihnen verursachten Schäden **nur dann ausgleichen, wenn sie sich grob fahrlässig oder vorsätzlich verhalten haben**.[178] **Auf die Art der Tätigkeit kommt es dabei nicht an**. Ob also die Arbeit mit besonderen Risiken verknüpft oder eher harmlos ist, braucht nicht bedacht zu werden. Alle Beschäftigten, die an der Verarbeitung beteiligt sind und dabei einen Schaden anrichten, können sich infolgedessen auf die Haftungseinschränkung berufen. Mit welchem Erfolg, hängt freilich von den **Umständen des Einzelfalles** ab. Dabei müssen vor allem die Art der Arbeit, die für sie typischen Risiken und nicht zuletzt jene Faktoren berücksichtigt werden, welche für eine korrekte Einschätzung der Fähigkeit der jeweiligen Beschäftigten, für den Schaden aufzukommen, wichtig sind. Genauso gilt es, die Möglichkeiten des Arbeitgebers zu prüfen, sich gegen Verarbeitungsschäden und die damit zusammenhängenden Ersatzansprüche der Betroffenen zu versichern.[179] Weil es jedoch letztlich auf den Einzelfall ankommt, sind auch bei einer grob fahrlässigen Schädigung in erster Linie die Leistungsfähigkeit der ersatzpflichtigen Beschäftigten 72

---

171 Vgl. OLG Frankfurt, RDV 1988, 148 ff.
172 Dazu o. Rdnr. 18 ff., 31.
173 Dazu o. Rdnr. 10.
174 Dazu o. Rdnr. 14.
175 Dazu o. Rdnr. 18 ff.
176 Vgl. auch *Gola/Wronka,* Handbuch, Rdnr. 737; *Wind,* RDV 1991, 21 f.
177 Dazu o. Rdnr. 21 ff.
178 BAG AP Nr. 82 zu § 611 BGB, Haftung des Arbeitnehmers.
179 Dazu o. Rdnr.49 ff.

sowie die Versicherbarkeit der Schäden in Betracht zu ziehen, so dass es erneut mindestens zu einer Einschränkung der Inanspruchnahme der Beschäftigten kommen kann.[180]

73 Die Haftungsbeschränkung belastet den Arbeitgeber mit einer internen Ausgleichspflicht, begründet also einen **Freistellungsanspruch**. Die Beschäftigten brauchen aber nicht erst ihrer Schadensersatzpflicht zu genügen, um ihren Anspruch geltend zu machen. Sie können vielmehr, weil es sich um betriebstypische Schäden handelt, vom Arbeitgeber verlangen, sie direkt in die Lage zu versetzen, der Forderung der Betroffenen nachzukommen. Der Freistellungsanspruch ist abtretbar und pfändbar.[181]

74 Bei **Beamten sowie Arbeitnehmern und Arbeitnehmerinnen im öffentlichen Dienst** kommt, soweit die Verarbeitung im Rahmen der **hoheitlichen Tätigkeit einer öffentlichen Stelle** erfolgt, eine **Amtshaftung** nach Art. 34 GG i.V.m. § 839 BGB in Betracht. Sie setzt die Verletzung einer den Betroffenen gegenüber obliegenden **Amtspflicht** voraus. Das BDSG lässt die Verarbeitung personenbezogener Daten nur unter Bedingungen zu, die den Respekt vor der informationellen Selbstbestimmung der Betroffenen gewährleisten sollen. Ganz gleich daher, ob man die Vorschriften nimmt, die sich unmittelbar auf den Verarbeitungsablauf beziehen (§§ 13 ff., 28 ff.), oder die Bestimmungen zur Kontrolle und Korrektur der Verarbeitungsvorgänge (§§ 19 ff., 33 ff.), durchweg geht es um Vorkehrungen, deren Ziel es ist, die Betroffenen vor verarbeitungsbedingten Gefahren zu schützen, und die deshalb eine ihnen gegenüber bestehende Amtspflicht begründen. Unrichtige oder unzulässige Verarbeitungen sind infolgedessen **Amtspflichtverletzungen**, die bei einer Schädigung der Betroffenen eine Amtshaftung auslösen.[182] Die Chancen der Betroffenen auf Schadensersatz sind allerdings eher gering. § 839 Abs. 2 BGB schränkt die Ersatzpflicht auf die Fälle ein, in denen mit der Amtspflichtverletzungen zugleich eine Straftat begangen wird.

75 Werden personenbezogene Daten für **fiskalische Zwecke** verarbeitet, richtet sich eine mögliche Ersatzpflicht der für den Schaden verantwortlichen Beschäftigten nach den §§ 823 Abs. 1, 824 und 826 BGB. Den Betroffenen stehen also **nur deliktsrechtliche Ansprüche** zu. Vertragliche oder vorvertragliche Ansprüche scheiden dagegen von vornherein aus. Vertragspartner der Betroffenen ist ausschließlich die öffentliche Stelle. Die Haftung bleibt freilich, wie bei den Beschäftigten nicht-öffentlicher Stellen, auf **grob fahrlässig oder vorsätzlich verursachte Schäden** beschränkt.[183] Die Höhe der Ersatzpflicht hängt ganz von den Umständen des Einzelfalles ab.[184] Die Beschäftigten haben schließlich, sofern sie nicht oder nur partiell für den Schaden aufkommen müssen, einen **Freistellungsanspruch** gegen den Arbeitgeber.[185]

76 Zu den möglichen Ansprüchen gegen den **Beauftragten für den Datenschutz** vgl. die Kommentierung des § 4g (Rdnr. 97 ff.).

13. Streitigkeiten

77 **Streitigkeiten** über Schadensersatzansprüche sind grundsätzlich vor den **Zivilgerichten** auszutragen. Dabei bleibt es auch dann, wenn sich die Ersatzansprüche gegen öffentliche Stellen richten. Anders als das BDSG 90 enthält das BDSG 01 keine entsprechende Regelung. Der RegE (§ 7 Abs. 4)[186] hatte zwar § 8 Abs. 8 des BDSG 90 übernommen und auf alle Schadensersatzansprüche ausgedehnt. Der Vorschlag wurde aber bei den Beratungen des BT-Innenausschusses[187] als ebenso selbstverständlich wie überflüssig abgelehnt. Einer besonderen

---

180 Vgl. auch BAG, DB 1990, 48.
181 BAG AP Nr. 37 zu § 611 BGB, Haftung des Arbeitnehmers.
182 Vgl. auch *Auernhammer,* BDSG § 7 Rdnr. 18; *Gola/Schomerus,* BDSG § 7 Rdnr. 17; *Schmidt,* Wann haftet der Staat? Rdnr. 609 ff.; *Teschner*, in *Abel* (Hrsg.) Datenschutz, Rdnr. 13, 23 ff..
183 Dazu o. Rdnr. 72.
184 Dazu o. Rdnr. 72.
185 Dazu o. Rdnr. 73.
186 BR-Drs. 461/00, 19, 93.
187 BT-Drs. 14/5793, 92.

Vorschrift bedarf es in der Tat nicht. Art. 34 Satz 3 GG legt ausdrücklich fest, dass der ordentliche Rechtsweg bei Schadensersatzansprüchen aus Amtspflichtverletzungen nicht ausgeschlossen werden darf. Nach § 40 Abs. 2 VwGO ist zudem der ordentliche Rechtsweg bei allen Schadensersatzansprüchen aus einer Verletzung öffentlich-rechtlicher Pflichten gegeben, die sich nicht auf einen öffentlich-rechtlichen Vertrag gründen.

Sofern sich die Ansprüche auf eine unrichtige oder unzulässige Verarbeitung von **Arbeitnehmerdaten** beziehen und sich gegen den Arbeitgeber richten, müssen sie bei den Arbeitsgerichten geltend gemacht werden (§ 2 Abs. 1 Nr. 3 ArbGG). 78

Soweit öffentliche Stellen personenbezogene Daten für **hoheitliche Tätigkeiten** verarbeiten, ist in erster Instanz das Landgericht ohne Rücksicht auf den Streitwert der Schadensersatzansprüche sachlich zuständig (§ 71 Abs. 2 Nr. 2 GVG). 79

14. Landesrecht

Die §§ 7 und 8 spiegeln einmal mehr den Einfluss der LDSG auf das BDSG wider.[188] So wenig sich aber die Ähnlichkeiten übersehen lassen, so deutlich und bemerkenswert sind nach wie vor die Unterschiede. Anders etwa als das BDSG[189] reihen die LDSG den **Schadensersatzanspruch** nicht nur ausdrücklich unter die **Rechte der Betroffenen** ein, sondern schließen ebenso explizit einen **Verzicht** aus.[190] 80

Im Gegensatz zum BDSG spricht sich das SächsDSG (§ 23 Abs. 1) klar für eine **Gefährdungshaftung** aus, und zwar ohne Rücksicht darauf, ob die Verarbeitung automatisiert oder nicht-automatisiert erfolgt. Wie das BDSG[191] entscheiden sich dagegen manche LDSG für unterschiedliche Haftungsmaßstäbe. Während es also bei **nicht-automatisierten Verarbeitungen** bei einer **Verschuldenshaftung** und einer **Beweislastumkehr** bleibt,[192] kommt es bei **automatisierten Verarbeitungen** zu einer **Gefährdungshaftung**.[193] Andere LDSG belassen es dagegen bei einer Regelung, die lediglich automatisierte Verarbeitungen einbezieht sowie in diesem Zusammenhang eine Gefährdungshaftung vorsieht,[194] oder gehen bei allen Verarbeitungen nicht über eine, freilich wiederum an eine Beweislastumkehr gekoppelte Verschuldenshaftung hinaus.[195] 81

Unterschiede gibt es auch beim **Haftungsumfang**. So verpflichten mehrere LDSG,[196] anders als § 7,[197] die verantwortlichen Stellen dazu, **immaterielle Schäden** ohne Rücksicht darauf zu ersetzen, ob die personenbezogenen Daten automatisiert oder nicht-automatisiert verarbeitet werden. Das BerlDSG (§ 18 Abs. 1) und das SächsDSG (§ 23 Abs. 1) sehen zudem davon ab, eine **Höchstsumme** festzulegen. Andere BDSG gehen zwar nicht ganz so weit, verdoppeln aber nahezu die in § 8 Abs. 3 vorgesehene **Summe**.[198] Mehrere LDSG beziehen schließlich, im Unterschied zum BDSG (§ 8 Abs. 3), die Höchstsumme auf **jeden einzelnen Betroffenen**.[199] 82

---

188 Dazu o. Rdnr. 2, 18.
189 o. Rdnr. 44.
190 §§ 5 Satz Abs. 1 Nr. 5 und Satz 2 LDSG BW; 7 Satz 1 Nr. 3 sowie Satz 2 BlnDSG; 5 Abs. 1 Satz 1 Nr. 5 und Satz 2 BbgDSG; 6 Abs. 1 Satz 1 Nr. 10 und Abs. 2 HmbDSG; § 5 Satz 1 Nr. 5 und Satz 2 DSG NW; 30 und 31 LDSG SH; vgl. aber auch Art. 14 BayDSG; 27 DSG M-V; 18 NDSG; 24 SDSG; sowie die §§ 21 LDSG BW; 8 Abs. 1 Nr. 5 HDSG; 6 Nr. 6 LDSG RP; 5 Abs. 1 Nr. 4 SächsDSG.; 5 Abs. 1 Nr. 6 ThürDSG;
191 o. Rdnr. 4 f., 21.
192 Art. 14 Abs. 1 BayDSG; § 27 Abs. 1 und 2 DSG M-V; 20 Abs. 1 und Abs. 2 Satz 3 und 4 DSG NW.
193 Art. 14 Abs. 2 BayDSG; §§ 20 Abs. 1 BbgDSG; 20 Abs. 1 Satz 4 HmbDSG; 20 Abs. 2 DSG NW; 18 Abs. 2 DSG-LSA.
194 §§ 20 Abs. 1 Satz 1 BbgDSG; 20 Abs. 1 Satz 1 HDSG; 21 Abs. 1 LDSG RP; 30 Abs. 1 LDSG SH.
195 §§§ 25 LDSG BW; 20 Abs. 1 HmbDSG; 18 Abs. 1 ThürDSG.
196 §§ 25 Abs. 2 LDSG BW; 18 Abs. 1 Satz 2 BerlDSG; 20 Abs. 1 Satz 2 HmbDSG; 20 Abs. 1 Satz 2 DSG NW; 23 Abs. 2 SächsDSG.
197 Dazu o. Rdnr. 32 f.
198 §§ 20 Abs. 2 DSG NW; 20 Abs. 1 BbgDSG. Eine ähnliche Regelung enthält auch § 18 Abs. 2 Satz 4 DSG-LSA, allerdings nur für den Fall,, dass Schadensersatz an mehrere Personen zu leisten ist.
199 §§ 20 Abs. 1 Satz 3 BbgDSG; 20 Abs. 1 Satz 3 HDSG; 30 Abs. 3 LDSG SH.

§ 8 Schadensersatz bei automatisierter Datenverarbeitung durch öffentliche Stellen

(1) Fügt eine verantwortliche öffentliche Stelle dem Betroffenen durch eine nach diesem Gesetz oder nach anderen Vorschriften über den Datenschutz unzulässige oder unrichtige automatisierte Erhebung, Verarbeitung oder Nutzung seiner personenbezogenen Daten einen Schaden zu, ist ihr Träger dem Betroffenen unabhängig von einem Verschulden zum Schadensersatz verpflichtet.
(2) Bei einer schweren Verletzung des Persönlichkeitsrechts ist dem Betroffenen der Schaden, der nicht Vermögensschaden ist, angemessen in Geld zu ersetzen.
(3) Die Ansprüche nach den Absätzen 1 und 2 sind insgesamt auf einen Betrag von 130000 Euro begrenzt. Ist aufgrund desselben Ereignisses an mehrere Personen Schadensersatz zu leisten, der insgesamt den Höchstbetrag von 130000 Euro übersteigt, so verringern sich die einzelnen Schadensersatzleistungen in dem Verhältnis, in dem ihr Gesamtbetrag zu dem Höchstbetrag steht.
(4) Sind bei einer automatisierten Verarbeitung mehrere Stellen speicherungsberechtigt und ist der Geschädigte nicht in der Lage, die speichernde Stelle festzustellen, so haftet jede dieser Stellen.
(5) Hat bei der Entstehung des Schadens ein Verschulden des Betroffenen mitgewirkt, gilt § 254 des Bürgerlichen Gesetzbuchs.
(6) Auf die Verjährung finden die für unerlaubte Handlungen des Bürgerlichen Gesetzbuchs entsprechende Anwendung.

Literatur

Vgl. die Angaben zu § 7.

Übersicht

1. Vorbemerkung

1 § 8 ist Relikt und Mahnung zugleich. Der Gesetzestext entspricht fast wörtlich dem § 7 des BDSG 90. Geändert hat sich genau genommen nur zweierlei. Der Gesetzgeber hat, erstens, die alte Paragraphenfolge aus systematischen Gründen revidiert. § 7 enthält jetzt die neugeschaffene, für alle verantwortliche Stellen geltende Schadensersatzregelung. In § 8 findet sich dafür die alte, ausschließlich auf öffentliche Stellen anwendbare Sondervorschrift für Schäden wieder, die bei einer automatisierten Verarbeitung entstehen. Drei ihrer Absätze waren, zweitens, zunächst in § 7 verblieben. Sie betrafen die Haftung mehrerer Ersatzpflichtiger (§ 7 Abs. 2), die Anwendung weiterreichender Vorschriften (§ 7 Abs. 3) und die Zuständigkeit der Zivilgerichte (§ 7 Abs. 4).[1] Anders als der RegE meinte freilich der BT-InnenA,[2] dass alle drei Bestimmungen überflüssig wären und deshalb ohne weiteres entfallen könnten. Dass sie in § 8 des BDSG 90 überhaupt vorkamen, hatte in der Tat nur einen Grund. Der Gesetzgeber wollte seinerzeit jedem Zweifel ausschließen, dass Regelungen, die bei einer Verschuldenshaftung schlicht selbstverständlich sind, auch bei einer Gefährdungshaftung beachtet werden müssen. Was aber beim BDSG 90 vielleicht noch verständlich war, konnte

1 Vgl. §7 des RegE, BR-Drs. 461/00, 18 f.
2 BT-Drs. 14/5793, 92.

im Rahmen einer Vorschrift nicht mehr aufrechterhalten werden, die alle verantwortliche Stellen verpflichtet, die von ihnen bei der Verarbeitung personenbezogener Daten verschuldeten Schäden auszugleichen (§ 7). Der BT-InnenA hat daraus die einzig mögliche Konsequenz gezogen und die Abs. 2 bis 4 des § 7 ersatzlos gestrichen.

Geblieben ist so gesehen nur eine **Sondervorschrift zur Gefährdungshaftung**. Statt freilich die Chance zu nutzen , um die allfällige Korrektur der ebenso mangelhaften wie unzureichenden Regelung des BDSG 90 vorzunehmen,[3] zog es der Gesetzgeber vor, es bei einer Bestimmung zu belassen, deren Anwendungsbereich gleich doppelt beschränkt ist: Sie gilt nur für automatisierte Verarbeitungen und lediglich für öffentliche Stellen. Für beides gibt es keine Rechtfertigung. Im Gegenteil, gerade vor dem Hintergrund der EG-Datenschutzrichtlinie sprach alles dafür, sich für eine generelle Gefährdungshaftung zu entscheiden.[4] 2

2. Anwendungsbereich (Abs. 1)

Anspruchsberechtigt sind ausschließlich Personen, die bei einer automatisierten Verwendung ihrer Daten durch eine öffentliche Stelle einen Schaden erlitten haben (§ 8 Abs. 1 Satz 1). Gemeint sind hier wie in § 7 lediglich **natürliche Personen** (§ 3 Abs. 1).[5] 3

Ersatzpflichtig sind die **Träger der öffentliche Stellen**, die den Betroffenen durch eine unrichtige oder unzulässige automatisierte Verwendung einen Schaden zufügen (§ 8 Abs. 1 Satz 1). Das Gesetz differenziert nicht: die Schadensersatzpflicht trifft **jede öffentliche Stelle**. Ob es sich also um eine Behörde, eine bundesunmittelbare Körperschaft[6] oder ein öffentlich-rechtliches Wettbewerbsunternehmen[7] handelt, spielt weiter keine Rolle.[8] Genauso wenig kommt es darauf an, ob die personenbezogenen Angaben nach den §§ 13 ff., oder, wie bei Arbeitnehmerdaten (§ 12 Abs. 4) und öffentlich-rechtlichen Wettbewerbsunternehmen (§ 27 Abs. 1 Nr. 2 b), nach § 28 verarbeitet werden. § 8 regelt schließlich auch bei einer Reihe von öffentlich-rechtlichen Kreditinstituten und öffentlich-rechtlichen, sich am Wettbewerb beteiligenden Unternehmen der Länder die Haftungsvoraussetzungen.[9] 4

§ 8 ist auch dann anzuwenden, wenn die öffentliche Stelle lediglich **Auftraggeber** der Verarbeitung ist (§ 11 Abs. 1 Satz 2).[10] Davon kann nur abgewichen werden, wenn der Auftragnehmer Weisungen des Auftraggebers nicht einhält oder die Daten für eigene Zwecke verwendet. Die Daten werden insoweit vom Auftragnehmer eigenständig verarbeitet. Konsequenterweise trifft ihn und nicht den Auftraggeber die Verantwortung für Schäden, die dabei möglicherweise eintreten. 5

Die Folge ist eine **weder nachvollziehbare noch begründbare Diskrepanz**. Die Schadensersatzpflicht ist das Ergebnis einer unzulässigen oder unrichtigen Verwendung personenbezogener Daten, muss also genauso einheitlich geregelt werden wie die Verarbeitungsanforderungen. Stattdessen unterliegen Sparkassen einer Gefährdungshaftung, privatrechtlich organisierte Kreditinstitute sind dagegen nach § 7 Satz 1 lediglich gehalten, für verschuldete Schäden einzustehen.[11] Nicht anders ist es bei **Forschungseinrichtungen**. Während also Bundeswehrhochschulen als öffentliche Stellen verarbeitungsbedingte Schäden ohne Rücksicht auf Verschulden ersetzen müssen, brauchen die Institute der Max-Planck- oder Fraunhofer-Gesellschaft nur für verschuldete Schäden aufzukommen. Einmal mehr wird damit deutlich, wie willkürlich die gesetzliche Regelung ist, und wie sehr ein wirklich wirksamer 6

---

3 Dazu § 7 Rdnr. 1 ff.
4 Dazu § 7 Rdnr. 4 f.; sowie *Roßmann/Pfitzmann/Garstka*, Modernisierung, 179 f.
5 Dazu § 7 Rdnr. 9.
6 Dazu § 2 Rdnr. 32 ff.
7 Dazu §§ 12 Rdnr. 9 ff. und 27 Rdnr. 6 ff.
8 Vgl. auch *Bergmann/Möhrle/Herb,* BDSG § 8 Rdnr. 5; *Auernhammer,* BDSG § 7 Rdnr. 4; *Gola/ Schomrus,* BDSG § 8 Rdnr. 3; *Schaffland/Wiltfang,* BDSG § 8 Rdnr. 4a; *Klebe,* in *Däubler/Klebe/Wedde,* BDSG § 7 Rdnr. 4; *Teschner*, in *Abel* (Hrsg.), Datenschutz, Rdnr. 27 ff., insb. zu den Organen der Rechtspflege.
9 Dazu § 7 Rdnr. 10.
10 Dazu auch § 7 Rdnr. 11.
11 Dazu auch § 7 Rdnr. 21.

Schutz der Betroffenen von einer für alle verantwortlichen Stellen gleichermaßen geltenden verschuldensunabhängigen Haftung abhängt.[12]

7 Die Betroffenen können aus § 8 **nur die für den Schaden jeweils verantwortliche öffentliche Stelle in Anspruch nehmen**. § 8 scheidet deshalb, genauso wie § 7, als Grundlage für Ansprüche aus, die sich, sei es gegen den **Beauftragten für den Datenschutz** (§ 4 f), sei es gegen einzelne **Beschäftigte** der öffentlichen Stelle richten.[13] Sowohl der Beauftragte als auch die Beschäftigten üben ihre Tätigkeit im Rahmen der öffentliche Stelle und im Zusammenhang mit deren Aktivitäten aus. Sie trägt deshalb grundsätzlich auch die Verantwortung für Schäden aus einer vom Beauftragten oder von den Beschäftigten verursachten unrichtigen oder unzulässigen Verwendung.[14] Soweit jedoch die Betroffenen ihre Schäden vom Beauftragten oder den Beschäftigten unmittelbar ersetzt bekommen möchten, müssen sie auf andere Anspruchsgrundlagen ausweichen.[15]

8 Genauso wie § 7 greift auch § 8 bei jeder unrichtigen oder unzulässigen Verwendung personenbezogener Daten ein, ohne Rücksicht also darauf, ob sie gegen **eine BDSG-Bestimmung oder eine andere Datenschutzvorschrift** verstößt (§ 8 Abs. 1 Satz 1),[16] und bezieht ebenso wie § 7 **alle Verwendungen und Verarbeitungsphasen** (§ 8 Abs. 1 Satz 1) ein.[17]

9 Der Schaden muss durch eine **automatisierte Verarbeitung** verursacht worden sein (§ 8 Abs. 1). Der Wechsel der Verarbeitungsform signalisiert konsequenterweise auch die Anwendungsgrenze des § 8. Betroffene müssen aber deshalb nicht auf einen Ersatzanspruch verzichten. Sie werden genau genommen auf § 7 verwiesen,[18] allerdings um den Preis der damit verbundenen Möglichkeit der verantwortlichen Stelle, sich zu entlasten (§ 7 Satz 2).[19]

10 Bei **nur teilweise automatisierten Verarbeitungssystemen** sind von der verantwortlichen Stelle auch die im **nicht-automatisierten** Bereich durch eine unrichtige oder unzulässige Verarbeitung entstandenen Schäden zu ersetzen. Automatisierte und nicht-automatisierte Verarbeitung lassen sich nicht immer trennen. Schon deshalb, weil die Automatisierung keineswegs die nicht-automatisierte Verarbeitung substituiert. Beide Verarbeitungsformen werden vielmehr, gerade bei öffentlichen Stellen, wie sich etwa an den polizeilichen Informationssystemen zeigt, gezielt miteinander verbunden.[20] Aus der Tatsache, dass § 8 Abs. 1 eine Automatisierung verlangt, folgt daher noch nicht, dass die Schadensquelle im automatisierten Teil der Verarbeitung angesiedelt sein muss. Dem Gesetzeszweck, eine verarbeitungsspezifische Haftung zu gewährleisten, entspricht es im Gegenteil, das Verarbeitungssystem nicht in seine einzelnen Bestandteile zu zerlegen und unterschiedlichen Haftungsvoraussetzungen zu unterwerfen, sondern es als eine von der Automatisierung geprägte und gesteuerte Einheit zu betrachten und zu behandeln.[21]

11 Sind also die Daten deshalb unrichtig, weil sich etwa Fehler bei einer nicht-automatisierten **Erhebung** ereignet haben, steht den Betroffenen so lange ein Schadensersatzanspruch zu, wie es sich um die Vorstufe einer automatisierten Verarbeitung handelt.[22] Ebenso wenig spielt es eine Rolle, ob der Schaden durch eine falsche, nicht-automatisierte **Dateneingabe ausgelöst**,[23] oder erst im Verlauf der späteren vollautomatisierten Verarbeitung verursacht wurde. Etwas anderes kann lediglich dann gelten, wenn die Unrichtigkeit auf Vorgänge zurückzuführen ist, die sich zwar auf die Zulässigkeit oder Richtigkeit der Erhebung auswirken, ihr aber

---

12 Dazu auch § 7 Rdnr. 5.
13 Dazu § 7 Rdnr. 12 f.
14 Dazu auch u. Rdnr. 13 sowie § 7 Rdnr. 25 f.
15 Dazu die §§ 4g Rdnr. 97 ff.; 7 Rdnr.70 ff.
16 Dazu § 7 Rdnr. 16.
17 Dazu § 7 Rdnr. 14.
18 Vgl. § 7 Rdnr. 15.
19 Dazu § 7 Rdnr. 22 ff.
20 Vgl. Einleitung Rdnr. 14 f.; § 1 Rdnr. 69 ff.
21 Vgl. auch *Schmidt,* Wann haftet der Staat? Rdnr. 448.
22 Vgl. freilich *Gola/Schomerus,* BDSG § 8 Rdnr. 9; *Bergmann/Möhrle/Herb,* BDSG § 8 Rdnr. 6; *Schaffland/Wiltfang,* BDSG § 8 Rdnr. 10; *Gola/Wronka,* Handbuch, Rdnr. 758; *Müller/Wächter,* DuD 1989, 241.
23 Vgl. auch *Gola/ Schomerus,* BDSG § 8 Rdnr. 9; *Gola/Wronka,* Handbuch, Rdnr. 758; *Schaffland/Wiltfang,* BDSG § 8 Rdnr. 10; sowie *Bergmann/Möhrle/Herb,* BDSG § 8 Rdnr. 6; *Müller/Wächter,* DuD 1989, 241.

vorausgehen, wie etwa die fehlende Zustimmung der Personalvertretung zur Verwendung von Fragebögen (§§ 75 Abs. 2 Nr. 8; 76 Abs. 2 Nr. 2 BPersVG).[24]

3. Haftung (Abs. 1)

Der Schaden muss durch eine **unzulässige oder unrichtige Verwendung personenbezogener Daten** verursacht worden sein (§ 8 Abs. 1). § 8 deckt sich auch in diesem Punkt mit § 7. Hier wie dort ist deshalb jede rechtswidrige Verarbeitung unzulässig und die Verarbeitung falscher, unvollständiger oder durch den Verarbeitungsprozess verfälschter Daten unrichtig.[25] 12

Unzulässige oder unrichtige Verwendungen lösen eine **Gefährdungshaftung** aus (§ 8 Abs. 1). Die verantwortliche Stelle ist deshalb verpflichtet, den jeweils entstandenen Schaden ohne Rücksicht darauf zu ersetzen, ob sie ein Verschulden (§ 275 BGB) trifft. Wie sie sich mithin genau verhalten hat, fahrlässig oder gar vorsätzlich, ist gleichgültig. **Der Schaden reicht**, anders als nach § 7,[26] **aus, um die Ersatzpflicht zu begründen**. Ebenso wenig kommt es darauf an, wer im Rahmen der verantwortlichen Stelle den Schaden konkret verursacht hat. **Interne Schuldzuweisungen haben allenfalls interne Ersatzansprüche zur Folge. Entlastungsmöglichkeiten gibt es** daher **nicht**. Das Schadensrisiko lässt sich mit anderen Worten unter keinen Umständen den Betroffenen aufbürden, also auch und vor allem nicht unter Berufung auf das nachlässige Verhalten sorgfältig ausgewählter und ausgiebig instruierter Arbeitnehmerinnen oder Arbeitnehmer (§ 831 BGB). Die Ersatzpflicht kann infolgedessen nur entfallen, wenn es der verantwortlichen Stelle gelingen sollte, den Beweis zu erbringen, dass der Schaden **nicht im Rahmen einer automatisierten Verarbeitung** erfolgt ist.[27] 13

Die **Betroffenen** müssen **lediglich nachweisen**, dass ihnen durch **eine von der verantwortlichen Stelle vorgenommene unrichtige oder unzulässige Verwendung ihrer Daten ein Schaden entstanden ist**. Sie brauchen allerdings nicht darzulegen, wie sich die Verarbeitung im Einzelnen abgespielt hat , und wo genau die Schadensursache liegt. Die Gefährdungshaftung soll sie gerade davor bewahren, sich mit der Organisation der verantwortlichen Stelle und den Details des Verarbeitungsprozesses auseinander setzen zu müssen. Die Tatsache, dass ihre Daten verwendet worden sind, reicht also völlig aus. Der Nachweis dafür lässt sich nicht zuletzt mit Hilfe ihres Auskunftsrechts (§ 19) führen. 14

4. Schadensersatz (Abs. 1, 2 und 3)

Unrichtige oder unzulässige Verarbeitungen verpflichten zunächst zum Ersatz aller den Betroffenen entstandenen **materiellen Schäden** (§ 8 Abs. 1). Auf die Art des Schadens kommt es dabei ebenso wenig wie in § 7 Abs. 1 Satz 1[28] an. Das Gesetz verlangt also einen Ausgleich ohne Rücksicht darauf, ob es sich im Einzelfall um einen **Vermögens- oder einen sonstigen Schaden** handelt. Das BDSG akzeptiert lediglich eine summenmäßige Reduktion der Ersatzpflicht (§ 8 Abs. 3).[29] 15

Immaterielle Schäden sind, anders als nach § 7, jedenfalls so lange man sich ausschließlich nach seinem Wortlaut richtet,[30] **ebenfalls zu ersetzen** (§ 8 Abs. 2). Das BDSG trägt damit zunächst § 253 Abs. 1 BGB Rechnung, der einen Ausgleich immaterieller Schäden an die Existenz einer besonderen gesetzlichen Regelung knüpft. § 8 Abs. 2 durchbricht aber zugleich den vor der Reform des § 253 BGB (§ 253 Abs. 2 BGB) bei einer Gefährdungshaftung üblichen Ausschluss der Einbeziehung von Nichtvermögensschäden. Mit der wichtigste 16

---

24 Vgl. auch BAG, DB 1987, 1048; *Gola/Schomerus*, BDSG § 8 Rdnr. 9.
25 Dazu § 7 Rdnr. 18 ff.
26 Dazu § 7 Rdnr. 23 ff.
27 Dazu o. Rdnr. 9 ff.; aber auch *Schaffland/Wiltfang*, BDSG § 8 Rdnr. 4; *Bergmann//Möhrle/Herb*, BDSG § 8 Rdnr. 10.
28 Dazu u. Rdnr. 30 f.
29 Dazu u. Rdnr. 20.
30 Dazu § 7 Rdnr. 32 f.

Grund dafür war die vom BVerfG[31] und vom Gesetzgeber (§ 1 Abs. 1) gleichermaßen betonte Verknüpfung der informationellen Selbstbestimmung mit dem durch Art. 2 Abs. 1 i.V.m. Art. 1 Abs. 1 GG genauso garantierten allgemeinen Persönlichkeitsrecht.[32] Bei verarbeitungsbedingten Schäden kann deshalb nicht anders als bei einer Verletzung des allgemeinen Persönlichkeitsrechts verfahren werden: Immaterielle Schäden sind im einen wie im anderen Fall auszugleichen.[33] Umso mehr als die möglichen immateriellen Folgen durchaus den Konsequenzen entsprechen, die für Pressedelikte typisch sind. Unzulässig oder unrichtig verarbeitete Daten leisten Vorstellungen über die Betroffenen Vorschub, die ihre weitere persönliche Entwicklung ebenso wie ihre soziale Position nachhaltig beeinträchtigen können.

17 Die Ausgleichspflicht hängt vom **Grad der Beeinträchtigung** ab. Ein Anspruch aus § 8 Abs. 2 setzt eine **„schwere Verletzung des Persönlichkeitsrechts"** voraus. Das BDSG greift damit eine bereits im HDSG von 1986 (§ 20 Abs. 1 Satz 2) und im DSG NW von 1988 (§ 20 Abs. 1 Satz 2) verwendete, später von nahezu allen LDSG übernommene Formulierung auf. Bundes- und Landesgesetzgeber geben so einer Regelung den Vorzug, die sich ganz auf der Linie der Rechtsprechung bewegt. Nichtvermögensschäden müssen nach Meinung der Gerichte[34] so lange nicht ersetzt werden wie keine „schwerwiegende Verletzung" des Persönlichkeitsrechts vorliegt. Einen wirklich einleuchtenden Grund dafür gibt es nicht.[35] Die restriktive Reaktion der Gerichte spiegelt ihrer ganzen Geschichte nach das zunächst jedenfalls einleuchtende Dilemma der Rechtsprechung wider, sich zwar über den § 253 BGB in seiner früheren Fassung hinwegzusetzen und einen Ausgleich immaterieller Schäden vorzusehen, ohne aber die Ersatzpflicht ausufern zu lassen. Bundes- und Landesgesetzgeber waren dagegen bei ihren Überlegungen zum Unfang der Schadensersatzpflicht nicht durch das seinerzeit geltende Recht beschränkt. Ihre Aufgabe bestand lediglich darin, eine Regelung zu finden, die den Besonderheiten der durch die Verwendung personenbezogener Daten verursachten Schäden gerecht wird. Wo deshalb immaterielle Schäden eine so zentrale Rolle spielen, wie bei den Folgen unzulässiger und unrichtiger Verarbeitungen, ist jeder Versuch verfehlt, die Ersatzpflicht zu begrenzen. Die Einschränkung mag daher aus der Perspektive der öffentlichen Stellen den Vorteil haben, mögliche Belastungen konsequent zu reduzieren, nimmt aber der Ausgleichspflicht und damit auch dem Schutz der Betroffenen weitgehend die Wirkung.

18 Mit der Restriktion der Ersatzpflicht für immaterielle Schäden auf „schwere Verletzungen" **verzichtet des BDSG auf im voraus feststehende, klar definierte Anspruchskriterien**. Mehr als dass ein Ausgleich prinzipiell zulässig ist, aber nur in wenigen, besonders weitreichenden Schadensfällen stattfinden darf, lässt sich § 8 Abs. 2 nicht entnehmen. Ob also eine „schwere Verletzung" vorliegt, kann **nur in Kenntnis des Einzelfalles** gesagt werden.[36] Fest steht im Übrigen lediglich soviel: Auf das Verschulden der verarbeitenden Stelle kommt es hier genauso wenig wie bei materiellen Schäden an.[37] Maßgeblich ist vielmehr ausschließlich der **objektive Umfang der Beeinträchtigung** durch die unrichtige oder unzulässige Verarbeitung. Je nachhaltiger daher die etwa durch eine Verwendung falscher Daten bewirkte Benachteiligung der Betroffenen ist, je schärfer sich also in ihrem privaten oder beruflichen Bereich und erst recht in der Öffentlichkeit ein Bild ihrer Person abzeichnet, das sie in ihrer Handlungs- und Entscheidungsfreiheit beschränkt, desto zwingender erscheint der Ausgleich.[38] Ein „unabweisbares Bedürfnis"[39] für einen Ausgleich des immateriellen Schadens muss allerdings nicht vorliegen. Wer die Anforderungen so hoch ansetzt, schließt einen Anspruch auf Schmerzensgeld letztlich aus, konterkariert jedoch damit mit Hilfe einer überaus

31 Statt aller BVerfGE 65, 1.
32 Dazu § 1 Rdnr. 24 ff., 33 ff.
33 Dazu auch § 7 Rdnr. 33.
34 Vgl. etwa BGHZ 26, 344 (347); 39, 124; 73, 120; 128, 14 f.; BAG, DB 1985, 2307.
35 Dazu auch § 7 Rdnr. 34.
36 Vgl. auch LG Deggendorf, Dok. BDSG 1990 § 7 E 1; *Bergmann/Möhrle/Herb*, BDSG § 8 Rdnr. 13.
37 Vgl. auch *Gola/Schomerus*, BDSG § 8 Rdnr. 7.
38 Vgl. auch LG Deggendorf, Dok. BDSG 1990 § 7 E 1; LG Berlin, NJW-RR 2005, 1565; *Bergmann/Möhrle/Herb*, BDSG § 8 Rdnr. 13.
39 LG Deggendorf, a.a.O.

restriktiven Interpretation des § 8 Abs. 2 die Entscheidung des Gesetzgebers, die Schadensersatzleistung eben nicht auf materielle Schäden zu begrenzen.

Immaterielle Schäden sind **unabhängig davon** auszugleichen, ob die Betroffenen einen **Anspruch auf den Ersatz materieller Schäden** haben oder nicht.[40] 19

Die Ersatzpflicht ist auf eine **Höchstsumme** (130.000 Euro) begrenzt (§ 8 Abs. 3). Auf die **Art des Schadens** kommt es dabei nicht an. Es ist deshalb gleichgültig, ob nur materielle oder auch immaterielle Schäden entstanden sind. Relevant ist einzig und allein die Höhe des gesamten Schadens. Sobald sie die gesetzlich festgelegte Deckungsgrenze übersteigt, kann der darüber hinausgehende Betrag, jedenfalls nach § 8 BDSG, nicht mehr geltend gemacht werden. 20

Das Gesetz folgt damit einem weit verbreiteten, ja für die Gefährdungshaftung typischen Modell,[41] das freilich weder selbstverständlich noch und erst recht zwingend ist. Im Gegenteil, gesetzliche Regelungen, die gerade bei einer Gefährdungshaftung von einer Höchstsumme gezielt absehen, gibt es, wie sich etwa am WHG (22) oder am AtomG (§ 31 I 1) zeigt, durchaus. Von einer ebenso etablierten wie unbestrittenen Einschränkung kann daher keine Rede sein. Konsequenterweise haben deshalb einige LDSG entweder ganz auf eine Begrenzung verzichtet, oder sie wesentlich höher angesetzt als das BDSG.[42] Ebenso wenig lässt sich die Begrenzung als notwendige Kompensation für die mangelnde Entlastungsmöglichkeit der verantwortlichen Stelle ausgeben.[43] Auch die wiederholt geäußerte Befürchtung, die öffentlichen Stellen liefen ansonsten Gefahr, einem „völlig unkalkulierbaren“ Haftungsrisiko ausgeliefert zu werden, überzeugt nicht.[44] Allein schon die bisherigen, im Übrigen recht seltenen Schadensfälle sprechen dagegen. Abgesehen davon ist der Hinweis auf die „Unkalkulierbarkeit“ und damit implizit auf die „Unversicherbarkeit“ schon deshalb wenig glaubwürdig, weil Schäden aus einer unrichtigen oder unzulässigen Verarbeitung im Vergleich zu den Megaschäden, die bei einer Einleitung von Schadstoffen in Gewässer oder bei Unfällen in einer Atomanlage entstehen könnten, und bei denen für die Ersatzpflicht keine Höchstgrenze besteht, zumindest vom Umfang her kaum ins Gewicht fallen. 21

Die Höchstsumme bezieht sich auf den jeweils **schadenstiftenden Verarbeitungsvorgang**, also **nicht auf den individuellen Schaden** (§ 8 Abs. 3 Satz 2). Das Gesetz schränkt damit die Chancen der Betroffenen, ihren Schaden ersetzt zu bekommen, noch weiter ein. Sie müssen sich nicht nur mit einer Höchstsumme zufrieden geben (§ 8 Abs. 3 Satz 1), sondern sich darüber hinaus, sollten die Daten mehrerer Personen unrichtig oder unzulässig verarbeitet worden sein, mit einem **anteiligen Betrag** abfinden (§ 8 Abs. 3 Satz 2).[45] Die Konsequenzen sind kaum zu unterschätzen. Anders als bei nicht-automatisierten Verarbeitungsvorgängen stehen bei einer Automatisierung **Serienschäden** im Vordergrund. Programmierfehler haben genauso wenig wie ein Versagen der Hard- oder Software nur individuelle Konsequenzen. Sie wirken sich im Gegenteil zumeist auf alle Personen aus, die etwa unter bestimmten, typisierten Voraussetzungen leistungsberechtigt sind. § 8 Abs. 3 Satz 2 unterläuft so gesehen die in § 8 Abs. 1 bekundete Absicht des Gesetzgebers, die Haftung der verantwortlichen öffentlichen Stellen bei automatisierten Verarbeitungen zu verschärfen, um die Betroffenen wirksamer zu schützen. 22

Nicht von ungefähr hatte deshalb der RegE zum BDSG 90[46] die Begrenzung der Höchstsumme auf den einzelnen Verarbeitungsvorgang als „willkürliche“ Kürzung des individuellen Ersatzanspruches bezeichnet.[47] Wenn daher die Schadensersatzpflicht, besonders bei auto- 23

40 Vgl. auch *Bergmann/Möhrle/Herb*, BDSG § 8 Rdnr. 13; *Roßnagel/Wedde*, Handbuch, 4.4 Rdnr. 91; *Beckhusen*, Datenumgang 318.
41 Vgl. etwa die §§ 9 und 10 HPflG; 37 LuftVG; 12 StVG; 10 ProdHaftG.
42 Dazu § 7 Rdnr. 82.
43 So die Amtl. Begr. des BDSG 90, BT-Drs. 11/4306, 42.
44 Vgl. auch *Stange*, Datenschutz, Rdnr. 212.
45 *Gola/Schomerus*, BDSG § 8 Rdnr. 6, vgl. auch *Nungesser*, HDSG § 20 Rdnr. 14, sehen in der Aufteilung der Höchstsumme einen Verstoß gegen Art. 23 der EG-Datenschutzrichtlinie und halten deshalb § 8 Abs. 3 Satz für unanwendbar. Wer allerdings so argumentiert, müsste schon bei der Höchstsumme (§ 8 Abs. 3 S. 1) ansetzen. Sie kommt in Art. 23 der Richtlinie ebenso wenig vor.
46 BT-Drs. 11/4306, 42.
47 Vgl. auch *Stange*, Datenschutz, Rdnr. 212.

matisierten Verarbeitungen, einen Sinn haben soll, dann muss in der Tat der individuelle Schaden und nicht der jeweilige Verarbeitungsvorgang maßgeblich sein. Ganz in diesem Sinne orientieren sich einige LDSG ausschließlich an den einzelnen Betroffenen und den ihnen entstandenen Schäden.[48] Daran ändern auch die immer wieder vorgebrachten Hinweise auf das ansonsten viel zu „hohe" und daher „unkalkulierbare" Haftungsrisiko nichts. Sie sind genauso unhaltbar wie im Fall der vom Gesetzgeber ebenso verbindlich vorgeschriebenen Höchstsumme (§ 8 Abs. 3 Satz 1).[49]

5. Vernetzte und zentralisierte Verarbeitungssysteme (Abs. 4)

24 Sind **mehrere Stellen speicherungsberechtigt**, steht es den Betroffenen immer dann frei, **jede von ihnen in Anspruch zu nehmen**, wenn sie die **für den Schaden verantwortliche Stelle nicht ausmachen können** (§ 8 Abs. 4). „Datenpools" mögen gerade im öffentlichen Bereich eine wichtige Rolle spielen.[50] Die nicht zuletzt aus Rationalisierungsgründen angestrebte Konzentration der Verarbeitung bringt freilich gerade für die Betroffenen Risiken mit sich. Vernetzung und Zentralisierung können sich vor allem bei der Ausübung ihrer Rechte als beträchtliches Hindernis erweisen. Die verantwortliche Stelle lässt sich nicht mehr so leicht identifizieren. Nicht von ungefähr sieht deshalb § 6 Abs. 2 für das Auskunfts- sowie das Berichtigungs-, Löschungs- und Sperrungsrecht eine besondere Regelung vor, die es den Betroffenen erleichtern soll, ihre Rechte geltend zu machen.[51] Genauso wie die Korrektur falscher Daten droht aber auch der Schadensausgleich an der Schwierigkeit zu scheitern, festzustellen, wen genau die Ersatzpflicht trifft. Konsequenterweise wiederholt und bestätigt § 8 Abs. 4 die Regelung des § 6 Abs. 2. Die Chancen der Betroffenen, ihren Anspruch durchzusetzen, sollen einmal mehr nicht durch die von der speichernden Stelle gewählte und praktizierte Organisationsform der Verarbeitung geschmälert werden.[52]

25 § 8 Abs. 4 greift nur in den Fällen ein, in denen die Betroffenen **„nicht in der Lage"** sind, anzugeben, welches die ersatzpflichtige Stelle ist (§ 8 Abs. 4). Das Gesetz hilft also lediglich dort weiter, wo Unklarheit über den Anspruchsgegner besteht. Solange deshalb die Betroffenen wissen, wer es ist, müssen sie sich auch an ihn halten. Wann sie es erfahren haben, ist im Übrigen gleichgültig. Genauso steht aber fest: Nur **positives Wissen** schließt die Anwendung des § 8 Abs. 4 aus. Die Betroffenen sind also weder gehalten, zunächst eigene Recherchen vorzunehmen, noch müssen sie Angaben nachgehen, die möglicherweise dazu führen könnten, die tatsächlich verantwortliche öffentliche Stelle herauszufinden. Erst recht kommt es nicht darauf an, ob es den gesamten Umständen nach realistisch erscheint, den Schädiger auszumachen.[53]

26 § 8 Abs. 4 räumt zwar den Betroffenen das Recht ein, jede der speichernden Stellen in Anspruch zu nehmen, **befreit** jedoch **nicht die für den Schaden verantwortliche Stelle von ihrer Ersatzpflicht**. Das Gesetz begründet im Interesse der Betroffenen eine **gesamtschuldnerische Haftung** aller an einem vernetzten oder zentralisierten Informationssystem beteiligten Stellen, ohne Rücksicht darauf, ob sie sich einwandfrei verhalten oder Daten der Betroffenen überhaupt verarbeitet haben. Die verantwortliche Stelle bleibt allerdings im Innenverhältnis unverändert verpflichtet, für den von ihr verursachten Schaden aufzukommen.[54] Speichernde Stellen, die deshalb nach § 8 Abs. 4 die Schadensersatzforderungen der Betroffenen erfüllen, haben, solange unter den beteiligten Stellen keine gegenteiligen Absprachen bestehen, einen **Regressanspruch** (§ 426 Abs. 2 BGB) in voller Höhe der jeweils geleisteten Zahlung.

48 Dazu § 7 Rdnr. 82.
49 o. Rdnr. 20 f.
50 Vgl. etwa die Amtl. Begr. zum RegE des BDSG 90, BT-Drs. 11/4306, 41.
51 Dazu § 6 Rdnr. 26 ff.
52 Vgl. auch § 7 Rdnr. 38 ff.
53 Vgl. auch *Gola/Schomerus*, BDSG § 8 Rdnr. 12; *Bergmann/Möhrle/Herb*, BDSG § 8 Rdnr. 15; *Schaffland/Wiltfang*, BDSG § 8 Rdnr. 12.
54 Vgl. auch *Bergmann/Möhrle/Herb*, BDSG § 8 Rdnr. 15.

Besondere Schwierigkeiten entstehen **bei Informationssystemen, an denen neben dem Bund auch die Länder beteiligt sind**. § 8 ist ausschließlich auf **Bundesstellen** anwendbar. Bei **Landesstellen** sind dagegen die LDSG zu beachten. Den Betroffenen darf daher durch die Zusammensetzung des Verbundes kein Nachteil entstehen. Ebenso wenig ist allerdings zu übersehen, dass BDSG und LDSG keineswegs von einer einheitlichen Höchstsumme ausgehen.[55] Unter diesen Umständen muss es zwar bei der Grundregel des § 8 Abs. 4 bleiben. Die Betroffenen können sich also an eine der beteiligten Stellen **ohne Rücksicht auf ihre Zugehörigkeit zur Bundes- oder zur Landesverwaltung** halten. Der Schadensersatz ist jedoch **nach den Regeln** zu leisten, **die für diejenige öffentliche Stelle gelten, die konkret den Schaden verursacht hat**. Die in Anspruch genommene Stelle ist im Übrigen auch hier berechtigt, intern jederzeit einen Ausgleich zu verlangen. 27

6. Haftung mehrerer Ersatzpflichtiger

Soweit **mehrere verantwortliche Stellen** den Schaden zu vertreten haben, müssen sie dafür als **Gesamtschuldner** einstehen (§ 840 Abs. 1 BGB).[56] Die für das Deliktsrecht geltenden Grundsätze sind bei einer Gefährdungshaftung genauso anzuwenden. Der Gesetzgeber konnte deshalb ohne weiteres auf die in § 7 Abs. 5 des BDSG 90 enthaltene und vom RegE (§ 8 Abs. 6 i.V.m. § 7 Abs. 2) aufgegriffene Regelung,[57] die lediglich den § 840 Abs. 1 BGB in einer leicht geänderten Formulierung wiederholte,[58] verzichten.[59] Anders freilich als in den Fällen des § 8 Abs. 4,[60] in denen grundsätzlich nur eine der am vernetzten oder zentralisierten Informationssystem beteiligten Stellen für den Schaden verantwortlich ist, geht es hier um Schäden, die auf das **Fehlverhalten mehrerer öffentlicher Stellen** zurückzuführen sind. Gemeint sind also Schäden, die etwa dadurch entstehen, dass eine öffentliche Stelle, die ihr übermittelten unrichtigen Angaben an Stellen weitergibt, die sie weder bekommen noch und erst recht verarbeiten dürfte (§ 15 Abs. 1). 28

Die Betroffenen können **jede der für den Schaden verantwortlichen Stellen** ganz oder teilweise **in Anspruch nehmen** (§ 421 Satz 1 BGB). Mit der Zahlung werden alle anderen schadensersatzpflichtigen Stellen entlastet (§ 422 Abs. 1 Satz 1 BGB). Im Verhältnis der einzelnen Stellen zueinander entsteht aber zugleich ein **Regressanspruch** (§ 426 Abs. 1 BGB). Die für den Schaden verantwortlichen Stellen sind grundsätzlich verpflichtet, ihn zu gleichen Anteilen zu tragen (§ 426 Abs. 1 Satz 1 BGB). 29

7. Mitverschulden (Abs. 5)

Die Ersatzpflicht der verantwortlichen Stelle wird durch ein **Mitverschulden** der Betroffenen eingeschränkt, unter Umständen sogar völlig ausgeschlossen (§ 8 Abs. 5 i.V.m. § 254 BGB). Der Gesetzgeber bekräftigt damit nur eine ohnehin geltende Regel.[61] § 254 BGB ist ohne Rücksicht darauf anzuwenden, ob es um eine Verschuldens- oder eine Gefährdungshaftung geht. So gesehen wäre es durchaus möglich, auf eine Verweisung, genauso wie in § 7,[62] zu verzichten. Auf das Mitverschulden der Betroffenen ist, ganz wie es § 254 BGB vorsieht, uneingeschränkt Rücksicht zu nehmen. Die Haftung der für den Schaden verantwortlichen öffentlichen Stelle hängt also gerade vom Verhalten der Betroffenen ab. Wo der Schaden mit auf ihre Aktivitäten zurückzuführen ist, müssen sie auch die Konsequenzen tragen. Der Be- 30

55 Dazu § 7 Rdnr. 82.
56 Dazu auch § 7 Rdnr. 37.
57 BR-Drs. 461/00, 19.
58 Dazu die 4. Auflage dieses Kommentars. § 7 Rdnr. 30.
59 BT-Drs. 14/5793, 92.
60 o. Rdnr. 24 ff.
61 Vgl. etwa die §§ 4 HPflG, 9 StVG, 34 LuftVG, 27 AtomG.
62 Vgl. § 7 Rdnr. 43.

weis dafür, dass sie ein Mitverschulden trifft, ist allerdings von der verantwortlichen Stelle zu erbringen.[63]

8. Übertragbarkeit – Verzicht – Freizeichnung – Versicherung

31 Ersatzansprüche aus § 8 können **nicht übertragen und auch nicht vererbt werden**. Die Verfügungsmöglichkeit der Betroffenen ist mithin genauso eingeschränkt wie bei Ansprüchen nach § 7.[64]

32 Den Betroffenen ist es zudem verwehrt, ihren **Anspruch** durch **rechtsgeschäftliche Vereinbarungen zu beschränken oder gar auszuschließen.**[65] Ein **Verzicht kommt ebenso wenig in Frage**. Das BDSG mag ihn zwar in § 6 Abs. 1 nicht ausdrücklich erwähnen. Die Rechte der Betroffenen werden aber dort nur exemplarisch aufgezählt.[66] den Schadensersatzanspruch gilt deshalb wie für alle übrigen Rechte: Ein Verzicht ist wie beim Anspruch aus § 7 ausgeschlossen.[67]

33 Die verantwortlichen Stellen können sich im Übrigen, genauso wie bei Ansprüchen aus § 7, gegen eine mögliche Schadensersatzpflicht **versichern.**[68]

9. Verjährung (Abs. 6)

34 Der Anspruch aus § 8 **verjährt** drei Jahre nachdem die Betroffenen Kenntnis vom Schaden erhalten und auch erfahren haben, welche öffentliche Stelle dafür verantwortlich ist, spätestens aber dreißig Jahre nach der schadensstiftenden Handlung (§§ 195, 199 BGB). Die ohnehin überflüssige Verweisung auf die für unerlaubte Handlungen geltenden BGB-Vorschriften in § 8 Abs. 6 ist durch die zum 1.1.2002 in Kraft getretene Schuldrechtsreform und die damit verbundene Aufhebung des § 852 hinfällig geworden. Das BGB schreibt in den §§ 195, 199 BGB generell anwendbare Grundsätze fest. Einer besonderen Vorschrift bedarf es daher so lange nicht wie der Gesetzgeber nicht von der allgemeinen Regel abweichen möchte. Die Verweisung hätte deshalb genauso wie in § 7 von Anfang an unterbleiben können.[69]

10. Weitergehende Ansprüche

35 § 8 enthält genauso wenig wie § 7 eine abschließende Regelung der Schadensersatzpflicht öffentlicher Stellen.[70] Im Unterschied freilich zum BDSG 90 (§ 7 Abs. 7) äußert sich § 8 nicht zur Berechtigung der Betroffenen, **weitergehende Ansprüche** geltend zu machen. Der Gesetzgeber hat vielmehr die noch im RegE (§ 8 Abs. 6)[71] enthaltene Bestimmung aus durchaus einleuchtenden Gründen gestrichen.[72] Solange es keine anderslautende gesetzliche Regelung gibt , muss es in der Tat bei dem ohnehin sowohl für die Verschuldens- als auch für die Gefährdungshaftung geltenden Grundsatz bleiben: Die Betroffenen können sich auf jede Regelung berufen, die ihnen bessere Chancen bietet, den ihnen zugefügten Schaden auszugleichen.[73]

---

63 Vgl. auch *Bergmann/Möhrle/Herb*, BDSG § 8 Rdnr. 16.
64 Dazu § 7 Rdnr. 44 f.
65 Vgl. auch § 7 Rdnr. 46 f.
66 Dazu § 6 Rdnr. 20.
67 Vgl. auch § 7 Rdnr. 46
68 Dazu § 7 Rdnr. 49 ff.
69 Dazu § 7 Rdnr. 48.
70 Vgl. § 7 Rdnr. 52; aber auch *Schaffland/Wiltfang*, BDSG § 8 Rdnr. 2; *Bergmann/Möhrle/Herb*, BDSG § 8 Rdnr. 16.
71 BR-Drs. 461/00, 19.
72 BT-Drs.14/5793, 92.
73 Dazu auch § 7 Rdnr. 53.

36 Der Maßstab dafür, ob diese Voraussetzung vorliegt, ist die **dreifache Einschränkung des Schadensersatzanspruchs** in § 8. Die Betroffenen mögen nicht den Unwägbarkeiten einer Verschuldenshaftung ausgesetzt sein. Sie müssen sich jedoch mit einem Anspruch abfinden, der nicht nur der Höhe nach (§ 8 Abs. 3),[74] sondern auch beim Ausgleich immaterieller Schäden (§ 8 Abs. 2)[75] und bei der Festlegung der Ersatzpflichtigen (§ 8 Abs. 1)[76] an klare Grenzen gebunden ist. So gesehen kann schon die Anwendung des § 7 von Vorteil sein. Sie setzt zwar ein Verschulden der öffentlichen Stelle voraus,[77] verhilft jedoch zu einem der Höhe nach tendenziell günstigeren Anspruch. Nichts anderes gilt für Vorschriften, die es den Betroffenen ermöglichen, sich unmittelbar an die Beschäftigten der öffentlichen Stelle, sei es auch nur mit Rücksicht auf ihren Freistellungsanspruch, zu halten.[78]

11. Landesrecht

37 Zum Landesrecht vgl. § 7 Rdnr. 80 ff.

74 Dazu o. Rdnr. 20 ff.
75 Dazu o. Rdnr. 16 ff.
76 Dazu o. Rdnr. 4 ff.
77 Dazu § 7 Rdnr. 21.
78 Dazu § 7 Rdnr. 74 f.

§ 9 Technische und organisatorische Maßnahmen

Öffentliche und nicht-öffentliche Stellen, die selbst oder im Auftrag personenbezogene Daten erheben, verarbeiten oder nutzen, haben die technischen und organisatorischen Maßnahmen zu treffen, die erforderlich sind, um die Ausführung der Vorschriften dieses Gesetzes, insbesondere die in der Anlage zu diesem Gesetz genannten Anforderungen, zu gewährleisten. Erforderlich sind Maßnahmen nur, wenn ihr Aufwand in einem angemessenen Verhältnis zu dem angestrebten Schutzzweck steht.

Übersicht

1. Vorbemerkung

1 § 9 verpflichtet Personen und Stellen, die personenbezogene Daten unter dem Anwendungsbereich des Gesetzes erheben, verarbeiten oder nutzen, die zur Ausführung dieses Gesetzes erforderlichen technischen und organisatorischen Maßnahmen zu treffen. Er gilt daher als **die** Datensicherheitsvorschrift im BDSG und symbolisierte damit den technischen Datenschutz. Die geänderte Vorschrift entspricht inhaltlich § 9 Abs. 1 BDSG 1990, allerdings wird nunmehr neben der Verarbeitungsphase, auch die Datenerhebung und die Datennutzung, in die Vorschrift mit einbezogen. Dies war bei der alten Regelung nicht der Fall. Ebenso blieb die Gesetzestechnik erhalten, die im Falle automatisierter Verarbeitung personenbezogener Daten oder Datenkategorien[1] zu treffenden Maßnahmen in einer eigenen Anlage am Ende des Gesetzes zu regeln. Die Anlage selbst ist ebenfalls verändert. Forderungen nach grundlegender Änderung der Anlage wegen der durch die Fortentwicklung der automatisierten Datenverarbeitung erwachsenen neuen Risiken und neuerer Methoden in der IT-Sicherheit sowie weltweit standardisierte Begriffe wie Verfügbarkeit, Integrität und Vertraulichkeit blieben unberücksichtigt. Damit ergibt sich auch ein Bruch in bezug auf die technisch-organisatorische Regelungen in den Landesdatenschutzgesetzen. Zum einen zu Ländern, die durch Einführung der standardisierten Begriffe Vertraulichkeit, Verfügbarkeit und Integrität und dem Verzicht auf die Anlage eine sehr abstrakte Sicht des technischen Datenschutzes ermöglichen, zum anderen zu Ländern, die die alten Regelungen einfach fortgeschrieben haben.

2. Zum Verhältnis Datenschutz und Datensicherung

2 § 9 nebst seiner Anlage ist die Vorschrift des BDSG, die die Datensicherheit – vielfach wird auch von Datensicherung gesprochen – ausdrücklich in den Regelungsbereich des Datenschutzes einbezieht. Zweck des Datenschutzes ist es, den Einzelnen vor Beeinträchtigungen seines Persönlichkeitsrechts beim Umgang mit seinen personenbezogenen Daten zu schützen.[2]

1 § 3 Abs. 9.
2 § 1 Abs. 1.

Unter Datensicherung wird die Gesamtheit aller organisatorischen und technischen (nicht rechtlichen) Regelungen und Maßnahmen verstanden, mit denen ein unzulässiger Umgang mit personenbezogenen Daten zu verhindern und die Integrität sowie Verfügbarkeit der Daten und die zu deren Verarbeitung eingesetzten technischen Einrichtungen zu erhalten ist. Im engeren Sinne wird unter Datensicherung auch die Doppelung und Auslagerung von Daten (Backup) verstanden.[3] Im Berech der Informationstechnik[4] wird meistens der Begriff Informationssicherheit oder auch IT-Sicherheit verwendet. Es wird darunter der Zustand verstanden, der durch organisatorische und technische Vorkehrungen, bezogen auf Systeme, Systemkomponenten oder Verfahren der betreffenden Informationstechnik, ein vorher bestimmtes Maß der Vertraulichkeit, Integrität und Verfügbarkeit von automatisiert zu verarbeitenden Informationen (Daten) gewährleistet.[5]

Das Ziel aller Datensicherungsmaßnahmen ist die Herstellung von Datensicherheit.[6] Datensicherheit ist aber auch in der DIN 44300 definiert. Darunter wird eine „Sachlage, bei der Daten unmittelbar oder mittelbar so weit wie möglich von Beeinträchtigung oder Missbrauch bewahrt sind, und zwar unter Berücksichtigung verarbeitungsfremder Risiken wie auch im Verlauf auftrags- und ordnungsgemäßer Erbringung von Datenverarbeitungsleistung“. Ein Zusammenhang mit dem Datenschutz wird ebenfalls in der DIN 44300 hergestellt. Datenschutz ist danach „eine Sachlage, bei der die schutzwürdigen Belange Betroffener vor Beeinträchtigung, die von der Verarbeitung von Daten ausgeht, bewahrt sind“.[7] Damit ist ein eindeutiger Bezug zwischen Datenschutz und Datensicherheit hergestellt, in bei der Verarbeitung personenbezogener Daten Maßnahmen zur Datensicherung getroffen werden müssen, um die notwendige Datensicherheit herzustellen.

Es darf also nicht übersehen werden, dass Datenschutz und Datensicherheit teilweise aufeinander bezogen sind, weil etwa ohne die durch Maßnahmen der Datensicherheit zu erreichende Verhinderung von Zugriffen Unbefugter auf geschützte personenbezogene Daten deren Schutz nicht möglich ist. Andererseits geht der Zweck der Datensicherheit über den Schutzbereich von § 9 jedenfalls dorthinaus, soweit Daten einbezogen werden, die nicht den Datenschutzgesetzen unterliegen oder Maßnahmen veranlasst sind, die ausschließlich den Interessen des Betriebes oder der öffentlichen Stelle dienen. Etwa wenn Richtigkeit und Vollständigkeit von Daten ausschließlich im Interesse des Renommees des Betriebes liegen oder die Grundsätze ordnungsgemäßer Datenverarbeitung Maßnahmen erfordern, welche eine besondere Kontrollierbarkeit von Daten sicherstellen. Auch alle Maßnahmen sind dazu zurechnen, die das Eigentum an Hard- und Software schützen im Sinne eines Investitionsschutzes, um Diebstahl und Beschädigungen zu verhindern. Das mit diesen Maßnahmen im Einzelfall eventuell auch der Schutz von personenbezogenen Daten verbunden ist, bleibt davon unberührt. 3

3. Geltungsbereich

Die Vorschrift gilt für jede öffentliche und nicht-öffentliche Stelle, sofern deren Verarbeitung personenbezogener Daten nach § 1 Abs. 2, § 12 und § 27 unter den Anwendungsbereich des Gesetzes fällt. Damit ist § 9 im gesamten Geltungsbereich des BDSG anzuwenden.[8] 4

---

3 Siehe hierzu auch Sicherheits-Jahrbuch 2005/2006 Seite 199 Dr. Steinke, aber auch *Roßnagel/Heibey*, Handbuch Datenschutzrecht, Kap. 4.5, Rdnr. 124

4 Informationstechnik (Abkürzung IT) hat weitgehend die Abkürzung EDV abgelöst. Der Begriff wird nicht nur im engeren technischen Sinne gebraucht, sondern bezeichnet häufig die gesamte Informationsverarbeitung

5 siehe hierzu auch Bundesamt für Sicherheit in der Informationstechnik Errichtungsgesetz vom 17.12.1990 § 2 Abs. 2 BSIG.

6 Siehe auch *Abel/Schmölz*, 1987, 25

7 siehe auch *Roßnagel/Heibey*, Handbuch Datenschutzrecht 2003, Seite 571

8 So auch *Gola/Schomerus,* BDSG § 9 Rdnr. 6; vgl. auch für Sozialleistungsträger SGB X. § 9 gilt also auch dort, wo das BDSG nur kraft Verweisung gilt.

5 Auch alle diejenigen Personen und Stellen sind verpflichtet, die im Auftrag[9] einer in den Anwendungsbereich des Gesetzes fallender Person oder Stelle personenbezogene Daten erheben, verarbeiten oder nutzen. Für die Auftragsdatenverarbeitung sind besonders § 11 Abs. 2 Satz 1 (sorgfältige Auswahl unter Eignungsgesichtspunkten) und Nr. 6 der Anlage zu § 9 (Auftragskontrolle) zu beachten. Nicht entscheidend ist hierbei, ob der Auftraggeber seinen Sitz im Geltungsbereich dieses Gesetzes hat. Der Auftragnehmer mit Sitz im Inland ist grundsätzlich immer verpflichtet, die für den Auftragnehmer geltenden Regelungen zu beachten. So ist etwa eine Umgehung von § 9 dergestalt ausgeschlossen, dass eine im Anwendungsbereich gelegene Stelle eine mit der Datenverarbeitung betraute selbstständige Tochter im Ausland gründet, die ihrerseits einen im Inland gelegenen Auftragnehmer mit der Verarbeitung personenbezogener Daten beauftragt.

6 Selbstverständlich spielt es für die Anwendbarkeit von § 9 keine Rolle, ob Daten deutscher oder ausländischer Personen verarbeitet werden.

Auch ist die Wahl der Hard- und Software nicht von Bedeutung. Es gibt keine Systeme die per se sicher sind. Auch solche nicht die in einem Zertifizierungsverfahren nach europäischen und internationalen Standards überprüft worden sind. Zwar kann eine gewisse Vertrauenswürdigkeit in zertifizierte Hard- und Software gesetzt werden, aber letztendlich muss dennoch der konkrete Einzelfall mit den entsprechenden Randbedingungen betrachtet werden. Eine Zertifizierung, die alle datenschutzrechtlichen Anforderungen abdeckt und den Betrieb sicherstellt, gibt es nicht.

7 Die Pflicht trifft jeweils diejenigen, welche die „personenbezogenen Daten verarbeiten, erheben oder nutzen". Anders als etwa in § 5 bei der Verpflichtung auf das Datengeheimnis sind hier nicht die mit der Verarbeitung physisch Beschäftigten, sondern die für die verarbeitenden Stellen Verantwortlichen gemeint.[10] Im öffentlichen Bereich ist die juristische Person des öffentlichen Rechts verpflichtet, der der verantwortlichen Stelle angehört. Im privaten Bereich ist dies die verarbeitende Person oder das für die verarbeitende Stelle rechtlich verantwortliche Rechtssubjekt.

8 Ob die Verarbeitung personenbezogener Daten automatisiert oder auf andere Weise, etwa manuell, erfolgt, ist für die Anwendbarkeit von § 9 Satz 1 unerheblich, soweit die Verarbeitung überhaupt nur vom Anwendungsbereich des Gesetzes umfasst ist. Bei nicht-öffentlichen Stellen setzt die Anwendbarkeit von § 9 Satz 1 nach § 1 Abs. 2 Nr. 3 voraus, dass die Erhebung, Verarbeitung oder Nutzung unter Einsatz von Datenverarbeitungsanlagen erfolgt. Ebenso fallen nunmehr nach § 1 Abs. 2, § 27 Abs. 1 auch alle Anwendungen darunter, bei denen Daten aus nicht-automatisierten Dateien verarbeitet, genutzt oder erhoben werden, soweit dies nicht ausschließlich für persönliche oder familiäre Zwecke erfolgt. Die Ausnahmeregel zielt also konkret auf den persönlichen und familiären Zweck der Daten. Als typische Anwendung für diese Ausnahmeregel ist die beispielsweise auf einem persönlichen digitalen Assistenten (techoft auch als PDA bezeichnet) oder auf einem Handy geführte Liste der Adressen der Geschäftspartner, Familienmitglieder und Verwandten anzusehen oder die private Adressdatenbank auf dem eigenen Computer.

9 Im Gegensatz zu der alten Vorschrift fällt nunmehr die Erhebungsphase von Daten ebenfalls unter die Regelungen in § 9, da das Erheben der Daten ausdrücklich in § 9 Satz 1 aufgeführt wird. Gleiches gilt bezüglich des Nutzens von Daten. Dieses Ergebnis beseitigt die in der alten Regelung bestehende Lücke, wonach die Erhebung und Nutzung der Daten nicht mittelbar durch die Vorschriften des § 9 erfasst wurden.

10 Sämtliche Einschränkungen der Anwendbarkeit des BDSG wurden gestrichen. Auch nicht mehr aufgeführt ist die ausdrückliche Regelung, wonach die technischen und organisatorischen Maßnahmen nach § 9 auch für die automatisierten Dateien, die ausschließlich aus verarbeitungstechnischen Gründen vorübergehend erstellt und nach ihrer verarbeitungstechnischen Nutzung automatisch gelöscht werden, anzuwenden sind. Dies bedeutet jedoch nicht, dass damit für diese Dateien keine Maßnahmen zu ergreifen sind. Gerade wegen der

9 § 11 Abs. 1.

10 So auch *Nungesser,* HDSG § 10 Rdnr. 12 ff.

zum Teil sehr sensitiven Daten, die in solchen Dateien gespeichert werden, beispielsweise Protokolldateien, sind technisch-organisatorische Maßnahmen zur Sicherung unbedingt erforderlich. Protokolldaten können grundsätzlich zur Verhaltens- und Leistungskontrolle missbraucht werden, deshalb sind sie auch mit besonderen Maßnahmen und vor unzulässigen Verarbeitungen zu schützen.

Die Einschränkungen des Anwendungsbereichs nach § 1 Abs. 3 Nr. 2 BDSG a.F. für nicht- 11
automatisierte Dateien, deren personenbezogene Daten nicht zur Übermittlung an Dritte bestimmt waren, ist ebenfalls aufgehoben worden, weil Artikel 3 Abs. 1 der EG-Datenschutzrichtlinie dieses nicht vorsieht. Aufgrund der Grundgesetzänderung v. 27.10.1994[11] wurde die Vollregelung für den Medienbereich in eine Rahmenvorschrift geändert. Diese sieht vor, dass die Länder in ihrer Gesetzgebung Regelungen, die bei der Erhebung, Verarbeitung und Nutzung personenbezogener Daten durch Unternehmen und Hilfsunternehmen der Presse (Medienbereich) anzuwenden sind und die Vorschriften nach § 9 zur Anwendung bringen. Die Regelungen nach § 9 gelten nach § 41 Abs. 4 ausdrücklich auch für die Deutsche Welle.

4. Gewährleistung der Ausführung

4.1 Regelungsgehalt

Die verpflichteten Stellen haben die Maßnahmen zu treffen, die **erforderlich** sind, um die 12
Ausführung der Vorschriften des BDSG zu **gewährleisten**.

Zur Ausführung der Vorschriften gehört es in erster Linie, den in § 1 Abs. 1 vorangestellten Schutzzweck dieses Gesetzes zu erreichen, also den Einzelnen davor zu schützen, dass er durch den Umgang mit seinen personenbezogenen Daten in seinem Persönlichkeitsrecht beeinträchtigt wird. Dies gilt auch und gerade beim Technikeinsatz zur Verarbeitung von personenbezogenen Daten. Die manuelle Verarbeitung stellt heute wohl nicht mehr den Normalfall dar und wird deshalb nur am Rande betrachtet. Da das BDSG dieses Ziel mit einem Geflecht von Ge- und Verbotsnormen erreichen soll, muss die Einhaltung der Gesamtheit dieser Normen gewährleistet werden.

Vorrangig sind dies die Regelungen zur Zulässigkeit der Erhebung, Verarbeitung oder Nut- 13
zung personenbezogener Daten in den Abschnitten 2 und 3 des BDSG sowie in den durch § 4 Abs. 1 in Bezug genommenen bereichsspezifischen Datenschutzvorschriften.[12] Allerdings zählen hierzu auch die Regelungen des BDSG, mit denen der Gesetzgeber mittelbar den Schutz personenbezogener Daten erreichen will wie etwa die Verpflichtung auf das Datengeheimnis nach § 5,[13] da sie ihrerseits Teil der Vorschriften dieses Gesetzes sind.

Hingegen fallen nicht unter diese Gewährleistungspflicht solche technischen und organisato- 14
rischen Maßnahmen, die sonstigen Interessen der öffentlichen oder nicht-öffentlichen verantwortlichen Stellen dienen, etwa zur besonderen Kundenfreundlichkeit bei der Datenverarbeitung oder reinen über den Persönlichkeitsschutz hinausgehenden Datensicherungszwecken.

Dass ein Normadressat zur Einhaltung und Beachtung gesetzlicher Regelungen verpflichtet 15
ist, sie im Sinne des gesetzgeberischen Willens auszuführen hat, sollte eigentlich selbstverständlich sein. Mit dieser sehr pointierten Aufforderung macht der Gesetzgeber zweierlei deutlich: Das Risikopotenzial der Erhebung, Verarbeitung und Nutzung personenbezogener Daten für das Persönlichkeitsrecht des Einzelnen ist hoch und daran sollen die verantwortlichen Stellen eindringlich erinnert werden. Durch ständig neue Formen von Technik, das Zusammenwachsen der Informationstechnik, der Telekommunikation und des gesamten technischen Medienbereichen (TV, Radio etc.) der damit verbundenen Änderungen verschiedenen Formen der Datenverarbeitung ist ein fortlaufendes Überprüfen bestehender technischer und organisatorischer Maßnahmen notwendig. Das heißt, der Normadressat ist aufgefordert, die Ausführung der Vorschriften ständig durch flankierende technische und organisatorische

11 BGBl. I S. 3146.
12 Bezüglich der Verarbeitung ebenso *Auernhammer,* BDSG § 9 Rdnr. 5.
13 Anders: *Auernhammer,* BDSG § 9 Rdnr. 5.

Maßnahmen zu unterstützen und sich nicht statisch mit einmal gefundenen Lösungen zufrieden zu geben. Diese „Dynamisierungsklausel“ enthalten heute alle novellierten Datenschutzgesetze. Sie dient nicht nur dem Betroffenen, sondern auch der verantwortlichen Stelle, da durch die weite Verbreitung der Informationstechnik die möglichen Formen von Angriffen auf technische Systeme ständig wachsen.

16 Damit liegt in dieser Gewährleistungspflicht auch eine präventive Komponente. Bereits bei der Erhebung und der Aufnahme der Verarbeitung personenbezogener Daten oder bei Einführung neuer Verfahren wegen geänderter Hardware, Software, Infrastruktur (beispielsweise Telekommunikationsverfahren) oder veränderter organisatorischer Abläufe müssen die erforderlichen technischen und organisatorischen Maßnahmen getroffen sein. Der Normadressat muss also bereits vor der Einführung neuer Verfahren eine Analyse erstellen, wie er die Ausführung des BDSG gewährleisten kann, und darf sich nicht darauf zurückziehen, dass er erst einmal abwarten wollte, ob die neuen Verfahren Probleme für das Persönlichkeitsrecht der von der Verarbeitung Betroffenen mit sich bringen. Bereits die Gestaltung der Technik und der Verfahren muss sich im Hinblick auf die Erhebung, Verarbeitung und Nutzung personenbezogener Daten am Sicherheitsziel Datenschutz orientieren. Im Bereich der IT-Sicherheit wird deshalb im Allgemeinen verlangt, dass bei umfangreicheren Verfahren eine Bedrohungs- und Risikoanalyse durchgeführt wird. Der Verpflichtete muss also bereits bei der Erhebung und anschließend bei der Verarbeitung personenbezogener Daten das Erforderliche tun, um die einzelnen gesetzlichen Pflichten vollständig, korrekt und rechtzeitig erfüllen zu können. Zur Ausführung des Verbots unzulässiger Erhebung, Verarbeitung und Nutzung (§ 4) sind z.B. Maßnahmen erforderlich, die sicherstellen, dass personenbezogene Daten nur innerhalb festgelegter Grenzen bzw. nur nach Durchlaufen einer Zulässigkeitsprüfung erhoben und gespeichert werden. Die Ausführung der Pflicht, unrichtige Daten zu berichtigen, erfordert u.a. Plausibilitätsprüfverfahren, mit denen Erfassungs- und Übertragungsfehler aufgedeckt und korrigiert werden. Zur Ausführung der Auskunftspflicht müssen Vorkehrungen getroffen werden, die sicherstellen, dass die Auskünfte vollständig, richtig und rechtzeitig erteilt werden können.

17 Für die Phasen der automatisierten Verarbeitung und der Datennutzung konkretisiert das Gesetz die vielfältigen Anforderungen, die „die Ausführung des Gesetzes“ an den Normadressaten stellt, in Form eines Anforderungskataloges, der als Anlage zu § 9 Satz 1 Bestandteil des Gesetzes ist. Satz 1 verlangt, „insbesondere die (dort genannten) Anforderungen zu gewährleisten“.[14] Damit wird deutlich („insbesondere“), dass auch die in der Anlage zu § 9 aufgelisteten Anforderungen nicht abschließend die im Einzelfall erforderlichen Maßnahmen aufzählen.[15] Sie sind bei automatisierter Datenverarbeitung und Datennutzung quasi das Minimum, das die verantwortliche Stelle zu berücksichtigen hat, weshalb bei besonderer Gefährdungslage durch bestimmte Verarbeitungsformen und bei Verwendung besonders gefährdeter Datenverarbeitungssysteme, beispielsweise Notebooks, PDA's oder anderer mobiler Geräte weitere Maßnahmen als die in der Anlage genannten notwendig werden können.[16]

18 Der in der Anlage genannte Katalog ist zwar zwingend nur bei automatisierter Verarbeitung und Nutzung personenbezogener Daten, er kann jedoch auch bei **manueller** Verarbeitung je nach damit verbundener potenzieller Gefährdung des Persönlichkeitsrechts der Betroffenen wesentliche Anhaltspunkte geben.

19 Das vorrangige Erfolgskriterium bleibt die Ausführung des Gesetzes. Innerhalb dieses Rahmens ist der Anforderungskatalog allerdings verbindlich. Eine Interpretation als Vorschlags- oder Optionalkatalog, dessen einzelne Elemente nicht zwingend sind, ist mit dem klaren Wortlaut des Satzes 1 wie auch des Eingangssatzes der Anlage nicht zu vereinbaren. Gefordert sind nicht im Einzelnen bestimmte Maßnahmen oder Verfahren der Datensicherung, sondern die speziell in der Anlage genannten Zielvorgaben.[17] Dass die Maßnahmen unter

---

14 Gemeint ist: die Erfüllung der Anforderungen zu gewährleisten.
15 Ebenso *Auernhammer,* BDSG § 9 Rdnr. 6.
16 So auch *Bergmann/Möhrle/Herb,* BDSG § 9 Rdnr. 16.
17 *Auernhammer,* BDSG § 9 Rdnr. 6; vgl. auch *Stähler,* DSG NW § 9 Rdnr. 3.

dem Prinzip der Verhältnismäßigkeit stehen (Satz 2), kann zwar unter bestimmten Voraussetzungen dazu führen, dass ausnahmsweise zu einer Anforderung keine Maßnahmen ergriffen werden müssen. Dies ändert aber nichts am obligatorischen Charakter des Anforderungskataloges. Seine Erfüllung ist also zwingend vorgeschrieben, nur eben nicht absolut, sondern in angemessenem Verhältnis zum jeweiligen Schutzzweck. Selbstverständlich gelten die einzelnen in der Anlage zu § 9 aufgeführten Zielvorgaben nur, wenn die verantwortliche Stelle im Einzelfall durch die Art ihrer eingesetzten Hard- und Software oder durch die Art ihrer Verarbeitung von Daten[18] den im Einzelfall vorausgesetzten Tatbestand erfüllt; wenn keine Auftragsdatenverarbeitung stattfindet, greift z.B. Nr. 6 der Anlage nicht. Die Vorgabe der Verhältnismäßigkeit kann allerdings auch dazu führen, dass bestimmte sensitive personenbezogene Daten eben nicht auf besonders risikoreichen Datenverarbeitungsanlagen verarbeitet werden dürfen, wie beispielsweise Notebooks.

4.2 Technische und organisatorische Maßnahmen im Einzelnen

Zur Gewährleistung der korrekten Ausführung des Gesetzes sind die erforderlichen **technischen und organisatorischen Maßnahmen** zu treffen. Da sich hierbei um Oberbegriffe handelt ist dieser Begriff weit auszulegen. Gemeint sind alle Maßnahmen, die im Umfeld der Erhebung, Verarbeitung und Nutzung personenbezogener Daten notwendig sind, um die datenschutzgerechte und sichere Erhebung, Verarbeitung und Nutzung zu erreichen. Damit ist im Grundsatz die gesamte Palette potenzieller Datensicherheitsmaßnahmen eingeschlossen. Die in manchen Definitionen zur Datensicherheit anzutreffende Unterscheidung zwischen technischen und organisatorischen sowie baulichen und personellen Maßnahmen oder die im Grundschutzhandbuch getroffene Einteilung in übergeordnete Aspekte, Infrastruktur, IT-Systeme, Netze und IT-Anwendungen ist vom Gesetzgeber nicht gewollt. Das heißt, auch bauliche und personelle Maßnahmen oder was sonst noch an Differenzierung bei den Datensicherheitsmaßnahmen denkbar ist, werden von dem Begriff „technische und organisatorische Maßnahmen" mit umfasst.[19] Dies wird aus der Formulierung deutlich, dass **„die"** technischen und organisatorischen Maßnahmen zu treffen sind. Was im Einzelfall an Maßnahmen zu treffen ist, richtet sich nach der Erforderlichkeit. Bei der Klärung dieser Frage sind nicht von vornherein bestimmte Maßnahmen aus dem Repertoire der technischen und organisatorischen Maßnahmen zur Datensicherheit ausgeschlossen. Diese technischen und organisatorischen Maßnahmen sind auch nicht jeweils für sich getrennt auf ihre Einsatzerforderlichkeit zu prüfen. Daher ist es nicht entscheidend, ob eine Maßnahme als technische oder als organisatorische anzusehen ist. Eine Vorgehensweise, die bei der Prüfung nach den erforderlichen Maßnahmen zwischen beiden Begriffen trennte, liefe Gefahr, wichtige Maßnahmen zu übersehen. Viele Maßnahmen haben ohnehin eine technische und eine organisatorische Komponente. Rechtlich ist jedenfalls eine Abgrenzung zwischen technischen und organisatorischen Maßnahmen also ohne Belang. Die Erforderlichkeit muss allerdings berücksichtigen auf welchem System (beispielsweise Desktop oder Notebook), unter welchen Randbedingungen (mit Publikumsverkehr oder in einem abgeschlossenen Bereich) welche Daten verarbeitet werden. Je nachdem wie diese Analyse ausfällt, müssen geeignete technische und/oder organisatorische Hinweise getroffen werden. 20

Lediglich solche Maßnahmen, die begriffslogisch nicht unter technische und organisatorische Maßnahmen subsumiert werden können, scheiden aus dem gesetzlichen Gebot aus. Dazu zählen etwa personelle Maßnahmen ohne direkten organisatorischen Bezug, wie z.B. die tarifliche Einstufung eines Beschäftigten. Während die Qualifikation des Beschäftigten oder dessen ständig weitere Qualifizierung ausgerichtet auf datenschutzgerechte Datenverarbeitung zu den möglichen organisatorischen Maßnahmen zählt. Ausgeschlossen von den technischen und organisatorischen Maßnahmen kann auch die rechtliche Ausgestaltung von Verträgen sein zur Beschaffung von Betriebsmitteln wie etwa die Wahl zwischen Kauf, Lea- 21

18 Z.B. Übermittlung von Daten.

19 So auch *Bergmann/Möhrle/Herb,* Datenschutzrecht, § 9 Rdnrn. 32 f.; *Nungesser,* HDSG § 10 Rdnr. 5.

sing oder Miete von Hard- und Software. Hingegen kann der Abschluss eines Wartungsvertrages für die EDV-Anlage bereits eine technische Maßnahme sein, die notwendig ist, um nach Eintritt eines Fehlers im Datenverarbeitungssystem möglichst schnell wieder die fehlerfreie Verarbeitung personenbezogener Daten zu erreichen. Auch der Abschluss von Versicherungsverträgen im Zusammenhang mit der Datenverarbeitung zählt nicht zu den organisatorischen und technischen Maßnahmen. Daran ändern auch nichts die Regelungen zum Schadenersatz (§§ 7 und 8). § 8 stellt für den nicht-öffentlichen Bereich keine schadensersatzbegründende Vorschrift dar,[20] die dann möglicherweise den Abschluss einer entsprechenden Versicherung zur Ausführung dieses Gesetzes erfordert. Für den öffentlichen Bereich ergibt sich ohnehin grundsätzlich keine Pflicht zum Abschluss von Versicherungen.

22 **Beispiele** für technische und organisatorische Maßnahmen sind etwa bauliche Maßnahmen zum Schutz gegen den Zutritt oder Eingriff durch Unbefugte, wie besonders gesicherte Räume und Behältnisse, oder Kontrolleinrichtungen durch entsprechendes Personal, oder Überwachungstechnik, die Identifizierung der Mitarbeiter, Zugriffsschranken wie etwa Passwörter. Weiter zählen hierzu die gezielte Verteilung von Aufgaben und Befugnissen, die Zuweisung von Verantwortlichkeiten, die Protokollierung von Tätigkeiten, die Einweisung, Aus- und Fortbildung der Beschäftigten, die Regelungen des Zugangs und des Grades der Berechtigung der einzelnen Verarbeitungsschritte. Der Umfang der möglichen technischen und organisatorischen Maßnahmen lässt sich beispielhaft aus den einzelnen Kontrollen der Anlage zu § 9 entnehmen. Dies gilt auch für die nur manuelle Datenverarbeitung, für die die Anlage aber nicht unmittelbar gilt. Ein geeigneter Katalog von aktuellen Datensicherungsmaßnahmen findet sich im Grundschutzhandbuch des Bundesamtes für die Sicherheit in der Informationstechnik (BSI).[21]

5. Erforderlichkeit (Satz 2)

5.1 Verhältnismäßigkeit

23 Die Pflicht, durch **die** erforderlichen technischen und organisatorischen Maßnahmen die Ausführung des Gesetzes zu gewährleisten, ist in Satz 1 zunächst in absoluter Form ausgesprochen. Danach wären alle diejenigen Maßnahmen erforderlich, die die Gesetzesausführung mit der größtmöglichen Sicherheit garantieren. So sehr es dem Gesetzgeber freilich darauf ankommt, gerade auch auf der Ebene der praktischen Durchführung des Datenschutzes für wirksame Regelungen zu sorgen, so notwendig erscheint es ihm doch andererseits, klarzustellen, dass Datenschutzmaßnahmen niemals Selbstzweck sein können, sondern sich an dem jeweiligen Schutzbedürfnis auszurichten haben. Der Gesetzgeber hat deshalb die nach § 9 Satz 1 gebotenen technischen und organisatorischen Maßnahmen durch die Interpretation des Begriffs „erforderlich" in Satz 2 ausdrücklich dem Grundsatz der Verhältnismäßigkeit unterstellt. Maßnahmen sind demnach nur „erforderlich", d.h. von Gesetzes wegen vorgeschrieben, „wenn ihr **Aufwand in einem angemessenen Verhältnis zu dem angestrebten Schutzzweck** steht" (Satz 2). Der Grundsatz der Verhältnismäßigkeit leitet sich direkt aus der Verfassung ab. Er ist einer der Leitprinzipien, an die auch der Gesetzgeber gebunden ist. Damit ist Satz 2 eine sich bereits aus der Verfassung direkt ergebene Klarstellung, die näher auf den jeweiligen Anwendungsfall zu treffen jedoch auch der Gesetzgeber verpflichtet ist. Damit sind also nicht alle theoretisch optimalen, sondern die dem Einzelfall angemessenen Maßnahmen geboten. So ist zu prüfen, ob ein etwas geringerer Schutz, der mit geringerem Aufwand zu erreichen ist, noch ausreichend ist.[22] Nicht jedes theoretisch denkbare Risiko erfordert technische und organisatorische Maßnahmen.[23]

---

20 So *Auernhammer,* BDSG § 8 Rdnr. 1.
21 Das IT-Grundschutzhandbuch steht im Internet unter www.bsi.de (Stand: 2.1.2002) zum Abruf bereit.
22 Vgl. *Bergmann/Möhrle/Herb,* Datenschutzrecht, § 9 Rdnr. 16.
23 So auch *Schaffland/Wiltfang,* BDSG § 9 Rdnr. 7.

Ein Missverständnis gilt es freilich auszuschließen: Nach dem Grundsatz der Verhältnismäßigkeit richtet sich niemals die Frage, **ob** die vom Gesetz ausgesprochenen Ge- und Verbote zu beachten sind – damit wäre die Verbindlichkeit des Gesetzes aufgehoben –, sondern einzig und allein Art und Umfang der „flankierenden" Maßnahmen, die bewirken sollen, dass vom Gesetz nicht gewollte Ereignisse oder Zustände auch nicht gegen den Willen der verantwortlichen Stelle z.B. durch Fehler oder Missbräuche, eintreten. So kann etwa der Auskunftsanspruch des Betroffenen keinesfalls wegen unverhältnismäßigen Aufwandes abgelehnt werden; wohl aber sind die Maßnahmen, durch die verhindert werden soll, dass beim Herstellen der Auskunft ein Datenübertragungsfehler unterläuft, am Verhältnismäßigkeitsprinzip auszurichten. Andererseits ist das System schon in der Konzeptionsphase an den Erforderlichkeiten des Datenschutzes auszurichten, um zu verhindern das Ansprüche, die sich aus dem Datenschutzrecht ergeben auch technisch mit vertretbaren Mitteln umgesetzt werden können. Dies kann beispielsweise der Auskunftsanspruch sein. Wird das System schon bei seiner Entwicklung bzw. bei seiner Realisierung nicht dahingehend konzipiert, dass der Anspruch ohne einen großen Aufwand erfüllt werden kann, kommt es zwangsläufig zu einem Konflikt mit dem Datenschutz. Es ist sicherlich nicht vom Gesetzgeber gewollt, dass die Verpflichtungen des Datenschutzes aufgrund von Entwurfsfehler, Realisierungsfehlern oder technischer Fehler mit dem Argument des Aufwandes nicht erfüllt werden können. Dies betrifft alle Verpflichtungen die im technischen System realisiert werden müssen. So besteht der Löschungsanspruch auch dann, wenn die technische Realisierung dies nur mit sehr großen Aufwand umsetzen kann. Hier kann sich die verantwortliche Stelle nicht auf den Standpunkt zurückziehen, dass das System den Anspruch nicht ohne großen Aufwand erfüllen kann, wenn es andere Verfahren gibt, die das gleiche unter Umständen viel einfacher umsetzen können. 24

Mit der Betonung des Verhältnismäßigkeitsprinzips werden die verantwortlichen Stellen in der Mehrzahl überfordert. Sie können in der Regel sehr wenig mit dieser Vorgabe anfangen und fühlen sich allein gelassen. Die richtige Auswahl der geeigneten und verhältnismäßigen Maßnahmen, ist deshalb eine der wichtigsten und am meisten diskutierten Fragen des technologischen Datenschutzes.

5.2 Schutzzweck

Ausgangspunkt für die Prüfung, welche Maßnahmen erforderlich sind, ist demnach der **Schutzzweck**. Wenn im Gesetz vom angestrebten Schutzzweck die Rede ist, dann sind hier die vom BDSG oder bereichsspezifischen Datenschutzregelungen im Einzelnen vorgegebenen Schutzzwecke gemeint, deren Ausführung durch die technischen und organisatorischen Maßnahmen zu gewährleisten ist. Unberührt davon bleibt, ob die verantwortliche Stelle daneben noch eigene Schutzzwecke anstrebt, weil sie zur Erreichung etwa ihrer Geschäftszwecke oder aufgrund sonstiger gesetzlicher Regelungen noch andere Ziele erreichen will oder muss.[24] Für die automatisierte Datenverarbeitung sind diese Schutzzwecke durch die in der Anlage genannten acht Kontrollen konkretisiert. Jedoch stehen auch diese unter dem Grundsatz der Verhältnismäßigkeit. 25

Wenngleich über allen Schutzzwecken gleichermaßen das Grundthema, der in § 1 Abs. 1 verankerte Leitsatz, steht, dass der Einzelne durch den Umgang mit seinen personenbezogenen Daten in seinem Persönlichkeitsrecht nicht beeinträchtigt wird, ist der Schutzzweck im Detail von Vorschrift zu Vorschrift verschieden. Ganz allgemein geht es bei dem „angestrebten Schutzzweck" also zunächst darum, jeden unzulässigen Umgang mit personenbezogenen Daten, also deren unzulässige Erhebung, Verarbeitung oder Nutzung zu verhindern und die Richtigkeit der Daten während aller Phasen der Verarbeitung sicherzustellen sowie dem Betroffenen unter Berücksichtigung dessen Rechts auf informationelle Selbstbestimmung die Kontrolle über seine Daten durch Benachrichtigung und Auskunft zu ermöglichen. Im Detail ist daneben noch auf den speziellen Schutzzweck der einzelnen Datenschutzvorschrift abzustellen, etwa bei Berichtigung, Löschung und Sperrung von Daten oder den Pflichten, die Da- 26

24 So auch *Bergmann/Möhrle/Herb,* Datenschutzrecht, § 9 Rdnr. 27.

tenschutzkontrolle zu unterstützen oder etwa den speziellen Regelungen für die Verarbeitung durch Forschungseinrichtungen und durch Medien.

27 Für die Frage nach der Verhältnismäßigkeit der Maßnahmen in Bezug zum angestrebten Schutzzweck ist im konkreten Einzelfall neben der aus den einzelnen Vorschriften sich abstrakt ergebenden Bedeutung der Schutzzwecke entscheidend, welche Gefährdung die Verarbeitung personenbezogener Daten in concreto für das Persönlichkeitsrecht der davon Betroffenen darstellt. Letzteres hängt vor allem von der Sensitivität der Daten, der Seriosität des Verarbeiters, der Art sowie der Intensität der Verarbeitung und der Nutzung ab, denn all dies kann Auswirkungen auf ein eventuelles Missbrauchsrisiko haben.[25] Ferner ist das für die Verarbeitung eingesetzte Verarbeitungssystem zu betrachten und eine Bedrohungsanalyse (Publikumsverkehr, abgeschlossene Räume etc.) notwendig. Für das Gewicht des Schutzzwecks im Einzelfall ist bei der nach dem Grundsatz der Verhältnismäßigkeit jeweils vorzunehmenden Abwägung wesentlich, mit welcher Wahrscheinlichkeit und wie empfindlich das Persönlichkeitsrecht des Betroffenen durch eine unzulässige Gesetzesausführung beeinträchtigt werden kann, und außerdem, mit welcher Wahrscheinlichkeit ein solcher Gesetzesverstoß zu erwarten ist.

28 Sofern Daten mit unterschiedlicher Sensitivität verarbeitet werden, so sind die jeweils empfindlichsten Daten der Maßstab.[26] Des Weiteren ist bei dieser Abwägung zu berücksichtigen, ob möglicherweise außenstehende Dritte ein besonderes Interesse an der rechtswidrigen Erlangung der personenbezogenen Daten haben können[27] und inwieweit die Art der Datenverarbeitung diesen Zugriff eventuell erleichtert.[28]

29 Neben den Datenkategorien in § 3 Abs. 9 hat die Koordinierungs- und Beratungsstelle der Bundesregierung für Informationstechnik in der Bundesverwaltung im Bundesministerium des Innern (KBSt) ein Schutzstufenmodell mit drei Kategorien entwickelt.[29] Diese reichen von „gering bis mittel“ (Schutzklasse 1), dies sind personenbezogene Daten beispielsweise in öffentlichen Telefonverzeichnissen und Organigrammen, über Daten, deren Missbrauch den Betroffenen in seiner gesellschaftlichen Stellung beeinträchtigen kann, Schutzstufe „hoch“ (Schutzklasse 2) bis zu Daten, deren Missbrauch unmittelbar Einfluss auf Gesundheit, Leben oder Freiheit des Betroffenen haben kann, „sehr hoch“ (Schutzklasse 3).[30] Je höher die Schutzstufe ist, in die die personenbezogenen Daten einzugruppieren sind, desto höhere Aufwendungen für technische und organisatorische Maßnahmen sind noch verhältnismäßig. Ähnliche Schutzstufenmodelle finden sich auch bei verschiedenen Landesbeauftragten für den Datenschutz. Allerdings dürfen solche Schutzstufenkonzepte nicht zu einer mechanischen Einstufung von Daten führen, mit der Folge, dass nur die der jeweiligen Stufe zugeordneten technischen und organisatorischen Maßnahmen veranlasst werden. Vielmehr dürfen die im Einzelfall auftretenden Risiken wegen der Kontextabhängigkeit der Schutzbedürftigkeit nicht außer Acht gelassen werden.

30 Der Schutzzweck der Norm hängt aber auch von den Belangen des Verarbeiters ab. Jedenfalls dürfen diese nicht völlig unberücksichtigt bleiben, weil der Nutzwert der Daten für die verantwortliche Stelle, wenn diese damit wichtige Aufgaben zu erfüllen hat, zumindest bei öffentlichen Stellen auch auf ein Allgemeininteresse stößt.[31]

Bei der Art der Verarbeitung und der Nutzung ist nicht allein zwischen manueller und automatisierter Verarbeitung zu unterscheiden. Hinsichtlich der Sicherheit der Daten bestehen hohe Unterschiede bei den verschiedenen Hardware-Typen (PC bis zu Großrechner), der Art der Vernetzung (nichtvernetzte Rechner bis zur Anbindung an das Internet oder den automatisierten Abrufverfahren), den unterschiedlichen Betriebssystemen sowie den unterschiedlichen Datenträgern. Ob personenbezogene Daten nur innerhalb einer verantwortlichen Stelle

---

25 So auch *Schaffland/Wiltfang,* BDSG § 9 Rdnrn. 5, 17.
26 So auch *Stähler,* DSG NW § 9 Rdnr. 4; *Nungesser,* HDSG § 10 Rdnr. 7.
27 Z.B. zu Erpressungszwecken.
28 Z.B. statt Niederlegung in schwer auswertbaren Akten die Speicherung in Dateien.
29 S. GMBl. Nr. 1 1998.
30 S. hierzu *Koch,* Datenschutz-Handbuch für die betriebliche Praxis, S. 277, Rdnr. 460.
31 Vgl. BVerfGE 63, 43 ff.

genutzt oder auch Auszüge auf Datenträgern oder über öffentliche Leitungen zur externen Verwendung hergestellt werden, ist hierbei zu berücksichtigen. Durch die zunehmende Verbreitung der Personalcomputer und tragbaren Rechner (Laptops, Notebooks) werden Daten auch von Stellen in größerem Umfang verarbeitet, deren Geschäftszwecke a priori das Risiko der Verarbeitung personenbezogener Daten und deren möglichen Missbrauch deutlich machen. In die Betrachtungen ist ferner mit einzubeziehen, welche Bedrohungen für diese Geräte bestehen. Sind die Geräte in Räumlichkeiten untergebracht, in denen Publikumverkehr vorherrscht oder haben nur interne Mitarbeiter Zugang zu den Datenverarbeitungsanlagen und ist dieser Bereich zudem noch zusätzlich gesichert.

Bei der Ermittlung des sich aus der konkreten Datenverarbeitung ergebenden anzustreben- 32
den Schutzzweckes sind jedoch auch die Aufgaben, welche die verarbeitende Stelle etwa kraft gesetzlichen Auftrags mit den Daten zu erfüllen hat, und der damit in Zusammenhang stehende Nutzwert der Daten zu berücksichtigen. Das durch Datenschutzvorschriften zu schützende Persönlichkeitsrecht und das Recht auf informationelle Selbstbestimmung sind nicht absolut. Der Einzelne hat im überwiegenden Interesse der Allgemeinheit Einschränkungen hinzunehmen.[32] Diese können sich etwa aus durch Gesetz festgelegten Aufgaben ergeben, die eine Verarbeitung personenbezogener Daten zwingend zur Folge haben. Letztlich kann es aber dahinstehen, ob dieser Gesichtspunkt schon berücksichtigt wird bei der Ermittlung des anzustrebenden Schutzzweckes oder erst bei der Festlegung der nach Berücksichtigung des Grundsatzes der Verhältnismäßigkeit im Einzelfall angemessenen technischen und organisatorischen Maßnahmen, weil die konkrete Umsetzung entscheidend ist.

Zusammenfassend gilt, dass das Persönlichkeitsrecht des Betroffenen der entscheidende Be- 33
zugspunkt ist bei der Ermittlung des im Einzelfall „angestrebten Schutzzwecks“. Dafür ist zum einen der abstrakte Schutzzweck der jeweiligen Datenschutznorm und zum anderen die potenzielle Auswirkung einer personenbezogenen Datenverarbeitung für den konkreten Einzelfall zu ermitteln. Auf die Interessen der verarbeitenden Stelle an einer speziellen Sicherung der Daten und Ihrer Verarbeitung, etwa wegen der Auswirkungen fehlerhafter Verarbeitung auf die Geschäftszwecke oder das Renommee des Verarbeiters schlechthin, kommt es nicht an.

5.3 Aufwand

Dem Schutzzweck steht der **Aufwand** gegenüber, den die technischen und organisatorischen 34
Maßnahmen erfordern, die zu seiner Erreichung anfallen. Unter Aufwand fallen hier sämtliche Kosten an, die von der Planungsphase bis zur Einführung entstehen, sowie die anfallenden Betriebskosten und eventuell hiermit verbundene Leistungseinbußen der Verarbeitungskapazität. Damit zählen auch dazu Entwicklungskosten, Investitionskosten in die eigentliche Sicherungstechnik wie z.B. Verschlüsselungstechnik, besonders sichere Arbeitsplatzcomputer, abstrahlungsarme Hardware, weitere Entwicklungskosten in eine spezielle hierfür erforderliche Software wie etwa besondere Routinen für Passwortverwendung, der Einsatz erhöhter Sicherheitsanforderungen entsprechender Betriebssysteme oder die Zertifizierung der eingesetzten Hard- und Software. Weiter gehört hierzu der Aufwand für eine leistungsfähigere Hardware. Diese kann erforderlich sein, um die für erhöhte Sicherheitsbelange geeignete Software zu verarbeiten oder um durch Sicherheitsmaßnahmen verursachte Einbußen in der Leistungsfähigkeit der Hardware (performance) auszugleichen. Ob hierbei auch die Prämien für Versicherungen mit angesetzt werden dürfen, ist sehr zweifelhaft. Versicherungsprämien, die nur deshalb anfielen, weil die verantwortliche Stelle sich gegen eventuelle Schadenersatzforderungen wegen nicht ausreichender technischer und organisatorischer Maßnahmen absichern wollte, könnten nicht in Ansatz gebracht werden, da sie gerade nicht der Erreichung des Schutzzwecks der Verhinderung von Gefährdungen des Persönlichkeitsrechts dienten, sondern nur die verantwortliche Stelle treffenden Folgekosten leichter tragen ließen. Stehen erhöhte Versicherungskosten jedoch im konkreten Zusammenhang mit den durch § 9 veranlassten erhöhten Hardware- und Softwarewerten, sind sie dem Aufwand zuzurechnen.

32 BVerfGE 63, 43 ff.

Zum Aufwand kann auch gerecht werden, wenn die eingesetzte Software über bestimmte Funktionalitäten verfügen muss, um den Anforderungen des Datenschutzes gerecht zu werden. Der hierfür benötigte Mehraufwand ist dem Aufwand zuzurechnen.

35 Bei der Ermittlung des für technische und organisatorische Maßnahmen zu erbringenden Aufwandes spielt der Wirkungsgrad einer Maßnahme eine zweitrangige Rolle. Entscheidend ist allein, **ob** mit einer Maßnahme ein bestimmter Schutzzweck erreicht werden kann und wie hoch hierbei der Aufwand ist. Maßnahmen, die zur Erreichung des Schutzzwecks nichts beitragen, bleiben bei der Ermittlung des Aufwandes unberücksichtigt. Sie sind keine Durchführungsmaßnahme und daher vom Gesetz auch nicht gefordert.

36 Eindeutig nicht dem durch § 9 veranlassten **Aufwand** zuzurechnen sind die Kosten, die allein durch eine ordnungsgemäße Verarbeitung personenbezogener Daten entstehen und die hierfür bereits notwendigen Maßnahmen der Datensicherung einschließen. Hierunter fallen alle die Sicherungskosten, die bereits bei einer Verarbeitung **nicht**-personenbezogener Daten entstehen, sowie der Aufwand, der bei personenbezogener Datenverarbeitung bereits aus dem ureigenen Interesse der verantwortlichen Stelle anfällt, da aus rein wirtschaftlichen Erwägungen personenbezogene Daten nicht verfälscht werden, verloren gehen oder in falsche Hände geraten dürfen. Dass diese Maßnahmen in vielen Fällen gleichzeitig auch der Durchführung der vom BDSG vorgegebenen Datenschutzziele dienen, hat bei der Ermittlung des speziellen aus § 9 erforderlichen Aufwands außer Ansatz zu bleiben. Ist im Einzelfall unklar, ob Kosten bereits durch die ordnungsgemäße Verarbeitung von Daten oder erst durch Datenschutzanforderungen entstehen, ist als Bewertungsgrenze der durchschnittliche Maßstab für einen ordnungsgemäßen Geschäfts- bzw. Verwaltungsbetrieb bei datenverarbeitenden Stellen der gleichen Art[33] anzusetzen.

37 Hat eine durch das BDSG ausgelöste Maßnahme eindeutig nachweisbare positive Nebenwirkungen für den Geschäfts- oder Verwaltungsbetrieb – z.B. Einsparungen durch eine geringere Quote unrichtiger Daten –, so sind bei der Aufwandsberechnung entsprechende Abzüge vorzunehmen.

5.4 Abwägung

38 Ob und in welchem Umfang nun einzelne technische und organisatorische Maßnahmen tatsächlich im konkreten Verarbeitungsfall getroffen werden müssen, hängt davon ab, ob ihr Aufwand in einem **angemessenen Verhältnis** zu dem angestrebten Schutzzweck steht. Je stärker das Schutzbedürfnis, umso höher ist ggf. der Aufwand, den das Gesetz der verantwortlichen Stelle zumutet. Dies gilt besonders bei der Verarbeitung von Daten gemäß § 3 Abs. 9. Um hier aber eines klarzustellen: Entscheidend ist selbst bei höchst sensitiven Daten[34] das Erreichen des angestrebten Schutzzweckes – die Ausführung des Gesetzes zu gewährleisten – und nicht von vornherein ein hoher Aufwand an technischen und organisatorischen Maßnahmen. Die Frage der Verhältnismäßigkeit stellt sich überhaupt erst dann, wenn der Schutzzweck nur mit kostenintensiven Maßnahmen erreicht werden kann.

39 Maßstab für diese Abwägung sind hierbei die sensitivsten zu verarbeitenden Daten und die möglicherweise risikobehafteste Verarbeitung.[35] Das Abstellen auf ein durchschnittliches Gefährdungspotenzial genügt nicht. Planung und Vorbereitung der Verarbeitung personenbezogener Daten sollten daher möglichst auf der Grundlage einer Bedrohungs- und **Risikoanalyse** erfolgen, die das höchste realistisch zu erwartende Risiko berücksichtigt. Würde der danach zu erbringende technische und organisatorische Aufwand zu hoch, müsste ggf. Sorge dafür getragen werden, dass etwa Daten bestimmter extrem schutzbedürftiger Personen nicht oder nur in solchen Formen verarbeitet werden, die das Risiko ausschließen oder wenigstens verringern. Generell gilt, dass eine Minimierung des erkannten Gefährdungsrisikos zur Reduzierung der erforderlichen technischen und organisatorischen Maßnahmen führen kann.

---

33 Also z.B. bei Banken und Sparkassen im Finanzwesen.

34 Beispielsweise Daten entsprechend § 3 Abs. 9. Aber auch Arbeitnehmerdatem oder Daten über Strafbarkeiten und Ordnungswidrigkeiten

35 Vgl. o. Rdnr. 28.

Werden Daten mit besonderer Sensitivität[36] verarbeitet, so ist das Bedürfnis nach Maßnahmen zur Erreichung datenschutzgerechter Verarbeitung entsprechend hoch; ein auch hoher Aufwand ist noch angemessen und ggf. erforderlich. Selbstverständlich darf hierbei die Finanzkraft einer verantwortlichen Stelle nicht überfordert werden, andererseits darf eine im Einzelfall schwierige finanzielle Situation eines Betriebes oder einer öffentlichen Stelle nicht zum Verzicht auf die der Gefährdungssituation angemessenen Maßnahmen führen; nur eine objektive Betrachtungsweise führt zur richtigen Abwägung.[37] 40

Ein hohes Schutzbedürfnis besteht auch dann, wenn Daten als Grundlage von Entscheidungen dienen, die sich auf den Betroffenen auswirken. Je massiver ggf. die Nachteile sind, die durch fehlerhafte Verarbeitung entstehen können, umso höher ist naturgemäß der angemessene Aufwand. Dies gilt verstärkt, wenn eine fehlerhafte Verarbeitung für den Betroffenen nicht sofort erkennbar ist, die daraufhin gefällten Entscheidungen nur schwer überprüfbar oder revidierbar sind. Hierzu gehören den Ruf gefährdende Verarbeitungsergebnisse, die Fragen der Kreditwürdigkeit, die Vertrauenswürdigkeit für bestimmte berufliche Aufgaben, die Seriosität von Geschäftsleuten, die Qualität etwa handwerklicher Tätigkeiten betreffen. 41

Hingegen kommt Daten, die üblicherweise aus allgemein zugänglichen Quellen unschwer gewonnen werden können, z.B. aus Fernsprechverzeichnissen, Einwohneradressregistern, veröffentlichten Geschäftsverteilungsplänen, ein geringeres Schutzbedürfnis zu, wenn es etwa um die Verhinderung unzulässiger Übermittlung geht. Dies gilt grundsätzlich allerdings nur, wenn sie in unveränderter Form weitergegeben/publiziert werden, nicht, wenn sie umsortiert usw. worden sind. Die verantwortliche Stelle kann das subjektive Schutzbedürfnis des Betroffenen bei der Verarbeitung von aus öffentlichen Verzeichnissen gewonnenen Daten auch daraus ableiten, ob der Betroffene von einem bestehenden Widerspruchsrecht gegen die Veröffentlichung Gebrauch gemacht hat. 42

Kommt Betroffenen ein geringeres Schutzbedürfnis ihres Persönlichkeitsrechts zu, etwa Personen der Zeitgeschichte, kann dies bei der Abwägung mit dem erforderlichen Aufwand berücksichtigt werden.[38] 43

Oft kommen für eine bestimmte erstrebte Schutzwirkung mehrere Maßnahmen in Betracht. Wenn sich ihre Schutzwirkungen nicht kumulieren, so kann bei gleicher Wirkung die Maßnahme oder das Maßnahmenpaket gewählt werden, die den geringsten Aufwand erfordern. Wirken die Maßnahmen kumulativ, so hängt es vom Schutzbedürfnis ab, ob der Aufwand für mehrere Maßnahmen angemessen ist. Sind Durchführungsmaßnahmen mit angemessenem Aufwand nicht möglich, so bleibt der verarbeitenden Stelle nur die Wahl, einen höheren Aufwand in Kauf zu nehmen oder auf die Verarbeitung der Daten zu verzichten. In keinem Fall darf der Datenschutz ökonomischen Überlegungen zum Opfer fallen. Klarzustellen ist hier auch, dass der Abschluss einer Haftpflichtversicherung durch die verantwortliche Stelle nicht etwa die an sich gebotenen Maßnahmen ersetzen kann. 44

Zusammenfassend kann festgestellt werden, dass der Aufwand für technische und organisatorische Maßnahmen angemessen ist, der im Einzelfall durch den vom Gesetz angestrebten Schutzzweck gerechtfertigt ist. Für die Praxis gibt das „IT-Grundschutzhandbuch", das vom Bundesamt für die Sicherheit in der Informationstechnik (BSI) für die Bundesverwaltung herausgegeben ist, klare Vorgaben. Die dort aufgeführten Maßnahmen sind auch verhältnismäßig und stehen nicht im Verdacht über das Ziel hinaus zuschießen. 45

Nicht auf Satz 2 und damit die Abwägung nach dem Verhältnismäßigkeitsgrundsatz kann sich die verantwortliche Stelle bei den Maßnahmen berufen, die notwendig sind, um die unabdingbaren Rechte des Betroffenen zu verwirklichen, als da sind das Recht auf Auskunft (§§ 19, 19a, 33 f.), Berichtigung, Löschung und Sperrung (§§ 20, 35). Gleiches gilt für die ausdrücklichen gesetzlichen Gebote.[39] Diese Rechte und Gebote sind in jedem Falle sicherzustellen. So darf der Auskunftsanspruch des Betroffenen nicht deshalb versagt werden, weil der Auf- 46

36 Vgl. siehe auch § 3 Abs. 9.
37 Vgl. auch *Schaffland/Wiltfang,* BDSG § 9 Rdnr. 19.
38 Z.B. beim Anlegen einer so genannten Prominentendatei.
39 Z.B. Benachrichtigungspflicht nach § 20 Abs. 7, § 35 Abs. 6.

wand für die Recherche nach diesen Daten zu hohe Kosten verursacht. Die technischen und organisatorischen Maßnahmen, die zur vollständigen und rechtzeitigen Durchsetzung dieser Ansprüche notwendig sind, müssen verwirklicht werden, andernfalls **muss** die verarbeitende Stelle auf die Verarbeitung verzichten. Allerdings steht die Art der Umsetzung dieser Ansprüche unter dem Verhältnismäßigkeitsmaßstab. Damit kann die verantwortliche Stelle zwar nicht über das „Ob" der Verwirklichung dieser Rechte, jedoch über das „Wie" im Rahmen von Satz 2 abwägen. Sie kann aber abwägen, auf welche Weise sie den Empfänger unrichtiger Daten von der Berichtigung in Kenntnis setzt oder wie schnell und auf welche Weise sie dem Betroffenen Auskunft erteilt.

6. Anlage zu § 9 Satz 1

Werden personenbezogene Daten automatisiert verarbeitet oder genutzt, ist die innerbehördliche oder innerbetriebliche Organisation so zu gestalten, dass sie den besonderen Anforderungen des Datenschutzes gerecht wird. Dabei sind insbesondere Maßnahmen zu treffen, die je nach der Art der zu schützenden personenbezogenen Daten oder Datenkategorien geeignet sind,

1. **Unbefugten den Zutritt zu Datenverarbeitungsanlagen, mit denen personenbezogene Daten verarbeitet oder genutzt werden, zu verwehren (Zutrittskontrolle),**
2. **zu verhindern, dass Datenverarbeitungssysteme von Unbefugten genutzt werden können (Zugangskontrolle),**
3. **zu gewährleisten, dass die zur Benutzung eines Datenverarbeitungssystems Berechtigten ausschließlich auf die ihrer Zugriffsberechtigung unterliegenden Daten zugreifen können, und dass personenbezogene Daten bei der Verarbeitung, Nutzung und nach der Speicherung nicht unbefugt gelesen, kopiert, verändert oder entfernt werden können (Zugriffskontrolle),**
4. **zu gewährleisten, dass personenbezogene Daten bei der elektronischen Übertragung oder während ihres Transports oder ihrer Speicherung auf Datenträger nicht unbefugt gelesen, kopiert, verändert oder entfernt werden können, und dass überprüft und festgestellt werden kann, an welche Stellen eine Übermittlung personenbezogener Daten durch Einrichtung zur Datenübertragung vorgesehen ist (Weitergabekontrolle),**
5. **zu gewährleisten, dass nachträglich überprüft und festgestellt werden kann, ob und von wem personenbezogene Daten in Datenverarbeitungssysteme eingegeben, verändert oder entfernt worden sind (Eingabekontrolle),**
6. **zu gewährleisten, dass personenbezogene Daten, die im Auftrag verarbeitet werden, nur entsprechend den Weisungen des Auftraggebers verarbeitet werden können (Auftragskontrolle),**
7. **zu gewährleisten, dass personenbezogene Daten gegen zufällige Zerstörung oder Verlust geschützt sind (Verfügbarkeitskontrolle),**
8. **zu gewährleisten, dass zu unterschiedlichen Zwecken erhobene Daten getrennt verarbeitet werden können.**

6.1 Vorbemerkung

47 Die Anlage zu § 9 Satz 1 hat sich gegenüber der Fassung des BDSG 1990 in zwei wesentlichen Punkten geändert. Zum einen wird jetzt auch die Nutzung personenbezogener Daten in die Anlage mit einbezogen, zum anderen wird die datenschutzgerechte Organisation, die früher in einer besonderen Kontrolle gefordert wurde, den besonderen Maßnahmen vorangestellt. Das Gesetz stellt weiterhin aber ebenso weitgehende wie vergleichsweise allgemein gehaltene Anforderungen auf. Neu ist, dass für die **automatisierte** Datenverarbeitung oder **Nutzung** eine innerbehördliche oder innerbetriebliche Organisation gefordert wird, die dem Anliegen des Datenschutzes gerecht wird. Die Verpflichtung, eine datenschutzgerechte Organisation einzurichten, richtet sich somit sowohl an öffentliche wie nicht-öffentliche Stellen. Diese For-

derung war schon Gegenstand der Fassung des BDSG von 1990 und 1977; dort wurde sie in der Organisationskontrolle erhoben. Die Organisation muss damit auch den Anforderungen des Datenschutzes gerecht werden. Weiterhin wird von den Stellen besondere Maßnahmen gefordert, um bestimmte Vorgaben zu erreichen oder bestimmte Gefahren zu verhindern. Soweit die Formulierungen stärker von der bisherigen Regelung abweichen,[40] ist die eigentliche Zielrichtung der Anforderungen gleichwohl weitgehend erhalten geblieben. Die Organisation erhält damit eine gegenüber früher größere Bedeutung. Hatte im BDSG 1990 und früher die Organisation bezogen auf die übrigen Kontrollanforderungen eine teils unterstützende und teils lückenfüllende Funktion, so wird sie heute durch die Aufnahme in den Einleitungssatz den technischen Forderungen vorangestellt. Dies lässt sich damit begründen, dass die Einführung der Datenverarbeitung immer stets mit einer Änderung bzw. Anpassung der Organisation verbunden sein muss. Wer automatisiert personenbezogene Daten verarbeiten will, sollte sich demzufolge zunächst über die Änderung bzw. Anpassung der Organisation im Klaren sein.

Der Anforderungskatalog listet also weiterhin eine Reihe von Maßnahmen auf, um das Ziel 48 Datensicherheit zu erreichen. Es wurde zwar auf die Datenträgerkontrolle verzichtet und andere Kontrollen zusammengeführt, dies spielt aber letztendlich keine Rolle, weil die Verpflichtung zu Durchführungen verschiedener Kontrollen nach wie vor das Anliegen des Datenschutzes ist. Im Übrigen ist der Wegfall der Datenträgerkontrolle damit zu begründen, dass durch den technischen Wandel diese Maßnahme wirklichkeitsfremd wurde und nicht mehr in die Zeit passte. Datenträger sind heute eine Massenware geworden, deren Kontrolle nicht mehr mit wirtschaftlichem Aufwand vertretbar ist. Die gesetzliche Anforderung an die erforderlichen Datensicherungsmaßnahmen sind aber nach wie vor sehr flexibel gehalten, weil sie losgelöst von einem bestimmten Stand der Technik oder der Organisationskenntnisse zum Zeitpunkt des In-Kraft-Tretens des Gesetzes beschrieben werden. Gleichwohl hat der Gesetzgeber versäumt, den Weg zu anerkannten in Wissenschaft und Technik verwendeten Begriffe wie Vertraulichkeit, Integrität und Verfügbarkeit einzuschlagen. Dies führt nach wie vor dazu, dass der technische Datenschutz mit seinen Begrifflichkeiten nicht an die Forderungen der allgemeinen Grundsätze der IT-Sicherheit anknüpft.

Die Anforderungen an die innerbehördliche und innerbetriebliche Organisation ist sehr 49 allgemein gehalten. Damit bleibt jeder Stellen selbst überlassen, wie sie mit ihrer Organisation den Belangen des Datenschutzes Rechnung tragen will. Man kann aber nicht mehr von einer vollständigen Organisationsfreiheit der verantwortlichen Stelle sprechen. Auf jeden Fall muss die Organisation, um dem Datenschutz gerecht werden können, so gestaltet sein, dass beispielsweise die Rechte des Betroffenen nach § 19 oder die Verpflichtung der Benachrichtigung nach § 19a gewahrt werden. Auch muss die Organisation die Meldepflichten nach § 4 und die Einrichtung eines Beauftragten für den Datenschutz nach § 4f berücksichtigen.

Auch der Begriff „Organisation" wird in einem weiten Sinne verstanden. Er umfasst die Auf- 50 bau- ebenso wie die Ablauforganisation. Eine Erweiterung ergibt sich ferner dadurch, dass viele organisatorische Maßnahmen zugleich technische, bauliche und personelle Aspekte aufweisen. Die Aufbauorganisation ist grundsätzlich auf allen Ebenen in die Betrachtung einzubeziehen, also von der Gliederung der Behörde oder des Unternehmens in verschiedene Abteilungen oder in Unternehmensbereiche bis hin zum Beispiel zur Organisation des Datenarchivs. Entsprechendes gilt für die Ablauforganisation. Sie interessiert nicht nur in Bezug auf den einzelnen Verarbeitungsrhythmus, also den Ablauf von der Ermittlung über die Erfassung und Verarbeitung bis zur Speicherung und anschließenden Löschung personenbezogener Daten, sondern ebenso die verschiedenen Entwicklungsphasen von der Planung über den Entwurf, die Programmierung und praktische Verwendung eines automatisierten Systems bis hin zu seiner Außerdienststellung.

Der wichtigste organisatorische Datenschutzgrundsatz ist die **Funktionstrennung**. Sie basiert 51 auf der Tatsache, dass durch die Aufteilung eines Arbeitsprozesses in einzelne Abschnitte und deren Verteilung auf unterschiedliche organisatorische Einheiten die Möglichkeiten des einzelnen an dem Prozess Beteiligten minimiert werden, den Vorgang regelwidrig zu beein-

40 Z.B. „Zutrittskontrolle" nach Nr. 1 gegenüber „Zugangskontrolle".

flussen. Dies beruht einerseits auf dem dann geringeren Einflussbereich des einzelnen Beteiligten, andererseits auf der wechselseitigen Kontrolle der verschiedenen, in den Prozess eingeschalteten Funktionsträger.

52 Unter Datenschutzgesichtspunkten ist die Funktionsaufteilung vor allem an dem Ziel zu orientieren, eine unbefugte Kenntnisnahme personenbezogener Daten sowie ihre unbefugte Verarbeitung und Benutzung auszuschließen oder soweit wie möglich zu erschweren. Nach diesen Grundsätzen sind z.B. die Funktionen der Fachabteilung, der Anwendungsprogrammierung, soweit diese heute noch vorhanden ist, der Systemprogrammierung, der Datenaufbereitung und -erfassung, der Arbeitsvor- und -nachbereitung sowie des Programm- und Datenarchivs grundsätzlich zu trennen. Soweit eine Funktionstrennung notwendig ist, darf sie auch nicht faktisch dadurch unterlaufen werden, dass eine Person etwa im Vertretungsfall die Funktionen in getrennten Bereichen wahrnimmt. Schließlich kommt es darauf an, die Funktionstrennung nicht nur als Organisationsstruktur einzuführen, sondern sie auch gezielt als Grundlage für Prüfprozeduren zu nutzen. Die Anlage verlangt Funktionstrennung in vielfältiger Weise, ohne freilich diesen Ausdruck zu verwenden. Die Mehrzahl der Anforderungen geht davon aus, dass für bestimmte, dort jeweils genannte Verrichtungen im Zusammenhang mit der Verarbeitung personenbezogener Daten jeweils bestimmte Personen und auch diese nur unter bestimmten Bedingungen und in begrenztem Umfang befugt, alle anderen aber unbefugt sind. Diese Befugnisse im Einzelnen zu bestimmen und abzugrenzen, ist Aufgabe der Organisation. Dies ist dementsprechend zu gestalten. Um datenschutzgerecht zu sein, muss die Befugniserteilung folgenden Grundsätzen entsprechen:

- Die Befugnisse sind möglichst eng zu umgrenzen.
- Sie müssen der ausgeübten Funktion entsprechen.
- Die Funktionen sind im Sinne des Funktionstrennungsprinzips zu verteilen. Bei Kleinbetrieben ist der Funktionstrennung durch die geringe Zahl der Beschäftigten unter Umständen eine Grenze gesetzt.
- Für die Daten muss im Laufe des gesamten Verarbeitungsprozesses gelten, dass sie vertraulich, integer und authentisch verarbeitet werden.

53 Das Gesetz gibt also in der Anlage weiterhin bestimmte Funktionen vor, die zu erfüllen sind, überlässt es aber den verantwortlichen Stellen, die dafür geeigneten und notwendigen Maßnahmen auszuwählen. Dieser Regelungsansatz hat den Vorteil, die Intention des Gesetzgebers hinreichend zu verdeutlichen, gleichzeitig aber ein **Höchstmaß an Flexibilität** zu garantieren, und zwar sowohl in Bezug auf die höchst unterschiedlichen vom Gesetz erfassten Sachverhalte, als auch auf die technologische Fortentwicklung. Seine Schwäche besteht darin, dass der zwangsläufig damit verbundene Mangel an Präzision der Anforderungen für den Einzelfall der automatisierten Datenverarbeitung von der verantwortlichen Stelle leicht dazu missbraucht werden könnte, die Schutzerfordernisse den Wirtschaftlichkeitserwägungen unterzuordnen. Dies zu verhindern, ist auch Sache der Kontrollinstanzen. Als Schwachpunkt ist weiterhin die Wahl der Verpflichtungen anzusehen. Statt den Weg hin zu weltweit anerkannten Begriffen wie Vertraulichkeit, Verfügbarkeit und Integrität zu gehen, werden nach wie vor Begriffe verwendet, die in der Wissenschaft und Technik isoliert dastehen. Der Gesetzgeber hat damit die Chance verspielt, durch die Verpflichtung der öffentlichen und nicht-öffentlichen Stellen auf die drei Grundbedrohungen und die aus Datenschutzrecht ergänzend notwendigen Begriffe wie Transparenz, Revisionsfähigkeit und Authentizität sowie der Unbeobachtbarkeit den Bogen hin zu den Methoden aus dem Bereich der allgemeinen IT-Sicherheit zu schließen. Das Versäumnis ist deshalb auch als ärgerlich anzusehen, weil für die in der IT-Sicherheit definierten Begriff Methoden zur Verfügung stehen, die das Maß der IT-Sicherheit bewertbar und quantifizieren können.

54 Der Umstand, dass der Gesetzgeber die Datensicherheitsziele wiederum nicht in den Gesetzestext der einschlägigen Vorschrift (§ 9) aufgenommen hat, sondern in einer eigenen Anlage am Ende des Gesetzes, erklärt die Schwerfälligkeit des Eingangssatzes. So wiederholt der Eingangssatz weithin nur Begriffe, die schon in § 9 Satz 1 enthalten und damit weitgehend selbstverständlich sind,[41] ohne dass damit die grundlegende Verpflichtung zu technischen und organisatorischen Maßnahmen verändert wird. Auch der hier ausdrücklich verwendete Begriff

„geeignet“ bringt keine neue Regelungsrichtung, da die nach § 9 Satz 1 zu treffenden **erforderlichen** Maßnahmen nur „geeignete“ umfassen.

Der Grundsatz der Verhältnismäßigkeit gilt, wie sich aus dem Wortlaut von § 9 Satz 1 eindeutig ergibt, selbstverständlich auch für die in der Anlage genannten Anforderungen. Damit ist der Anforderungskatalog flexibel nicht nur hinsichtlich des technischen und organisatorischen Wandels, sondern auch hinsichtlich der Besonderheiten des jeweiligen einzelnen Automatisierungsfalles. Letzteres ist nötig angesichts der in ihrer Gesamtheit weitgehenden Anforderungen. Die Besonderheiten der einzelnen automatisierten Datenverarbeitung machen aber eben auch auf den Einzelfall abgestimmte nach Art, Ausgestaltung und Ausmaß unterschiedliche Maßnahmen erforderlich. Die Geltung des Grundsatzes der Verhältnismäßigkeiten erlaubt es, den Aufwand stets in dem Rahmen zu halten, der durch die jeweils berührten schutzwürdigen Belange gerechtfertigt wird. Da das Gesetz damit ein wirksames Korrektiv anbietet, darf der Aspekt des Aufwandes nicht die Interpretation des sachlichen Inhalts und Geltungsbereichs der gesetzlichen Anforderungen beeinflussen. 55

Der Maßnahmenkatalog ist nicht abschließend. Besondere Gefährdungslagen erfordern ggf. weitere technische und organisatorische Gegenmaßnahmen. 56

6.2 Einleitungssatz

Der Einleitungssatz gelangt gegenüber § 9 deshalb an Bedeutung, weil er die besondere Bedeutung einer **datenschutzgerechten Organisation** hervorhebt. Er verpflichtet alle Stellen, die personenbezogene Daten verarbeiten oder nutzen, die Organisation auf **die besonderen Anforderungen des Datenschutzes** abzustellen. Dies gilt übrigens für alle Stellen, öffentliche wie nicht-öffentliche, wie der ausdrückliche Hinweis auf die **innerbehördliche oder innerbetriebliche Organisation** zeigt. Die Wiederholungen in Satz 2, die als Erläuterung gedacht sein mögen, führen freilich eher zu Komplikationen. So fällt auf, dass nicht mehr von „technischen und organisatorischen Maßnahmen“, sondern von „insbesondere Maßnahmen“ schlechthin die Rede ist. Es sollen also nicht nur die gängigen Maßnahmen ergriffen werden, sondern solche, die über das übliche Maß hinausgehen. Zwar hat die Anlage nach ihrem Wortlaut einen selbstständigen Regelungsgehalt, was dafür sprechen könnte, sie zunächst einmal aus sich heraus auszulegen. Tatsächlich enthält sie jedoch keine eigenständige Rechtsnorm. Ihre Geltung steht und fällt vielmehr mit § 9. Sie ist nur „Anlage zu § 9 Satz 1“ und hat infolgedessen einzig und allein innerhalb des dort gezogenen Rahmens Bedeutung. Daraus folgt, dass bei unterschiedlichen Formulierungen im Zweifel § 9 die verbindliche Regelung darstellt. Auch in der Anlage geht es daher allein um technische und organisatorische Maßnahmen. Nach dem gleichen Grundsatz ist auch der Widerspruch aufzulösen, der darin besteht, dass der Satz 2 der Anlage verlangt, „besondere Maßnahmen zu treffen, die … **geeignet** sind, die im Katalog genannten Erfolge zu verhindern bzw. zu gewährleisten, während § 9 Satz 1 die Maßnahmen verlangt, „die **erforderlich** sind, um … die in der Anlage … genannten Anforderungen zu **gewährleisten**“. Das bedeutet, dass Satz 2 der Anlage an dem Grundsatz, dass alle erforderlichen Maßnahmen zu treffen sind, nichts ändert. Es versteht sich von selbst, dass für eine bestimmte Anforderung ungeeignete Maßnahmen auch nicht zu deren Gewährleistung erforderlich sind. 57

Der Satz 2 verlangt Maßnahmen, „**die je nach Art der** zu schützenden personenbezogenen **Daten** oder **Datenkategorien** geeignet sind“. Streng genommen hängt allerdings die Eignung einer Maßnahme, einen bestimmten Erfolg, z.B. den Zugang zu einem Arbeitsplatzrechner zu verhindern, nicht von der Art der Daten oder die Datenkategorien ab, auf die die Maßnahme angewendet wird. Die Art der Daten oder die Datenkategorien ist vielmehr eines der wesentlichen Kriterien für die Entscheidung, welche Maßnahmen i.S.v. § 9 Sätze 1 und 2 angemessen und damit erforderlich sind. Man hätte sie daher dort exemplarisch als Einflussfaktor für die Wahl der gebotenen Maßnahmen ansprechen können; sie ist jedenfalls kein Spezifikum der automatisierten Verarbeitung, um die es in der Anlage speziell geht. Der Hinweis auf die 58

41 Personenbezogene Daten, Maßnahmen zu treffen, zu schützende personenbezogene Daten.

Datenkategorien soll vielmehr hervorheben, dass es Datenkategorien gibt wie beispielsweise die in § 3 Abs. 9 aufgezählten, die aufgrund ihrer herausgehoben Stellung eben besondere Maßnahmen zur Datensicherung benötigen.

59 Als normativ bedeutendem Inhalt des Eingangssatzes bleibt die Eingrenzung auf Daten, die „**automatisiert verarbeitet oder genutzt**" werden. Der Begriff „automatisiert" wird im Gesetz an mehreren Stellen verwendet. Daten werden automatisiert verarbeitet, wenn die wesentlichen Verfahrensschritte der Datenverarbeitung, insbesondere das Lesen und Vergleichen von Daten, in programmgesteuerten Einrichtungen ablaufen. Das **Erheben**, selbst wenn es automatisiert erfolgt, fällt nicht unmittelbar unter den Begriff der Verarbeitung. Diese Bewertung ändert sich jedoch in dem Moment, in dem das automatisierte Erheben in die Phase des Verarbeitens übergeht, also z.B. das automatisierte Erheben zum Erfassen und/oder Aufnehmen von personenbezogenen Daten, also zur Speicherung führt. Diese Betrachtungsweise ist mit der neuen Fassung des BDSG hinfällig, da nach § 9 nebst Anlage auch für die Erhebung von Daten gilt. Die Nutzung personenbezogener Daten fällt nunmehr auch unter den Regelungsinhalt von § 9, d.h. auch alle Nutzung außerhalb des Verarbeitens müssen mit technisch-organisatorischen Maßnahmen gesichert werden.

60 Der **Ort** der automatisierten Verarbeitung oder Nutzung ist für die Anwendbarkeit der Anlage zu § 9 Satz 1 nicht entscheidend. Das heißt, auch die in der Wohnung des Arbeitnehmers erledigte **Telearbeit** fällt darunter, wenn sie nur selbst automatisiert erfolgt oder als Teil des gesamten Datenverarbeitungssystems des Arbeitgebers als automatisiert zu werten ist. Auch lediglich die Nutzung personenbezogener Daten in diesem Bereich fällt nunmehr darunter. Dabei ist es auch nicht entscheidend, ob die automatisierte Verarbeitung oder Nutzung als so genannte Insellösung auf einem nicht an die Datenverarbeitung des Arbeitgebers angeschlossenen technischen Gerät erfolgt, ob die Verbindung zeitweise automatisiert besteht, etwa zu Datenübermittlungszwecken, oder ob durch Zugriff auf das Datenverarbeitungssystem des Arbeitgebers ständig oder zu jeder gewünschten Zeit die Rechnerkapazität dem zu Hause extern arbeitenden Arbeitnehmer zur Verfügung steht. Automatisierte Telearbeit mit personenbezogenen Daten – unabhängig, wie stark in die automatisierte Verarbeitung des Arbeitgebers eingebunden – fällt unter § 9 nebst Anlage.

61 Der Eingangssatz der Anlage stellt darauf ab, **ob** personenbezogene Daten **automatisiert** verarbeitet oder genutzt werden. Ist dies der Fall, so sind die acht Anforderungen in Bezug auf diese Daten zu beachten. Und zwar generell, ohne Rücksicht darauf, ob sie momentan gerade einer automatisierten Verarbeitung oder Nutzung unterliegen oder „manuell", das heißt, von einem menschlichen Benutzer verwendet werden. Diese Regelung ist auch angemessen, da die speziellen Risiken, auf die die Anlage (und die anderen Spezialbestimmungen für automatisierte Verfahren) eingeht, nicht nur während der Phase der Erhebung, der aktuellen automatisierten Verarbeitung oder Nutzung bestehen, sondern sich schon aus der Möglichkeit einer automatisierten Verarbeitung oder Nutzung und den Besonderheiten der dabei verwendeten Medien ergeben. Sie gilt ebenso für Verarbeitungsergebnisse, auch wenn sie nicht maschinell weiterverarbeitet werden können (also z.B. für Computerlisten und Computer-Output-on-Microfiches; COM). Auch eine **manuelle Zwischenbearbeitung** („manuelle Inseln", z.B. die Überprüfung von Eingaben anhand einer automatisch erstellten Fehlerliste) fällt unter die Bestimmungen der Anlage. Werden allerdings in sich abgeschlossene Verarbeitungsvorgänge insgesamt manuell erledigt, so gilt für diese die Anlage zu § 9 nicht unmittelbar, selbst wenn die Stelle im Übrigen Daten automatisiert verarbeitet. Allerdings lassen sich auch für die manuelle Datenverarbeitung aus der Anlage Anregungen für die erforderlichen technischen und organisatorischen Maßnahmen entnehmen.

62 Der Begriff „automatisiert verarbeitet" stellt nicht auf eine bestimmte Rechnergröße oder Hardware-Ausstattung oder Leistungsfähigkeit ab. Deshalb fällt die Verarbeitung personenbezogener Daten auf **Personalcomputern** auch unter den Begriff, weshalb auch die Anforderungen der Anlage zu erfüllen sind.[42]

---

42 Vgl. auch *Volle,* CR 1992, 500; *Auernhammer,* BDSG § 9 Rdnr. 10; *Dworatschek/Büllesbach/Koch,* Personal Computer und Datenschutz, 1990, 65 ff., 101 ff.

Die in der Anlage zu § 9 Satz 1 geforderten Maßnahmen werden nach den Erfahrungen der für den Datenschutz zuständigen Kontrollinstitutionen nicht in ausreichendem Maße eingehalten.[43] Ein weiteres Problem liegt darin, dass das – wenn auch meist unbeabsichtigte – Einschleusen von „Viren“ bei Personalcomputern vergleichsweise einfach ist wegen der breiten Verfügbarkeit an den vernetzten oder unvernetzten Arbeitsplätzen und dem einfachen Einführen von Programmen über Disketten oder CD-ROMs, die Träger von Viren sein können, oder dem Empfang von virenverseuchten E-Mails. 63

Einerlei wie den acht Kontrollgeboten der Anlage zu § 9 entsprochen wird, sie sind auch für den Einsatz von Personalcomputern Richtschnur. Umso mehr die Leistungsfähigkeit von Personalcomputern sich der der Mainframe angenähert hat und so breiter die Verwendung von Personalcomputern in Privatwirtschaft und öffentlicher Verwaltung ist, darf es keinen Zweifel an der zwingenden Umsetzung der acht Kontrollziele geben. Dabei spielt es keine Rolle, dass das Risikopotenzial der Personalcomputer – gerade bei deren rascher technischer Entwicklung – sich von der herkömmlichen Groß-EDV erheblich unterscheidet, für die die acht Kontrollziele nach wie vor ursprünglich formuliert worden sind. Natürlich sind die konkreten technischen und organisatorischen Maßnahmen, die für den datenschutzgerechten Einsatz von Personalcomputern geboten sind, z.T. ganz unterschiedlich, das ändert an der Umsetzung der Kontrollziele nichts; es zeigt allenfalls erneut, dass der Gesetzgeber die richtige Entscheidung getroffen hat, als er statt bestimmte Maßnahmen zu verlangen nur Ziele vorgegeben hat. 64

Die Miniaturisierung der Personalcomputer zu Notebooks oder PDA ändert daran natürlich ebenfalls nichts. Allerdings fordern auch diese Geräte die Kreativität hinsichtlich neuer technischer und organisatorischer Maßnahmen zum Beispiel allein dadurch heraus, dass das Notebook Datenverarbeitungsanlage und Datenträger in einem ist und die leichte Transportabilität und Flexibilität zweifelsohne drastische Risiken birgt. 65

Zunächst war es für den Einsatz von Personalcomputern typisch, dass sie am Arbeitsplatz zur Erfüllung dezentraler Aufgaben quasi autonom eingesetzt worden sind. Doch neben solchen isolierten Einplatzsystemen (stand alone) ist die Mehrzahl der Systeme heute vernetzt und hat damit die Möglichkeit der Datenübertragung. Seien das nun Local Area Networks (LAN), die mehrere Personalcomputer untereinander verbinden, oder Personalcomputer (mit oder ohne LAN) mit Anschluss an das Internet. 66

Letztlich bedeutet dies angesichts der kurz angedeuteten Situation der verschiedensten technischen Einsatz- und Anbindungsmöglichkeiten sowie der rasanten technischen Weiterentwicklung gerade im Bereich der Personalcomputer, dass die erforderlichen technischen und organisatorischen Maßnahmen in jedem Einzelfall und bei jedem technologischen Fortschritt erneut differenziert zu ermitteln sind. Hierbei sei auch auf die von den Datenschutzbeauftragten und den Datenschutzaufsichtsbehörden herausgegebenen Hilfen hingewiesen.[44] 67

6.3 Maßnahmen nach der Anlage zu § 9

6.3.1 Zutrittskontrolle (Nr. 1)

Unbefugten ist der Zutritt zu Datenverarbeitungsanlagen zu verwehren, mit denen personenbezogene Daten verarbeitet oder genutzt werden. Zweck dieser Zutrittskontrolle ist es also zu verhindern, dass unbefugte Personen sich Datenverarbeitungsanlagen nähern, womit das Risiko einer unbefugten Kenntnisnahme personenbezogener Daten oder gar die Möglichkeit irgendeiner Bedienung der Datenverarbeitungsanlage oder eines sonstigen Einwirkens auf die Datenverarbeitungsanlage bestünde. 68

Diese Regelung der Zutrittskontrolle wurde neu in die Anlage zu § 9 aufgenommen. Sie soll den gesetzlichen Wortlaut der Nr. 1 der Anlage zu § 9 BDSG 1990 der informationstechnischen Terminologie anpassen. Die Regelung entspricht inhaltlich der Zugangskontrolle des 69

43 Statt vieler der *HmbDSB,* in Hamburger Datenschutzhefte, Datenschutzkonzept für PC, Hamburg 1991, 8, der auch einige der Ursachen für diese Situation aufzeigt.

44 Statt vieler: *HmbDSB,* Datenschutzkonzept für PC, a.a.O., 10 ff.; *Datenzentrale Baden-Württemberg,* Datenschutz und Datensicherung beim Einsatz von Personalcomputern (PC).

früheren BDSG. Unter Zutritt ist ausschließlich die räumliche Annäherung an eine Datenverarbeitungsanlage zu verstehen. Gleichwohl hat diese Forderung durch den seit In-Kraft-Treten des BDSG 1977 eingetretenen technischen Wandel eine wesentliche praktische Änderung erfahren, weil die Mensch-Maschine-Schnittstelle der **Datenverarbeitungsanlagen** durch vielfach bewusst kundenorientierten Einsatz ganz in die Nähe von Unbefugten platziert ist. Damit erfährt diese Regelung auch in ihrer Auslegung einen Wandel.

70 Weil die heute übliche informationstechnische Infrastruktur nicht mehr auf Rechenzentren beruht, sondern eher dezentral auf der Basis von Servern, Personalcomputern und Netzwerken organisiert ist und die ursprünglich abgeschotteten Rechenzentren nur noch in Einzelfällen betrieben werden, überschneiden sich die Kontrollziele der Zutrittskontrolle nach Nr. 1, Zugangskontrolle nach Nr. 2 teilweise mit der Zugriffskontrolle nach Nr. 3. Da letztlich aber entscheidend ist, „die Ausführung der Vorschriften dieses Gesetzes zu gewährleisten", ist es nicht entscheidend, auf welches der Kontrollziele Maßnahmen gestützt werden.

71 Auch der klaren Festlegung der Befugnis kommt verstärkte Bedeutung zu, weil ebenfalls im Zuge der Entwicklung zu mehr Kunden- und Bürgerfreundlichkeit Außenstehenden von den datenverarbeitenden Stellen ganz bewusst Zutritt zu Datenverarbeitungsanlagen eröffnet werden, beispielsweise am automatisierten Terminal zur Erstellung des Kontoauszugs bei der Bank.

72 **Datenverarbeitungsanlagen** im Sinne dieser Regelung umfassen unabhängig von der Leistungsfähigkeit jedes Gerät, mit dem Daten automatisiert verarbeitet werden können, insbesondere auch Personalcomputer, tragbare Computer wie Laptops und Notebooks, aber auch z.B. (Chipkarten-) Lesegeräte. Inbegriffen ist auch die gesamte angeschlossene Peripherie, beispielsweise integrierte Drucker. Nach DIN 44300 wird eine Datenverarbeitungsanlage als die Gesamtheit der Baueinheiten definiert, aus denen eine Funktionseinheit zur Verarbeitung von Daten aufgebaut ist. Aufgrund dieser Definition gehören heute auch Digital-Kameras, Digitale Videogeräte (Camcorder), aber auch Kopiergeräte, soweit sie über eingebaute Festplatten verfügen, oder moderne Faxgeräte mit eingebauten Speichern dazu. Als Datenverarbeitungsanlagen gelten auch Kombigeräte zum Telefonieren (Handy); Versand einer E-Mail und zur Verarbeitung von Daten (PDA) – kurz als Blackberry bezeichnet. Die Grenze scheint hier in Zukunft fließend zu verlaufen, weshalb eine genaue Analyse der Leistungsmerkmale immer notwendig sein wird, um im Einzelfall entscheiden zu können.

73 Leitungen sind Teil der Datenverarbeitungsanlage, jedoch nur, wenn diese unter Kontrolle und Verantwortung der verantwortlichen Stelle stehen, also etwa bei betriebseigenen Leitungen. Bei gemieteten Leitungen reicht die Verantwortung so weit, so weit die verantwortliche Stelle die nach Vertrag vorgesehenen Kontroll- und Einflussmöglichkeiten auf die Leitung hat. Bei Wählleitungen reicht diese bis zum Übergang auf diese. Die Pflicht, Unbefugten Zutritt zu verwehren, kann im Einzelfall unter Berücksichtigung des Grundsatzes der Verhältnismäßigkeit jedoch dazu führen, dass die Benutzung von Wählleitungen unzulässig ist, wenn das Risiko des Zutritts Unbefugter unverhältnismäßig hoch wird. Die zur Sicherung notwendige Verschlüsselung der Daten ist dann die einzige Möglichkeit dem Kontrollziel zu entsprechen. In vielen Fällen wird diese Maßnahme aber aus Kostengründen oder außer Akzeptanzgründen nicht umgesetzt. Neben den leitungsgebundenen Netzen kommen heute vermehrt Funknetze (WLAN's) zum Einsatz. Diese sind in Analogie zum Kabelnetz dann Bestandteil der Datenverarbeitungsanlage, weil sie direkt unter der Regie der verantwortlichen Stellen betrieben werden, auch weil das Funknetz die Grundstückgrenze überschreitet. Hier hat dann die verantwortliche Stelle die Pflicht durch geeignete Verschlüsselungsmaßnahmen, die ausreichend sicher sind, für den notwendigen Schutz zu sorgen.

74 Datenträger, die sich nicht in einer Verarbeitungsanlage befinden, also nicht an sie **angeschlossen** sind – etwa Disketten oder Magnetbänder, die in einem Schrank aufbewahrt werden –, gehören nicht zur Datenverarbeitungsanlage. Hier greifen jedoch andere in der Anlage zu § 9 enthaltene Anforderungen ein, etwa die Zugriffskontrolle nach Nr. 3 oder die Weitergabekontrolle nach Nr. 4. Ebenfalls nicht zur Datenverarbeitungsanlage gehören Erfassungsbelege oder Ausdrucke.

75 Zur Datenverarbeitungsanlage gehören bei Personalcomputern Rechner, Bildschirm, Tastatur einschließlich der „Maus" und sonstiges Eingabegerät wie Scanner oder andere Ausgabe-

geräte wie Drucker, Plotter, Modem. Disketten, CD-ROM oder Memory-Cards, die nicht im Laufwerk integriert sind, zählen nicht zur Datenverarbeitungsanlage.

Weitere, eigentlich selbstverständliche Voraussetzung für die Verpflichtung nach Nr. 1 ist, dass **personenbezogene** Daten auf den Datenverarbeitungsanlagen verarbeitet oder genutzt werden. Hierfür genügt es, wenn auf der Datenverarbeitungsanlage **auch** personenbezogene Daten verarbeitet werden. Die Verpflichtung zur Abwehr Unbefugter gilt dann nur, soweit personenbezogene Daten verarbeitet oder genutzt werden. 76

Unter **„Zutritt"** ist die räumliche Annäherung einer natürlichen Person zu verstehen. In welcher räumlichen Distanz unbefugte Personen zu halten sind, lässt sich nicht abstrakt sagen. Im Allgemeinen ist es notwendig, aber auch ausreichend, dass Unbefugte den Raum, in dem die Anlage – oder eines ihrer Elemente – stationiert ist, nicht betreten können. Bei Großraumbüros oder Schalterhallen genügt es in der Regel, wenn Sichtblenden den Einblick Unbefugter auf Terminals oder Personalcomputer verhindern und der Raum so gestaltet ist, dass unter Berücksichtigung der organisatorischen Verhältnisse Unbefugte nicht aktiv auf PC oder Datensichtstation einwirken können. Es darf beispielsweise nicht möglich sein, dass ein Kunde während einer kurzen Abwesenheit des Sachbearbeiters unbeobachtet oder ungehindert den Personalcomputer oder das Terminal bedient. „Zutritt" ist nicht gleichbedeutend mit dem Betreten eines Raumes. Zutritt hat auch, wer durch Glaswände, offen stehende Türen oder Fenster Datenein- oder -ausgabegeräte beobachten und dabei Daten zur Kenntnis nehmen kann. Die Zutrittskontrolle verlangt daher auch eine optische Abschirmung. Unter Zutritt fällt auch die Möglichkeit, Datenein- oder -ausgabegeräte zu beeinflussen. 77

Der Zutritt ist **Unbefugten** zu verwehren. In der praktischen Umsetzung dieser Forderung ist zu unterscheiden zwischen Datenverarbeitungsanlagen, die in Rechenzentren abgetrennt von den übrigen Bereichen der öffentlichen oder nicht-öffentlichen Stelle installiert sind (closed-shop-Betrieb), und dezentral eingesetzter Hardware am Arbeitsplatz der Mitarbeiter der datenverarbeitenden Stelle. Zum Zutritt zu Rechenzentren oder einen Server ist nur befugt, wer gerade in diesem Rechenzentrum **beschäftigt** ist oder dort Aufgaben wahrzunehmen hat. Alle anderen Personen sind von vornherein **unbefugt**. Der Kreis der Befugten kann vom Operator über den Wartungstechniker bis hin zur Reinigungskraft reichen. Auch Mitarbeiter anderer Firmen, die Reparatur-, Wartungs- oder Renovierungsarbeiten vornehmen, können zum Zutritt zum Rechenzentrum im Einzelfall befugt sein. Entscheidend ist hierbei jedoch, dass sich die Befugnis nur auf die Tätigkeiten, Zutrittsbereiche und den Zeitraum erstreckt, wie dies zur jeweiligen konkreten Aufgabenerfüllung notwendig ist. Außerhalb dessen sind die betreffenden Personen unbefugt. 78

Das erfordert von der datenverarbeitenden Stelle zweierlei: Zum einen sind diese Zutrittsberechtigungen exakt festzulegen und diese den davon Betroffenen genau mitzuteilen. Das Gesetz setzt also voraus, dass im Einzelnen festgelegt ist, wer, wann, zu welchem Zweck, in welcher Weise Zutritt zum Rechenzentrum oder Servern hat. Dieser Umfang der jeweiligen Befugnis ergibt sich aus dem von der Sache her Gebotenen, also aus der von dem Einzelnen an der Datenverarbeitungsanlage zu erledigenden Aufgabe. Bei diesen Festlegungen gibt es Berührungen mit der Verpflichtung, die innerbehördliche oder innerbetriebliche Organisation der datenverarbeitende Stelle so zu gestalten, dass sie dem Datenschutz gerecht wird. Diese Festlegungen wer Zutritt hat müssen klar, verständlich und überprüfbar sein. Die Verständlichkeit hängt von dem Horizont der Befugten ab. Werden also z.B. des Deutschen nicht vollständig Kundige eingesetzt, muss die datenverarbeitende Stelle den Umfang der Befugnis ggf. in der Muttersprache der Befugten mitteilen und sich außerdem vergewissern, dass die Betroffenen dies tatsächlich verstanden haben; andernfalls müsste auf deren Einsatz verzichtet werden. Daneben hat der für die datenverarbeitende Stelle Verantwortliche die Vorkehrungen zu treffen, dass die Befugten den Rahmen ihrer Befugnis einhalten und nicht unbefugt, weil außerhalb der Befugnis, Zutritt haben. Kurzum, soweit keine Befugnis besteht, ist der Zutritt zu **verwehren**. 79

Vergleichsweise klar ist diese Aufgabe gegenüber den Personen, die keinerlei Zutrittsbefugnis haben. Hier muss es den Unbefugten unmöglich gemacht werden, sich der Datenverarbeitungsanlage zu nähern. Die Möglichkeiten sind vielfältig in der Literatur zur Datensicherheit 80 ausführlich dargestellt.[45] Sie reichen von einer physischen Umfriedung der Räume bis zur Bewachung der Eingänge, wobei zur Identifikation der Person und zur Prüfung des Umfangs ihrer Berechtigung technische Mittel verwendet werden können. Die Kontrolle durch einen Pförtner kann entbehrlich sein, wenn die Befugnis technisch, z.B. durch automatisch lesbare Ausweise, überprüft wird und ein Zugang Unbefugter (etwa durch Hineingehen zusammen mit einer befugten Person) nach Lage der Dinge ausgeschlossen erscheint (Personenschleuse). Nicht ausreichend ist jedoch ein Schild mit der Aufschrift „Unbefugten ist der Zutritt verboten". Auch eine Weisung an alle Mitarbeiter, darauf zu achten, dass sich Unbefugte keinen Zutritt verschaffen, reicht im Normalfall nicht aus.

81 Schwieriger kann die Durchsetzung der Einhaltung des Befugnisrahmens für die partiell Befugten sein. Hier kommt zum einen die strikte Überwachung in Betracht, etwa durch Wachpersonal oder der Einsatz von automatisierten Kontrolleinrichtungen oder Zugangssicherungssystemen, die über codierte Ausweiskarten den Zutritt zu den Betriebsräumen je nach eingeräumter Befugnis freigeben. Die Einrichtung solcher Systeme unterliegt nicht der Mitbestimmung,[46] sofern auf eine personenbezogene Erfassung bei der Kontrolle verzichtet wird. Da es Ziel der Zutrittskontrolle ist, Risiken für die Verarbeitung personenbezogener Daten so weit wie möglich zu verringern, kommen auch sonstige risikomindernde Maßnahmen in Betracht. So können etwa Reinigungs- oder Reparaturarbeiten in den Räumen eines Rechenzentrums außerhalb der Betriebszeit der Datenverarbeitungsanlage, also wenn diese abgeschaltet ist, durchgeführt werden. Bei Wartungsarbeiten sollten nur jeweils die Teile der Datenverarbeitungsanlage zugänglich sein, die hierfür gerade benötigt werden, und soweit möglich sollten Echtdaten durch Testdaten ersetzt werden. Auf Fernwartung z.B. muss dann verzichtet werden, wenn ein unkontrollierter Datenzugriff nicht ausgeschlossen werden kann.[47]

82 Das Gesetz fordert angemessene Maßnahmen. In diesem Rahmen können auch arbeitsrechtliche und betriebspsychologische Anforderungen berücksichtigt werden. Eine lückenlose Überwachung und Registrierung aller räumlichen Bewegungen kann für Sicherheitszonen wie das Datenarchiv und den Maschinensaal erforderlich sein; für andere Bereiche ist sie es in der Regel nicht.

83 Beispiele für Maßnahmen:

- gesicherter Eingang, einbruchhemmende Fenster;
- Festlegung der befugten Personen einschließlich des Umfangs der Befugnisse;
- Schlüsselregelung;
- Unterteilung in verschiedene Sicherheitszonen;
- Personenkontrolle beim Zugang durch Pförtner, Ausweislese oder Schlüsselsystem, Codekarten;
- Abschließen der Räume mit Sicherheitsschlössern;
- Sicherung durch Alarmanlage, ggf. mit Anschluss an Polizei oder Bewachungsunternehmen;
- Gerätesicherung;
- Protokollierung der ein- und ausgehenden Personen
- spezielle Regelung für Reinigung, Wartung, Reparatur, Besucher;
- bauliche Vorkehrungen (Gitter, undurchsichtige Scheiben, Sichtblenden, Raumteiler);
- Einsatz von Detektoren gegen das Einschleusen von Datenträgern, Magneten, Sprengkörpern;
- Überwachung (auch mittels Sensoren, Fernsehkameras) bei Personalcomputern;
- Gehäuseversiegelung.

84 Vor zum Teil völlig andere Probleme stellt der zunehmend praktizierte **dezentrale** Einsatz von **Personalcomputern**. Grundsätzlich ähnlich sind die Probleme durch den dezentralen Einsatz von Terminals bei ansonsten zentraler Datenverarbeitung. Zugriff und Zutritt Unbe-

45 Vgl. statt vieler: IT-Grundschutzhandbuch, Bauliche Maßnahmen.
46 BArbG, NJW 1984, 2431.
47 Zu den hierbei zu beachtenden Grundsätzen s. 14. TB des *BayDSB,* S. 89 f.

fugter, das können die Arbeitskollegen, Kunden oder sonstige Behördenfremde sein, sind ebenfalls zu verwehren. Die o.a. Maßnahmen gelten im Prinzip auch bei diesen Verarbeitungsformen.

Bei Personalcomputern und Datensichtgeräten etwa bedeutet dies darüber hinaus, dass die Geräte so aufgestellt werden müssen, dass Unbefugte durch eine Barriere an der Bedienung gehindert werden, also eine Art Zugriffsschutz erreicht wird. Der Einsatz von ausreichend differenzierten (möglichst nicht unter sechsstelligen alphanumerischen Zeichen), regelmäßig geänderten (in Abhängigkeit von den Zugriffsrisiken zwischen drei und sechs Monaten) und nicht anderen zugänglichen Passwörtern ist zwingend. Auch müssen sich diese Geräte bei längerer Inaktivität automatisch abschalten, etwa wenn der Befugte seinen Arbeitsplatz verlässt (sog. automatisches Log-off). In vielen Fällen wird auch eine Passwort-geschützte Bildschirmdunkelschaltung diesen Anforderungen entsprechen. Weiteren Schutz bieten auch „abschließbare" Tastaturen, allerdings sollte statt eines Schlüssels zum Erreichen eines besseren Schutzes eine Chipkarte verwendet werden. Entscheidend sind aber auch hier klare schriftliche Weisungen zum sicheren Umgang mit den Personalcomputern oder den Terminals, also z.B. Verschließen der Arbeitsräume bei jedem Verlassen, Abschließen der Tastatur, regelmäßige Passwort-Änderungen sowie deren regelmäßige Kontrolle. 85

Ganz entscheidend ist auch zur Risikominderung, dass am Personalcomputer nur die personenbezogenen Daten verarbeitet werden, die zur Aufgabenerfüllung zwingend erforderlich sind. Gleiches gilt hinsichtlich der Zugangsberechtigung von Datensichtgeräten aus zu den andernorts gespeicherten personenbezogenen Datenbeständen. Die für die Verarbeitung personenbezogener Daten in den öffentlichen und nicht-öffentlichen Stellen Verantwortlichen müssen neben klaren Weisungen auch die tatsächliche Verarbeitung immer wieder stichprobenartig prüfen. Besonders sensitive Daten müssen ggf. von derartigen dezentralen Verarbeitungen ausgenommen werden. 86

Die Telearbeit mit personenbezogenen Daten muss wegen der kaum zu überwachenden Zutrittskontrolle besonders kritisch beurteilt werden. Dies gilt sowohl für die Arbeit am eigenen Personalcomputer zu Hause mit Daten der öffentlichen oder nicht-öffentlichen Stelle wie verstärkt bei Arbeiten, die dem zu Hause Arbeitenden über Breitbandleitungen Zugriff auf die zentralen Bestände personenbezogener Daten bei seinem Arbeitgeber erlaubt. Sobald hier nur Zweifel an der Gewährleistung ausreichender Zutrittskontrollen bestehen, ist derartige Telearbeit unzulässig. Konsequenz: Häusliche Personalcomputer müssen angemeldet bzw. unter Vorlage eines Datensicherungs-Konzepts ausdrücklich zugelassen werden.[48] Übrigens ist die Mitnahme **privater Datenverarbeitungsgeräte** an den Arbeitsplatz grundsätzlich abzulehnen. Im besonderen Ausnahmefall ist sie nur dann zulässig, wenn der Arbeitgeber den Zutritt zu diesem Gerät genauso kontrollieren kann, wie bei von ihm zur Verfügung gestellten Geräten. Diese Kontrollmöglichkeit des Arbeitgebers muss auch für die auf dem vom Mitarbeiter an den Arbeitsplatz gebrachten eigenen Gerät gespeicherten Daten bestehen.[49] Ein besonderes Problem stellen insoweit die Notebooks und PDA's dar. Verwenden Mitarbeiter diese Geräte für betriebliche Aufgaben, z.B. die Versicherungsvertreter, greifen die oben beschriebenen Maßnahmen nicht. Hier kann nur eine besondere Sicherheitssoftware und ein besonders verantwortungsvoller Umgang mit diesen tragbaren Geräten[50] etwas Schutz bieten. Der Einsatz von Verschlüsselungssoftware ist unbedingt erforderlich. 87

6.3.2 Zugangskontrolle (Nr. 2)

Unbefugten ist der Zugang zu Datenverarbeitungsanlagen zu verwehren, mit denen personenbezogene Daten verarbeitet werden. Zweck dieser Zugangskontrolle ist es also zu verhindern, dass unbefugte Personen in Datenverarbeitungsanlagen eindringen können, womit das 88

---

48 Z.B. bei Lehrern, Richtern; so geregelt in den bremischen PC-Richtlinien.

49 Vgl. Beschluss der Datenschutzbeauftragten sowie die Tätigkeitsberichte – *Arendt,* Register der Tätigkeitsberichte Öffentlicher Bereich, 1994, S. 348.

50 Aufbewahrung unter Aufsicht oder in besonders gesicherten Behältnissen/Räumen bei Arbeiten zu Hause.

Risiko einer unbefugten Kenntnisnahme personenbezogener Daten oder gar die Möglichkeit einer Änderung oder Löschung personenbezogener Daten bestünde.

89 Diese Regelung der Zugangskontrolle entspricht nicht der entsprechenden Regelung in der Anlage zu § 9 Nr. 1 BDSG 1990, sondern vielmehr der Benutzerkontrolle der alten Fassung des BDSG (Anlage zu § 9 Nr. 4 BDSG 1990). Die Veränderung in Nr. 2 liegt darin, dass jede unbefugte **Nutzung** verhindert werden muss, gleichgültig ob diese mit Hilfe von Einrichtungen zur Datenübertragung geschieht oder nicht. Die Zugangskontrolle schließt damit auch die besonderen Risikosituationen ein, die mit Hilfe von Einrichtungen der Datenübertragung – zum Beispiel über das Internet – entstehen. Diese Nutzung dieses Weges ist bei den leistungsfähigeren Computern eher zum Normalfall geworden. Inzwischen sind diese Möglichkeiten der Datenübertragung nicht mehr nur auf die Groß-EDV beschränkt, sondern stehen auch den Personalcomputern zur Verfügung.

90 Im Gegensatz zur Zutrittskontrolle (Nr. 1) knüpft die Zugangskontrolle nicht an die Datenverarbeitungsanlage, sondern an das **„Datenverarbeitungssystem“** an. Nach DIN 44300 Nr. 99 ist Datenverarbeitungssystem eine Funktionseinheit zur Verarbeitung von Daten. Im Blickpunkt stehen also nicht nur die Geräte und Baueinheiten (Hardware), sondern außerdem die Datenverarbeitungsprogramme (Software) und die Daten, durch deren Wechselwirkung der Verarbeitungsprozess möglich wird. Die unterschiedlichen Blickpunkte sind insofern plausibel, als es bei der Zutrittskontrolle um räumliche Annäherung geht, deren Bezugspunkt nur eine räumlich-physikalische Größe sein kann, wo hingegen die Zugangskontrolle an die Funktion „Nutzen“ anknüpft, die die drei genannten Funktionskomponenten einschließt: Hardware, Software und Daten. Daraus folgt, dass das Gebot zur Zugangskontrolle nicht direkt eingreift, wenn sich das Nutzen ausschließlich auf die Datenverarbeitungsanlage oder ausschließlich auf das Programm oder ausschließlich auf die Daten bezieht. Dann sind aber in der Regel Maßnahmen nach anderen in der Anlage genannten Anforderungen oder nach § 9 Satz 1 zu treffen. Die Zugangskontrolle gilt unabhängig davon, ob die verantwortliche Stelle ein eigenes Datenverarbeitungssystem benutzt oder sich externer Rechenkapazität, etwa eines Service-Rechenzentrums, bedient.[51]

91 Die Zugangskontrolle wird nicht nur gefordert, wenn die technischen Möglichkeiten zur Nutzung eines Datenverarbeitungssystems „mit Hilfe von Einrichtungen zur Datenübertragung“ bestehen (genutzt werden **können**), wie dies die alte Regelung vorsah, sondern schon wenn die Möglichkeit besteht, ein Datenverarbeitungssystem zu nutzen. Nicht entscheidend ist hierbei, ob der Betreiber eines Datenverarbeitungssystems die Nutzung durch Schaffung von entsprechenden technischen Einrichtungen – oder ausdrücklich gestattet durch die Gestattung des entsprechenden Zugangs zum Datenverarbeitungssystem. Es genügt vielmehr, dass das Datenverarbeitungssystem technisch so ausgestattet oder eingerichtet ist, dass die Nutzung durch die Steuerung von Funktionen der Datenverarbeitungsanlage direkt erfolgen kann, indem der Benutzer sich der Möglichkeiten des Systems (Hard- und Software) bedient.

92 Zu verhindern ist das **Nutzen** durch Unbefugte. Obwohl der Vorgang des Nutzens in § 3 Abs. 5 ausdrücklich definiert ist als „jede Verwendung personenbezogener Daten, soweit es sich nicht um Verarbeitung handelt“, ist Nutzen der Nr. 2 der Anlage in einem umfassenderen Sinne gemeint: Jedweder Zugang zu den von Datenverarbeitungssystemen technisch gebotenen „Nutzungs“-Möglichkeiten und jedwedes Einwirken auf den Verarbeitungsprozess, der in den Datenverarbeitungssystemen abläuft, einschließlich dessen Kenntnisnahme oder Störung gilt es gegenüber Unbefugten zu verhindern. Jede andere Interpretation würde am Willen des Gesetzgebers vorbeigehen und zu mehr als merkwürdigen Ergebnissen führen, etwa wenn es das unbefugte Verarbeiten über Einrichtungen der Datenübertragung nicht zu verhindern gelte.

93 Das Nutzen muss sich auf die Datenverarbeitung beziehen. Nicht gestattet sind also auch alle Eingriffe, die die Funktionsfähigkeit des Datenverarbeitungssystems in Gänze oder in Teilen beeinträchtigen können, hierzu gehören z.B. verändernde Eingriffe in Daten, Programme oder Hardware.

---

51 Vgl. auch *Schaffland/Wiltfang*, BDSG § 9 Rdnr. 87.

Ziel der geforderten Maßnahmen ist es, die Benutzung des Datenverarbeitungssystems durch Unbefugte zu verhindern. Die technischen und organisatorischen Maßnahmen sollen die fehlende menschliche Einzelfallentscheidung möglichst wirksam ersetzen. Die Eröffnung der Nutzung eines Datenverarbeitungssystems darf nicht dazu führen, dass z.B. Verarbeitungsvorgänge unkontrolliert erfolgen können und damit die Einhaltung des Datenschutzes weniger gut gesichert als ohne Nutzung von Datenverarbeitungssystemen. Der Verantwortliche des Datenverarbeitungssystems hat also zum einen festzulegen, wer in welcher Weise auf welche Verarbeitungs- oder Nutzungsmöglichkeiten des Systems zugreifen darf. Weiterhin hat er technische und organisatorische Maßnahmen zu treffen, dass nur diese Personen Zugriff haben. Schließlich hat er sich durch technische Kontrolle, insbesondere durch Protokollierung, einen abschließenden Überblick zu verschaffen, wer, wann, in welcher Weise, bezogen auf welche Personen Daten des Datenverarbeitungssystems „genutzt" hat. 94

Der Systemverantwortliche hat vor Eröffnung oder Nichtausschluss der technischen Möglichkeiten der Nutzung zu prüfen, ob dies angesichts des Risikos des unbefugten Zugriffs – einschließlich der bekannten Raffinesse der Hackerszene – und der Sensitivität der im Datenverarbeitungssystem verarbeiteten Daten verantwortet werden kann. Aus Gesichtspunkten der Verhältnismäßigkeit kann sich empfehlen, bestimmte, sehr sensitive personenbezogene Daten oder bestimmte technische Nutzungsmöglichkeiten vom Zugriff auszuschließen und für diese nur stand-alone-Betrieb zu gestatten oder diese nur in einem isolierten, abgeschotteten Netz zu betreiben. Auch diese Entscheidung muss bei ständiger Marktbeobachtung getroffen werden, da auch hier laufend neue und verbesserte Sicherungstechniken bei Hard- und Software entwickelt werden. 95

„Unbefugt" ist eine Person, wenn die Benutzung nicht im Rahmen der ihr übertragenen Aufgaben und Befugnisse liegt, wobei die verantwortliche Stelle verpflichtet ist, nur in einem datenschutzgerechten Umfang Aufgaben und Befugnisse zuzuteilen. Die Befugnis muss im Zeitpunkt der Benutzung bestehen und sich auf das konkrete Datenverarbeitungssystem beziehen. Die Zugangskontrolle unterscheidet nur zwischen „befugten" und „unbefugten" Personen. Die Kontrolle darüber, dass befugte Personen auch nur im Rahmen ihrer Befugnisse handeln, ist Aufgabe der Zugriffskontrolle nach Nr. 3. 96

Beispiele für Maßnahmen: 97

- Festlegung und Kontrolle der Befugnisse (Zuordnung bestimmter Personalcomputer zu bestimmten Funktionen, etwa den Zugriff auf eine bestimmte Datenbank);
- Identifikation sowie Berechtigungsprüfung der Benutzer;
- enge Begrenzung der befugten Benutzer, Einrichten einer formalen Benutzerverwaltung;
- Signaturverfahren zur Identifizierung eines Benutzers
- Vergabe von Passwörtern;
- automatisches Abschalten der Arbeitsplatzcomputer (log-off) oder Funktionsbegrenzung (funktionell/zeitlich);
- Zugriffsbeschränkungen;
- Protokollierung der Benutzung sowie von Missbrauchsversuchen;
- regelmäßige Auswertung der Protokolle;
- Sanktionen bei fehlerhaften Zugangsversuchen (Zeitsperren, Ungültigkeit der Chipkarte u.ä.);
- Verschlüsselung und digitale Signaturen;
- bei sehr sensiblen Daten „abhörsichere" Geräte und Leitungen,
- Einsatz eines Virtuellen private Netzwerkes (VPN)

Spezielle Maßnahmen für Personalcomputer: 98

- Passwortschutz;
- spezielle Sicherheitssoftware;
- Starten des Betriebssystems ausschließlich über Festplatte (Bootschutz für Diskettenlaufwerk);
- Starten des Betriebssystems ausschließlich über Netzwerk von einem speziellen Server;
- bei *LAN's*: Vermeidung mehrerer Netzanmeldungen unter einer Benutzerkennung, Nutzung des File-Servers ausschließlich im dezidierten Betrieb, Begrenzung der Netzverwaltung auf einen besonderen Arbeitsplatzrechner durch expliziertes Definieren von Netz-

werkadressen, Verwendung geeigneter Verschlüsselungsverfahren zur Übertragung von Passwörtern im Netz; hierbei darauf achten, dass der Verschlüsselungsalgorithmus vom Systemverwalter nicht „abgeschaltet“ wird.
- im Internet: Verwendung von Firewalls, digitaler Signaturen und Verschlüsselungsverfahren
- Einrichtung von logischen Netzwerken (VPN), oder sicheren Übertragungstechniken beispielsweise IPSEC

6.3.3 Zugriffskontrolle (Nr. 3)

99 Unter Zugriffskontrolle werden technische und organisatorische Maßnahmen verlangt, die „gewährleisten, dass die zur Benutzung eines Datenverarbeitungssystems Berechtigten ausschließlich auf die ihrer Zugangsberechtigung unterliegenden Daten zugreifen können und dass personenbezogene Daten bei Verarbeitung, Nutzung und nach der Speicherung nicht unbefugt gelesen, kopiert, verändert oder entfernt werden können“. Damit entspricht die Zielsetzung vollständig und der Wortlaut des ersten Teils der Regelung nahezu der entsprechenden Formulierung von Nr. 5 der Anlage zum BDSG 1990. Ebenso bleibt der Wegfall der Begrenzung auf „personenbezogene“ Daten im ersten Teil des Satzes nach wie vor erhalten. Dies ist aber weiterhin ohne Bedeutung, da sämtliche Maßnahmen der Anlage unter dem Vorbehalt stehen, dass „personenbezogene“ Daten verarbeitet werden. Warum der Gesetzgeber allerdings im zweiten Teil ausdrücklich auf die Verarbeitung, Nutzung und nach der Speicherung von personenbezogene Daten hinweist, ist wohl nur als ein Versehen anzusehen.

100 Die **Zugriffskontrolle** ergänzt die Zugangskontrolle um einen entscheidenden Schritt: Zunächst ist nicht das Ziel, den Zugriff von Unbefugten zu verhindern. Vielmehr ist die in der alltäglichen Praxis viel bedeutsamere Begrenzung des Zugriffs für die zur Benutzung eines Datenverarbeitungssystems an sich Berechtigten auf die im Rahmen deren jeweiliger Zugriffsberechtigung liegenden Daten zu gewährleisten. Dies betrifft die zahlreichen Fälle, bei denen Mitarbeiter der verantwortlichen Stelle Zugang zum Datenverarbeitungssystem und den dort verarbeiteten Daten haben. Hierunter fallen aber auch die zunehmenden Fälle, in denen Kunden der Zugang zu Datenverarbeitungssystemen eröffnet wird.

101 Diese zunehmend zu beobachtende Tendenz macht aber auch deutlich, dass die Formulierung der Zugriffskontrolle eigentlich zu eng ist. In diesen Fällen darf es nicht nur um die Gewährleistung des Zugriffs auf bestimmte Daten gehen, sondern auch um die generelle Begrenzung auf die Nutzung bestimmter Funktionen des Datenverarbeitungssystems im Rahmen der jeweils zugewiesenen Berechtigung; also z.B. nur Lesen, Eingeben oder Verändern. Denn auch ohne Zugriff auf bestimmte Daten kann z.B. durch Einfügen von Daten an anderer Stelle faktisch eine Veränderung von Daten dergestalt vorgenommen werden, dass bei Abfragen nun zu einer Person, zu der bisher noch keine Daten gespeichert waren, unberechtigt eingegebene und möglicherweise falsche Informationen gespeichert sind (X wohnt in der Y-Straße) oder nun zwei Informationen und möglicherweise die unberechtigt eingefügte als die aktuellere zuerst oder die in Wirklichkeit wahre Information sogar überlagernd ausgegeben werden. Zwar lässt sich die Pflicht, entsprechende technische und organisatorische Maßnahmen einzuführen, nicht direkt aus Nr. 5 der Anlage ableiten, aber wenn sie sich nicht aus Geist und Sinn der Nr. 5 entnehmen lassen sollte, ergibt sie sich bereits aus der Grundvorschrift nach § 9 Satz 1 für sämtliche technische und organisatorische Maßnahmen unmittelbar. Die Vorschrift verlangt die Umsetzung der Schutzzwecke des Datenschutzrechts, die auch innerhalb einer verantwortlichen Stelle die Verarbeitung und Nutzung personenbezogener Daten auf das im Rahmen funktionaler Aufgabenzuweisung Erforderliche beschränken.

102 Der Begriff „Datenverarbeitungssystem“ wird im selben Sinne wie in Nr. 2 verwendet. Allerdings fallen insbesondere bei der Datenverarbeitung innerhalb einer verantwortlichen Stelle auch die miteinander dergestalt vernetzten Personalcomputer unter den Begriff, die den gegenseitigen Datenzugriff technisch ermöglichen.

Zu klären ist zukünftig die Frage, ob die neuen Radio Frequency Identification Chips – kurz RFID genannt – unter den Begriff der Datenverarbeitungssysteme fallen. Wird diese Frage bejaht, kann dies erheblich Auswirkungen auf die Maßnahmen haben, die Hersteller ergreifen müssen, um die Chips vor unbefugten Zugriffen zu schützen. Betrachtet man ein RFID genauer, so erkennt man, dass er über die wesentlichen Bauteile einer Datenverarbeitungssystem verfügt: Prozessor, Schnittstellen zur Kommunikation und Speicherplatz, sowie ein ablauffähiges Betriebssystem. Dies setzt ein solches System in die Lage mit anderen Systemen zu kommunizieren und/oder personenbezogene Daten zu speichern oder zu übertragen. Da es sich zweifellos um eine Datenverarbeitungssystem handelt, hat der Betreiber dafür mit technischen Maßnahmen zu sorgen, dass diese vor unbefugten Zugriffen geschützt. Welche Maßnahmen er dabei vorsieht, ist letztendlich ihm selbst überlassen.

Zugriff ist der Zugang zu den personenbezogenen Daten zum Zwecke ihrer Verwendung. 103
Zugriff umfasst also jede Aktivität in Bezug auf die gespeicherten Daten, die den Informationswert verfügbar macht, insbesondere seine Kenntnisnahme oder seine Nutzung ermöglicht. Dies folgt aus der Funktion der Zugriffskontrolle, eine unbefugte Bekanntgabe oder Nutzung gespeicherter Daten zu verhindern. Zugriff liegt demnach nicht nur vor, wenn das Datenverarbeitungssystem veranlasst wird, Daten auf dem Bildschirm oder einem Drucker unmittelbar oder durch Ausgabe auf einen elektronischen Datenträger wie Diskette oder CD-ROM mittelbar lesbar zu machen, sondern auch dann, wenn Daten zur Verarbeitung, insbesondere zur Verknüpfung im Datenverarbeitungssystem, gestellt werden.

Die **Zugriffsberechtigung** ist die Befugnis, mit einer **bestimmten** Menge von Daten in einer 104
definierten Weise umzugehen. Es ist Aufgabe der Organisation, die Zugriffsberechtigungen der einzelnen Beschäftigten datenschutzgerecht zu bestimmen. Die Grenzen der Befugnis können unterschiedlich gezogen sein und damit auch unterschiedlich kontrolliert werden. Die Befugnis kann sich auf eine bestimmte Teilmenge der durch das System zugänglichen Daten beziehen, auf bestimmte Programme, bestimmte Verarbeitungsaktivitäten (Lesbar-Machen, Speichern, Löschen, Übermitteln) oder auf bestimmte äußerliche Bedingungen (bestimmte Zeiträume, Vorliegen bestimmter Voraussetzungen). Die Zuweisung einer Datenmenge kann sich auf bestimmte Dateien oder Gruppen von Dateien, auf bestimmte Datensätze oder auf bestimmte Datenarten beziehen. Für die Lohnbuchhaltung werden beispielsweise andere Daten benötigt als für den Personaleinsatz oder die Personalplanung. Die Abteilung Vertrieb benötigt die über Kunden gespeicherten Daten, aber allenfalls einen kleinen Ausschnitt der Personalkartei. Der Zugriff kann weiter dadurch begrenzt sein, dass nur bestimmte Operationen, etwa nur Lesen oder nur die Verwendung bestimmter Verarbeitungsprogramme in Bezug auf bestimmte Daten, erlaubt werden. Es ist im Einzelfall eine Frage der Verhältnismäßigkeit, mit welcher Differenziertheit die Zugriffsberechtigung definiert und kontrolliert werden muss.

Eine strikt hierarchische Definition der Berechtigungen entspricht nicht ohne weiteres den 105
vom Gesetz gestellten Anforderungen. Eine höhere Position in der Linienorganisation der verantwortlichen Stelle bedeutet keinesfalls, dass ein Zugriff jeweils in dem Umfange zulässig ist, wie es der Summe der Zugriffsberechtigungen der Untergebenen entspricht. Vielmehr ist grundsätzlich davon auszugehen, dass der Zugriff der Ebene der Sachbearbeitung vorbehalten ist. Die Leitungsfunktion erfordert, soweit sie nicht mit einer routinemäßigen Fallbearbeitung verbunden ist, keinen vollständigen Zugriff auf die Daten, zu denen berechtigterweise die nachgeordneten Mitarbeiter Zugriff haben dürfen. Zu Kontroll- oder Überprüfungszwecken kann sich der Vorgesetzte im Einzelfall eine entsprechende Berechtigung erteilen lassen.

Neben den Regelungen der Zuweisung von Berechtigungen umfasst die Zugriffskontrolle 106
auch eine Schutzfunktion gegenüber unbefugten Zugriffen, die aus dem zweiten Teil des Satzes hervorgeht. Demnach sind personenbezogene Daten bei allen Phasen der Verarbeitung und Nutzung und nach der Speicherung so zu schützen, dass Unbefugte diese weder lesen, kopieren, verändern noch entfernen können. Es soll demnach nicht nur eine Zugriffskontrolle eingerichtet werden, sondern auch Mechanismen, die einen Zugriff Unbefugter nachhaltig verhindern und diesen bei der Verarbeitung, also während der Speicherung, Veränderung, Übermittlung und Löschung von personenbezogenen Daten[52] und deren Nutzung.[53] Welche Maßnahmen der Gesetzgeber mit der Anforderung der Verhinderung von Zugriffen Unbefug-

52 Vgl. § 3 Abs. 4.
53 Vgl. § 3 Abs. 6.

ter **nach der Speicherung** meint, ist aus dem Gesetzeswortlaut nicht ersichtlich. Die Verarbeitung von Daten umfasst die Speicherung. Mit dem Hinweis auf die Speicherung soll vermutlich darauf hinweisen, dass personenbezogene Daten auch nach der Speicherung, beispielsweise während der Archivierung, vor Zugriffen Unbefugter zu schützen sind. Technisch gesehen gibt es allerdings keinen Zustand der Daten **nach der Speicherung.** Daten werden entweder gespeichert oder nicht gespeichert, einen Zustand nach der Speicherung ist somit nicht definiert. Da die Daten auf jeden Fall gespeichert werden, ist diese Wiederholung im weiteren nicht von besonderen Belang für die zu wählenden Maßnahmen.

107 Kritisch hingegen ist der Begriff **entfernen** zu bewerten. Unter entfernen von personenbezogenen Daten kann vielerlei verstanden werden. Zum einen kann das Kopieren der Daten auf einen transportablen Datenträger (Archivdatenträger) und dem anschließenden Löschen der Originaldaten in dem Datenverarbeitungssystem als Entfernen der Daten aus dem Datenverarbeitungssystem verstanden werden, zum anderen könnte darunter auch lediglich das Löschen der Daten verstanden werden. Die Forderung sieht allerdings vor, dass der Zugriff von Unbefugten zu verhindern ist. Daraus folgt, dass mit dem Entfernen im Fall der Zugriffskontrolle nur das Archivieren, also das Umkopieren der Daten aus dem Datenverarbeitungssystem in ein Archivsystem gemeint sein kann. Denn andernfalls würde der Gesetzgeber die Forderung der Verhinderung des Zugriffs auf gelöschte Daten fordern. Auf gelöschte Daten kann aber nicht mehr zugegriffen werden, wenn diese nach § 3 Abs. 4 Ziffer 5 gelöscht wurden. Aus Praktikabilitätsgründen kann mit dem Entfernen der Daten nur das Archivieren der Daten außerhalb des Datenverarbeitungssystem gemeint sein. Nur dort sind besondere Zugriffsmechanismen zu fordern, die den Zugriff Unbefugter verhindern.

108 Beispiele für Maßnahmen:

- Festlegen und Kontrolle der Zugriffsbefugnisse, differenziert nach Daten, Programmen und Zugriffsart (Trennung auch bei den Datenträgern vornehmen, d.h. unterschiedliche Partitionen vornehmen);
- Identifikation der Zugreifenden;
- Protokollierung der Zugriffe sowie von Missbrauchsversuchen;
- Auswertung der Protokolle;
- Authentisierung (Chipkarte, Passwort);
- Einschränkung der freien Abfragemöglichkeit;
- Funktionsbegrenzung (funktionell/zeitlich);
- Zuordnung einzelner Personalcomputer ausschließlich für bestimmte Personen und/oder Funktionen (Lesen, Schreiben, Ändern usw.);
- automatisches log-off;
- Sperre nach Dienstschluss, damit kein log-in mehr möglich ist;
- Chiffrierung.
- Archivierung von Daten in einem Panzerschrank;
- Einsatz von Archivierungsrobotern

109 Spezielle Maßnahmen für Personalcomputer:

- Lückenlose Menüsteuerung;
- Beschränkung des Zugriffs auf bestimmte Betriebssystemkommandos, bei besonders sensitiven Daten Ausschluss des Zugriffs auf das Betriebssystem;
- Benutzerspezifische, abgestufte Rechteverwaltung auf Unterverzeichnis- und Dateiebene;
- Verschlüsselung der Festplatte bzw. von Partitionen;
- bei LAN's: Sicherung der Server-Platte vor unberechtigtem Zugriff durch Verwendung eines speziellen Festplattenformates und geeigneten Bootschutz, Netzverwaltung nach dem Vier-Augen-Prinzip, kein Betriebssystemzugriff auf den Arbeitsplatzrechner.

6.3.4 Weitergabekontrolle (Nr. 4)

110 In Ergänzung zu der Zugriffskontrolle (Nr. 3) soll mit der Weitergabekontrolle nach Nr. 4 durch technische und organisatorische Maßnahmen gewährleistet werden, dass sämtliche Aspekte der Weitergabe personenbezogener Daten durch Einrichtungen der Datenübertra-

gung überprüf- und nachvollziehbar sind und der Zugriff Unbefugter auf dem Transportweg verhindert wird. Der zweite Teil dieser Regelung entspricht inhaltlich der korrespondierenden Regelung in Nr. 6 der Anlage zum BDSG 1990; lediglich der Begriff „werden können" ist durch den der Sache besser entsprechenden Begriff „vorgesehen" ersetzt worden. Zur Einrichtung automatisierter Abrufverfahren und die dafür erforderlichen Gewährleistungen s. § 10. Da durch den Siegeszug des Internets immer mehr auch die Bürger aktiv Übermittlungsvorgänge auslösen können, kommt der Weitergabekontrolle wachsende Bedeutung zu. Längst überschreitet der Datenaustausch auch die nationalen Grenzen.

Normierungsfragen des Electronic Data Interchange (EDI) sind weitgehend abgeschlossen 111 und führen dazu, dass die Übermittlung von personenbezogenen Daten in vielen Fällen den herkömmlichen Datenaustausch ablöst.

Mit der Sicherung der Übertragungswege, gleichgültig ob die personenbezogenen Daten auf 112 elektronischem Wege übertragen werden oder per Versand auf Diskette transportiert werden, befasst sich der erste Teil der Regelung. Zunächst müssen Maßnahmen ergriffen werden, die den unbefugten Zugriff – lesen, kopieren, verändern oder entfernen – verhindern. Dies kann zum einen beispielsweise dadurch geschehen, dass Daten vor der elektronischen Übertragung verschlüsselt und signiert werden.

Der zweite Teil der Regelung hat die Prüfbarkeit von Übermittlungsvorgängen zum Gegen- 113 stand. Diese Regelung hat somit in erster Linie eine präventive Funktion. Ausgangspunkt ist die Erfahrung, dass die Personen, die mit den Daten umgehen, sich umso eher an die vorgeschriebenen Regeln halten werden, je größer die Wahrscheinlichkeit ist, dass ihre Aktivitäten später rekonstruiert und überprüft und sie bei festgestellten Verstößen zur Rechenschaft gezogen werden. Maßnahmen der Weitergabekontrolle werden von der verantwortlichen Stelle insoweit verlangt, als es um ihre Übermittlungsaktivitäten geht.

Maßnahmen der Weitergabekontrolle sind nur dann erforderlich, wenn die Übermittlung 114 durch Einrichtungen zur Datenübertragung erfolgt. Es genügt danach nicht, dass eine der Verarbeitungsphasen automatisiert erfolgt. Vielmehr muss gerade die Übermittlung über technische Einrichtungen und damit ohne weitere menschliche Entscheidung im Einzelfall erfolgen.

Der Begriff der Übermittlung wird in dem in § 3 Abs. 5 Nr. 3 definierten Sinne verwendet. 115

Die Weitergabekontrolle verlangt nicht, wie man zunächst vielleicht erwarten könnte, dass 116 prüfbar gemacht wird, an wen Daten übermittelt worden **sind**, sondern lediglich, an wen die Übermittlung vorgesehen ist. Verlangt wird danach nicht eine Protokollierung aller einzelnen Übermittlungsvorgänge. Vielmehr begnügt sich das Gesetz damit, dass die technischen Möglichkeiten festgestellt werden können. Ob und in welcher Weise diese Möglichkeiten tatsächlich genutzt worden sind, ist ohne Zweifel die unter den Gesichtspunkten des Datenschutzes interessantere Frage; der Gesetzgeber hat aber davon Abstand genommen, eine Überprüfbarkeit in allgemeiner Form vorzuschreiben, die nur durch eine sehr umfangreiche Protokollierung zu realisieren wäre. Entsprechende Bestimmungen des Regierungsentwurfs zum BDSG 1977 wurden bereits damals aufgrund der parlamentarischen Beratungen gestrichen.[54]

Die Forderung zu gewährleisten, dass überprüft und festgestellt werden kann, an welche 117 Stelle vorgesehen ist Daten zu übermittelt, lässt sich in **geschlossenen Systemen** mit **geschlossenen Benutzergruppen** noch erfüllen. Sobald Netze aber **offen** sind, also über öffentliche Netze Zugang zu externen Rechnern für Jedermann möglich ist und damit auch die Datenübertragung, stößt die Forderung an Grenzen, da es gerade die offenen Systeme auszeichnet, dass die Übermittlung an einen unbestimmten Kreis von Empfängern, also eine offene Benutzergruppe, möglich und wohl sogar erwünscht ist. Das heißt, hier muss die Weitergabekontrolle nach Nr. 4 anders ansetzen. Entweder muss der Zugang zu offenen Netzen ausgeschlossen sein, oder die Übertragungsfunktion blockiert werden, also nur der Abruf technisch möglich sein, oder aber zur Erfüllung des Schutzgedankens von Nr. 4 die vollständige Protokollierung aller Transaktionen sichergestellt sein. Anders ist das Risiko für die gespeicherten Daten bei Anschluss von Datenverarbeitungssystemen an weltweite offene Kommunikationsnetze nicht mehr im Sinne des Schutzgedankens des § 9 zu beherrschen.

---

54 S. §§ 7 Abs. 3, 8 Abs. 4, 18 Satz 3, 24 Abs. 2 RegE, BT-Drs. 7/1027.

118 Da die in der Anlage enthaltenen Anforderungen nur exemplarischen Charakter haben, ist es trotz der insoweit großzügigen Formulierung der Weitergabekontrolle (Nr. 4) durchaus nicht ausgeschlossen, dass nach § 9 Satz 1 gleichwohl eine Protokollierung der konkreten Übermittlungsvorgänge erforderlich ist – also welche Daten an welche Stelle tatsächlich übermittelt worden sind. Dies kann z.B. auch sonst in Betracht kommen, wenn nur durch diese Maßnahmen die Gefahr einer Beeinträchtigung schutzwürdiger Belange des Betroffenen in dem nach dem Grundsatz der Verhältnismäßigkeit gebotenen Maße eingedämmt werden könnte, etwa weil besonders sensitive Daten zur Übermittlung anstehen.

119 Die Weitergabekontrolle verlangt Maßnahmen, damit festgestellt werden kann, an **welche Stellen** vorgesehen ist zu übermitteln. Verlangt wird also eine Bezeichnung der in Betracht kommenden Übermittlungsadressaten. In welcher Weise die Stelle eingegrenzt werden muss, richtet sich nach den materiellen Regelungen zur Zulässigkeit der Übermittlung: Der Empfänger ist danach so konkret zu bestimmen und einzugrenzen, dass eine eindeutige Feststellung zur Zulässigkeit getroffen werden kann. Es genügt daher beispielsweise nicht, als Empfänger eine Unternehmensgruppe oder eine öffentlich-rechtliche Körperschaft, die über mehrere Behörden verfügt, anzugeben. Gefordert ist vielmehr die Angabe der konkreten Person. Offene Systeme erfüllen diese Voraussetzungen nicht. Bei diesen ist entweder auf den Zugriff auf schützenswerte personenbezogene Daten zu verzichten oder aber die vollständige Protokollierung vorzusehen.

120 Den einzelnen Stellen, die als Empfänger in Betracht kommen können, ist jeweils die Menge von Daten zuzuordnen, die übermittelt werden kann. Eine Zulässigkeitsprüfung wäre nahezu unmöglich, wenn der Liste der Empfänger nur pauschal die Gesamtheit der übermittlungsfähigen Daten gegenübergestellt würde.

121 Die Übermittlungsmöglichkeiten müssen auch in zeitlicher Hinsicht feststellbar und prüfbar sein. Der Beginn, jede sachliche Veränderung und die Beendigung einer Übermittlungsmöglichkeit müssen daher zeitlich hinreichend genau definiert sein.

122 Ebenso wie die anderen Anforderungen hat auch die Weitergabekontrolle letztlich den Zweck, die schutzwürdigen Belange der Betroffenen zu sichern. Daraus folgt, dass die Übermittlungsmöglichkeiten nicht nur für die verantwortlichen Stelle selbst feststellbar und prüfbar sein müssen, sondern auch für die internen und externen Kontrollinstitutionen, die der Gesetzgeber um der Effektivität des Datenschutzes willen geschaffen hat.

123 Die Unterlagen und sonstigen der Überprüfung dienenden Hilfsmittel sind daher in einer Form vorzuhalten, die eine effektive Benutzung auch durch den stelleninternen Beauftragten für Datenschutz, die Aufsichtsbehörde und den Bundesbeauftragten für den Datenschutz gewährleistet bzw. die Landesbeauftragten bei Wettbewerbsunternehmen wegen der materiellen Anwendbarkeit des BDSG. Sie müssen daher in einer auch für eine externe Stelle verständlichen Form geführt werden und jederzeit auf aktuellem Stand gehalten und vorlegbar sein. Die Unterlagen können auch auf einem Bildträger oder anderen Datenträgern vorgehalten werden. Dabei ist allerdings sicherzustellen, dass die Wiedergabe jederzeit innerhalb angemessener Frist und in lesbarer Form möglich ist. Die hierfür erforderlichen Hilfsmittel hat die datenverarbeitende Stelle vorzuhalten und im Falle von externen Kontrollen, etwa durch den BfDI oder die Aufsichtsbehörde, auf eigene Kosten zur Verfügung zu stellen sowie erforderlichenfalls auf ihre Kosten die Unterlagen auszudrucken oder ohne Hilfsmittel lesbare Reproduktionen beizubringen. Auch für die Führung dieser Unterlagen sind die Grundsätze ordnungsgemäßer Buchführung[55] sinnvolle Anhaltspunkte.[56]

124 Die Länge der zurückliegenden Zeitspanne, die noch überprüfbar sein muss, richtet sich nach den jeweiligen Bedingungen und ggf. nach der gesetzlichen Aufbewahrungspflicht,[57] die für die der Übermittlung unterliegenden Daten gelten. Hierbei sei auch auf die „Grundsätze ordnungsgemäßer Speicherbuchführung (GoS)“ hingewiesen, die von der Arbeitsgemeinschaft für wirtschaftliche Verwaltung e. V. ausgearbeitet worden sind, die in Ziffer 7 Hinweise für

55 Vgl. § 257 Abs. 3 HGB, § 147 Abs. 2 AO.
56 Vgl. *Raubenheimer*, CR 1993, 22 f.
57 Vgl. z.B. §§ 257 ff. HGB, § 147 AO.

die Aufbewahrungsfristen von Datenträgern geben, auf denen Buchungen gespeichert sind. Da der Aufwand für die Aufbewahrung der Übermittlungsmöglichkeiten gering ist – hier kommt es ja gerade **nicht** auf eine vollständige Protokollierung aller Übermittlungen an –, ist eine Vernichtung erst dann in Betracht zu ziehen, wenn nach pflichtgemäßem Ermessen ausgeschlossen werden kann, dass zur Sicherung schutzwürdiger Belange eines Betroffenen ein Rückgriff auf die Unterlagen erforderlich werden kann.

Die Maßnahmen, die zur Weitergabekontrolle notwendig sind, dürften in der Regel bereits 125 durch die Vorkehrungen der Zugriffskontrolle abgedeckt sein, da es zur Verhinderung unbefugter Zugriffe und Nutzungen erforderlich ist, zunächst festzulegen, in welchem Umfang Zugriff und Nutzung zulässig sind. Ein Unterschied kann sich allerdings dann ergeben, wenn die technische Realisierung von den getroffenen Festlegungen abweicht; die Weitergabekontrolle verlangt eine Überprüfbarkeit tatsächlicher Zustände, nicht normativer Festlegungen. Bei einwandfreier Umsetzung des Datenschutzes stimmen beide freilich überein.

Beispiele für Maßnahmen: 126

- Anlegen und Fortschreiben einer Übersicht, die erkennen lässt an welchen Stellen während welcher Zeitspannen welche personenbezogenen Daten durch Übertragungseinrichtungen übermittelt werden konnten bzw. können. Dazu gehört etwa auch die Dokumentation der Abruf- und Übermittlungsprogramme, der Übermittlungswege (soweit das Übermittlungsverfahren dies zulässt) und -stellen sowie der entsprechenden Übermittlungs-Hardware;[58]
- Protokollierung der Abruf- und Übermittlungsaktivitäten.

Spezielle Maßnahmen für Personalcomputer: 127

- Lese-/Schreib-Schutz der lokalen Festplatte gegenüber anderen Netzanwendern;
- Trennung von lokaler und Netzanwendung durch Schreibschutz auf der lokalen Festplatte;
- kein Einsatz von Programmen, die eine Zuordnung von fremden Datenträgern erlauben („Network File System").

6.3.5 Eingabekontrolle (Nr. 5)

Mit der Eingabekontrolle nach Nr. 5 der Anlage, die fast wortgleich der entsprechenden 128 Regelung im BDSG 1990 ist, ist durch technische und organisatorische Maßnahmen zu „gewährleisten, dass nachträglich überprüft und festgestellt werden kann, ob und von wem personenbezogenen Daten in Datenverarbeitungssysteme eingegeben, verändert oder entfernt worden sind".

Die Eingabekontrolle nach Nr. 5 schließt an erste Zugriffskontrolle nach Nr. 3 an. Während 129 dort Maßnahmen zur **Verhinderung** von unbefugten Zugriffen verlangt werden, zielt die Nr. 5 auf die Prüfbarkeit und stellt insofern einen Fall präventiver Maßnahmen dar. Diese sollen mittelbar auch im Sinne einer Verhinderung unbefugter Aktionen wirken.

Der etwas abweichende Wortlaut gegenüber dem BDSG 1990 stellt nicht mehr auf die einge- 130 gebenen Daten ab („welche"), sondern ob überhaupt personenbezogene Daten eingegeben wurden („ob und vom wem"). Mit **Eingabe** ist ebenso das Speichern gemeint, allerdings als rein technisch zu verstehender Vorgang ohne die in § 3 Abs. 5 geforderte pragmatische Komponente. Neu ist auch, dass nicht nur die **Eingabe** zu protokollieren ist, sondern auch die **Veränderung** und das **Entfernen** von personenbezogenen Daten.

Prüfbarkeit muss zunächst hinsichtlich der **eingegebenen, veränderten und entfernten** 131 **personenbezogenen Daten** bestehen. Zu beachten ist, dass nicht von Datenarten oder -kategorien, sondern von personenbezogenen Daten die Rede ist. Feststellbar und damit überprüfbar müssen alle tatsächlich eingegebenen, veränderten oder entfernten einzelnen personenbezogenen Daten sein. Das heißt, nur die vollständigen Datensätze, und nicht nur deren erste Zeichen, die wahrscheinliche, aber keine absolut sicheren Rückschlüsse auf den eingegebenen Datenumfang zulassen, genügen den Anforderungen der Nr. 5. Die Feststellbarkeit der eingegebenen oder veränderten Daten kann beispielsweise durch ein lückenlose Protokoll

58 Vgl. auch *Gola/Schomerus*, BDSG § 9 Rdnr. 26.

aller Eingaben[59] erbracht werden. Dieser Nachweis kann durch einen manuellen Hinweis auf der Sammlung der Belege ergänzt und dahin gehend erbracht werden, dass diese Daten eingegeben oder verändert worden sind. Zwar ist damit nicht eindeutig nachgewiesen, welche Daten nun wirklich eingegeben oder verändert worden sind, da Erfassungsfehler unterlaufen können. Doch ist in der Regel bereits über die Belege der Bezug zu den eingegebenen Daten möglich, weshalb unter Beachtung des Grundsatzes der Verhältnismäßigkeit die komplette Sammlung der Erfassungsbelege meist genügen wird. Ausnahmen liegen bei sehr sensitiven Daten vor, deren Weiterverarbeitung für den Betroffenen entscheidende Folgen haben kann; hier wäre der Nachweis über die tatsächlich eingegebenen Daten zwingend. Zumindest bei sensitiven Daten nach § 3 Abs. 9 sollte durch flankierende Maßnahmen – zweite Eingabe und Vergleich – die Dateneingabe auf Fehlerfreiheit geprüft werden.

132 Schwieriger ist der Fall des Nachweises der Veränderung von Daten. Werden hierüber Nachweise geführt, können diese wie bei der Eingabe ebenfalls gesammelt und als Beleg dienen. In vielen Fällen wird allerdings heute auf eine Belegsammlung verzichtet. Es wird in vielen Fällen ein elektronischer Workflow eingerichtet, der alle Daten elektronisch verarbeitet (dann werden die Papierbelege eingescannt). Der Nachweis einer Änderung kann dann nur in Form der Protokollierung vorgenommen werden. Hieraus folgt, dass die Protokolldaten entsprechend lang und sicher aufbewahrt und damit als Nachweis zur Verfügung stehen. Ferner muss darauf geachtet werden, dass die Auswertbarkeit der Protokolldaten sichergestellt wird. Die Randbedingungen hierzu sind: Die Größe der Protokolldatei muss noch eine Verarbeitung ermöglichen und es müssen Werkzeuge zur Verfügung stehen, die es ermöglichen die Daten der Protokolldatei überhaupt zu erschließen. Das Entfernen von personenbezogenen Daten soll ebenfalls nachgewiesen werden. Der Begriff entfernen ist, wie bereits erwähnt, bislang im BDSG nicht definiert. Im Falle der Eingabekontrolle kann allerdings darunter nur das Löschen von personenbezogenen Daten verstanden werden. Der Nachweis der Löschung ist ebenso wie die Änderung von Daten technisch schwierig zu realisieren. Auf keinen Fall soll die Löschung von Daten dazu führen, dass in den Protokolldateien die Dateninhalte der gelöschten Daten gespeichert werden. Dies würde den Sinn der Löschung – Entfernung – von personenbezogenen Daten ins Gegenteil verkehren. Aus diesem Grund soll nur ein identifizierendes Merkmal des gelöschten Datensatzes protokolliert werden beispielsweise die Spaltenidentifizierung – ROW-ID – eines Datenbankeintrages. Unter Entfernen könnte auch das Kopieren von Daten auf einen Datenträger mit anschließender Löschung der Originaldaten im Datenverarbeitungssystem verstanden werden. Unter dem Gesichtspunkt, dass die Originaldaten dann im System nicht mehr vorliegen, handelt es sich hier wiederum um eine Löschung der Daten im Verarbeitungssystem. Der Gesetzgeber wird allerdings mit dem Begriff entfernen auf keinen Fall lediglich ein Überspielen der Daten auf einen anderen Datenträger gemeint haben, worauf sich diese Vorgehensweise nicht empfiehlt.

133 In den übrigen Fällen der Dateneingabe, Änderung oder Entfernung, insbesondere dezentral, aber direkt über einen Personalcomputer, wird die Forderung der Eingabekontrolle in der Regel nur durch eine umfassende automatisierte Protokollierung der eingegebenen Daten erfüllt werden.[60] Dabei reicht eine Protokollierung im Speichersystem, soweit Rechner-Rechner-Kopplung besteht, nicht aus, sondern muss durch flankierende Maßnahmen beim Erfassungssystem unterstützt werden. Der hierzu notwendige Aufwand relativiert sich, da es ohnehin üblich ist, bei der Direkt-Eingabe eine Datensicherung beispielsweise in Form eines Magnetbands oder vergleichbarer Datenträger (zur eventuellen Rekonstruktion des Datenbestandes bei Ausfällen) „mitlaufen" zu lassen.

134 Auf die Feststellung **„zu welcher Zeit"** die Eingabe vorgenommen wurde, wurde in der neuen Regelung verzichtet. Das Gesetz verlangt neuerdings weder einen Zeitpunkt noch eine Zeitspanne. Für die Nachvollziehbarkeit einer Eingabe, Änderung oder Löschung ist aber der Zeitpunkt unbedingt erforderlich. Da es aber um die Eingabe in Datenverarbeitungssysteme geht, wird, abgesehen von der vorerwähnten Belegerfassung, bei der grundsätzlich das Tages-

59 Insb. an zentralen Erfassungsplätzen der verantwortlichen Stelle.
60 Vgl. auch *Gola/Schomerus*, BDSG § 9 Rdnr. 27.

datum genügt, die minutengenaue Erfassung aller Verarbeitungsvorgänge in aller Regel kein Problem darstellen. Allerdings gilt auch insoweit der Grundsatz der Verhältnismäßigkeit, weshalb diese ganz exakte Zeitregistrierung unterbleiben kann, wenn der Aufwand hierfür sehr hoch wäre und aus der Bedeutung der Daten und der mit ihnen vorgenommenen Verarbeitung nicht gleichwohl die genaue Eingabezeit entscheidend ist. Hierbei ist jedoch auch das potenzielle Interesse der Betroffenen oder der Kontrollinstanzen an einer zeitkritischen Nachprüfbarkeit der Eingabe zu berücksichtigen. Der komplette Verzicht auf eine zeitliche Registrierung von Eingabe, Veränderungs- oder Löschungsvorgängen führt allerdings dazu, dass insgesamt die Protokollierung ihren Sinn verliert, da eine zeitliche Einordnung der Bearbeitungsvorgänge im Nachhinein nicht mehr möglich ist. Der Verzicht auf die zeitliche Registrierung wird in der Gesetzesbegründung mit überzogenen, nicht praktikablen Anforderungen begründet. Dies ist unter dem Gesichtspunkt des technischen Fortschrittes nicht nachvollziehbar, da automatisierte Protokollierung ohnehin immer den Zeitpunkt miterfassen.

Schließlich gehört zur Eingabenkontrolle die Prüfbarkeit, **ob und von wem** die Daten eingegeben wurden. Das Gesetz zielt auf die individuelle Verantwortung der mit der Eingabe betrauten Person. Es genügt hierbei nicht, dass der Personenkreis näher eingeengt wird, von dem die Dateneingabe, Änderung oder Löschung herrührt, ebenso wenig reicht es, lediglich zwischen Bearbeitungsvorgänge durch die verantwortliche Stelle und Bearbeitungsvorgänge durch Dritte zu unterscheiden. Entscheidend ist vielmehr, dass die Identität dessen, der bestimmte Daten eingegeben, verändert oder gelöscht hat, feststellbar ist. Diese Identifizierbarkeit kann auch über weitere Hilfsmittel wie automatisiertes Anmeldeprotokoll, Schicht- oder Eingangskontrollbücher erreicht werden. Auf welchem Wege die für die Eingabe, Änderung oder Löschung verantwortliche Person feststellbar ist, unterliegt der Organisationshoheit der verantwortlichen Stelle. Allerdings muss diese Feststellung auch für die internen und die externen Kontrollorgane wie den Datenschutzbeauftragten oder die Aufsichtsbehörde nachvollziehbar sein. 135

Werden Eingabeprotokolle geführt, so genügt statt der direkten Identifizierbarkeit durch den Namen oder eine eindeutig zuordenbare Benutzerkennung auch der Hinweis auf ein bestimmtes Eingabegerät, wenn dieses ausschließlich durch entsprechenden Passwort-Schutz und Abschließbarkeit von einer Person betätigt werden kann. Jedoch erfordert dies z.B. auch eine exakte Dokumentation aller Vertretungsfälle. 136

Ganz entscheidend ist die Eingabekontrolle, wenn in ein zentrales Datenverarbeitungssystem viele Mitarbeiter oder sogar dazu zugelassene Externe wie Kunden von dezentralen Arbeitsplätzen, von privaten Computern und/oder öffentlich zugänglichen Computern Daten eingeben können. An die **eindeutige** Identifizierbarkeit der eingebenden Personen sind hier umso höhere Anforderungen zu stellen, umso weniger Einfluss die verantwortliche Stelle auf die Eingabegeräte hat; ggf. muss die Eingabemöglichkeit unterbunden werden. 137

Soweit an einem Vorgang der Eingabe mehrere Personen beteiligt sind, muss auf jeden Fall die Person feststellbar sein, die die Entscheidung über die Eingabe, Änderung oder Entfernung verantwortlich getroffen hat. Dies ist in der Regel der Sachbearbeiter. Die Person eines Vorgesetzten kann nur dann an seine Stelle treten, wenn er in jedem Einzelfall an der Entscheidung teil hat und die Verantwortung übernimmt. Erfassungskräfte können durch versehentliche oder bewusste Schreibfehler die Dateneingabe, Änderung oder Löschung beeinflussen. Die persönliche Verantwortlichkeit für gespeicherte Daten kann daher nur festgestellt werden, wenn auch die Datenerfassung, Änderung oder Löschung überprüfbar ist. Sofern der Administrator eines Rechners technisch die Möglichkeit hat, auf den Inhalt der einzugebenden Daten Einfluss zu nehmen, gilt für ihn das Gleiche. Bei dem nur an der technischen Durchführung der Dateneingabe beteiligten Personal wird in der Regel ein Sammelnachweis ausreichen. Um nachzuweisen, dass der Operator nicht auf die Dateneingabe inhaltlich eingewirkt hat, genügt ein Systemprotokoll, das alle Administratoraktivitäten aufzeichnet. Bei all dem ist nämlich zu berücksichtigen, dass die Regelung nach Nr. 5 dazu beitragen soll, dass das Risiko unzulässiger Dateneingaben dadurch gesenkt wird, dass die Beschäftigten in dem Bewusstsein, persönlich zur Verantwortung gezogen werden zu können, bei der Eingabe, Änderung und Entfernung von Daten besonders sorgfältig vorgehen. 138

139 Für die Aufbewahrung der Unterlagen, die eine Prüfung ermöglichen, hat das Gesetz keine Mindestdauer fixiert; für den Fall des Einsatzes automatisierter Abrufverfahren siehe aber § 10 Abs. 2. Sie ist daher von Fall zu Fall nach den jeweiligen Bedingungen festzulegen. Entscheidend ist neben dem wirtschaftlichen Aufwand für die Aufbewahrung vor allem, ob der Zweck, die Prüfbarkeit zu garantieren, erfüllt ist. Hat eine intensive, an den Kriterien des Datenschutzes orientierte Kontrolle stattgefunden, so kann eine weitere Aufbewahrung entbehrlich sein. Dies gilt etwa, wenn der Sachbearbeiter anhand von entsprechenden Listen die einwandfreie Eingabe der Daten bestätigt und hierfür selbst die Verantwortung übernommen hat. Wird so verfahren, können Protokolle über die Erfassungstätigkeit danach vernichtet werden.

140 Eine Vernichtung der zu Prüfzwecken angefertigten Unterlagen kann auch dann gerechtfertigt sein, wenn die Daten dem Betroffenen mitgeteilt worden sind und er nach angemessener Zeit nicht widersprochen hat, obwohl dies nach Lage der Dinge bei nicht korrekter Datenspeicherung zu erwarten gewesen wäre. Die Aufbewahrungsfristen werden in der Regel kürzer, nicht jedenfalls länger als die steuer- und handelsrechtlichen Fristen anzusetzen sein.

141 Nr. 5 der Anlage begnügt sich mit der Verpflichtung, die Voraussetzungen für Prüfungen zu schaffen. Die Pflicht für die verantwortliche Stelle, solche Prüfungen in angemessenem Umfang auch tatsächlich durchzuführen, folgt aus § 9 Satz 1 unmittelbar.

142 In welcher Form die Unterlagen geführt werden, bleibt der verarbeitenden Stelle überlassen. Entscheidend ist nur, dass sie nach Inhalt, Form und Verfügbarkeit den Anforderungen entsprechen, die von den verschiedenen, in Betracht kommenden Prüfungsinstanzen erhoben werden können. Werden die für die Eingabekontrolle notwendigen Daten automatisiert protokolliert, ist von der datenverarbeitenden Stelle Sorge dafür zu tragen, dass deren Wiedergabe jederzeit innerhalb einer angemessenen Frist und in lesbarer Form möglich ist; zur Verpflichtung der datenverarbeitenden Stelle gehört, die hierfür erforderlichen Hilfsmittel auf eigene Kosten vorzuhalten. Aus der Pflicht zur Überprüfbarkeit und Feststellbarkeit leitet sich die Notwendigkeit ab, innerhalb der Aufbewahrungsfristen im Falle einer wesentlichen Änderung der eingesetzten Hardware oder der Programme die alte Technik einschließlich der Programme vorzuhalten, wenn nur so die Daten lesbar gemacht werden können.[61]

143 Allerdings gilt es zu bedenken, dass mit einer solchen umfassenden Protokollierung eingegebener personenbezogener Daten eine neue Sammlung möglicherweise sehr sensitiver Daten entsteht. Sinnvollerweise sollten automatisierte Protokollierungen daher so erstellt werden, dass auch das Wiederauffinden und das Auswerten nur automatisiert erfolgen kann. Dies hätte den positiven Nebeneffekt, dass Unbefugten der Zugriff auf diese Protokolldaten verschlossen bliebe. An die ausschließlich zweckgebundene Verwendung von Protokolldaten sei erinnert (§ 14 Abs. 4).

144 Beispiele für Maßnahmen:

- Datenerfassungsanweisungen;
- automatisierte Protokollierung der Dateneingabe, Änderung oder Löschung;
- automatisierte Protokollierung der Administrator-Aktivitäten;
- Sicherung der Protokolldaten gegen Verlust oder Veränderung;
- Auswertungsverfahren für automatisiert erstellte Protokolldaten;
- Dokumentation der Eingabeprogramme;
- Freigabeverfahren und Dokumentation der aktuellen Programmversion;
- Sammlung der Erfassungsbelege mit Nachweis der Tatsache der Erfassung, mit Erfassungskraft und Datum;
- Aufzeichnungen über die Datenerfassungskräfte sowie der zur Dateneingabe, Änderung oder Löschung berechtigten Personen;
- Protokollierung der Eingaben, Änderung und Löschung in besonderen Protokolldateien;
- Plausibilitätskontrollen.

145 Spezielle Maßnahmen für vernetzte Personalcomputer:

- automatisierte Protokollierung der Dateneingabe, Änderung oder Löschung;
- Protokollierung gescheiterter Zugriffsversuche;

---

61 Vgl. *Raubenheimer,* CR 1993, 19 ff., 21.

- Protokollierung der Aktivitäten des Systemverwalters und sämtlicher Benutzer;
- Protokollierung aller Aktivitäten auf dem Server;
- Auswertung der Protokolle durch andere Person als Systemverwalter (Vier-Augen-Prinzip).

6.3.6 Auftragskontrolle (Nr. 6)

146 Die Auftragskontrolle nach Nr. 6 dient der Durchführung der Vorschriften über die Datenverarbeitung im Auftrag (§ 11). Sie ist wortgleich mit der entsprechenden Regelung im BDSG 1990. Die Auftragskontrolle ergänzt die Regelung in § 11, die die rechtlichen Voraussetzungen für eine Datenverarbeitung im Auftrag regelt und die Pflichten für Auftraggeber und Auftragnehmer festlegt. Bei der Anwendung von § 11 und § 9 Anlage zu Satz 1 Nr. 6 ist zu berücksichtigen, dass anders als § 11 die Regelungen der Anlage unter dem Grundsatz der Verhältnismäßigkeit stehen.[62] Allerdings darf hierbei nicht übersehen werden, dass sich nach dem Grundsatz der Verhältnismäßigkeit nicht die Frage richtet, ob die vom Gesetz – hier also § 11 – ausgesprochenen Ge- und Verbote zu beachten sind, sondern einzig und allein Art und Umfang der flankierenden technischen und organisatorischen Maßnahmen.

147 Die Berührung von § 11 mit § 9 und dessen Maßnahmenkatalog wird besonders deutlich in § 11 Abs. 2 Satz 1, wonach der Auftraggeber den Auftragnehmer gerade unter dem Gesichtspunkt der von diesem „getroffenen technischen und organisatorischen Maßnahmen“ sorgfältig auszuwählen hat, sowie in § 11 Abs. 3 Satz 1, wonach der Auftragnehmer die Daten nur im Rahmen der Weisungen des Auftraggebers erheben, verarbeiten oder nutzen darf. Die Auftragskontrolle richtet sich demgemäß in erster Linie an die beauftragte Stelle, also den **Auftragnehmer**, der die ihm erteilten Weisungen einzuhalten hat, mittelbar aber auch an den **Auftraggeber**, der dafür verantwortlich ist, dass die Weisungen widerspruchsfrei und hinreichend präzise gegeben werden. Bei der beauftragten Stelle dürfen Zweifel über die Begrenzung ihrer Befugnisse nach Möglichkeit gar nicht erst auftauchen.[63]

148 Vom Auftraggeber werden Maßnahmen verlangt, die die Einhaltung der Weisung sicherstellen. Dies erfordert zunächst eine Prüfung des Inhalts der Weisungen daraufhin, ob sie alle auftretenden Fälle erfassen und eindeutig regeln. Dabei brauchen nicht alle technischen Einzelschritte vorgeschrieben werden. Eine Weisung kann auch dann hinreichend deutlich sein, wenn der Auftrag lautet, bestimmte Aufgaben nach fest vorgegebenen Regeln zu erledigen, z.B. Auftragsvergütungen entsprechend den tariflichen Bestimmungen zu errechnen. Tauchen Zweifel auf, müssen neue Weisungen eingeholt werden. Etwaigen Versuchen des Auftraggebers, die Verantwortung abzuschieben, muss der Auftragnehmer widerstehen. Dies liegt nicht zuletzt in seinem eigenen Interesse, da er sich später von dem Vorwurf, eigenmächtig und damit rechtswidrig gehandelt zu haben, befreien kann, wenn er auf die ausdrücklichen Weisungen seines Auftraggebers verweisen kann. Auch eine eventuelle Heranziehung von Subunternehmen muss eindeutig und schriftlich festgelegt sein.

149 Die Auftragskontrolle erfordert technische und organisatorische Maßnahmen, welche die lückenlose Einhaltung des Weisungsprinzips in der Praxis gewährleisten. Wenn auch die Weisungen an keine Form gebunden sind, empfiehlt es sich gleichwohl, diese schriftlich festzulegen, um Zweifel über deren Inhalt möglichst auszuschließen.

150 Die Verwendung von entsprechend ausgestalteten Formularen für die Auftragserteilung kann dazu Wesentliches beitragen. Werden Eilaufträge mündlich erteilt, so ist eine umgehende schriftliche Bestätigung geboten, um Missverständnisse und Beweisschwierigkeiten auszuschließen. Die beauftragte Stelle hat durch Schulungen und Arbeitsrichtlinien sowie Kontrollmaßnahmen sicherzustellen, dass diese Grundsätze beachtet werden.

151 Um zu gewährleisten, dass die Daten jeweils nur gemäß den entsprechenden Weisungen des Auftraggebers verarbeitet werden, ist weiter erforderlich, dass die einzelnen Aufträge, insbesondere wenn sie von verschiedenen Auftraggebern stammen, genau voneinander getrennt werden; zu Schwierigkeiten und erforderlichen Maßnahmen, wenn in beauftragten Service-

---

62 Vgl. auch *Schaffland/Wiltfang,* BDSG § 9 Rdnr. 108.
63 So auch *Gola/Schomerus,* BDSG § 9 Rdnr. 28.

Rechenzentren sehr viele Aufträge erledigt werden. Hier kommen dann zudem die Vorschriften von Nr. 8 zum Tragen. Weiter ist sicherzustellen, dass sie sich nicht wechselseitig beeinflussen können. Das erfordert zunächst, den Auftraggeber oder dessen hierbei tätige Mitarbeiter stets sorgfältig zu identifizieren. Dies gilt nicht nur bei der Entgegennahme von Weisungen, sondern in gleicher Weise bei der Annahme von Daten, Programmen und sonstigen der Verarbeitung dienenden Unterlagen sowie bei der Aushändigung der Verarbeitungsergebnisse und sonstiger Materialien, die personenbezogene Daten enthalten.

152 Die Forderung nach strikter Trennung gilt in gleicher Weise für die eigentliche Verarbeitung. Hierzu sind Maßnahmen zu ergreifen, die sicherstellen, dass bei der Ausführung eines Auftrages nicht auf die Daten oder die Programme eines anderen Auftrages zugegriffen oder sonst Einfluss genommen wird. Die konkreten Maßnahmen hängen dabei weitgehend von der Betriebsweise ab. Eine genaue Kontrolle der Programmaktivitäten ist eine der möglichen Maßnahmen. Bei der Aushändigung von Datenträgern ist aber in jedem Fall sicherzustellen, dass sich auf unbenutzten Speicherbereichen keine Restdaten aus früheren Verarbeitungsvorgängen anderer Auftraggeber befinden. Dies ist mit den gängigen Löschroutinen nicht gewährleistet, deshalb ist entsprechender Mehraufwand notwendig. Die Pflichten des Auftragnehmers erstrecken sich nicht nur auf die automatisierte Verarbeitung der Daten, sondern auch auf das konventionelle Umfeld, etwa bei der Vor- und Nachbearbeitung.

153 Mit der Auftragskontrolle und den daraus abzuleitenden technischen und organisatorischen Maßnahmen ist aber auch jeder Missbrauch und jede unzulässige Datenverarbeitung einerseits durch den Auftragnehmer und seine Mitarbeiter sowie andererseits durch Dritte zu verhindern. Der Auftragnehmer darf die Daten also nicht für sich duplizieren, sie verändern oder außerhalb des Auftragsrahmens übermitteln. Ebenso wenig dürfen unbefugte Dritte die Möglichkeit des Zugriffs auf diese Daten haben. Geschähe dies, hätte der Auftragnehmer gerade nicht gewährleistet, dass die Daten nur im Rahmen der Weisungen des Auftraggebers verarbeitet werden können. Das bedeutet, dass der Auftragnehmer letztlich im Rahmen der Auftragsdatenverarbeitung zusätzlich alle die technischen und organisatorischen Maßnahmen zu treffen hat, die der Auftraggeber bei sich hätte treffen müssen, hätte er die Daten in gleicher Weise selbst verarbeitet.

154 Gerade wegen der letztlich gemeinsamen Verantwortung von Auftragnehmer und Auftraggeber haben beide sich durch **Kontrollen** von der Einhaltung der veranlassten technischen und organisatorischen Maßnahmen zu vergewissern und eventuell dabei festgestellte Schwachstellen zu beseitigen.

155 Beispiele für Maßnahmen:

- Auswahl des Auftragnehmers unter Sorgfalt-Gesichtspunkten;
- Verwendung von Form- oder Merkblättern zur Sicherung vollständiger und klarer Weisungen, z.B. auch bezüglich der Fertigung und Verwahrung von Sicherungsversionen, der Verpackung und der Versandart, der Behandlung von nicht mehr benötigten Unterlagen (Rückgabe oder Verfahren der Beseitigung);
- Schriftlichkeit von Weisungen;
- Verpflichtung des Personals des Auftragnehmers auf das Datengeheimnis entsprechend § 5;
- Abgrenzung der Verantwortlichkeiten zwischen Auftraggeber und Auftragnehmer;
- Prüfung der Identität des Auftraggebers und seiner Mitarbeiter sowie deren Vertretungsbefugnis bei Erteilung von Aufträgen und Weisungen sowie bei Anlieferung und Entgegennahme von Daten und Unterlagen;
- Datenübergabe nur gegen Quittung oder verschlüsselt, sodass nur der Auftragnehmer entschlüsseln kann;
- möglichst keine Originalakten für Testzwecke beim Auftragnehmer verwenden;
- Lieferscheine mit detaillierten Angaben;
- Programmbeschreibungen des Auftragnehmers;
- exakte Beschreibung der Gesamtheit der getroffenen technischen und organisatorischen Maßnahmen;
- Schutzmaßnahmen gegen wechselseitige Beeinflussung von verschiedenen Aufträgen durch festgelegte Funktionstrennung im Rechenzentrum des Auftragnehmers;

- bei Benutzung des Datenverarbeitungssystems über Personalcomputer insbesondere Maßnahmen nach Nr. 3 zu veranlassen;
- feste Zuordnung zwischen Datenträgern oder Speicherbereichen und Aufträgen zu den einzelnen Auftraggebern;
- Löschung von Restdaten;
- gemeinsame Kontrollen von Auftraggeber und Auftragnehmer;
- Vereinbarung von Konventionalstrafen für Verstöße gegen Weisungen;
- Verpflichtung zum Versicherungsabschluss.

6.3.7 Verfügbarkeitskontrolle (Nr. 7)

Die Verfügbarkeitskontrolle wurde neu in das BDSG aufgenommen. Sie dient der **Gewährleistung** der Verfügbarkeit von personenbezogenen Daten. Die Herstellung der Verfügbarkeit von personenbezogenen Daten kann sehr weit gefasst sein. Beispielsweise müssen die Sicherheitseinrichtungen in einem Krankenhaus so ausgelegt sein, dass deren Verfügbarkeit weit über 99,99 % Prozent erreichen. Um die Anforderungen der Verfügbarkeit nicht ins uferlose wachsen zu lassen, beschränkt sich der Gesetzgeber darauf, die Systeme nur vor **zufälliger Zerstörung** zu schützen. Dies bedeutet, dass nur solche Maßnahmen zu ergreifen sind, die darauf ausgerichtet sind, vor zufälligen Ereignissen, die eine Zerstörung der Hardware und einen Verlust von Programmen (Software) und Daten mit sich bringen, also beispielsweise vor Stromausfällen, Wassereinbrüchen oder Blitzschlägen, zu schützen. Dies kann durch verschiedene technische Maßnahmen geschehen. Vor Blitzschlägen reicht beispielsweise die Einrichtung eines besonders abgesicherten Stromanschlusses und die galvanische Trennung von Netzwerkanschlüssen. Für beides gibt es recht preisgünstige technische Einrichtungen. Stromausfällen kann mit einer unterbrechungsfreien Stromversorgung begegnet werden. Dabei wird in der Regel der Stromausfall nur für eine begrenzte Zeit über Batteriepufferungen überbrückt, beispielsweise etwa 20 Minuten. In dieser Zeit kann über entsprechende Software das Datenverarbeitungssystem automatisch und ordnungsgemäß beendet und abgeschaltet werden. Hierdurch können Hardwareschäden und Datenverluste und unbeabsichtigte Datenveränderungen vermieden werden. Der Schutz beschränkt sich somit auf technische Sicherheit der Geräte vor physikalischer Zerstörung, mit der ein Betreiber eines Datenverarbeitungssystems im Alltag rechnen muss. Die zu ergreifenden Maßnahmen sind in den überwiegenden Fällen nur durch technische Einrichtungen zu erreichen. Zur Absicherung ist es auch sinnlos, die technischen Maßnahmen zunächst zu testen, um festzustellen ob der Prozessablauf auch im gewünschten Maße abläuft. 156

Natürlich kann die Verfügbarkeit auch im Interesse der verantwortlichen Stelle sein. Beispielsweise wird an die Verfügbarkeit eines polizeilichen Informationssystems durchaus Anforderungen zu stellen sein, die einen 99 %igen Betrieb sicherstellen. Abgedeckt sind damit natürlich auch die Gefahren, die durch rein zufällige Zerstörung auftreten können. 157

Neben dem Schutz vor zufälliger Zerstörung werden weiterhin Maßnahmen gefordert, die vor dem **Verlust** der personenbezogenen Daten schützen. Die Anforderung soll sicherstellen, dass von personenbezogenen Daten Sicherungskopien erstellt werden. Unter Sicherungskopien versteht man die Verdoppelung von Software (Programmen) und Daten, die der Sicherheit dienen. Regelmäßige Sicherungsläufe dienen somit auch der Verfügbarkeit der Datenbestände und der zur Verarbeitung notwendigen Betriebssystemsoftware und der Anwendungssoftware. Die Häufigkeit dieser Sicherungsläufe richtet sich nach der Wichtigkeit der Datenbestände. Bei Datenbestände, deren Verfügbarkeit jederzeit gesichert sein muss, führt dies zu der Einrichtung von „Spiegelplattensystemen“, bei dem auf zwei Sicherungsmedien ständig eine Doppelspeicherung der Daten erfolgt. Neben den Spiegelplattensystemen werden heute auch so genannte RAID-Systeme, die eine ausfallsichere redundante Speicherung von Daten erlauben, eingesetzt. Bei weniger wichtigen Daten sind tägliche und wöchentliche Sicherungsläufe üblich. In vielen Fällen erfolgt beispielsweise eine tägliche Differenzsicherung, d.h., nur die neuen/veränderten Daten werden gesichert und wöchentlich eine Vollsicherung aller Daten und Programme. Die Verwahrung der Datensicherungen 158 erfolgt nach dem Großvater-Vater-Sohn-Prinzip, sodass mehrere Generationen der Sicherungskopien zur Verfügung stehen. Sicherungskopien sind mindestens genauso zu sichern wie das Original. Sollen sie außerdem noch vor zufälliger Zerstörung gesichert werden, also Einruch, Diebstahl, Wasser- und Brandschäden, ist eine Aufbewahrung in einem ausreichend sicheren Tresor notwendig. Außerdem sollen die Sicherungskopien nicht im gleichen Brandabschnitt oder Gebäude wie das Datenverarbeitungssystem aufbewahrt werden.

159 Beispiele für Maßnahmen:

- Ausarbeitung eines Datensicherungskonzept, beispielsweise Montag bis Donnerstag Differenzsicherung, Freitag Vollsicherung, Großvater-Vater-Sohn-Prinzip Speicherung;
- Einrichtung einer unterbrechungsfreien Stromversorgung
- Verwendung von Schutzsteckdosenleisten;
- Rechnerräume nie unter Toiletten und/oder Badzimmer einrichten;
- in Hochwassergebieten, Rechnerräume möglichst weit über der Wassergrenze einrichten;
- Verwendung von geeigneten Tresoren und/oder so genannten Wertwürfeln (es ist darauf zu achten, dass die Sicherungskopien auch in die Behältnisse passen);
- Datenübergabe nur gegen Quittung oder verschlüsselt, sodass nur der Auftragnehmer entschlüsseln kann;
- möglichst keine Originalakten für Testzwecke beim Auftragnehmer verwenden;
- Dokumentation der Sicherungsläufe erstellen und aufbewahren;
- Restore-Funktionen testen;
- Daten und Programme getrennt sichern und verwahren; Betriebssystemsicherungen nach dem Update erneuern.

6.3.8 Gewährleistung der Zweckbindung (Nr. 8)

160 Neu ins BDSG aufgenommen wurde die Verpflichtung der Gewährleistung der Zweckbindung. Die verantwortliche Stelle hat damit sicherzustellen, dass **zu unterschiedlichen Zwecken erhobene Daten getrennt verarbeitet werden können.** Die Vorschrift beinhaltet in Anlehnung an die Regelungen des § 4 Abs. 2 Nr. 4 Teledienstedatenschutzgesetz (TDDSG) ein grundsätzliches Trennungsgebot zu unterschiedlichen Zwecken erhobenen Daten. Sie bildet damit den Einstieg in den Systemdatenschutz.

161 Ziel dieser Regelung ist es, die verantwortliche Stelle schon bei der Inbetriebnahme darauf hinzuweisen, die Systeme so auszulegen, dass personenbezogene Daten, die zu unterschiedlichen Zwecken erhoben wurden, auch getrennt verarbeitet werden können. Der Betreiber eines Datenverarbeitungssystems hat dieses so auszulegen, dass er personenbezogene Daten, die er aus unterschiedlichen Zwecken erhebt, beispielsweise Lieferadressen und Bankverbindungen, auch getrennt verarbeiten kann. Dies kann einerseits dadurch sichergestellt werden, dass die Daten beispielsweise physikalisch getrennt auf unterschiedlichen Servern verarbeitet werden. Anderseits kann eine Trennung auch dadurch erfolgen, dass innerhalb des Systems eine logische Trennung vollzogen wird. Die logische Trennung hat in der Regel auch zur Folge, dass die Zugriffsrechte Einzelnen pro Verfahren vergeben werden müssen.

162 Das Trennungsgebot sieht dort seine Einschränkungen, in denen ein Informationssystem so entwickelt und realisiert wurde, dass gesetzliche im Regelfall zugelassene Zweckänderungen immer wieder vorkommen und bedient werden müssen.

163 Beispiele für Maßnahmen:

- Trennung der Datensätze durch Speicherung in physikalisch getrennten Datenbanken;
- Zugriff auf Datensätze nur über Anwendungen, in der die Logik festlegt wurde;
- Unterschiedliche Verschlüsselung von Datensätze zur Abgrenzung der Zweckbindungen;
- Versehen der Datensätze mit Attributs-Signaturen zur Festlegung der Zweckbindung. Der Zugriff darf nur über Anwendungen erfolgen die keine Änderungen der Zweckbindung garantieren und für die Verarbeitung zugelassen sind.
- Festlegung von Rollen in einem Informationssystem: Administrator, Revisor, Benutzer etc.;
- Verwendung von besonderen Verfahren beispielsweise von Challenge Response Verfahren zur Sicherstellung der Zugriffberichtigten Anwendung.

§ 9a Datenschutzaudit

Zur Verbesserung des Datenschutzes und der Datensicherheit können Anbieter von Datenverarbeitungssystemen und -programmen und datenverarbeitende Stellen ihr Datenschutzkonzept sowie ihre technischen Einrichtungen durch unabhängige und zugelassene Gutachter prüfen und bewerten lassen sowie das Ergebnis der Prüfung veröffentlichen. Die näheren Anforderungen an die Prüfung und Bewertung, das Verfahren sowie die Auswahl und Zulassung der Gutachter werden durch besonderes Gesetz geregelt.

Literatur

Arbeitskreis Datenschutz-Audit Multimedia, Prinzipien und Leitlinien zum Datenschutz-Audit bei Multimedia-Diensten, DuD 1999 285 ff.; *Arbeitskreis Datenschutzbeauftragte im Verband der Metallindustrie Baden-Württemberg (VMI),* Datenschutz-Audit, DuD 1999, 281 ff.; *H. Bäumler,* Datenschutzaudit und IT-Gütesiegel im Praxistest, RDV 2001, 167 ff.; *ders.,* Datenschutzaudit und Gütesiegel in Schleswig-Holstein, DuD 2001, 252; *ders.,* Marktwirtschaftlicher Datenschutz, Audit und Gütesiegel à la Schleswig-Holstein, DuD 2002, 325 ff.; *B.-Chr. Bijok/S. Kling/M. Weibler,* Informationssicherheits- und Datenschutz-Audit bei Bosch: Erfahrungen in einem Konzern, DuD 2004, 621 ff.; *J. Bizer,* Aktuelle Stimmen zum Datenschutz-Audit, DuD 1997, 535; *ders.,* Datenschutz durch Technikgestaltung, in *Bäumler/v. Mutius* (Hrsg.), Datenschutzgesetze der dritten Generation 1999, S. 28 ff.; *J. Bizer/T.B. Petri,* Kompetenzrechtliche Fragen des Datenschutzaudits, DuD 2001, 97 ff.; *A. Büllesbach,* Datenschutz und Datensicherheit als Qualitäts- und Wettbewerbsfaktor, RDV 1997, 239 ff.; *A.C. Diek,* Gütesiegel nach dem schleswig-holsteinischen Landesdatenschutzgesetz, in *Bäumler/v. Mutius* (Hrsg.), Datenschutz als Wettbewerbsvorteil 2002, S. 157 ff.; *U. Dieckmann/B. Eitschberger/H. Eul/P. Schwarzhaupt/G. Wohlrab,* Datenschutzaudit – quo vadis ? DuD 2001, 549 ff.; *H.-L. Drews/H.-J. Kranz,* Argumente gegen die gesetzliche Regelung eines Datenschutz-Audits, DuD 1998, 93; *dies.,* Datenschutzaudit. Kritische Anmerkungen zum Rechtsgutachten von Roßnagel vom Mai 1999, DuD 2000, 226 ff.; *W. Ewer,* Vom Umweltaudit zum Datenschutzaudit, in *Bäumler/v. Mutius* (Hrsg.), Datenschutz als Wettbewerbsvorteil 2002, 180 ff.; *P. Gola,* Der auditierte Datenschutzbeauftragte – oder von der Kontrolle der Kontrolleure, RDV 2000, 93 ff.; *C. Golembiewski,* Das Datenschutzaudit in Schleswig-Holstein, in *Bäumler/v. Mutius* (Hrsg.), Datenschutz als Wettbewerbsvorteil 2002, 107 ff.; *M. Hansen/T. Probst,* Datenschutzgütesiegel aus technischer Sicht: Bewertungskriterien des schleswig-holsteinischen Datenschutzgütesiegels in *Bäumler/v. Mutius* (Hrsg.), Datenschutz als Wettbewerbsvorteil 2002, 163 ff.; *J. Hladjk,* Gütesiegel als vertrauensbildende Maßnahme im E-Commerce, DuD 2002, 597 ff.; *ders.,* Qualität und Effektivität von Gütesiegeln. Eine Übersicht über nationale und internationale Angebote, DuD 2002, 672; *T. Königshofen,* Chancen und Risiken eines gesetzlich geregelten Datenschutzaudits, DuD 2000, 357 ff.; *ders.,* Datenschutz-Audit bei der Deutschen Telekom, in: *Horster/Fox* (Hrsg.), Datenschutz und Datensicherheit 1999, 180 ff.; *ders.,* Prinzipien und Leitlinien für ein Datenschutz-Audit bei Multimediadiensten, DuD 1999, 266 ff.; *L. Neundorf,* Praxisbericht: Konzerninternes Datenschutzaudit, DuD 2002, 338 ff.; *T.B. Petri,* Vorrangiger Einsatz auditierter Produkte, DuD 2001, 150 ff. *A. Roßnagel,* Datenschutz-Audit, DuD 1997, 505 ff.; *ders.,* Audits stärken Datenschutzbeauftragte, Replik zum Beitrag von *Drews/Kranz,* DuD 2000, 231 ff.; *ders.,* Datenschutzaudit 2000; *ders.,* Datenschutzaudit in Japan, DuD 2001, 154 ff.; *A. Roßnagel/A. Pfitzmann/H. Garstka,* Modernisierung des Datenschutzes 2001; *P. Schaar/O. Stutz,* Datenschutz-Gütesiegel für Online-Dienstleistungen, DuD 2002, 330 ff.; *U. Schlaeger,* Gütesiegel nach Datenschutzauditverordnung Schleswig-Holstein: Erfahrungsbericht eines unabhängigen Gutachters, DuD 2004, 459 ff.; *B.H. Sievers,/J. H. Weber,* Externes Datenschutzaudit, DuD 2002, 342 ff.; *H. Simonis,* Datenschutz als Standortvorteil für das Land Schleswig-Holstein, in *Bäumler/v. Mutius* (Hrsg.), Datenschutz als Wettbewerbsvorteil 2002, 224 ff.; *C.D. Ulmer/W. Zwick,* Messung des Datenschutzniveaus: das Datenschutzaudit der Deutschen Telekom Gruppe, DuD 2004, 85 ff.; *R.Voßbein,* Datenschutzauditierung: Akkreditieru,ngsverfahren und ihre Konsequenzen, DuD 2004, 92 ff.; *P. Wedde/L. Schröder (Hrsg.),* Das Gütesiegel für Qualität im betrieblichen Datenschutz 2001; *Th. Weichert,* Datenschutz-Audit und -Gütesiegel im Medizinbereich. MedR 2003, 674 ff.

Übersicht

1. Vorbemerkung

1 **Gegenstand** der Regelung ist die Möglichkeit, zur Verbesserung des Datenschutzes und der Datensicherheit Datenschutzkonzepte und technische Einrichtungen durch unabhängige Gutachter überprüfen und bewerten zu lassen und das Ergebnis der Prüfung zu veröffentlichen (Satz 1, s.u. Rdnr. 37 ff.). Das nähere Verfahren für die Durchführung und Vergabe eines Datenschutzaudits soll durch Gesetz geregelt werden (Satz 2, s.u. Rdnr. 76).

2. Zweck und Hintergrund der Regelung

2 Ziel des Datenschutzaudits ist die **Verbesserung des Datenschutzes und der Datensicherheit**. Das Datenschutzaudit fördert das Angebot und die Verbreitung datenschutzfreundlicher Verfahren und Produkte, indem es Anbietern und datenverarbeitenden Stellen die Möglichkeit bietet, ihr Datenschutzkonzept oder ihre technischen Einrichtungen im Rahmen eines förmlichen Verfahrens durch unabhängige Gutachter prüfen und bewerten zu lassen.[1] Der vom Gesetzgeber gebotene **Anreiz** für die Durchführung eines solchen Audits besteht in der Möglichkeit, mit dem durch das Datenschutzaudit bestätigten Datenschutzniveau öffentlich werben zu können, um auf diese Weise gegenüber Konkurrenten einen Wettbewerbsvorteil zu gewinnen.[2] Dem einzelnen Anwender bzw. Verbraucher eröffnet das Datenschutzaudit die Möglichkeit, sich für ein datenschutzfreundliches Verfahren oder Produkt zu entscheiden bzw. einem auditierten Anbieter Vertrauen im Umgang mit seinen Daten entgegenzubringen.[3]

3 Das Datenschutzaudit ist ein Instrument der **Selbstregulierung**, das auf Eigenverantwortung des Anbieters bzw. der datenverarbeitenden Stelle im Rahmen der gesetzlichen Vorgaben durchgeführt wird.[4] Die Eigenverantwortung kommt durch die Freiwilligkeit des Datenschutzaudits zum Ausdruck. Die Initiative für und über den Umfang eines Auditverfahrens liegt ausschließlich bei dem Anbieter bzw. der datenverarbeitende Stelle. Diese entscheidet in eigener Verantwortung über das Maß an angestrebter Verbesserung und die hierzu erforderlichen Maßnahmen im Rahmen eines von ihr erstellten Datenschutzkonzeptes. Aus Gründen der Markttransparenz und des Wettbewerbes werden diese in Eigenverantwortung erbrachten Leistungen von unabhängiger Seite lediglich geprüft und bewertet.

4 Mit dem Datenschutzaudit kann sich der Gesetzgeber auf die zunehmende Bedeutung des Datenschutzes als **Akzeptanzkritierum**[5] für Dienste und Angebote stützen, die durch zahlreiche Umfragen der letzten Jahren belegt sind. Die von der Politik rezipierte These, Datenschutz sei ein **Akzeptanzfaktor** für die Entwicklung der in einer Informationsgesellschaft angebotenen Dienste,[6] beruht auf gesicherten demoskopischen Erkenntnissen. Nach einer 2001 in Deutschland durchgeführten Umfrage wünschen 53% der Befragten, dass dem

---

1 BT-Drs. 14/4329, S. 30, 38.
2 *Enquete-Kommission*, Zwischenbericht, BT-Drs. 11002, S. 104.
3 *Duhr/Naujock/Peter/Seiffert*, DuD 2002, 34.
4 BT-Drs. 14/1191, S. 14.
5 Bundesrat, BT-Drs. 13/7385, S. 57 (zum IuKDG); *Enquete-Kommission*, Zwischenbericht, BT-Drs. 11002, S. 104, 108.
6 Vgl. bspw. für Deutschland BT-Enquete, BT-Drs. 13/10004, S. 17 f.; Entschließungen BT-Drs. 13/7935, S. 3 und 13/7936, S. 4; *Bundesregierung*, Aktionsprogramm, Innovation und Arbeitsplätze 1999, BT-Drs. 14/1776, S. 40.

Datenschutz künftig mehr Bedeutung zukommen soll.[7] In Sachen Datenschutz nach der Vertrauenswürdigkeit von Institutionen befragt liegen in Deutschland am untersten Ende des Rankings der Adresshandel, den nur 8% für zuverlässig halten, der Versandhandel (10%) sowie Internetanbieter (10%). Versicherungen werden immerhin von 31% der Befragten und Banken von 52% für zuverlässig gehalten.[8] Aber auch für diese letzten beiden gilt, dass ihre negativen Werte (69% bzw. 58%) für Anbieter von kundenorientierten Dienstleistungen alles andere als zufriedenstellend sind.

Die Zustimmung zum und die Erwartung an den Datenschutz sind vor allem deswegen von Bedeutung, weil ein deutlicher **Zusammenhang** zwischen der Einschätzung des Datenschutzes einerseits und dem **Kaufverhalten** andererseits nachgewiesen werden kann. Im **Offline-Bereich** gaben nach einer Umfrage aus dem Jahr 1999 35% der Deutschen an, wegen fehlender Sicherheit über die Verwendung ihrer Daten auf die Nutzung oder den Kauf eines Angebots zu verzichten. Gegenüber kommerziellen Internetanbietern waren dies 56%.[9] Dass dieses Ergebnis keine „Eintagsfliege" ist, beweist eine Umfrage vom Oktober 2000 der Mannheimer Forschungsgruppe Wahlen im Auftrag des Bundesverbandes der Banken. Danach erklärten 62% der Internetnutzer in Deutschland, sie hätten im Internet noch nicht online bestellt oder gekauft, weil ihrer Meinung nach der Datenschutz unzureichend gewährleistet sei.[10] Zu vergleichbaren Ergebnissen kommt die Opaschowski-Studie für das Jahr 2001.[11] Nur 23% gehen davon aus, dass ihre Daten bei der Nutzung im Internet hinreichend geschützt sind und halten eine Nutzung für unbedenklich. Hingegen gaben 46% an, wegen Mängeln bei Datenschutz und Datensicherheit das Internet nicht zu nutzen. 26% sahen sich erst gar nicht in der Lage, zu dieser Frage Stellung zu beziehen („weiß nicht"). Nur 5% war dies „egal". 5

Vor diesem Hintergrund von Nachfrage und Wettbewerb ist das Datenschutzaudit ein **marktwirtschaftliches Steuerungsinstrument**, mit dem der Gesetzgeber seine Regelungsziele bzw. -verpflichtungen gegenüber den zum Datenschutz Verpflichteten zu erreichen versucht. Der Datenschutz wird auf diese Weise zu einem **Wettbewerbsargument** für Diensteanbieter und datenverarbeitende verantwortliche Stellen.[12] Mit dem Datenschutzaudit wird ein Mechanismus implementiert, über den sich Datenschutz und Datensicherheit für Anbieter und datenverarbeitende Stellen zu einem **„Wettbewerbs- und Standortvorteil"** entwickeln können.[13] Unter der Voraussetzung eines funktionierenden Marktes soll die Teilnahme einzelner Akteure an einem Datenschutzaudit einen Wettbewerbsdruck auf andere Marktteilnehmer bzw. Konkurrenten auslösen, sich ebenfalls für eine Verbesserung des Datenschutzes und der Datensicherheit ihrer Verfahren und Produkte zu engagieren. Auf diese Weise könnte – so die Idealvorstellung – ein kontinuierlicher Prozess der Verbesserung von Datenschutz und Datensicherheit erzeugt werden.[14] 6

Ein derartiger Prozess der kontinuierlichen Verbesserung ist der ständigen Veränderung der Informations- und Kommunikationstechnik angemessen. Gegenüber einer sich dynamisch entwickelnden Datenverarbeitungstechnik soll das Datenschutzaudit eine **flexible Umsetzung** datenschutzrechtlicher Anforderungen bewirken.[15] Gegenüber einer ordnungsrechtlichen Kontrolle ist das Datenschutzaudit auf die Sicherstellung einer kontinuierlichen Verbesserung des Datenschutzes und der Datensicherheit durch die beteiligten Unternehmen ausgerichtet.[16] Die Prämierung datenschutzfreundlicher Verfahren und Produkte ist nicht technikfeindlich, son- 7

---

7 *Opaschowski*, Quo vadis Datenschutz?, DuD 2001, 678.
8 *Opaschowski* DuD 2001, 678 ff.
9 *IBM Global Service*, IBM Multi-National Consumer Privacy Survey, Oktober 1999, S. 23, 27. Zu den internationalen Vergleichsdaten *Bizer* in *Schulte* (Hrsg.), Handbuch des Technikrechts, 2002.
10 Bundesverband der Banken, Umfrage 2001.
11 *Opaschowski,* DuD 2001, 678 ff.; *ders*. Der gläserne Konsument 2001, S. 27
12 *SPD-Fraktion*, BT-Drs. 14/7936, S. 5; *Bundesregierung*, BT-Drs. 14/1191, S. 14.
13 *Simonis* in *Bäumler/v. Mutius* 2002, 224 ff.; *Enquete-Kommission*, Schlussbericht, BT-Drs. 11004, S. 18; *Enquete-Kommission*, Zwischenbericht, BT-Drs. 11002, S. 104, 108,
14 *Roßnagel/Pfitzmann/Garstka* 2001, S. 132.
15 Vgl. auch *Bundeskabinett*, Moderner Staat – Moderne Verwaltung, Zwischenbilanz – Chancen und Veränderungen vom 22. November 2000, S. 37; *Simitis*, DuD 2000. 724.
16 BT-Drs. 14/1191, S. 14.

dern fördert die Entwicklung und frühzeitige Implementierung datenschutzfreundlicher technischer Innovationen. Das Datenschutzaudit ist in diesem Sinne ein **präventives Instrument** des Datenschutzes, mit der die Auswahl und Gestaltung datenvermeidender und datensparsamer Techniken gefördert und durch die Chance auf Wettbewerbsvorteile auch belohnt wird.

8 Wettbewerbmechanismen setzen voraus, dass die relevanten Wettbewerbsfaktoren für die nachfragende Seite **transparent** sind. Damit die Bemühungen um eine Verbesserung des Datenschutzes und der Datensicherheit für die auditierte Stelle durch eine verstärkte Nachfrage honoriert werden kann, bedarf es einer ausreichenden und vor allem vertrauenswürdigen Bestätigung, die von der nachfragenden Seite akzeptiert wird. Aus diesem Grund ist das Datenschutzaudit als ein Verfahren der Kennzeichnung ausgestaltet. Es zeichnet die Verbesserung des Datenschutzes und der Datensicherheit als Qualitätsmerkmal aus und hebt sie damit gegenüber anderen hervor.[17] Gleichzeitig bietet das Datenschutzaudit den Nutzern die Möglichkeit, den Umgang eines Unternehmens mit personenbezogenen Daten zu überprüfen.[18]

9 Ein Datenschutzaudit ist **international anschlussfähig** wie die weltweite Verbreitung von Auditierungsverfahren bspw. in den USA[19] oder Japan[20] belegt. Das Datenschutzaudit kann über die nationalen bzw. europäischen Grenzen hinaus wirken und akzeptiert werden. Umgekehrt bietet es aber auch ausländischen Anbietern einen Anreiz, mit einem Datenschutzaudit nach deutschen Recht für ihre Verfahren und Produkte in Deutschland oder auf anderen Märkten aufzutreten und zu werben.[21] Auch das Verhandlungsergebnis zwischen der EU-Kommission und den USA über den Datentransfer in Drittstaaten kann als Beleg für die Bedeutung von Auditierungsverfahren gelten.[22]

10 Die Einführung des Datenschutzaudits ist Bestandteil der von der Bundesregierung in der 14. Legislaturperiode eingeleiteten **Modernisierung der öffentlichen Verwaltung**.[23] Sowohl das bereits seit Jahren regulierte Umweltaudit[24] als auch das Datenschutzaudit stehen für den Versuch durch neue Handlungsmöglichkeiten und -formen direktes staatliches Handeln zu Gunsten privater Selbstverantwortung zurückzunehmen.[25] Der Stärkung der Eigenverantwortung der privaten Seite für die Einhaltung bestimmter Vorgaben[26] soll letztlich eine Reduzierung der Prüftätigkeiten der Behörden korrespondieren.[27] Zur Förderung dieser Erwartung bemüht sich der Gesetzgeber durch die Regelung selbst sowie das noch zu erlassende Ausführungsgesetz um einen rechtlichen Rahmen, mit dem ein zuverlässiger Prüf- und Bewertungsmechanismus implementiert werden kann, der den Wettbewerb um datenschutzgerechte Produkte ermöglicht, ohne die Interessen der Betroffenen bzw. Verbraucher zu vernachlässigen.[28] Das Datenschutzaudit ist in diesem Sinne ein Element der Selbstkontrolle,[29] dessen Leistungsfähigkeit durch die Auditierung gegenüber den Marktteilnehmern transparent werden soll.[30]

11 Das Datenschutzaudit ist auch ein Versuch, das in der Praxis bereits sprichwörtliche **Vollzugsdefizit** datenschutzrechtlicher Anforderungen zu beheben, ohne die staatliche Aufsichts-

17 *Enquete-Kommission*, Schlussbericht, BT-Drs. 11002, S. 18; *Enquete-Kommission*, Zwischenbericht, BT-Drs. 11002, S. 108.
18 *Enquete-Kommission*, Zwischenbericht, BT-Drs. 11002, S. 104.
19 *Grimm/Roßnagel*, DuD 2000, 446 ff.; *Roßnagel* 2000, S. 26 ff.
20 *Roßnagel,* DuD 2001, 154 ff; *Roßnagel* 2000, S. 31 ff.
21 *Bundesrat*, BT-Drs. 13/7385, S. 57 (zum IuKDG); *SPD-Fraktion*, BT-Drs. 14/7936, S. 5.
22 *Bäumler*, RDV 2001, 168; Dort insbesondere in Form anlassunabhängiger externer Kontrollen nach FAQ 7.
23 Siehe die Beschlüsse des *Bundeskabinetts*, Moderner Staat – Moderne Verwaltung, Das Programm der Bundesregierung vom 1. Dezember 1999, S. 8, sowie Moderner Staat – Moderne Verwaltung, Zwischenbilanz – Chancen und Veränderungen vom 22. November 2000, S. 35 ff.
24 Siehe zuletzt Gesetz zur Änderung des Umweltauditgesetzes vom 20. August 2002, BGBl. I S. 3167; EU-Verordnung Nr. 761/2001 vom 19. März 2001, Abl EG L 114 S. 1 vom 10. Juli 1993.
25 *Bundeskabinett* (Fn. 23), S. 35 ff.
26 BT-Drs. 14/1191, S. 14.
27 *Bundeskabinett* (Fn. 23), S. 35 ff.
28 *SPD Fraktion*, BT-Drs. 13/7636, S. 5.
29 *Bundesrat*, BT-Drs. 13/7385, S. 57.
30 Vgl. *Enquete-Kommission*, Schlussbericht, BT-Drs. 11004, S. 18; *Enquete-Kommission*, Zwischenbericht, BT-Drs. 11002, S. 104, 108.

bürokratie ausweiten zu müssen.[31] Zwar macht das Datenschutzaudit die staatlichen Aufsichtsbehörden nicht obsolet, aber es erweitert die Erfüllung datenschutzrechtlicher Anforderungen durch seine marktorientierte Anreizstruktur um eine zusätzliche Motivationsebene und ergänzt damit die staatliche Datenschutzkontrolle.[32] Gleichzeitig kann die behördliche Kontrolle bei datenverarbeitenden Stellen vereinfacht und reduziert werden, wenn diese auditierte Verfahren und Gütesiegel einsetzen. Der Steuerungseffekt des Datenschutzaudits steigt mit seiner Anwendung auf Verfahren und Produkte für den **Massenmarkt,** zumindest aber für eine Vielzahl typisierter Anwendungen.

3. Gesetzgebungsgeschichte

3.1 Vorläufer

Idee und Konzeption eines Datenschutzaudits gehen auf einen Regelungsentwurf zur Vorbereitung des **Informations- und Kommunikationsdienstegesetzes 1997** (IuKDG) zurück, den die Forschungsgruppe provet e.V. für das Bundesministerium für Bildung, Forschung und Technologie in der 13. Legislaturperiode mit Datum vom 15. Februar 1996 erstellt hat.[33] Während in den ersten Referentenentwürfen des IuKDG eine dem heutigen § 9a BDSG entsprechende Regelung zum Datenschutzaudit noch enthalten war,[34] fehlte sie in der von der Bundesregierung vorgelegten Fassung vom 15. Dezember 1996.[35] Auf die Anregung des Bundesrates, eine Regelung zum Datenschutzaudit auch mit Rücksicht auf die von den Ländern parallel im MDStV vorgesehene Regelung aufzunehmen,[36] reagierte die Bundesregierung mit dem Hinweis auf eine weitere Prüfung nur hinhaltend.[37] Eine Forderung der SPD-Fraktion nach Implementierung eines freiwilligen Datenschutzaudits fand im Deutschen Bundestag keine Mehrheit.[38] Ebenso abgelehnt wurde ein Gesetzentwurf der Fraktion Bündnis90/Die Grünen für ein novelliertes BDSG vom 14. November 1997, der eine Regelung zu einem Datenschutzaudit enthielt.[39] 12

Für ein Datenschutzaudit sprach sich allerdings noch in der 13. Legislaturperiode die **Enquete Kommission** „Zukunft der Medien in Wirtschaft und Gesellschaft" in ihrem Schlussbericht vom 22. Juni 1998 mit der Empfehlung, „die Möglichkeit einer freiwilligen Auditierung auch im Datenschutzrecht vorzusehen", im Anschluss an den Sachverständigenrat „Schlanker Staat"[40] aus.[41] Ebenso befürwortete die Kommission eine freiwillige Zertifizierung der Datenschutzfunktionen in Produkten.[42] Allerdings empfahl die Kommission zunächst die Praxis in den Bundesländern zu beobachten.[43] 13

Im Gegensatz zum Bundesgesetzgeber haben die Länder bereits 1997 eine Regelung zum Datenschutzaudit im § 17 MDStV erlassen,[44] die bis auf den Normadressaten dem heutigen § 9a entspricht. In der Begründung heißt es, das Datenschutzaudit könne sich als ein geeignetes Instrument erweisen, „im Wege der Selbstregulierung und der Schaffung marktgerechter 14

31 *Roßnagel* 2000, S. 4. Zum Vollzugsdefizit vgl. bspw. *Breinlinger* in Hassemer/Möller, 25 Jahre Datenschutz 1996, S. 41 f.
32 *SPD-Fraktion*, BT-Drs. 13/7936, S. 5.
33 Veröffentlicht unter http://www.provet.org/bib/mmge/ (Verfasser: *Bizer/Hammer/Pordesch/Roßnagel*).
34 Vgl. bspw. *Bachmeier* DuD 1996, 672 f.
35 BR-Drs. 966/96; BT-Drs. 13/3385.
36 *Bundesrat*, BT-Drs. 13/7385, S. 57 zu Art. 2, § 9 neu.
37 *Bundesregierung*, BT-Drs. 13/7385, S. 71.
38 *SPD-Fraktion* vom 11. Juni 1997, BT-Drs. 13/7936, S. 5, BT-Prot. 13/182 vom 13. Juni 1997, S. 16 365 (A).
39 § 17 E-BDSG, BT-Drs. 13/9082, S. 8, 24. BT-Prot. 13/244 vom 24. Juni 1998, S. 22 739 (D).
40 *Sachverständigenrat*, Schlanker Staat, Abschlussbericht 1997, S. 92 unter Hinweis auf das im Umweltbereich erprobte Umweltaudit; s.a. *Enquete-Kommission*, Zwischenbericht, BT-Drs. 11002, S. 104.
41 BT-Drs. 13/11004, S. 18.
42 BT-Drs. 13/11004, S. 19.
43 *Enquete-Kommission*, Zwischenbericht, BT-Drs. 11002, S. 104.
44 Bspw. Zustimmungsgesetz vom 20. Mai 1997, HessGVBl. I S. 134.

Anreize ein hohes Datenschutzniveau" sicherzustellen.[45] Die Regelung wurde im Rahmen des Sechsten Rundfunkänderungsstaatsvertrages vom 21. März 2002 zu **§ 21 MDStV.**[46] **Eine gleichlautende Regelung haben die Länder 1999 über den Vierten Rundfunkänderungsstaatsvertrag mit § 47e RdfStV** in das Rundfunkrecht aufgenommen.[47]

15 In dem auf Beschluss des Bundestages[48] von der Bundesregierung in der **14. Legislaturperiode** vorgelegten **Evaluierungsbericht** zum IuKDG vom 18. Juni 1999 wurde der Verzicht, eine dem MDStV entsprechende Regelung in das TDDSG aufzunehmen, damit begründet, man habe die Regelung zunächst zurückgestellt, um im Rahmen der vom Bundestag verlangten Evaluierung des IuKDG[49] „näher zu beleuchten, welche Aspekte eines solchen Datenschutzaudits einer gesetzlichen Regelung bedürften". Zu diesem Zweck hatte das Bundesministerium der Wirtschaft 1999 gutachterlich die näheren Anforderungen an eine gesetzliche Regelung untersuchen lassen.[50] Im Ergebnis kündigte die Bundesregierung an, sie werde eine Regelung des Datenschutzaudits im Zusammenhang mit der anstehenden Novellierung des BDSG vorlegen, wobei die inhaltlichen Anforderungen und die Ausgestaltung des Auditverfahrens in einem Ausführungsgesetz zu regeln seien.[51] Im Aktionsprogramm der Bundesregierung „Innovation und Arbeitsplätze in der Informationsgesellschaft des 21. Jahrhunderts" vom 22. September 1999 wurde die Absicht noch einmal bekräftigt, ein Datenschutzaudit auf freiwilliger Basis gesetzlich zu verankern,[52] um eine kontinuierliche Verbesserung des Datenschutzes und der Datensicherung zu erreichen.[53]

3.2 Entstehungsgeschichte

16 Die geltende Regelung entspricht der von der Bundesregierung in die parlamentarischen Beratung eingebrachten Fassung.[54] **Einwände** gegen das Datenschutzaudit kamen insbesondere aus dem Bundesrat von den CDU regierten Länder sowie im Deutschen Bundestag von der CDU/CSU-Fraktion.[55] Der **Bundesrat** äußerte in seiner Stellungnahme zum Gesetzentwurf der Bundesregierung „erhebliche Bedenken".[56] Die Regelung des Datenschutzaudits sei für einen effektiven Datenschutz nicht notwendig, aber kostenträchtig, denn aus der formalen Freiwilligkeit könne für die nicht-öffentlichen Stellen aus Wettbewerbsgründen leicht faktischer Zwang entstehen. Daneben befürchtete der Bundesrat, dass das Datenschutzaudit die Stellung des betrieblichen Datenschutzbeauftragten entwerte, weil es nun als dritte Kontrollebene zu der Selbstkontrolle durch die betrieblichen Datenschutzbeauftragten sowie die Kontrolle durch die Aufsichtsbehörden trete. Unklar seien ferner die Rechtswirkungen eines durch einen unabhängigen Gutachter geprüften Audits im Verhältnis zur Kontrollkompetenz der Aufsichtsbehörde. Auch bestehe kein ein aktueller Regelungsbedarf, da Satz 2 des eingebrachten Gesetzes ohnehin auf eine erst zukünftig zu schaffende gesetzliche Regelung verweise. Das Thema könne folglich im Rahmen der von der Bundesregierung angekündigten grundlegenden Überarbeitung des BDSG vertieft erörtert werden.

17 Die **Bundesregierung** lehnte in ihrer **Gegenäußerung** vom 31. Oktober 2000 den Vorschlag des Bundesrates ab.[57] Die Regelung verweise nur „auf die Möglichkeit einer freiwilligen Auditierung. Auch wenn sie im gegenwärtigen Stadium nur eine deklaratorische Funktion habe, stärke sie die Selbstkontrolle, ergänze die Funktion des betrieblichen Datenschutzbeauftrag-

45 NRW LT-Drs. 12/1954.
46 Bspw. Zustimmungsgesetz vom 21. März 2002, HessGVBl. I S. 38.
47 Bspw. HessGVBl. I 2000, 74.
48 BT-Drs. 13/7935; BT-Prot. 13/182 vom 13. Juni 1997, S. 16 365 (A).
49 BT-Drs. 13/7935.
50 Veröffentlich als *Roßnagel*, Datenschutzaudit 2000.
51 *Bundesregierung*, BT-Drs. 14/1191, S. 14.
52 *Bundesregierung*, BT-Drs. 14/1776, S. 31.
53 *Bundesregierung*, BT-Drs. 14/1776, S. 30.
54 BT-Drs. 14/4329, S. 11.
55 Siehe auch die Zusammenstellung der Positionen bei *Bizer*, DuD 1997, 535.
56 *Bundesrat*, BT-Drs. 14/4329, S. 56.
57 *Bundesregierung*, BT-Drs. 14/4458, S. 2.

ten in sinnvoller Weise und erleichtere die Aufgabe der Aufsichtsbehörde. Die gesetzliche Erwähnung der Auditierung schaffe bereits vor einer erforderlichen weiteren gesetzlichen Regelungen „einen wettbewerblichen Anreiz zur Optimierung der datenschutzrechtlichen Praxis in Unternehmen und Behörden".

Das Datenschutzaudit gehörte in den parlamentarischen Beratungen des Gesetzentwurfes zu den zentralen Streitpunkten. Bereits in den Ausschussberatungen hatte die **CDU/CSU-Fraktion** erfolglos die Streichung der Regelung zum Datenschutzaudit beantragt. In ihrer Begründung wiederholte sie die bereits oben (Rdnr. 16) dargestellten Einwände des Bundesrates wörtlich.[58] Zur Begründung ihrer Enthaltung in der Schlussabstimmung verwies die CDU/CSU-Fraktion darauf, dass sie u.a. die Regelung zum Datenschutzaudit ausweislich der Begründung ihrer Änderungsanträge für nicht sachgerecht halte.[59] Bereits in der ersten Lesung äußerte das MdB Beatrix Philipp (CDU/CSU) die Befürchtung, die Einführung des Datenschutzaudits schwäche die Autorität und Verantwortung des betrieblichen Datenschutzbeauftragten.[60] In der zweiten und dritten Lesung führte sie die zentralen Einwände der Opposition noch einmal aus und bekräftigte ihre Ablehnung: Das Datenschutzaudit belaste die Wirtschaft, es sei eine Arbeitsbeschaffungsmaßnahme für einen neuen Berufszweig, der Auditoren, und schließlich regele es einen Bereich, den der Markt selber regeln könne.[61] Allerdings stellte die CDU/CSU-Fraktion in Aussicht, nach Vorlage der Ausführungsbestimmungen über ihre Ablehnung erneut nachzudenken, „wenn es uns denn dann sinnvoller erscheint als heute".[62] 18

In der ersten Lesung hatte das MdB Jörg van Essen (FDP) für die **FDP-Fraktion** das Datenschutzaudit in Übereinstimmung mit früheren Äußerungen[63] als einen der „begrüßenswerten Ansätze" des Gesetzentwurfes bezeichnet.[64] In der zweiten und dritten Lesung sah hingegen MdB Edzard Schmidt-Jortzig (FDP) noch Beratungsbedarf. Auch er verwies darauf, dass alles von einem detaillierten „besonderen Gesetz" abhänge, „das aber weit und breit nirgends zu sehen sei".[65] Ihre Ablehnung des gesamten Gesetzentwurfes in der Schlussabstimmung begründete die FDP-Fraktion u.a. damit, dass sie die Regelung zum Datenschutzaudit im Rahmen der Umsetzung der EG-Datenschutzrichtlinie nicht für erforderlich halte.[66] 19

Für die Fraktion der **PDS** begrüßte das MdB Petra Pau die Einführung des Datenschutzaudits unter Hinweis auf die Stellungnahmen der Datenschutzbeauftragten.[67] 20

Die **Koalitionsfraktionen** SPD und Bündnis90/Die Grünen verwiesen darauf, dass die Regelung zum Datenschutzaudit zu mehr Akzeptanz der Verbraucher führen werde.[68] Den Einwänden der Opposition hielt das MdB Gisela Schröter (SPD) entgegen, dass die Unternehmen schon bald von dem Audit profitieren würden, denn das frühzeitige Verfügen von Datenschutzstandards bringe Wettbewerbsvorteile sowie das notwendige Vertrauen der Verbraucher in die Datensicherheit.[69] In der zweiten und dritten Lesung des Gesetzentwurfes bezeichnete Jörg Tauss (SPD) das Datenschutzaudit als ein „wesentliches Modernisierungselement". Es werde die Ergebnisse der Selbstregulierung transparent machen, die Wahrnehmung des Datenschutzes als Qualitäts- und Wettbewerbsfaktor stärken und den Datenschutz – zumindest mittel- oder längerfristig – zu einem entscheidenden Wettbewerbs- und Standortvorteil gestalten.[70] Aufgabe der Politik sei es nun, gesetzliche Regelungen zur Durchführung und Kontrolle der Auditierungsverfahren zu entwickeln, um kritischen Bedenken gerecht zu 21

58 *BT-Innenausschuss*, Beschlussempfehlung, BT-Drs. 14/5793, S. 59.
59 *BT-Innenausschuss*, Beschlussempfehlung, BT-Drs. 14/5793, S. 67.
60 BT-Prot. 14/128 vom 27. Oktober 2000, S. 12 391 (D).
61 BT-Prot. 14/165 vom 6. April 2001, S. 16 182 (B).
62 BT-Prot. 14/165 vom 6. April 2001, S. 16 183 (B).
63 *Lanfermann*, RDV 1998, 4. *Lanfermann* war bis Ende 1998 für die FDP parlamentarischer Staatssekretär im Bundesministerium für Bildung, Forschung und Technologie.
64 BT-Prot. 14/128 vom 27. Oktober 2000, S. 12 393 (C).
65 BT-Prot. 14/165 vom 6. April 2001, S. 16 184 (C).
66 *BT-Innenausschuss*, Beschlussempfehlung, BT-Drs. 14/5793, S. 67.
67 BT-Prot. 14/128 vom 27. Oktober 2000, S. 12 394 (A).
68 *BT-Innenausschuss*, Beschlussempfehlung, BT-Drs. 14/5793, S. 67.
69 BT-Prot. 14/128 vom 27. Oktober 2000, S. 12 390 (C).
70 BT-Prot. 14/165 vom 6. April 2001, S. 16 179 (B).

werden.[71] Der parlamentarische Staatssekretär im Bundesinnenministerium Körper (SPD) betonte den Charakter der Freiwilligkeit des Datenschutzaudits. Es werde sich für die Unternehmen „im Markt als ein Wettbewerbsvorteil erweisen und den Verbrauchern die eigenverantwortliche Auswahl unter konkurrierenden Anbietern erleichtern.[72]

22 Das MdB Cem Özdemir (**B90/Die Grünen**) sprach von einem „großen technologischen Schub", den die gesetzliche Verankerung des Datenschutzaudits bewirken werde.[73] Grietje Bettin (B90/Die Grünen) entgegnete dem von der Opposition vorgebrachten Bürokratieeinwand mit der griffigen Formel vom „Zertifizieren statt Reglementieren".[74]

3.3 Begleitdiskussion

23 In der **Wirtschaft** wird das Datenschutzaudit von einigen Stimmen als eine Schwächung,[75] mehrheitlich jedoch als eine Stärkung des innerbetrieblichen Datenschutzes angesehen.[76] Die Bundesregierung hat ihr Vorhaben als durch die Wirtschaft unterstützt betrachtet.[77] Der 62. Deutsche **Juristentag** hat im September 1998 in einem, die Verhandlungen vorbereitende, Gutachten das Datenschutzaudit als einen Eckpfeiler der Neuregelung des Datenschutzes angesehen und in seiner Abstimmung auch entsprechend positiv votiert.[78] Die **Europäische Kommission** steht Qualitätszeichen aufgeschlossen gegenüber und will sie insbesondere für mehr Vertrauen in den elektronischen Geschäftsverkehr unterstützen.[79]

24 Die 54. Konferenz der **Datenschutzbeauftragten** des Bundes und der Länder hat sich im Zusammenhang mit der Modernisierung des Datenschutzrechts am 24. Oktober 1997 für „mehr Transparenz für die Verbraucher und mehr Eigenständigkeit für die Anbieter durch Einführung eines Datenschutzaudits" ausgesprochen.[80] Im März 1999[81] sowie im Oktober 2000 hat sie ihre Auffassung bekräftigt.[82] Als Instrument der Modernisierung des Datenschutzrechts wurde die Einführung des Datenschutzaudits insbesondere von den Datenschutzbeauftragten der „Nordschiene" gefordert.[83] In einer gesonderten Stellungnahme zu dem vom BMI in Auftrag gegeben Modernisierungsgutachten betonen die Datenschutzbeauftragten, dass gesetzlich sicherzustellen ist, dass eine Auditierung ausschließlich durch zertifizierte Gutachter durchgeführt wird und nur solche Verfahren auditiert werden, die über den gesetzlich geregelten Mindeststandard hinausgingen.[84]

---

71 BT-Prot. 14/165 vom 6. April 2001, S. 16 184 (C).
72 BT-Prot. 14/165 vom 6. April 2001, S. 16 186 (C).
73 BT-Prot. 14/128 vom 27. Oktober 2000, S. 12 393 (A).
74 BT-Prot. 14/165 vom 6. April 2001, S. 16 184 (A).
75 *Drews/Kranz,* DuD 1998, 93 ff.; *Drews/Kranz*, DuD 2000, 226 ff. Differenzierend *Sievers/Weber*, DuD 2002, 342 f.
76 *Büllesbach*, RDV 1997, 239 ff.; *Königshofen*, DuD 1999, 267 ff.; DuD 2000, 357 ff.; *AK Datenschutz-Audit Multimedia*, DuD 1999 285 ff.; *AK Datenschutzbeauftragte im Verband der Metallindustrie Baden-Württemberg (VMI)*, DuD 1999, 281 ff.; *Gesellschaft für Datenschutz und Datensicherung*, GDD-Mitteilung 2/99, S. 3 f.
77 *Bundesregierung*, BT-Drs. 14/1191, S. 14.
78 DuD 1998, 668; Siehe auch *Kloepfer*, Gutachten DJT 1998, S. 99 ff.; *Garstka*, DVBl. 1998, 988; *Trute*, JZ 1998, 822 ff.;
79 Mitteilung der EU-Kommission, Eine europäische Initiative für den elektronischen Geschäftsverkehr, vom 14. April 1997, KOM(97)157, Nr. 63.
80 *54. DSBK,* Entschließung vom 23./24. Oktober 1997, Novellierung des Bundesdatenschutzgesetzes, DuD 1997, 733, 734.
81 *57. DSBK,* Entschließung vom 25./26. März 1999, Modernisierung des Datenschutzrechts jetzt, DuD 1999, 301.
82 60. *DSBK,* Entschließung vom 12./13. Oktober 2000, Entschließung zur Novellierung des BDSG, DuD 2000, 682 ff.
83 Landesdatenschutzbeauftragte Berlins, Brandenburgs, Bremens, Nordrhein-Westfalens und Schleswig-Holstein, DuD 1999, 68.
84 *DSBK*, Stellungnahmen zur 2. Stufe der Novellierung des BDSG vom 3./4. April 2002 in: *Roßnagel/Garstka/Pfitzmann* 2001, S. 279.

3.4 Ausführungsgesetz

Seit der Aufnahme des Datenschutzaudits in das BDSG steht die Vorlage und Verabschiedung des nach Satz 2 vorgesehenen **Ausführungsgesetzes** im Mittelpunkt der Diskussion. In der 14. Legislaturperiode ist das Ausführungsgesetz von der Bundesregierung zunächst als Bestandteil der sich an die Umsetzung der EG-Datenschutzrichtlinie anschließenden zweiten Stufe der Datenschutznovelle angekündigt worden.[85] Auf die Vorlage eines Regelungsvorschlages zum Datenschutzaudit durch die vom Bundesministerium des Inneren beauftragten Gutachter im November 2001 reagierten Regierung und Parlament nicht mehr,[86] nachdem die Terroranschläge vom 11. September 2001 in New York und Washington eine Verlagerung der Schwerpunkte der Gesetzgebungstätigkeit erforderlich gemacht hatte. Der Deutsche Bundestag selbst hat auf Antrag der rot-grünen Regierungskoalition mit Beschluss vom 4. Juli 2002 eine rasche Vorlage des Ausführungsgesetzes zum Datenschutzaudit durch die Bundesregierung verlangt.[87] Von der Bundesregierung wurde die Vorlage eines Bundesdatenschutzaudit-Gesetzes „zu Beginn der nächsten Legislaturperiode" unter Berücksichtigung der Erfahrungen in Schleswig-Holstein angekündigt.[88] Seit Mitte 2002 wird ein Ausführungsgesetz im Bundesinnenministerium unter Berücksichtigung der bisherigen Erfahrungen und mit Unterstützung durch eine prospektive Gesetzesfolgenabschätzung erarbeitet. 25

4. Verhältnis zu anderen Regelungen

4.1 Regelungen des BDSG

Das Datenschutzaudit weist gewisse Parallelen zu der in Art. 20 EG-Datenschutzrichtlinie vorgesehenen und in § 4d Abs. 5 geregelten **Vorabkontrolle** auf. Datenschutzaudit und Vorabkontrolle[89] ist ein präventiver Ansatz gemeinsam, Datenschutzverstöße durch gesonderte Prüfungen im Vorfeld zu verhindern. Allerdings geht das Datenschutzaudit über die Vorabkontrolle insofern hinaus als die positive Prüfung mit einem Zertifikat abgeschlossen wird, dass im Wettbewerb eingesetzt werden kann.[90] Zudem ist die Vorabkontrolle verpflichtend, während das Datenschutzaudit freiwillig ist (s.u. Rdnr. 38).[91] 26

Das Datenschutzaudit steht zu den Befugnissen der **Aufsichtsbehörde** nach § 38 in einem Ergänzungsverhältnis. Während über eine Kontrolle oder Maßnahme die Aufsichtsbehörde selbst entscheidet, geht die Initiative für die Durchführung eines Datenschutzaudits von dem Anbieter bzw. der datenverarbeitenden Stelle aus. Ein erteiltes Datenschutzaudit entbindet die Aufsichtsbehörde nicht davon, nach § 38 Abs. 1 Satz 1 die Ausführung der Vorschriften über den Datenschutz zu kontrollieren und bei Verstößen gegebenenfalls aufsichtsrechtliche Maßnahmen nach § 38 Abs. 1 Satz 5 ff., Abs. 5 einzuleiten. Die zur Erteilung des Audits erforderliche Prüfung und Bewertung durch Gutachter erfolgen unabhängig von der Kontrolltätigkeit der Aufsichtsbehörde nach § 38. Während das Audit nach § 9a gegenüber Dritten zu Werbezwecken, die Gewährleistung eines verbessertes Qualitätsniveaus für Datenschutz und Datensicherheit bestätigen soll, dient die staatliche Kontrolle der Aufsichtsbehörde der Einhaltung des gesetzlich geforderten Mindeststandards. Auch materiell kann es zu keinen Kollisionen zwischen Datenschutzaufsicht und Audit kommen, da das Datenschutzaudit lediglich als „Prämie" für eine „Verbesserung des Datenschutzes und der Datensicherheit" erteilt werden darf (s.u. Rdnr. 49), aber nicht zu einer Unterschreitung des gesetzlich geregelten Schutzniveaus berechtigt. 27

85 *Bundesregierung* (Fn. 23).
86 *Roßnagel/Pfitzmann/Garstka*, Modernisierung des Datenschutzrechts 2000, S. 132 ff.
87 BT-Prot. 14/248, S. 25 195 (D) zu BT-Drs. 14/9709, S. 6 Ziff. 9.
88 Staatssekretär *Körper*, BT-Prot 14/248 vom 4. Juli 2002, S. 14 263 (D).
89 Näher *Schild,* DuD 2001, 285 f.
90 *Bäumler*, RDV 2001, 167 f.
91 So auch *Roßnagel* 2000, S. 62 f.

28 Ein erteiltes Datenschutzaudit kann die **Kontrolltätigkeit** der Aufsichtsbehörde aber unterstützen und erleichtern, ohne diese jedoch zu präjudizieren. Die Prüfung und Bewertung eines Datenschutzkonzeptes sowie der technischen Einrichtungen setzt einen strukturierten Reflektionsprozess über mögliche Datenschutzrisiken und ihre Bewältigung voraus, in dessen Rahmen eine Zustandsanalyse sowie eine Zielbeschreibung zu erarbeiten ist (s.u. Rdnr. 60). Auditierte Unternehmen heben sich bereits durch derartige Arbeiten positiv von zahlreichen für die Datenverarbeitung verantwortlichen Stellen ab. Die Aufsichtsbehörde wird zudem ohne Rechtsfehler die Kontrolldichte ihrer Aufsicht verringern können, soweit die verantwortliche Stelle (§ 3 Abs. 7) auditierte Verfahren und Produkte einsetzt und verwendet und keine Anhaltspunkte für Datenschutzverstöße bestehen.

29 Sowohl der **betriebliche Datenschutzbeauftragte**[92] als auch das freiwillige Datenschutzaudit sind Instrumente der Selbstkontrolle, mit denen der Gesetzgeber jedoch unterschiedliche Zielrichtungen verfolgt. Das Datenschutzaudit soll Anstrengungen für eine **Verbesserung** des Datenschutzes und der Datensicherheit bestätigen, die für Werbezwecken gegenüber Dritten verwendet werden können. Demgegenüber ist der betriebliche Datenschutzbeauftragte ein unternehmensinternes Kontrollorgan, das auf die **Einhaltung der Vorschriften** über den Datenschutz hinwirkt (§ 4g Abs. 1 Satz 1). Die Durchführung eines Datenschutzaudit unterstützt die Aufgabe des Datenschutzbeauftragten, dem nicht nur wegen seiner Zuständigkeit für das Verfahrensverzeichnis (§ 4g Abs. 2) sowie für die Vorabkontrolle (§ 4d Abs. 6), sondern vor allem auch wegen seiner sachlichen Kompetenz für die Vorbereitung und Durchführung des Audits unternehmensintern eine Schlüsselrolle zukommt.[93] Gegenstand der Prüfung und Bewertung durch den Audit-Gutachter ist nach der gesetzlichen Regelung „ein Datenschutzkonzept", dessen Erarbeitung, zumindest aber dessen unternehmensinterne Prüfung zu den Aufgabenfeldern des betrieblichen Datenschutzbeauftragten nach § 4g Abs. 1 Satz 1 gehört. Nach den Ausführungsbestimmungen für das Behördenaudit in Schleswig-Holstein soll bspw. der behördliche Datenschutzbeauftragte dem Ablauf des Audits koordinieren oder selbst einen Teil der Aufgaben übernehmen.[94] Seiner gesetzlichen Konstruktion nach stärkt das Datenschutzaudit die Stellung des betrieblichen Datenschutzbeauftragten, weil ihm eine zentrale Stellung zwischen dem das Audit in Auftrag gebenden Unternehmen und dem Gutachtern zukommt.[95]

30 Sowohl der betriebliche Datenschutzbeauftragte als auch der für die Prüfung und Bewertung zu bestellende Gutachter sind in ihrer Aufgabenwahrnehmung **unabhängig**. Für den internen Datenschutzbeauftragten ergibt sich dies aus § 4f Abs. 3 Satz 2, wonach dieser „in Ausübung seiner Fachkunde auf dem Gebiet des Datenschutzes weisungsfrei" ist. Die Unabhängigkeit des Gutachters ist tatbestandliche Voraussetzung des gesetzlich geregelten Audits (s.u. Rdnr. 74). Zweck der Unabhängigkeit des betrieblichen Datenschutzbeauftragten ist es, ihm eine von der Unternehmensleitung weisungsfreie Ausübung seiner gesetzlichen Aufgaben zu ermöglichen, jedoch liegt die Verantwortung ohnehin bei der Unternehmens- bzw. Behördenleitung.[96] Die fachliche Weisungsfreiheit von der Unternehmensleitung ist folglich nicht berührt, wenn ein fachlich unabhängiger Audit-Gutachter im Rahmen seiner Tätigkeit das von einem betrieblichen Datenschutzbeauftragten erstellte oder zumindest fachlich gebilligte Datenschutzkonzept prüft und bewertet. Bedenken, das Datenschutzaudit werde die Tätigkeit des betrieblichen Datenschutzbeauftragten innerhalb des Unternehmens entwerten,[97] sind nicht zieladäquat, weil Kernstück des Datenschutzaudits nicht die fachliche Qualifikation des betrieblichen Datenschutzbeauftragten ist, sondern die Verbesserung des Datenschutzes

---

92 Entsprechendes gilt für den behördlichen Datenschutzbeauftragten – s.a. *Schild*, DuD 2001, 31 ff. –, der bislang in den Diskussionen über das Datenschutzaudit noch keine Rolle spielt.

93 *Roßnagel* 2000, S. 107 ff.; *ders.*, DuD 2000, 231 f.

94 Anwendungsbestimmungen des Unabhängigen Landeszentrums für Datenschutz zur Durchführung eines Datenschutz-Behördenaudits nach § 43 Abs. 2 LDSG vom 22. März 2001, Abl. SH 13/2001, S. 196, Pkt. 1.5.

95 *Dieckmann/Eitschberger/Eul/Schwarzhaupt/Wohlrab*, DuD 2001, 551; *Roßnagel*, DuD 2000, 231 f. gegen *Drews/Kranz*; dagegen *Drews/Kranz*, DuD 2000, 226 ff.

96 Siehe § 4f Abs. 3 Satz 2, Kommentierung zu § 4 f, Rdnr. 121 ff.

97 *Drews/Kranz*, DuD 1998, 93 ff., *dies.*, DuD 2000, 226 ff.; s.a. *Gola*, RDV 2000, 93 ff.

und der Datensicherheit für Verfahren und Produkte. Im Regelfall wird das Datenschutzaudit das qualifizierte fachliche Urteil eines Datenschutzbeauftragten gegenüber der Unternehmens- oder Behördenleitung stärken und nicht schwächen.

Eine besondere Steuerungswirkung hat das Datenschutzaudit für die Gestaltung und Aus- 31 wahl von Datenverarbeitungssystemen, die den Anforderungen **der Datenvermeidung und Datensparsamkeit** nach § 3a entsprechen sollen.[98] Datenvermeidung und Datensparsamkeit sind Regelungsziele, deren Umsetzung auf eine Optimierung ausgerichtet sind.[99] Die Umsetzung dieser Regelungsziele kann durch das auf eine „Verbesserung von Datenschutz und Datensicherheit“ ausgerichtete Datenschutzaudit bestätigt werden.

4.2 Sonstige Regelungen

Das Datenschutzaudit ist mit – abgesehen vom Normadressat – gleichlautenden Tatbestand- 32 voraussetzungen in § 21 MDStV, § 47e RdfStV sowie § 78c SGB X geregelt. Bislang drei **Landesgesetzgeber** haben in ihren Landesdatenschutzgesetzen Regelungen aufgenommen, wonach öffentliche Stellen des Landes ihr Datenschutzkonzept sowie ihre technischen Einrichtungen auditieren lassen können.[100] Die Regelung in Brandenburg[101] und Nordrhein-Westfalten entspricht weitgehend § 9a BDSG. Über die Verbesserung des Datenschutzes und der Datensicherheit hinaus zielen die beiden Regelungen auf das „Erreichen größtmöglicher Datensparsamkeit“.[102] Auf dieselbe Optimierung läuft auch die Regelung in Schleswig-Holstein hinaus, die zwar nur eine „Vereinbarkeit mit den Vorschriften des Datenschutzes“ fordert, die aber auch den gesetzlich geregelten Grundsatz der Datenvermeidung und Datensparsamkeit einschließt.[103]

Am profiliertesten ist die Regelung in **Schleswig-Holstein**, die nach der Verabschiedung der 33 entsprechenden Umsetzungsregelungen seit Mitte 2002 angewendet wird.[104] Das LDSG SH unterscheidet zwischen dem **Behördenaudit**, dem sich nach § 43 Abs. 2 LDSG SH öffentliche Stellen des Landes unterziehen können,[105] und einem Audit für Produkte („**Gütesiegel**“), die nach § 4 Abs. 2 LDSG SH von den Stellen des Landes „vorrangig eingesetzt“ werden sollen.[106] Während de jure das in Schleswig-Holstein vergebene Gütesiegel nur für die Behörden dieses Bundeslandes eine verpflichtende Rolle spielt, reicht seine wirtschaftliche und datenschutzpolitische Bedeutung mittlerweile weit über die Grenzen dieses Landes hinaus. Mit der Säumnis des Bundesgesetzgebers, ein Ausführungsgesetz zu verabschieden, ist das Gütesiegel in Schleswig-Holstein derzeit das einzige in Deutschland gesetzlich geregelte und damit auch abgesicherte Verfahren. Es kann von jedem Anbieter und Hersteller auch jenseits der Landesgrenzen Schleswig-Holstein hinaus für sein Produkt erworben werden, weil es nur zur Nutzung durch öffentliche Stellen (des Landes Schleswig-Holsteins) geeignet sein muss.[107] Mit dieser Aussage bietet das Gütesiegel auch für Nachfrager außerhalb von Schleswig-Holstein selbst für vergleichbare Nutzungen durch nicht-öffentliche Stellen eine zentrale Orientierung auf dem Markt datenschutzfreundlich gestalteter Produkte.

Gegenüber der eindeutigen **Vorrangregelung** in Schleswig-Holstein formulieren die Rege- 34 lungen in Brandenburg und Nordrhein-Westfalen schwächere Vorgaben für die Verwendung

---

98 *Bundesrat*, BT-Drs. 13/7385, S. 57 (zum IuKDG); Begründung zu § 17 MD-StV, NRW LT-Drs. 12/1954. S.a. Kommentierung zu § 3 a, Rdnr. 1, 30, 85; *Bizer* in *Bäumler/v. Mutius* 1999, S. 54 ff.

99 Siehe Kommentierung zu § 3 a, Rdnr. 52 ff.

100 § 11c Bbg DSG; § 10a DSG NW; § 4 Abs. 2 und § 43 Abs. 2 LDSG SH. Zu den kompetenzrechtlichen Fragen der Landes- und der Bundesregelung vgl. *Bizer/Petri*, DuD 2001, 97, 99 ff.

101 Siehe *Dix*, RDV 1999, 143, 146.

102 § 11c Satz 1 Bbg DSG, § 10a Satz 1 DSG NW.

103 § 4 Abs. 2 i.V.m. Abs. 1; *Bizer/Petri*, DuD 2001, 98.

104 *Golembiewski*, DuD 2002, 132;

105 Ausfürlich *Golembiewski* in *Bäumler/v. Mutius* 2002, S. 107 ff.; Anwendungsbestimmungen Behördenaudit vom 22. März 2001 (s.o. Fn. 29); *Bäumler*, DuD 2000, 257 ff.; *ders*, RDV 2001, 168 ff.; *ders.*, DuD 2001, 252.

106 Ausführlich *Diek* in *Bäumler/v. Mutius* 2002, S. 157; *Hansen/Probst* in *Bäumler/v. Mutius* 2002, S. 163 ff.

107 § 1 Abs. 2 Gütesiegel-Verordnung Schleswig-Holstein vom 3. April. 2001, GVOBl. Schl.-H 4/2001, S. 51. Die Regelung ist kompetenzrechtlich unbedenklich, *Bizer/Petri* DuD 2001, 97 ff.

auditierter Verfahren. Danach sollen die öffentlichen Stellen des Landes, „bereits geprüfte und bewertete Datenschutzkonzepte und -programme zum Einsatz bringen" können.[108] Eine gesetzlich festgelegte Regelung, die öffentliche Stellen zum vorrangigen Einsatz auditierter Produkt und Verfahren anhält, ist wettbewerbsrechtlich unbedenklich.[109]

35 Idee und Konzeption des Datenschutzaudits orientieren sich an dem bereits seit Jahren implementierten, zahlreich angewendeten und im übrigen auch durch das EU-Recht gebotenen **Umweltschutzaudit**.[110] Der Begriff des Audits kommt aus dem Bereich der betrieblichen Rechnungs- und Buchungsprüfung.[111] Parallelen bestehen zu Qualitätssicherungsverfahren wie bspw. ISO 9000.[112] Eine vergleichbare technische Norm zur Gewährleistung von Datenschutz und Datensicherheit besteht nicht.[113]

36 Eine gewisse Parallele zum Datenschutzaudit weist das **IT-Sicherheits-Zertifikat** auf, das Anbieter für informationstechnische Systeme und Komponenten nach § 4 Abs. 1 Satz 1 BSI-Errichtungsgesetz beim Bundesamt für Informationstechnik beantragen können.[114] Es bezieht sich allerdings mit der Verfügbarkeit, Unversehrtheit und Vertraulichkeit nur auf die klassischen Ziele der Informationssicherheit (§ 1 Abs. 2 BSIG) und zielt im Unterschied zu § 9a nicht auf eine Verbesserung des Datenschutzes und der Datensicherheit. Neuerdings wird auch ein IT-Grundschutz-Zertifikat auf der Basis des IT-Grundschutzes des BSI angeboten.[115]

5. Datenschutzaudit (Satz 1)

37 Nach Satz 1 der Regelung können Anbieter von Datenverarbeitungssystemen und -programmen und datenverarbeitende Stellen (s.u. Rdnr. 41) zur Verbesserung des Datenschutzes und der Datensicherheit (s.u. Rdnr. 49) ihr Datenschutzkonzept sowie ihre technischen Einrichtungen (s.u. Rdnr. 55 ff.) durch unabhängige und zugelassene Gutachter prüfen und bewerten lassen (s.u. Rdnr. 72) sowie das Ergebnis der Prüfung veröffentlichen (s.u. Rdnr. 75).

5.1 Freiwilligkeit

38 Das Datenschutzaudit ist als marktwirtschaftliches Steuerungsinstrument (s.o. Rdnr. 6) **freiwillig.** Der Gesetzgeber hat den freiwilligen Charakter des Datenschutzaudits durch das Tatbestandsmerkmal „können" zum Ausdruck gebracht. Es besteht also kein gesetzlicher Zwang, ein Datenschutzaudit nach § 9a durchzuführen.[116] Wäre es anders, würde das Datenschutzaudit sein Ziel verfehlen, durch einen Wettbewerb der Anbieter und Stellen eine Verbesserung des Datenschutzes und der Datensicherheit zu erreichen. Die Freiwilligkeit des Audits bezieht sich nicht nur auf die Teilnahme an dem Datenschutzaudit, sondern auch auf seine Beendigung.[117] Es bleibt demnach den Normadressaten überlassen, auf das Audit jederzeit zu verzichten oder es nicht wieder zu verlängern. Wettbewerbsrechtlich unzulässig ist es allerdings, wenn der Anbieter oder die Stelle mit einem Datenschutzaudit den Marktteilnehmern eine Qualität vorzutäuschen, über die das Produkt oder Verfahren nicht oder nicht mehr verfügt.

39 Die Regelung ist nicht nur deklaratorisch,[118] denn sie legt **konstitutiv** die zentralen Elemente eines Datenschutzaudits für diejenigen fest, die sich einer solchen Prüfung und Bewertung unterziehen wollen. Auf diese Weise stabilisiert die gesetzliche Regelung die Erwartungen

---

108 § 11c Satz 2 Bbg DSG, § 10a Satz 2 DSG NW.

109 *Petri*, DuD 2001, 150 ff.

110 Begründung zu § 17 MDStV, NRW LT-Drs. 12/1954; *Roßnagel* 2000, S. 7, 41 ff.; *Ewer* in *Bäumler/v. Mutius* 2002 S. 180 ff. Zum Umweltschutzaudit s.o. Fn. 10.

111 *Ewer* in *Bäumler/v. Mutius* 2002 S. 181.

112 *Roßnagel* 2000, S. 7.

113 *Roßnagel* 2000, S. 8.

114 vom 17. Dezember 1990, BGBl. I S. 2834, s.a. *Blattner-Zimmermann*, DuD 1998, 222.

115 *Münch*, Qualifizierung nach IT-Grundschutz, DuD 2002, 346 ff.; *Gora/Stark*, DuD 2002, 625.

116 *Bundesregierung*, BT-Drs. 14/4458, S. 2; *Roßnagel* 2000, S. 41 ff.

117 *Roßnagel/Pfitzmann/Garstka* 2001, S.137.

118 so aber *Bundesregierung*, BT-Drs. 14/4458, S. 2; *Duhr/Naujock/Peter/Seiffert*, DuD 2002, 34.

der Anwender ebenso wie der Marktteilnehmer an die Aussagekraft und Qualität des Datenschutzaudits. Spätestens mit dem Inkrafttreten des Ausführungsgesetzes wird der Begriff des gesetzlich geregelten Datenschutzaudits die Möglichkeiten der Anbieter von Gütesiegeln, Zertifikaten und anderen Auditierungsverfahren beschränken, ihr Prüf- und Bewertungsverfahren mit der Bezeichnung „Datenschutzaudit" zu belegen.

Es bleibt den Anbietern jedoch unbenommen, in ihre Prüf- und Bewertungsverfahren auch Datenschutzkriterien einzubeziehen und sie am Markt **unter einem anderen Label** anzubieten.[119] Ebenso wenig beeinflusst die gesetzliche Regelung die Durchführung von internen Auditierungsverfahren ohne Anspruch auf Außenwirkung wie sie bereits heute in einigen Unternehmen zum Einsatz kommen.[120] Allerdings darf nicht verkannt werden, dass eine Vielzahl von Gütesiegeln und Audits sowohl Normadressaten als auch Verbraucher verwirren und damit den angestrebten Marktmechanismus und den Erfolg des Datenschutzaudits schwächen können.[121] 40

5.2 Normadressat

41 Die Regelung wendet sich an Anbieter von Datenverarbeitungssystemen und -programmen (s.u. Rdnr. 42) sowie an datenverarbeitende Stellen (s.u. Rdnr. 46). Für das Verständnis der Regelung ist von Bedeutung, dass das Datenschutzaudit einerseits von **Anbietern** der für die Verarbeitung personenbezogener Daten erforderlichen technischen Infrastruktur, andererseits aber auch von den für die Datenverarbeitung **verantwortlichen Stellen** (§ 3 Abs. 7) durchgeführt werden kann. An dieser Unterscheidung schließt sich eine Differenzierung der Gegenstände der Auditierung nach Produkten und Verfahren an.

5.2.1 Anbieter von Datenverarbeitungssysteme und -programme

42 **Anbieter** eines Datenverarbeitungssystems bzw. eines Datenverarbeitungsprogramms im Sinne des Satz 1 ist derjenige, der es anderen zur Nutzung zur Verfügung stellt. Unerheblich ist, ob dies gegen Entgelt oder unentgeltlich erfolgt. Der Anbieter kann mit dem Hersteller des Datenverarbeitungssystems- und programms identisch sein, muss es aber nicht. Er kann auch lediglich Händler sein oder das System bzw. Programm modifiziert haben.

43 Unter einem **Datenverarbeitungssystem** ist nach DIN 44300 Nr. 99 „eine Funktionseinheit zur Verarbeitung von Daten" zu verstehen.[122] Das BDSG verwendet die Bezeichnung auch in § 3a sowie in der Anlage zu § 9 Nr. 2, 3 und 5. Der Begriff schließt Geräte und Baueinheiten (Hardware), Programme zur Datenverarbeitung (Software) sowie die Daten ein, durch deren Wechselwirkung der Verarbeitungsprozess möglich wird. Datenverarbeitungssysteme können zur Verarbeitung personenbezogener Daten nach dem BDSG, aber auch nach anderen Regelungen bspw. für das Angebot und die Nutzung von Tele- bzw. Mediendiensten eingesetzt werden. Der Begriff wird auch im Telekommunikationsrecht neben dem der Telekommunikationsanlage verwendet.[123] Umfasst sind auch Systeme, die zur Sperrung oder Löschung von Daten eingesetzt werden können.

44 Unter einem **Datenverarbeitungsprogramm** ist die Software zu verstehen, die eine automatisierte Verarbeitung personenbezogener Daten (§ 3 Abs. 2) steuert. Der Begriff des Datenverarbeitungsprogramms ist im Recht der Datenschutzkontrolle ein feststehender Begriff. Datenverarbeitungsprogramme sind Gegenstand der Überwachung durch den betrieblichen

119 Beispiele für Gütesiegel sind „Quid", siehe *Wedde/Schröder* 2001; das „Datenschutz Gütesiegel Nord", hierzu *Schaar/Stutz*, DuD 2002, 331 ff. Übersicht bei *Hladjk*, DuD 2002, 672 ff.; Sowie die Übersicht zu anderen Gütesiegeln unter www.initiatived21.de unter „Projekte" und „Gütesiegel". Kritisch zu ihrer Wirkung *Dahm,* DuD 2002, 412 ff.

120 Beispiele *Königshofen* in *Horster/Fox* 1999, S. 180 ff; *Königshofen* in *Bäumler/v. Mutius* 2002, S. 58 ff.; *Siever/Weber*, DuD 2002, 342 ff.; *Neundorf*, DuD 2002, 338 ff.

121 Karstedt-Meierrieks, DuD 2001, 289.

122 Siehe Kommentierung, § 9 Rdnr. 90. Im Unterschied zur Datenverarbeitungsanlage, § 9 Rdnr. 72.

123 Siehe die mehrfache Verwendung in § 87 Abs. 1 Satz 1 TKG.

bzw. behördlichen Datenschutzbeauftragten nach § 4g Abs. 1 Satz 3 Nr. 1,[124] des Bundesbeauftragten für den Datenschutz nach § 24 Abs. 4 Satz 2 Nr. 1 sowie der Aufsichtsbehörde nach § 38 Abs. 4 Satz 2. Sie steuern regelmäßig „Verfahren automatisierter Verarbeitung" im Sinne von § 4d Abs. 1 Satz 1.

45 Der Gesetzgeber verwendet den Begriff des Datenverarbeitungssystems zwar zusammen mit dem des Programms („und"). Das Audit richtet sich aber auch an Anbieter einer einzelnen **Komponente** eines solchen Systems, soweit es für die Verarbeitung personenbezogener Daten von Bedeutung ist und die Prüfung und Bewertung einer Verbesserung des Datenschutzes und der Datensicherheit sinnvoll möglich ist. Auditierungsfähig ist bspw. auch eine mechanische Anlage zur Vernichtung von Datenträgern. In Anlehnung an die Unterscheidung in Schleswig-Holstein können die Angebote von Datenverarbeitungssysteme und -programmen auch als „**Produkte**" bezeichnet werden (s.o. Rdnr. 33), die zur automatisierten Verarbeitung personenbezogener Daten (Hard und Software) oder als Dienstleistungen (Verfahren automatisierter Verarbeitung) für die Datenverarbeitung verantwortlichen Stellen angeboten werden.[125]

5.2.2 Verantwortliche Stellen

46 Bis zum Beschluss des Bundeskabinetts gehörte die Einbeziehung der datenverarbeitenden Stellen in die gesetzliche Regelung zu den zwischen den Ressorts umstrittenen Streitfragen. Für die Einbeziehung der datenverarbeitenden Stelle sprachen nicht nur systematische Gründe, sondern vor allem auch eine breiter angelegte Anreizstruktur. Im Gesetzgebungsverfahren wurde die Einbeziehung nicht mehr in Frage gestellt. Der Begriff der datenverarbeitenden Stelle entspricht dem Sprachgebrauch früherer Fassungen des BDSG, der nun aufgrund der EG-Datenschutzrichtlinie durch den für die Datenverarbeitung **verantwortliche Stelle** ersetzt und in § 3 Abs. 7 legal definiert worden ist.

47 Die Adressierung der Norm an die für die Verarbeitung verantwortlichen Stellen bedeutet allerdings nicht, dass diese sich nur mit ihrer gesamten Datenverarbeitung einem Datenschutzaudit unterziehen können. Der Gegenstand des Audits kann sich auch auf **einzelne Verfahren** automatisierter Datenverarbeitung beschränken, soweit die Voraussetzung der Verarbeitung durch ein Datenschutzkonzept sinnvoll bestimmt ist und ein Datenschutzaudit durchgeführt werden kann (s.u. Rdnr. 58).

48 Der **Auftragnehmer** nach § 11 ist keine datenverarbeitende Stelle bzw. nach dem Sprachgebrauch des § 3 Abs. 7 keine verantwortlichen Stelle. Er kann aber ein Datenschutzaudit als Anbieter eines Datenverarbeitungssystems und -programms erhalten, indem er sein Produkt als Dienstleistung anbietet und auditieren lässt. Für die verantwortlichen Stelle kann die Beauftragung eines auditierten Auftragnehmers im Einzelfall eine Verbesserung ihres Datenschutzniveaus darstellen. Damit sind allerdings weitere Verbesserungen durch Maßnahmen der Datensparsamkeit und -vermeidung nicht ausgeschlossen, durch die auf eine Auftragsdatenverarbeitung verzichtet werden kann.

5.3 Zweck des Audits: Verbesserung

49 Zweck des Audits ist die „Verbesserung des **Datenschutzes und der Datensicherheit**". Datenschutzrechtlich umfasst der Begriff des Datenschutzes auch den der erforderlichen Datensicherheitsmaßnahmen, so dass der Gesetzgeber auch auf eine Erwähnung der Datensicherheit hätte verzichten können. Andererseits wird durch die gesonderte Erwähnung der Datensicherheit unterstrichen, dass sich das Audit nicht allein auf eine Verbesserung eines primär rechtlich verstandenen Datenschutzes beschränkt, sondern gleichrangig auch auf eine Verbesserung der Datensicherheit gerichtet ist. Die Formulierung vermittelt damit die Einsicht, dass sich die Datensicherheit nicht nur eine flankierende Maßnahme des Datenschutzes, sondern für diesen regelmäßig auch konstitutiv ist. Das wechselseitige Verhältnis von Datenschutz und Datensicherheit muss für das Datenschutzaudit beachtet werden.

---

124 Siehe Kommentierung zu § 4g, Rdnr. 43.
125 Siehe auch *Roßnagel* 2000, S. 141.

Zentrale Bedeutung für die Auslegung der weiteren Tatbestandsmerkmale kommt der Zielrichtung des Datenschutzaudits zu: Sein Zweck ist die **Verbesserung** des Datenschutzes und der Datensicherheit. Die Erteilung eines Datenschutzaudits setzt also *erstens* voraus, dass mehr als nur das gesetzlich gebotene Minimum erreicht wird (Rdnr. 51). Es kann *zweitens* nur für einen tatsächlich auch erreichten Zustand verliehen werden (Rdnr. 53). Und drittens muss das Datenschutzaudit einen permanenten Prozess der Verbesserung eröffnen (s.u. Rdnr. 54). 50

Das Datenschutzaudit verlangt **mehr als** nur die Einhaltung des **gesetzlich geforderten Minimums** für den Datenschutz und die Datensicherheit, denn es soll „Verbesserungen" bestätigen. Die Bestätigung der für alle geltenden Gesetzeskonformität kann also nur der Ausgangspunkt für die Prüfung einer Verbesserung sein. Soweit das anzuwendende Datenschutzrecht eine für den Betroffenen datenschutzfreundlichere Auslegung und Anwendung zulässt, soll das Datenschutzaudit die Entscheidung für die unter dem Blickwinkel des Datenschutzes des Betroffenen und der Sicherheit seiner Daten besseren Lösung bestätigen. Insofern kann zwischen einem objektiven Maßstab der Erfüllung der für alle geltenden Anforderungen und dem subjektiven Maßstab, der im Einzelfall angestrebten Verbesserungen gesprochen werden.[126] 51

Zur Verdeutlichung können folgende Beispiele dienen: Bereits nach seiner Normstruktur als verbindliche Zielvorgabe lässt sich die Anforderungen des § 3a durch Auswahl und Gestaltungsentscheidungen verbessern. Ungeachtet ihrer rechtlichen Zulässigkeit kann die verantwortliche Stelle auf die Erhebung, Verarbeitung oder Nutzung personenbezogener Daten verzichten. Statt personalisierter Verfahren können personenbezogene Daten anonym erhoben oder frühzeitig pseudonymisiert werden. Die für die Datenverarbeitung verantwortliche Stelle kann auf die Übermittlung personenbezogener Daten an Dritte verzichten und diese stattdessen selbst verarbeiten oder nutzen. Durch zeitlich bestimmte Prüfroutinen und enge Löschungsfristen kann eine Anwendung des Grundsatzes der Erforderlichkeit optimiert werden. Statt des in § 28 Abs. 4[127] vorgesehenen opt out-Verfahrens kann die verantwortliche Stelle personenbezogene Daten nur mit Einwilligung des Betroffenen erheben, verarbeiten oder nutzen. Schließlich können auch Maßnahmen zur wirksameren Wahrnehmung der Betroffenenrechte, bspw. in Form eines regelmäßigen „Kontoauszuges" der von der verantwortlichen Stelle gespeicherten Daten oder eines elektronischen Auskunftsanspruches angeboten werden. Entsprechendes gilt für die Maßnahmen der Datensicherheit, die sich in Hinblick auf ihre Schutzwirkungen durch eine Umgestaltung der Organisation oder technische Maßnahmen verbessern lassen.[128] 52

Eine planvolle Strukturierung einer angestrebten Verbesserung für den Datenschutz und die Datensicherheit gehört zu den ersten Schritten, um ein Datenschutzaudit erhalten zu können. Allerdings kann von einer substantiellen Verbesserung keine Rede sein, wenn nicht auch ihre **Umsetzung** in der Praxis der Datenverarbeitung gewährleistet ist. Eine Verbesserung kann demnach nur bestätigt werden, wenn sie sich für die Betroffenen auch tatsächlich auswirkt, sobald sie zum Einsatz kommt. Eine substantielle Verbesserung wird auch erreicht, wenn ein System eingerichtet und anwendet wird, mit dem die Umsetzung von Datenschutz- und Datensicherheitsmaßnahmen kontinuierlich kontrolliert und gewährleistet wird. 53

Das Datenschutzaudit soll einen permanenten **Prozess der Verbesserung** eröffnen und auch nur prämieren. Nur soweit das Optimum bereits erreicht ist, kann sich die Prüfung und Bewertung darauf beschränken, ob das bereits erreichte Niveau an Datenschutz und Datensicherheit gehalten wird.[129] Allerdings wird dies angesichts der dynamischen technischen Entwicklung der Ausnahmefall sein.[130] Aus dem Charakter eines permanenten Prozesses der Verbesserung folgt, dass das Datenschutzaudit immer eine Momentaufnahme vermitteln 54

---

126 *Roßnagel* 2000, S. 84 ff.; *Roßnagel/Pfitzmann/Garstka* 2001, S. 133.

127 Vgl. § 28 Rdnr. 272 ff.

128 Beispiele bei *Hansen/Probst* in *Bäumler/v. Mutius* 2002, S. 168 ff.

129 *Roßnagel/Pfitzmann/Garstka* 2001, S. 133 zu *Dieckmann/Eitschberger/Eul/Schwarzhaupt/Wohlrab*, DuD 2001, 550.

130 Das Schulbeispiel ist ein Verfahren für die Vernichtung von Datenträgern, das in Hinblick auf sein Ergebnis nicht optimiert werden kann. Ein anderes Beispiel wäre ein Verfahren, das ohne das Erheben von Kundendaten auskommt.

kann und daher auch nur **zeitlich befristet** verliehen werden darf.[131] Zum anderen kann eine kontinuierliche Verbesserung durch eine datenverarbeitende Stellen nur erreicht werden, wenn sie in ein **Managementsystem** eingebettet ist, aus dem sich die angestrebten Ziele, geplante Umsetzungen, Zeitpläne und unternehmensinterne Zuständigkeiten ergeben (s.u. 63).

5.4 Gegenstand des Audits

55 Gegenstand des Audits sind „**Datenschutzkonzepte sowie ihre technische Einrichtungen**". Beide Elemente sind integrale Bestandteile für die Bewertung und Prüfung durch die Gutachter. Die Auditierung eines Datenschutzkonzeptes ohne Berücksichtigung der technischen Einrichtungen, auf denen die Verfahren automatisierter Verarbeitung implementiert werden sollen oder bereits sind, ist folgenlos und daher keine wirkliche Verbesserung. Auch umgekehrt ist die Aussagekraft der Auditierung einer technischen Einrichtung ohne Berücksichtigung ihrer Funktionalität einschließlich der angestrebten und erreichten Verbesserung in einem Datenschutzkonzept gering.

56 Die Differenzierung des Gegenstandsbereiches des Datenschutzaudits in ein **Verfahrensaudit** und ein **Produktaudit** ist sinnvoll,[132] sie kann sich aber wegen des Zusammenhanges von Konzept und Umsetzung durch eine technische Gestaltung nicht auf eine Aufspaltung der Tatbestandsmerkmale „Datenschutzkonzept sowie ihre technische Einrichtungen" stützen.[133] Eine Differenzierung des Gegenstandsbereiches in **Verfahrensaudit** und **Produktaudit** findet seinen maßgeblichen Ausgangspunkt in den Normadressaten der Regelung (s.o. Rdnr. 45, 47): Für die Datenverarbeitung verantwortliche Stellen lassen ihr Datenschutzkonzept einschließlich ihrer technische Einrichtungen in einem Verfahrensaudit prüfen und bewerten (s.u. Rdnr. 58), während Anbieter von Datenverarbeitungssystemen und -programmen das Datenschutzkonzept einschließlich ihrer technischen Einrichtungen für ein angebotenes bzw. anzubietendes Produkt auditieren lassen (s.u. Rdnr. 67). In beiden Fällen sind die Anforderungen an das Datenschutzkonzept in Hinblick auf ihre jeweiligen Gegenstände Verfahren oder Produkt zu konkretisieren.[134]

57 Die Formulierung des Datenschutzkonzeptes sowie die Gestaltung und Auswahl der technischen Einrichtungen, auf die sich das Datenschutzkonzept bezieht, liegt in der **Selbstverantwortung** der datenverarbeitenden Stelle bzw. des Anbieters eines Datenverarbeitungssystems und -programms. Sie ist eine Vorleistung der das Datenschutzaudit veranlassenden Stelle, auf die sich die Prüfung und Bewertung des Datenschutzgutachters bezieht. Ihr obliegt es damit auch gleichzeitig, den sachlichen Umfang des Datenschutzaudits abzustecken.

58 **5.4.1 Verfahrensaudit:** Der Begriff des **Verfahrensaudits** orientiert sich an dem Begriff der „Verfahren automatisierter Verarbeitung" in § 4d Abs. 1 Satz 1. Auditiert werden kann ein Verfahren, möglich ist aber auch die Auditierung mehrerer oder aller Verfahren einer für die Datenverarbeitung verantwortlichen Stelle.[135] Ein einzelnes Verfahren muss aber eine in sich geschlossene Prüfung und Bewertung seiner Datenschutzrisiken und der erreichten Verbesserung ermöglichen.[136] Beispiele solcher Verfahren sind Personaldatenverarbeitungen, Abrechnungsverfahren oder Benutzerverwaltungen bei Tele- oder Mediendienst.[137] Gegenstand des Audits sind das Datenschutzkonzept einschließlich der technischen Einrichtungen des bzw. der zu auditierenden Verfahren einer datenverarbeitenden Stelle.

59 Der Begriff des **Datenschutzkonzepts** ist im BDSG nicht legal definiert. Letztlich verlangt ein Datenschutzkonzept nicht weniger als eine geplante Vorgehensweise, auf welche Weise

131 Das Behördenaudit in Schleswig-Holstein ist höchstens drei Jahre gültig, vgl. Pkt. 9.2. der Anwendungsbestimmungen (Fn. 29). Auch das Gütesiegel ist befristet, vgl. Gütesiegel-Verordnung (Fn. 33), § 1 Abs. 3.

132 Siehe auch *Roßnagel* 2000, S. 142 dort heißt das Verfahrensaudit „Systemaudit; Im Datenschutzrecht von Schleswig-Holstein wird das Verfahrensaudit als „Behördenaudit" bezeichnet; *Bäumler,* DuD 2001, 252 ff.

133 Vgl. aber *Roßnagel* 2000, S. 141 ff.

134 Mit anderer Begründung im Ergebnis ebenso *Roßnagel* 2000, S. 141.

135 *Golembiewski* in *Bäumler/v. Mutius* 2002, S. 108; *Roßnagel/Pfitzmann/Garstka* 2001, S. 136.

136 *Roßnagel/Pfitzmann/Garstka* 2001, S. 136.

137 *Roßnagel/Pfitzmann/Garstka* 2001, S. 136.

die Anforderungen des Datenschutzes und der Datensicherheit zu erfüllen sind. Es umfasst auf der Grundlage einer Bestandsaufnahme (s.u. Rdnr. 61) die Festlegung von Datenschutzzielen (s.u. Rdnr. 62), die technischen und organisatorischen Maßnahmen zu ihrer Umsetzung einschließlich der Festlegung von Zeitplänen, von Zuständigkeiten (s.u. Rdnr. 64) sowie der Maßnahmen der Revision, mit denen die Erfüllung der angestrebten Ziele kontrolliert werden kann (s.u. Rdnr. 64).

Bestandteil eines solchen Konzeptes ist die Gestaltung „der innerbehördlichen oder innerbe- 60 triebliche Organisation", die nach Satz 1 der Anlage zu § 9 den besonderen Anforderungen des Datenschutzes gerecht werden muss. In anderen Regelungen werden die technischen und organisatorischen Maßnahmen als „**Sicherheitskonzept**" bezeichnet.[138] Das Datenschutzkonzept muss allerdings in Hinblick auf die angestrebten Verbesserungen des Datenschutzes über ein bloßes Sicherheitskonzept hinausgehen.

Grundlage eines Datenschutzkonzeptes ist eine **Bestandsaufnahme** des zu auditierenden 61 Verfahrens. Sie umfasst neben dem Inhalt der Meldepflicht nach § 4e Satz 1 auch Angaben über die für das Verfahren eingesetzten technischen Einrichtungen (Hard- und Software), die materiellen Zulässigkeitsvoraussetzungen sowie die gebotenen und getroffenen technischen und organisatorischen Maßnahmen der Datensicherheit einschließlich der Zuständigkeiten innerhalb der für die Datenverarbeitung verantwortlichen Stelle. Integraler Bestandteil der Bestandsaufnahme ist das Sicherheitskonzeptes, soweit es sich für den zu auditierenden Gegenstand von Bedeutung ist, einschließlich des Schadenspotentials sowie der nach den getroffenen Sicherheitsmaßnahmen verbleibenden Restrisiken.[139]

Mit der Vorgabe von **Zielen** legt die verantwortliche Stelle fest, für welche Verfahren bzw. 62 Verfahrensteile sie eine Verbesserung für den Datenschutz und die Datensicherheit anstrebt.[140] Beispiele sind eine angestrebte Pseudonymisierung, die Implementierung von engen Löschungsfristen, die Gewährleistung von Vertraulichkeit oder Schulungsmaßnahmen etc. Nach einer anderen Diktion wird die Festlegung der Ziele auch als „Datenschutzprogramm" bezeichnet, das aber auch die Maßnahmen der Umsetzung umfasst.[141]

Das dritte Element des Datenschutzkonzeptes ist die Festlegung von geeigneten **Maßnahmen** 63 **zur Umsetzung** der formulierten Ziele einschließlich der für ihre Umsetzung vorgesehenen Abläufe, Zeiträume und Zuständigkeiten. Die Maßnahmen müssen die Gestaltung der vorgesehenen technischen Einrichtungen erfassen. Nach dem Auditrecht in Schleswig-Holstein werden die zur Umsetzung der definierten Datenschutzziele zu treffenden Maßnahmen in einem **Datenschutzmanagementsystems** zusammengefasst. Es regelt die „Gesamtheit aus Zuständigkeiten, vorgeschriebenen Verhaltensweisen und Abläufen sowie sächlichen Mitteln", die zur Erreichung der Datenschutzziele erforderlich sind".[142] Nach der Nomenklatur der „Modernisierungsgutachter" ist das Datenschutzmanagementsystem ein die gesamte Datenverarbeitung einer verantwortlichen Stelle umfassendes System, das aus einem „Plan der Datenschutzorganisation" sowie einem „Datenschutz- und Datensicherheitskonzept" besteht.[143] Nach dieser Konzeption wird im Rahmen des Datenschutzaudits nur der für die Umsetzung der Ziele relevanten Teil des Datenschutzmanagementsystems überprüft und bewertet,[144] während nach dem Recht in Schleswig-Holstein das Datenschutzmanagementsystem auf die Umsetzung des Datenschutzaudits zielt.

---

138 § 5 Abs. 2 LDSG SH; § 6 der Datenschutzverordnung Schleswig-Holstein vom 2. April 2001, GVOBl 4/2001, S. 49; § 87 Abs. 2 TKG.

139 Vgl. *Golembiewski* in *Bäumler/v. Mutius 2002*, S. 110 f.; Pkt. 5 der Anwendungsbestimmungen des Datenschutz-Behördenaudits Schleswig-Holstein (Fn. 29).

140 *Golembiewski* in *Bäumler/v. Mutius* 2002, S. 111; Pkt. 6 der Anwendungsbestimmungen des Datenschutz-Behördenaudits Schleswig-Holstein (Fn. 29).

141 *Roßnagel/Pfitzmann/Garstka* 2001, S. 135.

142 Pkt. 7.2 ff. der Anwendungsbestimmungen Datenschutz-Behördenaudit Schleswig-Holstein (Fn. 29); s.a. *Golembiewski* in *Bäumler/v. Mutius* 2002, S. 112.

143 *Roßnagel/Pfitzmann/Garstka* 2001, S. 130 f.

144 *Roßnagel/Pfitzmann/Garstka* 2001, S. 135.

64 Das vierte Element des Datenschutzkonzepts umfasst die Maßnahmen, mit denen die Umsetzung des Datenschutzkonzeptes im Rahmen der unternehmensinternen Kontrolle innerhalb der datenverarbeitenden Stelle überprüft werden (**Revision**). Festzulegen sind u.a. die Zuständigkeiten, das Prüfverfahren und die Dokumentation des durch die Maßnahmen jeweils erreichten Zustandes. Regelmäßig wird dem betrieblichen bzw. behördlichen Datenschutzbeauftragten nach § 4g Abs. 1 Satz 1 eine zentrale Stellung zukommen. Im Rahmen der Zuständigkeit ist nicht nur die Verantwortlichkeit für die Durchführung der Revision festzulegen, sondern auch gegenüber welcher Stelle in welchen Zeitintervallen der erreichte Zustand zu berichten ist (Eskalation). Nach dem Auditrecht in Schleswig-Holstein ist die Revision Bestandteil des Datenschutzmanagementsystems,[145] wohingegen die Modernisierungsgutachter ihn mit dem Begriff „Datenschutzprüfung" belegen.

65 Das Gesetz enthält keine Festlegung über die **Form des Datenschutzkonzepts**. Da es Grundlage für die Prüfung und Bewertung durch die Gutachter ist, muss das Datenschutzkonzept in einer revisionssicheren Form vorliegen, aus der sich spätere Veränderungen des Konzeptes erkennen lassen.

66 Das Datenschutzkonzept muss die **technischen Einrichtungen** einbeziehen, die für die Verfahren der automatisierten Verarbeitung von Bedeutung sind (s.o. Rndr. 56). Der Begriff der technischen Einrichtung orientiert sich an dem der „Datenverarbeitungsanlage" einschließlich der auf ihnen implementierten Verarbeitungsprogramme. Im Unterschied zu den Datenverarbeitungssystemen kann es sich auch um einzelne für die Verarbeitung personenbezogener Daten relevante Komponenten handeln.

67 **5.4.2 Produktaudit:** Gegenstand des Produktaudits sind technische Einrichtungen (s.o. Rdnr. 66), die zur Verarbeitung personenbezogener Daten angeboten werden.[146] Der Produktbegriff schließt Verfahren automatisierter Datenverarbeitung ein, die als Dienstleistungen datenverarbeitenden Stellen angeboten werden. Auch das Angebot der Auftragsdatenverarbeitung nach § 11 kann einem Produktaudit unterzogen werden (s.o. Rdnr. 48).

68 Das Datenschutzkonzept für ein Produktaudit beschränkt sich auf die **Funktionalität des Produkts** für eine Verbesserung des Datenschutzes und der Datensicherheit.[147] Es umfasst den Zweck und den Einsatzbereich des Produktes sowie seine besonderen Eigenschaften, die eine Verbesserung des Datenschutzes und der Datensicherheit bewirken. Hierzu gehören seine Eigenschaften zur Datenvermeidung und Datensparsamkeit, die Gewährleistung der Datensicherheit und der Revisionsfähigkeit des Produktes sowie die Gewährleistung der Betroffenenrechte.

5.5 Verfahren des Audits

69 Die Prüfung und Bewertung durch unabhängige und zugelassene Gutachter orientiert sich an den sachlichen Vorgaben der das Datenschutzaudit veranlassenden Stelle. Diese bestimmt den sachlichen Gegenstandsbereich des Datenschutzaudits, indem es das zu auditierende Verfahren oder Produkt auswählt , das hierzu erforderliche Datenschutzkonzept erarbeitet und dem Gutachter zu Prüfung und Bewertung vorlegt. Das eigentliche Audit erfolgt durch den Gutachter (s.u. Rdnr. 72), der das Verfahren bzw. Produkt zu prüfen und zu bewerten hat (s.u. Rdnr. 70). Die näheren Anforderungen an das Verfahren sind Gegenstand des nach Satz 2 zu erlassenden Ausführungsgesetzes (Rdnr. 25, 76).

70 **5.5.1 Prüfen und Bewerten:** Gegenstand der **Prüfung eines Verfahrens** sind die im Datenschutzkonzept festgelegten Datenschutzziele vor dem Hintergrund der Bestandsaufnahme sowie ihre konkrete Umsetzung einschließlich des hierzu eingerichteten Systems der Revision. Die Prüfung hat die zur Umsetzung erforderlichen technischen Einrichtungen einzubeziehen (s.o. Rdnr. 58 ff.). Gegenstand der **Prüfung eines Produkts** sind die sich aus

145 *Golembiewski* in *Bäumler/v. Mutius* 2002, S. 112 f.; Pkt. 7 der Anwendungsbestimmungen des Datenschutz-Behördenaudits Schleswig-Holstein (Fn. 29).

146 Beispiele: Programm zur Personaldatenverarbeitung, zur Kundendatenverarbeitung.

147 Vgl. § 2 Abs. 2 Gütesiegel-Verordnung Schleswig-Holstein (Fn. 33); *Dieck* in *Bäumler/v. Mutius* 2002, S. 161 f.; *Roßnagel/Pfitzmann/Garstka* 2001, S. 145 f.; *Roßnagel* in FG *Büllesbach*, S. 140 f.

dem Datenschutzkonzept ergebenden Beschreibung seines Zwecks, seines Einsatzbereiches sowie seiner besonderen Eigenschaften sowie das Produkt selbst (s.o. Rdnr. 67 f.). Die näheren Anforderungen an die Prüfung ergeben sich aus dem nach Satz 2 zu erlassenden Ausführungsgesetz (Rdnr. 25, 76).

Maßstab der **Bewertung** ist die Verbesserung des Datenschutzes und der Datensicherheit, 71
die durch das zu auditierende Verfahren oder Produkt erreicht wird (s.o. Rdnr. 51). Ausreichend ist, wenn sich die Bewertung darauf beschränkt, ob die angestrebte Verbesserung durch das zu auditierende Verfahren oder Produkt erreicht wird. Nach Sinn und Zweck des Audits, eine Verbesserung für den Datenschutz und die Datensicherheit zu erreichen, bleibt es dem Anbieter oder der datenverarbeitenden Stelle überlassen, das Datenschutzaudit nach Überarbeitung des Datenschutzkonzeptes bzw. der Gestaltung der technischen Einrichtung das Datenschutzaudit zu wiederholen. Die näheren Anforderungen ergeben sich aus dem nach Satz 2 zu erlassenden Ausführungsgesetz (Rdnr. 25, 76).

5.5.2 Gutachter: In Hinblick auf die Funktion des Datenschutzaudits im Wettbewerb 72
muss die Prüfung und Bewertung des Datenschutzkonzeptes und seiner technischen Einrichtungen durch „unabhängige und zugelassene Gutachter“ erfolgen. „Gutachter“ kann nur sein, wer über eine ausreichende **Fachkunde** verfügt, ein Datenschutzkonzept sowie technische Einrichtungen in Hinblick auf die Verbesserung des Datenschutzes und der Datensicherheit zu prüfen und zu bewerten. Die näheren Anforderungen an die Fachkunde und ihre Feststellung bleiben der Regelung in einem Ausführungsgesetz nach Satz 2 überlassen (Rdnr. 25, 76).

Die Gutachter bedürfen einer **Zulassung**, d.h. sie können ihre Tätigkeit nur unter der Voraus- 73
setzung ausüben, dass ihre fachliche und persönliche Eignung in einen Verfahren förmlich festgestellt worden ist. Die Zulassung impliziert die Möglichkeit, sie einem Gutachter auch wieder zu entziehen, wenn er die Voraussetzungen nicht oder nicht mehr erfüllt. Die näheren Anforderungen an die Auswahl und Zulassung ergeben sich aus dem noch zu erlassenden Ausführungsgesetz (Rdnr. 25, 76).

In Hinblick auf seine Funktion im Wettbewerb muss die Prüfung und Bewertung des Daten- 74
schutzkonzeptes und seiner technischen Einrichtungen durch **unabhängige Gutachter** erfolgen. Unabhängig müssen die Gutachter erstens von der das Datenschutzaudit in Auftrag gebenden Stelle sein, aber zweitens auch von der Stelle, die gegebenenfalls das Datenschutzkonzept für die datenverarbeitende Stelle bzw. den Anbieter des Datenverarbeitungssystems und -programms erstellt hat. Die Feststellung der persönlichen und institutionellen Unabhängigkeit kann nicht allein dem Zulassungsverfahren überlassen bleiben, sondern ist eine für jedes einzelne Prüfungs- und Bewertungsverfahren zu gewährleistende Voraussetzung.

5.6 Veröffentlichung des Ergebnisses der Prüfung

Damit das Datenschutzaudit im Wettbewerb gegenüber Konkurrenten seine Wirkung am 75
Markt entfalten kann, muss das Ergebnis der Prüfung des Datenschutzaudits den Marktteilnehmern bekannt sein. Nach der gesetzlichen Regelung können die das Datenschutzaudit in Auftrag gebenden Anbietern von Datenverarbeitungssystemen und -programmen, ebenso wie die auditierten datenverarbeitenden Stellen, das jeweilige Prüfungsergebnis veröffentlichen. Ein gesetzlicher Zwang zur Veröffentlichung besteht nicht. Ein negatives oder für den Anbieter bzw. die datenverarbeitende Stellen unvorteilhaftes Prüfungsergebnis muss nicht veröffentlicht werden. Ob und unter welchen Voraussetzungen die veröffentlichen Prüfergebnisse in ein öffentliches Register einzustellen sind, ist Gegenstand des in einem Ausführungsgesetz näher zu regelnden Verfahrens (Rdnr. 25, 76). Regelungsbedürftig ist auch, ob das positive Prüfergebnis berechtigt, mit einem besonderen Zeichen für sich oder ein bestimmtes Produkt zu werben.

6. Ausführungsgesetz (Satz 2)

76 Satz 2 bestimmt für das nähere Verfahren des Audits eine Regelung durch Gesetz, das allerdings noch nicht vorliegt (Rdnr. 25). Ein gesondertes Ausführungsgesetz ist notwendig, weil die Bestimmung der Anforderungen an die Prüfung und Bewertung sowie die Auswahl und Zulassung der Gutachter berufsbeschränkenden Charakter haben und damit dem in der Verfassung verankerten Gesetzesvorbehalt unterliegen.[148] Das Ausführungsgesetz soll nach Satz 2 die „näheren Anforderungen an die Prüfung und Bewertung, das Verfahren sowie die Auswahl und Zulassung der Gutachter" regeln. Der Gesetzgeber kann allerdings auch über diese Ankündigung hinaus gehen. Sinnvoll kann insbesondere eine Regelung sein, aus der sich ergibt, in welchem Umfang die Gutachter gegenüber den auf das Datenschutzaudit vertrauenden Marktteilnehmern haften.[149]

148 BT-Drs. 14/4329, S. 38.
149 Vgl. kritisch zu Gütesiegeln *Dahm,* DuD 2002, 412 ff.; *Wiebe,* WRP 1993, 74 ff., 156 ff.

§ 10 Einrichtung automatisierter Abrufverfahren

(1) Die Einrichtung eines automatisierten Verfahrens, das die Übermittlung personenbezogener Daten durch Abruf ermöglicht, ist zulässig, soweit dieses Verfahren unter Berücksichtigung der schutzwürdigen Interessen der Betroffenen und der Aufgaben oder Geschäftszwecke der beteiligten Stellen angemessen ist. Die Vorschriften über die Zulässigkeit des einzelnen Abrufs bleiben unberührt.

(2) Die beteiligten Stellen haben zu gewährleisten, dass die Zulässigkeit des Abrufverfahrens kontrolliert werden kann. Hierzu haben sie schriftlich festzulegen:

1. Anlass und Zweck des Abrufverfahrens,

2. Dritte, an die übermittelt wird,

3. Art der zu übermittelnden Daten,

4. nach § 9 erforderliche technische und organisatorische Maßnahmen.

Im öffentlichen Bereich können die erforderlichen Festlegungen auch durch die Fachaufsichtsbehörden getroffen werden.

(3) Über die Einrichtung von Abrufverfahren ist in Fällen, in denen die in § 12 Abs. 1 genannten Stellen beteiligt sind, der Bundesbeauftragte für den Datenschutz und die Informationsfreiheit unter Mitteilung der Festlegungen nach Absatz 2 zu unterrichten. Die Einrichtung von Abrufverfahren, bei denen die in § 6 Abs. 2 und in § 19 Abs. 3 genannten Stellen beteiligt sind, ist nur zulässig, wenn das für die speichernde und die abrufende Stelle jeweils zuständige Bundes- oder Landesministerium zugestimmt hat.

(4) Die Verantwortung für die Zulässigkeit des einzelnen Abrufs trägt der Dritte, an den übermittelt wird. Die speichernde Stelle prüft die Zulässigkeit der Abrufe nur, wenn dazu Anlass besteht. Die speichernde Stelle hat zu gewährleisten, dass die Übermittlung personenbezogener Daten zumindest durch geeignete Stichprobenverfahren festgestellt und überprüft werden kann. Wird ein Gesamtbestand personenbezogener Daten abgerufen oder übermittelt (Stapelverarbeitung), so bezieht sich die Gewährleistung der Feststellung und Überprüfung nur auf die Zulässigkeit des Abrufes oder der Übermittlung des Gesamtbestandes.

(5) Die Absätze 1 bis 4 gelten nicht für den Abruf allgemein zugänglicher Daten. Allgemein zugänglich sind Daten, die jedermann, sei es ohne oder nach vorheriger Anmeldung, Zulassung oder Entrichtung eines Entgelts, nutzen kann.

Handlungsleitfäden

AWV-Arbeitskreis „Sicherheit in der Informationstechnik“, Kontrollmaßnahmen bei automatisierten Abrufverfahren gem. § 10 BDSG, AWV-Informationen 12/1992 (auch abgedruckt in *G. Mühlein/J. Heck,* Outsourcing, S. 48 ff.); *BfD,* Hinweise zu automatisierten Abrufverfahren i.S.d. § 10 BDSG, Anlage 15 zum 14. TB (auch abgedruckt in *Bergmann/Möhrle/Herb,* Anlage 1 zu § 10 BDSG); *IM Ba-Wü,* Hinweise des Innenministeriums zum Datenschutz für private Unternehmen und Organisationen Nr. 35 (1997), Ziff. 3 „Einrichtung automatisierter Abrufverfahren (§ 10 BDSG) bei Auskunfteien und Kreditschutzorganisationen“ (= DOK 1.40).

Weitere Literatur

G.M. Beckhusen, Der Datenumgang innerhalb des Kreditinformationssystems der SCHUFA (2004); W. Binne, Das Dialogverfahren aus organisations- und datenschutzrechtlicher Sicht, DRV 1996, 188 ff.; *W. Bredl,* Solum-Star, das maschinell geführte Grundbuch, MittBayNot 1997, 72 ff.; *U.Dammann*, Der EuGH im Internet – Ende des internationalen Datenschutzes? RDV 2004, 19ff.; *W. Däubler,* Internet und Arbeitsrecht, (3. Aufl. 2004); *W. Däubler*, Gläserne Belegschaften?, (4.A.2002); *H.L. Drews/H. Kassel/H.R. Leßenich,* Lexikon Datenschutz und Informationssicherheit (4. A., 1993); *v. Gravenreuth,* Technisches Lexikon in *W. Kilian/B. Heussen,* Computerrechtshandbuch; *H. Grziwotz,* Das EDV-Grundbuch, CR 1995, 68 ff.; *Justizministerium Baden-Württemberg*, Das elektronische Grundbuch für Baden-Württemberg.Informationen für Teilnehmer am Automatisierten Abrufverfahren (Stand: September 1999); *W. Klässer,* Sozialdatenschutz nach dem Zweiten Gesetz zur Änderung des Sozialgesetzbuches – 2. SGBÄndG, RDV 1994, 117 ff.; *H.A. Lennartz,* Probleme der Techniksteuerung durch Recht – am Beispiel des bundesdeutschen Datenschutzrechts, Teil 2, RDV 1990, 25 ff.; *G. Mühlein/J. Heck,* Outsourcing und Datenschutz. Vertragsgestaltungen aus datenschutzrechtlicher Sicht (2006); *T.C. Paefgen,* Adresshandel und Medienprivileg, CR 1994, 14 ff.; *J.T. Peter,* Das Datenschutzgesetz im Privatbereich. Unter besonderer Berücksichtigung seiner motivationalen Grundlage (1994); *G. Runge,* Protokolldateien zwischen Sicherheit und Rechtmäßigkeit, CR 1994, 710 ff.; *Sächs. Staatsministerium der Justiz,* Das elektronische Grundbuch (1995); *J. Schneider*, Handbuch des EDV-Rechts (3.A.,2003); *H.J. Stange,* Datenschutz (1992), 86 ff.; *P. Schaar/U. Schläger,* Sicherheitsprotokollierung und Arbeitnehmerdatenschutz, CR 1993, 435; *C. Streit/F.-R. Srocke*, Der Datenbestand des Ausländerzentralregisters, ZAR 1999, 109ff; *C. Streit*, Die Auswirkungen des Terrorismusbekämpfungsgesetzes auf die Regelungen zum Ausländerzentralregister, ZAR 2002, 237ff.; *K. Taraschka*, „Auslandsübermittlung" personenbezogener Daten im Internet, CR 2004,280 ff.; *T. Weichert,* Besonders riskante neue technische Methoden der Datenverarbeitung in *W. Kilian/B. Heussen,* Computerrechtshandbuch, Fach 135 (Stand 5/1993); *M. Wächter*, Datenschutz im Unternehmen (3.Aufl.2003); *H.H. Wohlgemuth,* Datenschutzrecht. Eine Einführung mit praktischen Fällen (2. A., 1993)

Übersicht.

1. Einordnung der Vorschrift im Gefüge des BDSG

1.1 Funktionen der Vorschrift

1 Auf den ersten Blick erweckt die Vorschrift den Eindruck, als bestehe ihre Funktion darin, die Einrichtung von automatisierten Abrufverfahren zu erschweren und solche Verfahren – weil mit ihnen eine besondere Gefährdung des Persönlichkeitsrechts Betroffener verbundenen ist, denn die abrufende Stelle kann letztlich auf den gesamten vorhandenen Datenbestand zugreifen – nur unter besonderen Kautelen zuzulassen. Scheinbar bestätigt wird dies dadurch, dass solche Verfahren in der Literatur[1] zu den aus der Sicht des Datenschutzes besonders ris-

kanten technischen Methoden der Datenverarbeitung gerechnet werden. Däubler[2] bezeichnet sie sogar als „wichtigste Gefahrenquelle“ bei der Übermittlung von Daten, der er ihrerseits das größte Risikopotential aller Phasen der Datenverarbeitung zuordnet.

In Wahrheit ist die Funktion der Vorschrift aber eine andere: Sie soll die Einrichtung solcher Verfahren, die ohne die Existenz von § 10 häufig unzulässig wäre, erleichtern oder gar erst ermöglichen.[3] Dies erschließt sich vor allem dann, wenn man die jetzt gegebene Rechtslage mit der vergleicht, die vor dem BDSG 1990 bestand, das § 10 erstmals, und zwar fast wörtlich in der jetzt geltenden Fassung, einführte. 2

Bis dahin galten Daten, die zum Abruf bereitgehalten wurden, schon ab dem Zeitpunkt des Bereithaltens als übermittelt (vgl. § 2 Abs. 2 Nr. 2 BDSG 1977, wonach Daten unter anderem dann als übermittelt anzusehen waren, wenn sie „zur Einsichtnahme, namentlich zum Abruf bereitgehalten werden“). Da für den Empfänger die Kenntnis des bereit gehaltenen Gesamtbestandes zu diesem Zeitpunkt in der Regel noch nicht erforderlich war, fehlte es mit der Erforderlichkeit durchweg an einer Kernvoraussetzung für die Zulässigkeit der Übermittlung und damit des Abrufs. Das Gesetz verbot Abrufverfahren einerseits nicht generell (sonst hätte es sie beim Übermittlungsbegriff nicht erwähnt), ließ ihre Einrichtung andererseits aber im konkreten Fall in der Regel nicht zu.[4] Diese Inkonsequenz beseitigte der Gesetzgeber dadurch, dass er dem Übermittlungsbegriff im BDSG 1990 die heute geltende Fassung gab, wonach zum Abruf bereitgehaltene Daten erst dann als übermittelt gelten, wenn sie auch tatsächlich eingesehen oder abgerufen werden (vgl. § 3 Abs. 4 Nr. 3b). 3

Damit ist die bloße **Einrichtung** eines automatisierten Abrufverfahrens von den Restriktionen der Übermittlungsvorschriften freigestellt. Wäre es allein dabei geblieben, so hätte der Gesetzgeber die Interessen der Betroffenen allerdings bis zum Zeitpunkt des konkreten Abrufs in keiner Weise mehr berücksichtigt – ein mit dem Recht auf informationelle Selbstbestimmung nicht vereinbares Vorgehen. Aus der Perspektive der Betroffenen ist nämlich weniger der konkrete Abruf entscheidend. Für sie zählt in erster Linie oder sogar allein,[5] dass der Empfänger schon mit Einrichtung des Abrufverfahrens den ungehinderten Zugang zu allen gespeicherten Daten erhält. 4

Somit war es geboten, schon bei der Einrichtung eines automatisierten Abrufverfahrens die Interessen der Betroffenen angemessen zu berücksichtigen. Diese Funktion übernimmt § 10 mit den dort vorgeschriebenen, teils materiellen, teils prozeduralen Vorkehrungen. Sobald es dann konkret zu einem Abruf kommt, greifen wieder die allgemein geltenden Übermittlungsvorschriften ein, wie Abs. 1 Satz 2 zeigt. 5

1.2 Kritische Würdigung der Regelungstechnik

Die beschriebene Regelungstechnik hat vor allem unmittelbar nach In-Kraft-Treten des BDSG 1990 kritische Stimmen auf den Plan gerufen. Von einem Abbau des bisher bestehenden Datenschutzes durch die Änderung des Übermittlungsbegriffs war die Rede, an dem auch § 10 nichts grundsätzlich ändere.[6] 6

---

1 *Weichert* in *Kilian/Heussen,* Computerrechtshandbuch, Fach 135, Überschrift: „Besonders riskante neue technische Methoden der Datenverarbeitung“; ferner *Lennartz,* RDV 1990, 25, 29; ähnlich Hamburgischer Datenschutzbeauftragter, Erläuterungen zum Hamburgischen Datenschutzgesetz (abrufbar unter http://fhh.hamburg.de/stadt/ Aktuell/weitere-einrichtungen/datenschutzbeauftragter/datenschutzrecht), Stand 30.01.2001, Erläuterung zu § 11sowie Kommentierung Nieders.DSG durch den LfD Nds.(abrufbar unter http://cdl.niedersachsen.de/blob/images/C1034315_L20.pdf), Erläuterung zu § 12.

2 *Däubler*, Gläserne Belegschaften, Rdnr. 443; *Schneider*, Handbuch, Rdnr. B 228, sieht in ihrer Einrichtung zumindest ein „erhöhtes Gefahrenpotential“.

3 *Stähler,* DSG NRW, § 3 Rdnr. 14; ähnlich, dabei in der Sache sehr krit. *Wohlgemuth,* Datenschutzrecht, Rdnr. 12; *Schneider*, Handbuch, Rdnr. B 230 spricht zutreffend von einer „Privilegierung“.

4 Siehe dazu *Dammann,* 3. Aufl., § 10 Rdnr. 12a, b sowie 4. Aufl. § 3 Rdnr. 154, wonach sich die Regelung „fast im Sinne des Verbots einer Online-Übermittlung ausgewirkt“ habe; ferner *Riegel,* Datenschutzrecht, 76.

5 *Dammann,* 3. Aufl., § 2 Rdnr. 94.

6 *Wohlgemuth,* Datenschutzrecht, Rdnr. 12; *Lennartz,* RDV 1990, 25, 29 äußert sich noch kritischer. Siehe auch *Bergmann/Möhrle/Herb,* BDSG 1990, § 10 Rdnr. 11.

7 Solche Äußerungen sind inzwischen verstummt. Nur vereinzelt[7] wird die Auffassung vertreten, dass nach wie Probleme existieren würden, doch finde sich keine Aufsichtsbehörde und kein Betroffener, die auf der Grundlage der pauschalen Vorgaben des § 10 eine ernsthafte juristische Auseinandersetzung riskieren würden – eine jedenfalls nicht näher belegte These. Die umfassende Akzeptanz von Abrufverfahren beruht wohl weniger darauf, dass sie einem vielfach kaum abweisbaren Bedürfnis der Praxis entsprechen. Vielmehr hat sich gezeigt, dass echte Missbräuche solcher Verfahren offensichtlich selten sind und dass vor allem die prozeduralen Vorkehrungen von Abs. 2, aber auch von Abs. 5, die Interessen der Betroffenen durchaus effektiv schützen.[8] Insgesamt fällt die Bewertung des Regelungskonzepts, das einerseits den Begriff der Übermittlung auf den tatsächlich erfolgten Abruf beschränkt, andererseits aber einen effektiv nutzbaren Rahmen für die Einrichtung eines Abrufverfahrens als solches schafft, daher positiv aus. Der inzwischen nahezu inflationäre Einsatz solcher Verfahren auf der Basis spezialgesetzlicher Regelungen birgt allerdings die Gefahr, dass auch Übermittlungen vorgesehen werden, die man ohne solche Verfahren nicht oder kaum ins Auge gefaßt hätte – ein Trend, der die derzeitige hohe Akzeptanz von Abrufverfahren rasch in ihr Gegenteil verkehren könnte.

2. Begriff des automatisierten Abrufverfahrens/Anwendungsbereich der Vorschrift

2.1 Externe und interne Abrufverfahren

8 Die amtliche Überschrift der Regelung führt in die Irre. Die Vorschrift befasst sich – anders als dort suggeriert wird – nämlich nicht generell mit allen Arten automatisierter Abrufverfahren. Darunter wären **alle** Verfahren zu verstehen, die den Direktzugriff auf Daten im Online-Betrieb ermöglichen.[9] Genaueren Aufschluss über den Anwendungsbereich der Vorschrift gibt Abs. 1 Satz 1. Demnach geht es ihr nur um automatisierte Verfahren, die eine **Übermittlung** personenbezogener Daten ermöglichen, also das Bekanntgeben personenbezogener Daten an einen **Dritten** (vgl. § 3 Abs. 4 Nr. 3), worunter wie sonst auch nur Personen oder Stellen außerhalb der verantwortlichen Stelle zu verstehen sind (vgl. § 3 Abs. 8 Satz 2).[10] Der Abruf von Daten innerhalb der verantwortlichen Stelle selbst, etwa durch Mitarbeiter der Stelle, fällt nicht in den Anwendungsbereich der Regelung (anders zum Teil landesrechtliche Regelungen, die beide Vorgänge gleichstellen, siehe Rdnr. 135)) Er ist als Fall des Nutzens personenbezogener Daten (vgl. § 3 Abs. 5) zu qualifizieren; seine Zulässigkeit ist an den hierfür einschlägigen Zulässigkeitstatbeständen zu messen (siehe hierzu vor allem § 14 und § 28).

2.2 Beteiligte verantwortliche Stellen

9 Insoweit ist es zutreffend, wenn in der Literatur[11] behauptet wird, die Vorschrift setze stets die Beteiligung zweier verschiedener speichernder Stellen voraus. Allerdings ist dies – wie das Beispiel der Auftragsdatenverarbeitung zeigt (siehe Rdnr. 20 f.) – nur eine notwendige, aber nicht stets eine hinreichende Bedingung. Ferner wäre darauf hinzuweisen, dass zwar **mindestens** zwei verschiedene Stellen beteiligt sein müssen, aber im konkreten Fall mehr, zum Teil sogar wesentlich mehr Stellen beteiligt sein können. Abrufverfahren, an denen lediglich zwei Stellen beteiligt sind, kommen im öffentlichen wie im nicht-öffentlichen Bereich – § 10 gilt bekanntlich für beide Bereiche – in der Praxis inzwischen eher selten vor.

---

7 *Däubler*, Gläserne Belegschaften, Rdnr. 443.
8 *Dammann*, Voraufl., § 3 Rdnr. 154 räumt ein, dass die jetzige Regelung den verringerten Schutz jedenfalls teilweise ausgleiche.
9 So richtig *Drews*, Lexikon, Stw. „Online-Betrieb".
10 *Wächter*, Datenschutz, Rdnr. 308.
11 *Stange*, Datenschutz, Rdnr. 132.

Eine „Sphärentrennung“ in der Form, dass an einem Abrufverfahren entweder nur öffentliche oder nur nicht-öffentliche Stellen beteiligt sein dürften, schreibt § 10 nicht vor.[12] Eine Verpflichtung zu einer solchen Trennung kann auch nicht aus allgemeinen Rechtsgedanken abgeleitet werden. Richtig ist allerdings, dass einige Landesdatenschutzgesetze einen Abruf von Daten aus Beständen öffentlicher Stellen durch nicht-öffentliche Stellen untersagen (so etwa § 14 Abs. 5 BrDSG, § 11 Abs. 4 HbgDSG, § 15 Abs. 3 BlnDSG). Die bloße Existenz solcher Spezialregelungen ist aber Indiz dafür, dass eine solche Regel gerade nicht allgemein gilt. Zudem sagen sie nichts über den umgekehrten Fall aus, dass eine öffentliche Stelle Daten aus dem Bestand einer nicht-öffentlichen Stelle abruft. Für beide Arten von Abrufen kann ein praktisches Bedürfnis bestehen. So kann es ebenso im Interesse einer Bank wie ihrer Kreditkunden sein, wenn sie bestimmte Grundstücksdaten direkt aus dem Grundbuch abrufen kann (was beim Elektronischen Grundbuch konsequenter Weise vorgesehen ist, vgl. § 133 GBO). Und umgekehrt kann eine öffentliche Stelle das nachvollziehbare Bedürfnis haben, die Vollstreckung gegen säumige Gebührenschuldner durch den Abruf von Daten über den Schuldner aus den Datenbeständen von Auskunfteien oder Inkassobüros vorzubereiten. Solche Beispiele lassen eine differenzierte Betrachtung angezeigt erscheinen. 10

Die pauschale Auffassung, ein Abrufverfahren, bei dem nicht-öffentliche Stellen Daten aus dem Datenbestand einer öffentlichen Stelle abrufen können, sei auf der Basis von § 10 unzulässig,[13] ist daher abzulehnen. Die Begründung, die Regelungen zur Übermittlung von Daten durch öffentliche Stellen an nicht-öffentliche Stellen gingen davon aus, dass eine solche Übermittlung nur im Einzelfall unter Verantwortung der öffentlichen Stelle zulässig sei und dass diese Voraussetzungen bei einem automatisierten Abrufverfahren nicht eingehalten werden könnten, trägt bei näherem Hinsehen nicht. 11

Der Wortlaut von § 16 gibt für diese Auffassung nichts her. Zwar betont die Vorschrift, dass die übermittelnde öffentliche Stelle die Verantwortung für die Zulässigkeit der Übermittlung zu tragen habe (§ 16 Abs. 2 BDSG). In § 15, der die Übermittlungen an andere **öffentliche** Stellen regelt, findet sich jedoch eine wortgleiche Regelung (§ 15 Abs. 2 Satz 1). Und § 10, der die Verantwortung davon abweichend verteilt (siehe Abs. 4), beansprucht als Teil des Ersten Abschnitts „Allgemeine und gemeinsame Bestimmungen“ Geltung für beide Arten der Übermittlung. Auch die Gesetzessystematik spricht also dagegen, in einer solchen Weise zu differenzieren. 12

Einzuräumen ist allerdings, dass der Abruf durch eine nicht-öffentliche Stelle aus dem Datenbestand einer öffentlichen Stelle mit Besonderheiten verbunden sein kann, die im Rahmen der Angemessenheitsprüfung gemäß Abs. 1 Satz 1 zu berücksichtigen sind[14] (etwa der Umstand, dass Daten staatlicherseits zwangsweise beim Bürger erhoben wurden). Dies sind jedoch Fragen, die das konkrete Verfahren aufwirft. Eine pauschale Ablehnung des Abrufs durch nicht-öffentliche Stellen aus Datenbeständen öffentlicher Stellen rechtfertigen sie nicht. 13

2.3 Abrufe im Konzernverbund

Rechtlich selbstständige Konzernunternehmen sind im Verhältnis zueinander Dritte. Wenn konzernweite, unternehmensübergreifende Zugriffssysteme eingerichtet sind, liegen daher automatisierte Abrufverfahren i.S.v. § 10 vor.[15] Anders dagegen, wenn ein rechtlich unselbstständiger Unternehmensteil Daten eines anderen rechtlich unselbstständigen Unternehmensteils abruft. So liegt kein automatisiertes Abrufverfahren vor, wenn in einem Krankenhaus die eine Fachabteilung über ein Patienteninformationssystem Patientendaten aus einer anderen Fachabteilung abrufen kann. Schliessen sich dagegen mehrere rechtlich selbstständige Krankenhäuser zu einem Netz zusammen und erlauben sich (unter Beachtung der ärztlichen 14

12 *Bergmann/Möhrle/Herb,* § 10 Rdnr. 16; ebenso *Wilde* in *Wilde,* BayDSG, Art. 8 Rdnr. 17.
13 *Weichert* in *Kilian/Heussen,* Computerrechtshandbuch, Fach 135, Rdnr. 6.
14 *Wilde* in *Wilde,* BayDSG, Art. 8 Rdnr. 17, hält es deshalb für einen eher theoretischen Fall, dass eine nicht-öffentliche Stelle Daten einer öffentlichen Stelle abrufen darf.
15 *Schaffland/Wiltfang,* § 10 Rdnr. 1a.

Schweigepflicht, § 203 StGB) gegenseitig den Zugriff auf ihre Datenbestände, so ist ein automatisiertes Abrufverfahren gegeben. Dies gilt auch dann, wenn sie sich im Eigentum der gleichen Unternehmensgruppe befinden, da dieser konzernrechtliche Aspekt im Datenschutzrecht ohne Belang ist.

2.4 Abgrenzung des Abrufs zu ähnlichen Erscheinungen

15 Abruf bedeutet, dass das Auslösen des Übermittlungsvorgangs durch den Datenempfänger erfolgen muss.[16] Entscheidend ist dabei, dass es der Empfänger in der Hand hat, den Übermittlungsvorgang auszulösen, ohne dass es vor der Übermittlung noch zu einem rechtlichen Prüfvorgang seitens des Datenbesitzers kommt.[17] Er muss einseitig die Möglichkeit haben, Art und Umfang der zu übermittelnden Daten zu bestimmen.[18] Zutreffend wird gesagt, für den Abruf sei das Moment der „Selbstbedienung“ wesentlich.[19] Die (Voll- oder Teil-)protokollierung von Abrufen und/oder die auf Seite der speichernden Stelle bestehende Möglichkeit, den Übermittlungsvorgang durch ein Eingreifen ihrerseits abzubrechen, ändert nichts daran, dass der Datenempfänger die Übermittlung einseitig bewirkt.

16 Als Gegenstand eines Abrufs kommen in Betracht:[20]

- ein einzelner Datensatz
- mehrere Datensätze
- Teile eines oder mehrerer Datensätze
- Ergebnis des Vergleichs oder Abgleichs mehrerer Datenbestände
- ein vollständiger Datenbestand.

17 Dass ein Datenbestand auch vollständig abgerufen werden kann, ergibt sich aus Abs. 4 Satz 3 (sog. „Stapelverarbeitung“ im Gegensatz zur direkten Bearbeitung).

18 Kein Abruf liegt dagegen vor, wenn eine speichernde Stelle von sich aus aufgrund von bestimmten, mit dem Datenempfänger vereinbarten Anlässen Daten übermittelt, dabei aber Inhalt und Umfang der Übermittlung selbst festlegt. Es handelt sich dann um regelmäßige Datenübermittlungen, die vor allem im Meldewesen sehr zahlreich sind (vgl. 1. und 2. BMeldDÜV) und nicht § 10 unterliegen.[21]

19 Auf Zugriffe im Rahmen der Fernwartung findet § 10 ebenfalls keine Anwendung. Wenn bei der Fernwartung einem Beschäftigten der Wartungsfirma personenbezogene Daten bekannt werden, liegt keine Übermittlung vor, da es weder Gegenstand noch Zweck der Fernwartung ist, Daten mit ihrem Informationsgehalt der Wartungsfirma zu überlassen.[22] Mangels Übermittlung ist somit auch kein Raum für die Anwendung von § 10.

2.5 Besonderheiten bei Erhebung, Verarbeitung oder Nutzung im Auftrag (Abgrenzung zu § 11)

20 Bei der Auftragsdatenerhebung, -verarbeitung oder -nutzung (§ 11) findet auf die in ihrem Rahmen erfolgenden Abrufe durch den Auftragnehmer § 10 keine Anwendung. Dies ist unstreitig,[23] obwohl rein technisch gesehen durchaus ein Abrufverfahren vorliegt. § 10 setzt aber voraus, dass der Abruf zu einer **Übermittlung** von Daten führt, wie sich schon aus dem Wortlaut von Abs. 1 Satz 1 ergibt. Da der Auftragnehmer kraft gesetzlicher Fiktion (§ 3 Abs. 8 Satz 3) **nicht** als **Dritter** gilt, eine Übermittlung jedoch begrifflich nur vorliegt, wenn ein Dritter Daten einsieht oder abruft (§ 3 Abs. 4 Nr. 3b), ist der Abruf durch den Auftragnehmer rechtlich gesehen nicht auf eine Übermittlung gerichtet. Somit gelangt § 10 hier nicht zur

---

16 Siehe *Dammann* § 3 Rdnr. 148.
17 *Dammann,* 3. Aufl., § 2 Rdnr. 94; vgl. auch *Wilde* in *Wilde u.a.,* BayDSG, Art. 8 Rdnr. 4.
18 *Koch,* Datenschutzhandbuch, Rdnr. 220.
19 *BfD,* 14. TB Anl. 15, Ziff. 2.
20 Ebenda.
21 Vgl. den Überblick zum Inhalt von 1. und 2. BMeldDÜV bei *Ehmann,* Meldedaten, 30/31 (mit Tabelle 2).
22 BayLfD, 14. TB 1992, Ziff. 2.2; *Ehmann* in *Wilde u.a.,* BayDSG, Art. 6 Rdnr. 5.
23 Siehe etwa *Koch,* Datenschutzhandbuch, Rdnr. 219; ferner *Walz,* § 11 Rdnr. 15.

Anwendung.[24] Die Privilegierung der Auftragsdatenverarbeitung, die schon durch die Freistellung von den Übermittlungsvorschriften gegeben ist,[25] setzt sich dadurch bei § 10 fort.

Ein Beispiel für eine Auftragsdatenverarbeitung in diesem Sinne ist das Inanspruchnehmen der Dienste eines Rechenzentrums oder eines Application Service Providers und zwar dann, wenn sich die Dienste nicht im bloßen Überlassen des Rechensystems erschöpfen, sondern zusätzlich Dienstleistungen (etwa des Operating oder das Aufbereiten von Daten) vereinbart sind. 21

Soweit lediglich das Rechnersystem als solches zur Nutzung überlassen (also vertragsrechtlich gesehen vermietet) wird, findet § 10 dagegen von vornherein keine Anwendung. Das System gehört dann zur eigenen Sphäre der verantwortlichen Stelle und eine Übermittlung liegt schon aus diesem Grund nicht vor. Wie weit der Begriff des „Dritten" reicht, spielt hier von vornherein keine Rolle, weil nicht eine andere Stelle, sondern die verantwortliche Stelle selbst die Daten nutzt.[26] Es liegt ein rein internes Abrufverfahren vor, auf das § 10 ohnehin keine Anwendung findet. 22

Kommt es andererseits zu einer Funktionsübertragung, so erfolgen Datenübermittlungen und § 10 ist in vollem Umfang anwendbar. 23

2.6 Einstellen personenbezogener Daten in Internetseiten

In der Literatur[27] wird die Auffassung vertreten, das Einstellen personenbezogener Daten im Internet (etwa Listen der Mitarbeiter oder der Kunden eines Netzanbieters) stelle das Einrichten eines Abrufverfahrens i.S.v. § 10 dar. Da insbesondere das Einstellen von Mitarbeiterdaten ins Internet inzwischen weit verbreitet ist,[28] hat die Frage der Anwendbarkeit von § 10 auf solche Konstellationen große praktische Bedeutung. 24

Rein technisch gesehen ist das Vorliegen eines Abrufverfahrens zu bejahen. Abrufen ist der Vorgang, der notwendig ist, um maschinell verarbeitete oder gespeicherte Daten in lesbarer Form zu erhalten und in jedem Aufrufen einer Webseite liegt ein solcher Abruf. Die Anforderungen der Abs. 1 bis 4 sind bei solchen Konstellationen in der Regel nicht erfüllbar. Dies gilt schon deshalb, weil sie davon ausgehen, dass der künftige „Abrufpartner" im vornhinein bekannt ist. Sonst kann nämlich weder die Prüfung der Angemessenheit gemäß Abs. 1 erfolgen noch schriftliche Festlegungen der Beteiligten gemäß Abs. 2. 25

Das kann nicht zur Folge haben, dass das Einstellen personenbezogener Daten in das Internet von den Anforderungen des § 10 freigestellt wäre. Vielmehr ist § 10 so zu interpretieren, dass derartige Abrufverfahren eben nur zulässig sind, wenn die Voraussetzungen des Abs. 5 vorliegen. Fehlt es daran, müssen sie entweder die Anforderungen der Abs. 1 bis 4 erfüllen oder sie sind unzulässig. 26

Hindernisse für die Nutzung des Internet dürften sich daraus im Ergebnis kaum ergeben: 27

- Werden personenbezogene Daten für den Abruf durch jedermann in das Netz gestellt, so wird das regelmäßig ohnehin unter Beachtung der Voraussetzungen von Abs. 5 geschehen.
- Ist der Nutzerkreis technisch beschränkt (etwa im Rahmen einer geschlossenen Benutzergruppe), so ist der Kreis der Beteiligten bekannt und die Anforderungen der Abs. 1 bis 4 können erfüllt werden.

Die Entscheidung des EuGH zum Fall Lindqvist,[29] in welcher sich der EuGH mit der Einstellung personenbezogener Daten ins Internet befasste, gibt keinen Anlaß, die geschilderte Auf- 28

---

24 Siehe *Walz* § 11 Rdnr. 15.

25 Kraft gesetzlicher Fiktion, vgl. *Dammann* § 3 Rdnr. 44, gelten Auftragnehmer nicht als Dritte, die Weitergabe von Daten durch den Auftraggeber an sie daher nicht als Datenübermittlung.

26 *Koch,* Datenschutzhandbuch, Rdnr. 224; *Müthlein/Heck,* Outsourcing, 47.

27 *Koch,* Datenschutzhandbuch, Rdnr. 222.

28 *Däubler,* Internet und Arbeitsrecht, Rdnr. 361-372; *Gola/Wronka*, Handbuch Arbeitnehmerdatenschutz, Rdnr. 648-657; Hinweise zur Veröffentlichung von Mitarbeiterdaten im Internet des Bayer. Staatsministeriums für Wissenschaft, Forschung und Kunst, abrufbar unter www.zv.uni-wuerzburg.de/datenschutz/vollzugshinweise/mitarbeiterdaten.htm.

29 Rechtssache C-101/01, CR 2004, 286; in RDV 2004,16 nur stark gekürzt veröffentlicht

fassung zu ändern.[30] Wie insbesondere Rdnr. 69 der Entscheidung zeigt, befasste sie sich lediglich mit der Frage, ob Art. 25 EG-Datenschutzrichtlinie, der eine Übermittlung von Daten gerade in Drittstaaten voraussetzt, auf das Einstellen von Daten ins Internet anwendbar ist. Der EuGH hat dies verneint. Er hat aber weder ausgeführt, dass überhaupt kein Fall des Übermittelns vorliege (im Gegenteil hat er bejaht, dass ein Fall des Verarbeitens im Sinn von Art. 2 der Richtlinie gegeben sei, wozu auch das Übermitteln gehört)[31] noch dargelegt, dass Vorschriften wie Art. 10 nicht mehr zur Anwendung kommen dürften. Insofern hat die Entscheidung für Art. 10 keine Bedeutung.

2.7 Vorhandener und fehlender Personenbezug abrufbarer Daten

29 Wie das Gesetz insgesamt (§ 1 Abs. 2), so gilt auch § 10 nur für personenbezogene Daten. Sollten also in dem abrufbaren Datenbestand sowohl personenbezogene als auch nicht personenbezogene Daten enthalten sein (Fall des Mischbestandes), so ist für die Anwendbarkeit von § 10 lediglich ausschlaggebend, ob das automatisierte Verfahren gerade auch die Übermittlung personenbezogener Daten durch Abruf ermöglicht. Die Anwendbarkeit von § 10 kann bei einem solchen Mischbestand also nur dadurch ausgeschlossen werden, dass die Abrufmöglichkeiten durch geeignete Vorkehrungen auf nicht personenbezogene Daten beschränkt werden.

30 Bisweilen werden Abrufverfahren auch lediglich dazu benutzt, um aus personenbezogenen Datenbeständen statistische Angaben zu extrahieren und diese zu übermitteln. Es ist selbstverständlich, dass Art. 10 auf solche Übermittlungsvorgänge nicht anwendbar ist, da das BDSG mangels Personenbezug hier insgesamt nicht zur Anwendung gelangt (§ 1 Abs. 2 BDSG).

2.8 Nicht automatisierte Abrufverfahren

31 § 10 gilt ausdrücklich nur für automatisierte Abrufverfahren. Nicht automatisierte Abrufverfahren sind heute in der Praxis sehr selten. Sie kamen früher allein in Form der „Schlüssellösung“ vor.[32] Dabei erhält ein Dritter (etwa die Polizei) einen Schlüssel zu den Räumen der speichernden Stelle, um dort – falls erforderlich – jederzeit auch ohne Mitwirkung dieser Stelle auf die konventionell geführten Unterlagen (Karteien oder Akten) dieser Stelle Zugriff nehmen zu können.

32 Von praktischer Bedeutung war dies vor allem beim Einwohnermeldewesen traditioneller Art, bei dem Karteien geführt wurden. Um der Polizei – falls erforderlich – jederzeit den Zugriff auf Einwohnerdaten zu ermöglichen, erhielt sie vielfach schlicht einen Schlüssel zu den Räumen der Einwohnermeldeämter des jeweiligen Dienstbereichs. Da heute alle Einwohnermeldeämter ihre Daten elektronisch speichern, ist das praktische Bedürfnis für solche Lösungen entfallen. Wegen der damals noch fehlenden technischen Ausstattung in den neuen Bundesländern waren sie dort (nicht jedoch im Übrigen) noch bis 31.12.1996 ausdrücklich vom Gesetz gebilligt (vgl. § 24 MRRG, der inzwischen aufgehoben wurde, weil er sich durch Ablauf dieses Termins erledigt hat).

33 Nicht automatisierte Abrufverfahren bieten ein weit größeres Missbrauchspotenzial als automatisierte. So können Datenträger (etwa Karteikarten) entfernt werden, ohne dass dies auffällt. Auch lässt sich im Nachhinein in der Regel nicht rekonstruieren, welche Daten abgerufen (eingesehen) wurden. Eine Protokollierung des Zugriffs kommt nur in Betracht, wenn er in Anwesenheit eines Angehörigen der verantwortlichen Stelle geschieht, was in der Regel nicht lückenlos garantiert werden kann. Aus diesen Gründen sind nicht automatisierte Abrufverfahren in der Regel abzulehnen und es ist der Einrichtung automatisierter Abrufverfahren der Vorzug zu geben. Ausnahmslos verboten sind nicht automatisierte Abrufverfahren aber nur dann, wenn dies – wie aus § 24 MRRG für das Meldewesen zu entnehmen – gesetzlich festgelegt ist.

30 So offensichtlich auch *Taraschka*, CR 2004,280, 283, der sich der vorstehenden Darstellung anschließt.
31 Siehe dazu *Dammann*, Anm. zu der Entscheidung Lindqvist, RDV 2004, 19, 20.
32 *Riegel,* Datenschutzrecht, 76; *Stähler,* DSG NRW § 3 Rdnr. 13.

2.9 Terminologische Fragen

Der nunmehr in der amtlichen Überschrift verwendete Terminus „Abrufverfahren", welcher unverändert aus der Überschrift zu § 10 BDSG 1990 übernommen ist, hatte damals auf Landesebene bereits Vorbilder in § 14 BrDSG 1987 und § 15 HDSG 1986. Der Wortteil „Abruf" hebt hervor, dass das Auslösen der Übermittlung durch den Datenempfänger und nicht durch die verantwortliche Stelle erfolgt. Er betont damit das wohl wesentlichste Merkmal der von § 10 erfassten Verfahren. 34

Inzwischen nur noch wenig gebräuchlich ist die Begriffsvariante „Direktabrufverfahren".[33] 35
Sie betont durch den Wortbestandteil „direkt", dass beim Zugriff auf den Datenbestand durch Abruf jegliche Zwischenschaltung der verantwortlichen Stelle unterbleibt (siehe zu dieser Frage der fehlenden Filterung, Rdnr. 15). Dies ist eine bloße Folge davon, dass der Datenempfänger die Übermittlung auslöst. Insofern bringt der Zusatz „Direkt" keine wesentliche Zusatzinformation.

Nicht ganz unproblematisch erscheint der häufig verwendete Terminus „Online-Verfahren".[34] 36
Der Begriff „online" ist nämlich ungewöhnlich schillernd. Teils wird er nahezu nichtssagend nur definiert als „Zustand, wenn eine Verbindung zur Datenübermittlung besteht".[35] „Online-Verfahren" wäre demnach jedes Verfahren, das die Übertragung von Daten ermöglicht. Erfasst wären somit auch Konstellationen, bei denen diese Übermittlung innerhalb der verantwortlichen Stelle erfolgt, obwohl es um diese bei § 10 gerade nicht geht. Nach einem mehr edv-organisatorisch geprägten Begriffsverständnis liegt ein Online-Betrieb dagegen nur dann vor, wenn nach der Verfügbarkeit der Inputinformation der Output spätestens nach der für die Verarbeitung erforderlichen Zeit zur Verfügung steht **und** der Verarbeitungsprozess in einer unterbrechungslosen Schrittfolge abläuft.[36] Damit kommt eine problematische zeitliche Komponente ins Spiel, die Anlass zu Missverständnissen geben kann. Man muss sich bewusst machen, dass die geschilderten zeitlichen Aspekte für die Anwendbarkeit von § 10 ohne Belang sind. Auch wenn es zwischen einzelnen Schritten des Verarbeitungsprozesses zu zeitlichen Zwischenräumen kommt und/oder der Output erst zeitverzögert zur Verfügung steht, kann ein Abrufverfahren gemäß § 10 vorliegen. Dass der Prozess dann rein edv-organisatorisch als Offline-Betrieb zu werten ist, hindert die Anwendbarkeit von § 10 nicht.

Das rheinland-pfälzische Datenschutzgesetz spricht von „automatisierten Übermittlungsverfahren" (vgl. § 7 LDSG RP). Dieser Begriff ist insofern unscharf, als er nichts darüber aussagt, ob die verantwortliche Stelle oder der Datenempfänger den Übermittlungsvorgang auslösen. Gerade dies ist aber bei § 10 entscheidend. 37

Insgesamt gesehen erscheinen die Begriffe „Abrufverfahren" und „Direktabrufverfahren" am treffendsten. Rein terminologische Fragen sollte man jedoch nicht überbewerten. Jeder der anderen aufgeführten Begriffe ist daher jedenfalls dann gleichfalls tauglich, wenn man sich bewusst ist, wo die Grenzen seiner Leistungsfähigkeit liegen. Am häufigsten verwendet wird derzeit der Begriff „Online-Verfahren". Zum – jedenfalls derzeit noch – weithin unüblichen Begriff des „Gemeinsamen Verfahrens" siehe Rdnr. 131. 38

3. Zweistufigkeit der Zulässigkeitsprüfung

Wie sich aus der Gegenüberstellung von Absatz 1 Satz 1 und Satz 2 ergibt, sieht das Gesetz für automatisierte Abrufverfahren eine zweistufige Zulässigkeitsprüfung vor:[37] 39

- Zunächst ist zu entscheiden, ob die Einrichtung des Abrufverfahrens als solches zulässig ist.
- Davon zu trennen ist die Frage, ob der konkrete einzelne Abruf zulässig ist.

---

33 *Stähler,* DSG NRW § 3 Rdnr. 13; *Stange,* Datenschutz, Rdnr. 131.

34 *Peter,* Datenschutzgesetz im Privatbereich, 66, 92, 148; *Stähler,* DSG NRW § 3 Rdnr. 13; *Stange,* Datenschutz, Rdnr. 133; *Wilde* in *Wilde,* BayDSG, Art. 8 Rdnr. 3.

35 *Gravenreuth* in *Kilian/Heussen,* Computerrechtshandbuch, Fach Technisches Lexikon, Stw. „Online".

36 *Drews,* Lexikon, Stw. „Online-Betrieb".

37 *Bergmann/Möhrle/Herb,* BDSG § 10 Rdnr. 6.

40 Dies ist jedoch nur ein Grobraster. Innerhalb der beiden Stufen ist teilweise eine tiefergestaffelte Zulässigkeitsprüfung vorgeschrieben. Dabei gilt im Einzelnen folgendes:

41 ■ **Zulässigkeit des Abrufverfahrens als solches**

Sie bestimmt sich materiell anhand der im Abs. 1 Satz 1 genannten Kriterien. In formeller Hinsicht ist außerdem für Abrufverfahren im öffentlichen Bereich in bestimmten Fällen – nicht dagegen generell (so hingegen § 79 SGBX für seinen Anwendungsbereich) – die vorherige Zustimmung der Ministerien notwendig, die für die speichernde bzw. die abrufende Stelle zuständig sind (Absatz 3 Satz 2)

Das betrifft die Fälle, in denen an einem Abrufverfahren mindestens eine Stelle aus folgenden Bereichen beteiligt ist:

- In § 19 Abs. 3 genannte Stellen, also Verfassungsschutzbehörden, Bundesnachrichtendienst, Militärischer Abschirmdienst, andere Behörden des Bundesministeriums der Verteidigung, soweit die Sicherheit des Bundes berührt ist.
- In § 6 Abs. 2 genannte Stellen, also Behörden der Staatsanwaltschaft und der Polizei sowie öffentliche Stellen der Finanzverwaltung, soweit sie Überwachungs- oder Prüfungsaufgaben wahrnehmen.

42 Die Pflicht zur Unterrichtung des Bundesbeauftragten für den Datenschutz über die Einrichtung von Abrufverfahren, an denen öffentliche Stellen des Bundes (§ 12 Abs. 1) beteiligt sind (Abs. 3 Satz 1), ist dagegen keine formelle Zulässigkeitsvoraussetzung für die Einrichtung des Verfahrens. Dies zeigt sich schon daran, dass sie auch erst nach Inbetriebnahme des Verfahrens erfolgen kann.[38]

43 ■ **Zulässigkeit des einzelnen Abrufs**

Sie hat materiell anhand der im konkreten Fall anwendbaren Übermittlungsvorschriften zu erfolgen (Abs. 1 Satz 2).

44 Formelle Zulässigkeitsvoraussetzungen legt das Gesetz insoweit nicht fest. Auch die Pflicht zur Einrichtung von Stichprobenverfahren (Abs. 4 Satz 2) ist keine solche formelle Zulässigkeitsvoraussetzung.

45 Der Sinn des zweistufigen Prüfungsverfahrens ergibt sich aus der oben (Rdnr. 1 f.) erläuterten Funktion von § 10. Er soll es ermöglichen, dass automatisierte Abrufverfahren eingerichtet werden können. Dazu ist es jedoch nicht notwendig und vom Gesetzgeber auch nicht gewollt, Abstriche an den Voraussetzungen für die Zulässigkeit konkreter einzelner Abrufe zu machen. Deshalb unterwirft er die beiden Stufen unterschiedlichen Voraussetzungen.

4. Voraussetzungen für die Einrichtung eines automatisierten Abrufverfahrens

4.1 Grundsätze der Vorabkontrolle und der Eigenkontrolle

46 Die beteiligten Stellen sind verpflichtet, die Zulässigkeit eines automatisierten Abrufverfahrens schon vor dessen Einrichtung zu prüfen. Dies ergibt sich daraus, dass sonst die erforderlichen schriftlichen Festlegungen gemäß Abs. 2 nicht getroffen werden können. Der Gesetzgeber war somit der Auffassung, dass die Einrichtung eines automatisierten Abrufverfahrens besondere Risiken für die Betroffenen mit sich bringt, die eine Prüfung vor Beginn der Verarbeitung (Vorabkontrolle gemäß § 4d Abs. 5) erfordern.

47 Die Prüfpflicht trifft jede der beteiligten Stellen selbstständig. Es genügt also nicht, wenn lediglich eine der beteiligten Stellen die Prüfung der Zulässigkeit vornimmt.

Die Prüfung wird auch nicht dadurch ersetzt, dass eine Fachaufsichtsbehörde gemäß Abs. 2 Satz 2 Festlegungen trifft, der Bundesbeauftragte für den Datenschutz unterrichtet wird (Abs. 3 Satz 1) oder zuständige Ministerien zugestimmt haben (Abs. 3 Satz 2). Vielmehr müssen die beteiligten Stellen die Prüfung selbst vornehmen.

38 *Auernhammer*, Kommentar, § 10 Rdnr. 11.

Intern zuständig für eine solche Prüfung ist der Beauftragte für den Datenschutz der jeweiligen Stelle (vgl. § 4d Abs. 5 Satz 1, wonach ihm die Durchführung von Vorabkontrollen zugewiesen ist).[39] 48

4.2 Prüfung der Angemessenheit des Verfahrens

4.2.1 Ausgangspunkt der Prüfung

Materielle Voraussetzung für die Zulässigkeit eines automatisierten Abrufverfahrens ist dessen Angemessenheit. Ein solches Verfahren mit seinen spezifischen Gefahren für das allgemeine Persönlichkeitsrecht der Betroffenen[40] soll nur zur Anwendung gelangen, wenn es nach den konkreten Interessenlagen angezeigt ist, diese Risiken in Kauf zu nehmen. Ziel der Prüfung ist es also nicht, solche Risiken völlig auszuschließen, denn dann wäre ein automatisiertes Abrufverfahren wohl nie zulässig. Vielmehr geht es darum, sie nur dann in Kauf zu nehmen, wenn hierfür ein hinreichender und überzeugender Anlass besteht. Dabei sind Maßstäbe anzulegen, die dem Umstand Rechnung tragen, dass das allgemeine Persönlichkeitsrecht Grundrechtsqualität hat. 49

Diese Konstruktion wirft grundsätzlich Probleme auf.[41] Im Regelfall dürften die beteiligten Stellen, von denen die Initiative zur Einrichtung eines automatisierten Abrufverfahrens im Allgemeinen ausgehen wird, kaum Zweifel an dessen Angemessenheit haben, sonst würden sie seine Einrichtung nicht anstreben. Vor diesem Hintergrund ist es durchaus fraglich, ob sie an die vorgeschriebene Abwägung mit den schutzwürdigen Interessen der Betroffenen überhaupt mit der notwendigen Unbefangenheit herangehen können. Dies gilt zumal dann, wenn die beteiligten Stellen dem nicht-öffentlichen Bereich angehören, wo naturgemäß unter den Bedingungen einer Marktwirtschaft finanzielle Überlegungen eine große Bedeutung haben. 50

Dass der Gesetzgeber wohl selbst Zweifel daran hat, ob die Abwägung immer neutral ausfällt, zeigen die Unterrichtungspflichten und Zustimmungsvorbehalte gemäß Abs. 3. Sie lassen jedoch den gesamten Bereich der nicht-öffentlichen Stellen außen vor und dies sogar dann, wenn besonders sensitive Daten gemäß Art. 8 EG-Datenschutzrichtlinie abgerufen werden sollen. Es fragt sich de lege ferenda, ob der Gesetzgeber nicht wenigsten für diese Fälle eine Anzeigepflicht bei den Datenschutzaufsichtsbehörden für die Privatwirtschaft einführen sollte. 51

4.2.2 Begriff der Angemessenheit:

Das Gesetz definiert nicht, unter welchen Voraussetzungen ein automatisiertes Abrufverfahren als angemessen anzusehen ist. Es lässt aber erkennen, dass bei der Entscheidung dieser Frage eine Abwägung stattzufinden hat,[42] es benennt mit den „schutzwürdigen Interessen der Betroffenen“ sowie den „Aufgaben oder Geschäftszwecken der beteiligten Stellen“ die grundsätzlichen Interessenslagen, die sich bei der Abwägung gegenüberstehen und es gibt in Abs. 2 indirekt Orientierungspunkte, die im Rahmen der Abwägung zu berücksichtigen sind.[43] Als lediglich indirekt sind diese Orientierungspunkte deshalb anzusehen, weil Abs. 2 sich nicht mit dem Abwägungsvorgang selbst befasst, sondern Vorgaben macht, die es ermöglichen, die Zulässigkeit eines Abrufverfahrens zu kontrollieren. 52

Diese Regelungstechnik weist deutliche Parallelen zu Art. 25 EG-Datenschutzrichtlinie auf. Diese Bestimmung lässt die Übermittlung personenbezogener Daten in ein Drittland nur zu, wenn dort ein angemessenes Schutzniveau gewährleistet ist (Art. 25 Abs. 1 der Richtlinie), 53

---

39 Siehe *Petri* § 4d Rdnr. 36.

40 *Lennartz,* RDV 1990, 25, 29 beschreibt sie sehr pointiert.

41 Knapp angerissen bei *Bergmann/Möhrle/Herb,* BDSG § 10 Rdnr. 11.

42 Ebenso *Bergmann/Möhrle/Herb,* BDSG § 10 Rdnr. 12; anders *Wilde* in *Wilde,* BayDSG, Art. 8 Rdnr. 18 (unbestimmter Rechtsbegriff); unklar *Stange,* Datenschutz, Rdnr. 133, der von der Angemessenheit als einem unbestimmten Rechtsbegriff spricht, aber dennoch eine Abwägung vornehmen will.

43 *Stange,* Datenschutz, Rdnr. 133.

definiert aber den Begriff der Angemessenheit ebenfalls nicht. Stattdessen listet sie in ihrem Abs. 2 Merkmale auf, die bei der Bestimmung des Schutzniveaus zu berücksichtigen sind.[44]

54 Somit kann auf die Erkenntnisse zum Begriff der Angemessenheit zurückgegriffen werden, die dort gewonnen wurden. Demnach kann die Angemessenheit dann bejaht werden, wenn das Abrufverfahren den Kernbestand der Privatsphäre im Wesentlichen nicht tangiert.[45]

55 **4.2.3 Zu berücksichtigende Abwägungselemente:** Das Gesetz benennt die Elemente, die in den Abwägungsvorgang einzustellen sind, in Abs. 1 nur sehr pauschal. Den schutzwürdigen Interessen der Betroffenen stellt es die Aufgaben oder Geschäftszwecke der beteiligten Stellen gegenüber. Dabei bezieht sich der Begriff „Aufgaben" auf die öffentlichen Stellen, die am Abrufverfahren beteiligt sind (vgl. § 15 Abs. 1 Nr. 1 und § 16 Abs. 1 Nr. 1), der Begriff „Geschäftszwecke" auf daran beteiligte nicht-öffentliche Stellen (vgl. § 28 Abs. 1).

56 Die Prüfung der Angemessenheit hat ausdrücklich „unter Berücksichtigung" der in Abs. 1 genannten Elemente zu erfolgen. Daraus ist zum einen die – ohnehin selbstverständliche – Folgerung zu ziehen, dass keines dieser Elemente völlig unberücksichtigt bleiben darf. Zum anderen zeigt die Formulierung, dass Abs. 1 keine abschließende Aufzählung der in den Abwägungsvorgang einzustellenden Elemente enthält, sondern dass es daneben noch weitere gibt.

57 Sie sind insbesondere Abs. 2 zu entnehmen.[46] Indem Abs. 2 die schriftliche Fixierung bestimmter Aspekte verlangt, damit die Zulässigkeit eines Abrufverfahrens kontrolliert werden kann, bringt er gleichzeitig zum Ausdruck, dass diese Aspekte für die Zulässigkeit eine Rolle spielen. Somit ist bei der Prüfung der Angemessenheit in etwa nach folgendem Raster vorzugehen:

58 (1) Zunächst ist festzustellen, welche Stellen an dem Verfahren beteiligt sein sollen (vgl. dazu auch Abs. 2 Satz 2 Nr. 2). Dabei ist darauf zu achten, ob es sich um öffentliche oder nicht-öffentliche Stellen handelt. Da für beide Arten von Stellen unterschiedliche Übermittlungsvorschriften gelten, ist diese Unterscheidung auch schon bei der Einrichtung eines Abrufverfahrens von Bedeutung, weil dieses die Durchführung konkreter einzelner Übermittlungen vorbereitet.

59 Von wesentlicher Bedeutung ist ferner, ob beteiligte Stellen in einem Drittland im Sinne der EG-Datenschutzrichtlinie liegen und – falls ja – ob für dieses Drittland die Angemessenheit des Schutzniveaus in dem Verfahren gemäß Art. 25 Abs. 6 der EG-Datenschutzrichtlinie von der Europäischen Kommission festgestellt wurde.

60 (2) Anlass und Zweck des Verfahrens (Abs. 2 Satz 2 Nr. 1) sind unter dem Aspekt der Aufgaben/Geschäftszwecke der beteiligten Stellen zu beleuchten.

61 Bei öffentlichen Stellen müssen sich Anlass und Zweck des Verfahrens im Rahmen ihrer Aufgaben halten. Ein Abrufverfahren darf nicht dazu benutzt werden, um außerhalb des normativ festgelegten Aufgabenbereichs tätig zu werden.

62 Bei nicht-öffentlichen Stellen liegen die Verhältnisse schwieriger. Sie definieren den Bereich, in dem sie geschäftlich tätig werden, selbst. Ihr Geschäftszweck steht somit nicht unveränderlich oder schwer veränderlich fest, sondern sie können ihn modifizieren, wenn es aus irgendeinem Grund angezeigt erscheint. Folglich stellt ein Geschäftszweck – anders als die Aufgabe einer öffentlichen Stelle – letztlich keine echte Schranke für die Zulässigkeit eines Abrufverfahrens dar. Sollte es geboten erscheinen, kann der Geschäftszweck auch aus Anlass der Einrichtung eines solchen Verfahrens erweitert, beschränkt oder in sonstiger Weise variiert werden. Dies hat nichts mit Manipulation oder mit Umgehung gesetzlicher Vorgaben zu tun, sondern ist Ausdruck der Handlungsfreiheit nicht-öffentlicher Stellen.

63 Die Gleichsetzungen der Begriffe Aufgabe und Geschäftszweck in Abs. 1 verdunkelt diese Unterschiede.

64 Inhaltlich überschneiden sich die Begriffe Anlass und Zweck. Soll etwa ein Abrufverfahren zwischen einem Versandhaus und einer Auskunftei eingerichtet werden, weil es bei der bisherigen schriftlichen Abwicklungen von Anfragen zu Verzögerungen beim Einräumen von

---

44 Vgl. *Dammann/Simitis,* EG-Datenschutzrichtlinie, Art. 25 Rdnr. 8; *Ehmann/Helfrich,* EG-Datenschutzrichtlinie, Art. 25 Rdnr. 3.

45 *Ehmann/Helfrich,* EG-Datenschutzrichtlinie, Art. 25 Rdnr. 4.

46 *Stange,* Datenschutz, Rdnr. 133.

Ratenzahlungen kam, so sind Anlass des Verfahrens die Verzögerungen in der Vergangenheit. Der Zweck des Verfahrens besteht darin, sie künftig zu vermeiden.

65 (3) Von wesentlicher Bedeutung für die Angemessenheit des Verfahrens ist die Art der zu übermittelnden Daten (Abs. 2 Satz 2 Nr. 3). Insbesondere ist danach zu fragen, ob besonders sensitive Daten i.S.v. Art. 8 EG-Datenschutzrichtlinie übermittelt werden sollen.

66 Ferner ist es von Bedeutung, ob die speichernde Stelle den Betroffenen zugesagt hat, über gesetzliche Verpflichtungen hinaus die Vertraulichkeit bestimmter Daten zu wahren. Solche vertraglichen Zusagen kommen vor allem in den Bereichen Banken, Finanzberatung und Gesundheitswesen nicht selten vor.

67 Schließlich ist zu prüfen, ob Daten einem besonderen Berufs- oder Amtsgeheimnis unterliegen (siehe dazu vor allem § 203 StGB!). Zum Teil, jedoch nicht stets, rechnen solche Daten auch zu den sensitiven Daten gemäß Art. 8 EG-Datenschutzrichtlinie. Die gesonderte Prüfung beider Kriterien ist also notwendig. Ein Abrufverfahren kann sich prinzipiell auch auf Daten beziehen, die einem besonderen Berufs- oder Amtsgeheimnis unterliegen.[47] Allerdings ist die erhöhte Schutzwürdigkeit solcher Daten besonders zu berücksichtigen. Ferner ist zu beachten, dass in der Regel schon im Herstellen der Zugriffsmöglichkeit auf die Daten eine Offenbarung gemäß § 203 StGB liegt. Dies setzt vor allem Abrufverfahren im medizinischen Bereich enge Grenzen.

68 (4) Technische und organisatorische Maßnahmen, die gemäß § 9 BDSG getroffen wurden, können für die Angemessenheit eines Abrufverfahrens wesentlich sein. Zwar erweckt Abs. 2 Satz 2 Nr. 4 den Eindruck, als könne zunächst die Angemessenheit des Abrufverfahrens festgestellt werden und dann seien erst die für das Verfahren erforderlichen Maßnahmen zu treffen. Hinzuweisen ist jedoch darauf, dass Maßnahmen gemäß § 9 auch dazu beitragen können, die Angemessenheit herzustellen. So ist es aus der Sicht des Betroffenen ganz wesentlich, dass die Einrichtung eines Abrufverfahrens nicht das Risiko eines unbefugten Zugriffs Dritter erhöhen darf. Dieser Gefahr kann durch geeignete Maßnahmen gemäß § 9 begegnet werden.

69 (5) Über die spezifischen schutzwürdigen Interessen der Betroffenen ist oft nicht allzu viel bekannt. Dies hängt unter anderem damit zusammen, dass es oft um eine Vielzahl von Betroffenen geht, sodass sich deren jeweilige individuelle Situation oft unterscheidet. Das kann aber keine Rechtfertigung dafür sein, die schutzwürdigen Interessen der Betroffenen letztlich auszuklammern. Jedenfalls sollte das Profil eines **typischen** Betroffenen erstellt werden. Im öffentlichen Bereich kann dies durch die Analyse einer gewissen Zahl von Fällen oder Vorgängen erfolgen. Im nicht-öffentlichen Bereich lassen sich hierfür oft Erkenntnisse der Marktforschung oder des Marketing verwenden. Sodann wäre zu versuchen, auf dieser Basis die schutzwürdigen Interessen eines typischen Betroffenen zu erarbeiten und darzustellen. Eine solche abstrahierende und vergröbernde Betrachtung genügt, wenn es um die Einrichtung des Verfahrens an sich geht. Angemessenheit des Verfahrens an sich bedeutet ja nicht, dass allen individuellen Besonderheiten einzelner Betroffener Rechnung getragen werden muss.

70 **4.2.4 Durchführung der Abwägung im Einzelnen**: Die Interessenslagen der Beteiligten sind einander in Gestalt der Abwägungselemente gegenüberzustellen. Anders als in der Praxis bisweilen anzutreffen, darf sich die Abwägung der Interessen dann nicht darin erschöpfen, dass ausgeführt wird, ein Abrufverfahren sei billiger und schneller als eine herkömmlich durchgeführte Datenübermittlung im Einzelfall und das liege ja letztlich auch im Interesse der Betroffenen.

71 Das Gesetz geht erkennbar davon aus, dass die individuelle Datenübermittlung im Einzelfall die Regel sein soll und dass die Abweichung davon in Gestalt eines Abrufverfahrens der Rechtfertigung bedarf. Die zusätzlichen Risiken für das allgemeine Persönlichkeitsrecht der Betroffenen, die ein Abrufverfahren in der Regel mit sich bringt, dürfen nur aus triftigen Gründen eingegangen werden. In der Abwägung wiegen daher die Aspekte besonders schwer, die auf die Situation der Betroffenen eingehen und nicht so sehr die, die für die beteiligten Stellen von Interesse sind. Beispiele:

47 Zutreffend *Stange*, Datenschutz, Rdnr. 133.

72 ■ Das Argument, künftig werde alles schneller gehen, sagt für sich allein wenig aus. Anders hingegen, wenn bisher seitens der Betroffenen immer wieder Zeitverzögerungen bei der Abwicklung gerügt wurden, die sich aus der Schwerfälligkeit eines herkömmlichen Übermittlungsverfahrens erklären lassen. Die Analyse von Kunden- bzw. Bürgerbeschwerden kann dazu wertvolle Hinweise bieten.

73 ■ Falls eine bestimmte Dienstleistung zeitlich oder wirtschaftlich gesehen nur dann sinnvoll angeboten werden kann, wenn ein Abrufverfahren eingerichtet wird, spricht das für die Angemessenheit eines solchen Verfahrens. Ein Beispiel hierfür sind typische Massenverfahren.[48]

74 ■ Wirtschaftlichkeitsüberlegungen allein können die Angemessenheit eines Verfahrens in der Regel nicht begründen.[49] Von Bedeutung ist es jedoch, wenn die Einrichtung eines Abrufverfahrens zu konkreten Verbilligungen für den Betroffenen (als Kunden oder Bürger) führt.

75 ■ Von Bedeutung ist es ferner, wenn ein bisheriges, tendenziell nicht hinreichend sicheres Übermittlungsverfahren durch ein in dieser Hinsicht zuverlässigeres Abrufverfahren ersetzt wird (so etwa, wenn unter dem Druck von Erwartungen der Betroffenen immer wieder telefonische Übermittlungen erfolgten, die nun durch ein Abrufverfahren ersetzt werden).

76 ■ Die Menge der über den einzelnen Betroffenen abrufbaren Daten ist von Relevanz für die Angemessenheit des Abrufverfahrens. Je umfangreicher und sensitiver die abrufbaren Daten sind, desto eher müssen etwa wirtschaftliche Aspekte des Abrufverfahrens zurückstehen.

77 ■ In geeigneten Fällen sind gestufte Verfahren zu erwägen, bei denen in einer ersten Stufe nur festgestellt werden kann, ob überhaupt Daten über den gesuchten Betroffenen vorliegen (verbunden möglicherweise mit der Übermittlung eines gewissen Grunddatenbestands). Erst nach einer nochmaligen Eingabe wird dann der Zugriff auf weitere Daten ermöglicht. Dabei kann es hilfreich sein, solche erweiterten Zugriffe stets oder zu einem hohen Prozentsatz zu protokollieren, einfache Zugriffe dagegen nur stichprobenweise. Auf diese Weise können geeignete Maßnahmen gemäß § 9 zur Angemessenheit beitragen. Das gilt besonders beim Zugriff auf sensible Daten.

78 ■ Undifferenzierte Übermittlungen von Gesamtbeständen personenbezogener Daten sind zu vermeiden, da die speichernde Stelle damit jede Kontrolle aus der Hand gibt. Insofern ist der Dialogverarbeitung möglichst der Vorzug vor einer Stapelverarbeitung zu geben.

79 **4.2.5 Verantwortung für die Durchführung der Abwägung:** Beteiligte Stellen – mag es sich um Stellen des öffentlichen oder solche des nicht-öffentlichen Bereichs handeln – haben die Entscheidung über die Angemessenheit in eigener Verantwortung zu treffen. Eine Zustimmung durch Datenschutzkontrollinstanzen oder sonstige Aufsichtsbehörden ist nur dann vorgesehen, wenn eine beteiligte Stelle dem Sicherheitsbereich angehört (siehe Abs. 3 Satz 2), ansonsten nicht. Dies gibt den beteiligten Stellen eine beträchtlich Entscheidungsfreiheit,[50] legt ihnen damit aber auch eine erhebliche Verantwortung auf.

80 Für den Entscheidungsprozess innerhalb der beteiligten Stellen ist zu beachten, dass Vorabkontrollen Sache des Beauftragten für den Datenschutz sind (§ 4d Abs. 6 Satz 1). § 10 konzipiert für die Einrichtung automatisierter Abrufverfahren seiner Struktur nach ein Verfahren der Vorabkontrolle (siehe schon Rdnr. 46 und 48). Somit ist die interne Zuständigkeit des Beauftragten für den Datenschutz gegeben. Der Leitung der beteiligten Stelle verbleibt aber die Entscheidung darüber, ob sie ein nach Auffassung des Beauftragten für den Datenschutz angemessenes Verfahren tatsächlich einrichten will.

81 **4.2.6 Unzulässigkeit des Verfahrens bei negativem Ausgang der Abwägung:** Sollte die Abwägung zu einem negativen Ergebnis führen, ist die Einrichtung des Abrufverfahrens unzulässig. Seine Ausgestaltung muss dann gegebenenfalls so modifiziert werden, dass die

---

48 *Bergmann/Möhrle/Herb,* BDSG § 10 Rdnr. 14; *Duhr* in *Roßnagel*, Handbuch, Teil 7.5 Rdnr 68 für die SCHUFA.
49 *Gola/Schomerus,* BDSG § 10 Rdnr. 11 im Anschluss an *Bergmann/Möhrle/Herb,* BDSG § 10 Rdnr. 12.
50 *Gola/Schomerus,* BDSG § 10 Rdnr. 12.

Abwägung zu einem anderen, positiven Ergebnis führt.[51] Die Praxis nutzt dies oft zu folgendem Vorgehen: Es wird – insbesondere in der Diskussion mit den Aufsichtsbehörden- „ausgereizt“ wie weit ein Verfahren gehen darf, insbesondere, auf welche Daten es sich beziehen darf. Gefordert wird zunächst möglichst viel, von dem man sich dann einen Teil „abhandeln“ lässt. So verlangt man etwa die Übermittlung von Daten, die zwar aus Sicht der abfragenden Stelle wünschenswert wären, ohne wirklich erforderlich zu sein. Dies widerspricht dem Sinn der Regelung, denn sie setzt als selbstverständlich voraus, dass von vornherein nur die Übermittlung solcher Daten ins Auge gefasst wird, die auch erforderlich sind.

4.3 Ministerielle Zustimmungserfordernisse

Abs. 3 Satz 2 legt fest, dass bei automatisierten Abrufverfahren, an denen Stellen des Sicherheits- und Justizbereichs oder bestimmte Stellen der Finanzverwaltung beteiligt sind, die Zustimmung des für die jeweilige beteiligte Stelle zuständigen Ministeriums erforderlich ist (vgl. zu diesen Stellen im Detail Rdnr. 41). Diese Zustimmung ist echte Rechtmäßigkeitsvoraussetzung für ein Abrufverfahren unter Beteiligung solcher Stellen. Liegt sie nicht vor, ist die Einrichtung des Verfahrens unzulässig. 82

Kriterien, nach denen die Ministerien über die Erteilung der Zustimmung zu entscheiden haben, nennt das Gesetz nicht. Selbstverständliche Voraussetzung für die Erklärung der Zustimmung ist, dass das Ministerium das Verfahren auch nach seinem Ermessen als angemessen ansieht. Die Prüfung dieses Kriteriums kann jedoch nicht der einzige Sinn des ministeriellen Zustimmungsverfahrens sein, da diese Frage in den hier relevanten Bereichen nicht schwieriger zu prüfen ist als in anderen. Vielmehr soll das Zustimmungserfordernis Gelegenheit geben, auch Überlegungen nicht datenschutzrechtlicher Art einfließen zu lassen,[52] etwa die Frage, ob es aus taktischen und sicherheitsmäßigen Überlegungen heraus verantwortet werden kann, anderen Stellen den Zugriff auf bestimmte Datenbestände zu gestatten. Als – etwas entfernte – Parallele, bei der ähnliche Überlegungen maßgeblich sind, könnte man den Zustimmungsvorbehalt bei Aussagen von Behördenangehörigen vor Gericht ansehen (§ 100 VwGO). 83

Das zuständige Ministerium ist nicht verpflichtet, seine Überlegungen, die zur Erteilung einer Zustimmung geführt haben, zu dokumentieren oder nach außen offen zu legen. Betroffene werden gegen die Erteilung einer Zustimmung in der Regel nicht mit Rechtsbehelfen vorgehen können. Sie stellt ein Verwaltungsinternum dar, keinen Verwaltungsakt, und ist nicht geeignet, subjektive Rechte Betroffener zu verletzen (§ 42 Abs. 2 VwGO). Dies ergibt sich schon daraus, dass allein die Zustimmung nicht ausreicht, um ein Abrufverfahren einrichten zu können. Hinzukommen muss die Entscheidung der beteiligten Stelle, dass das Verfahren angemessen ist. 84

5. Schaffung von Kontrollvoraussetzungen für die Zulässigkeit des Verfahrens als solches

5.1 Schriftliche Festlegungen der beteiligten Stellen

Abs. 2 enthält umfassende Dokumentationspflichten, die sicherstellen sollen, dass die Zulässigkeit des Abrufverfahrens nach seiner Einrichtung jederzeit kontrolliert werden kann. Kontrolle der Zulässigkeit meint dabei vor allem die Kontrolle der Angemessenheit gemäß Abs. 1 Satz 1. Hinzu kommt in den Fällen des Abs. 3 Satz 2 die formale Prüfung, ob erforderliche ministerielle Zustimmungen vorliegen. Das Vorliegen solcher Zustimmungen muss also dokumentiert werden, obwohl Abs. 2 dies nicht ausspricht. Nach Sinn und Zweck von Abs. 2 Nr. 1 muss die Dokumentation die wesentlichen Abwägungselemente (Rdnr. 55 – 69) ebenso erkennen lassen wie die Durchführung der Abwägung selbst (Rdnr. 70 – 78). 85

51 In diese Richtung *Schneider*, Handbuch, Rdnr. B 229.
52 Zutreffend *Bergmann/Möhrle/Herb,* BDSG § 10 Rdnr. 34.

86 Die Festlegungen haben zwingend schriftlich zu erfolgen. Wenn das Abrufverfahren zwischen zwei oder mehreren nicht-öffentlichen Stellen eingerichtet wird, haben die Festlegungen häufig den Charakter eines privatrechtlichen Vertrages, da vor allem Maßnahmen nach § 9 vielfach nicht einseitig getroffen werden können, sondern gegenseitige technische Absprachen bedingen. Hinzuweisen ist jedoch darauf, dass nicht jede derartige vertragliche Vereinbarung über die Einrichtung eines Abrufverfahrens geeignet ist, die Dokumentationspflichten gemäß Abs. 2 zu erfüllen. Vielmehr ist sorgfältig zu prüfen, ob einer Vereinbarung wirklich alle zu dokumentierenden Punkte zu entnehmen sind. Falls nicht, ist sie durch einseitige Dokumentationen, Aktenvermerke usw. zu ergänzen.

5.2 Festlegungen durch Fachaufsichtsbehörden

87 Abs. 2 Satz 2 lässt es zu, dass Fachaufsichtsbehörden die notwendigen Festlegungen für die Kontrolle der Zulässigkeit gewissermaßen zentral vornehmen und auch zentral dokumentieren. Mit Fachaufsichtsbehörden sind nicht die externen Datenschutzkontrollinstanzen gemeint, sondern Fachaufsichtsbehörden im Gegensatz zu Rechtsaufsichtsbehörden. Während Rechtsaufsichtsbehörden nur kontrollieren dürfen, ob sich Stellen, die ihrer Aufsicht unterliegen, rechtsmäßig verhalten haben, können Fachaufsichtsbehörden alle Weisungen erteilen, die sie für notwendig halten und zwar auch dann, wenn sich das Verhalten einer Stelle im Rahmen der Gesetze bewegt.

88 Wie schon der Begriff „Fachaufsichtsbehörde" zeigt und wie das Gesetz auch ausdrücklich sagt, ist diese Regelung nur für den öffentlichen Bereich relevant. Sie dient vor allem der Vermeidung von unnötigem Mehraufwand. An Abrufverfahren im öffentlichen Bereich sind oft Hunderte von Behörden und Stellen beteiligt (so etwa am Abrufverfahren aus dem Ausländerzentralregister – AZR – in Köln mehrere hundert Ausländerbehörden). Es wäre unrationell, wollte jede einzelne beteiligte Behörde oder Stelle festlegen, was für die Zulässigkeit des Abrufverfahrens von Bedeutung ist. Dies erfolgt sinnvollerweise zentral für alle (einschließlich Festlegung der einzuhaltenden Maßnahmen gemäß § 9) zentral durch die Fachaufsichtbehörden.

89 Nicht-öffentliche Stellen können diese Vorgehensweise dadurch kopieren, dass eine beteiligte Stelle auch im Auftrag der anderen beteiligten Stellen die nötigen Vorarbeiten so leistet, dass sie von den anderen beteiligten Stellen unmittelbar übernommen werden können. Dies setzt allerdings eine gegenseitige Vereinbarung voraus. Es existiert keine Stelle, die ein solches Vorgehen anordnen könnte.

5.3 Notwendigkeit eines abgestimmten Datensicherungskonzepts

90 Wie schon kurz angesprochen (siehe Rdnr. 86), sind viele Anforderungen der Datensicherung gemäß § 9 BDSG nicht durch einseitige Maßnahmen zu erfüllen. Hieraus haben die Datenschutzinstanzen[53] den zutreffenden Schluss gezogen, dass zwischen den Beteiligten für das Abrufverfahren ein Datensicherungskonzept vereinbart werden muss. § 10 schränkt die Anforderungen von § 9 BDSG in keiner Weise ein. Entgegen einer in der Praxis verbreiteten Unsitte genügt es auch nicht, nur pauschal zu vereinbaren, dass die nach § 9 BDSG erforderlichen Maßnahmen getroffen werden. Diese Maßnahmen müssen vielmehr konkret im Einzelfall festgelegt sein.

91 Nur wenn dies ordnungsgemäß geschehen ist und die Maßnahmen auch in die Praxis umgesetzt werden, kann der dann durchaus zutreffende Schluss gezogen werden, dass Abrufverfahren unter Datensicherungsgesichtspunkten überwiegend sicherer sind als andere Übermittlungsverfahren.[54]

---

53 BWHinwBDSG Nr. 35, Ziff. 3.2.

54 Papier der AWV zu Kontrollmaßnahmen bei automatisierten Abrufverfahren gem. § 10 BDSG.

6. Zulässigkeit der einzelnen Abrufe

6.1 Grundkonzeption der Regelung

Materielle Regelungen zur Zulässigkeit einzelner Abrufe enthält § 10 nicht. § 10 betont zunächst (Abs. 1 Satz 2), dass die Vorschriften über die Zulässigkeit des einzelnen Abrufs unberührt bleiben und beschränkt sich dann in Abs. 4 darauf, zum einen Regelungen über die Verteilung der Verantwortung für die Zulässigkeit des Abrufs zu treffen (Abs. 4 Sätze 1 und 2), zum anderen Protokollierungsverpflichtungen der speichernden Stelle festzulegen (Abs. 4 Sätze 3 und 4). 92

Diese Regelungsstruktur erklärt sich aus der schon beschriebenen Funktion der Vorschrift im Gesamtgefüge des BDSG. Sie erfordert es, die Einrichtung eines Abrufverfahrens als solches von den Restriktionen der Übermittlungsvorschriften frei zu halten. Bezüglich des konkreten einzelnen Abrufs besteht dazu kein Anlass. Insoweit sind daher dieselben Vorschriften anzuwenden wie sonst bei Übermittlungen auch. 93

Andererseits erscheinen die sonst aus der Anlage zu § 9 abzuleitenden allgemeinen Anforderungen an die Protokollierung von Übermittlungen bei Übermittlungen im Rahmen von automatisierten Abrufverfahren nicht ausreichend. Immerhin kann bei solchen Verfahren der Empfänger bestimmen, welche Daten wann an ihn übermittelt werden. Das ist sonst bei Übermittlungen völlig untypisch und erfordert besondere Vorkehrungen gegen einen denkbaren Missbrauch. 94

Die Möglichkeit und Notwendigkeit der „Selbstbedienung“ durch den Datenempfänger führt dazu, dass die sonst gegebene Verteilung der Verantwortung für die Zulässigkeit einer Datenübermittlung modifiziert werden muss. Insgesamt gesehen kann man also nicht davon sprechen, dass Abrufverfahren hinsichtlich der Zulässigkeit einzelner Abrufe gegenüber anderen Formen der Datenübermittlung privilegiert wären. Vielmehr modifiziert § 10 insoweit die allgemein geltenden Regelungen lediglich soweit, wie dies durch die Besonderheiten automatisierter Abrufverfahren geboten ist. 95

6.2 Materielle Zulässigkeitsvoraussetzungen

Insoweit trifft § 10 bewusst keine Regelung, sondern belässt es bei den allgemein geltenden Vorschriften. Welche dies im konkreten Fall sind, hängt in erster Linie davon ab, welche Art von Stellen am Abrufverfahren beteiligt ist und um welche Art von Daten es geht. 96

Maßgeblicher Ausgangspunkt ist die Grundregel des § 4 BDSG. Ist speichernde Stelle eine öffentliche Stelle, so gilt für den Abruf durch eine andere öffentliche Stelle § 15, für den Abruf durch eine andere nicht-öffentliche Stelle § 16. Ist speichernde Stelle dagegen eine nicht-öffentliche Stelle, so ist von §§ 28, 29 auszugehen. Vorrangige Spezialvorschriften bleiben zu beachten (§ 1 Abs. 3 Satz 1 BDSG), ebenso die Verpflichtung zur Wahrung gesetzlicher Geheimhaltungspflichten oder von Berufs- und Geschäftsgeheimnissen (§ 1 Abs. 3 Satz 2 BDSG). Ein Einzelabruf im Rahmen eines automatisierten Abrufverfahrens wird also jedenfalls theoretisch in jeder Hinsicht so behandelt wie eine beliebige einzelne Datenübermittlung. Die Praxis hat sich davon bei § 29 – mit Duldung der Aufsichtsbehörden – in erheblichem Maß gelöst. Faktisch findet gerade bei den Massen-Abrufverfahren wie der SCHUFA keine Einzelfallprüfung mehr statt.[55] An ihre Stelle ist die Behauptung getreten, es liege ein „Anfragegrund“ vor, was durch Nennung eines vereinbarten Kürzels geschieht, das ein häufig vorkommendes „Standardinteresse“ verkörpert. Angesichts der Verantwortungsverlagerung für die Zulässigkeit des einzelnen Abrufs, die Absatz 4 Satz 1 vorsieht, ist dies nicht grundsätzlich zu beanstanden. 97

55 So auch *Duhr* in *Roßnagel*, Handbuch Teil 7.5 Rdnr. 58.

6.3 Verantwortung für die Rechtmäßigkeit einzelner Abrufe

98 Für Übermittlungen außerhalb automatisierter Abrufverfahren gilt der Grundsatz, dass die übermittelnde Stelle die Verantwortung für die Zulässigkeit der Übermittlung trägt. Der Gesetzgeber hat diesen Grundsatz zum Teil ausdrücklich normiert (vgl. § 15 Abs. 2 Satz 1), doch gilt er unabhängig davon als allgemeiner Rechtsgedanke des Datenschutzrechts.[56] Häufig bringt das Gesetz die Geltung dieses Grundsatzes dadurch zum Ausdruck, dass es der übermittelnden Stelle die Handlungsmacht zur Übermittlung unter der Voraussetzung einräumt, dass näher definierte Voraussetzungen erfüllt sind (siehe etwa § 28 Abs. 1 und 2 oder § 29 Abs. 2). Dadurch wird klar, dass die handelnde Stelle gegenüber dem Betroffenen – falls er dies einfordert – die Übermittlung begründen und rechtfertigen und für Rechtsverletzungen haften muss.[57]

99 Beim automatisierten Abrufverfahren ist handelnde Stelle, welche die Datenübermittlung auslöst, der Datenempfänger. Es stellt daher keine Abweichung vom allgemeinen Grundsatz der Handlungsverantwortung dar, sondern vielmehr dessen konsequente Verwirklichung, wenn Abs. 4 Satz 1 die Verantwortung für die Zulässigkeit des einzelnen Abrufs dem Übermittlungsempfänger zuweist.

100 Freilich bleibt der übermittelnden Stelle eine beträchtliche Restverantwortung: Sie hat die Zulässigkeit von Abrufen dann zu prüfen, wenn dazu Anlass besteht (Abs. 4 Satz 2). Dies rechtfertigt sich daraus, dass sie die einzelnen Abrufe durch ihre Mitwirkung an der Einrichtung des automatisierten Abrufverfahrens erst möglich gemacht hat. Der Gedanke der Verantwortlichkeit für vorangegangenes Tun gebietet es deshalb, von ihr ein Eingreifen zu fordern, wenn ein Anlass dazu sichtbar wird.

101 Mit Anlass ist der Anlass im Einzelfall gemeint. Er liegt also schon dann vor, wenn es Indizien für eine Rechtsverletzung im konkreten Fall gibt. Indizien dafür, dass eine größere Zahl von Abrufen oder gar alle Abrufe im Rahmen des automatisierten Abrufverfahrens rechtswidrig sind, müssen nicht ersichtlich sein.

102 Zum Umfang der Handlungspflichten beim Vorliegen eines Anlasses kann auf Überlegungen zurückgegriffen werden, die zur Anlassaufsicht der Datenschutzaufsichtsbehörden gemäß § 38 Abs. 1 BDSG 1990 entwickelt wurden. Zu weit geht es, einen besonderen Grund zur Annahme eines Missbrauchs des Abrufverfahrens schon stets dann anzunehmen, wenn ein Betroffener beschwerdeführend darauf hingewiesen hat.[58] Sachlich unhaltbare oder gar querulatorische Beschwerden sind nach praktischer Erfahrung keineswegs selten. Entscheidend ist vielmehr, ob der Betroffene insoweit substantiierte Darlegungen macht.[59] Liegen sie vor, dann ist allerdings sogar anonymen Hinweisen nachzugehen, gleichgültig von wem sie stammen könnten. Die Pflicht zur Überprüfung davon abhängig zu machen, dass eine begründete Beschwerde oder ein begründeter Verdacht vorliegen,[60] ist weder sinnvoll noch praktikabel. Ob eine Beschwerde oder ein Verdacht begründet sind, ergibt sich erst als Ergebnis einer Überprüfung und kann daher nicht deren Voraussetzung sein.

7. Pflicht zum Einsatz von Stichprobenverfahren (Abs. 4 Satz 3)

7.1 Begrenzte Ziele von Stichprobenverfahren

103 Bei automatisierten Abrufverfahren haben Stichprobenverfahren eine doppelte Funktion. Zunächst sollen sie die Feststellung ermöglichen, ob überhaupt Abrufe stattgefunden haben. Dies wird der speichernden Stelle häufig nicht oder nicht sicher bekannt sein, da die Initiative zur Übermittlung im Einzelfall gar nicht von ihr, sondern von der abrufenden Stelle ausgeht.

---

56 *Auernhammer,* Kommentar, § 15 Rdnr. 16.
57 So der Inhalt des Begriffs „Verantwortung", vgl. *Simitis*, 3. Aufl., § 30 Rdnr. 30; *Walz*, 4. Aufl., § 30 Rdnr. 9.
58 So aber *Auernhammer,* Kommentar, § 10 Rdnr. 14.
59 Siehe Vorauflage, § 38 Rdnr. 13.
60 *Mühlein/Heck,* Outsourcing 52.

Ferner sollen sie bewirken, dass die Zulässigkeit einer tatsächlich erfolgten Übermittlung überprüft werden kann. Für Übermittlungen im Rahmen des § 29 siehe ergänzend Rdnr. 119/120.

Der Begriff „Stichprobe“ zeigt deutlich, dass nicht bezüglich jedes einzelnen Abrufs eine Feststellung und Überprüfung möglich sein oder gar tatsächlich stattfinden muss. Dies wäre keine Stichprobe mehr, sondern eine totale Kontrolle aller Abrufe.[61] Hätte der Gesetzgeber dies gewollt, so hätte er Abs. 4 Satz 2 schlicht wie folgt formulieren können: „Die speichernde Stelle hat festzustellen, ob Abrufe erfolgt sind und ob sie zulässig waren.“ Das wäre indessen weder praktisch zu gewährleisten noch mit dem Grundsatz der primären Verantwortung des Übermittlungsempfängers (Abs. 4 Satz 1) zu vereinbaren. 104

Der Gesetzgeber nimmt es somit in Kauf, dass in einem konkreten Einzelfall, um den es etwa einem Beschwerdeführer geht, möglicherweise bei der speichernden Stelle keinerlei Nachprüfung möglich ist, weil gerade dieser Einzelfall nicht protokolliert wurde. Dies ist ohne weiteres hinzunehmen, weil sich der Betroffene nötigenfalls auch an den Datenempfänger als den Verantwortlichen für die Zulässigkeit des Abrufs wenden kann. 105

7.2 Mögliche Ausgestaltung von Stichprobenverfahren

Die Diskussion um die praktische Ausgestaltung von Stichprobenverfahren wird in der Praxis oft auf die Frage verengt, wie hoch die Stichprobenquote zu sein hat. Insoweit hat sich in der Kommentarliteratur weitgehend die Auffassung des BfDI[62] durchgesetzt,[63] wonach jedenfalls eine Quote von 10% ausreichend ist, jedoch auch eine Quote von 5% genügen kann. Die Praxis der großen Auskunfteien und Kreditinformationssysteme, die Abrufverfahren einsetzen, hat sich – mit Duldung der Aufsichtsbehörden – von solchen Vorstellungen völlig gelöst. So hatte die SCHUFA bei über 5 Millionen Auskünften im Monat jahrelang lediglich zehn (!) Stichproben monatlich durchgeführt.[64] Derzeit besteht eine Vereinbarung mit den Aufsichtsbehörden, wonach bei einem Promille der Anfragen eine Stichprobe erfolgt.[65] Diese Stichproben dienen zum einen dazu, um den Vorgaben des Absatz 4 Satz 3 zu genügen, doch haben sie zugleich auch den Zweck, die stichprobenweise Überprüfung des berechtigten Interesses nach § 29 Abs. 2 Satz 1 Nr. 1a zu ermöglichen,[66] das in der Praxis praeter legem an die von § 29 an sich vorgesehene Einzelfallprüfung getreten ist.[67] Angesichts der genannten Zahlen ist zu vermuten, dass Absatz 4 Satz 3 in den genannten Bereichen de facto teilweise außer Kraft gesetzt ist. Dies gilt auch vor dem noch näher darzulegenden Hintergrund, dass ein bestimmter Prozent- oder auch Promillewert für sich allein weder eine ausreichende Kontrolle sicherstellt noch sie ausschließt. Schon der Begriff „Stichprobe“ zeigt aber, dass noch ein aussagekräftiger Bezug zwischen der Probe und der Gesamtheit auf die sie sich bezieht, bestehen muss. Denn sonst ist der Zweck einer Stichprobe, Rückschlüsse auf die Gesamtheit zu ermöglichen, nicht mehr zu erfüllen. Dazu gehört auch eine gewisse Zahlenrelation, sofern nicht wissenschaftlich belegt ist, dass auch entsprechend ausgewählte kleinere „Probenmengen“ ausreichen. 106

Eine bestimmte Quote ist kein Selbstzweck, sondern stets vor dem Hintergrund der gesetzlichen Forderung zu sehen, dass ein Stichprobenverfahren „geeignet“ sein muss. Ob dem Genüge getan wird, ist nur vor dem Hintergrund des konkreten Abrufverfahrens zu bestimmen. So mag es bei einem Bestand besonders sensibler Daten (vgl. für die Abgrenzung etwa § 3 Abs. 9) durchaus angezeigt sein, nahezu eine Vollprotokollierung vorzunehmen; die ausnahmslose Protokollierung aller Abrufe ist jedoch entgegen einer bisweilen geäußerten Meinung[68] auch bei der Möglichkeit des Abrufs noch so sensibler Daten nicht gesetzlich gefordert, 107

61 *Auernhammer,* Kommentar, § 10 Rdnr. 15.
62 *BfD,* 10. TB Nr. 9.1.3.
63 Siehe etwa *Auernhammer,* Kommentar, § 10 Rdnr. 15; *Bergmann/Möhrle/Herb,* BDSG § 10 Rdnr. 47.
64 *Beckhusen* S. 209.
65 *Duhr* in *Roßnagel*, Handbuch Teil 7.5. Rdnr. 58.
66 *Duhr* ebenda Rdnr. 70.
67 *Duhr* ebenda Rdnr. 58; siehe ergänzend *Ehmann*, § 29 Rdnr. 246-249.
68 *Auernhammer,* Kommentar, § 10 Rdnr. 15.

weil dies eben keine Stichprobe mehr wäre. Erscheint gleichwohl angesichts der besonderen Sensibilität eines Bestandes eine Vollprotokollierung geboten, so ist dies ein deutliches Indiz dafür, dass das Abrufverfahren als solches in diesem Fall nicht angemessen ist und daher gar nicht hätte eingerichtet werden dürfen (Abs. 1 Satz 1).

108 Nicht mit der Vollprotokollierung jedes Abrufs zu verwechseln ist die Forderung, jedenfalls die Tatsache, dass innerhalb bestimmter Zeiträume ein Abruf erfolgt ist, stets festzuhalten. Sie ergibt sich nicht schon aus der Verpflichtung zur Übermittlungskontrolle gemäß § 9,[69] macht aber trotzdem Sinn. Kommt es etwa zu einer Beschwerde wegen eines Abrufs durch eine bestimmte Stelle und kann dargetan werden, dass sie am fraglichen Tag überhaupt keine Abrufe getätigt hat, so kann dies das Beschwerdemanagement sehr erleichtern.

109 „Stichprobe" muss nicht bedeuten, dass schematisch jeder soundsovielte (etwa jeder 10.) Abruf protokolliert wird. Im Gegenteil kann es sinnvoll sein, die Abrufe innerhalb bestimmter Zeitabschnitte vollständig zu protokollieren, zu anderen Zeiten dagegen gar nicht. Derartige „protokollierte Fenster" bieten oft viel mehr Aufschluss über das Abrufgeschehen als ein schematisches Durchzählen von Abrufen bis zum nächsten Protokollierungsvorgang. Bei mehreren Abrufberechtigten kann es sinnvoll sein, eine Zeit lang die Abrufe eines Berechtigten, eine Zeit lang die eines anderen zu protokollieren.

110 Stichprobenverfahren sind kein geeigneter Ersatz für unterlassene Datensicherungsmaßnahmen, die eigentlich gemäß der Anlage zu § 9 geboten waren. Ihr Einsatz darf beispielsweise nicht Anlass dafür sein, den Umgang mit Passwörtern nachlässig zu handhaben.[70]

111 Das Gesetz legt nicht fest, welche Informationen im Einzelnen zu protokollieren sind. Ein entsprechender gesetzlicher Katalog würde seitens der Praxis vielleicht als Erleichterung empfunden. Andererseits ist darauf hinzuweisen, dass jeder Katalog zur Folge hätte, dass die notwendige und sinnvolle Flexibilität im Einzelfall beeinträchtigt wird. Eine Katalogisierung durch den Gesetzgeber sollte daher auch künftig unterbleiben. Welche Informationen jedenfalls festzuhalten sind, wird durch den Zweck von Stichprobenverfahren vorgegeben, eine nachträgliche Kontrolle zu ermöglichen.

112 Festzuhalten sind daher zumindest[71]

- Identifizierungsdaten des Abrufers (etwa die IP-Adresse seines Rechners)
- Datum und Uhrzeit des Abrufs
- abgerufene Daten

113 Besonderes Gewicht ist auf die sichere Identifikation des Abrufers zu legen.[72] Die Frage, ob innerhalb der abrufenden Stelle ein Berechtigter gehandelt hat, fällt nicht mehr in die Verantwortungssphäre der speichernden Stelle, hat aber natürlich erhebliche Bedeutung. Hier müssen dann Kontrollmechanismen innerhalb der abrufenden Stelle eingreifen, die Bestandteil des zwischen den beteiligten Stellen gegenseitig abgestimmten Datenschutzkonzeptes sein sollten.

114 Besonders wichtig erscheint, dass ein Stichprobenverfahren nicht nur zu vielleicht auf den ersten Blick beeindruckenden, letztlich aber sinnlosen „Protokolldatenbergen" führen darf. Stichproben müssen, wenn sie ihren Sinn haben sollen, auch in geeigneter Form ausgewertet werden. Angesichts des oft erheblichen Volumens an Protokolldaten bietet sich dabei der Einsatz geeigneter statistischer Verfahren an. Sie können Abrufe ausfiltern, die irgendwelche Besonderheiten aufweisen (etwa ungewöhnliche Zahl der durch einen Abruf betroffenen Personen oder ungewöhnliche Häufungen von Abrufen zu bestimmten Zeiten) und die dann detailliert nachgeprüft werden sollten. Wird das Auswerten von Protokolldatenbeständen unterlassen, so hat sich der Sinn des Stichprobenverfahrens in sein Gegenteil verkehrt. Anstatt als Instrument zum Schutz der Betroffenen zu dienen, bewirkt es dann nämlich lediglich das Entstehen neuer, bisher nicht vorhandener personenbezogener Datenbestände.

---

69 Zutreffend *Bergmann/Möhrle/Herb,* BDSG § 10 Rdnr. 28.

70 Dieser Gesichtspunkt und weitere Aspekte bei *Bergmann/Möhrle/Herb,* BDSG § 10 Rdnr. 41.

71 Ähnlich *Bergmann/Möhrle/Herb,* BDSG § 10 Rdnr. 44.

72 Siehe die Schilderung für die SCHUFA bei *Beckhusen*, S. 72: Sie arbeitet mit einer Kombination aus Kennziffer/Kennwort und Passwort.

Zurecht keine Vorgaben macht das Gesetz dafür, wie lange Protokolldatenbestände aufbewahrt werden dürfen bzw. müssen. Insoweit gelten die allgemeinen Löschungsvorschriften, die entscheidend auf die (Nicht-)erforderlichkeit einer weiteren Aufbewahrung abstellen. Zu berücksichtigen ist dabei vor allem, binnen welcher Zeit erfahrungsgemäß noch mit Beschwerden Betroffener zu rechnen ist, ob der Einsatz statistischer Verfahren Auffälligkeiten ergeben hat oder nicht, welche Sensitivität die entstehenden Protokolldatenbestände haben und welchen Umfang. Oft wird sich anhand dieser Kriterien ergeben, dass eine Löschung schon nach wenigen Wochen oder einigen Monaten angezeigt ist. 115

7.3 Sonderregelung für die Stapelverarbeitung

Stapelverarbeitung (batch processing) bedeutet, dass abgerufene Daten nicht sofort nach ihrem Abruf verarbeitet, sondern bei der abrufenden Stelle zunächst sozusagen „zwischengelagert" werden. Zu diesem Zweck werden zunächst alle zu verarbeitenden Daten in Form eines „Stapels" übermittelt und dann in einem Schub verarbeitet.[73] Diese spezifische organisatorische Vorgehensweise erfordert eine Modifikation der Überprüfungsmechanismen, die in Abs. 4 Satz 3 vorgenommen wird. 116

Anders als in Abs. 4 Satz 2 muss lediglich gewährleistet sein, dass der Abruf/die Übermittlung des Gesamtbestandes festgestellt werden kann und dass die Zulässigkeit des Abrufs/der Übermittlung des Gesamtbestandes festgestellt werden kann. Dazu, ob die Verarbeitung einzelner Daten bereits erfolgt ist und ob sie zulässig war, kann die speichernde Stelle aufgrund der Ausgestaltung als Stapelverarbeitung keine Angaben machen. 117

Es geht in Abs. 4 Satz 3 nur um eine Modifizierung der Überprüfungsmechanismen. Für die materielle Zulässigkeit des Abrufs/der Übermittlung des Gesamtbestandes enthält die Vorschrift keine Regelung. Ob es überhaupt zulässig ist, einen Gesamtbestand abzurufen/zu übermitteln, richtet sich nach den entsprechenden Zulässigkeitstatbeständen. In Betracht kommen in der Praxis insoweit vor allem § 28 Abs. 2 Nr. 1 lit. b und § 29 Abs. 2 Nr. 1 lit. b für listenmäßig zusammengefasste Daten einer Personengruppe. Wäre ein Abruf von Daten im Dialogbetrieb aus irgendeinem Grund materiell unzulässig, so lässt sich die Zulässigkeit nicht allein dadurch herstellen, dass auf Stapelbetrieb umgestellt wird. 118

7.4 Sonderfall: Protokollierung bei geschäftsmäßiger Datenerhebung und -speicherung zum Zwecke der Übermittlung

Erfolgt eine Datenerhebung und -speicherung geschäftsmäßig zum Zwecke der Übermittlung, so sind die Gründe für das Vorliegen eines berechtigten Interesses und die Art und Weise der glaubhaften Darlegung dieser Gründe aufzuzeichnen. Falls die Daten im Rahmen eines automatisierten Abrufverfahrens übermittelt werden, obliegt die Aufzeichnungspflicht dem Dritten, dem die Daten übermittelt werden (§ 29 Abs. 2 Satz 4). 119

Diese Bestimmung stellt eine Sonderregelung zu Abs. 4 Satz 2 dar. Ein Stichprobenverfahren lässt sie nicht genügen, sondern fordert stattdessen – allerdings nur soweit die Aufzeichnungspflicht reicht – eine Vollprotokollierung. Sie beschränkt sich in der Praxis darauf, dass ein „Anfragegrund" festgehalten wird, indem ein standardisiertes Kürzel notiert oder angekreuzt wird. Ferner wird festgehalten, auf welchen Betroffenen sich die Anfrage bezieht und welcher konkrete Mitarbeiter sie durchgeführt hat. Daneben bleiben § 10 Abs. 1-3 anwendbar. Das Innenministerium Baden-Württemberg hat das Zusammenspiel dieser Vorschriften ausführlich dargestellt.[74] 120

73 *Drews,* Lexikon, Stw. „Stapelverarbeitung".
74 BWHinwBDSG Nr. 35, Ziff. 3.

8. Für jedermann offene Datenbestände (Absatz 5)

121 Die Sonderregelung betrifft Datenbestände, die rechtlich gesehen (nicht unbedingt faktisch) allgemein zugänglich sind. Das Gegenstück bilden Bestände, die nur einem geschlossenen Nutzerkreis zugänglich sind, wenn die Zugehörigkeit zu diesem Kreis an Voraussetzungen geknüpft ist, die nicht jedermann erfüllen kann. Wenn ein Datenbestand allgemein zugänglich ist, erschiene die Anwendung der Abs. 1 bis 4 als entbehrlicher Formalismus: Ein missbräuchlicher Abruf ist kaum vorstellbar, wenn ohnehin jeder abrufen darf.

122 Abs. 5 enthält keine materiellen Regelungen dazu, unter welchen Voraussetzungen personenbezogene Daten allgemein zugänglich gemacht werden dürfen, sondern setzt voraus, dass dies für den konkreten Bestand geprüft und bejaht wurde. Die Verantwortung bleibt insoweit in vollem Umfang bei der Stelle, die die Daten allgemein zugänglich macht.

123 Faktische Zugangsschranken (etwa die Pflicht, hohe Zugriffsgebühren zu zahlen), hindern die Anwendbarkeit von Abs. 5 nicht, ebenso nicht der Umstand, dass die Benutzung eines bestimmten Bestandes Fachkenntnisse voraussetzt, über die nicht jeder verfügt bzw. verfügen kann. Anders gestaltet es sich hingegen, wenn etwa die Zugriffsberechtigung – nach entsprechender Kontrolle – nur Angehörigen bestimmter Berufe erteilt wird. In solchen Fällen ist Abs. 5 nicht anwendbar.

124 Praktische Beispiele:

- Bibliothekskataloge,[75] die von jedermann über das Internet benutzt werden können, stehen jedermann offen. Abs. 5 ist anwendbar.
- Genealogische Datenbanken, die im Internet von jedermann benutzt werden können, sobald er seinen Namen und seine E-Mail-Adresse eingegeben hat, stehen gleichfalls jedermann offen. Die erforderliche Zulassung durch Eingabe von Namen und E-Mail-Adresse kann jeder ohne weiteres absolvieren. Abs. 5 ist anwendbar.
- Die JURIS-Datenbanken kann jeder benutzen, der sich anmeldet und zur Zahlung der (im Einzelfall erheblichen) Gebühren verpflichtet. Abs. 5 ist anwendbar.
- Ein Ärztenetz im Internet steht allen Ärzten kostenlos offen. Die Freischaltung des Zugangs erfolgt erst, wenn der Interessent seine Approbation als Arzt urkundlich nachgewiesen hat. Abs. 5 ist nicht anwendbar, da die Datenbestände nur einer bestimmten Berufsgruppe zugänglich sind.

125 Die Motive dafür, warum der Zugriff auf einen bestimmten Datenbestand nicht jedermann gestattet wird, sind ohne Belang und müssen auch nicht unbedingt datenschutzrechtlicher Natur sein. So hat die Zugriffsbeschränkung im letztgenannten Beispiel wohl den standesrechtlichen und arzneimittelrechtlichen Hintergrund, dass bestimmte medizinische Informationen – ohne „geheim" zu sein – in gezielter Form nur an Ärzte gerichtet werden dürfen. Dies ändert nichts am Ergebnis, nämlich an der Zugriffsbeschränkung und nur dieses Ergebnis ist für die (Nicht-)anwendbarkeit von Abs. 5 entscheidend.

9. Bereichsspezifische Regelungen

126 Die wichtigsten Abrufverfahren im öffentlichen Bereich sind spezialgesetzlich geregelt. Ihre Bedeutung wächst ständig. Die Akzeptanz der Regelungen ist durchweg hoch – besonders dann, wenn es wie beim Elektronischen Grundbuch um in der Regel eher verwaltungstechnische Vorgänge geht, deren rasche Abwicklung vor allem auch den Betroffenen selbst zu gute kommt (aber auch unmittelbar beteiligten Dienstleistern wie Notaren, Banken, Bausparkassen und Versicherungen, die typischerweise auf Veranlassung und mit Wissen des Betroffenen tätig werden).[76] Das Schlagwort, wonach nicht der Bürger laufen solle, sondern seine Daten, trifft das Empfinden für solche Bereiche recht gut. Teils heftige Kritik wird allerdings dann laut, wenn der Betroffene reines Objekt von Abrufen ist, die ohne seinen Willen erfolgen

75 *Wilde* in *Wilde,* BayDSG, Art. 8 Rdnr. 40.
76 Siehe Justizministerium Ba-Wü, Das Elektronische Grundbuch, S.2.

und deren Ergebnisse für ihn aus seiner subjektiven Sicht Nachteile bringen können. Dies ist etwa der Fall bei den „Kontenabfragen" im Rahmen der Vorschriften, die durch das Gesetz zur Förderung der Steuerehrlichkeit in die Abgabenordnung eingefügt wurden (§§ 93 Abs. 7 und 8 sowie § 93b AO).[77]

Beispiele wichtiger bereichspezifischer Regelungen des Bundes: 127

■ Ausländerzentralregister (AZR)

Detailliert geregelt, wobei Abrufverfahren nicht zwischen allen Beteiligten zugelassen sind, ist dieses Register im AZR-Gesetz.[78] Der ursprünglich vorgesehene Datenbestand[79] wurde nach den Ereignissen vom 11. September 2001 fühlbar ausgeweitet.[80] Die Kritik des BfDI an der Einrichtung eines Onlinezugriffs für Dienststellen der Nachrichtendienste[81] (siehe § 22 AZRG) blieb ohne Erfolg. Der Hinweis des BfDI, dass das Register durch diese Zugriffsmöglichkeit seinen Charakter als reines Arbeitsinstrument der Ausländerbehörden verlor und es darüber hinaus zu einem sicherheitsbehördlichen und nachrichtendienstlichen Instrument wurde, trifft zu, wobei dies durchaus bewusst erfolgte und als solches rechtlich nicht zu beanstanden ist.

Der Datenbestand des AZR könnte sich wesentlich (um bis zu 25%) verringern, wenn die derzeit vorgesehene Speicherung der Daten von Staatsangehörigen der Mitgliedstaaten eine unzulässige Diskriminierung im Sinne des Gemeinschaftsrechts darstellen sollte. Das VG Köln[82] hat dies in einem konkreten Fall bejaht und einen Anspruch auf Löschung der Daten des Betroffenen gewährt. Das BVerfG hat zwar eine unmittelbar gegen das AZR-Gesetz gerichtete Verfassungsbeschwerde aus Gründen der fehlenden eigenen und gegenwärtigen Beschwer zurückgewiesen,[83] doch zeigt die ausführliche Begründung, dass sie in der Sache durchaus nicht als aussichtslos angesehen wurde. Der BfDI vertritt zutreffend die Auffassung, dass eine unzulässige Diskriminierung vorliegt.[84]

■ Grundbuch[85] 128

Automatisierte Abrufverfahren für die Übermittlung von Daten aus maschinell geführten Grundbüchern sind nach Maßgabe der §§ 133, 134 GBO zulässig und stehen bundesweit vor dem flächendeckenden Einsatz. Der Kreis der denkbaren Abrufberechtigten ist zwar begrenzt (siehe § 133 Abs.2 GBO), erfasst aber potentiell immerhin auch alle „an dem Grundstück dinglich Berechtigten", wozu in der Praxis vor allem Kreditinstitute gehören.

Die Besonderheit dieses Abrufverfahrens besteht darin, dass die Abrufberechtigten meist nur mit Wissen und Wollen des Betroffenen tätig werden. So hat das BayObLG im Rahmen einer gebührenrechtlichen Entscheidung betont, der Notar, der einen Abruf tätige, handle dabei nicht im eigenen Namen, sondern als Bevollmächtigter der Beteiligten und sah ihn deshalb sogar als „Verfahrensstandschafter" der Beteiligten an.[86] Allerdings enthält das Gesetz keine Beschränkung dahingehend, dass ein Abruf nur in solchen Situationen zulässig wäre. So kann ein Kreditinstitut Daten durchaus auch zu dem Zweck abrufen, eine letztlich auch gegen den Betroffenen gerichtete Zwangsvollstreckung in ein Grundstück vorzubereiten.

■ Sozialleistungsträger 129

Maßgebliche Sondervorschrift für die bundesweit eingesetzten Abrufverfahren ist § 79 SGB X.[87]

---

77 Siehe dazu die im Verfahren des einstweiligen Rechtsschutzes gem. § 32 BVerfGG ergangene Entscheidung des BVerfG NJW 2005,1179.

78 Grafische Darstellung der Abrufstrukturen bei *BfD,* 16. TB 1995/96 Ziff. 5.3.

79 Siehe dazu ausführlich *Streit/Srocke*, ZAR 1999, 109 ff.

80 Siehe *Streit*, ZAR 2002, 237ff.

81 BfD, 19. TB (2001/2002), Ziff.2.4.1.

82 NVwZ-RR 2003, 676.

83 NVwZ 2002, 464 = DuD 2002, 45.

84 BfD, 20. TB (2002/2003), Ziff. 6.1.4.

85 Umfassende Darstellung siehe *Sächsisches Staatsministerium der Justiz,* Grundbuch; knappe Zusammenfassung dagegen bei Justizministerium Ba-Wü, Das Elektronische Grundbuch.

86 BayObLG MDR 2005, 479.

87 *Klässer,* RDV 1994, 117; *André,* RDV 1994, 234 (238: Abrufverfahren mit Rentenversicherungsträgern in Italien und Österreich).

Die Verfahren dienen durchweg dazu, Anträge von Betroffenen zügig bearbeiten zu können und haben vor allem verwaltungsinterne Bedeutung. Angesichts der Größe der Sozialbehörden ist die Zahl der zugriffsberechtigten Sachbearbeiter zum Teil erheblich, was bisher kaum problematisiert wird, obwohl es ein gewisses Missbrauchspotential birgt.

■ Zentrales Verkehrsinformationssystem (ZEVIS)

Alle am Fahrzeugzulassungswesen beteiligten Behörden sowie die mit der Verfolgung von Verkehrsordnungswidrigkeiten befassten Polizeidienststellen können in vielfach abgestufter Weise auf Zulassungsdaten zugreifen. Rechtsgrundlagen sind § 36 StVG und die Fahrzeugregisterverordnung (FRV).[88]

10. Landesrecht

131 Alle Landesdatenschutzgesetze enthalten Bestimmungen über automatisierte Abrufverfahren, doch unterscheiden sich ihre Struktur und ihr Inhalt zum Teil deutlich von § 10. Am auffälligsten sind die Abweichungen in Hessen (§ 15 HDSG spricht von „Gemeinsamen Verfahren", die mehreren Daten verarbeitenden Stellen gemeinsam die Verarbeitung personenbezogener Daten ermöglichen), Mecklenburg-Vorpommern (§ 17 „Verbund- und Abrufverfahren") und Schleswig-Holstein (§ 8 LDSG SH „Gemeinsame Verfahren und Abrufverfahren"), die vom „Abruf" als unterscheidendem Aspekt abrücken und stattdessen darauf abstellen, dass die Einrichtung solcher Verfahren letztlich – faktisch, nicht rechtlich – zur Entstehung gemeinsamer Datenbestände mehrerer Stellen führt.

132 Teils knüpfen die Landesgesetze die Zulässigkeit automatisierter Abrufverfahren an eine ausdrückliche Zulassung durch Gesetz (§ 15 Abs. 1 Nr. 1 BlnDSG), durch Bundes- oder Landesrecht (§ 9 BbgDSG, § 14 BrDSG, § 9 DSG NW, § 10 SDSG) oder durch eine Rechtsvorschrift (§ 11 HmbDSG, § 12 NDSG).

133 Dieser scheinbar erheblichen Einschränkung der Einrichtung automatisierter Abrufverfahren folgt allerdings durchweg eine mehr oder weniger umfassende Ermächtigung zum Erlass entsprechender Rechtsverordnungen (§ 15 Abs. 2 Satz 1 BlnDSG, § 9 Abs. 2 Satz 1 BbgDSG, § 14 Abs. 2 Satz 1 BrDSG, § 11 Abs. 2 Satz 1 HmbDSG, § 12 Abs. 2 NDSG, § 9 Abs. 2 Satz 1 DSG NW). Dies eröffnet der Exekutive letztlich einen Weg, Abrufverfahren, die sie für erforderlich hält, in der Regel auch einzurichten.

134 Eine bedeutsame Variante der beschriebenen Regelungstechnik stellt § 7 ThDSG dar. Demnach bedarf die Einrichtung eines automatisierten Abrufverfahrens dann einer Rechtsvorschrift, wenn Daten abgerufen werden können, die einem besonderen Berufs- oder Amtsgeheimnis unterliegen (§ 7 Abs. 1 Satz 2 ThDSG). Eine Rechtsverordnungsermächtigung enthält § 7 ThDSG insoweit nicht.

135 Eine Reihe von Gesetzen erklärt die Regelungen auch auf interne Abrufverfahren anwendbar (§ 8 Abs. 4 LDSG BW, § 9 Abs. 4 BbgDSG, § 14 Abs. 4 BrDSG, § 11 Abs. 3 HmbDSG, § 9 Abs. 4 DSG NW, § 7 Abs. 5 LDatG RP, § 7 Abs.6 DSG-SA, § 10 Abs. 4 SDSG, § 7 Abs.6 ThDSG). Bei § 10 ist das nicht der Fall.

136 Häufig ist der Abruf durch Stellen außerhalb des öffentlichen Bereichs untersagt (§ 15 Abs. 3 BlnDSG, § 9 Abs. 5 BbgDSG, § 14 Abs. 5 BrDSG, § 11 Abs. 4 HmbDSG, § 12 Abs. 4 NDSG, § 9 Abs. 5 DSG NW, § 10 Abs. 5 SDSG). Sie dazu im Einzelnen Rdnr. 10 f.

137 Brandenburg erklärt seine Regelung auch bezüglich regelmäßiger Datenübermittlungen für entsprechend anwendbar (§ 9 Abs. 8 BbgDSG).

138 Am engsten orientiert sich Art. 8 BayDSG im Vorbild des Bundes. Alle anderen Landesrechte weichen – wie die vorstehenden Erläuterungen zeigen – davon teils erheblich ab. Von einer Einheitlichkeit der Rechtslage im öffentlichen Bereich kann hier also nicht mehr gesprochen werden.

---

88 Zu Details siehe *Wilde* in *Wilde,* BayDSG, Art. 8 Rdnr. 44. Grundlegend krit. zu ZEVIS *Kauß,* Der suspendierte Datenschutz, S. 354-378.

§ 11 Erhebung, Verarbeitung oder Nutzung personenbezogener Daten im Auftrag

(1) Werden personenbezogene Daten im Auftrag durch andere Stellen erhoben, verarbeitet oder genutzt, ist der Auftraggeber für die Einhaltung der Vorschriften dieses Gesetzes und anderer Vorschriften über den Datenschutz verantwortlich. Die in den §§ 6, 7 und 8 genannten Rechte sind ihm gegenüber geltend zu machen.

(2) Der Auftragnehmer ist unter besonderer Berücksichtigung der Eignung der von ihm getroffenen technischen und organisatorischen Maßnahmen sorgfältig auszuwählen. Der Auftrag ist schriftlich zu erteilen, wobei die Datenerhebung, -verarbeitung oder -nutzung, die technischen und organisatorischen Maßnahmen und etwaige Unterauftragsverhältnisse festzulegen sind. Er kann bei öffentlichen Stellen auch durch die Fachaufsichtsbehörde erteilt werden. Der Auftraggeber hat sich von der Einhaltung der beim Auftragnehmer getroffenen technischen und organisatorischen Maßnahmen zu überzeugen.

(3) Der Auftragnehmer darf die Daten nur im Rahmen der Weisungen des Auftraggebers erheben, verarbeiten oder nutzen. Ist er der Ansicht, dass eine Weisung des Auftraggebers gegen dieses Gesetz oder andere Vorschriften über den Datenschutz verstößt, hat er den Auftraggeber unverzüglich darauf hinzuweisen.

(4) Für den Auftragnehmer gelten neben den §§ 5, 9, 43 Abs. 1 Nr. 2, 10 und 11, Abs. 2 Nr. 1 bis 3 und Abs. 3 sowie § 44 nur die Vorschriften über die Datenschutzkontrolle oder die Aufsicht, und zwar für

1. a) öffentliche Stellen,
b) nicht-öffentliche Stellen, bei denen der öffentlichen Hand die Mehrheit der Anteile gehört oder die Mehrheit der Stimmen zusteht und der Auftraggeber eine öffentliche Stelle ist,
die §§ 18, 24 bis 26 oder die entsprechenden Vorschriften der Datenschutzgesetze der Länder,

2. die übrigen nicht-öffentlichen Stellen, soweit sie personenbezogene Daten im Auftrag als Dienstleistungsunternehmen geschäftsmäßig erheben, verarbeiten oder nutzen, die §§ 4f, 4g und 38.

(5) Die Absätze 1 bis 4 gelten entsprechend, wenn die Prüfung oder Wartung automatisierter Verfahren oder von Datenverarbeitungsanlagen durch andere Stellen im Auftrag vorgenommen wird und dabei ein Zugriff auf personenbezogene Daten nicht ausgeschlossen werden kann.

Literatur

J. Bohnstedt, Fernwartung, Badeb-Baden 2005; *Dolderer/v. Garrel/Müthlein/Schlumberger*, Die Auftragsdatenverarbeitung im neuen BDSG, RDV 2001, 223 ff.; *A. Eichler*, Datenschutz bei Outsourcing, CI 2000, 145 ff.; *U. Fischer/B. Schierbaum*, Telearbeit und Datenschutz, CR 1998, 321 ff.; *Th. Chr. Hartmann*, Outsourcing in der Sozialverwaltung und Sozialdatenschutz, Baden-Baden 2002; *M. Hoenike/L. Hülsdunk*, Outsourcing im Versicherungs- und Gesundheitswesen ohne Einwilligung?, MMR 2004, 788 ff.; *P. Kramer/M. Herrmann*, Auftragsdatenverarbeitung, CR 2003, 938 ff.; *U. Müller/R. Wehrmann*, Fernwartung und Datenschutz, NJW-CoR 5/1993, 20 ff.; *Th. Müthlein,* Probleme der Auftragsdatenverarbeitung für Auftraggeber und Auftragnehmer, RDV 1992, 63 ff.; *ders.*, Abgrenzungsprobleme bei der Auftragsdatenverarbeitung, RDV 1993, 165 ff.; *Müthlein/Heck,* Outsourcing und Datenschutz, 3. Aufl., 2006; *Ph. Räther*, Datenschutz und Outsourcing, DuD 2005, 461 ff.; *B. Schierbaum*, Datenschutz bei Auftragsdatenverarbeitung, Wartung und Fernwartung, Computer-Fachwissen 6/2005, 4 ff.;. *Sutschet*, Auftragsdatenverarbeitung und Funktionsübertragung, RDV 2004, 97 ff.; *M. Wächter,* Rechtliche Grundstrukturen der Datenverarbeitung im Auftrag, CR 1991, 333 ff.; *G. Wronka*, Zur Interessenlage bei der Auftragsdatenverarbeitung, RDV 2003, 132 ff.

Übersicht

1. Vorbemerkung

1.1 Regelungsziel und Regelungsinhalt

1 Die Regelungen in § 11 sollen sicherstellen, dass der einer datenverarbeitenden Stelle vom BDSG auferlegte Datenschutz- und Datensicherungsstandard durch die Vergabe der Datenverarbeitung „außer Haus" nicht eingeschränkt wird. Der Auftragnehmer wird rechtlich als Einheit mit der verantwortlichen Stelle betrachtet; er ist hinsichtlich der Art und des Umfangs der Datenverarbeitung vollständig abhängig vom Auftraggeber.[1] Anders ausgedrückt: Die datenschutzrechtliche **Verantwortlichkeit** einer datenverarbeitenden Stelle wird nicht dadurch tangiert, dass sie sich bei der Wahrnehmung ihrer Aufgaben oder Geschäftszwecke eines Hilfsorgans bedient.[2] Diese Pflichtenzuordnung wird durch die vom BDSG 2001 geänderte Definition in § 3 Abs. 7 (verantwortliche statt speichernde Stelle) sprachlich noch verdeutlicht.[3] Präziser als in § 11 wird dieser Grundsatz in § 80 Abs. 2 Satz 1 SGB X formuliert, wonach eine Auftragserteilung nur zulässig ist, wenn der Datenschutz beim Auftragnehmer „… den Anforderungen genügt, die für den Auftraggeber gelten".[4]

2 Zur Realisierung dieses Prinzips normiert § 11 zum einen die **Aufgaben- und Pflichtenverteilung** zwischen Auftraggeber und Auftragnehmer.[5] Die Vorschrift definiert weiterhin die **Rechtsstellung** von verantwortlicher und beauftragter Stelle **gegenüber dem Betroffenen**, der seine Individualrechte geltend machen will.[6] Schließlich werden zusammenfassend das auf Auftragnehmer anzuwendende **materielle Recht** sowie die **Kontrollzuständigkeiten** von Aufsichtsbehörden und Datenschutzbeauftragten festgelegt.[7]

---

1 Vgl. *Wronka*, RDV 2003, 132
2 Vgl. *Auernhammer,* BDSG § 11 Rdnr. 2.
3 Vgl. § 3 Rdnr. 224.
4 Vgl. u. Rdnrn. 40, 43 ff.
5 S.u. Rdnrn. 40 ff., 56 ff.
6 S.u. Rdnrn. 41 f.
7 S.u. Rdnrn. 66 ff., 72 ff.

1.2 Änderungen gegenüber dem BDSG 1990

Die Novellierung 2001 hat für § 11 mehrere Änderungen und Ergänzungen gebracht.[8] Die Phase der **Erhebung** wurde in Konsequenz der durch die Umsetzung der Richtlinie 95/46/EG bedingten Erweiterung des § 4[9] einbezogen (Abs. 1 Satz 1, s.a. Abs 3 Satz 1 und Abs. 4 Nr. 2).[10] Neu aufgenommen wurde die Pflicht des Auftraggebers, sich von der Einhaltung der beim Auftragnehmer getroffenen Datensicherungsmaßnahmen **zu überzeugen** (Abs. 2 Satz 4).[11] Die entsprechende Geltung der Auftragsvorschriften wurde für die **Wartung und Prüfung** von DV-Verfahren und DV-Anlagen bei möglichem Zugriff auf personenbezogene Daten angeordnet (Abs. 5).[12] 3

Wichtige Änderungen gegenüber der Rechtslage nach dem BDSG 1990 ergaben sich durch Neuregelungen außerhalb des § 11. § 3 Abs. 8 zog die Konsequenz aus den Vorgaben der EG-Richtlinie dahin gehend, dass **Auftragnehmer in anderen EU- oder in EWR-Staaten** denen in Deutschland **gleichgestellt** wurden:[13] Die Datenweitergabe an Auftragsverarbeiter in diesen Ländern gilt nicht mehr als Übermittlung und muss dementsprechend nicht die Zulässigkeitsvoraussetzungen für die Übermittlung einhalten. 4

Weggefallen ist für geschäftsmäßig im Auftrag verarbeitende Rechenzentren, IT-Dienstleister etc. die Meldepflicht gegenüber der Aufsichtsbehörde, da § 32 BDSG 1990 ersatzlos entfallen ist. Die neue Meldevorschrift des § 4d erfasst diesen Kreis von Unternehmen nicht mehr. 5

Während die **Auftragskontrolle** in der Anlage zu § 9 lediglich den Standort gewechselt hat (jetzt Nr. 6 statt bisher Nr. 8) und textlich unverändert geblieben ist, statuiert Nr. 8 als neue Vorkehrung der Datensicherung ein **Trennungsgebot**. Auch beim Auftragnehmer muss die verantwortliche Stelle gewährleisten, dass zu unterschiedlichen Zwecken erhobene Daten getrennt verarbeitet werden können (**Nr. 8**).[14] Die Anforderung greift insbesondere in Fällen, in denen der Auftragnehmer Daten mehrerer Vertragspartner verarbeitet. 6

1.3 Eingrenzungen des Anwendungsbereichs

Vor der Anwendung des § 11 ist zunächst zu prüfen, ob nicht **bereichsspezifische Vorschriften** das Verhältnis zwischen zwei an einer Datenverarbeitung beteiligten Stellen abschließend oder teilweise regeln (§ 1 Abs. 3 Satz 1). 7

Das Verhältnis zwischen Unternehmen, die **Telekommunikationsdienste** erbringen oder **Tele- bzw. Mediendienste** anbieten, und ihren Kunden bzw. Nutzern, die diese Unternehmen für die Übertragung, das Bereithalten oder den Abruf eigener Datenbestände in Anspruch nehmen, fällt unter die besonderen Regelungen der §§ 91 ff. TKG[15] bzw. des TDDSG und der §§ 12 ff. MDStV. Die Nachrangigkeit des BDSG für den Datenschutz im TK- und Multimediabereich statuieren ausdrücklich § 1 Abs. 2 TDDSG und § 12 Abs. 1 MDStV. 8

Sozialleistungsträger haben bei Auftragsdatenverarbeitung die Bestimmungen des § 80 SGB X[16] zu beachten. Dies trifft allerdings nur die im Rahmen der sozialen Aufgabenerfüllung verarbeiteten Angaben, also die **Sozialdaten**, wozu allerdings – eine Besonderheit des SGB – nach § 35 Abs. 4 SGB I neben den personenbezogenen Informationen auch die Betriebs- und Geschäftsgeheimnisse gehören. Soweit ein bundesunmittelbarer Sozialleistungsträger keine Sozialdaten, sondern Mitarbeiter- oder zu fiskalischen Zwecken gespeicherte Daten „außer Haus" verarbeiten lässt, bleibt es bei der alleinigen Anwendbarkeit des § 11; der zusätzlichen Maßnahmen nach § 80 SGB X bedarf es nicht.[17] 9

8 Zusammenfassend *Dolderer u.a,* RDV 2001, 223 ff.
9 Dazu § 4 Rdnr. 1.
10 Vgl. u. Rdnr. 13.
11 Vgl. u. Rdnr. 46.
12 Vgl. u. Rdnrn. 85 ff.
13 Vgl. auch u. Rdnr. 16.
14 Vgl. § 9 Rdnrn. 160 ff.
15 Neufassung des TKG vom 22. 06. 2004, BGBl I S. 1190.
16 SGB X in der zusammen mit dem BDSG 2001 novellierten Fassung nach Art. 8 Nr. 14 des Gesetzes zur Änderung des BDSG und anderer Gesetze v. 18. Mai 2001, BGBl I S. 904.
17 Vgl. *Walz,* GK-SGB X 2 (1989) § 79 Rdnr. 14.

10 Bei der (vorübergehenden) Speicherung und Löschung von bei den örtlichen Behörden erhobenen Personalausweisdaten durch die **Bundesdruckerei**[18] liegt ebenso wenig ein Auftragsverhältnis vor wie zwischen den örtlichen Zulassungsstellen und dem **Kraftfahrtbundesamt**, bei dem u.a. das Zentrale Fahrzeugregister mit den Halter- und Fahrzeugdaten geführt wird (§ 31 Abs. 1, 2 StVG).[19] Vielmehr sind diese Behörden im Verhältnis zueinander „Dritte“; der Datenaustausch zwischen ihnen ist als Übermittlung i.S.v. § 3 Abs. 4 Satz 2 Nr. 3 BDSG bzw. der entsprechenden Normen der Landesdatenschutzgesetze zu qualifizieren.[20]

11 Neben den bereichseigenen Sondernormen sind die **allgemeinen Anwendungsbeschränkungen** des BDSG zu beachten. Wegen der durch das BDSG 2001 eingeführten Länderzuständigkeit für die Regelung des so genannten **Medienprivilegs** in § 41 Abs. 1 gilt § 11 nicht, wenn journalistisch-redaktionelle personenbezogene Daten von Unternehmen und Hilfsunternehmen der Presse bei externen Stellen verarbeitet werden.[21]

2. Erhebung, Verarbeitung und Nutzung im Auftrag

2.1 Definition und Schutzumfang

12 Für die Anwendbarkeit des § 11 ist es nicht notwendig, dass der Auftraggeber die Datenverarbeitung insgesamt extern durchführen lässt. Es genügt die Übertragung der Erhebung, der Nutzung oder **einzelner** der in § 3 Abs. 4 S. 2 aufgeführten **Verarbeitungsphasen**.

13 Die **Erhebung** durch einen Auftragnehmer ist seit der Novellierung 2001 explizit erfasst. Allerdings wird – etwa bei Umfragen – die Erhebung häufig mit der Speicherung gekoppelt sein. Daraus ergibt sich, dass der Auftraggeber für die Einhaltung der Zulässigkeitsanforderungen der §§ 4, 13 und 28 für die Erhebung in gleicher Weise wie bei sich selbst auch beim Auftragnehmer zu sorgen hat. So muss eine öffentliche Stelle des Bundes, wenn sie z.B. Daten bei Bürgern aufgrund einer Rechtsvorschrift durch andere erheben lässt, sicherstellen, dass ihr Auftragnehmer die Pflicht zum Hinweis auf die Rechtsgrundlage bzw. auf die Freiwilligkeit der Auskunft nach § 4 Abs. 3 Satz 2 beachtet. Nicht-öffentliche Stellen müssen das Auftragsverhältnis so ausgestalten, dass Auftragnehmer die nach § 28 Abs. 1 Satz 2 konkret festzulegenden Erhebungszwecke einhalten. Bei Umfragen für Markt- oder Meinungsforschung muss dem Auftragnehmer vorgegeben werden, die befragten Bürger bereits bei der Ansprache über die Identität des Auftraggebers der Umfrage sowie über das Widerspruchsrecht (§ 28 Abs. 4 Satz 2) zu unterrichten. Sonderregelungen für „Erhebungsbeauftragte“ im Statistikbereich trifft § 14 BStatG.

14 Der **Schutzzweck** des § 11 ist nicht begrenzt auf Situationen, in denen der Auftragnehmer innerhalb von Weisungen des Auftraggebers Entscheidungen über die technische Durchführung der Datenverarbeitung trifft bzw. treffen kann. Er umfasst vielmehr alle Fallkonstellationen, in denen die externe Stelle die Daten des Auftraggebers zur Kenntnis nehmen bzw. auf ihren Inhalt einwirken kann. Es reicht mithin aus, wenn lediglich Rechnerkapazität durch einen Dritten zur Verfügung gestellt wird, also nur der Maschinenbetrieb ausgelagert wird, bei diesem aber die technische Möglichkeit des Datenzugriffs besteht.[22]

15 Bei **automatisierten Abrufverfahren** ist strikt zu unterscheiden: Dient die online-Anbindung dem ein- oder wechselseitigen Datenabruf von Auftragnehmer und/oder Auftraggeber, ist nicht § 10, sondern nur § 11 anzuwenden.[23] Die besonderen Zulässigkeitsvoraussetzungen des § 10 sind nur dann zu beachten, wenn eine verantwortliche Stelle **von einem Dritten** dessen Angaben abruft, mithin nach der Definition des § 3 Abs. 4 Satz 2 Nr. 3b eine Übermittlung vorliegt.

---

18 § 3 Abs. 3 PAuswG.
19 Vgl. dazu *Bäumler*, CR 1989, 1008 ff.
20 Vgl. § 35 Abs. 5 Nr. 1 StVG.
21 Vgl. § 41 Rdnr. 30.
22 A.A. *v. Sponeck*, CR 1992, 594 ff.; wie hier mit ausführlicher Begründung *Schneider*, Hdb. EDV-Recht, Teil B, Rdnrn. 201 ff.
23 Vgl. *Müthlein*, RDV 1993, 165, 169.

Wird die Erhebung, Datenverarbeitung oder -nutzung Personen oder Stellen außerhalb des Geltungsbereichs der EG-Datenschutzrichtlinie übertragen, liegt unabhängig vom Umfang der externen Verarbeitung kein Anwendungsfall des § 11 vor (§ 3 Abs. 8 Satz 3). An sie dürfen personenbezogene Daten nur unter Einhaltung der für die Zulässigkeit der **Übermittlung** geltenden Bestimmungen, d.h. unter Anwendung des § 4b Abs. 2, transferiert werden. Die EU-Kommission hat mit Entscheidung vom 27.12.2001 spezielle Standardvertragsklauseln für die Auftragsvergabe in Drittstaaten festgelegt, die die Einhaltung ausreichender Garantien beim Auftragnehmer gemäß Art. 26 Abs. 2 der Datenschutzrichtlinie sicherstellen sollen.[24] Die Datenweitergabe durch den innerhalb der Europäischen Union sitzenden Auftraggeber ist auf der Grundlage dieser Klauseln zulässig, natürlich nur dann, wenn keine anderweitigen Übermittlungshindernisse nach dem nationalen Recht (z.B. Berufsgeheimnisse) vorliegen. 16

2.2 Abgrenzung zur „Funktionsübertragung"

Für die Anwendbarkeit des § 11 ist die wichtigste Voraussetzung, dass die Erhebung, Verarbeitung und Nutzung lediglich in ihrer **„Hilfsfunktion"** für die Erfüllung der Aufgaben und Geschäftszwecke der verantwortlichen Stelle ausgelagert wird. Auf den zivil- oder öffentlich-rechtlichen Charakter der Rechtsbeziehung der Partner des Auftragsverhältnisses kommt es dabei nicht an. Werden die den Verarbeitungsvorgängen zugrunde liegenden Aufgaben oder Geschäftszwecke ganz oder teilweise (mit) abgegeben oder erfüllt der externe Datenverarbeiter überwiegend eigene Geschäftszwecke, erbringt er insbesondere über die technische Durchführung der Verarbeitung hinaus materielle vertragliche Leistungen mit Hilfe der überlassenen Daten, dann ist er nicht mehr bloßer Auftragnehmer, sondern wird selbst zur (insoweit) verantwortlichen Stelle. Die Datenweitergabe im Rahmen einer solchen **„Funktionsübertragung"** ist konsequenterweise als **Übermittlung** zu klassifizieren.[25] Dass Zweifelsfälle bei dieser Abgrenzung nicht zu vermeiden sind, kann allerdings nicht rechtfertigen, die Anwendung des § 11 unter Berufung auf entsprechende weitergehende Unternehmensinteressen an einer Arbeitsteilung „außer Haus" auszudehnen.[26] Auch Ansätze, die Auftragsdatenverarbeitung mit Hilfe anderer unscharfer Begriffe wie Überwachbarkeit durch den Auftraggeber oder Gefahrerhöhung für den Betroffenen zu definieren,[27] führen nicht zu mehr dogmatischer Klarheit. 17

Beim „Outsourcing" kommt es auf die Vertragsgestaltung an. Der Begriff wird für unterschiedliche Konstellationen von Unternehmensorganisation und IT-Struktur verwandt und bedeutet im Kern, dass ein Unternehmen Produkte oder Dienstleistungen, die es bisher selbst erstellt bzw. erbracht hat, jetzt von Dritten erzeugen bzw. liefern lässt.[28] Ist nur die Einschaltung eines Service-Rechenzentrums gemeint, liegt ein klassischer Fall des § 11 vor.[29] Betrifft die Auslagerung dagegen materielle Unternehmensaufgaben wie z.B. das Personalmanagement, liegt eine Übermittlung der zugehörigen Daten an den Outsourcing-Partner vor.[30] 18

Erfolgt die Datenverarbeitung beim Auftragnehmer teils zu eigenen Zwecken, teils im Auftrag anderer Stellen, gelten für den **„Eigenanteil"** alle materiellen BDSG-Normen, für den **„Fremdanteil"** nur die Bestimmungen über die Auftrags-DV,[31] ohne dass es auf den quantitativen Anteil der beiden Bereiche ankommt. Eine solche gespaltene Rechtslage ergibt sich insbesondere bei Rechenzentren, die neben den ihnen auftragsweise überlassenen Datenbeständen die Angaben über ihre Mitarbeiter und Kunden für sich selbst verarbeiten.[32] 19

---

24 Entscheidung der Kommission 2002/16/EG v. 27.12.2001, Abl EG C 6/52 v. 10.1.2002; dazu § 4c Rdnr. 50 ff.; zur Auftragsverarbeitung im Ausland vgl. auch *Räther*, DuD 2005, 461, 463 ff.

25 Die Einordnung als Auftragsdatenverarbeitung oder Funktionsübertragung erfolgt ex lege und ist nicht vertragsdispositiv, so aber *Fasbender,* RDV 1994, 12, 14; *Räther*, DuD 2005, 461, 465 f.

26 So aber *Sutschet*, RDV 2004, 97 ff.

27 Vgl. *Kramer/Herrmann*, CR 2003, 938, 939 ff.

28 Vgl. *Tinnefeld/Ehmann/Gerling*, Einführung, 406.

29 Vgl. *Roßnagel/Büllesbach*, Hdb. Datenschutzrecht, Kap. 7.1, Rdnr. 26.

30 Vgl. zur Abgrenzung § 28 Rdnr. 135 f.

31 Vgl. *Schaffland/Wiltfang,* BDSG § 11 Rdnr. 2.

32 Zur Nutzung von Fremdadressen für die eigene Kundenakquisition vgl. *Wronka*, RDV 2003, 132, 133

2.3 Einzelfälle

20 Betreibt ein Versicherungsverband eine Datenbank als **Informationssystem** zur (dateimäßigen) Sammlung und Verteilung von **Warnmeldungen** an die angeschlossenen Verbandsmitglieder, liegt je nach Umfang der Dispositionsbefugnis des Verbandes über die eingestellten Mitteilungen entweder Datenverarbeitung im Auftrag[33] oder geschäftsmäßige Datenspeicherung zum Zwecke der Übermittlung nach § 29 vor.[34] **Autorisierungszentralen**, die auf Kartennummern bezogene und damit personenbeziehbare **Sperrdateien** führen, betreiben Datenverarbeitung im Auftrag für die angeschlossenen Banken, die die Eurocheque- bzw. Kreditkarten ausgeben. Gleiches gilt für die Hersteller bzw. Emittenten dieser Karten.[35]

21 Der selbstständige **Bilanzbuchhalter**, der auf seiner EDV-Anlage eigenverantwortlich die Buchhaltung und Gehaltsabrechnung für seine Kunden durchführt, betreibt in der Regel Datenverarbeitung für eigene Geschäftszwecke.[36] Bei der **Auslagerung von Bankdienstleistungen** nach § 25a KWG soll das externe Unternehmen in der Regel die übertragene Aufgabe (z.B. Abwicklung des Wertpapiergeschäfts) eigenverantwortlich durchführen.[37] Ausgegliedert wird die jeweilige Teilfunktion des Kreditinstituts einschließlich der Verfügung über die dafür erforderlichen Daten, was die Anwendung des § 11 ausschließt.[38] Gleiches gilt, wenn die Bank selbstständige **Kreditvermittler** oder Vertriebsgesellschaften einsetzt und diesen ihre Kundendaten überlässt. Die gesetzliche Interessenwahrungspflicht des **Handelsvertreters** nach § 86 Abs. 1, 3 HGB ist nicht mit der Pflicht des Auftragnehmers zur Befolgung die personenbezogene Datenverarbeitung betreffender Weisungen gleichzusetzen und entbindet den Vertreter nicht von der datenschutzrechtlichen Verantwortlichkeit.[39] Dagegen greift § 11 dann, wenn ausschließlich die Datenverarbeitung selbst den Gegenstand des „Outsourcing" darstellt.[40]

22 Beim Datenaustausch zwischen verschiedenen Finanzdienstleistern (Banken, Versicherungen, Bausparkassen) im Rahmen eines „**Allfinanzverbunds**" geht es um das Zusammenführen und sodann eigennützige Verwerten von Kundendaten durch den jeweiligen Verbundteilnehmer, so dass zwischen ihnen keine Auftragsdatenverarbeitung vorliegt.[41]

23 Beim **Franchising** greift § 11 deshalb nicht, weil Vertragsinhalt nicht nur die DV-technische Abwicklung ist. Vielmehr unterstützt der Franchisegeber den Franchisenehmer bei der Erfüllung kaufmännischer Unternehmensziele. Der Franchisenehmer nutzt die erhaltenen Kundendaten zu eigenen wirtschaftlichen Zwecken.[42]

24 Bei **Umfragen** ist zu unterscheiden: Wenn der Auftraggeber Fragenprogramm, Auswahlverfahren und die Art der Auswertungen bestimmt, das eingeschaltete Institut lediglich die Befragung der Betroffenen und/oder die technische Aufbereitung des Datenmaterials vornimmt, liegt ein Auftragsverhältnis vor.[43] Übernimmt das Institut die Gesamtdurchführung einschließlich des Befragungs- und Auswertungskonzepts, erfüllt es einen eigenen Geschäftszweck und wird selbst zur verantwortlichen Stelle.[44]

25 **Beliehene Unternehmer** (z.B. Schornsteinfeger, TÜV mit Teilaufgaben) nehmen im Rahmen der Beleihung selbstständig behördliche Aufgaben wahr, verarbeiten Daten insoweit also auf eigene Rechnung.

---

33 Vgl. *Landesregierung NW,* 1. Bericht über die Tätigkeit der für den Datenschutz im nicht-öffentlichen Bereich zuständigen Aufsichtsbehörden (1989), Abschn. 7.2.5; *Hessische Landesregierung,* 3. Bericht über die Tätigkeit der Aufsichtsbehörden, LT-Drs. 12/7186, 12.

34 Zu den Abgrenzungskriterien vgl. *Bongard,* RDV 1987, 209, 210; *Schapper/Dauer,* RDV 1987, 219, 220 ff.; s. auch § 29 Rdnrn. 15 ff.

35 Vgl. *Tinnefeld/Ehmann/Gerling*, Einführung, 399

36 Vgl. Hinweise des Innenministeriums Baden-Württemberg (Nr. 26), StAnz. v. 10.1.1987, S. 8.

37 Zu den bankrechtlichen Voraussetzungen des Outsourcing *Hoeren*, DuD 2002, 736 ff.

38 Vgl. *Steding/Meyer,* BB 2001, 1693, 1698.

39 So aber *Evers/Kiene* DuD 2003, 341, 343 f.

40 Vgl. *v. Westphalen,* WM 1999, 1810, 1816; zu den Konsequenzen rechtlicher Verselbständigung der DV-Abteilung durch Outsourcing vgl. *Gola/Schomerus*, BDSG § 11 Rdnr. 13.

41 Vgl. *Weichert*, RDV 2003, 113, 118; ebenso *Kilian/Scheja*, RDV 2002, 177, 179 ff.

42 Vgl. *Büser,* BB 1997, 213, 218.

43 Vgl. *HDSB,* 16. TB, 112 f.

44 Vgl. *Nungesser,* HDSG § 4 Rdnrn. 3, 7.

Das Vorliegen von „**Teleheimarbeit**“ präjudiziert nicht die Abgrenzung zwischen Eigenverarbeitung und Auftragsverhältnis. Entscheidend ist die rechtliche und faktische Ausgestaltung im konkreten Einzelfall. Wer am häuslichen PC arbeitet, kann Arbeitnehmer bleiben, weil sein Arbeitsplatz lediglich räumlich ausgelagert wird, kann aber auch selbstständig sein. Ist letzteres der Fall, ist der Betroffene bei Fehlen selbstständiger rechtlicher Verfügungsbefugnis über die Daten als Auftragnehmer tätig.[45] 26

Bei **Telefonmarketing** wird man von Auftragsdatenverarbeitung nur so lange ausgehen können, wie die Tätigkeit des beauftragten Unternehmens sich darauf beschränkt, im Rahmen der zu führenden Telefonate Daten zu erheben und zu erfassen bzw. vorhandene Angaben zu ändern.[46] Marketing erfordert allerdings in der Regel die Nutzung von Suchprozessen und Analyseverfahren in Datenbeständen wie z.B. beim Data-Mining. Diese Tätigkeit bedingt einen erheblichen eigenen Entscheidungsspielraum des mit der Werbung und Absatzförderung befassten Unternehmens, so dass § 11 nicht passt.[47] 27

Die Übersendung von **Arbeitnehmerdaten** durch den Arbeitgeber an einen Verlag, damit dieser die von diesem Verlag herausgegebene, die wirtschafts- und gesellschaftspolitischen Vorstellungen der Unternehmerseite darstellende Zeitschrift an die Mitarbeiter versenden kann, ist ebenfalls kein Fall der Auftrags-Datenverarbeitung.[48] Im Vordergrund steht hier das publizistische Verkaufsinteresse, also der eigene Geschäftszweck des Verlags. Für die Zulässigkeit einer solchen Übermittlung sind das Vorliegen berechtigter Interessen des Arbeitgebers einerseits und möglicherweise überwiegender Ausschlussinteressen der Beschäftigten andererseits nach § 28 Abs. 1 Satz 1 Nr. 2 zu prüfen.[49] § 11 ist dagegen anwendbar, wenn Verlage den Versand von Vereins- oder Verbandszeitschriften übernehmen, die Verbände das gesamte Adressmaterial stellen und die Bezieher in keiner Vertragsbeziehung zum Verlag stehen. Dies gilt allerdings nicht mehr, wenn der Verlag die Mitgliederanschriften zu eigenen Zwecken wie Empfängeranalysen, Leserprofilbildung oder Zusendung eigener Publikationen („**cross selling**“) nutzt.[50] 28

Führt im **Konzernverbund** eine Konzerntochter für mehrere andere Auftragsverarbeitung durch und greift die Konzernmutter für eigene Zwecke – etwa das konzernweite Personalmanagement – auf diese Datenbestände zu, liegt insoweit eine Übermittlung vor.[51] 29

Solange **„Call-Center“** lediglich die Kommunikation der Kunden mit dem betroffenen Unternehmen vermitteln und genau definierte Serviceleistungen ohne eigenen Entscheidungsspielraum erbringen, etwa für Kreditinstitute die Entgegennahme von Überweisungsaufträgen oder die Erteilung von Kontoauskünften, sind sie (nur) Auftragnehmer nach § 11.[52] 30

3. Zulässigkeit der Auftragsdatenverarbeitung

3.1 Bereichsspezifische Vorschriften

Die **Datenweitergabe** zwischen Auftraggeber und Auftragnehmer – selbstverständlich auch umgekehrt – stellt **keine Übermittlung** dar. Der Auftragnehmer ist zwar „Empfänger“ von Daten, nicht aber „Dritter“ im Verhältnis zum Auftraggeber.[53] Dementsprechend bedarf es auch nicht der Einhaltung der Zulässigkeitsvoraussetzungen für die Datenübermittlung. Das BDSG selbst kennt mithin keine materiellrechtlichen Restriktionen für die Überlassung von Datenbeständen an den Auftragnehmer. Beschränkungen ergeben sich nur aus Regelungen 31

45 Vgl. *Kilian u.a.,* Forschungsbericht „Telearbeit und Arbeitsrecht“ (1986), 355; *Fischer/Schierbaum,* CR 1998, 321, 324; *Boemke/Ankersen,* BB 2000, 1570, 1572; *Gola/Wronka*, Hdb. Arbeitnehmerdatenschutz, Rdnr. 503.
46 Vgl. Hinweise des Innenministeriums Baden-Württemberg (Nr. 29), abgedr. in RDV 1990, 105.
47 Vgl. *Niedermeier/Schröcker*, RDV 2001, 90, 94
48 Vgl. *Wohlgemuth,* Datenschutz für Arbeitnehmer (2. Aufl. 1988), Rdnr. 441; a.A. *Gola/Wronka*, Hdb. Arbeitnehmerdatenschutz, Rdnrn. 516 ff.
49 Vgl. *Gola/Wronka*, Hdb. Arbeitnehmerdatenschutz, Rdnr. 512 ff.
50 Vgl. *Wronka*, RDV 2003, 132, 134 ff.
51 Vgl. *Wronka*, RDV 2003, 132, 133 f.
52 Vgl. *Kilian/Scheja*, RDV 2002, 177, 181
53 Vgl. § 3 Rdnr. 243 ff.

außerhalb des BDSG.[54] Allenfalls kann sich das Gebot der Datenvermeidung und Datensparsamkeit aus § 3a indirekt als Einschränkung eines personenbezogenen Datenflusses vom Auftraggeber zum Auftragnehmer auswirken.

32 Explizite Einschränkungen der Auftragsdatenverarbeitung aufgrund von nach § 1 Abs. 3 vorrangigen **bereichsspezifischen Vorschriften des Bundes** gibt es nur vereinzelt. So macht § 80 Abs. 5 SGB X die Auftragsvergabe an nicht-öffentliche Stellen bei Sozialdaten von einschränkenden Voraussetzungen (u.a. Vermeidung von Störungen im Betriebsablauf, erhebliche Kostenvorteile) abhängig.[55] Beispiele im **Landesrecht** betreffen vor allem das Meldewesen,[56] den Öffentlichen Gesundheitsdienst[57] und die Krankenhäuser.[58] Davon zu unterscheiden ist die Frage, ob und ggf. welche verfassungsrechtlichen Grenzen für eine Auslagerung der Datenverarbeitung für die Erfüllung **hoheitlicher** Behördenaufgaben an **nicht-öffentliche** Unternehmen zu ziehen sind. Diese Grenzen können sich insbesondere aus dem Funktionsvorbehalt für den öffentlichen Dienst in Art. 33 Abs. 4 GG etwa für Daten der Sicherheitsbehörden und wegen Art. 108 GG für Steuerdaten ergeben.[59]

3.2 Berufsgeheimnisse

33 Unterliegen die „außer Haus" zu verarbeitenden Angaben einem **Berufsgeheimnis**, ist zu beachten, dass bei der Weitergabe an den Auftragnehmer zwar keine Übermittlung im Sinne des BDSG,[60] wohl aber eine **„Offenbarung"** vorliegt.[61] Das Berufsgeheimnis wird mithin durchbrochen; die rechtliche Legitimation dafür ist im Einzelfall zu prüfen. § 1 Abs. 3 Satz 2 weist ausdrücklich darauf hin, dass die Berufs- und besonderen Amtsgeheimnisse neben dem BDSG anwendbar bleiben.[62]

34 In der Praxis wird diese Fragestellung vor allem für das **Arztgeheimnis** relevant. Die ärztlichen Berufsordnungen, in denen die standesrechtlich erlaubten Offenbarungsfälle aufgeführt sind, die eine Befugnis zur Durchbrechung der Schweigepflicht nach § 203 StGB geben,[63] sehen keine externe Verarbeitung von Patientendaten vor. Die Einschaltung von ärztlichen Abrechnungsstellen lässt sich mithin nur rechtfertigen, wenn eine **explizite** oder eine – im Arztrecht anerkannte – **konkludente** Entbindung von der Schweigepflicht vorliegt. Erforderlich ist daher zumindest eine **vorherige** und **eindeutige Unterrichtung** der Patienten, etwa durch Aushändigung eines Merkblatts, damit der Betroffene Gelegenheit erhält, zu **widersprechen** oder den vertraglichen Kontakt abzubrechen.[64]

---

54 Vgl. u. Rdnrn. 32ff.

55 Vgl. *Kessler*, DuD 2004, 40, 42 f.; ausführlich zu den Anforderungen an die Auftragsdatenverarbeitung in der Sozialverwaltung *Hartmann*, Outsourcing in der Sozialverwaltung, 131 ff., 155 ff.

56 Vgl. u.a. § 3 Sächsisches Meldegesetz: Auftrags-DV nur durch sächsische öffentliche Stellen; ebenso die Rechtslage in Bayern nach Art. 36 Abs. 1 BayMeldeG.

57 Vgl.z.B. § 36a ÖGDG Bremen.

58 Vgl. § 10 Abs. 1 Bremisches KrankenhausdatenschutzG mit dem Vorrang der anstaltsinternen Verarbeitung von Patientendaten; Art. 27 Abs. 5 S. 2 BayKrG verbietet die Mikroverfilmung von Behandlungsdaten durch private Auftragnehmer.

59 Vgl. u. Rdnr. 38. Diese Fragestellung kann im Rahmen dieser Kommentierung nicht vertieft werden; vgl. dazu ausführlich und differenzierend für verschiedene Behördenbereiche *Büllesbach/Rieß,* NVwZ 1995, 444, 447 ff.; für uneingeschränkte Zulässigkeit privater Auftrags-DV für öffentliche Stellen *Zundel,* CR 1996, 763, 766; zu den Konsequenzen des Funktionsvorbehalts bei der Auslagerung der Beihilfesachbearbeitung vgl. *Werres*, ZBR 2001, 429 ff.

60 S. o. Rdnr. 31.

61 Vgl. *Auernhammer,* BDSG § 11 Rdnr. 10.

62 Vgl. § 1 Rdnrn. 175 ff.; siehe auch *Schneider*, Hdb. EDV-Recht, Teil B, Rdnrn. 211 ff.

63 Vgl. § 2 der Muster-Berufsordnung für die deutschen Ärzte, abgedr. bei *Barta,* Datenschutz im Krankenhaus (1990), 141.

64 BGH, NJW 1991, 2955 verlangt eine ausdrückliche Einwilligung des Patienten für das Factoring von Arztforderungen, bei dem allerdings eine Funktionsübertragung anzunehmen ist; zu dieser Entscheidung vgl. *Körner-Dammann,* NJW 1992, 729 ff.; vgl. a. OLG Düsseldorf, DSB 10/97, 17; zu den strengeren Regelungen in Ländergesetzen für Gesundheitsämter und Krankenhäuser vgl. o. Rdnr. 32; abzulehnen *Hoenike/Hülsdunk*, MMR 2004, 788 ff., die im Versicherungs- und Gesundheitsbereich Auftragnehmer nach § 11 als Gehilfen i. S. d. § 203 StGB definieren und dadurch die Erfordernis der Einwilligung umgehen wollen; dagegen *Bohnstedt*, Fernwartung, 132 ff.

3.3 Besondere Amtsgeheimnisse

Im **Sozialleistungsbereich** trifft § 80 SGB X für die Weiterleitung von Sozialdaten vom Leistungsträger an den Auftragnehmer eine Vollregelung. Für die von Ärzten den Sozialbehörden mitgeteilten Daten von Versicherten oder Hilfeempfängern bestehen für die Verarbeitung durch externe Stellen keine zusätzlichen Voraussetzungen aufgrund des Arztgeheimnisses. 35

Inhalt und Rechtswirkungen des **Statistikgeheimnisses** sind durch das Bundesstatistikgesetz (BStatG) im Einzelnen definiert; die Fälle zulässiger Übermittlung von Einzelangaben sind dort abschließend festgelegt. Die Möglichkeit der Auftragsvergabe durch das Statistische Bundesamt ist im BStatG nicht angesprochen; das Amt wird in § 8 BStatG lediglich als Auftragnehmer für die Aufbereitung von Geschäftsstatistiken für Bundesbehörden genannt. 36

Die folgende, in mehreren Landesstatistikgesetzen[65] enthaltene Regelung kann für alle Fallgestaltungen verallgemeinert werden, in denen personenbezogene Daten, die einem **besonderen Amtsgeheimnis** unterliegen, im Auftrag von einer externen Stelle verarbeitet werden: Es muss (nur) gewährleistet sein, dass der Auftragnehmer **zusätzlich** zu den Anforderungen des BDSG die Schutzanforderungen des jeweiligen Geheimnisses einhält. Insoweit bestehen weniger restriktive Voraussetzungen als bei Berufsgeheimnissen.[66] 37

Unter dieser Bedingung ist die Beauftragung Dritter z.B. bei **Statistikdaten** zulässig.[67] Dabei ist es nicht obligatorisch, dass der Auftragnehmer selbst eine **öffentliche** Stelle ist. Entscheidend ist ausschließlich, dass der Auftragnehmer den durch das besondere Amtsgeheimnis eingeräumten zusätzlichen Schutz des informationellen Selbstbestimmungsrechts des Einzelnen organisatorisch und technisch sicherstellt. Dabei sind allerdings strenge Anforderungen zu stellen. Dazu gehört beispielsweise bei der Auftrags-DV für räumlich, organisatorisch und personell im Interesse der Wahrung des Statistikgeheimnisses „abgeschottete" kommunale Statistikämter,[68] dass diese **„Abschottung"** auch beim Auftragnehmer gegenüber den Datenbeständen anderer Auftraggeber durch zusätzliche Sicherungsvorkehrungen realisiert wird.[69] Bei dem **Steuergeheimnis** nach § 30 AO unterliegenden Angaben ergibt sich dagegen aus Art. 108 GG und §§ 2 Abs. 2, 17 Abs. 3 FVG, dass für diesen Bereich Rechenzentrumsdienstleistungen als integraler Bestandteil hoheitlicher Aufgabenerfüllung angesehen werden und daher nur von öffentlichen Stellen verarbeitet werden dürfen.[70] 38

Unbenommen bleibt es den verantwortlichen öffentlichen Stellen selbst oder im Rahmen des § 18 den vorgesetzten Dienststellen, durch **internes Organisationsrecht** (Erlasse o.ä.) über die Anforderungen des § 11 hinaus restriktivere Voraussetzungen für die Vergabe von DV-Aufträgen festzulegen, etwa bei der Einschaltung nicht-öffentlicher Auftragnehmer für die Verarbeitung sensibler Angaben. 39

4. Pflichten des Auftraggebers (Abs. 1, 2)

4.1 Verantwortlichkeit für die Rechtmäßigkeit und gegenüber dem Betroffenen (Abs. 1)

Die Verantwortlichkeit des Auftraggebers umfasst nach Abs. 1 Satz 1 die Einhaltung sowohl der Vorschriften des **BDSG** als auch der **anderen Bestimmungen über den Datenschutz**. Der Auftraggeber hat beim Auftragnehmer also auch für die Beachtung der für ihn einschlägigen bereichsspezifischen Normen, Berufs- und Amtsgeheimnisse zu sorgen. Dies gilt für die Erhebung über alle Phasen der Datenverarbeitung bis hin zur Nutzung der Daten durch die beauftragte Stelle. Der Auftraggeber bleibt nach § 3 Abs. 8 **verantwortliche Stelle**. Die Verantwortung des Auftraggebers manifestiert sich in **allen Rechtsbeziehungen**, 40

65 Z.B. Art. 7 BayStatG; § 6 HLStatG.
66 S. o. Rdnrn. 33 f.
67 Vgl. *HDSB*, 16. TB, 103 ff.
68 Vgl. § 16 Abs. 5 Satz 2 BStatG.
69 Vgl. dazu *HDSB*, 16. TB, 69 f.
70 Vgl. *Büllesbach/Rieß*, NVwZ 1995, 444, 447 f.; ebenso *Bergmann/Möhrle/Herb*, BDSG § 11 Rdnr. 23.

d.h. sowohl gegenüber den Fachaufsichts- und Kontrollbehörden als auch im Verhältnis zum Betroffenen. Gleiches gilt bei Verarbeitung von Beschäftigtendaten im Auftrag gegenüber den gesetzlichen Mitarbeitervertretungen (Betriebsrat, Personalrat).[71]

41 Die Rechtsstellung des Auftraggebers gegenüber dem Betroffenen konkretisiert Abs. 1 Satz 2. Der Auftraggeber ist **Adressat der Individualrechte** nach §§ 6, 7 und 8, d.h. auf **Auskunft**, **Berichtigung**, **Löschung** oder **Sperrung** sowie auf **Schadensersatz**. Obwohl nicht ausdrücklich genannt, ist auch das **Widerspruchsrecht** gegen die Nutzung oder Übermittlung von Daten für Zwecke der Werbung oder der Markt- oder Meinungsforschung nach § 28 Abs. 4 bei der verantwortlichen Stelle und nicht beim Auftragnehmer geltend zu machen. Der Auftraggeber bleibt auch für die Gewährung des **Einsichtsrechts in die Personalakte**,[72] das wegen des materiellen Personalaktenbegriffs auch in oder aus Dateien bzw. unter Einsatz von Datenverarbeitungsanlagen verarbeitete (§ 27 Abs. 1) Angaben des Beschäftigten umfasst, verantwortlich.[73]

42 Bei der Geltendmachung seines **Auskunftsrechts** muss sich der Betroffene mithin unter keinen Umständen an den Auftragnehmer verweisen lassen. Er kann vom Auftraggeber verlangen, dass dieser dafür sorgt, dass er die erbetene Auskunft ohne zusätzlichen Aufwand erhält. Umgekehrt ist der Auftragnehmer nicht befugt, ohne Weisung des Auftraggebers Auskunft zu erteilen. Liegt eine solche Weisung vor, aufgrund derer die beauftragte Stelle dem Betroffenen direkt die Datenauskunft zusendet, muss dies eindeutig erkennbar im Namen des Auftraggebers geschehen.

4.2 Pflicht zur sorgfältigen Auswahl und zur Überprüfung der Datensicherung des Auftragnehmers (Abs. 2 Sätze 1, 4)

43 Wichtigster Maßstab für die Auswahl des Auftragnehmers ist nach Abs. 2 Satz 1 die **„Eignung der von ihm getroffenen technischen und organisatorischen Maßnahmen"**. Entscheidendes Kriterium ist also, ob bei der beauftragten Stelle ein angemessener **Datensicherungsstandard** gewährleistet ist, der den Anforderungen des § 9 und der Anlage zu dieser Vorschrift entspricht. Dies gilt insbesondere für die in Nr. 6 der Anlage genannte **„Auftragskontrolle"**, die sicherstellen soll, dass der Auftragnehmer mit den ihm anvertrauten Daten nur entsprechend den Weisungen des Auftraggebers umgeht.[74] Da § 9 die Korrelation von Datensicherungsniveau und Schutzzweck herstellt, sind die Anforderungen an die technisch-organisatorischen Vorkehrungen umso höher, je „sensitiver" die zur Auftragsverarbeitung gegebenen Daten sind. Datenkategorien mit höherer Sensitivität nennen beispielhaft § 3 Abs. 9 und § 28 Abs. 3 Satz 2.

44 Unabdingbare Voraussetzung für eine Beauftragung nicht-öffentlicher Stellen ist weiter, dass die **Verpflichtung** der Mitarbeiter auf das **Datengeheimnis** nach § 5 vorgenommen worden ist. Ggf. muss dies vor Beginn der Auftragsdurchführung noch nachgeholt werden. Auch bei unter Berufsgeheimnis stehenden Angaben ist eine (zweite) Verpflichtung durch den Auftraggeber nicht geboten.

45 Die Auswahlentscheidung setzt nach der durch das BDSG 2001 neu eingeführten Bestimmung des Abs. 2 Satz 4 voraus, dass der Auftraggeber sich von der Einhaltung der beim Auftragnehmer getroffenen technischen und organisatorischen Maßnahmen **überzeugt**.[75] Zwar macht die noch in den Ausschussberatungen erfolgte Änderung des Regierungsentwurfs klar, dass die Verpflichtung nicht **„vor Ort"** beim Auftragnehmer erfüllt werden muss.[76] Bei gesteigerter

71 Vgl. *Däubler,* BDSG § 11 Rdnr. 13; *Schierbaum*, AiB 1998, 494 ff.; *Schierbaum*, CF 6/05, 4, 7 f.; s.a. BAG, RDV 1987, 189, 191 (voller Unterrichtungsanspruch des Betriebsrats gegenüber dem Arbeitgeber über die externe Lohn- und Gehaltsabrechnung).

72 Z.B. aufgrund § 83 BetrVG.

73 Vgl. *Wohlgemuth,* Datenschutz für Arbeitnehmer (2. Aufl. 1988), Rdnrn. 512 ff.

74 Vgl. § 9 Rdnr. 146 ff.; speziell zu den durch Entsorgungsunternehmen bei der „Löschung im Auftrag" zu treffenden Vorkehrungen vgl. *Wächter*, Datenschutz im Unternehmen, Rdnrn. 1241 ff.

75 Die Vorschrift greift die ausdrückliche Vorgabe des Art. 17, 2. Halbs. der EG-Datenschutzrichtlinie auf; vgl. zu den Anforderungen der Richtlinie an die Auftragsverarbeitung *Brühann*, in *GH* II/*Wolf,* A 30, Art. 17 Rdnrn. 7 ff.

76 Vgl. den Bericht des Innenausschusses, BT-Drs. 14/5793, Art. 1, Nr. 15.

Schutzwürdigkeit der Daten, auf lange Sicht angelegter Auftragsbeziehung oder sonstigen Umständen des Einzelfalles kann aber durchaus eine Besichtigung bzw. Überprüfung der Geschäftsräume des Auftragnehmers und der dort getroffenen Vorkehrungen geboten sein.

Jedenfalls sollte sich der Auftraggeber das bei der beauftragten Stelle realisierte **Datensicherungskonzept**, soweit das Auftragsverhältnis tangiert ist, darstellen bzw. vorlegen lassen. Zur Überprüfung sollte er auch seinen **internen Datenschutzbeauftragen** einschalten. 46

Bei **Rechenzentren der öffentlichen Hand**, bei denen die Datensicherheit ebenso wie die ordnungsgemäße Verfahrenserstellung und -dokumentation durch entsprechende **Betriebssatzungen** oder **Benutzungsordnungen** gewährleistet sind, kann die Eignung i.S.v. Abs. 2 Satz 1 und damit die Wahrung der Sorgfaltspflicht bei der Auswahl im Regelfall **unterstellt** werden.[77] Dies entbindet jedoch nicht von ggf. notwendigen Einzelweisungen im Rahmen der Abwicklung des konkreten DV-Auftrags. 47

Mit der einmaligen Sorgfalt **vor** Erteilung des Auftrags hat es allerdings nicht sein Bewenden. Der Auftraggeber ist vielmehr aufgrund seiner permanenten Verantwortlichkeit für die Einhaltung des Datenschutzes beim Auftragnehmer verpflichtet, bei der Feststellung von Datensicherungsmängeln im laufenden Vertragsverhältnis nachträglich **ergänzende Maßnahmen** zu verlangen. Vor der Weitergabe von Ausdrucken und Auswertungen, die vom Auftragnehmer angefertigt worden sind, kann den Auftraggeber im Einzelfall, etwa bei erstmalig eingesetzten DV-Verfahren oder bei besonders sensitiven Angaben, die Pflicht zur nochmaligen, zumindest stichprobenweisen **Überprüfung der Verarbeitungsergebnisse** treffen.[78] 48

4.3 Auftragserteilung (Abs. 2 Satz 2)

4.3.1 Form: Abs. 2 Satz 2 verlangt, dass der Auftrag **schriftlich** zu erteilen ist. Auftragsverhältnisse treten in den unterschiedlichsten **Rechtsformen** auf, etwa als öffentlich-rechtlicher Vertrag, als zivilrechtlicher Geschäftsbesorgungs- oder Werkvertrag, als Weisung der Aufsichtsbehörde[79] oder als Verwaltungsvereinbarung.[80] Das Schriftlichkeitserfordernis bezieht sich zwar nach dem Wortlaut nur auf den Vertragsabschluss („… zu erteilen“), nicht auf die **konkrete Einzelweisung** innerhalb des laufenden Auftragsverhältnisses. Allerdings muss die Schriftform aus Dokumentationsgründen zum Nachweis der Einhaltung der Auftragskontrolle nach Nr. 6 der Anlage zu § 9 auch in diesen Fällen in der Regel eingehalten werden. 49

4.3.2 Inhalt: Den Mindestinhalt des schriftlich zu erteilenden Auftrags schreibt Abs. 2 Satz 2 selbst explizit vor. Festzulegen ist zunächst **„die Datenerhebung, -verarbeitung oder -nutzung“**. Gemeint sind damit vor allem Art und Gegenstand der vom Auftragnehmer erwarteten DV-Tätigkeiten, insbesondere welche Phasen der Datenverarbeitung ihm für welche Datenbestände übertragen werden. Vielfach gehört dazu auch die Vereinbarung, welche Erfassungs- oder Auswertungsprogramme eingesetzt werden sollen bzw. dass nur vom Auftraggeber freigegebene DV-Programme verwendet werden dürfen.[81] 50

Zu fixieren sind weiterhin die **technischen und organisatorischen Maßnahmen** der Datensicherung. Sie müssen den Zeitraum von der Anlieferung bzw. dem Eingang der Daten beim Auftragnehmer bis zur Abholung der Arbeitsergebnisse durch den Auftraggeber oder dem sonstigen Rücklauf bei ihm abdecken. Klarzustellen sind z.B. Zeitpunkt, Ort und Berechtigte für die Übergabe der für die Auftrags-DV vorgesehenen Datenbestände. Gleiches gilt für die Formen der Versendung, der elektronischen Übertragung oder des Direktabrufs, die Aufbewahrung der Datenträger, die Beseitigung von Ausschussmaterial, die Löschung von Restdaten usw.[82] Die durch die Novellierung 2001 neu eingefügte Nr. 8 der Anlage zu § 9 verlangt, dass bei Rechenzentren, die für mehrere Auftraggeber arbeiten, eine Vermischung der jeweiligen Datenbestände zu verhindern ist. Bei Verbandsrechenzentren bedeutet dies, dass 51

77 Vgl. *Nungesser,* HDSG § 4 Rdnr. 15.
78 Vgl. *HDSB,* 13. TB, 39 ff., „Wiesbadener Adreßbuch-Fall“.
79 Abs. 2 Satz 3, dazu u. Rdnr. 55.
80 Vgl. *Schaffland/Wiltfang,* BDSG § 11 Rdnr. 9 a.
81 Vgl. dazu *LfD NW,* 10. TB, 155.
82 Vgl. *Ehmann,* Komm. zum BayDSG Art. 6 Rdnr. 20.

ausgeschlossen werden muss, dass ein Mitgliedsunternehmen auf die Daten eines anderen Mitgliedsunternehmens ohne dessen Erlaubnis zugreifen kann.[83]

52 Festzulegen sind schließlich im schriftlichen Auftrag auch **„etwaige Unterauftragsverhältnisse“**. Die Einschaltung von Subunternehmern durch den Auftragnehmer bringt das Risiko mit sich, dass sich die Verantwortlichkeit für die Rechtmäßigkeit der Verarbeitung „verflüchtigt“ bzw. dass der Datensicherungsstandard, von dem sich der Auftraggeber überzeugt und den er mit dem Auftragnehmer vereinbart hat, unterlaufen wird. Dementsprechend hat der Auftragnehmer **keine Befugnis**, ohne Erlaubnis des Auftraggebers für einzelne DV-Tätigkeiten weitere Stellen einzuschalten.[84] Eine Pflicht zur sorgfältigen Auswahl des Subunternehmers reicht nicht aus. Die Vergabe von Unteraufträgen darf vom Auftraggeber nur gestattet werden, wenn der Auftragnehmer zusichert und ggf. auch nachweist, dass die ihm obliegenden Pflichten und der von ihm zugesicherte Datensicherungsstandard auch vom Unterauftragnehmer eingehalten werden.

53 Zur Absicherung der Korrektheit der Auftragserfüllung bietet sich je nach Lage des Einzelfalls eine Reihe von Klauseln an. So können **Vertragsstrafen** oder die **Kündigung** des Auftrags bei der Verletzung von Datenschutzvorschriften vorgesehen werden. Notwendig ist auch die Statuierung einer **Mitteilungspflicht** des Auftragnehmers bei datenschutzrelevanten Störungen des Verarbeitungsablaufs.

54 Das Schriftformerfordernis für den Auftrag bedeutet allerdings keineswegs, dass alle vorgenannten Punkte im Detail **einzelvertraglich** festzulegen wären. Es reicht aus, wenn **Formularverträge** oder **Allgemeine Geschäftsbedingungen** das von § 11 geforderte Datenschutzniveau dokumentieren und im Einzelvertrag in Bezug genommen werden.[85] Allerdings muss in besonderen Fällen – etwa bei höherer Sensitivität der Daten – der Auftraggeber über das vom Auftragnehmer standardmäßig angebotene Schutz- und Sicherungskonzept hinaus zusätzliche Maßnahmen verlangen.

55 **4.3.3 Auftragserteilung durch die Fachaufsichtsbehörde (Abs. 2 Satz 3):** Im öffentlichen Bereich muss der Auftrag nicht obligatorisch von der verantwortlichen Stelle selbst kommen, er kann nach Abs. 2 Satz 3 auch durch die **Fachaufsichtsbehörde** erteilt werden. Diese Möglichkeit ist insbesondere für die Fallkonstellation bedeutsam, dass bei mehreren nachgeordneten Behörden mit gleicher Aufgabenstellung die Einheitlichkeit der externen Verarbeitung sichergestellt werden soll. Allerdings gilt es dann sowohl im Verhältnis zwischen verantwortlicher Stelle und Fachaufsichtsbehörde als auch zwischen dieser und dem Auftragnehmer Zuständigkeiten und Weisungsbefugnisse genau festzulegen. Sonst besteht das Risiko, dass Unklarheiten in der Kompetenzverteilung widersprüchliche Weisungen und damit vermeidbare Datenschutzdefizite zur Folge haben.

5. Pflichten des Auftragnehmers (Abs. 3)

5.1 Weisungsbindung (Abs. 3 Satz 1)

56 Der Auftragnehmer darf nach Abs. 3 Satz 1 die Daten nur **im Rahmen der Weisungen des Auftraggebers** erheben, verarbeiten und nutzen. Präziser formuliert § 80 Abs. 4 SGB X, dass der Auftragnehmer die zur Datenverarbeitung überlassenen Daten nicht anderweitig verarbeiten und nutzen und nicht länger speichern darf, als der Auftraggeber bestimmt.

57 Unter **„Weisungen“** sind zunächst alle vom Auftragnehmer **vertraglich** übernommenen Pflichten in Bezug auf Art und Gegenstand der Erhebung, Verarbeitung oder Nutzung[86] sowie

83 Vgl. *LfD NW,* 9. TB, 120; s.a. § 9 Rdnr. 152.
84 Vgl. *Auernhammer,* BDSG § 11 Rdnr. 16.
85 Einen Mustervertrag zur Auftragsdatenverarbeitung hat der *HDSB* in seinem 28. TB (LT-Drs. 15/1101, 77) veröffentlicht; s. a. die „Mustervertragsanlage zur Auftragsdatenverarbeitung“ des Arbeitskreises Datenschutz des Bundesverbandes Informationswirtschaft, Telekommunikation und Medien (BITKOM) vom 08.06.2004 (www.bitkom.org/de/publikationen/1357_25976.aspx). .
86 S. o. Rdnr. 50.

auf die technisch-organisatorische Datensicherung[87] zu verstehen. Hinzu kommen die **Einzelweisungen** im laufenden Auftragsverhältnis, z.B. zur Anfertigung bestimmter Ausdrucke und Auswertungen, zur Löschung bestimmter Dateien usw.

Verboten sind dem Auftragnehmer ohne ausdrückliche Autorisierung insbesondere die Weitergabe oder Übermittlung an Dritte, die Auskunftserteilung an den Betroffenen, die Verwendung für eigene Geschäftszwecke, die Nutzung für andere Auftraggeber sowie die Fortsetzung der Speicherung nach Auftragsabwicklung.[88] Werden Auftragsdaten zur **Eigennutzung** durch die beauftragte Stelle freigegeben, liegt darin eine Übermittlung. 58

Hält der Auftragnehmer sich nicht an die ihm erteilten Weisungen, muss der Auftraggeber, um seiner Verantwortlichkeit nach Abs. 1 Satz 1 gerecht zu werden, reagieren. In Betracht kommen die Wiederholung bzw. Bekräftigung der Weisung, die **Rücknahme des Auftrags** bzw. je nach Gestaltung des dem Auftrag zugrunde liegenden Vertrags der **Rücktritt** oder die **Kündigung**. Vernachlässigt der Auftragnehmer die gebotene Datensicherung, sind ggf. zunächst **ergänzende Maßnahmen** zu verlangen.[89] Der Auftraggeber kann zusätzlich die **Aufsichtsbehörde** nach § 38 einschalten, bis hin zu der Aufforderung, dass diese nach § 38 Abs. 5 Satz 1 zusätzliche Datensicherungsvorkehrungen anordnet oder den weiteren Einsatz eines rechtlich bedenklichen Verfahrens untersagt. 59

Von der Weisungsbindung unberührt bleiben **Rechtspflichten außerhalb des BDSG**, die dem Auftragnehmer oder seinen Mitarbeitern eine bestimmte Art der Datenverwendung, insbesondere eine Übermittlung bzw. Offenbarung, vorschreiben. Dies gilt insbesondere für **Zeugnis- und Vorlagepflichten** nach der StPO.[90] Das dem Zeugnisverweigerungsrecht korrespondierende **Beschlagnahmeverbot** greift nicht, wenn die Unterlagen (z.B. Datenbänder, Computerausdrucke) des Berechtigten (d.h. des Auftraggebers) nicht in seinem Gewahrsam sind, sondern sich bei der beauftragten Stelle befinden.[91] 60

5.2 Hinweispflicht bei Rechtsverstößen (Abs. 3 Satz 2)

Ist der Auftragnehmer der Ansicht, dass eine Weisung des Auftraggebers gegen das BDSG oder andere Datenschutzvorschriften verstößt, hat er den Auftraggeber unverzüglich darauf **hinzuweisen**. Diese Regelung zielt ab auf die in der Praxis häufige Konstellation, dass der Auftragnehmer bessere datenschutzrechtliche Kenntnisse hat als der Auftraggeber. Dies kann bei öffentlich-rechtlichen Rechenzentren ebenso der Fall sein wie bei privaten DV-Dienstleistungsunternehmen, die sich auf die Auftrags-DV in bestimmten Bereichen (z.B. Lohnabrechnung) spezialisiert haben und dort über spezielles Know-how verfügen. 61

Zwar besteht für den Auftragnehmer **keine Pflicht**, jeden Auftrag sorgfältig auf die Einhaltung der Datenschutzvorschriften hin zu **überprüfen**. Eine Verschiebung der Verantwortung für die Rechtmäßigkeit findet nicht statt. Würde andererseits die Hinweispflicht erst ausgelöst, wenn der Auftragnehmer keine Zweifel an der Rechtswidrigkeit hat, verlöre die Regelung zu sehr an Wirkung. Da Auftragnehmer regelmäßig ein kommerzielles Interesse am Auftrag haben, steht zu befürchten, dass sie Zweifel an der Zulässigkeit eher unterdrücken als den Erhalt des Auftrags zu gefährden. Die Hinweispflicht macht nur Sinn, wenn sie über eine unverbindliche Mitteilung bei offensichtlicher Rechtswidrigkeit hinausgeht. **Erhöhte Aufmerksamkeit** ist z.B. dann zu verlangen, wenn Gegenstand der Auftragsverarbeitung sensible Daten i.S.d. § 3 Abs. 9 sind. Für den betrieblichen Datenschutzbeauftragten liegt hier eine wichtige Aufgabe. 62

Vermutet der Auftragnehmer angesichts des Verarbeitungszwecks bereits **vor** Annahme des Auftrags das Vorliegen von Rechtsverstößen, muss er den gesamten Auftrag zurückweisen oder beim Auftraggeber auf Änderung dringen. Im **laufenden** Auftragsverhältnis beziehen 63

---

87 S. o. Rdnr. 51; ausführlich dazu § 9 Rdnr. 147 ff.
88 Vgl. BGH, RDV 1997, 26 f. für die von einem Marketingunternehmen verarbeiteten Kundendaten eines Kfz-Händlers; zur Auskunftspflicht über den Auftraggeber *Gola/Schomerus*, BDSG § 11 Rdnr. 5.
89 S. o. Rdnr. 48.
90 Vgl. *Auernhammer,* BDSG § 11 Rdnr. 19.
91 Vgl. § 97 Abs. 2 Satz 1 StPO.

sich Zweifel an der Rechtmäßigkeit in erster Linie auf einzelne Auswertungsaufträge, z.B. bei der Anweisung, Auswertungslisten für vermutlich nicht berechtigte Empfänger zusammenzustellen.[92] Der Auftragnehmer ist dann gehalten, den jeweiligen Verarbeitungslauf zunächst nicht durchzuführen.

64 Der Hinweis an den Auftraggeber muss **unverzüglich** erfolgen. Nur wenn der Auftragnehmer sich unmittelbar zu dem Zeitpunkt äußert, in dem er die Rechtswidrigkeit des Auftrags oder der Einzelweisung innerhalb der Auftragsbeziehung feststellt oder vermutet, besteht noch die Chance, die unzulässige Verarbeitung zu verhindern. Wird der Rechtsverstoß **nach** Beginn der Verarbeitung konstatiert, muss diese zunächst abgebrochen werden, um die Rechtslage mit dem Auftraggeber zu klären.

65 Für den Auftraggeber ergeben sich, sobald er den Hinweis erhalten hat, mehrere Reaktionsvarianten. Erkennt er die Unzulässigkeit seines Auftrags bzw. seiner (Einzel-)Weisung an, muss er diese(n) zurückziehen. Bestehen nach seiner Ansicht keine Zweifel an der Rechtmäßigkeit, wird er den Auftrag bzw. die Weisung aufrechterhalten und auf seine Verantwortlichkeit nach Abs. 1 Satz 1 verweisen. Bleibt wiederum der Auftragnehmer bei seiner Auffassung, dass ein Verstoß gegen Datenschutzrecht vorliegt, muss er die Durchführung der Verarbeitung **ablehnen**. Dies ergibt sich im öffentlichen Bereich aus dem Grundsatz der **Gesetzmäßigkeit der Verwaltung**, d.h. der unmittelbaren Gesetzesbindung der beauftragten öffentlichen Stelle. Im Vertragsrecht kann sich der Auftragnehmer auf die Nichtigkeit von Rechtsgeschäften, die gegen ein gesetzliches – hier auf Datenschutzbestimmungen beruhendes – Verbot verstoßen, berufen (§ 134 BGB).[93]

6. Rechtsstellung des Auftragnehmers (Abs. 4)

6.1 Datengeheimnis und Datensicherung (§§ 5, 9)

66 Abs. 4 fasst zwar in **einer** Vorschrift die für den Auftragnehmer zusätzlich zu Abs. 3 geltenden Bestimmungen zusammen. Die Übersichtlichkeit leidet allerdings unter den zahlreichen Verweisen. Für unmittelbar anwendbar erklärt werden die Normen über das **Datengeheimnis** (§ 5), über die technischen und organisatorischen Maßnahmen der **Datensicherung** (§ 9) sowie ein Teil der **Straf- und Bußgeldvorschriften** der §§ 43 und 44.

67 Mit der direkten Geltung des **§ 5** wird den bei der Datenverarbeitung des Auftragnehmers beschäftigten Personen untersagt, die ihnen vom Auftraggeber überlassenen Datenbestände unbefugt zu verarbeiten oder zu nutzen. **„Unbefugt“** sind dabei nicht nur Handlungen, die gesetzliche Verarbeitungsverbote verletzen, sondern auch Verhaltensweisen, die gegen Weisungen des Auftraggebers verstoßen.[94]

68 Dass sich die Pflicht, ausreichende Datensicherungsmaßnahmen zu treffen (**§ 9**), unmittelbar an den Auftragnehmer richtet, hat eine wichtige Konsequenz: Er muss für einen angemessenen technischen und organisatorischen Datenschutz auch dann sorgen,[95] wenn es der Auftraggeber versäumt hat, entsprechende Weisungen zu geben oder sich von dem Sicherungsstandard bei seinem Vertragspartner zu überzeugen. Insbesondere hat der Auftragnehmer **in eigener Verantwortung** zu gewährleisten, dass die ihm überlassenen Datenbestände nur im Rahmen der Weisungen des Auftraggebers verarbeitet werden können.[96]

6.2 Bußgeldvorschriften (§ 43)

69 Die Novellierung 2001 hat das System der Sanktionen für Verstöße gegen das BDSG völlig umgestellt. Die Bußgeldtatbestände wurden erweitert und in § 43 zusammengefasst, die Straf-

92 Zu einem Fall aus dem Melderecht vgl. *HDSB,* 19. TB, 92 f.
93 A.A. *Nungesser,* HDSG § 4 Rdnrn. 6 ff.
94 Vgl. § 5 Rdnr. 23.
95 Zu den gebotenen Vorkehrungen vgl. *Wächter*, Datenschutz im Unternehmen, Rdnrn. 1216 ff.
96 Zur „Auftragskontrolle“ nach Nr. 6 der Anlage zu § 9 vgl. o. § 9 Rdnr. 146 ff.; s.a. *Roßnagel/Heibey*, Hdb. Datenschutzrecht, Kap. 4.5., Rdnrn. 62 ff.

barkeit wurde in § 44 platziert und auf die erschwerenden Tatumstände der entgeltlichen Handlung sowie der Bereicherungs- oder Schädigungsabsicht reduziert.[97] Aus dem Katalog des § 43 Abs. 1 gelten für den Auftragnehmer nur drei Tatbestände: der Verstoß gegen die Pflicht zur Bestellung des betrieblichen Datenschutzbeauftragten (Nr. 2 i.V.m. § 4 f), die unzulängliche Auskunftserteilung gegenüber der Aufsichtsbehörde (Nr. 10 i.V.m. § 38 Abs. 3 Satz 1 oder Abs. 4 Satz 1) sowie die Zuwiderhandlung gegen eine aufsichtsbehördliche Anordnung (Nr. 11 i.V.m. § 38 Abs. 5 Satz 1).

§ 43 Abs. 2 enthält mit kleineren redaktionellen Änderungen den Straftatenkatalog des § 43 70 Abs. 1 und 2 BDSG 1990. Werden Daten durch den Auftragnehmer unbefugt erhoben oder verarbeitet, ist dies ordnungswidrig nach Abs. 2 **Nr. 1**. Halten die Mitarbeiter der beauftragten Stelle die Daten des Auftraggebers für nicht autorisierte Dritte zum automatisierten Abruf bereit, ergibt sich die Unzulässigkeit aus Abs. 3 **Nr. 2. Nr. 3** des Abs. 2 betrifft u.a. den Fall, dass Beschäftigte des Auftragnehmers eine online-Verbindung zum Auftraggeber nutzen, um dort Daten abzurufen, die nicht für die Auftragsverarbeitung vorgesehen sind. Für alle drei Tatbestände gilt die Einschränkung, dass es sich um **„nicht allgemein zugängliche“**[98] Angaben handeln muss.

Abs. 3 legt die Höhe der Geldbuße auf maximal 25 000 Euro für Verstöße gegen Abs. 1 und auf 250 000 Euro für Verstöße gegen Abs. 2 fest.

6.3 Strafvorschriften (§ 44)

§ 44 Abs. 1 begründet die Strafbarkeit des Auftragnehmers, der **entgeltlich** oder mit **Bereicherungs**- oder **Schädigungsabsicht** unbefugt Daten erhebt oder verarbeitet, also Tatbestände des § 43 Abs. 2 erfüllt. Nicht strafbewehrt sind die von § 43 Abs. 1 erfassten Handlungen. Nach § 44 Abs. 2 handelt es sich bei den angeführten Straftaten um **Antragsdelikte**. **Antragsbefugt** ist dabei nicht nur der **Betroffene**, dessen informationelles Selbstbestimmungsrecht durch den Auftragnehmer verletzt worden ist. Die Novellierung 2001 hat die Antragsbefugnis ausgedehnt auf die **verantwortliche Stelle**, den **Bundesbeauftragten für den Datenschutz** und die **Aufsichtsbehörden** nach § 38. Damit ist klargestellt, dass nicht nur das Persönlichkeitsrecht des Betroffenen Schutzgut des § 43 ist, sondern auch die Rechtsstellung des Auftraggebers. Konsequenterweise entfällt die Strafbarkeit auch dann nicht, wenn der Betroffene seine **Einwilligung** gegenüber dem Auftragnehmer erteilt hat, wenn dieser gegen Weisungen des Auftraggebers verstößt. Der Auftragnehmer selbst ist bei Delikten seiner Mitarbeiter allerdings nicht antragsberechtigt. Er kann aber den Verletzten oder einen anderen Antragsbefugten informieren und ihm empfehlen, den Strafantrag zu stellen. 71

7. Kontrolle und Aufsicht beim Auftragnehmer (Abs. 4)

7.1 Änderungen gegenüber dem BDSG 1990

§ 11 Abs. 4 hat gegenüber dem BDSG 1990, was die **Kontrollzuständigkeiten** gegenüber dem Auftragnehmer angeht, nur die Einbeziehung der Erhebung sowie Verweisungsanpassungen in Nr. 2, im Übrigen aber keine materiellen Änderungen gebracht. 72

7.2 Öffentliche Stellen und nicht-öffentliche Stellen unter Kontrolle der öffentlichen Hand (Abs. 4 Nr. 1)

7.2.1 Regelungsbereich: Abs. 4 Nr. 1 a) nennt als ersten Kreis von Regelungsadressaten die „öffentlichen Stellen“: Gemeint sind die in § 2 Abs. 1 definierten **öffentlichen Stellen des Bundes**, soweit sie als Auftragnehmer tätig sind, und zwar unabhängig davon, ob der 73

97 Der Bundestag folgte damit dem Wunsch des Bundesrates nach einer Entpönalisierung des BDSG; vgl. den Ausschussbericht, BT-Drs. 14/5793, zu XVIII und XIX, S. 66 f.

98 Zu diesem Tatbestandsmerkmal und zur Unterscheidung von der im BDSG 1990 verwandten Einschränkung „nicht offenkundig“ vgl. § 43 Rdnr. 49.

Auftraggeber eine Bundesbehörde, eine Landesbehörde oder eine private Stelle ist. Anzuwenden sind § 18[99] sowie die §§ 24 bis 26.[100]

74 Abs. 4 Nr. 1 b) bezieht sich auf zwei Fallgruppen: Zum einen die „**Bundesgesellschaften**“, d.h. Privatunternehmen, bei denen der Bund Mehrheitseigner ist bzw. die Stimmenmehrheit besitzt; für sie gelten ebenfalls die §§ 18, 24 bis 26 BDSG. Zweite Fallgruppe sind alle übrigen **nicht-öffentlichen Stellen** unter **mehrheitlicher Kontrolle der öffentlichen Hand**, also etwa als GmbH geführte Rechenzentren der Länder und Kommunen. Auf diese Unternehmen sind die „entsprechenden Vorschriften der Datenschutzgesetze **der Länder**“ anzuwenden, d.h. die Bestimmungen über die Kontrollbefugnisse der Landesdatenschutzbeauftragten. Dies gilt allerdings nur insoweit, als diese von der öffentlichen Hand beherrschten privaten Stellen Auftragsverarbeitung für eine **öffentliche** Stelle – des Bundes oder eines Landes – betreiben. Erhalten sie dagegen Aufträge von anderen **nicht-öffentlichen** Stellen, ist insoweit die Kontrollbefugnis der Aufsichtsbehörde nach § 38 gegeben.[101]

7.2.2 Sicherstellungspflicht, Verzeichnis der DV-Anlagen (§ 18): § 18 **Abs. 1** begründet für die obersten Bundesbehörden und die sonstigen genannten Dienststellen die Pflicht, die Ausführung des BDSG und anderer Datenschutzvorschriften sicherzustellen. Dies gilt auch insoweit, als mit der Datenverarbeitung beauftragte Stellen, z.B. Rechenzentren, zu ihrem Geschäftsbereich gehören. Die Sicherstellungspflicht betrifft vor allem die Auftragskontrolle nach Nr. 6 der Anlage zu § 9: Durch Erlasse, Durchführungsvorschriften, entsprechende Auflagen bei Benutzungsordnungen oder vergleichbare Maßnahmen ist zu gewährleisten, dass Auftragnehmer der öffentlichen Hand die strikte Einhaltung der Weisungen ihrer Auftraggeber garantieren können.

76 § 18 **Abs. 2** statuiert zwei unterschiedliche Pflichten. Der Auftragnehmer hat ein **Verzeichnis der eingesetzten Datenverarbeitungsanlagen** zu führen (**Satz 1**). Diese Regelung hat zum Ziel, sowohl organisationsintern als auch bei Bedarf gegenüber der Kontrollbehörde für die notwendige Transparenz der DV-Ausstattung zu sorgen. Die Vorschrift bezieht sich auf die eigene DV-Ausstattung des Auftragnehmers. Davon zu unterscheiden ist die Konstellation, dass das Anlagenverzeichnis des Auftrag**gebers** von dem beauftragten Rechenzentrum insoweit angefertigt wird, als dieses seine Hardware für die Abwicklung des Auftrags einsetzt. Damit wird die Verpflichtung des Auftrag**gebers** nach § 18 erfüllt.

77 Die Pflicht nach § 18 Abs. 2 **Satz 2** ist dagegen auf den Auftrag**nehmer nicht anwendbar**. Die dort vorgesehene schriftliche Festlegung der Rechtsgrundlage und der in § 4e aufgeführten Angaben haben die öffentlichen Stellen für **„ihre“** automatisierten Verarbeitungen zu führen, also nur für die in ihrer Eigenschaft als **verantwortliche** Stellen angelegten Datensammlungen.

78 Hinzu kommt, dass dieses behördeninterne Dateienverzeichnis eng mit der **Meldepflicht** an den BfDI nach § 4d Abs. 1 zusammenhängt. Diese Meldepflicht trifft jedoch ausschließlich die verantwortliche Stelle selbst, nicht den Auftragnehmer. Selbstverständlich ist es möglich, dass die schriftliche Aufstellung der automatisierten Verarbeitungen nach Abs. 2 Satz 2 Bestandteil des Auftrags ist und von der beauftragten Stelle für den Auftraggeber erledigt wird.

79 **7.2.3 Kontrollbefugnisse des BfDI (§§ 24 bis 26):** Bei der **Ausübung der Kontrollzuständigkeit** des BfDI sind im Hinblick auf die Aufgabenverteilung zwischen Auftraggeber und Auftragnehmer Besonderheiten zu beachten. So kann der BfDI zwar jederzeit Kontrollen bei Auftragnehmern im öffentlichen Bereich vornehmen, ohne den oder die Auftraggeber vorher einschalten zu müssen. Für die Rechtmäßigkeit der Verarbeitungsanweisungen bleibt aber ausschließlich der Auftraggeber verantwortlich.[102] Nur er ist Ansprechpartner für Kritik an der materiellen Zulässigkeit eines Auftrags.

---

99 S. u. Rdnrn. 75 ff.
100 S. u. Rdnrn. 79 ff.
101 S. u. Rdnr. 81.
102 S. o. Rdnrn. 40, 62.

Daraus ergeben sich Konsequenzen auch für die **Beanstandung** (§ 25). Betreffen die festgestellten Gesetzesverstöße die unzureichende Datensicherung[103] oder die Nichtbeachtung erteilter Weisungen, ist der Auftragnehmer der richtige Adressat. Ermittelt der BfDI allerdings bei Gelegenheit der Überprüfung des Auftragnehmers, dass der Auftraggeber rechtswidrige DV-Aufträge vergeben hat, muss er sich an den Letzteren halten und ihm gegenüber die Beanstandung aussprechen. Der Auftragnehmer kann allerdings im Einzelfall dann (ggf. zusätzlich) gerügt werden, wenn er einen unzulässigen Auftrag wider besseres Wissen oder ohne Prüfung trotz Zweifeln an der Zulässigkeit angenommen bzw. durchgeführt und damit gegen seine Hinweispflicht nach Abs. 3 Satz 2 verstoßen hat.[104] 80

Bei den **nicht-öffentlichen Stellen unter öffentlicher Kontrolle** nach Abs. 4 Nr. 1 b) beschränkt sich die Überwachungsbefugnis des BfDI auf Unternehmen, bei denen **der Bund** über eine Mehrheit an Kapital oder Stimmen verfügt. Sie reicht nur so weit, wie der von einer öffentlichen Stelle oder einem öffentlich-rechtlichen Wettbewerbsunternehmen des Bundes[105] erteilte Auftrag reicht. Liegen jedoch bei diesen „Bundesgesellschaften" auch DV-Aufträge von Privatunternehmen vor, kommt es zu **parallelen Kontrollzuständigkeiten**,[106] die bei Bedarf in Kooperation zwischen dem BfDI und der zuständigen Aufsichtsbehörde wahrgenommen werden.[107] 81

7.3 Übrige nicht-öffentliche Stellen (Abs. 4 Nr. 2)

Für alle **nicht-öffentlichen Stellen**, die nicht im Mehrheitsbesitz der öffentlichen Hand sind, definiert § 11 Abs. 4 **Nr. 2** die Verpflichtungen im Hinblick auf die Datenschutzkontrolle. § 4f verlangt die Bestellung eines unternehmensinternen **Beauftragten für den Datenschutz**, dessen Aufgaben und Befugnisse in § 4g aufgeführt sind. § 38 schließlich statuiert die **unmittelbare Überwachungsbefugnis** der Aufsichtsbehörde. Diese kann **von Amts wegen** gegen den Auftragnehmer einschreiten. 82

Neben der Aufsichtsbehörde können im Einzelfall **weitere Stellen zur Datenschutzkontrolle befugt** sein. So besteht im Sozialleistungsbereich nach § 80 Abs. 2 Satz 4 SGB X für nicht-öffentliche Auftragnehmer die Pflicht, sich schriftlich der Überwachung des **Sozialleistungsträgers** zu unterstellen, der die Verarbeitung von Sozialdaten in Auftrag gegeben hat. 83

Nach einigen **Landesdatenschutzgesetzen** muss der Auftraggeber sicherstellen, dass der Auftragnehmer aus dem nicht-öffentlichen Bereich die Kontrolle durch den jeweiligen Landesdatenschutzbeauftragten insoweit vertraglich akzeptiert, als er für eine öffentliche Stelle dieses Landes tätig wird. Dabei gibt es eine territoriale Beschränkung der Kontrollbefugnis des Landesdatenschutzbeauftragten nur dann, wenn diese in „seinem" Landesgesetz ausdrücklich verankert ist.[108] Ansonsten kann er DV-Unternehmen auch außerhalb seiner Landesgrenzen überprüfen, wenn Auftraggeber aus seinem Zuständigkeitsbereich eine solche Unterwerfungsklausel vereinbart haben.[109] 84

8. Wartung und Prüfung von ADV-Verfahren und ADV-Anlagen (Abs. 5)

Abs. 5 ordnet die entsprechende Anwendung der Absätze 1 bis 4 an für den Fall, dass externe Stellen im Auftrag automatisierte Verfahren oder Datenverarbeitungsanlagen **warten** oder **prüfen** und dabei ein Zugriff auf **personenbezogene** Daten nicht ausgeschlossen werden kann. Die Bestimmung greift ähnliche Formulierungen aus mehreren jüngeren Landesdaten- 85

103 Vgl. § 25 Rdnr. 5.
104 S. o. Rdnrn. 61 ff.
105 Vgl. § 27 Abs. 1 Satz 3.
106 S. o. Rdnr. 74.
107 Vgl. § 26 Abs. 4; dazu § 26 Rdnrn. 23 ff.
108 Vgl. z.B. § 11 Abs. 1 Satz 3 BbgDSG.
109 Vgl. § 9 Abs. 1 Satz 4 BrDSG.

schutzgesetzen auf[110] und beendet den zum BDSG 1990 geführten Meinungsstreit um die rechtliche Einordnung der Wartung bzw. der Fernwartung.[111]

86 Unter **Wartung** ist entsprechend der Definition in § 11a Abs. 4 lit a BbgDSG zu verstehen „die Summe der Maßnahmen zur Sicherstellung der Verfügbarkeit und Integrität der Hard- und Software von Datenverarbeitungsanlagen; dazu gehören auch die Installation, Pflege, Überprüfung und Korrektur der Software sowie Überprüfung und Reparatur oder Austausch von Hardware.“ **Fernwartung** liegt dann vor, wenn die so definierte Wartung „von einem Ort außerhalb der Stelle, bei der die Verarbeitung personenbezogener Daten erfolgt, mittels Einrichtungen zur Datenübertragung vorgenommen wird“ (§ 11a Abs. 4 lit b BbgDSG). Keine landesgesetzlichen Vorbilder hat der Begriff der **„Prüfung“**. In Betracht kommen z.B. die online-Überwachung von DV-Anlagen, die Feststellung von Softwarezuständen oder andere Formen der Systemkontrolle.

87 Werden diese Aktivitäten nicht behörden- oder unternehmensintern, sondern durch eine „andere Stelle“ ausgeführt, setzt Abs. 5 weiter voraus, dass ein **Zugriff** der wartenden oder prüfenden Stelle auf **personenbezogene** Daten des Auftraggebers nicht ausgeschlossen werden kann. Dies wäre nur dann der Fall, wenn die Wartung oder Prüfung sich ausschließlich mit **Test**- oder **anonymisierten Angaben** ausführen lässt. Der Auftraggeber ist verantwortlich dafür, dass der Auftragnehmer nur im für die Wartung oder Prüfung erforderlichen Umfang Zugriffsmöglichkeiten zu personenbezogenen Angaben erhält.[112]

88 Im Übrigen gelten für den Auftraggeber die in Rdnrn. 40 ff. und für die wartende oder prüfende Stelle die in Rdnrn. 56 ff. dargelegten Pflichten entsprechend. Die in Rdnrn. 72 ff. beschriebenen Kontrollzuständigkeiten sind ebenfalls analog anzuwenden. Die technischen und organisatorischen Maßnahmen der **Datensicherung** sind allerdings **wartungsspezifisch** zu treffen. Dazu gehört z.B., dass die technische Verbindung nur vom Auftraggeber hergestellt oder ein Rückrufverfahren praktiziert wird, dass nach Abschluss der Wartungsarbeiten beim Auftragnehmer zwischengespeicherte Daten zu löschen sind oder dass der Auftraggeber Wartungsaktivitäten protokolliert.[113] Auch in den schriftlichen **Auftrag** sind **für die Wartung typische Pflichten** aufzunehmen. Zu nennen sind beispielsweise die Festlegung der von der externen Stelle eingesetzten Wartungsprogramme und genaue Aussagen zu Art und Umfang der Wartung.[114]

---

110 Vgl. z.B. § 4 Abs. 4 HDSG; § 11 Abs. 4 DSG NW; § 5 Abs. 4 SDSG.

111 Vgl. u.a. *Müller/Wehrmann*, NJW-CoR 5/93, 20 f.; zur Zulässigkeit der Fernwartung bei Kreditinstituten nach der Rechtslage vor und nach der BDSG-Novellierung 2001 vgl. *Bohnstedt*, Fernwartung, 79 ff.

112 Vgl. § 11 Abs. 3 Satz 3 DSG NW: „soweit unvermeidlich“.

113 Vgl. den Anforderungskatalog zu § 11a Abs. 1 Satz 3 in Anlage 1 zum BbgDSG.

114 Vgl. den Mindestvertragsinhalt zu § 11a Abs. 2 Satz 3 in Anlage 2 zum BbgDSG; s. a. *Wächter*, Datenschutz im Unternehmen, Rdnrn. 1207 ff.

Zweiter Abschnitt
Datenverarbeitung der öffentlichen Stellen

Erster Unterabschnitt
Rechtsgrundlagen der Datenverarbeitung

§ 12 Anwendungsbereich

(1) Die Vorschriften dieses Abschnittes gelten für öffentliche Stellen des Bundes, soweit sie nicht als öffentlich-rechtliche Unternehmen am Wettbewerb teilnehmen.
(2) Soweit der Datenschutz nicht durch Landesgesetz geregelt ist, gelten die §§ 12 bis 16, 19 und 20 auch für die öffentlichen Stellen der Länder, soweit sie
1. Bundesrecht ausführen und nicht als öffentlich-rechtliche Unternehmen am Wettbewerb teilnehmen oder
2. als Organe der Rechtspflege tätig werden und es sich nicht um Verwaltungsangelegenheiten handelt.
(4) Werden personenbezogene Daten für frühere, bestehende oder zukünftige dienst- oder arbeitsrechtliche Rechtsverhältnisse verarbeitet oder genutzt, gelten anstelle der §§ 14 bis 17, 19 und 20 der § 28 Abs. 1 und 2 Nr. 1 sowie die §§ 33 bis 35, auch soweit personenbezogene Daten weder automatisiert verarbeitet noch in nicht automatisierten Dateien verarbeitet oder genutzt oder dafür erhoben werden.

Literatur

W. Däubler, Gläserne Belegschaften? Datenschutz in Betrieb und Dienststelle (2002); *ders.,* Das neue Bundesdatenschutzgesetz und seine Auswirkungen im Arbeitsrecht, NZA 2001, 874 ff.; *Th. Engelien-Schulz,* Erläuterungen zum teilweise neuen § 12 Abs. 4 Bundesdatenschutzgesetz – Betrachtung eines Regelungsgeflechts, BWV 2003, 27 ff.; *P. Gola/G. Wronka,* Handbuch zum Arbeitnehmerdatenschutz (1989); *dies.,* Das neue BDSG und der Arbeitnehmerdatenschutz, RDV 1991, 165 ff.; *S. Simitis,* Schutz von Arbeitnehmerdaten. Regelungsdefizite – Lösungsvorschläge (1980); *ders.,* Verarbeitung von Arbeitnehmerdaten, CR 1991, 161 ff.; *H. Wohlgemuth,* Datenschutz für Arbeitnehmer (2. Aufl. 1988); *W. Zöllner,* Daten- und Informationsschutz im Arbeitsverhältnis (2. Aufl. 1988)

Übersicht

1. Vorbemerkung

Als Einleitungsvorschrift des zweiten Abschnitts („Datenverarbeitung der öffentlichen Stellen“) hat § 12 vor allem die Aufgabe, dessen Anwendungsbereich zu definieren und von demjenigen des dritten Abschnitts („Datenverarbeitung nicht-öffentlicher Stellen und öffentlich-rechtlicher Wettbewerbsunternehmen“) abzugrenzen. Dabei enthält Abs. 1 die Grundsatzentscheidung, während die Abs. 2 und 4 partielle Ausnahmen vorsehen. Die Regelung des Abs. 3 gehört streng genommen systematisch nicht in den § 12, sondern wäre – entsprechend dem Beispiel des § 24 Abs. 6 – innerhalb von § 23 besser aufgehoben. 1

Die Vorschrift weist verschiedene redaktionelle Mängel auf, von denen einige zu gravierenden Auslegungsproblemen führen. Zu weitgehend formuliert ist die Herausnahme der öffentlich-rechtlichen Wettbewerbsunternehmen aus *den* „Vorschriften dieses Abschnittes“, da diese nach der klaren und spezielleren Aussage des § 24 Abs. 1 der Kontrolle des BfDI unterliegen und 2 damit den Vorschriften des dritten Unterabschnitts unterfallen. Keine Probleme löst auch die Inkonsequenz bei der Formulierung der Abschnittsüberschriften aus, die darin besteht, dass die öffentlich-rechtlichen Wettbewerbsunternehmen in der Abschnittsüberschrift des dritten Abschnitts ausdrücklich angefügt werden, ohne aber bei der Abschnittsüberschrift des zweiten Abschnitts ausgeschlossen zu sein. Gemeint ist jedenfalls, dass für öffentlich-rechtliche Wettbewerbsunternehmen vom zweiten Abschnitt nur der dritte Unterabschnitt und vom dritten Abschnitt nur der erste und zweite Unterabschnitt gelten. Abs. 2 stellt, abgesehen von der ausgesprochenen Rechtsfolge und dem Ausschluss der öffentlich-rechtlichen Wettbewerbsunternehmen nach Nr. 1, eine (überflüssige) Wiederholung des § 1 Abs. 2 dar. Redaktionelle und konzeptionelle Schwächen zeigen sich schließlich bei Abs. 4.[1]

3 Von dem Grundsatz, dass für öffentliche Stellen der zweite, für nicht-öffentliche Stellen der dritte Abschnitt gilt, gibt es nur drei echte Ausnahmen, nämlich

- für öffentlich-rechtliche Wettbewerbsunternehmen (anwendbar sind der dritte Unterabschnitt des zweiten Abschnitts und der erste und zweite Unterabschnitt des dritten Abschnitts),
- für dienst- oder arbeitsrechtliche Rechtsverhältnisse öffentlicher Stellen, für die gemäß Abs. 4 bestimmte Vorschriften des zweiten Abschnitts durch bestimmte Vorschriften des dritten Abschnitts ersetzt werden, und
- für nicht-öffentliche Stellen, soweit sie Daten im Auftrag verarbeiten oder nutzen, für die gemäß § 11 Abs. 4 Nr. 1 b bestimmte Vorschriften des zweiten Abschnitts gelten.

4 Die Abschnittssystematik knüpft an die „öffentliche Stelle" gemäß den in § 2 formulierten Legaldefinitionen an[2] und bezieht daher, anders als die Vorläufervorschrift,[3] privat-rechtlich organisierte Stellen, die vom Gesetz als öffentliche Stelle definiert werden, bereits begrifflich mit ein.

5 Keine Abweichung von der Abschnittssystematik, sondern lediglich eine Einschränkung bei der Anwendung der Vorschriften des zweiten Abschnittes sieht § 11 Abs. 4 Nr. 1 a für öffentliche Stellen vor, die Daten im Auftrag verarbeiten oder nutzen.

6 Eine wichtige Grundentscheidung des Gesetzes liegt darin, bei der Differenzierung zwischen zweitem und drittem Abschnitt grundsätzlich nicht nach den einzelnen Funktionen oder Aufgaben vorzugehen, in deren Zusammenhang personenbezogene Daten erhoben, verarbeitet oder genutzt werden, sondern nach der institutionellen Einstufung der Stelle als öffentlicher oder nicht-öffentlicher Stelle.[4] Das Gesetz bevorzugt also im Prinzip einen institutionellen gegenüber einem funktionellen Ansatz und weicht davon nur ausnahmsweise ab, etwa bei den beliehenen Unternehmen.[5]

7 – unbesetzt –

2. Öffentliche Stellen des Bundes (Abs. 1 1. Halbsatz)

8 Mit der Aussage, dass die Vorschriften des zweiten Abschnittes für öffentliche Stellen des Bundes gelten[6] wird sowohl **positiv** die Verbindlichkeit dieser Vorschrift festgelegt, als auch **negativ** zum Ausdruck gebracht, dass diese Vorschriften für andere Stellen nicht gelten. Die im 2. Halbsatz des ersten Absatzes für die öffentlich-rechtlichen Wettbewerbsunternehmen getroffene Regelung ist freilich nicht die einzige Ausnahme von diesem Grundsatz.[7]

1 Vgl. dazu u. Rdnrn. 23 f.
2 Vgl. § 2 Rdnrn. 15 ff.
3 § 7, ergänzt um § 22 Abs. 3 BDSG 1977.
4 S. dazu näher § 2 Rdnrn. 15 ff. und Erl. zu Abs. 4.
5 § 2 Abs. 4 Satz 2, sowie Erl. dazu.
6 Abs. 1 1. Halbsatz.
7 Vgl. o. Rdnrn. 3 f.

3. Öffentlich-rechtliche Wettbewerbsunternehmen (Abs. 1 2. Halbsatz)

Um Wettbewerbsverzerrungen zwischen privat- und öffentlich-rechtlich organisierten Unternehmen auszuschließen, nimmt das Gesetz mit Abs. 1 2. Halbsatz die öffentlich-rechtlichen Wettbewerbsunternehmen von der Anwendung des zweiten Abschnitts aus. Wie schon erwähnt, ist diese Regelung allerdings deshalb nicht abschließend, weil nach der Einleitungsvorschrift des dritten Abschnitts dessen Vorschriften zwar anwendbar sind,[8] jedoch mit der Maßgabe, dass hinsichtlich der externen Kontrolle nicht die Vorschrift des § 38 über die Aufsichtsbehörde, sondern die Vorschriften 21 und 24 bis 26 über den BfDI anwendbar sind. Für die interne Durchführung gilt neben den §§ 4f und 4g zum Beauftragten für den Datenschutz zusätzlich die Vorschrift des § 18, der die Durchführung des Datenschutzes in der Bundesverwaltung regelt. Diese Regelung bedeutet, dass öffentlich-rechtliche Wettbewerbsunternehmen in Fragen der internen Durchführung und der externen Kontrolle des Datenschutzes grundsätzlich nach den für öffentliche Stellen geltenden Vorschriften zu behandeln sind; der dritte Unterabschnitt des zweiten Abschnitts ist nur deshalb nicht insgesamt für anwendbar erklärt worden, weil sich die §§ 22 und 23 allein mit dem Organisationsrecht des BfDI befassen und deshalb die öffentlich-rechtlichen Wettbewerbsunternehmen ohnehin nicht zum Gesetzesadressaten haben. 9

Die Doppelregelung hinsichtlich der internen Durchführung ist unproblematisch, soweit es um die allgemeine Verpflichtung zur Sicherstellung des Datenschutzes nach Abs. 1 geht, da insoweit ein Konflikt mit den Anforderungen nach § 4f nicht besteht. 10

Zum Begriff des öffentlich-rechtlichen Wettbewerbsunternehmens siehe Erläuterungen zu § 27 Abs. 1. 11

Für von öffentlich-rechtlichen Trägern betriebene Krankenhäuser und Einrichtungen zur Eingliederung Behinderter macht § 79 Abs. 2 SGB X die Sonderbehandlung als Wettbewerbsunternehmen rückgängig; dies gilt nach § 79 Abs. 1 SGB X insoweit, als diese dem Sozialgeheimnis nach § 35 SGB I unterliegen, also z.B. dann nicht, wenn es um die Datenverarbeitung im Rahmen privatrechtlicher Behandlungsverträge geht.[9] 12

Soweit eine öffentliche Stelle nicht als Wettbewerbsunternehmen tätig ist und auch die Ausnahme des Abs. 4 nicht eingreift, unterliegen ihre Aktivitäten den Vorschriften des zweiten Abschnitts **ohne Rücksicht auf Zweck, Inhalt und rechtliche Grundlagen** der jeweiligen Tätigkeit. Von einer Eingrenzung auf die öffentlich-rechtliche Verwaltungstätigkeit entsprechend dem Geltungsbereich des Verwaltungsverfahrensgesetzes[10] hat der Gesetzgeber bewusst Abstand genommen. Ebenso wie bei der Einbeziehung privatrechtlicher Vereinigungen in den Begriff der öffentlichen Stelle[11] kam es ihm vor allem darauf an, jeden Versuch, durch die Wahl privatrechtlicher Betätigungsformen den strengen Anforderungen des zweiten Abschnitts zu entgehen, von vornherein zu blockieren. Er hat daher jede weitere Differenzierung, etwa zwischen Aufgaben der Eingriffs- und der Leistungsverwaltung, zwischen hoheitlicher und fiskalischer Tätigkeit, zwischen Gesetzesvollzug und Handeln im „gesetzesfreien Raum“ oder öffentlich-rechtlichem Verwaltungshandeln und sonstiger Betätigung, vermieden. Daher steht auch das Fehlen hoheitlicher Gewalt einer Anwendung des zweiten Abschnitts auf die Datenverarbeitungsaktivitäten von Personalvertretungen nicht entgegen. Der zweite Abschnitt gilt damit auch für innerhalb des öffentlichen Bereichs ganz untypische Gebiete, wie etwa die Tätigkeiten eines Forschungsinstituts oder eines Presse- und Informationsamtes. Eine zu § 2 Abs. 4 Satz 2 spiegelbildliche Regelung dahin gehend, dass eine öffentliche Stelle als nicht-öffentliche Stelle zu behandeln ist, soweit sie außerhalb des öffentlich-rechtlichen Funktionsbereichs handelt (oder: wie ein Privater am privaten Rechtsverkehr teilnehmend), oder doch dahin gehend, dass insoweit die materiellen Vorschriften des dritten Abschnittes an die Stelle derjenigen des zweiten Abschnitts treten sollen, wurde bewusst vermieden. 13

---

8 § 27 Abs. 1 Satz 1 Nr. 2 a.
9 Vgl. *Walz,* GK-SGB X 2 § 79 Rdnrn. 258 ff.
10 § 1 Abs. 1.
11 § 2 Abs. 1 bis 3.

14 So überzeugend freilich der grundsätzliche Ansatz des Gesetzgebers ist, so wenig lässt sich die Problematik einer solchen pauschal verfahrenden Lösung verleugnen. Sie führte beispielsweise zu der Notwendigkeit, für den Datenumgang für Zwecke der wissenschaftlichen Forschung Sonderregelungen ins Gesetz aufzunehmen.[12] Es gibt aber weitere Bereiche, wie etwa die fiskalische Betätigung, für die die Regelungen des dritten Abschnitts sachlich besser passen als die von den Kriterien des öffentlichen Rechts bestimmten Regelungsgrundsätze des zweiten Abschnitts. Solange der Gesetzgeber an der im Wesentlichen an der Rechtsform der handelnden Stelle anknüpfenden Systematik festhält, bleibt bei der Gesetzesanwendung jedoch nur die Möglichkeit, im Rahmen der Auslegung der Vorschriften des zweiten Abschnitts der Tatsache Rechnung zu tragen, dass ein Sachverhalt außerhalb des öffentlichen Rechts liegt.

4. Öffentliche Stellen der Länder (Abs. 2)

15 Abs. 2 regelt die Anwendbarkeit der Vorschriften des zweiten Abschnitts auf die öffentlichen Stellen der Länder. Die Vorschrift setzt daher zunächst einmal voraus, dass das Gesetz generell für die öffentlichen Stellen der Länder anwendbar ist und verweist daher der Sache nach auf § 1 Abs. 2. Ein Vergleich beider Vorschriften zeigt, dass § 12 Abs. 2 zum größten Teil eine Wiederholung des § 1 Abs. 2 darstellt. Auf dessen Kommentierung kann daher verwiesen werden. Der eigenständige Regelungsgehalt erschöpft sich in der Aufzählung der anwendbaren Vorschriften des zweiten Abschnitts (Einleitungssatz) und der Herausnahme der öffentlich-rechtlichen Wettbewerbsunternehmen[13] zugunsten des dritten Abschnitts.[14]

16 Die Bestimmung der anwendbaren Vorschriften durch den Einleitungssatz folgt den Grenzen der Gesetzgebungskompetenz des Bundes. Die in § 18 enthaltenen Vorschriften zur organisatorischen Durchführung des Datenschutzes betreffen organisatorische Angelegenheiten der Stellen der Länder und liegen damit jenseits der Bundeskompetenz für die Regelung des Verwaltungsverfahrens. Das Gleiche gilt für die externe Datenschutzkontrolle, weshalb alle den BfDI betreffenden Vorschriften ausgespart sind, mit Ausnahme des § 24 Abs. 6, der an die Fachkompetenzen anknüpft, zu denen die in § 24 Abs. 2 genannten Geheimhaltungsvorschriften gehören. Mit der Einbeziehung des § 12 wird klargestellt, dass die durch Abs. 4 bewirkte Abweichung von der Abschnittssystematik auch für die öffentlichen Stellen der Länder gilt, während die Einbeziehung der Abs. 1 und 3 gegenstandslos ist.

17 Mit der ausdrücklichen Ausklammerung der öffentlich-rechtlichen Wettbewerbsunternehmen folgt das Gesetz der für die öffentlichen Stellen des Bundes geltenden Regelungssystematik. Auf der Ebene der Länder dürfte die Regelung jedoch weitestgehend irrelevant sein, da die Anwendbarkeit des BDSG ohnehin nur in Betracht kommt, soweit die Stelle eines Landes Bundesrecht ausführt und dieses Merkmal bei einem Wettbewerbsunternehmen begrifflich ausgeschlossen erscheint. Bundesrecht führt eine Stelle nämlich nur dann aus, wenn ihr der Vollzug der Vorschriften als Aufgabe übertragen ist.[15] Sollte dies aber der Fall sein, wäre die betreffende Stelle des Landes insoweit aber gerade nicht als Wettbewerbsunternehmen tätig.

5. Zeugnisverweigerungsrecht für LfD (Abs. 3)

18 Nach Abs. 3 gilt die Vorschrift des § 23 Abs. 4, welche dem BfDI ein Zeugnisverweigerungsrecht einräumt, für Landesbeauftragte für den Datenschutz entsprechend. Die Vorschrift wurde auf Empfehlung des Innenausschusses des Bundestages eingefügt, nachdem der Bundesrat eine entsprechende Prüfbitte formuliert hatte. Mit ihr wurde anerkannt, dass es auch für die Stellung der LfD wie auch für deren Petenten wichtig ist, den Vertrauensschutz in Bezug

12 Vgl. die mit der Novellierung 1990 neu aufgenommenen Bestimmungen der §§ 14 Abs. 2 Nr. 9, 28 Abs. 3 Satz 1 Nr. 4, 29 Abs. 2 Satz 2 und 40.
13 Nr. 1.
14 Vgl. Komplementärvorschrift des § 27 Abs. 1 Satz 1 Nr. 2 b.
15 Vgl. § 1 Rdnr. 130.

auf Mitteilungen und mitteilende Personen zu gewährleisten.[16] Eine gesetzliche Regelung durch den Bund war erforderlich, weil durch Landesgesetz keine Ausnahmen von der bundesrechtlich in den Prozessordnungen statuierten Zeugnispflicht begründet werden können.

Wegen dieser Kompetenzlage gilt Abs. 3 unabhängig vom Bestand und Inhalt des jeweiligen Landesdatenschutzrechts. Der Vorbehalt des Abs. 2[17] kommt hier nicht zum Tragen; Abs. 3 ist insoweit als Spezialvorschrift anzusehen. Das Zeugnisverweigerungsrecht gilt auch, wenn eine nach dem LDSG erforderliche Aussagegenehmigung erteilt wurde.[18] 19

Abs. 3 verlangt eine **entsprechende** Anwendung, sieht aber im Übrigen keine Modifikationen vor. § 23 Abs. 4 ist deshalb mit der Maßgabe anzuwenden, dass an die Stelle des BfDI der LfD tritt. Das Zeugnisverweigerungsrecht gilt deshalb auch für die Mitarbeiter der LfD.[19] Eine entsprechende Anwendung der für den BfDI ausgesprochenen „Maßgabe, dass über die Ausübung dieses Rechts der Bundesbeauftragte entscheidet", ist jedoch mangels Gesetzgebungskompetenz des Bundes für organisatorische Angelegenheiten der Länder nicht möglich. Insoweit ist vielmehr streng genommen vom jeweiligen Landesrecht auszugehen. Infolge der verfassungs- und europarechtlich gebotenen Unabhängigkeit des LfD kann zur Entscheidung über die Ausübung des Zeugnisverweigerungsrechts seiner Mitarbeiter aber keine andere Instanz als der LfD selbst berufen sein. 20

Aus dem Regelungszweck und der vorgesehenen entsprechenden Anwendung folgt im Übrigen, dass den LfD sowie ihren Mitarbeitern ein Zeugnisverweigerungsrecht nur insoweit zusteht, wie diese Aufgaben des Datenschutzes ausführen. Dafür genügt es, wenn die Tätigkeit im sachlichen Zusammenhang mit dem Zweck des Datenschutzes i.S.d. § 1 Abs. 1 steht. Sind einem LfD außerdem andersartige, nicht mit dem Schutz der informationellen Selbstbestimmung zusammenhängende Aufgaben übertragen, wie z.B. Untersuchungen für den Landtag und die kommunalen Vertretungsorgane im Falle unzureichender Datenauskünfte nach § 39 HDSG,[20] so kann er sich insoweit nicht auf das Zeugnisverweigerungsrecht des § 23 Abs. 4 berufen. Auf die Amtsbezeichnung des LfD kommt es dagegen nicht an, ebenso wenig wie auf die Organisationsform, solange es sich nur um eine auf gesetzlicher Grundlage und mit unabhängigem Status versehene Institution zur Kontrolle des Datenschutzes i.S.d. § 1 Abs. 1 handelt.[21] 21

6. Dienst- oder arbeitsrechtliche Rechtsverhältnisse (Abs. 4)

Ebenso wie bei den Wettbewerbsunternehmen geht das Gesetz auch bei der Verarbeitung von Daten im Zusammenhang mit Arbeits- und Dienstverhältnissen von der an der Rechtsform der verarbeitenden Stelle orientierten Abschnittssystematik ab. Nach Abs. 4 gelten anstelle bestimmter Vorschriften des 2. Abschnitts die entsprechenden des 3. Abschnitts. Dies bedeutet, dass die Zulässigkeit der Datenverarbeitung und die Rechte des Betroffenen insoweit ausschließlich nach den für den nicht-öffentlichen Bereich geltenden Regeln zu beurteilen sind. Der Gesetzgeber hält diese Regelungen für „besser geeignet"; sie bewirken, dass „alle Arbeitsverhältnisse datenschutzrechtlich einheitlich … behandelt werden".[22] Die Gleichbehandlung wird allerdings mit Abstrichen beim Datenschutz der betroffenen öffentlichen Bediensteten bezahlt.[23] Deshalb sind eine Reihe von Landesdatenschutzgesetzen in diesem Punkt dem BDSG nicht gefolgt, sodass die Einheitlichkeit nicht erreicht wurde.[24] Der BfDI hat daher für die Aufhebung der Vorschrift plädiert.[25] 22

16 Zum Regelungszweck vgl. näher § 23 Rdnr. 14.
17 Wie auch der des § 1 Abs. 2 Nr. 2.
18 Vgl. §§ 23 BlnDSG, 26 BrDSG.
19 § 23 Abs. 4 S. 2; ebenso *Auernhammer,* Textausgabe § 12 Rdnr. 4.
20 S. auch § 24 Abs. 3 BlnDSG.
21 Zur Parallelregelung des § 24 Abs. 6 vgl. dort Rdnr. 32.
22 Begr. zu § 5 des RegE zum BDSG 1977, BT-Drs. 7/1027.
23 Vgl. *Simitis,* RDV 1989, 52 f.
24 Vgl. im Einzelnen *Gola/Schomerus,* BDSG § 12 Rdnr. 11 ff.
25 13. TB S. 43.

23 Mit der Novellierung 1990 wurde die Vorschrift gegenüber dem alten § 7 Abs. 3 aber nur redaktionell umgestaltet und dem veränderten Anwendungsbereich angepasst. Bei der redaktionellen Ausformung sind Unstimmigkeiten eingetreten.[26]

24 Das BDSG 1990 enthält, anders als verschiedene neuere Landesdatenschutzgesetze,[27] keine besonderen Regelungen für den **Arbeitnehmerdatenschutz**, obwohl deren Notwendigkeit auch von der Bundesregierung anerkannt und im Rahmen der BDSG-Novellierung ausdrücklich bestätigt worden ist.[28] Mit dem Neunten Gesetz zur Änderung dienstrechtlicher Vorschriften vom 11.6.1992[29] ist diese Lücke für einen Teilbereich des öffentlichen Dienstes inzwischen geschlossen worden. Für den verbleibenden Bereich hat die Bundesregierung einen Gesetzentwurf immer wieder angekündigt.[30] Das erwähnte Neunte **Dienstrechtsänderungsgesetz** ergänzt das Beamtenrechtsrahmengesetz, das Bundesbeamtengesetz, das Soldatengesetz und das Zivildienstgesetz um Spezialregelungen zum Umgang mit personenbezogenen Daten in und außerhalb von Personalakten. Für die öffentlich-rechtlich geregelten Dienstverhältnisse werden die Bestimmungen des BDSG durch diese Sonderregelungen weitgehend verdrängt. Da eine besondere Regelung zur Spezialität nicht erfolgte, ist der Umfang der Verdrängung unter Anwendung des § 1 Abs. 3 für die einzelnen Regelungsbereiche konkret zu bestimmen. Eine vollständige Verdrängung findet danach nicht statt, da es beispielsweise an Bestimmungen über die Auftragsverarbeitung, technische und organisatorische Maßnahmen, die Haftung, die Durchführung und die Kontrolle des Datenschutzes fehlt, ebenso wie an solchen zur **besonderen** Zweckbindung und an Strafvorschriften.

25 Aus dem Standort des Abs. 4 innerhalb des zweiten Abschnitts ergibt sich, dass er nur anzuwenden ist, soweit die in Abs. 1 und 2 bestimmten allgemeinen Anwendungsvoraussetzungen dieses Abschnitts erfüllt sind. Er kommt daher nicht zum Zuge

- bei öffentlich-rechtlichen Wettbewerbsunternehmen des Bundes;[31]
- bei öffentlichen Stellen der Länder, soweit nicht die Voraussetzungen des Abs. 2 vorliegen.

26 Der Begriff „**dienst- und arbeitsrechtliche Rechtsverhältnisse**" ist weit auszulegen. Er bezieht sich nicht nur auf Beamte, Angestellte und Arbeitgeber, sondern auch auf Soldaten, Zivildienstleistende, Helfer im Zivil- oder Katastrophenschutz sowie Entwicklungsdienstleistende,[32] Richter und zu Ausbildungszwecken Beschäftigte. Auf die Beschäftigteneigenschaft nach § 4 Abs. 1 BPersVG kommt es dabei nicht an. Durch die Einbeziehung auch künftiger und früherer Rechtsverhältnisse werden Wehrpflichtige auch vor und nach dem Wehrdienst erfasst;[33] ferner fallen die Daten von Stellenbewerbern unter diese Regelung.

27 Nach Dauer oder Umfang eng begrenzte öffentlich-rechtliche Pflichten oder Funktionen, wie z.B. Ehrenämter bei Wahlverfahren (Wahlvorstände, Wahlhelfer) oder bei Gericht (Schöffen), Mandate in Vertretungsorganen (etwa in Personalvertretungen oder Organe der Sozialversicherungsträger), die Mitgliedschaft in Beiräten, Kuratorien und Ausschüssen und spezielle Hilfsdienste (etwa als Volkszähler) fallen nicht unter Abs. 4, weil sie nicht den Charakter von dienst- oder arbeitsrechtlichen Rechtsverhältnissen haben und daher vom Regelungsziel der Gleichbehandlung nicht umfasst werden. Sie sind auch nicht Teil des Arbeitsmarktes. Wegen ihrer spezifischen öffentlich-rechtlichen Ausrichtung wäre ein Rückgriff auf die Regelungen des Dritten Abschnitts auch nicht sachgerecht. Auch das Amt des Bundestagsabgeordneten und die Wahlämter im Bundestag sind keine arbeits- oder dienstrechtlichen Verhältnisse.[34] Ebenso wenig trifft dies auf Werkverträge, etwa mit Dozenten oder Beratern, zu.

---

26 Vgl. u. Rdnrn. 30.

27 Vgl. etwa § 34 HDSG.

28 Vgl. den Bericht der Bundesregierung, BT-Drs. 10/4594 sowie den einstimmigen Beschluss des Bundestagsausschusses für Arbeit- und Sozialordnung, BT-Drs. 11/7235, 111 aber auch den Beschluss der DSBK v. 27./28.3.1984, DOK. F 12 Nr. 2.7; *Simitis,* Schutz, 1 ff., RDV 1989, 60, CR 1991, 161 ff. sowie o. Rdnr. 197; zur verfassungsrechtlichen Notwendigkeit vgl. schon Beschluss der DSB-Konferenz v. 27./28. März 1984, Abschnitt 2.7, abgedr. in Dok. F 12 S. 11 f.

29 BGBl. I 1992, 1030.

30 So etwa in der Antwort auf die Kleine Anfrage der SPD, Drucks. 12/2948 v. 26.6.1992 S. 2.

31 Hier gelten die Vorschriften des dritten Abschnittes unmittelbar nach § 27 Abs. 1 S. 1 Nr. 2 a.

32 Nach §§ 13 a, b Wehrpflichtgesetz.

33 Begr. zu § 5 des RegE zum BDSG 1977, BT-Drs. 7/1027.

28 Für die Anwendung des Abs. 4 genügt es nicht, dass die Daten sich auf Personen beziehen, die in einem der genannten Beschäftigungsverhältnisse stehen. Nach dem Wortlaut wie auch nach dem Regelungszweck, den öffentlichen Dienst mit Arbeitnehmern im privaten Bereich gleichzubehandeln, muss die Datenverarbeitung vielmehr gerade das der Beschäftigung zugrunde liegende **Rechtsverhältnis betreffen**. Dies ist der Fall, wenn die Daten den Bestand oder Inhalt der dienst- bzw. arbeitsrechtlichen Rechtsbeziehungen zum Gegenstand haben (insbesondere Personalgrunddatei) oder Sachverhalte darstellen, welche unmittelbare Konsequenzen für die Rechte und Pflichten im Rahmen des Beschäftigungsverhältnisses haben, wie etwa vergütungsrelevante Leistungen, Beihilfen und Zusatzversorgung[35] oder die Anerkennung als Kriegsdienstverweigerer. Der Begriff deckt sich, soweit Beamte betroffen sind, mit der im Neunten Dienstrechtsänderungsgesetz getroffenen Definition der „Personalaktendaten" als Unterlagen, die den Beamten betreffen, „soweit sie mit seinem Dienstverhältnis in einem unmittelbaren inneren Zusammenhang stehen".[36] Davon zu unterscheiden sind Angaben im Zusammenhang mit den wirtschaftlichen und organisatorischen Verhältnissen der datenverarbeitenden Stelle, die zwar Beschäftigte betreffen, jedoch ohne direkten Bezug zu ihren dienst- oder arbeitsrechtlichen Rechtsverhältnissen, wie etwa Daten zur Organisation (Geschäftsverteilung, Telefonverzeichnisse), zum Arbeitsablauf (zugewiesene oder erledigte Arbeiten, Besprechungsniederschriften, Einsatzpläne) oder zur Kontrolle von Resourcen (Inventar, verbrauchte Rechenzeit, Benutzung von Dienstfahrzeugen). Sie können als **„betriebliche Personaldaten"** bezeichnet werden. Manche der das Rechtsverhältnis betreffenden Daten, wie z.B. identifizierende Daten und Angaben zu Status und Funktion, können zugleich betriebliche Personaldaten sein; sie sind dann nach der jeweiligen Verwendung einzustufen.

29 Nach der gesetzlichen Formulierung „gelten anstelle" bestimmter Vorschriften des zweiten Abschnitts bestimmte Vorschriften des dritten Abschnitts. Dies bedeutet, dass sowohl in Bezug auf die tatbestandlichen Voraussetzungen als auch auf die angeordneten Rechtsfolgen die anderen Vorschriften anzuwenden sind. Es werden also die kompletten Paragraphen einschließlich ihrer Überschriften ausgetauscht, mehr aber auch nicht. Mit dem letzten, mit der Novellierung 2001 angefügten Halbsatz wird klargestellt, dass es auf einen Dateibezug i.S.v. § 27 Abs. 2 nicht ankommt.[37] Die Vorschriften des dritten Abschnitts sind allerdings im Wesentlichen auf eine dateiförmige Datenverarbeitung zugeschnitten; abgestufte Regelungen für Daten **außerhalb von Dateien**, wie sie sich im zweiten Abschnitt in §§ 15 Abs. 5, 19 Abs. 1 S. 3, 20 Abs. 1 S. 2 und Abs. 5 finden, fehlen. Die anzuwendenden Vorschriften des dritten Abschnittes sind deshalb, soweit es sich um eine manuelle Verarbeitung außerhalb von Dateien handelt, im Sinne der genannten Spezialvorschriften des zweiten Abschnitts auszulegen.

30 Zu den für unanwendbar erklärten Vorschriften gehört die besondere Zweckbindungsregelung für Daten, die ausschließlich zu Zwecken der Datenschutzkontrolle, der Datensicherung oder zur Sicherstellung eines ordnungsgemäßen Betriebs einer Datenverarbeitungsanlage gespeichert werden.[38] Wohl versehentlich wurde aber versäumt, die gleichlautende Parallelvorschrift des dritten Abschnitts[39] ersatzweise in Kraft zu setzen. Folgte man schlicht dem Wortlaut, resultierte daraus eine gegen den Gleichbehandlungsgrundsatz verstoßende Benachteiligung von Personen, die in dienst- oder arbeitsrechtlichen Rechtsverhältnissen bei öffentlichen Stellen beschäftigt sind, gegenüber Arbeitnehmern privater Stellen.[40] Es ist daher davon auszugehen, dass die Nichteinbeziehung des § 31 in die Anwendungsbestimmung des § 12 Abs. 4 lediglich ein – rechtlich unbeachtliches – Redaktionsversehen darstellt.[41]

---

34 Wie hier *Gola/Schomerus,* BDSG § 12 Rdnr. 8.
35 Ebenso *Gola/Schomerus,* a.a.O.
36 § 90 Abs. 3 BBeaG.
37 Wie an dieser Stelle schon früher vertreten.
38 § 14 Abs. 4.
39 § 31.
40 Für die § 31 gilt.
41 § 31 wurde erst aufgrund einer Empfehlung des Innenausschusses aufgenommen; die Ergänzungsbedürftigkeit des § 12 wurde übersehen.

§ 13 Datenerhebung

(1) Das Erheben personenbezogener Daten ist zulässig, wenn ihre Kenntnis zur Erfüllung der Aufgaben der verantwortlichen Stelle erforderlich ist.

(1a) Werden personenbezogene Daten statt beim Betroffenen bei einer nicht öffentlichen Stelle erhoben, so ist die Stelle auf die Rechtsvorschrift, die zur Auskunft verpflichtet, sonst auf die Freiwilligkeit ihrer Angaben hinzuweisen.

(2) Das Erheben besonderer Arten personenbezogener Daten (§ 3 Abs. 9) ist nur zulässig, soweit

1. eine Rechtsvorschrift dies vorsieht oder aus Gründen eines wichtigen öffentlichen Interesses zwingend erfordert,

2. der Betroffene nach Maßgabe des § 4a Abs. 3 eingewilligt hat,

3. dies zum Schutz lebenswichtiger Interessen des Betroffenen oder eines Dritten erforderlich ist, sofern der Betroffene aus physischen oder rechtlichen Gründen außerstande ist, seine Einwilligung zu geben,

4. es sich um Daten handelt, die der Betroffene offenkundig öffentlich gemacht hat,

5. dies zur Abwehr einer erheblichen Gefahr für die öffentliche Sicherheit erforderlich ist,

6. dies zur Abwehr erheblicher Nachteile für das Gemeinwohl oder zur Wahrung erheblicher Belange des Gemeinwohls zwingend erforderlich ist,

7. dies zum Zweck der Gesundheitsvorsorge, der medizinischen Diagnostik, der Gesundheitsversorgung oder Behandlung oder für die Verwaltung von Gesundheitsdiensten erforderlich ist und die Verarbeitung dieser Daten durch ärztliches Personal oder durch sonstige Personen erfolgt, die einer entsprechenden Geheimhaltungspflicht unterliegen,

8. dies zur Durchführung wissenschaftlicher Forschung erforderlich ist, das wissenschaftliche Interesse an der Durchführung des Forschungsvorhabens das Interesse des Betroffenen an dem Ausschluss der Erhebung erheblich überwiegt und der Zweck der Forschung auf andere Weise nicht oder nur mit unverhältnismäßigem Aufwand erreicht werden kann oder

9. dies aus zwingenden Gründen der Verteidigung oder der Erfüllung über- oder zwischenstaatlicher Verpflichtungen einer öffentlichen Stelle des Bundes auf dem Gebiet der Krisenbewältigung oder Konfliktverhinderung oder für humanitäre Maßnahmen erforderlich ist.

Literatur

M. Albers, Zur Neukonzeption des grundrechtlichen „Daten"schutzes, in *A. Haratsch/D. Kugelmann/U. Repkewitz* (Hrsg.), Herausforderungen an das Recht der Informationsgesellschaft (1996), 113 ff.; *dies.,* Die Determination polizeilicher Tätigkeit in den Bereichen der Straftatenverhütung und der Verfolgungsvorsorge (2001); *R. Baumann,* Stellungnahme zu den Auswirkungen des Urteils des Bundesverfassungsgerichts vom 15.12.1983 zum Volkszählungsgesetz 1983, DVBl. 1984, 612 ff.; *J. Bizer,* Rechtliche Bedeutung der Kryptographie, DuD 1997, 203 ff.; *U. Brühann,* EU-Datenschutzrichtlinie – Umsetzung in einem vernetzten Europa, RDV 1996, 12 ff.; *W. Däubler,* Übermittlung von Arbeitnehmerdaten ins Ausland, in *A. Büllesbach* (Hrsg.), Datenverkehr ohne Datenschutz? (1999), 71 ff.; *E. Duhr/H. Naujok/M. Peter/E. Seiffert,* Neues Datenschutzrecht für die Wirtschaft, DuD 2002, 5 ff.; *Th. Engelien-Schulz*: „Daten über die Gesundheit" als eine besondere Art personenbezogener Daten – Begriffsbestimmung und Bedeutung für öffentliche Stellen des Bundes. – RDV (2005) 201-208; *P. Gola,* Die Frage nach dem Verhinderungsfall – ein Versuch zur Umgehung unzulässiger Datenerhebungen?, RDV 2000, 202 ff.; *ders.,* Die Erhebung und Verarbeitung „besonderer Arten personenbezogener Daten" im Arbeitsverhältnis, RDV 2001, 125 ff.; *P. Gola/C. Klug,* Die Entwicklung des Datenschutzrechts in den Jahren 2000/2001, NJW 2001, 3747 ff.; *L. Gundermann/M. Köhntopp,* Biometrie zwischen Bond und Big Brother, DuD 1999, 143 ff.; *C. Gusy,* Informationelle Selbstbestimmung und Datenschutz: Fortführung oder Neuanfang?, KritV (2000), 52 ff.; *R. Hamm,* Bürger im Fangnetz der Zentraldateien, NJW 1998, 2407 ff.; *W. Hassemer,* Über die absehbare Zukunft des Datenschutzes, DuD 1996, 195 ff.; *W. Hoffmann-Riem,* Informationelle Selbstbestimmung in der Informationsgesellschaft – Auf dem Weg zu einem neuen Konzept des Datenschutzes, AöR 1998, 513 ff.; *B. Holznagel/S. Pooth/C. Werthmann* (Hrsg.),

Datenschutz und Multimedia (1998); *R. Ihde,* Cookies – Datenschutz als Rahmenbedingung der Internetökonomie, CR 2000, 413 ff.; *M. Kloepfer,* Geben moderne Technologien und die europäische Integration Anlass, Notwendigkeit und Grenzen des Schutzes personenbezogener Informationen neu zu bestimmen?, Gutachten D für den 62. DJT (1998); *C. Klug,* Beispiele richtlinienkonformer Auslegung des BDSG, RDV 2001, 266 ff.; *M. Kutscha,* Datenschutz durch Zweckbindung – Ein Auslaufmodell?, ZRP 1999, 156 ff.; *I. Meyer,* „Der Mensch als Datenträger?" (2001); *R. Pitschas,* Informationelle Selbstbestimmung zwischen digitaler Ökonomie und Internet. Zum Paradigmawandel des Datenschutzrechts in der globalen Informationsgesellschaft, DuD 1998, 139 ff.; *K. Rihaczek,* Erheben/Speichern, DuD 1996, 742; *A. Roßnagel/J. Bizer,* Multimediadienste und Datenschutz, DuD 1996, 209 ff.; *A. Roßnagel,* Globale Datennetze: Ohnmacht des Staates – Selbstschutz der Bürger, ZRP 1997, 26 ff.; *A. Roßnagel/A. Pfitzmann/H. Garstka,* Modernisierung des Datenschutzrechts (2001); *P. Schaar,* Datenschutz im Internet (2002); *W. Schulz,* Verfassungsrechtlicher „Datenschutzauftrag" in der Informationsgesellschaft, Die Verwaltung 1999, 137 ff.; *S. Simitis,* „Sensitive Daten" – Zur Geschichte und Wirkung einer Fiktion, in Festschrift für Mario M. Pedrazzini (1990), 469 ff.; *ders.,* Vom Markt zur Polis: die EU-Richtlinie zum Datenschutz, in *M. Tinnefeld/L. Philipps/S. Heil* (Hrsg.), Informationsgesellschaft und Rechtskultur in Europa, 1995, 51 ff.; *ders.,* Virtuelle Präsenz und Spurenlosigkeit – Ein neues Datenschutzkonzept, in *W. Hassemer/K. Möller,* 25 Jahre Datenschutz (1996), 28 ff.; *ders.,* Die EU-Datenschutzrichtlinie – Stillstand oder Anreiz?, NJW 1997, 281 ff.; *ders.,* Datenschutz – Rückschritt oder Neubeginn?, NJW 1998, 2473 ff.; *W. Steinmüller,* Genetisches Selbstbestimmungsrecht, DuD 1993, 6 ff.; *K. Stumper,* Informationelle Selbstbestimmung und DNA-Analysen (1996); *M. Tinnefeld,* Die Novellierung des BDSG im Zeichen des Gemeinschaftsrechts, NJW 2001, 3078 ff.; *H. Trute,* Öffentlich-rechtliche Rahmenbedingungen einer Informationsordnung, VVDStRL 57 (1998), 216 ff.; *ders.,* Der Schutz personenbezogener Informationen in der Informationsgesellschaft, JZ 1998, 822 ff.; *P. Wedde,* Datenschutz bei Telearbeit, DuD 1998, 576 ff.; *T. Weichert,* Datenschutzrechtliche Anforderungen an Chipkarten, DuD 1997, 266 ff.; *ders.,* Der Schutz genetischer Informationen, DuD 2002, 133 ff.; *E. Weßlau,* Gefährdungen des Datenschutzes durch den Einsatz neuer Medien im Strafprozess, ZStW 113 (2001), 681 ff.

Übersicht

1. Vorbemerkung

§ 13 regelt ergänzend zu § 4 die Erhebung personenbezogener Daten speziell durch öffentliche 1
Stellen. Auch die **Datenerhebung** durch öffentliche Stellen dem Gesetzesvorbehalt zu unterstellen und ihre Zulässigkeitsvoraussetzungen zu regeln, war spätestens seit der Anerkennung des Rechts auf informationelle Selbstbestimmung durch das Bundesverfassungsgericht geboten: „Unter den Bedingungen der modernen Datenverarbeitung wird der Schutz des Einzelnen gegen unbegrenzte Erhebung … seiner persönlichen Daten von dem allgemeinen Persönlichkeitsrecht des Art. 2 Abs. 1 i.V.m. Art. 1 Abs. 1 GG umfasst. Das Grundrecht gewährleistet insoweit die Befugnis des Einzelnen, grundsätzlich selbst über die Preisgabe und Verwendung seiner persönlichen Daten zu bestimmen", heißt es in der Volkszählungsentscheidung des Bundesverfassungsgerichts.[1]

1 BVerfGE 65, 1.

2 Schon in früheren Entscheidungen hatte das Bundesverfassungsgericht allerdings Ansätze dafür entwickelt und die verfassungsrechtlichen Schranken für die Erhebung personenbezogener Daten aufgezeigt. Beispielhaft sei die Mikrozensusentscheidung[2] genannt. Danach werden die verfassungsrechtlichen **Grenzen** auch einer Datenerhebung, die unmittelbar bei den Bürgerinnen und Bürgern erfolgt, dann überschritten, wenn die Betroffenen zum Objekt staatlicher Registrierung werden. In der Entscheidung über die Anforderung von Ehescheidungsakten[3] durch eine Behörde von einem Gericht wurde der Intimbereich als absoluter Kern des Persönlichkeitsrechts definiert, der grundsätzlich jeder Einwirkung entzogen sein muss. Gesetzliche Erhebungsregelungen finden sich zudem schon länger beispielsweise in der Strafprozessordnung, im Steuerrecht sowie im Personenstands- und Melderecht. Daneben hat die Rechtsprechung insbesondere auf dem Gebiet des Arbeitsrechts betreffend das Fragerecht des Arbeitgebers den Rahmen zulässiger Datenerhebungen abgesteckt und das Verbot der Verwendung unzulässig erhobener Daten ausgesprochen.

3 Der Datenerhebung ist erst allmählich eine **eigenständige Bedeutung** zugemessen worden. Nach den im BDSG 1977 nur enthaltenen bloßen Hinweispflichten stellte die gesetzliche Regelung der Zulässigkeitsvoraussetzungen von Datenerhebungen durch öffentliche Stellen im BDSG 1990 eine substanzielle Fortentwicklung des Datenschutzrechts dar.

4 Der **Grundsatz der unmittelbaren und direkten Datenerhebung (Direkterhebung)**[4] und die davon gegebenen Ausnahmen sind mit der Novelle 2001 auch auf den nicht-öffentlichen Bereich ausgeweitet worden, um der Europäischen Datenschutzrichtlinie[5] Rechnung zu tragen. Daher sind die früher in § 13 Abs. 2 und Abs. 3 enthaltenen Zulässigkeitsvoraussetzungen sowie die Unterrichtungs-, Hinweis- und Aufklärungspflichten nunmehr in modifizierter Form in § 4 Abs. 2 und Abs. 3 aufgenommen worden. § 4 gilt gleichermaßen für den öffentlichen wie für den nicht-öffentlichen Bereich. Diese Bestimmung ist mittlerweile zur Grundnorm[6] geworden, mit der die Zulässigkeitsvoraussetzungen der Datenerhebung, -verarbeitung und -nutzung geregelt werden. Von öffentlichen Stellen ist zusätzlich § 13 einzuhalten.

2. Regelungsinhalt

5 Das Erheben von personenbezogenen Daten ist der entscheidende Eingriff in das Recht auf informationelle Selbstbestimmung. Sind Daten erhoben, verlieren die Betroffenen weitgehend die Herrschaft über die Daten, also über diese Informationen über sich. Es besteht jedenfalls grundsätzlich das Risiko einer die betroffene Person belastenden Verwendung oder zumindest das Risiko eines Kontrollverlusts über die Daten zur eigenen Person und damit des Überblicks, wer diese Informationen erlangt. Zur Verminderung dieser Risiken enthält der neue § 13 ergänzend zu § 4 im Kern folgende Regelungen:

- Die zu erhebenden Daten sind nach wie vor allein auf die zur **Aufgabenerfüllung erforderlichen Daten** beschränkt.[7]
- Unverändert im Wortlaut, aber statt im früheren Abs. 4 jetzt im neuen Abs. 1 a geregelt ist die **Hinweispflicht** im Rahmen einer Datenerhebung bei einer nicht-öffentlichen Stelle.
- Als Umsetzung der Europäischen Datenschutzrichtlinie ist die Erhebung **besonderer Arten personenbezogener Daten**[8] nur unter denjenigen Voraussetzungen zulässig, die in Abs. 2 unter den Nrn. 1 bis 9 abschließend bestimmt sind.

---

2 BVerfGE 27, 1/6.
3 BVerfGE 27, 344/351.
4 S. § 4 Rdnrn. 19 ff.
5 Richtlinie 95/96/EG des Europäischen Parlaments und des Rates v. 24. Oktober 1995 zum Schutz natürlicher Personen bei der Verarbeitung personenbezogener Daten und zum freien Datenverkehr, ABl. Nr. L 281/31 v. 23.11.1995.
6 S. Erl. zu § 4 Abs. 1.
7 Abs. 1.
8 § 3 Abs. 9.

Da öffentliche Stellen sowohl § 4 als auch § 13 zu beachten haben, ist der Umfang zu erhebender Daten in gewisser Weise eingeschränkt und ist die betroffene Person – von Ausnahmen abgesehen – jedenfalls grundsätzlich über die Datenerhebung sowie deren Zweck und weitere Elemente informiert.[9]

Zum Aufbau der Vorschrift: 6

Abs. 1 und 2 enthalten materiell-rechtliche Regelungen der **Zulässigkeit** von Datenerhebungen. Abs. 1a ergänzt die in § 4 getroffenen Regelungen zur Verfahrensweise um eine spezielle **Hinweispflicht** für öffentliche Stellen.

3. Zulässigkeit der Erhebung (Abs. 1)

3.1 Allgemeine Voraussetzungen

§ 13 bestimmt ergänzend zu § 4, unter welchen Voraussetzungen die Erhebung personenbezogener Daten zulässig, also der Eingriff in das Recht auf informationelle Selbstbestimmung erlaubt sein kann. Er begründet **keine eigenständige Verpflichtung** von Betroffenen zur Preisgabe von Daten und auch keinen Anspruch für öffentliche Stellen auf die zu erhebenden Daten. Solches kann sich nur aus spezialgesetzlichen Regelungen ergeben.[10] 7

Gegenstand der Erhebung müssen **personenbezogene Daten** sein. Personenbezogene Daten sind nach der Legaldefinition in § 3 Abs. 1 „Einzelangaben über persönliche oder sachliche Verhältnisse einer bestimmten oder bestimmbaren natürlichen Person (Betroffener)“, sodass das „Erheben“ gesetzlich als das „Beschaffen von Daten über den Betroffenen“[11] definiert werden kann. 8

Entsprechend den Vorgaben des § 12 ist § 13 nur anzuwenden, wenn eine **öffentliche Stelle** des Bundes oder – unter der einschränkenden Voraussetzung des § 12 Abs. 2 – eines Landes Daten erhebt. § 13 ist nicht anzuwenden, wenn die erhebende Stelle ein öffentlich-rechtliches Wettbewerbsunternehmen ist.[12] Der Begriff der öffentlichen Stelle bemisst sich nach § 2.[13] Unter den dort genannten Voraussetzungen zählen hierzu auch Vereinigungen des Privatrechts[14] und Private, soweit diese als Beliehene tätig werden.[15] 9

Dass das Gesetz nicht mehr von der „erhebenden“, sondern nunmehr von der **„verantwortlichen“ Stelle** spricht, ist eine Folge der Anpassung des BDSG an die Terminologie der Europäischen Datenschutzrichtlinie. Die Richtlinie bestimmt in ihrem Art. 2 Buchst. d Satz 1 den Begriff des „für die Verarbeitung Verantwortlichen“. Daher ist in § 3 Abs. 7 der Begriff der „verantwortlichen Stelle“ übernommen worden und das BDSG insgesamt – so eben auch § 13 Abs. 1 – entsprechend angepasst worden. 10

3.2 Erheben

Zum Begriff „Erheben“ findet sich die Legaldefinition in § 3 Abs. 3.[16] Das Erheben ist danach **„das Beschaffen von Daten“** über die betroffene Person. Das Erheben liegt zeitlich vor dem Erfassen und Aufnehmen von Daten, die dem „Speichern“[17] zugeordnet sind. Es setzt eine Aktivität der erhebenden Stelle voraus, durch die sie willentlich entweder Kenntnis von den Daten erhält oder die Verfügungsmöglichkeit über diese begründet. An dieser Aktivität und damit an einer Erhebung fehlt es, wenn die Daten einer Stelle ohne jedes eigene, gegebenen- 11

---

9 S. Erl. zu § 4 Abs. 2 und 3.
10 *Gola/Schomerus,* BDSG § 13 Rdnr. 2; *Däubler/Klebe/Wedde,* BDSG § 13 Rdnr. 5 und *Nungesser,* HDSG § 11 Rdnr. 4.
11 § 3 Abs. 3.
12 § 12 Abs. 1, Abs. 2 Nr. 1.
13 Vgl. § 2 Rdnrn. 15 ff.
14 Vgl. § 2 Rdnrn. 32 ff.
15 Vgl. § 2 Rdnrn. 129 f.
16 Vgl. § 3 Rdnr. 100 ff.
17 § 3 Abs. 4 Nr. 1.

falls auch vorausgehendes Zutun zufließen. Somit liegt kein Erheben vor, wenn der öffentlichen Stelle ohne Anforderung Daten durch Anträge, Eingaben oder Berichte zugehen.[18] Gleiches gilt für die zufällige Wahrnehmung von Tatsachen und Informationen,[19] etwa die Wahrnehmung von Sachverhalten bei Gelegenheit anderer Dienstausübung. Gespeichert werden dürfen solche Daten gleichwohl nicht von der betreffenden Stelle, da sie keinem Erhebungszweck dienen und daher in aller Regel auch nicht für die eigene Aufgabenerfüllung erforderlich sind. Nicht entscheidend ist für das Erheben, ob die Stelle die Daten selbst besorgt, etwa durch eigenes Fragen oder Beobachten, oder ob eine andere Stelle oder Person die Daten für die Stelle (in deren Auftrag oder zurechenbare Geschäftsführung ohne Auftrag) beschafft, etwa durch Übermitteln auf Anforderung oder durch angeforderte Auskunft der betroffenen Person selbst. Denn die Stelle hat das Erheben immer – auch – zu verantworten. Sie ist die verantwortliche Stelle im Sinne der Legaldefinition von § 3 Abs. 7,[20] ohne dass dies die mit der Erhebung möglicherweise beauftragten Personen oder Stellen aus ihren eigenen Verantwortlichkeiten entließe. Ob die verantwortliche Stelle die beschafften personenbezogenen Daten tatsächlich zur Kenntnis nimmt, ist unwesentlich. Es genügt, dass die **Daten mit ihrem Willen in ihren Herrschaftsbereich** gelangt sind. Für den Begriff des Erhebens ist ebenfalls nicht entscheidend, was mit den beschafften Daten bei der verantwortlichen Stelle geschieht. Der Inhalt der Daten muss vom Beschaffungswillen nicht umfasst sein. Das Erheben dient ja im Regelfall gerade dazu, den Inhalt noch nicht bekannter Daten zu erfahren. Das Ergebnis einer Erhebung kann auch darin liegen, dass ein bestimmtes Datum zu dieser Person gerade nicht vorliegt, z.B. dass die Betroffene keine Kinder hat.

12 Die Novellierung des BDSG im Jahr 2001 ist nicht dafür genutzt worden, auch die Erhebung als eine der Phasen der Datenverarbeitung zu definieren und einen **umfassenden Verarbeitungsbegriff** zu schaffen wie er sich aus der Europäischen Datenschutzrichtlinie ergibt[21] und auch beispielsweise in § 3 Abs. 2 DSG NRW findet. Allerdings wurden die einzelnen Verarbeitungsbestimmungen im BDSG 2001 jeweils um das Erheben ergänzt.

13 Der Begriff der Erhebung wird sich allerdings den tatsächlichen veränderten Gegebenheiten anpassen müssen, um seine Funktion auch weiterhin erfüllen zu können. Aufgrund der rasanten technischen Entwicklung fallen schon derzeit, aber auch künftig vermehrt personenbezogene Daten bei der regulären **Nutzung technischer Geräte** an. So sind beispielsweise beim Surfen im Internet die bei den Providern – die auch öffentliche Stellen sein können – anfallenden Nutzungsdaten zunächst keineswegs Ergebnisse einer gezielten und willentlichen Erhebung, sondern im Wesentlichen durch die Technik bedingt. Das Teledienste- und Mediendiensterecht enthält zwar keine eigene Legaldefinition der „Erhebung", sodass insoweit § 3 Abs. 3 BDSG zur Anwendung kommt,[22] doch gilt etwa schon die der Technik geschuldete Übertragung der IP-Adresse oder von Systeminformationen über die verwendete Hard- und Software als Erhebung.[23] Denn im Rahmen von Tele- und Mediendiensten beginnt die Erhebung personenbezogener Daten grundsätzlich mit dem Aufruf des Web-Angebots.[24] Aus dem Tele- und Mediendiensterecht ist in das BDSG 2001 für die technische Gestaltung und Auswahl von Datenverarbeitungssystemen außerdem der Grundsatz der Datenvermeidung und Datensparsamkeit[25] übernommen worden mit dem Ziel, keine oder so wenig personenbezogene Daten wie möglich zu erheben, zu verarbeiten oder zu nutzen.

---

18 *Weyer,* DSG NW § 12 Rdnr. 2.
19 *Gola/Schomerus,* BDSG § 3 Rdnr. 24; *Schaffland/Wiltfang,* BDSG § 13 Rdnr. 3; vgl. auch OLG Bremen, NJW 1993, 798 zur beiläufigen Kenntnisnahme von Patientendaten durch Konkursverwalter beim Öffnen der Post des Gemeinschuldners wegen konkursgerichtlicher Anordnung einer Postsperre gegen den Gemeinschuldner.
20 S. die dortigen Erl.
21 *Dammann/Simitis,* EG-Datenschutzrichtlinie, Art. 2 Buchst. b Erl. 5.
22 § 1 Abs. 2 TDDSG und § 12 Abs. 1 MDStV.
23 *Schaar,* Datenschutz, Rdnr. 192; zur Datenerhebung durch Cookies s. *Ihde,* CR 2000, 413/415.
24 Der Hamburgische Datenschutzbeauftragte, Orientierungshilfe Tele- und Mediendienste, Stand: 01. Juli 2002, www.hamburg.datenschutz.de, 11.
25 S. die Erläuterungen zu § 3a; zum Schutz durch Systemgestaltung vgl. auch *Trute,* VVDStRL 57 (1998), 216/264 ff.

14 In seinem Urteil zu den Überwachungsbefugnissen des Bundesnachrichtendienstes hat das Bundesverfassungsgericht zudem die in der Volkszählungsentscheidung zum Recht auf informationelle Selbstbestimmung entwickelten Grundsätze auf das Fernmeldegeheimnis aus Art. 10 GG übertragen und fortgeschrieben.[26] Das Gericht qualifiziert darin alle Formen u.a. der „Kenntnisnahme" von Kommunikationsdaten durch den Staat als Grundrechtseingriffe.[27] Stellt bereits die bloße **Kenntnisnahme von Daten** einen im Hinblick auf Art. 10 GG rechtfertigungsbedürftigen Eingriff dar, kann für das Recht auf informationelle Selbstbestimmung aus Art. 2 Abs. 1 i.V.m. Art. 1 Abs. 1 GG nichts anderes gelten. Dafür, die Kenntnisnahme von Daten bereits als Erhebung anzusehen, spricht auch die Aufnahme der neuen Vorschrift zur Videoüberwachung[28] in das BDSG 2001. Ausweislich des Gesetzeswortlauts und der Gesetzesbegründung ist bereits die bloße Beobachtung datenschutzrechtlich relevant.[29] Die Beobachtung, also die reine Kenntnisnahme selbst wurde in § 6b an Zulässigkeitsvoraussetzungen gebunden, sodass es auf eine möglicherweise nachfolgende Speicherung nicht ankommt. Nach der Entscheidung des Bundesverfassungsgerichts über den sogenannten großen Lauschangriff,[30] also über die akustische Überwachung von Wohnraum im strafprozessualen Zusammenhang ist der Kernbereich privater Lebensgestaltung zudem unantastbar. Dieser Kernbereich ist danach absolut geschützt und damit jedem staatlichen Zugriff unter allen Umständen entzogen. Insoweit ist sogar die bloße Kenntnisnahme von Informationen unzulässig und untersagt.

3.3 Zur Erfüllung eigener Aufgaben

3.3.1 Zuständigkeit

15 Das Erheben personenbezogener Daten ist nur dann zulässig, wenn die Daten zur **Erfüllung der Aufgaben** der verantwortlichen Stelle erforderlich sind. Im BDSG wird die Formulierung zur „Erfüllung der Aufgaben" der jeweiligen Stelle im Zusammenhang mit der Zulässigkeit der Datenverarbeitung durch öffentliche Stellen mehrfach[31] verwendet. Grundsätzlich sind die gesetzlichen Kriterien jeweils gleich. Dass der Gesetzgeber anders als in den Verarbeitungsregelungen[32] auf die zusätzlichen Worte „in der Zuständigkeit liegende" Aufgabe verzichtet, hat keine Bedeutung. Aufgaben der verantwortlichen Stelle können nur solche sein, für die sie zuständig ist; andernfalls wären es nicht ihre Aufgaben.

16 Die Zuständigkeit umfasst die örtliche, die sachliche und die verbandsmäßige Zuständigkeit.[33] Fehlt eine dieser Zuständigkeitsarten, so ist die Datenerhebung nach § 13 Abs. 1 unzulässig.[34] Die örtliche Zuständigkeit setzt voraus, dass die Aufgabe, zu deren Erfüllung die Daten erhoben werden, in den der erhebenden Stelle zugewiesenen räumlichen Wirkungskreis fällt. Die wichtigsten Anknüpfungspunkte für die **örtliche Zuständigkeit** sind nach § 3 Abs. 1 VwVfG bei ortsgebundenen Sachen und Rechten deren Ort, bei Unternehmen, Berufsausübung oder anderen Tätigkeiten der letzte Betriebs- oder Ausübungsort und bei natürlichen Personen der Ort ihres letzten gewöhnlichen Aufenthalts.

17 Zur **sachlichen Zuständigkeit** gehört die funktionelle oder instanzielle Zuständigkeit, die sich auf die maßgebliche Ebene innerhalb der hierarchisch gegliederten Verwaltungsorganisation (z.B. Kreis/Bezirksregierung/Ministerium) und die ressortmäßige Zuständigkeit nach

---

26 BVerfGE 100, 313/358 ff.

27 BVerfGE 100, 313/358 ff., allein technikbedingte Erfassungen, die unmittelbar danach technisch wieder spurenlos ausgesondert werden, stellen keinen Eingriff dar (366); s. auch schon BVerfGE 85, 386/398; zu BVerfGE 100, 313 s. z.B. *Gusy,* KritV 2000, 52, 54 f.

28 S. die Kommentierung von § 6b.

29 A.A. *Königshofen,* Neue datenschutzrechtliche Regelungen zur Videoüberwachung, RDV 2001, 220.

30 BVerfGE 109, 279.

31 Vgl. §§ 14–16.

32 § 14 Abs. 1 Satz 1, § 15 Abs. 1 Nr. 1 und § 16 Abs. 1 Nr. 1 BDSG.

33 Zur Bedeutung für den Datenschutz *Bull,* Entscheidungsfragen in Sachen Datenschutz, ZRP 1975, 7/12.

34 So auch *Auernhammer,* BDSG § 13 Rdnr. 8.

der fachlichen Aufteilung im Geschäftsbereich zwischen mehreren Verwaltungszweigen (z.B. Geschäftsbereiche der Ministerien der Bundesregierung) bezieht.

18 Die **verbandsmäßige Zuständigkeit** grenzt die Verwaltungshoheit selbstständiger Träger öffentlicher Verwaltung, d.h. des Bundes, der Länder, der Kommunen und der mit Rechtsfähigkeit und Selbstverwaltungsrechten ausgestatteten juristischen Personen des öffentlichen Rechts untereinander ab. Im Anwendungsbereich des BDSG ist insoweit insbesondere Art. 83 GG zu beachten, in dem das Grundgesetz – trotz aller Einwirkungsmöglichkeiten des Bundes und der Möglichkeit zur Selbstkoordinierung – deutlich die Regelungszuständigkeit der Länder im Verwaltungsbereich betont.[35]

3.3.2 Rechtmäßigkeit

19 Das Erheben von personenbezogenen Daten ist nur zulässig, wenn die **Aufgabenerfüllung**, der die Datenerhebung dienen soll, ihrerseits **rechtmäßig** ist. Das Erfordernis der Rechtmäßigkeit ist zwar nicht ausdrücklich erwähnt, doch hat dies eine Selbstverständlichkeit für das Handeln öffentlicher Stellen zu sein.[36] Die Aufgabe, die der datenverarbeitenden Stelle übertragen ist, legitimiert die Erhebung personenbezogener Daten also nur unter der Voraussetzung und in dem Umfang, in dem der verantwortlichen Stelle die Aufgabe durch eine Rechtsvorschrift übertragen ist und die Stelle sich mit der Art und Weise der Erhebung im gesetzmäßigen Rahmen hält.[37]

20 Verstößt die Stelle durch die Art, wie sie die Daten erhebt, gegen eine Rechtsvorschrift oder gegen ungeschriebenes Recht,[38] so ist die **Erhebung insgesamt nicht rechtmäßig**. Die Art des Rechtsverstoßes spielt dabei grundsätzlich keine Rolle.

21 Der Rahmen rechtmäßiger Aufgabenerfüllung kann in bestimmten Fällen auch durch ein privatrechtliches Rechtsverhältnis vorgegeben werden, etwa durch einen Vertrag zwischen einem Krankenhaus des Bundes (etwa Bundeswehrkrankenhaus) und einer Patientin oder einem Patienten.[39]

22 Ist bereits im Zeitpunkt der Erhebung klar, dass die Erfüllung der Aufgaben, auf die bezogen die Daten erhoben werden sollen, an sich rechtswidrig wäre, fehlt es an der Zulässigkeitsvoraussetzung der erforderlichen rechtmäßigen Aufgabenerfüllung. Eine Datenerhebung zu einem solchen Zweck wäre **unzulässig**. Verstößt die erhebende Stelle erst durch die Art und Weise, mit der sie die **Aufgabe erfüllt**, zu der sie Daten erhoben hat, gegen eine Rechtsvorschrift, strahlt diese Rechtswidrigkeit nicht dergestalt auf die Erhebung zurück, dass auch diese rückwirkend rechtswidrig würde. So wird beispielsweise die zulässige Erhebung eines Fotos bei der betroffenen Person nicht dadurch rechtswidrig, dass das Foto unter Verletzung des Übermaßverbots für eine Fahndung verwendet wird.

23 Weitere Voraussetzung für die Rechtmäßigkeit einer Datenerhebung ist, dass das **Verfahren der Erhebung** nicht das Persönlichkeitsrecht verletzt, das informationelle Selbstbestimmungsrecht nicht beeinträchtigt oder gegen Rechtsvorschriften verstößt. So fehlt es an der Rechtmäßigkeit einer Datenerhebung, wenn die erhebende Stelle von der betroffenen Person mit dem Hinweis auf eine gesetzliche oder vertragliche Verpflichtung Daten verlangt, obwohl es an dieser Verpflichtung mangelt.[40]

24 Werden von einer öffentlichen Stelle Daten über ihre Beschäftigten über technische Einrichtungen wie verdeckte Kameras oder Türspione, Spiegel, einseitig durchsichtige Scheiben erhoben, so ziehen dem das allgemeine Persönlichkeitsrecht und die beamtenrechtliche Für-

---

35 *Lerche,* in *Maunz/Dürig,* GG Art. 83 Rdnr. 5; *Dittmann,* in *Sachs,* GG, 2. Aufl. 1999, Art. 83 Rdnrn. 10 f.

36 So auch *Gola/Schomerus,* BDSG § 13 Rdnr. 2; *Auernhammer,* BDSG § 13 Rdnr. 7.

37 Vgl. auch *Auernhammer,* BDSG § 13 Rdnr. 7; *Schaffland/Wiltfang,* BDSG § 14 Rdnrn. 7; *Stähler/Pohler,* DSG NRW, 3. Aufl. 2003, § 12 Erl. 2.

38 Z.B. Androhung von unzulässigem Zwang, Erhebung trotz Übermüdung der betroffenen Person, Erhebung unter die betroffene Person entwürdigenden Umständen.

39 Vgl. auch *Auernhammer,* BDSG § 13 Rdnr. 7.

40 Vgl. BAG, RDV 1992, 231 ff., wonach Beschäftigte des öffentlichen Dienstes nicht verpflichtet sind, dem Arbeitgeber die Gründe mitzuteilen, die gegenüber der Übernahme eines Wahlehrenamtes geltend gemacht werden.

sorgepflicht enge Grenzen, selbst wenn dies der Aufklärung von Straftaten dienen soll. Von der Erforderlichkeit der Erhebung von Daten für die öffentliche Stelle **automatisch** auf deren Rechtmäßigkeit zu schließen, übersieht das verfassungsrechtliche Übermaßverbot[41] und die Tatsache möglicherweise im Einzelfall rechtswidriger Erhebungsmethoden.

3.4 Erforderlichkeit

Dem das ganze BDSG durchziehenden Grundsatz der Erforderlichkeit kommt bei der Erhe- 25
bung, also dem Einstieg in den Prozess der Datenverarbeitung besondere Bedeutung zu.[42] Der Begriff „Erforderlichkeit" ist ein unbestimmter Rechtsbegriff, der im jeweiligen Einzelfall auszufüllen und zu konkretisieren ist. Bei seiner Auslegung ist zu beachten, dass das BDSG von dem Grundsatz geprägt ist, dass Datenerhebung, -verarbeitung und -nutzung grundsätzlich verboten sind. Für ihre Zulässigkeit bedarf es einer Erlaubnisnorm oder der Einwilligung der betroffenen Personen.[43] Daraus folgt ein **strenger Maßstab für die Beurteilung der Erforderlichkeit** einer Datenerhebung. Nicht alte, schon lang geübte Verwaltungspraxis kann Maßstab sein, sondern nur das, was öffentliche Stellen nach aktuellen Erkenntnissen „schlanker" Aufgabenerfüllung als Minimum an Daten zur Aufgabenerfüllung benötigen. Dabei ist auch zu berücksichtigen, dass es in Zeiten vielfältig genutzter automatisierter Datenverarbeitung kein „belangloses" Datum mehr gibt, dessen Erhebung quasi unbedeutend wäre.[44] Vielmehr führt das BDSG 2001 in Umsetzung der Europäischen Datenschutzrichtlinie gerade die Kategorie der besonderen Arten personenbezogener Daten ein.[45]

An den Begriff der „Erforderlichkeit" sind strenge Anforderungen zu stellen. Ein unnötiges 26
Eindringen in den Persönlichkeitsbereich und ein willkürliches Zusammentragen von Daten über eine Person zu einem umfassenden Persönlichkeitsbild gilt es zu verhindern. Andererseits werden der jeweiligen öffentlichen Stelle damit die Daten zugebilligt, die sie legitimerweise benötigt; aber auch nicht mehr.[46] Die Kenntnis der Daten ist dann erforderlich, wenn die öffentliche Stelle **im jeweiligen konkreten Einzelfall** ihre Aufgaben nicht, nicht vollständig oder nicht in rechtmäßiger Weise erfüllen kann und außerdem erst aktuell dann und nur in dem Umfang, wie es die Aufgabenerfüllung gerade in Bezug auf die betroffene Person erfordert.[47] Es genügt nicht, dass die Daten zur Aufgabenerfüllung „geeignet und zweckmäßig" sind, vielmehr sind Geeignetheit und Zweckmäßigkeit weitere Voraussetzungen für die Erforderlichkeit. Fehlt es schon an der Geeignetheit und Zweckmäßigkeit der Daten, so können sie kaum erforderlich sein. Ebenso wenig reicht es aus, wenn ein Datum zur Aufgabenerfüllung der erhebenden Stelle nur dienlich oder z.B. als Hintergrundinformation oder zur „Abrundung des Bildes" nützlich ist.[48] Es muss der öffentlichen Stelle vielmehr unmöglich sein, ihre Aufgabe ohne Kenntnis der betreffenden Daten ordnungsgemäß im Sinne einer **conditio sine qua non**[49] zu erfüllen. In etlichen bereichsspezifischen Rechtsvorschriften ist daher abschließend festgelegt, welche Daten für welche Aufgabenerfüllung erhoben werden können. Damit ist die Frage nach der Erforderlichkeit von Daten in diesen Bereichen generell entschieden. Dort, wo keine derartige Festlegung existiert oder innerhalb solcher Festlegungen Spielräume bestehen, ist in jedem Einzelfall zu prüfen, welcher Daten es tatsächlich bedarf. Die Daten müssen bezogen auf eine bestimmte Person im konkreten Einzelfall zur Aufgabenerfüllung unverzichtbar sein. Jede Datenerhebung zu unbestimmten oder noch nicht bestimmbaren Zwe-

41 Vgl. auch *Bergmann/Möhrle/Herb,* BDSG § 13 Rdnr. 10, die jeweils insoweit fehlende Erforderlichkeit sehen.
42 Ähnlich *Gola/Schomerus,* BDSG § 13 Rdnr. 3: Prägendes Element des Datenschutzes.
43 § 4 Abs. 1.
44 Vgl. BVerfGE 65, 1/45.
45 Legaldefinition in § 3 Abs. 9; s. auch Rdnrn. 33 ff. zu § 13.
46 *Auernhammer,* BDSG § 13 Rdnr. 5; *Däubler/Klebe/Wedde,* BDSG § 13 Rdnr. 9.
47 So schon *Dammann,* in *Simitis,* BDSG 1977 § 9 Rdnrn. 20 f.; *Auernhammer,* BDSG § 13 Rdnr. 6 und *Weyer,* DSG NW § 12 Rdnr. 3; *Stähler/Pohler,* DSG NRW, 3. Aufl. 2003, § 12 Erl. 2.
48 Vgl. *Weyer,* DSG NW § 12 Rdnr. 3; *Stähler/Pohler,* DSG NRW, 3. Aufl. 2003, § 12 Erl. 2.
49 Vgl. *Auernhammer,* BDSG § 13 Rdnr. 6; für eine enge Auslegung von § 13 Abs. 1 BDSG und die Beschränkung auf das zur Zweckerreichung notwendige Minimum im Rahmen der Erforderlichkeit s. auch BSG (Urt. vom 28. November 2002), EzDat B § 13 BDSG Nr. 1.

cken ist somit unzulässig. Die Erhebung von **Daten auf Vorrat** ist mit dem Erfordernis nach aktueller Erforderlichkeit nicht vereinbar. Somit ist die Erhebung von Daten, die später einmal benötigt werden könnten, auch bei Gelegenheit anderer erforderlicher Erhebungen nicht zulässig.[50] Das Bundesverfassungsgericht hat ausdrücklich festgestellt, dass das Sammeln nicht anonymisierter Daten auf Vorrat zu unbestimmten oder noch nicht bestimmten Zwecken mit dem Gebot der notwendigen gesetzlichen **Festlegung des Verwendungszweckes** nicht vereinbar ist.[51] Im Rahmen der Erforderlichkeitsprüfung sind auch mögliche schutzwürdige Interessen der betroffenen Person einzubeziehen. Würden solche Interessen übermäßig beeinträchtigt, ist die Datenerhebung schon aus Gründen des verfassungsrechtlichen Verhältnismäßigkeitsprinzips – hier in seiner Ausprägung als Übermaßverbot – nicht zulässig. Gleiches gilt im Ergebnis, wenn die Datenerhebung z.B. gegen das Persönlichkeitsrecht der betroffenen Person verstoßen würde.

27 Der Erforderlichkeitsgrundsatz wird durch das neu in das BDSG 2001 aufgenommene Gebot der Datenvermeidung und Datensparsamkeit[52] in wesentlicher Hinsicht ergänzt. Das Prinzip der Datenvermeidung und Datensparsamkeit setzt schon im technischen Vorfeld an. Mit § 3a sollen **technische Möglichkeiten** genutzt werden, um **Datenerhebungen zu vermeiden**. Bereits Gestaltung und Auswahl von Datenverarbeitungssystemen haben sich an diesem Ziel auszurichten. Auch die Nutzung von Möglichkeiten der Anonymisierung und Pseudonymisierung[53] kann einen maßgeblichen Beitrag zum Schutz des Rechts auf informationelle Selbstbestimmung leisten. Die technischen Entwicklungen bleiben zudem nicht ohne Auswirkungen auf die Erforderlichkeitsprüfung. Künftig ist im Rahmen der Erforderlichkeitsprüfung verstärkt danach zu fragen, ob die Aufgabe, zu deren Erfüllung die Daten benötigt werden, nicht auch mit pseudonymisierten oder gar anonymisierten Daten erledigt werden kann.

3.5 Rechtsfolgen des Erhebens nicht erforderlicher Daten

28 Die Erhebung nicht erforderlicher personenbezogener Daten ist **unzulässig**. Sie stellt grundsätzlich einen ungerechtfertigten Eingriff[54] dar und ist somit grundsätzlich rechtswidrig. Die betroffene Person darf die verlangte Angabe solcher Daten ablehnen. Unabhängig davon, ob die öffentliche Stelle diese Daten bei der betroffenen Person oder einer anderen Stelle erhoben hat, darf sie diese Daten weder verarbeiten noch sonst nutzen. Soweit solche Daten gespeichert sind, hat die betroffene Person einen **Löschungsanspruch** nach § 20 Abs. 2 Nr. 2. Ist der betroffenen Person durch die unzulässige Erhebung selbst (z.B. Rufschädigung) oder die nachfolgende Verarbeitung oder Nutzung ein Schaden entstanden, stehen ihr entsprechende **Schadenersatzansprüche** zu.[55]

4. Erhebung bei nicht-öffentlicher Stelle (Abs. 1a)

29 Sofern eine öffentliche Stelle personenbezogene Daten unter den Zulässigkeitsvoraussetzungen von § 4 Abs. 2 Satz 2 bei einer **nicht-öffentlichen Stelle** erhebt, legt § 13 Abs. 1a **Hinweispflichten** fest. Nicht-öffentliche Stellen sind nach der Legaldefinition in § 2 Abs. 4 „natürliche und juristische Personen, Gesellschaften und andere Personenvereinigungen des privaten Rechts".[56] Bei diesem Personenkreis setzt der Gesetzgeber anders als bei öffentlichen Stellen die Kenntnis etwaiger zur Auskunft verpflichtender Rechtsvorschriften nicht voraus.

---

50 Vgl. bereits *Simitis,* Bundesdatenschutzgesetz – Ende der Diskussion oder Neubeginn?, NJW 1977, 729/734; *Auernhammer,* BDSG § 13 Rdnr. 6; *Gola/Schomerus,* BDSG § 13 Rdnr. 4; *Däubler/ Klebe/Wedde,* BDSG § 13 Rdnr. 9.
51 BVerfGE 65, 1/46.
52 § 3a Satz 1.
53 § 3a Satz 2.
54 So BVerfGE 65, 1/45, fortgeschrieben mit BVerfGE 100, 313/359; s. dazu auch *Gusy,* KritV 2000, 52.
55 So auch *Däubler/Klebe/Wedde,* BDSG § 13 Rdnr. 10.
56 Vgl. § 2 Rdnrn. 115 ff.

Die öffentliche Stelle hat deshalb auf die Rechtsvorschrift hinzuweisen, die zur Auskunft verpflichtet.

Zum Umfang dieser Hinweispflicht gilt grundsätzlich das Gleiche wie bei den Hinweispflichten gegenüber den betroffenen Personen.[57] Die Unterschiede in der notwendigen Unterrichtung mögen hier besonders groß sein, da etwa einem Großunternehmen mit eigener Rechtsabteilung ein knapper Hinweis genügt, während einer Privatperson die Rechtsvorschrift möglicherweise im Einzelnen interpretiert werden muss. Gerade bei den Hinweisen nach Abs. 1a ist darauf zu achten, die betroffene Person **vor vermeidbaren Nachteilen zu bewahren** und möglichst falsche Schlüsse über den Anlass der die betroffene Person berührenden Erhebung zu verhindern.[58] Besteht keine zur Auskunft verpflichtende Rechtsvorschrift, hat die öffentliche Stelle auf die Freiwilligkeit der Angaben von Daten hinzuweisen. Dadurch soll die nicht-öffentliche Stelle, insbesondere eine Privatperson, in die Lage versetzt werden, aufgrund ausreichender Informationen selbst entscheiden zu können, ob sie die gewünschten Daten mitteilen oder verweigern will.[59] Dabei hat sie ihrerseits selbst zu prüfen, ob sie die Angaben nach § 28 übermitteln darf.[60] 30

Nicht in Betracht kommen dürfte wohl der Fall, dass die nicht-öffentliche Stelle, bei der nach Abs. 1a Daten erhoben werden, bei deren **Verweigerung** auf Rechtsvorteile verzichten müsste, die Angabe der Daten also für sie eine Obliegenheit darstellte.[61] Sollte der Fall in Gestalt eines Rechtsverhältnisses zu Gunsten Dritter gleichwohl eintreten, hätte die verantwortliche Stelle im Rahmen des Hinweises auf die Freiwilligkeit auch hierüber die befragte Stelle zu unterrichten. 31

Anders als gegenüber der betroffenen Person enthält § 13 Abs. 1a keine Regelung über die Angabe des Erhebungszwecks.[62] Da der **Erhebungszweck** in erster Linie das Rechtsverhältnis zwischen der öffentlichen Stelle und der betroffenen Person betrifft, wird die öffentliche Stelle gegenüber der um Auskunft nachgesuchten nicht-öffentlichen Stelle darüber keine Mitteilung machen. Ist die Angabe der Daten für die nicht-öffentliche Stelle freiwillig, benötigt sie für die Entscheidung, ob sie die erbetenen personenbezogenen Daten übermitteln will oder gegebenenfalls nach § 28 BDSG übermitteln darf, möglicherweise Hinweise auf den Erhebungszweck. In diesem Fall darf die verantwortliche Stelle hierüber gleichwohl nur dann und soweit Informationen geben, als dadurch die Beeinträchtigung schutzwürdiger Belange der von der Erhebung betroffenen Personen ausgeschlossen ist. Allerdings ist – wie immer – auch hier der Grundsatz der Verhältnismäßigkeit zu beachten. Daher sind im Einzelfall die schutzwürdigen Belange der betroffenen Person mit der Bedeutung der Daten für die mit ihnen zu erledigenden Aufgaben abzuwägen.[63] Soweit ein solcher Hinweis auf den Erhebungszweck eine Übermittlung personenbezogener Daten darstellt, ist die Zulässigkeit einer solchen Übermittlung an § 16 Abs. 1 bzw. an § 4 Abs. 1 zu messen. 32

5. Erheben besonderer Arten personenbezogener Daten (Abs. 2)

5.1 Umsetzungserfordernis der Europäischen Datenschutzrichtlinie

Der in das BDSG 2001 neu aufgenommene Abs. 2 ist dem Erfordernis geschuldet, die Europäische Datenschutzrichtlinie in das nationale Recht der Mitgliedstaaten umzusetzen. In ihrem Art. 8 erlegt die Richtlinie den Mitgliedstaaten auf, die Verarbeitung bestimmter Kategorien von als besonders sensibel eingestuften personenbezogenen Daten zu untersagen und nur in den dort abschließend aufgezählten Fällen ausnahmsweise zu erlauben. Für die Zulässigkeit 33

57 Vgl. § 4 Rdnrn. 39 ff.
58 Zur Vermeidung von Rufschädigungen.
59 Vgl. *Bergmann/Möhrle/Herb,* BDSG § 13 Rdnr. 27.
60 So auch *Däubler/Klebe/Wedde,* BDSG § 13 Rdnr. 49.
61 Vgl. *Weyer,* DSG NW § 12 Rdnr. 12.
62 Nach § 12 Abs. 3 Satz 1 DSG NRW ist über den Verwendungszweck auf Verlangen aufzuklären.
63 § 4 Rdnr. 37.

einer Datenerhebung, -verarbeitung oder sonstigen Nutzung auf eine **Unterscheidung nach der Datenart** abzustellen, war dem bisherigen deutschen Recht fremd.[64] Denn die Folge des nach dem Volkszählungsurteil primär maßgeblichen **Verwendungszusammenhangs** der Daten ist, dass es grundsätzlich kein „belangloses“ Datum geben kann.[65] Daher verlangt § 4 Abs. 1 nach wie vor für alle Datenarten generell das Vorliegen einer Rechtsvorschrift oder einer Einwilligung. In § 13 Abs. 2 werden die Ausnahmen vom Grundsatz des Erhebungsverbots nunmehr für bestimmte Datenkategorien einschränkend konkretisiert. Bei den in der Europäischen Richtlinie genannten Datenkategorien handelt es sich um Angaben über die rassische und ethnische Herkunft, politische Meinungen, religiöse oder philosophische Überzeugungen, Gewerkschaftszugehörigkeit, Gesundheit oder Sexualleben. Diese – aufgrund der mit ihnen verbundenen **erhöhten Diskriminierungsrisiken** auch tatsächlich im Allgemeinen besonders sensiblen – Datenkategorien sind aus der Richtlinie unverändert als besondere Arten personenbezogener Daten in § 3 Abs. 9 übernommen worden, auf den sich § 13 Abs. 2 bezieht.[66] Kritisiert werden aber auch sowohl die Einengung der Schutzkriterien allein auf den Informationsgehalt als auch die mangelnde Vollständigkeit der Datenarten – fehlen im Katalog doch ähnlich sensible Angaben beispielsweise über Armut, soziale Auffälligkeiten[67] oder auch moralische Überzeugungen.[68] Das Verständnis der Datenkategorien wie auch der in § 13 Abs. 2 Nr. 1 bis 9 vorgesehenen Ausnahmen vom Erhebungsverbot hat sich stark an der Europäischen Datenschutzrichtlinie zu orientieren. Die Auslegung des nationalen Rechts hat **richtlinienkonform** zu sein.[69]

5.2 Verbotsgrundsatz

34 Um einen gegenüber dem allgemeinen Verbotsgrundsatz erhöhten Schutz[70] zu erreichen, wird die Erhebung besonderer Arten personenbezogener Daten grundsätzlich verboten. Nur bei Vorliegen der Voraussetzungen eines der neun Ausnahmetatbestände dürfen solche Daten erhoben werden. Um das **erhöhte Schutzniveau** nicht zu unterlaufen, sind die **Ausnahmetatbestände eng auszulegen**.

5.3 Ausnahmen

5.3.1 Rechtsvorschrift (Nr. 1)

35 Soweit bereichsspezifisch geregelte Erhebungsbefugnisse bestehen, finden sie aufgrund der Subsidiarität des BDSG[71] generell vorrangig Anwendung. Für eine Erhebung von Daten, die zu den besonderen Arten personenbezogener Daten zählen, müssen allerdings auch diese bereichsspezifischen Rechtsvorschriften den **Richtlinienanforderungen genügen**. Neben dem Fall, dass die Rechtsvorschrift die Erhebung ausdrücklich vorsieht, knüpft § 13 Abs. 2 Nr. 1 noch die Zulässigkeit der Erhebung an ein zwingendes Erfordernis, das sich aus einem wichtigen öffentlichen Interesse zu begründen hat. Das heißt zunächst einmal nichts anderes, als dass es in diesen Fällen am Vorhandensein einer aus verfassungsrechtlichen Gründen gebotenen normenklaren bereichsspezifischen Erhebungsbefugnis fehlt. Dies gilt es beim Verständnis der Vorschrift im Blick zu behalten, um eine verfassungskonforme Auslegung vorzunehmen. Der Begriff des „öffentlichen Interesses“ ist im Allgemeinen zwar weit zu fassen, jedoch handelt es sich vorliegend um ein qualifiziertes öffentliches Interesse. Daher kann nicht jeder Umstand von öffentlichem Belang dafür herangezogen werden. Es muss sich

64 Vgl. auch *Gola,* RDV 2001, 125/126 m.w.N.; *Simitis,* FS für Pedrazzini, 469 ff.; *ders.,* § 1 Rdnrn. 57 ff. sowie *Ehmann/Helfrich,* EG-Datenschutzrichtlinie, Art. 8 Rdnr. 9 m.w.N.
65 BVerfGE 65, 1/45.
66 Zur Legaldefinition s. die Erl. zu § 3 Abs. 9; vgl. auch *Ehmann/Helfrich,* EG-Datenschutzrichtlinie, Art. 8 Rdnr. 8.
67 Vgl. *Dammann/Simitis,* EG-Datenschutzrichtlinie, Art. 8 Erl. 3.
68 Vgl. *Ehmann/Helfrich,* EG-Datenschutzrichtlinie, Art. 8 Rdnrn. 10 ff.
69 S. dazu auch *Tinnefeld,* NJW 2001, 3078/3080 und *Klug,* RDV 2001, 266.
70 Zur Erforderlichkeit nach der Richtlinie vgl. *Dammann/Simitis,* EG-Datenschutzrichtlinie, Art. 8 Erl. 5.
71 § 1 Abs. 3.

vielmehr um ein öffentliches Interesse von solcher Bedeutsamkeit und Wichtigkeit handeln, dass dieser Grad an Wichtigkeit geeignet ist, ausnahmsweise ein zwingendes Erfordernis der Datenerhebung zu begründen. Schon der das Datenschutzrecht prägende, strenge Grundsatz der Erforderlichkeit verlangt nicht nur für besonders sensible Daten, sondern generell die Unverzichtbarkeit der im konkreten Einzelfall in Rede stehenden Daten.[72] Eine „zwingende" Erforderlichkeit kann genau genommen nur eine Steigerung des Nicht-Steigerbaren bedeuten, ist allerdings wohl vorliegend als **besonders strenge Prüfung** der Erforderlichkeit zu verstehen. Verdeutlicht wird dadurch auch der absolute Ausnahmecharakter der Anwendung dieser Tatbestandsvariante.

5.3.2 Einwilligung (Nr. 2)

Das Erheben besonderer Arten personenbezogener Daten ist nach Nr. 2 auch mit einer Einwilligung der betroffenen Person zulässig. Die Anforderungen, die für die Erteilung einer wirksamen Einwilligung einzuhalten sind, regelt § 4a.[73] In § 4a Abs. 3 – auf den sich Nr. 2 bezieht – ist zusätzlich zu den allgemeinen Anforderungen noch festgelegt, dass sich die **Einwilligung** betreffend die besonderen Arten personenbezogener Daten **ausdrücklich auf diese Daten erstrecken muss**. Festzuhalten ist allerdings, dass Einwilligungen nach wie vor grundsätzlich nicht von Behörden dafür genutzt werden können, ihre hoheitlichen Befugnisse zu erweitern.[74] 36

5.3.3 Lebenswichtige Interessen (Nr. 3)

Mit Nr. 3 wird Art. 8 Abs. 2 Buchst. c der Europäischen Datenschutzrichtlinie fast wörtlich in das BDSG übernommen. Danach ist eine Ausnahme vom Erhebungsverbot dann möglich, wenn die Erhebung zum **Schutz lebenswichtiger Interessen** der betroffenen Person oder einer dritten Person erforderlich ist. Voraussetzung ist allerdings, dass die betroffene Person, um deren Daten es geht, aus physischen oder rechtlichen Gründen nicht in der Lage ist, in die Datenerhebung einzuwilligen. Lebenswichtige Interesse dürften vor allem im Bereich des Schutzes vor gefährlichen Krankheiten anzusiedeln sein. Die Bestimmung unterstellt zudem implizit ein subjektives **Einwilligungsinteresse** der betroffenen Person, das nur aus objektiven Gründen physischer oder rechtlicher Natur nicht realisierbar ist. Sie geht davon aus, dass bei Nichtvorliegen der Hinderungsgründe eine Einwilligung erteilt werden würde. Ist nach den Umständen des Einzelfalls allerdings anzunehmen, dass die betroffene Person im Falle ihrer Entscheidungsfähigkeit gerade keine Einwilligung erteilen wollen würde, sprechen sich Dammann/Simitis[75] gegen eine Geltung der Vorschrift aus, da es widersinnig sei, sich nur deshalb über die Interessen der betroffenen Person hinwegzusetzen, weil sie ihre Entscheidungsfähigkeit verloren habe. Diese Argumentation vermag zwar prinzipiell zu überzeugen, ist allerdings mit allen Problemen konfrontiert, die mit der Ermittlung des mutmaßlichen Willens einer betroffenen Person verbunden sind. 37

5.3.4 Selbstveröffentlichte Daten (Nr. 4)

Die nach Nr. 4 zulässige Erhebung betrifft Daten, die die betroffene Person selbst offenkundig öffentlich gemacht hat. Zwar hat sie hier – wie bei der Einwilligung – die Daten in eigener Entscheidung freigegeben, doch fehlt – anders als bei der Einwilligung – das Wissen darum, welche der Daten einer öffentlichen Stellen tatsächlich zur Kenntnis gelangen. Auch diese Vorschrift ist daher restriktiv zu verstehen. Zudem müssen Betätigungen in **grundrechtlich geschützten Bereichen** weiterhin besonderen Schutz vor staatlicher Kenntnisnahme genie- 38

---

72 S. Rdnrn. 25 ff.

73 S. die dortige Kommentierung; zu den Richtlinienanforderungen s. auch *Ehmann/Helfrich,* EG-Datenschutzrichtlinie, Art. 8 Rdnrn. 19 f. sowie *Klug,* RDV 2001, 266/272 f.

74 *Dammann/Simitis,* EG-Datenschutzrichtlinie, Art. 8 Erl. 9; zur Fragwürdigkeit einer Einwilligung vgl. *Gola/Schomerus*, BDSG § 13 Rdnr. 16.

75 *Dammann/Simitis,* EG-Datenschutzrichtlinie, Art. 8 Erl. 11.

ßen. Beispielsweise die Teilnahme an einer Demonstration, mit der selbstverständlich eine politische Meinung zum Ausdruck gebracht wird, die Ausübung religiöser Praktiken im öffentlichen Raum oder die Wahrnehmung der Meinungsfreiheit im Rahmen gesellschaftspolitischen Engagements können ebenso wenig allein über das Merkmal des „Öffentlichmachens" eine staatliche Datenerhebung rechtfertigen wie die vom Fernmeldegeheimnis geschützte Plapperei über sexuelle Vorlieben und Praktiken im Internet-Chat. „Die Befürchtung einer Überwachung mit der Gefahr einer Aufzeichnung, späteren Auswertung, etwaigen Übermittlung und weiteren Verwendung durch andere Behörden kann schon im Vorfeld zu einer Befangenheit in der Kommunikation, zu Kommunikationsstörungen und zu Verhaltensanpassungen, hier insbesondere zur Vermeidung bestimmter Gesprächsinhalte oder Termini, führen. Dabei ist nicht nur die individuelle Beeinträchtigung einer Vielzahl einzelner Grundrechtsträger zu berücksichtigen. Vielmehr betrifft die heimliche Überwachung des Fernmeldeverkehrs auch die Kommunikation der Gesellschaft insgesamt. Deshalb hat das Bundesverfassungsgericht dem – insofern vergleichbaren – Recht auf informationelle Selbstbestimmung auch einen über das Individualinteresse hinausgehenden Gemeinwohlbezug zuerkannt."[76] Auch bei öffentlich gemachten Daten greift das Erhebungsverbot richtlinienkonform dann, wenn eine Datenverarbeitung geeignet ist, die Privatsphäre oder die Grundfreiheiten der betroffenen Person zu gefährden.[77] Von der Vorschrift ist daher nur **äußerst zurückhaltend** Gebrauch zu machen. Selbst wenn ihre Anwendbarkeit auf beispielsweise öffentliche Register bejaht wird,[78] sind angesichts der Arten von personenbezogenen Daten, um die es vorliegend geht, kaum Anwendungsfälle denkbar.

5.3.5 Gefahrenabwehr (Nr. 5)

39 Besondere Arten personenbezogener Daten zu erheben ist nach Nr. 5 auch zur Gefahrenabwehr zulässig. Es muss sich um eine drohende Gefahr für die **öffentliche Sicherheit** im Sinne des Polizeirechts handeln.[79] Eine Gefahr für die öffentliche Ordnung genügt nicht. Die Gefahr muss zudem erheblich sein. Das heißt, dass die den Eingriff rechtfertigende Gefahr sich auf ein **qualifiziertes Rechtsgut**[80] beziehen muss, wie zum Beispiel den Bestand des Staates, Leben, Gesundheit oder Freiheit. Damit ist die Eingriffsschwelle angehoben. Freilich stellt sich generell die Frage, welche Fälle es geben soll, in denen eine tatsächlich gegebene, konkrete erhebliche Gefahr[81] gerade mit einer Datenerhebung abgewendet werden könnte und nicht eher eine **andere Form des sofortigen Einschreitens** geboten ist. Dass die Datenerhebung sowohl geeignet als auch erforderlich für die Gefahrenabwehr sein muss, ergibt sich aus dem Verhältnismäßigkeitsprinzip.

5.3.6 Gemeinwohl (Nr. 6)

40 Eine Datenerhebung ist nach Nr. 6 zulässig, wenn sie zur Abwehr erheblicher Nachteile für das Gemeinwohl oder zur Wahrung erheblicher Belange des Gemeinwohls zwingend erforderlich[82] ist. Der Begriff des „Gemeinwohls" ist außerordentlich weit. Gleiches gilt für die Begriffe „Nachteile" und „Belange". Eine gewisse Eingrenzung leistet die Bestimmung, indem sie immerhin das Vorliegen erheblicher[83] Nachteile und Belange fordert. In Anbetracht der Anforderungen des Art. 8 Abs. 4 der Europäischen Datenschutzrichtlinie setzt nach der

---

76 BVerfGE 100, 313/381 unter Bezug auf BVerfGE 65, 1/43 mit dem Beispiel der Versammlungsfreiheit.
77 So auch *Ehmann/Helfrich,* EG-Datenschutzrichtlinie, Art. 8 Rdnr. 38.
78 So *Dammann/Simitis,* EG-Datenschutzrichtlinie, Art. 8 Erl. 16.
79 *Denninger,* in *Lisken/Denninger* (Hrsg.), Handbuch des Polizeirechts, 2001, E 6 ff.
80 *Denninger,* in *Lisken/Denninger* (Hrsg.), Handbuch des Polizeirechts, 2001, E 49; *Albers,* Determination, 63.
81 Die Erfüllung der strengen Anforderungen an das Vorliegen einer gegenwärtigen Gefahr als Voraussetzung der Rasterfahndung nach dem Landespolizeirecht verneint z.B. der Beschluss des OLG Frankfurt v. 20. Februar 2002 – 20 W 55/02, DuD 2002, 238.
82 Zur zwingenden Erforderlichkeit s. schon Rdnrn. 25 ff. u. 35.
83 Zur Erheblichkeit s. Rdnr. 39.

Gesetzesbegründung[84] die Anwendbarkeit von Nr. 6 voraus, dass die **Schwelle für die Annahme erheblicher Nachteile oder erheblicher Belange des Gemeinwohls hoch ist**. Bei verfassungskonformer Auslegung[85] dürfte die Vorschrift nur äußerst selten anwendbar sein.

5.3.7 Gesundheitsbereich (Nr. 7)

Art. 8 Abs. 3 der Europäischen Datenschutzrichtlinie ist in Nr. 7 fast wortidentisch übernommen worden. 41 Damit wird der medizinische Sektor vom Verbot der Erhebung besonderer Arten personenbezogener Daten – hier dürften ausschließlich Daten über die Gesundheit in Betracht kommen – ausgenommen. Erfasst werden damit alle gesundheitsbezogenen Dienstleistungen präventiver, diagnostischer, kurativer oder nachsorgender Art.[86] Über den Begriff der „Verwaltung" ist auch der administrative Bereich einbezogen. Allerdings sind nach der Richtlinie Krankenversicherungen und andere Finanzdienstleistungen, die nur **mittelbar etwas mit Gesundheitsdiensten** zu tun haben, **nicht erfasst**.[87] Nach den Grundsätzen richtlinienkonformer Auslegung kann für Nr. 7 nichts anderes gelten. Voraussetzung für den Umgang mit den Daten ist, dass er durch ärztliches Personal oder durch sonstige Personen erfolgt, die einer entsprechenden Geheimhaltungspflicht unterliegen. Da Nr. 7 mit der fast wörtlichen Übernahme von Art. 8 Abs. 3 der Richtlinie von „Verarbeitung" der Daten spricht, ist darunter der umfassende Verarbeitungsbegriff der Richtlinie zu verstehen, der auch das Erheben umfasst,[88] sodass richtlinienkonform bereits die **Datenerhebung nur durch entsprechend verpflichtetes Personal** vorgenommen werden darf.

5.3.8 Forschungsbereich (Nr. 8)

Zulässig ist die Erhebung besonderer Arten personenbezogener Daten nach Nr. 8 unter 42 bestimmten Voraussetzungen dann, wenn sie zur Durchführung **wissenschaftlicher Forschung** erforderlich ist. Die Voraussetzungen sind wortgleich mit denjenigen Voraussetzungen, die § 14 Abs. 2 Nr. 9 für die Zulässigkeit des Speicherns, Veränderns oder Nutzens von Daten für andere als die ursprünglichen Zwecke normiert. Auf die dortige Kommentierung kann daher im Wesentlichen verwiesen werden.[89] § 14 Abs. 2 Nr. 9 betrifft allerdings nicht speziell die besonderen Arten personenbezogener Daten, sondern allgemein personenbezogene Daten. Die Zweckänderung zur Durchführung wissenschaftlicher Forschung in Bezug auf besondere Arten personenbezogener Daten haben § 14 Abs. 5 Satz 1 Nr. 2 und Satz 2 zum Gegenstand. Diese Regelung weicht jedoch leicht von Nr. 7 und § 14 Abs. 2 Nr. 9 ab. Sie stellt auf das öffentliche Interesse an der Durchführung des Forschungsvorhabens ab, wohingegen Nr. 7 und § 14 Abs. 2 Nr. 9 von wissenschaftlichen Interessen an der Durchführung des Forschungsvorhabens sprechen. Letztlich dürfte dieser Unterschied jedoch in der Praxis nicht von großer Bedeutung sein. Denn nach § 14 Abs. 5 Satz 2 ist bei der Abwägung nach Satz 1 Nr. 2 im Rahmen des öffentlichen Interesses das wissenschaftliche Interesse an dem Forschungsvorhaben besonders zu berücksichtigen. Und das in Nr. 7 verlangte wissenschaftliche Interesse dürfte – von denkbaren Ausnahmen abgesehen – schon aufgrund des grundrechtlichen Schutzes der Forschungsfreiheit regelmäßig im öffentlichen Interesse liegen. Um die Schutzintensität nicht zu verringern, die den besonderen Arten personenbezogener Daten zukommen soll, ist jedenfalls die nach Nr. 7 erforderliche Prüfung anhand strenger Maßstäbe durchzuführen.

---

84 *Christians,* Synopse zur BDSG-Novellierung mit Begründung, RDV-Sonderdruck Aug. 2000, 55.
85 S. dazu auch § 14 Rdnr. 73 f.
86 *Dammann/Simitis,* EG-Datenschutzrichtlinie, Art. 8 Erl. 18.
87 *Dammann/Simitis,* EG-Datenschutzrichtlinie, Art. 8 Erl. 18.
88 Art. 2 Buchst. b.
89 § 14 Rdnrn. 88 – 92.

5.3.9 Verteidigung (Nr. 9)

43 Die letzte Ausnahme vom Erhebungsverbot der besonderen Arten personenbezogener Daten hat die Verteidigung oder die Erfüllung über- oder zwischenstaatlicher Verpflichtungen zum Gegenstand. Diese Verpflichtungen müssen einer öffentlichen Stelle des Bundes obliegen und Krisenbewältigung, Konfliktverhinderung oder humanitäre Maßnahmen betreffen. Nur zwingende Gründe können die Datenerhebung rechtfertigen. Damit sind **erhöhte Anforderungen** an die Begründungslast gestellt.

§ 14 Datenspeicherung, -veränderung und -nutzung

(1) Das Speichern, Verändern oder Nutzen personenbezogener Daten ist zulässig, wenn es zur Erfüllung der in der Zuständigkeit der verantwortlichen Stelle liegenden Aufgaben erforderlich ist und es für die Zwecke erfolgt, für die die Daten erhoben worden sind. Ist keine Erhebung vorausgegangen, dürfen die Daten nur für die Zwecke geändert oder genutzt werden, für die sie gespeichert worden sind.

(2) Das Speichern, Verändern oder Nutzen für andere Zwecke ist nur zulässig, wenn

1. **eine Rechtsvorschrift dies vorsieht oder zwingend voraussetzt,**
2. **der Betroffene eingewilligt hat,**
3. **offensichtlich ist, daß es im Interesse des Betroffenen liegt, und kein Grund zu der Annahme besteht, daß er in Kenntnis des anderen Zwecks seine Einwilligung verweigern würde,**
4. **Angaben des Betroffenen überprüft werden müssen, weil tatsächliche Anhaltspunkte für deren Unrichtigkeit bestehen,**
5. **die Daten allgemein zugänglich oder die verantwortliche Stelle sie veröffentlichen dürfte, es sei denn, daß das schutzwürdige Interesse des Betroffenen an dem Ausschluß der Zweckänderung offensichtlich überwiegt,**
6. **es zur Abwehr erheblicher Nachteile für das Gemeinwohl oder einer sonst unmittelbar drohenden Gefahr für die öffentliche Sicherheit erforderlich ist,**
7. **es zur Verfolgung von Straftaten oder Ordnungswidrigkeiten, zur Vollstreckung oder zum Vollzug von Strafen oder Maßnahmen im Sinne des § 11 Abs. 1 Nr. 8 des Strafgesetzbuches oder von Erziehungsmaßregeln oder Zuchtmitteln im Sinne des Jugendgerichtsgesetzes oder zur Vollstreckung von Bußgeldentscheidungen erforderlich ist,**
8. **es zur Abwehr einer schwerwiegenden Beeinträchtigung der Rechte einer anderen Person erforderlich ist oder**
9. **es zur Durchführung wissenschaftlicher Forschung erforderlich ist, das wissenschaftliche Interesse an der Durchführung des Forschungsvorhabens das Interesse des Betroffenen an dem Ausschluß der Zweckänderung erheblich überwiegt und der Zweck der Forschung auf andere Weise nicht oder nur mit unverhältnismäßigem Aufwand erreicht werden kann.**

(3) Eine Verarbeitung oder Nutzung für andere Zwecke liegt nicht vor, wenn sie der Wahrnehmung von Aufsichts- und Kontrollbefugnissen, der Rechnungsprüfung oder der Durchführung von Organisationsuntersuchungen für die speichernde Stelle dient. Das gilt auch für die Verarbeitung oder Nutzung zu Ausbildungs- und Prüfungszwecken durch die speichernde Stelle, soweit nicht überwiegende schutzwürdige Interessen des Betroffenen entgegenstehen.

(4) Personenbezogene Daten, die ausschließlich zu Zwecken der Datenschutzkontrolle, der Datensicherung oder zur Sicherstellung eines ordnungsgemäßen Betriebes einer Datenverarbeitungsanlage gespeichert werden, dürfen nur für diese Zwecke verwendet werden.

(5) Das Speichern, Verändern oder Nutzen von besonderen Arten personenbezogener Daten (§ 3 Abs. 9) für andere Zwecke ist nur zulässig, wenn

1. **die Voraussetzungen vorliegen, die eine Erhebung nach § 13 Abs. 2 Nr. 1 bis 6 oder 9 zulassen würden oder**
2. **dies zur Durchführung wissenschaftlicher Forschung erforderlich ist, das öffentliche Interesse an der Durchführung des Forschungsvorhabens das Interesse des Betroffenen an dem Ausschluss der Zweckänderung erheblich überwiegt und der Zweck der Forschung auf andere Weise nicht oder nur mit unverhältnismäßigem Aufwand erreicht werden kann.**

Bei der Abwägung nach Satz 1 Nr. 2 ist im Rahmen des öffentlichen Interesses das wissenschaftliche Interesse an dem Forschungsvorhaben besonders zu berücksichtigen.

(6) Die Speicherung, Veränderung oder Nutzung von besonderen Arten personenbezogener Daten (§ 3 Abs. 9) zu den in § 13 Abs. 2 Nr. 7 genannten Zwecken richtet sich nach den für die in § 13 Abs. 2 Nr. 7 genannten Personen geltenden Geheimhaltungspflichten.

Literatur

A. André, Sozialgesetzbuch – Schutz der Sozialdaten neu geregelt, RDV 1994, 234 ff., 237; *J. Bizer,* TK-Daten im Data Warehouse, DuD 1998, 570 ff.; *H. Ehmann,* Zur Zweckbindung privater Datennutzung, RDV 1988, 169 ff.; *H. -U. Gallwas,* Zum Prinzip der Erforderlichkeit im Datenschutzrecht, in *F. Haft u. a.* (Hrsg.), Strafgerechtigkeit, Festschrift für *A. Kaufmann* (1993), S. 819 ff.; *U. Hartleb,* Sinn und Zweck der Vorschriften über den Sozialdatenschutz im SGB X aus der Sicht des Gesetzgebers, RDV 1995, 9 ff.; *A. Herb,* Zufallsfunde bei behördlichen Datenschutzkontrollen, CR 1994, 642 ff.; *P. Hoffmann/K. Wöhlermann,* Das Handelsregister als elektronische Datenbank, in *Nickel/Roßnagel/Schlink* (Hrsg.), Die Freiheit und die Macht – Wissenschaft im Ernstfall, Festschrift für *A. Podlech* (1994), S. 183 ff.; *G. Runge,* Protokolldaten zwischen Sicherheit und Rechtmäßigkeit, CR 1994, 710 ff.; *H. Stelljes,* Umfang der Aufsichts- und Kontrollbefugnisse von Vorgesetzten, DuD 1995, 140 f.

Übersicht

1. Vorbemerkung

1 § 14 regelt die Zulässigkeit der Speicherung, der Änderung und der Nutzung von personenbezogenen Daten durch öffentliche Stellen. § 14 ist die zentrale Vorschrift des Gesetzes, welche den Grundsatz der zweckgebundenen Verarbeitung und Nutzung von Daten für den öffentlichen Bereich verwirklicht und gehört insofern zu den wichtigsten der im Jahr 1990 neu aufgenommenen Elementen.[1] Die Bindung des weiteren Datenumgangs an den Erhebungs- bzw.

1 Eine Parallelvorschrift für den nicht-öffentlichen Sektor fehlte bis zur Novellierung 2001.

Speicherungszweck gilt nach Abs. 1 für das Speichern, Verändern und Nutzen, aufgrund entsprechender Verweisungen aber auch für das Übermitteln.[2] Ein abschließender Katalog von Ausnahmen legt die Fälle fest, in denen vom ursprünglichen Zweck abgewichen werden darf.[3] Weitere ergänzende Regelungen zur Zweckbindung enthalten Abs. 3, der bestimmte Nebenzwecke dem Primärzweck zurechnet, sowie Abs. 4, der für bestimmte Daten eine strikte Zweckbindung anordnet. Zur Umsetzung von Art. 8 der EG-Datenschutzrichtlinie, die einen gesteigerten Schutz für sensitive Daten fordert, wurde die Vorschrift im Rahmen der Novellierung 2001 um die Absätze 5 und 6 ergänzt.

Soweit die Vorschriften des § 14 die Verarbeitung und Nutzung personenbezogener Daten – sei es im Rahmen des Primärzweckes gemäß Abs. 1 und 3, sei es unter nach Abs. 2 zugelassener Zweckänderung – erlauben, fungieren sie auch als gesetzliche Einschränkung des Rechts auf informationelle Selbstbestimmung.[4] Soweit jedoch wegen der Schwere des Eingriffs aus verfassungsrechtlichen Gründen im Hinblick auf die Berechenbarkeit des Eingriffs eine bereichsspezifische gesetzliche Regelung erforderlich ist, reicht § 14 als typische Querschnittsregelung nicht aus.[5] 2

2. Anwendungsbereich

2.1 Gesetzesadressaten

Die Vorschrift richtet sich an öffentliche Stellen des Bundes[6] sowie – stark eingeschränkt – an öffentliche Stellen der Länder.[7] Zu beachten ist, dass als öffentliche Stelle auch privatrechtlich organisierte Einrichtungen in Betracht kommen.[8] Auf der anderen Seite ist die Anwendung der Vorschrift ausgeschlossen, soweit eine öffentliche Stelle als öffentlich-rechtliches Unternehmen am Wettbewerb teilnimmt[9] oder soweit personenbezogene Daten für dienst- oder arbeitsrechtliche Rechtsverhältnisse verarbeitet oder genutzt werden.[10] 3

2.2 Speichern, Verändern oder Nutzen personenbezogener Daten

Die Vorschrift enthält gemeinsame Regelungen für das Speichern, Verändern und Nutzen personenbezogener Daten. Die Zulässigkeit der anderen Transaktionen richtet sich nach Parallelvorschriften, so die der Erhebung nach § 13, die der Übermittlung nach §§ 15, 16, 4 b und 4 c und die der Berichtigung, Löschung und Sperrung nach § 20. Die Zulässigkeit der Übermittlung in ihren verschiedenen Fallgruppen ist aber stets durch eine entsprechende gesetzliche Verweisung an die Voraussetzungen des § 14 gebunden,[11] was bedeutet, dass der Zweckbindungsgrundsatz auch insoweit zum Tragen kommt. Für die anderen außerhalb des § 14 geregelten Formen des Datenumgangs war dies nicht erforderlich, weil mit ihnen eine Zweckänderung nicht verbunden ist. 4

3. Erforderlichkeit zur Aufgabenerfüllung (Abs. 1)

Die Vorschrift macht die Zulässigkeit des Speicherns, Veränderns und Nutzens davon abhängig, dass es zur Erfüllung der in der Zuständigkeit der verantwortlichen Stelle liegenden 5

---

2 §§ 4b Abs. 1, 15 Abs. 1 Nr. 2, 16 Abs. 1 Nr. 1.
3 Abs. 2.
4 Vgl. o. § 1 Rdnrn. 107 ff.
5 Schwellentheorie, vgl. § 1 Rdnr. 111 f.; and. *Auernhammer,* BDSG § 14 Rdnr. 4, Einführung Rdnrn. 49 f., der nur in besonderen Fällen einen Grundrechtseingriff bejaht.
6 § 12 Abs. 1; s. dazu § 12 Rdnr. 6, § 2 Rdnrn. 15 ff.
7 § 12 Abs. 2; s. dazu § 12 Rdnr. 15 und § 1 Rdnrn. 120 ff.
8 Vgl. § 2 Rdnrn. 32 ff., 64 ff.
9 § 12 Abs. 1 2. Halbsatz.
10 § 12 Abs. 4.
11 §§ 15 Abs. 1 Nr. 2, 16 Abs. 1 Nr. 1, 4 b Abs. 1.

Aufgaben erforderlich ist. Mit dem Verweis auf Zuständigkeit und Rechtmäßigkeit greift das Gesetz auf allgemeine Anforderungen an die rechtsstaatliche Verwaltung zurück, die aus dem in Artikel 20 Abs. 3 GG verankerten Grundsatz der Gesetzmäßigkeit der Verwaltung folgen und grundsätzlich unabhängig von der Geltung des BDSG zu beachten sind.[12]

3.1 Zuständigkeit (Abs. 1 Satz 1 1. Bedingung)

6 Wenn das Gesetz auf die in der **Zuständigkeit der verantwortlichen Stelle** liegenden Aufgaben abstellt, so wird damit auf die örtliche, die sachliche und die verbandsmäßige Zuständigkeit verwiesen.[13] Fehlt eine dieser Zuständigkeitsarten, so kann die Datenverarbeitung nicht auf § 14 Abs. 1 gestützt werden.

7 Die örtliche Zuständigkeit setzt voraus, dass die Aufgabe, zu deren Erfüllung die Daten gespeichert, verändert oder genutzt werden, in den der datenverarbeitenden Stelle zugewiesenen räumlichen Wirkungsbereich fällt. Nach § 3 Abs. 1 VwVfG sind die wichtigsten Anknüpfungspunkte für die örtliche Zuständigkeit

- bei ortsgebundenen Sachen und Rechten: deren Ort[14]
- bei Unternehmen, Berufsausübung und anderen Dauertätigkeiten: der Betriebs- oder Ausbildungsort[15]
- bei natürlichen Personen: der Ort ihres letzten gewöhnlichen Aufenthalts.[16]

8 Zur sachlichen Zuständigkeit gehören die **funktionelle oder instanzielle Zuständigkeit**, welche sich auf die richtige Ebene innerhalb der hierarchisch gegliederten Verwaltungsorganisationen bezieht[17] und die **ressortmäßige Zuständigkeit** nach der fachlichen Aufteilung in Geschäftsbereiche zwischen mehreren Verwaltungszweigen eines öffentlichen Verbandes.[18]

9 Die **verbandsmäßige Zuständigkeit** grenzt die Verwaltungshoheit selbstständiger Träger öffentlicher Verwaltung, d.h. des Bundes, der Länder, der Kommunen und der mit Rechtsfähigkeit und Selbstverwaltungsrechten ausgestatteten juristischen Personen des öffentlichen Rechts untereinander ab.[19] Im Anwendungsbereich des BDSG ist insoweit insbesondere die Kompetenznorm des Art. 83 GG zu beachten, nach der der Bund Verwaltungszuständigkeiten nur in den durch das Grundgesetz selbst begründeten oder zugelassenen Fällen besitzt.

10 Die Zuständigkeit muss wirksam begründet sein. Soweit gesetzlich nichts anderes vorgeschrieben ist, kann die Zuständigkeit aufgrund der Organisationsgewalt im Wege der Verwaltungsanordnung geregelt werden.[20]

11 Entscheidend ist jeweils, ob die öffentliche Stelle als solche zuständig ist. Ob die interne Geschäftsverteilung[21] eingehalten wird, hat dagegen auf die Zulässigkeit im Sinne der Vorschrift keinen Einfluss. Bei Nichtbeachtung wird zwar in der Regel ein Verstoß gegen das Datengeheimnis nach § 5 und damit eine unbefugte Verarbeitung oder Nutzung durch den „unzuständigen“ Beschäftigten vorliegen; das gilt auch für eine „unzuständige“ Organisationseinheit.[22] Als stelleninternes Organisationsmittel hat der Geschäftsverteilungsplan aber keine Außenwirkung und ist daher auch nicht Teil der Zuständigkeit im Sinne der gesetzlichen Regelung.

---

12 Vgl. *Bergmann/Möhrle/Herb,* BDSG § 14 Rdnr. 11.

13 Zur Bedeutung für den Datenschutz vgl. *Bull,* ZRP 1975, 12; zur Unzuständigkeit eines Übermittlungsempfängers s. BezG Schwerin, Dok BDSG (1990) § 15 E 1.

14 Dinglicher Behördenstand, vgl. *Bonk,* in *Stelkens/Bonk/Sachs,* VwVfG § 3 Rdnr. 9.

15 Vgl. *Bonk,* a.a.O., Rdnr. 10.

16 Vgl. *Bonk,* a.a.O., Rdnrn. 14 ff.

17 Z.B. Kreis/Regierungspräsident/Ministerium als untere/mittlere/obere Wasserbehörde, vgl. *Bonk,* a.a.O., Rdnr. 3 a.

18 Z.B. Geschäftsbereiche der Ministerien.

19 Vgl. *Bonk,* a.a.O., Rdnr. 3 b.

20 BVerfGE 36, 91, 94.

21 Z.B. die Referats-, Dezernats- oder Abteilungszuständigkeit.

22 Solange sie ansonsten den Grundsätzen der Erforderlichkeit und Zweckbindung entspricht.

3.2 Erforderlichkeit (Abs. 1 Satz 1 2. Bedingung)

Das Speichern, Verändern und Nutzen ist nur insoweit zulässig, als es zur Aufgabenerfüllung **erforderlich** ist. Dem Regierungsvorschlag, unter Rückgriff auf eine im Dritten Abschnitt verwendete, weichere Formel[23] die Speicherung und Veränderung „im Rahmen" rechtmäßiger Aufgabenerfüllung zuzulassen, ist der Bundestag zu Recht nicht gefolgt, da damit der Normzweck, „ein unnötiges Eindringen in den Persönlichkeitsbereich (zu verhindern) und dem Zusammentragen aller Informationen über eine Person zu einem geschlossenen Persönlichkeitsbild eine Grenze" zu setzen,[24] nicht zu erreichen gewesen wäre. Diese Entscheidung hat ihre verfassungsrechtliche Bestätigung mit dem Volkszählungsurteil des Bundesverfassungsgerichts erhalten.[25] Dementsprechend sind an die Erforderlichkeitsprüfung strenge Maßstäbe anzulegen,[26] wobei allerdings nicht übersehen werden darf, dass die unterschiedlichen Aufgaben der öffentlichen Stellen sowie die praktischen Bedingungen ihrer Erfüllung den Umfang des dazu notwendigen Umgangs mit personenbezogenen Daten nicht immer gleich scharf determinieren.[27] 12

Das Gesetz verlangt, dass **„es"**, mithin das Speichern, Verändern oder Nutzen, erforderlich ist. Hierbei ist zu beachten, dass das Speichern und Verändern „ungeachtet der dabei angewendeten Verfahren"[28] definiert sind. Es braucht also weder ein automatisiertes Verfahren vorzuliegen, noch wird ein Dateibezug[29] verlangt.[30] Beim Begriff des Nutzens[31] verhält es sich ebenso, ohne dass es dazu einer gesetzlichen Klarstellung bedürfte. Zu fragen ist also jeweils ganz generell, ob die betreffenden personenbezogenen Daten zur Erfüllung der Aufgabe gespeichert, verändert oder genutzt werden müssen. § 14, wie auch die anderen Erlaubnisnormen des Zweiten Abschnitts, sind insofern keine Normen speziell zum Schutz vor automatisiertem oder dateibezogenem Datenumgang, sondern dienen dem Schutz vor nicht notwendigem Datenumgang überhaupt. Die Anlegung von Dateien sowie die Einrichtung automatisierter Verfahren sind im BDSG nicht Gegenstand allgemeiner Zulässigkeitsregelungen; eine Ausnahme bildete bis zur Novellierung 2001 nur die Regelung zur Einrichtung eines automatisierten Abrufverfahrens;[32] seither sind die automatisierte Einzelentscheidung mit Persönlichkeitsbewertung[33] und die optisch-elektronische Überwachung[34] dazu gekommen. Zwar ist es richtig, dass der Betroffene im Rahmen seiner Selbstbestimmung einen Datenumgang auch medien- und datenorganisationsspezifisch erlauben kann – etwa Verarbeitung nur in Akten oder nur in einer zentralen EDV.[35] Die vom BDSG zur Verfügung gestellten gesetzlichen Verarbeitungs- und Nutzungsbefugnisse bestehen jedoch gerade „ungeachtet der dabei angewendeten Verfahren", sodass sich auch eine entsprechende interpretatorische Aufladung des Begriffs der Erforderlichkeit verbietet.[36] 13

Im Falle des **Speicherns** kommt es darauf an, dass „das Erfassen, Aufnehmen oder Aufbewahren",[37] mithin das Festhalten, der Daten erforderlich ist. Dass die Aufgabe die Kenntnis 14

---

23 § 28 Abs. 1 Nr. 1 „im Rahmen der Zweckbestimmung eines Vertragsverhältnisses".
24 Begr. zu § 6 RegE, BT-Drs. 7/1027.
25 BVerfGE 65, 1, 46.
26 Vgl. VV DSG-LSA 9.1; *Bergmann/Möhrle/Herb,* BDSG § 14 Rdnrn. 10, 15; *Stange,* Datenschutz Rdnr. 110; *Simitis,* in Festschrift für *W. Mallmann,* (1978) 259, 264 f.; *ders.,* ÖVD 1979 H. 3 S. 4; oben § 13 Rdnr. 25 sowie unten § 15 Rdnrn. 11 f., 15 ff.
27 Näher dazu u. Rdnrn. 16 ff.
28 § 3 Abs. 4 Satz 2 Einleitungssatz.
29 Wie noch im BDSG 1977.
30 Vgl. im einzelnen § 3 Rdnrn. 120 ff.
31 § 3 Abs. 5 und dort Rdnrn. 194 ff.
32 § 10.
33 § 6 a.
34 § 6 b.
35 Vgl. *Gallwas,* in Festschrift für *A.Kaufmann* (1993) S. 819, 823 ff.
36 Insoweit nicht überzeugend daher *Gallwas,* a.a.O. unter Bezug auf *Ordemann/Schomerus,* BDSG 3. Aufl. § 9 Anm. 1.3; vgl. jetzt aber *Gola/Schomerus,* § 13 Rdnr. 2; wie hier Amtl. Begr. zu § 11 HDSG, LT-Drs. 11/4749, S. 29.
37 § 3 Abs. 4 Satz 2 Nr. 1.

der Daten erfordert, wird in aller Regel der Fall sein, ist aber genau genommen weder stets notwendig, noch immer ausreichend. So ist eine (menschliche) Kenntnisnahme nicht erforderlich, wenn maschinenlesbare Angaben unmittelbar in eine automatisierte Verarbeitung eingehen;[38] umgekehrt ist es etwa bei einer Razzia[39] erforderlich, die Personalien aller Anwesenden zur Kenntnis zu nehmen, ohne dass aber die Speicherung der Angaben Unverdächtiger erforderlich ist; hat eine Bibliothek sich anhand des Personalausweises vergewissert, dass die nach der Benutzungsordnung erforderliche Volljährigkeit gegeben ist und Namen und Anschrift korrekt angegeben sind, so genügt es, *dies* festzuhalten, ohne dass die Speicherung des Geburtsdatums und der Personalausweis-Nummer erforderlich wären.

15 Die Speicherung, Veränderung oder Nutzung personenbezogener Daten ist nur dann **erforderlich, wenn die Aufgabe sonst nicht, nicht vollständig oder nicht in rechtmäßiger Weise erfüllt werden kann**. Es muss sich also um die conditio sine qua non handeln. Dass das Speichern, Verändern oder Nutzen der Daten zur Erfüllung der Aufgabe geeignet und zweckmäßig ist, ist notwendige, aber nicht hinreichende Bedingung.[40] Dabei ist von einer ordnungsgemäßen, an den Kriterien der Wirtschaftlichkeit, Effizienz und Bürgerfreundlichkeit orientierten Verfahrensweise auszugehen. Insofern trifft es durchaus zu, dass das Speichern, Verändern oder Nutzen auch dann erforderlich ist, wenn die Aufgabe andernfalls nur unter unverhältnismäßig großen Schwierigkeiten erfüllt werden könnte. So dürfen etwa Daten über die Tatsache eines Antrags oder einer Bewerbung (nicht dagegen die Antrags- oder Bewerbungsunterlagen) gespeichert werden, um einen sehr erheblichen Aufwand für eine erneute sachliche Prüfung vermeiden zu können.[41] Allerdings reicht hier nicht jeder zusätzliche Aufwand. Die zu vermeidenden Schwierigkeiten oder Aufwendungen sind nur dann unverhältnismäßig, wenn die schutzwürdigen Belange des Betroffenen bei einer entsprechenden Abwägung zurücktreten müssen. Dazu muss jeweils im Einzelfall die zusätzliche Belastung der öffentlichen Stelle durch den personellen oder wirtschaftlichen Aufwand oder sonstige Faktoren der Beeinträchtigung des Betroffenen in seiner Datenschutzposition gegenübergestellt werden. Abstriche in der Qualität und Quantität der Aufgabenerfüllung verlangt der Erforderlichkeitsgrundsatz nur, wenn sonst in gravierender Weise in die Rechtsposition des Betroffenen eingegriffen würde. Im Übrigen kommt es, wenn das Maß des Erforderlichen festgestellt werden soll, ganz entscheidend auf eine genaue Analyse der jeweiligen materiellen Aufgabe wie auch des bei ihrer Erfüllung zu beachtenden Verfahrens an. Deshalb sind abstrakte rechtliche Aussagen über „das Erforderliche" nur von begrenztem Wert.

16 Wesentliche Aspekte oder Bestimmungsfaktoren für die Erforderlichkeit sind der Datenumfang,[42] der Zeitaspekt,[43] auch im Zusammenhang mit der Struktur des Datenbedarfs,[44] die Datenorganisation und Verarbeitungsart,[45] die Anforderungen der Dokumentation[46] sowie das Verfahren der Aufgabenerfüllung.[47]

17 Bei der Bestimmung des erforderlichen **Datenumfangs** ist jeweils auf die spezielle Aufgabe und die Notwendigkeiten des dabei einzuhaltenden Verfahrens abzustellen. Die Erforderlichkeit muss im jeweiligen Einzelfall bestehen; deshalb dürfen zu jedem Betroffenen nur die Daten gespeichert werden, die in seinem konkreten Fall benötigt werden. Es genügt nicht, dass

38 Wie bei der Rasterfahndung nach § 98a StPO.
39 „Kontrollstelle" nach § 111 StPO.
40 Zust. *Bergmann/Möhrle/Herb,* BDSG § 14 Rdnr. 15; *Nungesser,* HDSG § 11 Rdnr. 12; a.M. *Gallwas,* Festschrift für *A. Kaufmann* (1993) S. 819, 823 ff.; *Niese,* in *Wilde/Ehmann/Niese/Knoblauch,* BayDSG Art. 16 Rdnrn. 9 ff.
VG Düsseldorf NJW 1985, 1784, 1795; *Schaffland/Wiltfang,* BDSG § 14 Rdnr. 13.
41 Weitere Bspe. s. unter Rdnrn. 35f.
42 S. Rdnrn. 17 f.
43 S. Rdnrn. 19 ff.
44 S. Rdnrn. 22 ff.
45 S. Rdnrn. 25 f.
46 S. Rdnrn. 27 f.
47 S. Rdnrn. 29 f.

eine Angabe in der Mehrzahl der Fälle benötigt wird und deshalb im Erhebungsformular oder im Datensatz ein entsprechendes Feld vorgesehen ist.[48]

Da bereits die gezielte Kenntnisnahme von personenbezogenen Daten eine Nutzung im Sinne 18 des Gesetzes ist,[49] folgt aus dem Erforderlichkeitsgrundsatz ein Verbot, ohne aufgabenbezogenen Anlass, etwa aus persönlichen Motiven, Bestände mit personenbezogenen Daten durchzusehen oder einzelne Datensätze auf den Bildschirm abzurufen. Bei der Gestaltung von automatisierten Verfahren ist darauf zu achten, dass für die verschiedenen sachbearbeitenden Funktionen jeweils genau zugeschnittene Datenumfänge bereitgestellt werden, z.B. durch entsprechend strukturierte Bildschirmmasken. Es ist allerdings sachgerecht und zulässig, dabei bestimmte Typen zu bilden und damit Anforderungen der Software-Ergonomie Rechnung zu tragen. Auch bei der Anlage von Akten empfiehlt sich eine Strukturierung (etwa in Teil-, Neben- und Sonderakten), die den späteren Nutzungsumfang datenschutzgerecht steuert. Bei sensiblen Daten ist eine solche Sonderbehandlung in der Regel schon im Hinblick auf die Sondervorschriften der Absätze 5 und 6 unerlässlich.[50]

Der Grundsatz der Erforderlichkeit gilt auch **in zeitlicher Hinsicht**. Erforderlich ist die Spei- 19 cherung, Veränderung oder Nutzung erst dann und nur so lange, wie die Aufgabe aktuell ist, d.h. ihre Erfüllung ansteht. Dem entspricht, anders ausgedrückt, ein **Verbot** der Datenspeicherung „**quasi auf Vorrat**".[51] Es verwundert nicht, wenn ein solches Verbot von denjenigen Autoren, die den Gesetzesbegriff „erforderlich" in „geeignet" uminterpretieren,[52] negiert wird.[53] Richtig ist allerdings, dass die Speicherung schon ihrer Begriffsbestimmung nach zukunftsgerichtet ist.[54] Darüber hinaus kann sich aus der Natur der Aufgabe und den Bedingungen ihres Vollzugs durchaus die Notwendigkeit ergeben, personenbezogene Daten festzuhalten (zu speichern) oder auszuwerten (und damit zu nutzen), ohne dass in jedem Einzelfall bereits zu diesem Zeitpunkt definitiv feststeht, ob und wann die Daten tatsächlich für eine Verwaltungsentscheidung oder eine sonstige Aufgabenerfüllung tatsächlich gebraucht werden.[55] Auch das Bundesverfassungsgericht leitet aus dem Erforderlichkeitsgrundsatz kein Verbot einer Datensammlung auf Vorrat schlechthin ab, sondern nur ein solches „zu unbestimmten oder noch nicht bestimmbaren Zwecken".[56] Der vorgesehene Verwendungszweck muss also feststehen, lediglich der Zeitpunkt der Aktualisierung der Erforderlichkeit im Einzelfall kann bei manchen Aufgaben zunächst offen bleiben.

Bei **Verwaltungsaufgaben mit präventiver Zwecksetzung** wird der Grundsatz der Zeitge- 20 bundenheit wie folgt zu konkretisieren sein. Hat eine öffentliche Stelle die Aufgabe, im Falle einer abstrakten Gefahr tätig zu werden, so ist sie zu einer dazu erforderlichen Datenspeicherung, -veränderung oder -nutzung befugt, sobald und solange eine abstrakte Gefahr vorliegt. Kommt es dagegen auf eine konkrete Gefahr an, so ist der Datenumgang unzulässig, wenn eine solche noch nicht oder nicht mehr besteht. Gehört die Gefahrenvorsorge zu den Aufgaben der Stelle (was gesondert zu prüfen ist), so sind – im Rahmen des Verhältnismäßigkeitsprinzips[57] – auch die Speicherung, Veränderung und Nutzung personenbezogener Daten nur zulässig, soweit die Aufgabenerfüllung eine datenmäßige Vorsorge erfordert, so etwa die Speicherung von Daten über Experten, die bei Gefahreintritt sofort alarmiert werden müssen.

---

48 Beispiel: Angaben über Familienangehörige, für die eine Beihilfe nicht beantragt wird, soweit die Angaben die Berechnung auch sonst nicht beeinflussen.
49 S. § 3 Rdnr. 195.
50 Vgl. in diesem Sinne die bereichsspezifischen Regelungen des Personalaktendatenschutzes im Beamtenrecht, §§ 90 ff. BBG.
51 Vgl. *Auernhammer,* BDSG § 14 Rdnr. 5; *Bergmann/Möhrle/Herb,* BDSG § 14 Rdnr. 19; *Stange,* Datenschutz Rdnr. 104; *Weyer,* DSG NW § 13 Rdnr. 3.
52 Was abzulehnen ist, s.o. Rdnr. 15.
53 *Tinnefeld/Ehmann/Gerling,* Datenschutzrecht, Abschnitt III 5.3.2.1; *Niese,* in *Wilde/Ehmann/Niese/Knoblauch,* BayDSG, Art. 16 Rdnrn. 9 ff., Art. 17 Rdnr. 4; *Schaffland/Wiltfang,* BDSG § 14 Rdnrn. 17 f.
54 „Aufbewahren zum Zwecke ihrer weiteren Verarbeitung oder Nutzung" § 3 Abs. 4 Nr. 1.
55 So zutr. *Gola/Schomerus,* BDSG § 14 Rdnr. 8; dem folgend *Schaffland/Wiltfang,* BDSG § 14 Rdnr. 17.
56 BVerfGE 65, 1, 46; vgl. freilich *Bergmann/Möhrle/Herb,* BDSG § 13 Rdnr. 24, § 14 Rdnr. 19.
57 S. dazu u. Rdnr. 31.

21 Sind Daten zur Aufgabenerfüllung nicht mehr erforderlich, so folgt die Verpflichtung zu ihrer Löschung aus § 20 Abs. 2 Nr. 2.

22 Nicht nur unter dem Zeitaspekt problematisch ist die Erforderlichkeit des Umgangs mit personenbezogenen Daten auch bei **Aufgaben statistischer, wissenschaftlicher und planerischer Art**. Nicht zuletzt deshalb versuchen das BDSG[58] und mehr noch die Datenschutzgesetze der Länder,[59] die Verhältnismäßigkeit in anderen Dimensionen, nämlich durch strikte Zweckbindung, separierte Verarbeitung, Anonymisierungspflichten und Verfahrensregelungen oder besondere Anforderungen an Art und Gegenstand der Forschung zu sichern. Typisch für die genannten Aufgaben ist ein Bedarf an (personenbezogenen) Mikrodaten als Auswertungsgrundlage und an mehr oder weniger aggregierten und tendenziell anonymisierten Ergebnisdaten. Solche Aufgaben obliegen zwar vor allem statistischen Ämtern, wissenschaftlichen Anstalten und Planungsbehörden oder -verbänden, deren Datenumgang auf Spezialgesetzen beruht. Nach heutigem Staatsverständnis umfassen die Aufgaben der Regierung und der Verwaltung aber auch generell Elemente der Planung und der Erfolgskontrolle. Diese können sich ebenso auf den Einsatz von Personal und sachlichen Mitteln wie auch auf Aufbau- und Ablauforganisation beziehen und die Bedingungen der Erfüllung der verschiedenen Fachaufgaben mitumfassen. Die Berechtigung einer entsprechenden Datenverwendung wird vom Gesetz grundsätzlich anerkannt, wenn es beispielsweise die Datenverwendung für Organisationsuntersuchungen und für wissenschaftliche Forschung für zweckgleich oder zweckkompatibel erklärt.[60] Das Gesetz setzt damit voraus, dass für den entsprechenden Datenumgang auch die Erforderlichkeit grundsätzlich gegeben sein kann. Was im konkreten Fall erforderlich ist, ist aus dem haushaltsrechtlichen Gebot zur wirtschaftlichen und sparsamen Aufgabenerledigung[61] nach den Umständen des Einzelfalls abzuleiten, welches jeden Aufgabenträger auch verpflichtet, seine Organisation, den Ablauf und den Erfolg seiner Tätigkeit laufend darauf zu untersuchen, welche Verbesserungen möglich sind. Dabei ist der Verhältnismäßigkeitsgrundsatz heranzuziehen; dazu sind auch die Art der Daten und die mit ihrer Verarbeitung verbundenen Risiken zu würdigen.

23 Welches Instrumentarium, insbesondere welchen Umfang und welche Form der Datenspeicherung, -veränderung und -nutzung diese Aufgaben statistischer, wissenschaftlicher und planerischer Art im Einzelnen erfordern, lässt sich nicht ein für alle Mal bestimmen, sondern hängt von den Anforderungen an die Qualität der Informationsgrundlagen wie auch vom Stand der wissenschaftlich-technischen Möglichkeiten ab.

24 Für statistische, wissenschaftliche und planerische Zwecke werden in aller Regel keine oder keine vollständigen Identifizierungsmerkmale der einzelnen Betroffenen benötigt. Die Datensätze sind daher entsprechend zu bereinigen.[62] Werden Datenbestände aus dem Verwaltungsvollzug übernommen, so sollte dies bereits vor der Übergabe erfolgen. Eine Beseitigung jeglichen Personenbezugs i.S.d. § 2 Abs. 1[63] macht den Rückgriff auf die Vorschrift des Abs. 1 entbehrlich.

25 Die **parallele Speicherung** eines ganzen Datenbestandes einer anderen verantwortlichen Stelle ist nur ausnahmsweise begründbar; sie ist z.B. nicht erforderlich, wenn ein automatisiertes Abrufverfahren eingerichtet ist, mit dem im Bedarfsfall auf die jeweils benötigten Daten zugegriffen werden kann.[64]

26 Bei der Anwendung des Grundsatzes der Erforderlichkeit sind auch das Medium, auf dem die Daten gespeichert werden, und das Verfahren der Verarbeitung bzw. des Datenumgangs von Bedeutung. Bei **automatisierter Datenverarbeitung** ist es in der Regel möglich und daher auch geboten, bei der Speicherung wie auch bei der Nutzung (etwa beim automatisier-

58 In § 40.
59 Vgl. etwa §§ 32 f. HDSG und dazu *Simitis,* in *Meyer/Stolleis,* Staats- und Verwaltungsrecht in Hessen, 5. Aufl. 2000, S. 144 ff.
60 § 14 Abs. 2 Nr. 9, Abs. 3.
61 § 6 Haushaltsgrundsätzegesetz.
62 Vgl. § 40 Abs. 2 und §§ 32 Abs. 2, 33 Abs. 2 HDSG.
63 Vgl. dazu § 3 Rdnrn. 20 ff.
64 Zust. HDSB 7. TB 33.

ten Zugriff) jeweils gesondert auf die einzelnen Datenfelder abzustellen. So kann es etwa nur für einen Teil der in ein Formular eingetragenen Daten erforderlich sein, diese in den automatisierten Datenbestand zu übernehmen, während das Formular selbst im Anschluss vernichtet werden kann. Bei der Verarbeitung in **Form von Akten** wird dagegen vielfach über eine Speicherung und Nutzung nur einheitlich für ganze Dokumente (Anträge, Stellungnahmen mitentscheidender Behörden, Beschwerden usw.), Aktenteile oder Akten entschieden werden können. So werden beim Nachschlagen nach bestimmten Einzelangaben in einer Akte unvermeidlich weitere Aktenbestandteile zur Kenntnis genommen und genutzt. Auch diese Nutzung ist im Sinne des Gesetzes erforderlich und zulässig, wie sich aus folgenden Überlegungen ergibt. Im Zusammenhang mit der Regelung der Berichtigung und der Löschung hat der Gesetzgeber zu erkennen gegeben, dass bei aktenmäßiger Verarbeitung eine gesonderte Behandlung einzelner in einem Dokument enthaltener Daten nicht gefordert wird. So wird im Falle unrichtiger Daten nicht deren physische Ersetzung durch richtige Daten, sondern nur ein geeigneter klarstellender Vermerk in der Akte gefordert.[65] Anstelle einer Löschung begnügt sich das Gesetz mit einer Sperrung,[66] welche ebenfalls durch ein entsprechendes Kennzeichnen erfolgt.[67] Nach dem gleichen Grundgedanken erlaubt das Gesetz im Falle aktenmäßiger Verarbeitung unter gewissen Voraussetzungen, geschlossene Akten oder Aktenteile zu übermitteln, auch wenn der Empfänger nur die Kenntnis eines Teils der darin enthaltenen personenbezogenen Daten benötigt.[68] Bei § 14 fehlt zwar eine entsprechende Sonderregelung für in Akten verarbeitete Daten. Ein Umkehrschluss dahin gehend, dass eine streng auf die einzelnen Daten bezogene Betrachtung geboten wäre, würde aber zu einem Wertungswiderspruch im Verhältnis zu den genannten Vorschriften führen. Für eine entsprechende Absicht des Gesetzgebers gibt es keine Anhaltspunkte. Die Besonderheiten des nicht-dateimäßigen, insbesondere aktenförmigen Datenumgangs sind daher im Rahmen der Auslegung des Merkmals „erforderlich" zu berücksichtigen.

Vom Aspekt der medien- und verfahrensgerechten Anwendung des Erforderlichkeitsprinzips 27
zu unterscheiden ist die Frage, ob grundsätzlich **alle anfallenden** Schriftstücke zu speichern – also typischerweise auf Dauer zur Akte zu nehmen – sind oder ob es hierzu einer substanziellen Erforderlichkeit bedarf. Das Gesetz verlangt die Erforderlichkeit zur Aufgabenerfüllung. Dies ist grundsätzlich im Sinne einer materiellen, inhaltlichen Notwendigkeit zu verstehen. Entscheidend ist, dass der Informationsgehalt eines Schriftstücks für die Aufgabenerfüllung benötigt wird, sei es als Grundlage später zu treffender Entscheidungen, sei es als Nachweis der Grundlagen getroffener Entscheidungen.

Eine generelle Verpflichtung, alle anfallenden Unterlagen zu **Dokumentations- und Nachweiszwecken** aufzubewahren, besteht nicht. Unter dem Gesichtspunkt der vollständigen 28
Verfahrensdokumentation die Erforderlichkeit einer umfassenden Akte zu rechtfertigen,[69] geht am materiellen Gehalt des Erforderlichkeitsgrundsatzes vorbei. Allenfalls in bestimmten Spezialgebieten können auf Grund dort bestehender besonderer Anforderungen Vollständigkeit und Erforderlichkeit zusammenfallen. Gesetzliche Aufbewahrungsvorschriften mit Regelfristen ersetzen keine wertende Einzelfallentscheidung.[70] Auch lässt sich aus der zivilrechtlichen Verjährungsfrist nach dem BGB generell keine entsprechend lange Erforderlichkeit der Aufbewahrung ableiten. Anforderungen von Rechnungsprüfungsinstanzen müssen dem Grundsatz der zeitlichen Begrenzung dadurch Rechnung tragen, dass sie nur für ausgewählte Unterlagen und grundsätzlich nur für eine begrenzte Zeitspanne eine Aufbewahrung für Prüfzwecke vorsehen. Zu weitgehenden Anforderungen muss die öffentliche Stelle ent-

65 § 20 Abs. 1 Satz 2.
66 § 20 Abs. 2 und 6.
67 § 3 Abs. 4 Nr. 4 Satz 2 mit Rdnr. 164.
68 § 15 Abs. 5.
69 So noch *Gola/Schomerus,* 6. Aufl. BDSG § 14 Anm. 1.1; nicht aufrechterhalten in der 8. Aufl.; vgl. auch *Treptow/Bonse,* DSG-LSA § 10 Anm. 2.
70 VGH Hessen v. 8.12.1992, DVBl. 93, 616 = Dok BDSG (1990) § 1 E 2.

gegentreten. Aktenordnungen und ähnliche innerdienstliche Regelungen ohne Rechtsnormqualität[71] können die Erforderlichkeit nicht begründen, sondern haben dieser zu entsprechen, wobei eine gewisse Pauschalierung aus Gründen eines rationellen Arbeitsablaufs legitim ist.[72] Dass eine rein formelle Betrachtung dem Datenschutz nicht gerecht wird, zeigt die Entwicklung des Personalaktenrechts. Während dort traditionell die Entfernung von Unterlagen aus der Personalakte unter dem Gesichtspunkt der historischen Richtigkeit und Vollständigkeit abgelehnt wurde, hat der Gesetzgeber unter dem Eindruck des Volkszählungsurteils des Bundesverfassungsgerichts nicht nur die Voraussetzungen für die Aufnahme von Unterlagen in die Personalakte einschränkend präzisiert,[73] sondern auch eine Verpflichtung zur Entfernung bestimmter belastender, unbegründeter oder als falsch erwiesener Unterlagen begründet.[74]

29 Die Erforderlichkeit einer Speicherung, Veränderung oder Nutzung personenbezogener Daten ergibt sich nicht allein unmittelbar aus den verschiedenen Sachaufgaben der öffentlichen Stelle, sondern auch aus der Verpflichtung, **verfahrensrechtliche** und sonstige rechtliche **Anforderungen** zu beachten, die in Bezug auf das Vorgehen der öffentlichen Stelle bestehen. So ist es etwa unter Rechtsschutzgesichtspunkten – wie auch aus Gründen des Datenschutzes – grundsätzlich geboten, eine Mitteilung aus den Akten oder eine Akteneinsicht so aktenkundig zu machen, also zu speichern, dass erkennbar ist, wann welche Daten an wen übermittelt worden sind. Auch wenn eine öffentliche Stelle vom Betroffenen gemachte Angaben überprüfen[75] oder sonst einen Sachverhalt ermitteln muss, kann es erforderlich sein, über die für die Aufgabenerfüllung unmittelbar notwendigen Angaben (Entscheidungs- oder Subsumtionsinformationen) hinaus weitere Daten zu speichern und zu nutzen, z.B. zur Bezeichnung von Datenquellen oder als Hilfsinformation, aus welchen auf das Vorliegen oder Nichtvorliegen des von der Aufgabennorm umschriebenen Sachverhalts geschlossen werden kann.

30 Art und Umfang der erforderlichen Nutzung werden wesentlich auch durch die **Organisation** der öffentlichen Stelle bestimmt. Die Anlage zu § 9 verlangt unter Nr. 10 eine innerbehördliche Organisation, die den Anforderungen des Datenschutzes gerecht wird.[76] Soweit dies beachtet wird, ist die Erforderlichkeit der Nutzung von Daten durch *mehrere* Organisationseinheiten einer Stelle nicht mit der Begründung zu verneinen, die Aufgabenerledigung könne in *einer* Organisationseinheit konzentriert werden.

31 Zur Erforderlichkeit gehört schließlich auch die **Proportionalität** von Mittel und Zweck, d.h. hier die Angemessenheit der Speicherung, Veränderung oder Nutzung personenbezogener Daten im Verhältnis zu der bezweckten Aufgabenerfüllung. Eine Unverhältnismäßigkeit kommt umso mehr in Betracht, je stärker die Daten Sachverhalte der persönlichen Lebensgestaltung betreffen, wie etwa das Familienleben, das persönliche Lebensumfeld, Vorlieben und Interessen.

32 Es versteht sich von selbst, dass die Aufgabe, die der öffentlichen Stelle übertragen ist, die Speicherung, Veränderung und Nutzung personenbezogener Daten nur unter der Voraussetzung und in dem Umfange legitimiert, wie die Stelle **bei der Aufgabenerfüllung rechtmäßig handelt**. Bei der Novellierung 1990 wurde deshalb auf die ausdrückliche Nennung dieser Voraussetzungen verzichtet, ohne dass sich am Inhalt der Vorschrift dadurch etwas ändert.[77]

33 Die Art des Rechtsverstoßes spielt dabei grundsätzlich keine Rolle. Die Überschreitung von Zuständigkeitsgrenzen kommt ebenso in Betracht[78] wie die Verletzung materiellen Rechts. Zwischen der Rechtsverletzung und dem Datenumgang muss jedoch ein sachlicher Zusammenhang bestehen. Der Datenumgang wird nur dann unzulässig, wenn er gerade dem rechtlich beanstandeten Teil oder Aspekt der Aufgabenerfüllung zugeordnet ist (Rechtswidrigkeitszusammenhang). Ist z.B. eine Polizeiverfügung nur deshalb rechtswidrig, weil der

71 §§ 1 Abs. 3, 4 Abs. 1.
72 Z.B. Überprüfung und Vernichtung/Löschung jeweils zum Jahresende.
73 § 90 Abs. 1 BBG.
74 § 90e BBG.
75 Vgl. § 14 Abs. 2 Nr. 4.
76 Vgl. Erl. dort.
77 Vgl. Begr. des GesE, BT-Drs. 11/4306, 44; *Auernhammer*, BDSG § 14 Rdnr. 5.
78 Dazu o. Rdnrn. 6 ff.

Adressat nur subsidiär polizeipflichtig ist, so berührt dies die Rechtmäßigkeit der Datenspeicherung nicht; das Gleiche gilt für Form- und Verfahrensfehler, die beim Erlass einer Verwaltungsentscheidung unterlaufen, in Bezug auf die die Sachentscheidung tragenden Daten.

Würde die Berücksichtigung bestimmter Daten die Entscheidung einer Behörde ermessensfehlerhaft machen, weil sie mit ihren Aufgaben in keinem sachlichen Zusammenhang steht, so dient deren Speicherung nicht der rechtmäßigen Aufgabenerfüllung. Hat sich die Behörde gleichwohl bei der Ermessensausübung auf solche Daten gestützt, so ist deren Speicherung unter dem Beweisaspekt erforderlich. Unzulässig erlangte, z.B. rechtswidrig erhobene oder der öffentlichen Stelle unzulässig übermittelte Daten dürfen im Allgemeinen nicht gespeichert und genutzt werden.[79] Eine Aufbewahrung und eine Nutzung zu eingeschränkten Zwecken kann unter speziellen Bedingungen zulässig oder auch geboten sein, so etwa wenn das Interesse des Betroffenen an der Erhaltung zu Beweiszwecken das an der Vernichtung der Daten überwiegt, was im Hinblick auf Schadensersatzansprüche oder ein Rehabilitationsbedürfnis der Fall sein kann. Im Zweifel wird dem Betroffenen Gelegenheit zur Äußerung zu geben sein. Auch überwiegende öffentliche Interessen, etwa an der Aufklärung des Erhebungs- oder Übermittlungsvorgangs, um eine Wiederholungsgefahr beseitigen zu können, kann eine weitere Aufbewahrung und entsprechende Nutzung rechtfertigen. 34

3.3 Beispiele zur Erforderlichkeit

Nicht erforderlich ist beispielsweise die Speicherung folgender Daten und Unterlagen: 35

- Hintergrundinformationen zu den wirtschaftlichen oder persönlichen Verhältnissen eines Betroffenen, es sei denn das Gesetz verlangt die Feststellung geordneter wirtschaftlicher Verhältnisse (etwa bei der Bankenaufsicht) oder der persönlichen Zuverlässigkeit (etwa bei gewerberechtlichen Erlaubnissen),
- Daten zur „Abrundung“ einer Sachverhaltsbeschreibung,
- anonyme Eingaben denunziatorischer Art (es sei denn, sie enthalten Anhaltspunkte, aufgrund deren die öffentliche Stelle tätig werden muss),
- von Beteiligten eingereichte Unterlagen mit Angaben über Dritte, wenn diese mit dem verfolgten Anliegen in keinem erkennbaren Zusammenhang stehen (solche Unterlagen sind mit einem entsprechenden Hinweis zurückzugeben),
- Unterlagen, die zwar geprüft werden mussten, danach aber nicht bei der Behörde, sondern allenfalls beim Betroffenen aufzubewahren sind (Belege aus der Einkommensteuerveranlagung),
- Namen und Anschrift des Arbeitgebers zum Zwecke einer Gehaltspfändung, solange keine Anhaltspunkte für eine notwendig werdende Zwangsvollstreckung bestehen,
- Angaben zur Einschätzung der Einkommens- und Vermögensverhältnisse, wenn im Ordnungswidrigkeitenverfahren Bußgelder nach Regelsätzen verhängt werden, auch nicht im Hinblick darauf, dass das Gericht im Falle des Einspruchs eine individuelle Bemessung vorziehen könnte,
- Bankverbindung des Betroffenen, es sei denn er ist verpflichtet, eine Einziehungsermächtigung zwecks Zahlung im Lastschriftverfahren zu erteilen, was grundsätzlich nicht der Fall ist.[80]

Weitere Einzelfragen: 36

- Die Speicherung von Anträgen, Gesuchen, Bewerbungen usw., die erfolglos waren oder zurückgezogen wurden, und deren Nutzung im Falle einer späteren erneuten Bewerbung usw. sind in der Regel nicht erforderlich, da die Bearbeitung auch ohne die Kenntnis eines solchen Vorlaufs möglich ist.[81] Im Einzelfall können besondere Umstände, z.B. ein Täuschungsversuch, eine andere Beurteilung zulassen.

79 Vgl. Erl. zu § 13.
80 Vgl. *Bergmann/Möhrle/Herb,* BDSG § 14 Rdnr. 18.
81 Vgl. die entspr. Sonderregelungen im Landesrecht, z.B. §§ 34 Abs. 4 S. 2 HDSG, 22 Abs. 5 S. 1 BrDSG.

- Die Speicherung von Daten über Familienangehörige, Unterhaltsverpflichtete und andere Dritte bedarf einer besonderen Rechtfertigung. Die leichtere Erreichbarkeit des Betroffenen reicht dazu nicht, wohl aber eine gesetzliche gesamtschuldnerische Mithaftung oder eine Haftung wegen eines auf die öffentliche Stelle übergegangenen Anspruchs.[82]
- Die Speicherung und Nutzung von Kfz-Kennzeichen der Mitarbeiter und Besucher einer öffentlichen Stelle kann (als Bedingung für die Benutzung ihres Parkplatzes) erforderlich sein, um „Schwarzparker" erkennen zu können.
- Bei der Datenspeicherung für Zwecke der Gefahrenvorsorge (z.B. für Katastrophen- und Alarmpläne) kann die Erforderlichkeit nicht deshalb infrage gestellt werden, weil der Eintritt des Ernstfalls ungewiss ist, wohl aber wenn eine Datenspeicherung auf freiwilliger Grundlage ausreicht. Im Übrigen ist hier die Angemessenheit zu beachten.
- Unverhältnismäßig wäre beispielsweise die Speicherung oder Nutzung von Daten über den Energie- und Wasserverbrauch einer Wohnung oder der Art und Menge des angefallenen Mülls zur Feststellung eines Wohnsitzes oder des Aufenthalts.
- Die Verwendung von Echtdaten zum Testen von Programmen ist grundsätzlich nicht erforderlich, da generierte künstliche Daten oder anonymisierte Daten zunächst ausreichen. Soweit für ein vertieftes Testen in einer zweiten Phase die Verwendung von „Echtdaten" notwendig ist, bestehen gegen die Nutzung personenbezogener Daten bei datenschutzgerechter Organisation (Zugriffsbeschränkung grundsätzlich wie im Echtbetrieb, Zugriff anderer nur unter Aufsicht, Löschung nach Abschluss, Dokumentation) keine Bedenken.[83]

4. Zweckgleichheit (Abs. 1 Satz 1 2. Bedingung)

37 Das Speichern, Verändern oder Nutzen personenbezogener Daten ist nur zulässig, wenn es **für die Zwecke** erfolgt, **für die** die Daten **erhoben** worden sind.[84] Mit dieser Vorschrift (ergänzt durch Satz 2) realisiert das Gesetz den **Grundsatz der Zweckbindung**. Es entspricht damit einer verfassungsrechtlichen Anforderung, wie sie vom Bundesverfassungsgericht in der Entscheidung zum Volkszählungsgesetz grundlegend formuliert wurde.[85] Das Bundesverfassungsgericht hat in der gleichen Entscheidung „eine Gesellschaftsordnung und eine diese ermöglichende Rechtsordnung (als) … mit dem Recht auf informationelle Selbstbestimmung … nicht vereinbar" bezeichnet, „in der Bürger nicht mehr wissen können, wer was wann und bei welcher Gelegenheit über sie weiß".[86] Ein ausreichendes Wissen-Können soll nicht zuletzt dadurch erreicht werden, dass der Gesetzgeber jeweils „den Verwendungszweck bereichsspezifisch und präzise bestimmt".[87] An diesen verfassungsrechtlich vorgegebenen Zielen – Zweckbindung der Datenverwendung und Berechenbarkeit des Informationsflusses – ist die Auslegung der Vorschrift zu orientieren. Auslegungsmaßstab ist ferner Art. 5 der Konvention 108 des Europarats, wonach personenbezogene Daten für festgelegte und rechtmäßige Zwecke gespeichert sein müssen und nicht so verwendet werden dürfen, dass es mit diesen Zwecken unvereinbar ist.[88] In ähnlicher Weise ist der Grundsatz der Zweckbindung in Art. 6 Abs. 1 b EG-Datenschutzrichtlinie[89] ausgestaltet, die für den deutschen Gesetzgeber nach Ablauf der dreijährigen Umsetzungsfrist ebenfalls als materielle Vorgabe für das staatliche Datenschutzrecht verbindlich ist.[90] Mit der Bindung des weiteren Datenumgangs an den Pri-

---

82 Vgl. *Bergmann/Möhrle/Herb,* BDSG § 14 Rdnr. 18.
83 Vgl. etwa LfD M-V, 3. TB Abschnitt 3.11.3; LfD Sl-H, 18. TB Abschnitt 6.3.
84 Abs. 1 Satz 1 letzter Halbsatz.
85 BVerfGE 65, 1, 46: „Die Verwendung der Daten ist auf den gesetzlich bestimmten Zweck begrenzt. … (Es) ist ein – amtshilfefester – Schutz gegen Zweckentfremdung durch Weitergabe- und Verwertungsverbote erforderlich"; näher dazu o. Einl. Rdnr. 27.
86 BVerfGE 65, 1, 43.
87 BVerfGE 65, 1, 46.
88 Vgl. *Auernhammer,* BDSG § 14 Rdnr. 6.
89 Richtlinie 95/46 EG, ABl. Nr. L 281 v. 25.11.1995.
90 Zur Richtlinie s. Einl. Rdnrn. 188 ff.; *Dammann/Simitis*, EG-Datenschutzrichtlinie; *Ehmann/Helfrich*, EG-Datenschutzrichtlinie

märzweck geht das BDSG im Ansatz zwar über die Verpflichtungen aus der Europaratskonvention und der EG-Datenschutzrichtlinie hinaus, welche nur den Ausschluss solcher Verwendungen verlangen, die mit dem Primärzweck unvereinbar sind. Sobald das nationale Recht jedoch eine zweckfremde Verwendung zulässt, wie insbesondere mit den Regelungen des Abs. 2, ist der Grundsatz der Vereinbarkeit als zusätzliche Schranke zu beachten.[91]

Liegt im Vorgang der Erhebung durch die verantwortliche Stelle zugleich eine Übermittlung durch die liefernde Stelle, so besteht in der Regel für die empfangende Stelle eine Bindung an den Übermittlungszweck.[92] Beide Zweckbindungen sind dann kumulativ zu beachten. 38

4.1 Zweckfestlegung

Von ausschlaggebender Bedeutung für die Wirksamkeit des Zweckbindungsgrundsatzes ist die Art und Weise, wie der Zweck der Erhebung oder – im Falle nicht erhobener Daten – der Speicherung[93] gesetzlich definiert und bei der praktischen Anwendung ermittelt bzw. festgelegt wird. Zur Frage, wie die öffentlichen Stellen insoweit zu verfahren haben und welchen rechtlichen Bindungen sie dabei unterliegen, bestehen teilweise recht großzügige Auffassungen. So wird mitunter schlicht davon ausgegangen, dass der dem Betroffenen bei der Erhebung **genannte** Zweck maßgebend sei,[94] oder die verantwortliche Stelle wird unverhohlen eingeladen, den Zweck „weit oder eng"[95] oder gar „sehr weit … oder auch eng" festzulegen,[96] damit „eine zügige Aufgabenerledigung unter Nutzung oder Verarbeitung der gespeicherten Daten möglich ist".[97] Richtig ist an alledem nur, dass eine öffentliche Stelle, die bei der Erhebung einen bestimmten Zweck angibt, sich damit nach Treu und Glauben auch selbst bindet.[98] 39

Jedoch erschöpft sich der Grundsatz der Zweckbindung – besonders im öffentlichen Bereich – nicht in einer Selbstbindung. Entscheidend ist vielmehr sein **materieller Gehalt**. Er resultiert daraus, dass jede Ermächtigung einer öffentlichen Stelle, personenbezogene Daten zu erheben oder zu speichern, nur im Hinblick auf ganz bestimmte Zwecke ergeht – und verfassungsrechtlich ergehen darf – und daher auch eine Verwendung der Daten grundsätzlich nur im Rahmen dieser Zwecke legitimiert. Daher ist bei der Frage, wie der jeweilige Zweck zu fassen ist, bei der jeweiligen rechtlichen Legitimationsgrundlage für das Erheben bzw. Speichern anzuknüpfen. Maßgeblich ist entweder die gesetzliche Grundlage oder die vom Betroffenen im Sinne einer informationellen Selbstbestimmung getroffene Verfügung, sei es in der Form einer (freiwilligen) Mitteilung zur Erreichung eines von ihm selbst verfolgten Zwecks (etwa in Form eines Antrags oder Informationsersuchens), sei es als datenschutzrechtliche Einwilligung.[99] Dies entspricht dem Inhalt der Aufklärungspflicht nach § 4 Abs. 3, welche die Angabe des Erhebungszwecks sowie einen Hinweis auf eine etwa bestehende Auskunftspflicht bzw. -obliegenheit im Zusammenhang mit der zugrunde liegenden Rechtsvorschrift verlangt. Es gelten insoweit die gleichen Grundsätze wie bei der für den Empfänger einer Datenübermittlung geltenden Zweckbindung nach §§ 15 Abs. 3, 16 Abs. 4.[100] 40

Liegt der Erhebung oder Speicherung keine (aufgabenspezifische) Rechtsvorschrift zugrunde oder bietet diese keine geeigneten Anknüpfungspunkte für die Bestimmung des Verarbeitungszwecks und hat auch der Betroffene keine einschränkende Verfügung getroffen, so 41

91 Dies setzen *Dörr/Schmidt,* BDSG § 14 Rdnr. 5 wohl voraus, wenn sie Abs. 2 für „einschränkender" als die Konvention erklären.
92 §§ 15 Abs. 3, 28 Abs. 5, 29 Abs. 4, 39 oder Parallvorschriften nach Landesdatenschutzrecht oder bereichsspezifischen Regelungen.
93 Vgl. Satz 2 und dazu u. Rdnrn. 50 ff.
94 *Tinnefeld/Ehmann/Gerling,* Datenschutzrecht 511 f.
95 *Schaffland/Wiltfang,* BDSG § 14 Rdnr. 19.
96 *Dörr/Schmidt,* BDSG § 14 Rdnr. 2.
97 *Dörr/Schmidt,* BDSG § 14 Rdnr. 3; dagegen mit Recht *Bergmann/Möhrle/Herb,* BDSG § 14 Rdnr. 19; vgl. näher u. Rdnr. 46.
98 Vgl. o. § 4 Rdnr. 42; *Weyer,* DSG NW § 12 Rdnr. 9, § 13 Rdnr. 7; die gesetzlich zugelassenen Zweckänderungen bleiben davon unberührt.
99 Vgl. *Nungesser,* HDSG § 13 Rdnr. 7; grundsätzlich vorausgesetzt auch von *Weyer,* DSG NW § 13 Rdnr. 7.
100 Vgl. daher näher § 15 Rdnrn. 40 ff.

kommt es auf den tatsächlich verfolgten Handlungszweck an. Bei der Festlegung der richtigen Konkretisierungsebene können die wirtschaftlichen und organisatorischen Aspekte eine Rolle spielen. So indiziert etwa eine haushaltsmäßige Zuordnung zu verschiedenen Sachtiteln eine Verschiedenheit der Zwecke. Ebenso deuten eine Befassung verschiedener Organisationseinheiten oder eine unterschiedliche verfahrensmäßige Abwicklung auf unterschiedliche verfolgte Zwecke hin. Bei der organisatorischen Betrachtung ist nicht von den konkreten Gegebenheiten der verarbeitenden Stelle auszugehen, sondern von einer typischen und sachgerechten Organisation. Der Zweckbindungsgrundsatz verlangt zwar keine atomistische Aufgliederung des Handelns der öffentlichen Stellen in ihre kleinsten logischen Bestandteile. Auf der anderen Seite ist ihm aber mit einer Schematisierung in Form eines abschließenden Katalogs mehr oder weniger abstrakter Zwecke auch nicht genügt. Die Zweckeinheit ist deshalb auf einer mittleren Ebene auf der Grundlage eines pragmatischen Verständnisses des Handelns der öffentlichen Stelle zu bestimmen.

42 Der Zweck der Datenerhebung und -speicherung kann entsprechend diesem pragmatischen Ansatz weithin in Anknüpfung an die jeweilige Aufgabe definiert werden, deren Erfüllung diese dienen.[101] Der Zweck kann – und wird in aller Regel – enger sein als die Aufgabe; er kann aber niemals über diese hinausgehen.

43 Die Aufgaben der öffentlichen Stellen lassen sich auf sehr unterschiedlichen Ebenen beschreiben, von den allgemeinen Staatsaufgaben oder -zielen (wie: Förderung des Wohlstandes, Sicherung des friedlichen Zusammenlebens, Herstellen einer gerechten Wirtschafts- und Sozialordnung) über die Aufgaben von Ministerien (wie: Landesverteidigung, Wissenschaft, öffentliches Gesundheitswesen) oder von Abteilungen und Fachämtern (wie: Sportförderung, Führung des Liegenschaftskatasters) bis zu Funktionen der kleinsten Organisationseinheiten (wie: Bearbeitung von Widersprüchen gegen Dienstreisekostenfestsetzungen, Führung der Bücherausleiherkartei). Die datenschutzrechtlichen Regelungsziele der Zweckbindung und der Berechenbarkeit verlangen eine Definition des Erhebungs- oder Speicherungszweckes auf einer **konkreten Ebene**.[102]

44 Daher wäre es beispielsweise nicht korrekt, bei Daten zur Beihilfe im öffentlichen Dienst den Zweck mit „Erfüllung der Fürsorgepflicht des Dienstherrn" zu bestimmen; zu eng wäre „Berechnung von Beihilfen"; korrekt dagegen „Beihilfe für den Beamten X". Zu weit wäre auch „Nützlichkeit für das Arbeitsverhältnis".[103] Die Verarbeitung von Daten aus Vorsorgeuntersuchungen im Kindergarten dient der Früherkennung von Gefährdungen und Erkrankungen sowie dem Schutz der (anderen) Kinder im Kindergarten vor übertragbaren Krankheiten, jedoch nicht der allgemeinen Erfassung des körperlichen und geistigen Entwicklungszustandes, wie sie bei der ärztlichen Einschulungsuntersuchung zur Beurteilung der Schulreife ermittelt wird.[104] Eine Ärztekammer und ihre Einrichtungen verfolgen keinen einheitlichen Zweck,[105] sondern eine Vielzahl unterschiedlicher Aufgaben und Zwecke. Hat beispielsweise die Ärzteversorgung in einem auf Gewährung einer Berufsunfähigkeitsrente gerichteten Verfahren ein medizinisches Gutachten eingeholt, so umfasst der Speicherungszweck keineswegs die Verwendung dieses Gutachtens in einem Verfahren zum Widerruf der Approbation des gutachtenden Arztes.[106]

45 Anhaltspunkte für den Zweck der Datenerhebung gibt, sofern die Daten in eine automatisierte Verarbeitung eingehen, die Meldung nach § 4e Satz 1 Nr. 4, welche „Zweckbestimmungen" zu enthalten hat.[107] Diese beziehen sich allerdings auf eine automatisierte Verarbeitung und damit in der Regel auf eine Mehrzahl von Tatbeständen, Vorgängen oder Verfahren, welche

---

101 *Auernhammer,* BDSG § 14 Rdnr. 7 und § 13 Rdnr. 19.

102 Vgl. *Auernhammer,* BDSG § 14 Rdnr. 7 „möglichst konkret"; ebenso *Stähler,* DSG NW § 13 Rdnr. 3; *Däubler,* in *Tinnefeld/Philipps/Heil,* Informationsgesellschaft, S. 110, 117 „möglichst eng" bezogen auf das Arbeitsverhältnis; vgl. auch *Gola/Schomerus,* BDSG § 14 Rdnr. 12.

103 *Däubler,* a.a.O.

104 *LfD NW,* 9. TB, 69 ff.

105 Etwa im Sinne von „Kammerangelegenheiten".

106 *LfD NW,* 9. TB, 71 f.

107 Nr. 2; dazu näher u. § 4e Rdnr. 7.

einer gemeinsamen und damit notwendigerweise abstrakten Zweckbestimmung dienen. Demgegenüber erfolgt eine Datenerhebung bei einem einzelnen Betroffenen regelmäßig nicht nur zu dem Zweck der Erfüllung einer abstrakten Aufgabe, sondern zielt darauf, die Aufgabe konkret gerade **im Verhältnis zu diesem Betroffenen** zu erfüllen.[108] Im Steuerrecht ist in diesem Sinne seit langem anerkannt, dass Daten aus dem Besteuerungsverfahren eines bestimmten Steuerpflichtigen nicht gegenüber anderen Steuerpflichtigen verwendet werden dürfen, soweit nicht eine gesetzliche Vorschrift[109] dies erlaubt. Dagegen wird der Verarbeitungszweck nicht überschritten, wenn Angaben eines Veranlagungszeitraums auch für andere Zeiträume oder Angaben zu einer bestimmten Steuerart auch für andere Steuerarten (jeweils desselben Steuerpflichtigen) verwendet werden.

In der Regel werden Daten nur für **einen** Zweck erhoben und gespeichert. Wenn der Gesetzeswortlaut demgegenüber auf „die Zwecke" abstellt,[110] so berücksichtigt er, dass in manchen Konstellationen durchaus Daten von vornherein auch für zwei oder mehr Zwecke konzipiert sein können, umfasst aber selbstverständlich auch den Regelfall. Keinesfalls kann aus der pluralischen Formulierung die Befugnis abgeleitet werden, gewünschte spätere Verwendungen datenschutzrechtlich dadurch zu legitimieren, dass der Erhebungs- und Speicherungszweck vorsorglich auch auf die entsprechenden weiteren Zwecke erstreckt wird. Dem stünde entgegen, dass die Erhebungs- und Speicherungsvoraussetzungen für die anderen Zwecke aktuell noch nicht bestehen, sodass diese sich als insoweit unzulässige Datenspeicherung auf Vorrat darstellen würde.[111] Außerdem dürfen nicht mehrere Zwecke mit einer Verarbeitung oder Nutzung verfolgt werden, die sich materiell nicht vertragen.[112] Sind die Voraussetzungen für eine mehrfunktionale Verwendung gegeben, so müssen die Erhebungszwecke gemäß § 4 Abs. 3 Nr. 2 vollständig angegeben[113] und im Dateistatut gemäß § 18 Abs. 2 Satz 2 ebenso vollständig schriftlich festgelegt werden. 46

4.2 Hilfs- und Nebenzwecke

Satz 1 bindet das Speichern, Verändern und Nutzen an **die Zwecke**, für die Daten erhoben worden sind. Verlangt wird also Übereinstimmung mit dem Erhebungszweck. Ungeachtet dieser sehr elementaren Normlogik ist die Frage der Zweckgleichheit nicht ohne Probleme. Die Vorschrift verlangt nämlich eine Abgrenzung, welche Zwecke sich noch dem Erhebungszweck zuordnen lassen und in welchen Fällen doch schon **andere** Zwecke vorliegen. Das Gesetz selbst markiert diese Trennlinie an zwei Stellen, wenn es einerseits definitorisch festlegt, dass in der Wahrnehmung von Aufsichts- und Kontrollbefugnissen, der Rechnungsprüfung, der Durchführung von Organisationsuntersuchungen und bei Ausbildungs- und Prüfungsangelegenheiten keine **anderen** Zwecke vorliegen,[114] andererseits die Verwendung für Zwecke der wissenschaftlichen Forschung als einen Fall der Verwendung für andere Zwecke einstuft.[115] Offensichtlich ist das Gesetz bereit, gewisse Begleit-, Hilfs- und Nebenfunktionen noch als zweckgleich anzuerkennen, wenn sie von der verantwortliche Stelle selbst oder für deren Zwecke – einschließlich der sachlichen, rechtlichen und wirtschaftlichen Richtigkeit ihrer Aufgabenerfüllung – wahrgenommen werden. Gewissermaßen unterhalb der in Abs. 3 geregelten Fällen gibt es eine Gruppe weiterer Funktionen, die vom Gesetzgeber offensichtlich deshalb nicht angesprochen worden sind, weil sie noch stärker mit dem primären Zweck zusammenhängen und insofern als von diesem mit abgedeckte implizite Nebenzwecke eingestuft werden können. 47

---

108 Ebenso *LfD NW*, 9. TB, 12; *Stähler*, DSG NW § 13 Rdnr. 3; *Weyer*, DSG NW § 13 Rdnr. 7; mit zust. Tendenz *Lübking*, Datenschutz Rdnrn. 452 – 455; anders wohl *Niese*, in *Wilde u. a.*, BayDSG Art. 17 Rdnr. 10.
109 Wie etwa § 30a AO.
110 Damit abweichend von der Formulierung mehrerer Landesdatenschutzgesetze, vgl. § 13 Abs. 1 HDSG.
111 Vgl. o. Rdnr. 39; *Bergmann/Möhrle/Herb*, BDSG § 14 Rdnr. 19.
112 Vgl. *Bergmann/Möhrle/Herb*, BDSG § 29 Rdnr. 32; zur Problematik bei veröffentlichten Teilnehmerverzeichnissen s. *Weichert*, RDV 1995, 202, 206; *Dronsch*, DuD 1997, 5.
113 Vgl. o. § 4 Rdnr. 42.
114 § 14 Abs. 3.
115 § 14 Abs. 2 Nr. 9.

48 Zu diesen **impliziten Zwecken** gehören beispielsweise die Herstellung von Schriftgut und anderen Unterlagen (Kanzleien, Textverarbeitung, Sicherheitskopien) und die Schriftgutverwaltung/Registratur (einschließlich des Nachweises von Ein- und Ausgängen, der Führung von manuellen oder automatisierten Hilfsmitteln zum Auffinden von Vorgängen wie auch zu deren – aufgabenbezogenen – inhaltlichen Erschließung). Ebenso gehören dazu das Anlernen und Einweisen von neuen Mitarbeitern oder von Stellvertretern (auch soweit es anhand von nicht aktuell zu bearbeitenden Vorgängen erfolgt), die (aufgabenbezogene) Information von Vorgesetzten[116] oder zu beteiligenden Stellen, sei es in der eigenen Behörde, sei es außerhalb. Soweit eine Aufgabe finanzielle Leistungen umfasst, gehören auch die haushalts-, rechnungs- und kassenmäßige Abwicklung zum primären Verwendungszweck. Schließlich liegt auch die Verwendung von Daten zum Zweck des Programmtests innerhalb des Primärzwecks, wenn die zu testenden Programme diesem dienen; allerdings ist auf die konkrete Erforderlichkeit des Personenbezugs und einen datenschutzgerechten Ablauf zu achten.[117]

49 Die bloße Ähnlichkeit, Verwandtschaft oder ein Sachzusammenhang mit dem primären Zweck erlaubt es dagegen noch nicht, vom gleichen Zweck zu sprechen.[118] Es werden auch nicht etwa alle Querschnittsaufgaben oder fachneutralen Aufgaben per se und in vollem Umfang in den Primärzweck einbezogen.

4.3 Nicht erhobene Daten (Abs. 1 Satz 2)

50 Da das Gesetz als Anknüpfungspunkt für die Zweckbindung grundsätzlich den Zweck der Datenerhebung wählt, bedarf es einer ergänzenden Regelung für diejenigen Fälle, in denen keine Erhebung[119] vorangegangen ist. Nicht (selbst) erhoben sind vor allem Daten, die unverlangt zugegangen oder durch Auswertung erarbeitet sind. In letzterem Fall wird aber in aller Regel die Zweckbindung bezüglich derjenigen Daten greifen, deren Informationsgehalt in die Auswertung eingegangen ist. Liegt dem Zugang die Übermittlung durch einen Dritten zugrunde, so ist die damit einhergehende Zweckbindung zu beachten.[120] Der Anwendungsbereich der Vorschrift ist daher vergleichsweise gering.

51 Als Rechtsfolge statuiert Satz 2 eine Zweckbindung beim Verändern (die Formulierung „*ge*ändert" entspringt einem Redaktionsversehen) und Nutzen. Die Speicherung ist, anders als in Satz 1, nicht erwähnt, um einen logischen Zirkel zu vermeiden. Sobald jedoch der Zweck festgelegt ist, wozu das Gesetz implizit verpflichtet,[121] ist auch der Speicherungszweck verbindlich.[122]

52 Für die Art und Weise, wie der Zweck festzulegen ist, ergeben sich für die nicht erhobenen Daten keine Besonderheiten. Diese Fallgruppe ist daher bei der Erörterung der allgemeinen Regelung des Satz 1 bereits einbezogen.[123]

5. Ausnahmen von der Zweckbindung (Abs. 2)

53 Abs. 2 erlaubt in neun Fallgruppen, von dem nach Abs. 1 grundsätzlich verbindlichen Erhebungs- oder Speicherungszweck abzugehen und die Daten **für andere Zwecke** zu speichern, zu verändern und zu nutzen. Dabei bleibt der ebenfalls in Abs. 1 aufgestellte Grundsatz der Erforderlichkeit unberührt. Der Regelungsgehalt des Abs. 2 erschöpft sich darin, eine Ausnahme von der Zweckbindung zuzulassen. Eine Verpflichtung, die Daten in der zugelassenen

116 Zur Frage des Direktzugriffs vgl. *J. Wohlfahrt,* Einzelprobleme des kommunalen Datenschutzes, RDV 1994, 59 ff., 63.
117 Vgl. oben Rdnr. 36.
118 VV DSG-LSA Nr. 10.1.1.
119 Zum Begriff s. § 3 Abs. 3 Rdnrn. 100 ff.
120 Gemäß §§ 15 Abs. 3, 28 Abs. 5, 29 Abs. 4, 39 bzw. entsprechenden Vorschriften der Landesdatenschutzgesetze und bereichsspezifischer Regelungen.
121 Vgl. o. Rdnrn. 39 ff.
122 Vgl. freilich *Auernhammer,* § 14 Rdnr. 8.
123 o. Rdnrn. 39 ff.

Weise zu speichern, zu verändern oder zu nutzen[124] kann sich aus gesetzlichen oder anderen rechtlichen Verpflichtungen, z.B. zur Leistung von Amtshilfe, ergeben.

Die Tatbestände des Abs. 2 sind, wenn auch in begrenztem Umfang,[125] gesetzliche Ermächtigungen zur Einschränkung des Rechts auf informationelle Selbstbestimmung. Sie sind als solche unter Berücksichtigung der Bedeutung des Grundrechts eng auszulegen.[126] 54

Die neun Ausnahmetatbestände entspringen ganz unterschiedlichen Grundgedanken. Die Nr. 1 ist eine Art Konkurrenzvorschrift und beruht auf dem Gedanken des Vorrangs der speziellen rechtlichen Regelung. Die Nrn. 2 und 3 berücksichtigen das Eigeninteresse und Nr. 5 die nur marginale zusätzliche Belastung des Betroffenen. Die Nrn. 4, 6, 7 und 9 geben einem vom Gesetzgeber als überwiegend angesehenen öffentlichen Interesse statt, und Nr. 8 basiert auf einer Abwägung mit den gravierenden Interessen einer anderen Person. Gemeinsam ist allen Tatbeständen, dass bei Erfüllung der tatbestandlichen Voraussetzungen nicht etwa kumulativ das Speichern, Verändern und Nutzen für beliebige andere Zwecke zulässig ist, sondern nur die jeweilige Aktivität und nur für den spezifischen Zweck, wie sie sich aus dem konkreten Sachverhalt ergeben. Die vom Gesetz verwendete Konjunktion „wenn" ist also im Sinne von „wenn und soweit" zu lesen. Dies folgt auch aus der Anwendung des Grundsatzes der Verhältnismäßigkeit, an welchen die Begründung zum Regierungsentwurf in diesem Zusammenhang erinnert.[127] Die Ausnahmen nach Abs. 2 kommen nicht oder nur eingeschränkt zum Zuge, soweit eine Zweckänderung durch Berufs- oder besondere Amtsgeheimnisse oder andere nach § 1 Abs. 3 vorrangige Rechtsvorschriften ausgeschlossen ist. Auch § 39 geht vor.[128] 55

5.1 Rechtsvorschrift (Abs. 2 Nr. 1)

Nach Nr. 1 ist eine zweckfremde Speicherung, Veränderung oder Nutzung zulässig, wenn **eine Rechtsvorschrift dies vorsieht oder zwingend voraussetzt**. Vorgesehen ist eine Zweckänderung, wenn sie ausdrücklich angeordnet oder zugelassen ist.[129] Mit der Variante „oder zwingend voraussetzt" werden auch Regelungen anerkannt, die zum Datenumgang keine ausdrückliche Aussage machen. Das Gesetz nimmt damit – in verfassungsrechtlich nicht unproblematischer Weise – Rücksicht darauf, dass ausdrückliche und insofern normenklare Rechtsvorschriften hier und da immer noch fehlen. Für Verarbeitungen und Nutzungen unterhalb der Schwelle, für die es einer bereichsspezifischen gesetzlichen Erlaubnis bedarf,[130] ist die gewählte Generalklausel eine ausreichende Rechtsgrundlage. Für Maßnahmen mit stärkerer Eingriffswirkung kann sie jedoch nur als Übergangslösung bis zur Schaffung der verfassungsrechtlich erforderlichen speziellen Ermächtigungsgrundlagen verstanden werden.[131] Das zweckfremde Speichern, Verändern oder Nutzen muss von der Rechtsvorschrift **zwingend** vorausgesetzt werden. Entscheidend ist also nicht die sprachliche Form, sondern der materielle Gehalt der Vorschrift. Mit der Formulierung „zwingend" geht das Gesetz unmissverständlich über Eignung und Erforderlichkeit hinaus. Die Zweckentfremdung muss conditio sine qua non des Normvollzugs sein. Geht es auch ohne Zweckentfremdung der betreffenden Daten, etwa durch neues Erheben oder durch Verzicht auf personenbezogene Daten, kann von einer zwingenden Voraussetzung keine Rede sein. In diesem Fall kann die Maßnahme auch nicht durch Rückgriff auf § 4 Abs. 1 gerechtfertigt werden. Von einer vollen Kongruenz zwischen der Nr. 1 und § 4 Abs. 1 kann insofern nicht gesprochen werden.[132] 56

---

124 Oder im Rahmen der Verweisungen nach §§ 15 Abs. 1 Nr. 2, 16 Abs. 1 Nr. 1, 4 b zu übermitteln.
125 Vgl. o. Rdnr. 2.
126 *Gola/Schomerus,* BDSG § 14 Rdnr. 12; krit. wegen der generalklauselmäßig bestimmten Befugnisse *Wohlgemuth,* Datenschutzrecht Rdnr. 158.
127 BT-Drs. 11/4306, S. 44.
128 Vgl. dort Rdnrn. 34 f.
129 So noch die Formulierung des Entwurfs der Bundesregierung.
130 Vgl. o. Rdnr. 2; § 1 Rdnr. 107.
131 Zur Parallelvorschrift des § 12 Abs. 2 Nr. 1 HDSG in diesem Sinne *Simitis,* in *Meyer/Stolleis,* Staats- und Verwaltungsrecht für Hessen, 3. Aufl. 1994, S. 116 f.; *Simitis/Walz,* RDV 1987, 158 f.
132 Anders wohl *Dörr/Schmidt,* BDSG § 14 Rdnr. 9.

Der Fall einer zwingenden Voraussetzung liegt beispielsweise vor, wenn eine Rechtsvorschrift bestimmte amtlich festgestellte und bei einer anderen Behörde gespeicherte Daten zur Bemessungsgrundlage für eine Abgabe gemacht oder in anderer Weise daran anknüpft und hierbei unterschiedliche Verwaltungszwecke verfolgt werden. Der Schutz der informationellen Selbstbestimmung bedingt Informationsverwendungsregeln, die die spätere Verwendung einmal erhobener und gespeicherter Daten berechenbar machen. Eine weitere Auslegung des Merkmals „zwingend voraussetzt" ist damit unvereinbar.[133]

5.2 Einwilligung (Abs. 2 Nr. 2)

57 Nr. 2 erlaubt die Zweckentfremdung, wenn **der Betroffene eingewilligt hat**. Die Klausel hat gegenüber der allgemeinen Regelung der Einwilligung in §§ 4 Abs. 1, 4 a keinen eigenständigen normativen Gehalt; auf die einschlägige Kommentierung wird daher verwiesen.

5.3 Interesse des Betroffenen (Abs. 2 Nr. 3)

58 Nr. 3 erlaubt die Zweckentfremdung unter gewissen Voraussetzungen **im Interesse des Betroffenen**. Die Maßnahme muss hierzu positiv im Interesse des Betroffenen liegen, sei es, dass sie objektiv von Vorteil für ihn ist, sei es, dass sie den von ihm selbst artikulierten Wünschen entspricht. Es genügt nicht, dass jeglicher Nachteil ausgeschlossen ist. Welcher Art das Interesse ist, spielt dagegen keine Rolle. Es kann ebenso materieller wie ideeller Natur sein, und die Förderung kann direkt oder indirekt erfolgen. Es genügt bereits, wenn eine verfahrensmäßige Belastung des Betroffenen reduziert wird, etwa in Form von Zeitaufwand oder Kosten. Ganz klar ist der Fall bei einer günstigen Verwaltungsentscheidung, z.B. der Bewilligung eines höheren Zuschusses oder einer geringeren Belastung mit Abgaben. Bewirkt die Maßnahme Vor- und Nachteile, kommt es auf den positiven Saldo an.[134]

59 Der für den Betroffenen günstige Charakter muss **offensichtlich** sein. Ist die Maßnahme mit Vor- und Nachteilen verbunden, so müssen die Vorteile klar überwiegen. Sind die Wirkungen nur mit einer gewissen Wahrscheinlichkeit zu erwarten, so muss eine klar überwiegende Wahrscheinlichkeit von günstigen Folgen bestehen.

60 Weiterhin darf **kein Grund zur Annahme** bestehen, **dass der Betroffene** in Kenntnis des anderen Zwecks seine **Einwilligung verweigern würde**. Die verantwortliche Stelle darf sich also nicht auf ein von ihr angenommenes objektives Interesse des Betroffenen berufen, wenn anzunehmen ist, dass der Betroffene bei Befragung mit der Maßnahme nicht einverstanden wäre. Die Regelung ist Ausdruck des Selbstbestimmungsprinzips. Mit der Maßgabe, dass insoweit „kein Grund zu der Maßnahme" bestehen darf, legt das Gesetz fest, dass die Stelle nach ihrem aktuellen Kenntnisstand und nach Lage der Akten entscheiden kann. Besondere Ermittlungen dahin gehend, wie der Betroffene entscheiden würde, sind nicht vorgeschrieben,[135] freilich auch nicht untersagt.

61 Für die Anwendung der Nr. 3 kommen vor allem diejenigen Fälle in Betracht, in denen der Betroffene nicht oder nur unter sehr erschwerten Bedingungen um seine persönliche Entscheidung gebeten werden kann, etwa weil er nicht erreichbar oder zu einer eigenen Entscheidung z.B. unfallbedingt nicht in der Lage ist.[136] Zum anderen geht es um Fälle, in denen die verantwortliche Stelle etwas für den Betroffenen Günstiges tun will und die vorherige Einholung der Einwilligung wegen der Offensichtlichkeit der Interessenlage inadäquat erscheinen würde. Dies wird allerdings nur in Betracht kommen, wenn ungünstige Folgen ganz ausgeschlossen sind.

---

133 Zur parallelen Problematik beim Grundsatz der Datenerhebung beim Betroffenen vgl. o. § 4 Rdnrn. 31 ff.
134 Zustimmend *Schaffland/Wiltfang,* BDSG § 14 Rdnr. 25.
135 *Niese,* in *Wilde,* BayDSG Art. 17 Rdnr. 21.
136 So auch überwiegend das Landesrecht, vgl. §§ 12 Abs. 2 Nr. 5 BrDSG, 13 Abs. 2 Nr. 6 HmbDSG, 12 Abs. 2 Nr. 5 HDSG.

5.4 Überprüfung von Angaben (Abs. 2 Nr. 4)

Nach Nr. 4 ist das Speichern, Verändern oder Nutzen für andere Zwecke auch dann zulässig, wenn **Angaben des Betroffenen überprüft werden müssen, weil tatsächliche Anhaltspunkte für deren Unrichtigkeit bestehen**. Was insoweit mit den evtl. unrichtigen Angaben eines Betroffenen geschieht, ist allerdings eine Nutzung und ggf. eine Übermittlung im Rahmen der primären Zwecksetzung, die im Rahmen des Erforderlichen bereits nach Abs. 1 zulässig ist.[137] Die Klausel zielt daher auf die zweckfremde Verwendung der Daten, die aus dem Bereich der überprüfenden Stelle selbst oder von dritter Seite herangezogen werden, um die Richtigkeit der Angaben des Betroffenen zu überprüfen. Diesen Vorgang, ob er nun im Speichern, Verändern oder Nutzen der herangezogenen Daten liegt, erklärt die Nr. 4 für zulässig. 62

Die Vorschrift wirkt sowohl zugunsten der Stelle, die die Überprüfung vornimmt, als auch zugunsten derjenigen, die zu diesem Zweck personenbezogene Daten bereitstellt. Handelt es sich dabei um einen Dritten, der die Daten übermittelt, so sind die Zweckbindungsregelungen kraft der Verweisung des § 15 Abs. 1 Nr. 2 mit der Folge anzuwenden, dass die Nr. 4 die Zweckentfremdung rechtfertigt. Zu beachten ist dabei allerdings, dass die §§ 14 und 15 sich nur an öffentliche Stellen des Bundes richten.[138] Soll eine öffentliche Stelle eines Landes oder eine nicht-öffentliche Stelle Daten zur Verfügung stellen, so richtet sich die Zulässigkeit dieser Maßnahme nach dem einschlägigen Landesdatenschutzgesetz bzw. nach den Vorschriften des Dritten Abschnitts. Überprüft eine öffentliche Stelle eines Landes oder eine nicht-öffentliche Stelle Angaben eines Betroffenen, so sind für ihr Verhalten ebenfalls die genannten Vorschriften einschlägig. Wird eine öffentliche Stelle des Bundes von einer öffentlichen Stelle eines Landes oder einer nicht-öffentlichen Stelle um Bereitstellung von Daten zwecks Überprüfung der Richtigkeit von Angaben eines Betroffenen gebeten, so ist die Regelung der Nr. 4 grundsätzlich anwendbar, was den Aspekt der Zweckentfremdung der erbetenen Daten betrifft. Die praktisch wesentliche Hürde liegt in diesen Fällen in den Voraussetzungen einer zulässigen Übermittlung nach den §§ 15 und 16. Entsprechendes gilt für die Übermittlung an eine Stelle außerhalb des Geltungsbereichs des Gesetzes nach § 4 b. Zur Übermittlung an eine öffentliche Stelle wird mitunter eine Amtshilfepflicht bestehen. Für die Frage, ob eine Überprüfung von Angaben notwendig ist, ist nach § 15 Abs. 2 Sätze 2 und 3 grundsätzlich die überprüfende Stelle verantwortlich. Eine Übermittlung an andere als öffentliche Stellen wird allenfalls ausnahmsweise in Betracht kommen. 63

Die Regelung ist restriktiv. Sie erlaubt eine Zweckentfremdung nicht generell zur Überprüfung von Angaben des Betroffenen, sondern stellt dafür zwei Voraussetzungen auf. Zum einen müssen **tatsächliche Anhaltspunkte für deren Unrichtigkeit** bestehen. Mehr als nur Anhaltspunkte und damit ein ausreichender Anlass zur Überprüfung liegt vor, wenn Angaben des Betroffenen in sich widersprüchlich sind[139] oder objektiv nicht zutreffen können (im betreffenden Jahrgang nicht erreichbares Mostgewicht). Es genügen aber auch bereits tatsächliche Anhaltspunkte für die Unrichtigkeit. Sie können sich aus den Angaben des Betroffenen selbst ergeben (nach Umständen oder Interessenlage unplausible Angaben) oder aus anderen Erkenntnisquellen (Medien, Mitteilungen Dritter). Steht fest, dass der Betroffene bestimmte Angaben unrichtig gemacht hat, so können sich je nach den Umständen Anhaltspunkte auch für die Unrichtigkeit seiner anderen Angaben ergeben.[140] Auch Anzeichen für eine Fälschung in vorgelegten Unterlagen sind tatsächliche Anhaltspunkte im Sinne der Regelung. 64

Mit dem aus dem Strafprozessrecht übernommenen Begriff „tatsächliche Anhaltspunkte"[141] wird ausgeschlossen, dass die öffentliche Stelle allein aufgrund subjektiver Annahmen oder Vermutungen tätig wird, ohne sich auf konkrete Tatsachen stützen zu können. Deshalb genügt nicht, dass der Betroffene zu einer Personengruppe gehört, bei welcher gehäuft unrichtige Angaben festgestellt wurden. Auch wenn feststeht, dass die Summe der Angaben einer Grup- 65

137 Anders wohl *Gola/Schomerus,* BDSG § 14 Rdnr. 18 a.E.
138 § 12 Abs. 1.
139 *Gola/Schomerus,* BDSG § 14 Rdnr. 18; *Bergmann/Möhrle/Herb,* Datenschutzrecht, § 14 Rdnr. 27.
140 *Gola/Schomerus,* BDSG § 14 Rdnr. 18.
141 Insb. § 152 Abs. 2 StPO; s. dazu *Kleinknecht/Meyer-Goßner,* StPO § 152 Rdnr. 4.

pe von Betroffenen unrichtig ist (z.B. Gesamtjahresernte eines Bezirks), bestehen deshalb noch keine tatsächlichen Anhaltspunkte für die Unrichtigkeit der Angaben eines bestimmten Betroffenen.[142]

66 Die größte praktische Bedeutung der Vorschrift besteht darin, dass ein **präventiver Dateienabgleich**, d.h. ein Vergleich von Angaben eines oder mehrerer Betroffener zu dem Zweck, unrichtige Angaben zu erkennen oder Hinweise auf solche zu gewinnen (Verdachtschöpfung), **ausgeschlossen** wird.[143] Einem Vergleich der Angaben des Betroffenen in verschiedenen Dateien steht die Regelung nur dann nicht entgegen, wenn die zu vergleichenden Angaben demselben Zweck dienen.[144] Soweit präventive Datenabgleiche im vorrangigen öffentlichen Interesse notwendig sind, bedarf es einer entsprechenden gesetzlichen Grundlage, die auch verfahrensmäßige Vorkehrungen enthalten muss. Entsprechende Regelungen finden sich beispielsweise im Sozial- und Steuerrecht.[145] Bedenklich weit und unspezifisch ist die vom bayerischen Gesetzgeber eingeräumte Ermächtigung zum Datenabgleich bei allen von Betroffenen „zur Erlangung von finanziellen Leistungen öffentlicher Stellen" gemachten Angaben.[146]

67 Kein Anlass für eine Überprüfung besteht, wenn die Angaben des Betroffenen Schreibfehler aufweisen oder durch Nachlässigkeit oder Missverständnisse Fehler beim Ausfüllen von Antragsformularen usw. unterlaufen sind. In solchen Fällen ist lediglich eine Rückfrage beim Betroffenen selbst veranlasst.

68 Auch wenn die Unrichtigkeit von Angaben des Betroffenen feststeht oder entsprechende tatsächliche Anhaltspunkte vorliegen, erlaubt das Gesetz eine Zweckentfremdung von personenbezogenen Daten nur, wenn die Angaben des Betroffenen (deshalb) **überprüft werden müssen**. Maßgeblich ist daher, ob die öffentliche Stelle in dem betreffenden Punkt überhaupt zu einer Sachverhaltsfeststellung verpflichtet und ob zu diesem Zwecke die Heranziehung von Daten, die einem anderen Zweck dienen, das Mittel der Wahl ist. Eine Überprüfung ist beispielsweise (zunächst) nicht notwendig, wenn dem Betroffenen aufgegeben werden kann, ergänzende Ausführungen zu machen oder Unterlagen und Bescheinigungen vorzulegen, anhand derer sich der Sachverhalt richtig feststellen lässt. Besteht insoweit eine Obliegenheit des Betroffenen, wird die öffentliche Stelle ihm mitteilen, dass ohne entsprechende Maßnahmen seinerseits mit einer negativen Entscheidung zu rechnen ist. Im Einzelfall kann sich eine Zweckentfremdung von Daten zum Zweck der Richtigkeitsüberprüfung auch als unverhältnismäßig herausstellen, sei es wegen Disproportionalität von Zweck und Eingriff, sei es, weil mildere Mittel zur Verfügung stehen. Eine Überprüfung ohne Billigung seitens des Betroffenen scheidet auch aus, wenn die Verarbeitung der Daten nur auf einer freiwilligen Verfügung des Betroffenen beruht, d.h. keine entsprechende Pflicht oder Obliegenheit bestand.[147]

5.5 Allgemein zugängliche und veröffentlichungsfähige Daten (Abs. 2 Nr. 5)

69 Eine Zweckänderung erlaubt das Gesetz auch bei **allgemein zugänglichen oder veröffentlichungsfähigen Daten**, dies allerdings unter dem Vorbehalt der Beachtung schutzwürdiger Interessen des Betroffenen (Nr. 5). Wenn personenbezogene Daten veröffentlicht wurden – das Gesetz geht dabei von einer rechtmäßigen Veröffentlichung aus – oder die öffentliche Stelle dazu berechtigt ist, dann ist die Rechtsposition des Betroffenen so stark eingeschränkt, dass ein Festhalten an der strikten Zweckbindung dieser Daten bzw. Daten gleichen Informationsgehalts nach Auffassung des Gesetzgebers dazu nicht passen würde. Ebenso wie im nicht-öffentlichen Bereich[148] wird der Datenumgang für diese Fallgruppe daher erleichtert. Für den öffentlichen Bereich fällt diese Privilegierung aber – zu Recht – wesentlich modera-

142 Vgl. VV DSG-LSA Nr. 10.2.4.
143 Vgl. *Treptow/Bonse,* DSG-LSA § 10 Anm. 11.
144 Nur mit dieser Voraussetzung zutr. *Gola/Schomerus,* BDSG § 14 Rdnr. 18.
145 Vgl. Übersicht bei *BfD,* 14. TB S. 10 f. m.w.Hinw.; zur Problematik allgemein s. auch *BfD,* 15. TB S. 30; 14. TB S. 58; zur steuerlichen Kontrollmitteilung s. BVerfGE 84, 239 ff. = Dok Art. 2 Abs. 1 E 44.
146 Art. 17 Abs. 2 Nr. 6 BayDSG.
147 Vgl. die entsprechende Regelung in § 13 Abs. 4 LDSG SH.
148 §§ 28 Abs. 1 Nr. 3, 29 Abs. 1 Satz 1 Nr. 2, 30 Abs. 2 Nr. 2, 33 Abs. 2 Nr. 7 a, 35 Abs. 6.

ter aus. Während im Dritten Abschnitt die Datenverarbeitung und -nutzung allein aufgrund des besonderen Status der Daten für zulässig erklärt wird (bzw. die Benachrichtigungspflicht und das Auskunftsrecht suspendiert werden), befreit das Gesetz im öffentlichen Bereich lediglich von der Zweckbindung, ändert jedoch nicht das Geringste an dem Erfordernis der Erforderlichkeit zur Aufgabenerfüllung.[149] Von einem Freibrief für den Umgang mit veröffentlichten und veröffentlichungsfähigen personenbezogenen Daten kann daher keine Rede sein.

Einbezogen werden zwei Gruppen von Daten. Zum einen solche, die **allgemein zugänglich sind**, zum anderen solche, die **die verantwortliche Stelle veröffentlichen dürfte**. Das Gesetz verwendet hier den gleichen Wortlaut wie bei den Parallelregelungen der §§ 28 und 29; auf die dortige Kommentierung wird verwiesen.[150] Zu beachten ist, dass öffentliche Stellen eine Befugnis zur Veröffentlichung personenbezogener Daten nur aufgrund entsprechender gesetzlicher Ermächtigung besitzen. Auch die Übermittlungsbefugnisse nach dem BDSG können zur Veröffentlichung personenbezogener Daten berechtigen, soweit nicht wegen der Schwere des Eingriffs eine spezialgesetzliche Ermächtigung notwendig ist.[151] Im Übrigen ist insbesondere auf die Vorschriften über die Führung öffentlicher Register und der Wählerverzeichnisse hinzuweisen. Allerdings ist genau darauf zu achten, dass die Befugnis zum zweckfremden Datenumgang stets nur für genau die Daten gilt, die veröffentlicht sind oder werden dürfen, und dass die Voraussetzungen einer Veröffentlichungsbefugnis aktuell gegeben sein müssen. Auf eine gesetzliche Befugnis zur Offenlegung kann sich daher eine öffentliche Stelle beispielsweise nicht berufen, wenn eine öffentliche Auslegung aus Verfahrensgründen noch nicht erfolgen kann oder wenn die Frist abgelaufen ist. Wurden bestimmte Daten eines Betroffenen in der Presse oder in Buchform publiziert, so darf die Behörde beispielsweise bei der Nutzung oder Übermittlung dieser Daten nicht zusätzliche personenbezogene Informationen einfließen lassen, etwa die Tatsache, dass sie sich mit der Person im Rahmen ihrer Aufgabenerfüllung befasst. Nicht ausreichend ist auch eine **bevorstehende** Vernehmung in öffentlicher Gerichtsverhandlung. 70

Das Gesetz erteilt bei den veröffentlichten oder veröffentlichungsfähigen personenbezogenen Daten keine generelle Befugnis zum Speichern, Verändern und Nutzen für andere Zwecke, sondern nur insoweit, als nicht das **schutzwürdige Interesse des Betroffenen an dem Ausschluss der Zweckänderung offensichtlich überwiegt**. Auch insoweit kann im Wesentlichen auf die Kommentierung zu der Parallelvorschrift des § 28 Abs. 1 Nr. 3 verwiesen werden. Die Regelung der Nr. 5 weicht nur insofern ab, als sich das schutzwürdige Interesse – entsprechend dem begrenzten Regelungsgegenstand des Abs. 2 – speziell auf den Ausschluss der Zweckänderung – oder positiv gewendet: auf die Respektierung der Zweckbindung – richten muss. Der intendierte andere Zweck ist nicht am Zweck der Veröffentlichung zu messen, sondern am Primärzweck, zu dem die verantwortliche Stelle die Daten gemäß Abs. 1 erhoben bzw. gespeichert hat. Bei der Beurteilung, ob gegenüber dieser Zweckänderung das schutzwürdige Interesse des Betroffenen überwiegt, ist der Umstand, dass die Daten veröffentlicht sind oder werden dürfen, in die Abwägung mit einzubeziehen. In diesem Zusammenhang ist dann allerdings auch zu berücksichtigen, zu welchem Zweck und aus welchem Anlass die Veröffentlichung erfolgte, aber auch wie stark die tatsächliche Verbreitung der Information war und ob die Information beim Empfängerkreis noch präsent ist.[152] Die Gesetzesformulierung lässt es durchaus zu, die Abwägung sachgerecht zu treffen. Mit der Einschränkung, dass die schutzwürdigen Interessen „offensichtlich" überwiegen müssen, kommt das Gesetz den verantwortlichen Stellen bereits sehr stark entgegen; zugleich belastet es die Betroffenen mit dem Risiko, dass ihre nicht offensichtlichen Interessen übergangen werden. Der Vorschlag, das Interesse der Betroffenen vollends zu ignorieren,[153] ist daher schwer verständlich. 71

---

149 o. Rdnr. 53; *Gola/Schomerus*, BDSG § 14 Rdnr. 19.
150 S. § 29 Rdnrn. 196 ff.
151 Vgl. § 3 Rdnr. 157, § 15 Rdnr. 3, § 1 Rdnr. 107 f.
152 Vgl. auch *Gola/Schomerus*, BDSG § 14 Rdnr. 19; die Regelung des § 13 Abs. 2 f DSG NW, die auf das Interesse am Ausschluß der Speicherung oder einer Veröffentlichung abstellt und davon jegliche Weiterverarbeitung abhängig macht, erscheint nicht folgerichtig.
153 So de lege ferenda *Tinnefeld/Ehmann/Gerling*, Datenschutzrecht, S. 517.

5.6 Gefahrenabwehr (Abs. 2 Nr. 6)

72 Nr. 6 erlaubt eine Zweckentfremdung der Daten zur Abwehr drohender Nachteile und Gefahren. Die Vorschrift enthält drei selbstständige Tatbestände. Beim ersten geht es um die Abwehr erheblicher Nachteile für das Gemeinwohl, beim zweiten um die Abwehr einer drohenden Gefahr für die öffentliche Sicherheit, beim dritten um die Wahrung erheblicher Gemeinwohlbelange. Im zweiten Fall handelt es sich um die Gefahrenabwehr im Sinne des Polizeirechts – allerdings ohne Einbeziehung der Gefahren für die öffentliche Ordnung[154] –, während die anderen Tatbestände über den Rahmen des Polizeirechts hinausgreifen. Die Vorschrift ist zunächst anwendbar, wenn die verantwortliche Stelle ihre Daten für die genannten Zwecke nutzt, i.V.m. § 15 Abs. 1 aber auch dann, wenn die Daten einer öffentlichen Stelle übermittelt werden sollen, damit diese entsprechende Maßnahmen ergreifen kann, wobei sowohl eine Übermittlung auf Ersuchen wie auch eine Spontanübermittlung in Betracht kommt.[155]

73 Der Begriff **„Nachteile für das Gemeinwohl"** (erster Tatbestand) ist außerordentlich weit. Das Wohl des Bundes oder eines Landes, die hier gleichermaßen umfasst sind, kann auch bei Funktionsstörungen einzelner Organe oder Behörden beeinträchtigt sein, auch wenn sich eine begriffliche Gleichsetzung verbietet. Ebenso weit gefasst ist der bei der Novellierung 2001 eingefügte Tatbestand **„zur Wahrung erheblicher Belange des Gemeinwohls erforderlich"** (dritter Tatbestand).[156] Durch verfassungskonforme Auslegung kann den Bedenken Rechnung getragen werden. Dies geschieht zunächst durch die Anwendung der Schwellentheorie,[157] derzufolge § 14 generell nur vergleichsweise leichte Eingriffe in die informationelle Selbstbestimmung trägt. Zum anderen erlaubt das Gesetz die Zweckentfremdung nur zur Abwehr **erheblicher** Nachteile bzw. zur Wahrung erheblicher Belange. Erheblich ist ein Nachteil oder Belang nur dann, wenn bei einer wertenden Betrachtung das sich in der Zweckbindung konkretisierende Recht auf informationelle Selbstbestimmung gegenüber dem konkret betroffenen Gemeinwohl zurücktreten muss, wobei es nicht auf den Vorrang des abstrakten Rechtsgutes, sondern auf die konkret tangierten Interessen ankommt.[158] Die Nachteile bzw. Beeinträchtigungen der Belange müssen drohen oder, soweit ihr Eintritt schon begonnen hat, zumindest noch teilweise abwendbar sein. Andernfalls wäre die Abwehr oder Wahrung noch nicht oder nicht mehr „erforderlich".

74 Für die erwähnte Abwägung gilt der Verhältnismäßigkeitsgrundsatz, insbesondere mit seiner Ausprägung der Proportionalität.[159] Zum Verhältnismäßigkeitsgrundsatz gehört auch, dass die Zweckentfremdung der Daten das mildeste Mittel zur Abwehr der Nachteile ist.[160]

75 In ihrem zweiten Tatbestand verlangt die Regelung der Nr. 6, dass eine **Gefahr für die öffentliche Sicherheit** vorliegt. Auch hier ist, soweit es um die erforderliche gesetzliche Grundrechtseinschränkung geht, die Schwellentheorie heranzuziehen.[161] Die ersuchende Polizeibehörde, die gemäß § 15 Abs. 2 Satz 3 oder einer entsprechenden Landesregelung für die Zulässigkeit der Übermittlung verantwortlich ist, hat unter dem Gesichtspunkt der Erforderlichkeit auch den Grundsatz zu beachten, dass auf nicht polizeipflichtige Personen nur subsidiär zurückgegriffen werden darf.[162]

76 Nr. 6 ist nicht anzuwenden, soweit Spezialvorschriften eingreifen. Deren spezieller Regelungsinhalt darf nicht durch Rückgriff auf die Generalklauseln des BDSG umgangen wer-

154 Vgl. *Auernhammer,* BDSG § 14 Rdnr. 17; *Gola/Schomerus,* BDSG § 14 Rdnr. 20; *Stähler,* DSG NW § 13 Rdnr. 6.
155 Wegen des unterschiedlichen Umfangs der Verantwortung s. § 15 Abs. 2.
156 Die Ergänzung ist keine Reaktion auf praktische Erfahrungen, sondern dient der Harmonisierung mit dem ebenfalls neu eingefügten § 13 Abs. 2 Nr. 6, welcher unter dieser Voraussetzung die Erhebung sensitiver Daten erlaubt; diese kann nunmehr auch durch Übermittlung auf Ersuchen erfolgen.
157 Vgl. o. Rdnr. 2.
158 *Nungesser,* HDSG § 12 Rdnrn. 22 f.; vgl. auch *Gola/Schomerus,* BDSG § 14 Rdnr. 20, die auf die tatsächlichen Verhältnisse abstellen.
159 *Auernhammer,* BDSG § 14 Rdnr. 17; *Schaffland/Wiltfang,* BDSG § 14 Rdnr. 29.
160 Weitergehend im Sinne eines nur nachrangigen Rückgriffs auf Nr. 6 *Gola/Schomerus,* BDSG § 14 Rdnr. 20; zur Polizeipflichtigkeit s. folg. Rdnr.
161 Vgl. o. Rdnrn. 2, 73.
162 Vgl. *Denninger,* in *Lisken/Denninger,* Handbuch des Polizeirechts, E 114 ff.

den.[163] Hierzu zählen die Regelungen des § 18 Abs. 1 bis 3 BVerfSchG, die Befugnisse und Verpflichtungen zur Information der Verfassungsschutzbehörden begründen, und § 30 Abs. 4 Nr. 5 AO, der eine Mitteilung nur bei zwingendem öffentlichen Interesse erlaubt.[164]

Die Regelung der Nr. 6 kann eine Zweckentfremdung etwa rechtfertigen, wenn (personenbezogene) Hinweise auf den gefährlichen Zustand einer Anlage oder eines Betriebes gegeben werden, damit die zuständige Stelle Schäden für die Allgemeinheit (z.B. Umweltschädigung) oder unmittelbar drohende Gefahren für das Publikum (Vergiftungsgefahr bei Lebensmittelbetrieb oder Gaststätte, ungesicherter Gefahrguttransport) abwehren kann. Nicht gedeckt ist die Zweckentfremdung bei Verwendung von Angaben zur Überprüfung der „Ordenswürdigkeit“.[165] Die Mitteilung körperlicher Mängel an die Führerscheinstelle bedarf wegen der Schwere des Eingriffs einer spezialgesetzlichen Grundlage.[166] Ein einfaches fiskalisches Interesse oder das Bestreben, Sachverhalte genauer zu ermitteln, um die Qualität von Verwaltungsentscheidungen zu verbessern, genügt nicht, wie sich an den erhöhten Anforderungen zeigt, die das Gesetz in Nr. 4 für diesen Fall stellt.[167] 77

5.7 Strafrechtspflege (Abs. 2 Nr. 7)

Eine weitere Fallgruppe, bei der eine Zweckentfremdung aus Gründen des vorrangigen öffentlichen Interesses zugelassen wird, enthält Nr. 7. Dabei geht es zum einen um die Verfolgung von Straftaten und Ordnungswidrigkeiten, zum anderen um die Vollstreckung und den Vollzug von Strafen und vergleichbaren Maßnahmen nach dem Jugendgerichtsgesetz wie auch um die Vollstreckung von Bußgeldentscheidungen (einen Vollzug gibt es hier nicht). Die Regelung erlaubt es den öffentlichen Stellen, personenbezogene Daten, über die sie verfügen, für die genannten Zwecke nutzbar zu machen, ohne daran durch den Grundsatz der Zweckbindung gehindert zu sein. 78

Anders als die Parallelregelungen mancher Landesdatenschutzgesetze[168] umfasst der Tatbestand **„zur Verfolgung von Straftaten oder Ordnungswidrigkeiten“** nicht nur verdachtsbegründende Informationen, sondern alle Angaben, die für die Verfolgung erforderlich sind, also auch etwa Hinweise auf Beweismittel oder Ermittlungsansätze. In jedem Fall muss aus der Sicht der verantwortlichen Stelle die (zweckfremde) Nutzung oder Verarbeitung erforderlich sein; nach den maßgeblichen strafprozessualen Regeln genügt dafür ein Verdacht aufgrund tatsächlicher Anhaltspunkte.[169] 79

Aus dem auch hier anzuwendenden Verhältnismäßigkeitsgrundsatz[170] folgt, dass in Einzelfällen wegen einer Disproportionalität von verfolgtem öffentlichem Interesse und der Schwere des Eingriffs in die informationelle Selbstbestimmung von einer Nutzung oder Übermittlung abzusehen ist. Außerdem ist auch jeweils zu prüfen, in welchem Umfang eine Information der für die Verfolgung zuständigen Behörde unter Zweckentfremdung personenbezogener Daten erforderlich ist. In vielen Fällen wird zunächst eine Mitteilung ausreichen, dass personenbezogene Daten einer bestimmten Art oder Bedeutung vorhanden sind, sodass die zuständige Behörde in eigener Verantwortung und unter Berücksichtigung ihres schon vorhandenen Kenntnisstandes über weitere Ermittlungsschritte, wie z.B. die Anforderung von Auskünften oder der Vorlage von Akten, entscheiden kann. Keinesfalls ist die verantwortliche Stelle befugt oder verpflichtet, zunächst eigene Ermittlungen anzustellen, um einen Verdacht zu erhärten oder auszuräumen. Hat sie dagegen Zweifel, ob ein von ihr festgestellter Sachverhalt überhaupt strafbar bzw. ordnungswidrig ist (etwa ob eine Urkunde im strafrechtlichen Sinne vorliegt oder ob der nicht genehmigte Transport eines bestimmten Stoffes ordnungswidrig ist), 80

163 Zur Anwendung des Landespolizeirechts vgl. *Treptow/Bonse,* DSG-LSA § 10 Anm. 13.
164 S. auch § 28 Abs. 3 ZollVG, der auf § 14 zurückverweist.
165 Vgl. dazu die Sonderregelung etwa in § 13 Abs. 2 g DSG NW.
166 BVerwG, Urteil v. 15.04.1988, 7 C 100.86, NJW 1988, 1863 = Dok BDSG (1990) § 1 Abs. 2 E 3.
167 Vgl. dazu o. Rdnrn. 62 ff.
168 Vgl. §§ 13 Abs. 2 h DSG NW, 13 Abs. 2 i.V.m. 12 Abs. 2 Nr. 4 HDSG.
169 Bei bevorstehenden Straftaten ist Nr. 6 anzuwenden; a.M. *Stähler,* DSG NW § 13 Rdnr. 6.
170 Vgl. *Auernhammer,* BDSG § 14 Rdnr. 18.

so muss sie diese Rechtsfrage zunächst klären, z.B. durch eine (nicht personenbezogene) Anfrage bei der zuständigen Verfolgungsbehörde.

81 Bei der Alternative „zur Vollstreckung oder zum Vollzug“ kann die Nutzung oder Verarbeitung insbesondere der aktuellen Anschrift und von Angaben zum Aufenthalt (für eine Zustellung oder Festnahme) erforderlich sein.

82 Befugnisse zur zweckentfremdenden Nutzung und Verarbeitung personenbezogener Daten ergeben sich auch aus dem Straf- und Ordnungswidrigkeitsverfahrensrecht. Die entsprechenden bereichsspezifischen Vorschriften gehen der Regelung der Nr. 7 vor.

5.8 Schutz privater Rechte (Abs. 2 Nr. 8)

83 Das Speichern, Verändern oder Nutzen für andere Zwecke ist nach Nr. 8 weiterhin zulässig, wenn es zur **Abwehr einer schwerwiegenden Beeinträchtigung der Rechte einer anderen Person erforderlich** ist. Als andere Person kommt jeder Rechtsträger infrage, unabhängig von Nationalität, Herkunft, Sitz usw.; auch juristische Personen des privaten wie des öffentlichen Rechts (mit ihren privatrechtlichen Rechtspositionen) sind einbezogen. Im Gegensatz zu den Fallgruppen der Nrn. 6 und 7 wird hier nicht dem öffentlichen, sondern einem privaten Interesse Rechnung getragen. Die Bedrohung privater Rechte begründet vielfach zugleich eine Gefahr für die öffentliche Sicherheit i.S.d. Nr. 6. Dies ist etwa bei einer Gefahr für eine unbestimmte Vielzahl von Privatpersonen der Fall, aber auch wenn Einzelne als Repräsentanten der Öffentlichkeit gefährdet werden. Der Gesetzgeber will mit der Nr. 8 offensichtlich einen Schritt weitergehen. Bei der – verfassungskonformen – Auslegung ist allerdings zu berücksichtigen, dass bei einer Verwendung zugunsten privater Interessen die Daten stärker zweckentfremdet werden als bei einer solchen im öffentlichen Interesse. Die Voraussetzungen können deshalb keineswegs hinter denen der Nr. 6 zurückbleiben; im Übrigen ist der stärkere Grad der Zweckentfremdung im Rahmen der vom Gesetz verlangten Interessenabwägung zu berücksichtigen.

84 Schon beim Begriff der **Rechte einer anderen Person** verbietet sich daher eine extensive Interpretation. Zwar kommen neben dem Recht auf Leben, körperliche Unversehrtheit, Freiheit auch das Recht auf Eigentum und andere absolute Rechte in Betracht. Es verbietet sich jedoch die Berücksichtigung reiner Vermögensinteressen.[171] Eine Zweckentfremdung der von einer öffentlichen Stelle gespeicherten Daten wird daher beispielsweise durch Nr. 8 nicht zugelassen, wenn sie (abweichend vom originären Zweck) dazu dienen soll, die Verfolgung privater Ansprüche zu erleichtern oder zu ermöglichen, etwa zur Ermittlung des Schuldners oder seiner Anschrift, zur Erlangung von Beweismitteln zwecks gerichtlicher Geltendmachung von Ansprüchen oder zur Offenlegung von Vermögenswerten, in die wegen privater Ansprüche vollstreckt werden kann.

85 Die Zweckentfremdung der Daten muss zur Abwehr einer schwerwiegenden Beeinträchtigung der Rechte erforderlich sein. Keine Rolle spielt hier, woher die Gefahr droht. Entscheidend ist zum einen, dass die Beeinträchtigung schwerwiegenden Charakter haben muss. Insoweit kommt es auf die Schwere der absehbaren Folgen für die Person an.

86 Die Eignung der Maßnahme setzt nicht voraus, dass die Beeinträchtigung dadurch in vollem Umfang und endgültig abgewendet werden kann; es genügt, wenn dazu ein wesentlicher Beitrag geleistet wird.[172]

87 Bei der Auslegung des Merkmals der Erforderlichkeit ist eine Güter- und Interessenabwägung im Sinne des Verhältnismäßigkeitsgrundsatzes (Proportionalität) vorzunehmen, bei welcher einerseits die drohende Rechtsbeeinträchtigung, andererseits der Eingriff in die informationelle Selbstbestimmung des Betroffenen zu betrachten ist. Bei dieser Bewertung ist der er-

171 Vgl. *Weyer,* DSG NW § 13 Rdnr. 13; sowie *Tinnefeld/Ehmann,* Datenschutzrecht S. 321 „nur mit größter Vorsicht“; für Berücksichtigung aber offenbar Nr. 10.2.8 VV DSG-LSA „nicht unwesentliche Vermögenswerte“ und *Bergmann/Möhrle/Herb,* BDSG § 14 Rdnr. 31 „wesentliche Vermögensinteressen“.

172 Vgl. *Gola/Schomerus,* BDSG § 14 Rdnr. 23.

höhte Grad der Zweckentfremdung zu veranschlagen, der im Falle einer rein privatnützigen Nutzung oder Verarbeitung vorliegt.[173]

5.9 Wissenschaftliche Forschung (Abs. 2 Nr. 9)

Schließlich erlaubt das Gesetz unter Nr. 9 eine Zweckentfremdung zur **durch Durchführung wissenschaftlicher Forschung**. Der Gesetzgeber qualifiziert damit den Zugang der wissenschaftlichen Forschung zu den in der Verfügung öffentlicher Stellen liegenden personenbezogenen Daten[174] wie auch die behördeninterne Forschung als im überwiegenden öffentlichen Interesse liegend; dies freilich mit zwei wesentlichen Einschränkungen. So muss im Einzelfall das wissenschaftliche Interesse das Interesse des Betroffenen an der Einhaltung der Zweckbindung erheblich überwiegen, und zum anderen darf der Zweck der Forschung auf andere Weise nicht oder nur mit unverhältnismäßigem Aufwand erreichbar sein. Mit diesen Maßgaben ist die Wertung des Gesetzgebers verfassungsrechtlich nicht zu beanstanden, auch wenn es einen unmittelbar aus dem Grundgesetz ableitbaren Anspruch auf Datenzugang nicht gibt.[175] Die Vorschrift geht, ebenso wie die Parallelregelungen des Dritten Abschnitts,[176] auf die Beschlussempfehlung des Innenausschusses des Deutschen Bundestags zurück.[177] 88

Die Regelung wirkt zugunsten der wissenschaftlichen Forschung, ohne dass auf den (öffentlich-rechtlichen oder privatrechtlichen) Status der Forschungseinrichtung abgestellt wird[178] und ohne dass es grundsätzlich auf das Thema oder das Ziel der Forschung oder auf die angewendeten wissenschaftlichen Methoden ankäme.[179] Erst bei der Abwägung mit dem Interesse des Betroffenen ist auch das konkrete wissenschaftliche Interesse näher zu bewerten. 89

Die Zweckentfremdung wird vom Gesetz nur erlaubt, wenn diese für die Durchführung der wissenschaftlichen Forschung **erforderlich** ist und darüber hinaus der Zweck der Forschung **auf andere Weise nicht oder nur mit unverhältnismäßigem Aufwand erreicht werden kann**. Mit der nur subsidiären Erlaubnis stellt das Gesetz im Vergleich zu den Regelungen der Nrn. 6 bis 8 eine zusätzliche Hürde auf. Ziel der Regelung ist es nicht etwa, in innerwissenschaftlichen Streitfragen, etwa nach dem richtigen Forschungsansatz und der richtigen Methode, der öffentlichen Stelle die Rolle eines Schiedsrichters oder gar Zensors einzuräumen. Das Gesetz will die verantwortliche Stellen vielmehr daran erinnern, dass die Forschung nur ausnahmsweise auf Daten angewiesen ist, die die vollen Identifikationsmerkmale der Betroffenen enthalten. Je nachdem, ob die Daten nur ausgewertet oder aber zunächst auch mit anderen Daten verknüpft werden sollen, können die Identifikationsmerkmale vor der Nutzung oder Übermittlung ganz oder zum größeren Teil aus dem Datenbestand entfernt werden. Anders als bei administrativen Nutzungen ist bei der wissenschaftlichen Nutzung oft eine hundertprozentige Genauigkeit bei der Zusammenführung von Dateien nicht erfolgsentscheidend. Sollen bei den Betroffenen weitere Daten erhoben werden, so bedarf es einer Übermittlung weiterer als der zur Kontaktaufnahme nötigen Daten zunächst nicht, da die Betroffenen in diesem Fall um ihre Einwilligung gebeten werden können. Auch auf die Menge der Datensätze wirkt sich die Subsidiarität aus: Eines Zugriffs auf den gesamten Datenbestand bedarf es nicht, wenn das wissenschaftliche Ziel auch mit einer repräsentativen Datenauswahl erreichbar ist. Der Grundsatz der Subsidiarität ist im Sinne einer „Soweit-Regelung" zu interpretieren. Dies bedeutet kurz gesagt, dass der Datenumfang (durch Auswahl) wie auch der Personenbezug (durch Anonymisierung) soweit reduziert werden muss, wie dies der Forschungszweck zulässt.[180] 90

---

173 Vgl. o. Rdnr. 83.
174 Anwendung der Vorschrift auf Übermittlungen kraft Verweisung, vgl. o. Rdnr. 1.
175 Vgl. Erl. zu § 40.
176 § 28 Abs. 3 Nr. 4.
177 BT-Drs. 11/7235; zum Gesetzgebungsverfahren vgl. allgemein § 1 Rdnrn. 38 ff.
178 Vgl. *Simitis*, in *Meyer/Stolleis*, Staats- und Verwaltungsrecht in Hessen, 5. Aufl. 2000, S. 144 f.
179 Näher zum Begriff der wissenschaftlichen Forschung siehe Kommentierung zu §§ 28 Abs. 3 Nr. 4 sowie zu § 40.
180 Vgl. Nr. 10.2.9 VV DSG-LSA; *Auernhammer*, BDSG § 14 Rdnr. 20.

91 Zusätzlich zu dieser Eingrenzung verlangt die gesetzliche Regelung, dass bei einer **Abwägung** „das wissenschaftliche Interesse an der Durchführung des Forschungsvorhabens das Interesse des Betroffenen an dem Ausschluss der Zweckänderung **erheblich überwiegt**". Verlangt wird dabei eine einzelfallbezogene Betrachtung. Das Gesetz spricht mit Bedacht nicht vom öffentlichen, sondern vom wissenschaftlichen Interesse. Es verbietet damit keineswegs, den Nutzen für die Allgemeinheit in die Abwägung einzustellen, der sich aus der praktischen Nutzanwendung der erstrebten Forschungsziele ergeben kann, etwa in der Form besserer pharmazeutischer oder umwelttechnischer Produkte und Verfahren. Entscheidend ist vielmehr, dass das wissenschaftliche Interesse umgekehrt auch dann seinen Rang beanspruchen kann, wenn – wie etwa bei der Grundlagenforschung und in den Sozialwissenschaften – eine greifbare Nutzanwendung nicht in Sicht ist. Insofern ist auch der Begriff des Forschungsvorhabens[181] nicht zu eng auszulegen. Er umfasst neben zeitlich und thematisch genau festgelegten Projekten auch auf die wissenschaftliche Infrastruktur gerichtete und damit längerfristig wirksame Vorhaben, wie etwa den Aufbau wissenschaftlicher Datenbanken. Freilich ist in diesen Fällen bei der Abwägung auch ein etwaiges langfristiges Missbrauchsrisiko zu veranschlagen. In jedem Falle ist die Abwägung nur möglich, wenn Ziel, Aufbau und Verlauf des Vorhabens klar definiert sind.[182]

92 Bei der Abwägung ist zu berücksichtigen, welcher Verwendung die Daten im Rahmen der vorgesehenen wissenschaftlichen Nutzung zugeführt werden sollen und welche Belastungen damit für die Betroffenen verbunden sind – also etwa die Zahl der Personen, die planmäßig Kenntnis nehmen und die Dauer dieses Vorgangs – wie auch die mit dem Vorhaben verbundene, nicht ausschließbare Eventualitäten, seien es Versehen und technische Fehler, seien es Missbräuche durch Personal der Forschungseinrichtung oder durch außenstehende Dritte. Insofern haben die Faktoren, die die Wahrscheinlichkeit eines die Betroffenen beeinträchtigenden Ereignisses bestimmen, erhebliche Bedeutung für die Abwägung. Zugunsten der wissenschaftlichen Forschung wirken sich die strikte Zweckbindung bei der wissenschaftlichen Datenverarbeitung nach § 40 Abs. 1 und die Verpflichtung zu deren technisch-organisatorischen Absicherung nach § 9 aus, die auch bei behördeninterner Forschung einen Rückfluss personenbezogener Daten hin zu administrativen Verwendungszwecken ausschließen. Fällt die wissenschaftliche Einrichtung mit der Verarbeitung und Nutzung der Daten dagegen aus dem (räumlichen) Anwendungsbereich des BDSG heraus und greift auch kein gleichwertiges ausländisches Datenschutzrecht ein, so mindert dies die Position der Forschung im Rahmen der Abwägung empfindlich. Geht es um Forschungsvorhaben der verantwortlichen Stelle selbst, kann diese durch entsprechend überzeugende technische und organisatorische Vorkehrungen den Rahmen einer zulässigen Zweckänderung nach Nr. 9 günstig beeinflussen. Sollen Daten für ein Forschungsvorhaben eines Dritten zur Verfügung gestellt, d.h. übermittelt, werden, so muss sich die verantwortliche Stelle, je nachdem, wie stark die Interessen der Betroffenen aufgrund des Informationsgehalts und der Verwendungsmöglichkeiten der Daten tangiert sind, von entsprechend wirksamen und weitreichenden Maßnahmen des Empfängers überzeugen.[183] Allerdings lassen sich die Risiken durch technische, organisatorische, personelle und vertragliche Maßnahmen und Randbedingungen in aller Regel nur bis zu einem bestimmten Punkt reduzieren. Bleiben dann immer noch substanzielle Beeinträchtigungen oder gravierende Risiken für die Betroffenen bestehen, so wird auch bei starkem wissenschaftlichen Interesse an der Durchführung des Forschungsvorhabens ein „erhebliches Überwiegen" nicht festgestellt werden können.

181 S. dazu *Simitis,* a.a.O., S. 133.
182 *Simitis,* a.a.O.
183 *Gola/Schomerus,* BDSG § 14 Rdnr. 23.

6. Erlaubte Nebenzwecke (Abs. 3)

6.1 Bedeutung der Regelung

Die praktische Bedeutung der Regelung des Abs. 3 besteht in der Festlegung, dass der Zweckbindungsgrundsatz einer Reihe von Funktionen in den Bereichen Kontrolle, Organisation und Ausbildung nicht entgegensteht. Die genaue Einordnung der Regelung in das Konzept der Zweckbindung bereitet offensichtlich noch Schwierigkeiten. Umstritten ist vor allem die rechtsdogmatische Frage, ob Abs. 3 eine gesetzliche Fiktion darstellt[184] oder um eine Klarstellung.[185] Auch wenn die Frage innerhalb der direkten Anwendung des Abs. 3 bedeutungslos ist,[186] verweist sie doch auf Grundfragen der Zweckkonzeption und ist vorentscheidend für die Einstufung des Abs. 3 als eng auszulegende Ausnahmeregelung oder – analogiefähiger – Ausdruck eines allgemeineren Regelungsgedankens. 93

Sprachlich knüpft Abs. 3 mit dem Eingangssatz „Eine Verarbeitung oder Nutzung **für andere Zwecke** liegt nicht vor“ an die Ausnahmeregelung des Abs. 2 (Einleitungssatz) an. Daraus ist aber nicht abzuleiten, dass es sich um eine Rückausnahme von Abs. 2 handele und daher nur eine gesetzliche Fiktion sein könne. Eine echte Rückausnahme enthält zwar Abs. 4; Abs. 3 bewegt sich aber auf der definitorischen Ebene. Die hierbei vom Gesetzgeber gewählte Form der doppelten Negation (nicht andere Zwecke) ist im Sinne der zugrunde gelegten zweiwertigen Logik gleichbedeutend mit der Aussage, dass die genannten Funktionen zu dem Primärzweck i.S.d. Abs. 1 zählen. Soweit der Gesetzgeber eine Regelung nicht selbst als Fiktion ausweist (typischerweise durch die Wendung „gilt als“), müsste eine entsprechende Einstufung begründet werden. Ein eine Fiktion erfordernder Widerspruch zu anderweitigen gesetzlichen Regelungen ist nicht ersichtlich, jedenfalls nicht für die Regelung des Abs. 3 im Ganzen. Ebenso wenig besteht ein feststehender umgangssprachlicher Sprachgebrauch, der den Gesetzgeber zu dem Notbehelf einer gesetzlichen Fiktion veranlassen könnte. Auf der Grundlage des hier vertretenen Konzepts des Primärzwecks, nach der auch die der Aufgabenerfüllung dienenden Begleit-, Hilfs- und Nebenfunktionen dem Primärzweck zuzurechnen sind,[187] haben die Regelungen des Abs. 3 zum größten Teil nur klarstellende Funktion. Nur mit einzelnen Anwendungsbereichen geht die Regelung des Abs. 3 darüber hinaus und ist insoweit konstitutiv. Dies betrifft vor allem die Ausbildungs- und Prüfungszwecke (Satz 2), die regelmäßig nicht zur Erfüllung der (konkreten) Zwecke dienen, auf die sich die genutzten Unterlagen beziehen (Ausnahme: Ausbildung „on the job“). Auch bei der Wahrnehmung von Aufsichts- und Kontrollbefugnissen und bei der Rechnungsprüfung kommt es – wenn auch nur gelegentlich – vor, dass Daten, die bei einer Behörde der Erfüllung einer bestimmten Aufgabe dienen, zur Beurteilung einer ganz anderen Aufgabe, ggf. auch der einer anderen Stelle, verwendet werden sollen. Der Primärzweck nach Abs. 1 ist dann überschritten; Abs. 3 legt – für diese Fälle konstitutiv – fest, dass kein anderer Zweck vorliegt. Anders als bei den Organisationsuntersuchungen verlangt das Gesetz nicht, dass die Verarbeitung oder Nutzung Zwecken der verantwortlichen Stelle dient. Insoweit stellt die Regelung eine gesetzliche Fiktion dar. 94

Die Regelung des Abs. 3 ist keine für sich allein tragfähige Rechtsgrundlage für die Verarbeitung oder Nutzung von personenbezogenen Daten. Ihre Wirkung besteht nur darin, dass unter den genannten Voraussetzungen bei der Anwendung der Ermächtigungsnorm des Abs. 1 von der Gleichheit der Zwecke auszugehen ist. Die von Abs. 1 ebenfalls vorausgesetzte Erforderlichkeit zur Aufgabenerfüllung bleibt davon unberührt. 95

---

184 So *Auernhammer,* BDSG § 14 Rdnr. 21; *Bergmann/Möhrle/Herb,* Datenschutzrecht § 14 Rdnr. 33; *Lübking,* Datenschutz Rdnr. 472; *Tinnefeld/Ehmann,* Datenschutzrecht Abschnitt III 6.3.

185 So *Dörr/Schmidt,* BDSG § 14 Rdnr. 16; *Stange,* Datenschutzrecht Rdnr. 113.

186 Zutreffend *Niese,* in *Wilde u. a.,* BayDSG Art. 17 Rdnr. 46.

187 S. o. Rdnrn. 47 ff.

6.2 Aufsichts- und Kontrollbefugnisse (Satz 1)

96 Die datenschutzrechtliche Zweckbindung richtet sich nicht gegen organisatorische Vorkehrungen, die die Ordnungsmäßigkeit des Verwaltungshandelns sichern sollen. In diesem Sinne erklärt es die Begründung zum Regierungsentwurf zur Aufgabe der Regelung, sicherzustellen, „dass die für die öffentliche Verwaltung unentbehrlichen Aufsichts-, Weisungs- und Kontrollrechte auch in Zukunft uneingeschränkt wahrgenommen werden können". Die gesetzliche Regelung schützt den Status quo allerdings nicht etwa durch eine pauschale Befreiung vom Datenschutz, sondern durch eine Regelung, die sich darauf beschränkt, die Zweckbindung als mögliches Hindernis auszuräumen. Indirekt wird damit bestätigt, dass die Bereitstellung personenbezogener Daten und deren Nutzung für die genannten Zwecke durchaus Tatbestände sind, für die die Regelungen des BDSG gelten. Auch wenn die Inhaber der Aufsichts- und Kontrollbefugnisse bei der Festlegung ihrer Kontrollgegenstände und -modalitäten über ein erhebliches Ermessen verfügen, wäre doch jeder Zweifel an ihrer rechtlichen Einbindung fehl am Platz.

97 Unter den Begriff der **Aufsicht** fallen die Fachaufsicht und die allgemeine Behördenaufsicht (Dienstaufsicht) über nachgeordnete Behörden wie auch die Rechts- und Fachaufsicht gegenüber juristischen Personen des öffentlichen Rechts. Auch soweit öffentliche Stellen in privater Rechtsform, wie z.B. beliehene Unternehmer oder der Erfüllung staatlicher Aufgaben dienende staatlich beherrschte Kapitalgesellschaften oder Stiftungen, einer Aufsicht durch staatliche Stellen unterliegen, ist die Vorschrift anwendbar. Sie gilt ferner für die Dienstaufsicht gegenüber Beamten (und anderen Inhabern bestimmter öffentlicher Ämter) durch den Dienstvorgesetzten.[188] Die Kontrolle durch Fachvorgesetzte innerhalb der für die Aufgabenerledigung zuständigen Organisationseinheit gehört demgegenüber zum Primärzweck, sodass es eines Rückgriffs auf Abs. 3 nicht bedarf.[189] Begrifflich umfasst sind auch spezialisierte Formen der Kontrolle und Aufsicht, wie etwa die interne und externe Datenschutzkontrolle sowie die Aufsicht durch Kammern über die Berufsausübung ihrer Mitglieder. Soweit allerdings den aufsichtsführenden oder kontrollierenden Stellen Informationszugangs- und Verwertungsrechte ohne datenschutzrechtlichen Vorbehalt spezialgesetzlich eingeräumt sind,[190] stellt sich das Problem der Zweckbindung nach § 14 infolge des Vorrangs nach § 1 Abs. 3 und entsprechend der Regelung des § 4 Abs. 1 nicht mehr.

6.3 Rechnungsprüfung (Satz 1)

98 Als wichtigen Sonderfall einer spezialisierten Kontrolle spricht das Gesetz die Rechnungsprüfung noch einmal gesondert an. Für den Bundesrechnungshof wäre dies nicht erforderlich gewesen, da dessen Aufgaben und Befugnisse gesetzlich bestimmt sind.[191]

6.4 Organisationsuntersuchungen (Satz 1)

99 Organisationsuntersuchungen liefern notwendige Entscheidungsgrundlagen für die Optimierung der Aufbau- und Ablauforganisation. Auch hier gehört die Datenverarbeitung und -nutzung bereits zum Primärzweck, soweit sich die personenbezogenen Daten auf die zu optimierende Aufgabe beziehen. Ist dies nicht der Fall, wird also beispielsweise ein Organisationsbereich nur als Vergleichsgrundlage oder zur Gewinnung von Durchschnittswerten einbezogen, ohne dass für ihn selbst Organisationsentscheidungen ins Auge gefasst sind, so bildet Abs. 3 insoweit die (konstitutive) Ermächtigung zur Nutzung der Daten.

100 Soweit der Anonymisierungsaufwand nicht unverhältnismäßig groß ist, sind Organisationsuntersuchungen bevorzugt mit anonymisierten Daten durchzuführen. Häufig sind aber einzelne Betroffene auch ohne Namensnennung oder Bezeichnung der Personalstelle erkennbar und

188 *Niese,* in *Wilde u. a.,* BayDSG Art. 17 Rdnr. 51; *Tinnefeld/Ehmann,* Datenschutzrecht Abschnitt III 6.3.1.
189 *Niese,* a.a.O. Rdnr. 52; unberührt bleiben die personalvertretungsrechtlichen Anforderungen bei automatisierten Verfahren nach § 75 Abs. 3 Nr. 17 BpersVG.
190 Wie etwa nach § 24 Abs. 4.
191 §§ 88 ff., insb. 95 BHO.

werden dann in ihren Interessen stark berührt. Ist dies im Einzelfall nicht auszuschließen, so sind die Bediensteten durch das Mitbestimmungserfordernis bei allen zur Verhaltens- oder Leistungskontrolle geeigneten technischen Verfahren geschützt. Aufgrund dieser Sachlage lockert das Gesetz die Zweckbindung auch zugunsten von Organisationsuntersuchungen auf.

Die Regelung erfasst nur Organisationsuntersuchungen „für die verantwortliche Stelle“.[192] 101
Gedeckt ist damit zwar die Einbeziehung mehrerer Organisationseinheiten (wie Abteilungen und Dezernaten) einer Behörde, auch wenn Entscheidungen nur für einen Teil der Behörde anstehen, nicht jedoch eine Verwendung für Organisationsuntersuchungen anderer Behörden oder Stellen oder für übergeordnete Zwecke, wie etwa für eine vergleichende Untersuchung der Beihilfestellen oder der Personalentwicklungsplanung aller Behörden einer Fachverwaltung oder eines Geschäftsbereichs. In solchen Fällen kann nur mit anonymisierten Angaben gearbeitet werden. Die Wendung „für die verantwortliche Stelle“ impliziert nicht, dass die Untersuchung auch nur durch diese selbst ausgeführt werden könne. Die Möglichkeit einer Vergabe an entsprechende Fachinstitute nach den Grundsätzen der Auftragsverarbeitung und -nutzung (§ 11) bleibt unberührt.[193] Der vom Gesetz gewählte Begriff „Organisationsuntersuchung“ ist eher paradigmatisch zu verstehen. Auch bei nur partiell oder gar nicht organisationsbezogenen Fragestellungen kann die datenschutzrechtliche Wertung nicht anders ausfallen. Die Regelung kann daher analog auf andere Untersuchungen angewendet werden, die der Optimierung der Aufgabenwahrnehmung der verantwortlichen Stelle dienen, wie etwa Untersuchungen über die Zielerreichung bei der Ausführung einer bestimmten Aufgabe, über finanzielle Implikationen verschiedener Arbeitsweisen oder über unerwünschte Nebenwirkungen.

6.5 Ausbildungs- und Prüfungszwecke (Satz 2)

Mit Satz 2 räumt das Gesetz das Problem einer etwaigen Zweckbindung auch insoweit aus, 102
als personenbezogene Daten zu Ausbildungs- und Prüfungszwecken verarbeitet oder genutzt werden sollen. Vorab ist festzustellen, dass es eines Rückgriffs auf Abs. 3 nicht bedarf, soweit die Verarbeitung oder Nutzung der Erfüllung der Aufgabe dient, auch wenn dies zugleich Bestandteil einer Ausbildung ist. Die Regelung ermöglicht es, bei der praktischen Ausbildung eine möglichst lebensnahe Sicht auf die Alltagspraxis der betreffenden Stellen zu geben. Überdies hat sie den Vorteil, aufwendige Bemühungen um eine Anonymisierung von Aktenvorgängen (die dann doch oft nicht hundertprozentig gelingt) zu erübrigen.[194] Um gleichwohl den Zielen des Datenschutzes Rechnung zu tragen, enthält das Gesetz eine doppelte Einschränkung. Zum einen eröffnet es die (nicht anonymisierte) Verarbeitung und Nutzung zu Ausbildungs- und Prüfungszwecken ausdrücklich nur „durch die verantwortliche Stelle“, womit die Abgabe von Originalakten und -daten an andere Behörden, Ausbildungsträger und Prüfungsämter ausgeschlossen wird. Der Wortlaut schließt insoweit zwar nicht alle Zweifel aus (es fehlt die Spezifizierung „zu **eigenen** Ausbildungs- und Prüfungszwecken“). Bei einer weiteren Interpretation wären jedoch die Worte „durch die verantwortliche Stelle“ gegenstandslos, da diese als Normadressat bereits feststeht. Zum anderen bringt das Gesetz an dieser Stelle den ausdrücklichen Vorbehalt „soweit nicht überwiegende schutzwürdige Interessen des Betroffenen entgegenstehen“.[195] Die verantwortliche Stelle muss daher das Ausbildungsinteresse an der Präsentation des authentischen Falles mit dem Interesse der Betroffenen, dass ihre persönlichen Verhältnisse nicht weiteren Personen bekannt werden, abwägen. Das schutzwürdige Interesse des Betroffenen wird überwiegen, wenn im Einzelfall ein besonders tiefgehender Einblick in persönliche Verhältnisse eröffnet würde oder wenn die Auswahl des konkreten Falles der Bloßstellung Beteiligter dient oder sich an einem (ausbildungsfremden)

192 Vgl. dazu Legaldefinition in § 2 Abs. 1 sowie dort Rdnrn. 15 ff., 19 ff.
193 Vgl. *Niese,* in *Wilde u. a.,* BayDSG Art. 17 Rdnr. 61; 10.3.1 VV DSG-LSA.
194 Vgl. *Niese,* in *Wilde u. a.,* BayDSG Art. 17 Rdnr. 63.
195 Nach dem Vorbild des § 13 Abs. 3 Satz 2 DSG NW bei der Gesetzesberatung vom Bundestag auf Empfehlung des Innenausschusses eingefügt.

Unterhaltungswert orientiert. Das bloße Abweichen eines Falles von der üblichen Routine reicht jedoch nicht aus, da gerade solche Vorgänge für die Ausbildung nützlich sind.

103 Es versteht sich, dass das Gesetz bei der Öffnung zugunsten von Ausbildung und Prüfung voraussetzt, dass die allgemeinen datenschutzmäßigen Anforderungen erfüllt sind. Insbesondere müssen die auszubildenden Personen der Dienstverschwiegenheit unterliegen und mit den Erfordernissen des Datenschutzes vertraut gemacht worden sein.[196]

104 Hinsichtlich der Reichweite der Vorschrift ist zu beachten, dass sie lediglich die auf der Grundlage des BDSG bestehende Zweckbindung betrifft. Berufsgeheimnisse und besondere Amtsgeheimnisse sind vorrangig und werden daher durch die gesetzliche Regelung nur modifiziert, wenn sie unter einem entsprechenden Vorbehalt stehen. Dies ist beispielsweise beim Steuergeheimnis und beim Statistikgeheimnis nicht der Fall. Ist eine Verbotsvorschrift offen formuliert, etwa zugunsten eines „befugten" Offenbarens oder Verwertens, so wird nach dem Zweck der Regelung zu entscheiden sein, ob sich die Befugnis (ganz oder doch teilweise) aus der Regelung des Bundesdatenschutzgesetzes entnehmen lässt. Ebenso differenziert ist die Regelung des Abs. 3 auf Daten anzuwenden, die der verschärften Zweckbindung nach § 39 unterliegen.[197]

105 Für Zwecke der Juristenausbildung dürfen nach § 22 Abs. 6 JAG Justiz- und Verwaltungsakten weitergegeben und genutzt werden. Auch wenn das JAG insoweit keine Vorbehalte macht, werden in Anwendung des Verhältnismäßigkeitsgrundsatzes elementare Erfordernisse des Datenschutzes zu beachten sein.[198]

7. Strikte Zweckbindung bei Kontroll- und Sicherungsdaten (Abs. 4)

106 Während die Absätze 2 und 3 Ausnahmen von der Zweckbindung zulassen bzw. eine auflockernde Interpretation derselben vorsehen, bringt Abs. 4 für eine spezielle Gruppe von Verarbeitungen eine Verschärfung im Sinne einer strikten, d.h. ausnahmslosen, Zweckbindung. Die Regelung geht auf eines der zentralen Themen der Datenschutzdiskussion der Siebziger- und Achtzigerjahre ein. Seinerzeit hatten Datenschützer gefordert, die Zugriffe auf die großen Datenbanken der Polizei und der Verkehrsverwaltung (Fahrzeughalterdatei) durch Protokollierung kontrollierbar zu machen. Jede systematische Protokollierung hätte allerdings zum Entstehen umfänglicher Bewegungsbilder und damit eines Überwachungsmittels von erheblicher Bedeutung geführt, da diese Daten nach damaliger Rechtslage – mangels Zweckbindung – dem polizeilichen Zugriff offen standen.[199] Der BfDI hat deshalb jahrelang auf die Forderung nach Zugriffsprotokollierungen verzichtet. Nachdem der Regierungsentwurf zur BDSG-Novellierung 1990 das Thema nicht aufgriff, hat der BfDI die Aufnahme einer strikten Zweckbindung vorgeschlagen, wobei er sich auf inzwischen ergangene Regelungen im Landesrecht stützen konnte.[200] Entsprechend der Beschlussempfehlung des Innenausschusses hat der Bundestag dann in Abs. 4 sowie wortgleich in § 31 für den nicht-öffentlichen Bereich eine strikte Zweckbindung vorgesehen.[201] Die in Abs. 4 ausgesprochene Rechtsfolge besteht darin, dass die für die genannten Zwecke gespeicherten Daten „nur für diese Zwecke verwendet werden (dürfen)". Die Regelung befreit also die Datenschutzmaßnahme von dem datenschutzwidrigen Nebeneffekt. Das Gesetz kehrt damit zu seinem in Abs. 1 verankerten Ausgangspunkt, der Bindung an den Erhebungs- bzw. Speicherungszweck, zurück. Die Ausnahmeregelungen des Abs. 2 sind unanwendbar,[202] ebenso wie die des Abs. 3, gegenüber

---

196 *Stange,* Datenschutzrecht, 113.

197 Im einzelnen s. § 39 Rdnrn. 20 f.f

198 *Weyer,* DSG NW § 13 Rdnrn. 20 f.; *Gola/Schomerus,* BDSG § 14 Rdnr. 26.

199 *Bäumler,* in *Lisken/Denninger,* Handbuch des Polizeirechts, J 142 f.; *Nungesser,* HDSG § 13 Rdnrn. 32 f.

200 Z.B. § 13 Abs. 5 HDSG und § 22 Abs. 2 HSOG; zu ersterem s. *S.Simitis/St.Walz,* Das neue Hessische Datenschutzgesetz, RDV 1987, 157 ff., 165; *HDSB,* 14. TB, S. 57 ff.

201 Vgl. *Auernhammer,* BDSG § 14 Rdnr. 22.

202 *Auernhammer,* BDSG § 14 Rdnr. 22; *Nungesser,* HDSG § 13 Rdnr. 30.

welchem Abs. 4 die speziellere Regelung darstellt.[203] Die strikte Zweckbindung korrespondiert mit der eingeschränkten Auskunftspflicht gegenüber dem Betroffenen nach § 19 Abs. 2.[204]

Zweifel an der „konsequenten Durchführbarkeit" der strikten Zweckbindung auch in den Fällen des Abs. 2 Nrn. 6 bis 8[205] sind angesichts des klar zum Ausdruck gekommenen Regelungsziels nicht angebracht, soweit es um die Anwendung des BDSG geht. Wie auch sonst bleibt freilich die Frage offen, welche sonstigen gesetzlichen Regelungen gemäß §§ 1 Abs. 3, 4 Abs. 1 Vorrang beanspruchen können.[206] 107

Die strikte Zweckbindung bezieht sich auf drei verschiedene Speicherungszwecke. Der Begriff **Datenschutzkontrolle** umfasst sowohl die externe Kontrolle, die beim BfDI bzw. im nicht-öffentlichen Sektor bei der Aufsichtsbehörde liegt (§§ 24, 38), die interne Datenschutzkontrolle durch den behördlichen Datenschutzbeauftragten oder eine andere mit der Überwachung des Datenschutzes betraute Stelle wie auch die im Rahmen der Dienstaufsicht über nachgeordnete Behörden wahrgenommene Datenschutzkontrolle,[207] nicht jedoch die allgemeine behördliche Aufsicht über Private (Gewerbeaufsicht, Atomaufsicht usw.). Entscheidend ist, dass die betreffenden Daten **ausschließlich** für Zwecke der Datenschutzkontrolle gespeichert werden, also für die Erfüllung der Fachaufgabe (materielle Verwaltungsaufgabe oder Geschäftszweck) als solcher nicht funktionsnotwendig sind. Typischerweise handelt es sich dabei um die Protokollierung von datenschutzrelevanten Vorgängen, wie z.B. Datenabrufen oder -übermittlungen. Denkbar ist auch, dass für Zwecke der Datenschutzkontrolle in ein fachlich notwendiges Protokoll zusätzliche Daten aufgenommen werden, wie etwa Daten zur Identifizierung des Datennutzers, zu einem von diesem angegebenen Nutzungszweck und zu den näheren Bedingungen der Nutzung, etwa hinsichtlich der Zeit, der Dauer und des benutzten Terminals. In diesem Fall betrifft die strikte Zweckbindung nur die zusätzlich gespeicherten Daten. Umfasst werden alle Zwecke der Datenschutzkontrolle, insbesondere bezüglich der Zulässigkeit von Verarbeitung und Verwendung und der Erfüllung der Rechte der Betroffenen.[208] 108

Der Begriff **Datensicherung** umfasst die nach § 9 gebotenen technischen und organisatorischen Maßnahmen zur Gewährleistung der Ausführung des BDSG. Die Datensicherung im EDV-technischen Sinne wird davon nur insoweit erfasst, als sie sich auf vom BDSG geschützte Daten bezieht und der Gewährleistung der Ausführungen von Vorschriften des BDSG dient (was damit ausgeklammert wird, fällt allerdings im Wesentlichen in die dritte Fallgruppe). 109

Die dritte Fallgruppe bilden personenbezogene Daten, die ausschließlich **zur Sicherstellung eines ordnungsgemäßen Betriebs einer Datenverarbeitungsanlage** gespeichert werden. Hierbei geht es im Unterschied zu den ersten Fallgruppen (Kontrolle und Sicherheit) nicht um sekundäre Funktionen, sondern um die Gewährleistung des Betriebs als solchen, freilich mit der Qualifizierung „ordnungsgemäß". Der Begriff „Betrieb einer Datenverarbeitungsanlage" ist dabei weit zu verstehen und umfasst neben den allgemeinen Systemfunktionen eines DV-Systems auch deren organisatorische und technische Voraussetzungen – etwa in Form einer Rechenzentrumsorganisation einschließlich der Not- und Ausfallpläne – wie auch das einwandfreie Funktionieren der Anwendungsprogramme und der Kommunikations-/Netzsoftware. Die Zweckbindung bezieht sich allerdings nicht auf die Inhalte der einzelnen Anwendungsprogramme, sondern auf die zusätzlichen, nur DV-technisch bedingt gespeicherten Daten. In Betracht kommen daher vor allem personenbezogene Daten der Mitarbeiter im Bereich der DV-Technik, so etwa die Angaben der – oft durch Namenskürzel oder Terminal-Nummer identifizierten – Bedienungskräfte bei der Datenerfassung, der Systemverwaltung und der Wartung. Insbesondere fallen darunter die Dateien, in denen die Zugangs- und Ver- 110

203 *Stange,* Datenschutzrecht Rdnr. 114.
204 Vgl. im nicht-öffentlichen Bereich § 34 Abs. 4 i.V.m. § 33 Abs. 2 Nr. 2.
205 Wie sie *Auernhammer,* BDSG § 14 Rdnr. 22 äußert.
206 S. dazu im Folgenden.
207 *Auernhammer,* BDSG § 14 Rdnr. 22.
208 Zu eng *Gola/Schomerus,* BDSG § 31 Rdnr. 5.

arbeitungsberechtigungen von Mitarbeitern oder externen Nutzern geführt werden, sowie das systeminterne Handling der Nutzerdaten während der Bearbeitungsdauer (während eine nachfolgende Aufbewahrung unter die Rubrik der Datenschutzkontrolle fällt).

111 Vorausgesetzt wird stets, dass es sich bei dem im Gesetz genannten Zweck um den **ausschließlichen** Speicherungszweck handelt. Unschädlich ist insoweit nur, wenn, wie es in der Praxis oft der Fall ist, von den im Gesetz genannten Zwecken mehrere gleichzeitig verfolgt werden. Vom rechtlichen Ansatzpunkt her bezieht sich die Zweckbindung dabei nicht auf die Gesamtheit der drei Zwecke, sondern auf den jeweils einzelnen Zweck.[209] Werden beispielsweise für Zwecke der Datenschutzkontrolle im Rahmen einer Stichprobe besondere Aufzeichnungen geführt und aufbewahrt (erste Fallgruppe), so ist deren Verwendung für Zwecke des ordnungsmäßigen Betriebs der Datenverarbeitungsanlage (dritte Fallgruppe) nicht möglich. Keine Rolle spielt es, ob die Speicherung gesetzlich[210] geboten ist oder aus betrieblichen oder sonstigen Zweckmäßigkeitsgesichtspunkten erfolgt.

112 Zum ordnungsgemäßen Betrieb gehört beispielsweise die Sicherung von Datenbeständen gegen Verlust durch Systemfehler durch Kopieren nach dem Generationensystem und/oder durch Protokollierung der Transaktionsdaten. Zugleich können solche Maßnahmen dem Erkennen und der Korrektur von Fehlern und Missbräuchen und insofern der Datensicherung wie auch Zwecken der Datenschutzkontrolle dienen. Die Wiedergewinnung bzw. Korrektur des gesicherten Datenbestandes gehört dabei selbstverständlich zu den nach Abs. 4 erlaubten Zwecken. Darüber hinaus umfassen diese auch die gebotenen oder angemessenen Reaktionen auf festgestellte Fehler oder Missbräuche, also beispielsweise dienst- und arbeitsrechtliche Maßnahmen in Bezug auf die verantwortlichen Personen, die Geltendmachung von Schadensersatzansprüchen sowie ggf. auch die disziplinarische und strafrechtliche Sanktionierung von Verstößen.[211]

113 Maßgeblich ist der von der Stelle festgelegte Zweck bzw. die festgelegten Zwecke.[212] Im konkreten Fall unzulässig bestimmte Zwecke bleiben jedoch außer Betracht, erweitern also nicht die Verwendungsbefugnisse. Dies gilt etwa, wenn ein Mitbestimmungsrecht des Personal- oder Betriebsrats nicht beachtet wurde. Die Festlegung kann einseitig nicht rückwirkend (für gespeicherte Daten) geändert,[213] wohl aber für die künftige Speicherung neu festgelegt werden. Bei (pflichtwidrig) unterlassener Festlegung ist der objektive Zweck maßgeblich; dieser ist dem erkennbar verfolgten Ziel zu entnehmen und im Zweifel eng zu bestimmen.[214]

114 Das Gesetz umschreibt die strikte Zweckbindung dahin gehend, dass die Daten „nur für diese Zwecke **verwendet** werden" dürfen. Entgegen dem sonst üblichen Sprachgebrauch stellt das Gesetz hier nicht die Begriffe Verarbeiten und Nutzen nebeneinander, sondern wählt den allgemeineren Begriff des Verwendens. Da dieser aber eindeutig als Oberbegriff definiert ist (§ 3 Abs. 5), tut dies der Klarheit des Gesetzes keinen Abbruch.

115 Wie alle Vorschriften des Gesetzes steht auch die strikte Zweckbindung nach Abs. 4 unter dem Vorbehalt abweichender Regelung durch speziellere Rechtsvorschriften des Bundes (§ 1 Abs. 3). Durchbrochen wird die Zweckbindung zunächst einmal durch die Befugnisse der externen Datenschutzkontrolle nach § 24 Abs. 4 (im nicht-öffentlichen Sektor nach § 38 Abs. 3 und 4). So hat die Datenschutzkontrollinstanz auch Zugang zu personenbezogenen Daten, die ausdrücklich nicht zu Zwecken der Datenschutzkontrolle, sondern nur zu einem der anderen in Abs. 4 genannten Zwecke gespeichert werden. Bei anderen spezialgesetzlichen Informationszugangsrechten, etwa im Rahmen der Strafverfolgung oder des Steuerrechts, muss bei der Prüfung der Spezialität berücksichtigt werden, dass die strikte Zweckbindung innerhalb des Schutzbereichs des BDSG eine eng begrenzte Sonderregelung mit einer speziellen Zielsetzung darstellt, sodass grundsätzlich ein Vorrang gemäß § 1 Abs. 3 keineswegs automatisch

209 A.M. *Niese,* in *Wilde u. a.,* BayDSG Art. 17 Rdnr. 66.
210 Etwa nach § 9 oder nach steuer-, handels- oder ordnungsrechtlichen Vorschriften.
211 *Bergmann/Möhrle/Herb,* Datenschutzrecht § 14 Rdnr. 40; *Niese,* in *Wilde u. a.,* BayDSG Art. 17 Rdnrn. 67 f.; ausdrücklich „für Maßnahmen gegenüber Bediensteten" § 12 Abs. 4 SächsDSG.
212 Vgl. § 4e Satz 1 Nr. 4.
213 *Gola/Schomerus,* BDSG § 31 Rdnr. 5; *Nungesser,* HDSG § 13 Rdnr. 30.
214 Zu weit *Bergmann/Möhrle/Herb,* BDSG § 31 Rdnr. 11, die alle erlaubten Zwecke zugrunde legen.

auch zu einem Vorrang gegenüber § 14 Abs. 4 führt. Vielmehr soll nach Sinn und Zweck dieser Sonderregelung innerhalb des BDSG gerade ausgeschlossen werden, dass die aus Bedürfnissen des Datenschutzes und der Datensicherheit zusätzlich angelegten Datenbestände als allgemeine Informationsgrundlage zur Verfügung stehen und damit der Einsatz wirksamer Datenschutz- und -sicherungsmethoden indirekt behindert wird.[215] Eine Verwendung für die genannten Zwecke kommt deshalb grundsätzlich nur im Rahmen der durch Abs. 4 definierten Zweckbindung in Betracht, also beispielsweise zur Verfolgung von Datenschutzdelikten.[216] Der Rang der Zweckbindung nach Abs. 4 liegt somit auf derselben Ebene wie der der Berufs- und besonderen Amtsgeheimnisse.[217]

8. Zweckänderung bei sensitiven Daten (Abs. 5 und 6)

116 Die mit der Novellierung 2001 angefügten Abs. 5 und 6 dienen der Umsetzung von Art. 8 EG-Datenschutzrichtlinie. Die hier aufgestellten besonderen Anforderungen sind über §§ 15 Abs. 1 Satz 2, 16 Abs. 1 Satz 2, § 4 Abs. 1 und 2 auch bei Übermittlungen zu berücksichtigen.[218] Die Erhebung sensitiver Daten wird in § 13 Abs. 2 geregelt.

8.1 Anwendungsbereich

117 Die Vorschrift gilt für das Speichern, Verändern und Nutzen. Insoweit kann auf die Kommentierung zu den Legaldefinitionen des § 3 verwiesen werden. Das Gleiche gilt für den Begriff der besonderen Arten personenbezogener Daten, welche hier der Einfachheit halber als „sensitive Daten" bezeichnet werden. Sind von einem einheitlichen Vorgang des Speicherns, Veränderns oder Nutzens sowohl sensitive als auch sonstige personenbezogene Daten betroffen, so gelten die verschärften Bedingungen der Absätze 5 und 6 lediglich für die sensitiven Daten. Allerdings ist zu beachten, dass Angaben, die der näheren Spezifikation von Sachverhalten dienen, welche als solche sensitive Daten beinhalten, mit diesen eine rechtliche Einheit bilden. So gehört etwa das Datum einer Erkankung, der Name des behandelnden Arztes und die Heilungskosten zu den Angaben über die Gesundheit.[219]

118 Es fällt auf, dass die Vorschrift ihrem klaren Wortlaut nach nur für ein Speichern, Verändern oder Nutzen sensitiver Daten für *andere* Zwecke gilt, während die Parallelvorschriften des dritten Abschnittes[220] entsprechend der Vorgabe der Richtlinie unabhängig von einer Zweckänderung Beachtung verlangen. Soweit es sich um erhobene Daten handelt, ist dies nur die logische Konsequenz daraus, dass die für sensitive Daten geltenden erhöhten Anforderungen bereits im Rahmen der Erhebung zu beachten sind[221] und der weitere Umgang an den Erhebungszweck gebunden ist.[222] Es fehlt jedoch an einer Sondervorschrift für sensitive Daten, soweit diese nicht erhoben worden sind[223] und der Zweck durch die (weitere) Speicherung, Veränderung oder Nutzung nicht verändert wird. Entsprechende Fälle sind durchaus denkbar, so etwa wenn einer Behörde Hinweise über den Gesundheitszustand von Mitarbeitern oder Inhabern gewerbe- oder verkehrsrechtlicher Erlaubnisse zugehen und entschieden werden muss, ob sie (dauerhaft) gespeichert und als Grundlage für ein amtliches Handeln genutzt werden dürfen. Eine Überprüfung der Arbeitsfähigkeit oder eine Korrektur des Arbeitseinsatzes käme bei sensitiven Daten in der Regel nicht in Betracht. Da eine gesetzgeberische Absicht, die Richtlinie in diesem Punkt nicht umzusetzen, nicht feststellbar ist, sondern wohl ein Versehen vorliegt, ist die Vorschrift in diesem Punkt richtlinienkonform dahin auszulegen,

215 Vgl. o. Rdnr. 106.
216 Zust. *Gola/Schomerus,* BDSG § 14 Rdnr. 30.
217 Im Erg. ebenso *Simitis,* in *Meyer/Stolleis,* Hessisches Staats- und Verwaltungsrecht, 5. Aufl. 2000, S. 142 f.
218 Die Parallelvorschriften für den nicht-öffentlichen Bereich finden sich in §§ 28 Abs. 6-9, 29 Abs. 5.
219 Vgl. näher Komm. zu § 3 Abs. 9.
220 §§ 28 Abs. 6-9, 29 Abs. 4.
221 § 13 Abs. 2.
222 § 14 Abs. 1 Satz 1.
223 Fall des § 14 Abs. 1 Satz 2 und dazu o. Rdnr. 50 ff.

dass für Daten, die nicht durch die Schleuse des § 13 Abs. 2 gegangen sind, Abs. 5 auch dann anzuwenden ist, wenn das Speichern, Verändern oder Nutzen nicht für andere Zwecke erfolgt.

8.2 Zulässigkeit bei bestimmten Erhebungsrechten (Abs. 5 Satz 1 Nr. 1)

119 Das Gesetz geht davon aus, dass eine verantwortliche Stelle, die unter bestimmten Voraussetzungen sensitive Daten erheben darf, unter den gleichen Voraussetzungen auch zu einem zweckändernden Umgang mit diesen Daten berechtigt sein soll. Es verweist daher auf die entsprechenden Erhebungstatbestände des § 13 Abs. 2. Auf die Tatbestände der Nrn. 6, 7 und 8 wird insoweit nicht verwiesen, weil die betreffenden Sachverhalte eine eigenständige Regelung erfahren haben.[224] Auf die entsprechende Kommentierung wird verwiesen.

8.3 Zulässigkeit wissenschaftlicher Forschung (Abs. 5 Satz 1 Nr. 2 und Satz 2)

120 Die Gesetzesfassung unter Nr. 2 entspricht weitgehend derjenigen des Abs. 2 Nr. 9. Auf die entsprechende Kommentierung kann daher verwiesen werden.[225] Einen im Hinblick auf den sensitiven Charakter der Daten verstärkten Schutz intendiert der Gesetzgeber dadurch, dass er in diesem Falle nicht ein erhebliches Überwiegen des *wissenschaftlichen* Interesses an der Durchführung des Frschungsvorhabens verlangt, sondern ein entsprechendes **öffentliches** Interesse. Dem liegen die verfassungsrechtlichen Überzeugungen zugrunde, dass nur ein öffentliches Interesse einen Eingriff in das Grundrecht auf Datenschutz rechtfertigt, und die Annahme, dass ein wissenschaftliches Interesse nicht generell zugleich auch ein öffentliches Interesse begründet. Auf der anderen Seite sollte aber auch der beim Begriff des öffentlichen Interesses nahe liegende Eindruck vermieden werden, dass die Vorschrift bevorzugt staatlichen Behörden zugute kommen soll, die zur Verfolgung öffentlicher Interessen wissenschaftliche Forschungsprojekte in Auftrag geben. Der Gesetzgeber hat daher in Satz 2 festgelegt, dass „im Rahmen des öffentlichen Interesses das wissenschaftliche Interesse an dem Forschungsvorhaben besonders zu berücksichtigen“ ist. Die Anwendung der Vorschrift kommt daher durchaus bereits dann in Betracht, wenn von einem Vorhaben eine bedeutende wissenschaftliche Erkenntnis zu erwarten ist. Mit dem Ausdruck „besonders“ wird zugleich klargestellt, dass neben dem rein wissenschaftlichen Potenzial auch praktische Nutzanwendungen bedeutsam – und auch für sich genommen tragfähig – sein können, wie etwa bei Studien zur Entwicklung neuer Medikamente oder umweltfreundlicher Produkte. Ein Rangverhältnis zwischen wissenschaftlicher Erkenntnis und praktischer Nutzanwendung stellt das Gesetz nicht auf. Die Abwägung mit dem Interesse der Betroffenen hat in jedem Einzelfall unter Beurteilung der Risiken und Chancen des Forschungsvorhabens zu erfolgen.

8.4 Zulässigkeit zur Geltendmachung, Ausübung oder Verteidigung rechtlicher Ansprüche

121 Eine Übermittlung sensitiver Daten an Dritte wird vom Gesetz auch zugelassen, wenn sie zur Geltendmachung, Ausübung oder Verteidigung rechtlicher Ansprüche erforderlich ist (§ 16 Abs. 1 Nr. 2 Satz 2, letzte Alternative). Bei der Regelung der Speicherung, Änderung und Nutzung hat der Gesetzgeber eine entsprechende Regelung nicht aufgenommen, ohne dass ein Grund für die Differenzierung ersichtlich ist. Die EG-Datenschutzrichtlinie erlaubt in beiden Fällen eine Ausnahme. Eine zweckfremde Nutzung sensitiver Daten ist z.B. nötig, wenn Schadensersatzansprüche abgewehrt werden sollen und die verantwortliche Stelle in Schreiben an den Betroffenen dazu sensitive Daten verwenden muss, die sie aus anderem Zusammenhang besitzt. Eine analoge Anwendung der Vorschrift des § 16 Abs. 1 Nr. 2 Satz 2, letzte Alternative, ist daher gerechtfertigt.

---

224 In Abs. 5 Satz 1 Nr. 2 die wissenschaftliche Forschung und in Abs. 6 der Gesundheitsbereich.
225 Oben Rdnrn. 88 ff.

8.5 Zulässigkeit bei Gesundheitsdaten (Abs. 6)

Die Einordnung der Vorschrift des Abs. 6 in das Regelungssystem des BDSG und dementsprechend ihre Interpretation sind außerordentlich schwierig. Klar erscheint lediglich die ihr vom Gesetzgeber zugedachte Funktion: sie dient, ebenso wie Abs. 5, der Umsetzung von Art. 8 der Datenschutzrichtlinie. Anders als in Abs. 5 verzichtet der DSG-Gesetzgeber hier jedoch auf jede eigenständige inhaltliche Regelung und verweist stattdessen auf die „geltenden Geheimhaltungspflichten". Allerdings besagt bereits § 1 Abs. 3 Satz 2 ganz allgemein, dass „die Verpflichtung zur Wahrung gesetzlicher Geheimhaltungspflichten" oder von Berufs- oder besonderen Arbeitsgeheimnissen, die nicht auf gesetzlichen Vorschriften beruhen, … unberührt" bleibt. Ein normativer Gehalt, der nach allgemeinen Auslegungsgrundsätzen einer Vorschrift grundsätzlich zuzumessen ist, müsste daher über § 1 Abs. 3 Satz 2 hinausgehen. Er könnte etwa darin liegen, 122

a) dass die genannten Pflichten durch Abs. 6 auf einen erweiterten Personenkreis erstreckt werden,

b) dass diese Pflichten – auch wenn sie selbst nur den Aspekt der Geheimhaltung, also der Informationsweitergabe, betreffen – auch, wie es die Vorschrift besagt, auf „die Speicherung, Veränderung oder Nutzung" angewendet werden sollen oder schließlich darin,

c) dass für diese Vorgänge die Anwendung der Vorschriften des BDSG ausgeschlossen wird.

Gegen die Hypothese a) spricht der klare Wortlaut des § 13 Abs. 2 Nr. 7, der gerade – einschränkend – auf „ärztliches Personal oder … sonstige Personen …, die einer entsprechenden Geheimhaltungspflicht unterliegen", abstellt. Die Lesart b) entspricht genau dem, was der Wortlaut der Vorschrift besagt. Sie wirft allerdings die Frage auf, wie es möglich sein könnte, Geheimhaltungspflichten, auf Vorgänge der Speicherung,[226] Veränderung[227] oder Nutzung anzuwenden, da doch eine Speicherung oder Veränderung qua definitionem die Geheimhaltung nicht tangieren und auch eine Nutzung nur in wenigen Fällen – nämlich bei Weitergabe an einen Empfänger, der kein Dritter ist – zugleich eine die Geheimhaltung berührende Offenbarung darstellt.[228] Die Vorschrift macht erst dann Sinn, wenn man den Ausdruck „Geheimhaltungspflichten" als pars pro toto der spezifischen Berufspflichten auffasst, die den Umgang mit vertraulichen Daten der Empfänger von Gesundheitsdienstleistungen regeln. Tatsächlich umfassen die ärztlichen Berufsordnungen, wie auch etwa die Krankenhausgesetze der Länder, neben der Verpflichtung zur Vertraulichkeit bzw. Geheimhaltung auch Verbote, Daten von Patienten für fachfremde Zwecke zu nutzen oder sie anders als durch die berufsspezifischen Dokumentationspflichten vorgesehen zu ändern. Auch der Umfang der Datenspeicherung wird durch Berufsrecht festgelegt. Das Strafgesetzbuch sanktioniert neben der Verletzung des Arztgeheimnisses und anderer Privatgeheimnisse[229] gesondert auch die Verwertung fremder Geheimnisse.[230] Es ist daher davon auszugehen, dass der Begriff „Geheimhaltungspflicht" vom Gesetzgeber her in diesem weiteren Sinne verwendet wird. 123

Die Lesart c) sieht den normativen Gehalt der Vorschrift des Abs. 6 darin, dass sie eine Anwendung der Vorschriftendes BDSG zur Speicherung, Veränderung und Nutzung in ihrem Anwendungsbereich ausschließt. Die Vorschrift wird also so verstanden als lautete sie „… richtet sich *ausschließlich* nach den … Geheimhaltungspflichten". In diese Richtung verweist auch die Begründung,[231] welche die besonderen Berufs- und Amtsgeheimnisse für maßgeblich erklärt und dabei offensichtlich davon ausgeht, dass diese allein maßgeblich sind. Wenn dies, wie die Begründung zutreffend sagt, „wie bisher" gilt, bringt Abs. 6 allerdings über § 1 Abs. 3 Satz 2 hinaus nichts Neues. Demgemäß liefert die Vorschrift auch keinen eigenständigen Beitrag zur Umsetzung der Richtlinie. Ob diese umgesetzt ist, entscheidet sich nicht anhand des Abs. 6, sondern anhand des Berufsrechts, auf den dieser verweist. 124

226 § 3 Abs. 4 Nr. 1.
227 § 3 Abs. 4 Nr. 2.
228 § 3 Abs. 5, 4 Nr. 3 a, 8.
229 § 203 Abs. 1 Nr. 1.
230 § 204.
231 BT-Drs. 14/4329 zu Nr. 18 a.E., S. 40.

125 Zweck der Regelung ist es nur, dem bereichsspezifischen Recht im Sektor der Gesundheitspflege Vorrang vor dem BDSG einzuräumen. Soweit solches Recht fehlt, muss es bei der Anwendung des BDSG bleiben, und zwar einschließlich der für sensitive Daten vorgesehenen Einschränkungen des Abs. 5. Dies folgt auch aus dem Grundsatz der richtlinienkonformen Auslegung. Aus diesem Grund bleibt beispielsweise die strikte Zweckbindung nach Abs. 4 anwendbar, da sich Regelungen zu diesem Thema im spezifischen Berufsrecht nicht finden.

9. Landesrecht

126 Bei der Regelung der Zweckbindung weist das Landesrecht eine große Vielfalt auf. Volle Übereinstimmung gibt es lediglich in dem Grundprinzip, dass der Zweck der Erhebung, hilfsweise der Speicherung, maßgeblich ist und dass Ausnahmen nur nach Maßgabe eines abschließenden Katalogs zugelassen werden. Alle Landesregelungen gleichen dem BDSG – bedauerlicherweise – auch darin, dass sie dem Anwender bei der zentral wichtigen Frage, wie der Zweck einer Verarbeitung festzulegen ist,[232] jede Hilfe schuldig bleiben.

127 Die Mehrzahl der Landesdatenschutzgesetze hat den Ausnahmekatalog des Abs. 2 nur eingeschränkt übernommen. Zwar sind einige Kürzungen nur formeller Art, indem etwa auf die ohnehin nur deklaratorische Erwähnung der Einwilligung[233] verzichtet wird, indem mehrere Ausnahmetatbestände zusammengefasst werden oder indem andere, vor allem diejenige zur wissenschaftlichen Forschung, zum Gegenstand breiter angelegter Sonderregelungen gemacht wurden.[234] Unverkennbar ist aber auch das Bestreben, der Grundsatz der Zweckbindung dadurch zu verstärken, dass die Ausnahmen auf einen überschaubaren Kernbestand zurückgeführt wird, der tatsächlich unvermeidbar ist. Als verzichtbar – oder zumindest einschränkungsfähig – wurden dabei insbesondere die folgenden Ausnahmetatbestände angesehen: Interesse des Betroffenen nach Nr. 3,[235] Überprüfung von Angaben des Betroffenen nach Nr. 4,[236] allgemein zugängliche Daten nach Nr. 5,[237] Rechte einer anderen Person nach Nr. 8.[238] Die stengste Zweckbindung verlangt das Berliner Datenschutzgesetz, welches ausschließlich auf die klassischen Eingriffsvoraussetzungen, nämlich die besondere Rechtsvorschrift und die Einwilligung des Betroffenen, verweist,[239] wobei zudem noch vorausgesetzt wird, dass die Rechtsvorschrift „einen diesem Gesetz vergleichbaren Datenschutz gewährleistet".[240] Im Bereich der „allgemeinen Verwaltungstätigkeit" erlaubt Berlin allerdings abweichend hiervon, personenbezogene Daten nach Maßgabe der Erforderlichkeit und bei Wahrung der schutzwürdigen Belange des Betroffenen[241] zu verarbeiten.[242]

128 Festzustellen ist freilich auch, dass einige Landesdatenschutzgesetze den Ausnahmekatalog um zusätzliche Positionen erweitert haben, so etwa zu Zwecken einer Auszeichnung oder Ehrung[243] oder wenn der Betroffene einer Auskunfts- oder Meldepflicht nicht nachgekommen ist.[244]

129 Die definitorische Festlegung, dass ein gleicher Zweck besteht (Abs. 3) erweitern einige Landesdatenschutzgesetze auf die Prüfung und Wartung automatisierter Verfahren der Datenverarbeitung und auf statistische Zwecke der verantwortlichen Stelle.[245] Materiell wird damit

232 Vgl. o. Rdnrn. 39 ff.
233 Vgl. o. Rdnr. 57.
234 S. etwa § 33 HDSG.
235 Eingeschränkt z.B. in Bremen, Hamburg und Hessen.
236 Nicht vorgesehen in Bremen und Schleswig-Holstein.
237 Eingeschränkt in Niedersachsen, gestrichen in Hessen.
238 Eingeschränkt z.B. in Hamburg und Hessen.
239 §§ 11 Abs. 2 i.V.m. 6 Abs. 1.
240 § 6 Abs. 1 Satz 2.
241 Im Sinne der umfassenden Begriffsdefinition nach § 4 Abs. 2 BlnDSG.
242 §§ 1, 2, Informationsverarbeitungsgesetz.
243 § 13 Abs. 2 g BbgDSG in der nicht mehr gültigen Fassung von 1992.
244 Art. 17 Abs. 2 Nr. 4 BayDSG.
245 § 12 Abs. 3 LDSG BW, Art. 17 Abs. 3 BayDSG, § 12 Abs. 3 SächsDSG.

keine vom BDSG abweichende Rechtslage geschaffen, da die ADV-bezogene Verwendung als impliziter Nebenzweck[246] und die statistische Analyse als Teil der jeweiligen Fachaufgabe aufzufassen ist.[247] Die praktischen Auswirkungen der Regelungen zur Zweckgleichheit versuchen einige Landesdatenschutzgesetze dadurch zu begrenzen, dass sie die Verarbeitung und Nutzung insoweit nur zulassen, als der Zugriff auf die Daten für den jeweiligen Zweck „unverzichtbar" oder die Verwendung „unerlässlich" ist.[248] Angesichts der nicht sonderlich scharf umrissenen Verwendungszwecke erscheinen diese Versuche aber nicht besonders erfolgversprechend. In umgekehrter Richtung verzichten manche Landesregelungen bei der Verarbeitung zu Ausbildungs- und Prüfungszwecken auf den Vorbehalt der schutzwürdigen Interessen des Betroffenen.[249]

Besonders weit auseinander gehen die landesrechtlichen Regelungen bezüglich der in Abs. 4 130
geregelten strikten Zweckbindung. Wenn auch die Mehrheit der strikten Linie der Bundesregelung folgt, hielten doch drei Länder eine entsprechende Spezialregelung für verzichtbar (Mecklenburg-Vorpommern, Nordrhein-Westfalen, Saarland) und ein weiteres macht substanzielle Ausnahmen, indem es eine zweckfremde Verwendung zulässt, soweit dies zur Abwehr erheblicher Gefährdung der öffentlichen Sicherheit, insbesonder für Leben, Gesundheit oder Freiheit, erforderlich ist.[250] Die drei genannten Länder begnügen sich mit einem Verbot, Daten von Beschäftigten für Verhaltens- oder Leistungskontrollen zu nutzen, die im Rahmen der vorgeschriebenen technischen und organisatorischen Maßnahmen gespeichert wurden.[251]

246 Vgl. o. Rdnrn. 47 f., 94.
247 S. o. Rdnr. 22 f.
248 So § 11 Abs. 4 Sätze 2 und 3 BlnDSG, ähnlich Brandenburg und Mecklenburg-Vorpommern.
249 So § 12 Abs. 3 BrDSG.
250 § 13 Abs. 5 LDatG RhPf.
251 § 31 Abs. 7 DSG MV, § 29 Abs. 5 DSG NW, § 29 Abs. 5 SDSG.

§ 15 Datenübermittlung an öffentliche Stellen

(1) Die Übermittlung personenbezogener Daten an öffentliche Stellen ist zulässig, wenn
1. sie zur Erfüllung der in der Zuständigkeit der übermittelnden Stelle oder des Empfängers liegenden Aufgaben erforderlich ist und
2. die Voraussetzungen vorliegen, die eine Nutzung nach § 14 zulassen würden.
(2) Die Verantwortung für die Zulässigkeit der Übermittlung trägt die übermittelnde Stelle. Erfolgt die Übermittlung auf Ersuchen des Dritten, an den die Daten übermittelt werden, trägt dieser die Verantwortung. In diesem Falle prüft die übermittelnde Stelle nur, ob das Übermittlungsersuchen im Rahmen der Aufgaben des Dritten, an den die Daten übermittelt werden, liegt, es sei denn, daß besonderer Anlaß zur Prüfung der Zulässigkeit der Übermittlung besteht. § 10 Abs. 4 bleibt unberührt.
(3) Der Dritte, an den die Daten übermittelt werden, darf diese für den Zweck verarbeiten oder nutzen, zu dessen Erfüllung sie ihm übermittelt werden. Eine Verarbeitung oder Nutzung für andere Zwecke ist nur unter den Voraussetzungen des § 14 Abs. 2 zulässig.
(4) Für die Übermittlung personenbezogener Daten an Stellen der öffentlich-rechtlichen Religionsgesellschaften gelten die Absätze 1 bis 3 entsprechend, sofern sichergestellt ist, daß bei dem Empfänger ausreichende Datenschutzmaßnahmen getroffen werden.
(5) Sind mit personenbezogenen Daten, die nach Absatz 1 übermittelt werden dürfen, weitere personenbezogene Daten des Betroffenen oder eines Dritten so verbunden, daß eine Trennung nicht oder nur mit unvertretbarem Aufwand möglich ist, so ist die Übermittlung auch dieser Daten zulässig, soweit nicht berechtigte Interessen des Betroffenen oder eines Dritten an deren Geheimhaltung offensichtlich überwiegen; eine Nutzung dieser Daten ist unzulässig.
(6) Absatz 5 gilt entsprechend, wenn personenbezogene Daten innerhalb einer öffentlichen Stelle weitergegeben werden.

Literatur

W. Breidenbach, Das berechtigte Interesse, DuD 1988, 61 ff.; *K.-L. Knemeyer,* Geheimhaltungsanspruch und Offenbarungsbefugnis im Verwaltungsverfahren, NJW 1984, 2241 ff.; *K.-D. Pardey,* Informationelles Selbstbestimmungsrecht und Akteneinsicht, NJW 1989, 1647 ff.; *B. Schlink*, Datenschutz und Amtshilfe, NVwZ 1986, 249 ff.; *P. Schoenemann,* Zur Zulässigkeit der Datenverarbeitung in der neueren Datenschutzgesetzgebung, DuD 1987, 175 ff.; *S. Simitis,* Von der Amtshilfe zur Informationshilfe, NJW 1986, 2795 ff.; *H.-J. Stange*, Datenschutz (1992) Rdnr. 115 ff.; *M.-T. Tinnefeld/E. Ehmann/R.W. Gerling*, Einführung in das Datenschutzrecht, 4. Aufl. (2005) Abschnitt III 7.3.

zu Abs. 4:

H.-U. Evers, Probleme des Datenschutzes zwischen Staat und Kirche, ZevKR 25 (1980) 173 ff.; *Th. Hoeren,* Kirchen und Datenschutz (1986); *D. Lorenz,* Die Stellung der Kirchen nach dem Bundesdatenschutzgesetz 1990, ZevKR 37 (1992) 27 ff.; *U. Lübking,* Datenschutz in der Kommunalverwaltung (1992) Rdnrn. 480 ff.; *W. Schatzschneider,* Kirchenautonomie und Datenschutzrecht (1984). **S. auch Literatur zu § 2.**

Übersicht

1. Vorbemerkung

§ 15 regelt die Übermittlung personenbezogener Daten an öffentliche Stellen. Ist eine Übermittlung nach § 15 erlaubt, so liegt eine der drei voneinander unabhängigen alternativen Bedingungen vor, unter denen nach § 4 Abs. 1 eine Datenverarbeitung zulässig ist. Voraussetzung für die Anwendbarkeit des § 15 – wie aller Regelungen des BDSG – ist allerdings stets, dass nicht besondere Rechtsvorschriften des Bundes existieren, die nach § 1 Abs. 3 vorgehen. Die Übermittlungsregelung des § 16 ist komplementär zu § 15. Sie ist nur, aber auch immer dann anwendbar, wenn der Adressat der Übermittlung nicht zu dem in § 15 bestimmten Adressatenkreis gehört. Steht der Empfänger der Übermittlung allerdings außerhalb des Geltungsbereichs des Gesetzes, ist § 4b anzuwenden, der gegenüber den §§ 15 und 16 speziell ist. Ein Konkurrenzproblem gegenüber § 14 besteht nicht, da sich die Übermittlung mit den dort geregelten Vorgängen der Speicherung, Veränderung und Nutzung begrifflich nicht überlappt (§ 3 Abs. 5). Deshalb war es notwendig, die spezifischen Zulässigkeitsvoraussetzungen der Nutzung durch Verweisung in die Regelung des § 15 einzubeziehen (Abs. 1 Nr. 2). Mit § 13 kann insofern ein indirektes Konkurrenzverhältnis auftreten, als die Übermittlung sich aus der Sicht des Empfängers als Erhebung darstellen kann.[1] 1

Die Regelung wurde mit der Novellierung 1990 stark erweitert. Gegenüber der Vorgängervorschrift des § 10 BDSG 1977 besteht zwar oberflächlich gesehen insofern Kontinuität, als die Grundvorschrift die Zulässigkeit der Übermittlung an eine (andere) öffentliche Stelle nach wie vor an die Erforderlichkeit zur Aufgabenerfüllung bindet, wobei sowohl an die Aufgaben der übermittelnden Stelle als auch an die des Empfängers angeknüpft werden kann (Abs. 1 Nr. 1). Neben die Erforderlichkeit tritt jedoch durch die Bezugnahme auf die Voraussetzungen einer zulässigen Nutzung (Abs. 1 Nr. 2) gleichberechtigt der Grundsatz der Zweckbindung. Dadurch wird das Regelungsprogramm substanziell erheblich erweitert. Zudem schränkt der Vorrang der Erhebung beim Betroffenen (§ 4 Abs. 2) die Möglichkeiten der Datenübermittlung ein. Die Sonderregelung des Abs. 4 für die Übermittlung an öffentlich-rechtliche Religionsgesellschaften entspricht äußerlich dem früheren § 10 Abs. 2, hat aber eine größere Tragweite erhalten. Neu aufgenommen wurden Regelungen zur Abgrenzung der Verantwortung zwischen übermittelnder Stelle und Empfänger (Abs. 2), über die Zweckbindung beim Empfänger (Abs. 3), über die Behandlung verbundener Daten (Abs. 5) und über die interne Weitergabe (Abs. 6). Die Regelung zur Erstreckung von Berufs- und besonderen Amtsgeheimnissen, die sich früher in § 10 Abs. 1 Satz 2 fand, wurde mit den Parallelvorschriften für den öffentlichen und den nicht-öffentlichen Bereich zusammengefasst und als § 39 in den vierten Abschnitt „Sondervorschriften" eingestellt. 2

§ 15 schränkt das Recht des Betroffenen auf informationelle Selbstbestimmung ein. Bei der Frage, in welchem Umfang dies der Fall ist, ist zwischen der Übermittlung zur Erfüllung eigener Aufgaben der übermittelnden Stelle (Abs. 1 Nr. 1 1. Alternative) und der Übermittlung zur Erfüllung von (anderen) Aufgaben des Empfängers (2. Alternative) zu unterscheiden.[2] Im ersten Fall reicht § 15 Abs. 1 im Zusammenhang mit einer wirksamen Aufgabenzuweisung als grundrechtseinschränkende Norm aus.[3] Ist eine Behörde beispielsweise verpflichtet, einen Sachverhalt durch Erkundigungen bei einer Meldebehörde, dem Ausländerzentralregister, einem Sozialleistungsträger oder einer anderen öffentlichen Stelle einzuholen, so berechtigt Abs. 1 sie zu der in dem Ersuchen zwangsläufig enthaltenen Übermittlung. Dasselbe gilt, wenn der Fachaufsichtsbehörde bestimmte Fälle vorab zur Kenntnis gegeben werden, weil sie sich ein Eingreifen vorbehalten hat. Als Rechtsgrundlage für eine Übermittlung zur Aufgabenerfüllung des Empfängers (2. Alternative) reicht die Vorschrift wegen ihrer (in Bezug auf den geregelten Bereich) zu geringen Präzision nur insoweit aus, als es sich um quasi alltägliche Übermittlungsvorgänge ohne besondere Belastung des Betroffenen handelt.[4] 3

---

1 Vgl. dazu u. Rdnr. 28.
2 *Hase,* in GK-SGB X 2, § 69 Rdnrn. 13 ff.
3 *Hase,* in GK-SGB X 2, § 69 Rdnrn. 13 ff.
4 Schwellentheorie; vgl. o. § 1 Rdnr. 110 ff.

Übermittlungen mit größerer Eingriffstiefe bedürfen einer bereichsspezifischen Eingriffsgrundlage.

2. Zulässigkeit der Übermittlung (Abs. 1)

2.1 Allgemeine Voraussetzungen: Übermittelnde Stelle, Empfänger, Übermittlung

4 Entsprechend den Vorgaben des § 12 kommt § 15 nur zur Anwendung, wenn eine öffentliche Stelle des Bundes oder – eingeschränkt gemäß § 12 Abs. 2 – eines Landes tätig wird, jedoch mit Ausnahme der Fälle, in denen die öffentliche Stelle ein öffentlich-rechtliches Wettbewerbsunternehmen ist (§ 12 Abs. 1, 2 Nr. 1) oder wenn es sich um personenbezogene Daten handelt, die für dienst- oder arbeitsrechtliche Verhältnisse verarbeitet oder benutzt werden (§ 12 Abs. 4). Der Begriff der öffentlichen Stelle richtet sich nach § 2. Unter den dort bestimmten Voraussetzungen werden also auch Vereinigungen des Privatrechts einbezogen sowie Private, soweit sie als Beliehene tätig werden; selbstverständlich sind auch hier die vorgenannten Ausnahmen nach § 12 zu beachten.

5 Die Anwendung des § 15 Abs. 1 setzt weiterhin voraus, dass der **Empfänger** der Übermittlung eine **öffentliche** Stelle ist. Maßgeblich ist auch insoweit die Legaldefinition der öffentlichen Stelle in § 2. Staatliche Stellen anderer Staaten und Stellen internationaler und supranationaler Organisationen sind daher bereits begrifflich ausgeschieden;[5] die Übermittlung an sie richtet sich im Übrigen allein nach der Sondervorschrift des § 4 b. Die Stellen der öffentlich-rechtlichen Religionsgesellschaften sind ebenfalls begrifflich ausgeschlossen,[6] doch sind die Vorschriften der Abs. 1 bis 3 laut Abs. 4 bei einer Übermittlung an diese entsprechend anzuwenden. Ob der Empfänger selbst Normadressat des BDSG ist, hat keine Bedeutung.[7]

6 Nach dem Gesetzeswortlaut ist für die Frage, ob eine Übermittlung nach § 15 oder § 16 zu beurteilen ist, allein die generelle organisatorische Einstufung des Empfängers als öffentliche oder nicht-öffentliche Stelle maßgeblich, wogegen der Zweck, dem die Angaben beim Empfänger dienen sollen, nicht angesprochen wird. Die in § 2 für die organisationsbezogene Einstufung aufgestellte Typik entspricht aber nur eingeschränkt der systematischen Gliederung der Übermittlungsberechtigungen in den §§ 15 und 16. Daraus ergeben sich erhebliche Probleme, die allerdings bisher noch kaum diskutiert werden.[8]

7 Sie zeigen sich besonders bei der Übermittlung zur Erfüllung der in der Zuständigkeit des Empfängers liegenden Aufgaben.[9] Das Gesetz erkennt insoweit die Aufgabe des Empfängers grundsätzlich als hinreichende Legitimationsgrundlage an. Dies schließt es aber aus, als „Aufgabe" jeden – auch selbstgesetzten – Handlungszweck zu verstehen. Vielmehr muss die Aufgabe dem Empfänger durch die Rechtsordnung zugewiesen und er zu ihrer Erfüllung verpflichtet sein.[10] Dies ist bei der wirtschaftlichen Betätigung der öffentlich-rechtlichen Wettbewerbsunternehmen grundsätzlich nicht der Fall. Soweit das Gesetz deren Datenverarbeitung und -nutzung regelt, werden sie deshalb auch wie nicht-öffentliche Stellen behandelt.[11] Das Gesetz wählt damit die der Tätigkeit der Wettbewerbsunternehmen besser angemessene Regelung und entspricht dem Gebot, gleiche Wettbewerbsbedingungen für alle Marktteilnehmer zu garantieren. Die gleichen Gesichtspunkte müssen auch zum Tragen kommen, soweit ein öffentlich-rechtliches Wettbewerbsunternehmen als Empfänger einer Datenübermittlung seitens einer öffentlichen Stelle fungiert. Auch hier gilt, dass das öffentlich-rechtliche Wettbewerbsunternehmen nicht auf in seiner „Zuständigkeit" liegende „Aufgaben" verweisen kann, die Legitimationsgrundlage einer Übermittlung nach § 15 Abs. 1

5 Vgl. § 2 Rdnrn. 81 f.
6 § 2 Rdnrn. 83 ff.
7 Begr. zu § 7 des RegE zum BDSG 1977, BT-Drs. 7/1027.
8 Vgl. immerhin *Gola/Schomerus,* BDSG § 15 Rdnr. 4; *Stähler,* DSG NW § 14 Rdnr. 3 im Anschluss an 3. Auflage § 10 Rdnr. 4.
9 § 15 Abs. 1 Nr. 1 2. Alternative.
10 Vgl. *Burkholz,* VerwArch 1993, 203, 208 ff.
11 §§ 12 Abs. 1, 27 Abs. 1 Satz 1 Nr. 2 a) und b).

Nr. 1 2. Alternative sein könnte. Da auch den privaten Mitbewerbern nach der für sie einschlägigen Vorschrift des § 16 kein derartiger Übermittlungstatbestand zur Verfügung steht, würde seine Anwendung auf öffentlich-rechtliche Wettbewerbsunternehmen einen nicht gerechtfertigten Wettbewerbsvorteil bedeuten. So wäre es beispielsweise schwer nachvollziehbar, wenn öffentlich-rechtlich organisierte Kreditinstitute zu Zwecken der Bewerberauswahl oder der Sicherung ihrer Kreditrisiken Daten von Behörden erhalten könnten, die privaten Geschäftsbanken vorenthalten bleiben. Auch die Alternative, § 15 grundsätzlich anzuwenden, jedoch das Vorliegen einer „Aufgabe" zu verneinen, würde zu einer Ungleichbehandlung führen. Die vom Gesetz für die Steuerung der Vorschriften aufgestellten Kriterien, die auf die eigene Verarbeitung und Nutzung personenbezogener Daten durch öffentliche Stellen in Bezug auf die Auswahl zwischen dem zweiten und dritten Abschnitt aufgestellt werden, müssen deshalb auch herangezogen werden, um zwischen der Anwendbarkeit der §§ 15 und 16 zu unterscheiden.

Konkret bedeutet dies Folgendes: 8

a) Die Übermittlung an ein **öffentlich-rechtliches Unternehmen** richtet sich grundsätzlich nach § 16 analog;[12] § 15 ist nur ausnahmsweise anzuwenden,[13] nämlich soweit die Daten der Erfüllung von dem Unternehmen vom Staat übertragenen öffentlichen Aufgaben dienen.

b) Entsprechend ist bei **Vereinigungen** unter Beteiligung öffentlicher Stellen, die nach § 2 als öffentliche Stelle eingestuft sind, danach zu differenzieren, ob die Übermittlung der Erfüllung einer Aufgabe dient, die entweder der Vereinigung als solcher vom Staat übertragen ist oder einem oder mehreren ihrer öffentlich-rechtlichen Mitglieder obliegt, sofern diese sich zur Aufgabenerfüllung der Vereinigung bedienen.[14]

c) Auch bei der Übermittlung von personenbezogenen Daten an eine öffentliche Stelle im Zusammenhang mit deren **fiskalischen Angelegenheiten** ist § 16 entsprechend anzuwenden, weil die spezifischen Rechte und Pflichten des Empfängers als öffentliche Stelle insoweit keine Rolle spielen dürfen und somit eine spezifische öffentlich-rechtliche Legitimation für eine Datenübermittlung fehlt.

d) Schließlich ist auch bei der Beantwortung von parlamentarischen Anfragen durch die Bundesregierung nicht von § 15, sondern von § 16 auszugehen, da dem einzelnen Abgeordneten bzw. dem Abgeordnetenquorum weder die Verwaltungsaufgaben zum (Mit-)Vollzug übertragen, noch sie zur (administrativen) Kontrolle i.S.v. § 14 Abs. 3 Satz 1 berufen sind;[15] konsequenterweise sind einzelne Abgeordnete als nicht-öffentliche Stelle anzusehen.[16]

Mit dem Begriff „Übermittlung" verweist das Gesetz auf die Legaldefinition des § 3 Abs. 4 9
Nr. 3, verlangt also das Bekanntgeben personenbezogener Daten „an einen Dritten (Empfänger)", der seinerseits als „jede Person oder Stelle außerhalb der verantwortlichen Stelle" definiert ist.[17] Auf die Kommentierung dieser Vorschriften wird verwiesen.[18]

2.2 Übermittlung zur Erfüllung eigener Aufgaben (Abs. 1 Nr. 1 1. Alternative)

Eine Legitimation zur Datenübermittlung kann sich zunächst aus den Aufgaben der verant- 10
wortlichen Stelle ergeben.[19] Die gesetzlichen Kriterien „zur Erfüllung der in der Zuständigkeit der übermittelnden Stelle … liegenden Aufgaben erforderlich" sind die gleichen wie bei der Speicherung; auf die Erläuterungen zu § 14 Abs. 1 wird verwiesen.

Besondere praktische Bedeutung hat (ebenso wie in § 14) der Grundsatz der **Erforderlich- 11
keit**. Den Regierungsvorschlag, die Übermittlung „im Rahmen" rechtmäßiger Aufgaben-

---

12 Für generelle Anwendung des § 16 plädieren *Auernhammer,* BDSG § 15 Rdnr. 6; *Gola/Schomerus,* BDSG § 15 Rdnr. 4; *Nungesser,* HDSG § 16 Rdnr. 2; *Stähler,* DSG NW § 14 Rdnr. 3 und § 16 Rdnr. 2.
13 *Schaffland/Wiltfang,* BDSG § 15 Rdnr. 1.
14 Für alleinige Anwendung des § 15 *Gola/Schomerus,* a.a.O.
15 Vgl. *Burkholz,* VerwArch 1993, 203, 210.
16 § 2 Rdnr. 29.
17 § 3 Abs. 7 und 8.
18 § 3 Rdnrn. 156 ff., 224 ff., 229 ff.
19 Abs. 1 Nr. 1 1. Alternative.

erfüllung zuzulassen,[20] hat der Gesetzgeber verworfen. Damit sind auch die Voraussetzungen für die Aussage in der Begründung zu § 7 des Regierungsentwurfs entfallen, nach denen die Bestimmung gewährleiste, dass der bisher „geübte Datenaustausch, der sich in der Vergangenheit bewährt und als für die Wirksamkeit der öffentlichen Verwaltung notwendig erwiesen hat, durch das Gesetz nicht eingeschränkt werden soll". Die Wahl einer strengeren Formulierung dokumentiert vielmehr den Willen des Gesetzgebers, in die bestehende Praxis korrigierend einzugreifen. Es genügt gerade nicht, dass der Übermittlung eine entsprechende Aufgabe zugrunde liegt, dass die Daten zur Aufgabenerfüllung „geeignet und zweckmäßig" sind oder dass die Aufgabe sonst nur unter unverhältnismäßig großen Schwierigkeiten erfüllt werden kann.[21] Vielmehr muss es der Behörde oder Stelle **unmöglich** sein, ihre Aufgabe ohne die Kenntnis der zu übermittelnden personenbezogenen Daten ordnungsgemäß zu erfüllen.[22] Dies kann etwa der Fall sein, wenn eine andere Behörde an einer Entscheidung beteiligt werden muss, wenn eine Aufsichts- oder Kontrollbehörde zu informieren ist oder wenn Informationen in ein Gerichtsverfahren eingebracht werden müssen. Die Erforderlichkeit bezieht sich auf die Übermittlung bestimmter Daten und deren Wirkung im Sinne der Aufgabenerfüllung; das Bekanntgeben (oder Zugänglichmachen) der betreffenden Daten beim Empfänger muss notwendiger Schritt zur Erfüllung einer eigenen Aufgabe sein; der Informationsprozess muss sich – direkt oder indirekt – inhaltlich auf diese Aufgabe beziehen. Es reicht dagegen nicht aus, wenn der Empfänger die Daten lediglich als Gegenwert oder quasi als Zahlungsmittel für eine von ihm erbetene Maßnahme erhält, so wenn etwa personenbezogene Daten nach dem do-ut-des-Prinzip ausgetauscht werden. In diesem Falle fehlt es an einer dem Betroffenen gegenüber wirksamen Legitimation. Da die Übermittlung dazu dient, den Informationsbedarf des Empfängers zu befriedigen, kommt als Rechtsgrundlage nur die 2. Alternative des § 15 Abs. 1 Nr. 1 in Betracht. Bei der Beurteilung der Erforderlichkeit ist von einer ordnungsgemäßen, an den Kriterien der Wirtschaftlichkeit, Effizienz und Bürgerfreundlichkeit orientierten Verfahrensweise auszugehen. Ebenso wie beim Speichern, Verändern oder Nutzen[23] ist auch bei der Übermittlung, insbesondere einer Übermittlung zur Erfüllung von Aufgaben des Empfängers, die Erforderlichkeit zu bejahen, wenn die Aufgabe ohne diese nur unter unverhältnismäßig großen Schwierigkeiten erfüllt werden könnte,[24] etwa wenn die um Übermittlung ersuchende Behörde die Daten nur mit extremem Aufwand aus geschredderten Unterlagen rekonstruieren könnte und der ersuchten Behörde eine Kopie vorliegt. Allerdings reicht insoweit nicht jeder zusätzliche Aufwand. Die zu vermeidenden Schwierigkeiten oder Aufwendungen sind nur dann unverhältnismäßig, wenn die schutzwürdigen Belange des Betroffenen bei einer entsprechenden Abwägung zurücktreten müssen. Dazu muss jeweils im Einzelfall die zusätzliche Belastung der öffentlichen Stelle durch den personellen oder wirtschaftlichen Aufwand oder sonstige Faktoren der Beeinträchtigung des Betroffenen in seiner Datenschutzposition gegenübergestellt werden. Abstriche in der Qualität und Quantität der Aufgabenerfüllung verlangt der Erforderlichkeitsgrundsatz nur, wenn sonst in gravierender Weise in die Rechtsposition des Betroffenen eingegriffen würde. Im Übrigen kommt es, wenn das Maß des Erforderlichen festgestellt werden soll, ganz entscheidend auf eine genaue Analyse der jeweiligen materiellen Aufgabe wie auch des bei ihrer Erfüllung zu beachtenden Verfahrens an. Deshalb sind abstrakte rechtliche Aussagen über „das Erforderliche" nur von begrenztem Wert.

12 Die Übermittlung ist auf das im konkreten Fall unumgängliche Minimum zu beschränken, auch wenn dessen Selektion mit Aufwand verbunden ist, wie aus Abs. 5 zu folgern ist. Muss beispielsweise eine andere öffentliche Stelle um Übermittlung personenbezogener Daten oder um Stellungnahme gebeten werden, so sind zur Bezeichnung des Sachverhalts und zur Be-

20 Zum BDSG 1977 BT-Drs. 7/1027.

21 So aber *Schaffland/Wiltfang,* BDSG § 15 Rdnr. 10.

22 Zutreffend der vom Berichterstatter *Haenschke* gewählte Ausdruck „Unverzichtbarkeit", Stenogr. Bericht des BT, 258. Sitzung v. 10.11.1976, S. 18 555 c; kritisch *Gerster,* der einen „wahllosen Austausch von Daten" weiterhin geduldet sieht, a.a.O., S. 18 556 A.

23 Vgl. § 14 Rdnr. 25.

24 VG Düsseldorf NJW 1985, 1794, 1795; *Schaffland/Wiltfang,* BDSG § 14 Rdnr. 13.

gründung des Ersuchens nur die dazu geeigneten und notwendigen personenbezogenen Daten mitzuteilen. Der Verhältnismäßigkeitsgrundsatz verlangt außerdem stets zu prüfen, ob es ausreicht, die Daten in vollständig oder zumindest teilweise anonymisierter Form (z.B. ohne Namen und Anschriften) zu übermitteln. Dies gilt z.B. für eine Stelle, zu deren Aufgaben es gehört, wissenschaftliche Erkenntnisse zu gewinnen – etwa bei Pilot- und Modellprojekten im Rahmen von Reformvorhaben –, wenn sie mangels eigenen wissenschaftlichen Personals dazu ein öffentlich-rechtliches Forschungsinstitut heranzieht (Forschungsauftrag). Je nach dem Inhalt der Vereinbarung kann auch ein Verarbeitungsauftrag vorliegen, was begrifflich eine Übermittlung ausschließt;[25] in diesem Fall ist (nur) § 11 zu beachten. Abweichend von der Vorläufervorschrift wird nicht mehr ausdrücklich verlangt, dass die Übermittlung zur rechtmäßigen Aufgabenerfüllung erforderlich sein muss. Da dies jedoch nur klarstellende Bedeutung hatte,[26] ist eine materielle Rechtsänderung hierdurch nicht eingetreten.

2.3 Übermittlung zur Erfüllung der Aufgaben des Empfängers (Abs. 1 Nr. 1 2. Alternative)

Nicht nur die **Aufgaben** der übermittelnden Stelle, sondern auch die **des Empfängers** akzeptiert das Gesetz als Legitimationsgrundlage einer Datenübermittlung, Abs. 1 Nr. 1 2. Alternative. 13

Zu den Merkmalen der Zuständigkeit und der rechtmäßigen Aufgabenerfüllung s. Erl. zu § 14 Abs. 1. Ist der Empfänger objektiv unzuständig, etwa weil entgegen der Meinung der übermittelnden Stelle kein Fall einer Mitwirkung vorliegt, so kann die Übermittlung nicht auf § 15 gestützt werden.[27] 14

Nach dem Gesetz muss die Übermittlung **erforderlich** sein. Das setzt voraus, dass die Empfängerbehörde oder -stelle ihre Aufgaben ansonsten nicht ordnungsgemäß erfüllen könnte. Nach dem Zweck der Regelung kommt es in der zweiten Alternative entgegen dem gesetzlichen Wortlaut allerdings nicht darauf an, dass die Übermittlung, sondern dass die **Kenntnis** der Daten zur Aufgabenerfüllung erforderlich ist.[28] Diese Auslegung wird durch die präzisere Formulierung in § 12 Abs. 1 Nr. 2 des BDSG 1977 („Aufgaben, zu deren Erfüllung die Kenntnis dieser Daten erforderlich ist") bestätigt. 15

Der Erforderlichkeit steht nicht entgegen, dass die benötigten Angaben auch vom Betroffenen erfragt oder von dritter Seite erlangt werden könnten. Freilich ist insoweit der Vorrang der Erhebung beim Betroffenen nach § 4 Abs. 2 zu beachten. Davon abgesehen, dient die Übermittlungsregelung durchaus auch dazu, eine Mehrfacherhebung zu erübrigen, soweit die gesetzlichen Voraussetzungen erfüllt sind. Bei einer anderen Auslegung würde die Regelung praktisch leerlaufen. Die Übermittlung ist auch dann erforderlich, wenn die Empfängerbehörde Angaben, die sie vom Betroffenen oder von einem Dritten erhalten hat, überprüfen muss.[29] 16

Der Informationsbedarf lässt sich[30] abstrakt aufspalten in 17

- Informationen, die unter ein Tatbestandsmerkmal einer auszuführenden oder zu beachtenden Vorschrift zu subsumieren sind (Subsumtionsinformationen),
- sonstige Informationen über Realitätszustände, die für eine Entscheidung von Bedeutung sind (Entscheidungsinformationen; z.B. zur Beurteilung von Handlungsalternativen im Rahmen einer Ermessensausübung) und
- Informationen, aus denen auf das Vorliegen von Subsumtions- oder Entscheidungsinformationen oder auf deren Richtigkeit geschlossen werden kann (Hilfsinformationen).

Erforderlich ist die Kenntnis

- von Subsumtionsinformationen, wenn die Vorschrift angewendet werden muss,

25 § 3 Abs. 4 Nr. 3 und Abs. 8.
26 Vgl. 3. Auflage § 10 Rdnrn. 9, 13; *Auernhammer,* BDSG § 15 Rdnr. 11.
27 Infrage gestellt vom Bezirksgericht Schwerin, RDV 1993, 79.
28 Ebenso *Auernhammer,* BDSG § 15 Rdnr. 10.
29 Vgl. § 14 Abs. 2 Nr. 4.
30 Mit *Chr. Mallmann,* Datenschutz, 104 ff.

- von Entscheidungsinformationen, wenn der betreffende Tatbestand beachtet werden muss, und
- von Hilfsinformationen, wenn die Subsumtions- oder Entscheidungsinformation, auf die sie sich bezieht, noch nicht mit der gebotenen Sicherheit feststeht.[31]

2.4 Voraussetzungen einer zulässigen Nutzung (Abs. 1 Nr. 2)

18 In beiden Alternativen – zur Erfüllung eigener Aufgaben wie zu der von Aufgaben des Empfängers – wird vom Gesetz zusätzlich verlangt, dass die **Voraussetzungen vorliegen, die eine Nutzung nach § 14 zulassen würden** (Abs. 1 Nr. 2). Die eigenartig anmutende konjunktivische Formulierung ist die Folge der vom Gesetz gewählten Begriffsdefinitionen. Da die Begriffe der Verarbeitung, zu welcher die Übermittlung zählt, und der Nutzung als einander ausschließend konzipiert sind,[32] die Übermittlung aber nur im gleichen Rahmen wie eine Nutzung – sowie unter weiteren verschärfenden Bedingungen – zulässig sein soll, war eine indirekte Bezugnahme nötig. Wesentlich ist, dass auf § 14 im Ganzen verwiesen wird, was nicht nur zur Folge hat, dass im Falle einer Zweckänderung eine der Voraussetzungen des Abs. 2 gegeben sein muss, sondern auch, dass die daran anknüpfende Bestimmung des Abs. 3 sowie die jede Zweckänderung ausschließende Sondervorschrift des Abs. 4 zum Tragen kommen.[33] Auf die Erläuterungen zu § 14 wird verwiesen.

3. Verantwortung (Abs. 2)

19 Die Regelung des Abs. 2 verdeutlicht, in welcher Weise bei der Übermittlung die Verantwortung für deren Zulässigkeit zwischen der übermittelnden Stelle und dem Empfänger verteilt ist. Problematisch ist diese Aufteilung bei der Übermittlung zur Erfüllung von Aufgaben des Empfängers. Würde man auch in diesem Falle von dem sonst geltenden Grundsatz ausgehen, dass die übermittelnde Stelle sich in vollem Umfang davon vergewissern muss, dass die Voraussetzungen einer zulässigen Datenübermittlung vorliegen, so wäre dies unter dem Gesichtspunkt der Arbeitsteilung und des Arbeitsablaufes unrationell, vor allem aber auch datenschutzwidrig, da der Empfänger der übermittelnden Stelle zunächst den gesamten Sachverhalt – und damit umfangreiche personenbezogene Daten – mitteilen müsste, aus dem sich die Zulässigkeit der Übermittlung ergibt. Insofern dient die Regelung in der Tat dem Schutz des Betroffenen, wie die Begr. des RegE betont, wenn auch andererseits nicht zu übersehen ist, dass im gleichen Umfang eine Überprüfung durch die (an der zu erfüllenden Aufgabe selbst nicht interessierte) übermittelnde Stelle entfällt.[34]

20 Wer nach der gesetzlichen Regelung die **Verantwortung** für die Zulässigkeit der Übermittlung trägt, hat dem Betroffenen gegenüber insoweit einzustehen; er muss diesem gegenüber sein Verhalten begründen und rechtfertigen und für Rechtsverletzungen haften. Es geht also anders als im Falle des § 7 Abs. 2 VwVfG nicht um die Verantwortung im Innenverhältnis der beteiligten Behörden,[35] sondern um die spezifisch datenschutzrechtliche Verantwortung gegenüber dem Betroffenen, wenn auch die zwischenbehördliche Abgrenzung dieser wird folgen müssen. Nur soweit die Verantwortung eines Beteiligten reicht, muss er prüfen, ob die Voraussetzungen für eine zulässige Übermittlung vorliegen. Ebenso wenig kann eine Behörde aber, soweit sie nicht verantwortlich ist, die Darlegung entsprechender Tatsachen zur Bedingung einer Übermittlung machen; sie würde damit ihre Verpflichtung zur Leistung von Amtshilfe verletzen.

---

31 Vgl. *Borgs*, in *Meyer/Borgs*, VwVfG § 24 Rdnrn. 3 f.
32 § 3 Abs. 4 und 5.
33 *Auernhammer*, BDSG § 15 Rdnrn. 12 f.
34 Vgl. *Simitis*, NJW 1986, 2795, 2803.
35 *Meyer/Borgs*, VwVfG § 7 Rdnr. 4.

3.1 Übermittlung aus eigener Veranlassung (Satz 1)

Mit der Aussage, dass die übermittelnde Stelle die Verantwortung für die Zulässigkeit der Übermittlung trägt, spricht das Gesetz an sich eine Selbstverständlichkeit aus, worauf es denn auch im nicht-öffentlichen Bereich verzichtet. Die Aufnahme einer ausdrücklichen Regelung, die sich wortgleich auch in den anderen Übermittlungstatbeständen des zweiten Abschnitts findet,[36] rechtfertigt sich nur durch die in den Sätzen 2 und 3 ausgesprochene Ausnahme für den Fall der Übermittlung auf Ersuchen. Die Regelung besagt, dass die übermittelnde Stelle sich in vollem Umfang davon **überzeugen** muss, dass die Voraussetzungen einer zulässigen Übermittlung vorliegen, wie auch davon, dass keine Umstände bestehen, die einer an sich zulässigen Übermittlung entgegenstehen. Sie kann sich daher dem Betroffenen gegenüber nicht auf ihr zugegangene ungeprüfte Informationen berufen, wenn sie von einem falschen Sachverhalt ausgegangen ist. Hat eine Behörde beispielsweise den Ehepartner einer bestimmten Person (oder eine mit diesem in häuslicher Gemeinschaft lebende Person) zu unterrichten, so muss sie prüfen, ob diese Voraussetzung aktuell gegeben ist. 21

3.2 Übermittlung auf Ersuchen (Sätze 2 bis 4)

Bei der Übermittlung auf Ersuchen ist die Verantwortung zwischen der übermittelnden Stelle und dem Dritten, an den die Daten übermittelt werden,[37] aufgeteilt. Zwar scheint Satz 2 auf eine alleinige Verantwortung des Empfängers hinzudeuten, doch ergibt sich aus Satz 3, dass die Übermittlungsvoraussetzungen in gewissem Umfang von der übermittelnden Stelle zu prüfen sind. Die Prüfpflicht ist aber nur die praktische Konsequenz aus der Verantwortung. Satz 2 gilt daher nur vorbehaltlich der Einschränkungen, die sich aus Satz 3 ergeben. Als Ersuchen ist jede Äußerung des Empfängers zu verstehen, mit der er ein Interesse an der Übermittlung – explizit oder schlüssig – zum Ausdruck bringt. Auch eine Bitte, stets bei Eintritt bestimmter Umstände oder in regelmäßigen Abständen unterrichtet zu werden, reicht aus. Entscheidend ist aber, dass der Empfänger die Daten zur Erfüllung seiner Aufgaben begehrt; weist er die übermittelnde Stelle nur auf ihre Aufgabe, die Daten zu übermitteln, hin, so liegt ein Fall des Satzes 1 vor. 22

Der Empfänger trägt die Verantwortung, wenn – aber auch nur insoweit als – die Übermittlung auf sein Ersuchen hin erfolgt. Geht die übermittelnde Stelle über das Ersuchen hinaus, so bleibt es insoweit bei der Grundregel des Satzes 1. Satz 2 muss im Übrigen vernünftigerweise so ausgelegt werden, dass er sich nur auf die in der **Sphäre des Empfängers** liegenden Zulässigkeitsvoraussetzungen bezieht.[38] Hierzu gehört vor allem der Informationsbedarf im konkreten Fall. Der Empfänger ist danach dafür verantwortlich, dass die Daten, um deren Übermittlung er ersucht, tatsächlich im konkreten Fall i.S.d. Abs. 1 Nr. 1 zur Erfüllung seiner Aufgaben erforderlich sind und – soweit damit eine Zweckänderung verbunden ist – die auf Empfängerseite liegenden Tatbestandsmerkmale einer nach § 14 Abs. 2 zulässigen Zweckänderung vorliegen, also etwa 23

- die in einer Rechtsvorschrift nach Nr. 1 genannten sachlichen Voraussetzungen auf Empfängerseite konkret vorliegen (z.B. in einem Ermittlungsverfahren die nach § 161 StPO angeforderten Auskünfte zur Erforschung des Sachverhalts benötigt werden),
- tatsächliche Anhaltspunkte für die Unrichtigkeit von Angaben des Betroffenen bestehen und daher deren Überprüfung erforderlich ist (Nr. 4),
- die Daten zur Gefahrenabwehr i.S.d. Nr. 6 oder für Zwecke nach Nr. 7 konkret erforderlich sind,
- die Daten zur Abwehr einer schwerwiegenden Beeinträchtigung der Rechte einer anderen Person erforderlich sind (Nr. 8) oder

---

36 §§ 16 Abs. 2, 4 b Abs. 5.

37 Hier und im Weiteren Empfänger genannt; aus dem Kontext (Übermittlung) ergibt sich, dass hier nur Dritte in Betracht kommen.

38 Zur Notwendigkeit der Verantwortungsaufteilung s. *Simitis,* NJW 1986, 2795, 2803.

- die Daten zur Durchführung einer wissenschaftlichen Forschung, deren Zweck auf andere Weise nicht oder nur mit unverhältnismäßigem Aufwand erreicht werden kann, erforderlich sind (Nr. 9).

Dagegen verbleibt es für die Übermittlungsvoraussetzungen, die in die Sphäre der übermittelnden Stelle fallen, etwa weil nur sie den Sachverhalt kennt oder weil gerade sie Adressat einer Datenschutzvorschrift ist, bei deren Verantwortung (und entsprechender Prüfungspflicht). Dies gilt insbesondere für

- die Beurteilung der Übereinstimmung des Übermittlungszwecks mit dem Erhebungs- oder Speicherungszweck nach § 14 Abs. 1,
- Elemente einer Rechtsvorschrift i.S.v. § 14 Abs. 2 Nr. 1, die sich an die übermittelnde Stelle wenden,[39]
- Vorliegen und Reichweite einer Einwilligung des Betroffenen nach § 14 Abs. 2 Nr. 2,
- die Interessen- und Lagebeurteilung nach § 14 Abs. 2 Nr. 3,
- die Frage der Allgemeinzugänglichkeit oder Veröffentlichungsbefugnis sowie die Interessenabwägung nach § 14 Abs. 2 Nr. 5 und
- die nach § 14 Abs. 2 Nr. 9 gebotene Interessenabwägung.

24 Mit der Ausrichtung allein auf die Erforderlichkeit für die Aufgabenerfüllung des Empfängers entspricht das Gesetz den materiellen Regelungen des BDSG 1977. Die Literatur begnügt sich, soweit das Problem erkannt wird, mit dem allgemeinen, freilich zu pauschalen Hinweis, dass die Zulässigkeit der Zweckänderung allein von der übermittelnden Stelle beurteilt und verantwortet werden könne und daher müsse.[40] Unberührt von den Regelungen des Abs. 2 bleibt die Verantwortung der um Übermittlung ersuchten Stelle für die Beachtung von an sie gerichteten Übermittlungsverboten. Sie muss daher insbesondere prüfen, ob ein Berufs- oder besonderes Amtsgeheimnis oder ein sonstiges Übermittlungsverbot eingreift. Lässt dieses Verbot Ausnahmen zu, so hat die ersuchende Stelle wiederum, soweit es darauf ankommt, die in ihrer Sphäre liegende Bedarfsseite, im Allgemeinen also die Erforderlichkeit zur Aufgabenerfüllung, zu verantworten, während es im Übrigen, etwa bezogen auf eine gesetzlich vorgesehene Interessenabwägung, bei der Verantwortung der übermittelnden Stelle bleibt.

25 Diese Verantwortungsaufteilung nach Sphären und Pflichtenkreisen entspricht derjenigen, die das Verwaltungsverfahrensgesetz allgemein für die Amtshilfe vorsieht.[41] Danach ist die ersuchende Behörde für die Rechtmäßigkeit des Grundvorhabens, die ersuchte Behörde für die Rechtmäßigkeit der von ihr in Amtshilfe zu treffenden Maßnahme, gemessen an dem für sie geltenden Recht, verantwortlich. Zu beachten ist, dass die Regelungen des Verwaltungsverfahrensgesetzes allein die interne Verantwortung zwischen den beteiligten Behörden betreffen, während beim BDSG im Hinblick auf seinen generellen Schutzzweck davon auszugehen ist, dass die Verantwortung gegenüber dem Betroffenen geregelt wird.[42]

26 Bei der nach Satz 3 vorgeschriebenen Prüfung, ob das Übermittlungsersuchen **im Rahmen der Aufgabe des Empfängers** liegt, handelt es sich um eine **abstrakte Zuständigkeitsprüfung**. Die ersuchte Stelle muss feststellen, ob die ersuchende Stelle generell, das heißt unabhängig von einer konkreten Fallgestaltung, für die betreffende Aufgabe zuständig ist und ob ein solches Ersuchen im Rahmen der Aufgabenerfüllung vorkommen kann. Negativ gewendet kann die ersuchte Stelle die Erforderlichkeit zur Aufgabenerfüllung des Empfängers nur verneinen, wenn sie feststellt, dass ein solches Ersuchen unter keinen wie immer gearteten Umständen in die Aufgabenerfüllung der ersuchenden Stelle fallen kann. In diesem Sinne kann man davon sprechen, dass lediglich die Schlüssigkeit des Ersuchens zu prüfen ist.[43] Dass darüber hinaus die Zuständigkeit für Ersuchen der betreffenden Art nur in Form einer „Grundsatzprüfung" geboten sei oder lediglich eine „plausible Subsumierung der Daten-

---

39 Z.B. Übermittlungsverbote nach § 23 BVerfSchG oder § 37 Abs. 3 StVG.
40 Vgl. etwa *Weyer,* DSG NW § 14 Rdnr. 9; *Gola/Schomerus,* BDSG § 15 Rdnr. 15.
41 Vgl. *Auernhammer,* BDSG § 15 Rdnr. 18.
42 Vgl. o. Rdnr. 20.
43 So *Nungesser,* HDSG § 14 Rdnr. 9.

anforderung unter die Zuständigkeit“ verlangt werde,[44] lässt sich dem Gesetz nicht entnehmen. Vielmehr muss – entsprechend allgemeinen Grundsätzen – zur Überzeugung der ersuchten Stelle feststehen, dass die Zuständigkeit der ersuchenden Stelle deren Ersuchen (abstrakt) deckt. Solange dies nicht der Fall ist, darf sie nicht übermitteln. Sie wird bei Zweifeln der ersuchenden Stelle aufgeben, ihre (abstrakte) Zuständigkeit im Einzelnen darzutun.[45] Soweit es um Aufgaben geht, die nicht allgemein bekannt sind, ist es daher zweckmäßig, schon das Ersuchen entsprechend zu begründen.[46]

Eine weitergehende Prüfung sieht das Gesetz nur vor, wenn **besonderer Anlass dafür besteht** (Satz 3 2. Halbsatz). Diese Regelung erstreckt sich auf diejenigen Zulässigkeitsvoraussetzungen, für die grundsätzlich der Empfänger und nur er verantwortlich ist. An dieser Verantwortung ändert sich auch bei dem besonderen Anlass nichts; es tritt lediglich zusätzlich noch die Prüfung – und eine entsprechende Verantwortung – durch die übermittelnde Stelle hinzu. Es handelt sich hier um eine gewissermaßen außerplanmäßige Inanspruchnahme, zu der sich der Gesetzgeber jedoch entschlossen hat, weil die Erfahrung zeigt, dass es gar nicht so selten zu Übermittlungsersuchen kommt, die die ersuchte Stelle nicht nachvollziehen kann („Warum wollen die denn das?“) und die nach einer Rückfrage nicht oder nicht im ursprünglichen Umfang aufrechterhalten werden. Dementsprechend ist die Regelung nicht im Sinne einer – wenn auch nur pauschalen oder plausiblen – Mit-Prüfung zu verstehen, wie teilweise angenommen zu werden scheint,[47] sondern als Ausnahmeregelung, die nur bei besonderen Umständen eingreift. Ein besonderer Anlass wird etwa vorliegen, wenn zwischen der angegebenen Verwaltungsaufgabe und den erbetenen Daten kein Sachzusammenhang erkennbar ist. Praktisch häufiger wird der Fall auftreten, dass ein angeforderter Datensatz einzelne Datenfelder enthält, für die ein Datenbedarf nicht erkennbar ist. Ein besonderer Anlass besteht aber auch, wenn die ersuchte Stelle über Erkenntnisse verfügt, die einen Verwaltungsvorgang, wie er vor der ersuchenden Stelle vorgetragen wird, (eigentlich) ausschließen, so wenn etwa Daten für eine disziplinarische Untersuchung angefordert werden, der ersuchten Behörde aber bekannt ist, dass der Betroffene aus dem Beamtenverhältnis ausgeschieden ist. Ein besonderer Anlass kann sich aber auch aus dem Ersuchen ergeben, etwa wenn dieses in sich widersprüchliche oder unverständliche Ausführungen oder andere Auffälligkeiten enthält. Dabei spielt es keine Rolle, ob die Unstimmigkeit oder Auffälligkeit die für ein schlüssiges Ersuchen notwendigen oder andere, an sich überflüssige, Angaben betrifft. 27

Für die Beachtung des Grundsatzes, dass Daten primär beim Betroffenen zu erheben sind,[48] ist die ersuchende Stelle verantwortlich. Einer Darlegung, dass der Grundsatz beachtet wurde bzw. dass die Voraussetzungen einer Ausnahme[49] vorliegen, bedarf es nicht. Rechtlich fehlerhafte oder unzutreffende Darlegungen können freilich einen besonderen Anlass zur Prüfung der Zulässigkeit i.S.d. § 4 Abs. 2 Satz 2 bieten. 28

Das Übermittlungsersuchen muss folgende Darlegungen enthalten, damit die übermittelnde Stelle ihrer Verantwortung nachkommen kann: 29

a) Hinreichend präzise Angaben zur **Identifizierung** des Betroffenen. Der Umfang richtet sich nach den jeweiligen Umständen. Wird ein der ersuchten Stelle bekanntes Aktenzeichen oder Ordnungsmerkmal verwendet, wird meist der Namen des Betroffenen ausreichen. Andernfalls sind außerdem das Geburtsdatum, der Geburtsort, die Anschrift sowie evtl. frühere Namen, in besonderen Fällen auch die Namen der Eltern, erforderlich. Hat die ersuchte Stelle mehrere „Treffer“, muss sie auf der Mitteilung zusätzlicher Identifizierungsmerkmale bestehen. Nur wenn dies nicht möglich ist, kann unter Umständen die Übermittlung der Angaben mehrerer Betroffener zulässig sein, dann aber mit der Auflage, die Identität umgehend zu verifizieren und die Daten nicht betroffener Personen zu löschen.

44 So *Stähler,* DSG NW § 14 Rdnr. 6; ähnlich *Weyer,* DSG NW § 14 Rdnr. 9; *Lübking,* Kommunalverwaltung, Rdnr. 486.
45 Vgl. *Auernhammer,* BDSG § 15 Rdnr. 18.
46 *Nungesser,* HDSG § 14 Rdnr. 8.
47 *Lübking,* Verwaltung, Rdnr. 486; *Stange,* Datenschutz, S. 118.
48 § 4 Abs. 2.
49 Nach § 4 Abs. 2 Satz 2.

b) Angaben zur **Aufgabe**, zu deren Erfüllung die Daten erbeten werden. Neben dem Aufgabengebiet ist, wenn dieses heterogene Aufgaben umfasst, auch die jeweilige Aufgabe zu spezifizieren.[50] Nur ausnahmsweise wird sich die Aufgabe bereits aus der Behördenbezeichnung und/oder der Art der angeforderten Daten ergeben.
c) Unter Umständen Angaben zur **Rolle des Betroffenen** im Rahmen der zu erfüllenden Verwaltungsaufgabe. Meist wird der Betroffe der Antragsteller oder der Adressat einer geplanten Verwaltungsentscheidung, etwa eines Steuerbescheides oder der Entziehung einer Fahrerlaubnis, sein. In diesem Sinne sind auch Übermittlungsersuchen in der Regel zu interpretieren, wenn nichts anderes dargelegt wird. Steht der Betroffene dagegen nur in einem mittelbaren Verhältnis zu der Verwaltungsaufgabe, etwa als Unterhaltspflichtiger, Arbeitgeber oder auskunftsfähige Person, so muss dies, wenn es datenschutzrechtlich relevant sein kann, ausdrücklich dargelegt werden, um der ersuchten Stelle die Prüfung der in ihrer Verantwortung liegenden Punkte zu ermöglichen.
Für die Richtigkeit der mit den Übermittlungsersuchen gemachten Angaben besteht seit der Novellierung 1990 eine **ordnungswidrigkeitsrechtliche bzw. strafrechtliche Verantwortlichkeit**,[51] die das Risiko freizügiger Datenanforderungen verringert.[52]

30 Soweit die ersuchende Stelle für die Zulässigkeit der Übermittlung verantwortlich ist, ist es auch ihre Sache, dafür zu sorgen, dass später **kontrollierbar** ist, wie sie ihre Verantwortung wahrgenommen hat. Bei einem genau geregelten Routinevorgang wird sich dies in der Regel aus den vorhandenen Unterlagen in Verbindung mit den einschlägigen Dienstvorschriften ergeben. Ansonsten ist der Übermittlungsvorgang aktenkundig zu machen. Kontrollierbar muss sein, von welcher Behörde welche Daten angefordert und welche Daten daraufhin übermittelt wurden. Einer doppelten Dokumentation bedarf es allerdings nicht. Wenn daher die Datenanforderung und die Datenübermittlung bei der übermittelnden Stelle aktenkundig gemacht werden, genügt es, wenn bei der ersuchenden Stelle kontrollierbar ist, warum sie im konkreten Fall die Übermittlung für erforderlich gehalten hat.[53]

31 Die Verantwortlichkeit im Innenverhältnis der beteiligten Stellen richtet sich, soweit es sich um Amtshilfe (hier in der Form der Informationshilfe) handelt, nach § 7 Abs. 2 VwVfG.[54] Im Haftungsfall hat der Empfänger die übermittelnde Stelle von Verbindlichkeiten freizustellen und entstandene Aufwendungen zu ersetzen.

32 **Spezialgesetzlich** sind die Abgrenzungen der Verantwortung und dementsprechend die Dokumentation der Übermittlungsvorgänge teilweise abweichend geregelt. So sind die Meldebehörden bei Ersuchen der Sicherheitsbehörden zur Erfüllung von in deren Zuständigkeit liegenden Aufgaben von der sonst vorgeschriebenen Prüfung der Zulässigkeitsvoraussetzungen nach § 18 Abs. 3 Satz 1 MRRG befreit. Entsprechend ist auch die Dokumentationspflicht in vollem Umfang auf die Polizeibehörden übertragen, was sowohl datenschutzrechtlichen Anforderungen wie auch der Aufgabenstellung der Sicherheitsbehörden Rechnung trägt.[55] Vergleichbare Regelungen für Übermittlungsersuchen der Ämter für Verfassungsschutz enthält § 18 Abs. 3 bis 5 BVerfSchG. Soweit Sondervorschriften nicht bestehen, gelten die allgemeinen Grundsätze auch für die Übermittlungsersuchen von Sicherheitsbehörden.

33 Nach **Satz 3** bleibt die Regelung des § 10 Abs. 4 unberührt. Dies bedeutet, dass für die Abgrenzung der Verantwortung wie auch für die daraus folgende Dokumentationspflicht ausschließlich die Regelungen des § 10 Abs. 4 anzuwenden sind, soweit es sich um Übermittlungen im Rahmen eines automatisierten Abrufverfahrens i.S.d. § 10 handelt.[56]

---

50 Z.B. Erfassung nach dem Wehrpflichtgesetz; Leistungen nach dem XY-Gesetz; Planfeststellungsverfahren mit Orts- und Zeitangabe nach dem XY-Gesetz; Genehmigungsverfahren nach dem Atomgesetz.
51 §§ 43 Abs. 2 Nr. 4, 44 Abs. 1.
52 *Bergmann/Möhrle/Herb,* BDSG § 15 Rdnrn. 27 f.
53 *Nungesser,* HDSG § 14 Rdnr. 15.
54 *Meyer/Borgs,* VwVfG § 7 Rdnr. 4.
55 Vgl. *Medert/Süßmuth/Dette-Koch,* Melderecht des Bundes und der Länder, § 18 MRRG Rdnrn. 37 ff., 48 ff.; o. Rdnr. 19.
56 Vgl. *Gola/Schomerus,* BDSG § 15 Rdnr. 17; *Auernhammer,* BDSG § 15 Rdnr. 20.

4. Zweckbindung beim Empfänger (Abs. 3)

Die Bindung des Empfängers einer Datenübermittlung an den Übermittlungszweck ist – nach der Bindung der verarbeitenden Stelle an den Erhebungs- oder Speicherungszweck[57] – die nächstwichtigste Konsequenz aus der Einführung des Zweckbindungsprinzips im BDSG 1990. Sie verallgemeinert ein Prinzip, das im BDSG 1977 ausschließlich für Daten vorgesehen war, die einem Berufs- oder besonderen Amtsgeheimnis unterliegen. Die Zweckbindung beim Empfänger ist im neuen BDSG durchgängig verwirklicht, allerdings in Form abgestufter Regelungen zu den einzelnen Übermittlungstatbeständen.[58] 34

Die gesetzliche Regelung bewirkt, dass für die Nutzung von übermittelten Daten durch den Empfänger nicht mehr – wie bisher – nur dessen Recht maßgeblich ist; sie begründet, obwohl sie an den Übermittlungsvorgang anknüpft, zusätzlich eine besondere **Restriktion mit einem eigenständigen Inhalt**,[59] der sich von der für die übermittelnde Stelle geltenden Zweckbindung durchaus unterscheiden kann.[60] 35

Die Zweckbindung nach Abs. 3 gilt bei Übermittlungen durch eine Stelle des Bundes an eine öffentliche Stelle. Dazu gehören auch die öffentlichen Stellen der Länder.[61] Unerheblich ist es, ob das BDSG im Übrigen für den Empfänger gilt. Dies folgt aus der Konzeption der Zweckbindung als eines Annex zur Übermittlungsregelung. Der Gesetzgeber stützt sich dabei auf die Gesetzgebungskompetenz zur Regelung der Übermittlung. Die Regelung des Abs. 3 unterliegt daher auch nicht der Subsidiaritätsregelung der §§ 1 Abs. 2 Nr. 2, 12 Abs. 2 zugunsten einer landesrechtlichen Datenschutzregelung. 36

Übermittelt der Empfänger die erhaltenen Daten seinerseits an eine öffentliche Stelle (Zweitempfänger), so greift Abs. 3 beim Zweitempfänger nur ein, wenn der Erstempfänger Adressat des § 15 ist. Ist der Erstempfänger eine öffentliche Stelle eines Landes, kann sich eine Zweckbindung beim Zweitempfänger nicht aus Abs. 3, sondern nur aus einer Parallelvorschrift des entsprechenden Landesdatenschutzgesetzes ergeben.[62] Ihre nähere Ausgestaltung beim Empfänger durch Hinweispflicht und Zustimmungsbedürftigkeit[63] macht vielmehr deutlich, dass die Zweckbindung in die Beziehung zwischen übermittelnder Stelle und Empfänger eingebunden und damit relativer Natur ist; für eine quasi sachenrechtliche Konzeption der Zweckbindung im Sinne einer den übermittelnden Daten dauerhaft zugeschriebenen Eigenschaft, wie sie der Gegenmeinung zugrunde zu liegen scheint, enthält das Gesetz keine Anhaltspunkte. Sie wäre auch unter kompetenzrechtlichen und praktischen Gesichtspunkten problematisch. 37

Abs. 3 ist grundsätzlich auch dann anzuwenden, wenn die Übermittlung nicht auf § 15 Abs. 1, sondern auf einer anderen Rechtsvorschrift i.S.d. § 4 Abs. 1 oder auf der Einwilligung des Betroffenen beruht. Nur soweit die Frage der Zweckbindung speziell – sei es in einem bereichsspezifischen Gesetz, sei es innerhalb des BDSG[64] – geregelt ist, ist Abs. 3 nicht anzuwenden. 38

Satz 1, demzufolge der Empfänger die übermittelten Daten für den Zweck verarbeiten oder nutzen darf, zu dessen Erfüllung sie ihm übermittelt worden sind, spricht eine selbstverständlich erscheinende, im Hinblick auf das grundsätzliche Verarbeitungs- und Nutzungsverbot des § 4 Abs. 1 jedoch wohl notwendige Erlaubnis aus. Den praktisch wichtigeren Normgehalt enthält Satz 2, wonach die Verarbeitung und Nutzung („nur“) im dort bestimmten Umfang zulässig, im Übrigen aber verboten ist. 39

---

57 Nach §§ 14 Abs. 1, 28 Abs. 2.

58 Vgl. § 15 Abs. 5 mit einem Nutzungsverbot für in Akten mitlaufende Daten, § 16 Abs. 4 für die Übermittlung an nicht-öffentliche Stellen, § 4b Abs. 6 für die Übermittlung an ausländische Stellen sowie §§ 28 Abs. 5 und 29 Abs. 4 als Parallelvorschriften des dritten Abschnitts.

59 Zu den Konkurrenzfragen vgl. u. Rdnrn. 43 ff.

60 Näher u. Rdnr. 41.

61 § 2 Abs. 2 und Abs. 3 Satz 2.

62 Zustimmend jetzt *Gola/Schomerus,* BDSG § 15 Rdnr. 18; vgl. auch *Stähler,* DSG NW § 14 Rdnr. 7.

63 §§ 16 Abs. 4 Sätze 2 und 3, 28 Abs. 4 Satz 3.

64 Vgl. dazu u. Rdnr. 43.

40 Der **Übermittlungszweck** ist objektiv zu bestimmen. Maßgeblich ist in erster Linie die die Übermittlung erlaubende Rechtsnorm. Nur ein von der Übermittlungsnorm gedeckter Zweck vermag auch die Verarbeitung und Nutzung beim Empfänger zu legitimieren. Zusätzlich zum – notwendigerweise – abstrakten Normzweck gehört zum konkreten Übermittlungszweck auch die im konkreten Fall verfolgte Zielsetzung. Daraus ergibt sich zunächst einmal, dass – zumal bei generalklauselartig formulierten oder mehrere alternative Tatbestände umfassenden Übermittlungsvorschriften – eine Spezifizierung und Konkretisierung des Übermittlungszwecks stattfindet.[65] Außerdem betrifft jede Übermittlung einen **konkreten Zweck**, da sie sich auf einen bestimmten Zeitpunkt, auf bestimmte äußere Umstände, auf einen bestimmten Empfänger und einen bestimmten Betroffenen bezieht und außerdem einen situationsbedingten Anlass haben kann.[66]

41 Mit den Regelungen zur Zweckbindung beim Empfänger[67] hat der Gesetzgeber dafür gesorgt, dass die Zweckbindung, die bei der verarbeitenden Stelle nach § 14 Abs. 1 zu beachten ist, für die übermittelten Daten nicht einfach endet. Die Lösung des BDSG 1990 besteht aber nicht darin, die für die verarbeitende (und übermittelnde) Stelle geltende Zweckbindung inhaltlich unverändert auf den Empfänger auszudehnen, also die Zweckbindung gewissermaßen als Konstante mit den Daten mitlaufen zu lassen. Aus gutem Grund bevorzugt das Gesetz eine inhaltlich eigenständig ausgerichtete Zweckbindung, weil es so den Empfänger viel enger und in einer der jeweiligen Übermittlungssituation genau angepassten Weise in die Pflicht nehmen kann. Zwar werden Zweckänderungen durch Verweis auf § 14 Abs. 2 im gleichen Umfang erlaubt wie bei der übermittelnden Stelle, die der übermittelnden Stelle erlaubte Nutzung im Rahmen des primären Erhebungs- oder Speicherungszwecks (§ 14 Abs. 1) wird jedoch durch die andersartige und regelmäßig viel engere Nutzung im Rahmen des Übermittlungszwecks substituiert.[68]

42 Satz 2 verbietet grundsätzlich ein Abweichen vom Übermittlungszweck, erlaubt es aber unter den Voraussetzungen des § 14 Abs. 2. Auf die Erläuterungen zu dieser Vorschrift wird verwiesen. Diente eine Übermittlung nur der Erläuterung oder Begründung eines Übermittlungsersuchens, nicht aber Zwecken des Empfängers, so verbietet sich eine zweckfremde Nutzung unter Rückgriff auf Satz 2. In diesem Fall ist vielmehr die strikte Zweckbindung nach § 14 Abs. 4 zu beachten. Die Vorschrift des Abs. 4 ist ebenso wie die des Abs. 3 als Annex zu Abs. 2 zu sehen und daher mit diesem anzuwenden. Die Voraussetzungen des Abs. 4 sind erfüllt, da die Daten nicht im Rahmen des Aufgabenvollzugs selbst, sondern lediglich zur Sicherung des Datenschutzes übermittelt und allein zum Zwecke seiner nachträglichen Kontrollierbarkeit aufbewahrt werden. Geht das Übermittlungsersuchen mit der Antwort urschriftlich zurück, wie es weithin praktiziert wird, scheidet ohnehin jede weitere Nutzung aus. Anders als bei der Übermittlung an nicht-öffentliche Stellen[69] ist ein besonderer Zulässigkeitstatbestand für die Verarbeitung oder Nutzung zu einem anderen Zweck, zu dem eine Übermittlung zulässig wäre (und sofern die übermittelnde Stelle zugestimmt hat), nicht vorgesehen. Es bestehen aber keine Bedenken, diese Grundsätze bei der Übermittlung an öffentliche Stellen entsprechend anzuwenden. Die gegenteilige Auffassung hätte lediglich zur Folge, dass die gleichen Daten erneut übermittelt werden müssen. Allerdings darf das verkürzte Verfahren nicht zu einer Erweiterung des Eingriffs in die Rechte des Betroffenen führen. Die übermittelnde Stelle darf daher nur zustimmen, wenn sie zur Übermittlung für den anderen Zweck berechtigt und praktisch in der Lage wäre, was beispielsweise nicht der Fall ist, wenn sie die Daten in der Zwischenzeit im eigenen Bestand gelöscht hat.

---

65 Z.B. statt „für die Erfüllung einer gesetzlichen Aufgabe nach diesem Gesetzbuch" – so § 69 Abs. 1 Nr. 1 SGB X – „für die arztbezogene Prüfung nach Durchschnittswerten" – so § 296 Abs. 1 SGB V.

66 Im genannten Beispiel etwa der Bezug auf einen bestimmten Abrechnungszeitraum und die betroffenen Ärzte.

67 Vgl. o. Rdnr. 34.

68 Unpräzise daher *Tinnefeld/Ehmann,* Einführung, Abschnitt III 7.2.6, die „im Ergebnis" eine Zweckbindung „in demselben Umfang wie bei der übermittelnden Stelle" annehmen; undeutlich insoweit auch *Bergmann/Möhrle/Herb,* BDSG § 15 Rdnrn. 36 f.

69 § 16 Abs. 4 Satz 3.

Spezielle Rechtsvorschriften über die Zweckbindung beim Empfänger einer Übermittlung gehen vor. Zu den vorrangigen Vorschriften des BDSG zählen § 15 Abs. 5 letzter Halbsatz, demzufolge lediglich aus praktischen Gründen in Akten oder anderen Unterlagen mitlaufende Daten einem uneingeschränkten Nutzungsverbot unterliegen, sowie § 39, der für Daten, die einem Berufs- oder besonderen Amtsgeheimnis unterliegen, eine strengere Zweckbindung vorsieht. Beispiele außerhalb des BDSG sind §§ 68 Abs. 4 SGB VIII, 78 SGB X und § 16 Abs. 8 BStatG. 43

Der Vorgang der Übermittlung kann für den Empfänger **zugleich eine Erhebung**[70] darstellen. 44
In der Regel wird die Übermittlung auch zu einer Speicherung[71] beim Empfänger führen. Für den Empfänger gilt in diesen Fällen die Zweckbindung nach § 14 Abs. 1. Der Übermittlungszweck einerseits und der Erhebungs- oder Speicherungszweck andererseits werden in der Mehrzahl der Fälle identisch sein, sodass ein Konkurrenzproblem nicht auftritt. Grundsätzlich ist aber zu beachten, dass die Zweckbindung im Zusammenhang mit der Übermittlung einen eigenständigen Charakter hat und daher **neben** der für die erhebende bzw. speichernde Stelle geltenden Zweckbindung nach § 14 Abs. 1 zu beachten ist. Eine Verarbeitung oder Nutzung ist mit anderen Worten nur zulässig, wenn sie weder gegen die Zweckbindung aus § 14 Abs. 1 noch gegen diejenige aus § 15 Abs. 3 (oder aus einer dazu speziellen Vorschrift) verstößt. Dasselbe gilt auch, wenn die Zweckbindung beim Empfänger mit einer Zweckbindung bei der erhebenden bzw. speichernden Stelle nach Landesdatenschutzrecht zusammenfällt.[72]

5. Übermittlung an öffentlich-rechtliche Religionsgesellschaften (Abs. 4)

Der wesentliche Regelungsgehalt des Abs. 4 liegt zum einen darin, dass Übermittlungen an 45
öffentlich-rechtliche Religionsgesellschaften nach den für die Übermittlung an öffentliche Stellen geltenden Grundsätzen zu beurteilen sind, zum anderen darin, dass als zusätzliche Voraussetzung ausreichende Datenschutzmaßnahmen beim Empfänger gefordert werden. Auch wenn die Begründung des Regierungsentwurfs den Abs. 4 als „redaktionell umgestaltete Übernahme der bisherigen Regelung des § 10 Abs. 2" bezeichnet, hat sich doch der materielle Normgehalt mit der Novellierung 1990 beträchtlich verändert, weil der Anwendungsbereich (Daten außerhalb von Dateien) und der Schutzumfang (Zweckbindung) sich geändert haben[73] und damit auch eine Neubestimmung der „ausreichenden Datenschutzmaßnahmen" erforderlich geworden ist.[74]

Die Behandlung der Übermittlung an öffentlich-rechtliche Religionsgesellschaften nach den 46
Regeln des zwischenbehördlichen Datenaustauschs ist verfassungsrechtlich nicht unproblematisch, zum einen wegen der Ungleichbehandlung im Verhältnis zu privatrechtlich organisierten Religionsgesellschaften,[75] zum anderen wegen der Übertragung des Begriffs der Aufgabe auf Organisationen, deren Wirken ihnen nicht durch die Rechtsordnung „aufgegeben" ist, sondern von diesen selbst kraft verfassungsrechtlicher Verbürgung autonom zu bestimmen ist. Die Legitimation des in der Regelung liegenden Eingriffs in die informationelle Selbstbestimmung des Betroffenen kann deshalb weder aus der Legitimität des Verwendungszwecks, noch durch den vom Grundsatz der Gesetzmäßigkeit der Verwaltung gebundenen Gebrauch,[76] noch aus dem Gesichtspunkt der Einheit des Staates abgeleitet werden, sondern nur aus der Interessenrichtung der Betroffenen, etwa im Sinne eines mutmaßlichen Einver-

---

70 Vgl. dazu § 3 Rdnrn. 100 ff.
71 Vgl. dazu § 3 Rdnrn. 114 ff.
72 Vgl. aber auch *Weyer,* DSG NW § 14 Rdnr. 10, der der entsprechenden Vorschrift des LDSG aus Kompetenzgründen nur eine Wirkung für öffentliche Stellen des Landes beimisst.
73 Zu den Auswirkungen s. u. Rdnr. 58.
74 Vgl. dazu u. Rdnr. 60 ff.
75 Dies ist eine im Staatskirchenrecht wurzelnde Problematik, der hier nicht weiter nachzugehen ist, vgl. *Meyer-Teschendorf,* AöR 103 (1978) S. 289 ff.
76 Weshalb § 15 Abs. 1 auch keine Rechtsgrundlage zur Übermittlung personenbezogener Daten im Rahmen der Beantwortung parlamentarischer Anfragen darstellt, vgl. o. Rdnr. 8.

ständnisses.[77] Dieser grundsätzlich verschiedenen Ausgangslage ist im Rahmen der durch Abs. 4 geforderten **entsprechenden** Anwendung der Absätze 1 bis 3 Rechnung zu tragen.

47 Der Status einer Religionsgesellschaft als **öffentlich-rechtliche Körperschaft** richtet sich nach Art. 140 GG i.V.m. Art. 137 Abs. 5 Weimarer Verfassung.[78] Weiteren Religionsgesellschaften kann er nach Art. 140 GG i.V.m. Art. 137 Abs. 5 WV unter bestimmten Voraussetzungen verliehen werden. Eine privat-rechtliche Organisationsform haben z.B. die Griechisch-Katholische Kirche, die Zeugen Jehovas und die Buddhisten;[79] die Übermittlung an sie richtet sich nach § 16.[80]

48 Das Gesetz spricht von der Übermittlung an **Stellen** der Religionsgesellschaft, obwohl rechtlich die Körperschaft als solche Empfänger der Daten ist. Das Gesetz zieht damit eine Analogie zum staatlichen Bereich: Der Grundsatz, dass Daten nicht einer juristischen Person des öffentlichen Rechts als Ganzes zur Verfügung gestellt, sondern nur der für die jeweilige Aufgabe zuständigen Behörde oder Stelle zugänglich gemacht werden dürfen, gilt auch bei der Übermittlung an Religionsgesellschaften[81] und führt zu entsprechenden Prüfungspflichten der übermittelnden Stelle.[82]

49 Abs. 4 ist nur anwendbar, wenn die Stelle organisationsrechtlich **unselbstständiger Teil** der Religionsgesellschaft ist. Soll eine rechtlich selbstständige Einrichtung, z.B. ein Verein, eine Genossenschaft oder eine Gesellschaft des Privatrechts, die Daten erhalten, so ist nicht § 15, sondern § 16 anzuwenden.[83] Die Gegenmeinung verweist auf das Recht der Kirchen, ihre Angelegenheiten selbstständig zu ordnen und zu verwalten,[84] das sich nach der Rechtsprechung des Bundesverfassungsgerichts[85] in gewissem Umfang auch auf rechtlich selbstständige Teile einer Religionsgesellschaft und bestimmte sonstige ihr zugeordnete Einrichtungen erstreckt. Begrifflich gehören diese jedoch nicht zur „öffentlich-rechtlichen Religionsgesellschaft" im Sinne des BDSG. Will der Gesetzgeber selbstständige Einrichtungen einbeziehen, so erwähnt er sie ausdrücklich neben den Religionsgesellschaften, wie z.B. in § 118 Abs. 2 BetrVG, § 112 BPersVG. Als Ausnahmevorschrift ist Abs. 4 eng auszulegen. Seine Anwendung auf selbstständig organisierte karitative, soziale und Bildungseinrichtungen ist verfassungsrechtlich nicht geboten; sie würde im Gegenteil zu einer bedenklichen Ungleichbehandlung gegenüber anderen Organisationen führen. Abs. 4 erlaubt es auch nicht, die Daten der öffentlich-rechtlichen Körperschaft zur Weiterleitung zu überlassen, und zwar auch dann nicht, wenn die Körperschaft die privatrechtliche Vereinigung oder juristische Person beherrscht und sich ihrer zur Erreichung ihrer Ziele bedient.

50 Sollen einer öffentlich-rechtlichen Religionsgesellschaft Daten übermittelt werden, damit sie ihr verliehene staatliche Befugnisse, z.B. im Schul- oder Friedhofswesen,[86] ausüben kann, so ist sie insoweit Behörde[87] und öffentliche Stelle der verleihenden Körperschaft mit der Folge, dass die Absätze 1 bis 3 unmittelbar anwendbar sind.

51 Der Grund der Datenübermittlung kann in den Aufgaben der übermittelnden Stelle[88] liegen; meist dürfte der Zweck jedoch darin bestehen, die Erfüllung der **Aufgaben** des Empfängers zu ermöglichen. Weder der Wortlaut noch die Entstehungsgeschichte ergeben Anhaltspunkte

77 Dieser Konzeption entspricht § 17 Abs. 4 des NDSG.
78 Vgl. Aufstellung o. § 2 Rdnr. 85.
79 *Maunz/Dürig,* GG Art. 140, Art. 137 WV Rdnr. 30.
80 *Auernhammer,* BDSG § 15 Rdnr. 24.
81 Ebenso *Gola/Schomerus,* BDSG § 15 Rdnr. 21; *Lorenz,* Essener Gespräche 15 (1981) S. 84 ff., 104; *Lehngut,* DVBl. 1986, 1081, 1086.
82 Vgl. u. Rdnr. 68.
83 Zust. *Gola/Schomerus,* BDSG § 15 Rdnr. 21; *Auernhammer,* BDSG § 15 Rdnr. 24; *Lorenz,* a.a.O., 117 f.; *ders.,* ZevKR 37 (1992) 27, 35; *Wohlgemuth,* Datenschutzrecht, Rdnr. 169; a.A. *Hoeren,* DuD 1988, 286 f.; *ders.,* DuD 1989, 193 f.
84 Art. 140 GG i.V.m. Art. 137 Abs. 3 WV.
85 BVerfGE 46, 73; 53, 366.
86 Vgl. *Knack,* VwVfG § 2 Rdnr. 1.2.1.
87 § 1 Abs. 4 VwVfG; *Borgs,* in *Meyer/Borgs,* VwVfG § 1 Rdnr. 31; *Gallwas,* BayVBl. 1980, 423; *Obermayer,* DVBl. 1977, 439; *Meyer-Teschendorf,* Essener Gespräche 15 (1981) S. 9, 28 ff.; a.M. *Lorenz,* ebd. S. 94 ff.
88 Abs. 1 Nr. 1, 1. Alternative.

dafür, dass dabei nur an staatsnahe oder in irgendeiner Weise durch staatliches Recht anerkannte Aufgaben der Religionsgesellschaften gedacht ist.[89] Auch ein spezifisch religiöser Charakter wird nicht gefordert. Es genügt, dass eine Religionsgesellschaft sich selbst eine bestimmte Betätigung oder die Verfolgung eines Ziels zur Aufgabe gemacht hat und ihre Ausführung tatsächlich betreibt. Der Aufgabenbestand lässt sich deshalb nicht abschließend angeben. Wichtige Aufgaben, für deren Erfüllung eine Übermittlung in Betracht kommen kann, liegen auf den kulturellen, sozialen, karitativen und seelsorgerischen Gebieten. Einbezogen sind aber auch diejenigen Tätigkeiten, die der Aufrechterhaltung und dem Ausbau der organisatorischen, finanziellen und personellen Grundlage der Religionsgesellschaft und damit mittelbar deren Aufgabenerfüllung dienen.

Weiterhin gilt das Kriterium der **Erforderlichkeit**. Ebenso wie bei der Übermittlung nach Abs. 1 wird vorausgesetzt, dass die Erfüllung der Aufgabe ohne Kenntnis der Daten unmöglich ist.[90] 52

Der weite Umfang und das Prinzip der Selbstdefinition der Aufgaben der öffentlich-rechtlichen Religionsgesellschaften machen deutlich, dass der **Begriff der Aufgabe** bei den Religionsgesellschaften einen ganz anderen Inhalt als bei staatlichen Behörden hat. Das BDSG geht in den §§ 15 und 16 von staatlichen öffentlichen Aufgaben aus. Wenn solche einer Behörde übertragen sind, so impliziert dies grundsätzlich deren Verpflichtung, den Auftrag unter Ausschöpfung ihrer Befugnisse vollständig und lückenlos auszuführen. Die öffentlich-rechtlichen Religionsgesellschaften sind dagegen Träger öffentlicher Aufgaben nicht-staatlicher Art. Ihnen ist von der Rechtsordnung nichts „aufgegeben"; vielmehr garantiert ihnen die Verfassung[91] einen Bereich freier Betätigung, innerhalb dessen sie ihre selbstgesteckten Ziele verfolgen können. Dem entspricht, dass den Religionsgesellschaften, abgesehen von dem verfassungsrechtlich verankerten Recht der Steuererhebung (Art. 137 Abs. 6 WV), keine hoheitlichen Befugnisse zur Durchsetzung ihrer Aufgaben zustehen. Sie sind vielmehr auf die freiwillige Mitwirkung der Bürger angewiesen, denen nach Art. 4 Abs. 1 und 2 GG Glaubens- und Bekenntnisfreiheit garantiert ist. Nur unter Beachtung dieser Unterschiede kann der datenschutzrechtliche Begriff „Aufgabe" entsprechend auf Religionsgesellschaften angewendet werden.[92] Dies verlangt eine restriktive Interpretation. 53

Die Kenntnis bestimmter personenbezogener Daten ist daher nicht schon deshalb als erforderlich anzusehen, weil ohne sie das Ziel weniger vollkommen oder nur mit größerem Aufwand erreicht werden kann, sondern erst dann, wenn sonst die Betätigung auf dem betreffenden Gebiet oder die Verfolgung des betreffenden Zieles unter vernünftigen Bedingungen unmöglich oder aussichtslos ist. So kann beispielsweise die Kenntnis der Adressen von Unternehmern, Grundbesitzern und Ärzten große Bedeutung für den Erfolg einer Spendensammlung haben; sie ist aber nicht erforderlich, weil Sammlungen auch ohne diese Kenntnis möglich sind. 54

Die Übermittlung durch die verantwortliche Behörde oder sonstige öffentliche Stelle ist weiter nur dann erforderlich, wenn die Religionsgesellschaft sich die Kenntnis auf anderem Wege nicht zu verschaffen vermag. Dabei ist zu berücksichtigen, dass die Religionsgesellschaften sich im Rahmen ihrer Autonomie und nach Maßgabe der von ihnen selbst gesetzten inneren Ordnung wegen aller benötigten Daten unmittelbar an ihre Mitglieder wenden können. Statt Daten selbst zu erheben, können sie die Mitglieder auch um Einwilligung dazu bitten, dass ihre Daten durch staatliche Behörden und Stellen übermittelt werden. Nur soweit solche Möglichkeiten fehlen, kann die Übermittlung i.S.d. Abs. 3 erforderlich sein. 55

Aus diesem Grund kann z.B. die Übermittlung von Angaben über Behinderte, Drogengefährdete, aus dem Strafvollzug Entlassene oder Eltern nicht-ehelicher Kinder an entsprechende Beratungs- und Hilfseinrichtungen einer Religionsgesellschaft nicht auf Abs. 3 gestützt werden. Datenschutzrechtlich unbedenklich und praktisch üblich ist es vielmehr, die 56

---

89 Für Beschränkung auf öffentliche Aufgaben *Schweinoch,* in *Gallwas/Schweinoch,* BDSG § 10 Rdnrn. 40 f.
90 Vgl. o. Rdnr. 11.
91 Art. 140 GG i.V.m. Art. 137 WV.
92 Vgl. *Burkholz,* VerwArch 1993, 203, 208 ff.; andererseits *Lorenz,* Essener Gespräche 15 (1981) S. 84, 113 f.

betreffenden Personenkreise auf die Existenz solcher Angebote hinzuweisen. Ähnlich dürfte die Lage bei allen im Zusammenhang mit speziellen Verwaltungsaufgaben gespeicherten Daten sein. Dagegen kann die Übermittlung derjenigen Daten erforderlich sein, die die Religionsgesellschaft erst in die Lage versetzen, in Kontakt mit ihrem Mitglied zu treten. Dies trifft zu für die zur Identifikation einer Person notwendigen Angaben (Name, Vorname, Geburtsdatum, Geburtsort) und für die zur korrekten Adressierung notwendige Anschrift (Wohnort, Straße, Adressierungszusätze, Namenszusätze wie z.B. Titel). Das Melderechtsrahmengesetz (MRRG) hält sich im Wesentlichen an diesen Rahmen, bezieht jedoch auch Geschlecht, Staatsangehörigkeit, Familienstand und Kinderzahl mit ein.[93] Für die Bereitstellung solcher Daten sind die Meldebehörden zuständig. Insoweit ist freilich nicht das BDSG anzuwenden, sondern die Datenschutz- und Meldegesetze der Länder.

57 Da die gesetzliche Ermächtigung anders als bei der Übermittlung an staatliche Stellen nicht Ausdruck des allgemeinen Verhältnisses zwischen Bürger und Staat ist, sondern auf einem vom Gesetzgeber angenommenen generellen Interessengleichklang oder einem Einverständnis der Betroffenen basiert,[94] ist sie grundsätzlich **auf die Mitglieder** der jeweiligen Religionsgesellschaft **begrenzt.**[95] Ausnahmen davon sind im Hinblick auf die durch Art. 4 Abs. 1 GG verbürgte negative Bekenntnisfreiheit ebenfalls nur auf verfassungsrechtlicher Grundlage möglich.[96] Sie könnten sich daher allenfalls aus dem Recht der öffentlich-rechtlichen Religionsgesellschaften ableiten, aufgrund der bürgerlichen Steuerlisten Steuern zu erheben.[97] Freilich dürfen nur Mitglieder besteuert werden.[98] Da die Besteuerung auch nicht an Merkmale von Nichtmitgliedern[99] anknüpfen kann, dürfte diese Ausnahme kaum praktisch werden. Bestimmungen des Landesrechts, die die Weiterleitung von Meldescheinen ohne ausdrückliche Einschränkung auf die Daten der Mitglieder vorsehen, sind verfassungskonform in diesem Sinne restriktiv auszulegen.[100] Nach § 19 Abs. 2 MRRG können in bestimmtem Umfang auch Daten von Nichtmitgliedern, die Familienangehörige eines Mitglieds sind, übermittelt werden. Der Betroffene kann aber verlangen, dass dies künftig unterbleibt; auf dieses Recht ist er bei der Anmeldung hinzuweisen. Gleichwohl bleiben verfassungsrechtliche Bedenken.[101]

58 Die mit der Novellierung neu hinzugekommene Bedingung, dass die **Voraussetzungen** vorliegen müssen, **die eine Nutzung nach § 14 zulassen würden**,[102] schränkt den Umfang möglicher Übermittlungen erheblich ein. Unproblematisch ist diese Voraussetzung nur bei den zur Erfüllung der Aufgaben der übermittelnden Stelle erfolgenden Übermittlungen, die sich überwiegend im Rahmen des Primärzwecks nach § 14 Abs. 1 oder zulässiger Sekundärzwecke nach § 14 Abs. 2 Nrn. 1, 4 und 6 halten werden, ebenso im Fall der Einwilligung,[103] des Interesses des Betroffenen (Nr. 3), der veröffentlichten oder veröffentlichungsfähigen Daten (Nr. 5) sowie der Abwehr schwerwiegender Beeinträchtigungen der Rechte einer anderen Person (Nr. 8). Für den im Vordergrund des Interesses der Religionsgesellschaften stehenden Fall der Übermittlung zur Erfüllung ihrer Aufgaben findet sich jedoch keine richtig passende Ermächtigung zur Zweckänderung. Auch bei substanzieller Verwandtschaft der Aufgabe, für die die Daten bei der übermittelnden Stelle erhoben wurden bzw. gespeichert sind,[104] mit der von der öffentlich-rechtlichen Religionsgesellschaft verfolgten Aufgabe – so wenn etwa Personaldaten des Bundes für Zwecke der kirchlichen Personalverwaltung benötigt

93 § 19 Abs. 1 MRRG.
94 Vgl. o. Rdnrn. 46, 53.
95 So ausdrücklich § 10 Abs. 2 NDSG.
96 Vgl. *Simitis,* ÖVD 1979, H. 3 S. 6; *Meyer-Teschendorf,* Essener Gespräche 15 (1981) S. 9, 47; *Gola/Schomerus,* BDSG § 15 Rdnr. 23; *Wohlgemuth,* Datenschutzrecht, Rdnr. 169; s. aber *Schweinoch,* in *Gallwas/Schweinoch,* BDSG § 10 Rdnr. 42; *Lorenz,* Essener Gespräche 15 (1981) S. 84, 114 f.
97 Art. 140 GG i.V.m. Art. 137 Abs. 6 WV.
98 BVerfGE 19, 206, 216; BFH, NVwZ 1992, 303.
99 Wohl aber an den Lebensführungsaufwand des kirchenangehörigen Ehegatten, vgl. BVerfGE 19, 268, 282.
100 *HDSB,* 7. TB, LT-Drs. 9/67 S. 48 ff.; *Hess. Landesreg.,* LT-Drs. 9/904 S. 11; vgl. auch BFH, NVwZ 1992, 303.
101 Vgl. *BfD,* 3. TB Abschnitt 2.3.
102 Abs. 1 Nr. 2.
103 § 14 Abs. 2 Nr. 2.
104 § 14 Abs. 1

werden oder Daten aus kulturellen Aktivitäten einer Bundesstelle für vergleichbare kulturelle Aktivitäten einer Religionsgesellschaft dienen sollen – wird man wohl nicht von einer Nutzung für den gleichen Zweck ausgehen können.[105]

59 Der Übermittlung darf kein (nach § 1 Abs. 3 vorgehendes oder unberührt bleibendes) gesetzliches Verbot entgegenstehen.[106]

60 Die Übermittlung nach Abs. 4 ist nur zulässig, **sofern sichergestellt ist, dass bei dem Empfänger ausreichende Datenschutzmaßnahmen getroffen werden**. Das Gesetz stellt im Falle der Übermittlung an öffentlich-rechtliche Religionsgesellschaften diese zusätzliche Bedingung auf, weil diese im Hinblick auf ihre verfassungsrechtlich geschützte Autonomie den Regelungen des BDSG nicht in vollem Umfang[107] unterworfen sind. Zwar gilt seit der Novellierung 1990 für alle Datenempfänger eine gesetzliche Zweckbindung (nach Abs. 3, auf den Abs. 4 verweist); damit wird jedoch kein umfassender Schutz erreicht.

61 Die getroffenen Datenschutzmaßnahmen sind ausreichend, wenn ihre Schutzwirkung den nach dem BDSG geforderten entspricht.[108] Die Erläuterung der Begründung zum BDSG 1977 „ausreichend, das heißt im Sinne dieses Gesetzes“[109] ist weiterhin maßgebend, allerdings bildet heute das Gesetz in seiner novellierten Form den Vergleichsmaßstab. Die zur früheren Rechtslage getroffenen amtlichen Feststellungen verschiedener Länder[110] sind daher obsolet. Sie sind auch für Teilbereiche der Übermittlungen, etwa für Übermittlungen aus Dateien, nicht mehr tragfähig,[111] da sich durch die Einführung des Zweckbindungsprinzips und einer Vielzahl weiterer Änderungen die Schutzintensität insgesamt erhöht hat.[112]

62 Der Begriff „Datenschutzmaßnahmen“ meint nicht nur Maßnahmen technischer und organisatorischer Art i.S.d. § 9, sondern umfasst alles, was zum Schutz der Betroffenen in ihrem Persönlichkeitsrecht beim Umgang mit ihren personenbezogenen Daten im Sinne der Zielformel des § 1 Abs. 1 notwendig ist. Dazu gehören vor allem auch Regelungen allgemeiner Art, deren Schutzwirkung derjenigen des BDSG vergleichbar sein muss.

63 Die **Gleichwertigkeit** erfordert keine Gleichartigkeit jeder einzelnen Regelung und organisatorisch-technischen Maßnahme, sondern eine insgesamt gesehen vergleichbare Schutzwirkung. Eine Einzelfallprüfung ist daher unerlässlich.[113] Sehen interne Datenschutzregelungen einer öffentlich-rechtlichen Religionsgesellschaft weitgehend dem BDSG gleichartige Regelungen vor, spricht dies für Gleichwertigkeit. Solange beispielsweise aber ein strafrechtlicher Datenschutz für den Fall des Missbrauchs übermittelter Daten beim Empfänger fehlt, bedarf es kompensierender Maßnahmen anderer Art.

64 Die Form der Maßnahmen überlässt das Gesetz dem Empfänger. Als Reaktion auf das BDSG 1977 haben die EKD den Datenschutz durch Kirchengesetze, die katholische Kirche durch Anordnungen geregelt.[114]

65 Diese kirchlichen Datenschutzregelungen entsprachen inhaltlich-konzeptionell dem BDSG 1977, stellen aber gemessen am neuen BDSG keine ausreichenden Maßnahmen dar.[115] Wenn das Gesetz sich damit begnügt, dass ausreichende Maßnahmen getroffenwerden (statt sind), so trägt es der Notwendigkeit einer gewissen Anpassungsfrist Rechnung. Die evangelische und die katholische Kirche haben ihre Datenschutzregelungen in den Jahren 1993/94 novel-

105 Vgl. *Gola/Schomerus,* BDSG § 15 Rdnr. 24.
106 Vgl. zu den Übermittlungsverboten im Einzelnen s. Kommentierung zu § 1 Abs. 3.
107 In welchem Umfang genau, ist umstritten, vgl. dazu § 2 Rdnrn. 84 ff., 107 ff.
108 Allg. A., vgl. nur *Gola/Schomerus,* BDSG § 15 Rdnr. 25.
109 Begr. zu § 7 des RegE.
110 Nachweise s. 3. Auflage, § 10 Rdnr. 81.
111 A.M. *Gola/Schomerus,* BDSG § 15 Rdnr. 25.
112 Grundsätzlich ebenso *Lorenz,* ZevKR 37 (1992) S. 27, 34.
113 Entgegen *Stähler,* DSG NW § 15 Rdnr. 2 a.E.
114 Kirchengesetz der EKD in der Fassung v. 7.11.1984, ABl. der EKD S. 506, von den Landeskirchen übernommen; Anordnung über den kirchlichen Datenschutz in den Diözesen der katholischen Kirche v. 5.12.1977, in Arbeitshilfen Nr. 1, hrsg. vom Sekretariat der Deutschen Bischofskonferenz, Bonn 1979; abgedr. in Dok. C 1.1 und C 2.1.
115 Vgl. *BfD,* 14. TB S. 155; *Hoeren,* NVwZ 1993, 650, 652; die Notwendigkeit der Anpassung bejaht grundsätzlich auch *Lorenz,* ZevKR 37 (1992) S. 27, 34.

liert und dabei Anpassungen an das 1990 novellierte BDSG vorgenommen. Den Schutzumfang hat allerdings nur die evangelische Kirche erweitert, während die Regelung der katholischen Kirche[116] weiterhin Daten außerhalb von Dateien keinen und „internen" Daten in Dateien nur einen sehr begrenzten Schutz gewährt[117] und damit auf dem Stand des BDSG 1977 verharrt.[118] Die Novellierung 2001 muss ebenfalls in ihrem wesentlichen materiellen Gehalt umgesetzt werden, damit „ausreichende Maßnahmen" angenommen werden können.[119]
Die übermittelnde Stelle muss sich von den ausreichenden Datenschutzmaßnahmen **vergewissert** haben, ehe sie erstmals Daten übermittelt. Entsprechend allgemeinen Grundsätzen des Verwaltungsverfahrens muss sie so intensiv prüfen, bis nach ihrer Überzeugung feststeht, dass der Datenschutz sichergestellt ist. Pauschale Erklärungen des Empfängers reichen dazu nicht aus.[120] in Bezug auf die technischen und organisatorischen Maßnahmen Zweifel bestehen, ob sie ausreichen, können sie an Ort und Stelle überprüft oder aber durch das Gutachten eines unabhängigen Sachverständigen dargestellt und bewertet werden. Bei regelmäßig wiederkehrender Datenübermittlung kann die öffentliche Stelle von Zeit zu Zeit oder aus begründetem Anlass verlangen, dass die Datenschutzmaßnahmen erneut dargelegt werden, nicht aber dass man ihr eine laufende Überwachung der Datennutzung beim Empfänger ermöglicht.[121] Eine allgemein verbindliche Feststellung durch die Bundesregierung – entsprechend den Regelungen einiger LDSGe[122] – sieht das Gesetz nicht vor.

67 Keine grundsätzlichen Bedenken bestehen dagegen, dass der Empfänger die übermittelten Daten in einem Auftragsrechenzentrum, etwa in einem gemeinsamen Rechenzentrum mehrerer Kirchen, verarbeiten lässt.[123]

68 Abs. 4 verweist auch auf die Regelungen des Abs. 2. Damit kommt die am Recht der Amtshilfe orientierte Verantwortungsaufteilung auch im Verhältnis zwischen öffentlichen Stellen des Bundes und öffentlich-rechtlichen Religionsgesellschaften zur Anwendung, obwohl das Amtshilferecht im Allgemeinen hier nicht gilt.[124] Verweis hat zur Folge, dass auch bei Übermittlungsersuchen einer öffentlich-rechtlichen Religionsgesellschaft im Allgemeinen nicht umfassend überprüft wird, ob alle Übermittlungsvoraussetzungen im konkreten Fall vorliegen, sondern dass es bei einer abstrakten Prüfung bleibt, ob die erbetenen Daten durch die Aufgaben der ersuchenden Religionsgesellschaft gedeckt sind. Eine solche partielle Übertragung der Verantwortung für die Grundrechtsbeachtung auf nicht-staatliche Stellen ist verfassungsrechtlich allerdings nicht unproblematisch, zumal gleichwertige zivil- und strafrechtliche Haftungsregelungen bei den Religionsgesellschaften fehlen. Daher erscheint es richtiger, entsprechend der Regelung des § 16 Abs. 2 die übermittelnde Stelle allein die Verantwortung tragen zu lassen.[125] 2 berechtigt, verpflichtet aber nicht zur Datenübermittlung. Auch aus Art. 35 GG ergibt sich kein Recht der Religionsgesellschaften auf Amtshilfe,[126] ebenso wenig aus dem VwVfG.[127] Übermittlungspflichten können sich jedoch aus bereichsspezifischen Vorschriften ergeben, wie etwa aus den Kirchensteuergesetzen der Länder.

---

116 Anordnung über den kirchlichen Datenschutz – Kirchliche Datenschutzanordnung – KDO, in den Diözesen gleichlautend in Kraft gesetzt, z.B. Kirchl. ABl. für das Bistum Trier 1994 Nr. 1 S. 5.

117 § 1 Abs. 2 und 3.

118 Einzelne Bestimmungen scheinen allerdings weiter zu greifen; so wurden die Bestimmungen des BDSG über in Akten verbundene Daten, § 15 Abs. 5, und über Auskunft aus Akten, § 19 Abs. 1 Satz 3, unverändert übernommen, vgl. §§ 11 Abs. 5, 13 Abs. 1 Satz 2 KDO, ferner § 14 Abs. 5 KDO.

119 *Lorenz,* Die Novellierung des Bundesdatenschutzgesetzes in ihren Auswirkungen auf die Kirchen, DVBl. 2001, 428 ff.

120 Vgl. auch die skeptischen Bemerkungen des Abg. *Dr. Hirsch,* Deutscher Bundestag, Sten.Prot. der Sitzung am 20.1.1994 S. 17721 B.

121 *Lorenz,* ZevKR 37 (1992) S. 27, 35.

122 Vgl. etwa § 14 Satz 2 LDSG BW.

123 *Bergmann/Möhrle/Herb,* BDSG § 15 Rdnr. 46.

124 Vgl. Rdnr. 69.

125 S. schon *Gallwas,* BayVBl. 1980, 423, 425 f.

126 *Dreher,* Amtshilfe, 83 f.; *Maunz,* in *Maunz/Dürig,* GG Art. 35 Rdnr. 5; a.M. wohl *Weber,* VVDStRL 11, 170.

127 § 2 Abs. 1 VwVfG; anders nur, soweit sie staatliche Aufgaben wahrnehmen, vgl. *Borgs,* in *Meyer/Borgs,* VwVfG § 1 Rdnr. 31.

6. Übermittlung „weiterer“ Daten (Abs. 5)

Abs. 5 wurde bei der Novellierung von 1990 auf Vorschlag des Innenausschusses des Deutschen Bundestages neu aufgenommen.[128] Er geht inhaltlich auf entsprechende Regelungen verschiedener Landesdatenschutzgesetze zurück.[129] Die Vorschrift gehört zu den Sonderregelungen für die Verarbeitung von Daten außerhalb von Dateien und dient der Verwaltungsvereinfachung. 69

Die Übermittlungsbefugnis nach Abs. 1 rechtfertigt nur die Mitteilung genau der Daten, die im Einzelfall zur Aufgabenerfüllung erforderlich sind. Befinden sich in einem Schriftstück oder in einer Akte darüber hinaus weitere Daten – wie es fast immer der Fall ist –, so müssen die relevanten Daten zum Zweck der Übermittlung herausgeschrieben oder in der Weise herauskopiert werden, dass die überschüssigen Daten für den Empfänger unkenntlich sind. Bei Übermitteln durch Einsichtnahme müssten sie abgedeckt werden.[130] Dieses Aufbereiten und Herausdestillieren der relevanten Daten aus den Akten kann sehr aufwendig sein. Für diese Fälle schafft Abs. 5 eine Verwaltungserleichterung, die jedoch datenschutzrechtlich durch die berechtigten Interessen der Betroffenen begrenzt und durch eine Nutzungssperre flankiert wird. 70

Bei den verbundenen überschießenden Daten kann es sich um **personenbezogene Daten des Betroffenen oder solche eines Dritten** handeln. Maßgeblich sind hier die Legaldefinitionen des § 3 Abs. 1 und Abs. 8. Auch wenn der Begriff „Dritter“ weiter ist, kommt Abs. 5 als Sonderregelung im Verhältnis zu Abs. 1 nur in Bezug auf Angaben natürlicher Personen zum Zuge. Bei Angaben über juristische Personen und bei Amtsgeheimnissen sind die entsprechenden Spezialvorschriften zu beachten. Eine Versendung von Akten ist nach § 30 VwVfG nicht generell unzulässig.[131] 71

Um „weitere“, also überschießende Daten handelt es sich nicht, wenn die Kenntnis eines gesamten Schriftstücks oder einer gesamten Akte oder Teilakte zur Aufgabenerfüllung erforderlich ist, etwa weil der Empfänger die Echtheit einer Urkunde prüfen oder eine Schriftuntersuchung vornehmen können muss oder weil die zu vermittelnde Information nur durch den Gesamteindruck erreicht wird, etwa im Hinblick auf die Beurteilung der Glaubwürdigkeit einer Erklärung oder die Interpretation bestimmter Angaben oder Erklärungen aus ihrem Zusammenhang in dem betreffenden Schriftstück oder auch mit der vorangegangenen oder nachfolgenden Korrespondenz. In solchen Fällen erlaubt Abs. 1 die Übermittlung, und Abs. 5 ist nicht anwendbar. 72

„Verbunden“ sind die überschießenden Daten mit nach Abs. 1 übermittlungsfähigen Daten, wenn sie mit diesen physisch derart in einer Verbindung stehen, dass die Trennung einen gewissen Aufwand fordert. Dieser Aufwand kann manuell-mechanischer Art oder auch geistiger Art sein, etwa wenn ein komplexer Sachverhalt nach Abs. 1 mitzuteilen ist, der mit einer umfassenderen Darstellung eng verwoben ist. Die beiden Gruppen von Informationen müssen physisch auf einem Blatt Papier, in einem Schriftstück oder in einer Akte verbunden sein. Nicht verbunden i.S.d. Abs. 5 sind Unterlagen, die sich auf verschiedenen, physisch noch nicht in Akten eingefügten Schriftstücken (etwa zwei verschiedenen Briefen) befinden, ebenso wenig Angaben, die sich in verschiedenen Aktenordnern oder -heftern befinden, wenn diese fachlich (etwa nach Zeiträumen oder regional) gegliedert sind, oder wenn es sich einerseits um Hauptakten, andererseits um (thematisch definierte) Nebenakten handelt. 73

Die verschiedenen Daten können in Akten verbunden sein, ebenso aber auch auf Bild- und Tonträgern. Vor der Novellierung 2001 hatte das Gesetz eine Verbindung „in Akten“ verlangt, den Begriff Akten jedoch äußerst weit definiert. Die materielle Rechtslage ist daher unverändert. 74

Voraussetzung für die erleichterte Übermittlung ist, **dass eine Trennung nicht oder nur mit unvertretbarem Aufwand möglich** ist. Die Alternative „nicht möglich“ dürfte praktisch 75

128 Vgl. *Auernhammer,* BDSG § 15 Rdnr. 27.
129 S. etwa §§ 13 Abs. 2 BrDSG, 14 Abs. 2 HmbDSG.
130 Vgl. *Stange,* Datenschutz, S. 82.
131 Vgl. *Meyer/Borgs,* § 30 Rdnrn. 11 ff.

kaum vorkommen. Das Ziel, eine Verwaltungserleichterung zu erreichen, machte es notwendig, auch die Fälle einzubeziehen, in denen die Trennung im Prinzip zwar durchaus möglich ist, aber einen unvertretbaren Aufwand erfordert.

76 Der Aufwand für die Trennung umfasst die Durchsicht der mit den zu übermittelnden Daten verbundenen Informationsträger, um alle „weiteren" personenbezogenen Daten festzustellen, sowie die eigentliche Trennung, also die Fertigung eines Ausschnitts, einer Teil-Kopie[132] oder einer Teil-Abschrift, die keine „weiteren" personenbezogenen Daten enthält. Falls Teile des Originals zur Übermittlung „gegen Rückgabe" ausgehändigt werden, ist auch der Aufwand für das Wiedereinordnen zu berücksichtigen. Stehen mehrere Verfahrensweisen zur Auswahl, so ist die mit dem geringsten Aufwand zugrunde zu legen.

77 Diesem Aufwand stellt das Gesetz **berechtigte Interessen des Betroffenen oder eines Dritten an der Geheimhaltung** gegenüber. Neben dem datenschutzrechtlichen sind auch andere Geheimhaltungsinteressen zu beachten, z.B. Geschäftsgeheimnisse.[133] Als Betroffener oder Dritter kommt daher jedermann in Betracht, über dessen Verhältnisse der Informationsträger Angaben enthält.

78 Die Übermittlung der verbundenen Daten ist zulässig, soweit die berechtigten Geheimhaltungsinteressen nicht **offensichtlich überwiegen**. Gleichgewichtige Interessen hemmen die Übermittlung nicht. Offensichtlich ist das Überwiegen der Geheimhaltungsinteressen, wenn es so deutlich ist, dass bei vernünftiger Würdigung kein Zweifel besteht. Diese Beurteilung muss klar auf der Hand liegen und sich nicht erst durch sehr komplizierte Gedankengänge ergeben.[134] Der Begriff „offensichtlich" bedeutet lediglich, dass das Urteil angesichts des Sachverhalts leicht zu treffen ist, enthält jedoch – anders als die vom Gesetz an anderer Stelle verwendete Formel „wenn kein Grund zu der Annahme besteht"[135] – keine Aussage über den Umfang der Pflicht zur Sachverhaltsaufklärung. Zweifelsfälle, die zur weiteren Abklärung eine Beteiligung des Betroffenen erfordern, können nicht mehr auftreten, wenn bereits festgestellt wurde, dass das Geheimhaltungsinteresseoffensichtlich überwiegt. Bestehen freilich für die übermittelnde Stelle Anzeichen, dass der Betroffene oder Dritte aufgrund spezieller Umstände, etwa weil der Empfänger sein Nachbar oder Arbeitgeber ist, in seinen Interessen besonders gravierend berührt wird, so ist ein offensichtliches Überwiegen zunächst einmal zu bejahen. Rückfragen bei dem an der Geheimhaltung Interessierten können dann aber ergeben, dass ein verstärktes Geheimhaltungsinteresse tatsächlich nicht besteht und daher ein offensichtliches Überwiegen im Ergebnis zu verneinen ist.

79 Der Trennungsaufwand wie auch das Geheimhaltungsinteresse sind für den jeweiligen Einzelfall nach Maßgabe der konkreten Umstände, soweit sie bekannt sind oder eine Aufklärungspflicht besteht, zu bestimmen. Eine abstrahierende Bewertung, die nur auf die Art der Unterlagen abstellt, genügt nicht. Andererseits würde eine Auslegung dem Zweck der Vorschrift nicht gerecht, die stets verlangt, den gesamten Akteninhalt Wort für Wort zu prüfen, ehe die Frage eines offensichtlich überwiegenden entgegenstehenden Geheimhaltungsinteresses gestellt werden darf. Man wird deshalb als erste Stufe eine kursorische Durchsicht verlangen müssen, durch die festgestellt wird, ob es sich um einen Durchschnittsfall handelt oder ob Besonderheiten vorliegen, die auf ein gesteigertes Geheimhaltungsinteresse hindeuten. Soweit es um die Interessen des Betroffen geht, auf den sich die Akte oder Unterlage bezieht, kann es am praktischsten sein, diesem selbst Gelegenheit zur Stellungnahme zur ins Auge gefassten Übermittlung zu geben. Die Frage, ob ein Geheimhaltungsinteresse Dritter, die in der Akte oder Unterlage erwähnt werden, berührt wird, bleibt allerdings gesondert zu prüfen.

80 Stehen der Übermittlung einer vollständigen Akte oder Unterlage offensichtlich überwiegende Geheimhaltungsinteressen entgegen, so können diese in gesetzeskonformer Weise auch in der Art ausgeräumt werden, dass diejenigen Daten bzw. Aktenteile, auf die sich das

---

132 Die durch Schwärzen auf einer Kopie oft mit geringem Aufwand möglich ist, vgl. *Bergmann/Möhrle/Herb,* BDSG § 15 Rdnr. 51.
133 Zweifelnd *Bergmann/Möhrle/Herb,* BDSG § 15 Rdnr. 53.
134 Vgl. *Bergmann/Möhrle/Herb,* BDSG § 15 Rdnr. 52.
135 Vgl. §§ 28 Abs. 1 Nr. 2, Abs. 3 Nr. 3, 29 Abs. 1 Nr. 1 und Abs. 2 Nr. 2.

überwiegende Geheimhaltungsinteresse bezieht, unkenntlich gemacht oder aus der Akte oder Unterlage entfernt werden.

Die **Nutzung** der „weiteren" Daten ist **unzulässig** (letzter Halbsatz). Die Übermittlung der 81
überschießenden Daten ist nur ein Zugeständnis an praktische und wirtschaftliche Erfordernisse des Verwaltungshandelns. Eine innere Rechtfertigung verleiht ihr die gesetzliche Regelung nicht. Es war deshalb nach dem Verhältnismäßigkeitsgrundsatz geboten, die Folgen dieser Regelung möglichst gering zu halten. Dem entspricht das Gesetz mit einem vorbehaltlosen Nutzungsverbot.[136] Erlaubt ist dem Empfänger lediglich dasjenige, was mit der Übermittlung zwangsläufig verbunden ist, nämlich die Entgegennahme und Aufbewahrung auch der überschießenden personenbezogenen Daten, und zwar entsprechend dem Regelungszweck ohne Verpflichtung, die überschießenden Daten von den nach Abs. 1 übermittelten zu trennen und zu löschen. Der Empfänger hat mit anderen Worten eine hinsichtlich des Zwecks der Verarbeitung oder Nutzung reduzierte Speicherbefugnis.

Mit der Nutzung ist im Ergebnis auch die **Übermittlung unzulässig**, da die Übermittlungs- 82
normen jeweils auf die Voraussetzungen einer zulässigen Nutzung verweisen.[137] Die empfangende Stelle ist daher auch daran gehindert, die überschießenden Daten ihrerseits wiederum als überschießende Daten nach Abs. 5 zu übermitteln. Etwaige Interessenten sind an den Erstübermittler zu verweisen.[138] Ein (zusätzliches) Speichern oder ein Verändern ist unzulässig, da es bereits am primären Erhebungs- bzw. Speicherungszweck i.S.d. § 14 Abs. 1 fehlt. Einer Löschung der überschießenden Daten steht das BDSG nicht entgegen.

Die Einhaltung des Nutzungsverbots muss technisch-organisatorisch gesichert werden (§ 9). 83
Dazu eignen sich die gleichen Maßnahmen wie bei einer Sperrung i.S.d. § 3 Abs. 4 Nr. 4.[139]

Die gesetzliche Regelung erlaubt die Übermittlung überschießender Daten, wenn diese mit 84
personenbezogenen Daten verbunden sind, die **nach Abs. 1** übermittelt werden dürfen, schweigt aber zu der Frage, wie zu verfahren ist, wenn die Primärübermittlung nicht auf Abs. 1 sondern auf einer Vorschrift des bereichsspezifischen Datenschutzes, also auf einer anderen Rechtsvorschrift i.S.d. § 4 Abs. 1, beruht. Die Interessenlage unterscheidet sich in diesen Fällen in nichts von der gesetzlich geregelten Situation. Auch wenn die die Übermittlung gestattende Spezialvorschrift eine Ausnahme von einem Berufs- oder besonderen Amtsgeheimnis begründet, trifft dies zu, solange es sich bei den überschießenden Daten um „normale" Daten handelt, die keinen besonderen Schutz genießen. Ist dies jedoch der Fall, geht es also bei den überschießenden Daten etwa um Personalaktendaten im Sinne des Beamtenrechts, um Daten, die der statistischen Geheimhaltung unterliegen, oder um Auskünfte aus dem Bundeszentralregister, so scheidet deren Übermittlung als verbundene Daten infolge der bereichsspezifischen Regelung oder jedenfalls wegen des offensichtlich überwiegenden Geheimhaltungsinteresses der Betroffenen aus, und das unabhängig davon, ob die Primärübermittlung auf Abs. 1 oder einer bereichsspezifischen Norm beruht.

7. Interne Weitergabe (Abs. 6)

Nach Abs. 6 gilt die Vorschrift des Abs. 5 zur erleichterten Übermittlung überschießender 85
personenbezogener Daten entsprechend, wenn personenbezogene Daten **innerhalb einer öffentlichen Stelle weitergegeben werden**. Die Vorschrift wurde im Jahre 1990 entsprechend einer Beschlussempfehlung des Vermittlungsausschusses auf Antrag des Bundesrats neu aufgenommen. Dieser hatte zutreffend darauf hingewiesen, dass der in Abs. 5 zum Ausdruck kommende Gedanke der Verwaltungsvereinfachung „erst recht für die Weitergabe innerhalb einer öffentlichen Stelle" gelten müsse.[140] Mit der Regelung soll sichergestellt werden, dass

136 *Tinnefeld/Ehmann,* Einführung, Abschnitt III 7.2.6; *Stange,* Datenschutz, S. 82.
137 §§ 15 Abs. 1 Nr. 2, 16 Abs. 1 Nr. 1, 4 a Abs. 1; i.S.d. § 16 Abs. 1 Nr. 2 ist ein schutzwürdiges Interesse des Betroffenen am Ausschluss der Übermittlung anzunehmen.
138 A.M. *Gola/Schomerus,* BDSG § 15 Rdnr. 29 und wohl auch *Auernhammer,* BDSG § 15 Rdnr. 31.
139 S. dazu o. § 3 Rdnrn. 172 ff.
140 BR-Drs. 379/1/90 v. 11.6.1990.

die durch Abs. 5 begründete Erleichterung im Sinne der Verwaltungsvereinfachung bei Datenweitergaben innerhalb einer öffentlichen Stelle auch dann zum Zuge kommt, wenn diese sich begrifflich nicht als Übermittlung darstellt.[141] davon wie der Begriff der öffentlichen Stelle als verantwortliche Stelle und daraus folgend der Übermittlungsbegriff definiert wird,[142] bleibt eine Restmenge von Weitergaben an andere Organisationseinheiten, die begrifflich keine Übermittlung sind. Hierfür bedarf es dann zwar auch keiner Übermittlungsbefugnis, weshalb die Vorschrift des Abs. 6 im Regelungszusammenhang des § 15 („Übermittlung an öffentliche Stellen") überrascht. Dennoch war die Vorschrift im Sinne der Zielsetzung ihrer Urheber durchaus notwendig, da eine interne Weitergabe unter den Begriff der Nutzung fällt und damit den Zulässigkeitsregelungen der §§ 4 Abs. 1, 14 unterliegt. Unter systematischen Gesichtspunkten wäre eine Regelung im Rahmen des § 14 zu bevorzugen gewesen. Das Gesetz erwähnt nur die Weitergabe, ist aber auf die Bekanntgabe durch Bereithalten zur Einsicht[143] ebenso anzuwenden.[144]

86 Aus dem Charakter als Nutzungserlaubnis folgt, dass sich die Frage einer Trennung nicht stellt, soweit Akten oder Unterlagen innerhalb einer öffentlichen Stelle zum Zweck der Bearbeitung im Rahmen des originären Zwecks weitergegeben werden, etwa an Vertreter, Vorgesetzte, Registraturen oder Kanzleien. Dagegen ist Abs. 6 anzuwenden, wenn eine Akte den normalen Bearbeitungsgang verlässt und einer anderen Organisationseinheit im Hinblick auf deren – verschiedenen – Aufgaben zugänglich gemacht wird. In entsprechender Anwendung des Abs. 5 ist dann die in der Weitergabe liegende Nutzung auch der überschießenden Daten zulässig. Was die Voraussetzungen in Bezug auf den Aufwand für die Trennung und das berechtigte Interesse des Betroffenen oder eines Dritten an der Geheimhaltung betrifft, kann in vollem Umfang auf die Erläuterungen zu Abs. 5 verwiesen werden;[145] ebenso in Bezug auf das Nutzungsverbot beim Empfänger der weitergegebenen Akten oder Unterlagen.[146]

---

141 Vgl. BR-Drs. 379/1/90; *Auernhammer,* BDSG Textausgabe, § 15 Rdnrn. 11 ff.; *Bergmann/Möhrle/Herb,* BDSG § 15 Rdnr. 57.
142 Vgl. dazu näher § 2 Rdnrn. 15 ff.
143 § 3 Abs. 4 Nr. 3 b.
144 *Weyer,* DSG NW § 14 Rdnr. 11.
145 Rdnrn. 69 ff.
146 Rdnrn. 81 ff.

§ 16 Datenübermittlung an nicht-öffentliche Stellen

(1) Die Übermittlung personenbezogener Daten an nicht-öffentliche Stellen ist zulässig, wenn

1. sie zur Erfüllung der in der Zuständigkeit der übermittelnden Stelle liegenden Aufgaben erforderlich ist und die Voraussetzungen vorliegen, die eine Nutzung nach § 14 zulassen würden, oder

2. der Dritte, an den die Daten übermittelt werden, ein berechtigtes Interesse an der Kenntnis der zu übermittelnden Daten glaubhaft darlegt und der Betroffene kein schutzwürdiges Interesse an dem Ausschluß der Übermittlung hat. Das Übermitteln von besonderen Arten personenbezogener Daten (§ 3 Abs. 9) ist abweichend von Satz 1 Nr. 2 nur zulässig, wenn die Voraussetzungen vorliegen, die eine Nutzung nach § 14 Abs. 5 und 6 zulassen würden oder soweit dies zur Geltendmachung, Ausübung oder Verteidigung rechtlicher Ansprüche erforderlich ist.

(2) Die Verantwortung für die Zulässigkeit der Übermittlung trägt die übermittelnde Stelle.

(3) In den Fällen der Übermittlung nach Absatz 1 Nr. 2 unterrichtet die übermittelnde Stelle den Betroffenen von der Übermittlung seiner Daten. Dies gilt nicht, wenn damit zu rechnen ist, daß er davon auf andere Weise Kenntnis erlangt, oder wenn die Unterrichtung die öffentliche Sicherheit gefährden oder sonst dem Wohle des Bundes oder eines Landes Nachteile bereiten würde.

(4) Der Dritte, an den die Daten übermittelt werden, darf diese nur für den Zweck verarbeiten oder nutzen, zu dessen Erfüllung sie ihm übermittelt werden. Die übermittelnde Stelle hat ihn darauf hinzuweisen. Eine Verarbeitung oder Nutzung für andere Zwecke ist zulässig, wenn eine Übermittlung nach Absatz 1 zulässig wäre und die übermittelnde Stelle zugestimmt hat.

Literatur

W. Breidenbach, Das berechtigte Interesse, DuD 1988, 61 ff.; *F.-L. Knemeyer,* Geheimhaltungsanspruch und Offenbarungsbefugnis im Verwaltungsverfahren, NJW 1984, 2241 ff.; F. *Maciejewski,* Betriebskostenabrechnung – Kontrollrechte der Mieter, MM 2003, Nr 3, 31-39; *K.-D. Pardey,* Informationelles Selbstbestimmungsrecht und Akteneinsicht, NJW 1989, 1647 ff.; *B. Schlink*; Datenschutz und Amtshilfe, NVwZ 1986, 249 ff.; *P. Schoenemann,* Zur Zulässigkeit der Datenverarbeitung in der neueren Datenschutzgesetzgebung, DuD 1987, 175 ff.; *S. Simitis,* Von der Amtshilfe zur Informationshilfe, NJW 1986, 2795 ff.; *H.-J. Stange,* Datenschutz (1992) Rdnr. 115 ff.; *M.-T. Tinnefeld/E. Ehmann/R.W. Gerling*, Einführung in das Datenschutzrecht, 4. Aufl. (2005) Abschnitt III 7.3.

Übersicht

1. Vorbemerkung

§ 16 regelt die Übermittlung personenbezogener Daten an nicht-öffentliche Stellen. Ist eine Übermittlung nach § 16 erlaubt, so liegt eine der drei voneinander unabhängigen alternativen Bedingungen vor, unter denen nach § 4 Satz 1 eine Datenverarbeitung zulässig ist. Voraussetzung für die Anwendbarkeit des § 16 – wie aller Regelungen des BDSG – ist allerdings 1 stets, dass nicht besondere Rechtsvorschriften des Bundes existieren, die nach § 1 Abs. 3 vorgehen. Die Übermittlungsregelungen der §§ 15 und 16 sind zueinander komplementär, während § 4b gegenüber beiden speziell ist. Ein Konkurrenzproblem gegenüber § 14 besteht nicht, da sich die Übermittlung mit den dort geregelten Vorgängen der Speicherung, Veränderung und Nutzung begrifflich nicht überlappt.[1] Deshalb war es notwendig, die spezifischen Zulässigkeitsvoraussetzungen der Nutzung durch Verweisung in die Regelung des § 16 Abs. 1 einzubeziehen. Dies ist allerdings nur für den Fall der Übermittlung zur Erfüllung eigener Aufgaben der öffentlichen Stelle geschehen.[2] Mit § 13 kann insofern ein indirektes Konkurrenzverhältnis auftreten, als die Übermittlung sich aus der Sicht des Empfängers als Erhebung darstellen kann.[3]

2 § 16 Abs. 1 ersetzt § 11 Satz 1 BDSG 1977. Die im früheren § 11 ebenfalls geregelte Erstreckung von Berufs- und besonderen Amtsgeheimnissen wurde mit den Parallelvorschriften zusammengefasst und als § 39 in den 4. Abschnitt „Sondervorschriften" eingestellt. Die Übermittlung an Stellen außerhalb des Geltungsbereichs des BDSG – § 10 Satz 3 BDSG 1977, § 17 BDSG 1990 – hat in den §§ 4 b, 4 c eine eigenständige Regelung gefunden. Die inhaltlich neuen Absätze 3 und 4 enthalten verfahrensmäßige Vorkehrungen im Sinne des Volkszählungsurteils, die den durch Abs. 1 erlaubten Eingriff in die informationelle Selbstbestimmung begrenzen[4] und die Kontrollmöglichkeiten des Betroffenen verbessern.

3 Inhaltlich geht § 16 über § 15 hinaus, indem er als Legitimation für eine Übermittlung neben der Erforderlichkeit zur Erfüllung behördlicher Aufgaben auch das berechtigte Interesse des Empfängers anerkennt, freilich nur in den Grenzen, die durch das schutzwürdige Interesse des Betroffenen gezogen werden.[5] Das Gesetz durchbricht an dieser Stelle den im Übrigen recht streng durchgeführten Grundsatz, dass die für Zwecke der Behörden und öffentlichen Stellen gespeicherten Daten ausschließlich für Zwecke genutzt werden dürfen, die im öffentlichen Interesse oder im Interesse des Betroffenen liegen,[6] und lässt eine privatnützige Datenverarbeitung zu. Es nähert sich damit den für den privaten Bereich aufgestellten Regeln.[7] Freilich tut es dies in Form einer punktuellen Ausnahmeregelung, die demgemäß streng restriktiv auszulegen ist.[8] Entsprechend gering ist die praktische Bedeutung dieser Vorschrift. Das Gesetz trägt dem Ausnahmecharakter der privatnützigen Datenübermittlung nunmehr dadurch Rechnung, dass es die Information des Betroffenen sicherstellt.[9]

4 Der ebenfalls neue Abs. 2 bekräftigt – ohne materielle Rechtsänderungen – die Verantwortung der übermittelnden Stelle für die Zulässigkeit der Übermittlung.

2. Allgemeine Anwendungsvoraussetzungen: Übermittler, Empfänger, Übermittlung

5 Der Kreis der Normadressaten des § 16 wird durch § 12 festgelegt.[10]

6 Mit dem Begriff „Übermittlung" verweist das Gesetz auf die Legaldefinition des § 3 Abs. 4 Nr. 3, verlangt also das Bekanntgeben personenbezogener Daten „an einen Dritten", der seinerseits als „jede Person oder Stelle außerhalb der verantwortlichen Stelle" definiert ist.[11] Auf die Kommentierung dieser Vorschriften wird verwiesen.[12]

---

1 § 3 Abs. 5.
2 Abs. 1 Nr. 1; zur Berücksichtigung der Zweckbindung im Rahmen der Übermittlung nach Abs. 1 Nr. 2 s. u. Rdnr. 20.
3 Vgl. dazu u. Rdnr. 53.
4 S. dazu § 15 Rdnr. 3.
5 Abs. 1 Nr. 2.
6 Einzige enge Ausnahme: § 14 Abs. 2 Nr. 8; bei Nrn. 5 und 9 besteht ein öffentliches Interesse.
7 §§ 28 f.
8 Ebenso *Gola/Schomerus,* BDSG § 16 Rdnr. 9; *Stähler,* DSG NW § 16 Rdnr. 1; *Lübking,* Datenschutz Rdnr. 49.
9 Abs. 3.
10 Vgl. näher § 15 Rdnr. 4.
11 § 3 Abs. 7 und 8.
12 § 3 Rdnrn. 145 ff., 224 ff., 229 ff.

§ 16 gilt für die Übermittlung **an nicht-öffentliche Stellen**. Maßgeblich ist die Legaldefinition des § 2 Abs. 4.[13] „Nicht-öffentliche Stellen" bedeutet nichts anderes als die früher verwendeten Formulierungen „Stellen außerhalb des öffentlichen Bereichs" bzw. „Personen und andere Stellen als die in § 10 bezeichneten".[14] Die redaktionelle Vereinfachung war möglich, weil das Gesetz für öffentliche und nicht-öffentliche Stellen neue Legaldefinitionen aufgenommen hat.[15] Wie bisher sollen die Tatbestände der Übermittlung an öffentliche Stellen, an nicht-öffentliche Stellen und an Stellen außerhalb des Geltungsbereichs des Gesetzes zusammengenommen die Übermittlungen an alle denkbaren Empfänger abdecken. Soweit ein Übermittlungsadressat auch bei sachgerechter Auslegung unter keine der drei Adressatengruppen subsumiert werden kann, ist die nach der Interessenlage am besten passende Vorschrift analog anzuwenden. 7

In korrigierender Auslegung ist die Übermittlung an öffentliche Stellen in bestimmten Fällen nicht nach § 15, sondern nach § 16 zu beurteilen, nämlich dann, wenn sie nicht im Hinblick auf Aufgaben erfolgt, die diesen zur Erfüllung übertragen sind, wie dies insbesondere bei öffentlich-rechtlichen Unternehmen, bei fiskalischen Angelegenheiten und teilweise bei Vereinigungen öffentlicher Stellen der Fall ist.[16] 8

Ob der Empfänger selbst Adressat des BDSG ist, spielt keine Rolle. Ebenso unerheblich sind grundsätzlich Sitz und Nationalität des Empfängers; nur soweit es sich bei ihm um eine Stelle außerhalb des Geltungsbereichs dieses Gesetzes handelt, ist anstelle des § 16 die spezielle Vorschrift des § 4b anzuwenden. 9

3. Übermittlung zur Erfüllung eigener Aufgaben (Abs. 1 Nr. 1)

In der ersten Alternative – Übermittlung zur Erfüllung eigener Aufgaben – stimmen die gesetzlichen Zulässigkeitsvoraussetzungen mit der Regelung für die Übermittlung an öffentliche Stellen[17] überein. Auf die Erläuterungen zu § 15 kann daher Bezug genommen werden.[18] Ebenso wie bei der Übermittlung an öffentliche Stellen fordert das Gesetz ausdrücklich, dass „die Voraussetzungen vorliegen, die eine Nutzung nach § 14 zulassen würden", das heißt die Beachtung der Zweckbindung. Der Fall, dass die Mitteilung an eine nicht-öffentliche Stelle bereits vom Erhebungs- oder Speicherungszweck umfasst und daher die Nutzung nach § 14 Abs. 1 zulässig ist, wird nur relativ selten vorkommen, so beispielsweise wenn nicht-öffentliche Stellen an einem Verwaltungsverfahren beteiligt sind und daher von der Behörde in bestimmtem Umfang informiert werden müssen, etwa indem sie nach § 28 VwVfG angehört oder ihnen nach § 29 VwVfG Akteneinsicht gewährt wird. Liegt eine Zweckänderung vor, so muss einer der Tatbestände des § 14 Abs. 2 gegeben sein. 10

Das schutzwürdige Interesse des Betroffenen bildet nur bei der Übermittlung im Interesse des Empfängers[19] ein absolutes Übermittlungshindernis. Es kann aber indirekt auch bei der Übermittlung nach Nr. 1 relevant werden. Die Normen, die die öffentliche Aufgabe und die Art ihrer Ausführung bestimmen, decken den in einer Übermittlung liegenden Eingriff in die informationelle Selbstbestimmung des Betroffenen dann nicht mehr ab, wenn die Schwere des Eingriffs außer Verhältnis zu dem mit der Übermittlung verfolgten öffentlichen Interesse steht.[20] 11

Unter dem BDSG 1977 war bei der Anwendung des Verhältnismäßigkeitsgrundsatzes – bzw. innerhalb der Interessenabwägung bei einer Übermittlung im berechtigten Interesse des Empfängers – auch zu berücksichtigen, dass für diesen, sofern er die Daten dateiförmig wei- 12

13 Vgl. dazu § 2 Rdnrn. 115 ff.
14 Überschrift und Text des § 11 BDSG 1977.
15 § 2.
16 Vgl. im Einzelnen § 15 Rdnrn. 6 ff.
17 § 15 Abs. 1 Nr. 1 1. Alternative und Nr. 2.
18 § 15 Rdnrn. 10 ff.; zur Erforderlichkeit s. auch u. Rdnr. 13 a.E.
19 Nr. 2.
20 BVerfGE 44, 353, 373 – Kartei der Suchtberatungsstelle.

terverarbeitete, zwar die Verarbeitungsregelungen des BDSG galten, in keinem Falle aber eine rechtliche Bindung an den Übermittlungszweck bestand. Demgegenüber ist seit der Novellierung 1990 eine klare gesetzliche Verpflichtung zur Respektierung des Übermittlungszwecks ausgesprochen,[21] deren Schutz im Falle der nicht-öffentlichen Übermittlungsempfänger sogar durch eine Bußgelddrohung untermauert ist.[22] Der früher bestehende Grund für eine restriktive Auslegung ist also entfallen.

13 Zusätzlich zur Erforderlichkeit zur Aufgabenerfüllung verlangt das Gesetz, dass „die Voraussetzungen vorliegen, die eine **Nutzung nach § 14 zulassen würden**". Damit besteht Gleichklang mit der Regelung zur Übermittlung an öffentliche Stellen, auf deren Erläuterungen verwiesen werden kann.[23] Eine Übermittlung innerhalb des originären Erhebungs- oder Speicherungszwecks zur Erfüllung von Aufgaben der übermittelnden Stelle kann bei der Gewährung von Akteneinsicht an Beteiligte eines Verwaltungsverfahrens nach § 29 VwVfG vorliegen. Soweit § 16 Abs. 1 in diesem Fall die Übermittlung erlaubt, besteht keine Ausnahme von der Verpflichtung zur Gestattung der Akteneinsicht wegen einer Geheimhaltung im berechtigten Interesse des Betroffenen i.S.v. § 29 Abs. 2 VwVfG.[24] Entsprechend erlaubt § 16 die nicht-anonymisierte Übermittlung der Tatsache einer im Rahmen eines Planfeststellungsverfahrens erhobenen Einwendung und ihres Inhalts an die Vorhabensträger.[25] Bei der nach § 39 VwVfG geforderten Begründung eines Verwaltungsakts kann die Mitteilung personenbezogener Daten eines Dritten erforderlich sein. Keine Zweckänderung liegt auch vor, wenn das Gesundheitsamt Kontaktpersonen des Betroffenen von dessen ansteckender Krankheit unterrichtet, damit sie sich in ärztliche Behandlung begeben.[26] Eine (nach § 14 Abs. 2 Nrn. 6 bzw. 8 zulässige) zweckfremde Verwendung kann dagegen vorliegen, wenn eine Behörde dem Käufer einer Ware mitteilt, dass der Produzent (Betroffener) giftige Stoffe zur Herstellung verwendet hat und zur Gefahrbeseitigung bereit ist, oder wenn ein Belastungszeuge gewarnt wird, weil der entflohene Verurteilte angekündigt hat, sich an ihm zu rächen. Eine auf Mitteilungen an die Presse zugeschnittene Zweckänderungsbefugnis enthält § 14 Abs. 2 nicht; auch der primäre Erhebungs- oder Speicherungszweck wird diese nur in den seltensten Fällen einschließen.[27] In den Ländern greifen insoweit die Vorschriften der Landespressegesetze über Mitteilungspflichten der Behörden ein.[28] Entsprechende Vorschriften des Bundes fehlen jedoch.[29] Eine Übermittlung nach Nr. 1 kommt beispielsweise auch in Betracht, wenn Anschriften aus einer Sachverständigenliste oder Namen von Autoren aus einer Bibliographie mitgeteilt werden, ebenso wenn eine auf normalem Wege (Meldeämter) nicht zu ermittelnde Anschrift bei einer nicht-öffentlichen Stelle erfragt wird.[30] Auch Übermittlungen an Private, die zum Zweck weitergehender Sachverhaltsaufklärungen befragt werden müssen,[31] liegen innerhalb des Primärzwecks; allerdings ist hier die Erforderlichkeit besonders kritisch zu überprüfen; sie fehlt beispielsweise, wenn ein Arbeitgeber oder ein Mitbewohner vom Inhalt oder auch nur der Tatsache einer (beabsichtigten) Befragung unterrichtet wird.[32] Die Bekanntgabe von Geburtstagen und Jubiläen, insbesondere zum Zweck ihrer Veröffentlichung, ist im Allgemeinen nicht zur Erfüllung behördlicher Aufgaben erforderlich.[33] Die Übermittlung von Alters- und

---

21 Abs. 4.
22 § 43 Abs. 2 Nr. 5.
23 O. § 15 Rdnr. 18.
24 Vgl. *Weyer,* DSG NW § 16 Rdnr. 4.
25 BVerwG Beschluss vom 14. August 2000, Az. 11 VR 10/00, NVwZ-RR 2000, 760-761
26 § 16 IfSG.
27 Vgl. *Weyer,* DSG NW § 16 Rdnr. 4.
28 Zu ihrer begrenzten Funktion als Ermächtigungsgrundlage vgl. *HDSB,* 17. TB, 23 ff. sowie *Simitis,* AfP 1990, 14, 17 ff.
29 Vgl. auch *Borgs,* in *Meyer/Borgs,* VwVfG § 30 Rdnr. 5.
30 Im Rahmen des § 14 Abs. 2 Nrn. 2, 3 oder 5 und unter der Voraussetzung, dass dies zur Aufgabenerfüllung notwendig ist.
31 Zum Übermittlungsbegriff in diesem Fall s. o. § 3 Rdnr.143.
32 Vom BfDI beim BfV beanstandete Fälle, s. 14. TB, 27.2.
33 Und auch durch die Nr. 2 nicht gedeckt; vgl. *LfD SH,* 2. TB, LT-Drs. 9/364 S. 8; *LfD NW,* 1. TB Abschnitt C 1. a.

Ehejubiläen durch Meldeämter kann nach § 22 Abs. 2 MRRG durch Landesrecht zugelassen werden, wenn dem Betroffenen ein Widerspruchsrecht eingeräumt wird.

Die Frage der Erforderlichkeit stellt sich nicht, wenn besondere bundesrechtliche Vorschriften die Behörde oder Stelle ausdrücklich verpflichten, personenbezogene Daten zu veröffentlichen[34] oder in ein öffentliches Register aufzunehmen.[35] Solche Vorschriften gehen gemäß § 1 Abs. 3 vor; entsprechende landesrechtliche Vorschriften ermächtigen nach § 4 Satz 1 Nr. 1 zur Übermittlung. 14

4. Übermittlung im Interesse des Empfängers (Abs. 1 Nr. 2)

Nach Nr. 2 ist eine Übermittlung personenbezogener Daten auch dann zulässig, wenn der Empfänger ein berechtigtes Interesse an ihrer Kenntnis glaubhaft darlegt und der Betroffene kein schutzwürdiges Interesse am Ausschluss der Übermittlung hat. Das Gesetz entkoppelt damit die Datennutzung von den der verantwortlichen Stelle übertragenen Aufgaben und stellt sie, wenn auch in begrenztem Umfang, in den Dienst privater Interessen. Wie bereits erwähnt, folgt daraus die Notwendigkeit einer strengen Interpretation.[36] Weiterhin ist bei der Auslegung dieser Regelung zu berücksichtigen, dass sie keineswegs die einzige Rechtsnorm darstellt, aufgrund derer Private Informationen aus behördlichen Quellen beziehen können. Der Großteil des unbedingt notwendigen Informationsbedarfs kann vielmehr mit Hilfe zahlreicher spezieller Vorschriften[37] sowie aus Publikationen und öffentlichen Registern befriedigt werden. Adresseninformationen über Einwohner zu liefern, gehört zum Beispiel zu den Aufgaben der Melderegister.[38] Der Gesetzgeber hat eine generelle Freigabe der Übermittlung bestimmter Grunddaten,[39] wie sie im Regierungsentwurf zum BDSG 1977 vorgesehen war, mit der Begründung abgelehnt, dass die listenmäßige Übermittlung von Daten an Private keine Aufgabe der Behörden ist. Hat aber der Gesetzgeber eine Regelung, die die offene Kommerzialisierung personenbezogener Daten ermöglicht hätte, klar verworfen, so verbietet sich jede Auslegung, die im Ergebnis auf das Gleiche hinausliefe. 15

4.1 Berechtigtes Interesse an der Kenntnis und schutzwürdiges Interesse des Betroffenen

Der Gesetzgeber hat die Übermittlung im Privatinteresse an zwei Voraussetzungen geknüpft. 16
Zunächst muss der Empfänger[40] ein **berechtigtes Interesse** an der Kenntnis der Daten glaubhaft dargelegt haben; außerdem darf der Betroffene kein **schutzwürdiges Interesse** am Ausschluss der Übermittlung haben. Das Gesetz lässt keinen Zweifel, dass beide Voraussetzungen kumulativ erfüllt sein müssen. Das heißt aber nicht, dass sie voneinander unabhängig sind. In welchem Umfang das Interesse des Betroffenen schutzwürdig ist, kann nämlich nicht abstrakt, sondern stets nur im Verhältnis zu dem jeweiligen Interesse des Empfängers beurteilt werden. Das Gesetz verlangt mit anderen Worten eine **Abwägung der Interessen** des Empfängers mit denen des Betroffenen.[41]

---

34 Z.B. § 10 HGB, Veröffentlichung von Wahlvorschlägen, öffentliche Aufgebote.

35 Z.B. Handelsregister nach § 9 HGB, Güterrechtsregister nach § 1563 BGB, Wählerverzeichnis nach § 17 BWG, § 18 BWO, Schuldnerverzeichnis nach § 915 ZPO, § 26 Abs. 2 InsO, §§ 4, 6 VerglO, Grundbucheinsicht bei berechtigtem Interesse nach § 12 GBO, Akteneinsicht bei berechtigtem Interesse nach § 34 FGG.

36 S. o. Rdnr. 3.

37 Z.B. Akteneinsichtsrechte, Auskunftsansprüche.

38 Vgl. *E. Dette,* Melderegistereintragungen von Amts wegen und Verfassungsrecht, Diss. Mainz 1990, S. 64 ff., 70 f.; *Medert/Süßmuth/Dette-Koch,* Melderecht des Bundes und der Länder, Erl. § 1 MRRG Rdnrn. 4 ff.

39 „freie" Daten, vgl. § 24 Abs. 2.

40 Vgl. o. Rdnr. 27 ff.

41 Bundesregierung in der Fragestunde des Bundestages, Sten. Bericht der 23. Sitzung am 21. April 1977 S. 1509; *Auernhammer,* BDSG § 16 Rdnr. 14; *Stange,* Datenschutz Rdnr. 125; *Nungesser,* HDSG § 16 Rdnr. 20; OVG Koblenz, Dok. § 11 BDSG E 1 S. 4; OLG Celle, Dok. § 11 BDSG E 2 S. 2 f.; offen gelassen bei *Gola/Schomerus,* BDSG § 16 Rdnr. 11; die Gegenauffassung – siehe etwa *Ordemann/Schomerus,* BDSG 3. Aufl. § 11 Anm. 1.2 – wird nicht mehr vertreten.

17 Ist die mit dem Merkmal „berechtigtes Interesse" gesetzte Untergrenze nicht erreicht, kommt es auf die Belange des Betroffenen nicht an. Diese Grenze ist nicht sehr hoch. Ein berechtigtes Interesse liegt schon immer dann vor, wenn es sich aus vernünftigen Überlegungen ergibt und die vorgesehene Datenverwendung und der damit verfolgte Zweck im Einklang mit der Rechtsordnung stehen. In diesem Rahmen kommen sowohl ideelle als auch wirtschaftliche Interessen in Betracht.[42] Der Wunsch, die Daten zu vermarkten, wird zunächst einmal ebenso anerkannt wie ein Interesse an der Erforschung der Zeitgeschichte. Ein „eigenes" Interesse in dem Sinne, dass die Kenntnis der Daten für das eigene Entscheidungsverhalten benötigt wird, kann nicht verlangt werden.[43] Als schwächste Form des berechtigten Interesses wird sich das Vermarktungsinteresse aber bei der Abwägung nur selten durchsetzen, so evtl. bei veröffentlichten oder veröffentlichungsfähigen Daten. Schon gar nicht wird ein „rechtliches Interesse" vorausgesetzt, d.h. ein unmittelbarer Zusammenhang mit Rechtsverhältnissen des Interessenten; ein solches fällt aber stärker ins Gewicht.[44]

18 Auf den Begriff „berechtigtes Interesse" hat der Gesetzgeber auch in anderem Zusammenhang zurückgegriffen. Die sehr unterschiedlichen Regelungszusammenhänge stehen jedoch einer unbesehenen Übernahme von Interpretationsgrundsätzen, die sich in anderen Bereichen herausgebildet haben, entgegen. So besteht beispielsweise die ratio des § 193 StGB darin, die freie Meinungsäußerung dadurch zu fördern, dass das strafrechtliche Risiko des Einzelnen in begrenztem Maße vermindert wird. Dabei wird berücksichtigt, dass der Einzelne, um Nachteile zu vermeiden, oft darauf angewiesen ist, schnell und wirkungsvoll in eine Auseinandersetzung einzugreifen. Ebenso wenig führen Hinweise auf Vorschriften weiter, bei denen das berechtigte Interesse sich in dem verfahrensrechtlichen Zweck erschöpft, ein Antragsrecht einem begrenzten Personenkreis vorzuhalten. Dagegen geht es hier allein darum, unsinnige oder missbräuchliche Datenwünsche von vornherein auszuscheiden, ohne auf die Konsequenzen für die Betroffenen noch eingehen zu müssen.

19 Beurteilt sich das berechtigte Interesse an dem Zweck, zu dem die Kenntnis der Daten erstrebt wird, so kommt es bei dem **schutzwürdigen Interesse** auf die Bedeutung und die (hypothetischen) Folgen einer Übermittlung für die Betroffenen an. Der Begriff „schutzwürdiges Interesse", der den vor der Novellierung 1990 verwendeten Begriff „schutzwürdige Belange" ohne sachliche Änderung ersetzt hat, ist nach der erklärten Absicht des Gesetzgebers weit zu verstehen; er entspricht dem in § 1 Abs. 1 umschriebenen Schutzzweck des Gesetzes, den Einzelnen davor zu schützen, dass er durch den Umgang – hier: durch die Übermittlung – mit seinen personenbezogenen Daten in seinem Persönlichkeitsrecht – präziser: in seinem Recht auf informationelle Selbstbestimmung – beeinträchtigt wird. Schutzwürdig ist das Interesse des Betroffenen nicht nur unter dem rein informationellen Aspekt, also gegenüber dem Bekanntwerden persönlicher Verhältnisse, sondern auch im Hinblick auf die Folgen für die Interessensphäre des Betroffenen, die aus der Kenntnisnahme und Nutzung seiner personenbezogenen Daten resultieren.

20 Es mutet eigenartig an, dass das Gesetz den Aspekt der **Zweckbindung** im Falle der Übermittlung im berechtigten Interesse des Empfängers anders als bei der Übermittlung zur Erfüllung eigener Aufgaben nicht ausdrücklich anspricht; ein Verweis auf die Voraussetzungen einer nach § 14 zulässigen Nutzung, wie ihn Nr. 1 enthält, fehlt in der Nr. 2. Dies bedeutet aber nicht, dass die Zweckbindung hier eine geringere oder gar keine Rolle spielt. Vielmehr geht der Gesetzgeber offensichtlich davon aus, dass die Gesichtspunkte der Zweckänderung im Rahmen des schutzwürdigen Interesses (und seiner Abwägung mit dem berechtigten Interesse des Empfängers) berücksichtigt werden, wie dies verschiedene Landesdatenschutz-

---

42 BGH, NJW 1984, 1886 f.; VGH Mannheim, NJW 1984, 1912; *Gola/Schomerus,* BDSG § 16 Rdnr. 11; *Schaffland/Wiltfang,* BDSG § 16 Rdnr. 13; *Arzt,* in Aktuelle Beiträge über den Datenschutz, Schriftenreihe Schimmelpfeng Bd. 9 S. 135; *Bergmann/Möhrle/Herb,* BDSG § 16 Rdnr. 9.

43 Vgl. auch *Gola/Schomerus*, BDSG § 16 Rdnr 11 und ihnen folgend *Schaffland/Wiltfang,* BDSG § 16 Rdnr. 15, die ein „unmittelbares oder mittelbar eigenes Interesse" fordern sowie *Bergmann/Möhrle/ Herb,* BDSG § 16 Rdnr. 20.

44 Vgl. u. Rdnr. 26.

gesetze ausdrücklich bestimmen.[45] Dabei sind die Regelungen des § 14 Abs. 2 als Wertungsgesichtspunkte heranzuziehen. Dies gilt beispielsweise für das Interesse des Betroffenen und seine mutmaßliche Einwilligung,[46] für veröffentlichte oder veröffentlichungsfähige Daten,[47] für die Abwehr schwerwiegender Beeinträchtigungen[48] und für Daten, die zur Durchführung wissenschaftlicher Forschung erforderlich sind.[49]

Bei der Bestimmung des schutzwürdigen Interesses sind sowohl objektive als auch subjektive Aspekte zu beachten. Eine Übermittlung berührt schutzwürdige Belange – ohne dass damit schon etwas über das Ergebnis der Abwägung gesagt ist –, (a) wenn sie aus objektiver Sicht unter Zugrundelegung durchschnittlicher Verhältnisse zu Nachteilen für den Betroffenen führen kann (z.B. die zu übermittelnde Anschrift ist die einer Trinkerheilanstalt) oder (b) wenn aufgrund besonderer Umstände dem Betroffenen Nachteile entstehen können (z.B. er wird bedroht und hält deshalb seinen Aufenthalt geheim) oder (c) wenn der Betroffene der Übermittlung generell oder im konkreten Fall widersprochen hat. 21

Welcher Art die drohenden Nachteile sind, etwa wirtschaftlicher, sozialer oder persönlicher Art, ist gleichgültig. Unbeachtlich sind nur ganz geringfügige Beeinträchtigungen, die nach allgemeiner Auffassung ohne weiteres hingenommen werden, z.B. die bloße Erleichterung der Kenntnisnahme nicht diskriminierender Angaben, die der Empfänger auch auf einem anderen, erlaubten Wege ohne besondere Schwierigkeiten erlangen könnte, oder die Belästigung durch Zusendung von Werbeschriften (nicht aber die Verbreitung von Angaben zum Konsumverhalten). 22

Es gibt keine Daten, deren Übermittlung die schutzwürdigen Belange des Betroffenen nicht berührt. Von einer generellen Freigabe der Übermittlung bestimmter Daten, wie sie im Regierungsentwurf vorgesehen war, hat der Gesetzgeber für den öffentlichen Bereich entsprechend einem Antrag des Vermittlungsausschusses[50] Abstand genommen. Deshalb verbietet es sich auch im Falle von Namen und Anschriften, eine Vermutung aufzustellen, dass die Übermittlung schutzwürdige Belange nicht beeinträchtige.[51] Zu löschende Daten dürfen nicht, unrichtige und gesperrte Daten dürfen nur ausnahmsweise übermittelt werden.[52] 23

Das Interesse des Betroffenen am Ausschluss der Übermittlung ist dann **schutzwürdig**, wenn es bei einer **Abwägung** mit dem Interesse des Empfängers vorrangig ist.[53] Kann der Empfänger sein berechtigtes Interesse nur damit begründen, dass der von ihm verfolgte Zweck nicht unvernünftig und nicht gesetzwidrig ist, so bedarf auch das Interesse des Betroffenen keiner spezifizierten Begründung. Sein Interesse daran, dass seine Daten nicht für eine private Nutzung zur Verfügung gestellt werden, ist dann bereits beachtlich. Das Problem besteht nur darin, festzustellen, wann die übermittelnde Stelle von einem solchen entgegenstehenden Interesse auszugehen hat.[54] 24

Hat der Betroffene einer Übermittlung ausdrücklich widersprochen, so ist sein Interesse so lange schutzwürdig, wie das berechtigte Interesse des Empfängers nicht überwiegt. Aus der vom Gesetz für den nicht-öffentlichen Bereich getroffenen Wertung[55] ergibt sich, dass das Interesse, die Daten zu Zwecken der Werbung oder der Markt- oder Meinungsforschung zu verwenden, gegenüber der Entscheidung des Betroffenen zurückstehen muss.[56] Im Einklang mit den ausdrücklichen Regelungen einiger Landesdatenschutzgesetze[57] ist der Widerspruch 25

45 Vgl. etwa § 16 Abs. 1 DSG NW.
46 § 14 Abs. 2 Nr. 3.
47 Nr. 5.
48 Nr. 8.
49 Nr. 9.
50 BT-Drs. 7/5568.
51 A.M. *Schaffland/Wiltfang,* BDSG § 16 Rdnr. 27.
52 § 20 Abs. 3 bis 6.
53 Vgl. *Auernhammer,* BDSG § 16 Rdnr. 14.
54 Vgl. dazu u. Rdnr. 29.
55 § 28 Abs. 4.
56 So auch die Rspr.; vgl. BGH, NJW 1989, 902 = RDV 1989, 124; OLG Karlsruhe, Dok. § 32 E 6; OLG Lüneburg, RDV 1988, 265.
57 § 16 Abs. 1 d DSG NW, § 16 Abs. 1 d BbgDSG, § 16 Abs. 1 Nr. 4 HmbDSG.

des Betroffenen aber auch gegenüber anderen Ausprägungen des berechtigten Interesses mit vergleichbarer Wertigkeit vorrangig. Auch bei einem berechtigten Empfängerinteresse von höherem Rang ist der Widerspruch zu beachten, wenn den Interessen des Widersprechenden der Vorrang zukommt. Dies wird insbesondere dann der Fall sein, wenn es dem Empfänger nicht auf die Daten eines ganz bestimmten Betroffenen, sondern nur auf Personen mit bestimmten Merkmalen ankommt (etwa Personen mit bestimmten speziellen Kenntnissen oder Erfahrungen, von denen man Hilfe erwartet, oder Mitbetroffene von Unglücks- oder Schicksalsfällen zur Gründung einer Interessengemeinschaft) oder wenn der Widerspruch des Betroffenen die fehlende Eignung für das Interesse des Empfängers indiziert.

26 Besteht ein **qualifiziertes berechtigtes Interesse** an der Übermittlung, so müssen auch entsprechend qualifizierte Interessen des Betroffenen auf dem Spiel stehen, wenn sie im Verhältnis dazu schutzwürdig sein sollen.[58] In jedem dieser Fälle bedarf es einer genauen Abwägung der jeweils einander gegenüberstehenden konkreten Interessen. Ein qualifiziertes berechtigtes Interesse besteht, wenn der mit der Kenntnisnahme verfolgte Zweck zumindest auch im **öffentlichen Interesse** liegt oder wenn der Dritte sich zugleich auf ein **rechtliches Interesse** stützen kann. Im öffentlichen Interesse haben zum Beispiel die politischen Parteien vor Wahlen Zugang zum Melderegister, seit 1994 allerdings nur noch soweit Betroffene nicht widersprochen haben.[59] Im öffentlichen Interesse liegt auch eine Unterstützung bestimmter, freilich nicht aller Tätigkeiten von Vereinigungen und Verbänden, etwa im sozialen und kulturellen Bereich. Die Existenz öffentlich zugänglicher Fach- und Branchenadress- und -telefonbücher dürfte ebenfalls im öffentlichen Interesse liegen.[60] Ein rechtliches Interesse besteht beispielsweise, wenn die Verfolgung von Rechten von der Kenntnis der Daten abhängt.[61] Daten, über die dem Betroffenen nach § 19 Abs. 4 oder nach einer Spezialvorschrift keine Auskunft zu geben ist, werden allenfalls in seltenen Ausnahmefällen im rechtlichen Interesse des Empfängers übermittelt werden dürfen.[62] Schutzwürdige Interessen der Betroffenen werden in der Regel einer Übermittlung nicht entgegenstehen, wenn diese (auch) in ihrem Interesse erfolgt, etwa weil sie das Bekanntwerden ihrer Daten wünschen[63] oder wenn davon ausgegangen werden kann, dass der vom Empfänger verfolgte Zweck den Interessen der Betroffenen zustatten kommt, z.B. Mitteilung der Anschriften der Inhaber von Bootsliegeplätzen an eine Lebensrettungsgesellschaft oder Seenothilfeorganisation zu Informationszwecken.[64] Dabei wird vorausgesetzt, dass eine streng zweckorientierte Nutzung gesichert ist.

4.2 Feststellung der gesetzlichen Voraussetzungen

27 Der Empfänger muss sein **berechtigtes Interesse** an der Kenntnis der Daten **glaubhaft darlegen**. Gemeint ist, dass Tatsachen glaubhaft zu machen sind, aus denen sich ein berechtigtes Interesse ergibt. Für die Bewertung ist allein die übermittelnde Stelle verantwortlich. Mit der veränderten Formulierung „glaubhaft darlegen" anstelle von „glaubhaft machen"[65] ist eine sachliche Änderung nicht verbunden, auch wenn dies von Beratungsteilnehmern beabsichtigt gewesen sein sollte.[66] Denn wie bisher hat der Empfänger sein berechtigtes Interesse durch entsprechende Darlegungen zu begründen, woraufhin die ermittelnde Stelle das Vorbringen

58 Etwa bei Angaben zu einer HIV-Infektion, vgl. dazu *HDSB,* 17. TB Abschnitt 1.1.4.
59 Nach § 22 Abs. 1 MRRG.
60 So für das Verzeichnis der Wirtschaftsprüfer VG Düsseldorf, Beschl. v. 16.8.1984, Dok. § 11 E 4; zu Gewerbebranchen s. *Lamberg,* DÖV 1980, 601 f., nicht jedoch die von allgemeinen, auch Privatleute ausweisenden „Einwohneradressbüchern"; insoweit ist zumindest eine Widerspruchsmöglichkeit einzuräumen; vgl. Rdnr. 25 a.E.
61 Z.B. Mitteilung der Personalien eines Schädigers oder Zeugen, um dem Empfänger die Geltendmachung eines Schadensersatzanspruchs zu ermöglichen; vgl. OVG NW, BB 1988, 589; OLG Celle, Beschl. v. 21.9.1984, Dok. § 11 E 2.
62 Zust. *Schaffland/Wiltfang,* BDSG § 16 Rdnr. 29.
63 Z.B. über ihre gewerbliche Tätigkeit.
64 Zur Feststellung dieser Voraussetzungen vgl. freilich u. Rdnrn. 29 f.
65 § 11 BDSG 1977.
66 Vgl. insoweit *Auernhammer,* BDSG § 16 Rdnr. 9 sowie Textausgabe § 16 Rdnr. 3.

daraufhin würdigt, ob es (ihr) glaubhaft (gemacht) ist.[67] Der Untersuchungsgrundsatz[68] ist insoweit eingeschränkt. Das Glaubhaftmachen ist eine einfachere Form des Beweises: die Tatsachen brauchen nicht mit an Sicherheit grenzender Wahrscheinlichkeit festzustehen; vielmehr genügt, dass die übermittelnde Stelle von ihrem Vorliegen mit überwiegender Wahrscheinlichkeit überzeugt wird.[69] Tatsachen, die der übermittelnden Stelle bekannt oder offenkundig sind, brauchen nicht glaubhaft gemacht zu werden.

Der Empfänger kann sich zur Glaubhaftmachung aller Beweismittel bedienen.[70] Eine allgemeine Regel dahin gehend, dass eine schlichte Erklärung des Empfängers genügt,[71] besteht nicht;[72] sie kann je nach Lage der Dinge aber ausreichen.[73] Dasselbe gilt für die Vorlage von unbeglaubigten Kopien, etwa von Geschäftsunterlagen oder sonstigen Schriftstücken, die eine bestimmte Betätigung oder Interessenlage belegen. Seit der Novellierung 1990 ist das Erschleichen einer Übermittlung durch unrichtige Angaben mit Bußgeld bzw. Strafe bedroht.[74] Damit dieser zusätzliche Schutz auch wirksam werden kann, wird in der Regel eine Überprüfung der **Identität** und ggf. der Legitimation notwendig sein, z.B. durch Vorlage eines Ausweises und einer Vollmacht. Wird das Interesse auf ein bestimmtes Gewerbe oder einen Beruf gestützt, so wird dessen tatsächliche Ausübung durch geeignete Unterlagen darzulegen sein. Zur Glaubhaftmachung eines berechtigten Interesses an Daten, die über Grunddaten[75] hinausgehen, wird aus Schutzgründen regelmäßig mehr als eine Erklärung des Interessenten erforderlich sein. 28

Für die zweite gesetzliche Voraussetzung, die Nicht-Beeinträchtigung schutzwürdiger Interessen des Betroffenen, genügt die Glaubhaftmachung nicht; vielmehr bleibt es bei den allgemeinen Grundsätzen des Verwaltungsverfahrensrechts, dass die Behörde oder Stelle den Sachverhalt **von Amts wegen** untersucht[76] und dass sie von dem Sachverhalt erst dann als gegeben ausgehen kann, wenn er zu ihrer Überzeugung feststeht.[77] Die Intensität der Aufklärung richtet sich u.a. danach, wie gravierend die Folgen einer Ablehnung für den Empfänger und einer Übermittlung für den Betroffenen sind. Bei der meist listenmäßig erfolgenden Übermittlung von Daten geringerer Sensibilität, etwa von Anschriften für ein Adressbuch, wird es genügen, wenn die Behörde durch eine öffentliche Bekanntmachung den Betroffenen Gelegenheit gibt, der Übermittlung zu widersprechen.[78] Bei vergleichsweise empfindlicheren Daten sind regelmäßig weitergehende Ermittlungen Voraussetzung einer positiven Entscheidung. Die Behörde ist zu besonderen Anstrengungen aber nur verpflichtet, wenn der Interessent einen Anspruch auf die Übermittlung der Daten hat. Andernfalls kann die Behörde die Übermittlung ablehnen oder vom Ersatz der entstehenden Kosten abhängig machen. Können die schutzwürdigen Belange durch die Art der Verwendung berührt werden, so liegt es im Interesse des Empfängers, sich zu einer Begrenzung der Datennutzung zu verpflichten, die enger als die gesetzliche Zweckbindung nach Abs. 4 ist, z.B. zur alsbaldigen Anonymisierung oder Löschung. Auch sonst steht es ihm frei, sich zum Ergreifen besonderer Maßnahmen zugunsten der schutzwürdigen Interessen der Betroffenen zu verpflichten, etwa zur Verschlüsselung der Daten oder zur Unterrichtung der Betroffenen von der Nutzung. 29

---

67 *Dörr/Schmidt,* BDSG § 16 Rdnr. 2; *Wohlgemuth,* Datenschutzrecht Rdnr. 173; *Stange,* Datenschutz Rdnr. 125; im Ergebnis ebenso *Bergmann/Möhrle/Herb,* BDSG § 16 Rdnr. 16, die damit sogar höhere Anforderungen gestellt sehen.

68 §§ 24, 26 Abs. 2 VwVfG.

69 *Eyermann/Fröhler,* VwGO § 60 Rdnr. 16; *Bergmann/Möhrle/Herb,* BDSG § 16 Rdnr. 15.

70 Vgl. § 294 ZPO.

71 S. *Gola/Schomerus,* BDSG § 16 Rdnr. 10.

72 Vgl. *Knack/Schwarze,* VwVfG § 32 Rdnr. 7; *Eyermann/Fröhler,* VwGO § 86 Anm. 13.

73 Ebenso *Dörr/Schmidt,* BDSG § 16 Rdnr. 3; strenger *Nungesser,* HDSG § 16 Rdnr. 15, der grundsätzlich weitere Umstände verlangt.

74 §§ 43 Abs. 2 Nr. 4, 44.

75 S. § 28 Abs. 3 Nr. 3.

76 § 24 VwVfG.

77 *Borgs,* in *Meyer/Borgs,* VwVfG § 24 Rdnr. 4.

78 Weitergehend *Nungesser,* HDSG § 16 Rdnr. 22 f., der bei Übermittlung für Werbezwecke stets eine Einwilligung fordert.

30 Das Gesetz verlangt eine Interessenabwägung, die dem schutzwürdigen **Interesse jedes einzelnen Betroffenen** gerecht wird.[79] Eine quasi statistische Betrachtungsweise – etwa dahin gehend, dass in aller Regel ein schutzwürdiges Interesse nicht verletzt wird, höchstens in wenigen Ausnahmefällen – und andere Formen einer pauschalen und typisierenden Betrachtungsweise sind damit ebenso wenig vereinbar wie das Aufstellen einer Vermutung.[80]

31 Sowohl das „berechtigte Interesse“ als auch das „schutzwürdige Interesse“ sind unbestimmte Rechtsbegriffe, deren richtige Anwendung gerichtlich voll überprüfbar ist.

4.3 Übermittlung sensitiver Daten (Abs. 1 Satz 2)

32 Besondere Arten personenbezogener Daten, also sensitive Daten, unterliegen entsprechend den Vorgaben der EG-Datenschutzrichtlinie einer strengeren Regelung. Das Gesetz hält sich dabei – durch eine entsprechende Verweisung auf § 14 Abs. 5 und 6 – zunächst genau an die Linie, die es im Rahmen seiner Regelungen zur Speicherung, Veränderung und Nutzung definiert hat. Auf die dortige Kommentierung kann daher verwiesen werden.[81] Zusätzlich berücksichtigt es jedoch den Fall, dass die Übermittlung an einen Dritten „zur Geltendmachung, Ausübung oder Verteidigung rechtlicher Ansprüche erforderlich ist“.[82]

33 Der Begriff **„rechtliche Ansprüche“** ist weit zu interpretieren. Er umfasst Rechtspositionen sowohl des öffentlichen wie des privaten Rechts. Auch Anwartschafen genügen. Andererseits reichen reine Vermögensinteressen nicht aus.

34 Der rechtliche Anspruch muss der verantwortlichen (hier: übermittelnden) Stelle **selbst zustehen**. Unschädlich ist es, wenn sie den Anspruch von einem anderen erworben hat, sofern dies nur rechtswirksam erfolgt ist. Auch eine Überlassung zur Ausübung in eigenem Namen oder eine Vollmacht zur Ausübung in fremdem Namen reicht aus.

35 Die Übermittlung muss **erforderlich** sein. Die Vorschrift erlaubt es der verantwortlichen Stelle beispielsweise, sensitive Daten ihrem Rechtsbeistand mitzuteilen oder vor Gericht – gegebenenfalls auch in öffentlicher Verhandlung – vorzutragen. Auch außergerichtliche Schlichtungsverfahren und Vorverfahren können beschritten werden. Bei vorprozessualer Einschaltung eines Sachverständigen genügen in der Regel anonymisierte Daten. Soweit mit der Übermittlung ein Handeln oder Entscheiden eines Dritten im Sinne der Geltendmachung, Ausübung oder Verteidigung gesteuert oder beeinflusst werden soll – etwa soll der Rechtsanwalt den Schuldner zur Erfüllung einer Vertragspflicht anhalten oder das Gericht über einen Schadensersatzanspruch befinden –, muss es genügen, dass die Übermittlung bei vernünftiger Beurteilung dazu geeignet erscheint, wenn ein Gericht einen Tatsachenvortrag nachträglich für unerheblich erklärt, ist das unschädlich. Die Verteidigung eines rechtlichen Anspruchs kann erforderlich sein, wenn ein Dritter sich dieses Rechts berühmt, etwa eines Urheberrechts.

36 Die gesetzliche Formulierung, wie auch schon die der Richtlinie,[83] hat nur die rechtlichen Ansprüche der verantwortlichen Stelle im Auge, nicht jedoch den Fall, dass **rechtliche Ansprüche Dritter** gegen sie erhoben werden und sie diese unter Übermittlung sensitiver Daten abwehren möchte. Da die Interessenlage vollkommen gleich ist, ist diese Regelungslücke durch analoge Anwendung der Vorschrift zu schließen.

37 Ungeachtet der insoweit neutralen Formulierung wirkt die Ausnahme nur zugunsten der verantwortlichen Stelle. Ein Bedarf des Empfängers, die Daten zur Verfolgung seiner Rechtsansprüche zu benutzen, bleibt außer Betracht. Diese restriktive Interpretation folgt aus der Zielsetzung des besonderen Schutzes sensitiver Daten.[84]

---

79 *Nungesser,* HDSG § 16 Rdnr. 20 ff.
80 Vgl. dazu o. Rdnr. 23.
81 § 14 Rdnrn. 121 ff.
82 Zur analogen Anwendbarkeit dieser Klausel im Rahmen des § 14 s. dort Rdnr. 121.
83 Art. 8 Abs. 2 e.
84 Vgl. auch *Simitis/Dammann*, DS-Richtlinie Art. 8 Erl. 17.

5. Verantwortung für die Zulässigkeit der Übermittlung (Abs. 2)

Nach Abs. 2 trägt die übermittelnde Stelle die Verantwortung für die Zulässigkeit der Übermittlung. Dies ist die (an sich selbstverständliche) Konsequenz daraus, dass Übermittlungsempfänger eine nicht-öffentliche Stelle ist; eine Verantwortungsaufteilung wie im Falle der Übermittlung an eine andere öffentliche Stelle zur Erfüllung von deren Aufgaben[85] ist hier nicht möglich. Das Gesetz bleibt daher bei dem allgemeinen Grundsatz, dass die übermittelnde Stelle die Verantwortung dem Betroffenen gegenüber in vollem Umfang trägt. Auf die Erläuterungen zur Parallelregelung des § 15 Abs. 2 Satz 1 wird verwiesen.[86] 38

6. Unterrichtung von der Datenübermittlung (Abs. 3)

Die mit der Novellierung 1990 neu eingeführte Pflicht zur Benachrichtigung des Betroffenen 39 von Datenübermittlungen nach Abs. 1 Nr. 2 hat zwei Funktionen. Sie dient zum einen der **Information** des Betroffenen, damit er im Sinne der Volkszählungsentscheidung des Bundesverfassungsgerichts[87] weiß, wer wann bei welcher Gelegenheit welche Informationen über ihn besitzt. Zum anderen ist sie eine **präventive** verfahrensmäßige **Vorkehrung**, weil die übermittelnde öffentliche Stelle gezwungen wird, bei ihrer Entscheidungsbildung den mit der Benachrichtigung verbundenen Aufwand, vor allem aber die Reaktion des Betroffenen mit einzukalkulieren. Dem Entscheider wird mit anderen Worten seine Rechtfertigungspflicht vor Augen geführt.[88] Die Aussage in der Begr. des RegE, die Benachrichtigungspflicht sei in den Fällen der Nr. 2 sachgerecht, weil insoweit der Betroffene – anders als bei Übermittlungen nach Nr. 1 – nicht mit der Übermittlung seiner Daten rechnen müsse, ist insoweit zutreffend, als eine privatnützige Übermittlung im Interesse des Empfängers mit einer besonders gravierenden Zweckänderung verbunden ist und eine ausgesprochene Ausnahme darstellt.[89] Die Benachrichtigungspflicht ist im Übrigen das sachgerechte verfahrensmäßige Korrelat zu dem auf unbestimmten Rechtsbegriffen und einer Interessenabwägung aufbauenden Übermittlungstatbestand des Abs. 1 Nr. 2. Indem die Vorschrift eine gewisse Transparenz des Übermittlungsverhaltens der öffentlichen Stelle garantiert, trägt sie außerdem zur Gleichbehandlung von Dateninteressenten wie von Betroffenen bei.[90]

Die Benachrichtigungpflicht greift in **allen Fällen der Übermittlung nach Abs. 1 Nr. 2.** Die 40 Vorschrift ist aber auch dann anzuwenden, wenn eine Datenübermittlung an eine nicht-öffentliche Stelle auf der Grundlage einer im Verhältnis zu Abs. 1 Nr. 2 vorrangigen Rechtsvorschrift erfolgt; dies setzt voraus, dass die Übermittlung im Interesse des Empfängers und nicht in Erfüllung einer Aufgabe der übermittelten Stelle erfolgt. Handelt es sich um zu veröffentlichende oder jedermann zugängliche Daten, so besteht keine Benachrichtigungspflicht. Diese entfällt ebenfalls, wenn sich ausdrücklich oder aus dem Regelungszusammenhang der bereichsspezifischen Übermittlungsvorschrift ergibt, dass eine Benachrichtigung nicht zu erfolgen hat.

Der Betroffene ist **von der Übermittlung seiner Daten** zu benachrichtigen. Aus der Benach- 41 richtigung muss hervorgehen

1. die Tatsache, dass Daten zu seiner Person übermittelt wurden,
2. um welche Daten es sich dabei handelt,
3. wer der Empfänger der Übermittlung ist und
4. der Zweck der Datenübermittlung.

Die übermittelten Daten sind so genau zu umschreiben, dass der Betroffene weiß, welche Informationen der Empfänger aufgrund der Übermittlung besitzt. Dazu wird es im Allgemeinen erforderlich sein, die übermittelten Daten selbst zu benennen. Nur wenn Zweifel seitens

---

85 § 15 Abs. 2.
86 § 15 Rdnr. 21.
87 BVerfGE 65, 1, 43.
88 *Bergmann/Möhrle/Herb,* BDSG § 16 Rdnr. 23.
89 Zu Recht krit. *Tinnefeld/Ehmann,* Einführung Abschnitt III 7.3.3.
90 Vgl. *Weyer,* DSG NW § 16 Rdnr. 7.

des Betroffenen ausgeschlossen sind, genügt auch die Angabe der Datenarten, ggf. auch in zusammengefasster Form (etwa „Ihre Reisetermine", „die uns von Ihnen mit Schreiben vom … übergebenen Unterlagen"). In praktischer Hinsicht ist zu beachten, dass zu den übermittelten Daten auch die verwendeten Selektionskriterien gehören, unabhängig davon, ob sie bei der Übermittlung ausdrücklich mitgeteilt werden,[91] etwa wenn nach Schriftsachverständigen mit langjähriger Berufspraxis gefragt und daraufhin eine Liste lediglich mit Namen und Anschriften übergeben wird. Auch der oder die Empfänger sind grundsätzlich konkret zu nennen, das heißt mit Angabe von Namen oder Firma und Anschrift. Nur wenn diese Angaben für den Betroffenen offenkundig sind, kann auch hier mit generellen Angaben gearbeitet werden (etwa „die örtlichen Autovermieter" oder „zwölf Privatschulen der Region X"). Die Angabe des Zwecks ist ebenfalls notwendig, weil sie die entscheidende Beurteilungsgrundlage darstellt und die weitere Verwendung durch den Empfänger bestimmt.[92] Während einige Landesdatenschutzgesetze eine Benachrichtigung von der beabsichtigten Übermittlung erfordern, verzichtet Satz 1 auf eine ausdrückliche Regelung des **Zeitpunkts**. Nach allgemeinem Sprachgebrauch bedeutet aber „unterrichtet … von der Übermittlung", dass die Übermittlung ein Faktum und ergo bereits erfolgt ist. Dies wird auch durch Satz 2 bestätigt, der es als gleichwertig ansieht, wenn der Betroffene „auf andere Weise Kenntnis erlangt", womit eine nachträgliche Kenntnis eingeschlossen wird.[93] Eine vorherige Unterrichtung ist aber keineswegs ausgeschlossen und wird wegen der höheren Schutzwirkung im Allgemeinen den Vorzug verdienen.

42 Nach Satz 2 entfällt die Benachrichtigungspflicht, **wenn damit zu rechnen ist, dass der Betroffene auf andere Weise Kenntnis erlangt**. Die Kenntnis muss sich auf alle Elemente erstrecken, die normalerweise Gegenstand der Benachrichtigung sind,[94] weil sich nur dann eine besondere Benachrichtigung erübrigt. In der Praxis wird dies deshalb im Wesentlichen nur dann in Betracht kommen, wenn die Information des Betroffenen durch besondere Vorkehrungen sichergestellt ist, etwa dadurch, dass der Empfänger die Unterrichtung übernimmt, z.B. im Rahmen eines ohnehin vorgesehenen Anschreibens, etwa vergleichbar der Ersatzbenachrichtigung im Rahmen der SCHUFA-Klausel der Kreditinstitute.

43 Zwar lässt das Gesetz offen, auf welche andere Weise die Unterrichtung des Betroffenen erfolgt, und begnügt sich damit, dass **„damit zu rechnen ist"**. Dies kann aber keineswegs dahin interpretiert werden, dass bereits eine vage Aussicht ausreicht oder eine überwiegende Wahrscheinlichkeit, dass die Sache dem Betroffenen irgendwie zu Ohren kommen wird. Eindeutiger Ausgangspunkt ist vielmehr die Forderung des Gesetzes, dass der Betroffene unterrichtet werden muss.[95] Die Kenntnis „auf andere Weise" wird nur deshalb als Ersatz angeboten, damit überflüssiger Aufwand und bürokratischer Leerlauf vermieden werden können. Es handelt sich also um eine praktische Erleichterung, die das Ziel der Regelung nicht infrage stellt. Gefordert wird daher, dass verlässlich Vorsorge getroffen ist, dass die gebotene Kenntnis dem Betroffenen tatsächlich zugeht. Der Informationserfolg muss nach Lage der Dinge so gesichert sein, sodass er allenfalls bei Eintritt unvorhersehbarer Umstände noch vereitelt werden kann. Die übermittelnde Stelle hat eine Sorgfaltspflicht, das Funktionieren der insoweit getroffenen Vorkehrungen zu beobachten und die Benachrichtigung nach Satz 1 nachzuholen, wenn sich zeigt, dass die Kenntnisverschaffung auf andere Weise aus welchen Gründen auch immer doch nicht funktioniert. Die übermittelnde Stelle kann sich also keineswegs damit begnügen, dass im Zeitpunkt der Übermittlung eine mehr oder weniger sichere Aussicht bestand, dass der Betroffene von dem neuen Verwendungszusammenhang erfahren werde.[96] „Damit zu rechnen" bedeutet also hier berechenbare Verlässlichkeit.[97] Die bloße Möglichkeit des Rückschlusses – etwa: der Betroffene erfährt planmäßig, dass eine nicht-

91 Vgl. § 3 Rdnrn. 119, 162.
92 Abs. 4.
93 Im Ergebnis ebenso *Gola/Schomerus,* BDSG § 16 Rdnr. 17; *Stange,* Datenschutz Rdnr. 125.
94 Vgl. vorstehend.
95 Satz 1.
96 Mit Recht krit. *Stange,* Datenschutz Rdnr. 125.
97 In diesem Sinne auch *Bergmann/Möhrle/Herb,* BDSG § 16 Rdnr. 24.

öffentliche Stelle bestimmte Daten über ihn besitzt, und wird daraus schließen, dass diese nur von einer bestimmten öffentlichen Stelle übermittelt worden sein könnnen – reicht nicht aus, weil der Betroffene dabei nur eine unsichere und unvollständige Information erlangt.[98] Die Benachrichtigung wie auch die Kenntnis auf andere Weise müssen in einem vernünftigen zeitlichen Zusammenhang mit der Übermittlung erfolgen, sodass der Betroffene sich im Sinne der informationellen Selbstbestimmung auf das dem Empfänger durch die Übermittlung zugewachsene Wissen einstellen und sich darüber schlüssig werden kann, ob er gegen die an der Übermittlung beteiligten Stellen vorgehen soll.[99]

Die Verpflichtung zur Benachrichtigung entfällt ersatzlos, wenn die Unterrichtung **die öffentliche Sicherheit gefährden oder sonst dem Wohle des Bundes oder eines Landes Nachteile bereiten würde.**[100] Die Vorschrift folgt insoweit § 19 Abs. 4 Nr. 2, der in diesem Fall eine Ausnahme vom Auskunftsrecht des Betroffenen vorsieht.[101] Praktische Anwendungsfälle können im Zusammenhang mit der Gefahrenabwehr und der Gefahrenvorsorge auftreten, etwa bei einer notwendigen Unterrichtung privater Unternehmen im Zusammenhang mit sicherheitsrelevanten staatlichen Aufträgen.[102] 45

Die Form der Benachrichtigung wie auch das Verfahren der Kenntnisverschaffung auf andere Weise überlässt das Gesetz der übermittelnden öffentlichen Stelle. Eine mündliche Information ist daher grundsätzlich ausreichend. Aus Beweisgründen wird sich aber meist das schriftliche Verfahren empfehlen.[103] 46

7. Zweckbindung beim Empfänger (Abs. 4)

Nach Abs. 4 Satz 1 darf der Empfänger die übermittelten Daten nur für den Zweck verarbeiten oder nutzen, zu dessen Erfüllung sie ihm übermittelt werden. Abgesehen von dem hier zusätzlich eingefügten Wort „nur" gleicht der Wortlaut der Parallelregelung zur Übermittlung an öffentliche Stellen.[104] Auf die entsprechenden Erläuterungen kann daher im Wesentlichen verwiesen werden.[105] 47

Während bei der Übermittlung an öffentliche Stellen der Übermittlungszweck stets eng an die der Übermittlung zugrunde liegende Aufgabe gebunden und damit in aller Regel normativ näher bestimmt ist – was auch auf Übermittlungen nach Abs. 1 Nr. 1 zutrifft –, fehlt es bei Übermittlungen nach Abs. 1 Nr. 2 an entsprechenden objektiven Bezugspunkten. Der Übermittlungszweck orientiert sich hier an dem konkreten im Einzelfall vom Empfänger geltend gemachten berechtigten Interesse, soweit es von der übermittelnden Stelle als Grundlage für die Übermittlung akzeptiert worden ist. Von diesem Interesse ist auszugehen, wenn die öffentliche Stelle bei der Übermittlung und im Rahmen des nach Satz 2 vorgeschriebenen Hinweises keine weiteren Festlegungen zum Übermittlungszweck getroffen hat. Ist dies aber der Fall, so ist der von der übermittelnden öffentlichen Stelle näher spezifizierte Zweck maßgeblich. Die übermittelnde Stelle kann den Übermittlungszweck in jeder Hinsicht näher bestimmen und einschränken, etwa was den Umfang des Zweckes betrifft,[106] den Umfang oder Zeitraum der Nutzung[107] oder die Art der Nutzung.[108] 48

98 *Bergmann/Möhrle/Herb,* BDSG § 16 Rdnr. 24; a.M. wohl *Gola/Schomerus,* BDSG § 16 Rdnr. 17; bedenklich auch *Auernhammer,* BDSG § 16 Rdnr. 22, der es anscheinend genügen lassen will, dass keine gegenteiligen Anhaltspunkte bestehen.

99 Vgl. *Gola/Schomerus,* BDSG § 16 Rdnr. 17 „sofort oder … in absehbarer Zeit".

100 Satz 2 2. Halbsatz.

101 Vgl. Erl. dort.

102 *Bergmann/Möhrle/Herb,* BDSG § 16 Rdnr. 25; *Gola/Schomerus,* § 16 Rdnr. 17.

103 *Lübking,* Datenschutz Rdnr. 500.

104 § 15 Abs. 3 Satz 1; das Wort „nur" folgt dort in Satz 2, womit das rechtliche Ergebnis gleich ist.

105 Vgl. im Einzelnen § 15 Rdnrn. 34 bis 39.

106 Z.B. „Nur für Werbung, nicht zur Aktualisierung des Adressenbestandes des Empfängers" oder „Nur für Werbung für X-Produkte".

107 Z.B. „Nur für einmalige Nutzung", „Nur für die Dauer eines Jahres".

108 Z.B. „Keine Anrufe oder Haustürbesuche".

49 Nach Satz 2 hat die übermittelnde Stelle den Empfänger auf die nach Satz 1 bestehende **Zweckbindung hinzuweisen**. Aus dem Hinweis muss sich ergeben, für welchen Zweck die Daten übermittelt werden, dass dieser Zweck für den Empfänger verbindlich und ihm demgemäß eine zweckfremde Nutzung verboten ist und – falls insoweit eine Unklarheit bestehen kann – auf welche Daten sich die Zweckbindung genau bezieht. Der aufgrund der Hinweispflicht mitgeteilte Zweck ist für den Empfänger in jedem Fall beachtlich, gleichgültig ob und in welchem Umfang er mit dem vom Empfänger gewünschten Übermittlungszweck übereinstimmt. Die Hinweispflicht ist eine verfahrensmäßige Vorkehrung, durch die die Wirksamkeit der Zweckbindung sichergestellt werden soll, unter anderem auch im Hinblick auf deren Sanktionsbewehrung nach § 43 Abs. 2 Nr. 5.[109] Ein unterbliebener Hinweis führt freilich nicht automatisch zur Annahme eines beachtlichen, weil unvermeidbaren Verbotsirrtums. Ein Hinweis darauf, dass unter engen Voraussetzungen eine Verarbeitung oder Nutzung auch für andere Zwecke zulässig ist,[110] ist weder notwendig noch zweckmäßig.[111]

50 Nach Satz 3 ist eine Verarbeitung oder Nutzung **für andere Zwecke zulässig**, wenn eine Übermittlung nach Abs. 1 zulässig wäre und die übermittelnde Stelle zugestimmt hat. Der Vorschrift fehlt ein eigenständiger normativer Gehalt. In materieller Hinsicht verweist sie auf Abs. 1. Die verantwortliche Entscheidung darüber, ob dessen Voraussetzungen vorliegen, liegt allein bei der übermittelnden Stelle, da diese der Zweckänderung zustimmen muss und dabei selbstverständlich an die materielle Regelung des Abs. 1 gebunden ist. Der Empfänger hat keine materielle Entscheidungsbefugnis. Die Tatsache, dass er die Voraussetzungen des Satzes 3 für gegeben hält, hat rechtlich keinerlei Bedeutung; sein Wunsch, die Daten für andere Zwecke zu verarbeiten oder zu nutzen, ist von der übermittelten Stelle nicht anders als ein Übermittlungswunsch zu behandeln.[112] Die praktische Bedeutung der Vorschrift besteht daher nur in der Klarstellung, dass es für eine Verarbeitung oder Nutzung zu einem anderen als dem der Übermittlung zugrunde liegenden Zweck einer erneuten Entscheidung der übermittelnden Stelle, nicht aber einer neuen physischen Datenübermittlung bedarf. Aus diesem Verständnis ergibt sich auch eine spezifische Begrenzung der Regelung. Die übermittelnde Stelle darf der Zweckänderung nur zustimmen, wenn sie die Daten auch erneut übermitteln dürfte und könnte. Soweit sie über Daten selbst nicht mehr verfügt, etwa weil sie aufgrund von Löschungsregelungen[113] zu löschen oder aufgrund besonderer Umstände zu berichtigen, zu löschen oder zu sperren waren – oder sind[114] –, darf die übermittelnde Stelle auch nicht mehr in der Form einer Zustimmung nach § 16 Abs. 4 Satz 3 über diese Daten verfügen.

51 Spezielle Rechtsvorschriften über die Zweckbindung beim Empfänger einer Übermittlung gehen vor, so z.B. § 16 Abs. 8 BStatG und § 68 Abs. 4 SGB VIII.

52 Da die Zustimmung der öffentlichen Stelle einer (weiteren) Übermittlung zu dem anderen Zweck gleichkommt, gilt sie nur für die Zukunft. Hat der Empfänger schon vor Wirksamwerden der Zustimmung die Daten für andere Zwecke verarbeitet oder genutzt, so liegt darin ein Verstoß gegen § 4 Abs. 1 und im Falle einer Übermittlung eine Ordnungswidrigkeit nach § 43 Abs. 2 Nr. 5, die durch die nachträgliche Zustimmung nicht gerechtfertigt wird.

53 Der Vorgang der Übermittlung kann für den Empfänger zugleich eine Erhebung darstellen. In der Regel wird die Übermittlung auch zu einer Speicherung beim Empfänger führen. Für den Empfänger gilt in diesen Fällen eine Zweckbindung gemäß §§ 28 bis 30, die in seltenen Fällen auch einmal enger sein kann als die Zweckbindung aus Satz 1. In jedem Fall sind beide Zweckbindungen kumulativ zu beachten.[115]

§ 17 (aufgehoben)

109 Vgl. *Gola/Schomerus,* BDSG § 16 Rdnr. 18.
110 Satz 3.
111 S. dazu im Folgenden.
112 Vgl. *Gola/Schomerus,* BDSG § 16 Rdnr. 19; *Tinnefeld/Ehmann,* Einführung Abschnitt III 7.3.4.
113 Vgl. § 18 Abs. 2 Satz 2 Nr. 6.
114 § 20.
115 Vgl. auch zur Parallelvorschrift § 15 Rdnr. 44.

§ 18 Durchführung des Datenschutzes in der Bundesverwaltung

(1) Die obersten Bundesbehörden, der Präsident des Bundeseisenbahnvermögens sowie die bundesunmittelbaren Körperschaften, Anstalten und Stiftungen des öffentlichen Rechts, über die von der Bundesregierung oder einer obersten Bundesbehörde lediglich die Rechtsaufsicht ausgeübt wird, haben für ihren Geschäftsbereich die Ausführung dieses Gesetzes sowie anderer Rechtsvorschriften über den Datenschutz sicherzustellen. Das gleiche gilt für die Vorstände der aus dem Sondervermögen Deutsche Bundespost durch Gesetz hervorgegangenen Unternehmen, solange diesen ein ausschließliches Recht nach dem Postgesetz zusteht.

(2) Die öffentlichen Stellen führen ein Verzeichnis der eingesetzten Datenverarbeitungsanlagen. Für ihre automatisierten Verarbeitungen haben sie die Angaben nach § 4e sowie die Rechtsgrundlage der Verarbeitung schriftlich festzulegen. Bei allgemeinen Verwaltungszwecken dienenden automatisierten Verarbeitungen, bei welchen das Auskunftsrecht des Betroffenen nicht nach § 19 Abs. 3 oder 4 eingeschränkt wird, kann hiervon abgesehen werden. Für automatisierte Verarbeitungen, die in gleicher oder ähnlicher Weise mehrfach geführt werden, können die Festlegungen zusammengefasst werden.

Literatur

H. Abel/W. Schmölz, Datensicherung für Betriebe und Verwaltung (1986); *Bundesanstalt für Arbeit,* Der Datenschutz in der Bundesanstalt, hier: Anwendung des neugefassten Bundesdatenschutzgesetzes (BDSG) ab 1. Juni 1991, Dienstbl. der BfA Dienstblattrunderlaß 92/91 v. 14. Juni 1991; *Der Bundesbeauftragte für den Datenschutz,* Die Datenschutzbeauftragten in Behörde und Betrieb, BfD-Info 4, (Eigenverlag, 5. Aufl. 2004; *Bundesminister der Verteidigung,* Bundesdatenschutzgesetz (BDSG) – Einführungserlaß – mit Durchführungsbestimmungen zum Bundesdatenschutzgesetz (BDSG) im Geschäftsbereich des BMVg – Neufassung, MinBl. des BMVg 1991, 293 ff., 312 ff.; *Innenministerium Baden-Württemberg,* Hinweise zum BDSG, Staatsanzeiger Nr. 1/2 v. 9.1.1993 (= Dok. B 1.36); *Der Landesbeauftragte für den Datenschutz Mecklenburg-Vorpommern,* Hinweise zur Führung der Dateibeschreibung und des Geräteverzeichnisses, ABl. Mecklenburg-Vorpommern 1993, 1118; *U. Lübking,* Datenschutz in der Kommunalverwaltung (1992); *H.-J. Stange,* Datenschutz, Abschnitt Datenschutzpraxis, Rdnrn. 220 ff., 229 ff.; *M. Wächter,* Die Dateienübersicht als Administrationsanforderung, DuD 1990, 119 ff.; vgl. auch Literatur zu §§ 4f, 4g, 9 und 37.

Übersicht

1. Vorbemerkung

1 § 18 regelt Fragen der Durchführung des Datenschutzes in der Bundesverwaltung. Eine Verpflichtung der jeweiligen Normadressaten, die zur Gesetzesausführung erforderlichen Maßnahmen zu treffen, folgt bereits unmittelbar aus der vorbehaltlosen Verbindlichkeit des Gesetzes. Einer ausdrücklichen Vorschrift bedurfte es dazu nicht. Die rein rechtliche Bedeutung der Vorschrift liegt daher einerseits in der Regelung von Kompetenzen (Abs. 1), andererseits in der Definition bestimmter obligatorischer Grundmaßnahmen (Abs. 2). Im Vordergrund steht aber das Ziel des Gesetzes, die Behörden zu motivieren, den Datenschutz als eigenständige Verpflichtung zu erkennen und seine systematische Durchführung durch eine stabile Organisation zu sichern.[1]

1 *Stange,* Datenschutz, Rdnr. 220.

2. Träger der Durchführungspflicht (Abs. 1)

2 Das Gesetz begnügt sich nicht mit der an den jeweiligen Adressaten gerichteten, den einzelnen materiellen Regelungen immanenten Durchführungspflicht, sondern verpflichtet außerdem die obersten Behörden, in ihrem Bereich für die Verwirklichung des Datenschutzes zu sorgen. Diese Pflicht trifft zunächst die obersten Bundesbehörden,[2] jeweils – soweit vorhanden – auch für den nachgeordneten Bereich.

3 Juristische Personen des öffentlichen Rechts, die nur der Rechts-, nicht aber der Fachaufsicht einer obersten Bundesbehörde unterliegen, mussten jedoch von der Verantwortung für den nachgeordneten Bereich ausgenommen werden, weil die Mittel der Rechtsaufsicht zur Erfüllung der Durchführungspflicht nicht ausreichen. Diesen juristischen Personen überträgt das Gesetz daher für ihren Bereich die Durchführungspflicht selbst. Betroffen sind davon z.B. die Bundesagentur für Arbeit, die Deutsche Welle und die Bundesversicherungsanstalt für Angestellte. Satz 2 betrifft nur noch den Vorstand der Deutschen Post AG.[3]

4 Auch privatrechtlich organisierte Vereinigungen, die nach § 2 Abs. 1 oder 3 als öffentliche Stellen anzusehen sind,[4] sind in entsprechender Anwendung des Abs. 1 als Gesetzesadressat der allgemeinen Durchführungspflicht anzusehen. Für sie gilt ebenso wie für die im Gesetz im Einzelnen genannten bundesunmittelbaren juristischen Personen des öffentlichen Rechts, dass sie – in datenschutzrechtlicher Hinsicht – der Bundesverwaltung zuzuordnen sind, die Bundesregierung und die obersten Bundesbehörden jedoch keine ausreichenden Direktionsmöglichkeit haben, um die Durchführung des Datenschutzes bei ihnen sicherstellen zu können. Da dem Gesetz eine Durchführungspflicht ohnehin immanent ist, hat die Frage der analogen Anwendung des Abs. 1 nur geringe praktische Bedeutung.

3. Inhalt der allgemeinen Durchführungspflicht (Abs. 1)

5 Der Inhalt der Durchführungspflicht besteht darin, die **Ausführung des BDSG** sowie anderer Rechtsvorschriften über den Datenschutz sicherzustellen. Die Normadressaten haben danach dafür zu sorgen, dass die in Datenschutzvorschriften enthaltenen Verbote[5] lückenlos beachtet und die Datenschutzpflichten[6] uneingeschränkt erfüllt werden. Nicht entscheidend ist, ob ein unmittelbarer Zusammenhang mit den Rechten des Betroffenen besteht.

6 Die Einbeziehung anderer **Rechtsvorschriften über den Datenschutz** folgt notwendig aus der Subsidiarität des BDSG. Soweit die Regelungen des BDSG nach § 1 Abs. 3 durch besondere Rechtsvorschriften des Bundes verdrängt werden, kann die Durchführungspflicht naturgemäß nicht entfallen; es ändert sich nur der rechtliche Maßstab. Ebenso wie sich die Durchführungspflicht auf alle sachlichen Regelungen des BDSG erstreckt, sind auch alle zu einer dieser Regelungen vorrangigen Normen einzubeziehen. Es geht insbesondere um Vorschriften, die die Verarbeitung personenbezogener Daten erlauben, vorschreiben oder verbieten, sowie um Vorschriften über die Auskunft, die Berichtigung und die Löschung; aber auch vorrangige Datenschutzvorschriften über personelle, organisatorische und technische Maßnahmen sind denkbar.

7 Es muss sich allerdings stets um Vorschriften mit Datenschutzcharakter handeln. Dafür kommt es nicht darauf an, ob sie von den Regelungen des BDSG zugunsten oder zuungunsten des Betroffenen abweichen. Entscheidend ist, dass es sich um eine Regelung handelt, bei der entweder die Ziele mit denen des BDSG[7] übereinstimmen oder aber unter dem Gesichtspunkt

---

2 Bundesministerien, Bundeskanzleramt, Bundespräsidialamt, Bundesrechnungshof, Verwaltungen von Bundestag, Bundesrat und Bundesverfassungsgericht.

3 Vgl. § 2 Rdnr. 58.

4 S. dazu § 2 Rdnrn. 32 ff.

5 Z.B. das Verarbeitungs- und Nutzungsverbot des § 4 Abs. 1, das in der Geheimhaltungspflicht des § 16 BStatG liegende Übermittlungsverbot und das Nutzungsverbot der §§ 14 Abs. 4, 31.

6 Z.B. Maßnahmen nach § 9 zu ergreifen oder unrichtige Daten nach § 20 Abs. 1 zu berichtigen.

7 Vgl. dazu § 1 Abs. 1.

des Datenschutzes sachlich begrenzt werden.[8] Zur ersten Gruppe gehören z.B. die Auskunftsregelungen des Bundeszentralregistergesetzes und die Vorschriften über die Löschung im Schuldnerverzeichnis.[9] Zur zweiten Gruppe zählt z.B. die Vorschrift über die Einsicht in das Grundbuch.[10] Auf die Ausführung „anderer" Datenschutzvorschriften bezieht sich die Durchführungspflicht nicht schlechthin, sondern nur insoweit, als ihr Datenschutzcharakter reicht. Gilt etwa eine andere Vorschrift, wie z.B. das Statistikgeheimnis, auch für nicht-personenbezogene Daten, so fällt sie insoweit nicht unter Abs. 1.

Rechtsvorschriften sind nicht nur formelle Gesetze, sondern alle geltenden Rechtsnormen einschließlich der Rechtsverordnungen, der öffentlich-rechtlichen Satzungen und des normativen Teils der Tarifverträge und Betriebsvereinbarungen.[11] Zu den Rechtsvorschriften zählen auch die Grundrechte und andere Verfassungsbestimmungen. Verwaltungsvorschriften spricht § 18 nicht an. Sie sind nicht Maßstab, sondern eines der Mittel zur Durchführung des Datenschutzes. Selbstverständlich ist auch ihre Beachtung sicherzustellen; dies ist Teil der Gesetzesausführung. 8

Zum **Geschäftsbereich** gehören jeweils die der durchführungspflichtigen Einheit nachgeordneten Behörden und sonstigen öffentlichen Stellen sowie die ihrer Aufsicht unterstehenden juristischen Personen des öffentlichen Rechts, soweit sie nicht selbst Normadressat des § 18 sind. Teil des Geschäftsbereichs sind auch die ihm zugehörigen öffentlich-rechtlichen Wettbewerbsunternehmen.[12] Vereinigungen in privater Rechtsform, die nach § 2 Abs. 1 oder 3 öffentliche Stellen des Bundes sind, sind nicht Teil des Geschäftsbereichs der obersten Bundesbehörde, der sie funktional zuzuordnen sind, sondern selbst durchführungspflichtig.[13] 9

§ 18 verlangt, **dass** die **Ausführung** der Datenschutzvorschriften **sichergestellt** wird. In welcher Weise dies im Einzelnen geschieht, bleibt, abgesehen von den obligatorischen Maßnahmen des Abs. 2, den Normadressaten überlassen. Der Gesetzgeber hat eine flexible Regelung, bei der den Besonderheiten der verschiedenen Verwaltungszweige Rechnung getragen werden kann, einem notwendigerweise starren Katalog von Pflichtmaßnahmen vorgezogen. Die möglichen Maßnahmen sind vielfältig. Sie reichen von abstrakt-generellen Regelungen (Verwaltungsvorschriften, Richtlinien, „Grundsätzen", „Hinweisen" u. dgl.) bis zu Weisungen oder Maßnahmen im Einzelfall (Anweisung zur Löschung bestimmter Daten oder zur Erteilung bestimmter Auskünfte, Anforderung eines Berichts, Verbot der Verwendung bestimmter Kommunikationswege, Aufforderung zu bestimmten Maßnahmen zur Sicherung der Datenqualität usw.). Sie können verbindlichen oder empfehlenden Charakter haben (Verwaltungsvorschrift, Erlass, Weisung, Anordnung einerseits; Hinweise, Richtlinien, Arbeitshilfen, Empfehlungen, Erläuterungen andererseits). Bei der Frage, ob personenbezogene Daten in bestimmter Weise genutzt oder verarbeitet werden dürfen, und bei der Frage, welche Maßnahmen zur Erfüllung der Rechte des Betroffenen oder von Ersuchen des BfDI geboten sind, sind in der Regel bindende Vorgaben erforderlich. Dagegen werden sich in Bezug auf organisatorische und technische Maßnahmen vorbeugenden Charakters vorwiegend Empfehlungen anbieten, weil insoweit die konkreten organisatorischen, personellen und technischen Gegebenheiten der einzelnen Stellen wesentlichen Einfluss auf die Auswahl der zu ergreifenden Maßnahmen haben werden und verantwortliche Entscheidungen eine umfassende Kenntnis der konkreten Gegebenheiten erfordern. 10

Im Bundesbereich sind in Anwendung des Abs. 1 eine Reihe von Regelungen genereller Natur ergangen.[14] Zur Sicherstellung gehören schließlich neben generellen und auf den Einzelfall bezogenen Weisungen auch Maßnahmen der Überwachung und Kontrolle,[15] wobei sich deren Intensität an den konkreten Umständen zu orientieren hat. 11

---

8 Vgl. § 2 Rdnrn.154 ff., 169 ff.
9 § 915a ZPO, § InsO § 26 Abs. 2.
10 § 12 GBO; vgl. im Übrigen die Übersicht o. § 1 Rdnrn. 286 ff.
11 Vgl. Erl. zu § 4 Abs. 1; *Wohlgemuth,* Datenschutz, Rdnrn. 211 f.; *ders.,* CR 1993, 218, 220 f.
12 Vgl. die Rückausnahme in § 27 Abs. 1 Satz 3.
13 Ebenso *Auernhammer,* BDSG § 18 Rdnr. 3; vgl. o. Rdnr. 4.
14 Vgl. Literaturangaben vor Rdnr. 1.
15 *Bergmann/Möhrle/Herb,* BDSG § 18 Rdnr. 15.

12 Eine in praktisch jedem Fall gebotene organisatorische Maßnahme besteht darin, die Aufgaben und Verantwortlichkeiten für den Datenschutz im Rahmen der Geschäftsverteilung klarzustellen. Eine Verpflichtung, sich zur Stellung der Erfüllung ihrer datenschutzrechtlichen Pflichten eines internen Datenschutzbeauftragten zu bedienen, ergibt sich seit der Novellierung 2001 aus dem Gesetz.[16] Die nähere Ausgestaltung dieser Vorschriften für die Beauftragten für den Datenschutz der öffentlichen Stellen eines Geschäftsbereichs kann im Rahmen des § 18 erfolgen. In einigen Ländern besteht dazu eine gesetzliche Verpflichtung.[17] Der BfDI hat eine Empfehlung herausgegeben, die auch Vorschläge für Aufgaben, Befugnisse und organisatorische Regelungen enthält.[18]

13 Andere Maßnahmen zur Ausführung der Datenschutzvorschriften können sich etwa auf das Verfahren bei der Auskunfterteilung, der Berichtigung, der Sperrung und der Löschung beziehen.

4. Grundmaßnahmen (Abs. 2)

14 Abs. 2 schreibt bestimmte Grundmaßnahmen vor, die damit einheitlich im gesamten Bundesbereich zu treffen sind. Satz 1 verlangt die Führung eines Verzeichnisses der eingesetzten Datenverarbeitungsanlagen. Es geht dabei darum, dass eine jederzeit aktuelle Übersicht vorhanden ist, die als Arbeitsgrundlage für die eigentlichen Maßnahmen zur Durchführung des Datenschutzes dienen kann. Satz 2 verlangt die Führung einer Übersicht der automatisierten Verarbeitungen, die zunächst ebenfalls informativen Charakter hat, indem sie wiederum das Arbeitsfeld beschreibt, auf das sich die Durchführungsmaßnahmen beziehen, darüber hinaus aber zugleich regelnden Charakter, wie sich aus dem Gesetzesbegriff „festzulegen" ergibt. Die bis zur Novellierung 2001 an dieser Stelle weiterhin vorgesehene generelle Pflicht, die ordnungsgemäße Anwendung der Datenverarbeitungsprogramme zu überwachen, ist entfallen, bleibt aber nach Maßgabe des § 9 weiterhin aktuell.

15 Während sich Abs. 1 an die obersten Bundesbehörden und bestimmte weitere Stellen wendet, begründet Abs. 2 Verpflichtungen für alle **öffentlichen Stellen**, auf die § 18 – unmittelbar oder kraft § 27 Abs. 1 Satz 2 – anwendbar ist.

4.1 Verzeichnis der Datenverarbeitungsanlagen (Abs. 2 Satz 1)

16 Mit der 1990 in das Gesetz aufgenommenen Verpflichtung der öffentlichen Stellen, ein **Verzeichnis der eingesetzten Datenverarbeitungsanlagen** zu führen, zog der Gesetzgeber die Konsequenz aus dem Umstand, dass Datenverarbeitungsanlagen typischerweise nicht mehr an wenigen Stellen räumlich zusammengefasst sind (Rechenzentrum), sondern sich an den Arbeitsplätzen befinden. Das Verzeichnis der Datenverarbeitungsanlagen ist daher das geeignete Mittel, um die Übersicht zu behalten oder wiederherzustellen, **wo** personenbezogene Daten automatisiert verarbeitet werden oder werden können. Nur so ist es möglich zu prüfen, ob nicht unzulässig Daten verarbeitet oder benutzt werden und welche Maßnahmen nach § 9 zu ergreifen sind. Die nach Satz 1 und Satz 2 zu führenden Verzeichnisse dienen in erster Linie der internen Durchführung und Kontrolle des Datenschutzes, zählen aber ebenso zu den Unterlagen, in die dem BfDI jederzeit Einsicht zu gewähren ist.[19] An diesen Zwecken ist auch die Auslegung der Vorschrift auszurichten.

17 In das Verzeichnis aufzunehmen sind die **eingesetzten Datenverarbeitungsanlagen**. Das Gesetz vermeidet ganz bewusst jede weitere Spezifizierung. Die Größe der Anlage ist also nicht entscheidend,[20] ebenso wenig die Dauer des Einsatzes. Entsprechend dem Zweck des

---

16 §§ 4 f, 4 g.

17 §§ 19 Abs. 5 BlnDSG, 5 HDSG, 8 Abs. 2 NDSG; zu untergesetzlichen Regelungen der Länder s. *Vogelgesang,* CR 1993, 378, 380 ff.

18 *BfD,* Der behördliche Datenschutzbeauftragte, BfD-Info 4; s. auch *BlnDSB,* Merkblatt zum behördlichen Datenschutzbeauftragten, abgedr. in Jahresbericht 1991, 140 ff. und in RDV 1992, 154 ff.

19 § 24 Abs. 4, vgl. *Bergmann/Möhrle/Herb,* BDSG § 18 Rdnr. 23.

20 Vgl. *Stange,* Datenschutz Rdnr. 223.

Verzeichnisses genügt es, dass die Voraussetzungen für den Einsatz der Anlage objektiv gegeben sind und damit die Möglichkeit besteht, dass personenbezogene Daten verarbeitet werden. Die gesetzliche Formulierung wurde bewusst umfassend gestaltet, um sicherzustellen, „dass auch sog. Arbeitsplatzrechner erfasst werden, und zwar auch dann, wenn sie etwa im Eigentum des Arbeitsplatzinhabers stehen".[21] Das zivilrechtliche Eigentum wie auch der Umfang vertraglicher Nutzungsbefugnisse der öffentlichen Stelle spielen also keine Rolle; ebenso wenig ist es erforderlich, dass die öffentliche Stelle die Verwendung der Datenverarbeitungsanlage angeordnet oder von dieser auch nur Kenntnis hat. Selbst verbotswidrig eingesetzte private Rechner sind daher aufzunehmen, solange sie nicht aus der öffentlichen Stelle entfernt worden sind oder ihr Einsatz anderweitig unmöglich gemacht worden ist. Datenverarbeitungsanlagen anderer Stellen sind dagegen nicht aufzunehmen, selbst wenn sie ausschließlich im Auftrag der das Verzeichnis führenden öffentlichen Stelle genutzt werden. Diese Anlagen sind allein in das Verzeichnis des Auftragnehmers aufzunehmen.[22]
Ob auf einer Datenverarbeitungsanlage personenbezogene Daten verarbeitet werden oder werden sollen, ist entsprechend der Zielrichtung des Verzeichnisses nicht maßgeblich.[23] Dies bestätigt der Gesetzeswortlaut, der im Falle der Programmkontrolle nach (dem bei der Novellierung 2001 gestrichenen) Satz 3 ausdrücklich auf Programme abstellt, „mit deren Hilfe personenbezogene Daten verarbeitet werden sollen", diese Einschränkung im Falle „der eingesetzten Datenverarbeitungsanlagen" (Satz 1 innerhalb desselben Absatzes) aber gerade unterlässt. Auch mobile Datenverarbeitungsanlagen (etwa Laptops, Notebooks, Handhelds) sind in das Verzeichnis aufzunehmen, zumal sie eher überdurchschnittliche Risiken bieten. Wesentlich ist aber, dass die verarbeitende Stelle die Anlage administrieren kann. Mobile Speicher- oder Verarbeitungsmedien im Sinne von § 3 Abs. 10, wie etwa Chipkarten und Funkchips, gehören nicht dazu.

Das Gesetz begnügt sich mit der Forderung, ein Verzeichnis der Datenverarbeitungsanlagen 19
zu führen, legt aber – im Gegensatz zum Verarbeitungsverzeichnis nach Satz 2 – nicht fest, mit welchen Angaben die einzelne Datenverarbeitungsanlage zu beschreiben ist. Als Minimum sind im Hinblick auf den Zweck des Verzeichnisses Angaben folgender Art notwendig:

- Angaben zur Identifizierung (z.B. Gerätenummer oder Inventarnummer der Datenverarbeitungsanlage),
- beschreibende Angaben (Hersteller/Marke, Typenbezeichnung),
- Standort (Gebäude- und Raumbezeichnung und/oder Angabe der Organisationseinheit auf Arbeitsplatzebene).

Gegen eine Zusammenfassung bestehen keine Bedenken, wenn sie keinen Informationsverlust bewirkt, so z.B. wenn in einer Organisationseinheit zehn Arbeitsplätze mit der gleichen Anlage ausgestattet sind. Die Beschreibung des Standorts durch Bezeichnung des Amtes bzw. der Behörde und der Abteilung[24] wird nur ausreichen, wenn damit die genaue und verwechslungsfreie Lokalisierung möglich ist, etwa weil es sich um die Installation für eine gesamte Abteilung handelt. Eine bloße Auflistung der Typenbezeichnungen reicht[25] gerade bei PCs nicht aus, da es für die Durchführung des Datenschutzes nicht nur auf die bauartbedingten Sicherheitsmerkmale, sondern entscheidend auch auf die konkreten örtlichen Einsatzbedingungen ankommt.

Das Gesetz verlangt **„ein" Verzeichnis**. In der Regel muss daher für jede öffentliche Stelle ein 20
alle Datenverarbeitungsanlagen dieser Stelle umfassendes Verzeichnis an zentraler Stelle geführt werden. Es wird allerdings nicht zu beanstanden sein, wenn eine öffentliche Stelle wegen ihrer räumlichen Verteilung auf mehrere Standorte, wegen der starken Heterogenität der Aufgaben oder Strukturen oder wegen anderer spezieller Gegebenheiten mehrere Teilver-

21 Begr. zu § 15 Satz 2 des RegE.
22 § 11 Abs. 4; s. Erl. dazu.
23 Vgl. *Müller/Wächter,* Der Datenschutzbeauftragte, S. 67; *Stange,* Datenschutz, Rdnr. 223, der zutreffend auch die der Programmierung dienende Hardware einbezieht.
24 Vgl. *Bergmann/Möhrle/Herb,* BDSG § 18 Rdnr. 26.
25 Entgegen *Schaffland/Wiltfang,* BDSG § 18 Rdnr. 4.

zeichnisse führt, die in ihrer Gesamtheit die gesetzlichen Anforderungen erfüllen. Dies wird insbesondere dann nahe liegen, wenn aus diesen besonderen Gründen auch mehrere Datenschutzbeauftragte bestellt wurden. Entscheidend ist letztlich, dass die Funktion als Instrument der internen Durchführung und Überwachung sowie der externen Kontrolle nicht geschmälert wird.[26] Nicht ausreichend wäre es aber, das Verzeichnis ganz dezentral auf der Ebene der untersten Organisationseinheiten oder der Arbeitsplätze zu führen.

21 Keine prinzipiellen Bedenken bestehen dagegen, das Verzeichnis der Datenverarbeitungsanlagen mit anderen Verzeichnissen zu verknüpfen, die etwa im Hinblick auf haushaltsrechtliche oder IT-Planungszwecke geführt werden. Dies könnte etwa in der Weise erfolgen, dass das andere Verzeichnis so erweitert wird, dass es die Anforderungen des § 18 Abs. 2 Satz 1 mit abdeckt. Voraussetzung ist freilich, dass es den für die Durchführung und interne Überwachung des Datenschutzes verantwortlichen Stellen jederzeit in aktualisierter Form zur Verfügung steht und die Integrität seines Inhalts gesichert ist. Ebenso ist es denkbar, Kopien oder Teilkopien von anderen Verzeichnissen anzufertigen und diese durch die mit dem Datenschutz betraute(n) Stelle(n) entsprechend zu ergänzen. Bei Führung des Verzeichnisses in Form einer Datenbank könnten entsprechende Datenfelder zur Bearbeitung in alleiniger Verantwortung der mit dem Datenschutz befassten Organisationseinheit(en) eingerichtet werden. Eine solche Verbindung bietet sich insbesondere in Bezug auf das IT-Bestandsverzeichnis an, das Bundesbehörden nach Abschnitt 20 der IT-Richtlinien zu führen haben und eine „Übersicht über eingesetzte Hard- und Grundsoftware“ umfasst.[27]

22 Die genannten Pflichtangaben stellen nur das absolute Minimum dar. Um den Nutzen für die gestellte Aufgabe zu erhöhen, ist es zweckmäßig, das Verzeichnis zumindest für bestimmte Teilbereiche um weitere Angaben zu erweitern. In Betracht kommen hier insbesondere Angaben über die Ausstattung der Anlage mit Systemsoftware und utilities[28] und über die angeschlossene oder vorhandene und anschließbare Peripherie, weiterhin Angaben über eingesetzte Sicherheitssoftware, über die sicherheitsmäßige Einstufung der Anlage sowie über sicherheitsrelevante Umstände und Ereignisse.

23 Auch zur Aktualisierung des Verzeichnisses enthält das Gesetz keine Vorgaben. Aus seiner Funktion als zentrales Instrument zur Gewährleistung der Datensicherheit ergibt sich, dass das Register aktuell zu halten ist. Eine tagesaktuelle Führung ist nicht unbedingt geboten, wenn die umgehende Information der mit dem Datenschutz betraute(n) Stelle(n) und die umfassende Information der externen Kontrolle anderweitig gesichert sind.

4.2 Festlegungen für automatisierte Verarbeitungen: Dateistatut (Abs. 2 Satz 2)

4.2.1 Funktion und Gegenstand

24 Jede öffentliche Stelle hat für ihre automatisierten Verarbeitungen eine Reihe von datenschutzrechtlichen Eckwerten schriftlich festzulegen. Begnügte sich das BDSG ursprünglich mit einer „Übersicht über die Art der gespeicherten personenbezogenen Daten“,[29] also einer rein deskriptiven Darstellung des Vorhandenen, so verlangt das Gesetz seit 1990, bestimmte Tatbestände **„festzulegen“**, mithin auch normative Maßnahmen. Hierfür hat sich der Begriff Dateistatut eingebürgert. Die Angaben und müssen unter beiden Aspekten richtig, also datenschutzrechtlich einwandfrei und empirisch zutreffend, sein.

25 Das Dateistatut ist das organisatorische und verfahrensmäßige Mittel, um Datenschutznorm und Datenverarbeitungsrealität miteinander in Deckung zu bringen. Die Verpflichtung zu schriftlicher Fixierung zwingt dazu, sich zu vergewissern, ob insoweit tatsächlich die anzustrebende Übereinstimmung besteht. Die Annahme, dass eine volle Übereinstimmung stets und in Bezug auf alle Verarbeitungen gegeben sein wird, wäre allerdings unrealistisch. Die

26 a.M. *Bergmann/Möhrle/Herb,* BDSG § 18 Rdnr. 28.
27 GMBl. 1988, 470, 473.
28 Also Grundsoftware im Sinne der IT-Richtlinien, vgl. o. Rdnr. 23 a.E.; *Bergmann/Möhrle/Herb,* BDSG § 18 Rdnr. 27.
29 § 15 Satz 2 Nr. 1 BDSG 1977.

Verwirklichung des Datenschutzes erfolgt in Entscheidungen, die in einem gewissen Zeitablauf getroffen und umgesetzt werden. Art und Umfang der Daten können sich ändern, ebenso deren Nutzung und Verarbeitung. In gleicher Weise unterliegen die datenschutzrechtlichen Anforderungen einem Wandel, sei es durch Änderung der Normen, sei es durch deren veränderte Auslegung. Dabei kann sich beispielsweise ergeben, dass bestimmte bisher verwendete Datenarten künftig nicht mehr gespeichert werden dürfen. Die Festlegung der Daten oder Datenkategorien (nach § 4e Nr. 5) ist dann entsprechend anzupassen. Sind aber zu der gestrichenen Datenart noch Daten im Bestand vorhanden, so muss auch diese Tatsache aus den Aufzeichnungen hervorgehen, weil diese andernfalls in ihrer deskriptiven Funktion (zumal in einem kritischen Punkt) unrichtig wären und eine Desinformation verursachen könnten. Ein klarstellender Vermerk könnte beispielsweise lauten: „bis 1992 auch Berufsangaben" oder „Angaben zur Datenart Verbandszugehörigkeit werden im Rahmen laufender Sachbearbeitung gelöscht".

Die Verpflichtung trifft alle öffentlichen Stellen, soweit § 18 auf sie Anwendung findet. 26
Welche Organisationseinheit innerhalb der öffentlichen Stelle für die geforderten Festlegungen zuständig ist, richtet sich nach der Geschäftsverteilung. Das BDSG stellt insoweit keine speziellen Anforderungen. Entsprechend der Bedeutung der Materie wird in der Regel die Leitungsebene beteiligt sein. Bei den Sicherheitsbehörden ist es üblich, dass Dateistatute der vorgesetzten obersten Bundesbehörde vorab zur Kenntnis oder zur Genehmigung vorgelegt oder auch von dieser selbst erlassen werden.[30]

Bei **Auftragsdatenverarbeitung** oder -nutzung[31] ist allein der Auftraggeber für die Fest- 27
legungen verantwortlich.[32]

Was die Form anbelangt, verlangt das Gesetz **schriftliche** Festlegungen. Dies bedeutet hier, 28
anders als noch bei der Einwilligung nach § 4 Abs. 1 Satz 3, nicht eigenhändige Unterschrift, sondern Verkörperung – im Gegensatz zu nur mündlich getroffenen Verfügungen oder Arbeitsanweisungen. Der Inhalt soll dadurch für alle an der Verarbeitung Beteiligten feststehen und für Kontrollen und Rückfragen zur Verfügung stehen.

Auch wenn das Gesetz über Form, Verfahren und Organisation der gesetzlich geforderten 29
Festlegungen weiter keine Aussagen trifft, ergibt sich doch manches aus dem Zweck der Regelung. Aus dem normativen Charakter folgt, dass der Autor, also die Organisationseinheit und die entscheidende Person, aus dem Dokument hervorgehen muss, ebenso wie der Umstand, dass es sich um die verbindliche Version (nicht einen Entwurf) handelt. Dies wird in der Regel durch Datum, Unterschrift und Funktionsbezeichnung ausgewiesen. Bei automatisierter Verarbeitung empfiehlt sich eine elektronische Signatur. Ebenso ergibt sich aus der vorgesehenen Funktion der Festlegungen, dass sie all denjenigen Organisationseinheiten (und deren Mitarbeitern) zur Kenntnis gebracht werden müssen, die für ihre praktische Umsetzung verantwortlich sind, und dass sie in einer Form zugänglich sein müssen, die die Sicherstellung der Durchführung des Datenschutzes nach Abs. 1 möglich macht. Eine zusammenfassende, zentrale Lösung ist daher in der Regel zweckmäßig und in der Praxis auch üblich. Das Gesetz erlaubt aber auch eine Zusammenfassung der Regelungen an mehreren Stellen, etwa in jeder Abteilung oder an jedem Standort (Zweigstelle) der öffentlichen Stelle. Je dezentraler die Festlegungen freilich vorgehalten werden, umso schwieriger wird es, die Aufgaben, bei denen die Kenntnis der Dateistatute notwendig ist, korrekt auszuführen. So wird insbesondere zur Bearbeitung umfassender Auskunftsersuchen Betroffener,[33] zur Sicherung, dass Datenberichtigungen in allen betroffenen Dateien erfolgen,[34] und für die Schlüssigkeit eines Datensicherungskonzepts eine Übersicht über alle vorhandenen Verarbeitungen notwendig sein.

30 Vgl. Dateienrichtlinien des Bundesministers des Innern v. 26.2.1981, abgedr. in Dok. A 8.
31 § 11 Abs. 1 BDSG.
32 Vgl. Komm. zu § 11; BW HinwBDSG Nr. 31, Staatsanzeiger v. 9.1.1993, abgedr. in Dok. B 1.36, Abschn. 1.3.
33 § 19.
34 § 20 Abs. 1.

30 **Gegenstand** der Festlegung ist seit der Novellierung 2001 nicht mehr die Datei, sondern – in Anpassung an die EG-Richtlinie[35] – die **Verarbeitung**. Bezugspunkt ist damit weder der einzelne Verarbeitungsschritt, etwa im Sinne der Legaldefinitionen nach Art. 2 b EG-Richtlinie oder § 3 Abs. 4, noch die EDV-technische Datei, sondern der einer einzelnen (Verwaltungs-) Aufgabe zugeordnete Komplex von Daten und vorwiegend durch EDV-Programme ausgeführten Transaktionen. Komplexe Aufgaben – etwa „Personalverwaltung" oder „Steuern" – sind dabei soweit in einzelne „Verarbeitungen" aufzugliedern, dass diese in ihren datenschutzmäßigen Besonderheiten, etwa unterschiedlichen Betroffenengruppen oder Rechtsgrundlagen, beschrieben und geregelt werden können, also etwa „Urlaubsdatei", „Parkplatzberechtigungen" oder „Hundesteuer". Gegen die Beibehaltung des prägnanten Begriffs „Dateistatut" bestehen keine Bedenken.

31 Das Gesetz verlangt ein Dateistatut für **jede** automatisiert geführte Verarbeitung, sofern nur die Anwendungsvoraussetzungen des § 18 im Ganzen gegeben sind. Auch Verarbeitungen, die ausschließlich Zwecken der Datenschutzkontrolle, der Datensicherung oder der Sicherstellung eines ordnungsgemäßen Betriebs einer Datenverarbeitungsanlage dienen,[36] sind nicht ausgenommen. Für manuelle Dateien kann sich ein Regelungsbedarf im Einzelfall aus der Generalklausel des § 9 ergeben.

32 Festlegungen zu den im Katalog des § 4e genannten Sachverhalten, auf den das Gesetz verweist, sind obligatorisch. Die Festlegungen müssen die gesetzlichen Tatbestände voll abdecken und in ihrer Eigenschaft als Beschreibung des Vorhandenen vollständig und richtig sein. Festlegungen und Beschreibungen zu weiteren Tatbeständen können beigefügt werden, solange die Übersichtlichkeit der obligatorischen Elemente nicht verloren geht.

4.2.2 Gegenstand der einzelnen Festlegungen

33 Hinsichtlich des Inhalts des Dateistatuts verweist das Gesetz auf die seit der Novellierung 2001 für den öffentlichen und den nicht-öffentlichen Bereich gemeinsam geltende Vorschrift des § 4 e. Auf die dortige Kommentierung wird verwiesen.

34 Zusätzlich wird jedoch die **Rechtsgrundlage der Verarbeitung** verlangt. Das Gesetz trägt damit dem Kraft Verfassungsrecht für Einschränkungen des Rechts auf informationelle Selbstbestimmung bestehenden Gesetzesvorbehalt Rechnung.[37]

4.2.3 Änderungen

35 Bei **Änderungen** ist das Dateistatut fortzuschreiben,[38] gleichgültig auf welchen Abschnitt des Dateistatuts sich die Änderung bezieht und wodurch sie im Einzelnen veranlasst ist. Die überholten Angaben dürfen aber, soweit sie nicht an anderer Stelle dokumentiert werden, aus Beweissicherungsgründen nicht sofort gelöscht oder vernichtet werden, sondern sind noch eine gewisse Zeit aufzubewahren, wenn sie zur datenschutzrechtlichen Abklärung früherer Verarbeitungsvorgänge (Hat X vor zwei Monaten – befugt – zugegriffen? Hatte Y Zugriff auf bestimmte Daten?) oder zur Beurteilung fortbestehender Datenspeicherungen (Wie lautete die Zweckbestimmung, zu der bestimmte Daten seinerzeit gespeichert worden sind? Wer war Empfänger einer regelmäßigen Datenübermittlung und ist daher von einer Berichtigung nach §§ 20 Abs. 8, 35 Abs. 7 zu verständigen?) noch von Bedeutung sein können. Bei der Löschung einer gesamten Verarbeitung ist das betreffende Dateistatut zu Kontrollzwecken zunächst noch aufzubewahren. Werden Änderungen formell außerhalb des Dateistatuts angeordnet, etwa durch einen Erlass der vorgesetzten Behörde oder eine dienstliche Anordnung der Behördenleitung, so ist das Dateistatut zu aktualisieren.

35 Insbes. Art. 18.
36 §§ 14 Abs. 4, 31.
37 Volkszählungsurteil, BVerfG 65, 1 ff. und dazu Einl. Rdnrn. 27 ff.
38 *Stange,* Datenschutz, Rdnr. 129 f.; *Lübking,* Datenschutz, Rdnr. 232.

4.2.4 Mängel

Entspricht ein Dateistatut nicht den gesetzlichen Anforderungen, etwa weil es nicht alle gespeicherten Daten ausweist oder die zugriffsberechtigte Personengruppe zu unbestimmt umschreibt, so liegt darin ein Verstoß gegen eine Datenschutzvorschrift, der nach § 25 Abs. 1 beanstandet werden kann.[39] Deckt das Dateistatut eine Verarbeitung oder Nutzung, die objektiv gegen Datenschutzrecht verstößt, so ist die betreffende Festlegung selbst als materieller Datenschutzverstoß anzusehen, der beanstandet werden kann, jedenfalls sobald eine entsprechende Datenverarbeitung oder -nutzung tatsächlich erfolgt ist. 36

Die Nichtbeachtung der im Dateistatut enthaltenen Festlegungen ist nicht begriffsnotwendig zugleich ein Verstoß gegen Rechtsvorschriften des Datenschutzes, da das Dateistatut den Charakter einer innerdienstlichen Dienstvorschrift oder Anordnung hat. Die Frage einer Rechtsverletzung ist also stets gesondert zu prüfen. Ein Verstoß gegen eine Festlegung in der Dateianordnung indiziert aber, auch wenn die betreffende Verarbeitung oder Nutzung nicht gesetzwidrig ist, einen sonstigen Mangel i.S.v. § 25 Abs. 1, da sie dokumentiert, dass zur Durchführung des Datenschutzes ergriffene Vorkehrungen nicht funktionieren. Individuelle Ansprüche begründet das Dateistatut als solches nicht – etwa als Schutzgesetz nach § 823 Abs. 2 BGB –, sie können sich jedoch mittelbar aus dem Gleichbehandlungsgrundsatz ergeben. 37

39 Vgl. näher § 25 Rdnrn. 3 ff.

Zweiter Unterabschnitt
Rechte des Betroffenen

§ 19 Auskunft an den Betroffenen

(1) Dem Betroffenen ist auf Antrag Auskunft zu erteilen über
1. die zu seiner Person gespeicherten Daten, auch soweit sie sich auf die Herkunft dieser Daten beziehen,
2. die Empfänger oder Kategorien von Empfängern, an die die Daten weitergegeben werden, und
3. den Zweck der Speicherung.
In dem Antrag soll die Art der personenbezogenen Daten, über die Auskunft erteilt werden soll, näher bezeichnet werden. Sind die personenbezogenen Daten weder automatisiert noch in nicht automatisierten Dateien gespeichert, wird die Auskunft nur erteilt, soweit der Betroffene Angaben macht, die das Auffinden der Daten ermöglichen, und der für die Erteilung der Auskunft erforderliche Aufwand nicht außer Verhältnis zu dem vom Betroffenen geltend gemachten Informationsinteresse steht. Die verantwortliche Stelle bestimmt das Verfahren, insbesondere die Form der Auskunftserteilung, nach pflichtgemäßem Ermessen.
(2) Absatz 1 gilt nicht für personenbezogene Daten, die nur deshalb gespeichert sind, weil sie aufgrund gesetzlicher, satzungsmäßiger oder vertraglicher Aufbewahrungsvorschriften nicht gelöscht werden dürfen, oder ausschließlich Zwecken der Datensicherung oder der Datenschutzkontrolle dienen und eine Auskunftserteilung einen unverhältnismäßigen Aufwand erfordern würde.
(3) Bezieht sich die Auskunftserteilung auf die Übermittlung personenbezogener Daten an Verfassungsschutzbehörden, den Bundesnachrichtendienst, den Militärischen Abschirmdienst und, soweit die Sicherheit des Bundes berührt wird, andere Behörden des Bundesministeriums der Verteidigung, ist sie nur mit Zustimmung dieser Stellen zulässig.
(4) Die Auskunftserteilung unterbleibt, soweit
1. die Auskunft die ordnungsgemäße Erfüllung der in der Zuständigkeit der verantwortlichen Stelle liegenden Aufgaben gefährden würde,
2. die Auskunft die öffentliche Sicherheit oder Ordnung gefährden oder sonst dem Wohle des Bundes oder eines Landes Nachteile bereiten würde oder
3. die Daten oder die Tatsache ihrer Speicherung nach einer Rechtsvorschrift oder ihrem Wesen nach, insbesondere wegen der überwiegenden berechtigten Interessen eines Dritten, geheimgehalten werden müssen
und deswegen das Interesse des Betroffenen an der Auskunftserteilung zurücktreten muss.
(5) Die Ablehnung der Auskunftserteilung bedarf einer Begründung nicht, soweit durch die Mitteilung der tatsächlichen und rechtlichen Gründe, auf die die Entscheidung gestützt wird, der mit der Auskunftsverweigerung verfolgte Zweck gefährdet würde. In diesem Falle ist der Betroffene darauf hinzuweisen, dass er sich an den Bundesbeauftragten für den Datenschutz und die Informationsfreiheit wenden kann.
(6) Wird dem Betroffenen keine Auskunft erteilt, so ist sie auf sein Verlangen dem Bundesbeauftragten für den Datenschutz und die Informationsfreiheit zu erteilen, soweit nicht die jeweils zuständige oberste Bundesbehörde im Einzelfall feststellt, dass dadurch die Sicherheit des Bundes oder eines Landes gefährdet würde. Die Mitteilung des Bundesbeauftragten an den Betroffenen darf keine Rückschlüsse auf den Erkenntnisstand der verantwortlichen Stelle zulassen, sofern diese nicht einer weitergehenden Auskunft zustimmt.
(7) Die Auskunft ist unentgeltlich.

Literatur

H. Auernhammer, Zum Anspruch auf Bekanntgabe des Namens eines Informanten der Polizei; DuD 1992, 6; *H. Bäumler,* Der Auskunftsanspruch des Bürgers gegenüber den Nachrichtendiensten, NVwZ 1988, 199 ff.; *ders.*, Geheimhaltung und Transparenz bei der Datenverarbeitung der Geheimdienste, DuD 1996, 537 ff.; *E. Denninger,* Das Recht auf informationelle Selbstbestimmung und die innere Sicherheit, in *A.v. Schoeler* (Hrsg.), Informationsgesellschaft oder Überwachungsstaat? (1986), 107 ff.; *A. Dix*, Vertrauen durch verbesserte Information, DuD 2004, 518; *ders.* Die Vision einer transparenten Gesellschaft, in: J. *Bizer/A. v. Mutius/ T. Petri/T. Weichert (Hrsg.),* Innovativer Datenschutz 1992-2004, Wünsche-Wege-Wirklichkeit, Für Helmut Bäumler (2004); *J. Fluck/A. Theuer*, Informationsfreiheitsrecht mit Umweltinformations- und Verbraucherinformationsrecht, Kommentar (Stand November 2004); *H.-U. Gallwas,* Der allgemeine Konflikt zwischen dem Recht auf informationelle Selbstbestimmung und der Informationsfreiheit, NJW 1992, 348 ff.; *K. Globig,* Der Auskunftsanspruch des Betroffenen als Grundrecht, in: Festschrift für *W. Rudolf* (2001) S. 441 ff.; *K. Geiger,* Datenschutz bei den Verfassungsschutzbehörden, Vorschläge einer Neukonzeption, DVBl. 1990, 748 ff.; *L. Gundermann*, Auskunftsanspruch, in: *H. Bäumler/A. Breinlinger/H.-H. Schrader*, Datenschutz von A-Z; *C. Gusy,* Richterliche Kontrolle des Verfassungsschutzes, in Bundesamt für Verfassungsschutz (Hrsg.), Verfassungsschutz in der Demokratie (1990), 67 ff.; *A. Hirsch,* Die Kontrolle der Nachrichtendienste (1996); *P.M. Huber*, Der datenschutzrechtliche Auskunftsanspruch, ThürVBl. 1992, 121 ff.; *B. Kienemund,* Das Gesetz zur Bereinigung des Rechtsmittelrechts im Verwaltungsprozess, NJW 2002, 1231ff. (zum in-camera-Verfahren); *F.-L. Knemeyer,* Auskunftsanspruch und behördliche Auskunftsverweigerung, JZ 1992, 348 ff.; *D. Kugelmann,* Die informatorische Rechtsstellung des Bürgers (2001); *W. Kuhla/H. Hüttenbrink,* Neuregelungen in der VwGO durch das Gesetz zur Bereinigung des Rechtsmittelrechts im Verwaltungsprozess, DVBl. 2002, 85 ff (zum in-camera-Verfahren).; *S.W.H. Lodde*, Informationsrechte des Bürgers gegen den Staat (1996); *O. Mallmann,* Informationsrechte von Patienten hinsichtlich medizinischer Daten, in *D. Simon/M. Weiss*, Zur Autonomie des Individuums, Liber Amicorum S. Simitis (2000), 237 ff.; *H. Mayer-Metzner*, Auskunft aus Dateien der Sicherheits- und Strafverfolgungsorgane (1994); *H. Prütting,* Datenschutz und Zivilverfahrensrecht in Deutschland, ZZP 106 (1993), 427 ff.; *A. Redeker/ P. Kothe,* Die Neuregelung zur Überprüfung verweigerter Aktenvorlage im Verwaltungsprozessrecht, NVwZ 2002, 313 ff.; *R. Riegel,* Datenschutz bei Sicherheitsbehörden, 2. Aufl. (1992); *A. Roßnagel/A. Pfitzmann/ H. Garstka,* Modernisierung des Datenschutzrechts, Gutachten im Auftrag des Bundesministeriums des Innern (2001) S. 169 ff.; *T. Scheich,* Informationelles Selbstbestimmungsrecht versus § 45d EstG?, INF 1998, 327 ff.; *ders.*, Einzug des Datenschutzes im Steuerrecht, INF 2000, 361 ff.; *H.-H. Schild,* Informationsfreiheitsgesetze – Derzeitige Möglichkeiten des Informationszugangs mit einem Ausblick auf mögliche künftige Reformen, RDV 2000, 96; *S. Simitis,* Die EU-Datenschutzrichtlinie – Stillstand oder Anreiz? NJW 1997, 281 ff.; *ders.*, Datenschutz – Rückschritt oder Neubeginn, NJW 1998, 2473 ff.; *S. Simitis/G. Fuckner*, Informationelle Selbstbestimmung und „staatliches Geheimhaltungsinteresse", NJW 1990, 2713; *G. Trantas,* Akteneinsicht und Geheimhaltung im Verwaltungsrecht (1998); *K. Vogelgesang/E. Vogelgesang*, Die Rechtsprechung des Bundesverwaltungsgerichts zum Datenschutz, CR 1996, 752; *G. Wagner,* Datenschutz im Zivilprozeß, ZZP 108 (1995), 193 ff.; *P. Wedde,* Rechte der Betroffenen, in: *A. Roßnagel,* Handbuch Datenschutzrecht (2003), Kap. 4.4, S. 546 ff.; *T. Weichert,* PatientInnen-Datenschutzrecht, DANA 2003, 5 ff.; *J. Ziekow,* Die Pflicht der Behörden zur Gewährung von Informationen an die Verwaltungsgerichte, BayVBl. 1992, 132 ff.

Übersicht

1. Vorbemerkung

1 Das in § 19 für den öffentlichen Bereich geregelte Recht auf Auskunft ist für den Betroffenen das fundamentale Datenschutzrecht. Es ist **Voraussetzung und zugleich Bestandteil des in Art. 2 Abs. 1 i.V.m. Art. 1 Abs. 1 GG gewährleisteten Rechts des Einzelnen**, grundsätzlich **selbst über** die Preisgabe und Verwendung seiner **persönlichen Daten zu bestimmen.**[1] Der Betroffene hat grundsätzlich ein Recht zu wissen, wer was wann und bei welcher Gelegenheit über ihn weiß.[2] Das Schutzbedürfnis besteht nicht nur bei staatlicher Befragung und deren zwangsweiser Durchsetzung (z.B. Volkszählung), sondern generell bei der Speicherung personenbezogener Daten durch staatliche Stellen.[3] Das Recht auf informationelle Selbstbestimmung ist nicht schrankenlos gewährleistet. Einschränkungen sind nur im überwiegenden Allgemeininteresse zulässig. Wesentlich ist, dass derartige Einschränkungen einer gesetzlichen Grundlage bedürfen, die dem rechtsstaatlichen Gebot der Normenklarkeit entsprechen.[4] Der Auskunftsanspruch ermöglicht dem Betroffenen im Zusammenwirken mit der somit gebotenen „Normentransparenz“ die Überprüfung, ob die verantwortliche Stelle rechtmäßig Daten zu seiner Person verarbeitet. Der Betroffene wird so in die Lage versetzt, von seinen weiteren Kontroll-, Abwehr- und Gestaltungsrechten wie denjenigen auf Berichtigung, Sperrung, Löschung und Widerspruch Gebrauch zu machen. Darüber hinaus hat das Auskunftsrecht Bedeutung für die Geltendmachung von Schadensersatzansprüchen nach § 7.[5] Damit gehört das Auskunftsrecht, funktional gesehen, zu den erforderlichen verfahrensrechtlichen Vorkehrungen des Rechts auf informationelle Selbstbestimmung.[6] Zu Recht wird es als „Magna Charta“ des Datenschutzrechts bezeichnet.[7]

2 Das Auskunftsrecht trägt auch dem aus **Art. 19 Abs. 4 GG** folgenden Gebot der Gewährung effektiven Rechtsschutzes Rechnung. Wäre der Bürger gehindert, Kenntnis davon zu erlangen, wer wo über welche seiner personenbezogenen Daten in welcher Weise und zu welchen Zwecken verfügt, so wäre sein Rechtsschutz verfassungsrechtlich unzureichend.[8] Effektiver Rechtsschutz setzt vielmehr voraus, dass der Bürger sich Kenntnis von der Verarbeitung ihn betreffender Daten verschaffen kann. Das Auskunftsrecht ermöglicht insofern einen vorverlagerten Rechtsschutz, als der Betroffene nicht darauf verwiesen ist, eine Verwaltungsentscheidung abzuwarten und dann über deren Anfechtung eine Überprüfung der tatsächlichen Entscheidungsgrundlagen herbeizuführen, sondern er kann die vorhandene Informationsbasis jederzeit unabhängig vom Bestehen eines förmlichen Verfahrens kontrollieren und erforderlichenfalls das zuständige Gericht anrufen. In dieser Loslösung des

---

1 Str. hinsichtlich der Frage, ob das Auskunftsrecht Bestandteil des Grundrechts ist; bejahend z.B. *Simitis/Fuckner,* NJW 1990, 2713, 2717; *Bäumler,* NVwZ 1988, 199; *Huber,* ThürVBl. 1992, 121, 124; *Lodde,* Informationsrechte, 36 ff. m. w. N.; *Knemeyer,* JZ 1992, 348; *Globig*, in: FS *W. Rudolf* S. 441, 445; vgl. auch *Gallwas,* NJW 1992, 2785, 2789; a.M. *Gola/Schomerus,* BDSG § 19 Rdnr. 2; *Ehmann,* CR 1988, 575; vgl. ferner *VerfGH RhPf,* CR 1999, 354; *Kugelmann*, Die informatorische Rechtsstellung des Bürgers, 302 f.

2 Vgl. BVerfGE 65, 1, 42 f. = Dok. Art. 2 Abs. 1 GG E 2.

3 Vgl. auch BVerwGE 89, 14, 18 = Dok. § 19 E 1.

4 BVerfGE 65, 1, 44.

5 Vgl. ferner zur Informationspflicht bei Einwilligung die Komm. des § 4.

6 Vgl. BVerfGE 65, 1, 46; BVerwGE 89, 14, 17; OVG Bremen, NJW 1987, 2393; *Simitis/Fuckner,* NJW 1990, 1717; *Denninger,* in *v. Schoeler* (Hrsg.), Informationsgesellschaft, 107, 12; *Trantas,* Akteneinsicht, 401.; *Globig,* in FS für W. Rudolf, S.441, 448 f.

7 So etwa *Wedde*, in: *Roßnagel*, Handbuch Datenschutzrecht, Kap. 4.4, Rdnr. 2.

8 BVerfGE 65, 1, 70; vgl. auch BVerwGE 84, 375, 378; 89, 14, 18; *Bäumler,* NVwZ 1988, 199 f.; *Riegel,* DVBl. 1985, 765, 772; *Huber,* ThürVBl. 1992, 121, 124; gegen eine Ableitung nur aus Art. 19 Abs. 4 GG *Simitis/Fuckner,* NJW 1990, 2713, 2717.

Auskunftsrechts von förmlichen Verfahren liegt die praktisch wesentliche Erweiterung der Rechtsposition des Einzelnen gegenüber den traditionellen Informationsrechten, wie insbesondere dem Anspruch auf Akteneinsicht[9] sowie auf (allgemeine) behördliche Auskunft und Beratung.[10]

Darüber hinaus ist der Auskunftsanspruch auch Ausdruck demokratischer und rechtsstaatlicher Grundvorstellungen. Die Transparenz staatlicher Informationsbestände wirkt der Gefahr entgegen, dass sich der Bürger unkontrollierbarem Wissen und damit unkontrollierter Macht ausgeliefert sieht[11] und deshalb auf politisches Engagement und die Ausübung von Grundrechten verzichtet. Dies würde nicht nur die individuellen Entfaltungschancen des Einzelnen, sondern auch das Gemeinwohl beeinträchtigen, weil Selbstbestimmung eine elementare Funktionsbedingung eines auf Handlungs- und Mitwirkungsfähigkeit seiner Bürger begründeten freiheitlichen demokratischen Gemeinwesens ist.[12] Der Aspekt der Kontrolle der Datenverarbeitung durch die Betroffenen wird vielfach auch mit dem Begriff „**Selbstdatenschutz**" bezeichnet.[13] Auskunftsrecht ist wesentliches Element des Selbstdatenschutzes. 3

Die in § 19 getroffenen Regelungen zur Auskunftserteilung entsprechen den verfassungsrechtlichen Anforderungen. Jedenfalls im Anwendungsbereich der Vorschrift besteht – trotz der dargestellten verfassungsrechtlichen Fundierung des Auskunftsrechts – kein unmittelbar aus Art. 2 Abs. 1 i.V.m. Art. 1 Abs. 1 GG bzw. aus Art. 19 Abs. 4 GG abzuleitender Anspruch auf Auskunftserteilung.[14] 4

Der Bedeutung des Auskunftsrechts entspricht seine systematische Stellung als erste Vorschrift in dem die Rechte des Betroffenen regelnden Zweiten Unterabschnitt des Ersten Abschnitts. Anschließend sind Berichtigung, Löschung und Sperrung von Daten (§ 20) und die Anrufung des Bundesbeauftragten für den Datenschutz (§ 21) geregelt. Der Gesetzgeber beabsichtigte mit den durch das BDSG 1990 vorgenommenen Änderungen eine Verstärkung der Rechte des Betroffenen gegenüber der Vorläuferbestimmung des § 13 BDSG 1977.[15] wurde nach Abs. 1 der Zweck der Speicherung in die Auskunftserteilung mit einbezogen; weiter wurde klargestellt, dass sich die Auskunftspflicht auch auf Herkunft und Empfänger der personenbezogenen Daten bezieht. Nicht übernommen wurde die Regelung des § 13 Abs. 2 BDSG 1977, nach deren Maßgabe die Auskunftspflicht u.a. nicht für Nachrichtendienste und Polizeibehörden galt. Eingefügt wurde dagegen mit dem BDSG 1990 das gemäß Abs. 6 geschaffene Ersatzrecht für Betroffene, denen gegenüber eine Auskunftserteilung abgelehnt wurde. Abgeschafft wurde die früher grundsätzlich bestehende Gebührenpflicht für die Auskunftserteilung (Abs. 7). 5

Nach § 6 Abs. 1 gehört das Auskunftsrecht zu den **unabdingbaren Rechten** des Betroffenen, d.h. es kann nicht durch Rechtsgeschäft ausgeschlossen werden.[16] § 6 Abs. 2 enthält Sonderregelungen für den Fall, dass Daten des Betroffenen in einer Datei gespeichert sind, bei der **mehrere Stellen speicherungsberechtigt** sind, und der Betroffene nicht in der Lage ist, die Stelle, die die Daten gespeichert hat, festzustellen.[17] 6

9 Vgl. §§ 29 VwVfG, 56 c BRRG, 100 VwGO, 34 FGG.
10 Vgl. auch *Lodde,* Informationsrechte, 4 ff., 7 ff., 30 ff.
11 Vgl. zu dem Aspekt der Vertrauensbildung durch verbesserte Information *Dix,*DuD 2004, 518; vgl. auch *Roßnagel/Pfitzmann/Garstka,* Modernisierung des Datenschutzrechts (2001), Gutachten im Auftrag des BMI, S. 169: Der dezentrale und weltweite Anfall der Daten, die technische und organisatorische Komplexität der Kommunikationsinfrastrukturen und wirtschaftlichen Abläufe, die Tatsache, dass die Daten unsichtbar und unbemerkt erhoben werden sowie die nahezu unbegrenzten Speicher- und Vervielfältigungsmöglichkeiten verringern die Transparenz drastisch.
12 Vgl. BVerfGE 65, 1, 43.
13 Vgl. *Roßnagel,* Handbuch Datenschutzrecht, Kap. 3.4 Rdnr. 1 ff., 74 f.
14 Vgl. BVerwGE 89, 14, 21 f. = Dok. § 19 E 1; *Knemeyer,* JZ 1992, 348, 349; vgl. auch BVerwGE 84, 375, 379, wo offen gelassen wurde, ob dem Recht auf informationelle Selbstbestimmung unmittelbar ein Auskunftsanspruch entnommen werden kann, oder ob ein derartiger Anspruch erst durch den Gesetzgeber begründet werden müsste.
15 Vgl. die Amtl. Begr., BT-Drs. 11/4306, 1, 37, 46.
16 Vgl. § 6 Rdnrn. 3 ff.
17 Vgl. § 6 Rdnrn. 26 ff.

7 **Veröffentlichungspflichten** über die gespeicherten Daten sieht das Gesetz **nicht** mehr vor. § 12 BDSG 1977 ist durch das BDSG 1990 ersatzlos gestrichen worden. Nach dieser Vorschrift mussten Behörden und sonstige öffentliche Stellen u.a. die Art der von ihnen gespeicherten Daten, ihre Zuordnung zu bestimmten Aufgaben und den betroffenen Personenkreis in dem für ihren Bereich bestehenden Veröffentlichungsblatt für amtliche Bekanntmachungen veröffentlichen. Der Gesetzgeber ging davon aus, dass diese Veröffentlichungen ihren Zweck – einerseits als flankierende Maßnahme für die Rechte des Betroffenen, andererseits als Kontrollinstrument für die Allgemeinheit– nicht hinreichend erfüllten.

8 Eine verlässliche und für den Betroffenen nachvollziehbare Information über den Verarbeitungsprozess ist conditio sine qua non des Auskunftsrechts. Die **EG-Datenschutzrichtlinie**[18] brachtehier deutliche Verbesserungen gegenüber der früheren Fassung des BDSG.[19] Die Richtlinie verlangt eine ausführliche Information der Betroffenen, wenn die Daten bei ihnen erhoben werden (Art. 10). Auch in allen anderen Fällen ist die verarbeitende Stelle verpflichtet, den Betroffenen bei Speicherungsbeginn oder, sofern die Angaben zur Weitergabe bestimmt sind, im Zusammenhang mit der ersten Übermittlung eingehend zu informieren (Art. 11). Die Informationspflicht erstreckt sich auf Auskünfte über die verantwortliche Stelle ebenso wie auf Angaben zu den jeweils verwendeten Kategorien von Daten sowie zu den in Betracht kommenden Übermittlungsadressaten. Die Richtlinie bezieht auch Hinweise auf die Rechte des Betroffenen ausdrücklich ein. Allerdings sind in Art. 11 Abs. 2 weit formulierte Ausnahmen enthalten. Die Regelung des Auskunftsrechts in der Richtlinie präzisiert weiter den Mindestinhalt der Auskunft und bezieht dabei ausdrücklich die Verpflichtung ein, den Betroffenen über den Aufbau des jeweiligen Verarbeitungssystems sowie die konkret benutzten Aufnahme- und Verarbeitungskriterien zu informieren (Art. 12). Sie verlangt zudem ausdrücklich von der verarbeitenden Stelle, sich in einer für den Betroffenen verständlichen Sprache zu äußern. Andererseits erlaubt Art. 13 der Richtlinie weitreichende Ausnahmen und Einschränkungen, ohne sie freilich vorzuschreiben. Die Vorschrift enthält eine lange Liste von Generalklauseln; u.a. genügt die Notwendigkeit einer Beschränkung für die Sicherheit des Staates, die Landesverteidigung, die öffentliche Sicherheit und für ein wichtiges wirtschaftliches oder finanzielles Interesse eines Mitgliedstaats oder der Europäischen Union einschließlich Währungs-, Haushalts- und Steuerangelegenheiten.[20]

9 In engem Zusammenhang mit dem datenschutzrechtlichen Auskunftsanspruch steht ein zunächst als „**Aktenöffentlichkeit**" und später als „**Informationsfreiheit**" umschriebener Problemkomplex, der zunehmend an Bedeutung gewonnen hat.[21] Die Forderung, die Transparenz des Verwaltungshandelns und damit zugleich auch die demokratischen Mitwirkungs- und Beteiligungsrechte durch einen verfahrensunabhängigen Anspruch auf Zugang zu den amtlichen Informationen und Dokumenten zu verbessern, gewinnt an Rückhalt. Auf Länderebene bestehen bereits in Berlin, Brandenburg, Nordrhein-Westfalen[22] und Schleswig-Holstein Informationszugangsgesetze. Auf Bundesebene ist das Informationsfreiheitsgesetzes am 5. September 2005 verabschiedet worden.[23]

---

18 Richtlinie 95/46/EG des Europäischen Parlaments und des Rates v. 24.10.1995, ABl. EG Nr. L 281/31 v. 23.11.1995, 94.

19 Vgl. *Simitis,* NJW 1997, 281, 285; *ders.,* NJW 1998, 2473, 2476; vgl. auch *Rudolf* in FS *Stern*, (1997), S. 1347.

20 Kritisch dazu *Dammann/Simitis,* EG-Datenschutzrichtlinie Einl. Rdnr. 46; vgl. auch *Globig*, in: FS *W. Rudolf*, S. 441, 443.

21 Dazu näher Einl. Rdnr. 23 f.

22 Vgl. *LfD NRW* 16. TB 2003 S. 187 ff.

23 BGBl. 1 S. 2722; vgl. auch *Schild*, RDV 2000, 96; *Burkert*, Informationszugang und Datenschutz (1992); vgl. ferner das Umweltinformationsgesetz vom 23. 8. 2003 (BGBl I S. 2218) und dazu *J. Fluck/A. Theuer*, Informationsfreiheitsrecht mit Umweltinformations- und Verbraucherinformationsrecht.

2. Auskunftsanspruch (Abs. 1)

2.1 Voraussetzungen

Der sich aus Abs. 1 ergebende Auskunftsanspruch ist das **grundlegende Kontrollrecht** des Einzelnen. Der Gesetzgeber hat deshalb bewusst davon abgesehen, ihn über die in den §§ 1 bis 3, 11 und 12 genannten allgemeinen Anwendungsvoraussetzungen und die Ausnahmen der Absätze 2 bis 5 hinaus an irgendwelche einschränkenden Voraussetzungen, etwa den Nachweis eines berechtigten Interesses, zu knüpfen. 10

Voraussetzung für die Anwendung des § 19 ist, dass Einzelangaben über die persönlichen oder sachlichen Verhältnisse des Auskunftssuchenden, d.h. einer bestimmten oder bestimmbaren natürlichen Person (Betroffener, vgl. § 3 Abs. 1)[24] gespeichert sind. Anders als nach § 13 BDSG 1977 ist die Anwendung der Vorschrift nicht auf in einer Datei gespeicherte Daten beschränkt. 11

Liegen die Anwendungsvoraussetzungen vor, so muss der Betroffene **lediglich durch seinen Antrag das Verfahren anstoßen**.[25] Ein solcher Antrag ist allerdings erforderlich: Im Unterschied zur Benachrichtigungpflicht nach § 19a („Bringschuld" der verantwortlichen Stelle) muss der Betroffene die Initiative ergreifen („Holschuld").[26] Zur Geltendmachung des Auskunftsanspruchs, auch soweit er sich auf Herkunft oder Empfänger der Daten und den Zweck der Speicherung bezieht, ist die schlüssige Darlegung eines schützenswerten (berechtigten) Auskunftsinteresses nicht erforderlich, wie sie in der Rechtsprechung für die nach Ermessen erfolgende Auskunftserteilung verlangt wird.[27] Gesetz erkennt vielmehr von vornherein ein derartiges Interesse des Einzelnen an. Es trägt damit dem Schutzbedürfnis des Betroffenen hinsichtlich der Offenlegung der zu seiner Person gespeicherten Daten Rechnung.[28] Eine Präzisierung des Auskunftsinteresses kann erst bedeutsam werden, wenn es zur Abwägung mit einem Gegeninteresse kommt.[29] Anders ist dies bei **Akteneinsichtsrechten** wie denjenigen nach § 29 VwVfG und § 100 VwGO, die lediglich formelle Rechte im Rahmen eines Verwaltungs- bzw. verwaltungsgerichtlichen Verfahrens gewähren, jedoch keine materiellen Ansprüche außerhalb eines solchen Verfahrens begründen.[30] 12

Das Auskunftsrecht steht jedem **Betroffenen** (§ 3 Abs. 1) zu. Auf Nationalität, Wohnsitz, Geschäftsfähigkeit oder sonstige besondere Voraussetzungen kommt es nicht an. 13

Andererseits steht das Auskunftsrecht nur dem Betroffenen zu. Informationsansprüche **anderer Personen** können **nicht** auf § 19 gestützt werden. Vielmehr sind insoweit die die Übermittlung regelnden Vorschriften zu beachten (§ 3 Abs. 4 Nr. 3 i.V.m. §§ 15 ff.). Zu Daten mit Bezug zu mehreren Betroffenen s. u. Rdnr. 27; zur Möglichkeit der Vertretung s. u. Rdnr. 34. 14

Das Gesetz differenziert auch bei der Auskunftsregelung nicht danach, ob der Betroffene bestimmt, d.h. durch die gespeicherten Angaben eindeutig identifiziert oder nur bestimmbar, d.h. nur mit Hilfe anderer Informationen identifizierbar, ist.[31] Ein Auskunftsantrag kann daher nicht allein mit dem Hinweis abgelehnt werden, dass keine Namen und Anschriften gespeichert wurden. Vielmehr ist dem Betroffenen in solchen Fällen mitzuteilen, dass Auskunft nur erteilt werden kann, wenn er ergänzende Angaben macht.[32] Ist eine sichere 15

---

24 Vgl. *BFHE* 203, 227 = NVwZ-RR 2004, 525 zur Nichtanwendbarkeit von § 19 auf Auskunftsersuchen von juristischen Personen oder Handelsgesellschaften (offengelassen, ob ein Auskunftsanspruch aus Art. 19 Abs. 3 i.V.m. Art. 2 Abs. 1 GG in seiner Ausprägung als Recht auf freie Entfaltung im Sinne der wirtschaftlichen Betätigungsfreiheit oder zumindest ein Anspruch auf ermessensfehlerfreie Entscheidung über das Auskunftsbegehren bestehen kann).

25 Dazu näher u. Rdnrn. 31 ff.

26 Vgl. § 34 Rdnr. 6.

27 Vgl. BVerwGE 30, 154, 160 f.; 69, 278, 279; 89, 14, 18 ff. = Dok. § 19 BDSG'90 E 1; vgl. auch die Voraussetzungen des Akteneinsichtsrechts nach § 29 Abs. 1 VwVfG.

28 Vgl. BVerwGE 89, 14, 18; *Knemeyer,* JZ 1992, 348, 350.

29 Vgl. *Gallwas,* JZ 1992, 2785, 2789; dazu u. Rdnrn. 78 ff.

30 Vgl. BVerwGE 84, 375, 376; *Knemeyer,* a.a.O.; *Lodde,* Informationsrechte, 7 ff., 30 ff.

31 Dazu näher § 3 Rdnrn. 20 ff.

32 Vgl. u. Rdnr. 49.

Zuordnung von Person und Daten unmöglich, so entfällt die Auskunft, da keine personenbezogenen Daten vorliegen. Zur Möglichkeit gezielter Anonymisierung wird auf die Kommentierung des § 3 Abs. 6 Bezug genommen. Besonderheiten bestehen bei Daten mit mehrfachem oder sekundärem Personenbezug, etwa bei Gendatenbanken und möglicherweise auch bei anderen medizinischen Registern, wenn die Datenbestände neben einem Personen- auch einen Familien- (Gruppen-)bezug aufweisen.[33]

16 **Normadressaten** sind öffentliche Stellen des Bundes[34] sowie in stark eingeschränktem Umfang öffentliche Stellen der Länder.[35] Zu beachten ist, dass als öffentliche Stelle auch privatrechtlich organisierte Einrichtungen in Betracht kommen.[36] Andererseits ist die Anwendung der Vorschrift ausgeschlossen, soweit eine öffentliche Stelle als öffentlich-rechtliches Unternehmen am Wettbewerb teilnimmt (§ 12 Abs. 1 2. Halbsatz) oder soweit personenbezogene Daten für dienst- oder arbeitsrechtliche Rechtsverhältnisse verarbeitet oder genutzt werden (§ 12 Abs. 4).

17 Anspruchsgegner ist die verantwortliche Stelle i.S.d. § 3 Abs. 7. Diese auf der Zuständigkeit beruhende Verantwortung hat der Gesetzgeber im Auge, wenn er im Zusammenhang mit der Auskunft von der verantwortlichen Stelle spricht (Abs. 1 Satz 4, Abs. 4 Nr. 1, Abs. 6 Satz 2). § 6 Abs. 2 enthält Sonderregelungen für den Fall, dass die Daten des Betroffenen in einer Datei gespeichert sind, bei der mehrere Stellen speicherungsberechtigt sind.[37]

18 Werden Daten im Auftrag einer öffentlichen Stelle durch eine andere öffentliche oder nicht-öffentliche Person oder Stelle verarbeitet, so ist der Auskunftsanspruch dem Auftraggeber gegenüber geltend zu machen (§ 11 Abs. 1 Satz 2 i.V.m. § 6 Abs. 1). Dieser ist zur Auskunftserteilung verpflichtet. Der Betroffene muss sich unter keinen Umständen an den Auftragnehmer verweisen lassen. Umgekehrt ist der Auftragnehmer nicht befugt, ohne Weisung des Auftraggebers Auskunft zu erteilen (§ 11 Abs. 3 Satz 1 und Abs. 4).

2.2 Umfang (Abs. 1 Satz 1)

19 **2.2.1 Zu seiner Person gespeicherte Daten (Nr. 1):** Das Auskunftsrecht des Betroffenen bezieht sich auf die **zu seiner Person gespeicherten** Daten. Haben Bedienstete der verantwortlichen Stelle nur Kenntnis von personenbezogenen Daten, ohne dass diese gespeichert sind, so besteht kein Auskunftsanspruch nach Abs. 1.[38] Das Auskunftsrecht erstreckt sich auch nicht auf bereits gelöschte Daten.[39] Der Umstand, dass in Abs. 1 Satz 1 – ebenso wie in der Vorläuferbestimmung des § 13 Abs. 1 Satz 1 – nicht die in § 3 Abs. 1 enthaltene Formulierung „personenbezogene Daten" verwendet wurde, dürfte sprachliche Gründe haben, hat aber keine inhaltliche Bedeutung. Dies folgt schon daraus, dass in den Folgebestimmungen wiederholt der Begriff „personenbezogene Daten" verwendet wird, womit offensichtlich kein sachlicher Unterschied intendiert ist. Dem Betroffenen sind also **alle** gespeicherten Daten mitzuteilen, die **personenbezogene Daten** i.S.d. § 3 Abs. 1 sind und sich auf seine Person beziehen.[40] Die Auskunft darf **nur unterbleiben, soweit dies in § 19 vorgesehen ist.**

20 **Andere Einschränkungen**, wie immer sie begründet werden, **vertragen sich nicht mit dem Sinn der gesetzlichen Regelung**, die dem Betroffenen ein vollständiges Bild vom Ausmaß seiner Erfassung garantieren will. So dürfen z.B. **gesperrte** Daten von der Auskunft nicht

33 Vgl. dazu § 34 Rdnr. 16.
34 § 12 Abs. 1.
35 § 12 Abs. 2.
36 Vgl. Komm. des § 2.
37 Zu Verbunddateien und vernetzten Systemen, vgl. § 6 Rdnrn. 24 ff.
38 Vgl. Nds. LSG, NdsRpfl 1996, 51.
39 Vgl. VGH Mannheim, DVBl. 1992, 1309, 1311 = Dok. § 19 BDSG'90 E 2; vgl. aber auch BVerwG, DVBl. 1999, 332 = Buchholz, 402. 406, BKAG Nr. 1: Der Betroffene kann ggf. die Mitteilung verlangen, dass die Daten gelöscht worden sind.
40 Vgl. § 3 Rdnrn. 3 ff., 47; ebenso BGH, NJW 1981, 1738 ff. zu § 34 Abs. 1 BDSG 1977; *Auernhammer,* BDSG § 19 Rdnr. 9.

ausgenommen werden[41] (vgl aber Abs. 2).[42] Dasselbe gilt für „unwichtige" Daten[43] und unzulässig gespeicherte Daten. Der Auskunftsanspruch ist nicht auf solche Daten beschränkt, die unter einem auf den Betroffenen bezogenen **Ordnungsmerkmal** (z.B. Name, Versicherungsnummer) gespeichert sind. Bei Speicherung unter einem anderen Ordnungsmerkmal (z.B. Fa. des Arbeitsgebers) ist dem Betroffenen Gelegenheit zu geben, die erforderlichen Ordnungsmerkmale nachzuliefern.[44] Lehnt der Betroffene dies ab und ist deshalb ein Durchsuchen großer Datenbestände erforderlich, so kann die Auskunftserteilung bis zur nächsten ohnehin erfolgenden vollständigen Abarbeitung dieser Bestände aufgeschoben werden, wenn nur so ein unverhältnismäßig großer Aufwand vermieden werden kann.

Der Auskunftspflicht unterliegen auch die **Dateibezeichnungen.**[45] Aus diesen ergeben sich in der Regel – teilweise in Verbindung mit insoweit geltenden Regelungen – die Selektionskriterien für die Aufnahme in die Datei und deren Zweckbestimmung. Die Dateibezeichnungen enthalten grundsätzlich auch Angaben über persönliche oder sachliche Verhältnisse des Betroffenen i.S.d. § 3 Abs. 1. So folgt aus der Speicherung von Daten im KAN, dass es sich um schwere oder überregional bedeutsame Straftaten handelt. Unter bestimmten Voraussetzungen können auch (andere) **physisch nicht gespeicherte** Angaben zu den zur Person gespeicherten Daten gehören. 21

§ 6a Abs. 3 erstreckt das Auskunftsrecht des Betroffenen auch auf den **logischen Aufbau der automatisierten Verarbeitung** der ihn betreffenden Daten und die dabei herangezogenen **Entscheidungskriterien.**[46] 22

Zur umfassenden Auskunftserteilung gehört es auch, dem Antragsteller entsprechende Nachricht zu geben, wenn zu seiner Person **keine** (durch das BDSG geschützten) **Daten gespeichert** sind (**Negativauskunft**). Auch dies ist eine Form der Auskunft. Angaben dürfen nicht deshalb weggelassen werden, weil der für die auskunftspflichtige Stelle handelnde Amtswalter durch die Bekanntgabe sich oder andere Personen der Gefahr aussetzen würde, wegen einer Straftat oder einer Ordnungswidrigkeit verfolgt zu werden. Allgemeiner lässt sich sagen, dass die Gründe, die zur Zeugnis- oder Auskunftsverweigerung vor Gericht berechtigen, nicht auch eine Verkürzung der Auskunft an den Betroffenen legitimieren. 23

Zur Sicherung der Vollständigkeit der Auskunft können die nach § 18 zu führenden Aufzeichnungen benutzt werden. Ein personenbezogener Zentralnachweis kann datenschutzrechtlich bedenklich sein (§ 14). Er wird vom Gesetz nicht gefordert. 24

2.2.2 Auskunft über Herkunft und Empfänger (Abs. 1 Satz 1 Nrn. 1 und 2): Die Pflicht zur Auskunftserteilung erstreckt sich nach Abs. 1 Satz 1 Nr. 1 auch auf die **Herkunft** der zur Person des Betroffenen gespeicherten Daten. Ob derartige Angaben zu den personenbezogenen Daten des Betroffenen gehören und ob insoweit ein Auskunftsanspruch besteht, war unter Geltung des BDSG 1977 umstritten.[47] Diese Frage wurde durch die Novellierung 1990 positiv entschieden.[48] Wie sich aus dem Wortlaut des Abs. 1 Satz 1 Nr. 1 und der amtlichen Begründung ergibt, rechnet das Gesetz zu den zur Person des Betroffenen gespeicherten Daten auch diejenigen, die die Herkunft betreffen. Diese Klarstellung soll der Stärkung der Stellung des Betroffenen dienen.[49] Dies gilt insbesondere für die Geltendmachung der weiteren Kontroll-, Mitwirkungs- und Gestaltungsrechte sowie von Schadensersatzansprüchen.[50] 25

---

41 *Auernhammer,* BDSG § 19 Rdnr. 10; *Gola/Schomerus*, BDSG § 19 Rdnr. 4.

42 Dazu u. Rdnrn. 63 ff.

43 Vgl. dazu, dass es unter den Bedingungen der automatischen Datenverarbeitung kein „belangloses" Datum mehr gibt BVerfGE 65, 1, 45.

44 Vgl. u. Rdnr. 49.

45 Vgl. VGH Kassel, DÖV 1991, 806 zur Auskunftserteilung durch das BKA; *Dörr/Schmidt,* BDSG § 10 Rdnr. 3; s. auch Komm. des § 3 Abs. 4 Satz 2 Nr. 1.

46 Dazu auch § 34 Rdnr. 20; vgl. zu den Anforderungen von Art. 12 a) der EG-Datenschutzrichtlinie *Roßnagel/Pfitzmann/Garstka*, Modernisierung des Datenschutzrechts, S. 171.

47 Bejahend *Auernhammer,* NJW 1980, 816; verneinend BGH, NJW 1981, 1738; 3. Aufl. dieses Kommentars, § 26 Rdnr. 32 a.

48 Vgl. § 3 Rdnr. 47.

49 BT-Drs. 11/4306, 46.

50 Vgl. o. Rdnr. 1.

Der Betroffene erhält so Hinweise auf mögliche Anspruchsgegner. Häufig wird er zudem erst durch die Offenlegung der Quelle in die Lage versetzt, Behauptungen zu widerlegen, die möglicherweise aus bestimmten Motiven gemacht wurden oder erst aus der Perspektive des Behauptenden verständlich werden. Sich auf die Herkunft beziehende Daten können solche über natürliche Personen[51] sein. Weiterhin kommen etwa Angaben über öffentliche oder nicht-öffentliche Stellen, Register oder Publikationen in Betracht.

26 Nach Abs. 1 Satz 1 Nr. 2 kann der Betroffene Auskunft verlangen über **Empfänger** i.S.v. § 3 Abs. 8 Satz 1 **oder Kategorien von Empfängern,**[52] **an die Daten weitergegeben werden**. Die Neufassung der Vorschrift 2001 hat das Auskunftsrecht im Hinblick auf Art. 12 der EG-Datenschutzrichtlinie erweitert. Anders als Nr. 1 der Vorschrift beschränkt das Gesetz die Pflicht zur Auskunftserteilung über Empfänger und Empfängerkategorien nicht auf den Fall, dass diese gespeichert sind. Aus Nr. 2 folgt vielmehr die Verpflichtung der verantwortlichen Stelle, Daten über Empfänger und Kategorien von Empfängern, an die Daten weitergegeben wurden, zu speichern. Dabei kommt es nicht darauf an, ob die Daten *regelmäßig* übermittelt werden.

27 Soweit die Auskunftserteilung an den Betroffenen im Falle der Auskunftserteilung über Herkunft oder Empfänger an sich zugleich eine dem BDSG unterfallende Übermittlung i.S.v. § 3 Abs. 5 Nr. 3 darstellen würde,[53] ist § 19 als abschließende Regelung anzusehen. Berechtigte Interessen von Informanten oder Empfängern sind im Rahmen des Abs. 4 Nr. 3 zu berücksichtigen.[54]

28 Das Auskunftsrecht nach Abs. 1 Satz 1 bezieht sich auf die zur Person des Betroffenen „gespeicherten“ Daten. Anders als bei dem Auskunftsrecht hinsichtlich regelmäßiger Empfänger nach § 34 Abs. 1 Nr. 3 ergibt sich aus Abs. 1 Nr. 1 keine Verpflichtung, Daten über Herkunft und Empfänger zu speichern und zur Auskunft bereitzuhalten.[55] Allerdings kann sich die Verpflichtung der Speicherung im Einzelfall aus anderen Vorschriften ergeben (z.B. aus § 9 BDSG unter dem Gesichtspunkt der Qualitätskontrolle).

2.3 Zweck der Speicherung

29 Nach Abs. 1 Satz 1 Nr. 2 ist dem Betroffenen über den **Zweck der Speicherung** Auskunft zu erteilen. Auch insoweit sollte mit der Novellierung 1990 gegenüber der Vorläuferbestimmung des § 13 BDSG 1977, die eine entsprechende Verpflichtung nicht vorsah, die Stellung des Betroffenen gestärkt werden.[56] Abs. 1 Satz 1 Nr. 2 ist im Zusammenhang mit § 14 zu sehen, der den Grundsatz der Zweckbindung realisiert. Das darauf bezogene Auskunftsrecht soll gegenüber dem Betroffenen die auch insoweit erforderliche Transparenz herstellen und ihn in die Lage versetzen, seine Rechte wirksam wahrzunehmen. In ähnlicher Weise wie in § 14 ist der Grundsatz der Zweckbindung in Art. 6 Abs. 1 b EG-Datenschutzrichtlinie[57] ausgestaltet. Bei der Festlegung des Zwecks ist an der jeweiligen rechtlichen Legitimationsgrundlage für die Datenspeicherung anzuknüpfen. Wegen der Einzelheiten wird auf die Kommentierung des § 14 Bezug genommen. Anhaltspunkte für den Zweck der Datenspeicherung ergeben sich, sofern die Daten in einer Datei gespeichert sind, aus dem Dateiverzeichnis nach § 18 i.V.m. § 4e Nr. 4, welches eine „Zweckbestimmung“ zu enthalten hat. Dabei ist allerdings zu beachten, dass sich diese Zweckbestimmung allgemein auf eine Datei bezieht, während die Datenspeicherung hinsichtlich eines einzelnen Betroffenen regelmäßig nicht nur dem Zweck der Erfüllung einer abstrakten Aufgabe dient, sondern darauf abzielt, die Aufgabe konkret gerade im Verhältnis zu diesem Betroffenen zu erfüllen.

---

51 Vgl. zum Informanten einer Behörde BVerwGE 89, 14 ff. = Dok. § 19 BDSG'90 E 1.
52 Vgl. zum Begriff „Kategorien von Empfängern“ § 4e Abs. 1 Satz 1 Nr. 6.
53 Vgl. zum Bezug von Daten auf mehrere Personen § 3 Rdnrn. 42 ff.
54 Vgl. Rdnr. 102.
55 So auch *Auernhammer,* BDSG § 19 Rdnr. 9; *Dörr/Schmidt,* BDSG § 19 Rdnr. 2; *Schaffland/Wiltfang,* BDSG § 19 Rdnr. 3; *Tinnefeld/Ehmann,* Einführung (3. Aufl. 1998), Kap. 8.2.
56 Vgl. BT-Drs. 11/4306, 46.
57 Richtlinie 95/46 EG, ABl. Nr. L 281 v. 25.11.1995.

2.4 Verfahren (Abs. 1 Sätze 2 bis 4)

Abs. 1 sieht eine Reihe von Verfahrensvorschriften vor. Danach soll der durch Satz 1 vorgeschriebene Antrag des Betroffenen Angaben zur Art der Daten enthalten, über die Auskunft erteilt werden soll (Satz 2). Satz 3 enthält eine Sonderbestimmung für Akten. Satz 4 sieht die Bestimmung des Verfahrens durch die speichernde Stelle vor. 30

2.4.1 Antragserfordernis und Bevollmächtigung: Die Auskunft wird nach Satz 1 nur auf Antrag erteilt. Eine Auskunft von Amts wegen – etwa nach erstmaliger Speicherung von Daten zur Person des Betroffenen oder in regelmäßigem Turnus (Datenauszug) –, wie sie mitunter gefordert worden ist, sieht das Gesetz nicht vor. Der damit verbundene Aufwand erschien dem Gesetzgeber unangemessen; zudem wäre das Risiko einer Kenntnisnahme durch Unbefugte erhöht worden.[58] 31

Einer besonderen Form bedarf der Antrag nicht. Er kann schriftlich oder mündlich, auch telefonisch gestellt werden. Die auskunftserteilende Stelle muss sich allerdings von der Identität des Antragstellers überzeugen.[59] 32

Den Antrag kann stellen, wer nach bürgerlichem Recht geschäftsfähig (§ 2 BGB) ist; außerdem wer beschränkt geschäftsfähig (§§ 106, 114 BGB) ist, soweit er für den Gegenstand des Verfahrens durch Vorschriften des bürgerlichen Rechts (z.B. §§ 112, 113 BGB) als geschäftsfähig oder durch Vorschriften des öffentlichen Rechts (z.B. § 7 StVZO für das Führen von Kraftfahrzeugen; § 5 des Gesetzes über die religiöse Kindererziehung v. 15.07.1921, RGBl. 939 für die Entscheidung über das Religionsbekenntnis; § 68 AuslG für Ausländer) als handlungsfähig anerkannt ist.[60] In anderen Fällen muss der Antrag durch einen gesetzlichen Vertreter gestellt werden. 33

Der Betroffene kann den Antrag auch durch einen Bevollmächtigten stellen lassen.[61] Der Umstand, dass es sich um die Geltendmachung eines höchstpersönlichen Rechts handelt, ändert hieran nichts.[62] Soll die Auskunft an den Bevollmächtigten gerichtet werden, so muss die verantwortliche Stelle, um nicht § 4 zu verletzen, überprüfen, ob hierfür eine ausreichende Vollmacht vorliegt. Sie kann dazu vom Bevollmächtigten verlangen, seine Vollmacht schriftlich nachzuweisen. Bleiben Zweifel – wobei zum Schutz des Betroffenen ein strenger Maßstab anzulegen ist[63] –, so wird sie sich an den Betroffenen wenden. 34

Eine dennoch einem Unberechtigten erteilte Auskunft stellt eine Übermittlung i.S.v. § 3 Abs. 4 Nr. 3 dar, die nach § 43 Abs. 1 Nr. 1 strafbar sein kann. 35

Eine auf ein bestimmtes Verwaltungsverfahren bezogene Vollmacht ermächtigt zu allen dieses betreffenden Verfahrensverhandlungen (§ 14 Abs. 1 Satz 2 VwVfG). Sie schließt daher das Recht, die Auskunft nach § 19 zu verlangen und entgegenzunehmen, nur insoweit ein, als es sich um Daten handelt, die in direktem Bezug zu dem Verfahren stehen.[64] 36

2.4.2 Bezeichnung der Art der Daten (Abs. 1 Satz 2): In dem Antrag **soll die Art der Daten, über die Auskunft erteilt werden soll, näher bezeichnet werden** (Abs. 1 Satz 2). An diese Soll-Vorschrift sind keine allzu strengen Maßstäbe anzulegen, damit das Auskunftsrecht nicht unterlaufen wird. Gemeint ist nicht eine Aufzählung aller einzelnen abstrakten Datenkategorien (wie „Beruf", „Wohnort"), sondern eine thematische, aufgabenbezogene oder organisationsbezogene Bereichseingrenzung (z.B. „Gesundheitsdaten", „Wohngelddaten", „Daten des Sozialamtes"). Nach der Begründung zum Regierungsentwurf des BDSG 1977 sollte dadurch die Auskunft – vor allem bei großen Behörden mit umfangreichen und vielfältigen Datenbeständen – beschleunigt werden.[65] In vielen Fällen wäre eine solche Substantiierungspflicht allerdings unsinnig oder für den Betroffenen unzumutbar. Die im 37

58 Vgl. Begr. zu § 11 des RegE des BDSG 1977, BT-Drs. 7/1027.
59 Vgl. Rdnrn. 51 f.
60 Vgl. auch § 12 Abs. 1 Nr. 2 VwVfG.
61 Vgl. auch § 14 VwVfG; ebenso *Auernhammer,* BDSG § 19 Rdnr. 13; *Gola/Schomerus*, BDSG § 6 Rdnr 3.
62 Vgl. *Kopp,* VwVfG, 6. Aufl., § 14 Rdnr. 3.
63 Vgl. *Auernhammer,* BDSG § 19 Rdnr. 18; u. Rdnrn. 51 f.
64 Vgl. *Borgs,* in *Meyer/Borgs,* VwVfG § 14 Rdnr. 10.
65 Begr. des RegE zu § 11, BT-Drs. 7/1027.

damaligen Regierungsentwurf enthaltene zwingende Regelung wurde deshalb in der parlamentarischen Beratung im Interesse des Bürgers in eine Soll-Vorschrift umgewandelt.[66]

38 Die nähere Bezeichnung kann danach nur dann zur Voraussetzung einer Auskunft gemacht werden, wenn dafür wegen der Verhältnisse bei der verantwortlichen Stelle eine sachliche Notwendigkeit besteht und dem Antragsteller eine Eingrenzung seines Auskunftswunsches möglich und zumutbar ist.[67]

39 Die nähere Bezeichnung ist dem Antragsteller umso eher möglich und zumutbar, je besser die verantwortliche Stelle ihn über die Systematik ihrer Datenbestände informiert. Entscheidend kommt es für die Erreichung des Zwecks der Auskunftsregelung darauf an, dass die Beteiligten sich darüber verständigen, in welcher Weise das Recht des Betroffenen angesichts seines konkreten Kontrollbedürfnisses und der bei der verantwortlichen Stelle gegebenen organisatorischen und technischen Verhältnisse am besten verwirklicht werden kann.

40 **2.4.3 Besonderheiten bei Daten, die weder automatisiert noch in nicht-automatisierten Dateien gespeichert sind (Abs. 1 Satz 3):** Soweit sich der Auskunftsanspruch des Betroffenen auf Daten richtet, die **weder automatisiert noch in nicht-automatisierten Dateien gespeichert sind** (d.h. vor allem in **Akten**),[68] enthält Abs. 1 Satz 3 eine Sonderregelung, die die Erteilung der Auskunft von der Einhaltung zusätzlicher Voraussetzungen abhängig macht. Anstelle der in Satz 2 enthaltenen Soll-Vorschrift ist eine zwingende Mitwirkung des Betroffenen vorgesehen. Danach wird die Auskunft nur erteilt, soweit der Betroffene Angaben macht, die das Auffinden der Daten ermöglichen.

41 Die Vorschrift soll insbesondere dem Umstand Rechnung tragen, dass das Auffinden von Daten in einer Akte in aller Regel mehr Schwierigkeiten macht als im Falle einer Datei. Ohne konkretisierende Hinweise des Betroffenen müsste die Behörde im Extremfall ihre gesamten Aktenbestände durchsuchen. Abs. 1 Satz 3 beschränkt die Verpflichtung des Betroffen nicht auf die Art der Daten, über die Auskunft erteilt werden soll.[69] Über die Art der Daten hinaus hat der Betroffene ihm bekannte Suchkriterien (z.B. Aktenzeichen; vgl. auch u. Rdnr. 49) anzugeben. Von Bedeutung können auch Anhaltspunkte sein, aufgrund derer der Betroffene annimmt, bei der verantwortlichen Stelle könnten ihn betreffende Daten gespeichert sein (z.B. früheres Vorsprechen oder Anfrage). Der Umfang der Hinweispflicht lässt sich nicht verallgemeinern; die verantwortliche Stelle hat insoweit nach Abs. 1 Satz 4 die erforderlichen Regelungen zu treffen.[70]

42 Bei der Auslegung der Vorschrift ist zu berücksichtigen, dass das Recht, selbst über die Preisgabe und Verwendung der die eigene Person betreffenden Daten zu entscheiden, dem Einzelnen ohne Rücksicht auf die jeweils benutzte Verarbeitungsform sowie das konkret gebrauchte Verarbeitungsmittel zusteht und sich somit auch auf in Akten enthaltene Daten bezieht. Die Mitwirkungspflicht des Betroffenen entbindet die verantwortliche Stelle nicht von der ihr obliegenden Verpflichtung, ihrerseits die Voraussetzungen zu schaffen, um eine Auskunftserteilung zu ermöglichen. Soweit es dem Betroffenen unmöglich oder unzumutbar erscheint, konkretisierende Hinweise zu geben, darf die verantwortliche Stelle grundsätzlich nicht schon deswegen die Auskunftserteilung verweigern. Sie ist vielmehr gehalten, durch geeignete Hinweise eine Konkretisierung zu ermöglichen.

43 Die Auskunft wird nur erteilt, soweit der für die Erteilung der Auskunft erforderliche **Aufwand nicht außer Verhältnis zu dem von dem Betroffenen geltend gemachten Informationsinteresse steht**. Dabei ist nur der unmittelbar für die konkrete Recherche erforderliche Aufwand zu berücksichtigen. Der Aufwand, der zu erbringen ist, um die organisatorischen und technischen Voraussetzungen für die Erteilung von Auskünften zu schaffen, kommt nicht in Betracht.

---

66 Bericht des BT-InnA zu § 11, BT-Drs. 7/5277.
67 Vgl. auch *Auernhammer,* BDSG § 19 Rdnr. 14.
68 Vgl. auch *BFHE* 202, 242 = NVwZ-RR 2004, 419
69 Vgl. demgegenüber Abs. 1 Satz 2; s. o. Rdnrn. 37 ff.
70 Vgl. u. Rdnrn. 48 ff.

44 Das Gesetz stellt weiter auf den Grundsatz der **Verhältnismäßigkeit** ab. Dieser wird unmittelbar aus dem Grundgesetz hergeleitet. Eine ähnliche Regelung ist bezogen auf die Erforderlichkeit technischer und organisatorischer Maßnahmen in § 9 Satz 2 enthalten.[71] Hinsichtlich des **Informationsinteresses** des Betroffenen ist zunächst zu beachten, dass der Auskunftsanspruch als solcher nicht die Darlegung eines schützenswerten Auskunftsinteresses erfordert.[72] Soweit allerdings im Rahmen der für Akten geltenden Verfahrensregelung des Abs. 1 Satz 3 eine Verhältnismäßigkeitsprüfung vorzunehmen ist, setzt das Gesetz die Darlegung eines solchen Interesses ausdrücklich voraus.

45 Bei der Prüfung des Informationsinteresses ist Folgendes zu berücksichtigen: Wie bereits ausgeführt, gilt das Recht auf informationelle Selbstbestimmung auch für in Akten gespeicherte Daten; auch insoweit besteht ein Schutzbedürfnis des Auskunftssuchenden hinsichtlich der Offenlegung dieser Daten. Eine Gewichtung des Informationsinteresses des Betroffenen ist nur unter Einbeziehung der besonderen Umstände des Einzelfalles möglich. Von Bedeutung ist zunächst die Art der gespeicherten Daten. Je sensitiver diese sind (vgl. namentlich die in § 3 Abs. 9 genannten Daten), umso gewichtiger ist das Informationsinteresse;[73] sind Daten mit unterschiedlicher Sensitivität Gegenstand des Auskunftsersuchens, so sind die jeweils „empfindlichsten" Daten der Maßstab.[74] Weiter ist der Verwendungskontext der Daten zu berücksichtigen. Der Betroffene kann darüber hinaus ein sonstiges besonderes Interesse – sei es wirtschaftlicher oder ideeller Art – an der Offenlegung der gespeicherten Daten haben. Dies gilt etwa, wenn er die Daten in einem bereits anhängigen oder noch einzuleitenden Verfahren gegen die verantwortliche Stelle oder Dritte benötigt.

46 Dem Informationsinteresse des Betroffenen ist der für die Erteilung der Auskunft erforderliche Aufwand gegenüberzustellen. Im Wege einer Interessenabwägung ist festzustellen, ob der Aufwand unverhältnismäßig ist. Der Aufwand für die Auskunftserteilung ist nicht unverhältnismäßig, wenn konkrete Anhaltspunkte dafür bestehen, dass gespeicherte Daten zu berichtigen, zu löschen oder zu sperren sind oder sonst unzulässig verarbeitet oder in anderer Weise unzulässig genutzt wurden oder werden.[75]

47 Zweck der Regelung ist es, einen erheblichen Suchaufwand seitens der verantwortlichen Stelle auf die Fälle eines überwiegenden Informationsinteresses des Betroffenen zu begrenzen. Angesichts dieser Zielsetzung und der verfassungsrechtlichen Fundierung des Auskunftsanspruchs darf die Auskunftserteilung nicht nach Abs. 1 Satz 3 verweigert werden, wenn sie (z.B. aufgrund des angegebenen Aktenzeichens) ohne weiteres möglich ist; es kommt dann nicht darauf an, ob der Betroffene sein Informationsinteresse – über sein sich bereits aus dem Persönlichkeitsrecht ergebendes Schutzbedürfnis hinaus – näher dargelegt hat. Entsprechendes gilt, soweit sich in Dateien Hinweise auf dazu geführte Akten finden.[76]

2.4.4 Bestimmung des Verfahrens durch die verantwortliche Stelle (Abs. 1 Satz 3):

48 Wegen der sehr unterschiedlichen **Verhältnisse in den einzelnen Bereichen** der Verwaltung hat der Gesetzgeber davon abgesehen, **Form und Verfahren der Auskunftserteilung** im Einzelnen zu regeln; ihre Bestimmung bleibt vielmehr der verantwortlichen Stelle überlassen (Abs. 1 Satz 3). Dadurch werden flexible, den konkreten Erfordernissen angepasste Lösungen ermöglicht. Zur Frage der Arbeitsüberlastung der verantwortlichen Stelle vgl. u. Rdnr. 84.

49 Zur Bestimmung des Verfahrens gehört auch die Festlegung der vom Antragsteller anzugebenden **Identifikationsmerkmale**, mit deren Hilfe die gewünschten Daten innerhalb des Datenbestandes gefunden werden können (Suchmerkmale). In der Regel werden dazu der Name, die Anschrift und das Geburtsdatum ausreichen. Der vom Gesetz eingeräumte Ermes-

71 Vgl. Komm. des § 9.
72 Vgl. o. Rdnr. 12.
73 Vgl. *Schaffland/Wiltfang,* BDSG § 19 Rdnr. 14, die die Verhältnismäßigkeit der Auskunftserteilung bei Sozialdaten für den Regelfall bejahen.
74 Vgl. auch Komm. des § 9.
75 Vgl. auch *Auernhammer,* BDSG § 19 Rdnr. 19; *Dörr/Schmidt,* BDSG § 19 Rdnr. 5.
76 Vgl. auch *Gola/Schomerus,* BDSG § 19 Rdnr. 10.

sensspielraum ist jedoch auch noch nicht überschritten, wenn noch eine andere Angabe, wie z.B. das Kfz-Kennzeichen, die Versicherungsnummer oder ein Aktenzeichen, verlangt wird, vorausgesetzt sie wird benötigt, um einen unverhältnismäßig hohen Suchaufwand zu vermeiden, und sie kann vom Antragsteller ohne Schwierigkeiten beigebracht werden. Ein Ermessensfehler läge dagegen vor, wenn nach weiteren Angaben gefragt wird, damit die gespeicherten Daten ergänzt oder aktualisiert werden können. Zur Auskunftserteilung über die zu einem Pseudonym gespeicherten Daten und zur Frage, ob unter einem Pseudonym Auskunft verlangt werden kann, wird auf die Kommentierung des § 34 Bezug genommen.[77]

50 Eine Verfahrensfrage ist auch die **Frist**, innerhalb derer die Auskunft zu erteilen ist. Mangels näherer gesetzlicher Bestimmung ist der Antrag unverzüglich, d.h. ohne schuldhaftes Zögern, zu bearbeiten. Die Ermessensklausel lässt jedoch auch eine angemessene Berücksichtigung von Wirtschaftlichkeitserwägungen zu. So können die Auskünfte bei automatisierter Verarbeitung gesammelt und in festem, z.B. ein- bis zweiwöchigem Turnus erstellt werden; eine längere Frist ist nur unter besonderen Umständen gerechtfertigt (vgl. o. Rdnr. 20). Handelt es sich allerdings um Daten, die oft verarbeitet, insbesondere übermittelt werden, oder hat der Betroffene aus anderen Gründen ein berechtigtes Interesse an einer schnelleren Auskunft, so ist diese unverzüglich zu erteilen.

51 Ein weiterer wichtiger Gegenstand der Verfahrensregelung ist die **Identifizierung** der Person des Auskunftsuchenden. Die auskunftserteilende Stelle hat zu überprüfen, ob der Antragsteller der Betroffene bzw. zu seiner Vertretung, insbesondere zur Kenntnisnahme vom Inhalt der Auskunft befugt ist. Diese Verpflichtung folgt aus dem sanktionsbewehrten[78] Verbot, Daten unbefugt zu übermitteln (§ 4 Abs. 1).

52 Die Identifizierung gehört zu den nach § 9 vorgeschriebenen Durchführungsmaßnahmen. An die Überprüfung sind strenge Anforderungen zu stellen.[79] Im Rahmen der Verhältnismäßigkeit kann berücksichtigt werden, dass die schutzwürdigen Belange des Betroffenen je nach Art der Daten in unterschiedlicher Weise berührt sein können. Vom anwesenden Betroffenen, der bei der verantwortlichen Stelle nicht persönlich bekannt ist, ist die Vorlage eines amtlichen Ausweispapiers zu verlangen. Bestehen noch Zweifel etwa wegen einer Namensidentität, kann die Berechtigung dadurch ermittelt werden, dass der Antragsteller nähere Angaben zu den über ihn gespeicherten Daten macht.[80] Wird die Auskunft schriftlich beantragt, genügt es bei wenig empfindlichen Daten, dass die Angaben des Betroffenen mit denen des Absenders (und Auskunftsadressaten) übereinstimmen; andernfalls ist eine beglaubigte Unterschrift erforderlich. Stattdessen oder wenn Zweifel bestehen bleiben, kann bzw. soll die Auskunft mit Postzustellungsurkunde unter Ausschluss einer Ersatzzustellung zugestellt oder per „Einschreiben-Eigenhändig" versandt werden.

53 Die **Form** der Auskunftserteilung liegt ebenfalls im Ermessen der verantwortlichen Stelle. Im Gegensatz zur Regelung für den nicht-öffentlichen Bereich (§ 34 Abs. 3) ist nicht die Schriftform vorgeschrieben. Neben der **schriftlichen** Auskunft kommen daher die **mündliche** Auskunft und die Gewährung von **Einsicht** in schriftliche Unterlagen oder per Bildschirmanzeige in Betracht. Angestrebt werden sollte die Ermöglichung einer elektronischen Auskunft, die auch elektronisch beantragt werden kann.[81] Die damit verbundene Akzeptanzsteigerung bei dem Betroffenen läge auch im Interesse der verantwortlichen Stelle. Für eine permanente Möglichkeit der elektronischen Auskunft oder Einsichtnahme online fehlen allerdings noch vielfältige technische und organisatorische Voraussetzungen.[82] Soweit der Antragsteller ein berechtigtes Interesse hat, z.B. aus Beweisgründen, ist ihm schriftlich Aus-

---

77 Vgl. § 34 Rdnr. 38 f.
78 Vgl. §§ 43 f.
79 Vgl. *Auernhammer,* BDSG § 19 Rdnr. 18.
80 Vgl. *Gola/Schomerus,* BDSG § 19 Rdnr. 13.
81 Vgl. *Roßnagel/Pfitzmann/Garstka*, Modernisierung des Datenschutzrechts S. 174 f. mit näheren Angaben zu den erforderlichen technischen Voraussetzungen.
82 Vgl. § 34 Rdnr. 21.

kunft zu erteilen. Dies ist der Regelfall. Eine telefonische Auskunft ist wegen der unsicheren Identifizierungsmöglichkeit in der Regel ausgeschlossen.[83]

Die Auskunft muss verständlich sein. Der Betroffene muss ohne besondere Vorkenntnisse, ohne Inanspruchnahme technischer Hilfsmittel und ohne fachliche Beratung in der Lage sein festzustellen, welche konkreten Daten zu seiner Person gespeichert sind. Dies bedeutet, dass in automatisierten Dateien gespeicherte Daten nicht nur lesbar gemacht werden müssen, sondern auch keine Angaben enthalten dürfen, die für den Betroffenen unverständlich sind. Werden zur Person des Betroffenen Daten verschlüsselt gespeichert (z.B. 1 – verheiratet), so ist ihm entweder der Schlüssel mitzuteilen oder die Angabe ist zu entschlüsseln. 54

Der Antragsteller **ist zu bescheiden**, wenn die Erteilung einer Auskunft **abgelehnt** wird. Die Ablehnung ist zu **begründen**,[84] soweit nicht die Voraussetzungen des Abs. 5 vorliegen.[85] Dazu sind die wesentlichen tatsächlichen und rechtlichen Gründe der Entscheidung mitzuteilen. Es ist anzugeben, auf welchen gesetzlichen Ausnahmetatbestand die Ablehnung gestützt wird. 55

Diese Grundsätze gelten auch bei **teilweiser Verweigerung** der Auskunft. Auf die Unvollständigkeit der Auskunft ist ausdrücklich hinzuweisen, da der Antragsteller sonst zu falschen Schlüssen verleitet würde.[86] 56

Bei **wiederholten Auskunftsersuchen** darf die Auskunft ohne Einverständnis des Betroffenen nicht auf Veränderungen gegenüber der letzten Anfrage beschränkt werden. Gegen die Zulässigkeit einer solchen Beschränkung spricht neben dem Gesetzeswortlaut, der eine vollständige Auskunft verlangt, auch der Zweck der Vorschrift: Der Betroffene soll sich ein aktuelles und vollständiges Bild über die zu seiner Person gespeicherten Daten machen können. Dieser Zweck wäre gefährdet, wenn der Betroffene darauf angewiesen ist, fragmentarische, möglicherweise aus sich heraus schwer verständliche Informationen mit früher erteilten Auskünften zu vergleichen, die er zudem möglicherweise gar nicht mehr besitzt. Verlangt der Betroffene nach kurzer Zeit erneut Auskunft, so ist zu berücksichtigen, dass nach Art. 12 der Richtlinie nur „in angemessenen Abständen" Auskunft erteilt werden muss. Was angemessen ist, hängt allerdings von den konkreten Umständen ab, die eine baldige erneute Auskunftserteilung durchaus erfordern können. Hiervon ist regelmäßig auszugehen. 57

Wird die schriftliche Auskunft dem Betroffenen nicht persönlich übergeben, sondern ihm übersandt, so sind Vorkehrungen zu treffen, dass nicht Dritte von den Daten Kenntnis erlangen können. Die Auskunft ist daher **in verschlossenem Umschlag** zu versenden.[87] Es ist Sache des Antragstellers, dafür zu sorgen, dass die Sendung innerhalb seines eigenen Bereichs nicht in unbefugte Hände gerät, z.B. durch Anbringung eines nur von ihm benutzten, gegen fremden Zugriff gesicherten Briefkastens. Unzulässig ist eine Versendung als Postkarte oder unverschlossene Drucksache. Bei Übersendung per **e-mail** ist die Auskunft zu verschlüsseln und mit einer qualifizierten elektronischen Signatur zu versehen.[88] Soll die Auskunft per Fax (auch Computerfax) übermittelt werden, so ist (z.B. durch telefonische Ankündigung) sicherzustellen, dass der Betroffene (und kein Dritter) die Auskunft direkt erhält Bei mündlicher Auskunftserteilung und bei der Präsentation zur Einsicht ist ebenfalls darauf zu achten, dass die Daten nicht Unbefugten, etwa anderen Behördenbesuchern, zur Kenntnis gelangen. 58

Die Befugnis, das Verfahren zu bestimmen, berechtigt nicht, den Auskunftsanspruch in materieller Hinsicht zu modifizieren. Sie gibt daher keine Handhabe, vom Grundsatz der vollständigen, richtigen und verständlichen Auskunft abzugehen. Dies gilt auch für **medizinische Daten** (Gesundheitsdaten).[89] Soweit es um Angaben geht, bei denen die Gefahr besteht, dass ihre Bekanntgabe beim Betroffenen Gesundheitsschäden auslösen, kann eine Abklärung 59

---

83 Vgl. *Auernhammer,* BDSG § 19 Rdnr. 18.
84 Vgl. auch § 39 VwVfG.
85 Vgl. u. Rdnrn. 104 ff.
86 Ebenso zur Einsicht in unvollständige Akten, *Clausen,* in *Knack,* VwVfG § 29 Rdnr. 5.4; auch insoweit ist Abs. 5 zu berücksichtigen.
87 Vgl. auch § 33 Rdnr. 39.
88 Vgl. zu Einzelheiten § 34 Rdnr. 40, 47.
89 Vgl. auch § 34 Rdnr. 51 f.

durch ein Gespräch mit einem Arzt geboten sein. Dieser kann in einem solchen Gespräch feststellen, ob dem Betroffenen mit Rücksicht auf seinen Gesundheitszustand uneingeschränkt Auskunft erteilt werden kann oder ob dieser ernsthaft auf einer vollständigen Auskunft ohne Rücksicht auf die Folgen für seine Gesundheit besteht, was wegen des Selbstbestimmungsrechts des Patienten zu berücksichtigen wäre. Eine inhaltliche Verkürzung der Information kann aber nicht auf Abs. 1 Satz 3 gestützt werden.[90] Eine ausdrückliche Klarstellung in diesem Sinn enthält § 25 Abs. 2 SGB X (für die Akteneinsicht), der bei Gesundheitsdaten die Vermittlung durch einen Arzt, im Übrigen bei drohenden Nachteilen durch eine andere besonders befähigte Person vorsieht.[91] Nach § 83 Abs. 1 Satz 5 SGB X gilt § 25 Abs. 2 SGB X entsprechend für die Auskunftserteilung über Sozialdaten.[92] Die pauschale Verweigerung einer schriftlichen Auskunft gegenüber einer hochbetagten schwerhörigen Patientin über das Ergebnis ihrer Behandlung verstößt gegen das grundgesetzliche Willkürverbot.[93]

3. Ausnahmen von der Auskunftspflicht (Abs. 2 bis 4)

60 Das in Abs. 1 verankerte Recht des Betroffenen auf vollständige Auskunft wird durch die Absätze 2 bis 4 eingeschränkt.[94] Die Aufteilung auf verschiedene Absätze entspricht der unterschiedlichen Struktur der Ausnahmeregelungen. In Abs. 2 wird von der Verpflichtung zur Auskunft entbunden, während Abs. 4 eine Auskunftserteilung ausdrücklich untersagt. Die Sonderregelung des Abs. 3 sieht ein Zustimmungserfordernis insbesondere von Nachrichtendiensten für den Fall vor, dass sich die Auskunftserteilung auf die Übermittlung personenbezogener Daten an diese bezieht.

61 Die Ausnahmeregelungen sind abschließend. Sie sind nach allgemeinen Grundsätzen eng auszulegen. Dafür sprechen auch die verfassungsrechtliche Fundierung des Auskunftsrechts und die allgemeine gesetzgeberische Zielsetzung; eine Erweiterung der Ausnahmen durch Analogiebildung ist ausgeschlossen.[95] Die Ablehnung eines Auskunftsantrags muss nicht in entsprechender Anwendung des § 99 Abs. 1 VwGO von der obersten Auskunftsbehörde getroffen werden.[96] Zu wiederholten Auskunftsersuchen vgl. o. Rdnr. 57.

62 Seit In-Kraft-Treten des BDSG 1990 besteht auch gegenüber Sicherheits- und Strafverfolgungsbehörden ein Auskunftsrecht. Nach der früheren Rechtslage entschieden diese nach pflichtgemäßem Ermessen über die Auskunftserteilung.[97]

3.1 Speicherung aufgrund von Aufbewahrungsvorschriften u.a. (Abs. 2)

63 Abs. 2 sieht eine Ausnahme von der Auskunftspflicht hinsichtlich der so genannten archivierten[98] und der ausschließlich der Datensicherung oder der Datenschutzkontrolle dienenden Daten vor. In den Fällen des Abs. 2 entfällt lediglich der Zwang zur Auskunft. Die Auskunft kann verweigert werden, sie ist aber nicht verboten. Die Auskunftserteilung steht im pflichtgemäßen Ermessen der zuständigen Behörde.[99] Die Entscheidung unterliegt gerichtlicher Überprüfung nach Maßgabe der jeweils anzuwendenden verfahrensrechtlichen Vorschrif-

---

90 Vgl. *Auernhammer,* BDSG § 19 Rdnr. 19; Bericht des BT-InnenA zum BDSG 1977, BT-Drs. 7/5277, 7; vgl. zur Frage der Anwendung von Abs. 4 Nr. 3 u. Rdnr. 100 sowie zur parallelen Problematik im nicht-öffentlichen Bereich § 33 Rdnr. 68.

91 Vgl. auch *BfD,* 15. TB, 173 ff.; ferner *Trantas,* Akteneinsicht, 408.

92 Vgl. ferner die Auskunftsregelung in § 9 des Bundeskrebsregistergesetzes und dazu *Hollmann,* NJW 1995, 762, 764; zu Auskünften des Instituts für Wehrmedizinalstatistik und Berichtswesen vgl. *BfD,* 12. TB, 80.

93 BVerfG, Kammerbeschluss vom 18.11.2004, 1 BvR 2315/04 -, EuGRZ 2004, 805 ff.

94 Kritisch zum Umfang der Ausnahmen *Roßnagel/Pfitzmann/Garstka*, Modernisierung des Datenschutzrechts, S. 172 ff.

95 Vgl. auch *Bergmann*/Möhrle/Herb, BDSG § 19 Rdnr. 31.

96 Vgl. OVG Münster, Dok. BDSG 1977 § 13 Abs. 2 E 6.

97 Vgl. u. Rdnr. 73.

98 So bereits § 13 Abs. 2 i.V.m. § 12 Abs. 2 Nr. 2 BDSG 1977.

99 Vgl. *Auernhammer,* BDSG § 19 Rdnr. 22.

ten.[100] Im Einzelfall kann sich ein Auskunftsanspruch aus allgemeinen Grundsätzen ergeben, insbesondere wenn die Verweigerung einen Ermessensfehler darstellen würde.

Abs. 2 gilt zunächst für Daten, die nur deshalb gespeichert sind, weil sie aufgrund gesetzlicher, satzungsmäßiger oder vertraglicher **Aufbewahrungsvorschriften** nicht gelöscht werden können (1. Alternative). Die Amtliche Begründung geht davon aus, dass durch diese Ausnahme von der Auskunftspflicht schutzwürdige Interessen der Betroffenen nicht berührt werden. Dies wird damit begründet, dass es nach den Erfahrungen aus der Datenverarbeitungspraxis erforderlich sei, die Auskunft auf den so genannten aktuellen Bestand zu beschränken, da Daten, die nicht im aktuellen Bestand gespeichert seien, nur mit besonderem Aufwand ermittelt werden könnten.[101] Diese pauschalen Ausführungen überzeugen nicht. So ist etwa eine Aufbewahrung von Akten im aktuellen Bestand durchaus möglich, auch wenn sie nur noch aufgrund einer Aufbewahrungsvorschrift aufbewahrt werden.[102] 64

Abs. 2 1. Alternative korrespondiert mit § 20 Abs. 3 Nr. 1, der für den Fall des Entgegenstehens gesetzlicher, satzungsmäßiger oder vertraglicher Aufbwahrungsvorschriften anstelle der (an sich vorzunehmenden) Löschung nach § 20 Abs. 2 für in Dateien gespeicherte personenbezogene Daten eine Sperrung vorsieht. Abs. 2 setzt zwar nicht ausdrücklich voraus, dass es sich um gesperrte Daten handelt (so noch § 12 Abs. 2 Nr. 2 BDSG 1977). Ebenso wie im nicht-öffentlichen Bereich ist jedoch nur unter der Voraussetzung der Sperrung entsprechend der dargestellten gesetzgeberischen Intention die Schutzbedürftigkeit des Betroffenen gemindert.[103] Abs. 2 1. Alternative ist also nur anwendbar, soweit die Daten **gesperrt** sind.[104] Soweit allerdings gesperrte Daten nach § 20 Abs. 6 übermittelt oder genutzt wurden bzw. dies absehbar ist, darf die Auskunft nicht versagt werden. 65

Die Daten dürfen **nur** aufgrund von Aufbewahrungsvorschriften gespeichert sein. Abs. 2 1. Alternative ist nicht anwendbar, wenn die Daten auch aus anderen Gründen gespeichert sind. 66

Hinsichtlich weiterer Einzelheiten zu den Aufbewahrungsvorschriften wird auf § 33 Rdnrn. 66 f. verwiesen. Als gesetzliche Aufbewahrungsvorschriften kommen neben Gesetzen im formellen Sinn auch sonstige Rechtsvorschriften in Betracht. Dagegen reichen Aufbewahrungsregelungen in Form allgemeiner Verwaltungsvorschriften nach dem eindeutigen Gesetzeswortlaut nicht aus. 67

Soweit von öffentlichen Stellen zur Erfüllung ihrer gesetzlichen Aufgaben nicht mehr benötigte Unterlagen dem Bundes- oder einem Landesarchiv übergeben werden, gelten für darin enthaltene personenbezogene Daten die Sonderbestimmungen in den Archivgesetzen.[105] 68

Eine Pflicht zur Auskunftserteilung besteht ferner nicht, soweit Daten nur deshalb gespeichert sind, weil sie ausschließlich der Datensicherung oder der Datenschutzkontrolle dienen (z.B. in Protokolldateien, log-files) und eine Auskunftserteilung einen unverhältnismäßigen Aufwand erfordern würde. Das Informationsinteresse des Betroffenen ist insoweit offenbar im Hinblick auf die nach § 14 Abs. 4 bestehende strikte Zweckbindung als nicht durchschlagend angesehen worden. Wegen der Einzelheiten wird auf die Kommentierung dieser Vorschrift verwiesen.[106] Soweit darauf abgestellt wird, dass die Auskunftserteilung einen **unverhältnismäßigen Aufwand** erfordern würde, gelten die gleichen Grundsätze wie im Falle des Abs. 1 Satz 2 letzter Halbsatz.[107] Das Informationsinteresse des Betroffenen ist auch im Fall des Abs. 2 einzubeziehen. 69

---

100 Vgl. § 114 VwGO.
101 BT-Drs. 11/4306, 46 zu § 17 Abs. 2 Nr. 3 des Entwurfs.
102 Vgl. auch *Gola/Schomerus,* BDSG § 19 Rdnr. 17; *Bergmann*/Möhrle/Herb, BDSG § 19 Rdnr. 21; *Tinnefeld/Ehmann,* Einführung, 3. Aufl., 339.
103 Vgl. § 33 Rdnr. 69.
104 So auch *Schaffland/Wiltfang,* BDSG § 19 Rdnr. 21.
105 Vgl. das Auskunftsrecht nach § 4 Abs. 2 BArchG.
106 Dazu auch § 33 Rdnr. 70; vgl. zu „Protokolldaten" auch *Globig,* in FS *W. Rudolf, S. 463 ff*
107 Vgl. o. Rdnrn. 42 ff.

3.2 Übermittlung an Behörden des Sicherheitsbereichs (Abs. 3)

70 Abs. 3 bindet die Auskunftserteilung an die **Zustimmung** der in der Vorschrift genannten Sicherheitsbehörden (insb. Nachrichtendienste), wenn sich die Auskunft auf die Übermittlung an diese Behörden bezieht.[108] Die Regelung ist vor dem Hintergrund der Erstreckung der Auskunftspflicht auf den Datenempfänger nach Abs. 1 Nr. 2 zu sehen. Sie soll der Wahrung von Geheimhaltungserfordernissen dienen, die sich insbesondere aus der Erfüllung der gesetzlichen Aufgaben der genannten Sicherheitsbehörden ergeben. Es soll verhindert werden, dass der Betroffene durch die Auskunft der übermittelnden Stelle indirekt über die Speicherung der Daten seitens der Sicherheitsbehörde erfährt.

71 Abs. 3 regelt nicht die Voraussetzungen, die für die Erteilung oder Nichterteilung der Zustimmung durch die Sicherheitsbehörde maßgeblich sind. Insofern besteht eine parallele Problematik wie im Falle der Vorschrift des § 6 Abs. 2 Satz 4, derzufolge die in § 19 Abs. 3 genannten Stellen statt des Betroffenen den Bundesbeauftragten für den Datenschutz über die Weiterleitung eines vom Betroffenen gestellten Antrags auf Auskunftserteilung und die Stelle, die die Daten gespeichert hat, unterrichten können; unter welchen Voraussetzungen dies zulässig ist, ist auch dort nicht geregelt. Wie unter § 6 Rdnrn. 46 ff. ausgeführt, ist die bestehende Regelungslücke durch entsprechende Anwendung des § 19 Abs. 4 zur Auskunftsverweigerung zu füllen. Entsprechendes muss auch hier gelten. Soweit für die Sicherheitsbehörde vorrangige bereichsspezifische Regelungen zu den Voraussetzungen der Verweigerung der Auskunft gelten,[109] sind diese anzuwenden. Angesichts der den Grundsätzen des Volkszählungsurteils Rechnung tragenden gesetzgeberischen Entscheidung, dass auch gegenüber Sicherheitsbehörden grundsätzlich ein Auskunftsrecht bestehen soll,[110] ist eine **Verweigerung der Zustimmung** nach Abs. 3 nur **unter den Voraussetzungen** gerechtfertigt, unter denen die in der Vorschrift genannten Behörden die **Auskunft verweigern können bzw. müssen**.[111]

72 Abs. 3 betrifft hauptsächlich die Übermittlung durch die verantwortliche Stelle, an die der Betroffene sein Auskunftsersuchen richtet. Sofern dort aber Daten gespeichert sind, die sich auf die Datenübermittlung durch andere öffentliche Stellen beziehen, werden auch diese Daten von der Vorschrift erfasst.[112]

73 Die Auskunft über die übermittelten Daten selbst bleibt davon unberührt; auf sie können ggf. die Ausnahmetatbestände von Abs. 4 Nrn. 1 bis 3 angewendet werden.

74 Soweit sich die Auskunftserteilung auf die Herkunft von Daten bezieht, die der verantwortlichen Stelle von einer der in Abs. 3 genannten Behörden übermittelt worden sind, sieht Abs. 3 kein Zustimmungserfordernis vor. Der Gesetzgeber ging offenbar davon aus, dass Daten, die eine der genannten Sicherheitsbehörden an eine Behörde außerhalb des Sicherheitsbereichs übermittelt, nicht in gleicher Weise geheimhaltungsbedürftig sind.[113]

3.3 Verbot der Auskunft (Abs. 4)

75 Das Gemeinsame der in Abs. 4 zusammengestellten Fallgruppen besteht in den Rechtsfolgen: Unter den gesetzlich bestimmten Voraussetzungen hat die Auskunft zu unterbleiben; ein **Ermessen oder ein Beurteilungsspielraum** der verantwortlichen Stelle bei der Entscheidung über die Auskunftserteilung **besteht nicht**.[114] Das folgt bereits aus der in Abs. 1 und 4 verwendeten Formulierung, dass dem Betroffenen auf Antrag Auskunft zu erteilen „ist" bzw. die Auskunftserteilung „unterbleibt", soweit unter bestimmten Voraussetzungen das Aus-

---

108 Vgl. zur früheren Rechtslage § 13 Abs. 3 Nr. 4 BDSG 1977.
109 Vgl. u. Rdnrn. 118 ff.
110 Vgl. auch u. Rdnr. 77.
111 So auch *Dörr/Schmidt,* BDSG § 19 Rdnr. 11.
112 Vgl. *Auernhammer,* BDSG § 19 Rdnr. 24.
113 Vgl. *Gola/Schomerus,* BDSG § 19 Rdnr. 22.
114 Vgl. BVerwGE 89, 14, 17 = Dok. § 19 BDSG'90 E 1 und dazu *K. Vogelgesang/E. Vogelgesang*, CR 1996, 752, 754; BFHE = NVwZ-RR 2004, 419; VGH Mannheim, DVBl. 1992, 1310 = Dok. § 19 BDSG'90 E 2 zu § 17 LDSG BW mit Anm. *Dronsch.*

kunftsinteresse zurücktreten „muss“. Das Gesetz selbst legt damit die Kriterien fest, nach denen Auskunft erteilt oder versagt wird.

Demgegenüber bestand nach der früheren Rechtslage keine Auskunftsverpflichtung für Nach- 76
richtendienste, Strafverfolgungs-, Polizei- und weitere Sicherheitsbehörden (§ 13 Abs. 2 i.V.m. § 12 Abs. 2 Nr. 1 BDSG 1977). Die Auskunftserteilung stand im Ermessen dieser Behörden.[115] Nach der damaligen Rechtsprechung des Bundesverwaltungsgerichts stellte es keinen Ermessensfehler dar, wenn die Sicherheitsbehörden im Regelfall von einer Auskunftserteilung absahen und nur bei Geltendmachung besonderer Umstände anders verfuhren.[116]

Mit dem BDSG 1990 wollte der Gesetzgeber das **Recht** des Bürgers **auf Auskunft erweitern**. 77
Gegenüber jeder Stelle, also auch **gegenüber den Strafverfolgungs- und Sicherheitsbehörden** soll **grundsätzlich** ein **Auskunftsrecht** bestehen.[117] Das Bundesverwaltungsgericht verweist darauf, dass damit den im Volkszählungsurteil des Bundesverfassungsgerichts entwickelten Grundsätzen Rechnung getragen werde.[118] Für eine Reihe von Sicherheitsbehörden bestehen nunmehr gegenüber § 19 vorrangige **Sonderregelungen** in bereichsspezifischen Gesetzen.[119]

Das Vorliegen eines Ausnahmetatbestandes nach Abs. 4 Nr. 1 bis 3 führt nicht zwangsläufig 78
zur Auskunftsverweigerung. Die Auskunftserteilung unterbleibt nach Abs. 4 nur, **soweit** im Einzelfall ein Ausnahmetatbestand vorliegt. Im Übrigen bleibt es bei der Auskunftspflicht nach Abs. 1. Gegebenenfalls ist Auskunft über einen Teil der gespeicherten Daten zu erteilen. Im Rahmen des der verantwortlichen Stelle hinsichtlich der Form der Auskunftserteilung zustehenden Ermessens kann etwa in der Weise Auskunft erteilt werden, dass auf den dem Betroffenen ausgehändigten Kopien diejenigen Angaben, hinsichtlich derer ein Ausnahmetatbestand nach Abs. 4 vorliegt, unkenntlich gemacht werden oder Akten nur teilweise vorgelegt werden.[120] Darüber hinaus setzt das Gesetz voraus, dass **deswegen**, d.h. wegen des Vorliegens eines Ausnahmetatbestandes nach Nrn. 1 bis 3, **das Interesse des Betroffenen an der Auskunftserteilung zurücktreten muss**. Damit ist eine dem Grundsatz der Verhältnismäßigkeit Rechnung tragende Güterabwägung zwischen Geheimhaltungsinteresse und Auskunftsinteresse gesetzlich geboten. Es muss in jedem Einzelfall das konkrete Interesse des Betroffenen an der Auskunftserteilung ermittelt und gegen das Interesse an der Auskunftsversagung abgewogen werden.[121] Auch wenn das Auskunftsersuchen nicht begründet zu werden braucht, empfiehlt es sich insofern für den Betroffenen, sein Interesse an der Auskunftserteilung geltend zu machen. Das Interesse des Betroffenen muss zurücktreten, wenn die Geheimhaltungsinteressen überwiegen.

Zugunsten des Betroffen zu berücksichtigende Abwägungsgesichtspunkten können etwa 79
sein: erschwerte Arbeitsplatzsuche, drohender Arbeitsplatzverlust, gesundheitliche Beeinträchtigungen, Herabsetzung seines Bildes in der Öffentlichkeit.[122] Ggf. ist auch zu berücksichtigen, dass das Auskunftsbegehren länger zurückliegende und bereits abgeschlossene Vorgänge betrifft, dass dem Betroffenen die Speicherung ihn betreffender Daten bereits bekannt ist bzw. er diese aufgrund von Anhaltspunkten vermutet (z.B. aufgrund „offener“ Erhebung) oder dass die gespeicherten Daten aus allgemein zugänglichen Quellen stammen.[123]

---

115 Vgl. auch OVG Bremen, NJW 1987, 2393 = Dok. BDSG 1977 § 13 Abs. 2 E 11.

116 Vgl. BVerwGE 84, 375, 388; krit. dazu *Simitis/Fuckner*, NJW 1990, 2713, 2716; *Bäumler*, DVBl. 1990, 865, 867.

117 Vgl. Bericht des BT-InnenA, BT-Drs. 11/7235, 101 f.

118 BVerwGE 89, 15, 17.

119 Vgl. z.B. für die Nachrichtendienste § 15 BVerfSchG; § 7 BNDG; § 9 MADG; s. u. Rdnr. 120. Vgl. zum Auskunftsrecht im Sicherheitsbereich *Mayer-Metzner*, Auskunft aus Dateien der Sicherheits- und Strafverfolgungsorgane; *Bäumler*, DuD 1996, 537; *Riegel*, Datenschutz bei den Sicherheitsbehörden, 192 ff.; *Hirsch*, Die Kontrolle der Nachrichtendienste, 107 ff.; *Geiger*, DVBl. 90, 748.

120 Vgl. VGH Mannheim, DVBl. 1992, 1309, 1310; VGH München, NVwZ 1990, 775, 778; so auch das BVerwG in seiner Rechtsprechung zu § 99 VwGO, vgl. BVerwG, NVwZ 1994, 72, 73; vgl. ferner BVerwGE 74, 115, 119.

121 Vgl. BVerwGE 89, 15, 20; VGH Mannheim, DVBl. 1992, 1309.

122 Vgl. OVG Bremen, NJW 1987, 2393.

123 Vgl. BVerwGE 74, 115, 121 im Falle einer Observierung im Straßenverkehr; BVerwG, NVwZ 1994, 72, 73; OVG Bremen, NJW 1987, 2393; vgl. auch *Simitis/Fuckner*, NJW 1990, 2713, 2716; *Bäumler*, NVwZ 1988, 199, 201.

In diesen Fällen kann es bereits an den Voraussetzungen eines Ausnahmetatbestandes nach Abs. 4 fehlen. Das Gewicht von Geheimhaltungsinteressen ist anhand der konkreten Belange (z.B. jeweilige öffentliche Aufgabe) zu bestimmen.

80 Die verantwortliche Stelle hat bei der Prüfung der Umstände, die einer Auskunftserteilung nach Abs. 4 Nrn. 1 bis 3 entgegenstehen, keinen Beurteilungsspielraum; denn es liegt keine der Ausnahmen vor, die nach den in der Rechtsprechung entwickelten Grundsätzen die Annahme einer Einschätzungsprärogative rechtfertigen. Die Voraussetzungen und Grenzen des Auskunftsrechts unterliegen damit in vollem Umfang gerichtlicher Nachprüfung.[124]

81 Fällt der Ausnahmetatbestand weg, so ist die Auskunft nachzuholen.[125]

82 **3.3.1 Gefährdung der Aufgabenerfüllung (Nr. 1):** Die Auskunftserteilung unterbleibt, soweit die Auskunft die **rechtmäßige Erfüllung** der in der Zuständigkeit der verantwortlichen Stelle liegenden **Aufgaben gefährden** würde (Nr. 1).[126] Damit wird an den im Bereich der Zulässigkeitsvoraussetzungen für die Datenverarbeitung (§§ 14 bis 16) mehrfach verwendeten Begriff der Aufgabenerfüllung angeknüpft.[127] Die jeweilige Aufgabe ist im Einzelfall unter Heranziehung der insoweit geltenden Vorschriften konkret zu bestimmen.[128]

83 Abs. 4 Nr. 1 setzt voraus, dass die ordnungsgemäße Aufgabenerfüllung gerade durch die Preisgabe der personenbezogenen Daten gefährdet wird, hinsichtlich derer der Betroffene Auskunft verlangt.[129] Die Gefährdung darf nicht schlicht unterstellt werden; vielmehr müssen konkrete Anhaltspunkte vorliegen. Angesichts des grundsätzlich auch im Sicherheitsbereich bestehenden Auskunftsrechts kann nicht von vornherein davon ausgegangen werden, dass von Sicherheits- und Strafverfolgungsbehörden gespeicherte personenbezogene Daten generell bzw. regelmäßig geheimhaltungsbedürftig sind.[130] Vielmehr sind die Konsequenzen einer Auskunft an den Betroffenen konkret bezogen auf die jeweilige behördliche Aufgabe zu prüfen.

84 Die Gefährdung muss durch die Auskunft, nicht durch deren Erteilung eintreten. Entscheidend ist die durch die Information des Betroffenen bewirkte Gefährdung; die **Arbeitsbelastung** der verantwortlichen Stelle bleibt dagegen **außer Betracht**.[131] Hierfür sprechen nicht nur die in § 19 insgesamt vorgenommene sorgfältige begriffliche Unterscheidung zwischen Auskunft und Auskunftserteilung und die Abweichung von der Formulierung des § 29 Abs. 2 VwVfG (Die Behörde ist zur Gestattung der Akteneinsicht nicht verpflichtet, soweit durch sie die ordnungsgemäße Erfüllung der Aufgaben der Behörde beeinträchtigt würde; Hinweise auf die Auslegung des VwVfG führen deshalb nicht weiter.). Auch wenn das Gesetz – wiederum abweichend von § 29 VwVfG – darauf abstellt, ob die Aufgabenerfüllung gefährdet wird, spricht dies gegen eine Berücksichtigung der Arbeitsbelastung. Denn durch zusätzliche Arbeit wird die Erfüllung anderer Aufgaben entweder beeinträchtigt oder nicht; einen Unsicherheitsfaktor, wie er dem Gefahrbegriff immanent ist, gibt es nicht. Er ist vielmehr typisch für die Wirkung der Auskunft (im Sinne von Bekanntgabe), da die Reaktion des Betroffenen nicht genau vorhersehbar ist. Im Falle einer Überlastung, etwa infolge massenhafter Ausübung des Auskunftsrechts, hat die verantwortliche Stelle im Rahmen ihrer Befugnis zur Verfahrensgestaltung (Abs. 1 Satz 3) die gebotenen organisatorischen Maßnahmen (z.B. Umsetzungen, Überstunden) zu treffen und sachgerechte zeitliche Prioritäten im Verhältnis zu ihren anderen Aufgaben zu setzen; eine endgültige Verweigerung erlaubt das Gesetz nicht.

85 Eine typische Konstellation, auf die die Regelung der Nr. 1 zutrifft, besteht darin, dass der Betroffene sich über den Stand **laufender Ermittlungen** informieren will, um weitere Feststel-

124 Vgl. BVerwGE 89, 15, 17; VGH Mannheim, DVBl. 1992, 1309.
125 Vgl. auch *Riegel,* Datenschutz bei den Sicherheitsbehörden, 193.
126 Vgl. zur Verfassungsmäßigkeit des ähnlich gefassten § 15 Abs. 2 Nr. 1 BVerfSchG OVG Münster, DVBl. 1995, 371 = Dok. Art. 2 Abs. 1 GG E 64.
127 Vgl. Komm. des § 14.
128 Vgl. z.B. zu den Aufgaben des Bundesgrenzschutzes BVerwGE 89, 14, 18 f.
129 Vgl. BVerwG, a.a.O.; BFHE 202, 425 = NVwZ-RR 2004, 419.
130 Vgl. o. Rdnr. 77.
131 a.M. *Auernhammer,* BDSG § 13 Rdnr. 12.

lungen vereiteln oder gezielt beeinflussen zu können.[132] Es handelt sich also im weiteren Sinne um einen Fall der Verdunkelungsgefahr.[133] Solche Konstellationen können auch außerhalb der in § 6 Abs. 2 Satz 4 i.V.m. § 19 Abs. 3 genannten Sicherheits- und Strafverfolgungsbehörden bestehen, z.B. im Bereich der Gewerbeaufsicht und der Ordnungsämter. Eine Gefährdung der Aufgabenerfüllung kann sich nicht nur unmittelbar aus der Auskunft an eine Person ergeben, gegen die ermittelt wird, sondern auch mittelbar aufgrund von Rückschlüssen aus Auskünften, die anderen Personen erteilt worden sind; so ließe die generelle Erteilung allgemeiner Negativatteste („über den Antragsteller ist nichts gespeichert") im Falle einer Verweigerung Rückschlüsse auf eine Speicherung zu.[134] Zur Begründung der Ablehnung vgl. u. Rdnrn. 104 ff.

Eine Gefährdung der Aufgabenerfüllung i.S.v. Abs. 4 Nr. 1 aufgrund einer Auskunft an den 86
Betroffenen kann auch dadurch eintreten, dass ggf. im Interesse der Erfüllung der jeweiligen Aufgabe geheimhaltungsbedürftige Erkenntnisse, Arbeitsweisen und Methoden einer Sicherheits- und Strafverfolgungsbehörde bekannt würden;[135] insoweit bedarf es jeweils konkreter Feststellungen.[136] Das Bundesverwaltungsgericht hat entschieden, dass die ordnungsgemäße Erfüllung von Sicherheitsaufgaben i.S.d. Abs. 4 Nr. 1 gefährdet sei, wenn der Bundesgrenzschutz seine im Rahmen der Bekämpfung besonders gefährlicher Kriminalität eingesetzten Informanten bekannt geben müsste; eine andere Beurteilung komme allerdings in Betracht bei wider besseres Wissen oder leichtfertig aufgestellter Behauptung von Tatsachen seitens des **Informanten**.[137] Entsprechende Grundsätze gelten, wenn ein Informant einen Beamten bei seinem Dienstherrn der Korruption bezichtigt.[138] Dem Bundesfinanzhof zufolge hat ein Betroffener im Hinblick auf Abs. 4 Nr. 1 regelmäßig gegenüber dem Bundesamt für Finanzen keinen Auskunftsanspruch hinsichtlich der zu seiner Person gespeicherten Daten, wenn diese zu dem Zweck gesammelt und ausgewertet werden, Informationen über **Domizilgesellschaften** zu erhalten.[139]

3.3.2 Nachteile für das Wohl des Bundes oder eines Landes (Nr. 2): Nach Nr. 2 ist keine 87
Auskunft zu erteilen, soweit dies dem **Wohl des Bundes oder eines Landes** Nachteile bereiten würde (vgl. auch für den nicht-öffentlichen Bereich § 34 Abs. 4 i.V.m. § 33 Abs. 2 Nr. 3). Die Regelung fügt sich in eine Reihe von Vorschriften ein, die unter dieser Voraussetzung ebenfalls zulassen bzw. vorschreiben, dass bei öffentlichen Stellen vorhandene Informationen ausnahmsweise nicht bekannt gegeben werden.[140]

Das Wohl des Bundes oder eines Landes umfasst nur wesentliche Interessen dieser Gebiets- 88
körperschaften.[141] Das sind solche, die den Bestand und die Funktionsfähigkeit des Staates betreffen. Hierzu zählt vor allem die innere oder äußere Sicherheit des Bundes oder eines

132 Vgl. auch *Gola/Schomerus,* BDSG § 19 Rdnr. 25.
133 Vgl. auch *Trantas,* Akteneinsicht, 406, der auf die Gefahr der Zerstörung von Beweismitteln hinweist; zur Frage einer generellen Auskunftsablehnung durch die Polizei in Fällen unbefugten Betäubungsmittelhandels BayDSB 20. TB 2003 6.23.
134 Vgl. OVG Bremen, NJW 1987, 2393, 2395.
135 Vgl. auch BVerfGE 57, 250, 284 f.; BVerwGE 75, 1, 10 f.
136 Vgl. o. Rdnr. 83.
137 Vgl. BVerwGE 89, 15, 18 ff.; *Auernhammer,* DuD 1992, 6; vgl. auch zu sog. V-Leuten BVerfGE 57, 250, 284 f.; VGH Mannheim, VBlBW 1994, 320. Zu Fällen, in denen das Auskunftsbegehren länger zurückliegende Vorgänge betrifft oder die Speicherung dem Betroffenen bereits bekannt ist, vgl. o. Rdnr. 79. Zur Einsicht in Akten des Gesundheitsamtes vgl. VGH München, NVwZ 1990, 775 mit Hinweis darauf, dass die Gesundheitsämter auf Angaben aus der Bevölkerung angewiesen seien, die sie vielfach nur erhielten, wenn Vertraulichkeit gewährleistet sei (ähnlich BVerwGE 118, 10 = DÖV 2003, 769 zu Angaben über Korruption); zur Anwendbarkeit von Nr. 3 auf Informanten einer Behörde vgl. u. Rdnr. 102.
138 BVerwGE 118, 10 = DÖV 2003, 769; zum Anspruch auf Nennung eines Informanten gegenüber einem Sozialhilfeträger BVerwG, DÖV 2004, 532; vgl. ferner BFHE 143, 503 und BFH, HFR 2001, 1045.
139 BFHE 202, 242 = NVwZ-RR 2004,419; allgemein zum Auskunftsanspruch des Steuerpflichtigen *Scheich,* INF 1998, 327 und 2000, 361.
140 Vgl. z.B. zur Akteneinsicht § 29 Abs. 2 VwVfG; zur behördlichen Aktenvorlage- und Auskunftspflicht gegenüber den Gerichten §§ 99 VwGO, 96 StPO; zur Zeugnisverweigerung §§ 54 Abs. 3 StPO, 376 Abs. 4 ZPO, 62 Abs. 1 BBG, 84 Abs. 3 VwVfG.
141 Vgl. auch § 23 Abs. 6; vgl. ferner den Begriff „Nachteile für das Gemeinwohl" in § 14 Abs. 2 Nr. 6.

Landes, ferner die freundschaftlichen Beziehungen zu einem anderen Staat oder zu supranationalen Organisationen. Das Wohl eines bestimmten Teilbereichs, z.B. der jeweiligen Regierung, ist für sich genommen nicht geschützt. Allerdings können aufgrund von Funktionsstörungen einzelner Organe dem Wohl des Bundes oder eines Landes Nachteile drohen. Fiskalische Interessen genügen nicht, es sei denn, es droht eine erhebliche Erschütterung der öffentlichen Finanzen.[142]

89 Die Gefährdung der öffentlichen Sicherheit oder Ordnung[143] wird vom Gesetz als wichtiger Unterfall hervorgehoben;[144] sie muss daher eine entsprechende Schwere erreichen. Der Adressatenkreis ist nicht beschränkt; er umfasst z.B. auch die für Zivilschutz und die für Umweltschutz zuständigen Behörden und den Auswärtigen Dienst.

90 Nr. 2 greift nur in gravierenden Fällen ein, z.B. wenn die Daten erkennen lassen, dass der Betroffene der Tätigkeit für ausländische Geheimdienste verdächtigt wird. Da das Auskunftsrecht gerade der Kontrolle und Korrektur dient, kann das Bekanntwerden von Datenschutz- oder anderen Rechtsverstößen nicht als Nachteil im Sinne der Vorschrift eingestuft werden, auch wenn mit Gerichtsverfahren oder heftiger öffentlicher Kritik zu rechnen ist.

91 **3.3.3 Geheimhaltungspflicht (Nr. 3):** Nach Nr. 3 – erste Alternative – ist die Erteilung einer Auskunft weiterhin ausgeschlossen, soweit die personenbezogenen Daten oder die Tatsache ihrer Speicherung nach einer Rechtsvorschrift geheim gehalten werden müssen. Auch hier folgt das Gesetz den vergleichbaren Regelungen im Zusammenhang mit dem Akteneinsichtsrecht (§ 29 Abs. 2 VwVfG) und der behördlichen Vorlage- und Auskunftspflicht (§ 99 Abs. 1 Satz 2 VwGO).

92 Unter **Rechtsvorschrift** sind alle materiellen Rechtsnormen mit unmittelbarer Außenwirkung zu verstehen, also insbesondere Gesetze und Rechtsverordnungen.[145] Die meisten Geheimhaltungsvorschriften dienen dem Schutz des Betroffenen. Nur in seltenen Fällen wird auch die Bekanntgabe an den Betroffenen ausgeschlossen. Beispiele finden sich in § 61 Abs. 2 und 3 PStG, die eine Mitteilung über den Geburtseintrag im Personenstandsbuch an das noch nicht über sechzehn Jahre alte angenommene Kind bzw. im Falle eines Sperrvermerks an das nicht über sechzehn Jahre alte nichteheliche oder für ehelich erklärte Kind ausschließen. Denkbar ist auch, dass personenbezogene Daten Gegenstand eines Staatsgeheimnisses sind und keine Befugnis zur Mitteilung an den Betroffenen besteht (§ 93 ff. StGB). Zur Geheimhaltung auch gegenüber dem Betroffenen sind die Mitglieder der Parlamentarischen Kontrollkommission verpflichtet.[146] Die Mitglieder der Kontrollkommission haben zwar keinen Anspruch auf die Einsicht in Dateien, diese kann aber im Rahmen des § 2 des genannten Gesetzes durch die Bundesregierung gewährt werden.

93 § 4 ist keine Rechtsvorschrift, nach der personenbezogene Daten geheim gehalten werden müssen. Dies gilt zunächst für alle Daten, die sich nur auf den Antragsteller beziehen. Diese Daten werden für ihn, aber nicht vor ihm geheim gehalten; das Gesetz klammert deshalb die Auskunft begrifflich aus der Übermittlung aus (§ 3 Abs. 4 Nr. 3 i.V.m. Abs. 8). Beziehen sich Daten außer auf den Antragsteller zugleich auf einen anderen Betroffenen,[147] so handelt es sich insoweit um eine Übermittlung, auf die § 4 zunächst einmal anwendbar ist. Würde man darin eine Geheimhaltungsvorschrift i.S.d. Nr. 3 sehen, wäre eine Auskunft nur noch dann zu erteilen, wenn es sich im Verhältnis zu dem anderen Betroffenen um eine – kraft Einwilligung oder nach § 16 bzw. einer vorrangigen Rechtsvorschrift – zulässige Übermittlung handelt. Das Geheimhaltungsinteresse des anderen hätte damit Vorrang.

---

142 Vgl. auch *Bonk* in Stelkens/Bonk/Sachs, VwVfG § 29 Rdnr. 58; *Kopp/Schenke,* VwGO § 99 Rdnr. 7; *Geiger* in *Eyermann,* VwGO 10. Aufl. § 99 Rdnr. 8.

143 Vgl. dazu *Drews*/Wacke/Vogel/Martens, Gefahrenabwehr, 232 ff., 251 ff.

144 Vgl. *Auernhammer,* BDSG § 19 Rdnr. 29.

145 Vgl. § 4 Rdnr. 9.

146 § 5 des Gesetzes über die parlamentarische Kontrolle nachrichtendienstlicher Tätigkeit des Bundes v. 11. April 1978, BGBl. I 453.

147 Vgl. zu den Daten mit Bezug auf mehrere Personen Komm. zum Begriff „Betroffener“ nach § 3 Abs. 1.

Der Gesetzgeber hat die Problematik der Daten mit Bezug zu mehreren Personen nicht hinreichend berücksichtigt; jedenfalls hat er den Konflikt zwischen Auskunftsrecht und Übermittlungsverbot nicht als Problem der Gesetzeskonkurrenz geregelt. Er hat vielmehr in der Annahme, dass damit alle auftretenden Konfliktfälle erfasst seien, auf die erwähnten Klauseln des Verwaltungsverfahrensgesetzes und der Verwaltungsgerichtsordnung zurückgegriffen. Die Interessenlage ist jedoch nicht identisch. Gegenüber dem Akteneinsichtsrecht und der Vorlage- und Auskunftspflicht zugunsten eines Beteiligten (aber nicht Betroffenen) ist das Übermittlungsverbot zugunsten eines (anderen) Betroffenen als die speziellere Regelung vorrangig; die betreffenden Teile der Akte bzw. Information sind von der Bekanntgabe auszunehmen. Das Auskunftsrecht des Betroffenen ist jedoch eine gesteigerte Rechtsposition, der gegenüber das Übermittlungsverbot zugunsten eines zweiten Betroffenen nicht in gleicher Weise Vorrang beanspruchen kann. Das Gesetz sieht – in der zweiten Alternative – für den Konflikt eine Abwägung vor: Nur wenn die Interessen des Dritten überwiegen, ist von der Auskunft abzusehen. Diese gesetzliche Wertung ist auch auf den Fall der Daten mit Bezug zu mehreren Betroffenen anzuwenden.[148] 94

Die allgemeine Pflicht zur Amtsverschwiegenheit (§§ 39 BRRG, 61 BBG) begründet keine Ausnahme; vielmehr geht ihr die Auskunftspflicht nach Abs. 1 vor.[149] 95

Handelt es sich bei den Geheimhaltungsvorschriften um Rechtsvorschriften des Bundes, so ergibt sich ihr Vorrang vor der Auskunftsregelung des Abs. 1 auch aus § 1 Abs. 3. 96

Nach der zweiten Alternative unterbleibt die Auskunftserteilung auch dann, wenn die personenbezogenen Daten oder die Tatsache ihrer Speicherung ihrem **Wesen** nach, insbesondere **wegen der überwiegenden berechtigten Interessen eines Dritten** geheim gehalten werden müssen. Die Regelung ist auch insoweit § 29 Abs. 2 VwVfG nachgebildet. Durch die Einfügung des Wortes „überwiegenden" verdeutlicht das Gesetz jedoch, was auch zu § 29 VwVfG anerkannt ist: Entscheidend ist, ob im Einzelfall berechtigte Interessen an der Geheimhaltung bestehen und ob sie das Interesse des Betroffenen an der Auskunft überwiegen. Einer solchen Abwägung bedarf es nicht nur in dem namentlich angeführten Fall, sondern bei jeder mit dem „Wesen" begründeten Geheimhaltung. 97

Das Gesetz verlangt, dass die Daten oder die Tatsache ihrer Speicherung ihrem **Wesen** nach geheim gehalten werden **müssen**. Das Wesen ist nicht eine quasi natürliche Eigenschaft der Information; entscheidend ist vielmehr, dass der mit der Geheimhaltung verfolgte Zweck von der Rechtsordnung als schutzbedürftig anerkannt ist.[150] Von einem Gebot zur Geheimhaltung („müssen") kann dabei nur gesprochen werden, wenn dieser Zweck durch die Auskunft in gravierender Weise beeinträchtigt würde. 98

Verfassungsschutzakten sind nach der Rechtsprechung des Bundesverwaltungsgerichts nicht ihrem Wesen nach geheim.[151] Entsprechendes gilt für Prüfungsakten.[152] 99

Medizinische Daten sind grundsätzlich nicht ihrem Wesen nach geheim.[153] Das Recht auf Selbstbestimmung und die personale Würde des Patienten Art 1 Abs.1 i.V.m. Art. 1 Abs. 1 GG) gebieten es, jedem Patienten gegenüber seinem Arzt und Krankenhaus grundsätzlich einen Anspruch auf Einsicht in die ihn betreffenden Krankenunterlagen einzuräumen.[154] In gleicher Weise besteht grundsätzlich ein Auskunftsrecht. Das Bundesverwaltungsgericht hält es für mit dem Grundrecht auf freie Entfaltung der Persönlichkeit gemäß Art. 2 Abs. 1 i.V.m. Art. 1 Abs. 1 GG unvereinbar, einem ehemaligen Untergebrachten die Einsicht in die ihn bereffenden Akten eines psychiatrischen Landeskrankenhauses ausschließlich mit der 100

148 Im Ergebnis ebenso *Auernhammer,* NJW 1980, 817.
149 So auch *Auernhammer,* BDSG § 19 Rdnr. 31.
150 Vgl. *Borgs,* in *Meyer/Borgs,* VwVfG § 29 Rdnr. 20.
151 Vgl. BVerwGE 75, 1, 14 zu § 96 StPO; BVerwG, NVwZ 1994, 72 zu § 99 VwGO.
152 Vgl. *Kopp,* VwVfG 6. Aufl. 1996, § 29 Rdnr. 26.
153 Vgl. dazu näher § 33 Rdnr. 68.
154 Vgl. BVerfG, 1. Senat, 1. Kammer, NJW 1999, 1777.

Begründung zu verweigern, es bestehe die Gefahr, dass sich der Antragsteller durch die Einsichtnahme gesundheitlich schädige.[155]

101 Ob die Interessen des Dritten diejenigen des Betroffenen überwiegen, ist durch **Interessenabwägung** im Einzelfall festzustellen. Hierbei sind strenge Maßstäbe anzulegen. Die bloße Vermutung, der Dritte könnte an einer Geheimhaltung interessiert sein, reicht keinesfalls aus. Vielmehr müssen konkrete Tatsachen vorliegen, die ein berechtigtes Geheimhaltungsinteresse begründen. In Zweifelsfällen ist der Dritte nach seinen Interessen zu befragen. In aller Regel wird es geboten sein, behördliches Wissen geheim zu halten, um dadurch sonst drohenden Gefahren für Leben, Gesundheit oder Freiheit von Personen zu begegnen.[156]

102 Als berechtigte Interessen Dritter können auch diejenigen des Informanten einer Behörde und des Datenempfängers in Betracht kommen.[157] Praktische Bedeutung haben vor allem die auf **Informanten** bezogenen Auskunftsersuchen. Das Interesse der verantwortlichen Stelle, ihren Informanten nicht preiszugeben, bleibt außer Betracht; insoweit sind nur Nrn. 1 und 2 anwendbar.[158] Vielmehr kommt es auf dessen berechtigte Interessen an, die im Einzelfall mit denen des Betroffenen abzuwägen sind. Dabei ist ggf. zugunsten des Informanten zu berücksichtigen, dass ihm eine vertrauliche Behandlung zugesichert wurde.[159] Eine derartige Zusicherung begründet allerdings nicht generell ein überwiegendes Geheimhaltungsinteresse des Informanten; eine andere Beurteilung kommt insbesondere in Betracht, wenn ausreichende Anhaltspunkte dafür vorliegen, dass der Informant wider besseres Wissen oder leichtfertig falsche Informationen gegeben hat.[160]

103 Soweit es um staatliche Geheimhaltungsinteressen geht, sind die Ausnahmetatbestände der Nrn. 1 und 2 wegen ihres höheren Konkretisierungsgrades grundsätzlich als Spezialregelungen gegenüber Nr. 3 anzusehen. Die dort vom Gesetz getroffene Abwägung darf bezogen auf die Frage des Vorliegens von Geheimhaltungsinteressen der verantwortlichen Stelle nicht unter Rückgriff auf die insoweit allgemeinere Regelung der Nr. 3 unterlaufen werden. Soweit allerdings die Auskunftserteilung die ordnungsgemäße Aufgabenerfüllung einer dritten Behörde gefährden würde, d.h. die Voraussetzungen von Nr. 1 mit Ausnahme des Merkmals „verantwortliche Stelle" vorliegen, ist Nr. 3 anwendbar; die erwähnten Voraussetzungen der Nr. 1 bilden dann den Prüfungsmaßstab.

4. Ausnahme vom Begründungserfordernis (Abs. 5)

104 Wird die Erteilung der Auskunft nach einem der gesetzlichen Ausnahmetatbestände abgelehnt, so ist der Betroffene entsprechend zu bescheiden. Der Bescheid ist grundsätzlich zu begründen.[161]

105 Abs. 5 Satz 1 entbindet die verantwortliche Stelle von der Begründungspflicht, soweit durch die Mitteilung der tatsächlichen und rechtlichen Gründe der Entscheidung **der mit der Auskunftserteilung verfolgte Zweck gefährdet würde**. § 13 BDSG 1977 enthielt keine

---

155 BVerwG, NJW 1989, 2960; vgl. auch VGH München, NVwZ 1990, 775, 777 zur Einsicht in Akten des Gesundheitsamtes. Vgl. wegen weiterer Einzelheiten § 33 Rdnr. 76; zu Besonderheiten des Verfahrens bei der Auskunft über medizinische Daten s. o. Rdnr. 59; vgl. ferner *HmbDSB*, 18. TB 2000/2001; *Weichert*, DANA 2003, 5, 8ff.; *Mallmann,* in *Simon/Weiss,* Zur Autonomie des Individuums, 237 ff. m.w.N.; *Uhlenbrock,* in *Laufs/Uhlenbrock,* Handbuch des Arztrechts (1992) 338 ff. mit Hinweisen zur Rechtsprechung des BGH; *Francke,* in *Eser*/Seidler (Hrsg.), Ärztliche Berufsfreiheit und Patientenrechte (1994), 172 ff.; zur Reichweite des Akteneinsichtsrechts des Versicherten gegenüber der Krankenkasse LSG Berlin, Urt. v . 24.9.1997 – Az. L 9 Kr9/97 – E-LSG KR-130; zu Auskunftsansprüchen gegenüber der Kassenärztlichen Vereinigung *LfD BW* TB 2003 2.1.3

156 Vgl. BVerfGE 57, 250, 284 f.; BVerwGE 75, 1, 10.

157 Vgl. o. Rdnrn. 25 ff.

158 Vgl. Rdnr. 99; vgl. auch BVerwGE 89, 14, 21 unter 5. = Dok. BDSG 1990 § 19 E 1 und dazu Rdnr. 82.

159 Vgl. OVG Koblenz, DVBl. 1977, 425 zum Fall einer von der IHK eingeholten vertraulichen Auskunft über einen Bewerber für eine öffentliche Bestellung als Sachverständiger; zum Informanten einer Führerscheinstelle vgl. VG Gießen, NVwZ 1992, 401 und *Wilde/Ehmann*, BayDSG Art. 10 Rdnr. 49a mit weiteren Beispielsfällen.

160 Vgl. BVerwGE 89, 14, 21; 118, 10 = DÖV 2003, 769 zu Nr. 1, vgl. o. Rdnr. 86.

161 Vgl. o. Rdnr. 55.

derartige Regelung. Die Begründung des Regierungsentwurfs verweist darauf, dass Abs. 5 Satz 1 einem allgemeinen verwaltungsrechtlichen Grundsatz entspreche.[162] Die Vorschrift soll verhindern, dass der Betroffene aus der Begründung der Auskunftsverweigerung Rückschlüsse auf den Inhalt der gespeicherten Daten ziehen kann.[163]

Bei der Auslegung des Abs. 5 Satz 1 ist von Folgendem auszugehen: Geheimhaltungsgründe **106** müssen für den Betroffenen möglichst einleuchtend dargelegt werden. Ein umfassendes öffentliches Geheimhaltungsinteresse ist nicht mit Erwägungen begründbar, die im Ergebnis nur auf den Hinweis hinauslaufen, dass in dem zu beurteilenden Fall Sicherheitsbehörden tätig geworden sind; das gilt wegen der Rechtsschutzgewährleistung des Art. 19 Abs. 4 GG vor allem dann, wenn sich das Auskunftsbegehren auf solche Angaben bezieht, die der Auskunftssuchende benötigt, um gegen eine sicherheitsbehördliche Tätigkeit gerichtlich vorgehen zu können.[164] Die Darlegung der Behörde muss mehr enthalten als die bloße Wiedergabe oder nur eine andere Umschreibung der gesetzlichen Gründe.[165] Die Pflicht zur Begründung der Auskunftsverweigerung geht aber nicht so weit, dass die Begründung Rückschlüsse auf die geheim zu haltenden Tatsachen eröffnen könnte. Dies gilt insbesondere für die Erkenntnisse und Arbeitsweisen der für die innere und äußere Sicherheit der Bundesrepublik Deutschland tätigen Behörden. Andererseits muss die Behörde über die konkreten Gründe ihrer Weigerung soweit Auskunft geben, wie die entgegenstehenden Gründe dies noch zulassen, damit dem Gericht die Überprüfung der Rechtmäßigkeit der behördlichen Weigerung mindestens auf offensichtliche Fehler nicht verschlossen bleibt.[166] Kann die Behörde die konkreten Gründe ihrer Weigerung nicht offenbaren, so muss sie angeben, aus welchen Gründen ihr dies nicht möglich ist; denn ohne die wenigstens grobe Kenntnis dieser Gründe lassen sich die Interessen, die für oder gegen die Geheimhaltungsbedürftigkeit behördlichen Wissens sprechen, nicht hinreichend sicher beurteilen.[167] Soweit auch bei Anwendung dieser Grundsätze die Durchsetzung des Auskunftsanspruchs erschwert wird, hat der Betroffene dies hinzunehmen.[168]

Die oben dargestellten, in der höchstrichterlichen Rechtsprechung zu den Anforderungen an **107** die Begründung einer Auskunftsverweigerung entwickelten Grundsätze sind auch hier heranzuziehen. Aus dem „Ersatzrecht“ des Abs. 6 folgt nichts anderes. Im Übrigen ergibt sich aus der Amtlichen Begründung, dass der Gesetzgeber von den schon bisher geltenden Grundsätzen nicht abweichen wollte. Die erwähnte Rechtsprechung kann auch herangezogen werden, soweit sie sich auf **§ 96 StPO**[169] und **§ 99 VwGO**[170] bezieht.[171] Von den genannten Grundsätzen wird auch nach der im Folgenden dargestellten Entscheidung des Bundesverfassungsgerichts weiter auszugehen sein, zumal der Betroffene in der Lage sein muss, aufgrund der Begründung des Bescheides über die Einlegung von Rechtsmitteln zu entscheiden.

Das Bundesverfassungsgericht[172] hat § 99 Abs. 1 Satz 2 i.V.m. Abs. 2 Satz 1 VwGO a.F. **108** insoweit mit Artikel 19 Abs. 4 GG für unvereinbar erklärt, als er die Aktenvorlage durch die Behörde auch in denjenigen Fällen ausschließt, in denen die Gewährung effektiven Rechtsschutzes von der Kenntnis der Verwaltungsvorgänge abhängt. Dabei hat das Gericht zugleich

---

162 BT-Drs. 11/4306, 46.

163 Vgl. *Gola/Schomerus,* BDSG § 19 Rdnr. 31.

164 BVerwGE 74, 115, 120 f.

165 BVerwGE 66, 233, 236; BVerwG, NVwZ 1994, 72, 73.

166 BVerwGE 75, 1, 10 f.

167 BVerwGE 74, 114, 124; 75, 1, 11; BVerwG, NVwZ 1994, 72, 73; vgl. ferner zu den Anforderungen an die Begründung der nach der früheren Rechtslage gemäß § 13 Abs. 2 BDSG 1977 zu treffenden Ermessensentscheidung BVerwGE 84, 375, 388.

168 Vgl. auch OVG Münster, DVBl. 1995, 372, 373 = Dok. Art. 2 Abs. 1 E 64 zu der engeren Vorschrift des § 15 Abs. 4 Satz 3 BVerfSchG; vgl. ferner VGH München, VGHE BY 47, 83; *Ziekow,* BayVBl. 1992, 132; zur richterlichen Kontrolle des Verfassungsschutzes s. *Gusy* in Verfassungsschutz in der Demokratie, 67 ff. bes. 93 ff. m.w.N.

169 BVerwGE 75, 1.

170 BVerwG, NVwZ 1994, 72.

171 Vgl. BVerwGE 74, 115, 119; auch in BVerwG, NVwZ 1994, 72 wird insoweit nicht differenziert.

172 BVerfGE 101, 106 = NJW 2000, 1175; vgl. auch *Kugelmann,* Die informatorische Rechtsstellung des Bürgers, 364 ff.; *H. Geiger*, NJW 2002, 1248; *M. Sachs*, JuS 2000, 702.

ausgeführt, dass eine Beschränkung des Akteneinsichtsrechts der Verfahrensbeteiligten gemäß § 100 Abs. 1 VwGO in diesen Fällen mit Artikel 103 Abs. 1 GG vereinbar ist. Für Klageverfahren, in denen die Einsichtnahme in Urkunden oder Akten oder die **Erteilung von Auskünften (auch nach § 19 BDSG) Gegenstand des Klagebegehrens ist**, könne der Gesetzgeber ein **„in-camera-Verfahren"** einführen, d.h. ein Verfahren, bei dem Akten bzw. Informationen ausschließlich dem Gericht zugänglich gemacht werden, ohne dass diese Regelung nach Ansicht des Bundesverfassungsgerichts gegen Artikel 103 Abs. 1 GG verstößt. Eine entsprechende **Novellierung des § 99 VwGO** ist am 01.01.2002[173] in Kraft getreten (vgl. § 99 Abs. 2 Satz 9). Nach § 99 Abs. 2 VwGO stellt auf Antrag eines Beteiligten das Oberverwaltungsgericht (in bestimmten Fällen das Bundesverwaltungsgericht) in einem Zwischenverfahren durch Beschluss fest, ob die Verweigerung der Vorlage der Urkunden oder Akten oder der Erteilung von Auskünften rechtmäßig ist.[174] Dem Gericht sind hierzu die verweigerten Akten vorzulegen oder die verweigerten Auskünfte zu erteilen. Das Verfahren unterliegt den Vorschriften des materiellen Geheimschutzes. Die Entscheidungsgründe dürfen Art und Inhalt der geheimgehaltenen Urkunden oder Akten und Auskünfte nicht erkennen lassen.

109 Soweit sich das Auskunftsersuchen auf Daten aus laufenden Ermittlungen bezieht, kann der Ablehnungsbescheid die Aussage enthalten, dass über Daten aus laufenden Ermittlungen keine Auskunft erteilt wird, unabhängig davon, ob tatsächlich Daten gespeichert sind oder nicht.[175] Dadurch werden Rückschlüsse vermieden, die den mit der Auskunftserteilung verfolgten Zweck gefährden würden.[176]

110 In den Fällen der Anwendung des Abs. 5 Satz 1 ist der Betroffene nach Satz 2 darauf hinzuweisen, dass er sich an den **Bundesbeauftragten für den Datenschutz** wenden kann. Dadurch soll der Betroffene in die Lage versetzt werden, gemäß Abs. 6 den BfDI anzurufen. In Fällen, in denen die Voraussetzungen des Abs. 5 Satz 1 nicht gegeben sind, besteht die Hinweispflicht nach dem Wortlaut des Gesetzes nicht. Allerdings ist aus der Zielsetzung des Gesetzgebers, mit Abs. 6 ein Ersatzrecht für (alle) Fälle der Auskunftsverweigerung zu schaffen,[177] zu entnehmen, dass die Hinweispflicht in derartigen Fällen allgemein gelten muss.[178] Eine Abgrenzung wäre angesichts der oben dargestellten Anforderungen an die Bescheidung nach Abs. 5 Satz 1[179] ohnehin problematisch. Das Gesetz regelt für den Hinweis nach Satz 2 Form und Verfahren nicht. Die Grundsätze zu Form und Verfahren der Benachrichtigung (§§ 19a, 33 Abs. 1) können insoweit herangezogen werden.[180]

5. Auskunft an den Bundesbeauftragten für den Datenschutz (Abs. 6)

111 Nach Abs. 6 ist die dem Betroffenen **verweigerte Auskunft** auf dessen Verlangen grundsätzlich dem **BfDI zu erteilen**. Der Gesetzgeber wollte damit für den Fall der Ablehnung der Auskunftserteilung ein **Ersatzrecht** für den Bürger schaffen; dem Betroffenen soll so grundsätzlich die Möglichkeit gegeben werden, durch den BfDI prüfen zu lassen, ob er in seinem Persönlichkeitsrecht beeinträchtigt worden ist.[181]

112 Die Auskunftserteilung an den BfDI setzt das **Einverständnis** des nach Abs. 5 Satz 2 entsprechend informierten **Betroffenen** voraus. Liegt dieses vor, so tritt das Ersatzrecht nach Abs. 6 an die Stelle des ursprünglichen Auskunftsersuchens. Die verantwortliche Stelle hat dem BfDI nach Maßgabe des Abs. 1 in vollem Umfang Auskunft zu erteilen. Auf den dem

173 BGBl 2001 I S. 3987.
174 Vgl.dazu näher *Kienemund, NJW 2002, 1231, 1234 ff.; Kuhla/Hüttenbrink,* DVBl 2002, 85 ff; *M. Redeker/Kothe*, NVwZ 2002, 313.
175 Vgl. o. Rdnr. 85.
176 Vgl. auch *Gola/Schomerus,* BDSG § 19 Rdnr. 32.
177 Vgl. u. Rdnr. 111.
178 So auch *Bergmann*/Möhrle/Herb, BDSG § 19 Rdnr. 50.
179 Vgl. Rdnr. 106.
180 Vgl. § 33 Rdnrn. 34 ff.
181 Amtl. Begr. zu § 17 Abs. 5 RegE, BT-Drs. 11/4306, 46.

Betroffenen gegenüber bestehenden Auskunftsverweigerungsgrund kann sie sich gegenüber dem BfDI nicht berufen.

Eine **Ausnahme** besteht allerdings, soweit die jeweils zuständige oberste Bundesbehörde im Einzelfall feststellt, dass durch die Auskunftserteilung die **Sicherheit des Bundes oder eines Landes gefährdet** würde. Diese Regelung ist ebenso wie die weitgehend inhaltsgleiche Bestimmung des § 24 Abs. 4 Satz 4 als eine Art Notstandsklausel anzusehen, deren Anwendung nur in extremen Ausnahmefällen in Betracht kommt.[182] Die verantwortliche Stelle braucht nicht in jedem einzelnen Fall die Zustimmung der obersten Bundesbehörde einzuholen, bevor dem BfDI Auskunft erteilt wird,[183] sondern nur wenn eine Anwendung der Ausnahmeklausel infrage kommt. 113

Ist dem BfDI Auskunft erteilt worden, so prüft dieser, ob die Auskunft zu Recht verweigert wird. Darüber hinaus ermöglicht das Ersatzrecht die Kontrolle auch der Einhaltung der sonstigen im Einzelfall einschlägigen Datenschutzvorschriften durch den BfDI (§ 24 Abs. 1). So wird in der Praxis vom BfDI überprüft, ob die Voraussetzungen für eine Berichtigung, Löschung oder Sperrung nach § 20 vorliegen. Kommt er zu dem Ergebnis, dass umfassend oder teilweise Auskunft zu erteilen ist, so informiert er die verantwortliche Stelle entsprechend, ggf. auch hinsichtlich des Vorliegens von Voraussetzungen des § 20. Die praktische Handhabung zeigt, dass die Position des Betroffenen aufgrund der Einschaltung des BfDI hinsichtlich der Wahrnehmung seiner Rechte vielfach verbessert wird. Das OVG Münster hat ausgeführt, die Einschaltung des Datenschutzbeauftragten stelle zwar keinen vollen Ausgleich für die Erschwerung der Rechtswahrung im gerichtlichen Verfahren dar, bedeute aber doch eine nachhaltige und zum verfassungsrechtlich nicht zu beanstandenden Ausgleich der Schutzgüter führende Minderung der Belastung des Betroffenen.[184] 114

Allerdings darf nach Abs. 6 **Satz 2** die Mitteilung des BfDI an den Betroffenen **keine Rückschlüsse auf den Erkenntnisstand der verantwortlichen Stelle zulassen**, sofern diese nicht einer weitergehenden Auskunft zustimmt. Dadurch soll der Begründung des Regierungsentwurfs zufolge verhindert werden, dass über die Einschaltung des BfDI eine Ausforschung ermöglicht wird.[185] Soweit die öffentliche Stelle nicht aufgrund der Intervention des BfDI ihre Position modifiziert, ist damit eine Information des Betroffenen nur in engen Grenzen möglich, eine Konsequenz, die indessen bei dieser Konstellation kaum zu vermeiden ist.[186] 115

§ 19 Abs. 6 gilt nach Maßgabe des § 6 Abs. 2 Satz 5 entsprechend.[187] 116

6. Unentgeltlichkeit der Auskunft (Abs. 7)

Nach § 13 Abs. 4 BDSG 1977 war die Auskunftserteilung grundsätzlich gebührenpflichtig. Nachdem diese Regelung vielfach kritisiert[188] und in der Praxis seit längerem von einer Gebührenerhebung abgesehen worden war, zog der Gesetzgeber mit dem BDSG 1990 die Konsequenzen: Abs. 7 sieht vor, dass die Auskunft **unentgeltlich** erteilt wird. Damit soll der Amtlichen Begründung zufolge die Rechtswahrung der von der Datenverarbeitung betroffenen Bürger erleichtert werden.[189] 117

182 Ähnlich *Gola/Schomerus,* BDSG § 19 Rdnr. 33.
183 So aber *Gola/Schomerus,* a.a.O.
184 DVBl. 1995, 372 = Dok. Art. 2 Abs. 1 GG E 64 zu der Parallelregelung in § 15 Abs. 4 Satz 3 und 4 BVerfSchG.
185 BT-Drs. 11/4306, 46.
186 Kritisch dazu *Gusy* in Verfassungsschutz in der Demokratie, 67, 91.
187 Vgl. § 6 Rdnrn. 58 ff.
188 Vgl. 3. Aufl. § 13 Rdnr. 9.
189 BT-Drs. 11/4306, 47; zur Frage der Gebührenerhebung für Auskünfte aus dem Verkehrszentralregister vgl. *BfD,* 14. TB, 109; 15. TB, 268.

7. Subsidiarität gegenüber besonderen Vorschriften

118 Hat der Betroffene nach einer besonderen bundesrechtlichen Vorschrift ein Recht auf Information über die zu seiner Person gespeicherten Daten, so geht diese Vorschrift dem § 19 nach § 1 Abs. 3 vor. Die Voraussetzungen, der Umfang und das Verfahren der Auskunft oder anderweitigen Unterrichtung des Betroffenen richten sich in diesem Fall nach dem vorrangigen Recht. Welche Form der Information des Betroffenen im Einzelnen vorgesehen ist – mündliche oder schriftliche Auskunft, Gewährung von Einsicht oder Erteilung einer Abschrift –, spielt grundsätzlich keine Rolle.

119 Inwieweit sich der Subsidiaritätsgrundsatz im Einzelfall auswirkt, bestimmt sich allein nach Ziel und Inhalt der mit dem BDSG konkurrierenden Vorschrift; entscheidend für die Vorrangwirkung ist ausschließlich deren **Spezialität** im Verhältnis zur allgemeinen Regelung des BDSG. Erst eine **deckungsgleiche** Norm geht dem BDSG vor. Dabei setzt die Vorrangwirkung voraus, dass die bereichsspezifische Vorschrift selbst verfassungskonform das Recht auf informationelle Selbstbestimmung einschränkt. Sind Auskunftsverweigerungsgründe in einer Spezialvorschrift im Einzelnen aufgeführt, verbietet es sich wegen deren Vorrangwirkung, zusätzlich die Auskunftsbeschränkungen des § 19 heranzuziehen.[190]

120 Vorrangig gegenüber § 19 sind die in den gleichzeitig mit dem BDSG 1990 verabschiedeten, mit diesem abgestimmten Gesetzen zu den **Nachrichtendiensten** (Verfassungsschutz, Bundesnachrichtendienst, Militärischer Abschirmdienst) enthaltenen Vorschriften über die Auskunft an den Betroffenen,[191] nach denen dessen Rechte teilweise gegenüber § 19 eingeschränkt sind (z.B. keine Auskunft hinsichtlich der Herkunft der gespeicherten Daten und der Empfänger der Übermittlung).[192] Vorrangig sind weiter die Auskunftsvorschriften im Sicherheitsüberprüfungsgesetz des Bundes (§ 23 SÜG).

121 Dagegen ist für Auskunftsansprüche gegen das **Bundeskriminalamt** § 19 anzuwenden (vgl. auch § 37 BKAG). Entsprechendes gilt für die **Bundespolizei** (vgl. auch § 37 BPolG). Damit trägt der Gesetzgeber bestehenden Unterschieden Rechnung: Während die Polizeibehörden gegenüber dem Betroffenen regelmäßig „offen" Daten erheben, sammelt der Verfassungsschutz abgesehen von der Durchführung von Sicherheitsüberprüfungen in der Regel Daten, ohne dass der Betroffene hiervon Kenntnis erhält.[193]

122 Im **öffentlichen Dienstrecht** wurde mit **§§ 90 ff. BBG** eine abschließende Sonderregelung getroffen.[194] Gleiches gilt für **§ 8 MRRG**. Auch das Einsichtsrecht des Betroffenen in das **Personenstandsbuch** ist in § 61 PStG abschließend geregelt, wie sich insbesondere aus den Ausnahmen in den Absätzen 2 und 3 ergibt. Abschließenden Charakter haben weiter die Vorschriften über die Einsicht in das **Wählerverzeichnis** (§§ 17 BWG, 18 BWO). Außerhalb der Auslegungsfrist kann eine Einsicht auch nicht über § 19 erreicht werden. Weiter enthält das **Stasi-Unterlagen-Gesetz** (§§ 12 ff. StUG) vorrangige Sonderregelungen. Für die Auskunft über **Sozialdaten** gilt die Sonderregelung in § 83 SGB X.[195]

123 § 19 ist auf in **Gerichtsakten** enthaltene personenbezogene Daten grundsätzlich nicht anwendbar, da die insoweit geltenden Vorschriften über Akteneinsicht (z.B. § 299 ZPO; § 100 VwGO) abschließende prozessrechtliche Regelungen darstellen.[196] So kann eine nicht an einem Zivilprozess beteiligte Person nicht nach § 19 Auskunft über sie betreffende in den

---

190 Vgl. zu weiteren Einzelheiten § 1 Rdnrn. 154 ff.

191 § 15 BVerfSchG, § 7 BNDG, § 9 MADG, vgl. zur Praxis der Auskunftserteilung im Sicherheitsbereich *Diederichs,* CILIP, 54 (2/96), der von einer geringen Zahl von Auskunftsersuchen berichtet.

192 S. aber auch § 6 Rdnr. 29.

193 Vgl. *Simitis/Fuckner,* NJW 1990, 2713, 2716; *Gola/Schomerus,* BDSG § 19 Rdnr. 24.

194 BVerwGE 118,10 = NJW 2003, 3217 = RDV 2003, 238 m. Anm. *Gola;* vgl. auch Komm. des § 1 Abs. 3; zur Frage eines Auskunftsanspruchs des Betroffenen im Hinblick auf eine von ihm beabsichtigte Stellenbewerbung für den öffentlichen Dienst; vgl.*BayLfD* 20. TB (2002) 7.2.

195 Vgl. BVerwG, DÖV 2004, 532; LSG Berlin, Urt. v. 24.9.1997 – Az. L 9 Kr 9/97 – E-LSG KR-130; vgl. ferner *LfD NRW* 16. TB (2003) 13; *DSB Brb* 9. TB (2000) 8,1,2,2; zum Anspruch der leiblichen Eltern im Kinder- und Jugendhilferecht bzgl. Daten ihrer Kinder *HDSB* 31. TB (2002) 18.3

196 Vgl. *Prütting,* ZZP 106, 427, 455 ff.; *Wagner,* ZZP 108, 193, 207 f. jeweils m.w.N.; anders Vorauflage § 13 Rdnr. 102.

Akten enthaltene Daten beanspruchen; es gilt allein § 299 Abs. 2 ZPO.[197] § 491 StPO verweist allerdings auf § 19, soweit die Strafprozessordnung keine besondere Regelung enthält (vgl. zum Akteneinsichtsrecht des Verteidigers § 147 StPO).[198] Für **Strafgefangene** sieht § 185 StVollzG ein Auskunftsrecht nach Maßgabe von § 19 sowie unter bestimmten Voraussetzungen ein Recht auf Akteneinsicht vor.[199] Zur Anwendbarkeit von Vorschriften über die Akteneinsicht im Verwaltungsverfahren vgl. *HDSB,* 25. TB, 143 ff.

8. Streitigkeiten

Auf die Erteilung der Auskunft hat der Betroffene ein subjektives öffentliches Recht, das er notfalls gerichtlich durchsetzen kann. Zuständig ist, je nachdem, welche Behörde oder Stelle die Daten speichert, das (allgemeine) Verwaltungsgericht, das Sozialgericht oder das Finanzgericht. Die Ablehnung der Auskunftserteilung ist ein Verwaltungsakt.[200] Die richtige Klageart ist deshalb im Allgemeinen die Verpflichtungsklage (§ 42 Abs. 1 VwGO). Teilweise wird auch die Verwaltungsaktsqualität verneint und von einer allgemeinen Leistungsklage ausgegangen. In der verwaltungsgerichtlichen Praxis wird die Klageart nicht selten offen gelassen. Mit der Neufassung des **§ 99 VwGO** ist für Verwaltungsstreitverfahren die Grundlage für ein **„in-camera-Verfahren“** eingeführt worden.[201] Die Auskunftserteilung ist keine behördliche Verfahrenshandlung i.S.d. § 44a VwGO; anders als bei der Akteneinsicht nach § 29 VwVfG[202] kann der Berechtigte daher Rechtsbehelfe einlegen, ohne eine Sachentscheidung abzuwarten. Wer die Feststellung der Rechtswidrigkeit des Einsatzes verdeckter Ermittler begehrt, um Genugtuung für den mit der Verletzung seiner Privatsphäre verbundenen Eingriff in sein Persönlichkeitsrecht zu erlangen, kann nicht unter dem Gesichtspunkt der Subsidiarität der Feststellungsklage darauf verwiesen werden, die Rechtswidrigkeit des Einsatzes als Vorfrage in einem auf Datenauskunft und -löschung gerichteten Verwaltungsrechtsstreit klären zu lassen.[203] 124

9. Landesrecht

Die Landesdatenschutzgesetze regeln das Auskunftsrecht des Betroffenen in folgenden Bestimmungen: Art. 10 BayDSG; § 21 LDSG BW; § 16 BlnDSG; § 18 BgbDSG; § 21 BremDSG; § 18 HmbDSG; § 18 HDSG; § 24 DSG MV; § 16 NDSG; § 18 DSG NW; § 18 LDatG RhPf; § 20 SDSG; § 18 SächsDSG; § 15 DSG LSA; § 27 LDSG SH; § 13 ThürDSG. 125

---

197 Zum Erfordernis einer Novellierung dieser Vorschrift vgl. *Mallmann,* DRiZ 1987, 377, 378.

198 Zur Verweigerung der Akteneinsicht für einen nicht durch einen Verteidiger vertretenen Betroffenen vgl. EGMR, NStZ 1998, 429 f.; vgl. ferner *BayDSB* 20. TB (2002) 8.2.1.1.

199 Vgl. zum Einsichtsrecht in den Vollzugsplan BVerfG 2. Senat 2. Kammer, NStZ 2003, 620. Zum Auskunftsrecht nach § 185 StVollzG i.V.m. § 19 hinsichtlich einer im Einzelfall erfolgten Offenbarung von Daten vgl. BVerfG 2. Senat 2. Kammer, NStZ 2000,55; vgl. ferner LG Hamburg, NStZ 2002, 55; *DSB S-A* 25. TB 203; *BayDSB* 19. TB 7.1.5; *HessDSB* 31. TB (2002) 3.4.2.2.

200 Str., vgl. BVerwGE 31, 301; *Auernhammer,* BDSG § 19 Rdnr. 16; *Gola/Schomerus,* BDSG § 19 Rdnr. 31; *Kopp,* VwVfG § 35 Rdnr. 9 m.w.N.

201 Vgl. o. Rdnr. 108.

202 Vgl. BVerwG, NJW 1979, 177.

203 BVerwG, Buchholz 310 § 43 VwGO Nr. 127 = BayVBl. 1997, 761. Zur gerichtlichen Kontrolle von Nachrichtendiensten vgl. *Hirsch,* Die Kontrolle der Nachrichtendienste, 115 ff.; *Gusy* in Verfassungsschutz in der Demokratie, 67 ff.

§ 19a Benachrichtigung

(1) Werden Daten ohne Kenntnis des Betroffenen erhoben, so ist er von der Speicherung, der Identität der verantwortlichen Stelle sowie über die Zweckbestimmungen der Erhebung, Verarbeitung oder Nutzung zu unterrichten. Der Betroffene ist auch über die Empfänger oder Kategorien von Empfängern von Daten zu unterrichten, soweit er nicht mit der Übermittlung an diese rechnen muss. Sofern eine Übermittlung vorgesehen ist, hat die Unterrichtung spätestens bei der ersten Übermittlung zu erfolgen.
(2) Eine Pflicht zur Benachrichtigung besteht nicht, wenn
1. der Betroffene auf andere Weise Kenntnis von der Speicherung oder der Übermittlung erlangt hat,
2. die Unterrichtung des Betroffenen einen unverhältnismäßigen Aufwand erfordert oder
3. die Speicherung oder Übermittlung der personenbezogenen Daten durch Gesetz ausdrücklich vorgesehen ist.
Die verantwortliche Stelle legt schriftlich fest, unter welchen Voraussetzungen von einer Benachrichtigung nach Nummer 2 oder 3 abgesehen wird.
(3) § 19 Abs. 2 bis 4 gilt entsprechend.

Literatur

A. Dix, Vertrauen durch verbesserte Information, DuD 2004, 518; *E. Lotze*, Benachrichtigung, in: *H. Bäumler/A. Breinlinger/H.-H. Schrader,* Datenschutz von A-Z; *A. Roßnagel/A. Pfitzmann/H. Garstka*, Modernisierung des Datenschutzrechts, Gutachten im Auftrag des Bundesministeriums des Innern (2001); *P. Wedde*, Rechte des Betroffenen, in: *A. Rossnagel*, Handbuch Datenschutzrecht (2003), Kap. 4.4, 546 ff.

Übersicht

1. Vorbemerkung

1 Seit In-Kraft-Treten des BDSG 1977 bestand lange Zeit nur für den nicht-öffentlichen Bereich die Verpflichtung, den Betroffenen zu benachrichtigen, wenn ihn betreffende Daten gespeichert bzw. übermittelt werden. § 33 sieht eine entsprechende Verpflichtung vor. Das BDSG 2001 hat mit § 19a und § 4 Abs. 3[1] in Umsetzung von Art. 11 EG-Datenschutzrichtlinie eine grundsätzliche Benachrichtigungspflicht im öffentlichen Bereich eingeführt.

1 Vgl. unten Rdnr. 10

Nach dem Hessischen Datenschutzgesetz[2] besteht hingegen bereits seit langem eine Benachrichtigungspflicht. Der Hessische Datenschutzbeauftragte[3] hatte schon 1981 eine Benachrichtigungspflicht auch für den öffentlichen Bereich gefordert: „Der Gesetzgeber muss sich … mit der Frage auseinander setzen, inwieweit ein wirksamer Datenschutz nicht eine regelmäßige und gezielte Information des Betroffenen voraussetzt, die ihm unmittelbar Kenntnis von der Verarbeitung verschafft. Wohlgemerkt, es geht nicht darum, ihn zu informieren, was im Einzelnen verarbeitet wird, sondern lediglich, dass eine Verarbeitung stattfindet. Ähnliche Überlegungen haben bei der Verarbeitung von Arbeitnehmerdaten zu ersten Versuchen einer kontinuierlichen Benachrichtigung geführt. Diesen Weg gilt es auch im BDSG zu beschreiten." 2

§ 19a soll für mehr **Transparenz** bei der Datenverarbeitung sorgen und Bürgerinnen und Bürgern die Ausübung ihrer Rechte erleichtern.[4] Die verbesserte Information wirkt zugleich vertrauensbildend.[5] Die Betroffenen werden so in die Lage versetzt, ihrAuskunftsrecht nach § 20 wahrzunehmen und gegebenenfalls nach § 35 Berichtigung, Löschung und Sperrung von Daten zu verlangen oder ihrer Verarbeitung zu widersprechen. Die Vorschrift trägt damit dem Umstand Rechnung, dass der Betroffene regelmäßig keine Kenntnis hat, wenn zu seiner Person Daten nicht bei ihm, sondern aus dritten Quellen erhoben werden. Die Erhebung außerhalb des Kenntnis- und Einflussbereichs des Betroffenen ist zudem vielfach fehleranfällig. 3

Das Bundesverfassungsgericht hat im Volkszählungsurteil entschieden, dass die Datenverarbeitung für den Betroffenen transparent sein muss. Er hat grundsätzlich ein Recht zu wissen, „wer was wann und bei welcher Gelegenheit über (ihn) weiß".[6] Zu den zur Sicherung des Rechts auf informationelle Selbstbestimmung erforderlichen **verfahrensrechtlichen Schutzvorkehrungen** gehören auch Aufklärungs- und Auskunftspflichten.[7] Die Benachrichtigungspflicht nach Abs. 1 stellt eine derartige Aufklärungspflicht dar.[8] Sie gehört in das Gesamtkonzept des **Selbstdatenschutzes.** 4

§ 19a regelt in Abs. 1 die Einzelheiten der Benachrichtigungspflicht. Abs. 2 sieht eine Reihe von Ausnahmen vor. Abs. 3 verweist für weitere Ausnahmen auf § 19 Abs. 2 bis 4. 5

2. Anwendungsbereich

Normadressaten sind **öffentliche Stellen** des Bundes (§ 12 Abs. 1) sowie in stark eingeschränktem Umfang öffentliche Stellen der Länder (§ 12 Abs. 2). Zu beachten ist, dass als öffentliche Stellen auch privatrechtlich organisierte Stellen in Betracht kommen.[9] Andererseits ist die Anwendung der Vorschrift ausgeschlossen, soweit eine öffentliche Stelle als öffentlich-rechtliches Unternehmen am Wettbewerb teilnimmt (§ 12 Abs. 1 2. Halbsatz) oder soweit personenbezogene Daten für dienst- oder arbeitsrechtliche Rechtsverhältnisse verarbeitet oder genutzt werden (§ 12 Abs. 4). Werden durch **Videoüberwachung** erhobene Daten einer bestimmten Person zugeordnet, so ist diese nach § 6b Abs. 4 über eine Verarbeitung oder Nutzung entsprechend § 19a zu benachrichtigen.[10] 6

Die Verpflichtung zur Benachrichtigung richtet sich an die **verantwortliche Stelle** i.S.v. § 3 Abs. 7. Bei Auftragsverarbeitung ist § 11 zu beachten. 7

---

2 Vgl. § 18 HDSG.
3 10. TB, 3.1.2.5.2; vgl. auch *Simitis*, in *Meyer/Stolleis,* HessStVwR S. 138 f.
4 Vgl. *Roßnagel/Pfitzmann/Garstka*, Modernisierung des Datenschutzrechts, S. 82 ff.; vgl. ferner hierzu und zum Folgenden § 33 Rdnr. 1 ff.
5 Vgl. *Dix,* DuD 2004, 518.
6 BVerfGE 65, 1, 43; vgl. auch *Nungesser*, HDSG § 18 Rdnrn. 1 f.
7 BVerfGE 65, 1, 46.
8 Vgl. auch *Bergmann/Möhrle/Herb*, BDSG § 33 Rdnr. 2.
9 Vgl. Komm. des § 2.
10 Vgl. § 6b Rdnr. 92 ff.

3. Benachrichtigungspflicht (Abs. 1)

8 Abs. 1 Sätze 1 und 2 regeln Voraussetzungen und Reichweite der Benachrichtigungspflicht. Gegenstand von Satz 3 ist der Zeitpunkt der Benachrichtigung.

3.1 Voraussetzungen und Reichweite (Abs. 1 Satz 1)

9 Nach Abs. 1 Satz 1 ist der Betroffene von der Speicherung zu unterrichten, wenn (sich auf ihn beziehende) personenbezogene Daten ohne seine Kenntnis erhoben werden. Der auch in § 4 Abs. 3 (vgl. unten Rdnr. 10) verwendete Terminus **„unterrichten"** hat dabei die gleiche Bedeutung wie „**benachrichtigen**". Bei der unterschiedlichen Wortwahl handelt es sich um eine redaktionelle Unstimmigkeit. In der Überschrift des § 19a und in Abs. 2 wird ebenso wie in § 33 der Ausdruck „Benachrichtigung" verwendet .

10 Die Benachrichtigungspflicht setzt voraus, dass Daten **ohne Kenntnis** des Betroffenen **erhoben** sind. Insoweit unterscheidet sich Abs. 1 Satz 1 von der für den nicht-öffentlichen Bereich geltenden Vorschrift des § 33 Abs. 1 Satz 1, die allein auf die erstmalige Speicherung abstellt. Abs. 1 Satz 1 korrespondiert mit Abs. 2 Nr. 1. Die Vorschrift ist weiter **im Zusammenhang mit § 4 Abs. 3 zu sehen**, der für den Fall, dass Daten beim Betroffenen erhoben werden und er nicht bereits auf andere Weise Kenntnis erlangt hat, entsprechende Unterrichtungspflichten hinsichtlich Identität der verantwortlichen Stelle, Zweckbestimmung und Kategorien von Empfängern vorsieht.[11] **Abs. 1 Satz 1 meint** demgegenüber, wie sich auch aus der amtlichen Begründung ergibt, **eine Erhebung, die nicht beim Betroffenen erfolgt**. Zweck der Vorschrift ist es, den Betroffenen in die Lage zu versetzen, eine Auskunft über die jeweiligen Daten einzuholen, so dass sein Informationsstand ggf. demjenigen im Falle der Datenerhebung bei ihm selbst entspricht.

11 Die Benachrichtigungspflicht wird erst durch die **Speicherung** der erhobenen Daten ausgelöst. Werden diese nicht gespeichert, so entsteht keine Verpflichtung, den Betroffenen zu benachrichtigen.

12 Eine **erneute** Benachrichtigung nach Abs. 1 Satz 1 ist grundsätzlich im Falle **weiterer zur Speicherung führender Erhebungen** ohne Kenntnis des Betroffenen geboten. Auf die Erstmaligkeit der Erhebung bzw. Speicherung stellt die Vorschrift – anders als § 33 Abs. 1 Satz 1[12] – nicht ab. Der Betroffene soll kontinuierlich über die Verarbeitungssituation informiert werden.[13] Steht allerdings die Speicherung weiterer Daten in engem sachlichem Zusammenhang mit der Speicherung von Daten, über die der Betroffene bereits unterrichtet wurde, wird eine erneute Benachrichtigung regelmäßig nicht erforderlich sein. Eine weitere Benachrichtigung ist aber jedenfalls dann geboten, wenn eine neue Art von Daten[14] über den Betroffenen gespeichert wird.[15] Der Gesetzgeber hat die Benachrichtigung auf die Art der Daten erstreckt, um für den Betroffenen die gebotene Transparenz herzustellen. Würde der Betroffene nicht über die Speicherung einer neuen, möglicherweise sensitiven Datenart informiert, so ginge er von unrichtigen Voraussetzungen hinsichtlich der gespeicherten Daten und der Erforderlichkeit der Ausübung des Auskunftsrechts aus. Dies wäre mit dem Zweck der Vorschrift unvereinbar.

13 Der Betroffene ist im Falle der Speicherung weiterer Daten auch dann zu benachrichtigen, wenn die Benachrichtigung bei der erstmaligen Speicherung nach Abs. 2 unterblieben ist.[16]

14 Sind zusammen mit den sich auf den Betroffenen beziehenden Daten Angaben über einen **Dritten** gespeichert (z.B. beim Dienstherrn Angaben über Berufstätigkeit und Einkommen

---

11 Vgl. § 4 Rdnr. 39 ff.

12 Vgl. aber zum Erfordernis weiterer Benachrichtigungen unter bestimmten Voraussetzungen § 33 Rdnrn. 10 f.

13 Dazu auch o. Rdnr. 2.

14 Dazu u. Rdnr. 15.

15 Vgl. auch § 33 Rdnr. 10 f.; ebenso für § 33 *Gola/Schomerus,* BDSG § 33 Rdnr. 5; a.M. *Schaffland/Wiltfang,* BDSG § 33 Rdnr. 7; *Dörr/Schmidt,* BDSG § 33 Rdnr. 5.

16 Vgl. auch § 33 Rdnr. 12; ebenso für § 33 *Gola/Schomerus,* a.a.O.; anders *Schaffland/Wiltfang,* a.a.O., Rdnr. 91; *Dörr/Schmidt,* a.a.O.

der Ehefrau des Beamten), so ist dieser zu benachrichtigen, soweit nicht Abs. 2 eingreift.[17] Insoweit handelt es sich um Einzelangaben über persönliche und sachliche Verhältnisse des Dritten (§ 3 Abs. 1), sodass (auch) dieser Betroffener i.S.d. Abs. 1 ist.[18] Zur Frage, ob sich Daten nur auf eine Person oder auf mehrere Personen beziehen, wird auf die oben in § 3 Rdnrn. 42 ff. entwickelten Grundsätze verwiesen.

Inhaltlich muss die Benachrichtigung den Betroffenen klar und eindeutig auf die Tatsache 15
der **Speicherung** sich auf ihn beziehender Daten hinweisen und Name und Adresse der verantwortlichen Stelle angeben. Darüber hinaus ist der Betroffene von der **Art** der gespeicherten Daten zu benachrichtigen. Dadurch wird die Transparenz der Datenverarbeitung erhöht. Der Betroffene ist damit eher in der Lage zu beurteilen, ob bzw. in welcher Weise er von seinem Auskunftsrecht Gebrauch machen soll. Es ist nicht Zweck der Benachrichtigung, die Auskunftserteilung zu ersetzen. Deshalb brauchen dem Betroffenen im Rahmen der Benachrichtigung keine Angaben zu den konkreten Daten gemacht zu werden. Es genügen allgemeine, nicht auf den individuellen Einzelfall bezogene Angaben. Grundsätzlich ist eine Inhaltsbezeichnung und, falls zum Verständnis nötig, eine semantische Erläuterung der einzelnen Informationskategorien erforderlich, nach denen die Verhältnisse der Betroffenen in der Datei bzw. Akte beschrieben werden. Die verantwortliche Stelle ist nicht verpflichtet, aber berechtigt, dem Betroffenen auch ohne Auskunftsersuchen die konkret zu seiner Person gespeicherten Daten mitzuteilen Im Einzelnen gelten die gleichen Grundsätze wie im Falle des § 33.[19] Eine Unterrichtung des Betroffenen über die **Übermittlung** von Daten sieht **§ 16 Abs. 3** für den Fall vor, dass der Dritte, an den Daten nach Abs. 1 Nr.2 dieser Vorschrift übermittelt werden, ein berechtigtes Interesse an der Kenntnis der Daten glaubhaft darlegt und der Betroffene kein schutzwürdiges Interesse am Ausschluss der Übermittlung hat.[20]

Die Unterrichtungspflicht schließt im Hinblick auf Art. 11 Abs. 1 EG-Datenschutzrichtlinie 16
die **Zweckbestimmung der Erhebung, Verarbeitung oder Nutzung** der Daten ein. Die Vorschrift ist im Zusammenhang mit § 14 zu sehen, der den Grundsatz der Zweckbindung realisiert. An dieser Vorschrift ist bei der Festlegung des Zwecks anzuknüpfen. Ferner sind die nach § 4e Satz 1 Nr. 4 vorzunehmenden Zweckbestimmungen zu berücksichtigen (vgl. auch die Unterrichtungspflicht bei der Erhebung gemäß § 4 Abs. 3 Nr. 2). Es müssen alle Zweckbestimmungen mitgeteilt werden, für die die Daten bestimmt sind.

Die Unterrichtungspflicht umfasst weiter die **Identität der verantwortlichen Stelle**. Verant- 17
wortliche Stelle ist eine der in § 12 genannten Stellen. Der Betroffene muss darüber unterrichtet werden, an wen er sich rechtlich und tatsächlich wenden kann. Die Benachrichtigung muss den **Namen und die volle Anschrift** der verantwortlichen Stelle enthalten, die Angabe des Postfachs allein genügt nicht. Der Betroffene ist nicht verpflichtet, schriftlich um Auskunft zu bitten. Er kann dies auch durch persönliche Vorsprache tun. Hierzu muss er die genaue Anschrift kennen.[21] Es genügt nicht, dem Betroffenen eine Anlaufstelle anzugeben, bei der er sich nach Name und Anschrift der verantwortlichen Stelle erkundigen kann.[22]

Die Benachrichtigung setzt voraus, dass der verantwortlichen Stelle Name und Anschrift des 18
Betroffenen bekannt sind. Ist dies nicht der Fall, so besteht grundsätzlich keine Benachrichtigungspflicht.[23] Unter Berücksichtigung des Schutzzwecks der Vorschrift und des Abs. 2 Nr. 2[24] ist es **regelmäßig nicht geboten**, ausschließlich zur Durchführung der Benachrichtigung **Name und/oder Anschrift des Betroffenen zu ermitteln** und zu speichern und damit

---

17 Vgl. § 33 Rdnr. 14.

18 Vgl. auch zu § 33 *Auernhammer,* BDSG § 33 Rdnr. 7; *Bergmann/Möhrle/Herb,* BDSG § 33 Rdnr. 20; ähnlich *Gola/Schomerus,* BDSG § 33 Rdnr. 26; vgl. auch BWHinwBDSG Nr. 20 v. 21.12.1983, StAnz. BW v. 4.1.1984, S. 5 unter 2. = Dok. B 1.24; anders *Schaffland/Wiltfang,* BDSG § 33 Rdnr. 10.

19 Dazu § 33 Rdnr. 16.

20 Vgl. § 16 Rdnrn. 39 ff.

21 Vgl. auch zu § 33 BWHinwBDSG v. 29.12.1978, StAnz. BW v. 6.1.1979, Nr. 1/2, S. 7 = Dok. B 1.6; *Bergmann/Möhrle/Herb,* BDSG § 33 Rdnr. 51; a.M. *Schaffland/Wiltfang,* BDSG § 33 Rdnr. 3.

22 Vgl. auch *BfD,* 1. TB, 41.

23 Vgl. auch § 33 Rdnr. 18.

24 Dazu u. Rdnrn. 42 ff.

potenzielle Risiken für den Betroffenen zu erhöhen.[25] Ausnahmsweise sind entsprechende Recherchen bei besonders sensiblen Daten[26] und bei im Einzelfall bestehenden besonderen Umständen erforderlich.[27] Werden im Rahmen der **Telefondatenerfassung** zulässigerweise die Telefonnummern der Angerufenen ohne Namen und Anschrift gespeichert, so besteht folglich in der Regel keine Verpflichtung zu entsprechenden Ermittlungen und zur Benachrichtigung des Angerufenen.[28]

19 Das Gesetz schreibt – ebenso wie in § 33 für den nicht-öffentlichen Bereich[29] – **keine** bestimmte **Form** der Benachrichtigung vor. Diese kann deshalb grundsätzlich mündlich (auch telefonisch) erfolgen. Sollte eine Verpflichtung zur schriftlichen Benachrichtigung begründet werden, so hätte dies vielmehr – wie z.B. in § 34 Abs. 3 – eindeutig zum Ausdruck gebracht werden müssen. Allerdings empfiehlt sich eine schriftliche Benachrichtigung. Einerseits kann sie die bei mündlicher, insbesondere telefonischer Mitteilung möglichen Missverständnisse ausschalten. Zum anderen kommt der Aufbewahrung von Kopien Beweissicherungsfunktion zu.

20 In jedem Falle hat die Mitteilung in einer Form zu erfolgen, die die Kenntnisnahme durch den Betroffenen sicherstellt. Andernfalls liegt keine Benachrichtigung i.S.d. Abs. 1 vor. Nicht ausgeschlossen ist eine Versendung der Benachrichtigung zusammen mit anderen behördlichen Mitteilungen (z.B. für den öffentlichen Dienst zusammen mit dem Abrechnungsnachweis der Besoldungsstelle).[30] In jedem muss die Benachrichtigung deutlich erkennbar sein, damit sichergestellt ist, dass der Betroffene sie zur Kenntnis nimmt. Insoweit sind strenge Maßstäbe anzulegen.

21 Wird die Benachrichtigung in anderer Form als durch eine Erklärung unter Anwesenden vorgenommen, so muss sie entsprechend § 130 BGB dem Betroffenen zugehen, d.h. sie muss so in dessen Machtbereich gelangen, dass bei Annahme gewöhnlicher Verhältnisse damit zu rechnen ist, dass er von ihr Kenntnis nehmen kann.[31]

22 Aus dem Begriff Benachrichtigung und der Systematik des § 33 – Benachrichtigung nach Abs. 1 einerseits, Kenntnisnahme „auf andere Weise" nach Abs. 2 Nr. 1 andererseits – folgt, dass die Benachrichtigung **individuell** an den Betroffenen zu richten ist. Ehegatten sind gesondert zu benachrichtigen. Öffentliche Mitteilungen (z.B. in Amtsblättern oder durch Aushang), sind also keine Benachrichtigungen, zumal sie in der Regel nicht ohne weiteres die Kenntnisnahme durch alle Betroffene sicherstellen.[32] Namentlich ist von der gezielten Benachrichtigung betroffener Personen, zu der § 19a die verantwortliche Stelle verpflichtet, die Veröffentlichung von allgemeinen **Datenschutzerklärungen (privacy policies)** – etwa im Internet – zu unterscheiden.[33]

23 Wird dem Betroffenen eine schriftliche Benachrichtigung zugesandt, so muss dies in einem verschlossenen Brief geschehen. Abs. 1 legt fest, dass allein der Betroffene zu benachrichtigen ist. Bei einer Mitteilung auf einer Postkarte, per Telefax oder in einer unverschlossenen Drucksache wäre vielfach mit einer Kenntnisnahme durch Dritte (z.B. Familienangehörige, Untermieter, Arbeitskollegen) zu rechnen.[34] Werden personenbezogene Daten automatisiert verarbeitet, so folgt das Verbot der „offenen" schriftlichen Benachrichtigung auch aus der Anlage zu § 9 Satz 1 Nr. 3.[35] Durch eine derartige Mitteilung (z.B. in einer unverschlüsselten e-mail) würde die verantwortliche Stelle gegen ihre Verpflichtung verstoßen, die unbefugte

25 Vgl. auch § 11 Abs. 2 EG-Datenschutzrichtlinie und dazu *Dammann/Simitis,* EG-Datenschutzrichtlinie, Art. 11 Erl. 6; ebenso *Nungesser,* HDSG § 18 Rdnr. 16; krit. dazu *Ehmann/Helfrich,* EG-Datenschutzrichtlinie, Art. 11 Rdnrn. 18 ff.

26 Vgl. § 3 Abs. 9.

27 Vgl. § 33 Rdnr. 21.

28 Str.; zu § 33 im Ergebnis ebenso *Schaffland/Wiltfang,* § 33 Rdnr. 11; vgl. aber auch *Zehner,* DB 1984, 666 ff.

29 Dazu § 33 Rdnrn. 34 ff. ff.

30 Vgl. auch § 33 Rdnr. 36.

31 Vgl. die Nachweise bei § 33 Rdnr. 37.

32 Dazu auch § 33 Rdnr. 38.

33 Vgl. dazu § 33 Rdnr. 42.

34 Dazu auch § 33 Rdnrn. 39 f.

35 Dazu § 9 Rdnrn. 99 ff.

Kenntnisnahme gespeicherter personenbezogener Daten durch Dritte zu verhindern, da auch Angaben über die Tatsache der Speicherung eine bestimmte Person betreffender Daten durch eine namentlich genannte Stelle personenbezogene Daten i.S.d. § 3 Abs. 1 sind.

3.2 Unterrichtung über Kategorien von Empfängern (Abs. 1 Satz 2)

Nach Abs. 1 Satz 2 ist der Betroffene auch über **Kategorien von Empfängern**[36] zu unterrichten, soweit er nicht mit der Übermittlung an diese rechnen muss. Die Regelung korrespondiert mit § 19 Abs. 1 Satz 1 Nr. 2, der ein Auskunftsrecht über die Kategorien von Empfängern, an die Daten weitergegeben werden, vorsieht. Hinsichtlich der Frage, ob der Betroffene mit der Übermittlung rechnen muss, sind durchschnittliche Kenntnisse anzunehmen. Der Betroffene braucht regelmäßig nicht damit zu rechnen, dass Daten, die für die Zwecke eines konkreten Verwaltungsverfahrens gespeichert wurden, für einen anderen Zweck verwendet werden. Sofern eine Übermittlung durch Gesetz ausdrücklich vorgesehen ist, ist Abs. 2 Nr. 3 zu beachten.[37] 24

3.3 Zeitpunkt der Unterrichtung (Abs. 1 Satz 3)

Der Zeitpunkt der Übermittlung ist im Gesetz nur für eine bestimmte Konstellation geregelt: Sofern eine **Übermittlung** der gespeicherten Daten **vorgesehen** ist, hat die Unterrichtung nach Abs. 1 Satz 3 **spätestens bei der ersten Übermittlung** zu erfolgen. Entscheidend ist insoweit, ob von vornherein beabsichtigt ist, die Daten an Dritte weiterzugeben. Es ist nicht darauf abzustellen, ob die Übermittlung zulässig oder ausdrücklich durch Gesetz vorgesehen ist (vgl. Abs. 2 Nr. 3). 25

Anknüpfend an den Wortlaut von Art. 11 Abs. 2 EG-Datenschutzrichtlinie hat die Unterrichtung unter diesen Voraussetzungen **„bei“** der ersten Übermittlung, d.h. im direkten zeitlichen Zusammenhang mit dieser zu erfolgen. Diese Regelung ist unzureichend, da gerade in Fällen der Übermittlung für den Betroffenen im Falle unrichtiger oder unzulässig gespeicherter Daten besondere Risiken entstehen können. Insofern hätte es nahe gelegen, eine Information des Betroffenen vor der Übermittlung zu verlangen, damit er sich gegen diese wenden kann.[38] Unter Berücksichtigung des Schutzzwecks des Abs. 1 Satz 1 und von Art. 11 Abs. 1 EG-Datenschutzrichtlinie ist allerdings bei besonderen Umständen und im Falle besonders sensitiver Daten[39] davon auszugehen, dass die verantwortliche Stelle nicht den erwähnten „spätesten“ Zeitpunkt abwartet, sondern den Betroffenen zu einem Zeitpunkt unterrichtet, der ihm eine Wahrnehmung seiner Auskunfts- und ggf. Korrekturrechte vor der Übermittlung ermöglicht. 26

Für andere als die erwähnten Fälle der beabsichtigten Übermittlung enthält die Vorschrift keine ausdrückliche Regelung über den Zeitpunkt der Benachrichtigung. Die Benachrichtigungspflicht des Abs. 1 knüpft an der erstmaligen Speicherung bzw. Übermittlung personenbezogener Daten an, ohne dass eine Frist gesetzt wird. Da eine wirksame Wahrnehmung individueller Rechte (vor allem derjenigen aus § 35) vielfach sofortiges Handeln voraussetzt, nämlich bevor unrichtige oder unzulässig gespeicherte Daten zum Nachteil des Betroffenen verwendet werden können, erfordert der Schutzzweck der Vorschrift, dass die Benachrichtigung **unverzüglich**, also ohne schuldhaftes Zögern (§ 121 BGB) erfolgt.[40] Eine Bearbeitung von Benachrichtigungen in gesammelter Form ist nur zulässig, wenn sichergestellt ist, dass die gespeicherten Daten vor der Benachrichtigung nicht verwendet werden. Eine Sammelbearbeitung muss, soweit überhaupt zulässig, in kurzen Zeitabständen erfolgen.[41] 27

---

36 Zum Begriff „Kategorien von Empfängern“ wird auf die Kommentierung von § 4 Abs. 3 Nr. 3 (Unterrichtungspflicht bei der Erhebung) und § 4e Satz 1 Nr. 6 verwiesen; zur Frage der Erstreckung auf Auftragsdatenverarbeitung vgl. § 33 Rdnr. 33.

37 Dazu u. Rdnrn. 45 f.

38 Vgl. *Dammann/Simitis,* EG-Datenschutzrichtlinie, Art. 11 Erl. 2.

39 Vgl. § 3 Abs. 9.

40 A.M. *Nungesser,* HDSG § 18 Rdnr. 9: Die Erleichterung des Abs. 1 Satz 3 müsse erst recht gelten; vgl. zum Ganzen auch § 33 Rdnr. 36.

41 Vgl. § 33 Rdnr. 41.

4. Verstöße gegen die Benachrichtigungspflicht

28 Bei Verstößen gegen die Benachrichtigungspflicht nach § 19a Abs. 1 greifen – anders als bei Verstößen gegen § 33 (vgl. § 43 Abs. 1 Nr. 8)[42] – die Bußgeld- und Strafvorschriften der §§ 43 f. nicht ein. Wegen dennoch eintretender rechtlicher Konsequenzen wird auf die Kommentierung des § 4 Abs. 3 Bezug genommen, der ebenfalls nicht nach §§ 43 f. sanktionsbewehrt ist. Ein Verstoß gegen die Benachrichtigungspflicht gibt für sich genommen keinen Anlass zur Berichtigung, Sperrung oder Löschung von Daten.[43]

5. Ausnahmen von der Benachrichtigungspflicht (Abs. 2 und 3)

29 Unter den in Abs. 2 geregelten Voraussetzungen besteht keine Benachrichtigungspflicht (vgl. auch Art. 11 Abs. 2 EG-Datenschutzrichtlinie). Die Benachrichtigungspflicht des Abs. 1 soll im Hinblick auf die Anforderungen im Volkszählungsurteil des Bundesverfassungsgerichts für mehr Transparenz bei der Datenverarbeitung sorgen.[44] Sie bildet eine Vorstufe des Auskunftsrechts, das für das informationelle Selbstbestimmungsrecht von zentraler Bedeutung ist und nur ausgeübt werden kann, wenn der Einzelne weiß, welche Stellen seine Daten gespeichert haben. Im Hinblick hierauf sind die Regelungen des Abs. 2 als **Ausnahmetatbestände eng** und im Zweifel zugunsten des Betroffenen **auszulegen.**[45]

30 Ist einer der Ausnahmetatbestände des Abs. 2 erfüllt, so entfällt die Pflicht zur Benachrichtigung. Die verantwortliche Stelle bleibt jedoch grundsätzlich berechtigt, gleichwohl zu benachrichtigen.[46] Dies gilt allerdings nicht, soweit die Ausnahmetatbestände nicht zur Disposition der verantwortlichen Stelle stehende Belange schützen. Dementsprechend darf die verantwortliche Stelle in den Fällen des Abs. 2 Nrn. 3 und 6 keine Benachrichtigung vornehmen. Hierfür spricht bei Nr. 3 der Wortlaut („müssen"), bei Nr. 6 die Verbindlichkeit der Feststellung der zuständigen öffentlichen Stelle.

31 Die Benachrichtigung darf **nur hinsichtlich der Daten** unterbleiben, **für die ein Ausnahmetatbestand vorliegt**. Dies wird nur selten bei allen gespeicherten bzw. übermittelten Daten der Fall sein.

5.1 Kenntnisnahme auf andere Weise (Abs. 2 Nr. 1)

32 Die Benachrichtigungspflicht entfällt, wenn der Betroffene **auf andere Weise Kenntnis von der Speicherung oder der Übermittlung erlangt hat**. Durch diese Einschränkung sollen überflüssige Benachrichtigungen vermieden werden.

33 Die Regelung geht davon aus, dass der Betroffene, obwohl er – wie in Abs. 1 Satz 1 vorausgesetzt – keine Kenntnis von der Erhebung hat, über die Speicherung informiert ist. Unter dieser Voraussetzung bedarf es keiner Benachrichtigung. Nicht ganz klar ist allerdings die Bedeutung der Kenntnis von der Übermittlung.[47] Bei der wörtlich aus § 33 Abs. 2 Nr. 1[48] übernommenen Regelung nahm der Gesetzgeber offenbar an, dass im Falle der Kenntnis der Übermittlung von der Kenntnis der Speicherung auszugehen ist.[49]

34 Darüber hinaus muss der Betroffene zumindest in groben Zügen Kenntnis von der **Art der** gespeicherten bzw. übermittelten **Daten** haben.[50] Nur unter dieser Voraussetzung ist die anderweitige Kenntnisnahme der Unterrichtung des Betroffenen nach Abs. 1, welche die Art

42 Vgl. die Kommentierung des § 44.
43 Vgl. BVerwG, NVwZ 1988, 156 zu § 26 Abs. 1 BDSG 1977.
44 Vgl. o. Rdnrn. 1 ff.
45 Vgl. auch § 33 Rdnr. 34.
46 Vgl. auch § 33 Rdnr. 46.
47 Vgl.auch die Sonderregelung zur Unterrichtung über die Übermittlung in § 16 Abs.3.
48 § 33 Abs. 2 Nr. 1 knüpft allerdings an Abs. 1 Satz 2 dieser Vorschrift an, wo die Übermittlung die Benachrichtigungspflicht auslöst. Eine derartige Konstellation sieht § 19a Abs. 1 nicht vor.
49 Klarer § 18 Abs. 2 Nr. 3 HDSG, der darauf abstellt, ob der Betroffene auf andere Weise Kenntnis von der Verarbeitung seiner Daten erlangt hat.
50 Vgl. § 33 Rdnr. 50.

der Daten umfasst, gleichwertig und nur so ist sichergestellt, dass die vom Gesetzgeber angestrebte Transparenz der Datenverarbeitung auch in den Fällen des Abs. 2 Nr. 1, in denen es nicht um Geheimhaltungsinteressen oder eine geringere Schutzwürdigkeit der Daten geht, in gleicher Weise hergestellt wird. Der Wortlaut des Abs. 2 Nr. 1 steht dieser Auslegung nicht entgegen. Die geforderte „Kenntnis von der Speicherung oder der Übermittlung" stellt eine Kurzfassung der Anforderungen des Abs. 1 dar, eine abweichende Regelung ist nicht gemeint.

Entsprechendes gilt in den Fällen des Abs. 1 Satz 1 hinsichtlich der Kenntnis von der Zweckbestimmung der gespeicherten Daten. 35

Unerheblich ist, auf welche Weise der Betroffene von der Tatsache der Speicherung oder Übermittlung Kenntnis erlangt hat (z.B. durch schriftliche oder mündliche Mitteilung). Auch auf den **Zeitpunkt** der Kenntnisnahme kommt es grundsätzlich nicht an; er kann vor oder nach der Speicherung bzw. Übermittlung liegen oder mit dieser zusammenfallen. Jedoch wird ein gewisser zeitlicher Zusammenhang zwischen Kenntniserlangung und Speicherung bzw. Übermittlung zu verlangen sein. Der Betroffene muss sich zum Zeitpunkt der Speicherung oder Übermittlung dieser Tatsache noch bewusst sein.[51] 36

Der Betroffene kann auch **durch Dritte** von der Speicherung oder Übermittlung in Kenntnis gesetzt werden. Er hat nur dann „von der Speicherung Kenntnis erlangt" wenn ihm Name und Anschrift der verantwortlichen Stelle bekannt sind. Insoweit gelten die gleichen Anforderungen wie hinsichtlich des Inhalts der Benachrichtigung.[52] 37

Erforderlich ist in jedem Fall, dass der Betroffene **positive Kenntnis** von der Tatsache der Speicherung erlangt hat. Die bloße Möglichkeit der Kenntniserlangung reicht nicht aus,[53] wie sich aus dem klaren Wortlaut des Gesetzes ergibt. Ein Hinweis in öffentlichen Mitteilungen kann diesen Anforderungen keinesfalls genügen.[54] Zwar braucht die tatsächliche Kenntnisnahme nicht konkret festgestellt zu werden; der erforderliche Aufwand würde in der Regel noch den bei der Benachrichtigung notwendigen übersteigen. Es darf jedoch an der Kenntnisnahme durch den Betroffenen kein Zweifel bestehen. 38

Ob der Betroffene Kenntnis von der Speicherung oder Übermittlung erlangt hat, kann im Einzelfall schwer zu beurteilen sein. Diese Unsicherheit darf jedoch nicht zu seinen Lasten gehen. Vielmehr ist die verantwortliche Stelle **in Zweifelsfällen** zur **Benachrichtigung** verpflichtet.[55] 39

Von einer Kenntniserlangung ist z.B. grundsätzlich auszugehen, wenn der Betroffene gemäß § 4 Abs. 1 in die Verarbeitung ihn betreffender Daten **eingewilligt** hat; allerdings muss dabei jedenfalls in groben Umrissen erkennbar sein, welche Datenarten gespeichert bzw. übermittelt werden sollen.[56] 40

Macht der Betroffene gegenüber der verarbeitenden Stelle Angaben über einen **Dritten**, so ist dieser zu benachrichtigen, sofern er nicht von der Speicherung Kenntnis erlangt. Insoweit gelten die gleichen Grundsätze wie im Rahmen von § 33.[57] 41

5.2 Unverhältnismäßiger Aufwand (Abs. 2 Nr. 2)

Nach Abs. 2 Nr. 2 besteht keine Pflicht zur Benachrichtigung, wenn die Unterrichtung des Betroffenen einen unverhältnismäßigen Aufwand erfordert. 42

---

51 A.M. *Auernhammer,* BDSG § 33 Rdnr. 12.
52 Vgl. o. Rdnr. 17.
53 Vgl. zu § 33 (dazu § 33 Rdnr. 55) auch *Dörr/Schmidt,* BDSG § 33 Rdnr. 19; *Wohlgemuth,* Datenschutzrecht, Rdnr. 328; *ders.,* BB 1992, 281, 284; *Schierbaum,* Arbeitsrecht im Betrieb, 1993, 517, 520).; vgl auch § 16 Rdnr. 43 zu der insoweit anders gefassten Regelung in § 16 Abs. 3 („wenn damit zu rechnen ist, dass er … auf andere Weise Kenntnis erlangt hat").
54 Vgl. o. Rdnr. 22.
55 Vgl. § 33 Rdnr. 56; zust. *Däubler,* CR 1991, 475, 477.
56 Vgl. § 33 Rdnr. 57.
57 Vgl. im Einzelnen § 33 Rdnrn.60 f.

43 Zu berücksichtigen ist nur der durch die **konkrete Benachrichtigung** entstehende Verwaltungsaufwand.[58] Auf eine Vielzahl betroffener Fälle kommt es nach der gesetzlichen Systematik nicht an: Wo der Gesetzgeber hierauf abstellen will, wird dies ausdrücklich klargestellt (vgl. § 33 Abs. 2 Nr. 7 a und 8 im Unterschied zu Abs. 2 Nr. 2 und 5 dieser Vorschrift).

44 Hinsichtlich des Verwaltungsaufwands kommt es weniger auf dessen absolute Höhe an. Entscheidend ist vielmehr das Verhältnis des Aufwands zu dem Informationsinteresse des Betroffenen. Ist es wegen der Verwendung der Daten oder einer Missbrauchsgefahr für den Betroffenen wichtig, von der Speicherung zu wissen, damit er sich mittels seiner Rechte vor ungünstigen Auswirkungen schützen kann, so ist auch ein höherer Aufwand angemessen.[59] Sind Name und/oder Anschrift des Betroffenen nicht bekannt, so sind entsprechende Recherchen regelmäßig nicht geboten.[60]

5.3 Speicherung oder Übermittlung gesetzlich vorgesehen (Abs. 2 Nr. 3)

45 Nach Abs. 2 Nr. 3 entfällt die Benachrichtigungspflicht, wenn eine Speicherung oder Übermittlung durch Gesetz ausdrücklich vorgesehen ist.

46 Die Vorschrift geht (im Anschluss an die EG-Datenschutzrichtlinie) davon aus, dass die Betroffenen in diesem Fall den Inhalt der gesetzlichen Regelung kennen oder leicht in Erfahrung bringen können. Im Hinblick hierauf scheint es ihr gerechtfertigt, die verantwortliche Stelle nicht mit dem Informationsaufwand zu belasten. Insoweit gilt das Gleiche wie im Falle des gleichlautenden § 33 Abs. 2 Nr. 4. Auf die Kommentierung dieser Vorschrift wird Bezug genommen.[61]

5.4 Schriftliche Festlegung der Voraussetzungen für Ausnahmen (Abs. 2 Satz 2)

47 Durch Abs. 2 Satz 2 wird die verantwortliche Stelle verpflichtet, schriftlich festzulegen, unter welchen Voraussetzungen von einer Benachrichtigung nach Abs. 2 Nrn. 2 und 3 abgesehen wird. Auf die Kommentierung der entsprechenden Regelung des § 33 Abs. 2 Satz 2 wird Bezug genommen.[62]

5.5 Entsprechende Anwendung von § 19 Abs. 2 bis 4 (Abs. 3)

48 Hinsichtlich weiterer Ausnahmen von der Benachrichtigungspflicht verweist Abs. 3 auf die in § 19 Abs. 2 bis 4 vorgesehenen Ausnahmen von der Pflicht zur Auskunftserteilung gegenüber dem Betroffenen und ordnet deren entsprechende Geltung an. Im Einzelnen handelt es sich um die Sonderregelung für sog. archivierte Daten und für ausschließlich Zwecken der Datensicherung oder der Datenschutzkontrolle dienenden Daten (§ 19 Abs. 2), den die Übermittlung an Behörden des Sicherheitsbereichs betreffenden § 19 Abs. 3 und die Auskunftsverbote wegen Gefährdung der Aufgabenerfüllung oder öffentlichen Sicherheit oder Ordnung oder wegen Geheimhaltungspflicht der Daten nach einer Rechtsvorschrift oder ihrem Wesen nach (§ 19 Abs. 4). Auf die Kommentierung dieser Vorschriften wird Bezug genommen.[63]

6. Subsidiarität gegenüber besonderen Vorschriften

49 Ist der Betroffene nach einer besonderen bundesrechtlichen Vorschrift über die zu seiner Person gespeicherten Daten und ggf. über weitere die Verarbeitung und Nutzung betreffende Einzelheiten zu benachrichtigen, so geht diese Vorschrift dem § 19a nach § 1 Abs. 3 vor. Inwieweit sich der Subsidiaritätsgrundsatz im Einzelfall auswirkt, bestimmt sich allein nach

58 Vgl. auch § 19 Rdnr. 44, § 20 Rdnr. 96 und § 33 Rdnr. 71.
59 Vgl. *Dammann/Simitis*, EG-Datenschutzrichtlinie, Art. 11 Erl. 5.
60 Dazu o. Rdnr. 18.
61 Vgl. § 33 Rdnrn.86 ff.
62 Vgl. § 33 Rdnrn. 120 f.
63 Vgl. § 19 Rdnrn. 60 ff.

Ziel und Inhalt der mit dem BDSG konkurrierenden Vorschrift; entscheidend für die Vorrangwirkung ist ausschließlich deren Spezialität im Verhältnis zur allgemeinen Regelung des BDSG. Wegen der Einzelheiten wird auf die Kommentierung des § 19 verwiesen.[64]

Durch § 27 BVerfSchG, § 13 MAD-Gesetz, § 11 BNDG, § 37 BGSG und § 37 BKAG wird jeweils die Anwendung des § 19a für die jeweiligen Gesetze ausgeschlossen. Für abschließende Sonderregelungen wie §§ 90 ff. BBG, §§ 12 ff. StUG und § 8 MRRG findet § 19a ebenfalls keine Anwendung.[65] 50

7. Streitigkeiten

Für Streitigkeiten im Zusammenhang mit der Benachrichtigung ist, je nachdem welche Behörde oder Stelle die Daten verarbeitet, das Verwaltungsgericht, das Sozialgericht oder das Finanzgericht zuständig. 51

8. Landesrecht

Die Landesdatenschutzgesetze sehen teilweise die Benachrichtigung des Betroffenen u.a. hinsichtlich der *Speicherung* von Daten (vgl. § 19a) vor. Im Einzelnen handelt es sich um folgende Bestimmungen: Art. 10 Abs. 8 BayDSG; § 16 Abs. 2 BlnDSG; § 18 Abs. 2 BbgDSG, § 11 BremDSG; § 12a HmbDSG; § 18 Abs. 1 HDSG; § 23 DSG MV; § 18 Abs. 1 LDatG RhPf; § 26 Abs. 3 LDSG SH. Folgende Bestimmungen regeln die Benachrichtigung des Betroffenen hinsichtlich der *Erhebung* von Daten (vgl. § 4 Abs. 3): § 14 Abs. 2 und 3 LDSG BW; § 10 Abs. 5 BlnDSG; § 12 Abs. 5 BrbDSG; § 12 Abs. 5 BremDSG; § 12 Abs. 5 HDSG; § 12 Abs. 2 Satz 3 DSG NW; § 12 Abs. 5 SDSG; § 9 Abs. 5 DSG LSA 52

64 Dazu § 19 Rdnrn. 118 ff.
65 Vgl. auch § 19 Rdnr. 122.

§ 20 Berichtigung, Löschung und Sperrung von Daten; Widerspruchsrecht

(1) Personenbezogene Daten sind zu berichtigen, wenn sie unrichtig sind. Wird festgestellt, dass personenbezogene Daten, die weder automatisiert verarbeitet noch in nicht automatisierten Dateien gespeichert sind, unrichtig sind, oder wird ihre Richtigkeit von dem Betroffenen bestritten, so ist dies in geeigneter Weise festzuhalten.

(2) Personenbezogene Daten, die automatisiert verarbeitet oder in nicht automatisierten Dateien gespeichert sind, sind zu löschen, wenn

1. ihre Speicherung unzulässig ist oder

2. ihre Kenntnis für die verantwortliche Stelle zur Erfüllung der in ihrer Zuständigkeit liegenden Aufgaben nicht mehr erforderlich ist.

(3) An die Stelle einer Löschung tritt eine Sperrung, soweit

1. einer Löschung gesetzliche, satzungsmäßige oder vertragliche Aufbewahrungsfristen entgegenstehen,

2. Grund zu der Annahme besteht, dass durch eine Löschung schutzwürdige Interessen des Betroffenen beeinträchtigt würden, oder

3. eine Löschung wegen der besonderen Art der Speicherung nicht oder nur mit unverhältnismäßig hohem Aufwand möglich ist.

(4) Personenbezogene Daten, die automatisiert verarbeitet oder in nicht automatisierten Dateien gespeichert sind, sind ferner zu sperren, soweit ihre Richtigkeit vom Betroffenen bestritten wird und sich weder die Richtigkeit noch die Unrichtigkeit feststellen lässt.

(5) Personenbezogene Daten dürfen nicht für eine automatisierte Verarbeitung oder Verarbeitung in nicht automatisierten Dateien erhoben, verarbeitet oder genutzt werden, soweit der Betroffene dieser bei der verantwortlichen Stelle widerspricht und eine Prüfung ergibt, dass das schutzwürdige Interesse des Betroffenen wegen seiner besonderen persönlichen Situation das Interesse der verantwortlichen Stelle an dieser Erhebung, Verarbeitung oder Nutzung überwiegt. Satz 1 gilt nicht, wenn eine Rechtsvorschrift zur Erhebung, Verarbeitung oder Nutzung verpflichtet.

(6) Personenbezogene Daten, die weder automatisiert verarbeitet noch in einer nicht automatisierten Datei gespeichert sind, sind zu sperren, wenn die Behörde im Einzelfall feststellt, daß ohne die Sperrung schutzwürdige Interessen des Betroffenen beeinträchtigt würden und die Daten für die Aufgabenerfüllung der Behörde nicht mehr erforderlich sind.

(7) Gesperrte Daten dürfen ohne Einwilligung des Betroffenen nur übermittelt oder genutzt werden, wenn

1. es zu wissenschaftlichen Zwecken, zur Behebung einer bestehenden Beweisnot oder aus sonstigen im überwiegenden Interesse der verantwortlichen Stelle oder eines Dritten liegenden Gründen unerlässlich ist und

2. die Daten hierfür übermittelt oder genutzt werden dürften, wenn sie nicht gesperrt wären.

(8) Von der Berichtigung unrichtiger Daten, der Sperrung bestrittener Daten sowie der Löschung oder Sperrung wegen Unzulässigkeit der Speicherung sind die Stellen zu verständigen, denen im Rahmen einer Datenübermittlung diese Daten zur Speicherung weitergegeben wurden, wenn dies keinen unverhältnismäßigen Aufwand erfordert und schutzwürdige Interessen des Betroffenen nicht entgegenstehen.

(9) § 2 Abs. 1 bis 6, 8 und 9 des Bundesarchivgesetzes ist anzuwenden.

Literatur

H. Bäumler, Polizeiliche Informationsverarbeitung, in *Lisken/Denninger,* Handbuch des Polizeirechts, 2. Aufl. (1996), J S. 603 ff.; *A. Breinlinger,* Löschung, in: *H. Bäumler/A. Breinlinger/H.-H. Schrader,* Datenschutz von A-Z (2003); *dies*., Sperrung, in: *H. Bäumler/A. Breinlinger/H.H. Schrader,* Datenschutz von A-Z (2003); *S. Drewes*, Widerspruchsrecht, in: *H. Bäumler/A. Breinlinger/H.-H. Schrader*, Datenschutz von A-Z (2003); *P. Gola*, Informationelle Selbstbestimmung in Form des Widerspruchsrechts, DuD 2001, 278 ff.; *F. Lang,* Das Recht auf informationelle Selbstbestimmung des Patienten und die ärztliche Schweigepflicht in der gesetzlichen

Krankenversicherung (1979), § 19; *E. Lotze*, Berichtigung, in: *H. Bäumler/A. Breinlinger/H.-H. Schrader*, Datenschutz von A-Z (2003); *F. Meilinger*, Datenschutz im Bereich von Information und Dokumentation (1984); *F. Rachor,* Das Polizeihandeln, in *Lisken/Denninger* (1996), Handbuch des Polizeirechts, F, S. 225 ff.; *R. Riegel,* Datenschutz bei Sicherheitsbehörden, 2. Aufl. (1992), S. 188 ff.; *A. Roßnagel*, Konzepte des Selbstdatenschutzes, in: ders., Handbuch Datenschutzrecht (2003); *K. Vogelgesang/E. Vogelgesang,* CR 1996, 752, Die Rechtsprechung des Bundesverwaltungsgerichts zum Datenschutz; *W. Vogt,* in Festschrift *Kirchner (1985),* S. 385, Datenschutz in Geschichte und Gegenwart (zu Bibliotheken); *M. Wächter,* Datenschutz als „Software-Routine" – Ein datenschutzrechtlicher Implementierungsvorschlag, DuD 1996, 272 *P. Wedde,* Rechte des Betroffenen, in: Handbuch Datenschutzrecht (2003), Kap. 4.4. S. 546 ff.; *T. Weichert,* PatientInnen-Datenschutzrecht, DANA 2003, 5 ff.

Übersicht

1. Vorbemerkung

§ 20 regelt für den Geltungsbereich des Zweiten Abschnitts vor allem die bereits in § 6 erwähnten Rechte des Betroffenen auf Berichtigung, Löschung,Sperrung und Widerspruch sowie die korrespondierenden Pflichten der verantwortlichen Stellen, die grundsätzlich unabhängig davon bestehen, ob der Betroffene einen entsprechenden Anspruch geltend macht. 1

Durch diese Rechte wird der Betroffene in die Lage versetzt, aufgrund der durch die Auskunft oder in anderer Weise gewonnenen Erkenntnisse ggf. eine rechtswidrige (im Fall des Widerspruchs sogar eine an sich rechtmäßige) Verarbeitung personenbezogener Daten zu unterbinden. Die genannten Rechte sind Voraussetzungen und zugleich Bestandteil des **Rechts auf informationelle Selbstbestimmung**.[1] Zugleich gehören sie zu den erforderlichen verfahrensrechtlichen Vorkehrungen dieses Rechts.[2] Sie sind wesentliches Element des Selbstdatenschutzes[3] Die Ansprüche auf Berichtigung, Löschung und Sperrung werden weiter durch Art. 12 Buchst. b) der **EG-Datenschutzrichtlinie** garantiert, der den Mitgliedstaaten einen weiten Gestaltungsspielraum lässt.[4] 2

2. Allgemeines

Die Rechte auf Berichtigung, Löschung und Sperrung können **nach § 6 Abs. 1 nicht durch Rechtsgeschäft ausgeschlossen oder beschränkt werden**.[5] 3

---

1 Das Bundesverwaltungsgericht hat ausgeführt, der Betroffene habe „auf verfassungsrechtlicher Grundlage (Art. 2 Abs. 1 GG) einen Anspruch darauf, dass die über ihn gespeicherten Daten richtig und vollständig sind" (BVerwG NVwZ 2004, 626 = RDV 2004, 268; vgl. auch § 6 Rdnr. 3.

2 So BVerfGE 65, 1, 46 ausdrücklich für Löschungspflichten.

3 Vgl. *Roßnagel, in: ders.*, Handbuch Datenschutzrecht, Kap. 3.4, Rdnrn. 74 ff.

4 Vgl. *Dammann/Simitis,* EG-Datenschutzrichtlinie, Art. 12 Erl. 14.

5 Vgl. § 6 Rdnr. 12.

4 **Normadressaten** sind öffentliche Stellen des Bundes sowie in stark eingeschränktem Umfang öffentliche Stellen der Länder.[6]

5 Anspruchsgegner ist die verantwortliche Stelle i.S.d. § 3 Abs. 7.[7]

6 Dem Betroffenen bereitet es vielfach Schwierigkeiten, seine Rechte auf Berichtigung, Löschung und Sperrung von Daten in Fällen durchzusetzen, in denen er **keine Auskunft** verlangen kann (vgl. § 19 Abs. 3 und 4). In derartigen Fällen kann es für den Betroffenen zweckmäßig sein, sich gemäß § 19 Abs. 6 an den Bundesbeauftragten für den Datenschutz zu wenden, dem nach Maßgabe dieser Vorschrift Auskunft zu erteilen ist. Dieser kann dann überprüfen, ob die Voraussetzungen für eine Berichtigung Löschung oder Sperrung vorliegen (vgl. § 19 Rdnr. 114 f.).

7 Die Erstattung der durch die Vornahme von Berichtigung, Sperrung und Löschung entstehenden **Kosten** kann nicht vom Betroffenen verlangt werden,[8] und zwar auch dann nicht, wenn die in Rede stehenden Daten von ihm stammen. Vielmehr muss die verantwortliche Stelle die Kosten tragen. § 14 sieht keine Gebührenpflicht vor (anders § 34 Abs. 5 Satz 2 für die Auskunftserteilung unter den dort genannten Voraussetzungen;[9] vgl. auch § 13 Abs. 4 BDSG 1977).[10] Da Berichtigung, Löschung und Sperrung nach dem Willen des Gesetzgebers gebührenfrei sein sollen, dürfen auch nach den Verwaltungskostengesetzen des Bundes und der Länder keine Gebühren erhoben werden. § 20 ist diesen gegenüber insoweit als Spezialregelung anzusehen.

8 Die Rechte des § 20 können auch durch den gesetzlichen Vertreter oder durch einen hierzu bestellten Bevollmächtigten wahrgenommen werden. Es gelten die gleichen Voraussetzungen wie beim Auskunftsrecht.[11]

3. Berichtigung (Abs. 1 Satz 1)

9 Abs. 1 Satz 1 verpflichtet die verantwortliche Stelle, unrichtige personenbezogene Daten zu berichtigen. Diese Verpflichtung besteht von Amts wegen, also **unabhängig von einem Antrag des Betroffenen**. Dieser wird andererseits in die Lage versetzt, die Korrektheit der ihn betreffenden Daten durchzusetzen. Der Gesetzgeber hat mit der umfassenden Regelung des § 20 und der Parallelvorschrift für den nicht-öffentlichen Bereich (§ 35) der zunehmenden Bedeutung korrekter Information für eine Vielzahl den Einzelnen betreffender Entscheidungen Rechnung getragen: Einerseits werden die Entscheidungsprozesse immer mehr formalisiert und automatisiert. Entscheidungsgrundlage sind zunehmend die über den Betroffenen gespeicherten Daten, nicht der persönliche Kontakt mit ihm. Zum anderen bedeutet die Tatsache, dass den gleichen Sachverhalt betreffende Daten möglichst nur noch einmal gespeichert werden, die faktische Koordinierung nach außen hin streng getrennter Entscheidungsprozesse. Unrichtige Informationen können den Betroffenen von existenziell notwendigen Leistungen abschneiden und ihn gleichzeitig staatlichen Sanktionen aussetzen: Dies führt dazu, dass sich die Konsequenzen von Fehlern potenzieren.[12]

3.1 Unrichtige personenbezogene Daten

10 Die Berichtigungspflicht setzt nach dem Wortlaut des Abs. 1 Satz 1 lediglich die Unrichtigkeit personenbezogener Daten voraus. Gemeint ist, dass zur Person des Betroffenen unrichtige Daten gespeichert sein müssen.

---

6 Vgl. § 19 Rdnr. 16.
7 Zur Situation im Falle der Auftragsdatenverarbeitung vgl. 19 Rdnr. 18.
8 Ebenso *Bergmann/Möhrle/Herb,* BDSG § 20 Rdnr. 17.
9 Vgl. § 34 Rdnrn. 60 ff.
10 Vgl. § 19 Rdnr. 117.
11 Vgl. § 19 Rdnrn. 34 ff
12 Vgl. *Mallmann,* Zielfunktionen des Datenschutzes, 70 ff.

Unrichtig sind Daten, wenn die Information, welche die einzelnen Angaben über die persönlichen oder sachlichen Verhältnisse des Betroffenen vermitteln, nicht mit der Realität übereinstimmt.[13] Dies kommt nur bei Tatsachenangaben, nicht bei Werturteilen in Betracht (dazu u. Rdnrn. 17 ff.). „Unrichtig" hat dieselbe Bedeutung wie der in anderen gesetzlichen Regelungen enthaltene Terminus „der Wahrheit zuwider" (z.B. § 824 BGB); umgekehrt bedeutet „wahr" i.S.d. §§ 186 StGB, 14 UWG dasselbe wie „richtig". Unrichtig ist – wie das Bundesverwaltungsgericht[14] entschieden hat – die gespeicherte Familienstandsangabe „ledig" in einem Personalinformationssystem, wenn der Betroffene eine Eingetragene Lebenspartnerschaft nach dem Lebenspartnerschaftsgesetz begründet hat. Unerheblich ist, ob die Unrichtigkeit schon bei der Speicherung gegeben war oder erst später eingetreten ist.[15] Ohne Bedeutung ist weiterhin, auf welche Weise die Unrichtigkeit entstanden ist (z.B. Irrtum eines Informanten, Fehler bei der Datenerfassung), ob insoweit ein Verschulden besteht[16] und ob sie von dem Betroffenen selbst stammen. In jedem Fall ist die Zweckbestimmung der Datenverarbeitung bzw. Datei zu berücksichtigen.[17] 11

Keine Schwierigkeiten bereiten zunächst die Fälle, in denen personenbezogene Daten schlicht falsch sind (z.B. Adresse, Geburtsdatum). Unrichtig sind Daten jedoch auch, wenn die durch sie vermittelte Information **unvollständig** ist.[18] Wann Daten als vollständig gelten können, lässt sich nicht generell definieren. Vielmehr ist eine Entscheidung nur im Hinblick auf den jeweiligen Verwendungszusammenhang möglich. Einerseits dürfen Einzelangaben nicht verkürzt oder lückenhaft und dadurch missverständlich oder irreführend sein (Bsp.: Die Gewerbeaufsichtsbehörde speichert im Hinblick auf eine mögliche Gewerbeuntersagung Angaben über die Nichtzahlung einer Steuer ohne Hinweis darauf, dass in dieser Sache ein finanzgerichtliches Verfahren anhängig ist). Zum anderen müssen die Daten in ihrem Zusammenhang ein Bild des Betroffenen wiedergeben, das die für den jeweiligen Verwendungszweck relevanten Merkmale enthält. Es reicht also nicht aus, dass die einzelnen Daten für sich betrachtet richtig sind. Welche Daten **einzubeziehen** sind, kann dabei nur an Hand der im Einzelfall einschlägigen Regelungen entschieden werden. 12

Die Unrichtigkeit kann sich weiter daraus ergeben, dass – für sich genommen richtige – Einzeldaten in einem anderen Zusammenhang verwendet werden und dadurch ein falsches Gesamtbild entsteht (Kontextverlust oder Kontextverfälschung).[19] Hier ist zu beachten, dass Daten für bestimmte Zwecke erhoben werden und häufig im Hinblick auf einen bestimmten Gebrauch präformiert sind. Werden sie aus ihrem ursprünglich intendierten Verwendungskontext gelöst, so können Missverständnisse die Folge sein.[20] Auch in derartigen Fällen ist die Speicherung von **Zusatzinformation** (d.h. zusätzlicher klärender Hinweise) erforderlich (z.B. bei Speicherung von Daten aus Persönlichkeits- oder Eignungstests Hinweise auf das angewendeteVerfahren). 13

Es kommt nicht darauf an, ob die Unrichtigkeit nur geringfügig ist.[21] Es soll generell ausgeschlossen werden, dass der Betroffene durch die Verarbeitung unrichtiger Daten Nachteile erleidet. Die Berichtigungspflicht entfällt lediglich bei bloßen Schreib- oder Satzzeichen- 14

---

13 Zu Besonderheiten bei Bibliotheken *Vogt*, in *FS Kirchner*, S. 385 ff.; zur Problematik der Berichtigung einer Versicherungsnummer wegen Änderung des Geburtsdatums in den Personenstandsunterlagen des Heimatlandes vgl. BSGE 71, 170 .

14 BVerwG NVwZ 2004, 626 =RDV 2004, 269 m. Anm. *Gola*, der im Ergebnis zustimmt, aber ausführt, dass in dem entschiedenen Fall die einschlägige Korrekturnorm des Soldatengesetzes hätte angewendet werden müssen.

15 BVerwG, NVwZ 2004, 626=RDV 2004, 269; so auch *Auernhammer,* BDSG § 20 Rdnr. 7.

16 Vgl. *Schaffland/Wiltfang,* BDSG § 20 Rdnr. 7.

17 BVerwG, NVwZ 2004, 626=RDV 2004, 269.

18 Vgl. BVerwG, NVwZ 2004, 626=RDV 2004,269; *Auernhammer,* BDSG § 20 Rdnr. 7; *Schaffand/Wiltfang,* BDSG § 20 Rdnr. 5.

19 So auch *Gola/Schomerus*, BDSG § 20 Rdnr. 3; *Auernhammer*, BDSG § 20 Rdnr. 7; *Schaffland/Wiltfang,* BDSG § 20 Rdnr. 6.

20 Vgl. zur Zweckbindung § 14 Rdnrn. 37 ff.

21 Ebenso *Gola/Schomerus,* BDSG § 20 Rdnr. 3; *Auernhammer,* BDSG § 20 Rdnr. 7; vgl. auch § 35 Rdnr. 7.

fehlern oder bei sonstigen formalen Schönheitsfehlern, wenn die Möglichkeit von Missverständnissen ausgeschlossen ist. Diese Ausnahme ist jedoch im Interesse des Schutzzwecks der Vorschrift eng zu halten. Bei Schreibfehlern im Namen des Betroffenen ist wegen der drohenden Verwechslungsgefahr generell ein Berichtigungsanspruch gegeben.

15 Bei den unrichtigen Daten muss es sich um Angaben über persönliche oder sachliche Verhältnisse des Betroffenen handeln. Ohne Bedeutung ist, ob diese Angaben nur für sich stehen („B hat einen Ladendiebstahl begangen") oder ob sie in der Form der **Aussage eines Dritten** auftreten („Laut X hat B einen Ladendiebstahl begangen".[22] In beiden Fällen soll etwas über den Betroffenen B ausgesagt werden. Entscheidend ist allein, ob der Inhalt der Aussage zutrifft. Dieser ist nicht schon deshalb richtig, weil die Angaben des Informationslieferanten korrekt wiedergegeben sind. Sind diese Angaben unzutreffend, hat also B in dem oben genannten Beispielsfall keinen Ladendiebstahl begangen, so hat dieser einen Berichtigungsanspruch.Etwas anderes gilt nur, wenn Ziel der Datenspeicherung nicht eine Erkenntnis über den Betroffenen, sondern über den oder die Informationslieferanten ist. So können bei einer Meinungsumfrage über die Beliebtheit von Politikern diese nicht Berichtigung wegen ihnen fälschlich nachgesagten Eigenschaften verlangen. Denn die Speicherung bezweckt nur, die verschiedenen Meinungen und ihr zahlenmäßiges Verhältnis zueinander zu dokumentieren.[23] Im Übrigen handelt es sich bezüglich des Betroffenen um ein Werturteil, sodass bereits deshalb Abs. 1 keine Anwendung findet (vgl. u. Rdnrn. 17 ff.).

16 Im Falle der Berichtigung kann der Betroffene verlangen, dass ihm die Berichtigung seiner Daten **bestätigt** wird, wie dies für den Fall der Löschung in der höchstrichterlichen Rechtsprechung anerkannt ist.[24]

3.2 Tatsachenangaben und Werturteile

17 Unrichtig können grundsätzlich nur Tatsachenangaben sein (z.B. über Beruf, Körpergröße, Anschrift). Demgegenüber sind Werturteile über persönliche oder sachliche Verhältnisse des Betroffenen zwar personenbezogene Daten.[25] Sie entziehen sich jedoch einer rechtlichen Einordnung als richtig oder unrichtig. Der Begriff des Werturteils setzt vielmehr voraus, dass über die zu beurteilenden Verhältnisse verschiedene Ansichten möglich sind, die je nach dem Standpunkt entweder abgelehnt oder akzeptiert werden.[26] Werturteile können also regelmäßig nicht Gegenstand eines Berichtigungsanspruchs sein. Hier gilt grundsätzlich das Gleiche wie im Falle von Widerrufsansprüchen nach § 1004 BGB: Auch diese Ansprüche setzen falsche Tatsachenangaben voraus.[27]

18 Anhaltspunkte für die erforderliche Abgrenzung können die Rechtsprechung und Literatur zu einer Reihe von weiteren gesetzlichen Regelungen liefern, die gleichfalls allein für Tatsachenangaben gelten (vgl. besonders §§ 824 BGB, 14 UWG, 186 StGB). **Tatsachen** sind danach konkrete Vorgänge oder Zustände in Vergangenheit oder Gegenwart, die als etwas Geschehenes oder Bestehendes, dem Beweis Zugängliches in die Wirklichkeit getreten sind.[28] Abgrenzungsschwierigkeiten ergeben sich vor allem deshalb, weil wertende Angaben häufig die Behauptung einer Tatsache enthalten. Von einer Tatsachenangabe ist auszugehen, wenn die Angabe dem Beweis zugängliche Geschehnisse zum Ausgang nimmt oder zumindest zu solchen Geschehnissen in äußerlich erkennbarer Weise in Bezug gesetzt wird, wenn also etwas Greifbares hinter der Angabe steckt.[29] Es kommt dann nicht darauf an, ob die Angaben

22 Vgl. § 3 Rdnr. 45.
23 Vgl. § 3 Rdnr. 55.
24 Vgl. unten Rdnr. 36
25 Vgl. § 3 Rdnr. 12.
26 Vgl. *Palandt/Thomas*, BGB § 824 Rdnr. 2 m.w.N.
27 Vgl. BGH, NJW 1989, 2941, 2942; *Palandt/Thomas*, BGB, Einf. vor § 823 Rdnr. 2 m.w.N.
28 Vgl. *Soergel/Zeuner*, BGB § 824 Rdnrn. 7 ff. m.w.N.
29 Vgl. auch *Schönke/Schröder*, StGB § 186 Rdnr. 3 f.; *Fischer/Tröndle*, StGB § 186 Rdnrn. 1 f.; BVerfGE 94, 1, 8; BGH, NJW 1998, 3047, 3048.

in die Form eines Urteils bzw. einer Wertung gekleidet sind.[30] Um Tatsachenangaben handelt es sich also z.B., wenn gespeichert ist, der Betroffene mache „übermäßige Gewinne"[31] oder er vertrete „staatsfeindliche politische Auffassungen" (vgl. auch u. Rdnr. 22). Tatsächlicher Natur ist die Angabe, der Betroffene sei „unzuverlässig" im Sinne der Gewerbeordnung, da er seit Jahren keine Steuern mehr bezahlt hat: Hier ist eine dem Beweis zugängliche Angabe Anknüpfungspunkt der Aussage. Aber auch wenn man in den genannten Fällen von Werturteilen ausgeht, ergibt sich nichts Abweichendes: Kann ein Werturteil auf Tatsachenangaben zurückgeführt werden, so ist es im Falle der Unrichtigkeit dieser Angaben Gegenstand eines Anspruchs nach Abs. 1 Satz 1.[32]

Die Verarbeitung von Daten, die (auch) wertende Elemente enthalten, gefährdet das Persön- 19
lichkeitsrecht des Betroffenen in nicht geringerem Maße als bei Tatsachenangaben. Vor allem wegen des Risikos von Missverständnissen bestehen oft sogar größere Gefahren. Für den Betroffenen ist vielfach der Berichtigungsanspruch die einzige Chance, seine Interessen wahrzunehmen. Diese Erwägung spricht dafür, im Rahmen des Abs. 1 die fließenden Grenzen zwischen Tatsachenbehauptungen und Werturteilen oder bloßen Meinungsäußerungen zugunsten der Tatsachenbehauptungen möglichst weit zu ziehen, zumal sich letztlich jedes Urteil auf äußere oder innere Tatsachen stützt.[33]

Die Rechtsprechung zu §§ 823, 824 BGB, 14 UWG, 186 StGB darf allerdings nicht unbesehen 20
übernommen werden. Teilweise zielt diese darauf ab, den durch Art. 5 GG geschützten freien Meinungsaustausch zu fördern und geht dabei von einer Situation aus, die mit den Fällen des Abs. 1 in der Regel nicht vergleichbar ist.[34]

Die verantwortliche Stelle kann sich der Anwendung des Abs. 1 nicht dadurch entziehen, dass 21
sie sich hinsichtlich bestimmter persönlicher oder sachlicher Verhältnisse des Betroffenen auf ein Werturteil beschränkt, obwohl eine Speicherung von Tatsachenangaben nach den im Einzelfall einschlägigen rechtlichen Vorschriften erforderlich wäre. Speichert etwa das Jugendamt im Hinblick auf §§ 50 Abs. 1 Satz 2 SGB VIII, 49 a Abs. 1 Nr. 8 FGG lediglich, die Eltern erschienen „unzuverlässig" und findet diese Wertung keinerlei Stütze in den übrigen Daten, so handelt es sich insoweit um unvollständige Angaben (vgl. o. Rdnr. 9). Das Vorhandensein der Wertung schließt einen Anspruch nach Abs. 1 dann nicht aus.

Tatsachenangaben sind die in **§ 35 Abs. 2 Satz 2 Nr. 2** aufgeführten Daten,[35] da die Vor- 22
schrift davon ausgeht, dass die Richtigkeit dieser Daten einem Beweis zugänglich ist. Zu den dort erwähnten Daten über **politische Meinungen** gehören zunächst solche über politische Anschauungen und Präferenzen (z.B. „X ist Sozialist"; „Y steht der CDU nahe"). Weiter gehören hierzu Angaben über politische Verhaltensweisen („Z tritt nicht aktiv für die freiheitlich-demokratische Grundordnung ein"). Zu den Tatsachenangaben gehören grundsätzlich die ebenfalls in § 35 Abs. 2 Satz 2 Nr. 2 erwähnten Daten über die **Gesundheit** (**medizinische Daten** bzw. **Patientendaten**). Dies gilt auch für **ärztliche Diagnosen**, soweit sie einem Beweis zugänglich sind oder ihre Wahrheit zweifelsfrei festgestellt werden kann.[36]

---

30 Vgl. *Baumbach/Hefermehl,* Wettbewerbsrecht, 20. Aufl. (1998), § 14 UWG Rdnr. 4.

31 *Baumbach/Hefermehl,* a.a.O. § 14 UWG Rdnr. 6.

32 Vgl. *Auernhammer,* BDSG § 20 Rdnr. 7; *Gola/Schomerus,* BDSG § 20 Rdnr. 4; *Schaffland/Wiltfang,* BDSG § 20 Rdnr. 18.

33 Vgl. auch BGHZ 3, 271, 273.

34 Vgl. z.B. das „Höllenfeuer"-Urteil BGHZ 45, 296, 304 f.; vgl. ferner BVerfGE 94, 1, 7 ff.; BGH, NJW 1998, 3047; *Erman/Schiemann,* BGB § 824 Rdnr. 2; *Palandt/Thomas,* BGB § 824 Rdnr. 2.

35 Überwiegend handelt es sich um die in § 3 Abs. 9 genannten sensitiven Daten; vgl. auch die Komm. dieser Vorschrift sowie § 35 Rdnrn. 26 ff.

36 *Brehm,* in FS *H. Lange* (1992), S. 397, 400, bejaht dies, wenn etwa festgestellt wird, der Patient leide an Bluthochdruck, eine Arterie weise eine Stenose auf oder ein Organ sei von einem Tumor befallen, da die Diagnosen jeweils anhand von Messungen oder Untersuchungen überprüft werden könnten. Vgl. auch *F. Lang,* Das Recht auf informationelle Selbstbestimmung des Patienten und die ärztliche Schweigepflicht in der gesetzlichen Krankenversicherung (1997) § 19.

Allerdings muss bei der Entscheidung über die Richtigkeit ggf. die Dokumentationsfunktion der Daten berücksichtigt werden.[37] Soweit Daten keinem Beweis zugänglich sind, handelt es sich um subjektive Wertungen, die nicht der Berichtigung unterliegen.[38] Wegen weiterer Einzelheiten hinsichtlich der Frage der Berichtigung ärztlicher Diagnosen und Behandlungsdokumentationen wird auf die Kommentierung des § 35 Bezug genommen.[39] Der Speicherung über konkrete **strafbare Handlungen** des Betroffenen steht es gleich, wenn angegeben wird, er sei ein Dieb oder Betrüger. Dies gilt auch für die Behauptung, er betreibe eine Schwindelfirma.[40] Bei den in § 35 Abs. 2 Satz 2 Nr. 2 erwähnten Daten handelt sich weiter um Angaben über die **rassische oder ethnische Herkunft, religiöse oder philosophische Überzeugungen oder die Gewerkschaftszugehörigkeit, über das Sexualleben, und über strafbare Handlungen oder Ordnungswidrigkeiten.**

23 Werturteile, auf die Abs. 1 Satz 1 keine Anwendung findet, können z.B. bei Datenspeicherungen im Rahmen von Beurteilungsermächtigungen vorliegen. Die Rechtsprechung bejaht diese etwa bei der Entscheidung über Prüfungsleistungen,[41] bei prüfungsähnlichen Entscheidungen im Schulbereich[42] und bei der Beurteilung der Eignung eines Beamten.[43] Eine Beurteilungsermächtigung ist weiter anzunehmen bei Entscheidungen von weisungsfreien, unabhängigen, nach spezieller Fachkunde zusammengesetzten Kollegialorganen.[44]

3.3 Beweislast

24 Im Einzelfall kann schwer zu beurteilen sein, ob ein bestimmtes Datum richtig oder unrichtig ist. Nicht selten werden die verantwortlichen Stellen und der Betroffene hier unterschiedlicher Auffassung sein. Damit stellt sich die Frage nach der Beweislast. Im Verwaltungsverfahren ist dies die Frage, in welcher Weise sich Zweifel auswirken, die trotz aller zumutbaren Bemühungen der Behörde um die Sachaufklärung nicht behoben werden können.[45] Abs. 4 trifft hier eine Sonderregelung. Unter den dort genannten Voraussetzungen sind personenbezogene Daten zu sperren, wenn ihre Richtigkeit vom Betroffenen bestritten wird und sich weder die Richtigkeit noch die Unrichtigkeit feststellen lässt (vgl. u. Rdnrn. 55 ff.). Hierbei handelt es sich um eine **Regelung der materiellen Beweislast**, die zur Konsequenz hat, dass die im Verwaltungsverfahren geltenden allgemeinen Regeln über die Beweislastverteilung nicht herangezogen werden können.[46] Überlegungen, ob der Betroffene oder die verantwortliche Stelle die Beweislast hinsichtlich der Richtigkeit der Daten trägt, sind deshalb verfehlt. Das Verwaltungsverfahren kennt ebenso wie das Verwaltungsprozessrecht keine Behauptungslast und Beweisführungspflicht (formelle Beweislast), wie sie im Zivilprozessrecht gilt.[47] Dies wäre mit dem **Untersuchungsgrundsatz** aus § 24 Abs. 1 VwVfG (bzw. sonstigen im Einzel-

---

37 Vgl. *Walz,* in *Borchert/Hase/Walz,* GK-SGB X 2 (1989) § 79 SGB X a.F. Rdnr 137: Die Aufzeichnung von Verdachtsdiagnosen, die sich später als unzutreffend erweisen (z.B. falscher Arbeitsunfähigkeitsdiagnosen) könne nicht ohne weiteres berichtigt werden, weil sie die Beurteilung des behandelnden Arztes zum damaligen Zeitpunkt richtig wiedergäben; in diesen Fällen müsse – ggf. durch die Aufnahme eines Datums- oder sonstigen erläuternden Zusatzes – der Kontext der inzwischen unrichtig gewordenen Angaben hergestellt werden. Vgl. auch *Weichert,* DANA 2003, 5, 12 sowie zur Beurteilung der „Richtigkeit" personenbezogener Daten in der medizinischen Dokumentation und zu Ihrem Kontextbezug *Rienhoff* und *Reichertz,* jeweils in *Reichertz/Kilian,* Arztgeheimnis – Datenbanken – Datenschutz (1982), 196 ff., 204 ff.

38 Dagegen behandelt die Rechtsprechung des BGH Diagnosen undifferenziert als Werturteile und schließt einen Widerrufsanspruch aus; vgl. BGH, NJW 1989, 774 und 2941; ebenso OLG Hamm, NJW-RR 1990, 765. Abgrenzungsprobleme ergeben sich aus der Rechtsprechung des BGH zum Einsichtsrecht in Krankenunterlagen hinsichtlich der Frage, wann objektivierbare Befunde vorliegen, vgl. § 34 Rdnr. 71.

39 Vgl. § 35 Rdnrn. 17 f., 29.

40 Str.; wie hier *Baumbach-Hefermehl,* Wettbewerbsrecht § 14 UWG Rdnr. 4; anders RGZ 101, 335, 338.

41 Vgl. BVerwGE 40, 358.

42 Vgl. BVerwGE 8, 272.

43 Vgl. BVerwGE 26, 65.

44 Vgl. *Kopp/Schenke,* VwGO § 114 Rdnrn. 23 ff. hierzu und zu weiteren Beispielen.

45 Vgl. *Kopp/Ramsauer,* VwVfG § 24 Rdnr. 39.

46 Vgl. auch *Stelkens,* in *Stelkens/Bonk/Sachs,* VwVfG § 24 Rdnr. 37.

47 Vgl.BVerwGE 119, 17, 20 m.w.N.

fall anwendbaren Verfahrensvorschriften, z.B. § 20 SGB X) nicht vereinbar.[48] Aus diesem Grundsatz folgt, dass die verantwortliche Stelle verpflichtet ist, die Richtigkeit der Daten zu überprüfen, wenn der Betroffene die Unrichtigkeit behauptet oder wenn insoweit sonstige Anhaltspunkte vorliegen. Führt diese Prüfung zu dem Ergebnis, dass die Daten unrichtig sind, so sind sie zu berichtigen.[49] Kann die verantwortliche Stelle die Richtigkeit der gespeicherten Daten beweisen, so sind sie weder zu berichtigen noch zu sperren. Kann der Betroffene die Unrichtigkeit der Daten beweisen, so sind sie zu berichtigen. Vertritt die verantwortliche Stelle nach der Überprüfung die Auffassung, die Daten seien richtig, während der Betroffene dies bestreitet, und kann keine Seite die Richtigkeit ihrer Auffassung beweisen, so sind die Daten nach Maßgabe des Abs. 4 zu sperren (non-liquet-Situation).

3.4 Einzelfragen

Einzige Voraussetzung der Berichtigungspflicht ist die Unrichtigkeit personenbezogener 25 Daten. Ist diese Voraussetzung erfüllt, so hat die verantwortliche Stelle **von Amts wegen**, also unabhängig von einem entsprechenden Antrag des Betroffenen, die Berichtigung vorzunehmen. Ein zusätzliches berechtigtes Interesse des Betroffenen braucht nicht vorzuliegen. Das Gesetz geht vielmehr davon aus, dass der Betroffene durch die Speicherung unrichtiger personenbezogener Daten in seinen Rechten verletzt wird, ohne dass weitere Umstände hinzukommen müssen.

Der Betroffene kann grundsätzlich auch die Richtigkeit von Daten bestreiten, ohne eine be- 26 stimmte inhaltliche Änderung zu fordern. Auch in diesem Fall hat die verantwortliche Stelle von Amts wegen die Richtigkeit der bestrittenen Daten zu überprüfen.

Berichtigung bedeutet, dass die gespeicherten Daten in Übereinstimmung mit der Realität 27 gebracht werden müssen. Dies kann durch eine Veränderung (inhaltliche Umgestaltung der gespeicherten Daten, § 3 Abs. 4 Nr. 2), eine ganze oder teilweise Löschung oder durch die Speicherung ergänzender (bei Unvollständigkeit bzw. fehlendem Kontextbezug, vgl. o. Rdnrn. 12 f.) oder neu erhobener Angaben (Fortschreibung) geschehen.[50]

Zu berichtigen sind auch gesperrte Daten.[51] 28

Das Gesetz sieht keine **Frist** für die Vornahme der Berichtigung vor. Aus dem Schutzzweck 29 des Abs. 1 folgt jedoch, dass diese unverzüglich, d.h. ohne schuldhaftes Zögern (§ 121 BGB) vorzunehmen ist, sobald die Unrichtigkeit der Daten feststeht. Nur so kann verhindert werden, dass der Betroffene durch die Verwendung unrichtiger Daten u.U. nicht mehr rückgängig zu machende Nachteile erleidet. In jedem Falle muss die Berichtigung vor einer Übermittlung oder Nutzung der Daten erfolgen. Ergibt sich aus dem Vorbringen des Betroffenen und u.U. von ihm vorgelegten Beweismitteln noch nicht die Unrichtigkeit der beanstandeten Daten, so hat die verantwortliche Stelle unverzüglich eine Überprüfung vorzunehmen.

Liegen bezüglich derselben Daten sowohl die Voraussetzungen für die Berichtigungs- als 30 auch für die **Löschungspflicht** vor, so hat grundsätzlich eine Löschung zu erfolgen. Sind etwa Daten unrichtig und ist zugleich ihre Speicherung unzulässig (Abs. 2 Nr. 1), so sind sie zu löschen (Bsp.: Die Bauaufsichtsbehörde speichert zur rechtmäßigen Erfüllung ihrer Aufgaben nicht erforderliche Angaben über eine 2002 erfolgte Scheidung des Betroffenen, der in Wahrheit 2004 geschieden wurde). Das Verbot der Datenspeicherung geht hier als weitergehende Verpflichtung vor. Verlangt der Betroffene in einem derartigen Fall (nur) eine Berichtigung, so kann ein solcher Antrag für sich genommen nicht als Einwilligung in die Speicherung der berichtigten Daten nach § 4 angesehen werden, zumal bei dieser Konstellation einiges dafür spricht, dass der Betroffene die Unzulässigkeit der Speicherung nicht erkennt. Die verantwortliche Stelle sollte in solchen Fällen unter Hinweis auf die Unzulässigkeit der Speicherung

48 Vgl. *Kopp/Ramsauer,* aaO § 24 Rdnrn. 40 ff.

49 Zur Mitwirkungspflicht des Steuerpflichtigen im Rahmen von § 90 Abs. 2 AO vgl. BFHE 202, 425 = NVwZ-RR 2004, 419.

50 Vgl. *Gola/Schomerus,* BDSG § 20 Rdnr. 5; *Auernhammer,* BDSG § 20 Rdnr. 6.

51 Ebenso *Auernhammer,* BDSG § 20 Rdnr. 7.

eine Stellungnahme des Betroffenen einholen. Eine weitere Speicherung ist nur möglich, wenn der Betroffene ausdrücklich einwilligt.[52]

3.5 Besonderheiten bei nicht-automatisierter Verarbeitung außerhalb einer Datei (Abs. 1 Satz 2)

31 Eine Sonderregelung trifft Abs. 1 Satz 2 für den Fall, dass personenbezogene Daten, die **weder automatisiert verarbeitet noch in nicht-automatisierten Dateien gespeichert sind**, unrichtig sind oder ihre Richtigkeit von dem Betroffenen bestritten wird. Dies betrifft insbesondere **Akten**, die nicht den Dateibegriff des § 3 Abs. 2 Satz 2 erfüllen. Die Vorschrift war auf die Beschlussempfehlung des Innenausschusses des Bundestages in das BDSG 1990 aufgenommen worden.[53]

32 Die Sonderregelung soll hauptsächlich der Funktion von Akten Rechnung tragen, den jeweiligen historischen Geschehensablauf wahrheitsgetreu zu dokumentieren.[54] Darüber hinaus enthalten Akten häufig Originaldokumente wie Formularanträge des Betroffenen, Schreiben von Dritten und Gerichts- oder Verwaltungsentscheidungen. Dem im Hinblick hierauf angenommenen Grundsatz der **Aktenvollständigkeit** entsprechend sieht Abs. 1 Satz 2 anstelle der Berichtigung nach Abs. 1 Satz 1 bzw. der Sperrung nach Abs. 4 vor, dass die **Unrichtigkeit oder das Bestreiten der Richtigkeit der Daten in geeigneter Weise festzuhalten** ist. Dies kann durch einen Vermerk oder sonstigen Hinweis geschehen. Abs. 1 Satz 2 ist auch im Zusammenhang mit **Abs. 6** zu sehen, der hinsichtlich weder automatisiert verarbeiteter noch in automatisierten Dateien gespeicherter Daten für den Fall der Beeinträchtigung schutzwürdiger Interessen des Betroffenen eine **Sperrung** vorschreibt, wenn die Daten für die Aufgabenerfüllung der Behörde nicht mehr erforderlich sind.[55]

33 Der Grundsatz der Aktenvollständigkeit kann allerdings nur noch sehr eingeschränkt gelten.[56] Er ist durch eine Reihe gesetzlicher Regelungen durchbrochen (vgl. z.B. § 90e BBG,[57] § 119 Bundesdisziplinarordnung, § 100b Abs. 6 StPO, § 80 Abs. 2,3 AuslG). Soweit die Speicherung von Daten in Akten in das Recht auf informationelle Selbstbestimmung nach Art. 2 Abs. 1 i.V.m. 1 Abs. 1 GG eingreift, kann ein auf Berichtigung bzw. Löschung von Daten gerichteter Anspruch etwa unter dem Gesichtspunkt der **Folgenbeseitigung** bestehen mit der Folge, dass unter Umständen Akten oder Teile einer Akte vernichtet werden müssen. Abs. 1 Satz 2 steht einem derartigen nach höherrangigem Recht bzw. allgemeinen Grundsätzen bestehenden Anspruch nicht entgegen (vgl. auch u. Rdnr. 37).

4. Löschung (Abs. 2)

34 In Abs. 2 ist festgelegt, unter welchen Voraussetzungen eine Verpflichtung zur Löschung personenbezogener Daten besteht. Abs. 3 regelt, in welchen Fällen an die Stelle einer Löschung eine Sperrung tritt.

---

52 Vgl. auch § 35 Rdnr. 24.

53 BT-Drs. 11/7235, S. 23.

54 Vgl. BVerfG, NJW 1983, 2135; *Auernhammer,* BDSG § 20 Rdnrn. 10 f.; *Gola/Schomerus,* BDSG § 20 Rdnrn. 7, 25.

55 Vgl. unten Rdnrn. 60 ff.

56 Auch das BVerfG setzt in dem – vor dem Volkszählungsurteil ergangenen – Beschluss v. 6.6.1983 (NJW 1983, 2135) bei der von ihm angenommenen Pflicht der Ausländerbehörde zur vollständigen Aktenführung voraus, dass die Informationen rechtmäßig zur Akte gelangt sind (krit. zu diesem Beschluss *Riegel,* NJW 1984, 2194; vgl. auch *Weichert,* Informationsbrief für Ausländerrecht 1997, 257 ff).

57 *Battis* (BBG, 2. Aufl. 1997, § 90e Rdnr. 2) sieht in dieser 1993 in Kraft getretenen Vorschrift eine Abkehr von dem in der Rechtsprechung vertretenen prinzipiellen Vorrang des Vollständigkeitsprinzips (vgl. z.B. BVerwG, NJW 1989, 1942 zur Verneinung eines Anspruchs auf Entfernung von Vorgängen aus Personalakten unter dem Gesichtspunkt des Rechts auf informationelle Selbstbestimmung) zugunsten des Grundsatzes der Personalaktenwahrheit.Vgl. auch VG Stuttgart, RDV 1993, 250; zur Teilentfernung von Personalaktendaten durch Schwärzung vgl. BVerwG, ZBR 2000, 129=RDV 2000, 220.

Löschen ist nach der Legaldefinition in § 3 Abs. 4 Nr. 5 das Unkenntlichmachen gespeicherter personenbezogener Daten.[58] Die Löschungspflicht besteht bei Vorliegen der Voraussetzungen des Abs. 2 **von Amts wegen**, also unabhängig von einem Antrag des Betroffenen. Mit der Verpflichtung korrespondiert ein Anspruch des Betroffenen. Abs. 2 sieht keine Frist für die Löschung vor. Aus dem Schutzzweck der Vorschrift folgt jedoch, dass die Löschung **unverzüglich** vorzunehmen ist. 35

Im Falle der Löschung kann der Betroffene verlangen, dass ihm die Löschung seiner Daten **bestätigt** wird. Dies ergibt sich aus dem Auskunftsrecht des Betroffenen nach § 19.[59] 36

Anknüpfungspunkt sind personenbezogene Daten, die **automatisiert verarbeitet** (vgl. § 3 Abs. 2 Satz 1) **oder in nicht-automatisierten Dateien** (vgl. § 3 Abs. 2 Satz 2) **gespeichert** sind. Abs. 2 gilt also **nicht für Akten**, die nicht den Dateibegriff des § 3 Abs. 2 Satz 2 erfüllen. Abs. 2 schließt aber – ebenso wie Abs. 5 – insoweit bestehende anderweitige Ansprüche nicht aus. Stellt die weitere Aufbewahrung in derartigen Akten enthaltener Daten einen **Eingriff in das aus Art. 2 Abs. 1 i.V.m. Art. 1 Abs. 1 GG hergeleitete Recht auf informationelle Selbstbestimmung** dar, so kann ein allgemeiner **Folgenbeseitigungsanspruch** gegeben sein, der auf Löschung und u.U. auf Vernichtung von Akten oder Aktenteilen gerichtet ist.[60] Einem derartigen durch höherrangiges Recht gebotenen Anspruch steht nicht entgegen, dass Abs. 1 Satz 2 und Abs. 6 insoweit nur die Berichtigung und Sperrung regeln.[61] In der Rechtsprechung wurde z.B. ein auf Vernichtung rechtswidrig angelegter Gesundheitsakten gerichteter Folgenbeseitigungsanspruch bejaht[62] (vgl. auch o. Rdnr. 33). 37

Auch wenn die Voraussetzungen des Abs. 2 gegeben sind, dürfen Daten nicht gelöscht werden, soweit sie nach **Abs. 3** zu sperren sind. 38

Personenbezogene Daten sind nach **Abs. 2 Nr. 1** zu löschen, wenn **ihre Speicherung unzulässig** ist. Unzulässig ist die Speicherung, wenn weder § 14 oder eine andere Rechtsvorschrift sie erlaubt oder anordnet noch der Betroffene eingewilligt hat (vgl. § 4 Abs. 1). Entscheidend ist nach dem Wortlaut des Abs. 2 Nr. 1, ob die Speicherung (jetzt) unzulässig **ist**;[63] maßgeblich ist also die gegenwärtige Sach- und Rechtslage.[64] In erster Linie handelt es sich dabei um Fälle, in denen die Speicherung von vornherein unzulässig war und sich hieran nichts geändert hat; wird die Speicherung nachträglich zulässig (z.B. durch Erteilung einer Einwilligung), so scheidet eine Löschung aus. Nach Abs. 2 Nr. 1 sind aber auch personenbezogene Daten zu löschen, wenn die Speicherung ursprünglich zulässig war, die Zulässigkeit aber später entfallen ist[65] (z.B. wegen des Widerrufs der Einwilligung).[66] 39

Abs. 2 Nr. 2 setzt voraus, dass die **Kenntnis** personenbezogener Daten für die verantwortliche Stelle **zur rechtmäßigen Erfüllung der** in ihrer Zuständigkeit liegenden **Aufgaben nicht mehr erforderlich** ist. 40

Während Akten und andere herkömmliche Datensammlungen meist nach Ablauf festgelegter Fristen schon deshalb vernichtet werden, weil der verfügbare Raum sonst nicht ausreichen würde, entstand durch die modernen Informationstechniken eine neue Situation. Dadurch, dass diese Techniken es ermöglichen, umfangreiche Datenbestände auf kleinstem Raum zu speichern, schwindet das Interesse der Verwaltung an der Vernichtung der Informationssammlungen. Dagegen wächst das Interesse des Betroffenen an einer zeitlichen Beschränkung der Verarbeitung personenbezogener Daten. Er sieht sich der Gefahr ausgesetzt, für 41

58 Vgl. § 3 Rdnrn. 172 ff.
59 BVerwG, DVBl. 1999, 332 = Buchholz 402.46 BKAG Nr. 1.
60 So auch *Auernhammer,* BDSG § 20 Rdnr. 31; *Gola/Schomerus,* BDSG § 20 Rdnr. 25.
61 Vgl. BfD TB 2001-2002 17.2.1 zur Frage der Vernichtung von Personennakten nach einer Löschung von personenbezogenen Daten im nachrichtendienstlichen Informationssystem-Personenzentraldatei (NADIS-PZD).
62 Vgl. VGH Kassel, NJW 1993, 301=DVBl. 1993, 616; vgl. auch OLG Koblenz, RDV 1990, 37 zum Löschungsanspruch eines Strafgefangenen hinsichtlich des (negativen) Ergebnisses einer ohne seine Zustimmung durchgeführten HIV-Untersuchung, das in seine Gesundheitsakte aufgenommen worden war.
63 Anders noch § 14 Abs. 3 Satz 2 BDSG 1977 („...unzulässig *war*").
64 So auch *Gola/Schomerus,* BDSG § 20 Rdnr. 10.
65 *Auernhammer,* BDSG § 20 Rdnr. 15 will hier Abs. 2 Nr. 2 anwenden.
66 Vgl. § 4a Rdnrn. 94 f.

unbegrenzte Zeit mit der in Dateien erfassten Version seiner Vergangenheit konfrontiert zu werden. Mit dem Prozess des „Veraltens" werden auch die Bezüge zum ursprünglichen Zweck der Speicherung zunehmend schwächer. Die Gefahr von Missverständnissen zulasten des Betroffenen nimmt zu.

42 Das Löschungsgebot des Abs. 2 Nr. 2 soll diesen Gefahren begegnen.[67] Die Regelung geht davon aus, dass die Speicherung ursprünglich zulässig war (vgl. o. Rdnr. 37), die Erforderlichkeit der Kenntnis der Daten für die Aufgabenerfüllung der verantwortlichen Stelle aber später entfallen ist (vgl. auch § 14 Abs. 1 Satz 1). Auf die Gründe für den Wegfall der Erforderlichkeit der Kenntnisnahme kommt es nicht an. Im Einzelfall ist zu prüfen, ob bzw. inwieweit die Kenntnis der Daten etwa nach Abschluss eines Verwaltungsverfahrens noch i.S.v. Abs. 2 Nr. 2 erforderlich ist. Nach der Rechtsprechung des Bundesverwaltungsgerichts[68] kann eine weitere Speicherung unzulässig sein, wenn nichts dafür spricht, dass die Eintragung in Zukunft noch praktische Bedeutung hat, und deshalb ausgeschlossen werden kann, dass die vorhandenen Daten die Arbeit der zuständigen Behörden noch fördern können. Das **Recht auf informationelle Selbstbestimmung** steht einer (weiteren) Speicherung personenbezogener Daten aus strafrechtlichen Ermittlungsverfahren in einer polizeilichen Personalauskunftsdatei zum Zwecke der vorbeugenden Verbrechensbekämpfung entgegen, wenn nichts dafür spricht, dass der Betroffene erneut einschlägig oder ähnlich strafrechtlich in Erscheinung treten wird, und deshalb ausgeschlossen ist, dass die vorhandenen Daten die Arbeit der Polizei noch fördern können.[69] Zu beachten ist in diesem Zusammenhang der **Grundsatz der Verhältnismäßigkeit**:[70] Jede Beschränkung des Grundrechts auf informationelle Selbstbestimmung muss zum Schutz eines verfassungsrechtlich legitimierten Rechtsguts geeignet, erforderlich und zumutbar in dem Sinne sein, dass sie in einem angemessenen Verhältnis zur Bedeutung des Grundrechts steht. Das bedeutet, dass die Behörden bei der Speicherung personenbezogener Hinweise nicht schematisch vorgehen dürfen, sondern unter Würdigung des darin liegenden Grundrechtseingriffs in jedem Einzelfall zu prüfen und abzuwägen haben, ob die gewonnenen und gespeicherten Erkenntnisse (noch) zur Erfüllung ihrer Aufgaben unverzichtbar sind.[71] Nach einer Kammerentscheidung des Bundesverfassungsgerichts steht die im Rechtsstaatsprinzip wurzelnde **Unschuldsvermutung** der weiteren Speicherung in Strafermittlungsverfahren gewonnener Daten zur Verhütung oder Verfolgung künftiger Straftaten grundsätzlich auch dann **nicht** entgegen, wenn der Betroffene rechtskräftig freigesprochen worden ist, sofern die Verdachtsmomente dadurch nicht ausgeräumt sind; im Falle eines Freispruchs oder der Verfahrenseinstellung bedürfe es der Überprüfung, ob noch Verdachtsmomente gegen den Betroffenen bestünden, die eine Speicherung zu präventiv-polizeilichen Zwecken rechtfertigten.[72] Entfallen kann die Erforderlichkeit z.B. auch aufgrund einer Änderung der materiellen Rechtslage oder der Zuständigkeit der verantwortlichen Stelle. Im Einzelnen wird hinsichtlich der Erforderlichkeit der Aufgabenerfüllung auf die Kommentierung des § 14 Bezug genommen.[73]

---

67 Zu Besonderheiten bei Ausleihdaten in Bibliotheken *Vogt,* in FS *Kirchner,* S. 384, 389 f.

68 BVerwG, NJW 1994, 2499 = DÖV 1994, 659 (zu § 10 Abs. 2 Satz 2 StVZO).

69 BVerwG, Beschluss v. 12.11.1992 – 1 B 164.92 – Buchholz 402.41 Nr. 56 m.w.N.

70 Vgl. BVerfG, NJW 2002, 3231=DuD 2002, 567.

71 BVerwG, NJW 1990, 2768, 2770 m.w.N. zur Unbegründetheit einer Klage, die auf Löschung der in die Zentrale Auskunftsdatei der Polizeistellen Nordrhein-Westfalens aufgenommenen Hinweise gerichtet war, denen zufolge der Kläger, der 1975 im Zustand der Schuldunfähigkeit seine dreijährige Tochter mit einem Jagdmesser getötet und seine Ehefrau zu töten versucht hatte, „bewaffnet", „gewalttätig", „Ausbrecher" und „geisteskrank" war; vgl. auch *K. Vogelgesang/E. Vogelgesang,* CR 1996, 752, 756; zur Aufbewahrung erkennungsdienstlicher Unterlagen vgl. u. Rdnr. 105.

72 BVerfG, NJW 2002, 3231=DuD 2002, 567 unter Hinweis auf BVerwGE 66, 202, 205.

73 Vgl. § 14 Rdnrn. 5 ff.

Nach §§ 18 Abs. 2 Satz 2, 4e Satz 1 Nr.7 haben öffentliche Stellen **Regelfristen**[74] für die Löschung der Daten festzulegen.[75] Teilweise bestehen auch bereichsspezifische Vorschriften, die nach Ablauf einer bestimmten Frist und unter näher zu definierenden Voraussetzungen eine (regelmäßige) Löschung bzw. eine Überprüfung vorsehen, ob eine weitere Speicherung der Daten noch erforderlich ist. Entsprechende Vorschriften sind etwa für von BKA und Kriminalpolizei gespeicherte Daten erlassen worden.[76] 43

Abs. 2 sieht unter den dort aufgeführten Voraussetzungen ausdrücklich nur eine Verpflichtung zur Löschung vor. Aus der darin liegenden Anordnung ergibt sich nach § 4 Abs. 1 zugleich die Zulässigkeit der Löschung. Bestehen Zweifel hinsichtlich der Zulässigkeit der Speicherung personenbezogener Daten, so kommt eine **Sperrung** – auch außerhalb eines anhängigen gerichtlichen Verfahrens – als **vorläufige Maßnahme** bis zur Klärung in Betracht.[77] 44

5. Sperrung

5.1 Allgemeines

Abs. 3 regelt die Fälle, in denen an die Stelle einer Löschung eine Sperrung tritt. Weitere Sperrungstatbestände sind in Abs. 4 und 6 vorgesehen. 45

Der **Sinn der Sperrung** ergibt sich aus der Legaldefinition in § 3 Abs. 4 Nr. 4. Danach ist Sperren das Kennzeichnen personenbezogener Daten, um ihre weitere Verarbeitung oder Nutzung einzuschränken. Es geht um eine Entscheidung des Inhalts, dass bestimmte Daten nicht mehr genutzt werden, es sei denn, die Ausnahmetatbestände des Abs. 7 liegen vor.[78] Es handelt sich also um ein **relatives Nutzungsverbot**.[79] Die Sperrung bedeutet in erster Linie einen Kompromiss zwischen den widerstreitenden Interessen des Betroffenen und der Informationsinteressenten: Der Betroffene ist häufig daran interessiert, dass die Daten nicht mehr verarbeitet oder genutzt werden; seine Interessen können aber auch einer Löschung entgegenstehen (vgl. Abs. 3 Nr. 2). Andererseits können die verantwortliche Stelle oder Dritte ein schützenswertes Interesse an der Verarbeitung oder Nutzung der Daten etwa zu wissenschaftlichen Zwecken oder zur Behebung einer bestehenden Beweisnot haben (vgl. Abs. 7 Nr. 1); auch kann eine Löschung mit unverhältnismäßigem Aufwand verbunden sein. 46

5.2 Sperrung anstelle einer Löschung (Abs. 3)

Abs. 3 steht systematisch im Zusammenhang mit Abs. 2. An diesen knüpft er an. Nach ihrem Schutzzweck steht die Vorschrift aber in entsprechender Anwendung bei Vorliegen der Voraussetzungen von Nr. 1, 2 oder 3 einer Löschung auch dann entgegen, wenn die Voraussetzungen des Abs. 2 nicht gegeben sind. 47

---

74 Vgl. *SächsDSB*, 10. TB (2002) zu Aufbewahrungsfristen für Gewerbeanzeigen nach § 14 GewO (unter 9.2) und für Patientendaten (unter 10.1.1)., vgl. auch *ThürDSB* TB 2001 5.1.7 und 6.9.

75 Die umgekehrte Funktion haben Mindestspeicherfristen; vgl. dazu bezogen auf Kommunikationsdaten *BfD*, TB 2001-2002, 11.3.3

76 Vgl für das BKA Dateienrichtlinien v. 26.2.1981, GMBl. 1981, 114 = Dok. A8 und für Kriminalpolizeiliche personenbezogene Sammlungen die KpS-Richtlinien v. 26.2.1981, GMBl. 1981, 119 = Dok. A9 und dazu VG Gießen, NVwZ 2002, 1531=DuD 2002, 626. Vgl. auch die aufgrund des Hessischen Gesetzes über die öffentliche Sicherheit und Ordnung (HSOG) ergangene Verordnung über Prüffristen bei vollzugspolizeilicher Datenspeicherung v. 28.8.1990, Hess. GVBl. 1990, 553; zur Prüffrist und Löschung nach § 27 Abs. 4 HSOG vgl. VGH Kassel, DÖV 2005, 523; VG Gießen, a.a.O. Nach VGH Mannheim, DVBl. 1992, 1309 (m. Anm. *Dronsch*) ist die Löschung von Daten vor Ablauf der Regelspeicherfristen anlässlich der Überprüfung im Einzelfall nur ausnahmsweise geboten, wenn etwa die Wiederholungsgefahr entfallen ist oder besondere Umstände die Unverhältnismäßigkeit der weiteren Datenspeicherung für den Betroffenen begründen.

77 So für das einstweilige Anordnungsverfahren nach § 123 VwGO VGH Kassel, RDV 1991, 149; VG Frankfurt/M., RDV 1997, 133; vgl. auch *Gola/Schomerus*, BDSG § 20 Rdnr. 10.

78 Vgl. § 3 Rdnrn. 164 ff.

79 Vgl. *Auernhammer,* BDSG § 20 Rdnr. 23.

48 Abs. 3 gilt aber nicht für personenbezogene Daten, die weder automatisiert verarbeitet noch in einer nicht-automatisierten Datei gespeichert sind. Insoweit stellt Abs. 6 eine abschließende Sonderregelung dar.[80]

49 Nach **Abs. 3 Nr. 1** tritt an die Stelle einer Löschung eine Sperrung, **soweit einer Löschung gesetzliche, satzungsmäßige oder vertragliche Aufbewahrungsfristen entgegenstehen**. Diese die so genannten archivierten Daten betreffende Regelung korrespondiert mit § 19 Abs. 2, der die gleichen Tatbestandsmerkmale enthält und der unter den dort bestimmten Voraussetzungen eine Ausnahme von der Auskunftspflicht vorsieht. Auf die Kommentierung des § 19 Abs. 2 wird Bezug genommen.[81]

50 Nach **Abs. 3 Nr. 2** ist anstelle einer Löschung eine Sperrung vorzunehmen, **soweit Grund zu der Annahme besteht, dass durch die Löschung schutzwürdige Interessen des Betroffenen beeinträchtigt würden.** Der Begriff „schutzwürdige Interessen" ist weit zu verstehen. Wann Grund zur Annahme einer Beeinträchtigung schutzwürdiger Interessen besteht, lässt sich nicht abstrakt-generell definieren. Vielmehr muss unter Berücksichtigung der Umstände des Einzelfalles geprüft werden, ob dem Betroffenen durch die Löschung Nachteile entstehen.[82]

51 Schutzwürdige Interessen sind z.B. beeinträchtigt, wenn damit zu rechnen ist, dass der Betroffene die gelöschten Daten später erneut beibringen müsste. Das Gleiche gilt, wenn dem Betroffenen Beweismittel verloren zu gehen drohen. Eine Beeinträchtigung schutzwürdiger Interessen liegt auch dann vor, wenn die nach einer Löschung übrig bleibenden Daten unvollständig oder irreführend wären.[83] Eine besonders sorgfältige Würdigung der Interessen des Betroffenen ist weiterhin immer dann geboten, wenn dieser über keine eigenen schriftlichen Unterlagen verfügt (z.B. im Falle einer der Behörde zu Protokoll gegebenen mündlichen Aussage). In Zweifelsfällen sollte bei dem Betroffenen angefragt werden, ob er mit einer Löschung einverstanden ist.

52 Schließlich tritt nach **Abs. 3 Nr. 3** eine Sperrung an die Stelle einer Löschung, **soweit eine Löschung wegen der besonderen Art der Speicherung nicht oder nur mit unverhältnismäßig hohem Aufwand möglich ist.**

53 Diese Voraussetzungen sind im Falle automatisierter Verarbeitung in aller Regel nicht gegeben. Die Vorschrift soll lediglich betriebswirtschaftlich unsinnige Forderungen ausschließen. Hinsichtlich der Problematik nicht veränderbarer bzw. löschbarer Datenspeicher (Read-Only Memory) wie CD-ROM oder einmal beschreibbare DVD wird auf die Kommentierung des § 35 Abs. 3 Nr. 3 verwiesen.[84] Bedeutung kann Abs. 3 bei nicht-automatisierten Dateien haben.[85]

54 Zu berücksichtigen ist nur der für die konkrete Löschung erforderliche Aufwand. Der Aufwand, der zu erbringen ist, um die entsprechenden organisatorischen und technischen Voraussetzungen zu schaffen, kommt nicht in Betracht. Zum Grundsatz der Verhältnismäßigkeit wird auf die Kommentierung des§ 9 und des § 19[86]Bezug genommen.

5.3 „non liquet"-Fälle (Abs. 4)

55 Personenbezogene Daten, die automatisiert verarbeitet oder in nicht-automatisierten Dateien gespeichert sind (vgl. dazu § 3 Abs. 2), sind nach Abs. 4 zu sperren, soweit ihre **Richtigkeit** vom Betroffenen **bestritten** wird und sich **weder die Richtigkeit noch die Unrichtigkeit feststellen lässt**. Die Regelung gilt für die Fälle eines „non liquet" (Regelung der materiellen Beweislast, vgl. o. Rdnr. 24). Sie greift ein, wenn einerseits der Betroffene die Unrichtigkeit behauptet, sie aber nicht beweisen kann, andererseits die verantwortliche Stelle an der Rich-

---

80 So auch *Auernhammer*, BDSG, § 20 Rdnr. 24; *Bergmann/Möhrle/Herb*, BDSG Rdnr. 70; a.M. *Gola/Schomerus*, BDSG § 20 Rdnr. 13; *Dörr/Schmidt*, BDSG § 20 Rdnr. 8.
81 Vgl. § 19 Rdnrn. 63 ff.
82 Vgl. auch die Kommentierung des § 29 Abs. 1 Nr. 1.
83 Vgl. *Auernhammer*, BDSG § 20 Rdnr. 26.
84 Vgl. § 35 Rdnr. 48.
85 Vgl. auch *Gola/Schomerus*, BDSG § 20 Rdnr. 17.
86 Vgl. § 9 Rdnrn. 23 f., § 19 Rdnr. 44.

tigkeit der Daten festhält und ihr gleichfalls der Beweis dafür nicht gelingt (zur Beweislast vgl. auch o. Rdnrn. 24 ff.). Anders als § 35 Abs. 2 Satz 2 Nr. 2 sieht § 20 keine Löschungspflicht im Falle der Nichterweislichkeit der Richtigkeit besonders sensitiver Daten (u.a. über rassische Herkunft, bestimmte Überzeugungen, die Gesundheit und strafbare Handlungen) vor (vgl. zur grundsätzlichen Eigenschaft als Tatsachenangaben oben Rdnr. 22). Vielmehr sind auch diese Daten unter den Voraussetzungen des Abs. 4 zu sperren.

Grundsätzlich ohne Bedeutung ist es, ob der Betroffene das Bestreiten von Daten mit der Forderung einer bestimmten Änderung verbindet. Beschränkt sich der Betroffene auf ein bloßes Bestreiten, so sind die Daten im Falle der Nichterweislichkeit ihrer Richtigkeit zu sperren. Hinsichtlich der Frage der Mitwirkung des Betroffenen gilt im Anwendungsbereich des Verwaltungsverfahrensgesetzes die Vorschrift des § 26 Abs. 2 Satz 1 VwVfG, nach der der Betroffene an der Ermittlung des Sachverhalts mitwirken „soll“. Wirkt er dabei nicht mit, so hat dies keine Auswirkungen auf die Beweislastverteilung.[87] Freilich wird der Betroffene im Rahmen der Leistungsverwaltung schon aus eigenem Interesse zur Klärung anspruchsbegründender Tatsachen beitragen. Anders ist die Rechtslage im Anwendungsbereich des Sozialgesetzbuchs. Hier ist der Leistungsberechtigte nach §§ 60 ff. SGB I (Allg. Teil) zur Mitwirkung verpflichtet (vgl. insbes. die Vorschrift des § 60 Abs. 1 Nr. 1 SGB I, nach der der Leistungsberechtigte alle leistungserheblichen Tatsachen anzugeben hat). 56

Unerheblich ist auch, ob Daten, deren Richtigkeit der Betroffene bestreitet, von ihm selbst stammen. Auch in diesem Fall ist bei Nichterweislichkeit ihrer Richtigkeit grundsätzlich eine Sperrung vorzunehmen.[88] 57

Kommt es zum Prozess, so ist zu beachten, dass das Verwaltungsgericht nach § 86 Abs. 1 VwGO von Amts wegen verpflichtet ist, den Sachverhalt zu erforschen und dabei an das Vorbringen und an die Beweisanträge der Beteiligten nicht gebunden ist (Untersuchungsgrundsatz). Die Regelung des Abs. 2 Satz 1 greift erst ein, wenn sich die Frage der Richtigkeit bzw. Unrichtigkeit als unaufklärbar erweist. 58

Der Regierungsentwurf des BDSG 1977 hatte für die „non liquet“-Fälle vorgesehen, den Daten im Falle einer Weitergabe den Hinweis beizufügen, dass ihre Richtigkeit bestritten ist.[89] Demgegenüber wurde teilweise eine Regelung gefordert, die eine Löschung derartiger Daten vorschreibt. Die Fassung des § 14 Abs. 2 Satz 1 BDSG 1977, der mit § 20 Abs. 4 im Wesentlichen übereinstimmt, entspricht einem vom Innenausschuss vorgeschlagenen Kompromiss.[90] 59

5.4 Sperrung bei nicht-automatisierter Verarbeitung außerhalb einer Datei (Abs. 6)

Eine Sonderregelung trifft Abs. 6 hinsichtlich der Sperrung von personenbezogenen Daten, die **weder automatisiert verarbeitet noch in einer nicht-automatisierten Datei gespeichert sind.** Dies betrifft insbesondere Akten, die nicht den Dateibegriff des § 3 Abs. 2 Satz 2 erfüllen. Die Vorschrift war auf die Empfehlung des Innenausschusses des Bundestages in das BDSG 1990 aufgenommen worden.[91] 60

Abs. 6 stellt eine **Ersatzregelung** für die nach Abs. 2 Nr. 2 für automatisiert verarbeiteten oder in nicht-automatisierten Dateien gespeicherten Daten vorgesehene Löschungspflicht bzw. für die nach Abs. 3 Nr. 2 bestehende Verpflichtung zur Sperrung dar (für die Aufgabenerfüllung nicht mehr erforderliche Daten).[92] Gleichwohl kann nach höherrangigem Recht bzw. allgemeinen Grundsätzen ein Löschungsanspruch bestehen (vgl. o. Rdnrn. 33, 37). 61

---

87 Vgl. *Stelkens/Kallerhoff,* in *Stelkens/Bonk/Sachs,* VwVfG § 26 Rdnr. 56 m.w.N.

88 Nach *Gola/Schomerus,* BDSG § 20 Rdnr. 20 kann das Bestreiten rechtsmissbräuchlich sein und die Speicherung abgelehnt werden, wenn in derartigen Fällen die Absicht des Betroffenen, Daten aus der Welt zu schaffen, offenkundig ist; vgl. auch *Wedde*, in: *Roßnagel*, Handbuch Datenschutzrecht, S. 563; *Auernhammer,* BDSG § 20 Rdnr. 29.

89 BR-Drs. 391/73, S. 7, § 12 Abs. 1.

90 Vgl. 3. Aufl. § 14 Rdnr. 32.

91 BT-Drs. 11/7235, S. 24.

92 Vgl. *Auernhammer,* BDSG § 20 Rdnr. 30.

62 Die nach Abs. 6 vorgesehene **Sperrung** setzt voraus, dass die **Behörde** – bei diesem Terminus handelt es sich offenbar um ein Redaktionsversehen, gemeint ist die verantwortliche Stelle i.S.v. § 3 Abs. 7 – **im Einzelfall feststellt, dass ohne die Sperrung schutzwürdige Interessen des Betroffenen beeinträchtigt würden**. Eine Feststellung „im Einzelfall“ wird regelmäßig dadurch ausgelöst werden, dass der Betroffene derartige Interessen geltend macht oder entsprechende Anhaltspunkte bestehen und die Prüfung dann ergibt, dass die Voraussetzungen des Abs. 6 vorliegen. Die verantwortliche Stelle ist – soweit nicht besondere Umstände dies nahe legen – grundsätzlich nicht verpflichtet, Akten von Amts wegen laufend zur Feststellung dieser Voraussetzungen durchzusehen.[93] Zur Frage, wann schutzwürdige Interessen beeinträchtigt sind, vgl. o. Rdnr. 50.

63 Weiter wird vorausgesetzt, dass die Daten **für die Aufgabenerfüllung der Behörde nicht mehr erforderlich sind.** Insoweit wird auf Rdnr. 42 Bezug genommen.

5.5 Rechtsfolgen der Sperrung (Abs. 7)

64 Gesperrte Daten dürfen nach Abs. 7 **ohne Einwilligung** des Betroffenen **nur in den in Nr. 1 vorgesehenen Ausnahmefällen übermittelt** (vgl. § 3 Abs. 4 Nr. 3) **oder genutzt** (vgl. § 3 Abs. 5) **werden**. Zusätzliche Voraussetzung ist jeweils, dass die Daten hierfür übermittelt oder genutzt werden dürften, wenn sie nicht gesperrt wären (Nr. 2).

65 Mit Einwilligung des Betroffenen dürfen gesperrte Daten übermittelt und genutzt werden. Dies ergibt sich bereits aus § 4. § 4a ist anzuwenden.

66 Die Sperrung lässt die sonstigen Rechte des Betroffenen hinsichtlich der gespeicherten Daten und die korrespondierenden Pflichten der verantwortlichen Stelle unberührt. Insbesondere unterliegen gesperrte Daten dem Auskunftsrecht und der Berichtigungs- und Löschungspflicht. Weitergehende Schutzverpflichtungen sind also nicht ausgeschlossen. Insbesondere ist Abs. 2 hinsichtlich gesperrter Daten anwendbar.

67 Das grundsätzliche Übermittlungs- und Nutzungsverbot gilt nicht, soweit die Nutzung gesperrter Daten zu **wissenschaftlichen Zwecken** unerlässlich ist und die Voraussetzungen von Nr. 2 vorliegen. Die Regelung ist im Zusammenhang mit weiteren Vorschriften zu sehen, die die Verarbeitung und Nutzung von Daten für die wissenschaftliche Forschung zum Gegenstand haben (§§ 14 Abs. 2 Nr. 9, 40).

68 Der Ausnahmetatbestand zugunsten wissenschaftlicher Zwecke[94] ist ebenso wie die anderen Fälle, in denen die Übermittlung und Nutzung gesperrter Daten ausnahmsweise zulässig ist, eng auszulegen. Es geht hier um schutzwürdige Interessen des Betroffenen, die gerade bei den die Sperrung auslösenden Konstellationen (u.a. an sich gebotene Löschung, Abs. 3; umstrittener Richtigkeitsgehalt, Abs. 4) erhebliches Gewicht haben mit der Folge, dass in dem in Rede stehenden Kontext das Persönlichkeitsrecht regelmäßig Vorrang hat. Die Vorschrift ermöglicht aber im Einzelfall unter der Voraussetzung der Unerlässlichkeit die Übermittlung bzw. Nutzung. Dazu dass weder der verfassungsrechtliche Rang der Forschungsfreiheit noch ein unmittelbar aus Art. 5 Abs. 3 GG abgeleitetes „Datenzugangsrecht“ ein datenschutzfreies Verarbeitungsvakuum legitimieren vgl. die Kommentierung des § 40.

69 Auf den (öffentlich-rechtlichen oder privatrechtlichen) Status der Forschungseinrichtung kommt es nicht an. Ebenso wenig sind grundsätzlich das Thema oder Ziel der Forschung und die angewendeten wissenschaftlichen Methoden von Bedeutung. Erst bei der Abwägung mit dem Interesse des Betroffenen ist auch das konkrete wissenschaftliche Interesse näher zu bewerten (dazu u. Rdnr. 71). Allerdings ist auch ohne ausdrückliche Erwähnung im Gesetzestext die Unabhängigkeit der forschenden Einrichtung ungeschriebenes Tatbestandsmerkmal.[95 96]

93 Vgl. auch *Gola/Schomerus,* BDSG § 20 Rdnr. 26; *Bergmann/Möhrle/Herb,* BDSG § 20 Rdnr. 74.
94 Dazu näher die Kommentierung von § 40.
95 Vgl. auch *Walz,* in *Borchert/Hase/Walz,* GK-SGB X2 zu § 75 SGB X.
96 Vgl. die Kommentierung des § 40.

Die Nutzung muss zu wissenschaftlichen Zwecken **unerlässlich** sein. Die im Regierungsentwurf zum BDSG 1977[97] enthaltene Formulierung „geboten“ wurde auf Vorschlag des Bundesrats durch das Wort unerlässlich ersetzt. Damit sollte die Verwertung gesperrter Daten auf das unerlässlich notwendige Maß beschränkt werden. 70

Ist ein wissenschaftlicher Zweck ohne Kenntnis bestimmter gesperrter Daten unerreichbar (z.B. Durchführung eines Projekts), so bedeutet dies noch nicht notwendig, dass die Übermittlung oder Nutzung dieser Daten zu wissenschaftlichen Zwecken zulässig ist. Vielmehr muss ein überwiegendes Interesse an der konkreten Nutzung zu wissenschaftlichen Zwecken bestehen (vgl. auch o. Rdnr. 69). Insoweit ist also eine Abwägung zwischen den Interessen des Betroffenen und denjenigen an der Übermittlung oder Nutzung der Daten vorzunehmen. Dies folgt unabhängig davon, ob sich ein solches Erfordernis aus Abs. 7 Nr. 2 i.V.m. §§ 14 ff. ergibt (vgl. z.B. § 14 Abs. 2 Nr. 9), bereits aus Nr. 1, der auf ein überwiegendes Interesse der verantwortlichen Stelle oder des Dritten abstellt. Bei der Abwägung ist die Art der Daten, vor allem ihre Sensitivität, und die vorgesehene Art der Verwendung zu berücksichtigen (Beispiel: Die Nutzung von Daten über Vorstrafen kann unzulässig sein, wenn durch die Art der Verwendung die Resozialisierung der Betroffenen gefährdet würde). 71

Bevor gesperrte personenbezogene Daten zur Nutzung für wissenschaftliche Zwecke freigegeben werden, ist weiter zu prüfen, ob diese Zwecke auch mit Hilfe anonymisierter Daten (zum Begriff vgl. § 3 Abs. 6) erreichbar sind. Ist dies zu bejahen, so ist die Nutzung gerade personenbezogener Daten nicht „unerlässlich“. Vielfach wird danach eine Nutzung nur in anonymisierter Form zulässig sein, da die Betroffenen im Rahmen wissenschaftlicher Untersuchungen in der Regel nur als Merkmalsträger, nicht aber als Personen interessieren.[98] 72

Gesperrte Daten können weiterhin genutzt werden, soweit dies **zur Behebung einer bestehenden Beweisnot** unerlässlich ist. „Beweisnot“ in diesem Sinne ist gegeben, wenn in einem förmlichen Verfahren, das der Feststellung tatsächlicher Umstände nach Maßgabe gesetzlicher Regelungen dient, entscheidungserhebliche Tatsachen nur durch die Vorlage gesperrter Daten bewiesen werden können. Das BDSG weicht damit von dem im Prozessrecht üblichen Sprachgebrauch ab, nach dem Beweisnot eine Situation bezeichnet, in der ein am Prozess Beteiligter unverschuldet noch erforderliche Beweismittel nicht benennen oder nicht beibringen kann und das Gericht auch nicht in der Lage ist, diese Beweismittel von sich aus heranzuziehen.[99] In bestimmten Verfahren genügt dann für den Beweis einer Tatsache eine „überwiegende Wahrscheinlichkeit“ anstelle der sonst erforderlichen „an Sicherheit grenzenden Wahrscheinlichkeit“.[100] 73

Förmliche Verfahren in dem oben genannten Sinn sind nicht nur alle gerichtlichen Verfahren, sondern auch Verwaltungsverfahren gemäß § 9 VwVfG bzw. den entsprechenden landesrechtlichen Regelungen oder vergleichbaren Spezialvorschriften wie etwa § 8 SGB X (vgl. auch die Regelung der Beweismittel im Verwaltungsverfahren in § 26 VwVfG). Nicht hierher gehören dagegen außerprozessuale Streitigkeiten zwischen Privatpersonen, auch wenn dabei Rechtsanwälte eingeschaltet sind. Auch eine Beweisnot im Vorfeld eines förmlichen Verfahrens kann schon im Hinblick auf die Unmöglichkeit einer Abgrenzung nicht genügen.[101] 74

„Unerlässlich“ ist die Nutzung der Daten nur, wenn sie in dem anhängigen Verfahren entscheidungserheblich ist. Dies ist nicht der Fall, wenn andere geeignete Beweismittel zur Verfügung stehen. 75

---

97 BR-Drs. 7/1027, S. 35 zu § 12.
98 Wegen weiterer Einzelheiten wird auf § 14 Rdnrn. 90 ff. und auf die Kommentierung des § 40 Bezug genommen.
99 Vgl. OVG Münster, CR 1988, 151, 153 = NJW 1988, 90.
100 Vgl. BVerwGE 6, 114 zur Wiedergutmachungsstreitigkeit.
101 Ebenso *Teske,* CR 1988, 154 f.; a.M. *Gola/Schomerus,* BDSG § 20 Rdnr. 32; *Auernhammer,* BDSG § 20 Rdnr. 38; offen gelassen von OVG Münster, CR 1988, 151, 153 = NJW 1988, 90 zu der gleichlautenden Formulierung in § 11 Abs. 3 Satz 2 MeldeG-NW (entspr. § 10 Abs. 3 Satz 2 MRRG); in dieser Entscheidung wurde die Unerlässlichkeit der Übermittlung zur Behebung einer bestehenden Beweisnot hinsichtlich eines Gläubigers angenommen, der die Anschrift eines Schuldners im Rahmen eines Vollstreckungsverfahrens benötigt habe (krit. dazu *Teske,* a.a.O.).

76 Den dritten Ausnahmetatbestand bilden **sonstige im überwiegenden Interesse der verantwortlichen Stelle oder eines Dritten liegende Gründe.** Wann diese vorliegen, ist im Einzelfall durch eine Interessenabwägung festzustellen. Bei der Bewertung der Interessen des Betroffenen sind die Art der Daten und die möglichen Konsequenzen der beabsichtigten Nutzung für den Betroffenen zu berücksichtigen. Grundsätzlich kommt eine Übermittlung bzw. Nutzung der Daten nur in eng begrenzten Ausnahmesituationen in Betracht, soll der vom Gesetzgeber mit dem Institut der Sperrung verfolgte Zweck nicht unterlaufen werden. Ein überwiegendes Interesse der verantwortlichen Stelle dürfte regelmäßig vorliegen, wenn gesperrte Daten zum Wiederaufbau einer durch Fehler in der automatischen Verarbeitung verloren gegangenen Datei benötigt werden.[102] In der Regel ist eine Anhörung des Betroffenen erforderlich, bevor die Daten übermittelt oder genutzt werden dürfen. Er muss Gelegenheit haben, auf der verantwortlichen Stelle möglicherweise unbekannte schutzwürdige Interessen hinzuweisen.[103] Nur so kann verhindert werden, dass dem Betroffenen in der für ihn potenziell besonders riskanten Situation der Freigabe gesperrter Daten irreparable Schäden entstehen.

77 Die Bejahung eines überwiegenden Interesses der verantwortlichen Stelle oder eines Dritten rechtfertigt noch nicht die Nutzung gesperrter Daten. Hinzu kommen muss, dass diese Nutzung unerlässlich ist. Sie muss also das einzig verfügbare Mittel zur Wahrung der Interessen der verantwortlichen Stelle oder des Dritten sein.

78 Zusätzlich zu dem Vorliegen eines Ausnahmefalls nach § 20 Abs. 6 Nr. 1 verlangt **Nr. 2**, dass die Daten hierfür **übermittelt und genutzt werden dürften, wenn sie nicht gesperrt wären.** Bezogen auf dieses Erfordernis ist zu prüfen, ob die Voraussetzungen der im Einzelfall anwendbaren Vorschrift (§§ 14 bis 17) ggf. gegeben wären. Damit soll auch dem Zweckbindungsgebot Rechnung getragen werden. So wird etwa durch Abs. 6 Nr. 2 i.V.m. § 14 Abs. 2 Nr. 9 verhindert, dass zu anderen Zwecken gespeicherte Daten zu wissenschaftlichen Zwecken übermittelt werden, der Zweck der Forschung aber auf andere Weise, nämlich mit Hilfe anonymisierter Daten erreicht werden könnte.[104]

79 Eine Nutzung, die gegen Abs. 6 verstößt, kann nach Maßgabe der §§ 43 f. eine Ordnungswidrigkeit darstellen oder strafbar sein. Sie kann weiter Schadensersatzansprüche des Betroffenen auslösen.

6. Widerspruchsrecht (Abs. 5)

80 Unter den Voraussetzungen des Abs. 5 Satz 1 hat der Betroffene das **Recht**, der Erhebung, Verarbeitung oder Nutzung seiner Daten zu **widersprechen**).[105] Damit wird Art. 14 Buchst. a der EG-Datenschutzrichtlinie für den öffentlichen Bereich umgesetzt.[106]

81 Vorschriften, die ein Widerspruchsrecht vorsehen, finden sich außer in §§ 28 Abs. 4, 29 Abs. 4 bereits im Melderecht (§ 22 Abs. 2 MRRG),[107] im Sozialgesetzbuch (§ 76 Abs. 2 Nr. 1 SGB X), im Krebsregistergesetz (§ 3 Abs. 2 Satz 2) und in der Handwerksordnung (§ 6 Abs. 3 Satz 4 HwO). Anders als ein Teil der genannten Vorschriften sieht allerdings Abs. 5 nicht ausdrücklich eine Hinweispflicht hinsichtlich des Widerspruchsrechts vor[108] (vgl. Kommentierung des § 28 Abs. 4).

82 Das Widerspruchsrecht kann nicht abbedungen oder eingeschränkt werden.[109]

83 Abs. 5 Satz 1 setzt eine **automatisierte Verarbeitung oder Verarbeitung in nicht-automatisierten Dateien** voraus (vgl. zu diesen Begriffen § 3 Abs. 2).

---

102 Vgl. BT-Drs. 11/4306, S. 47 zu § 18 Abs. 5.
103 Vgl. auch *Auernhammer,* BDSG § 20 Rdnr. 37.
104 Vgl. *Auernhammer,* BDSG § 20 Rdnr. 39.
105 Vgl. näher zum Widerspruchsrecht die Kommentierung des § 28 Abs. 4; vgl. ferner *Drewes*, in: *Bäumler/Breinlinger/Schrader*, Datenschutz von A-Z, Stichwort „Widerspruchsrecht"; *Gola*, DuD 2001, 278.
106 Vgl. auch § 35 Rdnr. 56 und *Gola*, DuD 2001, 278.
107 Vgl. § 35 Rdnr. 57.
108 Vgl. auch Kommentierung des § 28 Abs. 4.
109 Vgl. § 6 Rdnr. 18.

Der Betroffene kann die Reichweite seines Widerspruchs selbst bestimmen. Er kann die – beabsichtigte oder bereits erfolgte – an sich rechtmäßige **Erhebung, Verarbeitung oder Nutzung** (vgl. die Legaldefinitionen dieser Begriffe in § 3 Abs. 3 bis 5) seiner Daten unter engen Voraussetzungen mit seinem berechtigten Widerspruch unterbinden. Dabei kann der Widerspruch auf bestimmte Daten bzw. Datenarten und/oder Teile der Erhebung, Verarbeitung (z.B. auf die Übermittlung insgesamt oder hinsichtlich bestimmter Empfänger) und Nutzung beschränkt werden. Der Löschung oder Sperrung von Daten kann allerdings nicht widersprochen werden, auch wenn sie nach § 3 Abs. 4 der Verarbeitung zuzurechnen sind. Hierbei handelt es sich aber um gegenüber dem Widerspruchsrecht alternative, grundsätzlich abschließend geregelte Schutzinstrumente. 84

Der Widerspruch ist **bei der verantwortlichen Stelle** (vgl. § 3 Abs. 7) zu erheben. 85

Er ist nicht an eine bestimmte Form gebunden und kann somit auch mündlich erhoben werden. Es kommt nicht darauf an, ob der Widerspruch ausdrücklich als solcher bezeichnet ist. Er kann auch konkludent zum Ausdruck gebracht werden. 86

Widerspricht der Betroffene der Erhebung, Verarbeitung oder Nutzung seiner Daten, so hat er darzulegen, **dass sein schutzwürdiges Interesse wegen seiner besonderen persönlichen Situation das Interesse der verantwortlichen Stelle an dieser Erhebung, Verarbeitung oder Nutzung überwiegt. Die verantwortliche Stelle hat zu überprüfen, ob diese Voraussetzungen vorliegen.** Erforderlich ist eine Interessenabwägung, die die konkreten Umstände des Einzelfalls einschließlich der Art der Daten und der Konsequenzen einer Erhebung, Verarbeitung oder Nutzung für den Betroffenen berücksichtigt und sie etwaigen gegenläufigen öffentlichen Interessen oder privaten Interessen Dritter gegenüberstellt.[110] 87

Der Entwurfsbegründung zufolge sollen die Interessen des Einzelnen nur in Ausnahmefällen überwiegen; vor dem Hintergrund, dass dem Widerspruch eine rechtmäßige Verarbeitung und Nutzung zugrunde liege,[111] sei bei der Prüfung des Vorliegens einer besonderen persönlichen Situation, die das öffentliche Interesse an der Verarbeitung und Nutzung zurücktreten lasse, ein besonders strenger Maßstab anzulegen. Die verantwortliche Stelle kann indessen, auch wenn Zweifel hinsichtlich der Rechtmäßigkeit der Datenverarbeitung bestehen, in Anwendung des Abs. 5 Satz 1 aufgrund einer – diese Zweifel berücksichtigenden – Interessenabwägung zu einer betroffenenfreundlichen Lösung kommen, soweit dem nicht im Einzelfall anzuwendende Rechtsvorschriften entgegenstehen.[112] Unberührt bleiben die verantwortliche Stelle von Amts wegen treffende Pflichten, aus der Unrichtigkeit personenbezogener Daten oder der Unzulässigkeit ihrer Erhebung, Verarbeitung oder Nutzung die vom Gesetz geforderten Konsequenzen zu ziehen. 88

Rechtsfolge eines erfolgreichen Widerspruchs ist nach dem Wortlaut des Abs. 5 Satz 1, dass die in Rede stehenden Daten nicht erhoben, verarbeitet oder genutzt werden dürfen. Ist eine Verarbeitung oder Nutzung bereits erfolgt, so ist nach erfolgreichem Widerspruch zu differenzieren. Die Speicherung wird ggf. mit ex-nunc-Wirkung[113] unzulässig mit der grundsätzlichen Folge der Verpflichtung zur Löschung nach Abs. 2 Nr. 1; nach Maßgabe des Abs. 3 tritt eine Sperrung an die Stelle der Löschung. Hat der Betroffene gegen Übermittlung oder Nutzung mit Erfolg Widerspruch erhoben, so ist diese künftig unzulässig (Verwendungsverbot). Wegen weiterer Einzelheiten wird auf die Kommentierung des § 28 Abs. 4 Bezug genommen. 89

Abs. 5 Satz 2 schließt die Anwendung von **Satz 1 aus, wenn eine Rechtsvorschrift zur Erhebung, Verarbeitung oder Nutzung der Daten verpflichtet.** Hierzu zählen nicht die Vorschriften, die lediglich eine entsprechende Ermächtigung der verantwortlichen Stelle aussprechen. 90

---

110 Vgl. auch § 35 Rdnrn. 54 ff. mit Einzelbeispielen; vgl. ferner *Roßnagel/Pfitzmann/Garstka*, Modernisierung des Datenschutzrechts, S. 176 f.

111 Vgl. auch Erwägungsgrund 45 der EG-Datenschutzrichtlinie.

112 Vgl. auch *Dammann/Simitis,* EG-Datenschutzrichtlinie Art. 14 Erl. 2.

113 So auch *Gola*, DuD 2001, 278.

7. Nachberichtspflicht (Abs. 8)

91 Die Nachberichtspflicht des Empfängers in den in Abs. 8 aufgeführten Fällen einer Berichtigung oder Sperrung oder Löschung stellt eine wichtige Ergänzung der Rechte des Betroffenen dar. Dadurch soll der Empfänger seinerseits in die Lage versetzt werden, seinen Verpflichtungen aus §§ 20, 35 nachzukommen.[114] Damit bedarf es nicht mehr der Heranziehung eines Folgenbeseitigungsanspruchs nach allgemeinen Grundsätzen.[115]

92 Adressat der Unterrichtungspflicht ist die **verantwortliche Stelle** (§ 3 Abs. 7). Zu verständigen sind die **Stellen, denen im Rahmen einer Datenübermittlung Daten zur Speicherung weitergegeben wurden**. Die nach der Vorgängervorschrift § 20 Abs. 7 a.F. erforderliche Regelmäßigkeit der Übermittlung als Voraussetzung der Nachberichtspflicht ist in Umsetzung von Art. 12 Buchst. c der EG-Datenschutzrichtlinie entfallen.

93 Die erforderliche Unterrichtung bezieht sich zunächst auf die **Berichtigung unrichtiger Daten** nach Abs. 1 Satz 1, wenn diese übermittelt wurden. Die Nachberichtspflicht besteht auch bei übermittelten Daten, soweit deren Unrichtigkeit nach Abs. 1 Satz 2 in geeigneter Weise festgehalten wird. Auch hierin liegt eine Berichtigung i.S.v. Abs. 8. Die Interessenlage ist in beiden Fällen identisch: Der Betroffene soll davor geschützt werden, dass falsche Daten über ihn weiterverarbeitet oder genutzt werden.[116] Keine Benachrichtigungspflicht besteht dagegen, wenn der Betroffene die Richtigkeit von Daten bestreitet und dies nach Abs. 1 Satz 2 festgehalten wird.

94 Gegenstand der Nachberichtspflicht ist weiter die **Sperrung bestrittener Daten.** Gemeint sind die Fälle, in denen die Daten nach Abs. 4 gesperrt wurden, weil ihre Richtigkeit vom Betroffenen bestritten wird.

95 Ebenso löst eine Übermittlung in Fällen der **Löschung oder Sperrung wegen Unzulässigkeit der Speicherung** (Abs. 2 Nr. 1 bzw. Abs. 3 i.V.m. Abs. 2 Nr. 1) die Nachberichtspflicht aus. Das Gesetz sieht diese nicht vor bei der Löschung nach Abs. 2 Nr. 2 und der Sperrung nach Abs. 3 i.V.m. Abs. 2 Nr. 2. Die entsprechenden Voraussetzungen sind vom Empfänger für seinen Verantwortungsbereich eigenständig zu prüfen.

96 Die Nachberichtspflicht besteht nur, wenn die Verständigung des Empfängers **keinen unverhältnismäßigen Aufwand erfordert.**
Zu berücksichtigen ist nur der durch die konkrete Unterrichtung entstehende Aufwand (vgl. auch o. Rdnr. 54). Unverhältnismäßig ist der Aufwand bei gänzlich belanglosen Korrekturen. Die Möglichkeit von Missverständnissen zulasten des Betroffenen muss ausgeschlossen sein (vgl. auch o. Rdnr. 14).

97 Die Nachberichtspflicht besteht nur, wenn **schutzwürdige Interessen des Betroffenen nicht entgegenstehen**. Anders als nach § 20 Abs. 7 a.F. ist nicht darauf abzustellen, ob die Unterrichtung des Empfängers zur Wahrung schutzwürdiger Interessen des Betroffenen erforderlich ist. Dass dies der Fall ist, wird vom Gesetz unterstellt. Die Berücksichtigung entgegenstehender schutzwürdiger Interessen des Betroffenen soll der amtlichen Begründung zufolge verhindern, dass eine Benachrichtigung zu seinen Lasten erfolgt.[117] Dies wäre namentlich der Fall, wenn die neuen Daten für den Betroffenen ungünstiger sind.[118]

8. Vorrang des Bundesarchivgesetzes

98 Abs. 9 stellt klar, dass die dort genannten Vorschriften des Bundesarchivgesetzes anzuwenden sind. Die Regelung soll ermöglichen, dass personenbezogene Daten, die zu löschen wären, dem Bundesarchiv angeboten werden und, sofern ihnen bleibender Wert i.S.v. § 3 BArchG

---

114 Vgl. *Gola/Schomerus,* BDSG § 20 Rdnr. 35; *Auernhammer,* BDSG § 20 Rdnr. 40.
115 Dazu Voraufl. § 14 Rdnr. 29.
116 Vgl. *Auernhammer,* BDSG § 20 Rdnr 41.
117 Diese Formulierung ist allerdings missverständlich. Gemeint ist wohl, dass eine Nachberichts*pflicht* ausgeschlossen sein soll. Ob eine Unterrichtung des Empfängers zulässig ist, ist grundsätzlich nach den Übermittlungsvorschriften (§§ 13 ff.) zu beurteilen.
118 Vgl. auch *Dammann/Simitis,* EG-Datenschutzrichtlinie Erl. 18.

zukommt, zu übergeben sind. Es wird klargestellt, dass § 20 keine dem Bundesarchivgesetz vorgehende Rechtsvorschrift über die Vernichtung von Unterlagen i.S.d. § 2 Abs. 7 BArchG ist.[119] Dem VG Darmstadt[120] zufolge hat der Beschuldigte einen Anspruch auf Vernichtung einer Ermittlungsakte gegenüber dem Hess. Staatsarchiv – dem die Akte in dem entschiedenen Fall übergeben worden war – angesichts der datenschutzrechtlichen Schutzvorschriften im HessArchG nur in besonders gelagerten Einzelfällen.

9. Subsidiarität gegenüber besonderen Rechtsvorschriften

Hat der Betroffene nach einer besonderen bundesrechtlichen Vorschrift ein Recht auf Berichtigung, Sperrung oder Löschung oder ein Widerspruchsrecht, so geht diese Vorschrift dem § 20 nach § 1 Abs. 3 vor.[121] 99

Vorrangig gegenüber § 20 sind die in den gleichzeitig mit dem BDSG 1990 verabschiedeten, mit diesem Gesetz abgestimmten Gesetzen zu den **Nachrichtendiensten (Verfassungsschutz, Bundesnachrichtendienst, Militärischer Abschirmdienst**) enthaltenen einschlägigen Vorschriften (§ 12 f. BVerfSchG,[122] § 7 MADG, § 5 BNDG). Gleiches gilt für §§ 32 f. des Bundeskriminalamtsgesetzes (**BKAG**),[123] § 22 des Sicherheitsüberprüfungsgesetzes des Bundes (**SÜG**)[124] und § 35 des Bundespolizeigesetzes (**PolG**). 100

Die **Polizeigesetze** der Länder enthalten bereichsspezifische Vorschriften zur Berichtigung, Sperrung und Löschung personenbezogener Daten, die dem allgemeinen Datenschutzrecht grundsätzlich vorgehen.[125] 101

Im **öffentlichen Dienstrecht** wurde mit **§§ 90 ff. BBG** eine abschließende Sonderregelung getroffen (vgl. hier § 90e BBG, § 29 SoldatenG).[126] Gleiches gilt für **§§ 4 a, 9 MRRG**.[127] Weiter enthält das **Stasi-Unterlagen-Gesetz** (§§ 12 ff., vgl. bes. § 14 StUG) vorrangige Sonderregelungen.[128] 102

§ 20 ist auf Gerichtsakten nicht anwendbar, da das Prozessrecht insoweit abschließenden Charakter hat.[129] 103

Ansprüche des Betroffenen auf Schadensersatz, Folgenbeseitigung,[130] Unterlassung oder Widerruf **wegen Verletzung des Persönlichkeitsrechts oder verfassungs- oder verwaltungsrechtlicher Grundsätze werden durch § 20 nicht ausgeschlossen**. Diese Ansprüche bestehen vielmehr neben den Rechten des Betroffenen aus § 20. 104

In der Rechtsprechung ist anerkannt, dass das Recht auf informationelle Selbstbestimmung einer (weiteren) Speicherung personenbezogener Daten **aus strafrechtlichen Ermittlungsverfahren in einer polizeilichen Personenauskunftsdatei** zum Zweck der vorbeugenden Verbrechensbekämpfung entgegensteht, wenn nichts dafür spricht, dass der Betroffene erneut einschlägig oder ähnlich in Erscheinung treten wird, und deshalb ausgeschlossen werden 105

119 Vgl. amtl. Begr. des BDSG 1990, BT-Drs.11/4306 S. 47 Zu der Frage, ob das Bundesamt für Verfassungsschutz Akten an das Bundesarchiv abgeben muss vgl. BfD TB 2001-2002 17.2.2.

120 VG Darmstadt, NJW 2004, 1471=DuD 2004, 369.

121 Vgl. § 19 Rdnrn. 118 f. und Kommentierung des § 1 Abs. 3.

122 Vgl. zu Löschungsansprüchen gegenüber Verfassungsschutzbehörden VGH Mannheim, NVwZ-RR 1991, 70 und VBl. BW 1994, 320; VGH München, CR 1995, 113.

123 Vgl. BVerwG, DVBl. 1999, 332 = Buchholz 402.46 BKAG Nr. 1.

124 Zur Frage des Widerspruchs des Ehepartners einer in die Sicherheitsüberprüfung einbezogenen Person gegen die Speicherung seiner Daten BfD, TB 2001/2002 20.4.

125 Dazu *Bäumler,* in *Lisken/Denninger,* Handbuch des Polizeirechts, 2. Aufl., J 745 ff.; vgl. aus der Rechtsprechung zu derartigen Löschungsansprüchen VGH Mannheim, DVBl. 1992, 1309 m. Anm. *Dronsch*; VGH München, BayVBl. 1996, 468.

126 Zu § 90e BBG vgl.auch o. Rdnr. 33. Zur Teilentfernung von Personalaktendaten durch Schwärzung vgl. BVerwG, ZBR 2000, 129=RDV 2000, 220.

127 Vgl. auch *Mallmann,* NVwZ 2001 294 u.a. zur mit der Novelle v. 28.8.2000 beabsichtigten Qualitätsverbesserung der Melderegister.

128 Vgl. OVG Berlin, RDV 1992, 182.

129 Vgl. § 19 Rdnr. 123; zu Aufbewahrungsbestimmungen für Gerichtsakten vgl. BayLfD 20. TB (2002) 8.1.3.

130 Vgl. o. Rdnrn. 33, 37.

kann, dass die vorhandenen Daten die Arbeit der Polizei noch fördern können. Dies gelte auch für die Zulässigkeit der Aufbewahrung **erkennungsdienstlicher Unterlagen** nach § 81b 2. Alt. StPO.[131] Diese Vorschrift stellt allerdings lediglich eine Erhebungsnorm dar, die den weiteren Umgang mit den danach erhobenen Daten nicht regelt. Es erscheint zweifelhaft, ob § 81b 2. Alt. StPO im Hinblick auf die Anforderungen der Volkszählungsentscheidung des Bundesverfassungsgerichts als ausreichende Ermächtigungsgrundlage für die Aufbewahrung und Nutzung erhobener erkennungsdienstlicher Daten angesehen werden kann.[132]

10. Streitigkeiten

106 Der Betroffene hat bei Vorliegen der gesetzlichen Voraussetzungen ein subjektives Recht auf Berichtigung, Sperrung und Löschung, das er notfalls gerichtlich durchsetzen kann. Zuständig ist, je nachdem welche Behörde oder Stelle die Daten verarbeitet, das Verwaltungsgericht,[133] das Sozialgericht oder das Finanzgericht. Die Eintragung oder Nichteintragung personenbezogener Daten sowie die Unterlassung der Berichtigung personenbezogener Daten in Dateien der Bundeswehr kann als truppendienstliche Maßnahme vor den Wehrdienstgerichten angefochten werden.[134] Wird im Hauptsacheverfahren die Löschung von personenbezogenen Daten begehrt, kann eine Sperrung der Daten als vorläufige Maßnahme im Verfahren nach § 123 VwGO in Betracht kommen.[135]

11. Landesrecht

107 Der Anspruch auf **Berichtigung** ist geregelt in § 21 LDSG BW, Art. 11 BayDSG, § 17 Abs. 1 BlnDSG, § 19 Abs. 1 BgbDSG, § 22 Abs. 1 BremDSG, § 19 Abs. 1 HmbDSG, § 19 Abs. 1 HDSG, § 13 Abs. 1 DSG MV, § 17 Abs. 1 NDSG, § 19 Abs. 1 DSG NW, § 19 Abs. 1 LDatGRhPf, § 20 Abs. 1 SDSG, § 19 Abs. 1 SächsDSG, § 16 Abs. 1 DSG LSA, § 28 LDSG SH, § 14 Abs. 1 ThürDSG. Einige der genannten Bestimmungen enthalten für nichtautomatisierte Dateien oder Akten Sonderregelungen, denen zufolge kenntlich zu machen ist, wann und aus welchem Grund Daten unrichtig waren oder geworden sind (§ 19 Abs. 1 Satz 2 BrbDSG, § 19 Abs. 1 Satz 2 HmbDSG, § 13 Abs. 1 Satz 2 DSG MV, § 19 Abs. 1 Satz 2 DSG NRW, § 19 Abs. 1 Satz 2 LDatGRhPf).

108 Die Voraussetzungen der **Löschung** sind – weitgehend entsprechend denjenigen in § 20 – geregelt in § 23 LDSG BW, Art. 12 Abs. 1 BayDSG, § 17 Abs. 3 BlnDSG, § 19 Abs. 2 BrbDSG, § 22 Abs. 3 BremDSG, § 19 Abs. 3 HmbDSG, § 13 Abs. 2 DSG MV, § 19 Abs. 3 HmbDSG, § 19 Abs. 3 und 6 HDSG, § 13 Abs. 2 DSG MV, § 17 Abs. 2 NDSG, § 19 Abs. 3 DSG NW, § 19 Abs. 2 LDatG RhPf, § 21 Abs. 3 SDSG, § 20 SächsDSG, § 16 Abs. 2 DSG LSA, § 28 Abs. 2 LDSG SH., § 16 ThürDSG.

109 Die Voraussetzungen der **Sperrung** entsprechen – mit teilweisen Abweichungen – überwiegend der Regelung in § 20. Im Einzelnen handelt es sich um folgende Vorschriften: § 24 LDSG BW, Art. 12 Abs. 2-7 BayDSG, § 17 Abs. 2 und 6 BlnDSG, § 19 Abs. 3 BbgDSG, § 22 Abs. 2 BremDSG, § 19 Abs. 2 HmbDSG, § 19 Abs. 2 HDSG, §§ 13 Abs. 3-5, 25 Abs. 1 und 2 DSG MV, § 17 Abs. 3 NDSG, § 19 Abs. 2 DSG NW, § 19 Abs. 3 LDatGRhPf, § 21 Abs. 2 SDSG, § 21 SächsDSG, § 16 Abs. 3-5 DSG LSA, § 15 ThürDSG. Im Falle nicht mehr zur Aufgabenerfüllung erforderlicher Daten ist teilweise statt der Löschung die Sperrung vor-

---

131 BVerwG, Beschluss v. 12.11.1992 – 1 B 164.92 – Buchholz 402.41 Nr.56; vgl. auch BVerwGE 26, 169, 171; 66, 202, 205; BVerwG, NJW 1990, 2768; VGH Mannheim, GewArch 2000, 23; vgl. auch *Rachor,* in *Lisken/Denninger,* Handbuch des Polizeirechts, 2. Aufl., F Rdnrn. 239 ff.

132 Vgl. auch VG Gießen, NVwZ 2002, 1531=DuD 2002, 626; vgl. demgegenüber VGH Kassel, DÖV 2005, 523.

133 Zu Besonderheiten bei einer Klage, die auf Feststellung der Rechtswidrigkeit des Einsatzes verdeckter Ermittler gerichtet ist, vgl. § 19 Rdnr. 124.

134 BVerwG, NVwZ 2004, 626=RDV 2004, 269 zur Berichtigung von Angaben im Personalführungs- und Informationssystem Soldaten (PERFIS).

135 Vgl. VGH Kassel, RDV 1991, 149; VG Frankfurt/M., NJW 1997, 675=RDV 1997, 133.

gesehen, wenn der Betroffene dies verlangt (so § 19 Abs. 3 Satz 1b BrbDSG, § 13 Abs. 3 Nr. 4 DSG MV, § 19 Abs. 2 Nr. 2 HmbDSG, § 17 Abs. 3 Nr. 2 NDSG). Zum Teil bestehen auch Abweichungen hinsichtlich der Voraussetzungen, unter denen gesperrte Daten übermittelt oder genutzt werden dürfen (vgl. § 24 Abs. 4 Satz 2 LDSG BW, § 17 Abs. 2 Satz 3 BlnDSG, § 19 Abs. 2 Satz 2 HDSG, § 19 Abs. 5 LDatGRhPf, § 21 Abs. 4 SächsDSG, § 15 Abs. 3 ThürDSG).

Ein **Widerspruchsrecht** des Betroffenen ist vorgesehen in § 4 Abs. 6 LDSG BW, Art. 15 **110**
Abs. 5 BayDSG, § 17 Abs. 7 BlnDSG, § 4b BrbDSG, § 22a BremDSG, § 5 Abs. 3 HmbDSG, § 7 Abs. 5 HDSG, § 25 Abs. 3 DSG MV, § 17a NDSG, § 4 Abs. 5 DSG NW, § 4 Abs. 5 DSG NRW, § 19 Abs. 4 LDatGRhPf, § 22 SDSG, § 22 SächsDSG, §§ 4 Abs. 4, 35 DSG LSA, § 32 ThürDSG.

§ 21 Anrufung des Bundesbeauftragten für den Datenschutz und die Informationsfreiheit

Jedermann kann sich an den Bundesbeauftragten für den Datenschutz und die Informationsfreiheit wenden, wenn er der Ansicht ist, bei der Erhebung, Verarbeitung oder Nutzung seiner personenbezogenen Daten durch öffentliche Stellen des Bundes in seinen Rechten verletzt worden zu sein. Für die Erhebung, Verarbeitung oder Nutzung von personenbezogenen Daten durch Gerichte des Bundes gilt dies nur, soweit diese in Verwaltungsangelegenheiten tätig werden.

Literatur

s. bei § 22

Übersicht

1. Vorbemerkung

1 Von den Vorschriften über den BfDI hat § 21 für den Bürger die größte unmittelbare Bedeutung. Der BfDI hat danach die Funktion eines Ombudsmanns: Er kann von dem einzelnen Betroffenen, der sich durch die Erhebung, Verarbeitung oder Nutzung seiner Daten in seinen Rechten verletzt fühlt, jederzeit und unmittelbar, d.h. ohne Zwischenschaltung irgendwelcher behördlicher oder gerichtlicher Instanzen, angerufen werden.

2 Die Ombudsmannfunktion ist keine Unterart des gerichtlichen Rechtsschutzes, sondern eine – selbstständig neben diesen tretende – Schutzmöglichkeit grundlegend verschiedener Art. Demgemäß geht es auch nicht darum, vermeintliche Rechtsweglücken zu schließen. Vielmehr soll dem Bürger eine Institution zur Verfügung gestellt werden, die sein Vertrauen darauf stärkt oder wiederherstellt, dass er seine Rechte auch gegenüber einer durch fortschreitende Technisierung und zunehmende Komplexität undurchschaubar gewordenen Verwaltung durchsetzen kann. Ebenso wie das Petitionsrecht des Art. 17 GG zielt das Anrufungsrecht damit auf ein „grundlegendes Verständigungs- und Integrationsproblem zwischen Mensch und Staat".[1] Im Übrigen vermitteln die Eingaben dem BfDI wertvolle Informationen zur Ausfüllung seiner präventiven Kontroll- und Beratungsaufgaben.

2. Umfang des Anrufungsrechts

2.1 Träger des Anrufungsrechts

3 Das Recht, den BfDI anzurufen, steht **jedermann** zu. Da der Anrufende geltend machen muss, „bei der Erhebung, Verarbeitung oder Nutzung seiner personenbezogenen Daten" in seinen Rechten verletzt zu sein, muss es sich entsprechend der Begriffsbestimmung in § 3 Abs. 1 um eine natürliche Person handeln. Für Geschäftsfähigkeit und Vertretung gelten die allgemeinen Regelungen. Bei Minderjährigen dürfte es ausreichen, wenn sie die erforderliche Einsichtsfähigkeit besitzen, um die Bedeutung ihrer Datenschutzrechte zu erkennen. Auf Staatsangehörigkeit und Wohnsitz kommt es nicht an.

---

1 *Dürig*, in *Maunz/Dürig*, Komm. z. GG Art. 17 Rdnr. 8.

2.2 Voraussetzungen der Anrufung

Der Betroffene muss eine Verletzung seiner Rechte **„bei der Erhebung, Verarbeitung oder Nutzung seiner personenbezogenen Daten“** geltend machen. Mit der Wahl des Wortes „bei“ (statt „durch“) macht der Gesetzgeber deutlich, dass auch die Verletzung durch Aktivitäten oder Unterlassungen geltend gemacht werden kann, die im Zusammenhang mit der Erhebung, Verarbeitung oder Nutzung steht. 4

Stets muss es sich aber um Verhaltensweisen oder Tatbestände handeln, die sich auf den Schutz und die Sicherung der Daten, ihre Behandlung oder Verwendung oder die Verwirklichung der Kontrollrechte des Betroffenen beziehen. Kurz gesagt: seine **Datenschutzposition**, nicht irgendein anderes Recht oder Interesse, muss Gegenstand der Anrufung sein. Der Betroffene kann aber nicht nur die Unzulässigkeit einer Erhebung, Speicherung, Änderung, Übermittlung, Löschung oder Nutzung geltend machen, sondern beispielsweise auch behaupten, ihm sei zu Unrecht eine Auskunft, Berichtigung, Sperre oder Löschung verweigert worden; er sei bei einer Erhebung nicht auf die Rechtsgrundlage oder die Freiwilligkeit seiner Angaben hingewiesen worden; oder das Datengeheimnis, die Sorgfaltspflicht bei der Auswahl eines Service-Unternehmens oder die Pflicht zur Sicherung seiner Daten sei verletzt worden. Demjenigen, der nicht als Betroffener, sondern als bei der datenverarbeitenden Stelle Beschäftigter in seiner (arbeits- oder dienstrechtlichen) Rechtsposition verletzt zu sein glaubt,[2] steht das Recht nach § 21 nicht zu; ebenso wenig dem Betriebs- oder Personalrat in Bezug auf seine Mitbestimmungsrechte.[3] 5

Das Anrufungsrecht gilt selbstverständlich auch für Bedienstete öffentlicher Stellen.[4] Das im Hessischen Datenschutzgesetz enthaltene Recht von Beschäftigten, sich ohne Einhaltung des Dienstweges unmittelbar an den Datenschutzbeauftragten zu wenden,[5] zielt dagegen auf dienstliche Angelegenheiten und ist eher mit einer Befugnis zur direkten Vorlage bei einem Obergericht vergleichbar.[6] Es hat im BDSG keine Entsprechung. In der Praxis hat sich eine unmittelbare, meist telefonische Beratung auf der Arbeitsebene als nützlich erwiesen. 6

Das Recht, dessen Verletzung behauptet wird, kann im BDSG gründen, aber auch in jeder anderen geschriebenen oder ungeschriebenen Rechtsnorm mit Datenschutzcharakter. Insbesondere kann die Verletzung des Rechts auf informationelle Selbstbestimmung oder einer nach § 1 Abs. 3 vorgehenden Vorschrift gerügt oder geltend gemacht werden, dass eine von der Behörde herangezogene Norm die Datenverarbeitung nicht gemäß § 4 Abs. 1 rechtfertige. 7

Die Anrufung muss auf die Verletzung eines **Rechts** gestützt werden. Ein bloßes Interesse genügt – streng genommen – nicht; der BfDI versucht aber auch in solchen Fällen, weiterzuhelfen und zumindest aufzuklären.[7] Das Recht muss dem Petenten selbst zustehen. Soweit Rechtsnormen die Zulässigkeit der Datenverarbeitung im Interesse des Betroffenen begrenzen oder ihm Kontroll- und Einwirkungsrechte einräumen, ist diese Voraussetzung unproblematisch. Soweit die datenverarbeitenden Behörden und Stellen zu personellen, **technischen und organisatorischen Maßnahmen** verpflichtet werden,[8] könnte jedoch zweifelhaft sein, ob diesen Pflichten jeweils entsprechende Rechte der Betroffenen gegenüberstehen. Die Frage ist grundsätzlich zu bejahen. Der Zweck dieser Vorschriften besteht darin, die einzelnen Betroffenen vor der Gefahr zu schützen, dass ihre schutzwürdigen Belange beeinträchtigt werden. Dass auch ein öffentliches Interesse an präventiven Schutzvorkehrungen besteht, steht der Anerkennung eines Anrufungsrechts nicht entgegen. Voraussetzung ist allerdings, dass der Schutz der Daten des Betroffenen durch die Pflichtverletzung gefährdet ist. Dies kann auch beim Unterlassen von Schutzmaßnahmen allgemeiner Art der Fall sein. Die An- 8

2 Z.B. durch die Verpflichtung nach § 5 Satz 2 oder Maßnahmen nach § 9.
3 Vgl. aber u. Rdnr. 17.
4 So ausdrücklich § 25 Abs. 1 Halbsatz 2 DSG NW, der ein Vorgehen in eigener Sache meint und daher nur klarstellenden Charakter hat, vgl. *Weyer,* DSG NW § 25 Rdnr. 5.
5 § 28 Abs. 2 HDSG.
6 Vgl. *Nungesser,* HDSG § 28 Rdnrn. 3 ff.
7 Vgl. auch u. Rdnr. 17.
8 §§ 5, 9, 10 Abs. 2, 18.

rufbarkeit des BfDI wegen mangelhafter präventiver Schutzvorkehrungen ist von besonderer Bedeutung, weil ein gerichtlicher Rechtsschutz auf diesem Gebiet wegen der notwendigen Geheimhaltung der Sicherungsmaßnahmen nur sehr begrenzt möglich ist, wohingegen der BfDI gerade hier seine Präventivfunktion zur Geltung bringen kann.

9 Aus der präventiven Zielrichtung des Datenschutzes im Allgemeinen und der Funktion des BfDI im besonderen folgt weiter, dass er auch wegen einer (nur) **drohenden** Rechtsverletzung angerufen werden kann. Ist beispielsweise eine Übermittlung von Daten angekündigt oder nach den Umständen zu erwarten, die der Betroffene für (datenschutz-)rechtswidrig hält, so braucht er deren Vollzug nicht abzuwarten.

3. Zuständigkeit

10 Der BfDI ist nur dann zuständig, wenn die behauptete Rechtsverletzung durch eine seiner Kontrolle unterliegende Behörde oder sonstige Stelle des Bundes erfolgt ist. Die institutionelle Zuständigkeit ist genauso wie in § 24 Abs. 1 und 3 bestimmt. Zum Begriff der öffentlichen Stelle des Bundes vgl. § 2 Abs. 1. Eine Anrufung kann sich auch auf die (privatrechtliche) Tätigkeit öffentlich-rechtlicher Wettbewerbsunternehmen des Bundes beziehen.[9] Bei Rechtsverletzungen durch Gerichte kann der BfDI nur tätig werden, wenn sie nicht auf einer unmittelbar der Rechtsprechung dienenden Tätigkeit eines Richters beruhen.[10]

11 Wird eine Rechtsverletzung außerhalb des Kontrollbereichs des BfDI geltend gemacht, so weist dieser den Betroffenen auf die fehlende Zuständigkeit hin und reicht eingesandte Unterlagen zurück. Außerdem ist ihm mitzuteilen, an welche andere Datenschutzbeschwerdeinstanz er sich wenden kann. Häufig wird es im Interesse des Betroffenen liegen, wenn seine Eingabe unmittelbar an das zuständige Datenschutzkontrollorgan[11] weitergeleitet wird.[12] Jedoch ist auch sein Anspruch auf vertrauliche Behandlung seiner Angaben zu beachten. Bestehen Zweifel, ob er mit der Weiterleitung einverstanden ist, insbesondere bei sensiblen Angaben oder Sachverhalten, so ist die Zustimmung des Betroffenen einzuholen; ansonsten sollte der BfDI ihm ankündigen, dass er seine Eingabe nach Ablauf einer bestimmten Frist an das zuständige Kontrollorgan weiterleiten wird, wenn er nicht widerspricht.

4. Notwendiger Inhalt, Form und Frist der Anrufung

12 Der Betroffene muss angeben, aufgrund welchen Sachverhalts er sich in welchem Recht verletzt sieht. Die Anforderungen an sein Vorbringen dürfen aber nicht zu hoch gespannt werden. Der BfDI hat nicht zuletzt die Aufgabe, denjenigen Bürgern beizustehen, denen es im Umgang mit Behörden schwer fällt, ihr Anliegen kurz und prägnant zum Ausdruck zu bringen. Er ist deshalb verpflichtet, jede Eingabe zu bearbeiten, die in Umrissen erkennen lässt, wodurch sich der Petent in welchem Interesse beeinträchtigt fühlt. Ist der Sachverhalt unvollständig dargestellt oder ist nicht eindeutig zu erkennen, inwiefern ein Recht des Betroffenen verletzt sein soll, so hat der BfDI dem Betroffenen mitzuteilen, dass die Bearbeitung seiner Eingabe nur möglich ist, wenn er seine Angaben entsprechend ergänzt. Werden die genannten Bedingungen auch nach Rückfrage nicht erfüllt, braucht der BfDI die Eingabe nicht weiter zu bearbeiten. Er ist aber nicht gehindert, sie zum Anlass für ein Tätigwerden von Amts wegen zu nehmen.

13 Zu den Minimalvoraussetzungen des § 21 gehört, dass die Person des Betroffenen feststellbar ist. Anonymen Eingaben braucht der BfDI nicht nachzugehen. Der Betroffene kann sich vertreten lassen. Vor der Übermittlung personenbezogener Daten an den Vertreter oder eine

9 § 27 Abs. 1 Satz 3.
10 § 24 Abs. 3.
11 Datenschutzbeauftragter des Landes, Aufsichtsbehörde nach § 38, ausländische Datenschutzkontrollorgane.
12 Dies empfiehlt *Auernhammer,* BDSG § 21 Rdnr. 5.

verantwortliche Stelle hat der BfDI sich vom Vorliegen einer entsprechenden Vollmacht zu überzeugen.

Eine bestimmte **Form** ist für die Anrufung nicht vorgeschrieben. Sie kann daher schriftlich – auch elektronisch – oder mündlich, auch fernmündlich erfolgen. Auf Wunsch ist dem Bürger Gelegenheit zu geben, sein Anliegen in der Dienststelle innerhalb der Dienststunden persönlich vorzutragen. 14

An irgendwelche **Fristen** ist die Anrufung nicht gebunden. 15

Zur Frage, in welchem **Verhältnis** die Anrufung zur **gerichtlichen Klage** in der gleichen Angelegenheit steht, enthält das Gesetz keine Aussage. Beide Möglichkeiten stehen dem Betroffenen daher nebeneinander offen.[13] Es ist aber nicht zu verkennen, dass es durch gegensätzliche und nicht aufeinander bezugnehmende Entscheidungen zu problematischen Situationen kommen kann. Deshalb wird u.a. zu überprüfen sein, ob es zweckmäßig ist, dem BfDI künftig das Recht zur Beteiligung an verwaltungsgerichtlichen Verfahren entsprechend den Vorschriften über den Vertreter des öffentlichen Interesses[14] einzuräumen. 16

Selbstverständlich steht es jedermann frei, sich außer wegen der Verletzung eigener Rechte auch aus anderen Anlässen, z.B. mit Fragen und Hinweisen an den BfDI zu wenden. Insbesondere Mitteilungen über Gefahrenlagen und Missstände sowie Vorschläge zur Verbesserung von Vorschriften und Maßnahmen können zur Wirksamkeit der Institution wesentlich beitragen. § 21 ist in solchen Fällen nicht anwendbar. Aber auch ohne Rechtspflicht wird der BfDI solche Fragen und Anregungen regelmäßig beantworten. Häufig bitten Personalvertretungen den BfDI um Beratung, etwa wenn in ihrer Dienststelle die Personaldatenverarbeitung automatisiert oder Bürokommunikationssysteme eingeführt werden sollen. Darauf einzugehen, entspricht Aufgabe und Stellung des BfDI. Weder die Personalvertretung noch der BfDI ist verpflichtet, zuvor die Dienststellenleitung zu informieren; § 66 Abs. 3 BPersVG ist nicht anwendbar, da die dienststelleninterne Entscheidung von der Beratung unberührt bleibt.[15] Auch sonst steht der direkten Kontaktaufnahme (in beiden Richtungen) rechtlich nichts entgegen.[16] 17

5. Folgen der Anrufung

Der Betroffene hat einen Anspruch darauf, dass seine Eingabe erledigt wird. Dazu gehört die **Entgegennahme**, die **sachliche Prüfung** und die **Bescheidung**.[17] Weitergehende Rechte, etwa auf Vornahme bestimmter Prüfungen bei bestimmten Stellen, bestehen nicht.[18] Ist abzusehen, dass die Bearbeitung längere Zeit dauern wird, soll der Betroffene einen Zwischenbescheid erhalten. Die Pflicht zur Entgegennahme besteht auch, wenn der BfDI sachlich unzuständig ist. Der Petent ist dann an die zuständige Datenschutzbehörde zu verweisen.[19] 18

Soweit zur Sachaufklärung erforderlich, hat der BfDI im Rahmen seiner Kompetenzen[20] und Befugnisse[21] ergänzende Ermittlungen durchzuführen. In aller Regel ist es ratsam, der betroffenen Behörde oder Stelle Gelegenheit zur Äußerung zu geben; eine rechtliche Verpflichtung dazu besteht aber nicht. 19

Sind die Ermittlungen abgeschlossen, so hat der BfDI festzustellen, ob eine Verletzung der Rechte des Betroffenen vorliegt oder nicht, und ihn entsprechend zu bescheiden. Hierauf hat 20

---

13 Ebenso *Walz,* in GK-SGB X § 79 Rdnr. 193.
14 §§ 63 Nr. 4, 37 ff. VwGO.
15 *Lorenzen,* in *Lorenzen/Haas/Schmidt,* BPersVG § 66 Rdnr. 30 a; *Wohlgemuth,* PersR 1990, 100 (101); differenzierend *Dörr/Schmidt,* BDSG, zu § 21.
16 *BfD,* 12. TB, 32 unter Hinweis auf ein Rechtsgutachten des Wissenschaftlichen Dienstes des Deutschen Bundestages; zur Anrufung durch Bedienstete s.o. Rdnr. 6.
17 OVG Saarland, Urt. v. 11.1.93, Dok. § 21 E 3; VG Hannover, Bescheid v. 16.3.93, Dok. § 21 E 4; zum Petitionsrecht nach Art. 17 GG s. BVerfGE 13, 54 (90); BVerwG, NJW 1976, 637; BVerwG, NJW 1977, 118.
18 OVG NW, Urt. v. 23.2.95, Dok. § 21 E 5.
19 Vgl. näher oben Rdnr. 11.
20 § 24 Abs. 1.
21 § 24 Abs. 4.

der Betroffene einen Rechtsanspruch, nicht aber auf bestimmte tatsächliche oder rechtliche Feststellungen, wie etwa auf die Vornahme einer Beanstandung. Eine ins Einzelne gehende **Begründung** ist nicht vorgeschrieben. Stellt der BfDI eine Rechtsverletzung fest, so muss er angeben, welches Recht er durch welchen Vorgang verletzt sieht. Soweit kein Ausnahmefall vorliegt, ist nach § 25 eine Beanstandung auszusprechen. Auch davon und – sofern er nicht bereits durch die Behörde oder Stelle informiert worden ist – vom Ergebnis der Beanstandung ist der Betroffene zu unterrichten.

21 Der BfDI kann und soll, soweit es darauf ankommt, dem Betroffenen auch das Ergebnis seiner tatsächlichen Feststellungen mitteilen. Seine Verschwiegenheitspflicht steht dem grundsätzlich nicht entgegen.[22] Allerdings darf er nicht in die Kompetenzen der Behörden eingreifen. Zu seinen Aufgaben gehört es beispielsweise nicht, anstelle der verantwortlichen Stelle dem Betroffenen eine Auskunft i.S.d. § 19 zu erteilen.[23]

22 Mit dem Bescheid teilt der BfDI seine Auffassung über das Vorliegen einer (Datenschutz-) Rechtsverletzung mit. Eine unmittelbare **rechtliche Wirkung** auf die Rechte und Pflichten des Betroffenen oder der datenverarbeitenden Stelle geht von dem Bescheid nicht aus. § 21 gibt dem BfDI keine Kassations-, Regelungs- oder Anordnungskompetenz. Die besondere, auf die unabhängige Stellung und auf den direkten Zugang zu Bundesregierung, Bundestag und Öffentlichkeit gestützte Autorität des Amtes verleiht den Entscheidungen gegenüber den betroffenen Behörden und Stellen jedoch ein Gewicht, das dem von Gerichtsurteilen und Weisungen vorgesetzter Behörden grundsätzlich nicht nachsteht.

23 Der BfDI hat die vom Betroffenen gemachten Angaben **vertraulich** zu behandeln. Nur soweit dieser ausdrücklich oder (durch die Art seines Begehrens) schlüssig eingewilligt hat, dürfen sie – und die Tatsache der Anrufung – der verantwortlichen Stelle, anderen öffentlichen Stellen und Privaten bekannt gegeben werden. Wendet sich der Petent gegen eine generelle Verwaltungspraxis, so besteht kein Grund, der öffentlichen Stelle seine Identität mitzuteilen. Es ist darauf zu achten, dass der Petent auch nicht unbeabsichtigt bestimmbar wird. Daher sind Zitate oder (Teil-)Kopien, die durch Vergleich mit anderem Schriftverkehr den Petenten erkennen lassen, zu vermeiden.

24 Soweit der BfDI einen ihm vom Anrufenden anvertrauten Sachverhalt bei der Bearbeitung der Eingabe der öffentlichen Stelle mitteilt, hat auch diese die besondere Vertraulichkeit des Anrufungsverfahrens zu respektieren und darf die erhaltenen Angaben ausschließlich für Zwecke des Anrufungsverfahrens verwenden. Es ist selbstverständlich, dass niemand wegen der Anrufung des BfDI benachteiligt oder gemaßregelt werden darf.[24] Die öffentliche Stelle darf die Tatsache der Anrufung und die erhaltenen Angaben aber auch nicht so speichern – z.B. in der fachlichen Verwaltungsdatei oder Akte –, dass die Gefahr einer Benachteiligung besteht. Aus der Eingabe resultierende Unterlagen dienen ausschließlich der Dokumentation der Bearbeitung der Eingabe und sind i.d.R. gesondert und nur für einen begrenzten Zeitraum aufzubewahren. § 14 Abs. 2 ist hier unanwendbar. Personenbezogene Mitteilungen an andere Stellen, etwa zur Verifizierung eines vom Anrufenden vorgetragenen Sachverhalts, dürfen nur im Einvernehmen mit dem BfDI erfolgen, der seinerseits die Vertraulichkeit beachten und daher im Zweifel beim Petenten rückfragen muss.

25 Auf das Verfahren beim BfDI ist das **Verwaltungsverfahrensgesetz** des Bundes anzuwenden, da es sich um eine öffentlich-rechtliche Verwaltungstätigkeit einer Behörde handelt.[25] Dass der BfDI in der Verwaltungsangelegenheit, die Gegenstand der Eingabe ist, keinen Verwaltungsakt erlässt, ist für die Anwendung des Verwaltungsverfahrensgesetzes unerheblich.[26] Die Bestimmungen des Verwaltungsverfahrensgesetzes sind allerdings nur insoweit anzuwenden, als nicht das BDSG das Verfahren regelt,[27] wie dies insbesondere durch die

---

22 Vgl. im Einzelnen § 23 Rdnrn. 25 ff.

23 Ausdrücklich § 19 Abs. 6 Satz 2; zur Praxis s. *BfD*, 1. TB 3.4.7.3, 3.4.7.4.

24 So *Nungesser*, HDSG § 28 Rdnr. 2 zu der ausdrücklichen landesrechtlichen Regelung, die sich ähnlich auch in § 25 Abs. 2 DSG NW findet.

25 VG München, Dok. § 20 E 1 S. 1 ff.

26 A.M. – nur entsprechende Anwendung der Grundsätze – *Weyer*, DSG NW § 25 Rdnr. 6.

27 § 1 Abs. 1 letzter Halbsatz VwVfG.

§§ 21, 23 Abs. 4-6, 24 und 25 geschehen ist. Ein Akteneinsichtsrecht des Anrufenden bezüglich des vom BfDI zu seiner Eingabe geführten Vorgangs nach § 29 VwVfG ist grundsätzlich zu bejahen.[28] Mit der Eingabe nach § 21 macht der Betroffene ein eigenes Recht geltend und ist daher als Antragsteller nach § 13 Abs. 1 Nr. 1 VwVfG auch Beteiligter i.S.v. § 29 VwVfG. Nur Eingaben Nichtbetroffener sind als bloße Anregungen anzusehen, die nicht zur Beteiligteneigenschaft führen. Es entspricht im Übrigen auch dem bürgerorientierten integrativen Auftrag des BfDI, Petenten Akteneinsicht zu gewähren, soweit nicht im Einzelfall rechtliche Hindernisse entgegenstehen. Das Akteneinsichtsrecht erstreckt sich allerdings nur auf den unmittelbaren Gegenstand der Eingabe, nicht auf weitere Angelegenheiten, die der BfDI von Amts wegen zusätzlich – wenn auch durch die Eingabe veranlasst – aufgegriffen hat.

6. Verantwortlichkeit des Anrufenden

§ 21 gibt dem Betroffenen keine Befugnis, in Rechtsgüter anderer einzugreifen, rechtfertigt 26
also beispielsweise nicht eine in der Eingabe enthaltene Beleidigung, üble Nachrede oder falsche Anschuldigung. Eine Rechtfertigung kann sich allerdings nach § 193 StGB aus der Wahrnehmung berechtigter Interessen ergeben. Die Anrufung als solche kann niemals als Beleidigung gewertet werden. Da die Datenschutzverstöße in großem Umfang pönalisiert sind, wird der Betroffene in vielen Fällen mit der Behauptung einer Rechtsverletzung zugleich die verantwortlichen Bediensteten strafbarer Handlungen bezichtigen. Nur wenn dies wider besseres Wissen geschieht, kann darin eine falsche Anschuldigung nach § 164 StGB liegen. Die fahrlässige Falschanschuldigung ist nicht mehr strafbar.

Die Frage der strafrechtlichen Verantwortlichkeit des Betroffenen wird sich in der Praxis nur 27
selten stellen, da der BfDI infolge seiner unabhängigen Stellung und seiner Vertrauensfunktion nicht verpflichtet ist, zur Einleitung eines Strafverfahrens beizutragen. Da er zur Zeugnisverweigerung berechtigt ist,[29] braucht er weder den strafrechtlich relevanten Inhalt der Eingabe an Dritte weiterzuleiten, noch ist er – abgesehen vom Fall des § 138 StGB – zur Erstattung einer Anzeige verpflichtet. Ist die Absicht einer Beleidigung oder Falschanschuldigung offensichtlich, so ist der BfDI berechtigt, die Bearbeitung der Petition unter dem Gesichtspunkt des Rechtsmissbrauchs abzulehnen.

7. Streitigkeiten

Der Betroffene kann seinen Anspruch auf Entgegennahme, Prüfung und Bescheidung seiner 28
Eingabe durch Klage vor dem Verwaltungsgericht durchsetzen.[30] Der Bescheid des BfDI ist nicht mit Rechtsmitteln angreifbar. Klagen sind gegen die Bundesrepublik Deutschland, vertreten durch den BfDI, zu richten.[31]

---

28 A.M. BayVGH, Dok. § 20 E 2 S. 2 f.

29 § 23 Abs. 4.

30 Leistungsklage unter entsprechender Anwendung der Grundsätze zur Untätigkeitsklage, vgl. *Weyer,* DSG NW § 25 Rdnr. 10.

31 Vgl. näher *Heil,* a.a.O., Abschnitt C.

Dritter Unterabschnitt
Bundesbeauftragter für den Datenschutz und die Informationsfreiheit

§ 22 Wahl des Bundesbeauftragten für den Datenschutz und die Informationsfreiheit

(1) Der Deutsche Bundestag wählt auf Vorschlag der Bundesregierung den Bundesbeauftragten für den Datenschutz und die Informationsfreiheit mit mehr als der Hälfte der gesetzlichen Zahl seiner Mitglieder. Der Bundesbeauftragte muß bei seiner Wahl das 35. Lebensjahr vollendet haben. Der Gewählte ist vom Bundespräsidenten zu ernennen.

(2) Der Beauftragte leistet vor dem Bundesminister des Innern folgenden Eid:

> **„Ich schwöre, daß ich meine Kraft dem Wohle des deutschen Volkes widmen, seinen Nutzen mehren, Schaden von ihm wenden, das Grundgesetz und die Gesetze des Bundes wahren und verteidigen, meine Pflichten gewissenhaft erfüllen und Gerechtigkeit gegen jedermann üben werde. So wahr mir Gott helfe."**

Der Eid kann auch ohne religiöse Beteuerung geleistet werden.

(3) Die Amtszeit des Bundesbeauftragten beträgt fünf Jahre. Einmalige Wiederwahl ist zulässig.

(4) Der Bundesbeauftragte steht nach Maßgabe dieses Gesetzes zum Bund in einem öffentlich-rechtlichen Amtsverhältnis. Er ist in Ausübung seines Amtes unabhängig und nur dem Gesetz unterworfen. Er untersteht der Rechtsaufsicht der Bundesregierung.

(5) Der Bundesbeauftragte wird beim Bundesminister des Innern eingerichtet. Er untersteht der Dienstaufsicht des Bundesministers des Innern. Dem Bundesbeauftragten ist die für die Erfüllung seiner Aufgaben notwendige Personal- und Sachausstattung zur Verfügung zu stellen; sie ist im Einzelplan des Bundesministers des Innern in einem eigenen Kapitel auszuweisen. Die Stellen sind im Einvernehmen mit dem Bundesbeauftragten zu besetzen. Die Mitarbeiter können, falls sie mit der beabsichtigten Maßnahme nicht einverstanden sind, nur im Einvernehmen mit ihm versetzt, abgeordnet oder umgesetzt werden.

(6) Ist der Bundesbeauftragte vorübergehend an der Ausübung seines Amtes verhindert, kann der Bundesminister des Innern einen Vertreter mit der Wahrnehmung der Geschäfte beauftragen. Der Bundesbeauftragte soll dazu gehört werden.

Literatur zu §§ 21 – 26:

U. Arlt/R. Piendl, Zukünftige Organisation und Rechtsstellung der Datenschutzkontrolle in Deutschland, CR 1998, 713 ff.; *H. Bäumler,* Wahrung der Grundrechte durch Datenschutzbeauftragte, RDV 1996, 163 ff.; *J. Bizer,* Die angekündigte Datenschutzkontrolle, DuD 2000, 673; *H.P. Bull,* Öffentlichkeitsarbeit unter gerichtlicher Kontrolle – wie unabhängig sind die Datenschutzbeauftragten?, in FSchr für W. Rudolf (2001) 421 ff.; *U. Dammann,* Die Kontrolle des Datenschutzes, Frankfurt 1977; *E. Ehmann,* Urteilsbesprechung, CR 1999, 560 f.; *F. Flanderka,* Der Bundesbeauftragte für den Datenschutz, Diss. Heidelberg 1988; *H . Garstka,* Datenschutzkontrolle: Das Berliner Modell, DuD 2000, 289 ff.; *H. Heil,* Bundesbeauftragter für den Datenschutz, in *A. Roßnagel,* Handbuch Datenschutzrecht (München 2003) Kap. 5.1; *J. Hellermann/ J. Wieland*, Die Unabhängigkeit der Datenschutzkontrolle im nicht-öffentlichen Bereich, DuD 2000, 284 ff.; *A. Herb*, Die Struktur der Datenschutzkontrollstellen in der Bundesrepublik, ZUM 2004, 530 ff.; *J. Hertel*, Der Bundesbeauftragte für den Datenschutz, in: Das Bonner Innenministerium (*Hrsg. Fröhlich u.a.*), Bonn (1997), S. 268 ff.; *von Lewinski*, Tätigkeitsberichte im Datenschutz, RDV 2004, 163 ff.; *E. Mitrou,* Die Entwicklung der institutionellen Kontrolle des Datenschutzes, Frankfurt/M 1993; *W. Müller,* Ministerialfreie Räume, JuS 85, 497 ff.; *S. Müller*, Das Datenschutzpolitische Mandat des BfD, RDV 2004, 211 ff.; M.-T. *Tinnefeld*, Bundesbeauftragter für den Datenschutz, DuD 2003, 439; *Tinnefeld/Ehmann,* Externe Datenschutzbeauftragte im öffentlichen Bereich. Eine unabhängige Kontrollinstanz?, CR 1989, 637 ff.; *K. Vogelgesang,* Schutz für die Datenschützer oder vor den Datenschützern, VerwArch 1987, 81 ff.; *H.-J. Vonderbeck*, Redemöglichkeit vor dem Deutschen Bundestag für den Bundesbeauftragten für den Datenschutz, DVBl. 1980, 439 ff.; *D. Zöllner,* Der Datenschutzbeauftragte im Verfassungssystem (1995)

Übersicht

1. Vorbemerkung

Der dritte Unterabschnitt regelt die Stellung, Aufgaben und Befugnisse des BfDI, lediglich die Anrufung des BfDI (§ 21) wurde in den zweiten Unterabschnitt übernommen. Der BfDI ist ein Kind des Parlaments. Die Bundesregierung hatte bei der Vorbereitung des BDSG 1978 für die Schaffung einer externen Kontrollinstanz keine Notwendigkeit gesehen, da die Einhaltung der Gesetze durch Parlament, Rechnungshöfe und Gerichte sowie durch die verwaltungsinterne Aufsicht bereits hinreichend kontrolliert werde.[1] In der parlamentarischen Beratung haben sich jedoch die Vertreter aller Fraktionen zur Einführung einer umfassenden externen Kontrolle bekannt.[2] Die Einrichtung unabhängiger Datenschutzbeauftragter zum Schutz der Rechte der von einer staatlichen Informationsverarbeitung Betroffenen gehört zu den verfassungsrechtlich gebotenen Vorkehrungen der Organisation und des Verfahrens, mit denen bei Eingriffen in das Recht auf informationelle Selbstbestimmung der Gefahr einer Verletzung des Persönlichkeitsrechts entgegenzuwirken ist.[3] Sie ist auch notwendiger Bestandteil des Grundrechtsschutzes nach Art. 8 der Grundrechte-Charta der EU sowie des Entwurfs einer Verfassung für Europa. 1

Bei den Beratungen zur Novellierung 1990 gehörten Stellung und Befugnisse des BfDI zu den umstrittensten Punkten. Der Entwurf der Bundesregierung enthielt neben Momenten, die den BfDI stärken (Zeugnisverweigerungsrecht, Kontrollbereich) auch unverkennbar restriktive Momente (Beurteilungsprärogative der kontrollierten Stelle, Beschränkung der Kontrolle außerhalb von Dateien auf den durch „hinreichende Anhaltspunkte" definierten „Einzelfall" und ein der Prüfung entgegenzusetzendes Widerspruchsrecht des Betroffenen). Wiederum war es das Parlament, das die maßgeblichen Akzente zugunsten einer stärkeren Datenschutzkontrolle setzte. Erst der Innenausschuss beschloss die parlamentarische Wahl des BfDI. Auf Vorschlag des vom Bundesrat angerufenen Vermittlungsausschusses wurden die erwähnten restriktiven Elemente beseitigt bzw. – im Falle der Widerspruchsklausel – entschärft. Die unabhängige Datenschutzkontrolle wurde damit funktionell gestärkt und politisch aufgewertet.[4] Mit dem Informationsfreiheitsgesetz (IFG)[5] wurde dem BfD zusätzlich die Aufgabe des Bundesbeauftragten für die Informationsfreiheit übertragen und seine Amtsbezeichnung entsprechend erweitert in „Bundesbeauftragter für den Datenschutz und die Informationsfreiheit" (inoffizielle Abkürzung: BfDI). Die materiellen Bestimmungen des BDSG bleiben vom IFG unberührt. Sein Einfluss auf ihre Auslegung ist jedoch absehbar und durchaus erwünscht. 2

Beim Organisationsrecht der Datenschutzkontrolle weist das **Landesrecht** eine große Vielfalt auf. Nur ein Teil der Länder ordnet die Kontrollinstanz dem Innenressort zu. Andere geben 3

1 Vgl. Begr. des RegE, BT-Drs. 7/1027 Abschn. 3.8.

2 Zur Gesetzgebungsgeschichte vgl. 3. Auflage § 17 Rdnrn. 1 – 3; *Hertel*, aaO S. 268f.; zur Novellierung 1990 ebd. § 1 Rdnrn. 38 ff. (44, 52, 54 f., 58).

3 Volkszählungsurteil des BVerfG, BVerfGE 65, 1 (Leitsatz 2, 46); 67, 157; zur weitergehenden Diskussion um die verfassungsrechtliche Qualifikation der Datenschutzkontrolle vgl. zuletzt insbes. *Heil* a.a.O., Abschnitt A III.; HessVGH, DVBl. 1987, 1212, 1218; *Weyer,* DSG NW Art. 77 a LV Rdnr. 2; eingehend Einl. Rdnrn. 27 ff.

4 Zur Geschichte der Dienststelle des BfDI und die Amtsführung der ersten vier Bundesbeauftragten vgl. den ebenso instruktiven wie launigen Bericht des früheren Leitenden Beamten der Dienststelle *Hertel*, aaO.

5 Vom 5.12.2005 BGBl. I S. 2722 ff.

einem weniger mit Datenverarbeitungsaufgaben befassten Geschäftsbereich oder der Staatskanzlei den Vorzug; wieder andere bekräftigen das Ziel maximaler Regierungsunabhängigkeit durch eine Anbindung des Kontrollorgans beim Parlament oder durch eine Ausgestaltung als eigenständige oberste Landesbehörde. Für die Bestellung verlangen fast alle Länder eine parlamentarische Mitentscheidung. In einigen Ländern sind die parlamentarische Wahl (mit qualifizierter Mehrheit) und der unabhängige Status des Landesbeauftragten durch die Landesverfassung[6] abgesichert.[7] Mehrere Länder haben die Pflichten des Kontrollorgans über das BDSG hinaus erweitert und ihm auch Aufgaben auf dem Gebiet des verfassungspolitischen Datenschutzes (Gewaltenteilung, Informationsgleichgewicht, parlamentarische Informationsrechte)[8] übertragen.

2. Die Bestellung des Bundesbeauftragten (Abs. 1 und 2)

2.1 Verfahren (Abs. 1 Satz 1 und Abs. 2)

4 Die Einführung der parlamentarischen Wahl des BfDI gehörte zu den markantesten Neuerungen der Novellierung 1990. Sie unterstreicht das Interesse des Bundestages an der Einrichtung und erhöht deren politisches Gewicht.[9] Der Bund berücksichtigt damit auch die positiven Erfahrungen der Länder.[10] Ungeachtet der stärkeren funktionalen Zuordnung zum Parlament verblieb es bei der organisatorischen Zuordnung zur Bundesregierung. Diese behielt auch das alleinige Vorschlagsrecht. Die parlamentarische Legitimation stärkt die Position des BfDI gegenüber der Exekutive, er wird aber nicht zum parlamentarischen Hilfsorgan mit entsprechend begrenzten Informationsbefugnissen und der Möglichkeit der politischen Steuerung im Sinne der parlamentarischen Mehrheit.

5 Das Gesetz verteilt die Zuständigkeit zur Bestellung des Beauftragten zwischen der Bundesregierung, die allein das Recht erhält, einen Kandidaten vorzuschlagen, dem Bundestag, dem die Wahl obliegt, und dem Bundespräsidenten, der den Gewählten zu ernennen hat. Für die Beschlussfassung der Bundesregierung gilt deren Geschäftsordnung. Danach genügt für das Zustandekommen eines Vorschlags die einfache Stimmenmehrheit. Da der BfDI beim Bundesministerium des Innern eingerichtet wird, ist dieses für die Vorbereitung des Beschlusses zuständig. Die Bundesregierung ist aber nicht an seine Vorschläge gebunden. Eine öffentliche Ausschreibung des Amtes ist nicht erforderlich.

6 Das Gesetz schließt Listenvorschläge – mit oder ohne Reihung – nicht aus. Entscheidend ist, dass der Bundestag keinen der Bundesregierung ungelegenen Kandidaten wählen kann. Allerdings besteht bei Listen die Gefahr, dass keiner der Kandidaten die erforderliche Mehrheit erhält.

7 Für die Wahl ist die Mehrheit der gesetzlichen Mitgliederzahl des Bundestages erforderlich und ausreichend. Die qualifizierte Mehrheit konnte der Gesetzgeber nach Art. 42 Abs. 2 GG vorsehen.[11] Dem zwar politisch wichtigen, aber parteipolitisch neutralen Amt kommt es jedoch zugute, wenn die Bundesregierung einen Kandidaten vorschlägt, der sich auf eine noch breitere Mehrheit stützen kann. Eine vorherige Abstimmung auch mit der Opposition ist daher nicht ungewöhnlich.

8 Die Ernennung wird, wie sich aus § 23 Abs. 1 ergibt, mit der Aushändigung der vom Bundespräsidenten vollzogenen Ernennungsurkunde wirksam. Besondere formelle Anforderungen an die Formulierung des Urkundentextes bestehen nicht. §§ 5 Abs. 2 BRRG, 6 Abs. 2 BBG sind nicht anwendbar.

---

6 Art. 77a VerfNW.
7 Vgl. *Stähler,* DSG NW § 21 Anm. 1; *Weyer,* DSG NW Art. 77 a LV.
8 Hessen, Rheinland-Pfalz.
9 Vgl. Rdnr. 2.
10 Vgl. Rdnr. 3.
11 Anders aber in Ländern, deren Verfassung keinen entsprechenden Vorbehalt kennt, vgl. StGH Bremen, DÖV 1992, 669 f.

2.2 Subjektive Voraussetzungen (Abs. 1 Satz 2)

An subjektiven Voraussetzungen für die Bestellung als BfDI nennt das Gesetz nur die Vollendung des 35. Lebensjahres. Da es sich um ein öffentlich-rechtliches Amtsverhältnis handelt,[12] ist ferner die Fähigkeit zur Bekleidung öffentlicher Ämter erforderlich. Die Inkompatibilitäten nach § 23 Abs. 2 begründen keine Ernennungshindernisse, sondern entfalten ihre Wirkung nach der Ernennung. Aus den vielfältigen Aufgaben des BfDI, die von der Analyse datenverarbeitungstechnischer Sicherungs-Systeme über die Behandlung von Bürgerbeschwerden bis hin zur Durchsetzung seiner Vorstellungen allein auf die Überzeugungskraft seiner Argumente angewiesen ist, und aus dem Zuschnitt der Kontrollinstitution auf die Person des BfDI ergeben sich außerordentliche Anforderungen an dessen fachliche Befähigung, persönliche Eignung und moralische Integrität. Der Gesetzgeber hat daraus aber nicht die Konsequenz gezogen, bestimmte formelle Qualifikationen, wie etwa die Befähigung zum Richteramt, gesetzlich vorzuschreiben, sondern die Verantwortung für die Auswahl einer geeigneten Persönlichkeit der Bundesregierung und dem Bundestag übertragen. Die bisher berufenen Personen wiesen folgende berufliche Qualifikation auf: ein Rechtsprofessor, drei Juristen mit Befähigung zum Richteramt, ein Diplom-Volkswirt. 9

2.3 Vereidigung (Abs. 2)

Der BfDI ist vor der Aufnahme seiner Tätigkeit zu vereidigen. Die Vereidigung ist nicht Bestandteil des Ernennungsverfahrens und hat auch sonst keine konstitutive Bedeutung für die Rechte und Pflichten des Ernannten.[13] Sie soll diesen in feierlicher Form auf seine Pflichten hinweisen und seine Verantwortung bekräftigen. 10

Die Eidesformel ist Art. 56 GG (Eid des Bundespräsidenten und der Mitglieder der Bundesregierung) entnommen. Wegen der parlamentarischen Wahl und der ressortübergreifenden Verantwortung des BfDI wäre es angemessener, wenn die Abnahme des Eides statt dem Innenminister dem Bundestagspräsidenten oder dem Bundespräsidenten übertragen würde. 11

3. Amtszeit, Wiederbestellung (Abs. 3)

Bei der Festlegung des Beginns und der Dauer der Amtszeit des BfDI hat der Gesetzgeber jede Verknüpfung mit der Legislaturperiode des Bundestages und der Amtszeit der Bundesregierung vermieden und dadurch die parteipolitische Neutralität und Unabhängigkeit seines Amtes unterstrichen. Mit der Festlegung der Amtszeit auf fünf Jahre und der Zulassung nur einer einmaligen Wiederwahl folgt das Gesetz der bewährten für den Bundespräsidenten geltenden Regelung.[14] 12

Die Beschränkung auf maximal zwei aufeinander folgende Amtsperioden soll das Amt davor schützen, in gleichförmiger Routine zu erstarren. Sie schließt aus, dass die Bundesregierung einen an sich wünschenswerten Wechsel deshalb nicht vornimmt, weil sie der Öffentlichkeit schwer verständlich machen kann, warum sie einen bewährten Amtsträger nicht wieder berücksichtigen möchte. Der gesetzliche Ausschluss einer erneuten Wiederwahl schafft dagegen klare Verhältnisse und bewahrt die Bundesregierung vor nahe liegenden Missdeutungen. Eine spätere Wiederwahl ist möglich, da diese spezielle Konfliktsituation dann nicht besteht. Dafür spricht auch die von § 4 Abs. 2 BVerfGG („anschließende oder spätere Wiederwahl“) abweichende Formulierung. 13

12 Abs. 4 Satz 1.
13 Vgl. *Herzog,* in *Maunz/Dürig,* Komm. z. GG Art. 56 Rdnrn. 2, 4.
14 Art. 54 Abs. 2 GG.

4. Stellung (Abs. 4)

14 Um die Bedeutung des Amtes und seine Unabhängigkeit besonders zu unterstreichen, hat der Gesetzgeber dem BfDI nicht die dienstrechtliche Stellung eines Beamten auf Zeit gegeben, sondern – entsprechend dem hessischen Vorbild – ein **öffentlich-rechtliches Amtsverhältnis eigener Art** vorgesehen.[15] Dies machte eine besondere dienstrechtliche Regelung erforderlich. Die Vorschriften des Beamtenrechts und des Bundesministergesetzes sind daneben nur anwendbar, wenn ausdrücklich auf sie verwiesen wird.[16] Soweit dabei Lücken bestehen, kommt eine Anwendung der Grundsätze des Beamtenrechts und des Dienstrechts der Bundesminister dem Rechtsgedanken nach in Betracht. Dabei ist aber der besonderen Stellung und Aufgabe des BfDI Rechnung zu tragen. Die gesetzlichen Regelungen können vertraglich konkretisiert, nicht aber abgewandelt werden.[17]

15 Der BfDI ist Amtsträger im Sinne des Strafrechts[18] und kann daher beispielsweise die Tatbestände der §§ 203 Abs. 2, 353 b StGB (Verletzung von Privat- und Dienstgeheimnissen) verwirklichen. Er fällt auch unter den haftungsrechtlichen Beamtenbegriff im Sinne der Staatshaftung nach Art. 34 GG i.V.m. § 839 BGB. Das Disziplinarrecht ist unanwendbar.[19]

16 Zu den elementaren Voraussetzungen einer wirksamen Kontrolle gehört die Unabhängigkeit des Kontrollorgans von den zu kontrollierenden Subjekten.[20] Das Gesetz garantiert dem BfDI deshalb die **Unabhängigkeit der Amtsausübung** im Rahmen des geltenden Rechts.[21] Dadurch wird klargestellt, dass niemand dem BfDI in Bezug auf seine Amtstätigkeit Weisungen geben kann. Eine Fachaufsicht ist ausgeschlossen.[22] Sofern er nicht geltendes Recht verletzt, kann der BfDI nicht zur Verantwortung gezogen werden. Vor einer ungerechtfertigten Entlassung ist er ebenso wie ein Richter auf Lebenszeit geschützt.[23] Auch eine Dienstaufsicht findet nur in eingeschränkter Form statt. Dieser sehr weitgehenden Unabhängigkeit des BfDI entspricht die unmittelbare Verantwortung gegenüber dem Parlament in Form der Berichterstattung und der weiteren in § 26 Abs. 2 statuierten Pflichten.

17 Die Klausel „unabhängig und nur dem Gesetz unterworfen" ist aus Art. 97 Abs. 1 GG entnommen. Sie bezieht sich nicht nur auf Gesetze im formellen Sinne, sondern auch auf untergesetzliche Rechtsvorschriften. An Verwaltungsvorschriften ist der BfDI dagegen nicht gebunden,[24] da sich sein Auftrag nicht von der Spitze der Exekutive, sondern nur aus dem Gesetz ableitet.[25] Zur allseitigen Sicherung der Unabhängigkeit des BfDI ist der Gesetzgeber nach Art. 28 Abs. 1 EG-Richtlinie verpflichtet, wonach die Kontrollstellen ihre Aufgaben „in völliger Unabhängigkeit" wahrzunehmen haben. Die aus der Zeit vor der Richtlinie stammenden Regelungen zur Aufsicht über den BfDI, zu seiner Organisation und die Praxis seiner Personalwirtschaft sind überprüfungsbedürftig.

18 Nach Abs. 4 Satz 3 untersteht der BfDI der **Rechtsaufsicht der Bundesregierung**. Die Rechtsaufsicht ist durch den unabhängigen Status des BfDI und im Hinblick auf seine spezifische Wirkungsweise begrenzt. Sie greift nur dort ein, wo der BfDI Entscheidungen fällt oder Maßnahmen trifft, die unmittelbare Rechtswirkung zeitigen. Dies ist z.B. bei der Zurückweisung einer Anrufung (§ 21) der Fall. Soweit der BfDI informierend oder beratend tätig wird, kann die Bundesregierung den BfDI nicht mit den Mitteln der Rechtsaufsicht zurückrufen. Hierfür bestünde auch kein Bedarf, denn es bleibt ihr unbenommen, nach ihrer eigenen Rechtsauffassung zu handeln, nachgeordnete Stellen entsprechend anzuweisen und den Äußerungen des BfDI in geeigneter Form, etwa in Stellungnahmen zum Jahresbericht gegenüber dem Bundestag, entgegenzutreten. Ebenso verhält es sich, wenn der BfDI seine

---

15 Abs. 4 Satz 1.
16 So § 23 Abs. 7.
17 Generell abl. *Auernhammer,* BDSG § 22 Rdnr. 8.
18 § 11 Abs. 1 Nr. 2 b.
19 Ebenso *Heil*, a.a.O., Rdnr. 40.
20 Vgl. *Auernhammer,* BDSG § 22 Rdnr. 10.
21 Abs. 4 Satz 2.
22 Vgl. Bericht des Innenausschusses zu §§ 15 a-e, BT-Drs. 7/5277.
23 § 23 Abs. 1 Satz 2.
24 Vgl. auch § 19 Rdnr. 5.
25 Vgl. auch *Herzog,* in *Maunz/Dürig,* Komm. z. GG Art. 97 Rdnr. 25 f.

Befugnisse nach § 24 interpretiert oder im Zuge einer Beanstandung (§ 23), bei der Bescheidung einer Eingabe (§ 21) oder in Form von Empfehlungen, Berichten und Gutachten bestimmte Rechtsauffassungen vertritt oder bestimmte Maßnahmen für geboten erklärt. Mit der auf Kritik und öffentliche Meinungsbildung zielenden Kontrollkonzeption des BDSG[26] wäre jegliche Maßnahme, die den BfDI auf die regierungsamtliche Rechtsauffassung festzulegen sucht, unvereinbar.[27] Sie stünde auch nicht im Einklang mit der EG-Datenschutzrichtlinie, die verlangt, dass die Kontrollstellen ihre Aufgaben „in völliger Unabhängigkeit" wahrnehmen,[28] womit jede Aufsicht mit direkter Auswirkung auf die Aufgabenwahrnehmung ausgeschlossen bleiben muss.[29] Tatsächlich ist es seit Einrichtung des BfDI zu rechtsaufsichtlichen Maßnahmen nicht gekommen.

Da der BfDI dem Bundesministerium des Innern nicht nachgeordnet ist, ist die Rechtsaufsicht 19
über den BfDI der Bundesregierung im Ganzen vorbehalten. Rechtsaufsichtliche Maßnahmen bedürfen somit eines Kabinettsbeschlusses.[30] Dessen Vorbereitung und Ausführung können beim Bundesministerium des Innern liegen. Mit dieser Regelung unterstreicht der Gesetzgeber die Bedeutung, die er der Unabhängigkeit des BfDI beimisst, und macht deutlich, dass er die Rechtsaufsicht als ein äußerstes Mittel betrachtet, das nur in absoluten Ausnahmefällen eingesetzt werden darf. Dabei ist zu beachten, dass eine Aufsicht nicht erst durch ihre tatsächliche Ausübung Wirkung entfaltet, sondern bereits durch ihre Existenz, die der Beaufsichtigte naturgemäß stets in Rechnung stellt.

Dennoch stellt sich die Frage, ob eine Rechtsaufsicht prinzipiell mit dem Gebot der Aufga- 20
benwahrnehmung in völliger Unabhängigkeit, wie es die Richtlinie fordert, vereinbar ist. Zwar spricht die Richtlinie nicht mehr – wie eine frühere Entwurfsfassung – von einer unabhängigen staatlichen Behörde. Da sie aber stattdessen eine Tätigkeit in „völliger" Unabhängigkeit fordert, ist eine einschränkende Interpretation, die eine organisatorische Unterordnung – und damit eine partielle Abhängigkeit – akzeptiert, nicht möglich.[31] Dementsprechend richtet sich auch der von der Kommission gegen Deutschland in Bezug auf die Aufsichtsbehörden für den nicht-öffentlichen Bereich erhobene Vorwurf der Vertragsverletzung vor allem gegen die in den Ländern unterschiedlicher Ausprägung bestehende Rechts- oder Fachaufsicht.[32] In Österreich sieht die Kommission das Gebot der Unabhängigkeit durch die organisatorische Einbindung der Kontrollstelle in das Kanzleramt als verletzt an.

Der europarechtlich begründeten Forderung nach völliger Unabhängigkeit lässt sich nicht 21
entgegenhalten, dass der Verzicht auf eine ministerielle Aufsicht verfassungswidrig sei, weil damit ein unzulässiger „ministerialfreier Raum" geschaffen würde. Das Bundesverfassungsgericht verwirft „ministerialfreie Räume" nicht per se; sie bedürfen lediglich einer verfassungsrechtlichen Rechtfertigung.[33] Diese ergibt sich bei den Datenschutzbehörden aus der besonderen Bedeutung einer wirksamen Umsetzung des Grundrechts auf informationelle Selbstbestimmung für das Funktionieren des freiheitlich-demokratischen Gemeinwesens,[34] und aus der Notwendigkeit einer besonderen Absicherung der außerordentlich weitgehenden Informationsbefugnisse der Datenschutzbehörden gegen einen Durchgriff oder sonstigen Missbrauch durch Regierungsstellen, etwa für polische Zwecke. Die notwendige demokratische Legitimation der Ausübung staatlicher Gewalt ist im Falle des BfDI durch seine parlamentarische Wahl und seine Rechenschaftspflicht gegenüber dem Bundestag gegeben. Jedenfalls lassen sich die europarechtlichen Anforderungen an eine unabhängige Datenschutzkontrolle im Rahmen des nationalen Verfassungsrechts erfüllen, so dass es auf die Frage des

26 Gegen ein datenschutzpolitisches Mandat *Zöllner,* S. 95 ff.
27 Zust. *Tinnefeld/Ehmann,* CR 1989, 637 (638); *Bull,* FSchr f. Rudolf, S. 421 (423); *Heil,* a.a.O., Abschnitt B III 2.
28 Art. 28 Abs. 1 S. 2.
29 Vgl. *Heil,* a.a.O. Abschnitt C.
30 So auch *Tinnefeld,* DuD 2003, 439.
31 So aber *Lepper/Wilde,* CR 1997, 703 ff.; im Sinne umfassender Unabhängigkeit dagegen *Ehmann/Helfrich,* a.a.O. Art. 28 Rdnr. 3 ff.; *Simitis* in *Dammann/Simitis,* a.a.O. Einl. Rdnr. 43 ff.; *Bizer,* DuD 1997, 481; *Brühann/Zerdick,* CR 1996, 409 ff., 435 ff.
32 Schreiben vom 5.7.2005
33 BVerfGE 93, 37 ff., 66 f.
34 BVerfGE 65, 1, 46; 67, 157, 185.

Vorrangs des EG-Rechts vor nationalem Verfassungsrecht und auf die damit korrenspondierende Frage einer gemeinschaftsrechtlichen Pflicht zur Rücksichtnahme auf nationales Verfassungsrecht nicht ankommt.

5. Organisation und Ausstattung (Abs. 5)

22 Abs. 5 regelt die organisatorische Stellung des BfDI. Satz 1 ordnet ihn ressortmäßig dem Bundesministerium des Innern zu. Er wird diesem aber weder nachgeordnet noch eingegliedert, sondern **„bei“** ihm errichtet, d.h. ihm angegliedert.[35] Zur Begründung der Dienstaufsicht war deshalb eine ausdrückliche Vorschrift notwendig (Satz 2). Der BfDI ist organisatorisch keine Abteilung des Ministeriums, sondern dem Minister unmittelbar zugeordnet. Als Teil des Ministeriums wird man ihn nicht bezeichnen können, auch nicht als „selbständigen Teil“.[36] Nach der Rangstufe ist der BfDI oberste Bundesbehörde; seine Mitarbeiter erhalten die Ministerialzulage. Die Zuordnung zum Bundesministerium des Innern entspricht dessen Zuständigkeit für Verwaltung und e-government. Hiervon kann der BfDI im Rahmen des Personalverbandes profitieren. Das Bundesinnenministerium ist aber zugleich auch das Ressort mit den bedeutendsten und datenschutzmäßig kritischsten Datenverarbeitungen, was die Problematik der Unabhängigkeit verschärft.

23 Die **Dienstaufsicht** bezieht sich ausschließlich auf die Regelung dienstrechtlicher Fragen, wie z.B. die Festsetzung der Amtsbezüge und Entschädigungen[37] sowie die Verwendung von Geschenken,[38] und auf die Sicherstellung eines geordneten äußeren Geschäftsablaufs.[39] Sie eröffnet aber keinerlei Einfluss auf die Art und den Inhalt der Amtsausübung.[40] Der unabhängige und herausgehobene Status des BfDI erfordert es, dass dienstaufsichtliche Maßnahmen nur als ultima ratio ergriffen werden. Sie könnten z.B. als letztes Mittel vor der Amtsentlassung geboten sein, wenn der BfDI auf längere Zeit seinen Verpflichtungen nicht nachkommt.[41] Unzulässig wäre es dagegen, dem BfDI bestimmte Prioritäten zwischen seinen verschiedenen Aufgaben vorzuschreiben. Die Organisation seiner Dienststelle hinsichtlich ihres Aufbaus und des Arbeitsablaufs obliegt innerhalb der gesetzlichen und haushaltsmäßigen Grenzen allein dem BfDI.

24 Auch wenn die Dienstaufsicht, anders als die Rechtsaufsicht, die Inhalte der Amtstätigkeit per definitionem nicht tangiert, stellt sich die Frage ihrer Vereinbarkeit mit der Forderung der Richtlinie nach einer Aufgabenwahrnehmung „in völliger Unabhängigkeit“. Das Gesetz spricht von der Dienstaufsicht in einem allgemeinen Sinn, ohne Einschränkung im Hinblick auf den besonderen Status des BfDI. Es bildet insofern ein Einfallstor für Versuche einer mittelbaren Einflussnahme auf die Amtsgeschäfte. Mit einer nachhaltigen und kleinlichen Dienstaufsicht könnte versucht werden, den BfDI zu zermürben. Im Übrigen erscheint es generell nicht sachgerecht, einen Kontrolleur der Dienstaufsicht eines Ministeriums zu unterstellen, das er zu kontrollieren hat. Auch die Dienstaufsicht ist daher bedenklich.

25 Der BfDI hat Anspruch auf die für die Erfüllung seiner Aufgaben notwendige **Personal- und Sachausstattung.**[42] Bei ihrer Bemessung ist zu berücksichtigen, dass die Aufgaben des BfDI außerordentlich vielfältig und dynamisch sind. Laut Haushaltsplan 2001 verfügt der BfDI über 60 Planstellen.

---

35 *Müller,* JuS 85, 502; *Heil,* a.a.O., Rdnr. 34.
36 So aber *Hertel,* aaO S. 269.
37 Vgl. § 23 Abs. 7.
38 Vgl. § 23 Abs. 3.
39 Nach *Tinnefeld/Ehmann,* CR 1989, 637 (638) sogar nur auf das persönliche Rechtsverhältnis.
40 Zum gleichwohl bestehenden Konfliktpotenzial s. *Mitrou,* S. 72 ff.
41 Vgl. § 23 Rdnr. 5.
42 Satz 3.

Mit der Ausweisung der dem BfDI zur Verfügung gestellten Personal- und Sachausstattung in einem besonderen Kapitel[43] wird erreicht, dass die Mittel nicht für andere Zwecke, etwa solche des Bundesministeriums des Innern, verwendet werden dürfen.[44] 26

Über die Bewirtschaftung der Sachmittel sagt das Gesetz nichts. Aus der Garantie der Unabhängigkeit seiner Amtsausübung folgt, dass über die Zweckmäßigkeit der Mittelverwendung allein der BfDI entscheiden kann. Keine Bedenken bestehen dagegen, dass das Bundesministerium des Innern den BfDI bei der technischen Ausführung des Haushalts unterstützt, wie es der Praxis entspricht. 27

Problematischer ist das Zusammenwirken von Bundesministerium des Innern und BfDI bei der **Personalwirtschaft**. Insoweit wird seit langem eine Verbundwirtschaft in dem Sinne praktiziert, dass die Personalstellen des BfDI in die Personalwirtschaft des Bundesministeriums des Innern einbezogen werden und bei Entscheidungen, die den BfDI berühren, diesem eine Mitsprache eingeräumt wird. Damit kommt der Dienststelle des BfDI zwar die dem Haushalt entsprechende Anzahl von Beamten der jeweiligen Laufbahngruppe zu, nicht aber mit den entsprechenden im Haushaltsplan ausgewiesenen Beförderungsämtern. Der BfDI hat damit die Möglichkeit, eigenständig Personalentscheidungen, z.B. Stellenbesetzungen oder Beförderungen, auszusprechen, die ihm nach der Gesetzeslage zukommt, eingebüßt. Die personalrechtliche Bestimmungsmöglichkeit ist aber die für eine **unabhängige Amtsführung** entscheidende Voraussetzung.[45] Die Regelung ist institutionell unbefriedigend. Sie bleibt hinter den Landesdatenschutzgesetzen zurück, welche in ihrer Mehrzahl den LfD als oberste Landesbehörde einrichten, den LfD als Dienstvorgesetzten bestimmen oder zumindest ein Einvernehmen fordern. Sie schwächt die Position des BfDI und kann Anlass geben, seine Unbefangenheit und seine Unabhängigkeit, insbesondere gegenüber dem Bundesministerium des Innern, in Zweifel zu ziehen. Die Amtsinhaber trugen diese Praxis dennoch mit, weil andernfalls – nicht zuletzt wegen der dann notwendigerweise eigenständigen Personalvertretung – die erwünschte personalpolitische Durchlässigkeit zwischen dem Ministerium und dem BfDI nicht mehr gegeben wäre. Mit einem seit einigen Jahren praktizierten Haushaltsvermerk, der die einvernehmliche Verwendung der Planstellen für das jeweils andere Kapitel ausdrücklich zulässt, werden lediglich die rein haushaltsrechtlichen Bedenken behoben; die Vereinbarkeit mit dem vom BDSG aus Gründen der Unabhängigkeit geforderten Prinzip der eigenständigen Haushaltsausstattung und mit der EG-Datenschutzrichtlinie, die verlangt, dass die Kontrollstellen ihre Aufgaben „in völliger Unabhängigkeit“ wahrnehmen, ist zweifelhaft geblieben.[46] Die Zustimmung der Amtsinhaber ändert daran nichts. Sie sind nicht befugt, die institutionell verbürgte Unabhängigkeit gegen wirtschaftliche Vorteile einzutauschen. 28

Die mit der Novellierung 1990 angefügten Sätze 4 und 5 sehen nur eine eingeschränkte, nämlich negative Mitentscheidung des BfDI bei dienstlichen Maßnahmen vor. Die Besetzung von Stellen in seiner Dienststelle bedarf danach – im Einklang mit der früheren Praxis – stets seiner Zustimmung,[47] gleich ob die Besetzung durch Umsetzung, Versetzung oder Einstellung externer Bewerber erfolgt. Ihm ist dazu Einsicht in die Personalakten zu gewähren. Der BfDI kann aber selbst keine Mitarbeiter einstellen oder auch nur befördern. 29

Die Angehörigen der Dienststelle des BfDI können ohne sein Einvernehmen, also auch gegen seinen Willen, versetzt, abgeordnet oder umgesetzt, d.h. ihm entzogen werden, wenn sie selbst der Maßnahme zustimmen. Da es für den Bediensteten in der Regel unzweckmäßig und nachteilig ist, sich einer von seinem Dienstvorgesetzten bzw. Arbeitgeber – dem Innenministerium – gewünschten Maßnahme zu widersetzen, ist die personalwirtschaftliche Autonomie des BfDI auch hier in bedenklicher Weise eingeschränkt.[48] 30

---

43 Satz 3 letzter Halbsatz.
44 §§ 20, 45, 50 BHO; vgl. *Gola/Schomerus*, BDSG § 22 Rdnr. 12; *Müller*, JuS 85, 501 Fn. 87.
45 Vgl. dazu BVerfGE 9, 268 (280); zu den praktischen Problemen der Personalrekrutierung vgl. *Mitrou*, S. 77 ff.
46 Art. 28 Abs. 1 Satz 2 und dazu *Dammann/Simitis*, EG-Datenschutzrichtline, Art. 28 Erl. 5 f.; krit. auch *Flanderka*, 28; s. auch *Müller*, JuS 85, 501 Fn. 87.
47 Satz 4.
48 Vgl. dazu *Heil*, a.a.O., Rdnr. 36.

31 Die Mitarbeiter des BfDI sind Bedienstete des Bundesministeriums des Innern; der Bundesinnenminister ist Dienstvorgesetzter der Beamten nach § 3 Abs. 2 BBG. Die Mitarbeiter müssen dem BfDI uneingeschränkt „zur Verfügung" stehen. Er ist daher ihr Vorgesetzter.[49] Er allein kann ihnen dienstliche Weisungen erteilen. Der BfDI selbst zählt nicht zu den Beschäftigten i.S.v. § 4 BPersVG.[50] In der Praxis ist die Tätigkeit beim BfDI meist eine Durchgangsstation für Angehörige des Ministeriums, wo auch ihre längerfristige Berufsperspektive liegt. Es liegt auf der Hand, dass dies Auswirkungen auf die Orientierung und die Konfliktbereitschaft vieler Mitarbeiter hat. Auch hierdurch wird die „völlige Unabhängigkeit" der Aufgabenwahrnehmung gefährdet.

6. Vertretung (Abs. 6)

32 Abs. 6 bezieht sich auf die **Vertretung nach außen**; innerhalb der Dienststelle kann sich der BfDI, ohne dass es dazu einer gesetzlichen Regelung bedarf, durch einen seiner Beamten vertreten lassen. Die Regelung unterliegt Bedenken, soweit nur eine Anhörung vorgesehen ist und auch dies nur in Form einer Soll-Vorschrift. Um die Unabhängigkeit des Amtes zu sichern, müsste der Vertreter im Einvernehmen mit dem BfDI bestellt werden.[51]

33 Die geltende Regelung sollte so angewendet werden, dass der Eindruck einer Einflussnahme durch das Bundesministerium des Innern vermieden wird. Dies bedeutet erstens, dass eine Verhinderung nur angenommen wird, wenn der BfDI für eine voraussichtlich längere Zeitspanne nicht erreichbar oder nicht in der Lage sein wird, sein Amt auszuüben.[52] Bei kürzerer Abwesenheit können die Geschäfte durch die Dienststelle fortgeführt werden. Zweitens sollte sich das Ministerium mit dem BfDI vorab über einen oder zwei mögliche Stellvertreter verständigen, um zu verhindern, dass im Verhinderungsfall ohne die nach Satz 2 vorgesehene Anhörung entschieden werden muss.

34 Die für den BfDI geltenden subjektiven Voraussetzungen und die Inkompatibilitätsvorschriften sind auf den Vertreter nicht unmittelbar anzuwenden. Die Interessenkollisionen, die § 23 Abs. 2 ausschließen soll, dürfen jedoch auch beim Vertreter nicht vorliegen. Entsprechende Ämter, Tätigkeiten und Funktionen müssen deshalb für die Dauer der Vertretung ruhen. Hierauf ist bei der Beauftragung hinzuweisen.

7. Streitigkeiten

35 Für Streitigkeiten zwischen dem BfDI und dem Bundesministerium des Innern, z.B. wegen Maßnahmen der Rechts- oder Dienstaufsicht, wegen der Ausstattung oder wegen der Vertretung, ist das Verwaltungsgericht zuständig. Es handelt sich um einen Fall des zulässigen „In-sich-Prozesses". Das Bundesministerium des Innern und der BfDI stehen sich jeweils als Vertreter der Bundesrepublik Deutschland gegenüber.[53] Klagen Einzelner gegen Maßnahmen des BfDI oder auf Vornahme von Amtshandlungen sind gegen den Bund zu richten.[54] Entsprechend der Unabhängigkeit seiner Amtsausübung vertritt der BfDI den Bund unmittelbar; auch im Falle eines Rechtsstreits kann das Bundesministerium des Innern keine Weisungen erteilen oder selbst unmittelbar eingreifen.[55] Eine gesetzliche Prozessstandschaft wäre angemessen.[56]

49 § 3 Abs. 2 BBG.
50 Ebenso *Lorenzen,* Die Personalvertretung 1979, 312 f.
51 Näher *Heil,* a.a.O., Rdnr. 37.
52 Ebenso *Auernhammer,* BDSG § 22 Rdnr. 16.
53 Vgl. *Flanderka,* 28 f.
54 Zu Behandlung von gegen den BfDI gerichteten Klagen s. *Heil,* a.a.O., Abschnitt C I 1.
55 *Müller,* JuS 85, 507 f.
56 *Heil,* a.a.O.

§ 23 Rechtsstellung des Bundesbeauftragten für den Datenschutz und die Informationsfreiheit

(1) Das Amtsverhältnis des Bundesbeauftragten für den Datenschutz und die Informationsfreiheit beginnt mit der Aushändigung der Ernennungsurkunde. Es endet
1. mit Ablauf der Amtszeit,
2. mit der Entlassung.
Der Bundespräsident entläßt den Bundesbeauftragten, wenn dieser es verlangt oder auf Vorschlag der Bundesregierung, wenn Gründe vorliegen, die bei einem Richter auf Lebenszeit die Entlassung aus dem Dienst rechtfertigen. Im Falle der Beendigung des Amtsverhältnisses erhält der Bundesbeauftragte eine vom Bundespräsidenten vollzogene Urkunde. Eine Entlassung wird mit der Aushändigung der Urkunde wirksam. Auf Ersuchen des Bundesministers des Innern ist der Bundesbeauftragte verpflichtet, die Geschäfte bis zur Ernennung seines Nachfolgers weiterzuführen.
(2) Der Bundesbeauftragte darf neben seinem Amt kein anderes besoldetes Amt, kein Gewerbe und keinen Beruf ausüben und weder der Leitung oder dem Aufsichtsrat oder Verwaltungsrat eines auf Erwerb gerichteten Unternehmens noch einer Regierung oder einer gesetzgebenden Körperschaft des Bundes oder eines Landes angehören. Er darf nicht gegen Entgelt außergerichtliche Gutachten abgeben.
(3) Der Bundesbeauftragte hat dem Bundesminister des Innern Mitteilung über Geschenke zu machen, die er in bezug auf sein Amt erhält. Der Bundesminister des Innern entscheidet über die Verwendung der Geschenke.
(4) Der Bundesbeauftragte ist berechtigt, über Personen, die ihm in seiner Eigenschaft als Bundesbeauftragter Tatsachen anvertraut haben, sowie über diese Tatsachen selbst das Zeugnis zu verweigern. Dies gilt auch für die Mitarbeiter des Bundesbeauftragten mit der Maßgabe, daß über die Ausübung dieses Rechts der Bundesbeauftragte entscheidet. Soweit das Zeugnisverweigerungsrecht des Bundesbeauftragten reicht, darf die Vorlegung oder Auslieferung von Akten oder anderen Schriftstücken von ihm nicht gefordert werden.
(5) Der Bundesbeauftragte ist, auch nach Beendigung seines Amtsverhältnisses, verpflichtet, über die ihm amtlich bekanntgewordenen Angelegenheiten Verschwiegenheit zu bewahren. Dies gilt nicht für Mitteilungen im dienstlichen Verkehr oder über Tatsachen, die offenkundig sind oder ihrer Bedeutung nach keiner Geheimhaltung bedürfen. Der Bundesbeauftragte darf, auch wenn er nicht mehr im Amt ist, über solche Angelegenheiten ohne Genehmigung des Bundesministers des Innern weder vor Gericht noch außergerichtlich aussagen oder Erklärungen abgeben. Unberührt bleibt die gesetzlich begründete Pflicht, Straftaten anzuzeigen und bei Gefährdung der freiheitlichen demokratischen Grundordnung für deren Erhaltung einzutreten. Für den Bundesbeauftragten und seine Mitarbeiter gelten die §§ 93, 97, 105 Abs. 1, § 111 Abs. 5 in Verbindung mit § 105 Abs. 1 sowie § 116 Abs. 1 der Abgabenordnung nicht. Satz 5 findet keine Anwendung, soweit die Finanzbehörden die Kenntnis für die Durchführung eines Verfahrens wegen einer Steuerstraftat sowie eines damit zusammenhängenden Steuerverfahrens benötigen, an deren Verfolgung ein zwingendes öffentliches Interesse besteht, oder soweit es sich um vorsätzlich falsche Angaben des Auskunftspflichtigen oder der für ihn tätigen Personen handelt. Stellt der Bundesbeauftragte einen Datenschutzverstoß fest, ist er befugt, diesen anzuzeigen und den Betroffenen hierüber zu informieren.
(6) Die Genehmigung, als Zeuge auszusagen, soll nur versagt werden, wenn die Aussage dem Wohle des Bundes oder eines deutschen Landes Nachteile bereiten oder die Erfüllung öffentlicher Aufgaben ernstlich gefährden oder erheblich erschweren würde. Die Genehmigung, ein Gutachten zu erstatten, kann versagt werden, wenn die Erstattung den dienstlichen Interessen Nachteile bereiten würde. § 28 des Bundesverfassungsgerichtsgesetzes bleibt unberührt.
(7) Der Bundesbeauftragte erhält vom Beginn des Kalendermonats an, in dem das Amtsverhältnis beginnt, bis zum Schluß des Kalendermonats, in dem das Amtsverhält-

nis endet, im Falle des Absatzes 1 Satz 6 bis zum Ende des Monats, in dem die Geschäftsführung endet, Amtsbezüge in Höhe der einem Bundesbeamten der Besoldungsgruppe B 9 zustehenden Besoldung. Das Bundesreisekostengesetz und das Bundesumzugskostengesetz sind entsprechend anzuwenden. Im Übrigen sind die §§ 13 bis 20 des Bundesministergesetzes in der Fassung der Bekanntmachung vom 27. Juli 1971 (BGBl. I S. 1166), zuletzt geändert durch das Gesetz zur Kürzung des Amtsgehalts der Mitglieder der Bundesregierung und der Parlamentarischen Staatssekretäre vom 22. Dezember 1982 (BGBl. I S. 2007), mit der Maßgabe anzuwenden, daß an die Stelle der zweijährigen Amtszeit in § 15 Abs. 1 des Bundesministergesetzes eine Amtszeit von fünf Jahren tritt. Abweichend von Satz 3 in Verbindung mit den §§ 15 bis 17 des Bundesministergesetzes berechnet sich das Ruhegehalt des Bundesbeauftragten unter Hinzurechnung der Amtszeit als ruhegehaltsfähige Dienstzeit in entsprechender Anwendung des Beamtenversorgungsgesetzes, wenn dies günstiger ist und der Bundesbeauftragte sich unmittelbar vor seiner Wahl zum Bundesbeauftragten als Beamter oder Richter mindestens in dem letzten gewöhnlich vor Erreichen der Besoldungsgruppe B 9 zu durchlaufenden Amt befunden hat.

(8) Absatz 5 Satz 5 bis 7 gilt entsprechend für die öffentlichen Stellen, die für die Kontrolle der Einhaltung der Vorschriften über den Datenschutz in den Ländern zuständig sind.

Literatur

s. bei § 22

Übersicht

1. Vorbemerkung

1 § 23 enthält dienstrechtliche Regelungen für den BfDI.[1] Sie sind im Wesentlichen den für den Bundespräsidenten, für die Mitglieder der Bundesregierung und für den Wehrbeauftragten des Deutschen Bundestages geltenden Vorschriften nachgebildet. Die dazu existierende Kommentierung kann ergänzend herangezogen werden, wobei allerdings die spezifische Stellung und Aufgabe des BfDI beachtet werden muss. Seit der Novellierung 1990 steht dem BfDI ein Zeugnisverweigerungsrecht zu.[2] Außerdem wurde die mit einem Änderungsgesetz vom 20. Dez. 1988[3] beschlossene Korrektur des Ruhegehalts aufgenommen.[4] Mit der Novellierung 2001 wurde klargestellt, dass die generell für Behörden nach der Abgabenordnung bestehenden Auskunfts-, Vorlage- und Mitteilungspflichten für den BfDI und seine Mitarbeiter – sowie für die LfDs – nur eingeschränkt gelten[5] und dass der BfDI befugt ist, ihm bekannt werdende Datenschutzverstöße anzuzeigen und auch den Betroffenen hierüber zu informieren.[6]

1 Zu ihrer Erforderlichkeit s. o. § 22 Rdnrn. 15 f.
2 Abs. 4.
3 BGBl. I 2363.
4 Abs. 7 Satz 4.
5 Abs. 5 Sätze 5 und 6, Abs. 8.
6 Abs. 5 Satz 7.

2. Beginn und Beendigung des Amtsverhältnisses (Abs. 1)

Das Amt des BfDI beginnt mit der Ernennung, die durch Aushändigung der Ernennungsurkunde durch den Bundespräsidenten zu vollziehen ist,[7] nicht erst mit der Vereidigung.[8] 2

Die Unabhängigkeit des BfDI ist dadurch gesichert, dass er vor Ablauf seiner regulären Amtszeit[9] gegen seinen Willen nur bei Vorliegen von Gründen **entlassen** werden kann, die bei einem Richter auf Lebenszeit die Entlassung aus dem Dienst rechtfertigen.[10] Von den in § 21 DRiG geregelten Fällen sind allerdings nur diejenigen entsprechend auf den BfDI anwendbar, die für die im BDSG statuierten Pflichten und Anforderungen passen. Eine Altersgrenze[11] ist beispielsweise im BDSG nicht vorgesehen. Statt der in § 21 Abs. 1 Nrn. 2 und 3 DRiG bestimmten Ämter ist auf die für den BfDI geltenden Inkompatibilitäten des Abs. 2 abzustellen. Vor der Entlassung ist hier eine Abmahnung geboten. Nach § 24 DRiG wird die Entlassung ferner durch bestimmte Gerichtsurteile gerechtfertigt. Schließlich lässt Art. 98 Abs. 2 GG die Entlassung eines Richters zu, der vorsätzlich gegen die Grundsätze des Grundgesetzes oder der verfassungsmäßigen Ordnung eines Landes verstößt. 3

In allen Fällen ist der die Entlassung rechtfertigende Tatbestand von der Bundesregierung entsprechend ihrer Geschäftsordnung durch Mehrheitsbeschluss festzustellen. 4

Das Verfahren der Entlassung und die Zuständigkeiten richten sich allein nach dem BDSG, nicht nach den Vorschriften des Richterdienstrechts. Ein Gerichtsurteil ist daher nicht erforderlich. Der BfDI kann gegen seine Entlassung vor dem Verwaltungsgericht klagen. 5

Der BfDI kann jederzeit ohne Angabe von Gründen seine Entlassung verlangen;[12] dem Verlangen ist zu entsprechen. 6

Die Entlassung wird mit Aushändigung der vom Bundespräsidenten vollzogenen Entlassungsurkunde wirksam.[13] 7

Um eine Vakanz zu vermeiden, kann der Bundesminister des Innern den BfDI zur Weiterführung der Geschäfte bis zur Ernennung seines Nachfolgers verpflichten (Satz 6). Aus Gründen der Unabhängigkeit kann die Weiterführung jedoch nicht in anderer Weise terminiert werden. Ein Widerruf oder eine vorzeitige Aufkündigung der Ersuchens ist nicht möglich, eine Entlassung nur unter den Voraussetzungen des Satzes 3. Die Regelung erlaubt nur eine zeitlich eng begrenzte Übergangsmaßnahme, bis die Bundesregierung Gelegenheit hatte, dem Bundestag einen neuen Amtsinhaber vorzuschlagen. Eine längere, gar viele Monate dauernde kommissarische Wahrnehmung, wie sie in der Praxis wiederholt vorgekommen ist, entspricht nicht dem verfassungs- und europarechtlichen Gebot einer unabhängigen Datenschutzkontrolle und verletzt das Recht des Bundestages, nach Ablauf der Amtsperiode einen neuen Bundesbeauftragten zu bestellen. 8

3. Inkompatibilitäten (Abs. 2)

Abs. 2 regelt die Inkompatibilität des Amtes des BfDI mit bestimmten anderen Ämtern, Tätigkeiten und Funktionen. Die Vorschrift entspricht der für den Bundespräsidenten geltenden Regelung des Art. 55 GG.[14] Ihr Zweck besteht darin, Pflichten- und Interessenkollisionen, die eine objektive Amtsausübung beeinträchtigen könnten, von vornherein auszuschließen und einer Überforderung der Arbeitskraft des BfDI vorzubeugen.[15] 9

---

7 § 22 Abs. 1 Satz 3.
8 Vgl. § 22 Rdnrn. 6 ff.
9 § 22 Abs. 3.
10 Satz 3.
11 § 21 Abs. 2 Nrn. 3, 5 DRiG.
12 Satz 3.
13 S. o. Sätze 4, 5.
14 Vgl. auch § 5 Abs. 1 BMinG, § 14 Abs. 3 Wehrbeauftragtengesetz.
15 *Auernhammer*, BDSG § 23 Rdnr. 6.

10 Im ersten Halbsatz wird lediglich die Ausübung der genannten Tätigkeiten, im zweiten Halbsatz dagegen bereits das Angehören, d.h. das Innehaben der Position, ausgeschlossen.[16] Der BfDI hat entsprechende Tätigkeiten nach seiner Ernennung unverzüglich einzustellen bzw. seine Positionen aufzugeben.

11 Soweit Abs. 2 nicht eingreift, obliegt es der pflichtgemäßen Beurteilung des BfDI selbst, die Übernahme von unbesoldeten Ämtern und die Ausübung von Tätigkeiten zu vermeiden, die sein Ansehen als objektive Kontrollinstanz gefährden könnten. Dienstaufsichtliche Maßnahmen sind nur möglich, wenn der BfDI seine Amtspflichten gröblich vernachlässigt. Keine Bedenken bestehen beispielsweise gegen die Übernahme eines unbezahlten Lehrauftrages oder einer Honorarprofessur, gegen die Mitgliedschaft in Selbstverwaltungsorganen und andere ehrenamtliche Tätigkeiten sowie gegen wissenschaftliche, literarische und Vortragstätigkeit (auch entgeltlich), solange daraus kein (Neben-)Beruf wird.

12 Die Inkompatibilitätsregelung des Abs. 2 kann nicht als ideal bezeichnet werden. So wichtig es ist, die Objektivität des BfDI zu sichern, so wenig kann übersehen werden, dass Inkompatibilitäten zugleich den Entscheidungsspielraum bei der Kandidatenauswahl einschränken. Inkompatibilität ist insofern kein Selbstzweck und sollte nicht auf Tätigkeiten erstreckt werden, die die Objektivität typischerweise nicht tangieren. Unter diesem Gesichtspunkt wäre es angemessener, nicht auf die für den Bundespräsidenten und die Bundesminister, sondern auf die für Richter – einschließlich der Mitglieder des Bundesverfassungsgerichts – geltende Regelung zurückzugreifen und die Tätigkeit als Hochschullehrer für vereinbar zu erklären,[17] zumal eine ständige Verbindung mit der Wissenschaft der Tätigkeit als BfDI zugute kommen kann.

4. Geschenke (Abs. 3)

13 Bei der Regelung des Abs. 3, die § 5 Abs. 3 BMinG entspricht, geht es weniger darum, sachfremde Einflüsse auf die Amtstätigkeit des BfDI abzuwehren – dies ist Sache des Strafrechts –, als um eine im Zusammenhang mit der Dienstaufsicht zu sehende formelle Abwicklung, die vor allem bei Gastgeschenken offizieller Besucher eingreift.[18] Fachbücher und geringwertige Aufmerksamkeiten liegen unterhalb der vom Gesetz vorausgesetzten Relevanzschwelle.

5. Zeugnisverweigerungsrecht (Abs. 4)

14 Die Regelungen des Abs. 4 zum Zeugnisverweigerungsrecht des BfDI wurden mit der Novellierung 1990 neu aufgenommen. Sie gehören zu einer Reihe von Maßnahmen, die nach der Vorstellung des Gesetzgebers die Stellung des BfDI verstärken sollen. Diese Stärkung liegt weniger in der Möglichkeit, Informationen in Gerichtsverfahren zurückzuhalten, als in dem indirekten Effekt, dass dem BfDI mehr Informationen zugehen, weil diejenigen, die sie ihm mitteilen, darauf vertrauen können, dass er von seinem Zeugnisverweigerungsrecht Gebrauch macht, auch wenn ein Anspruch auf vertrauliche Behandlung nicht in allen Fällen besteht, in denen das Zeugnisverweigerungsrecht eingreift. Das Zeugnisverweigerungsrecht besteht demnach in erster Linie im Interesse des Amtes des BfDI, bezweckt aber auch den Schutz der informationellen Selbstbestimmung der beteiligten Individuen. Das Zeugnisverweigerungsrecht steht gemäß § 12 Abs. 3 auch den LfD zu.

15 Das Zeugnisverweigerungsrecht des BfDI setzt voraus, dass ihm etwas **in seiner Eigenschaft als BfDI** anvertraut worden ist. Nicht erfasst sind damit Mitteilungen, die den BfDI als Privatperson, unabhängig von seinem Amt, erreichen, also etwa als Mitglied eines Vereins, als wissenschaftlichen Autor oder als Teilnehmer am Wirtschaftsleben. Spielt jedoch das Amt des BfDI für die Mitteilung eine Rolle, so genügt dies vollauf, ohne dass dieses Motiv besonders

16 Vgl. *Herzog,* in *Maunz/Dürig,* GG Art. 55 Rdnr. 22.
17 Vgl. §§ 4 Abs. 2 DRiG, 3 Abs. 4 BVerfGG.
18 *Auernhammer,* BDSG § 23 Rdnr. 7.

zum Ausdruck gebracht werden müsste. Wird dem BfDI etwas im Hinblick auf sein Amt mitgeteilt, so kommt es nicht darauf an, ob er für den mitgeteilten Gegenstand objektiv zuständig ist. Es ist weder erforderlich, dass die Mitteilung Datenschutzverstöße oder -mängel betrifft, noch dass der Mitteilende Betroffener oder sonst in eigenen Interessen tangiert ist. Das Zeugnisverweigerungsrecht geht also weit über den Rahmen des Anrufungsrechts nach § 21 hinaus und wird beispielsweise auch bei Mitteilungen durch Journalisten, Experten und Angehörige datenverarbeitender Stellen wirksam. Keine Rolle spielt auch, ob der Anvertrauende für sich selbst oder für eine andere – natürliche oder juristische – Person handelt.

Das Gesetz spricht davon, dass dem BfDI „**Tatsachen**" anvertraut worden sind. Eine sachliche Einschränkung ist damit nicht bezweckt. Das Zeugnisverweigerungsrecht erstreckt sich – ebenso wie bei den anderen berufsbedingten Fällen des Zeugnisverweigerungsrechts nach der Straf- und der Zivilprozessordnung – auf das, was anvertraut wurde, und auf die Tatsache der Mitteilung. Das Zeugnisverweigerungsrecht greift demnach insbesondere auch dann ein, wenn dem BfDI Vermutungen oder Werturteile anvertraut worden sind. 16

„**Anvertraut**" ist dem BfDI jede Mitteilung, die ihm gemacht wird, wenn sich nicht zugleich aus dem Inhalt der Mitteilung oder schlüssig aus den Umständen ergibt, dass der Mitteilende keinen Wert auf vertrauliche Behandlung legt. Dabei ist darauf zu achten, dass der Mitteilende auch teilweise auf die Vertraulichkeit verzichten kann, etwa bezüglich des Inhalts seiner Mitteilung, aber nicht bezüglich seiner Person. Zu den anvertrauten Tatsachen gehören nicht nur der gesprochene oder geschriebene Inhalt der Mitteilung, sondern auch die Begleitumstände der Mitteilung und die im Zusammenhang mit der Mitteilung bekannt werdenden Umstände, also bei einer Unterhaltung etwa die beobachtbare Gemütserregung dessen, der etwas mitteilt. 17

Ihm, dem BfDI, ist auch das anvertraut, was seinen **Mitarbeitern** mitgeteilt wird, da diese für ihn als Empfangsboten handeln. Auch Eingaben und andere Mitteilungen von Privatpersonen, die dem BfDI von Datenschutzbeauftragten der Länder, ausländischen Datenschutzbeauftragten, dem Wehrbeauftragten, dem Petitionsausschuss des Bundestages und vergleichbaren Einrichtungen für Bürgerbeschwerden zuständigkeitshalber zugeleitet oder – etwa mit der Bitte um Stellungnahme – zur Kenntnis gegeben werden, sind ihm in seiner Eigenschaft als BfDI anvertraut. Soweit der BfDI dagegen im Rahmen seiner Kontroll- und Beratungsaufgaben ohne Anstoß von außen mit öffentlichen Stellen kommuniziert und dabei Tatsachen zur Kenntnis erhält, handelt es sich um normalen Dienstverkehr und nicht um ein „Anvertrauen". 18

Der BfDI kann zunächst einmal das Zeugnis „**über Personen**" verweigern, d.h. er braucht die Person, die ihm etwas anvertraut hat, weder namentlich oder mit andere Identitätsmerkmalen zu bezeichnen, noch braucht er irgendwelche andere Angaben zu machen, die die Feststellung dieser Person erleichtern könnten. Das Zeugnisverweigerungsrecht gilt außerdem für die anvertrauten Tatsachen, d.h. für den Inhalt der Mitteilung.[19] Aus dem Umfang des Zeugnisverweigerungsrechts ergibt sich, dass der BfDI ggf. auch auf die Frage, ob ihn eine Mitteilung bestimmten Inhalts erreicht hat oder ob er mit einer bestimmten Person in einem bestimmten Zeitraum einen Informationskontakt hatte, das Zeugnis verweigern kann. 19

Nach Satz 2 gilt das Zeugnisverweigerungsrecht auch für die **Mitarbeiter** des BfDI. Auch diese können daher unter den Voraussetzungen des Satzes 1 das Zeugnis verweigern, ohne dass es darauf ankommt, dass dic Information dem jeweiligen Mitarbeiter direkt oder persönlich anvertraut worden ist. Da das Zeugnisverweigerungsrecht aber nicht im Interesse des einzelnen Mitarbeiters besteht, sondern im Interesse des Amts des BfDI, ist diesem die Entscheidung über die Ausübung des Zeugnisverweigerungsrechts der Mitarbeiter vorbehalten. Satz 2 stellt damit sicher, dass die Kommunikation innerhalb der Dienststelle des BfDI die Wirkung des Zeugnisverweigerungsrechts nicht schmälert. 20

Satz 3 bewirkt – parallel zu den entsprechenden Regelungen der Prozessordnungen –, dass das Zeugnisverweigerungsrecht nicht durch andere prozessuale Maßnahmen unterlaufen 21

19 Vgl. o. Rdnr. 17.

wird. Eine Beschlagnahme von Behördenakten wird überwiegend als generell unzulässig angesehen[20] und ist deshalb hier nicht erwähnt; sie scheidet jedenfalls auch aus.[21]

22 Das Zeugnisverweigerungsrecht des BfDI wie seiner Mitarbeiter besteht auch **nach Ablauf** des Amtes bzw. der Funktion als Mitarbeiter, wie dies in Abs. 5 Satz 1 für die Verschwiegenheitspflicht ausdrücklich normiert ist.

23 Das Zeugnisverweigerungsrecht besteht auch dann, wenn die Person, die dem BfDI etwas anvertraut hat, (und etwa mitbetroffene weitere Personen) einer Zeugenaussage zugestimmt oder sonst auf die vertrauliche Behandlung verzichtet haben. Eine gegenteilige Regelung hätte entsprechend §§ 53 Abs. 2 StPO, 383 Abs. 2 ZPO ausdrücklich statuiert werden müssen.

24 Ob der BfDI von seinem Zeugnisverweigerungsrecht Gebrauch macht, liegt damit grundsätzlich in seinem Ermessen. Zu einer Aussage ist er allerdings nicht befugt, soweit der Betroffene einen Rechtsanspruch auf vertrauliche Behandlung hat. Ein solcher Rechtsanspruch besteht grundsätzlich bei Eingaben Betroffener nach § 21.[22]

6. Verschwiegenheitspflicht (Abs. 5 und 6 Satz 1)

25 Die Regelung der Verschwiegenheitspflicht entspricht den §§ 6 und 7 BMinG, die ihrerseits im Wesentlichen den beamtenrechtlichen Vorschriften nachgebildet sind.[23] Auf die einschlägige Kommentierung wird verwiesen. Die Verschwiegenheitspflicht besteht sowohl im öffentlichen Interesse als auch zum Schutz der (natürlichen und juristischen) Personen, deren Verhältnisse dem BfDI bekannt werden.[24] Sie betrifft nicht nur personenbezogene Angaben, sondern alle bekannt gewordenen **„Angelegenheiten"**, und zwar Tatbestände und Vorgänge innerhalb der Verwaltung ebenso wie aus Akten oder dienstlichen Gesprächen stammende Kenntnisse über außerhalb der Verwaltung liegende Sachverhalte. Der Verschwiegenheit unterliegt auch das, was der BfDI aufgrund direkter Mitteilungen von Bürgern erfährt, und zwar unabhängig davon, ob die Voraussetzungen einer Anrufung nach § 21 gegeben sind.[25]

26 Die Verschwiegenheitspflicht gilt nicht für offenkundige oder nicht geheimhaltungsbedürftige Tatsachen.[26] Der Ausdruck „Tatsache" ist nicht einschränkend gemeint, umfasst also auch andere „Angelegenheiten". Ferner sind „Mitteilungen im dienstlichen Verkehr" von der Verschwiegenheitspflicht ausgenommen. Der BfDI kann also beispielsweise die Behörde A um Auskunft oder Stellungnahme zu einem Sachverhalt bitten, den ihm die Behörde B mitgeteilt hat. Die Verschwiegenheitspflicht hat den Zweck, zu verhindern, dass die dienstlich erlangten Erkenntnisse unkontrolliert ausgestreut werden. Sie soll den BfDI jedoch nicht daran hindern, seine gesetzlichen Aufgaben zu erfüllen. Da seine Tätigkeit ebenso wie das Gesetz als Ganzes letztlich stets dem Schutz des einzelnen Betroffenen verpflichtet ist, gehört es zu den wichtigsten Aufgaben des BfDI, den Betroffenen in die Lage zu versetzen, seine Rechte selbst wahrzunehmen. Das Recht und die Pflicht, unter bestimmten Voraussetzungen den Betroffenen zu informieren, bleiben deshalb unberührt. Solche Informationen sind im weiteren Sinne zu den „Mitteilungen im dienstlichen Verkehr" zu rechnen. Sie müssen sich allerdings in dem durch den jeweiligen Anlass und ihren spezifischen Zweck gesteckten Rahmen halten.[27] Wenn der BfDI weitergehende Mitteilungen machen möchte, verlässt er den ihm vom Gesetz eingeräumten Bereich unabhängiger Amtsausübung und muss daher die Genehmigung des Bundesministeriums des Innern einholen.[28] Mit der Novellierung 2001 wurde der Umfang dieser Befugnis teilweise klargestellt. Stellt der BfDI einen

20 Vgl. *Walz,* in GK-SGB X 2 § 73 Rdnrn. 27 ff.
21 *Dörr/Schmidt,* BDSG zu § 23.
22 Vgl. im Folgenden.
23 Vgl. §§ 39 BRRG, 61 BBG.
24 *Düwel,* Das Amtsgeheimnis, 97 ff.
25 Vgl. auch § 21 Rdnrn. 23 f.
26 Abs. 5 Satz 2.
27 Neuer Satz 7.
28 Abs. 5 Satz 3.

Datenschutzverstoß fest, ist er befugt, diesen anzuzeigen – d.h. den zuständigen Strafverfolgungs- und Ordnungswidrigkeitenbehörden mitzuteilen – und den Betroffenen hierüber zu unterrichten. Die Klarstellung betrifft aber nur den Fall, dass auch Anzeige erstattet wird und umfasst dann sowohl diese Tatsache als auch den wesentlichen Gegenstand der Anzeige, d.h. die Beschreibung des Datenschutzverstoßes in tatsächlicher Hinsicht. Die Regelung ist aber nicht einschränkend zu verstehen. Die Anzeige ist keine Vorbedingung. Dem Betroffenen wird oft besser gedient sein, wenn es ihm überlassen bleibt, über die Art der Verteidigung seiner Rechte selbst zu bestimmen und z.B. ein (öffentliches) Strafverfahren mit zusätzlichen Belastungen zu vermeiden. Dem kann und soll der BfDI durchaus Rechnung tragen. Wie der BfDI den Verstoß festgestellt hat, spielt keine Rolle. Verlangt wird lediglich, dass er davon Kenntnis erlangt hat und dass er nach seiner Auffassung mit überwiegender Wahrscheinlichkeit vorliegt. In der Regel wird der BfDI aber seine Informationsbefugnisse[29] zur Verifizierung eines ungeklärten Sachverhalts ausschöpfen, ehe er belastende Informationen weitergibt; nur bei Eilbedürftigkeit kann er davon absehen. Normalerweise wird der BfDI die verantwortliche Stelle im gleichen Zuge von seinen Maßnahmen unterrichten.[30] Satz 8 bezieht sich im Übrigen nicht speziell auf die in den ebenfalls neu eingefügten Sätzen 5 bis 7 behandelten Steuerverfahren, sondern – wie Abs. 5 insgesamt – auf den ganzen Amtsbereich des BfDI.

Neben der dienstrechtlichen, d.h. persönlichen Verschwiegenheitspflicht hat der BfDI in seiner 27
Eigenschaft als staatliches Organ die für ihn geltenden gesetzlichen **Geheimhaltungsvorschriften und Übermittlungsverbote** zu beachten. Dazu gehören u.a. die Übermittlungsverbote der §§ 4 und 39, das Geheimhaltungsgebot nach § 30 VwVfG,[31] die Strafvorschriften der §§ 203 Abs. 2, 353 b StGB sowie das Datengeheimnis nach § 5.[32] Bei Anrufungen ergibt es sich aus dem Wesen des BfDI als unabhängiger Kontrollinstanz im Interesse der Bürger, dass die bei einer Anrufung mitgeteilten persönlichen Angaben ohne Einwilligung des Betroffenen nicht Dritten offenbart werden dürfen.[33] Damit unterliegt auch die Kommunikation im „dienstlichen Verkehr" strengen Einschränkungen.

Für die Mitarbeiter des BfDI gelten die Verschwiegenheitsvorschriften des Beamtenrechts[34] 28
und des Tarifrechts (für Angestellte und Arbeiter). Für freie Mitarbeiter sind vertragliche Regelungen erforderlich. Um § 203 Abs. 2 StGB anwendbar zu machen, bedarf es bei Nicht-Amtsträgern einer Verpflichtung nach dem Verpflichtungsgesetz. Da die Mitarbeiter im Auftrag des BfDI handeln, haben sie selbstverständlich auch dessen organschaftliche Pflichten zur Begrenzung der Kommunikation[35] zu beachten.

Nach Abs. 5 Satz 3 bedürfen gerichtliche und außergerichtliche Aussagen und Erklärungen 29
über amtlich bekannt gewordene Angelegenheiten der **Genehmigung** des Bundesministeriums des Innern. Auf die Fälle des Satzes 2 bezieht sich diese Regelung nicht. Die Genehmigung entbindet nur von der durch Satz 1 begründeten Verschwiegenheitspflicht, lässt jedoch andere Geheimhaltungsvorschriften und Mitteilungsverbote[36] unberührt. Greifen solche Vorschriften ein, so muss der BfDI im Einzelfall prüfen, ob er sich auf eine vorrangige Mitteilungsbefugnis stützen kann.

Mit Abs. 5 Satz 4 wird klargestellt, dass der BfDI durch die Verschwiegenheitspflicht nicht 30
gehindert ist, die genannten Pflichten zu erfüllen. Solche Pflichten ergeben sich aus seinem Amtseid (§ 22 Abs. 2) und aus § 138 StGB. Auf eine Aussagegenehmigung kommt es in diesen Fällen nicht an. Die Regelung entspricht §§ 6 Abs. 3 BMinG, 61 Abs. 4 BBG und 10 Abs. 3 Wehrbeauftragtengesetz.

29 Nach § 24 Abs. 4.
30 So § 42 Abs. 4 DSG SH: Der LfD kann den Betroffenen nach pflichtgemäßem Ermessen und in Kenntnis der datenverarbeitenden Stelle informieren.
31 Zu dessen entsprechender Anwendbarkeit vgl. § 21 Rdnr. 25.
32 Vgl. *Auernhammer,* BDSG § 23 Rdnr. 14.
33 Vgl. § 21 Rdnrn. 23 f.
34 § 61 BBG für Beamte.
35 Rdnr. 27.
36 Vgl. Rdnr. 27.

31 Nach der Abgabenordnung haben alle Behörden der Finanzbehörde auf Anforderung zur Feststellung eines für die Besteuerung erheblichen Sachverhalts erforderliche Auskünfte zu erteilen, Urkunden und weitere Unterlagen vorzulegen, weitere Amtshilfe zu leisten und von Amts wegen, d.h. unaufgefordert, einen bekannt werdenden Verdacht einer Steuerstraftat mitzuteilen;[37] die Verschwiegenheitspflicht der Behörden wird insoweit eingeschränkt. Um die Rolle des BfDI als Ombudsman nicht zu gefährden, den Betroffene zum Schutz ihrer Rechte anrufen und dem sie sich anvertrauen können müssen, setzt das Gesetz diese Verpflichtungen grundsätzlich außer Kraft.[38] Sie gelten nur noch in zwei Fällen: bei einem zwingenden öffentlichen Interesse an der Verfolgung der Steuerstraftat und bei vorsätzlich falschen Angaben des Steuerpflichtigen oder der für ihn tätigen Personen.[39] Eine einschlägige Inanspruchnahme oder Aktivität des BfDI hat es bisher nicht gegeben.

32 Nach Abs. 6 Satz 1 ist die Aussagegenehmigung nur ausnahmsweise unter bestimmten Voraussetzungen zu versagen. Die Regelung entspricht §§ 62 Abs. 1 BBG und 11 Abs. 1 Wehrbeauftragtengesetz. Statt einer zwingenden Regelung („darf nur") hat der Gesetzgeber jedoch entsprechend der Regelung des § 7 Abs. 1 BMinG eine Sollvorschrift gewählt. Was für Bundesminister als Ausdruck ihrer Einbindung in die politische Gesamtverantwortung der Bundesregierung akzeptabel sein mag, ist allerdings für die besondere Stellung und Aufgabe des BfDI nicht unproblematisch. Auch die zu den beamtenrechtlichen Vorschriften entwickelten Interpretationsgrundsätze lassen sich nicht unbesehen übernehmen, da der BfDI eine Stellung und Funktion hat, die sich von der eines Beamten grundlegend unterscheidet. Seine Aufgabe, die Beachtung des Datenschutzes zu überwachen und auf seine kontinuierliche Verbesserung hinzuwirken, erfüllt er nicht im Auftrag und nach Weisung einer Behördenleitung, sondern unabhängig und auf der Grundlage einer ihm vom Gesetz übertragenen Verantwortung. Durch diesen unabhängigen Status und durch die gesetzlich bestimmten Aufgaben wird das Recht des Bundesministeriums des Innern, über Aussagen des BfDI zu bestimmen, eingeschränkt.

33 Die Genehmigung darf nur dann versagt werden, wenn vorrangige Gründe dafür bestehen. Bei Nachteilen für das Wohl des Bundes oder eines Landes ist dies der Fall. Dass die Erfüllung einer öffentlichen Aufgabe ernstlich gefährdet oder erheblich erschwert würde, dürfte jedoch, soweit Nachteile für das Wohl des Bundes oder eines Landes damit nicht verbunden sind, eine Verweigerung im Allgemeinen nicht rechtfertigen. Dies gilt zumal für Mitteilungen des BfDI über festgestellte Verstöße. Sie dienen der Verbesserung des Datenschutzes und dürfen daher nicht unterbunden werden, auch wenn sie zunächst einmal kritische Reaktionen auslösen können.

34 Die Aussagegenehmigung darf nur bezüglich der Punkte verweigert werden, bei denen dies unumgänglich ist. Hat der BfDI beispielsweise in einem Rechenzentrum der Bundesverwaltung gravierende Sicherheitsmängel entdeckt, so darf ihm nicht genehmigt werden, die Schwachstellen so genau zu lokalisieren und zu beschreiben, dass ein Missbrauch provoziert werden könnte; einer allgemein gehaltenen Aussage steht jedoch rechtlich nichts entgegen. Der politisch motivierte Wunsch, unangenehmes Aufsehen zu vermeiden, darf die Entscheidung des Innenministeriums nicht beeinflussen.

35 Einer Genehmigung des Innenministeriums bedarf es nur für Zeugenaussagen über Angelegenheiten, die dem BfDI aus dem Bereich der kontrollierten Einrichtungen bekannt geworden sind. Über Informationen, die dem BfDI von einem Bürger anvertraut worden sind, kann nicht das Innenministerium, sondern nur der BfDI selbst verfügen. Er darf grundsätzlich nur aussagen, wenn er vom Betroffenen dazu ermächtigt ist.

---

37 Sie werden auch als Beistands- und Unterrichtungspflichten bezeichnet.
38 Satz 5, eingefügt durch Novelle 2001.
39 Satz 6.

7. Gutachten (Abs. 6 Sätze 2 und 3)

Mit Abs. 6 Satz 2[40] wird klargestellt, dass die Erfüllung der dienstlichen Aufgaben Vorrang vor Nebentätigkeiten hat. Die Regelung gilt für gerichtliche wie außergerichtliche **Gutachten**; letztere können ohnehin nur unentgeltlich erstattet werden.[41] Auf den Gegenstand kommt es nicht an. Die Vorschrift ist aber nicht auf Gutachten anwendbar, die der Bundestag oder die Bundesregierung nach § 26 Abs. 2 Satz 1 angefordert haben. Da der BfDI zur Erstattung solcher Gutachten gesetzlich verpflichtet ist, ist ein Konflikt mit den dienstlichen Interessen ausgeschlossen. Für eine Entscheidung des Innenministeriums bleibt kein Raum.[42] Für wissenschaftliche Publikationen gilt die Regelung nicht. 36

Abs. 6 Satz 3 stellt klar, dass § 28 BVerfGG auch auf den BfDI anwendbar ist.[43] Eine Verweigerung der Aussagegenehmigung ist danach nur beschränkt möglich. Erklärt das Bundesverfassungsgericht eine Verweigerung mit Zweidrittelmehrheit für unbegründet, so ist der BfDI zur Aussage verpflichtet. 37

8. Amtsbezüge und Entschädigung (Abs. 7)

Bei der Regelung der Besoldung, der Versorgung und der sonstigen Bezüge des BfDI[44] greift das Gesetz auf beamtenrechtliche Regelungen und auf die Vorschriften des Bundesministergesetzes zurück. Die gesetzliche Fixierung der Bezüge hat den Nachteil, den Handlungsspielraum der Bundesregierung bei der Kandidatenwahl einzuengen. Auch die Bezugnahme auf die Beamtenbesoldung ist nicht glücklich. Sie provoziert Versuche, den BfDI in die Beamtenhierarchie einzuordnen, und belastet seine besondere und unabhängige Stellung, zumal die Anknüpfung an die Einstufung der Abteilungsleiter in Bundesministerien seiner herausgehobenen Position gegenüber Parlament und Öffentlichkeit nicht gerecht wird. Die gesetzliche Formulierung hat im Übrigen die willkürlich erscheinende Folge, dass der BfDI – anders als seine Mitarbeiter und alle anderen Angehörigen der obersten Bundesbehörden – eine Ministerialzulage nicht erhält. Die hessische Lösung einer vertraglichen Regelung der Amtsbezüge[45] hat sich als wesentlich flexibler erwiesen; die bei einem öffentlichen Amt gebotene Publizität wird durch den Haushaltsplan gesichert. Der mit der Novellierung 1990 angefügte Satz 4 führt zu einer verbesserten Versorgung – nämlich wie bei einem in B 9 eingestuften Beamten –, wenn der Amtsinhaber zuletzt als Beamter in B 6 eingestuft war. 38

9. Entsprechende Anwendung auf Kontrollstellen der Länder (Abs. 8)

Die in Abs. 5 Sätze 5 – 7 ausgesprochene Reduzierung der Beistands- und Unterrichtungspflichten gegenüber den Finanzbehörden gilt nach Abs. 8 auch für die Datenschutzkontrollstellen der Länder, d.h. für die Landesbeauftragten für den Datenschutz und die Aufsichtsbehörden nach § 38. Aus Kompetenzgründen war hierzu eine bundesgesetzliche Regelung nötig. Soweit ein Landesbeauftragter auch andere Aufgaben hat, z.B. auf dem Gebiet der Aktenöffentlichkeit, gilt die Vorschrift nicht. 39

40 Parallelvorschriften: §§ 62 Abs. 2 BBG, 11 Abs. 2 Wehrbeauftragtengesetz.
41 Abs. 2 Satz 2.
42 Ebenso *Gola/Schomerus,* BDSG § 23 Rdnr. 17.
43 Entspr. § 11 Abs. 3 Wehrbeauftragtengesetz.
44 Abs. 7.
45 § 21 Abs. 6 HDSG.

§ 24 Kontrolle durch den Bundesbeauftragten für den Datenschutz und die Informationsfreiheit

(1) Der Bundesbeauftragte für den Datenschutz und die Informationsfreiheit kontrolliert bei den öffentlichen Stellen des Bundes die Einhaltung der Vorschriften dieses Gesetzes und anderer Vorschriften über den Datenschutz.

(2) Die Kontrolle des Bundesbeauftragten erstreckt sich auch auf

1. von öffentlichen Stellen des Bundes erlangte personenbezogene Daten über den Inhalt und die näheren Umstände des Brief-, Post- und Fernmeldeverkehrs, und

2. personenbezogene Daten, die einem Berufs- oder besonderen Amtsgeheimnis, insbesondere dem Steuergeheimnis nach § 30 der Abgabenordnung, unterliegen.

Das Grundrecht des Brief-, Post- und Fernmeldegeheimnisses des Artikels 10 des Grundgesetzes wird insoweit eingeschränkt. Personenbezogene Daten, die der Kontrolle durch die Kommission nach § 15 des Artikel 10-Gesetzes unterliegen, unterliegen nicht der Kontrolle durch den Bundesbeauftragten, es sei denn, die Kommission ersucht den Bundesbeauftragten, die Einhaltung der Vorschriften über den Datenschutz bei bestimmten Vorgängen oder in bestimmten Bereichen zu kontrollieren und ausschließlich ihr darüber zu berichten. Der Kontrolle durch den Bundesbeauftragten unterliegen auch nicht personenbezogene Daten in Akten über die Sicherheitsüberprüfung, wenn der Betroffene der Kontrolle der auf ihn bezogenen Daten im Einzelfall gegenüber dem Bundesbeauftragten widerspricht.

(3) Die Bundesgerichte unterliegen der Kontrolle des Bundesbeauftragten nur, soweit sie in Verwaltungsangelegenheiten tätig werden.

(4) Die öffentlichen Stellen des Bundes sind verpflichtet, den Bundesbeauftragten und seine Beauftragten bei der Erfüllung ihrer Aufgaben zu unterstützen. Ihnen ist dabei insbesondere

1. Auskunft zu ihren Fragen sowie Einsicht in alle Unterlagen, insbesondere in die gespeicherten Daten und in die Datenverarbeitungsprogramme, zu gewähren, die im Zusammenhang mit der Kontrolle nach Absatz 1 stehen,

2. jederzeit Zutritt in alle Diensträume zu gewähren.

Die in § 6 Abs. 2 und § 19 Abs. 3 genannten Behörden gewähren die Unterstützung nur dem Bundesbeauftragten selbst und den von ihm schriftlich besonders Beauftragten. Satz 2 gilt für diese Behörden nicht, soweit die oberste Bundesbehörde im Einzelfall feststellt, daß die Auskunft oder Einsicht die Sicherheit des Bundes oder eines Landes gefährden würde.

(5) Der Bundesbeauftragte teilt das Ergebnis seiner Kontrolle der öffentlichen Stelle mit. Damit kann er Vorschläge zur Verbesserung des Datenschutzes, insbesondere zur Beseitigung von festgestellten Mängeln bei der Verarbeitung oder Nutzung personenbezogener Daten, verbinden. § 25 bleibt unberührt.

(6) Absatz 2 gilt entsprechend für die öffentlichen Stellen, die für die Kontrolle der Einhaltung der Vorschriften über den Datenschutz in den Ländern zuständig sind.

Literatur: s. bei § 22

Übersicht

1. Vorbemerkung – Aufgaben im Überblick

Die §§ 24 bis 26 bestimmen die Aufgaben und Befugnisse des BfDI.[1] § 24 beschreibt die Aufgabe der Kontrolle und die dieser zugeordneten Befugnisse, insbesondere in besonders sensiblen Bereichen.[2] § 25 bestimmt das bei festgestellten Verstößen zu beschreitende Verfahren der Beanstandung. § 26 definiert weitere Aufgaben des BfDI. 1

Allgemein lässt sich die Aufgabe des BfDI als **umfassende Kontrolle** des Datenschutzes beschreiben. Sie konkretisiert sich einerseits als Rechtskontrolle, wenn behauptete Rechtsverletzungen untersucht[3] und festgestellte Rechtsverstöße beanstandet werden,[4] dient aber in gleichem Maße der ständigen Verbesserung und Fortentwicklung des Datenschutzes sowohl in der Praxis[5] als auch auf der Ebene der Gesetzgebung.[6] 2

Charakteristisch für die **Wirkungsweise** des BfDI sind die Mittel der Information, der Aufklärung, der Empfehlung, der Anregung und der Kritik. Kassations- oder Weisungsrechte stehen ihm nicht zu. Die Verantwortlichkeit der datenverarbeitenden Stellen, insbesondere die Ressortverantwortlichkeit des zuständigen Bundesministers gegenüber dem Parlament,[7] wird in keiner Weise geschmälert. Der BfDI kann daher zutreffend als „persuasive authority" gekennzeichnet werden. Die Autorität seiner Argumente und Appelle ist freilich nicht abstrakt, sondern gründet sich auf seine herausgehobene Stellung, insbesondere auf den direkten Zugang zu Regierung und Parlament und die Möglichkeit, auf die öffentliche Meinungsbildung einzuwirken. 3

Im Einzelnen hat der BfDI folgende Aufgaben: 4

a) Kontrolle der Einhaltung der Datenschutzvorschriften (Abs. 1 Satz 1),
b) Erledigung von Eingaben Betroffener (§ 21),
c) Beratung und Empfehlung (§ 26 Abs. 3),
d) Erstellung von Gutachten und Berichten auf Anforderung (§ 26 Abs. 2 Satz 1),
e) Untersuchung auf Ersuchen (§ 26 Abs. 2 Satz 2),
f) Berichterstattung (§ 26 Abs. 1),
g) Zusammenarbeit (§ 26 Abs. 4).

2. Kontrolle des Datenschutzes (Abs. 1)

2.1 Kontrollbereich

Als Kontrollbereich bestimmt das Gesetz die „öffentlichen Stellen des Bundes". Es verweist damit auf die Legaldefinitionen des § 2 und umfasst daher auch Vereinigungen des privaten Rechts, soweit diese danach öffentliche Stellen des Bundes sind[8] oder als solche gelten.[9] Nach § 24 zu kontrollieren sind außerdem auch bestimmte nicht-öffentliche Stellen, wenn sie im Auftrag einer öffentlichen Stelle des Bundes tätig sind; dies ergibt sich aus § 11 Abs. 4 Nr. 1 b. Weitere Kontrollzuständigkeiten können dem BfDI durch Gesetz übertragen werden. So ist der BfDI nach § 92 Abs.4 TKG bei der geschäftsmäßigen Erbringung von Telekommunikationsdiensten für die Datenschutzkontrolle zuständig, und zwar, entsprechend dem Schutzkonzept des TKG, auch in Bezug auf dem Umgang mit Daten juristischer Personen. In gleichem Umfang obliegt ihm nach § 42 Abs. 3 PostG die Datenschutzkontrolle bei der geschäftsmäßigen Erbringung von Postdiensten. Die Kontrolle richtet sich nach den Vorschriften der §§ 22 ff. BDSG, jedoch sind Beanstandungen an das Bundeswirtschaftsministerium 5

1 Abgesehen von der Bearbeitung von Eingaben Betroffener, deren Regelung als § 21 in den Unterabschnitt „Rechte des Betroffenen" übernommen wurde.
2 § 24 Abs. 2.
3 § 21.
4 § 25.
5 Abs. 5 sowie § 26 Abs. 3.
6 § 26 Abs. 2.
7 Art. 65 GG.
8 § 2 Abs. 1 letzte Alternative.
9 § 2 Abs. 3 Satz 1.

zu richten. Auch die organisatorische Zusammenfassung der Datenschutzkontrolle mit Kontrollaufgaben im Rahmen eines Informationszugangsgesetzes, wie sie etwa im Vereinigten Königreich und in einigen Bundesländern erfolgt ist, begegnet keinen grundsätzlichen Bedenken.

6 Der Kontrollbereich ist danach umfassend. Insbesondere gibt es im Bereich des Bundes und der bundesunmittelbaren Körperschaften, Anstalten und Stiftungen des öffentlichen Rechts keine öffentlich-rechtlich organisierten Einrichtungen, die als solche, aus welchem Grund auch immer, der Kontrolle des BfDI entzogen sind. Mit der Einbeziehung in den Anwendungsbereich des Gesetzes durch die §§ 1 und 2 hat sich der Gesetzgeber zugleich für die unabhängige Kontrolle nach § 24 entschieden. Zwar hat er die Kontrolle durch die Abs. 2 – 4 in gewisser Weise eingeschränkt, er hat es aber strikt vermieden, bestimmte Behörden oder Stellen als solche von der Kontrolle freizustellen. Da die genannten Einschränkungen Ausnahmecharakter haben, sind sie als abschließend anzusehen und restriktiv zu interpretieren. Rundfunkanstalten des Bundesrechts werden aufgrund der Sonderregelung des § 42 statt vom BfDI von einem eigenen Rundfunkbeauftragten kontrolliert.

7 Auch in sachlicher Hinsicht besteht Kongruenz zwischen dem Anwendungsbereich des Gesetzes und dem Kontrollbereich. Die frühere Begrenzung auf eine bloße Anlasskontrolle, soweit allein eine Verarbeitung in Akten zur Debatte steht, wurde mit der Novellierung 2001 beseitigt.

8 In Bezug auf die Länder hat der BfDI die Pflicht, auf die Zusammenarbeit mit deren Datenschutz-Kontrollinstanzen hinzuwirken.[10] Für den nicht-öffentlichen Bereich, soweit der BfDI dort nicht aufgrund spezialgesetzlicher Aufgabenzuweisung für die Kontrolle zuständig ist,[11] besteht eine Berichtspflicht.[12]

2.2 Kontrollmaßstab

9 Maßstab für die Kontrolle sind die **Vorschriften dieses Gesetzes und anderer Vorschriften über den Datenschutz**. Was mit Vorschriften über den Datenschutz gemeint ist, ergibt sich allgemein aus § 1 Abs. 1: Es sind alle Vorschriften mit dem Zweck, den Einzelnen davor zu schützen, dass er durch den Umgang mit seinen personenbezogenen Daten in seinem Persönlichkeitsrecht beeinträchtigt wird. Der Begriff „Vorschriften" ist weiter als der in § 15 verwandte Begriff „Rechtsvorschriften". Er umfasst neben Gesetzen und Verordnungen auch Verwaltungsvorschriften,[13] aber auch die Grundrechte, da sie unmittelbar geltendes Recht sind.[14] An Verwaltungsvorschriften ist der BfDI freilich nicht gebunden.[15] Er wird sie daher als Maßstab heranziehen, soweit sie gesetzliche Vorschriften ausführen, sie selbst zunächst jedoch inhaltlich darauf überprüfen, ob sie den gesetzlichen Anforderungen entsprechen. Anordnungen für den Einzelfall sind keine „Vorschriften".

10 Zu kontrollieren ist nicht nur die Einhaltung der die Betroffenen unmittelbar schützenden Vorschriften, wie z.B. der Verarbeitungs- und Nutzungsverbote[16] sowie der Auskunfts-, Berichtigungs-, Sperrungs- und Löschungspflichten.[17] Gleich wichtig ist die Beachtung der präventiven Regelungen, die das Risiko von Beeinträchtigungen reduzieren sollen, wie z.B. der Verpflichtung zu technischen und organisatorischen[18] sowie personellen[19] Maßnahmen.

11 Die Kontrolle zielt auf die volle Beachtung und Anwendung der Datenschutznormen im Interesse der Betroffenen. Mit Normverletzungen, die das Interesse der Betroffenen weder

10 § 26 Abs. 4.
11 wie für Anbieter von Telekommunikations- oder Postdiensten.
12 § 26 Abs. 1 Satz 1.
13 Zust. *Auernhammer,* BDSG § 24 Rdnr. 3.
14 Art. 1 Abs. 3 GG.
15 § 22 Abs. 4 Satz 2; vgl. § 22 Rdnr. 18.
16 §§ 4, 5 Abs. 1.
17 §§ 19, 20.
18 §§ 6 b, 9, 10, 18.
19 § 5 Abs. 2.

beeinträchtigen noch gefährden, braucht sich der BfDI nicht zu befassen. Soweit nur ein Teil der Vorschriften des BDSG anzuwenden ist – etwa bei der Auftragsverarbeitung oder -nutzung[20] –, ist selbstverständlich auch der Kontrollmaßstab entsprechend eingeschränkt.

Soweit der BfDI die Einhaltung gesetzlicher Datenschutzvorschriften kontrolliert, kann er keinen Verstoß feststellen, wenn sich die kontrollierte öffentliche Stelle innerhalb eines ihr zustehenden **Ermessens-** oder **Beurteilungsspielraums** bewegt hat. Unbenommen bleibt ihm die Möglichkeit, beratend auf eine andere Entscheidungspraxis hinzuwirken. Umgekehrt kann die kontrollierte Stelle, soweit ihr gesetzlich kein Ermessen oder Beurteilungsspielraum übertragen ist, nicht ihre **Fachkompetenz** oder ihre Verantwortung für die Aufgabenerfüllung gegenüber der Beurteilung durch den BfDI geltend machen. Sie kann vor allem kein Monopol für die Auslegung der Rechtsvorschriften beanspruchen, die die Nutzung und Verarbeitung personenbezogener Daten bestimmen. Eine im Zuge der Novellierung von 1990 von der Bundesregierung vorgeschlagene Klausel, wonach der BfDI die öffentlichen Stellen „unbeschadet der ihnen bei der Erfüllung ihrer Aufgaben obliegenden fachlichen Beurteilung und Verantwortlichkeit" kontrolliert, ist seinerzeit vom Bundesrat nicht akzeptiert worden.[21] Es bleibt damit lediglich eine Frage des Amtsverständnisses des BfDI, sich zu Fragen, deren Beurteilung eine gesteigerte Fachkompetenz erfordert, so lange zurückhaltend zu äußern, wie er über diese Kompetenz nicht verfügt. Grundsätzlich verlangt das Gesetz von ihm aber, gerade problematische Fragen eigenständig zu beurteilen und nicht vor einer vermeintlichen Beurteilungsprärogative der Fachbehörden zurückzuweichen. 12

Der BfDI ist bei seiner Beurteilung nicht auf das Kriterium der richtigen Gesetzesanwendung beschränkt. Er kann und soll vielmehr stets auch prüfen, ob die geltenden Vorschriften dem allgemeinen Ziel des Datenschutzes[22] genügen oder ob gesetzgeberische Maßnahmen geboten sind. Seine Beurteilung wird sich insoweit an den grundlegenden Normen der Verfassung, insbesondere an Art. 1 Abs. 1 und Art. 2 Satz 1 GG und dem daraus folgenden Recht auf informationelle Selbstbestimmung, ausrichten. Es handelt sich hierbei aber nicht um eine verfassungs*rechtliche* Kontrolle, sondern um eine Funktion eigener Art, die im Bereich der institutionalisierten Politikberatung angesiedelt ist. Adressaten sind insoweit die an der Gesetzgebung beteiligten Instanzen. Die Beratung der datenverarbeitenden Stellen zielt naturgemäß nicht nur auf die korrekte Beachtung der Vorschriften, sondern auch darauf, die bestehenden Gestaltungsspielräume nicht zu Lasten der Betroffenen zu nutzen. 13

2.3 Kontrollgegenstand

Die Kontrolle erstreckt sich in sachlicher Hinsicht auf alle vom Bundesdatenschutzgesetz oder von anderen Datenschutzvorschriften erfassten Sachverhalte und Vorgänge. Kontrolliert der BfDI die Einhaltung von Vorschriften des BDSG, so ist er auch an die in § 1 im Zusammenhang mit den Definitionen der §§ 2 und 3 bestimmten Grenzen des sachlichen Anwendungsbereichs des BDSG gebunden. Er ist allerdings befugt zu überprüfen, ob die sachlichen Voraussetzungen für die Anwendbarkeit des BDSG vorliegen. Solange er sich nicht überzeugen konnte, dass keine personenbezogenen Daten vorhanden sind, kann seinen Ermittlungen nicht das Argument fehlender sachlicher Zuständigkeit entgegengesetzt werden. 14

Nach § 81 Abs. 1 des 10. Buchs des **Sozialgesetzbuches** (SGB X) kann sich „jemand", d.h. jedermann, der sich in seinen Rechten nach § 35 SGB I verletzt sieht, an den BfDI bzw. LfD wenden. § 35 Abs. 4 SGB I stellt Betriebs- und Geschäftsgeheimnisse den Sozialdaten im Schutz gleich. Entsprechend erweitert sich bei den in § 35 Abs. 1 SGB I genannten Stellen (insb. Sozialleistungsträgern) der Gegenstand der Kontrolle. Der BfDI hat demnach auch Eingaben von Unternehmen oder anderen juristischen Personen, Gesellschaften und Personenvereinigungen, auf die sich ein Betriebs- oder Geschäftsgeheimnis bezieht, gemäß § 21 entgegenzunehmen und zu bearbeiten; auch bei der Kontrolle von Amts wegen stehen die 15

20 § 11.
21 Vgl. Einl. Rdnrn. 60 f.
22 Vgl. § 1 Abs. 1.

genannten Geheimnisse den personenbezogenen Daten gleich. Bei der Kontrolle von Telekommunikations- und Postdienstleistungen sind Daten juristischer Personen einbezogen.[23]

3. Kontrolle in besonders empfindlichen Bereichen (Abs. 2)

16 Abs. 2 regelt die Frage, wie die Kontrolle in Bereichen auszuüben ist, in denen **Berufs- oder besondere Amtsgeheimnisse** gelten. Mit der Novellierung 1990 hat der Gesetzgeber klargestellt, dass weder das Steuergeheimnis noch die gesetzlichen Sonderregelungen zur Überwachung des Fernmeldeverkehrs (G 10 Gesetz) der Kontrolle durch den BfDI prinzipiell entgegenstehen. Bei der Novellierung 2001 wurde zum einen das Verhältnis der Datenschutzkontrolle zum Brief-, Post- und Fernmeldegeheimnis präzisiert und dem durch die Privatisierung der ehemaligen Bundespost veränderten Verhältnissen angepasst. Das früher für mehrere Fallgruppen geltende Widerspruchsrecht gegen Kontrollen wurde auf die Sicherheitsüberprüfung beschränkt.

3.1 Berufs- und besondere Amtsgeheimnisse (Sätze 1 bis 3)

17 Die Grundsatzentscheidung zugunsten der Datenschutzkontrolle bringt Abs. 2 Satz 1 zum Ausdruck. Mit der Eröffnung der Kontrolle durch den BfDI wird gesetzessystematisch klargestellt, dass der Vorrang von Spezialvorschriften nach § 1 Abs. 3 hier nicht eingreift.

18 Die allgemeinere der zwei vom Gesetz genannten Fallgruppen bilden die unter Nr. 2 genannten Daten, die einem Berufs- oder besonderen Amtsgeheimnis unterliegen. Das Steuergeheimnis wird vom Gesetz ausdrücklich als Beispiel zitiert, um der entsprechenden Vorgabe von § 30 AO zu genügen. Alle anderen besonderen Amtsgeheimnisse sind aber in gleicher Weise erfasst, so etwa das Statistikgeheimnis nach § 16 BStatG und das Sozialgeheimnis nach § 35 SGB I. Zu den Berufsgeheimnissen zählen beispielsweise das Arztgeheimnis und das der Berufspsychologen, die Verschwiegenheitspflicht der Rechtsanwälte und die der Notare (öffentlich-rechtlicher Stellen der Länder, relevant nach Abs. 6) sowie die Verschwiegenheitspflichten weiterer in § 203 Abs. 1 StGB genannter Berufsangehöriger und Mitarbeiter. Ob und mit welcher Rechtsqualität das Berufs- oder besondere Amtsgeheimnis positiv normiert ist, spielt keine Rolle.

19 Für Daten aus dem Bereich des Brief-, Post- und Fernmeldegeheimnisses, welches an sich begrifflich auch unter die Berufs- oder besonderen Amtsgeheimnisse fällt, hat der Gesetzgeber aus gutem Grund eine gesonderte Regelung aufgestellt (Nr. 1). Die Regelung bezieht sich nicht schlechthin auf alle Daten, die Gegenstand der erwähnten Geheimnisse sind, sondern sind lediglich auf „von öffentlichen Stellen des Bundes **erlangte** personenbezogene Daten über den Inhalt und die näheren Umstände des Brief-, Post- und Fernmeldeverkehrs". Damit wird zwar einerseits der Gegenstand der betreffenden Geheimnisse in vollem Umfang erfasst, andererseits werden diese aber nicht in ihrem gesamten Erhebungs-, Verarbeitungs- und Nutzungsprozess der Kontrolle des BfDI unterworfen, sondern eben nur insoweit, als die öffentliche Stelle des Bundes solche Daten erlangt hat. Das Gesetz zielt damit auf den für die Kontrollpraxis sehr bedeutsamen Fall, dass Erkenntnisse aus der Überwachung des Brief-, Post- oder Fernmeldeverkehrs an Strafverfolgungsbehörden oder Nachrichtendienste gelangt sind und dort in Dateien oder Akten zur fachlichen Nutzung zur Verfügung stehen. Nachdem die Verfassungsrechtsprechung in dieser Sekundärnutzung weitere Eingriffe in die betreffenden Grundrechte erkannt hat,[24] war es notwendig, die Grundrechtsbeschränkung entsprechend anzupassen (Satz 2). Der Gesetzgeber will, mit anderen Worten, eine wirksame Datenschutzkontrolle sicherstellen, wenn in die genannten Kommunikationsgrundrechte eingegriffen worden ist.

---

23 Vgl. oben Rdnr. 5.
24 Entscheidungen 1 BvR 226/94, 1 BvR 2420/95, 1 BvR 2437/95 v. 14.7.99, BVerfGE 100, 313 ff.

Der klare Wortlaut („erlangte … Daten … des Brief-, Post- und Fernmeldeverkehrs") erfasst nicht nur die Situation *nach* einem Eingriff, sondern auch diejenige des noch intakten Geheimnisses. In Betracht kommen aber nur die – heute nicht mehr typischen – Situationen, wo Stellen des Bundes Funktionen des Brief-, Post- und Fernmeldeverkehrs erfüllen. Soweit dabei Daten über den Inhalt oder die näheren Umstände des Verkehrs anfallen, wie etwa in den Servern behördlicher Kommunikationsnetze, ist die Kontrolle des BfDI eröffnet. Der BfDI kann daher den organisatorischen Ablauf und die Funktion von Sicherheitskomponenten überprüfen, auch soweit dabei (zwangsläufig) Erkenntnisse über Inhalte und nähere Umstände der Kommunikation in personenbezogener Form zur Kenntnis gelangen, ohne mit dem Grundrechtsschutz in Konflikt zu geraten. Der BfDI hat damit jedoch keineswegs einen Freibrief, selbst nach Gutdünken den Brief-, Post- oder Fernmeldeverkehr zu überwachen, um dessen datenschutzrechtliche Zulässigkeit beurteilen zu können. Soweit öffentliche Stellen des Bundes als Teilnehmer des Brief-, Post- und Fernmeldeverkehrs agieren und Daten über Inhalte und nähere Umstände bei (denselben oder anderen) öffentlichen Stellen des Bundes verarbeitet werden, kann der BfDI kontrollierend eingreifen; er wird dies aber im Hinblick auf die Schärfe der Maßnahme nur bei besonderer Veranlassung tun. 20

Die Regelung des Satz 1 stellt auch für nicht-öffentliche Stellen, die Post- oder Telekommunikationsdienstleistungen erbringen und bei denen der BfDI aufgrund fachgesetzlicher Bestimmungen[25] für die Datenschutzkontrolle zuständig ist, klar, dass das Post- oder Telekommunikationsgeheimnis der Kontrolle nicht entgegensteht. Es handelt sich insoweit um Berufsgeheimnisse i.S.d. Nr. 2. Es versteht sich von selbst, dass der BfDI den Zugang zu Inhalten und näheren Umständen der Kommunikation allein zu dem Zweck hat, die Anbieter der Dienstleistungen zu kontrollieren; eine Verwendung der Daten gegenüber Dritten, insbesondere zur Kontrolle, ob Teilnehmer den Datenschutz einhalten, ist ausgeschlossen. 21

Nach Satz 3 unterliegen personenbezogene Daten, „die der Kontrolle durch die Kommission nach § 15 des Gesetzes zu Artikel 10 GG unterliegen", nicht der Kontrolle durch den BfDI. Seit seiner Neufassung im Jahr 2001 gibt der § 10 – Gesetz der Kommission nach § 15 eine umfassende Kontrollkompetenz bezüglich der Verarbeitung und Auskunftsaktivitäten der Nachrichtendienste.[26] Der BfDI ist insoweit unzuständig. Auch die Verarbeitung und Nutzung personenbezogener Daten im Rahmen der Aufgabenerfüllung durch die Kommission ist wegen des engen Sachzusammenhangs seiner Kontrolle entzogen. Das Gesetz gibt der **Kommission nach § 15 G 10** aber die Möglichkeit, den BfDI um die Kontrolle der Einhaltung der Vorschriften über den Datenschutz bei bestimmten Vorgängen oder in bestimmten Bereichen zu bitten; er hat dann ausschließlich ihr über das Ergebnis zu berichten. 22

Die Kontrollkompetenz des BfDI bei Stellen des Bundes, die Daten erhalten haben, welche im Rahmen des G 10 erhoben worden sind, bleibt unberührt. 23

Für die Post- und Fernmeldekontrolle nach § 100 a StPO besteht keine Sonderregelung. Der BfDI kann daher von Amts wegen tätig werden. 24

3.2 Widerspruchsrecht des Betroffenen bei Sicherheitsüberprüfungsakten (Satz 4)

Bei Akten über die Sicherheitsüberprüfung gibt das Gesetz den Betroffenen die Möglichkeit, einer Kontrolle durch den BfDI zu widersprechen (Satz 4). Der Widerspruch bewirkt, dass der BfDI die personenbezogenen Daten in den betreffenden Akten nicht mehr zum Gegenstand seiner Kontrolltätigkeit machen darf. Akten über die Sicherheitsüberprüfung sind Unterlagen, die im Zuge einer Sicherheitsüberprüfung nach dem Sicherheitsüberprüfungsgesetz (SÜG)[27] entstanden sind. Sie betreffen überwiegend abhängig Beschäftigte, aber auch andere Personen, die Zugang zu Verschlusssachen oder Umgang mit solchen haben. Das Gesetz regelt hier nur die Kontrolle von Akten (nicht die von Dateien oder Datensätzen), weil sich die besondere Empfindlichkeit hier typischerweise erst aus der Zusammenfassung vielfälti- 25

25 §§ 91 Abs. 4 TKG, 43 Abs. 3 PostG.
26 Zu den bestehenden Begrenzungen vgl. 3. Auflage § 24 Rdnr. 24.
27 v. 20.04.1994, BGBl. I 867.

ger Einzelangaben in einem Vorgang – etwa im Sinne eines Persönlichkeitsprofils – ergibt. Das Widerspruchsrecht gilt daher für die bezeichneten Akten (einschließlich der für diese bestimmten oder aus diesem entnommenen Teile), aber nicht für sonstige Unterlagen, auch wenn sich deren Inhalt mit denen der betreffenden Akten ganz oder teilweise deckt. Es gilt insbesondere nicht für Dateien, die im Zusammenhang mit den bezeichneten Akten stehen; bei einer anderen Handhabung wären Systemprüfungen unmöglich und damit die verfassungsrechtlich gebotene unabhängige Datenschutzkontrolle infrage gestellt. Die Regelung gilt für Sicherheitsüberprüfungsakten im Sinne der gesetzlichen Regelungen, unabhängig davon, welche Stellen – Bundesamt für Verfassungsschutz oder Dienstherr/Arbeitgeber – diese führen. Als Ausnahmevorschrift ist die Regelung nicht auf Akten über die Prüfung der Zuverlässigkeit, etwa im Sinne des Gewerberechts, anzuwenden.

26 Der Widerspruch ist gegenüber dem BfDI zu erklären. Ein Widerspruch gegenüber der datenverarbeitenden oder aktenführenden Stelle genügt nicht. Es ist dem BfDI aber freigestellt, auch solche Widersprüche zu beachten. Der Widerspruch muss „im Einzelfall“ erklärt werden. Damit meint das Gesetz nicht eine bevorstehende Kontrollmaßnahme,[28] sondern eine Bezeichnung des Sachkomplexes (z.B. Sicherheitsüberprüfungsakten der Stelle X), die der Betroffene von der Kontrolle ausgenommen wissen will.

27 Die Regelung erscheint von ihrer Zielsetzung und ihrer praktischen Wirkung her fragwürdig, weil sie die Betroffenen einlädt, die datenschutzrechtliche Kontrolle zu inhibieren, die doch gerade zum Schutz ihrer subjektiven Rechte eingerichtet ist. Die Regelung insinuiert, es gebe für die Betroffenen ein praktisches Bedürfnis, sich gegen drohende Nachteile aus Datenschutzkontrollen zu schützen. Tatsächlich lagen und liegen insoweit keinerlei negative Erfahrungen oder auch nur Behauptungen vor. Zudem hatte sich der Bundesbeauftragte bereits öffentlich verpflichtet, etwaige Widersprüche entsprechend der bereits geübten Praxis zu beachten. Andere Ländern kennen keine vergleichbare Regelungen.

4. Erstreckung auf die Datenschutzkontrolle in den Ländern (Abs. 6)

28 Abs. 6 bestimmt, dass Abs. 2 entsprechend für die öffentlichen Stellen gilt, die **in den Ländern** für die **Datenschutzkontrolle** zuständig sind. Die Regelung zielt auf die LfD, erfasst aber auch etwa künftig eingerichtete anders organisierte Datenschutzkontrollinstitutionen, vorausgesetzt, dass diese auf gesetzlicher Grundlage und mit unabhängigem Status arbeiten. Sie ist auf die Überwachungstätigkeit der Aufsichtsbehörden für den nicht-öffentlichen Bereich gemäß § 38 Abs. 4 Satz 3 entsprechend anzuwenden.[29] Die Erstreckung der Regelungen des Abs. 2 auf die Länderebene ist im Kreis der Datenschutzbeauftragten der Länder auf Widerspruch und verfassungsrechtliche Bedenken gestoßen.[30] Da den Landesdatenschutzgesetzen ein Widerspruchsrecht gegen Datenschutzkontrollen fremd ist und in der Mehrzahl der Länder gegenüber Kontrollaktivitäten der Landesbeauftragten in den in Abs. 2 Satz 3 genannten Bereichen Geheimhaltungsbedenken bisher nicht geltend gemacht wurden, bedeutet die Regelung überwiegend eine Einschränkung der langjährigen Kontrollpraxis. Zugrunde liegen unterschiedliche Auffassungen über die kompetenzrechtliche Zuordnung der Regelungen über die Informationsbefugnisse der Datenschutzbeauftragten. Während der Bundesgesetzgeber mit der Novellierung 1990 offensichtlich an die jeweilige Sachkompetenz anknüpft, zu der die Geheimhaltungsvorschriften (Fernmeldegeheimnis, Arztgeheimnis usw.) gehören, geht die überwiegende Praxis der Länder davon aus, dass die Datenschutzkontrolle dem Organisationsrecht des Landes zuzuordnen ist und dass die betreffenden bundesrechtlichen Geheimhaltungsvorschriften für landesrechtliche Offenbarungsbefugnisse, wie sie die Informationsrechte der Landesdatenschutzbeauftragten darstellen, offen

---

28 So freilich *Dörr/Schmidt,* BDSG § 24 zu Abs. 4 Satz 4 Nr. 2.
29 Zur Reichweite vgl. Kommentierung zu § 38.
30 Vgl. Gemeinsame Erklärung der Datenschutzbeauftragten von neun Ländern vom 3.6.1991, abgedr. in Dok. Abschn. F; *HDSB,* 19. TB, 24 f.; LfD NW, 10. TB, 15.

sind. Zur Begründung wird auch auf die Staatspraxis im Bereich der Rechnungsprüfung durch die Rechnungshöfe der Länder verwiesen, deren Informationszugang bisher jedenfalls in den Fallgruppen b und c nicht als durch bundesrechtliche Geheimhaltungsbestimmungen eingeschränkt angesehen wurde. Darüber hinaus wird bezweifelt, ob eine ausreichende Gesetzgebungskompetenz des Bundes besteht, soweit sich die Regelung gemäß Abs. 6 auf die Länder auswirkt. Grundsätzlich hat der Bundesgesetzgeber mit dem BDSG für die öffentlichen Stellen der Länder eine Gesetzgebungskompetenz nur unter dem Gesichtspunkt der Regelung des Verwaltungsverfahrens in Anspruch genommen und die Beachtung des BDSG daher nur insoweit vorgeschrieben, als diese Bundesrecht ausführen.[31] Da eine weitergehende Gesetzgebungskompetenz des Bundes – jedenfalls mit Querschnittscharakter – nicht ersichtlich und im Verlaufe des Gesetzgebungsverfahrens auch nicht beansprucht worden ist, ist auch § 24 Abs. 6 dahingehend auszulegen, dass Abs. 2 auf die LfD nur insoweit anwendbar ist, als es bei den kontrollierten Gegenständen um die Ausführung von Bundesrecht geht.[32]

5. Bundesgerichte (Abs. 3)

In Bezug auf die Bundesgerichte wird die Kontrollkompetenz des BfDI mit Abs. 3 eingeschränkt. 29 Deren nicht auf Verwaltungsangelegenheiten bezogene, d.h. die **rechtsprechende Tätigkeit**, ist im Hinblick auf die verfassungsrechtlich garantierte Unabhängigkeit der Richter[33] von der Kontrolle ausgenommen. Der BfDI ist insoweit nicht berechtigt, Ermittlungen anzustellen oder datenschutzrechtliche Bewertungen vorzunehmen. Die Gerichte sind aber nicht gehindert, den BfDI als Sachverständigen zu bestellen oder ihm in sonstiger Weise entsprechend der jeweiligen Verfahrensordnung Gelegenheit zur Stellungnahme zu geben. Dem BfDI wird auch nicht untersagt, im Rahmen seiner Aufgaben die einschlägige Rechtsprechung zu analysieren und seine Beurteilung in Empfehlungen zur Fortentwicklung des gesetzlichen Datenschutzes einzubeziehen, die er etwa im Rahmen von Tätigkeitsberichten und Gutachten ausspricht. Abs. 3 nennt nur die Bundesgerichte, weil die Gerichte der Länder ohnehin nicht der Kontrolle des BfDI unterliegen.

Mit der Wahl des Ausdrucks „Gerichte" im Gegensatz zu dem in § 12 Abs. 2 Nr. 2 verwendeten 30 Ausdruck „Organe der Rechtspflege" werden der Generalbundesanwalt sowie der Vertreter des Bundesinteresses beim Bundesverwaltungsgericht (früher: Oberbundesanwalt beim Bundesverwaltungsgericht) ausgeschlossen. Verwaltungsangelegenheiten sind alle Tätigkeiten außer den Verfahren der Rechtspflege; zu diesen gehört neben der rechtsprechenden Tätigkeit im engeren Sinn auch die freiwillige Gerichtsbarkeit. Zu den Verwaltungsangelegenheiten gehören danach neben der Eigenverwaltung (Personalverwaltung, Hausverwaltung, äußerer Geschäftsbetrieb, Materialbeschaffung usw.) andere Tätigkeiten, die nicht Bestandteil der Verfahren der Rechtspflege sind, wie z.B. die Erteilung von Auskünften außerhalb des geregelten Verfahrens, etwa nach dem Justizmitteilungsgesetz und die Erteilung von Auskünften aus Gerichtsakten an Dritte, etwa zu Zwecken der wissenschaftlichen Forschung oder in Versicherungsangelegenheiten. Die unter § 23 EGGVG fallenden sog. Justizverwaltungsakte gehören zu den Verwaltungsangelegenheiten der Gerichte. Für sie ist typisch, dass sie nicht von einem richterlichen Spruchkörper, sondern vom Gerichtspräsidenten bzw. in seinem Namen von seinem Verwaltungspersonal entschieden werden.

Problematisch ist die Einordnung der zur rechtsprechenden Funktion akzessorischen richter- 31 lichen praktischen Hilfstätigkeiten, wie z.B. der bürotechnischen Vorbereitung richterlicher Entscheidungen mittels moderner IT-Einrichtungen, sei es im Gericht, sei es an einem häuslichen Arbeitsplatz, zu dessen Nutzung ein Richter grundsätzlich berechtigt ist. Auch wenn solche Tätigkeiten heute ganz oder teilweise vom Richter selbst wahrgenommen werden, handelt es sich der Sache nach um Kanzleiaufgaben, welche als solche nicht Gegenstand der

31 § 12 Abs. 2 Nr. 1.
32 Vgl. auch § 1 Rdnr. 129.
33 Art. 97 GG.

richterlichen Unabhängigkeit sind. Nach dem Regelungszweck und im Hinblick auf die größtmögliche Konkordanz zwischen Datenschutz und richterlicher Unabhängigkeit ist die Datenschutzkontrolle insoweit nicht ausgeschlossen. Einige Landesdatenschutzgesetze stellen deshalb nicht auf die Einstufung als Verwaltungsangelegenheit, sondern direkt darauf ab, ob die Gerichte „nicht in richterlicher Unabhängigkeit tätig werden“.[34]

6. Informationsrechte und Kontrollbefugnisse (Abs. 4)

32 Voraussetzung einer wirksamen Kontrolle ist eine umfassende **Information der Kontrollinstanz**. Da die Formen der Informationsaufnahme bei der Kontrolle komplexer technisierter Systeme vielfältig sind, legt sich das Gesetz nicht auf die üblichen Informationsmittel des Auskunfts-, haben des Akteneinsichts- und des Zutrittsrechts fest, sondern verpflichtet die der Kontrolle unterstehenden Behörden und Stellen ganz allgemein und umfassend zur **Unterstützung** des BfDI (Abs. 4 Satz 1). Satz 2 hat daneben nur exemplifizierenden Charakter. Die wichtigste Form der vom BfDI ausgeführten Kontrollen besteht in der umfassende Prüfung einer verantwortlichen Stelle durch ein Prüfteam von meist zwei bis vier Mitgliedern während eines mehrtägigen Zeitraums, vergleichbar der Betriebsprüfung durch die Steuerbehörden. In der Regel werden solche Kontrollen einige Wochen vorher angekündigt,[35] wozu allerdings keine Verpflichtung besteht.

33 Der Gegenstand der Unterstützungspflicht ergibt sich aus der Bezugnahme auf die Aufgaben des BfDI, die sich insbesondere aus den §§ 21, 24 und 26 ergeben. Aus dem systematischen Standort der Vorschrift kann nicht auf eine Einschränkung auf die in § 24 genannten Kontrollaufgaben geschlossen werden. Dies war nach dem BDSG 1977 vom Wortlaut her klar und entspricht der langjährigen Praxis. Mit der redaktionellen Umgruppierung durch das BDSG 1990 war eine sachliche Änderung nicht bezweckt. Die Verpflichtung zur Unterstützung ist **umfassend**, nicht nur ergänzend, wie im Falle der Amtshilfe.[36] Sie strahlt auch auf die dem sachlichen Anwendungsbereich des BDSG benachbarten Gebiete aus, z.B. auf anonymisierte Daten und auf solche juristischer Personen, da der BfDI nur aufgrund eigener Kenntnis auch dieser Tatbestände beurteilen kann, wo die Grenzen des Schutzes im konkreten Fall genau verlaufen und ob die Datenschutzvorschriften nicht in unzulässiger Weise umgangen werden. Dass diese Ausstrahlung vom Gesetzgeber gewollt ist, zeigt deutlich das in Satz 2 Nr. 2 geregelte Zutrittsrecht, das sich nicht auf die der Verarbeitung oder Nutzung personenbezogener Daten gewidmeten Räume beschränkt, sondern auf „alle Diensträume“ erstreckt.

34 Die Unterstützung soll eine effektive Kontrolle im Interesse des Schutzes des betroffenen Bürgers ermöglichen. Verlangt der BfDI Unterstützung, so kann die Behörde oder Stelle nicht unter Hinweis auf ihre sonstigen Verpflichtungen untätig bleiben. Eine Behinderung bei der Erfüllung anderer Aufgaben ist hinzunehmen. Dasselbe gilt für besondere Aufwendungen, wie z.B. für Rechenzeit, Überstundenvergütung und Reisekosten.[37] Für die auf seiten des BfDI und seiner Mitarbeiter anfallenden Kosten muss dieser selbst aufkommen. Die Unterstützung ist nicht nur auf Anforderung zu gewähren.[38] Vielmehr haben die Ressorts den BfDI von sich aus über alle für den Datenschutz wichtigen Angelegenheiten ihres Geschäftsbereichs so frühzeitig zu unterrichten, dass er seine Beratungsaufgaben erfüllen kann.[39]

35 Als Objekte des **Auskunfts- und Einsichtsrechts** (Satz 2 Nr. 1) nennt das Gesetz personenbezogene Daten und Datenverarbeitungsprogramme wiederum nur beispielhaft. Darüber hinaus ist alles einbezogen, was „im Zusammenhang mit der Kontrolle nach Absatz 1“ steht. Wo der BfDI nicht kontrollierend, sondern nur beratend tätig werden kann, kann er nur auf den allgemeinen Unterstützungsanspruch nach Satz 1 zurückgreifen, der ihm aber beispiels-

---

34 So § 24 Abs.1 Satz 3 HDSG 1999.
35 Kritisch dazu *Bizer*, DuD 2000, 673.
36 *Flanderka,* S. 44.
37 Zust. *Auernhammer,* BDSG § 24 Rdnr. 18.
38 *Walz,* in GK-SGB X 2 § 79 Rdnrn. 163, 169.
39 Vgl. dazu näher § 26 Rdnr. 21.

weise, soweit die kontrollierte Stelle nicht zur Mitwirkung bereit ist, keine Kenntnis von personenbezogenen Daten erschließt. Bewegt sich der BfDI innerhalb seiner Kontrollkompetenz, kann er jederzeit seine Befugnisse nach Nr. 1 einsetzen; es müssen keine vorbereitenden Schritte vorausgegangen sein.

Für den geforderten **Zusammenhang** genügt es, dass die Akten oder Unterlagen nach Lage der Dinge möglicherweise etwas darüber aussagen, ob, wann und wie die datenverarbeitende Stelle den Anforderungen des Datenschutzes nachgekommen ist. Dazu gehören u.a. 36

- alle Unterlagen, mit deren Hilfe die Korrektheit der Daten, die Zulässigkeit ihrer Verarbeitung und die Beachtung der Rechte der Betroffenen beurteilt werden kann,
- alle Unterlagen über personelle, technische und organisatorische Vorkehrungen zur Verwirklichung des Datenschutzes,[40]
- alle Verwaltungsvorschriften, Richtlinien, Dienstanweisungen, Verträge usw., die mit der Ausführung der Datenschutzvorschriften zu tun haben,
- alle Verarbeitungsprogramme sowie die Verfahrens-, Programm- und Systemdokumentationen,
- alle Protokoll- oder Logdateien, die Aufschluss über Daten- und Programmzugriffe und andere Aktivitäten an oder in automatisierten Systemen geben.

Nicht ausdrücklich angeführt, aber außerordentlich wichtig, ist das Recht des BfDI, die praktische Funktion aller **Schutzvorkehrungen** an Ort und Stelle zu **überprüfen**. Die Verpflichtung, dazu nicht nur Gelegenheit zu geben, sondern auch die notwendige personelle und technische Unterstützung zu leisten, folgt ebenfalls aus Satz 1. 37

Die Befugnisse des Abs. 4 können grundsätzlich sowohl vom BfDI persönlich als auch von seinen **Beauftragten**, d.h. von seinen Mitarbeitern, ausgeübt werden. Im Regelfall wird es sich um Angehörige seiner Dienststelle handeln, er kann aber auch Externe, z.B. als technische Sachverständige, heranziehen.[41] Die Beauftragten müssen sich in üblicher Weise, etwa durch Vorlage des Dienstausweises, legitimieren. Bei den in § 6 Abs. 2 Satz 4 und § 19 Abs. 3 genannten Sicherheitsbehörden und Strafverfolgungsorganen müssen sie darüber hinaus einen schriftlichen, d.h. vom BfDI unterzeichneten, Spezialauftrag vorlegen (Satz 3). 38

Das Gesetz erlaubt, in diesem Bereich auch dem BfDI selbst die **Einsicht** in Akten und Unterlagen im Einzelfall zu **verwehren** und **Auskünfte** zu **verweigern** (Satz 4).[42] Diese Regelung ist als eine Art Notstandsklausel anzusehen, deren Anwendung nur in extremen Ausnahmefällen in Betracht kommt.[43] Auch wenn einem Betroffenen die vertrauliche Behandlung seiner Angaben besonders zugesagt wurde,[44] ist eine Information des BfDI keineswegs gleichbedeutend mit einer Gefährdung der Sicherheit des Bundes oder eines Landes. Die Vorschrift ist tatsächlich bisher nur in wenigen Fällen angewendet oder in Aussicht gestellt worden. Sieht der BfDI seine Aufgabenerfüllung als beeinträchtigt an, steht es ihm frei, sich nach § 26 Abs. 2 Satz 3 an den Bundestag zu wenden, was zu einer Abklärung in geheimer Sitzung des Innenausschusses führen kann. 39

Die Feststellung muss sich ausdrücklich auf einen Einzelfall beziehen. Dieser ist so konkret und so eng wie möglich zu umschreiben. Ein abstrakter Hinweis auf die Geheimhaltungsbedürftigkeit von Vorgängen einer bestimmten Art oder der Tätigkeiten einer bestimmten Stelle reicht nicht aus.[45] 40

Das Verweigerungsrecht betrifft nur die Befugnisse nach Satz 2, nicht die allgemeine Unterstützungspflicht nach Satz 1. Die Auskunftsersuchen des BfDI sind entweder vollständig zu beantworten, oder die Auskunft ist unter ausdrücklicher Bezugnahme auf die Feststellung der obersten Bundesbehörde ganz oder teilweise zu verweigern; ein schlichtes Verschweigen würde gegen das Gesetz verstoßen. Weitere Ausnahmen von der Pflicht zur Information, ins- 41

40 z.B. nach §§ 5, 6 b, 9, 10, 18.
41 Vgl. *Auernhammer,* BDSG § 24 Rdnr. 17.
42 Zur Kritik vgl. 3. Auflage § 19 Rdnrn. 39 f.
43 Für enge Auslegung auch *Auernhammer,* BDSG § 24 Rdnr. 19; für offensichtlich verfassungswidrig hält sie *Flanderka,* S. 135 f., 152, soweit sie im Sicherheitsbereich gilt.
44 Worauf das Landesrecht teilweise einschränkend abstellt, vgl. §§ 29 Abs. 2 HDSG, 26 Abs. 2 DSG NW.
45 Vgl. *Auernhammer,* BDSG § 24 Rdnr. 19.

besondere zur Erteilung von Auskunft und zur Gewährung von Einsicht, bestehen, soweit nicht die Kontrollkompetenz nach Abs. 2 eingeschränkt ist, nicht.

7. Umsetzung der Kontrollergebnisse (Abs. 5)

42 Nach Abs. 5 Satz 1 hat der BfDI der (von ihm kontrollierten) öffentlichen Stelle das Ergebnis seiner Kontrolle stets mitzuteilen. Dieses umfasst sowohl die tatsächlichen Feststellungen des BfDI als auch seine rechtliche Beurteilung. Eine Mitteilung der festgestellten Sachverhalte, insbesondere der Verfahrensweisen bei der Verarbeitung und Nutzung personenbezogener Daten und getroffener technischer und organisatorischer Maßnahmen, ist schon deshalb ratsam, damit Missverständnisse in Bezug auf die Tragweite datenschutzrechtlicher Beurteilungen des BfDI und dadurch etwa veranlasste Maßnahmen vermieden werden.

43 Die datenschutzrechtliche Beurteilung ist das wesentliche unmittelbare Ergebnis der Kontrolle. Die kontrollierte Stelle kann erwarten, dass der BfDI im Allgemeinen die von ihm kontrollierten Sachverhalte auch einer datenschutzrechtlichen Prüfung unterzieht und das Ergebnis mitteilt. Möchte der BfDI von einer abschließenden Bewertung absehen – etwa weil sich keine Auffälligkeiten ergeben haben, andererseits aber eine vertiefte tatsächliche oder rechtliche Prüfung wegen des nötigen Aufwands unzweckmäßig erscheint –, so empfiehlt es sich, dies ausdrücklich im Kontrollbericht zu vermerken, um auszuschließen, dass die Behörde sich später darauf beruft, der BfDI habe die geprüfte Praxis nicht beanstandet und damit für unbedenklich erklärt. Der kontrollierten Behörde bleibt es unbenommen, den BfDI um eine weitergehende Prüfung und abschließende Beurteilung zu bitten; verpflichten kann sie ihn allerdings nicht. Sollten tatsächliche Feststellungen des BfDI nicht zutreffen, so ist die kontrollierte Behörde verpflichtet, ihn darauf hinzuweisen. Dies folgt aus der Unterstützungspflicht nach Abs. 4 Satz 1.

44 Satz 2 lädt den BfDI ein, bei der Mitteilung des Kontrollergebnisses zugleich Vorschläge zur Verbesserung des Datenschutzes zu machen, was naturgemäß besonders dann infrage kommt, wenn er Mängel bei der Verarbeitung oder Nutzung personenbezogener Daten – die Erhebung ist nur durch Redaktionsversehen unerwähnt geblieben – festgestellt hat. Der Gesetzgeber unterstreicht damit seine Vorstellung, dass der BfDI nicht nur mit dem Instrument der Beanstandung auf die kontrollierten Behörden einwirken soll, sondern auch und gerade mit dem auf kooperative Beziehungen zielenden Mittel der Beratung. Mit Satz 3, wonach § 25 unberührt bleibt, stellt das Gesetz dem BfDI allerdings ausdrücklich frei, bei festgestellten Mängeln sogleich eine Beanstandung auszusprechen oder diese nachzuholen, wenn seine Vorschläge nicht zur Abhilfe geführt haben.

§ 25 Beanstandungen durch den Bundesbeauftragten für den Datenschutz und die Informationsfreiheit

(1) Stellt der Bundesbeauftragte für den Datenschutz und die Informationsfreiheit Verstöße gegen die Vorschriften dieses Gesetzes oder gegen andere Vorschriften über den Datenschutz oder sonstige Mängel bei der Verarbeitung oder Nutzung personenbezogener Daten fest, so beanstandet er dies
1. bei der Bundesverwaltung gegenüber der zuständigen obersten Bundesbehörde,
2. beim Bundeseisenbahnvermögen gegenüber dem Präsidenten,
3. bei den aus dem Sondervermögen Deutsche Bundespost durch Gesetz hervorgegangenen Unternehmen, solange ihnen ein ausschließliches Recht nach dem Postgesetz zusteht, gegenüber deren Vorständen,
4. bei den bundesunmittelbaren Körperschaften, Anstalten und Stiftungen des öffentlichen Rechts sowie bei Vereinigungen solcher Körperschaften, Anstalten und Stiftungen gegenüber dem Vorstand oder dem sonst vertretungsberechtigten Organ
und fordert zur Stellungnahme innerhalb einer von ihm zu bestimmenden Frist auf. In den Fällen von Satz 1 Nr. 4 unterrichtet der Bundesbeauftragte gleichzeitig die zuständige Aufsichtsbehörde.
(2) Der Bundesbeauftragte kann von einer Beanstandung absehen oder auf eine Stellungnahme der betroffenen Stelle verzichten, insbesondere wenn es sich um unerhebliche oder inzwischen beseitigte Mängel handelt.
(3) Die Stellungnahme soll auch eine Darstellung der Maßnahmen enthalten, die auf Grund der Beanstandung des Bundesbeauftragten getroffen worden sind. Die in Absatz 1 Satz 1 Nr. 4 genannten Stellen leiten der zuständigen Aufsichtsbehörde gleichzeitig eine Abschrift ihrer Stellungnahme an den Bundesbeauftragten zu.

Literatur: s. bei § 22

Übersicht

1. Vorbemerkung

§ 25 stellt ein bestimmtes Verfahren, die „Beanstandung“, zur Verfügung, mit dessen Hilfe der BfDI die Verwaltung veranlassen kann, aus seinen kritischen Feststellungen die notwendigen Konsequenzen zu ziehen. Die Beanstandung ist allerdings nicht das einzige, sondern neben der Empfehlung und der Beratung[1] eines von mehreren Mitteln, zwischen denen jeweils das geeignete auszuwählen ist. Beratung und Empfehlung sind die angemessenen Mittel, wenn dem BfDI eine Verbesserung wünschenswert erscheint; hat er einen Verstoß oder Mangel festgestellt, so ist grundsätzlich eine Beanstandung auszusprechen, wenn nicht Gründe vorliegen, die ihn nach Abs. 2 davon absehen lassen. 1

Die Beanstandung nach § 25 hat nichts zu tun mit der Beanstandung im Sinne des Verwaltungsorganisationsrechts. Dort bezeichnet der Begriff die Befugnis des Vorsitzenden eines kollegialen Verwaltungsorgans sowie der Rechtsaufsichtsbehörde, einen Akt des Kollegialorgans für rechtsfehlerhaft zu erklären; diese Maßnahme hat aufschiebende Wirkung.[2] Die Beanstandung nach § 25 kann auch bei „sonstigen Mängeln“ ausgesprochen werden. Eine unmittelbare Rechtswirkung geht von ihr nicht aus. 2

1 § 26 Abs. 2.
2 Vgl. *Wolff,* Verwaltungsrecht § 75 III d 7, § 77 II d 3.

2. Befugnis und Pflicht zur Beanstandung

3 Eine Beanstandung sieht Abs. 1 zunächst für den Fall eines **Verstoßes** gegen eine Datenschutzvorschrift vor.

4 Außerdem sind „**sonstige Mängel** bei der Verarbeitung oder Nutzung personenbezogener Daten“ zu beanstanden, ebenso wie Mängel bei der Erhebung, die infolge eines Redaktionsversehens hier unerwähnt blieb. Auch hier muss es sich um Mängel des Datenschutzes handeln.[3] Zur Beurteilung anderer Mängel, etwa unrationeller Arbeitsweise oder unzumutbarer Arbeitsbedingungen, ist der BfDI nicht berufen. Ein sonstiger Mangel liegt daher vor, wenn der Vorgang oder Zustand zwar keine Rechtsvorschrift verletzt, aber in Widerspruch zu den Zielsetzungen des Datenschutzes steht. Infolge der zahlreichen im BDSG enthaltenen unbestimmten Rechtsbegriffe ist in der Praxis oft schwer entscheidbar, ob ein bestimmter Zustand oder Vorgang noch mit dem Gesetz vereinbar ist oder nicht. Um unfruchtbare Auseinandersetzungen über diese Frage von vornherein zu vermeiden, hat der Gesetzgeber auch die „sonstigen Mängel“ mit einbezogen. Als sonstige Mängel kommen vor allem Organisationsmängel in Betracht, z.B. die Nichtbeachtung von Interessenkollisionen bei der Übertragung von Funktionen mit herausgehobener Datenschutzverantwortung, z.B. als interner Datenschutzbeauftragter oder Leiter einer Erhebungsstelle bei der Volkszählung.[4]

5 Ein Verstoß i.S.d. Abs. 1 liegt nicht nur vor, wenn die Rechte eines Betroffenen verletzt sind, sondern auch schon dann, wenn eine Vorschrift mit Präventivfunktion, also z.B. § 9 oder § 5 Satz 2 nicht beachtet worden ist.[5] Eine konkrete Gefährdung schutzwürdiger Belange braucht nicht eingetreten zu sein.

6 Die Beanstandung richtet sich nicht gegen Beschäftigte der verarbeitenden Stelle, sondern gegen diese selbst. Sie bringt zum Ausdruck, dass innerhalb des Verantwortungsbereichs dieser Stelle ein datenschutzrechtlicher Missstand besteht oder bestand, und zielt auf eine entsprechende Korrektur. Es ist daher unerheblich, ob der Verstoß oder Mangel auf einem subjektiven vorwerfbaren Verhalten eines Einzelnen beruht. Der **objektive** Tatbestand und seine **Zurechenbarkeit** zum Verantwortungskreis der verarbeitenden Stelle genügen. Ist es zu einem Verstoß oder Mangel gekommen, obwohl die verarbeitende Stelle ihre Pflichten korrekt erfüllt hat, und besteht auch kein Anlass für (erweiterte) präventive Maßnahmen (etwa nach einem gewaltsamen Einbruch), so kommt eine Beanstandung nicht in Betracht.

7 Nach dem BDSG 1977 konnte der BfDI von einer Beanstandung (nur) absehen oder auf eine Stellungnahme verzichten, wenn es sich um **„unerhebliche Mängel“** handelte. Da die förmliche Beanstandung des BfDI in der Praxis teilweise als ein schwerwiegendes Verdikt angesehen wird, hat der Gesetzgeber die Regelung mit der Novellierung 1990 offener gestaltet. Auch bei inzwischen **beseitigten Mängeln** kann die Beanstandung entfallen; außerdem wird mit dem Wort „insbesondere“ die Möglichkeit eröffnet, auch in anderen Fallkonstellationen auf die Beanstandung zu verzichten. Dies müssen allerdings ebenfalls besondere Situationen sein, die es rechtfertigen, von dem förmlichen Appell an die Verantwortung der verarbeitenden Stelle abzusehen. Zur Beseitigung des Mangels gehört auch, dass alles Erforderliche getan ist, um eine Wiederholung auszuschließen. Der Bundesdatenschutzbeauftragte **kann** auf die Beanstandung verzichten; ob er es tut, liegt in seinem Ermessen. Der Umgang mit dem Instrument der Beanstandung ist nicht einheitlich und hängt nicht zuletzt vom Amtsverständnis des jeweiligen Amtsinhabers ab. Einerseits kann es sinnvoll sein, von den Behörden als „hart“ empfundene Mittel möglichst zurückzustellen, um umso erfolgreicher beraten und überzeugen zu können; andererseits bleibt der BfDI angesichts der Größe seiner Aufgaben und des Zuschnitts seiner Dienststelle auf Instrumente mit Breitenwirkung angewiesen und kann sich deshalb mit stets nur punktuellen Erfolgen nicht zufrieden geben. Bei der Beurteilung der Erheblichkeit ist dem BfDI ein gewisser Spielraum eingeräumt.[6] Der Grad der

---

3 *Auernhammer,* BDSG § 25 Rdnr. 2.

4 Vgl. *Weyer,* DSG NW § 24 Rdnr. 2; zweifelnd, ob angesichts der umfassenden Regelungen des BDSG für sonstige Mängel Raum bleibt, *Walz,* in GK-SGB X 2 § 79 Rdnr. 187; *Stähler,* DSG NW § 24 Anm. 1.

5 Ebenso *Auernhammer,* BDSG § 26 Rdnr. 3.

6 So auch *Walz,* in GK-SGB X 2 § 79 Rdnr. 186.

Pflichtwidrigkeit kann hier ebenso herangezogen werden wie die Schwere der Gefahr oder des dem Betroffenen entstandenen Schadens. Einer Beanstandung wird es regelmäßig nicht bedürfen, wenn die datenverarbeitende Stelle den kritischen Sachverhalt von sich aus dem BfDI mit der Bitte um Beratung vorgetragen hat, ebenso nicht, wenn der Mangel zwar noch nicht beseitigt, aber alle dafür erforderlichen Maßnahmen in die Wege geleitet sind. Entscheidend muss dabei sein, dass der BfDI aus den objektiven Umständen erkennt, dass die verarbeitende Stelle ihre Verantwortung um der Sache willen ernst nimmt und nicht nur, um die förmliche Beanstandung abzuwenden.

Die Beanstandung hat zu erfolgen, sobald der BfDI seine Feststellungen getroffen hat. Das 8 Gesetz verlangt nicht, dass der BfDI zunächst erfolglos versucht haben muss, die verantwortliche Stelle zur Behebung des Verstoßes zu veranlassen.[7]

3. Inhalt und Form der Beanstandung

Die Beanstandung muss einen sachlich, örtlich und zeitlich abgegrenzten Sachverhalt be- 9 schreiben und angeben, inwiefern darin ein Verstoß oder ein sonstiger Mangel liegt. Welches von beiden er als gegeben ansieht, kann der BfDI jedoch offen lassen, wenn er sich davon eine raschere Behebung verspricht. Weigert sich freilich die datenverarbeitende Stelle, der Beanstandung abzuhelfen, weil kein Rechtsverstoß vorliege, so wird der BfDI seine Rechtsauffassung zum Ausdruck bringen müssen.

Die Beanstandung enthält ferner eine – bei leichten Fällen nach Abs. 2 entbehrliche – Auf- 10 forderung zur Stellungnahme innerhalb einer bestimmten Frist. Die Beanstandung ist nicht form- oder fristgebunden. Bei mündlicher Beanstandung empfiehlt sich jedoch eine umgehende schriftliche Bestätigung.

4. Wirkung der Beanstandung

Die Beanstandung verpflichtet den Adressaten nicht, den beanstandeten Zustand zu korrigieren 11 oder eine beanstandete Handlung nicht zu wiederholen. Sie hat, im Gegensatz zur rechtsaufsichtlichen Beanstandung, auch keine aufschiebende Wirkung. Der Adressat der Beanstandung ist jedoch verpflichtet, innerhalb der gesetzten Frist seine Stellungnahme abzugeben.[8]

Die Stellungnahme muss zum Ausdruck bringen, ob und inwieweit die Beanstandung als be- 12 rechtigt anerkannt wird. Wird sie für ungerechtfertigt gehalten, so ist dies in tatsächlicher und rechtlicher Hinsicht näher zu begründen. Aufgrund der Beanstandung getroffene Maßnahmen sind darzustellen;[9] nur bei besonderen Umständen kann davon abgesehen werden.

Abs. 1 Satz 2 und Abs. 3 Satz 2 sichern die gleichzeitige Information der Aufsichtsbehörde. 13 Diese kann ihre Entscheidungen unabhängig vom Gang des Beanstandungsverfahrens treffen.

Ergibt die Stellungnahme, dass der Verstoß oder Mangel behoben ist, so kann der BfDI seine 14 Beanstandung für erledigt erklären. Andernfalls wird er mitteilen, inwieweit die Beanstandung fortbesteht, und je nach Sachlage seine Beurteilung präzisieren und auf den Inhalt der Stellungnahme eingehen. Die Verfahrensvorschriften des Abs. 1 gelten insoweit entsprechend.

Führt die Beanstandung endgültig nicht zur Beseitigung des Verstoßes oder Mangels, so steht 15 es dem BfDI frei, der Bundesregierung im Rahmen seiner Beratungsaufgabe nach § 26 Abs. 3 Satz 1 Empfehlungen zur Bereinigung der Angelegenheit zu geben.[10] Unabhängig davon kann er den Vorgang in seinem Jahresbericht[11] darstellen. Droht den Betroffenen ein erheblicher Schaden, so wird er sich umgehend an den Deutschen Bundestag wenden.[12]

---

7 Vgl. aber *Gola/Schomerus,* BDSG § 25 Rdnr. 6: „ultima ratio".
8 Abs. 1 i.V.m. Abs. 3.
9 Abs. 3 Satz 1.
10 *Auernhammer,* BDSG § 25 Rdnr. 9.
11 § 26 Abs. 1.
12 § 26 Abs. 2 Satz 3.

16 Das Gesetz sagt nichts ausdrücklich darüber, ob und unter welchen Voraussetzungen auch der **Betroffene zu informieren** ist. Klar ist allerdings, dass, ebenso wie das Gesetz im Ganzen,[13] auch die besondere institutionelle Kontrolle letztlich dem Betroffenen verpflichtet ist. Die Kontrollinstitutionen haben vor allem eine komplementäre Funktion. Sie sollen dort wirksam werden, wo dem Betroffenen die Information und der Überblick fehlen, um selbst die Initiative zur Verteidigung seiner Rechte zu ergreifen. Andererseits haben die Kontrollorgane weithin keine ausreichenden Befugnisse, um die Rechte der Betroffenen durchzusetzen, ganz abgesehen davon, dass sie deren Interessen vielfach nicht abschließend beurteilen können.

17 Die Verwirklichung der Ziele des Gesetzes setzt daher voraus, dass der BfDI den Betroffenen nicht nur in den Fällen des § 21 unterrichtet, sondern auch bei Kontrollen, die er von Amts wegen vornimmt.[14] Eine Mitteilung ist geboten, wenn der festgestellte Sachverhalt ergibt, dass der Betroffene ein berechtigtes Interesse an der Information hat, sei es, dass ihm ein Strafantragsrecht oder ein Schadensersatzanspruch zusteht, sei es, dass seine datenschutzrechtliche Position, insbesondere seine Rechte nach §§ 4, 6, tangiert ist. Die Verschwiegenheitspflicht steht dem nicht entgegen.[15]

18 Bei der Entscheidung, ob der Betroffene unterrichtet werden soll, hat der BfDI einen gewissen Ermessensspielraum. Der BfDI hat nicht nur die Interessen der jeweils konkret betroffenen Einzelpersonen zu beachten, sondern muss auch die Verwirklichung des Datenschutzes im Ganzen im Auge behalten. Entsprechend der Regelung des Abs. 2 kann er bei weniger gravierenden Verstößen von einer Unterrichtung des Betroffenen absehen. Vor der Unterrichtung des Betroffenen hat sich der BfDI mit der datenverarbeitenden Stelle ins Benehmen zu setzen und ihr Gelegenheit zu geben, die Unterrichtung selbst vorzunehmen bzw. auf Auskunftshindernisse[16] hinzuweisen; diese müssen auch vom BfDI beachtet werden.

5. Streitigkeiten

19 Für Streitigkeiten im Zusammenhang mit Beanstandungen des BfDI sind die Verwaltungsgerichte zuständig.

20 Für eine Klage gegen eine Beanstandung dürfte den datenverarbeitenden Stellen aber regelmäßig das Rechtsschutzinteresse fehlen, da dieser eine materielle Rechtswirkung nicht zukommt. Einer Klage gegen die rein formelle Pflicht zur Stellungnahme (z.B. wegen fehlender Zuständigkeit) bedarf es nicht, da dem BfDI rechtliche Maßnahmen zu ihrer Erzwingung nicht zur Verfügung stehen. Die Beanstandung kann auch nicht im Wege der Rechtsaufsicht angegriffen werden.[17]

21 Eine Klage des BfDI auf Abgabe einer Stellungnahme oder Durchführung bestimmter Maßnahmen ist unzulässig, weil das BDSG abschließend regelt, in welchem Verfahren die Kontrolle auszuüben ist. Dieses Verfahren ist geradezu als Gegenmodell zur gerichtlichen Auseinandersetzung ausgestaltet. Das Gesetz sieht vor, dass die Kontrolle des BfDI in Entscheidungen der obersten Bundesbehörden und des Bundestags mündet; eine Austragung von Kontroversen auf dem Rechtsweg ist damit inzident ausgeschlossen.

---

13 Vgl. § 1 Abs. 1.
14 § 24 Abs. 1.
15 Vgl. § 23 Rdnr. 26.
16 Z.B. nach § 19 Abs. 3, 4.
17 Vgl. § 22 Rdnr. 18.

§ 26 Weitere Aufgaben des Bundesbeauftragten für den Datenschutz und die Informationsfreiheit

(1) Der Bundesbeauftragte für den Datenschutz und die Informationsfreiheit erstattet dem Deutschen Bundestag alle zwei Jahre einen Tätigkeitsbericht. Er unterrichtet den Deutschen Bundestag und die Öffentlichkeit über wesentliche Entwicklungen des Datenschutzes.
(2) Auf Anforderung des Deutschen Bundestages oder der Bundesregierung hat der Bundesbeauftragte Gutachten zu erstellen und Berichte zu erstatten. Auf Ersuchen des Deutschen Bundestages, des Petitionsausschusses, des Innenausschusses oder der Bundesregierung geht der Bundesbeauftragte ferner Hinweisen auf Angelegenheiten und Vorgänge des Datenschutzes bei den öffentlichen Stellen des Bundes nach. Der Bundesbeauftragte kann sich jederzeit an den Deutschen Bundestag wenden.
(3) Der Bundesbeauftragte kann der Bundesregierung und den in § 12 Abs. 1 genannten Stellen des Bundes Empfehlungen zur Verbesserung des Datenschutzes geben und sie in Fragen des Datenschutzes beraten. Die in § 25 Abs. 1 Nr. 1 bis 4 genannten Stellen sind durch den Bundesbeauftragten zu unterrichten, wenn die Empfehlung oder Beratung sie nicht unmittelbar betrifft.
(4) Der Bundesbeauftragte wirkt auf die Zusammenarbeit mit den öffentlichen Stellen, die für die Kontrolle der Einhaltung der Vorschriften über den Datenschutz in den Ländern zuständig sind, sowie mit den Aufsichtsbehörden nach § 38 hin. § 38 Abs. 1 Satz 3 und 4 gilt entsprechend.

Literatur: s. bei § 22

Übersicht

1. Vorbemerkung

In § 26 sind die Aufgaben des BfDI zusammengestellt, soweit sie nicht – wie die Bearbeitung von Eingaben (§ 21) und die Kontrolle (§ 24 Abs. 1) – in besonderen Vorschriften niedergelegt sind. 1

Mit der Novellierung 2001 wurde ein ausdrücklicher Auftrag des BfDI aufgenommen, Parlament und Öffentlichkeit über wesentliche Entwicklungen des Datenschutzes zu unterrichten.[1] 2

2. Berichterstattung und Unterrichtung der Öffentlichkeit

2.1 Tätigkeitsberichte (Abs. 1 und Abs. 2 Satz 3)

Der BfDI erstattet dem Deutschen Bundestag alle zwei Jahre einen **Tätigkeitsbericht** (Abs. 1 Satz 1). Er gibt auf diese Weise nicht nur Rechenschaft über Art und Umfang seiner Tätigkeit, sondern nutzt den Bericht in erster Linie dazu, dem Bundestag die wichtigsten Ergebnisse seiner Tätigkeit und seine weiterführenden Überlegungen zur Kenntnis zu bringen. Durch die breite Streuung seiner Berichte an Verwaltungen, Fortbildungsträger und Verbände kann der BfDI eine wertvolle Multiplikatorwirkung erreichen. Neben den durch Beratung und Bean- 3

1 Vgl. u. Rdnr. 5.

standung erreichten Verbesserungen und Korrekturen werden die zwischen ihm und den kontrollierten Stellen streitig gebliebenen Punkte im Vordergrund stehen, weil sich hier die Frage nach politischen oder gesetzgeberischen Korrekturen stellt. Der Tätigkeitsbericht wird als Bundestags-Drucksache und auf der Webseite des BfDI[2] veröffentlicht.[3]

4 Der **Berichtsturnus** wurde mit der Novellierung 1990 vom jährlichen auf einen Zwei-Jahres-Rhythmus umgestellt, nachdem die parlamentarische Beratung auf der Basis jährlicher Berichte in Rückstand geraten und dadurch eine aktuelle Reaktion nicht mehr gewährleistet war. Die Wirkungsmöglichkeiten des BfDI werden damit jedoch nicht beschnitten, da er sich nach Abs. 2 Satz 3 jederzeit an den Bundestag wenden kann.[4]

5 Bereits mit der Novellierung 1990 hatte der Bundestag den BfDI ersucht, im Tätigkeitsbericht auch „eine Darstellung der wesentlichen Entwicklung des Datenschutzes im nicht-öffentlichen Bereich" zu geben. Bei der Novellierung 2001 wurde daraus ein allgemeiner Auftrag zur **Unterrichtung von Parlament und Öffentlichkeit über wesentliche Entwicklungen** des Datenschutzes (Abs. 1 Satz 2); die Behandlung des nicht-öffentlichen Bereichs im Tätigkeitsbericht ist darin eingeschlossen. Die Berichterstattung im nicht-öffentlichen Bereich wird sich – abgesehen von Telekom- und Postdienstleistungen sowie öffentlich-rechtlichen Wettbewerbsunternehmen des Bundes, wo der BfDI eigene Überwachungszuständigkeiten besitzt – weiterhin auf wesentliche Entwicklungen beschränken. Der Bundestag benötigt regelmäßige Informationen über die Entwicklung im nicht-öffentlichen Bereich, um gegebenenfalls gesetzgeberisch eingreifen zu können.

6 Der Berichtstermin ist kalendermäßig nicht festgelegt. Der BfDI hat damit einen gewissen Spielraum, sofern er nur den Zweijahresturnus im Wesentlichen einhält. Es empfiehlt sich aber, einen einmal gewählten Termin bei den Folgeberichten möglichst strikt einzuhalten, um den Eindruck zu vermeiden, bei der Terminwahl könnten sachfremde Rücksichten eine Rolle spielen. Da es der Übersichtlichkeit dient, jeweils zwei volle Kalenderjahre abzudecken, bieten sich als Berichtstermin der 1. März oder der 1. April an.

7 Das Recht, sich auch außerhalb der Zweijahresberichte **jederzeit** an den Bundestag zu wenden (Abs. 2 Satz 3), erlaubt dem BfDI, in dringenden Fällen sofort Alarm zu schlagen. Es entspricht dem in verschiedenen Landesdatenschutzgesetzen vorgesehenen Recht, Zwischenberichte zu erstatten. Der BfDI kann dieses Recht aber auch dafür verwenden, zu bestimmten thematischen Schwerpunkten gesonderte Berichte zu fertigen, sie zu einem ihm zweckmäßig erscheinenden Zeitpunkt vorzulegen und damit gezielt das Interesse einzelner Parlamentsausschüsse anzusprechen bzw. auf aktuelle Diskussionen in der Öffentlichkeit zu reagieren. Ebenso wie die regulären Tätigkeitsberichte können auch die Sonderberichte entweder mehr auf die politische Meinungsbildung im Bundestag zielen oder auch den Charakter von Empfehlungen für die Verwaltungspraxis haben, etwa zur Datenverarbeitung am Arbeitsplatz, zum Sozialbereich, zur wissenschaftlichen Forschung oder zur Sicherheitsüberprüfung.

8 Die Art und Weise der **parlamentarischen Behandlung** der Berichte des BfDI zu bestimmen, liegt beim Bundestag. Die Bundesregierung gibt – auch ohne gesetzliche Verpflichtung, wie in einigen Ländern – regelmäßig eine Stellungnahme ab, was die parlamentarische Behandlung zwar verzögern, inhaltlich aber auch fördern kann. Das Ergebnis der Beratung findet regelmäßig in Parlamentsbeschlüssen Niederschlag, mit denen meist die Bundesregierung zu verwaltungspraktischen oder gesetzgeberischen Aktivitäten oder auch zu weiteren Berichten aufgefordert wird. Ein **Rederecht** im Bundestag ist mit der Befugnis des BfDI, sich „jederzeit" an diesen zu „wenden", nicht verbunden; seine unabhängige Stellung erlaubt es auch nicht, dass er als Beauftragter der Bundesregierung i.S.v. Art. 43 Abs. 2 GG das Wort ergreift.[5] Es entspricht aber parlamentarischer Praxis, dass der BfDI bei der Behandlung seiner Berichte in den Ausschüssen des Bundestages seine Positionen erläutert und die Beratungen unter-

---

2 www.bfd.bund.de.

3 Einen Überblick über Inhalt und Funktion sowie Fundstellen aller Datenschutzberichte in Deutschland gibt *von Lewinski*, RDV 2004, 163

4 Vgl. Rdnr. 7.

5 *Vonderbeck*, DVBl. 1980, 439 f.

stützt. Dies gilt im Übrigen auch für die Behandlung anderer Gegenstände mit Datenschutzimplikationen, etwa für Gesetzentwürfe, Regierungsberichte und Unterrichtungen über EG-Angelegenheiten. Im Plenum des Deutschen Bundestages zu sprechen, kann dem BfDI im Einzelfall aufgrund der Geschäftsordnungsautonomie nach Art. 40 Abs. 1 GG durch Beschluss mit einfacher Mehrheit gestattet werden; eine entsprechende Dauerregelung bedarf einer förmlichen Änderung der Geschäftsordnung, wozu eine Zweidrittelmehrheit erforderlich ist.[6] Nachdem die parlamentarische Wahl des BfDI eingeführt wurde (§ 22 Abs. 1), wäre eine solche Regelung nahe liegend.

2.2 Unterrichtung des Deutschen Bundestages und der Öffentlichkeit (Abs. 1 Satz 2)

Nach Abs. 1 Satz 2 „unterrichtet (der BfDI) den Deutschen Bundestag und die Öffentlichkeit über wesentliche Entwicklungen des Datenschutzes". Die Vorschrift hat klarstellenden Charakter und entspricht der langjährigen Praxis. Sie erfolgte aus Anlass eines Rechtsstreits,[7] in welchem sich der Produzent einer Gebäude-Bilder-Datenbank gegen kritische Äußerungen des BfDI wandte. Sie betrifft in gleicher Weise den – ohnehin nie umstrittenen[8] – öffentlichen wie den nicht-öffentlichen Bereich. Die Formulierung „Entwicklungen des Datenschutzes" umfasst alle seine Komponenten: die Technologie, deren Anwendung in konkretem Zusammenhang, die Praxis des Umgangs mit personenbezogenen Daten sowie die Auswirkungen auf und Risiken für die Betroffenen. Zur Darstellung einer Entwicklung können deren technische, soziale, politische und wirtschaftliche Aspekte gehören. Die Unterrichtung über eine Entwicklung umfasst sowohl den empirischen, die Tatsachen darstellenden Teil als auch deren Bewertung aus der Sicht des BfDI. Die Unterrichtungskompetenz des BfDI entspricht der Informations- und Warnbefugnis der Bundesregierung, die dieser aufgrund der Staatsleitungsbefugnis auch ohne Spezialermächtigung zusteht.[9] Das Grundrecht der Berufs- und Gewerbefreiheit und die Eigentumsgarantie werden durch deren Ausübung nicht verletzt, wenn die Äußerungen richtig und der Form nach nicht unsachlich oder herabsetzend sind.[10] 9

Wesentliche Entwicklungen sind solche, an deren Unterrichtung der Deutsche Bundestag oder die Öffentlichkeit nach vertretbarer Würdigung des BfDI ein Interesse haben kann. Eine Entwicklung, zumal eine wesentliche, ergibt sich erst aus einer Mehrzahl einzelner Ereignisse. Die Unterrichtung über einzelne, konkrete Ereignisse kann aber zur Darstellung geeignet sein, wenn sie sie sinnfällig vor Augen führt oder Ausdruck einer allgemeinen Risikosituation ist. Auch können einzelne Vorgänge geeignet sein, die Vielfältigkeit einer Entwicklung zu illustrieren. Für den Deutschen Bundestag betrifft die Unterrichtung eine wesentliche Entwicklung, wenn die Informationen eventuell Anlass zu politischen Initiativen geben, seien es Regelungsaufgaben, seien es zunächst Berichtsaufträge an die Bundesregierung. Materiell maßgeblich ist letztlich, ob Verletzungen oder Gefährdungen der informationallen Selbstbestimmung einer Mehrzahl von Betroffenen im Raum stehen.[11] Bei der Unterrichtung der Öffentlichkeit ergibt sich die Wesentlichkeit in entsprechender Weise daraus, dass Risiken und Gefährdungen aufgezeigt werden, gegen die sich der Einzelne bei entsprechender Information besser schützen kann, oder auch aus dem Aufzeigen von Wahl- und Schutzmöglichkeiten für den einzelnen Verbraucher, Arbeitnehmer, Leistungsbezieher usw., so dass er seine informationelle Selbstbestimmung besser wahrnehmen kann. Unterrichtet werden kann er daher beispielsweise über Anwendungen von Chipkarten in verschiedenen Wirtschaftsbereichen unter Darstellung von Risiken und Schutzmöglichkeiten, Ausbreitung und Verwendung von Videokameras sowie Verfahren zur Identifizierung von 10

---

6 Vgl. *Vonderbeck,* DVBl. 1980, 439 ff.

7 VG Köln, CR 1999, 557 ff., DuD 1999, 353 ff., Dok § 26 E 1; und dazu *Ehmann,* CR 1999, 560 sowie krit. der frühere Bundesbeauftragte *H.P. Bull*, in FS für *W. Rudolf,* S. 21 ff.

8 Vgl. allerdings *Zöllner*, Der Datenschutzbeauftragte im Verfassungssystem, S., 101.

9 Vgl. eingehend *Müller*, RDV 2004, 211ff.,

10 BVerfGE 105, 252-279, NJW 2002, 2621-2625; zu den entsprechenden Anforderungen beim BfDI näher u. Rdnrn. 11 und 12.

11 So auch *Müller*, a.a.O. S. 214.

Personen auf Bildern, Erfassung personenbezogener Daten, übliche Verwendungen und Risiken bei Internetdiensten, Verwendung genetischer Analysen im Arbeitsverhältnis oder zentrale Risikodateien der Versicherungswirtschaft.

11 Die Frage der **Haftung** für wahrheitswidrige oder sonstige geschäftsschädigende Äußerungen ist im Gesetz nicht angeschnitten. Insoweit gelten allgemeine Grundsätze des Amtshaftungsrechts. Zu beachten ist allerdings, dass der Auftrag und damit auch die Befugnis des BfDI, sich zu wesentlichen Entwicklungen des Datenschutzes zu äußern, feststeht. Das Gesetz erwartet vom BfDI, dass er alle für den Datenschutz wesentlichen Entwicklungen aufmerksam verfolgt und wenn nötig durch eine geeignete Unterrichtung die öffentliche Diskussion anstößt. Dabei steht ihm naturgemäß zur Beurteilung der Frage der Wesentlichkeit ein gewisser Spielraum zur Verfügung. Auch ist zu beachten, dass es nicht um eine administrative Schlussentscheidung, sondern um die Initiierung einer öffentlichen Debatte geht.

12 Bei der Darstellung von Tatsachen trifft den BfDI eine Sorgfaltspflicht, die situationsspezifisch zu konkretisieren ist. Je größer negative Auswirkungen auf den Geschäftsbetrieb des betroffenen Unternehmens sein können, umso höher sind die Anforderungen.[12] Soweit Sachverhalte nicht bereits ohne Widerspruch publiziert worden sind, wird es bei möglicherweise gravierenden Folgen einer Verifizierung unter Anhörung des betroffenen Unternehmens bedürfen.[13] Bei der Bewertung, die von der Tatsachendarstellung klar getrennt werden sollte, hat der BfDI kraft seines Amtes die Möglichkeit einer gewissen Akzentuierung und Herausstellung der für den Datenschutz negativen Aspekte. Unsachliche Herabsetzungen im Sinne einer Schmähkritik hat er freilich zu unterlassen.

3. Tätigkeit auf Ersuchen (Abs. 2 Sätze 1 und 2)

13 Mit der Aufgabe, auf Anforderung des Bundestages oder der Bundesregierung **Gutachten und Berichte** zu erstatten (Abs. 2 Satz 1), hat der Gesetzgeber dem BfDI eine bedeutende Funktion im Willensbildungsprozess der obersten Staatsorgane eingeräumt. Für die Bundesregierung wird die Möglichkeit, durch Berichte zusammenfassende Sachinformation zu erhalten, im Vordergrund stehen. Ein Gutachten wird sie vorwiegend anfordern, um die Auffassung des BfDI zu bestimmten Fragen kennenzulernen, während sie im Übrigen auf den im eigenen Bereich in viel größerem Umfang vorhandenen spezialisierten Sachverstand zurückgreifen wird.

14 Für den Bundestag sind Gutachten und Berichte des BfDI eine eigenständige Informationsquelle, deren besonderer Wert darin liegt, dass sie von der Bundesregierung unabhängig ist. Ihre Nutzung kann dazu beitragen, die parlamentarische Tätigkeit sowohl auf dem Gebiet der Verwaltungskontrolle als auch in der Gesetzgebung effektiver zu machen. In der gutachtlichen Äußerung ist der BfDI kompetenzmäßig weniger eingeschränkt als bei seiner Kontrolltätigkeit. Im Gegensatz zu den Ersuchen nach Abs. 2 Satz 2 braucht der Gegenstand nicht unmittelbar seinen Aufgabenbereich zu betreffen. Ein Gutachten könnte sich beispielsweise auch mit Fragen des ausländischen und internationalen Datenschutzes oder mit Fragen der bereichsspezifischen Datenschutzgesetzgebung im privaten Sektor befassen. Ein Gutachten- oder Berichtsauftrag erweitert allerdings nicht die Ermittlungsbefugnisse des BfDI.

15 Die Anforderung muss von dem Bundestag bzw. der Bundesregierung ausgehen, setzt also jeweils einen Beschluss mit einfacher Mehrheit voraus.[14] Wenn bisher förmliche Gutachten- und Berichtsanforderungen von Bundestag und Bundesregierung nicht gestellt wurden, so dürfte dies daran liegen, dass der BfDI aktuelle Themen bisher stets von sich aus aufgegriffen und in seinen Tätigkeitsberichten dargestellt und darüber hinaus auf Wunsch von Abgeordneten zu Einzelfragen auch im Zusammenhang mit der Beratung in den Ausschüssen oder aufgrund einer individuellen Bitte fachliche Äußerungen abgegeben hat.

---

12 So auch *Müller* a.a.O.

13 So wiederum auch *Müller* a.a.O.

14 Art. 42 Abs. 2 GG, § 48 Abs. 2 GeschOBReg.

Die Aufgabe, **auf Ersuchen** des Bundestages, des Petitionsausschusses, des Innenausschusses oder der Bundesregierung **Hinweisen auf Angelegenheiten und Vorgänge nachzugehen** (Abs. 2 Satz 2), unterstreicht nochmals die Funktion des BfDI, in allen Angelegenheiten des Datenschutzes auf der obersten staatlichen Ebene klärend, schlichtend und anregend zu wirken. Die Verknüpfung mit der Tätigkeit des Petitionsausschusses verbessert nicht nur die Erfolgsaussichten der Petitionen mit Datenschutzaspekten, sondern verbreitert auch die Informationsbasis des BfDI. Der Innenausschuss wurde mit der Novellierung 1990 aufgenommen. Beim Innenausschuss liegt nicht nur die Zuständigkeit für wichtige Fachgebiete des Datenschutzes, etwa im Bereich der inneren Sicherheit und des Ausländerrechts, sondern auch die Querschnittszuständigkeit für allgemeine Angelegenheiten des Datenschutzes, also etwa die allgemeine Gesetzgebung zum Datenschutz und die federführende Beratung der Tätigkeitsberichte. Schon früher ist der BfDI Hinweisen aus der Mitte des Innenausschusses auf Angelegenheiten und Vorgänge des Datenschutzes nachgegangen. Das Ersuchen ist ihm vom Ausschussvorsitzenden zu übermitteln und in angemessener Zeit durch einen an diesen zu adressierenden Bericht zu erledigen. 16

4. Beratung (Abs. 3)

Nach Abs. 3 kann der BfDI der Bundesregierung und den öffentlichen Stellen des Bundes Empfehlungen geben und sie beraten. Auch wenn der Begriff „kann" auf eine Befugnis hindeuten könnte, besteht – auch im Hinblick auf die Überschrift des § 26 – kein Zweifel, dass es sich hier um eine Aufgabenzuweisung handelt. Auf eine ständige Verbesserung des Datenschutzes hinzuwirken, ist sogar die zentrale Aufgabe des BfDI. Beratung und Empfehlung sind naturgemäß eines der wichtigsten Mittel, da er über Weisungs- und Anordnungsbefugnisse nicht verfügt. Die Aufgabe, Empfehlungen zu geben und zu beraten, ist nicht an eine bestimmte Tätigkeitsform oder eine bestimmte Art der Veranlassung der Tätigkeit des BfDI gebunden, d.h. er kann auch dann, wenn er von Amts wegen (§ 24) oder aufgrund einer Eingabe (§ 21) oder eines Hinweises (Abs. 2 Satz 2) tätig geworden ist, von der weichen Methode der Empfehlung oder des Rats Gebrauch machen. Überwiegend spielt sich aber die beratende und empfehlende Tätigkeit im präventiven Bereich ab. Sie dient der Verfolgung des Ziels, den Datenschutz auf **allen Ebenen**, von der Gesetzgebung bis zur technischen Durchführungsmaßnahme, ständig zu vervollkommnen und fortzuentwickeln, sodass es zu einer Beeinträchtigung der informationellen Selbstbestimmung der Betroffenen gar nicht erst kommt. In diesem Sinne wird zu Recht vom „Vorrang" der „präventiven Intervention" gesprochen.[15] Der BfDI kann sich beratend nicht nur an Stellen wenden, die selbst Daten verarbeiten oder nutzen, sondern auch an diejenigen, die nur regelnd und beaufsichtigend tätig werden. So hat er sich wiederholt im Gesetzgebungsverfahren auch an den Bundesrat gewandt sowie an Wirtschaftsaufsichtsbehörden des Bundes, um in deren Aufsichtstätigkeit den Datenschutz zur Geltung zu bringen. 17

Zweifellos stehen die „beanstandenden" (§ 25), d.h. mitunter auch öffentlich kritisierenden Funktionen (§§ 25, 26 Abs. 1 und Abs. 2 Satz 3) einerseits und die Beratungsaufgaben andererseits in einem gewissen Spannungsverhältnis zueinander. Beide Bereiche im Sinne einer größtmöglichen Gesamtwirksamkeit auszubalancieren, ist nicht immer einfach. Die Beratung erschöpft sich keineswegs in der Vermittlung spezieller Rechts- und Fachkenntnisse, sondern muss sich ganz wesentlich auf die Förderung des Verständnisses für die Ziele des Datenschutzes und damit auf die **Motivierung** des Verwaltungspersonals konzentrieren. Dem BfDI muss deshalb daran gelegen sein, eine tragfähige Vertrauensbasis herzustellen. Stellt er Versäumnisse oder Verstöße fest, so wird er daher in erster Linie stets zu erreichen suchen, die Verantwortlichen von der Notwendigkeit einer Korrektur zu überzeugen. Solange dazu eine Chance besteht, wird er Schritte, die zu Nachteilen für die verantwortlichen Mitarbeiter führen können, nach Möglichkeit zurückstellen. Dies gilt zumal, wenn sich Bedienstete von 18

15 *Walz,* in GK-SGB X 2 § 79 Rdnr. 162.

sich aus mit der Bitte um Unterstützung an den BfDI gewandt haben. Entstünde demgegenüber in den Verwaltungsbehörden der Eindruck, dass es dem BfDI vor allem darauf ankommt, mit spektakulären Missbrauchsfällen an die Öffentlichkeit zu treten, so würde nicht nur der Beratungsaufgabe der Boden entzogen, sondern auch die Mitteilungsbereitschaft des Verwaltungspersonals, auf die der BfDI ungeachtet seiner gesetzlichen Auskunftsansprüche angewiesen ist, gestört.[16]

19 Ebenso wie bei der Kontrolle liegt auch bei der Aufgabe zu **empfehlen und zu beraten** die Entscheidung darüber, auf welchen Gebieten, gegenüber welchen Stellen und in welcher Weise er tätig werden will, rechtlich allein in der Hand des BfDI. Im Sinne seiner Effektivität und seines Ansehens wird es liegen, jeder Bitte um Beratung nachzukommen, soweit es in seinen Kräften steht. Die Beratung kann allerdings stets nur unterstützenden Charakter haben. Der Zweck der Einrichtung einer besonderen institutionellen Kontrolle besteht nicht darin, die zur Beachtung des Datenschutzes verpflichteten Stellen von ihrer Verantwortung zu entlasten; diese Verantwortung soll im Gegenteil aktualisiert und sichtbar gemacht werden. Die Beratung wird deshalb in erster Linie darin bestehen, beim Erkennen von Problemen zu helfen und auf Lösungsmöglichkeiten hinzuweisen. An der eigentlichen Entscheidung teilnehmen und damit der Verwaltung einen Teil ihrer Verantwortung abnehmen kann der BfDI jedoch nicht.

20 Der Inhalt der Beratungsaufgabe wird vom Gesetz dahin umschrieben, dass „Empfehlungen zur Verbesserung des Datenschutzes" gegeben und „in Fragen des Datenschutzes" beraten werden soll. Der BfDI soll also einerseits rechtliches, organisatorisches und technisches Fachwissen zur Verfügung stellen, um den beratenen Stellen dabei zu helfen, ihren Verpflichtungen auf dem Gebiet des Datenschutzes nachzukommen, wobei sowohl Aspekte der Qualität wie auch des Aufwandes eine Rolle spielen müssen. Indem das Gesetz die Verbesserung des Datenschutzes als Ziel der Empfehlungen des BfDI anspricht, gibt es diesem jedoch das Recht und die Pflicht, materielle Gesichtspunkte, die seinem eigenen Organisationsziel entsprechen, in die Beratung mit entsprechender Gewichtung einzubeziehen. Es ist also durchaus legitim, wenn der BfDI seine Beratung schwerpunktmäßig nicht am Ziel der Kostenminimierung, sondern an dem des Schutzes der informationellen Selbstbestimmung der Betroffenen ausrichtet.

21 Der Beratungsaufgabe des BfDI entspricht keine ausdrückliche Gesetzespflicht der öffentlichen Stellen, den BfDI über ihre Aufgaben-, Organisations- und DV-**Planung** jeweils so rechtzeitig zu **informieren**, dass die Beratung zum optimalen Zeitpunkt erfolgen kann. Lediglich bei der Einrichtung automatisierter Abrufverfahren statuiert das Gesetz eine entsprechende Unterrichtungspflicht (§ 10 Abs. 3 Satz 1). Allerdings sind die öffentlichen Stellen des Bundes nach § 24 Abs. 4 Satz 1 generell verpflichtet, den BfDI bei der Erfüllung seiner Aufgaben zu unterstützen. Diese Pflicht kann verletzt sein, und der BfDI kann dies beanstanden, wenn eine Stelle ein Vorhaben von erheblicher Datenschutzrelevanz betreibt, ohne die Auffassung des BfDI zu erfragen. Die Praxis ist zunehmend konsultationsfreudig. Wenn der BfDI bisher eine systematische Information über geplante Vorhaben nicht eingefordert hat, dann wohl wegen der begrenzten Arbeitskapazität seiner Dienststelle und möglicherweise auch im Hinblick auf die denkbaren negativen Auswirkungen auf seine Unabhängigkeit, die eine routinemäßige Beteiligung im Planungsverfahren haben könnte. Gleichwohl wäre eine regelmäßige Frühinformation über die Planung von DV-Vorhaben mit Relevanz für die Verarbeitung personenbezogener Daten zu erwägen,[17] weil sonst die Gefahr besteht, dass eine spätere Korrektur an einem unverhältnismäßigen Umstellungsaufwand scheitert. Eine solche Beteiligung des Datenschutzbeauftragten gehört auch nach Auffassung des Bundesverfassungsgerichts zu den verfahrensmäßigen Vorkehrungen, die der Gesetzgeber zur Wahrung des Verhältnismäßigkeitsprinzips zu treffen hat.[18] Der Deutsche Bundestag hat durch

16 Vgl. *Gola/Schomerus*, BDSG § 25 Rdnr. 6.
17 In diesem Sinne §§ 29 Abs. 3 HDSG, 22 Abs. 2 DSG NW.
18 BVerfGE 65, 1 ff., 46, Leitsatz 2.

Beschlüsse die Bundesregierung gebeten, den BfDI bei Gesetzentwürfen und geplanten Verwaltungsvorschriften möglichst frühzeitig zu beteiligen.[19]

Der mit der Novellierung 1990 neu aufgenommene Satz 2 verpflichtet den BfDI, die in § 25 Abs. 1 Nr. 1 – 4 genannten aufsichtsführenden Behörden oder Leitungsorgane zu unterrichten, wenn die Empfehlung oder Beratung diese nicht unmittelbar betrifft. Das mit der Regelung verfolgte Ziel, die Information der Aufsichts- oder Leitungsorgane zu sichern, leuchtet ohne weiteres ein, da diese ihre eigene Aufsichts- oder Leitungstätigkeit mit den Empfehlungen oder Beratungen des BfDI abstimmen und darüber hinaus prüfen müssen, ob sich aus ihnen Konsequenzen für den gesamten Verantwortungsbereich ergeben. Das Gesetz überlässt die Form und das Verfahren der Unterrichtung dem BfDI. Er ist nicht verpflichtet, über jedes Beratungsgespräch zu berichten und von jedem Schreiben, das Empfehlungen enthält, Abschriften zu übersenden. Vielmehr wird es genügen, mitzuteilen, zu welchem Thema gegenüber welcher Stelle eine Beratung erfolgt ist. Über die Details kann sich die unterrichtete Stelle bei der beratenden Stelle im Bedarfsfall informieren. Eine Unterrichtung nach Satz 2 ist entbehrlich, wenn die betreffende Stelle von dem Beratungsvorgang bereits Kenntnis hat. 22

5. Zusammenarbeit mit anderen Kontrollinstanzen (Abs. 4)

Abs. 4 verpflichtet den BfDI, die **Zusammenarbeit** mit den Datenschutz-Kontrollinstitutionen der **Länder** für deren öffentlichen Bereich und mit den Datenschutz-Aufsichtsbehörden für den nicht-öffentlichen Bereich nach § 38 zu suchen. Diese Zusammenarbeit dient nicht nur dem fachlichen Erfahrungsaustausch, sondern soll vor allen Dingen dazu beitragen, dass der Datenschutz in Bund und Ländern sowie im öffentlichen und im privaten Bereich möglichst einheitlich praktiziert wird, sodass der Bürger, entsprechend der Zielvorstellung des Gesetzgebers,[20] einen gleichwertigen Schutz genießt. Die Vorschrift gestattet auch den Austausch personenbezogener Kontrollfeststellungen, die insbesondere bei der Kontrolle von Informationssystemen erforderlich ist, die Bund und Länder arbeitsteilig betreiben, wie etwa INPOL und NADIS. Sie ist schließlich eine wichtige Grundlage für die Verpflichtung des BfDI, auch die wesentliche Entwicklung des Datenschutzes im nicht-öffentlichen Bereich in seinen Tätigkeitsberichten darzustellen (Abs. 1 Satz 2). 23

In der Praxis hat sich neben zahlreichen bilateralen Kontakten in Einzelfällen eine institutionalisierte Zusammenarbeit auf drei Ebenen herausgebildet: 24

- Zu allgemein interessierenden Fragen des öffentlichen Bereichs treffen sich der BfDI und die Datenschutzbeauftragten der Länder unter rotierendem Vorsitz („Ständige Konferenz" oder schlicht „Datenschutzkonferenz"). Sie haben vielfach zu aktuellen Fragen gemeinsam Stellung genommen.[21]
- Im Hinblick auf seine Zuständigkeit zur Kontrolle öffentlich-rechtlicher Wettbewerbsunternehmen des Bundes sowie von Telekommunikations- und Postdiensten und um die Informationsgrundlage zu erhalten, die zur Berichterstattung erforderlich ist, beteiligt sich der BfDI an der Koordinierung zwischen den obersten Aufsichtsbehörden für den Datenschutz der Länder, die sich regelmäßig im „Düsseldorfer Kreis" zusammenfinden.
- Zur Behandlung von Fragen übergreifender Bedeutung lädt der BfDI gelegentlich auch zu gemeinsamen Sitzungen der für den öffentlichen und den nicht-öffentlichen Bereich zuständigen Kontrollinstanzen ein.

Eine rechtliche Bindungswirkung kommt den Beschlüssen der genannten Gremien weder im Verhältnis nach außen noch zwischen den Beteiligten zu. Dies folgt aus Art. 83 GG, wonach die Länder das Bundesdatenschutzgesetz als eigene Angelegenheit ausführen, sowie aus der 25

19 BT-Drs. 9/1623 und 10/6583.
20 Abschn. 4.2.5 der Begr. des RegE, BT-Drs. 7/1027.
21 Abgedr. in: Dok. Abschn. F.

unabhängigen Stellung der Landesbeauftragten und der Aufsichtsbehörden[22] für den Datenschutz. Ein einheitliches Vorgehen der Kontrollinstitutionen ist jedoch für deren Durchsetzungsfähigkeit, die vor allem auf der Überzeugungskraft beruht, von großer Bedeutung. Die Länder sind im Rahmen ihrer Pflicht zur Bundestreue gehalten, an Koordinationsbemühungen des BfDI mitzuwirken. Ihre Unabhängigkeit in sachlicher Hinsicht wird durch die Regelung jedoch nicht geschmälert.[23]

26 Mit der durch die Novellierung 2001 neu eingefügten Vorschrift des Abs. 4 Satz 2, welche die entsprechende Anwendung von § 38 Abs. 1 Satz 3 und 4 anordnet, wird klargestellt, dass die Zusammenarbeit mit anderen Aufsichtsbehörden innerhalb Deutschlands (Satz 3) wie auch der Mitgliedstaaten der Europäischen Union nach Grundsätzen der Amtshilfe stattfindet. Bei entsprechender Anwendung gehören zu den Aufsichtsbehörden im Sinne der Vorschrift sowohl die Aufsichtsbehörden für den nichtöffentlichen Bereich nach § 38 als auch die nach den Landesdatenschutzgesetzen bestellten Landesbeauftragten. Auch die europäische Amtshilfe umfasst die Übermittlung der notwendigen Daten, wie sich aus der zugrunde liegenden Vorschriften des Art. 28 Abs. 6 EG-Datenschutzrichtlinie ergibt.

27 Der BfDI ist als nationale „Kontrollstelle", wie die Richtlinie die Datenschutz-Aufsichtsbehörden bezeichnet, Verteter Deutschlands in der Gruppe für Datenschutz nach Art. 29 der Richtlinie. Diese hat den Auftrag, sich zu Datenschutzvorhaben der EU zu äußern, insbesondere die Kommission zu beraten und auf die praktische Harmonisierung des Datenschutzes innerhalb der Union hinzuwirken.[24]

---

22 Auch dort geboten nach Art. 28 Abs. 1 EG-Datenschutzrichtlinie; vgl. näher *Dammann/Simitis,* EG-Datenschutzrichtlinie, Art. 28 Anm. 5 f.

23 *Walz,* in GK-SGB X 2 § 79 Rdnr. 180.

24 Näher dazu *Dammann/Simitis*, EG-Datenschutzrichtlinie, Kommentierung zu Art. 28 ff.

Dritter Abschnitt
Datenverarbeitung nicht-öffentlicher Stellen und öffentlich-rechlicher Wettbewerbsunternehmen

Erster Unterabschnitt
Rechtsgrundlagen der Datenverarbeitung

§ 27 Anwendungsbereich

(1) Die Vorschriften dieses Abschnittes finden Anwendung, soweit personenbezogene Daten unter Einsatz von Datenverarbeitungsanlagen verarbeitet, genutzt oder dafür erhoben werden oder die Daten in oder aus nicht automatisierten Dateien verarbeitet, genutzt oder dafür erhoben werden durch
1. nicht-öffentliche Stellen,
2. a) öffentliche Stellen des Bundes, soweit sie als öffentlich-rechtliche Unternehmen am Wettbewerb teilnehmen,
b) öffentliche Stellen der Länder, soweit sie als öffentlich-rechtliche Unternehmen am Wettbewerb teilnehmen, Bundesrecht ausführen und der Datenschutz nicht durch Landesgesetz geregelt ist.
Dies gilt nicht, wenn die Erhebung, Verarbeitung oder Nutzung der Daten ausschließlich für persönliche oder familiäre Tätigkeiten erfolgt. In den Fällen der Nummer 2 Buchstabe a gelten anstelle des § 38 die §§ 18, 21 und 24 bis 26.
(2) Die Vorschriften dieses Abschnittes gelten nicht für die Verarbeitung und Nutzung personenbezogener Daten außerhalb von nicht automatisierten Dateien, soweit es sich nicht um personenbezogene Daten handelt, die offensichtlich aus einer automatisierten Verarbeitung entnommen worden sind.

Literatur

W. Goldenbohm/K.Th. Weise, Erweiterter Datenschutz, DuD 1991, 447 ff.; *K. v. Lewinski*, Kaufleute im Schutzbereich des BDSG: Beitrag zur Dogmatik des Datenschutzrechts, DuD 2000, 39 ff.; *St. Walz*, Das neue Bundesdatenschutzgesetz: Kompromiss als Leitprinzip, CR 1991, 364 ff.

Übersicht

1. Vorbemerkung

Der Dritte Abschnitt des BDSG konkretisiert die legislativen Anforderungen an die Verar- 1
beitung personenbezogener Daten im **nicht-öffentlichen Bereich**. Der Gesetzgeber bleibt damit bei dem schon für das BDSG 90 (§§ 27 ff.) gewählten Aufbau.[1] Anders als die EG-Da-

1 Dazu die 4. Auflage dieses Kommentars, § 27 Rdnr. 1 f.

tenschutzrichtlinie von 1995[2] verzichtet also das BDSG, mit wenigen Ausnahmen (§§ 3a bis 11) darauf, die Verarbeitung personenbezogener Daten an Grundsätze zu knüpfen, die von allen verantwortlichen Stellen zu beachten sind.[3] Wie sie sich zu verhalten haben, entscheidet sich vielmehr, ganz nach dem bisherigen Schema, danach, ob sie dem öffentlichen oder dem nicht-öffentlichen Bereich zuzurechnen sind.

2 Die §§ 27 ff. dokumentieren zunächst und vor allem die, wenn auch abgeschwächten, Bestrebungen, **nicht-öffentlichen Stellen einen größeren Spielraum bei der Verarbeitung personenbezogener Daten einzuräumen**.[4] Die ebenso umständliche wie missverständliche Weigerung, personenbezogene Daten einzubeziehen, die „außerhalb von nicht-automatisierten Dateien" verarbeitet worden sind (§ 27 Abs. 2), der hartnäckige Widerstand gegen eine eindeutige und auf jede Verwendung ausdrücklich bezogene Zweckbindung (§ 28 Abs. 1 Satz 2), die Konzessionen an eine listenmäßige Übermittlung (§ 28 Abs. 3 Nr. 3) sowie die immer noch unzureichende Kontrolle (§ 38) sind, wie überhaupt, die ungemein kompliziert formulierten, Interpretationskontroversen förmlich provozierenden Vorschriften der §§ 28 und 29 typische Beispiele dafür. Kurzum, der Abschnitt über den nicht-öffentlichen Bereich ist mehr als jeder andere Teil des BDSG unverändert von den Kompromissen und Widersprüchen gezeichnet, die das BDSG von Anfang an begleitet haben.[5]

3 Der Gesetzgeber legt zudem, wie bisher, verschiedene Maßstäbe an die Verarbeitung an, je nachdem ob sie für **„eigene"** (§ 28) oder für **„fremde" Zwecke** (§ 29) erfolgt. Nach wie vor steckt dahinter die Vorstellung, dass die Gefährdung der Betroffenen in dem Augenblick sichtbar zunimmt, in dem die Daten nicht mehr für interne, eigene Zwecke einzelner Stellen, vielmehr geschäftsmäßig als Informationsmaterial für die Zwecke einer tendenziell offenen Zahl Dritter verwendet werden. Wo die Verarbeitung zum eigentlichen Geschäftsziel wird, haben die verantwortlichen Stellen, wie sich etwa am Beispiel der Auskunfteien und der Marktforschungsinstitute zeigt, ein elementares Interesse, sowohl die Zahl und die Art der verwendeten Daten als auch den Kreis der Abnehmer der Verarbeitungsergebnisse möglichst auszuweiten. Weil die Angaben Dritten als Arbeits- und Entscheidungsgrundlage dienen sollen, muss das Informationsmaterial so ausgestaltet werden, dass es den Wünschen höchst unterschiedlicher Interessenten genügen kann. Den Betroffenen fällt es unter diesen Umständen sehr viel schwerer, auszumachen, was genau mit ihren Daten geschieht. Entsprechend größer ist aus ihrer Sicht das Verarbeitungsrisiko.

4 Überlegungen, die bei einer Verwendung für eigene Ziele durchaus plausibel erscheinen, lassen sich deshalb nicht ohne weiteres auf Fälle übertragen, in denen personenbezogene Angaben geschäftsmäßig für fremde Zwecke verarbeitet werden. Die bloße Zugehörigkeit der verantwortlichen Stelle zum nicht-öffentlichen Bereich bestimmt daher noch keineswegs die Verwendungsvoraussetzungen. Sie können vielmehr erst genau angegeben werden, wenn auch die Rahmenbedingungen der Verarbeitung feststehen. Konsequenterweise modifiziert das BDSG die Verarbeitungsvorgaben (§ 29), erhöht die Anforderungen an die Meldepflicht (§ 4d Abs. 4) sowie die Transparenz der Verarbeitung (§ 33 Abs. 1 Satz 2) und verschärft die Anforderungen an die Meldepflicht genauso wie die Voraussetzungen der Überprüfung und Korrektur der verwendeten Daten (§ 35 Abs. 2 Nr. 4).

2. Anwendungsbereich

2.1 Nicht-öffentliche Stellen

5 Die §§ 28 ff. sind in erster Linie auf **nicht-öffentliche Stellen** anzuwenden (§ 27 Abs. 1 Satz 1 Nr. 1). Wer damit im Einzelnen gemeint ist, ergibt sich aus § 2 Abs. 4.[6] Fest steht in-

2 Dazu Einleitung Rdnr. 204.
3 Dazu auch Einleitung Rdnr. 122.
4 Dazu Einleitung Rdnr. 66 ff., 102.
5 Vgl. auch *Walz*, CR 1991, 364 ff.
6 Dazu § 2 Rdnr. 112 ff.

sofern, dass sich alle natürliche Personen, privatrechtlich organisierte juristische Personen, Personengesellschaften und nicht-rechtsfähige Vereine an die in den §§ 28 ff. näher umschriebenen Verarbeitungsregeln halten müssen.[7] Ausgenommen sind lediglich **beliehene Unternehmen**[8] sowie privatrechtlich organisierte **Vereinigungen von öffentlichen Stellen des Bundes und der Länder** unter den in § 2 Abs. 3 näher definierten Bedingungen.[9] Genauso klar ist aber auch, dass hier wie sonst nur die **je spezifische rechtliche Einheit** angesprochen wird, in deren organisatorischem Bereich personenbezogene Daten verarbeitet werden. **Verbundene Unternehmen** rechnen deshalb nicht zu den Normadressaten der §§ 28 ff.[10] Erst recht zählen nicht die einzelnen **Abteilungen** eines Unternehmens oder dessen unselbstständige **Zweigstellen** dazu. Schließlich scheiden auch die **Arbeitnehmervertretungen** als unmittelbare Normadressaten aus, so sehr im Übrigen ihre rechtlich garantierte Autonomie bei der Anwendung der gesetzlichen Bestimmungen bedacht werden muss.[11]

2.2 Öffentlich-rechtliche Wettbewerbsunternehmen

2.2.1 Bundesunternehmen

Die §§ 28 ff. sind ferner auf **öffentlich-rechtliche Wettbewerbsunternehmen des Bundes** 6 anzuwenden (§ 27 Abs. 1 Satz 1 Nr. 2 Buchst. a). Das Gesetz durchbricht damit den Grundsatz, öffentliche und nicht-öffentliche Stellen streng auseinanderzuhalten und ihre Verarbeitungstätigkeit ebenso strikt getrennten Regelungsgrundsätzen zu unterstellen,[12] bestätigt allerdings zugleich die bereits in § 12 Abs. 1 angedeutete **Sonderregelung für öffentlich-rechtliche Wettbewerbsunternehmen.**[13] Sie sind zwar **formal öffentliche Stellen** i.S.d. § 2 Abs. 1,[14] werden aber **materiell**, jedenfalls soweit es um die Erhebung, die Verarbeitung und die Nutzung personenbezogener Daten geht, **wie nicht-öffentliche Stellen behandelt**.

Der Grund liegt auf der Hand: Der Gesetzgeber möchte **Wettbewerbsverzerrungen ver-** 7 **meiden.**[15] Unternehmen, die miteinander konkurrieren, sollen aus ihrer Zugehörigkeit zum öffentlichen oder nicht-öffentlichen Bereich keine Vorteile ziehen, aber auch keine durch sie bedingte Nachteile erleiden. Ein geradezu klassisches Beispiel dafür ist der Versuch der Sparkassen, ihre Sonderstellung zu nutzen, um für Werbezwecke leichter an die den öffentlichen Stellen, vor allem den Schulen zur Verfügung stehenden Angaben zu gelangen.[16] Ganz gleich also, ob die Erhebungsmodalitäten, die Übermittlungsbedingungen oder die Rechte der Betroffenen auf dem Spiel stehen, die Anforderungen variieren nicht. Sie richten sich vielmehr ausschließlich nach den für nicht-öffentliche Stellen maßgeblichen Grundsätzen.

§ 27 äußert sich dagegen nicht zur Bestellung eines **Beauftragten**. **Öffentlich-rechtliche** 8 **Wettbewerbsunternehmen** sind daher, im Unterschied zum BDSG 90,[17] wie jede verantwortliche Stelle verpflichtet, **einen Beauftragten zu bestellen** (§ 4f Abs. 1).[18] Weil zudem § 27 Abs. 2 keine gegenteilige Angabe enthält, muss auch hier der vom Gesetzgeber generell angestrebten Gleichstellung mit nicht-öffentlichen Stellen entsprochen werden. Bei der Bestellung sind daher **die für den nicht-öffentlichen Bereich geltenden Grundsätze zu beachten** (§ 4f Abs. 1).[19]

---

7 Dazu § 2 Rdnr. 115 ff.
8 Dazu § 2 Rdnr. 126 f.
9 Dazu § 2 Rdnr. 122 ff.
10 Dazu § 2 Rdnr. 139 ff.
11 Dazu die §§ 2 Rdnr. 138, 4f Rdnr. 65 ff.; 28 Rdnr. 34 ff.
12 Dazu § 2 Rdnr. 5.
13 Dazu § 12 Rdnr. 9 ff.
14 Dazu § 2 Rdnr. 15 ff.
15 Vgl. auch § 12 Rdnr. 9; sowie *Auernhammer,* BDSG § 12 Rdnr. 4; *Bergmann/Möhrle/Herb*, BDSG § 27 Rdnr. 9; *Gola/Schomerus,* BDSG § 12 Rdnr. 2; *Tinnefeld/Ehmann/Gerling,* Einführung, 265 f.; *Roßnagel/Hoeren*, Handbuch, 4.6 Rdnr. 8.
16 Statt aller *LfD BW*, 7. TB, 95 f.; sowie *BayDSB*, 17. TB, 102.
17 Dazu die 4. Auflage dieses Kommentars, § 27 Rdnr. 7.
18 Dazu § 4f Rdnr. 9.
19 Dazu § 4f Rdnr. 12 ff.

9 **Öffentlich-rechtliche Wettbewerbsunternehmen** werden freilich **nicht durchweg wie nicht-öffentliche Stellen behandelt**. So ist es Aufgabe des **BfDI** und nicht der Aufsichtsbehörden (§ 38) die Verarbeitungsaktivitäten öffentlich-rechtlicher Wettbewerbsunternehmen **zu kontrollieren** (§ 27 Abs. 1 Satz 3).[20] Sie müssen zudem bei der Verwendung personenbezogener Daten die in § 18 festgelegten **Grundsätze für die Durchführung des Datenschutzes in der Bundesverwaltung** beachten (§ 27 Abs. 1 Satz 3).[21]

10 Die unterschiedlichen Kontrollbedingungen belasten die ohnehin nicht einfache Überwachung der Verarbeitung mit zusätzlichen Konflikten, wie sich vor allem am Beispiel der Kreditinstitute zeigt. Anders als die Mehrzahl der Banken müssen etwa die Deutsche Genossenschaftsbank oder die Kreditanstalt für Wiederaufbau mit einer regelmäßigen **Veröffentlichung der Kontrollergebnisse** in den Tätigkeitsberichten des BfDI rechnen, eine Feststellung, die im Übrigen genauso für alle den LDSG unterliegenden Kreditinstitute gilt.[22] Kaum verwunderlich, wenn sich deshalb die betroffenen Unternehmen immer wieder auf den Gesetzeszweck berufen, gleiche Wettbewerbsbedingungen herzustellen,[23] um die Kontrollbefugnisse der Datenschutzbeauftragten und erst recht eine Publikation der Kontrollergebnisse infrage zu stellen. Manche Landesgesetzgeber haben sich daher bereit gefunden, die Kreditinstitute, zuweilen auch die Versicherungsunternehmen, aus der generellen Regelung über die öffentlich-rechtlichen Wettbewerbsunternehmen herauszunehmen und sie uneingeschränkt den BDSG-Bestimmungen über den nicht-öffentlichen Bereich zu unterstellen.[24]

11 So deutlich die Unterschiede in der Berichterstattung ursprünglich waren, so wenig fallen sie mittlerweile vor allem aus drei Gründen ins Gewicht: Die Aufsichtsbehörden nach § 38 legen, sei es von sich aus, sei es auf der Grundlage einer ausdrücklich in die LDSG aufgenommenen Verpflichtung,[25] ihrerseits Tätigkeitsberichte vor, die auch auf die Verarbeitungspraxis der privatrechtlich organisierten Kreditinstitute eingehen.[26] Der BfDI setzt sich ebenfalls regelmäßig mit generellen Verarbeitungsproblemen der Kreditwirtschaft auseinander.[27] Die immer stärkere Tendenz, die streng getrennten Kontrollkompetenzen zusammenzulegen,[28] leitet schließlich endgültig zu Berichten über, die alle Kreditinstitute gleichmäßig einbeziehen.

12 Die Sonderregelung des § 27 Abs. 1 Satz 1 Nr. 2 Buchst. a bringt aber auch deshalb Schwierigkeiten mit sich, weil sie für öffentlich-rechtlich organisierte Unternehmen **nur so weit** gilt, **wie sie sich am Wettbewerb beteiligen**. Die Konsequenz ist zwangsläufig eine **Zersplitterung** des Datenschutzes. Die Anwendung der für nicht-öffentliche Stellen geltenden Vorschriften bleibt von vornherein auf die **Verarbeitung** personenbezogener Daten **für Leistungen** beschränkt, die in **Konkurrenz** zu anderen Unternehmen **angeboten werden**.[29] In allen anderen Fällen sind also unverändert die für öffentliche Stellen maßgeblichen Bestimmungen (§§ 13 ff.) zu beachten.[30]

13 So muss sich die Kreditanstalt für Wiederaufbau so lange nach dem Zweiten Abschnitt des BDSG richten, wie sie Aufgaben erfüllt, die mit der Entwicklungshilfe oder der Finanzierung von Exportgeschäften inländischer Unternehmen zusammenhängen. Sobald sie dagegen personenbezogene Daten im Zusammenhang mit einer beabsichtigten Emission festverzins-

---

20 Dazu § 24 Rdnr. 5 ff.

21 Dazu § 18 Rdnr. 5 ff.

22 Vgl. etwa *LfD BW*, 15. TB, 95 ff.; *BayDSB*, 17. TB, 102; *BrLfD*, 16. TB, 88; *HmbDSB*, 17. TB, 129 ff.; *HDSB*, 22., 134 ff., 25. TB, 133 f.; *LfD MV*, 4. TB, 98 ff.; *LfD NDS*, 15. TB, 178 ff.; *LfD NW*, TB 2001, 133, 135 f.; *LfD RhPf*, 18. TB, 122 ff.; *LfD Thür*, 3. TB, 78 ff.

23 o. Rdnr. 7.

24 Dazu u. Rdnr. 21.

25 Vgl. etwa die §§ 27 BbgDSG; 30 Abs. 2 HDSG; 33 Abs. 1 DSG M-V; 22 Abs. 3 Satz 1, Abs. 6 Satz 3 NDSG; 27 DSG NW; 29 Abs. 2 LDSG RP; 29 SDSG; 30 Abs. 1 SächsDSG; 40 Abs. 1 ThürDSG.

26 Vgl. etwa den 13. *BerHessL*, LT-Drs. 15/1539, 4, 9 ff.

27 Vgl. etwa *BfD*, 15., 437 f., 16., 410 und 18. TB, 182.

28 Vgl. die §§ 33 Abs. 1 BlnDSG; 21 Abs. 6 Satz 2; 23 Abs. 7 HmbDSG; 22 Abs. 6 NDSG; 22 Abs. 6 Satz 2 DSG NW; 39 Abs. 2 LDSG SH; sowie *LfD NW*, TB 2001, 1; *ULD SH*, TB 2001, 11.

29 Vgl. auch u. Rdnr. 40; sowie *Bergmann/Möhrle/Herb*, BDSG § 27 Rdnr. 12; *Gola/Schomerus*, BDSG § 27 Rdnr. 7.

30 Dazu auch § 12 Rdnr. 13; sowie *HDSB*, 16. TB, 40.

licher Wertpapiere auf dem Rentenmarkt verarbeitet, beteiligt sie sich am Kapitalmarkt und befindet sich insoweit im Wettbewerb mit den übrigen dort ebenfalls agierenden Unternehmen. Sie ist deshalb verpflichtet, sich nach den auch für diese geltenden Vorschriften der §§ 28 ff. zu richten, allerdings immer unter Berücksichtigung der in § 27 Abs. 1 Nr. 2 Satz 3 vorgesehenen Einschränkungen.

Die **öffentlich-rechtlichen Wettbewerbsunternehmen des Bundes** sehen sich genau genommen mit denselben Problemen konfrontiert, vor denen auch **kommunale Eigenbetriebe** stehen.[31] Im einen wie im anderen Fall sind die verantwortlichen Stellen gezwungen, sich zwischen verschiedenen Verarbeitungsgrundlagen hin und her zu orientieren und müssen deshalb, von den damit verbundenen Komplikationen einmal abgesehen, **administrative Mehrbelastungen** in Kauf nehmen, die sich nur schwer rechtfertigen lassen. Ebenso wenig sind freilich die **Nachteile für die Betroffenen** zu übersehen. Obgleich es durchweg um die Verarbeitung ihrer Daten durch ein und dieselbe Institution geht, richtet sich etwa die Erhebung ihrer Angaben oder die Wahrnehmung ihrer Rechte nach Vorschriften, die teilweise beträchtlich voneinander abweichen, ja entschieden ungünstiger sind.[32] 14

Öffentlich-rechtliche Wettbewerbsunternehmen sind zwar nach § 27 Abs. 1 Nr. 2 Buchst. a wie nicht-öffentliche Stellen zu behandeln, allerdings, mit Ausnahme der Bestellung eines Beauftragten,[33] nur soweit es um die Anwendung der §§ 28 ff. geht. Bei Verarbeitungsvorgängen, die nicht im Zweiten Abschnitt enthalten sind, müssen sie sich daher ausschließlich an die für öffentliche Stellen geltenden Vorschriften halten. Wie ambivalent das Ergebnis ist, zeigt sich an der **Meldepflicht** (§ 4d). Die in § 4e näher umschriebenen Angaben sind dem BfDI mitzuteilen (§ 4d Abs. 1). Auf den ersten Blick eine durchaus folgerichtige Regelung. Der BfDI nimmt die Kontrollaufgaben wahr,[34] ist also auf die über die Meldung vermittelten Informationen besonders angewiesen. Die Meldung ist aber genauso dazu bestimmt, die Transparenz der Verarbeitung den aktuell oder potenziell Betroffenen sowie Dritten gegenüber sicherzustellen. So gesehen hätte sehr viel dafür gesprochen, die Meldungen der öffentlich-rechtlichen Wettbewerbsunternehmen dort aufzunehmen, wo auch die Angaben über ihre Konkurrenten zu finden sind, in das von den Aufsichtsbehörden für den nicht-öffentlichen Bereich geführte Register (§ 38 Abs. 2). 15

§ 27 Abs. 1 Satz 1 Nr. 2 umfasst im Übrigen **keineswegs alle öffentlich-rechtlichen Wettbewerbsunternehmen**. So dürfen nach § 1 Abs. 3 i.V.m. § 35 Abs. 1 SGB I Krankenhäuser und Einrichtungen zur Eingliederung Behinderter, die von den Sozialleistungsträgern betrieben werden, wie etwa die Unfallkliniken der Berufsgenossenschaften oder die Rehabilitationsheime der Rentenversicherungsträger, personenbezogene Daten im Rahmen ihrer Sozialleistungsaufgaben nur unter den im SGB festgelegten Voraussetzungen (§§ 67 ff. SGB X) verwenden. Werden dagegen Daten von Privatpatienten verarbeitet, sind die §§ 28 ff. zu beachten. 16

2.2.2 Landesunternehmen

Die §§ 28 ff. sind, schließlich, auf **öffentlich-rechtliche Wettbewerbsunternehmen der Länder** anzuwenden (§ 27 Abs. 1 Satz 1 Nr. 2 Buchst. b). Im Unterschied freilich zu der entsprechenden Vorschrift für die Unternehmen des Bundes (§ 27 Abs. 1 Satz 1 Nr. 2 Buchst. a)[35] ist die Geltung der §§ 28 ff. an zwei kumulativ zu beachtende Voraussetzungen geknüpft. Die in Betracht kommenden Stellen sind, erstens, lediglich in den Fällen gehalten, sich nach den §§ 28 ff. zu richten, **in denen sie** personenbezogene Daten verwenden, um **Bundesrecht auszuführen**. Die §§ 28 ff. greifen, zweitens, nur ein, wenn es **an einer gesetzlichen Regelung des Datenschutzes im Landesbereich fehlt**. 17

---

31 Dazu *HDSB,* 7. TB, 69 ff.
32 Dazu auch *HDSB,* 7. TB, a.a.O.
33 Dazu o. Rdnr. 8.
34 Dazu o. Rdnr. 9.
35 Dazu o. Rdnr. 6 ff.

18 Beide Einschränkungen bekräftigen zwar die rechtlich gebotene Zurückhaltung des Bundesgesetzgebers gegenüber jedem Eingriff in die Tätigkeit der öffentlichen Stellen der Länder.[36] In beiden Fällen hat sich der Gesetzgeber aber für Anknüpfungspunkte entschieden, die entweder kaum zu überzeugen vermögen oder missverständlich formuliert sind. So fällt es schwer, sich vorzustellen, wie die Ausführung von Bundesrecht und der damit verbundene Vollzug bestimmter Aufgaben einem Wettbewerbsunternehmen übertragen werden kann.[37] Die bloße Regelung des Datenschutzes durch den Landesgesetzgeber reicht im Übrigen sicherlich nicht aus. Vielmehr sind Bestimmungen erforderlich, die genauso wie § 27 Abs. 1 Satz 1 Nr. 2 auf die öffentlich-rechtlichen Wettbewerbsunternehmen zugeschnitten sein müssen.

19 Anders als im Falle des Bundes (§ 27 Abs. 1 Satz 2)[38] verzichtet der Gesetzgeber bei Landesunternehmen auf besondere Angaben zur Verwendungskontrolle. Die **Überwachung** obliegt daher, wie auch sonst im nicht-öffentlichen Bereich, der jeweils zuständigen **Aufsichtsbehörde** (§ 38). Der Wunsch, die Kompetenzschranken des Bundesgesetzgebers zu beachten, mag dabei eine wichtige Rolle gespielt haben. Das Ergebnis leuchtet trotzdem nicht ein. Dafür, dass beispielsweise die Deutsche Genossenschaftsbank der Kontrolle des BfDI unterliegt, eine Volksbank dagegen von der nach § 38 zuständigen Aufsichtsbehörde überprüft werden müsste, gibt es keinen wirklich überzeugenden Grund. Wenn es schon bei öffentlich-rechtlichen Wettbewerbsunternehmen bei den generell für öffentliche Stellen geltenden Kontrollvorschriften bleiben soll, dann darf es nicht weiter ins Gewicht fallen, ob die verantwortliche Stelle eine Bundes- oder eine Landesstelle ist.

20 § 27 Abs. 1 Satz 1 Nr. 2 Buchst. b ist allerdings eine Bestimmung ohne **jede praktische Bedeutung**. Alle Bundesländer haben eigene Datenschutzgesetze, die sich ebenfalls besonders mit den öffentlich-rechtlichen Wettbewerbsunternehmen beschäftigen. Die LDSG sind zudem genauso wie das BDSG[39] bestrebt, Wettbewerbsverzerrungen zu verhindern und entscheiden sich deshalb genauso für eine Anwendung der für den **nicht-öffentlichen Bereich geltenden Vorschriften**.[40] Auch bei der **Kontrolle** stimmen BDSG und LDSG weitgehend überein. Die meisten LDSG[41] belassen sie nicht bei den in § 38 vorgesehenen Aufsichtsbehörden, sondern übertragen sie den Landesdatenschutzbeauftragten.[42] Und genauso wie das BDSG legen die LDSG Wert darauf, dass zumindest einige ihrer Bestimmungen über die **Organisation sowie die Sicherheit der Verarbeitung** beachtet werden.[43]

21 Trotzdem bestehen signifikante Verschiedenheiten. Auffällig sind allein schon die **unterschiedlichen** Anforderungen an die **Normadressaten**. So ist zwar fast durchweg von öffentlichen Stellen oder öffentlich-rechtlichen Unternehmen, die sich am Wettbewerb beteiligen die Rede,[44] nicht alle LDSG behandeln aber sämtliche in Betracht kommenden Stellen gleich. Sondervorschriften für **Kreditinstitute**[45] sind eine typische Ausnahme. Häufig wird

36 Vgl. § 1 Rdnr. 16.

37 Vgl. auch § 12 Rdnr. 17.

38 Dazu o. Rdnr. 9.

39 o. Rdnr. 7.

40 Vgl. Art. 3 Abs. 1 Satz 1 BayDSG; sowie die §§ 2 Abs. 4 LDSG BW; 2 Abs. 3 BlnDSG; 2 Abs. 2 Satz 2 BbgDSG; 1 Abs. 5 BrDSG; 2 Abs. 2 Satz 2 HmbDSG; 3 Abs. 6 Satz 2 HDSG; 2 Abs. 5 DSG M-V; 2 Abs. 4 NDSG; 2 Abs. 2 Satz 2 DSG NW; 2 Abs. 3 LDSG RP; 2 Abs. 2 Satz 2 SDSG; 2 Abs. 3 SächsDSG; 3 Abs. 2 DSG LSA; 3 Abs. 2 LDSG SH; 26 ThürDSG.

41 Vgl. freilich die §§ 2 Abs. 4 LDSG BW; 2 Abs. 3 BlnDSG; 2 Abs. 3 NDSG; 2 Abs. 3 SächsDSG; 3 Abs. 2 Satz 1 LDSG SH.

42 Vgl. Art. 3 Abs. 1 Satz 3 BayDSG; und die §§ 2 Abs. 2 Satz 1 BbgDSG; 1 Abs. 5 BrDSG; 2 Abs. 2 Satz 1 HmbDSG; 3 Abs. 7 Satz 1 HDSG; 2 Abs. 5 DSG M-V; 2 Abs. 3 und 4 NDSG; 2 Abs. 5 Satz 1 DSG NW; 2 Abs. 3 und 4 LDSG RP; 2 Abs. 2 Satz 1 SDSG; 3 Abs. 2 Nr. 3 Satz 1 DSG LSA; 26 Satz 1 ThürDSG; sowie *HDSB*, 16. TB, 39 ff.

43 Vgl. Art. 3 Abs. 1 Satz 3 BayDSG; sowie die §§ 2 Abs. 2 Satz 1 HmbDSG; 2 Abs. 5 DSG M-V; 2 Abs. 5 Satz 1 DSG NW; 2 Abs. 2 Satz 1 SDSG; 3 Abs. 2 Nr. 1 DSG LSA.

44 Vgl. etwa Art. 3 Abs. 1 BayDSG; sowie die §§ 2 Abs. 3 BlnDSG; 1 Abs. 5 BrDSG; 2 Abs. 2 HmbDSG; 3 Abs. 6 HDSG; 2 Abs. 3 LDSG RP; 2 Abs. 2 SDSG; 3 Abs. 2 Nr. 1 DSG LSA; 3 Abs. 2 LDSG SH; 26 Satz 1 ThürDSG.

45 Vgl. etwa Art. 3 Abs. 2 Satz 2 BayDSG sowie die §§ 2 Abs. 3 Satz 1 HmbDSG; 2 Abs. 4 NDSG; 2 Abs. 4; 2 Abs. 3 SächsDSG; 3 Abs. 2 Nr. 2 DSG LSA.

zudem verlangt, die in den jeweiligen LDSG enthaltenen Bestimmungen über den **Datenschutz bei Dienst- und Arbeitsverhältnissen** anzuwenden.[46]

2.3 Dienst- oder arbeitsrechtliche Rechtsverhältnisse

Das BDSG durchbricht bei den **dienst- oder arbeitsrechtlichen Verhältnissen** ein weiteres Mal die eigene Systematik (§ 12 Abs. 4).[47] Wiederum meint der Gesetzgeber einer **einheitlichen Verwendungsregelung** den Vorzug geben zu müssen und erneut werden die auf die öffentlichen Stellen des Bundes anwendbaren Bestimmungen zugunsten der für den nicht-öffentlichen Bereich geltenden Vorschriften verdrängt. Im Unterschied aber zu den öffentlich-rechtlichen Wettbewerbsunternehmen (§ 27 Abs. 1 Satz 1 Nr. 2) werden die dienst- oder arbeitsrechtlichen Verhältnisse nicht einfach in den Anwendungsbereich des Dritten Abschnitts einbezogen. § 12 Abs. 4 begnügt sich vielmehr damit, einzelne, ausdrücklich angeführte Vorschriften auszutauschen. 22

Bemerkenswert ist daran vor allem eines. Der Gesetzgeber verzichtet bei der Verwendung von Arbeitnehmerdaten ganz auf die ansonsten geltenden Geltungsgrenzen des BDSG. Wie die Daten verarbeitet werden, automatisiert oder manuell, und wo sie sich befinden, in einem Personalinformationssystem, in einer nicht-automatisierten Datei oder in sonstigen Unterlagen, spielt keine Rolle. Das BDSG geht freilich dabei keine eigenen Wege. Es hält sich vielmehr an die Grundsätze des Arbeitsrechts.[48] Dennoch wird deutlich, wie begrenzt die Wirkung genereller Einschränkungen ist. Erst recht wird aber auch klar, dass Vorschriften wie § 12 Abs. 4 den Mangel an der längst fälligen bereichsspezifischen Regelung des Arbeitnehmerdatenschutzes nicht kompensieren können.[49] 23

3. Anwendungsvoraussetzungen

3.1 Verwendung personenbezogener Daten mit Hilfe automatisierter Verfahren oder nicht-automatisierten Dateien (Abs. 1 Satz 1)

Die §§ 28 ff. sind grundsätzlich nur anzuwenden, wenn im nicht-öffentlichen Bereich personenbezogene Daten, sei es mit Hilfe **automatisierter Verfahren**, sei es **in oder aus nicht-automatisierten Dateien** verwendet werden (§ 27 Abs. 1 Satz 1). Das Gesetz wiederholt und bekräftigt damit[50] die bereits in § 1 Abs. 2 Nr. 3 formulierte Geltungsgrenzen der gesetzlichen Verarbeitungsvorgaben.[51] Sie sind im Vergleich zum BDSG 90[52] zwar deutlich gelockert. Aber auch der Einfluss der EG-Datenschutzrichtlinie von 1995 hat nicht zu einem völligen Verzicht auf die Anbindung der Gesetzesanwendung an die Verarbeitung in Dateien geführt.[53] Die Konsequenzen machen sich bei der unverändert beibehaltenen Ausnahme des § 27 Abs. 2 bemerkbar.[54] 24

Die Vorschriften der §§ 28 ff. sind bei **jeder Verwendung** personenbezogener Daten zu beachten (§ 27 Abs. 1 Satz 1). Das Gesetz zählt deshalb die einzelnen in § 3 näher definierten Varianten von der Erhebung über die Verarbeitung bis hin zur Nutzung auf (§ 3 Abs. 2 bis 5).[55] Der Gesetzgeber unterstreicht damit seine Absicht, einen möglichst lückenlosen Schutz anzustreben. Bei der Verwendung personenbezogener Daten gibt es infolgedessen, jedenfalls 25

---

46 Vgl. etwa die §§ 1 Abs. 5 BrDSG; 2 Abs. 2 Satz 1 HmbDSG; 3 Abs. 6 Satz 1 HDSG; 5 Abs. Abs. 5 DSG M-V; 2 Abs. 2 Satz 1 DSG NW; 2 Abs. 2 Satz 1 SDSG; 3 Abs. 2 Nr. 1 DSG LSA; 3 Abs. 2 Satz 1 LDSG SH.
47 Dazu § 12 Rdnr. 22 ff.
48 Dazu § 1 Rdnr. 75.
49 Dazu Einleitung Rdnr. 42, 123; § 1 Rdnr. 55, 112.
50 Vgl. auch § 38 Abs. 1; sowie § 38 Rdnr. 28 f.
51 Dazu § 1 Rdnr. 137 ff.
52 Dazu die 4. Auflage dieses Kommentars, § 1 Rdnr. 223 ff.; 27 Rdnr. 19.
53 Dazu § 1 Rdnr. 70 ff.
54 Dazu u. Rdnr. 27 ff.
55 Dazu § 3 Rdnr. 74 ff.

innerhalb der Anwendungsgrenzen der §§ 28 ff., keinen den gesetzlichen Anforderungen unzugänglichen Freiraum.

26 Die gesetzlichen Vorgaben sind nur so lange zu beachten wie sich personenbezogene Angaben bereits auf einem „**Datenträger**" befinden oder mit dem Ziel erhoben werden, sie darauf festzuhalten.[56] Wo daher, wie in § 67 Abs. 6 Nr. 3 SGB X, von einer Übermittlung „nicht gespeicherter Daten" die Rede ist, werden damit Informationen, die sich etwa einzelne Sachbearbeiter lediglich gemerkt haben, keineswegs in den Geltungsbereich des Datenschutzes einbezogen.[57] Eine Speicherung setzt stets die Aufnahme auf einen Datenträger voraus. Wie deshalb mit Angaben umgegangen werden muss, die dieser Bedingung nicht genügen, ist keine Frage des Datenschutzes,[58] sondern muss den generell auf die je spezifische Tätigkeit und Aufgabe anwendbaren Regeln entnommen werden.

3.2 Verwendung von Daten, die nicht in nicht-automatisierten Dateien enthalten sind (Abs. 2)

27 Die §§ 28 ff. sind **ausnahmsweise** auch bei der **Verwendung personenbezogener Daten** zu beachten, **die nicht in nicht-automatisierten Dateien enthalten sind** (§ 27 Abs. 2). Der Gesetzgeber greift damit eine bereits im BDSG 90 (§ 27 Abs. 2)[59] getroffene Regelung auf und versucht, sie den Anforderungen der EG-Datenschutzrichtlinie von 1995 anzupassen. Das BDSG 90 hatte die Verarbeitung personenbezogener Daten in Akten, jedenfalls im nicht-öffentlichen Bereich, aus dem Anwendungsbereich des Gesetzes grundsätzlich ausgeschlossen.[60] Akten wurden nur in dem Maße zur Kenntnis genommen, in dem sie den Inhalt von Dateien reproduzierten. Die EG-Datenschutzrichtlinie hat dagegen die Verknüpfung des Datenschutzes mit einer Verarbeitung personenbezogener Daten in Dateien nachhaltig eingeschränkt (Art. 2 Buchst. c).[61] Anders als früher zählen alle strukturierte Akten und Aktensammlungen zu den nicht-automatisierten Dateien.[62] Die Frage nach einer Anwendung der §§ 28 ff. stellt sich unter diesen Umständen in aller Regel gar nicht erst. Dennoch kann es durchaus Fälle geben, in denen selbst die für das BDSG (§ 3 Abs. 2 Satz 2) maßgeblichen Minimalforderungen der EG-Datenschutzrichtlinie an die Existenz einer Datei nicht vorliegen.[63] Insofern ist es in der Tat wichtig, klarzustellen, welche Rolle die §§ 28 ff. noch spielen. Der Gesetzgeber reagiert darauf in einer überaus umständlichen und nur schwer nachvollziehbaren Weise.

28 Bei der Verwendung personenbezogener Daten, die **einer automatisierten Verarbeitung entstammen**, gelten die Vorschriften der §§ 28 ff. auch dann, wenn sie **außerhalb nicht-automatisierter Dateien** verarbeitet oder genutzt werden sollen (§ 27 Abs. 2). Woher die Daten kommen, ob sie also einer völlig unstrukturierten Dokumentensammlung oder einer einzelnen Unterlage entnommen worden sind, ist gleichgültig. Die Tatsache, dass sie entweder im Rahmen einer automatisierten Verarbeitung entstanden oder Teil einer solchen Verarbeitung gewesen sind, reicht völlig aus, um sie nur noch in Übereinstimmung mit den Vorgaben der §§ 28 ff. verwenden zu dürfen. Das Gesetz **interessiert sich** also **nicht für den Datenträger, sondern nur für das für die Herkunft der Daten maßgebliche Verarbeitungsverfahren**. Wo die Verknüpfung mit einer automatisierten Verarbeitung nachgewiesen werden kann, ist das BDSG Ansatzpunkt und Richtlinie aller weiteren Überlegungen.

29 § 27 Abs. 2 verkürzt den Schutzabstand zwischen öffentlichem und nicht-öffentlichem Bereich. So schwer es deshalb fällt, die praktische Bedeutung des § 27 Abs. 2 richtig einzu-

---

56 Dazu § 3 Rdnr. 114 ff.

57 Das übersehen *Klässer,* RDV 1994, 118; *Busch,* ZfJ 1995, 106; *André,* RDV 1994, 235; vgl. aber auch *BfD,* 14. TB, 75; sowie BT-Drs. 12/5187, 11, 36.

58 Vgl. auch *Schaffland/Wiltfang,* BDSG § 3 Rdnr. 44.

59 Dazu die 4. Auflage dieses Kommentars, § 27 Rdnr. 22 ff.

60 Dazu Einleitung Rdnr. 69 ff.; sowie die 4. Auflage dieses Kommentars, § 3 Rdnr. 92 ff.

61 Dazu *Damman/Simitis,* EG-Datenschutzrichtlinie, Einleitung Rdnr. 47 f.

62 Dazu *Damman/Simitis,* EG-Datenschutzrichtlinie, Art. 2 Rdnr. 8 f.; *Brühann,* in GH II/*Wolf* A 30 Art. 2 Rdnr. 4 ff.; *Ehmann/Helfrich,* EG-Datenschutzrichtlinie, Art. 2 Rdnr. 31 ff.

63 Dazu § 3 Rdnr. 124 ff.

schätzen, so wenig geht es an, in dieser Vorschrift lediglich ein Umgehungskorrektiv zu sehen und sie daher möglichst restriktiv auszulegen.[64] Eine verfassungsrechtlich korrekte, an der informationellen Selbstbestimmung ausgerichtete Interpretation erfordert vielmehr, § 27 Abs. 2 konsequent zu nutzen, um das Schutzdefizit im nicht-öffentlichen Bereich möglichst zu verringern.

§ 27 Abs. 2 spricht nur von einer Anwendung der Vorschriften **„dieses** (des Dritten) 30
Abschnitts“, ohne Rücksicht im Übrigen darauf, um welche Bestimmung es sich im Einzelnen handelt. Die Anforderungen an die Speicherung oder Übermittlung personenbezogener Daten (§ 28) sind insofern genauso gemeint wie etwa die Verpflichtung der verantwortlichen Stelle, den Betroffenen zu benachrichtigen (§ 33). Genauso wenig wie in den Fällen des § 27 Abs. 1 wird jedoch damit die Geltung aller weiteren Vorschriften des BDSG ausgeschlossen. Im Gegenteil, Sinn und Tragweite der in den §§ 28 ff. festgelegten gesetzlichen Anforderungen lassen sich erst in Kenntnis und unter Berücksichtigung der im Ersten Abschnitt formulierten Definitionen und Grundsätze sowie der Sonderregelung des § 39 präzise und korrekt umschreiben. Neben den §§ 28 ff. sind deshalb auch die Vorschriften des **Ersten und**, jedenfalls teilweise, **des Vierten Abschnitts** zu beachten.[65]

Die Daten müssen zwar **aus einer automatisierten Verarbeitung**[66] **stammen, ihr aber kei-** 31
neswegs unmittelbar entnommen worden sein[67] Ebenso wenig kommt es darauf an, ob die automatisiert verarbeiteten Daten direkt verwendet werden. Eine **indirekte Wiedergabe** etwa mit Hilfe der bei einer Bearbeitung von Kreditanträgen verwendeten Selektionsmerkmale **genügt**. Erst recht darf schließlich die Anwendung des § 27 Abs. 2 **nicht auf die Fälle beschränkt werden**, in denen die Angaben einer **von der verantwortlichen Stelle vorgenommenen automatisierten Verarbeitung** entstammen.[68] Das BDSG legt zwar Wert auf eine bestimmte Provenienz der Daten, fragt aber weder danach, wer die Verarbeitung veranlasst hat, noch interessiert es sich dafür, wann genau die Angaben verarbeitet worden sind. Solange deshalb die Daten automatisiert verarbeitet wurden, spielt es weiter keine Rolle, welchen Weg die Verarbeitung genommen hat, auf wessen Initiative sie jeweils erfolgt ist, oder gar, ob derjenige, der die Angaben erhalten hat, nur automatisiert verarbeitet, oder auch nicht-automatisierte Dateien benutzt. Die §§ 28 ff. sind in jedem Fall zu beachten.

Die Daten müssen **offensichtlich** einer automatisierten Verarbeitung entnommen worden 32
sein (§ 27 Abs. 2). Gemeint ist wohl, dass die **Herkunft der Daten ohne weiteres erkennbar sein muss.**[69] Der Grund dafür ist der Wunsch des Gesetzgebers die Ausnahme zwar hinzunehmen, sie aber möglichst klar zu begrenzen, eine Überlegung, die bereits beim BDSG 90 eine wichtige Rolle spielte.[70] Anders ausgedrückt, die Bereitschaft, den Anwendungsbereich der §§ 28 ff. auszuweiten, erscheint nur solange akzeptabel wie die Daten einwandfrei einer automatisierten Verarbeitung zuzurechnen sind.

Die ohnehin nicht einfache Anwendung des § 27 Abs. 2 wird dadurch mit weiteren, völlig 33
unnötigen Komplikationen belastet. So werden ebenso mühevolle wie überflüssige Auseinandersetzungen darüber förmlich provoziert, wann etwa das Schriftbild der Daten den Schluss rechtfertigt, dass es sich um einen Computerausdruck und damit um das sichtbare Zeichen einer automatisierten Verarbeitung handelt.[71] Wenn ein wirklich wirksamer Schutz der Betroffenen gewährleistet werden soll, dann kann es **keinen Unterschied machen, ob ein Computerausdruck vorliegt oder nur handschriftliche Notizen, die das Ergebnis**

---

64 Vgl. auch *Walz*, CR 1991, 368); und demgegenüber *Bergmann/Möhrle/Herb*, BDSG § 27 Rdnr. 20; wohl auch *Schaffland/Wiltfang*, BDSG § 27 Rdnr. 51.

65 Vgl. dazu die §§ 39 Rdnr. 7 ff und 41 Rdnr. 7 ff.

66 Dazu § 3 Rdnr. 78 ff.

67 Anders *Bergmann/Möhrle/Herb*, BDSG § 27 Rdnr. 20; *Schaffland/Wiltfang*, BDSG §§ 27 Rdnr. 20; wohl auch *Gola/Schomerus*, BDSG § 27 Rdnr. 16.

68 Vgl. auch *Gola/Schomerus*, BDSG § 27 Rdnr. 15; *Walz*, CR 1991, 368.

69 Vgl. auch *Gola/Schomerus*, BDSG § 27 Rdnr. 16; *Bergmann/Möhrle/Herb*, BDSG § 27 Rdnr. 18; *Schaffland/Wiltfang*, BDSG § 27 Rdnr. 51.

70 Dazu die 4. Auflage dieses Kommentars, § 27 Rdnr. 26.

71 Vgl. auch *Bergmann/Möhrle/Herb*, BDSG § 27 Rdnr. 19.

der vom Bildschirm abgelesenen Verarbeitung wiedergeben. Der Akzent muss also auf einer Interpretation des § 27 Abs. 2 liegen, die es gezielt vermeidet, die Unklarheiten des Gesetzeswortlauts zu nutzen, um die wenigstens partielle Einbeziehung von Daten, die nicht in nicht-automatisierten Dateien enthalten sind, in den Anwendungsbereich des BDSG wieder rückgängig zu machen.

34 Besondere Überlegungen darüber, ob die Daten einer automatisierten Verarbeitung entstammen, sind überflüssig, wenn die verantwortliche Stelle die **Provenienz** der Angaben **kennt oder kennen muss**. Soweit es um Angaben aus **eigenen Verarbeitungsvorgängen** geht, sichern die nach § 4g Abs. 2 einzurichtende Übersicht sowie die spezifischen, sich etwa aus der Personalaktenführung ergebenden Pflichten die Kenntnis der Herkunft.[72] Bei **Dateien Dritter** dagegen wird die Provenienz der Angaben durch die **Hinweispflicht** nach den §§ 28 Abs. 5 Satz 3 und 29 Abs. 5 offen gelegt.[73] Die verantwortliche Stelle muss, um die Zweckbindung ebenso wie eine den gesetzlichen Vorschriften entsprechende Verwendung nicht zu gefährden, den Empfänger auch darüber unterrichten, ob die übermittelten Daten einer Datei entstammen.[74]

35 Die Hinweispflicht der übermittelnden Stelle befreit freilich nicht den **Empfänger** von der **Verpflichtung, sich**, sofern die Information unterbleiben oder unvollständig sein sollte, **seinerseits zu erkundigen**. Er darf nach § 4 Abs. 1 Daten nur unter den gesetzlich vorgeschriebenen Bedingungen verwenden und muss unzulässig gespeicherte Angaben löschen (§ 35 Abs. 2 Nr. 1). Beides zwingt ihn aber mit Rücksicht auf die in § 28 Abs. 4 festgelegten Verwendungsschranken dazu, nach der Herkunft der Daten zu fragen.

3.3 Beteiligung am Wettbewerb (Abs. 1 Nr. 2)

36 § 27 Abs. 1 Satz 1 Nr. 2 knüpft die Anwendung der §§ 28 ff. auf öffentliche Stellen lediglich an **zwei, rein formale Voraussetzungen**. Bei den öffentlichen Stellen muss es sich, erstens, um **öffentlich-rechtliche Unternehmen** handeln. Die Absicht, Konkurrenten an dieselben Regeln zu binden und damit den Wettbewerb vor Verfälschung zu bewahren wird also keineswegs konsequent verwirklicht.[75] § 27 Abs. 1 Nr. 2 greift vielmehr erst ein, wenn sich staatlichen Aktivitäten im Rahmen eines „Unternehmens" entfalten, also, dank der gezielten Zusammenfassung sachlicher und personeller Mittel ein **Mindestmaß an organisatorischer Selbstständigkeit** aufweisen.

37 Die **Rechtsform** spielt dagegen keine Rolle.[76] Das Unternehmen muss allerdings **öffentlich-rechtlich** organisiert sein. Solange diese Voraussetzung erfüllt ist, kommt es nicht weiter darauf an, ob es sich um eine Anstalt, eine Körperschaft, eine Stiftung oder überhaupt um eine juristische Person handelt. Mehr als die organisatorische Selbstständigkeit, die sich in der Regel in Gestalt eigener Vertretungsorgane manifestieren wird, ist deshalb nicht zu verlangen. Genauso gleichgültig ist der **Unternehmensgegenstand**. Entscheidend ist lediglich, ob es um Leistungen geht, die auch von privatrechtlich organisierten Unternehmen erbracht werden können.[77] Kreditinstitute sind insofern genauso betroffen wie Krankenhäuser, Bausparkassen oder Versicherungsunternehmen.[78] Ob mit dem Unternehmen die Absicht verbunden ist, Gewinn zu erzielen, ist schließlich ebenfalls bedeutungslos.[79]

38 Neben der organisatorischen Selbstständigkeit ist, zweitens, eine **Beteiligung am Wettbewerb** erforderlich. Die öffentlich-rechtlich organisierten Unternehmen müssen infolgedessen

---

72 Vgl. auch *Goldenbohm/Weise,* DuD 1991, 447 f.

73 Vgl. auch *Gola/Schomerus*, BDSG § 27 Rdnr. 15; sowie *Goldenbohm/Weise,* DuD 1991, 448; und demgegenüber *Schaffland/Wiltfang*, BDSG § 27 Rdnr. 51.

74 Dazu die §§ 28 Rdnr. 59 f., 281 ff. und 29 Rdnr. 263.

75 o. Rdnr. 7 ff.

76 Vgl. auch *Schaffland/Wiltfang*, BDSG § 27 Rdnr. 12.

77 Vgl. auch *Bergmann/Möhrle/Herb*, BDSG § 27 Rdnr. 10; *Gola/Schomerus*, BDSG § 27 Rdnr. 7; *Schaffland/Wiltfang*, BDSG § 27 Rdnr. 12.

78 Vgl. freilich auch Rdnr. 21.

79 Vgl. auch *Gola/Schomerus*, BDSG § 27 Rdnr. 7; *Schaffland/Wiltfang*, BDSG § 27 Rdnr. 12; anders *Roßnagel/Hoeren*, Handbuch, 4.6 Rdnr. 12.

am Markt teilnehmen und mit dem Angebot anderer Unternehmen konkurrieren. So betätigt sich beispielsweise die Deutsche Genossenschaftsbank, soweit sie Bankgeschäfte betreibt, am Kreditmarkt und darf infolgedessen die dabei verwendeten Daten nur unter den für nicht-öffentliche Stellen geltenden Voraussetzungen verarbeiten. Demgegenüber ist die Deutsche Bundesbank zwar ebenfalls eine bundesunmittelbare juristische Person des öffentlichen Rechts (§ 2 BBankG), aber kein Kreditinstitut (§ 2 Abs. 1 Nr. 1 KWG). Mit den sie besonders kennzeichnenden Aktivitäten im Rahmen der Geld- und Währungspolitik nimmt sie zudem ausschließlich dem Staat vorbehaltene Aufgaben wahr. Eine Anwendung der §§ 28 ff. scheidet daher von vornherein aus. Wann also eine Beteiligung am Wettbewerb vorliegt, lässt sich nur in Kenntnis der **je spezifischen strukturellen Merkmale** der einzelnen öffentlich-rechtlichen Unternehmen und der Ziele ihrer jeweiligen Tätigkeit feststellen.

Kreditinstitute, **Bausparkassen**, **Versicherungs- und Versorgungsunternehmen** dürften 39
in aller Regel den Anforderungen des § 27 Abs. 1 Satz 1 Nr. 2 genügen. Zu den öffentlich-rechtlich organisierten Wettbewerbsunternehmen zählen auch die **staatlichen Krankenhäuser**,[80] solange jedenfalls die Verarbeitung der Patientendaten nicht Gegenstand einer besonderen etwa in einem Krankenhausgesetz enthaltenen Regelung ist.[81] Vorschriften, wie etwa die Bestimmungen zur Festlegung der Pflegesätze (§§ 5, 6 Abs. 1, 7, 15 BPflV), die sich für die Möglichkeit eines Kostenabzugs aussprechen, wenn nicht eine hohe Bettenauslastung erreicht wird, bestätigen die Konkurrenzsituation und unterstreichen damit die Verpflichtung, die §§ 28 ff. anzuwenden. Dabei bleibt es selbst dann, wenn etwa in einem Krankenhaus Forschung und Lehre eine besonders wichtige Rolle spielen.[82] Soweit wissenschaftliche Aspekte für die Verwendung personenbezogener Daten von Bedeutung sind, müssen sie im Rahmen der besonderen dafür in Betracht kommenden Vorschriften berücksichtigt werden (§§ 28 Abs. 3 Nr. 4, 40).[83]

Welchen **Anteil die wettbewerbsrelevante Tätigkeit** an der gesamten Aktivität des jeweili- 40
gen Unternehmens hat, ist unwichtig.[84] Das BDSG behält die Sonderregelung des § 27 Abs. 1 Nr. 2 keineswegs öffentlich-rechtlich organisierten Unternehmen vor, die ihre Leistungen, sei es ausschließlich, sei es lediglich vorwiegend in Konkurrenz mit anderen Unternehmen erbringen,[85] und fragt deshalb auch nicht danach, ob sie sich ständig, vorübergehend oder nur gelegentlich am Wettbewerb beteiligen.[86] Die bloße Teilnahme reicht vielmehr aus. Weder ihr Umfang noch ihr Stellenwert für das betroffene Unternehmen fallen insofern ins Gewicht. Die Anwendung der §§ 28 ff. bleibt aber stets auf den Teil der Verarbeitung beschränkt, der mit der Wettbewerbsbeteiligung zusammenhängt.[87]

Ebenso gleichgültig ist die **Intensität des Wettbewerbs**. § 27 Abs. 1 Satz 1 Nr. 2 verlangt 41
lediglich eine Teilnahme am Wettbewerb, sieht also keinerlei inhaltliche Anforderungen an die Konkurrenzbedingungen vor. Tendenziell oder vollendet **monopolistische Situationen** stellen deshalb nicht die Anwendung der §§ 28 ff. infrage.[88] Genauso wenig wirken sich gesetzliche Bestimmungen, die einen **Kontrahierungszwang** begründen, auf die Verpflichtung aus, die §§ 28 ff. zu beachten. Den betroffenen Unternehmen steht es durchaus frei, ihr Angebot etwa mit Hilfe gezielter Serviceleistungen individuell zu gestalten. Ein Wettbewerb ist insofern nach wie vor möglich, auch wenn sich dessen Schwerpunkte verlagern.

80 Vgl. auch *BayDSB,* 5. TB, LT-Drs. 10/1664, 15; *HDSB,* 16. TB, 41; *SaarlDSB,* 1. TB, LT-Drs. 7/2072, 45; *Gola/Schomerus,* BDSG § 12 Rdnr. 2; *Schaffland/Wiltfang*, BDSG § 27 Rdnr. 14.
81 Vgl. *BayDSB,* a.a.O.; *BlnDSB,* JB 1984, 7 f.
82 Vgl. freilich *BlnDSB,* JB 1983, 16.
83 Dazu die §§ 28 Rdnr. 258 ff.; 40 Rdnr. 43 ff.
84 Vgl. auch *Gola/Schomerus,* BDSG § 27 Rdnr. 7; *Bergmann/Möhrle/Herb*, BDSG § 27 Rdnr. 12.
85 Vgl. o. Rdnr. 12 f.
86 Anders *Bergmann/Möhrle/Herb*, BDSG § 27 Rdnr. 12; *Tinnefeld/Ehmann/Gerling*, Einführung, 267; *Roßnagel/Hoeren*, Handbuch, 4.6 Rdnr. 13.
87 Dazu o. Rdnr. 12 f.
88 Vgl. auch *Gola/Schomerus,* BDSG § 12 Rdnr. 2; *Tinnefeld/Ehmann/Gerling,* Einführung, 266; *Roßnagel/Hoeren*, Handbuch, 4.6 Rdnr. 11.

42 Etwas anderes gilt lediglich dann, wenn der Gesetzgeber einzelnen öffentlich-rechtlich organisierten Unternehmen ein, freilich seltenes, **rechtlich abgesichertes Monopol** einräumt und damit den Wettbewerb gezielt aufhebt.[89] Der Marktzugang ist in solchen Fällen gesperrt. Eine Konkurrenz kann es unter diesen Umständen gar nicht geben. Die Leistung ist den durch die gesetzliche Regelung dazu legitimierten Unternehmen vorbehalten. Die Anwendung der §§ 28 ff. scheidet deshalb von vornherein aus. Es bleibt bei den für den öffentlichen Bereich maßgeblichen Vorschriften (§§ 13 ff.).

3.4 Verwendung für persönliche oder familiäre Tätigkeiten (Abs. 1 Satz 2)

43 § 27 Abs. 1 präzisiert nicht nur den Anwendungsbereich der §§ 28 ff. (Satz 1),[90] sondern begrenzt ihn auch (Satz 2). Die **gesetzlichen Vorgaben** brauchen bei einer Verwendung personenbezogener Daten für **persönliche oder familiäre Tätigkeiten nicht beachtet zu werden** (Satz 2).[91] Der Gesetzgeber verkehrt damit den noch im BDSG 90 gewählten Anknüpfungspunkt[92] ins genaue Gegenteil. Der Geltungsbereich der §§ 28 ff. wird **nicht mehr** unter Hinweis auf die Notwendigkeit einer „geschäftsmäßigen" Verarbeitung oder Nutzung „für berufliche oder gewerbliche Zwecke" **positiv definiert**. Das Gesetz gibt sich stattdessen wie schon in § 1 Abs. 2 Nr. 3 mit einer **negativen Abgrenzung** zufrieden. § 27 Abs. 1 Satz 2 klammert lediglich bestimmte Verarbeitungsvorgänge aus. Familiäre und persönliche Aktivitäten markieren die Grenze, jenseits derer das BDSG keinen Regelungsanspruch mehr erhebt.

44 Das Gesetz folgt dem Vorbild der EG-Datenschutzrichtlinie (§ 3 Abs. 2). Ob die Anwendung der §§ 28 ff. damit einfacher geworden ist, muss allerdings bezweifelt werden. Interpretationsschwierigkeiten gibt es jedenfalls nach wie vor. Wo die persönlichen und familiären Tätigkeiten beginnen und wo sie enden, lässt sich keineswegs leichter bestimmen als bei den beruflichen oder gewerblichen Aktivitäten.

45 Die Neuformulierung ist mehr als nur eine schlichte Anpassung an die EG-Datenschutzrichtlinie. Die Datenschutzgesetze sind vor dem Hintergrund der Entwicklung einer Technologie entstanden, die der öffentlichen Verwaltung und den privaten Unternehmen gleichermaßen helfen sollte, ihre je spezifischen Informationsprobleme besser bewältigen zu können.[93] Die Automatisierung der Datenverarbeitung wurde deshalb lange Zeit als ein ganz auf die Erwartungen von Behörden und Unternehmen zugeschnittener Vorgang wahrgenommen und daher auch mehr oder weniger ausschließlich aus der Perspektive der für diesen Interessentenkreis typischen Aufgaben betrachtet.

46 Mit jedem Schritt von den Mega-Rechnern der Siebziger- zu den Personal Computern der Achtziger-, den Palm-Books der Neunzigerjahre des vergangenen Jahrhunderts und den seither konstant weiterentwickelten Varianten des Mobiltelefons verwandelten sich freilich die Computer mehr und mehr in ein, wie selbstverständlich, auch für **private Zwecke genutztes Instrument**. Eine **undifferenzierte Einbeziehung aller Verarbeitungen droht** unter diesen Umständen **die Wirksamkeit des Datenschutzes und erst recht dessen Glaubwürdigkeit infrage zu stellen**. Der Gesetzgeber kann daher nicht umhin, den Anwendungsbereich der Verwendungsvorgaben zu überprüfen und neu zu definieren. Der Übergang von der **positiven Umschreibung** im BDSG 90 zur **negativen Abgrenzung** im BDSG 01 signalisiert genau diesen Wandel.

47 Eine **Anwendung der §§ 28 ff. scheidet nur aus**, wenn personenbezogene Daten **ausschließlich für persönliche oder familiäre Tätigkeiten verwendet werden** (§ 27 Abs. 1 Satz 2). Der Gesetzgeber nimmt also die Verarbeitung für persönliche oder familiäre Tätigkeiten keineswegs generell aus dem Geltungsbereich des BDSG aus. Ob es vielmehr dazu kommen

---

89 Vgl. auch *Bergmann/Möhrle/Herb,* BDSG § 27 Rdnr. 10; *Gola/Schomerus,* BDSG § 27 Rdnr. 7; *Schaffland/Wiltfang*, BDSG § 27 Rdnr. 13; *Tinnefeld/Ehmann/Gerling,* Einführung, 266; *Roßnagel/Hoeren*, Handbuch, 4.6 Rdnr. 10.
90 o. Rdnr. 5 ff.
91 Dazu auch § 1 Rdnr. 147 ff.; sowie § 2 Rdnr. 120 f.
92 Dazu die 4. Auflage dieses Kommentars, § 27 Rdnr. 28 ff.
93 Dazu Einleitung Rdnr. 6 ff.

darf, hängt von einer weiteren und entscheidenden Voraussetzung ab. Die Sonderregelung des § 27 Abs. 1 Satz 2 greift erst ein, wenn feststeht, dass die jeweils in Betracht kommenden Daten **in keinem anderen Zusammenhang** verarbeitet oder genutzt werden sollen. Das Gesetz orientiert sich mit anderen Worten nur **sekundär** an den Daten. Sie bleiben so lange unbeachtet wie ihr Verarbeitungsradius nicht klar ist. Eine bereits bestehende oder nicht eindeutig auszuschließende zusätzliche Verwendung unterbindet jeden Versuch, sich auf das Verarbeitungsprivileg des § 27 Abs. 1 Satz 2 zu berufen.

Das Gesetz nimmt zwar eine Sonderbehandlung hin, lässt aber **keine Freiräume** zu. Grauzonen zwischen den von der Verpflichtung, sich an die gesetzlichen Vorgaben zu halten, entbundenen „persönlichen" oder „privaten" und allen sonstigen, strikt nach dem BDSG zu beurteilenden Verwendungen gibt es nicht. Soweit deshalb **Zweifel** auftauchen sollten, ob es tatsächlich um persönliche oder private Aktivitäten geht, sind sie **zugunsten einer Anwendung des BDSG auszuräumen**. Anders ausgedrückt: die Forderung nach einer „ausschließlichen" Verwendung sichert auch und gerade die Anwendung des BDSG. Abstrakte Aussagen über den Verlauf der Anwendungsgrenzen des § 27 Abs. 1 vermitteln deshalb lediglich Orientierungspunkte. Maßgeblich können letztlich immer nur die je spezifischen Verarbeitungsumstände sein. 48

Das Gesetz vermeidet es, wie schon in § 1 Abs. 2 Nr. 3,[94] sich festzulegen, um **welche Tätigkeiten** es sich im Einzelnen handelt. Sie können so verschieden sein wie die Interessen und Lebensweisen der Personen, um die es jeweils geht. Nur in Kenntnis ihrer beruflichen Position, der von ihnen wahrgenommenen Aufgaben und ihrer sonstigen Aktivitäten lässt sich deshalb feststellen, ob im Einzelfall persönliche oder private Aspekte die Verwendung der Daten und ihren gesamten Verlauf wirklich bestimmen. Selbst wenn es daher nahe liegt, den Umgang mit Informationen über die eigenen Familienangehörigen oder die Verarbeitung von Notizen über persönliche Gespräche als typische Anwendungsbeispiele des § 27 Abs.1 Satz 2 anzusehen, kommt es auch in diesen Fällen ganz auf die **konkrete Verarbeitungssituation und deren Eigenheiten** an. 49

Das BDSG sieht genauso davon ab, anzugeben, **welche Daten** im Rahmen der persönlichen oder familiären Tätigkeiten verwendet werden dürfen. Ebensowenig spielen im Übrigen der **Umfang der Verarbeitung** oder die **Anzahl der verwendeten Daten** eine Rolle. Sowohl die Angaben als auch die Modalitäten und die Intensität ihrer Verarbeitung können deshalb beliebig variieren. Wer es daher bei persönlichen oder familiären Aktivitäten belässt, ist frei, auf die **aus seiner Sicht dafür erforderlichen personenbezogenen Daten** zurückzugreifen und sie **in der von ihm bevorzugten Form** zu verarbeiten. Auswahl- und Verarbeitungsbedingungen ändern sich erst in dem Augenblick, in dem sich der Kontext verändert, die Angaben also **nicht mehr ausschließlich für familiäre oder persönliche Zwecke** verwendet werden und damit die Möglichkeit entfällt, sich auf § 27 Abs. 1 Satz 2 zu berufen.[95] 50

Die Sonderregelung des § 27 Abs. 1 Satz 2 gilt **nur für natürliche Personen**. Anders freilich als die EG-Datenschutzrichtlinie (Art. 3 Abs. 2)[96] weist das BDSG nicht ausdrücklich darauf hin. Dennoch muss es dabei bleiben. Ebenso wie die EG-Datenschutzrichtlinie erhebt auch das BDSG mit Rücksicht auf die Entwicklung der Verarbeitungstechnologie nicht den Anspruch, jede Verwendung personenbezogener Daten zu regeln.[97] Beide, EG-Datenschutzrichtlinie und BDSG, nehmen freilich lediglich Verwendungen aus, die ihrer ganzen Struktur nach auf Aktivitäten natürlicher Personen zugeschnitten sind. Nur in ihrem Fall lässt sich von persönlichen und erst recht von familiären Tätigkeiten sprechen. Juristische Personen, offene Handels- und Kommanditgesellschaften, nichtrechtsfähige Vereine oder Gesellschaften des bürgerlichen Rechts verarbeiten dagegen personenbezogene Daten durchweg für Zwecke, die sich offenkundig davon unterscheiden, ganz gleich im Übrigen, ob sie gewerblich, berufs- 51

---

94 Dazu § 1 Rdnr. 136 ff.
95 Vgl. auch *Bergmann/Möhrle/Herb*, BDSG § 1 Rdnr. 21; einschränkend wohl *Gola/Schomerus*, BDSG § 27 Rdnr. 11.
96 Dazu *Damman/Simitis,* EG-Datenschutzrichtlinie, Art. 2 Rdnr. 7.
97 o. Rdnr. 43 ff.

politisch oder karitativ sind. Voraussetzungen und Grenzen der Verwendung personenbezogener Daten richten sich deshalb in ihrem Fall ausschließlich nach den §§ 28 ff.[98]

52 **Auch bei natürlichen Personen** ist allerdings die Sonderregelung des § 27 Abs. 1 Satz 2 nur **ausnahmsweise** anzuwenden. Das BDSG bezieht natürliche und juristische Personen genauso wie nichtrechtsfähige Vereine oder Personengesellschaften gleichermaßen in seinen Geltungsbereich ein (§ 3 Abs. 7). Rechtsanwälte und Psychotherapeuten sind nicht anders als Ärzte, Steuerberater, Einzelkaufleute oder OHG-Gesellschafter an die Vorgaben des BDSG gebunden, müssen sich mithin bei der Verwendung personenbezogener Daten ebenfalls an die §§ 28 ff. halten.[99] Gerade deshalb sind das BDSG und die jeweils in Betracht kommenden bereichsspezifischen Regelungen bei natürlichen Personen genauso wie sonst der grundsätzlich allein relevante Anknüpfungspunkt.

53 Die **Sonderregelung des § 27 Abs. 1 Satz 2** kann daher nur unter zwei eindeutig **restriktiven Voraussetzungen** zum Zuge kommen. Persönliche und familiäre Tätigkeiten sind möglichst eng auszulegen. Die beabsichtigte Verarbeitung muss sich zudem klar gegenüber jeder Verwendung für andere, vor allem also berufliche oder gewerbliche Zwecke abheben.

---

98 Vgl. auch *Gola/Schomerus*, BDSG § 27 Rdnr. 12.

99 Dazu insb. BGH, NJW 1986, 2505 f.; sowie zu den damit verbundenen Problemen *v. Lewinski*, DuD 2000, 40 f., 43.

§ 28 Datenerhebung, -verarbeitung und -nutzung für eigene Zwecke

(1) Das Erheben, Speichern, Verändern oder Übermitteln personenbezogener Daten oder ihre Nutzung als Mittel für die Erfüllung eigener Geschäftszwecke ist zulässig

1. **wenn es der Zweckbestimmung eines Vertragsverhältnisses oder vertragsähnlichen Vertrauensverhältnisses mit dem Betroffenen dient,**
2. **soweit es zur Wahrung berechtigter Interessen der verantwortlichen Stelle erforderlich ist und kein Grund zu der Annahme besteht, dass das schutzwürdige Interesse des Betroffenen an dem Ausschluss der Verarbeitung oder Nutzung überwiegt oder**
3. **wenn die Daten allgemein zugänglich sind oder die verantwortliche Stelle sie veröffentlichen dürfte, es sei denn, dass das schutzwürdige Interesse des Betroffenen an dem Ausschluss der Verarbeitung oder Nutzung gegenüber dem berechtigten Interesse der verantwortlichen Stelle offensichtlich überwiegt.**

Bei der Erhebung personenbezogener Daten sind die Zwecke, für die die Daten verarbeitet oder genutzt werden sollen, konkret festzulegen.

(2) Für einen anderen Zweck dürfen sie nur unter den Voraussetzungen des Absatzes 1 Satz 1 Nr. 2 und 3 übermittelt oder genutzt werden.

(3) Die Übermittlung oder Nutzung für einen anderen Zweck ist auch zulässig:

1. **soweit es zur Wahrung berechtigter Interessen eines Dritten oder**
2. **zur Abwehr von Gefahren für die staatliche und öffentliche Sicherheit sowie zur Verfolgung von Straftaten erforderlich ist, oder**
3. **für Zwecke der Werbung, der Markt- und Meinungsforschung, wenn es sich um listenmäßig oder sonst zusammengefasste Daten über Angehörige einer Personengruppe handelt, die sich auf**
   a) **eine Angabe über die Zugehörigkeit des Betroffenen zu dieser Personengruppe,**
   b) **Berufs-, Branchen- oder Geschäftsbeziehung,**
   c) **Namen,**
   d) **Titel,**
   e) **akademische Grade,**
   f) **Anschrift und**
   g) **Geburtsjahr**

   beschränken und kein Grund zu der Annahme besteht, dass der Betroffene ein schutzwürdiges Interesse an dem Ausschluss der Übermittlung oder Nutzung hat, oder
4. **wenn es im Interesse einer Forschungseinrichtung zur Durchführung wissenschaftlicher Forschung erforderlich ist, das wissenschaftliche Interesse an der Durchführung des Forschungsvorhabens das Interesse des Betroffenen an dem Ausschluss der Zweckänderung erheblich überwiegt und der Zweck der Forschung auf andere Weise nicht oder nur mit unverhältnismäßigem Aufwand erreicht werden kann.**

   In den Fällen des Satzes 1 Nr. 3 ist anzunehmen, dass dieses Interesse besteht, wenn im Rahmen der Zweckbestimmung eines Vertragsverhältnisses oder vertragsähnlichen Vertrauensverhältnisses gespeicherte Daten übermittelt werden sollen, die sich
   1. **auf strafbare Handlungen,**
   2. **auf Ordnungswidrigkeiten sowie**
   3. **bei Übermittlung durch den Arbeitgeber auf arbeitsrechtliche Rechtsverhältnisse**

   beziehen.

(4) Widerspricht der Betroffene bei der verantwortlichen Stelle der Nutzung oder Übermittlung seiner Daten für Zwecke der Werbung oder der Markt- oder Meinungsforschung, ist eine Nutzung oder Übermittlung für diese Zwecke unzulässig. Der Betroffene ist bei der Ansprache zum Zweck der Werbung oder der Markt- oder Meinungsforschung über die verantwortliche Stelle sowie über das Widerspruchsrecht nach Satz 1 zu unterrichten; soweit der Ansprechende personenbezogene Daten des

Betroffenen nutzt, die bei einer ihm nicht bekannten Stelle gespeichert sind, hat er auch sicherzustellen, dass der Betroffene Kenntnis über die Herkunft der Daten erhalten kann. Widerspricht der Betroffene bei dem Dritten, dem die Daten nach Absatz 3 übermittelt werden, der Verarbeitung oder Nutzung für Zwecke der Werbung oder der Markt- oder Meinungsforschung, hat dieser die Daten für diese Zwecke zu sperren.

(5) Der Dritte, dem die Daten übermittelt worden sind, darf diese nur für den Zweck verarbeiten oder nutzen, zu dessen Erfüllung sie ihm übermittelt werden. Eine Verarbeitung oder Nutzung für andere Zwecke ist nicht öffentlichen Stellen nur unter den Voraussetzungen der Absätze 2 und 3 und öffentlichen Stellen nur unter den Voraussetzungen des § 14 Abs. 2 erlaubt. Die übermittelnde Stelle hat ihn darauf hinzuweisen.

(6) Das Erheben, Verarbeiten und Nutzen von besonderen Arten personenbezogener Daten (§ 3 Abs. 9) für eigene Geschäftszwecke ist zulässig, soweit nicht der Betroffene nach Maßgabe des § 4a Abs. 3 eingewilligt hat, wenn

1. **dies zum Schutz lebenswichtiger Interessen des Betroffenen oder eines Dritten erforderlich ist, sofern der Betroffene aus physischen oder rechtlichen Gründen außerstande ist, seine Einwilligung zu geben,**
2. **es sich um Daten handelt, die der Betroffene offenkundig öffentlich gemacht hat,**
3. **dies zur Geltendmachung, Ausübung oder Verteidigung rechtlicher Ansprüche erforderlich ist und kein Grund zu der Annahme besteht, dass das schutzwürdige Interesse des Betroffenen an dem Ausschluss der Erhebung, Verarbeitung oder Nutzung überwiegt, oder**
4. **dies zur Durchführung wissenschaftlicher Forschung erforderlich ist, das wissenschaftliche Interesse an der Durchführung des Forschungsvorhabens das Interesse des Betroffenen an dem Ausschluss der Erhebung, Verarbeitung und Nutzung erheblich überwiegt und der Zweck der Forschung auf andere Weise nicht oder nur mit unverhältnismäßigem Aufwand erreicht werden kann.**

(7) Das Erheben von besonderen Arten personenbezogener Daten (§ 3 Abs. 9) ist ferner zulässig, wenn dies zum Zweck der Gesundheitsvorsorge, der medizinischen Diagnostik, der Gesundheitsversorgung oder Behandlung oder für die Verwaltung von Gesundheitsdiensten erforderlich ist und die Verarbeitung dieser Daten durch ärztliches Personal oder durch sonstige Personen erfolgt, die einer entsprechenden Geheimhaltungspflicht unterliegen. Die Verarbeitung und Nutzung von Daten zu den in Satz 1 genannten Zwecken richtet sich nach den für die in Satz 1 genannten Personen geltenden Geheimhaltungspflichten. Werden zu einem in Satz 1 genannten Zweck Daten über die Gesundheit von Personen durch Angehörige eines anderen als in § 203 Abs. 1 und 3 des Strafgesetzbuches genannten Berufes, dessen Ausübung die Feststellung, Heilung oder Linderung von Krankheiten oder die Herstellung oder den Vertrieb von Hilfsmitteln mit sich bringt, erhoben, verarbeitet oder genutzt, ist dies nur unter den Voraussetzungen zulässig, unter denen ein Arzt selbst hierzu befugt wäre.

(8) Für einen anderen Zweck dürfen die besonderen Arten personenbezogener Daten (§ 3 Abs. 9) nur unter den Voraussetzungen des Absatzes 6 Nr. 1 bis 4 oder des Absatzes 7 Satz 1 übermittelt oder genutzt werden. Eine Übermittlung oder Nutzung ist auch zulässig, wenn dies zur Abwehr von erheblichen Gefahren für die staatliche und öffentliche Sicherheit sowie zur Verfolgung von Straftaten von erheblicher Bedeutung erforderlich ist.

(9) Organisationen, die politisch, philosophisch, religiös oder gewerkschaftlich ausgerichtet sind und keinen Erwerbszweck verfolgen, dürfen besondere Arten personenbezogener Daten (§ 3 Abs. 9) erheben, verarbeiten oder nutzen, soweit dies für die Tätigkeit der Organisation erforderlich ist. Dies gilt nur für personenbezogene Daten ihrer Mitglieder oder von Personen, die im Zusammenhang mit deren Tätigkeitszweck regelmäßig Kontakte mit ihr unterhalten. Die Übermittlung dieser personenbezogenen Daten an Personen oder Stellen außerhalb der Organisation ist nur unter den Voraussetzungen des § 4a Abs. 3 zulässig. Absatz 3 Nr. 2 gilt entsprechend.

Literatur

A. Albrecht, Biometrische Verfahren im Spannungsfeld von Authentizität im elektronischen Rechtsverkehr und Persönlichkeitsschutz (2003); *B. Baeriswyl*, Data Mining and Data Warehousing: Kundendaten als Ware oder geschütztes Gut, RdV 2000, 6 ff.; *D. Barton*, E-Mail-Kontrolle durch Arbeitgeber, CR 1993, 839 ff.; *U. Battis/I. Bleckmann*, Datenverarbeitung durch den Personalrat, CR 1989, 532 ff.; *W. Berg*, Staatsanwaltschaft – Kriminalpolizei – Sachversicherer (1993); *G.M. Beckhusen*, Der Datenumgang innerhalb des Kreditinformationssystems der SCHUFA (2004); *W. Berg*, Telemedizin und Datenschutz, MedR 2004, 411 ff.; *S. Bier*, Internet und Email am Arbeitsplatz, DuD 2004, 277 ff.; *B.-Chr. Bijok/ Th. Class*, Arbeitsrechtliche und datenschutzrechtliche Aspekte des Internet-Einsatzes (insb. E-Mail), RDV 2001, 52 ff.; *J. Bizer*, Forschungsfreiheit und informationelle Selbstbestimmung (1992); *ders.*, Datenschutz im Data Warehouse, in *H. Mucksch/W. Behme* (Hrsg.), Das Data Warehouse-Konzept (3. Aufl. 1998) 95 ff.; *D. Boewer*, Die Bedeutung des § 94 BetrVG für die DV-gestützte Personaldatenverarbeitung, RDV 1988, 13 ff.; *H. Bongard*, Warndateien in der privaten Wirtschaft, RDV 1987, 209 ff.; *A. Breinlinger*, Datenschutzrechtliche Probleme bei Kunden- und Verbraucherbefragungen zu Marketingzwecken, RDV 1997, 247 ff.; *F. Büser*, Rechtliche Probleme im Rahmen der Datenübermittlung beim Franchising, BB 1997, 213 ff.; *W. Däubler*, Erhebung von Arbeitnehmerdaten, CR 1994, 101 ff.; *ders.*, Das neue Bundesdatenschutzgesetz und seine Auswirkungen im Arbeitsrecht, NZA 2001, 874 ff.; *ders.*, Internet und Arbeitsrecht (2. Aufl. 2002); *ders.*, Gläserne Belegschaften? Die Verwendung von Gendaten im Arbeitsverhältnis, RDV 2003, 7 ff.; *R. Damm*, Gesetzgebungsprojekt Gentestgesetz – Regelungsprinzipien und Regelungsmaterien, MedR 2004, 1 ff.; *U. Dammann/H.J. Stange*, Reform des Datenschutzes im Kreditinformationssystem, ZIP 1986, 488 ff.; *U. Dieckmann/H. Eul/B. Klevenz*, Verhindert der Datenschutz Fusionen? – Fusionen aus der Sicht des betrieblichen Datenschutzbeauftragten, RDV 2000, 149 ff.; *C. Dierks/G. Nitz//U. Grau*, Gesundheitstelematik und Recht (2003); *C. Dierks/A. Wienke/ W. Eberbach/H.D. Lippert*, Genetische Untersuchungen und Persönlichkeitsrecht (2003); *M. Diller/ M. Deutsch*, Arbeitnehmer-Datenschutz contra Due Diligence, K&R 1998, 16 ff.; *E. Duhr/H. Naujok/B. Danker/E. Seiffert*, Neues Datenschutzrecht für die Wirtschaft, 5 ff.; *D. Ehlers*, Datenschutzrechtliche Probleme öffentlich-rechtlicher Kreditinstitute, IuR 1988, 229 ff., 284 ff.; *H. Ehmann*, Datenverarbeitung und Persönlichkeitsschutz im Arbeitsverhältnis, NZA Beilage 1/1985 zu Heft 13/1985, 2 ff.; *ders.*, Über Datenverarbeitung zur Generalklausel betrieblicher Mitbestimmung, ZfA 17 (1986) 357 ff.; *ders.*, Informationsschutz und Informationsverkehr im Zivilrecht, AcP 188 (1988) 230 ff.; *ders.*, Datenschutz und Mitbestimmung bei der Arbeitnehmer-Datenverarbeitung, NZA 1993, 241 ff.; *A. Fisahn*, Bankgeheimnis und informationelle Selbstbestimmung, CR 1995, 632 ff.; *ders.*, Genetischer Code – rechtliche Schutzperspektiven, RDV 2002, 15 ff.; *M. Franzen*. Die Zulässigkeit der Erhebung und Speicherung von Gesundheitsdaten der Arbeitnehmer nach dem novellierten BDSG, RDV 2003, 1 ff.; *D. Frosch-Wilke*, Data Warehouse, OLAP und Data Mining, DuD 2003, 597 ff.; *Kl. Ganßauge*, Datenverarbeitung und -nutzung von Kreditwürdigkeitsdaten durch fremdnützige Verarbeiter (1995); *H.J. Geiger*, BGH-Urteil zur SCHUFA-Klausel – Analyse und Konsequenzen, CR 1985, 72 ff.; *Kl. Geiger*, Kommerzielle Nutzung amtlich veröffentlichter Registereintragungen, CR 1992, 228 ff.; *I. Geis*, Individualrechte in der sich verändernden europäischen Datenschutzlandschaft, CR 1995, 171 ff.; *P. Gola*, Datenschutz und Multimedia am Arbeitsplatz (2005); *ders.*, Die Informationsrechte der Betriebs- und Personalräte und der Datenschutz, RiA, 1987, 169 ff.; *ders.*, Informationelle Selbstbestimmung in Form des Widerspruchrechts, DuD 2001, 278 ff.; *ders.*, Die Erhebung und Verarbeitung „besonderer Arten personenbezogener Daten" im Arbeitsverhältnis, RDV 2001, 125 ff.; *ders.*, Betriebsrat und Datenschutz, ZBVR 2003, 206 ff.; *P. Gola/G. Wronka*, Arbeitnehmerdatenverarbeitung beim Betriebs-/Personalrat und der Datenschutz, NZA 1991, 790 ff.; *dies.*, Werbung, Wettbewerb und Datenschutz, RDV 1994, 157 ff.; *dies.*, Das Widerspruchsrecht gegenüber der Verarbeitung personenbezogener Daten zu Zwecken der Werbung, RDV 1996, 217 ff.; *W. Goldenbohm/K.Th. Weise*, Erweiterter Datenschutz, DuD 1991, 447 ff.; *M. Hilber*, Die datenschutzrechtliche Zulässigkeit intranet-basierter Datenbanken internationaler Konzerne, RDV 2005, 143 ff.; *Th. Hoeren*, Risikoprüfung in der Versicherungswirtschaft – Datenschutz und wettbewerbsrechtliche Fragen beim Aufbau zentraler Hinweissysteme, VersR 2005, 1014 ff.; *G. Hornung*, Die digitale Identität (2005); *G. Hornung/R. Steidle*, Biometrie am Arbeitsplatz – sichere Kontrollverfahren versus ausuferndes Kontrollpotential, AuR 2005, 201 ff.; *D. Hummel/S. Hilbrans*, Rechtsfragen der Übermittlung im Konzernverbund, AuR 2005, 207 ff.; *G. Kaiser*, Kriminologische Forschung und Datenschutz, in *J.M. Jehle*, Datenzugang und Datenschutz in der kriminologischen Forschung (1987) 78 ff.; *J. Kersten*, Personalvertretung und Computer, PersV 2001, 307 ff.; *K Kessler*, Personalaktenrecht (1997); *W. Kilian/G. Scheja*, Freier Datenfluss im Allfinanzkonzern?, BB 2002, Beilage 3, 19 ff.; *Th. Klebe*, Mitbestimmung bei technischer Überwachung, NZA 1985, 44 ff.; *M. Körner-Dammann*, Weitergabe von Patientendaten an ärztliche Verrechnungsstellen, NJW 1992, 729 ff.; *dies.*, Datenschutzprobleme beim Praxisverkauf, NJW 1992, 1543 ff.; *H. Kollhosser*, Handelsregister und private Datenbanken, NJW 1988, 2409 ff.; *M. Kort*, Datenverarbeitung und Informationsrechte des Betriebsrats, CR 1988, 220 ff.; *ders.*, Betriebsverfassung und EDV, CR 1992, 611 ff.; *ders.*, Die Auswirkungen des Bundesdatenschutzgesetzes auf die Mitbestimmung im Arbeitsrecht, RdA 1992, 378 ff.; *O. Küpferle*, Arbeitnehmerdatenschutz im Spannungsfeld von BDSG und BetrVG (1986); *O. Küpferle/*

H. Wohlgemuth, Personaldatenverarbeitende Systeme: Rechtsprobleme und Argumentationsmöglichkeiten aus der Sicht der Beschäftigten (1987); *Th. Lambrich/ N. Cahlik*, Austausch von Arbeitnehmerdaten im multinationalen Konzern – Datenschutz- und verfassungsrechtliche Rahmenbedingungen, RDV 2002, 287 ff.; *P. Lerche,* Rechtsgutachten zur Frage der Zulässigkeit der Weitergabe von Privatadressen der Arbeitnehmer durch den Arbeitgeber an die „informedia verlags-gmbh", Köln (1981); *J. Leue,* Einsichtsrechte in öffentliche Register, in *M. Vollkommer* (Hrsg.), Datenverarbeitung und Persönlichkeitsschutz (1986), 83 ff.; *O. Mallmann/A. Schroeter,* Aktuelle Rechtsfragen zum Datenschutz im Bankenverkehr (1988); *R. Marsch-Barner/Th. Mackenthun,* Das Schicksal gespeicherter Daten bei Verschmelzung und Spaltung von Unternehmen, ZHR 165 (2001) 426 ff.; *O. Mattke,* Adressenhandel (1995); *A. Meier,* Der rechtliche Schutz patientenbezogener Gesundheitsdaten (2003); *A. Mengel,* Kontrolle der E-mail- und Internetkommunikation am Arbeitsplatz, BB 2004, 2014 ff.; *P.G. Mohr,* Probleme des Datenschutzes in der Versicherungswirtschaft, ZgesVersW 1978, 43 ff.; *H.J. Musielak,* Die Bankauskunft nach dem Recht der Bundesrepublik Deutschland, in *W. Hadding/U.Schneider,* Bankgeheimnis und Bankauskunft in der Bundesrepublik Deutschland und in ausländischen Rechtsordnungen (1986) 9 ff.; *Niedermeier/Schröcker,* Die „Homogene Datenschutzzelle": ein Company to company-agreement als Lösungsansatz für die Übermittlung personenbezogener Daten im Finanzkonzern RDV, 2001, 90 ff.; *Th. Chr. Paefgen,* Europäische Kundendatenbanken, CR 1993, 478 ff.; *A. Raffler/ P. Hellich,* Unter welchen Voraussetzungen ist die Überwachung von Arbeitnehmer-e-mails zulässig?, NZA 1997, 862 ff.; *H. Redeker,* Umgang mit personenbezogenen Daten durch Rechtsanwälte, FPR 06.1998, 294 ff.; *R. Roßmann,* Grundlagen der EDV-Mitbestimmung, DuD 2002, 286 ff.; *A. Roßnagel,* Mitbestimmung bei betrieblichen ISDN-Telefonanlagen, CR 1993, 507 ff.; *G. Rüpke,* Freie Advokatur, anwaltliche Informationsverarbeitung und Datenschutzrecht (1995); *ders.,* Informationsrecht des Wirtschaftsprüfers und Datenschutzrecht, Wirtschaftsprüfer Kammer Mitteilungen 1996, 65 ff., 300 ff.; *E. Ruppmann,* Der konzerninterne Austausch personenbezogener Daten (2000); *P. Schaar,* Datenschutz und Internet (2002); *P. Schaar/ U. Schläger,* Sicherheitsprotokollierung und Arbeitnehmerdatenschutz, CR 1993, 435 ff.; *H.-J. Schaffland,* Datenschutz und Bankgeheimnis bei Fusion – (K)ein Thema?, NJW 2002, 1539 ff.; *Cl. Schapper/P. Dauer,* Die Neugestaltung des SCHUFA-Verfahrens, CR 1986, 319 ff.; *dies.,* Die Entwicklung der Datenschutzaufsicht im nicht-öffentlichen Bereich, RDV 1987, 169 ff., 219 ff.; *B. Schierbaum,* Datenschutz bei Internet- und E-mail-Nutzung: Handlungsmöglichkeiten von Personalräten, PersR 2000, 499 ff.; *P. Schmitz,* TDDSG und das Recht auf informationelle Selbstbestimmung (2000); *M. Schuster,* Weitergabe von Arbeitnehmeranschriften – Verstoß gegen den Datenschutz?, RDV 1989 157 ff.; *H.-P. Schwintowski*, Rechtliche Grenzen der Datenweitergabeklausel in Versicherungsverträgen, VuR 2004 242 ff.; *S. Simitis,* Datenschutz und Wissenschaftsfreiheit, in *M. Kaase u. a.,* Datenzugang und Datenschutz (1980) 83 ff.; *ders.,* Zur Verwertung von Arbeitnehmerdaten für publizistische Zwecke: Einfluß und Grenzen des Datenschutzes, in Festschrift für *M. Löffler* (1980), 319 ff.; *ders.,* Datenschutz und wissenschaftliche Forschung, in Deutsch-Polnisches Kolloquium über Wirtschaftsrecht und das Recht des Persönlichkeitsschutzes (1985) 87 ff.; *ders.,* Datenschutz und kriminologische Forschung, in *J.M. Jehle,* Datenzugang und Datenschutz in der kriminologischen Forschung (1987) 47 ff.; *ders.,* Zur Mitbestimmung bei der Verarbeitung von Arbeitnehmerdaten – eine Zwischenbilanz, RDV 1989, 49 ff.; *ders.,* Arbeitnehmerdatenschutzgesetz – Realistische Erwartung oder Lippenbekenntnis?, AuR 2001, 429 ff.; *ders.,* Umwandlungen: ein blinder Fleck im Datenschutz, ZHR 165 (2001) 453 ff.; *ders.,* Arbeitnehmerdatenschutz, Sonderbeilage zu RdA 2003, H. 5, 43 ff.; *J. Simon,* SCHUFA-Verfahren und neue SCHUFA-Klausel, CR 1988, 637 ff.; *ders.,* Genetische Untersuchungen bei Arbeitnehmern: Orientierungspunkte für eine mögliche Regulierung, in Festschrift für *J. Heilmann* (2001) 325 ff.; *B. Sokol,* Zur Verharmlosung des technisch Machbaren – der „Genetische Fingerabdruck", in *ULD,* Innovativer Datenschutz (2004)163 ff.; *R. Steidle,* Multimedia-Assistenten im Betrieb (2005); *M. Stoffels,* Grenzen der Informationsweitergabe durch den Vorstand einer Aktiengesellschaft im Rahmen einer „Due Diligence", ZHR 165 (2001) 362 ff.; *J. Taeger,* Personaldatenschutz in der Dienststelle, PersR 2000, 435 ff.; *A. Teichmann/E. Kiessling,* Datenschutz bei Umwandlungen, ZGR 2001, 33 ff.; *W. Teske,* Der Zugang zu den Datenbanken der Wirtschaft, in *M. Vollkommer* (Hrsg.), Datenverarbeitung und Persönlichkeitsschutz (1986) 105 ff.; *ders.,* Die Datenverarbeitung durch die Datenbanken der Wirtschaft am Beispiel der SCHUFA, ebda., 131 ff.; *Th. Thees,* Das Arbeitnehmer-Persönlichkeitsrecht als Leitidee des Arbeitsrechts (1995); *M.Th. Tinnefeld,* Persönlichkeitsrecht und Modalitäten der Datenerhebung im Bundesdatenschutzgesetz, NJW 1993, 1117 ff.; *dies.,* Die Novellierung des BDSG im Zeichen des Gemeinschaftsrechts, NJW 2001, 3078 ff.; *dies.,* Aktuelle Fragen des Arbeitnehmerdatenschutzes, DuD 2002, 231 ff.; *D. Ungnade/F.J. Gorynia,* Die BDSG Novelle 1990 – Auswirkungen auf die Kreditwirtschaft, WM 1991, 121 ff.; *Kl. Vogelgesang,* Der Personalrat als Datenschützer und Datenverarbeiter, CR 1992, 163 ff.; *ders.,* Mitbestimmung bei Datenerhebung und EDV-Einführung in Behörden, CR 1992, 405 ff.; *M. Wächter*, Datenschutz im Unternehmen (3. Aufl. 2003); *Th. Weichert,* Datenschutz bei Vereinen – Veröffentlichung von Mitgliederlisten, DuD 1994, 200 ff.; *ders.,* Datenschutzrechtliche Probleme beim Adressenhandel, WRP 1996, 522 ff.; *ders.,* Lebensversicherungen für Homosexuelle, VersR 1997, 1465 ff.; *ders.,* Der Schutz genetischer Informationen, DuD 2002, 133 ff.; *G. Wengert/A. Widmann/K. Wengert,* Bankenfusionen und Datenschutz, NJW 2000, 1289 ff.; *H. Wesselhöft,* Datenschutz im Versicherungswesen (1996); *M. Wilke*, Data-Mining – eine neue Dimension der Verarbeitung von Arbeitnehmerdaten, absolute und kontinuierliche Analyse von personenbezogenen Daten im Handel, RDV 2002, 225 ff; *I. Wind,* Neues Datenschutzrecht und Direktwerbung, WRP 1991, 771 ff.; *H.H. Wohlgemuth,* Ausgewählte Probleme des Arbeitnehmerdatenschutzes, AuR 1985, 239 ff.; *ders.*, Datenschutz bei der Weitergabe von Arbeitnehmerdaten innerhalb von Konzernen, AuR 1987, 264 ff.; *ders.*, Fragerecht und Erhebungsrecht – zu den Grenzen des Informationsbeschaffungsrechts des Arbeitgebers, AuR 1992, 46 ff.; *ders.*, Neuere Entwicklungen im Arbeitnehmerdatenschutz – unter besonderer Berücksichtigung des novellierten BDSG, BB 1992, 281 ff.; *ders.*, Der Zugriff des Betriebsrats auf Personaldaten, CR 1993, 218 ff.; *ders.*, Grundlagen des individualrechtlichen Arbeitnehmer-Datenschutzes, in Festschrift für *P. Hanau* (1999) 329 ff.; *W. Zöllner,* Daten und Informationsschutz im Arbeitsverhältnis (2. Aufl. 1983); *ders.*, Die Nutzung DV-gestützter Personalinformationssysteme im Schnittpunkt von Datenschutzrecht und Betriebsverfassung, DB 1984, 241 ff.; *ders.*, Datenschutzrechtliche Aspekte der Bankauskunft, ZHR 149 (1985) 179 ff.; *ders.*, Umwandlung und Datenschutz, ZHR 165 (2001) 440 ff.

Übersicht

1. Vorbemerkung

§ 28 ist die **zentrale Gesetzesvorschrift für die Verwendung personenbezogener Daten im nicht-öffentlichen Bereich**. Das BDSG spricht zwar in § 28 nur nicht-öffentliche Stellen an, die Daten für „eigene Zwecke" verarbeiten, und geht erst in § 29 auf die „geschäftsmäßige" Verwendung ein. § 29 orientiert sich aber weitgehend an § 28. So ist es auch nicht weiter verwunderlich, dass sich die Widerstände gegen das BDSG in fast keiner anderen Vorschrift so leicht nachzeichnen lassen. Die Weigerung, in das BDSG 90 eine **klare Zweckbindung** aufzunehmen,[1] ist mit das beste Beispiel dafür. Fast ebenso bezeichnend ist die hartnäckige Weigerung, die **Erhebung** einzubeziehen, eine Einstellung, die schließlich im BDSG 90 (§ 28 Abs. 1) zu einer Abtrennung der Erhebung von allen anderen Verarbeitungsvorgängen führte, verbunden mit einem nur schwer nachvollziehbaren Hinweis auf die ansonsten nirgendwo erwähnte Verpflichtung, „rechtmäßig" und nach „Treu und Glauben" vorzugehen (§ 28 Abs. 1 Satz 2 BDSG 90).[2] Aber auch die bereits im BDSG 90 enthaltene Sonderregelung für **listenmäßige Übermittlungen** (§ 28 Abs. 2 Buchst. b) und das dort ebenfalls ausgenommene Recht der Betroffenen, einer Weitergabe ihrer Daten für Zwecke der Werbung oder der Markt- und Meinungsforschung zu **widersprechen** (§ 28 Abs. 3), 1

1 Vgl. die 4. Auflage dieses Kommentars, § 28 Rdnr. 3.
2 Vgl. die 4. Auflage dieses Kommentars, § 28 Rdnr. 3, 54 ff.

dokumentieren die nachhaltigen Bemühungen, den Datenschutz in weiten Teilen des nicht-öffentlichen Bereichs möglichst einzuschränken.[3]

2 Die **EG-Datenschutzrichtlinie** hat konsequenterweise auch und gerade dazu geführt, dass § 28 gleich mehrfach korrigiert wurde. Die Widerstände gegen eine klar am Datenschutz ausgerichtete Regelung haben freilich einmal mehr Kompromisse generiert, die sich auf die Tragweite des § 28 ebenso auswirken wie auf seine Verständlichkeit. Bezeichnend dafür ist schon die späte und gerade wegen der EG-Datenschutzrichtlinie (Art. 6 Abs. 1 Buchst. b) nicht zu umgehende Einbeziehung der **Zweckbindung**. Statt sie an den Anfang der Verarbeitungsbedingungen zu stellen, wird sie erst am Ende von § 28 Abs. 1 im Zusammenhang mit der Erhebung erwähnt. Interpretationsschwierigkeiten im Verhältnis zu der in § 28 Abs. 1 Satz 1 Nr. 1 angeführten Zweckbestimmung eines Vertrags- oder vertragsähnlichen Vertrauensverhältnisses lassen sich kaum vermeiden. Der Gesetzgeber spricht zudem, anders als früher (§ 28 Abs. 1 Satz 2 BDSG 90), die **Erhebung** gleich zu Beginn des § 28 Abs. 1 an, rechnet sie aber nach wie vor nicht zur Verarbeitung (§ 3 Abs. 3 und 4).

3 Die EG-Datenschutzrichtlinie hat den Gesetzgeber offensichtlich nicht davon abgehalten, die bisherigen Vorschriften zur **listenmäßigen Übermittlung** (§ 28 Abs. 3 Satz 1 Nr. 2) und zum Widerspruchsrecht der Betroffenen bei einer Weitergabe für Zwecke der Markt- oder Meinungsforschung einschließlich der mit der EG-Datenschutzrichtlinie unvereinbaren widerlegbaren Vermutung nahezu unverändert zu übernehmen. Auf die EG-Datenschutzrichtlinie (Art. 8) sind schließlich die Abs. 6 bis 9 des § 28 zurückzuführen.[4] Der Gesetzgeber hat freilich, nicht zuletzt wegen der bis zum BDSG 01 dezidiert skeptischen Einstellung gegenüber allen Versuchen, **„sensitive Daten“** abstrakt, also ohne Rücksicht auf den Verarbeitungszusammenhang, zu definieren,[5] eher zurückhaltend reagiert.

2. Kollisionen

4 **Bedeutung und Reichweite des § 28** sind nur auf dem Hintergrund des § 4 Abs. 1 zu verstehen.[6] Anders und konkreter ausgedrückt: Ob und unter welchen Bedingungen nicht-öffentliche Stellen, die personenbezogene Daten grundsätzlich nur für eigene Geschäftszwecke verwenden, bestimmte Angaben erheben, speichern, übermitteln oder überhaupt nutzen dürfen, wenn nicht sogar müssen, ergibt sich keineswegs ausschließlich aus § 28, sondern kann ebenso gut aus einer „**anderen Rechtsvorschrift**“ oder aus dem **Einverständnis der Betroffenen** folgen.

5 **Andere Rechtsvorschriften** sind in erster Linie **genuin bereichsspezifische Bestimmungen**, also gesetzliche Regelungen, deren Ziel es ist, die generellen Anforderungen des BDSG für einen jeweils näher definierten Verwendungszusammenhang zu präzisieren und weiterzuentwickeln.[7] Mit das beste Beispiel dafür sind die Sonderregeln des **Telekommunikationsrechts**.[8] Ihr Ziel, den eigenen Anwendungsbereich auch eigenen Verarbeitungsvorschriften zu unterstellen, wird im TKG (§§ 91 ff.) ebenso ausdrücklich angesprochen wie im TDDSG (§3 ff.). Sie sollen dort eingreifen, wo Verarbeitungsrisiken entstehen, die, wie etwa die Erstellung von Nutzungsprofilen (§§ 4 Abs. 4 Nr. 6, 6 Abs. 3 TDDSG) für den Telekommunikationsbereich typisch sind und sie durch gezielt auf den Verarbeitungsablauf zugeschnittene Anforderungen auffangen. Konsequenterweise orientieren sie sich zwar an den Regelungskonzepten des BDSG, ohne sie aber einfach zu übernehmen. Vielmehr zeichnet sich fast jeder dieser Vorschriftenkomplexe gerade durch den Versuch aus, Unschärfen und Ambivalenzen zu beseitigen, die das BDSG belasten.

---

3 Vgl. die 4. Auflage dieses Kommentars, § 28 Rdnr. 4.
4 Dazu u. Rdnr. 208 ff.
5 Dazu § 3 Rdnr. 257 ff.
6 Dazu § 4 Rdnr. 1 ff.
7 Dazu auch Einleitung, Rdnr. 42, 122 ff.
8 Dazu insb. *Trute*, in *Trute/Spoerr/Bosch*, TKG § 89 Rdnr. 18 ff.; *Engel-Flechsig,* DuD 1997, 8 ff., RDV 1997, 59 ff.; *Bizer,* Datenschutz, 103 ff.

So enthält nicht nur das TKG (§§ 88 Abs. 3) eine sich ohnehin mit Rücksicht auf das Fernmeldegeheimnis anbietende strikte **Zweckbindung**. Sie findet sich vielmehr im TDDSG (§ 3 Abs. 2) genauso wieder. Das TDDSG spricht ferner, wenigstens partiell, die vom BDSG ignorierten strukturellen Schwächen der Einwilligung[9] offen an und sieht, wie das TKG (§ 95 Abs. 5), ein **Koppelungsverbot** vor (§ 3 Abs. 4). Die Einwilligung darf nicht an das Einverständnis der Abnehmer mit einer zwecküberschreitenden Verwendung ihrer Daten geknüpft werden.[10] Ganz in diesem Sinne schließt das TDDSG auch einen Verzicht auf einen späteren Widerruf der Einwilligung aus (§ 4 Abs. 3). Der Einfluss der Betroffenen auf die Verwendung ihrer Daten wird schließlich vor allem durch eine ausdrücklich statuierte Informationspflicht der verantwortlichen Stelle (§ 4 Abs. 1 TDDSG) ebenso verbessert wie durch die Ersetzung des bloßen Widerspruchsrechts bei einer Verwendung der im Rahmen von Geschäftsbeziehungen gespeicherten Daten für Zwecke der Werbung oder der Markt- und Meinungsforschung (§ 28 Abs. 4)[11] durch die Verpflichtung, die Einwilligung der Betroffenen einzuholen (§ 5 Satz 1). 6

Die **bereichsspezifischen Bestimmungen** zum Telekommunikationsbereich verdeutlichen freilich auch, welche Gefahren die im Übrigen unvermeidliche Abkehr von einer sich in wenigen allgemeinen Bestimmungen erschöpfenden Regelung mit sich bringt. Gerade an den Datenschutzvorschriften zur Telekommunikation zeigt sich, dass die Wirksamkeit und Überzeugungskraft bereichsspezifischer Regeln nicht zuletzt durch eine allzu große **Zersplitterung** gefährdet werden können.[12] Schon die Abgrenzung zwischen den einzelnen Regelungen erweist sich als zunehmend schwierig. Abgesehen davon rechtfertigt die Notwendigkeit bereichsspezifischer Regeln noch keineswegs eine Erweiterung des Datenschutzes über die bislang generell akzeptierten Grenzen seines Anwendungsbereiches hinaus. 7

Die Datenschutzgesetze enthalten durchweg und ausschließlich Vorschriften, die den **Schutz natürlicher Personen** vor den Konsequenzen einer Verarbeitung ihrer Daten gewährleisten und so zugleich das Recht der Betroffenen garantieren sollen, den Umgang mit den ihre Person betreffenden Angaben selbst zu bestimmen (§ 3 Abs. 1).[13] Der Gesetzgeber hat, mit anderen Worten, bewusst davon abgesehen, **juristische Personen** einzubeziehen und damit eine Position eingenommen, die von der EG-Datenschutzrichtlinie ebenfalls bekräftigt wird (Art. 2 Buchst. a).[14] Genau daran hat sich das TGK nicht gehalten, jedenfalls soweit Daten betroffen sind, die dem Fernmeldegeheimnis unterliegen (§ 91 Abs. 1 Satz 2).[15] Selbst wenn es gute Gründe, wie etwa eine Gleichbehandlung aller Betroffenen im Interesse eines wirklich wirksamen Schutzes des Fernmeldegeheimnisses (Art. 10 i.V.m. Art. 19 GG), geben sollte, die bisher natürlichen Personen vorbehaltenen Regeln auf juristische Personen anzuwenden, geht es nicht an, eine so weitreichende Entscheidung in einer bereichsspezifischen Regelung zu treffen. 8

Ein zweites, besonders wichtiges Beispiel für bereichsspezifische Vorschriften sind die Regeln für **Beschäftigungsverhältnisse**. Die Forderung nach einem **Arbeitnehmerdatenschutzgesetz** wurde schon Anfang der Achtzigerjahre erhoben[16] und in der Zwischenzeit von Bundestag und Bundesrat sowie der Bundesregierung[17] genauso wie vom BAG[18] und den Datenschutzbeauftragten[19] immer wieder bekräftigt. Mehr als eine **Reform des Personal-** 9

9 Dazu § 4a Rdnr. 2 ff.
10 Dazu *Trute*, in *Trute/Spoerr/Bosch*, TKG § 89 Rdnr. 67 f.; *Schaar*, MMR 2001, 641; *Rasmussen*, DuD 2002, 393.
11 Dazu u. Rdnr. 272 ff.
12 Dazu Einleitung, Rdnr. 123; sowie *Simitis,* DuD 2000, 715 ff.; *Roßnagel/Pfitzmann/Garstka*, Modernisierung des Datenschutzrechts (2001) 22 ff.
13 Dazu insb. § 3 Rdnr. 17 ff.
14 Dazu *Dammann/Simitis,* EG-Datenschutzrichtlinie Art. 2 Rdnr. 1.
15 Dazu *Trute*, in *Trute/Spoerr/Bosch*, TKG § 89 Rdnr. 14.
16 Vgl. *Simitis,* Schutz von Arbeitnehmerdaten, insb. 1 ff., 19 ff.
17 Vgl. etwa BT-Drs. 13/1636, 3; 13/4909, 20; BR-Drs. 736/1/96, 14/1527, 8; 461/00, 74, Begründung zu Art. 1 (Änderung des Bundesdatenschutzgesetzes) A 2.4.
18 BAG, AP Nr. 1 zu § 36 BDSG 1990.
19 Vgl. *BfD,* 17., 131 und 18. TB, 127; *LfD NW,* Datenschutzbericht 2001, 126; *ULD SH*, TB 2001, 109 f.

aktenrechts im öffentlichen Dienst[20] ist aber bislang nicht zustande gekommen.[21] Immerhin liegt damit wenigstens für einen Teil der Beschäftigten eine Regelung vor (§§ 90 ff. BBG, 56 ff. BRRG), die nicht nur traditionelle Ansatzpunkte, wie das Einsichtsrecht (§§ 90c BBG, 56c BRRG) oder einen weit gefassten, materiell verstandenen Personalaktenbegriff (§§ 90 Abs. 1 BBG; 56 Abs. 1 BRRG) aufgreift und verfeinert, sondern auch den im Volkszählungsurteil[22] formulierten Anforderungen des BVerfG zum Umgang mit personenbezogenen Daten ebenso zu entsprechen sucht wie den Grundsätzen des BDSG. Die eindeutig restriktiven Erhebungsvorschriften (§§ Abs. 4 BBG, 56 Abs. 4 BRRG) und die Übermittlungsbeschränkungen (§§ 90d BBG, 56d BRRG) sind ebenso bezeichnend dafür wie etwa die Zweckbindung bei der Verarbeitung von Personalaktendaten in Dateien (§§ 90g Abs. 1 BBG, 56f Abs. 1 BRRG).

10 Für die **Mehrzahl der Beschäftigten** sind freilich nach wie vor die von der **Rechtsprechung entwickelten Regeln** maßgeblich. Die gezielte Einschränkung des Fragerechts des Arbeitgebers[23] und die ebenfalls kontinuierlich verstärkten Schranken bei der Übermittlung von Arbeitnehmerdaten[24] zählen genauso dazu wie die Ausweitung der Mitbestimmungsrechte der Arbeitnehmervertretung bei einer Überwachung der Beschäftigten (§§ 87 Abs. 1 Nr. 6 BetrVG, 75 Abs. 3 Nr. 17 BPersVG).[25] Hinzu kommen die im Betriebsverfassungs- und Personalvertretungsrecht verankerten Rechte der Arbeitnehmervertretungen, die Anwendung der zugunsten der Beschäftigten geltenden Vorschriften, also auch der Datenschutzbestimmungen, zu kontrollieren[26] oder bei der Einführung von Fragebögen mitzubestimmen (§§ 94 BetrVG, 76 Abs. 2 Nr. 2 BPersVG).[27]

11 Soweit gesetzliche Vorschriften vorhanden sind, die sich entweder unmittelbar auf eine Verwendung von Arbeitnehmerdaten beziehen oder sie einfach voraussetzen, streben sie in der Regel nicht eine Restriktion der Verarbeitung an. Ihr eigentliches Ziel ist vielmehr **ein gesetzlich abgesicherter Zugriff** auf eine wachsende Anzahl von Angaben, die für die unterschiedlichsten Zwecke verwendet werden. Arbeits- (§§ 13 Abs. 1 ASiG; 41 JArbSchG; 5, 19 MuSchG) und Kündigungsschutz (§ 17 KSchG), Arbeitsförderung (§§ 133 Abs. 1, 144 AFG), Kranken-, Renten- und Unfallversicherung (§§ 318a Abs. 1, 1427, 1543c , 1581 RVO; 149 AngestelltenVersG) sind sicherlich besonders typisch für einen solchen Zugriff. Die Reihe der Beispiele lässt sich freilich unschwer ergänzen. Durchweg geht es dabei um Bestimmungen, die, anders als § 28, eine **Verarbeitung** nicht, wenn auch unter bestimmten Bedingungen, freistellen, sie also i.S.d. § 4 Abs. 1 „erlauben", sondern **„anordnen"**.[28]

12 Ganz gleich jedoch, ob man eindeutig restriktive Verarbeitungsregelungen oder Vorschriften nimmt, die einen Zugang festschreiben, alles scheint, zumindest bei Arbeitnehmerdaten, dafür zu sprechen, § 28 als eine Bestimmung von eher sekundärer Bedeutung anzusehen.[29] Doch der Eindruck trügt. **Solange es** jedenfalls **an einer wirklich umfassenden und konsequenten bereichsspezifischen Regelung fehlt**, die auch und gerade den nicht-öffentlichen Bereich einbezieht, **bleibt § 28 ein wichtiger Anknüpfungspunkt mit weitreichenden Konsequenzen.**[30]

13 Ähnliche Tendenzen wie beim Arbeitsverhältnis finden sich **im Kredit- und Versicherungsbereich** genauso wie im **Außenwirtschaftsrecht**. An genuin bereichsspezifischen, am Datenschutz orientierten Vorschriften mangelt es hier ebenfalls. Dafür fehlt es nicht an Rege-

---

20 9. Gesetz zur Änderung dienstrechtlicher Vorschriften, BGBl. I, 1992, 1030.
21 Vgl. *Simitis,* NJW 1998, 2397 ff., AuR 2001, 429 ff.; RdA, Sonderbeilage zu H. 5, 2003, 43 ff.; sowie *Steidle*, Multimedia-Assistenten, 386 ff.
22 BVerfGE 65, 1 (45 ff.).
23 u. Rdnr. 66 ff.
24 u. Rdnr. 109 ff.
25 Dazu *Simitis,* RDV 1989, 49 ff.
26 u. Rdnr. 38 ff.
27 u. Rdnr. 43.
28 Dazu § 4 Rdnr. 12 ff.
29 Vgl. etwa *Thees,* Das Arbeitnehmer-Persönlichkeitsrecht, 150 ff.
30 Dazu u. Rdnr. 56 ff.

lungen, die mit einer Verwendung personenbezogener Daten verbundene **Informationspflichten** festlegen (§§ 13 ff., 24, 44 Abs. 1 Nr. 1 KWG; §§ 16 Abs. 1, 34 Abs. 2 VVG; § 26 AußenwirtschaftsG). Wiederum greift also der Gesetzgeber unmittelbar in den Zuständigkeitsbereich einer nicht-öffentlichen Stelle ein und einmal mehr zwingen die gesetzlichen Vorschriften dazu, ganz bestimmte personenbezogene Daten zu verarbeiten. § 28 bleibt dennoch eine zentrale Norm, vor allem soweit es um die Verwendung von Kundendaten durch die Kreditinstitute und Versicherungsunternehmen geht.

Nichts anderes gilt für **Patientendaten**. Bei ihrer Verarbeitung spielt zwar das **ärztliche Berufsrecht** eine wichtige Rolle.[31] Es schränkt nicht nur die Übermittlung mit Rücksicht auf die **ärztliche Schweigepflicht** ein, sondern legt beispielsweise auch die **Dokumentationspflichten** der Ärzte fest, einschließlich der Voraussetzungen, unter denen Aufzeichnungen auf elektronischen Datenträgern oder anderen Speichermedien erfolgen können. Neben dem Berufsrecht gibt es eine Vielzahl weiterer Regelungen, die sich gleichfalls auf die Verarbeitung von Patientendaten auswirken, von den detaillierten Vorschriften zur Verwendung von Versicherungs- und Leistungsdaten durch die Krankenkassen (SGB V §§ 284 ff.) bis hin zu den von den Krankenhäusern bei der Dokumentation von Röntgenuntersuchungen zu beachtenden Bestimmungen (§ 28 Röntgenverordnung).[32] § 28 ist trotzdem keine für die Verwendung von Patientendaten nebensächliche oder gar vernachlässigenswerte Vorschrift, wie sich allein schon an den Anforderungen an die Veräußerung von Patientendateien zeigt.[33] 14

Soweit § 28 mit einer **anderen**, ebenfalls auf personenbezogene Daten **anwendbaren Rechtsvorschrift kollidieren sollte**, geht diese vor (§ 1 Abs. 3). Zu einer Kollision kann es allerdings nur unter zwei Voraussetzungen kommen.[34] Die jeweils in Betracht kommende Rechtsvorschrift muss exakt den Sachverhalt regeln, der auch Gegenstand des § 28 ist, kurzum **deckungsgleich** sein. **Pauschale Bestimmungen**, die den Vorrang einer bestimmten Regelung statuieren, genügen daher nicht. Das BDSG bleibt so lange unverändert anwendbar, wie die konkret in Betracht kommende Regelung in den bereichsspezifischen Vorschriften fehlt. Einen Vorrang können zudem lediglich Vorschriften beanspruchen, die in **verfassungskonformer Weise das Recht der Betroffenen auf informationelle Selbstbestimmung einschränken**.[35] Eines ändert sich trotzdem nicht: § 28 gibt nicht mehr als eine erste Antwort auf die Frage nach dem Verarbeitungsspielraum der jeweiligen nicht-öffentlichen Stelle. Wirklich verlässlich kann er erst in Kenntnis der mit Rücksicht auf die je spezifischen Aktivitäten der einzelnen nicht-öffentlichen Stelle anwendbaren besonderen Rechtsvorschriften umschrieben werden. 15

§ 28 führt oft zu Konsequenzen, die sich mit den **Anwendungsfolgen anderer gesetzlicher Vorschriften** decken, deren Ziel keineswegs die Gewährleistung der informationellen Selbstbestimmung ist. Telefon-, Telefax- und Briefkastenwerbung sind typische Beispiele dafür. Gleichviel ob man sich an § 28 oder an § 1 UWG orientiert, das Ergebnis ändert sich nicht: die Verarbeitung personenbezogener Daten ist in jedem dieser Fälle unzulässig.[36] Die Anwendungsvoraussetzungen unterscheiden sich dennoch deutlich. Ob überhaupt und wann genau § 28 zum Zuge kommt, entscheidet sich ausschließlich nach den im BDSG festgelegten Bedingungen.[37] Ebenso greift § 1 UWG nur ein, wenn die für das UWG maßgeblichen Kriterien erfüllt sind, obwohl nicht zu übersehen ist, dass gerade bei der Telefon- und Briefkastenwerbung Überlegungen mehr und mehr an Bedeutung gewinnen, die durchaus der datenschutzrechtlichen Argumentation entsprechen.[38] 16

---

31 Statt aller *Laufs*/Uhlenbruck, Handbuch des Arztrechts (2001) insb. §§ 3 Rdnr. 11, 4, 14, jeweils m.w.A.
32 Dazu etwa *Inhester,* NJW 1995, 685 ff., m.w.A.
33 Dazu u. Rdnr. 323.
34 Dazu § 1 Rdnr. 162 ff.
35 Dazu § 1 Rdnr. 171 ff.
36 Dazu auch *Gola/Wronka,* RDV 1994, 157 f.; *Weichert,* WRP 1996, 523.
37 Dazu u. Rdnr. 56 ff.
38 Dazu insb. BGH, GRUR 1989, 753; 1990, 280; 1991, 764; RDV 1993, 124; *Westerholt,* in Festschrift für Beier (1996), 561 ff., 573 f.; sowie *Gola/Wronka,* RDV 1994, 158 f.; *Weichert,* WRP 1996, 523 f.; *Breinlinger,* RDV 1997, 248.

17 Die verantwortlichen Stellen müssen besonders bei Arbeitsverhältnissen[39] auch eine Vielzahl personenbezogener Daten verwenden, die **aufgrund** sehr verschiedener **gesetzlicher Vorschriften**, sei es von ihnen **direkt erhoben**, sei es ihnen **übermittelt** werden. So unumgänglich aber oft die Kombination dieser Daten mit weiteren nach § 28 verarbeiteten Angaben ist, so wenig ändert sich etwas daran, dass die **Verwendungsgrenzen** zu berücksichtigen sind, die sich **je nach Provenienz der Daten** entweder aus den einschlägigen gesetzlichen Bestimmungen oder aus den einzelnen Anwendungsvarianten des § 28 ergeben. Ebenso wenig deshalb wie Arbeitgeber berechtigt sind, die aus gesetzlichen Gründen verarbeiteten Daten für andere als die gesetzlich festgelegten Zwecke zu nutzen, sind etwa Wirtschaftsprüfer befugt, den Verarbeitungsspielraum der ihnen nach § 320 HGB zugänglichen Angaben zu verändern. Von einer Unzulänglichkeit des BDSG oder gar von einer „Lücke“ im Gesetz kann daher nicht die Rede sein.[40]

18 Eine noch wichtigere Rolle als spezielle gesetzliche Vorschriften spielt vor allem bei nichtöffentlichen Stellen, die personenbezogene Daten für eigene Geschäftszwecke verarbeiten, die **Einwilligung** der Betroffenen. Banken, Versicherungen, Kauf- und Versandhäuser, Reisebüros, Vereine und Berufsverbände verwenden die von ihnen benötigten Angaben zumeist mit Zustimmung der Betroffenen. Die Kontoeröffnung, der Versicherungsabschluss, die Kreditaufnahme, der Arbeitsvertrag, die Warenbestellung oder die Beitrittserklärung bieten ausreichend Gelegenheit, die beabsichtigte Verarbeitung zu erläutern und durch ein entsprechendes Einverständnis abzusichern. Die verantwortlichen Stellen können im Übrigen mit Hilfe der Einwilligung, so problematisch sie auch sein mag, den ihnen nach § 28 zustehenden Verarbeitungsspielraum im Prinzip durchaus erweitern,[41] müssen sich also nicht unbedingt an die in § 28 festgeschriebenen Grenzen halten.

19 Die Bedeutung des § 28 darf trotzdem nicht unterschätzt werden. Das BDSG räumt mit dieser Vorschrift der verantwortlichen Stelle eine für sie besonders wichtige **Option** ein. Nichtöffentliche Stellen sind, unter den in § 28 näher umschriebenen Bedingungen, **keineswegs auf das Einverständnis der Betroffenen angewiesen**. Sie können vielmehr von sich aus die jeweils benötigten Angaben verarbeiten. Die Betroffenen brauchen also nicht erst eingeschaltet zu werden, sondern müssen sich mit der Verwendung ihrer Daten abfinden. Das BDSG kommt, so gesehen, den verantwortlichen Stellen entgegen und flexibilisiert in ihrem Interesse die Verwendungsvoraussetzungen. Solange beispielsweise bestimmte Angaben für die Abwicklung eines Kreditvertrages oder den Abschluss einer Rückversicherung erforderlich sind, ist es aus der Perspektive des Gesetzes unnötig und kontraproduktiv, die Verarbeitung durch eine Intervention des Betroffenen zu komplizieren (§ 28 Abs. 1 Satz 1 Nr. 1, 2 und 3).[42] Der verantwortlichen Stelle bleibt es daher überlassen, selbst zu entscheiden, wann welche der jeweils in Betracht kommenden Daten in welchem Umfang verwendet werden müssen.

20 Sollte es die verantwortliche Stelle trotzdem vorziehen, die **Einwilligung** der Betroffenen einzuholen, etwa, um mögliche Zweifel an der Zulässigkeit der Verarbeitung auszuschließen, dann kann sie, bei einer Weigerung, nicht einfach auf § 28 zurückgreifen. Die verantwortliche Stelle muss sich **ihr eigenes Verhalten anrechnen lassen** und dementsprechend auf die Inanspruchnahme der Verwendungsmöglichkeiten nach § 28 verzichten.[43]

21 § 28 begnügt sich fast durchweg mit sehr allgemein gehaltenen, weitgehend aus **Generalklauseln** bestehenden Formulierungen. Der **Interpretationsspielraum** ist deshalb von vornherein sehr groß, gleichviel ob es um die „Zweckbestimmung des Vertragsverhältnisses“, die „berechtigten Interessen“ der verantwortlichen Stelle oder das „offensichtlich überwiegende schutzwürdige Interesse des Betroffenen“ geht. Jede dieser Generalklauseln kann unschwer dazu benutzt werden, die Verarbeitungsmöglichkeiten konsequent auszubauen. Das Ziel der gesetzlichen Regelung, das Entscheidungsvorrecht der Betroffenen zwar einzuschränken,

39 Dazu o. Rdnr. 11.
40 Vgl. freilich *Rüpke*, Wirtschaftsprüfer Kammer Mitteilungen 1996, 70 ff.
41 Dazu auch § 4a Rdnr. 4 ff.
42 Dazu u. Rdnr. 79 ff.
43 Dazu § 4a Rdnr. 89 ff.

eine Verwendung personenbezogener Angaben aber lediglich innerhalb bestimmter, verbindlich festgelegter und daher ebenso überschaubarer wie kontrollierbarer Grenzen hinzunehmen, droht damit unterlaufen zu werden. Genauso wie bei der Anwendung aller übrigen BDSG-Vorschriften gilt es daher auch **bei der Konkretisierung der in § 28 enthaltenen Generalklauseln**, sich zunächst und vor allem mit den möglichen **Auswirkungen auf die informationelle Selbstbestimmung** der Betroffenen auseinander zu setzen und konsequenterweise stets **der Interpretation den Vorzug zu geben, die der Situation der Betroffenen und ihren Belangen am ehesten Rechnung trägt**.[44]

3. Verwendung für eigene Zwecke

§ 28 ist nur dann anzuwenden, wenn personenbezogene Daten für „**eigene Zwecke**" verwendet werden. Das Gesetz verweist jedoch, genauso wie schon das BDSG 77 (§ 22) und später das BDSG 90 (§ 28), lediglich in der Überschrift auf die „eigenen Zwecke". In Abs. 1 Satz 1 ist dagegen von „**eigenen Geschäftszwecken**" die Rede. Die unterschiedliche Ausdrucksweise ist allerdings, nicht anders als beim BDSG 90 (§ 28 Abs. 1 Satz 1), eine jener vielen redaktionellen Unachtsamkeiten, die das BDSG kennzeichnen. Der Anwendungsbereich des § 28 wird, mit anderen Worten, davon nicht berührt, vielmehr ausschließlich durch die §§ 1 Abs. 2 Nr. 3[45] und 27 Abs. 1[46] verbindlich abgesteckt. Beide Formulierungen verdeutlichen deshalb lediglich den **akzessorischen Charakter** der Verarbeitung. Sie muss, in den nach wie vor gültigen Worten des BDSG 77 (§ 22 Abs. 1), „**Hilfsmittel**" für die Erfüllung bestimmter geschäftlicher, beruflicher oder gewerblicher Zwecke sein, also lediglich dazu dienen, etwa die im Rahmen von Kauf-, Kredit-, Arbeits-, Arzt- oder Reiseverträgen anfallenden Kunden-, Arbeitnehmer- oder Patientendaten für die je spezifischen Vertragsziele zur Verfügung zu stellen.[47] Sobald demgegenüber die Verarbeitung für „fremde" Zwecke erfolgt,[48] mithin, wie bei Auskunfteien oder Werbeagenturen, zum Selbstzweck wird und die Daten sich in eine Ware verwandeln, die Ziel und Gegenstand der Verarbeitungstätigkeit bestimmt,[49] sind die §§ 29 und 30 anzuwenden. 22

Das BDSG beschränkt zwar den Anwendungsbereich des § 28 auf eine **Verwendung personenbezogener Daten für „eigene Zwecke"**, vermeidet es jedoch, diese näher zu umschreiben. Mehr als dass es sich in jedem Fall um „eigene Zwecke" handeln muss, ist dem Gesetz nicht zu entnehmen. Der verantwortlichen Stelle steht es daher frei, die Verwendungszwecke zu bestimmen und damit auch den Rahmen festzulegen, innerhalb dessen sich die Verarbeitung oder Nutzung für die jeweils „eigenen Zwecke" vollziehen muss. Satzungen, Gesellschaftsverträge, Berufsordnungen und nicht zuletzt die je spezifischen, für die verantwortliche Stelle maßgeblichen gesetzlichen Regelungen bieten sich daher als Anhaltspunkte an, um den Verwendungsspielraum bei einer Verarbeitung für „eigene Zwecke" zu definieren. Besondere Bedeutung kommt zudem den geschäftlichen Aktivitäten der verantwortlichen Stelle zu, vor allem also ihren rechtsgeschäftlichen Beziehungen. Ebenso wenig deshalb wie es gelingen kann, die verantwortlichen Stellen genau aufzulisten, erscheint es möglich, die „eigenen Zwecke" exakt aufzuzählen. 23

Abgrenzungsprobleme lassen sich nicht vermeiden. Vor allem deshalb, weil es durchaus verantwortliche Stellen gibt, die personenbezogene Angaben **sowohl für eigene als auch für fremde Zwecke** verwenden. Servicerechenzentren sind eines der vielen Beispiele dafür. Im Mittelpunkt ihrer Verarbeitungstätigkeit stehen zwar Dienstleistungen für Dritte. Jedes dieser Zentren verwendet aber verständlicherweise zugleich Daten, die sich auf seine Kunden oder 24

44 Dazu auch § 1 Rdnr. 23 ff.
45 Dazu § 1 Rdnr. 136 ff.
46 Dazu § 27 Rdnr. 5 ff.
47 Vgl. auch *Gola/Schomerus*, BDSG § 28 Rdnr. 4; *Bergmann/Möhrle/Herb*, BDSG § 28 Rdnr. 16; *Schaffland/Wiltfang*, BDSG § 28 Rdnr. 3 ff.
48 Dazu § 29 Rdnr. 1 ff.
49 Dazu auch § 29 Rdnr. 15 ff.; *Tinnefeld/EhmannGerling*, Einführung, 546.

Beschäftigten beziehen. Nichts anderes gilt für eine ganze Reihe von Konzernunternehmen. Zu den spezifisch eigenen Verarbeitungsinteressen gesellen sich Aufgaben, die um der anderen Konzernunternehmen willen wahrgenommen werden.[50] Marktforschungsinstitute bedingen sich immer wieder das Recht aus, Daten, die zunächst für einen ganz bestimmten Auftraggeber erhoben worden sind, später für eigene Zwecke zu verwenden. Handels- und Wirtschaftsauskunfteien greifen schließlich auf die von ihnen verarbeiteten Daten nicht nur zur Auskunftserteilung, sondern auch zu Inkassozwecken.[51]
Soweit nicht-öffentliche Stellen bei der Verarbeitung personenbezogener Daten **eigene und fremde Zwecke** verfolgen, müssen sie beide dafür in Betracht kommenden Regelungen, also **sowohl § 28 als auch die §§ 29 oder 30**, beachten.[52] Das Gesetz kennt kein Entweder-Oder. Jede dieser Vorschriften ist eindeutig auf ein bestimmtes Verwendungsziel zugeschnitten. Ihr Anwendungsbereich bleibt folglich von vornherein auf die jeweils damit zusammenhängenden Verarbeitungsvorgänge beschränkt.[53] Es ist deshalb weder von Bedeutung, dass eine einzige Stelle die Daten verarbeitet, noch kommt es lediglich darauf an, wo der Schwerpunkt ihrer Aktivitäten und damit auch der Verarbeitung personenbezogener Daten liegt.[54] Soweit aber beides, eine Verwendung für „eigene“ und eine Verarbeitung oder Nutzung für „fremde Zwecke“ vorkommt, muss die verantwortliche Stelle die Verarbeitung und Nutzung **sorgfältig danach aufteilen, ob sie lediglich „Hilfsmittel“ für eigene Zwecke ist, oder geschäftsmäßig für Dritte erfolgt** und dementsprechend die §§ 28 und 29 oder 30 anwenden.

26 Nur so lässt sich den durchaus unterschiedlichen Anforderungen des Gesetzes Rechnung tragen. Ganz gleich, ob es um die Übermittlungsbedingungen (§§ 28 Abs. 1 bis 5, 29 Abs. 2), die Erteilung von Auskünften (§ 34 Abs. 1 und 2) oder die Benachrichtigungspflicht (§ 33 Abs. 2 Nr. 7 und 8) geht, das BDSG **passt die gesetzlichen Anforderungen der Verwendungskonstellation an**, überlässt es jedoch im Übrigen der verantwortlichen Stelle, **Anlass und Ziel der Verarbeitung zu bestimmen**. Sie ist infolgedessen auch verpflichtet, zwischen den einzelnen Verarbeitungsvorgängen zu differenzieren und sich nach den je spezifischen gesetzlichen Erwartungen zu richten.

27 **Rechenzentren**, die personenbezogene Angaben für verschiedene Kreditinstitute verarbeiten, müssen daher in erster Linie § 29 beachten, im Übrigen aber, etwa bei Kunden- und Arbeitnehmerdaten, auf § 28 zurückgreifen.[55] Bei **Konzernrechenzentren** ist im Hinblick auf die für ihre Tätigkeit typische Übernahme von Aufgaben für die übrigen Konzernunternehmen ebenfalls vor allem § 29 anzuwenden.[56] Für **ärztliche Verrechungsstellen** gelten die Vorgaben des § 28 so lange, wie sie die einzelnen Ansprüche im eigenen Namen vorbringen,[57] die Regeln über die Auftragsdatenverarbeitung (§ 11) dagegen dann, wenn sie im Namen des jeweiligen Arztes handeln. **Handelsauskunfteien** unterliegen generell dem § 29, betätigen sie sich jedoch zugleich als Inkassobüros, ist die Verwendung personenbezogener Daten insoweit nach § 28 zu beurteilen.[58] **Warenhäuser** müssen sich bei der Verarbeitung ihrer Kundendaten nach § 28 richten, sind allerdings dann verpflichtet, § 29 anzuwenden, wenn sie mit Hilfe von Adressenfirmen über ein „Listbroking“ Adressdaten anderen Unternehmen zur Verfügung stellen.[59]

28 **Zeitschriftenverlage** sind bei der Verarbeitung von Abonnentendaten an § 28 gebunden, beim Austausch von Daten Heiratswilliger dagegen an § 29. **Eheanbahnungsinstitute** müs-

50 Dazu *HmbDSB,* 11., 163 f.; 13., 176 und 14. TB, 117; *LfD NDS,* 12. TB, 252; *Ruppmann,* Austausch, 23 ff.
51 Vgl. *SDSB,* 5. TB, 55; Tätigkeits- und Erfahrungsbericht der *Niedersächsischen Aufsichtsbehörden,* LT-Drs. 10/5750, 2.3.1.5.
52 Vgl. auch § 29 Rdnr. 18; sowie *Gola/Schomerus,* BDSG § 28 Rdnr. 6; *Wedler,* CR 1992, 36.
53 Vgl. auch *Wächter,* Datenschutz, Rdnr. 575; *Beckhusen,* Datenumgang, 106.
54 So aber *Schaffland/Wiltfang,* BDSG § 28 Rdnr. 10; *Tinnefeld/Ehmann/Gerling,* Einführung, 545; *Wedde,* in *Däubler/Klebe/Wedde,* BDSG § 28 Rdnr. 9; *Ganßauge,* Datenverarbeitung, 145; vgl. auch BayObLG, DuD 1981, 208.
55 Dazu auch § 29 Rdnr. 102 ff.
56 Vgl. auch *Gola/Schomerus,* BDSG § 28 Rdnr. 6; sowie *Ruppmann,* Austausch, 33 ff.
57 Vgl. auch BGH, NJW 1991, 2955.
58 Dazu auch § 29 Rdnr. 71 ff., sowie *Wedler,* CR 1992, 36 f.
59 Dazu § 29 Rdnr. 66 ff.

sen sich mit Rücksicht auf die selbstständige Beratung ihrer Kunden an § 28 halten. Sollten sie sich aber darauf beschränken, Adressen weiterzugeben, ist § 29 anzuwenden.[60] **Pensionsvereine** sind zwar im Prinzip, also vor allem bei Pensionsberechnungen für ihre Mitglieder, die auf der Grundlage der von diesen überlassenen Unterlagen erfolgen, verpflichtet, sich nach § 29 zu richten. Sie müssen jedoch § 28 beachten, soweit sie eigenständige Aufgaben erfüllen, etwa bei Untersuchungen zur generellen Entwicklung von Pensionen und Pensionsanwartschaften, soweit dafür personenbezogene Daten verwendet werden.

§ 29 verlangt allerdings eine Verwendung für fremde Zwecke, die **wenigstens teilweise** geschäftsmäßig zu erfolgen hat. Sie muss infolgedessen von vornherein auf eine **bestimmte Mindestdauer** angelegt sein. Ein Entgelt ist dagegen nicht erforderlich.[61] Sofern es daher nur **gelegentlich** zu Übermittlungen kommt, braucht die verantwortliche Stelle lediglich § 28 anzuwenden. Das BDSG nimmt auch bei Verarbeitungen, denen lediglich eine **akzessorische Funktion** bei der Erfüllung unstreitig eigener Zwecke der verantwortlichen Stelle zukommt, **Übermittlungen ausdrücklich in Kauf**. Ganz in diesem Sinn legt § 28 Abs. 3 die Bedingungen fest, unter denen personenbezogene Daten weitergegeben werden dürfen.[62] Die Gründe können im Übrigen sehr unterschiedlich sein. Die Palette reicht von berechtigten Informationserwartungen anderer Unternehmen bis zu, etwa bei Arbeitnehmerdaten besonders ausgeprägten, gesetzlichen Verpflichtungen. 29

In keinem dieser Fälle werden die Rahmenbedingungen der Verarbeitung berührt. Sie bleibt reines **Hilfsmittel** bei der Verwirklichung bestimmter für die verantwortliche Stelle wichtiger Zwecke und gibt gleichsam nebenher die Grundlage für eine Reihe von Verarbeitungsvorgängen ab, die Dritten zugute kommen. Anlass, Ablauf und Struktur der Verarbeitung sind insofern unabhängig von dieser Informationsvermittlung. Einmal mehr wird freilich dabei deutlich: Die Verarbeitung als Hilfsmittel für **eigene Zwecke** muss **die Regel**, eine Verarbeitung für **fremde Zwecke** darf dagegen nicht mehr als die **gelegentlich praktizierte Ausnahme** sein. Soweit also Kundenadressen ebenso regelmäßig wie gezielt verkauft oder vermietet werden, liegt, von allen Vorbehalten einmal abgesehen,[63] eine Verarbeitung für fremde Zwecke vor.[64] 30

4. Generelle Anforderungen

Die Anwendung des § 28 hängt zunächst davon ab, ob die **in § 27 formulierten Bedingungen** erfüllt sind. Konsequenterweise hebt § 28 Abs. 1 Satz 1 ausdrücklich hervor, dass es immer um die Verwendung personenbezogener Daten für **„eigene Geschäftszwecke“** gehen muss.[65] § 28 bestätigt damit den **Ausschluss der für familiäre oder persönliche Zwecke verarbeiteten Daten** aus dem Anwendungsbereich der §§ 28 ff. (§ 27 Abs. 1 Satz 2).[66] Wie bei § 27 bleibt es zudem bei einer negativen Abgrenzung. Das Gesetz vermeidet mit anderen Worten einmal mehr anzugeben, was genau mit „Geschäftszwecken“ gemeint ist.[67] § 28 ist schließlich nur bei Daten anzuwenden, die entweder **automatisiert** verarbeitet werden oder Angaben **in oder aus nicht-automatisierten Dateien**.[68] **Akten** werden lediglich unter den engen in § 27 Abs. 2 näher definierten Voraussetzungen einbezogen.[69] 31

Die **Normadressaten** des § 28 sind in § 27 Abs. 1 genannt.[70] Ihnen bleibt es auch grundsätzlich überlassen, die **Entscheidung** darüber zu treffen, **welche Daten** konkret verwendet 32

60 Vgl. auch BayObLG, NJW 1981, 2313; sowie OLG Düsseldorf, RDV 1995, 246.
61 Vgl. dazu § 29 Rdnr. 49 ff.
62 Dazu u. Rdnr. 208 ff.
63 Dazu u. Rdnr. 175.
64 Vgl. auch *Weichert,* WRP 1996, 524; anders *Gola/Wronka,* RDV 1994, 164.
65 Dazu o. Rdnr. 22 f.
66 Dazu § 27 Rdnr. 43 ff.
67 Dazu auch o. Rdnr. 23.
68 Dazu § 27 Rdnr. 24 ff.
69 Dazu § 27 Rdnr. 27 ff.
70 Dazu § 27 Rdnr. 5 ff.

werden sollen. Eine Verarbeitungspflicht besteht lediglich dann, wenn die Verwendung bestimmter Angaben, wie etwa beim Arbeitsverhältnis,[71] gesetzlich vorgeschrieben ist. Die verantwortliche Stelle ist zudem **nicht immer allein entscheidungsberechtigt**. So steht den Betriebs- und Personalräten ein Mitbestimmungsrecht[72] bei Fragebögen (§§ 94 Abs. 1 BetrVG; 75 Abs. 3 Nr. 8, 76 Abs. 2 Nr. 2 BPersVG) oder bei der Einrichtung von Personalinformationssystemen (§§ 87 Abs. 1 Nr. 6 BetrVG; 75 Abs. 2 Nr. 17 BPersVG) zu. Die **Betroffenen** können ansonsten in der Regel nicht mehr erreichen als eine nachträgliche Korrektur von Angaben, deren Verwendung, jedenfalls in den Fällen der §§ 28 und 29, ohne ihre Mitwirkung erfolgt ist.

33 Das Entscheidungsvorrecht der verantwortlichen Stelle befreit sie nicht von der Pflicht, sich stets um **ebenso richtige wie vollständige Daten** zu bemühen. Gleichviel deshalb, um welche Variante des § 28 es geht, die verantwortliche Stelle darf nur korrekte Angaben verwenden. Richtigkeit und Vollständigkeit der Daten sind insofern ein unverzichtbares Korrelat ihrer Verwertung. **Eigene Kenntnis der Unrichtigkeit** verbietet daher die Verarbeitung, **eigene Zweifel** verpflichten zur **Richtigkeitskontrolle** (§ 35 Abs. 1). Wer beispielsweise beabsichtigt, bestimmte, ihm bekannt gewordene Aussagen zur Person seines Vertragspartners zu speichern (§ 28 Abs. 1 Satz 1 Nr. 1), kann die Daten weder beliebig verkürzen noch darauf verzichten, sich zu vergewissern, ob die Angaben nach wie vor zutreffen, also nicht etwa berichtigt oder sogar widerrufen worden sind. Die Verpflichtung zur Richtigkeitskontrolle erlischt im Übrigen keineswegs mit der Speicherung. § 35 Abs. 2 Nr. 1 schreibt der verantwortlichen Stelle vor, Daten zu löschen, die nicht gespeichert werden durften. Gemeint sind nicht nur die Fälle, in denen die Speicherung von Anfang an unzulässig war.[73] Entscheidend ist vielmehr die Unzulässigkeit und nicht der Zeitpunkt, zu dem sie eingetreten ist. Die verantwortliche Stelle ist daher gehalten, ihren Bestand an Daten **laufend zu überprüfen** und unzulässige Verwendungen durch **gezielte Korrekturen** zu verhindern.

34 **Arbeitnehmerdaten** müssen zwar im Prinzip genauso wie alle für eigene Geschäftszwecke verwendeten personenbezogenen Angaben im Einklang mit den in § 28 festgeschriebenen Grundsätzen verarbeitet werden. Ihre Verwendung unterliegt allerdings in beträchtlichem Maße besonderen Regeln.[74] Welche Bedeutung dem § 28 genau zukommt, lässt sich erst in Kenntnis der **einzelnen Bestandteile der Personalakte** und jeweils nur auf diese bezogen beantworten. Zur Personalakte gehören sämtliche Unterlagen zur Person der einzelnen Beschäftigten. Auf die **Erhebungsmodalitäten** kommt es dabei ebenso wenig an wie auf den **Umfang oder die Form der Verarbeitung**. Konsequenterweise spielt es auch keine Rolle, wo sich die Daten genau befinden, ob sie also in der eigentlichen Personalakte, in Neben- oder in Sonderakten enthalten sind.[75] Nur eine umfassende, strikt **materiellrechtliche Definition der Personalakte** vermag die Beschäftigten gegen jeden Versuch zu schützen, ihr Einsichtsrecht (§§ 83 BetrVG, 90 BBG) zu verkürzen und zugleich den Arbeitgeber zu veranlassen, alle Maßnahmen zu treffen, die eine genauso transparente wie kontrollierbare Verarbeitung gewährleisten. Ganz in diesem Sinn schreiben die §§ 90 Abs. 1 BBG sowie 56 Abs. 1 Satz 1 BRRG vor, dass über jeden Beamten „eine" Personalakte zu führen ist, die zwar aus einer „Grundakte" und mehreren „Teilakten" bestehen kann, aber alle für eine Personalakte relevanten Unterlagen enthalten muss.[76]

35 Personalfragebögen, Lohnkonten, Schichtbesetzungspläne, Stammbänder, Arbeitsberichte, An- und Abwesenheitslisten, Urlaubskarten, Aufzeichnungen über Darlehen und Pfändungen sind **jeweils für sich** zu betrachten und zu behandeln. Hinweise auf eine als abstrakte Einheit verstandene „Personalakte" reichen deshalb nicht aus, um die Anwendung des § 28 mit Rücksicht auf die in § 27 Abs. 1 Satz 1 geforderte Verarbeitung **„in oder aus nicht-**

71 o. Rdnr. 11.
72 Dazu u. Rdnr. 42 ff.
73 Dazu § 35 Rdnr. 25.
74 Dazu auch o. Rdnr. 9 ff.
75 Vgl. auch *FESTL*, BetrVG § 83 Rdnr. 3 ff.; *DKK/Buschmann*, BetrVG § 83 Rdnr. 2; *Gola/Wronka*, Handbuch, Rdnr. 70 ff.
76 Dazu *Kessler*, Personalaktenrecht, 5 ff.; *Gola/Wronka*, Handbuch, Rdnr. 71 f.

automatisierten Dateien"[77] auszuschließen. Vielmehr müssen sämtliche Informationsträger getrennt daraufhin geprüft werden, inwieweit sie die in § 3 Abs. 2 Satz 2 festgelegten Merkmale[78] aufweisen. Die restriktive Wirkung der Orientierung des Gesetzes an der Verarbeitung „in oder aus nicht-automatisierten Dateien" spielt allerdings bei Arbeitnehmerdaten eine weitaus geringere Rolle als sonst. Mit der wichtigste Grund dafür ist die Verknüpfung aller jeweils vorhandenen Daten mit einem konkreten Arbeitsverhältnis. Sie führt zwangsläufig dazu, dass zumindest ein erheblicher Teil der jeweils verwendeten Angaben entweder in einer nicht-automatisierten Datei enthalten ist, oder einer automatisierten Verarbeitung entstammt, sodass die Daten mit Rücksicht auf § 27 Abs. 2[79] auch dann nur unter den in § 28 angegebenen Voraussetzungen verwendet werden dürfen, wenn ihre Verarbeitung in Akten erfolgt.

Anders als bei den meisten anderen personenbezogenen Angaben ist die Entscheidung über 36
den Ablauf und die Modalitäten der Verwendung von Arbeitnehmerdaten nicht allein Sache der verantwortlichen Stelle. Betriebsverfassungs- und Personalvertretungsrecht weisen vielmehr **Betriebs- und Personalräten** die Aufgabe zu, die Beschäftigten auch und gerade vor Gefahren zu schützen, die mit der Verarbeitung ihrer Daten zusammenhängen. Die gesetzlich abgesicherte Intervention der Arbeitnehmervertretung soll deshalb nicht nur eine **wirksame Kontrolle** der Verwendung von Arbeitnehmerdaten ermöglichen, sondern zugleich die Voraussetzungen für eine **präventive Einwirkung** auf die Verarbeitung schaffen, sie also, wenigstens teilweise, von Anfang an Bedingungen zu knüpfen, die der informationellen Selbstbestimmung der Beschäftigten Rechnung tragen.[80]

So verpflichtet § 75 Abs. 2 BetrVG Arbeitgeber und Betriebsrat, die **freie Entfaltung der** 37
Persönlichkeit der im Betrieb Beschäftigten zu gewährleisten. Sie müssen also gemeinsam für Arbeitsbedingungen sorgen, die Eingriffe in die persönliche Integrität ausschließen.[81] Nichts anderes steht aber bei der Verarbeitung von Arbeitnehmerdaten auf dem Spiel.[82] Dem Betriebsrat kann es infolgedessen nicht gleichgültig sein, ob und in welchem Umfang sich der Arbeitgeber für eine Verarbeitung ausspricht. Die Arbeitnehmervertretung muss sich im Gegenteil der Verarbeitung so lange widersetzen wie nicht Vorkehrungen gegen mögliche Verletzungen der persönlichen Integrität der Beschäftigten getroffen worden sind. § 75 Abs. 2 BetrVG hält zugleich den Arbeitgeber gerade bei Maßnahmen, die sich auf das Persönlichkeitsrecht der Beschäftigten auswirken könnten, an, den Betriebsrat nicht zu übergehen, sondern mit ihm zusammenzuarbeiten, um mögliche Beeinträchtigungen zu vermeiden. Einseitige Entscheidungen verstoßen deshalb gegen das Kooperationsgebot des § 75 Abs. 2 BetrVG.[83]

Den **Betriebsräten** steht ebenso wie den **Personalvertretungen** der Dienststellen im Bun- 38
desbereich (§§ 1, 6 BPersVG) nach den §§ 80 Abs. 1 Nr. 1 BetrVG, 68 Abs. 1 Nr. 2 BPersVG ein **Kontrollrecht** zu. **Es berechtigt sie, zu prüfen, ob sich die verantwortliche Stelle an die BDSG-Vorschriften gehalten hat**.[84] Der Wortlaut des Gesetzes scheint, zumindest auf den ersten Blick, nicht dafür zu sprechen. Danach ist es Aufgabe beider Vertretungen, die Anwendung der zugunsten der Beschäftigten geltenden Vorschriften zu überwachen. Das BDSG ist sicherlich keine gezielt auf die Situation der Beschäftigten zugeschnittene Regelung. Das Gesetz vermeidet es im Gegenteil bewusst, zwischen den potenziell von einer

77 Dazu auch § 27 Rdnr. 24 ff.
78 Dazu § 3 Rdnr. 69 f.
79 Dazu § 27 Rdnr. 27 ff.
80 Vgl. auch *FESTL*, BetrVG § 87 Rdnr. 248; *DKK/Klebe*. BetrVG § 87 Rdnr. 139; *Däubler*, Belegschaften Rdnr. 689; *Schwarz*, Arbeitnehmerüberwachung 63 ff.; *Gola*, ZBVR 2003, 206 ff.
81 Vgl. etwa *FESTL,* BetrVG § 75 Rdnr. 74 ff.; *DKK*/Berg, BetrVG § 75 Rdnr. 35 ff.
82 Vgl. § 1 Rdnr. 24 ff.; sowie *FESTL,* BetrVG § 75 Rdnr. 78.
83 *Simitis,* Schutz von Arbeitnehmerdaten, 29 f.; *DKK/Berg*, BetrVG § 75 Rdnr. 35.; *FESTL,* BetrVG § 75 Rdnr. 89 ff.
84 Vgl. BAG, AP Nr. 29 zu § 80 BetrVG 1972; BVerwG, NJW 1991, 375; LAG Niedersachsen, EzA § 37 BetrVG Nr. 64; LAG Frankfurt, ARSt 1994, 13; *FESTL,* BetrVG § 80 Rdnr. 7; *DKK/Buschmann*, BetrVG § 80 Rdnr. 10; *Koch,* Datenschutz, Rdnr. 1136 ff.; *Gola/Wronka*, Handbuch, Rdnr. 925 f.; *Simitis,* Schutz von Arbeitnehmerdaten, 30 ff.; *Battis/Schulte-Trux*, CR 1991, 359; *Vogelgesang,* CR 1992, 165; *Kort,* RdA 1992, 383; *Hornung/Steidle*, AuR 2005, 203, jeweils m.w.A.

Verarbeitung ihrer Daten Betroffenen zu unterscheiden. Sein Ansatz ist weder die soziale Stellung noch der Beruf, sondern einzig und allein die verfassungsrechtlich gebotene Garantie der informationellen Selbstbestimmung. Seine Vorschriften greifen deshalb ohne Rücksicht auf Person und Tätigkeit der Betroffenen immer dann ein, wenn personenbezogene Angaben Gegenstand eines Verarbeitungsprozesses sind, der unter den im BDSG näher definierten Voraussetzungen stattfindet.[85]

39 Die BDSG-Bestimmungen gehören trotzdem zum Anwendungsbereich der §§ 80 Abs. 1 Nr. 1 BetrVG und 68 Abs. 1 Nr. 2 BPersVG. Beide Gesetze beziehen mit diesen Vorschriften alle rechtlichen Regelungen in die Kontrollaufgabe der Betriebs- und Personalräte ein, die sich auf Ablauf und Ausgestaltung des Arbeitsverhältnisses auswirken.[86] Die **Verwendung von Beschäftigtendaten** ist **Teil der Organisation des Arbeitsprozesses.**[87] Ganz gleich, ob es um einzelne Datensammlungen, wie etwa Schichtbesetzungspläne und Abwesenheitskarteien, oder um Personalinformationssysteme geht, die Informationserwartungen des Arbeitgebers werden durch den Arbeitsprozess ausgelöst und inhaltlich definiert. Die Verarbeitung ist insofern nur eines der Mittel, derer sich der Arbeitgeber bedient, um den Arbeitsprozess seinen Zielen anzupassen. Sowohl die augenblickliche Situation der Beschäftigten als auch ihre künftige Lage werden infolgedessen durch die Verwendung ihrer Daten unmittelbar beeinflusst. In dem Maße daher, in dem das BDSG in den Verarbeitungsablauf eingreift, modifiziert es auch die Arbeitsbedingungen. Anders und konkreter ausgedrückt: § 28 schränkt die Verarbeitungsmöglichkeiten des Arbeitgebers zugunsten der Beschäftigten ein. Ebenso wie es deshalb zu den selbstverständlichen Aufgaben der Betriebs- und Personalräte gehört, die Anwendung der Vorschriften über die Arbeitssicherheit zu kontrollieren, müssen sie die Einhaltung der BDSG-Bestimmungen überprüfen.[88]

40 Die **Kontrollaufgabe** der Betriebs- und Personalräte **wird durch die BDSG-spezifischen Kontrollmechanismen nicht berührt.**[89] Ihre Kontrollkompetenz gründet sich auf das Betriebsverfassungs- sowie das Personalvertretungsrecht und ist im Übrigen von vornherein auf einen ganz bestimmten Ausschnitt der jeweils von der verantwortlichen Stelle verwendeten Daten beschränkt. Das BDSG institutionalisiert zwar vor dem Hintergrund seiner Vorschriften und der in diesen enthaltenen Verarbeitungsanforderungen besondere Kontrollinstanzen, ohne aber deshalb bereits vorhandene, anders angelegte und mit deutlich anderen Funktionen betraute Kontrollstellen zu verdrängen. Weder die Bestellung eines internen Beauftragten (§ 4 f)[90] noch die Kontrolltätigkeit der Aufsichtsbehörde (§ 38)[91] ändern infolgedessen auch nur das Geringste an den Pflichten des Betriebs- oder Personalrates. Interne Beauftragte müssen deshalb ebenso wie Aufsichtsbehörden bei ihren Aktivitäten den gesetzlich vorgeschriebenen Aufgaben der Arbeitnehmervertretungen Rechnung tragen. Für den **internen Beauftragten** folgt daraus die **Verpflichtung, mit dem Betriebs- oder Personalrat zusammenzuarbeiten**, um den bestmöglichen Schutz der Arbeitnehmerdaten sicherzustellen.[92]

41 Die **Kontrollaufgabe** nach den §§ 80 Abs. 1 Nr. 1 BetrVG, 68 Abs. 1 Nr. 2 BPersVG schließt den **Zugang zu bestimmten Einzelangaben** ein.[93] Wenn die Verwendung der Arbeitnehmerdaten wirklich wirksam überprüft werden soll, dann genügt eine regelmäßige oder auch nur gelegentliche allgemeine Kontrolle der Verarbeitungsbedingungen nicht. Betriebs- und Personalräte müssen vielmehr die Möglichkeit haben, festzustellen, ob im Einzelfall die BDSG-Vorschriften verletzt worden sind.[94] Das Zugangsrecht der Arbeitnehmervertretungen

---

85 Vgl. § 1 Rdnr. 48 ff.
86 Dazu. *FESTL*, BetrVG § 80 Rdnr. 5 ff.; *DKK/Buschmann*, BetrVG § 80 Rdnr. 6 ff.; *Gola*, ZBVR 2003, 207 ff.
87 Vgl. *Simitis,* Schutz von Arbeitnehmerdaten, 3 ff.
88 Vgl. auch LAG Frankfurt, ARSt 1991, 13; sowie *Lambrich/Cahlik*, RDV 2002, 297.
89 Dazu auch § 4g Rdnr. 5 ff.
90 Dazu auch § 4f Rdnr. 8 ff., 53 ff.
91 Dazu auch § 38 Rdnr. 27 ff.
92 Dazu auch die §§ 4f Rdnr. 77 ff.; 4g Rdnr. 8 f., 55, 58.
93 Vgl. etwa BVerwG, NJW 1991, 375; *Vogelgesang,* CR 1992, 165.
94 Vgl. auch *Simitis,* AuR 1977, 105.

ist jedoch an die Pflicht der Arbeitnehmervertretungen gekoppelt, sich ihrerseits beim Umgang mit personenbezogenen Daten strikt an die Anforderungen des BDSG zu halten.[95]

Betriebs- und Personalräten steht ferner in einer Reihe von Fällen, die unmittelbar mit der Verarbeitung von Beschäftigtendaten verbunden sind, ein **Mitbestimmungsrecht** zu. So hängt die Verwendung von **Fragebögen** von ihrer Zustimmung ab (§§ 94 Abs. 1 BetrVG; 75 Abs. 3 Nr. 8, 76 Abs. 2 Nr. 2 BPersVG).[96] Der Gesetzgeber schränkt damit das Fragerecht des Arbeitgebers ein. Welche Fragen gestellt werden dürfen, richtet sich keineswegs ausschließlich nach seinen Vorstellungen. Rechtlich zulässig sind vielmehr lediglich Informationserwartungen, die auch von der Arbeitnehmervertretung gebilligt werden. Nichts anderes gilt übrigens für spezielle auf bestimmte, dem Arbeitgeber obliegenden Leistungen ausgerichtete Erhebungsbögen[97] oder eine mündliche Befragung auf der Grundlage formularmäßig zusammengefasster Fragen.[98] Die Arbeitnehmervertretung hat infolgedessen einerseits das **Recht, die Erhebung mitzugestalten**, andererseits aber die **Pflicht**, **sie an der informationellen Selbstbestimmung der Befragten zu messen**, also die geforderte Information vor allem auf die für das konkrete Arbeitsverhältnis objektiv wirklich notwendigen Daten zu beschränken. Kurzum, die Intervention der Arbeitnehmervertretung wirkt sich direkt auf die Art und den Umfang der Angaben aus, zu denen der Arbeitgeber über einen Fragebogen Zugang bekommt.[99] 42

Mit ihrer gemeinsamen Entscheidung über den Fragebogen legen Arbeitgeber und Arbeitnehmervertretungen grundsätzlich den **späteren Umgang** mit den jeweils erhobenen Daten ebenfalls fest.[100] Weil jede Frage einer besonderen, am je spezifischen Arbeitsverhältnis orientierten Rechtfertigung bedarf, spiegeln sich im Fragebogen immer auch die für die Aufnahme der jeweiligen Fragen ausschlaggebenden Vorstellungen über den Verarbeitungszweck wider.[101] Konsequenterweise sind Betriebs- und Personalräte durchaus berechtigt, ihre Zustimmung davon abhängig zu machen, dass **Aussagen zum Zweck** bestimmter Fragen und zur **beschränkten Verwendbarkeit** einzelner Antworten im Text des Erhebungsformulars enthalten sein sollen.[102] Ebenso folgerichtig ist es, vom Arbeitgeber zu erwarten, sich an den ursprünglich besprochenen und akzeptierten Verarbeitungszweck zu halten. Eine **Zweckänderung** darf deshalb nur unter den auch ansonsten geltenden Voraussetzungen stattfinden Sie ist also von ihrer Kompatibilität mit dem Erhebungszweck oder von der Einwilligung der Betroffenen abhängig zu machen.[103] 43

Betriebs- und Personalräte haben nach den §§ 87 Abs. 1 Nr. 1 und Nr. 6 BetrVG, 75 Abs. 3 Nr. 17 BPersVG bei den **nach § 9 erforderlichen technischen und organisatorischen Maßnahmen** ebenfalls ein **Mitbestimmungsrecht**.[104] Die vom BDSG geforderte **Datensicherung** führt vor allem zu einer Überwachung der Beschäftigten in den Rechenzentren. Vorkehrungen wie etwa die in der Anlage zu § 9 Satz 1 angeführten Zutritts- (Nr. 1), Zugriffs- (Nr. 3) 44

95 Vgl. *Simitis,* Schutz von Arbeitnehmerdaten, 46 ff.; aber auch *Vogelgesang,* CR 1992, 165.

96 Vgl. auch BVerfGE 93, 37 (71).

97 Vgl. BVerwG, RDV 1994, 131.

98 BAG, AP Nr. 4 zu § 94 BetrVG 1972; sowie *FESTL*, BetrVG § 94 Rdnr. 8; *DKK/Klebe*, BetrVG § 94 Rdnr. 3 f; *Gola/Wronka*, Handbuch Rdnr. 1006; *Däubler*, Belegschaften, Rdnr. 676; *Simitis*, RDV 1989, 58.

99 Vgl. insb. BAG, AP Nr. 2 zu § 23 BDSG; *FESTL,* BetrVG § 94 Rdnr. 9 ff.; *DKK/Klebe*, BetrVG § 94 Rdnr. 5 ff.; *Grabendorff/Windscheid/Ilbertz/Widmaier,* BPersVG § 75 Rdnr. 135 ff.; *Boewer,* RDV 1988, 13 ff.; *Simitis,* RDV 1989, 56 ff.; *Schwarz,* Arbeitnehmerüberwachung, 126 ff.; *Däubler,* Belegschaften, Rdnr. 675; *Vogelgesang,* CR 1992, 405 f.

100 Vgl. auch *FESTL,* BetrVG § 94 Rdnr.10 ff.; *DKK/Klebe*, BetrVG § 94 Rdnr. 7; *Däubler,* Belegschaften, Rdnr. 678; *Küpferle,* Arbeitnehmerdatenschutz, 294 f.; *Küpferle*/Wohlgemuth, Systeme, Rdnr. 197 ff.; *Koch,* Datenschutz, Rdnr. 1120; *Schwarz*, Arbeitnehmerüberwachung, 126 f.; *Simitis,* AuR 1977, 103, Schutz von Arbeitnehmerdaten, 39, RDV 1989, 57 f.; aber auch *Gola/Wronka*, Handbuch Rdnr. 1014; *Vogelgesang,* CR 1992, 406 f.; und demgegenüber *Matthes,* in MünchArbR § 347 Rdnr. 28; *Kraft,* in GK-BetrVG § 94 Rdnr. 16; *Schaffland/Wiltfang,* BDSG § 28 Rdnr. 31; *Zöllner,* Daten- und Informationsschutz, 89; *Ehmann,* ZfA 17 (1986) 395.

101 Vgl. freilich *Boewer,* RDV 1988, 17 f.

102 Vgl. auch *FESTL,* BetrVG § 94 Rdnr. 10.

103 Vgl. *Simitis,* RDV 1989, 58.

104 Vgl. auch ArbG Düsseldorf, BB 1980, 468; *Simitis,* AuR 1977, 108, Schutz von Arbeitnehmerdaten, 35 f.; *Schaar/ Schläger,* CR 1993, 438.

und Weitergabekontrollen (Nr. 4) sind typisch dafür.[105] Sowohl der eigentliche Text des § 9 als auch die Anlage beschränken sich darauf, auf die Notwendigkeit von Sicherungsmaßnahmen hinzuweisen und die in Betracht kommenden Maßnahmen aufzuzählen. Die Risikoanalyse, damit aber zugleich die konkrete Ausgestaltung der Datensicherung bleiben dagegen der verantwortlichen Stelle überlassen. Das Gesetz gesteht ihr insofern ausdrücklich einen Beurteilungsspielraum zu und schafft so auch die Voraussetzungen für eine Mitbestimmung der Arbeitnehmervertretung. Wohlgemerkt, an der **Verpflichtung zur Datensicherung ändert sich** zwar dadurch **nichts**, die Arbeitnehmervertretung erhält jedoch das Recht, den jeweils erforderlichen technisch-organisatorischen Rahmen insoweit mitzugestalten als die Beschäftigten davon betroffen werden. Welche Konsequenzen sie also mit Rücksicht auf die Datensicherungspflicht im Einzelnen auf sich nehmen müssen, kann nur im Konsens zwischen Arbeitgeber und Arbeitnehmervertretung entschieden werden.

45 Betriebs- und Personalräten steht darüber hinaus nach den §§ 87 Abs. 1 Nr. 6 BetrVG, 75 Abs. 3 Nr. 17 BPersVG ein Mitbestimmungsrecht bei der Einführung von **Personalinformationssystemen** zu.[106] Mitbestimmungspflichtig sind der gesetzlichen Regelung zufolge alle technischen Einrichtungen, die dazu dienen, das Verhalten oder die Leistung der Beschäftigten zu überwachen, ohne Rücksicht im Übrigen auf eine möglicherweise notwendige unterschiedliche Gestaltung des Letztentscheidungsrechts.[107] Wie die Kontrolle erfolgt, ob sie also unmittelbar oder nur mittelbar vorgenommen wird, spielt weiter keine Rolle. Mehr als dass die Überwachung das Ergebnis der Benutzung einer technischen Einrichtung ist, verlangt das Gesetz nicht,[108] eine Bedingung, die bei einer Auswertung der sich über den betrieblichen **E-Mail-Server** abspielenden Kommunikation[109] ebenso voll erfüllt wird wie bei der Einrichtung von Personalinformationssystemen oder der Verwendung biometrischer Systeme.[110]

46 **Personalinformationssysteme** werden, genauso wie Betriebsdatenerfassungssysteme, für sehr verschiedene Ziele eingesetzt und sind verständlicherweise unterschiedlich ausgestaltet.[111] Weder eine verlässliche Personaladministration noch eine konsequente Personalplanung lassen sich allerdings letztlich ohne ein Informationssystem durchführen, das nicht nur in der Lage ist, jederzeit ebenso umfassend wie exakt Auskunft über Leistung und Verhalten der Beschäftigten zu geben, sondern zugleich dem Arbeitgeber ermöglicht, die jeweils vorhandenen Daten gezielt für alle Überlegungen zur Organisation des Arbeitsprozesses sowie zur weiteren Entwicklung des Unternehmens aufzubereiten.[112] Die systematische Verarbeitung von Arbeitnehmerdaten impliziert insofern, ebenso wie bei einer automatisierten Analyse von personenbezogenen Verhaltens- und Leistungsdaten, eine Kontrolle der Beschäftigten und löst deshalb das Mitbestimmungsrecht des Betriebsrates aus, das sich keineswegs nur auf die Modalitäten der beabsichtigten Kontrolle,[113] sondern genauso auf die Verwendung sowie die je spezifischen Aspekte des technischen Instrumentariums erstreckt.[114]

---

105 Dazu § 9 Rdnr. 68 ff., 99 ff., 110 ff.

106 Vgl. insb. BAG, AP Nr. 14 zu § 87 BetrVG 1972 Überwachung; *FESTL*, BetrVG § 87 Rdnr. 244; *DKK/Klebe*, BetrVG § 87 Rdnr. 165; *Grabendorff/Windscheid/Ilbertz/Widmaier*, § 75 Rdnr. 196 ff., 216; *Simitis*, Schutz von Arbeitnehmerdaten, 36 ff., RDV 1989, 49 ff., jeweils m.w.A.

107 BVerfGE 93, 37 (72).

108 Vgl. insb. BAG, AP Nrn. 2, 9, 13, 14, 41 zu § 87 BetrVG 1972 Überwachung; BVerwG, DVBl. 1988, 355; *FESTL*, BetrVG § 87 Rdnr. 235; *DKK/Klebe*, BetrVG § 87 Rdnr. 153 ff.; *Grabendorff/Windscheid/Ilbertz/Widmaier*, § 75 Rdnr. 196, 203; *Lorenzen/Eckstein/Cecior*, BPersVG § 75 Rdnr. 195; *Tnnefeld/Ehmann/Gerling*, Einführung, 208 ff; *Koch*, Datenschutz, Rdnr. 1035 ff.; *Däubler*, Belegschaften, Rdnr. 755 ff; *Simitis*, RDV 1989, 50; *Vogelgesang*, CR 1992, 408; *Kort*, CR 1992, 611 ff., RdA 385 f.; *Gola*, ZBVR 2003, 212 f.

109 Dazu *BerHessL*, LT-Drs. 14/3086, 9.1; sowie *DKK/Klebe*, BetrVG § 87 Rdnr. 164; *FESTL*, BetrVG § 87 Rdnr. 245; *Schierbaum*, PersR 2001, 499ff.

110 Dazu insb. BAG, AP Nr. 40 zu § 87 BetrVG 1972 Überwachung; sowie *Albrecht*, Verfahren, 195 ff., 203 ff.; *Hornung/Steidle*, AuR 2005, 204 ff.

111 Dazu *FESTL*, BetrVG § 92 Rdnr. 24 f; *Küpferle*, Arbeitnehmerdatenschutz, 19 ff.; *Küpferle/Wohlgemuth*, Systeme, Rdnr. 59 ff.; *Koch*, Datenschutz, Rdnr. 839 ff.

112 Vgl. *Simitis*, Schutz von Arbeitnehmerdaten, 37 f.

113 Vgl. auch *FESTL*, BetrVG § 87 Rdnr. 225; *DKK/Klebe*, BetrVG § 87 Rdnr. 158; *Wilke*, RDV 2002, 225 ff., 229.

114 Vgl. *Klebe*, NZA 1985, 44 ff.; *Hinrichs*, AuR 1986, 287; *Simitis*, RDV 1989, 50 f.; *Däubler*, Belegschaften, Rdnr. 764 ff.; *Roßnagel*, CR 1993, 508 ff.; *Wilke*, RDV 2002, 225 ff., 229 f.;

Die bloße **Absicht, die Verarbeitung zu automatisieren,** reicht für die Intervention der Arbeitnehmervertretung aus.[115] Auf besondere, sei es auf die Daten selbst, sei es auf den Verarbeitungsvorgang bezogene Qualifikationsmerkmale kommt es deshalb nicht an. Inwieweit also von Anfang an bestimmte als **„Leistungs- und Verhaltensdaten"** definierte Angaben einbezogen werden, kann schon deshalb nicht von Bedeutung sein, weil eine multifunktionale Nutzung der gespeicherten Angaben[116] mit der wichtigste Vorteil automatisierter Systeme ist.[117] Genauso realitätsfremd ist es, zu verlangen, dass wohl von Anfang an ein **besonderes Programm** für die Kontrolle existieren muss.[118] Die jeweils gewünschte Verarbeitung braucht weder lange vorausgeplant zu werden, noch hinterlässt sie dauerhaft identifizierbare Spuren. Eine Verwendung des Informationssystems für Kontrollzwecke setzt freilich Daten voraus, die mit den einzelnen Beschäftigten in Verbindung gebracht werden können. **Gruppenbezogene Angaben** reichen dafür aus.[119] Wo, wie etwa beim Gruppenakkord, kollektive Leistungen im Vordergrund stehen, enthalten Aussagen über die Gruppe immer und ohne Rücksicht auf ihre Größe auch Angaben zu den an ihr beteiligten Beschäftigten.[120] Von „anonymen" Daten kann insofern keine Rede sein.[121] Die Angaben sind, im Gegenteil, durchaus individualisierbar. 47

Gleichviel mithin ob es um Fragebögen, die nach § 9 erforderlichen technischen und organisatorische Maßnahmen oder Personalinformationssysteme geht, die Verarbeitung der jeweils in Betracht kommenden Arbeitnehmerdaten muss sich nach den vom Arbeitgeber und der Arbeitnehmervertretung gemeinsam konzipierten, in einer **Betriebs- oder Dienstvereinbarung** festgehaltenen Regeln richten. Ob sich die Mitbestimmungsrechte der Arbeitnehmer decken, oder, wie zuweilen bei Personalräten deutlich restriktiver ausfallen, spielt dabei keine Rolle.[122] Ein für alle Vereinbarungen gültiges einheitliches Schema kann es allerdings mit Rücksicht auf die Unterschiede zwischen den einzelnen Unternehmen und Dienststellen sowie die dementsprechend ebenso unterschiedlichen Verarbeitungsbedingungen nicht geben.[123] 48

So verschieden die einzelnen Vereinbarungen aber sein mögen, sie enthalten durchweg **Vorschriften, die** nach § 4 Abs. 1 **den Verarbeitungsverlauf verbindlich bestimmen.**[124] Betriebs- und Dienstvereinbarungen sind dennoch kein Mittel, um die BDSG-Vorschriften zu unterlaufen. Die **informationelle Selbstbestimmung** ist **verbindlicher Orientierungspunkt und Schranke aller Vereinbarungen**. Sie können mit anderen Worten vom BDSG so lange abweichen wie sie die dort getroffenen Regelungen durch Schutzvorkehrungen ersetzen, die zwar den je spezifischen Beschäftigungsbedingungen besser angepasst,[125] aber mindestens ebenso weitreichend sind.[126] Weder die Betriebs- noch die Dienstvereinbarungen eignen sich also dazu, den gesetzlich gewährleisteten Schutz der Betroffenen zurückzunehmen.[127] Die informationelle Selbstbestimmung ist **kein Verhandlungsobjekt**, das sich beliebig 49

---

115 Vgl. *Simitis,* RDV 1989, 53; aber auch *FESTL*, BetrVG § 87 Rdnr. 248; *DKK/Klebe*. BetrVG § 87 Rdnr. 139; *Schwarz*, Arbeitnehmerüberwachung 63 ff.
116 Dazu Einl. Rdnr. 8 ff.; § 1 Rdnr. 59, 67.
117 Dazu auch *FESTL,* BetrVG § 87 Rdnr. 221 f.; *DKK/Klebe,* BetrVG § 87 Rdnr. 146, 151; *Simitis,* NJW 1985, 406, RDV 1989, 54; *Vogelgesang,* CR 1992, 408 f.; und demgegenüber BAG, AP Nrn. 7, 9, 11, 12 und 13 zu § 87 BetrVG 1972 Überwachung; sowie *Zöllner,* DB 1984, 1245; *Matthes,* ArbRGegw 23 (1986) 28, RDV 1987, 3 f.; *Kort,* CR 1987, 302 ff.
118 Vgl. BAG, AP Nrn. 7 und 9 zu § 87 BetrVG 1972 Überwachung; und demgegenüber *Simitis,* RDV 1989, 55; sowie *Grabendorff/Windscheid/Ilbertz/Widmaier,* § 75 Rdnr. 198.
119 Vgl. BAG, AP Nr. 7 zu § 87 BetrVG 1972 Überwachung; *FESTL,* BetrVG § 87 Rdnr. 220; *DKK/Klebe*, BetrVG § 87 Rdnr. 147; *Matthes,* in MünchArbR § 338 Rdnr. 29; *Koch,* Datenschutz, Rdnr. 1042 ff.; *Simitis,* RDV 1989, 55 f. jeweils m.w.A.
120 Missverständlich *Matthes,* RDV 1987, 3.
121 So aber *Buchner,* BB 1987, 1950; wohl auch *Ehmann,* ZfA 17 (1986) 377 ff.
122 Dazu insb. BVerwG, DVBl. 1988, 355 ; *Battis,* NVwZ 1986, 884 ff., CR 1987, 40 ff., 866 ff.; *Simitis,* RDV 1989, 52.
123 Dazu *Simitis,* Schutz von Arbeitnehmerdaten, 159.
124 Dazu § 4 Rdnr. 11.
125 Vgl. auch *DKK/Klebe*, BetrVG § 87 Rdnr. 162.
126 Vgl. auch BAG, AP Nr. 15 zu § 87 BetrVG 1972 Überwachung; sowie *Gola,* Datenschutz, Rdnr. 326.
127 Vgl. freilich *Wiese,* in GK-BetrVG § 87 Rdnr. 428 f.; *Thüsing,* in *Richardi,* BetrVG § 80 Rdnr. 93; wohl auch *Vogelgesang,* CR 1992, 165.

einbringen lässt, um andere, wie immer eingeschätzte, Vorteile zu erzielen. Ebenso wenig können sich Arbeitgeber und Arbeitnehmervertretung auf betriebliche Interessen berufen, um die informationelle Selbstbestimmung zu übergehen. Die **Mitbestimmung** hat, so gesehen, einen streng **komplementären Charakter**. Sie kann den Schutz der informationellen Selbstbestimmung präzisieren oder ausbauen, nicht jedoch verdrängen.[128] Aus der Tatsache, dass eine Betriebsvereinbarung bestimmte Anwendungen nicht untersagt, folgt deshalb noch keineswegs deren Zulässigkeit.[129] Nicht das Schweigen der Betriebsvereinbarung, sondern die informationelle Selbstbestimmung der Betroffenen ist der letztlich allein relevante Zulässigkeitsmaßstab.

50 Betriebs- und Personalräte verfügen schließlich über eine Reihe von **Informationsrechten**. Sie sind entweder allgemein formuliert (§ 68 Abs. 2 BPersVG) oder beziehen sich auf besondere Vorgänge wie etwa die Planung von technischen Anlagen, Arbeitsverfahren und Arbeitsabläufen (§ 90 Nr. 2 und 3 BetrVG) sowie die Personalplanung (§ 92 Abs. 1 BetrVG). Der Arbeitgeber muss in jedem dieser Fälle die Arbeitnehmervertretung auch und vor allem darüber unterrichten, wie sich die jeweils beabsichtigten Maßnahmen auf die Verwendung von Beschäftigtendaten auswirken.[130] Mehr als die Möglichkeit, eine Stellungnahme abzugeben und unter Umständen Gegenvorschläge zu machen, folgt daraus jedenfalls so lange nicht wie die Information nicht Vorstufe eines Mitwirkungs- oder Mitbestimmungsrechtes ist.[131]

51 Die Aufgaben der Arbeitnehmervertretungen bringen es mit sich, dass **Betriebs- und Personalräte** nicht nur, etwa im Zusammenhang mit den Kontrollrechten nach § 80 Abs. 1 Nr. 1 BetrVG und § 68 Abs. 1 Nr. 2 BPersVG,[132] gerade zu personenbezogenen Daten Zugang haben, sondern zugleich in der Lage sein müssen, **selbst die für ihre Tätigkeit erforderlichen Angaben zu verarbeiten**. Ob sie dazu befugt sind, richtet sich ausschließlich nach ihren im BetrVG und BPersVG gesetzlich definierten Aufgaben und Funktionsbedingungen.[133] So sind Betriebs- und Personalräte verpflichtet, Beschwerden der Beschäftigten entgegenzunehmen und sie, sofern sie ihnen berechtigt erscheinen, weiterzuverfolgen (§§ 84 Abs. 1 BetrVG, 68 Abs. 1 Nr. 3 BPersVG). Ohne eine Verarbeitung der damit verbundenen Daten lässt sich dieser Erwartung nicht genügen, wiederum ohne Rücksicht darauf, wie das Letztentscheidungsrecht ausgestaltet ist.[134] So steht Betriebs- und Personalräten ein Mitbestimmungsrecht bei Personalangelegenheiten zu (§§ 99 ff. BetrVG, 75 ff. BPersVG), das sich genauso wenig ohne eine mindestens temporäre Verarbeitung personenbezogener Daten wahrnehmen lässt. Und so müssen beide Arbeitnehmervertretungen, um ihre Funktion korrekt erfüllen zu können, über ein Mindestmaß, nicht zuletzt personenbezogener Informationen über die Beschäftigten verfügen, in erster Linie also über Grundstammdaten wie etwa Namen, Planstellennummern, Tätigkeitsbereiche, Besoldungs- und Vergütungsgruppen[135] und insoweit auch die **Verarbeitungsform**, manuell oder automatisiert, selbst bestimmen können.[136]

---

128 Vgl. *HmbDSB*, 18. TB, 193; *DKK/Klebe*, BetrVG § 87 Rdnr. 25, 163; *Gola/Wronka*, Handbuch, Rdnr. 1100 f.; *Gola*, Datenschutz, Rdnr. 322; *Simitis*, RDV 1989, 56 ff.; *Kort*, CR 1992, 615, RdA 1992, 385; *Wilke*, RDV 2002, 230; *Hilger*, RDV 2005, 148 f.

129 Vgl. freilich *DKK/Klebe*, BetrVG § 87 Rdnr. 162.

130 Vgl. auch *FESTL*, BetrVG § 92 Rdnr. 25.

131 Vgl. etwa die §§ 69 Abs. 2 Satz 1 und 72 Abs. 1 BPersVG.

132 o. Rdnr. 38 f.

133 Dazu BAG, AP 18 zu § 80 BetrvG 1972; BVerwG, NJW 1991, 375, RDV 2002, 188; sowie *DKK/Klebe*, BetrVG § 94 Rdnr. 43; *FESTL*, BetrVG § 1 Rdnr. 211; *Grabendorff/Windscheid/Ilbertz/Widmaier*, BPersVG § 68 Rdnr. 54 f.; *Gola/Wronka*, Handbuch, Rdnr. 1204 ff; *Vogelgesang*, CR 1992, 165; *Wohlgemuth*, CR 1993, 218 ff.; *Kersten*, PersV 2001, 307 ff.

134 Vgl. BVerfGE 93, 37 (72 f.).

135 Vgl. *HDSB*, 18., 99 f. und 23. TB, 23; *SDSB*, 17. TB, 105 ff.; *Gola/Wronka*, Handbuch, Rdnr. 1180 ff., 1213 ff.; *Grabendorff/Windscheid/Ilbertz/Widmaier*, BPersVG § 68 Rdnr. 55, 57; *Battis/Bleckmann*, CR 1989, 532 f.

136 Vgl. auch *Grabendorff/Windscheid/Ilbertz/Widmaier*, BPersVG § 68 Rdnr. 56 f.; *Däubler*, Belegschaften Rdnr. 636; einschränkend *Gola/Wronka*, Handbuch, Rdnr. 1213 ff.

Betriebsverfassungs- und Personalvertretungsrecht legen zugleich die **Verarbeitungsgrenzen** fest. Wie sich beispielsweise das Einsichtsrecht der Betriebs- und Personalräte im Rahmen der Kontrolle nach den §§ 80 Abs. 1 Nr. 1 BetrVG und 68 Abs. 1 Nr. 2 BPersVG im Einzelnen gestaltet, in welchem Umfang mithin personenbezogene Daten zur Kenntnis genommen werden dürfen, richtet sich ausschließlich nach den Anforderungen und Zielen der Kontrollfunktion. Wo zudem das Betriebsverfassungs- oder das Personalvertretungsrecht der Arbeitnehmervertretung lediglich ein Recht auf Einsichtnahme gewähren, ist es Betriebs- und Personalräten grundsätzlich verwehrt, die Daten zu speichern oder selbst weiterzuverarbeiten.[137] Betriebsverfassungs- und Personalvertretungsrecht räumen ferner den Arbeitnehmervertretungen das Recht ein, Stichproben vorzunehmen[138] und auch den Zutritt zu ansonsten nur beschränkt zugänglichen Bereichen zu verlangen, wie etwa dem Sicherheitsbereich der Rechenzentren.[139] Nichts anderes gilt für die Erhebung von Daten durch die Arbeitnehmervertretungen und beim Aufbau sowie der Verwendung eigener Datenbestände. Wiederum umschreiben die gesetzlich definierten Aufgaben der Betriebs- und Personalräte die Grenzen des Zugriffs auf personenbezogene Angaben.[140] 52

Erst recht bestimmen die **Aufgaben der Arbeitnehmervertretungen** die **Übermittlungsvoraussetzungen**. Betriebs- und Personalräte sind zudem bei einer Weitergabe personenbezogener Daten verpflichtet, das **Datengeheimnis** (§ 5)[141] sowie die jeweils bestehenden **Schweigepflichten** (§§ 10 Abs. 1 BPersVG; 79, 82 Abs. 2, 83 Abs. 1, 99 Abs. 1, 102 Abs. 2 BetrVG) zu beachten.[142] Allgemeine Aussagen, wie die Aufforderung zur „vertrauensvollen Zusammenarbeit" (§§ 2 BetrVG, 2 BPersVG), reichen im Übrigen nicht aus, um etwa eine **Weitergabe von Arbeitnehmerdaten an die Gewerkschaften** zu rechtfertigen.[143] Solange es an einer sich auf den konkreten Übermittlungsvorgang beziehenden gesetzlichen Vorschrift fehlt, gibt es keine Alternative zur **Einwilligung** der Betroffenen.[144] Ganz gleich freilich um welche Aufgaben es konkret geht, Betriebs- und Personalräte sind stets gehalten, die **informationelle Selbstbestimmung der Beschäftigten** zu beachten und zu respektieren.[145] Die **BDSG-Bestimmungen** sind deshalb nicht bedeutungslos. Sie ergänzen die Vorschriften des Betriebsverfassungs- und Personalvertretungsrechts und präzisieren zugleich die Verarbeitungsbedingungen.[146] Beide, Betriebs- und Personalräte sind zwar nicht „Dritte" im Sinne des BDSG, aber doch selbstständige Normadressaten.[147] Weitergaben von Daten an die Arbeitnehmervertretungen sind daher keine Übermittlungen, sondern Nutzungen.[148] 53

Konsequenterweise sind Betriebs- und Personalräte, nicht anders als die Arbeitgeber, zunächst und vor allem verpflichtet, die **Verwendung personenbezogener Daten möglichst zu vermeiden**, in jedem Fall aber **auf ein Mindestmaß** zu beschränken. Die Arbeitnehmervertretungen müssen deshalb auf personenbezogene Daten so lange verzichten, wie sie ihre 54

137 Vgl. auch BVerwG, NJW 1991, 375; *Däubler,* Belegschaften, Rdnr. 636; *Gola/Wronka,* Handbuch, Rdnr. 1209, 1211; sowie *Gola*, ZBVR 2003, 208 f.

138 Dazu *FESTL,* BetrVG § 80 Rdnr. 62 ff.; *DKK/Buschmann,* BetrVG § 80 Rdnr. 88 ff.; *Grabendorff/Windscheid/Ilbertz/Widmaier,* BPersVG § 68 Rdnr. 55; *Däubler,* Belegschaften, Rdnr. 637.

139 Vgl. *FESTL,* BetrVG § 80 Rdnr. 80; *DKK/Buschmann,* BetrVG § 80 Rdnr. 14 ff.; *Küpferle,* Arbeitnehmerdatenschutz, 272; *Däubler,* Belegschaften, Rdnr. 637.

140 Dazu BAG, AP Nr. 11 zu § 80 BetrVG 1972; *Grabendorff/Windscheid/Ilbertz/Widmaier,* BPersVG § 68 Rdnr. 42; *Simitis/Kreuder,* NZA 1992, 1009; *Vogelgesang,* CR 1992, 166.

141 Dazu § 5 Rdnr. 19.

142 LAG Berlin, RDV 1987, 252; *FESTL,* BetrVG § 79 Rdnr. 16 f.; *DKK/Buschmann,* BetrVG § 79 Rdnr. 28 ff.; *Gola/Wronka,* Handbuch Rdnr. 1222; *Vogelgesang,* CR 1992, 167.

143 Vgl. auch HessStGH, RDV 1986, 143; sowie *BerHessL,* 14 TB, LT-Drs. 15/2950, 26 f.

144 Vgl. auch *Gola/Wronka,* Handbuch, Rdnr. 1223; wohl ebenso *Däubler,* Belegschaften, Rdnr. 456; *Vogelgesang,* CR 1992, 167; und demgegenüber *Küpferle,* Arbeitnehmerdatenschutz, Rdnr. 154 ff.

145 Vgl. auch BVerwG, NJW 1991, 375; DKK/*Buschmann*, BetrVG § 79 Rdnr. 29; *Taeger,* PersR 2000, 440; sowie *Roßmann*, DuD 2002, 288 f.; *Gola*, ZBVR 2003, 208 f.; *Hornung/Steidle*, AuR 2005, 203; *Hummel/Hilbrans*, AuR 2005, 208; zu unpräzise BAG, AP Nr. 3 zu § 80 BetrVG 1972; *Däubler,* Belegschaften, Rdnr. 635.

146 Dazu BAG, Nrn. 9, 17, 18 zu AP § 80 BetrVG 1972; BVerwG, NJW 1991, 375; sowie *Kort,* CR 1988, 220 ff.; *Wohlgemuth,* CR 1993, 218; *Battis/Bleckmann,* CR 1989, 532 ff.

147 Dazu § 3 Rdnr. 247; sowie *Gola/Wronka,* Handbuch, Rdnr. 1174 ff.; *Battis/Bleckmann,* CR 1989, 532 ff.

148 Vgl. auch *Gola/Wronka,* Handbuch, Rdnr. 1179.

Aufgaben auch mit Hilfe **anonymisierter Angaben** erfüllen können.[149] Weder Betriebs- noch Personalräte sind zudem befugt, **Parallelsysteme** zum Personalinformationssystem des Arbeitgebers aufzubauen, um tendenziell sämtliche dem Arbeitgeber zur Verfügung stehende Daten ebenfalls verarbeiten zu können.[150] Betriebs- und Personalräte sind vielmehr gehalten, ihre Rechte primär als Mittel zu verstehen, um die für ihre je spezifische Aufgabe erforderlichen, vom Arbeitgeber bereits gespeicherten Daten bei diesem einzusehen. Die Arbeitnehmervertretungen müssen sich im Übrigen grundsätzlich **an die Betroffenen wenden** und sich **ihres Einverständnisses** mit der jeweils in Betracht kommenden Verarbeitung **versichern**.[151] Auch eine beabsichtigte Rationalisierung der Betriebs- oder Personalratstätigkeit rechtfertigt nicht einen Verzicht auf die Einwilligung der Betroffenen. Soweit es an ihrem Einverständnis fehlt, kommt lediglich eine Verwendung in Betracht, die durch die Aufgaben der Arbeitnehmervertretung abgedeckt ist. Ihre Funktion und nicht etwa der Zweck des Arbeitsverhältnisses ist der Zulässigkeitsmaßstab.[152]

55 Die selbstständige Verarbeitung verpflichtet die Arbeitnehmervertretungen nicht nur zur **Geheimhaltung** (§§ 79 BetrVG, 56 Abs. 3 BRRG), sondern auch dazu, alle für die Gewährleistung des Datenschutzes erforderlichen **technischen und organisatorischen Maßnahmen** (§ 9) zu treffen.[153] Betriebs- und Personalräte müssen darüber hinaus die jeweils geltenden **innerbetrieblichen Datenschutzregelungen** einhalten und sie soweit wie nötig ergänzen.[154]

5. Besondere Zulässigkeitsvoraussetzungen

5.1 Erhebung

56 § 28 **beendet** die für das BDSG 90[155] noch typische **Sonderbehandlung** der Erhebung.[156] Der Gesetzgeber hat sich zwar einmal mehr geweigert, sie als eine von mehreren Verarbeitungsphasen anzusehen (§ 3 Abs. 3).[157] Das BDSG stellt sie dennoch auf eine Ebene mit den übrigen Phasen und knüpft sie an genau die Bedingungen, die, von Sonderfällen einmal abgesehen (§ 28 Abs. 2, 3, 7, 8), auch für die anderen Verarbeitungsabschnitte gelten (§ 28 Abs. 1 Satz 1, Abs. 6 und 9). Mehr noch: Der Erhebung kommt eine besondere Bedeutung zu. An ihr wird die Verpflichtung der verantwortlichen Stelle festgemacht, personenbezogene Daten nur für bestimmte Zwecke zu verwenden, die von den Betroffenen jederzeit ausgemacht und nachvollzogen werden können (§ 28 Abs. 1 Satz 2).

57 Mit der klaren, wenn auch nicht wirklich konsequenten **Einbeziehung der Erhebung** in die Verarbeitungsvorgaben des § 28 hat der Gesetzgeber das bis zum BDSG 01 in Kauf genommene **Datenschutzdefizit im nicht-öffentlichen Bereich** an einem für die Betroffenen entscheidenden Punkt behoben. Die Erhebung ist weder im öffentlichen noch im nicht-öffentlichen Bereich ein, wie lange behauptet, weitgehend gleichgültiger Vorgang.[158] Sie leitet hier wie dort den Verarbeitungsprozess ein und schafft im einen wie im anderen Fall die Voraussetzungen für eine systematische Verwertung personenbezogener Daten.[159] Nicht umsonst ist freilich der Datenschutz von Anfang an als eine primär präventive Regelung verstanden worden[160] und nicht von ungefähr gehört es zu den wichtigsten Pflichten aller verantwortlichen Stellen, sich zunächst und vor allem zu vergewissern, ob sie ohne personenbezogene Daten

---

149 Vgl. auch *DKK/Klebe*, BetrVG § 94 Rdnr. 43; *Warga*, in Festschrift für *Gnade* (1992), 251 ff.
150 Dazu auch BVerwG, NJW 1991, 375; *HDSB*, 18. TB, 99 f.; sowie *Gola/Wronka*, Handbuch, Rdnr. 1209; NZA 1991, 792.
151 Vgl. auch BVerwG, NJW 1991, 375; sowie HessStGH, DVBl. 1986, 936.
152 Vgl. auch *Kersten*, PersV 2001, 312.
153 Vgl. auch *DKK/Klebe*, BetrVG § 94 Rdnr. 43.
154 Vgl. auch *BWHinwBDSG*, Dok. B 1.38, Nr. 33, Ziff. 2.
155 Dazu die 4. Auflage dieses Kommentars, § 28 Rdnr. 54 ff.
156 Vgl. auch o. Rdnr. 1.
157 Dazu § 3 Rdnr. 100 ff.
158 Dazu die 3., §§ 1 Rdnr. 18 b, 9 Rdnr. 30 ff., und 4. Auflage dieses Kommentars, § 1 Rdnr. 43 ff.
159 Dazu § 13 Rdnr. 1 ff, 5 ff.
160 Dazu Einleitung, Rdnr. 16 ff., § 1 Rdnr. 79.

auskommen können (§ 3a).[161] Nachträgliche Korrekturen sind erheblich komplizierter und zudem weitaus weniger Erfolg versprechend als Maßnahmen, die den Zugriff auf personenbezogene Daten verhindern oder gezielt begrenzen. Wenn aber dieses Ziel wirklich erreicht werden soll, dann müssen **Gründe, die gegen eine Verarbeitung sprechen, bereits zum Zeitpunkt der Erhebung bedacht werden**. Verbindliche, gesetzlich abgesicherte Vorgaben an die Erhebung personenbezogener Daten sind daher keineswegs nur eine Konzession an die EG-Datenschutzrichtlinie,[162] sondern auch und vor allem die zwingende Konsequenz der Tatsache, dass sich einzelne Verarbeitungsvorgänge gleichviel zugunsten welcher Stellen nur auf Kosten einer verfassungskonformen Gewährleistung der informationellen Selbstbestimmung übergehen lassen.[163]

Wann im Einzelnen **eine Erhebung vorliegt**, ergibt sich aus § 3 Abs. 3.[164] Nicht jede Erhebung muss allerdings den Anforderungen des § 28 genügen. Sie sind nur dann zu beachten, wenn die jeweils in Betracht kommenden Angaben, sei es mit Hilfe **automatisierter Verfahren** verarbeitet, sei es in **nicht-automatisierte Dateien** aufgenommen werden sollen (§ 27 Abs. 1).[165] 58

Personenbezogene Daten dürfen nur erhoben werden, wenn die verantwortliche Stelle den **Verwendungszweck** bereits **konkret festgelegt hat** (§ 27 Abs. 1 Satz 2). Das Gesetz stellt damit zweierlei klar. Verantwortlichen Stellen ist es, erstens, untersagt, **Angaben auf Vorrat** zusammeln.[166] Die Erhebung eignet sich mit anderen Worten nicht dazu, sich Daten für künftige, nicht weiter präzisierte Verarbeitungsziele zu verschaffen. Sie soll also die verantwortliche Stelle nicht in die Lage versetzen, über **einen beliebig nutzbaren Datenfonds** zu verfügen, sondern ihr nur den Weg zu den für einen **exakt umschriebenen Verwendungszweck** benötigten Daten bahnen. 59

So darf ein Sportverband von Reiseveranstaltern und Vorverkaufsstellen nicht verlangen, ihm im Hinblick auf eine von ihm organisierte Veranstaltung sowohl die Personalien, als auch die Passnummer der Karteninteressenten mitzuteilen. Dabei muss es selbst dann bleiben, wenn damit potenzielle Störer gerade im Hinblick auf künftige Veranstaltungen rechtzeitig erkannt und ausgeschlossen werden sollen. Jede Erweiterung der Erhebung über die für den konkreten Zweck erforderlichen Daten hinaus setzt eine genaue Information der Betroffenen ebenso voraus wie ihre ausdrückliche Einwilligung.[167] 60

Die verantwortliche Stelle legt, zweitens, mit ihrer Erklärung nicht nur das **Ziel** der unmittelbar beabsichtigten Erhebung, sondern auch **aller künftigen Verwendungen fest**. Die Erhebung präjudiziert, anders ausgedrückt, spätere Übermittlungen genauso wie jede weitere Nutzung. Auf die einmal erhobenen Daten darf also lediglich **für den Zweck** zurückgegriffen werden, **der schon Umfang und Inhalt der Erhebung bestimmt hat**. **Abweichungen** sind unter diesen Umständen nur im Rahmen der **gesetzlich vorgesehenen Zweckänderungen** (§§ 28 Abs. 2, 3, 8) **zulässig**. Das BDSG folgt damit der EG-Datenschutzrichtlinie (Art. 6 Abs. 1 Buchst. b),[168] zieht jedoch die Verwendungsgrenzen sehr viel deutlicher. Interpretationskontroversen darüber, ob das Ziel der beabsichtigten Verwendung mit dem Erhebungszweck „vergleichbar" (Art. 6 Abs. 1 Buchst. b) ist oder nicht, können gar nicht erst aufkommen. Orientierungspunkt und Entscheidungsmaßstab ist einzig und allein der Zweck, der den ursprünglichen Zugriff auf die Daten legitimiert und begrenzt hat. So unmissverständlich es also das BDSG der verantwortlichen Stelle überlässt, den Verwendungszweck auszuwählen, so dezidiert widersetzt es sich, jedem Versuch, die einmal getroffene Wahl zu ändern. Das Gesetz gewährleistet damit nicht nur **ein Höchstmaß an Transparenz**. Es verbessert auch 61

161 Dazu § 3a Rdnr. 9 ff., 34 ff.
162 o. Rdnr. 1.
163 BVerfGE 65, 1 (5).
164 Dazu § 3 Rdnr. 100 ff.
165 Dazu § 27 Rdnr. 24 ff.
166 Vgl. § 1 Rdnr. 101.
167 Dazu *BerHessL*, 13. TB, LT-Drs. 14/3086, 14.
168 Dazu *Dammann/Simitis*, EG-Datenschutzrichtlinie Art. 6 Rdnr. 8; *Brühann*, in GH II/*Wolf* A 30 Art. 6 Rdnr. 11.

die **Kontrollbedingungen**. Die Rechtmäßigkeit der Verwendung lässt sich dort sehr viel einfacher überprüfen, wo sich der Verwendungsprozess durchweg in einem festen, von Anfang an definierten Rahmen abspielt.

62 Umso mehr kommt es unter diesen Umständen auf die **Formulierung des Verwendungszwecks** an. Je genauer sie ausfällt, desto leichter ist es, ihr zu entnehmen, ob spätere Verwendungen noch vom Erhebungszweck gedeckt sind. Der verantwortlichen Stelle steht es deshalb einerseits frei, den Zweck anzugeben, sie ist aber andererseits verpflichtet, es in einer Art und Weise zu tun, die das **Verwendungsziel klar zu erkennen gibt**. Dafür spricht auch, dass mangelnde Präzision leicht zum Einfallstor einer unzulässigen Verarbeitung auf Vorrat gerät.[169] **Unklarheiten** müssen daher **zulasten der verantwortlichen Stelle** gehen. Es ist also stets der Interpretation der Vorzug zu geben, die den Verarbeitungszweck am ehesten und nachhaltigsten einengt.

63 Die **Daten** sind grundsätzlich **bei den Betroffenen zu erheben** (§ 4 Abs. 1 Satz 1).[170] § 28 räumt der verantwortlichen Stelle durchaus das Recht ein, personenbezogene Daten auch **ohne Einwilligung** der Betroffenen zu verwenden.[171] Der Verzicht auf die Einwilligung rechtfertigt es allerdings nicht, die Daten ohne weiteres an ihnen vorbei zu erheben. Das BDSG schreibt im Gegenteil ausdrücklich vor, sie einzuschalten. Ausnahmen gibt es zwar (§ 4 Abs. 2 Satz 2). Sie ändern jedoch nichts daran, dass sich die verantwortliche Stelle zunächst und vor allem bemühen muss, die von ihr benötigten Angaben direkt von den Betroffenen zu bekommen.[172] Die verantwortliche Stelle kann sich deshalb auch nicht auf den **„Geschäftszweck"** berufen, um die Betroffenen zu übergehen (§ 4 Abs. 2 Satz 2 Nr. 2 Buchst. a). Er rechtfertigt es lediglich dann, sich nicht an die Betroffenen zu halten, wenn er sich nur mit Hilfe von Daten erfüllen lässt, über die Dritte verfügen.

64 Die **Einschaltung der Betroffenen kommt ihnen** sicherlich **besonders entgegen**. Sie werden so rechtzeitig über die Informationswünsche der verantwortlichen Stelle unterrichtet und können genauso beizeiten reagieren. Die Befragung der Betroffenen ist aber auch **für die verantwortliche Stelle von Vorteil**. Sie beschleunigt, etwa bei vertraglichen Beziehungen (§ 28 Abs. 1 Satz 1 Nr. 1), den Informationsprozess und erleichtert es, Unklarheiten sofort zu beseitigen sowie fehlerhaften Verarbeitungen zuvorzukommen. Die verantwortlichen Stellen können zudem, selbst dann, wenn es sich um allgemein zugängliche Angaben handelt (§ 28 Abs. 1 Satz 1 Nr. 3), in aller Regel besser erkennen, ob schutzwürdige Interessen gegen eine Verwendung sprechen (§ 28 Abs. 1 Satz 1 Nr. 2 und 3). Kurzum, die direkte Anfrage bei den Betroffenen steigert die Chancen einer gesetzeskonformen Verwendung.

65 Die verantwortliche Stelle muss den Betroffenen **vor ihrer Befragung** vor allem den **Verwendungszweck** erläutern (§ 4 Abs. 3 Satz 1 Nr. 2).[173] Werden ihnen die dafür erforderlichen oder sonstige, gesetzlich ebenfalls vorgeschriebene **Informationen** (§ 4 Abs. 3 Satz 1) ganz oder teilweise **vorenthalten**, ist die Erhebung **unzulässig**. Nichts anderes gilt bei einer **falschen Information**[174] und erst recht bei einer **Überrumpelung** der Betroffenen.[175]

66 Bei **Betroffenen**, die **von der verantwortlichen Stelle abhängig sind**, dürfen personenbezogene Daten nur nach bestimmten, **rechtlich verbindlich vorgeschriebenen Regeln** erhoben werden. Anders als in den Fällen des § 4 Abs. 2 Satz 2 Nr. 1[176] geht es nicht darum, die Daten ohne Mitwirkung der Betroffenen zu erheben. Sie bleiben vielmehr die **Adressaten**

169 Dazu o. Rdnr. 59.
170 Dazu § 4 Rdnr. 19 ff.
171 Dazu o. Rdnr. 19 ff. sowie u. Rdnr. 85.
172 Dazu § 4 Rdnr. 19 ff.
173 Dazu § 4 Rdnr. 56; aber auch *BWHinwBDSG*, Nr. 35, StAnz. Nr. 3 v. 27.1.1997, 7, Ziff. 1.3.1, Nr. 36, StAnz Nr. 2 v. 19.1.1998, 7, Ziff. 1.1; *Gola/Wronka*, Handbuch Rdnr. 222 ff.; *Ungnade/Gorynia,* WM 1991, 124; *Däubler,* CR 1994, 104; *Gola/Wronka,* RDV 1994, 163; *Geis,* CR 1995, 176; wohl auch *Breinlinger,* RDV 1997, 248.
174 Vgl. etwa OLG Frankfurt, GRUR 1989, 845 (Vorspiegelung einer anonymen Marktumfrage); BGH, RDV 1993, 124 (verdeckte Laienwerbung).
175 Vgl. auch *Paefgen,* CR 1993, 479; *Däubler,* CR 1994 102 f.; *Gola/Wronka,* RDV 1994, 162 f.; *Breinlinger,* RDV 1997, 247 f.
176 Dazu § 4 Rdnr. 30 ff.

der Informationserwartungen der verantwortlichen Stelle. Welche Fragen an sie gerichtet werden dürfen, bestimmt sich allerdings, wie etwa beim **Fragerecht der Arbeitgeber**,[177] nach verbindlichen, von der Rechtsprechung entwickelten Regeln. Arbeitgeber sind konsequenterweise selbst dann nicht berechtigt, von den Beschäftigten Informationen zu verlangen, die gegen diese Grundsätze verstoßen, wenn sich die Beschäftigten ausdrücklich bereit erklären sollten, sie zu beantworten.[178] Ebenso wenig rechtfertigt es die Tatsache, dass die Arbeitnehmervertretung einem bestimmten Fragebogen zugestimmt hat (§§ 94 Abs. 1 BetrVG; 75 Abs. 3 Nr. 8, 76 Abs. 2 Nr. 2 BPersVG) unzulässige Fragen zu beantworten.[179]

Die **Erhebung muss sich** zudem auf **Daten beschränken, die für das jeweilige Arbeitsverhältnis erforderlich sind**. Nach Vorstrafen darf daher nur soweit gefragt werden, wie sie für die konkrete Arbeitsbeziehung relevant sind.[180] Fragen nach dem Gesundheitszustand müssen durch spezifische, arbeitsplatzbedingte Anforderungen und Gefahren gerechtfertigt sein.[181] Fragen, die sich auf die Vermögensverhältnisse beziehen, sind allenfalls zulässig, wenn es zu den Aufgaben des potenziellen Arbeitnehmers gehört, mit größeren Geldsummen oder Vermögenswerten umzugehen. Schließlich ist es lediglich in ganz bestimmten, wiederum ausschließlich an den Besonderheiten des Arbeitsplatzes ausgerichteten Ausnahmefällen statthaft, nach der Schwangerschaft zu fragen.[182] 67

Welche **Fragen** letztlich **zulässig** sind, hängt letztlich vom **Erhebungszusammenhang** ab. Art und Umfang der erhobenen Daten variieren also zwangsläufig, je nachdem, ob es um Bewerbungen, Einstellungen, Versetzungen oder Beförderungen geht. So sind Fragen zur Gewerkschaftszugehörigkeit zwar bei der Bewerbung nicht gestattet (§ 29 Abs. 6),[183] wohl aber bei der Einstellung, sofern der Arbeitgeber tarifvertraglich verpflichtet ist, die Gewerkschaftsbeiträge abzuführen und sich die Gewerkschaftsmitglieder damit einverstanden erklärt haben.[184] Den Arbeitgebern sind dennoch durchweg klare Grenzen gesetzt. Das berechtigte Interesse, die aus ihrer Sicht richtige Entscheidung, etwa bei einer Einstellung, zu treffen, legitimiert sie, schon mit Rücksicht auf § 6a, nicht, alle Informationen anzustreben, die es ihnen erlauben könnten, ein aus ihrer Sicht möglichst genaues, auch persönliche Gewohnheiten berücksichtigendes **Profil** der Bewerberinnen und Bewerber zu erstellen.[185] 68

Der **Status des Beschäftigten** kann allerdings ebenfalls eine Rolle spielen, wie das Beispiel der **leitenden Angestellten** zeigt. Ihre erhöhte Verantwortung rechtfertigt auch ein höheres Maß an Informationen zu ihrer Person. Allerdings geht es keineswegs an, **Beamte** einer Sonderregelung zu unterwerfen, die, sei es mit Hilfe allgemeiner Erwägungen über Grundlagen und Inhalt beamtenrechtlicher Verhältnisse, sei es unter Berufung auf die Treuepflicht, dem Arbeitgeber, etwa bei Vorstrafen, ein grundsätzlich unbeschränktes Fragerecht konzediert. Weder private noch öffentliche Arbeitgeber haben das Recht, Arbeitnehmerdaten nach ihren Wünschen und Vorstellungen zu verarbeiten. Ganz gleich also, ob es um die Angestellten einer Bank oder die bei einer Behörde beschäftigten Beamten geht, das Fragerecht des Arbeitgebers wird durch die Verpflichtung begrenzt, die informationelle Selbstbestimmung 69

---

177 Dazu auch o. Rdnr. 10, 42; sowie *FESTL*, BetrVG § 94 Rdnr. 17 ff.; *DKK/Klebe*, BetrVG § 94 Rdnr. 12 ff.; *Buchner,* in MünchArbR § 41 Rdnr. 33 ff.; *Grabendorff/Windscheid/Ilbertz/Widmaier,* BPersVG § 75 Rdnr. 136; *Roßnagel/Hoeren*, Handbuch, 4.6 Rdnr. 23 ff.; *Wächter*, Datenschutz Rdnr. 610 ff.; *Wohlgemuth*, in Festschrift *Hanau*, 332 ff.; *Thüsing/Lambrich,* BB 2002, 1146 ff.; *Franzen*, RDV 2003, 1 f. jeweils m.w.A.

178 Dazu auch § 4a Rdnr. 19; sowie *Bergmann/Möhrle/Herb*, BDSG § 28 Rdnr. 22.

179 Dazu o. Rdnr. 42; sowie *Simitis,* RDV 1989, 56 ff.

180 Vgl. etwa BAG, AP Nr. 2 und 50 zu § 123 BGB; BGH, NJW 2001, 2023; sowie *FESTL*, BetrVG § 94 Rdnr. 19; *DKK/Klebe*, BetrVG § 94 Rdnr. 16; *Buchner,* in MünchArbR § 41 Rdnr. 145 ff.; *Gola/Wronka,* Handbuch, Rdnr. 288 ff.

181 Vgl. die §§ 9, 15 f. ArbSchG, 3, 6 AsiG; sowie *FESTL*, BetrVG § 94 Rdnr.25 f.; *DKK/Klebe*, BetrVG § 94 Rdnr. 13 ff.; *Buchner,* in MünchArbR § 41 Rdnr. 60 ff.; *Gola/Wronka,* Handbuch, Rdnr. 213 ff.; *Franzen*, RDV 2003, 4 f.

182 BAG, AP Nr. 21 zu § 611a BGB; *FESTL*, BetrVG § 94 Rdnr. 22; *DKK/Klebe*, BetrVG § 94 Rdnr. 14.

183 Dazu u. Rdnr. 320 ff.; sowie *FESTL,* BetrVG § 94 Rdnr. 17; *DKK/Klebe*, BetrVG § 94 Rdnr. 20.

184 Dazu u. Rdnr. 110 f.

185 Dazu auch § 6a Rdnr. 30 ff.

der Betroffenen zu respektieren.[186] Der Status mag sich mithin, ähnlich wie der Erhebungszusammenhang, auf die **Bandbreite der Fragen** auswirken. Er ändert jedoch nichts am eigentlichen und entscheidenden Zulässigkeitsmaßstab, der **Relevanz der jeweils erfragten Daten für die je spezifische Beschäftigung**.[187]

70 Ähnlich ist bei **„Selbstauskünften"** potenzieller **Mieter** zu verfahren. Genauso wie bei den Arbeitsverhältnissen[188] muss das Fragerecht der Vermieter an der spezifischen Situation der Mieter gemessen werden. Einmal mehr kann es zudem nicht darauf ankommen, ob die jeweiligen Fragen direkt oder indirekt über eine „Selbstauskunft" beantwortet werden.[189] Die beabsichtigte Vermietung rechtfertigt daher lediglich eine von vornherein beschränkte Anzahl an Fragen, die sich einerseits streng am **Mietverhältnis** orientieren müssen, andererseits jedoch nicht den potenziellen Mieter zwingen dürfen, seine persönlichen Lebensverhältnisse und Verhaltensweisen ganz nach der Vorstellung des Vermieters offen zu legen. So sind zwar Fragen nach dem Beruf, den Einkommensverhältnissen sowie Anzahl und Alter der zum Haushalt gehörenden Personen zulässig, nicht jedoch Fragen nach der Familienplanung, einer Rechtsschutzversicherung, den Vorstrafen oder der Mitgliedschaft in einem Mieterschutzverein.[190]

71 Eine **Erhebung** personenbezogener Daten **bei Dritten** scheidet grundsätzlich so lange aus, wie sie **von den Betroffenen** nicht **gebilligt** worden ist. Das Gesetz lässt zwar **Ausnahmen** zu (§ 4 Abs. 2 Satz 2). Sie sind aber, gerade weil auch für den Gesetzgeber der Akzent ganz auf der Erhebung bei den Betroffenen liegt (§ 4 Abs. 2 Satz 1), möglichst **restriktiv zu interpretieren**. Das gilt erst recht dann, wenn sich die Notwendigkeit, Dritte einzuschalten, nicht ausdrücklich aus einer gesetzlichen Vorschrift ergibt, sondern von ihr lediglich „zwingend vorausgesetzt" wird (§ 4 Abs. 2 Satz 2 Nr. 1).[191]

72 So rechtfertigt der **„Geschäftszweck"** (§ 4 Abs. 2 Satz 2 Nr. 2 Buchst. a) Nachfragen bei Dritten beispielsweise dann, wenn zusätzliche Informationen im Hinblick auf eine Beschäftigung in sicherheitsempfindlichen Bereichen unerlässlich sind, tatsächliche, aber auch hinreichende Anhaltspunkte für unrichtige Angaben eines Bewerbers bestehen, oder sich Ermittlungen, sei es durch den Arbeitgeber selbst, sei es in dessen Auftrag nicht vermeiden lassen, etwa bei einem begründeten, gegen einzelne Arbeitnehmer gerichteten Verdacht des fortgesetzten Diebstahls oder des Verrats von Geschäftsgeheimnissen.[192]

73 **Erhöhte Kosten** berechtigen für sich genommen die verantwortliche Stelle noch nicht, die Betroffenen zu übergehen. Erst in dem Augenblick, in dem der Kosten- und Zeitaufwand etwa deshalb besonders zu steigen droht, weil sich die Betroffenen im Ausland aufhalten, oder aus sonstigen Gründen über lange Zeit nur sehr schwer zu erreichen sind, kann von einem **„unverhältnismäßigen" Aufwand** die Rede sein, der in der Tat eine Nachfrage bei Dritten ebenso nahe legt wie er sie legitimiert (§ 4 Abs. 2 Satz 2 Nr. 2 Buchst. b).[193]

74 Das BDSG begnügt sich allerdings nicht mit einem Hinweis auf den „Geschäftszweck" (§ 4 Abs. 2 Satz 2 Nr. 2 Buchst. a) oder den „unverhältnismäßigen Aufwand" (§ 4 Abs. 2 Satz 2 Nr. 2 Buchst. b). Beides legitimiert die Einschaltung Dritter erst, wenn die Nachfrage nicht **„überwiegende schutzwürdige Interessen"** der Betroffenen beeinträchtigt (§ 4 Abs. 2 Satz 2).[194] Die **verantwortliche Stelle** kann sich also keineswegs mit einer **Bewertung der eigenen Situation** zufrieden geben, vor allem also der Bedeutung, die aus ihrer Sicht den konkret gewünschten Daten zukommt. Sie muss vielmehr die **Belange der Betroffenen** genauso bedenken und sie sorgfältig gegen die eigenen Erwartungen abwägen. Ob überwiegende Interessen der Betroffenen **tatsächlich tangiert werden**, spielt freilich keine Rolle. **„Anhaltspunkte"** dafür genügen schon, um jeden Versuch auszuschließen, die konkret

186 Vgl. auch *Simitis,* RDV 1989, 52.
187 o. Rdnr 67.
188 o. Rdnr. 66 ff.
189 Dazu auch o. Rdnr. 66; sowie *Gola/Schomerus*, BDSG § 28 Rdnr. 32; *Roßnagel/Duhr*, Handbuch, 7.5 Rdnr. 63.
190 Vgl. auch BVerfG, NJW 1991, 2411; sowie § 4a Rdnr. 65 f.
191 Dazu § 4 Rdnr. 30 f.; sowie § 1 Rdnr. 102.
192 Dazu BAG, AP Nr. 21 zu § 87 BetrVG 1972 Überwachung; *Däubler,* CR 1994, 106.
193 Dazu § 4 Rdnr. 35; sowie u. Rdnr. 269.
194 Dazu § 4 Rdnr. 36 f.

gewünschten Informationen über Dritte zu bekommen. **Art und Umstände der Nachfrage** können also ausreichen, um ihre Unzulässigkeit zu begründen. Recherchen im häuslichen oder beruflichen Umfeld müssen deshalb ebenso unterbleiben wie alle Formen verdeckter Ermittlungen, etwa durch Privatdetektive.[195]

5.2 Erhebung, Verarbeitung und Nutzung – Zulässigkeitsalternativen (Abs. 1 Satz 1)

5.2.1 Alternativen (Abs. 1 Satz 1)

Die **Erhebung** (§ 3 Abs. 3),[196] **Speicherung** (§ 3 Abs. 4 Nr. 1),[197] **Veränderung** (§ 3 Abs. 4 Nr. 2),[198] **Übermittlung** (§ 3 Abs. 4 Nr. 3)[199] und **Nutzung** (§ 3 Abs. 5)[200] personenbezogener Daten **für eigene Zwecke** ist zulässig, sofern **eine der drei** in § 28 Abs. 1 Satz 1 **ausdrücklich und abschließend aufgezählten Bedingungen** erfüllt ist. Die Verwendung entspricht also den gesetzlichen Anforderungen, wenn sie: 75

- durch den Zweck eines zwischen den Betroffenen und der verantwortlichen Stelle bestehenden **Vertrages oder vertragsähnlichen Vertrauensverhältnisses** abgedeckt ist (Nr. 1);
- **berechtigten Interessen** der verantwortlichen Stelle dient und kein Grund zur Annahme besteht, dass gegen vorrangige Belange der Betroffenen verstoßen wird (Nr. 2);
- Daten zum Gegenstand hat, die **allgemein zugänglich** sind, oder von der verantwortlichen Stelle **veröffentlicht** werden dürfen, sofern „offensichtlich" überwiegende schutzwürdige Interessen der Betroffenen nicht gegen eine Verwendung sprechen (Nr. 3).

§ 28 Abs. 1 Satz 1 stellt, jedenfalls seinem Wortlaut nach, **keine Rangfolge** auf. **Die verantwortliche Stelle hat**, so gesehen, **die Wahl** zwischen den drei angeführten Anknüpfungsmöglichkeiten.[201] Sie muss die Entscheidung treffen und deshalb auch bestimmen, ob die Verwendung personenbezogener Angaben unter Hinweis auf ihre berechtigten Interessen, die generelle Zugänglichkeit der Daten, vertragliche Beziehungen oder ein vertragsähnliches Vertrauensverhältnis zu den Betroffenen gerechtfertigt werden soll. 76

Der verantwortliche Stelle kann freilich den Anknüpfungspunkt **weder beliebig auswählen noch** und erst recht **kumulativ auf die Zulässigkeitsgründe zurückgreifen**, um den durch § 28 Abs. 1 Satz 1 gewährten Verarbeitungsspielraum auszureizen. Die gesetzliche Regelung orientiert sich bei der Verwendung personenbezogener Daten für eigene Zwecke zwar nicht ausschließlich, aber doch **primär an den vertraglichen Beziehungen**. Sie sind, wie sich an der Kreditaufnahme, dem Arbeitsverhältnis, der Konsultation von Anwälten und Ärzten, der Miete oder der Buchung von Reisen zeigt, der eigentliche Verarbeitungsanlass. Den **„berechtigten Interessen"** (Nr. 2) sowie der Inanspruchnahme **„allgemein zugänglicher Daten"** (Nr. 3) kommt deshalb grundsätzlich nur eine **komplementäre Funktion** zu.[202] Sie sollen vor allem dort aushelfen, wo, gerade vor dem Hintergrund der für die verantwortliche Stelle typischen Vertragsverhältnisse, Daten benötigt werden, die sich nicht mit Rücksicht auf den Zweck der jeweiligen vertraglichen Beziehungen erheben, speichern, übermitteln oder nutzen lassen. Die Werbung neuer Kunden und der Abschluss von Rückversicherungen gehören genauso dazu wie die Vorsorge für mögliche Rückrufaktionen im Zusammenhang mit Mängeln der eigenen Produkte.[203] 77

195 Vgl. auch *Koch,* Datenschutz, Rdnr. 324.
196 Dazu § 3 Rdnr. 100 ff sowie o. Rdnr. 56 ff.
197 Dazu § 3 Rdnr. 114 ff.
198 Dazu § 3 Rdnr. 128 ff.
199 Dazu § 3 Rdnr. 143 ff.
200 Dazu § 3 Rdnr. 188 ff.
201 Vgl. auch BGH, BB 1983, 2016; BAG, AP Nr. 14 zu § 87 BetrVG 1972 Überwachung; *Gola/Schomerus,* BDSG § 28 Rdnr. 8; *Schaffland/Wiltfang,* BDSG § 28 Rdnr. 13; *Lambrich/Cahlik*, RDV 2002., 291.
202 Vgl. auch *Gola/Schomerus,* BDSG § 28 Rdnr. 9; *Gola/Wronka*, Handbuch, Rdnr. 200 ff.; *Däubler,* Belegschaften, Rdnr. 185; *Ruppmann*, Austausch, 62; *Steidle*, Multimedia-Assistenten, 198; sowie *BWHinwBDSG,* Dok B 1.4, Nr. 3, Ziff. 7; *Koch,* Datenschutz, Rdnr. 359; und demgegenüber *Lambtich/Cahlik*, RDV 2002, 291; *Ehmann*, RDV 1998, 240, AcP 188 (1988) 282.
203 Dazu u. Rdnr. 148, 157.

78 Die **Existenz einer vertraglichen Beziehung** wirkt sich daher auf die Interpretation der Anwendungsvoraussetzungen der weiteren in § 28 sanktionierten Verwendungsgründe aus. Die vertragliche Bindung muss stets mitbedacht werden und zwingt deshalb zu einer **restriktiven Anwendung**. Weder die „berechtigten Interessen" noch und erst recht die „allgemein zugänglichen Daten" sind Auffangklauseln, mit deren Hilfe sich der in § 28 Abs. 1 Satz 1 Nr. 1 gezielt eingeschränkte Zugriff auf personenbezogene Daten voll kompensieren lässt. Beide müssen vielmehr **eng ausgelegt** und, gemessen an der am Vertragszweck ausgerichteten Verwendung, als Anknüpfungspunkte einer **nur ausnahmsweise zulässigen Verarbeitung** angesehen werden.[204] Die jeweils für die einzelnen verantwortlichen Stellen typischen Vertragsverhältnisse präjudizieren folglich die Anwendungsgrenzen der Nr. 2 und 3. Wohl am deutlichsten machen sich die Konsequenzen bei Arbeitsverhältnissen[205] sowie bei einer Verarbeitung für Werbezwecke bemerkbar.[206]

5.2.2 Vertrag (Nr. 1)

79 Die Erhebung, Speicherung, Veränderung, Übermittlung oder Nutzung personenbezogener Daten ist zulässig, wenn sie **mit Rücksicht auf den Zweck eines zwischen der verantwortlichen Stelle und den Betroffenen bestehenden Vertragsverhältnisses** benötigt werden (§ 28 Abs. 1 Satz 1 Nr. 1). Die Verarbeitung setzt mithin einen **unmittelbaren sachlichen Zusammenhang** zwischen der **beabsichtigten Verwendung** und dem **konkreten Vertragszweck** voraus.[207] Welchen Zweck die Vertragsparteien mit ihrer Abmachung verfolgen, ergibt sich entweder aus dem **Vertragstext** oder aus dem gesamten **Vertragsinhalt**. Der ausdrückliche Hinweis auf eine Kreditaufnahme oder die Vermietung einer Wohnung reicht infolgedessen ebenso aus wie eine Umschreibung der vereinbarten Leistung, die es ohne weiteres erlaubt, sie als Vertretertätigkeit zu qualifizieren. In jedem Fall muss es sich jedoch um einen Zweck handeln, den die Vertragsparteien gemeinsam, also durch übereinstimmende Erklärungen ihrer rechtsgeschäftlichen Beziehung zugrunde gelegt haben.[208]

80 Die **verantwortliche Stelle** mag daneben **weitere**, für sie nicht minder wichtige **Ziele** verfolgen. So kann der Vertrag aus ihrer Perspektive vornehmlich dazu dienen, Geschäftsbeziehungen anzubahnen oder sich ein verlässlicheres Bild des Geschäftspartners zu machen. Die **subjektiven Erwartungen** der verantwortlichen Stelle sind jedoch gleichgültig. Ebenso wenig kann die verantwortliche Stelle ihren Verarbeitungsspielraum einseitig zulasten des Betroffenen ausweiten, etwa durch eine entsprechende Ergänzung der Allgemeinen Geschäftsbedingungen.[209] Den Ausschlag geben nicht ihre noch so legitimen persönlichen Vorstellungen, entscheidend ist vielmehr ausschließlich der **objektiv feststellbare, von allen Vertragspartnern gebilligte Vertragszweck**.

81 Der jeweilige Vertragszweck bleibt auch dann maßgeblich, wenn die Betroffenen **mehrere Verträge** mit der verantwortlichen Stelle abgeschlossen haben. Bankangestellte haben in aller Regel ein Konto bei der Bank, bei der sie arbeiten, Arbeitnehmerinnen und Arbeitnehmer eines Kaufhauses sind oft zugleich dessen Kunden. Jede dieser vertraglichen Beziehungen ist zwangsläufig mit der Verwendung bestimmter, auf ein und dieselbe Person bezogener Daten verbunden. So gesehen liegt es nahe, den jeweiligen Datenbestand zumindest partiell zusammenzuführen, um beispielsweise im Zusammenhang mit der Beförderung eines Angestellten auch seine „Zahlungsmoral" zu berücksichtigen oder bei der Einräumung eines Kredits mögliche Gesundheitsrisiken abzuschätzen. § 28 Abs. 1 Satz 1 Nr. 1 orientiert sich jedoch ausschließlich am **Vertragszweck** und **nicht an der Person der Betroffenen**. Eine mehrfache

204 Vgl. auch *BWHinwBDSG,* Dok. B 1.4, Nr. 3, Ziff. 7; *Gola/Schomerus,* BDSG Rdnr. 9; *Däubler,* Belegschaften, Rdnr. 242; *Weichert,* WRP 1996, 526; *Breinlinger,* RDV 1997, 251.

205 Dazu BAG, AP Nr. 2 zu § 23 BDSG; ff.; *Däubler,* Belegschaften, Rdnr. 124 ff; *Steidle,* Multimedia-Assistenten, 192 f., 196; eimschränkend wohl *Gola/Wronka,* Handbuch, Rdnr. 204 f.

206 Vgl. BGH, RDV 1995, 170; *Mattke,* Adressenhandel, 305; *Breinlinger,* RDV 1997, 251.

207 Vgl. auch *Bergmann/Möhrle/Herb,* BDSG § 28 Rdnr. 18; *Duhr/Naujok/Danker/Seiffert,* DuD 2003, 6.

208 Vgl. auch *Schaffland/Wiltfang,* BDSG § 28 Rdnr. 19.

209 Vgl. auch BGHZ 95, 362 (364 f.).

Nutzung muss deshalb so lange ausscheiden wie sie nicht durch den je spezifischen Vertragszweck gerechtfertigt werden kann.

Welche Daten im Einzelnen verarbeitet werden dürfen, lässt sich **nicht abstrakt** angeben, Es fällt zwar nicht schwer, bestimmte Angaben aufzuzählen, auf die fast immer zurückgegriffen wird. Dazu zählen, neben dem Namen, der Anschrift sowie der Bankverbindung des Vertragspartners, Daten, die für die Abwicklung des Vertrages wichtig sind, wie etwa Zahlungseingänge und Mahnungen.[210] Dennoch reicht es nicht aus, auf das für die jeweilige Branche typische Geschäftsgebaren zu verweisen. Ebenso präzise wie korrekte Aussagen sind nur in Kenntnis des **konkret infrage kommenden Vertragsverhältnisses** möglich.[211] 82

Bei **Kaufverträgen** etwa variieren die Informationserwartungen, je nachdem, was verkauft worden ist, wer sich am Vertrag beteiligt und wie die Zahlung erfolgen soll. Zudem: Anders als bei **Kreditverträgen**, bei denen auf Daten zum Einkommen sowie zu den bestehenden Verbindlichkeiten nicht verzichtet werden kann, spielt bei **Reiseverträgen** beides keine Rolle. Schließlich: Selbst wenn sich bei **Miet- und Arbeitsverträgen** manche Basisdaten decken, wird bei Arbeitsverhältnissen eine Vielzahl von Angaben verarbeitet, die ausschließlich für die Erfüllung von Arbeitsverträgen wichtig sind, angefangen bei Daten zur Ausbildung, zur Art der jeweiligen Tätigkeit, zur Lohn- und Gehaltshöhe oder zu den fachlichen Leistungen bis hin zu Krankheits- und Fehldaten. Mehr als dass grundsätzlich eine Verwendung **aller für den Abschluss und die Erfüllung eines Vertragsverhältnisses benötigten Angaben** in Betracht kommt, kann unter diesen Umständen nicht gesagt werden.[212] Ob deshalb Übermittlungen nur ausnahmsweise[213] oder grundsätzlich immer zulässig sind, ist keine Frage, die sich generell beantworten lässt. Hier wie sonst kommt es ausschließlich auf den **besonderen Vertragszweck** an.[214] 83

§ 28 Abs. 1 Satz 1 Nr. 1 berechtigt die verantwortliche Stelle in erster Linie dazu, **Angaben über ihre Vertragspartner** zu verwenden. Sie stehen im Mittelpunkt der vertraglichen Beziehung. Daten, die sich auf ihre Person beziehen, sind folglich auch der eigentliche Verarbeitungsgegenstand. Die Verwendung lässt sich freilich nur selten darauf beschränken. Sie erstreckt sich vielmehr regelmäßig auf **Daten Dritter**. Typisch dafür ist schon der Abschluss von Arbeits- oder Versicherungsverträgen. Angaben zur Person einzelner Familienmitglieder sind in beiden Fällen selbstverständlich. Mindestens ebenso bezeichnend, wenn nicht noch signifikanter sind jedoch jene Vertragsverhältnisse, die ohne die systematische Verarbeitung von Daten über Personen, welche nicht am Vertrag beteiligt sind, gar nicht durchgeführt werden können. Jede Überweisung setzt die genaue Angabe des Empfängers voraus. Ohne möglichst präzise Daten über den Unfallgegner lässt sich keine Unfallmeldung bearbeiten. Anwälte sind auf ein beträchtliches Maß an personenbezogenen Informationen über die Gegenpartei angewiesen, um überhaupt in die Lage versetzt zu werden, ihren Aufgaben nachzukommen. Ärzte können das familiäre Umfeld des Patienten nicht einfach übergehen. Ganz zu schweigen schließlich von Vertragsverhältnissen, bei denen, wie beim Vertrag zugunsten Dritter, die Einbeziehung anderer Personen zu den strukturellen Bedingungen der vertraglichen Beziehung gehört. 84

Ebenso wenig wie es im Rahmen der Anwendung des § 28 Abs. 1 Satz 1 Nr. 1 einer **Einwilligung des Vertragspartners** in die Speicherung, Übermittlung oder Nutzung der Daten zu seiner Person **bedarf**,[215] **setzt die Verarbeitung von Angaben, die sich auf Dritte beziehen, deren Einverständnis voraus**. Das BDSG stellt den **Vertragszweck** in den Vordergrund 85

---

210 Dazu auch *Gola/Schomerus,* BDSG § 28 Rdnr. 18; *Schaffland/Wiltfang,* BDSG § 28 Rdnr. 20; *Wedde,* in *Däubler/Klebe/Wedde,* BDSG § 28 Rdnr. 16.

211 Vgl. auch *Gola/Schomerus,* BDSG § 28 Rdnr. 18; *Schaffland/Wiltfang,* BDSG § 28 Rdnr. 18; *Ganßauge,* Datenverarbeitung, 148 ff.; *Beckhusen,* Datenumgang, 110.

212 Vgl. auch *FESTL,* BetrVG § 94 Rdnr. 24 f.; *DKK/Klebe,* BetrVG § 94 Rdnr. 7, 13, 15; *Schaffland/Wiltfang,* BDSG § 28 Rdnr. 18 f.; *Tinnefeld/Ehmann/Gerling,* Einführung, 549; *Steidle,* Multimedia-Assistenten, 193 ff.; sowie *Gola/Schomerus,* BDSG § 28 Rdnr. 13; *Ganßauge,* Datenverarbeitung, 149 f.

213 Vgl. BGH, NJW 1984, 436 (437).

214 Vgl. auch *Ganßauge,* Datenverarbeitung, 149.

215 Dazu o. Rdnr. 64 ff.

und erklärt konsequenterweise jede Verarbeitung für zulässig, die für das **konkret vereinbarte Vertragsziel** erforderlich ist.[216] Mit der Anknüpfung an den Vertragszweck weitet sich auch der Kreis der jeweils verwendbaren Daten aus. Ob und in welchem Umfang neben den Daten des Vertragspartners **Angaben zur Person Dritter** verarbeitet werden dürfen, richtet sich, mit anderen Worten, nach dem Vertragsverhältnis. Das Einverständnis des Überweisungsempfängers braucht infolgedessen nicht erst eingeholt oder mit Hilfe einer dem BDSG fremden „stillschweigenden" Erklärung[217] fingiert zu werden.[218] Genauso wenig bedarf es komplizierter Konstruktionen, um die Verarbeitung der Daten Drittbegünstigter etwa bei einem Versicherungsvertrag zugunsten Dritter zu rechtfertigen. Erst recht hängt bei Arbeits- oder Kreditverträgen die Verarbeitung von Angaben über Familienangehörige der Arbeit- oder Kreditnehmer nicht davon ab, ob sich die Betroffenen ausdrücklich damit einverstanden erklärt haben, gleichviel ob es dabei nur um den Familienstand und den Namen des Ehegatten oder auch um dessen Geburtsjahr, Beruf und Arbeitgeber geht.

86 Die **Einwilligung** ist dagegen **unerlässlich**, wenn die sich auf Dritte beziehenden Angaben nicht lediglich Teil der im Hinblick auf das je spezifische Vertragsverhältnis konkret erforderlichen Information über den Vertragspartner sind, sondern **Grundlage für die Begründung eigenständiger**, mit dem jeweiligen Vertrag verbundener **Pflichten** der Betroffenen. Für Dritte, deren Daten im Zusammenhang mit einem Vertragsverhältnis verarbeitet werden, gilt im Übrigen nichts anderes als für die Vertragspartner selbst: Sie sind **Betroffene** i.S.d. § 3 Abs. 1[219] und verfügen daher über alle auch ansonsten den Betroffenen zustehenden Rechte. Die verantwortliche Stelle hat zudem ihnen gegenüber genau die Pflichten, denen sie bei jeder anderen Verwendung personenbezogener Daten ebenfalls genügen muss.

87 Auch für **Anwälte** oder **Steuerberater** gilt deshalb: Sie müssen weder auf § 28 Abs. 1 Satz 1 Nr. 2 zurückgreifen noch nach Sonderregeln Ausschau halten, um sämtliche für ihr Mandat erforderlichen Daten zu verarbeiten.[220] Der **Vertragszweck bahnt den Zugang zu den Angaben und bestimmt die Verarbeitungsgrenzen**. Die Verwendung von Daten Dritter, die in dem jeweils bearbeiteten Vorgang involviert sind, spielt sich daher nicht in einem „vertragsfremden" Bereich ab. Sie ist vielmehr ebenso substanzieller wie unverzichtbarer Teil der Durchführung des konkret übernommenen Auftrages.[221] In dem Maße deshalb, in dem eine Verarbeitung oder Nutzung im Rahmen des Mandates erforderlich ist, berechtigt § 28 Abs. 1 Satz 1 Nr. 1 Anwälte oder Steuerberater durchaus, die jeweils benötigten Daten zu erheben, zu speichern, zu übermitteln oder sonst zu nutzen, allerdings immer nur so lange wie es zu keiner **Kollision mit spezifisch berufsrechtlichen Anforderungen** kommt.[222] Zusätzliche Verarbeitungsbarrieren kann es, vor allem im Hinblick auf die speziellen Pflichten von Anwälten, besonders bei Übermittlungen geben. Sie ändern jedoch nichts an der Tatsache, dass § 28 Abs. 1 Satz 1 Nr. 1 grundsätzlich den Verarbeitungsrahmen absteckt. Die dort festgelegten Verarbeitungsvoraussetzungen werden lediglich punktuell präzisiert und ergänzt.

88 § 28 Abs. 1 Satz 1 Nr. 1 lässt sich nicht auf **Umwandlungen** von Unternehmen anwenden.[223] Die **Gesamtrechtsnachfolge** (§ 20 UmwG) schließt von vornherein jeden Versuch aus, eine Übermittlung der Kunden- ebenso wie der sonstigen personenbezogenen Daten anzunehmen.[224] Gewechselt wird nur die Vermögenshülle, eine Weitergabe findet dagegen nicht statt.

---

216 Dazu o. Rdnr. 79 ff.
217 Dazu § 4a Rdnr. 43 f.
218 Vgl.auch *Gola/Schomerus*, BDSG § 28 Rdnr. 15; sowie *BWHinwBDSG*, Dok. B 14, Nr. 22, Ziff. 1.4.
219 Dazu § 3 Rdnr. 40 ff.
220 Vgl. auch *Redeker,* FPR 06.1998, 296 ff.; und demgegenüber *Rüpke,* NJW 1993, 3098 f., 3100 f.; *Späth,* Stbg 1993, 453.
221 Vgl. auch *Hund,* Stbg 1993, 64 f.
222 Das übersieht *Späth,* StbG 1993, 453 f.
223 Vgl. *Simitis,* ZHR 165 (2001) 458; *Lüttge,* NJW 2000, 2465; *Marsch-Barner/Mackenthun,* ZHR 165 (2000) 436; *Teichmann/Kiessling,* ZGR 2001, 52; und demgegenüber *Zöllner,* ZHR 165 (2001) 442, 446 ff.
224 Dazu *Simitis,* ZHR 165 (2001) 455 f.; sowie *Roßnagel/Eul*, Handbuch, 7.2 Rdnr. 75;.*Dieckmann/Eul/Kleverenz,* RDV 2000, 151; *Lüttge,* NJW 2000, 2465; *Marsch-Barner/Mackenthun,* ZHR 165 (2000) 432 ff.; *Schaffland,* NJW 2002, 1540; und demgegenüber *Wengert/Widmann/Wengert,* NJW 2000, 1291; sowie *Teichmann/Kiessling,* ZGR 2001, 49 ff.

§ 20 UmwG ist trotzdem **keine Sondervorschrift**, die das BDSG verdrängt (§ 1 Abs. 3 Satz 1).[225] Erst recht geht es nicht an, der **Funktionsfähigkeit der Umwandlung** den Vorrang vor verbindlichen, gesetzlich abgesicherten Verwendungsvorgaben etwa zum Umgang mit Kundendaten einzuräumen.[226] Das BDSG kann schließlich auch nicht mit Rücksicht auf § 4 Abs. 1 übergangen werden.[227] Selbst wenn das UmwG zu den **„anderen Rechtsvorschriften"** gezählt werden sollte, ist die Frage, welche Bestimmungen anzuwenden sind, ausschließlich nach § 1 Abs. 3 Satz 1 zu beantworten.

Soweit deshalb die beteiligten Unternehmen Informationen im **Vorfeld einer Umwandlung** austauschen möchten, müssen sie sich, wie bei jedem **Due Diligence-Verfahren**, auf **Struktur-Daten** oder **anonymisierte Angaben** beschränken.[228] Aber auch danach bleibt das BDSG anwendbar.[229] Zweierlei ist dabei zu berücksichtigen. Die Umwandlung mag den **Verwendungszweck** der Daten zunächst nicht berühren. Sie ist aber in aller Regel mit Verarbeitungsintentionen verknüpft, die eine andere, deutlich **breiter angelegte Verwendung** der Angaben anstreben.[230] Vor allem manche bereits durchgeführte oder geplante Übernahme von Banken durch Versicherungen ist bezeichnend dafür. Die Kundendaten sollen im Hinblick auf die veränderte Altersstruktur der Bevölkerung und die zunehmende Verlagerung der Altersversicherung auf eine Selbstvorsorge gezielt für die **Akquisition einer neuen Schicht von Versicherungsnehmern** genutzt werden. Jeder Schritt in diese Richtung überschreitet zugleich die durch den originären Vertragszweck gezogenen Verwendungsgrenzen und kann daher nur vollzogen werden, wenn die Betroffenen **rechtzeitig informiert** werden und **sich einverstanden erklären** (§ 4a).[231] 89

Genauso wichtig ist allerdings der **Identitätswechsel** des Vertragspartners der Betroffenen. 90
Formal gesehen bleibt es zwar, soweit es um die Verwendung personenbezogener Daten geht, bei den bisherigen Rechten und Pflichten der verantwortlichen Stelle. Ein gesetzeskonformer Datenschutz zwingt aber dazu, es nicht bei einer rein formalen Betrachtung zu belassen. Maßgeblich muss vielmehr sein, dass es etwa Bankkunden nicht gleichgültig ist, welchem Kreditinstitut sie den Vorzug geben. Sie entscheiden sich vor dem Hintergrund ihrer je spezifischen Transaktionen, geplanter Vermögensanlagen oder einer beabsichtigten Kreditaufnahme für eine bestimmte Bank. Die Umwandlung führt zwangsläufig dazu, ihnen **einen Vertragspartner aufzuoktroyieren**, das aus ihrer Sicht eben nicht mehr das Institut ist, das sie aus welchen Gründen immer gewählt haben. Die Betroffenen dürfen deshalb nicht übergangen werden.[232] Sie müssen im Gegenteil, genauso wie Beschäftigte bei Betriebsübergängen (§§ 324 UmwG und 613a Abs. 5 und 6 BGB), **rechtzeitig erfahren**, **mit wem sie es zu tun haben**, **über ausreichende Zeit verfügen**, um sich selbst eine Meinung zu bilden und **in die weitere Verwendung ihrer Daten einwilligen** (§ 4a). Sollten sie negativ reagieren, muss es ihnen freistehen, ihre **vertragliche Beziehung fristlos aufzulösen** und damit jede Verarbeitung ihrer Daten, es sei denn für Abwicklungszwecke, auszuschließen, ohne dafür mit irgendwelchen Auslagen belastet zu werden.[233]

---

225 Vgl. etwa *Dieckmann/Eul/Kleverenz,* RDV 2000, 150 f.; *Marsch-Barner/Mackenthun,* ZHR 165 (2000) 429 f.;*Wächter*, Datenschutz, Rdnr 709; aber auch *BfD,* 18. TB, 182; *BerHessL,* 13. TB, LT-Drs. 15/1539, 10; *BW-IM,* TB Nr. 38, StAnz. Nr. 2 v. 24.1.2000, 12; *Schaffland,* NJW 2002, 1540.

226 Vgl. auch *Zöllner,* ZHR 165 (2001) 445 f.; und demgegenüber *Lüttge,* NJW 2000, 2465 f.; *Dieckmann/Eul/Kleverenz,* RDV 2000, 151; aber auch *BerHessL,* 13. TB, LT-Drs. 15/1539, 11; sowie *Teichmann/Klessling,* ZGR 2001, 55.

227 So aber *Teichmann/Kiessling,* ZGR 2001, 54, 56 f.; *Marsch-Barner/Mackenthun,* ZHR 165 (2000) 428.

228 Vgl. auch *BW-IM,* TB Nr. 38, StAnz. Nr. 2 v. 24.1.2000, 12; *Roßnagel/Büllesbach*, Handbuch, 7.1 Rdnr. 55; *Roßnagel/Eul*, Handbuch, 7.2 Rdnr. 69 f.;.*Dieckmann/Eul/Kleverenz,* RDV 2000, 150; *Marsch-Barner/Mackenthun,* ZHR 165 (2000) 428.

229 Vgl. insb. *Zöllner,* ZHR 165 (2001) 440 ff.; aber auch *Wengert/Widmann/Wengert,* NJW 2000, 1289 ff.; *Stoffels,* ZHR 165 (2001) 376 ff.; sowie u. Rdnr. 379.

230 Dazu *Simitis,* ZHR 165 (2001) 456 ff., 459.

231 Dazu *Simitis,* ZHR 165 (2001) 459.

232 Vgl. auch *Zöllner,* ZHR 165 (2001) 441.

233 Dazu *Simitis,* ZHR 165 (2001) 461; aber OLG Karlsruhe, DB 2001, 1548.

91 Die **verantwortliche Stelle** muss sich auf die Verwendung der für den **konkreten Vertragszweck objektiv erforderlichen Daten** beschränken.[234] § 28 Abs. 1 Satz 1 Nr. 1 räumt ihr das Recht ein, personenbezogene Angaben zu verwenden, ohne zuvor das Einverständnis der Betroffenen einzuholen.[235] Das Gesetz toleriert insoweit einen Eingriff in ihre informationelle Selbstbestimmung. So gerechtfertigt er jedoch mit Rücksicht auf die Existenz eines Vertragsverhältnisses erscheint, an dem auch die Betroffenen beteiligt sind und dessen Erfüllung infolgedessen genauso in ihrem Interesse liegt, so wichtig ist es, den **Kreis der verwendeten Daten**, gerade weil die Verwendung ohne Mitwirkung der Betroffenen erfolgt, **ebenso überschaubar wie kontrollierbar** zu halten. Der verantwortlichen Stelle kann es deshalb **nicht überlassen bleiben**, Art und Umfang der verarbeiteten Daten **ausschließlich nach ihren Informationswünschen** festzulegen. Sie ist zwar einerseits frei, die Verwendung nach ihren Vorstellungen zu gestalten, andererseits aber verpflichtet, lediglich auf die objektiv für die Erfüllung des konkret abgeschlossenen Vertrages benötigten Daten zurückzugreifen. Dabei muss es auch bei einer Verarbeitung bleiben, die mit Hilfe einer standardisierten Software erfolgt. Die verantwortliche Stelle darf keine **Software-Pakete** benutzen, die es nötig machen, weit mehr als die für die vertragliche Beziehung erforderlichen Daten zu verarbeiten. Sie muss, ihre Software den Anforderungen des § 28 Abs. 1 Satz 1 Nr. 1 anpassen.[236] Erst recht geht es nicht an, **Clubkarten** auszugeben, die nicht nur Name, Adresse und Bankverbindung enthalten, sondern, wie bei manchen Fitnessclubs, auch eine Reihe weiterer Daten, mit deren Hilfe sich ein auf die einzelnen Mitglieder zugeschnittenes **Bewegungsmuster** entwickeln lässt.[237]

92 Auf „vertragsimmanente, rechtlich geschützte Interessen der Vertragspartner"[238] kann deshalb genauso wie auf die „vollständige Aktenführung"[239] oder die „Natur" des Vertrages[240] nur so lange verwiesen werden wie die verantwortliche Stelle damit nicht die Möglichkeit bekommt, die **Zulässigkeit der Verwendung** letztlich, wenn auch indirekt, nur **an ihren Erwartungen zu messen**. Der Verarbeitungs- und Nutzungsspielraum mag durchaus mit Rücksicht auf die je spezifische Aktivität der verantwortlichen Stellen genauso beträchtlich variieren. Das kann mit ihren höchst unterschiedlichen, zuweilen, wie etwa bei Wirtschaftsprüfern, wenigstens partiell gesetzlich definierten Aufgaben[241] zusammenhängen. Der Grund kann aber auch die recht verschiedene, teilweise, vor allem bei Arbeitgebern[242] sowie bei einzelnen Berufen, etwa den bereits erwähnten Wirtschaftsprüfern,[243] gesetzlich geregelte Provenienz der konkret verwendeten Daten sein. An den durch die **objektive Erforderlichkeit bestimmten Verwendungsgrenzen** ändert sich trotzdem nichts. Erst recht lässt sich deshalb aus dem unterschiedlichen Verwendungsspielraum nicht die Befugnis ableiten, **Daten auf Vorrat** zu verarbeiten.[244]

93 Zurückhaltung ist vor allem bei **Werturteilen** angebracht.[245] Dafür spricht schon, dass sich der Zusammenhang mit dem Vertragszweck gerade bei solchen Aussagen leicht verwischt. Die Verarbeitung von Werturteilen gefährdet zudem die Betroffenen besonders. Das Risiko von Missdeutungen ist beträchtlich. Berichtigungen bereiten erhebliche Schwierigkeiten. Werturteile dürfen deshalb nur gespeichert werden, wenn die verantwortliche Stelle im konkreten Fall nicht ohne sie auskommen kann.

---

234 Vgl. BGH, NJW 1986, 2505; *Gola/Schomerus,* BDSG § 28 Rdnr. 13 f., 18; *Roßnagel/Duhr*, Handbuch,7.5 Rdnr. 25;.*Schaffland/Wiltfang,* BDSG § 28 Rdnr. 19, anders allerdings Rdnr. 62; *Beckhusen*, Datenumgang, 109; *Steidle*, Multimedia-Assistenten, 194f.; und demgegenüber *Rüpke,* Freie Advokatur, 31.
235 o. Rdnr. 64.
236 Vgl. auch *Koch,* Datenschutz, Rdnr. 344.
237 Dazu *Petri*, DuD 2002, 727.
238 *Zöllner,* ZHR 149 (1985) 188.
239 *Rüpke,* Freie Advokatur, 32.
240 *Ehmann,* AcP 188 (1988) 274; *Ganßauge,* Datenverarbeitung, 149.
241 Vgl. etwa *Rüpke,* Wirtschaftsprüfer Kammer Mitteilungen 1996, 65 ff., 300 ff.
242 Dazu o. Rdnr. 11.
243 Dazu *Rüpke,* a.a.O.
244 Vgl. auch o. Rdnr. 59, 62; das übersieht *Rüpke,* Freie Advokatur, 33.
245 Dazu auch die §§ 3, Rdnr. 12 f., 52; 35 Rdnr. 9, 13, 71.

Das ebenso legitime wie verständliche Interesse der verantwortliche Stelle an der **„Kreditwürdigkeit“** ihrer Vertragspartner reicht nicht aus, um alle Daten zu verarbeiten, die aus ihrer Sicht dafür von Bedeutung sind. Fast jede Angabe zur Person der Vertragspartner, angefangen bei ihrem beruflichen Werdegang über ihre verschiedenen Gewohnheiten bis hin zu möglichen Vorstrafen, lässt sich ohne besondere Anstrengung als Bonitätsdatum ausgeben.[246] Das Ziel der gesetzlichen Regelung wird damit unterlaufen. Von einer Einschränkung der Verarbeitungsmöglichkeiten kann keine Rede mehr sein. Zulässig ist deshalb lediglich die Verwendung derjenigen Daten der Betroffenen, die für das konkrete Bankgeschäft oder den jeweiligen Kaufvertrag erforderlich sind. Die Speicherung von Angaben über einen Kreditbetrug kann, so gesehen, durchaus gerechtfertigt sein, nicht jedoch die möglichst lückenlose Registrierung aller Vorstrafen.[247] 94

Besondere Probleme stellen sich bei der **Übermittlung von Daten zur Kreditwürdigkeit** der Betroffenen. Die Anlässe können sehr verschieden sein. So liegt es beispielsweise nahe, die im Zusammenhang mit dem Vertragsabschluss gespeicherten Daten zur Bonität des Vertragspartners zu aktualisieren und zu vervollständigen. Die jeweils gewünschten Informationen lassen sich allerdings in der Regel ohne eine Übermittlung bestimmter auf die Person der Betroffenen bezogener Angaben nicht einholen. Die Weitergabe ist deshalb durchaus zulässig, freilich nur so lange wie lediglich Daten übermittelt werden, die im Hinblick auf die gewünschten, im Rahmen des konkreten Vertragsverhältnisses tatsächlich benötigten zusätzlichen Informationen erforderlich sind.[248] Gerade deshalb reicht § 28 Abs. 1 Satz 1 Nr. 1 nicht aus, um eine **Übermittlung an die SCHUFA** zu begründen.[249] Die Weitergabe setzt vielmehr eine **Einwilligung** der Betroffenen voraus,[250] die jedoch am Vertragszweck nichts ändert, ihn also keineswegs erweitert, sondern der verantwortlichen Stelle nur eine zusätzliche, auf den je spezifischen Zusammenhang der Einwilligung strikt begrenzte Verwendungsmöglichkeit einräumt.[251] 95

Anfragen Dritter über die Bonität der Kunden sind ein grundsätzlich genauso zulässiger Übermittlungsgrund. So sind etwa **Bankauskünfte** auch aus der Perspektive der Betroffenen ein willkommener, gezielt für die eigene geschäftliche Tätigkeit genutzter Vorteil der vertraglichen Beziehung zum Kreditinstitut. Eine **Blankoermächtigung** ist damit allerdings nicht verbunden. Solange der bestehende Vertrag Anlass und Grundlage der Übermittlung ist, müssen sich die Betroffenen darauf verlassen können, dass sich die Bank in einer Weise äußern wird, die ihre Interessen sorgfältig abwägt und berücksichtigt.[252] Wahrheitswidrige Auskünfte können freilich weder erwartet, noch verlangt werden. Die Bank ist lediglich gehalten, die Betroffenen vor der Übermittlung auf mögliche nachteilige Konsequenzen aufmerksam zu machen[253] und ihr Einverständnis einzuholen. Negativauskünften sind insofern von vornherein Grenzen gesetzt, die sich allenfalls im Rahmen einer Übermittlung nach § 28 Abs. 1 Satz 1 Nr. 2 überwinden lassen. Die Bank bleibt jedoch auch dann verpflichtet, den schutzwürdigen Interessen der Betroffenen Rechnung zu tragen.[254] 96

Anders verhält es sich dagegen bei **regelmäßigen Übermittlungen an zentrale Informationssysteme** der Kreditwirtschaft. Das wohl wichtigste Beispiel dafür ist die **SCHUFA**. Zwar geht es einmal mehr um die Weitergabe von Informationen zur Kreditwürdigkeit der Betroffenen. Die Übermittlung ist aber keineswegs erforderlich, um die sich aus der vertraglichen 97

246 Vgl. auch *Beckhusen*, Datenumgang, 111
247 Vgl. auch *Gola/Schomerus*, BDSG § 28 Rdnr. 21; *Schaffland/Wiltfang*, BDSG § 28 Rdnr. 22.
248 Vgl. auch BGH, BB 1978, 1278; *Gola/Schomerus*, BDSG § 28 Rdnr. 21; *Schaffland/Wiltfang*, BDSG § 28 Rdnr. 21, 62; *Ganßauge*, Datenverarbeitung, 150.
249 Dazu auch o.. Rdnr. 94; sowie *Ganßauge*, Datenverarbeitung, 150 ff.; das übersehen *Schaffland/Wiltfang*, BDSG § 28 Rdnr. 62.
250 Dazu § 4a Rdnr. 65 f.
251 Vgl. auch *Ganßauge*, Datenverarbeitung, 152 f.; *Zöllner*, ZHR 149 (1985) 189 f.; *Musielak*, Bankauskunft, 21; missverständlich *Ehmann*, AcP 188 (1988) 363 f.
252 Vgl. auch *Ganßauge*, Datenverarbeitung, 152; *Zöllner*, ZHR 149 (1985) 189; *Musielak*, Bankauskunft, 20 f.; und demgegenüber *Ehmann*, AcP 188 (1988) 277.
253 Einschränkend *Schaffland/Wiltfang*, BDSG § 28 Rdnr. 64.
254 Dazu u. Rdnr. 161 ff.

Beziehung zwischen dem Kreditinstitut und den Betroffenen ergebenden Aufgaben zu erfüllen. Ihr eigentlicher und entscheidender Anlass sind vielmehr die gemeinsamen Bemühungen der Kreditinstitute, die mit den Bankgeschäften verbundenen Risiken möglichst einzuschränken.[255] Die Banken können sich deshalb allenfalls auf ihre „berechtigten Interessen" (§ 28 Abs. 1 Satz 1 Nr. 2) berufen, um die Übermittlung zu rechtfertigen.[256]

98 Ebenso wenig wie die „Kreditwürdigkeit" rechtfertigt die mit einem **Versicherungsvertrag** verbundene **„Risikoübernahme"** eine tendenziell unbegrenzte Verarbeitung von Daten, die sich auf die Person der Versicherungsnehmer beziehen. Erste Anhaltspunkte dafür, welche Angaben im Einzelfall verarbeitet werden dürfen, ergeben sich aus dem **Versicherungsgegenstand**. Je nachdem, ob es sich um eine Personen- oder eine Sachversicherung handelt, eine Lebens-, Schadens- oder Unfallversicherung auf dem Spiel steht, oder schließlich eine Berufshaftpflicht-, Feuer- oder Hausratversicherung vorliegt, verändert sich zwangsläufig das Spektrum der für eine Speicherung, Übermittlung oder Nutzung in Betracht kommenden Daten. Auch das **VVG** enthält wichtige Hinweise. Vorschriften, die etwa Versicherungsnehmer verpflichten, alle ihnen bekannte Umstände, die für die Übernahme der Gefahr erheblich sind, bereits bei Vertragsabschluss anzuzeigen (§ 16 VVG), oder dem Versicherer nach Eintritt des Versicherungsfalles ein Auskunftsrecht einräumen (§ 34 VVG), wirken sich zwangsläufig auf Art und Umfang der verwendbaren Daten aus.

99 Am Grundsatz, dass es bei der Verwendung von Angaben bleiben muss, die für den je spezifischen **Vertragszweck** relevant sind, ändert sich dennoch nichts. Das Risiko generiert keine beliebig variierbare, ganz an den Vorstellungen des Versicherers ausgerichtete Verwendung personenbezogener Daten. Sie ist nur so lange zulässig wie die Informationserwartungen durch den **konkreten Versicherungsvertrag** abgedeckt werden.[257] So sind relativ detaillierte Angaben zur beruflichen Tätigkeit sowie zum jeweiligen Arbeitgeber im Rahmen einer Berufshaftpflichtversicherung sehr wohl erforderlich, nicht jedoch bei einer Hausratversicherung. Während zudem bei Krankenversicherungen nicht zuletzt Daten über den Gesundheitszustand einzelner Familienmitglieder in aller Regel durchaus von Bedeutung sind, darf auf entsprechende Angaben bei einer Kfz-Versicherung nicht zurückgegriffen werden.

100 **Übermittlungen an die Rückversicherung** sind durch den Vertragszweck **nicht gedeckt**. Das Interesse des Versicherers, sich seinerseits abzusichern, liegt auf der Hand. Ebenso wenig kann es einen Zweifel daran geben, dass eine Rückversicherung ein Mindestmaß an Informationen über die einzelnen Versicherungsnehmer voraussetzt.[258] So sehr jedoch aus der Perspektive des Versicherers alles für eine Übermittlung spricht, so wenig lässt sie sich unter Berufung auf das bestehende Vertragsverhältnis rechtfertigen. Mit dem Vertragszweck sind **nur Verarbeitungsvorgänge** vereinbar, die mit der **Erfüllung der vertraglichen Verpflichtungen** zusammenhängen.[259] Dazu zählt die Rückversicherung nicht.[260] Sie mag eine unmittelbare Folge der vertraglich übernommenen Aufgaben sein, ist aber deutlich von der zwischen dem Versicherungsnehmer und dem Versicherer eingegangenen vertraglichen Beziehung abgekoppelt. Erst recht ist es dem **Rückversicherer** untersagt, auf das Vertragsverhältnis zwischen dem Erstversicherer und dem Versicherungsnehmer zurückzugreifen. Das Gesetz verlangt eine unmittelbare vertragliche Beziehung zu den Betroffenen,[261] gibt sich also keineswegs mit Verträgen zufrieden, die in irgendeiner Form mit dem eigenen Geschäftskreis zusammenhängen. Übermittlungen an eine Rückversicherung lassen sich daher, genauso wie Weitergaben an Warndateien, nur im Rahmen des § 28 Abs. 1 Satz 1 Nr. 2, also unter Hinweis auf die berechtigten Interessen des Versicherers, rechtfertigen.[262]

255 Dazu *Mallmann,* in *Mallmann*/Schroeter, Aktuelle Rechtsfragen, 121 ff.
256 Dazu u. Rdnr. 133 ff.
257 Vgl. auch *Bergmann/Möhrle/Herb,* BDSG § 28 Rdnr. 174; *Berg,* Staatsanwaltschaft, 31.
258 Statt aller *Wesselhöft*, Datenschutz, 182 ff.; *Mohr,* ZgesVersW 1978, 47; *Biagosch*, VersR 1979, 490 f.
259 Vgl. auch *Bergmann/Möhrle/Herb*, BDSG § 28 Rdnr. 177; unklar *Roßnagel/Naujok*, Handbuch, 7.3 Rdnr. 39.
260 Anders *Schaffland/Wiltfang,* BDSG § 28 Rdnr. 63; *Mohr*, ZgesVersW 1978, 48.
261 Dazu o. Rdnr. 79.
262 Dazu u. Rdnr. 155 f.; sowie *Wesselhöft*, Datenschutz, 182 ff., 202; *Hoeren*, VersR 2005, 1015;das übersieht *Berg,* Staatsanwaltschaft, 31.

Für **Arbeitnehmerdaten** gilt ebenfalls: **Der Zweck des jeweiligen Arbeitsverhältnisses bestimmt die Verarbeitungsgrenzen.**[263] **Stammdaten**, also Angaben zum Familienstand, zum Entgelt oder zur Beförderung, sind davon ebenso betroffen wie etwa **Leistungs- und Verhaltensdaten**, angefangen bei Beurteilungen bis hin zu Daten über Fehlzeiten.[264] 101

Die Mehrzahl der Beschäftigten verbringt zwar ihre **berufliche Laufbahn** nicht an derselben Arbeitsstelle, wohl aber bei ein und demselben Arbeitgeber. Bei der Verarbeitung ihrer Daten genügt es deshalb nicht, die jeweils aktuellen Angaben zu berücksichtigen, vielmehr gilt es auch und gerade Daten einzubeziehen, die für die **künftige Entwicklung des Beschäftigungsverhältnisses** wichtig sind. Der enge Bezug zum bestehenden Arbeitsverhältnis und die Verknüpfung mit der weiteren innerbetrieblichen Beschäftigung sind die beiden Kriterien, an denen es sich dabei zu orientieren gilt, um eine noch vom Vertragszweck gedeckte Verwendung von einer unzulässigen Vorratsspeicherung abzugrenzen.[265] 102

Personalplanung und **Regelbeurteilung** sind die beiden wichtigsten Beispiele einer tendenziell immer auch **prospektiven Verarbeitung**. Beide stellen bewusst nicht einen konkreten Vorgang in den Mittelpunkt, sondern gehen von längeren Zeiträumen aus und tragen damit nicht nur Erwartungen des Arbeitgebers, vielmehr auch dem Interesse der Beschäftigten Rechnung, punktuelle und deshalb oft zufällige Reaktionen zu vermeiden. In beiden Fällen lässt sich deshalb die Berechtigung einer Verarbeitung nicht bestreiten, die bis zu einem gewissen Grad einer **Vorratsspeicherung** gleichkommt.[266] Umso wichtiger ist es, sicherzustellen, dass weder die „Personalplanung" noch die „Regelbeurteilung" als Blankoermächtigungen verstanden werden, den Kreis der verwendeten Daten immer weiter zu ziehen. Erst recht geht es nicht an, die jeweils für „Personalplanung" und „Regelbeurteilungen" entwickelten Regeln einfach auf andere Verarbeitungsvorgänge zu übertragen, also auch und vor allem auf sämtliche „Beurteilungen".[267] 103

Die latente Tendenz zur **Vorratsspeicherung** macht sich im Zusammenhang mit der bei betriebsbedingten Kündigungen gesetzlich vorgeschriebenen **„sozialen Auswahl"** (§ 1 Abs. 3 Satz 1 KSchG) genauso bemerkbar. Das KSchG beschränkt sich darauf, anzugeben, dass „soziale Gesichtspunkte" bei der Auflösung berücksichtigt werden müssen, sieht aber davon ab, die dafür maßgeblichen Daten anzuführen. In dem Maße freilich, in dem sich die Tendenz einer möglichst individualisierten Entscheidung verstärkt, nehmen auch die Versuche zu, immer neue Daten, nicht zuletzt zum Arbeitseinkommen des Ehegatten und überhaupt zu dessen Vermögenslage einzubeziehen.[268] Die Tendenz zu einer **vorsorglichen Verarbeitung** mit Rücksicht auf später einmal vielleicht nicht zu vermeidende betriebsbedingte Kündigungen zeichnet sich deshalb deutlich ab.[269] Umso mehr kommt es darauf an, sich strikt auf Daten zu beschränken, die sich ausschließlich auf das jeweilige Arbeitsverhältnis sowie die konkret betroffenen Arbeitnehmer beziehen.[270] 104

---

263 Dazu auch o. Rdnr. 67 ff.; sowie BAG, AP Nr. 25 § 611 BGB Persönlichkeitsrecht, AP Nr. 2 zu § 23 BDSG 77; *BerHessLR,* 10. TB, LT-Drs. 14/3086, 13; *Bergmann/Möhrle/Herb,* BDSG § 28 Rdnr. 22; *Gola/Schomerus,* BDSG § 28 Rdnr. 19; DKK/*Buschmann*, BetrVG § 83 Rdnr. 20; *Buchner,* in MünchArbR § 41 Rdnr. 33; *Blomeyer,* ebda. § 99 Rdnr. 21 ff., 26 ff.; *Gola/Wronka,* Handbuch, Rdnr. 209 ff.; *Simitis,* Schutz von Arbeitnehmerdaten, 19 ff.; *Däubler,* Belegschaften, Rdnr. 391, CR 1994, 107 f.; *Wächter*, Datenschutz, Rdnr. 602; *Steidle*, Multimedia-Assistenten, 195 ff.; *Lambrich/Cahlik*, RDV 2002, 290; *Hornung/Steidle*, AuR 2005, 202; *Franzen,* in *Oetker*/Preis, EAS B 5300 Rdnr. 59.

264 Dazu auch BAG, AP Nr. 3 zu § 75 BPersVG; Nr. 2 zu § 23 BDSG 77; Nr. 14 zu § 87 BetrVG 1972 Überwachung; BVerwG, NJW 1988, 1405; sowie, f.; *Blomeyer,* in MünchArbR § 99 Rdnr. 38 ff.; *Schaffland/Wiltfang,* BDSG § 28 Rdnr. 24, 26; *Kroll,* Datenschutz, 99 ff.; *Koch,* Datenschutz, Rdnr. 748 ff.; *Steidle*, Multimedia-Assistenten, 196 ff.

265 Dazu auch BAG, AP Nr. 3 zu § 75 BPersVG; Nr. 14 zu § 87 BetrVG 1972; Nr. 2 zu § 23 BDSG 77; *Schaffland/Wiltfang*, BDSG § 28 Rdnr. 25; *Kroll,* Datenschutz, 108; *Lambrich/Cahlik*, RDV 2002, 290 f.

266 Vgl. auch BAG, AP Nr. 1 zu § 13 BAT; sowie *Schaffland/Wiltfang*, BDSG § 28 Rdnr. 25.

267 Zu weitgehend BAG, AP Nr. 3 zu § 75 BPersVG.

268 Vgl. etwa *Kittner,* in *Kittner/Däubler/Zwanziger*, KSchG § 1 Rdnr. 483 ff.; *Dorndorf,* in Heidelberger Kommentar § 1 Rdnr. 1073 ff.

269 Vgl. etwa *Franzen,* in *Oetker/Preis*, EAS B 5300 Rdnr. 52.

270 Vgl. auch *Dorndorf,* in Heidelberger Kommentar § 1 Rdnr. 1071, ff., 1084 ff.

105 **Vertragliche Beziehungen** rechtfertigen zwar die Verwendung der für ihren Ablauf notwendigen Daten, berechtigen aber, vor allem bei Arbeitsverhältnissen, die verantwortliche Stelle nicht ohne weiteres dazu, die **Verarbeitungsform** zu bestimmen. Inwieweit es also zulässig ist, die Daten der Beschäftigten **automatisiert zu verarbeiten**, kann sich, wie sich allein schon am BetrVG (§ 87 Abs. 1 Nr. 6) zeigt,[271] nicht lediglich nach den Vorstellungen des Arbeitgebers richten. Bei der Wahl der Verarbeitungsform müssen zudem keineswegs nur Gefahren bedacht und berücksichtigt werden, die, wie etwa die graduelle Verselbstständigung der Daten und der damit verbundene Kontextverlust,[272] typischerweise bei einer Automatisierung auftreten. Vielmehr kommt es ganz besonders darauf an, ob bestimmte die einzelnen Beschäftigten betreffenden **Entscheidungen**, wie etwa routinemäßige Bewertungen oder die im Hinblick auf betriebsbedingte Kündigungen erforderliche Auswahl (§ 1 Abs. 3 KSchG), **automatisiert werden sollen**. Die Zulässigkeitsvoraussetzungen sind in diesen Fällen § 6a zu entnehmen.[273] Mehrere LDSG gehen noch weiter. Sie verbieten ausdrücklich Beurteilungen, soweit sie sich ausschließlich auf Informationen gründen, die in einem automatisierten Verfahren ermittelt wurden.[274]

106 So sehr der **Zweck des jeweiligen Arbeitsverhältnisses** Anknüpfungspunkt und Richtlinie der Verwendung von Arbeitnehmerdaten ist,[275] so wenig rechtfertigt er eine ebenso undifferenzierte wie uneingeschränkte Verarbeitung **aller im Rahmen der konkreten Arbeitsbeziehung anfallenden Daten**. In welchem Umfang der Arbeitgeber auf welche Angaben zugreifen darf, hängt vielmehr vom je spezifischen **Erhebungszweck** ebenso ab wie von den möglicherweise bestehenden **besonderen Verarbeitungsschranken**.[276] So sind die Arbeitgeber zwar in Ausnahmefällen berechtigt, Gesundheitsdaten zu erheben und zu speichern (§ 28 Abs. 6 Nr. 3),[277] dürfen aber bei ärztlichen Untersuchungen weder die genaue Diagnose noch die Krankheitsgeschichte, sondern nur das für eine bestimmte Entscheidung relevante Ergebnis erfahren.[278] Die in einem automatisierten System gespeicherten Daten der Beschäftigten können zudem von den Arbeitgebern grundsätzlich nur unter den mit der jeweiligen Arbeitnehmervertretung vereinbarten Bedingungen verwendet werden.[279]

107 Arbeitgeber sind grundsätzlich befugt, **Angaben über Telefongespräche**, etwa im Rahmen einer Kosten- und Wirtschaftlichkeitskontrolle, zu verarbeiten, die von dienstlichen Anschlüssen aus geführt werden. Daten, die eine Identifizierung des Angerufenen erlauben, müssen jedoch bis auf die Fälle einer Missbrauchskontrolle, unzugänglich bleiben.[280] Daran kann auch eine Vereinbarung mit den Betriebs- oder Personalräten nichts ändern. Arbeitnehmervertretungen und Arbeitgeber sind gleichermaßen verpflichtet, die informationelle Selbstbestimmung der Beschäftigten zu respektieren.[281] Das Mitbestimmungsrecht nach § 87 Abs. 1 Nr. 6 BetrVG oder 75 Abs. 3 Nr. 17 BPersVG[282] legitimiert deshalb keine Regelungen, die den Schutz der informationellen Selbstbestimmung unterlaufen, sondern nur Vereinba-

271 Dazu auch o. Rdnr. 10, 32, 44 ff.
272 Dazu Einleitung, Rdnr. 9 f.
273 Dazu auch o. Rdnr. 68 sowie § 6a Rdnr. 12 ff., 16 ff.
274 Vgl. etwa die §§ 29 Abs. 6 BbgDSG; 29 Abs. 7 DSG NRW; 31 Abs. 6 SDSG.
275 o. Rdnr. 101.
276 Vgl. auch *Däubler,* Belegschaften, Rdnr. 110 ff.
277 Dazu u. Rdnr. 333.
278 Vgl. *FESTL*, BetrVG § 94 Rdnr. 25; *DKK/Klebe*, BetrVG § 94 Rdnr. 11; *Kroll,* Datenschutz, 107 ff.; *Däubler,* Belegschaften, Rdnr. 232 f., 274.
279 Dazu o. Rdnr. 45 ff.
280 Vgl. etwa BAG, AP. Nr. 15 zu § 87 BetrVG 1972 Überwachung; Nr. 3 zu § 23 BDSG 77; 24 zu § 611 BGB Persönlichkeitsrecht; BVerwG, NJW 1982, 840, NVwZ 1990, 71; LAG Sachsen-Anhalt, RDV 2001, 28;VGH Baden-Württemberg, RDV 1991, 145; sowie *BfD,* 14., 64 ff., 15. TB, 148 ff; *HDSB,* 15. TB, 194 ff.; *LfD NDS,* 11. TB, 65; *FESTL*, BetrVG § 87 Rdnr. 245; *DKK/Klebe*, BetrVG § 87 Rdnr. 166; *Grabendorff/Windscheid/Ilbertz/Widmaier*, BPersVG § 75 Rdnr. 217; *Gola/Schomerus*, BDSG § 28 Rdnr. 20; *Schaffland/Wiltfang,* BDSG § 28 Rdnr. 94 ff.; *Gola/Wronka,* Handbuch, Rdnr. 334 ff.; *Däubler,* Belegschaften, Rdnr. 793 f, CR 1994, 754 ff., AiB 1995, 149 ff.; *Steidle*, Multimedia-Assistenten, 197 f.; *Linnenkohl,* RDV 1992, 205 ff.; *Kort,* CR 1992, 617 f., RdA 1992, 385.
281 Vgl. auch o. Rdnr. 49.
282 Dazu o. Rdnr. 44.

rungen, die ihn sicherstellen und weiterentwickeln.[283] Genauso gilt es im Übrigen bei der Speicherung von Angaben über eingehende Privatgespräche zu verfahren. Einmal mehr gehen die schutzwürdigen Belange der betroffenen Beschäftigten und der jeweiligen Anrufer vor.[284] Erst recht scheidet eine Registrierung der Gespräche mit Betriebsärzten und -psychologen sowie Betriebs- und Personalräten aus. Unverändert problematisch ist freilich die Verarbeitung von Angaben über Gespräche der Arbeitnehmervertretungen. Selbst wenn sie, etwa bei Ferngesprächen für statthaft angesehen werden sollte,[285] darf die Registrierung in keinem Fall dazu benutzt werden, in die Tätigkeit der Arbeitnehmervertretung einzugreifen.[286]

Nach denselben eindeutig restriktiven Grundsätzen gilt es schließlich bei **Internetanschlüs-** 108
sen und generell bei einer Verarbeitung der im betrieblichen oder behördlichen **E-Mail-Server** gespeicherten Daten vorzugehen.[287] Von einer durch die Organisationsbefugnis und das Aufsichtsrecht der Arbeitgeber generell gedeckten Einsichtnahme und Auswertung der im Server enthaltenen Daten[288] kann jedenfalls keine Rede sein.[289]

Übermittlungen von Arbeitnehmerdaten an **zentrale Auskunftsstellen der Arbeitgeber**, wie 109
etwa die Auskunftsstelle über den Versicherungsaußendienst (AVAD), sind vom Vertragszweck nicht gedeckt.[290] Den Arbeitgebern geht es zwar dabei um ein durchaus verständliches Ziel. Der Informationsaustausch soll eine ebenso rechtzeitige wie umfassende Information über potenzielle Arbeitnehmerinnen und Arbeitnehmer sicherstellen und damit die Beschäftigungsrisiken mindern. § 28 Abs. 1 Satz 1 Nr. 1 lässt jedoch lediglich Übermittlungen zu, die mit dem konkreten Arbeitsverhältnis zusammenhängen und sich strikt an dessen Zwecken orientieren. Weitergaben, die diesen Anforderungen nicht genügen, können deshalb, sofern keiner der in § 28 Abs. 2 oder 3 geregelten Ausnahmefälle vorliegt, nur in Kenntnis der Betroffenen und mit ihrem Einverständnis erfolgen.[291] Nichts anderes gilt für Übermittlungen an eine von den Arbeitgebern eingerichtete **überbetriebliche Prüfstelle**.[292]

Ebenso wenig rechtfertigt der Vertragszweck **Übermittlungen von Arbeitnehmerdaten an** 110
die Gewerkschaften, um beispielsweise Gewerkschaftsbeiträge besser berechnen[293] oder ihre korrekte Entrichtung kontrollieren zu können.[294] Arbeitsvertrag und Mitgliedschaftsverhältnis sind sorgfältig zu trennen. § 28 Abs. 1 Satz 1 Nr. 1 knüpft an den Arbeitsvertrag an und lässt lediglich Übermittlungen zu, die der Erfüllung seiner Zwecke dienen. Die jeweiligen Arbeitsbedingungen sind zwar Gegenstand der gewerkschaftlichen Aktivität, sie vollzieht sich aber außerhalb des Arbeitsverhältnisses. Abgesehen davon ist eine solche Übermittlung zwangsläufig mit der Verwendung von Angaben zur Gewerkschaftszugehörigkeit verbunden. Sie lassen sich jedoch nur unter den Voraussetzungen des 28 Abs. 6 und 9 verarbeiten

---

283 Dazu o. Rdnr. 45 ff.; sowie *Simitis,* RDV 1989, 58 ff.

284 Vgl. auch *HDSB*, 29. TB, 164 und demgegenüber *BWHinwBDSG* Dok. B 1.41, Nr. 36, Ziff. 5.

285 Vgl. BVerwG, NVwZ 1990, 71; BAG, AP Nr. 20 zu Art. 56 ZA-Nato-Truppenstatut; aber auch *Schaffland/Wiltfang*, BDSG § 28 Rdnr. 100 ff.

286 Vgl. auch BVerwG, NVwZ 1990, 71; *Grabendorff/Windscheid/Ilbertz/Widmaier,* BPersVG § 75 Rdnr. 219.

287 Dazu auch o. Rdnr. 45; sowie insb. *DSBK* v. 7./8.3.2002 zur datenschutzgerechten Nutzung von E-Mail und anderen Internet-Diensten am Arbeitsplatz, Dok. F 230; *BlnDSB*, JB 1998, 170 f.; *HDSB*, 29. TB, 163 ff.; *Gola/Schomerus*, BDSG § 28 Rdnr. 20; *Tinnefeld/Ehmann/Gerling*, Einführung, 220 f.; *Gola/Wronka*, Handbuch, Rdnr. 353 ff.; *Däubler,* Internet, Rdnr. 169 ff., Belegschaften, Rdnr. 355 ff.; *Raffler/Hellich*, NZA 1997, 862 ff.; *Bijok/Class*, RDV 2001, 52 ff.; *Barton*, CR 2003, 839 ff.; *Bier*, DuD 2004, 277 ff.; *Mengel*, BB 2004, 2014 ff.

288 So wohl der *BerHessL,* LT-Drs. 14/3086, 91.

289 Vgl. auch o. Rdnr. 45.

290 Vgl. auch LAG Berlin, Dok. § 24 BDSG 77 E 1 = DB 1979, 2187 f.; ArbG Bremen, DuD 1984, 248; *HDSB,* 6. TB, LT-Drs. 8/3962, 25; *Gola/Schomerus,* BDSG § 28 Rdnr. 21; *Gola/Wronka*, Handbuch, Rdnr. 588; *Wesselhöft*, Datenschutz, 215; *Gola*, RDV 2002, 113; einschränkend LAG München, RDV 1986, 278.

291 Dazu u. Rdnr. 171; vgl. auch LAG Berlin, DB 1979, 2187; *Schaffland/Wiltfang*, BDSG § 28 Rdnr. 120.

292 Vgl. LAG Hamburg, RDV 1990, 39.

293 Vgl. auch *Bergmann/Möhrle/Herb,* BDSG § 28 Rdnr. 50; *Gola/Wronka,* Handbuch, Rdnr. 630 f.; *Simitis,* Schutz von Arbeitnehmerdaten, 93 ff.; *Kroll,* Datenschutz, 136 f.; aber HessStGH, RDV 1986, 143; sowie *Gola/Schomerus*, BDSG § 28 Rdnr. 24.

294 Vgl. BAG, AP Nr. 3 zu § 23 BDSG 1977.

oder nutzen. Der Arbeitgeber kann folglich erst auf sie zurückgreifen, wenn sich die Betroffenen ausdrücklich damit einverstanden erklärt haben (§ 28 Abs. 6).[295]

111 Die durchaus zulässige **Verarbeitung von Mitgliederdaten durch die Gewerkschaft** selbst (§ 28 Abs. 9)[296] berechtigt den Arbeitgeber keineswegs, Arbeitnehmerdaten selbst dann weiterzugeben, wenn er sich in einem **Tarifvertrag** dazu verpflichtet hat, die Gewerkschaftsbeiträge einzubehalten. Die Verarbeitungsgrenzen werden durch den Arbeits- und nicht durch den Tarifvertrag bestimmt, jedenfalls soweit es um eine Verwendung von Daten geht, die nicht für die je spezifischen Arbeitsbedingungen relevant ist. Kollektivvertragliche Vereinbarungen wirken sich deshalb zwar auf den Inhalt des Arbeitsverhältnisses aus und können so den Verarbeitungsspielraum des Arbeitgebers durchaus beeinflussen, tangieren jedoch nicht die in § 28 Abs. 1 Satz 1 Nr. 1 verankerte Verpflichtung, die Entscheidung über die Verarbeitung stets ausschließlich an den konkreten, mit dem individuellen Arbeitsverhältnis verbundenen Aufgaben zu orientieren. Die Gewerkschaft kann daher die von ihr gewünschte Information nur von den **Mitgliedern selbst** bekommen. Sie muss sich also, solange die betroffenen Arbeitnehmerinnen und Arbeitnehmer nicht, sei es direkt, sei es indirekt, über den Arbeitgeber, **eingewilligt** haben, an ihre Mitglieder wenden und sich ihres Einverständnisses versichern.

112 Die **Übermittlungsform** ist gleichgültig. § 28 Abs. 1 Satz 1 Nr. 1 muss also auch bei einer vom Arbeitgeber **mündlich erteilten Auskunft** aus Dateien beachtet werden. Genauso wenig kommt es darauf an, ob das **Arbeitsverhältnis** zum Zeitpunkt der Übermittlung **noch besteht oder bereits aufgelöst worden ist**. Arbeitgeber und Arbeitnehmer sind auch nach dem Ende ihrer vertraglichen Beziehung verpflichtet, Rücksicht auf die beiderseitigen Interessen zu nehmen. Das Arbeitsverhältnis wirkt insofern nach. An die Stelle des nicht mehr existenten Vertrages tritt ein vertragsähnliches Vertrauensverhältnis (§ 28 Abs. 1 Satz 1 Nr. 1).[297]

113 **Übermittlungen zu Werbezwecken** sind ebenso wie **ausschließlich dafür vorgenommene Speicherungen** mit dem Vertragszweck so lange nicht vereinbar, wie die Werbung nicht ausdrücklich zum **Vertragsinhalt zählt, ohne Rücksicht im Übrigen darauf, ob es um Daten über Kunden, Arbeitnehmer oder** Geschäftspartner geht.[298] Der Adressat spielt weiter keine Rolle. Für Bausparkassen, Versicherungsunternehmen, Zeitschriftenverlage oder Kreditinstitute gilt gleichermaßen: Entscheidend ist nicht, ob die beabsichtigte Verwendung für Werbezwecke den Betroffenen Informationen vermittelt, an denen sie möglicherweise interessiert sind. Die Übermittlung muss vielmehr Ziele verfolgen, die für das jeweilige Vertragsverhältnis von Bedeutung sind. Dazu zählen aber Werbekampagnen Dritter nicht.[299] Genauso unzulässig ist es deshalb, Dritten **interne Telefonverzeichnisse** für Werbezwecke zur Verfügung zu stellen, nicht zuletzt, um die Herstellungskosten zu verringern, oder die Verzeichnisse aus den gleichen Gründen interessierten Unternehmen für Marketingzwecke zu verkaufen.[300]

114 Die Verwendung von **Patientendaten** richtet sich ebenfalls in aller Regel nach § 28 Abs. 1 Satz 1 Nr. 1. Ärzte sind vor dem Hintergrund und im Rahmen ihrer Konsultations- oder Behandlungsverträge berechtigt, sämtliche Daten zu erheben und zu verarbeiten, die für eine korrekte Abwicklung der jeweiligen Beratung oder Behandlung erforderlich sind, kurzum Angaben zur Identität der Patienten genauso wie Daten, die ihren **Gesundheitszustand** betreffen. Die Verwendung personenbezogener Angaben erstreckt sich damit zwangsläufig auf besonders geschützte Daten (§ 3 Abs. 9). Gerade Ärzte sind jedoch nach § 28 Abs. 7 ausdrücklich dazu legitimiert, Gesundheitsdaten zu verarbeiten.[301] Konsequenterweise muss es ihnen auch überlassen bleiben, selbstständig zu entscheiden, ob etwa, und wenn ja, welche

---

295 Dazu u. Rdnr. 320 ff.
296 Dazu u. Rdnr. 353 ff.
297 Dazu u. Rdnr. 119 ff.
298 Vgl. auch *BWHinwBDSG,* Dok. B 1.10, Nr. 9, Ziff. 3.2; *Bergmann/Möhrle/Herb,* BDSG § 28 Rdnr. 49; *Breinlinger,* RDV 1997, 248; *Lambrich/Cahlik*, RDV 2002, 290.
299 Dazu auch u. Rdnr. 218 f.
300 Vgl. auch *BerHessL,* 9. TB, LT-Drs. 14/1902, 10 f.; *Bergmann/Möhrle/Herb*, BDSG § 28 Rdnr. 46; sowie u. Rdnr. 195.
301 Dazu u. Rdnr. 338 ff., 341 ff.

Daten an welches Labor mit welchem Ziel **übermittelt** werden sollen. Aufklärungs- und Informationspflichten den Patienten gegenüber werden dadurch ebenso wenig berührt, wie die ansonsten nach § 28 Abs. 9 für Weitergaben an Dritte geltenden Schranken.

Der Zweck der vertraglichen Beziehung schränkt die **interne Nutzung** der Daten ebenfalls 115
ein. Sie dürfen nicht innerhalb der verantwortlichen Stelle frei zirkulieren. Das versteht sich dann von selbst, wenn die Verwendung der Daten **ausdrücklich bestimmten Beschränkungen unterliegt**, wie etwa bei Angaben, die dazu dienen, den ordnungsgemäßen Betrieb einer Datenverarbeitungsanlage zu kontrollieren (§ 31),[302] gilt aber genauso für alle anderen Angaben. Sie dürfen, schon mit Rücksicht auf die §§ 5[303] und 9,[304] grundsätzlich nur denjenigen Mitarbeiterinnen und Mitarbeitern der verantwortlichen Stelle weitergegeben werden, die ihrer Funktion und Position nach berechtigt sind, die jeweils in Betracht kommenden Daten zu nutzen.[305] Die Verpflichtung der verantwortlichen Stelle, den Verwendungsprozess den sich aus der informationellen Selbstbestimmung der Betroffenen ergebenden Anforderungen anzupassen, zwingt mithin zu einer strikt **funktionalen Zuordnung** der Daten.

Gefahren für die Betroffenen drohen vor allem bei **Doppel- oder Mehrfachfunktionen** der 116
jeweils für die Daten zuständigen Personen. Die verantwortliche Stelle muss deshalb auch und gerade für eine **Aufgabenzuweisung** sorgen, die sicherstellt, dass, Daten nicht zweckentfremdet werden.[306] Mit zu den wichtigsten Anwendungsfällen solcher organisatorischer Vorkehrungen gehört die Gewährleistung der **Vertraulichkeit von Personaldaten**.[307] Abgesehen davon muss die Weitergabe stets auf die wirklich erforderlichen Angaben beschränkt werden. So dürfen, beispielsweise, **vollständige Mitgliederlisten** selbst intern nicht weitergegeben werden, wenn die Kenntnis der sich auf ganz bestimmte Mitglieder beziehenden Daten für die Erfüllung der konkret anstehenden Aufgabe ausreicht.[308]

Etwas anderes kann lediglich bei Daten gelten, die, wie etwa Angaben in betrieblichen Tele- 117
fonverzeichnissen, von vornherein dazu bestimmt sind, **allgemein verwendet** zu werden. Die Grenzen sind allerdings eng zu ziehen. Sie lassen sich auch nicht dadurch ausweiten, dass die Daten **Betriebs- oder Werkszeitungen** zur Verfügung gestellt werden. Ihre Verarbeitungsprivilegien (§ 41)[309] haben auf die Zulässigkeit der Weitergabe keinen Einfluss. Sie greifen erst bei Daten ein, die von den Mitarbeitern und Mitarbeiterinnen der Betriebs- oder Werkszeitungen im Rahmen ihrer **journalistisch-redaktionellen Tätigkeit** erhoben und verarbeitet werden.[310] Ebenso wenig spielt die organisatorische, auch und gerade die Datenverarbeitung einbeziehende Abschottung der Werks- oder Betriebszeitung eine Rolle. Sie führt zwar dazu, eine mögliche Weitergabe als Übermittlung anzusehen,[311] ändert aber nichts daran, dass es ausschließlich Aufgabe der verantwortlichen Stelle ist, die Zulässigkeit zu prüfen und folglich mit Rücksicht auf die einer Zweckentfremdung entgegenstehenden Interessen der Betroffenen von einer Übermittlung abzusehen. Konsequenterweise ist die Veröffentlichung von **Altersangaben** ohne Einwilligung der Betroffenen unzulässig,[312] gleichviel, ob sie unmittelbar, sei es durch einen Anschlag, sei es durch einen Rundbrief, oder mittelbar über eine Publikation in der Werkszeitung erfolgt.

---

302 Dazu § 31 Rdnr. 1 ff.
303 Dazu § 5 Rdnr. 8 ff.
304 Dazu § 9 Rdnr. 20 ff., 68 ff.
305 Vgl. auch die §§ 56 Abs. 3 BRRG; 90 Abs. 1 Satz 3 BBG; sowie *BerHessL,* 10. TB, LT-Drs. 14/3086, 9.2.
306 Vgl. auch BAG, AP Nr. 29 zu § 99 BetrVG 1972; *BfD,* 7. TB, 48 f.; *Küpferle/Wohlgemuth,* Systeme, Rdnr. 113 ff.; *Gola/Wronka*, Handbuch Rdnr. 484 ff.; *Däubler,* Belegschaften, Rdnr. 408 ff.
307 Vgl. auch die §§ 90d BBG, 56 d BRRG; sowie BVerwG, NJW 1987, 1657; BAG, AP Nr. 14 zu § 611 BGB Persönlichkeitsrecht; *Gola/Wronka*, Handbuch, Rdnr. 93 ff.
308 Vgl. *BrLfD,* 11. TB, 115.
309 Dazu § 41 Rdnr. 12 ff.
310 Dazu § 41 Rdnr. 12 ff.; sowie *Gola/Wronka*, Handbuch, Rdnr. 665; sowie *Däubler*, Belegschaften, Rdnr. 484.
311 Vgl. auch *Gola/Wronka,* Handbuch, Rdnr. 667; *ErfK-Wank*, § 41 BDSG Rdnr. 1; das übersieht *Wächter*, Datenschutz, Rdnr. 671.
312 Vgl. auch *Däubler*, Belegschaften Rdnr. 484; sowie *Gola/Wronka,* Handbuch, Rdnr. 671.

118 Schwierigkeiten entstehen besonders dann, wenn die interne Bekanntgabe der Daten die Beschäftigten zu vergleichbaren Leistungen anspornen oder sie umgekehrt davon abhalten soll, sich genauso zu verhalten. **„Rennlisten"** sind ein typisches Beispiel dafür. Sie enthalten eine an den jeweiligen Umsätzen der Mitarbeiter und Mitarbeiterinnen im Außendienst orientierte Aufstellung, die nicht nur Vergleiche ermöglichen, sondern vor allem die Betroffenen veranlassen soll, sich noch mehr einzusetzen. Das durchaus legitime Interesse des Arbeitgebers, die persönlichen Leistungen gegenüberzustellen sowie an seinen Absatzerwartungen zu messen, rechtfertigt keineswegs eine tendenziell diskriminierende Veröffentlichung, zumal sich das Ziel des Arbeitgebers auch durch anonymisierte Angaben erreichen lässt.[313] Daran ändert sich selbst dann nichts, wenn der Außendienst rechtlich und organisatorisch verselbstständigt wird und damit an die Stelle einer internen Weitergabe der „Rennliste" eine Übermittlung tritt.[314]

5.2.3 Vertragsähnliches Vertrauensverhältnis (Nr. 1)

119 Die **Erhebung**, **Speicherung**, **Veränderung** oder **Nutzung** personenbezogener Daten ist ebenfalls zulässig, wenn die Angaben **mit Rücksicht auf den Zweck eines zwischen der verantwortlichen Stelle und den Betroffenen bestehenden vertragsähnlichen Vertrauensverhältnisses** benötigt werden (§ 28 Abs. 1 Satz 1 Nr. 1). Mehr als der Anknüpfungspunkt ändert sich freilich nicht. Voraussetzungen und Grenzen der Verwendung personenbezogener Daten bestimmen sich nach genau den für Vertragsverhältnisse geltenden Bedingungen. Eine unmittelbare Beziehung der verantwortlichen Stelle zu den Betroffenen ist deshalb ebenso unerlässlich wie eine strenge Zweckbindung im Umgang mit den Daten.[315]

120 **Anders als beim Vertrag** hat sich jedoch der Gesetzgeber beim **vertragsähnlichen Vertrauensverhältnis** für einen **bedenklich vagen Anknüpfungspunkt** entschieden. Über die **„Vertragsähnlichkeit"** lässt sich mindestens ebenso lange spekulieren wie über das **„Vertrauensverhältnis"**. Das BDSG enthält jedenfalls keine, sei es auch nur andeutungsweise erkennbare, geschweige denn verbindliche Interpretationsmaßstäbe. Die Gefahr liegt auf der Hand: Je extensiver die Interpretation der „vertragsähnlichen Vertrauensverhältnisse" ausfällt, desto leichter kann eine fehlende vertragliche Beziehung durch die Fiktion eines vertragsähnlichen Vertrauensverhältnisses kompensiert, damit aber im Ergebnis der Verarbeitungsspielraum der verantwortlichen Stelle erweitert werden. Das BDSG will jedoch, wie sich an der Aufzählung der Zulässigkeitsgründe in § 28 klar ablesen lässt, die Verarbeitungsmöglichkeiten nicht ausweiten, vielmehr einschränken.[316] Gesetzeskonform ist deshalb lediglich eine eindeutig **restriktive Auslegung**. So berechtigt daher die Einbeziehung vertragsähnlicher Vertrauensverhältnisse sein mag, so wichtig ist es, ihren Anwendungsbereich möglichst einzuengen.

121 **Vertragsähnliche Vertrauensverhältnisse** entstehen in erster Linie im **Umfeld vertraglicher Beziehungen**. Ein typisches Beispiel dafür sind **vorvertragliche Verhandlungen**. Sie grenzen die Bedingungen sowie das Ziel einer möglichen vertraglichen Beziehung ein und orientieren sich insofern weitgehend an den für das spätere Vertragsverhältnis entscheidenden Informationserwartungen. So gesehen war es aus der Sicht des Gesetzgebers nicht nur konsequent, die vorvertraglichen Verhandlungen in die Regelung des § 28 Abs. 1 Satz 1 Nr. 1 aufzunehmen, sondern sie auch als den Hauptanwendungsfall eines vertragsähnlichen Vertrauensverhältnisses zu betrachten.[317] Dementsprechend sind Umfang und Grenzen der Verarbeitung oder Nutzung am Zweck des Vertrages auszurichten, dessen Abschluss angestrebt wird.[318]

---

313 Vgl. auch *LfD NW,* 12. TB, 129 ff.; *BWHinwBDSG,* Dok. B 1.37, Nr. 32, Ziff. 1.1.3; *Bergmann/Möhrle/Herb,* BDSG § 28 Rdnr. 57; *Gola/Schomerus,* BDSG § 28 Rdnr. 22; *Gola/Wronka,* Handbuch, Rdnr. 473 f.; *Däubler,* Belegschaften, Rdnr. 483.; und demgegenüber *Schaffland/Wiltfang,* BDSG § 28 Rdnr. 116.

314 Vgl. auch *LfD NW,* 12. TB, 130.

315 Dazu o. Rdnr. 79 ff.

316 Dazu o. Rdnr. 76 ff.

317 Vgl. auch *Auernhammer,* BDSG § 28 Rdnr. 11; *Gola/Schomerus,* BDSG § 28 Rdnr. 26; *Schaffland/Wiltfang,* BDSG § 28 Rdnr. 67; *Tinnefeld/Ehmann/Gerling,* Einführung, 557 *Wächter,* Datenschutz, Rdnr. 561.

318 Vgl. auch *Ganßmüller,* Datenverarbeitung, 154.

Oft wird es freilich nicht einfach sein, zwischen **vorvertraglichen Verhandlungen** und **Aktivitäten** zu unterscheiden, die lediglich dazu dienen, **Informationen zusammenzustellen**, mit deren Hilfe **Chancen und Zweckmäßigkeit einer vertraglichen Beziehung** geprüft werden sollen. Voraussetzungen und Grenzen der Verwendung personenbezogener Daten richten sich in diesen Fällen nicht nach § 28 Abs. 1 Satz 1 Nr. 1, vielmehr nach § 28 Abs. 1 Satz 1 Nr. 2. Ein typisches Beispiel dafür ist die Akquisition von Interessentendaten.[319] 122

Ein vertragsähnliches Vertrauensverhältnis kann auch, jedenfalls für eine gewisse Zeit, **nach der Beendigung einer vertraglichen Beziehung** bestehen. Die Verpflichtung der Vertragspartner, aufeinander Rücksicht zu nehmen, erlischt nicht ohne weiteres mit dem Ablauf des Vertragsverhältnisses. Sie wirkt sich vielmehr je nach Struktur und Intensität der vertraglichen Beziehung auf die nachvertragliche Zeit aus.[320] Damit verbunden ist die Notwendigkeit, Daten, die ursprünglich im Hinblick auf das Vertragsverhältnis gespeichert wurden, weiterhin, freilich unter Beachtung einer möglicherweise erforderlichen Sperrung (§ 35 Abs. 3), zu verwenden, etwa um bestimmte für die Betroffenen wichtigen Auskünfte erteilen zu können.[321] Mit das wichtigste Beispiel dafür ist die Ausstellung der jeweils, auch und gerade im Interesse früherer Beschäftigten, erforderlichen **Bescheinigungen** über das inzwischen aufgelöste Arbeitsverhältnis. Nachvertragliche, eine Weiterverarbeitung rechtfertigende Informationspflichten entstehen auch bei **Rechtsanwälten**, etwa mit Rücksicht auf eine drohende Verjährung bei einem zunächst wegen der Zahlungsunfähigkeit des Gegners erfolglosen Versuch, einzelne Forderungen durchzusetzen. 123

Vertragsähnliche Vertrauensverhältnisse können darüber hinaus bei **nichtigen oder anfechtbaren Dauerrechtsverhältnissen** zustande kommen. Aus der Nichtigkeit einer vertraglichen Vereinbarung folgt normalerweise die Unzulässigkeit jeglicher Verarbeitung. Die gespeicherten Daten müssten deshalb unverzüglich gelöscht werden (§ 35 Abs. 2 Nr. 1).[322] In dem Maße jedoch, in dem, wie etwa bei Miet- oder Arbeitsverträgen, eine rückwirkende Vernichtung eines zwar fehlerhaften aber bereits realisierten Vertragsverhältnisses ausscheidet, erscheint es gerechtfertigt, die für die Erfüllung solcher Vertragsverhältnisse erforderlichen Daten zu verarbeiten. 124

Von einem vertragsähnlichen Vertrauensverhältnis ist schließlich bei der Verwendung von **Mitgliederdaten** auszugehen.[323] Die Mitgliedschaft lässt sich freilich, bei aller Affinität zu einer vertraglichen Beziehung, nicht darauf reduzieren. Wie sie sich im Einzelnen gestaltet, hängt letztlich davon ab, ob der Verband vertrags- oder körperschaftsrechtlich organisiert ist. Korrekterweise hätte deshalb der Gesetzgeber die mit der Mitgliedschaft verbundenen Fragen besonders behandeln müssen. Das BDSG hat jedoch davon abgesehen. Anders als das BDSG 77 und das BDSG 90 enthält jedoch das BDSG 01 eine **Sonderregelung für bestimmte Organisationen** (§ 28 Abs. 9). Dahinter steht allerdings nicht der Wunsch, die bis dahin unterlassene Regelung der Verwendung von Mitgliederdaten nachzuholen. Der Akzent liegt vielmehr ganz auf der **Sensitivität** der Informationen über die Mitglieder von Organisationen, die politische, religiöse, philosophische oder gewerkschaftliche Ziele verfolgen. § 28 Abs. 9 ist deshalb Teil der Sondervorschriften zu den sensitiven Daten (§ 3 Abs. 9).[324] Angaben über die Mitglieder dieser Organisationen dürfen nur unter den in § 28 Abs. 9 näher umschriebenen Bedingungen verwendet werden.[325] 125

---

319 Dazu u. Rdnr. 159.

320 Vgl. auch OLG Düsseldorf, NJW-RR 90, 372.

321 Vgl. auch *Gola/Schomerus,* BDSG § 28 Rdnr. 26; *Schaffland/Wiltfang,* BDSG § 28 Rdnr. 75; *Bergmann/Möhrle/Herb,* BDSG § 28 Rdnr. 194; *Tinnefeld/Ehmann/Gerling,* Einführung, 558 f.; *Wächter*, Datenschutz, Rdnr. 582 f., 593.

322 Dazu u. Rdnr. 363; sowie § 35 Rdnr. 22 ff.

323 Vgl. auch *Bergmann/Möhrle/Herb,* BDSG § 28 Rdnr. 197; *Gola/Schomerus,* BDSG § 28 Rdnr. 26; *Schaffland/Wiltfang,* BDSG § 28 Rdnr. 78, 80.

324 Dazu § 3 Rdnr. 257 ff.

325 Dazu u. Rdnr. 353 ff.

126 Im Ergebnis spaltet also das Gesetz die Verwendungsvoraussetzungen bei Mitgliederdaten: Für die **Mehrzahl aller Organisationen** bleibt es, **ungeachtet ihrer Rechtsform und ihrer Ziele**, bei einer Anwendung des **§ 28 Abs. 1 Satz 1 Nr. 1**. Genossenschaften und Arbeitgeberverbände müssen sich also ebenso nach § 28 Abs. 1 Satz 1 Nr. 1 richten wie Sportvereine und Fördervereinigungen von Museen und Universitäten. Für **Organisationen**, die **der Sonderkategorie des § 28 Abs. 9** angehören, sind dagegen **ausschließlich** die in **§ 28 Abs. 9** angegebenen Verwendungsanforderungen zu beachten.

127 Vertragsähnliche Vertrauensverhältnisse müssen nicht immer mit einer vertraglichen Beziehung zusammenhängen. Sie liegen genauso bei einer berechtigten **Geschäftsführung ohne Auftrag** (§§ 677 ff. BGB), **Gefälligkeitsverhältnissen**[326] oder **Preisausschreiben**[327] vor. In jedem dieser Fälle fehlt es an einem Vertrag. Das Verhältnis zwischen den Beteiligten lässt sich dennoch mit einer vertraglichen Beziehung vergleichen, wie sich nicht zuletzt an der weitgehenden Anwendung vertragsrechtlicher Grundsätze zeigt. Soweit die Beteiligten deshalb personenbezogene Daten verarbeiten möchten, müssen sie sich an die für den Anwendungsbereich des § 28 Abs. 1 Satz 1 Nr. 1 geltenden Regeln halten.

128 Die verantwortliche Stelle darf genauso wie bei einer vertraglichen Beziehung[328] lediglich die Angaben verwenden, die **objektiv erforderlich** sind, um den für das jeweilige vertragsähnliche Vertrauensverhältnis maßgeblichen Zweck zu erreichen. Arbeitgeber dürfen deshalb bei der Bearbeitung von **Bewerbungsunterlagen** grundsätzlich alle für den Auswahlprozess benötigten Angaben verwenden.[329] Sie sind allerdings genauso verpflichtet, die speziell für die Erhebung von Arbeitnehmerdaten geltenden Einschränkungen zu beachten.[330] Auch sonst steht der Umgang mit den Angaben unter dem Vorbehalt der besonderen arbeitsrechtlichen Anforderungen. So ist der Arbeitgeber gehalten (§§ 80 Abs. 2 BetrVG; 68 Abs. 2 BPersVG), den Betriebs- und Personalräten die Unterlagen aller Bewerberinnen und Bewerber vorzulegen.[331] Eine Übermittlung an Dritte, beispielsweise frühere Arbeitgeber, mit dem Ziel, mehr Informationen zu bekommen, setzt dagegen eine Einwilligung der Betroffenen voraus.[332]

129 **Bewerberdaten** dürfen nur bis zum **Zeitpunkt der Entscheidung** verwendet werden. Sobald deshalb die Auswahl stattgefunden hat, sind die Unterlagen zunächst so lange zu sperren wie noch mit Rechtsstreitigkeiten, etwa mit Rücksicht auf das in § 611a BGB formulierte Diskriminierungsverbot, zu rechnen ist, und dann **zu vernichten oder den Betroffenen zurückzugeben**.[333] Die Bewerbung ist an die Erwartung geknüpft, eine bestimmte, der Bewerberin oder dem Bewerber bekannte Stelle zu erhalten. Nur im Hinblick darauf finden sie sich bereit, Informationen zu ihrer Person offen zu legen, schränken jedoch damit zugleich den Verwendungszeitraum ein. Der Arbeitgeber darf deshalb weder den Wunsch unterstellen, sich auch weiterhin zu bewerben, noch und erst recht auf das eigene Interesse verweisen, sich im Hinblick auf künftige Vakanzen rechtzeitig mit Informationsmaterial zu versorgen.[334] Die Entscheidung über eine Verlängerung des Verarbeitungszeitraums liegt allein bei den Betroffenen. Ohne ihre, unter Beachtung der in § 4a näher geregelten Voraussetzungen[335] erteilte **Einwilligung** kann es keine Weiterverwendung geben. Konsequenterweise ist auch jede Übermittlung an andere eventuell an der Bewerbung interessierte Stellen an das Einverständnis der Betroffenen gebunden.[336]

---

326 Vgl. auch *Gola/Schomerus,* BDSG § 28 Rdnr. 26; *Schaffland/Wiltfang,* BDSG § 28 Rdnr. 76, 79.
327 Vgl. auch *Roßnagel/Hoeren*, Handbuch, 4.6, Rdnr.20.
328 o. Rdnr. 91.
329 Vgl. auch BAG, AP Nr. 7 zu § 611 BGB Persönlichkeitsrecht.
330 Dazu o. Rdnr. 66 ff.
331 Vgl. BAG, AP Nr. 18 zu § 118 BetrVG 1972; DB 1986, 917; BVerwG, DÖV 1981, 632.
332 Dazu o. Rdnr. 109 ff.; sowie *Gola/Wronka,* Handbuch, Rdnr. 481; *Schaffland/Wiltfang,* BDSG § 28 Rdnr. 121; einschränkend BAG, AP Nr. 8 zu § 611 BGB Persönlichkeitsrecht; anders *Bergmann/Möhrle/Herb,* BDSG § 28 Rdnr. 206.
333 Dazu BAG, AP Nr. 7 zu § 611 BGB Persönlichkeitsrecht; *Gola/Schomerus,* BDSG § 28 Rdnr. 28; *Gola/Wronka,* Handbuch, Rdnr. 480.
334 Vgl. freilich *Bergmann/Möhrle/Herb*, BDSG § 28 Rdnr. 208.
335 Dazu § 4a Rdnr. 30 ff.
336 Vgl. OLG Frankfurt, RDV 1988, 86; *BlnDSB,* JB 1991, 52; *Gola/Wronka,* Handbuch, Rdnr. 483

Ähnlich ist es bei **Anträgen auf Kreditvergabe oder Abschluss eines Versicherungsvertrages**. In beiden Fällen kommt einmal mehr nur eine Verwendung von Daten infrage, die für einen möglichen späteren Vertragsschluss erforderlich sind. Um welche Angaben es sich dabei handelt, lässt sich allerdings lediglich vor dem Hintergrund der jeweils angestrebten vertraglichen Beziehung bestimmen. So können **Gesundheitsdaten** im Zusammenhang mit dem Abschluss einer Lebens- oder Krankenversicherung durchaus verarbeitet werden, bei Sachversicherungen dagegen grundsätzlich nicht. Zu den für die Kreditvergabe benötigten Informationen zählen auch Angaben über die **Kreditwürdigkeit**. Dabei ist freilich zu beachten, dass eine Erhebung der jeweils dafür erforderlichen Daten bei Dritten eine Einwilligung der Betroffenen voraussetzt.[337] 130

Werden die **Vertragsverhandlungen abgebrochen**, ist eine Verwendung nur so lange zulässig wie noch mit einem Vertragsschluss gerechnet werden kann. Mit dem Scheitern der Vorgespräche entfällt zugleich die gesetzliche Grundlage der Verwendung. Die Hoffnung, später doch noch einmal zu verhandeln, reicht nicht aus, um eine Weiterverwendung der Angaben zu rechtfertigen. Das BDSG geht von einem **tatsächlich bestehenden Vertrauensverhältnis** aus, gibt sich also nicht mit der Erwartung zufrieden, es neu begründen zu können. Die Daten dürfen daher allenfalls für einen **beschränkten Zeitraum** weitergespeichert werden, und zwar **ausschließlich mit Rücksicht auf mögliche rechtliche Auseinandersetzungen** über den Verlauf und den Abbruch der vorvertraglichen Verhandlungen. Erst recht ist es unzulässig, die Daten zu behalten, um **Dritte**, mit denen der eigene Verhandlungspartner Vertragsgespräche aufzunehmen beabsichtigt, über dessen Aussagen und Intentionen zu informieren. § 28 Abs. 1 Satz 1 Nr. 1 grenzt den Verwendungsspielraum auf die **eigenen Verhandlungen** ein und widersetzt sich insofern allen Versuchen, eine davon gelöste, tendenziell generell zugängliche Informationsgrundlage zu schaffen. 131

Geht das **vertragsähnliche Vertrauensverhältnis in ein Vertragsverhältnis über**, dann bestimmt dessen Zweck, welche Daten weiterverwendet werden dürfen. Wohl decken sich in aller Regel die im Rahmen vorvertraglicher Verhandlungen verarbeiteten Daten weitgehend mit den auch für die vertraglichen Beziehung erforderlichen Angaben. So sind etwa die vor Abschluss einer Lebensversicherung verwendeten Gesundheitsdaten nach Beginn des Versicherungsverhältnisses ebenso wenig obsolet, wie beispielsweise eine Vielzahl der für die Auswahl bestimmter Bewerber oder die Entscheidung über die Kreditvergabe benutzten Informationen. Die verantwortliche Stelle ist dennoch nicht berechtigt, den für das vorvertragliche Vertrauensverhältnis angelegten Datenbestand einfach zu übernehmen. Sie muss vielmehr die jeweils gespeicherten Angaben in Anbetracht der veränderten Verwendungsbedingungen sorgfältig auf ihre **Erforderlichkeit** überprüfen. 132

5.2.4 Berechtigte Interessen der verantwortliche Stelle (Nr. 2)

Die **Erhebung**, **Speicherung**, **Übermittlung**, **Veränderung** oder **Nutzung** personenbezogener Daten ist auch zulässig, wenn damit **berechtigte Interessen** der verantwortlichen Stelle gewahrt werden sollen (§ 28 Abs. 1 Satz 1 Nr. 2). Der Hinweis auf die „berechtigten Interessen" umschreibt den nach Meinung des Gesetzgebers noch tragbaren Kompromiss im Widerstreit zwischen der informationellen Selbstbestimmung der Betroffenen und dem Informationsbedarf Dritter. Das Gesetz gibt sich allerdings einmal mehr mit einer überaus allgemein gehaltenen Formel zufrieden. Wiederum kommt es deshalb mit Rücksicht auf das Ziel des § 28, den Verwendungsspielraum einzuschränken,[338] entscheidend darauf an, einer Interpretation den Vorzug zu geben, die zu einer möglichst **restriktiven Auslegung** der „berechtigten Interessen" führt.[339] 133

337 Dazu o. Rdnr. 63, 71, 95, sowie u. Rdnr. 145; und demgegenüber *Bergmann/Möhrle/Herb,* BDSG § 28 Rdnr. 209.
338 Dazu o. Rdnr. 75 ff.
339 Vgl. auch *Bergmann/Höhle/Herb*, BDSG § 28 Rdnr. 1.

134 § 28 Abs. 1 Satz 1 Nr. 2 ist infolgedessen **kein Auffangtatbestand**, der es der verantwortlichen Stellen erlaubt, ihre Verarbeitungsabsichten selbst dann ohne weiteres zu verwirklichen, wenn sie mit § 28 Abs. 1 Satz 1 Nr. 1 nicht vereinbar sind.[340] Die „berechtigten" Interessen der verantwortlichen Stelle rechtfertigen deshalb auch und vor allem nicht eine beliebige **Zweckentfremdung** der bereits im Rahmen einer vertraglichen Beziehung, etwa über die eigenen Kunden, gespeicherten Daten.[341] Genauso wenig bietet § 28 Abs. 1 Satz 1 Nr. 2 **Kreditinstituten** die Möglichkeit, Übermittlungsschranken zu umgehen, die sich ohnehin aus ihren vertraglichen Nebenpflichten ergeben[342] und durch das „**Bankgeheimnis**"[343] bekräftigt werden.[344] Sie sind im Gegenteil verpflichtet, Voraussetzungen und Grenzen einer Übermittlung der Daten ihrer Kunden am „Bankgeheimnis" zu messen und deshalb nur soweit befugt, auf andere Anknüpfungspunkte auszuweichen wie es das „Bankgeheimnis" zulässt.[345]

135 Die Grenzen zwischen einer Verwendung, die berechtigte Interessen der verantwortlichen Stelle wahren soll und einer **Auftragsdatenverarbeitung** sind nicht immer leicht zu ziehen, vor allem vor dem Hintergrund einer Unternehmenspolitik, die konsequent auf die **Ausgliederung einzelner Unternehmensaufgaben** bedacht ist. Im einen wie im anderen Fall werden Daten an Dritte weitergegeben, in beiden Fällen vollzieht sich also die Verwendung außerhalb der verantwortlichen Stelle. Während jedoch bei der Auftragsdatenverarbeitung Dritte eine reine „Hilfsfunktion" wahrnehmen, erfüllen sie bei der Übernahme ausgegliederter Aufgaben, die ihnen übertragenen Funktionen selbstständig und in eigener Verantwortung, allerdings im Interesse der verantwortlichen Stelle.[346]

136 Im Unterschied zur „Auftragsdatenverarbeitung" zählt daher ein „**outsourcing**" zu den typischen Anwendungsbeispielen des § 28 Abs. 1 Satz 1 Nr. 2.[347] Mit der Übermittlung personenbezogener Daten nimmt deshalb die verantwortliche Stelle ihr „berechtigtes Interesse" an einer korrekten Durchführung der konkret ausgegliederten Funktion wahr. Ob und welche Angaben, also etwa auch Arbeitnehmerdaten, weitergegeben werden dürfen, richtet sich insofern ausschließlich nach der jeweils übernommenen Funktion und der für diese erforderlichen Informationen.[348]

137 Gleichviel um welche Interessen es im Einzelnen geht, sie müssen immer **mit der konkret beabsichtigten Verwendung zusammenhängen** und **sich auf Daten beziehen, die dabei verwendet werden sollen**. Solange diese Voraussetzungen erfüllt sind, bietet sich § 28 Abs. 1 Satz 1 Nr. 2 als Ergänzung des § 28 Abs. 1 Satz 1 Nr. 1 an, ermöglicht es also der verantwortlichen Stelle, Angaben für Zwecke zu verarbeiten, die nicht durch einen Vertrag oder ein vertragsähnliches Verhältnis zwischen ihr und den Betroffenen gedeckt sind.[349] **Marktanalysen**, die sich auch und gerade auf eine Auswertung der jeweils gespeicherten Kundendaten gründen, gehören ebenso dazu wie **Werbeaktionen**, die sich in Kenntnis der bereits vorhandenen Informationen gezielt an die eigenen Kunden richten. Globale, nicht näher substanziierte Verweisungen auf die eigenen Belange reichen also keineswegs aus. Genauso wenig genügt irgendein von der Rechtsordnung gebilligtes Interesse[350] oder ein allgemeiner

340 Dazu o. Rdnr. 78 ff.; und demgegenüber *Büser,* BB 1997, 217.
341 Vgl. auch *Mattke,* Adressenhandel, 191; *Breinlinger,* RDV 1997, 249.
342 Vgl. auch BGHZ 27, 241 (246); *BrLfD,* 18. TB, 65 f.; *Zöllner,* ZHR 149 (1985) 189; *Fisahn,* CR 1995, 634 f.
343 Dazu § 1 Rdnr. 181; sowie *Bergmann/Möhrle/Herb*, BDSG § 28 Rdnr. 94 ff., 218; *Ungnade/Gorynia,* WM 1991, 123.; *Fisahn,* CR 1995, 636.
344 Vgl. auch *Ungnade/Gorynia,* WM 1991, 123.
345 Vgl. BGH, BB 1991, 155; *Schapper/Dauer,* RDV 1987, 169 ff.; *Schroeter,* in *Mallmann*/Schroeter, Aktuelle Rechtsfragen, 26 ff.; *Ehmann,* AcP 188 (1988) 350 ff.; *Ungnade/Gorynia,* WM 1991, 124; *Fisahn,* CR 1995, 635.
346 Dazu § 11 Rdnr. 17 ff.; aber auch *Kilian*/Scheja, Datenfluss, 22 f.
347 Vgl. auch *BWHinwBDSG,* Dok. B 1.37, Nr. 32, Ziff. 2; Tendenzpapier der Arbeitsgruppe „outsourcing" der Datenschutzbeauftragten des Bundes und der Länder, abgedr. im 14. TB des *RhPfDSB* 14.6; *Müthlein/Heck,* Outsourcing und Datenschutz (2006) 34 ff.; *Müthlein,* RDV 1993, 165 ff.
348 Dazu auch *Jobs/Horchler,* RDV 1992, 105 ff.; *Franzen,* in *Oetker/Preis,* EAS 5300 Rdnr. 55.
349 Das übersieht *Büser,* BB 1997, 217.
350 Anders *Gola/Schomerus,* BDSG § 28 Rdnr. 33; sowie *Schaffland/Wiltfang,* BDSG § 28 Rdnr. 85, „jeder Zweck, der vom gesunden Rechtsempfinden gebilligt wird"; aber auch *Bergmann/Möhrle/Herb*, BDSG § 28 Rdnr. 219.

Hinweis auf die Geschäftszwecke der verantwortlichen Stelle.[351] Die Berechtigung lässt sich vielmehr nur beurteilen, wenn **Klarheit über den Verwendungszweck und die jeweils betroffenen Daten** besteht.[352] Die verantwortliche Stelle muss deshalb in der Lage sein, beides genau anzugeben und zugleich die Bedeutung der Verwendung für ihre Aufgaben zu begründen.

Welche Interessen **„berechtigt“** sind, lässt sich im Übrigen nur **vor dem Hintergrund des BDSG und der für seine Regelung maßgeblichen Grundsätze** angeben, vor allem also der Verpflichtung, die informationelle Selbstbestimmung der Betroffenen besonders dann zu respektieren, wenn die Verwendung ohne Beteiligung der Betroffenen erfolgt.[353] Dass von „berechtigten Interessen“ auch außerhalb des BDSG, etwa in § 193 StGB, immer wieder die Rede ist, spielt weiter keine Rolle.[354] Die anderswo durchaus plausiblen, wenn nicht gar zwingenden Interpretationsmaßstäbe sind auf die Anwendung des § 28 Abs. 1 Satz 1 Nr. 2 nicht übertragbar. 138

Die verantwortliche Stelle kann **wirtschaftliche ebenso gut wie ideelle Interessen** geltend machen.[355] Das BDSG vermeidet es ausdrücklich, sich auf bestimmte Belange festzulegen. Der verantwortlichen Stelle bleibt es daher überlassen, anzugeben, weshalb welche ihrer Interessen eine Verwendung der je spezifischen personenbezogenen Daten erfordern. 139

Bei den „berechtigten Interessen“ muss es sich um **eigene Belange** der verantwortlichen Stelle handeln. Weder die Interessen Dritter noch öffentliche Belange rechtfertigen es deshalb, auf § 28 Abs. 1 Satz 1 Nr. 2 zurückzugreifen. Das Gesetz sieht vielmehr, genauso wie bei der Nr. 1, in der Möglichkeit, sich auf „berechtigte Interessen“ zu berufen, eine Regelung, die der verantwortlichen Stelle helfen soll, ihre Aufgaben zu verwirklichen und nicht die wie immer definierten Belange der „Versicherungs-“, der „kreditgebenden Wirtschaft“ oder der „Wirtschaft“ überhaupt.[356] Es geht also um ihre Verträge, ihre vertragsähnlichen Vertrauensverhältnisse und ihre berechtigten Interessen. 140

Ebenso selbstverständlich ist freilich, dass es, wie etwa bei **Anwälten**, **Steuerberatern** oder **Wirtschaftsprüfern**, durchaus typisches Merkmal der eigenen Aktivität sein kann, die **Belange Dritter** wahrzunehmen und dementsprechend auch die dafür jeweils relevanten Daten zu verwenden. In jedem dieser Fälle steht allerdings auch fest: Weder Anwälte noch Wirtschaftsprüfer oder Steuerberater sind zu einer ausschließlich an ihren Erwartungen ausgerichteten Verwendung personenbezogener Daten berechtigt. Sie müssen vielmehr die sich aus der Verpflichtung, die informationelle Selbstbestimmung der Betroffenen zu respektieren, ergebenden, in § 28 konkretisierten Verwendungsgrenzen beachten. Sofern daher die Zulässigkeit der Verwendung nicht schon aus § 28 Abs. 1 Satz 1 Nr. 1 folgt,[357] sind sie gehalten, die in § 28 Abs. 1 Satz 1 Nr. 2 geforderte Interessenabwägung[358] vorzunehmen.[359] 141

Auf die **Intensität der Zusammenarbeit** mit dem potenziellen Informationsadressaten kommt es ebenso wenig an wie auf die **Dringlichkeit** der von einer anderen öffentlichen oder nicht-öffentlichen Stelle vorgebrachten Informationswünsche. Beides kann allenfalls bei Übermittlungen oder Nutzungen nach § 28 Abs. 3 Satz 1 Nr. 1 und 2 eine Rolle spielen.[360] Erst recht genügt die Erwartung nicht, vom Adressaten im Gegenzug **andere**, die verantwortliche Stelle aus welchen Gründen immer interessierende **Informationen zu bekom-** 142

---

351 Vgl. freilich *Schaffland/Wiltfang,* BDSG § 28 Rdnr. 85.
352 Vgl. auch *Gola/Schomerus,* BDSG § 28 Rdnr. 34.
353 Vgl. auch *Breinlinger,* RDV 1997, 249.
354 Dazu § 16 Rdnr. 16 ff.
355 Vgl. auch §§ 16 Rdnr. 17 und 29 Rdnr. 233; sowie BGH, NJW 1984, 1886 (1887) = Dok. § 32 BDSG 77 E 8; VGH Mannheim, NJW 1984, 1911; *Bergmann/Möhrle/Herb,* BDSG § 28 Rdnr. 219; *Gola/Schomerus,* BDSG § 28 Rdnr. 33; *Schaffland/Wiltfang,* BDSG § 28 Rdnr. 85; *Tinnefeld/Ehmann/Gerling,* Einführung, 560; *Roßnagel/Duhr*, Handbuch, 7.5 Rdnr. 28.
356 Das verkennt *Ganßauge,* Datenverarbeitung, 158.
357 Dazu o. Rdnr. 79 ff., 87.
358 Dazu u. Rdnr. 161 ff.
359 Vgl. auch *Redeker,* in *Abel* (Hrsg.) Datenschutz, Rdnr. 41 ff., FPR 1998, 296 ff.; und demgegenüber *Rüpke,* Freie Advokatur, 28 ff.
360 Dazu u. Rdnr. 208 ff., 225 ff.

men. Die gespeicherten Daten sind kein beliebig einsetzbares Mittel, um den Datenbestand der verantwortlichen Stelle mit neuen Angaben anzureichern.[361]

143 Die Verwendung muss zur **Wahrung berechtigter Interessen** der verantwortlichen Stelle **erforderlich** sein (§ 28 Abs. 1 Satz 1 Nr. 2). Entscheidend kann also nicht sein, ob die Verarbeitung der Daten aus der Sicht der verantwortlichen Stelle „geeignet" oder „zweckmäßig" erscheint.[362] Erforderlich sind vielmehr nur Verwendungen, zu denen es **keine objektiv zumutbare Alternative** gibt.[363] § 28 Abs. 1 Satz 1 Nr. 2 mag mithin die Verwendung personenbezogener Daten nicht auf Fälle beschränken, in denen sie zwingend notwendig ist.[364] Der verantwortlichen Stelle steht es trotzdem keineswegs frei, sich beliebig auf ihre „berechtigten Interessen" zu berufen.[365] Der Weg über § 28 Abs. 1 Satz 1 Nr. 2 bleibt ihr so lange versperrt, wie sie ihr Informationsziel anders erreichen kann.[366]

144 Eine **Anwendung** des § 28 Abs. 1 Satz 1 Nr. 2 **scheidet** daher immer dann **aus**, wenn die verantwortliche Stelle die jeweils benötigten Angaben **mit Hilfe der Betroffenen** bekommen kann. Das Gesetz sieht zwar bei Verwendungsvorgängen, die sich im Rahmen des § 28 Abs. 1 Satz 1 abspielen, gezielt davon ab, die Betroffenen einzuschalten.[367] Ob sie mit der Speicherung, Übermittlung oder Nutzung ihrer Daten einverstanden sind oder sich ihr ausdrücklich widersetzen, ist im Prinzip gleichgültig. Ihr mangelndes Einverständnis hindert also die verantwortliche Stelle keineswegs, die Angaben unter Hinweis auf „berechtigte Interessen" zu verwenden. Sie darf sich trotzdem nicht darauf beschränken, die mögliche Reaktion der Betroffenen im Rahmen der nach § 28 Abs. 1 Satz 1 Nr. 2 notwendigen Interessenabwägung[368] zu berücksichtigen, sondern muss vor jeder Verwendung auch und gerade prüfen, inwieweit die **Betroffenen mitwirken können**.

145 Wer frühere Arbeitgeber anfragen, die Erwartungen der eigenen Kunden analysieren, andere Versicherungen informieren oder weitere Kreditinstitute einbeziehen will, kann es in aller Regel **mit Wissen der Betroffenen** tun. Gründe, die etwa dagegen sprechen, die Versicherungsnehmer auf die Konsequenzen einer Doppelversicherung und die damit verbundene Notwendigkeit aufmerksam zu machen, bestimmte Informationen auszutauschen, sind nicht ersichtlich. Ebenso wenig lässt sich dagegen etwa einwenden, die Risikoverteilung durch die Einschaltung von Rück- und Mitversicherungen offen zu legen sowie die dafür erforderlichen Daten mit Einverständnis der Versicherten zu speichern und zu übermitteln. Kurzum, die **unmittelbare Anfrage bei den Betroffenen** geht dem **mittelbaren Zugang** vor. § 28 Abs. 1 Satz 1 Nr. 2 greift erst ein, wenn eine Mitwirkung der Betroffenen ausscheidet.

146 Die verantwortliche Stelle darf nur auf die für den **je spezifischen Verarbeitungszweck konkret erforderlichen Daten** zurückgreifen. Die berechtigten Interessen rechtfertigen, nicht anders als die vertraglichen Beziehungen oder die vertragsähnlichen Vertrauensverhältnisse,[369] daher keineswegs eine Verwendung aller möglicherweise infrage kommenden Angaben. Die verantwortliche Stelle ist vielmehr verpflichtet, eine **Auswahl zu treffen**, sich also auf die Daten zu beschränken, ohne deren Verarbeitung sich der jeweilige Verwendungszweck nicht erfüllen lässt. Vor jeder Verwendung muss deshalb die **Erforderlichkeit** der Daten **am Verwendungszweck gemessen werden**, ohne Rücksicht im Übrigen darauf, ob sich die „berechtigten Interessen" im Rahmen einer bereits bestehenden oder im Zusammenhang

361 Vgl. auch *Zöllner,* ZHR 149 (1985) 190; *Ganßauge,* Datenverarbeitung, 158.
362 So aber *Ganßauge,* Datenverarbeitung, 164; *Zöllner,* ZHR 149 (1985) 191.
363 Vgl. auch BGH, NJW 1984, 1886, 1887; *Gola/Schomerus,* BDSG § 28 Rdnr. 34; *Beckhusen*, Datenumgang, 120 f.; *Teske,* Zugang, 120.
364 Vgl. auch *Gola/Schomerus,* BDSG § 28 Rdnr. 34; *Bergmann/Möhrle/Herb,* BDSG § 28 Rdnr. 222; *Wedde,* in *Däubler/Klebe/Wedde,* BDSG § 28 Rdnr. 30; *Breinlinger,* RDV 1997, 248.
365 Missverständlich *Zöllner,* ZHR 149 (1985) 179; aber auch *Schaffland/Wiltfang,* BDSG § 28 Rdnr. 85, 110: „ein sinnvolles Mittel".
366 Vgl. auch *Gola/Schomerus,* BDSG § 28 Rdnr. 34.
367 Dazu o. Rdnr. 19.
368 Dazu u. Rdnr. 161 ff.
369 Dazu o. Rdnr. 91 ff., 128 ff.

mit einer angestrebten vertraglichen Beziehung aktualisieren.[370] So hat der **Verkäufer eines Unternehmens** zwar ein durchaus berechtigtes Interesse, den potenziellen Käufer gerade über die Personalstruktur zu informieren, eine Übermittlung möglichst genauer personenbezogener Daten über sämtliche Beschäftigte ist allerdings auch im Rahmen eines **Due Diligence – Verfahrens** keineswegs erforderlich.[371] Anonymisierte Angaben reichen grundsätzlich aus.[372] Etwas anderes kann für das Management gelten und selbst dann keineswegs pauschal, sondern lediglich soweit es um Personen geht, deren Tätigkeit für Situation und Entwicklung des Unternehmens besonders aussagekräftig ist.[373]

Eine **Verarbeitung auf Vorrat** kann es unter diesen Umständen genauso wenig wie sonst[374] 147
gebengleichviel im Übrigen, ob sie direkt erfolgt, oder indirekt über ein **Data Warehouse** und ein systematisch betriebenes **Data Mining** auf- und ausgebaut wird,[375] um etwa mit Hilfe von Multimedia-Assistenzsystemen Beschäftigtenprofile auszuarbeiten.[376] § 28 Abs. 1 Satz 1 Nr. 2 zwingt die verantwortliche Stelle, sich auf einen bestimmten Verarbeitungszweck festzulegen und ihre Informationswünsche vor diesem Hintergrund zu präzisieren. Weder geht es also an, Angaben zu sammeln, die später für einen noch nicht absehbaren Zweck verarbeitet werden sollen, noch ist es der verantwortlichen Stelle gestattet, Daten nach ihren Vorstellungen und Wünschen zusammenzutragen.

So haben **Warenhersteller** ein durchaus **„berechtigtes Interesse"**, Daten zur Person der Ab- 148
nehmer ihrer Waren mit Rücksicht auf einen unter Umständen notwendigen **Rückruf** bestimmter Produkte zu speichern.[377] Die Verpflichtung, die Abnehmer vor möglichen, durch das Produkt verursachten Schäden zu bewahren, berechtigt aber die Produzenten keineswegs, Angaben einzubeziehen, die unter absatzpolitischen Gesichtspunkten benutzt werden könnten, um Käuferprofile auszuarbeiten. **Rückruf- und Werbeaktionen sind keine austauschbaren** oder sich wie immer ergänzende **Verwendungsgründe**. Genauso berechtigt ist im Prinzip das Interesse einer **Aktiengesellschaft**, **Daten** zum Beruf und zu den wirtschaftlichen Aktivitäten **der Antragsteller in Hauptversammlungen** zusammenzustellen. Eine Verarbeitung von Angaben über Einkommensverhältnisse, Zahlungsgewohnheiten und Lebensweise scheidet allerdings von vornherein aus.[378]

Die Speicherung von Daten über **potenzielle Vertragspartner** entspricht grundsätzlich 149
ebenfalls einem „berechtigten Interesse". Ob es aber wirklich bejaht werden kann, lässt sich letztlich nur in Kenntnis des konkreten Vertragsverhältnisses beurteilen. Abgesehen davon dürfen **Angaben zum Familienstand** über rein summarische Hinweise nur hinausgehen, wenn etwa aus einem konkret belegbaren Anlass die Gefahr eines Strohmann-Geschäfts besteht.[379] Bei **Übermittlungen** schließlich, denen ein „berechtigtes Interesse" zugrunde liegt, geht es nicht an, sämtliche Daten zu berücksichtigen, die „üblicherweise" in vergleichbaren Situationen weitergegeben werden. Die verantwortliche Stelle ist vielmehr gehalten, sich an den für die beabsichtigte Übermittlung relevanten Gründen zu orientieren, und dementsprechend Art und Umfang der in Betracht kommenden Angaben festzulegen.

---

370 Vgl. auch *Dammann*/Stange, ZIP 1986, 493; *Ganßauge*, Datenverarbeitung, 157; *Koch*, Datenschutz, Rdnr. 777.

371 Einschränkend *Gola/Schomerus*, BDSG § 28 Rdnr. 41.

372 Vgl. auch *Gola/Schomerus*, BDSG § 28 Rdnr. 42; *Gola/Wronka*, Handbuch Rdnr. 624.

373 Dazu *Diller*/Deutsch, K&R 1998, 19 f.; *Stoffels*, ZHR 165 (2001) 377 f.; sowie *Gola/Schomerus*, BDSG § 28 Rdnr. 42

374 Dazu o. Rdnr. 59, 62, 89, 102.

375 Vgl. auch *LDSB SH*, 21. TB, 116; *BlnDSB*, JB 200, 2.1.1; *Gola/Schomerus*, BDSG § 28 Rdnr. 12; *Schaffland/Wiltfang*, BDSG § 28 Rdnr. 132e; *Roßnagel/Büllesbach*, Handbuch, 7.1 Rdnr. 30 ff.; *Roßnagel/Breinlinger*, Handbuch, 7.6 Rdnr. 71; *Roßnagel/Scholz*, Handbuch, 9.2 Rdnr. 90 ff.; *Steidle*, Multimedia-Assistenten, 47 f.; *Taeger*, in Festschrift für *Kilian*, 246 f.; *Baeriswyl*, RDV 2000, 6ff.; *Wilke*, RDV 2002, 225 ff.; *Frosch-Wilke*, DuD 2003, 597 ff.; *Hahn*, DuD 2003, 605 ff.

376 Dazu insb. *Steidle*, Multimedia-Assistenten, 11ff., 193.

377 Dazu u. Rdnr. 157.

378 Dazu BGH, Dok. § 32 BDSG 77 E 8.

379 Vgl. *BerHessL*, 10. TB, LT-Drs. 14/3086, 8.

150 Nicht immer wird es freilich einfach sein, der Pflicht zur **Reduktion** der verwendeten Daten auf die **wirklich benötigten Angaben** nachzukommen. Die Schwierigkeiten machen sich besonders bemerkbar bei der **Akquisition von Interessentendaten** oder der **Ergänzung der Kundendaten** durch zusätzliche Informationen, die es erlauben sollen, Reaktionen der Betroffenen besser einzuschätzen. Aus der Perspektive der verantwortlichen Stelle spricht viel, wenn nicht alles dafür, sich nicht mit einigen wenigen allgemeinen Angaben zufrieden zu geben, sondern möglichst viele Details einzubeziehen, also nicht zuletzt Daten zum beruflichen Werdegang, zur Vermögenslage oder zu den individuellen Gewohnheiten der aktuellen ebenso wie der potenziellen Kunden zu verarbeiten.[380] Ob allerdings jede dieser Angaben wirklich „erforderlich" ist, lässt sich nur schwer bestimmen. Wer sich aber darauf einlässt, riskiert, sich in einen endlosen, letztlich zulasten der Betroffenen geführten Streit zu verstricken. Wo die **Verarbeitungsgrenze genau verläuft**, **ist** deshalb **kaum aus der Erforderlichkeit abzuleiten**. Der Akzent verschiebt sich unter diesen Umständen ganz auf eine mögliche Kollision der im Einzelnen verarbeiteten Daten mit **schutzwürdigen Interessen** der Betroffenen.[381] Das Maß ihrer Beeinträchtigung gerät so letztlich auch zum Maßstab der „Erforderlichkeit".

151 Die Möglichkeit, sich auf eigene „berechtigte Interessen" zu berufen, erweitert den **Verarbeitungsspielraum** der verantwortlichen Stelle beträchtlich. So sind Versicherungsunternehmen befugt, die für eine **Rückversicherung** erforderlichen Daten zu speichern und zu übermitteln.[382] Der Erstversicherer hat ein ebenso verständliches wie berechtigtes Interesse, die Versicherungsrisiken einzuschränken. Die Rückversicherung ist, so gesehen, notwendiger Bestandteil des Versicherungsgeschäfts. Ohne eine verlässliche, auch und vor allem personenbezogene Information kann sich jedoch kein Versicherungsunternehmen auf eine Rückversicherung einlassen. Der Erstversicherer muss daher Art und Umfang der Daten von Anfang an der beabsichtigten Rückversicherung anpassen, bleibt aber verpflichtet, die Versicherten soweit wie möglich am Informationsprozess zu beteiligen.

152 Die „berechtigten Interessen" bieten sich als Anknüpfungspunkt auch in allen anderen Fällen an, in denen die Verarbeitung personenbezogener Daten bestimmten, besonders **typischen Geschäftsrisiken** vorbeugen soll. Bezeichnend dafür sind etwa die von den Kreditkartenunternehmen zusammengestellten **Zahlungsprofile** der Karteninhaber. Sie sollen rechtzeitig vor finanziellen Belastungen schützen, die vor allem bei einem Verlust der Karte entstehen. Ebenso plötzliche wie auffällige Abweichungen vom üblichen Gebrauch sind Signale, die es den Unternehmen erlauben, entweder die Genehmigung zu verweigern oder die Karte zu sperren. Die Zulässigkeit solcher Profile steht allerdings stets unter dem Vorbehalt des § 6a. Sie lassen sich, mit anderen Worten, nur so lange mit den Verarbeitungsvorgaben des BDSG vereinbaren, wie sie nicht das Ergebnis einer **automatisierten Entscheidung** sind. Wo dies der Fall sein sollte, bestimmt sich die Zulässigkeit letztlich nur danach, ob die verantwortliche Stelle den Anforderungen des § 6a Abs. 2 Nr. 2 Rechnung getragen hat.[383]

153 Ähnlich verhält es sich bei der Speicherung von **Bonitätshinweisen** im Zusammenhang mit **Diskontgeschäften**. Banken, die Wechsel ankaufen, haben ein offenkundiges Interesse an Informationen über die Bezogenen. Ohne Daten zu ihrer Person kann weder das Kreditinstitut den Wechsel verwerten, noch die Bundesbank sich bereit erklären, ihn zu rediskontieren. Weil es jedoch an einer vertraglichen Beziehung fehlt, lassen sich sowohl die Speicherung als auch die Übermittlung einmal mehr nur unter Hinweis auf die eigenen, berechtigten Belange begründen.

154 Erst recht liegt eine Anknüpfung an die „berechtigten Interessen" nahe, wenn Unternehmen einer bestimmten Branche **Informationen über spezifische Risiken** austauschen möchten, etwa über Unregelmäßigkeiten bei Bank- oder Versicherungsgeschäften. Beide, die verantwortliche Stelle und der Informationsempfänger, sind gleichermaßen daran interessiert, bei-

---

380 Dazu auch u. Rdnr. 173.
381 Dazu u. Rdnr. 173; sowie *Bizer,* Datenschutz, 100.
382 Vgl. auch *Bergnann/Möhrle/Herb*, BDSG § 28 Rdnr. 237; *Hoeren*, VersR 2005, 1015.
383 Dazu § 6a Rdnr. 42 ff.

spielsweise rechtzeitig über die Vorlage gefälschter Schecks oder einen Versicherungsbetrug unterrichtet zu werden.[384] Wiederum gibt § 28 Abs. 1 Satz 1 Nr. 2 die Grundlage für die Übermittlung ab. Das berechtigte Interesse der verantwortlichen Stelle, ähnliche, gleichsam branchentypische Vorfälle zu verhindern, spricht für eine Weitergabe, eine Konstellation, die sich beim Informationsaustausch der Spielbanken untereinander wiederholt.

Die Präventionsabsicht tritt noch deutlicher bei **zentralen Informationssystemen** zutage. 155
Sie sind, wie sich am Beispiel der SCHUFA,[385] der Schlechtrisikenkarteien in der Versicherungswirtschaft, wie etwa der Sonderwagnisdatei der Lebensversicherer, oder der Auskunftsstelle über den Versicherungsaußendienst (AVAD)[386] zeigt, von den beteiligten Unternehmen getragene, von Anfang an mit einer ausgeprägten **Warnfunktion** ausgestatteten Einrichtungen. Die zentralisierte, systematische Aufarbeitung regelmäßig übermittelter Daten soll die Verlässlichkeit von Aussagen über potenzielle Geschäftspartner oder Mitarbeiter erhöhen und damit das Risiko der jeweils betroffenen Unternehmen eingrenzen. Konsequenterweise führt der Wunsch nach einer umfassenden gegenseitigen Information zu **typisierten Informationsmustern**, die den Interessen aller am System Beteiligten Rechnung tragen und die sich deshalb unmittelbar auf die individuelle Verarbeitung auswirken.

Eine Weitergabe lässt sich wiederum nur im Hinblick auf **„berechtigte Interessen"** der ein- 156
zelnen Unternehmen rechtfertigen.[387] So ist es sicherlich für Versicherungsunternehmen wichtig zu erfahren, ob jemand, der als Außendienstmitarbeiter eingestellt werden soll, sich möglicherweise bei früheren durchaus vergleichbaren Tätigkeiten strafbar gemacht hat.[388] Je ausgeprägter freilich der Zentralisierungsgrad ist und je umfangreicher sich der Datenbestand gestaltet, desto deutlicher zeichnet sich der Konflikt mit schutzwürdigen Interessen der Betroffenen ab.[389]

Berechtigte Interessen sprechen auch für eine Speicherung von Abnehmerdaten durch die 157
jeweiligen Warenhersteller im Hinblick auf mögliche **Rückrufaktionen**, allerdings nur solange sie nicht, wie bei Fahrzeugen (§ 35 StVG Abs. 2 Nr. 1), einen auf genau diese Fälle zugeschnittenen Übermittlungsanspruch an ein staatliches Register haben. Zwischen dem Produzenten und dem Endabnehmer besteht in aller Regel kein Vertragsverhältnis. Der Hersteller hat jedoch ein evidentes Interesse, die Leistungsfähigkeit und Fehlerfreiheit seines Produkts zu garantieren und sich nicht zuletzt mit Rücksicht auf eine mögliche Haftung vor Schadenersatzansprüchen zu schützen. Er muss sich deshalb rechtzeitig an die Abnehmer wenden können, um sie auf aufgetretene Mängel aufmerksam zu machen und die erforderlichen Korrekturen vorzunehmen.

Franchisenehmer haben grundsätzlich ebenfalls ein berechtigtes Interesse, ihre Kundenda- 158
ten dem Franchisegeber zu übermitteln. Der Franchisevertrag verpflichtet die Vertragspartner zu einem laufenden Informationsaustausch, der einerseits den Franchisegeber in die Lage versetzt festzustellen, ob die vertraglich übernommenen Verpflichtungen des Nehmers korrekt erfüllt werden, ihm aber andererseits ermöglicht, seinen spezifischen, gerade dem Nehmer gegenüber bestehenden Aufgaben nachzukommen, etwa bei der Entwicklung und Umsetzung der jeweiligen Absatzstrategien. Zwischen „Geber" und „Nehmer" besteht, so gesehen, ein Informationsverbund, dessen Funktionsfähigkeit entscheidend von einer Übermittlung der Kundendaten abhängt.[390] An einer vertraglichen Beziehung zwischen den Betroffenen und dem Franchisegeber fehlt es freilich. Aber auch der mit dem Franchisenehmer abgeschlossene

---

384 Dazu *Beckhusen*, Datenumgang, 119; *Bongard,* RDV 1987, 209 ff; *Teske,* Zugang, 105 ff.; *Ehmann,* AcP 188 (1988) 368 ff.

385 Dazu insb. *Beckhusen*, Datenumgang, Rdnr. 30 ff.

386 Dazu auch o. Rdnr. 100; sowie *Schaffland/Wiltfang*, BDSG § 28 Rdnr. 120; *Roßnagel/Naujok*, Handbuch, 7.3 Rdnr. 41 ff., 91 ff.; *Wesselhöft*, Datenschutz, 199 ff., 215.

387 Vgl. auch *Gola/Schomerus*, BDSG § 28 Rdnr. 40; *Bergmann/Möhrle/Herb*, BDSG § 28 Rdnr. 237; *Tinnefeld/Ehmann/Gerling*, Einführung, 560 ff.; *Roßnagel/Naujok*, Handbuch, 7.3 Rdnr. 46; *Bongard,* RDV 1987, 209 ff.; *Waniorek,* RDV 1990, 228 ff.

388 LAG München, RDV 1986, 278; dazu o. Rdnr. 109; sowie *Roßnagel/Naujok*, Handbuch, 7.3 Rdnr. 100.

389 Dazu u. Rdnr. 161 ff.

390 Dazu auch *Büser,* BB 1997, 213 ff.

Vertrag reicht nicht aus, um die Übermittlung zu rechtfertigen. Als Ausweg bleibt einmal mehr nur die Anknüpfung an die „berechtigten Interessen" des Franchisenehmers übrig.

159 Berechtigte Interessen lassen sich auch für eine Verarbeitung personenbezogener Daten anführen, die eine möglichst **personalisierte**, auf ein bewusst individualisiertes Marketing bedachte **Werbung** anstrebt, um die eigenen Kunden besser auf die eigenen Leistungen aufmerksam zu machen und zugleich neue Abnehmer zu gewinnen.[391] Intensivere Beziehungen zu den jeweiligen Kunden zählen ebenso wie verstärkte Bemühungen, den Kundenkreis auszuweiten, ohne Zweifel zu den legitimen geschäftspolitischen Zielen.[392] Ähnliches gilt übrigens für unternehmensinterne Marktanalysen, die auf Kundendaten beruhen. Beides lässt sich in der Tat schwerlich ohne eine möglichst hohe Anzahl breit gefächerter personenbezogener Informationen verwirklichen. Je mehr freilich vor allem die Werbemaßnahmen personalisiert werden, desto deutlicher zeichnet sich zugleich ein Konflikt mit schutzwürdigen Interessen der Betroffenen ab.[393] Nicht von ungefähr räumt das BDSG den Betroffenen gerade bei einer Verarbeitung für Werbezwecke oder Marktanalysen ausdrücklich ein Widerspruchsrecht ein (§ 28 Abs. 4).[394]

160 § 28 Abs. 1 Satz 1 Nr. 2 lässt sich auf **Umwandlungen** von Unternehmen nicht anwenden.[395] Nach wie vor bleibt es dabei, dass eine Übermittlung nicht stattfindet.[396] Nach wie vor ist es zudem so, dass die Betroffenen rechtzeitig informiert werden müssen und die weitere Verwendung ihrer Daten von ihrem Einverständnis abhängt.[397]

161 Die **„berechtigten Interessen"** der verantwortlichen Stelle rechtfertigen eine **Verwendung** personenbezogener Daten **nur so lange wie „kein Grund zur Annahme besteht"**, dass sie gegen ein **„überwiegend schutzwürdiges Interesse"** der Betroffenen verstößt (§ 28 Abs. 1 Satz 1 Nr. 2). Das BDSG verknüpft die Konzession an die Informationserwartungen der verantwortlichen Stelle mit der Verpflichtung, die möglichen Folgen nicht außer Acht zu lassen. Die Verwendung der Daten steht mithin unter dem Vorbehalt einer **Interessenabwägung**. Den „berechtigten Interessen" der verantwortlichen Stelle stehen die „schutzwürdigen Interessen" der Betroffenen gegenüber. Weder die einen noch die anderen können einen unbedingten Vorrang für sich beanspruchen. Der Widerstreit ist nur über eine am konkreten Verarbeitungsprozess orientierte Abwägung zu lösen.[398] Mag deshalb sein, dass nicht jede Verarbeitung oder Nutzung „schutzwürdige Interessen" der Betroffenen beeinträchtigt,[399] die verantwortliche Stelle ist dennoch in jedem Fall verpflichtet, eine Interessenabwägung vorzunehmen.[400]

162 Das BDSG entscheidet sich zwar für eine Interessenabwägung, lässt aber bei den **Abwägungsmaßstäben** jede Präzision vermissen. Schon die „berechtigten Interessen" sind nur schwer zu definieren.[401] Fast noch schwieriger ist es, die „schutzwürdigen Interessen" einigermaßen verlässlich zu umschreiben. Der Gesetzgeber ist in Wirklichkeit jedem Versuch aus dem Weg gegangen, klare Anhaltspunkte zu formulieren, und hat sich stattdessen darauf be-

---

391 Dazu auch o. Rdnr. 150.

392 Vgl. auch *BWHinwBDSG*, Dok. B 1. 41, Nr. 36, Ziff. 4; *Schaffland/Wiltfang*, BDSG § 28 Rdnr. 108; *Tinnefeld/Ehmann/Gerling*, Einführung, 560; *Paefgen*, CR 1993, 482; *Breinlinger*, RDV 1997, 248, 250.

393 Dazu auch u. Rdnr. 243; sowie *Dronsch*, DuD 1996, 64; *Weichert*, WRP 1996, 526; *Tinnefeld/Ehmann/Gerling*, Einführung, 561.

394 u. Rdnr. 272 ff.

395 Vgl. freilich *Zöllner*, ZHR 165 (2001) 448 f.; *Marsch-Barner/Mackenthun*, ZHR 165 (2000) 436 f.; aber auch *Schaffland*, NJW 2002, 1541 f.

396 Dazu o. Rdnr. 88.

397 Dazu o. Rdnr. 89.

398 Vgl. auch BGH, NJW 1984, 1886, 1890 = Dok. § 32 BDSG 77 E 8, NJW 1986, 2505 = Dok. § 2 Abs. 1 BDSG 77 E 4; *Gola/Schomerus*, BDSG § 28 Rdnr. 36; *Bergmann/Möhrle/Herb*, BDSG § 28 Rdnr. 225; *Schaffland/Wiltfang*, BDSG § 28 Rdnr. 89; *Tinnefeld/Ehmann/Gerling*, Einführung, 559.

399 *Zöllner*, ZHR 149 (1985) 191, 194; *Ehmann*, AcP 188 (1988) 292; *Ganßauge*, Datenverarbeitung, 167.

400 Vgl. auch BGH, NJW 1986, 188 (190).

401 o. Rdnr. 133 ff.

schränkt, eine bereits im BDSG 77 verwendete, letztlich nichtssagende Generalklausel zu wiederholen.[402] Lediglich die „Belange" sind gegen die „Interessen" ausgetauscht worden.

Wie bei den „berechtigten Interessen"[403] ist es deshalb auch bei den „schutzwürdigen Interessen" aussichtslos, sich vorweg und abstrakt festzulegen, wann sie vorliegen.[404] Vielmehr gilt es, **sich an der je spezifischen Verarbeitungssituation zu orientieren**. Ihr sind die konkreten Verarbeitungsbedingungen zu entnehmen. Sie ist daher zugleich der entscheidende Anhaltspunkt, um die Konsequenzen für die Betroffenen zu ermessen und damit das Maß der Beeinträchtigung ihrer Interessen auszumachen. Je deutlicher es zunimmt, desto „schutzwürdiger" sind die Interessen der Betroffenen. Das Gesetz toleriert, anders ausgedrückt, nur begrenzt einen Eingriff in ihre informationelle Selbstbestimmung. Er ist dort nicht mehr hinzunehmen, wo die Betroffenen mit Rücksicht auf die **im Einzelnen verwendeten Daten oder Verfahren**, die **jeweils verfolgten Zwecke** und die **Intensität der Verarbeitung** Folgen ausgesetzt werden, die nicht mehr akzeptabel sind, ihre **„schutzwürdigen Interessen"** also überwiegen.[405] mag manches dafür sprechen, kritische Arbeitsbereiche der verantwortlichen Stelle durch **biometrische Verfahren** abzusichern.[406] Schon bei der Erhebung, spätestens aber bei der Übermittlung der Daten manifestieren sich freilich Risiken für die Betroffenen, die sich nur schwer, wenn überhaupt durch organisatorisch-technische Maßnahmen auffangen lassen.[407] Der Einsatz biometrischer Systeme dürfte deshalb in einer Vielzahl von Fällen an den schutzwürdigen Belangen der Betroffenen scheitern.[408] 163

Die verantwortliche Stelle ist zwar zu einer Interessenabwägung verpflichtet, kann sich jedoch dabei auf eine **summarische Prüfung** der Belange der Betroffenen beschränken.[409] Eine **kursorische Prüfung**, die auf die je spezifischen Merkmale der konkret anstehenden Verwendung gar nicht weiter eingeht, **reicht** allerdings **nicht aus**. Die verantwortliche Stelle soll durch die Verpflichtung, sich mit den Verwendungsfolgen auseinander zu setzen, rechtzeitig gezwungen werden, ihre Verwendungsintentionen zu überprüfen und, soweit sie schutzwürdige Belange der Betroffenen beeinträchtigen, aufzugeben. § 28 Abs. 1 Satz 1 Nr. 2 begründet also **kein uneingeschränktes Verwendungsvorrecht**, sondern nimmt den Zugriff auf die Daten erst hin, wenn feststeht, wie er sich auf die Betroffenen auswirkt. Ob die Verwendungsabsicht also noch von § 28 Abs. 1 Satz 1 Nr. 2 gedeckt ist, kann mithin erst in Kenntnis der jeweiligen Verwendungsumstände beurteilt werden. § 28 Abs. 1 Satz 1 Nr. 2 lässt sich deshalb keineswegs als Regelung ausgeben, die sich am Grundsatz „in dubio pro Informationsfreiheit" orientiert und ihn auch statuiert.[410] 164

Mit der Feststellung, dass sich die geplante Verwendung durchaus im Rahmen einer **„normalen" geschäftlichen Tätigkeit** hält, ist es daher nicht getan.[411] Die verantwortliche Stelle braucht zwar im Prinzip keine besonderen Nachforschungen vorzunehmen, kann sich also grundsätzlich auf ihre bisherigen Erfahrungen und die ihr vorliegenden Informationen verlassen.[412] Sie muss trotzdem die möglichen Verarbeitungsfolgen für die im Einzelfall betroffenen 165

402 Dazu auch § 29 Rdnr.157 ff., 225 ff.
403 Dazu o. Rdnr. 137 ff.
404 Vgl. auch § 29 Rdnr. 159 ff.
405 Vgl. auch BGH, NJW 1984, 1886, 1889 = Dok. § 32 BDSG 77 E 8, NJW 1986, 2505 = Dok. § 2 BDSG 77 Abs. 1 E 4.
406 Dazu *Hornung*, Identität, insb. 78 ff., 83 ff.
407 Dazu insb. *Roßnagel/Gundermann/Probst*, Handbuch, 9.6 Rdnr. 8 ff.; *Albrecht*, Verfahren, 153 ff., 164 ff., 175 ff.; *Hornung*, Identität, 355 ff., 362 ff.
408 Vgl. *Roßnagel/Gundermann/Probst*, Handbuch, 9.6 Rdnr. 96; *Albrecht*, 153 ff., 162 ff.
409 Vgl. auch *Gola/Schomerus,* BDSG § 28 Rdnr. 37; *Schaffland/Wiltfang,* BDSG § 28 Rdnr. 89; *Roßnagel/Duhr*, Handbuch, 7.5 Rdnr. 3; *Ganßauge,* Datenverarbeitung, 168; *Beckhusen*, Datenumgang, 124; *Steidle*, Multimedia-Assistenten, 200.
410 So aber *Ehmann,* RDV 1988, 179; *Breitfeld,* Berufsfreiheit und Eigentumsgarantie als Schranke des Rechts auf informationelle Selbstbestimmung (1992) 55; *Büser,* BB 1997, 217.
411 Vgl. freilich *Gola/Schomerus,* BDSG § 28 Rdnr. 37.
412 Vgl. auch *Roßnagel/Duhr*, Handbuch, 7.5 Rdnr. 31; *Ungnade/Gorynia,* WM 1991, 124; *Ganßauge,* Datenverarbeitung, 168.

Personen prüfen.[413] So mag es, beispielsweise, „normal" erscheinen, dass eine Umweltschutzorganisation, ein ebenso verständliches wie berechtigtes Interesse daran hat, Mitglieder und Förderer zu gewinnen und deshalb Namen und Adressen von Personen verarbeitet, die an ihrer Tätigkeit interessiert sein könnten. Sie darf dennoch die Daten erst behalten und weiterverarbeiten, wenn die potenziellen Interessenten ausreichend nicht nur Aufgaben und Ziele der Organisation, sondern auch über die Speicherung ihrer Angaben und das ihnen zustehende Widerspruchsrecht (§ 28 Abs. 4)[414] unterrichtet worden sind.[415]

166 Ein genaues, ebenso ausreichendes wie generell anwendbares **Prüfungsschema** kann es unter diesen Umständen nicht geben. Die Prüfungsanforderungen variieren zwangsläufig je nach den Verarbeitungszwecken, der Art der Daten, der Zahl der Betroffenen oder der Speicherungsdauer, um nur einige der wichtigsten Anhaltspunkte zu nennen. Das Gesetz beschränkt sich deshalb darauf, eine besonders gründliche Prüfung zu verlangen. Auf die jeweils in Betracht kommenden Angaben darf erst zugegriffen werden, wenn „**kein Grund**" zur Annahme besteht, dass die beabsichtigte Verarbeitung gegen vorrangige Interessen der Betroffenen an der Nichtverwendung ihrer Daten verstößt. Soweit deshalb die verantwortlichen Stelle Zweifel daran hat, ob schutzwürdige Interessen der Betroffenen nicht doch überwiegen, muss sie von einer Verwendung absehen.

167 Besondere Aufmerksamkeit verdienen zunächst **die Daten selbst**.[416] Das BDSG regelt zwar die Verwendung aller personenbezogenen Angaben.[417] Das Gesetz differenziert aber trotzdem zwischen den einzelnen Angaben. § 3 Abs. 9 zählt eine Reihe von Daten auf,[418] die nur unter den in § 28 Abs. 6 bis 9 näher geregelten Voraussetzungen verwendet werden dürfen.[419] Eine Anwendung des § 28 Abs. 1 Satz 1 Nr. 2 scheidet deshalb bei „**sensitiven Daten**" von vornherein aus. Gleichviel also, ob es um Angaben zu politischen Meinungen, zu religiösen Anschauungen oder zur Gesundheit geht, die verantwortliche Stelle kann sich nicht auf ihre „berechtigten Interessen" berufen. Die Verwendungssperre lässt sich, wenn überhaupt, nur unter den Bedingungen des § 28 Abs. 6 aufheben. An ihnen entscheidet sich also, beispielsweise, ob und unter welchen Voraussetzungen beim **Verkauf einer ärztlichen Praxis oder einer Heilpraktikerpraxis** Unterlagen über die Betroffenen überlassen werden können.[420] Dabei muss es auch in den Fällen bleiben, in denen Ärzte ihre Honorarforderungen einer **Verrechnungsstelle** zum Kauf anbieten, diese aber noch vor dem Ankauf die Bonität der Patienten prüfen möchte. Einmal mehr geht es um Patientendaten, die allerdings nicht zwangsläufig Aussagen zum Gesundheitszustand der Betroffenen enthalten müssen. Dennoch richtet sich die Zulässigkeit mit Rücksicht auf den Verwendungskontext abermals nach § 28 Abs. 6 und 9.[421]

168 Aber auch dort, wo das BDSG die „Sensitivität" bestimmter Daten nicht ausdrücklich berücksichtigt, sind der Anwendung des § 28 Abs. 1 Satz 1 Nr. 2 Grenzen gesetzt, wie sich an der Veräußerung einer **Anwalts- oder Steuerberaterpraxis** und der damit verbundenen Übergabe von Mandantenunterlagen zeigt.[422] Wiederum geht es um Angaben, die für die Betroffenen besonders wichtig sind. Die Relevanz der Unterlagen wird zudem, wie bei den Patientendaten, durch spezielle berufsrechtliche Vorschriften unterstrichen. So „berechtigt" deshalb das Interesse an einer Veräußerung, die gerade den Zugang zu den Unterlagen einschließt, erscheinen mag, so wenig genügt es, um eine Weitergabe an den Betroffenen vorbei zu recht-

413 Vgl. auch *Dammann/Stange*, ZIP 1986, 491; *Simon,* CR 1988, 639; *Breinlinger,* RDV 1997, 249; einschränkend *Ganßauge,* Datenverarbeitung, 169 f.

414 Dazu u. Rdnr. 272 ff.

415 Vgl. *HmbDSB,* 11. TB, 151 f.

416 Vgl. auch *Bergmann/Möhrle/Herb,* BDSG § 28 Rdnr. 228; *Schaffland/Wiltfang,* BDSG § 28 Rdnr. 92; *Ganßauge,* Datenverarbeitung, 168, 172 f.; *Ehmann,* AcP 188 (1988) 293; *Weichert,* WRP 1996, 528, VersR 1997, 1465 ff.; *Breinlinger,* RDV 1997, 248 f.

417 Dazu § 1 Rdnr. 57 ff.

418 Dazu § 3 Rdnr. 257 ff.

419 Dazu u. Rdnr. 320 ff.

420 Dazu auch *Schaffland/Wiltfang*, BDSG § 28 Rdnr. 92b.

421 Dazu u. Rdnr. 320 ff., 338 ff.

422 Dazu BGH, NJW 1996, 2087; KG, NJW 1992, 2771; OLG Köln, NJW 1992, 2772; *Bork,* NJW 1992, 2452.

fertigen. Ihre schutzwürdigen Interessen müssen vielmehr vorgehen. Die Zulässigkeit einer Übermittlung hängt daher von ihrer Bereitschaft ab, in die Übergabe der Unterlagen nach § 4a einzuwilligen.[423]

Ähnlich restriktiv gilt es, bei Angaben über **strafbare Handlungen** der Betroffenen zu verfahren. Sie zählen zwar nicht zu den in § 3 Abs. 9 ausdrücklich aufgezählten sensitiven Daten und sind deshalb auch nicht in den Anwendungsbereich des § 28 Abs. 6 bis 9 einbezogen. Die EG-Datenschutzrichtlinie hat aber auch ihre Verwendung ausdrücklich mit der Forderung verknüpft, die Betroffenen besonders zu schützen (Art. 8 Abs. 5).[424] Ihre Verarbeitung muss deshalb grundsätzlich unterbleiben. Zwar gibt es Fälle, in denen eine Verwendung zulässig ist. Dazu zählen vor allem „**Warndateien**".[425] Aber selbst dann kommt nur eine eng begrenzte Verwendung in Betracht. Sie muss sich in aller Regel auf **Daten über bereits nachgewiesene Straftaten** beschränken. Eine Verarbeitung bloßer **Verdächtigungen** scheidet also von vornherein aus. Nicht näher substanziierbare, sich etwa auf künftige Betrugshandlungen beziehende **Befürchtungen** genügen erst recht nicht, um entsprechende Angaben etwa über Bankkunden oder Versicherungsnehmer weiterzuleiten. Auch ein „**dringender Tatverdacht**" reicht, wenn keine weiteren Anhaltspunkte vorliegen, nicht aus, um eine Übermittlung zu rechtfertigen.[426] Allzu leicht würde damit Gewissheit gerade dort vorgetäuscht, wo sie nicht besteht. 169

Von Übermittlungen, die Daten über gerade **eingeleitete oder noch schwebende Strafverfahren** beinhalten, ist ebenfalls abzusehen, es sei denn, die Weitergabe lässt sich im Hinblick auf öffentliche Interessen oder berechtigte Belange des Empfängers rechtfertigen (§ 28 Abs. 3 Satz 1 Nr. 1 und 2).[427] Auskünfte über Strafverfahren müssen grundsätzlich der ermittelnden Behörde überlassen bleiben und sich nach den für sie geltenden Grundsätzen richten (§§ 13, 14 JuMiG). Nur sie vermag letztlich zu beurteilen, ob und in welchem Umfang eine Information noch vor Abschluss des Strafverfahrens angebracht ist. Unzulässig ist auch eine Verwendung von Angaben über die im BZR getilgten Straftaten. Den schutzwürdigen Interessen der Betroffenen wird schließlich immer dann der Vorrang eingeräumt werden müssen, wenn für die Verarbeitung in „Warndateien" oder „-karteien" keine **Löschungsfristen** vorgesehen sind.[428] 170

Nach denselben Maßstäben ist auch die Verwendung von Angaben über **strafbare Handlungen von Arbeitnehmerinnen und Arbeitnehmern** zu beurteilen, ohne Rücksicht im Übrigen darauf, ob sie, wie bei der AVAD,[429] in einer zentralen „Warndatei" oder bei einzelnen Arbeitgebern verarbeitet werden.[430] Beschäftigte müssen die Übermittlung von Angaben über Straftaten hinnehmen, deren Kenntnis mit Rücksicht auf die **konkret angestrebte oder bereits eingegangene Arbeitsbeziehung** von Bedeutung ist. In aller Regel bedarf es jedoch keiner Weitergabe. Die entsprechenden Informationen werden **direkt beim Betroffenen**, etwa über einen Fragebogen, erhoben. Abgesehen davon setzt eine **Anfrage bei Dritten**, also auch bei früheren Arbeitgebern, prinzipiell das **Einverständnis der Betroffenen** voraus.[431] Dabei muss es auch bei „**Warndateien**" oder **überbetrieblichen Prüfstellen** bleiben.[432] 171

Die Übermittlung von **Negativmerkmalen zur Kreditwürdigkeit** an Kreditinformationssysteme verstößt immer dann gegen überwiegende schutzwürdige Interessen der Betroffenen, wenn sich, wie beim bloßen Hinweis auf einen „Mahnbescheid", die Zahlungsunfähigkeit oder -unwilligkeit nicht eindeutig aus den weitergegebenen Daten ergibt.[433] Aber auch 172

---

423 Dazu § 4a Rdnr. 30 ff.; vgl. auch *Roßnagel,* NJW 1989, 2303; *Breinlinger,* RDV 1997, 249.
424 Dazu *Dammann/Simitis,* EG-Datenschutzrichtlinie Art. 8 Rdnr. 22 ff.; *Brühann,* in GH II/*Wolf* A 30 Art. 8 Rdnr. 21 f.; *Ehmann/Helfrich,* EG-Datenschutzrichtlinie Art. 8 Rdnr. 47 ff.
425 o. Rdnr. 155 f.
426 Vgl. auch OLG Düsseldorf, Dok. § 24 BDSG 77 E 6.
427 Dazu u. Rdnr. 208 ff., 225 ff.
428 Vgl. auch *Wedde,* in *Däubler/Klebe/Wedde,* BDSG § 28 Rdnr. 52.
429 o. Rdnr. 155 f.
430 Dazu auch o. Rdnr. 67.
431 Dazu o. Rdnr. 109.
432 Dazu o. Rdnr. 109.
433 Dazu etwa OLG Celle, NJW 1980, 347; OLG Hamm, MDR 1983, 667 (668); sowie *Geiger,* CR 1985, 72.

dort, wo die Daten klare Schlüsse erlauben, ist eine Übermittlung keineswegs ohne weiteres zulässig. Vielmehr gilt es, zwischen „**weichen**" **und** „**harten**" **Negativmerkmalen** zu unterscheiden.[434] Bei den ersteren, also etwa bei Angaben über Mahnungen,[435] Kreditkündigungen[436] oder den Lohnabzug im Bürgschaftsverfahren,[437] müssen die Betroffenen über die Übermittlungsabsicht informiert und ihnen Gelegenheit gegeben werden, zu widersprechen.[438] Lehnen sie eine Übermittlung ab, ist die verantwortliche Stelle verpflichtet, den **Einzelfall genau zu prüfen und eine eventuelle Weitergabe besonders zu begründen**.[439] Dabei muss es auch bei standardisierten Einwilligungen bleiben. Bei **„harten" Negativmerkmalen**, also beispielsweise Angaben über die Einleitung einer Zwangsvollstreckung oder die Konkurseröffnung, geht dagegen **das Interesse der verantwortlichen Stelle**, die entsprechenden Daten über ein Kreditinformationssystem auch Dritten zugänglich zu machen, den Belangen der Betroffenen grundsätzlich **vor**.[440]

173 Schutzwürdige Belange der Betroffenen überwiegen, wenn die verantwortliche Stelle Kundendaten für **Werbezwecke** nutzen möchte, die ihr nur zu bestimmten, lediglich **mittelbar mit dem Vertragsverhältnis** zusammenhängenden Zwecken überlassen wurden. So müssen Patienten Apotheken die für eine Abrechnung mit der Krankenkasse benötigten Daten angeben. Die Apotheke darf diese Daten, auch mit Rücksicht auf § 78 SGB X, nicht zweckentfremden, sie also keineswegs für eigene Werbemaßnahmen verwenden.[441] Ebenso gehen die schutzwürdigen Belange der Betroffenen vor, wenn die verantwortliche Stelle die Verarbeitung oder Nutzung auf Daten ausweitet, die möglichst detaillierte Informationen über **persönliche Gewohnheiten und Verhaltensweisen** vermitteln. Derartige Angaben mögen gerade unter Werbe- oder Kreditaspekten eine wichtige Rolle spielen.[442] Die informationelle Selbstbestimmung der Betroffenen verbietet es, ihr Verhalten auszuforschen und zu registrieren,[443] kurzum, den „gläsernen" Konsumenten anzustreben.[444]

174 Die **Betroffenen** sind **kein Informationsobjekt**, das gleichsam beliebig in ebenso beliebig verwendbare Daten zerlegt werden kann. Der Zugriff auf Angaben, die sich auf ihre Person beziehen, muss jedenfalls dort eine Grenze finden, wo ihr tägliches Verhalten minutiös rekonstruiert wird, nicht zuletzt, um es zu kommerziell verwertbaren Profilen zusammenzufügen. Es ist deshalb nicht Aufgabe der Betroffenen, sich dem wie immer definierten Informationsbedarf der verantwortlichen Stelle anzupassen, oder gar ihre Weigerung, es zu tun, zu rechtfertigen. Diejenigen, die sich für ihre Daten interessieren, sind vielmehr verpflichtet, bei ihren Verarbeitungsaktivitäten auf die persönliche Integrität der Betroffenen Rücksicht zu nehmen, eine Verwendung also zu unterlassen, die bewusst darauf abzielt, die **Betroffenen zu instrumentalisieren**. Ob die Daten erst gespeichert oder über einen Abgleich bereits vorhandener Angaben zusammengestellt werden sollen, also eine Nutzung vorliegt, spielt daher weiter keine Rolle.[445]

175 Eine **Vermarktung** der gespeicherten Daten, um neue Einnahmequellen zu erschließen, muss ebenfalls an überwiegenden schutzwürdigen Belangen der Betroffenen scheitern. Ty-

---

434 Dazu *Roßnagel/Hoeren*, Handbuch, 4.6 Rdnr. 43; *Roßnagel/Duhr.* Handbuch, 7.5 Rdnr. 32 ff.; *Beckhusen*, Datenumgang 67 f.; *Mallmann*, in *Mallmann/Schroeter*, Aktuelle Rechtsfragen, 136 f.; *Ganßauge*, Datenverarbeitung, 43; *Beckhusen*, Datenumgang, 129 f.; *Geiger,* CR 1985, 72; *Petri*, DuD 2001, 290.

435 Vgl. OLG Hamm, Dok. § 24 BDSG 77 E 8; OLG München, BB 1984, 1965.

436 Vgl. OLG München, ZIP 1985, 344.

437 BGH, NJW 1984, 436.

438 Vgl. auch *Dammann*/Stange, ZIP 1986, 488; *Schapper/Dauer,* CR 1986, 319; RDV 1987, 169; sowie OLG Düsseldorf, Dok. § 24 BDSG 77 E 6.

439 Vgl. KG Berlin, RDV 1995, 245; LG Bonn, RDV 1995, 253.

440 Vgl. auch BGH, NJW 1984, 436 (437); LG München I, WM 1985, 164; *Ganßauge,* Datenverarbeitung, 176; *Beckhusen*, Datenumgang, 129 f.

441 Vgl. auch *BWHinwBDSG*, Dok. B1.41, Nr. 36, Ziff. 4.

442 Dazu auch o. Rdnr. 153, 159; *Simitis,* KritV 79 (1996) 102 f., in Freundesgabe für *Kübler* (1996), 293 f.; *Paefgen,* CR 1994, 65 ff.

443 BVerfGE 65, 1 (42 f.); sowie § 1 Rdnr. 26 f., 36 f.

444 Vgl. auch *Paefgen,* CR 1994, 65 ff.; *Breinlinger,* RDV 1997, 249 ff.; *Weichert,* WRP 1996, 527.

445 Vgl. auch § 3 Rdnr. 188 ff.; *Breinlinger,* RDV 1997, 251.

pisch dafür ist etwa die Vermietung der Angaben an „**Lettershops**".[446] Das Gesetz mag in § 28 Abs. 1 Satz 1 Nr. 2 den Verwendungsspielraum der verantwortlichen Stellen erweitern, ihnen also zugestehen, Daten auch dann erheben, verarbeiten oder nutzen zu können, wenn sie ein „berechtigtes Interesse" daran haben. Die Grenze verläuft allerdings dort, wo sich die **Daten verselbstständigen** und in eine eigene, **frei verwertbare Ware** verwandeln,[447] schon deshalb, weil damit die Verwertungsgrenzen endgültig verschwimmen und den Betroffenen letztlich jede Möglichkeit genommen wird, den Umgang mit ihren Daten nachzuvollziehen und zu kontrollieren.[448] Dabei muss es auch dann bleiben, wenn die Übermittlungsschranken mit Hilfe einer Datenverarbeitung im Auftrag umgangen werden sollen.[449]

Berechtigte Interessen der verantwortlichen Stelle müssen genauso zurückstehen, wenn sie **wirtschaftliche Vorteile** anstrebt, die den Dispositions- und Entscheidungsspielraum der Betroffenen einengen. So kann die verantwortliche Stelle ein durchaus legitimes Interesse daran haben, Daten ihrer Mitglieder einer Versicherung zu übermitteln, um eine für sie günstigere **Gruppenversicherung** abzuschließen. Die Weitergabe ist zwar keineswegs ausgeschlossen, setzt jedoch eine ausdrückliche **Einwilligung** der Betroffenen voraus.[450] Genauso ist es auch bei einer Weitergabe von **Abonnentendaten** aus Anlass der **Insolvenz** eines **Zeitungsverlages**. Die vor dem Hintergrund der wirtschaftlichen Lage des Verlages durchaus naheliegende Absicht, die Daten zu verwerten, rechtfertigt die Übermittlung ebenso wenig wie die Erklärung, noch bestehende Verträge erfüllen zu wollen. Ob es zu einer Übermittlung kommen kann, hängt einzig und allein vom **Einverständnis der Betroffenen** ab.[451] 176

Die **schutzwürdigen Belange der Betroffenen** können **auch in Fällen den Vorrang verdienen**, in denen die Verwendung, zumindest auf den ersten Blick, ebenso im **Interesse der Betroffenen** liegt, also, wenn etwa ein Arbeitgeber, der die Zahl der Beschäftigten reduzieren möchte, Daten der von einer Kündigung bedrohten Beschäftigten an „**Outplacementmanager**" übermittelt, um herauszufinden, ob und welche Arbeitsmöglichkeiten bestehen. Weder das Interesse des Arbeitgebers an einer reibungslosen Auflösung der Arbeitsverhältnisse oder eine wie immer definierte „Fürsorgepflicht" noch das vermutete Interesse der Betroffenen an einer Weitergabe rechtfertigen die Übermittlung.[452] Sie ist vielmehr so lange unzulässig wie es an einer **Einwilligung** der Betroffenen fehlt. 177

Die **verantwortliche Stelle** muss die schutzwürdigen Belange der Betroffenen auch dann berücksichtigen, wenn sie ihnen **lediglich bestimmte Informationen vermitteln** möchte. So mag es dem Arbeitgeber durchaus plausibel erscheinen, **Arbeitnehmeranschriften** an eine Zeitschrift weiterzugeben, zu deren Zielen es vor allem zählt, die wirtschafts- und gesellschaftspolitischen Standpunkte der Arbeitgeber zu vertreten.[453] Die Beschäftigten können zwar, wie sich auch aus § 74 Abs. 2 Satz 3 BetrVG ergibt, so lange gegen eine Information nichts einwenden wie sie mit der **konkreten arbeits- und sozialpolitischen Lage des jeweiligen Betriebes** zusammenhängt. Es ist aber ihre Sache zu entscheiden, ob und in welchem Umfang die dem Arbeitgeber im Rahmen des Arbeitsverhältnisses überlassenen Daten zu einer **genuin politischen Information** genutzt werden dürfen.[454] Hinweise auf Art. 5 Abs. 1 oder Art. 9 Abs. 3 GG führen deshalb nicht weiter.[455] Sie lassen sich nicht in die Interpretation der Arbeitnehmerinteressen hineinlesen.[456] Die Belange der Beschäftigten sind aus ihrer Perspektive zu definieren und können daher keineswegs durch eine gleichsam inhärente, 178

---

446 Dazu *Breinlinger,* RDV 1997, 250.
447 Vgl. auch *BWHinwBDSG*, Dok. B 1.40, Nr. 35, Ziff. 1.3.6.
448 Vgl. auch § 4a Rdnr. 3 ff.
449 Vgl. freilich *Gola/Wronka,* RDV 1994, 163.
450 Vgl. *BrLfD,* 8. TB, 72 f; *LReg NRW,* 2. TB, 27; *BerHessLR*, 15. TB, LT-Drs. 15/4659, 41 f.
451 *DSB NW*, TB 2005, 53 f.
452 Vgl. auch *BWHinwBDSG,* Dok. B 1.38, Nr. 33, Ziff. 3; *Gola/Schomerus*, BDSG § 28 Rdnr. 21.
453 Vgl. *Mathy,* AfP 8 (1977) 372 ff.; *Mayer-Maly,* DB 1980, 1444 f.; *Stahlberg,* DVR 9 (1980) 1 ff.; *Simitis,* in Festschrift für *Löffler*, 337 f.; *Lerche,* Rechtsgutachten, 18 ff.
454 Dazu auch *BrLfD,* 9. TB, 84 f.; *Simitis,* in Festschrift für *Löffler*, 343.
455 Das übersieht *Mayer-Maly,* DB 1980, 1444; vgl. aber auch *Schuster,* RDV 1989, 157 ff.
456 Vgl. freilich *Lerche,* Rechtsgutachten, 24 ff.

vom Gesetz freilich eindeutig nicht gewollte Abwägung mit anderen Gesichtspunkten verkürzt werden.

179 Genauso wenig kommt es darauf an, ob der Arbeitgeber selbst oder der jeweilige Verlag die Zeitschrift verschickt.[457] Die Sperre des § 28 Abs. 1 Satz 1 Nr. 2 lässt sich nur mit einer **Einwilligung** der Betroffenen überwinden. Eine Übermittlung der Daten an den Verlag als „Auftragnehmer" hilft ebenfalls nicht weiter.[458] Der „Auftrag" ändert, von allen anderen Bedenken einmal abgesehen,[459] nichts an der Interessenkonstellation und konsequenterweise auch nichts an der Unzulässigkeit der Verarbeitung.

180 Die **schutzwürdigen Belange der Betroffenen** gehen grundsätzlich vor, wenn sie eine **Verwendung verweigern**. Gemeint ist nicht die in § 28 Abs. 4 erwähnte Widerspruchsmöglichkeit, die sich im Übrigen ausschließlich auf die Nutzung oder Übermittlung personenbezogener Daten für Zwecke der Werbung oder der Markt- oder Meinungsforschung bezieht.[460] Es geht vielmehr um das sich unmittelbar aus der informationellen Selbstbestimmung der Betroffenen ergebende Recht, die **Verwendung** bestimmter sie betreffender Angaben **abzulehnen**.[461] Die verantwortliche Stelle muss sich zwar nicht immer daran halten. § 28 Abs. 1 Satz 1 Nr. 1 berechtigt sie dazu, personenbezogene Daten unter gewissen, ausdrücklich und abschließend genannten Voraussetzungen ohne Rücksicht auf den Willen der Betroffenen zu verwenden.[462]

181 **Soweit** jedoch die beabsichtigte Verarbeitung **nicht unter § 28 Abs. 1 Satz 1 Nr. 1 fällt**, darf die **negative Einstellung der Betroffenen** keineswegs übergangen werden. Sie gibt unmissverständlich zu erkennen, dass jeder Zugriff auf ihre Daten einen aus ihrer Perspektive nicht hinnehmbaren Eingriff in ihre schutzwürdigen Belange bedeutet. Die berechtigten Interessen der verantwortlichen Stelle an einer Verwendung der Angaben können unter diesen Umständen nur vorgehen, wenn sie in der Lage ist, überzeugende Gründe dafür anzugeben, dass sich die Betroffenen trotz ihrer Ablehnung mit einer Verwendung abfinden müssen. Die Ablehnung löst, so gesehen, nicht nur einen **erhöhten Legitimationszwang** aus. Sie verpflichtet zudem die verantwortliche Stelle zu einer **Einzelfallprüfung**.[463]

182 An den überwiegenden schutzwürdigen Belangen der Betroffenen scheitern grundsätzlich auch **Übermittlungen** ihrer Daten an **Stellen außerhalb der Europäischen Union**, die nicht über eine **angemessene Regelung** der Verwendung personenbezogener Angaben verfügen.[464]

5.2.5 Allgemein zugängliche Daten (Nr. 3)

183 Gemessen an den sonstigen Verarbeitungsbedingungen räumt § 28 Abs. 1 Satz 1 Nr. 3 der verantwortlichen Stelle bei Daten, die **allgemein zugänglich sind**, oder **von ihr veröffentlicht werden dürfen**, ein ungleich höheres Maß an Verwendungsfreiheit ein. Die verantwortliche Stelle ist weder an die Schranken des § 28 Abs. 1 Satz 1 Nr. 1 gebunden noch muss sie in der Lage sein, sich, wie in den Fällen des § 28 Abs. 1 Satz 1 Nr. 2, auf berechtigte Interessen zu berufen. Sie ist vielmehr frei, Umfang, Zweck und Zeitpunkt der Verwendung ganz nach ihren Vorstellungen zu bestimmen, sofern nur keine offensichtlich überwiegenden schutzwürdigen Interessen der Betroffenen vorliegen.

184 Eine **Sonderregelung** für Daten aus allgemein zugänglichen Quellen und Angaben, die von der verantwortlichen Stelle publiziert werden dürfen, findet sich **gleich dreimal im BDSG**. Sie kommt zunächst in § 14 Abs. 2 Nr. 5 vor[465] und kehrt dann sowohl in § 28 Abs. 1 Satz 1

---

457 Das übersieht *Mathy,* AfP 8 (1977) 375 f.
458 Vgl. *Gola/Wronka,* Handbuch, 201.
459 Dazu § 11 Rdnr. 28.
460 Dazu u. Rdnr. 272 ff.
461 Dazu § 4a Rdnr. 89 ff.
462 Dazu o. Rdnr. 56 ff.
463 Vgl. auch *Ganßauge,* Datenverarbeitung, 170; sowie *Paefgen,* CR 1993, 481; missverständlich *Büser*, BB 1997, 218.
464 Dazu § 4b Rdnr. 48 ff.; sowie AG Kassel, DuD 1999, 599. *Gola*, ZBVR 2003, 206 ff.
465 Dazu § 14 Rdnr. 69 ff.

Nr. 3 als auch in § 29 Abs. 1 Satz 1 Nr. 2 wieder.[466] Sie ist das Produkt einer langen Entwicklung, die durchweg darauf gerichtet war, die Verwendung personenbezogener Daten in jedem dieser Fälle, sei es auch nur, wie zuletzt beim BDSG 01, durch kleinere eher redaktionelle Korrekturen, von Novellierung zu Novellierung zu erleichtern.[467] Als Grund wurde immer wieder die in Art. 5 Abs. 1 Satz 1 GG garantierte **Informationsfreiheit** angeführt.[468]

Richtig ist daran so viel: Allgemein zugängliche Daten und damit tendenziell auch alle publizierbaren Angaben sind in der Tat mit die wichtigste Möglichkeit, sich frei zu informieren. Sie sind insofern in ganz besonderem Maße durch das an die Adresse des Gesetzgebers gerichtete **Verbot des Grundgesetzes** geschützt, **den Zugang zu den Informationsquellen manipulativ zu steuern oder ihn gar vollends zu sperren**.[469] Ebenso richtig ist aber, dass **keine der BDSG-Vorschriften dagegen verstößt**. Sie verfolgen nirgends direkt oder indirekt das Ziel, die Benutzung allgemein zugänglicher Daten, sei es einzuschränken, sei es auch nur infrage zu stellen. Publizierte personenbezogene Angaben sind Informationsmaterial, das jedermann offen steht, mit oder ohne BDSG. 185

Datenschutzbestimmungen haben zudem nicht zuletzt die Aufgabe, **verwendungsbedingte Verfälschungen** personenbezogener Daten zu verhindern. Die Gefahr einer Verfälschung ist aber dort besonders virulent, wo einzelne Angaben, wie bei der automatisierten Verarbeitung, aus ihrem ursprünglichen Kontext herausgelöst und in immer neue Verwendungszusammenhänge eingefügt werden.[470] Nichts anderes gilt für die Verwendung allgemein zugänglicher Daten. Sobald sie ihrer jeweiligen Quelle entnommen werden, verwandeln sie sich in eine **eigenständige Informationsgrundlage**, die zwangsläufig einem Verständnis und einer Deutung zugänglich ist, die nicht mehr vom ursprünglichen Informationszusammenhang bestimmt werden. 186

Die Folgen können für die Betroffenen weitaus gravierender sein als die Verwendung mancher überaus sensibler und prinzipiell unzugänglicher Daten. Es genügt, an die **Verknüpfung von Angaben** zu denken, die in alles andere als vergleichbaren Zeitungen oder Zeitschriften zu sehr verschiedenen Zeiten sowie aus sehr unterschiedlichen Anlässen publiziert worden sind. Daraus kann sich leicht eine verzerrte, für die Betroffenen nachgerade gefährliche Darstellung ihrer Person ergeben. Selbst wenn gegen die Einzelinformationen nicht das Geringste einzuwenden ist, braucht das durch die Verarbeitung entstandene **Informationsmosaik** noch lange nicht akzeptabel zu sein.[471] 187

Aus der in Art. 5 Abs. 1 Satz 1 GG garantierten Informationsfreiheit lässt sich deshalb nicht eine uneingeschränkte **Freiheit zur Weiterbenutzung** ableiten. Vielmehr gilt es, deutlich zwischen der **Informationsfreiheit** einerseits und der **späteren Verwendung bereits publizierter Angaben** andererseits zu unterscheiden.[472] Konsequenterweise ist bei einer potenziellen Verletzung der verfassungsrechtlich ebenso nachdrücklich gewährleisteten persönlichen Integrität der Betroffenen (Art. 2 i.V.m. Art. 1 GG) und ihrer informationellen Selbstbestimmung[473] auch ein **Verwertungsverbot** durchaus möglich und zulässig.[474] Erst recht ist Art. 5 Abs. 1 Satz 1 GG mit Vorkehrungen vereinbar, die das Ziel verfolgen, die **Korrektheit der Information** sicherzustellen, wie sich allein schon der an der Rechtsprechung zu § 823 Abs. 1 BGB oder den spezifischen presserechtlichen Ansätzen zeigt.[475] Ebenso verfassungskonform, ja verfassungsrechtlich geboten sind daher gesetzliche Vorschriften, die den Be- 188

---

466 Dazu § 29 Rdnr. 196 ff.

467 Dazu die 4. Auflage dieses Kommentars, § 28 Rdnr. 165.

468 Vgl. *Auernhammer,* BDSG § 28 Rdnr. 25; *Gola/Schomerus,* BDSG § 28 Rdnr. 45; *Schaffland/Wiltfang,* BDSG § 28 Rdnr. 133.

469 Dazu insb. BVerfGE 27, 71 (82 ff.).

470 Vgl. dazu auch Einleitung, Rdnr. 9 f.

471 Vgl. *Simitis,* DVR 2 (1973/74) 152.

472 Vgl. insb. BVerfGE 35, 202 (233 ff.).

473 BVerfGE 65, 1 (48); dazu Einleitung, Rdnr. 27 ff., § 1 Rdnr. 23 ff., 29 ff.

474 Statt aller *Hoffmann-Riem,* in *Hoffmann-Riem/Kohl/Kübler/Lüscher*, Medienwirkung und Medienverantwortung (1975) 43 ff.

475 Vgl. etwa *Schwerdtner,* in *MünchKomm.,* § 12 Rdnr. 268 ff., 293 ff. m.w.A.; *Rixecker,* in *MünchKomm.,* § 12 Anhang, Rdnr. 179 ff.;

troffenen Schutz vor den Gefahren gewähren sollen, die sich bei einer vom **ursprünglichen Kontext gelösten Verwendung** ihrer Daten ergeben. **Regelungen wie die des § 28 Abs. 1 Satz 1 Nr. 3 sind** infolgedessen **weder verfassungsrechtlich erforderlich noch und erst recht mit einem konsequenten Datenschutz vereinbar**. Sie schaffen einen Freiraum für die Verarbeitung, der eindeutig dem Ziel des Gesetzes widerspricht, die informationelle Selbstbestimmung gegen die Verarbeitungsgefahren abzuschirmen.

189 **Allgemein zugänglich** sind Daten, die sich sowohl ihrer Zielsetzung als auch ihrer Publikationsform nach dazu eignen, einem **individuell nicht bestimmbaren Personenkreis** Informationen zu vermitteln.[476] Angaben in Massenmedien, wie Zeitungen, Rundfunk und Fernsehen, zählen genauso dazu wie Daten auf Internetseiten oder in CD-ROM-Dateien, Lexika, Adress- und Telefonverzeichnissen, Dokumentationen, Ausstellungskatalogen und wissenschaftliche Monographien und Flugblättern.[477]

190 **Rundschreiben** von Verbänden, Mitgliederlisten oder innerbetriebliche Informationsblätter vermitteln dagegen keine allgemein zugänglichen Daten.[478] Ebenso wenig ist § 28 Abs. 1 Satz 1 Nr. 3 auf die an den einzelnen Baustellen angebrachten **Bauscheine** anzuwenden. Sie dienen lediglich dazu, schnell und unkompliziert, nicht zuletzt im Zusammenhang mit einer Baukontrolle, feststellen zu können, wer der jeweilige Bauherr ist. Die in ihnen enthaltenen Angaben dürfen deshalb keineswegs beliebig zusammengestellt sowie für Werbezwecke genutzt werden.[479]

191 **Register** fallen nur so lange unter § 28 Abs. 1 Satz 1 Nr. 3, wie die Einsichtnahme nicht bestimmten, wie immer abgegrenzten Personenkreisen vorbehalten ist. **Handels-, Vereins-, Genossenschafts-, Güterrechts-, Muster- und Schiffsregister** genügen dieser Voraussetzung uneingeschränkt.[480] **Keine allgemein zugänglichen Daten** sind dagegen Angaben in Registern, bei denen, wie beim **Bundes-, Verkehrs- oder Gewerbezentralregister**, eine Einsichtnahme prinzipiell ausgeschlossen ist (§§ 30, 41 f. BZRG; 30 StVG; 149 ff. GewO). Genauso wenig kommt eine Anwendung des § 28 Abs. 1 Satz 1 Nr. 3 dann in Betracht, wenn erst ein „berechtigtes Interesse“ oder eine damit vergleichbare Anforderung den Zugang zum Register eröffnet.[481]

192 Das **Grundbuch** ist das klassische Beispiel dafür (§ 12 GBO Abs. 1). Daran ändert auch die Tatsache nichts, dass „öffentliche“[482] oder „wissenschaftliche“ Interessen[483] ebenfalls zur Einsichtnahme berechtigen. Das Grundbuch wird damit nicht zur allgemeinen Benutzung freigegeben. Wer sich darauf beruft, muss darlegen, weshalb es im „öffentlichen“ oder „wissenschaftlichen“ Interesse liegt, seinen Informationserwartungen zu entsprechen und deshalb bevorzugt behandelt zu werden. Der Kreis der Einsichtsberechtigten bleibt insofern beschränkt. Wenn überhaupt, lässt sich nur darüber debattieren, ob die Bedingungen der Einsichtnahme hinreichend restriktiv formuliert sind,[484] nicht jedoch über eine Subsumtion der Grundbuchdaten unter § 28 Abs. 1 Satz 1 Nr. 3.

193 Nichts anderes gilt für **Personenstandsbücher**.[485] Zur Einsichtnahme sind nur diejenigen ohne weiteres berechtigt, auf die sich der Eintrag bezieht sowie ihre nächsten Verwandten (§ 61 Abs. 1 Satz 1 PStG). Alle anderen Personen müssen dagegen ein „rechtliches Interesse“ glaubhaft machen (§ 61 Abs. 1 Satz 3 PStG). Wohl am deutlichsten fallen die Grenzen beim **Schuldnerverzeichnis** aus.[486] § 915 Abs. 3 ZPO zählt die Zwecke, zu denen personenbezo-

---

476 Vgl. BVerfGE 27, 71 (83); 27, 104 (108); 33, 52 (65).
477 Vgl.auch *Bergmann/Möhrle/Herb,* BDSG § 28 Rdnr. 247; *Schaffland/Wiltfang,* BDSG § 28 Rdnr. 134; *Gola/Schomerus*, BDSG § 28 Rdnr. 45; *Weichert,* WRP 1996, 524.
478 Vgl. auch *Bergmann/Möhrle/Herb*, BDSG § 28 Rdnr. 248; *Schaffland/Wiltfang,* BDSG § 28 Rdnr. 135.
479 Anders *Gola/Schomerus,* BDSG § 28 Rdnr. 45.
480 Dazu auch BGH, NJW 1989, 2818; sowie *Leue,* Einsichtsrechte, 85 ff.; *Kollhosser,* NJW 1988, 2410 ff.
481 Vgl. auch *Leue,* Einsichtsrechte, 83.
482 Vgl. OLG Hamm, NJW 1971, 899; LG Frankfurt, Rpfleger 1978, 316; *Meikel/Imhof/Riedel*, Grundbuchrecht (8. Aufl.) § 12 GBO Rdnr. 5; *Weichert,* WRP 1996, 526.
483 Dazu *Leue,* Einsichtsrechte, 96.
484 Dazu *BfD,* 15. TB, 84 ff.; *Leue,* Einsichtsrechte, 98 ff.
485 Dazu auch *Mattke,* Adressenhandel, 125; *Weichert,* WRP 1996, 524.
486 Vgl. dazu *BfD,* 15. TB, 87 f.; sowie *Tinnefeld/Ehmann/Gerling,* Einführung, 565 f.; *Weichert,* WRP 1996, 525.

gene Daten aus dem Schuldnerverzeichnis verwendet werden dürfen abschließend auf und schränkt damit sowohl den Zugang als auch die Verwendungsmöglichkeiten verbindlich ein.[487]

Manche Register enthalten schließlich Daten, die **nur zum Teil allgemein zugänglich** sind. 194
So erstreckt sich eine „einfache Melderegisterauskunft" lediglich auf eine Reihe gesetzlich definierter Angaben: Vor- und Familiennamen, akademische Grade und Anschriften einzelner, näher bestimmter Einwohner (§ 21 Abs. 1 MRRG). Dabei bleibt es auch bei einer „erweiterten", von einem „berechtigten Interesse" abhängigen Auskunft (§ 21 Abs. 2 MRRG). Das Gesetz legt einmal mehr die in Betracht kommenden Angaben verbindlich fest.[488]

Angaben, die von der verantwortlichen Stelle veröffentlicht werden dürfen, sind nach 195
§ 28 Abs. 1 Satz 1 Nr. 3 den allgemein zugänglichen Daten gleichgestellt. Wohlgemerkt, das Gesetz legt den Akzent **nicht auf die Publikationsfähigkeit** der Angaben, **sondern auf die Publikationsberechtigung** der verantwortlichen Stelle. Weil ihr das Veröffentlichungsrecht zusteht, hat sie es auch in der Hand, die Daten allgemein zugänglich zu machen. Ihr ist es deshalb vorbehalten, die Angaben unter den besonderen, in § 28 Abs. 1 Satz 1 Nr. 3 definierten Bedingungen zu verwenden.[489] Gemeint sind etwa die bei einem Verlag gespeicherten Daten zur wissenschaftlichen Tätigkeit und zur bisherigen publizistischen Aktivität seiner Autorinnen und Autoren.

Der **Anwendungsbereich** des § 28 Abs. 1 Satz 1 Nr. 3 ist weit gespannt. Der Zugriff auf die 196
Daten setzt keineswegs ihre Veröffentlichung voraus.[490] Die Publikation braucht nur zulässig zu sein. Auch **unveröffentlichte Angaben** können daher durchaus unter den erleichterten Bedingungen des § 28 Abs. 1 Satz 1 Nr. 3 verwendet werden. So ist es beispielsweise bei Daten, die mit Billigung der Betroffenen in ein biographisches Lexikon aufgenommen werden sollen, nicht erforderlich, die Publikation abzuwarten. Die verantwortliche Stelle ist schon vorher berechtigt, die Daten, sei es, selbst für bestimmte, eigene Vorhaben zu verwenden, sei es, sie auf Anfrage Dritten zu überlassen.

Mehr als eine **bestimmte Eigenschaft** der Daten verlangt § 28 Abs. 1 Satz 1 Nr. 3 nicht. So- 197
lange sie also **„allgemein zugänglich"** sind, spielt es weiter keine Rolle, woher die verantwortliche Stelle die Daten hat. Sie kann sie der Primärquelle unmittelbar entnommen haben, ist aber genauso berechtigt, auf Sekundär- oder Tertiärquellen zurückzugreifen, selbst wenn diese nicht allgemein zugänglich sind. Nichts anderes gilt für Angaben, die zwar „allgemein zugänglich", der verantwortlichen Stelle aber lediglich, freilich vollständig und korrekt, übermittelt worden sind.[491]

Ebenso wenig interessiert sich das Gesetz dafür, **wie die Daten** der konkreten Informations- 198
quelle jeweils **entnommen werden**. Der verantwortlichen Stelle steht es nicht nur frei, die Daten auszusuchen, die sie verwenden möchte, sondern auch das **Übertragungsmittel** auszuwählen. Sie kann also die Angaben genauso gut fotokopieren, scannen, herunterladen, abrufen oder abschreiben lassen.

§ 28 Abs. 1 Satz 1 Nr. 3 rechtfertigt nur die Verwendung **bestimmter Einzeldaten**. Die Zahl 199
der konkret verwendeten Angaben kann und wird im Einzelfall allein schon mit Rücksicht auf die höchst unterschiedlichen Verwendungsintentionen variieren. Die verantwortliche Stelle ist jedoch keineswegs befugt, **alle** in der jeweiligen Informationsquelle angegebenen **Daten** zu übernehmen. Auch die Tatsache, dass die Angaben auf sehr verschiedene Weise entnommen werden können, berechtigt nicht zu dem Schluss, dass es letztlich belanglos ist, ob sich der Zugriff der verantwortlichen Stelle auf einige wenige oder auf sämtliche in einem Register oder einer Publikation angeführten Daten erstreckt.[492] Das BDSG duldet bei Angaben aus allgemein zugänglichen Quellen genauso wenig wie bei Daten anderer Provenienz **keine tendenziell offene Verwendung**. Der Zugriff muss vielmehr immer vor dem Hinter-

487 Vgl. auch *BerHessL*, LT-Drs. 14/3086, 13; sowie *Bergmann/Möhrle/Herb*, BDSG § 28 Rdnr. 249.
488 Dazu insb. *Medert/Süßmuth*, Melderecht des Bundes und der Länder (o.J.) § 21 MRRG Rdnr. 3, 5, 12 ff.
489 Vgl. auch *Bergmann/Möhrle/Herb*, BDSG § 28 Rdnr. 255; *Gola/Schomerus*, BDSG § 28 Rdnr. 46.
490 Vgl. auch § 29 Rdnr. 199; sowie *Tinnefeld/Ehmann/Gerling*, Einführung, 564.
491 Vgl. auch *Bergmann/Möhrle/Herb*, BDSG § 28 Rdnr. 250; *Schaffland/Wiltfang*, BDSG § 28 Rdnr. 136; *Wedde*, in *Däubler/Klebe/Wedde*, BDSG § 28 Rdnr. 37; *Roßnagel/Hoeren*, Handbuch, 4.6 Rdnr. 37.
492 Vgl. aber *Kollhosser*, NJW 1988, 2411 ff.

grund bestimmter ebenso erkennbarer wie eingrenzbarer Verwendungsabsichten erfolgen.[493] Die Verwendung setzt, so gesehen, eine **Auswahl** der im Hinblick auf diese Intentionen erforderlichen Daten voraus und verträgt sich deshalb nicht mit einer **undifferenzierten Übernahme des Gesamtbestandes** an Daten.

200 § 28 Abs. 1 Satz 1 Nr. 3 **erleichtert zwar den Zugang** zu allgemein zugänglichen Daten, die veröffentlicht werden dürfen, **gibt aber die Verwendung nicht frei**. Die verantwortliche Stelle ist vielmehr nach wie vor verpflichtet, auf die Interessen der Betroffenen Rücksicht zu nehmen. Genauso wie in den Fällen des § 28 Abs. 1 Satz 1 Nr. 2 muss deshalb der Verwendung eine **Interessenabwägung** vorausgehen. Die Anforderungen sind allerdings deutlich geringer. Weil es sich durchweg um allgemein zugängliche Angaben handelt, oder zumindest um Daten, gegen deren Publikation nichts einzuwenden ist, geht der Gesetzgeber von der **Vermutung** aus, dass ihre **Verwendung den Belangen der Betroffenen grundsätzlich nicht widerspricht**. Die verantwortliche Stelle darf daher die Daten so lange verwenden, **wie schutzwürdige Interessen der Betroffenen**,[494] die der Verwendung entgegenstehen, nicht **„offensichtlich" überwiegen**.

201 Die ohnehin nur **summarische Überprüfung** der Belange der Betroffenen[495] wird also noch weiter abgeschwächt. Verarbeitungen oder Nutzungen müssen erst unterbleiben, wenn sich der Vorrang der Interessen der Betroffenen nicht mehr oder weniger von selbst ergibt.[496] Eine Verarbeitung scheidet deshalb etwa dann aus, wenn sie dazu dienen soll, bei Schülern für Waren zu werben, deren Konsum mit besonderen gesundheitlichen Gefahren verbunden ist oder für Leistungen, die erhebliche wirtschaftliche Risiken nach sich ziehen.[497] Genauso gehen die schutzwürdigen Interessen der Betroffenen bei Telefonmarketingaktionen „offensichtlich" vor.[498]

202 Die verkürzte Abwägung gilt allerdings nur für die **Verwendung der Primärdaten**, kommt mithin bei der Verarbeitung der mit ihrer Hilfe ermittelten Sekundärangaben nicht mehr zum Zug. Während also beim Zugriff auf **Adressdaten**, die dem Melderegister entnommen werden sollen, die Sonderregelung des § 28 Abs. 1 Satz 1 Nr. 3 anzuwenden ist,[499] richtet sich die Zulässigkeit der Verwendung **aller auf der Grundlage der Adressen zusammengestellten Angaben** über die Grundstücks- oder Wohnungsinhaber ausschließlich nach den ansonsten für die Verarbeitung und Nutzung personenbezogener Daten maßgeblichen Vorschriften.[500] Genauso wenig kann sich die verantwortliche Stelle trotz des gesetzlich zulässigen Vetriebs einer Telefon-CD, die, allerdings nur auf Antrag des Betroffenen, auch Angaben zum Beruf oder zur Art des Anschlusses enthalten darf (§ 104 TKG), bei einer **„Inverssuche"**[501] nicht ohne weiteres auf § 28 Abs. 1 Satz 1 Nr. 3 berufen.[502] Soweit deshalb bei Kleinanzeigen lediglich eine Telefonnummer angegeben wird, berechtigt die Annonce nicht dazu, Name und Adresse etwa über eine CD-ROM-Datei zu ermitteln und für Werbezwecke zu nutzen.

203 Der leichtere Zugang, die Verwendung von Sekundär- oder auch Tertiärquellen[503] sowie der mögliche Kontextverlust[504] belasten die Betroffenen mit einem erheblich höheren Verarbeitungsrisiko. Die **Sorgfaltspflicht** der verantwortlichen Stellen beim Umgang mit den Daten muss deshalb entsprechend schärfer ausfallen. Sie dürfen zwar grundsätzlich die Angaben so übernehmen wie sie in der jeweiligen Informationsquelle enthalten sind. Sie sind jedoch nicht

---

493 Vgl. § 1 Rdnr. 100 ff.; sowie o. Rdnr. 59, 79 ff., 146.
494 Dazu o. Rdnr. 161 ff.
495 Dazu o. Rdnr. 164 ff.
496 Vgl. auch *Bergmann/Möhrle/Herb,* BDSG § 28 Rdnr. 251, 257; *Gola/Schomerus,* BDSG § 28 Rdnr. 44; *Tinnefeld/Ehmann/Gerling,* Einführung, 564.
497 Vgl. *BWHinwBDSG,* Dok. 1B 1.40, Nr. 35, Ziff. 1.3.4.
498 Vgl. auch *BWHinwBDSG,* a.a.O.
499 Dazu o. Rdnr. 194; sowie *Weichert,* WRP 1996, 525.
500 Vgl. auch *Breinlinger,* RDV 1997, 251; anders wohl *Gola/Schomerus,* BDSG § 28 Rdnr. 45.
501 Dazu OLG Köln, RDV 2001, 103; aber auch *Weichert,* WRP 1996, 524.
502 Bezeichnenderweise reagieren die LfD unverändert zögerlich und widersprüchlich, vgl. etwa *BlnDSB,* JB 2003, 106; *LfD NW,* 17. TB 2005, 29; sowie *ULD SH,* TB 2005, 105.
503 Dazu o. Rdnr. 197.
504 Dazu o. Rdnr. 187.

nur verpflichtet, **Quelle und Kontext** zu registrieren, sondern ebenso gehalten, die Angaben regelmäßig auf ihre **Korrektheit und Vollständigkeit** zu überprüfen. Die verantwortlichen Stellen brauchen also nicht der Frage nachzugehen, inwieweit eine bestimmte Pressemeldung zutrifft. Eine Verwendung scheidet erst bei mehr oder weniger offenkundig rechtswidrig erlangten Informationen aus. Die verantwortlichen Stellen müssen sich allerdings vergewissern, ob es bei den jeweils gespeicherten Meldungen geblieben ist sowie die im Hinblick auf mögliche Widerrufe oder Gegendarstellungen erforderlichen Berichtigungen und Ergänzungen vornehmen.

Bei **Daten, die publiziert werden dürfen** hängt die Zulässigkeit der Verwendung in aller Regel von der Bereitschaft der Betroffenen ab, eine Veröffentlichung zu akzeptieren. Sollten sich deshalb die Betroffenen anders entscheiden und ihren Meinungswandel entsprechend kund tun, muss die verantwortliche Stelle von jeder weiteren Verwendung absehen.[505] 204

5.2.6 Übermittlungen oder Nutzungen für andere Zwecke (Abs. 2)

Die verantwortliche Stelle darf personenbezogene Daten für einen **anderen Zweck** nur unter den Voraussetzungen des § 28 Abs. 1 Satz 1 Nr. 2 und 3 **übermitteln oder nutzen** (§ 28 Abs. 2). Der Gesetzgeber will mit dieser in das BDSG 01 eingefügten Vorschrift der von der EG-Datenschutzrichtlinie (Art. 6 Abs. 1 Buchst. b) geforderten **Zweckbindung** jeder Verwendung personenbezogener Daten Rechnung tragen.[506] § 28 Abs. 2 spiegelt aber weit mehr die Schwierigkeiten des Gesetzgebers wider, sich mit der Zweckbindung abzufinden, als die Bereitschaft, ihre Konsequenzen klar und damit jederzeit nachvollziehbar zu umreißen.[507] 205

Fest steht jedenfalls so viel: Der Gesetzgeber hat mit § 28 Abs. 1 eine nicht nur verbindliche, sondern auch und vor allem **abschließende Regelung** der Verwendung personenbezogener Daten für eigene Zwecke getroffen[508] und lediglich für Übermittlung und Nutzungen (§ 28 Abs. 3 und 4) Ausnahmen zugelassen sowie für die Verwendung sensitiver Daten (§ 28 Abs. 6 bis 9) Sondervorschriften vorgesehen. Der Gesetzgeber hat ferner die **Erhebung** mit der Verpflichtung der verantwortlichen Stelle verknüpft, einen für jede weitere Verwendung maßgeblichen Zweck vorzusehen (§ 28 Abs. 1 Satz 2).[509] Der Gesetzgeber hat schließlich mit der Möglichkeit, personenbezogene Daten auch außerhalb einer Vertrags- oder vertragsähnlichen Beziehung zu verwenden, sofern ein berechtigtes Interesse der verantwortlichen Stelle vorliegen oder es sich um allgemeinzugängliche Angaben handeln sollte (§ 28 Abs. 1 Satz 1 Nr. 2 und 3), eine Verwendung für andere Zwecke in Kauf genommen.[510] § 28 Abs. 2 ist deshalb **genauso überflüssig wie verwirrend**. 206

§ 28 Abs. 2 lässt sich auch nicht mit dem Hinweis auf die Notwendigkeit rechtfertigen, eine **Parallelregelung** zu § 28 Abs. 5 vorzusehen.[511] Die Zweckbindung muss sich in der Tat, soll sie wirklich wirksam sein, auf die **Übermittlungsempfänger** erstrecken. Ihr Handlungsrahmen ist so gesehen zwangsläufig durch den Verarbeitungsspielraum der verantwortlichen Stelle bei der Weitergabe personenbezogener Daten vorbestimmt und begrenzt.[512] Genau darauf geht § 28 Abs. 5 ein, so zweifelhaft, ja letztlich nichtssagend diese Regelung im Übrigen auch sein mag. Einer Parallelregelung für die verantwortliche Stelle hätte es aber gar nicht erst bedurft, weil sich die mit ihr verbunden Erwartung gleich doppelt aus § 28 Abs. 1 ergibt. § 28 Abs. 1 Satz 1 Nr. 1 lässt eindeutig nur Übermittlungen oder Nutzungen zu, die durch den Zweck eines Vertrags- oder vertragsähnlichen Verhältnisses gedeckt sind. Nr. 2 und 3 schlie- 207

---

505 Vgl. auch *Bergmann/Möhrle/Herb,* BDSG § 28 Rdnr. 258.
506 Vgl. die Begr. des RegE, BR-Drs. 461/00, 106.
507 Dazu auch o. Rdnr. 2 f.; kritisch auch *Franzen*, RDV 2003, 5.
508 Dazu o. Rdnr. 75 ff.
509 Dazu o. Rdnr. 59 ff.
510 Dazu o. Rdnr. 133 ff., 183 ff.
511 So aber die Begr. des RegE, BR-Drs. 461/00, 106.
512 Dazu u. Rdnr. 208 ff.

ßen, gerade, weil sie Teil einer eindeutig abschließenden Regelung sind,[513] genauso verbindlich **jede Weitergabe oder Nutzung** für **„andere"** als die dort akzeptierten **Zwecke** aus.

6. Sonstige Übermittlungen oder Nutzungen (Abs. 3)

6.1 Berechtigte Interessen Dritter (Nr. 1)

208 Übermittlungen und Nutzungen müssen zwar in der Regel an den Interessen der verantwortlichen Stelle orientiert und durch diese legitimiert sein.[514] Das BDSG lässt aber beides auch dann zu, wenn **„berechtigte Interessen eines Dritten"** gewahrt werden sollen (§ 28 Abs. 3 Satz 1 Nr. 1). Die verantwortliche Stelle darf daher, wenn diese Voraussetzungen vorliegen und die Erhebung sowie die Speicherung der Daten entweder den Anforderungen des § 28 Abs. 1 entsprechen[515] oder durch eine Einwilligung der Betroffenen abgedeckt sind (§ 4 Abs. 1), Übermittlungen oder Nutzungen vornehmen, zu denen sie ansonsten nicht befugt wäre.[516] § 28 Abs. 3 Satz 1 Nr. 1 ist allerdings **keine Auffangklausel**, die es der verantwortlichen Stelle erlaubt, alle sonst bestehenden Verarbeitungsgrenzen zu überwinden. § 28 Abs. 3 Satz 1 Nr. 1 muss vielmehr gerade im Verhältnis zu der am Vertragszweck ausgerichteten Verarbeitung[517] als Ausnahme gesehen und deshalb möglichst **restriktiv interpretiert** werden.

209 Die Betroffenen haben grundsätzlich keinen Einfluss auf die Entscheidung der verantwortlichen Stelle. Sie kann auf berechtigte Interessen Dritter **selbst dann verweisen, wenn sich die Betroffenen** der Übermittlung oder Nutzung **widersetzen**. § 28 Abs. 3 Satz 1 Nr. 1 verpflichtet sie lediglich, die Stellungnahme der Betroffenen sorgfältig im Rahmen der vom Gesetz geforderten Berücksichtigung **„schutzwürdiger Interessen"** der Betroffenen[518] zu prüfen. Genauso wenig aber wie bei einer Übermittlung, die mit Rücksicht auf eigene berechtigte Interessen erforderlich erscheint,[519] darf die Berufung auf die Interessen Dritter dazu dienen, eine ebenso nahe liegende wie mögliche **Beteiligung der Betroffenen** zu übergehen. Nicht anders mithin als etwa bei der Weitergabe von Daten an Rück- und Mitversicherer[520] sind die Betroffenen auch bei Übermittlungen an andere, dem gleichen Konzern angehörenden Unternehmen[521] rechtzeitig zu unterrichten. Die verantwortliche Stelle darf also nicht eine mögliche Nachfrage der Betroffenen (§ 34 Abs. 1) abwarten.

210 **Berechtigte Interessen Dritter** spielen beispielsweise eine Rolle bei **Forderungsabtretungen**. Sie setzen eine Kenntnis der Schuldnerdaten voraus. Weil jedoch zwischen dem Schuldner und dem Zessionar keine vertragliche Beziehung besteht, lässt sich eine Übermittlung nur mit Hilfe des § 28 Abs. 3 Satz 1 Nr. 1 rechtfertigen. Von einem „berechtigten Interesse" wird man ferner bei **Mietern** ausgehen müssen, die vom Vermieter Abrechnungsdaten der übrigen Hausbewohner bekommen möchten, um die geltend gemachten Nebenkosten besser überprüfen zu können.[522] Angehörige oder Mitarbeiter von **Flugreisenden** haben genauso ein „berechtigtes Interesse", von der Fluggesellschaft zu erfahren, ob sich die jeweils in Betracht kommenden Personen in einem bestimmten Flugzeug befinden, vorausgesetzt sie können den Zweck ihrer Frage begründet darlegen[523] Auf ein berechtigtes Interesse können sich schließlich auch **Ärzte** berufen, die Verstorbenen Gewebe entnehmen möchten, um es zu

---

513 o. Rdnr. 206.
514 o. Rdnr. 79 ff., 119 ff., 133 ff.
515 o. Rdnr. 56 ff., 79 ff.
516 Vgl. auch BGH, NJW 1984, 436.
517 o. Rdnr. 77 f.
518 u. Rdnr. 216 ff.
519 o. Rdnr. 138 ff.
520 Dazu o. Rdnr. 151.
521 Dazu u. Rdnr. 211 f.
522 AG Flensburg, Dok. § 24 BDSG 77 E 9.
523 *BerHessL,* 1. TB, LT-Drs. 12/5153, 28.

weiterzuverwenden und deshalb Name und Adresse der Angehörigen nutzen wollen, um deren Einwilligung einzuholen.[524]

Erst recht liegt es, wiederum mit Rücksicht auf mangelnde vertragliche Beziehungen, bei einem **konzerninternen Informationsaustausch** nahe,[525] sich auf ein aus der Konzernverbindung abgeleitetes „berechtigtes Interesse" zu berufen, oder gar den Konzern als „homogene Datenschutzzelle"[526] anzusehen.[527] Ein genereller Hinweis auf ein gemeinsames, allgemeines „Konzerninteresse" genügt freilich in der Regel nicht.[528] Die Übermittlung muss vielmehr durch ein näher zu spezifizierendes „berechtigtes Interesse" eines **konkreten Konzernunternehmens** begründet werden.[529] Weitergaben müssen zudem so lange unterbleiben wie es möglich ist, die gewünschte Information zu erhalten, ohne personenbezogene Daten zu verwenden. So dürften aggregierte Daten in aller Regel ausreichen, um konzerninterne Kontrollaufgaben zu erfüllen. 211

Es kann allerdings durchaus Situationen geben, in denen ein **gemeinsames**, durchaus **„berechtigtes" Interesse sämtlicher Konzernunternehmen** für eine Übermittlung spricht. Alle beteiligten Unternehmen haben etwa ein legitimes Interesse an der Übermittlung von Angaben, die sich auf die **Lieferanten** der einzelnen Konzerngesellschaften beziehen.[530] Der Informationsaustausch versetzt die verbundenen Unternehmen in die Lage, Lieferkapazitäten besser abzuschätzen und Engpässe rechtzeitig zu vermeiden. Ein gemeinsames Interesse wird genauso bei Übermittlungen von **Arbeitnehmerdaten** zu bejahen sein, wenn sich die Betroffenen vertraglich bereit erklärt haben, bei anderen Konzernunternehmen zu arbeiten.[531] Auch die Weitergabe **firmeninterner Telefonbücher** ist berechtigt. Sie entspricht der legitimen Erwartung, eine ebenso schnelle wie reibungslose konzerninterne Kommunikation sicherzustellen.[532] 212

Bei einer **„Kooperation" einzelner Unternehmen**, etwa zwischen einer Landesbausparkasse und den jeweiligen Sparkassen, genügt die bloße Zusammenarbeit nicht, um ein „berechtigtes Interesse" an der Übermittlung personenbezogener Daten anzunehmen. Auf den Intensitätsgrad der „Kooperation" kommt es dabei nicht an.[533] Solange keine Einwilligung der Betroffenen vorliegt, kann nur ein mit der konkret beabsichtigten Weitergabe verbundenes Interesse der verantwortlichen Stelle die Übermittlung legitimieren.[534] 213

Wie in den Anwendungsfällen des § 28 Abs. 1 Satz 1 Nr. 2[535] rechtfertigt die Wahrung „berechtigter Interessen Dritter" nur eine Übermittlung oder Nutzung der konkret **„erforderlichen"** personenbezogenen Daten (§ 28 Abs. 3 Satz 1 Nr. 1). Hier wie dort muss deshalb eine Verarbeitung unterbleiben, solange es möglich ist, die **jeweils benötigten Informationen** zu bekommen, **ohne** auf **personenbezogene Angaben** zurückzugreifen. Das Gesetz misst im Übrigen die Zulässigkeit der Verwendung nicht am voraussichtlichen **Aufwand**, den eine andere, keineswegs personenbezogene Verarbeitung verursachen würde,[536] sondern aus- 214

---

524 Dazu *TaupitzPitz/Wicklein*, MedR 2005, 262 ff.

525 Dazu *Ruppmann,* Austausch, 29 ff; *Wesselhöft*, Datenschutz, 186 ff.; *Büllesbach,* CR 2000, 11; *Kilian/Scheja*, Datenfluss, 20; und demgegenüber *Schaffland/Wiltfang*, BDSG § 28 Rdnr. 130d.

526 *Niedermeier/Schröcker*, RDV 2001, 96 ff.

527 Vgl. auch *Kilian/Scheja*, Datenfluss, 27.

528 Vgl. auch *Gola/Schomerus*, BDSG § 24 Rdnr. 10; *Gola/Wronka*, Handbuch, Rdnr. 601; *Ruppmann,* Austausch, 69 ff; *Wächter*, Datenschutz Rdnr. 124; *Däubler,* Belegschaften, Rdnr. 451; *Wesselhöft*, Datenschutz, 187; *Wohlgemuth*, in Festschrift für *Hanau*, 341ff.; *Kilian/Scheja*, Datenfluss, 26 f.; *Hummel/Hilbrans*, AuR 2005, 208; sowie *Hilber*, RDV 2005, 146.

529 Vgl. auch *v. Sponeck,* CR 1991, 600; *Bizer,* Datenschutz, 101; aber auch *BerHessLR*, 15. TB, LT-Drs. 15/4659, 34 f.; *Lambrich/Cahlik*, RDV 2002, 291.

530 Vgl. auch *Franzen,* in *Oetker/Preis*, EAS B 5300 Rdnr. 56.

531 Vgl. auch *Gola/Wronka,* Handbuch, Rdnr. 603; *Blomeyer*, in MünchArbR § 99 Rdnr. 46; *Däubler*, Belegschaften, Rdnr. 454; *Ruppmann,* Austausch, 63; *Franzen*, in *Oetker/Preis*, EAS B 5300 Rdnr. 56; *Gola*, RDV 2002, 114; *Hilber*, RDV 2005, 144 ff.; sowie *Lambrich/Cahlik*, RDV 2002, 291.

532 Vgl. *BWHinwBDSG*, Dok. B 1.39, Nr. 34, Ziff. 3; *Ruppmann,* Austausch, 63; *Hummel/Hilbrans*, AuR 2005, 208.

533 Vgl. auch *LfD NW,* 8. TB, 127 ff.; sowie o.Rdnr. 142

534 Vgl. auch *Ehlers,* IuR 1988, 288 f.

535 o. Rdnr. 133 ff., 146.

536 Vgl. freilich *Schaffland/Wiltfang,* BDSG § 28 Rdnr. 110.

schließlich an der Notwendigkeit einer personenbezogenen Information.[537] Wo sie nicht nachgewiesen werden kann, bleibt der Zugriff auf die Daten unzulässig und damit rechtswidrig, ohne Rücksicht darauf, ob der Interessent eine öffentliche oder nichtöffentliche Stelle ist.[538]

215 Soweit sich auf personenbezogene Daten nicht verzichten lässt, muss wiederum eine **unmittelbare Anfrage** bei den Betroffenen der Verwendung ihrer Daten ohne ihre Mitwirkung vorgezogen werden. Die verantwortliche Stelle ist ferner einmal mehr verpflichtet, die Daten **sorgfältig auszuwählen**. Sie muss also, auf den **je spezifischen Übermittlungs- oder Nutzungszusammenhang eingehen**, um Art und Umfang der in Betracht kommenden Angaben gezielt einzugrenzen. So sind Kreditkartenunternehmen zwar durchaus berechtigt, Daten zu bekommen, die sie benötigen, um den konkreten Zahlungsvorgang mit dem jeweiligen Karteninhaber abzuwickeln. Sie dürfen dagegen keine Angaben zur gekauften Ware, zur Art und Weise, in der die Hotelreservierung erfolgte oder darüber, ob auch andere Kreditkarten benutzt wurden, erhalten.

216 Die Übermittlung oder Nutzung darf schließlich nur stattfinden, wenn die verantwortliche Stelle **keinen Grund zur Annahme hat, dass** damit gegen ein **„schutzwürdiges Interesse" der Betroffenen verstoßen wird** (§ 28 Abs. 3 Satz 1 Nr. 1). Im Unterschied zu § 28 Abs. 1 Satz 1 Nr. 2[539] **schließt** jedoch § 28 Abs. 3 Satz 1 Nr. 1 **eine Interessenabwägung aus**. Soald deshalb anzunehmen ist, dass eine Übermittlung oder Nutzung mit „schutzwürdigen Interessen" der Betroffenen kollidiert, hat die verantwortliche Stelle keine Wahl: Sie muss auf eine Verwendung **verzichten**.[540] Anders als in den Anwendungsfällen des § 28 Abs. 1 Satz 1 Nr. 2 geht es bei § 28 Abs. 2 nicht um eine von der verantwortlichen Stelle in ihrem Bereich und lediglich für ihre Ziele vorgenommene Verarbeitung. Der Rückgriff auf die Daten erfolgt vielmehr im Hinblick auf eine zwar berechtigte Verwendung, deren Anlass aber nicht bei der verantwortlichen Stelle liegt und die auch nicht von ihr kontrolliert werden kann. In dem Maße jedoch, in dem die Verbreitung der Daten zunimmt, wachsen zugleich die Gefahren für die Betroffenen. Das Gesetz versucht daher das höhere Gefährdungspotenzial durch schärfere Verarbeitungsbedingungen aufzufangen und auszugleichen.

217 Eine **summarische Prüfung** reicht genauso wie in den Anwendungsfällen des § 28 Abs. 1 Satz 2 Nr. 2[541] aus. Ebenso wie dort genügt es aber nicht, sich nach abstrakten und deshalb fallunabhängigen Vorgaben zu richten. Generelle Vermutungen zugunsten bestimmter Interessenten gibt es nicht. Die verantwortliche Stelle muss sich vielmehr am Einzelfall orientieren, sich also vor allem mit den möglichen Konsequenzen der **konkret anstehenden Übermittlung oder Nutzung** für die Betroffenen auseinander setzen und dabei nicht zuletzt die Besonderheit der jeweils in Betracht kommenden Daten bedenken.[542]

218 **Versicherungsgesellschaften** mögen beispielsweise genauso wie etwa Banken, Automobilproduzenten, Versandhäuser oder Weinhändler ein durchaus legitimes Interesse daran haben, potenzielle Abnehmer ihrer Produkte oder Leistungen gezielt zu **werben**[543] und deshalb besonderen Wert auf die Übermittlung von Angaben über die Kunden oder Beschäftigten bestimmter, eigens ausgewählter Drittunternehmen legen. Den verantwortlichen Stellen ist es mit Rücksicht auf die schutzwürdigen Belange ihrer Beschäftigten oder Kunden dennoch untersagt, deren Daten weiterzugeben.[544] Es ist Sache der Betroffenen, selbst darüber zu befinden, ob und welche rechtsgeschäftliche Beziehungen sie eingehen möchten. Es muss

537 Vgl. auch *Gola/Schomerus,* BDSG § 28 Rdnr. 13; *Beckhusen*, Datenumgang, 144.
538 Das übersehen das VG Düsseldorf, NJW 1985, 1794 (1795); sowie *Schaffland/Wiltfang,* BDSG § 28 Rdnr. 110.
539 Rdnr. 161 ff.
540 Ebenso *Wedde,* in *Däubler/Klebe/Wedde,* BDSG § 28 Rdnr. 53; *Beckhusen*, Datenumgang, 144 f.; anders *Hoeren*, VersR 2005, 1018; wohl auch *Bergmann/Möhrle/Herb,* BDSG § 28 Rdnr. 265; sowie *Schwintowski,* VuR 2004, 245 f.
541 o. Rdnr. 164 ff.
542 o. Rdnr. 167, sowie u. Rdnr. 220 ff.
543 Dazu auch o. Rdnr. 137, 159.
544 Vgl. auch *BerHessL,* 6. TB, LT-Drs. 13/4809; 1 f.; *Schaffland/Wiltfang,* BDSG § 28 Rdnr. 114 f.; *Däubler,* Belegschaften, Rdnr. 460; *Weichert,* WRP 1996, 528.

ihnen daher genauso freistehen, zu entscheiden, von wem sie wann Informationen erhalten wollen.[545] Ebenso wenig ist es daher zulässig, **firmeninterne Telefonbücher** an andere Unternehmen im Hinblick auf einzelne von diesen geplante **Marketingaktionen** weiterzugeben.[546] Bei der Übermittlungssperre muss es schließlich auch bei Anfragen von Gläubigern oder **Inkassofirmen** bleiben. Ihr Adressat sind die konkret betroffenen Schuldner. Mit ihnen müssen sie sich daher auseinander setzen.[547]

Die verantwortliche Stelle kann sich allenfalls bereit erklären, die **Einwilligung** der Betrof- 219
fenen **einzuholen** und dementsprechend Daten zu übermitteln, für die ein ausdrückliches Einverständnis vorliegt. Daran ändert sich selbst dann nichts, wenn das Interesse der Kunden an der je spezifischen Information, wie bei der Weitergabe der Kundendaten eines Unternehmens, das Gesundheitsprodukte herstellt, an ein Magazin, welches sich ebenfalls mit Gesundheitsfragen beschäftigt, um dessen Werbeaktivitäten zu unterstützen, „vermutet" oder gar „unterstellt" werden kann.[548]

Der deutlich restriktive Ansatz verschärft und bestätigt sich vor allem bei **Arbeitnehmer-** 220
daten, ohne Rücksicht darauf, ob es um Angaben über die jeweiligen Kenntnisse und Leistungen, Gehaltsdaten oder um sonstige, auch und gerade aus der Perspektive der Beschäftigten weniger empfindliche Daten geht. Eine Übermittlung ohne **Einwilligung** der Betroffenen kommt grundsätzlich nur in Betracht, wenn eine entsprechende **gesetzliche Vorschrift** besteht.[549] Hinweise auf die Verpflichtung, **Zeugnisse** zu erteilen, ändern daran ebenso wenig etwas wie die Verweisung auf die Fürsorgepflichten des Arbeitgebers.[550] Zeugnisse zählen sicherlich zu den klassischen Übermittlungsfällen. Sie sind allerdings auch symptomatisch für eine von den Beschäftigten gewollte und durch einen in ihrem Interesse eigens darauf gerichteten Anspruch (§ 630 BGB) untermauerte Übermittlung. Weder das Zeugnis noch und erst recht eine wie immer verstandene Fürsorgepflicht lassen sich deshalb anführen, um eine Weitergabe zu legitimieren, die sich an den Beschäftigten vorbei vollzieht. Beide sprechen im Gegenteil eindeutig dafür, eine von Dritten gewünschte Übermittlung nur bei einer ausdrücklich erteilten Einwilligung der Betroffenen zuzulassen.[551]

Erst recht muss eine Übermittlung oder Nutzung an den schutzwürdigen Belangen der 221
Betroffenen bei Daten scheitern, die der verantwortlichen Stelle im Zusammenhang mit der Ausübung einer **Berufs- oder Amtspflicht** überlassen wurden und einem **Berufs- oder Amtsgeheimnis** unterliegen.[552] Der besondere Verarbeitungszusammenhang begrenzt von vornherein die Verarbeitungsmöglichkeiten. Die Daten sind dazu bestimmt, Informationen zu vermitteln, die für die Erfüllung einer genau definierten Aufgabe notwendig sind. Ihre Verwendung muss daher auf den je spezifischen Aufgabenbereich beschränkt bleiben, eine Verpflichtung, die auch und vor allem durch eine gesetzlich, etwa in den §§ 203 StGB, 9 KWG, oder gewohnheitsrechtlich verankerte Schweigepflicht bekräftigt und abgesichert wird.

§ 28 Abs. 3 Satz 1 Nr. 1 kann deshalb den Verwendungsspielraum der verantwortlichen 222
Stelle ebenso wenig ausweiten wie § 39, der die Verwendung von Daten, die einem besonderen Berufs- oder Amtsgeheimnis unterliegen, ausdrücklich anspricht. Die dort vorgesehene strikte Zweckbindung[553] begrenzt zwar die Verarbeitungsmöglichkeiten des Empfängers, berührt aber nicht die **Übermittlungsschranken**, die für diejenigen Stellen gelten, denen die

545 Dazu *BWHinwBDSG,* Dok. B 1.37, Nr. 32, Ziff. 1.3; aber auch *Däubler*, Belegschaften, Rdnr. 460; *Gola*, RDV 2002, 113.
546 *BWHinwBDSG,* Dok. B 1.39, Nr. 34 Ziff. 3.
547 Vgl. auch *BWHinwBDSG,* Dok. B 1.40 Nr. 25, Ziff. 2.3.
548 Vgl. freilich *BW-IM,* TB 1995, 129.
549 Vgl. auch *BerHessL*, 14 TB, LT-Drs. 15/2950, 25 f.; sowie *Gola/Wronka,* RDV 1994, 161.
550 Vgl. etwa LAG Berlin, BB 1989, 1825; *Franzen,* in *Oetker/Preis*, EAS B 5300 Rdnr. 57.
551 Vgl. auch *HmbDSB,* 6. TB, 146; *Gola/Wronka,* Handbuch, 590 ff.; einschränkend *BWHinwBDSG,* Dok. B 1.37, Nr. 32, Ziff. 1.2, Dok. B 1.40, Nr. 35, Ziff. 2.2 f.; sowie für den öffentlichen Dienst bei Übermittlungen an andere Arbeitgeber die §§ 90 Abs. 2 BBG; 28 Abs. 4
552 Dazu auch *LReg NRW,* 1. TB, 57.
553 Dazu § 39 Rdnr. 19 ff.

Angaben jeweils überlassen worden sind. Nur die Betroffenen können daher die Übermittlungs- und Nutzungssperre lösen. Ohne ihre **Einwilligung** bleiben die Daten unzugänglich.

223 Mit zu den am häufigsten in diesem Zusammenhang zitierten Beispielen gehört die **Übergabe einer Patienten- oder Mandantendatei** beim Verkauf einer Arzt- oder Anwaltspraxis.[554] Soweit es um **Patientendaten** geht, scheidet eine Anwendung des § 28 Abs. 3 Satz 1 Nr. 1 schon deshalb aus, weil die Sondervorschriften zur Verwendung sensitiver Daten (§ 28 Abs. 6 bis 8) vorgehen.[555] Bei den **Mandanten einer Anwaltspraxis** ist dagegen in erster Linie § 28 Abs. 1 Satz 1 Nr. 2 anzuwenden.[556] Die verantwortliche Stelle hat als Verkäuferin ein elementares Interesse an der Übermittlung der Daten, weil sie den Wert der Praxis und daher auch die Veräußerungschancen sowie das Entgelt maßgeblich bestimmen. Weil jedoch ihre Belange den schutzwürdigen Interessen der Mandanten weichen müssen,[557] liegt es nahe, sich umzuorientieren und zu versuchen, die Übergabe unter Hinweis auf die Erwartungen des letztlich ebenso an den Daten interessierten Käufers zu rechtfertigen. Der **Vorrang der Mandantenbelange** wird freilich dadurch nicht tangiert. Ihre Schutzwürdigkeit ist der Maßstab, nach dem sich die Erwartungen der Käufer ebenso wie der Verkäufer richten müssen.[558]

224 **Schutzwürdige Belange** werden dagegen grundsätzlich **nicht beeinträchtigt**, wenn ein **Verein**, wie etwa die GEMA, Dritten Angaben über seine Mitglieder übermittelt, um Manipulationen zu ihren Lasten zu verhindern.[559] Vereinen ist es zwar prinzipiell untersagt, **Mitgliederdaten** Dritten zur Verfügung zu stellen, zumindest solange es an entsprechenden Satzungsbestimmungen fehlt, oder sich die Mitglieder nicht ausdrücklich einverstanden erklärt haben. Soweit sich jedoch durch die Übermittlung Nachteile für die Betroffenen abwenden lassen, liegt eine Weitergabe selbst dann im Interesse der Mitglieder, wenn die Satzung den Verein nicht explizit anhält, ihre Belange zu fördern. Der Verein muss allerdings vor einer Übermittlung nicht nur die möglichen Nachteile für die Betroffenen prüfen, sondern genauso, ob und in welchem Umfang eine Information der Betroffenen angebracht und möglich ist. Ebenso wenig schließen schutzwürdige Belange der Betroffenen eine Nutzung der Daten von **Angehörigen Verstorbener** aus, wenn es lediglich darum geht, sie unmittelbar in die Entscheidung über eine geplante Gewebeentnahme einzuschalten, ihre Einwilligung also zu bekommen.[560]

6.2 Abwehr von Gefahren und Strafverfolgung (Nr. 2)

225 Übermittlungen oder Nutzungen, die von der verantwortlichen Stelle nicht um ihrer Aufgaben willen vorgenommen werden (§ 28 Abs. 1) sind auch zulässig, wenn sie dazu dienen sollen, **Gefahren für die staatliche und öffentliche Sicherheit abzuwehren, oder Straftaten zu verfolgen** (§ 28 Abs. 3 Satz 1 Nr. 2). Anders als das BDSG 90[561] belässt es das BDSG 01 nicht bei einem Hinweis auf „öffentliche Interessen", sondern wählt bewusst einen, jedenfalls auf den ersten Blick, sehr viel präziseren Anknüpfungspunkt. Der Gesetzgeber versucht so in Anlehnung an die EG-Datenschutzrichtlinie (Art. 13 Abs. 1), einer extensiven Interpretation der „öffentlichen Interessen" vorzubeugen, die allzu leicht dazu verhelfen könnte, einen konsequenten Datenschutz auszuhebeln. § 28 Abs. 3 Satz 1 Nr. 2 läuft allerdings diesem Ziel in mindestens zweierlei Hinsicht zuwider. So werden die „Gefahren" nicht einmal exemplarisch angegeben. Das Gesetz verzichtet zudem auf jede Gewichtung, bezieht also keineswegs etwa nur „erhebliche" Gefahren ein. Genauso ist es bei den „Straftaten". Das BDSG sieht einmal mehr **von jeder Differenzierung** ab. Übermittlungen sind so gesehen **grundsätzlich bei allen Straftaten** zulässig.

---

554 Vgl. etwa *Bergmann/Möhrle/Herb*, BDSG § 28 Rdnr. 266; *Gola/Schomerus*, BDSG § 28 Rdnr. 50; aber auch BGH, NJW 2001, 2462; *Huffer*, NJW 2002, 1382.
555 Dazu u. Rdnr. 320 ff., 338 ff.
556 o. Rdnr. 168.
557 o. Rdnr. 168.
558 Vgl. auch *Bergmann/Möhrle/Herb*, BDSG § 28 Rdnr. 266
559 Dazu *Wiese*, GEMA-Nachrichten H. 108 (1978) 119.
560 o. Rdnr. 210.
561 Dazu die 4. Auflage dieses Kommentars, § 28 Rdnr. 197.

Die Betroffenen werden deshalb unverändert mit einem erheblichen **Interpretationsrisiko** belastet. Umso mehr, als sich die gesetzlich geforderte Rücksichtnahme auf ihre „schutzwürdigen Interessen" (§ 28 Abs. 3 Abs. 1) als bedeutungslos zu erweisen droht. Wo die Gefahrenabwehr und die Strafverfolgung auf dem Spiel stehen, haben die Belange der Betroffenen schwerlich, wenn überhaupt eine Chance, beachtet zu werden. Die Glaubwürdigkeit des BDSG hängt daher auch und gerade von der Seltenheit ab, mit der auf die Gefahrenabwehr oder die Strafverfolgung zurückgegriffen wird, um die Zulässigkeit einer Übermittlung oder Nutzung zu legitimieren. Entsprechend **hoch** müssen konsequenterweise die **Begründungsanforderungen** sein. 226

Die schlichte **Verweisung** auf die **„staatliche und öffentliche Sicherheit"** oder auf **einzelne Straftaten** reicht daher keinesfalls aus, um etwa Übermittlungen an **Polizei und Staatsanwaltschaft** zu rechtfertigen. Wohlgemerkt, nicht etwa nur deshalb, weil lediglich Generalklauseln benutzt werden, statt sich möglichst genau zum Anlass und zur Tragweite der beabsichtigten Verarbeitung oder Nutzung zu äußern. Weit wichtiger ist vielmehr, dass die StPO sowie die Polizeigesetze detailliert zur Verwendung personenbezogener Angaben Stellung nehmen.[562] Gleichviel mithin, ob es sich um einen „normalen" Ermittlungsvorgang oder eine „Rasterfahndung" handelt, der Weg zu den Daten führt über die „ermittlungsspezifischen" gesetzlichen Vorschriften. 227

So ist die Staatsanwaltschaft keineswegs auf § 28 Abs. 3 Satz 1 Nr. 2 angewiesen, um von der verantwortlichen Stelle zu verlangen, ihr bestimmte im Zusammenhang mit einer **Rasterfahndung** benötigte Dateien zu überlassen, die Angaben über Personen enthalten, deren Merkmale auf vermutliche Täter zutreffen (§ 98a StPO). Ähnliche Regelungen finden sich in den polizeirechtlichen Vorschriften zur Gefahrenabwehr.[563] In Betracht kommt, so gesehen, die Kundendatei eines Versorgungsunternehmens oder einer Versicherungsgesellschaft, die Zusammenstellung sämtlicher oder nur einzelner nach Lage und Größe ihrer Wohnungen ausgewählter Kunden eines Immobilienvermieters ebenso wie die Studentendatei einer Hochschule. Sowohl die Polizeigesetze[564] als auch die StPO (§ 98a Abs. 1) versuchen freilich, den Zugriff zu beschränken. Auch wenn deshalb die deutlich extensiv angelegten und gezielt vage gehaltenen Formulierungen der jeweiligen gesetzlichen Vorschriften ihren Anwendungsbereich weitgehend verschwimmen lassen569,[565] die Intention, den Zugriff auf personenbezogene Daten nur in den angegebenen Fällen und lediglich unter den jeweils angeführten Voraussetzungen hinzunehmen, kommt trotzdem deutlich zum Ausdruck. 228

§ 28 Abs. 3 Satz 1 Nr. 2 ist eine **eigenständige Zulässigkeitsvoraussetzung** und kann daher nicht als Ersatz für andere, möglicherweise nur schwer oder gar nicht erst anwendbare Zulässigkeitsgründe verwendet werden. So sind die „berechtigten Interessen" der verantwortlichen Stellen (§ 28 Abs. 1 Satz 1 Nr. 2) und nicht § 28 Abs. 3 Satz 1 Nr. 2 der allein in Betracht kommende Anknüpfungspunkt bei der Beantwortung der Frage, ob und in welchem Umfang **Sachversicherer** Daten der Versicherungsnehmer an Polizei und Staatsanwaltschaft weitergeben dürfen.[566] 229

Das hohe Interpretationsrisiko verpflichtet die verantwortlichen Stellen erst recht dazu, auf **schutzwürdige Interessen** der Betroffenen zu achten. Sie schließen wie im Fall des § 28 Abs. 3 Satz 1 Nr. 1[567] Übermittlungen oder Nutzungen aus. Einmal mehr muss zudem die verantwortliche Stelle keineswegs sicher sein, dass es tatsächlich schutzwürdige Belange der Betroffenen gibt, die gegen eine Weitergabe sprechen. **Mehr als einen Grund dafür, dass es so sein könnte, verlangt das Gesetz nicht** (§ 28 Abs. 3 Satz 1 Nr. 2). Einer Abwägung bedarf 230

562 Vgl. die §§ 94 ff. StPO, sowie Art. 30 BayPAG und die §§ 23 HbgGDVP; 26 HSOG; 31 PolGNW; 37 SPolG; 44 ThüringerPAG; dazu statt aller *Bäumler,* in *Lisken*/Denninger, Handbuch des Polizeirechts (2. Aufl. 2001), Rdnr. J 238 ff., 554 ff., 596 ff.

563 o. Rdnr. 227.

564 Vgl. etwa § 26 Abs. 1 und 2 HSOG.

565 Dazu insb. LG Berlin, DuD 2002, 175; OLG Frankfurt, DuD 2002, 238; aber auch OLG Düsseldorf, DuD 2002, 241, 244; sowie *Groß,* KJ 2002, 1 ff.

566 Dazu auch *Berg,* Staatsanwaltschaft, 40 ff.

567 Dazu o. Rdnr. 216 f.

es schließlich auch nicht. Das Gesetz differenziert spricht sich in allen vier in § 28 Abs. 3 aufgezählten Verwendungskonstellationen gleichermaßen dagegen aus.[568] Den verantwortlichen Stellen dürfte es trotzdem schwer fallen, sich unter Hinweis auf bestimmte Interessen der Betroffenen einer Verarbeitung zu widersetzen, die Gefahren für die staatliche und öffentliche Sicherheit abwehren oder der Strafverfolgung dienen soll.

231 Die verantwortlichen Stellen müssen unter diesen Umständen alle **Informationsmöglichkeiten** nutzen, um sich zu vergewissern, ob die Voraussetzungen für eine Anwendung des § 28 Abs. 3 Satz 1 Nr. 2 tatsächlich gegeben sind. Mit das wichtigste Mittel dafür ist eine Rückfrage bei den **Aufsichtsbehörden** (§ 38) oder den **Datenschutzbeauftragten**. Jede dieser Instanzen hat, weil sie eine zuvörderst präventive Aufgabe wahrnimmt, keineswegs nur eine Kontroll-, sondern genauso eine **Beratungsfunktion**.[569] Die Datenschutzbeauftragten müssen sich zudem fortlaufend mit Voraussetzungen und Grenzen einer aufgabenkonformen Verwendung personenbezogener Daten durch die öffentlichen Stellen und damit nicht zuletzt mit den Auswirkungen von Verarbeitungen und Nutzungen auseinander setzen, die mit der Gefahrenabwehr oder der Strafverfolgung zusammenhängen. Die Konsultation der Kontrollinstanzen befreit zwar die **verantwortlichen Stellen** nicht von der **Verpflichtung, sich selbst eine Meinung zu bilden und** auch **dafür einzustehen**. Sie erleichtert jedoch die Entscheidung und demonstriert zugleich, dass die verantwortliche Stelle alle erforderlichen Anstrengungen unternommen hat, um eine korrekte Anwendung des § 28 Abs. 3 Satz 1 Nr. 2 zu gewährleisten.

6.3 Listenmäßige Übermittlung (Nr. 3)

232 **Übermittlungen oder Nutzungen** sind ferner dann nicht an die Voraussetzungen des § 28 Abs. 1 Satz 1 Nr. 1 bis 3 gebunden, wenn sie sich auf bestimmte im BDSG **ausdrücklich und abschließend** festgelegte **Daten einer Personengruppe** beschränken, die für **Zwecke der Werbung oder der Markt- und Meinungsforschung in Listen oder sonst zusammengefasst wurden** (§ 28 Abs. 3 Nr. 3). Das Gesetz weicht mit dieser Regelung einmal mehr von den für den öffentlichen Bereich geltenden Grundsätzen ab. Behörden und sonstige öffentliche Stellen dürfen, anders als nicht-öffentliche Stellen, nicht danach unterscheiden, ob die Daten einzeln oder listenmäßig übermittelt oder genutzt werden sollen. Sie müssen sich im Gegenteil durchweg an die in den §§ 15 und 16 näher umschriebenen Verarbeitungsbedingungen halten.[570]

233 Die Sonderregelung des § 28 Abs. 3 Nr. 3 ist der letzte, immer wieder hartnäckig verteidigte Rest der vor allem in den Anfangsjahren des Datenschutzes ständig wiederholten Forderung, wenigstens **einen Teil der personenbezogenen Daten „freizugeben"**, ihre Verwendung also an keinerlei Bedingung zu knüpfen.[571] **Name, Adresse, Beruf und Geburtsdatum** zählten von Beginn g an zu den am meisten genannten Beispielen für Angaben, die „frei" verwendbar sein sollten. Die Tatsache, dass es durchweg um Daten geht, die in der Regel unschwer allgemein zugänglichen Quellen, etwa Telefon- und Adressbüchern, entnommen werden können, hat dabei genauso eine Rolle gespielt wie ihre ohnehin weitverbreitete kommerzielle Verwertung und das Interesse, sie ungehindert fortsetzen zu können. Der Gesetzgeber hat es freilich bereits 1976 abgelehnt, irgendwelchen Daten einen Sonderstatus einzuräumen[572] und ist auch beim BDSG 90 dabei geblieben.[573]

234 Das BDSG 01 geht einen etwas anderen Weg. Die EG-Datenschutzrichtlinie (Art. 8) hatte zur Folge, dass Sondervorschriften zur Verwendung „sensitiver Daten" (§ 3 Abs. 9) auch in das BDSG aufgenommen werden mussten.[574] Die Konzession an die EG-Datenschutzrichtlinie

---

568 Dazu o. Rdnr. 216.
569 Dazu die §§ 24 Rdnr. 8 ff.; 26 Rdnr. 3 ff., 17 ff.; 38 Rdnr.3.
570 Dazu § 15 Rdnr. 4 ff.; 16 Rdnr. 5 ff.
571 Dazu *Simitis,* DVR 2 (1973/74) 150 ff.
572 Vgl. die 3. Auflage dieses Kommentars, § 24 Rdnr. 62 f.
573 Vgl. die 4. Auflage dieses Kommentars, § 1 Rdnr. 181 f.
574 Dazu § 3 Rdnr. 257 ff. sowie u. Rdnr. 320 ff.

ändert freilich nichts an der **Einbeziehung aller personenbezogenen Daten** in den Anwendungsbereich des BDSG.[575] Sie hat lediglich dazu geführt, dass die Anforderungen an die Verwendung bestimmter Daten, deren Verarbeitung für die Betroffenen besonders nachteilig sein kann, erhöht wurden. Nach wie vor steht also fest, **„belanglos" oder „harmlos" ist keine personenbezogene Angabe**.[576] Ein Datenschutzgesetz, das sich bereit finden sollte, bei bestimmten Daten von jeder Regelung abzusehen, würde sein Ziel verfehlen, die informationelle Selbstbestimmung der Betroffenen sicherzustellen.[577] **„Freie Daten" gibt es** daher **nicht**. Umso mehr verwundert es, wenn immer noch, freilich zumeist mit manchem Vorbehalt versehen, davon die Rede ist.[578] Missverständnisse und falsche Erwartungen sind die Folge. Die in aller Regel am je spezifischen Verarbeitungszusammenhang orientierten Variationen der Übermittlungs- und Nutzungsbedingungen lassen sich nicht in eine wie immer verstandene Freigabe der Verwendung umdeuten.[579]

Der Gesetzgeber hat sich mit § 28 Abs. 3 Satz 1 Nr. 3 für eine Regelung entschieden, die mit **erheblichen Gefahren für die Betroffenen** verbunden ist. Personenbezogene Daten lassen sich, allen gegenteiligen Behauptungen zum Trotz, nicht ohne weiteres verselbstständigen. Mit ihrer Übermittlung können daher **Zusatzinformationen** verbunden sein, die weit über das vom Gesetzgeber akzeptierte Informationsspektrum hinausreichen. So mag die Verknüpfung mehrerer Namen mit einer einzigen Adresse nicht sonderlich interessant erscheinen, solange es sich dabei um ein Mehrfamilienhaus handelt. Sie bekommt freilich eine ganz andere Bedeutung in dem Augenblick, in dem es sich um die Adresse einer Heil- oder Haftanstalt handelt. Erst recht lässt sich der Informationsgehalt mit Hilfe der Angabe steuern und variieren, die es ermöglicht, die Zugehörigkeit zu einer bestimmten, den Übermittlungsadressaten besonders interessierenden Personengruppe auszumachen (§ 28 Abs. 3 Satz 1 Nr. 3 Buchst. a). 235

Der Gesetzgeber war sich dieser Konsequenzen durchaus bewusst. Er hat sich deshalb nicht mit der bereits in § 24 Abs. 2 Satz 1 BDSG 77 enthaltenen Regelung zufrieden gegeben,[580] die eine Übermittlung nur zulässt, wenn kein Grund besteht, anzunehmen, dass **schutzwürdige Interessen** der Betroffenen beeinträchtigt werden (§ 28 Abs. 3 Satz 1 Nr. 3), vielmehr zwei weitere Einschränkungen vorgesehen. Zugunsten der Betroffenen wird, jedenfalls zunächst, vermutet, dass ein **Verstoß gegen schutzwürdige Belange** immer dann vorliegt, wenn Angaben vermittelt werden, die zwar nicht zu den ohnehin einer Sonderregelung unterliegenden „sensitiven" Daten zählen (§§ 3 Abs. 9, 28 Abs. 6 bis 9), aber doch Bereiche tangieren, die der Gesetzgeber ebenfalls als **besonders empfindlich** ansieht (§ 28 Abs. 3 Satz 2).[581] Den Betroffenen wird zudem ein **Widerspruchsrecht** eingeräumt (§ 28 Abs. 4).[582] Das Ergebnis ist ein letztlich kaum durchschaubarer, mit einer Vielzahl von Interpretationsrisiken behafteter Normenkomplex. Damit ist jedoch weder den Betroffenen noch den verantwortlichen Stellen, ja nicht einmal den eigentlichen Begünstigten, den potenziellen Übermittlungsadressaten, geholfen. Alles in allem, § 28 Abs. 3 Satz 1 Nr. 3 ist eine Regelung, die den Datenschutz weit eher diskreditiert als bestätigt. 236

§ 28 Abs. 3 Satz 1 Nr. 3 legt verbindlich fest, **welche Daten**, sei es in Listen zusammengefasst, sei es in einer vergleichbaren Form **übermittelt oder genutzt werden dürfen**. Die verantwortliche Stelle hat also keine Wahl: Sie muss sich **auf die dort angeführten Daten beschränken**. Jede **weitere Angabe verändert** daher auch **die Verwendungsbedingungen**. § 28 Abs. 3 Nr. 3 ist mit anderen Worten dann nicht mehr maßgeblich. Übermittlungen und 237

---

575 Dazu § 1 Rdnr. 57 ff.
576 BVerfGE, 65, 1 (45).
577 Vgl. auch *Roßnagel/Hoeren*, Handbuch, 4.6 Rdnr. 47; anders wohl *Roßnagel/Pfitzmann/Garstka*, Modernisierung, 61 ff.
578 Statt aller *Schaffland/Wiltfang*, BDSG § 28 Rdnr. 141; *Wedde*, in *Däubler/Klebe/Wedde*, BDSG § 28 Rdnr. 54; *Wächter*, Datenschutz, Rdnr. 714; und demgegenüber *Bergmann/Möhrle/Herb*, BDSG § 28 Rdnr. 276.
579 Vgl. freilich *Blomeyer*, in MünchArbR § 99 Rdnr. 48.
580 Dazu die 3. Auflage dieses Kommentars, § 24 Rdnr. 74 ff.
581 Dazu u. Rdnr. 249 ff.
582 Dazu u. Rdnr. 272 ff.

Nutzungen sind vielmehr nach den generell anwendbaren Vorschriften zu beurteilen (§ 28 Abs. 1 Satz 1 Nr. 1 bis 3, Abs. 2 Satz 1 Nr. 1 und 2).

238 Das Gesetz nimmt allerdings die Übermittlung oder Nutzung einer **zusätzlichen**, in § 28 Abs. 3 Satz 1 Nr. 3 **nicht erwähnten Angabe** in Kauf. Übermittlungsadressaten bekommen nicht nur die im Gesetz genannten Daten, sie wissen auch, **wer sie weitergegeben hat**. Wie immer deshalb die gruppenspezifischen Angaben (§ 28 Abs. 3 Satz 1 Nr. 3 Buchst. a) im Einzelfall aussehen mögen, sie sind keineswegs die einzigen gemeinsamen Merkmale der Betroffenen, die offengelegt werden. Ihre Beziehung zu der für die Übermittlung ihrer Daten verantwortlichen Stelle, einer Investitionsgesellschaft, einem Versandhaus oder einer Versicherung, verbindet sie genauso und hat in aller Regel auch einen eigenen Informationswert, etwa die Art sowie die Bedeutung des jeweils übermittelnden Unternehmens. Die Liste des § 28 Abs. 3 Satz 1 Nr. 3 wird damit um eine achte, vom Gesetz nicht ausdrücklich genannte, aber durchaus geduldete Angabe ergänzt.[583]

239 Von den sieben in § 28 Abs. 3 Satz 1 Nr. 3 aufgezählten Daten kommt der **ersten Angabe** eine **Pilotfunktion** zu. Sie ermöglicht es, die Betroffenen einer **bestimmten Personengruppe zuzuordnen**. Erst mit diesem Hinweis kann die Übermittlung ihren eigentlichen und entscheidenden, im Übrigen vom Gesetz ebenfalls ausdrücklich angeführten Zweck erfüllen, **verlässliches Material für gezielte Werbekampagnen ebenso wie für die Markt- und Meinungsforschung** zu liefern. Die **Angabe zur Gruppenzugehörigkeit** muss **keineswegs den übrigen** in § 28 Abs. 3 Satz 1 Nr. 3 aufgezählten Daten entnommen werden. Beruf oder Geburtsjahr eignen sich zwar durchaus als Gruppenmerkmal. Andere, in der Aufzählung nicht enthaltene Angaben kommen aber, mit Ausnahme der sensitiven Daten (§§ 3 Abs. 9; 28 Abs. 6 bis 9), genauso in Betracht. So liegt es beispielsweise nahe, die Liste auf die Kunden eines Unternehmens oder die Abonnenten einzelner Publikationen zu konzentrieren.[584] Entscheidend ist letztlich die konkrete Informationserwartung. Am Wortlaut des Gesetzes darf allerdings nicht gerüttelt werden. In Betracht kommt immer **nur eine Angabe**. Nach den Daten „verheirateter Bankkunden" kann deshalb ebenso wenig gefragt werden wie nach den Angaben der Käuferinnen und Käufer, die, mit Kreditkarten bezahlt haben, oder nach Mietern von Zwei- und Dreizimmerwohnungen.[585]

240 Der **genaue Bezugspunkt** der übrigen in § 28 Abs. 3 Satz 1 Nr. 3 aufgezählten Daten ist nicht immer klar. So wird in Buchstabe lediglich die „**Anschrift**" erwähnt. Gemeint ist sowohl die dienstliche als auch die private Adresse. Auslegungsschwierigkeiten können auch beim „**Titel**" (Buchst. d) entstehen. Beamtenrechtliche Dienstbezeichnungen gehören ebenso dazu wie alle weiteren Angaben, die im Zusammenhang mit einem Beruf verwendet zu werden pflegen, etwa „Direktor", „Prokurist", „Leiter der Forschungsabteilung" oder „Vertriebsleiter".

241 Die Daten müssen **in einer Liste oder in einer vergleichbaren Weise zusammengefasst sein** (§ 28 Abs. 3 Satz 1 Nr. 3). Das Gesetz geht dabei davon aus, dass die in Betracht kommenden Angaben n eigens den jeweiligen Datenbeständen entnommen werden. Es reicht also nicht, auf bereits **vorhandene Listen** zurückzugreifen und sie lediglich neu zusammenzufügen. Eine gesetzlich vorgeschriebene **Form** der Zusammenfassung gibt es nicht. Den verantwortlichen Stelle bleibt es überlassen, die aus ihrer Sicht zweckmäßigste Form zu wählen. EDV-Listen genügen daher den gesetzlichen Anforderungen genauso wie Aufkleber, adressierte Umschläge, Disketten oder CD-ROMs.[586]

242 Die Zusammenfassung muss sich auf **mehrere Angehörige einer Personengruppe** beziehen. Solange lediglich Angaben zu einer Person übermittelt werden, ist eine Übermittlung oder Nutzung nur unter den ansonsten in § 28 festgelegten Bedingungen zulässig.[587] Dabei muss es selbst dann bleiben, wenn zum Zeitpunkt der Verarbeitung **nur eine Person** der in-

583 Vgl. auch *Schaffland/Wiltfang,* BDSG § 28 Rdnr. 148 f.

584 Vgl. auch *Schaffland/Wiltfang,* BDSG § 28 Rdnr. 148; *Gola/Schomerus,* BDSG § 28 Rdnr. 56.

585 Vgl. auch *Gola/Schomerus,* BDSG § 28 Rdnr. 56a; *Bergmann/Möhrle/Herb,* BDSG § 28 Rdnr. 277; *Schaffland/Wiltfang,* BDSG § 28 Rdnr. 151; *Weichert,* WRP 1996, 527.

586 Vgl. auch *Bergmann/Möhrle/Herb,* BDSG § 28 Rdnr. 298.

587 Vgl. auch *Schaffland/Wiltfang,* BDSG § 28 Rdnr. 145; und demgegenüber *Gola/Schomerus,* BDSG § 28 Rdnr. 56.

frage kommenden Personengruppe angehört, ohne Rücksicht im Übrigen darauf, um welche der in § 28 Abs. 3 Satz 1 Nr. 3 aufgezählten Daten es konkret geht. Das Gesetz legt mit dem Hinweis auf die „Personengruppe" die Grundbedingung für jede listenmäßige Übermittlung oder Nutzung fest. Wird sie nicht erfüllt, spielen auch die für eine Übermittlung in Betracht gezogenen Daten keine Rolle. Sie sind aus der Perspektive des Gesetzes **immer nur Gruppenmerkmale** und deshalb ausschließlich in Verbindung mit einer Gruppe von Bedeutung.

Das BDSG akzeptiert zwar listenmäßige sowie vergleichbare Übermittlungen oder Nutzun- 243
gen personenbezogener Daten, **beschränkt** aber zugleich **die Verwendungsmöglichkeiten.** Die Zusammenstellung der Angaben ist nur für **Zwecke der Werbung oder der Markt- und Meinungsforschung** zulässig (§ 28 Abs. 3 Satz 1 Nr. 3). Anders als das BDSG 90 (§ 28 Abs. 2 Nr. 1 Buchst. b) und wiederum unter dem Einfluss der EG-Datenschutzrichtlinie (Art. 6 Abs. 1 Buchst. b) lässt also der Gesetzgeber den Verwendungszweck nicht offen. Genau genommen wird freilich nur das Ziel ausdrücklich genannt und bestätigt, das schon immer im Vordergrund aller Überlegungen zur listenmäßigen Übermittlung gestanden hat.[588] Listen mögen also auch für andere Zwecke nützlich sein, die verantwortlichen Stellen können sich dennoch nur in dem einen, vom Gesetz ausdrücklich genannten Fall auf § 28 Abs. 3 Satz 1 Nr. 3 berufen. Zu den Grundpflichten der verantwortlichen Stellen gehört es deshalb, **den Übermittlungs- und Nutzungszweck eindeutig anzugeben** und zugleich die Adressaten auf die **Verwendungsschranken** hinzuweisen (§ 28 Abs. 5).[589] Die früher so nachhaltig reklamierten Listen haben allerdings vor dem Hintergrund einer zunehmend **personalisierten Werbung** viel von ihrer Bedeutung verloren. Sie bieten zwar erste Ansätze für die angestrebte Individualisierung, vermitteln jedoch längst kein ausreichendes Material.[590]

Eine listenmäßige Übermittlung oder Nutzung darf nur erfolgen, wenn **kein Grund zur An-** 244
nahme besteht, dass **schutzwürdige Interessen** der Betroffenen dagegen sprechen (§ 28 Abs. 3 Satz 1 Nr. 3). Die Zulässigkeit einer Übermittlung oder Nutzung ist insofern nach genau den Maßstäben zu beurteilen, die auch in den Fällen des § 28 Abs. 3 Satz 1 Nr. 1 und 2 zu beachten sind.[591]

Schutzwürdige Interessen der Betroffenen stehen vor allem dann einer listenmäßigen Über- 245
mittlung oder Nutzung entgegen, wenn durch die **Art und Weise der Zusammenstellung** mehr Informationen offen gelegt werden, als die in § 28 Abs. 3 Satz 1 Nr. 3 aufgezählten Daten normalerweise vermitteln.[592] Listenmäßige Übermittlungen oder Nutzungen eignen sich deshalb nicht dazu, um **ansonsten unzugängliche Einzelheiten über die persönliche Situation der Betroffenen** zu erfahren. So erlauben Adressenlisten, die etwa erkennen lassen, wer sich in einem Sanatorium aufhält oder in einem Pflegeheim untergebracht ist, Rückschlüsse, die über das von § 28 Abs. 3 Satz 1 Nr. 3 noch tolerierte Maß an Informationen hinausgehen. Sie sind daher nicht durch die Sonderregelung des § 28 Abs. 2 Nr. 1 Buchst. b gedeckt. Die verantwortliche Stelle muss mithin nicht nur auf die Daten achten, sondern ebenso auf die sich aus ihrer Zusammenstellung ergebenden **mittelbaren Informationen**.

Der gesetzlich vorgeschriebene **Verwendungszweck** (§ 28 Abs. 3 Satz 1 Nr. 3) **rechtfertigt** 246
für sich genommen noch **nicht jede Übermittlung oder Nutzung**. Die verantwortliche Stelle ist vielmehr verpflichtet, sich noch vor der Weitergabe besonders über den **Gegenstand** der Werbung und die **Art und Weise ihrer Durchführung** zu informieren. Nur dann lassen sich mögliche Konflikte mit schutzwürdigen Interessen der Betroffenen rechtzeitig ausmachen.[593] Je gezielter zudem bei der Auswahl der Betroffenenmögliche Verarbeitungsfolgen bedacht werden, desto unwahrscheinlicher ist eine Kollision mit schutzwürdigen Interessen.[594]

588 Dazu die 3. Auflage dieses Kommentars, § 24 Rdnr. 61 ff.
589 Dazu u. Rdnr. 310 ff.
590 Vgl. dazu auch *BW-IM,* TB 1995, 133.
591 Dazu o. Rdnr. 161 ff., 216 f.
592 Dazu auch *Gola/Schomerus,* BDSG § 28 Rdnr. 56a; *Schaffland/Wiltfang,* BDSG § 28 Rdnr. 152; *Bergmann/Möhrle/Herb,* BDSG § 28 Rdnr. 281 ff.; *Mattke,* Adressenhandel, 245 ff.
593 Vgl. auch *BWHinwBDSG,* Dok. B 1.40, Nr. 35, Ziff. 7.
594 Vgl. auch *Gola/Wronka,* RDV 1994, 164; *Weichert,* WRP 1996, 527.

247 **Kontext und Konsequenzen** der Verwendung sind auch bei der Übermittlung oder Nutzung von **Mitgliederlisten** besonders zu bedenken. Das BDSG sieht ohnehin im Rahmen der Vorschriften zur Verwendung sensitiver Angaben eine Sonderregelung für die Mitgliederdaten bestimmter Organisationen vor (§ 28 Abs. 9).[595] Aber auch Vereinigungen, die nicht unter diese Regelung fallen, sind keineswegs berechtigt, Mitgliederlisten unter Berufung auf § 24 Abs. 3 Satz 1 Nr. 3 jedem Interessenten zur Verfügung zu stellen oder nach Belieben zu veröffentlichen. Mag sein, dass Außenstehende, etwa bei Sportvereinen oder Berufsverbänden, relativ leicht erfahren können, wer Mitglied ist. Schon deshalb, weil die Mitgliederverzeichnisse sehr oft publiziert werden. Vereine müssen dennoch ebenso wie Verbände primär auf die Interessen ihrer Mitglieder Rücksicht nehmen und daher bestrebt sein, ihre **Einwilligung** einzuholen,[596] ansonsten aber vor allem danach fragen, wie sich eine Übermittlung oder Nutzung der Mitgliederliste aus der Mitgliederperspektive darstellt.[597] So darf beispielsweise ein Sportverband nicht die Liste seiner Mitglieder an eine bestimmte politische Partei, zumal im Vorfeld von Wahlen, übermitteln.[598]

248 Zweck und Umstände der beabsichtigten Verwendung sind infolgedessen einmal mehr wichtige Indikatoren einer möglichen Kollision mit schutzwürdigen Interessen der Mitglieder. So gesehen kann es durchaus letztlich entscheidend sein, **ob die Empfänger wirklich auf die Liste angewiesen sind, oder ob sich ihre Ziele nicht auch anders erreichen lassen**.[599] Ähnlich ist bei einer **Veröffentlichung** zu prüfen, welche Bedeutung ihr zukommt und inwieweit es Alternativen gibt. Von einer generellen Unvereinbarkeit der Übermittlung von Mitgliederlisten mit schutzwürdigen Interessen der Betroffenen kann trotzdem nicht die Rede sein.[600]

249 Listenmäßige Übermittlungen oder Nutzungen **bestimmter**, in § 28 Abs. 3 Satz 2 angegebener und **für Zwecke eines Vertrags- oder vertragsähnlichen Vertrauensverhältnisses bereits gespeicherter Daten** verstoßen **immer gegen schutzwürdige Interessen** der Betroffenen und müssen deshalb unterbleiben (§ 28 Abs. 3 Satz 2). Daten über **strafbare Handlungen** und **Ordnungswidrigkeiten** rechnen ebenso dazu wie **vom Arbeitgeber übermittelte Angaben über arbeitsrechtliche Rechtsverhältnisse**. Das BDSG 90 (§ 28 Abs. 2 Satz 2) war auf den ersten Blick weitergegangen. Die beiden seinerzeit ebenfalls erwähnten Daten, also die Angaben über gesundheitliche Verhältnisse und zu religiösen oder politischen Anschauungen, sind aber keineswegs entfallen. Sie finden sich vielmehr bei den Sondervorschriften für sensitive Daten wieder (§§ 3 Abs. 9; 28 Abs. 6 bis 9).

250 § 28 Abs. 3 Satz 2 ist eine nur schwer verständliche Regelung. So viel ist sicherlich klar: Das Gesetz nimmt bestimmte Daten von der in § 28 Abs. 3 Satz 1 Nr. 3 vorgesehenen Möglichkeit einer listenmäßigen Übermittlung oder Nutzung aus. Keine der in § 28 Abs. 3 Satz 2 erwähnten Angaben zählt allerdings zu den in § 28 Abs. 3 Satz 1 Nr. 3 angeführten Daten. Das Gesetz lässt zudem listenmäßige Übermittlungen oder Nutzungen für Zwecke der Werbung sowie der Markt- und Meinungsforschung lediglich bei den in § 23 Abs. 3 Satz 1 Nr. 3 ausdrücklich angegebenen Daten zu. Alle drei in § 28 Abs. 3 Satz 2 erwähnten Daten **scheiden deshalb** genau genommen **nur bei der Auswahl der Angabe aus**, mit deren Hilfe die **Zugehörigkeit zu einer Personengruppe** festgelegt werden soll. Es geht also weder an, einzelne Personen einem Delikt zuzuordnen noch Listen aufzustellen, die lediglich Daten zu den Auszubildenden oder Außendienstmitarbeitern eines oder mehrerer Unternehmen enthalten.

251 Die in § 28 Abs. 3 Satz 2 genannten Daten können erst recht nicht als **zusätzliches Merkmal** bei der Umschreibung der Personengruppe verwendet werden. Die strikte **Begrenzung auf ein Merkmal** (§ 28 Abs. 3 Satz 1 Nr. 3 Buchst. a)[601] ist hier wie sonst zu beachten. Ebenso wenig wie es deshalb zulässig ist, Daten aller Teilzeitbeschäftigten in die Liste aufzunehmen,

595 Dazu u. Rdnr. 352 ff.
596 Vgl. *BWHinwBDSG*, Dok. B 1.29, Nr. 25, Ziff. 2.
597 Vgl. auch *BrLfD*, 11. TB, 115.
598 Vgl. *BrLfD*, 6. TB, 66.
599 Vgl. freilich *Weichert*, DuD 1994, 202.
600 So aber *LRegNW*, 1. TB, 81; und demgegenüber *Weichert*, DuD 1994, 202.
601 Dazu o. Rdnr. 239.

ist es mit § 28 Abs. 3 Satz 1 Nr. 3 vereinbar, nur Versicherungsnehmer anzugeben, die Verkehrsdelikte begangen haben.

Die in § 28 Abs. 1 Satz 2 getroffene Regelung lässt sich **nicht erweitern**. Es fällt zwar nicht 252
schwer, weitere Beispiele für Daten zu finden, die, jedenfalls aus der Sicht der Betroffenen, zumal vor dem Hintergrund der beabsichtigten Verwendung für Zwecke der Werbung oder der Markt- und Meinungsforschung, genauso behandelt werden sollten, wie allein schon das Beispiel der Einkommensverhältnisse zeigt. Der Gesetzgeber hat sich dennoch für eine klar begrenzte Anzahl von Datenbereichen entschieden, bei der es deshalb auch bleiben muss.

Das BDSG verweist in § 28 Abs. 1 Satz 2 lediglich auf **drei allgemein umschriebene Da-** 253
tenbereiche, vermeidet es also, sich zu den konkret in Betracht kommenden Angaben näher zu äußern. Welche Daten genau gemeint sind, lässt sich bei „strafbaren Handlungen" und „Ordnungswidrigkeiten" sicherlich eher bestimmen als bei den „arbeitsrechtlichen Rechtsverhältnissen". Bei allen drei Gruppen ist es aber kaum möglich, einen festen Datenkatalog aufzustellen. In allen drei Fällen ist daher vom Zweck der gesetzlichen Regelung auszugehen: den Schutz der Betroffenen dort zu steigern, wo die Verwendung ihrer Daten Bereiche berührt, die für sie besonders wichtig sind und alles für eine nachhaltige Gefährdung ihrer Interessen, spricht. Die Bereiche sind deshalb möglichst **extensiv zu interpretieren**.

Bei Angaben über **„strafbare Handlungen"** darf es nicht bei Informationen zu bereits abge- 254
schlossenen Verfahren bleiben. Daten, die **Ermittlungsverfahren** betreffen, sind genauso einzubeziehen. Ebenso richtig erscheint es, sich bei den „arbeitsrechtlichen Rechtsverhältnissen" nicht am Arbeitsverhältnis zu orientieren, vielmehr **sämtliche Beschäftigungsformen** zu berücksichtigen, auf die arbeitsrechtliche Vorschriften anzuwenden sind. So ist eine listenmäßige Weitergabe der Daten von Beschäftigten an **Versicherungen oder Bausparkassen** für Werbezwecke nicht mit § 28 Abs. 3 Satz 2 zu vereinbaren.[602] Das Gesetz bekräftigt die Verpflichtung des Arbeitgebers, Arbeitnehmerdaten ausschließlich im Zusammenhang mit dem Arbeitsverhältnis zu verwenden. Die potenzielle Erweiterung des Kundenkreises von Versicherungsunternehmen und Bausparkassen gehört nicht dazu. Der Weg führt deshalb einmal mehr über die **Einwilligung** der Betroffenen.[603]

Eine listenmäßige Übermittlung von **Arbeitnehmerdaten** an den **Arbeitgeberverband**, die 255
ihm Gelegenheit geben soll, die Beschäftigten rechtzeitig und direkt über seine Vorstellungen und Aktivitäten zu informieren, verstößt ebenfalls gegen § 28 Abs. 3 Satz 2. Der Arbeitgeber würde damit aber auch die Grenzen einer durch die Zwecke des Arbeitsverhältnisses abgedeckten Verwendung überschreiten[604] und das Vorrecht der Betroffenen, Ziel und Umfang der Verbreitung ihrer Daten festzulegen, in unzulässiger Weise verkürzen.[605] Die **Arbeitgeber** sind genauso wenig befugt, Arbeitnehmerdaten listenmäßig an **publizistische Organe** zu übermitteln, die sich für die wirtschafts- und gesellschaftspolitischen Interessen der Arbeitgeber einsetzen.[606] Auf die von den Arbeitgebern konkret verfolgten Zwecke kommt es einmal mehr nicht an. Die bloße Absicht, Arbeitnehmerdaten weiterzugeben, genügt, um die Übermittlungssperre des § 28 Abs. 3 Satz 2 auszulösen. Den Arbeitgebern bleibt es im Übrigen unbenommen, die Beschäftigten zu fragen, ob sie an der Zeitung oder Zeitschrift interessiert sind und, soweit sie einverstanden sein sollten, die für die Zustellung erforderlichen Daten weiterzugeben.

Ebenso unzulässig ist die Übermittlung einer Liste mit den Namen und Adressen aller Be- 256
schäftigten an dic **Gewerkschaft**, um ihr zu ermöglichen, neue Mitglieder zu gewinnen.[607] Die Tatsache, dass die Daten an eine Arbeitnehmerorganisation weitergegeben werden sollen, rechtfertigt noch keine Einschränkung des § 24 Abs. 3 Satz 2. Das Gesetz variiert seine Anforderungen nicht, je nachdem wie hoch der Grad der Affinität des potenziellen Empfängers

602 Dazu auch o. Rdnr. 113.

603 Vgl. auch o. Rdnr. 113; sowie *Däubler,* Belegschaften, Rdnr. 460; *Gola*, RDV 2002, 113.

604 Dazu auch o. Rdnr. 106 ff.; sowie *BW-IM,* TB 1985, 6.3.

605 Vgl. auch *BW-IM,* TB 1985, 6.3; *Däubler,* Belegschaften, Rdnr. 456.

606 Dazu auch o. Rdnr. 178 ff.; sowie *BerHessL,* 1. TB, LT-Drs. 12/5153, 25.

607 Dazu auch *Tinnefeld/Ehmann/Gerling,* Einführung, 572; anders wohl *Däubler,* Belegschaften, Rdnr. 456.

mit den Beschäftigten ist. Ihre Interessen sind deshalb selbst dann nicht nur schutzwürdig, sondern auch vorrangig, wenn der Informationswunsch von einer Gewerkschaft ausgeht.[608]

257 § 28 Abs. 3 Satz 2 spricht nur eine **spezifische Übermittlungssituation** an. Den verantwortlichen Stellen ist es daher **weder generell verwehrt, Angaben zu gesundheitlichen Verhältnissen oder zu strafbaren Handlungen zu übermitteln, noch und erst recht** hindert sie § 28 Abs. 3 Satz 2 daran, **Arbeitnehmerdaten weiterzugeben oder zu nutzen**. Ob und in welchem Umfang sie dazu berechtigt sind, richtet sich nach den §§ 28 Abs. 1 Nr. 1 bis 3, Abs. 3 Satz 1 Nr. 1 und 2, Abs. 6 bis 9, sowie nach den besonderen etwa für Angaben zu gesundheitlichen Verhältnissen oder Arbeitnehmerdaten geltenden Verwendungsregeln.

6.4 Übermittlungen an Forschungseinrichtungen (Nr. 4)

258 Übermittlungen oder Nutzungen sind auch im **Interesse einer Forschungseinrichtung** zulässig (§ 28 Abs. 3 Satz 1 Nr. 4). Anders als das BDSG 90 (§ 28 Abs. 1 Nr. 4, Abs. 2 Nr. 2) enthält das BDSG 01 in § 28 genau genommen nur eine Vorschrift zur wissenschaftlichen Forschung. Sie deckt sich mit der entsprechenden Bestimmung des BDSG 90 (§ 28 Abs. 2 Nr. 2) und ist ebenfalls ganz der **Drittforschung** gewidmet. § 28 Abs. 6 Nr. 4 geht zwar auch auf die Forschung ein, ist allerdings eine **Sonderregelung**, die ausschließlich die Verwendung **sensitiver Daten** betrifft.

259 Der Gesetzgeber wollte mit der **Konzentration auf die Drittforschung** Missverständnisse und Überschneidungen beseitigen, die mit der Existenz von zwei verschiedenen Bestimmungen zusammenhingen, in denen Eigen- und Drittforschung getrennt aber wortgleich angesprochen wurden.[609] Wirklich konsequent war die Entscheidung freilich nicht. Im Unterschied zu den nicht-öffentlichen Stellen ist es bei **öffentlichen Stellen** bei einer ausdrücklichen Regelung der **Eigenforschung** geblieben (§§ 14 Abs. 2 Nr. 9, 15 Abs. 1, 26 Abs. 2),[610] die auch und vor allem verdeutlicht, dass die wissenschaftliche Forschung ein legitimer vom Gesetz akzeptierter Anlass ist, um bei der Verwendung personenbezogener Daten vom ursprünglichen Erhebungszweck abzuweichen. § 28 Abs. 3 Nr. 4 ist im Übrigen genauso wie die §§ 4a Abs. 2,[611] 14 Abs. 2 Nr. 9, 28 Abs. 6 Nr. 4 und 40[612] Teil einer Regelung, die der wissenschaftlichen Forschung allein schon mit Rücksicht auf Art. 5 Abs. 3 Satz 1 GG den Zugang zu den jeweils benötigten personenbezogenen Daten sichern soll, allerdings ohne die informationelle Selbstbestimmung der Betroffenen zu unterlaufen oder gar infrage zu stellen.

260 § 28 mag, mit Ausnahme der Sondervorschrift zu den sensitiven Daten (§ 28 Abs. 6 Nr. 4), die **Eigenforschung nicht** mehr **ausdrücklich erwähnen**. Sie ist trotzdem **unverändert möglich**. Die verantwortlichen Stellen können also nach wie vor personenbezogene Daten für wissenschaftliche Untersuchungen verwenden. Sie müssen sich jedoch dabei an die generellen in § 28 Abs. 1 festgelegten Vorgaben halten. Eine Verwendung kann mithin entweder im Zusammenhang mit einem Vertrags- oder vertragsähnlichen Vertrauensverhältnis (§ 28 Abs. 1 Satz 1 Nr. 1) oder im Hinblick auf berechtigte Interessen der verantwortlichen Stellen (§ 28 Abs. 1 Satz 2 Nr. 2) erfolgen. Die Daten werden in jedem dieser Fälle für eigene Zwecke verarbeitet oder genutzt.

261 Die **organisatorischen Bedingungen** fallen freilich sehr verschieden aus.[613] Die Forschungstätigkeit kann durchaus, wie bei den Max-Planck-Instituten und der Frauenhofer-Gesellschaft, die **eigentliche Aufgabe** der verantwortlichen Stellen sein. Sie kann aber ebenso gut, wie bei den pharmazeutischen und biochemischen Unternehmen einer **besonderen Abteilung** obliegen, oder, wie bei Dokumentationszentren, **im Rahmen der sonstigen Aktivitäten** wahrge-

608 Vgl. auch LAG Hamburg, RDV 1994, 190.
609 Vgl. die Begr. des RegE, BR-Drs. 461/00, 105 f.; sowie die 4. Auflage dieses Kommentars, § 28 Rdnr. 182 ff., 249 ff.
610 Dazu § 14 Rdnr. 88 ff.
611 Dazu § 4a Rdnr. 47 ff.
612 Dazu § 40 Rdnr. 1 ff.
613 Dazu § 40 Rdnr. 40 ff.

nommen werden. Den verantwortlichen Stellen bleibt es schließlich überlassen, ob sie die jeweiligen Untersuchungen selbst oder mit Hilfe für sie tätiger Dritter durchführen wollen.[614]

§ 28 Satz 1 Abs. 3 Nr. 4 regelt dagegen ausschließlich die **Drittforschung**. Forschungszweck und Forschungsablauf werden nicht von der Stelle bestimmt, bei der sich die Daten zunächst befinden. Sie beschränkt sich vielmehr darauf, die Angaben an eine ebenso **selbständige wie unabhängige Forschungseinrichtung**[615] zu übermitteln, oder es ihr zu überlassen, die Daten zu nutzen. **Forschungszweck und Forschungsablauf werden deshalb vom Empfänger festgelegt**. Er entscheidet daher auch, welche Angaben übermittelt oder genutzt werden sollen. Um seinetwillen findet sich der Gesetzgeber bereit, den Zugriff auf die Daten in Kauf zu nehmen und in seinem Interesse lässt sich das Gesetz auf die Verwendung für einen anderen als den ursprünglich allein maßgeblichen Verwendungszweck ein (§ 28 Abs. 3). 262

Übermittlungen und Nutzungen sind an **drei Voraussetzungen** gebunden. Sie müssen, erstens, zur Verwirklichung eines **bestimmten Forschungsvorhabens** erforderlich sein. Das BDSG (§ 28 Abs. 3 Satz 1 Nr. 4)[616] spricht zwar, anders als mehrere LDSG,[617] jedenfalls zunächst, nicht von einem konkreten Forschungsprojekt, sondern lediglich von der Verwendung personenbezogener Daten zur Durchführung „**wissenschaftlicher Forschung**“. Die scheinbar sehr viel allgemeinere Formulierung täuscht freilich. Der Bundesgesetzgeber war, wie sich nicht zuletzt aus der Entstehungsgeschichte des BDSG 90 ergibt,[618] allen kritischen Äußerungen zum Trotz, nie daran interessiert, den Verarbeitungsradius weiter zu spannen. Er orientierte sich vielmehr[619] an der bereits im HDSG von 1976 enthaltenen (§ 15) und später durch das HDSG von 1986 modifizierten eindeutig projektbezogenen Regelung (§ 33 Abs. 1 HDSG).[620] 263

Der einleitende, generelle **Hinweis auf die wissenschaftliche Forschung** (§§ 28 Abs. 3 Satz 1 Nr. 4; 14 Abs. 2 Nr. 9) wird deshalb noch im selbem Satz relativiert und präzisiert. Ob die Daten überhaupt verwendet werden dürfen, lässt sich erst in Kenntnis des jeweiligen **Forschungsvorhabens** sagen.[621] Nur vor dessen Hintergrund können die Konsequenzen für die Betroffenen ermessen und gegen das wissenschaftliche Interesse an einer Realisierung des Projekts abgewogen werden. Kurzum, das je spezifische Forschungsprojekt bestimmt die Art und den Umfang der Daten sowie den Rahmen ihrer Verwendung. 264

Eine **Verarbeitung auf Vorrat** ist daher genau wie sonst[622] ausgeschlossen.[623] Die Verwendung personenbezogener Daten muss infolgedessen so lange unterbleiben wie es an einem konkreten **Forschungsdesign** fehlt, das **Anlass, Ziel, Aufbau und Verlauf des Projekts** genau beschreibt. Allgemeine Äußerungen über die Forschungsziele oder die beabsichtigten Untersuchungen reichen daher ebenso wenig aus wie Hinweise auf frühere durchaus vergleichbare Arbeiten.[624] So wenig freilich auf präzise Aussagen über das jeweilige Forschungsvorhaben verzichtet werden kann, so sehr kommt es darauf an, Art und Umfang der für seine Durchführung **erforderlichen Daten** (§ 28 Abs. 3 Satz 1 Nr. 4) möglichst **flexibel zu beurteilen**. 265

---

614 Vgl. auch *Bergmann/Möhrle/Herb,* BDSG § 28 Rdnr. 296; *Wedde,* in *Däubler/Klebe/Wedde,* BDSG § 28 Rdnr. 41.

615 Dazu § 40 Rdnr. 29 ff.; aber auch *Gola/Schomerus*, BDSG § Rdnr. 58.

616 Vgl. auch Art. 17 Abs. 2 Nr. 11 BayDSG; sowie die §§ 19 LDSG BW; 10 Abs. 3 Ziff. 9 DSG M-V; § 30 Abs. 2 LDSG RP; 22 Abs. 1 LDSG SH.

617 Vgl. etwa die §§ 28 Abs. 2 BbgDSG; 19 Abs. 2 BrDSG; 27 Abs. 1 HmbDSG; 30 Abs. 3 SDSG; 22 Abs. 4 LDSG SH; 21 Abs. 1 Nr. 2 sowie 22 Abs. 1 i.V.m. 20 Abs. Nr. 9 ThürDSG.

618 Vgl. etwa *Wissenschaftsrat,* Empfehlungen und Stellungnahmen, 1982 (1983) 102 f.; *Albrecht,* CR 1986, 97; *Wolters,* Datenschutz und medizinische Forschungsfreiheit (1989) 99 ff.; *Krupp/Preissl,* CR 1989, 129; *Kaiser,* Kriminologische Forschung, 100.

619 Vgl. BT-Drs. 11/4306, 19 (§ 36) sowie 54.

620 Dazu *Simitis,* Datenschutz, in *Meyer/Stolleis,* HessStVwR 144 ff.

621 Vgl. auch *Bizer,* Forschungsfreiheit, 251.

622 Dazu o. Rdnr. 59, 103, 147.

623 Vgl. auch *Simitis,* Datenschutz und wissenschaftliche Forschung, 103 ff., Datenschutz und kriminologische Forschung, 59 ff.; *Bizer,* Forschungsfreiheit, 176 ff.

624 Vgl. auch *Bizer,* Forschungsfreiheit, 177.

266 Schon deshalb, weil bei sämtlichen Überlegungen zur **Erforderlichkeit** Art. 5 Abs. 3 Satz 1 GG bedacht werden muss. Für § 28 Abs. 1 Satz 1 Nr. 4 gilt, wie auch für alle anderen, sich auf die wissenschaftliche Forschung beziehenden Bestimmungen des BDSG: Der Datenschutz darf nicht zu einem verfassungswidrigen Eingriff in die Wissenschaftsfreiheit führen.[625] Jeder Versuch, der wissenschaftlichen Forschung vorzuschreiben, welche Angaben sie verwenden darf, kommt einer mit Art. 5 Abs. 3 Satz 1 GG unvereinbaren **Zensur** gleich. Die Antwort auf die Frage, inwieweit etwa Angaben über den Wochentag für die Suizidforschung relevant oder, ob bestimmte Daten für eine Untersuchung zum sozialen Umfeld über Ursachen und Folgen von Ehescheidungen wirklich wichtig sind, muss den für das Projekt verantwortlichen Forschern überlassen bleiben. Die Erforderlichkeit ist, so gesehen, immer dann **zu bejahen, wenn die Verwendung der in Betracht kommenden Angaben plausibel erscheint**.

267 Die wissenschaftliche Forschung ist zudem ein grundsätzlich **offenes Verfahren**, das sich nicht nur im Verlauf des einzelnen Projekts ständig weiter konkretisiert, sondern sich in aller Regel in einer Reihe von Folgeuntersuchungen fortsetzt und weiterentwickelt. **Längsschnittstudien** sind wohl das beste Beispiel dafür.[626] Beides muss auch und gerade bei allen Überlegungen zur Erforderlichkeit bedacht werden.[627]

268 Das **wissenschaftliche Interesse am Forschungsvorhaben** muss, zweitens, gemessen am Interesse der Betroffenen, jede Veränderung des ursprünglichen Verwendungszwecks möglichst auszuschließen, „**erheblich überwiegen**" (§ 28 Abs. 3 Satz 1 Nr. 4). Das Gesetz bestätigt damit zunächst den Vorrang der Zweckbindung. Die mögliche wissenschaftliche Relevanz der Daten ändert, für sich genommen, noch nichts an der Verpflichtung der verantwortlichen Stelle, sich bei allen Übermittlungen und Nutzungen an den Zweck zu halten, der die Verwendung legitimiert. Das BDSG nimmt trotzdem die Möglichkeit einer **Zweckentfremdung** in Kauf, verlangt jedoch eine am **Einzelfall** orientierte Auseinandersetzung mit den Folgen für die Betroffenen. **Summarische Prüfungen** reichen infolgedessen keineswegs aus.[628] Ebenso wenig genügt die Feststellung, das wissenschaftliche Interesse sei auch in Kenntnis der Besonderheiten des Einzelfalles wichtig genug, um eine Zweckentfremdung zu rechtfertigen. Solange es nur deutlich ausgeprägt ist, aber nicht „erheblich überwiegt", bleibt der Zugang zu den Daten versperrt.

269 Eine Übermittlung oder Nutzung setzt, drittens, voraus, dass sich der Forschungszweck entweder **anders überhaupt nicht oder nur mit einem unverhältnismäßigen Aufwand** verwirklichen lässt (§ 28 Abs. 3 Satz 1 Nr. 4). Die verantwortliche Stelle muss sich deshalb im Normalfall mit **anonymisierten** oder, soweit dies nicht geht, mit **pseudonymisierten Daten** zufrieden geben.[629] Eine Verwendung bereits, allerdings nicht für dieselben Zwecke gespeicherter Daten kommt daher erst in Betracht, wenn alle Möglichkeiten, das konkrete Forschungsziel anders zu erreichen, erschöpft worden sind. Konsequenterweise rangiert die **Einwilligung** der Betroffenen ebenfalls vor dem direkten Zugriff auf die bereits verarbeiteten Angaben.[630]

270 Ob sich die verantwortliche Stelle für eine **Alternative** entscheiden muss, hängt auch vom damit verbundenen **Aufwand** ab (§ 28 Abs. 3 Satz 1 Nr. 4). Sie darf sich aber darauf nur berufen, wenn er „**unverhältnismäßig**" sein sollte. Auf die Sicht der verantwortlichen Stelle kommt es dabei nicht an. Maßgeblich ist vielmehr eine **strikt objektive Betrachtungsweise**, bei der die Interessen der Betroffenen sorgfältig berücksichtigt werden müssen, nicht zuletzt im Hinblick auf die Art der gespeicherten Daten oder den ursprünglichen Verarbeitungszweck.

---

625 Vgl. *HDSB,* 8. TB, 17 f., 33 ff.; *Simitis,* Datenschutz und Wissenschaftsfreiheit, 85 ff.

626 Dazu insb. *Wissenschaftsrat,* Empfehlungen, 102 f.; *Kaase,* ZUMA-Nachrichten 18/1986, 10 f.; *Kaiser,* Kriminologische Forschung, 100; *Krupp/Preissl,* CR 1989, 129.

627 Vgl. auch *Simitis,* Datenschutz und wissenschaftliche Forschung, 103 ff., Datenschutz und kriminologische Forschung, 59 ff.; *Bizer,* Forschungsfreiheit, 177.

628 Vgl. auch *Wedde,* in *Däubler/Klebe/Wedde,* BDSG § 28 Rdnr. 45; *Bizer,* Forschungsfreiheit, 310.

629 Vgl. insb. die §§ 34 Abs. 1 DSG M-V; 28 Abs. 1 DSG NRW; 22 Abs. 1 LDSG SH; sowie § 40 Rdnr. 65 ff.; aber auch *Bergmann/Möhrle/Herb*, BDSG § 28 Rdnr. 293.

630 Vgl. auch *Bergmann/Möhrle/Herb*, BDSG § 28 Rdnr. 295.

Abstrakte, etwa in Prozentsätzen des Gesamtaufwandes für das konkrete Forschungsvorhaben ausgedrückte Anknüpfungspunkte scheiden von vornherein aus.[631] Wie der Aufwand genau einzuschätzen ist, lässt sich erst in Kenntnis der **Umstände des Einzelfalles** sagen.[632] Typische Beispiele dafür sind der Zeitaufwand und die Kosten für eine Einwilligung bei einer besonders großen Zahl von Betroffenen, die zudem an sehr verschiedenen Orten wohnen. Auch in diesen Fällen müssen jedoch die Konsequenzen einer Zweckentfremdung für die Betroffenen sorgfältig berücksichtigt werden. 271

7. Widerspruchsrecht (Abs. 4)

Die Betroffenen haben das **Recht, der Übermittlung oder Nutzung ihrer Daten für Zwecke der Werbung oder der Markt- und Meinungsforschung zu widersprechen** (§ 28 Abs. 4). Der Gesetzgeber hatte den Betroffenen, nicht zuletzt unter dem Eindruck der systematischen Einschränkung der Briefkasten- und Telefonwerbung durch die Rechtsprechung,[633] bereits im BDSG 90 ein Widerspruchsrecht eingeräumt (§ 28 Abs. 3). Auch innerhalb der Werbewirtschaft hatten sich schon länger durchaus vergleichbare Bestrebungen abgezeichnet, die schließlich zu der vom Deutschen Direktmarketing Verband eingerichteten **„Robinson-Liste“** führten.[634] Mit der Eintragung in die Liste können sich die Betroffenen als Adressaten von Werbematerial gleichsam ausklinken und so zugleich eine weitere Verwendung ihrer Daten verhindern. Die Wirkung der „Robinson-Liste“, genauso übrigens wie aller anderen seither entstandenen Listen, ist freilich von vornherein begrenzt.[635] Schon deshalb, weil sie sich auf Unternehmen beschränken, die sich freiwillig daran beteiligen. Abgesehen davon lässt sich auf diesem Weg nicht einmal annähernd der Schutz garantieren, den letztlich allein ein gesetzlich abgesichertes Widerspruchsrecht bieten kann. 272

Das BDSG 01 hat deshalb zu Recht am Widerspruchsrecht nicht nur festgehalten, sondern mit Rücksicht auf die **EG-Datenschutzrichtlinie**[636] (Art. 14 Abs. 1 Buchst. b)[637] besonders die **Informationspflichten** der verantwortlichen Stelle gegenüber den Betroffenen präzisiert und verstärkt (§ 28 Abs. 4 Satz 2). Der Gesetzgeber hat allerdings die EG-Datenschutzrichtlinie (Art. 14 Abs. 1 Satz 1 Buchst. a) nicht zum Anlass genommen, um den **Anwendungsbereich** des Widerspruchsrechts **neu zu definieren**, es also auf jede Verwendung personenbezogener Daten auszudehnen. Es bleibt vielmehr, wie im BDSG 90 (§ 28 Abs. 3) auf Übermittlungen und Nutzungen für Zwecke der Werbung oder der Markt- und Meinungsforschung beschränkt. 273

Das Widerspruchsrecht **entlastet** die verantwortliche Stelle **nicht von der Verpflichtung, sich** besonders bei der Verwendung personenbezogener Daten im Zusammenhang mit der Werbung oder der Markt- und Meinungsforschung **an die in § 28 vorgesehenen Übermittlungs- und Nutzungsbedingungen zu halten**. Die immer wieder unternommenen Versuche, vor allem eine Verarbeitung für Werbezwecke zunächst einmal hinzunehmen und sie erst infrage zu stellen, wenn die Betroffenen widersprechen sollten, haben sich weder bei der EG-Datenschutzrichtlinie noch beim BDSG 01 durchgesetzt. Die Zulässigkeit der Verwen- 274

631 Vgl. freilich *Bergmann/Möhrle/Herb,* BDSG § 28 Rdnr. 295.

632 Vgl. auch *Wedde,* in *Däubler/Klebe/Wedde,* BDSG § 28 Rdnr. 46.

633 Dazu auch o. Rdnr. 16. Die Liste der Rechtsprechung ist lang. Die Gerichte haben die Notwendigkeit einer regulativen Intervention des Gesetzgebers wieder und wieder illustriert und zugleich den Gesetzgeber in seiner Absicht, die im BDSG 90 getroffene Regelung auch im BDSG 01 weitgehend beizubehalten, nachhaltig bestätigt, wie sich allen schon an den Entscheidungen des BGH (GRUR 1989, 753, NJW 1989, 902, 1992, 1958, 1994, 1071), des BVerwG (NJW 1989, 2409) oder des OLG Stuttgart (ZIP 1987, 1487, AfP 1994, 226) zeigt.

634 Dazu *Paefgen,* CR 1993, 482 f.; *Gola/Wronka,* RDV 1996, 217 f.; *Weichert,* WRP 1996, 532 f.

635 Vgl. auch *BWHinwBDSG,* Dok. B 1.39, Nr. 34, Ziff. 4; *Mattke,* Adressenhandel, 249; *Weichert,* WRP 1996, 531.

636 Zu den vergleichbaren Bemühungen des Europarates vgl. die Empfehlung zum Schutz personenbezogener Daten bei der Verwendung für Zwecke der Direktwerbung v. 25.10.1985 R(85)20, Dok. D 3.5; sowie die 4. Auflage dieses Kommentars, § 28 Rdnr. 254.

637 Dazu *Dammann/Simitis,* EG-Datenschutzrichtlinie, Art. 14 Rdnr. 5 f.; *Brühann,* in GH II/*Wolf* A 30 Art. 14 Rdnr. 11 ff.; *Ehmann/Helfrich,* EG-Datenschutzrichtlinie, Art. 14 Rdnr. 28 ff.

dung richtet sich also keineswegs danach, ob sich die Betroffenen mit der Übermittlung oder Nutzung ihrer Daten abgefunden oder sich ihr widersetzt haben. § 28 Abs. 4 **substituiert** mit anderen Worten **nicht die allgemein geltenden Verwendungsbarrieren**, sondern **ergänzt sie** lediglich **um eine weitere Schranke.**[638]

275 Der Gesetzgeber ist dennoch auf halbem Wege stehen geblieben. Das Widerspruchsrecht unterstreicht zwar die **Entscheidungskompetenz** der Betroffenen.[639] Es verdeutlicht vielmehr zugleich, dass es **Bereiche** gibt, in denen die generellen Verwendungsvorgaben nicht ausreichen und es deshalb **besonderer Vorkehrungen** bedarf, wenn die informationelle Selbstbestimmung wirklich gewährleistet werden soll. Statt sich daher mit dem Widerspruchsrecht zufrieden zu geben, hätte der Gesetzgeber, ganz nach dem Vorbild des Telekommunikationsrechts,[640] sowohl bei der Werbung als auch bei der Markt- und Meinungsforschung eine ausdrückliche **Einwilligung** der Betroffenen (§ 4a) fordern müssen.[641] Erst dann hätten die Betroffenen die Möglichkeit, sich in einem für sie besonders empfindlichen Verwendungskontext rechtzeitig einzuschalten und wären nicht auf ein ebenso kompliziertes wie in seiner Wirkung zweifelhaftes Informationsverfahren angewiesen.[642]

276 Das **Widerspruchsrecht** korrigiert nicht rechtlich unzulässige Verarbeitungsvorgänge, sondern **gewährt den Betroffenen die Möglichkeit**, **eine rechtlich** durchaus **zulässige Verwendung** ihrer Daten zu **verhindern**. Anders also als beispielsweise beim Berichtigungs- (§ 35 Abs. 1) oder beim Löschungsrecht (§ 35 Abs. 2) geht es keineswegs darum, fehlerhafte Angaben zu vermeiden, oder unzulässige Speicherungen wieder rückgängig zu machen. Vielmehr soll eine Nutzung oder Übermittlung unterbunden werden, obgleich die verantwortliche Stelle, etwa nach § 28 Abs. 1 Satz 1 Nr. 2 oder Abs. 3 Satz 1 Nr. 1, durchaus dazu berechtigt wäre. Die prinzipielle, an den ansonsten geltenden Regeln gemessene Zulässigkeit legalisiert für sich genommen noch nicht die Übermittlung oder Nutzung für Zwecke der Werbung oder der Markt- und Meinungsforschung. Den Betroffenen steht vielmehr **unverändert das Recht zu, über die Verwendung ihrer Daten zu entscheiden**.

277 § 28 Abs. 4 bezieht **jede Übermittlung oder Nutzung** für Zwecke der Werbung oder der Markt- und Meinungsforschung ein. Auf die einzelnen **Werbemaßnahmen** kommt es deshalb ebenso wenig an wie auf das jeweils bei der **Markt- und Meinungsforschung angewendete Verfahren**. Genauso gleichgültig ist es, ob für rein **wirtschaftliche** oder für **politische**, **soziale** oder **religiöse Zwecke** geworben werden soll. Die Betroffenen können in jedem dieser Fälle widersprechen.[643] Schwierigkeiten kann es lediglich bei der **Werbung politischer Parteien** geben. Art. 21 Abs. 1 Satz 1 GG stattet sie jedoch nicht mit dem Privileg einer uneingeschränkten Werbung aus. Im Übrigen kann es von Belang sein, ob es nur um eine Briefkastenwerbung oder eine personalisierte, die Daten der Betroffenen gezielt verarbeitende Werbeaktion geht. Allenfalls bei der ersteren ließe sich, vor allem im Umfeld von Wahlen, die Zustellung trotz einer entgegenstehenden, am Briefkasten angebrachten Äußerung hinnehmen.[644]

278 Keine Rolle spielt ferner, ob sich die Werbung **noch im Planungsstadium** befindet, oder **bereits begonnen** hat.[645] Ebenso wenig kommt es schließlich darauf an, wie das Werbematerial **verschickt** wird, **selbständig** oder **zusammen** mit **anderen Unterlagen**, wie etwa Kontoauszügen. Das Widerspruchsrecht greift nur bei Informationen nicht ein, die sich auf **Leistungen des Vertragspartners** beziehen.[646] Die Betroffenen können also ohne weiteres bei

638 Vgl. auch *Gola/Wronka*, RDV 1996, 223; *Breinlinger*, RDV 1997, 247; *Gola*, DuD 2001, 278; *Roßnagel/Pfitzmann/Garstka*, Modernisierung, 176.
639 Vgl. auch *Gola*, DuD 2001, 278 ff.
640 Vgl. die §§ 96 Abs. 3 TKG; 5 TDDSG; 14 Abs. 2 MDStV.
641 Vgl. auch *Roßnagel/Pfitzmann/Garstka*, Modernisierung, 77.
642 Dazu u. Rdnr. 293 ff.
643 Vgl. auch *Gola/Wronka*, RDV 1996, 220.
644 Die Kammerentscheidung des BVerfG, NJW 1991, 910 ist deshalb viel zu undifferenziert; vgl. auch *Bergmann/Möhrle/Herb*, BDSG § 28 Rdnr. 182.
645 Vgl. auch *HmbDSB*, 11. TB, 171.
646 Vgl. auch *Gola/Wronka*, RDV 1966, 220.

einer Werbung für andere Unternehmen widersprechen, und zwar selbst dann, wenn diese demselben Konzern angehören.

Bei der Markt- und Meinungsforschung ist § 28 Abs. 4 bei allen **Umfragen** anzuwenden, die, sei es von einzelnen **Unternehmen selbst**, sei es **in ihrem Auftrag** durchgeführt werden. Soweit deshalb Fragebögen verschickt werden, um beispielsweise, sei es Erfahrungen mit einem bereits angebotenen Produkt, sei es Erwartungen an einen neuen Artikel zu ermitteln, die Investitionsbereitschaft in bestimmte Kapitalanlagen zu erkunden oder das Interesse an technisch veränderten Kommunikationsformen bei Bankgeschäften zu testen, richtet sich das Widerspruchsrecht nach § 28 Abs. 4. Werden dagegen die Untersuchungen von selbstständigen, auf die Markt- und Meinungsforschung spezialisierten Unternehmen vorgenommen, ist § 29 Abs. 4 maßgeblich. 279

Das Widerspruchsrecht **ersetzt oder verdrängt keines der übrigen** vom BDSG anerkannten **Rechte der Betroffenen** (§ 6 Abs. 1). Es kann deshalb grundsätzlich jederzeit und ohne Rücksicht auf diese Rechte ausgeübt werden. Anders freilich als etwa das Auskunfts-, Berichtigungs-, oder Löschungsrecht wird das Widerspruchsrecht nicht in § 6 erwähnt. Trotzdem kann es genauso wenig **durch rechtsgeschäftliche Vereinbarungen ausgeschlossen oder beschränkt werden**. Einer besonderen gesetzlichen Bestimmung bedarf es dafür, wie schon unter der Geltung des BDSG 77 (§ 7), nicht. § 6 Abs. 1[647] bestätigt und unterstreicht nur eine Konsequenz, die sich unmittelbar aus der spezifischen Funktion der informationellen Selbstbestimmung und ihrer besonderen Bedeutung ergibt. Sie zählt zu den Grundrechten des Einzelnen und ist zugleich Garant seiner Kommunikationsfähigkeit.[648] Rechtsgeschäftliche Vereinbarungen können sie daher weder ausschalten, noch die Elemente verkürzen, die es dem Einzelnen erst möglich machen, sie wahrzunehmen.[649] Wie alle weiteren vom BDSG garantierten Rechte sichert das Widerspruchsrecht die verfassungsrechtlich gewährleistete Prärogative der Betroffenen ab, selbst darüber zu entscheiden, wer wie mit ihren Daten umgehen darf. Ebenso wie diese Rechte entzieht sich daher auch das Widerspruchsrecht der Disposition der Betroffenen. Sie können es ignorieren, nicht jedoch abbedingen oder einschränken.[650] 280

Die Betroffenen müssen über die Verwendung ihrer Daten für Zwecke der Werbung oder der Markt- und Meinungsforschung **informiert werden** (§ 28 Abs. 4 Satz 2). Widerspruchsrecht und Unterrichtung der Betroffenen lassen, anders als es der Gesetzgeber noch beim BDSG 90 (§ 28 Abs. 3) meinte,[651] nicht entkoppeln.[652] Erst die Information macht die Betroffenen auf die beabsichtigte Verwendung aufmerksam. Sie ist deshalb auch die Voraussetzung dafür, dass der Widerspruch nicht zur Fiktion degeneriert, sondern sich als eine wirklich wirksame Verarbeitungssperre erweist. Die Erfahrungen mit dem Auskunftsrecht[653] zeigen nur zu gut: Die Betroffenen werden ihr Widerspruchsrecht nur ausüben, wenn sie rechtzeitig wissen, wer was genau mit ihren Daten vorhat. 281

Die **Unterrichtung** muss spätestens zum Zeitpunkt der **„Ansprache“** erfolgen (§ 28 Abs. 4 Satz 2). Der Gesetzgeber hat damit eine ebenso unklare wie mehrdeutige Formulierung gewählt. Die „Ansprache“ ist zwar keineswegs der einzig mögliche Termin, wohl aber derjenige, der den verantwortlichen Stellen sowie den an den Daten interessierten Dritten am meisten entgegenkommt. Er macht es möglich, die Information auf einen Zeitpunkt zu verschieben, zu dem die Entscheidung, die Daten für Zwecke der Werbung oder der Markt- und Meinungsforschung zu verwenden, bei der verantwortlichen Stelle bereits gefallen ist und die Angaben schon übermittelt worden sind. Konsequenterweise äußert sich das Gesetz nicht dazu, wer den Betroffenen „ansprechen“ muss, sondern beschränkt sich darauf, den Informa- 282

647 Dazu § 6 Rdnr. 7 ff.
648 BVerfGE 65, 1 (43); § 1 Rdnr. 36 ff.
649 Vgl. auch § 1 Rdnr. 53.
650 Dazu auch § 6 Rdnr. 19; sowie *Schaffland/Wiltfang*, BDSG § 28 Rdnr. 157b.
651 Dazu die 4. Auflage dieses Kommentars, § 28 Rdnr. 260 f.
652 Vgl. auch Art. 14 Buchst. b der EG-Datenschutzrichtlinie; sowie *Dammann/Simitis*, EG-Datenschutzrichtlinie, Art. 14 Rdnr. 6; *Brühann*, in GH II/*Wolf* A 30 Art. 14 Rdnr. 14; *Ehmann/Helfrich*, EG-Datenschutzrichtlinie, Art. 14 Rdnr. 48 ff.
653 Vgl. *Simitis*, in *Meyer/Stolleis*, HessStVwR 152.

tionsinhalt festzulegen. In Betracht kommen so gesehen sowohl die **übermittelnden Stellen** als auch die **Übermittlungsempfänger**.

283 Dem Ziel des Widerspruchsrechts, eine Verwendung zu verhindern, die von den Betroffenen abgelehnt wird, entspricht es, sie **so früh wie möglich** und nicht erst kurz vor, wenn nicht gar bei Beginn der Werbeaktionen oder der je spezifischen Markt- oder Meinungsforschungsprojekte zu informieren.[654] Im Regelfall muss deshalb die **Unterrichtung in direktem Zusammenhang mit der Entscheidung der verantwortlichen Stelle** stattfinden, die jeweils in Betracht kommenden Angaben zu verwenden. Sie entschließt sich, auf die Daten für einen anderen als den ursprünglich maßgeblichen Zweck zurückzugreifen, kennt die Gründe dafür, überschaut den potentiellen Empfängerkreis sowie dessen Besonderheiten und kann deshalb auch am ehesten und besten die Betroffenen präzise unterrichten. Sowohl die Übermittlungsempfänger als auch die sonstigen Nutzer sind dagegen weit weniger in der Lage, die Zweckentfremdung gerade vor dem Hintergrund der bisherigen Verwendung zu erklären und zu rechtfertigen. Gerade deshalb geht es auch nicht an, sich darauf zu beschränken, die Betroffenen lediglich im Zusammenhang mit der ersten „Ansprache" zu informieren. Die **Unterrichtung** muss vielmehr bei **jeder weiteren Werbeaktion** genauso erfolgen.[655]

284 Die Information muss **in einer Weise** geschehen, **die es den Betroffenen erlaubt**, nicht nur den Verwendungszweck klar zu erkennen, sondern auch und vor allem **zu erfahren, dass ihnen ein Widerspruchsrecht zusteh**t.[656] Das Gesetz sieht zwar keinerlei Form vor. Die Information kann trotzdem nicht beliebig erfolgen, sondern muss der Bedeutung entsprechen, die das Gesetz dem Widerspruchsrecht beimisst. Eine **mündliche Unterrichtung reicht** deshalb **nicht aus**. Der Hinweis auf das Widerspruchsrecht ist optisch hervorzuheben und von allen anderen Informationen deutlich zu trennen.[657] Die Betroffenen sind zudem auf die **verbindliche Wirkung ihres Widerspruchs** genauso aufmerksam zu machen, wie darauf, dass ihnen, sollten sie widersprechen, weder Kosten entstehen, noch Nachteile bei sonstigen, etwa bei der Abwicklung bestehender vertraglicher Beziehungen erforderlichen Verwendungen ihrer Daten.[658]

285 Die Information muss neben ebenso präzisen wie nachvollziehbaren **Aussagen zu den konkret gewünschten Daten** sowie zum **Verwendungszweck** auch **Angaben zur verantwortlichen Stelle** enthalten, also vor allem zu ihrer Identität und zu ihrem Aufgabenbereich (§ 28 Abs. 4 Satz 2). Soweit der Ansprechende schließlich auf Daten zurückgreift, deren Verarbeitung den Betroffenen nicht bereits bekannt ist, weil sie etwa bei ihnen im Zusammenhang mit einem Versicherungsvertrag, einer Kreditkarte oder einer Kontoeröffnung erhoben worden sind, ist ihnen mitzuteilen, **woher die Angaben stammen** (§ 28 Abs. 4 Satz 2).[659]

286 Der Widerspruch bedarf **keiner Begründung**. § 28 Abs. 4 überlässt den Betroffenen die letzte Entscheidung sowohl bei der Werbung als auch bei der Markt- und Meinungsforschung. Wie sie ausfällt, ist ausschließlich ihre Sache. Sie brauchen also weder auf die Vorstellungen und Interessen der verantwortlichen Stelle oder des potenziellen Empfängers ihrer Daten Rücksicht zu nehmen, noch ihre Gründe offen zu legen. Mehr als eine für den Adressaten klar erkennbare Erklärung, mit der beabsichtigten Nutzung oder Übermittlung nicht einverstanden zu sein, ist nicht erforderlich.[660]

---

654 Anders *Bergmann/Möhrle/Herb*, BDSG § 28 Rdnr. 332; *Gola/Schomerus*, BDSG § 28 Rdnr. 62, die Information und Werbemassnahme miteinander verknüpfen.

655 Vgl. auch *Bergmann/Möhrle/Herb*, BDSG § 28 Rdnr. 333; *Duhr/Naujok/Danker//Seiffert*, DuD 2003, 8; einschränkend *Gola/Schomerus*, BDSG § 28 Rdnr. 63.

656 Vgl. auch *BfD*, 14. TB, 120; *HmbDSB*, 11. TB, 157; *LfD NDS*, DuD 1996, 65; *Gola/Schomerus*, BDSG § 28 Rdnr. 62; *Gola/Wronka*, RDV 1994, 159 f., 1996, 223; *Petri*, DuD 2002, 729.

657 Anders *Gola/Schomerus*, BDSG § 28 Rdnr. 62, 63.

658 Vgl. auch *Gola/Schomerus*, BDSG § 28 Rdnr. 62; und demgegenüber *Schaffland/Wiltfang*, BDSG § 28 Rdnr. 157

659 Dazu auch *Bergmann/Möhrle/Herb*, BDSG § 28 Rdnr. 328.

660 Vgl. auch *Wedde*, in *Däubler/Klebe/Wedde*, BDSG § 28 Rdnr. 58; *Wind*, WRP 1991, 775; *Gola/Wronka*, RDV 1996, 220.

Die verantwortlichen Stellen sind über ihre Informationspflicht hinaus verpflichtet, sich vor jeder Nutzung oder Übermittlung personenbezogener Daten für Zwecke der Werbung oder der Markt- und Meinungsforschung zu vergewissern, ob sich die Betroffenen nicht doch gegen eine Verwendung ihrer Angaben ausgesprochen haben. Die **Nachforschungspflicht** der verantwortlichen Stellen erstreckt sich nur auf Äußerungen, die ihr zugegangen sind oder zugänglich sein müssten. Die „**Robinson-Liste**“[661] ist wohl das beste Beispiel dafür. Mit ihrer Hilfe sollen gerade Personen registriert werden, die es ablehnen, ihre Daten für Werbeaktionen zur Verfügung zu stellen. Die verantwortlichen Stellen müssen deshalb die bei ihnen vorhandenen Angaben mit der „Robinson-Liste“ abgleichen. Dass es sich bei dieser Liste um eine freiwillige Einrichtung handelt, ist nicht weiter wichtig. Entscheidend ist lediglich, dass sie die Unternehmen in die Lage versetzt, sich einen Überblick über diejenigen zu verschaffen, die bei Werbemaßnahmen ausgelassen werden möchten.[662] 287

Das Widerspruchsrecht der Betroffenen ist **nicht an die Information** durch die verantwortlichen Stellen **gebunden**. Sie soll sie lediglich auf die Absichten der verantwortlichen Stellen aufmerksam machen, nicht aber ihr Widerspruchsrecht erst begründen. Ebenso wie sie sich präventiv gegen jede Übermittlung oder Nutzung ihrer Daten für Werbezwecke äußern können, sind sie deshalb berechtigt, der Verwendung ihrer Angaben **jederzeit**, also **auch nach Beginn** der Werbung oder Markt- und Meinungsforschung zu widersprechen. 288

§ 28 Abs. 4 Satz 1 räumt den Betroffenen das Recht ein, der „**Nutzung oder Übermittlung**“ ihrer Daten zu widersprechen. Den Betroffenen steht es allerdings frei, die **Reichweite ihres Widerspruchs** zu bestimmen. Sie können also allen beabsichtigten Nutzungen oder Übermittlungen widersprechen, schon durchgeführten Werbeaktionen zwar zustimmen, künftige aber untersagen, oder sich gegen jede Werbung wenden, dafür jedoch Übermittlungen für Zwecke der Markt- und Meinungsforschung hinnehmen. Die verantwortlichen Stellen müssen ihr Verhalten entsprechend anpassen. Sollten also die Betroffenen eine Verwendung ihrer Daten für Werbezwecke generell ausschließen, sind etwa Versicherungen, Banken, oder Reisebüros verpflichtet, von einer Telefon- oder Briefwerbung auch im Verhältnis zu ihren Vertragspartnern abzusehen. 289

Legen die Betroffenen **keinen Widerspruch ein**, so lässt sich daraus weder folgern, dass sie bereit sind, sich mit einer unzulässigen Verarbeitung ihrer Daten abzufinden, noch, dass sie ihre Angaben generell für Werbezwecke oder für eine Verwendung im Rahmen der Markt- und Meinungsforschung freigeben.[663] 290

Der Widerspruch ist **nicht an eine besondere Form gebunden**.[664] Eine **mündliche Mitteilung** reicht deshalb genauso aus wie eine **schriftliche Erklärung**. Für die Schriftform sprechen allerdings Beweisgründe. Ebenso wenig kommt es darauf an, ob der Widerspruch in der Erklärung **ausdrücklich formuliert** oder nur **konkludent** zum Ausdruck gebracht wird.[665] So genügt es beispielsweise, Werbesendungen mit dem Zusatz „Annahme verweigert“ zurückzugeben.[666] Die verantwortliche Stelle kann daraus ohne weiteres nicht nur die Zurückweisung der konkreten Zusendung entnehmen, sondern auch die Entscheidung der Betroffenen gegen jede weitere Einbeziehung in die Werbemaßnahmen. 291

Der Widerspruch ist **kostenfrei**. Der Verarbeitungs- oder Nutzungsvorgang ist so lange nicht abgeschlossen wie sich die Betroffenen nicht geäußert haben. Die verantwortliche Stelle muss daher ebenso wie der Übermittlungsempfänger mit einem Widerspruch rechnen. Mögliche mit der Bearbeitung verbundene Auslagen sind deshalb von der verantwortlichen Stelle oder vom Adressaten der Weitergabe zu tragen. Sie dürfen also nicht, mit welcher Begründung immer, den Betroffenen ganz oder partiell in Rechnung gestellt werden. 292

---

661 Dazu o. Rdnr. 272.

662 Vgl. auch *Gola/Schomerus*, BDSG § 28 Rdnr. 60; *Mattke*, Adressenhandel, 249 ff.; *Weichert*, WRP 1996, 532 f.; *Gola/Wronka*, RDV 1996, 221.

663 Anders wohl *Schaffland/Wiltfang*, BDSG § 28 Rdnr. 157.

664 Vgl. auch *Bergmann/Möhrle/Herb*, BDSG § 28 Rdnr. 330; *Gola/Wronka*, RDV 1966, 220; *Weichert*, WRP 1966, 531.

665 Vgl. auch *BerHessLR*, 15. TB, LT-Drs. 15/4659, 42.

666 Dazu auch *Weichert*, WRP 1996, 531.

293 Der Widerspruch richtet sich **primär an die verantwortliche Stelle** (§ 28 Abs. 4 Satz 1). Die Daten der Betroffenen werden in erster Linie von ihr verwendet und sie ist es auch, die Dritte mit den Angaben versorgt. Wenn deshalb die Betroffenen wirklich eine Chance haben sollen, sich einer Verwendung ihrer Daten für Werbezwecke oder im Rahmen der Markt- und Meinungsforschung zu widersetzen, dann nur über eine Intervention bei der verantwortlichen Stelle. Ob sie die Angaben, wie etwa bei Kundendaten, selbst erhoben oder im Hinblick auf eine geplante Werbeaktion Adressenlisten von einem Adressenmakler bezogen hat, spielt keine Rolle. Sie bleibt der Adressat des Widerspruchsrechts.[667]

294 Oft wird es freilich nicht leicht sein, die **verantwortliche Stelle zu lokalisieren**. Bei Unternehmen, die, wie beispielsweise Banken, über mehrere Filialen verfügen, muss es deshalb genügen, das Widerspruchsrecht bei einer Zweigstelle geltend zu machen.[668] Bei einer **Auftragsdatenverarbeitung** richtet sich der Widerspruch zwar gegen den Auftraggeber. Er ist nach § 11 Abs. 1 für die Einhaltung der gesetzlichen Vorschriften verantwortlich[669] und daher grundsätzlich auch der alleinige Ansprechpartner der Betroffenen. Sie werden jedoch häufig nicht in der Lage sein, zwischen Auftraggeber und Auftragnehmer zu unterscheiden. „Lettershops" sind ein typisches Beispiel dafür. Nicht zuletzt im Hinblick auf § 11 Abs. 1 Satz 2[670] erscheint es deshalb richtig, den Widerspruch nicht daran scheitern zu lassen, dass er gegenüber dem Auftragnehmer erklärt worden ist. Dem Auftragnehmer obliegt allerdings lediglich die Pflicht, den Widerspruch an den Auftraggeber unverzüglich weiterzuleiten.[671]

295 Schwierigkeiten ergeben sich auch bei **Verbunddateien** und **vernetzten Systemen**. Genau genommen wiederholt sich die in § 6 Abs. 2 angesprochene Situation.[672] § 6 Abs. 2 kann dennoch nicht unmittelbar herangezogen werden. Sein Anwendungsbereich ist auf die in § 6 Abs. 1 erwähnten Rechte beschränkt.[673] Ebenso aber wie bei jedem Versuch. die Betroffenen zu veranlassen, auf ihr Widerspruchsrecht zu verzichten[674] müssen sie auch hier im Interesse ihrer informationellen Selbstbestimmung vor den spezifischen, mit der Ausübung ihres Rechts verbundenen Gefahren bewahrt werden. Das Risiko, die falsche Stelle anzusprechen, darf ihnen also nicht aufgebürdet werden. So gesehen reicht es völlig aus, sich an **eine der verwendungsberechtigten Stellen** zu wenden,[675] die dann den Widerspruch weiterleiten muss.[676]

296 Die verantwortliche Stelle ist sowohl bei der Bearbeitung des Widerspruchs als auch bei ihren Nachforschungen verpflichtet, **unterschiedliche Schreibweisen** des Namens der Betroffenen zu berücksichtigen. Sie muss also Abgleichprogramme benutzen, die es selbst bei unüblichen Abweichungen erlauben, Dubletten aufzufinden.[677]

297 Der Widerspruch kann sich auch an **Dritte** richten, **denen die Daten übermittelt worden sind** (§ 28 Abs. 4 Satz 3). Das Gesetz schränkt allerdings den Adressatenkreis ein. In Betracht kommen nur Empfänger, die Daten nach § 28 Abs. 3 erhalten haben. Gemeint sind vor allem **listenmäßige Übermittlungen** (§ 28 Abs. 3 Satz 1 Nr. 3).[678] Sie sind eines der wichtigsten Mittel, um die für Werbezwecke oder für die Markt- und Meinungsforschung notwendigen Informationen zu gewinnen und deshalb, wenn nicht der einzige, so doch der eigentliche Anwendungsfall des § 28 Abs. 4.

298 § 28 Abs. 4 Satz 3 **hindert** allerdings **die Betroffenen nicht daran**, **ihr Widerspruchsrecht** gleichzeitig oder später **auch gegenüber der verantwortlichen Stelle geltend zu machen**. Das Gesetz stärkt lediglich die Stellung der Betroffenen, indem es ausdrücklich einen **zusätz-**

---

667 Vgl. auch *BWHinwBDSG,* Dok. B 1.39, Nr. 34, Ziff. 4; *Petri,* DuD 2002, 729.
668 Vgl. auch *Schaffland/Wiltfang,* BDSG § 28 Rdnr. 156.
669 Dazu § 11 Rdnr. 40 ff.
670 Dazu § 11 Rdnr. 41 f.
671 Vgl. auch *Gola/Wronka,* RDV 1996, 223.
672 Vgl. § 6 Rdnr. 26 ff.
673 Vgl. § 6 Rdnr. 3 ff.
674 o. Rdnr. 280.
675 § 6 Abs. 2 Satz 1; dazu § 6 Rdnr. 27 ff.
676 § 6 Abs. 2 Satz 2; dazu § 6 Rdnr. 37; sowie *Bergmann/Möhrle/Herb,* BDSG § 28 Rdnr. 309.
677 Vgl. *BWHinwBDSG,* Dok. B 1.39, Nr. 34, Ziff. 4; *Bergmann/Möhrle/Herb,* BDSG § 28 Rdnr. 323; *Weichert,* WRP 1996, 531.
678 Dazu o. Rdnr. 232 ff.

lichen Adressaten ihres Widerspruchsrechts benennt. So gesehen liegt es ganz an ihnen, ob sie sich damit zufrieden geben, den Dritten anzusprechen, oder meinen, dass sie sich besser gegen eine Verwendung ihrer Daten für Zwecke der Werbung oder der Markt- und Meinungsforschung schützen können, wenn sie die verantwortliche Stelle ebenfalls einbeziehen.

§ 28 Abs. 4 Satz 2 **grenzt** die „**Dritten**" zwar **sachlich** durch die Verweisung auf § 28 Abs. 3 **ein, gibt aber nicht an, wer im Einzelnen dazu zählt**. Die Betroffenen können daher ihr Widerspruchsrecht ohne Rücksicht darauf ausüben, ob die Daten an Versandhäuser, Zeitungsverlage, Produzenten von Haushaltsgeräten, Sportvereine oder Hotelbesitzer übermittelt worden sind, vorausgesetzt die Angaben sollen für Werbezwecke, Marktanalysen oder Meinungsumfragen verwendet werden. **Öffentliche Stellen** kommen im Übrigen genauso in Betracht.[679] 299

§ 28 Abs. 4 Satz 3 **differenziert nicht zwischen nicht-öffentlichen und öffentlichen Stellen**. 300
Zwar handelt es sich um eine Bestimmung, die im Dritten Abschnitt des BDSG angesiedelt ist, also in dem Teil des Gesetzes, der die Bedingungen festlegt, unter denen nicht-öffentliche Stellen und öffentlich-rechtliche Wettbewerbsunternehmen personenbezogene Daten verwenden dürfen (§ 27 Abs. 1).[680] Maßgeblich kann aber nur der **Zweck** des § 28 Abs. 4 Satz 3 sein. Das BDSG will mit dieser Vorschrift sicherstellen, dass personenbezogene Daten in keinem Fall **gegen den Willen der Betroffenen** für Werbemaßnahmen oder für die Markt- und Meinungsforschung verarbeitet oder genutzt werden.[681] Der Gesetzgeber gesteht ihnen gerade deshalb ausdrücklich das **Recht** zu, **unmittelbar einzugreifen**. Solange daher das **Verwendungsziel** feststeht, kann es keinen Unterschied ausmachen, wer sich für die Daten interessiert. Für Kommunen darf daher nichts anderes als für Privatfirmen gelten.

Anders als in § 28 Abs. 4 Satz 1[682] **erstreckt sich das Widerspruchsrecht** nach § 28 Abs. 4 301
Satz 3 nicht nur auf Nutzungen und Übermittlungen, sondern ebenso auf die gesamte Verarbeitung und damit **auch auf die Speicherung** (§ 3 Abs. 4). Der Grund für die unterschiedliche Ausgestaltung des Widerspruchsrechts ist nicht ganz leicht nachzuvollziehen. Der Gesetzgeber hat in § 28 Abs. 4 Satz 1 wohl deshalb den Akzent ganz auf die Übermittlungen gelegt, weil es um Daten geht, die der verantwortlichen Stelle bereits zur Verfügung stehen und die weitergegeben werden, um sie für einen anderen Zweck zu verwenden (§ 28 Abs. 3). In den Fällen des § 28 Abs. 4 Satz 3 handelt es sich dagegen um Angaben, die Dritten übermittelt worden sind und daher von diesen erst gespeichert werden mussten. Konsequenterweise reicht es nicht aus, lediglich die Übermittlung und Nutzung zu erwähnen. Vielmehr gilt es, die ebenfalls um der Werbung oder Markt- und Meinungsforschung willen erfolgte Speicherung genauso einzubeziehen.

Widersprüche sind **unverzüglich**, also ohne schuldhaftes Zögern (§ 121 BGB), zu beachten. 302
Es geht deshalb weder an, abzuwarten, bis sich eine größere Anzahl von Widersprüchen angesammelt hat, noch ist es zulässig, erst bei der nächsten, möglicherweise monatelang später stattfindenden Kundenstammbehandlung zu reagieren.[683] Anhaltspunkte für den vertretbaren Zeitraum bieten etwa die Erfahrungen mit der Benachrichtigungspflicht.[684]

Welche **Folgen** der Widerspruch genau hat, hängt davon ab, ob der Adressat die verantwort- 303
liche Stelle (§ 28 Abs. 4 Satz 1) oder ein Dritter (§ 28 Abs. 4 Satz 3) ist. Richtet er sich gegen die **verantwortliche Stelle**, ist die Konsequenz ein **Verwendungsverbot**. Jede Nutzung oder Übermittlung, sei es für Werbemaßnahmen, sei es für Zwecke der Markt- oder Meinungsforschung, ist unzulässig (§ 28 Abs. 4 Satz 1), ohne Rücksicht im Übrigen darauf, ob nur vorhandene Daten verarbeitet oder bereits gespeicherte Angaben durch neue Erhebungen ergänzt werden sollen.[685] Hat also die verantwortliche Stelle bislang ihre Kundendaten verwendet, um

679 Vgl. auch *Gola/Wronka,* RDV 1996, 222.
680 Dazu § 27 Rdnr. 5 ff.
681 Dazu auch o. Rdnr. 280.
682 o. Rdnr. 289.
683 Vgl. auch *Bergmann/Möhrle/Herb*, BDSG § 28 Rdnr. 324; und demgegenüber *HmbDSB*, 5. TB, 105; *Gola/Schomerus,* BDSG § 28 Rdnr. 65; wohl auch *Tinnefeld/Ehmann/Gerling*, Einführung, 573.
684 Dazu § 33 Rdnr. 9 ff., 41; sowie *Bergmann/Möhrle/Herb*, § 28 Rdnr. 324; *Gola/Wronka,* RDV 1996, 222.
685 Vgl. auch *Gola/Wronka,* RDV 1996, 221.

für die eigenen Produkte zu werben, verpflichtet sie der Widerspruch, die Werbung unverzüglich einzustellen.[686]

304 Am ehesten ist dieses Ziel durch eine **Löschung** der Angaben zu erreichen (§ 35 Abs. 2 Nr. 1).[687] Mit Rücksicht auf mögliche weitere Werbeaktionen oder Marktanalysen muss jedoch ein Vermerk über den Widerspruch gespeichert bleiben.[688] Die Betroffenen haben nicht nur ein Recht, sich der aktuellen Verwendung zu widersetzen (§ 28 Abs. 4 Satz 1), sondern genauso ein durch § 35 Abs. 3 Nr. 2 geschütztes Interesse, einer erneuten Verwendung ihrer Daten rechtzeitig vorzubeugen.[689]

305 Ob eine **Löschung in Betracht kommt**, lässt sich allerdings letztlich nur unter Berücksichtigung der je spezifischen **Verwendungszwecke** entscheiden. Solange jedenfalls die Angaben, wie etwa bei Kundendaten, auch für **andere Zwecke** verarbeitet werden, kommt nur eine ausdrücklich auf die Werbung sowie die Markt- und Meinungsforschung bezogene **Sperrung** in Betracht.[690] Nur so kann es gelingen, einerseits dem Widerspruchsrecht der Betroffenen Rechnung zu tragen, andererseits aber eine unverändert zulässige Verwendung sicherzustellen. Eine wirksame Sperrung setzt zumindest einen **besonderen Vermerk** voraus, in aller Regel aber eine **Sperrliste**.[691] Die Betroffenen sind darüber unverzüglich zu benachrichtigen.

306 Der Widerspruch wirkt sich genauso auf **bereits vorbereitete** oder **teilweise durchgeführte** Werbemaßnahmen oder Umfragen aus. Lässt sich eine Übermittlung nicht mehr abbrechen oder ist sie bereits abgeschlossen, müssen die Empfänger sofort informiert werden.[692] Die Benachrichtigung der Adressaten ist allerdings immer nur eine zusätzliche Verpflichtung, die unter keinen Umständen die Bereinigung der eigenen Bestände ersetzen kann.[693]

307 **Richtet sich der Widerspruch gegen Dritte**, sind die **Daten unverzüglich zu sperren** (§ 28 Abs. 4 Satz 3). Die Daten bleiben mithin so lange unzugänglich wie es um Werbemaßnahmen oder die Markt- und Meinungsforschung geht. Sie können aber durchaus für **andere Zwecke** verwendet werden.[694] § 28 Abs. 5 ändert daran nichts. Die Übermittlungsadressaten mögen grundsätzlich an den Übermittlungszweck gebunden sein. Anzahl und Umfang der gesetzlich vorgesehenen Ausnahmen (§ 28 Abs. 5 Satz 2) verschaffen ihnen jedoch letztlich genau den Verwendungsspielraum, den auch die verantwortliche Stelle für sich beanspruchen kann.[695] Die Sperrung ist so gesehen eine durchaus adäquate Reaktion auf das Widerspruchsrecht der Betroffenen.[696]

308 **Dritte** können trotzdem **zur Löschung verpflichtet sein**. Der Wortlaut des § 28 Abs. 4 Satz 3 spricht zwar klar dagegen. § 35 Abs. 2 Nr. 1 enthält allerdings eine ebenso deutliche Aussage. Unzulässig gespeicherte Daten müssen gelöscht werden. Der Widerspruch entzieht der Verarbeitung die rechtliche Grundlage. Die Dritten verfügen insofern über Angaben, die sie gar nicht haben dürften. Genauso deshalb wie sie gehalten sind, die Daten zu löschen, haben die Betroffenen das Recht, die Löschung zu verlangen.[697]

309 Eine „**Sperrung auf Dauer**"[698] ist keine Alternative. Sie belastet die Betroffenen mit den Risiken, die unweigerlich mit einer Beibehaltung der Daten verbunden sind und die gerade durch eine Löschung vermieden werden sollen. Von einer Löschung lässt sich unter diesen Umständen lediglich unter den in § 35 Abs. 3 näher umschriebenen Bedingungen absehen. Letztlich kann daher nur eine Intervention der Betroffenen dazu führen, die Löschung durch eine Sperrung zu ersetzen.

---

686 Vgl. *BfD*, 14. TB, 120.
687 Vgl. auch *BerHessLR*, 15. TB, LT-Drs. 15/4659, 42.
688 Vgl. auch *Gola/Wronka*, RDV 1996, 221 f.
689 Vgl. auch *BWHinwBDSG*, Dok. B 1.39, Nr. 34, Ziff. 4.
690 Vgl. auch *BWHinwBDSG*, Dok. B 1.39, Nr. 34, Ziff. 4; *Gola/Wronka*, RDV 1996, 221.
691 Vgl. *BWHinwBDSG*, Dok. B 1.39, Nr. 34, Ziff. 4.
692 Vgl. auch *Bergmann/Möhrle/Herb*, BDSG § 28 Rdnr. 324; anders *Weichert*, WRP 1996, 531.
693 Vgl. *LfD Bbg*, 1. TB, 45; *Weichert*, WRP 1996, 531.
694 Dazu auch o. Rdnr. 305; sowie *Bergmann/Möhrle/Herb*, BDSG § 28 Rdnr. 336; *Gola/Wronka*, RDV 1996, 222.
695 Dazu u. Rdnr. 315 ff.
696 Kritisch *Bizer*, Forschungsfreiheit, 311; *Gola/Wronka*, RDV 1996, 222.
697 Vgl. *Gola/Wronka*, RDV 1996, 222;.
698 *Mattke*, Adressenhandel, 183.

8. Zweckbindung Dritter (Abs. 5)

Dritte dürfen die ihnen übermittelten Daten **nur für den Zweck** verwenden, **für den sie die Angaben erhalten haben** (§ 28 Abs. 5 Satz 1). Das Gesetz schreibt mit dieser Bestimmung § 28 Abs. 1 fort. Wie bei denjenigen, die Daten erheben und verarbeiten,[699] ist der Verwendungsspielraum auch bei Dritten, an die personenbezogene Angaben weitergegeben werden, durch eine strikte **Zweckbindung** beschränkt. Die Übermittlung mag mit einer Veränderung des Verwendungszwecks verbunden sein (§ 28 Abs. 2 und 3), die Zweckbindung bleibt trotzdem, wenn auch modifiziert, bestehen. Wer immer die Daten bekommt, erhält sie stets unter einem verbindlichen, gesetzlich abgesicherten Vorbehalt, sie lediglich für einen noch vor der Weitergabe festgelegten Zweck, der zugleich die Auswahl der Daten festlegt, zu verwenden. 310

Das BDSG 90 (§ 28 Abs. 4 Satz 1) hatte sich bereits einer langen und von erheblichen Widerständen gekennzeichneten Diskussion für eine **Zweckbindung** ausgesprochen.[700] Das BDSG 01 hat daran, allerdings zuvörderst aus ganz anderen Gründen, festgehalten. Die Entscheidung für die Zweckbindung war durch die **EG-Datenschutzrichtlinie** (Art. 6 Abs. 1 Buchst. b) vorgezeichnet.[701] Der Gesetzgeber verspricht freilich genau wie im BDSG 90 weit mehr als er hält. Die in § 28 Abs. 5 Satz 1 **kategorisch postulierte Zweckbindung** wird im nächsten Satz nicht nur abgeschwächt, sondern **faktisch aufgehoben**.[702] Die schon im BDSG 90 (§ 28 Abs. 4 Satz 2) enthaltenen und, von einigen redaktionellen Änderungen abgesehen, unverändert übernommenen Ausnahmen räumen den Übermittlungsadressaten fast genau den Verwendungsspielraum ein, der auch der übermittelnden Stelle zusteht. Notwendig war eine solche Regelung nicht. Im Gegenteil, allein schon das Beispiel der Werbung zeigt,[703] dass ein wirklich folgerichtiger Datenschutz eine ebenso konsequent durchgehaltene Zweckbindung verlangt. 311

§ 28 Abs. 5 Satz 1 spricht ganz allgemein von „**Dritten**". In Betracht kommen deshalb **sowohl nicht-öffentliche als auch öffentliche Stellen**. Wem wann welche Daten übermittelt werden dürfen, hängt ausschließlich von den je spezifischen **Aufgaben der einzelnen Stellen** und, wie sich etwa an § 28 Abs. 3 Satz 1 Nr. 2 zeigt, den **Übermittlungsgründen** ab. Beide, öffentliche und nicht-öffentliche Stellen, müssen freilich gleichermaßen die **generelle Verwendungsschranke** des § 28 Abs. 5 Satz 1 beachten. Soweit es jedoch um die Anwendung des § 28 Abs. 2 geht, richtet sich die **Möglichkeit weiterer Verarbeitungen oder Nutzungen** bei nicht-öffentlichen Stellen nach § 28 Abs. 2 und 3, bei öffentlichen Stellen dagegen nach § 14 Abs. 2.[704] 312

Die **Zweckbindung** setzt zweierlei voraus. Die Daten müssen, erstens, von einer **verantwortlichen Stelle** übermittelt worden sein, die personenbezogene Angaben für **eigene Zwecke** erhebt, verarbeitet oder nutzt (§ 27 Abs. 1 Satz 1).[705] Die Übermittlung muss, zweitens, unter den in **§ 28 Abs. 1 bis 3** näher definierten Voraussetzungen erfolgen. Um welchen der dort angegebenen Tatbestände es sich im Einzelnen handelt, ist also irrelevant. Gleichviel mithin, ob die Weitergabe den berechtigten Interessen der verantwortlichen Stelle (§ 28 Abs. 1 Nr. 2)[706] oder den ebenfalls berechtigten Belangen Dritter (§ 28 Abs. 3 Nr. 1)[707] Rechnung trägt, der Übermittlungszweck ist in beiden Fällen verbindlich. 313

§ 28 Abs. 5 legt **Verwendungsgrenzen** fest, die sich weder durch einen Individualvertrag, solange jedenfalls die Betroffenen nicht daran beteiligt sind, noch durch kollektivvertragliche 314

699 Dazu o. Rdnr. 79 ff.
700 Dazu die 4.Auflage dieses Kommentars, § 28 Rdnr. 286 ff.
701 Dazu o. Rdnr. 2.
702 Vgl. auch *Schaffland/Wiltfang,* BDSG § 28 Rdnr. 159; *Gola/Schomerus,* BDSG § 28 Rdnr. 52; *Bergmann/Möhrle/Herb,* BDSG § 28 Rdnr. 224; *Däubler,* Belegschaften, Rdnr. 463.
703 Dazu o. Rdnr. 232 ff., 272 ff.
704 Dazu § 14 Rdnr. 53 ff.
705 Dazu o. Rdnr. 22 ff.
706 Dazu o. Rdnr. 133 ff.
707 Dazu o. Rdnr. 208 ff.

Abmachungen[708] ausschließen oder beschränken lassen.[709] Etwas anderes kann nur gelten, wenn eine entsprechende Rechtsvorschrift vorliegt.

315 **Dritte**, an die personenbezogene Daten übermittelt werden, sind dennoch berechtigt, die Angaben auch **für jeden der in § 28 Abs. 2 und 3 sowie § 14 Abs. 2 festgelegten Zwecke** zu verwenden (§ 28 Abs. 5 Satz 2). Die **Einschränkung der Zweckbindung** ist freilich **keineswegs selbstverständlich**, sie **widerspricht** vielmehr **eindeutig dem Gesetzeszweck**. Der **verantwortlichen Stelle** mag es durchaus freistehen, sich auf die verschiedenen in § 28 Abs. 1 bis 3 erwähnten Übermittlungstatbestände zu berufen und so auch den Übermittlungszweck zu ändern. Sie verfügt über die Daten und kann deshalb die Verwendungsmöglichkeiten innerhalb der Anwendungsgrenzen des § 28 je nach ihren Vorstellungen und Erwartungen variieren. Anders die **Dritten**. Sie bekommen Daten aus einem ganz bestimmten Anlass und für einen im Voraus definierten Zweck. **Blankoübermittlungen gibt es nicht**.[710] Selbstverständlich ist daher allenfalls die Verpflichtung (§ 28 Abs. 5 Satz 1), die Angaben nur für den Zweck zu verwenden, für den sie übermittelt worden sind.

316 § 28 Abs. 5 Satz 2 **stellt** letztlich **die Übermittlungsadressaten den verantwortlichen Stellen gleich**. Einen Grund dafür gibt es nicht. Aufgabe des § 28 ist es gerade nicht, beiden dasselbe Maß an Handlungsfreiheit zu gewähren, sondern eine uneingeschränkte Verwendung personenbezogener Daten auszuschließen und ihre Verarbeitung und Nutzung auf eine Reihe gesetzlich festgelegter Konstellationen zu begrenzen. Ganz in diesem Sinn gilt es, wie es das Gesetz in § 28 Abs. 5 Satz 1 tut, zwischen den übermittelnden Stellen und Dritten zu differenzieren und zugleich die Handlungsfreiheit beider unterschiedlich zu bestimmen. § 28 Abs. 5 Satz 2 ist daher eine verfehlte, **mit den Grundsätzen des Datenschutzes unvereinbare Regelung**.

317 § 28 Abs. 5 Satz 2 muss unter diesen Umständen **so restriktiv wie möglich** interpretiert werden.[711] Das BDSG bietet dafür, zumindest teilweise, einen Anknüpfungspunkt. Sowohl § 28 Abs. 2 und 3 als auch § 14 Abs. 2 machen in einer ganze Reihe von Fällen den Zugriff auf die Daten von einer **Interessenabwägung** abhängig.[712] Die Belange der Betroffenen sind aber dann besonders tangiert und deshalb in **erhöhtem Maße schutzwürdig**, wenn eine Stelle die Daten verarbeiten oder nutzen möchte, der die Betroffenen die Angaben nicht überlassen und zu der sie auch keinerlei Verbindung haben.[713] Eine Verwendung wird daher in aller Regel am Vorrang der Interessen der Betroffenen scheitern.

318 Die verantwortliche Stelle muss die Übermittlungsadressaten auf die **Zweckbindung hinweisen** (§ 28 Abs. 5 Satz 3). Werden also firmeninterne Telefonbücher an andere Konzernunternehmen weitergegeben,[714] sind die Empfänger davon zu unterrichten, dass eine Speicherung oder Nutzung der damit verbundenen Daten ausschließlich für Auskunftszwecke im Zusammenhang mit Telefongesprächen zulässig ist.[715]

319 Der **eigentliche Wert der Hinweispflicht** liegt freilich nicht in der Information über den Verwendungsspielraum. Viel wichtiger ist vielmehr die mit dem Hinweis verknüpfte, zumindest mittelbare, für die Empfänger aber deutlich erkennbare Mitteilung, dass es sich um Daten handelt, die entweder automatisiert verarbeitet oder einer nicht-automatisierten Datei entnommen worden sind. Nur dann gelten die besonderen, in § 28 Abs. 5 festgelegten Verarbeitungs- und Nutzungsbedingungen (§ 27 Abs. 1)[716] und ist deshalb auch eine entsprechende Information der Empfänger erforderlich. Ob daher die Übermittlungsadressaten die Angaben ihrerseits in einer nicht-automatisierten Datei speichern oder lediglich in eine Akte aufneh-

708 Dazu *Simitis,* RDV 1989, 58 ff.
709 Vgl. auch *Schaar/Schläger,* CR 1993, 437; anders *Drews,* DuD 1991, 567.
710 Vgl. auch OLG Karlsruhe, CR 1997, 152.
711 Vgl. auch *Bergmann/Möhrle/Herb,* BDSG § 28 Rdnr. 347.
712 Dazu insb. o. Rdnr. 161 ff., 200 ff., 268 ff.; sowie § 14 Rdnr. 53 ff.
713 Vgl. auch *Bergmann/Möhrle/Herb,* BDSG § 28 Rdnr. 225.
714 o. Rdnr. 212, 218.
715 Vgl. *BWHinwBDSG,* Dok. B 1.39, Nr. 34, Ziff. 3; sowie *Bergmann/Möhrle/Herb,* BDSG § 28 Rdnr. 348.
716 Dazu § 27 Rdnr. 24 ff.

men, spielt keine Rolle. Sie sind nach § 27 Abs. 2[717] in jedem Fall verpflichtet, sich bei einer Verarbeitung oder Nutzung nach den BDSG-Vorschriften zu richten.[718]

9. Sensitive Daten

9.1 Allgemeine Verwendungsvoraussetzungen (Abs. 6)

320 Das BDSG zieht in § 28 Abs. 6 bis 9, wie schon im nahezu wortgleichen § 13 Abs. 2, die Konsequenzen aus der Entscheidung des Gesetzgebers, die Weigerung, personenbezogene Daten in abstrakten Kategorien zusammenzufassen, aufzugeben und der Forderung der EG-Datenschutzrichtlinie nachzukommen, **„sensitive Daten"** besonders zu behandeln. Um welche Angaben es sich dabei handelt, geht aus § 3 Abs. 9 hervor.[719] Wie die Folgen für den nicht-öffentlichen Bereich aussehen, ist in erster Linie § 28 Abs. 6 zu entnehmen. Das BDSG legt in dieser Bestimmung die allgemein für den Umgang mit sensitiven Daten im nicht-öffentlichen Bereich geltenden Verwendungsvoraussetzungen fest. Vordergründig geht es zwar nur um die Verwendung für „eigene Zwecke". Bei einer geschäftsmäßigen Erhebung und Verarbeitung gilt aber nichts anderes (§ 29 Abs. 5). Das Gesetz hält sich dabei sowohl beim Aufbau des § 28 Abs. 6 bis 9 als auch bei der Formulierung der einzelnen Vorschriften ganz an die EG-Datenschutzrichtlinie (Art. 8). So erklärt sich die zuweilen merkwürdige Wortwahl in § 28 Abs. 6 genauso wie die überaus umständliche, streckenweise nur schwer nachvollziehbare Regelung der Ausnahmetatbestände bei der Verwendung von Gesundheitsdaten in § 28 Abs. 7.

321 **Sensitive Daten** können **grundsätzlich nur mit Einwilligung der Betroffenen verwendet werden** (§ 28 Abs. 6). Das Gesetz belässt es allerdings nicht bei den generell für Einwilligungen geltenden Anforderungen (§ 4a Abs. 1 und 2). Sensitive Daten dürfen vielmehr nur erhoben, verarbeitet oder genutzt werden, wenn sich die **Betroffenen ausdrücklich damit einverstanden erklären** (§ 4a Abs. 3).[720] Das BDSG legt, mit anderen Worten, mehr denn je darauf Wert, dass sich die Betroffenen die Konsequenzen der jeweils beabsichtigten Verwendung ihrer Daten wohl überlegen und deshalb der Bedeutung ihrer Erklärung wirklich bewusst sind.

322 Die Entscheidung für den unbedingten **Vorrang der Einwilligung** ist auf den ersten Blick durchaus folgerichtig. In keinem anderen Fall stehen, jedenfalls nach Meinung der EG-Datenschutzrichtlinie und des Gesetzgebers, die Interessen der Betroffenen so deutlich auf dem Spiel wie bei den sensitiven Daten. So gesehen spricht in der Tat alles dafür, ihnen die Entscheidung vorzubehalten, ob solche Angaben verarbeitet oder genutzt werden dürfen. Hier wie sonst lässt der Gesetzgeber freilich die **Nachteile einer solchen Regelung** außer Acht.[721] Das Beispiel der **Gesundheitsdaten** ist bezeichnend genug. Strikt gesprochen können Beschäftigte und Versicherungsnehmer sich ebenfalls mit der Verwendung ihrer Gesundheitsdaten uneingeschränkt einverstanden erklären. Schon ein Blick in die weit hinter das BDSG zurückreichenden Regelungen zum Umgang mit Gesundheitsdaten im Rahmen von **Arbeitsverhältnissen** zeigt jedoch wie schnell und nachhaltig der Schwerpunkt zum Schutz der Beschäftigten von der Einwilligung auf ebenso restriktive wie verbindliche Vorschriften verlegt werden musste.[722] Nicht viel anders ist es bei **Versicherungsverhältnissen**. Wiederum kann es nicht angehen, die Einwilligung als Einfallstor einer unbegrenzten Verwendung von personenbezogenen Daten hinzunehmen.[723] Die Auseinandersetzung um dic

---

717 Dazu § 27 Rdnr. 27 ff.

718 Vgl. auch *Gola/Schomerus,* BDSG § 28 Rdnr. 53; *Drews,* DuD 1991, 567; *Goldenbohm/Weise,* DuD 1991, 447; und demgegenüber *Schaffland/Wiltfang,* BDSG § 28 Rdnr. 158.

719 Dazu § 3 Rdnr. 257 ff.

720 Dazu § 4a Rdnr. 86 ff.

721 Dazu § 4a Rdnr. 2 ff.

722 Dazu o. Rdnr. 67.

723 Dazu auch *Schwintowski*, VuR 2004, 243 f.

Verarbeitung genetischer Angaben[724] illustriert den Konflikt und zugleich die Defizite einer Regelung, die allen gegenteiligen Erfahrungen zum Trotz an einer Fiktion festhält. Wohl mehr als jede andere Bestimmung des BDSG steht deshalb § 28 Abs. 6 unter dem Vorbehalt bereichsspezifischer Regelungen, angefangen bei den Sondervorschriften zum Umgang mit Gesundheitsdaten bis hin zum SGB.

323 Die Bedeutung des § 28 Abs. 6 ist trotzdem nicht zu unterschätzen. § 28 Abs. 6 wirkt sich etwa unmittelbar auf den **Verkauf einer ärztlichen oder Heilpraktikerpraxis aus**.[725] Patientendateien können dem Käufer nur übergeben werden, wenn sich die Betroffenen ausdrücklich damit einverstanden erklärt haben.[726] Das BDSG richtet so, von der ärztlichen Schweigepflicht einmal abgesehen, eine Barriere auf, die den potenziellen Verkäufer dazu zwingt, sich im Voraus zu vergewissern, ob die Patienten überhaupt bereit sind, den von ihm geplanten Arztwechsel in Kauf zu nehmen. Erst recht ist es dem Verkäufer untersagt, seinem möglichen Vertragspartner ohne Einwilligung der Betroffenen **Einsicht in die Patientenunterlagen** zu gewähren. Nichts anderes gilt für **organisatorische** mit der Verwendung von Patientendaten verbundene **Maßnahmen**, die den Abrechnungsmodus oder den Informationsaustausch zwischen Krankenhäusern betreffen.[727]

324 Erst recht muss es bei allen **Übermittlungen sensitiver Daten, die Werbezwecken oder der Markt- und Meinungsforschung dienen**, bei der **Einwilligung** bleiben. Der Gesetzgeber hat nicht von ungefähr keine dem § 28 Abs. 3 Satz 1 Nr. 3 entsprechende Regelung in die Sondervorschriften des § 28 Abs. 6 bis 9 aufgenommen. Sensitive Daten sind deshalb sowohl für die Werbung als auch für die Markt- und Meinungsforschung unzugänglich. Ob und in welchem Umfang sie verwendet werden dürfen, ist ausschließlich Sache der Betroffenen.

325 **Ohne Einwilligung** der Betroffenen ist eine Verwendung sensitiver Daten **nur in vier** vom Gesetz ausdrücklich und abschließend aufgezählten **Fällen** zulässig (§ 28 Abs. 6 Nr. 1 bis 4). **Allen ist eines gemeinsam**: Sie beziehen sich auf außergewöhnliche Situationen, die es gerade wegen ihrer Besonderheit rechtfertigen, die Bedenken gegen jede Verwendung sensitiver Daten[728] zurückzustellen. Die Gesetzessprache illustriert und unterstreicht den **absoluten Ausnahmecharakter** jeder dieser Vorschriften. So ist nicht mehr von „schutzwürdigen" (§ 28 Abs. 1 Satz 1 Nr. 2 und 3 sowie Abs. 3 Satz 1), sondern von „lebenswichtigen" Interessen die Rede (§ 28 Abs. 6 Nr. 1). Ebenso wenig reicht die bloße Publizierung der Daten aus, sie müssen vielmehr „offenkundig" öffentlich gemacht worden sein (§ 28 Abs. 6 Nr. 2). Aber auch dort, wo es sich, wie bei der wissenschaftlichen Forschung (§ 28 Abs. 6 Nr. 4), um keine singuläre, ganz auf die „sensitiven Daten" zugeschnittene Vorschrift handelt (§§ 14 Abs. 2 Nr. 9; 28 Abs. 3 Satz 1 Nr. 4), bleibt es dabei: Der Gesetzgeber duldet die Verwendung nur mit Rücksicht auf die spezifische, im BDSG wieder und wieder hervorgehobene Bedeutung der Forschung.

326 **In jedem dieser vier Fälle** rechtfertigt die gesetzliche Regelung zudem immer nur einen **begrenzten Zugriff**. Zugänglich sind ausschließlich die jeweils **erforderlichen Daten**. Das Gesetz weist zuweilen ausdrücklich darauf hin (§ 28 Abs. 6 Nr. 3; 7 Satz 1; 8 Satz 2; 9 Satz 1). Aber auch wo das nicht der Fall ist, bleibt es dabei: Ganz gleich, ob es um „lebenswichtige" Interessen, „offenkundig öffentlich gemachte" Angaben oder um die Forschung

---

724 Vgl. etwa die Entschließung der *DSBK* v. 24.-26.10 2001 zur gesetzlichen Regelung von genetischen Untersuchungen, DuD 2002, 150 ff.; sowie *C.Dierks/A.Wienke/W.Eberbach/H.D.Lippert*, Genetische Untersuchungen und Persönlichkeitsrecht (2003); *Simitis*, in *Sokol* (Hrsg.), Neue Instrumente im Datenschutz (1999), 11 ff.; *Simon*, in Festschrift für *Heilmann*, 325 ff.; *Sokol*, DuD 2001, 8 ff., in *ULD*, Innovativer Datenschutz, 163 ff.; *Menzel*, DuD 2001, 146 ff.; *Weichert*, DuD 2002, 133 ff.; *Fisahn*, RDV 2002, 15 ff.; *Däubler*, RDV 2003, 7 ff.; *Damm*, MedR 2004, 7 ff.

725 Dazu auch o. Rdnr. 114, 167, 223.

726 Vgl. auch BGH, NJW 1991, 2955; 1992, 2348; 1995, 2026; 1996, 773; OLG Koblenz, NJW 1996, 1760; *HmbDSB*, 11. TB, 146 ff.; *BWHinwBDSG*, Dok. B 1.30, Nr. 26, Ziff. 1, B 1.41, Nr. 36, Ziff. 3; *Roßnagel*, NJW 1989, 2304 ff.; *Körner-Dammann*, NJW 1992, 1543 ff.

727 Dazu u. Rdnr. 342 f.

728 Dazu auch § 3 Rdnr. 257 ff.

geht, die Verwendbarkeit sensitiver Daten endet dort, wo es um Angaben geht, die im konkreten Fall und für den konkreten Zweck nicht benötigt werden.

Die **Verwendung sensitiver Daten** ist, erstens, **zum Schutz „lebenswichtiger" Interessen** 327
zulässig, vorausgesetzt die Betroffenen sind aus **physischen oder rechtlichen Gründen** nicht in der Lage, sich einverstanden zu erklären (§ 28 Abs. 6 Nr. 1). Ob es sich dabei um die **Belange der Betroffenen oder Dritter** handelt, ist nicht weiter wichtig. Das Gesetz bezieht ausdrücklich beide ein, solange „lebenswichtige" Interessen auf dem Spiel stehen. Gedacht ist wohl in erster Linie, wenn nicht ausschließlich, an **Gesundheitsdaten**, vor allem aber an **Infektionsfälle**. Sie rechtfertigen es in der Tat, den Sonderstatus der Gesundheitsdaten (§ 3 Abs. 9), etwa bei Übertragungen lebensgefährlicher Viren, zu übergehen und eine Verwendung im Hinblick auf eine sofortige Impfung oder Behandlung zuzulassen. Ähnlich ist es, wenn bei einer Operation auf Daten der nächsten Angehörigen zurückgegriffen werden muss, um etwa Nebenfolgen bestimmter Medikamente oder auch einer Blutübertragung rechtzeitig erkennen zu können.

Das Gesetz mag eine Verwendung sensitiver Daten bei einer Gefährdung „lebenswichtiger" 328
Interessen grundsätzlich akzeptieren, knüpft sie jedoch an eine weitere letztlich entscheidende Bedingung. Sie darf nur stattfinden, wenn die Betroffenen **selbst nicht fähig sind**, die Verwendung zu billigen. Gemeint sind vor allem **physische Gründe**, etwa Bewusstlosigkeit oder eine schwere Erkrankung. **Rechtliche Ursachen**, wie Geschäftsunfähigkeit oder mangelnde Einsichtsfähigkeit eines Jugendlichen, kommen zwar auch in Betracht.[729] In beiden Fällen wird es aber in der Regel Aufgabe des gesetzlichen Vertreters sein, zu entscheiden. Die Betroffenen sind so gesehen keineswegs „außerstande" Stellung zu nehmen.

Die scheinbar klare Einschränkung ist nicht problemlos. Die **physische Unfähigkeit**, sich zur 329
Verwendung zu äußern, ist **dann kein ausreichender Grund mehr**, die Betroffenen zu übergehen, **wenn sie etwa eine Verwendung ihrer Daten** ausgerechnet für den **Verarbeitungszweck**, um den es konkret geht, **wiederholt abgelehnt haben**. § 28 Abs. 6 Nr. 1 setzt deshalb, genau genommen, zweierlei voraus, die physische oder rechtliche Unfähigkeit ebenso wie das **Fehlen einer klaren**, die Verwendung untersagenden **Äußerung der Betroffenen**.[730]

Eine Verwendung „sensitiver Daten" ist, zweitens, bei **Angaben** zulässig, **die** von den Betrof- 330
fenen **„offenkundig öffentlich gemacht worden sind"** (§ 28 Abs. 6 Nr. 2). Der Gesetzgeber bewegt sich mit dieser Ausnahme zwar auf der Linie des § 28 Abs. 1 Satz 1 Nr. 3,[731] zieht aber die Grenzen wesentlich enger. Die bloße Publikation der Daten reicht keineswegs aus. Erst wenn wirklich feststeht, dass die Veröffentlichung **von den Betroffenen akzeptiert wurde**, sich also voll und ganz mit ihren Intentionen deckt, spielt die Sensitivität der Daten keine Rolle mehr, ist ihre Verwendung also zulässig. „Offenkundig" öffentlich gemacht sind deshalb in erster Linie personenbezogene Angaben, die in Kenntnis der Betroffenen und mit ihrer Einwilligung in öffentliche Register, Berufsverzeichnisse, die auch und gerade Angaben zur ethnischen Herkunft enthalten, oder Teilnehmerlisten allgemeinzugänglicher Tagungen, die spezifische Interessen für bestimmte politische Meinungen oder religiöse Überzeugungen erkennen lassen, aufgenommen wurden.[732]

Sehr viel schwieriger ist es bei **Pressemeldungen**. Solange sich jedenfalls nicht klar ergibt, 331
dass **die konkret in Betracht kommenden Angaben tatsächlich von den Betroffenen stammen**, lässt sich ihre Verwendung nicht unter Hinweis auf die Sonderregelung der § 28 Abs. 6 Nr. 2 rechtfertigen.[733] Eine Verarbeitung kann also lediglich durch andere Regelungen legitimiert werden, die dazu zwingen, den Geltungsanspruch des BDSG zurückzunehmen (§ 1 Abs. 3). Ein besonders typisches Beispiel dafür ist die Berichterstattung über politische Demonstrationen (Art. 5 Abs. 1 GG).

---

729 Dazu § 4a Rdnr. 21 ff.
730 Vgl. auch *Dammann/Simitis*, EG-Datenschutzrichtlinie, Art. 8 Rdnr. 11.
731 Dazu o. Rdnr. 183 ff.
732 Vgl. auch *Bergmann/Möhrle/Herb*, BDSG § 28 Rdnr. 361.
733 Vgl. auch *Dammann/Simitis*, EG-Datenschutzrichtlinie, Art. 8 Rdnr. 16; *Brühann*, in GH II/*Wolf* A 30 Art. 8 Rdnr. 15.

332 Eine Verwendung sensitiver Daten ist, drittens, bei Angaben zulässig, die erforderlich sind, um **rechtliche Ansprüche** geltend zu machen, auszuüben oder zu verteidigen (§ 28 Abs. 6 Nr. 3). Das Gesetz geht weiter als die EG-Datenschutzrichtlinie (Art. 8 Abs. 2 Buchst. e). Während sie die Ausnahme auf die Geltendmachung von Ansprüchen „vor Gericht" begrenzt, sieht das BDSG ausdrücklich davon ab. Entscheidend ist nur der Verwendungszweck. Solange es daher darum geht, Ansprüche durchzusetzen, ist es gleichgültig, ob die Auseinandersetzung vor Gericht, in einem Schlichtungsverfahren, einem Anwaltsgespräch oder einer Verhandlung zwischen den Parteien selbst stattfindet.

333 § 28 Abs. 6 Nr. 3 ist grundsätzlich auch auf **Ansprüche** anzuwenden, die sich aus **vertraglichen Beziehungen oder vertragsähnlichen Vertrauensverhältnissen** ergeben.[734] Der Akzent muss zwar, vor allem vor dem Hintergrund der EG-Datenschutzrichtlinie (Art. 8 Abs. 2 Buchst. e), primär auf der wörtlich verstandenen Durchsetzung **rechtlicher** Ansprüche liegen. Die Tatsache, dass es § 28 Abs. 6 Nr. 3 nicht bei der „Geltendmachung" belässt, sondern genauso die „Ausübung" und „Verteidigung" von Ansprüchen erwähnt, legt aber den Schluss nahe, den Anwendungsbereich weiter zu fassen. So muss es etwa bei **Arbeitsverhältnissen** dem Arbeitgeber grundsätzlich untersagt sein, nach dem **Gesundheitszustand** von Stellenbewerbern zu fragen. Soweit freilich die Kenntnis der Gesundheitsdaten[735] von ummittelbarer Relevanz für die konkret in Aussicht genommene Tätigkeit ist, sind nicht nur die entsprechenden Fragen erlaubt, vielmehr besteht auch eine Verpflichtung, sie zu beantworten.[736] Der Arbeitgeber ist also unter dieser Voraussetzungen auch nach § 28 Abs. 6 Nr. 3 ebenso berechtigt, die Daten zu erheben wie sie zu verarbeiten oder zu nutzen sowie den Verwendungszweck zu ändern (§ 28 Abs. 8). Sollte es jedoch streitig sein, ob bestimmte **Fragen** überhaupt **gestellt werden dürfen** und sich einzelne Bewerber deshalb veranlasst sehen, sie nicht zu beantworten, kann es bei einer **Nichteinstellung** durchaus zu Auseinandersetzungen kommen, in deren Rahmen § 28 Abs. 6 Nr. 3 bedacht werden muss.[737]

334 Der weite Anwendungsbereich zwingt erst recht dazu, einer allzu einfachen Verwendung der Daten vorzubeugen. Das BDSG gibt sich deshalb nicht mit der eigentlich selbstverständlichen Verpflichtung zufrieden, lediglich die jeweils „erforderlichen" Angaben zu verarbeiten, sondern lässt, wie in den Parallelvorschriften des § 28 (Abs. 1 Satz 1 Nr. 2; Abs. 3 Satz 1 Nr. 2),[738] eine Verwendung nur unter Voraussetzung zu, dass ihr keine überwiegenden **„schutzwürdige Interessen"** der Betroffenen entgegenstehen. Einmal mehr sind zudem die Daten erst zugänglich, wenn **kein Grund zur Annahme** besteht, dass die Belange der Betroffenen vorgehen müssen. Von einer Weitergabe muss daher abgesehen werden, wenn ein Krankenhauspatient die Namen und Anschriften von Mitpatienten haben möchte, um sie als Zeugen zu benennen. Das Krankenhaus ist selbst kaum in der Lage verlässlich zu beurteilen, ob und aus welchen Gründen einzelne Patienten doch nicht involviert werden möchten. Es kann sich unter diesen Umständen lediglich dazu bereit finden, die Betroffenen zu fragen, inwieweit sie mit einer Übermittlung ihrer Daten einverstanden wären.[739]

335 Eine Verwendung sensitiver Daten ist, viertens, bei Angaben zulässig, die für die **wissenschaftliche Forschung** erforderlich sind (§ 28 Abs. 6 Nr. 4). Genauso wie § 28 Abs. 3 Satz 1 Nr. 4,[740] sieht also auch § 28 Abs. 6 Nr. 4 eine Ausnahme zugunsten der wissenschaftlichen Forschung vor. Anders aber als dort und wie in § 14 Abs. 2 Nr. 9[741] lässt das Gesetz eine Verwendung nur für die **„Eigenforschung"** zu. **Sensitive Daten sind**, anders ausgedrückt, **für**

---

734 Vgl. auch *Gola/Schomerus*, BDSG § 28 Rdnr. 70 f.; *Bergmann/Möhrle/Herb*, BDSG § 28 Rdnr. 364 f.; *Gola*, RDV 2001, 127; *Däubler*, NZA 2001, 877 f.; *Hoeren*, VersR 2005, 1017; sowie *Tinnefeld*, DuD 2002, 233.

735 Dazu insb. o. Rdnr. 101 ff., 220, 255 ff.; u. Rdnr. 344 ff.; sowie *Franzen*, RDV 2003, 5.

736 o. Rdnr. 67; sowie BAG, AP Nr. 26 zu § 123 BGB; *FESTL*, BetrVG § 94 Rdnr. 25 f.; *DKK/Klebe*, BetrVG § 94 Rdnr. 13, 15.;

737 Vgl. freilich *Thüsing/Lambrich*, BB 2002, 1151; sowie *Franzen*, RDV 2003, 3 f., der generell eine Anwendung des § 26 Abs. 6 Nr. 3 auf vorvertragliche Beziehungen beim Arbeitsverkältnis ablehnt.

738 Dazu o. Rdnr. 161 ff., 216 ff.

739 LG Frankfurt, NJW 1985, 2767.

740 Dazu o. Rdnr. 258 ff.

741 Dazu § 14 Rdnr. 88 ff.

die „Drittforschung" unzugänglich. Die Gefahren für die Betroffenen dürfen trotzdem nicht unterschätzt werden. Sowohl die Schwierigkeiten, die Eigenforschung verlässlich zu umschreiben, als auch die ausgeprägten Möglichkeiten einer Vermischung der Forschungstätigkeit mit anderen Aktivitäten der verantwortlichen Stelle[742] verdeutlichen die Risiken, denen sich die Betroffenen ausgesetzt sehen.

Die Verwendung der Angaben ist an genau die Bedingungen geknüpft, die auch sonst für eine Inanspruchnahme für Forschungszwecke gelten.[743] Eine Verwendung kommt also zunächst nur bei Daten in Betracht, ohne die sich ein **konkretes Forschungsvorhaben**, das seinem ganzen Aufbau und Inhalt nach wissenschaftlichen Ansprüchen genügt, nicht durchführen lässt. Sie setzt ferner eine **Interessenabwägung** voraus. Das wissenschaftliche Interesse an dem konkreten Vorhaben genügt also für sich genommen noch nicht, um die berechtigte und im Normalfall verbindliche Erwartung der Betroffenen zu verdrängen, dass der ursprüngliche Verwendungszweck Richtschnur und Grenze des Umgangs mit ihren Daten bleiben muss. Eine Verarbeitung oder Nutzung ist vielmehr nur in den Fällen zulässig, in denen die das Forschungsprojekt auslösenden und bestimmenden **wissenschaftlichen Interessen erheblich überwiegen**. Auf die Daten darf schließlich erst zurückgegriffen werden, wenn es **keine Alternative** dazu gibt, sei es, weil es auf die Kenntnis personenbezogener Daten ankommt, sei es, weil jeder andere Weg mit einem nicht vertretbaren Zeit- oder Kostenaufwand verbunden wäre. 336

Die jeweils verwendeten Daten sind **strikt abzuschotten**. § 28 Abs. 6 Nr. 4 lässt eine Zweckentfremdung ausschließlich im Hinblick auf ein bestimmtes, genau definiertes Ziel zu. Die Forschung darf deshalb nicht zum Einfallstor einer beliebig variierbaren Verwendung werden. Nur eine konsequent durchgeführte **funktionale Trennung** der Erhebung, Verarbeitung und Nutzung kann daher einen verlässlichen Schutz gegen weitere Zweckentfremdung bieten. Gerade bei der Eigenforschung kommt es daher besonders darauf an, die Abschottung der Daten durch **technisch-organisatorische Maßnahmen** zu gewährleisten. Forschungsabteilungen mögen deshalb Teil der verantwortlichen Stellen sein. Daten, die sie für ihre Aufgaben verwenden, müssen trotzdem allen anderen Abteilungen ebenso unzugänglich bleiben wie Dritten. 337

9.2 Medizinische Versorgung (Abs. 7)

Sensitive Daten dürfen für Zwecke der **medizinischen Versorgung** erhoben werden (§ 28 Abs. 7 Satz 1). Wie die EG-Datenschutzrichtlinie (Art. 8 Abs. 2 und 3) unterscheidet auch das BDSG zwischen den allgemeinen Verwendungsvoraussetzungen sensitiver Daten einerseits (§ 28 Abs. 6) und dem Umgang mit personenbezogenen Daten im medizinischen Sektor andererseits (§ 28 Abs. 7). Die Erhebung, Verarbeitung und Nutzung von **Gesundheitsdaten** richtet sich deshalb **nach zwei verschiedenen Regelungen**, je nachdem, ob es um ihre **generelle Verwendbarkeit** oder um die **besonderen Verwendungsbedingungen im Rahmen der medizinischen Versorgung** geht. Die Aufspaltung verwirrt. Sie lässt sich allenfalls damit erklären, dass Angaben, die der medizinischen Versorgung dienen, fast durchweg eigenen, **bereichsspezifischen Vorschriften** unterliegen, die dem BDSG vorgehen (§ 1 Abs. 3), angefangen beim ärztlichen Berufsgeheimnis über die Bestimmungen für Psychotherapeuten, Betriebsärzte und Apotheker bis hin zum SGB. § 28 Abs. 7 Satz 1 ist deshalb **keine Generalermächtigung**, Gesundheitsdaten unter den dort vorgesehenen Bedingungen zu verwenden. Ob, und wenn ja, unter welchen Voraussetzungen, sie zugänglich sind, richtet sich in erster Linie nach den bereichsspezifischen Bestimmungen und damit auch und vor allem nach den dort verankerten Anforderungen an den Respekt vor der Patientenautonomie.[744] 338

742 Dazu § 40 Rdnr. 40 ff.
743 Dazu o. Rdnr. 263 ff.
744 Vgl.auch *Hornung*, Identität, 281; missverständlich *Dierks/Nitz/Grau*, Gesundheitstelematik, 239; *Meier*, Schutz, 68; *Berg* MedR 2004, 213; sowie *Engelien-Schulz*, RDV 2005, 202, 207 f.

339 § 28 Abs. 7 betrifft, wie schon Art. 8 Abs. 3 der EG-Datenschutzrichtlinie, in erster Linie **Gesundheitsdaten**. Die ausdrückliche Verknüpfung beider Vorschriften mit der medizinischen Versorgung spricht genauso deutlich dafür wie die detaillierte Aufzählung medizinischer Aufgaben. § 28 Abs. 7 ist deshalb auf andere sensitive Daten (§ 3 Abs. 9) nur in dem Maße anzuwenden, in dem sie für die medizinische Versorgung benötigt werden. Ihre Verwendung hat insofern nur eine **komplementäre Funktion** und bedarf daher stets einer besonderen Begründung, aus der sich die Bedeutung gerade dieser Angaben für die je spezifische Behandlung ergeben muss. So können beispielsweise im Zusammenhang mit Patienten, die an Thalassämie leiden, auch Angaben zur ethnischen Herkunft verarbeitet werden.

340 § 28 Abs. 7 bezieht **präventive Untersuchungen** ebenso ein wie **diagnostische Maßnahmen, therapeutische Behandlungen** und **Nachsorgevorkehrungen**. Gleichviel also, ob es lediglich um die Rehabilitation oder nur um die Vorsorge geht, „sensitive Daten" sind in beiden Fällen gerade im Rahmen ärztlicher Konsultations- und Behandlungsverträge (§ 28 Abs. 1 Satz 1 Nr. 1) verwendbar. § 28 Abs. 7 gilt aber gleichermaßen für die **administrativen Teile der medizinischen Versorgung**. Gesundheitsdaten können deshalb sowohl für Behandlungs- als auch für **Abrechnungszwecke** erhoben, verarbeitet und genutzt werden. Art und Anzahl der Angaben mögen durchaus differieren, an der Berechtigung, auf sensitive Daten zurückzugreifen, ändert sich nichts. **Apotheken** zählen schließlich ebenfalls zu den Anwendungsbeispielen des § 28 Abs. 6. Sie sind, wie Krankenhäuser, Dialysezentren und Radiologische Institute, Teil der medizinischen Versorgung und deshalb in dem für ihre Aufgaben erforderlichen Umfang legitimiert, sensitive Daten zu verwenden.

341 § 28 Abs. 7 Satz 1 macht den Zugang zu den Daten noch von einer zweiten Bedingung abhängig: Sie müssen durch **Personen** verarbeitet werden, **die, sei es an die ärztliche, sei es an eine entsprechende Geheimhaltungspflicht gebunden sind**. Der Verwendungszweck, die medizinische Versorgung, grenzt die Verwendungsmöglichkeiten ein, die **Qualifikation** der für die Verarbeitung verantwortlichen Personen **und** ihre **Verpflichtung zur Verschwiegenheit beugen der Zweckentfremdung vor**. Konsequenterweise sieht § 28 Abs. 7 Satz 2 in der Geheimhaltungspflicht den Maßstab, der an jede Verwendungsabsicht anzulegen ist. Sie bestimmt den Verarbeitungs- und vor allem den Übermittlungsspielraum und legt damit auch die potenziellen Empfänger fest. Genauso folgerichtig ist die Entscheidung des Gesetzgebers (§ 28 Abs. 7 Satz 3), die Verwendung sensitiver Daten zwar nicht auf die in § 203 StGB Abs. 1 und 3 genannten Berufsgruppen zu beschränken, sie aber durchweg an die strikte Einhaltung der für Ärzte geltenden Voraussetzungen zu knüpfen. Heilpraktiker müssen sich also ebenso daran halten wie diejenigen, die Naturheilmittel herstellen oder vertreiben.[745]

342 § 28 Abs. 7 ist dagegen nicht auf **Krankenversicherungen oder Beihilfeleistungen** anzuwenden. Sie hängen zwar mittelbar mit der medizinischen Versorgung der Betroffenen zusammen, rechnen aber keineswegs zur „Verwaltung von Gesundheitsdiensten" (§ 28 Abs. 7 Satz 1). In beiden Fällen ist deshalb eine Verwendung der jeweils benötigten Gesundheitsdaten nur über eine besondere Einwilligung der Betroffenen möglich (§ 28 Abs. 6).[746] Ebenso wenig können sich Krankenhäuser auf § 28 Abs. 7 berufen, um Patientendaten an den Betroffenen vorbei einer **Verrechnungsstelle**[747] oder einem Unternehmer zu überlassen, der die Angaben in seinem Betrieb auf Mikrofilme übertragen möchte.[748] Wiederum geht es um Maßnahmen, die nicht dazu erforderlich sind, bestimmte medizinische Leistungen zu erbringen, so begründet sie im Übrigen aus der Perspektive einer möglichst effizienten Gestaltung der administrativen Aufgaben des Krankenhauses sein mögen.

343 § 28 Abs. 7 rechtfertigt es auch nicht, zentral geführte **Krankenhausdateien** einzurichten. Patientendaten dürfen, jedenfalls im Rahmen des § 28 Abs. 7, **nur im Zusammenhang mit der jeweiligen Behandlung** weitergegeben werden. Weder der Wunsch, im Interesse zukünftiger Behandlungen eine breite Informationsbasis zu schaffen, noch und erst recht das

745 Vgl. auch *Bergmann/Möhrle/Herb*, BDSG § 28 Rdnr. 371.
746 Vgl. auch *Gola/Schomerus*, § 13 Rdnr. 22; *Hornung*, Identität, 281.
747 BGH, NJW 1991, 2955 ff.; dazu *Körner-Dammann,* NJW 1992, 729 ff.
748 BayVerfGH, NJW 1989, 2939.

Bestreben, „Scheinkranke“ rechtzeitig zu identifizieren, reichen deshalb aus. § 28 Abs. 7 ist nur eine begrenzt nutzbare Verwendungsgrundlage und eben deshalb vor allem kein Anknüpfungspunkt für einen ungehinderten Informationsaustausch mit jeder an Patientendaten interessierten Institution.

9.3 Übermittlung oder Nutzung sensitiver Daten für andere Zwecke (Abs. 8)

§ 28 Abs. 8 ist die Parallelbestimmung zu § 28 Abs. 2.[749] Anders als dort begnügt sich das 344
Gesetz in § 28 Abs. 8 aber nicht damit, den **Anwendungsbereich** der Regeln, die bei der Erhebung, Verarbeitung und Nutzung für eigene Zwecke zu beachten sind, um die **Übermittlung und Nutzung für andere Zwecke** zu erweitern. § 28 Abs. 8 Satz 2 sieht vielmehr **zwei weitere Übermittlungsgründe vor, die Abwehr von Gefahren für die öffentliche sowie die staatliche Sicherheit und die Verfolgung von Straftaten**. Beides ist, jedenfalls in dieser Form, nicht in der EG-Datenschutzrichtlinie (Art. 8) vorgesehen. Art. 8 Abs. 4 räumt den Mitgliedstaaten allerdings die Möglichkeit ein, auf die generell erforderliche Einwilligung der Betroffenen auch mit Rücksicht auf ein „wichtiges öffentliches Interesse“ zu verzichten. Gedacht war dabei vor allem an die öffentliche Statistik, die soziale Sicherheit, die Verarbeitung personenbezogener Daten durch staatliche Stellen für anerkannte Religionsgesellschaften oder die Weitergabe sensitiver Daten an internationale Menschenrechtsorganisationen.[750] Weil jedoch sowohl die EG-Kommission als auch der Rat, allen Warnungen zum Trotz, auf jede Präzisierung verzichtet haben,[751] verwundert es nicht weiter, dass der abstrakte Hinweis auf das „öffentliche Interesse“ gezielt genutzt wurde, um in das BDSG eine Bestimmung aufzunehmen, die es erlaubt, sensitive Daten gerade den Sicherheitsbehörden zugänglich zu machen, und so den umständlichen Weg über bereichsspezifische Vorschriften weitgehend erspart.

§ 28 Abs. 8 Satz 1 ist, genauso wie § 28 Abs. 2, eine **kaum verständliche, vor allem aber** 345
widersprüchliche Bestimmung. Das Gesetz erlaubt zwar vordergründig eine Übermittlung oder Nutzung für andere Zwecke, lässt sie jedoch nur unter den in Abs. 6 Nr. 1 bis 4 und Abs. 7 Satz 1 festgelegten Bedingungen zu. Die Bereitschaft, weitere Verwendungen hinzunehmen, verträgt sich allerdings nicht mit der Entscheidung des Gesetzgebers für einen **eindeutig restriktiven Umgang mit sensitiven Daten**. Der Widerspruch lässt sich erst recht nicht übersehen, wenn das Gesetz, wie in § 28 Abs. 8 Satz 1, jegliche Präzisierung vermeidet und sich stattdessen mit einem ebenso abstrakten wie nichtssagenden Hinweis auf „andere Zwecke“ begnügt. Abgesehen davon spricht jeder der in Abs. 6 Nr. 1 bis 4 und Abs. 7 Satz 1 aufgezählten Verwendungsgründe gegen eine Ausweitung, sei es auch lediglich der Übermittlungs- und Nutzungsgründe. Schon deshalb, weil etwa die „lebenswichtigen Interessen“ Dritter in § 28 Abs. 6 Nr. 2 durchaus bedacht sind, und sich der Verwendungsrahmen von Gesundheitsdaten für Aufgaben der medizinischen Versorgung nicht beliebig definieren lässt.

§ 28 Abs. 8 Satz 1 eignet sich unter diesen Umständen bestenfalls dazu, die **Anwendungs-** 346
grenzen der Abs. 6 Nr. 1 bis 4 und 7 Satz 1 noch einmal klarzustellen. So lässt sich keinem der beiden Absätze ein Grund entnehmen, der Krankenhausverwaltungen dazu berechtigen könnte, Namen von Müttern, die in einem bestimmten Zeitraum entbunden haben, an Hersteller von Babynahrung weiterzugeben. Name und Adresse zählen zwar nicht zu den in § 3 Abs. 9 angeführten Daten. Maßgeblich ist aber der Übermittlungskontext. Beides, Name und Adresse sind für den Empfänger nur deshalb interessant, weil sie weitere durchaus mit dem Gesundheitszustand zusammenhängende Informationen vermitteln. Die Entscheidung, ob die Daten für Werbezwecke übermittelt werden dürfen, liegt deshalb allein bei den betroffenen Frauen.[752] Nicht anders ist es bei Selbsthilfevereinen, die den Folgen schwerer Krankheiten

749 Dazu o. Rdnr. 205 ff.

750 Vgl. die Erwägungsgründe 34 bis 36 und den Geänderten Vorschlag der Kommission, ABl. EG Nr. C 311 v. 27 11.1992, 19; *Brühann,* in GH II/*Wolf* A 30 Art. 8 Rdnr. 19.

751 Vgl. *Simitis,* in *Tinnefeld/Philipps/Heil* (Hrsg.), Informationsgesellschaft und Rechtskultur in Europa (1995) 64 f.

752 Vgl. auch *BerHessL,* 1. TB, LT-Drs. 12/5153, 27; sowie o. Rdnr. 324.

durch die gegenseitige Unterstützung der Beteiligten besser zu begegnen suchen.[753] Ob und in welchem Umfang Daten Dritten überlassen werden dürfen, ist eine Frage, die nur von den Betroffenen beantwortet werden kann. Der Verein ist lediglich zur Weitergabe befugt, wenn sie ihn dazu ermächtigen sollten.

347 Eine Übermittlung und Nutzung sensitiver Daten ist ebenfalls zulässig, wenn die Angaben dazu verwendet werden sollen, **Gefahren für die staatliche und öffentliche Sicherheit abzuwehren oder Straftaten zu verfolgen** (§ 28 Abs. 8 Satz 2). Der Gesetzgeber belässt es freilich nicht bei einer so allgemein gehaltenen Aussage. Weder die bloße Gefährdung der staatlichen und öffentlichen Sicherheit noch die Verfolgung irgendeiner Straftat reichen aus, um auf die jeweils gewünschten Daten zurückzugreifen. Die Verwendungsmöglichkeiten sind vielmehr von vornherein auf ganz bestimmte Gefahren und Straftaten begrenzt. Der Auswahlmaßstab ist in beiden Fällen gleich. Eine Verarbeitung kommt nur bei **„erheblichen" Gefahren** sowie bei **Straftaten von „erheblicher Bedeutung"** in Betracht.

348 Der Gesetzgeber hat sich damit für eine im Polizeirecht[754] entwickelte und auch in der StPO (§ 98a) benutzte Formel entschieden. Allein schon die Entstehungsgeschichte der entsprechenden Bestimmungen in den Polizeigesetzen zeigt jedoch nur zu gut, wie wenig von einer klaren und deshalb durchaus verlässlichen Einschränkung die Rede sein kann. Mit der Formel von der „erheblichen Bedeutung" wurde die Forderung nach einem Straftatenkatalog abgewehrt und zugleich der Anwendungsbereich der jeweiligen Bestimmungen letztlich offen gehalten.[755] **Wo die Anwendungsgrenze liegt**, ist eben nicht den gesetzlichen Vorgaben zu entnehmen, sondern **bleibt der Interpretation überlassen**. Nicht anders ist es bei § 28 Abs. 8 Satz 2.

349 Die Anwendungskriterien mögen daher auf den ersten Blick restriktiv sein. Sie leisten aber in Wirklichkeit einer **extensive Interpretation** Vorschub und **unterlaufen** damit, **die** gerade im Sicherheitsbereich unerlässliche **Normenklarheit**, zumal es der übermittelnden Stelle schwerlich überlassen werden kann, den Relevanzgrad der jeweiligen Gefahr oder Straftat festzulegen. Bei den Straftaten mag es zudem Anhaltspunkte dafür geben, ob sie von „erheblicher Bedeutung" sind, bei den Gefahren fehlen dagegen vergleichbare Orientierungsmöglichkeiten. Gerade bei einer Gefährdung der staatlichen Sicherheit wird schließlich der übermittelnden Stelle ebenso wie bei der Strafverfolgung kaum präzise mitgeteilt werden, worum es im Einzelnen geht. Genau genommen können sich daher die Übermittlungsempfänger nicht nur damit begnügen, ihre Informationswünsche zu äußern, sie bestimmen vielmehr auch die Interpretation der Anwendungskriterien des § 28 Abs. 8 Satz 2.

350 Übermittlungen und Nutzungen müssen sich auf die jeweils **erforderlichen Daten** beschränken (§ 28 Abs. 8 Satz 2). Die übermittelnde Stelle ist also hier wie sonst verpflichtet, eine **Auswahl** zu treffen. Sie darf lediglich die Angaben weitergeben, die für die Abwehr der jeweils geltend gemachten Gefahr oder die Verfolgung einer konkreten Straftat benötigt werden. Der Akzent verschiebt sich dennoch einmal mehr auf die Übermittlungsempfänger. Sie allein kennen Hintergrund und Einzelheiten der beabsichtigten Verwendung und sind in aller Regel auch berechtigt, Art und Umfang der Informationen festzulegen, die den übermittelnden Stellen mitgeteilt werden. Die Auswahlpflicht der verantwortlichen Stellen gerät so weitgehend zur Fiktion.

351 Der Gesetzgeber hat zudem jede **Differenzierung** vermieden. § 28 Abs. 8 Satz 2 bezieht **alle sensitive Daten** (§ 3 Abs. 9) ein, und behandelt so Angaben zur Gewerkschaftszugehörigkeit, zu politischen Meinungen oder religiösen Überzeugungen nicht anders als etwa Daten zur rassischen Herkunft und zum Sexualleben. Die schlichte Auflistung mag, solange es, wie in § 3 Abs. 9, nur darum geht, die sensitiven Daten aufzuzählen, unproblematisch sein. Sie ist allerdings dort unannehmbar, wo, wie in § 28 Abs. 8 Satz 2, die Voraussetzungen ihrer Verwendung geregelt werden. Schon deshalb, weil die Bedeutung aller dieser Angaben für die

753 Vgl. auch *Weichert,* DuD 1994, 202.
754 Vgl. etwa § 13 Abs. 2 Nr. 1, 2 und Abs. 3 HSOG.
755 Dazu insb. *Wellbrock,* CR 1986, 149 ff., 155; *Bäumler,* in *Lisken/Denninger* (Hrsg.), Handbuch des Polizeirechts,(3. Aufl. 2001), J 890 ff.

Betroffenen genauso wie für Dritte sehr verschieden ist, erst recht aber mit Rücksicht auf die höchst unterschiedlichen Verarbeitungsfolgen. Soweit daher ein Zugriff auf sensitive Daten an den Betroffenen vorbei überhaupt zugelassen werden soll, gilt es zunächst, gerade wenn der Übermittlungsanlass so unpräzise und so wenig kontrollierbar ist, sorgfältig zwischen den einzelnen Angaben zu differenzieren.

Die Verarbeitung von Angaben zu politischen Meinungen oder sexuellen Gewohnheiten hat **Konsequenzen, die weit über die Betroffenen hinausreichen** und mehr denn je dazu zwingen, daran zu erinnern, dass die informationelle Selbstbestimmung zu den **konstitutiven Elementen einer demokratischen Gesellschaft** zählt.[756] Eine verfassungsrechtlich korrekte Regelung setzt daher **bereichsspezifische Vorschriften** voraus.[757] Nur sie können die notwendige Differenzierung sicherstellen und zugleich hinreichend genaue Verwendungsbedingungen festlegen. § 28 Abs. 8 Satz 2 muss unter diesen Umständen **so restriktiv wie nur möglich** gehandhabt werden. Wo immer zudem **Zweifel** an der Berechtigung einer Übermittlung oder Nutzung **bestehen, ist die verantwortliche Stelle verpflichtet, den Zugang zu den Daten zu verweigern.** 352

9.4 Verwendung personenbezogener Daten durch besondere Organisationen (Abs. 9)

Organisationen, die **politischen, philosophischen, religiösen oder gewerkschaftlichen Zielen** nachgehen und **keinen Erwerbszweck verfolgen**, sind ebenfalls berechtigt, **sensitive Daten zu verwenden** (§ 28 Abs. 9 Satz 1). Das BDSG übernimmt damit einmal mehr eine in der EG-Datenschutzrichtlinie enthaltene Regelung (Art. 8 Abs. 1 Buchst. d). Die **Aufzählung** ist **abschließend**. Der Gesetzeswortlaut ist aber flexibel genug, um § 28 Abs. 9 auf eine Vielzahl sehr unterschiedlicher Organisationen anzuwenden. So werden im politischen und gewerkschaftlichen Bereich in erster Linie sicherlich politische Parteien, einschließlich ihrer Jugendverbände, und Gewerkschaften angesprochen. Genauso klar ist allerdings, dass § 28 Abs. 9 auch für Organisationen, die mit Parteien oder Gewerkschaften zusammenhängen, wie beispielsweise die Friedrich Ebert-, Konrad Adenauer-, Friedrich Naumann-, Heinrich Böll- oder Hans Böckler-Stiftung, die Bedingungen beim Umgang mit sensitiven Daten festlegt. 353

Nichts anderes gilt für **religiöse Organisationen**. Sie können etwa in der katholischen oder evangelischen Kirche **unmittelbar integriert sein**, aber ebenso gut als **kirchliche Stiftungen** auftreten. Der Gesetzgeber hat es im Übrigen bewusst vermieden, eine **bestimmte Religion** hervorzuheben. Maßgeblich ist allein die **religiöse Ausrichtung**. Weitaus komplizierter erscheint es dagegen, zumindest auf den ersten Blick, die in § 28 Abs. 9 Satz 1 ebenfalls erwähnten **„philosophischen“ Organisationen** näher zu umschreiben. Das BDSG hält sich an den Text der EG-Datenschutzrichtlinie (Art. 8 Abs. 1 Buchst. d) und übernimmt damit eine Formulierung, die vor allem in der französischen Fassung durchaus einen Sinn macht. Die „philosophischen“ Organisationen sind gleichsam das Gegenstück zu den religiösen Vereinigungen. Ihr Hauptmerkmal ist ihre jeweilige **Weltanschauung**. Anthroposophen und Freidenker sind zwei mögliche Beispiele. 354

§ 28 Abs. 9 ist die **zwingende Folge der Bereitschaft** des Gesetzgebers, **Sondervorschriften für sensitive Daten vorzusehen**. Angaben zu politischen Meinungen, religiösen Überzeugungen oder zur Gewerkschaftszugehörigkeit zählen seit jeher zu den sensitiven Daten.[758] Ihre Verwendung ist wahrscheinlich nirgendwo so selbstverständlich wie bei Organisationen, die sich im politischen, religiösen oder gewerkschaftlichen Bereich betätigen. Deren Mitgliederverzeichnisse sind freilich nicht nur Musterbeispiele der Verarbeitung sensitiver Daten, sondern auch und vor allem der Beweis dafür, wie sehr die **Funktionsfähigkeit** jeder dieser Organisationen gerade von einer Verwendung sensitiver Angaben abhängt. § 28 355

756 BVerfGE 65, 1 (43); Einleitung, Rdnr. 30; § 1 Rdnr. 31 ff.
757 BVerfGE 65, 1 (44); § 1 Rdnr. 107 ff.
758 Dazu § 3 Rdnr. 260, 266 ff.; sowie *Simitis,* in Festschrift für *Pedrazzini* (1990) 470 ff.

Abs. 9 trägt wie schon Art. 8 Abs. 2 Buchst. d der EG-Datenschutzrichtlinie genau dieser Überlegung Rechnung.

356 Die politischen, religiösen, philosophischen oder gewerkschaftlichen Ziele müssen nicht nur das primäre, vielmehr das **eindeutig dominierende Merkmal** der jeweiligen Organisation sein. Konsequenterweise lässt das Gesetz Zweifel gar nicht erst aufkommen: § 28 Abs. 9 ist nur anzuwenden, wenn auch feststeht, dass neben den eigentlichen Organisationszielen **kein Erwerbszweck verfolgt wird**, ohne Rücksicht im Übrigen darauf, welches die Gründe dafür sind, und wie umfangreich sich die damit verbundenen Aktivitäten im Vergleich zu den anderen Tätigkeiten ist (§ 28 Abs. 1 Satz 1)[759] gestalten. Erst recht scheidet daher eine Anwendung des § 28 Abs. 9 auf kommerzielle Unternehmen aus, die den Parteien gehören oder von ihnen betrieben werden. Die Grenze lässt sich allerdings nicht immer einfach ziehen, wie sich am Beispiel von Zeitungs- und Buchverlagen, Akademien oder Forschungsinstituten zeigt. Die politische, gewerkschaftliche Ausrichtung dürfte in aller Regel deutlich erkennbar sein. Solange jedoch die je spezifischen Tätigkeiten zwar durchaus im Einklang mit den Erwartungen des § 28 Abs. 9 Satz 1 stehen, aber mit kommerziellen Aktivitäten, wie etwa bei publizistischen Organen, verbunden werden, kommt eine Anwendung des § 28 Abs. 9 nicht infrage.

357 Im Unterschied zum Ziel der jeweiligen Organisation, ist ihre **Rechtsform** gleichgültig. Gerade weil der Gesetzgeber bestimmte Ziele privilegieren will, verzichtet er darauf, die Reichweite der Sondervorschrift des § 28 Abs. 9 durch Anforderungen an die Rechtsform einzuschränken. Sie kann deshalb **beliebig variieren**. Ihre Wahl mag, wie bei den Gewerkschaften, historische Gründe haben, oder, wie bei den Stiftungen der politischen Parteien, durch die Art ihrer Aktivitäten und nicht zuletzt durch finanzielle und steuerrechtliche Gründe bedingt sein. An der Anwendung des § 28 Abs. 9 ändert sich dadurch nichts.

358 § 28 Abs. 9 **berechtigt** die in Satz 1 aufgezählten Organisationen **keineswegs** dazu, **sensitive Daten ebenso unterschieds- wie grenzenlos zu verarbeiten**. Das Gesetz schränkt vielmehr die Verwendung in dreifacher Beziehung ein. Die Organisationen können, erstens, nur auf **Angaben** zurückreifen, die **für ihre besonderen Ziele und die damit verbundenen Aktivitäten erforderlich sind**. Wie für jede andere verantwortliche Stelle gilt deshalb auch für sämtliche nach § 28 Abs. 9 Satz 1 in Betracht kommenden Organisationen: ihre Aufgaben sind zugleich der Schlüssel für die Erhebung, Verarbeitung oder Nutzung personenbezogener Daten, ohne Rücksicht im Übrigen darauf, ob sie sensitiv sind oder nicht. Politische Parteien dürfen daher durchaus Daten zu den politischen Meinungen ihrer Mitglieder verwenden, nicht jedoch Angaben zu ihren religiösen Überzeugungen oder ihrer gewerkschaftlichen Tätigkeit. Religiöse Organisationen sind dagegen, soweit es wiederum um die eigenen Mitglieder geht, berechtigt, Daten zur religiösen Überzeugung zu verarbeiten, dafür aber keine Angaben zur politischen Einstellung oder zu den sexuellen Gewohnheiten. Die Verwendung muss mit anderen Worten durchweg tendenzbezogen sein.[760]

359 Die Organisationen dürfen, zweitens, nur sensitive Daten verwenden, die sich auf ihre **Mitglieder oder** auf **Personen** beziehen, **die der jeweiligen Organisation nahe stehen** (§ 28 Abs. 9 Satz 2). Der Kreis der Betroffenen ist also ebenso eng gezogen wie präzise definiert. Ihr gemeinsames Merkmal ist die **Intensität und Konstanz ihrer Beziehung** zur konkret in Betracht kommenden Organisation. Neben den Mitgliedern zählen deshalb nur Personen zu den Betroffenen, bei denen eine **regelmäßige Verbindung** zur einzelnen Organisation besteht. Förderer und Personen, die, ohne Mitglied zu sein, regelmäßig an einzelnen Veranstaltungen teilnehmen, oder sich an sonstigen Aktivitäten der Organisation beteiligen, sind die wichtigsten Beispiele dafür. § 28 Abs. 9 berechtigt daher etwa politische Parteien **nicht dazu**, sensitive Daten **potenzieller Mitglieder** zu erheben und zu verarbeiten, solange es sich jedenfalls nicht um Personen handelt, mit denen sie regelmäßig zusammenarbeiten. Ebenso wenig dürfen kirchliche Organisationen sensitive **Daten der Familienangehörigen** ihrer Mitglieder speichern.

---

759 Vgl. auch *Bergmann/Möhrle/Herb*, BDSG § 28 Rdnr. 385; *Gola/Schomerus*, BDSG § 28 Rdnr. 76.
760 Dazu auch *Dammann/Simitis*, EG-Datenschutzrichtlinie, Art. 8 Rdnr. 15.

Das BDSG lässt, drittens, nur eine **organisationsinterne Verwendung** zu (§ 28 Abs. 9 Satz 3). Die einzelnen Organisationen dürfen also sensitive Daten, die sich auf ihre Mitglieder oder auf Personen, mit denen sie regelmäßig kooperieren, erheben, speichern oder nutzen, nicht aber an Außenstehende weitergeben. Übermittlungen setzen daher stets die Einwilligung der Betroffenen (§ 4a Abs. 3) voraus, ohne Rücksicht darauf, ob die Übermittlungsempfänger der Organisation nahe stehen oder keinerlei Beziehung zu ihr haben.[761] So ist es beispielsweise so lange unzulässig, Dritten eine Liste der Mitglieder einer politischen Partei, sei es für Werbezwecke, sei es auch nur als Informationsmaterial, um Spenden zu akquirieren, zur Verfügung zu stellen, wie die Betroffenen nicht informiert worden sind und sich zudem ausdrücklich einverstanden erklärt haben. Genauso wenig dürfen **Angaben über einzelne Mitglieder**, etwa ihren Ein- oder Austritt, **nur im Einvernehmen mit den Betroffenen veröffentlicht werden**.[762] Die Daten sind aber **auch intern nicht frei zugänglich**. Verwendungsberechtigt sind vielmehr nur diejenigen Personen, die sie für die ihnen konkret zugewiesenen Aufgaben benötigen (§ 5). 360

Das **generelle Übermittlungsverbot** (§ 28 Abs. 9 Satz 3) **gilt nicht, wenn die Weitergabe erforderlich ist, um Gefahren für die staatliche und öffentliche Sicherheit abzuwehren oder um Straftaten zu verfolgen** (§ 28 Abs. 9 Satz 4 i.V.m. Abs. 3 Satz 1 Nr. 2). **Die Einschränkung ist völlig fehl am Platz**. § 28 enthält bereits eine nahezu wortgleiche Bestimmung (Abs. 8 Satz 2), die ihrer ganzen Formulierung nach auf alle sensitive Daten anzuwenden ist.[763] Einer besonderen Vorschrift hätte es daher nicht bedurft. Erst recht ist nicht einzusehen, weshalb § 28 Abs. 9 Satz 4 noch weitergeht, als die ohnehin bedenkliche Regelung des § 28 Abs. 8 Satz 2.[764] Anders als dort sind sensitive Daten nicht nur weiterzugeben, wenn eine Straftat von „erheblicher Bedeutung“ verfolgt werden soll. Die Übermittlung ist vielmehr **ohne Rücksicht auf die Schwere der Straftat** zulässig (§ 28 Abs. 9 Satz 4 i.V.m. 28 Abs. 3 Satz 1 Nr. 2).[765] 361

Der Gesetzgeber ist im Übrigen die Antwort auf die Frage schuldig geblieben, wieso es ausgerechnet bei **Angaben, die sich auf politische Meinungen, religiöse Überzeugungen oder weltanschauliche Ansichten beziehen**, leichter sein soll, die Daten weiterzugeben. Sowohl die Eigenart der Angaben als auch ihre eindeutige Zuordnung zu den sensitiven Daten (§ 3 Abs. 9) spricht im Gegenteil allenfalls für die strengeren Maßstäbe des § 28 Abs. 8 Satz 2, wenn nicht für eine noch stärkere Einschränkung. Eine **dezidiert restriktive**, konsequent auf die Bedeutung der Daten und die Folgen ihrer Verbreitung bedachte **Interpretation** des § 28 Abs. 9 Satz 4 ist daher **zwingend erforderlich**.[766] 362

10. Sanktionen

Unzulässig erhobene Daten sind zu löschen, es sei denn, der Verstoß gegen § 28 wird durch den Rückgriff auf eine besondere, im BDSG nicht enthaltene Rechtsvorschrift (§ 1 Abs. 3) oder durch das Einverständnis der Betroffenen (§ 4 Abs. 1) kompensiert. Das Gesetz sieht eine Löschungspflicht zwar nur bei einer unzulässigen Speicherung ausdrücklich vor (§ 35 Abs. 2 Satz 2 Nr. 1). Für die Erhebung gilt trotzdem genauso: Ist sie im Augenblick ihrer Durchführung unzulässig, müssen die Daten gelöscht werden.[767] Erhebt also eine Krankenkasse im Rahmen einer Betriebsprüfung Angaben über die Versicherten anderer Kassen, um sie für die eigene Mitgliederwerbung zu verarbeiten, ist sie nicht nur verpflichtet, von 363

761 Vgl. auch *Bergmann/Möhrle/Herb*, BDSG § 28 Rdnr. 386, 388; *Duhr/Naujok/Danker*, DuD 2003, 13.
762 Anders LG Zweibrücken, RDV 1998, 177, in seiner Entscheidung zur Publikatiom von Kirchenaustritten in den Gemeindeblättern.
763 Dazu o. Rdnr. 347 ff.
764 Dazu o. Rdnr. 351 f.
765 Dazu auch o. Rdnr. 225 ff.
766 Ebenso *Bergmann/Möhrle/Herb*, BDSG § 28 Rdnr.389.
767 Dazu auch § 35 Rdnr. 25; sowie *Wächter*, DuD 1992, 67 f.

jeder Verwendung abzusehen.[768] Sie hat vielmehr nach § 35 Abs. 2 Satz 2 von sich aus für eine Löschung zu sorgen. Den **Betroffenen steht** folglich ein sich ebenfalls aus § 35 Abs. 2 Satz 2 unmittelbar ergebendes **Recht zu**, eine **unverzügliche Löschung zu verlangen**.[769]

364 Die verantwortliche Stelle ist daher auch nicht berechtigt, Berichte ihrer Mitarbeiter über Dritte, die es abgelehnt haben, sich befragen zu lassen, oder ausgefüllte Fragebögen, die unzulässige Fragen enthalten, mit der Begründung aufzubewahren, die Betroffenen könnten sich vielleicht **später** doch noch **mit einer Verarbeitung einverstanden erklären**.[770] Sie kann erst recht nicht beliebig bestimmen, wann die Unzulässigkeit geprüft und festgestellt werden muss. Maßgeblich ist ausschließlich der **Erhebungszeitpunkt**. Jede andere Interpretation verschafft der verantwortlichen Stelle einen Freibrief, alle nur gewünschten Daten zunächst einmal zu erheben und im Übrigen die weitere Entwicklung abzuwarten. Konsequenterweise gibt es auch keinen bis zur Speicherung befristeten **Zulässigkeitsvorbehalt**.

365 **Unzulässig gespeicherte Daten sind** ebenfalls **zu löschen** (§ 35 Abs. 2 Satz 2 Nr. 1), einmal mehr freilich nur solange der Verstoß gegen § 28 nicht durch eine Rechtsvorschrift außerhalb des BDSG (§ 1 Abs. 3) oder die Einwilligung der Betroffenen (§ 4 Abs. 1) gerechtfertigt wird. So müssen Bewerbungsunterlagen genauso wie Anträge auf Abschluss eines Versicherungsvertrages oder auf Eröffnung eines Kontos vernichtet werden, sollte das Arbeitsverhältnis oder die angestrebte vertragliche Beziehung nicht zustande kommen.[771] Auch die abstrakte Annahme, die **Verhandlungen** zu einem späteren, nicht näher präzisierbaren Zeitpunkt **wieder aufzunehmen**, berechtigt nicht zur Fortsetzung der Speicherung. Erst recht besteht eine Löschungspflicht in den Fällen, in denen bei der Speicherung **schutzwürdige Interessen der Betroffenen** missachtet worden sind.[772]

366 Bei **unzulässigen Übermittlungen** muss die **übermittelnde Stelle** die **Übermittlungsadressaten** unverzüglich darauf aufmerksam machen, dass die jeweils in Betracht kommenden Daten **nicht hätten weitergegeben werden dürfen**.[773] Soweit die Angaben im Rahmen einer mit dem Empfänger bestehenden **vertraglichen Beziehung** übermittelt wurden, ist die übermittelnde Stelle verpflichtet, die Weitergabe rückgängig zu machen, **die Daten** also **zurückzuverlangen**. Sie braucht mit anderen Worten nicht erst eine entsprechende Aufforderung der Betroffenen abzuwarten, sondern muss von sich aus handeln. Die Betroffenen werden freilich durch die Verpflichtung der übermittelnden Stelle keineswegs daran gehindert, von ihr zu verlangen, die **Empfänger zu benachrichtigen** und zugleich die **Übermittlung zu widerrufen**.[774]

367 Eine **Löschungspflicht der übermittelnden Stelle** entsteht dagegen nur, wenn nicht lediglich die Übermittlung, sondern bereits die **Speicherung** unzulässig war. Die übermittelnde Stelle muss allerdings durch eine entsprechende **Kennzeichnung** erneute Übermittlungen verhindern, oder, falls eine Weitergabe generell ausgeschlossen ist, eine ebenso **generelle Sperre** vorsehen.[775] Die **Empfänger** sind zur **Löschung** der ihnen zugegangenen Daten verpflichtet (§ 35 Abs. 2 Satz 2 Nr. 1).

368 **Unzulässige Nutzungen** lösen allenfalls **Schadenersatzpflichten** aus.[776] Nutzungen werden zwar neben der Erhebung und Verarbeitung personenbezogener Daten für eigene Zwecke in den Anwendungsbereich des § 28 ausdrücklich einbezogen, aber bei der Regelung der Folgen einer unzulässigen Verwendung (§ 35) ausgespart. Die verantwortliche Stelle muss sich deshalb nicht genauso verhalten wie bei einer unzulässigen Speicherung oder Übermittlung. Sollten freilich die jeweils infrage kommenden Daten gelöscht oder berichtigt werden müssen, ist sie trotzdem verpflichtet, jede weitere Verwendung zu korrigieren, die ebenso auf un-

768 *BfD,* 12. TB, 69.
769 Dazu § 35 Rdnr. 23; vgl. auch LG München, Dok. § 32 BDSG 77 E 2.
770 Vgl. auch BAG, AP Nr. 2 zu § 23 BDSG 1977.
771 Dazu o. Rdnr. 129 f.
772 Dazu o. Rdnr. 161 ff., 199 ff., 216 ff., 244 ff., 268 ff.
773 Vgl. auch BGH, BB 1983, 2016.
774 Vgl. auch BGH, BB 1983, 2016.
775 Vgl. auch Nr. 4 der Anlage zu § 9; dazu § 9 Rdnr. 110 ff.
776 u. Rdnr. 370.

zulässigen Voraussetzungen beruht. Unterlässt sie es, oder ist bereits ein Schaden entstanden, kann sie schadenersatzpflichtig sein.[777]

Unrichtige Daten sind zu berichtigen (§ 35 Abs. 1). Zulässig ist immer nur eine Erhebung, Verarbeitung oder Nutzung richtiger Daten.[778] Ob die Daten deshalb bereits bei der Erhebung nicht stimmten, oder erst später durch eine von der verantwortlichen Stelle vorgenommenen Veränderung unrichtig wurden, spielt keine Rolle. Die verantwortliche Stelle ist in jedem Fall zur Korrektur verpflichtet. 369

Verstöße gegen § 28 haben unter Umständen **Schadenersatzansprüche** zur Folge (§ 7).[779] Eine Schadenersatzpflicht kann sich aber ebenso gut auf eine Verletzung vertraglicher Nebenpflichten, etwa bei einer vertragswidrigen Weitergabe von Kundendaten,[780] oder auf § 823 Abs. 1 und 2 BGB gründen.[781] Schadenersatzpflichtig sind in erster Linie die **verantwortlichen Stellen**. Auch die **Empfänger** können, sollten sie sich über die Verarbeitungs- und Nutzungsschranken des § 28 Abs. 5 hinweggesetzt, oder in Kenntnis der Unzulässigkeit der Übermittlung die ihnen zugegangenen Daten verwendet haben, nach § 823 Abs. 1 und 2 BGB verpflichtet sein, die bei den Betroffenen eingetretenen Schäden auszugleichen. Bei **öffentlich-rechtlichen Wettbewerbsunternehmen** richtet sich die Schadenersatzpflicht grundsätzlich nach § 8.[782] 370

Erhebungen (§ 3 Abs. 3) **und Verarbeitungen** (§ 3 Abs. 4) personenbezogener Daten, die **gegen § 28 (Abs. 1 bis 3, 6 bis 9) verstoßen**, sind, anders als unbefugte Nutzungen, **strafbar** (§ 44 Abs. 1 i.V.m. § 43 Abs. 2 Nr. 1).[783] **Empfänger**, die bei der **Verarbeitung oder Nutzung der** jeweils **übermittelten Daten** die **in § 28 Abs. 5 Satz 1 festgelegten Grenzen überschreiten**, müssen ebenfalls mit **strafrechtlichen Folgen** rechnen (§ 44 Abs. 1 i.V.m. § 43 Abs. 2 Nr. 5).[784] 371

11. Streitigkeiten

Streitigkeiten über die Zulässigkeit einer Erhebung, Verarbeitung oder Nutzung sind grundsätzlich vor den **Zivilgerichten** auszutragen. Für Auseinandersetzungen über die Verwendung von **Arbeitnehmerdaten** sind, sofern der Arbeitgeber die Angaben erhebt, verarbeitet oder nutzt, die **Arbeitsgerichte** zuständig (§ 2 Nr. 2 ArbGG). 372

777 Dazu u. Rdnr. 370.
778 o. Rdnr. 33.
779 Dazu § 7 Rdnr. 9 ff., 18 ff.
780 Dazu § 7 Rdnr. 56.
781 Dazu § 7 Rdnr. 59 ff.
782 Vgl. § 8 Rdnr. 4.
783 Dazu § 44 Rdnr. 7 ff.
784 Dazu § 44 Rdnr. 7 ff.

§ 29 Geschäftsmäßige Datenerhebung und -speicherung zum Zwecke der Übermittlung

(1) Das geschäftsmäßige Erheben, Speichern oder Verändern personenbezogener Daten zum Zwecke der Übermittlung, insbesondere wenn dies der Werbung, der Tätigkeit von Auskunfteien, dem Adreßhandel oder der Markt- und Meinungsforschung dient, ist zulässig, wenn
1. kein Grund zu der Annahme besteht, daß der Betroffene ein schutzwürdiges Interesse an dem Ausschluß der Erhebung, Speicherung oder Veränderung hat, oder
2. die Daten aus allgemein zugänglichen Quellen entnommen werden können oder die verantwortliche Stelle sie veröffentlichen dürfte, es sei denn, daß das schutzwürdige Interesse des Betroffenen an dem Ausschluß der Erhebung, Speicherung oder Veränderung offensichtlich überwiegt.
§ 28 Abs. 1 Satz 2 ist anzuwenden.
(2) Die Übermittlung im Rahmen der Zwecke nach Absatz 1 ist zulässig, wenn
1. a) der Dritte, dem die Daten übermittelt werden, ein berechtigtes Interesse an ihrer Kenntnis glaubhaft dargelegt hat oder
b) es sich um listenmäßig oder sonst zusammengefaßte Daten nach § 28 Abs. 3 Nr. 3 handelt, die für Zwecke der Werbung oder Markt- oder Meinungsforschung übermittelt werden sollen, und
2. kein Grund zu der Annahme besteht, daß der Betroffene ein schutzwürdiges Interesse an dem Ausschluß der Übermittlung hat.
§ 28 Abs. 3 Satz 2 gilt entsprechend. Bei der Übermittlung nach Nummer 1 Buchstabe a sind die Gründe für das Vorliegen eines berechtigten Interesses und die Art und Weise ihrer glaubhaften Darlegung von der übermittelnden Stelle aufzuzeichnen. Bei der Übermittlung im automatisierten Abrufverfahren obliegt die Aufzeichnungspflicht dem Dritten, dem die Daten übermittelt werden.
(3) Die Aufnahme personenbezogener Daten in elektronische oder gedruckte Adress-, Telefon-, Branchen- oder vergleichbare Verzeichnisse hat zu unterbleiben, wenn der entgegenstehende Wille des Betroffenen aus dem zugrunde liegenden elektronischen oder gedruckten Verzeichnis oder Register ersichtlich ist. Der Empfänger der Daten hat sicherzustellen, daß Kennzeichnungen aus elektronischen oder gedruckten Verzeichnissen oder Registern bei der Übernahme in Verzeichnisse oder Register übernommen werden.
(4) Für die Verarbeitung oder Nutzung der übermittelten Daten gilt § 28 Abs. 4 und 5.
(5) § 28 Abs. 6 bis 9 gelten entsprechend.

Literatur: (siehe ergänzend das Literaturverzeichnis zu § 28)

G.M. Beckhusen, Der Datenumgang innerhalb des Kreditinformationssystems der SCHUFA. Unter besonderer Berücksichtigung des Scoring-Verfahrens ASS und der Betroffenenrechte (2004); *ders.*, Das Scoring-Verfahren der SCHUFA im Wirkungsbereich des Datenschutzrechts, BKR 2005, 335 ff.; *J. Bizer*, Rundfunkteilnehmer via Adressenhandel?, DuD 2004, 650; *DDV* (Hrsg.): Direct Mail – der direkte Weg zum Kunden, Wiesbaden o. J. (ca. 1993); *DDV* (Hrsg.), BDSG 2001. Auswirkungen auf das Direktmarketing, 3. Aufl. (2004); *T. Drescher*, Replik: Rundfunkteilnehmer via Adressenhandel?, DuD 2005, 25 ff.; *J.N. Druey*, Information als Gegenstand des Rechts. Entwurf einer Grundlegung (1995); *D. Frormann*, Umfang und Grenzen der Speicherung und Übermittlung personenbezogener Daten im Bereich der Wirtschaftsauskunfteien (1993); *L. Gundermann*, Noch einmal: Verarbeitung und Nutzung personenbezogener Daten für Zwecke der Werbung, Kundenberatung und Marktforschung, NJW 1999, 477f.; *S. Hermerschmidt*, Adresshandel durch die GEZ? Zur Befugnis der GEZ, Anschriften beim kommerziellen Adressenhandel zu erheben, MMR 2005, 155 ff.; *R. Imhof*, One-to-One-Marketing im Internet – Das TDDSG als Marketinghindernis, CR 2000, 110 ff.; International Address Guide, Hrsg. *Swiss Post International*, 2005; *S. Iraschko-Luscher*, Der gläserne Schuldner, DuD 2005, 467 ff.; *W. Kamlah*, Das SCHUFA-Verfahren und seine datenschutzrechtliche Zulässigkeit, MMR 1999, 395 ff.; *M. Kloepfer*, Informationsrecht (2002); *A. Mattke*, Adressenhandel. Das Geschäft mit Konsumentenadressen. Praktiken und Abwehrrechte (1995); *A. Peilert*, Das Recht des Auskunftei- und Detekteigewerbes. Empirische Untersuchung, verfassungsrechtlicher Rahmen, rechtliche Befugnisse und gewerberechtlicher Novellierungsvorschlag (1996); *ders.*, Die Umsetzung der Europäischen Datenschutzrichtlinie im Gesetzentwurf zur Änderung des Bundesdatenschutzgesetzes und anderer Gesetze. Konsequenzen für Ermittlungen durch Private, insbesondere durch Detektive – Rechtsgutachten (2001); *J. Schneider*, Handbuch des EDV-Rechts, 3. Aufl. (2003); *J. Taeger*, Risiken webbasierter Personalisierungsstrategien – Anmerkungen zur Effizienz der §§ 28, 29 BDSG in: *J. Taeger/A. Wiebe* (Hrsg.), Informatik, Wirtschaft, Recht: Festschrift *W. Kilian* (2004), S. 241 ff.; *T. Weichert*, Datenschutzrechtliche Anforderungen an Verbraucher-Kredit-Scoring, DuD 2005, 582 ff.; *ders.*, Wem gehören die privaten Daten?, in: Informatik, Wirtschaft, Recht: FS *W. Kilian* (2004)., S. 281 ff.

Papiere von Aufsichtsbehörden: Art. 29 – Datenschutzgruppe, Arbeitspapier über Schwarze Listen (Working Paper 65, angenommen am 3. Oktober 2002); Art. 29 – Datenschutzgruppe, Stellungnahme 3/2003 zum europäischen Verhaltenskodex von FEDMA zur Verwendung personenbezogener Daten im Direktmarketing (Working Paper 77, angenommen am 13. Juni 2003); der Verhaltenskodex selbst ist abrufbar unter www.fedma.org; IMBa-Wü, Hinweise des Innenministeriums zum Datenschutz für private Unternehmen und Organisationen Nr. 30 (1991), Ziff. 1 „Begriff der Geschäftsmäßigkeit …"; IMBa-Wü, Hinweise des Innenministeriums zum Datenschutz für private Unternehmen und Organisationen Nr. 32 (1994), Ziff. 2 „Ausgliederung einer DV-Organisationseinheit als selbständiges Unternehmen".

Übersicht

1. Einordnung der Bestimmung

1.1 Funktion der Regelung

1.1.1 Daten als Geschäftsgegenstand. Die Vorschrift erfasst Fälle, in denen personenbezogene Daten einen eigenständigen Geschäftsgegenstand bilden.[1] Häufig – aber nicht notwendiger Weise – haben sie dabei wegen der mit ihnen verbundenen Informationen einen Marktpreis.[2] Für die verantwortliche Stelle sind die in Rede stehenden Daten Objekte von in der Regel wirtschaftlichem Interesse. Sie greift dagegen nicht auf ihren Inhalt zurück, um diesen als Mittel zu einem anderen, eigentlichen Zweck einzusetzen, wie es für die Konstellationen des § 28 charakteristisch ist.[3] Anders als dort bestehen zwischen der verantwortlichen Stelle und dem Betroffenen typischerweise keine vertraglichen Beziehungen.[4] 1

1.1.2 Regelungsaufgabe des Gesetzgebers. § 29 enthält Erlaubnistatbestände im Sinn von § 4 Abs. 1. Anders ausgedrückt: Er legt fest, unter welchen Voraussetzungen es zulässig ist, personenbezogene Daten als eigenständige Geschäftsobjekte zu behandeln. Damit wird der Gesetzgeber einer Regelungsaufgabe gerecht, der er sich nicht entziehen darf. Sie ist ihm nicht nur durch Art. 7 EG-Datenschutzrichtlinie (siehe besonders Art. 7 lit. f) auferlegt,[5] sondern folgt aus der Grundrechte-Charta der EU (insbesondere aus Art. 8 Abs. 2 des Entwurfs einer Grundrechte-Charta)[6] ebenso wie aus deutschem Verfassungsrecht. 2

§ 29 bewegt sich nämlich im Spannungsverhältnis zwischen dem Recht auf informationelle Selbstbestimmung einerseits und dem Recht auf freie Berufsausübung (Art. 12 Abs. 1 Satz 1 GG) sowie dem Recht am eingerichteten und ausgeübten Gewerbebetrieb, der vom Eigentumsgrundrecht (Art. 14 Abs. 1 Satz 1 GG) erfasst wird, andererseits.[7] Das Behandeln personenbezogener Daten als Objekt bildet nicht nur die Basis bedeutsamer Wirtschaftszweige, von denen Absatz 1 einige aufzählt (Adresshandel, Auskunfteien, Markt- und Meinungsforschung, Werbung). Vielmehr sind letztere ihrerseits für das Funktionieren der Gesamtwirtschaft unentbehrlich, sei es zur Geschäftsanbahnung und Absatzförderung (Werbung und Adresshandel), sei es als Instrument, das einem Verfehlen von Erwartungen des Marktes vorbeugt (Markt- und Meinungsforschung), sei es zur Abklärung der wirtschaftlichen Basis für die Kreditgewährung (Auskunfteien). 3

Ihre Rolle können die von § 29 erfassten Wirtschaftszweige tendenziell umso besser wahrnehmen, je mehr aussagekräftige personenbezogene Daten ihnen zur Verfügung stehen.[8] Damit gerät ihre Tätigkeit in eine Spannung zum Recht auf informationelle Selbstbestimmung der davon Betroffenen. Es ist Pflicht des Gesetzgebers, die Grundrechtspositionen beider Seiten[9] durch angemessene Rechtsregeln zum Ausgleich zu bringen.[10] Dies wird in § 29 versucht. 4

1.1.3 Sicherung einer ausreichenden Datenschutzkontrolle. Eine Nebenfunktion der Regelung besteht darin, für eine ausreichende externe Datenschutzkontrolle bei den Stellen 5

---

1 *Stange*, Datenschutz Rdnr. 171: Die personenbezogenen Daten sind „gleichsam das Produkt oder die Handelsware". *Bergmann/Möhrle/Herb*, § 27 BDSG 1990 Rdnr. 38: „Es muss also ein Geschäft mit der ‚Ware Information' vorliegen". Diesem Aspekt hatte *Kilian*, Datenschutz in Wirtschaftsunternehmen in *Kilian/Lenk/Steinmüller* (Hrsg.), Datenschutz, Darmstadt 1973, S. 290, 294 schon vor Entstehung des BDSG 1977 herausgearbeitet.

2 *Druey*, Information als Gegenstand des Rechts, Zürich 1995, S. 90.

3 *Gola/Schomerus*, BDSG § 28 Rdnr. 4.

4 *Tinnefeld/Ehmann/Gerling*, Datenschutzrecht, S. 575.

5 *Dammann/Simitis*, EG-Datenschutzrichtlinie Art. 7, Rdnr. 12; *Ehmann/Helfrich*, EG-Datenschutzrichtlinie Art. 7 Rdnr. 30-33.

6 Siehe dazu *Tinnefeld/Ehmann/Gerling*, Datenschutzrecht, S. 109 – 113; da die Charta auf gemeineuropäischen Überzeugungen beruht, erscheint es sekundär, dass sie noch keine förmliche Rechtsgeltung erlangt hat.

7 Siehe dazu *Weichert*, Wem gehören die privaten Daten? In *Taeger/Wiebe* (Hrsg.), Festschrift Kilian, S. 281, 29-293.

8 Siehe dazu schon *Kilian*, a.a.O., (FN 1), S. 289, 294/295, wonach hier der Geschäftserfolg allein von der Erlangung möglichst vieler und umfassender Angaben zur Person abhänge.

9 *Kloepfer*, Gutachten D für den 62. Deutschen Juristentag 1998, S. 196 weist zutreffend darauf hin, dass Handlungen privater Datenverarbeiter, die Grundrechte von Betroffenen beeinträchtigen, vielfach ihrerseits grundrechtlich abgesichert sind.

10 *Weichert*, a.a.O., (FN 7), S. 281, 292 spricht zutreffend von einer „klassischen Grundrechtskollision".

zu sorgen, die von der Bestimmung erfasst werden.[11] Wenn und soweit die Tätigkeit einer Stelle dem § 29 unterfällt, entsteht nämlich automatisch eine Meldepflicht gemäß § 4d (siehe dort Absatz 1 i.V.m. Absatz 4 Nr. 1) oder richtiger: dann kommt eine sonst gegebene Befreiung von der Meldepflicht durch die Bestellung eines internen Datenschutzbeauftragten nicht zum Tragen. Dies hat eine innere Logik. Denn § 29 gibt den von ihm erfassten Stellen weit tragende Befugnisse zum Umgang mit Daten und damit in gewisser Weise eine privilegierte Stellung. Damit korrespondiert eine gesonderte Erfassung dieser Stellen durch die Aufsichtsbehörden.

6 Allerdings bedeutet dies auch: Je weiter der Anwendungsbereich des § 29 interpretiert wird, desto mehr Stellen unterfallen der Meldepflicht. Umgekehrt folgt daraus, dass eine Meldepflicht dann entfällt, wenn einer Stelle die Anerkennung als Stelle im Sinne des § 29 versagt wird. Sie gerät damit aus dem unmittelbaren Blickfeld der Aufsichtsbehörden. Wie problematisch dieser Konnex sein kann, zeigt das Beispiel der Detekteien. Sie werden – was in dieser Allgemeinheit nicht zutrifft[12] – im Allgemeinen unreflektiert unter § 29 subsumiert. Immerhin hat dies den Vorteil, dass die Aufsichtsbehörden auf diese in datenschutzrechtlicher Hinsicht auffallend oft problematischen Stellen[13] über die Meldung aufmerksam werden und sich ihnen gezielt widmen können. Allerdings räumt man ihnen damit zugleich die Privilegien des § 29 ein, was in der Sache regelmäßig nicht gerechtfertigt ist.

7 Die gesetzliche Konstruktion kann deshalb nicht überzeugen. Sie verengt die Meldepflicht zu stark und schafft damit möglicherweise sogar einen gewissen Druck auf die Aufsichtsbehörden, im Zweifel § 29 zur Anwendung gelangen zu lassen, um so in problematischen Bereichen wenigstens eine Meldepflicht zu sichern. Richtiger wäre es, bestimmte datenschutzrechtlich „gefahrenträchtige Branchen" wie Detekteien unabhängig von der Anwendbarkeit des § 29 (bzw. des § 30) einer Meldepflicht zu unterwerfen.

1.2 Aufbau der Regelung

8 Absatz 1 befasst sich mit der Frage, ob und unter welchen Voraussetzungen die verantwortliche Stelle personenbezogene Daten zum Zweck der Übermittlung erheben, speichern und verändern darf. Zum Nutzen der Daten durch die verantwortliche Stelle ist nichts explizit gesagt.[14] Hinsichtlich der Festlegung des Zwecks bei der Erhebung verweist Absatz 1 Satz 2 auf die Regelungen in § 28 Abs. 1 Satz 2.

9 Absatz 2 regelt in Satz 1 generell, unter welchen materiellen Voraussetzungen die verantwortliche Stelle die Daten, über die sie gemäß Absatz 1 verfügt, an Dritte übermitteln darf. Bei bestimmten Datenarten (Daten mit Bezug auf strafbare Handlungen, Ordnungswidrigkeiten oder arbeitsrechtliche Rechtsverhältnisse) ist zusätzlich die in Satz 2 enthaltene Verweisung auf § 28 Abs. 3 Satz 2 zu prüfen; sie bringt Maßgaben dafür, unter welchen Voraussetzungen davon auszugehen ist, dass der Betroffene ein schutzwürdiges Interesse am Ausschluss der Übermittlung hat.

10 Die Sätze 3 und 4 von Absatz 2 enthalten in Form von Aufzeichnungspflichten formelle Vorgaben für die Durchführung von Übermittlungen. Satz 3 regelt, was im Einzelnen aufzuzeichnen ist und dass die Aufzeichnung durch die verantwortliche Stelle zu erfolgen hat. Satz 4 verlagert die Aufzeichnungspflicht für Übermittlungen im automatisierten Abrufverfahren (siehe dazu auch § 10) auf die abrufende Stelle.

11 Absatz 3 behandelt die Sonderkonstellation, dass die verantwortliche Stelle Daten gemäß Absatz 2 der Allgemeinheit überlässt, indem sie ein öffentlich zugängliches Verzeichnis bereitstellt und enthält für diese Konstellation Vorgaben, die Absatz 2 ergänzen. Absatz 4 legt zunächst fest, dass bezüglich der Verarbeitung oder Nutzung von übermittelten Daten ein Widerspruchsrecht des Betroffenen nach den Maßgaben des § 28 Abs. 4 Sätze 1 und 3 besteht

11 Zur besonderen Schutzaufgabe der Aufsichtsbehörden in diesem Bereich siehe BGH, NJW 1981, 1738, 1739.
12 Siehe Rdnr. 100.
13 Siehe dazu TB Berlin 2004, Ziff. 3.3 sowie VG Hamburg, Urt. vom 21.11.2002, 22 VG 2830/99 und OVG Hamburg, NJW 2006, 310; ferner AG Siegburg, RDV 2005, 73.
14 Siehe dazu Rdnr. 215 ff.

und dass die verantwortliche Stelle eine Unterrichtungspflicht entsprechend § 28 Abs. 4 Satz 2 trifft.

Absatz 4 verweist ferner für die Einhaltung der Zweckbindung beim Übermittlungsempfänger auf § 28 Absatz 5. 12

Soweit sich Aktivitäten gemäß den Absätzen 1 bis 3 auf besondere Arten personenbezogener Daten (also auf sensitive Daten gemäß § 3 Abs. 9) beziehen, sind gemäß Absatz 5 § 28 Absätze 6 bis 9 entsprechend anzuwenden. Diese knappe Verweisung bereitet gewisse Verständnisschwierigkeiten, da die Begriffe, an die Absätze 1 und 2 einerseits und § 28 Abs. 6 bis 9 andererseits anknüpfen, nicht identisch sind. Insbesondere sagt Absatz 1 – wie schon erwähnt – nichts zum Nutzen von Daten, während § 28 in den Absätzen 6, 8 und 9 diesen Begriff berücksichtigt. 13

Insgesamt ist § 29 zwar konsequent aufgebaut. Die an nicht weniger als fünf Stellen (Abs. 1 Satz 2; Abs. 2 Satz 1 Nr. 1b; Abs. 2 Satz 2; Abs. 4; Abs. 5) enthaltenen Verweisungen auf § 28 erschweren allerdings Lesbarkeit und auch Verständlichkeit der Regelung durchaus. 14

1.3 Abgrenzung zu anderen Regelungen des BDSG

1.3.1 Datenerhebung, -verarbeitung und -nutzung für eigene Zwecke (§ 28). Eine Abgrenzungsproblematik stellt sich vor allem dann, wenn Daten übermittelt, also einem Dritten bekannt gegeben werden (§ 3 Abs. 4 Satz 2 Nr. 3). Dieser Vorgang kann im Rahmen beider Regelungen vorkommen. Er hat allerdings jeweils eine unterschiedliche Stoßrichtung: 15

- Bei § 28 dient die Übermittlung dem eigenen Geschäftszweck, also als Mittel zur Erreichung dieses von der Übermittlung zu trennenden Zwecks.[15]
- Bei § 29 ist dagegen die Übermittlung selbst der angestrebte Zweck.

Dem Übermittlungsvorgang als solchem ist also nicht anzusehen, welcher Regelung er unterfällt. Vielmehr ist jeweils zu prüfen, wozu er dienen soll. Beachtet man diese Überlegungen konsequent, so erweisen sich Abgrenzungsprobleme durchweg als scheinbar. Beispiele: 16

- Ein Versandhaus vermietet oder verkauft eigene Kundendaten an ein anderes Unternehmen.[16] – Es liegt ein Fall des § 29 vor (wenn dies geschäftsmäßig geschieht). Denn die Übermittlung selbst ist der angestrebte Zweck.
- Dasselbe Versandhaus gibt Kundendaten an einen Rechtsanwalt, um offene Forderungen eintreiben zu lassen. – Es handelt sich um eine Übermittlung im Rahmen von § 28, da sie dem „hinter der Übermittlung stehenden" Zweck des Inkasso dient.

Ein anderer Abgrenzungsansatz, der durchweg zu identischen Ergebnissen führt, geht davon aus, ob die verantwortliche Stelle an den Daten ein eigenes Interesse hat, weil sie mit dem Betroffenen in Kontakt steht oder mit ihm in Kontakt treten will.[17] Dieses Kriterium kann im Einzelfall allerdings den Nachteil haben, dass der Begriff des „Interesses" noch stärker schillert als der des „Zwecks". 17

Die obigen Beispiele zeigen, dass in Bezug auf ein- und dieselben Daten sowohl § 28 als auch § 29 zur Anwendung gelangen kann – abhängig vom jeweils verfolgten Zweck. Das kann auch zeitlich parallel laufend geschehen. Ein Beispiel hierfür wäre, dass ein Unternehmen unter Nutzung der gleichen Datenbestände zum einen als Handelsauskunftei agiert (rechtliche Basis: § 29 BDSG), zum anderen als Inkassobüro (rechtliche Basis: § 28 BDSG).[18] 18

Daneben bleibt es selbstverständlich noch denkbar, dass verschiedene Bereiche eines Unternehmens getrennte Datenbestände verwenden und ein Bereich dies zu eigenen Geschäftszwecken tut, der andere dagegen zum Zweck der Übermittlung. 19

1.3.2 Erhebung, Verarbeitung oder Nutzung im Auftrag (§ 11). In einem weitgefassten Sinn befassen sich beide Vorschriften mit der Datenverarbeitung für fremde Zwecke.[19] Das gilt allerdings nur unter dem eher abstrakten Aspekt, dass die Stelle, die mit den Daten um- 20

15 *Gola/Schomerus*, BDSG § 28 Rdnr. 4 sprechen anschaulich von einem „dahinstehenden" Geschäftszweck.
16 Siehe allgemein *Simitis*, Voraufl. § 28, Rdnr. 30; daran knüpfen *Gola/Schomerus*, BDSG § 28, Rdnr. 4 an.
17 *Gola/Schomerus*, BDSG § 28, Rdnr. 4.
18 Beispiel bei *Gola/Schomerus*, BDSG § 28, Rdnr. 6.
19 *Gola/Schomerus*, BDSG § 29, Rdnr. 1.

geht, dabei keine eigenen Geschäftszwecke verfolgt. Im Übrigen unterscheiden sich beide Regelungen sehr deutlich:

- Bei § 11 erfolgt ein Handeln im Auftrag, also nach Weisung (§ 11 Abs. 3 Satz 1). Der Rahmen für die Erhebung, Verarbeitung und Nutzung ist fremdbestimmt durch den Auftraggeber. Erhebung, Verarbeitung und Nutzung erfolgen insoweit exklusiv für ihn. Was den Transfer der Daten zwischen Auftraggeber und -nehmer angeht, liegt im Verständnis des Gesetzgebers gerade keine Datenübermittlung vor (eine Folge aus der Definition des „Dritten", § 3 Abs. 8 Satz 3: da der Auftragnehmer kein Dritter ist, kann auch keine Übermittlung vorliegen, § 3 Abs. 4 Nr. 3).
- Demgegenüber übermittelt die verantwortliche Stelle im Rahmen von § 29 Daten, und zwar meist nicht nur an einen, sondern an mehrere oder sogar an eine Vielzahl von Dritten. Diese Dritten wählt sie selbst aus. Den Rahmen für ihren Umgang mit Daten steckt sie eigenständig ab.

Näheres Hinsehen ergibt also, dass das Geschehen im Rahmen der beiden Vorschriften so gut wie nichts miteinander gemeinsam hat, sondern durch völlig unterschiedliche Vorgaben determiniert ist.

21 **1.3.3 Geschäftsmäßige Datenerhebung und -speicherung zum Zweck der Übermittlung in anonymisierter Form (§ 30).** Der wesentlich Unterschied dieser Bestimmung zu § 29 liegt darin, dass keine Übermittlung personenbezogener Daten erfolgt. § 30 verlässt damit der Sache nach die Sphäre des Datenschutzrechts und ragt in den Bereich des Statistikrechts.

1.4 Vorrangige Sonderregelungen außerhalb des BDSG

22 **1.4.1 Überblick.** Sonderregelungen finden sich zu den Stichworten „Adressdaten", „Marktforschung" und „Werbung" im Medienrecht (Rundfunkrecht, Recht der Tele- und Mediendienste), ferner im Recht der Postdienste und der Telekommunikation.

23 Die Regelungen setzen bei verantwortlichen Stellen an, welche über Datenbestände verfügen, die entweder traditionell an Stellen im Sinne des § 29 übermittelt wurden oder die für diese Stellen von teils sehr hohem potenziellen Interesse wären. Im Ergebnis laufen die Vorschriften darauf hinaus, dass diese Datenquellen weitgehend verschlossen werden. Eine Übermittlung käme allenfalls noch mit Einwilligung des Betroffenen in Betracht. Sogar eine Verwendung für entsprechende Zwecke der speichernden Stelle selbst wird durchweg von der Einwilligung des Betroffenen abhängig gemacht.

24 Man kann darin einen für die Zukunft maßgeblichen Trend sehen, der aus der Sicht der Betroffenen einem gestiegenen Datenschutzbewusstsein entgegenkommt und gleichzeitig den interessierten Wirtschaftskreisen Streuverluste, Unmut der Betroffenen und negative Publicity erspart. Mann kann aber auch zu der Auffassung gelangen, dass die Regelungen ohne unmittelbare sachliche Notwendigkeit sehr restriktiv ausgefallen sind.[20] Sollte sich diese Regelungstendenz bei den Sondervorschriften fortsetzen, würde sich bei der allgemeinen Regelung § 29 die grundsätzliche Frage stellen, ob er in der jetzigen restriktionsarmen Form auf Dauer Bestand haben kann.

25 **1.4.2 Einzelne Sonderregelungen.** Der **Rundfunkstaatsvertrag**[21] erklärt eine Verarbeitung und Nutzung von Bestandsdaten[22] (zum Begriff siehe § 47b Abs. 1 des Vertrags) „für Zwecke der Werbung oder der Marktforschung des Veranstalters" nur für zulässig, soweit der Nutzer ausdrücklich eingewilligt hat (§ 47b Abs. 2 Satz 1 des Vertrages). Daraus folgt:

- Andere Datenarten (Nutzungs- und Abrechnungsdaten, § 47c des Vertrages) dürfen für diese Zwecke nicht verarbeitet oder genutzt werden.

---

20 *Breinlinger* in Roßnagel, Handbuch Teil 7.6, Rdnr. 12; *Imhof*, One-to-One-Marketing im Internet, CR 2000, 110.

21 In der am 1.1.2001 in Kraft getretenen Fassung gemäß Art. 8 des Rundfunkänderungsstaatsvertrags.

22 Zu diesem und den anderen im Folgenden erwähnten Begriffen siehe *Tinnefeld/Ehmann/Gerling*, Datenschutzrecht, S 237/238.

- Die Verarbeitung und Nutzung durch andere Stellen (nach einer Übermittlung der Daten an diese Stellen) als den Veranstalter ist von vornherein nicht vorgesehen.

Zwar bliebe an sich denkbar, dass eine Einwilligung des Betroffenen (§ 47 Abs. 3 letzte Alternative des Vertrages) eine oder beide Schranken überwindet. Angesichts der sehr stringenten Fassung des § 47b Abs. 2 Satz 1 des Vertrages läge es jedoch näher, ihn so zu verstehen, dass er sogar einen solchen Rückgriff ausschließt. Er muss jedoch möglich bleiben, da der Betroffene selbst die Entscheidungsfreiheit haben muss.

Gemäß § 6 Abs. 3 Satz 1 Teledienstedatenschutzgesetz (**TDDSG**) darf der Diensteanbieter „für Zwecke der Werbung, der Marktforschung oder zur bedarfsgerechten Gestaltung der Teledienste" lediglich Nutzungsprofile unter Verwendung von Pseudonymen erstellen und auch dies nur, sofern der Nutzer dem nicht widerspricht. Definiert werden die verwendeten Begriffe im Gesetz nicht.[23] Auch hier spricht die sehr stringente Gesetzesfassung dafür, dass der Betroffene trotz der Grundregel des § 3 Abs. 1 TDDSG nicht in eine weitergehende Verarbeitung oder Nutzung einwilligen kann, doch wollte der Gesetzgeber diese Möglichkeit offen lassen.[24] Zum Zwecke der Marktforschung anderer Diensteanbieter ist es lediglich gestattet, diesen „anonymisierte Nutzungsdaten" zu übermitteln (§ 6 Abs. 5 Satz 4 TDDSG). 26

Dem Grundsatz folgend, angesichts der bekannten Probleme bei der Abgrenzung der Gesetzgebungskompetenzen für Teledienste einerseits und Mediendienste andererseits möglichst parallele Regelungen auf beiden Gebieten zu treffen, enthält der **Mediendienstestaatsvertrag** inhaltsgleiche Regelungen (§ 19 Abs. 4 Satz 1 MStV sowie § 19 Abs. 6 Satz 4 MStV). 27

Die **Postdienste-Datenschutzverordnung** (PDSV) regelt insbesondere den Umgang mit Adressdaten bei den Anbietern von Postdiensten (siehe dazu die detaillierte Regelung des § 7 PDSV). Eine Weitergabe an Dritte ist nur in wenigen Sonderfällen zulässig (siehe vor allem die Anschriftenprüfung, § 7 Abs. 5 PDSV). 28

Das Telekommunikationsgesetz **TKG** gestattet dem Diensteanbieter „zur Werbung für eigene Angebote und zur Marktforschung" lediglich die Verwendung von Bestandsdaten (§ 3 Nr. 3 TKG) und auch dies nur, soweit es „für diese Zwecke erforderlich ist und der Teilnehmer eingewilligt hat" (§ 95 Abs. 2 Satz 1 TKG). „Teilnehmerbezogene Verkehrsdaten" dürfen unter bestimmten Voraussetzungen mit Einwilligung des Betroffenen „zur Vermarktung von Telekommunikationsdiensten" verwendet werden (§ 96 Abs. 3 Satz 1 TKG). 29

Diese Regelungen des TKG betreffen ausschließlich die Zwecke der Eigenwerbung und der eigenen Marktforschung.[25] Für die Übermittlung von Bestandsdaten an Dritte, etwa im Rahmen des Adresshandels, wäre eine Einwilligung des Betroffenen erforderlich.[26] 30

Die Telekommunikations-Datenschutzverordnung **TDSV**[27] wurde mit Wirkung vom 26.6.2004 aufgehoben,[28] ihr Inhalt ist im neu gefassten TKG aufgegangen. 31

1.5 Vorgängerbestimmungen

1.5.1 BDSG 1977. Das BDSG 1977 regelte die Datenverarbeitung nicht-öffentlicher Stellen in zwei getrennten Abschnitten. Der Dritte Abschnitt (§§ 22 – 30) behandelte die „Datenverarbeitung nicht-öffentlicher Stellen für eigene Zwecke", der Vierte Abschnitt (§§ 31-40) die „Geschäftsmäßige Datenverarbeitung nicht-öffentlicher Stellen für fremde Zwecke". 32

Dem jetzigen § 29 entsprachen damals – bei allerdings nicht völlig deckungsgleichem Inhalt § 31 Abs. 1 Nr. 1 BDSG 1977 i.V.m. §§ 32, 33 BDSG 1977: 33

- § 31 Abs. 1 Nr. 1 Halbsatz 1 BDSG 1977 regelte, dass die nachfolgenden Bestimmungen nur zur Anwendung kamen, wenn Daten „geschäftsmäßig" zum Zweck der Übermittlung gespeichert und dann gegebenenfalls übermittelt wurden. Eine etwaige Veränderung der Da-

23 *Schmitz* in *Hoeren/Sieber* (Hrsg.) Handbuch Teil 16.4 Rdnr. 167.
24 *Schmitz* ebenda (FN 23) Teil 16.4 Rdnr. 175 mit Belegen aus der Gesetzgebungsgeschichte.
25 *Büttgen* in *Hoeren/Sieber* (Hrsg.) Handbuch Teil 16.3 Rdnr. 188.
26 *Büttgen* ebenda (FN 25) Teil 16.3 Rdnr. 190.
27 Telekommunikations-Datenschutzverordnung vom 18.12.2000 (BGBl I, S. 1740).
28 Siehe § 152 Abs. 2 TKG. Zu ihr und zu § 89 Abs., 7 TGK 1996 (vom 25.7.1996, BGBl I, 1120 ff.) siehe *Gundermann*, NJW 1999, 477 ff.

ten vor ihrer Übermittlung erklärte § 31 Abs. 1 Nr. 1 Halbsatz 2 BDSG 1977 dabei für „unerheblich". Dies war so zu verstehen, dass die nachfolgenden Bestimmungen unabhängig davon zur Anwendung kamen, ob eine solche Veränderung vorgenommen wurde oder nicht.

- § 32 Abs. 1 BDSG 1977 regelte die Zulässigkeit des Speicherns.
- § 32 Abs. 2 BDSG 1977 befasste sich mit der Zulässigkeit der Übermittlung.
- § 32 Abs. 3 BDSG 1977 enthielt eine Sonderregelung für die Übermittlung von „listenmäßig oder sonst zusammengefassten Daten über Angehörige einer Personengruppe".
- § 33 BDSG 1977 regelte die Zulässigkeit des Veränderns von Daten vor ihrer Übermittlung und erleichterte sie im Vergleich zu den sonst geltenden Regelungen.

34 Damit enthielt das BDSG 1977 bereits wichtige Strukturelemente, die auch den heutigen § 29 prägen, nämlich die Beschränkung seiner Anwendung auf geschäftsmäßiges Handeln, die Trennung der materiellen Voraussetzungen des Speicherns und des Übermittelns sowie ein „Listenprivileg".

35 **1.5.2 BDSG 1990.** § 29 BDSG 1990 brachte vor allem eine Zusammenfassung der bisher auf mehrere Paragraphen aufgeteilten Regelungen in einer Bestimmung:

- Das Speichern (zuvor § 32 Abs. 1 BDSG 1977) und das Verändern (zuvor § 33 BDSG 1977) wurden Gegenstand von § 29 Abs. 1 BDSG 1990.
- Die Übermittlung (zuvor geregelt in § 32 Abs. 2 BDSG 1977) wurde in § 29 Abs. 2 BDSG 1990 geregelt.
- Das „Listenprivileg" blieb erhalten (§ 29 Abs. 2 Nr. 1b BDSG 1990 i.V.m. § 28 Abs. 2 Nr. 1b BDSG 1990).

36 Diese bisher genannten, im Prinzip bereits vom BDSG 1977 her bekannten Elemente, bei denen lediglich wenige Einzelheiten neu geregelt wurden, wurden um einige neue Bausteine ergänzt:

- Das – damals hinsichtlich der Datenspeicherung, -übermittlung und -nutzung für eigene Zwecke neu eingeführte – Widerspruchsrecht des Betroffenen gegen eine Nutzung seiner Daten für Zwecke der Werbung oder der Markt- und Meinungsforschung (§ 28 Abs. 3 BDSG 1990) wurde auch im Geltungsbereich des § 29 für anwendbar erklärt (siehe § 29 Abs. 3 BDSG 1990 i.V.m. § 28 Abs. 3 Satz 1 BDSG 1990). Gleiches galt für die Pflicht zur Sperrung der Daten im Fall des Widerspruchs (§ 29 Abs. 3 BDSG 1990 i.V.m. § 28 Abs. 3 Satz 2 BDSG 1990).
- Es wurden Regelungen geschaffen, die die Zweckbindung übermittelter Daten beim Empfänger sichern sollten (§ 29 Abs. 3 BSG 1990 i.V.m. § 28 Abs. 4 BDSG 1990).

Diese mit dem BDSG 1990 hinzukommenden Regelungen sind im geltenden § 29 – bei einigen Abweichungen im Einzelnen – nach wie vor enthalten (vgl. dessen Absatz 4 mit seinen Verweisungen auf § 28 Abs. 4 und 5).

37 Dass das BDSG 1990 die bisherige Unterscheidung zwischen dem Dritten und dem Vierten Abschnitt äußerlich aufgab, hatte auf die innere Struktur von § 29 BDSG 1990 keine Auswirkungen.[29]

38 **1.5.3 Neuerungen im BDSG 2001**. Das jetzt geltende BDSG brachte neben einigen begrifflichen Änderungen, die aber alle Bestimmungen des bisherigen BDSG 1990 erfassten, zwei zusätzliche Strukturelemente. Sie gehen letztlich beide auf europarechtliche Vorgaben zurück:

- Die in Absatz 3 enthaltene Regelung für die Erstellung öffentlich zugänglicher Verzeichnisse ist indirekt auch eine Antwort auf die Vorgaben für Teilnehmerverzeichnisse, die im TK-Datenschutzrecht der EG enthalten sind.[30]
- Die besondere Berücksichtigung von sensitiven Daten durch Absatz 4 war angesichts der Vorgaben in Art. 8 EG-Datenschutzrichtlinie geboten.

39 Zusammenfassend ist somit festzustellen, dass die Grundstruktur der Bestimmung eine hohe Kontinuität aufweist. Sie reicht bis zum BDSG 1977 zurück und wurde später – 1990 und 2001 – lediglich um weitere Elemente ergänzt, ansonsten aber nicht geändert.

---

29 Zutreffend *Ordemann/Schomerus/Gola*, BDSG 5. Aufl., § 29 Anm. 1. Berechtigt aber auch der Hinweis von *Stange*, Datenschutz, Rdnr. 171, dass die Regelungen dadurch schwerer verständlich wurden.

30 Siehe dazu Rdnr. 267 ff.

2. Verfassungsrechtliche Bedenken unter dem Aspekt von Vorratserhebung und -speicherung

Gegen die in Absatz 1 normierten Voraussetzungen für die Zulässigkeit einer Datenerhebung und -speicherung könnten – unabhängig von Einzelheiten ihrer Interpretation – grundsätzlich verfassungsrechtliche Bedenken erhoben werden, falls sie in unstatthafter Weise[31] eine Vorratserhebung und -speicherung zuließen. Zunächst stellt sich die Frage, ob Erhebungen, die Absatz 1 ermöglicht, generell oder unter bestimmten Voraussetzungen überhaupt als Vorratserhebungen zu qualifizieren sind. Soweit dies zu bejahen wäre, wäre zu prüfen, ob eine solche Vorratserhebung und die anschließende Speicherung verfassungskonform sein können. 40

Den normativ nicht definierten Begriff der Vorratsspeicherung hat letztlich das Volkszählungsurteil in die Diskussion eingeführt und zwar im Zusammenhang mit dem Postulat, den Verwendungszweck von Daten bereichsspezifisch und präzise zu bestimmen.[32] Nach Auffassung des Gerichts wäre mit dieser Forderung „die Sammlung nicht anonymisierter Daten auf Vorrat zu unbestimmter oder noch nicht bestimmbaren Zwecken nicht zu vereinbaren". 41

Obwohl der unspezifische Begriff „Sammlung" nicht nur auf die Speicherung, sondern auch (wenn nicht sogar primär) bereits auf die Erhebung von Daten abzielt, werden die mit dem Problem verknüpften Fragen in der Regel unter dem Stichwort „Vorratsspeicherung" abgehandelt.[33] Diese Vorgehensweise kann den Blick dafür verstellen, dass die Problematik schon bei der Erhebung auftritt, weshalb sie auch bereits auf dieser Ebene zu behandeln ist. 42

Dass sie in der Regel erst bei der Speicherung angesiedelt wird, mag damit zusammenhängen, dass das zum Zeitpunkt des Volkszählungsurteils 1983 und auch danach noch bis 1990 geltende BDSG 1977 die Phase der Erhebung fast völlig ignorierte[34] und sie erst durch das BDSG 2001 wirklich umfassend in das Gesetz einbezogen wurde.[35] Es besteht kein Anlass, dies in der Darstellung weiterhin nachwirken zu lassen. Allerdings gilt bei dieser Fragestellung, dass die Zulässigkeit von Erhebung und Speicherung korrespondieren. Sollte also die Erhebungsregelung verfassungsrechtlich bedenklich sein, wäre es die Speicherungsregelung nicht minder. 43

In der Erhebung von Daten auf der Basis von Absatz 1 liegt dann eindeutig keine Vorratserhebung, wenn der verantwortlichen Stelle bereits eine Anfrage über den Betroffenen vorliegt und sie nunmehr die zu deren Beantwortung erforderlichen Daten beschafft. Diese Fälle sind keineswegs selten. So kommt es häufig vor, dass Adresshändler Adressenmaterial gezielt anhand von Kundenanforderungen erheben.[36] Auskunfteien bieten außer „Normalauskünften" auf der Basis von Archivmaterial auch „erweiterte Auskünfte", bei denen zu Sonderfragen des Kunden recherchiert wird.[37] Kreditschutzgemeinschaften wie die SCHUFA greifen dagegen weitgehend auf bereits vorhandene Datenbestände zurück. Da die SCHUFA-Problematik die Diskussion stark dominiert, kann leicht der so nicht zutreffende Eindruck entstehen, die dort gegebene Situation herrsche im gesamten Bereich des § 29. 44

Fehlt es dagegen noch an einer konkreten Anfrage, so ist völlig offen, ob überhaupt, wann und an wen eine Übermittlung auf der Basis von Absatz 2 erfolgen wird. Man kann mit guten Gründen die Auffassung vertreten, dass dies gleichwohl in vielen Konstellationen nicht zum Vorlegen einer Vorratserhebung führt:[38] Welche Kategorien von Empfängern in Betracht kommen, wird dem Betroffenen jedenfalls bei der Direkterhebung schon durch den Hinweis 45

31 *Hoeren* in *Roßnagel*, Handbuch Teil 4.6 Rdnr. 65 hält „eine Speicherung ohne nähere Zweckbestimmung auf Vorrat" für generell unzulässig.
32 BVerfGE 65, 1, 46.
33 Siehe etwa *Auernhammer* BDSG § 29 Rdnr. 9; *Beckhusen*, S. 201; *Gola/Schomerus*, BDSG § 29 Rdnr. 17; *Mallmann*, Voraufl., § 29 Rdnr. 30.
34 Erwähnt war sie nur völlig am Rande im Rahmen einer Hinweispflicht öffentlicher Stellen (§ 9 Abs. 2 BDSG 1977), vgl. *Auernhammer*, BDSG, 1. Aufl. 1977, § 4 Rdnr. 1.
35 *Simitis*, Voraufl., § 28 Rdnr. 1 und 56.
36 Siehe als Beispiel OLG Düsseldorf, DuD 2005, 171, wo der Kunde ausdrücklich die Adressen von Personen wünschte, die ihr Interesse an Finanzdienstleistungen erklärt hatten. Anders *Mallmann*, Voraufl., § 29 Rdnr. 31, der bei Adressverlagen typische Fälle der Speicherung auf Vorrat annimmt.
37 *Peilert*, S. 113.
38 *Mallmann*, Voraufl., § 29 Rdnr. 31.

auf die Zweckbestimmung (§ 4 Abs. 3 Satz 1 Nr. 2) regelmäßig klar werden. Einen Anspruch auf Nennung konkreter Empfänger hat er aber generell nicht (vgl. § 4 Abs. 3 Satz 1 Nr. 3), also auch nicht hier.

46 In solchen Konstellationen mag es zum Ausschluss einer Vorratserhebung tatsächlich im Ausgangspunkt genügen, wenn die verantwortliche Stelle erfahrungsgemäß damit rechnen kann, dass die Daten über kurz oder lang abgefragt werden.[39] Allerdings ist zu bedenken, dass sie hier nur auf ganz allgemeine Erfahrungssätze zurückgreifen kann. Konkrete Anhaltspunkte dafür, dass in absehbarer Zeit gerade mit einer Anfrage in Bezug auf den Betroffenen zu rechnen ist, wird es nur selten geben. Deshalb wird auch auf der Basis der Kriterien von Mallmann das Vorliegen einer Vorratserhebung vielfach zumindest nicht auszuschließen sein.

47 Dies allein macht die Erhebung jedoch nicht unzulässig. Es ist zu bedenken, dass sich die zitierten Ausführungen im Volkszählungsurteil in erster Linie auf zwangsweise beim Betroffenen erhobene Daten beziehen; schon dieses Kriterium wird in den Fällen des Absatz 1 durchweg nicht erfüllt sein. Selbst wenn man die Aussage aber als darüber hinaus gehenden allgemeinen Grundsatz ansieht, lässt sie es doch ausreichen, dass der Zweck „bestimmbar" ist. Davon wird man schon ausgehen können, wenn die Kategorie künftiger potenzieller Datenempfänger klar ist. In diesen Fällen sind verfassungsrechtliche Bedenken gegen Absatz 1 unberechtigt.

48 Dabei ist gerade im Rahmen des § 29 ergänzend zu berücksichtigen, dass sich die „Aufgabe" einer verantwortlichen Stelle und damit der Zweck ihres Handelns bei nicht-öffentlichen Stellen nicht annähernd so detailliert und teils sogar statisch festlegen lässt wie bei einer öffentlichen Stelle. Die Privatwirtschaft muss sich stetig an die Marktlage anpassen.[40] Dies darf bei der Interpretation des Begriffs „Datenerhebung auf Vorrat" nicht unberücksichtigt bleiben.

3. Generelle Anwendungsvoraussetzungen der Bestimmung

3.1 Geschäftsmäßiges Handeln

49 Der Begriff „geschäftsmäßig" fand bereits im BDSG 1977 und noch häufiger im BDSG 1990 Verwendung.[41] Er wurde im BDSG 1977 ganz selbstverständlich so interpretiert, wie das in § 157 Abs. 1 ZPO angelegt ist, nämlich dahin, dass ein geschäftsmäßiges Tätigwerden vorliegt, wenn das Tätigwerden auf Wiederholung gerichtet[42] und auf eine gewisse Dauer angelegt ist.[43] Eine Gewerbsmäßigkeit, also ein auf Gewinnerzielung (siehe § 701 BGB, § 260 StGB) abgestelltes Verhalten[44] erfüllte den Begriff nach allgemeiner Auffassung zwar ebenfalls, wurde aber ebenso allgemein nicht gefordert.[45]

50 Im Regelungsgefüge des BDSG 1990 (§§ 27 Abs. 1, 29 Abs. 1 BDSG 1990) wollten Dörr/Schmidt den Begriff anders interpretieren. Sie vertraten die Auffassung, er sei im Sinne von „geschäftlich" zu verstehen als Gegenbegriff zu Begriffen wie ideell, karitativ oder gemeinnützig.[46] Dies begründeten sie außer mit Äußerungen von Abgeordneten im Rahmen des Gesetzgebungsverfahrens[47] damit, dass das BDSG 1990 die für nicht geschäftliche Zwecke betriebene Verarbeitung und Nutzung von Daten nicht mehr erfassen wollte.[48] Nach anfänglich

---

39 *Mallmann*, ebenda. Seine Auffassung findet häufig Gefolgschaft, siehe etwa *Beckhusen*, S. 202, *Peilert*, S. 380, *Gola/Schomerus*, § 29 Rdnr. 17.

40 *Bergmann/Möhrle/Herb*, § 29 BDSG 1990, Rdnr. 45.

41 Vgl. die detaillierten Auflistungen bei *Auernhammer*, BDSG § 27 Rdnr. 4.

42 Das hebt *Auernhammer*, BDSG 1. Aufl. § 31 Rdnr. 1 hervor. Ähnlich *Hartmann* in *Baumbach/Lauterbach*, ZPO, 63. Aufl., 2005, § 157 Rdnr. 10.

43 Dies betonen *Ordemann/Schomerus*, BDSG, 2. Aufl., § 31 Anm. 1.1 (S. 236).

44 Vgl. *Lauer*, Münchener Kommentar zum StGB, München 2003, § 260 Rdnr. 3: „... Absicht ..., sich ... eine fortlaufende Einnahmequelle von einiger Dauer und einigem Umfang zu verschaffen."

45 *Auernhammer*, BDSG 1. Aufl., § 31 Rdnr. 4; *Ordemann/Schomerus*, BDSG 2. Aufl. § 31 Anm. 1.1 (S. 236).

46 So mit im Detail unterschiedlichen Akzenten *Dörr/Schmidt*, Neues BDSG 1. Aufl., Anm. zu § 27 (S. 63) und 2. Aufl. § 27 Rdnr. 6-8.

47 *Dörr/Schmidt*, Neues BDSG 1. Aufl., Anm. zu § 27 (S. 63); in der 2. Aufl. nicht wiederholt.

48 *Dörr/Schmidt*, Neues BDSG 2. Aufl., § 27 Rdnr. 6.

divergierenden Meinungen wurde diese Auffassung in der Literatur weithin[49] deutlich zurückgewiesen.[50] Angesichts der inzwischen geänderten Formulierung von § 27 BDSG trägt das Argument, dass der Begriff „geschäftsmäßig" die Bereiche des Ideellen usw. ausschließen wolle, von vornherein nicht mehr. Ausgeschlossen von der Anwendung des Dritten Abschnitts sind nur noch Erhebungen, Verarbeitungen oder Nutzungen, die ausschließlich für persönliche oder familiäre Tätigkeiten erfolgen (§ 27 Abs. 1 Satz 2). Im Übrigen beansprucht der Dritte Abschnitt sehr wohl auch in den Bereichen des Ideellen usw. Geltung.[51] Die Auffassung von Dörr/Schmidt hat sich damit in jedem Fall erledigt.

Zur positiven Umschreibung des Begriffs „geschäftsmäßig" können die umfangreichen Er- 51
kenntnisse herangezogen werden, welche die Rechtsprechung zu § 46 Abs. 4 Satz 1 AO[52] erbracht hat.[53] Demnach setzt eine geschäftsmäßige Tätigkeit lediglich eine Wiederholungsabsicht voraus. Eine größere Zahl von geschehenen Fällen – zumal innerhalb eines eher kurzen Zeitraums – ist daher ein deutliches Indiz dafür, dass Geschäftsmäßigkeit vorliegt. Je nach den Umständen kann aber schon ein einziger Fall ein ausreichendes Indiz darstellen. Das gilt vor allem dann, wenn (etwa durch vorbereitete Formulare oder geschaffene Datenverarbeitungsstrukturen) organisatorische Vorkehrungen für die Abwicklung weiterer Fälle getroffen sind. Ein gewerbsmäßiges Verhalten, das eine Erwerbsabsicht voraussetzen würde, ist nicht erforderlich; denkbar ist sogar, dass keinerlei Entgelt gefordert wird.[54]

Das ist gerade bei Auskunfteien von großer praktischer Bedeutung. Für die Geschäftsmäßig- 52
keit spielt es bei ihnen – wie auch sonst – keine Rolle, ob sie mit Gewinnstreben arbeiten oder lediglich die Deckung der Selbstkosten anstreben. Letzteres kommt insbesondere bei Kreditschutzgemeinschaften vor, deren Arbeit auf dem Gegenseitigkeitsprinzip basiert (Auskünfte gehen nur an Vertragspartner, die auch selbst Informationen zur Verfügung stellen; wichtigstes Beispiel[55] solcher Organisationen ist die SCHUFA). Aus der Sicht des Betroffenen macht es keinen Unterschied, ob sein Recht auf informationelle Selbstbestimmung mit oder ohne Gewinnstreben gefährdet wird.[56]

Insgesamt gesehen sind die Hürden für das Erreichen der Ebene des Geschäftsmäßigen recht 53
gering. Das erscheint sachlich gerechtfertigt, da ein Gefährdungspotenzial schon durch die Strukturen geschaffen wird, die auf Übermittlungen angelegt sind. Die näheren Motive und Umstände können das Gefährdungspotenzial zwar verringern (oder auch steigern!), es aber durchweg nicht beseitigen.

3.2 Vorliegen personenbezogener Daten, insbesondere bei Score-Werten

3.2.1 Problemstellung. § 29 ist nur auf personenbezogene Daten anwendbar. Dies ist inso- 54
fern selbstverständlich als die Regelungen des BDSG insgesamt nur beim Vorliegen personenbezogener Daten Geltung beanspruchen (§ 1 Abs. 1). Der Begriff der personenbezogenen Daten wiederum ist in § 3 Abs. 1 definiert und diese Definition gelangt auch im Rahmen von § 29 zur Anwendung.

Mit diesen Hinweisen könnte es sein Bewenden haben, hätte sich nicht spezifisch im Kontext 55
des § 29 eine Diskussion um die Frage entzündet, ob die Score-Werte, welche die SCHUFA

---

49 Ihr anhängend heute offensichtlich nur noch *Schaffland/Wiltfang*, BDSG § 29 Rdnr. 4.

50 Siehe *Mallmann*, Voraufl., § 29 Rdnr. 7-11 m.w.N.; ebenso *Beckhusen*, S. 188/189 mit zahlreichen weiteren Nachweisen.

51 Zu diesem Vorzeichenwechsel im Anwendungsbereich vgl. *Simitis*, Voraufl., § 28 Rdnr. 43.

52 Die Regelung lautet: „Der geschäftsmäßige Erwerb von Erstattungs- oder Vergütungsansprüchen zum Zweck der Einziehung oder sonstigen Verwertung auf eigene Rechnung ist nicht zulässig".

53 Vgl. zum Folgenden die umfassenden Nachweise aus der Rechtsprechung des Bundesfinanzhofs bei *Klein*, Abgabenordnung, München 2003, § 46 Rdnr. 25/26.

54 So zutreffend *Bergmann/Möhrle/Herb*, § 27 BDSG 1990, Rdnr. 41; s. auch Hinweis Nr. 30 des IM-Ba-Wü, Ziff. 1.

55 Vgl. *Peilert*, S. 67/68, der Schutzgemeinschaften auf Basis dieses Prinzips – darunter auch die SCHUFA – nicht zu den Auskunfteien rechnen will, was aber an der Anwendbarkeit des § 29 im Ergebnis meist nichts ändert, vgl. *Beckhusen*, S. 187/188. Siehe dazu auch Rdnr. 109ff.

56 Das hebt *Beckhusen*, S. 189 m.w.N. zutreffend als den entscheidenden Aspekt hervor. Ähnlich deutlich bereits *Bergmann/Möhrle/Herb*, § 27 BDSG 1990, Rdnr. 41.

seit 1996/1997[57] in Verbindung mit traditionellen „SCHUFA-Auskünften" an alle Vertragspartner (mit Ausnahme der Wohnungswirtschaft)[58] liefert, die Score-Informationen anfordern,[59] als personenbezogen anzusehen sind oder nicht. Die praktische Bedeutung der Frage ist im Augenblick insofern eher gering als sich die SCHUFA dazu entschlossen hat, Score-Werte als personenbezogene Daten zu behandeln.[60] Das geschieht jedoch erkennbar aus rein geschäftspolitischen Gründen, um die Akzeptanz des Score-Verfahrens nicht zu gefährden, nicht dagegen aus rechtlicher Überzeugung.[61] Insofern könnte jederzeit die Situation eintreten, dass die SCHUFA ihre Handhabung ändert. Zudem ist der Einsatz von Score-Verfahren in keiner Weise gerade an die SCHUFA gebunden,[62] sondern ohne weiteres auch bei anderen Unternehmen denkbar, die in der Praxis möglicherweise anders als die SCHUFA verfahren. Die rechtliche Einordnung von Score-Werten kann deshalb nicht dahinstehen.

56 **3.2.2 Score-Wert als personenbezogenes Datum.** Ein Score-Wert ist ein Punktewert, der vereinfacht wie folgt[63] zustande kommt: Aus verschiedenen Merkmalen des Betroffenen wird ein Eigenschaftsprofil gebildet. Darauf hin wird im gesamten Datenbestand der SCHUFA anhand anonymisierter Profile nachgeprüft, wie in der Vergangenheit das Zahlungsverhalten von Personen war, die über ein vergleichbares Merkmalsprofil verfügen. Deren statistisch ausgewertetes Verhalten bildet die Grundlage für einen Punktewert von 0 bis 1000. Je niedriger der Wert, desto höher ist das statistische Kreditausfallrisiko von Personen, die dem Profil entsprechen, das diesem Wert zugrunde liegt. Der statistische Aussagewert der Score-Werte ist bemerkenswert hoch,[64] was für seine begriffliche Erfassung aber keinerlei Rolle spielt.

57 Dass der Score-Wert ein personenbezogenes Datum darstellt, wurde unter jedem auch nur entfernt denkbaren Gesichtspunkt angezweifelt,[65] wobei teils der Eindruck entstehen kann, dass die Argumentationen deutlich interessengeleitet sind. Mit Beckhusen ist der entscheidende Gesichtspunkt darin zu sehen, dass die zunächst rein statistisch aus anonymisierten Daten ermittelten Score-Werte im zweiten Schritt einer konkreten Person zugeordnet werden und die Grundlage für eine Prognose über das wahrscheinliche Verhalten dieser Person in der Zukunft bilden. Diese wird nämlich so behandelt als ob sie die statistisch errechneten Eigenschaften aufwiese. Jede andere Vorgehensweise wäre für eine konkrete Kreditentscheidung ohne Aussagewert.[66] Vor einem solchen Hintergrund erscheint der Personenbezug ab dem Zeitpunkt der Zuordnung des Punktewerts unbestreitbar.

58 Die gegenteilige Meinung beruht in der Regel darauf, dass die zwei Stufen (Stufe 1: Ermittlung des statistischen Werts; Stufe 2: Verknüpfung dieses Werts mit einer Person) unzulässig miteinander vermengt werden. Dies ist insbesondere bei Argumentationen der Fall, die aus Überlegungen zum Statistikgeheimnis Folgerungen für den Personenbezug von Daten ziehen

57 Zu Details des Zeitpunkts siehe *Beckhusen*, S. 218, FN 1591; Eine Kurzbeschreibung des Auskunft-Scoring-Service (ASS) der SCHUFA gibt *Beckhusen*, BKR 2005, 335 ff.

58 In der Terminologie der SCHUFA also im Rahmen des A-, B-, und D-Verfahrens, nicht jedoch im Rahmen des B-Minus-Verfahrens. Im C- und im F-Verfahren, die für Inkassounternehmen gelten, wären Score-Werte sinnlos.

59 *Beckhusen*, S. 218 FN 1594 zitiert insoweit als neueste verfügbare Quelle den Geschäftsbericht 2001 der SCHUFA, wonach 48% der in Frage kommenden Vertragspartner von dieser Möglichkeit Gebrauch machen. Die Zahl dürfte seither deutlich gestiegen sein.

60 *Kamlah*, MMR 1999, 395, 401.

61 Aufschlussreich insoweit die Formulierung von *Kamlah*, MMR 1999, 395, 401 die SCHUFA habe sich „entschlossen, den Score wie ein personenbezogenes Datum zu behandeln".

62 *Kamlah*, MMR 1999, 395, 400, FN 44 zeigt sich – unter diesem Aspekt nachvollziehbar – überrascht, dass sich die Diskussion insoweit gerade auf den „Auskunft-Scoring-Service" (ASS) der SCHUFA konzentriert. Indes enthält schon die Bezeichnung „ASS" indirekt den Hauptgrund hierfür: Die Kombination von Auskunft und Scoring bietet sonst eben kein Anbieter; sie hat besondere Brisanz.

63 Für eine Beschreibung der Details siehe *Beckhusen*, S. 230/231. Zur Beschreibung von Score-Verfahren anderer Anbieter als der SCHUFA siehe *LDI NRW* 17. TB 2005, S. 62; zu den generellen Abläufen bei Score-Verfahren siehe *Weichert*, DuD 2005, 582 ff.

64 Siehe das bei *Beckhusen*, S. 232 wiedergegebene Beispiel: 0,93 Prozent Risiko bei einem Score-Wert von 699 oder mehr, 53, 10% Risiko bei einem Score-Wert unter 47.

65 Siehe die wohl erschöpfende Darstellung bei *Beckhusen*, S. 234 – 242 mit zahlreichen Nachweisen.

66 *Beckhusen*, S. 235 und S. 237. *LDI NRW* 17. TB 2005, S. 61 spricht insoweit mit deutlicher Polemik von „statistischer Sippenhaft".

wollen.[67] Beim Statistikgeheimnis geht es um die Frage, ob innerhalb der Stufe 1 noch ein Rückschluss vom statistischen Ergebnis auf die ihm zugrunde liegenden personenbezogenen Daten möglich ist. Mit Stufe 2, nämlich der Zuordnung des gefundenen statistischen Werts zu einer Person, deren Daten gar nicht Bestandteil der Grundgesamtheit waren, aus der das statistische Ergebnis errechnet wurde, hat es nichts zu tun.

4. Von der Regelung ausdrücklich erfasste Wirtschaftszweige

4.1 Benennung als Konsequenz der Zweckbindung (Art. 6 Abs. 1 EG-Datenschutzrichtlinie)

Abs. 1 Satz 1 benennt in einem eingeschobenen Konditionalsatz direkt oder indirekt vier Wirtschaftszweige, die personenbezogene Daten zum Zweck der Übermittlung geschäftsmäßig erheben speichern oder verändern: 59

- Werbewirtschaft (angesprochen durch den Begriff „Werbung" als die Gesamtheit werbender Maßnahmen[68])
- Auskunfteigewerbe (angesprochen mit der Formulierung „Tätigkeit der Auskunfteien")
- Adressenhandel (unter Verwendung des sonst weniger üblichen Substantivs „Adresshandel")
- Markt und Meinungsforschungsunternehmen (bezeichnet durch die von ihnen betriebene Tätigkeit, nämlich „Markt- und Meinungsforschung").

Welche Funktion der sprachlich in sich wenig konsistente Bedingungssatz haben soll, bedarf näherer Betrachtung. Fest steht zunächst lediglich, dass die Aufzählung nicht abschließend ist („insbesondere"),[69] sondern dass der Vorschrift auch Unternehmen aus anderen Wirtschaftszweigen unterfallen können. Die Frage, um welche Wirtschaftszweige oder Unternehmen es sich dabei handelt oder handeln kann, wird dadurch jedoch nicht beantwortet. 60

Nahe liegend, aber zu kurz gegriffen ist die Auffassung, durch die Benennung von vier „klassischen" Branchen, die sich der geschäftsmäßigen Datenverarbeitung „für Dritte" widmen, habe der Gesetzgeber lediglich beispielhaft erläutern wollen, was der Terminus „das geschäftsmäßige Erheben, Speichern oder Verändern personenbezogener Daten zum Zweck der Übermittlung" meint.[70] 61

Der fragliche Satz hat bei näherer Betrachtung eine wesentlich tiefergehende Bedeutung. Zunächst fällt auf, dass er erst im BDSG 2001 eingeführt wurde, während der durch ihn näher charakterisierte Terminus „zum Zweck der Übermittlung" unverändert bis in das BDSG 1977 zurück reicht (siehe § 31 Abs. 1 Satz 1 Nr. 1 BDSG 1977 sowie § 29 Abs. 1 Satz 1 BDSG 1990). Von nennenswerten inhaltlichen Unklarheiten, die mit ihm verbunden gewesen wären und die den Gesetzgeber im BDSG 2001 zu einer näheren Erläuterung hätten veranlassen können, ist nichts bekannt und war nahezu 25 Jahre nichts zu bemerken. 62

Als Grund für die Einfügung weisen die Gesetzesmaterialien[71] sehr knapp darauf hin, es gehe darum, den Grundsatz der Zweckbindung im Rahmen der Vorschrift „zu verstärken".[72] Weiter heißt es: „Auf die Begründung zu § 28 Abs. 2 wird verwiesen". In der Begründung zum im BDSG ebenfalls neu eingefügten § 28 Abs. 2 ist knapp Art. 6 Abs. 1 Buchst. b der EG-Datenschutzrichtlinie angesprochen. Diese Vorschrift gebiete es, den Grundsatz der Zweckbindung 63

67 Prototypisch insoweit *Kamlah*, MMR 1999, 395, 401. Die dort in Bezug genommene Kommentierung von *Dörr/Schmidt*, Neues BDSG, 2. Aufl., § 3 Rdnr. 3 zu Regelungen des Volkszählungsgesetzes 1987 ergibt bezüglich der Wahrung des Statistikgeheimnisses kein vollständiges Bild. Vgl. ergänzend Hartung, Niedersächsisches Statistikgesetz, Hannover 1988, § 7 Erl. 2.

68 Duden, Deutsches Universalwörterbuch, 5. Aufl., Mannheim 2003, Stichwort „Werbung".

69 *Mallmann*, Voraufl., § 29 Rdnr. 13; *Gola/Schomerus*, BDSG § 29 Rdnr. 6.

70 Sie klingt an bei *Gola/Schomerus*, BDSG § 29 Rdnr. 6 und wird deutlich formuliert ebenda Rdnr. 3 („allein klarstellende Funktion"); ebenso *Beckhusen*, S. 188. Das dort in FN 1350 zu findende Zitat von *Hoeren* in *Roßnagel*, Handbuch, Teil 4.6 Rdnr. 61 trifft so nicht zu, da Hoeren nicht von einer Klarstellung spricht, sondern den Bezug zur Zweckbindung betont.

71 Sie hatte offensichtlich – ohne sie ausdrücklich zu zitieren – *Hoeren* in *Roßnagel*, Handbuch, Teil 4.6, Rdnr. 61 vor Augen.

72 Gesetzentwurf zum BDSG 2001, BT-Drs. 461/00 vom 18.8.2000, Begründung zu § 29 Abs. 1 (S. 108 Nr. 32).

weitergehend als bisher zu verankern. Diese aus sich heraus eher schwer verständlichen Hinweise führen auf die richtige Spur: Art. 6 Abs. 1 Buchst. b der Richtlinie fordert von den Mitgliedstaaten Regelungen, die vorsehen, dass personenbezogene Daten „für festgelegte, eindeutige und rechtmäßige Zwecke erhoben und nicht in einer mit diesen Zweckbestimmungen nicht zu vereinbarenden Weise weiterverarbeitet werden". Damit sollten allgemeine oder vage Definitionen oder Beschreibungen des Gegenstandes einer Verarbeitung (beispielsweise „für kommerzielle Zwecke") ausgeschlossen werden.[73]

64 Die Eindeutigkeit des Zwecks ist nur gegeben, wenn er so klar zum Ausdruck gebracht wird, dass Zweifel daran, ob und in welchem Sinn der Verantwortliche der Verarbeitung den Zweck festgelegt hat, ausgeschlossen sind.[74] Daraus ergeben sich mehrfache Konsequenzen:

- Der Nebensatz in Absatz 1 Satz 1 hat nicht nur illustrierende Bedeutung. Vielmehr war seine Einfügung prinzipiell (also nicht notwendiger Weise exakt mit dem jetzigen Wortlaut) geboten, um Absatz 1 in Einklang mit Art. 6 EG-Datenschutzrichtlinie zu bringen.
- Es kann nicht dahinstehen, welchem von Abs. 1 Satz 1 erfassten Zweck (sei er in Absatz 1 Satz 1 als „klassische Branche" ausdrücklich angesprochen oder nicht) eine Erhebung, Verarbeitung oder Nutzung exakt dient. Ein pauschaler Hinweis auf eine Zulässigkeit gemäß Absatz 1 Satz 1 genügt nicht.
- Dies hat für die verantwortliche Stelle zur Folge, dass sie sich von Anfang an hinsichtlich des Zwecks klar festlegen und (insbesondere bei der Erhebung) klar gegenüber dem Betroffenen artikulieren muss (siehe § 4 Abs. 3 Satz 1 Nr. 2, der auch im Rahmen von § 29 zu beachten ist).
- Um derartige Festlegungen hinreichend exakt vornehmen zu können, muss das Tätigkeitsspektrum der vier in Absatz 1 Satz 1 angesprochenen „klassischen" Branchen definiert und untereinander abgegrenzt werden. Ferner ist zu ermitteln, welche weiteren Branchen und von diesen verfolgte Zwecke den ausdrücklich genannten Feldern gegebenenfalls gleichzustellen sind.

65 Vor diesem Hintergrund sind im Folgenden zunächst die ausdrücklich in Absatz 1 Satz 1 genannten Begriffe zu definieren und dann die Frage zu stellen, welche ihnen möglicherweise gleich stehen.

4.2 Adresshandel

66 **4.2.1 Bezug zur Werbung.** Die Begriffe „Adresshandel" und „Werbung" hängen eng zusammen, da der Adresshandel in der Regel eine Vorstufe zu Maßnahmen des Direktmarketing bildet, die mit Hilfe der Adressen durchgeführt werden.[75] Insofern lässt sich sagen, dass beide Begriffe dasselbe Phänomen von zwei verschiedenen Seiten betrachten: Der Adresshandel befasst sich mit der Beschaffung, die Werbung mit der Verwendung des Adressmaterials.

67 **4.2.2 Erscheinungsformen (einschließlich List-Broking)** Bei näherer Betrachtung erfasst der Begriff vier Erscheinungen:

(1) Generierung von Adressensammlungen zum Zweck der Überlassung an werbetreibende Unternehmen[76]
(2) Überlassung solcher Adressensammlungen unmittelbar an werbetreibende Unternehmen[77]
(3) Überlassung von Adressen durch einen Adresshändler an einen anderen, der dann seinerseits gemäß (2) verfährt[78]
(4) Vermittlungsaktivitäten (Makleraktivitäten) hinsichtlich eines Vorgangs gemäß (1) bis (3).[79]

---

73 So der Geänderte Vorschlag der Kommission, ABl. EG Nr. C 311 vom 27.11.1992, S. 15; zitiert bei *Ehmann/Helfrich*, EG-Datenschutzrichtlinie, Art. 6 Rdnr. 12.
74 So zutreffend *Dammann/Simitis*, EG-Datenschutzrichtlinie Art. 6 Rdnr. 6.
75 Plastisch *Breinlinger* in *Roßnagel*, Handbuch Teil 7.6 Rdnr. 2: „Die Adresse ist letztlich das Kernstück der persönlichen Werbung."
76 *Mattke*, S. 78.
77 Ebenda.
78 *Hermerschmidt*, MMR 2005, 155, 159 missversteht den Begriff Adresshandel offensichtlich dahin, dass er nur diesen Aspekt erfasse.
79 *Mattke*, S. 78.

Eine branchentypische, datenschutzrechtlich bedeutsame Variante der Vermittlungsaktivitäten gemäß (4) ist das Listbroking,[80] auch als Adressenmittlung[81] oder Letter-Shop-Verfahren bezeichnet.[82] Es stellt sicher, dass „gemietete Adressen" nicht mehrfach, sondern nur einfach genutzt[83] werden. Das ist erforderlich, da das zu zahlende Entgelt branchenüblich nach der Nutzungshäufigkeit bemessen wird. 68

An den Verfahren sind drei Akteure beteiligt:

- Adresseneigentümer („Vermieter" der Adressen)
- Listbroker (Adressenmittler)
- Adressennutzer („Mieter" der Adressen).

Der Adresseneigentümer vereinbart mit dem Adressennutzer, diesem die – in der Regel einmalige – Nutzung bestimmter, näher charakterisierter Adressen gegen Entgelt zu ermöglichen. „Neutraler Dritter" ist der Listbroker. Er – nicht der Adressennutzer! – erhält vom Adresseneigentümer die Adressen, vom Adressennutzer das zu versendende Werbematerial und sorgt dafür (Rechtsbasis: Auftrag gemäß § 11 BDSG durch den Adresseneigentümer[84]), dass das Werbematerial namentlich adressiert versandt wird. Der Adressennutzer (richtiger: der für die Adressennutzung zahlende Adressenmieter) bekommt das Adressenmaterial nicht in die Hand. Ihm gelangen Adressen nur zur Kenntnis, soweit es zu Werberückläufen seitens Umworbener kommt.

Das Verfahren ist in erster Linie wirtschaftlich motiviert, da ein echter „Adresskauf"[85] im Sinn der Überlassung von Adressen zur unbeschränkt häufigen Nutzung zu hohe Aufwendungen verursachen würde.[86] Datenschutzrechtlich führt es dazu, dass zwischen Adresseneigentümer und -nutzer keine Datenübermittlung stattfindet, sodass insoweit auch § 29 nicht als Rechtsgrundlage benötigt wird. Dasselbe gilt im Verhältnis Adresseneigentümer-Listbroker, da hier ein Auftragsverhältnis gemäß § 11 vorliegt. 69

Diese Überlegungen führen dazu, dass es auch außerhalb des Anwendungsbereichs von § 29 in Konstellationen eingesetzt wird, bei denen eine Datenübermittlung zwischen Adresseneigentümer und Adressennutzer unzulässig wäre.[87]

Der Begriff „Adresse" erfasst traditionell nur die Postanschrift bestehend aus Straße und Hausnummer (oder Postfach) sowie Ort (ggfalls mit Postleitzahl). Mögliche weitere Angaben wie die Telefonnummer prägen ihn nicht. Sie allein reichen in Verbindung mit einem Namen nicht aus, um von einer „Adresse" zu sprechen. Das belegt auch Absatz 3, der derartige Verzeichnisse von Adressverzeichnissen unterscheidet. 70

4.3 Auskunfteien

4.3.1 Allgemeine Definitionselemente. Auskunftei ist ein Kunstwort, das zuerst Eingang in die Allgemeinsprache und im Jahr 2001 dann auch in die Gesetzessprache des BDSG gefunden hat. Es wurde im Jahr 1888 im Auftrag des Auskunftsbürobetreibers Wilhelm Schim- 71

---

80 *Mattke*, S. 74/75; *Breinlinger* in *Roßnagel*, Handbuch Teil 7.6 Rdnr. 24.

81 *Arnold*, Listbroking in: *Deutscher Direktmarketing Verband* (DDV e.V.), Direct Mail – der direkte Weg zum Kunden, Wiesbaden o.J. (ca. 1993), S. 29.

82 Dieser Begriff bezeichnet teils nur die technischen Vorgänge rund um den Versand von persönlich adressierter Werbung, vgl. *Mattke*, S. 71/72, teils auch den vollständigen, noch zu beschreibenden Ablauf.

83 Dieser branchenübliche Terminus deckt sich nicht ohne weiteres mit dem Begriff des „Nutzens" im Sinn des BDSG.

84 *Mattke*, S. 74 FN 108.

85 Zur Problematik des Begriffs *Mattke*, S. 75, der Mietrecht analog anwenden will. OLG Düsseldorf, DuD 2005, 171, 172 neigt zur Anwendung von Werkvertragsrecht, lässt die Frage aber offen. Die Anwendung von Kaufrecht auf den strukturell vergleichbaren Fall der Softwareüberlassung (siehe BGHZ 102, 135) legt es nahe, auch hier Kaufrecht anzuwenden, doch findet das nach wie vor Kritik (vgl. *Junker/Benecke*, Computerrecht, 2. Aufl. 2000, Rdnr. 157-165), aber auch Zustimmung, vgl. *Schneider*, Handbuch des EDV-Rechts, 3. Aufl., 2003 Teil D, Rdnr. 166-203.

86 Durchaus typisch OLG Düsseldorf, DuD 2005, 171: Pro derartige Adresse war zwischen den Parteien die Zahlung von 13 Euro vereinbart.

87 Etwa, um das Ansprechen Betroffener für Forschungszwecke zu ermöglichen, vgl. *Metschke*, Datenschutz in Wissenschaft und Forschung, Berlin 1994, S. 25 (Berliner DSB, Materialien zum Datenschutz, Heft 18).

melpfeng durch einen Germanisten aus den Worten „Auskunft“ und „Kauffahrtei“ gebildet[88] und sollte eigentlich als Bezeichnung für das Unternehmen Schimmelpfeng monopoliert werden, was aber misslang.

72 § 29 definiert den Begriff nicht,[89] sondern gibt lediglich zu erkennen, dass Auskunfteien personenbezogene Daten geschäftsmäßig zum Zweck der Übermittlung erheben, speichern oder verändern – was bei den anderen in Absatz 1 Satz 1 genannten Branchen ebenso der Fall ist, sodass es als alleiniges Definitionsmerkmal nicht ausreicht. Auch § 38 Abs. 1 Nr. 2 GewO erwähnt die Auskunfteien lediglich, ohne sie zu definieren. Ihm ist zu entnehmen, dass sie – wie die gleichfalls dort genannten Detekteien auch – „Auskunftserteilung über Vermögensverhältnisse und persönliche Angelegenheiten“ betreiben.

73 Als notwendige – aber für sich nicht hinreichende – Begriffselemente lässt sich somit festhalten, dass Auskunfteien

- personenbezogene Daten geschäftsmäßig zum Zweck der Übermittlung erheben, speichern oder verändern (Zweckkomponente), und
- dass diese Daten sich auf Vermögensverhältnisse und/oder persönliche Angelegenheiten der Betroffenen beziehen (Inhaltskomponente).

Die beiden genannten Komponenten finden sich beispielsweise auch bei Detekteien, sodass sie für sich allein nicht ausreichen, um Auskunfteien zu charakterisieren. Für letztere ist prägend, dass sie

- Auskünfte gewerbsmäßig gegen Entgelt erteilen[90] (Tätigkeitskomponente), und
- typischerweise (nicht notwendig ausschließlich) auf der Basis von Informationen arbeiten, die sie laufend und unabhängig vom Vorliegen einer konkreten Anfrage sammeln[91] (Datenbeschaffungskomponente).

74 Die genaue Zahl der in Deutschland existierenden Auskunfteien ist nicht bekannt. Dominiert wird der Markt von den drei Unternehmen Creditreform, Bürgel und Dun & Bradstreet Schimmelpfeng.[92]

Es gibt jedoch auch Auskunfteien, die in spezifischen Nischen tätig sind, wie das Beispiel der Austauschdienste für Protokolle mündlicher juristischer Staatsprüfungen zeigt.[93]

75 **4.3.2 Notwendigkeit gewerbsmäßiger Tätigkeit.** Gesonderte Betrachtung verdient die Frage, ob eine Auskunftei im Sinne des § 29 nur dann vorliegt, wenn eine gewerbsmäßige Tätigkeit festzustellen ist oder ob dieses Merkmal für den Begriff der Auskunftei im Sinne des § 29 irrelevant ist. Duhr[94] will offensichtlich zwei Auskunfteibegriffe unterscheiden:

- Bei der Auskunftei im Sinne des § 29 sei das Merkmal der Gewerbsmäßigkeit irrelevant.
- Eine Auskunftei im Sinne der Gewerbeordnung liege dagegen nur vor, wenn es sich um eine gewerbsmäßige Tätigkeit handele.[95]

Eine andere Position vertritt Peilert.[96] Er sieht als Auskunfteien von vornherein nur Einrichtungen, die gewerbsmäßig handeln.[97] Konsequenterweise behandelt er Kreditschutzgemeinschaften, zu denen er insbesondere auch die SCHUFA zählt, nicht als Auskunfteien.

76 Ein und denselben Begriff in zwei Rechtsvorschriften (hier: § 29 BDSG einerseits, § 38 Abs. 1 Nr. 2 GewO andererseits) unterschiedlich zu verstehen, ist prinzipiell denkbar und kommt auch sonst nicht selten vor. Um etwaige Wertungswidersprüche zu vermeiden, bedürfte eine solche Differenzierung allerdings der Begründung. Der Gesetzgeber hat den Begriff „Auskunftei“ bei seiner Aufnahme in das BDSG in der Rechtssprache bereits vorgefunden, ihn

---

88 *Peilert*, S. 77/78 m.w.N.
89 Unzutreffend *Duhr* in *Roßnagel*, Handbuch, Teil 7.5 Rdnr. 4.
90 *Peilert*, S. 62.
91 *Peilert*, S. 120.
92 Einzelheiten zur Geschichte und zur wirtschaftlichen Bedeutung dieser Unternehmen siehe *Peilert*, S. 102-105.
93 17. TB (2005) der *LDI NRW* Ziff. 13.3.
94 *Duhr* in *Roßnagel*, Handbuch, Teil 7.5 Rdnr. 4.
95 Dabei setzt sie „gewerbsmäßige Tätigkeit“ mit „kommerzieller Tätigkeit“ gleich, was die Diskussion mit einem schillernden Begriff belastet.
96 *Peilert*, S. 65.
97 Ebenda: „Die Gewerbsmäßigkeit ist für den Begriff der Auskunftei zwingendes Tatbestandsmerkmal“.

aber dennoch nicht definiert. Das spricht dafür, dass er ihn aus sich heraus für hinreichend klar hielt und dass er an das vorhandene Begriffsverständnis der Gewerbeordnung anknüpfen wollte. Letzteres schließt aber die Gewerbsmäßigkeit des Handelns mit ein, ist also vergleichsweise eng.

Gründe dafür, den Begriff im BDSG in einem weiteren Sinn zu verstehen, also auch nicht gewerbsmäßiges Handeln durch ihn zu erfassen, sind nicht zu erkennen. Im Gegenteil: § 29 als gesetzlicher Erlaubnistatbestand verschafft den von ihm erfassten Stellen in gewisser Weise ein Privileg. Soweit Stellen in seinen Anwendungsbereich fallen, können sie dank des § 29 in vielen Konstellationen darauf verzichten, die individuelle Einwilligung der jeweils Betroffenen einzuholen. Das erscheint gerade bei Auskunfteien nur gerechtfertigt, wenn sie der besonderen Überwachung gemäß § 38 GewO unterliegen. Diese besondere – über die allgemeinen Möglichkeiten des § 35 GewO hinausgehende – Überwachung wurde 1953 eingeführt, da man in der Tätigkeit von Auskunfteien ein besonderes Gefahrenpotenzial für Rechte Betroffener sah.[98] Letzteres ist durch die Möglichkeiten der EDV seither noch erheblich gewachsen.[99] Peilert[100] vertritt rechtspolitisch sogar die Auffassung, die Einführung einer Erlaubnispflicht für Auskunfteien sei geboten, da ihre Tätigkeit die Rechte Betroffener ganz erheblich tangieren könne.[101] 77

Es dient also dem Schutz der Betroffenen, wenn der Begriff der „Auskunftei" im Sinne von Absatz 1 möglichst eng gefasst und vorausgesetzt wird, dass sie gewerbsmäßig tätig sind. Ob verantwortliche Stellen, die dieses Kriterium nicht erfüllen, aber ansonsten funktional gesehen wie Auskunfteien tätig werden, sich gleichfalls auf das Privileg des § 29 berufen können, bleibt dann im Einzelfall gesondert zu prüfen. Ausgeschlossen ist das nicht, da der Wortlaut von Absatz 1 insoweit offen ist („insbesondere"). Andererseits wäre der bloße Hinweis, man fungiere in der Art einer Auskunftei, insoweit jedoch nicht ausreichend. Vielmehr muss insbesondere dargelegt werden, dass trotz der fehlenden besonderen behördlichen Überwachung auf der Basis der Gewerbeordnung die Rechte der Betroffenen ausreichend gewahrt sind (vor allem im organisatorischen Bereich bezüglich der Vorkehrungen zu Benachrichtigung und Auskunftserteilung). Dies lädt auch den Datenschutzaufsichtsbehörden für diesen Bereich eine besondere Verantwortung bei der Beurteilung dieser Fragen auf. 78

In diesen Überlegungen liegt kein Wertungswiderspruch dazu, dass für die anderen im Absatz 1 angesprochenen Wirtschaftszweige keine besondere behördliche Überwachung vorgesehen ist. Ihre Aktivitäten sind weit weniger geeignet, in Rechte der Betroffenen einzugreifen als die von Auskunfteien und von anderen Stellen, die funktional wie Auskunfteien tätig werden. Maßnahmen der Werbewirtschaft, des Adresshandels und der Markt- und Meinungsforschung können den Betroffenen typischerweise (das ist entscheidend!) „nur" belästigen; Maßnahmen von Auskunfteien sind dagegen tendenziell stark dazu geeignet, ihm schwer wirtschaftliche oder/und rufmäßige Schäden zuzufügen oder gar seine Existenz in diesen Hinsichten zu vernichten. 79

Aus dem Gesagten folgt, dass Kreditschutzgemeinschaften[102] oder Warndienste[103] wie die SCHUFA (ursprünglich „Schutzgemeinschaft für Absatzfinanzierung")[104] dem Begriff der Auskunftei nicht unterfallen. Das passt auch zu dem historischen Befund, dass sich solche Institutionen ursprünglich regelrecht in Konkurrenz zu den Auskunfteien entwickelt haben, was am Beispiel der SCHUFA besonders deutlich wird.[105] § 29 kann aber dennoch auf ihre Tätigkeit anzuwenden sein.[106] 80

98 *Peilert*, S. 555/556 (mit Ausführungen zur Vorgeschichte dieser Regelung zurück bis zum Jahr 1900).
99 Ebenda, S. 558
100 Ebenda, S. 673.
101 Ebenda, S. 673: „Es ist kaum ein Beruf denkbar, der so weitgehende Kenntnisse voraussetzt, deren Nichtvorhandensein zu derart tiefen Eingriffen in die Rechte anderer führen kann …".
102 Begriff etwa bei *Peilert*, S. 65.
103 Begriff z.B. bei *Gola/Schomerus*, BDSG § 29 Rdnr. 7.
104 *Beckhusen*, S. 23, 25 je m.w.N.
105 Ebenda, S. 26.
106 Siehe dazu Rdnr. 109 ff.

4.4 Markt- und Meinungsforschung

81 **4.4.1 Meinungsforschung.** Die beiden Begriffe hängen eng zusammen, wobei die Marktforschung ein Anwendungsfeld der Meinungsforschung darstellt.[107]

82 Die Meinungsforschung (Demoskopie, Umfrageforschung) ist ein sozialwissenschaftliches Verfahren, das Meinungen (Einstellungen, Stimmungen, Wünsche) der Gesamtbevölkerung oder von Teilen der Gesamtbevölkerung ermittelt. An die Erhebung von Primärdaten (Basisdaten), die mittels (persönlicher, schriftlicher oder telefonischer) Befragung erfolgt, schließt sich deren statistische Auswertung und daran wiederum die Interpretation der gewonnenen Sekundärdaten an.

83 Das Verfahren der Meinungsforschung kann ganz unterschiedlichen Zwecken dienen, sei es rein wissenschaftlichen (etwa durch eine Befragung zur Ernährungsgewohnheiten), politischen (Beispiel: Wahlforschung) oder auch wirtschaftlichen. Letzteres ist bei der im Gesetz gesondert hervorgehobenen Marktforschung der Fall.

84 Das Gesetz schließt keinen Zweck von vornherein aus. Die Art des verfolgten Zwecks kann jedoch erheblichen Einfluss darauf haben, welches Gewicht etwaigen schutzwürdigen Interessen des Betroffenen im Rahmen von Absatz 1 Satz 1 zukommt. Schon aus diesem Grund kann nicht dahinstehen, welchen konkreten Zweck eine Meinungsforschungsaktivität verfolgt.

85 Bedeutsame Unternehmen der Meinungsforschung (meist als „Meinungsforschungsinstitute“ bezeichnet, was von ihrer kommerziellen Zielsetzung ablenken und sie unzutreffend in die sprachliche Nähe universitärer Forschungsinstitute rücken kann) sind Infratest-dimap, TNS-Emnid, Forsa und das Institut für Demoskopie Allensbach. Die Gesellschaft für Konsumforschung (GfK) in Nürnberg widmet sich eher dem Spezialgebiet Marktforschung.
Eine Reihe von Hochschuleinrichtungen führt ebenfalls entsprechende Arbeiten durch, teils mit dem Hauptziel realitätsnaher Ausbildung, teils steht jedoch auch hauptsächlich zur Gewinnung finanzieller Mittel. Zumindest im letzteren Fall spricht nichts dagegen, § 29 anzuwenden, wenn die Anwendungsvoraussetzungen des § 1 Abs. 2 Nr. 3 BDSG erfüllt sind.

86 **4.4.2 Marktforschung.** Mit „Markt“ ist im Rahmen es Begriffs „Marktforschung“ meist ein Absatzmarkt gemeint,[108] auf dem durch Erforschen von Konsumentenbedürfnissen Marktlücken oder Marktnischen gefunden werden sollen.[109] Marktforschung kann aber auf allen Märkten stattfinden, die ein Unternehmen betreffen, also etwa auch auf dem Kapitalmarkt, dem Beschaffungsmarkt und dem Personalmarkt.[110] Das Gesetz versteht den Begriff in diesem weiten Sinn. Marktforschung findet mittels Verfahren der Meinungsforschung statt und verfolgt zumindest mittelbar stets einen wirtschaftlichen Zweck. Das Gesetz akzeptiert dies.

87 **4.4.3 Privilegierung bei Auskünften aus Einwohnermelderegistern.** Unternehmen der Markt- und Meinungsforschung sind bei der Datenbeschaffung aus öffentlichen Registern, insbesondere aus den Einwohnermelderegistern, teils erheblich privilegiert. Nach Bundesrecht (§ 21 Abs. 3 MRRG) darf eine Gruppenauskunft (Melderegisterauskunft über eine Vielzahl nicht namentlich bezeichneter Einwohner) nur erteilt werden, soweit sie im öffentlichen Interesse liegt. Die Meldegesetze der Länder[111] pflegen diese Regelung wörtlich zu übernehmen und dann in Verwaltungsvorschriften – die in diesem Punkt bundeseinheitlich abgestimmt sind – dahin auszulegen, dass das „öffentliche Interesse“ bei Unternehmen der Markt- und Meinungsforschung in relativ großzügiger Weise zu bejahen ist.[112] Dabei wurde sogar ein eigener Verwaltungsablauf etabliert, bei dem die für den Sitz des Unternehmens zuständige Landesbehörde – nach rechtlicher Prüfung – eine „Unbedenklichkeitsbescheinigung“ ausstellt, die bundesweit vorgelegt werden kann und in der Regel dazu führt, dass gewünschte

---

107 Meyers Großes Universallexikon in 15 Bänden, Band 9 Ma-Nd, Mannheim 1983, Stw „Meinungsforschung“; www.wikipedia.de, Artikel „Meinungsforschung“ (Stand 10.5.2005).
108 www.wikipedia.de, Artikel „Marktforschung“ (Stand 10.5.2005).
109 Meyers Großes Universallexikon (FN 107), Stw. „Marktforschung“.
110 Ebenda.
111 Etwa § 32 Abs. 3 Satz 1 MeldeG Ba-Wü, Art. 34 Abs. 3 Satz 1 MeldG BY.
112 Siehe dazu *Ehmann*, Mit Meldedaten richtig umgehen, S. 130/131; kritisch *Belz*, Meldegesetz für Baden-Württemberg, 3. Aufl., Stuttgart 1987, § 32 Rdnr. 74, der die Verwaltungsvorschriften als zu großzügig tadelt.

Gruppenauskünfte ohne erneute rechtliche Prüfung erteilt werden. Eine kritische Diskussion dieser Abläufe findet in der Datenschutzliteratur nicht statt. Die Tatsache, dass sie seit Jahrzehnten etabliert und akzeptiert sind, ist ein Indiz dafür, dass die Interessen der betreffenden Unternehmen hoch gewichtet werden. § 29 würde hinsichtlich der Markt- und Meinungsforschung weitgehend leer laufen, wenn die Einwohnermelderegister als Datenquelle nicht zur Verfügung stünden. Dort gewonnene Daten bilden die Basis der meisten Befragungen.

4.5 Werbung

4.5.1 Notwendigkeit einer Definition. Das BDSG verwendet den Begriff außer in Absatz 88
2 Satz 1 Nr. 1b auch noch in § 28 Abs. 3 Nr. 3, definiert ihn aber weder hier noch dort. Auch die Literatur[113] scheint in der Regel davon auszugehen, man könne ihn ohne Definition als gegeben voraussetzen. Wie fragwürdig dies ist, zeigt Erwägungsgrund 30 der EG-Datenschutzrichtlinie.[114] Während die Richtlinie selbst den Begriff überhaupt nicht erwähnt, ist dort differenziert zwischen der „kommerziellen Werbung" einerseits und der „Werbung von Wohltätigkeitsverbänden" sowie der Werbung von „anderen Vereinigungen oder Stiftungen z.B. mit politischer Ausrichtung" andererseits. Diese Differenzierung erfolgt in Bezug auf die in Art. 7 lit. f EG-Datenschutzrichtlinie als Grundlage für die Zulässigkeit einer Verarbeitung vorgeschriebene Abwägung zwischen dem berechtigten Interesse des für die Verarbeitung Verantwortlichen und dem Interesse sowie den Grundrechten und den Grundfreiheiten des Betroffenen. Welchen Inhalt der Begriff hat, kann vor diesem Hintergrund wesentliche Folgen dafür nach sich ziehen, ob eine Verarbeitung zulässig ist oder nicht. Es erscheint deshalb geboten, eine nähere Definition anzustreben.

4.5.2 Kommerzielle und ideelle Werbung. Die in Erwägungsgrund 30 angeführten Bei- 89
spiele belegen deutlich, dass der Begriff schillert. „Die Werbung" als Abstraktum gibt es im Datenschutzrecht nicht, sondern immer nur konkret eine „Werbung für etwas". Die konkrete Finalität einer Werbeaktivität ist für das Datenschutzrecht wesentlich.

In der allgemeinen Rechtssprache wird der Begriff „Werbung" üblicherweise auf das verengt, 90
was Erwägungsgrund 30 als „kommerzielle Werbung" umschreibt. So formuliert etwa ein Rechtslexikon: „Werbung ist die Anpreisung von Waren und Dienstleistungen" und zwar zum Zweck der Absatzförderung.[115] Ähnlich wird der Begriff im Wettbewerbsrecht interpretiert, üblicherweise[116] in Anknüpfung an die „Irreführungsrichtlinie" 84/450/EG. Ihr zufolge bedeutet Werbung „jede Äußerung bei der Ausübung eines Handels, Gewerbes, Handwerks oder freien Berufs mit dem Ziel, den Absatz von Waren oder die Erbringung von Dienstleistungen, einschließlich unbeweglicher Sachen, Rechte und Verpflichtungen zu fördern". Im Rundfunkrecht erfasst der Begriff Waren- oder Dienstleistungsangebote, die an die Öffentlichkeit gerichtet sind (§ 2 Abs. 2 Nr. 5 und Nr. 8 RStV).[117]

Es steht außer Frage, dass Absatz 2 Satz 1 Nr. 1b die so oder ähnlich umschriebene kommer- 91
zielle Werbung erfasst. Auch ist verständlich, dass sie in der Literatur angesichts ihrer erheblichen wirtschaftlichen Bedeutung ganz im Vordergrund steht.[118] Abs. 2 Satz 1 Nr. 1b beschränkt seine Geltung jedoch nicht auf diese Art von Werbung. Zwar spricht viel dafür, dass der Gesetzgeber ursprünglich vor allem sie im Auge hatte. So verweist etwa eine Kommentierung des BDSG 1977 darauf, Werbung sei ein unentbehrlicher Bestandteil unseres Wirtschaftssystems[119] und versteht dabei unter Werbung erkennbar nur die kommerzielle Werbung.[120] In der Amtlichen Begründung zum Regierungsentwurf für das BDSG 1977, auf

---

113 Siehe etwa *Gola/Schomerus*, BDSG § 28 Rdnr. 54 und § 29 Rdnr. 26; *Hermerschmidt*, MMR 2005, 155, 157.
114 Siehe *Ehmann/Helfrich*, EG-Datenschutzrichtlinie Art. 7 Rdnr. 30.
115 *Tilch/Arloth*, Deutsches Rechts-Lexikon, 3. Aufl., München 2001, Band 3 Stw. „Werbung".
116 *Baumbach/Hefermehl*, Wettbewerbsrecht, 23. Aufl., München 2004, § 5 UWG Rdnr. 2.11 m.w.N.
117 Siehe dazu *Kloepfer*, Informationsrecht § 14 Rdnr. 56 – 61 m.w.N.
118 Bezeichnend insoweit die Darstellung bei *Breinlinger* in *Roßnagel*, Handbuch Teil 7.6, die sich bewusst auf diesen Aspekt beschränkt, obwohl die Verf. (siehe dort Rdnr. 1) sehr klar sieht, dass der Begriff an sich deutlich weiter zu fassen ist.
119 *Ordemann/Schomerus*, BDSG 2. Aufl. 1978, § 11 Anm. 1.2 (S. 119).
120 Ebenda, § 32 Anm. 3 (S. 242).

dessen § 24 Abs. 3, § 32 Abs. 3 BDSG 1977, der Vorläufer von Abs. 2 Nr. 1b zurückgeht, findet sich die Aussage, die Regelung solle „den Bedürfnissen der Werbewirtschaft" Rechnung tragen,[121] was ebenfalls auf die kommerzielle Werbung zielt. Insofern spricht vieles dafür, dass das BDSG 1990, als es im Abs. 2 Nr. 1b erstmals den Begriff „Werbung" einführte (die Vorläuferbestimmung des § 32 Abs. 3 BDSG 1977 enthielt ihn noch nicht), gerade daran anknüpfen wollte.

92 Diese Aspekte können jedoch für die Interpretation des Begriffs im geltenden BDSG nicht ausschlaggebend sein, zumal sie im Gesetz selbst keinen Niederschlag gefunden haben. Unter Werbung ist vielmehr – dem allgemeinen Sprachgebrauch entsprechend[122] jede absichtliche Beeinflussung menschlicher Willensentschließung und Meinungsbildung zu verstehen. Sie kann wirtschaftliche, aber auch ideelle (politische, kulturelle, religiöse) Ziele verfolgen. Für ein Produkt oder eine Dienstleistung kann ebenso geworben werden wie etwa für eine Partei.[123] Der Begriff „Wahlwerbung" ist allgemein üblich.[124]

93 **4.5.3 Werbung durch öffentliche Stellen.** Auch eine öffentliche Stelle kann in diesem Sinn Werbung treiben, um Betroffene zur Erfüllung von ihnen gesetzlich vorgegebenen Pflichten anzuhalten. Dass für solche Vorgehensweisen meist der Begriff „Öffentlichkeitsarbeit" verwendet wird, liegt lediglich daran, dass viele ihn als vornehmer klingend empfinden. Die gegenteilige Auffassung[125] geht von einer unzulässig verengten Palette staatlicher Handlungsmöglichkeiten aus. Die Vorstellung, die Erfüllung gesetzlicher Pflichten sei eben „ggf. mit Zwangsmaßnahmen" durchzusetzen,[126] kollidiert zudem mit dem Verhältnismäßigkeitsprinzip: Soweit zumindest in einem nennenswerten Teil der Fälle eine individuell adressierte werbliche Ansprache zu einem gesetzeskonformen Verhalten führt, ist ein Rückgriff auf Zwangsmaßnahmen, die stets nur eine Ultima Ratio darstellen können, nicht erforderlich.

94 **4.5.4 Beschränkung auf individuelle werbliche Ansprache.** Keine zusätzlichen Aufschlüsse für den Inhalt des Begriffs „Werbung" liefert seine – auf die Schuldrechtsreform zurückgehende – Erwähnung an zwei Stellen im BGB (§§ 434 Abs. 1 Satz 3, 443 Abs. 1 BGB). Dort erfasst er nach dem konkreten Kontext (Sachmängelhaftung) nur Angaben gegenüber einem unbestimmten Personalkreis, welche die Beschaffenheit eines Kaufgegenstandes betreffen.[127] Demgegenüber meint „Werbung" vorliegend von vornherein nur Aussagen gegenüber namentlich bestimmten oder bestimmbaren Personen, da es um Übermittlung von personenbezogenen Daten für Zwecke der Werbung geht. § 29 meint nur Formen der Werbung, bei denen eine individuelle Einzelansprache von Betroffenen erfolgt, also namentlich adressierte Werbung, da § 29 ausdrücklich nur personenbezogene Daten erfasst. Für diese Formen der Werbung wird meist der Begriff „Direktmarketing" benutzt.[128]

95 Es wendet sich häufig an den privaten Endverbraucher. Das ist jedoch nicht zwingend. Insbesondere ist es irrelevant, ob es sich beim Adressaten der Werbung um einen Verbraucher im Sinne von § 13 BGB handelt. Entscheidend ist allein der Personenbezug, nicht dagegen der – möglicherweise auch berufliche oder gewerbliche – Zweck, dem ein Rechtsgeschäft dient, das möglicherweise ausgelöst durch die Werbung zustande kommt.

96 **4.5.5 Werbliche Ansprache juristischer Personen.** § 29 erfasst auch namentlich adressierte Werbung gegenüber juristischen Personen, sofern deren Daten auch als Daten der „dahinterstehenden" natürlichen Person anzusehen sind.[129] Die Anwendbarkeit des BDSG und

---

121 *Auernhammer*, BDSG 1. Aufl. 1977, § 32 Rdnr. 12 unter Bezugnahme auf BT-Drs. 7/1027, S. 30.
122 Siehe Meyers Großes Universallexikon (FN 107) Stw. „Werbung".
123 Siehe Duden, Deutsches Universalwörterbuch, 5. Aufl., Mannheim 2003, Stw. „werben".
124 § 22 Abs. 1 MRRG, der es den Meldebehörden erlaubt, Parteien zu diesem Zweck Auskunft über bestimmte Daten von Einwohnern zu erteilen, verwendet den Begriff gleichwohl nicht.
125 *Hermerschmidt*, MMR 2005, 155, 159.
126 Ebenda.
127 *Westermann* in Münchener Kommentar zum Bürgerlichen Gesetzbuch, Band 3, München 2004, § 434 Rdnr. 22.
128 Siehe dazu und zu verwandten Begriffsbildungen wie „Direktvertrieb" und „Direktwerbung" *Mattke*, S. 56-62, ferner *Breinlinger* in *Roßnagel*, Handbuch Teil 7.6 Rdnr. 1.2.
129 Siehe dazu schon BGH, NJW 1986, 2505 (Daten über eine Einmann-GmbH als Daten des alleinigen Gesellschafter-Geschäftsführers) sowie daran anschließend BGH, NJW 2003, 2904.

damit der Regelung des § 29 lässt sich also nicht ohne weiteres dadurch ausschließen, dass ein Verzeichnis von Daten gebildet wird, welche sich äußerlich – formal nur auf juristische Personen beziehen.

5. Weitere der Regelung unterfallende Wirtschaftszweige

5.1 Methodische Vorüberlegungen

Um zu ermitteln, welche Branchen bzw. Unternehmen außer den in Absatz 1 Satz 1 ausdrücklich genannten von dieser Vorschrift noch erfasst werden, bedarf es zunächst einiger methodischer Vorüberlegungen: 97

- Entscheidender Maßstab ist der Geschäftszweck der Unternehmen, denn er ist als „Zweck" im Gesetz angesprochen.
- Zu suchen ist nach dem „kleinsten gemeinsamen Nenner" der vier im Gesetz ausdrücklich genannten Begriffe „Werbung", „Tätigkeit der Auskunfteien", „Adresshandel" sowie „Markt- und Meinungsforschung" in Bezug auf das, was den Geschäftszweck von Unternehmen dieser Branchen charakterisiert. Dieser kleinste gemeinsame Nenner muss bei den Unternehmen (wieder) zu finden sein, die sonst noch von der Bestimmung erfasst sein sollen, denn nur dann kann sie ihre zwecklimitierende und -konkretisierende Funktion erfüllen.
- Als kleinster gemeinsamer Nenner reicht es nicht aus, wenn die im Gesetz genannte Voraussetzung „zum Zweck der Übermittlung" erfüllt wird. Sie ist notwendige Bedingung (da im Gesetz genannt) aber nicht hinreichend, da die erforderliche Konkretisierung und Limitierung der zulässigen Zwecke sonst nicht erreicht würde. Es müssen also weitere Voraussetzungen hinzukommen.

Geht man von diesem methodischen Ansatz aus, so lässt sich der gesuchte kleinste gemeinsame Nenner wie folgt charakterisieren: 98

- Geschäftszweck aller vom Gesetz erfassten Stellen ist es, gezielt Daten über natürliche Personen zu gewinnen und/oder diese unmittelbar anzusprechen.
- Zum Geschäftszweck gehört es, die gewonnenen oder vorhandenen Daten im Rechtssinn zu übermitteln (§ 3 Abs. 4 Satz 2 Nr. 3). Dies kann ohne oder nach einer Veränderung der Daten geschehen.
- Der Geschäftszweck darf ohne solche Übermittlungen nicht erreicht werden können. Dies ergibt sich schon aus Art. 6 Abs. 1 lit. c EG-Datenschutzrichtlinie, wonach personenbezogene Daten für die Zwecke, für die sie erhoben und/oder weiterverarbeitet werden, erheblich sein müssen und nicht darüber hinausgehen dürfen.[130]
- Die Tätigkeit muss es ihrer Art nach erfordern, voraussichtlich Übermittlungen nicht nur in Einzelfällen, sondern in einer Vielzahl von Fällen durchzuführen. Ansonsten würde die durch § 29 eingeräumte Befugnis in dieser Hinsicht über den Zweck der Erhebung und/oder Weiterverarbeitung hinausgehen.
- Es müssen Organisationsstrukturen vorhanden sein, die eine Berücksichtigung der materiellen Datenschutzanforderungen ermöglichen, einschließlich der im Gesetz genannten Dokumentations- bzw. Stichprobenpflichten. Denn es wäre ein Verstoß gegen Treu und Glauben, wenn sich eine Stelle auf die Befugnis des § 29 berufen wollte, ohne von den Organisationsstrukturen her Vorkehrungen für die Einhaltung der damit verbundenen Pflichten zu treffen.
- Keine Rolle spielt es dagegen, ob die Übermittlung entgeltlich oder unentgeltlich erfolgt. Die Übermittlung kann prinzipiell jedem Zweck dienen, der nicht rechtswidrig ist. Dazu gehören auch wirtschaftliche Zwecke. Die Übermittlung kann sich ferner prinzipiell auch auf sensitive Daten beziehen.

130 Zur Interpretation dieser Voraussetzungen siehe *Dammann/Simitis*, EG-Datenschutzrichtlinie, Art. 6 Rdnr. 11.

99 Sollte eine Stelle die vorstehend geschilderten Voraussetzungen nicht erfüllen, unterfällt sie nicht § 29 und kann die darin enthaltenen Erlaubnistatbestände nicht in Anspruch nehmen. Ob dies zu Unrecht dennoch geschieht, können die Aufsichtsbehörden nachprüfen (§ 38 Abs. 1).

5.2 Detekteien

100 § 38 Satz 1 Nr. 4 GewO enthält für Detekteien und Auskunfteien ein und dieselbe, für sich allein nicht aussagekräftige[131] Legaldefinition. Der Tätigkeitsbereich von Einrichtungen, die sich als Detekteien bezeichnen[132] oder im Sinne des allgemeinen Begriffsverständnisses als solche tätig sind, ist ungewöhnlich schillernd.[133] Meist geht es um Ermittlungstätigkeiten, die sich auf einen konkreten einzelnen Fall (etwa durch die Beschaffung von Beweismitteln bei konkretem Verdacht) oder eine kriminogene Situation (etwa durch die Aufdeckung von Ladendiebstählen) beziehen. Einheitlich definieren lässt sich das Tätigkeitsfeld von Detekteien nicht, weshalb die Literatur beim Versuch einer Definition teils offen kapituliert.[134]

101 Das hat vielfach seit jeher[135] nicht daran gehindert, sie unreflektiert in einem Zuge mit Auskunfteien zu nennen und für sie den Anwendungsbereich des § 29 gewissermaßen automatisch als eröffnet anzusehen.[136] Jedenfalls für das geltende BDSG ist das abzulehnen. Es ist keinesfalls die Regel, sondern eher die Ausnahme, dass die Tätigkeit einer Detektei es ihrer Art nach erfordert, Datenübermittlungen nicht nur in Einzelfällen, sondern voraussichtlich in einer Vielzahl von Fällen durchzuführen. Denn typisch für sie ist die Tätigkeit im konkreten Einzelfall. So richtig es daher ist, dass (nur) individuell über die Anwendbarkeit des § 29 auf Detekteien entschieden werden kann,[137] wird man doch als Faustregel festhalten können, dass die Bestimmung auf Detekteien typischerweise gerade nicht anwendbar ist.

5.3 Rechenzentren

102 Als Beispiel für geschäftsmäßige Datenverarbeitung zu Übermittlungszwecken nennt Koch[138] den „Rechenzentrumsbetrieb", andere[139] sprechen in diesem Zusammenhang die „Servicerechenzentren" an. Schneider[140] erwähnt § 29 im Rahmen des Outsourcing für Fälle, in denen mehrere rechtlich selbstständige Stellen ihre Informationsfunktionen in ein Drittunternehmen auslagern und sie durch dieses wahrnehmen lassen, ohne dass dort die Daten den einzelnen auslagernden Stellen noch eindeutig zugeordnet werden können. Näher ausgeführt sind diese Hinweise jeweils nicht, lediglich Schneider macht zumindest deutlich, dass § 29 beim „übernehmenden Unternehmen" (nicht also beim „abgebenden Unternehmen") in Erwägung zu ziehen ist.

103 Die Aufgaben, die von (Service-)Rechenzentren übernommen werden und die Modalitäten, die dabei zwischen den Beteiligten vereinbart werden, sind höchst unterschiedlich,[141] die dabei jeweils verwendete Terminologie schwankt in ungewöhnlich starker Weise.[142] Die

---

131 *Peilert*, S. 63.

132 Nach Peilert S. 62/63 einschließlich FN 66 wird die Bezeichnung aufgrund des schlechten Images der Branche häufig bewusst vermieden und durch neutrale Begriffe wie „Sicherheitsberater" usw. ersetzt.

133 Vgl. die Analyse von *Peilert*, S. 147 – 159; sowie *ders.*, Rechtsgutachten, S. 20 f., 27 ff.; instruktiv auch TB Berlin 2004, Ziff. 3.3.

134 *Frormann*, Wirtschaftsauskunfteien, 9.9: „Die Tätigkeit der Wirtschaftsauskunftei und damit ihrer Rechercheure hört meistens dort auf, wo die Tätigkeit der Detektei und ihrer Angestellten beginnt."

135 *Auernhammer*, BDSG 1. Aufl. 1977, § 31 Rdnr. 4.

136 *Bergmann/Möhrle/Herb*, § 29 BDSG 1990, § 29 Rdnr. 9; *Gola/Schomerus*, § 29 Rdnr. 6. Im Ergebnis („in der Regel") ebenso TB, Berlin 2004, Ziff. 3.3.

137 *Duhr* in *Roßnagel*, Handbuch Teil 7.5 Rdnr. 6.

138 *Koch*, Datenschutzhandbuch, 2. Aufl., Rdnr. 452.

139 *Bergmann/Möhrle/Herb*, § 29 BDSG 1990 Rdnr. 9 sowie (bei der Erörterung des Begriffs „geschäftsmäßig") § 27 BDSG 1990 Rdnr. 42.

140 *Schneider*, Handbuch des EDV-Rechts, 3. Aufl., Köln 2003, Teil B Rdnr. 199 (Outsourcing) und 200 (Erwähnung von § 29).

141 Besonders instruktiv dazu aus der Sicht des Vertragsrechts Schneider, (FN 140), Teil M, Ziff. I „Rechenzentrumsverträge" (Rdnr. 1-101).

142 Siehe ebenda sowie – ausgehend von „Outsourcing" als Oberbegriff – *Heymann* CR 2000, 23.

Begriffe „Rechenzentrum“ und „Service-Rechenzentrum“ sind ebenso wenig gesetzlich definiert wie das Schlagwort „Outsourcing“[143] und müssen deshalb in jedem einzelnen Fall in die Begrifflichkeit des BDSG eingeordnet werden.[144]

Für § 29 sind von vornherein nur Fälle potenziell relevant, denen kein Auftragsverhältnis im **104** Sinne des § 11 zugrunde liegt, denn soweit § 11 anwendbar ist, fehlt es im Verhältnis der beteiligten Stellen in der Sichtweise des BDSG an Übermittlungen personenbezogener Daten, die durch § 29 legitimiert werden könnten.[145] Sofern man also – ein durchaus denkbares Begriffsverständnis – unter einem „Service-Rechenzentrum“ lediglich eine Einrichtung versteht, die als Auftragsnehmer im Sinne des § 11 tätig wird,[146] spielt § 29 insoweit keine Rolle.

Demgegenüber kann § 29 stets in Betracht kommen, wenn ein Fall der Funktionsübertragung **105** vorliegt. Denn dann stellt sich nicht nur die oft und umfassend diskutierte Frage, auf welcher rechtlichen Basis (meist § 28) die Daten vom Outsourcing-Geber zum Outsourcing-Nehmer übermittelt werden, sondern auch, wie die Übermittlung in der Gegenrichtung vom Outsourcing-Nehmer zum Outsorcing-Geber zu legitimieren ist.[147] Hierfür schlicht auf § 28 zu verweisen,[148] deckt bei weitem nicht alle Konstellationen ab, zumal – gegen eher wenige Stimmen in der Literatur[149] – die deutliche Tendenz besteht, den Anwendungsbereich der Auftragsdatenverarbeitung sehr einzuengen und damit den der Funktionsübertragung auszudehnen.[150]

Typischerweise werden sich Rechenzentren bei solchen Konstellationen auf § 29 stützen **106** können, wenn funktional gesehen der Zweck ihrer Tätigkeit darin besteht, Daten für eine oder mehrere Stellen zu verarbeiten – was an sich in Richtung § 11 zielt – sie sich jedoch auf die Privilegien des § 11 allein deshalb nicht berufen können, weil wegen der Komplexität der von ihnen zu erledigenden Aufgaben inhaltlich keine bloße „Hilfsfunktion“ mehr vorliegt. Dies gilt auch in Bezug auf Personaldaten und auch innerhalb von Konzernstrukturen und ist letztlich die notwendige Konsequenz aus der weithin üblichen übermäßigen Einengung des Anwendungsbereichs von § 11.

Außer Frage steht dies bei den von Schneider[151] beschriebenen – wohl eher seltenen – Kon- **107** stellationen, in denen das Rechenzentrum die ihm von mehreren Stellen übermittelten Daten den übermittelnden Stellen nicht mehr eindeutig zuordnen kann. Denn diese Situation darf natürlich nicht darauf zurückgehen, dass Daten mutwillig vermischt werden, sondern muss sich als zwingende Folge aus der Aufgabenstellung des Rechenzentrums ergeben, was nur selten vorstellbar erscheint.

Die Voraussetzungen des § 29 werden sehr oft jedoch auch dann erfüllt sein, wenn eine solche **108** Zuordnung sehr wohl möglich bleibt und die Daten – möglicherweise sogar aufgrund vertraglicher Vereinbarung der beiden beteiligten Stellen – stets nur an die Stelle übermittelt werden, von der die Ausgangsdaten stammen. Das Merkmal des Absatz 1 „zum Zweck der Übermittlung“ ist auch in diesem Fall gegeben. § 29 gelangt nicht nur dann zur Anwendung, wenn ein– und dieselben Daten potenziell an mehrere oder viele Adressaten übermittelt werden, sondern auch, wenn von vornherein feststeht, dass eine Übermittlung allenfalls an einen einzigen Adressaten erfolgen wird, allerdings in einer größeren Zahl von Fällen.

---

143 Instruktiv dazu *Müthlein/Heck*, Outsourcing und Datenschutz, S. 4 ff., die sogar („internes Outsourcing“) Vorgänge innerhalb einer speichernden Stelle dem Begriff unterfallen lassen. Dieser Sprachgebrauch ist keineswegs unüblich.

144 *Tinnefeld/Ehmann/Gerling*, Datenschutzrecht, S. 406.

145 Siehe oben Rdnr. 20.

146 *Drews/Kassel/Leßenich*, Lexikon Datenschutz und Informationssicherheit (4. A. 1993) Stw. „Service-Rechenzentrum“.

147 Klar formuliert („eine zentrale Fragestellung“), wenn auch kaum beantwortet bei *Müthlein/Heck*, Outsourcing, S. 39/40; völlig übergangen von IM Ba-Wü Hinweis Nr. 32 (1994), Ziff. 2 „Ausgliederung einer DV-Organisationseinheit als selbständiges Unternehmen.“

148 So *Gola/Schomerus*, 8. Aufl., § 27 Rdnr. 5.

149 Siehe *Eul* in *Roßnagel*, Handbuch, Teil 7.2 Rdnr. 12; *Tinnefeld/Ehmann/Gerling*, Datenschutzrecht, S. 404/405.

150 Stichwort „bloße Hilfsfunktion“ als Auftragsinhalt, vgl. etwa *Hoeren* in *Roßnagel*, Handbuch, Teil 4.6 Rdnr. 96-99.

151 Siehe oben Rdnr. 102.

5.4 Warndienste und Kreditschutzgemeinschaften

109 **5.4.1 Abgrenzung zu Auskunfteien.** Diese Einrichtungen unterscheiden sich von den Auskunfteien dadurch deutlich, dass sie nicht gewerblich tätig sind.[152] Keine rechtlichen Auswirkungen hat es dagegen, dass sie auf der Basis des Gegenseitigkeitsprinzips arbeiten[153] („Daten erhält nur, wer auch Daten liefert" – do ut des); § 29 stellt auf dieses Merkmal nicht ab. Auch dass sie den Charakter von Selbsthilfeeinrichtungen haben, ist aus diesem Grund ohne Belang und liefert für sich allein keinerlei datenschutzrechtliche Legitimationsgrundlage. Für diese Einrichtungen ist – und das ist für § 29 ausschlaggebend – typisch, dass sie

- den Zweck haben, Daten über das wirtschaftliche Verhalten und/oder die Zahlungsfähigkeit natürlicher Personen zu gewinnen,
- dies in der Absicht tun, diese Daten gegebenenfalls an anfragende Mitglieder zu übermitteln,
- ansonsten den angestrebten Zweck ihrer Tätigkeit – nämlich die Abwehr wirtschaftlicher Risiken für die Mitglieder – nicht erreichen könnten, und
- über Organisationsstrukturen (insbesondere Dokumentationssysteme) verfügen, die die Berücksichtigung der datenschutzrechtlichen Vorgaben sichern.

110 Damit erfüllen sie die Voraussetzungen für eine Anwendbarkeit des § 29. Darauf, ob sie auf Gewinnerzielung gerichtet tätig sind, kommt es insoweit nicht an,[154] da § 29 dieses Merkmal nicht nennt. Das Fehlen einer solchen Absicht hindert lediglich daran, sie als Auskunfteien einzustufen, nicht aber daran, § 29 anzuwenden.[155]

111 **5.4.2 Einordnung der SCHUFA.** Die Frage, ob die SCHUFA als Auskunftei[156] oder aber als Kreditschutzgemeinschaft[157] anzusehen ist, lässt sich deshalb nicht mehr eindeutig beantworten, da sie inzwischen nicht nur rein tatsächlich nennenswerte Gewinne erwirtschaftet,[158] sondern auch offensiv neue Geschäftsfelder zu erschließen sucht. Manches spricht dafür, dass jedenfalls seit Gründung der SCHUFA Holding AG im Jahr 2000 eine Gewinnerzielungsabsicht und darauf aufbauend auch eine gewerbliche Tätigkeit vorliegt. Die AG wäre dann datenschutzrechtlich als Auskunftei einzustufen. Letztlich wird darüber das künftige Geschäftsgebaren entscheiden.

112 **5.4.3 Branchengebundene und branchenübergreifende Einrichtungen.** Rechtstatsächlich ist bei den Warndiensten und Kreditschutzgemeinschaften zwischen branchengebundenen und nicht branchengebundenen Einrichtungen zu unterscheiden.[159]

„Branchengebunden" bedeutet dabei, dass sich die Tätigkeit auf einen einzelnen mehr oder weniger breit gefassten Wirtschaftsbereich bezieht (etwa auf die Autovermieterbranche, die Uhren- und Schmuckindustrie, die Vermieter von Wohnungen[160] usw.).

Als „nicht branchengebunden" gelten Einrichtungen, die sich mit mehreren Branchen befassen, in der Regel mit allen, die wirtschaftlich gesehen Kredit gewähren. Prominentestes Beispiel einer solchen Einrichtung ist die SCHUFA.

113 Die beschriebene Differenzierung beruht zunächst auf wirtschaftlichen Überlegungen: Eine Einrichtung entscheidet nach betriebswirtschaftlichen Kriterien, in welcher Branche ein Bedarf für ihre Tätigkeit besteht, dessen Deckung voraussichtlich zumindest kostendeckend möglich ist. Dies ist jedoch nur ein Aspekt. Hinzu kommt, dass unterschiedliche Unternehmen

---

152 Siehe oben Rdnr. 75 ff.
153 Ausführlich dazu am Beispiel der SCHUFA *Beckhusen*, S. 43/44.
154 Siehe *Mallmann*, Voraufl., § 29 Rdnr. 7 und oben 52.
155 Zu undifferenziert *Duhr* in *Roßnagel*, Handbuch, Teil 7.5 Rdnr. 4 da sie unzutreffend (siehe dazu schon Rdnr. 72) davon ausgeht, Abs. 1 definiere den Begriff der Auskunftei.
156 So etwa *Duhr* in *Roßnagel*, Handbuch, Teil 7.5 passim (s. etwa Rdnr. 2, 7, 12); *Auernhammer*, BDSG, § 29 Rdnr. 3; unklar *Frormann*, Wirtschaftsauskunfteien, S. 9.
157 So besonders pointiert *Peilert*, a.a.O., S. 65 und 67/68, ferner etwa *Tinnefeld/Ehmann/Gerling*, S. 576; *Gola/Schomerus*, BDSG § 29 Rdnr. 7 („Kreditinformationssystem").
158 Siehe *Beckhusen*, S. 37/38.
159 So die Unterscheidung bei *Peilert*, S. 66/67; ähnlich *Gola/Schomerus*, BDSG § 29 Rdnr. 7 und *Duhr* in *Roßnagel*, Handbuch, Teil 7.5 Rdnr. 8.
160 Solche Einrichtungen gewinnen rapide an Bedeutung, siehe etwa 27. JB des *LfD Bremen* (2005), Ziff. 14.8.1.

und Branchen einen unterschiedlichen Informationsbedarf haben. Dieser Gesichtspunkt hat zentrale Bedeutung für die Frage, ob im Sinne von Abs. 2 Nr. 1a ein „berechtigtes Interesse" an der Kenntnis von Daten gegeben ist und zwingt im Ergebnis schon aus Gründen des möglichst rationellen Vorgehens dazu, einen Kundenkreis zu definieren, innerhalb dessen der Informationsbedarf im Wesentlichen homogen ist.
Bei der Konzentration auf eine einzelne Branche ist das in aller Regel gewährleistet. Auch dann kann es jedoch bereits notwendig sein, bei der Übermittlung von Daten weiter zu differenzieren. So macht es innerhalb der Versicherungsbranche einen Unterschied, ob die Übermittlung der Abwehr von Betrugshandlungen usw. durch Versicherungsnehmer oder durch Versicherungsagenten dienen soll; entsprechend bestehen hierfür zwei unterschiedliche Warnsysteme (Uniwagnis bzw. AVAD).

Sofern sich eine Einrichtung letztlich an die gesamte kreditgebende Wirtschaft in unterschied- 114
lichen Branchen wendet, ist sie gezwungen, intern nach unterschiedlichen Kundenkreisen mit jeweils in etwa homogenem Informationsbedarf zu differenzieren, da ansonsten eine auch nur halbwegs rationelle Abwicklung der Datenübermittlung unter möglichst einfacher Prüfung des rechtlichen Interesses nicht durchführbar ist.

5.4.4 System der SCHUFA-Anschlussverträge. In den vorstehend geschilderten Gege- 115
benheiten liegt der tiefere Grund dafür,[161] warum die SCHUFA verschiedene „Anschlussverträge" für unterschiedliche Vertragspartner anbietet, wobei den einzelnen Typen von Vertragspartnern Verträge zugeordnet sind, die mit Großbuchstaben gekennzeichnet werden:[162]

- A-Verfahren (u.a. für Kreditinstitute und Leasingnehmer)
- B-Verfahren (u.a. für Versandhäuser und Energieversorger)
- B-Minus-Verfahren (für die Wohnungswirtschaft)
- C-Verfahren (für Inkassounternehmen)
- D-Verfahren (für TK-Dienstleister)
- F-Verfahren (künftig anstelle des C-Verfahrens für Inkassounternehmen vorgesehen).

Somit ist zwar die Gesamttätigkeit der SCHUFA nicht als branchengebunden anzusehen, sehr wohl aber sind es letztlich die einzelnen Unterbereiche ihrer Tätigkeit.

5.4.5 Auskunftsstelle über den Versicherungsaußendienst (AVAD). Abgesehen von der 116
SCHUFA, zu der – nicht zuletzt im Gefolge der Entscheidung des BGH vom 19.9.1985[163] zur „SCHUFA-Klausel" – eine umfassende Literatur existiert, sind einzelne Warndienste und Kreditschutzgemeinschaften in der Datenschutzliteratur vielfach gar nicht oder nur kursorisch behandelt.

Eine gewisse Ausnahme bildet die Auskunftsstelle über den Versicherungsaußendienst 117
(AVAD e.V.). Ihre Tätigkeit soll sicherstellen, dass in der Versicherungs- und Bausparkassenwirtschaft möglichst nur „vertrauenswürdige" Personen tätig werden. Dieser Warndienst wurde als Selbsthilfeeinrichtung der beiden nahe verwandten Wirtschaftszweige 1948 gegründet. Seine Besonderheit besteht darin, dass es den Unternehmen dieser Branche letztlich von der für sie zuständigen staatlichen Aufsichtsbehörde auferlegt ist, mit der AVAD zusammen zu arbeiten. Nach Auffassung des Bundesaufsichtsamtes für das Versicherungswesen gehört die Einholung einer AVAD-Auskunft nämlich zu den Sorgfaltspflichten, die bei der Auswahl von Vermittlern und sonstigen Außendienstmitarbeitern zu beachten sind.[164]

Bei Bewerbern werden Daten mithilfe eines standardisierten Fragebogens erhoben, den alle 118
einschlägigen Unternehmen verwenden.[165] Den Bewerbern wird ein „Informationsblatt über den AVAD-Auskunftsverkehr" ausgehändigt.[166] Zuständige Aufsichtsbehörde für die AVAD e.V. ist der Hamburgische Datenschutzbeauftragte, der mehrfach über das Verfahren als Gan-

161 Siehe *Beckhusen*, S. 47/48.
162 Die Verfahren sind ausführlich beschrieben bei *Beckhusen*, S. 46 – 55. Ein „E-Verfahren" existiert derzeit nicht.
163 BGHZ 95, 362 = NJW 1986, 46; dazu ausführlich *Beckhusen*, S. 148 – 151 m.w.N.
164 Rundschreiben R 1/94 vom 28.3.1994, VerBAV 1994, 87.
165 Im Internet vielfach zu finden, etwa unter: www.bbv.de/system/pdf/makler/voraussetzungen/avad-einwilligungen_mehrfachagenten.pdf.
166 Für sich allein (ohne Fragebogen) abrufbar unter www.avad.de/avadinfo.htm.

zes[167] sowie über einige Einzelprobleme berichtet hat.[168]

119 Es besteht kein Zweifel, dass die AVAD dem § 29 unterfällt.

6. Wahrnehmung von § 29 erfasster Stellen durch Öffentlichkeit und Fachwelt

120 Fragt man danach, mit welcher Intensität von § 29 erfasste Stellen durch die Öffentlichkeit und durch die juristische Fachwelt wahrgenommen werden, so fallen deutliche Ungleichgewichte auf.

121 Mit Abstand am meisten beachtet wird die Tätigkeit der SCHUFA. Dies geht nicht nur darauf zurück, dass bei ihr der Teil der Bevölkerung Deutschlands, der wirtschaftlich aktiv ist, nahezu vollständig erfasst ist. Vielmehr werden die (tatsächlichen oder denkbaren) Folgen einer ungünstigen „SCHUFA-Auskunft" sehr stark empfunden. Um diese Folgen, weniger um die ihnen zeitlich vorgelagerten datenschutzrechtlich relevanten Schritte geht es letztlich in entsprechenden Rechtsstreitigkeiten. Dazu ein Beispiel aus der neueren Rechtsprechung:[169]

- Ein Betroffener wehrt sich – letztlich ohne Erfolg – dagegen, dass die SCHUFA über ein gerichtliches Verfahren informiert wurde, in dem gegen ihn ein Mahn- und ein Vollstreckungsbescheid erging, weil er eine selbstschuldnerische Bürgschaft nicht erfüllt hatte.
- Motiviert ist das Vorgehen des Betroffenen dadurch, dass er – nach seiner glaubhaften Darstellung – wegen der negativen SCHUFA-Auskunft von keiner Bank mehr Kredit erhalte.

122 Zur SCHUFA findet sich zahlreiche Literatur,[170] ihre Aktivität wird in zahlreichen Tätigkeitsberichten von Datenschutzaufsichtsbehörden umfangreich berücksichtigt.[171] Zum 1.1.2002 wurden die bis dahin rechtlich selbstständigen Regionalgesellschaften der SCHUFA, die ihren Sitz in verschiedenen Bundesländern hatten, zur SCHUFA Holding AG mit Sitz in Wiesbaden verschmolzen. Dies dürfte dazu führen, dass sie künftig im Wesentlichen nur noch in den Tätigkeitsberichten der hessischen Datenschutzaufsichtsbehörden Berücksichtigung finden wird.[172]

123 Die Tätigkeit von Auskunfteien wird aus denselben Gründen wie die der SCHUFA relativ stark beachtet. Im Vordergrund stehen dabei seit je her die für Privatpersonen wichtige Creditreform,[173] aber neuerdings auch Mieterwarndateien.[174] Im Rahmen des „Düsseldorfer Kreises" besteht (in der jetzigen Form seit 1998) eine „Arbeitsgruppe Auskunfteien/SCHUFA". Vorsitz: Innenministerium Hessen bezüglich SCHUFA-Fragen, ansonsten Innenministerium Brandenburg.

124 Der Adresshandel wird dagegen öffentlich immer weniger wahrgenommen, auch von der juristischen Fachöffentlichkeit. Der Grund mag in der Tat darin liegen, dass die immer stärkere Zielgruppenverfeinerung das Beschwerdepotenzial immer mehr reduziert.[175] Was für den Adresshandel gilt, trifft auch für die eng mit ihm zusammenhängende „Werbung" im Sinn des § 29 zu. Insbesondere die nicht kommerziell motivierte Werbung wird kaum problematisiert.

125 Publikationsmäßig weitgehend ein Ausfall ist hinsichtlich der Markt- und Meinungsforschung festzustellen. Unternehmen dieser Branche werden wohl gelegentlich in Tätigkeitsberichten von Aufsichtsbehörden angesprochen, doch ist es ihnen offensichtlich gelungen, das Beschwerdepotenzial sehr gering zu halten: Nahezu durchweg bildet eine Einwilligung

---

167 9. TB (1990), Ziff. 5.3.4 und 15. TB(1996), Ziff. 2.2.2.
168 6. TB (1987), Ziff. 5.4.5 und 12. TB (1993), Ziff. 24.8.
169 OLG Koblenz, OLG-Report Koblenz 2005, 269 (Urteil vom 31.8.2004, Az. 10 U 574/03).
170 Weitgehend erschöpfend nachgewiesen bei *Beckhusen*.
171 Siehe schon *Arendt*, Register der Tätigkeitsberichte zum Datenschutz, Teil 2: Nichtöffentlicher Bereich (Stand: 14.3.1993), Stw. „SCHUFA" und „SCHUFA-Klausel".
172 Siehe zuletzt 17. Bericht vom 15.2.2005, Ziff. 9; vgl. 27. JB des *LfD Bremen* 2004, Ziff. 14.8.3, wonach er insoweit künftig nur noch allgemein berichten wird, da allein das Regierungspräsidium Darmstadt für die AG zuständig ist.
173 Siehe 27. JB des *LfD Bremen* 2004, Ziff. 14.8.2.
174 Ebenda, Ziff 14.8.1.
175 So *Breinlinger* in *Roßnagel*, Handbuch, Teil 7.6 Rdnr. 5.

des Betroffenen die Handlungsbasis und spürbare negative Folgen für ihm persönlich ergeben sich selbst dann nicht, wenn seine Einwilligung objektiv unzureichend war.

7. § 29 als Element eines Datenflussmodells

7.1 Überblick und Phaseneinteilung

§ 29 ist in einen Ablauf eingebettet, bei dem faktisch, aber auch aus rechtlicher Sicht vier Phasen zu unterscheiden sind: 126

- Phase des Datenzuflusses an die Stelle im Sinne des § 29 (Phase 1)
  Sie besteht aus der Übermittlung der Daten an die verantwortliche Stelle und die Erhebung der Daten durch sie.
- Phase des Umgangs mit den Daten bei der Stelle im Sinne des § 29 bis zu deren Übermittlung (Phase 2)
  Hierzu gehören die Speicherung, Veränderung und Nutzung der Daten.
- Phase der Übermittlung von Daten durch die verantwortliche Stelle an einen Dritten (Phase 3)
- Phase der Verarbeitung und Nutzung der übermittelten Daten durch den Dritten (Phase 4).

Jede der vier Phasen kann in erheblicher Weise Belange des Betroffenen berühren; keine von ihnen ist in dieser Hinsicht von vornherein „harmlos“.[176] Es wäre nicht statthaft, die Diskussion auf die Phase der Übermittlung (Phase 3) zu konzentrieren oder gar zu verkürzen – eine Tendenz, die dadurch unbewusst gefördert wird, dass die Diskussion des § 29 nach wie vor stark von der um die „SCHUFA-Rechtsprechung“ dominiert wird, bei der oft der Streit gerade um die Zulässigkeit der Übermittlung (und allenfalls noch der um die Zulässigkeit der Speicherung) im Vordergrund steht. Sätze aus dieser Rechtsprechung wie „Das Gesetz lässt zwar weitgehend die Speicherung fremder Daten zu, schränkt aber ihre Weitergabe an Dritte stark ein“[177] wirken hier nach wie vor deutlich nach. Dabei bleibt unberücksichtigt, dass zum Zeitpunkt der zitierten Entscheidung die Erhebung vom Gesetz allenfalls ganz am Rande, im Kern noch gar nicht geregelt war und auch die Zweckbindung als eine alle genannten Phasen übergreifende Klammer bei weitem noch nicht die Bedeutung hatte, die sie durch die EG-Datenschutzrichtlinie erlangt hat. 127

Aus heutiger Sicht müssen viele Diskussionen, die traditionell bei der Speicherung oder gar erst bei der Übermittlung angesiedelt sind, schon anlässlich der Erhebung geführt werden. Alles andere würde vor allem der gebotenen Zweckbindung nicht gerecht. Der „Herrschaftsbereich“ des § 29 erfasst in unterschiedlicher Intensität alle vier genannten Phasen. Von der Erhebung (Teil von Phase 1) bis zur Verarbeitung und Nutzung (Phase 4) sind sie alle in der Regelung ausdrücklich erwähnt. Ihre vielfache Verzahnung muss bei der Interpretation der Bestimmung berücksichtigt werden. 128

7.2 Bedeutung der Zweckfestlegung (Absatz 1 Satz 2)

Absatz 1 enthält mehrere Erlaubnistatbestände, die das Erheben, Speichern, Verändern und Nutzen personenbezogener Daten zum Zweck der Übermittlung rechtfertigen können. Eine zentrale Rolle für die Interpretation und Anwendung dieser Tatbestände spielt das in Nummer 1 wie in Nummer 2 von Absatz 1 Satz 1 erwähnte schutzwürdige Interesse des Betroffenen. Seine Bewertung lässt sich nicht trennen von der Frage, in welchem Kontext und damit insbesondere zu welchem Zweck die Daten verwendet werden sollen.[178] 129

Die genaue Fixierung des Zwecks bereits bei der Erhebung der Daten (sei es beim Betroffenen, sei es bei einem Dritten) ist deshalb schon aus dieser Logik heraus geboten. Insofern 130

---

176 Siehe dazu für die insoweit besonders lange unterschätzte Erhebung *Simitis*, § 28 Rdnr. 57.

177 So wörtlich BGH, NJW 1984, 436, 437; zuvor ebenso mit leicht anderer Formulierung BGH, NJW 1981, 1738, 1739.

178 Offensichtlich allgemeine Meinung, siehe schon BGH, NJW 1986, 2505, 2506; *Gola/Schomerus*, BDSG § 29 Rdnr. 11; *Hoeren* in *Roßnagel*, Handbuch, Teil 4.6 Rdnr. 63; *Beckhusen*, S. 193 m.w.N.

bringt die Verweisung in Absatz 1 Satz 2 auf § 28 Abs. 1 Satz 2 (Pflicht zur Festlegung des Zwecks, für den die Daten verarbeitet oder genutzt werden sollen, schon bei deren Erhebung) an sich nur etwas Selbstverständliches zum Ausdruck. Dennoch bedurfte es erst des Drucks der EG-Datenschutzrichtlinie, damit eine solche Bestimmung Eingang in das Gesetz fand. Triebfeder war dabei die Pflicht zur Umsetzung von Art. 6 Abs. 1 Buchstabe b und Art. 10 der Richtlinie.[179]

131 Vor diesem Hintergrund erscheint es geboten, die Konsequenzen von Absatz 1 Satz 2 sorgfältig auszuloten. Insoweit erscheint vor allem folgendes bedeutsam:

- Bereits vor Beginn der Erhebung muss der Zweck festgelegt werden.
- § 29 umschreibt in Absatz 1 Satz 1 keinen einheitlichen Zweck, sondern spricht verschiedene, sehr heterogene Tätigkeitsfelder und damit auch verschiedene, sehr heterogene Zwecke an. Eine Festlegung in der Art „zum Zweck der Übermittlung" oder „für Zwecke im Sinne von § 29 Abs. 1 BDSG" wäre deutlich unzureichend.
- Der Transfer von Daten von einem in ein anderes Tätigkeitsfeld stellt eine Zweckänderung dar.[180]
- Auch innerhalb der in Absatz 1 Satz 1 ausdrücklich erwähnten Tätigkeitsfelder ist zu prüfen, ob möglicherweise je nach den Umständen unterschiedliche Zwecke verfolgt werden.[181]
- Die Festlegung des Zwecks vor der Erhebung präjudiziert den Zweck aller künftigen Verwendungen der Daten, jeder Speicherung und Nutzung ebenso wie jeder späteren Übermittlung.[182]
- Die Festlegung des Zwecks muss sich in der Organisations- und Ablaufstruktur der verantwortlichen Stelle widerspiegeln. Einheiten, die Daten für unterschiedliche Zwecke verwenden, dürfen nicht „organisatorisch vermengt" werden. Ansonsten würde in praxi die Zweckbindung unterlaufen.

132 Denkbar erscheint es, statt eines einzigen Zwecks von vornherein mehrere festzulegen[183] und insofern ein- und dieselben Daten mit mehreren Zwecken zu belegen. Das ändert aber nichts an der Pflicht zur Beachtung der vorstehend geschilderten Grundsätze. Es ist auch keineswegs gesagt, dass in solchen Konstellationen die Interessenabwägung auf den verschiedenen Ebenen des Datenumgangs in Bezug auf alle Zwecke gleich ausfällt.

8. Phase 1: Datenzufluss

8.1 Aspekt der Übermittlung

133 **8.1.1 Denkbare Rechtsgrundlagen.** Stellen, die dem § 29 unterfallen, sind für ihre Tätigkeit darauf angewiesen, dass ihnen Daten von außen zufließen. Diese Daten können unmittelbar vom Betroffenen selbst stammen (in der Form von „Selbstauskünften"[184] ist ihre Rolle bei Auskunfteien besonders bedeutsam), aber auch von Dritten (etwa von Geschäftspartnern, die bestimmte Erfahrungen mit dem Betroffenen wiedergeben).[185]

134 Der Betroffene selbst entscheidet im Rahmen seiner informationellen Selbstbestimmung, ob und welche Daten er weitergibt. Darin ist eine Einwilligung zu sehen, die alle generellen Problematiken einer Einwilligung (insbesondere den Einfluss etwaiger „Drucksituationen") teilt.

135 Anders gestalten sich die Verhältnisse beim Zufluss von Daten, die von Dritten stammen. Solche Zuflüsse erfüllen regelmäßig (es sei denn, es wäre die hier wenig vorstellbare Konstella-

179 Siehe BR-Drs. 461/00 vom 18.8.2000, S. 106 (Begründung zu Absatz 1 Satz 2).
180 Gerade Auskunfteien sind sich dessen traditionell kaum bewusst, siehe das bei Peilert, S. 117 geschilderte Selbstverständnis, Mahn- und Inkassotätigkeiten als „Nebenleistungen" (!) zur Auskunftstätigkeit anzusehen.
181 Siehe *Peilert*, S. 112 – 117 der schildert, in welch unterschiedlichem Kontext Auskünfte durch Auskunfteien erteilt werden und *Mattke*, S. 140 – 144 zu den völlig heterogenen Abnehmerkreisen des Adresshandels.
182 *Simitis*, § 28 Rdnr. 61.
183 *Auernhammer*, BDSG § 29 Rdnr. 9.
184 Hier zu verstehen als Auskunft des Betroffenen über sich selbst durch eigene Angaben.
185 Allgemein zu den Informationsquellen von Auskunfteien siehe *Peilert*, S. 120 – 123; speziell für die SCHUFA siehe *Beckhusen* S. 59/60; ergänzend siehe *Duhr* in *Roßnagel*, Handbuch, Teil 7.6 Rdnr. 16-23.

tion des § 11 gegeben) die Merkmale einer Datenübermittlung (§ 3 Abs. 4 Nr. 3), die gemäß der „goldenen Regel" des § 4 Abs. 1 einer entsprechenden Rechtsgrundlage bedarf. Hierfür kommen prinzipiell alle Rechtsgrundlagen in Betracht, die § 4 Abs. 1 anerkennt.[186] Praktisch besonders bedeutsam sind die Einwilligung des Betroffenen und § 28.

§ 29 selbst bietet im Allgemeinen keine Rechtsgrundlage für eine solche Übermittlung. Diese Aussage gilt uneingeschränkt dann, wenn die Stelle, die Daten an die Stelle gemäß § 29 übermittelt, selbst keine Tätigkeit im Sinne dieser Vorschrift ausübt. Das stellt in der Praxis den Regelfall dar. 136

Es sind jedoch auch andere Konstellationen dankbar. So könnte sich eine branchenspezifisch tätige Auskunftei anlässlich einer konkreten Anfrage, die sie zu bearbeiten hat, Daten des Betroffenen von einer nicht branchenspezifisch oder einer in einer anderen Branche tätigen Auskunftei übermitteln lassen und diese um eigene, bei ihr vorhandene Daten anreichern. Als Rechtsgrundlage für dies Übermittlung kommt Absatz 2 Nr. 1a in Betracht. Derartige Konstellationen finden sich in der Praxis. Sie sind für den Betroffenen nicht ungefährlich, da die übermittelten Daten in einen unter Umständen völlig anderen Kontext eingebettet werden. Andererseits lässt sich ein legitimes praktisches Bedürfnis für ein solches Vorgehen oft nicht bestreiten. 137

8.1.2 Sonderprobleme der Einwilligung. Soweit die Übermittlung von Daten aufgrund einer Einwilligung des Betroffenen erfolgt, muss diese den Anforderungen genügen, die allgemein an Einwilligungen zu stellen sind (siehe § 4a). 138

Besondere Probleme bereitet der notwendige Hinweis auf den vorgesehenen Zweck (§ 4a Abs. 1 Satz 2), da zum Zeitpunkt der Übermittlung regelmäßig noch nicht feststeht, mit welchen anderen Daten die übermittelten Daten zu einem späteren Zeitpunkt kombiniert werden (Gefahr der Kontextveränderung) und an welche Stelle sie zu welchem Zeitpunkt (weiter-) übermittelt werden bzw. ob das überhaupt geschehen wird. Diese Aspekte wären an sich wesentlich, um die Tragweite einer Einwilligung abschätzen zu können, können aber von Stellen, die § 29 unterfallen, durchweg nicht vorab fixiert werden. Das führt zu der Notwendigkeit, Übermittlungsanlass und Übermittlungsempfänger zumindest in abstrakter Form ausreichend zu umschreiben. Die SCHUFA-Klausel bildet ein Beispiel für den schwierigen Versuch, diese Anforderungen angemessen in konkrete Formulierungen umzusetzen.[187] 139

Die geschilderte Situation bringt die Gefahr mit sich, dass sich eine Einwilligung im konkreten Fall im Nachhinein (also nach Übermittlung der Daten) als unwirksam herausstellt. Das wirft dann die Frage auf, ob – sofern dessen Voraussetzungen in concreto erfüllt sind – gewissermaßen ersatzweise ein Rückgriff auf einen gesetzlichen Erlaubnistatbestand möglich ist. Die Meinungen hierzu reichen von strikter Ablehnung dieser Möglichkeit[188] über ihre weitgehende Zulassung[189] bis hin zu vermittelnden Lösungen.[190] 140

Ausschlaggebend erscheint die Wirkung des Vorgehens auf den Betroffenen. Muss es – objektiv betrachtet – aus seiner Sicht als überraschend wirken, so ist der Rückgriff unzulässig. Die verantwortliche Stelle kann nicht erst den Eindruck erwecken, sie werde sich auf eine Einwilligung stützen und auch deren Verweigerung bzw. Widerruf respektieren, um dann doch auf gesetzliche Erlaubnistatbestände zurück zu greifen. Damit würde sie sich in Widerspruch zu ihrem früheren Verhalten setzen (Gedanke des venire contra factum proprium), sei es unter dem Aspekt, dass sie den Eindruck erweckt, ihr gesetzliches Recht preisgeben zu 141

186 Siehe dazu das Schaubild bei *Tinnefeld/Ehmann/Gerling*, Datenschutzrecht, S. 317.
187 Die Absicht, den Betroffenen umfassend zu informieren, hat die wiederholt überarbeitete Klausel inzwischen einen beträchtlichen Umfang erreichen lassen, siehe ihren derzeitigen Text bei *Beckhusen*, S. 151/152.
188 *Walz*, § 4 Rdnr. 6.
189 *Holznagel/Sonntag* in *Roßnagel*, Handbuch, Teil 4.6 Rdnr. 18.
190 *Hoeren* in *Roßnagel*, Handbuch, Teil 4.6 Rdnr. 5: Diese Möglichkeit sei ausgeschlossen, wenn dem Betroffenen suggeriert werde, eine Datenverarbeitung finde nur beim Vorliegen einer Einwilligung statt. Ähnlich *Schaffland/Wiltfang*, § 4a Rdnr. 1; *Beckhusen*, S. 103 stellt in FN 688 den Meinungsstand in der Literatur zusammen, entscheidet sich aber nicht.

wollen[191] oder auch unter dem Aspekt, dass sie den Betroffenen in dem Glauben bestärkt hat, dass eine Erhebung nur auf der Basis einer Einwilligung möglich sei).[192]

142 Konkret bedeutet dies: Wird eine Einwilligung der Sache nach für den Fall eingeholt, dass gesetzliche Erlaubnistatbestände nicht tragen, so ist dies dem Betroffenen bei Einholung der Einwilligung aufzudecken. Unter dieser Voraussetzung wäre ein Rückgriff nicht als überraschend einzustufen.

143 Der Betroffene wiederum muss sich den Gedanken des venire contra factum proprium entgegenhalten lassen, wenn er eine rechtswirksam erteilte Einwilligung widerruft, nachdem die Verarbeitung erhobener Daten bereits begonnen hat oder gar schon abgeschlossen ist.[193]

8.2 Allgemeines zum Aspekt der Erhebung

144 **8.2.1 Überblick zu den Erhebungstatbeständen.** Absatz 1 Satz 1 enthält in seinen beiden Nummern drei Tatbestände, die eine Erhebung materiell rechtfertigen können und die als Rechtsvorschrift im Sinne von § 4 Abs. 1 anzusehen sind:

- Kein Grund zur Annahme eines schutzwürdigen Interesses (Nr. 1)
- Möglichkeit zur Entnahme der Daten aus allgemein zugänglichen Quellen (Nr. 2 Variante 1)
- Befugnis der verantwortlichen Stelle zur Veröffentlichung der Daten (Nr. 2 Variante 2).

145 Die beiden Befugnisse in Nummer 2 greifen jeweils dann nicht ein, wenn das schutzwürdige Interesse des Betroffenen am Ausschluss der Erhebung offensichtlich überwiegt.

Die Interpretation aller drei Tatbestände stößt – so eingängig sie bei einer ersten Lektüre wirken – auf beträchtliche Schwierigkeiten. Sie beruhen vor allem darauf, dass die Tatbestände sehr allgemeine Formulierungen enthalten (insbesondere die des „schutzwürdigen Interesses“), die auf verantwortliche Stellen aus äußerst unterschiedlichen Branchen anzuwenden sind. Andererseits sollte man bedenken, dass diese Regelungstechnik teils sehr differenzierte Lösungen ermöglicht, was einen gewissen Vorteil darstellt.

146 **8.2.2 Erhebung als Kehrseite der Übermittlung.** In der Übermittlung von Daten an eine Stelle im Sinn von § 29 liegt aus der Sicht dieser Stelle stets eine Datenerhebung.[194] Ein Fall der „aufgedrängten Information“[195] erscheint in diesem Bereich deshalb nicht denkbar, weil die „Zulieferung“ der Daten stets in Erfüllung einer zuvor getroffenen Absprache (in der Regel vertraglicher Art) erfolgt.[196]

147 **8.2.3 Grundsatz der Direkterhebung.** § 29 Abs. 1 enthält eine gesetzliche Erlaubnis zur Datenerhebung im Sinne von § 4 Abs. 1.[197] Er normiert jedoch keine Sonderregelung im Hinblick auf den aus § 4 Abs. 2 zu entnehmenden Grundsatz der Direkterhebung beim Betroffenen. Dieser ist deshalb – ebenso wie die Unterrichtungspflicht gemäß § 4 Abs. 3 – zusätzlich zu § 29 Abs. 1 zu beachten. Seine Geltung wurde im BDSG 2001 ganz bewusst auch auf nichtöffentlichen Stelle ausgedehnt und damit auch auf die Stellen gemäß § 29.[198]

148 Dem wird es nicht ausreichend gerecht, wenn der Grundsatz der Direkterhebung lediglich als Aspekt der schutzwürdigen Interessen im Sinne des Absatz 1 Satz 1 Nr. 1 behandelt wird.[199] Dafür wäre Voraussetzung, dass § 29 Abs. 1 auch im Hinblick auf § 4 Abs. 2 insgesamt als lex specialis anzusehen wäre, wofür aber nichts spricht: Die Pflicht zur Direkterhebung ist im BDSG 2001 zu den schon vorher normierten Voraussetzungen des § 29 Abs. 1 hinzu gekommen und neben § 29 eigenständig normiert worden. Eine Datenerhebung durch eine Stelle gemäß § 29 ist deshalb grundsätzlich an den Maßstäben beider Vorschriften zu messen. An-

191 *Roth* in Münchener Kommentar zum BGB, § 242 BGB Rdnr. 264.
192 Ebenda, Rdnr. 270 (Fallgruppe des Bestärkens darin, dass eine bestimmte Rechtslage gegeben sei).
193 *Beckhusen*, S. 183-185 m. zahlr. Nachweisen; siehe auch ebenda S. 138/139 zur Auswirkung des Grundsatzes bei der Meldung des Widerspruchs zur SCHUFA-Klausel.
194 Zutreffend *Beckhusen*, S. 187, für das Beispiel der SCHUFA.
195 Siehe zu diesem Begriff *Tinnefeld/Ehmann/Gerling*, Datenschutzrecht S. 499/500; siehe auch *Sokol*, § 4 Rdnr. 29 („Spontanübermittlung“).
196 *Dammann*, Voraufl., § 3 Rdnr. 110, *Beckhusen*, S. 187.
197 Siehe *Walz*, § 4 Rdnr. 18.
198 *Sokol*, § 4 Rdnr. 19, 34.
199 So der Ansatz von *Mallmann*, Voraufl., § 29 Rdnr. 77; ähnlich *Gola/Schomerus*, BDSG § 29 Rdnr. 12.

sonsten würde der Grundsatz der Direkterhebung einer Interessenabwägung im Rahmen von Absatz 1 unterworfen[200] und damit letztlich deutlich aufgeweicht. Das wäre der Funktion des § 4 Abs. 2 nicht angemessen.

Etwas anderes gilt nur, wenn es sich um Daten im Sinne von Absatz 1 Satz 1 Nr. 2 handelt. 149
Insoweit ist Absatz 1 Satz 1 Nr. 2 als spezialgesetzliche Norm im Sinne von § 4 Abs. 2 Satz 2 Nr. 1 anzusehen. Das gilt sowohl im Hinblick auf Daten, die aus allgemein zugänglichen Quellen entnommen werden können als auch für Daten, welche die verantwortliche Stelle veröffentlichen dürfte. Das Argument, dass sonst die von Absatz 1 Satz 1 Nr. 2 vorgesehenen Erleichterungen für die verantwortliche Stelle weitgehend ausgehebelt wären,[201] gilt für beide Konstellationen.

Der Grundsatz der Direkterhebung hat auf die Tätigkeit der in Absatz 1 ausdrücklich erwähn- 150
ten oder sonst von ihm erfassten Branchen erhebliche, aber im Einzelnen rechtstatsächlich sehr unterschiedliche Auswirkungen:

- Bei **Warndiensten** und **Kreditschutzgemeinschaften**, die auf der Basis des Gegenseitig- 151
keitsprinzips arbeiten (insbesondere also bei der SCHUFA), stellt sich die Frage, unter welchen Voraussetzungen sie befugt sind, Daten von den am System beteiligten Stellen entgegenzunehmen. In der Entgegennahme solcher „Meldungen“[202] liegt begrifflich eine Erhebung bei einem Dritten, da die Meldungen ja nicht vom Betroffenen selbst stammen. Insoweit gilt:
  - Soweit der Betroffene wirksam in die Übermittlung an den Warndienst eingewilligt hat (etwa mittels der „SCHUFA-Klausel“), werden die Daten nicht „ohne seine Mitwirkung“, sondern mit seinem Willen erhoben. § 4 Abs. 2 greift daher nicht ein.
  - Soweit eine solche Einwilligung fehlt, wird man beim Erheben von Negativdaten[203] in der Regel davon ausgehen können, dass der Geschäftszweck eine Erhebung bei Dritten erforderlich macht (§ 4 Abs. 2 Nr. 2a); denn die Erhebung solcher Daten kann nicht von der Mitwirkung des Betroffenen abhängen.

Diese Systematik harmoniert mit der Rechtsprechung zur SCHUFA-Klausel.[204]

- Bei **Auskunfteien** gelten – soweit sie sich Daten bei Dritten beschaffen und nicht selbst 152
Erhebungen durchführen – dieselben Grundsätze wie bei Warndiensten.
- Beim **Adressenhandel** liegen die Verhältnisse typischerweise anders: 153
  - Soweit dem Betroffenen offen gesagt wird, dass seine Daten Gegenstand des Adresshandels werden sollen, kann er – so er einverstanden ist – darin einwilligen. Dann erfolgt die Erhebung nicht „ohne seine Mitwirkung“.
  - Soweit Adressdaten aus allgemein zugänglichen Quellen (Telefonbüchern, Adressbüchern usw.) erhoben werden, ist der Grundsatz der Direkterhebung nicht anwendbar.
  - Zurückhaltung ist bei dem scheinbar nahe liegenden Argument geboten, dass die Direkterhebung beim Betroffenen einen unverhältnismäßigen Aufwand erfordere (§ 4 Abs. 2 Nr. 2b).[205] Der Wunsch der erhebenden Stelle, bei der Erhebung gleich strukturierter Massen-Adressdaten möglichst rationell vorzugehen, kann nicht der allein ausschlaggebende Aspekt sein. Vielmehr ist vor allem danach zu fragen, ob der Betroffene vor dem Hintergrund der konkreten Erhebungsumstände eine Direkterhebung erwarten oder im Gegenteil als vermeidbare Belästigung empfinden würde.
  - Im Hinblick auf Daten, die bei der Übermittlung an die verantwortliche Stelle im Sinn des § 29 vom „Listenprivileg“ erfasst werden (siehe § 28 Abs. 3 Nr. 3), dürfte eine Erhebung allerdings nur ausnahmsweise schutzwürdige Interessen des Betroffenen verletzen.

---

200 So letztlich *Gola/Schomerus*, BDSG, § 29 Rdnr. 12.
201 Von *Gola/Schomerus*, BDSG, § 4 Rdnr. 24 für Daten aus allgemein zugänglichen Quellen angeführt.
202 Zu den SCHUFA-Meldungen siehe eingehend *Beckhusen*, S. 76-80 und S. 112/113.
203 Zu weitgehend *Duhr* in *Roßnagel*, Handbuch Teil 7.6 Rdnr. 13, die das nicht auf Negativdaten beschränkt. Zur Problematik des Begriffs „Negativdaten“ siehe Rdnr. 179 ff.
204 Siehe vor allem BGH, NJW 1986, 46.
205 So im Ergebnis auch *Breinlinger* in *Roßnagel*, Handbuch, Teil 7.6 Rdnr. 17.

154 ■ Bei der **Werbewirtschaft** gelten im Wesentlichen dieselben Überlegungen wie beim Adresshandel. Soweit es um Daten geht, die bei einer Übermittlung vom „Listenprivileg" erfasst werden (§ 29 Abs. 2 Satz 1 Nr. 1b, § 28 Abs. 3 Nr. 3) dürfte es nur selten vorkommen, dass schutzwürdige Interessen des Betroffenen einer Erhebung entgegenstehen. Es wäre in der Regel als widersprüchlich anzusehen, wenn zwar eine Übermittlung auf der Basis des Listenprivilegs erlaubt wäre, nicht jedoch die Entgegennahme der übermittelten Daten im Wege der Erhebung.

155 ■ In der **Markt- und Meinungsforschung** wird künftig die Direkterhebung nahezu ausnahmslos die Regel sein müssen.[206] Zwar gelten die vorstehend angestellten Überlegungen unter dem Aspekt des Listenprivilegs an sich auch hier, da die Markt- und Meinungsforschung beim Listenprivileg ebenfalls genannt ist. Zum einen benötigt diese Forschung typischerweise anders als der Adresshandel aber rein quantitativ deutlich mehr als die vom Listenprivileg erfassten Daten. Und zum anderen haben Daten zu inneren Einstellungen oder typischen Verhaltensweisen teils sehr sensiblen Charakter bis hin zur Eigenschaft als sensitive Daten gemäß § 3 Abs. 9. Beide Aspekte werden meist dazu führen, dass schutzwürdige Interessen des Betroffenen überwiegen.

156 Die vorstehenden Ausführungen können angesichts der höchst unterschiedlichen Umstände konkreter Erhebungsvorgänge nur orientierende Hinweise geben. Im Übrigen wird auf die Kommentierung zu § 4 verwiesen.

8.3 Kein Grund zur Annahme eines schutzwürdigen Interesses am Ausschluss der Erhebung (Absatz 1 Satz 1 Nr. 1)

8.3.1 Methodische Vorüberlegungen zum Tatbestand

157 **8.3.1.1 Zwei Grundauffassungen.** Das Verständnis dieses Erlaubnistatbestandes bereitet seit je her besondere Probleme.[207] Sein derzeit geltender Wortlaut geht auf das BDSG 1990 zurück. In der Vorgängerbestimmung § 32 Abs. 1 Satz 1 BDSG 1977 hatte die Formulierung noch gelautet: „... soweit kein Grund zu der Annahme besteht, dass dadurch schutzwürdige Belange des Betroffenen beeinträchtigt werden". Dass an die Stelle des Begriffs „schutzwürdige Belange" der Begriff „schutzwürdiges Interesse" trat, war insoweit nichts Besonderes als dieser Austausch der Begriffe auch an anderen Stellen des BDSG erfolgte.[208] Strittig aber war zumindest anfangs, ob damit auch eine Änderung in der Sache verbunden ist oder nicht. Teils wurde vertreten, dass sich damit weder hinsichtlich des vorzunehmenden Abwägungsprozesses noch bezüglich der Gewichtung der Interessen des Betroffenen etwas geändert habe.[209] Andere meinten, dass der Begriff der „schutzwürdigen Interessen" weiter gehe und die Interessenlage des Betroffenen stärker berücksichtige.[210] Letzteres wird nach den inzwischen mit der Bestimmung gesammelten Erfahrungen heute nicht mehr zu vertreten sein, denn Fälle, in denen die beiden Begriffe zu unterschiedlichen Ergebnissen führen würden, haben sich in der Praxis nicht ergeben.[211]

158 Damit ist aber noch nicht die Frage geklärt, wie die Interessen des Betroffenen und die der verantwortlichen Stelle im Rahmen von Nummer 1 zueinander in Beziehung zu setzen sind. Insofern lassen sich im Kern zwei Grundauffassungen unterscheiden:

---

206 Ebenda, Rdnr. 21.

207 „Die Vorschrift gehört zu den am wenigsten präzisen des an Generalklauseln gewiss nicht armen BDSG", so treffend *Mallmann*, Voraufl., § 29 Rdnr. 24.

208 *Ordemann/Schomerus/Gola*, BDSG, 5. Aufl. 1992, § 29 Anm. 4.1; *Auernhammer*, BDSG 1990, § 28 Rdnr. 3.

209 *Ordemann/Schomerus/Gola*, BDSG, 5. Aufl., § 29 Anm. 4.1; ebenso *Bergmann/Möhrle/Herb*, § 28 BDSG 1990, Rdnr. 164 und § 29 BDSG 1990, Rdnr. 29.

210 *Auernhammer*, BDSG 1990, § 28 Rdnr. 3; diese Textstelle weggelassen bei Auernhammer, BDSG, § 28 Rdnr. 5; vgl. auch *Tinnefeld/Ehmann*, Datenschutzrecht, 2. Aufl. 1994, S. 203.

211 Auch BGH, NJW 2003, 2904 hebt hervor, dass im Gesetzeswortlaut zwischen § 32 Abs. 1 BDSG 1977 und § 29 Abs. 1 BDSG 2001 kein maßgeblicher Unterschied bestehe.

- Die eine – keineswegs nur vereinzelt vertretene[212] – Auffassung sieht für eine Abwägung zwischen den Interessen der verantwortlichen Stelle und denen des Betroffenen keinen Raum:[213] Die Tätigkeit der verantwortlichen Stelle hänge in dem von Nummer 1 vorgegebenen Rahmen nicht davon ab, dass sie hierfür ein besonderes, über ihren Tätigkeitszweck an sich hinausgehendes Interesse ins Feld führen könne. Es sei lediglich zu fragen, wie es um etwaige entgegenstehende schutzwürdige Interessen des Betroffenen stehe.
- Nach der anderen Auffassung hat dagegen stets eine Abwägung der beiderseitigen Interessen stattzufinden. Ob überhaupt schutzwürdige Interessen des Betroffenen vorliegen, lasse sich nur in Bezug auf den zukünftigen Verwendungskontext der Daten bestimmen. Und für wen eine überwiegende Schutzwürdigkeit gegeben sei, lasse sich nur durch eine Gegenüberstellung der beiderseitigen Interessen feststellen.[214]

8.3.1.2 Notwendigkeit einer Interessenabwägung im Einzelfall. Bei einer Bewertung der beiden Auffassungen ist zunächst festzustellen, dass der Wortlaut von Nummer 1 – insoweit erkennbar vom Wortlaut des § 28 Abs. 1 Satz 1 Nr. 2 abweichend – eine Abwägung von Interessen der verantwortlichen Stelle mit Interessen des Betroffenen nicht vorsieht.[215] Diese Abweichung wird man als bewusst zu werten haben, denn sie hat seit dem BDSG 1977 (siehe dort § 32 Abs. 1 Satz 1) über alle Novellierungsdiskussionen hinweg und trotz zweier umfangreicher Neufassungen des BDSG (BDSG 1990 und BDSG 2001) Bestand gehabt. 159

Der Gesetzgeber geht also möglicherweise davon aus, dass eine solche Abwägung bei § 29 entweder nicht notwendig oder nicht möglich ist. Für beides lassen sich mit Auernhammer[216] durchaus Argumente finden: 160

- Struktur und Wortlaut von Nummer 1 bringen zum Ausdruck, dass der Gesetzgeber die Speicherung personenbezogener Daten als den Geschäftszweck und damit als das Interesse der von § 29 erfassten Stellen grundsätzlich billigt.[217] – Unter diesem Aspekt könnte eine Abwägung nicht notwendig sein, weil der Gesetzgeber deren denkbares Ergebnis gewissermaßen schon prädisponiert hat.
- Rechtliche Beziehungen zwischen der verantwortlichen Stelle und dem Betroffenen bestehen in der Regel nicht. Die verantwortliche Stelle weiß über seine nähere konkrete Situation nichts. – Unter diesem Aspekt könnte eine Abwägung nicht möglich sein, weil es am notwendigen Abwägungsmaterial fehlt.

Die vom Gesetzgeber gewählte Konzeption der Vorschrift kann man unter verschiedenen Aspekten kritisieren. Kritisieren könnte man zunächst, dass der Gesetzgeber hier einige wenige Wirtschaftszweige sehr deutlich privilegiert und dabei die Interessen des Betroffenen sichtlich hintanstellt. In der Literatur scheint bisher eine gewisse Scheu zu bestehen, diesen Befund auch zu artikulieren. Kritisieren könnte man ferner, dass der Gesetzgeber damit zugleich – die letztlich ja doch zwingend gebotene – Berücksichtigung der Interessen des Betroffenen in einem Maß auf die Stufe der (später zumindest potenziell erfolgenden) Übermittlung verlagert (siehe dazu Absatz 2), dass gewissermaßen eine Überforderung dieser Stufe eintritt. Denn dort ist zwar eine Interessenabwägung vorzunehmen, es wird jedoch rein faktisch kaum gelingen, die Umstände der möglicherweise schon lange zurückliegenden Erhebung bzw. Speicherung noch angemessen einzubeziehen. Und schließlich besteht die Gefahr, dass der letztlich sehr wichtige zukünftige Verwendungskontext der Daten auf der „Erhebungsstufe“ völlig ausgeblendet wird. 161

---

212 Unzutreffend insoweit *Hoeren* in *Roßnagel*, Handbuch, Teil 4.6 Rdnr. 63.
213 *Auernhammer*, BDSG § 29 Rdnr. 10; *Bergmann/Möhrle/Herb*, § 29 BDSG 1990, Rdnr. 30; *Dörr/Schmidt*, Neues BDSG, 2. Aufl., § 29 Rdnr. 3; *Schwappach* in *Gallwas*, Datenschutzrecht, § 32 Rdnr. 5.
214 *Beckhusen*, S. 191 m.w.N., *Hoeren* in *Roßnagel*, Handbuch, Teil 4.6 Rdnr. 63 im Anschluss an *Gola/Schomerus*, BDSG 7. Aufl., § 29 Anm. 4.3 (jetzt entsprechend in 8. Aufl., § 29 Rdnr. 9) und *Mallmann*, Voraufl., § 29 Rdnr. 24.
215 Nicht strittig, siehe etwa *Auernhammer*, BDSG § 29 Rdnr. 10; *Beckhusen*, S. 190; *Bergmann/Möhrle/Herb*, § 29 BDSG 1990, Rdnr. 30.
216 *Auernhammer*, BDSG § 29 Rdnr. 10.
217 Siehe in diese Richtung tendierend auch schon Formulierungen in der BGH-Rechtsprechung (FN 295).

162 Zugunsten der vom Gesetzgeber in Nummer 1 gewählten Konstruktion lässt sich immerhin ins Feld führen, dass die Leistungsfähigkeit einer denkbaren Interessenabwägung im Rahmen von Nummer 1 in jedem Fall sehr begrenzt wäre. Aufgrund der vorgegebenen faktischen Ausgangslage wird sie so gut wie nie dieselbe Qualität erreichen können wie eine Interessenabwägung im Rahmen von § 28. Beckhusen, der gleichwohl eine Interessabwägung fordert, belegt dies prototypisch am Beispiel der SCHUFA:[218] „Der SCHUFA werden die persönlichen Verhältnisse oder Umstände der hinter den eingemeldeten Daten stehenden Betroffenen in aller Regel aber völlig unbekannt sein, sodass eine intensive Auseinandersetzung mit den Interessen des Betroffenen im Einzelfall selten stattfinden wird. Die Interessenabwägung führt … faktisch zu einer Regelfallbeurteilung, die sich relativ in der ganz überwiegenden Anzahl der Fälle in der schlichten Übernahme … in den Datenbestand erschöpfen wird."

163 Damit ist das Dilemma treffend umschrieben: Da das notwendige Abwägungsmaterial völlig oder fast völlig fehlt, kann eine echte Interessenabwägung im Einzelfall von vornherein gar nicht stattfinden. Und wenn sie so abläuft, wie von Beckhusen beschrieben, bildet der Begriff nur eine leere Hülse, die eine Berücksichtigung der Interessen des Betroffenen eher vorgaukelt als sicherstellt. Ändern ließe sich dies nur dadurch, dass man die verantwortliche Stelle vor der Erhebung bzw. Speicherung zu näheren Nachforschungen über die Umstände verpflichtet. Das aber sieht das Gesetz nicht vor, sodass es an der Rechtsgrundlage hierfür fehlt. Ein solches Vorgehen würde zudem dazu führen, dass sich die Erhebung und Speicherung quantitativ erheblich ausdehnen, was unter dem Aspekt der Interessen des Betroffenen wiederum sehr problematisch wäre.

164 Ungeachtet ihrer Problematik erscheint es geboten, im Rahmen von Nummer 1 dennoch grundsätzlich eine Interessenabwägung im Einzelfall zu fordern. Das grundsätzliche Gebot einer Interessenabwägung im Einzelfall folgt schon daraus, dass sich ohne ein solches Gebot ein Wertungswiderspruch zwischen Nummer 1 und Nummer 2 ergeben würde. Dass Nummer 2 eine Interessensabwägung fordert, lässt sich nach ihrem Wortlaut („überwiegt") nicht bezweifeln. Wenn das Gesetz aber eine Abwägung sogar bei Daten verlangt, die in allgemein zugänglichen Quellen verfügbar sind (bzw. verfügbar wären, was Nummer 2 genügen lässt), dann kann in Bezug auf Daten, bei denen dies nicht der Fall ist (und die möglicherweise im Einzelfall sogar vertraulicher Natur sind), nichts anderes gelten. Sonst wären nämlich die Interessen des Betroffenen hinsichtlich allgemein zugänglicher Daten stärker geschützt als in Bezug auf Daten, denen diese Eigenschaft fehlt.

165 Der geschilderte Wertungswiderspruch besteht in dieser Form seit dem BDSG 1990. Das BDSG 1977 (siehe § 32 Abs. 1 Satz 2 BDSG 1977) erklärte das Speichern von Daten, die unmittelbar aus allgemein zugänglichen Quellen entnommen sind (die Möglichkeit hierzu genügte nicht) noch völlig ohne weitere Voraussetzungen für zulässig. Im BDSG 1990 (siehe § 29 Abs. 1 Nr. 2 BDSG 1990) wählte der Gesetzgeber dann – bei kleineren, rein terminologischen Abweichungen – die heute noch geltende Fassung. Der sonst vorhandene Wertungswiderspruch kann nicht ignoriert werden und gebietet, eine Interessenabwägung zumindest in dem faktisch möglichen Rahmen vorzusehen.

166 **8.3.1.3 Darlegungs- und Beweislast.** Eine Bewertung des gefundenen Ergebnisses muss auch seine Folgen für die Darlegungs- und Beweislast einbeziehen,[219] da dieser Aspekt für die Rechtsdurchsetzung oft entscheidend ist. Voraussetzung jeder Interessenabwägung, die diesen Namen verdient, wäre eine echte „Gegenüberstellung" der beiderseitigen Interessen auf gleicher Augenhöhe.[220] Da dies rein faktisch nicht gewährleistet ist, erscheint anknüpfend an den Wortlaut von Absatz 1 Satz 1 Nr. 1 folgende Verteilung der Darlegungs- und Beweislast geboten:

- Zunächst genügt es, wenn die verantwortliche Stelle darlegt (und gegebenenfalls beweist), dass die beabsichtigte Erhebung im Hinblick auf den angestrebten, von ihr benannten Zweck erforderlich ist (aus statistischer Sicht der „Regelfall").

---

218 *Beckhusen*, S. 194/195.
219 Siehe dazu *Schneider*, Handbuch, 3. Aufl., Teil B Rdnr. 174-176 (zu § 28).
220 Zutreffend insoweit *Hoeren* in *Roßnagel*, Handbuch, Teil 4.6 Rdnr. 63.

- Erkennt sie Indizien dafür, dass ein überwiegendes schutzwürdiges Interesse des Betroffenen vorliegt, genügt die geschilderte Darlegung nicht mehr. In diesem Fall muss sie in eine Interessenabwägung im Einzelfall eintreten. Dass sie entsprechende Indizien erkennen konnte, muss aber der Betroffene darlegen und gegebenenfalls beweisen.
- Solche Indizien können sich aus Hinweisen des Betroffenen ergeben, aber auch aus sonstigen Umständen.
- Die Beweislast dafür, dass sein schutzwürdiges Interesse die Interessen der verantwortlichen Stelle überwiegt, trägt allerdings letztlich der Betroffene.[221]

Letzteres erscheint als zwingende Folge aus dem Gebot einer Interessenabwägung. Es bringt **167** für den Betroffenen die Last mit sich, seine Interessen darzulegen und zu beweisen. Beides kann man der verantwortlichen Stelle nicht auferlegen, da es sich um Umstände handelt, die nicht in ihrer Sphäre, sondern in der des Betroffenen liegen. Das zeigt, dass dieses Gebot dem Betroffenen nicht nur Vorteile bringt. Günstiger für ihn wäre, wenn schon das bloße Vorliegen von Indizien für schutzwürdige Interessen die Rechtmäßigkeit der Erhebung ausschließen würde. Mit einem solchen Vorgehen wäre aber gerade keine umfassende Interessenabwägung verbunden.

8.3.2 Fallgruppen zur Interessenabwägung

8.3.2.1 Vorbemerkung. Wie schon dargelegt,[222] ist es geboten, mit der Interessenabwägung **168** schon bei der Erhebung anzusetzen und – anders als bisher weithin üblich – nicht direkt auf die Ebene der Speicherung zu „springen". Dies führt dazu, dass im folgenden vielfach Aspekte zu erörtern sind, die traditionell erst bei der Frage der Speicherung angesprochen werden. Vor allem hierzu haben sich in der Rechtsprechung typische Fallgruppen herausgebildet, die meist an die Verhältnisse des SCHUFA-Systems anknüpfen.

8.3.2.2 Fehlende Aussagekraft hinsichtlich des verfolgten Zwecks: **169**

(a) Offene und getilgte Forderungen

Sofern einem Datum von vornherein jegliche Aussagekraft fehlt, darf es nicht erhoben werden. Beim SCHUFA-System geht es durchweg darum, ob ein Datum Rückschlüsse auf die künftige Bonität und das künftige Zahlungsverhalten zulässt.

Wenn ein Schuldner eine Forderung bereits beglichen hat, ist kein Grund ersichtlich, noch Daten über diese Forderung zu erheben. Das gilt auch dann, wenn sie – ohne Vollstreckungsmaßnahmen – erst nach der Verurteilung des Schuldners in einem Rechtsstreit beglichen wurde.[223] Denn es ist der Sinn eines Rechtsstreits, die Berechtigung einer Forderung zu klären. Dass der Schuldner eine solche Möglichkeit in Anspruch nimmt, lässt für sich allein keine Rückschlüsse auf Bonität und Zahlungsverhalten zu, sofern er nach der Verurteilung unverzüglich und ohne Vollstreckungsmaßnahmen zahlt.

Anderes gilt für den Umstand, dass eine gerichtlich bestätigte Forderung durch Maßnahmen **170** der Zwangsvollstreckung eingetrieben werden musste. Das gehört nicht mehr zum „normalen Schuldnerverhalten".[224]

Die Tatsache, dass eine bereits gespeicherte offene Forderung nunmehr beglichen wurde, **171** kann nicht nur, sondern muss sogar unter dem Aspekt der Vollständigkeit der Information erhoben werden. Die spätere Tilgung lässt aber die Erforderlichkeit der Erhebung (und auch der anschließenden Speicherung) nicht nachträglich entfallen.[225] Die Daten müssen lediglich ergänzt werden.

Somit kann ein Schuldner durch zügige Zahlung nach einer Verurteilung die Erforderlichkeit einer Erhebung beeinflussen. Dies erscheint sachgerecht.

---

221 *Schneider*, Handbuch, 3. Aufl., Teil B Rdnr. 176.
222 Siehe oben Rdnr. 128.
223 Siehe dazu LG Düsseldorf, DSB 12/2001, S. 19 (Negativeintrag während eines schwebenden Gerichtsverfahrens als unzulässige Anprangerung).
224 Siehe KG Berlin, CR 1995, 80 (Einleitung von Zwangsvollstreckungsmaßnahmen nach Verzug).
225 LG Düsseldorf, ZVI 2004, 293.

172 (b) Verbüßen einer Freiheitsstrafe
Das Verbüßen einer langjährigen Freiheitsstrafe engt die Erwerbsmöglichkeiten des Betroffenen zwar häufig ein, doch ist das – etwa wenn er über Vermögen verfügt – nicht zwingend. Deshalb ist das Erheben von Daten über eine – auch langjährige – Freiheitsstrafe als solche in der Regel zur Beurteilung der Bonität nicht erforderlich. Anders gestaltet es sich, wenn es um eine Freiheitsstrafe wegen Vermögensdelikten geht.[226] Sie weist wegen der Natur der Delikte einen „Bonitätsbezug" auf und zwar auch dann, wenn es sich um eine eher kurze Freiheitsstrafe handelt.

173 (c) Erhebung von Daten über „Bagatellforderungen"
Eine abstrakte Bagatellgrenze unterhalb derer einer Forderung jegliche Aussagekraft fehlen würde, lässt sich nicht festlegen. So ist die Rechtsprechung[227] dem Versuch entgegen getreten, eine solche Grenze bei 100 Euro zu fixieren. Begründung: Auch ihr komme ein gewisser Informationsgehalt hinsichtlich der Zahlungswilligkeit und Zahlungsmoral zu, wenn auch nicht unbedingt ein Informationsgehalt bezüglich der Zahlungsfähigkeit. Allerdings hat der BGH[228] darauf hingewiesen, dass es „Bagatellsachen" geben könne, denen ein Informationswert fehle. Näher ausgeführt hat er dies nicht. Jedenfalls für den Fall, dass es um mehr als eine einzige geringfügige Forderung geht, ist davon auszugehen, dass ein Informationswert besteht. Insgesamt fehlt es in diesem Bereich noch an rechtstatsächlichen Erhebungen zur Aussagekraft von Forderungen.

174 **8.3.2.3 Richtigkeit und Unrichtigkeit von Daten.** Schon die Erhebung, nicht erst die Speicherung unrichtiger Daten ist unzulässig. Darüber besteht im Ergebnis Einigkeit.[229] Begründen lässt sich dies zum einen mit der absoluten, keine Interessenabwägung vorsehenden Berichtigungspflicht des § 35 Abs. 1, zum anderen damit, dass unrichtige Daten von vornherein ohne Aussagekraft für den verfolgten Zweck sind. Auf eine zusätzliche Interessensabwägung kann es daher nicht mehr ankommen. Dies führt zu dem Problem, wann Daten „richtig" bzw. „unrichtig" sind und ob Maßnahmen veranlasst werden müssen, um dies zu klären. Richtig sind Daten vom Grundsatz her dann, wenn sie mit der Wirklichkeit übereinstimmen. Ob dies der Fall ist, ist im Streitfall auch eine Frage der Beweisbarkeit und der Beweislast, sowie der Beweiswürdigung.

175 Der Begriff der Richtigkeit (bzw. in der Sprache des Prozessrechts, vgl. § 138 Abs. 1 ZPO, der Wahrheit) ist also bedeutend komplexer als es zunächst erscheint.[230] Bei § 29 werden vor allem zwei Aspekte diskutiert:

- Schätzwerte, die als solche gekennzeichnet sind, sind nicht als unrichtig zu werten.[231] Zusätzlich wird man allerdings fordern müssen, dass die Schätzgrundlagen verfügbar gehalten werden, so dass sie im Streitfall geprüft werden können.
- Bei bloßen Gerüchten oder einem Verdacht scheitert der Maßstab richtig/unrichtig[232] und ist ungeeignet. Es ist daher eine Interessenabwägung anzustellen, die regelmäßig zur Unzulässigkeit der Erhebung führen wird, da ein Betroffener gegen Gerüchte kaum argumentieren kann (siehe auch den Gedanken des § 193 StGB).

---

226 OLG Celle, NJW-RR 1995, 699.

227 OLG Saarbrücken, RDV 2002, 239.

228 BGH, NJW 1984, 1889, 1890.

229 *Beckhusen*, S. 195 m. zahlreichen Nachweisen.

230 Wie schwierig diese Fragen sind, zeigt sich daran, dass in diesem Kontext selbst juristische Praxisliteratur das Bibelwort „Was ist Wahrheit?" (Joh 18, 38) zitiert (*Baumbach/Lauterbach*, ZPO, 63. Aufl. 2005, § 286 Rdnr. 4). Dass für sich gesehen richtige Daten deshalb als „unrichtig" anzusehen sein können, weil sie ohne den nötigen Kontext wiedergegeben sind, belegt OLG Düsseldorf, NJW 2005, 2401.

231 *Gola/Schomerus*, BDSG § 29 Rdnr. 14; ebenso die AG „Auskunfteien/SCHUFA" des Düsseldorfer Kreises, vgl. 27. TB Bremen 2005, Ziff. 14.8.2; dazu, dass es Daten gibt, die sich für eine Schätzung nicht eignen (etwa der Familienstand) siehe *LDI NRW* 17. Bericht 2005, Ziff. 5.5; die Aufsichtsbehörden lassen es – durchaus problematisch! – genügen, wenn Auskünfte mit einem allgemeinen Hinweis versehen werden, dass sie auch Schätzdaten enthalten, vgl. TB Berlin 2004, Ziff. 4.6.2; unklar *Iraschko-Luscher*, DuD 2005, 467, 469.

232 Zurückhaltender insoweit wohl BGH, NJW 1978, 2151 (wobei es auf die Frage im konkreten Fall allerdings nicht ankam): er weist darauf hin, eine Verdachtsäußerung könne sich bei genauer Prüfung als versteckte Tatsachenbehauptung erweisen.

Ein Gebot, nur richtige Daten zu erheben, steht letztlich weitgehend nur auf dem Papier, wenn eine Pflicht zur Überprüfung der Daten verneint wird. Dies ist aber Stand von Literatur und Rechtsprechung[233] im Hinblick auf Warnsysteme, die auf der Basis des Gegenseitigkeitsprinzips arbeiten. Anderes soll nur Fälle gelten, in denen die Seriosität der Datenquelle zweifelhaft ist.[234] Die Begründungen für die Verneinung einer solchen Pflicht sind eher dürftig. Der Gedanke, dass sie angesichts der Datenmenge rein faktisch kaum erfüllbar wäre, zumindest aber die Funktionsfähigkeit der Systeme beeinträchtigen würde, hat eher rechtspolitischen Charakter – und wäre allenfalls geeignet, eine entsprechende gesetzliche Regelung zu motivieren, nicht aber dazu, eine etwa vorhandene Prüfpflicht zu verneinen. 176

Als weiterer Aspekt wird angeführt,[235] Absatz 1 lasse die Erhebung zu, wenn „kein Grund zur Annahme" eines schutzwürdigen Interesses bestehe. Fehle es an solchen Indizien, bestehe auch keine Prüfpflicht. Diese Überlegung zeigt erneut, welche bedeutende Rolle im Rahmen von Absatz 1 Satz 1 Nr. 1 der Darlegungs- und Beweislast zukommt. Ohne dass es klar ausgesprochen wird, führt diese Argumentation letztlich dazu, dass auch die Speicherung objektiv falscher Daten zugelassen wird, sofern nicht der Betroffene zumindest Indizien für die Unrichtigkeit vortragen kann. Ihm wird also zunächst eine Darlegungs- und in der weiteren Folge auch eine Beweislast auferlegt. 177

Dies lässt sich nicht allein damit rechtfertigen, dass er sich nötigenfalls an den halten könne, der die Daten übermittelt hat.[236] Damit allein kann sich eine Stelle, die in großer Menge Daten gezielt zum Zweck der Übermittlung erhebt und weiß, dass dem Betroffenen aus falschen Daten große Nachteile und Schäden entstehen können, nicht ihrer Haftung aus vorangegangenem Tun entziehen. Vielmehr ist zumindest zu fordern, dass sie organisatorische und rechtliche Vorkehrungen trifft, um dieses Risiko zu minimieren. Dazu gehören etwa ein risikoorientiert angelegtes Stichprobenkonzept, mit dessen Hilfe geprüft wird, ob übermittelte Daten zutreffen, Schlüssigkeitsprüfungen, die automatisiert ablaufen und Vertragsstrafenvereinbarungen für den Fall, dass sich übermittelte Daten, die erhoben wurden, als unrichtig erweisen. Ebenso ist die lückenlose Rückverfolgbarkeit der Datenherkunft zu fordern. Dieser Teil der Verantwortung bleibt der Stelle, die die Daten erhebt. 178

8.3.2.4 Positivdaten und Negativdaten. In der Diskussion um den Datenumgang bei Auskunfteien und Warndiensten hat sich eine Unterscheidung zwischen „Positivdaten" und „Negativdaten" herausgebildet, wobei bei letzteren nochmals unterschieden wird zwischen „harten" und „weichen" Negativdaten. Bei den anderen Wirtschaftszweigen, die § 29 unterfallen, ergeben diese Unterscheidungen regelmäßig keinen Sinn, denn sie beziehen sich spezifisch auf Vorhersagen zur künftigen Bonität und zum künftigen Zahlungsverhalten. 179

Über das Verständnis der Begriffe herrscht im Grundsatz Einigkeit, in (teils wichtigen) Details bestehen aber unterschiedliche Auffassungen: 180

- Negativdaten oder Negativmerkmale sind solche, die ein nicht vertragsgemäßes Verhalten des Betroffenen als Kreditnehmer beschreiben, das eine Vertragsverletzung darstellt.[237]
- Zu den harten (oder objektiven) Negativmerkmalen rechnen Daten, denen entweder eine objektive gerichtliche Entscheidung zugrunde liegt oder die zumindest unter Beachtung gesetzlicher Verfahrensvorschriften zustande gekommen sind.[238] Teils[239] werden darunter aber zusätzlich auch noch Daten verstanden, die „eine solche Bedeutung für die kreditgebende Wirtschaft haben, dass entgegenstehende Interessen des Betroffenen nicht schutzwürdig sind." Durch diese Erweiterung verliert der Begriff deutlich an Konturen.

---

233 *Beckhusen*, S. 197/198 m. zahlreichen Nachweisen.
234 *Gola/Schomerus*, BDSG § 29 Rdnr. 10 („Im Einzelfall").
235 *Beckhusen*, S. 198.
236 Siehe dazu LG Bonn, CR 1995, 276 (Haftung eines Kreditkartenunternehmens für eine rechtswidrige Mitteilung an die SCHUFA); entsprechend schon BGH, NJW 1978, 2151, wonach die SCHUFA keine Verantwortung für Fehler trage, welche ihre Anschlussfirmen begehen.
237 *Beckhusen*, S. 65 m.w.N.
238 Ebenda, S. 68.
239 *Duhr* in *Roßnagel*, Handbuch, Teil 7.5 Rdnr. 32.

- Als „weich" werden demgegenüber Negativmerkmale bezeichnet, bei denen es daran fehlt, insbesondere solche, die auf eine einseitige Rechtsausübung (etwa Ausspruch einer Kündigung) zurückgehen. Ihr Aussagewert darüber, ob ein Anspruch besteht oder nicht, ist eingeschränkt.

181 Der Begriff „positive Daten" ist bei näherer Betrachtung irreführend,[240] ebenso letztlich der synonym dazu verwendete Begriff „neutrale Daten". Richtiger wäre wohl die – sprachlich allerdings unschöne – Bezeichnung „nicht negative Daten". Es geht nämlich um Daten, die zwar einen Bezug zu Bonität und Zahlungsverhalten haben (etwa die Aufnahme und regelmäßige Tilgung eines Ratenkredits), aber aus sich heraus ohne Aussagewert hierfür sind. Diesen gewinnen sie erst in Kombination mit anderen Daten.

182 Aus diesem Aspekt erklären sich die Fälle, in denen sich ein „positives" Datum vermeintlich zu einem „negativen" entwickelt (Beispiel des Ratenkredits, dessen Höhe anzeigt, dass der Kreditrahmen ausgeschöpft ist): Dies belegt, dass dem Datum an sich weder in die eine noch in die andere Richtung etwas zu entnehmen ist. Insofern scheint der Begriff „neutral" zunächst nahe zu liegen, doch übergeht er, dass das konkrete Datum durchaus Auswirkungen hat, wenn andere Daten hinzukommen; es bleibt dann in seiner Wirkung gerade nicht neutral.

183 Die Bedeutung der geschilderten Differenzierungen im Rahmen der Interessenabwägung wird überschätzt.[241] Zwar ist der Aussagewert eines harten Negativmerkmals isoliert für sich betrachtet tatsächlich sehr hoch, soweit ihm eine objektive gerichtliche Entscheidung in Form eines Urteils (§§ 300ff. ZPO) nach in der Regel vorausgegangener mündlicher Verhandlung (§ 128 ZPO) zugrunde liegt. Entsprechendes gilt für Entscheidungen wie die Eröffnung eines Insolvenzverfahrens (§ 27 InsO). Der Aussagewert eines Vollstreckungsbescheids (er wird – soweit das Mahnverfahren nicht ohnehin maschinell bearbeitet wurde – schlicht „auf den Mahnbescheid gesetzt", § 699 Abs. 2 ZPO) ist dagegen trotz seines Zustandekommens unter Beachten gesetzlicher Verfahrensvorschriften deutlich geringer. Noch weniger sagt ein Mahnbescheid objektiv aus und zwar selbst dann, wenn der Betroffene keinen Widerspruch (§ 694 ZPO) eingelegt hat. Soweit die Literatur[242] ihm in diesem Fall Anhaltspunkte für eine objektive Kreditwürdigkeit entnehmen wollen, ist darauf hinzuweisen, dass ein Mahnbescheid in der Regel maschinell (§ 689 Abs. 1 Satz 2 ZPO) bearbeitet wird und seinem Erlass keinerlei materielle Prüfung des Anspruchs vorausgeht; dass ein Widerspruch nicht eingelegt wird, kann viele Gründe haben und rechtfertigt nicht den Schluss, dass der Betroffene die Forderung anerkennt oder sie gar objektiv gesehen besteht.[243]

184 Daraus ist zum einen zu folgern, dass weiche Negativdaten einen ähnlich hohen Aussagewert haben können wie harte Negativdaten, denen keine echte gerichtliche Prüfung zugrunde liegt. Zum anderen dürfen aber harte Negativdaten nicht überbewertet werden. Auch sie bedürfen einer Gesamtwürdigung im Zusammenhang.

185 Entscheidend ist also weniger, ob (harte oder weiche) Negativdaten oder „Nicht-Negativdaten" vorliegen, sondern ob und welche Schlüsse sich daraus unter Berücksichtigung typischer (teils auch von Branche zu Branche unterschiedlicher) Erfahrungen ziehen lassen, im Falle von Auskunfteien und Warndiensten spezifisch im Hinblick auf Zahlungsfähigkeit und -willigkeit bzw. im Hinblick auf die Fähigkeit und den Willen, andere vertragliche Pflichten als Zahlungspflichten einzuhalten.[244] Dies gibt den Ausschlag, nicht das Einsortieren von Daten in ein im Gesetz nicht genanntes Begriffssystem.

---

240 *Beckhusen*, S. 62/63.

241 In diese Richtung auch *Kamlah*, MMR 1999, 395, 397 (nach dem Gesamtkontext des Beitrags mit der Zielrichtung, verstärkt auch die Erhebung „weicher" Daten zuzulassen).

242 *Gola/Schomerus*, BDSG § 29 Rdnr. 14.

243 Anders hier BGH, NJW 1984, 1889, 1890 mit dem Hinweis, ein Schuldner werde sich im Regelfall gegen einen unberechtigten Mahnbescheid zur Wehr setzen.

244 AG Wedding, NJW-RR 2000, 715: Mitteilung einer Kreditkündigung an die SCHUFA nur, wenn sichere Schlüsse auf die Zahlungsunfähigkeit bzw. –unwilligkeit zu ziehen sind. Ebenso LG Bonn, CR 1995, 276 für die Kündigung eines Kreditkartenvertrags. Ferner LG Karlsruhe, MDR 1997, 1141, das die schematisch erfolgende Mitteilung über die Auflösung eines Girokontos und dessen Sollsaldo ablehnt.

Vor diesem Hintergrund erscheint es überlegenswert, die Unterscheidung ganz aufzugeben oder jedenfalls stark in den Hintergrund treten zu lassen. Ganz offensichtlich gibt es Daten, die an sich als „weich" einzustufen wären, denen aber ein solcher Aussagewert[245] zukommt, dass sie nicht ignoriert werden können, ohne die Interessen der verantwortlichen Stelle letztlich auszublenden. Mit anderen Worten: An sich „weiche" Daten sind jedenfalls dann relevant, wenn sie – ihre Richtigkeit vorausgesetzt – schon als solche Rückschlüsse auf unzureichende Zahlungsfähigkeit oder -willigkeit zulassen und ein vernünftiger Gläubiger von der gerichtlichen Verifizierung dieser Daten absehen würde. Beispiele: 186

- Kein vernünftiger Gläubiger wird eine Forderung einklagen, wenn bei vorangegangenen Verfahren (auch anderer Gläubiger) die Zwangsvollstreckung erfolglos geblieben ist. Dass weitere Forderungen existieren, deren Bestehen gerade aus diesem Grund nicht verbindlich geklärt wird, ist für das Gesamtbild des Zahlungsverhaltens wesentlich, mag auch nicht sicher sein, ob sie überhaupt bestehen. 187
- Ein Mieter von Leihfahrzeugen hat mehrfach Fahrzeuge deutlich später als vereinbart zurückgegeben, ohne zumindest mitzuteilen, dass sich die Rückgabe verspäten wird. Dieser Umstand kann nicht mit der Begründung ausgeblendet werden, die Gründe seien nicht gerichtlich überprüft. Am Faktum der verspäteten Rückgabe ändert das nichts. 188

Im Ergebnis wird es also geboten sein, „weiche" Daten tendenziell stärker als bisher üblich zu berücksichtigen. Ansonsten erhalten gerade böswillige Schuldner eine Art „Vorsprung" dadurch, dass es erfahrungsgemäß zunächst Zeit und Geld kostet, diese Daten in geeigneten förmlichen Verfahren zu „erhärten".

Zu fordern ist allerdings, dass nur Daten zur Erhebung kommen, die zumindest einer späteren objektiven Nachprüfung zugänglich sind. Ein Beispiel von praktischer Bedeutung bilden insoweit die „Mietnomaden": Wer mehrfach hintereinander monatelang verschiedene Wohnungen bewohnt, ohne je Miete zu zahlen, kann dafür rechtlich relevante Gründe haben. Der erste Anschein spricht aber so stark gegen ihn, dass diese Daten zumindest erhoben werden dürfen, wenn dies nicht nur einmal, sondern mehrfach vorgekommen ist. In diese Richtung weist auch die neuere Rechtsprechung des BGH,[246] wonach Mietforderungen im Urkundenprozess auch dann (vorläufig) durchgesetzt werden können, wenn der Mieter Mängelansprüche darlegt. 189

Geboten ist bei solchen Konstellationen, dass ihre typische Aussagekraft nicht nur eher „gefühlsmäßig" behauptet, sondern durch empirische Untersuchungen belegt wird, die wissenschaftlichen Maßstäbe genügen. Hier läge ein bisher vernachlässigtes Feld der Rechtstatsachenforschung. 190

8.3.2.5 Sensitive Daten im weiten und im engeren Sinn: 191

(a) Sensitive Daten im weiten Sinn

Teils geht die Literatur davon aus, bei „sensiblen Daten"[247] bestehe stets ein berechtigtes Interesse des Betroffenen. Dabei werden unter dem Begriff zum einen die sensitiven Daten im Sinn von § 3 Abs. 9 verstanden, weitergehend aber auch die von § 35 Abs. 2 Satz 2 Nr. 2 erfassten Daten über strafbare Handlungen oder Ordnungswidrigkeiten. Letzteres zeigt, dass die Auffassung in dieser Allgemeinheit nicht richtig sein kann. Schon die bloße Existenz des Löschungsanspruchs in § 35 Abs. 2 Satz 2 Nr. 2, der nicht etwa voraussetzungslos gewährt wird, sondern nur für den Fall, dass die Richtigkeit der Daten nicht bewiesen werden kann, spricht dagegen, stets ein berechtigtes Interesse des Betroffenen anzunehmen. Und gerade das Beispiel von Daten über strafbare Handlungen zeigt, dass die Erhebung und Speicherung solcher Daten durchaus berechtigt erfolgen kann (etwa die Speicherung von Daten über Ver-

245 Dieses prinzipiell objektive Kriterium entscheidet, nicht die im Zweifel eher einseitig interpretierte und mit vielfältigen Inhalten füllbare Klausel „Bedeutung für die Wirtschaft", auf die *Duhr* in *Roßnagel*, Handbuch, Teil 7.5 Rdnr. 32 abstellt.

246 BGH Urteil vom 1.6.2005, Az. VIII ZR 216/04, NJW 2005, 2701.

247 Begriff bei *Hoeren* in *Roßnagel*, Handbuch, Teil 4.6 Rdnr. 65.

urteilungen wegen Vermögensdelikten bei einer Auskunftei oder in einem Kreditinformationssystem).[248]

192 Allerdings wird es im Einzelfall oft so sein, dass die Interessen des Betroffenen überwiegen. So ist kaum vorstellbar, dass ein Adresshändler Daten über strafbare Handlungen erheben dürfte. Das wirkt sich praktisch aus: Da die Anschriften sämtlicher deutscher Justizvollzugsanstalten mühelos von amtlichen Seiten im Internet abzurufen sind, enthalten die Anschriften aller Insassen konkludent Aussagen darüber, dass letztere Straftaten begangen haben, die mit einer Freiheitsstrafe geahndet wurden. Die Erhebung solcher Daten ist nicht zu rechtfertigen. Folglich dürfen solche Anschriften nicht Gegenstand des Adressenhandels sein.

193 Dies gilt bereits aufgrund der angestellten Überlegungen. Ergänzend bestärkt wird diese Auffassung durch den in Absatz 2 Satz 2 enthaltenen Verweis auf § 28 Abs. 3 Satz 2, wonach auf der Basis des „Listenprivilegs" derartige Daten später unter den dort enthaltenen Voraussetzungen ohnehin nicht übermittelt werden dürften.

194 (b) Sensitive Daten im engeren Sinn
Für die sensitiven Daten im eigentlichen Sinn (Definition des § 3 Abs. 9) bringt die Verweisung des Absatz 5 deutlich einengende Vorgaben. Sie betreffen ausdrücklich bereits die Erhebung (siehe dazu § 28 Abs. 6 sowie ergänzend § 28 Absatz 7 Satz 1). Auf die Kommentierung dieser Vorschriften wird verwiesen.[249]

195 Speziell im Rahmen des § 29 sind nur wenige Konstellationen denkbar, in denen einer der in § 28 Abs. 6 genannten Ausnahmetatbestände einschlägig wäre. Abzulehnen ist insbesondere die Meinung, § 28 Abs. 6 Nr. 4 legitimiere Dateien, die vor „Krankenhauswanderern" warnen.[250] Selbst wenn sich jemand in der Vergangenheit erwiesenermaßen durch Simulierung von Beschwerden den Aufenthalt in einem Krankenhaus erschlichen hätte, kann daraus nicht automatisch der Schluss gezogen werden, auch aktuell benannte Beschwerden seien simuliert. Hinzu kommt, dass jedenfalls die gesetzlichen Krankenkassen nach der sozialgerichtlichen Rechtsprechung dem Krankenhaus auch Aufenthalte aufgrund simulierter Beschwerden in der Regel zahlen müssen.[251]

8.4 Möglichkeit zur Entnahme aus allgemein zugänglichen Quellen sowie Veröffentlichungsbefugnis (Absatz 1 Satz 1 Nr. 2)

8.4.1 Allgemein zugängliche Quellen

196 **8.4.1.1 Besonderer Kontext des Begriffs bei § 29**. Dieser Tatbestand entspricht dem in § 28 Abs. 1 Satz 1 Nr. 3 enthaltenen, sodass zunächst im Wesentlichen auf die dortige Kommentierung verwiesen werden kann. Ergänzend ist auf folgende Aspekte hinzuweisen:

- Der Informationsbedarf der Stellen, die dem § 29 unterfallen, bringt es mit sich, dass sie allgemein zugängliche Quellen im besonderen Umfang auswerten. Rein faktisch haben diese Quellen eine größere Bedeutung als im Rahmen des § 28, weil die Auswertung infolge der bei § 29 zumindest tendenziell möglichen Mehrfachverwertung wirtschaftlich attraktiver ist als dort.
- Ein weiterer Unterschied zur Situation bei § 28 besteht darin, dass die verantwortliche Stelle, die erhobenen Daten dort im Regelfall lediglich selbst verwendet, während bei § 29 von vornherein eine (Weiter-)übermittlung intendiert ist. Das beeinflusst die Interessenlagen im Einzelfall wesentlich.
- Öffentlichen Registern, die allgemein zugänglich sind, gilt bei den von § 29 erfassten Stellen ein besonderes Interesse, da deren Inhalt von selbst nicht wirtschaftlich interessierten öffentlichen Stellen stammt, die nach festliegenden Verfahrensregeln arbeiten. Er kann

248 Ebenso *Auernhammer*, BDSD § 29 Rdnr. 9 (zu beachten ist, dass zum Zeitpunkt dieser Äußerung hinsichtlich „sensitiver Daten" die Definition dieses Begriffs in § 3 Abs. 9 noch nicht existierte, doch verstand er ihn offenbar in etwa mit diesem Inhalt).
249 Siehe die Kommentierung zu § 28, Rdnr. 320 ff.
250 So *Gola/Schomerus*, BDSG § 29 Rdnr. 32.
251 Zur Zahlungspflicht der Krankenkassen siehe BSG Urteil vom 21.8.1996 3 RK 2/96, NJW-RR 1998, 273.

deshalb in der Regel als besonders zuverlässig gelten. Sofern öffentliche Register ausdrücklich zur Information der Öffentlichkeit oder interessierter Kreise bestimmt sind, kommen ferner deren Inhalt und Strukturierung den Bedürfnissen der Stellen im Sinne des § 29 meist in besonderem Maß entgegen.

8.4.1.2 Öffentliche Register. Zu den öffentlichen Registern, die allgemein zugänglich sind, zählen nur solche,[252] bei denen der Zugang jedermann ohne besondere Voraussetzungen offen steht wie Handelsregister, Genossenschaftsregister, Vereinsregister und Güterrechtsregister sowie die Einwohnermelderegister hinsichtlich der „einfachen Melderegisterauskünfte" (§ 21 Abs. 1 MRRG und die entsprechenden landesrechtlichen Regelungen), die sich auf Name, Vorname, Doktorgrad und aktuelle Anschriften beschränken (nicht dagegen hinsichtlich der „erweiterten Melderegisterauskünfte", deren Datenumfang teils bedeutend größer ist und deren Erteilung an ein berechtigtes Interesse geknüpft ist). Sofern der Zugang zu einem Register wie beim Grundbuch oder beim Handwerksregister an ein berechtigtes Interesse oder gar – wie bei den Personenstandsbüchern – an ein rechtliches Interesse geknüpft ist, fehlt es dagegen an der allgemeinen Zugänglichkeit. 197

8.4.1.3 Medien (einschließlich Internet). Weitere allgemein zugängliche, aber wegen der Flüchtigkeit der Darbietung rein faktisch nicht immer leicht auswertbare Quellen sind Radio und Fernsehen, die häufig besonders aktuell sind. Zeitungen, Zeitschriften und sonstige allgemein erhältliche Druckwerke wie Telefon- und Adressbücher erleichtern durch die Perpetuierung der Information die Auswertung einerseits, erschweren sie aber dadurch, dass die Daten oft nicht elektronisch vorliegen. Internetseiten sind hinsichtlich der unmittelbar aus ihnen zu entnehmenden Daten allgemein zugängliche Quellen,[253] wobei die Menge der Informationen beeindruckend ist, deren nachprüfbare Zuverlässigkeit dagegen oft fraglich. 198

8.4.1.4 Ausreichen der Entnahmemöglichkeit. Es genügt, dass die Daten, um die es geht, allgemein zugänglichen Quellen entnommen werden „können", sie müssen in concreto also nicht daraus tatsächlich entnommen „sein".[254] Dabei ist an sich auf den Zeitpunkt der Erhebung abzustellen. Es genügt also nicht, dass die Daten zu einem späteren Zeitpunkt in allgemein zugänglichen Quellen verfügbar werden. Allerdings wird ein Verstoß in der Regel keine Folgen haben. Die auf die Erhebung folgende Speicherung wird nämlich rechtens, sobald das Kriterium der Entnahmemöglichkeit aus allgemein zugänglichen Quellen eintritt. 199

8.4.1.5 Beispiele eines schutzwürdigen Interesses am Ausschluss der Erhebung. Hinsichtlich des denkbaren schutzwürdigen Interesses am Ausschluss der Erhebung ist zwischen den von § 29 Abs. 1 erfassten Branchen zu differenzieren. Dabei zeigt sich ein weiteres Mal, dass die Unterscheidung zwischen Negativ- und Positivdaten[255] nur sehr begrenzt weiterhilft. So trifft es zu, dass bei der SCHUFA schutzwürdige Interessen des Betroffenen, die der Erhebung von Daten über eine Insolvenz entgegenstehen könnten, nicht denkbar sind.[256] Der Grund: Ihre Aussagekraft hinsichtlich de Zahlungsfähigkeit ist schon wegen des Verfügungsverbots, das dem Schuldner in der Regel auferlegt wird (§ 21 Abs. 2 Nr. 2 InsO), aber auch angesichts der gesetzlich vorgesehenen Insolvenzgründe (§§ 16 – 19 InsO) unmittelbar einleuchtend. Für Adresshändler, Werbeunternehmen oder Unternehmen der Markt- und Meinungsforschung wären diese Daten dagegen ohne Relevanz: Die Charakterisierung als „negativ" ist eben keine objektive Eigenschaft eines Datums, sondern immer in Bezug zum verfolgten Zweck zu setzen. 200

Die Tatsache, dass ein Betroffener – wie seiner Anschrift zu entnehmen ist – in einem exklusiven Villenviertel wohnt, mag ein günstiges Indiz für seine Zahlungsfähigkeit sein. Im Rahmen des Adressenhandels ist dieser Umstand dagegen problematisch, da er Kriminellen, die sich die Daten verschaffen, höchst unerwünschte Hinweise geben kann. 201

---

252 Siehe dazu die ausführliche Kommentierung bei § 28, Rdnr. 183 ff.
253 *Hoeren* in *Roßnagel*, Handbuch, Teil 4.6 Rdnr. 35.
254 Anders noch die Rechtslage in § 32 Abs. 1 Satz 2 BDSG 1977, vgl. *Mallmann*, Voraufl. § 29 Rdnr. 64.
255 Siehe dazu oben Rdnr. 179 ff.
256 So *Beckhusen*, S. 204.

Da allgemein bekannt ist, dass solche Konstellationen vorkommen, ist ihre (strukturelle) Existenz als „offensichtlich" im Sinne von Absatz 1 Satz 2 Nr. 2 anzusehen. Die verantwortliche Stelle ist deshalb verpflichtet, schon bei der Ausgestaltung des Erhebungsvorgangs Mechanismen vorzusehen, um solche Konstellationen zu erkennen und den Interessen der Betroffenen gerecht zu werden.[257] Die Forderung nach einer Abwägung im Einzelfall darf nicht zu Lasten des jeweiligen Betroffenen dahin ausgedeutet werden, dass nur solche Interessen offensichtlich überwiegen, die gerade im konkreten Einzelfall sozusagen „von alleine" erkennbar sind.

202 Bei der Erhebung von Daten aus dem Internet ist es ein wichtiges Indiz, wenn eine Seite gesetzlich vorgeschriebene Informationen über den Diensteanbieter (siehe §§ 6, 7 TDG) gar nicht oder nur in deutlich mangelhafter Weise enthält. Dies muss Anlass zu Überlegungen geben, ob die dort zu entnehmenden Daten wirklich als hinreichend zuverlässig gelten können.

8.4.2 Veröffentlichungsbefugnis

203 Dieser Erlaubnistatbestand wurde erst im Rahmen des BDSG 1990 eingefügt; nennenswerte praktische Bedeutung hat er bisher nicht erlangt. Er stimmt wörtlich mit § 28 Abs. 1 Satz 1 Nr. 3 überein, sodass zunächst auf die Kommentierung hierzu verwiesen werden kann.

204 Soweit man – anders als es vorliegend geschieht[258] – die Auffassung vertritt, die Nutzung werde von § 29 nicht erfasst, kann sich aus der Bestimmung selbst keine Befugnis zur Veröffentlichung ergeben.[259] Hält man – wie vorliegend vertreten – auch die Nutzung von § 29 erfasst, erscheinen Fälle denkbar, in denen § 29 selbst die Veröffentlichung erlaubt. Im Übrigen kann ein Rückgriff auf § 28 in Betracht kommen.[260]

205 Praktische Anwendungsfälle für Befugnisnormen zur Veröffentlichung außerhalb des BDSG bietet das Einwohnermelderecht. Soweit die Landesmeldegesetze in Ausführung von § 21 Abs. 3 MRRG Gruppenauskünfte an Adressbuchverlage vorsehen (siehe etwa Art. 35 Abs. 3 Satz 1 BayMeldeG), geben sie damit implizit zugleich die Befugnis zur Veröffentlichung dieser Daten. Den Belangen der Betroffenen ist dabei durch ein nicht an bestimmte Gründe gebundenes Widerspruchsrecht gegen die Weitergabe seiner Daten Rechnung getragen (siehe Art. 35 Abs. 3 Satz 2 BayMeldeG). Dass diese Veröffentlichungsbefugnis letztlich auf einer landesrechtlichen Regelung beruht, ist ohne Belang. Insofern ist auf die Parallele zu § 203 Abs. 1 StGB zu verweisen, in dessen Rahmen eine Befugnis zur Offenbarung sich ebenfalls aus Landesrecht ergeben kann. Auch die Norm des Absatz 2 Satz 1 Nr. 1 ist in dieser Hinsicht offen formuliert und erfasst nicht nur bundesgesetzlich normierte Befugnisse.

9. Phase 2: Umgang mit den Daten bis zu deren Übermittlung

9.1 Speicherung der Daten

206 **9.1.1 Gleichklang von Erhebung und Speicherung.** Die oben angestellten Überlegungen für die materielle Zulässigkeit der Erhebung von Daten gelten nach der Konzeption des Gesetzes völlig parallel auch für die Speicherung der erhobenen Daten. Insofern lässt sich sagen, dass die Rechtmäßigkeit der Erhebung die Rechtmäßigkeit der Speicherung induziert. Konstellationen, in denen eine Interessenabwägung eine Erhebung legitimiert, die **unmittelbar** anschließende Speicherung dagegen nicht, erscheinen schon rein logisch kaum vorstellbar – selbstverständlich nur unter der Voraussetzung, dass der schon vor der Erhebung festzu-

257 Diesen Aspekt übergeht LG München I, DuD 2004, 313 (Veröffentlichung der aus dem Handelsregister entnommenen Privatadresse eines GmbH-Geschäftsführers im Internet).

258 Siehe Rdnr. 215 ff.

259 So konsequenter Weise *Hoeren* in *Roßnagel*, Handbuch, Teil 4.6 Rdnr. 71 im Anschluss an *Bergmann/Möhrle/Herb* § 29 BDSG 1990 Rdnr. 67.

260 Siehe die Beispiele bei *Bergmann/Möhrle/Herb* § 28 BDSG 1990 Rdnr. 122, während die Autoren bei § 29 BDSG 1990 Rdnr. 67 argumentieren, es kämen nur Normen *außerhalb* des BDSG in Betracht. Dieser Stelle folgend *Hoeren* in *Roßnagel*, Handbuch, Teil 4.6 Rdnr. 71.

legende Zweck nicht unzulässigerweise nachträglich geändert wird. Seine Festlegung stellt die Weichen. Wenn scheinbar dem widersprechende Konstellationen auftreten, spricht der erste Anschein dafür, dass die Interessen des Betroffenen schon auf der Stufe der Erhebung nicht ausreichend gewichtet wurden.

Die für die gegenteilige Auffassung angeführten Beispiele[261] widerlegen dies nicht, sondern 207
bestätigen es letztlich:

- Wenn eine Stelle im Sinne von § 29 *nach* der Erhebung Kenntnis über Umstände erlangt, die die Richtigkeit, Vollständigkeit oder Aktualität der Daten infrage stellen oder gar widerlegen, so sind diese Umstände selbstverständlich zu berücksichtigen. Lediglich im denkbaren, aber gewiss seltenen Fall, dass die Speicherung der bereits erhobenen Daten noch aussteht, wird dann die bereits beendete Erhebung zwar nicht nachträglich unzulässig, wohl aber hat die Speicherung als nunmehr unzulässig zu unterbleiben. Beispiel: Es stellt sich nach der Erhebung aber vor der Speicherung heraus, dass eine Personenverwechslung vorliegt. Am eigentlichen Grundsatz ändern solche „Störfälle"[262] aber nichts.
- Falls neben den gespeicherten Daten, die zwar erhoben wurden, zusätzlich eigene Wertungen oder Prognosen gespeichert werden (Beispiel: „Finanzierung des Lebensunterhaltes unklar"), spricht das ebenfalls nicht gegen den dargestellten Grundsatz. Denn es handelt sich dann um die eigenständig zu sehende Speicherung zusätzlicher Daten, denen keine Erhebung vorangegangen ist.

9.1.2 Sensitive Daten. Sollte die Erhebung materiell nicht rechtmäßig erfolgt sein, kann 208
sich auch keine rechtmäßige Speicherung anschließen. Das wirkt sich besonders aus, wenn es um sensitive Daten (§ 3 Abs. 9) geht. Sie dürfen nur unter engen Voraussetzungen erhoben werden (Absatz 5 i.V.m. § 28 Abs. 6). Es dürfte rein theoretischer Natur sein, dass zwar bei der Erhebung keine der dort vorhandenen Voraussetzungen erfüllt ist, dann aber bei der Speicherung eine Konstellation gegeben ist, bei der das der Fall wäre.

9.2 Veränderung von Daten

9.2.1 Gleichklang von Speicherung und Veränderung. Die Zulässigkeit von Speichern 209
und Verändern hängen so eng miteinander zusammen, dass manche Autoren[263] beides bewusst gemeinsam behandeln. Dies lässt sich unter dem Aspekt rechtfertigen, dass rein faktisch die durch eine Eingabe geänderten Daten bei der Eingabe auch sofort gespeichert werden, sodass sich beide Vorgänge zwar rechtlich, aber kaum faktisch trennen lassen.

Andere[264] weisen zutreffend darauf hin, dass die Verknüpfung von Daten – soweit man sie 210
als Veränderung und nicht als Nutzung ansieht[265] – in der Regel dann zulässig ist, wenn die Erhebung und Speicherung der entsprechenden Daten zulässig war. Insofern induziert die Zulässigkeit der Erhebung nicht nur die der Speicherung, sondern auch die der Veränderung. Darin dokumentiert sich erneut vor allem die überragende Bedeutung der Festlegung des Zwecks vor der Erhebung. Sie beeinflusst den Abwägungsprozess zentral und determiniert ihn letztlich über die verschiedenen Stufen des Datenumgangs hinweg. Zu den Zulässigkeitsvoraussetzungen der Veränderung im Einzelnen kann gerade angesichts dieses Zusammenhangs auf die Ausführungen zur Erhebung verwiesen werden.

9.2.2 Entstehung von Persönlichkeitsprofilen und Datenverknüpfung. Spezifisch mit 211
der Verknüpfung und Zusammenfassung von Daten wird die Sorge verbunden, es könne durch die Anlegung umfassender „Persönlichkeitsdossiers" ein unzulässiges Persönlichkeitsprofil

---

261 *Duhr* in *Roßnagel*, Handbuch, Teil 7.5 Rdnr. 42 – 44; die konkreten Beispiele in Rdnr. 43.

262 Selbst bei einem so großen Datenbestand wie dem der SCHUFA werden pro Jahr lediglich „einige" Verwechslungsfälle bekannt, vgl. 17. TB der in Hessen zuständigen Aufsichtsbehörden, LT-Drs. 16/3650 v. 15.2.2005, S. 13 und zwar in der Regel erst nach der Übermittlung an Dritte.

263 *Auernhammer*, BDSG, § 29 Rdnr. 4.

264 *Duhr* in *Roßnagel*, Handbuch, Teil 7.5 Rdnr. 51; in gewissem Widerspruch dazu stehen allerdings ihre Ausführungen bei Rdnr. 43.

265 Siehe dazu Rdnr. 215 mit FN 279.

des Betroffenen entstehen.[266] In dieser Allgemeinheit führen die Aussagen nicht weiter. Sie knüpfen an Passagen im Volkszählungsurteil an,[267] wonach es staatlichen Stellen untersagt ist, durch die unbeschränkte Verknüpfung von zu statistischen Zwecken erhobenen Daten mit anderen, bei Verwaltungsbehörden vorhandenen Datenbeständen ein „Totalabbild" der Persönlichkeit zu erstellen. Daraus wird dann der Schluss gezogen, dies müsse umso mehr gelten, wenn „private Wirtschaftsunternehmen derartige Verarbeitungen zur Befriedigung kommerzieller Interessen betreiben" wollten.[268]

212 Schon der Ausgangspunkt dieser Überlegungen trifft nicht zu. Die Befugnisse eines Privaten müssen nicht generell hinter denen staatlicher Stellen zurückbleiben – im Gegenteil: Da sich der Private – auch bei kommerziell motiviertem Handeln – auf eigene Grundrechtspositionen berufen kann,[269] hat er tendenziell größere Handlungsspielräume als staatliche Stellen.[270] Ferner können gerade bei einem Privaten Konstellationen eintreten, die Eingriffe in die Sphäre des Betroffenen rechtfertigen, welche seitens staatlicher Stellen niemals in Betracht kämen. Hubmann[271] hat schon weit vor dem Volkszählungsurteil darauf hingewiesen, dass sogar „das Auskundschaften des Lebensschicksals einer Person" zulässig sein könne, wenn man ein Vertrauensverhältnis wie etwa eine Ehe mit ihr eingehen wolle.[272] Dem ist für den Fall der Ehe angesichts von § 1353 Abs. 1 BGB nach wie vor zuzustimmen. Anzuknüpfen ist dabei wiederum an den Zweck, der schon vor der Erhebung festgelegt werden muss (siehe Absatz 1 Satz 2). Wird dieser Zweck von der Rechtsordnung gebilligt und kann er nur erreicht werden, wenn letztlich ein Persönlichkeitsprofil erstellt wird, so kann dies für einen Privaten zulässig sein.

213 Allerdings darf dabei das informationelle Selbstbestimmungsrecht des Betroffenen nicht ausgeblendet werden – ein Phänomen, das unter dem Stichwort „praktische Konkordanz von Grundrechten" geläufig ist. Andere Beispielsfälle als die schon erwähnte Absicht, eine Ehe einzugehen (und damit letztlich die beiderseitigen Lebensschicksale in sehr intensiver Weise zu verknüpfen) erscheinen deshalb kaum denkbar. Immerhin wird dieses Ergebnis aber für Eheanbahnungsinstitute praktisch bedeutsam.

214 Dagegen wäre es mit dem Gebot der hinreichend präzisen Zweckfestlegung nicht zu vereinbaren, wenn etwa eine Auskunftei Daten in vergleichbarer Intensität erheben und speichern sollte, da man unter anderen auch Anfragen im Vorfeld von Eheschließungen erwarte. Dies mag ab und an vorkommen, bildet aber in der gesamten Palette der Tätigkeit einer Auskunftei doch eine Randerscheinung und kann deshalb nicht den Umfang der zulässigen Erhebung prägen.

9.3 Nutzung von Daten

215 **9.3.1 Regelungsgehalt des § 29.** Absatz 1 Satz 1 erwähnt – anders als § 28 Abs. 1 Satz 1 – das Nutzen nicht. Somit stellt sich die Frage, ob § 29 auch die Nutzung von Daten rechtfertigt oder nicht. Dies ist keineswegs nur von theoretischer Bedeutung. So hat beim Adressenhandel das „Qualifizieren"[273] oder „Veredeln"[274] von Adressen große Bedeutung: Beispielsweise wird aufgrund der Tatsache, dass viele Vornamen in einzelnen Jahrgängen oder Jahrgangsgruppen deutlich gehäuft vorkommen („Modenamen"), einer Adresse eine bestimmte Alters-

266 *Gola/Schomerus*, BDSG § 29 Rdnr. 15.
267 BVerfGE 65, 1, 53.
268 *Gola/Schomerus*, BDSG § 29 Rdnr. 15.
269 Siehe dazu oben Rdnr. 314.
270 *Tinnefeld/Ehmann/Gerling*, Datenschutzrecht, S. 462 m.w.N.
271 *Hubmann*, Das Persönlichkeitsrecht, 2. Aufl. 1967, S. 305; der Fall wird als nicht näher diskutiertes Beispiel einer – offensichtlich als zulässig angesehenen – Überprüfung durch eine Detektei auch erwähnt im TB Berlin 2004, Ziff. 3.3. Als Kontrast siehe aber AG Siegburg, RDV 2005, 73.
272 Das von ihm gleichfalls als Beispiel angeführte Eingehen einer Gesellschaft gehört unter den heutigen gesellschaftlichen Realitäten nicht mehr in diesen Kontext. Dazu werden solche Verbindungen zu rasch wieder gelöst oder von vornherein nur zeitlich begrenzt angelegt eingegangen.
273 Siehe *DDV*, Direct Mail (FN 81), S. 25 („Adressqualifizierung durch Informationsanreicherung").
274 Begriff bei *Mattke*, S. 137.

gruppe zugeordnet.[275] Oder es erfolgt die Zuordnung einer bestimmten Bebauungsstruktur (Einfamilienhaus, Mehrfamilienhaus) zu einer Adresse.[276] Weiteres Beispiel: Nach dem Grundsatz „Nur 1 mal pro Hausnummer"[277] werden bei Einfamilienhausstrukturen zwei vorhandene Adressen, die dieselbe Straße und Hausnummer und denselben Nachnamen enthalten, bei denen aber der eine Vorname männlich, der andere weiblich ist, zu einer einzigen Adresse zusammengeführt, die beide Vornamen enthält. Wann solche Abläufe als Nutzungsvorgänge und wann als Veränderungsvorgänge anzusehen sind, ist nicht eindeutig geklärt.[278]

Teils[279] wird die Auffassung vertreten, das Nutzen sei von § 29 erfasst, da es das Persönlichkeitsrecht weniger gefährde als die in Absatz 1 ausdrücklich erwähnten Vorgänge des Erhebens, Speicherns und Veränderns. Teils wird betont, die Nutzung finde in § 29 selbst keine Rechtfertigung,[280] dabei allerdings auch die Wertung des Verknüpfens von Daten als Veränderung hervorgehoben,[281] was die Aussage zur Nutzung im Ergebnis deutlich relativiert. 216

Dass ein Nutzen das Persönlichkeitsrecht generell weniger gefährde als ein Erheben oder als ein Verarbeiten in Form des Speichern oder Veränderns, lässt sich nicht begründen. Dem BDSG ist eine solche Differenzierung nicht zu entnehmen. In ihr färbt – unstatthafterweise – die unter Geltung des BDSG 1977 herrschende, aber bereits seit In-Kraft-Treten des BDSG 1990 obsolete Auffassung[282] durch, der Umgang mit personenbezogenen Daten außerhalb der Verarbeitung sei im Wesentlichen ein interner, nicht vom BDSG erfasster Vorgang. Schon Art. 2 lit. b EG-Datenschutzrichtlinie, wo durch die Formulierung „Benutzung" auch das Nutzen erfasst[283] ist, verbietet eine solche Betrachtung. Die Gesetzgebungsgeschichte erbringt keine relevanten Aufschlüsse. Die Begründung zum Gesetzentwurf der Bundesregierung[284] schweigt dazu, warum in § 29 zum Nutzen nichts gesagt ist. Art. 2 lit. b. EG-Datenschutzrichtlinie spricht eher dafür, dass der Begriff des Nutzens bewusst nicht aufgenommen wurde; angesichts der Existenz dieser Bestimmung kann die Frage auch kaum übersehen worden sein. Dies spricht tendenziell dafür, das Nutzen nicht als erfasst anzusehen. 217

Dennoch erscheint es sinnvoll davon auszugehen, dass § 29 auch ein Nutzen legitimieren kann. Dem Gesetzgeber kann nicht entgangen sein, dass Nutzungsvorgänge zumal im Adressenhandel üblich sind, nichts spricht dafür, dass er sie durch ein (in der Gesetzesbegründung völlig übergangenes!) Nicht-Einfügen des Begriffs der Nutzung bei der Anpassung des BDSG an die EG-Datenschutzrichtlinie im Jahr 2001 für die Zukunft untersagen wollte. Zudem würde eine solche Sichtweise dazu führen, dass die oben angedeuteten Unschärfen bei der Abgrenzung der Begriffe „Verändern" und „Nutzen" von ausschlaggebender Bedeutung dafür würden, was (als Veränderung) noch erlaubt ist und was (als Nutzen) nicht. Eine solche Differenzierung ergäbe gerade angesichts der EG-Datenschutzrichtlinie keinen Sinn. In deren Terminologie, die das „Nutzen" des BDSG als eigenständig definierten Begriff nicht kennt, unterfallen nämlich Kombination und Verknüpfung von Daten in jedem Fall der Verarbeitung von Daten (siehe die Erwähnung dieser Begriffe in Art. 2 lit. b der Richtlinie) im Sinn der dortigen Verwendung des Begriffs. 218

Dieses Ergebnis vermeidet auch Widersprüche innerhalb von Absatz 1 selbst. Denn auch wenn Absatz 1 Satz 1 das Nutzen nicht erwähnt, so ist es doch über Absatz 1 Satz 2 in Bezug 219

---

275 Beispielsgrafik dafür bei Direct Mail, a.a.O., (FN 81), S. 25.
276 Siehe auch die schon bei *Mattke*, S. 138/139 geschilderte „Wohngebietsanalyse".
277 Ebenda, S 137.
278 Siehe *Dammann*, § 3 Rdnr. 188-195, besonders Rdnr. 192. *Bergmann/Möhrle/Herb*, § 29 BDSG 1990, Rdnr. 12 sehen das Verknüpfen von Daten stets als Veränderung an. Zurückhaltender *Dammann*, Voraufl. § 3 Rdnr. 141, der dies für eine „bloß summierend wirkende Verknüpfung" verneint.
279 *Gola/Schomerus*, BDSG § 29 Rdnr. 8.
280 *Bergmann/Möhrle/Herb*, § 29 BDSG 1990, Rdnr. 11 und Rdnr. 67, ebenso *Hoeren* in *Roßnagel*, Handbuch, Teil 4.6 Rdnr. 71 für Fälle der Veröffentlichung von Daten als einen Anwendungsfall des Nutzens.
281 *Bergmann/Möhrle/Herb*, § 29 BDSG Rdnr. 12.
282 Siehe dazu *Wohlgemuth*, Datenschutzrecht, 1. Aufl. 1992, Rdnr. 266, (identisch mit der 2. Aufl. 1993, Rdnr. 266) und die Diskussion über „interne Daten" anhand von § 1 Abs. 2 Satz 2 BDSG 1977, vgl. *Simitis*, 1. Aufl., § 1 Rdnr. 28 – 42.
283 *Dammann/Simitis*, EG-Datenschutzrichtlinie, Art. 2 Rdnr. 5.
284 BR-Drs. 461/00 vom 18.8.2000, S. 35/36 (Begründung zur Änderung von § 29).

genommen, da im dort angesprochenen § 28 Absatz 1 Satz 2 auch die Rede von Zwecken ist, für welche die erhobenen Daten *genutzt* werden sollen. Zwar mag man angesichts einer häufig wenig sorgfältigen Gesetzgebungstechnik heutzutage alleine aus einer solchen Verweisung keine allzu weitreichenden Schlüsse ziehen dürfen.[285] Wenn aber – wie hier – bereits sonstige Argumente das Ergebnis stützen, wird man diesen Aspekt zumindest ergänzend heranziehen können.

220 **9.3.2 Materielle Zulässigkeitsvoraussetzungen.** Schon angesichts der in den Details unklaren – wenn nicht sogar kaum durchführbaren – Abgrenzung zwischen Vorgängen der Veränderung und Vorgängen der Nutzung erscheint es geboten, die materiellen Voraussetzungen für die Zulässigkeit bei beiden Konstellationen parallel zu interpretieren. Soweit die Literatur den Aspekt der Nutzung überhaupt gesondert behandelt,[286] ist ein Widerspruch gegen diese Auffassung nirgends zu erkennen.

221 **9.3.3 Rechtliche Klassifizierung von Bonitätsindexen und Score-Werten.** Praktisch wichtig ist die Frage, ob die Zulässigkeit des Nutzens eine Rolle spielt, wenn ein Bonitätsindex oder ein Score-Wert zum Einsatz kommt. Ein Bonitätsindex wird anhand einer mathematischen Formel aus individuellen Merkmalen des Betroffenen (Umsatz, Zahlungsweise usw.) errechnet.[287] Das Scorewert-Verfahren baut demgegenüber darauf auf, dass im Rahmen eines „Gruppenvergleichs" ein individuelles Merkmalsprofil des Betroffenen mit einem abstrakten profil „typischer Kreditnehmer" verglichen und daraus abgeleitet wird, wie hoch die statistische Wahrscheinlichkeit ist, dass der Betroffene Verbindlichkeiten nicht begleicht.[288] Der Einsatz beider Verfahren beschränkt sich auf Auskunfteien sowie Kreditinformationssysteme und Warndienste.

222 Sowohl bei Bonitätsindexen wie bei Score-Werten ist es branchenüblich, den Wert bei jeder Anfrage neu zu ermitteln und bekannt zu geben, ohne dass er gespeichert würde. Den Vorgang der Ermittlung kann man im allgemeinsprachlichen Sinne des Begriffs als Nutzen der gespeicherten Daten bezeichnen,[289] in der Terminologie des BDSG liegt ein Nutzen nicht vor, sondern ein Übermitteln von durch Datenverarbeitung unmittelbar gewonnenen Daten,[290] sodass der gegenüber einer Übermittlung subsidiäre Begriff des Nutzens (§ 3 Abs. 5 BDSG) nicht zur Anwendung gelangt.

10. Phase 3: Übermittlung von Daten an einen Dritten

10.1 Methodische Vorüberlegungen

223 **10.1.1 Übermittlung als entscheidende Zäsur.** Zwischen der Phase der Erhebung, Speicherung, Veränderung und Nutzung der Daten durch die verantwortliche Stelle gemäß Art. 29 und der Phase der Übermittlung durch diese Stelle an andere Stellen liegt eine entscheidende Zäsur. Natürlich ist bereits durch die Festlegung des Zwecks vor der Erhebung (siehe Absatz 1 Satz 2) vorgeprägt, wofür die gespeicherten Daten verwendet werden dürfen und es ist selbstverständlich, dass auch bei der Übermittlung dieser Zweck nicht verlassen werden darf.

---

285 § 29 Abs. 1 Nr. 2 wurde mehr oder weniger in letzter Minute bei Schaffung des BDSG 1990 in das Gesetz eingefügt, vgl. *Auernhammer*, BDSG, § 29 Rdnr. 12 und blieb bei der BDSG-Novellierung 2001 im Wortlaut unverändert. Allerdings wurde der in Bezug genommene § 28 Abs. 1 Satz 2 bei der Novelle 2001 deutlich umformuliert, wobei erstmals das Nutzen Erwähnung fand. Dazu schweigt die Gesetzesbegründung der Novelle 2001 letztlich völlig, wenn sie lediglich Art. 10 EG-Datenschutzrichtlinie paraphrasiert (vgl. BR-Drs. 461/00 vom 18.8.2000, S. 106 und S. 108); das spricht dafür, dass die mögliche Tragweite dieser Änderung nicht erkannt wurde.

286 Siehe für Auskunfteien *Duhr* in *Roßnagel*, Handbuch, Teil 7.5 Rdnr. 45ff; *Gola/Schomerus*, BDSG § 29 Rdnr. 8.

287 *Duhr* in *Roßnagel*, Handbuch, Teil 7.5 Rdnr. 45.

288 Siehe zur Funktionsweise solcher Verfahren ausführlich *Beckhusen*, S. 219-223, sowie oben Rdnr. 56.

289 In diesem Sinn offensichtlich *Duhr* in *Roßnagel*, Handbuch, Teil 7.5 Rdnr. 45 am Anfang.

290 Zutreffend *Beckhusen*, S. 246/247 u.a. unter Berufung auf *Dammann*, Voraufl., § 3 Rdnr. 168.

Der Gesetzgeber hat dies bei der Novelle 2001 dadurch akzentuiert, dass er im Absatz 2 die Passage „im Rahmen der Zwecke nach Absatz 1" eingefügt hat.[291]

Daraus darf aber nicht der Schluss gezogen werden, die Zulässigkeit der vorangegangenen Schritte des Umgangs mit den Daten induziere auch die Zulässigkeit der Übermittlung. Denn so exakt der Zweck vor der Erhebung auch definiert worden sein mag, im Ergebnis wird es sich in der Regel nur um eine Art „Zweckkorridor" handeln. Denn der exakte Datenempfänger wird zu diesem Zeitpunkt ebenso wenig bereits feststehen wie die sonstigen Umstände, die konkret zum Zeitpunkt der Übermittlung gegeben sind. All dies ermöglicht und erfordert eine Konkretisierung der früher vorgenommenen Wertungen und Abwägungen in einem Maß, das eine völlig eigenständige erneute Abwägung der Interessen vor der Übermittlung gebietet. Teils wird sie schon vom Gesetzgeber vorgeprägt (siehe dazu vor allem Absatz 2 Satz 1 Nr. 2), teils ist sie aber im Ausgangspunkt weitgehend offen (siehe dazu Absatz 2 Satz 1 Nr. 1). 224

10.1.2 Gebot der Interessenabwägung im konkreten Einzelfall. Zum methodischen Vorgehen besteht Einigkeit darüber, dass angesichts der Formulierung von Absatz 2 Satz 1 Nr. 3 eine Interessenabwägung im konkreten Einzelfall geboten ist. Die dabei zu beachtenden Gesichtspunkte wurden maßgeblich durch die „SCHUFA-Rechtsprechung" des BGH geprägt. Dabei steht im Vordergrund der Aufmerksamkeit meist die Entscheidung vom 19. September 1985.[292] Man sollte aber nicht übersehen, dass sie ein Glied in einer Kette darstellt, die bereits 1978 begonnen hat[293] (mit einem Sachverhalt, auf den das BGH 1977 noch nicht anwendbar war, da es zum Zeitpunkt des Geschehens noch gar nicht in Kraft war) und seither immer länger geworden ist.[294] 225

Idealtypisch ist in jedem konkreten Einzelfall eine umfassende Abwägung der Interessen aller Beteiligten (der Stelle im Sinn des § 29, des Datenempfängers und des Betroffenen) geboten. Es liegt auf der Hand, dass diese Forderung angesichts der in Regel als Massengeschäft betriebenen Übermittlungsvorgänge, die zudem – zulässigerweise, siehe Absatz 2 Satz 4 – oft im automatisierten Abrufverfahren erfolgen, in der Realität einer adäquaten Umsetzung bedarf – adäquat in dem Sinn, dass zwar auch die Interessen des Betroffenen gewahrt werden, die übermittelnde Stelle aber nicht de facto lahm gelegt wird. Denn vor allem für Kreditinformationssysteme hat die Rechtsprechung schon frühzeitig anerkannt, dass ihre Möglichkeit, effektiv zu arbeiten, in die Überlegungen einbezogen werden muss;[295] dieser Aspekt verdient jedoch nicht nur bei ihnen, sondern bei allen Stellen Beachtung, die dem § 29 unterfallen. 226

Den Weg zu dem gebotenen Vorgehen zeigt die Überlegung auf, dass es letztlich zwei Grundkonstellationen gibt:[296] 227

- In bestimmten Fällen wird eine Übermittlung regelmäßig zulässig sein, weil den für die Übermittlung sprechenden Interessen typischerweise ein solches Gewicht zukommt, dass die Belange des Betroffenen zurücktreten müssen. Als Beispiel nennt der BGH u.a. Daten über die Eröffnung eines Konkursverfahrens.
- In anderen Fällen wiederum hat eine individuelle Einzelfallabwägung stattzufinden, die zunächst völlig ergebnisoffen ist.

Die erste Fallgruppe dominiert in der Praxis, zumal bei der Tätigkeit von Auskunfteien und Kreditinformationssystemen, die insgesamt stark standardisiert abläuft, sodass schon aufgrund des – strukturell gesehen – letztlich stets vergleichbaren Abwägungsmaterials auch das Ergebnis der Abwägung stets gleich aussehen wird. Von der Rechtsprechung bereits akzeptierte Fallgruppen spielen dabei eine große Rolle. Man mag insoweit von einer Art „antizipierten Abwägung" sprechen. 228

291 *Mallmann*, Voraufl., § 29 Rdnr. 83.
292 Az III ZR 213/83 = NJW 1986, 46; vgl. dazu ausführlich Beckhusen, S. 148 – 151.
293 BGH, NJW 1979, 265.
294 Siehe BGH, NJW 1981, 1738; BGH, NJW 1984, 436; BGH, NJW 1984, 1889; BHG NJW 1986, 46; BGH, NJW 1986, 2505; BGH, NJW 2003, 2904.
295 BGH, NJW 1984, 1889, 1890.
296 BGH, NJW 1984, 436, 437.

229 Es ist deshalb kein Gegensatz von Theorie und Praxis, wenn einerseits in jedem Einzelfall eine individuelle Einzelfallabwägung gefordert wird, andererseits im Alltag vielfach Systeme dominieren, bei denen unter der Verwendung von bloßen Stichworten (wie „Forderung") oder bloßen Kürzeln[297] Online-Abrufe von Daten erfolgen, mit denen sich auf Seiten der übermittelnden Stelle überhaupt niemand individuell befasst.

10.2 Überblick zu den Erlaubnistatbeständen

230 Absatz 2 enthält zwei völlig unterschiedlich konturierte Erlaubnistatbestände, die beide unter dem Vorbehalt einer Interessenabwägung stehen (siehe Absatz 2 Satz 1 Nr. 2, der sich auf Nummer 1a wie Nummer 1b bezieht):

- Nummer 1a enthält eine Art Generalklausel, deren Voraussetzungen („berechtigtes Interesse") enger sind als die der Speicherung („schutzwürdiges Interesse", siehe Absatz 1), die aber andererseits prinzipiell auf alle Arten zulässig gespeicherter Daten anwendbar ist. Die Bestimmung ist auf alle von § 29 erfassten Stellen anwendbar.
- Nummer 1b enthält dagegen eine Sonderregelung für die Bereiche „Werbung" sowie „Markt- und Meinungsforschung. Infolge der Verweisung auf § 28 Abs. 3 Nr. 3 gilt diese Bestimmung nur für bestimmte Daten, die zudem „zusammengefasst" sein müssen. Ihr Anwendungsbereich ist also enger als der von Nummer 1a.

10.3 Glaubhafte Darlegung eines berechtigten Interesses an der Kenntnis der Daten (Absatz 2 Satz 1 Nr. 1a)

231 **10.3.1 Methodische Vorüberlegungen.** Der vor der Übermittlung stattfindende Abwägungsvorgang ist aus der Sicht des Betroffenen von gesteigerter Bedeutung, weil er für ihn *unmittelbar* spürbare Nachteile in Gestalt von negativen Reaktionen des Übermittlungsempfängers auslösen kann.

232 Mit diesem Abwägungsvorgang sind zum einen alle Problemstellungen verbunden, die schon bei der Abwägung anlässlich der Erhebung von Daten erörtert wurden. Zum anderen aber hat hier wegen der anlässlich einer konkreten Übermittlung zusammenprallenden Interessen der Beteiligten ein weiterer Aspekt Gesicht, dessen Bedeutung hier ungleich größer ist als dort. Er lässt sich wie folgt charakterisieren:

233 Wann die verantwortliche Stelle ein berechtigtes Interesse an der Übermittlung hat, das ein etwaiges schutzwürdiges Interesse des Betroffenen am Ausschluss der Übermittlung überwiegt, ist letztlich das Ergebnis eines Abwägungsvorgangs, in den im Allgemeinen – angesichts einer theoretisch nahezu unendlichen Anzahl von Aspekten, die hineinspielen können oder könnten – außer den ausdrücklich benannten Aspekten weitere Voraussetzungen einfließen, die – sofern sie überhaupt Gegenstand bewusster Reflexion sind – als scheinbar selbstverständlich und im Konsens befindlich nicht ausdrücklich benannt werden. Sie und nicht Fragen von der Art, wenn ein Interesse „berechtigt" ist, prägen das konkrete Ergebnis weit mehr als im Allgemeinen bewusst ist. Die Aussage, eine „Interessenabwägung" sei ein fauler Kompromiss, frei von Überlegungen darüber, was dabei geschieht,[298] mag sehr pointiert sein, hat aber in dieser Hinsicht einen wahren Kern und zwar bei der Übermittlung an Dritte noch mehr als bei der Erhebung und Speicherung, bei der der spätere Ablauf vielfach noch offen ist.

234 Dies an wenigen Beispielen zu zeigen scheint ergiebiger als der Versuch, eine Vielzahl von Einzelfällen aufzulisten, die in der Summe schon deshalb wertungsmäßig inkonsistent ausfallen müssen, weil dieselben Gründe für und gegen die „Öffnung von Informationskanälen"[299] sprechen können. Ferner soll hinterfragt werden, ob die derzeit üblichen prozeduralen Abläufe zur Bewältigung dieser Problematik sachgerecht sind.

---

297 Siehe dazu die Liste der „Anfragemerkmale" der SCHUFA bei *Beckhusen*, S. 63/64 als Beispiel.
298 *Druey*, a.a.O., (FN 2), S. 212; zur Herleitung dieser Überlegungen siehe seinen Text ab S. 205.
299 Begriff ebenda. S. 209.

10.3.2 Beispiele unsicherer Wertungen

10.3.2.1 Nichtzahlung berechtigter Forderungen. Dass rechtskräftig festgestellte Forderungen, die nicht beglichen werden, ein klares Indiz für fehlende Zahlungsfähigkeit und/oder Zahlungswillen darstellen, wird in der deutschen Literatur, soweit ersichtlich, letztlich nicht bestritten.[300] Die Betrachtung erfolgt dabei ersichtlich generalisierend: Gleichgültig, auf welchem Rechtsgrund die Forderung letztlich beruht, rechtfertigen sich diese Schlüsse. Diese Prämisse wird nicht einmal artikuliert, geschweige denn hinterfragt. 235

Andere Akzente setzen in dieser Frage die französische Datenschutzkommission CNIL[301] und ihr folgend der Conseil d'État.[302] Ausgangspunkt ihrer Überlegungen ist eine Bestimmung des französischen Datenschutzgesetzes, die Art. 6 EG-Datenschutzrichtlinie umsetzt, insbesondere Art. 6 Buchst. c, wonach personenbezogene Daten den Zwecken entsprechen müssen, für die sie erhoben und/oder weiterverarbeitet werden, dafür erheblich sein müssen und nicht darüber hinausgehen dürfen. Für die Übermittlung von Daten aus „Dateien schlechter Zahler" („fichiers de mauvais payeurs") leiten beide aus dieser Bestimmung eine Pflicht zu sektoraler Betrachtung ab („principe de sectorisation"): Nur Datenempfänger aus demselben Sektor, in dem es zu der „schlechten Zahlung" kam, dürften die Daten erhalten. Wenn also jemand seine Miete schuldig bleibe, dürfe dieses Faktum nur an (andere) Vermieter übermittelt werden. Argument: Wenn jemand etwa seine Telefonrechnung nicht zahle, rechtfertige es dieser Umstand nicht, ihm die Vermietung einer Wohnung zu verweigern. Das sei eine unangemessene Änderung des Zwecks der Information. 236

Es liegt auf der Hand, was die generelle Umsetzung dieses Prinzips für Auskunfteien und Kreditinformationssysteme in Deutschland gegenüber der bisherigen Praxis faktisch bedeuten würde und es mag dahinstehen, ob die geschilderten Gedankengänge „richtig" sind. Wichtiger erscheint, dass sie die Aufmerksamkeit auf einen zentralen, bisher vernachlässigten Aspekt lenken: Auf Dauer genügt es nicht, für (tatsächliche oder vermeintliche) Zusammenhänge, die ein überwiegendes berechtigtes Interesse begründen sollen, letztlich nur auf („angebliches?) Erfahrungswissen zu verweisen. Vielmehr ist es geboten, die Zusammenhänge wissenschaftlich-empirisch zu belegen. Es müsste also geklärt werden, ob der von der CNIL geleugnete Zusammenhang rechtstatsächlich besteht oder nicht. 237

Vor diesem Hintergrund ist es ein zukunftsweisender Ansatz, wenn die SCHUFA den erfolgreichen Versuch unternommen hat, die wissenschaftliche Basierung ihres Score-Systems ASS fachgutachtlich zu belegen.[303] Letztlich liegt darin eine konsequente Fortführung des Grundsatzes, dass sich Interessen der Beteiligten erst dann gewichten lassen, wenn bei einem Kreditinformationssystem dessen „innerer Aufbau" ermittelt und berücksichtigt wird.[304] 238

Einstweilen ist der Auffassung de CNIL nicht zu folgen, denn die bisherigen empirischen Erfahrungen in Deutschland scheinen gegen ihn zu sprechen. Diese Bewertung müsste sich aber ändern, würde ein wissenschaftlicher Beleg dafür in absehbarer Zeit nicht einmal versucht. 239

10.3.2.2 Zulassung gewerblicher Wohnungsvermieter zum SCHUFA-Verfahren. Nicht zuletzt aufgrund kritischer Äußerungen von Datenschutzaufsichtsbehörden erfolgte seit längerem keine Erteilung von SCHUFA-Auskünften an gewerbliche Wohnungsvermieter. Für einen Ausschluss dieses Kreises aus dem SCHUFA-Verfahren lassen sich relevante Argumente benennen, etwa der Umstand, dass Vermieter angesichts der üblichen Vorauszahlung der Wohnungsmiete am Monatsanfang in der Regel kein Kreditrisiko tragen.[305] Allerdings führte der Ausschluss in der Praxis dazu, dass zahlreiche gewerbliche Vermieter von potenziellen 240

300 Siehe aber neuerdings 27. JB (2004) *LfD Bremen*, Ziff. 14.8.1: Die Arbeitsgruppe „Auskunfteien/SCHUFA" des „Düsseldorfer Kreises" habe die Frage, ob vollstreckbare Forderungen, die in keinem Zusammenhang mit einem Mietverhältnis stehen, an (potentielle) Vermieter übermittelt werden dürfen, diskutiert. Ein Ergebnis der Beratungen stehe noch aus. Dieser Sachstand war im Januar 2006 noch unverändert.

301 Siehe Schilderung in einer Presseerklärung vom 17.12.2004, abrufbar unter www.cnil.fr.

302 Arret N° 262851 di 28 juillet 2004.

303 17. TB der in Hessen zuständigen Aufsichtsbehörden, LT-Drs. 16/3650 v. 15.02.2005, Ziff. 6.1. (S. 9/10).

304 BGH, NJW 1984, 1889, 1890.

305 *Beckhusen*, S. 52 m.w.N.

Mietern die Vorlage von SCHUFA-Selbstauskünften verlangten, die sich die Mietinteressenten auf eigene Kosten besorgen mussten. Deren Datenumfang war weitaus größer als der einer (nicht gestatteten) SCHUFA-Auskunft.

241 Das Beispiel zeigt, dass ein Eingriff in Rechte eines Betroffenen (hier: durch das Zulassen einer SCHUFA-Auskunft) letztlich scheinbar paradoxerweise diese Rechte möglicherweise besser schützen kann als die Verweigerung dieses Eingriffs. Die Lösung, für die Wohnungswirtschaft eine Art „abgespecktes", für ihre Zwecke ausreichendes Auskunftsverfahren vorzusehen („B-Minus-Verfahren")[306] wird dieser Situation gerecht.

10.3.3 Typisierung von Übermittlungsvorgängen als Lösungsansatz.

242 Die beispielhaft beschriebenen Unwägbarkeiten bzw. Schwankungen der Bewertung zwingen dazu – soll nicht insbesondere bei Kreditinformationssystemen die Funktionsfähigkeit leiden, die bei der Wertung durchaus zu berücksichtigen ist[307] – Typisierungen vorzunehmen. Anhand typischer „Anfragesituationen" ist festzulegen, welche Daten in der Regel erforderlich sind, um die Situation zu bewältigen. Diese Pflicht trifft zunächst die verantwortliche Stelle, welche die Daten übermitteln will.

243 Aufgabe der Aufsichtsbehörden[308] ist es, die gefundenen Ergebnisse beständig zu hinterfragen, wobei sie auch als Sachwalter gegenwärtiger und künftiger Betroffener handeln. Auch wenn sie einer bestimmten Verfahrensweise ausdrücklich zustimmen, binden sie damit aber die Betroffenen nicht. Es ist diesen unbenommen, das Ergebnis im individuellen Fall gerichtlich überprüfen zu lassen.

244 Die derzeit üblichen Abläufe im Wechselspiel zwischen verantwortlichen Stellen und Aufsichtsbehörden entsprechen prozedural den geschilderten Anforderungen. Ein Indiz dafür – mag man auch seine Aussagekraft nicht überbewerten dürfen – ist der Umstand, dass nur ein minimaler Anteil aller Übermittlungen zu einer gerichtlichen Überprüfung führt.[309] Dies allein kann jedoch kein Anlass sein, von weiteren Überlegungen abzusehen. Nur wenn die wissenschaftliche Basierung durch Rechtstatsachenforschung gefestigt wird, ist der geschilderte Schluss auf Dauer gerechtfertigt. Statistische Erfahrungen, die Score-Bewertungen zugrunde liegen, können in dieser Hinsicht wertvolle Hilfen liefern, wenn ihre statistische Aussagekraft belegt ist. Andererseits kann eine Bewertung der Interessen nicht nur rein „statistisch" erfolgen. Das Gewicht der Statistik ist jedoch hoch.[310] Dem widerspricht, dass es bisher in der Diskussion eher am Rande mitbetrachtet wird.

10.3.4 Glaubhafte Darlegung und Stichprobenverfahren

245 **10.3.4.1 Theoretische gesetzliche Anforderungen.** Das Gesetz fordert, dass das Interesse an der Kenntnis der Daten glaubhaft dargelegt wird. Gemeint ist die glaubhafte Darlegung im konkreten Einzelfall. Es besteht Einigkeit darüber, dass eine „glaubhafte Darlegung" weniger voraussetzt als eine „Glaubhaftmachung".[311] Auch sie erfordert jedoch in der Regel die Vorlage von Dokumenten wie Bestätigungen Dritter, behördliche Bescheinigungen, Akten, auf die Bezug genommen werden kann.[312] Eher ausnahmsweise und nur unter besonderen

306 *Beckhusen*, S. 52 – 54 schildert es detailliert; siehe auch 17. TB der in Hessen zuständigen Aufsichtsbehörden, LT-Drs. 16/3650 v. 15.02.2005, S. 12.
307 BGH, NJW 1984, 1889.
308 Ihre Rolle betont BGH, NJW 1981, 1738, 1739.
309 So gingen in einem Jahr beim zuständigen Regierungspräsidium Darmstadt lediglich 131 Beschwerden über die SCHUFA ein, vgl. 17. TB der in Hessen zuständigen Aufsichtsbehörden, LT-Drs. 16/3650 v. 15.02.2005, S. 3.
310 Entgegen 17. TB Hessen vom 15.02.2005 geht es nicht nur (negativ) darum, damit Verfahren auszuschließen, die einer „Kaffeesatzleserei" gleichkommen. Es geht (positiv) darum, die Aussagekraft von Indizien zu belegen.
311 *Auernhammer*, BDSG § 29 Rdnr. 20; ebenda § 16 Rdnr. 9 mit FN 6 eine nähere Darstellung dazu, wie es zur Verwendung des Begriffs „darlegen" im Zuge der Gesetzgebung kam.
312 Ebenda, § 16 Rdnr. 15.

Umständen kann eine schlichte Erklärung des Datenempfängers ausreichen.[313] Eidesstattliche Erklärungen gemäß § 294 ZPO werden in diesem Kontext teils als „besonders wichtig",[314] teils als „normalerweise nicht erforderlich"[315] bezeichnet.

10.3.4.2 Realitäten der Praxis (Stichprobenverfahren). Die vorstehende Schilderung hat mit der Rechtswirklichkeit vielfach nichts mehr gemein. Besonders deutlich wird dies im Bereich der Auskunfteien und Kreditwarnsysteme. Hier findet (mit Billigung der Aufsichtsbehörden) bei den Marktführern dieser Branchen im Ergebnis überhaupt keine Einzelfallprüfung mehr statt. Lediglich dann, wenn eine Anfrage solche logischen Ungereimtheiten in sich aufweist, dass eine vollautomatische Abwicklung nicht möglich ist, wird sie in der Realität überhaupt „am Bildschirm" überprüft.[316] Ansonsten werden Anfragen in der Regel vollautomatisch und ohne konkrete Prüfung des Interesses im Rahmen eines Abrufverfahrens erteilt. Geprüft wird nur, ob – in Form eines vereinbarten Kürzels – überhaupt ein Interesse genannt wird. 246

An die Stelle der Einzelfallprüfung vor der Übermittlung ist ein im Gesetz nicht erwähntes „Stichprobenverfahren" getreten, das zwischen den Aufsichtsbehörden einerseits und den Handels- und Wirtschaftsauskunfteien sowie der SCHUFA andererseits vereinbart wurde.[317] Es sieht vor, dass bei 1 Promille aller Anfragen durch Übersenden eines Formblatts an den Anfragenden zumindest eine Beschreibung des Vorgangs abgefragt wird. Daran können im Einzelfall weitere Recherchen angeschlossen werden. 247

Diese behördlich gebilligte Rechtsentwicklung *extra legem* wird damit begründet, dass es um ein Massengeschäft gehe, das anders nicht abzuwickeln sei.[318] Angesichts des Umstandes, dass allein im Gesamtbestand der SCHUFA 72% der Gesamtbevölkerung Deutschlands erfasst sind, und dass sie im Jahr 2002 über 65 Millionen Auskünfte erteilt hat,[319] wird dieser Aussage als solcher nicht zu widersprechen sein. Sie rechtfertigt für sich allein aber kein Abrücken von der gesetzlichen Regelung. Zumindest wäre zu fordern, dass wissenschaftliche Begleituntersuchungen neutraler Stellen klären, ob trotzdem in nahezu allen Fällen im Ergebnis eine Übermittlung nur erfolgt, wenn sie durch eine Abwägung der Interessen gerechtfertigt ist. Im Übrigen wäre zu fordern, dass das Stichprobenverfahren im Gesetz detailliert und nicht nur pauschal verankert wird. 248

10.3.4.3 Kritik am Gesetzgeber. Letztlich muss man in diesem Zusammenhang das bisherige Vorgehen des Gesetzgebers als wenig korrekt bezeichnen. Einerseits kommt im Gesetzeswortlaut der Begriff des „Glaubhaft Darlegens" zur Anwendung, der Assoziationen an die „Glaubhaftmachung" regelrecht provoziert und letztlich suggeriert, die Anforderungen blieben nur unwesentlich dahinter zurück. Gleichzeitig signalisierte die Gesetzesbegründung schon beim BDSG 1977, dass eine schlichte Erklärung (= Behauptung) doch genügen könne, verlässt also völlig dieses Anforderungsniveau. Dies alles geschah und geschieht in Kenntnis des Umstandes, dass de facto etwas anderes als ein Stichprobenverfahren gar nicht durchführbar ist, was der Gesetzgeber letztlich in § 10 Abs. 4 Satz 3 auch zum Ausdruck bringt. Man kann nicht sagen, dass sich der Gesetzgeber damit seiner Regelungsaufgabe gestellt hätte. 249

10.4 Listenprivileg (Absatz 2 Satz 1 Nr. 1b)

10.4.1 Spezifische Rolle im Rahmen des § 29. Die Regelung knüpft nahtlos an § 28 Abs. 3 Nr. 3 an, sodass zunächst auf die Kommentierung hierzu verwiesen werden kann. 250

Zu beachten ist hier wie dort, dass auch die Übermittlung von Daten, die unter das Listenprivileg fallen, unter einem Abwägungsvorbehalt steht (siehe Absatz 2 Satz 1 Nr. 3, der sich 251

---

313 *Auernhammer*, BDSG § 16 Rdnr. 15; *Mallmann*, Voraufl. § 29 Rdnr. 92; diese Überlegung geht letztlich zurück auf die Amtliche Begründung zum Regierungsentwurf für das BDSG 1977 BT-Drs. 7/1027, S. 30, siehe *Auernhammer*, BDSG § 29, FN 19.
314 Ebenda, § 16 Rdnr. 15.
315 *Mallmann*, Voraufl., § 29 Rdnr. 91.
316 *Beckhusen*, S. 73/74 für die SCHUFA; siehe auch ebenda, S. 207-210.
317 *Duhr* in *Roßnagel*, Handbuch, Teil 7.5 Rdnr. 58-60; vgl. ergänzend § 10 Rdnr. 119.
318 Ebenda, Rdnr. 58.
319 *Beckhusen*, S. 19.

eindeutig auch auf Absatz 2 Satz 1 Nr. 2 bezieht; bei § 28 Abs. 3 Nr. 3 ist die entsprechende Formulierung – lediglich noch unter Beifügung des Zusatzes „oder Nutzung" – direkt in die Vorschrift über das Listenprivileg integriert, womit aber keine Abweichung in der Sache verbunden ist). Dies ist nur konsequent, denn es ist kein Grund ersichtlich, warum Werbung sowie Markt- und Meinungsforschung in den beiden Vorschriften irgendwie unterschiedlich behandelt werden sollten.

252 Zu beachten ist ferner, dass das Listenprivileg des Absatz 2 Satz 1 Nr. 1b nur einen Ausschnitt aus dem Gesamt-Anwendungsbereich des § 29 erfasst, wie er in Absatz 1 umrissen ist: Auskunfteien und Adresshandel können sich nicht auf das Listenprivileg berufen. Angesichts der schwierigen Abgrenzung zwischen Werbung und Adresshandel mag das für den Adresshandel im Einzelfall keine wirkliche Beschränkung bringen. Auskunfteien bleiben aber jedenfalls ausgeschlossen.

253 **10.4.2 Verweisung auf § 28 Abs. 3 Satz 2 (Absatz 2 Satz 2).** Die Verweisung auf § 28 Abs. 3 Satz 2 (siehe Absatz 2 Satz 2), die Daten über strafbare Handlungen, Ordnungswidrigkeiten und – bei Übermittlung durch den Arbeitgeber – arbeitsrechtliche Rechtsverhältnisse betreffen, bezieht sich nur auf den Übermittlungstatbestand, der in Absatz 2 Satz 1 Nr. 1b enthalten ist. Allerdings greift sie – wie die in Bezug genommene Bestimmung[320] von vornherein nur, wenn die Daten im Rahmen der Zweckbestimmung eines Vertragsverhältnisses gespeichert worden sind. Sofern sie also ohne einen solchen Hintergrund beispielsweise aus allgemein zugänglichen Quellen entnommen werden, spielt die Restriktion keine Rolle. Ihre Bedeutung im Rahmen von § 29 ist deshalb recht gering.

10.5 Protokollierungspflichten (Absatz 2 Sätze 3 und 4)

254 **10.5.1 Zwecke der Protokollierung.** Die in Absatz 2 Sätze 3 und 4 enthaltene Protokollierungspflicht dient mehreren Zwecken. Zum einen übt sie einen faktischen Zwang dahingehend aus, dass die übermittelnde Stelle zumindest grob prüft, ob die Übermittlungsvoraussetzungen gegeben sind. Zum anderen wirkt sie in Richtung des Dritten, an den Daten übermittelt werden: Damit protokolliert werden kann, muss er Angaben machen und muss damit rechnen, dass diese später Gegenstand einer Überprüfung sind. Letzteres wird ihn in der Regel vor falschen Angaben zurückschrecken lassen.

255 Dem Betroffenen verschafft die Protokollierung für den Streitfall zumindest ein gewisses Beweismaterial. Darauf können auch die Aufsichtsbehörden zurückgreifen, wenn sie – eigeninitiativ oder aufgrund eines Hinweises des Betroffenen – aktiv werden.

256 **10.5.2 Einzelheiten der Ausgestaltung.** Absatz 2 Sätze 3 und 4 unterscheiden danach, ob die Übermittlung im automatisierten Abrufverfahren (§ 10) erfolgt (dann gilt Satz 4 in Verbindung mit Satz 3) oder nicht (dann gelangt nur Satz 3 zur Anwendung).

257 Bei der Übermittlung im automatisierten Abrufverfahren, die inzwischen bei größeren Auskunfteien und Kreditinformationssystemen die Regel darstellt, ist der Abrufende zur Protokollierung verpflichtet, da in diesem Fall nur er über die nötigen Informationen verfügt.[321] Im Übrigen trifft die Protokollierungspflicht die Stelle, welche die Daten übermittelt.

258 Die Protokollierungspflicht beschränkt sich nach dem Wortlaut der Regelung auf die Fälle, in denen die Übermittlung auf der Rechtsgrundlage des Absatz 2 Satz 1 Nr. 1a erfolgt. Das ist insofern konsequent als das, was gemäß Satz 3 zu protokollieren ist, nämlich die „Gründe für das Vorliegen eines berechtigten Interesses" und die „Art und Weise ihrer glaubhaften Darlegung" nur bei dieser Rechtsgrundlage relevant sind. Daraus ist allerdings nicht der Schluss zu ziehen, dass bei der Rechtsgrundlage des Absatzes 2 Satz 1 Nr. 1b gar nichts zu protokollieren wäre. Die Pflicht zur Weitergabekontrolle (siehe Nr. 4 der Anlage zu § 9 Satz 1) bleibt unberührt, ebenso die Pflicht zur Organisationskontrolle (Nr. 10 der Anlage zu § 9 Satz 1).

---

320 Siehe *Ehmann*, § 10 Rdnr. 118.

321 *Auernhammer*, BDSG § 29 Rdnr. 21 unter Darlegung der einschlägigen Gesetzgebungsmaterialien.

In beiden Fällen, bei Nr. 1a wie bei Nr. 1b, sind außerdem die Empfänger der Daten zu protokollieren. Das ist erforderlich, um den Auskunftsanspruch des Betroffenen gemäß § 34 Abs. 1 Satz 1 *Nr. 2* erfüllen zu können.[322] Angaben über die Herkunft der Daten müssen dagegen nicht festgehalten werden, da § 34 Abs. 1 Satz 1 *Nr. 1* einen Auskunftsanspruch nur für den Fall gibt, dass solche Daten gespeichert sind, aber nicht zu ihrer Speicherung verpflichtet.[323] 259

Die „Gründe für das Vorliegen eines berechtigten Interesses" meinen die Tatsachen, aus denen sich das berechtigte Interesse des Dritten ergibt. In der SCHUFA-Terminologie werden sie als „Anfragegründe" bezeichnet. Die in der Praxis übliche Angabe von Kürzeln[324] genügt regelmäßig, sofern ihre Bedeutung zwischen den Beteiligten eindeutig definiert ist und es zusammen mit den sonstigen Angaben, die festgehalten werden (Anfragedatum, anfragender Sachbearbeiter usw.) möglich ist, den Anfragegrund zu einem konkreten Vorgang in Beziehung zu setzen, der der Anfrage zugrunde liegt. Ob die vorgetragene Tatsache wirklich das behauptete berechtigte Interesse begründet, kann dann anhand der Unterlagen zum gesamten Vorgang im Streitfall entschieden werden. 260

Ferner ist die „Art und Weise der glaubhaften Darlegung" aufzuzeichnen. Was darunter zu verstehen ist, hängt davon ab, was im konkreten Fall der Sache nach zur Glaubhaftmachung erforderlich ist. In der Praxis dominiert zahlenmäßig die schlichte Erklärung, gefolgt von Hinweisen auf vorliegende Verträge, Vollstreckungstitel usw. Die Darlegungsmittel selbst (also etwa der Inhalt eines Vollstreckungstitels) müssen nicht aufgezeichnet werden, doch muss im Streitfall ein Zugriff auf sie möglich sein. 261

10.5.3 Folgen von Pflichtverletzungen. Der Verstoß gegen die Protokollierungspflicht stellt eine Ordnungswidrigkeit dar (§ 43 Abs. 1 Nr. 5). 262

10.6 Hinweispflicht gegenüber dem Dritten

Mit der Übermittlung ist eine Hinweispflicht verbunden, die aus Absatz 4 in Verbindung mit § 28 Absatz 5 Satz 3 zu entnehmen ist: Die übermittelnde Stelle muss den Datenempfänger auf die Zweckbindung der Daten hinweisen. Der Bogen der Zweckbindung, dessen Anfangspunkt noch vor der Erhebung liegt (siehe Absatz 1 Satz 2), also noch bevor die Stelle im Sinn des § 29 die Daten überhaupt in die Hand bekommt, spannt sich damit bis zu einem Endpunkt, der letztlich nach der Übermittlung der Daten an den Dritten belegen ist: Der Hinweis auf die Zweckbindung bei der Übermittlung soll sicherstellen, dass sie auch noch nach der Übermittlung beachtet wird. Dies liegt dann allerdings im Verantwortungsbereich des Empfängers, des Dritten. 263

11. Phase 4: Verarbeitung und Nutzung der übermittelten Daten durch den Dritten

Kehrseite der Übermittlung von Daten an den Dritten ist die Erhebung der Daten durch diesen. Rechtsgrundlage wird häufig § 28 sein, wenn er nämlich die Daten übernimmt, um sie für eigene Geschäftszwecke zu verwenden. 264

Denkbar ist aber auch, dass in diesem Zusammenhang wiederum § 29 zur Anwendung gelangt, wenn er etwa beim Adresshandel die Daten nur in der Funktion einer Art „Zwischenhändler" übernimmt, um sie an einen anderen Adresshändler weiter zu übermitteln. 265

Gerade in solchen Konstellationen ist es bedeutsam, dass die Kette der Zweckbindung nicht abreißen darf. Wichtigstes verfahrensmäßiges Instrument hierfür bildet die schon geschilderte[325] Hinweispflicht des Datenübermittlers. Sie stellt sicher, dass der Datenempfänger über den Zweck informiert ist und trifft ihn seinerseits auch selbst, sofern er die Daten auf der Basis des § 29 wiederum an einen Dritten übermittelt. Zugleich stellt Absatz 4 sicher, dass 266

322 *Mallmann,* Voraufl., § 34 Rdnr. 19.
323 Zu weiteren Einzelheiten siehe *Dix*, § 34, Rdnr. 22-30.
324 *Beckhusen*, S. 208 m.w.N.
325 Siehe oben Rdnr. 263.

das Widerspruchsrecht des Betroffenen gemäß § 28 Absatz 4 (Widerspruch gegen die Nutzung oder Übermittlung zum Zweck der Markt- und Meinungsforschung) sich auch noch nach der Übermittlung der Daten auswirken kann.

12. Regeln für die Aufnahme von personenbezogenen Daten in Verzeichnisse (Absatz 3)

12.1 Funktion der Regelung

267 Die Regelung steht mit § 29 insgesamt nur in losem Zusammenhang. Sie soll eine Regelungslücke schließen.[326] § 104 TKG[327] („Teilnehmerverzeichnisse"), der dem früheren § 13 TDSV[328] (Öffentliche Kundenverzeichnisse") im Kern entspricht, bestimmt folgendes: Teilnehmer werden (nur dann) in solche Verzeichnisse eingetragen, wenn sie dies beantragen. Damit werden Vorgaben der Datenschutzrichtlinie für elektronische Kommunikation[329] umgesetzt, die das informationelle Selbstbestimmungsrecht der Teilnehmer schützen sollen.

268 Diese Regelungen gelten allerdings nur im Anwendungsbereich des TKG. Da vergleichbare Verzeichnisse aber auch von Anbietern erstellt werden, auf die das TKG keine Anwendung findet, soll Absatz 3 insoweit vergleichbare Regelungen schaffen.

269 Die Regelung erfasst allerdings nur Fälle, in denen Daten aus Verzeichnissen, die § 104 TKG in „Nachfolgeverzeichnisse"[330] übernommen werden. Bei solchen Konstellationen bleibt ein einmal geäußerter Wille des Betroffenen auch für solche Verzeichnisse maßgeblich, wenn er sichtbar dokumentiert war („ersichtlich ist").

12.2 Grenzen der Regelung

270 Die Vorschrift legt es nicht in die Hände des Betroffenen, ob seine Daten überhaupt in ein Nachfolgeverzeichnis übernommen werden dürfen; seine Einwilligung ist dazu nicht erforderlich.

271 Ihrem begrenzten Zweck entsprechend greift die Regelung auch nicht ein, wenn Verzeichnisse aus einer anderen Datenbasis erstellt werden, die nicht § 104 TKG unterfällt (etwa bei der Erstellung von Einwohnerbüchern aus Daten der Einwohnermeldeämter, vgl. § 21 Abs. 3 MRRG).

13. Folgen von Verstößen gegen Vorgaben des § 29

13.1 Ordnungswidrigkeitentatbestände

272 Auch im Rahmen des § 29 anwendbar, aber nicht speziell auf ihn zugeschnitten sind vor allem die Tatbestände des § 43 **Abs. 2** Nr. 1 (unbefugte Erhebung oder Verarbeitung) und Nr. 2 (unbefugtes Bereithalten von Daten zum Abruf mittels automatisierter Verfahren).

273 Spezifisch bei § 29 unter Bußgeldandrohung gestellt sind

- Verstöße gegen die Aufzeichnungspflichten nach Abs. 2 Sätze 3 und 4 (§ 43 **Abs. 1** Nr. 5),
- die Aufnahme von Daten in Verzeichnisse unter Verletzung des Absatz 3 Satz 1 (§ 43 **Abs. 1** Nr. 6),
- die Nicht-Übernahme von Kennzeichnungen entgegen § 29 Abs. 3 Satz 2 (§ 43 **Abs. 1** Nr. 7),
- die Nutzung von Daten für andere Zwecke durch die Weitergabe an Dritte entgegen Absatz 4 i.V.m. § 28 Abs. 5 Satz 1 (§ 43 **Abs. 2** Nr. 5).

---

326 Zu ihrer Entstehung siehe *Mallmann*, § 29 Rdnr. 142/143.

327 TKG in der Fassung vom 22.6.2004, BGBl I S. 1190; spätere Änderungen des TKG ließen § 104 TKG unberührt.

328 TDSV vom 18.12.2000, BGBl. I S. 1740, aufgehoben durch § 152 Abs. 2 TKG vom 22.6.2004.

329 Aktuell in Art. 12 der Datenschutzrichtlinie für elektronische Kommunikation 2002/58/EG vom 12.7.2002, EG-ABl L 201/37 vom 31.7.2002; bei Novellierung des BDSG galt noch die TK-Datenschutzrichtlinie 97/66/EG vom 15.12.1997, EG-ABl L 24/1 vom 30.1.1998.

330 Begriff bei *Gola/Schomerus*, BDSG § 29 Rdnr. 36.

13.2 Zivilrechtliche Ansprüche

Hier ist insbesondere erwähnenswert, dass die SCHUFA und vergleichbare Einrichtungen keine Verantwortung dafür tragen, wenn falsche Daten an sie übermittelt werden und dies zur Folge hat, dass falsche Daten gespeichert und (weiter-)übermittelt werden.[331] Im Übrigen kann jeder Betroffene durch eine zivilrechtliche Klage gegen den jeweils Handelnden klären lassen, ob die Voraussetzungen des § 29 beachtet wurden. 274

331 BGH, NJW 1978, 2151, 2153; von 36 Verstößen bei der SCHUFA, die binnen eines Jahres festgestellt wurden, betrafen immerhin 15 diese Konstellation, vgl. 17. TB der in Hessen zuständigen Aufsichtsbehörden, LT-Drs. 16/3650 v. 15.02.2005, S. 4.

§ 30 Geschäftsmäßige Datenerhebung und -speicherung zum Zwecke der Übermittlung in anonymisierter Form

(1) Werden personenbezogene Daten geschäftsmäßig erhoben und gespeichert, um sie in anonymisierter Form zu übermitteln, sind die Merkmale gesondert zu speichern, mit denen Einzelangaben über persönliche oder sachliche Verhältnisse einer bestimmten oder bestimmbaren natürlichen Person zugeordnet werden können. Diese Merkmale dürfen mit den Einzelangaben nur zusammengeführt werden, soweit dies für die Erfüllung des Zweckes der Speicherung oder zu wissenschaftlichen Zwecken erforderlich ist.
(2) Die Veränderung personenbezogener Daten ist zulässig, wenn
1. kein Grund zu der Annahme besteht, daß der Betroffene ein schutzwürdiges Interesse an dem Ausschluß der Veränderung hat, oder
2. die Daten aus allgemein zugänglichen Quellen entnommen werden können oder die verantwortliche Stelle sie veröffentlichen dürfte, soweit nicht das schutzwürdige Interesse des Betroffenen an dem Ausschluß der Veränderung offensichtlich überwiegt.
(3) Die personenbezogenen Daten sind zu löschen, wenn ihre Speicherung unzulässig ist.
(4) § 29 gilt gilt nicht.
(5) § 28 Abs. 6 bis 9 gilt entsprechend.

Literatur: (Siehe zunächst die zu § 28 und § 29 angegebene Literatur)

R. Metschke/R. Wellbrock, Datenschutz in Wissenschaft und Forschung, 3.Aufl.(2002); *H. Poppenhäger*, Die Übermittlung und Veröffentlichung statistischer Daten im Lichte des Rechts auf informationelle Selbstbestimmung (1995).

Übersicht

1. Einordnung der Bestimmung

1.1 Funktion der Regelung

1.1.1 Personenbezogene Daten als „Rohmaterial". Die Vorschrift erfasst Fälle, in denen personenbezogene Daten als „Rohmaterial" dienen, um aus ihnen anonymisierte, also nicht personenbezogene Daten zu generieren, die dann übermittelt werden. Das in der Regel wirtschaftliche Interesse der verantwortlichen Stelle richtet sich letztlich auf die anonymisierten Daten, die übermittelt werden. Die ihnen zugrunde liegenden personenbezogenen Daten sind – faktisch notwendiges – Mittel zum Zweck, um dieses Interesse verfolgen zu können, aber nicht Gegenstand eines eigenständigen inhaltlichen Interesses. 1

Die Regelung ist nur in dem von § 27 abgesteckten Bereich, also im Dritten Abschnitt des BDSG anzuwenden. Der Zweite Abschnitt des BDSG enthält zu ihr kein Gegenstück. Hier erfüllen die Regelungen des Statistikrechts teils vergleichbare Funktionen (siehe vor allem § 10 StatG – Erhebungs- und Hilfsmerkmale – und § 12 BStatG – Trennung und Löschung der Hilfsmerkmale – sowie die entsprechenden landesrechtlichen Regelungen). Dies rechtfertigt es, bei der Interpretation der Regelung auf Rechtsgrundsätze und -gedanken des Statistikrechts zurück zu greifen, soweit nicht die Unterschiedlichkeit der Schutzgüter beider Gesetze[1] dem entgegensteht (zur besonderen Aufgabe der amtlichen Statistik siehe § 1 BStatG). 2

1.1.2 Absehen von Anonymisierungsverpflichtungen. § 30 hat für die verantwortliche Stelle eine privilegierende Wirkung insofern als der letztlich verfolgte Zweck, die Daten später anonymisiert zu übermitteln, nicht dazu zwingt, sie sogleich nach der Erhebung zu anonymisieren.[2] Das läge an sich nahe,[3] würde aber die Aggregierung der Daten bisweilen erschweren, teils auch unmöglich machen. Vielmehr lässt das Gesetz die bloße „File-Trennung" genügen (Absatz 1 Satz 1 letzter Halbsatz), die unter bestimmten, recht weit gefassten Voraussetzungen sogar rückgängig gemacht werden darf (Absatz 1 Satz 2). 3

1.1.3 Überholte Privilegierungsaspekte. Überholt ist die Auffassung, die bloße Intention der späteren Übermittlung in anonymisierter Form rechtfertige schon die Erhebung und Speicherung zu diesem Zweck[4] und privilegiere auf diese Weise die verantwortliche Stelle. 4

Durch Änderung des Gesetzes erledigt hat sich ferner der Aspekt, dass die Betroffenenrechte gemäß §§ 33 – 35 im Rahmen des § 30 nicht galten (so noch § 30 Abs. 4 BDSG 1990; in § 30 Abs. 4 BDSG 2001 ist dieser Passus entfallen).[5] Die verantwortliche Stelle hat im Rahmen 5

1 Auf sie weisen *Dörr/Schmidt*, Neues BDSG 2. Aufl., § 3 Rdnr. 25 hin; ihnen folgt *Auernhammer*, BDSG § 3 Rdnr. 4.6.

2 *Auernhammer*, BDSG § 30 Rdnr. 8.

3 *Auernhammer*, BDSG 1990 § 30 Rdnr. 1; *Auernhammer*, BDSG § 30 Rdnr. 4.

4 Siehe dazu Rdnr. 41.

5 *Auernhammer*, BDSG § 30 Rdnr. 20.

des § 30 damit alle Betroffenenrechte zu beachten wie sonst auch. Soweit mit dem früheren Ausschluss der Betroffenenrechte für sie eine Erleichterung verbunden gewesen sein sollte, hat sich diese erledigt.

1.2 Normadressaten

6 Anders als § 29 nennt § 30 die Normadressaten nur abstrakt, ohne sie auch nur beispielhaft aufzuführen. Erfasst sind alle Stellen, die geschäftsmäßig personenbezogene Daten erheben und speichern, um sie zu anonymisieren und sie dann in dieser Form zu übermitteln. Diese Umschreibung ist auch angesichts der Maßstäbe des Art. 6 der EG-Datenschutzrichtlinie hinreichend genau. Sobald die Daten anonymisiert übermittelt werden, wird der Anwendungsbereich der Richtlinie (Art. 3) verlassen. Zudem ist die Klausel des Art. 6 Abs. 1 Buchst. b Satz 2 der Richtlinie einschlägig, wonach die Weiterverarbeitung von Daten zu statistischen Zwecken im Allgemeinen nicht als unvereinbar mit der vorausgegangenen Datenerhebung anzusehen ist, sofern die Mitgliedstaaten geeignete Garantien vorsehen. Der dort verwendete Terminus der statistischen Zwecke meint nicht nur die amtliche Statistik im Sinne der Statistikgesetze, sondern auch Konstellationen der vorliegenden Art. Die geforderten „geeigneten Garantien" sind insbesondere in der File-Trennung zu sehen.

7 Die wichtigsten Adressaten der Vorschrift sind in der Praxis Markt- und Meinungsinstitute. Angesichts der hohen fachlichen Anforderungen, die sich insbesondere bei der Durchführung der File-Trennung erheben, ist die Zahl der Einrichtungen, für die eine Berufung auf § 30 in Betracht kommt, von vornherein begrenzt.

1.3 Abgrenzung zu anderen Regelungen des BDSG

8 **1.3.1 Datenerhebung, -verarbeitung und -nutzung für eigene Zwecke (§ 28).** § 30 setzt die Intention der **Übermittlung** an einen Dritten voraus. An einer solchen Übermittlung fehlt es, wenn Daten der „innerbetrieblichen"[6] oder „unternehmensinternen"[7] Marktforschung dienen. Die Daten werden dann nicht für fremde, sondern für eigene Zwecke verarbeitet.[8] Es kommt daher nicht § 30 sondern § 28 zur Anwendung, und zwar auch dann, wenn die Daten nach Abschluss der Verarbeitung anonymisiert sind. Sofern die Marktforschung für alle Unternehmen eines Konzerns bei einem konzernangehörigen Unternehmen konzentriert ist, das Daten anonymisiert an die anderen Konzernunternehmen rückübermittelt, ist § 30 einschlägig, da dann – mangels „Konzernprivileg" im BDSG – eine Übermittlung vorliegt.[9]

9 Eine entsprechende Konstellation liegt vor, wenn ein Verband für seine Mitglieder personenbezogene Daten (z.B. Kundendaten) anonymisiert aufbereitet.[10]

10 Da § 30 eine Übermittlung **in anonymisierter Form** voraussetzt, gelangt nicht er, sondern § 28 zur Anwendung, wenn personenbezogene Verbraucherbefragungen dem Zweck dienen, die gewonnenen Daten personenbezogen zu vermarkten.[11] Dies war das Ziel der „Großen Haushaltsumfrage Deutschland".[12]

11 **1.3.2 Geschäftsmäßige Datenerhebung und -speicherung zum Zwecke der Übermittlung (§ 29).** Gemeinsam ist § 29 und § 30, dass Daten geschäftsmäßig zum Zwecke der Übermittlung erhoben und gespeichert werden. Bei § 29 erfolgt diese Übermittlung personen-

6 *Bergmann/Möhrle/Herb*, BDSG 1990 § 3 Rdnr. 9; *Auernhammer*, BDSG § 30 Rdnr. 3.
7 So die – sachlich wohl zutreffendere – Wortwahl von *Walz*, Vorauflage, § 30 Rdnr. 3.
8 *Walz*, Vorauflage, § 30 Rdnr. 6; *Bergmann/Möhrle/Herb*, BDSG § 30 Rdnr. 8.
9 *Walz*, Vorauflage, § 30 Rdnr. 5; *Bergmann/Möhrle/Herb*, BDSG § 30 Rdnr. 6.
10 *Walz*, Vorauflage, § 30 Rdnr. 5.
11 OLG Stuttgart, DuD 1999, 296; siehe auch OLG Frankfurt/Main, Urteil v. 13.12.2000, Az 13 U 204/98; Sofern nicht ohnehin (etwa wegen § 4a Abs. 3) eine Einwilligung des Betroffenen erforderlich ist, vgl. *Roßnagel/Breinlinger*, Hdb. Datenschutzrecht, Kap. 7.6, Rdnr. 48.
12 Anders offenbar *Gola/Schomerus*, BDSG § 30 Rdnr. 3; siehe jedoch *Scholz* in *Maunz-Dürig*, Grundgesetz-Kommentar, Art. 5 III Rdnr. 98: Auftragsforschung und zweckgebundene Industrieforschung stehen unter dem uneingeschränkten Schutz von Art. 5 Abs. 3 GG.

bezogen, bei § 30 nicht. Diese Unterscheidung bildet eine scharfe Grenze wie Absatz 4 deutlich belegt, wonach § 29 im Rahmen von § 30 nicht herangezogen werden kann.

1.3.3 Verarbeitung und Nutzung personenbezogener Daten durch Forschungseinrichtungen (§ 40). Wie Absatz 1 Satz 2 mit der Erwähnung wissenschaftlicher Zwecke andeutet, kann ein von § 30 erfasster Umgang mit Daten als wissenschaftliche Forschung anzusehen sein. Dass dabei oft kommerzielle Zwecke verfolgt werden, hindert diese Bewertung nicht: Wissenschaft und Kommerz schließen sich nicht per se aus.[13] 12

Die entscheidende Abgrenzung zwischen beiden Vorschriften liegt in der Frage, ob die Tätigkeit als geschäftsmäßig anzusehen ist.[14] Soweit dies der Fall ist, kommt § 30 zur Anwendung, soweit nicht dagegen § 40. 13

Arbeitet eine Stelle auf der Basis beider Regelungen, so müssen die jeweiligen Datenbestände strikt getrennt werden. Das beruht darauf, dass Daten, die nach § 40 für wissenschaftliche Zwecke gespeichert sind, auch nur für diesen Zweck verarbeitet oder genutzt werden dürfen (§ 40 Abs. 1), während § 30 Abs. 1 Satz 1 eine File-Trennung vorschreibt.[15] 14

1.4 Vorrangige Sonderregelungen außerhalb des BDSG

Sonderregelungen finden sich im Medienrecht, im Recht der Postdienste und der Telekommunikation unter dem Stichwort „Marktforschung". Sie wird durchweg mit der Werbung parallel behandelt. Zu Einzelheiten siehe die Kommentierung zu § 29.[16] 15

1.5 Vorgängerbestimmungen

Die Vorgängerbestimmungen wiesen seit dem BDSG 1977 eine bemerkenswert hohe inhaltliche Kontinuität in den Grundstrukturen auf: 16

■ Für Unternehmen, die personenbezogene Daten geschäftsmäßig speichern, um sie anonymisiert zu übermitteln (§ 31 Abs. 1 Satz 1 Nr. 2 BDSG 1977), statuierte das **BDSG 1977** die Pflicht zur Anonymisierung der Daten (§ 36 Abs. 1 Satz 1 BDSG 1977), die Pflicht zur File-Trennung (§ 36 Abs. 1 Satz 2 BDSG 1977) und ein Zusammenführungsverbot (§ 36 Abs. 1 Satz 3 BDSG 1977). Für den Fall automatisierter Verarbeitung war angeordnet, die „Durchführung der in Absatz 1 vorgesehenen Maßnahmen durch entsprechende Vorkehrungen sicherzustellen". 17

Der Begriff der Anonymisierung war in § 31 Abs. 1 Satz 1 Nr. 2 BDSG 1977 definiert als eine Veränderung personenbezogener Daten in der Weise, dass diese sich weder auf eine bestimmte Person beziehen noch eine solche erkennen lassen. 18

Die Zulässigkeit der Veränderung war an die Voraussetzung gebunden, dass schutzwürdige Belange des Betroffenen nicht beeinträchtigt werden (§ 36 Abs. 2 BDSG 1977 i.V.m. § 33 BDSG 1977). 19

Die Pflicht zur Löschung von unzulässig gespeicherten Daten ergab sich aus § 36 Abs. 2 BDSG 1977 i.V.m. § 35 Abs. 3 Satz 2 BDSG 1977. 20

■ § 30 **BDSG 1990** fasste in erster Linie die doch recht zersplitterten Vorschriften zusammen, ohne sie inhaltlich zu verändern: § 30 Abs. 1 BDSG 1990 übernahm aus § 36 Abs. 1 Sätze 2 und 3 BDSG 1977 die Verpflichtung zur File-Trennung und das Zusammenführungsverbot. Eine ausdrückliche Pflicht zur Anonymisierung wurde nicht mehr statuiert, aber als selbstverständlich vorausgesetzt.[17] Ebenso entfiel die ausdrückliche Pflicht, entsprechende Vorkehrungen zu treffen. 21

---

13 *Walz*, Vorauflage § 30 Rdnr. 5; *Auernhammer*, BDSG § 30 Rdnr. 3.
14 *Gola/Schomerus*, BDSG § 30 Rdnr. 3.
15 Siehe *Ehmann*, § 29 Rdnr. 22 ff.
16 *Auernhammer*, BDSG § 30 Rdnr. 4.
17 *Auernhammer*, BDSG § 3 Rdnr. 46/47.

22 Der Begriff der Anonymisierung wurde mit gewissen inhaltlichen Erweiterungen (Zulassung auch der bloß „faktischen Anonymisierung") unter Anpassung an die Definition des Begriffes im Bundesstatistikgesetz in § 3 Abs. 7 BDSG 1990 geregelt.[18]

23 Die Zulässigkeit der Veränderung wurde in § 30 Abs. 2 BDSG 1990 geregelt, wobei Nr. 1 die bisherige Regelung übernahm und in Nr. 2 um eine Regelung für Daten ergänzt wurde, die aus allgemein zugänglichen Quellen entnommen werden können oder veröffentlicht werden dürften.

24 § 30 Abs. 3 BDSG 1990 übernahm die bisherige Verpflichtung zur Löschung bei unzulässiger Speicherung.

25 Neu hinzu kam eine Klarstellung, dass die Regelung der geschäftsmäßigen Speicherung und Veränderung personenbezogener Daten zum Zweck der Übermittlung (§ 39 BDSG 1990) im Rahmen von § 30 nicht gilt (§ 30 Abs. 4 BDSG 1990).

26 Ferner – dies die einzige wesentliche Änderung – wurde festgelegt, dass im Rahmen des § 30 dem Betroffenen die sonst geltenden Rechte (§§ 33 bis 35 BDSG 1990) nicht zustehen (§ 30 Abs. 4 BDSG 1990). Als Grund dafür wurde bei den Gesetzesberatungen genannt, dass die lediglich anonymisierte Weitergabe von Daten Interessen des Betroffenen nicht tangiere.[19]

27 ■ Das **BDSG 2001** liess die bisherigen Absätze 1 bis 3 von § 30 BDSG 1990 unverändert.[20] Ebenso blieb es beim Ausschluss der Anwendbarkeit von § 29 (Absatz 4).

28 Der Ausschluss der Individualrechte des Betroffenen wurde durch eine Änderung von Absatz 4 wieder beseitigt. Der Grund hierfür waren Zweifel darüber, ob dieser Ausschluss mit Art. 13 EG-Datenschutzrichtlinie vereinbar wäre.[21]

29 Der neue Absatz 5 will mit seiner Verweisung auf die Abs. 6-9 des § 28 sicherstellen, dass die Verarbeitungsbeschränkungen für sensible Daten (§ 3 Abs. 9) auch im Rahmen des § 30 gelten.[22]

2. Generelle Anwendungsvoraussetzungen der Bestimmung

2.1 Vorliegen personenbezogener Daten

30 § 30 gelangt insgesamt nur zur Anwendung, wenn Daten personenbezogen erhoben **und** zumindest zunächst personenbezogen gespeichert werden.[23] Dies setzt Absatz 1 nach seinem Wortlaut erkennbar voraus. Werden Daten von Anfang an anonymisiert erhoben (etwa durch das Einwerfen von Fragebogen ohne jegliche identifizierende Merkmale in eine Sammelbox), so ist das BDSG insgesamt und damit auch § 30 nicht anwendbar (vgl. § 1 Abs. 2).[24] Ein solches Vorgehen ist datenschutzrechtlich irrelevant.

31 Werden Daten zwar personenbezogen erhoben, aber dann ohne Personenbezug gespeichert, gelangt für die Erhebung die „goldene Regel" des § 4 Abs. 1 zur Anwendung. § 30 spielt insofern keine Rolle, da er zwar die Erhebung erwähnt, für sie aber keine Regelungen trifft. Die nachfolgende anonyme Speicherung ist datenschutzrechtlich irrelevant (§ 1 Abs. 2). Die geschilderte Konstellation wird dann praktisch, wenn ein Interviewer Betroffene persönlich befragt (§ 4 Abs. 2 Satz 1), ihre Angaben aber so aufzeichnet, dass sie aus sich heraus nicht auf eine Person zu beziehen sind und diese Aufzeichnungen dann von Anderen als dem In-

18 *Auernhammer*, BDSG § 30 Rdnr. 20.

19 Die geringfügige Umformulierung von Abs. 2 Nr. 2 kann bei einem Gesamtüberblick vernachlässigt werden. Siehe zu ihrem Hintergrund Vorauflage *Walz*, § 30 Rdnr. 1 sowie unten Rdnr. 82.

20 BR-Drs. 461/00 v. 18.8.2000, S. 110 (Begr. zu Nummer 33/§ 30).

21 *Walz*, Vorauflage § 30 Rdnr. 3.

22 *Walz*, Vorauflage § 30 Rdnr. 10 stellt nur auf die Speicherung ab.

23 *Bergmann/Möhrle/Herb*, BDSG § 30 Rdnr. 11; *Walz*, Vorauflage § 30 Rdnr. 10; ebenso schon sehr früh *Tinnefeld/Tubies, Datenschutzrecht*, 1. Aufl. 1988, S. 140 und ihnen folgend *Wohlgemuth*, Datenschutzrecht, 1. Aufl. 1992, Rdnr. 282.

24 *Ehmann*, Vorauflage § 30 Rdnr. 10; *Gola/Schomerus*, BDSG § 30 Rdnr. 2.

terviewer gespeichert werden. Die Daten sind dann nur solange personenbezogen, wie er selbst noch aus dem Gedächtnis heraus imstande ist, sie einer konkreten Person zuzuordnen.[25]

2.2 Geschäftsmäßiges Handeln

Der Begriff ist ebenso zu verstehen wie in § 29, weshalb auf die dortige Kommentierung verwiesen werden kann.[26] 32

3. § 30 als Element eines Datenflussmodells

3.1 Überblick und Phaseneinteilung

§ 30 ist wie § 29 in einen Ablauf eingebettet, bei dem vier Phasen zu unterscheiden sind. Sie gestalten sich allerdings im Einzelnen deutlich anders als bei § 29, wie im Einzelnen noch zu zeigen sein wird. Folgende vier Phasen sind zu unterscheiden: 33

- Phase des Datenflusses an die Stelle im Sinne des § 30 (Phase 1) 34

Im Regelfall gewinnt die Stelle die erforderlichen Daten selbst im Wege der Erhebung, ohne dass daran neben dem Betroffenen Dritte beteiligt wären. Es sind jedoch auch Konstellationen denkbar (vor allem innerhalb von Konzernstrukturen), bei denen Dritte die Daten zur Erhebung an die Stelle übermitteln.

- Phase des Umgangs mit den Daten bei der Stelle im Sinne des § 30 bis zu deren Übermittlung (Phase 2) 35

Hierzu gehört zunächst die Speicherung, ferner insbesondere die Veränderung mit dem Ziel der Anonymisierung und – ihr vorangehend und nicht mit ihr identisch – die File-Trennung. Eine Nutzung der Daten ist im Gesetz nicht angesprochen.

- Phase der Übermittlung von Daten durch die Stelle im Sinne des § 30 an Dritte (Phase 3) 36

Diese Übermittlung hat im Rahmen des § 30 zwingend in anonymisierter Form zu erfolgen. Damit unterliegt sie genau genommen nicht mehr der Anwendung des BDSG. Sind die Daten nicht anonym, sondern noch personenbezogen, scheidet die Anwendung von § 30 insgesamt (also schon ab Phase 1) aus und es wäre die Anwendbarkeit von § 29 (oder auch § 28) zu prüfen.

- Phase der Verarbeitung und Nutzung der übermittelten Daten durch den Dritten (Phase 4) 37

Sie ist datenschutzrechtlich irrelevant, da die Daten zu diesem Zeitpunkt nicht mehr personenbezogen sind und auch nicht mehr sein dürfen. Daher ist sie weder in § 30 angesprochen noch bedarf sie vorliegend gesonderter Erörterung.

Ab Phase 3 können die Vorgänge die Belange des Betroffenen mangels Personenbezugs der Daten nicht mehr berühren. Der im BDSG 1990 (siehe dort § 30 Abs. 4) umgesetzte Gedanke, dem Betroffenen im Rahmen von § 30 keine Schutzrechte zu gewähren, da die Weitergabe anonymisierter Daten seine Belange schon abstrakt gesehen nicht gefährden können,[27] weil sie für ihn keine Außenwirkung erzeugen könne,[28] trifft insofern durchaus zu. 38

Er enthüllt allerdings zugleich, wie sehr die Bedeutung der vorangehenden Erhebung, Speicherung und Veränderung unterschätzt wurde und zum Teil auch heute noch wird. Es kann kein Zweifel daran bestehen, dass die Schutzrechte des Betroffenen in diesen Phasen eine wichtige Funktion haben und es spricht gegen die Sorgfalt des Gesetzgebers, dass er lediglich Zweifel daran hatte, ob er sie ungeachtet der Vorgaben der EG-Datenschutzrichtlinie weiterhin ausschließen könne[29] und er sie lediglich aus dem Wunsch heraus, auf „Nummer Sicher" zu gehen, im BDSG 2001 schließlich doch einräumte. Angesichts des Umstandes, dass bis zur Veränderung der Daten, die zu Anonymisierung führt, ein Personenbezug gegeben ist, können die geschilderten Zweifel letztlich nicht auftreten: Die Schutzrechte sind geboten. 39

25 Siehe § 29 Rdnr. 54.
26 *Auernhammer*, BDSG § 30 Rdnr. 20.
27 *Dörr/Schmidt*, Neues BDSG, 2. Aufl. § 30 Rdnr. 17.
28 So BR-Drs. 461/00 v. 18.8.2000, S. 110 (Begr.zu Nummer 33/§ 30) im dortigen letzten Absatz.
29 Vorauflage § 30 Rdnr. 25

3.2 Phase 1: Datenzufluss

3.2.1 Einwilligung als Regelvoraussetzung der Erhebung

40 **3.2.1.1 Notwendigkeit einer Rechtsgrundlage für die Erhebung.** Absatz 1 erwähnt die Erhebung zwar, regelt sie aber in keiner Weise.[30] Zurückzugreifen ist daher auf die Grundregel des § 4.

41 Zum BDSG 1990, in dessen § 30 die Erhebung noch nicht ausdrücklich angesprochen war, wurde die Auffassung vertreten, aus der Formulierung „werden … gespeichert" sei eine generelle, nicht von weiteren Voraussetzungen abhängige Befugnis zur Speicherung für solche Daten abzuleiten, die (lediglich) in anonymisierter Form übermittelt werden sollen, in personenbezogener Form (ausnahmslos) innerhalb der speichernden (in jetziger Terminologie: verantwortlichen) Stelle bleiben und ansonsten nicht genutzt werden.[31] Die Vorauflage[32] unterstellt zurecht, dass sich diese Auffassung – wäre sie zutreffend – auch auf die Erhebung erstrecken müsste, mag sie auch – der Tendenz entsprechend, die Erhebungsphase zu vernachlässigen – im Allgemeinen nach wie vor im Zusammenhang mit der Zulässigkeit der Speicherung diskutiert werden.[33] Absatz 1 wäre dann so zu verstehen, dass er auch eine von weiteren Voraussetzungen nicht abhängige Befugnis zur Erhebung geben würde.

42 Der geschilderten Meinung ist zuzugeben, dass eine isolierte Betrachtung des Wortlauts von Absatz 1 deutliche für sie spricht. Dennoch ist sie – mit Ausnahme bestimmter, noch darzustellender Konstellationen – abzulehnen. Richtigerweise bedarf die Erhebung im Regelfall der Einwilligung des Betroffenen.

43 Für die Speicherung entspricht dies der herrschenden Meinung in der Literatur.[34] Sie lässt sich insoweit leicht begründen durch einen Hinweis auf Absatz 3:[35] Wenn dort normiert wird, dass unzulässig gespeicherte Daten zu löschen sind, dann kann es nicht sein, dass die Speicherung ohne weitere materielle Voraussetzungen zulässig wäre, denn dann wären Fälle unzulässiger Speicherung gar nicht denkbar und Absatz 3 wäre von vornherein funktionslos.

44 Für die Erhebung genügt diese Begründung nicht ohne weiteres. Immerhin wäre ja vorstellbar, dass zumindest die Erhebung nicht an weitere materielle Voraussetzungen gebunden sein soll. Absatz 3 würde dadurch nicht funktionslos, denn Fälle, in denen die Speicherung unzulässig ist, obwohl die vorangegangene Erhebung zulässig war, sind zumindest denkbar. Hier sind also andere Überlegungen anzustellen.

45 Ihr Ausgangspunkt ist der Umstand, dass § 4 Abs. 1 im Rahmen des gesamten BDSG anwendbar ist und für § 30 zumindest keine ausdrücklich normierte Ausnahme enthält. Anhaltspunkte für eine ungeschriebene Ausnahme oder eine Regelungslücke gibt es insoweit nicht.[36] Dagegen ist inzwischen Art. 7 EG-Datenschutzrichtlinie zu berücksichtigen. Er würde eine Regelung, die eine Erhebung ohne jegliche materiellen Voraussetzungen gestattet, nicht erlauben. Es ist nicht ersichtlich, dass in den von § 30 erfassten Fällen generell eine der in Art. 7 Buchst. a – e genannten Voraussetzungen erfüllt wäre. Und Art. 7 Buchst. f schreibt eine Interessenabwägung vor, deren Normierung in Absatz 1 nach der geschilderten Auffassung ja gerade nicht enthalten sein soll. Der Rückgriff auf § 4 Abs. 1 ist somit zwingend.

46 **3.2.1.2 Ausnahmen von der Notwendigkeit einer Einwilligung.** Hiervon bestehen zwei Ausnahmen von erheblicher praktischer Bedeutung:

- Daten, die auf der Basis von § 28 oder § 29 an die Stelle gemäß § 30 übermittelt werden dürfen.

47 Für listenmäßig oder sonst zusammengefasste Daten wurde in der Literatur schon früh auf Folgendes hingewiesen: Solche Daten dürfen von Stellen gemäß § 28 (siehe § 28 Abs. 3 Satz 1

30 *Dörr/Schmidt*, Neues BDSG, 2. Aufl. § 30 Rdnr. 4.
31 *Walz*, Vorauflage § 30 Rdnr. 25.
32 *Gola/Schomerus*, BDSG § 30 Rdnr. 4.
33 *Walz*, Vorauflage § 30 Rdnr. 25 m.w.N.
34 *Auernhammer*, BDSG § 30 Rdnr. 10, Fn. 11; ihm folgend die Vorauflage § 30 Rdnr. 26 sowie *Gola/Schomerus*, BDSG § 30 Rdnr. 5.
35 *Auernhammer*, BDSG § 30 Rdnr. 10, Fn. 11 (für die Speicherung).
36 *Dörr/Schmidt*, Neues BDSG, 2. Aufl. § 30 Rdnr. 3.

Nr. 3) und von Stellen gemäß § 29 (siehe § 29 Abs. 2 Satz 1 Nr. 1a) auch an Stellen übermittelt werden, für die § 30 gilt. Wollte man insoweit die Erhebung von einer Einwilligung des Betroffenen abhängig machen, würden diese Übermittlungsbefugnisse ins Leere laufen, da sie mit der Markt- und Meinungsforschung Hauptanwendungsgebiete des § 30 betreffen.[37] Jedenfalls insoweit kann es also einer Einwilligung des Betroffenen nicht bedürfen.

Dies gilt jedoch generell für **alle** Daten, die gemäß § 28 oder § 29 an eine Stelle im Sinne des 48
§ 30 übermittelt werden dürfen.[38] Der Betroffene hat gegen alle Übermittlungen auf der Basis dieser Regelungen ein voraussetzungsloses Widerspruchsrecht, wenn die Daten zum Zweck der Markt- und Meinungsforschung übermittelt werden sollen (§ 28 Abs. 4, gegebenenfalls i.V.m. § 29 Abs. 4). Übt er es nicht aus, so wäre es widersprüchlich, die Übermittlung zuzulassen, die Erhebung der übermittelten Daten ohne seine Einwilligung aber zu untersagen. Die Nichtausübung des Widerspruchsrechts ist zwar keine Einwilligung. Es darf jedoch nicht unberücksichtigt bleiben, dass es dem Betroffenen die Möglichkeit zum effektiven Eingreifen gibt.

■ Daten aus allgemein zugänglichen Quellen und Daten, die veröffentlicht werden dürfen

Sie sind in § 30 lediglich im Rahmen der Befugnis zur Veränderung gesondert erwähnt (siehe 49
Abs. 2 Nr. 2). Wollte man auch insoweit eine Einwilligung des Betroffenen fordern, dürften Stellen, die dem § 30 unterfallen, Branchenverzeichnisse, Telefonbücher usw. nur mit Einwilligung des Betroffenen auswerten. Sehr wohl wäre es dagegen zulässig, dass ihnen solche Daten auf der Basis des § 28 oder des § 29 übermittelt werden. Darin läge ein Wertungswiderspruch.[39] Auch insoweit darf es keiner Einwilligung des Betroffenen.

3.2.2 Grundsatz der Erhebung beim Betroffenen

Wie sonst auch ist zwischen der Erhebung beim Betroffenen selbst und der Erhebung bei 50
einem Dritten zu unterscheiden. Die Beobachtung in der Praxis, dass Markt- und Meinungsforschungsinstitute als Hauptadressaten des § 30 die benötigten personenbezogenen Daten weitgehend beim Betroffenen selbst erheben,[40] überrascht angesichts des Grundsatzes der Erhebung beim Betroffenen (§ 4 Abs. 2 Satz 1) nicht, sondern belegt nur, dass er offensichtlich beachtet wird.

3.2.3 Grundsatz der Schriftform der Einwilligung.

Auch im Rahmen des § 30 gilt für die Form der Einwilligung der Grundsatz der Schriftlich- 51
keit (§ 4a Abs. 1 Satz 3). Es mag sein, dass „besondere Umstände“ im Sinne von § 4a Abs. 1 Satz 3 im Anwendungsbereich des § 30 besonders oft vorliegen (insbesondere bei telefonischen und mündlichen Befragungen).[41] § 30 selbst enthält jedoch zur Frage der Form einer Einwilligung keinerlei eigene Aussagen. Die Meinung, in seinem Anwendungsbereich könne auf die Schriftform „regelmäßig verzichtet werden“,[42] erscheint deshalb kühn und lässt sich jedenfalls aus § 30 nicht ableiten.

3.3 Phase 2: Umgang mit den Daten bis zu deren Übermittlung

3.3.1 Speicherung der Daten. Auch für die Speicherung enthält § 30 keine ausdrück- 52
lichen Regelungen; wie die Erhebung erwähnt er sie lediglich.[43] Auf dieser Stufe wiederholt sich daher die schon bei der Erhebung geführte Diskussion, ob und bei welchen Konstellationen eine Einwilligung des Bertoffenen (§ 4a) erforderlich ist. Das zur Erhebung Gesagte gilt insoweit entsprechend.[44]

---

37 *Walz*, Vorauflage § 30 Rdnr. 27.
38 *Walz*, Vorauflage § 30 Rdnr. 26 (nur bezüglich allgemein zugänglicher Quellen).
39 *Gola/Schomerus*, BDSG § 30 Rdnr. 5.
40 *Walz*, Vorauflage § 30 Rdnr. 29.
41 So *Gola/Schomerus*, BDSG § 30 Rdnr. 5.
42 *Walz*, Vorauflage § 30 Rdnr. 25.
43 Siehe oben Rdnr. 40.
44 *Walz*, Vorauflage § 30 Rdnr. 27.

53 Daten, deren Erhebung zulässig war, dürfen in der Regel auch gespeichert werden (induzierende Wirkung der Erhebung); umgekehrt dürfen Daten, deren Erhebung unzulässig war, nicht gespeichert werden. Treten nach einer zulässigen Erhebung Umstände auf, die eine Speicherung unzulässig machen (etwa dadurch, dass eine vor der Erhebung und Speicherung erteilte Einwilligung wirksam widerrufen wird) oder auch dadurch, dass in Bezug auf Daten, die an die Stelle im Sinn des § 30 übermittelt wurden, das Widerspruchsrecht gem. § 28 Abs. 4/ § 29 Abs. 4 ausgeübt wird),[45] so hat sie zu unterbleiben. Daten, deren Speicherung unzulässig ist, sind zu löschen und zwar unabhängig davon, ob sie bereits gespeichert sind oder erst gespeichert werden sollten. Absatz 4 erfasst beide Konstellationen.

3.3.2 File-Trennung als Modalität der Speicherung (Absatz 1 Satz 1)

54 **3.3.2.1 Grundsätzlicher Ablauf.** Absatz 1 Satz 1 schreibt mit der „File-Trennung" für die Durchführung der Speicherung bestimmte Modalitäten vor, die eine Anonymisierung der gespeicherten Daten möglichst umfassend vorbereiten soll.

55 Der Ablauf der File-Trennung gestaltet sich folgendermaßen: Der Datensatz, der zum einzelnen Betroffenen gehört, wird nicht als Einheit gespeichert, sondern in zwei Teile zerlegt. Der erste Teil enthält lediglich solche Einzelangaben, die aus sich heraus (also ohne Beiziehung weiterer Daten/der Merkmale des zweiten Teils) weder auf den Betroffenen bezogen sind noch auf ihn bezogen werden können. Der zweite Teil besteht dagegen aus personenbezogenen Merkmalen, die dazu dienen können, die im ersten Teil enthaltenen Angaben wieder dem Betroffenen zuzuordnen (sachlich problematisch oft als „Deanonymisierung" bezeichnet,[46] besser wäre der Begriff „Zusammenführen von Merkmalen und Einzelangaben", siehe Absatz 1 Satz 2). Die Einzelangaben im ersten Teil und die Merkmale im zweiten Teil werden in zwei getrennten Dateien gespeichert (daher die übliche Bezeichnung „File-Trennung"). Dabei sind sie über Hilfsmittel (etwa über eine fortlaufende Nummer, die jeden Datensatz eines Betroffenen und den beiden aus ihm gebildeten Teilen gemeinsam ist),[47] nach wie vor miteinander verknüpft oder genauer: verknüpfbar.

56 **3.3.2.2 Unterschied zur Anonymisierung.** Diese Tatsache hindert daran, File-Trennung und Anonymisierung gleichzusetzen. Die Daten im ersten Teil sind nicht anonym im Sinn des § 3 Abs. 6, denn wie auch Absatz 1 Satz 2 voraussetzt ist die (Wieder-)herstellung des Personenbezugs nach der File-Trennung nicht nur stets technisch möglich, sondern unter den dort normierten Voraussetzungen sogar rechtlich zulässig.[48]

57 Daran ändert sich nichts durch den Umstand, dass das Gebot der File-Trennung in seinem Wortlaut teilweise an den Anonymisierungsbegriff des § 3 Abs. 6 anknüpft (nämlich an die Variante, dass Einzelangaben nicht mehr zugeordnet werden können). Dies rechtfertigt nicht den Schluss, dass die File-Trennung eine Anonymisierung bewirken würde. Falls man den durch die File-Trennung hervorgerufenen Zustand als Anonymisierung bezeichnen will, wäre dies jedenfalls nicht der Anonymisierungsbegriff des § 3 Abs. 6, sondern würde nur die Situation beschreiben, dass die Einzelangaben **aus sich heraus** nicht auf den Betroffenen zu beziehen sind. In diesem Sinn hatte zwar schon § 36 Abs. 1 BDSG 1977 den Begriff „Anonymisierung" im Rahmen des damaligen § 36 verwendet – in Abweichung von der an sich wesentlich engeren Definition des Begriffs in § 31 Abs. 2 Satz 1 Nr. 2 BDSG 1977, die einen völligen Ausschluss jeglicher Zuordnungsmöglichkeit forderte, wenn von einer Anonymisierung die Rede sein sollte.[49] Aber auch wenn der Begriff später ausgeweitet[50] wurde, deckt er die hier umschriebene Situation auch in seiner jetzigen Fassung nicht ab. Konsequenter Weise

45 Siehe etwa *Walz*, Vorauflage § 30 Rdnr. 14.

46 Siehe dazu *Hartung*, Niedersächsisches Statistikgesetz, Kommentar, § 4 Anm. 1.2.

47 Zutreffend *Dörr/Schmidt*, Neues BDSG, 2. Aufl. § 30 Rdnr. 5; im Ergebnis ebenso *Auernhammer*, BDSG § 30 Rdnr. 7 und *Walz*, Vorauflage § 30 Rdnr. 12.

48 Zu Einzelheiten siehe *Mallmann* in der 1. Aufl. § 36 Rdnr. 8-11.

49 Siehe die Begründung der BReg zum BDSG 1990, BT-Drs. 618/88 S. 106 und *Poppenhäger*, Statistische Daten, S. 40 m.w.N.

50 *Walz*, Vorauflage § 30 Rdnr. 11, 14.

ist auch das etwaige spätere Wiederzusammenführen von Einzelangaben und Merkmalen kein „Deanonymisieren", sondern wird mit dem eigenständigen Begriff des „Zusammenführens" belegt (Abs. 1 Satz 2).

3.3.2.3 Materiell-rechtliche Bedeutung/Unterschiede zum Statistikrecht. Die Vorschrift über die File-Trennung erinnert auf den ersten Blick an die im Statistikrecht vorgesehene Unterscheidung von Erhebungs- und Hilfsmerkmalen (siehe § 10 Abs. 1 BStatG). Das trifft insofern zu als die Einzelangaben im ersten Teil des Datensatzes funktional prinzipiell den Erhebungsmerkmalen entsprechen, während die Merkmale im zweiten Teil prinzipiell die Funktion von Hilfsmerkmalen haben. Darin erschöpfen sich die Gemeinsamkeiten allerdings auch. Das Statistikrecht fordert nämlich nicht, dass es unmöglich sein muss, Erhebungsmerkmale eines Betroffenen **aus sich heraus** auf ihn zu beziehen oder auf ihn beziehen zu können. Dies ist jedoch der „Trennungs-Maßstab" von Absatz 1 Satz 1. Im oben beschriebenen ersten Teil des Datensatzes dürfen nach der File-Trennung nur noch Angaben verbleiben, die diesen Kriterien genügen. Ansonsten sind sie den Merkmalen des zweiten Teils des Datensatzes zuzuordnen. 58

Zu letzteren zählen nicht nur – was selbstverständlich ist – explizite oder direkte Identifikationsmerkmals wie Name, Anschrift, Telefon, sondern auch die Fälle, in denen der Betroffene trotz Weglassen dieser Merkmale über einzigartige Merkmale oder seltene Merkmalsausprägungen („Mitglied des Deutschen Bundestags mit 6 Kindern" usw.) bestimmbar bleibt.[51] Gleichzustellen sind Konstellationen, in denen öffentlich zugängliche Daten als „Bindeglied" zur Zuordnung von Einzelangaben verwendet werden können.[52] Die Vorschrift über die File-Trennung hat also nicht nur formale Bedeutung, sondern kann in erheblicher Weise Einfluss darauf nehmen, welche Inhalte ein „Erhebungsprogramm" überhaupt haben kann und darf, ohne dabei gegen dieses Prinzip zu verstoßen. Es hat also – anders als die Regelungen des Statistikrechts über die Trennung von Erhebungs- und Hilfsmerkmalen – auch materiellen Gehalt. 59

3.3.2.4 Zeitpunkt der Durchführung. Wie die Formulierungen „werden ... gespeichert" und „sind ... gesondert zu speichern" zeigt, hat die File-Trennung unmittelbar bei der Speicherung zu erfolgen.[53] Dies ist auch vom Zweck der Regelung her geboten.[54] Das gilt auch dann, wenn bereits absehbar ist, dass im Rahmen eines Projekts bereits in Kürze wieder ein Zusammenführen von Merkmalen und Angaben erforderlich ist.[55] 60

Allerdings darf dies nicht dazu führen, dass unzumutbare Abläufe gefordert werden. So kann es sein, dass etwa der Ablauf einer Befragung von Passanten deutlich erschwert würde, wenn die Trennung schon vor Ort während der Befragung erfolgen müsste. Solche Aspekte sind weniger eine Frage der technischen Möglichkeiten[56] (sie bestehen prinzipiell) als der Zumutbarkeit. Es erscheint sachgerecht, insoweit den Grundgedanken des § 122 BGB heranzuziehen[57] und geringe zeitliche Verzögerungen zu akzeptieren, wenn sonst der Ablauf so beeinträchtigt würde, dass etwa die Akzeptanz beim Betroffenen ernstlich gefährdet ist. 61

3.3.2.5 Ausgestaltung im Einzelnen. Näheres zur Ausgestaltung der File-Trennung sagt § 30 nicht. Unmittelbar zu entnehmen ist ihm nur die Forderung der getrennten Speicherung in zwei Dateien.[58] Die Regelung des § 36 Abs. 3 BDSG 1977, wonach „bei automatisierter Datenverarbeitung ... die Durchführung ... durch entsprechende Vorkehrungen sicherzustellen" war, wurde im BDSG 1990 nicht übernommen, da sich entsprechende Pflichten ohnehin schon aus § 9 ergeben.[59] 62

---

51 Bereits dargelegt von Statistisches Bundesamt in: Datenschutz/Meldegesetz, Sachverständigenanhörung v. 6.5.1974 (Schriftenreihe „Zur Sache" 5/74), Beitrag Nr. 3.3.25, S. 155, 158; ausführlich zur Gesamtproblematik *Poppenhäger*, Statistische Daten, S. 41 – 65.
52 *Dörr/Schmidt*, Neues BDSG, 2. Aufl., § 30 Rdnr. 6.
53 *Walz*, Vorauflage § 30 Rdnr. 16.
54 *Walz*, Vorauflage § 30 Rdnr. 17.
55 Auf sie stellen Dörr/Schmidt, Neues BDSG, 2. Aufl. § 30 Rdnr 6 ab.
56 *Auernhammer*, BDSG § 30 Rdnr. 6.
57 *Dörr/Schmidt*, Neues BDSG, § 30 Rdnr. 7.
58 *Auernhammer*, BDSG § 30 Rdnr. 19; *Walz*, Vorauflage § 30 Rdnr. 18.
59 *Walz*, Vorauflage § 30 Rdnr. 18.

63 Gewährleistet sein muss, dass ein Zusammenführen von Angaben und Merkmalen erst dann möglich wird, wenn die Voraussetzungen des Absatz 1 Satz 2 geprüft und bejaht worden sind.[60] Hierzu bedarf es eines in der Regel schriftlich niedergelegten, nachprüfbaren und in sich schlüssigen Konzeptes, dessen praktische Umsetzung dokumentiert wird. Die im Rahmen von § 40 anzustellenden Überlegungen zum „Trennungsgebot" können dabei als Hilfsmittel mit herangezogen werden.

3.3.3 Vorübergehende Aufhebung der File-Trennung (Absatz 1 Satz 1)

64 **3.3.3.1 Überblick zur gesetzlichen Regelung.** Gewisse vorübergehende Durchbrechungen des Grundsatzes der File-Trennung sind sachlich geboten, weil sonst bestimmte gängige soziologische Untersuchungsverfahren wie Panel-Untersuchungen oder Langzeitstudien (Mehrfachbefragungen), bei denen in gewissen Zeitabständen die gleichen Personen erneut befragt werden, nicht eingesetzt werden könnten.[61] Den Einsatz solcher Verfahren unmöglich zu machen wäre sachlich nicht gerechtfertigt und würde Art. 5 Abs. 3 GG tangieren, zumal die Regelung des Absatz 1 Satz 2 belegt, dass es gelingen kann, die Interessen des Betroffenen auch in solchen Fällen angemessen zu berücksichtigen.

65 Absatz 1 Satz 2 lässt eine Zusammenführung bei zwei Konstellationen zu, nämlich

- soweit dies zur Erfüllung des Zwecks der Speicherung erforderlich ist oder
- soweit dies zu wissenschaftlichen Zwecken erforderlich ist.

66 Diese Aufzählung ist abschließend. Eine Einwilligung des Betroffenen, die eine darüber hinausgehende Ausnahme zulässt, ist prinzipiell denkbar. Allerdings müsste ihm dabei (freie Entscheidung des Betroffenen, § 4a Abs. 1 Satz 1) klar verdeutlicht werden, dass er auf gesetzlich vorgesehene Schutzmechanismen verzichtet. Unabdingbar sind diese Schutzvorschriften jedoch nicht (siehe § 6, der sie nicht erwähnt).

67 Absatz 1 Satz 2 bietet in keinem Fall eine Grundlage dafür, Daten an Dritte zu übermitteln, sondern gestattet nur die interne Verwendung der zusammengeführten Daten. An Dritte dürfen sie nur mit einer Einwilligung des Betroffenen übermittelt werden, an die wiederum die vorstehend geschilderten Anforderungen zu stellen sind. Möglich und in der Praxis nicht selten ist es daneben, Dritte auf der Basis von § 11 einzuschalten und sie beispielsweise mit der – ablauftechnisch unter Umständen recht anspruchsvollen – Zusammenführung zu beauftragen.

68 Aus der Formulierung „soweit" ergibt sich, dass die Trennung der Dateien unverzüglich (§ 121 BGB) wieder herzustellen ist, sobald der Zweck, der die Zusammenführung erforderlich gemacht hat, erreicht ist.[62] Das Zusammenführen ist also stets nur vorübergehender Natur.

69 **3.3.3.2 Aufhebung zur Erfüllung des Zwecks der Speicherung.** Anwendungsfälle für diese Ausnahme sind insbesondere Langzeitstudien bzw. Längsschnittstudien, bei denen die gleichen Betroffenen in Abständen erneut befragt werden und deren „Studienziel" nur zu erreichen ist, wenn die dabei jeweils erhobenen Daten miteinander verglichen werden.

70 Da die Erhebung in der Regel eine Einwilligung des Betroffenen erfordert, kann eine Zusammenführung nur in Betracht kommen, wenn sie zu dem Studienzweck erforderlich ist, der dem Betroffenen beim Einholen der Einwilligung genannt wurde.[63] Die Information über den Charakter der Studie als Langzeitstudie und über das Studiendesign sind also nicht nur wesentlich für die Wirksamkeit der Einwilligung sondern auch dafür, ob die geschilderte Ausnahme zum Zuge kommen kann. Sie ist nicht dazu da, nachträglich erkannte Mängel beim Studiendesign oder bei der Information des Betroffenen auszugleichen.

71 **3.3.3.3 Aufhebung für wissenschaftliche Zwecke.** Diese Ausnahme wird dann praktisch von Belang, wenn ein wissenschaftlicher Zweck verfolgt wird, der vom ursprünglichen Zweck der Erhebung und Speicherung abweicht; ansonsten wird im Allgemeinen der Rückgriff auf die Ausnahme „Erfüllung des Zwecks der Speicherung" genügen.

---

60 *Auernhammer*, BDSG § 30 Rdnr. 8; vgl. auch *Metschke/Wellbrock*, Datenschutz in Wissenschaft und Forschung, S. 22 („Längsschnittstudien").
61 *Walz*, Vorauflage § 30 Rdnr. 20.
62 Ähnlich *Gola/Schomerus* BDSG § 30 Rdnr. 8.
63 *Walz*, Vorauflage § 30 Rdnr. 24.

Die Vorauflage[64] nennt hierfür als Beispiel, dass sich bei einer Einrichtung der empirischen Sozialforschung aus einer Auftragsstudie für einen bestimmten Kunden ein wissenschaftliches Ausschlussprojekt auf eigene Rechnung ergibt. 72

Der Fall, dass der wissenschaftliche Zweck ein eigenständiges Forschungsvorhaben darstellt, das § 40 unterfällt,[65] scheint kaum denkbar. Die Adressaten des § 30 dürften im Allgemeinen nicht als „Forschungseinrichtungen" im Sinn des § 40 anzusehen sein; völlig ausgeschlossen ist dies im Einzelfall aber nicht.[66] 73

Wann ein Zweck als „wissenschaftlich" anzusehen ist, ist im Rahmen des § 30 nach denselben Kriterien zu entscheiden wie bei § 14 Abs. 2 Nr. 9 und Abs. 5 Nr. 2, weshalb auf die dortige Kommentierung verwiesen wird. 74

3.3.4 Veränderung der gespeicherten Daten (Absatz 2)

3.3.4.1 Herausragende Rolle der Veränderung. Das Verändern als das inhaltliche Umgestalten gespeicherter personenbezogener Daten (§ 3 Abs. 5 Satz 2 Nr. 2) wird in der Vorauflage[67] zurecht als die „klassische Tätigkeit von Marktforschung und Demoskopie" bezeichnet. Insbesondere gehört dazu der in der Regel als Aggregierung bezeichnete Vorgang, bei dem es einerseits darum geht, die Einzelangaben mit dem Ziel zu „verdichten", aus ihnen über den oder die Einzelfälle hinaus gültige Erkenntnisse zu gewinnen, andererseits aber auch darum, durch diese Verdichtungen zu bewirken, dass die gewonnenen Erkenntnisse nicht mehr personenbezogen sind. Beide Aspekte greifen ineinander, sodass die Anonymisierung ein Teilelement der Veränderung darstellt. 75

Da die File-Trennung bereits bei der Speicherung zu erfolgen hat und nach ihrer erfolgreichen Durchführung nur noch die Merkmale aus dem zweiten Teil des Datensatzes personenbezogen sind, nicht mehr aber die Einzelangaben aus dessen ersten Teil, kann die Befugnis zur Veränderung vor allem unter folgenden Aspekten relevant werden: 76

- Veränderung mit dem Ziel, die ordnungsgemäße File-Trennung herbeizuführen (z.B. entsprechende Aufteilung in Datenblöcke)
- Andere Veränderungen vor der File-Trennung, um etwa die Aggregierung vorzubereiten oder deren inhaltliche Aussagekraft sicherzustellen (z.B. erste Umsortierungen und Zuordnungen zu Merkmalen)
- Nach der File-Trennung Vornahme von Veränderungen an den nach wie vor personenbezogenen Merkmalen des „zweiten Teils"[68] (etwa Aktualisierung geänderter Postleitzahlen in der Anschrift usw.).

Sind Daten bereits so weit aggregiert, dass ihnen der Personenbezug fehlt, ist der Anwendungsbereich des BDSG verlassen, sodass es für ihre etwaige weitere Umgestaltung keines Rückgriffs mehr auf Absatz 2 bedarf.[69] 77

3.3.4.2 Abweichungen zur Situation bei § 29. Absatz 2 knüpft die materielle Rechtmäßigkeit der Veränderung an zwei alternative Voraussetzungen die nahezu wörtlich (mit einer Abweichung bei Absatz 2 Nr. 2) mit den in § 29 Absatz 1 Satz 1 genannten Voraussetzungen übereinstimmen. Insofern kann zunächst auf die dortige Kommentierung verweisen werden.[70] 78

Allerdings ergeben sich bei der Interpretation im Kontext des § 30 doch einige Besonderheiten. Sie hängen damit zusammen, dass 79

- zum einen der Erhebung in aller Regel eine Einwilligung des Betroffenen zugrunde liegt,
- zum anderen personenbezogene, noch nicht anonymisierte Daten jedenfalls auf der Basis des § 30 in keinem Fall den Bereich der verantwortlichen Stelle verlassen dürfen.

---

64 *Gola/Schomerus*, BDSG § 30 Rdnr. 9.
65 Vorauflage § 40 Rdnr. 29ff, besonders Rdnr. 32; *Gola/Schomerus*, BDSG § 40 Rdnr. 7.
66 *Walz*, Vorauflage § 30 Rdnr. 33.
67 *Auernhammer*, BDSG 1. Aufl. 1977, § 36 Rdnr. 4.
68 Vorauflage § 30 Rdnr. 34.
69 Siehe dazu *Ehmann*, § 29 Rdnr. 209.
70 Ähnlich *Walz*, Vorauflage § 30 Rdnr. 35.

Beides ist bei § 29 in dieser Form nicht der Fall. Nur ein Teil der Daten wird dort auf der Basis einer Einwilligung erhoben (etwa nicht die Negativdaten bei Auskunfteien) und die Übermittlung erfolgt dort stets personenbezogen.

80 **3.3.4.3 Schutzwürdiges Interesse am Ausschluss der Übermittlung (Absatz 2 Nr. 1).** Das regelmäßige Arbeiten auf der Basis einer Einwilligung führt dazu, dass die Annahme eines „schutzwürdigen Interesses am Ausschluss der Übermittlung" (Absatz 2 Nr. 1) vor allem unter dem Aspekt zu sehen ist, mit welcher Art von Veränderung der Betroffene auf der Basis der Informationen, die ihm vor Erteilung der Einwilligung zur Verfügung standen, rechnen muss oder zumindest kann.[71] Geht die Veränderung darüber hinaus, bedarf es seiner erneuten Einwilligung. Darauf ist besonders zu achten, wenn eine Veränderung dazu führt, dass sensitive Daten (§ 3 Abs. 9) gewonnen werden. Beispiel: Wer an einer Studie mitwirkt, die allgemeine „Verzehrgewohnheiten" erfassen soll, rechnet nicht damit, dass daraus auch Gesundheitsrisiken abgeleitet werden. Anders dagegen, wenn sich die Studie der „Gesunden Ernährung" widmet. Bezeichnungen von Studien und Beschreibungen ihrer Zielsetzung sind in diesem Kontext nicht nur „Schall und Rauch". Der Betroffene muss sich nicht zum Objekt von etwas machen lassen, das er nicht voraussehen konnte.

81 Da personenbezogene Daten den Bereich der verantwortlichen Stelle nicht verlassen dürfen, spielt dagegen die im Rahmen von § 29 bedeutsame Frage, welche „Außenwirkung" Daten auf Dritte haben, bei § 30 keine Rolle.

82 **3.3.4.4 Möglichkeit zur Entnahme aus allgemein zugänglichen Quellen sowie Veröffentlichungsbefugnis (Absatz 2 Nr. 2).** Eine parallele Regelung zu Abs. 2 Nr. 2 enthalten §§ 14 Abs. 2 Nr. 5, 28 Abs. 1 Satz 1 Nr. 3 und § 29 Abs. 1 Satz 1 Nr. 2. Auf die Kommentierung zu § 28 Abs. 1 Satz 1 Nr. 3 wird hier verwiesen.[72] Die Novellierung 2001 hat allerdings gegenüber diesen Bestimmungen den Vergleichsmaßstab in § 30 geändert. Die Formulierung „soweit nicht …" soll – so die Gesetzesbegründung – das Erfordernis der Abwägung der Veränderungsinteressen der verantwortlichen Stelle mit den konträren Interessen des Betroffenen gegenüber der in den drei anderen Vorschriften verwendeten Wortfolge „es sei denn …." verdeutlichen.[73] Der Unterschied: Diese zweite Alternative setzt eine Interessenlage voraus, die eine Datenverwendung für Zwecke der Markt- und Meinungsforschung völlig ausschließt. Die Textfassung in § 30 erklärt dagegen auch schwächere Gegenbelange für ausreichend, die sich nur gegen bestimmte Formen oder Teile der geplanten Verarbeitung, etwa einzelne Auswertungen, richten. Dass dieser Unterschied in der Praxis oft relevant wird, ist nicht zu erwarten.

3.4 Phase 3: Anonymisierte Übermittlung an einen Dritten

83 Materielle Voraussetzungen der Übermittlung in anonymisierter Form sind in § 30 nicht angesprochen. Entsprechende Regelungen fehlen, da sie nicht nötig sind.[74] Da die zu übermittelnden Daten anonym sein müssen, ist das BDSG mangels Personenbezug auf diesen Vorgang nicht anwendbar (§ 1 Abs. 2).[75]

84 Die Frage, wann Daten der Personenbezug fehlt und sie als anonymisiert anzusehen sind, ist somit von entscheidender Bedeutung. Maßgeblich ist die in § 3 Abs. 6 enthaltene Begriffsdefinition, die weiter ist als die des BDSG 1977, aber der des BDSG 1990 entspricht, was bei der Benutzung älterer Literatur zu beachten ist.

85 Idealerweise ist die notwendige Anonymisierung schon durch die File-Trennung erreicht. Das muss und wird aber nicht immer der Fall sein. So ist es denkbar, dass Datenempfänger

71 Siehe *Simitis*, § 28 Rdnr. 183 ff.
72 BT-Drs. 14/4329, S. 44 zu Nr. 33 (§ 30).
73 *Auernhammer* BDSG § 30 Rdnr. 16.
74 *Gola/Schomerus*, BDSG § 30 Rdnr. 7; *Walz*, Vorauflage § 30 Rdnr. 31.
75 So berichtete der LfD Bremen in seinem 27. Jahresbericht 2004 Nr. 14.2 über eine insgesamt recht negativ verlaufene Prüfung eines Marktforschungsinstituts; von einem Verstoß gegen Löschungsvorschriften ist allerdings selbst bei diesem Fall nicht die Rede.

über Zusatzwissen verfügen, das ihnen eine Zuordnung erlaubt, die der Stelle gemäß § 30 nach der File-Trennung nicht mehr möglich war, weil sie nicht über dieses Zusatzwissen verfügte.
Die Pseudonymisierung der Daten (§ 3 Abs. 6a) genügt nicht. Einzelfälle, in denen die Pseudonymisierung den Personenbezug so weit beseitigt, dass sie in eine Anonymisierung mündet, sind aber denkbar. 86

4. Verpflichtung zur Löschung (Absatz 3)

Absatz 3 greift eine Einzelkonstellation aus den denkbaren Löschungsverpflichtungen heraus, 87
nämlich die Pflicht zur Löschung für den Fall, dass die Speicherung unzulässig ist. Dies entspricht der Regelung des § 35 Abs. 2 Satz 2 Nr. 1 und insofern ist Absatz 3 überflüssig.

Dazu, warum Absatz 3 diese Verpflichtung zusätzlich nochmals besonders statuiert, lassen 88
sich die verschiedensten Überlegungen anstellen. So mag man der Auffassung sein, dass ihr im Rahmen des § 30 eine besonders wichtige Schutzfunktion zukommt – angesichts des Umstandes, dass hier in keinem Fall Daten personenbezogen nach außen übermittelt werden dürfen (anders als etwa bei §§ 28, 29) ein eher fern liegender Gedanke, denn das macht die Schutzfunktion eher weniger bedeutsam. Oder man mag mutmaßen, dass diese Pflicht bei Stellen gemäß § 30 häufiger als sonst verletzt wird – belegbare Anhaltspunkte dafür fehlen allerdings.[76] Der tatsächliche Hintergrund ist wohl bedeutend trivialer: Noch das BDSG 1990 schloss die Anwendung der Löschungsregelung des § 35 Abs. 2 im Rahmen des § 30 aus (siehe § 30 Abs. 4 BDSG 1990). Die Folge, dass damit sogar Daten nicht hätten gelöscht werden müssen, die unzulässig gespeichert sind, erschien inakzeptabel. Deshalb statuierte § 30 Abs. 3 BDSG 1990, der wörtlich dem jetzigen Absatz 3 entspricht, eine besondere Löschungsverpflichtung für diese Konstellation. Nachdem das BDSG 2001 § 35 Abs. 2 auch im Geltungsbereich des § 30 für anwendbar erklärte, hätte Absatz 3 ohne Bedenken entfallen können.

Den einzigen, sehr beschränkten Sinn der Bestimmung mag man noch darin sehen, dass er 89
aus § 35 Abs. 2 den einzigen Löschungstatbestand herausgreift, der aufgrund seiner tatbestandlichen Voraussetzungen im Bereich des § 30 überhaupt zur Anwendung gelangen kann.[77]

5. Nichtanwendbarkeit des § 29 (Absatz 4)

Abs. 4 erklärt § 29 ausdrücklich für unanwendbar. Damit stellt er klar, dass die Zulässigkeit- 90
statbestände des § 29 im Anwendungsbereich des § 30 weder für die Speicherung noch für die Übermittlung herangezogen werden können. An sich ergibt sich das bereits aus der inneren Logik des § 30.

Die Nichtanwendbarkeit des § 29 hat die wichtige praktische Konsequenz, dass Stellen, die 91
dem § 30 unterfallen (etwa Markt- und Meinungsforschungsinstitute) ihre im Rahmen von § 30 gespeicherten Daten nicht gleichzeitig als Auskunftei oder Adressverlag nutzen oder übermitteln dürfen.[78] Umgekehrt schließt Absatz 4 aber nicht aus, dass ein auf der Basis von § 29 tätiges Unternehmen (etwa eine Auskunftei) die im Rahmen dieser Tätigkeit gespeicherten Daten als „Rohmaterial" im Rahmen von Aktivitäten verwendet, die § 30 zuzurechnen sind.[79]

---

76 So der zutreffende Hinweis von *Walz* in der Vorauflage § 30 Rdnr. 39.
77 *Auernhammer* BDSG § 30 Rdnr. 17; ihm folgend *Walz*, Vorauflage § 30 Rdnr. 41.
78 *Bergmann/Möhrle/Herb*, BDSG § 30 BDSG 1990, Rdnr. 7.
79 Siehe *Simitis*, § 28 Rdnr. 320 ff.

6. Entsprechende Anwendbarkeit von § 28 Abs. 6 bis 9 (Absatz 5)

92 Die Regelung entspricht wörtlich der des § 29 Abs. 5, wo ebenfalls die Abs. 6 bis 9 des § 28 für entsprechend anwendbar erklärt sind. Insofern kann zunächst auf die Kommentierung zu § 28 Abs. 6 bis 9 verwiesen werden.

93 Die Regelung hat im Bereich des § 30 zwei wichtige praktische Konsequenzen:

- Sofern auf der Basis einer Einwilligung sensitive Daten (§ 3 Abs. 9) erhoben werden, muss sich die Einwilligung ausdrücklich auch darauf beziehen (§ 28 Abs. 6 i.V.m. § 4a Abs. 3).

94 Das erscheint sachgerecht. Gerade dann, wenn es – was bei § 30 häufig der Fall ist – um die Erhebung von Daten aus dem persönlichen, teils sogar hochpersönlichen Bereich geht – muss dem Betroffenen verdeutlicht werden, was eigentlich geschieht. Dies liegt auch im Interesse der verantwortlichen Stelle, da so spätere Verärgerungen vermieden werden.

95 - Bei besonders sensitiven Daten, die aus allgemein zugänglichen Quellen erhoben worden sind, legitimiert dieser Umstand allein die Erhebung nicht. Es muss vielmehr hinzu kommen, dass der Betroffene diese Daten „offenkundig öffentlich gemacht“ hat (§ 28 Abs. 6 Nr. 2).

96 Am Sinn dieser Einschränkung kann man im Rahmen des § 30 zweifeln, denn anders als bei §§ 28, 29 besteht hier nicht die Gefahr, dass der Betroffene nach einer Übermittlung mit diesen Daten in ganz anderem Verwendungszusammenhang konfrontiert wird, was aber wohl ein entscheidendes Motiv für diese Regelung darstellt.

97 Dieses Beispiel zeigt, dass es sich der Gesetzgeber mit Abs. 5 zu einfach gemacht hat. Um die Anforderungen der nicht fristgerecht umgesetzten EG-Datenschutzrichtlinie bei der Novellierung durch das BDSG 2001 jedenfalls formal „abzuarbeiten“, wurde unter Zeitdruck Absatz 5 wörtlich übereinstimmend mit § 29 Abs. 5 an die bisherigen Regelungen „angehängt“. Eine inhaltliche Durchdringung der Konsequenzen erfolgte nicht.[80] Es lässt sich schwerlich sagen, dass der Gesetzgeber seine Gestaltungsaufgabe damit angemessen bewältigt hätte.

7. Folgen von Verstößen

7.1 Ordnungswidrigkeitentatbestände

98 Von den allgemeinen, nicht speziell auf § 30 zugeschnittenen Bußgeldtatbeständen verdient vor allem § 43 **Abs. 2** Nr. 1 Beachtung (unbefugte Erhebung oder Verarbeitung). Er kann vor allem dann bedeutsam werden, wenn eine notwendige Einwilligung völlig fehlt oder aber inhaltlich unzureichend ist.

99 Speziell auf die Verhältnisse des § 30 zugeschnitten ist § 43 **Abs. 2** Nr. 6 (Verstoß gegen das Gebot der File-Trennung durch ein Zusammenführen unter Verletzung von § 30 Abs. 1 **Satz 2**). Das Nicht-Durchführen der File-Trennung, also die isolierte Verletzung von § 30 Abs. 1 **Satz 1**, ist dagegen nicht bußgeldbewehrt.

7.2 Zivilrechtliche Ansprüche

100 Obwohl theoretische verschiedenste Ansprüche denkbar sind (etwa Unterlassungsansprüche gegen die Speicherung von ohne oder ohne ausreichende Einwilligung erhobene Daten), sind entsprechende Streitigkeiten bisher nicht bekannt geworden.

101 Denkbar ist daneben, dass die Einhaltung von Vorgaben des § 30 zum Gegenstand wettbewerbsrechtlicher Auseinandersetzungen auf der Basis des UWG wird.[81]

---

80 Siehe dazu auch die im Ergebnis ähnliche Kritik von *Walz* in der Vorauflage § 30 Rdnr. 43.

81 Grundlegend *v. Westerholt*, Wettbewerbsrecht und Datenschutzrecht – ein ungeklärtes Verhältnis in: *Straus* (Hrsg.)m Festgabe Friedrich-Karl Beier zum 70. Geburtstag 1996, S. 561 – 574 und dazu die instruktive Besprechung von *Hoeren*, CR 1997, 380. Die Rechtsprechung des BGH hält sich damit zurück, in Rechtsverstößen auf sonstigen Gebieten zugleich Verletzungen des Wettbewerbsrechts zu sehen, vgl. BGH, NJW 2000, 3351, 3353 („Spanplatten“).

§ 31 Besondere Zweckbindung

Personenbezogene Daten, die ausschließlich zu Zwecken der Datenschutzkontrolle, der Datensicherung oder zur Sicherstellung eines ordnungsgemäßen Betriebes einer Datenverarbeitungsanlage gespeichert werden, dürfen nur für diese Zwecke verwendet werden.

Literatur: s. zu § 14

§ 31 unterwirft bestimmte Daten einer strikten Zweckbindung. Der Wortlaut ist identisch mit dem der Parallelregelung des § 14 Abs. 4 für den öffentlichen Bereich. Da der Regelungsgegenstand wie auch die ausgesprochene Rechtsfolge in beiden Regelungen identisch sind, kann in vollem Umfang auf die Erläuterungen zu § 14 verwiesen werden.[1] 1

– ungenutzt – 2

Regelungslogisch ist § 31 eine Ausnahme von den in den §§ 28 bis 30 enthaltenen Verarbeitungs- und Nutzungsbefugnissen. Alle dort ausgesprochenen Berechtigungen – auch soweit sie die Verfolgung anderer Zwecke zulassen – stehen unter dem Vorbehalt, dass die in § 31 angeordnete Zweckbindung beachtet wird. Die Regelung räumt selbst keine Befugnisse ein, sondern hat ausschließlich einschränkenden Charakter, wie sich aus der Formulierung „nur für diese Zwecke" ergibt. 3

Die Regelung gilt für alle in § 27 Abs. 1 bestimmten Adressaten des dritten Abschnitts. Sie ist ihrem Zwecke nach entsprechend auch auf diejenigen Personen und Stellen anzuwenden, denen die Daten im Rahmen einer nach § 31 erlaubten Verwendung zugehen, also beispielsweise auf Sachverständige, betriebliche oder überbetriebliche Schiedsstellen und Versicherungsunternehmen. Für die Gerichte sind die Bestimmungen des Verfahrensrechts vorrangig zu beachten; bei deren Anwendung und Auslegung ist allerdings der besonderen Zweckbindung Rechnung zu tragen. 4

Die Regelung gilt ihrem Zweck entsprechend unabhängig davon, ob auch die Speicherung zu den speziellen Zwecken automatisiert bzw. in Dateiform erfolgt, also auch für Listen, Tagebücher, Bild- und Tonaufzeichnungen usw.;[2] es genügt, dass die (der Datenschutzkontrolle usw.) zugrunde liegende Datenverarbeitung die in §§ 1 Abs. 2 Nr. 3, 27 Abs. 1 geforderte Form aufweist. 5

Da der Betroffene Schutzsubjekt der Datenschutzregelungen ist, wird seine informationelle Selbstbestimmung durch die gesetzlichen Regelungen nicht eingeschränkt. Zwar ist es richtig, dass die besondere Zweckbindung nach § 31 (etwa in einem Arbeitsvertrag) nicht mit Wirkung für die Zukunft abbedungen werden kann; dies ändert aber nichts an der Dispositionsfreiheit des Betroffenen selbst.[3] Der Betroffene ist allerdings nicht alleiniges Schutzobjekt; soweit die Daten zugleich der betrieblichen Sicherheit dienen, kann der Betroffene nicht allein darüber verfügen. 6

Durch Betriebsvereinbarung kann von der Zweckbindung nach § 31 nicht abgewichen werden, da die Parteien über das Schutzgut nicht verfügen.[4] Unberührt bleibt allerdings die Möglichkeit, durch Betriebsvereinbarung mit Wirkung für die Zukunft Verarbeitungszwecke festzulegen, die über die in § 31 vorausgesetzten hinausgehen, und damit im Ergebnis eine weitergehende Verwendung zu ermöglichen.[5] 7

Eine Verletzung der Zweckbindung nach § 31 löst einen Schadensersatzanspruch des Betroffenen nach § 823 Abs. 2 BGB aus, da es sich bei § 31 um ein Schutzgesetz handelt.[6] 8

§ 32 (aufgehoben)

1 Dort Rdnrn. 106 – 114.
2 A.M. *Däubler/Klebe/Wedde,* BDSG § 31 Rdnr. 3.
3 Ungenau *Bergmann/Möhrle/Herb,* BDSG § 31 Rdnr. 7.
4 Vgl. *Auernhammer,* BDSG § 31 Rdnr. 3; *Gola/Schomerus,* BDSG § 31 Rdnr. 9; *Bergmann/ Möhrle/Herb,* a.a.O.
5 Vgl. auch § 14 Rdnrn. 111, 113.
6 *Bergmann/Möhrle/Herb,* BDSG § 31 Rdnr. 20.

Zweiter Unterabschnitt
Rechte der Betroffenen

§ 33 Benachrichtigung des Betroffenen

(1) Werden erstmals personenbezogene Daten für eigene Zwecke ohne Kenntnis des Betroffenen gespeichert, ist der Betroffene von der Speicherung, der Art der Daten, der Zweckbestimmung der Erhebung, Verarbeitung oder Nutzung und der Identität der verantwortlichen Stelle zu benachrichtigen. Werden personenbezogene Daten geschäftsmäßig zum Zwecke der Übermittlung ohne Kenntnis des Betroffenen gespeichert, ist der Betroffene von der erstmaligen Übermittlung und der Art der übermittelten Daten zu benachrichtigen. Der Betroffene ist in den Fällen der Sätze 1 und 2 auch über die Kategorien von Empfängern zu unterrichten, soweit er nach den Umständen des Einzelfalles nicht mit der Übermittlung an diese rechnen muss.

(2) Eine Pflicht zur Benachrichtigung besteht nicht, wenn

1. der Betroffene auf andere Weise Kenntnis von der Speicherung oder der Übermittlung erlangt hat,

2. die Daten nur deshalb gespeichert sind, weil sie aufgrund gesetzlicher, satzungsmäßiger oder vertraglicher Aufbewahrungsvorschriften nicht gelöscht werden dürfen oder ausschließlich der Datensicherung oder der Datenschutzkontrolle dienen und eine Benachrichtigung einen unverhältnismäßigen Aufwand erfordern würde,

3. die Daten nach einer Rechtsvorschrift oder ihrem Wesen nach, namentlich wegen des überwiegenden rechtlichen Interesses eines Dritten, geheimgehalten werden müssen,

4. die Speicherung oder Übermittlung durch Gesetz ausdrücklich vorgesehen ist,

5. die Speicherung oder Übermittlung für Zwecke der wissenschaftlichen Forschung erforderlich ist und eine Benachrichtigung einen unverhältnismäßigen Aufwand erfordern würde,

6. die zuständige öffentliche Stelle gegenüber der verantwortlichen Stelle festgestellt hat, dass das Bekanntwerden der Daten die öffentliche Sicherheit oder Ordnung gefährden oder sonst dem Wohle des Bundes oder eines Landes Nachteile bereiten würde,

7. die Daten für eigene Zwecke gespeichert sind und
   a) aus allgemein zugänglichen Quellen entnommen sind und eine Benachrichtigung wegen der Vielzahl der betroffenen Fälle unverhältnismäßig ist, oder
   b) die Benachrichtigung die Geschäftszwecke der verantwortlichen Stelle erheblich gefährden würde, es sei denn, dass das Interesse an der Benachrichtigung die Gefährdung überwiegt, oder

8. die Daten geschäftsmäßig zum Zwecke der Übermittlung gespeichert sind und
   a) aus allgemein zugänglichen Quellen entnommen sind, soweit sie sich auf diejenigen Personen beziehen, die diese Daten veröffentlicht haben, oder
   b) es sich um listenmäßig oder sonst zusammengefasste Daten handelt (§ 29 Abs. 2 Nr. 1 Buchstabe b)

und eine Benachrichtigung wegen der Vielzahl der betroffenen Fälle unverhältnismäßig ist.

Die verantwortliche Stelle legt schriftlich fest, unter welchen Voraussetzungen von einer Benachrichtigung nach Satz 1 Nr. 2 bis 7 abgesehen wird.

Literatur

M. Beckhusen, Das Scoring-Verfahren der SCHUFA im Wirkungsbereich des Datenschutzrechts, BKR 2005, 335 ff.; *A. Breinlinger*, Datenschutz im Marketing, in: *A. Roßnagel,* Handbuch Datenschutzrecht (2003), Kap. 7.6, 1186 ff.; *M. Bütter/K. Aigner*, Sieg der Vernunft: Notleidende Darlehensforderungen sind abtretbar. Zugleich Anmerkung zum Urteil des LG Ffm vom 17.12.2004-2/21O96/02, BB 2005, 125, BB 2005 119ff.;

H. Burkert, Datenschutz auf dem Weg zur Transparenzordnung, in: *B. Baeriswyl/B. Rudin,* Perspektive Datenschutz, Praxis und Entwicklungen in Recht und Technik (2002), 181 ff.; *U. Dammann,* Das neue Bundesdatenschutzgesetz, NVwZ 1991, 640; *W. Däubler*, Gläserne Belegschaften: Datenschutz in Betrieb und Dienststelle, 4. Aufl. (2002); *W. Däubler,* Individualrechte des Arbeitnehmers nach dem neuen BDSG, CR 1991, 475; *U. Dieckmann/H. Eul/B. Klevenz,* Verhindert der Datenschutz Fusionen? – Fusionen aus der Sicht der betrieblichen Datenschutzbeauftragten, RDV 2000, 149 ff.; *A. Dix*, Vertrauen durch verbesserte Information, DuD 2004, 518; *E. Duhr*, Datenschutz in Auskunfteien, in: *A. Roßnagel*, Handbuch Datenschutzrecht (2003), Kap. 7.5, 1157 ff.; *dies./H. Naujok/B. Danker/E. Seiffert*, Neues Datenschutzrecht für die Wirtschaft – Erläuterungen und praktische Hinweise zu §§ 27 ff. bis 46 BDSG, DuD 2003, 5 ff.; *A. Eggersmann/Th. Hoene,* Anwaltliche Verschwiegenheit contra Benachrichtigungs- und Auskunftspflicht, CR 1990, 18; *H. Eul*, Datenschutz im Kreditwesen und im Zahlungsverkehr, in: *A. Roßnagel*, Handbuch Datenschutzrecht (2003), Kap. 7.2, 1085 ff.; *P. Gola*, Das Gebot der Direkterhebung im Arbeitsverhältnis und Informationspflichten gegenüber Bewerbern, RDV 2003, 177 ff.; *P. Gola/Chr. Klug,* Grundzüge des Datenschutzrechts (2003); *P. Gola/ G. Wronka,* Werbung, Wettbewerb und Datenschutz, RDV 1994, 157; *W. Goldenbohm/K.-Th. Weise,* Praxis der Benachrichtigung nach § 33 BDSG, CR 1991, 602; *M. Kloepfer/A. Neun,* Informationsrecht (2002); *E. Lotze*, Benachrichtigung, in: *H. Bäumler/A. Breinlinger/H.-H. Schrader*, Datenschutz von A-Z (2001); *O. Mallmann,* Informationsrechte von Patienten hinsichtlich medizinischer Daten, in: *D. Simon/M. Weiss,* Zur Autonomie des Individuums, Liber Amicorum *S. Simitis* (2000), 237 ff.; *ders.*, Zielfunktionen des Datenschutzes (1977); *G.F. Müller/M.Wächter,* Novelle des Bundesdatenschutzgesetzes – Worauf Detektive achten müssen, DuD 1991, 619; *Th. Chr. Paefgen,* Adreßhandel und Medienprivileg, CR 1994, 14; *A. Peilert,* Das Recht des Auskunftei- und Detekteigewerbes (1996); *A. Roßnagel/A. Pfitzmann/H. Garstka*, Modernisierung des Datenschutzrechts, Gutachten im Auftrag des Bundesministeriums des Innern (2001); *G. Rüpke,* Freie Advokatur, anwaltliche Informationsverarbeitung und Datenschutzrecht (1995), 17 ff.; *B. Schierbaum,* Personaldatenverarbeitung – Rechte der Arbeitnehmer nach dem BDSG, Arbeitsrecht im Betrieb 1993, 517; *A. Teichmann/E. Kiessling*, Datenschutz bei Umwandlungen, ZGR 2001, 33 ff.; *K. Tiedemann/Chr. Sasse,* Delinquenzprophylaxe, Kreditsicherung und Datenschutz in der Wirtschaft (1973); *D. Ungnade,* Datenschutz im Kreditgewerbe, 2. Aufl. (1991), 52 ff.; *M. Wächter,* Die Entbehrlichkeit der Benachrichtigung nach § 33 Abs. 2 Nr. 1 BDSG, CR 1992, 558; *P. Wedde*, Rechte der Betroffenen, in: *A. Roßnagel*, Handbuch Datenschutzrecht (2003), Kap. 4.4, 546 ff.; *Th. Weichert,* Datenschutzrechtliche Probleme beim Adressenhandel, WRP 1996, 522; *ders.*, Datenschutzrechtliche Anforderungen an Verbraucher-Kredit-Scoring, DuD 2005, 582 ff.; *H.W. Wohlgemuth,* Datenschutz für Arbeitnehmer, 2. Aufl. (1993), 118 ff.

Übersicht

1. Vorbemerkung

1 Die Ausübung von Rechten setzt in zweierlei Hinsicht Informationen voraus: die betroffene Person muss überhaupt wissen, dass ihr Rechte zustehen, und sie muss wissen, dass es möglicherweise nötig ist, sie auszuüben. Der zuerst genannte Aspekt wird bisher noch zu wenig beachtet; 2003 wussten europaweit nur 42% aller Befragten, dass jede verantwortliche Stelle verpflichtet ist, von sich aus den Betroffenen bestimmte Grundinformationen zu geben, wenn sie personenbezogene Daten verarbeitet.[1] Den zweiten Aspekt behandelt § 33. Bereits seit dem BDSG 1977 sind danach nicht-öffentliche Stellen und bestimmte am Wettbewerb teilnehmende öffentliche Stellen grundsätzlich verpflichtet, die Betroffenen von der Speicherung bzw. Übermittlung von Daten zu ihrer Person und der entsprechenden Datenart zu benachrichtigen. „Die Vorschrift soll für mehr **Transparenz** bei der Datenverarbeitung sorgen und dem Bürger die Ausübung seiner Rechte erleichtern".[2] Er wird so häufig erst in die Lage versetzt, sein Auskunftsrecht nach § 34 wahrzunehmen und gegebenenfalls nach § 35 Berichtigung, Löschung und Sperrung von Daten zu verlangen oder ihrer Verarbeitung zu widersprechen.

2 Das Bundesverfassungsgericht hat im Volkszählungsurteil entschieden, dass die Datenverarbeitung für die Betroffenen transparent sein muss. Sie haben grundsätzlich ein Recht zu wissen, „wer was wann und bei welcher Gelegenheit über (sie) weiß".[3] Zu den zur Sicherung des Rechts auf informationelle Selbstbestimmung erforderlichen **verfahrensrechtlichen Schutzvorkehrungen** gehören auch Aufklärungs- und Auskunftspflichten.[4] Die Benachrichtigungspflicht nach § 33 stellt eine derartige Aufklärungspflicht dar.[5] Auch wenn das Bundesverfassungsgericht derartige grundrechtssichernde Schutzvorkehrungen erstmals im Zusammenhang mit der zwangsweisen Erhebung von Daten im Rahmen der amtlichen Statistik als notwendig bezeichnet hat, gilt dies doch gleichermaßen auch im nicht-öffentlichen Bereich und unabhängig davon, ob ein rechtlicher oder faktischer Zwang zur Datenoffenbarung besteht. Denn die Erhebung personenbezogener Daten ohne Mitwirkung der Betroffenen („hinter ihrem Rücken") ist ein mindestens ebenso gravierender Eingriff in ihre Rechte wie die direkte Datenerhebung mit Auskunftspflicht der Betroffenen. Insofern **konkretisiert** auch **§ 33 das verfassungsrechtlich verbürgte Recht auf informationelle Selbstbestimmung**. Die Vorschrift gehört deshalb in das Gesamtkonzept des **Selbstdatenschutzes**. Sie soll zugleich den mit jeder Abweichung vom Grundsatz der Direkterhebung (§ 4 Abs. 2 Satz 1) bei den Betroffenen verbundenen Transparenzverlust kompensieren.

3 Transparenz soll nach der Vorstellung des Gesetzgebers in zwei Schritten hergestellt werden. Während § 33 den Datenverarbeiter zur **„aktiven Transparenz"** verpflichtet, bei der die Informationen den Betroffenen im Sinne einer „Bringschuld" zur Verfügung gestellt werden, können diese dann in einem zweiten Schritt konkrete Auskünfte nach § 34 verlangen. Die Benachrichtigung ist zwar keine rechtliche, häufig aber eine faktische Voraussetzung für die Geltendmachung eines Auskunftsanspruchs. Auskünfte muss die verantwortliche Stelle demgegenüber im Sinne einer **„passiven Transparenz"** nur erteilen, wenn Betroffene sie verlangen („Holschuld").

4 § 33 regelt in Abs. 1 die Einzelheiten der Benachrichtigungspflicht. Abs. 2 sieht eine Reihe von Ausnahmen vor. § 34 Abs. 4 verweist für die Ausnahmen von der Pflicht zur Auskunftserteilung auf Abs. 2 Satz 1 Nrn. 2, 3 und 5 bis 7. § 33 ist insbesondere im Hinblick auf die Anforderungen des Art. 11 der EG-Datenschutzrichtlinie modifiziert worden. Der Umfang der Benachrichtigungspflicht wurde erweitert. Andererseits sind neue Ausnahmegründe hinzu-

---

1 Vgl. den *Eurobarometer Flash Survey*, zit. nach WP 100 vom 25.11.2004 der Art. 29 – Arbeitsgruppe, Stellungnahme zu einheitlicheren Bestimmungen über Informationspflichten, S. 4, (http://europa.eu.int/comm/justice_home/fsj/privacy/workinggroup/wpdocs/2004_d.htm, gesehen am 26.6.06)

2 Begr. des RegE, BT-Drs. 11/4306, 51; Hervorhebung vom Verf.; insofern war das Datenschutzrecht von vornherein auf Transparenz angelegt. Zum möglichen zukünftigen Aufgehen des Datenschutzrechts in einer allgemeinen Informationsgesetzgebung vgl. *Burkert*, Datenschutz auf dem Weg zur Transparenzordnung, in: *Baeriswyl/Rudin*, Perspektive Datenschutz (2002), 181 ff.

3 BVerfGE 65, 1, 43.

4 BVerfGE 65, 1, 46.

5 Vgl. auch *Bergmann/Möhrle/Herb*, BDSG § 33 Rdnr. 10.

gekommen. Trotz des relativ langen Katalogs an Ausnahmen bleibt die Pflicht zur Benachrichtigung die Regel.[6] Gleichwohl sind Zweifel angebracht, ob die Vorschrift in der Praxis die vom Bundesverfassungsgericht geforderte Transparenz der Datenverarbeitung sicherstellen kann.[7]

2. Anwendungsbereich

Der Anwendungsbereich der Vorschrift bestimmt sich nach § 27. § 33 ist also anwendbar, so- 5
weit die in § 27 Abs. 1 genannten Stellen personenbezogene Daten unter Einsatz von Datenverarbeitungsanlagen verarbeiten, nutzen oder dafür erheben oder die Daten in oder aus nicht-automatisierten Dateien verarbeiten, nutzen oder dafür erheben.

Nach § 27 Abs. 2 gelten die Vorschriften des Dritten Abschnitts nur insoweit nicht für die 6
Verarbeitung und Nutzung personenbezogener Daten außerhalb von nicht-automatisierten Dateien (z.B. Akten), als es sich nicht um personenbezogene Daten handelt, die offensichtlich aus einer automatisierten Verarbeitung entnommen worden sind. Im Falle der offensichtlichen Entnahme personenbezogener Daten aus einer automatisierten Verarbeitung gilt deshalb § 33 nach dem eindeutigen Wortlaut des § 27 Abs. 2 auch für die weitere Verarbeitung und Nutzung personenbezogener Daten in Akten. Das Gesetz enthält keinerlei Anhaltspunkte dafür, dass in einem solchen Fall nur diejenige verantwortliche Stelle zur Benachrichtigung verpflichtet sein soll, die **selbst** – möglicherweise sogar mit dem Ziel einer Gesetzesumgehung – Daten aus ihrer automatisierten Verarbeitung in Akten überführt.[8] Der Gesetzgeber wollte im Gegenteil ausnahmslos die **Verarbeitung von Daten in Akten** dem Dritten Abschnitt unterwerfen, die offensichtlich aus einer automatisierten Verarbeitung (durch wen auch immer) herrühren. Im Übrigen sind Gesetzesumgehungen der in Rede stehenden Art nicht auf die Übernahme von Daten aus eigenen Dateien beschränkt. Vielmehr ist der Versuch, den gesetzlichen Anforderungen auszuweichen, auch durch Einschaltung einer anderen Stelle möglich. Insgesamt kommt es aber auf eine Umgehungsabsicht auch nicht an. Entscheidend ist das objektive Risiko für die betroffenen Personen, das durch eine Übernahme von automatisiert erzeugten Daten über sie in Akten entsteht. Nach allem gilt grundsätzlich eine Benachrichtigungspflicht für personenbezogene Daten, welche sich in zu den Akten genommenen Computerausdrucken befinden. Hinsichtlich der Erstmaligkeit der Speicherung i.S.d. § 33 Abs. 1 Satz 1 ist insoweit bei Daten, die aus der Datei einer anderen Stelle in Akten übernommen werden, auf den Zeitpunkt der (manuellen) Speicherung durch die verantwortliche Stelle abzustellen.[9]

Das Verhältnis von § 33 zu **spezialgesetzlichen Vorschriften** bzw. besonderen Geheimhal- 7
tungspflichten richtet sich nach § 1 Abs. 3. Das **anwaltliche Berufsrecht** stellt hinsichtlich der auf die Mandatsführung bezogenen Daten keine abschließende Regelung dar, so dass § 33 grundsätzlich anwendbar ist (z.B. wenn ein Anwalt Erkundigungen über seinen Mandanten bei Dritten einholt und das Ergebnis speichert).[10] Dagegen löst die Speicherung von Daten Dritter, die nicht Mandanten sind, wegen der anwaltlichen Schweigepflicht (§ 43a Abs. 2 BRAO) grundsätzlich keine Benachrichtigungspflicht gegenüber diesen aus.[11] Neuerdings verpflichten auch zivil- und **verbraucherschutzrechtliche Bestimmungen** Unter-

---

6 Anders *Schaffland/Wiltfang*, BDSG § 33 Rdnr. 1, die das Regel-Ausnahme-Verhältnis entgegen dem Gesetzeswortlaut umkehren wollen.

7 So auch *Roßnagel/Wedde*, Handbuch Datenschutzrecht, Kap. 4.4, Rdnr. 29; vgl. außerdem *Roßnagel/Pfitzmann/Garstka*, Modernisierungsgutachten, 3.2.2, 84.

8 So auch *Gola/Schomerus*, BDSG § 33 Rdnr. 11; *Auernhammer*, BDSG § 33 Rdnr. 1 Fußn. 1. Die von *Dörr/Schmidt*, BDSG § 33 Rdnr. 5, und *Schaffland/Wiltfang*, BDSG § 33 Rdnr. 9, befürwortete teleologische Reduktion kann deshalb nicht überzeugen.

9 Dies verkennt *Wächter*, CR 1992, 558 f.

10 Vgl. auch *Eggersmann/Hoene*, CR 1990, 18 ff.; a.M. *Rüpke*, Freie Advokatur 18; *ders.*, NJW 1993, 3097, 3099. Zu den speziellen Speicherungs- und Übermittlungspflichten von Rechtsanwälten nach dem Geldwäschegesetz s. Rdnr. 88.

11 Vgl. *Rüpke*, a.a.O., 19.

nehmen verstärkt zur Offenlegung ihrer Identität bei der Kontaktaufnahme durch Fernkommunikationsmittel oder bei Fernabsatzgeschäften.[12] Soweit bei der Kontaktaufnahme bereits personenbezogene Daten der Verbraucherin oder des Verbrauchers gespeichert werden, deckt sich dies mit der datenschutzrechtlichen Informationspflicht bezüglich der Identität der verantwortlichen Stelle nach den §§ 4 Abs. 3 und 33 Abs. 1.

3. Benachrichtigungspflicht als Regel (Abs. 1)

8 Abs. 1 trifft für die Benachrichtigungspflicht eine differenzierende Regelung, die im Falle der Speicherung personenbezogener Daten für eigene Zwecke an der erstmaligen Speicherung (Satz 1), im Falle der geschäftsmäßigen Speicherung zum Zwecke der Übermittlung an der erstmaligen Übermittlung anknüpft (Satz 2). Die Benachrichtigungspflicht erstreckt sich grundsätzlich auf Kategorien von Empfängern (Satz 3).

3.1 Speicherung für eigene Zwecke (Abs. 1 Satz 1)

9 Nach Abs. 1 Satz 1 ist die betroffene Person zu benachrichtigen, wenn erstmals Daten über sie **für eigene Zwecke** der verantwortlichen Stelle gespeichert werden. Gemeint ist ebenso wie in § 28 Abs. 1 eine Speicherung i.S.d. § 3 Abs. 4 Nr. 1 als Mittel für die Erfüllung eigener Geschäftszwecke. Nicht hierher gehören Detekteien;[13] auf diese ist vielmehr Abs. 1 Satz 2 anzuwenden.[14]

10 **Erstmals** erfolgt eine Speicherung, wenn bisher keine Daten der Betroffenen gespeichert waren. Werden später zusätzliche Daten gespeichert, so löst dies nur dann keine erneute Benachrichtigungspflicht aus, wenn lediglich Daten der gleichen Art zugespeichert werden. Erstmalig gespeichert werden Daten auch von dem Käufer eines Unternehmens, der die Kundendatei mit erworben hat.[15]

11 Eine **weitere Benachrichtigung** ist jedoch stets erforderlich, wenn eine neue Art von Daten über die Betroffenen gespeichert wird.[16] Der Gesetzgeber hat die Benachrichtigung auf die Art der Daten erstreckt, um für die Betroffenen die gebotene Transparenz herzustellen.[17] Würden Betroffene nicht über die Speicherung einer neuen, möglicherweise sensitiven Datenart informiert, so gingen sie von unrichtigen Voraussetzungen hinsichtlich der gespeicherten Daten und der Erforderlichkeit der Ausübung des Auskunftsrechts aus. Dies wäre mit dem Zweck der Vorschrift unvereinbar. Der Wortlaut des Abs. 1 Satz 1 („erstmals") steht dieser Auslegung nicht entgegen, da es sich um die erstmalige Speicherung einer neuen Datenart handelt.

12 Die Betroffenen sind im Falle der Speicherung weiterer Daten auch dann zu benachrichtigen, wenn die Benachrichtigung bei der erstmaligen Speicherung nach Abs. 2 unterblieben ist, der Ausnahmetatbestand aber bei der weiteren Speicherung nicht (mehr) erfüllt ist.[18]

13 Bei der Speicherung zusätzlicher Daten kommt es nicht darauf an, ob dadurch wesentliche Änderungen in der Qualität oder Quantität auftreten.[19] Ein derartiges Kriterium lässt sich dem Gesetz nicht entnehmen und erscheint im Übrigen auch nicht praktikabel.

14 Sind zusammen mit den Daten zu den Betroffenen Angaben über **Dritte** gespeichert (z.B. beim Arbeitgeber Angaben über Berufstätigkeit und Einkommen der Ehefrau des Arbeitnehmers), so sind diese ebenfalls zu benachrichtigen, soweit nicht Abs. 2 eingreift.[20] Insoweit

---

12 §§ 312c BGB, 1 BGB-Informationspflichten-Verordnung, 48b VVG i.d.F. des Gesetzes zur Änderung der Vorschriften über Fernabsatzverträge bei Finanzdienstleistungen v. 2.12.2004, BGBl. I, 3102 ff.
13 So aber *Müller/Wächter,* DuD 1991, 619, 626.
14 Vgl. u. Rdnr. 24 und § 29 Rdnr. 13.
15 S. dazu Rdnr. 28
16 So auch *Gola/Schomerus,* BDSG § 33 Rdnr. 16; a.M. *Schaffland/Wiltfang,* BDSG § 33 Rdnr. 7; *Dörr/Schmidt,* BDSG § 33 Rdnr. 5.
17 Vgl. Rdnrn. 1, 45.
18 Ebenso *Gola/Schomerus,* a.a.O.; anders *Schaffland/Wiltfang,* a.a.O., Rdnr. 91; *Dörr/ Schmidt,* a.a.O.
19 So aber *Bergmann/Möhrle/Herb,* BDSG § 33 Rdnrn. 52 ff.
20 Vgl. u. Rdnr. 60.

handelt es sich um Einzelangaben über persönliche und sachliche Verhältnisse der Dritten (§ 3 Abs. 1), sodass (auch) diese Betroffene i.S.d. Abs. 1 sind.[21] Dem kann nicht entgegengehalten werden, die Daten über Dritte seien nicht „zur Person“ des Betroffenen gespeichert,[22] zumal die entsprechende Formulierung in § 26 Abs. 1 BDSG 1977 nicht in Abs. 1 übernommen wurde. Es ist nach geltendem Recht auch unerheblich, ob **Daten mit „gezieltem Personenbezug“** verarbeitet werden. Allerdings ist eine entsprechende Beschränkung der Benachrichtigungspflicht de lege ferenda im Rahmen einer Modernisierung des Datenschutzrechts (bei einer gleichzeitigen Erweiterung der Transparenzpflichten im Übrigen) vorgeschlagen worden.[23] Zur Frage, ob sich Daten nur auf eine Person oder auf mehrere Personen beziehen, wird auf die oben in § 3 Rdnrn. 41 ff. entwickelten Grundsätze verwiesen.

Die Neufassung der Vorschrift stellt klar, dass die Benachrichtigungspflicht nur besteht, 15 wenn Daten **ohne Kenntnis** der Betroffenen gespeichert sind. Die Vorschrift korrespondiert mit Abs. 2 Nr. 1. Sie ist weiter im Zusammenhang mit § 4 Abs. 3 zu sehen, der für den Fall, dass Daten bei Betroffenen erhoben werden und sie nicht bereits auf andere Weise Kenntnis erlangt haben, entsprechende Unterrichtungspflichten hinsichtlich Identität der verantwortlichen Stelle, Zweckbestimmung und Kategorien von Empfängern vorsieht. Auch ein externer Personalberater, der vom Arbeitgeber in Bewerbungsverfahren eingeschaltet wird, hat die Bewerberinnen und Bewerber von der Verarbeitung ihrer Daten zu benachrichtigen. Diese Pflicht entfällt nur dann nach Abs. 2 Nr. 1, wenn der Arbeitgeber selbst bereits den eingeschalteten Personalberater namentlich benannt hat. Gleiches gilt, wenn eine Konzernmutter an Personalentscheidungen mitwirkt.[24]

Inhaltlich muss die Benachrichtigung die Betroffenen klar und eindeutig auf die Tatsache 16 der **Speicherung** von Daten zu ihrer Person hinweisen und Name und Adresse der verantwortlichen Stelle angeben. Darüber hinaus sind die Betroffenen – anders als nach der früheren Rechtslage – von der **Art** der gespeicherten Daten zu benachrichtigen. Dadurch wird die Transparenz der Datenverarbeitung erhöht. Die Betroffenen sind damit eher in der Lage zu beurteilen, ob bzw. in welcher Weise sie von ihrem Auskunftsrecht Gebrauch machen sollen. Es ist nicht Zweck der Benachrichtigung, die Auskunftserteilung zu ersetzen. Deshalb brauchen den Betroffenen im Rahmen der Benachrichtigung keine Angaben zu den konkreten Daten gemacht zu werden. Es genügen in der Regel allgemeine, nicht auf den individuellen Einzelfall bezogene Angaben.[25] Nicht ausreichend sind aber Angaben, die keine über den Geschäftszweck der verantwortlichen Stelle hinausgehenden Informationen enthalten (wie z.B. die Angabe „Daten, die zur Beurteilung der Bonität erforderlich sind“). Derart allgemein gehaltene Angaben sind nicht geeignet, den vom Gesetzgeber verfolgten Informationszweck zu erfüllen. Sie müssen näher konkretisiert („Vor- und Familiennamen, Geburtsdaten, gegenwärtige und frühere Anschriften, Angaben zur Beschäftigung“) oder anhand von Regelbeispielen erläutert werden.[26] **Globale Bezeichnungen** (z.B. „Kunden- oder Lieferantendaten“) oder ein bloßer Hinweis auf das zugrunde liegende Vertragsverhältnis (z.B. „Daten aus Versicherungs-, Kredit-, Kaufvertrag“) **genügen nicht**.[27] Vielmehr ist grundsätzlich eine Inhaltsbezeichnung und, falls zum Verständnis nötig, eine Erläuterung der einzelnen Informationskategorien erforderlich, nach denen die Verhältnisse der Betroffenen in der Datei bzw. Akte beschrieben werden. Auch wenn die verantwortliche Stelle nach § 33 nicht dazu verpflichtet ist, den Betroffenen von sich aus (ohne Auskunftsersuchen nach § 34) die konkret zu ihrer

---

21 So auch *Auernhammer,* BDSG § 33 Rdnr. 7; *Bergmann/Möhrle/Herb,* BDSG § 33 Rdnr. 20; ähnlich *Gola/Schomerus,* BDSG § 33 Rdnr. 26; vgl. auch BWHinwBDSG Nr. 20 v. 21.12.1983, StAnz. BW v. 4.1.1984, 5 unter 2. = Dok. B 1.24; anders *Schaffland/Wiltfang,* BDSG § 33 Rdnr. 10.

22 So aber *Schaffland/Wiltfang,* a.a.O.

23 So *Roßnagel/Pfitzmann/Garstka,* Modernisierungsgutachten, 85, die in einer Datenverarbeitung mit „ungezieltem Personenbezug“ ein geringeres Risiko für die Betroffenen sehen.

24 *Gola,* RDV 2003, 177, 179.

25 So zutreffend Innenministerium Baden-Württemberg, BWHinwBDSG Nr. 30 v. 11.12.1991, StAnz. BW Nr. 101 v. 18.12.1991, 7 unter Nr. 2 = Dok. B 1.34.

26 Vgl. auch *Gola/Schomerus,* BDSG § 33 Rdnr. 21; *Bergmann/Möhrle/Herb,* BDSG § 33 Rdnr. 49; 7. BerHessL, LT-Drs. 13/6385, 8, dazu u. Rdnr. 26.

27 A.M. *Auernhammer,* BDSG § 33 Rdnr. 6; *Schaffland/Wiltfang,* BDSG § 33 Rdnr. 6.

Person gespeicherten Daten mitzuteilen, so ist sie gleichwohl dazu berechtigt. Für ein solches – über den **gesetzlichen Mindeststandard** hinausgehendes – Vorgehen spricht, dass dadurch die Bearbeitung etwaiger späterer Auskunftsersuchen entfällt. Auch ein Hinweis auf die weitergehenden Individualrechte nach den §§ 34 und 35 ist ratsam.

17 Die Neufassung der Vorschrift erstreckt die Benachrichtigungspflicht im Hinblick auf Art. 11 Abs. 1 EG-Datenschutzrichtlinie auf die **Zweckbestimmung der Erhebung, Verarbeitung oder Nutzung** der Daten. Die Vorschrift ist im Zusammenhang mit § 28 zu sehen, der den Grundsatz der Zweckbindung festschreibt. Die Zwecke der Datenverarbeitung oder -nutzung sind bereits bei der Erhebung konkret festzulegen, müssen also nicht erst aus Anlass der Benachrichtigung ermittelt werden (§ 28 Abs. 1 Satz 2). Ferner sind die nach § 4e Satz 1 Nr. 4 vorzunehmenden Zweckbestimmungen zu berücksichtigen (vgl. auch die Unterrichtungspflicht bei der Erhebung gemäß § 4 Abs. 3 Nr. 2). Es müssen alle Zwecke mitgeteilt werden, für die die Daten bestimmt sind.[28] Wer einen **Werbewiderspruch** nach § 28 Abs. 4 erhebt, muss über die Aufnahme seiner Daten in eine **Sperrdatei** jedenfalls dann benachrichtigt werden, wenn er Löschung beantragt hat und deshalb nicht mit einer weiteren, gesonderten Speicherung rechnet.[29] Diese kann aber geboten sein, um sicherzustellen, dass der Widerspruch auch bei Nutzung neuer Adressdateien später berücksichtigt wird.[30]

18 Mit der Neufassung wird erstmals ausdrücklich vorgesehen, dass die Benachrichtigung auch die **Identität der verantwortlichen Stelle** umfasst. Verantwortliche Stelle ist eine der in § 27 Abs. 1 Satz 1 genannten Stellen. Bei unselbständigen Zweigstellen und Zweigniederlassungen ist verantwortliche Stelle im Sinne des BDSG das Hauptunternehmen, faktisch aber häufig die Filiale. Wird in einem solchen Fall die Auskunft von der jeweiligen Filiale erteilt, so ist deren Anschrift und die des Hauptunternehmens anzugeben, damit die betroffene Person weiß, an wen sie sich rechtlich und tatsächlich wenden kann. Die Benachrichtigung muss den Namen und die **volle Anschrift** der verantwortlichen Stelle enthalten, die Angabe des Postfaches allein genügt nicht. Die betroffene Person ist nicht verpflichtet, schriftlich um Auskunft zu bitten. Sie kann dies auch durch persönliche Vorsprache tun. Hierzu muss sie die genaue Anschrift kennen.[31]

19 Es genügt nicht, den Betroffenen eine Anlaufstelle anzugeben, bei der sie sich nach Name und Anschrift der verantwortlichen Stelle erkundigen können.[32] Eine Benachrichtigung[33] oder auch eine Kenntniserlangung auf andere Weise ist z.B. nicht schon darin zu sehen, dass ein Versicherungsunternehmen den Betroffenen lediglich mitteilt, sie würden auf Wunsch über Name und Anschrift des Rückversicherers benachrichtigt.

20 Die Benachrichtigung setzt voraus, dass der verantwortlichen Stelle Name und Anschrift der betroffenen Person bekannt sind. Ist dies nicht der Fall, so besteht grundsätzlich keine Benachrichtigungspflicht.[34] Unter Berücksichtigung des Schutzzwecks der Vorschrift ist es **regelmäßig nicht geboten**, ausschließlich zur Durchführung der Benachrichtigung **Namen und Anschrift zu ermitteln** und zu speichern und damit potenzielle Risiken für die Betroffenen zu erhöhen.

21 Ausnahmsweise sind entsprechende Recherchen bei **sensitiven Daten**[35] und bei besonderen Umständen im Einzelfall erforderlich.[36] Hinsichtlich des erforderlichen Aufwands kann der Rechtsgedanke des § 9 Satz 2 herangezogen werden. Aber selbst wenn der technische Auf-

---

28 Vgl. auch § 34 Rdnr. 31.
29 *Gola/Klug*, 126 f.
30 Vgl. § 28 Rdnr. 305.
31 Vgl. BWHinwBDSG v. 29.12.1978, StAnz. BW v. 6.1.1979, Nr. 1/2, S. 7 = Dok. B 1.6; *Bergmann/Möhrle/Herb,* BDSG § 33 Rdnr. 37; a.M. *Schaffland/Wiltfang,* BDSG § 33 Rdnr. 3.
32 Vgl. auch *BfD,* 1. TB, 41.
33 Vgl. u. Rdnr. 59.
34 So auch *Bergmann/Möhrle/Herb,* BDSG § 33 Rdnrn. 24 ff.; vgl. weiter VV zum BDSG 1977, 5.1 a.E. = Dok. B 6.3; ebenso *Dammann/Simitis*, EG-Datenschutzrichtlinie, Art. 11, Erl. 6. *Ehmann/Helfrich* (Erl. 19 ff. zu Art. 11 EG-Datenschutzrichtlinie) halten demgegenüber die Ermittlung der Postanschrift offenbar in jedem Fall für geboten.
35 Vgl. § 3 Abs. 9.
36 Vgl. auch *Bergmann/Möhrle/Herb,* a.a.O.

wand, den eine Benachrichtigung voraussetzt, gering und insoweit „verhältnismäßig“ ist, hat die verantwortliche Stelle abzuwägen, ob die massenhafte Erhebung zusätzlicher personenbezogener Daten (die zur eigentlichen Aufgabenerfüllung nicht erforderlich sind) allein zur Durchführung der Benachrichtigung angemessen ist. Soweit im Rahmen der **Telefondatenerfassung** in einem Unternehmen zulässigerweise die Telefonnummern der Angerufenen ohne Namen und Anschrift gespeichert werden, besteht deshalb in der Regel keine Verpflichtung zu entsprechenden Ermittlungen und zur Benachrichtigung der Angerufenen.[37]

Die Pflicht zur Benachrichtigung erstreckt sich nach der ausdrücklichen Regelung des § 6b Abs. 4 auch auf die Erhebung personenbezogener Daten durch den Einsatz von **Videoüberwachungssystemen**, und zwar unabhängig davon, ob digitale oder analoge (in den Anwendungsbereich des § 27 Abs. 2 fallende) Videotechnik eingesetzt wird.[38] Allerdings wird die Benachrichtigungspflicht in diesem Zusammenhang nur ausgelöst, wenn die durch Videoüberwachung erhobenen Daten einer *bestimmten* Person zugeordnet werden,[39] während die allgemeine Benachrichtigungspflicht weitergehend auch dann besteht, wenn Daten zu *bestimmbaren* Personen verarbeitet werden (vgl. die Legaldefinition in § 3 Abs. 1). Darüber hinaus ist auch denkbar, dass Unternehmen (z.B. Einzelhandelsketten oder Supermärkte), die ihre Produkte zur Effektivierung der Logistik und zur Erleichterung der Bezahlungsvorgänge mit **RFID (Radio Frequency Identification)-Etiketten**[40] ausstatten, zur Benachrichtigung der Kundinnen und Kunden verpflichtet sind. Das gilt jedenfalls dann, wenn diese Etiketten an der Kasse ausgelesen und die Waren mittels Kreditkarte bezahlt werden, sodass der Produktbezug derartiger Etiketten zu einem Personenbezug wird. Die Benachrichtigungspflicht bezieht sich dann auch auf die **Infrastruktur der Lesegeräte**, mit deren Hilfe die RFID-Etiketten ausgelesen werden und die entsprechend kenntlich zu machen sind.[41] Soweit RFID-Etiketten als mobile Datenträger anzusehen oder mit solchen verbunden sind, ergeben sich weitergehende Transparenzpflichten aus § 6c BDSG. 22

3.2 Geschäftsmäßige Speicherung zum Zwecke der Übermittlung (Abs. 1 Satz 2)

Abs. 1 Satz 2 verpflichtet diejenigen Stellen zur Benachrichtigung, die personenbezogene Daten geschäftsmäßig zum Zwecke der Übermittlung speichern. Hier knüpft die Benachrichtigungspflicht nicht schon an die erstmalige Speicherung, sondern an die erstmalige Übermittlung von Daten an. 23

Der **Anwendungsbereich** der Regelung deckt sich mit demjenigen des § 29.[42] Typischerweise bestehen keine vertraglichen oder vertragsähnlichen Beziehungen zwischen verantwortlicher Stelle und Betroffenen. Diese haben **in der Regel keine Kenntnis** davon, dass sie betreffende Daten[43] zum Zwecke der Übermittlung gespeichert werden. Dieses prinzipielle – gegenüber dem Fall des Satz 1 noch verschärfte – **Transparenzdefizit** soll durch die Benachrichtigungspflicht kompensiert werden. Dennoch erscheint die getroffene Regelung unbefriedigend.[44] 24

---

37 Str.; im Ergebnis ebenso *Schaffland/Wiltfang,* § 33 Rdnr. 11 (die aber zu Unrecht den Personenbezug der Rufnummern Angerufener bestreiten); vgl. aber auch *Zehner,* DB 1984, 666 ff. Der technische Aufwand für eine sog. Inverssuche nach Namen und Anschrift nur anhand der Rufnummer ist allerdings gering und nach § 105 Abs. 3 des neuen Telekommunikationsgesetzes ist eine solche Maßnahme nur bei Widerspruch der Betroffenen unzulässig.

38 Vgl. § 6b Rdnrn. 92 ff.

39 § 6b Rdnr. 94.

40 Zu dieser Technologie vgl. *BSI*, Risiken und Chancen des Einsatzes von RFID-Systemen (2004), www.bsi.bund.de/fachthem/rfid/studie.htm.

41 Zu weiteren Anforderungen an die datenschutzgerechte Gestaltung derartiger Systeme vgl. Entschließung der 25. Internationalen Datenschutzkonferenz 2003 zu Radio Frequency Identification, in: *LDA Brandenburg/Bln-BDI*, Dokumente zu Datenschutz und Informationsfreiheit 2003, 98 ff.

42 Vgl. § 29 Rdnrn. 3 ff.

43 Z.B. durch Auskunfteien oder Detekteien; vgl. zu letzteren *Müller/Wächter,* DuD 1991, 619, 626; dazu o. Rdnr. 8.

44 Krit. Zum „Auskunfteiprivileg“ des § 33 Abs. 1 Satz 2 auch *Däubler*, Gläserne Belegschaften, 4. Aufl., Rdnr. 514.

25 Im Hinblick hierauf hatte der Bundesrat[45] bereits im Gesetzgebungsverfahren zum BDSG 1990 gefordert, auch insoweit eine Benachrichtigungspflicht schon im Zeitpunkt der erstmaligen Speicherung personenbezogener Daten vorzusehen; hierdurch werde es den Betroffenen ermöglicht, vor der erstmaligen Übermittlung die Richtigkeit der Daten durch Einholung einer Auskunft zu überprüfen. Die Bundesregierung hat diesem Vorschlag nicht zugestimmt: Eine Differenzierung zwischen der Verarbeitung und Nutzung personenbezogener Daten für eigene und für fremde Zwecke sei wegen der unterschiedlichen Gefährdungslagen geboten.[46] Dies überzeugt nicht, da gerade bei der Datenverarbeitung für fremde Zwecke wegen der mangelnden Transparenz eine besondere Gefährdungslage besteht. Die Unterrichtung der Betroffenen erst bei der Übermittlung kann dazu führen, dass Verletzungen des Persönlichkeitsrechts und weitere Nachteile aufgrund unrichtiger Angaben oder unzulässiger Datenverarbeitung bereits eingetreten sind, ehe die Betroffenen von der Übermittlung erfahren.[47]

26 § 33 ist auch auf die geschäftsmäßige **Datenverarbeitung zum Zwecke der Übermittlung in anonymisierter Form** anzuwenden. Der Gesetzgeber des BDSG 2001 ist in diesem Punkt in Übereinstimmung mit der Richtlinie bewusst über die Regelungen des BDSG 1991 hinausgegangen, weil er eine derartige Verkürzung der Betroffenenrechte gegenüber **Markt- und Meinungsforschungsinstituten** zu Recht als nicht sachgerecht ansah.[48]

27 Die betroffene Person ist von der **erstmaligen Übermittlung** zu benachrichtigen, d.h. wenn sich auf sie beziehende Daten erstmals übermittelt werden. Werden später weitere Daten übermittelt, so löst dies eine erneute Benachrichtigungspflicht nur dann aus, wenn eine neue Art von Daten über die Betroffenen übermittelt wird oder wenn sie bei der erstmaligen Übermittlung nach Abs. 2 nicht benachrichtigt worden sind.[49]

28 Bei der Geschäftsaufgabe, Veräußerung, Fusion oder Spaltung von Unternehmen stellt sich zunächst die Frage, ob eine rechtmäßige Weitergabe der Kunden- und sonstigen personenbezogenen Daten von der vorherigen Einwilligung der Betroffenen abhängt.[50] Selbst wenn man dies verneint, bleibt die weitere Frage zu beantworten, ob eine Pflicht zur Benachrichtigung der betroffenen Personen besteht und wen diese Pflicht trifft. Dabei kommt es nicht darauf an, ob in der Übertragung der Kundendaten auf Erwerber oder ein neues Unternehmen als Gesamtrechtsnachfolger eine Übermittlung zu sehen ist oder ihr eine solche vorausgeht.[51] Entscheidend ist, dass das nachfolgende Unternehmen die Daten entweder erstmals für eigene Zwecke oder zum Zwecke der Übermittlung speichert. Im erstgenannten Fall ist dieses Unternehmen unmittelbar nach Abs. 1 Satz 1 zur Benachrichtigung aller Personen verpflichtet, zu denen es Daten erworben hat.[52] Das gilt nicht nur für Kunden- und Lieferantendaten, sondern auch für Arbeitnehmerdaten.[53] Speichert der Erwerber des Unternehmens (z.B. eine Auskunftei) seinerseits die Daten von vornherein geschäftsmäßig zum Zweck der Übermittlung, ist er spätestens bei der ersten Übermittlung zur Benachrichtigung verpflichtet.[54] Der Anspruch der Betroffenen auf Benachrichtigung darf jedenfalls durch den Wechsel der verantwortlichen Stelle nicht beeinträchtigt werden. Die Benachrichtigung kann auch durch den Veräußerer des Unternehmens erfolgen.[55]

---

45 BT-Drs. 11/4306, 79.
46 A.a.O., S. 91.
47 Vgl. auch *Gola/Schomerus,* BDSG Rdnr. 15.
48 S. auch Rdnr. 42 zu § 30
49 Vgl. o. Rdnrn. 11 f.
50 Bejahend die Kommentierung zu § 28 Rdnrn. 88 ff.
51 Vgl. dazu § 3 Rdnr. 150, und § 28 Rdnr. 88 m.w.N.
52 *Teichmann/Kiessling*, ZGR 2001, 33, 70 f.; demgegenüber halten *Dieckmann/Eul/Klevenz*, RDV 2000, 149, 152, sowie *Roßnagel/Eul*, Hdb., Kap. 7.2, Rdnr. 76, eine Benachrichtigung nicht für zwingend, wohl aber für „datenschutzfreundlicher".
53 Anders *Teichmann/Kiessling*, a.a.O., die einwenden, die Fortführung der Personalakten durch den neuen Arbeitgeber sei für die Arbeitnehmer offensichtlich. Es mag durchaus sein, dass die Arbeitnehmer auf andere Weise von dem Unternehmensübergang erfahren, das führt aber nur zur Anwendung des Ausnahmetatbestandes nach Abs. 2 Nr. 1 und ändert nichts an der prinzipiellen Benachrichtigungspflicht.
54 So auch *Dörr*, Rdnr. 15 zu § 33.
55 *Teichmann/Kießling*, a.a.O., 71.

Inhaltlich muss die Benachrichtigung der Betroffenen klar und eindeutig auf die Tatsache der **Übermittlung** von Daten zu ihrer Person hinweisen. Anders als nach § 34 Abs. 1 BDSG 1977 ist also nicht die Speicherung Gegenstand der Benachrichtigung. 29

Darüber hinaus sind die Betroffenen parallel zur Regelung nach Abs. 1 Satz 1 – anders als nach der früheren Rechtslage – von der **Art** der übermittelten Daten zu benachrichtigen.[56] Die Benachrichtigungspflicht nach Abs. 1 Satz 2 bezieht sich nur auf die Art der erstmals übermittelten Daten. Dagegen ist die verantwortliche Stelle nicht verpflichtet mitzuteilen, ob hinsichtlich der Betroffenen noch weitere Datenarten gespeichert sind. Die Betroffenen werden also in der Praxis vielfach nur über einen Teil des sich auf sie beziehenden Datenbestandes informiert. Die mit § 33 erstrebte Transparenz der Datenverarbeitung wird damit auch insoweit nur unzureichend hergestellt.[57] Selbst wenn die Vorschrift dies – anders als in Abs. 1 Satz 2 – nicht ausdrücklich erwähnt, erstreckt sich die Benachrichtigungspflicht nach ihrem Zweck auch auf die **Identität der verantwortlichen Stelle**. Deren Name und Adresse sind anzugeben.[58] Nach Maßgabe von Abs.1 Satz 3 erstreckt sich die Benachrichtigung auch auf die **Kategorien von Empfängern**.[59] Soweit sich daraus nicht schon die **Zweckbestimmung der Übermittlung** ergibt, umfasst die Benachrichtigungspflicht nach Sinn und Zweck der Vorschrift bei Übermittlungen auch diese. Im Fall des Satzes 1 ergibt sich dies schon daraus, dass die Übermittlung eine Form der Verarbeitung ist (§ 3 Abs. 4). Wenn aber die Zweckbestimmung bei Erhebung, Verarbeitung und Nutzung offen gelegt werden muss, ist es nicht gerechtfertigt, im Fall des Satzes 2 denjenigen, der zum Zwecke der Übermittlung speichert, insoweit von einer Transparenzpflicht frei zu stellen, auch wenn der Gesetzestext diese Unterscheidung nahe legt. 30

Eine die Benachrichtigungspflicht auslösende Übermittlung personenbezogener Daten kann auch in unternehmensbezogenen Auskünften (Firmenauskünften) einer Wirtschaftsauskunftei enthalten sein, da sie sich zugleich auf eine natürliche Person beziehen können.[60] 31

Verbindet eine Auskunftei eine Benachrichtigung mit der Aufforderung zur Erteilung einer **„Selbstauskunft“** (d.h. einem Ersuchen, Angaben über eigene persönliche und sachliche Verhältnisse zu machen), so darf sie den Betroffenen gegenüber nicht den Eindruck erwecken, es bestünde eine gesetzliche Verpflichtung, entsprechende Angaben zu machen.[61] Zur Vermeidung von Missverständnissen, die durch die Bezugnahme auf die Benachrichtigungspflicht § 33 BDSG entstehen könnten, ist auf die Freiwilligkeit der Erteilung der Selbstauskunft ausdrücklich und drucktechnisch hervorgehoben hinzuweisen. Andernfalls verstößt die Datenerhebung wegen Verletzung schutzwürdiger Interessen der Betroffenen gegen § 29 Abs. 1 Satz 1 und löst Löschungspflichten nach 35 Abs. 2 Nr. 1 aus. 32

3.3 Information über die Empfängerkategorien (Abs. 1 Satz 3)

Nach dem – im Hinblick auf die Anforderungen von Art. 11 Abs. 1 EG-Datenschutzrichtlinie in die Vorschrift aufgenommenen – Abs. 1 Satz 3 sind die Betroffenen auch über **Kategorien von Empfängerinnen und Empfängern**[62] zu unterrichten, soweit sie nach den Umständen des Einzelfalles nicht mit der Übermittlung an diese rechnen müssen. Dies gilt sowohl im Fall der Erhebung für eigene Zwecke (Abs. 1 Satz 1) als auch bei einer geschäftsmäßigen Speicherung zum Zwecke der Übermittlung (Abs. 1 Satz 2). Damit erstreckt sich die Benachrichtigungspflicht auch auf eine **Datenverarbeitung im Auftrag**. Zwar ist der Wortlaut des § 33 Abs. 1 Satz 3 insoweit widersprüchlich, als die Vorschrift einerseits von „Emp- 33

---

56 Vgl. o. Rdnr. 16. Vgl. zu den entsprechenden Anforderungen an Wirtschaftsauskunfteien 7. BerHessL, LT-Drs. 13/6385, 8; danach sind unter Art der Daten z.B. Bezeichnungen wie „Adressen, Beruf, Geburtsdaten, finanzielle Verpflichtungen, Immobilien, Vermögensdaten“ zu verstehen; nicht ausreichend sei die Mitteilung „Daten zu wirtschaftlichen Verhältnissen und Ähnliches“.

57 Vgl. auch *Bergmann/Möhrle/Herb,* BDSG § 33 Rdnrn. 62 f.

58 Vgl. o. Rdnr. 18 f.

59 Dazu u. Rdnr. 33.

60 Vgl. § 3 Rdnrn. 41 ff., § 29 Rdnr. 48.

61 Zur Problematik der Selbstauskunft vgl. Rdnr. 19 zu § 4a und Rdnrn. 70 zu § 28.

62 Zum Begriff „Kategorien von Empfängern“ wird auf die Kommentierung von § 4 Abs. 3 Nr. 3 (Unterrichtungspflicht bei der Erhebung) und § 4e Satz 1 Nr. 6 verwiesen.

fängern“ spricht, die nach der Legaldefinition des § 3 Abs. 8 Satz 1 auch Auftragnehmer einschließt, andererseits aber den Begriff des „Übermittelns“ verwendet, der nur eine Weitergabe an Dritte beschreibt (vgl. § 3 Abs. 4 Nr. 3). Da der Gesetzgeber aber jedenfalls dann eine umfassende Benachrichtigung der betroffenen Person sicherstellen wollte, wenn diese nach den Umständen nicht damit rechnen musste, dass die verantwortliche Stelle die Daten **„außer Haus“** verarbeiten lässt,[63] muss auch die Datenverarbeitung im Auftrag eine Benachrichtigungspflicht des Auftraggebers auslösen. Die Regelung korrespondiert mit § 34 Abs. 1 Satz 1 Nr. 2, der ein Auskunftsrecht über die Kategorien von Empfängerinnen und Empfängern, an die Daten weitergegeben werden, vorsieht. Hinsichtlich der Frage, ob die Betroffenen mit der Übermittlung rechnen müssen, sind durchschnittliche Kenntnisse anzunehmen. Zu beachten ist dabei, dass die Übermittlung von Daten, die für die Erfüllung eigener Geschäftszwecke gespeichert sind, grundsätzlich die Ausnahme darstellt, die Betroffenen also in der Regel nicht mit ihr rechnen werden.

4. Form und Zeitpunkt der Benachrichtigung

34 Das Gesetz schreibt keine bestimmte **Form** der Benachrichtigung vor.[64] Diese kann deshalb grundsätzlich mündlich (auch telefonisch) erfolgen. Sollte eine Verpflichtung zur schriftlichen Benachrichtigung begründet werden, so hätte der Gesetzgeber dies – wie z.B. in § 34 Abs. 3 – eindeutig zum Ausdruck bringen müssen. Eine telefonische Benachrichtigung durch Wirtschaftsauskunfteien ist allerdings nicht ausreichend, weil die Betroffenen bei einem überraschenden Anruf – gerade angesichts des zunehmenden Telefonmarketings – in der Regel weder die Bedeutung des Anrufs noch Namen und Adresse der Auskunftei einschätzen und registrieren können.[65]

35 Jedenfalls empfiehlt sich eine schriftliche Benachrichtigung. Einerseits kann sie die bei mündlicher, insbesondere telefonischer Mitteilung möglichen Missverständnisse zu vermeiden helfen. Zum anderen hat die Aufbewahrung von Kopien der Benachrichtigung Beweissicherungsfunktion. Die verantwortliche Stelle kann sich damit gegen mögliche Vorwürfe absichern, sie habe die Benachrichtigung unterlassen und damit eine Ordnungswidrigkeit nach § 44 Abs. 1 Nr. 3 begangen.[66]

36 In jedem Falle hat die Mitteilung in einer Form zu erfolgen, die sicherstellt, dass die Betroffenen sie zur Kenntnis nehmen und verstehen können. Andernfalls liegt keine Benachrichtigung i.S.d. Abs. 1 vor. Hinweise in allgemeinen Geschäftsbedingungen genügen nicht, da sie erfahrungsgemäß vielfach von den Betroffenen nicht gelesen werden.[67] Nicht generell ausgeschlossen ist eine Versendung der Benachrichtigung zusammen mit anderen Nachrichten.[68] Allerdings muss der Benachrichtigungscharakter der Sendung deutlich im Vordergrund stehen, damit sichergestellt ist, dass die Betroffenen die Benachrichtigung zur Kenntnis nehmen. Insoweit sind strenge Maßstäbe anzulegen. Bereits der Umschlag, in dem die Benachrichtigung versandt wird, muss neutral gehalten sein, da damit zu rechnen ist, dass eine bereits äußerlich erkennbare Werbesendung ggf. nicht zur Kenntnis genommen wird.[69] Erst recht ist es unzulässig, die Benachrichtigung in einem Bündel von Werbung zu „verstecken“. Zur Verbindung der Benachrichtigung mit einer Aufforderung zur „Selbstauskunft“ wird auf die obigen Ausführungen verwiesen.[70]

---

63 Zur ratio legis der Bestimmungen über die Auftragsdatenverarbeitung vgl. Rdnr. 1 f. zu § 11.
64 H.M., vgl. z.B. *Auernhammer,* BDSG § 33 Rdnr. 8.
65 So mit Recht die hessischen Aufsichtsbehörden, vgl. 3.BerHessL, LT-Drs. 12/7186 v. 22.8.1990, 9.
66 Vgl. auch *Auernhammer,* BDSG § 33 Rdnr. 8; *Schaffland/Wiltfang,* BDSG § 33 Rdnr. 13; *Lotze,* in: Datenschutz von A-Z, B 420, 3.
67 Vgl. u. Rdnr. 49.
68 Z.B. Auftragsbestätigung, Werbeschreiben; vgl. *Schaffland/Wiltfang,* BDSG § 33 Rdnr. 18; *Gola/ Schomerus,* § 33 Rdnr. 19.
69 Vgl. *Gola/Schomerus,* a.a.O.
70 Vgl. o. Rdnr. 32.

Wird die Benachrichtigung in anderer Form als durch eine Erklärung unter Anwesenden vorgenommen, so muss sie entsprechend § 130 BGB den Betroffenen zugehen, d.h., sie muss so in deren Machtbereich gelangen, dass bei Annahme gewöhnlicher Verhältnisse damit zu rechnen ist, dass sie von ihr Kenntnis nehmen können.[71] 37

Aus dem Begriff „Benachrichtigung" und der Systematik des § 33 – Benachrichtigung nach Abs. 1 einerseits, Kenntnisnahme „auf andere Weise" nach Abs. 2 Nr. 1 andererseits – folgt, dass die **Benachrichtigung individuell** an die betroffene Person zu richten ist. Ehegatten sind gesondert zu benachrichtigen. **Öffentliche Mitteilungen** (z.B. durch Zeitungsanzeige oder Aushang, der sich an Kunden richtet) sind also keine Benachrichtigungen, zumal sie in der Regel nicht die Kenntnisnahme durch alle Betroffenen sicherstellen.[72] Eine Veröffentlichung lediglich in Verbandsmitteilungen ist keine Benachrichtigung, sodass der Tatbestand einer Ordnungswidrigkeit nach § 44 Abs. 1 Nr. 3 erfüllt ist.[73] 38

Wird Betroffenen eine **schriftliche Benachrichtigung** zugesandt, so muss dies in einem **verschlossenen Brief** geschehen. Abs. 1 legt fest, dass allein die betroffene Person zu benachrichtigen ist. Bei einer Mitteilung auf einer Postkarte, per Telefax oder in einer unverschlossenen Drucksache wäre vielfach mit einer Kenntnisnahme durch Dritte (z.B. Familienangehörige, Untermieter, Arbeitskollegen) zu rechnen. Bereits die Mitteilung, dass etwa eine Kreditschutzorganisation Daten zur betroffenen Person gespeichert hat, kann für diese diskriminierend sein. Eine Abgrenzung dieser Fälle möglicher nachteiliger Auswirkungen für die Betroffenen ist jedoch in der Praxis kaum möglich.[74] Hier spielen in der Sphäre der Betroffenen begründete Faktoren mit, die sich der Kenntnis der verantwortlichen Stelle meist entziehen. Selbst Mitteilungen, die Rückschlüsse auf die Anbahnung vertraglicher Beziehungen zulassen (z.B. mit einem Rechtsanwalt), können für die Betroffenen nachteilig sein. Im Übrigen enthält das Gesetz keinen Hinweis darauf, dass selbst in Fällen, in denen derartige Nachteile nicht zu befürchten sind, eine faktische „Benachrichtigung" Dritter in Kauf zu nehmen ist. 39

Werden personenbezogene Daten automatisiert verarbeitet, so folgt das Verbot der „offenen" schriftlichen Benachrichtigung auch aus der Anlage zu § 9 Satz 1 Nr. 4.[75] Durch eine derartige Mitteilung (z.B. in einer **unverschlüsselten e-mail**) würde die verantwortliche Stelle gegen ihre Verpflichtung verstoßen, die unbefugte Kenntnisnahme gespeicherter personenbezogener Daten durch Dritte zu verhindern, da auch Angaben über die Tatsache der Speicherung eine bestimmte Person betreffender Daten durch eine namentlich genannte Stelle personenbezogene Daten i.S.d. § 3 Abs. 1 sind.[76] Darin kann eine **Ordnungswidrigkeit** nach § 34 Abs. 2 Nr. 1 liegen. 40

Der **Zeitpunkt** der Benachrichtigung ist im Gesetz nicht ausdrücklich geregelt. Bereits aus dem Begriff der „Benachrichtigung" lässt sich ableiten, dass der Gesetzgeber nur eine nachträgliche Information der von der Datenverarbeitung Betroffenen erreichen wollte. Das ist insofern unbefriedigend, als die Betroffenen auf die Benachrichtigung stets nur reagieren und die ohne ihre Kenntnis bereits erfolgte Verarbeitung ihrer Daten häufig nicht mehr im Sinne der informationellen Selbstbestimmung beeinflussen können. Die Benachrichtigungspflicht des Abs. 1 knüpft an der erstmaligen Speicherung bzw. Übermittlung personenbezogener Daten an, ohne dass eine Frist gesetzt wird. Da eine wirksame Wahrnehmung individueller Rechte (vor allem derjenigen aus § 35) vielfach sofortiges (im Grunde präventives) Handeln voraussetzt, bevor unrichtige oder unzulässig gespeicherte Daten zum Nachteil der Betroffenen verwendet werden können, erfordert der Schutzzweck der Vorschrift, dass die Benachrichtigung jedenfalls **unverzüglich**, also ohne schuldhaftes Zögern (§ 121 BGB) erfolgt.[77] Eine Bearbeitung von Benachrichtigungen in gesammelter Form ist allenfalls zulässig, wenn sichergestellt ist, dass die gespeicherten Daten vor der Benachrichtigung nicht verwendet werden, also 41

---

71 Vgl. *Palandt/Heinrichs,* BGB § 130, 5; BGHZ 67, 271, 275; BGH, NJW 1983, 929, 930.
72 So auch *Schaffland/Wiltfang*, BDSG § 33 Rdnr. 19; *Gola/Schomerus*, BDSG § 33 Rdnr. 19.
73 Vgl. AG Bremerhaven, RDV 1987, 91 zu § 34 Abs. 1 BDSG 1977.
74 Für eine Benachrichtigung in Briefform nur in solchen Fällen aber *Uckermann,* DuD 1977, 75.
75 Dazu § 9 Rdnrn. 110 ff.
76 Vgl. auch *Schaar*, Datenschutz im Internet, Rdnr. 516.
77 Vgl. *Auernhammer,* BDSG § 33 Anm. 2.1; *Lotze* in: Datenschutz von A-Z, B 420, 3.

grundsätzlich nicht im Falle des Abs. 1 Satz 2; dort kommt einer schnellen Benachrichtigung besondere Bedeutung zu.[78] Eine Sammelbearbeitung muss, soweit überhaupt zulässig, innerhalb weniger Tage erfolgen.[79] Ob in Ausnahmefällen (z.B. Kauf oder Miete von Adressen für eine Werbemaßnahme) ein längerer Zeitraum zulässig sein kann, erscheint zweifelhaft.[80]

42 Von der gezielten Benachrichtigung betroffener Personen, zu der § 33 die verantwortliche Stelle verpflichtet, ist die Veröffentlichung von allgemeinen **Datenschutzerklärungen (privacy policies)**[81] zu unterscheiden. Diese Pflicht zur individuellen Benachrichtigung wird auch nicht durch den bloßen Hinweis auf eine veröffentlichte Datenschutzerklärung erfüllt.[82] Gleichwohl können auch solche Erklärungen zur Verringerung einer prinzipiellen Intransparenz der Datenverarbeitung („ohne Kenntnis des Betroffenen") vor allem im **Internet** beitragen.[83] Datenschutzerklärungen haben sich zunächst in den USA und inzwischen weltweit insbesondere in Internet-Auftritten weitgehend durchgesetzt. Sie enthalten sehr unterschiedliche Beschreibungen des Umgangs mit den Daten der Nutzerinnen und Nutzer, die die verantwortlichen Stellen selbst verfassen und die zunächst nicht von dritter, unabhängiger Seite überprüft werden. In ihnen kann eine Zusicherung der Daten verarbeitenden Unternehmen an ihre Kundinnen und Kunden gesehen werden, deren Verletzung in den USA zu wettbewerbsrechtlichen Sanktionen durch die Federal Trade Commission führen kann. In jüngster Zeit sind zunehmende Bestrebungen festzustellen, diese Datenschutzerklärungen zu harmonisieren und zu standardisieren[84] oder maschinenlesbar zu gestalten, um eine nutzerfreundliche Vorauswahl datenschutzgerechter Websites zu ermöglichen.[85]

5. Verstöße gegen die Benachrichtigungspflicht

43 Nach § 43 Abs. 1 Nr. 8 handelt ordnungswidrig, wer vorsätzlich oder fahrlässig entgegen § 33 Abs. 1 die Betroffenen nicht, nicht richtig oder nicht vollständig benachrichtigt.[86] Den Bußgeldtatbestand erfüllt auch, wer die Benachrichtigung schuldhaft verzögert, denn eine verspätete Benachrichtigung ist keine „richtige Benachrichtigung" im Sinne der Vorschrift.[87] Entsteht den Betroffenen hierdurch ein Schaden, so können sie gemäß § 823 Abs. 2 BGB Schadensersatz verlangen; § 33 ist ein Schutzgesetz im Sinne dieser Vorschrift. Nach Auffassung des Bundesverwaltungsgerichts gibt ein Verstoß gegen die Benachrichtigungspflicht für

---

78 Vgl. o. Rdnrn. 24 f.; *HmbDSB,* 12. TB, 185 hält hier eine Benachrichtigung regelmäßig 2 bis 3 Wochen nach der Übermittlung für erforderlich.

79 Eine Bearbeitung in Monatsabständen ist dagegen nicht akzeptabel; zust. *Wohlgemuth,* Datenschutz, Rdnr. 327; anders *Gola/Schomerus,* a.a.O.; *Schaffland/Wiltfang,* BDSG § 33 Rdnrn. 22 f.

80 *Bergmann/Möhrle/Herb,* BDSG § 33 Rdnr. 39, halten drei Monate für die äußerste Grenze; weitergehend *Schaffland/Wiltfang,* a.a.O.

81 Dazu allgemein *Roßnagel/Roßnagel*, Kap. 3.7, Rdnr. 117

82 S.o. Rdnr. 38.

83 Spezielle Informationspflichten für diesen Bereich ergeben sich aus den §§ 4 Abs.1 TDDSG und 18 Abs. 1 MDStV. Diese unterscheiden nicht zwischen Direkterhebung und Erhebung ohne Kenntnis der Betroffenen, weil die Verarbeitung von Nutzerdaten bei Tele- und Mediendiensten in aller Regel unbemerkt erfolgt.

84 Vgl. den von der OECD entwickelten „Privacy Statement Generator" „http://www.oecd.org/document/39/0,2340,en_2649_34255_28863271_1_1_1_1,00.html", gesehen am 20.2.06; ferner die Entschließung der 25. Internationalen Datenschutzkonferenz 2003, abgedruckt in: *LDA Brandenburg/BlnBDI*, Dokumente zu Datenschutz und Informationsfreiheit 2003, 92, sowie das Berliner Memorandum zu Datenschutzerklärungen, abgedruckt in: *LDA Brandenburg/BlnBDI*, Dokumente zu Datenschutz und Informationsfreiheit 2004, 90. Das zuletzt genannte Dokument bezieht sich auf die Datenerhebung in der *online*- und der *offline*-Welt, betrifft also auch die Direkterhebung nach § 4 Abs.3 (s. die Kommentierung zu dieser Vorschrift).; vgl. hierzu auch *Dix*, DuD 2004, 518. Zum Ganzen auch die Stellungnahme der Art.29-Gruppe der Europäischen Datenschutzbeauftragten zu einheitlicheren Bestimmungen über Informationspflichten, abrufbar als Working Paper 100 unter „http://europa.eu.int/comm/justice_home/fsj/docs/workinggroup/wpdocs/wp100_de.pdf", gesehen am 20.2.06.

85 Zu diesem vom WorldWideWeb-Consortium entwickelten P3P-Standard (Platform for Privacy Preferences) näher *Roßnagel/Roßnagel*, Kap. 3.4, Rdnr. 52ff. m.w.N. Er kann ein wichtiges Hilfsmittel zum Selbstdatenschutz werden, darf aber die Datenverarbeiter nicht aus ihrer primären Pflicht zur Beachtung datenschutzrechtlicher Grundsätze entlassen.

86 Vgl. die Kommentierung des § 44.

87 A.A. *Schaffland/Wiltfang*, Rdnr. 33 zu § 33.

sich genommen keinen Anlass zur **Berichtigung, Sperrung oder Löschung** von Daten.[88] Demgegenüber ist im Fall der Direkterhebung bei den Betroffenen anerkannt, dass die unterlassene oder unzureichende Information Einfluss auf die Rechtmäßigkeit der anschließenden Datenverarbeitung hat, die **Informationspflicht** mithin dort **mehr als eine bloße Ordnungsvorschrift** ist.[89] Im Gegensatz zur Benachrichtigung im Fall der Speicherung ohne Mitwirkung der Betroffenen ist die Informationspflicht bei der Direkterhebung zwar schon im Rahmen der Rechtmäßigkeit der Datenverarbeitung selbst geregelt. Auch würde es im Fall der geschäftsmäßigen Speicherung zum Zwecke der Übermittlung bei unterlassener Benachrichtigung Schwierigkeiten bereiten, den richtigen Adressaten eines Löschungsanspruchs zu ermitteln bzw. den Löschungsanspruch in der Praxis durchzusetzen. Die an sich verpflichtete übermittelnde Stelle wird nach der Übermittlung allenfalls noch über eine Kopie des Datensatzes verfügen, während der Übermittlungsempfänger nicht für eine unterlassene Benachrichtigung durch den Übermittler haftbar gemacht werden kann. Wer allerdings erstmals personenbezogene Daten für eigene Zwecke ohne Kenntnis der Betroffenen speichert und seiner Benachrichtigungspflicht nicht nachkommt, kann ebenso zur **Löschung** verpflichtet sein wie derjenige, der die Daten bei den Betroffenen erhebt, ohne sie ausreichend zu informieren.[90] Für eine unterschiedliche Anwendung der Sanktion „Löschung"[91] in diesen vergleichbaren Konstellationen fehlt jeder sachliche Grund. Ob und in welchem Umfang ein Löschungsanspruch besteht, hängt von den Umständen des Einzelfalls ab.

6. Ausnahmen von der Benachrichtigungspflicht (Abs. 2)

Nur unter den in Abs. 2 geregelten Voraussetzungen besteht keine Benachrichtigungspflicht. 44
Nrn. 1 bis 6 gelten sowohl für die Datenverarbeitung für eigene Zwecke als auch für die geschäftsmäßige Datenspeicherung zum Zwecke der Übermittlung (Abs. 1 Sätze 1 u. 2). Der **Ausnahmekatalog** wurde im Hinblick auf die Anforderungen der EG-Datenschutzrichtlinie **erweitert** um die Fallkonstellationen, in denen die Speicherung oder Übermittlung **durch Gesetz ausdrücklich vorgesehen ist (Nr. 5)** bzw. für Zwecke der **wissenschaftlichen Forschung** erforderlich ist und eine Benachrichtigung einen unverhältnismäßigen Aufwand erfordern würde (**Nr. 6**). Zu begrüßen ist, dass die bisherige – seit langem kritisierte[92] – Ausnahme von der Benachrichtigungspflicht **bei nur vorübergehend vorgehaltenen Dateien entfallen ist (Nr. 5 a.F.)**.

Die Benachrichtigungspflicht des Abs. 1 soll im Hinblick auf die Anforderungen im Volks- 45
zählungsurteil des Bundesverfassungsgerichts für mehr Transparenz bei der Datenverarbeitung sorgen.[93] Sie bildet eine Vorstufe des Auskunftsrechts,[94] das für das informationelle Selbstbestimmungsrecht von zentraler Bedeutung ist und nur ausgeübt werden kann, wenn der Einzelne weiß, welche Stellen seine Daten gespeichert haben. Deshalb sind die Regelungen des Abs. 2 als **Ausnahmetatbestände eng** und im Zweifel zugunsten der Betroffenen **auszulegen**.[95] Die grundsätzliche Benachrichtigungspflicht[96] darf nicht durch eine extensive Auslegung der Ausnahmetatbestände und entgegen der gesetzgeberischen Intention ihrerseits

88 Vgl. BVerwG, NVwZ 1988, 156 zu § 26 Abs. 1 BDSG 1977 (ohne nähere Begründung).

89 Vgl. die Kommentierung zu § 4 Abs.3 und den Hinweis Nr.41 des Innenministeriums Baden-Württemberg zum Datenschutz für private Unternehmen und Organisationen, Bekanntmachung v. 28.6.2004, AZ 2-0552.1/18.

90 Anders noch die Vorauflage; vgl. auch *Gola/Schomerus*, § 33 Rdnr. 44.

91 Eine Unterscheidung sieht § 44 allerdings insoweit vor, als nur die unterlassene Benachrichtigung nach § 33, nicht aber Informationsmängel bei der Direkterhebung nach § 4 Abs.3 als Ordnungswidrigkeiten geahndet werden können.

92 Das Risiko, dass unrichtige Daten gespeichert, genutzt oder übermittelt werden, besteht auch bei temporären Dateien; vgl. auch *Dammann,* NVwZ 1991, 640, 642, *Walz,* CR 1991, 364, 368; anders *Paefgen,* CR 1994, 14.

93 Vgl. o. Rdnrn. 1 ff.

94 Vgl. *Auernhammer,* BDSG § 33 Rdnr. 19.

95 Vgl. auch § 6b Rdnr. 99; ebenso *Auernhammer,* a.a.O., Rdnr. 10; *Bergmann/Möhrle/Herb,* BDSG § 33 Rdnr. 65; anders *Schaffland/Wiltfang,* BDSG § 33 Rdnr. 1.

96 S. o. Rdnr. 4.

faktisch zur Ausnahme gemacht werden. Jede für die Betroffenen intransparente Datenverarbeitung bedarf einer Rechtfertigung.

46 Solange einer der Ausnahmetatbestände des Abs. 2 erfüllt ist, entfällt die Pflicht zur Benachrichtigung. Die speichernde Stelle bleibt jedoch grundsätzlich **berechtigt**, gleichwohl zu benachrichtigen.[97] Dies gilt allerdings nicht, soweit die Ausnahmetatbestände nicht zur Disposition der speichernden Stelle stehende Belange schützen. Dementsprechend darf die speichernde Stelle in den Fällen des Abs. 2 Nrn. 3 und 6 keine Benachrichtigung vornehmen. Hierfür spricht bei Nr. 3 der Wortlaut („müssen"), bei Nr. 6 die Verbindlichkeit der Feststellung der zuständigen öffentlichen Stelle.

47 Die Benachrichtigung darf **nur hinsichtlich der Daten** unterbleiben, **für die ein Ausnahmetatbestand vorliegt**. Dies wird nur selten bei allen gespeicherten bzw. übermittelten Daten der Fall sein.[98] Liegen die Voraussetzungen des Ausnahmetatbestandes nicht mehr vor, setzt die Benachrichtigungspflicht wieder ein.

6.1 Kenntnisnahme auf andere Weise (Abs. 2 Satz 1 Nr. 1)

48 Die Benachrichtigungspflicht entfällt, wenn die Betroffenen **auf andere Weise Kenntnis von der Speicherung oder der Übermittlung erlangt haben**. Durch diese Einschränkung sollen überflüssige Benachrichtigungen vermieden werden.

49 Die erforderliche Kenntnisnahme bezieht sich im Falle des Abs. 1 Satz 1 auf die Speicherung, im Falle des Abs. 1 Satz 2 auf die Übermittlung personenbezogener Daten.

50 Darüber hinaus müssen die Betroffenen zumindest in groben Zügen tatsächlich Kenntnis von der **Art der** gespeicherten bzw. übermittelten **Daten** erlangt haben.[99] Nur unter dieser Voraussetzung ist die anderweitige Kenntnisnahme der Unterrichtung der Betroffenen nach Abs. 1, welche die Art der Daten umfasst, gleichwertig und nur so ist sichergestellt, dass die vom Gesetzgeber angestrebte Transparenz der Datenverarbeitung auch in den Fällen des Abs. 2 Nr. 1, in denen es nicht um Geheimhaltungsinteressen oder eine geringere Schutzwürdigkeit der Daten geht, in gleicher Weise hergestellt wird. Der Wortlaut des Abs. 2 Satz 1 Nr. 1 steht dieser Auslegung nicht entgegen.[100] Die geforderte „Kenntnis von der Speicherung oder der Übermittlung" stellt eine Kurzfassung der Anforderungen des Abs. 1 dar, eine abweichende Regelung ist nicht gemeint.

51 Entsprechendes gilt in den Fällen des Abs. 1 Satz 1 und 2 für die Kenntnis von der Zweckbestimmung der gespeicherten Daten und ihrer Übermittlung.

52 Aus dem Erfordernis der Gleichwertigkeit der anderweitigen Kenntnisnahme folgt, dass die Kenntnis sich auch auf die Speicherung bzw. Übermittlung unter den Gegebenheiten des § 27 Abs. 1 erstreckt. Mit anderen Worten: den Betroffenen muss bekannt sein, dass Daten über sie entweder in Datenverarbeitungsanlagen oder nicht-automatisierten Dateien verarbeitet werden. Hiervon wird aufgrund der Verbreitung entsprechender Techniken in der Regel auszugehen sein. Unabhängig davon ist allerdings zu prüfen, ob die Betroffenen wissen, dass überhaupt Daten über sie gespeichert oder übermittelt werden.

53 Unerheblich ist, auf welche Weise die Betroffenen von der Tatsache der Speicherung oder Übermittlung Kenntnis erlangt haben (z.B. durch schriftliche oder mündliche Mitteilung). Auch auf den **Zeitpunkt** der Kenntnisnahme kommt es grundsätzlich nicht an; er kann vor oder nach der Speicherung bzw. Übermittlung liegen oder mit dieser zusammenfallen. Jedoch wird ein enger[101] zeitlicher Zusammenhang zwischen Kenntniserlangung und Speicherung bzw. Übermittlung zu verlangen sein. Die Betroffenen müssen sich zum Zeitpunkt der Speicherung oder Übermittlung dieser Tatsache noch bewusst sein.[102]

---

97 Vgl. auch *Auernhammer,* a.a.O., Rdnr. 10.
98 Vgl. *Auernhammer,* a.a.O.
99 Vgl. *Bergmann/Möhrle/Herb,* BDSG § 33 Rdnr. 71; *Wohlgemuth,* Datenschutzrecht, Rdnr. 328; *Däubler*, Gläserne Belegschaften?, Rdnr. 515 („Kenntnis" ist nicht „Kennen-Müssen").
100 A.M. *Dörr/Schmidt,* BDSG § 33 Rdnr. 19.
101 Vgl. für die Direkterhebung § 4 Rdnr. 19ff.
102 A.M. *Auernhammer,* BDSG § 33 Rdnr. 12.

Die Betroffenen können auch **durch Dritte** von der Speicherung oder Übermittlung in Kenntnis gesetzt werden. Die Benachrichtigungspflicht etwa von Evidenzzentralen oder brancheninternen Warndiensten entfällt, wenn die angeschlossenen Unternehmen[103] die Betroffenen über die bevorstehende Speicherung bzw. Übermittlung ihrer Daten durch derartige Zentralen informiert. Dabei genügt es nicht, den Betroffenen eine Anlaufstelle für Rückfragen nach Namen und Anschrift der verantwortlichen Stelle anzugeben. Die Betroffenen haben nur dann „von der Speicherung Kenntnis erlangt“, wenn ihnen Name und Anschrift der verantwortlichen Stelle bekannt sind. Insoweit gelten die gleichen Anforderungen wie hinsichtlich des Inhalts der Benachrichtigung.[104] Auch kann sich der zur Benachrichtigung verpflichtete Verarbeiter seiner Pflicht nicht dadurch entziehen, dass er ihre Erfüllung auf Dritte abwälzt, die faktisch von ihm abhängig sind.[105] 54

Erforderlich ist in jedem Fall, dass die betroffene Person **positive Kenntnis** von der Tatsache der Speicherung erlangt hat. Die bloße Möglichkeit der Kenntniserlangung reicht nicht aus,[106] wie sich aus dem klaren Wortlaut des Gesetzes ergibt. Ein Hinweis in allgemeinen Geschäftsbedingungen kann diesen Anforderungen keinesfalls genügen.[107] Zwar braucht die tatsächliche Kenntnisnahme nicht konkret festgestellt zu werden; der erforderliche Aufwand würde in der Regel noch den bei der Benachrichtigung notwendigen übersteigen. Es darf jedoch an der Kenntnisnahme durch die Betroffenen kein Zweifel bestehen. Die verantwortliche Stelle darf nicht einfach unterstellen, die Betroffenen „wüssten schon Bescheid“. Sie muss sich dieser Kenntnis sicher sein.[108] Auch aus sonstigen Mitteilungen auf Vertragsformularen kann nicht ohne weiteres auf die Kenntniserlangung geschlossen werden, da derartige Texte erfahrungsgemäß von den Betroffenen häufig nicht oder nur teilweise gelesen werden. Anderes kann allenfalls für drucktechnisch besonders hervorgehobene Hinweise gelten. Diese müssen den Anforderungen des insoweit entsprechend anzuwendenden § 4a Abs. 1 Satz 4 genügen.[109] 55

Ob Betroffene Kenntnis von der Speicherung oder Übermittlung erlangt haben, kann im Einzelfall schwer zu beurteilen sein. Diese Unsicherheit darf jedoch nicht zu ihren Lasten gehen. Vielmehr ist die verantwortliche Stelle **in Zweifelsfällen** zur **Benachrichtigung** verpflichtet.[110] Zwar ist es verständlich, wenn die verantwortliche Stelle die Zahl der möglicherweise kostenintensiven Benachrichtigungen gering halten will. Kostengesichtspunkte dürfen jedoch bei der Auslegung des § 33 nur dort eine Rolle spielen, wo das Gesetz dies vorsieht. Um die Betroffenen wirksam zu schützen und ein Leerlaufen der individuellen Kontrollrechte zu verhindern, hat der Gesetzgeber entgegen den Einwände der Wirtschaft im vollen Bewusstsein der dadurch entstehenden Kosten die Benachrichtigungspflicht eingeführt und an ihr bei allen Novellierungen des Bundesdatenschutzgesetzes festgehalten. Die Tatsache, dass die Speicherung „handelsüblich“ ist, reicht für sich genommen nicht für eine Kenntnisnahme durch Betroffene aus.[111] So mag eine Speicherung personenbezogener Daten für Werbezwecke handelsüblich sein; über die Kenntniserlangung durch Betroffene ist damit jedoch nichts ausgesagt. 56

Von einer Kenntniserlangung ist z.B. grundsätzlich auszugehen, wenn die betroffene Personen gemäß § 4 Abs. 1 in die Verarbeitung sie betreffender Daten **eingewilligt** haben;[112] allerdings muss dabei jedenfalls in groben Umrissen erkennbar sein, welche Datenarten gespeichert bzw. übermittelt werden sollen.[113] 57

103 Z.B. im Falle der SCHUFA ein Kreditinstitut; der SCHUFA-Klausel kommt zugleich die Bedeutung einer Einwilligung nach § 4 Abs. 1 zu.

104 Vgl. o. Rdnr. 18.

105 Etwa dadurch, dass ein Vermieter oder Makler Wohnungsbewerber, die Angaben zu bisherigen Vermietern machen sollen, auffordert, diese über die Datenspeicherung zu informieren.

106 So auch *Dörr/Schmidt,* BDSG § 33 Rdnr. 19; *Wohlgemuth,* Datenschutzrecht, Rdnr. 328; *ders.,* BB 1992, 281, 284; *Schierbaum,* Arbeitsrecht im Betrieb, 1993, 517, 520.

107 Vgl. o. Rdnr. 36.

108 Insoweit gilt nichts anderes als bei der Direkterhebung, s. § 4 Rdnr. 40.

109 Vgl. § 4a Rdnr. 42 ff.

110 Zust. *Däubler,* CR 1991, 475, 477.

111 Vgl. aber *Gola/Schomerus,* BDSG § 33 Rdnr. 28; *Schaffland/Wiltfang,* BDSG § 33 Rdnr. 39.

112 Vgl. *Wächter,* CR 1991, 558, 559 f.

113 Vgl. o. Rdnr. 50

58 **Banken** können grundsätzlich davon ausgehen, dass ihre Kunden von der Speicherung Kenntnis erlangen. Dagegen haben Bezogene von Wechseln regelmäßig keine Kenntnis davon, bei welchem Kreditinstitut später der Wechsel eingereicht wurde. Werden Daten über die Bezogenen in einer Datei gespeichert, so sind diese zu benachrichtigen.[114] Ein Bürge, der im Zusammenhang mit dem Bürgschaftsvertrag dem Kreditinstitut seine personenbezogenen Daten zuleitet, muss von der Speicherung dieser Daten ausgehen. Weiter kann der Aufbau einer Warndatei mit Daten zu Nichtkunden eine Benachrichtigungspflicht auslösen. In der Bankpraxis werden solche Dateien errichtet, um beispielsweise zu bestimmten Personen wegen Wechselprotests, eidesstattlicher Versicherung oder Konkurses keine Geschäftsverbindungen aufzunehmen. Soweit kein Ausnahmefall vorliegt, sind die Betroffenen in diesen Fällen zu benachrichtigen.[115]

59 Machen Betroffene gegenüber einem **Versicherungsunternehmen** Angaben zu ihrer Person, so müssen sie in der Regel davon ausgehen, dass dieses Unternehmen die Daten unter den Gegebenheiten des § 27 Abs. 1 speichert. Dies gilt jedoch nicht hinsichtlich der Datenspeicherung durch einen Rückversicherer. Dieser hat vielmehr die Betroffenen zu benachrichtigen.[116] Die Benachrichtigungspflicht entfällt, wenn der Erstversicherer (z.B. bei Vertragsabschluss) eine entsprechende Mitteilung macht.[117] Diese Mitteilung muss Namen und Anschrift des Rückversicherers enthalten.[118] Speichern verschiedene Versicherer bei einem Teilungsabkommen Daten über die Unfallbeteiligten zum Zweck der internen Verrechnung, so sind diese zu benachrichtigen.[119]

60 Machen Betroffene im Rahmen eines Vertrages oder vertragsähnlichen Vertrauensverhältnisses Angaben über **Dritte**, so sind diese zu benachrichtigen, sofern sie nicht ohnehin von der Speicherung Kenntnis erlangen.[120] Dies gilt etwa, wenn ein Arbeitnehmer oder Antragsteller für einen Kredit Angaben über seine Ehefrau macht (z.B. Berufstätigkeit, Einkommen). Hier wird man nicht davon ausgehen können, dass die Ehefrau Kenntnis von der Speicherung sie betreffender Daten erlangt hat. Nach Auffassung des Innenministeriums Baden-Württemberg[121] müssen allerdings **Familienangehörige** und **Arbeitnehmer** davon ausgehen, dass bestimmte Grunddaten wie Name, Geburtstag, Adresse, Beruf im Zusammenhang mit dem Arbeits- oder Dienstverhältnis ihres Ehepartners bzw. Elternteils gespeichert werden. Würden dagegen Angaben über Familienangehörige gespeichert, die über die vorstehend genannten Daten hinausgingen, müsse der Arbeitgeber benachrichtigen.[122]

61 Bei Angaben, die Versicherte gegenüber **Versicherungsunternehmen** über Dritte (z.B. behandelnde Ärzte, geschädigte Personen, Zeugen) machen, ist im Normalfall eine Benachrichtigung erforderlich.[123] Dritte, die nicht auf andere Weise von der Aufnahme ihrer Daten in ein Warn- und Hinweissystem der Versicherungswirtschaft Kenntnis erlangt haben, sind zu benachrichtigen.[124] Teilweise kann bei der erwähnten Konstellation von einer Kenntnisnahme der Dritten ausgegangen werden;[125] so z.B. wenn bei einem Überweisungsauftrag personenbezogene Daten der Begünstigten beim auftragnehmenden **Kreditinstitut** gespeichert werden. Mit der Gutschrift des überwiesenen Betrags wird den Begünstigten in der Regel bekannt, dass das auftragnehmende Kreditinstitut bestimmte personenbezogene Daten der Betroffenen gespeichert hat, um den Auftrag ausführen zu können. Branchenspezifische

---

114 A.M. *Schröter,* in: *Steuer/Schröter/Singer/Hemelt,* Datenschutzgesetz in der Bank, 1978, 41 f.
115 Vgl. *Ungnade,* Datenschutz, 53; zu Daten über den Begünstigten beim Überweisungsauftrag vgl. u. Rdnr. 60.
116 So auch *Schwappach,* in *Gallwas/Schweinoch,* BDSG § 26 Rdnr. 96; a.M. *Biagosch,* VersR 1979, 489, 491 f.
117 Vgl. *Uckermann,* DuD 1977, 75.
118 Vgl. o. Rdnrn. 18 ff.; a.M. *v. Puskàs,* VerBAV 1980, 52, 54 f.
119 Vgl. *Schwappach,* a.a.O.
120 Vgl. auch o. Rdnr. 14.
121 BWHinwBDSG Nr. 22 v. 19.12.1984, StAnz. Nr. 1/2 v. 5.1.1985, S. 9, 1.3 = Dok. B 1.26.
122 Insoweit a.M. *Schaffland/Wiltfang,* BDSG § 33 Rdnr. 40.
123 Vgl. auch *Uckermann,* DuD 1977, 74.
124 *HmbDSB,* 10. TB, 25.5; *LRegNRW,* 2. Bericht, 1.2.3.
125 Vgl. auch *Auernhammer,* BDSG § 33 Rdnr. 12.

Schiedsstellen, bei denen Beschwerdeführende Angaben über Dritte machen, sind ebenfalls verpflichtet, diese Dritten darüber zu benachrichtigen.[126]

Einige Auslegungsfragen entstehen, wenn personenbezogene Daten für Zwecke der **Direktwerbung**[127] verarbeitet werden. Stellt ein Adressenverlag einem werbenden Unternehmen personenbezogene Daten in Form von Adressenaufklebern für eine bestimmte Direktwerbeaktion zur Verfügung, so wird es in der Regel an einer Speicherung in einer Datei gemäß § 3 Abs. 2 Satz 1 durch das werbende Unternehmen fehlen.[128] Eine Benachrichtigung ist dann nicht erforderlich. Auch wenn nach der Versendung des Werbematerials keine Daten mehr vorhanden sind, über die den Betroffenen Auskunft erteilt werden könnte,[129] empfiehlt es sich gleichwohl, über den Datenfluss zu informieren. Je mehr Transparenz hergestellt wird, desto eher können Rückfragen der Betroffenen vermieden werden. 62

Eine Rechtspflicht zur Benachrichtigung kann demgegenüber bestehen, wenn ein Unternehmen aufgrund von bei ihm (z.B. in einer Kundendatei) gespeicherten personenbezogenen Daten den Betroffenen Werbematerial zusendet. Von deren positiver Kenntnis hinsichtlich der Tatsache der Speicherung kann – soweit sie sich nicht aus einer vertraglichen Beziehung oder anderen Umständen ergibt – nicht ohne weiteres ausgegangen werden, zumal die Betroffenen normalerweise nicht erkennen können, ob die Adressenangaben aus einer Datei des werbenden Unternehmens stammen oder aber von einem Adressenverlag herrühren.[130] 63

Wirbt ein Unternehmen in einer Zeitschrift für ein Produkt und ist ein Antwortcoupon zur Anforderung von weiterem Werbematerial beigefügt, so kann eine Kenntniserlangung von der Speicherung der eingesandten Daten nur angenommen werden, wenn ein entsprechender ausdrücklicher Hinweis bei der Direkterhebung erfolgt.[131] Das Gleiche gilt im Falle der Teilnahme an **Preisausschreiben**.[132] Auch die Aufnahme in eine Sperrdatei nach einem Werbewiderspruch nach § 28 Abs. 4 kann die Benachrichtigungspflicht auslösen.[133] 64

6.2 Speicherung aufgrund von Aufbewahrungsvorschriften oder zur Datensicherung bzw. Datenschutzkontrolle (Abs. 2 Satz 1 Nr. 2)

Abs. 2 Satz 1 Nr. 2 sieht eine Ausnahme von der Benachrichtigungspflicht hinsichtlich der sog. archivierten und der ausschließlich der Datensicherung oder der Datenschutzkontrolle dienenden Daten vor, wenn eine Benachrichtigung einen unverhältnismäßigen Aufwand erfordern würde. 65

Abs. 2 Satz 1 Nr. 2 gilt zunächst für Daten, die nur deshalb gespeichert sind, weil sie aufgrund gesetzlicher, satzungsmäßiger oder vertraglicher **Aufbewahrungsvorschriften** nicht gelöscht werden dürfen. Die Regelung korrespondiert mit § 35 Abs. 3 Nr. 1, der für den Fall des Entgegenstehens gesetzlicher, satzungsmäßiger oder vertraglicher Aufbewahrungsvorschriften anstelle der Löschung eine Sperrung vorsieht. Wirtschaftsunternehmen müssen aufgrund **gesetzlicher** Regelungen in großem Umfang Daten aus zurückliegenden Geschäftsbeziehungen aufbewahren. So sind nach § 257 HGB u.a. Handelsbücher, Inventare, Eröffnungsbilanzen und Buchungsbelege zehn Jahre, empfangene und Wiedergaben der abgesandten Handelsbriefe sechs Jahre aufzubewahren. Hinsichtlich der Aufbewahrung von Akten aufgelöster Handelsgesellschaften sind §§ 273 Abs. 2 AktG; 74 Abs. 2 GmbHG; 93 GenG zu beachten. Hierher gehört weiterhin eine Reihe steuerrechtlicher Regelungen.[134] 66

---

126 Z.B. der von der Versicherungswirtschaft eingerichtete Ombudsmann für Versicherungen, bei dem Versicherte etwa in einem Haftpflichtfall Angaben über Namen, Anschrift und gesundheitliche Schädigung eines Dritten machen können, vgl. *BlnBDI,* Jahresbericht 2002, 116 f.

127 Vgl. auch *Weichert,* WRP 1996, 522, 532 f.

128 Vgl. *Schaffland/Wiltfang,* BDSG § 33 Rdnr. 23.

129 Vgl. auch § 29 Rdnr. 16.

130 Ebenso *Gola/Wronka,* RDV 1994, 157, 165; vgl. auch § 29 Rdnr. 16; a.A. *Schaffland/Wiltfang*, BDSG § 33 Rdnr. 24.

131 Vgl. *Wächter,* CR 1992, 558, 560.

132 Vgl. *Gola/Wronka,* RDV 1994, 157, 165.

133 Vgl. Rdnr. 17.

134 Vgl. § 147 Abs. 3 AO.

Keine Ausnahme von der Benachrichtigungspflicht begründen dagegen bloße **Befugnisse** zur Datenverarbeitung oder zivilrechtliche Verjährungsfristen, vor deren Ablauf die verantwortliche Stelle eine weitere Speicherung für erforderlich hält.[135]

67 Das Gesetz bezieht auch **satzungsmäßige** und **vertragliche** Aufbewahrungsvorschriften ein. Insoweit gelten die gleichen Überlegungen wie im Falle der erwähnten gesetzlichen Vorschriften. Satzungsgemäße Aufbewahrungsfristen können z.B. in der Satzung einer Handelsgesellschaft oder eines Vereins geregelt werden. Entsprechende vertragliche Regelungen können von den Vertragspartnern vereinbart werden. Dabei müssen die unabdingbaren Rechte der Betroffenen i.S.d. § 6 Abs. 1 gewahrt bleiben; auch darf nicht gegen sonstige zwingende Vorschriften verstoßen werden.[136]

68 Die Daten dürfen **nur** aufgrund von Aufbewahrungsvorschriften gespeichert sein. Abs. 2 Satz 1 Nr. 2 ist nicht anwendbar, wenn die Daten auch aus anderen Gründen gespeichert sind. Die Benachrichtigungspflicht entfällt nicht, solange die Speicherung zur Erfüllung des eigentlichen Zwecks der Speicherung (z.B. Kaufvertrag) erforderlich ist.

69 Abs. 2 Satz 1 Nr. 2 setzt nicht ausdrücklich voraus, dass es sich um gesperrte Daten handelt. Allerdings tritt nach § 35 Abs. 3 Nr. 1 an die Stelle einer Löschung eine Sperrung, soweit im Falle des § 35 Abs. 2 Nr. 3 einer Löschung gesetzliche, satzungsmäßige oder vertragliche Aufbewahrungsfristen entgegenstehen. Nur unter dieser Voraussetzung ist die Schutzbedürftigkeit der Betroffenen gemindert. Abs. 2 Satz 1 Nr. 2 1. Alt. wird also primär auf Daten anzuwenden sein, die tatsächlich **gesperrt** sind.[137] Ist die Sperrung allerdings entgegen § 35 Abs. 3 Nr. 1 unterblieben, lebt die Benachrichtigungspflicht wieder auf, denn aus dem Zweck der Regelung ergibt sich, dass die betroffene Person in die Lage versetzt werden muss, ihren Anspruch auf gesetzeskonforme Verarbeitung (hier: auf Sperrung) geltend zu machen.

70 Eine Pflicht zur Benachrichtigung besteht ferner nicht, wenn Daten nur deshalb gespeichert sind, weil sie ausschließlich der **Datensicherung oder der Datenschutzkontrolle** (z.B. in **Protokolldateien, log-files**) dienen. Der Gesetzgeber hat das Informationsinteresse der Betroffenen insoweit im Hinblick auf die nach § 31 bestehende besondere Zweckbindung als nicht durchschlagend angesehen. Hinzu kommt, dass es sich bei ausschließlich der Datensicherung dienenden Daten meist um „Sicherungskopien" handeln wird, während der primäre Datenbestand weiterhin grundsätzlich der Benachrichtigungspflicht unterliegt.[138] Dieses Argument trifft aber nicht auf reine Protokolldateien zu, die in der Regel nur einmal (abgesehen von den auch insoweit notwendigen Sicherungen) erzeugt werden und einen neuen, zusätzlichen Informationsgehalt aufweisen. Gerade in dieser Hinsicht kann auch nicht von einer nur minimalen Gefährdung des Rechts der Betroffenen auf informationelle Selbstbestimmung die Rede sein.[139]

71 Entsprechend § 11 Abs. 2 der EG-Datenschutzrichtlinie wurde Abs. 2 Satz 1 Nr. 2 modifiziert. Eine **Pflicht zur Benachrichtigung entfällt danach** in beiden Alternativen der Vorschrift nur, **wenn die Benachrichtigung einen unverhältnismäßigen Aufwand erfordern würde**. Zu berücksichtigen ist nur der durch die konkrete Benachrichtigung entstehende Verwaltungsaufwand,[140] der gerade bei automatisierter Sicherung oder Protokollierung häufig gering sein dürfte. Entscheidend ist dabei stets das Verhältnis des Aufwandes zu dem Informationsinteresse der Betroffenen. Ist es wegen der Verwendung der Daten oder einer Missbrauchsgefahr für sie wichtig, von der Speicherung oder Übermittlung zu wissen, damit sie sich mittels ihrer Rechte vor ungünstigen Auswirkungen schützen können, so ist auch ein höherer Aufwand angemessen.[141] **Im Zweifel** sollte stets eine **Benachrichtigung** erfolgen.

---

135 Zum Verhältnis zwischen Löschungsansprüchen und Verjährungsfristen s. § 35 Rdnr. 37.
136 Vgl. § 6 Rdnrn. 17 f.
137 So wohl auch *Schaffland/Wiltfang,* BDSG § 33 Rdnr. 57.
138 Vgl. *Gola/Schomerus,* BDSG § 33 Rdnr. 32; wegen der Einzelheiten wird auf die Kommentierung der §§ 14 Abs. 4 und 31 verwiesen.
139 Vgl. demgegenüber *Gola/Schomerus*, BDSG § 33 Rdnr. 32.
140 Vgl. auch § 19 Rdnr. 69 und § 20 Rdnr. 96.
141 Vgl. *Dammann/Simitis,* EG-Datenschutzrichtlinie Art. 11 Erl. 5.

6.3 Geheimhaltungspflicht von Daten nach einer Rechtsvorschrift oder ihrem Wesen nach (Abs. 2 Satz 1 Nr. 3)

Die Benachrichtigungspflicht entfällt nach Abs. 2 Satz 1 Nr. 3, wenn die Daten nach einer Rechtsvorschrift oder ihrem Wesen nach, namentlich wegen des überwiegenden berechtigten Interesses einer dritten Person, geheim gehalten werden müssen.[142] Die gleichen Voraussetzungen sind in § 19 Abs. 4 Nr. 3 enthalten.[143] 72

Bei der Frage, welche **„Daten"** diese Ausnahmevorschrift meint, ist zu berücksichtigen, dass hier nur von der Information über abstrakte Datenarten, also die Tatsache der Speicherung, die Zweckbestimmung, die Identität der verantwortlichen Stelle und Empfängerkategorien dispensiert werden soll. Die Benachrichtigung soll nicht die konkrete Auskunft ersetzen, sondern lediglich vorbereiten und ermöglichen. Auch wenn in § 34 Abs. 4 die Ausnahmen von der Auskunftspflicht in den Fällen des § 33 Abs. 2 Satz 1 Nr. 2, 3 und 5 bis 7 identisch geregelt sind, erscheint diese schematische Gleichstellung jedenfalls in den Ausnahmefällen des § 33 nicht sachgerecht, in denen Geheimhaltungsinteressen Vorrang haben sollen (§ 33 Abs. 2 Satz 1 Nr. 3, 6 und 7b). Denn die Geheimhaltungsbedürftigkeit muss differenziert bezogen werden einerseits auf die abstrakten Informationen, die Gegenstand einer Benachrichtigung sein können, und andererseits auf die konkreten Daten, über die grundsätzlich Auskunft zu erteilen ist. Im Wege einer teleologischen Reduktion sind daher als „Daten" im Sinne dieser Vorschrift nur die in Absatz 1 genannten **Meta-Daten** anzusehen, also die Tatsache der Speicherung, die Art der gespeicherten oder übermittelten Daten, die Zweckbestimmung der Erhebung, Verarbeitung oder Nutzung, die Identität der verantwortlichen Stelle, die Tatsache der erstmaligen Übermittlung und die Empfängerkategorien. Gerade hinsichtlich dieser Meta-Daten muss eine Geheimhaltungspflicht bestehen, die es erfordert, von einer Benachrichtigung abzusehen. Es mag Fälle geben, in denen die personenbezogenen Daten selbst ein so hohes Maß an Geheimhaltungsbedürftigkeit aufweisen, dass sich auch eine Benachrichtigung über die Meta-Daten verbietet. Davon kann aber nicht in allen Fällen ausgegangen werden. Informationelle Selbstbestimmung ist vielmehr verknüpft mit einem **Konzept der differenzierten, größtmöglichen Transparenz**. Erst bei der Prüfung möglicher Grenzen für eine Auskunftserteilung nach § 34 Abs. 4 sind die Ausnahmetatbestände des § 33 Abs. 2 auf die konkreten personenbezogenen Daten selbst zu beziehen.[144] 73

Unter **Rechtsvorschrift** sind alle materiellen Rechtsnormen mit unmittelbarer Außenwirkung zu verstehen, also insbesondere Gesetze und Rechtsverordnungen.[145] 74

Für die Frage, unter welchen Voraussetzungen Daten ihrem **Wesen** nach geheim gehalten werden müssen, gilt das Gleiche wie im Falle des § 19 Abs. 4 Nr. 3. 75

Medizinische Daten sind grundsätzlich nicht ihrem Wesen nach geheim.[146] Das gilt erst recht für die „Art der Daten" (Ebene der Meta-Daten), die Gegenstand der Benachrichtigung ist.[147] Der Gesetzgeber hat mit der Schaffung des datenschutzrechtlichen Auskunftsanspruchs bewusst die ärztliche Aufklärungspflicht erweitert und die Bedeutung einer präzisen und umfassenden Information als Grundlage für das Selbstbestimmungsrecht von Patientinnen und Patienten anerkannt. Diese haben nach § 34 ein Auskunftsrecht hinsichtlich der zu ihrer Person gespeicherten Daten.[148] Das Selbstbestimmungsrecht schließt die Befugnis ein, darüber zu entscheiden, welchen Gefahren sich der Mensch aufgrund der Kenntnisnahme ungünstiger Befunde aussetzen will. Allerdings kann eine Offenlegung in extremen Ausnahmesituationen (z.B. bei Selbstmordgefahr) ausscheiden.[149] Nur in derartigen eng begrenzten Ausnahme- 76

142 Zum zwingenden Charakter der Vorschrift vgl. Rdnr. 46.
143 Vgl. wegen weiterer Einzelheiten § 19 Rdnrn. 91 ff.
144 Vgl. die Kommentierung zu § 34 Abs. 4.
145 Vgl. § 4 Rdnr. 8 ff. und § 19 Rdnr. 92 ff.
146 Vgl. hierzu und zum Folgenden § 19 Rdnr. 100 sowie *Mallmann*, in *Simon/Weiss*, Zur Autonomie des Individuums, Liber Amicorum *S. Simitis*, 237 ff.
147 S.o. Rdnr. 73
148 Vgl. § 34 Rdnr. 41.
149 Vgl. auch BVerwG, NJW 1989, 2960; BGH, NJW 1983, 328, 329.

fällen kommt eine Anwendung des Abs. 2 Satz 1 Nr. 3 in Betracht.[150] In diesem Sinne ist auch Art. 13 Abs. 1 g) der EG-Datenschutzrichtlinie zu verstehen, der eine Beschränkung des Auskunftsrechts ermöglicht, sofern dies zum Schutz der betroffenen Person notwendig ist.[151]

77 Eine Geheimhaltungspflicht kann sich namentlich aus dem **überwiegenden rechtlichen Interesse einer dritten Person** ergeben. Bloße wirtschaftliche oder ideelle Interessen können nur ein „berechtigtes", nicht aber ein „rechtliches" Interesse begründen.[152]

78 Ob die Interessen Dritter gegenüber denjenigen der Betroffenen überwiegen, ist durch Interessenabwägung im Einzelfall festzustellen. Hierbei sind strenge Maßstäbe anzulegen.[153] Die bloße Vermutung, die dritte Person könnte an einer Geheimhaltung interessiert sein, reicht nicht aus. Vielmehr müssen konkrete Tatsachen vorliegen, die ein rechtliches Geheimhaltungsinteresse begründen. In Zweifelsfällen ist die dritte Person nach ihren Interessen zu befragen.[154] Verlangt eine dritte Person ausdrücklich die Geheimhaltung, so hat die verantwortliche Stelle die Gründe zu überprüfen. Der bloße Umstand, dass die dritte Person bestimmte Geschäfte vertraulich behandelt wissen will, begründet noch kein überwiegendes Interesse. Der Gesetzgeber hat die Benachrichtigung Betroffener bewusst nicht von der Einwilligung Dritter abhängig gemacht.

79 Die **Interessen der Betroffenen** können nur im konkreten Fall ermittelt werden. Soweit es sich bei den gespeicherten Daten um **Kreditinformationen** handelt, ist jedoch allgemein zu berücksichtigen, dass der Handels- und Verbraucherkredit ständig an Bedeutung gewinnt.[155] Kauf auf Kredit ist für viele zur Selbstverständlichkeit geworden. Für die Verbraucherinnen und Verbaucher geht es dabei nicht nur um eine verzichtbare Vorverlagerung von Konsum. Mit der Zurückdrängung des Bargeldes durch verschiedene Arten bargeldlosen Zahlungsverkehrs entstehen neue Formen des Kredits (und damit neue Anwendungsbereiche für Kreditinformation), auf die die Betroffenen nicht unter allen Umständen verzichten können. Einschneidender noch dürften die Folgen einer zweiten Entwicklung sein: Längst ist klar geworden, dass der Verkauf von Auskünften für Kreditentscheidungen angesichts eines rasch expandierenden Informationsmarktes nicht die einzige Möglichkeit kommerzieller Verwertung von Kreditinformationen darstellt. Vor allem die Handelsauskunfteien entwickeln sich, wie die wachsende Bedeutung ihrer Tätigkeit im Bereich von Inkasso- und Mahnwesen und Marktforschung[156] zeigt, zunehmend zu multifunktionalen Wirtschaftsinformations- und Gläubigerschutzdiensten. Damit wird die Korrektheit der gespeicherten und übermittelten Daten für die Betroffenen immer wichtiger. Für sie hängen Teilhabe- und Entfaltungschancen zunehmend auch in anderen Bereichen, etwa auf dem Wohnungsmarkt oder bei der Mobilkommunikation, von einem korrekten Umgang mit Bonitätsdaten ab. Das Risiko im Falle von Fehlern steigt. Gerade die Fehlerquote ist jedoch in den Auskünften der Handelsauskunfteien nicht zu vernachlässigen.[157] Wesentliche Gründe hierfür dürften der Kosten- und Zeitdruck bei der Erstellung der Auskünfte, eine unsystematische Auswertung von Informationsquellen, mangelnde Aktualität, aber auch eine häufig zu pauschale Abfassung der Auskünfte sein.[158] Damit wird das erhebliche und grundsätzlich vorrangige Interesse der Betroffenen an Benachrichtigung und Auskunft evident, die allein eine wirksame Wahrnehmung seiner Steuerungsrechte nach § 35 ermöglichen. Auch der sog. **Score-Wert** einer betroffenen

150 A.M. *Auernhammer,* BDSG § 33 Rdnr. 15, der allerdings im Ergebnis ebenfalls für Ausnahmesituationen eine Einschränkung des Auskunftsanspruchs befürwortet, vgl. a.a.O. § 19 Rdnr. 19; vgl. zum Anspruch auf Einsicht in Krankenunterlagen auch BGH, NJW 1983, 328; 1985, 674.

151 Vgl. *Dammann/Simitis,* EG-Datenschutzrichtlinie § 13 Erl. 11.

152 Vgl. auch § 16 Rdnrn. 16 f. Anders *Schaffland/Wiltfang*, BDSG § 33 Rdnr. 63, die entgegen dem Wortlaut ein berechtigtes Interesse ausreichen lassen wollen.

153 So auch *Auernhammer,* BDSG § 33 Rdnr. 15.

154 Vgl. *Schaffland/Wiltfang,* BDSG § 33 Rdnr. 65.

155 Vgl. auch *Peilert,* Das Recht des Auskunftei- und Detekteigewerbes, bes. 100 ff., 112 ff.; *Mallmann,* Zielfunktionen, 89 ff., 107 f. m.w.N.

156 Dazu *Peilert,* a.a.O. m.w.N.; vgl. aber auch § 29 Rdnrn. 109 ff.

157 Vgl. *Peilert,* a.a.O., 127 ff. m.w.N.

158 Vgl. § 29 Rdnrn. 174 ff.

Person[159] darf dieser gegenüber nicht unter Hinweis auf ein darin angeblich enthaltenes Betriebs- und Geschäftgeheimnis geheim gehalten werden, sondern er ist offen zu legen und sein Zustandekommen mitsamt allen zugrunde liegenden Faktoren ist der betroffenen Person zu erläutern.[160]

Will ein Forderungsinhaber die Forderung als Sicherheit für einen Kredit an ein Kreditinsti- 80
tut abtreten, ohne dass der Drittschuldner davon erfahren soll **(stille Zession)**,[161] hat das Kreditinstitut zu prüfen, ob die Interessen des Forderungsinhabers gegenüber denjenigen des Drittschuldners überwiegen. Der Wunsch, die Kreditaufnahme nicht zu offenbaren, reicht dafür allein nicht aus.[162] Für den Drittschuldner (Betroffenen) bedeutet bereits die Speicherung ihn betreffender personenbezogener Daten eine potenzielle Gefährdung. Nur wenn eine Offenlegung zu konkreten Nachteilen für den Forderungsinhaber führen würde, kommt eine Anwendung von Abs. 2 Satz 1 Nr. 3 in Betracht. Generell kann bei dieser Abwägung nicht außer Acht bleiben, dass der Zessionar stets das Recht hat, die Zession offen zu legen, um eine befreiende Zahlung an den Zedenten zu unterbinden (§ 407 BGB).[163] Das Zivilrecht geht also ohnehin nicht davon aus, dass Zessionen auf Dauer geheim gehalten werden können. Auch bei Pensionsgeschäften und Konsortialkrediten[164] kann nicht von vornherein ein Eingreifen des Abs. 2 Satz 1 Nr. 3 angenommen werden.[165] Vielmehr ist insoweit ebenfalls eine Interessenabwägung im Einzelfall vorzunehmen. Dagegen wird bei Verträgen zugunsten dritter Personen für den Todesfall der Gläubiger vielfach ein überwiegendes Interesse daran haben, dass der Bezugsberechtigte noch nicht informiert wird. Spricht sich der Gläubiger in diesem Fall gegen eine Benachrichtigung und Auskunftserteilung aus, so haben diese zu unterbleiben.[166] Das Interesse des Erstversicherers, die Rückversicherungsbeziehung geheim zu halten, überwiegt nicht gegenüber dem Interesse der Betroffenen an Benachrichtigung und Auskunftserteilung durch den Rückversicherer.[167]

Als rechtliche Interessen Dritter können auch diejenigen des Informanten und des Datenemp- 81
fängers in Betracht kommen.[168] Praktische Bedeutung hat Abs. 2 Satz 1 Nr. 3 in diesen Fällen regelmäßig nur für den Auskunftsanspruch,[169] da die Benachrichtigungspflicht sich nur auf Empfängerkategorien beschränkt und wegen der sonstigen über die Betroffenen gespeicherten Daten unberührt bleibt. Hinsichtlich des **Datenempfängers** ist von Folgendem auszugehen: Soweit es sich bei diesem um eine Stelle handelt, die personenbezogene Daten für eigene Geschäftszwecke verarbeitet, ist die Frage des Überwiegens berechtigter Interessen am Maßstab des Abs. 2 Satz 1 Nr. 7 b) zu messen. Dies ergibt sich daraus, dass ein Wirtschaftsunternehmen (oder eine sonstige derartige Stelle) bezüglich der von ihm gespeicherten Daten **zum Schutz eigener Interessen** nur unter den Voraussetzungen des Abs. 2 Satz 1 Nr. 7 b) die

159 Zum Scoring-Verfahren *BlnDSB*, Jahresbericht 1998, 4.6.2, 141 f. Ob und in welcher Form das Scoring-Verfahren zur Bonitätsbewertung überhaupt zulässig ist, wird unterschiedlich beurteilt, vgl. eingehend *Petri,* DuD 2003, 631 ff.; *Breinlinger* in: *Roßnagel*, Handbuch Datenschutzrecht, Kap. 7.6, Rdnr. 58 ff.

160 Vgl. Weichert, DuD 2005, 582, 586; a.A. bezüglich der Grundlagen für die Scoring-Berechnung *Beckhusen,* BKR 2005, 335, 343 f. Die SCHUFA erteilt – im Gegensatz zu ihrer früheren Praxis – mittlerweile den Betroffenen zwar Auskunft zu ihrem aktuellen Score-Wert, nicht aber zu dem einem Vertragspartner übermittelten Score-Wert. Auch die Beauskunftung der in die Berechnung des Score-Wertes einfließenden Faktoren lehnt die SCHUFA zu Unrecht unter Berufung auf das Geschäftsgeheimnis ab; vgl. *BfD*, 20. Tätigkeitsbericht (2003-2004), 11.5.1.

161 Vgl. u. Rdnr. 109.

162 Vgl. demgegenüber *Schaffland/Wiltfang,* BDSG § 33 Rdnr. 63.

163 Vgl. auch *Gola/Schomerus,* BDSG, § 33 Rdnr. 39. In der Abtretung einer notleidenden Darlehensforderung durch eine Bank sieht das LG Frankfurt (Urt. v. 17.12.2004 – 2/21 O 96/02 – BB 2005, 125) keinen Verstoß gegen die §§ 4, 28 BDSG oder das Bankgeheimnis. Allenfalls könne die abtretende Bank gegenüber dem Darlehensnehmer nach Zivilrecht schadenersatzpflichtig sein; zustimmend *Bütter/Aigner*, BB 2005, 119 ff. An der Benachrichtigungspflicht der Zessionars gegenüber Drittschuldnern nach § 33 Abs.1 Satz 1 BDSG ändert das nichts.

164 Vgl. u. Rdnr. 110.

165 Anders *Ungnade,* Datenschutz, 56.

166 *Ungnade,* Datenschutz, 57; BWHinwBDSG Nr. 21 v. 28.6.1984, StAnz. 1984, 5 = Dok. B 1.25.

167 Vgl. o. Rdnr. 59.

168 Vgl. § 34 Abs. 1 Nr. 1.

169 Vgl. § 34 Abs. 4 und o. Rdnr. 73.

Benachrichtigung unterlassen und die Auskunft verweigern darf.[170] Gleiches muss für eine Auskunftei oder Detektei gelten, die sich auf die Interessen des Datenempfängers beruft.[171] Ginge man von weniger strengen Anforderungen aus, so käme man zu dem Wertungswiderspruch, dass für die Beurteilung der Auskunftsverweigerung unterschiedliche Maßstäbe gelten würden, je nachdem ob sich ein Wirtschaftsunternehmen z.B. bei der Beurteilung der Kreditwürdigkeit der betroffenen Person eigener oder fremder Daten bedient. Grundsätzlich kein überwiegendes Interesse begründet demgemäß die Befürchtung des Datenempfängers, eine sich anbahnende Geschäftsbeziehung mit der betroffenen Person könnte scheitern, wenn dieser die Einholung einer Kreditauskunft bekannt würde. In aller Regel überwiegt hier das Interesse der betroffenen Person.[172]

82 Empfängt allerdings eine Privatperson die Daten, so kann Abs. 2 Satz 1 Nr. 7 b) grundsätzlich nicht als Maßstab herangezogen werden. Hier kann im Einzelfall – z.B. bei der Beauftragung eines Detektivs im Vorfeld eines Scheidungsverfahrens – ein überwiegendes rechtliches Interesse des Datenempfängers vorliegen.

83 Als rechtliche Interessen einer dritten Person können solche eines **Informanten** in Betracht kommen, dessen Name und Anschrift als Quellenangabe z.B. zu Bonitätsdaten gespeichert sind.[173] Ohne Bedeutung ist dabei das eigene Interesse der verantwortlichen Stelle, ihren Informanten nicht preiszugeben.[174] Vielmehr kommt es auf dessen rechtliche Interessen an, die im Einzelfall mit denen der betroffenen Person abzuwägen sind. Angesichts der erheblichen Bedeutung des Auskunftsrechts für die betroffene Person kann nur in Ausnahmefällen von einem überwiegenden Geheimhaltungsinteresse des Informanten ausgegangen werden. Der Umstand, dass dem Informanten Vertraulichkeit zugesichert wurde, führt nicht ohne weiteres zu einem überwiegenden rechtlichen Interesse an der Geheimhaltung; Gleiches gilt für geschäftliche Nachteile, die der Informant z.B. aufgrund einer Verärgerung der betroffenen Person befürchtet.[175] Hat der Informant unrichtige Angaben gemacht, so ist sein Geheimhaltungsinteresse ohnehin grundsätzlich nicht schutzwürdig.[176]

84 Überwiegende rechtliche **Interessen der verantwortlichen Stelle** rechtfertigen **nicht** den Verzicht auf eine Benachrichtigung nach Abs. 2 Satz 1 Nr. 3. Im Bereich der Datenverarbeitung für eigene Zwecke wäre die an strengere Voraussetzungen geknüpfte Vorschrift des Abs. 2 Satz 1 Nr. 7b) gegenstandslos, wollte man überwiegende rechtliche Interessen der verantwortlichen Stelle für eine Bejahung des Abs. 2 Satz 1 Nr. 3 ausreichen lassen. Auch bei Warn- und Hinweissystemen, die der Verminderung von Risiken und der Prävention von Wirtschaftsdelikten dienen, kann sich die verantwortliche Stelle also im Rahmen des Abs. 2 Satz 1 Nr. 3 nicht auf eigene Interessen berufen.[177] Allerdings kann im Einzelfall ein überwiegendes rechtliches Interesse Dritter (z.B. geschädigter Kunden) an der Geheimhaltung bestehen.[178]

85 Ebenso wenig fallen **Arbeitnehmerdaten**[179] einschließlich Personalplanungsdaten[180] unter Abs. 2 Satz 1 Nr. 3. Insoweit kann nichts anderes gelten als für das Einsichtsrecht nach § 83 Abs. 1 BetrVG, das nach zutreffender Auffassung keinen derartigen Einschränkungen unterliegt.

---

170 So bereits die Rechtslage nach dem BDSG 1977.
171 Dazu u. Rdnrn. 101 ff.
172 Vgl. auch *Auernhammer,* BDSG § 33 Rdnr. 15 a.E.
173 Zur Erstreckung des Auskunftsrechts auf die Herkunft der Daten vgl. § 34 Abs. 1 Nr. 1
174 Vgl. u. Rdnr. 84.
175 Vgl. auch *Gola/Schomerus,* BDSG § 33 Rdnr. 33; a.M. *Schaffland/Wiltfang,* BDSG § 33 Rdnr. 63.
176 Vgl. auch zu den im öffentlichen Bereich geltenden – nicht ohne weiteres übertragbaren – Grundsätzen BVerwGE 89, 14 ff. = Dok. BDSG 1990 § 19 E 1. Auch das Interesse eines „Whistleblowers" an der Geheimhaltung seiner Identität, falls er sie preisgegeben hat, ist in diesem Fall nicht schutzwürdig.
177 A.M. insoweit *Auernhammer,* BDSG § 33 Rdnr. 15.
178 Vgl. auch u. Rdnrn. 111 f.
179 So für den Regelfall RegE, BT-Drs. 11/4306, 51; vgl. auch *Auernhammer,* BDSG § 33 Rdnr. 15.
180 Vgl. auch *Simitis,* Schutz von Arbeitnehmerdaten, 135.

6.4 Gesetzlich vorgesehene Speicherung oder Übermittlung (Abs. 2 Satz 1 Nr. 4)

Durch die neu eingefügte Nr. 4 wird der Ausnahmekatalog in wörtlicher Entsprechung zu Art. 11 Abs. 2 der EG-Datenschutzrichtlinie um die Fallkonstellation ergänzt, bei der eine Speicherung oder Übermittlung durch Gesetz ausdrücklich vorgesehen ist. 86

Die Vorschrift geht davon aus, dass Betroffene in diesem Fall den Inhalt der gesetzlichen Regelung kennen oder leicht in Erfahrung bringen können. Im Hinblick hierauf scheint es gerechtfertigt, die verantwortliche Stelle nicht mit dem Informationsaufwand zu belasten. Damit wird **nicht** gefordert, dass das Gesetz eine **Pflicht zur Speicherung oder Weitergabe** begründet.[181] Grundsätzlich genügt vielmehr eine gesetzliche Ermächtigung. Mit dem Merkmal „Durch Gesetz ausdrücklich vorgesehen" lässt Abs. 2 Satz 1 Nr. 4 aber erkennen, dass die Vorschrift bestimmten **Anforderungen hinsichtlich ihrer Normenklarheit genügen muss**. Entscheidend ist der Charakter als Surrogat für die individuelle Information. Eine generalklauselartige Erlaubnis zur Speicherung oder Weitergabe personenbezogener Daten – etwa anknüpfend an ein „berechtigtes Interesse" – genügt diesen Anforderungen nicht. Der Inhalt der gesetzlichen Regelung muss vielmehr die Situation für die betroffene Person berechenbar machen und sie in die Lage versetzen, jedenfalls mit hinreichender Wahrscheinlichkeit absehen zu können, wer sie betreffende Daten speichert oder übermittelt. 87

Ein in der amtlichen Begründung des Regierungsentwurfs erwähntes Beispiel ist das Geldwäschegesetz.[182] Hier entfällt eine Benachrichtigungspflicht aufgrund der in diesem Gesetz ausdrücklich vorgesehenen Speicherungs- und Übermittlungspflichten bestimmter Institute, Unternehmen und Personen (u.a. Rechtsanwälte, Notare, Steuerberater und Immobilienmakler). Weitere Beispiele bilden die Vorschriften, die Arbeitgeber verpflichten, Finanzbehörden und Versicherungsträger von der Beschäftigung und den Bezügen ihrer Arbeitnehmer zu unterrichten, sowie die Sicherheitsüberprüfungsgesetze des Bundes[183] und der Länder[184] für Beschäftigungsverhältnisse in sicherheitsempfindlichen Bereichen.[185] 88

6.5 Erforderlichkeit der Speicherung oder Übermittlung für Zwecke der wissenschaftlichen Forschung (Abs. 2 Satz 1 Nr. 5)

Die neu eingefügte Bestimmung setzt Art. 11 Abs. 2 der EG-Datenschutzrichtlinie um, der eine Ausnahme von der Benachrichtigungspflicht für Zwecke der wissenschaftlichen Forschung vorsieht. 89

Die Vorschrift ermöglicht unter der Voraussetzung der Erforderlichkeit die Speicherung bzw. Nutzung ohne Benachrichtigung der Betroffenen. Allerdings führen weder der verfassungsrechtliche Rang der Forschungsfreiheit noch ein unmittelbar aus Art. 5 Abs. 3 GG abgeleitetes „Datenzugangsrecht" zu einem datenschutzfreien Verarbeitungsvakuum.[186] 90

Auf den (öffentlich-rechtlichen oder privatrechtlichen) Status der Forschungseinrichtung kommt es nicht an. Ebenso wenig sind grundsätzlich das Thema oder Ziel und die angewendeten wissenschaftlichen Methoden von Bedeutung. Auch ohne ausdrückliche Erwähnung im Gesetz ist die **Unabhängigkeit** der forschenden Einrichtung ungeschriebenes Tatbestandsmerkmal.[187] Für die Frage des unverhältnismäßigen Aufwands gilt das Gleiche wie bei Abs. 2 Satz 1 Nr. 2. Im Rahmen der Prüfung, ob der Aufwand unverhältnismäßig ist, ist deshalb das Informationsinteresse der Betroffenen zu berücksichtigen.[188] Die insoweit geltenden Grundsätze sind gemäß Abs. 2 Satz 2 zu dokumentieren.[189] 91

---

181 Vgl. auch zum Folgenden *Dammann/Simitis,* EG-Datenschutzrichtlinie, Art. 11 Erl. 7.
182 BGBl. I, 1770, zuletzt geändert durch das Investmentmodernisierungsgesetz v. 15.12.2003, BGBl.I, 2676, 2733 dazu *Roßnagel/Eul*, Kap. 7.2, 1094 ff.
183 SÜG v. 20.4.1994, BGBl. I, 867, zuletzt geändert durch Verordnung v. 25.1.2003, BGBl. I, 2304.
184 Vgl. z.B. Brandenburgisches Sicherheitsüberprüfungsgesetz v. 30.7.2001, GVBl. I, 126.
185 S. dazu auch § 34 Rdnr. 96.
186 Vgl. § 40 Rdnr. 9.
187 Vgl. auch § 20 Rdnrn. 69 und 71 und § 40 Rdnr. 36.
188 Vgl. o. Rdnr. 71.
189 Vgl. u. Rdnr. 119 und § 40 Rdnr. 63.

6.6 Gefährdung der öffentlichen Sicherheit oder Ordnung (Abs. 2 Satz 1 Nr. 6)

92 Abs. 2 Satz 1 Nr. 6 greift ein, wenn das Bekanntwerden der personenbezogenen Daten die öffentliche Sicherheit oder Ordnung gefährden oder sonst dem Wohl des Bundes oder eines Landes Nachteile bereiten würde. Die Vorschrift entspricht insoweit § 19 Abs. 4 Nr. 2. Abs. 2 Satz 1 Nr. 6 enthält jedoch zusätzlich die Regelung, dass die Benachrichtigungspflicht nur dann entfällt, wenn die **zuständige öffentliche Stelle** die genannten Voraussetzungen gegenüber der verantwortlichen Stelle festgestellt hat.

93 Welche öffentliche Stelle zuständig ist, kann nur nach Lage des Einzelfalls festgestellt werden. In Zweifelsfällen sollte sich die verantwortliche Stelle an die gemäß § 38 nach Landesrecht zuständige Aufsichtsbehörde wenden. Diese hat der verantwortlichen Stelle dann ggf. mitzuteilen, ob eine andere öffentliche Stelle zuständig ist.

94 Abs. 2 Satz 1 Nr. 6 ist anwendbar, wenn Personen in geheimhaltungsbedürftigen Angelegenheiten tätig werden (z.B. Waffenproduktion). Die Benachrichtigungspflicht entfällt etwa, wenn ein Mitarbeiter oder eine Mitarbeiterin der Tätigkeit für ausländische Geheimdienste verdächtigt wird. In einem derartigen Fall hat die verantwortliche Stelle die zuständige öffentliche Stelle zu unterrichten und nach deren Weisung vorzugehen.[190]

95 Die Vorschrift kann ferner im Rahmen dienst- oder arbeitsrechtlicher Rechtsverhältnisse mit öffentlichen Stellen Bedeutung haben. Für die Verarbeitung personenbezogener Daten im Zusammenhang mit der Überprüfung einer Person, die von der zuständigen Stelle mit einer **sicherheitsempfindlichen Tätigkeit** betraut werden soll, gelten die Sicherheitsüberprüfungsgesetze des Bundes und der Länder.[191]

6.7 Besonderheiten bei Datenspeicherung für eigene Zwecke (Abs. 2 Satz 1 Nr. 7)

96 Abs. 2 Satz 1 Nr. 7 sieht für nicht-öffentliche Stellen, die personenbezogene Daten i.S.d. § 28 für eigene Zwecke speichern, besondere Ausnahmen vor.

6.7.1 Entnahme aus allgemein zugänglichen Quellen (Abs. 2 Satz 1 Nr. 7 a))

97 Nach Abs. 2 Satz 1 Nr. 7 a) besteht keine Benachrichtigungspflicht, wenn die Daten für eigene Zwecke gespeichert sind und aus allgemein zugänglichen Quellen entnommen sind. Durch die Neufassung wurde der Zusatz hinzugefügt, dass die Benachrichtigungspflicht nur entfällt, wenn eine Benachrichtigung wegen der Vielzahl der betroffenen Fälle unverhältnismäßig ist.

98 Die Regelung ist im Zusammenhang mit § 28 Abs. 1 Nr. 3 zu sehen, der die Speicherung, Veränderung und Übermittlung von Daten, die aus allgemein zugänglichen Quellen entnommen werden können, unter den dort bezeichneten Voraussetzungen zulässt.[192] § 33 Abs. 2 Nr. 7 a) lässt die Möglichkeit der Entnahme aus derartigen Quellen nicht genügen. Vielmehr müssen sie tatsächlich aus allgemein zugänglichen Quellen entnommen worden sein.[193] Dieses Erfordernis ist auch deswegen strikt einzuhalten, weil Abs. 2 Satz 1 Nr. 7 a) (anders als § 28 Abs. 1 Nr. 3) keine Interessenabwägung vorsieht. Weiterhin müssen die Daten unmittelbar aus allgemein zugänglichen Quellen entnommen worden sein.[194] Das Gewerbezentralregister und andere Register, die nur bei Vorliegen eines berechtigten oder rechtlichen Interesses zugänglich sind, sind keine allgemein zugänglichen Quellen.[195]

99 Zu den allgemein zugänglichen Quellen gehören neben Presse und anderen Medien u.a. öffentliche Register, die jedermann ohne Nachweis eines Interesses zugänglich sind, sowie

190 Vgl. *Auernhammer,* BDSG § 33 Rdnr. 17.
191 Vgl. Rdnr. 88.
192 Vgl. auch § 29 Abs. 1 Satz 1 Nr. 2.
193 Vgl. *Auernhammer,* BDSG § 33 Rdnr. 20; a.M. *Schaffland/Wiltfang,* BDSG § 33 Rdnr. 74.
194 Vgl. *Schaffland/Wiltfang,* BDSG § 33 Rdnr. 74; a.M. *Auernhammer,* a.a.O.; *Gola/Schomerus,* BDSG § 33 Rdnr. 38; vgl. auch die Kommentierung zu § 28 Abs. 1 Nr. 3.
195 A.A. AG Bad Schwartau, DuD 2005, 372.

Adressbücher und Telefonverzeichnisse.[196] Die Vorschrift gilt im Regelfall nicht für Daten von Beschäftigten.[197]

100 Die Pflicht zur Benachrichtigung entfällt nur, wenn eine Benachrichtigung wegen der Vielzahl der betroffenen Fälle unverhältnismäßig ist. Anders als nach Abs. 2 Satz 1 Nrn. 2 und 5 muss sich die Unverhältnismäßigkeit also aus der Vielzahl der betroffenen Fälle ergeben. Die Schwierigkeit der Feststellung einer einzelnen betroffenen Person entbindet nicht von der Benachrichtigungspflicht. Auch bei Nr. 7 kommt es aber entscheidend auf das Verhältnis des Aufwands zu dem Informationsinteresse der Betroffenen an.[198]

6.7.2 Erhebliche Gefährdung der Geschäftszwecke (Abs. 2 Satz 1 Nr. 7 b))

101 Nach Abs. 2 Satz 1 Nr. 7 b) besteht keine Pflicht zur Benachrichtigung, wenn diese die Geschäftszwecke der verantwortlichen Stelle erheblich gefährden würde, es sei denn, dass das Interesse an der Benachrichtigung die Gefährdung überwiegt.

102 Abs. 2 Satz 1 Nr. 7 b) setzt voraus, dass das Bekanntwerden personenbezogener Daten die **Geschäftszwecke** der verantwortlichen Stelle erheblich **gefährden** würde. Teilweise wird dies so ausgelegt, dass hierfür bereits die Möglichkeit des Scheiterns **einzelner Geschäfte** ausreichen soll.[199] Die Geschäftszwecke wären danach bereits gefährdet, wenn Zustandekommen oder Abwicklung eines Vertrags mit einer betroffenen Person bedroht wäre. Gegen eine derart weite Auslegung zulasten der Betroffenen spricht bereits der Wortlaut des Gesetzes: „Die“ Geschäftszwecke der verantwortlichen Stelle sind nur gefährdet, wenn sie insgesamt durch die Benachrichtigung bedroht wären.[200]

103 Die Verpflichtung zur Benachrichtigung entfällt nach Abs. 2 Satz 1 Nr. 7 b) nicht bereits deshalb, weil die verantwortliche Stelle andernfalls **bestimmte Geschäfte** generell nicht mehr durchführen könnte, da sie auf **Vertraulichkeit** beruhen.[201] Die Vorschrift greift vielmehr nur ein, wenn hinzukommt, dass aus diesem Grund die Geschäftszwecke der verantwortlichen Stelle insgesamt gefährdet werden.[202]

104 **„Geschäftszwecke“** stehen infrage, soweit es um eine wirtschaftliche Betätigung der verantwortlichen Stelle geht.[203] Erforderlich ist eine *erhebliche* Gefährdung der Geschäftszwecke. Bloße Unannehmlichkeiten, die durch die Benachrichtigung entstehen würden, reichen nicht aus und müssen hingenommen werden. Vielmehr kann von einer erheblichen Gefährdung nur gesprochen werden, wenn die Erreichung der Geschäftszwecke unmöglich zu werden droht.

105 Die Benachrichtigungspflicht bleibt trotz einer erheblichen Gefährdung der Geschäftszwecke bestehen, wenn das **Interesse** der Betroffenen **an der Benachrichtigung** die Gefährdung überwiegt. Ob dies der Fall ist, ist durch eine Interessenabwägung im Einzelfall festzustellen.

106 Sofern bei **Kundendaten** die Benachrichtigungspflicht nicht schon aus anderen Gründen entfällt, greift Abs. 2 Satz 1 Nr. 7 b) in aller Regel nicht ein. Angaben über die Kreditwürdigkeit oder über ein Kreditlimit können die benachrichtigten Kundinnen und Kunden zwar verärgern und damit unter Umständen zum Ende der Geschäftsbeziehungen führen; die Geschäftszwecke der verantwortlichen Stelle insgesamt werden dadurch in der Regel nicht gefährdet.[204]

107 Die Tatsache, dass Daten in einer **Marketing-Datei** gespeichert sind, deren Kenntnis auf Marktstrategien schließen lassen kann, berechtigt die verantwortliche Stelle für sich genommen nicht, insoweit in Anwendung des Abs. 2 Satz 1 Nr. 7 b) die Benachrichtigung zu unter-

196 Zu den Einzelheiten vgl. § 28 Rdnrn. 189 und § 29 Rdnr. 11 f.
197 Begr. des RegE, BT-Drs. 11/4306, 51.
198 Vgl. o. Rdnr. 71.
199 So *Uckermann,* DuD 1977, 76; a.M. *Auernhammer,* BDSG § 33 Rdnr. 21; *Gola/Schomerus,* BDSG § 33 Rdnr. 39; *Dörr/Schmidt,* BDSG § 33 Rdnr. 29.
200 So auch *Dörr/Schmidt,* a.a.O.
201 A.M. *Auernhammer,* BDSG § 33 Rdnr. 21, Abs. 2 Nr. 6 b.
202 So auch *Ungnade,* WM 1979, 711.
203 Vgl. auch § 28 Rdnrn. 79 ff.
204 Vgl. aber *Schaffland/Wiltfang,* BDSG § 33 Rdnr. 82.

lassen.[205] Anderes gilt nur, wenn sich aus konkreten Tatsachen ergibt, dass die Benachrichtigung die Geschäftszwecke der verantwortlichen Stelle insgesamt gefährden würde.

108 Ähnliches gilt für die Datenspeicherung durch **Rückversicherer**. Aus der Tatsache, dass ein Rückversicherer an der Geheimhaltung der Rückversicherungsbeziehung interessiert ist, ergibt sich noch nicht die in Abs. 2 Satz 1 Nr. 7 b) vorausgesetzte Gefährdung.[206]

109 Grundsätzlich nicht anwendbar ist Abs. 2 Satz 1 Nr. 7 b) auch bei **stillen Zessionen**.[207] Lässt sich z.B. ein Kreditinstitut von einem Kunden oder einer Kundin anlässlich einer Kreditgewährung Forderungen abtreten, und werden die entsprechenden Angaben in einer Datei gespeichert, so entfällt die Verpflichtung, die Drittschuldner zu benachrichtigen, nicht nach Abs. 2 Satz 1 Nr. 7 b).[208] Auch hier ist die zivilrechtliche Wertentscheidung des § 407 BGB zu berücksichtigen, die eine Geheimhaltung der stillen Zession ohnehin begrenzt.[209] Kommt der Abtretungsvertrag nicht zustande, weil der Kunde ihn nur unter der Voraussetzung einer Geheimhaltung dem Drittschuldner gegenüber abschließen würde, so sind dadurch in der Regel nicht die Geschäftszwecke des Kreditinstituts gefährdet.

110 Das Gleiche gilt für **Pensionsgeschäfte**, bei denen der Pensionsgeber die Kenntnisnahme durch den Drittschuldner verhindern will, und bei **Konsortialkrediten**, bei denen nur ein Konsorte (Konsortialführer) nach außen hin in Erscheinung tritt und der Mitkonsorte im Interesse des Konsortialführers den Kreditnehmer nicht davon in Kenntnis setzen möchte, dass ein Konsortialverhältnis besteht. Auch bei **Verträgen zugunsten Dritter auf den Todesfall** sind die Geschäftszwecke der verantwortlichen Stelle nicht schon deshalb gefährdet, weil der Versprechende unter Umständen wegen der Benachrichtigung der begünstigten Person von einem Vertragsabschluss absehen könnte. In den genannten Fallgruppen kann jedoch Abs. 2 Satz 1 Nr. 3 eingreifen.[210]

111 Die Benachrichtigungs- und Auskunftspflicht kann entfallen, wenn personenbezogene Daten zur Prävention von **Wirtschaftskriminalität** gespeichert sind. Dabei ist freilich zu beachten, dass die Verbrechensbekämpfung in erster Linie Aufgabe des Staates ist.[211] Demgegenüber ist die These nicht haltbar, dem inneren Prinzip einer grundsätzlich freien Wirtschaftsordnung entspreche die primär privatwirtschaftliche Wahrnehmung präventiver Aufgaben.[212] Privatwirtschaftliche Delinquenzprophylaxe kann staatliche Maßnahmen allerdings ergänzen. Sie kann jedoch bei der Kollision mit Interessen der Betroffenen keineswegs von vornherein Priorität beanspruchen. Jedenfalls entbindet die pauschale Berufung auf den Präventivcharakter von Datenspeicherungen die verantwortliche Stelle nicht von ihrer Pflicht nach Abs. 1. Vielmehr muss in jedem Fall konkret festgestellt werden, ob eine der Ausnahmebestimmungen des Abs. 2 eingreift.[213] Im Falle der Speicherung von Daten in **Warn- und Hinweissystemen**[214] ist die Benachrichtigung der Betroffenen grundsätzlich nicht nach Abs. 2 Satz 1 Nr. 7 b) ausgeschlossen. Andernfalls wären diese schutzlos den oft schwerwiegenden Konsequenzen einer (z.B. unzulässigen, unrichtigen oder zu langen) Speicherung ausgeliefert.[215] Die Betroffenen müssen vielmehr in die Lage versetzt werden, angesichts nicht selten unrichtiger bzw. zu Unrecht gespeicherter Daten ihre Rechte nach §§ 34 f. wahrzunehmen.

112 Abs. 2 Satz 1 Nr. 7 b) kann gegeben sein, wenn etwa die Offenbarung der von einem Kreditinstitut gespeicherten Daten über **Scheck-, Scheckkarten- oder Wechselbetrügereien** dessen Geschäftszwecke erheblich gefährden kann. Wird eine Gefährdung bejaht, so bleibt zu

---

205 Vgl. aber *Schaffland/Wiltfang,* BDSG § 33 Rdnr. 85.

206 A.M. *v. Puskàs,* VerBAV 1980, 52, 54 f.; vgl. auch o. Rdnr. 59.

207 Ebenso *Ungnade,* WM 1979, 111; *Auernhammer,* BDSG § 33 Rdnr. 21; a.M. *Schaffland/Wiltfang,* BDSG § 33 Rdnr. 84.

208 U.U. ist Nr. 3 anwendbar, vgl. Rdnr. 80.

209 S.o. Rdnr. 80; vgl. auch *Gola/Schomerus,* BDSG § 33 Rdnr. 39.

210 Vgl. o. Rdnr. 80; zum Ganzen ausführlich *Ungnade,* Datenschutz, 54 ff.

211 Über Speicherungen im Zusammenhang mit der Geldwäschebekämpfung müssen die Betroffenen bereits wegen Abs. 2 Satz 1 Nr. 4 nicht benachrichtigt werden, vgl. Rdnr. 88.

212 So aber *Tiedemann/Sasse,* Delinquenzprophylaxe, 29; krit. dazu *Mallmann,* Zielfunktionen, 103 ff.

213 Vgl. auch *Gola/Schomerus,* BDSG § 33 Rdnr. 40.

214 Vgl. z.B. für den Versicherungsbereich *Waniorek,* RDV 1990, 228 ff.; *HmbDSB,* 10. TB, 158.

215 Vgl. *Gola/Schomerus,* a.a.O.

prüfen, ob nicht gleichwohl das Interesse an der Benachrichtigung die Gefährdung überwiegt. Dabei kann keinesfalls generell angenommen werden, die Betroffenen seien insoweit nicht schutzwürdig.[216] Besteht z.B. lediglich ein wenig konkreter Verdacht oder beruht die Speicherung auf einer bloßen Vermutung (z.B. Speicherung durch Autoversicherer bei einer Unfallkonstellation, die **Versicherungsbetrug** als möglich erscheinen lässt), so werden vielfach die Interessen der Betroffenen an Transparenz überwiegen. Demgegenüber kann bei der Speicherung von Daten über Wirtschaftsdelikte Abs. 2 Satz 1 Nr. 3 gegeben sein, wenn rechtliche Interessen einer dritten Person überwiegen. Speichert etwa ein Kreditinstitut Daten über eine des Diebstahls eines Sparbuchs oder einer Scheckkarte dringend verdächtigte Person, so werden in der Regel die Interessen der Geschädigten überwiegen.

6.8 Besonderheiten bei geschäftsmäßiger Datenspeicherung zum Zwecke der Übermittlung (Abs. 2 Satz 1 Nr. 8)

Abs. 2 Satz 1 Nr. 8 sieht für nicht-öffentliche Stellen, die i.S.d. § 29 geschäftsmäßig Daten 113 zum Zwecke der Übermittlung speichern, besondere Ausnahmen von der Benachrichtigungspflicht vor. Diese bestehen nach der Neufassung der Vorschrift nur, wenn eine Benachrichtigung wegen der Vielzahl der betroffenen Fälle unverhältnismäßig ist.

6.8.1 Autorendaten u.a.

Nach Abs. 2 Satz 1 Nr. 8 a) entfällt die Benachrichtigung, wenn die Daten geschäftsmäßig 114 zum Zwecke der Übermittlung gespeichert sind[217] und aus allgemein zugänglichen Quellen entnommen sind, soweit sie sich auf diejenigen Personen beziehen, die diese Daten veröffentlicht haben. Die Regelung soll Bibliotheken und ähnliche Einrichtungen davon befreien, Buchautoren usw. über ihre Aufnahme in Bibliothekskataloge usw. zu benachrichtigen.[218] Adressaten der Vorschrift sind auch Informations- und Dokumentations-Einrichtungen (z.B. Fachinformationssysteme), soweit sie personenbezogene Daten zur Übermittlung speichern. Dagegen gilt § 33 insgesamt nicht für Einrichtungen, soweit sie personenbezogene Daten im Anwendungsbereich des § 41 Abs. 1 verarbeiten.[219]

Hinsichtlich der Voraussetzung, dass die Daten **aus allgemein zugänglichen Quellen** ent- 115 nommen sein müssen, gilt das Gleiche wie im Falle des Abs. 2 Nr. 7 a).[220]

Es muss sich um **veröffentlichte Daten** handeln (z.B. in einem Buch, einer Zeitschrift oder auf 116 einer Website), die sich auf diejenigen beziehen, die sie veröffentlicht haben. Hierzu gehören nach dem Zweck der Vorschrift vor allem Autorendaten (z.B. Name, Titel, Berufsbezeichnung). Daneben kommen etwa Angaben über Herausgeber und Verleger einer Publikation in Betracht. Infrage kommen nur Personen, die die Veröffentlichung selbst veranlasst haben (z.B. nicht im Text der Veröffentlichung erwähnte Personen).

6.8.2 Listenmäßig oder sonst zusammengefasste Daten (Abs. 2 Satz 1 Nr. 8 b))

Keine Pflicht zur Benachrichtigung besteht nach Abs. 2 Satz 1 Nr. 8 b), wenn die Daten ge- 117 schäftsmäßig zum Zwecke der Übermittlung gespeichert sind und es sich um listenmäßig oder sonst zusammengefasste Daten handelt.

Hinsichtlich der **listenmäßig oder sonst zusammengefassten Daten** verweist das Gesetz 118 auf **§ 29 Abs. 2 Satz 1 Nr. 1 Buchstabe b)**. Hieraus folgt einerseits, dass es sich um listenmäßig oder sonst zusammengefasste Daten über Angehörige einer Personengruppe i.S.d. § 28

216 So aber *Ungnade/Kruck,* WM IV, Sonderbeilage Nr. 3 v. 4.6.1977, 19.
217 Vgl. dazu § 28 Rdnr. 195.
218 Begr. des RegE, BT-Drs. 11/4306, 51.
219 Z.B. interne Presse- und Medienarchive, die zu journalistischen Zwecken genutzt werden; § 33 bleibt dagegen anwendbar auf derartige Archive, soweit sie für externe Nutzer (im Rahmen des „Leserservice“ oder für online-Recherchen durch Medienfremde) geöffnet bzw. kommerzialisiert genutzt werden; vgl. § 41 Rdnr. 17.
220 Vgl. o. Rdnrn. 97 ff.

Abs. 3 Satz 1 Nr.3) handeln muss. Andererseits ist erforderlich, dass die Daten für Zwecke der Werbung oder der Markt- oder Meinungsforschung übermittelt werden sollen.[221]

6.8.3 Unverhältnismäßigkeit

119 Hinsichtlich des Erfordernisses, dass die Benachrichtigung wegen der Vielzahl der betroffenen Fälle unverhältnismäßig sein muss, gilt das Gleiche wie im Falle des Abs. 2 Satz 1 Nr. 7 a).[222]

6.9 Schriftliche Festlegung der Voraussetzungen für Ausnahmen (Abs. 2 Satz 2)

120 Durch Abs. 2 Satz 2 wird die verantwortliche Stelle verpflichtet, schriftlich festzulegen, unter welchen Voraussetzungen von einer Benachrichtigung nach Abs. 2 Satz 1 Nrn. 2 bis 7 abgesehen wird. Durch diese Bestimmung soll das **Erfordernis „geeigneter Garantien"** gemäß Art. 11 Abs. 2 der EG-Datenschutzrichtlinie umgesetzt werden, die die Mitgliedstaaten als Kompensation für Transparenzeinschränkungen vorzusehen haben. Den danach bestehenden Erfordernissen wird die Bestimmung aber nicht gerecht, da es allein der verantwortlichen Stelle überlassen bleibt, die Voraussetzungen zu schaffen.[223] Zudem ist nicht einsichtig, weshalb sich die Dokumentationspflicht auf die Nrn. 2 bis 7 beschränkt. Insbesondere bei Nr. 8 besteht eine vergleichbare Abwägungsnotwendigkeit wie bei den Nrn. 2, 5 und 7, die eine Festlegung der Voraussetzungen für einen Benachrichtigungsverzicht notwendig erscheinen lassen.

121 Die Erreichung der Zielsetzung der Bestimmung, sowohl die Transparenz als auch die Kontrolle des Datenverarbeitungsprozesses zu verbessern, hängt wesentlich von den Beauftragten (§ 4g Abs. 1 Satz 1) und der Aufsichtsbehörde (§ 38 Abs. 1) ab, der es obliegt, die Stichhaltigkeit der jeweils angeführten Gründe zu überprüfen.[224] Zwar wird die Dokumentationspflicht nach Abs. 2 Satz 2 als reine Ordnungsvorschrift angesehen, deren Verletzung eine Berufung auf die Ausnahmetatbestände des Abs. 2 Satz 1 nicht ausschließt.[225] Gleichwohl kann in der **unterlassenen Dokumentation** ein **Organisationsmangel** des Unternehmens liegen, dessen Behebung die Aufsichtsbehörde nach § 38 Abs. 5 Satz 1 anordnen und bei Missachtung ein **Bußgeld** nach § 43 Abs. 1 Nr. 11 verhängen kann.[226]

7. Streitigkeiten

122 Für Streitigkeiten im Zusammenhang mit der Benachrichtigung sind grundsätzlich die ordentlichen Gerichte zuständig. Allerdings gelten zwei Ausnahmen: Auseinandersetzungen im Rahmen von Arbeitsverhältnissen sind vor den Arbeitsgerichten auszutragen. Für Streitigkeiten im Zusammenhang mit der Überwachung durch die Aufsichtsbehörde nach § 38 sind die Verwaltungsgerichte zuständig, soweit es sich nicht um Bußgeldbescheide nach § 43 handelt.

---

221 Wegen der Einzelheiten wird auf § 29 Rdnrn. 250 ff. verwiesen; vgl. auch *Auernhammer,* BDSG § 33 Rdnr. 25.
222 Vgl. o. Rdnr. 100.
223 Dazu § 40 Rdnr. 8.
224 Vgl. auch § 40 Rdnr. 63.
225 Z.B. *Weichert* in: *Kilian/Heussen*, Kap. 133, Rdnr. 23.
226 *Duhr/Naujok/Danker/Seiffert*, DuD 2003, 5 ff., 17, befürworten ein solches Vorgehen, wenn ein Unternehmen keine organisatorischen Vorkehrungen zur Beantwortung von Auskunftsersuchen trifft; für die unterlassene Dokumentation der Ausnahmetatbestände nach § 33 Abs. 2 Satz gilt aber nichts anderes. Einschränkend zu § 38 Abs. 5 in einer bestimmten Fallgestaltung OVG Hamburg, Urt. v. 7.7.05. 1 Bf 172/03.

§ 34 Auskunft an den Betroffenen

(1) Der Betroffene kann Auskunft verlangen über
1. die zu seiner Person gespeicherten Daten, auch soweit sie sich auf die Herkunft dieser Daten beziehen,
2. Empfänger oder Kategorien von Empfängern, an die Daten weitergegeben werden, und
3. den Zweck der Speicherung.
Er soll die Art der personenbezogenen Daten, über die Auskunft erteilt werden soll, näher bezeichnen. Werden die personenbezogenen Daten geschäftsmäßig zum Zwecke der Übermittlung gespeichert, kann der Betroffene über Herkunft und Empfänger nur Auskunft verlangen, sofern nicht das Interesse an der Wahrung des Geschäftsgeheimnisses überwiegt. In diesem Falle ist Auskunft über Herkunft und Empfänger auch dann zu erteilen, wenn diese Angaben nicht gespeichert sind.
(2) Der Betroffene kann von Stellen, die geschäftsmäßig personenbezogene Daten zum Zwecke der Auskunftserteilung speichern, Auskunft über seine personenbezogenen Daten verlangen, auch wenn sie weder in einer automatisierten Verarbeitung noch in einer nicht automatisierten Datei gespeichert sind. Auskunft über Herkunft und Empfänger kann der Betroffene nur verlangen, sofern nicht das Interesse an der Wahrung des Geschäftsgeheimnisses überwiegt.
(3) Die Auskunft wird schriftlich erteilt, soweit nicht wegen der besonderen Umstände eine andere Form der Auskunftserteilung angemessen ist.
(4) Eine Pflicht zur Auskunftserteilung besteht nicht, wenn der Betroffene nach § 33 Abs. 2 Satz 1 Nr. 2, 3 und 5 bis 7 nicht zu benachrichtigen ist.
(5) Die Auskunft ist unentgeltlich. Werden die personenbezogenen Daten geschäftsmäßig zum Zwecke der Übermittlung gespeichert, kann jedoch ein Entgelt verlangt werden, wenn der Betroffene die Auskunft gegenüber Dritten zu wirtschaftlichen Zwecken nutzen kann. Das Entgelt darf über die durch die Auskunftserteilung entstandenen direkt zurechenbaren Kosten nicht hinausgehen. Ein Entgelt kann in den Fällen nicht verlangt werden, in denen besondere Umstände die Annahme rechtfertigen, dass Daten unrichtig oder unzulässig gespeichert werden, oder in denen die Auskunft ergibt, dass die Daten zu berichtigen oder unter der Voraussetzung des § 35 Abs. 2 Satz 2 Nr. 1 zu löschen sind.
(6) Ist die Auskunftserteilung nicht unentgeltlich, ist dem Betroffenen die Möglichkeit zu geben, sich im Rahmen seines Auskunftsanspruchs persönlich Kenntnis über die ihn betreffenden Daten und Angaben zu verschaffen. Er ist hierauf in geeigneter Weise hinzuweisen.

Literatur

M. Beckhusen, Das Scoring-Verfahren der SCHUFA im Wirkungsbereich des Datenschutzrechts, BKR 2005, 335 ff.; *J. Bizer*, Lex specialis: Auskunft nach TDDSG, DuD 2005, 297; *R. Breidenbach*, Auskunft nach BDSG und TDDSG, DuD 2005, 510; *A. Büllesbach,* Datenschutz in der betrieblichen Datenverarbeitung, in: *A. Roßnagel,* Handbuch Datenschutzrecht (2003), Kap. 6.1, 949 ff.; *W. Däubler*, Gläserne Belegschaften? Datenschutz in Betrieb und Dienststelle, 4. Aufl. (2002); *ders.*, Individualrechte des Arbeitnehmers nach dem neuen BDSG, CR 1991, 475 ff.; *E.A. Denneborg*, Sicherheitsüberprüfungsrecht, Kommentar (Stand Juli 2004); *E. Deutsch/A. Spickhoff*, Medizinrecht, 5. Aufl. (2003); *A. Dix*, Die Vision einer transparenten Gesellschaft, in: *J. Bizer/A. v. Mutius/T. Petri/T. Weichert (Hrsg.)*, Innovativer Datenschutz 1992-2004, Wünsche-Wege-Wirklichkeit, Für *Helmut Bäumler* (2004), 71 ff.; *E. Duhr,* Datenschutz in Auskunfteien, in: *A. Roßnagel,* Handbuch Datenschutzrecht (2003), Kap. 7.5, 1157 ff.; *dies./H. Naujok/B. Danker/E. Seiffert,* Neues Datenschutzrecht für die Wirtschaft, Erläuterungen und praktische Hinweise zu den §§ 27 ff. bis 46 BDSG, DuD 2003, 5 ff.; *H. Eul*, Datenschutz im Kreditwesen und im Zahlungsverkehr, in: *A. Roßnagel*, Handbuch Datenschutzrecht (2003), Kap. 7.2, 1085; *C. Flisek*, Der datenschutzrechtliche Auskunftsanspruch nach TDDSG – Materielle und prozessuale Fragen bei der Anwendung des § 4 Abs. 7 TDDSG im nicht-öffentlichen Bereich, CR 2004, 949 ff; *J. Fluck/ A. Theuer*, Informationsfreiheitsrecht mit Umweltinformations- und Verbraucherinformationsrecht, Kommentar (Stand: November 2004); *H.-U. Gallwas,* Der allgemeine Konflikt zwischen dem Recht auf informationelle Selbstbestimmung und der Informationsfreiheit, NJW 1992, 348 ff.; *L. Gun-*

dermann, Auskunftsanspruch, in: *H. Bäumler/A. Breinlinger/H.-H. Schrader,* Datenschutz von A-Z (2003); *M. Hansen/C. Krause,* Technische Möglichkeiten des Selbstdatenschutzes, in: *A. Roßnagel (Hrsg.),* Technik für Nutzer – Rechtliche Regelung für eine nutzergerechte Technik, (2004); *A. Herb,* Entgelt für Auskünfte nach dem BDSG, CR 1992, 705 ff.; *P.M. Huber,* Der datenschutzrechtliche Auskunftsanspruch, ThürVBl. 1992, 121 ff.; *F. Lang,* Das Recht auf informationelle Selbstbestimmung des Patienten und die gesetzliche Schweigepflicht in der gesetzlichen Krankenversicherung (1997), 138 ff.; *O. Mallmann,* Informationsrechte von Patienten hinsichtlich medizinischer Daten, in: *D. Simon/M. Weiss,* Zur Autonomie des Individuums, Liber Amicorum *Spiros Simitis* (2000), 237 ff.; *ders.,* Zum datenschutzrechtlichen Auskunftsanspruch des Betroffenen, GewArch 2000, 354 ff.; *A. Peilert,* Das Recht des Auskunftei- und Detekteigewerbes (1996), 268 ff.; *T. Petri,* Sind Scorewerte rechtswidrig? DuD 2003, 631 ff.; *ders.,* Datenschutz in der Privatwirtschaft, in: *J. Bizer/A. v. Mutius/ T. Petri/ T. Weichert (Hrsg.),* Innovativer Datenschutz 1992 – 2004, Wünsche, Wege, Wirklichkeit, Für *Helmut Bäumler* (2004), 221 ff.; *M. Quaas/R. Zuck,* Medizinrecht (2005); *A. Roßnagel,* Konzepte des Selbstdatenschutzes, in: *ders.,* Handbuch Datenschutzrecht (2003), Kap. 3.4, 325 ff.; *P. Schaar,* Datenschutz im Internet: Die Grundlagen (2002); *K. Scheiwe,* Informationsrechte von Patienten hinsichtlich der medizinischen und psychiatrischen Dokumentation, KritV 81 (1998), 313 ff., *T. Schomerus/ C. Schrader/ B. Wegener,* Umweltinformationsgesetz, Handkommentar, 2. Aufl. (2002); *G. Spindler/P. Schmitz/I. Geis,* Teledienstegesetz, Teledienstedatenschutzgesetz, Signaturgesetz, Kommentar (2004); *M. Tinnefeld,* Geschützte Daten, in: *A. Roßnagel,* Handbuch Datenschutzrecht (2003), Kap. 4.1, 485 ff.; *M. Wächter,* Datenschutz als „Software-Routine". Ein datenschutzrechtlicher Implementierungsvorschlag, DuD 1996, 272 ff.; *P. Wedde,* Rechte der Betroffenen, in: *A. Roßnagel,* Handbuch Datenschutzrecht (2003), Kap. 4.4, 546 ff.; *ders.,* Datenschutz durch Mitbestimmung, in: *A. Roßnagel,* Handbuch Datenschutzrecht (2003), Kap. 6.3, 1003 ff.; *T. Weichert,* Datenschutzrechtliche Anforderungen an Verbraucher-Kredit-Scoring, DuD 2005, 582 ff.

Übersicht

1. Vorbemerkung

1 Das Auskunftsrecht ist für die Betroffenen das **fundamentale Datenschutzrecht**. Dieses zentrale subjektive Recht ermöglicht ihnen die Prüfung, ob die verantwortliche Stelle rechtmäßig Daten über sie verarbeitet, und versetzt sie häufig erst in die Lage, nach § 35 die Verarbeitung dieser Daten direkt zu steuern, indem sie Berichtigung, Löschung oder Sperrung von Daten verlangen oder der Verarbeitung aus besonderen persönlichen Gründen widersprechen. Darüber hinaus hat das Auskunftsrecht Bedeutung für die Geltendmachung von Schadensersatzansprüchen nach § 7. Das Auskunftsrecht ist ein wesentliches Element sowohl des **Selbstdatenschutzes**[1] als auch der **externen Kontrolle** der für die Datenverarbeitung verantwortlichen Stellen.

2 Das Bundesverfassungsgericht hat im Volkszählungsurteil aus Art. 2 Abs. 1 i.V.m. Art. 1 Abs. 1 GG die Befugnis des Einzelnen abgeleitet, grundsätzlich selbst über die Preisgabe und

---

1 Dazu *Roßnagel* in: *ders.,* Handbuch Datenschutzrecht, Kap. 3.4, Rdnr. 74 f.; *Hansen/Krause* in: *Roßnagel (Hrsg.),* Technik für Nutzer, 91 ff., 111.

Verwendung seiner Daten zu bestimmen.[2] Das Auskunftsrecht ist regelmäßig Voraussetzung für die Ausübung und damit selbst Bestandteil dieses **Rechts auf informationelle Selbstbestimmung**. Der Einzelne hat grundsätzlich ein Recht zu wissen, „wer was wann und bei welcher Gelegenheit über (ihn) weiß".[3] Funktional gesehen gehört das Auskunftsrecht zu den verfassungsrechtlich gebotenen verfahrensrechtlichen Vorkehrungen des Rechts auf informationelle Selbstbestimmung. Mit Recht wird es als „**Magna Charta des Datenschutzrechts**" bezeichnet.[4] Dass dieses Recht auch im Verhältnis zwischen Privaten zu beachten ist, ergibt sich bereits aus der Formulierung des Bundesverfassungsgerichts, das eine *Gesellschaftsordnung*, in der den Betroffenen entsprechende Informationen vorenthalten würden, als mit dem Recht auf informationelle Selbstbestimmung unvereinbar bezeichnet hat.[5] Im Übrigen enthält auch die **Charta der Grundrechte der Europäischen Union** ein entsprechendes **Menschenrecht** (Art. 8), das nicht auf den öffentlichen Bereich beschränkt ist. Angesichts der Unbestimmtheit der allgemeinen Befugnisnormen, die der Gesetzgeber im nicht-öffentlichen Bereich erlassen hat (insbesondere § 28),[6] kommt dem Auskunftsrecht der Betroffenen hier fast noch eine höhere praktische Bedeutung zu als im öffentlichen Bereich, soweit dort die Verarbeitungsbefugnisse bereichsspezifisch und normenklar geregelt sind.[7]

Das Auskunftsrecht wie auch das Recht der persönlichen Kenntnisnahme nach § 34 Abs. 6 3
gehören zu den **unabdingbaren Rechten** der Betroffenen nach § 6 Abs. 1, d.h., sie können nicht durch Rechtsgeschäft ausgeschlossen werden. § 6 Abs. 2 enthält auch für den nicht-öffentlichen Bereich geltende Sonderregelungen für den Fall, dass Daten der Betroffenen in einer Datei gespeichert sind, bei der mehrere Stellen speicherungsberechtigt sind, und die Betroffenen nicht in der Lage sind, die speichernde Stelle festzustellen. Häufig werden Betroffene durch eine nach § 33 vorgeschriebene Benachrichtigung veranlasst, ihr Auskunftsrecht wahrzunehmen.

Die vom Transparenzgedanken durchzogene **EG-Datenschutzrichtlinie**[8] verlangt eine aus- 4
führliche Information der Betroffenen bereits dann, wenn die Daten bei ihnen erhoben werden (Art. 10). Auch in allen anderen Fällen ist die verarbeitende Stelle verpflichtet, die Betroffenen bei Speicherungsbeginn oder, sofern die Angaben zur Weitergabe bestimmt sind, im Zusammenhang mit der ersten Übermittlung eingehend zu informieren (Art. 11 der Richtlinie). Die Informationspflicht erstreckt sich auf Auskünfte über die verantwortliche Stelle ebenso wie auf Angaben zu den jeweils verwendeten Kategorien von Daten sowie zu den in Betracht kommenden Übermittlungsadressaten. Die Richtlinie bezieht auch Hinweise auf die Auskunfts- und Berichtigungsrechte der Betroffenen ausdrücklich ein. Art. 13 der Richtlinie erlaubt Ausnahmen und Einschränkungen, ohne sie freilich vorzuschreiben. Hierzu gehören Beschränkungen, die notwendig sind für den Schutz der betroffenen Person und der Rechte und Freiheiten anderer Personen.

Die Neufassung des § 34 im BDSG 2001 bezweckte in erster Linie die Umsetzung der An- 5
forderungen (Art. 12) und die Ausschöpfung von Ausnahmebefugnissen (Art. 13) der Richtlinie. Erweitert wurde der Auskunftsanspruch hinsichtlich des Empfängers (Abs. 1 Satz 1 Nr. 1). Die Voraussetzungen u.a. des Abs. 1 Satz 3 und des Abs. 2 Satz 2 wurden modifiziert. Der Katalog der Ausnahmetatbestände in Abs. 4 (Verweisung auf § 33 Abs. 2) wurde dagegen im Wesentlichen beibehalten.

---

2 BVerfGE 65, 1, 41 f.
3 BVerfGE 65, 1, 43.
4 So z.B. *Wedde* in: *Roßnagel*, Handbuch Datenschutzrecht, Kap. 4.4., Rdnr. 2.
5 BVerfGE 65, 1, 43; nach BVerfGE 84, 192, 194 f. strahlt das Recht auf informationelle Selbstbestimmung auf die Auslegung und Anwendung privatrechtlicher Vorschriften aus; *Gallwas,* NJW 1992, 2785, 2788; *Huber,* ThürVBl. 1992, 121, 127 ff.; *Petri*, Datenschutz in der Privatwirtschaft, 221 ff., 223 ff.; a.A. offenbar *Flisek*, CR 2004, 949, 950 f.
6 Vgl. § 28 Rdnr. 21.
7 Allerdings sind auch für den nicht-öffentlichen Bereich bereichsspezifische Bestimmungen zu beachten, die dem § 28 vorgehen, vgl. § 28 Rdnrn. 4 ff.
8 Vgl. § 4 Rdnr. 39.

6 Im Unterschied zur Benachrichtigungspflicht nach § 33 muss die verantwortliche Stelle nur dann Auskunft erteilen, wenn die Betroffenen von ihrem Auskunftsrecht Gebrauch machen. Sie müssen sich die gewünschten Informationen abholen **(„Holschuld“)**, aus der Sicht der verantwortlichen Stelle handelt es sich um eine **passive Form der Transparenz** (im Gegensatz zur Benachrichtigung, wo der Datenverarbeiter von sich aus **„aktiv“ Transparenz** herstellen muss **(„Bringschuld“)**.[9] Andererseits können die Betroffenen nach § 34 weitergehende, präzisere Auskünfte über die zu ihrer Person gespeicherten Daten verlangen, als ihnen die verantwortliche Stelle im Wege der Benachrichtigung mitteilen muss. An die Stelle der Datenart als Gegenstand der Benachrichtigung tritt das konkrete Datum, über das Auskunft verlangt werden kann.[10]

7 Die Vorschrift enthält ein zentrales Recht der Betroffenen. Sie berechtigt nicht ihrerseits zu Eingriffen in das Recht der Auskunftsberechtigten auf informationelle Selbstbestimmung. Insbesondere dürfen keine personenbezogenen Daten, für deren anhaltende Speicherung es keine andere Legitimation gibt (insbesondere weil sie nicht mehr erforderlich sind), allein zu dem Zweck weiter gespeichert werden, um eine Auskunftserteilung an die Betroffenen zu ermöglichen. Eine Rechtfertigung oder einen Zwang zur unbegrenzten Vorhaltung von personenbezogenen Daten oder gar ein **„Data Mining“ allein zu Zwecken des Datenschutzes** (in Datenbeständen, die ohne das Auskunftsrecht zu löschen wären) kann es nicht geben.[11] Allerdings folgt aus § 34 eine Verpflichtung der verantwortlichen Stelle, Daten über Empfänger oder Empfängerkategorien zu speichern, auch wenn sie einen Personenbezug aufweisen.[12]

2. Anwendungsbereich

8 § 34 ist auf die Datenverarbeitung nicht-öffentlicher Stellen und öffentlich-rechtlicher Wettbewerbsunternehmen anzuwenden. Nicht-öffentliche Stellen sind nach Maßgabe des § 2 Abs. 4 natürliche und juristische Personen, Gesellschaften und andere Personenvereinigungen des privaten Rechts, soweit sie nicht nach § 2 Abs. 1-3 als öffentliche Stellen gelten. Dabei kann die Datenspeicherung für eigene Zwecke (z.B. von Kundendaten durch Handelsunternehmen oder Patientendaten durch Ärzte) oder geschäftsmäßig zum Zweck der Übermittlung (z.B. von kreditrelevanten Daten durch Auskunfteien, Daten für Werbezwecke durch Adressenverlage) erfolgen.

9 Der Anwendungsbereich des § 34 bestimmt sich damit nach § 27, soweit in § 34 nichts Abweichendes geregelt ist. Über § 27 hinausgehend haben Stellen, die geschäftsmäßig personenbezogene Daten zum Zweck der Übermittlung speichern, auch Auskünfte aus Akten zu erteilen (Abs. 2 Satz 1).[13] § 34 ist also grundsätzlich anwendbar, soweit die in § 27 Abs. 1 genannten Stellen personenbezogene Daten nach Maßgabe dieser Vorschrift verarbeiten.[14] Im Falle der offensichtlichen Entnahme personenbezogener Daten aus einer automatisierten Verarbeitung gilt § 34 nach dem eindeutigen Wortlaut des § 27 Abs. 2 BDSG generell auch für die Verarbeitung und Nutzung personenbezogener Daten außerhalb von nicht-automatisierten Dateien. Insoweit gilt das Gleiche wie hinsichtlich der Benachrichtigungspflicht nach § 33 Abs. 15.[15]

10 Die Vorschrift ist nach § 1 Abs. 2 Nr. 3 nicht anzuwenden auf Daten, die ausschließlich für persönliche oder familiäre Tätigkeiten erhoben, verarbeitet oder genutzt werden (z.B. private Adressverzeichnisse und Kalender).[16]

---

9 Vgl. § 33 Rdnr. 3.
10 S. dazu § 33 Rdnr. 73.
11 Das gilt schon de lege lata. *Roßnagel/Pfitzmann/Garstka*, Modernisierungsgutachten, 172 f. wollen dies de lege ferenda zusätzlich dadurch absichern, dass sie den Auskunftsanspruch auf Daten mit gezieltem Personenbezug begrenzen.
12 Dazu s.u. Rdnr. 23.
13 S. dazu u. Rdnr. 32.
14 Zu medizinischen Daten vgl. u. Rdnrn. 87 ff.
15 Vgl. § 33 Rdnrn. 5 f.; *Gola/Schomerus,* BDSG, § 34 Rdnr. 8; a.M. *Schaffland/Wiltfang,* BDSG, § 34 Rdnr. 1.
16 Vgl. Schaar, Rdnr. 493.

§ 34 gilt nicht für im Anwendungsbereich des Medienprivilegs des § 41 gespeicherte Daten. Dem Medienprivileg unterliegt nicht die Verarbeitung von Personaldaten in Medienunternehmen und Rundfunkanstalten, so dass § 34 insoweit uneingeschränkt anzuwenden ist.[17] Auch die Tatsache, dass Daten im Internet publiziert werden, führt nicht per se zur Anwendung des Medienprivilegs und zum Wegfall der Auskunftspflicht.[18] Andere Rechtsvorschriften des Bundes zur Verwendung personenbezogener Daten i.S.v. § 1 Abs. 3 gehen § 34 vor.[19] 11

3. Auskunftsanspruch

3.1 Voraussetzungen

Einzige Voraussetzung für die Auskunftserteilung nach § 34 ist ein **Auskunftsverlangen** 12 von Betroffenen. Diese können wie im öffentlichen Bereich[20] ohne Angabe von Gründen Auskunft begehren. **Weder ein berechtigtes noch gar ein rechtliches Interesse** muss also dargelegt werden oder vorliegen. Die Betroffenen sind in der Regel auch nicht verpflichtet, ihr Informationsinteresse zu begründen.[21]

Betroffene können schriftlich (auch per Fax, E-Mail oder SMS)[22] oder mündlich bzw. tele- 13 fonisch Auskunft verlangen. Eine schriftliche Anfrage mag für die speichernde Stelle zweckmäßig sein. Da das Gesetz **kein Formerfordernis** vorsieht und nur für die Auskunftserteilung Schriftlichkeit verlangt, darf die verantwortliche Stelle jedoch nicht auf einer schriftlichen Anfrage bestehen.

Das Auskunftsrecht steht allen **Betroffenen** (§ 3 Abs. 1) zu. Andererseits steht es nur Betroffe- 14 nen und deren Vertretern,[23] nicht aber anderen Personen zu. Für die Befugnis zur Information Dritter sind die Vorschriften zur Übermittlung maßgeblich (§ 3 Abs. 4 Nr. 3 i.V.m. §§ 28 f.). Das Gesetz differenziert auch bei der Auskunftsregelung nicht danach, ob Betroffene bestimmt oder nur bestimmbar, d.h. nur mit Hilfe anderer Informationen identifizierbar, sind.[24] Ein Auskunftsantrag kann daher nicht allein mit dem Hinweis abgelehnt werden, dass keine Namen und Anschriften gespeichert wurden. Vielmehr ist den Betroffenen in solchen Fällen mitzuteilen, dass nur Auskunft erteilt werden kann, wenn sie ergänzende Angaben machen.[25] Ist eine sichere Zuordnung von Person und Datum unmöglich, so entfällt die Auskunftspflicht, da keine personenbezogenen Daten vorliegen. Anspruchsgegner ist die verantwortliche Stelle i.S.d. § 3 Abs. 7.

3.2 Umfang der Auskunftserteilung

Nach Abs. 1 Satz 1 erstreckt sich der Auskunftsanspruch der Betroffenen auf **die zu ihrer** 15 **Person gespeicherten Daten**. Dieser Begriff ist identisch mit dem in § 3 Abs. 1 definierten Begriff der „personenbezogenen Daten". Den Betroffenen sind **alle** gespeicherten personenbezogenen Daten mitzuteilen, die personenbezogene Daten i.S.d. § 3 Abs. 1 sind und sich auf sie beziehen. Dazu zählen auch Angaben über die finanzielle Situation einer Ein-Mann-GmbH, die als Teil der Angaben über die Person ihres alleinigen Gesellschafters und Geschäftsführers für Kreditauskünfte gespeichert sind.[26] Die Auskunft darf nur unterbleiben, soweit dies in § 34 (insb. Abs. 4) vorgesehen ist.

---

17 LAG Köln, Urt. v. 29.8.2002, Az: 6(3) Sa 1126/01 (die Deutsche Welle betreffend).
18 LG Ulm, Urt. v. 1.12.2004, DuD 2005, 100, 103.
19 Vgl. u. Rdnrn. 85 ff.
20 § 19 Abs. 1.
21 Zu einer Ausnahme s. u. Rdnr. 27.
22 Im Fall solcher elektronischer Auskunftsersuchen kann die Identifizierung der Auskunft suchenden Person allerdings problematisch sein, dazu u. Rdnr. 37.
23 Dazu s. § 19 Rdnrn. 34 ff.
24 Vgl. § 3 Rdnrn. 20 ff.
25 Vgl. § 19 Rdnrn. 15, 49.
26 BGH, NJW 1986, 2505, 2506. Vgl. demgegenüber § 3 Rdnr. 43.

16 In diesem Zusammenhang stellt sich die Frage, wem Auskunft über Daten mit mehrfachem oder sekundärem Personenbezug zu geben ist. Bei **Biobanken oder Gendatenbanken**, möglicherweise aber auch bei anderen **medizinischen Registern** können die Datenbestände neben einem Personen- auch einen Familien- (Gruppen-)bezug aufweisen.[27] In diesen Fällen kann nur diejenige Person Auskunft über die zu ihr gespeicherten Daten verlangen, auf die sich die genetischen Daten **unmittelbar** beziehen.[28] In aller Regel ist dies die Person, deren Gewebeprobe molekulargenetisch untersucht worden ist. Verwandte, auf deren genetische Struktur aus dem Datensatz der unmittelbar betroffenen Person Rückschlüsse gezogen werden können, sind insoweit zwar auch „Betroffene", können aber ohne Einwilligung der primär betroffenen Person keine Auskunft über deren Daten verlangen.[29] Das gilt jedenfalls zu Lebzeiten der Person, bei der die genetische Daten erhoben worden sind. Nach deren Tod allerdings wird man auch ein Auskunftsrecht der Verwandten anerkennen müssen, soweit deren genetische Konstitution in Frage steht.[30] Das Bundesdatenschutzgesetz kommt hier zur Anwendung, solange der Bundesgesetzgeber die Fragen der Verarbeitung von genetischen Daten für Forschungs- und andere Zwecke nicht in einem – dringend erforderlichen – **Gendiagnostikgesetz** regelt.

17 Der Auskunftspflicht unterliegen auch die **Dateibezeichnungen**.[31] Aus diesen ergeben sich in der Regel – teilweise in Verbindung mit insoweit geltenden Regelungen – die Selektionskriterien für die Aufnahme in die Datei und deren Zweckbestimmung. Die Dateibezeichnungen enthalten grundsätzlich auch Angaben über persönliche oder sachliche Verhältnisse der Betroffenen. Unter bestimmten Voraussetzungen können auch andere **physisch nicht gespeicherte** Angaben zu den zur Person gespeicherten Daten gehören.[32]

18 Die umfassende Auskunftserteilung erfordert auch, die Antragsteller darüber zu informieren, wenn über sie keine (durch das BDSG geschützten) Daten gespeichert sind. Auch die **Negativauskunft** kann eine gebotene Form der Auskunft sein.

19 Dem Auskunftsrecht unterliegen grundsätzlich auch **gesperrte** Daten[33] (vgl. aber Abs. 4 i.V.m. § 33 Abs. 2 Satz 1 Nr. 2).

20 **§ 6a Abs. 3** erstreckt das Auskunftsrecht der Betroffenen auch auf den **logischen Aufbau der automatisierten Verarbeitung der sie betreffenden Daten**. Damit wird Art. 12a dritter Spiegelstrich der EG-Datenschutzrichtlinie allerdings nur partiell umgesetzt, denn der Richtliniengeber hat die Einführung der Auskunftspflicht über den logischen Aufbau der Verarbeitung ***zumindest*** **im Fall automatisierter Entscheidungen** vorgesehen. Das Ziel, die Struktur der Verarbeitung für die Betroffenen insgesamt transparenter zu machen,[34] wird deshalb nur unvollkommen erreicht,[35] wenn man nicht auch aus § 34 – über dessen Wortlaut hinaus – einen solchen Anspruch auf Auskunft über die logische Struktur der Datenverarbeitung und mögliche Verknüpfungen ableitet.[36]

21 Bei **wiederholten Auskunftsersuchen** entsteht die Frage, ob die Auskunft auf die Daten beschränkt werden darf, die sich gegenüber der letzten Anfrage verändert haben.[37] Gegen die Zulässigkeit einer solchen Beschränkung auf eine **„Differenzauskunft"** spricht neben dem Gesetzeswortlaut, der eine vollständige Auskunft verlangt, auch der Zweck der Vorschrift:

---

27 Vgl. die Stellungnahme des Nationalen Ethikrates zu Biobanken für die Forschung (2004), insbes. 38 ff., 80 ff.
28 Vgl. § 3 Rdnr. 43.
29 Das folgt aus § 34 Abs. 4 i.V.m. § 33 Abs. 2 Nr. 3.
30 Vgl. dazu die Entscheidung des isländischen Supreme Court v. 27.11.2003 zur Health Sector Database, in der die Gesundheitsdaten der gesamten isländischen Bevölkerung gespeichert sind; vgl. dazu § 35 Rdnr. 58.
31 So für den öffentlichen Bereich VGH Kassel, DÖV 1991, 806; vgl. § 19 Rdnr. 21.
32 Vgl. § 3 Rdnr. 125.
33 AG Hamburg-Altona, Urt. v. 17.11.2004, DuD 2005, 170, 171.
34 Vgl. die Komm. des § 6a Abs. 3.
35 Die Behebung dieses anhaltenden Mangels im deutschen Recht fordern deshalb auch *Roßnagel/Pfitzmann/Garstka*, Modernisierungsgutachten, 171 f. (mit rechtsvergleichenden Hinweisen auf weiter gehende Regelungen in anderen EU-Mitgliedstaaten).
36 *Roßnagel/Wedde*, Handbuch Datenschutzrecht, Kap. 4.4, Rdnr. 47, geht deshalb mit Recht davon aus, dass ein solcher Anspruch sich bereits aus § 34 ergibt; vgl. auch Weichert, DuD 2005, 582, 586.
37 Dafür bei in kürzerer Zeit wiederholten Auskunftsersuchen *Auernhammer,* BDSG § 34 Rdnr. 14.

Die Betroffenen sollen sich ein aktuelles und vollständiges Bild über die gespeicherten Daten machen können. Dieser Zweck wäre gefährdet, wenn sie darauf angewiesen sind, fragmentarische, u.U. aus sich heraus schwer verständliche Informationen mit früher erteilten Auskünften zu vergleichen, die sie zudem möglicherweise gar nicht mehr besitzen. Die betroffene Person kann deshalb in jedem Fall eine vollständige Information verlangen. Nur wenn sie einverstanden ist, darf die Auskunft auf die veränderten Daten bzw. auf den Hinweis, der Dateninhalt sei unverändert, beschränkt werden.[38] Zwar spricht die Richtlinie (Art. 12) davon, dass **Auskunft nur „in angemessenen Abständen"** erteilt werden müsse. Das heißt aber nicht, dass die verantwortliche Stelle allein festlegen kann, welche Auskunftsfrequenz sie für angemessen hält. Für eine permanente Möglichkeit der **elektronischen Auskunft oder Einsichtnahme online**, die von der Richtlinie nicht vorgeschrieben wird,[39] fehlen gegenwärtig ohnehin noch vielfältige technische und organisatorische Voraussetzungen.[40]

3.2.1 Auskunft über Herkunft und Empfänger (Abs. 1 Satz 1 Nrn. 1 und 2, Sätze 3 und 4)

Die Pflicht zur Auskunftserteilung erstreckt sich nach Abs. 1 Satz 1 Nr. 1 auf die **Herkunft** 22
der über die Betroffenen gespeicherten Daten. Diese gehört, wie sich aus dem Wortlaut der Vorschrift („auch") ergibt, zu den personenbezogenen Daten der Betroffenen.[41] Sich auf die Herkunft beziehende Daten können solche über natürliche Personen sein und damit ihrerseits einen Personenbezug aufweisen. Weiter kommen Angaben über öffentliche oder nicht-öffentliche Stellen, Register oder Publikationen in Betracht.[42] Das Auskunftsrecht nach § 34 Abs. 1 Satz 1 bezieht sich nur auf die zur Person der Betroffenen „gespeicherten" Daten.[43] Hieraus ergibt sich keine Verpflichtung, Daten über die Herkunft zu speichern und zur Auskunft bereitzuhalten.[44] Allerdings kann sich die Verpflichtung zur Speicherung im Einzelfall aus anderen Vorschriften ergeben (z.B. aus § 9 unter dem Gesichtspunkt der Organisationskontrolle).[45] Sonderregelungen für geschäftsmäßig zum Zwecke der Übermittlung gespeicherte Daten sind in Abs. 1 Satz 3 und 4 vorgesehen.[46]

Nach Abs. 1 Satz 1 Nr. 2 können Betroffene Auskunft verlangen über **Empfänger** i.S.v. § 3 23
Abs. 8 Satz 1 **oder Kategorien von Empfängern**,[47] **an die Daten weitergegeben werden** (vgl. auch insoweit die Sonderregelung in Abs. 1 Sätze 3 und 4). Die Neufassung der Vorschrift 2001 hat das Auskunftsrecht im Hinblick auf Art. 12 der EG-Datenschutzrichtlinie erweitert. Anders als Nr. 1 der Vorschrift beschränkt das Gesetz die Pflicht zur Auskunftserteilung über Empfänger oder Empfängerkategorien nicht auf den Fall, dass diese gespeichert sind. Aus Nr. 2 folgt vielmehr darüber hinaus die Verpflichtung der verantwortlichen Stelle, Daten über Empfänger und Kategorien von Empfängern, an die Daten weitergegeben wurden, zu speichern. Dabei kommt es – anders als nach dem bis 2001 geltenden Recht – weder darauf an, ob die Daten *regelmäßig* übermittelt, noch darauf, ob sie automatisiert verarbeitet werden.

---

38 Anders wohl *Ehmann/Helfrich*, Art. 12 Rdnr. 19.
39 *Ehmann/Helfrich*, ebda.
40 Für die Schaffung einer solchen Möglichkeit langfristig *Roßnagel/Pfitzmann/Garstka*, Modernisierungsgutachten, 174 f.
41 Vgl. zu Entstehungsgeschichte und Zweck § 19 Rdnr. 25.
42 Vgl. auch § 19 Rdnr. 26.
43 Zur Frage, ob Scorewerte bei der SCHUFA i.S.d. § 34 Abs. 1 „gespeichert" sind und deshalb beauskunftet werden müssen, vgl. *Beckhusen*, BKR 2005, 335, 343.
44 Vgl. auch § 34 Abs. 1 Satz 4; *Gola/Schomerus,* BDSG § 34 Rdnr. 20.
45 So zutreffend; *Duhr/Naujok/Danker/Seiffert*, DuD 2003, 5 ff., 17. Einschränkend demgegenüber OVG Hamburg, Urt. v. 7.7.2005, AZ.: 1 Bf 172/03, für den Fall der konventionellen (telefonischen) Datenerhebung; dazu noch Rdnr. 53.
46 Vgl. u. Rdnrn. 27 ff.
47 Vgl. zum Begriff „Kategorien von Empfängern" § 4e Abs. 1 Satz 1 Nr. 6.

24 **Abs. 1 Sätze 3 und 4** enthalten Sonderbestimmungen für den Auskunftsanspruch gegenüber Stellen, die i.S.v. § 29 Abs. 1 Satz 1 **geschäftsmäßig personenbezogene Daten zum Zwecke der Übermittlung speichern**.

25 Eine in diesen Fällen gegenüber Abs. 1 Satz 1 Nrn. 1 und 2 einschränkende Regelung trifft Abs. 1 Satz 3, der zufolge die Betroffenen über **Herkunft und Empfänger** nur Auskunft verlangen können, **sofern nicht das Interesse an der Wahrung des Geschäftsgeheimnisses überwiegt**. „Kategorien von Empfängern" i.S.v. Abs. 1 Satz 1 Nr. 2 unterfallen von vornherein nicht dieser einschränkenden Regelung. Selbst wenn die verantwortliche Stelle ein schutzwürdiges Interesse an der Wahrung eines Betriebs- und Geschäftsgeheimnisses hat, muss sie deshalb den Betroffenen Auskunft über die Empfängerkategorien geben.[48] Geheim gehalten werden dürfen nur die Empfängerinnen und Empfänger selbst.

26 Mit der Änderung von Abs. 1 Satz 3 hat der Gesetzgeber eine in Art. 13 Buchst. g) der EG-Datenschutzrichtlinie vorgesehene Möglichkeit zur Beschränkung des Auskunftsrechts ausgeschöpft. Der dort vorgesehene Schutz der „Rechte und Freiheiten anderer Personen" umfasst auch das Geschäftsgeheimnis.[49]

27 Die Auskunftspflicht der verantwortlichen Stelle wird allerdings nicht schon dadurch eingeschränkt, dass diese sich auf ihr **Interesse zur Wahrung eines Geschäftsgeheimnisses** beruft. Geboten ist nach dem BDSG 2001 (im Gegensatz zum früheren Recht) eine Abwägung der Interessen der verantwortlichen Stelle und der Betroffenen im Einzelfall. Insoweit hat der Gesetzgeber die Rechtsstellung der Betroffenen gestärkt.[50] Diese Abwägung kann sowohl von der Aufsichtsbehörde als auch von einem angerufenen Gericht überprüft werden. Bei ihr ist zunächst zu berücksichtigen, dass der Gesetzgeber im Regelfall dem Recht auf informationelle Selbstbestimmung Vorrang gegenüber dem Schutz von Geschäftsgeheimnissen einräumt und dieser nur ausnahmsweise überwiegen wird (*„sofern nicht ...*").[51] Zwar legt die Auskunftserteilung über Herkunft und Empfänger in aller Regel die Geschäftsbeziehungen der verantwortlichen Stelle offen.[52] Andererseits können Betroffene auf die Benennung des Informanten und des Empfängers angewiesen sein, um ihre Rechte (z.B. Schadensersatzansprüche) wirksam wahrnehmen zu können. Machen die Betroffenen begründete Zweifel an der Richtigkeit der zu ihrer Person gespeicherten Daten geltend,[53] so ist in der Regel Auskunft hinsichtlich Herkunft und Empfänger der Daten zu erteilen; in verstärktem Maße gilt dies, wenn der Informant unrichtige Angaben gemacht hat. Dies entspricht der Rechtslage vor der Novellierung des Gesetzes 2001, die nicht zu Lasten der Betroffenen verändert worden ist. Auch **Auskunfteien** können eine Auskunft über ihre Auftraggeber nicht generell unter Berufung auf das Geschäftsgeheimnis ablehnen.[54] Soweit die Betroffenen davon ausgehen müssen oder darauf hingewiesen wurden, dass ein Vertragsabschluss die Prüfung ihrer Bonität voraussetzt, besteht ohnehin kein schutzwürdiges Geheimhaltungsinteresse des Vertragspartners, der hierzu eine Auskunftei einschaltet. Das gilt insbesondere für **Telekommunikationsunternehmen, Versandhäuser, Banken und Versicherungen**.[55] Im Übrigen ist das Interesse an der Wahrung des Geschäftsgeheimnisses nur dann zu berücksichtigen, wenn keine begründeten Zweifel an der Richtigkeit der Daten bestehen und aufgrund besonderer Umstände im Einzelfall davon ausgegangen werden kann, dass die Bedeutung des Geschäftsgeheimnisses für die verantwortliche Stelle höher zu gewichten ist als das Informationsinteresse der Betroffenen. Nur wenn ausnahmsweise zu vermuten ist, dass das Interesse an der Wahrung des Geschäftsgeheimnisses höher zu bewerten ist als das informationelle Selbstbestimmungs-

---

48 *Duhr/Naujok/Danker/Seiffert*, DuD 2003, 5, 18.
49 Vgl. Erwägungsgrund 41.
50 So auch die Auffassung der Aufsichtsbehörden, vgl. *Duhr* in: *Roßnagel*, Handbuch Datenschutzrecht, Kap. 7.5, Rdnr. 82. Zur – unzulässigen – Qualifizierung der Scorewertberechnung und ihrer Grundlagen als Geschäftsgeheimnis vgl. § 33 Rdnr. 79.
51 Vgl. *BlnBDI*, Jahresbericht 2001, 135.
52 Vgl. amtl. Begr. zum RegE des BDSG 1990, BT-Drs. 4306, 51.
53 Dazu *Peilert,* Das Recht des Auskunftei- und Detekteigewerbes, 269.
54 So auch *Duhr/Naujok/Danker/Seiffert*, DuD 2003, 5, 18; AG Hamburg-Altona, DuD 2005, 170.
55 *Innenministerium Baden-Württemberg*, Tätigkeitsbericht 2003, 44; *LfD Bremen*, Jahresbericht 2003, 83.

recht der Betroffenen, dürfen diese zu einer Begründung ihres Informationsinteresses aufgefordert werden.[56]

Die Interessen von Informanten und Geschäftspartnern der verantwortlichen Stelle sind als solche nicht in die Interessenabwägung einzubeziehen.[57] Auch sind die Geschäftsbeziehungen zu Dritten nicht generell als Geschäftsgeheimnis zu qualifizieren.[58] Insoweit kommt nur eine Anwendung von Abs. 4 i.V.m. § 33 Abs. 2 Nr. 3 in Betracht.[59] Allerdings können tatsächliche Umstände, die eine Beeinträchtigung von Interessen der Informanten ergeben, auf deren weitere Kooperationsbereitschaft durchschlagen und damit zugleich eine Interessenbeeinträchtigung der verantwortlichen Stelle begründen (etwa wenn konkrete Anhaltspunkte für Handgreiflichkeiten der Betroffenen gegen Informanten bestehen). Das Gleiche gilt, wenn objektive Anhaltspunkte dafür bestehen, dass der Geschäftspartner einer Auskunftei die Anfrage nicht stellen würde, wenn er damit rechnen müsste, dass die Betroffenen darüber informiert würden (z.B. wenn die betroffene Person unter diesen Umständen einen Vertragsabschluss mit dem Auftraggeber der Auskunftei ablehnen würde).[60] Entscheidend sind immer die tatsächlichen Umstände des Einzelfalls. 28

Für den Fall, dass Betroffene nach Abs. 1 Satz 3 Auskunft verlangen können, sieht **Abs. 1 Satz 4** vor, dass die **Auskunft über Herkunft und Empfänger auch dann zu erteilen ist, wenn diese Angaben nicht gespeichert sind**. Diese Formulierung soll nicht nur klarstellen, dass der Anspruch auch dann besteht, wenn die Angaben über Herkunft und Empfänger – anders als nach Abs. 1 Satz 1 grundsätzlich vorausgesetzt (vgl. o. Rdnr. 9) – außerhalb einer nicht-automatisierten Datei i.S.v. § 3 Abs. 2 Satz 2 (in Akten) gespeichert sind.[61] Nach dem unzweideutigen Wortlaut besteht der Auskunftsanspruch auch dann, wenn Angaben über Herkunft und Empfänger bei der verantwortlichen Stelle zwar auf keinem (auch konventionellen) Datenträger gespeichert sind, aber dennoch dort bekannt sind.[62] 29

Betroffene können zudem die Bekanntgabe des Datenempfängers auch entsprechend § 1004 BGB verlangen.[63] 30

3.2.2 Auskunft über den Zweck der Speicherung (Abs. 1 Satz 1 Nr. 3)

Nach Abs. 1 Satz 1 Nr. 3 kann die betroffene Person über den **Zweck der Speicherung** Auskunft verlangen.[64] Die Bestimmung trägt den Erfordernissen von Art. 12 Abs. 1 erster Spiegelstrich i.V.m. Art. 6 Abs. 1 Buchst. b) und c) der EG-Datenschutzrichtlinie Rechnung. Sie ist im Zusammenhang mit § 28 zu sehen, der den Grundsatz der Zweckbindung realisiert. An diese Vorschrift ist bei der Festlegung des Zwecks anzuknüpfen.[65] Ferner sind die nach § 4e Nr. 4 vorzunehmenden Zweckbestimmungen zu berücksichtigen. Werden Daten zu mehreren Zwecken gespeichert, so sind alle Zwecke anzugeben.[66] Die Angabe der **Dateibezeichnungen**[67] genügt nur dann, wenn sich aus ihnen die Zweckbestimmungen hinreichend präzise ergeben. Die Rechtsgrundlage der Speicherung wird zwar in Abs. 1 Satz 1 Nr. 3 nicht ausdrücklich genannt. Häufig wird aber der Zweck der Verarbeitung nur unter Hinweis auf eine bestimmte Rechtsnorm zu läutern sein. Gerade im Arbeitsverhältnis besteht in dieser Hinsicht aufgrund des sozialen Abhängigkeitsverhältnisses ein erheblicher Informations- 31

---

56 *BlnBDI*, Jahresbericht 2001, 135 f.; vgl. auch *BlnBDI*, Neuregelungen im Bundesdatenschutzgesetz, Materialien zum Datenschutz Nr. 30 (2001), 30 f.
57 Vgl. LG Ulm, Urt. v. 1.12.2004, DuD 2005, 100, 102 f.
58 Vgl. o. Rdnr. 27 sowie AG Hamburg-Altona, Urt. v. 17.11.2004, DuD 2005, 170 f.
59 Vgl. § 33 Rdnrn. 84.
60 *BlnBDI*, Jahresbericht 2001, 135 f.
61 Vgl. demgegenüber die Vorauflage unter Bezug auf Begr. RegE a.a.O.; *Auernhammer,* BDSG § 34 Rdnr. 8.
62 So auch *Schaar*, Rdnr. 494.
63 Vgl. BGH, NJW 1984, 1886, sowie u. Rdnr. 86.
64 Vgl. zu Zweck und Inhalt auch § 19 Rdnr. 28 f.
65 Vgl. im Einzelnen § 28 Rdnrn. 59 ff., 79 ff.
66 So auch *Bergmann/Möhrle/Herb,* BDSG § 34 Rdnr. 45; *Däubler/Klebe/Wedde,* BDSG § 34 Rdnr. 11.
67 S.o. Rdnr. 17.

bedarf der betroffenen Beschäftigten, dem durch eine entsprechende extensive Auslegung der Vorschrift Rechnung zu tragen ist.[68]

3.2.3 Auskunft bei geschäftsmäßiger Speicherung zum Zwecke der Auskunftserteilung (Abs. 2)

32 **Abs. 2 Satz 1** erweitert den Auskunftsanspruch Betroffener gegenüber **Stellen, die geschäftsmäßig Daten zur Auskunftserteilung speichern**. Gemeint sind die gleichen Stellen, die in Abs. 1 Satz 3 angesprochen sind.[69] Der Gesetzeswortlaut ist insoweit missverständlich. Unter „Auskunftserteilung" ist abweichend von der sonstigen Terminologie des BDSG die Übermittlung zu verstehen. In diesen Fällen wird das Auskunftsrecht erstreckt auf personenbezogene Daten, wenn sie **weder in einer automatisierten Verarbeitung noch in einer nicht-automatisierten Datei gespeichert sind**. Hierzu gehören alle in manueller Form (z.B. in **Akten**) gespeicherten personenbezogenen Daten. Die Regelung soll dem Risiko für die Betroffenen begegnen, dass geschäftsmäßige Übermittlungen ihrer Daten zu einer rechtswidrigen Verarbeitung führen können. Im Hinblick auf diesen Schutzzweck erfasst Abs. 2 nicht personenbezogene Daten, die von den in § 29 Abs. 1 Satz 1 genannten Stellen i.S.v. § 28 für eigene Zwecke gespeichert werden (z.B. Daten in Personalakten einer Auskunftei).[70]

33 **Abs. 2 Satz 2** beschränkt auch für diese Fälle den Auskunftsanspruch hinsichtlich **Herkunft und Empfänger**. Der Auskunftsanspruch besteht dann nur, **sofern nicht das Interesse an der Wahrung des Geschäftsgeheimnisses überwiegt**. Insoweit gilt das zu Abs. 1 Satz 3 Ausgeführte entsprechend.[71]

3.3 Verfahren der Auskunftserteilung (Abs. 1 Satz 2)

34 Das Gesetz regelt das Verfahren der Auskunftserteilung nur teilweise (vgl. Abs. 1 Satz 2). Dadurch werden flexible, den konkreten Erfordernissen entsprechende Lösungen ermöglicht.[72] Diese Flexibilität hat die verantwortliche Stelle zugunsten der Auskunft suchenden Person auszuschöpfen. Die Form der Auskunftserteilung ist in Abs. 3 geregelt.[73]

35 Ebenso wie § 19 Abs. 1 Satz 2 bestimmt § 34 Abs. 1 Satz 2, dass Betroffene die **Art der personenbezogenen Daten, über die Auskunft erteilt werden soll, näher bezeichnen sollen**. Während der Regierungsentwurf zum BDSG 1977 die Bezeichnung der Daten noch zwingend vorschrieb und somit zur Voraussetzung für die Auskunftserteilung machte, wurde die Bestimmung vom Gesetzgeber als Sollvorschrift ausgestaltet. Damit wird ein Grunddilemma berücksichtigt, das bei jedem Informationsanspruch Betroffener wie auch allgemeinen Informationszugangsrechten besteht: Niemand kann die Information bezeichnen, deren Offenlegung erst erreicht werden soll. Die verantwortliche Stelle darf also bei pauschalen Auskunftsverlangen nicht mit Hinweis auf das Fehlen der näheren Bezeichnung die Auskunft verweigern.[74] Sie kann jedoch die Betroffenen auffordern, ihre Anfragen zu präzisieren (z.B. ob er Mitarbeiter, Kunde oder Lieferant ist). Das kann in einem stufenweisen Dialog geschehen, bei dem die verantwortliche Stelle die Betroffenen beraten sollte. Besonders bei längeren Geschäftsbeziehungen oder bei aus anderen Gründen umfangreichen Datenbeständen reduzieren entsprechende Angaben den entstehenden Aufwand (z.B. wenn eine Lebens-, Kranken-, Hausrats- und Haftpflichtversicherung bei derselben Versicherungsgesellschaft besteht).[75] Dies wird häufig auch im Interesse der Betroffenen liegen, da die Auskunft schneller erteilt werden kann und die Kosten im Falle einer Entgeltpflicht niedriger liegen.

---

68 So auch *Däubler*, Gläserne Belegschaften?, 4. Aufl. (2002), Rdnr. 528.
69 So auch *Auernhammer,* BDSG § 34 Rdnr. 7; vgl. o. Rdnrn. 24 ff.; enger *Schaffland/Wiltfang,* BDSG § 34 Rdnr. 6; *Dörr/Schmidt,* BDSG § 34 Rdnr. 13: nur Auskunfteien.
70 Vgl. auch *Schaffland/Wiltfang,* BDSG § 34 Rdnr. 6; *Dörr/Schmidt,* BDSG § 34 Rdnr. 13.
71 Vgl. o. Rdnrn. 24 ff.
72 Vgl. auch § 19 Rdnrn. 48 ff.
73 Vgl. u. Rdnrn. 43 ff.
74 So auch *Gola/Schomerus,* BDSG § 34 Rdnr. 5; *Schaffland/Wiltfang,* BDSG § 34 Rdnrn. 11 f.
75 Vgl. *Schaffland/Wiltfang,* BDSG § 34 Rdnr. 11.

Verweigern die Auskunft Suchenden dennoch die nähere Bezeichnung der Daten oder sind sie hierzu nicht in der Lage, so hat die verantwortliche Stelle ihnen eine umfassende Auskunft zu erteilen.

36 § 34 bestimmt keine Frist, innerhalb der Auskunft zu erteilen ist. Aus dem Schutzzweck der Vorschrift folgt jedoch, dass Betroffene eine **unverzügliche und schnelle Auskunftserteilung** verlangen können. Je länger sie auf die Auskunft warten müssen, desto größer ist das Risiko, dass auf Grund unrichtiger Daten u.U. nicht mehr rückgängig zu machende Entscheidungen zu seinem Nachteil getroffen werden (z.B. Auswahl eines anderen Bewerbers um eine Stelle oder einen Auftrag). Eine (kostensparende) gesammelte Bearbeitung von Auskunftsersuchen ist aber grundsätzlich zulässig, wenn sie in kurzen Zeitabständen geschieht (z.B in Abständen von ein bis zwei Wochen);[76] eine längere Frist ist nur unter besonderen Umständen gerechtfertigt.

37 Das Gesetz regelt nicht ausdrücklich, inwieweit die verantwortliche Stelle verpflichtet ist, die **Identität** der Auskunft begehrenden Person zu überprüfen, also festzustellen, ob sie mit der Person übereinstimmt, über die Daten gespeichert sind. Die Verpflichtung zu einer entsprechenden Prüfung folgt aus dem strafbewehrten Verbot,[77] Daten unbefugt zu übermitteln.[78] Weicht bei schriftlichen Auskunftsersuchen die Adresse, an die die Auskunft gesandt werden soll, von den Angaben in der Datei ab, so sollte die verantwortliche Stelle von der anfragenden Person nähere Angaben erbitten. Bleiben Zweifel, so sollte verlangt werden, dass diese ihre Identität durch eine beglaubigte Unterschrift nachweist. Soll eine Auskunft telefonisch erteilt werden, so ist zu Kontrollzwecken ein Rückruf bei der betroffenen Person nach vorheriger Prüfung der Telefonnummer erforderlich.[79] Auskunfteien können bei persönlicher Vorsprache nach § 4 Abs. 1 PAuswG grundsätzlich die Vorlage eines Personalausweises oder einer Kopie verlangen. Da zur Identifizierung aber Name, Anschrift und Geburtsdatum ausreichen, können Betroffene alle anderen Daten auf der Kopie schwärzen.[80] Lassen sich Betroffene bei der Auskunftserteilung vertreten (was möglich ist), so muss die verantwortliche Stelle die Vollmacht überprüfen.

38 Das Multimediarecht des Bundes und der Länder verpflichtet die Diensteanbieter auch zur **Auskunftserteilung über die zu einem Pseudonym gespeicherten Daten**.[81] Da pseudonymisierte Daten zumindest unter bestimmten Voraussetzungen – insbesondere wenn der Personenbezug über eine Zuordnungsregel wieder herstellbar ist – als personenbezogen anzusehen sind,[82] gilt dies auch für das allgemeine Datenschutzrecht nach § 34 BDSG. Für anonymisierte Daten besteht naturgemäß kein Auskunftsanspruch.

39 Daraus ergibt sich zwangsläufig die weitere Frage, ob Betroffene auch **unter Pseudonym Auskunft verlangen** können. Sie ist zu bejahen.[83] Dabei muss auch hier der Gefahr begegnet werden, dass unberechtigten Dritten Auskunft über Daten der betroffenen Person erteilt wird. Dies kann am besten dadurch sicher gestellt werden, dass die verantwortliche Stelle mit der betroffenen Person einen Kennsatz oder andere Zusatzinformation vereinbart, die vor der Auskunftserteilung abgefragt wird.[84] Dadurch wird zugleich vermieden, dass die betroffene Person sich identifizieren muss, wenn sie ihr Auskunftsrecht ausübt; dies entspricht auch dem Gebot der Datenvermeidung (§ 3a). Die Gegenansicht[85] verkennt, dass die Auskunftserteilung

76 Vgl. *Gola/Schomerus,* BDSG § 34 Rdnr. 16: etwa zwei Wochen; *Dörr/Schmidt,* Neues BDSG, 2. Aufl. (1992) § 34 Rdnr. 16: nicht mehr als drei Wochen.
77 Vgl. § 43.
78 Für eine Pflicht zur Identitätsprüfung auch *Gola/Schomerus,* BDSG § 34 Rdnr. 6; eine derartige Pflicht wird grundsätzlich verneint von *Schaffland/Wiltfang,* BDSG § 34 Rdnr. 15 ff.
79 Vgl. zu weiteren Einzelheiten auch § 19 Rdnr. 51 f.
80 *LDI* Nordrhein-Westfalen, Datenschutzbericht 2003, 78 f.
81 §§ 4 Abs. 7 Satz 1 TDDSG; 20 Abs. 1 Satz 1 MDStV.
82 Vgl. § 3 Rdnr. 223; *Roßnagel/Tinnefeld*, Rdnr. 30.
83 Einen Auskunftsanspruch bezüglich der zu einem Künstlernamen gespeicherter Daten bejaht zu Recht das AG Hamburg-Altona, Urt. v. 17.11.2004, DuD 2005, 170.
84 So auch *Schaar*, Rdnr. 507 f.
85 *Schmitz* in *Spindler/Schmitz/Geis*, § 4 TDDSG Rdnrn. 51 f., der § 4 Abs. 7 TDDSG deswegen sogar für verfassungswidrig hält.

unter Pseudonym in der beschriebenen Weise weder zu einer zwangsläufigen Aufdeckung des Pseudonyms noch zur Erstellung eines pseudonymisierten Nutzungsprofils hinter dem Rücken der betroffenen Person führt.

40 Werden schriftliche Auskünfte den Betroffenen nicht persönlich übergeben, sondern ihnen übersandt, so sind Vorkehrungen zu treffen, dass nicht Dritte von den Daten Kenntnis erlangen können. Die Auskünfte sind daher **in verschlossenem Umschlag** zu versenden, bei Übermittlung per **e-mail** sind sie zu **verschlüsseln** und **mit einer qualifizierten elektronischen Signatur** zu versehen.[86] Wenn die Auskunft per **Fax** (auch Computerfax) übermittelt werden soll, so hat sich der Absender zuvor (z.B. durch telefonische Ankündigung) zu vergewissern, dass die betroffene Person (und kein Dritter) die Auskunft direkt erhält.

41 Die Tatsache, dass Betroffene Auskunft verlangt haben und in welcher Weise dem entsprochen wurde, sollte die verantwortliche Stelle grundsätzlich **dokumentieren**, um eine spätere Nachprüfung durch die Aufsichtsbehörde oder in einem Rechtsstreit zu ermöglichen. Etwas anderes gilt nur bei Arbeitnehmerdaten.[87] Zwingend erforderlich ist diese Dokumentation aber stets dann, wenn Betroffene sich **vertreten** lassen.[88] Nur dadurch kann der Vorwurf wirksam entkräftet werden, es seien Daten an unbefugte Dritte übermittelt worden.[89]

42 Wird die Auskunftserteilung abgelehnt, so sind die Betroffenen hierüber zu informieren. Die Ablehnung ist unter Hinweis auf einen gesetzlichen Ausnahmetatbestand[90] zu begründen.

3.4 Form der Auskunftserteilung (Abs. 3)

43 Die Auskunft ist grundsätzlich **schriftlich** zu erteilen (Abs. 3). Der Gesetzgeber hat mit dieser Regelung berücksichtigt, dass in aller Regel nur die schriftliche Auskunft eine präzise Information der Betroffenen ermöglicht. Mit Hilfe schriftlicher Belege können diese zudem ihre Rechte gegenüber der speichernden Stelle wirksam wahrnehmen. Demgegenüber sind sie bei einer bloßen Einsichtnahme in die sie betreffenden Daten oder bei einer nur mündlichen Auskunftserteilung in einer wesentlich schwächeren Position. Im letzteren Falle droht zudem die Gefahr von Missverständnissen.

44 Die vorgeschriebene Schriftform setzt keinen diesbezüglichen Antrag der betroffenen Person voraus. Vielmehr hat die verarbeitende Stelle die Auskunft von sich aus schriftlich zu erteilen.

45 Wie die schriftliche Auskunft technisch hergestellt wird, ist ohne Bedeutung. Sie kann aus einem **Computerausdruck** oder bei einer manuellen Datei z.B. aus einer **Fotokopie** bestehen.

46 Die Auskunft muss klar und unmissverständlich sein (vgl. Art. 12 Buchst. a) zweiter Spiegelstrich EG-Datenschutzrichtlinie: **„Mitteilung in verständlicher Form“**). Sie muss so abgefasst sein, dass Betroffene den Inhalt ohne besondere Vorkenntnisse verstehen.[91] Werden Daten über die Betroffenen verschlüsselt gespeichert (z.B. 1 = verheiratet), so ist ihnen entweder der Schlüssel mitzuteilen oder die Angabe ist zu entschlüsseln. Dies gilt z.B. für unternehmensintern verwendete Codes, die Außenstehenden nicht verständlich sind. Einer **Auskunftserteilung im Klartext** ist stets der Vorzug zu geben.

47 Zu beachten ist weiter, dass die §§ 126 f. BGB Anforderungen festlegen, die bei gesetzlich vorgeschriebener Schriftform gelten: Danach muss die Urkunde von dem Aussteller eigenhändig durch Namensunterschrift oder mittels notariell beglaubigten Handzeichens unterzeichnet oder elektronisch signiert werden. Diese Vorschriften sind im gesamten Privatrecht in den Fällen anwendbar, in denen das Gesetz Schriftform vorschreibt.[92] Auch im Falle der Auskunftserteilung nach § 34 ist von den Erfordernissen des §§ 126 und 126a BGB auszugehen.[93] Die Tatsache, dass Abs. 3 Ausnahmen von der gesetzlich vorgeschriebenen Schriftform

86 Dazu u. Rdnr. 47.
87 S. dazu u. Rdnrn.81, 92.
88 S.o. Rdnr. 37.
89 Darin könnte eine Ordnungswidrigkeit oder Straftat nach §§ 43, 44 liegen.
90 Vgl. u. Rdnrn. 57.
91 Vgl. auch *Schaffland/Wiltfang,* BDSG § 34 Rdnr. 28; *Gola/Schomerus,* BDSG § 34 Rdnr. 13.
92 *Palandt/Heinrichs,* BGB § 126 Rdnrn. 1, 12a.
93 So wohl auch *Schaffland/Wiltfang,* BDSG § 34 Rdnr. 28; a.M. *Gola/Schomerus,* BDSG § 34 Rdnr. 13.

zulässt, führt ebenso wenig zur Unanwendbarkeit der §§ 126 f. BGB wie der Umstand, dass die Betroffenen eine schriftliche Auskunft ohne Urkundsqualität beanspruchen können.[94] Auch die elektronische Form der Auskunftserteilung ist nach § 126 Abs.3 BGB zulässig, weil das BDSG sie nicht ausdrücklich ausschließt. Wählen die Beteiligten (verantwortliche Stelle und betroffene Person) einvernehmlich diese Form,[95] so hat die verantwortliche Stelle ihrer elektronischen Auskunft ihren Namen hinzuzufügen und das elektronische Dokument mit einer qualifizierten elektronischen Signatur nach dem Signaturgesetz zu versehen (§ 126a BGB).[96]

Die Auskunft wird in anderer als schriftlicher Form erteilt, soweit dies wegen **besonderer** 48
Umstände angemessen ist. In diesen Fällen kann den Betroffenen die Kenntnisnahme z.B. per Bildschirmanzeige, durch Einsicht in schriftliche Unterlagen oder durch mündliche Mitteilung ermöglicht werden. Sämtliche gesetzlichen Anforderungen gelten in gleicher Weise wie bei einer schriftlichen Auskunft. Insbesondere muss die Auskunft vollständig und verständlich sein. Bei persönlicher Kenntnisnahme ist die Auskunft den Betroffenen bei Bedarf mündlich zu erläutern. Aus § 34 Abs. 3 ergibt sich, dass die nicht-schriftliche Auskunft nur ausnahmsweise in Betracht kommt.

Besondere Umstände im Sinne der genannten Vorschrift liegen nicht bereits dann vor, wenn 49
die Erteilung einer schriftlichen Auskunft für die verantwortliche Stelle mit Schwierigkeiten und Kosten verbunden ist. Vielmehr ist diese nach § 9 verpflichtet, die technischen und organisatorischen Maßnahmen zu treffen, die erforderlich sind, um eine schriftliche Auskunftserteilung sicherzustellen.[97] Faktoren, die in die Sphäre der verantwortlichen Stelle fallen, kommen deshalb grundsätzlich nicht als besondere Umstände in Betracht. Vielmehr kommen in aller Regel nur solche besonderen Umstände infrage, die im Bereich der Betroffenen begründet sind. Generell sollte deren Wünschen zur Form der Auskunftserteilung nach Möglichkeit entsprochen werden.

Besondere Umstände sind anzunehmen, wenn sich Betroffene, etwa weil ihnen an schneller 50
oder unentgeltlicher Information gelegen ist, mit einer nicht-schriftlichen Auskunft begnügen.[98] Dies wird häufig auch dann der Fall sein, wenn die verarbeitende Stelle keine Daten zur betroffenen Person gespeichert hat; diese kann aber auch eine entsprechende schriftliche Auskunft (Negativauskunft) verlangen.

Auch die Bekanntgabe **medizinischer** Daten (Gesundheitsdaten) an Betroffene[99] kann beson- 51
dere Umstände begründen, die die Vermittlung der Angaben durch einen Arzt erfordern (etwa bei einer lebensbedrohlichen Diagnose).[100] Hierauf stellt auch die EG-Datenschutzrichtlinie in Erwägungsgrund 42 (zu Art. 13) ab.[101] Eine inhaltliche Verkürzung der Information kann aber nicht auf § 34 Abs. 3 gestützt werden.[102] Eine ausdrückliche Klarstellung in diesem Sinn enthält § 25 Abs. 2 SGB X (für die Akteneinsicht im Anwendungsbereich dieser Vorschrift), der bei Gesundheitsdaten die Vermittlung durch einen Arzt, im Übrigen durch eine besonders befähigte Person vorsieht, wenn Angaben in den Akten die Entwicklung oder Entfaltung der Persönlichkeit einsichtswilliger Beteiligter beeinträchtigen können.[103] Die Betroffenen müssen sich aber auch in diesen Fällen nicht mit einer mündlichen Auskunft begnügen. Das Bundesverfassungsgericht hat in der pauschalen **Verweigerung einer schriftlichen Auskunft**

94 Vgl. u. Rdnr. 50.
95 Eine einseitige Wahl dieser Form durch die verantwortliche Stelle scheidet aus, vgl. *Palandt-Heinrichs*, § 126a, Rdnr. 6.
96 Eingefügt durch das Signaturgesetz v. 16.5.2001 (BGBl. I, 876) zur Umsetzung der EG-Signaturrichtlinie 99/93/EG über gemeinschaftliche Rahmenbedingungen für elektronische Signaturen v. 13.12.99 (ABlEG 00 Nr. L 13, 12; vgl. auch § 4a Rdnrn.38 ff.
97 Vgl. zu entsprechenden „Software-Routinen" *Wächter,* DuD 1996, 272 ff.
98 Vgl. *Gola/Schomerus,* BDSG § 34 Rdnr. 13; vgl. auch Abs. 6; dazu u. Rdnrn. 82 ff.
99 Dazu näher u. Rdnrn. 87 f.
100 Vgl. § 19 Rdnr. 59.
101 Vgl. auch *Dammann/Simitis,* EG-Datenschutzrichtlinie, Erl. 7.
102 Vgl. *Auernhammer,* BDSG § 19 Rdnr. 19. vgl. für extreme Ausnahmesituationen § 34 Abs. 4 i.V.m. § 33 Abs. 2 Nr. 3; dazu § 33 Rdnr. 76.
103 Vgl. auch *BfD,* 15. TB, 73 ff.

gegenüber einer hochbetagten schwerhörigen Patientin über das Ergebnis ihrer Behandlung einen **Verstoß gegen das grundgesetzliche Willkürverbot** gesehen.[104]

52 Es sind andererseits auch Situationen vorstellbar, in denen eine schriftliche Auskunftserteilung bei objektiver Betrachtungsweise unterbleiben muss, weil gerade durch sie schutzwürdige Belange der betroffenen Person beeinträchtigt werden können. Der Gesetzgeber hat ein ausdrückliches (strafbewehrtes) **Verschriftlichungsverbot** für Selbstauskünfte aus dem Krebsregister vorgesehen,[105] um zu verhindern, dass Arbeitgeber oder Versicherungsunternehmen Stellenbewerber oder potentielle Versicherungsnehmer zur Vorlage von Negativattesten veranlassen.[106]

4. Verstöße gegen die Auskunftspflicht

53 Zunächst fällt auf, dass der Gesetzgeber zwar eine unterlassene Benachrichtigung, nicht aber eine verweigerte Auskunft als Ordnungswidrigkeit einstuft. Angesichts der Bedeutung dieses zentralen Individualrechts ist eine solche Unterscheidung unverständlich.[107] Betroffene können sich allerdings an die Aufsichtsbehörde wenden, die durchaus über effektive Einwirkungsmöglichkeiten verfügt.[108] Sie kann überprüfen, ob die verantwortliche Stelle die nötigen organisatorischen Vorkehrungen getroffen hat, um Auskunftsansprüche erfüllen zu können. Ist das nicht der Fall oder entsprechen sie nicht den gesetzlichen Vorgaben (z.B. weil die verantwortliche Stelle nicht die Herkunft der Daten speichert),[109] so kann die Aufsichtsbehörde die Behebung eines derartig schweren organisatorischen Mangels anordnen[110] und die Datenverarbeitung untersagen, wenn der Mangel nicht behoben wird (§ 38 Abs. 5 Satz 2).

5. Ausnahmen von der Auskunftspflicht (Abs. 4)

54 Für die Ausnahmen von der Auskunftspflicht verweist das Gesetz auf die Ausnahmetatbestände von der Benachrichtigungspflicht: Nach Abs. 4 besteht eine Pflicht zur Auskunftserteilung nicht, wenn Betroffene nach § 33 Abs. 2 Satz 1 Nrn. 2, 3 und (gemeint: oder) 5 bis 7 nicht zu benachrichtigen sind.[111] Damit ist die Zahl der Ausnahmetatbestände für die Auskunftserteilung nicht so weitgehend reduziert worden, wie es der Gesetzentwurf der Bundesregierung zunächst vorsah.[112] Danach hätte nur noch in den Fällen des § 33 Abs. 2 Nrn. 3 und 6 eine Auskunft verweigert werden können. Demgegenüber sieht das 2001 beschlossene BDSG eine ähnlich lange Liste von Ausnahmetatbeständen vor wie sein Vorgänger: Nur auf den entsprechend der Richtlinie neu eingefügten Ausnahmetatbestand des § 33 Abs. 2 Satz 1 Nr. 4 nimmt § 34 Abs. 4 nicht Bezug und lediglich der Wegfall der Ausnahme für temporäre Dateien führt zu einer **geringfügigen Verkürzung des Ausnahmekatalogs**. Dies kann in der Praxis zu einer starken Beschränkung des Auskunftsanspruchs als Kern des informatio-

---

104 BVerfG, Kammerbeschluss v. 18.11.2004, 1 BvR 2315/04, EuGRZ 2004, 805 ff.

105 § 9 KRG; der Arzt darf dem Patienten nur mündlich Auskunft über die zu seiner Person gespeicherten Daten geben.

106 *Wellbrock*, DuD 1994, 251, 255.

107 Vgl. *Gola/Schomerus*, BDSG § 34 Rdnr. 25; kritisch auch *Däubler*, Gläserne Belegschaften?, 4. Aufl. (2002), Rdnr. 534.

108 Anders offenbar *Gola/Schomerus*, ebda.

109 Vgl. A.A. OVG Hamburg, Urt. v. 7.7.2005, AZ.: 1 Bf 172/03, für den Fall, dass die Daten von einer Auskunftei konventionell (telefonisch) erhoben wurden; *Duhr/Naujok/Danker/Seiffert*, DuD 2003, 5 ff., 17

110 Das gilt auch bei Zugrundelegung der Auffassung des OVG Hamburg (s. vorige Fußnote), jedenfalls bei automatisierter Beschaffung der Daten (z.B. durch Online-Abruf).

111 Vgl. § 33 Rdnrn. 38 ff.

112 BT-Drs. 14/4329; vgl. auch *BlnBDI*, Neuregelungen im Bundesdatenschutzgesetz, Materialien zum Datenschutz Nr. 30 (2001), 31; auf diesen Entwurfsstand bezieht sich offenbar *Roßnagel/Wedde*, Handbuch Datenschutzrecht, Kap. 4.4, 556.

nellen Selbstbestimmungsrechts führen.[113] Die für die Benachrichtigung geltenden Ausnahmetatbestände sind allerdings nur **entsprechend** auf die Pflicht zur konkreten Auskunft über bestimmte Daten der Betroffenen anzuwenden. Das ergibt sich aus dem **unterschiedlichen Normgehalt der §§ 33 und 34**.[114] Während die Benachrichtigungspflicht u.a. nur die Art der Daten umfasst, erstreckt sich die Auskunftspflicht auf die konkret zu den Betroffenen gespeicherten Daten. Vielfach haben die Ausnahmetatbestände des § 33 Abs. 2 ihre praktische Bedeutung vor allem im Zusammenhang mit der Auskunftspflicht.

Aufwand und Kosten, die für die verantwortlichen Stellen mit der Erteilung der Auskunft 55
an Betroffene verbunden sein können, sind **keine** vom Gesetz und der Richtlinie vorgesehenen **Gründe**, die von der Pflicht zur Auskunftserteilung befreien können.[115] Dem Gesichtspunkt des unverhältnismäßigen Aufwands, der nach § 33 Abs. 2 Satz 1 Nrn. 2, 5 und 7 zu berücksichtigen ist, wird bei der Auskunft anders als bei der Benachrichtigung schon deshalb in der Regel keine Bedeutung zukommen, weil die Erteilung von Auskünften meist nur in Einzelfällen verlangt wird und im Gegensatz zur Benachrichtigung kein Massengeschäft ist.[116]

§ 34 regelt – anders als § 19 Abs. 5 und 6 für den öffentlichen Bereich[117] – das Verfahren 56
im Falle einer Ablehnung der Auskunft nicht. Die Schutzfunktion des § 34 zugunsten der Betroffenen führt indessen dazu, dass auch im nicht-öffentlichen Bereich entsprechend zu verfahren ist.

Die verantwortliche Stelle muss die **Ablehnung** der Auskunftserteilung **grundsätzlich** den 57
anfragenden Betroffenen gegenüber unter Angabe der die Ausnahme rechtfertigenden Rechtsvorschrift **schriftlich begründen**.[118] Dies gilt nur insoweit nicht, als durch die Mitteilung der tatsächlichen und rechtlichen Entscheidungsgründe der mit der Auskunftsverweigerung verfolgte Zweck gefährdet würde. Die verantwortliche Stelle muss über die konkreten Gründe ihrer Weigerung so weit Auskunft geben, wie die entgegenstehenden Gründe dies noch zulassen. Die betroffene Person muss erkennen können, dass Daten über sie gespeichert sind, die nach Auffassung der verantwortlichen Stelle einem Ausnahmetatbestand unterliegen. Sie muss in die Lage versetzt werden, die zuständige Aufsichtsbehörde anzurufen[119] bzw. den Rechtsweg zu beschreiten. Unzulässig ist es, auf das Auskunftsersuchen zu schweigen oder die unrichtige Antwort zu geben, dass keine Daten über die betroffene Person gespeichert sind[120] bzw. kommentarlos bestimmte – nach Auffassung der verantwortlichen Stelle geheimhaltungsbedürftige – Daten wegzulassen. Unzureichend ist auch die Formulierung, dass „im Folgenden die nach § 34 auskunftspflichtigen Daten mitgeteilt werden", wenn die verantwortliche Stelle bestimmte Daten in Anwendung von § 34 Abs. 4 nicht in die Auskunft aufnimmt. Weiter darf die Auskunftserteilung nur hinsichtlich der Daten unterbleiben, für die ein Ausnahmetatbestand vorliegt. Dies wird nur selten bei allen gespeicherten bzw. übermittelten Daten der Fall sein. Sobald die Voraussetzungen des Ausnahmetatbestands entfallen sind, sollte die betroffene Person darüber informiert und ihr eine Auskunftserteilung angeboten werden.

Insgesamt müssen die **Ausnahmetatbestände** im Licht des grundsätzlichen und prinzipiell 58
vorrangigen Auskunftsrechts der Betroffenen **restriktiv interpretiert** werden. Auch hier gilt, dass der Informationszugangsanspruch der Betroffenen die Regel bleiben muss und das gesetzlich intendierte Regel-Ausnahme-Verhältnis nicht durch eine extensive Handhabung der Ausnahmen umgekehrt werden darf.[121]

---

113 Die von *Däubler*, Gläserne Belegschaften?, 4. Aufl. (2002), Rdnr. 533, m.w.N, angemeldeten verfassungsrechtlichen Bedenken gegen die Vorschrift sind deshalb nicht von der Hand zu weisen.

114 Vgl. § 33 Rdnr. 73.

115 Die Europäische Kommission sieht insofern mit Recht auch keinen Bedarf, die Richtlinie zu ändern, und befürwortet eine flexible Auslegung der Auskunftsvorschriften, vgl. Erster Bericht über die Durchführung der Datenschutzrichtlinie, KOM(2003) 265 endg., Kap. 4.2, 17.

116 *BlnBDI*, Neuregelungen im Bundesdatenschutzgesetz, Materialien zum Datenschutz Nr. 30, 31; LG Ulm, Urt. v. 1.12.2004, DuD 2005, 100, 102 = RDV 2005, 29, 31.

117 Vgl. dazu § 19 Rdnrn. 104 ff.

118 Vgl. auch *Gola/Schomerus*, BDSG § 34 Rdnr. 19; einschränkend *Schaffland/Wiltfang*, BDSG § 34 Rdnrn. 41 ff.

119 Vgl. § 38 Abs. 1.

120 Vgl. *Schaffland/Wiltfang*, BDSG § 34 Rdnr. 43.

121 Vgl. auch § 33 Rdnr. 45 sowie Däubler, Gläserne Belegschaften?, 4. Aufl. (2002), Rdnr. 533.

6. Kosten der Auskunft (Abs. 5)

6.1 Voraussetzungen der Unentgeltlichkeit und Entgeltlichkeit (Abs. 5 Sätze 1 und 2)

59 Nach **Abs. 5 Satz 1** ist die Auskunft **unentgeltlich**. Dadurch soll den Betroffenen die Ausübung ihrer Rechte erleichtert werden.[122] Das ist auch konsequent, wenn man das Auskunftsrecht als zentralen Teil des Rechts auf informationelle Selbstbestimmung ansieht. Kosten der Ausübung eines Grundrechts sind in erster Linie Kosten der Allgemeinheit und nicht der Person, die von ihrem Recht Gebrauch macht.

60 Anders als im öffentlichen Bereich, für den die frühere Gebührenpflichtigkeit der Auskunftserteilung nach vielfacher Kritik generell abgeschafft wurde,[123] gilt die Unentgeltlichkeit allerdings nicht uneingeschränkt. Nach **Abs. 5 Satz 2** kann ein **Entgelt** verlangt werden, wenn die personenbezogenen Daten **geschäftsmäßig zum Zwecke der Übermittlung gespeichert werden und Betroffene die Auskunft gegenüber Dritten zu wirtschaftlichen Zwecken nutzen können**. Ebenso wie im Falle des Abs. 2 handelt es sich um eine Sonderregelung für diejenigen Stellen, die nach Maßgabe des § 29 Abs. 1 personenbezogene Daten speichern.

61 Durch die beschränkte Einführung der Entgeltlichkeit sollen **Missbräuche verhindert** werden.[124] Insbesondere wollte der Gesetzgeber verhindern, dass z.B. ein Kreditgeber von der Einholung einer für ihn entgeltlichen Kreditauskunft bei einer Auskunftei absieht und stattdessen die betroffene Person auffordert, die vor einer Kreditvergabe gewünschten Informationen zur Bonität durch eine für sie kostenlose **Selbstauskunft** beizubringen.[125] Bei einer Verbreitung derartiger Praktiken würden den Auskunfteien wirtschaftliche Nachteile entstehen.[126] Das ist insofern systemfremd, als das Datenschutzrecht nicht in erster Linie wirtschaftlichen Interessen dient, sondern das Recht der Betroffenen auf informationelle Selbstbestimmung sichern soll.[127]

62 Im Einzelfall ist zu prüfen, ob die Auskunft nach ihrem Inhalt **für eine Nutzung zu wirtschaftlichen Zwecken geeignet** ist mit der Konsequenz, dass ein Entgelt verlangt werden kann. Auf die Nutzungsabsicht der Betroffenen kommt es nicht an.[128] Das Gesetz legt einen objektiven Maßstab zugrunde:[129] Erforderlich, aber auch ausreichend für die Entgeltlichkeit ist, dass die Betroffenen die Daten zu wirtschaftlichen Zwecken nutzen „können" (z.B. zum Nachweis ihrer Bonität). Daraus folgt aber nicht, dass Auskunfteien generell ein Entgelt verlangen können.[130] An der wirtschaftlichen Nutzungsmöglichkeit wird es regelmäßig fehlen, wenn die Auskunft nur die Adresse oder rein persönliche Daten enthält.[131] Auch mit der Negativauskunft, dass keine Daten gespeichert sind, werden Betroffene Dritten gegenüber ihre Bonität in der Regel nicht nachweisen können; für eine solche Auskunft darf deshalb grundsätzlich kein Entgeld erhoben werden.[132]

---

122 Amtl. Begr. des RegE, BT-Drs. 11/4306, 52.

123 § 19 Abs. 7; dazu § 19 Rdnr. 117.

124 Vgl. Sten.Prot. BT-InnenA, 86. Sitzung am 17.5.1990, 38; vgl. auch *Auernhammer,* BDSG § 34 Rdnr. 19.

125 Vgl. auch *Gola/Schomerus,* BDSG § 34 Rdnr. 21; zur Rechtswidrigkeit des Abverlangens einer SCHUFA-Selbstauskunft vor Eingehen eines Mietvertrages vgl. *BfD,* 15. TB (1993/94), 435; § 28 Rdnr. 70.

126 Vgl. auch *Dörr/Schmidt,* BDSG § 34 Rdnr. 22; *Bergmann/Möhrle/Herb,* BDSG § 34 Rdnr. 117.

127 Vgl. *Petri,* Datenschutz in der Privatwirtschaft, 223.

128 Vgl. demgegenüber *Gola/Schomerus,* BDSG § 34 Rdnr. 21; vgl. auch *Herb,* CR 1992, 705, 706, der offenbar bei einer beabsichtigten Nutzung zu persönlichen oder wissenschaftlichen Zwecken keine Entgeltpflicht annimmt.

129 Vgl. auch *Schaffland/Wiltfang,* BDSG § 34 Rdnr. 46.

130 So aber *Schaffland/Wiltfang,* a.a.O.

131 Vgl. auch *Herb,* CR 1992, 707, 706.

132 Dritter Tätigkeitsbericht des *IM* Baden-Württemberg zum Datenschutz im nicht-öffentlichen Bereich 2005, 50 f.; nach Auffassung von *Däubler/Klebe/Wedde,* BDSG § 34 Rdnr. 28 kann die wirtschaftliche Nutzung einer negativen SCHUFA-Auskunft nicht generell ausgeschlossen werden. S. dazu auch Rdnr. 69. Für die Unentgeltlichkeit der Auskunftserteilung an Betroffene zu ihren Scorewerten zu Recht *Weichert,* DuD 2005, 582, 586.

Wenn es an einer Nutzungsabsicht für wirtschaftliche Zwecke fehlt, kann die betroffene Person allerdings **beanspruchen**, dass ihr **in einer wirtschaftlich nicht verwertbaren Form** – und damit unentgeltlich – **Auskunft erteilt wird**. Dies folgt aus einer am Zweck des Abs. 5 orientierten Auslegung. Die Ziele des Gesetzgebers, den Betroffenen einerseits durch die Unentgeltlichkeit die Ausübung ihrer Rechte zu erleichtern und andererseits Missbräuchen entgegenzutreten, können dadurch am besten erreicht werden, dass die wirtschaftliche Verwertbarkeit durch eine entsprechende Ausgestaltung der Auskunft verhindert wird (z.B. schriftliche Auskunft ohne Urkundsqualität; Zusatz bzw. Aufdruck, der Vorlage an Dritte ausschließt). 63

6.2 Umfang der Zahlungspflicht (Abs. 5 Satz 3)

Soweit nach Abs. 5 Satz 2 ein Entgelt verlangt werden kann, darf dieses nach **Abs. 5 Satz 3 über die durch die Auskunftserteilung entstandenen direkt zurechenbaren Kosten nicht hinausgehen**. Das Entgelt soll der verantwortlichen Stelle die durch die Auskunftserteilung entstandenen Kosten ersetzen, ohne ihr einen Gewinn zu verschaffen.[133] Zwar enthält Abs. 5 Satz 2 keine in allgemeinen Informationszugangsgesetzen ausrücklich enthaltene Regelung, wonach das Entgelt so zu ermitteln ist, dass zwischen dem Aufwand der verantwortlichen Stelle zur Informationsbereitstellung und dem Recht auf Informationszugang ein angemessenes Verhältnis besteht.[134] Dennoch wird man auch bei der Auslegung des BDSG denselben Rechtsgedanken zugrunde legen müssen. Die Gemeinkosten (d.h. Kosten, die unabhängig von den bei der konkreten Auskunftserteilung zu erbringenden Leistungen entstehen wie z.B. Raumkosten, Abschreibungen, Personalkosten) sind danach nicht erstattungsfähig.[135] Hierzu gehören auch Kosten; die durch die allgemeine Ermöglichung der Auskunftserteilung, etwa durch bestimmte organisatorische Maßnahmen, oder durch die konkrete Informationsrecherche entstehen. Auch für diese darf kein Entgelt verlangt werden. Nicht direkt zurechenbar sind weiter die durch die Benachrichtigung gemäß § 33 anfallenden Kosten. Das Gleiche gilt für die bei der Errechnung des Entgelts entstehenden Kosten. 64

Dass **Recherchekosten** nicht auf die Betroffenen abgewälzt werden dürfen, ergibt sich auch aus Abs. 6, denn diese Kosten würden auch bei einer persönlichen Kenntnisverschaffung entstehen. Im Übrigen rechtfertigen auch ein **mangelhaftes Informationsmanagement** oder organisatorisch bedingte Schwierigkeiten beim Auffinden der Information in der verantwortlichen Stelle es nicht, die dadurch entstehenden Kosten den Auskunft suchenden Personen aufzubürden. 65

Zu vergüten sind die Kosten für den **konkreten Aufwand**, der unmittelbar **für die** jeweilige **Auskunftserteilung** erforderlich ist.[136] Für die Erstellung eines Ausdrucks können anteilige Maschinenkosten berechnet werden. Weiterhin sind Material- und Portokosten zu ersetzen. Die Höhe der Kosten kann demnach je nach der gewünschten Auskunft variieren, wobei sich beträchtliche Unterschiede ergeben können. Die Kosten können z.B. erheblich sein, wenn zahlreiche Dateien durchsucht werden müssen. Die verarbeitende Stelle ist verpflichtet, bei der Bearbeitung von Auskunftsersuchen unter Berücksichtigung ihrer technischen, personellen und organisatorischen Möglichkeiten den Weg zu wählen, der die geringsten Kosten verursacht (anders wenn Betroffene auf eine bestimmte Art der Auskunftserteilung – etwa per Telefon – Wert legen).[137] 66

Die Ermittlung der im Einzelfall berechenbaren Kosten macht in der Praxis vielfach Schwierigkeiten. Eine pauschale Berechnung, die eine nach bestimmten Kriterien abgestufte Summe vorsehen kann, ist sicherlich vielfach im Interesse der verantwortlichen Stelle. Eine solche 67

---

133 Vgl. Begr. zum RegE des BDSG 1977, BT-Drs. 391/73, 28.

134 Vgl. § 10 Abs. 1 Satz 2 Akteneinsichts- und Informationszugangsgesetz Brandenburg; die Vorschrift soll eine prohibitive Wirkung der Entgelt- bzw. Kostenerhebung ausschließen.

135 So auch *Gola/Schomerus,* BDSG § 34 Rdnr. 23.

136 Zur Höhe des Entgelts, das die SCHUFA ggf. verlangen kann vgl. LG Berlin, Urteil v. 14.1.1999 – 14.O.417/97, DuD 2000, 681; dazu *BlnBDI*, Jahresbericht 1999, 4.6.2, 122 ff.

137 Vgl. *Schaffland/Wiltfang,* BDSG § 34 Rdnr. 54.

Pauschalierung ist jedoch nur zulässig, solange sie nicht dazu führt, dass im Einzelfall höhere als die unmittelbar zurechenbaren Kosten verlangt werden.[138] Das kann am ehesten dadurch erreicht werden, dass **getrennte Pauschalen** für unterschiedliche Arten der Auskunftserteilung gebildet werden (z.B. mündliche Auskunft, Herstellung einer Fotokopie, Zusammenfassung in einem Originalschreiben). Die Pauschalen sollten sich dabei an den Kosten eines einfach zu erledigenden Auskunftsersuchens orientieren. Im Übrigen kann die verantwortliche Stelle auch auf die Bezahlung eines Entgelts verzichten. Das empfiehlt sich insbesondere dann, wenn der Aufwand, ein geringfügiges Entgelt einzutreiben, außer Verhältnis zu dessen Höhe steht.

68 Für die verantwortliche Stelle empfiehlt es sich, die Betroffenen im Voraus über die Größenordnung des ggf. zu erwartenden Entgelts zu informieren. Dies gilt insbesondere dann, wenn sich Kosten in einer nicht vorhersehbaren Höhe abzeichnen. In derartigen Fällen würde ein Kostenverlangen ohne Vorwarnung gegen Treu und Glauben (§ 242 BGB) verstoßen.[139] Die Betroffenen müssen auch die Möglichkeit erhalten, von dem Auskunftsverlangen Abstand zu nehmen oder sich persönlich Kenntnis nach Abs. 6 zu verschaffen.

69 Ein Recht auf Entgelterhebung hinsichtlich der **Negativauskunft**, dass keine Daten über Betroffene gespeichert sind, ergibt sich nicht schon aus dem Wortlaut des Abs. 5 Satz 2, denn dieser setzt eine Auskunft über „gespeicherte Daten" voraus. Für die abweichende Formulierung des Umweltinformationsgesetzes („Für die Übermittlung von Informationen ...") ist anerkannt, dass nur dann Gebühren erhoben werden dürfen, wenn tatsächlich inhaltliche Informationen offen gelegt werden.[140] Allerdings können auch negative Selbstauskünfte ausnahmsweise die Voraussetzungen des Abs. 5 Satz 2 erfüllen, wenn sie für die Betroffenen einen konkreten wirtschaftlichen Nutzen haben. Nur insofern erscheint es gerechtfertigt, auch dann ein Entgelt zu verlangen, wenn mitgeteilt wird, es seien keine Daten zu den Betroffenen gespeichert.[141] In keinem Fall darf ein Entgelt verlangt werden, wenn die **Auskunft** nach Abs. 4 **verweigert** wird, auch wenn kostenverursachende Suchprozesse vorausgegangen sind. Denn dann fehlt es an einer „Auskunftserteilung", die nach dem eindeutigen Wortlaut des Abs. 5 Satz 3 Voraussetzung für einen Entgeltanspruch ist.[142] Deshalb kommt ein Entgeltanspruch auch nicht in Betracht, wenn die Gründe für die Auskunftsverweigerung außerhalb der Sphäre der verantwortlichen Stelle liegen.

70 Eine **Vorleistungspflicht** der Betroffenen für die Erteilung einer entgeltpflichtigen Auskunft besteht **nicht**.[143] Gegen eine solche Verpflichtung spricht zunächst der Wortlaut des Abs. 5 Satz 3, der auf bereits „entstandene" Kosten abstellt. Eine Vorleistungspflicht ist der betroffenen Person auch nicht zuzumuten; sie würde dann in den Fällen des Abs. 5 Satz 4 von vornherein in die Rolle dessen gedrängt, der sein Entgelt zurückfordern muss. Hinzu kommt, dass die Höhe der Kosten erst nach Auskunftserteilung präzise ermittelt werden kann. Die zivilrechtlichen Pflichten zur Vorschusszahlung (§§ 675, 669 und 811 Abs. 2 Satz 2 BGB) kommen nicht zur Anwendung, weil § 34 mit seinem besonderen öffentlich-rechtlichen Schutzcharakter vorrangig gilt. Zulässig ist eine Versendung der Auskunft per Nachnahme.[144] Die Kosten sind dann bereits entstanden und präzise berechenbar: Allerdings sind die Betroffenen hier in den Fällen des Abs. 5 Satz 4 darauf angewiesen, das Entgelt zurückzufordern.

---

138 Ebenso *Schaffland/Wiltfang,* BDSG § 34 Rdnr. 50.

139 Vgl. *Schaffland/Wiltfang,* BDSG § 34 Rdnr. 53.

140 Vgl. *Fluck/Theuer*, Informationsfreiheitsrecht, § 10 UIG Rdnrn. 14, 18; die Rechtslage hat sich durch die Novellierung des Umweltinformationsgesetzes durch das Gesetz vom 22.12.2004 (BGBl. I, 3704) insofern nicht verändert.

141 So auch *Gola/Schomerus,* BDSG § 34 Rdnr. 23; anders die Vorauflage; *Auernhammer,* BDSG § 34 Rdnr. 20, und *Schaffland/Wiltfang*, BDSG § 34 Rdnr. 51; vgl. o. Rdnr. 62.

142 So auch *Auernhammer,* a.a.O.

143 Ebenso *Bergmann/Möhrle/Herb,* BDSG § 34 Rdnrn. 102 ff.; a.M. *Schaffland/Wiltfang,* BDSG § 34 Rdnr. 56.

144 Ebenso *Schaffland/Wiltfang,* a.a.O.

6.3 Unentgeltlichkeit wegen besonderer Umstände (Abs. 5 Satz 4)

Von der unter den Voraussetzungen des Abs. 5 Satz 2 ausnahmsweise vorgesehenen Entgeltlichkeit der Auskunftserteilung ist in Satz 4 eine **praktisch wichtige Rückausnahme** vorgesehen. In den dort geregelten Fällen darf ein Entgelt nicht verlangt werden. Der Gesetzgeber hat durch diese Rückausnahmen berücksichtigt, dass auch die verantwortliche Stelle ein Interesse daran hat, nur richtige Daten zu speichern und die Zulässigkeitsvoraussetzungen für die Speicherung zu wahren. Durch eine Berichtigung oder Löschung können bei der Verwendung unrichtiger Daten entstandene Nachteile für die verantwortliche Stelle (darunter auch Schadensersatzansprüche der Betroffenen oder Dritter) vermieden werden. Hier würde es unbillig erscheinen, die Betroffenen mit den Kosten zu belasten.[145] 71

Die Verpflichtung zur Zahlung des Entgelts entfällt zunächst, wenn durch **besondere Umstände** die Annahme gerechtfertigt wird, dass personenbezogene Daten unrichtig oder unzulässig gespeichert werden. Ob die Speicherung unzulässig ist, ergibt sich aus den materiellen Bestimmungen der §§ 28 f. Für die Unrichtigkeit personenbezogener Daten gilt das Gleiche wie im Falle des § 35 Abs. 1. 72

Grundsätzlich entfällt die Zahlungspflicht bei jeder Speicherung eines unrichtigen Datums. Zu berücksichtigen ist freilich, dass diese Regelung für Betroffene einen Anreiz bietet, sich auf für sie an sich unerhebliche **Bagatellfehler** zu berufen. Sinn der **Ausnahmeregelung** des Abs. 5 Satz 4 kann es nicht sein, eine Umgehung der Zahlungspflicht zu ermöglichen. Handelt es sich deshalb um bloße Schreib- oder Satzzeichenfehler oder sonstige formale Schönheitsfehler, so entfällt die Zahlungspflicht nicht, wenn die Möglichkeit von Missverständnissen – auch aus der Sicht möglicher Datenempfänger im Falle einer Übermittlung – ausgeschlossen ist.[146] Diese Einschränkung ist jedoch im Interesse der mit Abs. 5 Satz 4 intendierten Schutzfunktion **zugunsten der Betroffenen eng auszulegen**. Sie bedeutet keineswegs, dass die Betroffenen generell ein berechtigtes Interesse an der Berichtigung darlegen müssten. Schreibfehler in Namen von Betroffenen sind stets beachtlich (mit der Folge, dass die Entgeltpflicht entfällt), weil sie zum einen die Persönlichkeit des Einzelnen direkt berühren und zum anderen zu Personenverwechselungen und Missverständnissen bei empfangenden Stellen führen können. 73

„Besondere Umstände“ sind nur zu bejahen, wenn konkrete, auf Tatsachen basierende Anhaltspunkte für die Unrichtigkeit oder Unzulässigkeit der Speicherung bestehen. Ein bloß subjektiver Verdacht genügt nicht. Besondere Umstände können z.B. vorliegen, wenn von der verantwortlichen Stelle stammende Belege unrichtige Daten enthalten, da hieraus auf eine entsprechende Speicherung geschlossen werden kann.[147] Auch aus einer nicht anders zu erklärenden diskriminierenden Behandlung der betroffenen Person durch die verantwortliche Stelle können sich im Einzelfall hinreichende Anhaltspunkte für die Speicherung unrichtiger Daten ergeben. 74

Die Zahlungsverpflichtung entfällt bereits, wenn die **Annahme** gerechtfertigt ist, dass Daten unrichtig oder unzulässig gespeichert werden. Für die Frage, ob besondere Umstände vorliegen, kommt es also allein auf die **Sicht der Betroffenen** an. Unerheblich ist, was die von ihnen verlangte Auskunft ergibt. Sie bleibt auch dann kostenfrei, wenn sich herausstellt, dass die gespeicherten Daten richtig sind und z.B. durch ein Schreibversehen unrichtig wurden.[148] 75

Die besonderen Umstände müssen der verantwortlichen Stelle nicht zurechenbar bzw. in ihrer Sphäre begründet sein. Sie können sich auch aus zuverlässig erscheinenden **Angaben Dritter** ergeben. Sinn des Abs. 5 Satz 4, 1. Alternative ist es, die Betroffenen aus Billigkeitsgründen von der Zahlungspflicht zu befreien, wenn sie an der Richtigkeit von Daten oder der Zulässigkeit ihrer Speicherung begründeten Zweifel haben. Dabei kann es allein darauf ankommen, ob aus ihrer Sicht entsprechende Anhaltspunkte vorliegen, nicht aber, auf welchen Informationen sie beruhen. 76

---

145 Vgl. Begr. RegE des BDSG 1977, BR-Drs. 391/73.

146 Zu weitgehend aber *Schaffland/Wiltfang,* BDSG § 34 Rdnr. 60: Die Annahme der unrichtigen oder unzulässigen Speicherung müsse sich auf „wesentliche Angaben“ beziehen.

147 Vgl. *Gola/Schomerus,* BDSG § 34 Rdnr. 22.

148 Vgl. *Gola/Schomerus,* BDSG § 34 Rdnr. 22.

77 Den zweiten Ausnahmetatbestand bilden die Fälle, in denen die Auskunft ergeben hat, dass die personenbezogenen Daten zu **berichtigen** sind. Ob eine Berichtigung erforderlich ist, ist nach § 35 Abs. 1 zu beurteilen.

78 Der Anspruch auf das Entgelt entfällt nicht, wenn die Unrichtigkeit auf **Angaben Betroffener** gegenüber der speichernden Stelle beruht. In diesen Fällen würde deren Berufung auf Abs. 5 Satz 4 gegen den Grundsatz von Treu und Glauben (§ 242 BGB) und das daraus abgeleitete Verbot des venire contra factum proprium verstoßen.[149] Dabei kommt es nicht darauf an, ob Betroffene bewusst falsche Angaben gemacht haben, um später bei einem Auskunftsverlangen den Entgeltanspruch zu vereiteln. Beruht die Unrichtigkeit auf von Betroffenen gegenüber Dritten gemachten Angaben, die später an die verantwortliche Stelle übermittelt wurden, so ist den Betroffenen die Berufung auf Abs. 5 Satz 4 nur dann verwehrt, wenn ihnen die Tatsache der Übermittlung von vornherein bekannt war. Fehlt es an dieser Kenntnis, so verhalten sie sich nicht treuwidrig, da sie grundsätzlich nicht mit einer Verwendung von ihnen gemachter Angaben außerhalb des Erhebungskontexts zu rechnen brauchen.[150]

79 Ein Entgelt kann schließlich dann nicht verlangt werden, wenn die personenbezogenen **Daten** unter der Voraussetzung des § 35 Abs. 2 Satz 2 Nr. 1 **wegen Unzulässigkeit der Speicherung zu löschen** sind. Andere sich aus § 35 ergebende Löschungspflichten führen nach dem eindeutigen Wortlaut des Abs. 5 Satz 4 nicht zum Wegfall des Rechts auf Entgelterhebung,[151] obwohl diese Differenzierung des Gesetzgebers kaum nachvollziehbar ist. Insbesondere bei der Auskunftserteilung über sensitive Daten, deren Richtigkeit die verantwortliche Stelle nicht beweisen kann, ist die Erhebung eines Entgelts unangemessen. Die verantwortliche Stelle ist dazu auch nicht verpflichtet.

6.4 Benachteiligungsverbot

80 Wer sein Auskunftsrecht ausübt, darf auch nicht mit indirekten „Kosten“ belegt, insbesondere nicht wirtschaftlich oder in anderer Weise benachteiligt werden. Das ergibt sich auch aus der Unabdingbarkeit des Auskunftsrechts nach § 6 Abs. 1.[152] So dürfen Betroffene, die häufig von ihrem Auskunftsrecht Gebrauch machen, deshalb nicht in ihrer **Bonität abgewertet** werden. Aus der Tatsache, dass verstärkt Selbstauskünfte eingeholt werden, schließen manche Auskunfteien, die Betroffenen wollten sich offenbar durch eine Großanschaffung verschulden. Dieser Schluss ist unzulässig, eine solche Praxis von Auskunfteien, bei der z.B. **Scorewerte** durch Selbstauskünfte **negativ beeinflusst** werden, ist eindeutig **rechtswidrig**. Die SCHUFA hat deshalb auf Druck der Aufsichtsbehörden ihre entsprechende Praxis 2002 abgestellt.[153] Das ist auch deshalb sachgerecht, weil immer mehr Arbeitgeber und Vermieter in rechtlich zweifelhafter Weise Stellen- und Wohnungsbewerber zur Einholung von SCHUFA-Selbstauskünften veranlassen, um ihre Bonität zu beurteilen.[154] Darin liegt im Grunde eine Verkehrung der gesetzlichen Sinns und Ziels des Auskunftsrechts, die Datenverarbeitung der SCHUFA *für die betroffene Person* transparent zu machen.[155]

81 Die **Dokumentation** der Auskunftserteilung[156] darf auch nicht dazu führen, dass **Auskunftssuchende als „Querulanten“ registriert** oder anderweitig benachteiligt werden. Im Arbeitsverhältnis muss deshalb eine Dokumentation der Einsichtnahme in die eigene Personalakte von vornherein unterbleiben, es sei denn, die betroffene Person bevollmächtigt einen Dritten, der für sie Einsicht nehmen soll.

---

149 Ebenso *Auernhammer,* BDSG § 34 Rdnr. 23; *Gola/Schomerus,* BDSG § 34 Rdnr. 22.
150 Anders *Schaffland/Wiltfang,* BDSG § 34 Rdnr. 61; *Gola/Schomerus,* BDSG § 4 Rdnr. 22.
151 So auch *Auernhammer,* BDSG § 34 Rdnr. 23.
152 Vgl. § 6 Rdnr. 21.
153 *BlnBDI*, Jahresbericht 2002, 120.
154 Vgl. Rdnr. 19 zu § 4a sowie Rdnr. 70 zu § 28.
155 So zutreffend *Duhr* in: *Roßnagel*, Handbuch Datenschutzrecht, Kap. 7.5, Rdnr. 86.
156 S.o. Rdnr. 41.

7. Recht auf persönliche Kenntnisverschaffung (Abs. 6)

Für den Fall, dass die Auskunftserteilung nach Abs. 5 Satz 2 **nicht unentgeltlich** ist, sieht der auf Vorschlag des Bundesrates eingefügte Abs. 6 Satz 1 eine Ersatzlösung vor. Danach ist den Betroffenen die Möglichkeit zu geben, sich im Rahmen ihres Auskunftsanspruchs **persönlich Kenntnis über die sie betreffenden Daten und Angaben zu verschaffen**. Damit soll der Auffassung des Bundesrats Rechnung getragen werden, die in Abs. 5 Satz 2 zugunsten der Auskunfteien getroffene Regelung erscheine nur vertretbar, wenn Betroffene anstelle einer schriftlichen Auskunft die Möglichkeit erhalten, sich persönlich über die zu ihrer Person gespeicherten Daten zu informieren.[157] Den Betroffenen ist mithin die kostenfreie Einsichtnahme in die sie betreffenden Daten zu ermöglichen (z.B. Bildschirmanzeige, Akteneinsicht.[158] Nach Sinn und Zweck der Vorschrift ist den Betroffenen im Rahmen der Möglichkeiten der verarbeitenden Stelle eine ortsnahe Kenntnisnahme anzubieten (z.B. in den am nächsten zu ihrem Wohnsitz gelegenen Geschäftsräumen.[159] 82

Die verantwortliche Stelle muss die nötigen organisatorischen Vorkehrungen dafür treffen, dass Betroffene z.B. auf einem abgesetzten Bildschirm Einsicht in die über sie gespeicherten Daten nehmen können, ohne zugleich Kenntnis von Daten Dritter zu erhalten. 83

Die Betroffenen sind auf ihr Recht nach Abs. 6 Satz 1 in geeigneter Weise **hinzuweisen** (Abs. 6 Satz 2). Dies kann etwa im Zusammenhang mit der Benachrichtigung nach § 33 Abs. 1 geschehen.[160] Der Hinweis muss in jedem Fall *vor* einer kostenpflichtigen Auskunftserteilung erfolgen. 84

8. Sonstige Auskunfts- und Einsichtsrechte der Betroffenen

Eine Reihe weiterer Vorschriften sieht Ansprüche der Betroffenen auf Auskunft, Einsicht und Vorlage von Unterlagen vor. Inwieweit sie § 34 vorgehen, bestimmt sich nach § 1 Abs. 3.[161] 85

Im **BGB** und in **handels- und gesellschaftsrechtlichen** Regelungen finden sich zahlreiche Vorschriften über Auskunftsrechte, die jedoch in erster Linie auf sachliche Verhältnisse zielen und in der Regel nicht personenbezogene Daten Auskunftsberechtigter betreffen (z.B. §§ 259 f., 666, 810, 1379 BGB; 118, 166 HGB,[162] 51a GmbHG,[163] 131 Abs. 1 AktG.[164] Nach Treu und Glauben besteht eine Auskunftspflicht, wenn bestehende Rechtsbeziehungen es mit sich bringen, dass Berechtigte in entschuldbarer Weise über Bestehen oder Umfang ihres Rechts im Ungewissen sind und Verpflichtete die zur Beseitigung der Ungewissheit erforderliche Auskunft unschwer geben können.[165] Nach der Rechtsprechung des BGH[166] liegt in einer durch die einschlägigen Vorschriften des BDSG nicht gedeckten Übermittlung personenbezogener Daten eine Beeinträchtigung des allgemeinen Persönlichkeitsrechts der betroffenen Person; dieser steht in entsprechender Anwendung des § 1004 BGB ein Anspruch gegen die verantwortliche Stelle auf Benennung des Datenempfängers zu. Insgesamt nehmen die Transparenzpflichten in der Privatwirtschaft auch im Zusammenhang mit gesetzlichen Maßnahmen zum Anlegerschutz, gegen Insiderhandel bei börsennotierten Unternehmen und durch Verhaltensregeln zur „good corporate governance" zu.[167] 86

157 BT-Drs. 11/4306, 79.
158 Vgl. auch o. Rdnr. 48
159 Vgl. *Bergmann/Möhrle/Herb,* BDSG § 34 Rdnr. 111.
160 Vgl. *Gola/Schomerus,* BDSG § 34 Rdnr. 24.
161 Vgl. die Kommentierung dieser Vorschrift sowie § 19 Rdnrn. 118 ff.
162 Vgl. die Übersicht bei *Palandt/Heinrichs,* BGB § 261 Rdnrn. 3 ff.
163 Dazu ThürOLG, Beschl. v. 14.9.2004 – 6 W 417/04, DSB 1/05, 19.
164 Dazu BGH, NJW 2005, 828 ff.
165 St. Rspr. seit RG 108, 7; vgl. *Palandt/Heinrichs,* BGB § 261 Rdnr. 8.
166 BGH, NJW 1984, 1886, 1887.
167 Vgl. *Dix,* Die Vision einer transparenten Gesellschaft, in: *Bizer/v. Mutius/Petri/Weichert,* Innovativer Datenschutz 1992-2004, 71 ff.

87 Eine ergänzende Regelung für **Tele- und Mediendienste** enthalten die §§ 4 Abs. 7 TDDSG[168] und § 20 MDStV. Während § 4 Abs. 7 TDDSG sich nur auf die im Zusammenhang mit der Nutzung eines Teledienstes entstehenden Bestands-, Nutzungs- und Abrechnungsdaten bezieht, erstreckt sich § 20 Abs. 3 MDStV auch auf die Inhaltsdaten, die von einem Diensteanbieter zu journalistisch-redaktionellen Zwecken verarbeitet werden. Hinsichtlich der Bestands- und Nutzungsdaten können Nutzerinnen und Nutzer unentgeltlich und unverzüglich Auskunft über die zu ihrer Person oder ihrem Pseudonym gespeicherten Daten verlangen. Die Auskunft kann auch elektronisch erteilt werden. Bezüglich der Inhaltsdaten bei Mediendiensten besteht ein Auskunftsanspruch über die der Verarbeitung zugrunde liegenden Daten nur dann, wenn der Nutzer oder die Nutzerin durch sie in ihren schutzwürdigen Interessen beeinträchtigt werden. Selbst in diesem Fall kann die Auskunft nach Abwägung der schutzwürdigen Interessen der Beteiligten verweigert werden, soweit durch die Mitteilung die journalistische Aufgabe des Diensteanbieters durch Ausforschung des Informationsbestandes beeinträchtigt würde oder aus den Daten auf Gewährspersonen oder Quellen des Diensteanbieters geschlossen werden kann.

8.1 Medizinische Daten

88 Bei den Informationsrechten von Patientinnen und Patienten hinsichtlich medizinischer Daten hat in der Rechtsprechung das **Einsichtsrecht in ärztliche Krankenunterlagen** erhebliche Bedeutung. Danach darf „sich der Arzt dem ernstlichen Verlangen des Patienten nicht widersetzen …, in die objektiven Feststellungen über seine körperliche Befindlichkeit und die Aufzeichnungen über die Umstände und den Verlauf der ihm zuteil gewordenen Behandlung Einsicht zu erlangen“.[169] Der BGH leitet einen derartigen vertraglichen Anspruch aus dem durch grundrechtliche Wertung bestimmten Selbstbestimmungsrecht und der personalen Würde des Patienten ab. Ein besonderes rechtliches Interesse braucht der Patient oder die Patientin nicht darzulegen.[170] Allerdings erstreckt sich das Einsichtsrecht nur auf „naturwissenschaftlich konkretisierbare Befunde und die Aufzeichnungen über Behandlungsmaßnahmen – insbesondere Angaben über Medikation und Operationsberichte“ bzw. auf „Aufzeichnungen über naturwissenschaftlich objektivierbare Befunde und Behandlungsfakten, die die die Patientin oder den Patienten betreffen“.[171] Von der Einsicht ausgenommen seien subjektive Wertungen, später aufgegebene Verdachtsdiagnosen und regelmäßig auch die Anamnese.[172] Der BGH hat bisher die Frage, ob Diagnosen dem Einsichtsrecht von Patientinnen und Patienten unterfallen, nicht eindeutig beantwortet.[173]

89 Die erwähnten Abgrenzungskriterien sind schwer handhabbar und für die Betroffenen vielfach nachteilig.[174] Unabhängig hiervon ergibt sich das vom BGH entwickelte Einsichtsrecht nicht aus anderen i.S.v. § 1 Abs. 3 auf personenbezogene Daten anzuwendenden Rechtsvorschriften des Bundes, sodass die **Anwendung des – weitergehenden – § 34 nicht ausgeschlossen**

168 Das Verhältnis zwischen § 34 BDSG und § 4 Abs.7 TDDSG ist im einzelnen umstritten. Vieles spricht dafür, in § 4 Abs. 7 TDDSG eine die Rechte der Nutzenden erweiternde Spezialregelung zu sehen (so auch *Bizer*, DuD 2005, 297); das führt insbesondere dazu, dass die Ausnahmetatbestände des § 33 Abs.2 i.V.m. § 34 Abs. 4 BDSG bei Telediensten nicht anwendbar sind (a.A. *Breidenbach*, DuD 2005, 510; *Flisek*, CR 2004, 949 und wohl auch *Schaar*, Datenschutz im Internet, Rdnr. 502).

169 BGH, NJW 1983, 328, 329; vgl. ferner zu diesem Einsichtsrecht: *Peter,* Das Recht auf Einsicht in Krankenunterlagen (1989); *Laufs*, Arztrecht, Rdnrn. 457 ff.; *Mallmann,* in: *Simon/Weiss,* Zur Autonomie des Individuums, Liber Amicorum *Spiros Simitis*, 240 ff. m.w.N.

170 BGH, NJW 1985, 674.

171 BGH, NJW 1985, 674, 675; vgl. auch BGH, NJW 1989, 774, 775.

172 BGH, NJW 1983, 328, 330.

173 Die Frage überschneidet sich z.T. mit der ärztlichen Aufklärungspflicht über Diagnosen, Therapien, Risiken und Behandlungsverläufe bei Behandlungsfehlern, dazu vgl. *Quaas/Zuck*, Medizinrecht, § 13 Rdnrn. 88 ff.

174 Vgl. auch *Scheiwe,* KritV 81 (1998), 313, 317; *Giesen,* Arzthaftungsrecht. 4. Aufl. (1995), Rdnrn. 433 f.

ist,[175] der u.a. auf niedergelassene Ärzte und zahlreiche Krankenhäuser anzuwenden ist.[176] Im Rahmen des § 34 haben die erwähnten Ausnahmen vom Einsichtsrecht[177] keine Bedeutung, da die in ärztlichen Unterlagen enthaltenen, einen Patienten oder eine Patientin betreffenden Angaben, auch soweit sie subjektive Wertungen enthalten, personenbezogene Daten i.S.v. § 3 Abs. 1 sind.[178] Auch soweit Patientendaten nicht unter Einsatz von Datenverarbeitungsanlagen, sondern in aus Karteikarten und Krankenblättern bestehenden ärztlichen Behandlungsunterlagen gespeichert sind, scheidet die Anwendung des § 34 nicht deshalb aus, weil diese Vorschrift nach § 27 insoweit grundsätzlich die Speicherung in einer Datei voraussetzt.[179] Der Auskunftsanspruch ist nach § 34 Abs. 4 i.V.m. § 33 Abs. 2 Nr. 3 nur in extremen Ausnahmesituationen (z.B. Selbstmordgefahr) ausgeschlossen.[180]

8.2 Personaldaten

Zu den wichtigsten Spezialregelungen gegenüber § 34 BDSG gehört **§ 83 Abs. 1 BetrVG.** 90
Diese Vorschrift lautet:

„Der Arbeitnehmer hat das Recht, in die über ihn geführten Personalakten Einsicht zu nehmen. Er kann hierzu ein Mitglied des Betriebsrats hinzuziehen. Das Mitglied des Betriebsrats hat über den Inhalt der Personalakte Stillschweigen zu bewahren, soweit es vom Arbeitnehmer im Einzelfall nicht von dieser Verpflichtung entbunden wird."

„Arbeitnehmer" in diesem Sinne sind nach § 5 Abs. 1 BetrVG Arbeiter und Angestellte ein- 91
schließlich der zu ihrer Berufsausbildung Beschäftigten. Nicht dazu zählen nach Abs. 2 dieser Regelung u.a. Mitglieder von Organen juristischer Personen, Gesellschafter einer OHG und Personen, deren Beschäftigung vorwiegend durch Beweggründe karitativer oder religiöser Art bestimmt ist. Für diesen Personenkreis besteht also kein Einsichtsrecht nach § 83 Abs. 1 BetrVG. Vielmehr gilt § 34 BDSG uneingeschränkt. Dies gilt auch, wenn Arbeitnehmerdaten nicht vom Arbeitgeber, sondern von einer selbstständigen juristischen Person wie einer Pensionskasse oder einem Betriebssportverein gespeichert werden.[181] Leitende Angestellte wiederum haben ein Einsichtsrecht nach § 26 Abs. 2 Sprecherausschussgesetz, das dem Recht nach § 83 Abs. 1 BetrVG inhaltlich entspricht.[182]

Zu den Personalakten gehören alle Unterlagen über die Person des Arbeitnehmers oder der 92
Arbeitnehmerin unabhängig davon; ob sie in der Hauptpersonalakte oder in Neben- oder Sonderakten enthalten sind (Personalakte im materiellen Sinn). Das Einsichtsrecht umfasst also u.a. den Arbeitsvertrag, Beurteilungen, Zeugnisse, Personalfragebogen, Aufzeichnungen über Lohn- und Gehaltsveränderungen sowie Arbeitsausfälle wegen Krankheit, Unterlagen des Werkschutzes und abgeschlossene Ermittlungsakten in Disziplinarsachen. Geheime Aufzeichnungen in irgendeiner Form sind demnach unzulässig.[183] Das Einsichtsrecht umfasst auch automatisiert (z.B. in Personalinformationssystemen) verarbeitete Personaldaten.

---

175 Ebenso *Scheiwe,* KritV 81 (1998), 313, 322; vgl. auch *Deutsch,* Medizinrecht, Rdnrn. 365 m.w.N.; *Mallmann,* in: *Simon/Weiss,* Zur Autonomie des Individuums, Liber Amicorum *Spiros Simitis,* 243 ff.; a.A. offenbar *Däubler,* Gläserne Belegschaften?, 4. Aufl. (2002), Rdnr. 543.

176 Dies gilt grundsätzlich auch für öffentlich-rechtlich organisierte Krankenhäuser, die als Wettbewerbsunternehmen i.S.v. §§ 12 Abs. 1 und 2 Nr. 1, 27 Abs. 1 Nr. 2 BDSG anzusehen sind, aufgrund von Verweisungen aus den meisten Landesdatenschutzgesetzen auf das BDSG. In einer Reihe von Ländern bestehen allerdings bereichsspezifische Vorschriften, insbes. in Krankenhausgesetzen. Vgl. zum Ganzen ausführlich *Lang,* Das Recht auf informationelle Selbstbestimmung des Patienten und die ärztliche Schweigepflicht in der gesetzlichen Krankenversicherung (1997), 64 ff.; *Scheiwe,* KritV 81 (1998), 313, 321 ff. jeweils m.w.N.

177 Rdnr. 87.

178 Vgl. § 3 Rdnr. 12.

179 Die Voraussetzungen einer nicht-automatisierten Datei i.S.d. § 3 Abs. 2 sind grundsätzlich gegeben; vgl. *Scheiwe,* KritV 81(1998), 313, 314.

180 Vgl. oben Rdnr. 51 und § 33 Rdnr. 76; *Mallmann* in: *Simon/Weiss,* a.a.O. 244 ff. m.w.N.

181 Vgl. *Däubler,* Gläserne Belegschaften?, 4. Aufl. (2002), Rdnr. 539.

182 *Däubler*, ebda.

183 Vgl. *Thüsing* in *Richardi,* BetrVG § 83 Rdnrn. 6 ff; *Däubner/Kittner/Klebe,* BetrVG § 83 Rdnr. 2 ff.; *FESTL,* BetrVG § 83 Rdnr. 5.

93 Der Arbeitnehmer und die Arbeitnehmerin haben nach § 83 Abs. 1 ein Recht auf Einsichtnahme. Sie sind auch berechtigt, sich **Notizen** zu machen. Jedoch können sie nicht verlangen, dass ihnen die Personalakte zur Verfügung gestellt wird oder ihnen kostenlos **Kopien** oder Abschriften überlassen werden. Dagegen ist es ihnen zuzubilligen, sich auf eigene Kosten Kopien aus der Personalakte anzufertigen, da es sich dabei nur um eine rationellere Form handelt, sich Notizen zu machen.[184] Die Beschäftigten müssen sich auch nicht mit einer regelmäßigen Übergabe von **Personalstammblättern** aus einem Personalinformationssystem begnügen, sondern haben daneben Ansprüche auf Auskunft über die konkret und aktuell zu ihrer Person gespeicherten Daten.[185] Eine Dokumentation der Einsichtnahme in der Personalakte ist nur dann zulässig, wenn die Beschäftigten sich vertreten lassen.

94 Inwieweit § 83 Abs. 1 BetrVG dem § 34 vorgeht, bestimmt sich nach § 1 Abs. 3.[186] Auch wenn § 83 Abs. 1 BetrVG eine bereichsspezifische Regelung des Bundesrechts enthält, verdrängt er das Auskunftsrecht der Beschäftigten nach § 34 nicht vollständig.[187] Grundsätzlich ist § 83 Abs. 1 BetrVG anzuwenden, der – anders als § 34[188] (vgl. § 27) – unabhängig von dem Verarbeitungsverfahren gilt und insbesondere auch auf Akten anwendbar ist.[189] Bei der Anwendung des § 83 Abs. 1 BetrVG kommt es auf die Auskunftsverweigerungstatbestände des § 34 Abs. 4 nicht an. Andererseits gilt die Regel, dass die Subsidiaritätsklausel des § 1 Abs. 3 den individuellen Rechtsstatus nicht verschlechtern darf. § 34 ist anwendbar, soweit sich aus dieser Vorschrift Rechte ergeben, die im Einsichtsrecht nach § 83 Abs. 1 BetrVG nicht enthalten sind, aber vom Gesetzgeber nicht ausdrücklich ausgeschlossen wurden. Danach sind die Auskunftsrechte hinsichtlich der Herkunft und des Empfängers sowie des Zwecks der Speicherung (§ 34 Abs. 1 Satz 1) nicht ausgeschlossen.[190] Es ist also stets sorgfältig zu ermitteln, wieweit das Einsichtsrecht nach § 83 Abs. 1 BetrVG im Einzelfall reicht; darüber hinaus steht den Beschäftigten auch das Auskunftsrecht nach § 34 BDSG zu.[191]

95 Ausgeschiedene Arbeitnehmerinnen und Arbeitnehmer haben ein Einsichtsrecht in vorhandene Personalakten nach § 83 Abs. 1 BetrVG. Auch wenn das nach herrschender Auffassung[192] erforderliche berechtigte Interesse (z.B. wegen Altersversorgung, Zeugnis, Schadensersatzanspruch wegen unzulässiger Auskunftserteilung an Dritte) im Einzelfall fehlen sollte, besteht ein Anspruch nach § 34, soweit die Voraussetzungen dieser Vorschrift (vgl. § 27) vorliegen.

96 Für Dritte, über die in Personalakten Angaben enthalten sind (z.B. die Ehefrau des Arbeitnehmers), gilt § 83 BetrVG nicht. Ihr Auskunftsanspruch richtet sich vielmehr allein nach § 34. Die Sicherheitsüberprüfungsgesetze des Bundes und der Länder enthalten ebenfalls Sondervorschriften über den Umgang mit personenbezogenen Daten, die zum **Geheim- und Sabotageschutz bei Beschäftigungsverhältnissen** im nicht-öffentlichen Bereich erhoben werden.[193] Deren Bestimmungen verweisen zwar nicht ausdrücklich auf die Auskunftsrechte, sondern nur auf die Ansprüche auf Berichtigung, Sperrung oder Löschung der Betroffenen.[194] Die Anwendung des § 34 BDSG scheidet aus, weil die Sicherheitsüberprüfungsgesetze die Verarbeitung personenbezogener Daten umfassend und abschließend regeln.[195] Gleichwohl wird man im Wege der **verfassungskonformen Auslegung** die **Auskunftsregelungen der Sicherheitsüberprüfungsgesetze für öffentliche Stellen entsprechend** auch auf die nicht-öffentlichen Stellen anzuwenden haben, bei denen derart sicherheitsempfindliche Tätigkeiten ausgeübt werden. Im nicht-öffentlichen Bereich Beschäftigte dürfen gegenüber im öffent-

---

184 Vgl. *Thüsing* in: *Richardi,* a.a.O., Rdnr. 16 m.w.N.
185 LAG Köln, Urt. v. 29.8.2002 – 6 (3) SA 1126/01.
186 Vgl. § 1 Abs. 3 Rdnr. 161.
187 *Gola/Klug*, 161.
188 Nur im Rahmen des § 27 Abs. 2 gilt die Vorschrift auch für Akten.
189 Vgl. auch LAG Bremen, CR 1997, 746, 747.
190 Ebenso *Däubler,* CR 1991, 475, 479; *FESTL,* BetrVG § 83 Rdnrn. 31 f. m.w.N.
191 *Gola/Klug*, 161.
192 Vgl. *FESTL,* § 83 BetrVG Rdnr. 8; *Thüsing* in: *Richardi,* BetrVG § 83 Rdnr. 30, jeweils m.w.N.
193 Vgl. § 33 Rdnr. 88.
194 Vgl. z.B. § 31 Satz 2 SÜG Bund.
195 S. auch § 33 Rdnr. 88.

lichen Dienst Beschäftigten, die einen speziellen, gegenüber § 34 BDSG eingeschränkten Auskunftsanspruch[196] haben, nicht schlechter gestellt werden. Hierfür gibt es auch aus Gründen des materiellen Geheimschutzes keine sachliche Rechtfertigung.[197]

9. Streitigkeiten

Für Streitigkeiten im Zusammenhang mit der Auskunft nach § 34 sind grundsätzlich die Zivilgerichte zuständig. Wenn Grund zu der Annahme besteht, dass die Auskunft nicht mit der erforderlichen Sorgfalt erteilt wurde und deshalb unrichtig oder unvollständig ist, kann die auskunftspflichtige Stelle entsprechend §§ 259 Abs. 2, 260 Abs. 2 BGB zur Versicherung der Vollständigkeit und Richtigkeit der Auskunft an Eides Statt verurteilt werden.[198] Allerdings gelten zwei Ausnahmen: Auseinandersetzungen über Auskunfts- bzw. Einsichtsrechte im Rahmen von Arbeitsverhältnissen sind vor den Arbeitsgerichten auszutragen. Für Streitigkeiten im Zusammenhang mit der Überwachung durch die Aufsichtsbehörde sind die Verwaltungsgerichte zuständig. 97

196 Z.B. § 23 SÜG Bund.

197 Die Kritik an der auch im Übrigen erweiterten Verarbeitungsbefugnis von nicht-öffentlichen Stellen bei Sicherheitsüberprüfungen (§ 31 SÜG Bund) hält *Denneborg* (§ 31 SÜG, Rdnr. 2) u.a. mit dem unzutreffenden Argument für unbegründet, diese unterlägen wie die Nachrichtendienste des Bundes der Kontrolle durch den Bundesbeauftragten für den Datenschutz. Die stattdessen bestehende Kontrolle durch die Aufsichtsbehörden der Länder nach § 38 BDSG bedarf jedenfalls der Ergänzung durch die Auskunftsrechte der Betroffenen.

198 LG Ulm, DuD 2005, 100, 103 = RDV 2005, 29, 31.

§ 35 Berichtigung, Löschung und Sperrung von Daten

(1) Personenbezogene Daten sind zu berichtigen, wenn sie unrichtig sind.

(2) Personenbezogene Daten können außer in den Fällen des Absatzes 3 Nr. 1 und 2 jederzeit gelöscht werden. Personenbezogene Daten sind zu löschen, wenn

1. ihre Speicherung unzulässig ist,

2. es sich um Daten über die rassische oder ethnische Herkunft, politische Meinungen, religiöse oder philosophische Überzeugungen oder die Gewerkschaftszugehörigkeit, über Gesundheit oder das Sexualleben, strafbare Handlungen oder Ordnungswidrigkeiten handelt und ihre Richtigkeit von der verantwortlichen Stelle nicht bewiesen werden kann,

3. sie für eigene Zwecke verarbeitet werden, sobald ihre Kenntnis für die Erfüllung des Zweckes der Speicherung nicht mehr erforderlich ist, oder

4. sie geschäftsmäßig zum Zweck der Übermittlung verarbeitet werden und eine Prüfung jeweils am Ende des vierten Kalenderjahres beginnend mit ihrer erstmaligen Speicherung ergibt, dass eine längerwährende Speicherung nicht erforderlich ist.

(3) An die Stelle einer Löschung tritt eine Sperrung, soweit

1. im Falle des Absatzes 2 Nr. 3 einer Löschung gesetzliche, satzungsmäßige oder vertragliche Aufbewahrungsfristen entgegenstehen,

2. Grund zu der Annahme besteht, dass durch eine Löschung schutzwürdige Interessen des Betroffenen beeinträchtigt würden, oder

3. eine Löschung wegen der besonderen Art der Speicherung nicht oder nur mit unverhältnismäßig hohem Aufwand möglich ist.

(4) Personenbezogene Daten sind ferner zu sperren, soweit ihre Richtigkeit vom Betroffenen bestritten wird und sich weder die Richtigkeit noch die Unrichtigkeit feststellen läßt.

(5) Personenbezogene Daten dürfen nicht für eine automatisierte Verarbeitung oder Verarbeitung in nicht automatisierten Dateien erhoben, verarbeitet oder genutzt werden, soweit der Betroffene dieser bei der verantwortlichen Stelle widerspricht und eine Prüfung ergibt, dass das schutzwürdige Interesse des Betroffenen wegen seiner besonderen persönlichen Situation das Interesse der verantwortlichen Stelle an dieser Erhebung, Verarbeitung oder Nutzung überwiegt. Satz 1 gilt nicht, wenn eine Rechtsvorschrift zur Erhebung, Verarbeitung oder Nutzung verpflichtet.

(6) Personenbezogene Daten, die unrichtig sind oder deren Richtigkeit bestritten wird, müssen bei der geschäftsmäßigen Datenspeicherung zum Zwecke der Übermittlung außer in den Fällen des Absatzes 2 Nr. 2 nicht berichtigt, gesperrt oder gelöscht werden, wenn sie aus allgemein zugänglichen Quellen entnommen und zu Dokumentationszwecken gespeichert sind. Auf Verlangen des Betroffenen ist diesen Daten für die Dauer der Speicherung seine Gegendarstellung beizufügen. Die Daten dürfen nicht ohne diese Gegendarstellung übermittelt werden.

(7) Von der Berichtigung unrichtiger Daten, der Sperrung bestrittener Daten sowie der Löschung oder Sperrung wegen Unzulässigkeit der Speicherung sind die Stellen zu verständigen, denen im Rahmen einer Datenübermittlung diese Daten zur Speicherung weitergegeben werden, wenn dies keinen unverhältnismäßigen Aufwand erfordert und schutzwürdige Interessen des Betroffenen nicht entgegenstehen.

(8) Gesperrte Daten dürfen ohne Einwilligung des Betroffenen nur übermittelt oder genutzt werden, wenn

1. es zu wissenschaftlichen Zwecken, zur Behebung einer bestehenden Beweisnot oder aus sonstigen im überwiegenden Interesse der verantwortlichen Stelle oder eines Dritten liegenden Gründen unerlässlich ist und

2. die Daten hierfür übermittelt oder genutzt werden dürften, wenn sie nicht gesperrt wären.

Literatur

W. Brehm, Der Anspruch auf Widerruf einer ärztlichen Diagnose, in: Festschrift für *H. Lange* (1992), 397; *A. Breinlinger*, Löschung, in: *H. Bäumler/dies./H.-H. Schrader*, Datenschutz von A-Z (2003); *dies.*, Sperrung, in: *H. Bäumler/dies./H.-H. Schrader,* Datenschutz von A-Z (2003); *W. Däubler,* Individualrechte des Arbeitnehmers nach dem neuen BDSG, CR 1991, 475; *ders.*, Gläserne Belegschaften? Datenschutz in Betrieb und Dienststelle, 4. Aufl. (2002); *S. Drewes*, Widerspruchsrecht, in: *H. Bäumler/A. Breinlinger/H.-H. Schrader,* Datenschutz von A-Z (2003); *E. Duhr/H. Naujok/B. Danker/E. Seiffert,* Neues Datenschutzrecht für die Wirtschaft, Erläuterungen und praktische Hinweise zu den §§ 27 ff. bis 46 BDSG, DuD 2003, 5 ff.; *M. Enzmann/A. Roßnagel*, Realisierter Datenschutz für den Einkauf im Internet – das Projekt DASIT, CR 2002, 141 ff.; *U. Gassner/M. Schmidl,* Datenschutzrechtliche Löschungsverpflichtung und zivilrechtliche Verjährungsvorschriften, RDV 2004, 153 ff.; *P. Gola,* Informationelle Selbstbestimmung in Form des Widerspruchsrechts, DuD 2001, 278 ff.; *K.H. Ladeur*, Datenschutz – vom Abwehrrecht zur planerischen Optimierung von Wissensnetzwerken, DuD 2000, 12 ff.; *E. Lotze*, Berichtigung, in: *H. Bäumler/A. Breinlinger/H.-H. Schrader,* Datenschutz von A-Z (2003); *O. Mallmann/F. Schroeter,* Aktuelle Rechtsfragen zum Datenschutz im Bankverkehr (1988), 167 ff.; *O. Mallmann,* Zielfunktionen des Datenschutzes. Mit einer Studie zum Datenschutz im Bereich von Kreditinformationssystemen (1977); *F. Meilinger,* Datenschutz im Bereich von Information und Dokumentation (1984); *A. Peilert,* Das Recht des Auskunftei- und Detekteigewerbes (1996); *A. Roßnagel,* Konzepte des Selbstdatenschutzes, in: *ders.*, Handbuch Datenschutzrecht (2003), Kap. 3.4, 325 ff.; *ders./A. Pfitzmann/H. Garstka*, Modernisierung des Datenschutzrechts, Gutachten im Auftrag des Bundesministeriums des Innern (2001); *E. Schierbaum/E. Kiesche,* Datenverarbeitung in Dienst- und Arbeitsverhältnissen, PersR 1994, 52; *S. Simitis,* „Sensitive Daten" – Zur Geschichte und Wirkung einer Fiktion, FS *Pedrazzini* (1990), 469 ff; *G. Spindler/P. Schmitz/I. Geis*, TDG – Teledienstegesetz, Teledienstedatenschutzgesetz, Signaturgesetz, Kommentar, (2004); *K. Tiedemann/Chr. Sasse,* Delinquenzprophylaxe, Kreditsicherung und Datenschutz (1973); *W. Vogt,* Datenschutz in Geschichte und Gegenwart (zu Bibliotheken), in: Festschrift *Kirchner (1985)*, 385; *M. Wächter,* Datenschutz als „Software-Routine" – Ein datenschutzrechtlicher Implementierungsvorschlag, DuD 1996, 272; *P. Wedde*, Rechte der Betroffenen, in: *A. Roßnagel*, Handbuch Datenschutzrecht (2003), Kap. 4.4, 546 ff.

Übersicht

1. Vorbemerkung

§ 35 regelt die Rechte der Betroffenen auf Berichtigung, Löschung, Sperrung und Widerspruch sowie die korrespondierenden Pflichten der verantwortlichen Stellen im nicht-öffentlichen Bereich. Diese Rechte bestehen grundsätzlich unabhängig davon, ob Betroffene einen entsprechenden Anspruch geltend machen. 1

Durch diese Rechte werden die Betroffenen in die Lage versetzt, aufgrund der durch die Auskunft oder in anderer Weise gewonnenen Erkenntnisse ggf. eine rechtswidrige (im Fall des Widerspruchs sogar eine an sich rechtmäßige) Verarbeitung personenbezogener Daten zu unterbinden. Sie gehen insofern über die Transparenzrechte der §§ 33 und 34 hinaus, als die betroffene Person steuernd in den Verarbeitungsprozess eingreifen kann. Diese Eingriffs-[1] 2 und Steuerungsrechte sind Voraussetzung und zugleich Bestandteil des – auch im Verhältnis zwischen Privaten zu beachtenden[2] – **Rechts auf informationelle Selbstbestimmung.**[3] Dieses beschränkt sich gerade nicht auf prozedurale Informationsrechte über gespeicherte Daten und ihre Nutzung.[4] Die darüber hinausgehenden Steuerungsrechte des § 35 gehören ebenfalls zu den erforderlichen verfahrensrechtlichen Vorkehrungen zur effektiven Wahrnehmung dieses Grundrechts.[5] Sie sind wesentliche **Elemente des Selbstdatenschutzes** im Regelungskonzept des BDSG.[6] Das Recht auf Berichtigung, Löschung und Sperrung wird weiter durch Art. 12 Buchst. b), das Widerspruchsrecht durch Art. 14 der **EG-Datenschutzrichtlinie** garantiert.

2. Allgemeines

3 Die Rechte auf Berichtigung, Löschung und Sperrung können **nach § 6 Abs. 1 nicht durch Rechtsgeschäft oder Betriebs- bzw. Dienstvereinbarung ausgeschlossen oder beschränkt werden.**[7] Gleiches gilt auch für das Widerspruchsrecht nach § 35 Abs. 5.

4 § 35 gehört zum Dritten Abschnitt des BDSG, der die Datenverarbeitung nicht-öffentlicher Stellen und öffentlich-rechtlicher Wettbewerbsunternehmen regelt. Der **Anwendungsbereich** der Vorschrift bestimmt sich nach § 27.[8]

5 Die Erstattung der durch die Vornahme von Berichtigung, Sperrung und Löschung entstehenden **Kosten** kann nicht von den Betroffenen verlangt werden, und zwar auch dann nicht, wenn die in Rede stehenden Daten von ihnen stammen. Vielmehr muss die verantwortliche Stelle die Kosten tragen. § 35 sieht kein Entgelt vor (anders § 34 Abs. 5 Satz 2 für die Auskunftserteilung unter den dort genannten Voraussetzungen).[9]

6 Die Rechte des § 35 können auch durch den gesetzlichen Vertreter oder durch eine hierzu bestellte bevollmächtigte Person wahrgenommen werden. Es gelten die gleichen Voraussetzungen wie beim Auskunftsrecht.[10]

7 Betroffenen Personen darf die Ausübung ihrer Rechte nach § 35 nicht mit dem Argument verwehrt werden, es handele sich um **marginale Unrichtigkeiten** oder **Bagatellfehler**. Bei der Verarbeitung personenbezogener Daten ist es primär Sache der betroffenen Person zu entscheiden, was sie an Fehlern hinzunehmen bereit ist. Insbesondere Fehler bei der Namensschreibweise berühren in aller Regel den Kern des informationellen Selbstbestimmungsrechts und führen überdies auch zu Verwechslungen und Folgefehlern bei den empfangenden Stellen.[11]

8 Besondere Probleme ergeben sich bei der **Durchsetzung der** in § 35 genannten **Steuerungs- und Korrekturrechte im Internet.** Dies betrifft alle im offenen weltweiten Netz verfügbaren Informationskanäle und –dienste (WorldWideWeb, Internet Relay Chat, File Transfer Protocol, Newsgroups, E-Mail).[12] Einmal ins Netz gestellte unrichtige, später unrichtig gewordene oder rechtswidrig erhobene personenbezogene Daten sind aufgrund der Struktur und Funktionsweise des Internet schwer wieder zu korrigieren oder vollständig zu löschen. Insbesondere **Suchmaschinen** (search engines, z.B. Google, Yahoo, Lycos)[13] und Metasuchmaschinen tragen zu einer blitzschnellen Erschließung von Informationen im Netz bei, indem

1 So *Wedde* in: *Roßnagel*, Handbuch Datenschutzrecht, Kap. 4.4, Rdnrn. 53 ff.
2 Vgl. § 34 Rdnr. 2 Fußn. 4.
3 Vgl. § 6 Rdnr. 3.
4 Für eine solche Beschränkung *Ladeur*, DuD 2000, 12, 17.
5 So BVerfGE 65, 1, 46 ausdrücklich für Löschungspflichten.
6 Dazu *Roßnagel* in: *ders.*, Handbuch Datenschutzrecht, Kap. 3.4, Rdnrn. 74 f., *Enzmann/Roßnagel*, CR 2002, 141, 144 mit Vorschlägen für eine technische Unterstützung dieser Rechte bei der Online-Kommunikation.
7 Vgl. § 6 Rdnr. 6; *Gola*, DuD 2001, 278, 280 f.
8 Vgl. § 34 Rdnr. 9 ff.
9 Vgl. § 34 Rdnrn. 60 ff.
10 Vgl. § 19 Rdnrn. 34 ff.
11 Vgl. § 34 Rdnr. 73.
12 Hierzu vgl. im Einzelnen *Schaar*, Datenschutz im Internet, 5 ff.
13 Zu deren Funktionsweise vgl. *Schaar*, ebda., Rdnrn. 52 ff.;

sie sie mit Hilfe von sog. „web-crawlern“, „spider“- oder „robot“-Programmen systematisch indexieren und der einfachen weltweiten Recherche zugänglich machen. Andere Anbieter halten umfangreiche Linkverzeichnisse vor. Zugleich werden Datensätze im Netz in **Zwischenspeichern (caches) abgelegt, mehrfach gespiegelt oder archiviert**. Damit können zumindest mittelbar auch personenbezogene Datenbestände erschlossen werden. Die Frage, gegen wen Betroffene Ansprüche auf Berichtigung, Sperrung oder Löschung geltend machen können, hängt eng mit der Verantwortlichkeit von Anbietern für Inhalte zusammen. Während für Zugangs- und Inhaltsanbieter das Teledienstegesetz[14] und der Mediendienstestaatsvertrag[15] **Verantwortlichkeitsregeln** enthalten, ist bei Suchmaschinen im Einzelnen umstritten, wonach sich die Verantwortlichkeit richtet.[16] Im Ergebnis besteht aber Einigkeit darüber, dass Betreiber von Suchmaschinen und Anbieter von Suchverzeichnissen nur sehr eingeschränkt für Inhalte verantwortlich sind, die sie nachweisen. In der Praxis verweisen sie in erster Linie auf die Anbieter der Inhalte, die in ihren Ergebnislisten und Verzeichnissen nur abgebildet werden.[17] Gleichwohl können im Einzelfall auch Suchmaschinenbetreiber und Verzeichnisanbieter dazu verpflichtet sein, rechtswidrig erhobene oder unrichtige Daten aus ihren Datenbanken und Zwischenspeichern nach § 35 BDSG zu entfernen oder zu korrigieren. Das gilt insbesondere für redaktionell betreute Suchmaschinen[18] und im Übrigen jedenfalls dann, wenn sie durch entsprechende verifizierbare Hinweise „bösgläubig“ geworden sind.[19] Dass die Betreiber von Suchmaschinen insoweit zur Löschung oder zumindest Unterdrückung von Links oder zur Korrektur von ihnen gespeicherter Daten verpflichtet sind, erscheint angesichts ihrer erheblichen Bedeutung als mächtige Erschließungswerkzeuge und Findhilfsmittel im Cyberspace gerechtfertigt. Daran ändert auch die Tatsache nichts, dass eine vollständige Löschung oder Korrektur personenbezogener Daten angesichts der vielfachen Spiegelung und Archivierung von Datenbeständen im Internet außerhalb des Verantwortungsbereichs der Suchmaschinenanbieter nicht möglich ist. Die Verantwortlichkeit von Suchmaschinenanbietern tritt zu der primären Verantwortlichkeit der Inhaltsanbieter hinzu, nicht aber an ihre Stelle. Die Durchsetzung von Korrektur- und Löschungsrechten gegenüber Betreibern oder Anbietern von Inhalten und Suchmaschinen gestaltet sich allerdings in der Praxis häufig schwierig, weil die Betreiber und Anbieter derartiger Dienste vielfach ihren Sitz im Ausland haben. Das ändert aber nichts an der Rechtslage in Deutschland.

3. Berichtigung (Abs. 1)

Abs. 1 verpflichtet die verantwortliche Stelle, unrichtige personenbezogene Daten zu berich- 9
tigen. Diese Verpflichtung besteht **unabhängig von einem entsprechenden Ersuchen der betroffenen Person**. Ein zusätzliches berechtigtes Interesse der betroffenen Person braucht nicht vorzuliegen. § 35 Abs. 1 entspricht wörtlich dem § 20 Abs. 1 Satz 1. **Unrichtig** sind Daten, wenn die Information, welche die einzelnen Angaben über die persönlichen oder sachlichen Verhältnisse der Betroffenen vermitteln, nicht mit der Realität übereinstimmt. Dies kommt nur bei Tatsachenangaben, nicht bei Werturteilen in Betracht. Unrichtig sind Daten auch, wenn die darin enthaltene Information unvollständig ist oder wenn durch Verwendung –

14 §§ 8-11 TDG
15 §§ 6-9 MDStV
16 Vgl. die Nachweise bei *Spindler* in: *Spindler/Schmitz/Geis*, TDG, Rdnr. 59 ff. vor § 8 TDG.
17 Insofern ähnelt die Interessenlage der in § 35 Abs. 6 geregelten Situation; diese Vorschrift kann allerdings nicht entsprechend angewandt werden, weil Suchmaschinenbetreiber keine personenbezogenen Daten geschäftsmäßig zum Zweck der Übermittlung bzw. zu Dokumentationszwecken speichern, sondern nur Links zur Verfügung stellen.
18 Vgl. *Spindler*, a.a.O., Rdnr. 33 zu § 8 TDG.
19 Das LG Berlin hat sogar den Betreiber einer Metasuchmaschine, die ausschließlich Links durch Auswertung mehrerer Suchmaschinen zusammenstellt, ohne sie in eigene Datenbanken einzustellen, nach §§ 823 Abs. 1, 1004 analog BGB dazu verpflichtet, Links zu unterdrücken, in denen der unzutreffende Eindruck vermittelt wird, eine Fernsehmoderatorin habe sich für Nacktaufnahmen im Internet zur Verfügung gestellt (Urt. v. 22.2.2005, AZ: 27 O 45//05 – nicht rechtskräftig – A/P 2005, 141.

für sich genommen richtiger – Daten in einem anderen Zusammenhang ein falsches Gesamtbild entsteht (Kontextverlust oder Kontextverfälschung). Es kommt nicht darauf an, ob die Unrichtigkeit geringfügig ist.[20] Im Einzelnen wird zu der Frage, unter welchen Voraussetzungen Daten unrichtig i.S.v. Abs. 1 sind, auf die Kommentierung des § 20 verwiesen.[21]

10 **Berichtigung** bedeutet, dass die Daten in Einklang mit der Realität gebracht werden müssen. Insoweit und hinsichtlich der Erstreckung auf gesperrte Daten, des Erfordernisses einer unverzüglichen Berichtigung und der Frage einer Konkurrenz mit der Löschungspflicht wird auf die Kommentierung des § 20 verwiesen.[22]

11 Soweit die Richtigkeit personenbezogener Daten bestritten wird und sich weder die Richtigkeit noch die Unrichtigkeit feststellen lässt, sieht Abs. 4 die Sperrung der Daten vor. Abs. 6 trifft eine Sonderregelung für zum Zweck der Übermittlung gespeicherte Daten, die aus allgemein zugänglichen Quellen entnommen und zu Dokumentationszwecken gespeichert sind.

12 Besondere praktische Bedeutung hat Abs. 1 im Bereich der **Kreditinformationen**, da die Fehlerquote jedenfalls in den Auskünften der Handelsauskunfteien nicht unerheblich ist. Der Hauptgrund dürfte das Bestreben sein, die Kosten für die Auskünfte niedrig zu halten. Diese werden deshalb in der Regel unter Zeitdruck erstellt. Weitere Ursachen reichen von der unzureichenden Qualifikation der Rechercheure und unsystematischen Auswertung von Informationsquellen über mangelnde Aktualität und mögliche Interessenkonflikte im Bereich der Gewährsleute bis zur häufig allzu pauschalen Abfassung der Auskünfte.[23] Kritisch wird auch die Qualität der Recherchen vieler Detekteien beurteilt.[24]

13 „Unrichtig" können nur **Tatsachenangaben, nicht** aber **Werturteile** sein.[25] Die SCHUFA[26] speichert ausschließlich, die Handelsauskunfteien ganz überwiegend Tatsachenangaben[27]. Gerade bei den von Handelsauskunfteien gespeicherten Daten ist zu beachten, dass vielfach auch dann Tatsachenabgaben vorliegen, wenn die Angaben äußerlich in die Form eines Urteils bzw. einer Wertung gekleidet (d.h. in einem branchenüblichen „Code" gehalten) sind.[28] Um Tatsachenangaben handelt es sich z.B., wenn gespeichert ist: „X gilt als unternehmend" (diese Umschreibung soll den Betroffenen als „Spekulanten" kennzeichnen).[29] Das Gleiche gilt, wenn gespeichert ist: „Außenstehende haben keinen Einblick in die Geschäfte" (Umschreibung für „dubiose Geschäfte").[30]

14 Die von den Auskunfteien vielfach zur Vermeidung von Haftungsrisiken geübte Praxis, Daten in der Form der Aussage (meist nicht namentlich genannter) Dritter auftreten zu lassen, lässt im Falle der Unrichtigkeit der Daten die Berichtigungspflicht nicht entfallen;[31] Beispiel: „X soll, wie verlautet, zurzeit durch die Behörden seiner geschäftlichen Tätigkeit entzogen sein" (branchenübliche Umschreibung für Haft).[32]

15 **Unrichtig** sind **Daten** auch, wenn sie **unvollständig** sind.[33] Angaben über die Kreditwürdigkeit dürfen sich nicht auf allgemeine Charakterisierungen beschränken, sondern müssen so viel an Einzelheiten enthalten, dass der Empfänger oder die Empfängerin sich ein eigenes Bild von dem Zahlungsgebaren des Schuldners oder der Schuldnerin machen kann und nicht

20 S.o. Rdnr. 7
21 Rdnrn. 9 ff.
22 Rdnrn 27 ff.
23 Vgl. dazu *Peilert,* Das Recht des Auskunftei- und Detekteigewerbes, 127 ff; *Mallmann,* Zielfunktionen, 89 ff. m.w.N.; 12. Tätigkeitsbericht für den Datenschutz im nicht-öffentlichen Bereich in Hessen v. 27.8.1999, LT-Drs. 15/357, 15 f.
24 Vgl. *Peilert,* a.a.O., 172 f. unter Hinweis u.a. auf eine Untersuchung der Stiftung Warentest.
25 Vgl. § 20 Rdnrn. 17 ff.
26 Vgl. § 29 Rdnrn. 168ff., 175, 207, 255ff.
27 Vgl. auch *Tiedemann/Sasse,* Delinquenzprophylaxe, 55.
28 Vgl. § 20 Rdnrn 18 ff.
29 Vgl. *Mallmann,* Zielfunktionen, 88.
30 Vgl. auch § 29 Rdnr. 122 der Voraufl.
31 So auch *Peilert,* Das Recht des Auskunftei- und Detekteigewerbes, 270; vgl. weiter § 20 Rdnr. 15.
32 Vgl. *Mallmann,* Zielfunktionen, 88.
33 Vgl. § 20 Rdnr. 12.

auf verallgemeinernde, die Gefahr einer Überschätzung bergende Einstufungen angewiesen ist. Unvollständig ist z.B. die Bezeichnung der Betroffenen als „langsame Zahler“.[34] Weiterhin sind Angaben über die Nichtzahlung einer Schuld unvollständig, wenn verschwiegen wird, dass legitime Gründe für die Zahlungsverweigerung bestanden (z.B. Fehlerhaftigkeit der gelieferten Waren).

Eine Kreditinformation ist nur dann korrekt und vollständig, soweit die Daten präzise und Missverständnisse zulasten der Betroffenen ausgeschlossen sind. Die in der Branche zur Minderung des Prozessrisikos üblichen Umschreibungen sind vielfach geeignet, solche Missverständnisse auszulösen.[35] Ist dies der Fall, so ist nach Abs. 1 eine präzise und vollständige Fassung geboten. 16

Besondere Probleme wirft die **Berichtigung ärztlicher Diagnosen und Behandlungsdokumentationen** auf. Sie kommt ohnehin nur insoweit in Betracht, als objektive Feststellungen über die körperliche Befindlichkeit von Patientinnen und Patienten oder Aufzeichnungen über die ihnen zuteil gewordene Behandlung in Rede stehen, die einem Beweis zugänglich sind.[36] Insoweit geht der Anspruch auf Berichtigung nicht weiter als der Anspruch auf Einsicht in Patientenunterlagen.[37] Ärztliche Bewertungen können nicht berichtigt werden. Aber auch tatsächliche Feststellungen oder Aufzeichnungen, die sich nachträglich als falsch herausstellen, dürfen dann nicht berichtigt werden, wenn damit zugleich die ursprüngliche Feststellung oder Aufzeichnung gelöscht würde. Zum einen sind die ursprünglichen Daten in einem solchen Fall möglicherweise nicht unrichtig, weil sie die ärztliche Diagnose zum Zeitpunkt ihrer Erstellung richtig wiedergeben. Zum anderen steht die **ärztliche Dokumentationspflicht** einer Berichtigung entgegen, die gerade im Interesse der behandelten Person sicherstellen soll, dass mögliche Beweismittel für einen Arzthaftungsprozess erhalten bleiben. In einem solchen Fall kommt nur die Präzisierung der fraglichen ärztlichen Aufzeichnung durch ein Datum und ihre Erläuterung bzw. Fortschreibung in Betracht.[38] 17

4. Löschung (Abs. 2)

Löschen ist nach der Legaldefinition in § 3 Abs. 4 Satz 2 Nr. 5 das Unkenntlichmachen gespeicherter personenbezogener Daten.[39] § 35 Abs. 2 enthält zwei Regelungen hinsichtlich der Löschung. Abs. 2 Satz 1 regelt die Zulässigkeitsvoraussetzungen der Löschung, d.h. die Fälle, in denen die verantwortliche Stelle eine Löschung vornehmen darf. In Abs. 2 Satz 2 ist festgelegt, in welchen Fällen darüber hinaus eine Verpflichtung zur Löschung besteht. 18

4.1 Zulässigkeit der Löschung (Abs. 2 Satz 1)

Anders als § 20 für den öffentlichen Bereich legt § 35 in Abs. 1 Satz 1 für den nicht-öffentlichen Bereich die Voraussetzungen für die Berechtigung zur Löschung fest. Danach ist eine Löschung **außer in den Fällen des Abs. 3 Nr. 1 und 2** jederzeit zulässig. Die Löschung ist also unzulässig, wenn ihr nach Maßgabe des Abs. 3 Nr. 1 gesetzliche, satzungsmäßige oder vertragliche Aufbewahrungsfristen entgegenstehen oder wenn Grund zu der Annahme besteht, 19

34 Vgl BGHZ 8, 142, 146 und § 29 Rdnr. 122.
35 Vgl. auch § 29 Rdnr. 122.
36 Vgl. dazu noch Rdnr. 26
37 Vgl. § 34 Rdnr. 88.
38 So zutreffend *Walz*, in: *Borchert/Hase/Walz*, GK-SGB X 2 (1989), § 79 SGB X a.F. Rdnr. 137. Vgl. zur Beurteilung der „Richtigkeit“ personenbezogener Daten in der medizinischen Dokumentation und zu ihrem Kontextbezug *Rienhoff* und *Reichertz* in: *Reichertz/Kilian*, Arztgeheimnis – Datenbanken – Datenschutz (1982), 196 ff., 204 ff.
39 Vgl. § 3 Rdnrn. 178 f. Zu den technischen Fragen des sicheren Löschens magnetischer Datenträger vgl. die vom Arbeitskreis „Technische und organisatorische Datenschutzfragen“ der Konferenz der Datenschutzbeauftragten des Bundes und der Länder erstellte Orientierungshilfe: http://www.lda.brandenburg.de/media/2473/Sicheres_Loeschen.pdf (gesehen am 20.2.2006).

dass durch eine Löschung schutzwürdige Interessen der Betroffenen beeinträchtigt würden (Abs. 3 Nr. 2).[40]

20 Das Gesetz geht also für den Regelfall davon aus, dass die Löschung im Interesse der Betroffenen liegt. Die Verweisung auf Abs. 3 Nr. 2 berücksichtigt indessen, dass Betroffene durchaus ein Interesse an der weiteren Speicherung haben können. Unzulässig ist eine Löschung unter diesem Gesichtspunkt grundsätzlich auch dann, wenn sie zur Unvollständigkeit oder sonstigen Unrichtigkeit der zulässigerweise gespeicherten verbleibenden Daten führen würde.[41]

21 Liegen die Voraussetzungen des Abs. 2 Satz 1 nicht vor, so ist eine Löschung nach § 4 Abs. 1 nur zulässig, soweit das BDSG oder eine andere Rechtsvorschrift sie erlaubt oder anordnet oder die betroffene Person eingewilligt hat.

4.2 Löschungspflicht (Abs. 2 Satz 2)

22 Abs. 2 Satz 2 legt fest, unter welchen Voraussetzungen eine Verpflichtung zur Löschung personenbezogener Daten besteht (vgl. für den öffentlichen Bereich § 20 Abs. 2 Nr. 1).[42] Abs. 3 regelt, in welchen Fällen an die Stelle einer Löschung eine Sperrung tritt. Auch wenn die Voraussetzungen des Abs. 2 Satz 2 gegeben sind, dürfen die Daten in diesen Fällen nicht gelöscht werden.

23 Die **Löschungspflicht** besteht bei Vorliegen der Voraussetzungen des Abs. 2 unabhängig von einem entsprechenden Ersuchen oder einer Anweisung der betroffenen Person. Mit der Verpflichtung korrespondiert ein **Anspruch** der betroffenen Person. Abs. 2 sieht keine **Frist** für die Löschung vor. Aus dem Schutzzweck der Vorschrift folgt jedoch, dass die Löschung **unverzüglich** vorzunehmen ist. Sie beginnt zu laufen, sobald die verantwortliche Stelle erkennen kann, dass die Voraussetzungen der Löschungspflicht vorliegen (spätestens bei Kenntnis von dem Ersuchen oder Auftrag Betroffener).

Im Falle der Löschung können Betroffene verlangen, dass ihnen die Löschung ihrer Daten **bestätigt** wird. Dies ergibt sich aus ihrem Auskunftsrecht nach § 34.[43]

24 Ansprüche auf Berichtigung und Löschung bestehen regelmäßig nebeneinander, sie können auch zusammenfallen. In der Berichtigung einer falschen Namensschreibweise liegt zugleich die Löschung des unrichtigen Datums. Speichert ein Arbeitgeber Fehlzeiten seiner Beschäftigten ohne Nennung des jeweiligen Anlasses, so können diese eine Vervollständigung verlangen, bei der Speicherung von (in Wirklichkeit nicht vorhandenen) Vorstrafen bestehen Löschungsansprüche.[44] Die Betroffenen haben zudem grundsätzlich ein **Wahlrecht zwischen ihrem Anspruch auf Löschung und einem Berichtigungsanspruch.** Es muss im Einzelfall der betroffenen Person überlassen werden zu entscheiden, ob sie einen unvollständigen Datensatz vervollständigen oder insgesamt der verantwortlichen Stelle entziehen will. Anderenfalls könnte eine verantwortliche Stelle (z.B. ein Arbeitgeber) generell dazu übergehen, falsche Behauptungen zu speichern und ihre Berichtigung den Betroffenen zu überlassen.[45]

4.2.1 Unzulässigkeit der Speicherung (Nr. 1)

25 Personenbezogene Daten sind nach Abs. 2 Nr. 1 zu löschen, wenn **ihre Speicherung unzulässig** ist.[46] Unzulässig ist die Speicherung, wenn weder §§ 28 f. oder eine andere Rechtsvorschrift sie erlauben oder anordnen noch die Betroffene eingewilligt[47] haben (vgl. § 4 Abs. 1). Praktische Bedeutung haben vor allem die in §§ 28 und 29 aufgeführten Voraussetzungen;

---

40 Vgl. Rdnrn. 38 ff.
41 Vgl. auch *Gola/Schomerus,* BDSG § 35 Rdnr. 10; *Auernhammer,* BDSG § 35 Rdnr. 12.
42 Dazu Rdnrn. 34 ff.
43 Vgl. für den öffentlichen Bereich § 20 Rdnr. 36 unter Hinweis auf BVerwG, DVBl. 1999, 332 = Buchholz 402.46 BKAG Nr. 1.
44 So die Beispiele bei *Däubler*, Gläserne Belegschaften?, Rdnr. 552.
45 So mit Recht *Däubler*, ebda.
46 Vgl. auch *Däubler,* CR 1991, mit Beispielen für die Unzulässigkeit der Speicherung von Arbeitnehmerdaten.
47 Vgl. auch OLG Hamm, NVwZ 2001, 235: Das Fehlen einer Einwilligung macht die Datenverarbeitung nicht etwa automatisch unzulässig.

auf die Kommentierung dieser Vorschriften wird verwiesen. Unzulässig mit der Folge der Löschungspflicht ist auch eine Datenerhebung bei den Betroffenen, bei der versäumt wurde, sie auf die Freiwilligkeit der Datenpreisgabe nach § 4 Abs. 3 Satz 2 hinzuweisen, und sie in Kenntnis der Freiwilligkeit die Daten nicht preisgegeben hätten.[48] Entscheidend ist nach dem Wortlaut des Abs. 2 Nr. 1, ob die Speicherung (jetzt) unzulässig **ist**; maßgeblich ist also die gegenwärtige Sach- und Rechtslage.[49] In erster Linie handelt es sich dabei um Fälle, in denen die Speicherung von vornherein unzulässig war und sich hieran nichts geändert hat; wird die Speicherung nachträglich zulässig (z.B. durch nachträgliche Erteilung einer **Einwilligung (Genehmigung)**, so scheidet eine Löschung aus. Nach Abs. 2 Nr. 1 sind aber auch personenbezogene Daten zu löschen, wenn die Speicherung aufgrund der Einwilligung der Betroffenen ursprünglich zulässig war, die Zulässigkeit aber später wegen des Widerrufs der Einwilligung entfallen ist.[50]

4.2.2 Besonders sensitive Daten (Nr. 2)

Abs. 2 Nr. 3 sieht für die dort genannten besonders sensitiven Daten[51] eine Löschungspflicht immer dann vor, wenn ihre Richtigkeit von der verantwortlichen Stelle nicht bewiesen werden kann. Der Datenkatalog wurde mit der Novellierung des BDSG 2001 im Hinblick auf Art. 8 EG-Datenschutzrichtlinie erweitert.[52] Überwiegend handelt es sich um „besondere Arten personenbezogener Daten" i.S.v. § 3 Abs. 9.[53] Die zusätzlich genannten Daten über strafbare Handlungen oder Ordnungswidrigkeiten sind in Art. 8 Abs. 5 EG-Datenschutzrichtlinie ebenfalls als besonders schutzwürdig eingestuft worden, die stets unter behördlicher Aufsicht verarbeitet werden müssen. 26

Die Regelung gehört zu den wenigen Vorschriften im BDSG, die eine präzise, auf die konkrete Gefahrensituation abgestimmte Regelung treffen. Zu Recht wurde in Umsetzung der erwähnten gemeinschaftsrechtlichen Vorgaben das Schutzinteresse der Betroffenen insoweit sehr hoch bewertet. Dabei wird in Kauf genommen, dass die verantwortliche Stelle auch möglicherweise richtige Daten löschen muss, wenn sie ihre Richtigkeit nicht beweisen kann.[54] Im Bereich der sensitiven Daten müssen Datenverarbeiter auf Vermutungen verzichten. 27

Das gemeinsame Merkmal der in den Katalog sensitiver Daten aufgenommenen Angaben besteht darin, dass bei ihnen in besonderer Weise die Gefahr einer diskriminierenden Verwendung besteht, d.h. einer Verwendung zum Nachteil der Betroffenen aufgrund bestimmter Eigenschaften, und zwar typischerweise infolge von Vorurteilen gegen bestimmte Gruppen und ohne Betrachtung der jeweiligen individuellen Eigenheiten.[55] Es kommt aber nicht darauf an, ob der konkrete Informationsgehalt ein Diskriminierungsrisiko nahe legt. Im Einzelnen handelt es sich zunächst um Daten über die **rassische oder ethnische Herkunft** (z.B. Hautfarbe; Eigenschaft als „Rußlanddeutscher"). Zu den Daten über **politische Meinungen und religiöse oder philosophische Überzeugungen** gehören auch Angaben über entsprechende Verhaltensweisen (z.B. Teilnahme an einer Demonstration) und die Mitgliedschaft oder Nichtmitgliedschaft in bestimmten Vereinigungen oder Organisationen.[56] Gleiches gilt auch für allgemein gehaltene Angaben mit Bezug auf eine politische Meinung („A tritt nicht aktiv für die freiheitlich-demokratische Grundordnung ein"). Hierher gehören auch Angaben über Spenden an eine politische Partei oder Organisation. Daten zur **Gewerkschaftszugehörigkeit** sind solche unabhängig von einer möglichen politischen Ausrichtung der Gewerkschaft. 28

---

48 *Gola*, RDV 2003, 177, 180.
49 So auch *Gola/Schomerus,* BDSG § 35 Rdnr. 11; *Dörr/Schmidt,* BDSG § 35 Anm. zu Abs. 2 Satz 2.
50 *Auernhammer,* BDSG § 35 Rdnr. 19 befürwortet eine analoge Anwendung des Abs. 2 Nr. 3, der allerdings nur für die Datenverarbeitung für eigene Zwecke gilt. Im Übrigen besteht angesichts der Regelung des Abs. 2 Nr. 1 kein Analogiebedarf. Vgl. auch § 4a Rdnrn. 94 ff.
51 Vgl. allgemein zur Kategorie „sensitive Daten" *Simitis,* in: FS *Pedrazzini*, 469 ff.
52 Vgl. Amtl. Begr. RegE, BT-Drs. 461/00, 113.
53 Vgl. die Kommentierung dieser Vorschrift.
54 Vgl. auch *Gola/Schomerus,* BDSG § 35 Rdnr. 12.
55 Vgl. *Dammann/Simitis,* EG-Datenschutzrichtlinie, Art. 8 Erl. 6.
56 So auch *Auernhammer,* BDSG § 35 Rdnr. 17; vgl. auch die Beispiele § 20 Rdnr. 22.

29 Zu den Daten über die **Gesundheit** (medizinische Daten, Patientendaten) zählen sämtliche Angaben über die körperliche und psychische Konstitution, also nicht nur Angaben mit Krankheitswert, sondern auch solche Informationen, die einen normalen oder hervorragenden Gesundheitszustand umschreiben.[57] Dies gilt auch für ärztliche Diagnosen, soweit sie einem Beweis zugänglich sind oder ihre Wahrheit zweifelsfrei festgestellt werden kann.[58] Allerdings muss bei der Entscheidung über die Richtigkeit ggf. die Dokumentationsfunktion der Daten berücksichtigt werden.[59] Soweit Daten keinem Beweis zugänglich sind, handelt es sich um subjektive Wertungen, die weder der Berichtigung noch der Löschung unterliegen.[60] Zu den Gesundheitsdaten zählen auch Angaben über Drogen- und Alkoholmissbrauch.[61]

30 Besonders geschützt sind auch Angaben über das **Sexualleben, strafbare Handlungen**[62] **und Ordnungswidrigkeiten**. Zu Daten über strafbare Handlungen gehören auch solche, die auf die Begehung einer Straftat oder einen entsprechenden Verdacht schließen lassen (z.B. „X betreibt eine Schwindelfirma"; „Y ist vorbestraft"; „Z verbüßt eine Freiheitsstrafe";[63] ebenso Hinweis auf einen nach einer bestimmten Vorschrift ergangenen behördlichen Bescheid, wenn diese Vorschrift die Begehung einer Straftat voraussetzt wie im Falle einer Ausweisung nach den §§ 53, 54 Aufenthaltsgesetz). Entsprechendes gilt für Angaben, aus denen auf das Vorliegen einer sonstigen besonders geschützten Datenkategorie geschlossen werden kann. Eine entsprechende Anwendung der Löschungspflicht nach § 35 Abs. 2 Satz 2 Nr. 2 auf nicht beweisbare Daten, die zwar nicht explizit in der Vorschrift genannt sind, aber ähnlich gravierende Auswirkungen für die betroffene Person haben können, kann im Einzelfall geboten sein. Insofern dient die Vorschrift allgemein dem „Vorfeldschutz" der Persönlichkeit in bestimmten sensitiven Konstellationen (z.B. im Arbeitsverhältnis).[64]

31 Abs. 2 Satz 2 Nr. 2 setzt voraus, dass die Speicherung der dort genannten Daten zulässig ist. Wegen der besonderen Sensitivität dieser Daten ist dies nur ausnahmsweise der Fall.[65] Ist die Speicherung unzulässig, so sind die Daten unabhängig von ihrem Richtigkeitsgehalt oder dessen Beweisbarkeit nach Abs. 2 Satz 2 Nr. 1 zu löschen. Andererseits dürfen sensitive Daten von vornherein nur gespeichert werden, wenn ihre Richtigkeit bewiesen werden kann. Ist dies nicht der Fall und werden dennoch Daten gespeichert, so können Schadensersatzanprüche der Betroffenen (z.B. nach § 823 Abs. 2 BGB i.V.m. § 35 Abs. 2 Satz 2) die Folge sein.

32 Bewiesen ist die Richtigkeit der Daten nur, wenn sie mit an Gewissheit grenzender Wahrscheinlichkeit feststeht. Eine überwiegende Wahrscheinlichkeit genügt nicht.[66]

33 Gelingt der verantwortlichen Stelle der Nachweis der Richtigkeit der Daten nicht, so sind die Daten zu löschen. Ob die betroffene Person die Richtigkeit bestreitet, ist – anders als nach Abs. 4 – unerheblich. Abs. 2 Satz 2 ist eine Sonderregelung gegenüber Abs. 4. Diese Vor-

---

57 Z.B. „kerngesund und äußerst belastbar"; vgl. *Dammann/Simitis*, a.a.O.

58 *Brehm,* in: FS *H. Lange* (1992), 397, 400, bejaht dies, wenn etwa festgestellt wird, der Patient leide an Bluthochdruck, eine Arterie weise eine Stenose auf oder ein Organ sei von einem Tumor befallen, da die Diagnosen jeweils anhand von Messungen oder Untersuchungen überprüft werden könnten. Vgl. auch *F. Lang,* Das Recht auf informationelle Selbstbestimmung des Patienten und die ärztliche Schweigepflicht in der gesetzlichen Krankenversicherung (1997), § 19.

59 s. auch o. Rdnr. 15.

60 Dagegen behandelt die Rechtsprechung des BGH Diagnosen undifferenziert als Werturteile und schließt einen Widerrufsanspruch aus; vgl. BGH, NJW 1989, 774 und 2941; ebenso OLG Hamm, NJW-RR 1990, 765. Abgrenzungsprobleme ergeben sich aus der Rechtsprechung des BGH zum Einsichtsrecht in Krankenunterlagen hinsichtlich der Frage, wann objektivierbare Befunde vorliegen, vgl. § 34 Rdnrn. 88 f.

61 Vgl. *Ehmann/Helfrich,* EG-Datenschutzrichtlinie, Art. 8 Rdnr. 8.

62 Vgl. auch § 20 Rdnr. 22; vgl. ferner die Kommentierung von § 28 Abs. 3 Satz 2 Nr. 1 und 2.

63 Vgl. OLG Celle, NJW-RR 1995, 699 zur Zulässigkeit der Datenspeicherung durch die SCHUFA, wenn der Betroffene eine langjährige Freiheitsstrafe verbüßen muss und auch schon wegen Vermögensdelikten vorbestraft ist.

64 So befürwortet *Däubler,* Gläserne Belegschaften?, Rdnr. 558, mit Recht die analoge Anwendung des § 35 Abs. 2 Satz 2 Nr. 2 bei der Speicherung bestimmter persönlicher Lebensverhältnisse und verweist auf einen vom BAG beurteilten Sachverhalt („Arbeitnehmer X wohnt mit der Schwester einer bekannten Terroristin zusammen"); vgl. BAG DB 1979, 895.

65 Vgl. §§ 28 Abs. 6 bis 9 und 29 Abs. 5 und die Kommentierung dieser Vorschriften; zur Datenverarbeitung in Arbeitsverhältnissen vgl. *Schierbaum/Kiesche,* PersR 1994, 52, 58; *Däubler,* CR 1991, 475, 481.

66 Vgl. *Baumbach/Lauterbach/Albers/Hartmann,* ZPO § 286 Rdnr. 16; § 298 Rdnr. 1.

schrift ist nicht anwendbar, wenn die Voraussetzungen des Abs. 2 Satz 2 vorliegen. Andererseits hat die betroffene Person einen vorrangigen Berichtigungsanspruch nach § 35 Abs. 1, wenn die Unrichtigkeit der Daten feststeht und sie die richtigen Daten beibringen kann. In der Berichtigung eines Datensatzes liegt aber zugleich die Löschung des ursprünglichen, falschen Datensatzes, wenn dieser nicht mehr erkennbar ist.

4.2.3 Erfüllung des Zwecks der Speicherung

Abs. 2 Nr. 3 enthält eine Sonderregelung für die **Datenverarbeitung für eigene Zwecke** 34 (vgl. § 28). Danach sind personenbezogene Daten zu löschen, wenn ihre **Kenntnis für die Erfüllung des Zwecks der Speicherung nicht mehr erforderlich** ist.

Abs. 2 Nr. 3 greift ein, wenn die Zulässigkeitsvoraussetzungen für die Speicherung ursprüng- 35 lich erfüllt waren (§ 28 Abs. 1), später aber deshalb weggefallen sind, weil ihre Kenntnis für die Erfüllung des Zwecks der Speicherung nicht mehr erforderlich ist.[67] Bei nachträglichem Wegfall einer ursprünglich erteilten Einwilligung bedarf es keiner entsprechenden Anwendung des Abs. 2 Nr. 3; vielmehr ist Abs. 2 Nr. 1 anzuwenden.[68]

Hat ein Kraftfahrzeug-Vertragshändler aufgrund einer Verpflichtung aus dem Händlervertrag 36 seine Kundendaten einem Marketingunternehmen mit der Weisung mitgeteilt, diese zum Zweck der Werbung und Kundenkontaktpflege zu nutzen, so ist die Marketingfirma nach Beendigung des Händlervertrags und der eigenen Vertragsbeziehungen zum Vertragshändler auch ohne besondere Vereinbarung nach § 35 Abs. 2 Nr. 3 verpflichtet, die Kundendaten wieder an den Vertragshändler zu übermitteln und bei sich zu löschen.

Fraglich ist, wie sich die Löschungsverpflichtung nach Abs. 2 Nr. 3 zu den **zivilrechtlichen** 37 **Verjährungsfristen** verhält. Bei ihnen handelt es sich gerade nicht um Aufbewahrungsfristen, die nach Abs. 3 Nr. 1 die Sperrung an die Stelle der Löschung treten lassen. Gleichwohl ist es denkbar, dass die weitere Verarbeitung der in Rede stehenden Daten für die verantwortliche Stelle weiterhin erforderlich ist, weil im konkreten Fall mit der Geltendmachung von zivilrechtlichen Ansprüchen zu rechnen ist. Nur soweit **konkret**[69] mit der Geltendmachung z.B. von Schadensersatzansprüchen zu rechnen ist, zu deren Geltendmachung oder Abwehr die personenbezogenen Daten notwendig sind, wird aufgrund einer **Abwägung zwischen dem Speicherungsinteresse der verantwortlichen Stelle und dem Löschungsinteresse der betroffenen Person** das weitere Vorhalten der personenbezogenen Daten (im konkret erforderlichen Umfang) bis zur Geltendmachung der Ansprüche oder bis zum Ablauf der Verjährungsfrist als rechtmäßig angesehen werden können.[70] Keinesfalls darf dagegen die verantwortliche Stelle mit dem pauschalen Hinweis von einer Löschung absehen, die Daten seien zwar nicht mehr erforderlich, man könne aber nicht ausschließen, in einem zukünftigen Zivilprozess auf sie zur Beweisführung zurückgreifen zu müssen. Ist die verlängerte Aufbewahrung im Einzelfall ausnahmsweise zulässig, obwohl keine Erforderlichkeit zur Vertragserfüllung (z.B. zur ärztlichen Behandlung) im engeren Sinne mehr gegeben ist, so sind die Daten entsprechend § 35 Abs. 3 Nr. 1 und Nr. 2 zu **sperren**.

4.2.4 Wegfall der Erforderlichkeit der Speicherung

Abs. 3 Nr. 4 trifft eine Sonderregelung für Daten, die **geschäftsmäßig zum Zweck der Über-** 38 **mittlung** verarbeitet werden (vgl. § 29). Solche Daten sind zu löschen, wenn eine **Prüfung jeweils am Ende des vierten Kalenderjahres** beginnend mit der erstmaligen Speicherung ergibt, dass eine **längerwährende Speicherung nicht erforderlich** ist. Eine zeitlich unbe-

67 Auf § 28 Rdnrn. 75 ff. wird Bezug genommen.
68 Vgl. o. Rdnr. 21.
69 Weitergehend *Gassner/Schmidl*, RDV 2004, 153, 155 f., die es ausreichen lassen wollen, dass „typischerweise" mit der Geltendmachung von Ansprüchen zu rechnen ist.
70 So im Anschluss an das *ULD Schleswig-Holstein*, Datenschutzgerechte Entsorgung von Patientenunterlagen, http://www.datenschutzzentrum.de/material/themen/gesund/entsorg.htm (gesehen am 8.3.2005) auch *Gassner/Schmidl*, RDV 2004, 153, 155 f. Letztere befürworten eine klarstellende Ergänzung des Abs. 2 Satz 2 Nr. 3 um eine entsprechende Abwägungsklausel.

grenzte Speicherung personenbezogener Daten bei Wirtschaftsauskunfteien ist deshalb unzulässig.[71]

Mit der Novellierung von 2001 wurde die bisherige Fünfjahresfrist verkürzt und das jeweils erneute Anlaufen der Frist für den Fall der längerwährenden Speicherung statuiert.

39 Die Vorschrift ist dahin zu verstehen, dass spätestens zu dem genannten Zeitpunkt eine **Erforderlichkeitsprüfung durchzuführen ist**. Auch wenn der Wortlaut insoweit nicht ganz eindeutig ist, wollte der Gesetzgeber ersichtlich eine entsprechende Verpflichtung begründen. Dies ergibt sich aus der amtlichen Begründung zum Regierungsentwurf.[72] Danach soll die Vorschrift sicherstellen, dass bei Daten, die geschäftsmäßig zum Zweck der Übermittlung verarbeitet werden, jeweils nach vier Jahren eine Überprüfung ihrer Erforderlichkeit erfolgt. Hinsichtlich der Erforderlichkeitspüfung wird auf die Kommentierung des § 29 Abs. 1 Bezug genommen.[73]

40 Die Frist des Abs. 2 Satz 2 Nr. 4 beginnt mit dem 1. Januar des auf die Speicherung folgenden Jahres. Sie endet am Schluss des vierten Kalenderjahres. Werden z.B. Daten am 2. August 2005 gespeichert, so beginnt die Vierjahresfrist am 1. Januar 2006 und endet am 31. Dezember 2009. Bis zu diesem Zeitpunkt muss die Erforderlichkeitsprüfung abgeschlossen und die Löschung ggf. vorgenommen sein. Letzteres folgt aus dem Normzweck, im Hinblick auf die Besonderheiten bei der geschäftsmäßigen Datenverarbeitung und das insoweit bestehende erhöhte Risikopotenzial für den Betroffenen, nach Ablauf von vier Jahren klare Verhältnisse zu schaffen.[74] Ergibt die Prüfung die Erforderlichkeit einer fortdauernden Speicherung der Daten, so beginnt die Vierjahresfrist mit dem folgenden 1. Januar erneut zu laufen, wie sich aus dem Tatbestandsmerkmal „jeweils" ergibt. Die verantwortliche Stelle hat wiederum innerhalb der Frist die Prüfung und ggf. Löschung vorzunehmen.

41 Die Prüfungspflicht gemäß Abs. 2 Nr. 4 gilt auch für Daten, die im Hinblick auf einen Kredit mit einer vorgesehenen Laufzeit von mehr als vier Jahren gespeichert sind.

42 Unberührt bleibt die Verpflichtung zur Löschung nach Abs. 2 Satz 2 Nr. 1 und 2. Ebenso unberührt bleibt die frühere Löschungspflicht für Abdrucke, Listen und Aufzeichnungen über eine Eintragung im **Schuldnerverzeichnis (Dreijahresfrist**) nach Maßgabe der §§ 915g Abs. 1, 915a ZPO .

43 Als „Minus" zum Löschungsanspruch steht den Betroffenen bereits nach geltendem Recht ein **Anspruch auf Anonymisierung oder Pseudonymisierung** der sie betreffenden Daten zu.[75] Zwar ergibt sich dies nicht aus dem Gesetzeswortlaut, eine solche Auslegung entspricht aber dem Sinn und Zweck der Vorschrift, wenn man nicht sogar die Anonymisierung als vollständige Kappung des Personenbezuges als Form der Löschung ansehen will. Dabei kann eine Anonymisierung oder Pseudonymisierung schon vor der vollständigen Löschung des gesamten Datensatzes verlangt werden.

5. Sperrung

5.1 Allgemeines

44 Abs. 3 regelt die Fälle, in denen an die Stelle einer Löschung eine Sperrung tritt. Weitere Sperrungstatbestände sind in Abs. 4 und 6 vorgesehen.

45 Der **Sinn der Sperrung** ergibt sich aus der Legaldefinition in § 3 Abs. 4 Nr. 4.[76] Danach ist Sperren das Kennzeichnen personenbezogener Daten, um ihre weitere Verarbeitung oder

---

71 Vgl. BGH, NJW 2003, 2904 = RDV 2003, 291 f.; der BGH hält diese Frage angesichts der gesetzlichen Regelung nicht durch höchstrichterliche Entscheidung für klärungsbedürftig.

72 BT-Drs. 461/00, 113; Gleiches galt für die frühere Gesetzesfassung, vgl. *Gola/Schomerus,* BDSG § 35 Rdnr. 14.

73 Vgl. § 29 Rdnrn. 28 f., 41 ff. der Voraufl.; aus der Rechtsprechung zu Kreditinformationsdiensten vgl. z.B. BGH, NJW 1986, 2505; BGHZ 95, 362; OLG Hamm, NVwZ 2001, 235; KG Berlin, CR 1995, 80; OLG Celle, NJW-RR 1995, 699; LG Hamburg, NJW-RR 1996, 1522.

74 So im Ergebnis auch *Auernhammer,* BDSG § 35 Rdnr. 21; differenzierend *Dörr/Schmidt,* BDSG § 35.

75 Dafür de lege ferenda auch *Roßnagel/Pfitzmann/Garstka*, Modernisierungsgutachten, 178.

76 Vgl. die Kommentierung dieser Vorschrift.

Nutzung einzuschränken. Es geht also um eine Entscheidung des Inhalts, dass bestimmte Daten nicht mehr genutzt werden, es sei denn, die Ausnahmetatbestände des Abs. 8 liegen vor. Es handelt sich also um ein **relatives Nutzungsverbot**.[77] Zugleich **verschärft** das Gesetz mit der Sperrung **die** ohnehin bestehende **Zweckbindung**.

5.2 Sperrung anstelle einer Löschung (Abs. 3)

Nach **Abs. 3 Nr. 1** tritt an die Stelle einer Löschung eine Sperrung, **soweit im Falle des Abs. 2 Satz 2 Nr. 3 einer Löschung gesetzliche, satzungsmäßige oder vertragliche Aufbewahrungsfristen entgegenstehen**. Hierbei geht es um die so genannten archivierten oder zu archivierenden Daten.[78] Zu beachten ist, dass die Sperrung nicht in allen Löschungsfällen nach Abs. 2, sondern nur in denen des Abs. 2 Satz 2 Nr. 3 eintritt.[79] In den Fällen von Abs. 2 Satz 2 Nr. 1, 2 und 4 bleibt es bei der Löschungspflicht nach Abs. 2. 46

Nach **Abs. 3 Nr. 2** ist anstelle einer Löschung eine Sperrung vorzunehmen, **soweit Grund zu der Annahme besteht, dass durch eine Löschung schutzwürdige Interessen der Betroffenen beeinträchtigt würden.** Der Begriff „schutzwürdige Interessen" ist weit zu verstehen. Wann Grund zur Annahme einer Beeinträchtigung schutzwürdiger Interessen besteht, lässt sich nicht abstrakt-generell definieren. Vielmehr muss unter Berücksichtigung der Umstände des Einzelfalles geprüft werden, ob den Betroffenen durch die Löschung Nachteile entstehen können.[80] 47

Schließlich tritt nach **Abs. 3 Nr. 3** eine Sperrung an die Stelle einer Löschung, **soweit eine Löschung wegen der besonderen Art der Speicherung nicht oder nur mit unverhältnismäßig hohem Aufwand möglich ist.** Auch diese Ausnahmevorschrift ist restriktiv, also für ein weitgehendes Löschungsrecht auszulegen. Sie soll lediglich betriebswirtschaftlich unsinnige Forderungen ausschließen.[81] In diesem Zusammenhang wird häufig auf nicht veränderbare bzw. löschbare Datenspeicher (Read-Only Memory) wie CD-ROM oder einmal beschreibbare DVD verwiesen. Selbst solche Speichermedien lassen sich aber nach dem heutigen Stand der Technik mit vertretbarem Aufwand so verarbeiten (umkopieren), dass eine selektive Löschung möglich ist. Mittlerweile werden schon aus Kostengründen zunehmend wieder beschreibbare Speichermedien (Re-writeable Memory) verwendet, bei denen sich dieses Problem nicht mehr stellt. Jedenfalls ist die Verwendung solcher Speichermedien der verantwortlichen Stelle zuzumuten.[82] 48

5.3 „non liquet"-Fälle (Abs. 4)

Personenbezogene Daten sind nach Abs. 4 zu sperren, wenn ihre Richtigkeit von Betroffenen **bestritten** wird und sich **weder die Richtigkeit noch die Unrichtigkeit feststellen lässt**. Für diese „non liquet"-Situation gilt das Gleiche wie im Falle des § 20 Abs. 4.[83] Für den Prozessfall ist zu beachten, dass das im Bereich des Dritten Abschnitts zuständige Zivil- bzw. Arbeitsgericht den Sachverhalt anders als das Verwaltungsgericht nicht von Amts wegen erforscht,[84] sondern grundsätzlich nur Beweis erheben darf, wenn eine Partei ihn angeboten hat (Verhandlungsgrundsatz). Bestreitet die betroffene Person die Richtigkeit der Daten und lässt sich nach Ausschöpfung der Beweismittel nicht feststellen, welcher Beteiligte Recht hat, so sind die Daten nach Abs. 4 zu sperren.[85] 49

Abs. 4 ist auch anzuwenden auf Daten, die nur möglicherweise eine bestimmte Person betreffen, möglicherweise aber auf diese Person bezogen unrichtig sind; dies gilt auch dann, 50

77 Dazu näher § 20 Rdnr. 46.
78 Vgl. § 20 Rdnr. 49, § 19 Rdnrn. 63 ff.
79 Die Bezugnahme auf Abs. 3 Nr. 4 wurde mit der Novellierung v. 18. Mai 2001 gestrichen.
80 Vgl. § 20 Rdnrn 50 f.
81 *Wedde* in: *Roßnagel*, Handbuch Datenschutzrecht, Kap. 4.4, Rdnr. 74.
82 So mit Recht *Wedde*, a.a.O. (FN 17 neu).
83 Vgl. § 20 Rdnrn. 55 ff.
84 Vgl. zum Untersuchungsgrundsatz § 20 Rdnr. 24.
85 Zum Verhältnis zu § 83 Abs. 2 BetrVG vgl. u. Rdnr. 74.

wenn die Daten den Zusatz „Identität nicht feststellbar“ tragen. Eine nach Abs. 4 gebotene Sperrung lässt sich also nicht dadurch umgehen, dass die Daten von vornherein oder nach Auftreten von Zweifeln an ihrer Richtigkeit mit einem entsprechenden Vorbehalt versehen und weiter verwendet werden.

51 Abs. 4 ist nicht anwendbar, wenn die verantwortliche Stelle die Richtigkeit von in Abs. 2 Nr. 2 genannten besonders sensitiven Daten nicht beweisen kann. Hier greift die dort vorgesehene Sonderregelung ein, die unter den genannten Voraussetzungen eine Löschungspflicht vorsieht.[86] Eine weitere Sonderregelung trifft Abs. 6 für aus allgemein zugänglichen Quellen entnommene und zu Dokumentationszwecken gespeicherte Daten.[87]

52 Zweifelhaft ist, ob und in welchem Zeitraum eine Auskunftei Dritten darüber Auskunft geben darf, dass die Richtigkeit der Daten einer Person bestritten und noch „in Prüfung“ sei. Die zuständige Aufsichtsbehörde hat die entsprechende Praxis der SCHUFA während eines Zeitraums von maximal zwei Wochen im Regelfall für hinnehmbar erklärt.[88] Allerdings müsse der **Hinweis „Bestrittene Daten in Prüfung“** von vornherein unterbleiben, wenn schutzwürdige Interessen der betroffenen Person ihm im Einzelfall entgegenstünden. Lasse sich die Richtigkeit oder Unrichtigkeit der Daten innerhalb der zweiwöchigen Frist nicht klären, seien die Daten entweder zu löschen oder so zu sperren, dass über sie keine Auskunft an Dritte mehr erteilt werden darf.[89] Auch ein bestrittener Score-Wert ist zu sperren.[90]

5.4 Rechtsfolgen der Sperrung (Abs. 8)

53 Gesperrte Daten dürfen ohne Einwilligung des Betroffenen nur unter den in Abs. 8 festgelegten Voraussetzungen übermittelt oder genutzt werden. Diese Bestimmung ist mit der für den öffentlichen Bereich geltenden Regelung in § 20 wortgleich. Das in der Sperrung liegende relative Nutzungsverbot ist mit einer Verschärfung und Präzisierung der Zweckbindung für gesperrte Daten verbunden.

6. Widerspruchsrecht (Abs. 5)

54 Unter den Voraussetzungen des Abs. 5 Satz 1 haben die Betroffenen das Recht, der Erhebung, Verarbeitung oder Nutzung ihrer Daten unter bestimmten Voraussetzungen zu widersprechen.[91] Dies gilt nach Abs. 5 Satz 2 nicht, wenn eine Rechtsvorschrift zur Erhebung, Verarbeitung oder Nutzung verpflichtet. Werden die Daten dagegen lediglich aufgrund einer gesetzlichen Befugnis verarbeitet, kann die betroffene Person diese rechtmäßige Datenverarbeitung unter engen Voraussetzungen mit ihrem berechtigten Widerspruch unterbinden. Sie muss darlegen, dass **ihr schutzwürdiges Interesse wegen ihrer besonderen persönlichen Situation**[92] **das Interesse der verantwortlichen Stelle an der Datenverarbeitung überwiegt**. Ist der Widerspruch begründet, wird die an sich rechtmäßige Datenverarbeitung in Bezug auf die widersprechende Person mit Wirkung für die Zukunft[93] unzulässig und es entstehen Löschungs- und Berichtigungsansprüche. Wie sich aus der Formulierung der Bestimmung („soweit“) ergibt, kann sich das Widerspruchsrecht sowohl gegen einzelne Phasen der Verarbeitung als auch gegen die Verarbeitung einzelner Daten richten.[94] Die Betroffenen

---

86 Vgl. o. Rdnrn. 22 ff.

87 Vgl. u. Rdnr. 58.

88 IM Baden-Württemberg, 2. TB 2003, 45 f.

89 Missverständlich das IM Baden-Württemberg, a.a.O., das davon spricht, die Auskünfte dürften dann keinen „Hinweis auf die Sperrung“ mehr enthalten.

90 ULD Schleswig-Holstein, 24. TB (2002), 6.2.1.

91 Zum speziellen Widerspruchsrecht gegen den Adresshandel vgl. § 28 Rdnrn. 272 ff.

92 Die betroffene Person muss deshalb eigene personenbezogene Daten offenbaren, wenn sie ihr Widerspruchsrecht geltend machen will; dabei wird man aber die Anforderungen an den Umfang dieser Offenbarung nicht überspannen dürfen; vgl. demgegenüber *Duhr/Naujok/Danker/Seiffert*, DuD 2003, 1, 19, die eine „präzise und umfangreiche“ Darlegung verlangen.

93 *Dammann/Simitis*, Art. 14 EG-Datenschutzrichtlinie, Rdnr. 4.

94 *Duhr/Naujok/Danker/Seiffert*, DuD 2003, 1, 19.

können im Einzelfall auch den Verzicht auf eine Erhebung der Daten verlangen.[95] Dieses neue Steuerungsrecht der Betroffenen kommt zwar nur in besonderen Einzelfällen zur Anwendung,[96] stärkt aber insofern ihr informationelles Selbstbestimmungsrecht erheblich.[97] Das Widerspruchsrecht kann den Betroffenen – ebenso wie alle anderen Steuerungsrechte des § 35 – weder durch individualvertragliche Abrede[98] noch durch Betriebs- oder Dienstvereinbarung[99] entzogen werden.

Mit der Vorschrift wird Art. 14 Buchst. a) der EG-Datenschutzrichtlinie für den nicht-öffent- 55
lichen Bereich umgesetzt. Sie entspricht wörtlich der für den öffentlichen Bereich geltenden Bestimmung des § 20 Abs. 5. Die in der Richtlinie angelegte **Differenzierung zwischen gesetzlicher Verpflichtung** zur Datenverarbeitung, die ein Widerspruchsrecht ausschließt, **und der bloßen Befugnis erscheint nicht plausibel**. Denn es sind auch Fälle denkbar, in denen das schutzwürdige Interesse einer betroffenen Person wegen ihrer besonderen persönlichen Situation das Interesse der verantwortlichen Stelle an einer vom Gesetz vorgeschriebenen Datenverarbeitung überwiegt, etwa wenn ein Mensch jüdischen Glaubens, dessen Eltern von den Nationalsozialisten ermordet wurden, Einwände gegen die Speicherung seiner Religionszugehörigkeit im Melderegister erhebt. Derartige Situationen, in denen eine Datenverarbeitung vorgeschrieben ist, werden allerdings im nicht-öffentlichen Bereich, für den § 35 gilt, eher selten sein.[100]

Ein Widerspruch kann begründet sein, wenn die betroffene Person durch die Datenverarbei- 56
tung **an Leib und Leben gefährdet** wird (Beispiel: Auskunftei speichert Informationen über einen Diplomaten aus einem Land mit erhöhter Terrorismusgefahr).[101] Dagegen wird man nicht generell Politikern ein entsprechendes Widerspruchsrecht einräumen können. Ob eine Person mit einem **melderechtlichen Sperrvermerk** der Datenverarbeitung durch eine nicht-öffentliche Stelle widersprechen kann, bedarf der Prüfung im Einzelfall.[102] Dagegen wird man ein Widerspruchsrecht nicht jedem zubilligen können, der Opfer einer Datenschutzverletzung geworden ist und einer Wiederholung vorbeugen möchte.[103] Erkrankt der Fußballspieler eines an der Börse notierten Bundesligaklubs schwer, so kann er der Veröffentlichung seiner konkreten Diagnose, die sein Arbeitgeber für erforderlich hält, widersprechen.[104]

Das Widerspruchsrecht kann im Einzelfall auch bezogen auf **genetische Informationen** aus- 57
geübt werden, die einen **mehrdimensionalen (familienbezogenen) Personenbezug** aufweisen.[105] So hat der Isländische Supreme Court 2003 einer Frau Recht gegeben, die der Verarbeitung der genetischen Daten ihres verstorbenen Vaters in der Isländischen Gesundheits-

---

95 Anders *Drewes*, Widerspruchsrecht, Datenschutz von A-Z, 1, der das Widerspruchsrecht auf die Nutzung bereits erhobener Daten beschränken will.

96 *Duhr/Naujok/Danker/Seiffert*, DuD 2003, 1, 19, bewerten die praktische Relevanz dieses Rechts deshalb als eher gering.

97 *Gola*, DuD 2001, 278 ff.

98 Obwohl es nicht ausdrücklich im Katalog des § 6 Abs. 1 genannt wird, s. dazu Rdnr. 19 zu § 6.

99 So auch *Gola*, DuD 2001, 278, 280 f.

100 *Däubler*, Gläserne Belegschaften?, Rdnr. 566, nennt das Beispiel der vorgeschriebenen Übermittlung von Arbeitnehmerdaten im Zusammenhang mit der Abführung von Sozialversicherungsbeiträgen, denen die betroffenen Beschäftigten naturgemäß nicht widersprechen könnten.

101 Vgl. *BlnBDI*, Neuregelungen im Bundesdatenschutzgesetz, 32.

102 *BlnBDI*, ebda.

103 Vgl. das von *Däubler*, Gläserne Belegschaften?, Rdnr. 565, gebildete Beispiel, in dem ein Arbeitnehmer der weiteren Speicherung seiner früheren Fehlzeiten widerspricht, nachdem das zugrunde liegende ärztliche Attest Gegenstand von Kantinengesprächen war. Ein Widerspruchsrecht will Däubler darüber hinaus auch präventiv demjenigen Arbeitnehmer zubilligen, der sich in besonderem Maß des Interesses der Sensationspresse erfreut, so dass eine erhebliche Persönlichkeitsrechtsverletzung droht, wenn bestimmte beim Arbeitgeber gespeicherte Angaben bekannt werden. Soweit der Arbeitgeber diese Angaben überhaupt speichern darf, muss er in erster Linie ihre Geheimhaltung sicherstellen.

104 Der Spieler Heiko Herrlich hat nach Angaben seines Vereins Borussia Dortmund offenbar nicht nur auf sein entsprechendes Widerspruchsrecht verzichtet, sondern ausdrücklich eingewilligt, dass sein Arbeitgeber die Erkrankung Herrlichs bekannt gab, um Kursrisiken für die Aktionäre des börsennotierten Bundesligavereins offen zu legen. Ob die Bekanntgabe der genauen Diagnose (Gehirntumor) im Sinne des Wertpapierhandelsrechts erforderlich war, ist allerdings zu bezweifeln, vgl. dazu *Dix*, Die Vision einer transparenten Gesellschaft, 79 f.

105 Hierzu vgl. die Stellungnahme des Nationalen Ethikrates, Biobanken für die Forschung, 80 ff., 85.

datenbank (Health Sector Database) widersprochen hatte.[106] Der Vater hatte der Verarbeitung zu Lebzeiten zugestimmt. Das Gericht räumte auch der Tochter das Widerspruchsrecht ein, weil sonst der verfassungsrechtliche Schutz ihrer Privatsphäre gefährdet gewesen wäre.

7. Ausnahmen vom Berichtigungs- und Sperrungsgebot (Abs. 6)

58 Abs. 6 enthält eine **Ausnahmeregelung** für die **geschäftsmäßige Datenverarbeitung zum Zweck der Übermittlung** (§ 29). Der amtlichen Begründung des Regierungsentwurfs zum BDSG 1990 zufolge – mit diesem wurde die Vorschrift in das Gesetz eingefügt – dient die Vorschrift den besonderen Verhältnissen im Bereich der **Dokumentation**; danach trete an die Stelle der Berichtigung auf Verlangen der betroffenen Person ihre Gegendarstellung, weil die speichernde Stelle[107] für die Richtigkeit der im Dokument enthaltenen Daten nicht verantwortlich sei und über die Berichtigung auch nicht selbst entscheiden könne.[108]

59 Abs. 6 Satz 1 sieht für diesen Bereich eine **Ausnahme von der Pflicht** der verantwortlichen Stelle **zur Berichtigung, Sperrung und Löschung** vor. Die Vorschrift setzt voraus, dass die Daten **aus allgemein zugänglichen Quellen** entnommen sind. Insoweit wird auf die Kommentierung des § 28 Abs. 1 Satz 1 Nr. 3 und des § 29 Abs. 1 Satz 1 Nr. 2 Bezug genommen. Die Daten müssen weiter zu **Dokumentationszwecken** gespeichert sein. Hierzu dürften Stellen gehören, die Presseauswertungen datenbankmäßig zur Verfügung stellen.[109] Das Gesetz geht grundsätzlich davon aus, dass eine Korrektur bei Stellen, die aus allgemein zugänglichen Quellen entnommene personenbezogene Daten speichern, sinnwidrig wäre, da sonst die auf das Primärdokument bezogene Dokumentation ggf. unzutreffend würde.[110] An der Unrichtigkeit der nicht im Verantwortungsbereich der verantwortlichen Stelle gespeicherten Daten änderte sich nichts. Von einer anderen Wertung geht der Gesetzgeber aber **hinsichtlich der besonders sensitiven Daten des Abs. 2 Nr. 2** aus; insoweit **ist Abs. 6 nicht anwendbar.**

60 Nicht anwendbar ist Abs. 6 nach seinem Sinn und Zweck auch bei Unrichtigkeiten, die im Primärdokument nicht enthalten sind (z.B. Übertragungsfehler). In derartigen Fällen bleibt es bei der Verpflichtung zur Berichtigung und Sperrung.

61 Hinsichtlich des in Abs. 6 vorgesehenen Ausschlusses der **Löschung** läuft die Vorschrift – wohl aufgrund eines Redaktionsversehens – offenbar leer. Denn Abs. 2 Satz 2 Nr. 2, die einzige Vorschrift im Dritten Abschnitt des BDSG, die im Interesse der Betroffenen eine Löschung wegen Nichterweislichkeit der Richtigkeit von personenbezogenen Daten anordnet, bleibt nach der ausdrücklichen Regelung in Abs. 6 gerade anwendbar, und zwar sowohl bei einer Speicherung für eigene Zwecke als auch bei der geschäftsmäßigen Speicherung zur Übermittlung.[111] Andererseits spricht nichts dafür, Abs. 6 entgegen seinem Wortlaut auf die Löschung aus anderen Gründen als Unrichtigkeit der Daten oder deren Bestreiten – d.h. nach Abs. 2 Nrn. 1 oder 4 – anzuwenden. Das Gesetz gibt auch in derartigen Fällen dem Löschungsinteresse der Betroffenen den Vorrang.

62 Sind die Voraussetzungen des Abs. 6 Satz 1 gegeben, so ist den gespeicherten Daten auf Verlangen der betroffenen Person für die Dauer der Speicherung ihre **Gegendarstellung** beizufügen, ohne die die Daten dann nicht mehr übermittelt werden dürfen (Abs. 6 Sätze 2 und 3). Dazu ist kein Nachweis erforderlich, dass die Daten unrichtig sind.[112] Durch die Beifügung

---

106 Englische Zusammenfassung der Entscheidung abrufbar unter: http://www.personuvernd.is/tolvunefnd.nsf/pages/60CD0F820FBD71D700256E4D004B1108 (gesehen am 20.2.2006).

107 Damalige Bezeichnung der verantwortlichen Stelle i.S.v. § 3 Abs. 7.

108 BT-Drs. 11/4306, 52 zu § 31 Abs. 5 des Entwurfs.

109 Vgl. *Dörr/Schmidt,* BDSG § 35 Erl. zu Abs. 5; *Gola/Schomerus,* BDSG § 35 Rdnr. 7.

110 Vgl. auch *Meilinger,* Datenschutz im Bereich von Information und Dokumentation, 178 ff.; vgl. zu IuD-Einrichtungen ferner *Hanke,* DVR 11 (1982), 129.

111 Vgl. *Auernhammer,* BDSG § 35 Rdnr. 33; zust. *Gola/Schomerus,* BDSG § 35 Rdnr. 7.

112 *Schaar*, Datenschutz im Internet, Rdnr. 522; vgl. die entsprechende Vorschrift im § 20 Abs. 2 MDStV.

der von ihr formulierten Version soll die betroffene Person gegen die Verbreitung aus ihrer Sicht unzutreffender Angaben geschützt werden.[113]

8. Nachberichtspflicht (Abs. 7)

Die Pflicht, den **Empfänger** oder die Empfängerin in den in Abs. 7 aufgeführten Fällen einer **Berichtigung, Sperrung oder Löschung zu verständigen**, stellt eine wichtige Ergänzung der Betroffenen-Rechte dar. Die nach der Vorgängervorschrift § 35 Abs. 6 erforderliche Regelmäßigkeit der Übermittlung als Voraussetzung der Nachberichtspflicht ist in Umsetzung von Art. 12 Buchst. c) der EG-Datenschutzrichtlinie mit der Novellierung von 2001 entfallen. § 20 Abs. 8 trifft für den öffentlichen Bereich eine wortgleiche Regelung; auf deren Kommentierung wird verwiesen. Neben der Nachberichtspflicht können weitergehende Ansprüche gegen die empfangende Stelle nach Abs. 1 und 2 oder nach allgemeinen Vorschriften (z.B. auf Widerruf)[114] bestehen. 63

Die Nachberichtspflicht entfällt nicht deswegen, weil der Zweck der Übermittlung erkennbar entfallen ist.[115] Der Schutzzweck der Regelung schließt die Möglichkeit ein, dass die Daten dennoch vom Empfänger oder der Empfängerin weiter verarbeitet und verwendet werden. Bei Übermittlungen im Rahmen eines automatisierten Abrufverfahrens genügt es nicht, den eigenen Datenbestand, aus dem abgerufen worden ist, zu korrigieren, denn es ist unklar, wann der nächste Abruf aus dem – korrigierten – Bestand erfolgen wird.[116] 64

Eine Nachberichtspflicht besteht allerdings nicht, wenn ihre Erfüllung einen **unverhältnismäßigen Aufwand** erfordern würde. Bei der Auslegung dieses unbestimmten Rechtsbegriffs ist nicht allein die Sicht der verantwortlichen Stelle maßgeblich, vielmehr muss umfassend abgewogen werden zwischen den Interessen der betroffenen Person an einer Richtigstellung auch gegenüber Übermittlungsempfängern und dem Aufwand an Zeit und Kosten, der durch die Erfüllung der Nachberichtspflicht entstünde. Die Nachberichtspflicht entfällt zudem dann, wenn **schutzwürdige Interessen** der betroffenen Person entgegenstehen, etwa wenn auf diese Weise Dritte erstmals Kenntnis von negativen Daten über die betroffene Person erhielten, an denen sie kein berechtigtes Interesse haben.[117] 65

9. Verfahren der Rechtsausübung

Das Gesetz schreibt kein bestimmtes Verfahren und keine besondere Form (z.B. Schriftform) vor, wie die Rechte nach § 35 ausgeübt werden können. Allerdings können sich Beweisprobleme ergeben, wenn die betroffene Person ihre Rechte z.B. nur mündlich geltend macht. Die Steuerungs- und Korrekturansprüche können auch **elektronisch** geltend gemacht werden, soweit sichergestellt ist, dass die Anspruch stellende Person eindeutig identifiziert werden kann.[118] 66

10. Verletzung der Rechte nach § 35

Wie im Fall der Auskunftspflicht[119] hat der Gesetzgeber auch Verstöße gegen die Pflichten zur Löschung, Berichtigung und Sperrung nicht als Ordnungswidrigkeiten sanktioniert. Lediglich der spezielle Fall, dass die verantwortliche Stelle entgegen § 35 Abs. 6 Satz 3 Daten 67

113 Vgl. im Einzelnen die Kommentierung des § 41 Abs. 2 (Rdnrn. 33 ff.), der ebenfalls eine Gegendarstellung vorsieht.
114 Vgl. u. Rdnr. 71.
115 Anders *Gola/Schomerus,* BDSG § 35 Rdnr. 23.
116 Das verkennen *Gola/Schomerus*, Rdnr. 23 zu § 35.
117 *Duhr/Naujok/Danker/Seiffert*, DuD 2003, 1, 19.
118 *Schaar*, Datenschutz im Internet, Rdnr. 523.
119 Vgl. § 34 Rdnr. 53.

ohne Gegendarstellung übermittelt, ist **bußgeldbewehrt**.[120] Allerdings wird man die fortgesetzte Verarbeitung unzulässig erhobener Daten, die zu löschen wären oder deren Verarbeitung nach einem berechtigten Widerspruch zu unterlassen wäre, als unbefugte Datenverarbeitung nach § 43 Abs. 2 Nr. 1 ansehen müssen, die im Fall der Begehung gegen Entgelt oder bei Bereicherungs- oder Schädigungsabsicht auch nach § 44 **strafbar** sein kann. Auch § 35 ist ein Schutzgesetz im Sinne des § 823 Abs. 2 BGB. Die Aufsichtsbehörde kann fehlende organisatorische Vorkehrungen zur Berücksichtigung von berechtigten Löschungs-, Berichtigungs- oder Sperrungsanliegen zum Anlass für Anordnungen nach § 38 Abs. 5 Satz 2 nehmen.[121] Im Übrigen sind die Betroffenen darauf angewiesen, ihre Ansprüche im Klagewege geltend zu machen.[122]

11. Subsidiarität gegenüber besonderen Rechtsvorschriften

68 Hat die betroffene Person nach einer besonderen bundesrechtlichen Vorschrift ein Recht auf Berichtigung, Sperrung oder Löschung oder ein Widerspruchsrecht, so geht diese Vorschrift dem § 35 nach Maßgabe des § 1 Abs. 3[123] vor. Ein Beispiel bildet die an Diensteanbieter gerichtete, die Sicherstellung von Vorkehrungen zur Löschung personenbezogener Daten betreffende Vorschrift des § 4 Abs. 4 Nr. 2 TDDSG.[124]

11.1 Zivilrechtliche Korrekturansprüche

69 Nach der Rechtsprechung des BGH[125] hat das **BDSG** den Anspruch auf **Löschung** personenbezogener Daten als Spezialregelung **abschließend** geregelt.[126] Daneben sei für eine Anwendung der für Eingriffe in das allgemeine Persönlichkeitsrecht entwickelten Rechtsgrundsätze kein Raum. § 35 **verdrängt aber nicht** den Löschungsanspruch nach **§ 824 BGB bei** einer Kreditgefährdung durch unzulässige Datenverarbeitung.[127] Ferner hat die betroffene Person einen Anspruch **analog § 1004 BGB** gegen den Empfänger oder die Empfängerin einer – unter Verstoß gegen eine Vorschrift des BDSG und damit gegen das allgemeine Persönlichkeitsrecht übermittelten – Kreditauskunft auf Beseitigung bzw. Vernichtung des Datensatzes.

70 Soweit § 35 BDSG nicht anwendbar ist (z.B. nach § 27 Abs. 2), bleiben die allgemeinen Regelungen und Grundsätze außerhalb des BDSG insbesondere zu Berichtigungs- und Löschungsansprüchen anwendbar.[128]

71 Unabhängig vom Vorliegen der Anwendungsvoraussetzungen des § 35 kann in entsprechender Anwendung von §§ 12, 823, 1004 BGB ein Anspruch auf **Widerruf** von unter Verstoß gegen die Bestimmungen des BDSG übermittelten Daten bestehen, da eine durch das BDSG nicht gedeckte Übermittlung personenbezogener Daten eine Verletzung des allgemeinen Persönlichkeitsrechts darstellt.[129] Der BGH[130] hat allerdings einen Anspruch auf Widerruf einer ärztlichen Diagnose verneint, da es sich hierbei grundsätzlich um eine Tatsachenbehauptung und nicht um ein Werturteil handle. Demgegenüber sollte differenziert werden, inwieweit die

---

120 § 43 Abs. 1 Nr. 9.
121 Vgl. § 34 Rdnr. 53.
122 S. dazu unten Rdnr. 82.
123 Vgl. die Kommentierung dieser Vorschrift.
124 Dazu *Engel-Flechsig*, in: Beck'scher IuKDG-Kommentar, § 4 Rdnrn. 21 ff.
125 NJW 1986, 2505.
126 Vgl. hierzu und zum Folgenden auch *Mallmann/Schroeter*, Aktuelle Rechtsfragen zum Datenschutz im Bankverkehr, 187 ff.
127 Vgl. OLG Frankfurt, BB 1988, 652 zum Anspruch gegen die SCHUFA auf Löschung unrichtiger Negativangaben; zustimmend *Gola/Schomerus*, BDSG § 35 Rdnr. 26; *Bergmann/Möhrle/Herb*, BDSG § 35 Rdnr. 96 ff.
128 Vgl. BAGE 46, 98.
129 Vgl. BGH, NJW 1984, 436, wo ein solcher Anspruch – bezogen auf eine unzulässige Datenübermittlung einer Bank an die SCHUFA – jedenfalls für den Fall bejaht wird, dass der Datenempfänger die Daten noch nicht gelöscht hat oder noch nicht rechtskräftig zur Löschung verurteilt ist; vgl. auch OLG Hamm, NJW-RR 1989, 1011.
130 NJW-RR 1987, 754.

Diagnose einem Beweis zugänglich ist bzw. ihre Richtigkeit zweifelsfrei festgestellt werden kann oder nicht.[131]

Der sich aus allgemeinen Vorschriften ergebende Widerrufsanspruch wird durch Abs. 7 nicht ausgeschlossen.[132] 72

Die Löschungspflicht für Eintragungen im **Schuldnerverzeichnis** und für Abdrucke, Listen und Aufzeichnungen aus diesem richtet sich nach der Sonderregelung in §§ 915 a, 915 g ZPO. 73

11.2 Arbeits- und dienstrechtliche Korrekturansprüche

Nach **§ 83 Abs. 2 BetrVG** sind Erklärungen des Arbeitnehmers oder der Arbeitnehmerin zum Inhalt der Personalakte dieser auf ihr Verlangen beizufügen. Diese Vorschrift ergänzt das in § 83 Abs. 1 BetrVG vorgesehene Einsichtsrecht abhängig Beschäftigter in die über sie geführten Personalakten[133] und geht über ein bloßes **Gegendarstellungsrecht**[134] insofern hinaus, als auch Erklärungen zu bisher nicht aktenkundigen Vorgängen aufzunehmen sind, solange sie einen Bezug zum Arbeitsverhältnis aufweisen.[135] 74

Inwieweit § 83 Abs. 2 BetrVG dem § 35 vorgeht, bestimmt sich nach § 1 Abs. 3. Dabei gilt die Regel, dass die Subsidiaritätsklausel des § 1 Abs. 3 den individuellen Rechtsstatus nicht verschlechtern darf.[136] 75

Neben § 83 Abs. 2 BetrVG, der insoweit keine Regelung enthält, steht der Anspruch der Beschäftigten auf **Berichtigung** ihrer personenbezogenen Daten nach § 35 Abs. 1.[137] Halten sie zu ihrer Person gespeicherte Daten für unrichtig, so können die Beschäftigten, soweit die Anwendungsvoraussetzungen beider Vorschriften vorliegen, entweder Berichtigung verlangen oder sich mit einer Erklärung nach § 83 Abs. 2 BetrVG begnügen.[138] Steht allerdings die Unrichtigkeit der Daten fest, so ist die verantwortliche Stelle nach § 35 Abs. 1 von sich aus zur Berichtigung verpflichtet. 78

Entsprechendes gilt für das Verhältnis des § 83 Abs. 2 BetrVG zu den **Löschungsvorschriften** des § 35 Abs. 2.[139] Sind die Voraussetzungen einer der Löschungsregelungen des § 35 Abs. 2 gegeben, so ist die verantwortliche Stelle zur Löschung verpflichtet. 79

Nichts anderes kann für die Fälle des § 35 Abs. 3 gelten, in denen die **Sperrung** an die Stelle einer Löschung tritt.[140] Weniger eindeutig mag die Rechtslage in Fällen eines „non liquet" sein,[141] d.h. wenn sich weder die Richtigkeit noch die Unrichtigkeit der Daten feststellen lässt. Teilweise wird die Auffassung vertreten, § 83 Abs. 2 BetrVG schließe insoweit als speziellere, die gleiche Konfliktlage betreffende Vorschrift die Anwendung des § 35 Abs. 4 aus.[142] Demgegenüber bestehen rechtsystematische Bedenken im Hinblick auf die aufeinander abgestimmte Gesamtregelung der Korrekturrechte des § 35, dessen Abs. 4 nicht auf Arbeitnehmerdaten anzuwenden. Es bestehen keine Anhaltspunkte dafür, dass der Gesetzgeber für diesen wichtigen Bereich ein niedrigeres Schutzniveau als nach der allgemeinen Regelung angestrebt hat. Vielmehr belegen etwa §§ 28 Abs. 3 Satz 2 Nr. 3 und 29 Abs. 2 Satz 2,[143] dass er sogar von einer gesteigerten Schutzbedürftigkeit von Arbeitnehmerdaten ausgeht – dies wohl auch vor dem Hintergrund einer zunehmenden Automatisierung der Datenverarbeitung 80

131 Vgl. *Brehm,* in: FS *H.Lange* (1992), 397 ff.; vgl. auch § 20 Rdnr. 22.
132 So auch *Gola/Schomerus,* BDSG § 35 Rdnr. 24.
133 Vgl. hierzu und zu den Anwendungsvoraussetzungen des § 83 BetrVG § 20 Rdnrn. 75 ff.
134 *Gola/Klug,* 171 f.
135 *Däubler,* Gläserne Belegschaften?, Rdnr. 571.
136 Vgl. im Einzelnen die Kommentierung des § 1 Abs. 3 (Rdnr. 173).
137 Vgl. *FESTL,* § 83 BetrVG Rdnr. 34; *Däubler/Kittner/Klebe,* BetrVG § 83 Rdnr. 25; *Richardi/Thüsing* in *Richardi,* BetrVG § 83 Rdnr. 41; *Däubler,* Gläserne Belegschaften?, Rdnr. 573.
138 Vgl. *Däubler/Kittner/Klebe,* a.a.O. Zu beachten ist, dass § 35 auf die Verarbeitung und Nutzung personenbezogener Daten außerhalb von nicht-automatisierten Dateien (d.h. grundsätzlich auf Akten) nur unter den Voraussetzungen des § 27 Abs. 2 anzuwenden ist.
139 Vgl. *FESTL,* a.a.O.; *Däubler/Kittner/Klebe,* a.a.O.; *Richardi,* a.a.O.
140 *Däubler/Kittner/Klebe,* a.a.O.; *Richardi,* a.a.O.; unklar *FESTL,* a.a.O.
141 Vgl. o. Rdnr. 43.
142 *Richardi,* a.a.O., Rdnr. 42 m.w.N.; *Bergmann/Möhrle/Herb,* BDSG § 35 Rdnr. 135.
143 Vgl. die Kommentierung dieser Vorschriften.

im Bereich der Personaldaten und mithin einer gegenüber dem Zeitpunkt des In-Kraft-Tretens von § 83 Abs. 2 BetrVG veränderten Situation. Insgesamt dürfte damit mehr für eine Anwendbarkeit des § 35 Abs. 4 in Fällen eines „non liquet" sprechen.[144] Dem Arbeitnehmer bleibt die zusätzliche Abgabe einer Erklärung nach § 83 Abs. 2 BetrVG unbenommen.[145]

81 Für **Beamtinnen und Beamte**, für die an sich § 35 aufgrund der Verweisung in § 12 Abs. 4 gelten würde, wurde mit §§ 90 ff. BBG eine abschließende Sonderregelung getroffen. Nach Maßgabe von § 90e BBG sind unbegründete oder ungünstige Unterlagen zu entfernen oder zu vernichten.

12. Streitigkeiten

82 Für Streitigkeiten über Berichtigung, Sperrung oder Löschung nach § 35 sind grundsätzlich die Zivilgerichte zuständig. Allerdings sind folgende Ausnahmen zu beachten: Auseinandersetzungen im Rahmen von Arbeitsverhältnissen sind vor den Arbeitsgerichten auszutragen. Das Verwaltungsgericht ist zuständig für Streitigkeiten im Rahmen der Überwachung durch die Aufsichtsbehörde. Wird im Hauptsacheverfahren die Löschung von personenbezogenen Daten begehrt, kann eine Sperrung der Daten als vorläufige Maßnahme im Verfahren des einstweiligen Rechtsschutzes in Betracht kommen.[146]

§§ 36 und 37 (aufgehoben)

144 So im Ergebnis auch *Däubler/Kittner/Klebe,* BetrVG § 83 Rdnr. 25; vgl. auch *Däubler*, Gläserne Belegschaften?, Rdnr. 572.

145 Vgl. auch *FESTL,* BetrVG § 83 Rdnr. 35: Es könne in einer Betriebsvereinbarung geregelt werden, in welchen Fällen bei nicht feststellbarer Richtigkeit von Daten eine Sperrung erfolgen oder eine Gegendarstellung möglich sein solle; durch Betriebsvereinbarung kann der Anspruch auf Sperrung allerdings nicht ausgeschlossen werden.

146 Vgl. VGH Kassel, RDV 1991, 149 für den öffentlichen Bereich.

Dritter Unterabschnitt
Aufsichtsbehörde

§ 38 Aufsichtsbehörde

(1) Die Aufsichtsbehörde kontrolliert die Ausführung dieses Gesetzes sowie anderer Vorschriften über den Datenschutz, soweit diese die automatisierte Verarbeitung personenbezogener Daten oder die Verarbeitung oder Nutzung personenbezogener Daten in oder aus nicht automatisierten Dateien regeln einschließlich des Rechts der Mitgliedstaaten in den Fällen des § 1 Abs. 5. Die Aufsichtsbehörde darf die von ihr gespeicherten Daten nur für Zwecke der Aufsicht verarbeiten und nutzen; § 14 Abs. 2 Nr. 1 bis 3, 6 und 7 gilt entsprechend. Insbesondere darf die Aufsichtsbehörde zum Zweck der Aufsicht Daten an andere Aufsichtsbehörden übermitteln. Sie leistet den Aufsichtsbehörden anderer Mitgliedstaaten der Europäischen Union auf Ersuchen ergänzende Hilfe (Amtshilfe). Stellt die Aufsichtsbehörde einen Verstoß gegen dieses Gesetz oder andere Vorschriften über den Datenschutz fest, so ist sie befugt, die Betroffenen hierüber zu unterrichten, den Verstoß bei den für die Verfolgung oder Ahndung zuständigen Stellen anzuzeigen sowie bei schwerwiegenden Verstößen die Gewerbeaufsichtsbehörde zur Durchführung gewerberechtlicher Maßnahmen zu unterrichten. Sie veröffentlicht regelmäßig, spätestens alle zwei Jahre, einen Tätigkeitsbericht. § 21 Satz 1 und § 23 Abs. 5 Satz 4 bis 7 gelten entsprechend.
(2) Die Aufsichtsbehörde führt ein Register der nach § 4d meldepflichtigen automatisierten Verarbeitungen mit den Angaben nach § 4e Satz 1. Das Register kann von jedem eingesehen werden. Das Einsichtsrecht erstreckt sich nicht auf die Angaben nach § 4e Satz 1 Nr. 9 sowie auf die Angabe der zugriffsberechtigten Personen.
(3) Die der Kontrolle unterliegenden Stellen sowie die mit deren Leitung beauftragten Personen haben der Aufsichtsbehörde auf Verlangen die für die Erfüllung ihrer Aufgaben erforderlichen Auskünfte unverzüglich zu erteilen. Der Auskunftspflichtige kann die Auskunft auf solche Fragen verweigern, deren Beantwortung ihn selbst oder einen der in § 383 Abs. 1 Nr. 1 bis 3 der Zivilprozeßordnung bezeichneten Angehörigen der Gefahr strafgerichtlicher Verfolgung oder eines Verfahrens nach dem Gesetz über Ordnungswidrigkeiten aussetzen würde. Der Auskunftspflichtige ist darauf hinzuweisen.
(4) Die von der Aufsichtsbehörde mit der Kontrolle beauftragten Personen sind befugt, soweit es zur Erfüllung der der Aufsichtsbehörde übertragenen Aufgaben erforderlich ist, während der Betriebs- und Geschäftszeiten Grundstücke und Geschäftsräume der Stelle zu betreten und dort Prüfungen und Besichtigungen vorzunehmen. Sie können geschäftliche Unterlagen, insbesondere die Übersicht nach § 4g Abs. 2 Satz 1 sowie die gespeicherten personenbezogenen Daten und die Datenverarbeitungsprogramme, einsehen. § 24 Abs. 6 gilt entsprechend. Der Auskunftspflichtige hat diese Maßnahmen zu dulden.
(5) Zur Gewährleistung des Datenschutzes nach diesem Gesetz und anderen Vorschriften über den Datenschutz, soweit diese die automatisierte Verarbeitung personenbezogener Daten oder die Verarbeitung personenbezogener Daten in oder aus nicht automatisierten Dateien regeln, kann die Aufsichtsbehörde anordnen, daß im Rahmen der Anforderungen nach § 9 Maßnahmen zur Beseitigung festgestellter technischer oder organisatorischer Mängel getroffen werden. Bei schwerwiegenden Mängeln dieser Art, insbesondere, wenn sie mit besonderer Gefährdung des Persönlichkeitsrechts verbunden sind, kann sie den Einsatz einzelner Verfahren untersagen, wenn die Mängel entgegen der Anordnung nach Satz 1 und trotz der Verhängung eines Zwangsgeldes nicht in angemessener Zeit beseitigt werden. Sie kann die Abberufung des Beauftragten für den Datenschutz verlangen, wenn er die zur Erfüllung seiner Aufgaben erforderliche Fachkunde und Zuverlässigkeit nicht besitzt.

(6) Die Landesregierungen oder die von ihnen ermächtigten Stellen bestimmen die für die Kontrolle der Durchführung des Datenschutzes im Anwendungsbereich dieses Abschnittes zuständigen Aufsichtsbehörden.
(7) Die Anwendung der Gewerbeordnung auf die den Vorschriften dieses Abschnitts unterliegenden Gewerbebetriebe bleibt unberührt.

Literatur

U. Arlt/R. Piendl, Zukünftige Organisation und Rechtsstellung der Datenschutzkontrolle in Deutschland, CR 1998, 713 ff.; *Auernhammer,* Die Aufsichtsbehörde nach § 38 BDSG, DuD 1992, 621; *J. Bizer,* Unabhängige Datenschutzkontrolle, DuD 1997, 481 f.; *A. Breinlinger,* Die Kontrolle des Datenschutzbeauftragten aus Sicht der Aufsichtsbehörden, RDV 1995, 7 ff.; *Ch. Figgener,* Behördliche Beratungsrechte und Nachschaubefugnisse, Köln u.a. 2000; *H. Garstka,* Datenschutzkontrolle: Das Berliner Modell, DuD 2000, 289 ff.; *Th. Giesen,* Rechtsstellung, Aufgaben und Befugnisse der Datenschutzkontrollstellen nach Art. 28 der EG-Datenschutzrichtlinie RDV 1998, 15 ff.; *Th. Giesen,* Unabhängigkeit und Rechtskontrolle der Kontrollstellen nach Art. 28 der EU-Datenschutzrichtlinie, DuD 1997, 529 ff.; *P. Gola/R. Schomerus,* Die Organisation der staatlichen Datenschutzkontrolle in der Privatwirtschaft, ZRP 2000, 183 ff.; *J. Hellermann/J. Wieland,* Die Unabhängigkeit der Datenschutzkontrolle im nicht-öffentlichen Bereich, DuD 2000, 284 ff.; *A. Herb,* Die Struktur der Datenschutzkontrollstellen in der Bundesrepublik, ZUM 2004, 530 ff.; *ders.*, Eingriffsmöglichkeiten der Aufsichtsbehörden nach dem neuen BDSG, CR 1992, 110; *ders.,* Zufallsfunde bei behördlichen Datenschutzkontrollen, CR 1994, 642 ff.; *K. von Lewinski*, Tätigkeitsberichte im Datenschutz, RDV 2004, 163ff.; *ders.,* Schweigepflicht von Arzt und Apotheker, Datenschutzrecht und aufsichtsbehördliche Kontrolle, MedR 2004, 95 ff.; *ders.*, Formelles und informelles Handeln der datenschutzrechtlichen Aufsichtsbehörden, RDV 2001, 275 ff.; *M. Mähring,* Institutionelle Datenschutzkontrolle in der Europäischen Gemeinschaft (1993); *V. Pohler*, 20 Jahre Düsseldorfer Kreis, CR 1998, 309; *G. Rüpke*, Freie Advokatur, anwaltliches Berufsgeheimnis und datenschutzrechtliche Kontrollbefugnisse, RDV 2003, 72 ff.; *P. Schaar,* Die Möglichkeit der Aufsichtsbehörden, in *H. Bäumler* (Hrsg.), E-Privacy, Wiesbaden 2000, 69 ff.; *M. von Schmerling,* Datenschutz-Aufsicht: Vom Papierträger zur Sonderordnungsbehörde, DuD 2002, 351 ff.; *U.M. Seidel,* Datenschutzrechtliches Ungleichgewicht bei der Kontrolle privatwirtschaftlicher und öffentlicher Wettbewerbsunternehmen?, Frankfurt u.a. 1997; *S. Walz,* Selbstkontrolle versus Fremdkontrolle – Konzeptwechsel im deutschen Datenschutzrecht, in *D. Simon/M. Weiss* (Hrsg.), Zur Autonomie des Individuums, Liber Amicorum Spiros Simitis, Baden-Baden 2000, 455 ff.; *W. Wedler,* Überwachung des Datenschutzes durch Aufsichtsbehörden – Erfahrungen aus der Prüfpraxis in Bremen, RDV 1992, 221 ff.; *ders.,* Berichte der Datenschutzaufsichtsbehörden für die Privatwirtschaft, CR 1992, 685 ff.; *ders.,* Datenschutzaufsicht im Lande Bremen, CR 1993, 35 ff.; *ders.,* Quo vadis Datenschutzaufsicht, RDV 1999, 251 ff.; *T. Weichert,* Regulierte Selbstregulierung – Plädoyer für eine etwas andere Datenschutzaufsicht, RDV 2005, 1 ff.; *C.P. Wilde/L. Nawa,* Mitwirkung des TÜV bei der Datenschutzaufsicht über Private, DuD 1997, 516 ff.; *I. Wind,* Die Kontrolle des Datenschutzes im nicht-öffentlichen Bereich. Baden-Baden 1994; *T. Wolber,* Neue Rechte der Aufsichtsbehörden, DSB 6/2001, 12 f.

Übersicht

1. Normzweck. Verfassungsrechtliche und europarechtliche Grundlagen

Die Vorschrift ermächtigt die Aufsichtsbehörden, die Einhaltung des BDSG und anderer datenschutzrechtlichen Vorschriften durch nicht-öffentliche Stellen zu kontrollieren. Damit fußt § 38 auf § 1 Abs. 1, nach dem das BDSG wie alle datenschutzrechtlichen Bestimmungen dazu dient, den Einzelnen davor zu schützen, dass er durch den Umgang mit seinen personenbezogenen Daten in seinem Persönlichkeitsrecht (Recht auf informationelle Selbstbestimmung) beeinträchtigt wird.[1] 1

1.1 Verfassungsrechtliche Vorgaben des Rechts auf informationelle Selbstbestimmung

Mit der Einrichtung einer staatlichen Datenschutzaufsicht für den so genannten „nicht-öffentlichen Bereich" versucht der Gesetzgeber (u.a.) die grundrechtlichen Anforderungen zu erfüllen, die das Recht auf informationelle Selbstbestimmung in Bezug auf den Umgang mit personenbezogenen Daten an verfahrens- und organisationsrechtlichen Schutzvorkehrungen von Verfassungs wegen verlangt.[2] Das BVerfG hat diese Pflicht des Gesetzgebers zwar im Zusammenhang mit der Verarbeitung durch öffentliche Stellen festgestellt, seine Bezugnahme auf frühere Entscheidungen[3] dokumentiert indes, dass dem Normgeber generell, also auch **für den nicht-öffentlichen Bereich Schutzpflichten** für das Recht auf informationelle Selbstbestimmung aufgegeben sind.[4] In diesem Zusammenhang hat der Gesetzgeber im Rahmen seiner kommunikativen Infrastrukturverantwortung zu berücksichtigen, dass im nicht-öffentlichen Bereich aufgrund der fehlenden rechtsstaatlichen und demokratischen Bindungen privater Machtträger häufig ein gesteigerter Schutzbedarf der Betroffenen besteht.[5] 2

Für die Funktion und Ausgestaltung der Datenschutzkontrolle hat das BVerfG bereits im Jahr 1983 Kriterien entwickelt, die seither einen **Minimalschutzstandard** bei der Verarbeitung personenbezogener Daten definieren: „Wegen der für den Bürger bestehenden Undurchsichtigkeit der Verwendung von Daten unter den Bedingungen der automatischen Datenverarbeitung und auch im Interesse eines **vorgezogenen Rechtsschutzes** durch **rechtzeitige Vorkehrungen** ist die **Beteiligung unabhängiger Datenschutzbeauftragter** von erheblicher Bedeutung für einen effektiven Schutz des Rechts auf informationelle Selbstbestimmung."[6] Mit der Datenschutzkontrolle reagiert der Staat organisationsrechtlich auf eine fehlende In- 3

1 Vgl. BT-Drs. 10/4737, S. 33 zu dem gegenüber dem BDSG 2003 textgleich gebliebenen § 1 Abs. 1 BDSG 1990.

2 Vgl. BVerfGE 65, 1 (44, 46). Zur staatlichen Hilfe zur Grundrechtsausübung durch Verfahren, Organisation und Finanzierung vgl. ferner *Denninger*, in HdbStR V, § 113; *Korinek/Dujmovits* Grundrechtsdurchsetzung und Grundrechtsverwirklichung, in *Merten/Papier*, HdbGR, I § 23.

3 BVerfGE 65, 1 (46) verweist auf BVerfGE 49, 89 (142) und E 53, 30 (61). In diesen Entscheidungen wird der Gesetzgeber zu verfahrensrechtlichen Vorkehrungen angehalten, die der Verletzung von verfassungsrechtlichen Schutzgütern *Privater durch Private* (dort: Kernkraftwerkbetreiber) entgegenwirken sollen.

4 Die Drittwirkung des Grundrechts auf informationelle Selbstbestimmung auch unter Privaten ist spätestens seit BVerfG(K), NJW 1991, S. 2411 f. anerkannt, vgl. auch BVerfG(K), NJW 2002, 2164 f. Zur Rechtfertigung staatlicher Vorkehrungen zum Schutz personaler Freiheiten gegen die Ausübung wirtschaftlicher oder sozialer Macht vgl. *Hesse*, Grundzüge des Verfassungsrechts, 20. Aufl. 1995, Rdnr. 357. Ähnlich wie hier beispielsweise Saarl IM, TB (2003), S. 6 und Sächs IM, TB. (Berichtszeitraum 2001-2002), S. 4.

5 Vgl. *Hoffmann-Riem*, AöR 123 (1998), 513 (525).

6 BVerfGE 65, 1 (46).

formationstransparenz der automatisierten Datenverarbeitung für die Betroffenen. Solange nicht zuverlässig sichergestellt ist, dass die Betroffenen wissen können, wer was wann wo und bei welcher Gelegenheit über sie weiß,[7] sind sie auf einen aktiven Beistand des Staats gegenüber verantwortlichen Stellen angewiesen. Des Weiteren dient die Datenschutzkontrolle einem vorgezogenen Rechtsschutz der Betroffenen, der aus dem Gebot des effektiven Grundrechtsschutzes (**Effektivitätsgebot**) folgt. Auch wenn aus der Rechtsprechung des BVerfG zum Recht auf informationelle Selbstbestimmung nur wenige Aussagen zur konkreten Ausgestaltung eines vorgezogenen Rechtsschutzes abzuleiten sind, so kann man immerhin feststellen, dass dieser begleitend zur Garantie des „echten Rechtswegs" im Sinne des Art. 19 Abs. 4 GG erfolgt.[8] Hieraus folgt nicht nur, dass grundsätzlich jedermann das Recht zur Anrufung der Aufsichtsbehörde hat.[9] Eine Vorverlagerung des Rechtsschutzes bedingt auch eine **Vorverlagerung von aufsichtsbehördlichen Kompetenzen in Entscheidungsfindungsprozesse**,[10] was ansatzweise bei der Vorabkontrolle (vgl. § 4d Abs. 6 S. 3) oder bei der Genehmigungspflicht von bestimmten Datentransfers in so genannte Drittstaaten (§ 4c Abs. 2 S. 1), auch bei der „anlassfreien Kontrolle" durch die Aufsichtsbehörden verwirklicht ist. Zugleich verlangt das Effektivitätsgebot, dass die Aufsichtsbehörde hinreichend mit Sachverstand, Personal und Sachmitteln ausgestattet ist, um wirksam der Gefährdung durch eine sich ständig fortentwickelnde Datenverarbeitungswelt entgegenzuwirken. Darüber hinaus setzt ein effektiver Grundrechtschutz hinreichende Befugnisse der Aufsichtsbehörde voraus. Neben dem beschriebenen subjektiven Schutzauftrag tritt die objektive Funktion der Aufsichtsbehörde, einzelfallunabhängig auf die Einhaltung von Datenschutzbestimmungen hinzuwirken.

4 **Diesen verfassungsrechtlichen Anforderungen** wird die heutige Konzeption des § 38 **allenfalls teilweise gerecht**: Die verfahrensrechtlichen Vorkehrungen zum Schutz des Rechts auf informationelle Selbstbestimmung sind an der Art, dem Umfang und den denkbaren Verwendungen der erhobenen Daten sowie der Gefahr ihres Missbrauchs zu orientieren.[11] Zutreffend ist daher der Hinweis, dass eine gesetzliche Reaktion auf eine technologische Entwicklung im Hinblick auf ihre fortlaufende Beschleunigung stets nur kurzlebig sein kann, um neu auftretenden Risiken der automatisierten Verarbeitung effektiv zu begegnen.[12] Dem hat der Gesetzgeber seit 1983 nur insoweit Rechnung getragen, als er in Ansehung der fortschreitenden technologischen Entwicklung und der damit verbundenen sprunghaften Zunahme von Risiken für das Persönlichkeitsrecht der Betroffenen in den bislang erfolgten BDSG-Novellierungen die Befugnisse der Aufsichtsbehörden allmählich ausgeweitet hat. Nach wie vor verzichtet er beispielsweise auf Anordnungsbefugnisse der Aufsichtsbehörden zur Prävention gegen materiell datenschutzrechtswidrige Verarbeitungen, was der Anforderung eines vorgezogenen Rechtsschutzes tendenziell zuwiderläuft und auf Instrumentarien, die den datenschutzrechtlichen Anforderungen einer weltweiten Informationsvernetzung gerecht werden.[13]

5 Im Hinblick auf die gebotene Effektivität des Grundrechtsschutzes regelmäßig zu verlangen ist ferner die Kontrolle durch eine **unabhängige Instanz**.[14] Abgesehen von Klientelveröffentlichungen weitgehend unstreitig ist, dass „Unabhängigkeit" neben der Freiheit von sachfremden Einflüssen mindestens eine funktional zu verstehende, personell-institutionelle

7 *Podlech* in AK GG (3. Aufl. 2001), Art. 2 Abs. 1 Rdnr. 81.
8 Rein deskriptiv *Korinek/Dujmovits* in *Merten/Papier*, HdbGR I § 23 Rdnr. 46, wonach die Funktion von „spezialisierten, unabhängigen und mit hohem Sachverstand ausgestatteten Organen" (allerdings ohne ausdrückliche Nennung der Datenschutzaufsicht) im Wesentlichen beobachtend und prüfend ausgestaltet sei.
9 Soweit das Landesrecht Anrufungsrechte gewährt, geschieht dies also aus Gründen der Rechtssicherheit und ist deklaratorisch, vgl. beispielsweise in § 25 DSG NRW.
10 Vgl. dazu BVerfGE 90, 60 ff.
11 So bereits BVerfGE 65, 1 (46).
12 So *Simitis*, RdA 2003, Sonderbeilage Heft 5, S. 44 f. auch mit rechtsvergleichenden Hinweisen.
13 Insoweit ebenfalls kritisch *Walz*, Liber Amicorum, S. 456 ff.
14 Vgl. BVerfGE 65, 1 (46) .

Unabhängigkeit des Kontrollierenden vom Kontrollierten voraussetzt.[15] Häufig ist eine Unabhängigkeit in diesem Sinne bei Selbstverwaltungsorganen problematisch, z.B. sind die Vorstände der Rechtsanwaltskammern nicht in diesem Sinne unabhängig:[16] Zum Einen werden sie als Kontrolleur von den Kontrollierten gewählt (§ 89 Abs. 2 Nr. 1 BRAO); überdies sind die Vorstandsmitglieder aufgrund der Ehrenamtlichkeit des Vorstandsamts (vgl. § 75 BRAO) regelmäßig weiterhin als Rechtsanwälte tätig, womit eine (partielle) Identität der Kontrolleure mit den Kontrollierten nicht auszuschließen ist. Ob im nicht-öffentlichen Bereich über die Nichtidentität des Kontrolleurs mit den Kontrollierten hinaus auch eine **institutionelle Unabhängigkeit** wie die Beteiligung unabhängiger Datenschutzbeauftragter vor Erlass der EG-Datenschutzrichtlinie verfassungsrechtlich geboten war, ist streitig.[17] Für ein solches Verständnis spricht die Funktion der Datenschutzaufsicht als Garantin eines „vorgezogenen Rechtsschutzes", was eine in allen Richtungen ausgestaltete Unabhängigkeit (Weisungsfreiheit) nahe legt. Letztlich ist diese Frage im Hinblick auf die eindeutigen Vorgaben der EG-Datenschutzrichtlinie allerdings nicht mehr von Relevanz (vgl. unten 1.2).

Angesichts der begrenzten staatlichen Ressourcen verfolgt das BDSG seit 1977 das Konzept 6
einer „abgestuften Selbstkontrolle".[18] Bereits das Verhältnis der personell-sachlichen Ressourcen der Aufsichtsbehörden zu der Anzahl der zu beaufsichtigenden verantwortlichen Stellen verdeutlicht, dass die staatliche Datenschutzaufsicht mit der Aufgabe überfordert wäre, allein einen effektiven Schutz des informationellen Selbstbestimmungsrechts sicherzustellen. Dem entsprechend wird die **staatliche Fremdkontrolle** durch eine **Eigenkontrolle der verantwortlichen Stellen** ergänzt.[19] Auf betrieblicher Ebene soll sie durch einen fachkundigen und zuverlässigen Datenschutzbeauftragten erfolgen, der auf die Rechtmäßigkeit der Datenverarbeitungsprozesse hinzuwirken hat. Der Datenschutzbeauftragte dient als Ansprechpartner für Betroffene und Verantwortliche; dem entsprechend ist sein unternehmensinterner Status neutral auszugestalten.[20]

Dieses **System der Datenschutzkontrolle** hat sich in seiner Grundidee wohl bewährt,[21] zu- 7
gleich aber als unzureichend erwiesen:[22] Die vorgesehene Eigenkontrolle der verantwortlichen Stellen ermöglicht zwar einen unternehmensnahen Datenschutz. Anders als die Aufsichtsbehörde kennt der betriebliche Datenschutzbeauftragte beispielsweise die organisatorischen Abläufe und den Alltag in seinem Unternehmen relativ genau, kann schneller auf entstehende Mißstände reagieren und so auf deren Vermeidung hinwirken. Die gesetzliche Verpflichtung zur Bestellung des Datenschutzbeauftragten bzw. zu seiner hinreichenden Beteiligung an der Einführung neuer Verarbeitungstechnologien wird aber von vielen Unternehmen ignoriert, so dass die Einflussmöglichkeiten des Datenschutzbeauftragten aufgrund seiner statusrechtlich schwachen Position jedoch begrenzt sind.[23] Sein Erfolg hängt damit erheblich von seiner Überzeugungskraft und der Kooperationsbereitschaft der Unternehmensleitung ab.[24] Neben der Forderung nach einer weiteren Verbesserung der aufsichtsbehördlichen Befugnisse sind daher Ansätze folgerichtig, den Datenschutz um gesellschaftliche Kontrollmechanismen,[25]

---

15 Vgl. *Tinnefeld/Ehmann/Gerling* Datenschutzrecht, 429: Funktionale Unabhängigkeit als Unabhängigkeit von sachfremden Einflüssen und von den zu Überprüfenden.
16 Dies verkennt *Rüpke*, RDV 2003, 72, 75 unter anderem.
17 Befürwortend *Bizer*, DuD 1997, 481, *Simitis*, CR 1987, 602, 610, wohl auch HDSB, 28. TB (1999) S. 13; ablehnend: *Lepper/Wilde*, CR 1997, 703, 706, HessLReg, LT-Drs. 15/1538, S. 2 f.
18 Vgl. bereits BT-Drs. 7/1027, S. 18.
19 Statt vieler vgl. BMI Modernisierungsgutachten (2001), S. 188 ff., auch *Simitis*, RdA 2003, 43 f. Umgekehrte Perspektive (Ergänzung der Eigenkontrolle durch staatliche Fremdkontrolle) bei *Wächter*, Datenschutz im Unternehmen, Rdnr. 130.
20 Vgl. die Anmerkungen zu § 4f Abs. 2.
21 Positiver die Bewertung der GDD, vgl. Pressemitteilung in RDV 2004, 278.
22 Vgl. BMI Modernisierungsgutachten (2001), S. 153 ff., S. 188 ff. m.w.N.; *Kilian*, CR 2002, 921 ff. sowie Nachweise bei § 9a, § 38a.
23 Zu Recht kritisch *Simitis* RdA 2003, 43 f.; *Wedde*, DuD 2004, 670, 673 ff.; vgl. auch *Koch*, Betrieblicher Datenschutzbeauftragter (5. Aufl.), S. 141.
24 Vgl. *Petri* in: *Bizer/v. Mutius/Petri/Weichert* Innovativer Datenschutz (2004), 232 f.
25 Teilweise verwirklicht durch die Klagebefugnis der Verbraucherschutzverbände nach dem UnterlassungsklagenG.

wirtschaftliche Anreizsysteme,[26] eine regulierte Selbstregulierung[27] und nicht zuletzt um einen effektiveren Selbstdatenschutz der Betroffenen[28] zu erweitern.

1.2 Statusrechtliche Vorgaben der EG-Datenschutzrichtlinie

8 Neben die genannten verfassungsrechtlichen Rahmenbedingungen sind die Vorgaben des Art. 28 der EG-Datenschutzrichtlinie getreten. Diese ist für die Mitgliedstaaten in ihren Zielsetzungen verbindlich.[29] Als sekundäres Gemeinschaftsrecht genießt sie **„Anwendungsvorrang"** vor dem nationalen Recht. Dies bedeutet, dass alle staatlichen Stellen der Mitgliedstaaten verpflichtet sind, den Vorschriften des Gemeinschaftsrechts in jedem konkret zu entscheidenden Fall Vorrang einzuräumen und gemeinschaftsrechtswidriges nationales Recht außer Anwendung zu lassen.[30]

9 Nach Art. 28 Abs. 1 S. 1 EG-Datenschutzrichtlinie sind in den Mitgliedstaaten eine oder mehrere öffentliche Stellen zu beauftragen, die Anwendung der innerstaatlichen Vorschriften zur Umsetzung der Richtlinie zu überwachen. Diese Kontrollstellen haben nach Abs. 1 Satz 2 die ihnen zugewiesenen Aufgaben in **völliger Unabhängigkeit** wahrzunehmen. Das damit gemeinte Fehlen jeglicher Abhängigkeiten wird durch eine Stellungnahme der Europäischen Kommission (GD Binnenmarkt) vom 11. September 2001 zu Recht dahingehend konkretisiert, dass die Kontrollstellen als solche keinerlei Weisungen unterworfen sein dürfen, dass ihre Entscheidungen nicht durch politische Instanzen beeinflusst oder abgeändert werden können und dass die Bestellung ihres jeweiligen Leiters nicht ausschließlich durch die Exekutive erfolgt. Schließlich ist die Zuweisung ausreichender Mittel an die Kontrollstelle erforderlich, um eine finanzielle Abhängigkeit zu vermeiden.[31] Diese Anforderungen können regelmäßig nur erfüllt werden, wenn der Datenschutzkontrollinstanz eine **institutionelle Unabhängigkeit** eingeräumt wird.[32] Die nicht überzeugende Gegenmeinung[33] verweist unter anderem auf eine Protokollnotiz, welche u.a. die deutsche Delegation im Rahmen der Verhandlungen zur Datenschutzrichtlinie hinterlegt habe, wonach die Unabhängigkeit der Kontrollstellen nach deutschem Verfassungsverständnis lediglich funktional zu verstehen sei.[34] Typischerweise entspricht es allerdings der Eigenart einer EG-Richtlinie, dass diese die konkrete Umsetzung eines Ziels, hier die Organisation der völlig unabhängigen Kontrolle, den Mitgliedstaaten überlässt, *soweit* diese mit ihr den qualitativen Anforderungen der Richtlinie entsprechen.[35] Eine *völlige* Unabhängigkeit dürfte in ihrer praktischen Realisierung zwingend

---

26 Dazu vgl. Kommentierung zu § 9a m.w.N.

27 Dazu vgl. Kommentierung zu § 38a m.w.N.

28 Hierzu *Roßnagel*, in ders. (Hrsg.), HdbDSR, Abschnitt 3.4, sowie bereits *Schrader* in: *Bäumler* (Hrsg.), Neuer Datenschutz (1998), 206 ff.

29 Vgl. Art. 249 Abs. 3 EGV.

30 Vgl. bereits EuGHE 1964, 1251, 1269 f. (Rs. 6/64 – Costa ENEL), st. Rspr. des EuGH. Nach der Rspr. des BVerfG genießt das Gemeinschaftsrecht generell Anwendungsvorrang, soweit die Gemeinschaft die verfassungsrechtlichen Grenzen der innerstaatlichen Übertragungsermächtigung nach Art. 23 GG beachtet. Diese Grenzen sind erst überschritten, wenn die tragenden verfassungsrechtlichen Prinzipien nach Art. 79 Abs. 3 GG beeinträchtigt sind, vgl. BVerfGE 89, 155 (190); 73, 339 (375). In der Literatur ist die Reichweite dieser Position umstritten. Statt vieler vgl. die Nachweise bei *Zuleeg* AK GG, Art. 23, Rdnr. 20 ff., *Jarass/Pieroth* GG Art. 23, Rdnr. 32 ff.

31 Stellungnahme der Europäischen Kommission (GD Binnenmarkt) vom 11. September 2001, abrufbar unter http://www.datenschutz-berlin.de (Link im JB 2001, Kapitel 1.2). Vgl. auch *Brühann*, DuD 2002, 296. 298 f.

32 Überwiegende Meinung; ähnlich wie hier u.a.: *Arlt/Piendl*, CR 1998, 713, 719; *Bäumler*, DuD 2000, 20 ff.; *Bizer*, DuD 1997, 481; *Brühann*, DuD 2002, 296 ff.; *Garstka*, DuD 2000, 289 f.; *Giesen*, DuD 1997, 529 ff.; *Groß*, DuD 2002, 685 f.; *Hellermann/Wieland*, DuD 2000, 284 f.; *Podlech*, AK GG, Art. 2 Abs. 1 Rdnr. 81 (FN. 117); *Schaar* in: *Bäumler* (Hrsg.), E-Privacy, 69 (73f.); *Simitis*, NJW 1997, 281 (287), *Trute* JZ 1998, 822, 826; *Walz* DuD 1998, 150; wohl auch HDSB, 28. TB (1999) S. 13; BlnDSB, JB 2001, S. 8 und BlnDSB/ULD Neuregelungen im BDSG (2001), S. 38.

33 Vgl. *Bachmeier*, RDV 1995, 49 (52); *Hillenbrand-Beck* in *Roßnagel* HdbDSR, Abschnitt 5.4 Rdnr. 26; *Kopp*, DuD 1995, 204, 211; *Lepper/Wilde*, CR 1997, 703 ff., *Rudolf*, DuD 1995, 446; *Wächter* Datenschutz im Unternehmen, Rdnr. 310 ff.; *Weber*, DuD 1995, 698, wenngleich vermittelnd wohl auch *Gola/Schomerus* BDSG, § 38 Rdnr. 32.

34 So isb. *Lepper/Wilde*, CR 1997, 703 ff. m.w.N.

35 Vgl. auch *Brühann* in GH III/*Wolf* A 30, Art. 28 Rdnr. 5.

organisatorisch-institutionelle Konsequenzen haben.[36] Die Existenz einer solchen Protokollnotiz lässt diese Pflicht zur vollständigen Umsetzung der Richtlinie unberührt,[37] zumal in Art. 50 Abs. 2 S. 2 des EU-Verfassungsvertrags[38] nochmals das Erfordernis einer „unabhängigen Kontrollstelle" bekräftigt wird.

Soweit darauf verwiesen wird, dass die Eingliederung in einen **ministeriellen Weisungsstrang** aus verfassungsrechtlichen Gründen geboten sei,[39] wird zum einen der grundsätzliche Anwendungsvorrang des Unionsrechts auch vor dem mitgliedstaatlichen Verfassungsrecht verkannt. Im Übrigen ist zu bezweifeln, ob das ohnehin nur im Grundsatz angenommene verfassungsrechtliche „**Verbot ministerialfreier Räume**"[40] auf die Datenschutzaufsicht überhaupt anwendbar ist. Diese dient nämlich primär der Wahrung des Grundrechts auf informationelle Selbstbestimmung und grenzt sich damit von einer „normalen" Wirtschaftsaufsicht ab, die in erster Linie ordnungsrechtliche Zwecke verfolgt.[41] Auch deshalb wurde bereits im Rahmen des Gesetzgebungsverfahrens zur Einrichtung der Datenschutzaufsicht darauf hingewiesen, eine wirklich durchschlagende Regelung des Datenschutzes als Persönlichkeitsschutz für den gesamten Bereich der Datenverarbeitung erfordere einen neuen Ansatz.[42] Soweit befürchtet wird, die subjektiven Rechte der Bürger würden unangemessen beeinträchtigt, wird auch außer Betracht gelassen, dass Art. 28 Abs. 3 (dritter Spiegelstrich) der Richtlinie deswegen die Eröffnung des Rechtswegs gegen „beschwerende Entscheidungen der Kontrollstelle" verlangt. 10

Zurzeit gibt es keine deutsche Aufsichtsbehörde, die den genannten **Anforderungen einer völligen Unabhängigkeit** in Gänze genügt.[43] Eine vorbehaltlose Eingliederung der Aufsichtsbehörde in einen **ministeriellen Weisungsstrang**[44] entspricht weder der Voraussetzung der Weisungsfreiheit noch der verlangten Freiheit von einer politischen Einflussnahme durch die Exekutive. Entsprechendes gilt für eine **Fach-**[45] oder **Rechtsaufsicht**[46] über die Datenschutzbeauftragten der Länder, denen die Aufgabe der Datenschutzaufsicht übertragen worden ist. Immerhin verbürgt dort die organisatorische Ausgliederung für ein erhöhtes Maß an Unabhängigkeit und Effektivität; sie wird damit den Anforderungen der EG-Datenschutzrichtlinie eher gerecht. Wohl auch im Hinblick auf zu erwartende Synergieeffekte[47] durch die Zusammenlegung der Datenschutzkontrollen im öffentlichen und nicht-öffentlichen Bereich ist ein Trend dahingehend zu erkennen, die Datenschutzaufsicht dem oder der Landesbeauftragten für den Datenschutz zu übertragen.[48] 11

---

36 Unzureichend beispielsweise der Vorschlag von *Kloepfer*, Gutachten zum 62. DJT (1998), D 132: Die Einräumung einer aufgabebezogenen Weisungsfreiheit der im Ministerium eingegliederten Kontrollstelle lässt die Einflussmöglichkeiten durch Versetzungen, Nichtberücksichtigung bei Beförderungen u.ä. außer Betracht.

37 *Hellermann/Wieland*, DuD 2000, 284, 286.

38 Vertrag über eine Verfassung in Europa, CIG 87/2/04 REV 2 vom 29. Oktober 2004. Der Verfassungsvertrag wurde am 29. Oktober 2004 in Rom von den Staats- und Regierungschefs sowie den Außenministern der 25 Mitgliedstaaten der EU unterzeichnet und steht nun zur Ratifikation an. Vgl. dazu Papier, EuGRZ 2004, S. 753 ff.

39 So beispielsweise *Lepper/Wilde*, CR 1997, 703 ff. m.w.N., auch zum Folgenden.

40 Vgl. zuerst BVerfGE 9, 268 (282). Das grundsätzliche Verbot ministerialfreier Räume besagt, dass das Parlament die Regierungsverantwortung nicht ohne hinreichenden Grund durch Schaffung ministerialfreier Räume schmälern darf. Ein solcher sachlicher Grund liegt hier in dem Gebot eines effektiven Grundrechtsschutzes, vgl. *Hellermann/Wieland*, DuD 2000, 284 (287).

41 Deshalb ist Datenschutzaufsicht z.B. nicht vergleichbar mit einer Bauaufsicht, auch wenn diese teilw. zur Wahrung der von Art. 14 GG gewährleisteten Baufreiheit dienen mag, wie *Lepper/Wilde*, CR 1997, 703 ff. meinen.

42 So bereits Begründung zu BDSG 1977/78, BT-Drs. 7/1027, S. 16.

43 So wohl auch die Generaldirektion der Kommission der Europäischen Gemeinschaften, Schreiben vom 5. Juli 2005 (2003/4820, C (2005) 2098).

44 Vgl. § 1 BW DSZuVO, § 1 Abs. 1 BayDSchV; § 1 HessDSZuAnO; § 1 R-P DSZuVO; § 1 Saarl DSZuVO; SA ZustBDSG; § 6 ThürZustVO.

45 Vgl. § 25 S. 2 BrDSG; § 22 Abs. 1 S. 3 HmbDSG; § 29 Abs. 6 S. 2 DSG M-V; § 21 Abs. 2 S. 2 NDSG; § 22 Abs. 6 S. 3 DSG NRW.

46 Vgl. § 33 Abs. 1 S. 2 BlnDSG; § 38 S. 2 SH LDSG.

47 So auch *Schaar* in *Bäumler* (Hrsg.), E-Privacy, 69 (76).

48 Entwicklung seit dem Jahr 2000: Nordrhein-Westfalen (vgl. § 22 Abs. 6 DSG NW); Schleswig-Holstein mit der Besonderheit einer Anstalt des öffentlichen Rechts (ULD, § 39 Abs. 2 LDSG SH); 2002: Niedersachsen (§ 22 Abs. 6 Nds DSG), Rückübertragung allerdings per Kabinettsbeschluss geplant; 2004: Mecklenburg-Vorpommern (§ 33a DSG M-V). Die Stadtstaaten Berlin, Bremen und Hamburg haben die Datenschutzkontrolle traditionell in einer Hand.

12 Nach Art. 28 Abs. 2 der Datenschutzrichtlinie sind die Kontrollstellen bei der Ausarbeitung von datenschutzrechtlichen Verwaltungsvorschriften oder Verhaltensregeln anzuhören. Art. 28 Abs. 3 der Datenschutzrichtlinie sieht ein **Effektivitätsgebot** vor, dass in dreifacher Hinsicht konkretisiert wird: Die Kontrollstellen haben „insbesondere" über näher bestimmte Untersuchungsbefugnisse zu verfügen; sie müssen wirksame Eingriffsbefugnisse und die Gelegenheit haben, Verstöße gegen Datenschutzrechtsvorschriften zu ahnden, soweit diese zur Umsetzung der Richtlinie dienen.[49]

2. Kontrollvoraussetzungen (Abs. 1, Abs. 6)

2.1 Bestimmung der zuständigen Aufsichtsbehörden nach Landesrecht (§ 38 Abs. 6)

13 Als Ermächtigungsgrundlage für aufsichtsbehördliches Handeln stellt § 38 **keine Zuständigkeitsregelung** dar, sondern setzt eine solche in Abs. 6 voraus. Dieser weist dem Wortlaut nach **den Landesregierungen oder den von ihnen ermächtigten Stellen** die Befugnis zu, die für die Kontrolle der Durchführung des Datenschutzes zuständigen Aufsichtsbehörden zu bestimmen.[50] Dies würde allerdings nicht den Anforderungen des Art. 28 Abs. 1 der Datenschutzrichtlinie entsprechen, wonach die mitgliedstaatlichen Kontrollstellen völlig unabhängig, also auch unabhängig von der politischen Exekutive zu sein haben. Überdies würde der Bundesgesetzgeber in unnötiger Weise die nach Art. 83, 84 GG grundsätzlich den Ländern zugewiesene **Organisationsgewalt der Länder** insoweit einschränken, als dass die Datenschutzaufsichtsbehörde ausschließlich durch die Exekutive bestimmt werden könnte. Eine solche Einflussnahme dürfte nur zulässig sein, soweit sie für die Gewährleistung eines wirksamen Vollzugs des BDSG erforderlich ist,[51] eine solche Rechtfertigung ist jedoch nicht ersichtlich. In der Praxis gehen einige Bundesländer daher offenbar von einem Redaktionsversehen des Gesetzgebers aus. Jedenfalls erfolgt die Bestimmung der zuständigen Aufsichtsbehörde(n) in den Ländern nicht nur durch Rechtsverordnung bzw. ministerielle Anordnungen,[52] sondern auch durch Gesetz.[53]

2.2 Funktionale Abgrenzung der Datenschutzaufsicht zu anderen Kontrollstellen

14 Gemäß Abs. 1 Satz 1 nimmt die Aufsichtsbehörde die **Kontrolle des BDSG sowie anderer datenschutzrechtlicher Vorschriften** wahr. Damit unterliegen der Kontrolle grundsätzlich alle nicht-öffentlichen Stellen im Geltungsbereich des BDSG (vgl. § 1 Abs. 2 Nr. 3, Abs. 3-5), soweit die Datenschutzkontrolle nicht durch das BDSG oder sonstige Bundesvorschriften anderen Stellen zugewiesen wird (1). Nicht-öffentliche Stellen sind dabei sowohl natürliche als auch juristische Personen. Soweit für Datenverarbeitungsvorgänge ausdrücklich die Datenschutzaufsicht nach § 38 erwähnt wird, geschieht dies regelmäßig, um die aufsichtsbehördlichen Befugnisse gegenüber § 38 zu erweitern (2). Die Einhaltung bereichsspezifischer datenschutzrechtlicher Bestimmungen unterliegt der Datenschutzaufsicht nach § 38, wenn und soweit aufgrund der Lückenhaftigkeit der besagten Vorschriften ein ergänzender Rückgriff auf das BDSG zu erfolgen hat (3). Ausgenommen von der Kontrolle sind Stellen, die nicht uneingeschränkt als nicht-öffentliche Stellen gelten können (4).

15 (1) Neben den nach § 2 Abs. 1 S. 2, Abs. 3 als öffentliche Stellen geltenden Unternehmen sieht § 115 Abs. 4 TKG eine Aufsicht über Unternehmen des nicht-öffentlichen Bereichs

---

49 Zu Einzelheiten vgl. *Dammann/Simitis* EG-Datenschutzrichtlinie (1997), zu Art. 28, *Brühann* in GH III/*Wolf* A 30, Art. 28 Rdnr. 8 ff.

50 So bereits § 38 Abs. 6 BDSG 1990; anders noch § 30 BDSG 1977/78: „Die nach Landesrecht zuständige Aufsichtsbehörde …"

51 Vgl. BVerfGE 22, 180, 210. Unter die Wirksamkeit des Gesetzesvollzugs dürften die Befugnisse und Pflichten nach Abs. 1, 2, 4, 5 zu subsumieren sein.

52 Vgl. § 1 BW DSZuVO, § 1 Abs. 1 BayDSchV; BrDSZuVO; § 1 HessDSZuAnO; NdsBDSG Zust Beschl; § 1 R-P DSZuVO; § 1 Saarl DSZuVO; SA ZustBDSG; § 6 ThürZustVO.

53 Vgl. § 33 Abs. 1 S. 1 BlnDSG; § 25 S. 1 BrDSG; § 22 Abs. 7 HmbDSG; § 33a DSG M-V; § 22 Abs. 6 S. 2 DSG NRW; § 39 Abs. 2 SH LDSG.

durch den Bundesbeauftragten für den Datenschutz vor, soweit sie personenbezogene Daten für die **geschäftsmäßige Erbringung von Telekommunikationsdiensten** verwenden. Das Wort „soweit" signalisiert, dass hiermit keine umfassende Kontrollzuständigkeit des Bundesbeauftragten gegenüber Telekommunikationsdienstleistungsunternehmen eröffnet ist.[54] **Unter die Aufsicht des Bundesbeauftragten für den Datenschutz fallen** z.B. die Bestandsdatenerfassung und -verarbeitung zur Vertragsabwicklung mit dem Betroffenen, soweit der Vertrag die Erbringung eines Telekommunikationsdienstes betrifft; Bonitätsprüfungen im Vorfeld eines solchen Vertragsabschlusses, die Verwendung personenbezogener Daten zur technischen Erbringung des Telekommunikationsdienstes während des Nutzungsvorgangs und die Verwendung personenbezogener Bestands- und Verbindungsdaten zu Abrechnungszwecken. **Unter die Kontrolle der Aufsichtsbehörden** fallen hingegen die Verarbeitung von personenbezogenen Arbeitnehmerdaten[55] sowie die Weitergabe und Nutzung personenbezogener Daten zu Zwecken der Werbung, Markt- und Meinungsforschung nach § 28 Abs. 3 Nr. 3, soweit die Daten nicht im Zusammenhang mit der Erbringung von Telekommunikationsdienstleistungen gewonnen wurden. **Abgrenzungsschwierigkeiten** bezüglich der Zuständigkeiten der Aufsichtsbehörde und des Bundesbeauftragten treten häufig dort auf, wo Betroffene ihre Rechte nach § 6 oder § 28 Abs. 4 im Zusammenhang mit Telekommunikationsdienstleistern geltend machen, weil dann unklar ist, ob die genutzten Daten im Zusammenhang mit einer Telekommunikationsdienstleistung erhoben wurden.

Zur Datenschutzkontrolle bei der Verarbeitung personenbezogener Daten durch die Medien 16
vgl. Kommentierung zu § 41, § 42.

(2) Nicht-öffentliche Stellen, die Abdrucke zur Errichtung und Führung zentraler bundes- 17
weiter oder regionaler **Schuldnerverzeichnisse** beziehen oder auch nur einzelne Auskünfte aus Schuldnerverzeichnissen erhalten, unterliegen gem. § 915e Abs. 4 ZPO ausdrücklich der Aufsicht nach § 38. In den Schuldnerverzeichnissen werden bei den Amtsgerichten Angaben zu Personen gespeichert, die nach § 807 ZPO oder § 284 AO eine eidesstattliche Versicherung über ihre Vermögensverhältnisse abgegeben haben („Offenbarungseid"), gegen die wegen Nichtableistung einer eidesstattlichen Versicherung nach § 901 ZPO die Haft („Schuldnerhaft") angeordnet oder nach § 26 Abs. 1 InsO das Insolvenzverfahren eröffnet worden ist. Soweit die Vorschrift die automatisierte Verarbeitung personenbezogener Schuldnerverzeichnisdaten betrifft, dient § 915e Abs. 4 ZPO nur zur Klarstellung (deklaratorische Zuweisung). Die aufsichtsbehördlichen Befugnisse werden nach § 38 jedoch insoweit erweitert, als die Aufsichtsbehörde auch nicht-automatisierte Verarbeitungen von Schuldnerverzeichnisdaten **in oder aus unstrukturierten Akten anlassfrei überwachen** kann. Aufsichtsbehördliche Kontrollen hierzu haben bislang ergeben, dass die Vorschriften über die Aufbewahrung von Schuldnerverzeichnisdaten zumeist nicht eingehalten werden.[56]

(3) Im Zusammenhang mit der Nutzung des World Wide Web fällt die zur Erbringung von 18
Telediensten[57] und **Mediendiensten**[58] erfolgende Verarbeitung personenbezogener Daten unter die Kontrolle der Aufsichtsbehörden nach § 38 BDSG. Die ausdrückliche Zuständigkeitsbestimmung in § 8 TDDSG 1997 umfasste auch die sogenannte anlassfreie Kontrolle, die im BDSG 1990 nur ausnahmsweise galt. Mit der Einführung der regulären anlassfreien Kontrolle im BDSG 2001 wurde die ausdrückliche Zuständigkeitsverweisung auf § 38 überflüssig und im Rahmen der Novellierung des Tele- und Mediendiensterechts 2001 folgerichtig gestrichen.[59] Dem entsprechend kontrollieren die Aufsichtsbehörden nach § 38 nach zutref-

---

54 Vgl. *Büttgen* in *Scheurle/Mayen* TKG, § 91 Rdnr. 20, 21; *Schaar* Datenschutz im Internet, Rn. 662. Die Einschränkung der Kontrollzuständigkeit entspricht auch der Kompetenzverteilung nach Art. 73 Nr. 7, Art. 87f GG.

55 Vgl. *Ehmer* in Beck´scher TKG-Kommentar, 2. Aufl., § 91 TKG Rdnr. 11 unter Bezugnahme auf BT-Drs, 13/448 S. 26-41.

56 Vgl. z.B. TB ULD SH 2003, S. 75; TB ULD SH 2002, S. 80.

57 Statt vieler vgl. *Schulz* in Roßnagel, Recht der Multmediadienste, § 1 TDDSG Rdnr. 57. Vgl. auch *Schaar*, RDV 2002, 4 ff.

58 Vgl. § 22 Abs. 1 MDStV II.

59 Vgl. die Begründung zur Novellierung des TDDSG, BR-Drs. 136/01, S. 72 sowie textgleich, BT-Drs. 14/6098, S. 14 und 31.

fender Auffassung nicht nur die personenbezogene Datenverarbeitung durch Inhaltsanbieter (sog. Content-Provider), sondern beispielsweise auch die Rechtmäßigkeit der Speicherung von IP-Adressen durch Zugangsanbieter (sog. Access-Provider).[60] Da Tele- und Mediendienste auf Basis von Telekommunikationsdiensten abgewickelt werden, ergibt sich insoweit eine unzweckmäßige Aufteilung der aufsichtsbehördlichen Befugnisse auf mehrere Behörden: Das Telemedienrecht wird von den Aufsichtsbehörden nach § 38 überwacht, die Kontrolle über das Telekommunikationsdatenschutzrecht dem Bundesbeauftragten, wobei es beim letzteren noch zu Überschneidungen mit der Regulierungsbehörde für Telekommunikation und Post kommt.[61]

19 Die Aufsicht besteht unabhängig von etwaigen **Berufs-** und **Amtsgeheimnissen**, vgl. § 38 Abs. 4 S. 3, § 24 Abs. 6, Abs. 2. Grundsätzlich unterliegen damit auch Geheimnisträger im Sinne des § 203 StGB bzw. des § 383 Abs. 1 ZPO ebenso uneingeschränkt der Datenschutzaufsicht nach § 38 wie jede andere nicht-öffentliche Stellen. Die Aufsichtsbehörde hat folglich freiberuflich Tätige wie Steuerberater und Wirtschaftsprüfer,[62] Rechtsanwälte, Familienberater, Ärzte[63] usw. zu kontrollieren, soweit sie nicht-öffentliche Stellen sind. Notare und Krankenhäuser unterliegen der Aufsicht nach § 38 allerdings nur, soweit sie nicht-öffentliche Aufgaben wahrnehmen und damit nicht als öffentliche Stellen gelten.[64] Soweit neben den allgemeinen Regeln des BDSG für diese Personengruppen berufsspezifische Schweige- und Geheimhaltungspflichten gelten, werden hierdurch die allgemeinen Regeln des BDSG allenfalls punktuell berührt.[65]

20 Für **Rechtsanwälte** ist der zulässige Umfang der Datenschutzkontrolle durch die Aufsichtsbehörden neuerdings umstritten. Die Bundesrechtsanwaltskammer vertritt unter Berufung auf *Rüpke* die Auffassung,[66] die Tätigkeit von Rechtsanwälten würde generell nicht unter den Anwendungsbereich des BDSG und damit auch nicht unter die Datenschutzaufsicht nach § 38 fallen. Sie stünde im Übrigen auch nicht mit der verfassungsrechtlich gewährleisteten Staatsferne des Anwaltsberufs im Einklang. Eine Datenschutzaufsicht könne nur durch die Rechtsanwaltskammern (RAK) erfolgen, die auch die notwendige Unabhängigkeit besäßen[67] Nach wohl einhelliger Auffassung der Aufsichtsbehörden ist danach zu differenzieren, ob mit Datenverarbeitungsprozessen Fragestellungen des Berufsrechts oder solche des allgemeinen Datenschutzrechts betroffen sind.[68] Ungeachtet einiger offener Fragen hinsichtlich der Kompetenzabgrenzung zwischen der Aufsichtsbehörde und den RAK verdient diese Auffassung den Vorzug. Soweit die BRAK und entsprechende Klientelveröffentlichungen bereits die Anwendbarkeit des BDSG in Frage stellen, lassen sie außer Betracht, dass die Re-

60 Wie sich nicht zuletzt aus § 3 Nr. 1 TDG, § 2 Nr. 1 TDDSG ergibt. Soweit ersichtlich, stimmen die Aufsichtsbehörden (und der Bundesbeauftragte) hinsichtlich der Zuständigkeitsfrage überein, vgl. z.B. ULD SH, Pressemitteilung vom 16. Januar 2003, DuD 2003, 181; RP Darmstadt, Beurteilung vom 14. Januar 2003, MMR 2003, 213; IM BW, TB 2001, S. 40. Nach a.A. in der Literatur (z.B. *Schmitz*, MMR 2003, 214 f.; *Wüstenberg*, TKMR 2003, 105, 107) ist die Verwendung der IP-adresse als Bestandteil einer TK-Dienstleistung unter das TKG zu subsumieren und müsste dann konsequenterweise der Datenschutzkontrolle des Bundesbeauftragten unterliegen.

61 Insoweit zu Recht kritisch *Schaar* in *Bäumler* (Hrsg.) E-Privacy, 69 (72 f.).

62 Vgl. hierzu *Möller*, Einführung in das betriebliche Datenschutzmanagement für Steuerberater und Wirtschaftsprüfer, in: Steuerberaterkammer SH, Kammermitteilungen 4/2004, 7 ff. (abrufbar auch unter www.datenschutzzentrum.de/wirtschaft/dsm_steuerberater.htm).

63 Vgl. z.B. IM BW, TB 2001, S. 133 ff.; HessLReg, LT-Drs. 16/1680, S. 42 f.; LT-Drs. 15/2950, S. 27 ff.; ULD 25. TB 2004, 43 ff. sowie *Weichert*, DuD 2002, 324. Insoweit abwegig zweifelnd *v. Lewinski*, MedR 2004, 95 (100). Soweit er sich wegen einer angeblich parallel zur Rechtsanwaltschaft bestehenden Problematik auf *Rüpke*, RDV 2003, 72 ff. stützt, verkennt er, dass es insoweit keine Vergleichbarkeit gibt, weil Ärzte anders als Rechtsanwälte bereits nicht den Status eines unabhängigen Organs der Rechtspflege genießen.

64 Bei öffentlicher Aufgabenwahrnehmung erfolgt die Datenschutzkontrolle in der Regel durch die Landesbeauftragten für den Datenschutz.

65 Vgl. *Wedde* in *Roßnagel* HdbDSR Abschnitt 4.3 Rdnr. 45 m.w.N.

66 Zur Argumentation vgl. Stellungnahmen (z.B. September 2004) der Bundesrechtsanwaltskammer unter www.brak.de, *Rüpke*, RDV 2003, 72 ff.

67 *Rüpke*, RDV 2003, 72 ff., *ders.*, NJW 1993, 3097 ff.; zur Unabhängigkeit vgl. bereits oben Rdnr. 5.

68 Vgl. beispielsweise ULD, Stellungnahme zu Fragen personenbezogener Datenverarbeitung durch Rechtsanwälte (auch abrufbar unter www.datenschutzzentrum.de/wirtschaft/stellungnahme_brak.htm).

gelungen zur anwaltlichen Schweigepflicht und das Datenschutzrecht allenfalls in wenigen Teilbereichen Überschneidungen aufweisen.[69] Das anwaltliche Berufsrecht regelt damit datenschutzrechtliche Fragen nur äußerst rudimentär.[70] Auch die Auffassung, anwaltliche Informationsverarbeitung diene von Berufs wegen der Partei ergreifenden Interessenwahrnehmung zugunsten des Mandanten und widerspreche deshalb den Abwägungsgeboten des allgemeinen Datenschutzrechts, überzeugt nicht: Die Datenverarbeitungs- und Geheimhaltungsbefugnisse des Rechtsanwalts, gerade weil sie interessengesteuert sind, können nicht wesentlich weiter reichen, als die seines Mandanten, der uneingeschränkt der Datenschutzaufsicht unterliegt. Im Übrigen wird auch die Frage nicht beantwortet, aus welchen Gründen eine datenschutzrechtliche Kontrolle des Rechtsanwalts unterbleiben soll, soweit sie im Interesse gerade eines betroffenen Mandanten dient[71] oder ein Rechtsanwalt außerhalb der Rechtspflege tätig wird.[72] Die BRAO und BORA treffen zur Datenschutzkontrolle auch keine abweichende Aufgabenzuweisung zu den Rechtsanwaltskammern. Denn die in §§ 56, 73 BRAO geregelte Aufsicht betrifft ausschließlich die berufsrechtliche Aufsicht. Soweit mit der verfassungsrechtlichen Staatsferne des Anwaltsstandes argumentiert wird, wird verkannt, dass die primär auf Art. 12 GG gestützte Berufsfreiheit nicht uneingeschränkt Vorrang gegenüber dem spezifischen Grundrechtsschutz des informationellen Selbstbestimmungsrechts genießt. Im Übrigen dürfen die gravierenden Mängel der Unabhängigkeit der RAK nicht ignoriert werden.[73]

(4) Regelmäßig nicht unter die Aufsicht nach § 38 fällt die Verarbeitung personenbezogener 21
Daten durch **Sozialleistungsträger**, wie sich bereits aus deren öffentlich-rechtlichen Aufgabenstellung ergibt; zur staatlichen Datenschutzkontrolle vgl. § 81 SGB X. **Private Krankenversicherungen** hingegen stellen nicht-öffentliche Stellen dar und unterliegen damit der regulären Aufsicht nach § 38.

In der Praxis teilweise ungeklärt ist die aufsichtsbehördliche Zuständigkeit von **Unterneh-** 22
men in Trägerschaft der öffentlichen Hand. **Öffentlich-rechtliche Wettbewerbsunternehmen** der Länder, wie beispielsweise Sparkassen oder als Eigenbetriebe organisierte Verkehrsunternehmungen, unterliegen gemäß § 27 Abs. 1 Nr. 2b dem Dritten Abschnitt des BDSG und demzufolge auch grundsätzlich der Aufsicht nach § 38, es sei denn, die Länder regeln Abweichendes. In aller Regel erklären die Landesdatenschutzgesetze das BDSG für anwendbar, „soweit" sie am Wettbewerb teilnehmen. Nicht hiervon erfasst ist damit die nach Landesdatenschutzrecht zu beurteilende Verarbeitung von Beschäftigtendaten durch diese Stellen. Dementsprechend wird die Datenschutzkontrolle für öffentlich-rechtliche Wettbewerbsunternehmen insgesamt zumeist den Landesbeauftragten zugewiesen.[74] Zuständigkeitsprobleme ergeben sich bisweilen bei Unternehmen, die **privatrechtlich organisiert** sind, aber **Aufgaben der Daseinsvorsorge** wahrnehmen. Strom-[75] und Gasversorgung[76] stehen aufgrund europarechtlicher Vorgaben im privatrechtlichen Wettbewerb, die damit zusammenhängende Datenverarbeitung unterliegt der Aufsicht nach § 38. Anderes gilt für die Verarbeitung von personenbezogenen Daten im Zusammenhang mit der Trinkwasserversorgung,[77] die gemäß Landesrecht nach wie vor gesundheitspolizeilich und damit öffentlichrechtlich geprägt ist. **Stadtwerke,** die zumeist Strom-, Gas- und Trinkwasserversorgung gemeinsam betreiben, geraten dem entsprechend in eine datenschutzrechtliche Gemengelage von Landes- und Bundesdatenschutzrecht. Soweit die Datenschutzkontrolle für den öffentli-

---

69 Ähnlich wohl *Zuck* in *Abel* Datenschutz in Anwaltschaft, § 2 Rdnr. 24 ff.
70 Dies spricht gegen die angenommene Subsidiarität nach § 1 Abs.3.
71 Unstreitig kann der Mandant seinen Rechtsanwalt von seiner Schweigepflicht nach § 43a BRAO befreien.
72 So bei Datenverarbeitung im ausschließlichen Eigeninteresse, vgl. ULD TB 2004, S. 79.
73 Dazu vgl. bereits Rdnr. 5.
74 Ausnahme: § 2 Abs. 4 DSG BW.
75 Vgl. Richtlinie 96/92/EG sowie das zur Umsetzung in deutsches Recht ergangene EnWG.
76 Vgl. Richtlinie 98/30/EG.
77 Vgl. Art. 20 Abs. 2 lit. c) der Richtlinie 98/4/EG, wonach ein Aufruf zum Wettbewerb nach § 21 der besagten Richtlinie nicht erfolgen muss, wenn der Auftrag aufgrund des Schutzes von Ausschließlichkeitsrechten nur von bestimmten Lieferanten usw. erbracht werden kann. Dies ist bei der Trinkwasserversorgung der Fall.

chen und den nicht-öffentlichen Bereich in einer Hand liegt, ergeben sich damit (lediglich) Probleme hinsichtlich des jeweiligen Prüfmaßstabs; bei einer Aufspaltung der Datenschutzkontrolle kommen Abstimmungsprobleme bei der Zuständigkeitsbestimmung hinzu.

23 Aufgrund von § 11 Abs. 4 Nr. 1b unterliegen nicht-öffentliche Stellen, die **im Auftrag einer öffentlichen Stelle** des Bundes oder eines Landes Daten verwenden und bei denen der öffentlichen Hand die Mehrheit der Anteile oder Stimmen zusteht, nicht der Datenschutzaufsicht nach § 38, sondern der Kontrolle durch den Bundesbeauftragten bzw. der Datenschutzkontrolle nach Landesrecht. Dies gilt allerdings nur, soweit der Auftrag reicht. Bezüglich der Verarbeitung personenbezogener Daten für eigene Zwecke sowie die Auftragsdatenverarbeitung für nicht-öffentliche Stellen bleibt es bei der Kontrollzuständigkeit der Aufsichtsbehörde,[78] wobei die eingeschränkte materiellrechtliche Verantwortlichkeit nach § 11 zu beachten ist.

24 Dienstleistungsunternehmen, die geschäftsmäßig Daten im Auftrag von öffentlichen Stellen verarbeiten, ohne dass für sie eine Mehrheitsbeteiligung der öffentlichen Hand besteht (Servicerechenzentren usw.), unterliegen regelmäßig der Kontrolle der Aufsichtsbehörden. Allerdings besteht die Möglichkeit, dass daneben weitere Stellen Überwachungszuständigkeiten haben. Die meisten Landesdatenschutzgesetze sehen bei der Auftragsdatenverarbeitung für die öffentliche Hand vor, dass der Auftragnehmer eine „**Unterwerfungsklausel**" unterzeichnet. Sie verpflichtet nicht-öffentliche Stellen, wenn sie für Landesbehörden Daten verarbeiten, sich begrenzt auf diese Datenbestände auch der Kontrolle des jeweiligen Landesbeauftragten für den Datenschutz zu unterwerfen.[79] Innerhalb der Landesgrenzen wirkt eine solche Unterwerfungsklausel konstitutiv für die Zuständigkeitsbegründung. Erfolgt die **Auftragsdurchführung allerdings außerhalb des Geltungsbereichs des Landes** des Auftraggebers, werden allerdings durch eine solche Klausel Fragen der **örtlichen Prüfzuständigkeit** aufgeworfen. Denn der Auftragnehmer kann sich zwar vertraglich einer staatlichen Prüfung unterwerfen, er kann indes nicht über die Organisationshoheit des Landes verfügen, in dem er seinen Sitz hat.[80] Vereinzelt wird daher für diesen Fall vorgeschrieben, dass die zuständige Datenschutzaufsichtsbehörde des „Auftragnehmerlandes" zu unterrichten sei[81] oder dass der Auftraggeber die Überprüfung des Auftragnehmers übernimmt und die örtlich zuständige Datenschutzaufsichtsbehörde zu unterrichten hat.[82] Die beschriebenen Probleme werden umgangen, indem der Auftraggeber, meist über den jeweiligen Landesbeauftragten vermittelt, an die zuständige Aufsichtsbehörde die Bitte der Kontrolle des Auftragnehmers heranträgt. Denkbar wäre auch die gemeinsame Durchführung von Prüfungen, wie sie in an einander angrenzenden Bundesländern ohnehin nicht unüblich sein dürfte.[83]

25 Zur Rechtslage bei **Religionsgemeinschaften** vgl. Kommentierung zu § 2 (Abschnitt 6.3). Unabhängig von der Rechtslage üben die Aufsichtsbehörden in aller Regel Zurückhaltung. Die größeren christlichen Konfessionen verfügen über eigene datenschutzrechtliche Regelwerke und auch über eigene Datenschutzbeauftragte. Die Praxis scheint dahin zu gehen, dass die Aufsichtsbehörden bei Anhaltspunkten für Datenschutzverstöße durch kirchliche Einrichtungen den Datenschutzbeauftragten entsprechend informieren und ihm die weitere Vorgehensweise weitestgehend überlassen. Abgrenzungsprobleme ergeben sich allerdings bei privatrechtlich organisierten Stellen in teilweiser kirchlicher Trägerschaft.

78 Ebenso *Hillenbrand-Beck* in *Roßnagel* HdbDSR, Abschnitt 5.4 Rdnr. 42.

79 Vgl. z.B. § 3 Abs. 4 S. 1 BlnDSG; § 11 Abs. 1 S. 3 BbgDSG; § 9 Abs. 1 S. 5 BrDSG; § 3 Abs. 3 S. 1 HmbDSG; § 4 Abs. 3 S. 1 HDSG; § 4 Abs. 3 S. 1 DSG MV; § 4 Abs. 1 S. 3 LDSG RP; § 5 Abs. 3 SaarDSG; § 8 Abs. 6 DSG LSA; § 17 Abs. 3 LDSG SH; § 8 Abs. 6 ThürDSG.

80 Umgekehrt ist eine Kontrolle der Verarbeitung hoheitlicher Daten eines anderen Bundeslandes durch die Aufsichtsbehörde des „Auftragnehmerlandes" ebenfalls nicht unproblematisch.

81 So § 3 Abs. 3 S. 2 HmbDSG; § 11 Abs. 3 DSG NW.

82 Vgl. § 6 Abs. 4 S. 2 NdsDSG.

83 Kooperationen dieser Art haben beispielsweise zwischen dem Hamburgischen Datenschutzbeauftragten und dem *ULD SH* seit einigen Jahren mehrfach stattgefunden.

2.3 Örtliche Zuständigkeit

Das BDSG regelt nicht die örtliche Zuständigkeit der Aufsichtsbehörden. Da es sich um Landesbehörden handelt, entscheiden hierüber die textlich weitgehend übereinstimmenden Verwaltungsgesetze der Länder. Bei betriebs- oder berufsbezogenen Angelegenheiten, wozu auch die Datenverarbeitung zu rechnen ist, ist danach maßgeblich, im Bezirk welcher Aufsichtsbehörde das Unternehmen oder die Betriebsstätte betrieben oder (etwa bei freien Berufen) die mit Datenverarbeitung verbundene Tätigkeit ausgeübt wird.[84] Zweigniederlassungen und Zweigstellen sind m.a.W. selbständig kontrollfähig, es besteht keine Exklusivzuständigkeit der für den Sitz der Unternehmensleitung zuständigen Aufsichtsbehörde.[85] Es entspricht allerdings durchaus den Gepflogenheiten, dass die für den Unternehmenssitz zuständige Aufsichtsbehörde über bevorstehende Kontrollen informiert wird, sofern eine etwaige Eilbedürftigkeit nicht zu einem anderen Vorgehen zwingt. Dies ist bereits deshalb zweckmäßig, wenn und weil Zweigniederlassungen häufig nicht willens oder in der Lage sind, ihrer Auskunftspflicht oder Forderungen der kontrollierenden Aufsichtsbehörde nachzukommen. 26

3. Rahmenbedingungen der aufsichtsbehördlichen Kontrolle (Abs. 1)

3.1 Kontrollumfang (Abs. 1 S. 1)

Die Aufsichtsbehörde „kontrolliert" die Einhaltung des BDSG und anderer Datenschutzvorschriften. **Kontrolle setzt keine Beschränkung auf einen Einzelfall oder einen Anlass** voraus.[86] Überprüfungen nach dem Zufallsprinzip sind denkbar, wenngleich sie aufgrund der begrenzten Ressourcen der Aufsichtsbehörden eher selten vorkommen. Soweit die Kontrollstellen **anlassfreie Prüfungen** vornehmen, tun sie dies in der Regel aufgrund der Feststellung, dass Branchen (z.B. Kreditinstitute,[87] Internetprovider[88]) oder bestimmte Verarbeitungsarten (z.B. Videoüberwachung,[89] Verarbeitung von Schuldnerverzeichnisdaten, Kundenbindungsprogramme) sich in der Vergangenheit als besonders risikoträchtig erwiesen haben. Oft gibt eine Meldung nach § 4d den Anstoß für eine Prüfung; Auskunfteien,[90] Marktforschungs-[91] und Adresshandelsunternehmen[92] dürften daher nach wie vor die häufigsten Adressaten „anlassfreier Prüfungen" sein. Die Datenschutzaufsicht kann insoweit stichprobenartig oder systematisch nach Prüfplänen vorgehen. Praktischer Regelfall für eine aufsichtsbehördliche Kontrolle ist allerdings die so genannte **Anlasskontrolle**.[93] Dabei nimmt die Aufsichtsbehörde **Eingaben** von Bürgern oder **sonstige Hinweise** auf etwaige Datenschutzverstöße zum Anlass, ein Unternehmen zu überprüfen. Nicht untypisch ist die zuständigkeitshalber erfolgende Weiterleitung von Eingaben durch andere Datenschutzbehörden, seltener durch Behörden der allgemeinen staatlichen Wirtschaftsaufsicht. 27

Gegenstand der Aufsicht ist die Ausführung aller auf nicht-öffentliche Stellen anzuwendenden Vorschriften über den Datenschutz. Der Begriff „Vorschriften" ist grundsätzlich zwar weiter gefasst als der Begriff der „Rechtsvorschriften", wie er in § 1 Abs. 3 gebraucht wird; für den nicht-öffentlichen Bereich dürfte er jedoch weitgehend deckungsgleich sein. **Be-** 28

---

84 Vgl. § 3 Abs. 1 Nr. 2 BVwVfG und die entsprechenden Vorschriften der Länder.
85 Vgl. auch *Schaffland/Wiltfang* BDSG § 38 Rdnr. 3.
86 Anders *Schaffland/Wiltfang* BDSG § 38 Rdnr. 5 ff. unter Verkennung der gesetzgeberischen Intention, die Anlasskontrolle vorbehaltlos zu beseitigen, vgl. BT-Drs. 14/4329 S. 30 und 45 (zu § 38 Abs. 1).
87 *ULD* TB 2005, 72 f.
88 Zu flächendeckenden Überprüfungen von Accessprovidern in Schleswig-Holstein, vgl. Pressemitteilung vom 16. Januar 2003, DuD 2003, 181, zur flächendeckenden Überprüfung der Webauftritte von Verkehrsunternehmen in Sachsen vgl. *RP* Dresden, TB 2003, S. 13.
89 Vgl. *IM BW* 2. TB 2003, 11, 13 f.
90 Flächendeckende Überprüfung z.B. in Schleswig-Holstein 2002/2003, vgl. *ULD* TB 2002, 80f. und 2003, 74-76. Vgl. auch *RegMittelfranken*, TB 2002/2003, S. 11 ff.; *ADD RP*, TB 2003, S. 12.
91 Vgl. *RegMittelfranken*, TB 2002/2003, S. 11 ff.
92 Vgl. *ADD RP*, TB 2003, S. 12.
93 In Hessen beispielsweise nahm die Aufsichtsbehörde innerhalb von zwölf Monaten 421 Beschwerden entgegen und führte 16 anlassunabhängige Kontrollen durch, vgl. HessLReg. LT-Drs. 16/1680, S. 4.

reichsspezifische Normen sind gemäß Abs. 1 Satz 1 zu berücksichtigen, „soweit diese die **automatisierte Verarbeitung** personenbezogener Daten oder die Verarbeitung oder Nutzung personenbezogener Daten **in oder aus nicht automatisierten Dateien** regeln", wobei hier etwaige Erweiterungen der in § 38 vorgesehenen Befugnisse zu berücksichtigen sind (vgl. oben Rdnr. 17). Danach können in Akten erfasste Daten kontrolliert werden, wenn sie **auch** die automatisierte bzw. nicht automatisiert dateiförmige Verarbeitung umfassen, d.h. insbesondere zwischen den beiden Verarbeitungsformen nicht differenzieren. Ein ausdrücklicher Bezug auf automatisierte Verarbeitung usw. im Text der bereichsspezifischen Norm selbst ist nicht erforderlich. Auch bisher dem Aktenbegriff zugeordnete **Bild- und Tonträger** können etwa bei Einsatz digitaler statt analoger Technik automatisiert verarbeitete Daten enthalten.[94] Den einschränkenden Halbsatz bezieht Satz 1 allerdings nicht auf die Überprüfung der Ausführung **des BDSG selbst** („... dieses Gesetzes ..."). Daher unterliegen in dessen Anwendungsbereich nicht nur die Verarbeitung, sondern entsprechend § 27 Abs. 1 Satz 1 auch die **Erhebung** und **Nutzung** sowie die in § 27 Abs. 2 genannten **Aktendaten, die offensichtlich aus einer automatisierten Verarbeitung entnommen worden sind,** der Kontrolle.[95] Für diese Aktendaten gilt das zusätzliche Argument aus der Regelungssystematik, wonach die Ausweitung des Anwendungsbereichs des BDSG im nicht-öffentlichen Bereich durch § 27 Abs. 2 sich auf den gesamten Dritten Abschnitt einschließlich § 38 beziehen muss.[96] Die **Einhaltung der Zweckbindung** (d.h. Nutzung) beim Empfänger kann von der Aufsichtsbehörde unabhängig davon festgestellt werden, ob dieser die erhaltenen Angaben in oder außerhalb von Dateien weiterverarbeitet.[97] Dabei hat sie in zwei Fällen **ausländisches Datenschutzrecht** anzuwenden. Abs. 1 S. 1 verweist insoweit ausdrücklich auf **§ 1 Abs. 5,** der erstens den Fall regelt, dass eine Stelle aus dem EU- oder EWR-Ausland auf deutschem Territorium erhebt, verarbeitet oder nutzt, ohne eine im Inland belegene Niederlassung einzuschalten.[98] Zweitens erfasst § 1 Abs. 5 den Transit von Datenträgern durch deutsches Gebiet auf Veranlassung einer ausländischen Stelle außerhalb von EU und EWR. Ausländisches Datenschutzrecht spielt für die aufsichtsbehördliche Praxis weiterhin im Zusammenhang mit **§§ 4b, 4c** eine Rolle insoweit, als es um die Zulässigkeit einer grenzüberschreitenden Datenübermittlung geht und die Angemessenheit des Schutzniveaus im Empfängerland beurteilt werden muss, um die mögliche Beeinträchtigung der schutzwürdigen Belange des Betroffenen (§ 4b Abs. 2 Satz 2) festzustellen.

29 Wird der Einsatz von Datenverarbeitungsanlagen bzw. von nicht automatisierten Daten und damit die Anwendbarkeit des BDSG insgesamt (§ 1 Abs. 2 Nr. 3) von der zu überprüfenden Stelle bestritten, bestehen daran jedoch begründete Zweifel, kann die Aufsichtsbehörde dies überprüfen.[99] Analog hierzu kann die Aufsichtsbehörde bei entsprechenden Zweifeln auch die Behauptung einer nicht-öffentlichen Stelle überprüfen, es liege eine Datenverarbeitung für persönliche oder familiäre Zwecke vor und das BDSG gelte aus diesem Grund wegen § 1 Abs. 2 Nr. 3 nicht. Steht fest, dass keinerlei automatisierte oder sonst dateiförmige Datenverarbeitung stattfindet, kann die Aufsichtsbehörde gleichwohl beratend und empfehlend auf ein Unternehmen einwirken, soweit der reine Empfehlungscharakter der Einwirkung offen gelegt wird.

3.2 Einbeziehung des Betroffenen (Abs. 1 S. 5) und der verantwortlichen Stellen

30 Gemäß Abs. 1 S. 7 i.V.m. § 21 S. 1 hat **Jedermann das Recht zur Anrufung der Aufsichtsbehörde**. Diese Vorschrift hat rein deklaratorischen Charakter, weil die Funktion der Datenschutzaufsicht, für Betroffene einen individuellen, vorverlagerten Rechtsschutz zu ge-

94 A.A. wohl *Dörr/Schmidt* BDSG § 38 Rdnr. 4; wie hier *Auernhammer* BDSG § 38 Rdnr. 4.
95 Vgl. *Auernhammer,* BDSG § 38 Rdnr. 3; a.A. *Schaffland/Wiltfang* BDSG § 38 Rdnr. 4.
96 Vgl. *Auernhammer*, DuD 1992, 621; a.A. *Drews*, DuD 1991, 566 (567).
97 Vgl. die Gegenäußerung der BReg zu den Anträgen des Bundesrats im Gesetzgebungsverfahren zum BDSG 1990, BT-Drs. 11/4306, S. 92 zu A. 42.
98 Beispielsweise bei Erhebung von Daten beim Betroffenen unmittelbar über Internet.
99 Vgl. OLG Celle, RDV 1995, 244 f.

währleisten, ohnehin grundrechtlich geboten ist: Das Recht, sich **unbürokratisch** an die Aufsichtsbehörden zu wenden, soll verhindern, dass Betroffene allein wegen Vollzugsaufwand und Kostenrisiken von der Geltendmachung ihrer Datenschutzrechte abgehalten werden.[100] Das Anrufungsrecht ist allerdings nicht an einen Betroffenenstatus geknüpft, der unter Umständen ohnehin erst durch Ermittlungen geklärt werden müsste. Grundsätzlich ist die **Art der Kontaktaufnahme frist-, form- und kostenfrei**, im Regelfall erweisen sich Hinweise durch Schreiben oder elektronische Mail als zweckmäßig. Die Aufsichtsbehörde wird von dem Petenten eine Sachverhaltsschilderung erbitten, durch die er sich in seinen Datenschutzrechten beeinträchtigt sieht. Eine schlüssige Darlegung im Sinne einer Begründung ist indes nicht erforderlich.[101] Sofern die Sachverhaltsdarstellung des Betroffenen die Vermutung nahe legt, dass er die staatliche Zuhilfenahme zur Durchsetzung seiner substantiellen Datenschutzrechte (z.B. die unabdingbaren Rechte nach § 6) **benötigt**,[102] wird die Aufsichtsbehörde regelmäßig tätig werden müssen. Anderes gilt, wenn bereits der geschilderte Sachverhalt offensichtlich keinen Datenschutzverstoß ergibt oder eine missbräuchliche Inanspruchnahme der Datenschutzaufsicht vorliegt.[103] Auch im Hinblick auf die konkrete Gestaltung des Verfahrens wird die Aufsichtsbehörde zwar Wünsche des Betroffenen nach Möglichkeit respektieren, ist aber nicht an sie gebunden.[104] Auf Geheimhaltungsinteressen des Betroffenen hat die Aufsichtsbehörde gegenüber der verantwortlichen Stelle und auch gegenüber Dritten Rücksicht zu nehmen. Ein **Widerspruchsrecht** des Betroffenen gegen Prüfmaßnahmen der Aufsichtsbehörden greift allerdings nur noch bei Akten der **Sicherheitsüberprüfung**.[105]

Bei der Handhabung ihres Kontrollinstrumentariums handelt die Aufsichtsbehörde weitgehend **autonom;** sie entscheidet damit auch, ob sie lediglich schriftlich mit verantwortlichen Stellen korrespondiert und deren Zusicherungen vertraut oder eine Vorortprüfung vornimmt. Bei der Ausübung ihrer Tätigkeit hat sie allerdings das für alles staatliche Handeln gegenüber Privaten geltende **Verhältnismäßigkeitsprinzip** zu beachten. Die **Ankündigung von Vorortprüfungen** ist dabei häufig bereits aus Akzeptanzgründen und wegen der Bereitstellung von geeigneten Ansprechpartnern durch die geprüfte Stelle zweckmäßig. Eine generelle Pflicht zur Voranmeldung besteht jedoch nicht, vor allem bei Gefahr im Verzug, bei Onlineprüfungen von Webseiten durch automatisierte Prüftools[106] oder bei Verdeckungsgefahr[107] kommen unangemeldete Kontrollen deshalb durchaus und zu Recht vor. **Das Ob, die Art, der Umfang und die Ausgestaltung** einer Kontrolle bestimmt die Aufsichtsbehörde nach eigenem Ermessen. Vorstellungen einer Nachordnung der Fremd- gegenüber der Eigenkontrolle durch den betrieblichen Beauftragten[108] sind spätestens nach der generellen Einführung der Kontrolle von Amts wegen gegenstandslos[109] und würden auch nicht im Einklang mit der oben (Rdnr. 7) bereits festgestellten begrenzten Wirkungsmacht der betrieblichen Eigenkontrollmechanismen stehen. Selbstverständlich kann die Aufsichtsbehörde ihre Befugnisse also auch unabhängig von der Existenz bzw. den Aktivitäten des betrieblichen Datenschutzbeauftragten ausüben. Die Tatsache, dass sich die Fremdkontrolle durch die Aufsichtsbehörde und 31

100 Das verkennt wohl *Flisek*, CR 2004, 949 (954), der zur Geltendmachung eines Auskunftsanspruchs nach TDDSG erst eine Inanspruchnahme von Rechtsanwälten und anschließend die Erhebung einer Auskunftsklage, ggf. flankierend die Einschaltung der Aufsichtsbehörde empfiehlt. Welcher Betroffene riskiert die Kostenlast der Einschaltung eines Rechtsanwalts für die Durchsetzung eines Auskunftsanspruchs?

101 Überzogen *Schaffland/Wiltfang* BDSG § 38 Rdnr. 7, der von dem Petenten u.a. die ihm regelmäßig nicht mögliche Darlegung von Gründen abverlangt, warum eine Datenverarbeitung unzulässig sei bzw. ein Auskunftsanspruch nicht erfüllt worden sei.

102 Das bedingt zumeist ein eigenes erfolgloses Tätigwerden, z.B. eine erfolglose Aufforderung gegenüber der verantwortlichen Stelle, Auskunft zu erteilen, Daten zu löschen usw.

103 Vgl. VG Darmstadt, Beschluss vom 29. März 2004 – 5 E 439/04 (3).

104 Ähnlich *Hillenbrand-Beck* in *Roßnagel* HdbDSR, Abschnitt 5.4 Rdnr. 61.

105 Aus der Reihenverweisung in Abs. 4 S. 3 auf § 24 Abs. 6 auf § 24 Abs. 2 S. 4 ergibt sich, dass der Betroffene kein Widerspruchsrecht hinsichtlich der Verarbeitung in Personalakten mehr hat.

106 Zur Entwicklung solcher Prüfprogramme durch den *HmbDSB* vgl. dessen TB 2000/2001, S. 63 f.

107 Zu unangemeldeter Prüfung bei einer Auskunftei vgl. z.B. *ADD RP* TB 2003, S. 13.

108 Andeutungsweise bei *Wächter* Datenschutz im Unternehmen, Rdnr. 317-318.

109 Im Einzelnen dazu *Walz* in Liber Amicorum *Simitis*, 455, 463 ff.

die Selbstkontrolle durch den betrieblichen Beauftragten in der Praxis ergänzen, ändert beispielsweise nichts daran, dass die Aufsichtsbehörde ihre Vorstellungen wahlweise über den internen Beauftragten oder direkt bei der Geschäftsleitung durchsetzen kann.[110] Dass der Datenschutz im Unternehmen **Bestandteil der Leitungsverantwortung** ist, ergibt sich aus der persönlichen Auskunftspflicht der Mitglieder der Geschäftsführung nach Abs. 3 S. 1.

3.3 Aufsichtsbehördliche Datenverarbeitungsbefugnisse (Abs. 1 S. 2-3)

32 Die Verarbeitungsbefugnisse der Aufsichtsbehörde waren bislang grundsätzlich landesrechtlich geregelt. Insbesondere Abs. 1 S. 2 und S. 3 schaffen demgegenüber neue **Befugnisnormen**. Satz 2 legt den Verarbeitungszweck grundsätzlich verbindlich fest: Eine Verwendung personenbezogener Daten darf nur zu aufsichtsbehördlichen Zwecken dienen. Was hierunter zu verstehen ist, ergibt sich aus den Gesetzesmaterialien nicht, sondern muss aus den gesetzlich zugewiesenen Aufgaben der Aufsichtsbehörden geschlossen werden. Abs. 1 S. 3 stellt klar, dass die **gegenseitige Übermittlung** personenbezogener Daten **zu Aufsichtszwecken** für die Aufgabenerfüllung erforderlich ist. Damit gemeint ist die Weitergabe personenbezogener Daten an Aufsichtsbehörden anderer Bundesländer. Die Aufsichtsbehörde kann auch eine andere Dienststelle wie beispielsweise das Bundesanstalt für Finanzdienstleistungsaufsicht (BAFin) einschalten, weil deren Eingriffsmöglichkeiten und Kontrollrechte allein oder besser geeignet sind, einen Datenschutzverstoß zu beseitigen. Ob dies noch unter den Aufsichtszweck nach Abs. 1 S. 3 zu subsumieren ist, hängt von der Zweckbestimmung durch die Aufsichtsbehörde ab, andernfalls kommt eine Rechtfertigung der Übermittlung nach Abs. 1 S. 5 in Betracht.

33 **Zweckänderungen** sind zugelassen, so verweist S. 2 auf § 14 Abs. 2 Nrn. 1 bis 3, 6 und 7 (Rechtsvorschrift, Einwilligung, erhebliche Nachteile für das Gemeinwohl, Strafvollstreckung usw.). Die Auswahl aus dem Katalog des § 14 wird in der Gesetzesbegründung nicht erläutert und ist schwer nachvollziehbar. Auch besteht durch die bewusste Ausklammerung von § 14 Abs. 2 Nr. 4, 5, 8, 9 (Überprüfung von Betroffenenangaben, allgemeine Zugänglichkeit usw.) kein Raum für eine entsprechende landesrechtliche Befugnisnorm. Als spezielle Formen der Zweckänderungen zugelassen sind nach Abs. 1 S. 5 die **Anzeige und Unterrichtung** anderer Kontroll- und Verfolgungsstellen. Nach Maßgabe der Abs. 1 S. 7 i.V.m. § 23 Abs. 5 Sätze 4 bis 6 besteht sogar eine **Pflicht,** bestimmte schwerwiegende Delikte nach den **Straf- und Steuergesetzen anzuzeigen**.[111]

34 **Nicht ausdrücklich geregelt** ist die Weitergabe personenbezogener Daten an **ausländische Kontrollstellen**. Aus systematischen Erwägungen ergibt sich, dass die §§ 4b, 4c nicht für die Verarbeitung personenbezogener Daten durch Aufsichtsbehörden gelten. Auch die Verpflichtung zur Amtshilfe kann nicht als Rechtsgrundlage herangezogen werden. Damit bleibt der Aufsicht nur die Möglichkeit, nach Abs. 1 S. 2 i.V.m. § 14 Abs. 2 Nr. 2 die Einwilligung des betroffenen Petenten in die beabsichtigte Übermittlung an die ausländische Stelle einzuholen. Die in Satz 4 vorgesehene Verpflichtung zur Amtshilfe genügt nicht als Rechtsgrundlage für eine Übermittlung personenbezogener Daten, da sie nicht den verfassungsrechtlichen Anforderungen der Normbestimmtheit und Normenklarheit entspricht. Sie kann deshalb auch nicht die Befugnis für eine personenbezogene Informationshilfe und die damit verbundenen Grundrechtseingriffe begründen.

---

110 Einschränkend *Bergmann/Möhrle/Herb* BDSG § 38 Rdnr. 39. Ihnen ist zwar zuzugeben, dass die Aufsichtsbehörde den Datenschutzbeauftragten in seiner Tätigkeit unterstützen *sollte*; aus den gesetzlichen Vorgaben resultiert aber keine Pflicht, ihn als primären Ansprechpartner zu wählen.

111 Damit dürften die von *Herb*, CR 1994, 642 ff. behandelten Fragen nach der Behandlung von „Zufallsfunden" bei aufsichtsbehördlichen Kontrollen nunmehr beantwortet sein.

3.4 Amtshilfe für ausländische Kontrollstellen (Abs. 1 S. 4), innerstaatliche Koordination

Auf Ersuchen haben die Aufsichtsbehörden den Kontrollstellen anderer Mitgliedstaaten der Europäischen Union ergänzende Hilfeleistungen zu erbringen. Die Vorschrift dient der Umsetzung von Art. 28 Abs. 6 der EG-Datenschutzrichtlinie. Da jede Kontrollstelle in der Ausübung ihrer aufsichtsbehördlichen Befugnisse auf ihr eigenes Hoheitsgebiet beschränkt ist, muss sie bei grenzüberschreitender Datenverarbeitung die Möglichkeit haben, im Bedarfsfall die Kontrollstelle eines anderen Mitgliedsstaats **um die Ausübung ihrer Befugnisse** auf eigenen Boden **zu ersuchen** (vgl. Art. 28 Abs. 6 S. 3). Relevant wird die Vorschrift insbesondere bei grenzüberschreitenden Datenverarbeitungen und der Kontrolle von Unternehmen, die in mehreren Mitgliedstaaten tätig sind.[112] Obwohl die Erforderlichkeit dieser Regelung aufgrund zunehmender transnationaler Datenflüsse unbestreitbar ist, dürfte die zur Amtshilfe erfolgende Ausübung konkreter hoheitlicher Befugnisse bislang in der aufsichtsbehördlichen Praxis kaum relevant sein. Umgekehrt funktioniert die Inanspruchnahme ausländischer Kontrollstellen durch deutsche Aufsichtsbehörden aufgrund von Sprachbarrieren und der unterschiedlichen Ausgestaltung der Kontrollstellen ebenfalls nur bedingt. Mittlerweile etabliert haben sich jedoch Formen des Austausches von **sachdienlichen Informationen**. Erläutert werden darin beispielsweise Auslegungsfragen hinsichtlich der Richtlinie, praktische Prüferfahrungen aber auch Fragen des transnationalen Datentransfers (§ 4b, § 4c). Möglicherweise werden aufgrund der hierdurch geknüpften persönlichen Kontakte mittelfristig die notwendigen Voraussetzungen für eine funktionierende transnationale Kooperation von Aufsichtsbehörden geschaffen. Die konkrete Amtshilfe nach Abs. 1 Satz 4 soll die Zusammenarbeit der Kontrollstellen auf EU-Ebene in der Datenschutzgruppe nach Art. 29 der Richtlinie ergänzen und stützt sich auf deren Ergebnisse. Abs. 1 S. 4 kann nicht als Rechtsgrundlage für die Übermittlung personenbezogener Daten herangezogen werden.[113] 35

Neben bilateralen Absprachen erfolgt innerstaatlich ein **Informations- und Meinungsaustausch** der Aufsichtsbehörden vor allem[114] im so genannten **„Düsseldorfer Kreis“**.[115] Unter dieser Bezeichnung treffen sich Vertreter der „obersten Aufsichtsbehörden für den Datenschutz im nicht-öffentlichen Bereich“ etwa zweimal jährlich, um ihre Rechtsauffassungen zu aktuellen Fragestellungen darzulegen und falls möglich abzustimmen. Beschlüsse des Düsseldorfer Kreises erfolgen grundsätzlich ohne Außenwirkung und dienen lediglich der Erstellung von Meinungsbildern unter den Behörden. Ungeachtet ihrer Protokollierung haben sie deshalb grundsätzlich keine direkte rechtliche Bindungswirkung, ihre faktische Bindungskraft ist, insbesondere bei einstimmiger Beschlussfassung, gleichwohl nicht zu unterschätzen. Als Ansprechpartner für bestimmte Wirtschaftsbranchen hat der Düsseldorfer Kreis **Arbeitsgemeinschaften** gebildet. Diese versuchen in der Regel mit Unternehmensverbänden, seltener mit Einzelunternehmen, Einvernehmen über datenschutzrechtliche Fragen zu erzielen. Auch hier geht der Düsseldorfer Kreis nicht davon aus, dass die Arbeitsgemeinschaften mit der Vertretungsmacht ausgestattet sind, nicht an den Verhandlungen beteiligte Aufsichtsbehörden rechtlich zu binden. Allerdings können einzelne Behörden im Rahmen der Verhandlungen durch Erklärungen, auch mit der ausdrücklichen Zustimmung zu Beschlüssen des Kreises, eine gewisse Selbstbindung erzeugen. Als verbindlich wird beispielsweise die Zustimmung zu Genehmigungen von sogenannten Drittstaatentransfers nach § 4c Abs. 2 angesehen; dem vergleichbar sind Zustimmungen zur Billigung bundesweit geltender Verbandsrichtlinien nach § 38a. 36

---

112 Vgl. *Duhr/Naujok/Danker/Seiffert*, DuD 2003, 21 (zu S. 4).
113 Streitig; a.A. offenbar *Duhr/Naujok/Danker/Seiffert*, DuD 2003, 21 (zu S. 4).
114 Zu Workshops der Aufsichtsbehörden vgl. z.B. HessLReg, LT-Drs. 15/2950, 8; BremJB 2002, S. 52; RegMittelfranken TB 2002/2003, S. 14.
115 Zu Einzelheiten über den Düsseldorfer Kreis vgl. *Pohler*, CR 1998, 309.

3.5 Unterrichtung des Betroffenen (Abs. 1 S. 5, 1. Halbsatz)

37 Stellt die Aufsichtsbehörde einen **Verstoß gegen datenschutzrechtliche Vorschriften** fest, so ist sie befugt, den **Betroffenen** nach Abs. 1 S 5 hierüber zu **unterrichten**. In der Praxis ist es der Regelfall und entspricht auch der Funktion der Aufsicht, dass der Betroffene nicht nur über das inhaltliche Ergebnis, sondern auch über den Gang des Verfahrens informiert wird.[116] Nach S. 5 kann die Aufsichtsbehörde auch Betroffene, zu denen sie bislang keinen Kontakt hatte, über sie betreffende Datenschutzverstöße unterrichten.[117] Dies kommt beispielsweise nach anlassfreien Kontrollen in Betracht. Die Interessen der von aufsichtsbehördlichen Kontrollen betroffenen verantwortlichen Stellen sind dabei zwar zu berücksichtigen; ihre regelmäßige Einbindung vor der Unterrichtung des Betroffenen ist entgegen vereinzelten Stimmen in der Literatur[118] weder aus dem Wortlaut ersichtlich noch aus rechtsstaatlichen Gründen geboten; sie wäre auch in der Praxis nicht durchgehend handhabbar. Dass die Betroffenen erst durch die Unterrichtung in die Lage versetzt werden, Schadensersatzansprüche z.B. nach § 7 gegen die verantwortliche Stelle geltend zu machen, ändert hieran nichts. Allerdings geht der Unterrichtung des Betroffenen über Datenschutzverstöße regelmäßig zumindest die Erklärung einer Beanstandung gegenüber der verantwortlichen Stelle voraus. Der Betroffene hat regelmäßig keinen Anspruch auf uneingeschränkte Einsicht in die von der Aufsichtsbehörde über eine verantwortliche Stelle geführten Akten.[119]

3.6 Anzeige- und Unterrichtungsbefugnisse bei Datenschutzverstößen (Abs. 1 S. 5, 2. Halbsatz)

38 Abs. 1 Satz 5 gibt der Aufsichtsbehörde ausdrücklich das Recht, bei Verstößen gegen das BDSG oder bereichsspezifische Normen andere Aufsichtsbehörden oder sanktionsbefugte Stellen zu unterrichten. Die Befugnis zur **Anzeige bei den für die Verfolgung und Ahndung zuständigen Stellen** ist insbesondere dann von Bedeutung, wenn die Aufsichtsbehörde nicht selbst Bußgeldbehörde ist und Ordnungswidrigkeiten nach § 43 ahnden lassen will. Nach § 44 Abs. 2 kommt das Strafantragsrecht der Aufsichtsbehörde hinzu. Diese kann sich dabei auch über den Willen des Betroffenen hinwegsetzen.[120] Zur Unterrichtungsbefugnis gegenüber der Gewerbeaufsichtsbehörde vgl. auch Abschnitt 8.

3.7 Tätigkeitsbericht (Abs. 1 S. 6), Öffentlichkeitsarbeit der Aufsichtsbehörden

39 Das BDSG 2003 normiert in Abs. 1 S. 6 ausdrücklich die **Pflicht der Aufsichtsbehörde, regelmäßig, spätestens alle zwei Jahre, Tätigkeitsberichte zu veröffentlichen** und kommt damit einer Vorgabe der EG-Datenschutzrichtlinie nach.[121] Sinnvoll ist die Veröffentlichung als (Landtags-) Drucksache, auch wenn dies weder aus Sicht der Richtlinie noch des BDSG zwingend geboten ist. Der Tätigkeitsbericht muss grundsätzlich jedermann zugänglich sein,[122] zahlreiche Aufsichtsbehörden veröffentlichen ihre Tätigkeitsberichte deshalb auf ihren Webseiten.[123] Die Vorschrift ist hinsichtlich der inhaltlichen Gestaltung der Berichterstattung kaum justiziabel, weil sie keine thematischen Vorgaben macht. Die Behörde sollte allerdings

---

116 Ebenso *Hillenbrandt-Beck* in *Roßnagel* HdbDSR Abschnitt 5.4 Rdnr. 61 mit zutreffendem Hinweis auf die diesbezüglichen Vorgaben des Art. 28 Abs. 4 EG-Datenschutzrichtlinie.

117 *Duhr/Naujok/Danker/Seiffert*, DuD 2003, 21 (zu S. 5). Vgl. auch *Bizer*, DuD 2005, 451 (455).

118 So aber *von Lewinski*, RDV 2001, 275 (278), der nicht nachvollziehbar einerseits eine Unterrichtung an andere Aufsichtsbehörden ohne vorherige Anhörung zulassen will, diese aber andererseits vor der Benachrichtigung des Betroffenen verlangt, dessen Grundrechtsrealisierung das aufsichtsbehördliche Handeln gerade dient.

119 Vgl. *Schaffland/Wiltfang* BDSG § 38 Rdnr. 34 unter Hinweis auf vgl. AG Kiel E 2 § 30 BDSG 1977.

120 So zutreffend *Duhr/Naujok/Danker/Seiffert*, DuD 2003, 21 (zu S. 5).

121 Vgl. Erwägung 63, Art. 28 Abs. 5 der Richtlinie. Zur Funktion der Tätigkeitsberichte vgl. *von Lewinski*, RDV 2004, 163 (164 f.).

122 Vgl. dazu die Kritik von *von Lewinski*, RDV 2004, 165, der insoweit Zugangsschwierigkeiten beklagt, gleichzeitig selbst mit einem guten Fundstellennachweis aufwartet.

123 Vgl. die Nachweise bei www.datenschutz-berlin.de.

auf eine gewisse Vollständigkeit ihrer Tätigkeit und ihrer Feststellungen achten. Stellungnahmen zu aktuellen datenschutzrechtlichen Fragestellungen sind nicht unüblich.

Personen- oder unternehmensbezogene Daten dürfen zumindest dann Eingang in einen Tätigkeitsbericht finden, wenn sie im Einverständnis mit den Betroffenen oder aus öffentlichen Quellen stammen.[124] Bei der namentlichen Nennung verantwortlicher Stellen, die nach Auffassung der Aufsichtsbehörde datenschutzrechtswidrig gehandelt haben, ist Zurückhaltung geboten. Abs. 1 S. 6 stellt nicht ohne Weiteres eine Rechtsgrundlage zur Benennung von unternehmensbezogenen Daten dar. Es gibt jedoch Fälle, in denen eine solche **Veröffentlichung** (nicht nur im Tätigkeitsbericht) **zulässig ist, wenn dies zur Herstellung einer Informationsparität zu Gunsten der Betroffenen geboten** ist.[125] Zu beachten ist hierbei, dass die Aufsichtsbehörde, anders als die „normale“ staatliche Wirtschaftsaufsicht, insbesondere unabhängig von der Exekutive zu konstituieren ist. Der Datenschutzbehörde ist von Verfassungs wegen die Aufgabe zugewiesen, zum Schutz der informationellen Selbstbestimmung auch in der Öffentlichkeit Stellung zu nehmen. Zumindest soweit sie **durch Übertragung eines datenschutzpolitischen Mandats** auf Landesebene in ihrer Aufgabenstellung der des Bundesbeauftragten auf Bundesebene vergleichbar ist, **unmittelbar durch Gesetz** und ihr **Behördenleiter durch Wahl des Parlaments legitimiert** ist, sind Warn- und Informationsrechte der Regierung[126] partiell auf die Datenschutzaufsicht entsprechend anzuwenden.[127] Die Aufsichtsbehörde hat sich dabei allerdings zu vergegenwärtigen, dass ihre negative Rechtsbewertung aufgrund ihrer Expertenstellung in der Öffentlichkeit als objektives Feststellungsurteil gewertet werden kann,[128] was entsprechend der Rechtsprechung des BVerfG zu einer **strikten Beachtung des Verhältnismäßigkeitsgrundsatzes** verpflichten müsste. In Betracht kommt beispielsweise die Warnung vor datenschutzrechtswidrigen Verhaltensweisen konkret benannter Unternehmen, wenn sie künftig mit einiger Sicherheit zu erwarten sind. Auch die Veröffentlichung von Informationen über Verhandlungen oder rechtliche Auseinandersetzungen der Aufsichtsbehörden mit Unternehmensverbänden[129] ist zulässig, da diese ihrer Funktion nach ebenfalls nach Öffentlichkeitsträger sind. Wenn Unternehmen bestimmte datenschutzrechtlich relevante Sachverhalte aus Sicht der Aufsichtsbehörde unrichtig darstellen, kann diese unter gewissen Voraussetzungen zur Vermeidung von Nachahmereffekten ihre andere Rechtsauffassung darstellen. In Tätigkeitsberichten werden traditionell Monopolisten oder Quasimonopolisten auch bei kritischen Äußerungen namentlich erwähnt.[130] Die Interessen der betroffenen Unternehmen sind zu berücksichtigen, insbesondere haben die Aufsichtsbehörden ihnen vor der Publikation Gelegenheit zur Stellungnahme zu geben, falls dies nicht bereits in einem vorangegangenen Schriftverkehr erfolgt ist. Das **Sachlichkeitsgebot** ist zu wahren. Diese Grundsätze gelten wohl auch für sog. **„White Lists“**, bei denen die Aufsichtsbehörde einen abgeschlossenen Katalog von Unternehmen benennt, die datenschutzrechtliche Gebote einhalten, denn nichtberücksichtigte Unternehmen werden in ihrer Wettbewerbssituation gegenüber den genannten Unternehmen faktisch benachteiligt. Im Hinblick auf die erforderliche Herstellung der Informationsparität können allerdings solche Empfehlungen der Aufsichtsbehörde bei neuen oder risikoträchtigen Technologien zulässig sein. 40

Nicht erwähnt oder allenfalls indirekt als Konsequenz anderer Vorschriften (Anrufungsrecht des Betroffenen, Einschaltung durch den internen Beauftragten in Zweifelsfällen) ableitbar 41

124 Ebenso *von Lewinski*, RDV 2004, 163 (164 f.).

125 Die Datenschutzaufsichtsbehörde nimmt insoweit eine Rolle vergleichbar mit den Berichten der Petitionsausschüsse wahr, vgl. etwa die unternehmensbezogene Kritik des Petitionsausschusses des Deutschen Bundestages, DuD 2004, 320.

126 Vgl. dazu BVerfG (K), NJW 1989, 3269 (3270) – Jugendreligionen.

127 Vgl. VG Köln, RDV 1999, 125 (127): Warnrechte des Bundesbeauftragten. Weitergehend wohl *Weichert*, RDV 2005, 1, 2.

128 Ähnlich für den Bundesbeauftragten *Müller*, RDV 2004, 211 (214).

129 Statt vieler vgl. *HmbDSB* TB 2000/2001, 172 f. (zu Datentransfers durch die Versicherungswirtschaft, Verhandlungen mit Gesamtverband der Deutschen Versicherungswirtschaft, GDV). Vgl. auch *ULD* Tätigkeitsbericht 2003, 73 f. (Auseinandersetzung des *ULD* mit dem Deutschen Direktmarketingverband).

130 Statt vieler vgl. HessLReg. LT-Drs. 16/1680, S. 21 ff. zur SCHUFA. Ähnlich *BremDSB* JB 2000, 71 f.

ist beispielsweise die umfangreiche **Beratungs- und Informationstätigkeit** gegenüber Bürgern, vor allem aber den betrieblichen Datenschutzbeauftragten. Gleiches gilt für die **Öffentlichkeitsarbeit** außerhalb der jetzt in Abs. 1 Satz 6 explizit geregelten Vorlage von Tätigkeitsberichten, etwa durch Pressemitteilungen, Websites,[131] mit Faltblättern oder Informationsbroschüren.[132]

42 Das BDSG trifft keine ausdrückliche Aussage dazu, ob die Aufsichtsbehörden zur Anwendung des BDSG **Verwaltungsvorschriften** erlassen oder in sonstiger Form Auslegungshinweise geben können. Zum BDSG 1990 bestand die Übereinkunft der Obersten Aufsichtsbehörden („Düsseldorfer Kreis"), **keine derartigen bundesweit abgestimmten Interpretationen** mehr herauszugeben. Einzelne Behörden haben gleichwohl, um eine landesweit einheitliche Rechtsanwendung zu erleichtern, zum BDSG 1990 Interpretationsrichtlinien herausgegeben.[133] Solche Verwaltungsvorschriften, Richtlinien und Erlasse haben zwar keine direkte Außenwirkung, **binden** aber die **herausgebende Aufsichtsbehörde und nur diese**[134] **verwaltungsintern.** Die Hinweise haben über den Gleichbehandlungsgrundsatz auch externe Konsequenzen innerhalb des eigenen Hoheitsgebiets; für die Prüftätigkeit der Aufsichtsbehörde geben sie einen verbindlichen Maßstab vor. Der betriebliche Beauftragte für den Datenschutz kann sich daher gegenüber seiner Unternehmensleitung ebenfalls auf den Inhalt dieser Auslegungshinweise berufen.

43 Unter den Aufsichtsbehörden umstritten ist die Befugnis zur Erstellung von **Sachverständigengutachten.**[135] Ihre rechtliche Zulässigkeit hängt von den Umständen des Einzelfalls ab, beispielsweise von eigenen landesrechtlichen Befugnissen der Aufsichtsbehörde sowie vom rechtlichen Status und den gesetzlichen Befugnissen des Auftraggebers. Grundsätzlich dürften gegen die Erstellung von Gutachten keine Bedenken bestehen, sofern hierdurch die Unabhängigkeit der Aufsichtsbehörde (etwa durch Vergütungen) nicht gefährdet wird und sich das Gutachten qualitativ nicht von anderen aufsichtsbehördlichen Äußerungen, beispielsweise von aufsichtsbehördlichen Anwendungshinweisen[136] unterscheidet. Beide Formen der behördlichen Äußerungen entfalten Selbstbindungswirkungen, aber auch Wirkungskraft außerhalb der Grenzen der örtlichen Zuständigkeit. In mehrfacher Hinsicht[137] äußerst problematisch allerdings können Expertisen sein, soweit sie sich auf konkret benannte Unternehmen beziehen, die nicht der örtlichen Zuständigkeit der gutachterlich tätigen Aufsichtsbehörde unterliegen.

3.8 Anzeigepflichten bei Verstoß gegen Straf- und Steuergesetze (Abs. 1 S. 7)

44 Die für den Bundesbeauftragten für den Datenschutz in einer komplizierten Regel-/Ausnahmesystematik statuierten **Anzeigepflichten** erklärt Abs. 1 Satz 7 bei **allgemeinen schweren Delikten,** bei **Steuerstraftaten** sowie bei der Überprüfung vorsätzlich falscher Angaben von Steuerpflichtigen auf die Aufsichtsbehörden bzw. deren Mitarbeiter für anwendbar. Zu den Einzelheiten vgl. die Anmerkungen zu § 23 Abs. 5 Satz 4 bis 7.

---

131 Vgl. isb. das gemeinsame Webportal der meisten deutschen Datenschutzbehörden www.datenschutz.de.

132 Illustrativ die Darstellung der Öffentlichkeitsarbeit in *HmbDSB*, TB 2000/2001, 201 ff.

133 Am häufigsten rezipiert sind bislang die Hinweise des *Innenministeriums Baden-Württemberg* zum Bundesdatenschutzgesetz für die private Wirtschaft.

134 Missverständlich insoweit *von Lewinski*, RDV 2001, 275, 279, wonach die Hinweise des *Innenministeriums Baden-Württemberg* zum BDSG die Beschlüsse des „Düsseldorfer Kreises" widerspiegeln würden.

135 Vgl. Verbraucherzentrale Bundesverband e.V. (Hg.) Kundenbindungssysteme und Datenschutz (Gutachten des *ULD* im Auftrag des vzbv), 2003.

136 Typisch hierfür beispielsweise die wirkkräftigen Hinweise des *IM BW* zur Anwendung des BDSG.

137 Grundrechtsbeeinträchtigung der betroffenen Unternehmen und Eingriff in die Befugnisse der an und für sich örtlich zuständigen Aufsichtsbehörden.

4. Führung des Registers und Einsichtsrecht (Abs. 2)

Nach Abs. 2 Satz 1 hat die Aufsichtsbehörde für die **Meldungen** nach §§ 4d Abs.1, 4e ein **Register** zu führen. Das Register als strukturierte Sammlung der eingehenden Meldedokumente kann automatisiert oder manuell geführt werden; letzteres dürfte noch die Regel sein. Sofern dies auf die Zustimmung der betroffenen Unternehmen stößt, kann die Aufsichtsbehörde mit ihnen vereinbaren, dass Meldungen statt auf Papiervordrucken auf für die maschinelle Verarbeitung geeigneten Datenträgern übersandt werden. 45

Das Register erfüllt mehrere Funktionen. Für die **Aufsichtsbehörde** selbst dient das Register als erste **Informationsgrundlage für die Kontrolltätigkeit** gegenüber den meldepflichtigen Stellen. Diese sind auch heute noch häufige Adressaten anlassfreier Betriebsprüfungen. Für **Bürger bzw. Öffentlichkeit** hat das Register nicht nur die Funktion, allgemein **Transparenz** über Ort, Art, Umfang und Verantwortliche von automatisierten Verarbeitungsverfahren herzustellen,[138] sondern kann dem Einsichtnehmenden auch zur Vorbereitung der Geltendmachung von Datenschutzrechten dienen (z.B. Ausfindigmachen des korrekten Adressaten eines Auskunftsanspruchs). Gleichwohl ist das **Einsichtsrecht** in Abs. 2 Satz 2 **völlig voraussetzungsfrei**, insbesondere muss für die Einsichtnahme kein berechtigtes Interesse geltend oder glaubhaft gemacht werden.[139] Inhaltlich ist das Einsichtsrecht allerdings aufgrund von Abs. 2 Satz 3 dahingehend beschränkt, dass die allgemeine Beschreibung der Datensicherungsvorkehrungen (§ 4e Satz 1 Nr. 9) ebenso wenig umfasst wird wie die Information über die auf die gemeldeten Verfahren zugriffsberechtigten Personen. Damit soll insbesondere verhindert werden, dass Dritte zu unbefugten Zwecken potenzielle Schwachstellen im Sicherungskonzept des meldepflichtigen Unternehmens auskundschaften. 46

5. Auskunftspflicht (Abs. 3)

5.1 Adressaten, Voraussetzungen und Umfang

Nach Abs. 3 Satz 1 haben die **verantwortlichen Stellen selbst** sowie **die mit deren Leitung beauftragten Personen** der Aufsichtsbehörde auf deren Verlangen die Auskunft zu erteilen. In Satz 1 gemeint ist der gleiche Personenkreis wie in § 4e Satz 1 Nr. 2, die **persönliche** Auskunftspflicht trifft mithin je nach Gesellschaftsform den Inhaber, Vorstand, Geschäftsführer oder sonstigen gesetzlich oder aufgrund Satzung des Unternehmens berufenen Leiter. Der betriebliche Datenschutzbeauftragte selbst ist nicht extern auskunftspflichtig, wenn er auch aufgrund seiner Aufgabenstellung intern an der Abfassung schriftlicher Antworten und an Prüfgesprächen beteiligt sein wird. In der Praxis wird, insbesondere bei bestehenden Vorkontakten, die Aufsichtsbehörde ihr Auskunftsverlangen gegenüber dem Datenschutzbeauftragten des Unternehmens geltend machen, der ihn an die Unternehmensleitung weitergibt. Die Aufsichtsbehörde kann allerdings nicht verlangen, dass gerade er ihre Fragen beantwortet. Dies zu entscheiden obliegt der verantwortlichen Stellenleitung,[140] die allerdings auch dafür zu sorgen hat, dass die Auskunft rechtzeitig, vollständig und richtig erfolgt. Sie trifft bei Verstößen gegen die Auskunftspflicht auch eine etwaige Verantwortlichkeit im Bußgeldverfahren (vgl. § 43 Abs. 1 Nr. 10). 47

Die Auskunftspflicht tritt ein, wenn die Behörde Informationen „**verlangt**". In der Regel erfolgt ein solches Verlangen schriftlich, seltener fernmündlich oder im Rahmen von Prüfbesuchen mündlich. Die Anfrage muss die gewünschten Informationen möglichst präzise beschreiben. In der Regel wird die Aufsichtsbehörde der verantwortlichen Stelle zur Ermöglichung einer sachgemäßen Auskunft Hinweise auf den zu kontrollierenden Einzelsachverhalt, ggf. auch auf den Betroffenen, geben. Häufig wird im Rahmen des Auskunftsverlangens auch die schriftliche Eingabe in Kopie beigefügt. Eine Verpflichtung hierzu besteht jedoch 48

---

138 Vgl. dazu Erwägung 63 der EG-Datenschutzrichtlinie.
139 Ebenso *Schaffland/Wiltfang* BDSG § 38 Rdnr. 33.
140 Vgl. auch *Gola/Schomerus* BDSG § 38 Rdnr. 20.

für die Aufsichtsbehörde nicht; insbesondere werden derartige Hinweise unterbleiben, wenn Anhaltspunkte für mögliche Nachteile des Eingebers im Fall der Offenlegung seiner Identität bestehen (z.B. drohende Repressalien durch die verantwortliche Stelle). Das Auskunftsverlangen hat Verwaltungsaktqualität und kann mit Verwaltungszwang durchgesetzt werden.[141] Die **Auskunftspflicht** erstreckt sich auch über die Datenorganisation, was insbesondere von Relevanz ist, wenn der Anwendungsbereich des BDSG fraglich ist.[142] Die verantwortliche Stelle hat in der Regel **schriftlich** Stellung zu nehmen, nur in Einzelfällen dürfte die Erteilung fernmündlicher oder mündlicher Informationen genügen. Häufig wird die Aufsichtsbehörde auch die Vorlage von Aktenstücken oder anderer Unterlagen erbitten.[143] Zu letzterem dürfte die verantwortliche Stelle nicht unmittelbar aus § 38 Abs. 3 S. 1 verpflichtet sein; gleichwohl wird sie der Aufforderung auch nachkommen, weil ansonsten für sie wesentlich kostenintensivere Vorortnachschau durch die Behörde kaum vermeidbar ist.

49 Die verantwortliche Stelle hat grundsätzlich unverzüglich, vollständig und **wahrheitsgemäß** ihrer Auskunftspflicht nachzukommen. „**Unverzüglich**" bedeutet in Anlehnung an § 121 BGB ohne schuldhaftes Zögern. Bei Kontrollbesuchen im Unternehmen haben sich die Auskunftspflichtigen über ihnen bekannte Sachverhalte i.d.R. sofort zu äußern. Die Aufsichtsbehörde kann eine **Frist zur Stellungnahme** setzen. Entscheidend für deren Angemessenheit ist die Komplexität der von der Aufsichtsbehörde gestellten Fragen bzw. der vorgesehene Prüfungsumfang. Die für eventuelle Nachforschungen benötigte Zeit muss einkalkuliert werden. Die Frist kann nur im Ausnahmefall und nach Absprache mit der Aufsichtsbehörde überschritten werden. Die Auskunft hat **vollständig** zu sein, sie muss bei Verlangen der Aufsichtsbehörde auch etwaige **Datenquellen** umfassen, d.h. die Personen oder Stellen, von denen Daten an das geprüfte Unternehmen übermittelt wurden,[144] sowie die Personen, die an der Datenerhebung beteiligt waren.[145] Dies gilt jeweils unabhängig davon, ob diese Informanten selbst dem BDSG unterliegen oder nicht. Gegenstand der Auskunftspflicht sind auch solche Angaben, für die das Unternehmen sich gegenüber dem Betroffenen auf ein Auskunftsverweigerungsrecht nach § 34 Abs. 4 berufen kann. Die Offenlegung gegenüber dem Eingeber durch die Aufsichtsbehörde kommt dann allerdings nur nach Freigabe durch die verantwortliche Stelle in Betracht, um eine Umgehung der Auskunftssperre zu vermeiden.

50 Die auskunftspflichtige Stelle kann für die Anfertigung und Zusammenstellung auch von umfangreichen Unterlagen **keinen Kostenersatz** verlangen.[146] Dafür gibt es weder im BDSG selbst noch in den Verwaltungsverfahrensgesetzen der Länder eine Anspruchsgrundlage. Korrelat der Auskunftspflicht der Unternehmen ist die **Verpflichtung der Aufsichtsbehörde, die verantwortliche Stelle** vom Ergebnis der Überprüfung **zu unterrichten**. Bei dieser Unterrichtung, die keine unmittelbaren Rechtswirkungen auslöst, handelt es sich nicht um einen Verwaltungsakt, der selbstständig angefochten werden könnte.[147]

5.2 Auskunftsverweigerungsrecht

51 Das allgemeine rechtsstaatliche Prinzip, dass der Staat keinen Zwang zur Selbstbezichtigung und zur Belastung naher Angehöriger ausüben darf, gilt auch für die Datenschutzkontrolle. Die nach Abs. 3 S. 1 persönlich **Auskunftspflichtigen** können die **Beantwortung** bestimmter Fragen der Aufsichtsbehörde **verweigern**, wenn jene **sie selbst** oder ihre in § 383 Abs. 1 Nrn. 1 bis 3 ZPO aufgeführten **Angehörigen** der Gefahr straf- oder ordnungswidrigkeitenrechtlicher Verfolgung aussetzen könnte. Angehörige im vorgenannten Sinne sind zunächst

141 Vgl. *von Lewinski*, RDV 2001, 275.
142 Vgl. OLG Celle, RDV 1995, 244 f.
143 Vgl. *Schaffland/Wiltfang*, BDSG § 38 Rdnr. 20 f.
144 AG Kiel, RDV 1988, 93 f.
145 Vgl. AG Trier, RDV 1988, 154 f.
146 Vgl. *Auernhammer*, BDSG § 38 Rdnr. 16.
147 Vgl. VG Köln, E 1 § 40, S. 5.

Verlobte,[148] Ehegatten oder ehemalige Ehegatten,[149] Lebenspartner und ehemalige Lebenspartner[150] des Auskunftspflichtigen. Verwandte und Verschwägerte[151] profitieren von dem Zeugnisverweigerungsrecht unbeschränkt, soweit sie mit dem Auskunftspflichtigen in gerader Linie verwandt oder verschwägert sind, also Elterseltern, Eltern und Abkömmlinge sowie deren Angeheiratete. Falls Verwandte oder Verschwägerte in der Seitenlinie von Verfolgungsmaßnahmen betroffen sind, gilt das Auskunftsverweigerungsrecht nur bis zum dritten Grad, also beispielsweise Geschwister, Eltergeschwister (Onkel/Tante) und deren Kinder.

Die **Gefahr einer Strafverfolgung oder eines Ordnungswidrigkeitenverfahrens** droht vor allem, wenn eine ernst zu nehmende Möglichkeit besteht, dass vom Auskunftsverweigerungsrecht erfasste Personen gegen Straf- und Bußgeldvorschriften des BDSG (§§ 43 und 44), Strafnormen im StGB wie § 203 oder gegen bereichsspezifische Regelungen verstoßen haben. Unberührt bleibt die Auskunftspflicht für alle Fragen, die sich nicht unmittelbar auf die Straf- und Bußgeldtatbestände beziehen. Das Verweigerungsrecht ist **höchstpersönlich**. Übt die befragte Person es berechtigterweise aus, kann sich die Aufsichtsbehörde wegen des zu ermittelnden Sachverhalts an andere Auskunftspersonen wenden; die Auskunftspflicht der **verantwortlichen Stelle selbst** bleibt **unberührt**. Im Regelfall wird die Aufsichtsbehörde dann den Vorgang gemäß Abs. 1 S. 5 auch an die zuständigen Bußgeld- oder Strafverfolgungsbehörden weiterleiten. Vermutet die Aufsichtsbehörde, dass die Voraussetzungen des Verweigerungsrechts nicht vorliegen, droht dem die Auskunft Verweigernden ein Bußgeldverfahren wegen Nichterteilung der Auskunft nach § 43 Abs. 1 Nr. 10. 52

Die Aufsichtsbehörde muss den Auskunftspflichtigen auf sein potenzielles Verweigerungsrecht nach Satz 2 hinweisen (Abs. 3 Satz 3). Der **Hinweis** muss verständlich formuliert sein; § 383 Abs. 1 bis 3 ZPO sollte zitiert und wenigstens grob umschrieben werden. Er muss so frühzeitig erfolgen, dass der Berechtigte die Offenlegung belastender Sachverhalte von vornherein vermeiden kann. Vermutet die Aufsichtsbehörde Verstöße und will sich Sanktionsoptionen offen halten, sollte sie deshalb ihrer Hinweisobliegenheit schon im ersten Anschreiben genügen, mit dem sie die Auskünfte verlangt, oder zu Beginn eines Prüfbesuchs oder -gesprächs äußern. 53

6. Betretungs-, Prüfungs- und Einsichtsrechte (Abs. 4)

6.1 Voraussetzungen

Die **mit der Überprüfung beauftragten Personen** können nach Abs. 4 S. 1 erforderlichenfalls Grundstücke und Geschäftsräume zu Prüfzwecken betreten. Beauftragt sind im Regelfall die Mitarbeiter der Aufsichtsbehörde, können aber auch externe Personen, etwa Sachverständige nach landesrechtlichen Bestimmungen sein. Eingeschaltet werden können auch fachlich qualifizierte Institutionen und Firmen, die insoweit als Beliehene tätig werden. Beispielsweise bedient sich die bayerische Aufsichtsbehörde für technische Prüfungen der Hilfe des TÜV Bayern als beliehenem Unternehmer.[152] 54

Ein Prüfbesuch vor Ort muss **erforderlich für die Aufgabenerfüllung** der Aufsichtsbehörde sein. Der Begriff der Aufgabenerfüllung ist relativ weit gefasst und erstreckt sich insbesondere auch auf die anlassfreie Kontrolle. Man kommt deshalb nicht umhin, der Datenschutzaufsicht insoweit einen **relativ weiten Beurteilungsspielraum** einzuräumen.[153] Erforderlich ist ein Besuch der Grundstücke und Geschäftsräume, wenn die Aufgabe der Aufsichtsbehörde nicht mit ähnlich geeigneten, milderen Mitteln wie schriftliche, telefonische o.ä. Auskunftsersuchen nach Abs. 3, erreicht werden kann. Typischerweise erfolgen **anlassbezogene Vor-** 55

148 § 383 Abs. 1 Nr. 1 ZPO. Diese Vorschrift wird in der Praxis restriktiv ausgelegt.
149 § 383 Abs. 1 Nr. 2 ZPO.
150 § 383 Abs. 1 Nr. 2a ZPO. Gemeint sind Lebenspartner im Sinne des LPG.
151 Vgl. § 383 Abs. 1 Nr. 3 ZPO.
152 Art. 34 BayDSG; vgl. *Wilde/Nawa,* DuD 1997, 516 ff.
153 Ähnlich *Hillenbrand-Beck* in Roßnagel HdbDSR, Abschnitt 5.4 Rdnr. 72.

ortprüfungen, wenn die Aufsichtsbehörde vom betrieblichen Beauftragten oder dritter Seite auf Missstände aufmerksam gemacht wurde, Hinweise auf unrichtige bzw. unvollständige Auskünfte der Stelle bestehen oder eine schriftliche Anfrage die Gefahr der Aufdeckung eines gefährdeten Eingebers begründet (dann „Tarnung“ als anlassfreie Prüfung). Die Erforderlichkeit von **anlassfreien Kontrollbesuchen** besteht regelmäßig bei verantwortlichen Stellen, die risikoträchtige Verarbeitungen vornehmen oder Branchen angehören, die in der Vergangenheit wegen häufiger Datenschutzverstöße aufgefallen sind. Prüfbesuche haben sich wegen der mit ihr verbundenen Eingriffe in die Rechtssphäre nicht-öffentlicher Stellen am **Verhältnismäßigkeitsprinzip** zu orientieren. Eine **Voranmeldung** ist üblich, aber nicht obligatorisch, wenn hierdurch der Erfolg des Prüfbesuchs in Frage gestellt würde. Auch lässt sich aus dem BDSG nicht ableiten, dass die Grundsätze der „Eigenverantwortlichkeit“ und der „Selbstkontrolle“ das Vorortprüfgeschäft der Aufsichtsbehörden beschränken.

6.2 Prüfungshandlungen

56 Nach Abs. 4 kann die Aufsichtsbehörde das **Grundstücke und Geschäftsräume betreten,** die **Prüfungen und Besichtigungen vornehmen (Satz 1)** sowie **in geschäftliche Unterlagen Einsicht nehmen (Satz 2)**. In Augenschein genommen werden dürfen Räumlichkeiten, in denen mindestens eine der Phasen der Datenverarbeitung durchgeführt wird bzw. Daten genutzt werden. Infrage kommen daher nicht nur Rechnerräume, PC-Arbeitsplätze oder Datenträgerarchive, sondern auch alle anderen Örtlichkeiten, an denen Datei-Daten bearbeitet, gelagert oder vernichtet werden. Die Beschränkung auf die **Geschäftsräume** hat zur Folge, dass die Aufsichtsbehörde keinen Zugang zu Privatwohnungen hat. Dies gilt auch dann, wenn in vorwiegend zu Wohnzwecken genutzten **Privaträumen** auch geschäftsmäßige, berufliche oder gewerbliche Datenverarbeitung im Anwendungsbereich des BDSG erfolgt.[154] Der Schutz des Grundrechts auf Unverletzlichkeit der Wohnung hat insofern Vorrang, ein gesetzliches Zutrittsrecht scheidet insoweit bereits wegen der Nichteinhaltung des obligatorischen Zitiergebots aufgrund Art. 19 Abs. 1 Satz 2 GG aus. Allerdings wird teilweise vertreten, dass im Falle der Auftragsdatenverarbeitung die Auftraggeber und bei Telearbeit die Arbeitgeber die Kontrollmöglichkeit durch die Aufsichtsbehörde durch entsprechende **Vereinbarungen** mit dem bei der Datenverarbeitung Beschäftigten bzw. Wohnungsinhaber sicherzustellen haben.[155] Dieser Auffassung dürfte die Überlegung zugrunde liegen, dass der für die Rechtmäßigkeit der Verarbeitung Verantwortliche sich nicht ohne weiteres der staatlichen Kontrolle systematisch entziehen darf. Fehlt eine entsprechende Vereinbarung, ist das Betreten der Räume unzulässig.[156]

57 Gemäß Satz 3 **einsehbar** sind **alle prüfungsrelevanten Geschäftsunterlagen**. Die Übersicht über die nach § 4g Abs. 2 Satz 1 i.V.m. § 4e Satz 1 gemeldeten Angaben, die gespeicherten personenbezogenen Daten sowie die Datenverarbeitungsprogramme sind lediglich beispielhaft erwähnt, wie sich aus dem Wort „insbesondere“ ergibt. Keine Voraussetzung für das Einsichtsrecht ist es, dass der Inhalt der Geschäftsunterlagen selbst automatisiert verarbeitet oder in eine nicht automatisierte Datei überführt worden ist.[157] Selbstverständlich darf die Aufsichtsbehörde **Notizen** aus den eingesehenen Dokumenten oder selbst Kopien anfertigen. Originalunterlagen dürfen allerdings nur mitgenommen werden, wenn die verantwortliche Stelle hiermit in Kenntnis ihrer Freiwilligkeit der Gestattung einverstanden ist. Entsprechendes gilt entgegen der wohl herrschenden Meinung[158] für die Anfertigung von **Kopien,** denn

---

154 Vgl. *Bergmann/Möhrle/Herb* BDSG § 38 Rdnr. 63: Betretungsrecht bei unternehmerischer Nutzung von Wohnräumen der Geschäftsleitung sowie *Däubler/Klebe/Wedde* BDSG § 38 Rdnr. 19; *Schaffland/Wiltfang* BDSG § 38 Rdnr. 19.

155 So beispielsweise *Hillenbrand-Beck* in Roßnagel, HdbDSR Abschnitt 5.4 Rdnr. 73; *Walz* (Vorauflage) Rdnr. 31.

156 *Hillenbrand-Beck* in Roßnagel, HdbDSR Abschnitt 5.4 Rdnr. 73, unter Berufung auf *Gola/Jaspers*, RDV 1998, 251.

157 So unzutr. *Dörr/Schmidt,* BDSG § 38 Rdnr. 13.

158 *Däubler/Klebe/Wedde* BDSG § 38 Rdnr. 22; *Schaffland/Wiltfang* BDSG § 38 Rdnr. 21; *Hillenbrand-Beck* in *Roßnagel*, HdbDSR Abschnitt 5.4 Rdnr. 75. Wie hier: *Bergmann/Möhrle/Herb* BDSG § 38 Rdnr. 66.

anders als beispielsweise die Abgabenordnung[159] sieht das BDSG nicht die Verpflichtung der verantwortlichen Stelle vor, der Aufsichtsbehörde die erforderlichen Hilfsmittel zur Verfügung zu stellen. Erst Recht nicht kann die Aufsichtsbehörde die **Übersendung** an oder die **Vorlage** von Originalunterlagen in ihrer Dienststelle anordnen.[160] Allerdings wird es sich vor allem im eigenen Unternehmensinteresse in der Regel empfehlen, derartigen Wünschen der Aufsichtsbehörde nachzukommen, schon um die Prüfungsdauer abzukürzen.

Die Besuche in **Betriebs- und Geschäftsräumen** sind **auf die üblichen Geschäftszeiten** der kontrollierten Stelle **zu beschränken**, weil nur dann ein (zitierpflichtiger) Eingriff in das von Art. 13 GG geschützte Grundrecht auf Unverletzlichkeit der Wohnung nicht erfolgt.[161] Die zeitliche Beschränkung auf übliche Geschäftszeiten war im BDSG 1977 noch nicht enthalten. Hintergrund ihrer Einführung durch das BDSG 1990 ist die Rechtsprechung des BVerfG, wonach neben mehreren anderen Voraussetzungen dann kein Eingriff in Art. 13 Abs. 3 GG vorliegt, wenn das Betreten der Räume sowie die Vornahme der Prüfung in den Zeiten stattfindet, „zu denen die Räume normalerweise für die jeweilige geschäftliche oder betriebliche Nutzung zur Verfügung stehen".[162] Gibt es keine regelmäßigen Sprech- oder Öffnungszeiten, etwa weil Termine wie vielfach in Arztpraxen oder Heiratsinstituten nur auf Vereinbarung getroffen werden, will aber die Aufsichtsbehörde unangemeldet prüfen, dienen die branchenüblichen Geschäftszeiten bzw. die am Ort geltenden Ladenschlusszeiten als Orientierung. 58

Nach Satz 4 hat der Auskunftspflichtige die Prüfmaßnahmen zu **„dulden"**. Üblicherweise werden aus seiner Duldungspflicht im Zusammenspiel mit seiner grundsätzlichen Auskunftspflicht konkrete **Mitwirkungspflichten** abgeleitet.[163] Dem ist zuzustimmen, soweit diese Mitwirkung mit dem Einsichtnahmerecht der Aufsichtsbehörde in unmittelbarem Zusammenhang steht.[164] So hat die Unternehmensleitung auf Verlangen der Aufsichtsbehörde dafür zu sorgen, dass Räume zugänglich gemacht, Geschäftsunterlagen zusammengestellt und bereitgehalten, Datenverarbeitungsvorgänge fachkundig erläutert, Programme erklärt und ggf. Passworte offen gelegt werden, um einen Testlauf zu ermöglichen. Im Weigerungsfall kann die Duldung nach Maßgabe des Verwaltungsvollstreckungsrechts erzwungen werden. Außerdem greift der **Bußgeldtatbestand** des § 43 Abs. 1 Nr. 10. Die aktive Mitwirkungspflicht besteht allerdings wiederum nur in den Grenzen, die auch der Auskunftspflicht gezogen sind. Zwar ist das in Abs. 3 statuierte **Auskunftsverweigerungsrecht** bei Gefahr der Selbst- oder Verwandtenbelastung in Abs. 4 nicht erwähnt, muss aber auch in dessen Anwendungsbereich gelten. Im Ordnungswidrigkeitenrecht ist dieser Grundsatz durch § 46 Abs. 1 OWiG i.V.m. §§ 52, 136 Abs. 1 Satz 2 StPO ohnehin generell verankert.[165] Allerdings müssen die Auskunftsverweigerungsberechtigten hinnehmen, dass die Aufsichtsbehörde ohne ihre Mitwirkung eigene Prüfungshandlungen fortsetzt. 59

6.3 Widerspruchsrecht des Betroffenen

Der Kontrolle der Aufsichtsbehörde kann der Betroffene ausnahmsweise im Einzelfall widersprechen, wenn Daten überprüft werden sollen, die in **Akten über die Sicherheitsüberprüfung** des Betroffenen enthalten sind, vgl. Abs. 4 S. 3 i.V.m. § 24 Abs. 6, Abs. 2. Auch wenn die Aufsichtsbehörde unter gewissen Voraussetzungen[166] auch das Recht zur Einsichtnahme in strukturierte Akten hat, wird man den Aktenbegriff hier materiell verstehen müssen und generell auf Angaben aus Sicherheitsüberprüfungen in automatisierten Verarbeitungen 60

159 Vgl. § 200 Abs. 2 S. 2 AO.
160 Wohl ähnlich zu verstehen: *von Lewinski*, RDV 2001, 275. Ableitbar ist dies aus der Entstehungsgeschichte zu Abs. 4 BDSG 1990: Die vom Bundesrat geforderte Übersendungspflicht – BT-Drs. 11/4306, S. 79 f. Nr. 43 – wurde im Gesetzgebungsverfahren seinerzeit nicht akzeptiert.
161 Vgl. RegE zu Abs. 4 BDSG 1990, BT-Drs. 11/4306, S. 53. Dazu bereits *Auernhammer* BDSG § 38 Rdnr. 11.
162 Vgl. BVerfGE 32, 54, 76f.
163 Vgl. *Hillenbrand-Beck* in *Roßnagel*, HdbDSR Abschnitt 5.4 Rdnr. 77 m.w.N.
164 Vgl. *Bergmann/Möhrle/Herb* BDSG § 38 Rdnr. 70.
165 Vgl. *Gola/Schomerus,* BDSG § 38 Rdnr. 23.
166 Nämlich dann, wenn die Akte den Begriff der nichtautomatisierten Datei erfüllt, vgl. § 3 Abs. 2 S. 2.

bzw. nicht automatisierte Dateien beziehen. Der Widerspruch ist im Einzelfall **der Aufsichtsbehörde gegenüber** zu erklären und erstreckt sich ausschließlich auf den Datensatz des Betroffenen. Das Widerspruchsrecht setzt voraus, dass der Betroffene vor der beabsichtigten Einsichtnahme hiervon Kenntnis erlangt. Zu den Einzelheiten vgl. Kommentierung der Ausgangsregelung in § 24 Abs. 2.

61 Abs. 4 S. 3 verweist über § 24 Abs. 6 auf § 24 Abs. 2, der klarstellt, dass die Überprüfungsbefugnis der Aufsicht **nicht durch das Post- und Telekommunikationsgeheimnis beschränkt** wird. Damit unterliegen auch die Inhalte des Post- und Fernmeldeverkehrs der aufsichtsbehördlichen Kontrolle.[167] Nicht erwähnt, aber von zunehmender Bedeutung und unter den allgemeinen Zulässigkeitsbedingungen der externen Kontrolle erlaubt sind die Prüfungen, die die Aufsichtsbehörde aus ihren Diensträumen unter Nutzung von TK-Netzen vornimmt, etwa um bei Telediensten die Einhaltung des TDDSG festzustellen.[168]

6.4 Geheimhaltungspflicht der Aufsichtsbehörde

62 Aus Prüfungen und Besichtigungen gewonnene Erkenntnisse unterliegen grundsätzlich der **Geheimhaltungspflicht** nach den jeweiligen Landes-Verwaltungsverfahrensgesetzen.[169] Die verantwortliche Stelle hat allerdings nur einen Anspruch darauf, dass die zum persönlichen Lebensbereich gehörenden sowie die Betriebs- und Geschäftsgeheimnisse nicht unbefugt offenbart werden. Eine **befugte Weitergabe** ist unter den Voraussetzungen von Abs. 1 Satz 2 und 3 zulässig. Sofern Datenschutzverstöße durch die verantwortliche Stelle vorliegen, dürfen die Betroffenen hiervon benachrichtigt werden. Vertragliche Geheimhaltungsklauseln der verantwortlichen Stelle binden die Aufsichtsbehörde insoweit nicht. Gleichwohl ist das Vertraulichkeitsgebot auch bei der Unterrichtung des betroffenen Eingebers zu beachten. **Unbefugt** ist die Offenlegung beispielsweise von Datenempfängern und die Datenherkunft, wenn die verantwortliche Stelle dem Betroffenen die Auskunft darüber zu Recht wegen § 34 Abs. 4 verweigert hat,[170] erst recht in Fällen, in denen eine Benachrichtigung rechtmäßig nach § 33 Abs. 2 Nr. 3 wegen eines überwiegenden Interesses eines Dritten unterblieben ist. Ist eine Vorortprüfung auf Veranlassung eines Betroffenen erfolgt, kann sich dessen zulässige Unterrichtung durch die Aufsicht auf die Mitteilung beschränken, dass sich insoweit keine Anhaltspunkte für ein rechtswidriges Handeln ergeben haben.

63 Die **persönliche Geheimhaltungspflicht** der mit der Kontrolltätigkeit beauftragten Person ergibt sich für Beamte aus § 39 BRRG und den hierzu ergangenen Umsetzungsvorschriften der Landesbeamtengesetze, für Angestellte und Arbeiter aus entsprechenden tarifvertraglichen Regelungen, mit ihnen korrespondieren die Zeugnisverweigerungsrechte im Straf- und Zivilprozess.[171] Die Geheimhaltungspflicht ist **strafrechtlich bewehrt,** vgl. § 203 Abs. 2 Nr. 1 StGB.

7. Anordnungs- und Untersagungsrechte, Abberufungsverlangen (Abs. 5)

64 Die Befugnisse nach Abs. 5 S. 1, 2 stellen Maßnahmen dar, die auch ordnungsrechtlichen Charakter tragen. Die Anordnung der Beseitigung technischer Mängel, die Untersagung einzelner Verfahren und das Abberufungsverlangen sind Verwaltungsakte; insoweit ist ergänzend auf die Vorschriften des Verwaltungsverfahrens- und vollstreckungsrechts zurückzugreifen.

167 Vgl. *Duhr/Naujok/Danker/Seiffert*, DuD 2003, 22 (zu Abs. 4).
168 Vgl. *Schaar,* in *Bäumler* (Hrsg.), E-Privacy, 69, 76.
169 Vgl. § 30 (B)VwVfG, der den Bestimmungen der Landesverwaltungsverfahrensgesetze entspricht.
170 Zur Mitteilung von Datenempfängern vgl. VG Köln, v. 5.5.1982 – 14 K 1496/81 – Dok. E 1 § 40 S. 9 f.
171 Vgl. § 54 StPO; § 376 ZPO. Im Verwaltungsprozess gelten die zivilprozessualen Vorschriften über die Beweisaufnahme entsprechend, vgl. § 98 VwGO.

7.1 Anordnung und Untersagung (Abs. 5 S. 1, 2)

Die Ausübung der Befugnisse nach Abs. 5 S. 1, 2 kommt als „letztes Mittel" der Aufsichtsbehörde in Betracht, wenn bei kontrollierten Stellen keine Bereitschaft zur Behebung der von der Aufsichtsbehörde gerügten Mängel festzustellen ist. Da die Beseitigung technischer Mängel häufig aus (nicht datenschutzrechtlichen Gründen) im Eigeninteresse der verantwortlichen Stelle liegt, haben **Anordnungen und Untersagung** ausweislich der Tätigkeitsberichte der Aufsichtsbehörden Seltenheitswert. Sie gelten grundsätzlich nur für technische und organisatorische Mängel nach § 9. Die Beseitigung von materiellen Rechtsverletzungen unterliegt allerdings dann dem Anordnungsrecht, wenn sie untrennbar mit der Beseitigung der technischen Mängel verbunden ist,[172] m.a.W. bleibt die Anordnungsbefugnis davon unberührt, dass mit den technischen oder organisatorischen Schwächen zugleich materielle Mängel beseitigt werden. Stellt die Aufsichtsbehörde einen technisch-organisatorischen Mangel fest, ordnet sie gegenüber der verantwortlichen Stelle, in der Regel nach vorheriger Anhörung,[173] die Beseitigung des Mangels an (**Satz 1**). Der **Inhalt** der Anordnung braucht sich nicht auf ein von der verantwortlichen Stelle zu erreichendes Sicherungsziel zu beschränken, bei dem die Art der Realisierung in deren Ermessen steht.[174] Zumindest falls äquivalente Alternativen fehlen, kann die Aufsichtsbehörde im Einzelfall auch die **konkrete technische Vorkehrung** vorschreiben.[175] 65

Beispiel: Nach einer Entscheidung des Oberverwaltungsgerichts Hamburg soll die Aufsichtsbehörde einer **Detektei** bzw. **Auskunftei** die Dokumentation einer Erhebung von personenbezogenen Sozialdaten nicht auferlegen können, wenn diese mit konventionellen Mitteln (z.B. telefonische Anfragen) erfolgt.[176] Die Argumentation des Gerichts ist allerdings aus mehreren Gründen nicht nachvollziehbar: Zunächst nimmt es die nichtautorisierte Datenerhebung entgegen dem Wortlaut des § 1 Abs. 2 Nr. 3 aus dem Anwendungsbereich des BDSG aus.[177] Weiterhin setzt sich das Gericht nicht damit auseinander, dass die Rechtswidrigkeit einer Datenerhebung sich auf die Rechtmäßigkeit der weiteren Datenerhebung auswirkt. Mit anderen Worten: Wenn eine Detektei (zumal in Kenntnis der Strafbarkeit einer Datenerhebung!) rechtswidrig personenbezogene Informationen erhebt, ist deren weitere Verwendung ebenfalls datenschutzrechtswidrig. Ordnet umgekehrt die Aufsichtsbehörde aufgrund eines begründeten Verdachts nach Abs. 5 Satz 1 die **Dokumentation der Datenerhebung** an, regelt sie damit nicht nur die Datenerhebung, sondern stellt auch die Rechtmäßigkeit der weiteren Datenverwendung sicher. Soweit das Oberverwaltungsgericht hilfsweise erwägt, eine umfassende Pflicht zur Dokumentation der Datenerhebung könne die Berufsfreiheit der betroffenen Detektei unverhältnismäßig einschränken, setzt es sich nicht mit den Wertungen des § 38 Abs. 1 und 3 der Gewerbeordnung auseinander, wonach Auskunfteien und Detekteien weitgehenden Kontrollen ausgesetzt werden können, da sie in erheblichem Maß in die Persönlichkeitsrechte anderer Bürger eingreifen. 66

Wird eine Anordnung nach Satz 1 nicht befolgt, ermöglicht **Satz 2** die **Untersagung einzelner Verfahren**, allerdings nur dann, wenn es sich um **schwerwiegende** technische oder organisatorische Datensicherungsmängel handelt. Beispielhaft für derartige schwere Defizite nennt Satz 2 Mängel, die mit besonderer Gefährdung des Persönlichkeitsrechts verbunden sind. Dies kann vor allem Verarbeitungen bzw. Verfahren betreffen, die der Vorabkontrolle nach § 4d Abs. 5 unterliegen. Abs. 5 Satz 2 verlangt zunächst die Verhängung eines **Zwangs-** 67

---

172 Dies ergibt sich aus dem Wortlaut und der Entstehungsgeschichte der Norm, vgl. BR-Drs. 379/90 – Beschluss – Nr. 13; weitergehend wohl *Bergmann/Möhrle/Herb* BDSG § 38 Rdnr. 72 ff.; *v. Schmeling*, DuD 2002, 351, 354 f. mit beachtlicher Argumentation.

173 Vgl. § 28 (B)VwVfG und entsprechende Vorschriften der Landesverwaltungsverfahrensgesetze.

174 A.A. *Gola/Schomerus*, BDSG § 38 Rdnr. 25; *Dörr/Schmidt*, BDSG § 38 Rdnr. 18.

175 Ebenso *Bergmann/Möhrle/Herb*, BDSG § 38 Rdnr. 77; wohl auch *Auernhammer*, BDSG § 38 Rdnr. 28.

176 OVG Hamburg, Urteil vom 7. Juli 2005 – 1 Bf 172/03 – (noch nicht veröffentlicht); anders noch die Vorinstanz.

177 Das OVG beruft sich dabei irrig auf *Simitis* (Vorauflage), § 1 Rdnr. 137, der jedoch wenige Randnummern später ausdrücklich ausführt, dass die Datenerhebung lediglich „für" die automatisierte Datenverwendung erfolgen muss. Sie selbst muss also nicht automatisiert oder in oder aus Dateien erfolgen, vgl. *Simitis* (Vorauflage), § 1 Rdnr. 140.

geldes und die Einräumung einer **angemessenen Frist** zur Beseitigung des Mangels. Das Zwangsgeld muss **angedroht** werden, diese Androhung kann gemäß dem allgemeinen Verwaltungsverfahrensrecht bereits mit der Anordnung erfolgen und muss hinreichend bestimmt sein.[178] Erst wenn auch diese Instrumente erfolglos bleiben, kann die Aufsichtsbehörde den Einsatz einzelner **Verfahren** untersagen. Das **sofortige Verbot** eines DV-Verfahrens kommt daher nur im Ausnahmefall in Betracht, wenn die Unmöglichkeit der Fehlerbeseitigung von vornherein feststeht. Die Verfügung der Aufsichtsbehörde kann ein einzelnes Verarbeitungsverfahren, im Extremfall aber auch das komplette Datenverarbeitungssystem der verantwortlichen Stelle betreffen.[179] Untersagt werden kann auch ein spezielles online-Verfahren, die Auftragsdatenverarbeitung bei einem bestimmten unzuverlässigen Vertragspartner[180] oder die Nutzung eines unsicheren Netzes.[181] Wegen des präventiven Charakters der Untersagung bleibt von ihr die Möglichkeit unberührt, ein **Bußgeldverfahren** nach § 43 Abs. 1 Nr. 11 einzuleiten. Auch kann die Behörde einen durch die mangelhafte Datensicherung Betroffenen bzw. Geschädigten auf den **Rechtsweg** hinweisen.

7.2 Abberufungsverlangen[182]

68 Die Aufsichtsbehörde kann gemäß Abs. 5 **Satz 3** die Abberufung eines betrieblichen Datenschutzbeauftragten (nur[183]) verlangen, wenn dieser die notwendige Fachkunde und Zuverlässigkeit nicht aufweist. Die Amtl. Begründung zum BDSG 1990 nennt als maßgebliches Motiv dieser Regelung, dass auf die verantwortlichen Stellen Druck zur Berufung hinreichend qualifizierter Beauftragter ausgeübt werden solle.[184] Inhalt des **Abberufungsverlangens** ist die Anordnung an die verantwortliche Stelle, den Datenschutzbeauftragten abzuberufen. Es handelt es sich damit um einen **Verwaltungsakt,** der **allein die verantwortlichen Stelle** zur Abberufung verpflichtet (kein Verwaltungsakt mit Doppelwirkung).[185] Der abzuberufende Datenschutzbeauftragte ist allerdings von dem Abberufungsverlangen mittelbar in seinen rechtlichen Interessen betroffen. Die Aufsichtsbehörde kann ihn deshalb von Amts wegen oder auf seinen Antrag als Beteiligten des Verfahrens hinzuziehen,[186] mit der Folge, dass ihm das Abberufungsverlangen ebenfalls bekannt gegeben werden muss.[187] Der Wortlaut des § 4f Abs. 3 Satz 4 spricht nicht gegen die Verpflichtung der verantwortlichen Stelle, dem Abberufungsverlangen nachzukommen: Das Wort „kann" in dieser Bestimmung bezieht sich auf die abschließende Aufzählung der Widerrufsrechte der Unternehmensleitung gegenüber dem Beauftragten, betrifft jedoch nicht das Verhältnis zur Aufsichtsbehörde. § 4f Abs. 3 Satz 4 ändert also nichts an der **Rechtspflicht zum Widerruf**, sondern stellt lediglich klar, dass die Aufsichtsbehörde die Abberufung nicht selbst aussprechen kann; ein Ermessen wird damit der verantwortlichen Stelle nicht eingeräumt. Der Bestellungswiderruf aufgrund eines aufsichtsbehördlichen Abberufungsverlangens darf insbesondere nicht im Wege einer Betriebsvereinbarung an die Zustimmung des Betriebsrats geknüpft werden.[188] Bei Defiziten in der Fachkunde wird die Behörde dem Unternehmen bzw. Beauftragten in der Regel erst aufgeben, seine Kenntnisse im Datenschutzrecht durch Nachschulung zu verbessern, bevor sie die Ablösung verlangt.[189] Anders verhält es sich bei Zweifeln an der Zuverlässigkeit des

178 Zu Einzelheiten vgl. § 13 (B)VwVG und entsprechende landesrechtliche Regelungen.
179 So auch Tinnefeld/Ehmann/Gerling Datenschutzrecht S. 433.
180 Vgl. *Herb,* CR 1992, 110, 113.
181 Vgl. *Bergmann/Möhrle/Herb,* BDSG § 38 Rdnr. 86.
182 Dazu vgl., auch § 4 f., Rdnr. 194 ff.
183 Andere Gründe für ein Abberufungsverlangen sind nicht zulässig, vgl. BlnDSB TB 1996, 157 ff.
184 Vgl. BT-Drs. 11/4306, S. 53, zu § 34 Abs. 5.
185 Ganz überwiegende Meinung, vgl. *Gola/Schomerus,* BDSG, § 38 Rdnr. 28; *Berger-Delhey,* PersV 1996, 443, 445; *v. Lewinski,* RDV 2001, 276; *Seidel,* Datenschutzrechtliches Ungleichgewicht, 196 f.
186 Vgl. § 13 Abs. 2 (B)VwVfG und entspr. landesverwaltungsverfahrensrechtliche Regelungen.
187 Vgl. § 41 Abs. 1 S. 1 (B) VwVfG und entspr. landesverwaltungsverfahrensrechtliche Regelungen.
188 Vgl. HessLReg Bericht 2001, LT-Drs. 15/2950, 37.
189 Vgl. Tinnefeld/Ehmann/Gerling Datenschutzrecht S. 450.

Datenschutzbeauftragten, so bei völliger Untätigkeit[190] oder bei offenliegenden Interessenskonflikten, z. B. wenn etwa der EDV-Leiter, der Personalleiter[191] oder andere Personen mit Führungsfunktionen gleichzeitig die interne Kontrollfunktion wahrnimmt.

8. Anwendbarkeit der Gewerbeordnung (Abs. 7)

Während Abs. 1 Satz 5 die Einschaltung der Gewerbeaufsicht durch die Datenschutzaufsichtsbehörde regelt, stellt **Abs. 7** klar, dass die aus anderen Rechtsgründen vorgesehenen, weitergehenden Kontrollbefugnisse der Gewerbeordnung **zusätzlich** zu denen des BDSG angewandt werden können. Im Vordergrund steht dabei § 35 GewO, der die volle oder teilweise **Untersagung** eines Gewerbes ermöglicht, wenn Tatsachen vorliegen, die die **Unzuverlässigkeit** des Gewerbetreibenden oder einer mit der Leitung des Betriebs beauftragten Person dartun. Diese Unzuverlässigkeit kann sich auch aus beharrlichen und schweren Verletzungen des BDSG oder bereichsspezifischer Datenschutznormen ergeben. Weitere Voraussetzung ist allerdings nach § 35 Abs. 1 Satz 1, dass die Untersagung zum Schutz der Allgemeinheit oder der im Betrieb Beschäftigten erforderlich ist. Auch muss die verantwortliche Stelle in den Anwendungsbereich der GewO fallen. Wegen der zahlreichen Voraussetzungen und der erheblichen Eingriffsintensität eines teilweisen oder gar völligen Gewerbeverbots kommt mithin die zusätzliche Kontrollwirkung des Abs. 7 nur in gravierenden Ausnahmefällen zum Tragen. Prinzipiell können die Gewerbeaufsichtsbehörden jedoch selbstständig Datenschutzverstöße mit dem Instrumentarium der GewO sanktionieren; ggf. können sie eine Teiluntersagung für auf die Datenverarbeitung bezogenen Geschäftstätigkeiten aussprechen. Dass in diesen Fällen eine **Kooperation mit der Aufsichtsbehörde nach § 38** stattfindet, erscheint naheliegend; eine Zusammenarbeits**pflicht** besteht dagegen nicht,[192] weil die Datenschutzaufsicht und die Gewerbeaufsicht aus unterschiedlichen (Verfassungs-)Rechtsgründen erfolgt. 69

9. Aufsichtsbehördliche Aktionsformen außerhalb des § 38

Die **Aktionsformen** der Aufsichtsbehörde werden **in § 38 nicht erschöpfend beschrieben**. 70
So weist § 38a Abs. 2 den Aufsichtsbehörden die Prüfung der von Berufs- und Branchenverbänden eingereichten Entwürfe für Verhaltensregeln zu. § 4c Abs. 1 schließlich gibt den Aufsichtsbehörden die Befugnis, Übermittlungen an Drittstaaten ohne angemessenes Datenschutzniveau bei Vorliegen ausreichender Garantien zu genehmigen. Nach landesrechtlichen Bestimmungen vorzusehen sind Anhörungsrechte der Datenschutzaufsichtsbehörden nach Art. 28 Abs. 2 der EG-Datenschutzrichtlinie.[193] Weitere im BDSG nicht vorgesehene aufsichtsbehördliche Tätigkeiten kommen vor allem in Betracht, wenn sie eingriffsfrei oder im Einverständnis der betroffenen verantwortlichen Stellen erfolgen. Neben **Audits** kommen nach Landesrecht auch Beratungsprüfungen mit dem Abschluss von **Zielvereinbarungen** zur Verbesserung des betrieblichen Datenschutzniveaus in Betracht.[194] Zur Öffentlichkeitsarbeit vgl. Anmerkungen Rdnr. 39.

---

190 Vgl. HessLReg Bericht 2001, LT-Drs. 15/2950, 37.
191 Vgl. ULD TB 2003, S. 77.
192 So aber *Bergmann/Möhrle/Herb,* BDSG § 38 Rdnr. 117.
193 Deswegen wurde auf eine Regelung der Anhörung im BDSG verzichtet, vgl. BT-Drs. 14/4329, S. 45.
194 Vgl. dazu *ULD* TB 2004, 69 f. Einzelheiten bei *Petri* in *Bäumler/vMutius*, Datenschutz als Wettbewerbsvorteil, 142, 145 ff.

§ 38a Verhaltensregeln zur Förderung der Durchführung datenschutzrechtlicher Regelungen

(1) Berufsverbände und andere Vereinigungen, die bestimmte Gruppen von verantwortlichen Stellen vertreten, können Entwürfe für Verhaltensregeln zur Förderung der Durchführung von datenschutzrechtlichen Regelungen der zuständigen Aufsichtsbehörde unterbreiten.
(2) Die Aufsichtsbehörde überprüft die Vereinbarkeit der ihr unterbreiteten Entwürfe mit dem geltenden Datenschutzrecht.

Literatur

R.B. Abel, Umsetzung der Selbstregulierung im Datenschutz: Probleme und Lösungen, RDV 2003, 11 ff.; *J. Berghoff,* Selbstregulierung im Marketing, RdV 2002, 78 ff.; *J. Bizer,* Wozu Selbstregulierung in Deutschland?, DuD 2001, 126; *ders.*, Selbstregulierung des Datenschutzes, DuD 2001, 168; *A. Büllesbach,* Selbstregulierungsinstrumente in der globalen Wirtschaft, Jahrbuch Telekommunikation und Gesellschaft 2001, S. 269 ff.; *A. Büllesbach/P. Höss-Löw,* Vertragslösung, Safe Harbor oder Privacy Code of Conduct, DuD 2001, 135 ff.; *H. Heil,* Datenschutz durch Selbstregulierung – Der europäische Ansatz, DuD 2001, 129 ff.; *P.J. Hustinx*, Co-regulation or self-regulation by public and private bodies – the case of data protection, in: Umbruch von Regelungssystemen in der Informationsgesellschaft, in FG *Büllesbach*, hrsg. von *J. Bizer/ B. Lutterbeck/J. Rieß*, 2002, 283 ff.; *J. Jacob/H. Heil,* Datenschutz im Spannungsfeld von staatlicher Kontrolle und Selbstregulierung, in FG *Büllesbach*, 2002, 213 ff.; *H.J. Kranz,* Selbstregulierter Datenschutz im internationalen Luftverkehr – eine Fallstudie, in FG *Büllesbach*, 2002, 321 ff.; *M. Overkleeft-Verburg,* Datenschutz zwischen Regulierung und Selbstregulation. Erfahrungen aus den Niederlanden in: *SEL-Stiftung* (Hrsg.), Rechtliche Gestaltung der Informationstechnik 1996, 41 ff.; *J. Rieß,* Globalisierung und Selbstregulierung, Jahrbuch Telekommunikation und Gesellschaft 2001, 333 ff.; *A. Roßnagel,* Regulierung und Selbstregulierung im Datenschutz, Jahrbuch Telekommunikation und Gesellschaft 2000, 385 ff.; *M. Schmidhuber*, Verhaltenskodizes im internationalen und grenzüberschreitenden elektronischen Geschäftsverkehr: zu Frage der Integration der Selbstregulierung durch private in die staatliche Rechtsordnung (2004); *J.P. Schneider u.a.* (Hrsg.), Regulierte Selbstregulierung als Steuerungskonzept des Gewährleistungsstaates, Die Verwaltung 2001, Beiheft 4; *Chr. Schroeder*, Verbindliche Unternehmensregelungen – binding corporate rules – zur Verbindlichkeit des § 4c II BDSG, DuD 2004, 462 ff.; S. *Walz,* Selbstkontrolle versus Fremdkontrolle – Konzeptwechsel im deutschen Datenschutzrecht, in Zur Autonomie des Individuums, FS *Simitis*, hrsg. von *D. Simon; M. Weiss*, Baden-Baden 2000, 455 ff.; *G. Wisskirchen/Chr. Jordan/A. Bissels*, Arbeitsrechtliche Probleme bei der Einführung internationaler Verhaltens- und Ethikrichtlinien (Codes of Conduct/Codes of Ethics), DB 2005, 2190 ff.

Übersicht

1. Vorbemerkung

1 **Gegenstand** der Regelung ist die Möglichkeit, Verhaltensregeln von Berufsverbänden und ähnlichen Vereinigungen durch die Aufsichtsbehörde auf ihre Rechtskonformität prüfen zu lassen.

2. Zweck und Hintergrund der Regelung

Zweck der Regelung ist nach der Begründung des Gesetzes,[1] eine **Vereinheitlichung interner Verhaltensregelungen** zur Förderung der ordnungsgemäßen Durchführung datenschutzrechtlicher Regelungen. Allerdings umfasst die Regelung nicht nur die Vereinheitlichung bereits bestehender Verhaltensregeln gleichartiger verantwortlicher Stellen, sondern auch die auf Initiative eines Berufsverbandes bzw. einer Vereinigung für ihre jeweiligen Mitglieder formulierten Verhaltensregeln. 2

Die Begründung erfasst allerdings die Intention des Gesetzgebers nur unzureichend, das Interesse der Berufsverbände und Vereinigungen an der Formulierung von Verhaltensregeln im Sinne einer „**win-win**"**-Situation** für die Verbände einerseits und den Aufsichtsbehörden andererseits zu fördern. Die Vorabprüfung von Verhaltensregeln auf ihre Rechtskonformität entlastet die **aufsichtsbehördliche Kontrolle**, weil sie sich bei einer Kontrolle der Datenverarbeitung von Verbandsmitgliedern nur noch auf die Prüfung beschränken kann, ob die bereits geprüften und bestätigten Verhaltsregeln auch umgesetzt worden sind. Der Vorteil der Verbandsangehörigen besteht in der Rechtssicherheit, die sie durch die aufsichtsbehördliche Prüfung und Bestätigung der Rechtskonformität der vorgelegten Verhaltensregeln erhalten.[2] 3

2.1 Typen der Selbstregulierung

Der in der Vorschrift vorgesehene Vorlage- und Prüfungsmechanismus von Verhaltsregeln gehört zum Typus der **korporativen Selbstregulierung**, nach der Verhaltensregeln von Berufsverbänden oder Vereinigungen formuliert werden. Ausgeklammert bleiben unternehmenseigene Verhaltsregeln (**autonome Selbstregulierung**), die unter unterschiedlichen Bezeichnungen wie „Codes of Conduct", „Privacy Policy", „Verhaltenscodex", „Datenschutzerklärung" etc. von einer verantwortlichen Stellen unmittelbar gegenüber Betroffenen verwendet werden. Die korporativ erlassenen Verhaltensregeln können sich zwar auf die unternehmenseigenen Regeln auswirken, werden aber von § 38a nicht direkt erfasst. 4

Unterschieden werden können selbstregulative Regelwerke, die von Unternehmen gleicher Art – Branchen, Berufe – für ihren Datenverkehr untereinander oder gegenüber Dritten (Verbraucher, Lieferanten) formuliert werden (**homogene Selbstregulierung**), von solchen, die auf einer Vereinbarung unterschiedlicher Gruppen bestimmter Anbieter mit Verbraucherschutzverbänden oder zwischen Arbeitgeber und dem Betriebsrat beruhen (**heterogene Selbstregulierung**).[3] § 38a gehört mit seiner Adressierung an Berufsverbände und andere Vereinigungen zu der ersten Gruppe einer homogenen Selbstregulierung. 5

Selbstregulative Regelwerke können ferner nach ihrem Inhalt unterschieden werden. Zum Typus der **technischen Standardisierung** gehört auch der vom W3C-Konsortium entwickelte P3P-Standard,[4] der in seiner ersten Ausbaustufe die technische Darstellung von Datenschutzerklärungen ermöglicht und in einer späteren Variante auch die Kommunikation über die Inhalte von Datenschutzerklärungen technisch abbilden und unterstützen soll. Selbstregulative Regelwerke können sich aber auch primär auf eine **Präzisierung allgemeiner rechtlicher Anforderungen** für bestimmte Anwendungsbereiche einer Branche bzw. einer Kundenbeziehung beschränken. Einen Unterfall dieses Typus bilden die in Allgemeinen Geschäftsbedingungen zu findenden Datenschutzklauseln, in denen einzelne Unternehmen Vertragsbedingungen gegenüber ihren Kunden vorformulieren (s.u. Rdnr. 23). Eine andere Fallgruppe sind die in Betriebsvereinbarungen zu findenden Festlegungen über die Erhebung, Verarbeitung oder Nutzung von Arbeitnehmerdaten. Gegenstand der Verhaltensregeln 6

---

1 BT-Drs. 14/4329, 30.

2 *Berliner Datenschutzbeauftragter/Unabhängiges Landeszentrum für Datenschutz Schleswig-Holstein*, Neuregelungen im Datenschutz, 2001, 11.

3 *Bizer*, DuD 2001, 168.

4 Siehe zu P3P *Greß*, DuD 2001, 144 ff.; *Wenning/Koehntopp*, DuD 2001, 139 ff.; *Cavoukian* u.a. DuD 2000, 475 ff.; *Cranor*, DuD 2000, 479; *Enzmann* DuD 2000, 535 ff.; *Grimm/Roßnagel,* Weltweiter Datenschutzstandard, in Jahrbuch Telekommunikation und Gesellschaft 2000, 293 ff.

nach § 38a ist die Durchführung datenschutzrechtlicher Anforderungen, in dessen Rahmen jedoch die Anwendung technischer Standards festgelegt werden kann.

2.2 Motive für Selbstregulierung

7 Die Bedeutung der Selbstregulierung in der aktuellen Regulierungsdiskussion beruht im wesentlichen auf der Erfahrungen über die **begrenzten Steuerungswirkungen** staatlichen Rechts.[5] Die staatlichen Ressourcen sind begrenzt, die Befolgung der geltenden Rechtsvorschriften gegenüber den Verpflichteten im Einzelfall zu überprüfen und auch tatsächlich durchzusetzen (**Vollzugsdefizit**). Das Ausschöpfen von Selbstregulierungspotentialen könnte demgegenüber den Staat entlasten, insbesondere kann die Selbstverpflichtung der Normbetroffenen die **Durchsetzungskosten** staatlichen Rechts minimieren, aber auch das Vertrauen der Kunden und Nutzer in die Integrität der Datenverarbeitung und damit in die Funktionsfähigkeit der Informationsgesellschaft stärken.[6] Die Bereitschaft, selbstregulative Mechanismen auch in der Gesetzgebung zu berücksichtigen, belegt § 43 Abs. 1 Nr. 2 der **Gemeinsamen Geschäftsordnung der Bundesregierung** vom 26. Juli 2000. Danach ist in der Begründung eines Gesetzentwurfes darzustellen – und damit auch zu prüfen –, welche Gründe gegen das Ersetzen staatlicher Überwachungs- und Genehmigungsverfahren „durch eine rechtliche Selbstverpflichtung des Normadressaten“ bestehen.

8 Ein weiterer Grund für die prinzipielle Anerkennung einer Selbstregulierung ist die faktische Wirkungslosigkeit nationaler Regelungen in Fällen einer grenzüberschreitenden Datenverarbeitung (**Globalisierung**).[7] Selbstregulative Regelwerke können bspw. in weltweit tätigen Konzernen oder Branchen bereits aufgrund ihrer Homogenität einen weitaus größeren Wirksamkeitsgrad erreichen als zahlreiche divergierende nationale Regelwerke, die grenzüberschreitend häufig nicht oder nur mit Konzessionen durchgesetzt und kontrolliert werden können.[8] Zudem können verbindliche selbstregulative Anforderungen in Staaten, die über keine Datenschutzregulierung oder im Verhältnis zur Europäischen Union nur über eine Unterregulierung verfügen, das konkret gewährleistete Datenschutzniveau im Vergleich zur nationalen Regulierung anheben. Folgerichtig können verbindliche unternehmensinterne Regelungen für die Bewertung eines angemessenen Datenschutzniveaus in einem Drittstaaten als Indikator herangezogen werden (s.u. Rdnr. 19)

9 Schließlich können allgemeine Datenschutzanforderungen an die Entwicklungszyklen der Datenverarbeitungstechnik und ihrer konkreten Anwendungen im Wege der Selbstregulierung flexibler und zügiger konkretisiert und angepasst werden als dies durch eine regelmäßig erst ex post erfolgende staatliche Regulierung erreicht werden kann. Während staatliche Rechtsvorschriften erst nach ihrer Umsetzung durch die verantwortlichen Stellen wirksam sein können, spricht für eine Selbstregulierung das Interesse der Normadressaten, die von ihnen selbst entwickelten Verhaltensregeln und Standards auch selbst anzuwenden.

2.3 Einwände gegen eine Selbstregulierung

10 Während zunächst idealtypisch die staatliche Regulierung einer marktlichen Eigensteuerung gegenübergestellt wurde, konzentriert sich die moderne Regulierungsdiskussion unter Stichworten wie „**regulierte Selbstregulierung**“ oder „Co-Regulierung“ auf die Ausgestaltung der gesetzlichen Rahmenbedingungen einer Selbstregulierung.[9] Diese Entwicklung beruht

---

5 Zur staatswissenschaftlichen Diskussion im Zusammenhang mit der Datenschutzregulierung vgl. *Hoffmann-Riem*, AöR 123 (1998), 537 f.; *ders.*, DuD 1998, 684, 687; *Trute*, DVBl 1996, 950 ff.; *ders.* JZ 1998, 828; *Schoch*, VVDStRL 57 (1997), 158, 162 f.; *Kloepfer*, Gutachten, 62. DJT 1998, D, 101f.; *Pitschas* DuD 1998, 139, 148 f.; *Bull* ZRP 1998, 313; *Roßnagel/Pfitzmann/Garstka*, 153 f.

6 *BT-Enquete Neue Medien*, BT-Drs. 14/11004, 17 f.

7 *Büllesbach* in Jahrbuch Telekommunikation und Gesellschaft 2001, 269 ff.

8 *Büllesbach/Höss-Löw*, DuD 2001, 135 ff.; *Büllesbach* in Jahrbuch Telekommunikation und Gesellschaft 2000, 282 ff.; *Kranz* DuD 2001, 161 ff.; *Kranz* in: FG *Büllesbach*, 231 ff.

9 Siehe die bspw. die Beiträge in *Schneider u.a.,* Die Verwaltung 2001, Beiheft 4; *EU-Kommission*, *e*Europe. Eine Informationsgesellschaft für Alle, KOM(1999)687endg, Pkt. 3.

einerseits auf der Erkenntnis, dass die Motivation zur Selbstregulierung ohne eine staatliche Stimulierung keine ausreichende Steuerungseffekte bewirken kann.[10] Zum anderen bedarf eine Selbstregulierung schon aus verfassungsrechtlichen Gesichtspunkten einer gesetzlichen Grundlage,[11] um Eingriffe in die Rechte der Betroffenen legitimieren **(vertikale Wirkung)** und um gegenüber den Normadressaten verbindlich durchgesetzt werden zu können **(horizontale Wirkung)**.[12]

Andererseits müssen auch die **Grenzen der Selbstregulierung** gesehen werden.[13] Für den Fall 11
eines Regelungsversagens bedürfen die Rechte der Betroffenen einer subsidiären Absicherung, die nur durch eine gesetzliche Regelung der allgemeinen Datenschutzanforderungen gewährleistet werden kann. Zudem fehlt es selbstregulativen Datenschutzstandards häufig an ausreichenden Mechanismen, die den Betroffenen die **Durchsetzung** der selbstkodifizierten Rechte gewährleistet.[14] Letztlich steht und fällt die Wirksamkeit jeder Selbstregulierung mit dem materiellen Niveau ihrer Regeln, der Wirksamkeit ihrer Kontrolle und ihrer Transparenz.[15]

Eine Selbstregulierung ist nicht für jedes Geschäftsfeld und nicht für jede Branche geeignet. 12
Nicht immer kann von einem für eine Selbstregulierung ausreichenden **Koordinationsinteresse** der im Wettbewerbs stehenden Konkurrenten einer Branche ausgegangen werden.[16] Eine Konkretisierung und Präzisierung datenschutzrechtlicher Anforderungen durch Verhaltsregeln auf der Ebene eines Verbandes ist jedoch praktisch kaum möglich, ohne dass die Verbandsmitglieder ihre jeweiligen konkreten Verarbeitungsbedingungen aufdecken und rechtfertigen.

Nicht selten fehlt es den regulierenden Verbänden auch an einer ausreichenden **Durchset-** 13
zungsmacht gegenüber ihren Mitgliedern, insbesondere wenn sie mit anderen Verbänden um Mitglieder konkurrieren. Schließlich stellt sich den Unternehmen in einem durchregulierten Umfeld wie dem Datenschutz die Frage, welche **Vorteile** eine Verständigung mit den Konkurrenten über eine Auslegung unbestimmter Rechtsbegriffe oder von Ermessensspielräumen bieten kann. Regelmäßig werden die Unternehmen prüfen, ob die Anwendungskosten staatlichen Datenschutzrechts geringer sind als die einer verbandlichen Koordination einschließlich der Etablierung der für ihre Durchsetzung erforderlichen Mechanismen. Solange der Branche oder dem Unternehmen keine durchschlagenden Imageschäden drohen oder eine Kontrolle der Aufsichtsbehörden nicht zu befürchten ist, wird das Interesse an der Beteiligung der Unternehmen an der Ausarbeitung einer Selbstregulierung eher gering bleiben.

3. Gesetzgebungsgeschichte

3.1 Vorläufer

Die Regelung setzt **Art. 27 Abs. 2 EG-Datenschutzrichtlinie** um, der wiederum auf Er- 14
fahrungen aus den Niederlanden[17] und Irland zurückgeht.[18] An diese Bestimmung in der EG-Datenschutzrichtlinie anknüpfend hatte die **Enquete-Kommission** „Neue Medien" in der **13. Legislaturperiode** in ihrem Schlussbericht vom 22. Juni 1998 empfohlen, die Selbstregulierung „als Chance" für den Schutz der informationellen Selbstbestimmung zu begreifen.[19]

10 Vgl. bspw. die Studie der Federal Trade Commission (FTC), Privacy Online: Fair Information Practices in the Electronic Marketplace vom 22. Mai 2000, (http://www.ftc.gov/reports/privacy2000/ privacy2000.pdf)

11 Vgl. zu den Standesrichtlinien der Anwaltschaft BVerfGE 76, 171, 188; 87, 287, 326; *Wieland* in *Dreier*, GG-Kommentar, Band 1, 1996, Art. 12, Rdnr. 40, 96.

12 Zurückhaltend *Bizer* DuD 2001, 168.

13 Zurückhaltend *Bizer* DuD 2001, 126.

14 *Jacob/Heil*, Datenschutz im Spannungsfeld von staatlicher Kontrolle und Selbstregulierung in: FG *Büllesbach*, 2002, 213 ff.; *Bizer*, DuD 2001, 277 zur Haftung der verantwortlichen Stelle.

15 *Bizer* DuD 2001, 274, 277.

16 Auch ist sinkt aus Kostengründen seit Jahren die Bereitschaft der Unternehmen, qualifiziertes Personal für die Mitarbeit in Verbandsgremien abzustellen.

17 *Hustinx* in FG *Büllesbach* 284f berichtet von 21 Codes of Conduct in den Bereichen Banken, Versicherungen, Direktmarketing, Gesundheit und Pharmazeutische Forschung, *Overkleeft-Verburg* , 41 ff.

18 *Brühann* in GHII/*Wolf* A 30, 27 Rdnr. 1.

19 *Enquete-Kommission*, BT-Drs. 13/11004, S. 104, 108.

Im Zwischenbericht aus demselben Jahr hält der Enquete-Kommission fest, Selbstregulierung sei zwar kein Königsweg, aber sie könne „gesetzlichen Detailregelungen im Hinblick auf ihre Akzeptanz, Flexibilität und Wirtschaftlichkeit überlegen sein".[20]

15 Bereits der in der 13. Legislaturperiode eingebrachte, aber mehrheitlich abgelehnte **Gesetzentwurf** der Fraktion **Bündnis90/Die Grüne** vom 14. November 1997 enthielt in § 49 eine Regelung zur Umsetzung des Art. 27 Abs. 2 der EG-Datenschutzrichtlinie. Im Unterschied zur nun geltenden Regelung hatten die Verfasser ausdrücklich eine Veröffentlichung des Prüfungsergebnisses der Aufsichtsbehörde vorgesehen[21] (s.u. Rdnr. 64).

3.2 Entstehungsgeschichte

16 Die Regelung ist in der von der **Bundesregierung** in die Gesetzesberatungen vorgeschlagenen Fassung in Kraft getreten.[22] Der **Bundesrat** hatte in seiner Stellungnahme vorgeschlagen, in Abs. 1 als Satz 2 die Verpflichtung der vorlegenden Verbände und Vereinigung aufzunehmen, die Entwürfe der Verhaltsregeln „zu begründen und auf Verlangen gegenüber der Aufsichtsbehörde zu erläutern".[23] Die Bundesregierung ist diesem Vorschlag aber nicht gefolgt, weil sie einen gesetzlichen Regelungsbedarf nicht erkennen konnte und sich die gewünschte Klarstellung in ausreichender Weise bereits aus der Begründung zu der Regelung ergebe.[24]

17 In der **parlamentarischen Beratung** spielte die Vorschrift keine herausragende Rolle. Lediglich der Abgeordnete Jörg Tauss (MdB SPD) verwies in einer Rede vom 6. April 2001 auf die Bedeutung einer „regulierten Selbstregulierung" als einen von zehn Schwerpunkten der auf das BDSG folgenden zweiten Stufe der **Datenschutzmodernisierung**.[25] Selbstregulierung solle nicht als Systemwidrigkeit, sondern als Chance für den Schutz der informationellen Selbstbestimmung verstanden werden. Es könne nicht mehr „Regelungen für jedes Detail in jedem Prozess geben und erst recht nicht durchgesetzt werden". Allerdings setzten Mechanismen der Selbstregulierung gesetzliche Rahmenbedingungen für den Fall ihres Versagens voraus. Der Abgeordnete empfahl eine Orientierung an den Erfahrungen anderer Staaten.

18 Für die geplante **Modernisierung des Datenschutzes** ist der Selbstregulierung eine tragende Rolle zugedacht und von den Gutachtern ein differenziertes Regelungskonzept entworfen worden, das über die derzeit geltende Regelung hinausgeht.[26] Der **Deutsche Bundestag** hat noch in der 14. Legislaturperiode mit den Stimmen der Regierungskoalition in einer Entschließung vom 4. Juli 2002 zur Modernisierung des Datenschutzes auf die große Bedeutung der Selbstregulierung für einen neuen Datenschutz hingewiesen und als Beispiel u.a. auf „die Konkretisierung der gesetzlichen Grundsätze durch branchen- oder unternehmensspezifische Selbstverpflichtungen" hingewiesen.[27] Der Gesetzgeber müsse für diese Regelsetzung „einen gesetzlichen Rahmen vorgeben, um den Mindeststandard zum Schutz der Betroffenen zu gewährleisten und die Selbstregulierung zu entlasten". Der entscheidende Anreiz für Branchen, Verbände oder Unternehmen, eigene, durch Kontrollstellen anerkannte Verhaltensregeln zu erstellen, bestünde in der Möglichkeit, „die zu konkretisierenden Gesetzesvorgaben selbstständig und auch verbindlich auszugestalten".

---

20 *Enquete-Kommission*, BT-Drs. 13/11002, S. 104.
21 BT-Drs. 13/9082.
22 BT-Drs. 14/4329, S. 19.
23 BT-Drs. 14/4329, S. 58.
24 BT-Drs. 14/4458, S. 2.
25 BT-Prot. 14/165, vom 6. April 2001, S. 16 181; Siehe auch *Tauss*, Modernisierung des Datenschutzrechts – Eine Art Zwischenbilanz in FG *Büllesbach* 2002, 115, 125 f.
26 *Roßnagel/Pfitzmann/Garstka*, 153 ff.; *Bizer* DuD 2001, 168.
27 BT-Drs. 14/9709, Beschluss vom BT-Prot. 14/248 vom 4. Juli 2002, 25 195 (D).

4. Verhältnis zu anderen Regelungen

4.1 Regelungen des BDSG

19 Neben § 38a sind im deutschen Datenschutzrecht Mechanismen der Selbstregulierung in der Regelung über den **Datentransfer in Drittstaaten** implementiert. Nach § 4c Abs. 2 Satz 1 BDSG kann die zuständige Aufsichtsbehörde eine Übermittlung in einen Drittstaaten auch ohne ein angemessenes Datenschutzniveau genehmigen.[28] Das Fehlen eines angemessenen Datenschutzniveaus muss in diesem Fall aber durch „ausreichende Garantien" für den Schutz des Persönlichkeitsrechts und der Ausübung der damit verbundenen Rechte gewährleistet werden, die sich „insbesondere aus Vertragsklauseln oder **verbindlichen Unternehmensregelungen** ergeben" können. Unter derartigen Regelungen sind vor allem standortübergreifende Regelungen internationaler Konzerne zu verstehen.[29] Im Unterschied zu § 38a handelt es sich aber nicht um Vereinbarungen von Berufsverbänden oder sonstigen Vereinigungen.

20 Ein anderer gesetzlich geregelter Anwendungsfall von Verhaltensregeln ist das in § 41 Abs. 1 Satz 1 BDSG geregelte **Medienprivileg**. Nach dieser Regelung haben die Länder mit Rücksicht auf Art. 5 Abs. 1 GG in ihrer Gesetzgebung vorzusehen, dass für die Erhebung, Verarbeitung und Nutzung personenbezogener Daten durch die Presse zu eigenen journalistisch-redaktionellen oder literarischen Zwecken „den §§ 5, 9 und § 38a BDSG entsprechende Regelungen" zur Anwendung kommen.[30] Die Regelung verweist also lediglich auf die von der Presse nach § 38a noch zu erlassenden Verhaltensregeln, ohne sie zu einem Erlass entsprechender Normen zu verpflichten.

21 Verhaltensregeln nach § 38a sind ebenso Instrumente der Selbstregulierung wie das in § 9a vorgesehene **Datenschutzaudit**.[31] Nach der gesetzlichen Konstruktion unterscheiden sich Datenschutzaudit und Verhaltensregeln zum einen nach den Normadressaten und zum anderen nach ihrer Funktion. Verhaltsregeln nach § 38a können Gegenstand eines Audits sein, sofern sie von der verantwortlichen Stelle in ihr Datenschutzkonzept integriert worden sind. Während das Datenschutzaudit die Ergebnisse einer Verbesserung für den Datenschutz und die Datensicherheit eines Anbieters oder einer verantwortlichen Stelle transparent macht, konkretisieren Verhaltensregeln nach § 38a datenschutzrechtliche Anforderungen berufs- oder gruppenspezifisch, in jedem Fall unternehmensübergreifend.

22 Unter dem Gesichtspunkt der Prävention ist die Vorlage und Prüfung von Entwürfen der Verhaltensregeln nach § 38a mit der in § 4d Abs. 5 f. vorgesehenen **Vorabkontrolle** zu vergleichen.[32] Allerdings ist Gegenstand der Vorabkontrolle ein automatisiertes Verfahren, das durch den betrieblichen Datenschutzbeauftragten nach Eingang der Verfahrensmeldungen geprüft wird. Demgegenüber sind Gegenstand des Verfahren nach § 38a Regelungsentwürfe, die durch die Aufsichtsbehörde geprüft werden. Während die Vorabkontrolle der Risikominimierung gilt, erfolgt die Prüfung der Verhaltensregeln auf Rechtskonformität.

4.2 Andere Regelungen

23 Verhaltensregeln in Sinne des § 38a sind keine **Allgemeinen Geschäftsbedingungen** im Sinne des § 305 Abs. 1 BGB, die ein Verwender der anderen Vertragspartei als Vertragsbedingungen für eine Vielzahl von Verträgen vorformuliert.[33] Verhaltensregeln richten sich an die Mitglieder der sie vorlegenden Berufsverbände und Vereinigungen, aber nicht an deren Vertragsparteien. Allerdings können Verhaltensregeln so formuliert werden, dass sie von

---

28 Dazu § 4c Rdnr. 24 ff-

29 *Bundesregierung,* BT-Drs. 14/4329, 35; Vgl. *Büllesbach/Höss-Löw* DuD 2001, 135 ff. *Gackenholtz*, DuD 2000, 727, 731 f.; *Brühann*, Selbstregulierungsinstrumente zur Liberalisierung des Datenexportes, in FG *Büllesbach* 2002, 289, 293 ff.

30 Dazu § 41 Rdnr. 27. Mehr als der Pressekodex (vgl. DuD 1998, 102) ist bislang nicht verabschiedet worden; Näher *Walz*, EG-Datenschutzrichtlinie und Selbstregulierung, in FG *Büllesbach* 2002, 301, 304.

31 Zum Audit siehe § 9a Rdnr. 3.

32 Dazu § 4c Rdnr. 24 ff.

33 *Büllesbach/Höss-Löw*, DuD 2001, 137.

den Mitgliedern der Verbände und Vereinigungen in ihre jeweiligen Allgemeinen Geschäftsbedingungen übernommen werden.[34]

24 Verhaltsregeln nach § 38a sind keine **technischen Standards**, sie können aber auf technische Standards Bezug nehmen und ihre Anwendung als Gegenstand von Verhaltenspflichten vorschreiben. Beispielsweise könnte ein Berufsverband seine Mitglieder verpflichten, den vom W3C-Konsortium entwickelten P3P als Standard zur Darstellung von Datenschutzerklärungen zu verwenden.[35]

25 **Betriebsvereinbarungen** nach § 77 Abs. 2 BetrVG sind zwar Instrumente der Selbstregulierung, aber keine Verhaltensregeln nach § 38 a, weil sie nicht homogen von einem Berufsverband oder einer anderen Vereinigung verantwortlicher Stellen formuliert werden (s. o. Rdnr. 5).

4.3 Internationales Datenschutzrecht

26 Die Regelung in § 38a setzt Art. 27 Abs. 2 EG-Datenschutzrichtlinie um, die wiederum auf Erfahrungen aus den Niederlanden[36] und Irland zurückgeht.[37] Art. 27 Abs. 1 **EG-Datenschutzrichtlinie** enthält eine allgemeine Verpflichtung der Mitgliedstaaten, die Ausarbeitung von Verhaltsregeln nach Maßgabe der Besonderheiten der einzelnen Bereiche zu fördern.[38] Die Regelung verpflichtet die Mitgliedstaaten zu einer konstruktiven und kooperativen Haltung.[39] Diese Anforderung ist zum einen durch die Möglichkeit umgesetzt, durch eine aufsichtsbehördliche Prüfung nach § 38a Rechtsicherheit über die datenschutzrechtliche Konformität zu erhalten. Zum anderen verpflichtet das Verwaltungsverfahrensrecht die Aufsichtsbehörden, die am Verwaltungsverfahren Beteiligten (s.u. Rdnr. 55 ff.) und damit auch die vorlegenden Verbände und Vereinigungen zu beraten.[40] Die EG-Datenschutzrichtlinie untersagt den Mitgliedstaaten nicht, die verantwortlichen Stellen zur Vorlage von Verhaltensregeln zu verpflichten. Auch ist es dem Gesetzgeber nicht versagt, Verhaltensregeln für allgemein verbindlich zu erklären.[41]

27 Entwürfe **Gemeinschaftlicher Verhaltensregeln** im Datenschutz, deren Anwendungsbereich also über einen Mitgliedstaat hinaus geht, können nach Art. 27 Abs. 3 EG-Datenschutzrichtlinie der Art. 29-Gruppe zur Prüfung unterbreitet werden. Das Verfahren ist in dem Arbeitspapier 13 der Art. 29 Gruppe vom 10. August 1998 geregelt.[42] Erste Entwürfe befinden sich seit Mitte 2002 in der Prüfung.[43]

28 Rechtsnormen über Verhaltenskodizes sieht insbesondere Art. 16 **E-Commerce-Richtlinie** 2000/31/EG vor, wonach Handels-, Berufs- und Verbraucherverbände ermutigt werden sollen, auf Gemeinschaftsebene Verhaltenskodizes aufzustellen, die „zur sachgemäßen Anwendung" der Regelungen dieser Richtlinie beitragen (Art. 16 Abs. 1a E-Commerce-Richtlinie). Im Unterschied zu Art. 27 EG-Datenschutzrichtlinie haben die Dienstanbieter gegenüber ihren Kunden nach Art. 10 Abs. 2 der E-Commerce-Richtlinie alle einschlägigen Verhaltskodizes anzugeben, denen sie sich unterwerfen. Sie müssen ferner ihre Kunden darüber informieren, auf welche Weise diese Kodizes zugänglich sind. Diese Verpflichtung ist in Deutschland

34 Zur rechtskonformen Gestaltung von Datenschutzklauseln *Heidemann-Peuser*, DuD 2002, 389 ff.
35 S. o. Fußn. 6.
36 *Hustinx* in FG *Büllesbach,* 284f berichtet von 21 Codes of Conduct in den Bereichen Banken, Versicherungen, Direktmarketing, Gesundheit und Pharmazeutische Forschung, *Overkleeft-Verburg,* 41 ff.; dazu Einl., Rdnr. 130.
37 *Brühann* in GHII/*Wolf* A 30, Art. 27 Rdnr. 1; *Jacob/Heil* in: FG *Büllesbach*,217 dort auch eine Übersicht über die Umsetzung in anderen Mitgliedstaaten. Nach der britischen Regelung geht die Initiative nicht von den Verbänden, sondern dem Comissioner aus.
38 Siehe auch Erwägungsgrund 61.
39 Vgl. *Dammann/Simitis*, EG-Datenschutzrichtlinie, Art. 27, Rdnr. 4.
40 § 25 VwVfG und den entsprechenden Regelungen der Länder. Siehe aber auch § 43 LDSG SH.
41 *Dammann/Simitis*, EG-Datenschutzrichtlinie, Art. 27 Rdnr. 6; Ein entsprechender Vorschlag bei *Roßnagel/ Pfitzmann/Garstka*, 163 f.
42 http://europa.eu.int/comm/internal_market/en/dataprot/wpdocs/wp13de.pdf.
43 *Jacob/Heil* in FG *Büllesbach*, 217.

durch § 3 Nr. 5 der BGB-Informationspflichten-Verordnung vom 2. Januar 2002 in nationales Recht umgesetzt worden.[44]

Einen Modellvorschlag für Verhaltensregeln hat das Ministerkomitee des **Europarats** am 23. Februar 1999 in Form von Empfehlungen zum Schutz personenbezogener Daten im Internet R(99)5 beschlossen. Das Dokument enthält in einem Anhang „Leitlinien für den Schutz der Privatsphäre im Internet", die von den Dienstanbietern eine umfassende Aufklärung der Nutzer über mit ihren Diensten verbundene Risiken verlangen und die Nutzer zu Maßnahmen des Selbstschutzes auffordern.[45] Mit ihrer unmittelbaren Adressierung an Dienstanbieter und Nutzer haben die Leitlinien den Charakter eines Appells jenseits gesetzlicher Verpflichtungen der Mitgliedstaaten. 29

Die Empfehlungen des Rates der **OECD** über „Leitlinien für den Schutz des Persönlichkeitsbereiches und den grenzüberschreitenden Verkehr personenbezogener Daten" vom 23. September 1980[46] verpflichten unter Ziff. 19 Satz 2 b) die Mitgliedstaaten „die Selbstregulierung zu fördern und zu unterstützen, sei es in Form eines Verhaltenskodex oder in anderer Weise". Dabei ist die Selbstregulierung nach dem Verständnis der Leitlinien einer nationalen Regulierung durchaus gleichwertig (Nr. 19 Satz 1).[47] In der Ministererklärung der OECD über den Datenschutz in Globalen Netzwerken von 1998 wird die Bedeutung der Selbstregulierung für die Umsetzung der Leitlinien von 1980 wiederholt.[48] Zur praktischen Unterstützung der Unternehmen hat die OECD zudem im Jahr 2000 einen „Privacy-Policy-Generator" entwickelt und bereitgestellt, der ihnen eine Übersicht über die im Unternehmen erfolgte Datenverarbeitung ermöglichen sollen.[49] Eine behördliche Überprüfung der mit Hilfe dieses Instruments erstellten Privacy Policies ist nicht vorgesehen. 30

Unternehmensübergreifend wird schließlich seit Ende der 90er Jahre national in der **Initiative D 21** und international im **Global Business Dialogue** an selbstregulativen Instrumenten auch zum Datenschutz gearbeitet. Im Global Business Dialogue sind bislang recht allgemein gefasste Basisprinzipien zum Datenschutz verabschiedet worden.[50] Im Rahmen der Initiative D21 sind Qualitätskriterien für Gütesiegelanbieter u.a. zum Datenschutz und der Datensicherheit entwickelt worden, die im Wege der Selbstverpflichtung verbindlich werden sollen.[51] 31

5. Vorlage von Verhaltensregeln (Abs. 1)

Abs. 1 der Vorschrift sieht vor, dass Berufsverbände (s.u. Rdnr. 33) und andere Vereinigungen, die bestimmte Gruppen von verantwortlichen Stellen vertreten (s.u. Rdnr. 35), Entwürfe für Verhaltensregeln (s.u. Rdnr. 39 ff.) zur Förderung der Durchführung von datenschutzrechtlichen Regelungen (s.u. Rdnr. 42 ff.) der zuständigen Aufsichtsbehörde (s.u. Rdnr. 49) unterbreiten können (s.u. Rdnr. 46 f.). 32

5.1 Normadressaten

Verhaltensregeln können nach Abs. 1 von Berufsverbänden und Vereinigungen vorgelegt werden, die bestimmte Gruppen von verantwortlichen Stellen vertreten. Solche Verbände und Vereinigungen sind Zusammenschlüsse von Personen oder Gruppen mit **gleichgerichteten Zielen**, die bereichsspezifische Verhaltensregeln formulieren können. Die Regelung richtet sich nicht an Verbraucherschutz- oder Datenschutzorganisationen in ihrer Eigenschaft 33

44 BGBl. I S. 342, 344.
45 *Jacob/Heil* in FG *Büllesbach*, 215.
46 OECD Dokument C(80)58(final), BAnz. Nr. 215 vom 14. November 1981.
47 Siehe Einl. Rdnr. 174.
48 Siehe Einl. Rdnr. 175.
49 http://cs3-hq.oecd.org/scripts/pwv3/pwhome.htm; Siehe *Carblanc*, Building brigdes between different approaches of privacy, in FG *Büllesbach*, 316 f.
50 Protection of Personal Data vom 26. September 2000; *Cowles*, The Global Business Dialogue on e-commerce, TA-Datenbank-Nachrichten, 4/2001, 70 ff.
51 *Rieß*, DuD 2002, 534 f.

als Vertreter der Verbraucher oder Betroffenen. Die Regelung richtet sich auch **nicht** an einzelne **Unternehmen**. Diese können aber die Entwürfe ihrer unternehmensinternen Verhaltensregeln der zuständigen Aufsichtsbehörde vorlegen, die diese nach den allgemeinen Regeln des Verwaltungsverfahrensrechts zu beraten hat.[52]

5.1.1 Berufsverbände

34 In **Berufsverbänden** sind Personen zusammengeschlossen, die einer bestimmten Berufsgruppe angehören. Beispiele sind Rechtsanwälte, Ärzte, Wissenschaftler, Detektive, Meinungsforscher etc. Die Regelung richtet sich vor allem an Berufsverbände, deren Mitglieder in ihrer beruflichen Tätigkeit personenbezogene Daten verarbeiten und entweder selbst verantwortliche Stellen nach § 3 Abs. 2 sind und in einer solchen Stelle beschäftigt sind oder sein können. Unerheblich ist, ob der Berufsverband die Gesamtheit der Mitglieder der Berufsgruppe **repräsentativ** vertritt.[53] Im Mittelpunkt steht die Rechtskonformität jeder einzelnen Verhaltensregel, aber nicht ihre Repräsentativität.

5.1.2 Sonstige Vereinigungen

35 Neben den Berufsverbänden sind auch „**andere Vereinigungen,** die bestimmte Gruppen von verantwortlichen Stellen vertreten**“**, Normadressat. Mit der Formulierung der „anderen Vereinigungen“ grenzen sich diese Vereinigungen von den Berufsverbänden ab. In der Regel wird es sich um Vereinigungen handeln, in der Unternehmen Mitglied sind.

36 Ausweislich der Verwendung der Formulierung einer „**bestimmten Gruppe**“ muss die Vereinigung eine gewisse **Homogenität** aufweisen. Dies ist regelmäßig bei Vereinigungen einer Branche oder eines Geschäftszweiges der Fall. Beispiele sind Vereinigungen von Versicherungen[54] (Krankenversicherungen[55] etc.), Kreditauskunfteien, Stellenvermittler,[56] Direktmarketing,[57] Adresshändler, Transportunternehmen oder Hauseigentümern. Bedeutung können Verhaltensregeln auch im Forschungsbereich bspw. für die medizinische Forschung oder aber die Markt- und Meinungsforschung gewinnen.[58]

37 Die Vereinigung müssen bestimmte Gruppen von **verantwortlichen Stellen** nach § 3 Abs. 7 vertreten. Gruppenmitglieder, die nicht selbst personenbezogene Daten erheben, verarbeiten oder nutzen oder diese in Auftrag geben, können keine Vereinigung im Sinne von § 38a Abs. 1 sein. Bei dem sich aus § 3 Abs. 7 ergebende Ausschluss der Auftragnehmer einer Datenverarbeitung nach § 11 muss es sich um ein Redaktionsversehen handeln, weil gemeinsame Verhaltensregeln auch für diese Gruppe der Anbieter eines Outsourcing sinnvoll und interessengerecht ist.

38 Die Vereinigung muss eine **bestimmte Gruppe** von verantwortlichen Stellen vertreten. **Vertreten** bedeutet nicht, dass die Vereinigung alle Unternehmen der Branche vertreten muss. Es ist ausreichend, wenn die Vereinigung eine Mehrheit der Mitglieder der bestimmten Gruppe vertritt.[59] Im Unterschied zu Berufsverbänden setzt die Regelung also eine **Interessenrepräsentanz** für eine bestimmte Gruppe voraus. Allerdings sind die Anforderungen an die Merkmale einer zu vertretenen Gruppe nicht näher festgelegt. Die Gruppe der vertretenen Mitglieder muss lediglich nach allgemeinen typisierenden Merkmalen gegenüber anderen abgegrenzt werden können. Neben der Branche oder dem Geschäftszweig können sich solche

---

52 § 25 VwVfG und den entsprechenden Regelungen der Länder. Siehe aber auch § 43 LDSG SH.
53 Frühere Überlegungen der Kommission haben in der EG-Datenschutzrichtlinie keinen Niederschlag gefunden, siehe. *Dammann/Simitis*, EG-Datenschutzrichtlinie, Art. 27 Rdnr. 11; *Ehmann/Helfrich*, EG-Datenschutzrichtlinie, Art 27 Rdnr. 12.
54 Gesamtverband der Versicherungswirtschaft e.V. (GDV)
55 *Walz* in FS *Simitis*, S. 461; *Dammann/Simitis*, EG-Datenschutzrichtlinie, Art. 27 Rdnr. 11.
56 *Dammann/Simitis*, EG-Datenschutzrichtlinie, Art. 27 Rdnr. 11.
57 *Walz* in FS *Simitis,* S. 461; *Berghoff*, RDV 2002, 79 zum Deutschen Direktmarketingverband.
58 Vgl. *Bizer*, Forschungsfreiheit und informationelle Selbstbestimmung 1992, 237 ff.
59 *Dammann/Simitis*, EG-Datenschutzrichtlinie, Art. 28 Rdnr. 11.

Merkmale nach dem Sitz der Gruppenmitglieder, der Höhe ihres Umsatzes oder der Zahl der Beschäftigten u.a. richten.

5.2 Verhaltensregeln

Gegenstand der Regelung sind **Verhaltensregeln** zur Förderung der Durchführung von datenschutzrechtlichen Regelungen. Solche Regelungen sind Vorschriften, denen sich die Mitglieder der Normadressaten **freiwillig** unterwerfen. Welche Folgen sich aus einem Verstoß gegen die Verhaltsregeln ergeben, folgt aus den Rechtsbestimmungen über das Verhältnis zwischen Berufsverband bzw. Vereinigung und seinem Mitglied. Datenschutzrechtlich ist das Mitglied jedenfalls nicht gehindert, die Verhaltensregeln nicht anzuwenden und ein eigenes Datenschutzkonzept zu verfolgen, solange dies nicht gegen die datenschutzrechtlichen Vorschriften verstößt. 39

Verhaltensregeln sind kein staatlich gesetztes Recht und daher **ohne eine allgemeine Rechtsverbindlichkeit**.[60] Sie können zwingende Regelungen des Datenschutzes weder ändern noch von ihrer Umsetzung dispensieren,[61] sondern müssen sich im Rahmen der rechtlichen Bestimmungen halten. Ihre Verbindlichkeit beschränkt sich auf das Rechtsverhältnis zwischen Mitglied und Verband bzw. Vereinigung. Damit enthält § 38a ebenso wie Art. 27 EG-Datenschutzrichtlinie „Softlaw zur Erzeugung von soft law",[62] das jedoch für die Anwendung des Hardlaw von Bedeutung ist (s. Rdnr. 3, 56). 40

Gegenüber dem Betroffenen können Verhaltsregeln nur Rechtwirkungen entfalten, wenn sie von dem jeweiligen Mitglied des Berufsverbandes bzw. der Vereinigung ihm gegenüber angewendet werden. Dies ist der Fall, wenn das Mitglied die in der Verhaltensregeln festgelegten Modalitäten bspw. über die Unterrichtung nach § 4 Abs. 3 gegenüber dem Betroffenen umsetzt. Der Betroffene selbst hat in der Regel keinen Rechtsanspruch gegen das Mitglied auf Umsetzung der Verhaltensregeln des Berufsverbandes oder der Vereinigung. Übernimmt das Mitglied die Verhaltensregeln oder Teile davon in seine Allgemeinen Geschäftsbedingungen, dann sind sie nur in diesem Umfang gegenüber den Betroffenen verbindlich (s.o. Rdnr. 23). 41

5.3 Zur Durchführung datenschutzrechtlicher Regelungen

Abs. 1 gilt nur für Verhaltensregeln zur „Förderung der Durchführung von datenschutzrechtlichen Regelungen". Die EG-Datenschutzrichtlinie beschreibt den Gegenstand der Verhaltensregeln in Art. 27 Abs. 1 „nach Maßgabe der Besonderheiten der einzelnen Bereiche zur ordnungsgemäßen Durchführung der einzelstaatlichen Vorschriften". **Datenschutzrechtliche Regelungen** sind nicht nur die Vorschriften des BDSG, sondern alle Regelungen über das Erheben, Verarbeiten und Nutzen personenbezogener Daten einschließlich ihrer Verarbeitung in Akten. Anhaltspunkte bieten die in § 1 Abs. 3 genannten Regelungen. Verhaltensregeln können auch die Durchführung untergesetzlicher Regelungen einbeziehen, soweit sie datenschutzrechtliche Regelungen konkretisieren. Dies können bspw. Sicherheitsmaßnamen zum Schutz personenbezogener Daten der Fall sein. 42

Durchgeführt werden diese Bestimmungen, wenn sie auf einzelne Sachverhalte angewendet werden. Die Verhaltensregeln **konkretisieren und präzisieren** die aus dem Datenschutzrecht resultierenden Handlungs- und Unterlassungspflichten auf eine branchen- und praxisnahe Weise, so dass sie von den Verbandsmitgliedern auch gut umgesetzt werden können. Auf diese Weise wird die Durchführung datenschutzrechtlicher Bestimmungen **gefördert**. 43

Beispiele sind die Auslegung einzelner Erlaubnistatbestände, nach denen personenbezogene Daten verarbeitet werden dürfen, die anwendungsbezogene Konkretisierung unbestimmter Rechtsbegriffe und die Präzisierung von Abwägungsklauseln durch **Fallgruppen**. Verhaltensregeln können sich aber auch durch **stärkere Garantien** gegenüber den Betroffenen 44

60 *Dammann/Simitis*, EG-Datenschutzrichtlinie, Art. 27, Rdnr. 1; *Weber*, DuD 1995, 702.
61 *Brühann* in GHII/*Wolf* A 30, Art. 27 Rdnr. 8.
62 So *Dammann/Simitis*, EG-Datenschutzrichtlinie, Art. 27, Rdnr. 1.

auszeichnen als sie im staatlichem Datenschutzrecht vorgesehen sind.[63] Denkbar sind Verhaltensregeln, die **verfahrensrechtliche Vorkehrungen** wie die Unterrichtung.[64] Benachrichtigung oder Auskunftserteilung oder **technisch und organisatorische Maßnahmen** konkretisieren. Sie können von der Einbindung des betrieblichen Datenschutzbeauftragten in die Entscheidungsprozesse eines Unternehmens[65] bis zu den in bestimmten Fällen anzuwendenden Maßnahmen der Datensicherheit reichen.

45 **Weitere Regelungsgegenstände** zur Förderung der Durchführung des Datenschutzrechts können Regeln zur Formulierung von Einwilligungserklärungen sein, die Anforderungen an eine gruppenspezifische Aufklärung von Erhebungsgruppen mit spezifischen Fähigkeiten (Patienten, Behinderte, Jugendliche, Senioren, Ausländer etc.), die Anonymisierung[66] und Pseudonymisierung personenbezogener Daten, den Einsatz eines Datentreuhänders,[67] die Auswahl und Gestaltung datensparsamer und datenvermeidender Techniken, die Festlegung von Prüf- und Löschungsfristen oder den Einsatz und die Transparenz einer Videoüberwachung. Zahlreiche Anwendungsfelder für Verhaltensregeln bietet das Angebot von Onlinediensten (Tele-, Medien-, Rundfunkdienste) bspw. bezüglich der verdeckten Erhebung personenbeziehbarer Daten (Cookies), das automatisierte Auslesen von Kennungen, die technische Authentifizierung des Anbieters etc.

5.4 Vorlage von Entwürfen

46 Berufsverbände und Vereinigungen dürfen den Aufsichtsbehörden nur **Entwürfe** von Verhaltensregeln vorlegen. Bereits in Kraft gesetzte Verhaltsregeln unterliegen der Kontrolle der Aufsichtsbehörde nach § 38, aber nicht dem Vorlageverfahren nach § 38 a. Vorgelegt werden können auch Vorschläge zur „Änderungen oder Verlängerung" von Verhaltensregeln wie sich unter richtlinienkonformer Auslegung aus Art. 27 Abs. 2 Satz 1 EG-Datenschutzrichtlinie ergibt. Nach der Gesetzesbegründung sind die Entwürfe „in rechtlicher, technischer und organisatorischer Hinsicht ausreichend zu begründen und auf Verlangen der Aufsichtsbehörde zu erläutern" (s.a. Rdnr. 16).[68]

47 Aus der Vorlage von Entwürfen ergibt sich ein **zweistufiges Verfahren**: Auf die Ausarbeitung des Entwurfes einer Verhaltensregel folgt seine Vorlage und Prüfung nach § 38a. Dem Berufsverband bzw. der Vereinigung bleibt es vorbehalten, die geprüfte Verhaltensregel (s.u. Rdnr. 52 ff.) nach seinen Statuten gegenüber den Mitgliedern in Kraft zu setzen, zu verändern oder als Entwurf zu belassen.

48 Die **Initiative** zur Vorlage von Entwürfen der Verhaltsregeln liegt bei den Berufsverbänden bzw. den Vereinigungen als Normadressaten (s.o. Rdnr. 33) der Regelung. Es besteht keine Pflicht zur Ausarbeitung von Verhaltensregeln (s.o. Rdnr. 39) noch zu ihrer Vorlage. Die Berufsverbände und Vereinigungen können also auch Verhaltensregeln vereinbaren, ohne diese der zuständigen Aufsichtsbehörde vorzulegen.

49 Der Entwürfe von Verhaltensregelungen sind der „**zuständigen Aufsichtsbehörde**" vorzulegen. Sachlich zuständig ist die Aufsichtsbehörde nach § 38 Abs. 1. Welche Aufsichtsbehörde örtlich zuständig ist, richtet sich nach den nach § 38 Abs. 6 erlassenen landesrechtlichen Regelungen. Maßgeblich für die örtliche Zuständigkeit ist der Sitz des Berufsverbandes bzw. der Vereinigung. Wird ein Entwurf einer unzuständigen Aufsichtsbehörde vorgelegt, dann hat diese den vorlegenden Berufsverband bzw. Vereinigung im Rahmen ihrer Verpflichtung nach § 25 VwVfG bzw. den entsprechenden Landesregelungen, an die zuständige Aufsichtsbehörde zu verweisen.

---

63 *Bizer,* DuD 2001, 168.
64 *Brühann* in GHII/*Wolf* A 30, Art. 27 Rdnr. 8.
65 Vgl. bspw. Nitsche, Datenschutz bei einem Finanzdienstleister, DuD 2001, 164, 165 f.
66 Erwägungsgrund 26 der EG-Datenschutzrichtlinie.
67 *Bizer,* DuD 1999, 392 ff.
68 BT-Drs. 14/4329, S. 46.

6. Prüfung der Verhaltensregel (Abs. 2)

Nach Abs. 2 überprüft (s.u. Rdnr. 52) die Aufsichtsbehörde (s.u. Rdnr. 51) die Vereinbarkeit der ihr unterbreiteten Entwürfe mit dem geltenden Datenschutzrecht (s.u. Rdnr. 54) in einem förmlichen Verwaltungsverfahren (s.u. Rdnr. 55) 50

6.1 Normadressat

Normadressat ist die zur Prüfung verpflichtete örtlich zuständige Aufsichtsbehörde nach § 38. Welche Behörde für einen vorlegende Berufsverband oder Vereinigung in einem Bundesland zuständig ist, richtet sich gemäß § 38 Abs. 6 nach Landesrecht (s.o. Rdnr. 49). 51

6.2 Prüfungspflicht

Die zuständige Aufsichtsbehörden kann eine Prüfung von Verhaltsregeln nicht ablehnen, da Abs. 2 sie zur Prüfung **verpflichtet**.[69] Die Verpflichtung zur Prüfung soll verhindern, dass sich Berufsverbände und Vereinigungen interne Verhaltsregeln geben, die im Widerspruch zu den gesetzlichen Regelungen stehen.[70] Die Prüfungspflicht dient mit anderen Worten der Rechtskonformität von Verhaltensregeln. 52

Gegenstand der Prüfung sind **Entwürfe** von Verhaltsregeln. Darunter fallen auch Entwürfe für Änderungen oder Verlängerungen bereits bestehender Verhaltsregeln. Bereits verabschiedete Verhaltsregeln unterliegen nicht der Prüfung nach § 38a Abs. 2, sondern der Aufsicht nach § 38 Abs. 1 Satz 1 BDSG (s.o. Rdnr. 46). 53

Maßstab der Prüfung ist nach Abs. 2 das „geltende Datenschutzrecht". Die Prüfung erstreckt sich damit auf das gesamte für die Anwendung der Verhaltsregeln einschlägige materielle Datenschutzrecht und nicht nur die Bestimmungen des BDSG (s.o. Rdnr. 42). Der Umfang der Prüfung wird durch die erhöhten Anforderungen an die Begründung der vorgelegten Entwürfe verdeutlicht, die „in rechtlicher, technischer und organisatorischer Hinsicht ausreichend zu begründen" sind.[71] 54

6.3 Verwaltungsverfahren

Die Prüfung der Vereinbarkeit ist ein **Verwaltungsverfahren**, das mit der Vorlage des Entwurfes der Verhaltensregel beginnt und mit der Feststellung der Vereinbarkeit bzw. ihrer Unvereinbarkeit mit dem Datenschutzrecht endet. Das positive Ergebnis dieser Prüfung ist als eine Art „Unbedenklichkeitsattest" der vorgelegten Verhaltensregel zu verstehen.[72] 55

Die Feststellung der Vereinbarkeit bzw. der Unvereinbarkeit ist ein **feststellender Verwaltungsakt**, an dessen Inhalt nicht nur die Verfahrensbeteiligten, sondern auch die übrigen Behörden nach den allgemeinen Regeln des Verwaltungsverfahrensrechts gebunden sind.[73] Die Rechtwirkungen einer solchen Feststellung geht über eine bloße Selbstbindung der Aufsichtsbehörde hinaus.[74] 56

Die Feststellung der Vereinbarkeit ist gegenüber dem beteiligten Berufsverband bzw. der Vereinigung ein **begünstigender Verwaltungsakt**, weil er ihnen und seinen Angehörigen gegenüber Rechtssicherheit herstellt.[75] Die Aufsichtsbehörde kann die Feststellung der Vereinbarkeit nach § 36 Abs. 2 Nr. 1 VwVfG zeitlich befristen, wenn es hierfür Gründe gibt. Praktikabler ist es, die Feststellung an eine **auflösende Bedingung** einer Änderung des einschlägigen Datenschutzrechts einschließlich einer gegenüber dem Zeitpunkt der Feststellung 57

---

69 BT-Drs. 14/4329, S. 46.
70 BT-Drs. 14/4329, S. 46.
71 BT-Drs. 14/4329, S. 46.
72 *Dammann/Simitis*, EG-Datenschutzrichtlinie, Art. 27, Rdnr. 5.
73 Zur Tatbestandswirkung des feststellenden Verwaltungsaktes *Wolff/Bachof/Stober,* Verwaltungsrecht I § 48, Rdnr. 7 f.
74 Anders zu Art. 27 EG-Datenschutzrichtlinie *Brühann* in GHII/*Wolf* A 30, Art. 27 Rdnr. 11.
75 *Berliner Beauftragter für Datenschutz und Informationsfreiheit/Unabhängiges Landeszentrum für Datenschutz*, Neuregelungen im Bundesdatenschutzgesetz 2001,11.

veränderten Rechtsprechung zu binden (§ 36 Abs. 2 Nr. 2 VwVfG). Als Verwaltungsakt kann die Feststellung unter den gesetzlichen vorgeschriebenen Voraussetzungen zurückgenommen (§ 48 Abs. 1 Satz 2 VwVfG) oder widerrufen (§ 49 Abs. 2 VwVfG) werden.

6.3.1 Beteiligung der Betroffenen

58 Über die **Anhörung** der von der Verhaltensregel **Betroffenen** entscheidet nach Art. 27 Abs. 2 Satz 3 EG-Datenschutzrichtlinie die zuständige Stelle, wenn „ihr dies als angebracht erscheint". Der deutsche Gesetzgeber hat diese Regelung nicht in das Datenschutzrecht übernommen, so dass das allgemeine Verwaltungsverfahrensrecht zur Anwendung kommt. Ein Anhörungsrecht der Betroffenen nach § 28 Abs. 1 Satz 1 VwVfG scheidet aus, weil die Verhaltensregeln auch nach der Feststellung der Rechtmäßigkeit durch die Aufsichtsbehörde (noch) nicht in die Rechte des Betroffenen eingreift. Ob und wann die Verhaltensregeln gegenüber den Verbandsmitgliedern in Kraft treten und damit gegenüber den Betroffenen Rechtswirkungen entfalten können, bleibt nach der Feststellung der Rechtmäßigkeit der Entscheidung des Berufsverbandes bzw. der Vereinigung vorbehalten (s.o. Rdnr. 47).

59 Die Betroffenen können allerdings in Einzelfällen als **Verfahrensbeteiligte** beigeladen werden. Nach § 13 Abs. 2 Satz 1 VwVfG kann die Aufsichtsbehörde nämlich „von Amts wegen oder auf Antrag derjenigen, deren rechtliche Interessen durch den Ausgang des Verfahrens berührt werden können" als **Beteiligte** hinzuziehen (einfache Beiladung). Diese Voraussetzung kann im Einzelfall erfüllt sein, wenn der Berufsverband bzw. die Vereinigung erklärt hat, dass sie die Verhaltensregeln für ihre Mitglieder nach der Prüfung durch die Aufsichtsbehörde in Kraft setzen wird und dadurch rechtliche geschützte Interessen der Betroffenen berührt sein können. Zweck der Beiladung ist die Wahrung der Rechte der Beteiligten, deren Prüfung dann Gegenstand des Verfahrens ist. Die Beiladung hat allerdings auch zur Folge, dass die Feststellung auch gegenüber den beigeladenen Betroffenen Bindungswirkung entfaltet. Eine notwendige Beiladung der Betroffenen nach § 13 Abs. 2 Satz 2 VwVfG kommt nicht in Betracht, weil die Feststellung der Vereinbarkeit einer Verhaltensregel ohne Umsetzungsakt (s.o. Rdnr. 47) durch den Verband keine rechtsgestaltende Wirkung gegenüber den Betroffenen hat.

60 Die Beiladung eines **Verbraucher- oder Datenschutzesverbandes** ist nach allgemeinen Grundsätzen des Verwaltungsverfahrensrechts nicht möglich, auch wenn die Interessen seiner Mitglieder berührt sind und deren Vertretung zu seinen satzungsmäßigen Zielen gehört.[76]

6.3.2 Beteiligung der übrigen Aufsichtsbehörden

61 **Abstimmungsprobleme** zwischen den Aufsichtsbehörden können entstehen, wenn Landesverbände eines Berufsverbandes oder von Vereinigungen gleichlautende Verhaltensregeln ihren jeweils zuständigen Aufsichtsbehörden vorlegen oder ein Verband mit Sitz in einem Bundesland Verhaltensregeln entwirft, für deren Mitglieder aufgrund des regionalen Zuschnitts des Verbandes zumindest teilweise die Aufsichtsbehörden eines anderen Bundeslandes zuständig sind. Die Aufsichtsbehörden sind im Rahmen ihrer Verpflichtung zur Bundestreue untereinander zur Kooperation verpflichtet.[77] Allerdings hat die derzeit praktizierte Abstimmung im „Düsseldorfer Kreis" ohne rechtliche Grundlage lediglich informellen Charakter.[78]

62 Gegenüber den **übrigen Aufsichtsbehörden** entfaltet die Feststellung der zuständigen Aufsichtsbehörde, der Entwurf einer Verhaltensregel sei mit dem geltenden Datenschutzrecht vereinbar, **Tatbestandswirkung.** Dies bedeutet, das die Aufsichtsbehörden an den Inhalt der Feststellung gebunden sind, eine bestimmte Verhaltensregel ist mit dem geltenden Datenschutzrecht vereinbar bzw. unvereinbar (s.o. Rdnr. 56). Die Tatbestandswirkung berührt allerdings rechtlich geschützte Interessen des Rechtsträgers einer ebenfalls sachlich zuständigen

76 *Kopp*, Verwaltungsverfahrensgesetz § 13, Rdnr. 38 a.E.
77 Dazu *Damann/Simitis*, EG-Datenschutzrichtlinie, Art. 26 Rdnr. 21.
78 Dazu § 38 Rdnr. 46; § 26 Rdnr. 20 f.

Aufsichtsbehörde, soweit sie aufgrund der Tatbestandswirkung keine abweichende Entscheidung treffen kann. Da Behörden nach § 11 Nr. 3 VwVfG grundsätzlich beteiligtenfähig sind, sind die von einer Entscheidung sachlich betroffenen Aufsichtsbehörden von der zuständigen Aufsichtsbehörde nach § 13 Abs. 2 Satz 1 VwVfG als Beteiligte hinzuzuziehen.

6.3.3 Rechtsweg

Gegen die Feststellung der Vereinbarkeit steht den Verfahrensbeteiligten der **Rechtsweg** nach § 40 Abs. 1 VwGO offen. Der Rechtsweg gegen eine Feststellung der Vereinbarkeit steht auch den **Rechtsträgern der Aufsichtsbehörden** offen, soweit sie die Feststellung der Vereinbarkeit oder Unvereinbarkeit einer Verhaltensregel ihnen gegenüber Tatbestandswirkung entfaltet (s.o. Rdnr. 56) und sie in Entscheidungen über gleichlautende Verhaltensregeln bindet (s.o. Rdnr. 61). 63

7. Veröffentlichung

Die **Veröffentlichung** des Entwurfes einer Verhaltensregel ist Sache des Berufsverbandes bzw. der Vereinigung.[79] Eine Veröffentlichung der von der **Aufsichtsbehörde** geprüften Verhaltensregeln sieht § 38a nicht vor, obwohl dies für die Entwicklung und Durchsetzung rechtskonformer Verhaltensregeln durch Berufsverbände, Vereinigungen, aber auch durch einzelne Unternehmen sinnvoll wäre.[80] Die EG-Datenschutzrichtlinie stellt die Veröffentlichung der geprüften gemeinschaftlichen Verhaltensrichtlinien in das Ermessen der Kommission (Art. 27 Abs. 3 Satz 4 EG-Datenschutzrichtlinie). Als Verwaltungsakt ist die Feststellung der Vereinbarkeit mit dem Datenschutzrecht dem vorlegenden Berufsverband und den beteiligten Aufsichtsbehörden bekannt zu geben (§ 41 Abs. 1 VwVfG). Die Aufsichtsbehörde hat darüber hinaus über die von ihr geprüften Verhaltensregeln in dem von ihr nach § 38 Abs. 1 Satz 6 zu erstellenden Tätigkeitsbericht zu berichten.[81] Sie kann insoweit auch den Inhalt der Verhaltensregeln veröffentlichen. 64

79 Vgl. etwa den Entwurf des Arbeitgeberverbandes Südwestmetall zu einem Code of Conduct for Privacy and Security, ADV 2002, 262 ff.

80 Einen entsprechenden Vorschlag der EU-Kommission hatte der EU-Rat abgelehnt, *Brühann* in GH II/*Wolf* A 30, Art. 27 Rdnr. 12.

81 Dazu § 38 Rdnr. 18.

Vierter Abschnitt
Sondervorschriften

§ 39 Zweckbindung bei personenbezogenen Daten, die einem Berufs- oder besonderen Amtsgeheimnis unterliegen

(1) Personenbezogene Daten, die einem Berufs- oder besonderen Amtsgeheimnis unterliegen und die von der zur Verschwiegenheit verpflichteten Stelle in Ausübung ihrer Berufs oder Amtspflicht zur Verfügung gestellt worden sind, dürfen von der speichernden Stelle nur für den Zweck verarbeitet oder genutzt werden, für den sie sie erhalten hat. In die Übermittlung an eine nicht-öffentliche Stelle muß die zur Verschwiegenheit verpflichtete Stelle einwilligen.
(2) Für einen anderen Zweck dürfen die Daten nur verarbeitet oder genutzt werden, wenn die Änderung des Zwecks durch besonderes Gesetz zugelassen ist.

Übersicht

1. Vorbemerkung

Die Vorschrift begründet für personenbezogene **Daten, die einem Berufs- oder besonderen Amtsgeheimnis unterliegen**, einen **verlängerten Geheimnisschutz**. Die Berufs- und besonderen Amtsgeheimnisse verpflichten jeweils nur einen ganz bestimmten Personenkreis zur Geheimhaltung, so z.B. das Arztgeheimnis nur den Arzt, seine Berufshelfer und die bei ihm zur Berufsvorbereitung tätigen Personen[1] und das Statistikgeheimnis nur die mit der Durchführung der Statistik betreuten Amtsträger und besonders Verpflichteten.[2] Werden geschützte Daten an Personen oder Stellen übermittelt, die nicht zu dem verpflichteten Personenkreis gehören und greift auch kein anderes gleich strenges Berufs- oder besonderes Amtsgeheimnis ein, so verlieren die Daten ihren gesteigerten Schutz. Diesen Effekt will der Gesetzgeber vermeiden.[3] 1

Das Gesetz geht zutreffend davon aus, dass die Berufs- und besonderen Amtsgeheimnisse unter bestimmten Voraussetzungen ausnahmsweise eine Mitteilung an Außenstehende zulassen und dass eine solche Mitteilung zu einem bestimmten, durch die jeweilige Ausnahmeregelung gedeckten Zweck erfolgt. An diesen Zweck knüpft das Gesetz an und macht ihn als Nutzungs- und Verarbeitungsschranke für den Empfänger verbindlich. Die Regelung dient dem Schutz der Betroffenen, kommt aber auch den (primär) geheimhaltungspflichtigen Personen oder Stellen zugute, indem sie die Vertraulichkeitserwartung stabilisiert und dadurch die Mitteilungsbereitschaft der Betroffenen – etwa bei Steuererklärungen oder statistischen Auskünften – stärkt.[4] 2

1 Vgl. § 203 Abs. 1 und 3 StGB.
2 § 16 Abs. 1 BStatG.
3 Vgl. die Parallelregelungen zum Sozialdatenschutz § 35 Abs. 3 SGB I, § 78 SGB X und dazu *Walz,* in GK-SGB X 2, § 78 Rdnr. 30.
4 Vgl. *Walz,* in GK-SGB X 2, § 78 Rdnrn. 3 ff.

3 Die Regelungen des verlängerten Geheimnisschutzes wurde mit der Novellierung 1990 grundlegend umgestaltet und in einer für den gesamten gesetzlichen Anwendungsbereich einheitlich geltenden Vorschrift zusammengefasst. Im Verhältnis zum Prinzip der Zweckbindung beim Empfänger (§§ 4b Abs. 6, 15 Abs. 3, 16 Abs. 4, 28 Abs. 5, 29 Abs. 4) stellt § 39 eine verschärfende Spezialregelung dar.

4 Soweit es sich beim Zurverfügungstellen um eine Übermittlung im Anwendungsbereich des BDSG handelt und infolge dessen der Grundsatz der Zweckbindung bereits aufgrund der genannten Übermittlungsvorschriften besteht,[5] hat § 39 die Funktion, die Vorschriften des Zweiten und Dritten Abschnitts, welche ein Abgehen von der Zweckbindung erlauben (wie §§ 14 Abs. 2, 28 Abs. 2 Satz 2, 29 Abs. 4), im Wesentlichen unanwendbar zu machen.[6] Soweit das Zurverfügungstellen dagegen außerhalb des Anwendungsbereichs des BDSG liegt – etwa mangels Dateibezug –, begründet § 39 die Zweckbindung. Aus diesem Grunde war auch eine selbstständige Regelung erforderlich. Regelungen des Landesrechts, die lediglich Zweckänderungsbefugnisse reduzieren,[7] bleiben hinter der Schutzwirkung des BDSG zurück.

5 Die Regelung ist funktional als eine Erweiterung oder Ergänzung der Berufs- und besonderen Amtsgeheimnisse anzusehen. Das Gesetz unterwirft die Empfänger der besonders geschützten Daten jedoch nicht der jeweiligen spezialgesetzlichen Geheimhaltungspflicht, sondern begründet eine in der Wirkung zwar gleichgerichtete, ihrem Geltungsgrund nach aber **genuin datenschutzrechtliche** Verpflichtung. Dies hat für die nähere Ausgestaltung der Pflichtenstellung, vor allem aber für die Rechtsfolgen im Falle einer Verletzung die Konsequenz, dass insoweit allein die Vorschriften des BDSG zur Anwendung kommen.

6 Die Vereinbarkeit der Regelung mit der EG-Datenschutzrichtlinie ist nicht unproblematisch. Die Zielrichtung der deutschen Regelung ist zwar im weiteren Sinne mit derjenigen der Richtlinienregelung über sensitive („besondere") Daten verwandt. Sie dient jedoch nicht deren Umsetzung, sondern wurde als alter Besitzstand neben den neuen Regelunge über sensitive Daten beibehalten. Die Unterschiede beider Regelungsansätze sind deutlich. Während die Richtlinie für alle Gesetzesadressaten einen von ihr selbst bestimmten verstärkten Schutz in bezug auf einen inhaltlich definierten Katalog sensitiver Daten anordnet – umgesetzt durch §§ 3 Abs. 9, 13 Abs. 2, 14 Abs. 5 und 6, 28 Abs. 6 bis 8 und 29 Abs. 5 –, schließt § 39 an die Berufs und Amtsgeheimnisse des bereichsspezifischen Datenschutzes an und erstreckt deren Wirkung, freilich nicht auf alle verantwortlichen Stellen, sondern nur auf die – aber auch auf alle – Empfänger, die solche Daten von den Trägern der bereichsspezifischen Geheimhaltungspflichten empfangen haben. Soweit diese auch verantwortliche Stellen sind, weil die Anwendungsvoraussetzungen der Richtlinie und des BDSG in ihrer Person vorliegen, werden ihre Pflichten im Vergleich zu dem vom Wortlaut der Richtlinie geforderten Maß verschärft, soweit die Befugnisse nach der Geheimhaltungsvorschrift enger sind als die für sensitive Daten geltenden Regelungen oder letztere wegen der nicht-sensitiven Art der Daten nicht einschlagen. Solange sich für die Richtlinie nicht eine Auslegung durchsetzt, die eine Folgewirkung im Sinne der deutschen Regelung fordert, ist die Richtlinienkonformität insoweit nur durch eine entsprechend restriktive Auslegung sicherzustellen. Bei der Beurteilung des Angessenheit Datenschutzniveaus eine Drittlandes nach Art. 25 Abs. 2 der Richtlinie wie auch der entsprechenden Garantien nach Art. 26 Abs. 2 ist anerkannt, dass die Frage der weiteren Übermittlung (onward transfer) zu den wesentlichen Schutzelementen gehört. Die Weitergabe von Daten an Stellen innerhalb der EU, die hinsichtlich der weiteren Verarbeitung nicht in den Schutzbereich der Richtlinie fallen, ist mit der Drittlandübermittlung vergleichbar, eine entsprechende Auslegung daher naheliegend.[8] Soweit die Empfänger keine verantwortlichen Stellen sind, ist die Richtlinie ihrem Wortlaut nach unanwendbar, ein Konflikt daher ausgeschlossen. Sollte sich eine Auslegung der Richtlinie im Sinne einer datenschutzrechtlichen

---

5 Woran sich durch die Anwendung vorrangiger Übermittlungsvorschriften nichts ändert, vgl. § 15 Rdnr. 38.
6 Vgl. u. Rdnr. 32.
7 Vgl. § 13 Abs. 2 DSG NW.
8 Daher die Gleichbehandlung in § 4b Abs. 2, die allerdings von den anderen Mitgliedstaaten nicht beachtet wird; s. kritisch dazu *Korff*, EC Study, Abschnitt 14, Summary of findings sowie 14.2

Folgewirkung für Empfänger im Sinne der deutschen Regelung durchsetzen, wäre diese vorbehaltlich der genauen Ausprägung bereits harmonisiert.

2. Anwendungsvoraussetzungen (Abs. 1 Satz 1 1. Halbsatz)

Im Einklang mit dem generellen sachlichen Geltungsbereich des Gesetzes (§ 1 Abs. 2) setzt Abs. 1 zunächst voraus, dass **personenbezogene Daten** zur Verfügung gestellt worden sind. Auch wenn sich die Berufs- und besonderen Amtsgeheimnisse, deren Schutzwirkung die Regelung komplettieren soll, auf Daten juristischer Personen erstrecken – wie etwa das Steuergeheimnis und das Berufsgeheimnis der Rechtsanwälte –, so bleibt § 39 doch insoweit unanwendbar.[9] 7

Die personenbezogenen Daten müssen ferner **einem Berufs- oder besonderen Amtsgeheimnis unterliegen**. Ein Berufs- oder besonderes Amtsgeheimnis ist eine rechtliche Verpflichtung zur Verschwiegenheit oder Geheimhaltung, die ihrem Träger im Hinblick auf die Ausübung eines bestimmten Berufes oder Amtes obliegt. Unerheblich ist es, ob das Geheimnis im Bundes- oder Landesrecht wurzelt und ob es auf Gesetzes- oder Gewohnheitsrecht basiert.[10] Das Gesetz setzt einen rechtlich gewährleisteten **gesteigerten** Geheimnisschutz voraus. Das allgemeine Amtsgeheimnis[11] sowie die allgemeinen Verschwiegenheitspflichten des Dienst- und Arbeitsrechts[12] reichen nicht aus, ebenso wenig wie das Datengeheimnis nach § 5 oder der bloße Umstand, dass es sich um sensitive Daten nach § 3 Abs. 9 handelt. Die Vorgängervorschriften hatten zur Erläuterung des Begriffs des Berufs- oder besonderen Amtsgeheimnisses auf § 45 Satz 2 Nr. 1 BDSG 1977 verwiesen, der beispielhaft eine Reihe gesetzlicher Geheimhaltungspflichten nannte, sowie auf § 45 Satz 3, welcher die in § 203 Abs. 1 StGB genannten Berufsgeheimnisse erwähnte. An diesem Begriffsinhalt hat sich nichts geändert.[13] 8

Zu den Berufs- oder besonderen Amtsgeheimnissen gehören daher beispielsweise: 9

- die Privatgeheimnisse nach § 203 Abs. 1 StGB, insbesondere Berufsgeheimnisse der Ärzte, Zahnärzte, Apotheker und bestimmter anderer Heilberufe, der Berufspsychologen, der Rechtsanwälte,[14] Patentanwälte, Notare, Verteidiger, Wirtschaftsprüfer, vereidigten Buchprüfer, Steuerberater, Steuerbevollmächtigten und Organe oder Mitglieder eines Organs einer Wirtschaftsprüfungs-, Buchprüfungs- oder Steuerberatungsgesellschaft, der Ehe-, Familien- Erziehungs- oder Jugendberater sowie Berater für Suchtfragen in einer (behördlich anerkannten) Beratungsstelle, der Mitglieder oder Beauftragten einer anerkannten Beratungsstelle nach § 3 des Gesetzes über die Aufklärung, Verhütung, Familienplanung und Beratung vom 27. Juli 1992,[15] der staatlich anerkannten Sozialarbeiter und staatlich anerkannten Sozialpädagogen und der Angehörigen von Unternehmen der privaten Kranken-, Unfall- oder Lebensversicherung oder einer privatärztlichen Verrechnungsstelle
- das Statistikgeheimnis (§ 16 BStatG)
- das Steuergeheimnis (§ 30 AO)
- die Schweigepflicht der beim Bundesaufsichtsamt für das Kreditwesen und bei der Bundesbank beschäftigten Personen (§§ 9 KWG, 32 BBankG)
- das Schuldbuchgeheimnis nach § 3 Abs. 4 Reichsschuldbuchgesetz v. 31.5.1910[16]
- das Postgeheimnis (§ 39 PostG)
- das Fernmeldegeheimnis (§ 85 TKG)
- das Sozialgeheimnis (§ 35 SGB I)

---

9 Zum Begriff der personenbezogenen Daten s. Legaldefinition § 3 Abs. 1 mit Rdnrn. 3 ff.
10 Vgl. § 1 Rdnrn. 174 ff.
11 § 30 VwVfG und Parallelvorschriften des Landesrechts.
12 § 39 Abs. 1 BRRG, § 61 Abs. 1 BBG und entsprechende Tarifbestimmungen.
13 Vgl. § 1 Rdnr. 174.
14 Dazu s. *Rüpke,* Freie Advokatur.
15 BGBl. I S. 1398.
16 RGBl. S. 840; vgl. dazu *van Look/U. Stoltenberg,* Das Schuldbuchgeheimnis, WM 1994, 1785 ff.

- das Personalaktengeheimnis (§§ 90 – 90g BBG, §§ 56 – 56f BRRG).

10 Zu den besonderen Amtsgeheimnissen ist auch das Personalaktengeheimnis zu zählen, welches durch das 9. Dienstrechtsänderungsgesetz vom 11. Juni 1992[17] in das Bundesbeamtengesetz, das Beamtenrechtsrahmengesetz, das Soldatengesetz und das Zivildienstgesetz aufgenommen wurde. Auch wenn diese Regelungen nicht die sonst bei Berufs- und besonderen Amtsgeheimnissen übliche Formulierung („… sind geheim zu halten") aufweisen, sondern eine umfassende datenschutzrechtliche Regelung darstellen, so entsprechen doch die Vorschriften, die die Bekanntgabe von Daten an nicht mit Personalangelegenheiten befasste (interne und externe) Personen und Stellen regeln, nach Inhalt und Wirkung durchaus den an Berufs- und besondere Amtsgeheimnisse zu stellenden Anforderungen.[18] Hinsichtlich der Tragweite des Personalaktengeheimnisses ist zu berücksichtigen, dass viele Angaben, die Personalaktendaten (§ 90 Abs. 1 Satz 2) darstellen, zugleich auch zu Zwecken der Organisation oder des Arbeitsablaufs verwendet werden (sog. betriebliche Personaldaten),[19] und in dieser Eigenschaft nicht den strengen Restriktionen des Personalaktengeheimnisses unterliegen.

11 Die berufsbedingten Zeugnisverweigerungsrechte (§§ 53, 53a StPO) sind nur Schweigerechte, keine Geheimhaltungspflichten. Die meisten der aus beruflichen Gründen zur Zeugnisverweigerung berechtigten Personen unterstehen jedoch auch einem Berufs- oder besonderen Amtsgeheimnis.

12 Was den zeitlichen Aspekt der Geltung eines Berufs- oder besonderen Amtsgeheimnisses betrifft, so kommt es nach dem eindeutigen Regelungszweck allein darauf an, dass die personenbezogenen Daten bei der Person oder Stelle, die sie zur Verfügung gestellt hat, dem Berufs- oder besonderen Amtsgeheimnis unterlegen haben. Ob die Daten auch beim Empfänger, an den sich die Vorschrift des § 39 richtet, einem Berufs- oder besonderen Amtsgeheimnis unterliegen, ist nicht entscheidend. § 39 soll gerade dann eingreifen, wenn dies nicht der Fall ist. Ebenso wenig spielt es eine Rolle, ob die Stelle, die die Daten zur Verfügung gestellt hat, diese Daten auch in der Folgezeit noch besitzt. Genau genommen kommt es daher nicht darauf an, ob die besonders geschützten Daten einem Berufs- oder besonderen Amtsgeheimnis „unterliegen", sondern darauf, dass sie diesem beim Lieferanten unterlegen haben.

2.1 Normadressaten

13 Die Vorschrift wendet sich an die **verantwortliche Stelle**. Öffentliche und private Stellen[20] werden damit gleichermaßen umfasst. Entscheidend ist lediglich, dass der Stelle die in der Vorschrift spezifizierten personenbezogenen Daten zur Verfügung gestellt worden sind.[21]

2.2 Dateibezug

14 Bei der zur Verschwiegenheit verpflichteten, die Daten liefernden Stelle verlangt das Gesetz keine Anwendbarkeit des BDSG nach § 1 Abs. 2. Es ist völlig ausreichend, dass die Daten bei ihr dem Berufs- oder besonderen Amtsgeheimnis unterliegen oder unterlagen.[22] Dies entspricht dem Umstand, dass der besondere Schutz auf dem jeweiligen Beruf oder besonderen Amt beruht und in keiner Weise von den Anwendungsvoraussetzungen des BDSG abhängt.

15 Ist der Normadressat eine öffentliche Stelle, so spielt der Dateibezug, da er vom Gesetz im Ganzen nicht vorausgesetzt wird (§ 1 Abs. 2 Nrn. 1, 2), auch dort keine Rolle. Auch das Merkmal „verantwortliche" Stelle bedeutet keine Einschränkung. Das Schutzbedürfnis hängt nicht davon ab, ob die empfangende Stelle die Daten zunächst auf einen Datenträger erfasst, aufnimmt oder aufbewahrt (§ 3 Abs. 4 Nr. 1) oder sie direkt nutzt und weiterreicht. Die Herkunft der Daten aus einem gesteigerten Schutzbereich muss in jedem Falle beachtet werden.

---

17 BGBl. I S. 1030.
18 Vgl. Gesamtkommentar Öffentliches Dienstrecht Bd. I K §§ 90-90g Rdnrn. 16 f.
19 Vgl. näher § 12 Rdnr. 28.
20 Legaldefinitionen s. § 2.
21 Zur Bedeutung des Adjektivs „verantwortliche" (Stelle) s. Rdnr. 14.
22 Vgl. o. Rdnr. 11.

Nur diese Interpretation entspricht auch der allgemeinen, vom Gesetz vorgesehenen Konzeption der Zweckbindung beim Empfänger. Verlangt das Gesetz generell von jedem Empfänger übermittelter Daten, den Übermittlungszweck zu beachten – allein aufgrund der Tatsache, dass die Übermittlung in den Anwendungsbereich des BDSG fällt –, so wäre es widersinnig, im Falle der besonders geschützten Daten zusätzlich eine bestimmte organisatorische Form des Datenumgangs zu verlangen.

Für Gesetzesadressaten, die private Stellen sind, gilt das Gesetz zwar grundsätzlich nur bei automatisierter Verarbeitung oder bei Dateibezug (§§ 1 Abs. 2 Nr. 3, 27 Abs. 1, weitergehend § 27 Abs. 2), weshalb im Schrifttum weithin auch für die Anwendbarkeit des § 39 auf private Stellen ein Dateibezug gefordert[23] oder verlangt wird, dass die Entnahme der Daten aus einer Datei offensichtlich ist.[24] Demgegenüber ist zu beachten, dass die Zweckbindung beim Empfänger auch im nicht-öffentlichen Bereich lediglich eine Übermittlung nach dem BDSG voraussetzt (§§ 28 Abs. 5, 29 Abs. 4). Sobald die Daten übermittelt sind, ist der Empfänger zur Beachtung der Zweckbindung verpflichtet, ohne dass es im Geringsten darauf ankommt, ob und in welcher Form er die Daten speichert oder verarbeitet. Da das Gesetz insoweit bereits generell von dem Erfordernis eines Dateibezugs absieht, ist es nicht möglich, im Fall der Spezialregelung für besonders geschützte Daten zusätzliche Anforderungen aufzustellen. Auch wenn man davon ausgeht, dass § 39 vom Anwendungsbereich her partiell über die Grundvorschrift des § 28 Abs. 5 hinausgeht – weil seitens der zur Verschwiegenheit verpflichteten Stelle keine unter das BDSG fallende Übermittlung verlangt wird[25] – so rechtfertigt dies keine abweichende Beurteilung. Zumindest insoweit, als die Voraussetzungen für die allgemeine Zweckbindung beim Empfänger nach §§ 28 Abs. 5, 29 Abs. 4 vorliegen, ist ein Rückgriff auf den Dateibezug auch im Rahmen des § 39 ausgeschlossen. 16

2.3 In Ausübung ihrer Berufs- oder Amtspflicht zur Verfügung gestellt

Die Daten müssen von der zur Verschwiegenheit verpflichteten Stelle **in Ausübung ihrer Berufs- oder Amtspflicht** zur Verfügung gestellt worden sein. Dies bedeutet zum einen, dass die Verfügung im Hinblick auf die Berufs- oder Amtspflicht erfolgt sein muss – also nicht etwa „privat" oder „unter der Hand" –, und dass sie darüber hinaus mit dem Berufs- oder besonderen Amtsgeheimnis vereinbar und damit zulässig gewesen sein muss. Hat, anders gesagt, die zur Verschwiegenheit verpflichtete Stelle das von ihr zu beachtende Berufs- oder besondere Amtsgeheimnis verletzt, so ist § 39 nicht anwendbar. Ein Umkehrschluss, dass in diesem Falle anstelle der verstärkten Zweckbindung nach § 39 lediglich die allgemeine Zweckbindung nach den Vorschriften des Zweiten und Dritten Abschnitts gelte, ist allerdings nicht möglich. Vielmehr dürfen die unter Verletzung eines Berufs- oder besonderen Amtsgeheimnisses zur Verfügung gestellten Daten überhaupt nicht genutzt oder verarbeitet werden,[26] sondern sind zu löschen (§§ 20 Abs. 2 Nr. 1, 35 Abs. 2 Nr. 1).[27] Dies ist z.B. der Fall, wenn gesetzliche Ausnahmeregelungen überschritten werden (z.B. ein Arzt meldet dem Gesundheitsamt eine nicht durch das Bundesseuchengesetz erfasste ansteckende Krankheit), wenn zu unzulässigen Zwecken übermittelt wird (statistische Einzelangaben werden nicht wie zugelassen für Planungs-, sondern für Verwaltungszwecke übermittelt) oder wenn die Daten von einer dazu nicht befugten Person zur Verfügung gestellt werden (etwa durch eine eigenmächtig handelnde Kanzleikraft). 17

Anders als die Vorläufervorschriften verlangt das Gesetz nicht, dass die Daten „ermittelt" worden sind, sondern wählt die weitere Formulierung **„zur Verfügung gestellt worden"**. Es kommt daher weder darauf an, ob die Daten von der zur Verschwiegenheit verpflichteten 18

23 *Auernhammer,* BDSG § 39 Rdnr. 1; *Bergmann/Möhrle/Herb,* Datenschutzrecht § 39 Rdnr. 8.
24 Erweiterter Anwendungsbereich nach § 27 Abs. 2, so *Gola/Schomerus,* BDSG § 39 Rdnr. 4.
25 o. Rdnr. 11.
26 Ebenso zur Parallelvorschrift *Walz,* in GK-SGB X 2 § 78 Rdnr. 13.
27 *Auernhammer,* BDSG § 39 Rdnr. 4; *Gola/Schomerus,* BDSG § 39 Rdnr. 3.

Stelle gespeichert oder durch Verarbeitung gewonnen wurden, noch darauf, ob diese im Verhältnis zum Normadressaten Dritter ist.[28]

19 Von der zur Verschwiegenheit verpflichteten Stelle zur Verfügung gestellt sind die Daten auch dann, wenn sie nicht eigenhändig vom Träger des Berufsgeheimnisses (Arzt, Rechtsanwalt usw.) zur Verfügung gestellt worden sind, sondern durch dessen ebenfalls der Verschwiegenheitspflicht unterliegenden Berufsgehilfen.[29]

3. Zweckbindung (Abs. 1 Satz 1 2. Halbsatz)

20 Das Gesetz fordert, dass die Daten von der verantwortlichen Stelle **nur für den Zweck verarbeitet oder genutzt werden, für den sie sie erhalten hat**. Es gilt also eine strenge Zweckbindung. Der Gesetzgeber hat damit der gegenüber der früheren Regelung geäußerten Kritik[30] Rechnung getragen. Die neue gesetzliche Regelung begründet nicht mehr die Gefahr, den Empfänger dadurch zu überfordern, dass von ihm die Beachtung des Berufs- oder besonderen Amtsgeheimnisses verlangt wird, sondern für ihn ist einzig und allein der Zweck entscheidend, für den ihm die Daten zur Verfügung gestellt worden sind.

21 Bei der Bestimmung dieses **Zweckes** kommt es nicht darauf an, welchen Zweck der Empfänger subjektiv angenommen hat. Ausschlaggebend ist vielmehr der von beiden Seiten vereinbarte oder vorausgesetzte, im Übrigen der objektive Zweck. Bei seiner Feststellung können die von den Trägern der Berufs- oder besonderen Amtsgeheimnisse üblichen Verwendungsweisen mit berücksichtigt werden. Dabei ist zwar der gesetzliche (oder gewohnheitsrechtlich anerkannte) abstrakte Zweck von Bedeutung, auf den die zur Verfügungstellung der Daten gestützt war. Maßgeblich für den Empfänger ist allerdings dessen Konkretisierung im jeweiligen **Einzelfall**. So werden etwa Daten nicht generell „für Zwecke der Planung" (§ 16 Abs. 4 BStatG) oder „für die Durchführung wissenschaftlicher Vorhaben" (§ 16 Abs. 6 BStatG) oder für „ein zwingendes öffentliches Interesse" (§ 30 Abs. 4, 5 AO) übermittelt, sondern für das einzelne Planungsverfahren, das bestimmte wissenschaftliche Forschungsprojekt oder in Bezug auf den konkreten Anlass, der das zwingende öffentliche Interesse begründet hat.[31] Teilt ein Arzt aufgrund einer gesetzlichen Verpflichtung dem Gesundheitsamt die ansteckende Krankheit eines Patienten mit, so liegt der Zweck darin, die gesetzliche Meldepflicht zu erfüllen und dem Amt Gelegenheit zu geben, seinen gesetzlichen Aufgaben nachzukommen, nicht etwa allgemein in der Verhütung von Ansteckungen. Ein zur Entscheidung über eine Berufsunfähigkeitsrente erstattetes ärztliches Gutachten dient keineswegs auch dem Zweck, über den Widerruf der Approbation des Gutachters befinden zu können.[32]

22 Die Zweckbindung gilt, über das bisherige Recht hinausgehend, nicht nur für die Übermittlung, sondern umfassend für jedes Verarbeiten oder Nutzen der Daten. Praktisch wichtig ist dabei vor allem das Verbot der zweckwidrigen Nutzung; sie ist ausgeschlossen, gleichgültig ob sie mit einer Weitergabe verbunden ist oder nicht.

23 Der Zweck, zu dem die Daten bereitgestellt wurden, ist für die weitere Verarbeitung und Nutzung maßgeblich, auch wenn die die Daten zur Verfügung stellende Stelle den Zweck enger bestimmt hat, als dies nach der Rechtslage zulässig gewesen wäre. Hat also beispielsweise eine Stelle die Daten von der zur Verschwiegenheit verpflichteten Stelle zu einem (zulässigen) Zweck a angefordert, die Daten von dieser aber nur zu dem engeren Zweck oder zu einem anderen Zweck b erhalten, so muss sie diese Entscheidung respektieren. Eine weitergehende Verarbeitungs- oder Nutzungsbefugnis kann sich allerdings aus bereichsspezifischen Vorschriften ergeben, wie aus Abs. 2 folgt. Fehlt es an der erforderlichen gesetzlichen Ermächtigung, so bleibt der betreffenden Stelle nichts anderes übrig, als die zur Verschwiegenheit verpflichtete Stelle zur Korrektur ihrer Entscheidungen aufzufordern und

28 *Gola/Schomerus,* BDSG § 39 Rdnr. 2; *Bergmann/Möhrle/Herb,* BDSG § 39 Rdnr. 17.
29 § 203 Abs. 3 StGB; ebenso *Auernhammer,* BDSG § 39 Rdnr. 3.
30 S. 3. Auflage § 10 Rdnr. 16, § 11 Rdnr. 31.
31 *Walz,* in GK-SGB X 2 § 78 Rdnr. 16.
32 Vgl. *LfD NW,* 9. TB, 71 f.

sie notfalls hierauf zu verklagen. Eine eigenmächtige Zweckerweiterung musste das Gesetz verbieten, um sicherzustellen, dass die verantwortliche Entscheidung über die richtige Beachtung des Berufs- oder besonderen Amtsgeheimnisses nur durch Angehörige des speziellen Personenkreises getroffen wird, denen die besondere Verantwortung hierfür übertragen ist.

Beruht das Zurverfügungstellen der Daten nicht auf einem gesetzlichen Ausnahmetatbestand, 24
sondern auf einer Einwilligung des Betroffenen, so kommt es allein auf deren Inhalt, Zweck und Umfang an. Die genaue Reichweite der Einwilligung ist ggf. durch Auslegung zu ermitteln. Hat der Betroffene in einem Einzelfall eingewilligt, dass bestimmte ihn betreffende Daten von der zur Verschwiegenheit verpflichteten Stelle zur Verarbeitung und Nutzung zu bestimmten Zwecken weitergegeben werden, so ist dies eine datenschutzrechtlich hinreichende Rechtfertigung. Eine etwaige engere Verfügung der zur Verschwiegenheit verpflichteten Stelle ist unmaßgeblich, da das Gesetz auch in § 39 allein die Rechte des Betroffenen, nicht aber die Verfügungsbefugnis der datenverarbeitenden Stelle schützt.

Das Gesetz geht davon aus, dass die verantwortliche Stelle die erhaltenen Daten, soweit sie 25
die Zweckbindung beachtet, in jeder Hinsicht verarbeiten oder nutzen darf. Ohne Zweifel wäre der Schutz stärker, wenn eine Übermittlung ausgeschlossen wäre, sodass weitere Interessenten sich an die zur Verschwiegenheit verpflichtete Stelle wenden müssten. Diesen Weg ist das Gesetz jedoch nicht gegangen, wie sich aus dem klaren Wortlaut („verarbeitet oder genutzt") sowie der aus der Regelung des Satzes 2 unzweifelhaft ergibt. Vielmehr berücksichtigt es, dass die Aufgaben oder Geschäftszwecke der verantwortliche Stelle, für deren Verfolgung die Daten ihr zur Verfügung gestellt worden sind, es nötig machen können, diese Daten auch an Dritte weiterzuleiten, etwa um Ansprüche geltend machen oder auf ein Risiko hinweisen zu können.[33]

Die verschärfte Zweckbindung nach § 39 hat **keine Kettenwirkung**. Wer Daten nur aus 26
zweiter Hand erhält, dem sind sie nicht von der aufgrund eines Berufs- oder besonderen Amtsgeheimnisses zur Verschwiegenheit verpflichteten Stelle in Ausübung ihrer Berufs- oder Amtspflicht zur Verfügung gestellt worden. Die durch Satz 1 begründete verschärfte Zweckbindung verlängert zwar funktionell gesehen die Wirkung der Berufs- und besonderen Amtsgeheimnisse; sie tut dies jedoch gerade nicht in der Form der formellen Erstreckung, sondern durch die Einführung einer datenschutzrechtlichen Bindung eigener Art. Diese aber löst nach dem klaren Wortlaut des Satzes 1 ihrerseits nicht eine weitere Verlängerung der besonderen Schutzwirkung aus. Die Zweckbindung entfällt jedoch in der großen Mehrzahl der Fälle nicht ganz, da immer noch die (allgemeine) Zweckbindung beim Empfänger eingreift, sofern nur die allgemeinen Anwendungsvoraussetzungen des Gesetzes erfüllt sind.[34]

Die Vorschrift des **§ 14 Abs. 3**, nach welcher die Wahrnehmung von Aufsichts- und Kontroll- 27
befugnissen, die Rechnungsprüfung, die Durchführung von Organisationsuntersuchungen sowie – unter Einschränkungen – auch Ausbildungs- und Prüfungsaufgaben keine „Verarbeitung oder Nutzung für andere Zwecke" darstellen, präzisiert den Grundsatz der Zweckbindung bei öffentlichen Stellen. Sie bezieht sich dort auf die Gesamtheit der gespeicherten personenbezogenen Daten und zielt darauf ab, bestimmte aufgabenneutrale, in größeren Organisationen notwendige Funktionen zuzulassen. Im Rahmen des § 39 geht es dagegen typischerweise um sehr wenige Daten, die ausnahmsweise für einen sehr begrenzten speziellen Zweck zur Verfügung gestellt werden. Eine vergleichbare sachliche Notwendigkeit, auch diese Daten für die genannten fachneutralen Aufgaben zu verwenden, besteht nicht. Eine rein begriffliche Betrachtung reicht daher nicht aus.[35] Es ist vielmehr jeweils nach den gegebenen Umständen zu entscheiden, ob die in § 14 Abs. 3 genannten Zwecke von den Zwecken, für die die Daten bereitgestellt wurden, umfasst sind. In erster Linie muss daher maßgeblich sein, ob die Ausnahme vom Berufs- oder besonderen Amtsgeheimnis ihrem Zwecke nach unter Berücksichtigung des Schutzbedürfnis des Betroffenen auch die Nutzung zu den einzelnen in § 14 Abs. 3 genannten Zwecken mit umfasst.

33 So auch *Gola/Schomerus,* BDSG § 39 Rdnr. 6.
34 Vgl. o. Rdnrn. 6 ff.; *Auernhammer,* BDSG § 39 Rdnr. 6.
35 So freilich *Bergmann/Möhrle/Herb,* BDSG § 39 Rdnr. 30.

28 Zur Sicherstellung der Zweckbindung bedarf es in der Regel entsprechender organisatorischer und technischer Maßnahmen i.S.d. § 9. Vor allem müssen der Status und der Inhalt der besonderen Zweckbindung derart kenntlich gemacht werden, dass sie bei einer späteren Nutzung oder Verarbeitung nicht versehentlich unbeachtet bleiben.[36] Es empfiehlt sich daher eine entsprechende Kennzeichnung, etwa durch den Stempelaufdruck oder eine geeignete Kennzeichnung innerhalb einer Datenbank, vergleichbar derjenigen nach § 3 Abs. 4 Nr. 4.

4. Übermittlung an nicht-öffentliche Stellen (Abs. 1 Satz 2)

29 In die **Übermittlung an eine nicht-öffentliche Stelle** muss die zur Verschwiegenheit verpflichtete Stelle einwilligen. Die Wortwahl mag ungewöhnlich erscheinen, da das „Einwilligen" ansonsten dem Betroffenen vorbehalten ist (§ 4a Abs. 1) und eine Verpflichtung hierzu in aller Regel nicht besteht. Gemeint ist lediglich, dass die Übermittlung nur zulässig ist, wenn die zur Verschwiegenheit verpflichtete Stelle zugestimmt hat.

30 Die Regelung bewirkt eine weitere Verschärfung der durch Satz 1 ausgesprochenen Zweckbindung. Sie ist zu beachten, wenn die Daten vom Erstempfänger an eine nicht-öffentliche Stelle gelangen sollen. Das Gesetz räumt damit ein, dass das Schutzniveau im nicht-öffentlichen Sektor hinter dem des öffentlichen Sektors zurückbleibt.[37]

31 Auch wenn das Gesetz ganz lapidar die Einwilligung der zur Verschwiegenheit verpflichteten Stelle verlangt, ist doch nicht ganz so klar, worin genau der dadurch bezweckte besondere Schutz liegen soll. Dass die Übermittlung an die nicht-öffentliche Stelle dem Zweck entsprechen muss, zu dem die verantwortliche Stelle die Daten erhalten hat, folgt bereits aus Satz 1. Insofern ist bereits grundsätzlich sichergestellt, dass die zur Verschwiegenheit verpflichtete Stelle den Verarbeitungs- und Nutzungsrahmen definiert und dass die verantwortliche Stelle sich daran halten muss. Die schutzverstärkende Wirkung liegt daher allein darin, dass die Frage, ob der von der zur Verschwiegenheit verpflichteten Stelle festgelegte Zweck auch eine Übermittlung an eine nicht-öffentliche Stelle umfasst, ausschließlich von dieser selbst beantwortet werden kann und dass infolgedessen der verantwortlichen Stelle nicht der geringste Interpretationsspielraum eingeräumt wird. Die Gefahr, dass Eigeninteressen der verantwortlichen Stellen zu einer extensiven Interpretation führen, ist dadurch gebannt.

32 Dabei setzt das Gesetz selbstverständlich voraus, dass die zur Verschwiegenheit verpflichtete Stelle auch in diesem Fall das ihr obliegende Berufs- oder besondere Amtsgeheimnis beachtet. Wenn der Gesetzgeber ihre Einwilligung verlangt, so gerade deshalb, um einen verantwortlichen Umgang mit dem Geheimnis sicherzustellen, und keineswegs im Sinne einer freien Disposition.[38]

33 Für die speichernde Stelle ist es aus Beweisgründen zweckmäßig, die Einwilligung in schriftlicher Form zu erhalten. Die Schriftform ist allerdings nicht Wirksamkeitsvoraussetzung. Das Schriftformerfordernis nach § 4a Abs. 1 Satz 3 gilt, wie der Regelungszusammenhang deutlich belegt, nur für die Einwilligung des Betroffenen.

34 Einer Einwilligung seitens der zur Verschwiegenheit verpflichteten Stelle bedarf es nicht, wenn der Betroffene selbst in die Übermittlung der Daten an die nicht-öffentliche Stelle eingewilligt hat.

5. Zweckänderung aufgrund besonderen Gesetzes (Abs. 2)

35 Nach Abs. 2 dürfen die Daten für einen anderen Zweck nur verarbeitet oder genutzt werden, wenn die Änderung des Zwecks **durch besonderes Gesetz zugelassen** ist. Der rechtsverbindliche Charakter der Zweckbindung ergibt sich unzweifelhaft bereits aus Abs. 1. Abs. 2 stellt dazu lediglich ergänzend klar, dass die Zweckänderung durch *besonderes* Gesetz zugelassen

36 Zur korrespondierenden Hinweispflicht der übermittelnden Stelle vgl. § 16 Abs. 4 mit Rdnr. 43.
37 Vgl. § 1 Rdnrn. 48 ff.
38 So auch schon die Gegenäußerung der BReg. BT-Drs. 11/4306 S. 92; *Gola/Schomerus*, BDSG § 39 Rdnr. 6.

sein muss. Die Verarbeitungs- und Nutzungsvorschriften des BDSG, die eine Zweckänderung zulassen (§§ 14 Abs. 1 und 2, 28 Abs. 1 bis 3 und 8, 29 Abs. 1 und 5), werden dadurch für unanwendbar erklärt.[39]

Um ein besonderes Gesetz im Sinne der Vorschrift anzunehmen, genügt es nicht, dass eine Rechtsvorschrift die Verarbeitung oder Nutzung personenbezogener Daten für bestimmte Zwecke erlaubt oder vorschreibt. Vielmehr muss der Norm zu entnehmen sein, dass sie Vorrang vor dem durch Abs. 1 ausgesprochenen Grundsatz des verlängerten Schutzes von Berufs- und besonderen Amtsgeheimnissen genießt. Dies ist bei Vorschriften, deren Allgemeinheitsgrad demjenigen der erwähnten BDSG-Regelungen entspricht, nicht der Fall, so etwa bei dem strafprozessualen Recht, bei den Strafverfolgungsbehörden den Verdacht einer Straftat anzuzeigen (§ 158 Abs. 1 StPO – im Gegensatz zum Strafantragsrecht des Verletzten nach § 77 Abs. 1 StGB) und beim Petitionsrecht (z.B. nach Art. 17 GG). Soweit dagegen Vorschriften, die eine Zweckänderung erlauben, auf derselben Ebene liegen und einen ähnlichen Regelungsgehalt haben wie die Ausnahmebestimmungen zu den Berufs- und besonderen Amtsgeheimnissen, an welche Abs. 1 anknüpft, ist der in Abs. 2 stillschweigend verlangte Vorrang ohne Zweifel gegeben. Allerdings ist zu bedenken, dass § 39 nicht den Versuch macht, die Berufs- und besonderen Amtsgeheimnisse mit ihrer kompletten Schutzwirkung zu verlängern, sondern sich mit einem verminderten Schutzniveau begnügt, das allerdings oberhalb des Schutzniveaus des BDSG im Ganzen liegt. Als ein besonderes Gesetz i.S.d. Abs. 2 werden deshalb auch Vorschriften anzuerkennen sein, die eine stärkere Eingriffswirkung haben als die zu dem jeweiligen Berufs- oder Amtsgeheimnis bestehenden Ausnahmeregelungen. Hierzu dürften jedenfalls im Allgemeinen die Ermittlungsbefugnisse der Strafverfolgungs- und der Finanzbehörden zählen (Beschlagnahme von Unterlagen, Auskunftsverlangen gegenüber öffentlichen Stellen, Telefonabhörmaßnahmen). Auch die Verpflichtung, als Zeuge vor Gericht auszusagen, wird grundsätzlich genügen, da mit § 39 eine Erweiterung der Zeugnisverweigerungsrechte nicht verbunden ist. Als besonderes Gesetz i.S.v. Abs. 2 sind weiterhin die Vorschriften des BDSG über die Befugnisse der Datenschutzkontrolle anzusehen (§§ 24, 38). 36

Soweit eine Rechtsvorschrift grundsätzlich als besonderes Gesetz anzuerkennen ist, bleibt im Einzelfall der Verhältnismäßigkeitsgrundsatz zu beachten. Nach der Rechtsprechung des Bundesverfassungsgerichts[40] ist dazu eine am konkreten Fall orientierte Interessen- und Folgenbewertung erforderlich. Zu berücksichtigen ist daher auf der einen Seite vor allem die Bedeutung des verlängerten Geheimnisschutzes für den vom Berufs- oder besonderen Amtsgeheimnis geschützten Betroffenen, auf der anderen Seite das Interesse der verantwortlichen Stelle oder des Empfängers an der Übermittlung der personenbezogenen Daten. 37

Ungeachtet seiner apodiktischen Formulierung schließt Abs. 2 keineswegs aus, dass die Daten mit Einwilligung des Betroffenen und damit auf der Grundlage des § 4 Abs. 1 für einen anderen Zweck verarbeitet oder genutzt werden,[41] dies freilich nur unter Beachtung bestimmter Voraussetzungen und Grenzen.[42] 38

6. Verhältnis zu anderen Vorschriften

Unterliegen die zur Verfügung gestellten Daten auch bei der verantwortlichen Stelle einem Berufs- oder besonderen Amtsgeheimnis, so kommt die verstärkte Zweckbindung nach Abs. 1 zusätzlich zur Anwendung. Anders als im Sozialdatenschutz[43] hat der Gesetzgeber des BDSG 39

39 *Auernhammer,* BDSG § 39 Rdnr. 10; *Bergmann/Möhrle/Herb,* BDSG § 39 Rdnr. 29; *Gola/Schomerus,* BDSG § 39 Rdnr. 7.
40 Vgl. insb. die Entscheidung zur Drogenberatungsstelle BVerfGE 44, 353, 371 ff.
41 Vgl. o. § 4 Rdnrn. 6, 19; *Auernhammer,* BDSG § 39 Rdnr. 11; *Bergmann/Möhrle/Herb,* BDSG § 39 Rdnr. 5; *Dörr/Schmidt,* BDSG § 39 Rdnrn. 5 f.; *Gola/Schomerus,* § 39 Rdnr. 8; *Schaffland/Wiltfang,* BDSG § 39 Rdnr. 15.
42 Dazu näher die Kommentierung zu § 4a.
43 § 78 Abs. 1 SGB X in der am 1.7.1994 in Kraft getretenen Fassung des 2. SGBÄndG, BGBl. I 1994 S. 1229, 1242 f.

davon Abstand genommen, die Stellen, die ohnehin einem (oder demselben) Berufs- oder besonderen Amtsgeheimnis unterliegen, ausdrücklich von der Verpflichtung zur Achtung der verstärkten Zweckbindung auszunehmen. Die praktische Bedeutung liegt darin, dass die weitere Verarbeitung und Nutzung auf den *konkreten* Zweck beschränkt wird. Zu einer kumulativen Anwendung kommt es allerdings nur, soweit § 39 nicht nach § 1 Abs. 3 durch eine Spezialregelung verdrängt ist. Eine Anwendung der verstärkten Zweckbindung neben dem Berufs- oder besonderen Amtsgeheimnis der verantwortlichen Stelle wird etwa anzunehmen sein, wenn Patientendaten an einen mitbehandelnden oder einen Laborarzt weitergegeben, wenn Daten eines Steuerpflichtigen an ein anderes Finanzamt oder zu statistischen Zwecken an eine Statistikbehörde oder wenn medizinische Befunde durch den behandelnden Arzt der Dienstbehörde eines Beamten übermittelt worden sind.

40 Spezielle bundesrechtliche Regelungen zur Verlängerung von Berufs- und besonderen Amtsgeheimnissen gehen § 39 nach § 1 Abs. 3 vor. Eine solche Spezialregelung enthält § 78 SGB X. Auch ohne eine ausdrückliche Regelung des verlängerten Berufs- oder besonderen Amtsgeheimnisses geht eine bereichsspezifische Regelung des Datenschutzes nach § 1 Abs. 3 der Regelung des § 39 dann vor, wenn sie abschließenden Charakter hat.[44]

41 Ein Konkurrenzverhältnis zu den Vorschriften über die Verarbeitung und Nutzung personenbezogener Daten im **Auftrag** (§ 11) besteht nicht. Der Auftragnehmer darf die Daten nur im Rahmen der Weisungen des Auftraggebers verarbeiten oder nutzen (§ 11 Abs. 3 Satz 1). Ein eigener Entscheidungsspielraum, für welche Zwecke die Daten verarbeitet oder genutzt werden sollen, ist ihm nicht eingeräumt. Der Auftragnehmer hat insoweit vielmehr die Entscheidung des Auftraggebers auszuführen; fehlt es an klaren Vorgaben, muss er um entsprechende Weisung bitten.[45] Im Falle der Auftragsverarbeitung sind die Daten daher dem Auftragnehmer nicht i.S.d. Abs. 1 Satz 1 „zur Verfügung gestellt worden". Konsequenterweise zählt das Gesetz § 39 nicht zu den für den Auftragnehmer geltenden Vorschriften (§ 11 Abs. 4).

42 Von § 39 unberührt bleibt die Möglichkeit, personenbezogene Daten mit Einwilligung des Betroffenen (§ 4 Abs. 1) zu verarbeiten oder zu nutzen.[46] Auch die Ausübung der Datenschutzkontrolle nach den Vorschriften des BDSG (§§ 24, 38) wird durch die Vorschrift nicht eingeschränkt.[47]

7. Strafbarkeit

43 Die Verletzung der Zweckbindung nach Abs. 1 ist eine Ordnungswidrigkeit, allerdings nur, wenn der zweckfremde Gebrauch gerade in einer Weitergabe an einen Dritten, d.h. einer Übermittlung, besteht (§ 43 Abs. 2 Nr. 5). Eine Strafbarkeit kann auch nach § 203 Abs. 2 StGB gegeben sein. Eine Strafbarkeit nach § 203 Abs. 1 StGB besteht nur, wenn der Täter die dort genannten subjektiven Voraussetzungen (Arzt, Rechtsanwalt usw.) in eigener Person erfüllt; zum Täterkreis gehören zwar auch die berufsmäßig tätigen Gehilfen und in der Berufsvorbereitung tätigen Personen (§ 203 Abs. 3 StGB), nicht jedoch Personen, denen i.S.v. § 39 Abs. 1 personenbezogene Daten zur Verfügung gestellt worden sind.[48]

44 Zur Deckungsgleichheit vgl. § 1 Rdnrn. 169 ff.
45 Vgl. § 11 Rdnrn. 55 ff.
46 Vgl. o. Rdnr. 37.
47 Vgl. o. Rdnr. 35.
48 Undeutlich *Bergmann/Möhrle/Herb*, BDSG § 39 Rdnrn. 32 f.

§ 40 Verarbeitung und Nutzung personenbezogener Daten durch Forschungseinrichtungen

(1) Für Zwecke der wissenschaftlichen Forschung erhobene oder gespeicherte personenbezogene Daten dürfen nur für Zwecke der wissenschaftlichen Forschung verarbeitet oder genutzt werden.
(2) Die personenbezogenen Daten sind zu anonymisieren, sobald dies nach dem Forschungszweck möglich ist. Bis dahin sind die Merkmale gesondert zu speichern, mit denen Einzelangaben über persönliche oder sachliche Verhältnisse einer bestimmten oder bestimmbaren Person zugeordnet werden können. Sie dürfen mit den Einzelangaben nur zusammengeführt werden, soweit der Forschungszweck dies erfordert.
(3) Die wissenschaftliche Forschung betreibenden Stellen dürfen personenbezogene Daten nur veröffentlichen, wenn
1. der Betroffene eingewilligt hat oder
2. dies für die Darstellung von Forschungsergebnissen über Ereignisse der Zeitgeschichte unerlässlich ist.

Literatur

H.J. Albrecht, Datenschutz und Forschungsfreiheit, CR 1986, 92 ff.; *W. Berg,* Zur grundrechtlichen Problematik von Datenschutz und Forschungsfreiheit, ZfPäd Beiheft 18 (1983) 399 f.; *ders.*, Datenschutz und Forschungsfreiheit, JöR NF 33 (1984) 63 ff.; *ders.*, Informationelle Selbstbestimmung und Forschungsfreiheit. Zum Spannungsverhältnis zwischen zwei in der Verfassung verankerten Prinzipien, in *J.M. Jehle* (Hrsg.), Datenzugang, 30 ff.; *J. Bizer,* Forschungsfreiheit und informationelle Selbstbestimmung (1992); *ders.*, Der Datentreuhänder, DuD 1999, 392 ff.; *H.J. Bochnik*, Ein „Medizinisches Forschungsgeheimnis" könnte Forschung fördern und Persönlichkeitsrechte schützen, VersMed 1995, 151 ff.; *K. Böhm/G. Wagner, Datenschutz und medizinische Forschung*, CR 1987, 621 ff.; *H.P. Bull/U. Dammann*, Wissenschaftliche Forschung und Datenschutz, DÖV 1982, 213 ff.; *U. Dammann,* Datenschutz und Forschungsfreiheit – Konsequenzen und Probleme des Entwurfs eines Datenschutzgesetzes, DVR 4 (1975) 201 ff.; *ders.,* Der Zugang der Forschung zur amtlichen Statistik. Statistikgeheimnis und Forschungsgeheimnis, in *A. Eser/K.F. Schumann* (Hrsg.), Forschung, 312 ff.; Datenschutz und Forschungsfreiheit – Die Archivgesetzgebung des Bundes auf dem Prüfstand (1986); *Deutsche Forschungsgemeinschaft*, Forschungsfreiheit (1996); *Deutsche Arbeitsgemeinschaft für Epidemiologie (DAE)/Arbeitskreis Wissenschaft der Konferenz der Datenschutzbeauftragten des Bundes und der Länder (DSBK)*, Epidemiologie und Datenschutz (1998), abgedr. in *Hamm/Möller*, Datenschutz, 97 ff.; *G. Dhom* (Hrsg.), Epidemiologische Forschung und Datenschutz in der Medizin (1992); *Ch. Dierks,* Schweigepflicht und Datenschutz im Gesundheitswesen und medizinischer Forschung (1993); *P. Donos*, Datenschutzrecht, in *H.Wagner* (Hrsg.). Rechtliche Rahmenbedingungen für Wissenschaft und Forschung, Bd.2 (2000) 71 ff.; *A. Eser/K.F. Schumann* (Hrsg.), Forschung im Konflikt mit Recht und Ethik (1976); *R. Gerling*, Datenschutzprobleme der Forschung, DuD 1999, 384 ff.; *K. Graalmann-Scheerer*, Die Übermittlung personenbezogener Informationen zu Forschungszwecken, NStZ 2005, 434 ff.; *G. Greitemann*, Das Forschungsgeheimnis (2001); *R. Hamm/K.P. Möller* (Hrsg.), Datenschutz und Forschung (1999); *R. Hauser/G. Wagner/K. Zimmermann*, Memorandum – Erfolgsbedingungen empirischer Wirtschaftsforschung und empirisch gestützter wirtschafts- und sozialpolitischer Beratung (1998); *J. Helle*, Schweigepflicht und Datenschutz in der medizinischen Forschung, MedR 1996, 13 ff.; *J.M. Jehle* (Hrsg.), Datenzugang und Datenschutz in der kriminologischen Forschung (1987) 30 ff.; *A. Jürgens,* Fremdnützige Forschung an einwilligungsunfähigen Personen nach deutschem Recht und nach dem Menschenrechtsübereinkommen für Biomedizin, 81 KritV (1998), 34 ff.; *M.Kaase/H.J. Krupp/M. Pflanz/E. Scheuch/S. Simitis* (Hrsg.), Datenzugang und Datenschutz (1980); *B. Kerkhoff,* Die Erhebung, Erfassung und Offenbarung von Patientendaten durch Krankenkassen zu Forschungs- und Planungszwecken (1993); *H.J. Kerner*, Zugang des Forschers zu aggregierten Daten und Karteien, in *J.M. Jehle* (Hrsg.), Datenzugang, 201 ff.; *W. Kilian,* Rechtsfragen der medizinischen Forschung mit Patientendaten (1983); *ders.*, Medizinische Forschung und Datenschutzrecht, NJW 1998, 787 ff.; *Kommission zur Verbesserung der informationellen Infrastruktur zwischen Wissenschaft und Statistik* (Hrsg.), Wege zu einer besseren informationellen Infrastruktur (2001); *H. Kuhn,* Datenschutz und Forschungsfreiheit, in *J.P. Waehler* (Hrsg.), Deutsch-polnisches Kolloquium, 125 ff.; *H.J. Krupp/B. Preissl*, Die Neufassung des BDSG und die wissenschaftliche Forschung, CR 1989, 121 ff.; *F. Lang,* Das Recht auf informationelle Selbstbestimmung des Patienten und die ärztliche Schweigepflicht in der gesetzlichen Krankenversicherung (1997); *H.A. Lennartz*, Verarbeitung personenbezogener Daten zu wissenschaftlichen Zwecken, RDV 1988, 132 ff.; *ders.,* Datenschutz und Wissenschaftsfreiheit (1989); *N. Luttenberger/J. Reisch/M. Schröder/C.S. Stürzebecher*, Datenschutz in der pharmakogenetischen Forschung – eine Fallstudie, DuD

2004, 356 ff.; *Th. Mayen,* Der grundrechtliche Informationsanspruch des Forschers gegenüber dem Staat (1992); *ders.,* Die Auswirkungen der Europäischen Richtlinie auf die Forschung in Deutschland, NVwZ 1997, 448 ff.; *F. Meilinger,* Datenschutz im Bereich von Information und Kommunikation (1984); *R. Metschke,* Erfahrungen mit der Verarbeitung sensitiver Daten durch Treuhänder, in *Statistisches Bundesamt* (Hrsg.), Kooperation, 127 ff.; *R. Metschke/R. Wellbrock,* Datenschutz in Wissenschaft und Forschung, *BlnDSB,* Materialien zum Datenschutz (2. Aufl. 2002); *M. Miller,* Datenschutz in der Forschung, DuD 1986, 7 ff.; *H. Poppenhäger,* Die Übermittlung und Veröffentlichung statistischer Daten im Lichte des Rechts auf informationelle Selbstbestimmung (1995); *E. Rebscher,* Datenschutzprobleme der behördeneigenen Forschung und der Auftragsforschung im Bereich der Polizei, in *J.M. Jehle* (Hrsg.), Datenzugang, 367 ff.; *H. Remschmidt,* Epidemiologischer Forschungsbedarf in der Psychiatrie und Datenschutz, in *G. Dhom* (Hrsg.), Epidemiologische Forschung, 161 ff.; *E. Schach/S. Schach/W. Kilian/A. Podlech/B. Schlink,* Daten für die Forschung im Gesundheitswesen (1995); *R. Schrage,* Zur Frage des Datenschutzes bei Krebsregistern, RDV 1990, 116 ff.; *H.L. Schreiber,* Rechtliche Grundlagen und Grenzen der epidemiologischen Forschung, in *G. Dhom* (Hrsg.), Epidemiologische Forschung, 179 ff.; *P. Selling,* Schutz der Daten, Freiheit der Forschung, Kriminologisches Journal 1990, 41 ff.; *H.J. Seelos,* Informationssysteme und Datenschutz im Krankenhaus (1991); *S. Simitis,* Datenschutz und Wissenschaftsfreiheit, in *M. Kaase/H.J. Krupp/M. Pflanz/E. Scheuch/S. Simitis* (Hrsg.), Datenzugang, 83 ff.; *ders.,* Datenschutz und wissenschaftliche Forschung, in *J.P. Waehler* (Hrsg.), Deutsch-Polnisches Kolloquium, 87 ff.; *ders.,* Datenschutz – Ende der medizinischen Forschung?, MedR 1985, 195 ff.; *ders.,* Programmierter Gedächtnisverlust oder reflektiertes Bewahren. Zum Verhältnis von Datenschutz und historischer Forschung, in Festschrift für *W. Zeidler,* Bd. 2 (1987) 1475 ff.; *ders.,* Datenschutz und kriminologische Forschung, in *J.M. Jehle* (Hrsg.), Datenzugang, 47 f.; *ders.,* Datenschutz und Stasi-Unterlagen, in *W. Hassemer/K. Starzacher* (Hrsg.), Datenschutz und Stasi-Unterlagen (1993) 30 ff.; *Statistisches Bundesamt,* Kooperation zwischen Wissenschaft und amtlicher Statistik (1999); *M. Th. Tinnefeld,* Freiheit der Forschung und europäischer Datenschutz, DuD 1999, 35 ff.; *M.Th. Tinnefeld/M. Schrempf,* Probleme der Datenerhebung im Bereich der Forschung, RDV 1991, 241 ff.; *R. Vetter,* Forschungs(daten)geheimnis, DuD 1999, 389 ff.; *G.G. Wagner,* „Amtliche Statistik" oder „Statistische Infrastruktur", in Europa-Universität Viadrina Frankfurt (Oder), Universitätsschriften – Antrittsvorlesungen VI (1998) 47 ff.; *ders.,* Self-regulation within the research community as a means for shaping the statistical information, in *Statistisches Amt* (Hrsg.), Kooperation, 59 ff.; *ders.,* Wissenschaft schützt die Öffentlichkeit vor schlechten statistischen Ergebnissen, DuD 1999, 377 ff.; *Th. Weichert,* Medizinische Forschung und Datenschutz, NdSVBl. 1998, 36 ff.; *M. Wingen,* Weiterentwicklung der amtlichen Statistik – Probleme und Chancen, Österreichische Zeitschrift für Statistik und Informatik (ZSI) 20 (1990) 3 ff.; *Wissenschaftsrat,* Stellungnahme zu Forschung und Datenschutz, Empfehlungen und Stellungnahmen (1982) 93 ff.; *G. Wolfslast,* Einwilligungsfähigkeit im Lichte der Bioethik-Konvention, 81 KritV (1998) 74 ff.; *U. Wollenteit,* Informationsrechte des Forschers im Spannungsfeld von Transparenzforderungen und Datenschutz (1993); *K. Wolters,* Datenschutz und medizinische Forschungsfreiheit (1988); *W. Zapf,* Der Zugang der Wissenschaft zur statistischen Information – Forderung und Realität, in *Statistisches Bundesamt* (Hrsg.), Datennotstand und Datenschutz, Forum der Bundesstatistik, Bd. 3 (1985) 38 ff.; *O. Ziegler,* Statistikgeheimnis und Datenschutz (1990).

Übersicht

1. Grundlagen

1 § 40 ist nur **eine von mehreren BDSG-Vorschriften**, die sich ausdrücklich auf die Verwendung personenbezogener Daten für wissenschaftliche Zwecke beziehen. Während aber alle übrigen Bestimmungen Sonderregeln enthalten, die, sei es die **Modalitäten des Zugangs** zu den im Rahmen der wissenschaftlichen Forschung benötigten Angaben präzisieren,[1] sei es **Sanktionen** bei einer Verletzung der gesetzlichen Verarbeitungsanforderungen vorsehen,[2] legt § 40 die **Bedingungen** fest, **unter denen die von Forschungseinrichtungen erhobe-**

1 Vgl. die §§ 4a Abs. 2; 14 Abs. 2 Nr. 9; 20 Abs. 7 Nr. 1; 35 Abs. 8 Nr. 1; und dazu die §§ 4a Rdnr. 48 ff.; 13 Rdnr. 42; 14 Rdnr. 88 ff.; 20 Rdnr. 67 ff.

2 Vgl. die §§ 43 Abs. 2 Nr. 2 i.V.m. § 40 Abs. 1; 43 Abs. 2 Nr. 3 i.V.m. § 40 Abs. 3 Satz 3; dazu § 43 Rdnr. 55 ff.

nen oder gespeicherten Daten verarbeitet werden dürfen. § 40 ist, so gesehen, End- und Höhepunkt einer Regelung, die gezielt von den ansonsten geltenden Verarbeitungsgrundsätzen abweicht und im Interesse der wissenschaftlichen Forschung eigens auf ihre Arbeits- und Funktionsvoraussetzungen abgestellte Vorgaben formuliert.

Verständlicherweise hatten daher bereits die 1986 vorgelegten, gleichlautenden Novellierungsentwürfe der Koalitionsfraktionen[3] und der Bundesregierung,[4] ähnlich wie zuvor der SPD-Entwurf eines Bundesinformationsschutzgesetzes,[5] versucht,[6] sämtliche Regelungsaspekte in einer einzigen Vorschrift zusammenzufassen (§ 3a). Genauso ist der RegE zum BDSG 90 vorgegangen.[7] Er widmete der wissenschaftlichen Forschung eine besondere Bestimmung (§ 36),[8] die einmal mehr auf dem Wunsch beruhte, alle Verarbeitungsprobleme in einer ebenso erschöpfenden wie in sich geschlossenen Spezialregelung zu behandeln. 2

Der Gesetzgeber hat sich aber wie zuvor schon im BDSG 90[9] nicht bereit gefunden, die Zersplitterung zu beenden und die Vorgaben an die wissenschaftliche Forschung bei der Verwendung personenbezogener Daten in einer einzigen Bestimmung anzusprechen. Nicht etwa deshalb, weil eine solche Regelung gar nicht vorstellbar wäre. Vorschriften wie etwa die §§ 33 HDSG oder 28 DSG NW beweisen das Gegenteil.[10] Die Anforderungen an die Gesetzgebungstechnik sind allerdings beträchtlich. Wenn die erwartete Übersichtlichkeit und Klarheit wirklich erreicht werden soll, dann kommt es in ganz besonderem Maße auf Bestimmungen an, die gerade wegen der durch die Konzentration noch einmal besonderes gesteigerten Komplexität des Regelungsgegenstandes durchweg verständlich und nachvollziehbar sein müssen, denen also vor allem Voraussetzungen und Grenzen der Verarbeitung möglichst genau entnommen werden können. Zudem, wo wie im BDSG und anders als in den LDSG, öffentliche und nicht-öffentliche Stellen gleichermaßen angesprochen werden, fällt es, nicht zuletzt mit Rücksicht auf die unverändert unterschiedlichen Auswirkungen der Zweckbindung schwer, die Verarbeitungsbedingungen in einer allgemein anwendbaren Bestimmung festzulegen. Kein Wunder, wenn es deshalb auch im BDSG 01 bei einer Vorschrift geblieben ist (§ 40), die auf den ersten Blick zwar den Eindruck erweckt, eine umfassende Regelung zu bieten, in Wirklichkeit aber nur Einzelaspekte behandelt. Der Rest, also in erster Linie die Möglichkeiten auf schon vorhandene Daten zurückzugreifen, richtet sich nach wie vor nach den jeweils einschlägigen Bestimmungen. 3

Das BDSG schlägt mit seinen Anforderungen an die Verwendung personenbezogener Daten im Rahmen der wissenschaftlichen Forschung einmal mehr **einen von den LDSG**, vor allem vom HDSG, **vorgezeichneten Weg** ein. Auf den ersten, deutlich beschränkten Ansatz, der im 2. HDSG v. 1978 enthaltenen Übermittlungsvorschrift (§ 15),[11] folgte 1986 mit dem § 33 des 3. HDSG eine weit umfassendere, als Vorbote und Grundlage einer ganz der wissenschaftlichen Forschung gewidmeten bereichsspezifischen Regelung gedachte Bestimmung.[12] Dem Regelungsmodell des HDSG haben sich später nahezu alle LDSG, wenn auch mit Variationen, angeschlossen.[13] Wie sehr im Übrigen das BDSG bis in die Details von den LDSG vorgeprägt ist, zeigt sich etwa an den in § 40 Abs. 3 vorgesehenen Publikationsschranken.[14] Sie orientieren sich an den bereits in § 25 Abs. 4 des 2. LDatG RhPf v. 1976 vorgesehenen Restriktionen. 4

3 BT-Drs. 10/4737.
4 BT-Drs. 10/534.
5 BT-Drs. 10/1180.
6 Dazu auch § 1 Rdnr. 90 f.
7 BT-Drs. 11/4306.
8 BT-Drs. 11/4306, 19 f., 54 f.
9 Dazu insb. *BT-InnA*, BT-Drs. 11/7235, 43 ff.
10 Dazu auch u. Rdnr. 88.
11 Dazu *HDSB*, 8. TB, 17 f.
12 Vgl. dazu den 17., 19 ff., und 18. TB des *HDSB*, 25 ff.
13 Dazu u. Rdnr. 88 ff.
14 Dazu u. Rdnr. 77 ff.

5 Das BDSG 01 steht, anders als die früheren Korrekturen des BDSG, vor allem im Zeichen der **EG-Datenschutzrichtlinie**. Wie das BDSG entscheidet sich auch die EG-Datenschutzrichtlinie für **punktuelle Annäherung** an die für den Forschungsbereich typischen Verarbeitungsprobleme. An einer zentralen, alle wichtigen Verwendungsfragen regelnden Vorschrift fehlt es mit anderen Worten genauso. Der Anwendungsbereich der beiden in Betracht kommenden Bestimmungen der EG-Datenschutzrichtlinie (Art. 6 Abs. 1 Buchst. b; 11 Abs. 2) reicht freilich weiter. Beide beziehen die Verwendung personenbezogener Daten für **statistische Zwecke** ein.[15] Die EG-Datenschutzrichtlinie hält sich damit an einen zunächst von der European Science Foundation entwickelten[16] und später vom Europarat übernommenen Ansatz.[17] Die Divergenz ist nicht bedeutungslos und kann auch nicht unter Hinweis auf die entsprechenden bereichsspezifischen Vorschriften über statistische Untersuchungen[18] übergangen werden. Die EG-Datenschutzrichtlinie zwingt vielmehr dazu, zu fragen, ob sich diese unverändert außerhalb des BDSG belegenen Regelungen in ihrer gegenwärtigen Form beibehalten lassen, oder im Hinblick auf die immer wieder angemahnten Informationsdefizite der wissenschaftlichen Forschung korrigiert werden müssten.[19]

6 Der Gesetzgeber hat es, durchaus im Einklang mit der EG-Datenschutzrichtlinie (Art. 6 Abs. 1 Buchst. b), bei der **Einschränkung der Zweckbindung** zugunsten der wissenschaftlichen Forschung belassen (§§ 13 Abs. 2 Nr. 8; 14 Abs. 2 Nr. 9; 28 Abs. 3 Satz 1 Nr. 2, Abs. 6 Nr. 4).[20] Soweit Korrekturen, wie die Streichung des § 28 Abs. 1 Satz 1 Nr. 4 und des § 40 Abs. 2,[21] vorgenommen worden sind, dienen sie lediglich der Klarstellung. Die EG-Datenschutzrichtlinie enthält freilich keine detaillierten Vorgaben an die Mitgliedstaaten, an welche Bedingungen mögliche Einschränkungen zu knüpfen sind, und wo ihre Grenzen genau verlaufen. Sie begnügt sich vielmehr mit der an die nationalen Gesetzgeber gerichteten Forderung, die im Interesse der Betroffenen notwendigen „**Garantien**" vorzusehen.[22] Inwieweit deshalb die jeweils im nationalen Bereich angestrebten Einschränkungen tatsächlich den Erwartungen und Zielen der EG-Datenschutzrichtlinie entsprechen, ist eine Frage, die sich zunächst die Mitgliedstaaten selbst stellen müssen und die allenfalls, von einer Intervention des EuGH einmal abgesehen, nach ihrer Entscheidung von der in Art. 29 der EG-Datenschutzrichtlinie vorgesehenen „Gruppe" im Rahmen ihrer Aufgabe aufgegriffen werden kann, die Umsetzung der Richtlinie und besonders das Schutzniveau in der Gemeinschaft sowie mögliche Diskrepanzen zwischen den einzelstaatlichen Regelungen zu überprüfen (Art. 30 Abs. 1).[23]

7 Der Gesetzgeber mag sich daher vordergründig an die EG-Datenschutzrichtlinie gehalten haben. In Wirklichkeit hat er es unterlassen, sich gerade vor dem Hintergrund einer lange vor der Richtlinie begonnenen Diskussion,[24] damit auseinander zu setzen, ob die bestehenden gesetzlichen Vorschriften den legitimen und legalen Verarbeitungsinteressen der wissenschaftlichen Forschung genauso Rechnung tragen wie der von der EG-Datenschutzrichtlinie ausdrücklich betonten Verpflichtung, die Betroffenen ausreichend gegen die Verarbeitungsgefahren abzusichern. Beides ist mit der gegenwärtigen Regelung nicht zu erreichen. **Der Gesetzgeber hätte deshalb seine im BDSG 01 erneut dokumentierte Ablehnung einer lückenlosen Zweckbindung aufgeben müssen.** Ohne eine ebenso klare wie verlässliche

15 Vgl. *Damman/Simitis,* EG-Datenschutzrichtlinie, Art. 6 Rdnr. 10; 11 Rdnr. 5; *Ehmann/Helfrich,* EG-Datenschutzrichtline, Art. 6 Rdnr. 16 ff.; 11 Rdnr. 14 f.; *Brühann,* in GH II/*Wolf,* A 30 Art. 6 Rdnr. 12; 11 Rdnr. 9.

16 Vgl. die Erklärung zum Datenschutz und zu der Verwendung personenbezogener Daten für Forschungszwecke v. 12.11.1980, abgedr. in *HDSB,* 9. TB, 75 ff.

17 Vgl. die Empfehlung Nr. R(83)10 zum Schutz personenbezogener Daten für Zwecke der wissenschaftlichen Forschung und Statistik, abgedr. in Dok. D 3.4.

18 Dazu u. Rdnr. 24 f.

19 Dazu u. Rdnr. 24.

20 Dazu § 14 Rdnr. 120 und § 28 Rdnr. 258 ff., 335 ff.

21 Dazu auch § 28 Rdnr. 258 f.; sowie u. Rdnr. 59.

22 Dazu *Dammann/Simitis,* EG-Datenschutzrichtlinie, Art. 6 Rdnrn. 10, 18; *Brühann,* in GH II/*Wolf,* A 30 Art. 6 Rdnr. 12; *Ehmann/Helfrich,* EG-Datenschutzrichtlinie, Art. 6 Rdnr. 16 ff.

23 Dazu *Dammann/Simitis,* EG-Datenschutzrichtlinie, Art. 30 Rdnr. 2 f.; *Brühann,* in GH II/*Wolf,* A 30 Art. 30 Rdnr. 1; *Ehmann/Helfrich,* EG-Datenschutzrichtlinie, Art. 30 Rdnr. 1 ff.

24 Dazu u. Rdnr. 9 ff.

Abschottung der wissenschaftsspezifischen Verarbeitung lässt sich weder ein den Erwartungen der wissenschaftlichen Forschung entsprechender Zugang zu personenbezogenen Daten noch ein überzeugender Schutz der Betroffenen gewährleisten. Nur dann sind aber auch die von EG-Datenschutzrichtlinie geforderten „**Garantien**" gegeben.

Erst recht bleibt der Gesetzgeber bei der **Einschränkung der Informationspflicht** hinter den Anforderungen der EG-Datenschutzrichtlinie (Art. 11 Abs. 2)[25] zurück. Sie akzeptiert zwar eine Einschränkung, macht sie allerdings einmal mehr von **„geeigneten Garantien"** für die Betroffenen abhängig. Genau daran fehlt es aber. Der Gesetzgeber begrenzt die Benachrichtigungspflicht (§§ 19a Abs. 2 Nr. 2; 33 Abs. 2 Nr. 5), überlässt es jedoch letztlich der verantwortlichen Stelle, die Voraussetzungen dafür festzulegen (§§ 19a Abs. 2 Satz 2; 33 Abs. 2 Satz 2).[26] Sie ist also an keine verbindliche Vorgabe gebunden. Die Betroffenen sind deshalb, soweit es um ihren Schutz geht, völlig auf die Kontrolle durch den Beauftragten (§ 4g Abs. 1 Satz 1)[27] und die externe Kontrollinstanz (§§ 24 Abs. 1; 38 Abs. 1 Satz 1)[28] angewiesen, die ihrer Überprüfung freilich ebenso wenig klare, gesetzlich abgesicherte und für die Betroffenen nachvollziehbare Anforderungen zugrunde legen können. Von „Garantien" im Sinne der EG-Datenschutzrichtlinie kann unter diesen Umständen nicht die Rede sein. 8

Die Sondervorschriften zur wissenschaftlichen Forschung gründen sich, ohne Rücksicht im Übrigen darauf, ob sie in nationalen, internationalen oder supranationalen Regelungen vorkommen, auf die Überzeugung, dass Struktur und Bedeutung der wissenschaftlichen Forschung **gegen eine ebenso unkritische wie uneingeschränkte Anwendung der allgemein gültigen Verwendungsvoraussetzungen** und **für ihre**, jedenfalls partielle, **Ablösung durch spezielle Anforderungen** sprechen. So deutlich jedoch die Bereitschaft zu einer differenzierten Regelung ist, so wenig lässt sich die Weigerung übersehen, der wissenschaftlichen Forschung einen bedingungslosen Vorrang zuzugestehen. Weder der verfassungsrechtliche Rang der Forschungsfreiheit noch ein spezifisches, unmittelbar aus Art. 5 Abs. 3 GG abgeleitetes „Datenzugangsrecht"[29] oder sonstige Überlegungen **legitimieren die Einrichtung einer** der wissenschaftlichen Forschung vorbehaltenen **datenschutzfreien Verarbeitungsenklave**.[30] Genauso wenig kann von einem stets auf den Einzelfall bezogenen Abwägungsprozess die Rede sein, dessen Ausgang zwar prinzipiell offen ist, der sich aber primär an der Forschungsfreiheit orientieren muss, also Datenschutzvorkehrungen lediglich in einem für die wissenschaftliche Forschung tolerablen Umfang sicherzustellen vermag. 9

Vielmehr hat sich von den frühen Vorschriften der LDSG über das BDSG bis hin zur EG-Datenschutzrichtlinie wieder und wieder bestätigt, dass Forschungseinrichtungen zumindest so viel mit allen weiteren verantwortlichen Stellen gemein haben: Sie können **keinen von den eigenen Vorstellungen und Erwartungen geprägten Ausnahmestatus** für sich in Anspruch nehmen. Die wissenschaftliche Forschung suspendiert, mit anderen Worten, nicht den Datenschutz. Der Zugriff auf personenbezogene Daten bleibt im Gegenteil, hier wie sonst, an Anforderungen gebunden, die den Respekt vor der informationellen Selbstbestimmung der Betroffenen gewährleisten. Auch für die wissenschaftliche Forschung gilt deshalb: **die Betroffenen dürfen nicht als bloße Informationsobjekte wahrgenommen und behandelt werden**, deren Daten sich folglich ohne weiteres für die von der Forschung definierten Zwecke nach bestimmten, ebenfalls von ihr gestalteten Verfahren verwerten lassen.[31] Sie sind im Gegenteil unverändert Subjekte eines Verarbeitungsprozesses, dessen Inhalt und Verlauf auch und vor allem von ihrer Entscheidung über den Umgang mit ihren Daten abhängt. 10

---

25 Dazu *Dammann/Simitis,* EG-Datenschutzrichtlinie, Art. 11 Rdnr. 5; *Brühann,* in GH II/*Wolf,* A 30 Art. 11 Rdnr. 8; *Ehmann/Helfrich,* EG-Datenschutzrichtlinie, Art. 11 Rdnr. 14 f.
26 Dazu die §§ 19a Rdnr. 42 ff., 47; 33 Rdnr. 44 ff., 89 ff.
27 Dazu § 4g Rdnr. 29 ff.
28 Dazu die §§ 24 Rdnr. 5 ff; 38 Rdnr. 13 ff., 27 ff.
29 Dazu insb. *Bizer,* Forschungsfreiheit, 90 ff.; *Mayen,* Informationsanspruch, 43 ff., 111 ff., 218 ff.; *Wollenteit,* Informationsrechte, 48 ff.
30 Dazu *Simitis,* in Festschrift für *Zeidler,* 1489 ff.
31 Vgl. *Simitis,* in *Waehler* (Hrsg.), Deutsch-Polnisches Kolloquium, 105 ff.; *Bull/Damman,* DÖV 1982, 213; sowie *LfDBbg,* 3. TB, 106.

11 Genauso steht freilich fest: Gerade weil die informationelle Selbstbestimmung zu den **konstitutiven Bedingungen der Kommunikationsfähigkeit des Einzelnen** zählt,[32] kann sie ihre Aufgabe, die kommunikative Kompetenz der Betroffenen zu gewährleisten, nur so lange erfüllen wie die **Konkordanz** mit den anderen, ebenso verfassungsrechtlich garantierten Grundvoraussetzungen der Kommunikationsfähigkeit, in erster Linie also der Presse- und der Forschungsfreiheit, gesichert ist.[33] Verfassungskonform ist unter diesen Umständen lediglich eine Regelung, die der **Komplementarität der die Existenz und Entfaltung der Kommunikationsfähigkeit bestimmenden Elemente** Rechnung trägt und einer Destabilisierung ihrer Beziehung zueinander entgegenwirkt. Die Sondervorschriften für die wissenschaftliche Forschung sind daher ein Tribut an die spezifische Funktion der informationellen Selbstbestimmung und der damit zusammenhängenden Interdependenz mit der Forschungsfreiheit.[34] Sie illustrieren einerseits die Notwendigkeit, an Regeln festzuhalten, die der Verarbeitung personenbezogener Daten klare Grenzen setzen, exemplifizieren aber andererseits die gegenseitige Abhängigkeit der Prämissen der Kommunikationsfähigkeit des Einzelnen.

12 Sowohl die Bedingungen als auch der Umfang des Zugriffs auf personenbezogene Daten im Rahmen der wissenschaftlichen Forschung hängen entscheidend von **einer funktionalen Trennung zwischen der Verarbeitung für Forschungszwecke und jeder weiteren Verwendung der Angaben** ab.[35] Eine solche verbindlich formulierte und konsequent durchgehaltene Aufteilung schützt die Betroffenen gegen eine letztlich schrankenlose und unkontrollierbare Zweckentfremdung ihrer Daten und stellt zugleich klar: Der ursprüngliche Verarbeitungszweck darf zwar zugunsten der wissenschaftlichen Forschung übergangen werden, allerdings um den Preis der **Unzugänglichkeit aller für wissenschaftliche Aufgaben verwendeten Angaben**. Anders und schärfer ausgedrückt: Eine Privilegierung der Forschung kann lediglich so lange hingenommen werden wie die Verwendung für Forschungszwecke kein Durchgangsstadium, sondern Endstation einer personenbezogenen Verarbeitung ist. Selbst wenn also BDSG und LDSG durchaus unter bestimmten gesetzlich festgelegten Voraussetzungen eine Zweckentfremdung dulden,[36] geht es nicht an, dort genauso zu verfahren, wo die Daten für wissenschaftliche Zwecke verarbeitet werden. Je ausgeprägter deshalb die Bereitschaft ist, den Forschungsbereich nicht etwa nur durch die ohnehin erforderlichen Datensicherungsmaßnahmen abzuschotten (§ 9 sowie die Anlage zu § 9 Abs. 1),[37] sondern die Unzugänglichkeit auch und vor allem durch gesetzliche, jede Zweckentfremdung ausschließende Vorschriften zu gewährleisten, desto niedriger können die Zugangs- und Verarbeitungsbarrieren ausfallen. Erst eine als „Einbahn- und Sackgassenregelung“[38] konzipierte und formulierte Normierung der Verwendung für Forschungszwecke rechtfertigt einen von Restriktionen möglichst freigehaltenen, den Erwartungen der wissenschaftlichen Forschung entgegenkommenden Verarbeitungsverlauf.

13 Das BDSG ist diesen Weg nicht gegangen. Das Gesetz bleibt genau genommen auf halber Strecke stehen. Die Forschungsabsicht legitimiert zwar den Zugang zu den Daten, präjudiziert aber keineswegs alle späteren Verwendungsmöglichkeiten. Anders als es die scheinbar so klare Zweckbindung (§ 40 Abs. 1)[39] suggeriert, **fehlt es an einer wirklich konsequenten Abschottung. Der Gesetzgeber hat sich**, allen gegenteiligen Vorschlägen zum Trotz, **nicht für ein Forschungsgeheimnis ausgesprochen.**[40] Das BDSG schränkt zwar die Handlungs-

32 Vgl. § 1 Rdnr. 36 ff.
33 Dazu *Simitis,* in Festschrift für *Zeidler,* 1489 ff., AfP 1990, 14 ff.; sowie § 41 Rdnr. 7 ff.
34 Das übersieht, *Greitemann*, Forschungsgeheimnis, 118 ff.
35 Dazu *Simitis,* in *Waehler* (Hrsg.), Deutsch-Polnisches Kolloquium, 116 ff., in *Jehle* (Hrsg.), Datenzugang, 53 f., in Festschrift für *Zeidler,* 1497 f.
36 Vgl. die §§ 14 Abs. 2 Nr. 9; 28 Abs. 3 Nr. 4; dazu §§ 14 Rdnr. 88 ff. und 28 Rdnr. 258 ff.; sowie etwa Art. 17 Abs. 2 BayDSG und die §§ 15 Abs. 2 LDSG BW; 11 Abs. 2 BerlDSG; 13 Abs. 2 Bbg DSG; 13 Abs. 2 HDSG; 13 Abs. 2 DSG NW.
37 Dazu § 9 Rdnr. 47 ff.
38 *Bull/Dammann,* DÖV 1982, 221.
39 Dazu u. Rdnr. 43 ff.
40 Dazu u. Rdnr. 45.

möglichkeiten der Forschungseinrichtungen ein, lässt jedoch offen, ob andere verantwortliche Stellen sich genauso verhalten müssen, wenn sie personenbezogene Daten für wissenschaftliche Zwecke verwenden. § 4 Abs. 1 gilt zudem auch bei der wissenschaftlichen Forschung ohne jeden Vorbehalt. Vorschriften wie etwa die Beschlagnahmeregelungen der StPO (§§ 94 ff.) sind deshalb unverändert anwendbar.

Die Folgen lassen sich unschwer ausmachen. So zählen Interviews mit Drogenabhängigen 14 im Rahmen kriminologischer oder psychologischer Studien über den Gebrauch von Drogen zu den wichtigen, unter Umständen sogar unentbehrlichen Forschungsinstrumenten. Sie sind freilich tendenziell eine ebenso bedeutsame Informationsquelle für Polizei und Staatsanwaltschaft. Das BVerfG hält zwar in seiner Entscheidung zur Beschlagnahme der Klientenkartei einer Suchtberatungsstelle[41] verbindliche Zugangsbarrieren für durchaus notwendig, schließt allerdings nicht aus, dass es gerade bei der Drogenkriminalität Fälle geben kann, in denen ein Zugriff auf die Daten in Kauf genommen werden muss, um etwa die Herkunft der Drogen und die Vertriebswege aufzudecken. Die Abschottung bleibt, so gesehen, Stückwerk. **Solange es aber an Vorkehrungen fehlt, die eine Unzugänglichkeit der Daten garantieren, müssen Konzessionen an die Verarbeitung für wissenschaftliche Zwecke am Risiko der Zweckentfremdung gemessen werden.**

Eine konsequent durchgeführte funktionale Trennung schwächt zugleich die Notwendigkeit 15 ab, **Qualifikationsmerkmale** zu entwickeln, **denen die Forschungseinrichtungen genügen müssen**, um sich auf die Sonderregeln berufen zu können. Nicht von ungefähr rechnen **„Eigen-"** und **„Auftragsforschung"** zu den Fällen, in denen sich ein privilegierter Zugang zu personenbezogenen Daten immer wieder als problematisch erweist.[42] Die Gefahr einer Zweckentfremdung liegt in der Tat dort besonders nahe, wo sich die Forschung, sei es im Rahmen von Behörden und Unternehmen ganz im Zeichen ihrer jeweiligen Aufgaben und Ziele vollzieht, sei es auf die Informationserwartungen Dritter abgestellt ist, die sowohl die einzelnen Untersuchungen veranlassen als auch ihre Ergebnisse für sich reklamieren. Aus genau diesem Grund schränkte das 3. HDSG v. 1986 (§ 33)[43] den Anwendungsbereich seiner Sonderbestimmung auf die **„unabhängige" Forschung** ein, eine Restriktion, die etwa vom BrDSG v. 1987 (§ 21 Abs. 2 Satz 1) ebenso aufgegriffen wurde wie vom BStatG (§ 16 Abs. 6).[44] In die gleiche Richtung weisen auch die Versuche, Forschungsklauseln nur hinzunehmen, wenn die besonderen Verwendungsbedingungen Forschungsprojekten vorbehalten werden, die entweder, wie bei Patientendaten, mit einer bestimmten Disziplin, der Medizin, verbunden sind,[45] oder sich, wie bei Sozialdaten, in einem ähnlich eingeschränkten Rahmen bewegen müssen, der Untersuchung von Sozialleistungen.[46] In jedem dieser Fälle wird der Zugang zu den Daten zwar erleichtert, das Verarbeitungsprivileg aber in einer Weise begrenzt, die es nach Meinung des Gesetzgebers erlaubt, die Konsequenzen einer Zweckentfremdung, sei es aus Gründen, die in der Struktur der Forschungseinrichtung liegen, sei es mit Rücksicht auf den von vornherein begrenzten Verarbeitungsbereich überschaubar zu halten.[47] Kurzum, **solange eine einwandfreie funktionale Trennung nicht garantiert ist**, die den Zugriff nichtwissenschaftlicher Stellen auf die der wissenschaftlichen Forschung für ihre je spezifischen Zwecke überlassenen Daten ausschließt, **sind formale und materielle Zugangsbeschränkungen unvermeidlich.**

Die Erwartungen an den Umgang mit personenbezogenen Daten **verändern** sich freilich 16 nicht nur je nachdem, **um welche Disziplin es im Einzelnen geht**, sondern **genauso innerhalb der verschiedenen Fachrichtungen**. So sind personenbezogene Daten, bei statisti-

---

41 BVerfGE 44, 353.

42 Vgl. *Simitis*, in *Waehler* (Hrsg.), Deutsch-Polnisches Kolloquium, 97 f., 117 f., in *Jehle* (Hrsg.), Datenzugang, 52 f.; *Bizer*, Forschungsfreiheit, 132 f.; sowie u. Rdnr. 36 ff.

43 Dazu *Simitis*, in *Meyer/Stolleis*, HessStVwR, 144 f.

44 Dazu auch *Dammann*, DVR 4 (1975) 209 f.; *Bizer*, Forschungsfreiheit, 132; *Lennartz*, Datenschutz, 46, RDV 1988, 138; sowie u. Rdnr. 91.

45 Dazu u. Rdnr. 23.

46 Dazu u. Rdnr. 26.

47 Vgl. auch *Simitis*, in *Waehler* (Hrsg.), Deutsch-Polnisches Kolloquium, 118.

schen Untersuchungen, wie überhaupt im Rahmen der empirischen Sozialforschung, in der Regel lediglich **Rohmaterial**, das erst in seiner aggregierten und verfremdeten Form die Grundlage für die eigentliche Forschungsarbeit bildet.[48] So weicht auch bei einer Aktenanalyse, durch die der Verlauf bestimmter Verfahren vor dem BGH untersucht und der Stellenwert einzelner für sie besonders relevanter Faktoren, etwa der Intervention von Experten, geklärt werden soll, die zunächst zwangsläufig personenbezogene Form der Daten letztlich **entpersonalisierten allgemeinen Aussagen**.[49] Ebenso gut ist es aber möglich, dass sich die Daten nur so lange für die Forschung eignen, wie sie **personenbezogen erhoben, weiterverarbeitet und publiziert werden**. Forschungsprojekte zur Zeitgeschichte und erst recht Biographien sind typisch dafür.[50] Die Geschichte einer Kommune lässt sich von der Person der jeweiligen Funktionsträger und ihres je spezifischen Verhaltens genauso wenig lösen wie es möglich erscheint, Wissenschaftsgeschichte immer von der Person der Akteure und deren Lebensgeschichte abzukoppeln und auf abstrakte Problemstellungen zu reduzieren. Nichts anderes gilt für Falldarstellungen bei psychoanalytischen Untersuchungen. Einmal mehr sind personenbezogene Merkmale essentieller Teil der Forschung, angefangen bei den ersten internen Überlegungen bis hin zur Publikation der Forschungsergebnisse.[51]

2. Anwendungsbereich

17 § 40 ist immer dann zu beachten, wenn **Forschungseinrichtungen** personenbezogene Daten für Forschungszwecke verarbeiten oder nutzen. Der **Anwendungsbereich** des § 40 **variiert** freilich **je nachdem, ob die Forschungseinrichtung eine öffentliche oder eine nicht-öffentliche Stelle ist**. Soweit es sich um **öffentliche Stellen** handelt, greift § 40 ohne Rücksicht auf die Verarbeitungsform ein (§ 1 Abs. 2 Nr. 1).[52] Bei **nicht-öffentlichen Stellen** gilt § 40 dagegen grundsätzlich nur, wenn personenbezogene Daten mit Hilfe von Datenverarbeitungsanlagen oder nicht-automatisierten Dateien verarbeitet werden, oder einer automatisierten Verarbeitung entnommen worden sind (§§ 1 Abs. 2 Nr. 3, 27).[53]

18 Der **Anwendungsbereich** des § 40 ist allerdings sehr viel beschränkter als es der Wortlaut des Gesetzes vermuten lässt. So sind die **Landesgesetzgeber** nahezu ausschließlich für Forschungsaktivitäten im Hochschulbereich zuständig. Aber auch außerhalb der Hochschulen bleibt es den Landesgesetzgebern jedenfalls so lange vorbehalten, die Regeln festzulegen, nach denen sich die wissenschaftliche Forschung bei der Verwendung personenbezogener Daten zu richten hat, wie Landesstellen Forschungsaufgaben wahrnehmen. Nicht von ungefähr haben deshalb die LDSG die ersten Forschungsklauseln formuliert und die spätere Entwicklung der Gesetzgebung genauso maßgeblich beeinflusst.[54] Für eine **bundesgesetzliche Regelung** bleibt, so gesehen, nur zweierlei übrig: die **Forschungsprojekte der Hochschulen und öffentlichen Stellen im Bundesbereich** einerseits und die **privatrechtlich organisierte wissenschaftliche Forschung** andererseits. Die Forschungstätigkeit etwa der Hochschulen und Institute der Bundeswehr[55] des Bundeskriminalamts,[56] der Sozialversicherungsträger,[57] der Bundesagentur für Arbeit, des Statistischen Bundesamts, des Bundesarchivs oder der Bundesanstalt für Straßenwesen[58] sowie der Max-Planck-, der Helmholtz-Institute

48 Dazu auch u. Rdnr. 68 ff.; vgl. auch *Kerner,* in *Jehle* (Hrsg.), Datenzugang, 201 ff.; *Selling,* Kriminologisches Journal 1990, 91 ff.
49 Zur Aktenanalyse vgl. auch *Jehle,* in *Hamm/Möller* (Hrsg.), Datenschutz, 74 ff.
50 Dazu *Simitis,* in Festschrift für *Zeidler,* insb. 1483 ff., 1504 ff.; *Morsey,* in Datenschutz, 61 ff.; *Posset,* ebda. 103 ff.; *Steinbach,* ebda. 109 ff.; sowie u. Rdnr. 68.
51 Dazu auch u. Rdnr. 77 ff.
52 Dazu § 1 Rdnr. 119 ff.
53 Dazu die §§ 1 Rdnr. 136 ff.; 27 Rdnr. Rdnr. 5 ff.
54 Dazu o. Rdnr. 4 und u. Rdnr. 88 ff.
55 Dazu *BfD,* 11. TB, 72 f.
56 Vgl. § 29 BKAG; sowie *Rebscher,* in *Jehle* (Hrsg.), Datenzugang, 367 ff.
57 Vgl. § 287 SGB V; sowie *Bizer,* Forschungsfreiheit, 393 ff.
58 Dazu *BfD,* 11. TB, 47 f.

Institute[59] und der Frauenhofer-Gesellschaft illustrieren Bedeutung und Tragweite der Regelungskompetenz des Bundes.

Die unterschiedlichen **Anforderungen der wissenschaftlichen Forschung** an die Verwen- 19
dung personenbezogener Daten[60] wirken sich auch auf den Anwendungsbereich des § 40 genauso wie aller übrigen an die Adresse der Forschung gerichteten BDSG-Vorschriften aus. BDSG und LDSG können allenfalls generelle Vorgaben machen. Die für die jeweiligen Fachdisziplinen typischen Verarbeitungssituationen lassen sich grundsätzlich nur in **bereichsspezifischen Vorschriften** ebenso differenziert wie überzeugend behandeln.[61]

Mit das signifikanteste Beispiel dafür sind **die Archivgesetze** des Bundes und der Länder.[62] 20
Sie greifen den Konflikt auf, den einer der wichtigsten Grundsätze des Datenschutzes auslöst: die Verpflichtung, personenbezogene Angaben immer nur für einen im voraus feststehenden Zweck zu verwenden.[63] Die Kehrseite ist eine strikte Löschungspflicht (§§ 20 Abs. 2 Nr. 2; 35 Abs. 2 Nr. 3 und 4).[64] Die Verarbeitungsbefugnis endet mit der Zweckerreichung. Für die historische Forschung eine inakzeptable Folge: Reflexion über geschichtliche Vorgänge setzt die Konservierung und nicht die Vernichtung der Daten voraus. Vorschriften wie der § 20 Abs. 9 spiegeln den Versuch wider, einen Ausweg zu finden.[65] Sie durchbrechen die datenschutzspezifischen Löschungs- und Sperrungsvorschriften und begründen, jedenfalls für den öffentlichen Bereich, die Pflicht **„archivwürdige"** Daten dem Bundes- oder Landesarchiv anzubieten.[66] Über die Auswahlkriterien lässt sich durchaus streiten.[67] Trotzdem steht fest: **Mit der Archivierung werden die Daten umgewidmet**. Sie sind fortan nur noch für historische Recherchen verwendbar (§ 5 Abs. 3 BArchG), die allein ihre Aufbewahrung rechtfertigen, zugleich aber ihre Verarbeitungsgrenzen festschreiben.[68]

Der Konflikt ist freilich damit nicht ganz behoben. Archivgesetze sichern die Konservierung 21
der Daten, geben jedoch ihre Verwendung für historische Untersuchungen grundsätzlich erst nach dem Ablauf bestimmter, gesetzlich vorgeschriebener Fristen frei.[69] Der Vorteil ist kaum zu bestreiten. Sowohl die Interessen der Betroffenen als auch die Belange der verantwortlichen Stellen lassen sich besser berücksichtigen. Der Nachteil liegt allerdings genauso auf der Hand: Fristen bergen für die **zeitgeschichtliche Forschung** ein kaum akzeptables Risiko in sich. Sie drohen den Zugang zu einer Vielzahl von Dokumenten zu sperren, die für die spezifischen Forschungsziele zeitgeschichtlicher Untersuchungen von elementarer Bedeutung sind. Konsequenterweise weicht das StUG (§ 32) von den ansonsten üblichen Regelungen ab. Die ausdrückliche Einschränkung der Forschungszwecke, die unterschiedliche Behandlung der personenbezogenen Informationen sowie eine abgestufte Mitwirkung der Betroffenen sollen die Forschung vor unangemessenen Einschränkungen bewahren, aber auch den Interessen der Betroffenen Rechnung tragen.[70]

Bereichsspezifische Regelungen spielen erst recht dort eine Rolle, wo die Zugangsbarrieren 22
mit Rücksicht auf den Verarbeitungszusammenhang besonders hoch sind. § 75 SGB X ist eines der Beispiele dafür. Die im Vergleich zu den allgemeinen Verarbeitungsbedingungen

59 Dazu *Kuhn,* in *Waehler* (Hrsg.), Deutsch-Polnisches Kolloquium, 131 ff.
60 Dazu o. Rdnr. 16.
61 Vgl. auch *BfD,* 10. TB, 59; sowie den 15., 63 ff., 17., 148 f., sowie 19. TB des *HDSB,* 142 f.; *Simitis,* MedR 1985, 195 ff., in Festschrift für *Zeidler,* 1493 ff.; *Bizer,* Forschungsfreiheit, 333 ff.; *Dierks,* Schweigepflicht, 76 f.
62 Dazu insb. *BfD,* 7. TB, 37; *HDSB,* 14. TB, 175 ff.; *Simitis,* in Festschrift für *Zeidler,* 1497 ff.; *Oldenhage,* in Datenschutz, 11 ff.; *Meilinger,*Datenschutz, 204 ff.; *Bizer,* Forschungsfreiheit, 333 ff.; *Donos,* in *Wagner* (Hrsg.), Rahmenbedingungen, 132 ff.;
63 Dazu die §§ 1 Rdnr. 100 f., 114 und 28 Rdnr. 1 ff.; sowie u. Rdnr. 43 ff.
64 Dazu die §§ 20 Rdnr. 40 ff. und 35 Rdnr. 22 ff.
65 Dazu.§ 20 Rdnr. 98.
66 Vgl. etwa § 2 Abs. 1 BArchG.
67 Dazu *Simitis,* in Festschrift für *Zeidler,* 1497 f.; *Meilinger,* Datenschutz, 204 ff., 239 ff.; *Bästlein,* in Datenschutz, 100.
68 Dazu *Simitis,* in Festschrift für *Zeidler,* 1499 f.
69 Vgl. etwa § 5 BArchG.
70 Dazu *Simitis,* in *Hassemer/Starzacher* (Hrsg.), Datenschutz, 30 ff.; *Stoltenberg,* StUG (1992) § 32 Rdnrn. 4, 7 ff., 19 ff.; *Geiger/Klinghardt,* StUG (1993) Rdnr. 6 ff.

deutlich schärferen Anforderungen an die Verwendung von **Sozialdaten** schließen einen Zugriff auf die jeweils für die Forschung erforderlichen Daten keineswegs aus. Das Gesetz knüpft allerdings die Verarbeitung vor allem an zwei Bedingungen. Die Offenbarung von Sozialdaten bleibt auf die wissenschaftliche Forschung „im Sozialleistungsbereich“ beschränkt (§ 75 Abs. 1 Satz 1 Nr. 1). Der Gesetzgeber findet sich also zugunsten der Forschung mit einer Zweckentfremdung ab, begrenzt aber ihren Umfang. Die von der Sozialverwaltung verarbeiteten Daten sollen lediglich Forschungsprojekten zugänglich sein, deren Gegenstand ebenfalls die Sozialleistungen sind.[71] Der Zugang ist im Übrigen an eine Reihe administrativer Voraussetzungen gebunden, die, neben dem besseren Schutz des Sozialgeheimnisses, eine hohe Transparenz der Forschungsprojekte und möglichst auch die Mitwirkung der Betroffenen gewährleisten sollen (§ 75 Abs. 2 SGB X).[72] Sehr viel restriktiver verfährt das Gesundheits-Reformgesetz. Es enthält zwar auch eine Forschungsklausel (§ 312), schließt jedoch eine Verwendung von Datenbeständen, die sich auf die **Versicherten** beziehen, für Forschungsvorhaben so lange aus, wie die Angaben nicht anonymisiert worden sind.[73]

23 Ähnlich ist die Lage bei **Patientendaten**.[74] Die einschlägigen Vorschriften der Krankenhausgesetze sind ebenso typische Beispiele bereichsspezifischer Forschungsklauseln wie die sehr viel spezielleren Bestimmungen der Krebsregistergesetze.[75] Wiederum werden die ansonsten im Vergleich zu den allgemeinen Datenschutzvorschriften entschieden restriktiveren Verarbeitungsregeln im Interesse der wissenschaftlichen Forschung revidiert. Einmal mehr wird zudem der Zugang keineswegs unterschiedslos erleichtert. Die Sonderbestimmungen gelten grundsätzlich nur für die medizinische Forschung. Obgleich zudem die Einwilligung der Betroffenen nach wie vor zu den elementaren Verarbeitungsvoraussetzungen[76] zählt,[77] ist die Bereitschaft, sich darüber hinwegzusetzen, gerade im Gesundheitsbereich kaum zu übersehen.[78]

24 Wesentlich schärfer fallen die Einschränkungen im **Statistikbereich** aus.[79] Die wissenschaftliche Forschung rechtfertigt zwar im Prinzip den Anspruch auf statistische Daten. Das BStatG (§ 16 Abs. 6) stellt freilich zugleich klar, dass der Forschung **nur „faktisch anonymisierte“ Angaben** zur Verfügung gestellt werden dürfen. Ob das BStatG damit die **Anonymisierung** an genau die Bedingungen knüpft, die auch nach dem BDSG gelten (§ 3 Abs. 6),[80] oder von deutlich höheren Anforderungen ausgeht[81] ist damit noch nicht gesagt. Eines ändert sich trotzdem nicht: Der Verzicht auf eine „volle“ und der Übergang zu einer „faktischen“ Anonymisierung signalisiert keineswegs die Bereitschaft, sich jedenfalls der Forschung gegenüber, auf eine wie immer definierte **„Reidentifizierung“** der Betroffenen einzulassen. Im Gegenteil, in der gesetzlich vorgeschriebenen Einschränkung der Übermittlung auf „faktisch anonymisierte“ Daten ist nicht einmal andeutungsweise ein Verzicht auf die Anonymisierung enthalten. § 16 Abs. 6 BStatG spiegelt lediglich die Einsicht in die Grenzen einer „vollen“ Anonymisierung wider[82] und weicht deshalb auf eine Formulierung aus, die in Kenntnis der

---

71 Vgl. auch *BfD*, 11. TB, 53 f.; *Hauck/Noftz*, SGB X § 75 Rdnr. 16 f.; *Simitis*, in *Waehler* (Hrsg.), Deutsch-Polnisches Kolloquium, 96 f.; *Bizer*, Forschungsfreiheit, 393 ff.; *Kerkhoff*, Erhebung, 57 ff.; *Lang*, Recht, 64 ff.

72 Vgl. auch § 206 SGB VII; sowie *Hauck/Noftz*, SGB X § 75 Rdnr. 41 ff.; *Kerkhoff*, Erhebung, 84 ff.

73 Dazu *Lang*, Recht, 122.

74 Dazu *Schach u. a.*, Daten, insb. 9 ff., 35 ff., 57 ff.; *Kilian*, Rechtsfragen, insb. 60 ff.; *Seelos*, Informationssysteme, 39 ff.; *Kerkhoff*, Erhebung, 111 ff.; *Lang*, Recht, 71 ff., 83 ff.; *Rienhoff*, in *Hamm/Möller* (Hrsg.), Datenschutz, 44 ff.; *Donos*, in *Wagner* (Hrsg.), Rahmenbedingungen, 134 ff.; vgl. auch *BfD*, 16. TB, 368 ff.

75 Vgl. etwa § 8 KRG; sowie *BfD*, 15. TB, 257 f.; *LfDBbg*, 4. TB, 90 ff.; *LfD NDS*, 12. TB, 165 ff.; *LfD RhPf*, 16. TB, LT-Drs. 13/2427, 57; SaarlDSB, 14. TB, LT-Drs. 10/1403, 91 ff.; *LfD SH*, 19. TB, 59 f.; *Bizer*, Forschungsfreiheit, 349 ff., 381 ff.; *Dierks*, Schweigepflicht, 66 ff.; sowie *DAE/Arbeitskreis Wissenschaft der DSBK*, Epidemiologie, 3.8.

76 Vgl. *Simitis*, MedR 1985, 195 ff.

77 Vgl. auch die §§ 8 Abs. 2 KRG; 40 Abs. 1 Nr. 2 ArzneimittelG.

78 Vgl. *Jürgens*, 81 KritV (1998) 35 ff.; *Wolfslast*, 81 KritV (1998) 74 ff.

79 Dazu auch *HDSB*, 9. TB, 34 ff.; *Roßnagel/Poppenhäger*, Handbuch, 8.10 Rdnr. 28 ff.; *Ziegler*, Statistikgeheimnis, 136 ff.; *Poppenhäger*, Übermittlung, insb. 25 ff., 66 ff.; *Bizer*, Forschungsfreiheit, 398 ff.; *Wollenteit*, Informationsrechte, 189 ff.; *Wagner*, „Amtliche Statistik“, 55 ff.

80 Dazu § 3 Rdnr.196 ff.

81 Statt aller *Poppenhäger*, Übermittlung, 93 ff.

82 Dazu § 3 Rdnr. 197, 200, 205 ff.

Reidentifizierungsrisiken die Notwendigkeit einer Anonymisierung bestätigen und möglichst garantieren soll. Kurzum, der Gesetzgeber hat der wieder und wieder geäußerten Erwartung der wissenschaftlichen Forschung nicht entsprochen, ihr **„echte Mikrodaten“**, also Individualangaben zur Verfügung zu stellen, die es ihr nicht zuletzt ermöglichen würden, der Verknüpfung sozialer Strukturen und individueller Lebensläufe nachzugehen.[83]

25 Die bloße **Forschungsintention** reicht im Übrigen noch keineswegs für eine Übermittlung aus. **§ 16 Abs. 6 BStatG** begrenzt den Adressatenkreis. In Betracht kommen lediglich **Hochschulen sowie sonstige Einrichtungen**, die sich eine **„unabhängige Forschung“** zur Aufgabe gesetzt haben.[84] Anders also als das BDSG[85] bezieht das BStatG nur die Forschung in den Verarbeitungsprozess ein, die ein besonderes Merkmal aufweist: die strikte Unabhängigkeit ihrer Ziele und Arbeitsweisen. § 16 Abs. 6 BStatG verlangt darüber hinaus genauso wie die §§ 13 Abs. 2 Nr. 8 und 14 Abs. 2 Nr. 9,[86] ganz im Sinne einer Anregung des BfDI,[87] eine klar projektbezogene Verarbeitung.[88] Die Tragweite gerade dieser Forderung wird durch die Verpflichtung der Empfänger unterstrichen, die ihnen jeweils übermittelten Angaben nach der Durchführung des Forschungsvorhabens zu löschen (§ 16 Abs. 8 Satz 2 BStatG).[89] Ähnlich geht übrigens auch die StPO vor (§ 476 Abs. 1).[90] Wiederum hebt der Gesetzgeber Hochschulen und andere Einrichtungen, die wissenschaftliche Forschung betreiben, als legitime Adressaten der Übermittlung personenbezogener Daten besonders hervor. Und erneut entscheidet sich die Zulässigkeit der Weitergabe an der Unabhängigkeit der jeweiligen Einrichtung.[91]

26 **Bereichsspezifische Vorschriften** steigern den Präzisionsgrad der Sonderregeln zur wissenschaftlichen Forschung, sprechen aber, wie sich an den Archivgesetzen[92] ebenso wie am SGB zeigt,[93] lediglich Einzelaspekte der Verwendung personenbezogener Daten an. Genau genommen begnügen sie sich damit, den Zugang der wissenschaftlichen Forschung zu einem bestimmten Verarbeitungsbereich sicherzustellen. Keine der in Betracht kommenden Vorschriften enthält daher eine wirklich umfassende, zumal auf die jeweiligen Fachdisziplinen zugeschnittene Regelung des Verarbeitungsprozesses im Rahmen der wissenschaftlichen Forschung. Die Zurückhaltung ist aus mindestens zwei Gründen berechtigt. Die einzelnen Disziplinen mögen durchaus ein ausgeprägtes Interesse an spezifischen Informationsquellen haben. So ist die Geschichtswissenschaft in besonderem Maße auf die in Archiven enthaltenen Daten angewiesen. Ihre Verarbeitungsintentionen erschöpfen sich allerdings keineswegs in der Verwendung archivierter Angaben. Eine Verknüpfung der Verarbeitungsvorschriften mit einer bestimmten, noch so wichtigen Informationsquelle würde daher die Regelungsperspektive zum Nachteil der wissenschaftlichen Forschung verengen. Abgesehen davon ist jeder solche Versuch letztlich zum Scheitern verurteilt. Gesetzliche Regelungen lassen sich nicht beliebig detaillieren. Der **Regelungstiefe** sind vielmehr von Anfang an Grenzen gesetzt. Je mehr der Gesetzgeber auf Einzelheiten eingeht, desto deutlicher läuft die angestrebte Regelung Gefahr, zu zerfasern. Die Konsequenz: Ihre Anwendbarkeit wird genauso infrage gestellt wie die Glaubwürdigkeit des Gesetzgebers.

27 Als Ausweg bietet sich die **Ergänzung der allgemeinen und bereichsspezifischen gesetzlichen Vorschriften zur wissenschaftlichen Forschung durch eine von der jeweiligen**

83 Vgl. insb. *Zapf*, in *Statistisches Bundesamt* (Hrsg.), Datennotstand, 45 ff.; *Kommission*, Wege, 149 ff., 263 ff.; *Wingen*, ZSI 1990, 21; *Ziegler*, Statistikgeheimnis, 190 f.; *Poppenhäger*, Übermittlung, 75 ff.
84 Dazu auch *Roßnagel/Poppenhäger*, Handbuch, 8.1 Rdnr. 28 f.; *Dorer/Mainusch/Tubies*, BStatG § 16 Rdnr. 57, 63; *Ziegler*, Statistikgeheimnis, 185, 186 ff.; *Poppenhäger*, Übermittlung, 80 ff.
85 Dazu o. Rdnr. 15; sowie u. Rdnr. 91.
86 Dazu §§ 13 Rdnr. 42, 14 Rdnr. 88 ff.
87 Vgl. den 5. TB, 112.
88 Vgl. auch *Dorer/Mainusch/Tubies*, BStatG § 16 Rdnr. 54, 74.
89 Dazu *Dorer/Mainusch/Tubies*, BStatG § 16 Rdnr. 73 f.; aber auch u. Rdnr. 71.
90 Dazu insb. *Graalmann-Scheerer*, NSt.Z 2005, 435 ff.
91 BT-Drs. 14/2192, 3; sowie *Graalmann-Scheerer*, NSt.Z 2005, 435, 437 f.
92 o. Rdnr. 20 f.
93 o. Rdnr. 22.

Fachdisziplin selbst formulierten Regelung an.[94] Gemeint sind freilich keine den traditionellen Vorstellungen entsprechende, autonome Standesregeln.[95] In Betracht kommen vielmehr nur Bestimmungen, die nicht den Anspruch erheben, den Gesetzgeber zu substituieren, sondern lediglich das Ziel verfolgen, **die gesetzlichen Vorgaben aufzugreifen und sie weiter zu präzisieren**. In diese Richtung weisen etwa die Erklärung der Historiker,[96] die Stellungnahmen der Kriminologen[97] und der Erziehungswissenschaftler,[98] aber auch der Ethik-Kodex der Soziologen.[99] Ganz in diesem Sinn haben zudem die Deutsche Arbeitsgemeinschaft für Epidemiologie und der Arbeitskreis Wissenschaft der DSBK gemeinsam formulierte Verhaltensregeln zur epidemiologischen Forschung vorgelegt,[100] die von mehreren wissenschaftlichen Gesellschaften, wie etwa der Gesellschaft zur Sozialmedizin und Prävention, ebenso wie von der DSBK[101] zustimmend zur Kenntnis genommen wurden.[102]

28 **§ 38a weist genau in diese Richtung**. Das BDSG übernimmt mit dieser Vorschrift eine in der EU-Datenschutzrichtlinie enthaltene Regelung (Art. 27).[103] Beide, BDSG und Richtlinie, sehen in der Verabschiedung **verbandsspezifischer Verhaltensvorschriften** ein wichtiges Mittel, um die Präzision der Verarbeitungsanforderungen zu erhöhen und ihre Wirkung zu verstärken.[104] Die verantwortlichen Stellen bekommen damit zwar die Möglichkeit, ihre Informationserwartungen selbst festzulegen, und auch den Verarbeitungsprozess eigens von ihnen entwickelten Bedingungen zu unterwerfen, müssen sich aber strikt an die gesetzlichen Vorgaben halten. So willkommen mit anderen Worten die Fortschreibung der gesetzlichen Vorschriften ist, so inakzeptabel erscheint jeder Versuch, sie zu unterlaufen. Konsequenterweise müssen die in Aussicht genommenen Verhaltensregeln **den Aufsichtsbehörden vorgelegt werden** (§ 38a Abs. 2) und dürfen deshalb auch nur in der von diesen gebilligten Form angewendet werden.[105] Im Ergebnis wird damit ein Höchstmaß an Flexibilität mit einem nicht minder hohen Grad an Beachtung der gesetzlichen Vorschriften verbunden. Gesetzliche und selbstgesetzte Verarbeitungsregeln ergänzen sich zu einem System, das durchaus der Notwendigkeit einer Anpassung an die wechselnden Erwartungen der wissenschaftlichen Forschung Rechnung zu tragen vermag, ohne jedoch auf Verarbeitungsgrenzen zu verzichten.

3. Normadressaten (Abs. 1)

29 **Normadressaten** des § 40 sind ausschließlich **Forschungseinrichtungen**. Das Gesetz verzichtet zwar auf jede weitere Präzisierung. Weder der Kreis der potenziellen Adressaten wird näher umschrieben, noch ist die Anwendung des § 40 auf eine wie immer definierte wissenschaftliche Forschung beschränkt. § 40 kommt allerdings nur zum Zug, wenn eine

94 Dazu auch *Simitis,* in Festschrift für *Zeidler,* 1502 ff., in *Jehle* (Hrsg.), Datenzugang, 59; *Wollenteit,* Informationsrechte, 215 ff.; *Wagner,* DuD 1999, 380.

95 Vgl. auch *Kilian,* NJW 1998, 790; *Wagner,* DuD 1999, 381, in *Statistisches Amt* (Hrsg.), Kooperation, 59 ff.

96 Erklärung des Verbandes der Historiker Deutschlands v. 23.06.1989 zu Fragen des Datenschutzes und der Archivgesetzgebung und zur Verantwortung des Historikers, abgedr. in *HDSB,* 18. TB, 168 ff.

97 Erklärung zum Verhältnis von Datenschutz und kriminologischer Forschung v. 21.09.1987, gebilligt von den Vorständen der Gesellschaft für die gesamte Kriminologie und der Deutschen Kriminologischen Gesellschaft, abgedr. in *Jehle* (Hrsg.), Datenzugang, 405 ff.

98 Deutsche Gesellschaft für Erziehungswissenschaft: Standards erziehungswissenschaftlicher Forschung. Resolution der Deutschen Gesellschaft für Erziehungswissenschaft, ZfPäd 32 (1986) 597 ff.

99 Deutsche Gesellschaft für Soziologie und Berufsverband Deutscher Soziologen, Ethik-Kodex, 1992, I.B.7 und 8, Soziologie (DGS Nachrichten) H. 4, 1998, 79 ff.

100 Abgedr. in *Hamm/Möller* (Hrsg.), Datenschutz, 97; vgl. auch *Wichmann,* in *Hamm/Möller* (Hrsg.), Datenschutz, 63 f.

101 Entschließung v. 08.06.1998.

102 Zu weiteren ähnlichen Ansätzen vgl. *Wagner,* DuD 1999, 380; *Vetter,* in *Hamm/Möller* (Hrsg.), Datenschutz, 28.

103 Dazu *Dammann/Simitis,* EG-Datenschutzrichtlinie, Art. 27 Rdnr. 1 ff.; *Brühann,* in GH II/*Wolf,* A 30 Art. 27 Rdnr. 1 ff.; *Ehmann/Helfrich,* EG-Datenschutzrichtlinie, Art. 27 Rdnr. 1 ff.

104 Dazu auch § 38a Rdnr. 2 ff.

105 Dazu auch § 38a Rdnr. 50 ff; sowie *Dammann/Simitis,* EG-Datenschutzrichtlinie, Art. 27 Rdnr. 5 ff.; *Brühann,* in GH II/*Wolf,* A 30 Art. 27 Rdnr. 9 ff.

Forschungseinrichtung personenbezogene Daten für wissenschaftliche Zwecke verarbeitet oder nutzt. Das Gesetz fragt also nicht danach, von wem die Daten stammen, es interessiert sich lediglich dafür, wer sie konkret verwendet.[106] Die erste und wichtigste Anwendungsvoraussetzung des § 40 ist daher eine Verarbeitung oder Nutzung der Daten im Rahmen einer **Institution**, die ihrer Aufgabe und Struktur nach der wissenschaftlichen Forschung gewidmet sein muss. Wie sie im Einzelnen organisiert ist, ob also **privatrechtlich**, wie bei den Max-Planck- und den Helmholtz-Instituten sowie der Frauenhofer Gesellschaft, oder **öffentlich-rechtlich**, wie bei den Hochschulen des Bundes, spielt weiter keine Rolle. Ebenso wenig macht es einen Unterschied, ob nur **Grundlagenfragen oder reine Anwendungsprobleme** Gegenstand der Forschung sind. Erst recht kommt es schließlich nicht auf das **konkrete wissenschaftliche Interesse** an. Es ist nur dann zu bedenken, wenn, wie in den Fällen der §§ 13 Abs. 2 Nr. 8, 14 Abs. 2 Nr. 9 und 28 Abs. 3 Nr. 4,[107] der ursprüngliche Verarbeitungs- oder Nutzungszweck um der besseren Information der Forschung willen geändert werden soll und deshalb eine Rücksichtnahme auf die Belange der Betroffenen notwendig erscheint. Kurzum, mehr als eine **rechtlich und organisatorisch selbstständige Einrichtung**, der es im Übrigen überlassen bleibt, ihre Forschungsziele selbst zu bestimmen, verlangt § 40 nicht.

Die **Einschränkung auf Forschungseinrichtungen** ergibt sich ausdrücklich aus der Geset- 30
zesüberschrift. Im Gesetzestext findet sich dagegen kein entsprechender Hinweis. Die Diskrepanz rechtfertigt dennoch nicht Zweifel an der Restriktion. Sie wird durch die Entstehungsgeschichte der gesetzlichen Regelung ebenso bestätigt wie durch die wortgleichen Vorschriften mehrerer LDSG.[108] § 40 trägt der Kritik am Versuch des RegE zum BDSG 90,[109] sämtliche mit der Verarbeitung personenbezogener Daten für Forschungszwecke verbundenen Fragen möglichst in einer einzigen Vorschrift zu regeln,[110] genauso Rechnung wie der Schwierigkeit, die wissenschaftliche Forschung zu definieren.[111] Anders als im RegE zum BDSG 90 ist deshalb in der Überschrift der seinerzeit zunächst vom BT-InnA empfohlenen[112] und später vom Bundestag verabschiedeten Fassung nicht mehr von einer Verarbeitung und Nutzung personenbezogener Daten „für die wissenschaftliche Forschung" die Rede, sondern nur noch von einer Verarbeitung und Nutzung „durch Forschungseinrichtungen". Dabei ist es auch beim BDSG 01 geblieben.

Der Vorteil ist offenkundig. Die zunächst überaus breit angelegte und entsprechend kompli- 31
zierte Vorschrift weicht einer Regelung, die sich gezielt auf einen bestimmten **organisatorischen** Kontext der Verarbeitung beschränkt: eine forschungsspezifische Verwendung personenbezogener Daten durch genauso auf die Forschung zugeschnittene und spezialisierte Institutionen. Zudem: Der endlose Streit über die Kriterien, denen eine **„wissenschaftliche Forschung"** genügen muss, wird durch die Restriktion der Normadressaten umgangen. Die Beschränkung auf „Forschungseinrichtungen" legt den Akzent auf **institutionelle Vorkehrungen**[113] und vermindert, jedenfalls in den Augen des Gesetzgebers, die Gefahr einer gleichsam uferlosen Anwendung der Sonderregelung.

§ 40 differenziert nicht zwischen **Universitäten** einerseits und **privaten Forschungseinrich-** 32
tungen andererseits[114] und fragt auch nicht danach, ob es sich um Eigen- oder Auftragsforschung handelt. Das Gesetz unterwirft trotzdem keineswegs die wissenschaftliche Forschung durchweg denselben Regeln, und zwar selbst dann, wenn sich der Forschungsgegenstand deckt. So hängt die Anwendung des § 40 etwa bei einem Forschungsprojekt zur Entwicklung

106 Vgl. auch *Gola/Schomerus*, BDSG § 40 Rdnr. 1; *Bergmann/Möhrle/Herb*, BDSG § 40 Rdnr. 4; *Tinnefeld/Ehmann/Gerling*, Einführung, 605, 609.
107 Dazu die §§ 13 Rdnr. 42, 14 Rdnr. 120 und 28 Rdnr. 258 ff.
108 Vgl. etwa Art. 23 BayDSG; sowie § 35 LDSG BW.
109 BT-Drs. 11/4306, 19, § 36; vgl. auch § 3a des in der 10. Wahlperiode vorgelegten Entwurfs, BT-Drs. 10/5343.
110 Dazu auch o. Rdnr. 2 f.
111 Dazu u. Rdnr. 35.
112 BT-Drs. 11/7235, 43, § 36.
113 Vgl. dazu auch *Bizer*, Forschungsfreiheit, 62 ff.
114 o. Rdnr. 29.

einzelner Hochschulen im Nationalsozialismus oder zum Alltagsleben in bestimmten, ausgewählten Kleinstädten während der Frühphase der Bundesrepublik ausschließlich davon ab, wer der Projektträger ist. Ein Max-Planck-Institut muss sich nach § 40 richten Bei einem institutionell nicht eingebundener Forscher kommt dagegen § 40 gar nicht erst zum Zug.[115] Das Gesetz nimmt, so gesehen, eine **Einschränkung** seines Anwendungsbereichs **in Kauf, die sich** gerade unter dem Gesichtspunkt einer den Forschungsbedingungen entgegenkommenden Regelung **nicht rechtfertigen lässt**.

33 **Alternativen** gibt es durchaus, wie sich allein schon an der Mehrzahl der **LDSG** zeigt.[116] Sie schlagen zwar verschiedene Wege ein und beschränken sich weitgehend auf einzelne Verarbeitungsaspekte, versuchen jedoch durchweg eine, zumal undifferenzierte, Sonderregelung für Forschungseinrichtungen zu vermeiden. Konsequenterweise ist zumeist ganz allgemein von einer **Verarbeitung für „wissenschaftliche Zwecke“**[117] die Rede. Soweit im Übrigen Einschränkungen vorkommen, wird Kriterien der Vorzug gegeben, die gezielt davon absehen, Forschungseinrichtungen eine besondere Stellung einzuräumen und deshalb, sei es eine Verwendung der Daten für **bestimmte wissenschaftliche Forschungsvorhaben** verlangen, sei es noch einen Schritt weitergehen und die Anwendung der jeweiligen Forschungsklausel auf die von einer **unabhängigen wissenschaftlichen Forschung** konzipierten und realisierten Projekte begrenzen.[118]

34 § 40 regelt lediglich einen **bestimmten**, genau definierten **Ausschnitt der Verwendung personenbezogener Daten** durch Forschungseinrichtungen: die Verarbeitung oder Nutzung von Angaben, die für wissenschaftliche Zwecke erhoben oder gespeichert worden sind (§ 40 Abs. 1). Werden deshalb personenbezogene Daten für andere Zwecke verwendet, etwa im Zusammenhang mit Beschäftigungs- oder sonstigen Vertragsverhältnissen, sind die generell anwendbaren Datenschutzbestimmungen zu beachten. Der Gesetzgeber hält sich, so gesehen, an die auch für die Medien geltende Regelung. Genau wie dort die Erhebung, Verarbeitung oder Nutzung für „journalistisch-redaktionelle Zwecke“ (§ 41 Abs. 1)[119] einer eigenen Regelung unterworfen wird, richtet sich hier die Verwendung für „Zwecke der wissenschaftlichen Forschung“ ebenso nach einer besonderen Vorschrift.

35 Mit der Verweisung auf die **„wissenschaftliche Forschung“** gibt § 40 den **Verwendungskontext** an. Das BDSG verzichtet dabei, anders als das 3. HDSG v. 1986 (§ 33 Abs. 1) und das LDSG BW (§ 30) oder auch das BStatG (§ 16 Abs. 6), auf jedes erklärende, die Forschung näher qualifizierende Beiwort. Vordergründig spricht viel dafür. Definitionen sind genauso wie bei der Presse[120] Einfallstore für Zensurversuche und vertragen sich daher nicht mit Art. 5 Abs. 3 GG.[121] Trotzdem geht es nicht an, von jeder Präzisierung abzusehen, wenn nicht die schlichte Feststellung der verantwortlichen Stelle, die Daten aus Gründen der wissenschaftlichen Forschung erhoben oder gespeichert zu haben, für eine Anwendung des § 40 ausreichen soll. Mit einer Umschreibung, die zur wissenschaftlichen Forschung alles rechnet, „was nach Inhalt und Form als ernsthafter planmäßiger Versuch zur Ermittlung der Wahrheit anzusehen ist“,[122] lässt sich freilich kaum etwas anfangen. Definitionen wie diese sind viel zu allgemein gehalten und bieten sich daher als ein ebenso bequemes wie wirksames Umgehungsmittel des Datenschutzes förmlich an.[123] Erst recht gilt es deshalb bei allen Überlegungen zu den Anwendungsvoraussetzungen des § 40 nicht zu übersehen, dass die Sondervorschriften zur Verwendung personenbezogener Daten im Rahmen der wissenschaftlichen

---

115 Vgl. auch *Gola/Schomerus*, BDSG § 40 Rdnr. 7.
116 Dazu u. Rdnr. 88 ff.
117 Vgl. etwa die §§ 28 BbgDSG, 33 HDSG, 28 DSG NW, 22 LDSG SH.
118 Vgl. u. Rdnr. 91.
119 Dazu § 41 Rdnr. 12 f.
120 Dazu § 41 Rdnr. 9 ff.; sowie *Simitis*, AfP 1990, 15.
121 Vgl. *Simitis*, in *Waehler* (Hrsg.), Deutsch-Polnisches Kolloquium, 96 ff.; aber auch *Mayen*, Informationsanspruch, 95 ff.
122 BVerfGE 47, 327 (367).
123 Vgl. auch *Gola/Schomerus*, BDSG § 40 Rdnr. 7a; *Simitis*, in *Waehler* (Hrsg.), Deutsch-Polnisches Kolloquium, 97 f.; *Lennartz*, Datenschutz, 8 ff.

Forschung **Ausnahmebestimmungen** sind.[124] Sie müssen folglich ebenso wie alle anderen Regelungen, die von den ansonsten zu beachtenden Verarbeitungsbedingungen abweichen, **möglichst restriktiv interpretiert werden**. Genau dieses Ziel lässt sich allerdings nicht ohne ein **Mindestmaß an Präzisierung** dessen erreichen, was unter wissenschaftlicher Forschung verstanden wird. Je deutlicher zudem eine strikte Abschottung der zu Forschungszwecken verwendeten Daten unterbleibt,[125] desto schärfer muss die Präzisierung ausfallen.

§ 40 ist **nur auf Forschungseinrichtungen** anzuwenden, die ihre **Forschungstätigkeit frei von Eingriffen Dritter ganz nach den eigenen Vorstellungen gestalten können**. Die Forschungseinrichtung darf sich mit anderen Worten bei der Auswahl der Forschungsgegenstände genauso wenig durch externe wirtschaftliche, staatliche oder sonstige Interessen leiten lassen wie bei der Entscheidung über den Ablauf der konkreten Untersuchung und den Umgang mit den jeweiligen Forschungsergebnissen. Sowohl das LDSG BW (§ 35 Abs. 1) als auch das BStatG (§ 16 Abs. 6) beschränken deshalb die Anwendung ihrer Forschungsklauseln auf eine unabhängige Forschung.[126] Hochschul- und Max-Planck-Institute sind die gleichsam klassischen, allerdings keineswegs einzigen Beispiele dafür. Die **Unabhängigkeit** schützt vor Fremdsteuerung und damit zugleich vor einer nicht kontrollierbaren Zweckentfremdung der Daten.[127] Sie ist daher auch bei jenen Forschungsklauseln, die sie, wie § 40, nicht ausdrücklich erwähnen, der Schlüssel zu einer datenschutzkonformen Anwendung.[128] 36

Markt- und Meinungsforschungsinstitute fallen grundsätzlich nicht in den Anwendungsbereich des § 40.[129] Sie mögen rechtlich und organisatorisch selbstständig sein, sind jedoch in der Regel kommerzielle Unternehmen mit einem allerdings sehr unterschiedlichem, sei es sehr breit angelegtem, sei auf ganz bestimmte Aktivitäten, wie etwa demoskopische Untersuchungen oder die Absatzchancen einzelner Produkte, beschränktem Geschäftsbereich. Anreiz und Maßstab ihrer Tätigkeit sind deshalb die Interessen ihrer aktuellen und potenziellen Kunden. Ihre jeweiligen Vertragspartner sind zudem selbst dann die primären Adressaten und Abnehmer der Untersuchungsergebnisse, wenn die Institute das konkrete Projekt nutzen, um etwa im Zusammenhang mit einer Umfrage zusätzliche, anderweitig verwertbare Informationen zu bekommen, oder sich ausdrücklich vorbehalten, einen Teil der Daten für eigene Zwecke zu verwenden. Die kundenspezifische Tätigkeit bleibt mithin Grundlage und Vehikel des Verarbeitungsprozesses. 37

Eine Anwendung des § 40 lässt sich auch nicht deshalb rechtfertigen, weil sich die Institute bei ihrer Arbeit auf **sozial- und kommunikationswissenschaftliche Methoden und Erkenntnisse** stützen und damit nicht zuletzt zur Korrektur und Weiterentwicklung einzelner Verfahren beitragen. So ausgeprägt der Rückgriff auf wissenschaftliche Methoden sein mag, so wenig ist zu übersehen, dass die wissenschaftlichen Ansätze Instrumente einer eindeutig kommerziell ausgerichteten Unternehmenspolitik sind. Sie sagen daher zwar durchaus etwas über die Vorgehensweise der Institute aus, verwandeln sie jedoch nicht in Forschungseinrichtungen, die den Anforderungen des § 40 genügen. Daran ändert sich schließlich selbst dann nichts, wenn Meinungs- und Marktforschungsinstitute ihre Möglichkeiten nutzen, um auf eigene Initiative und durchaus im Einklang mit den Erwartungen des § 40 an eine wissenschaftliche Forschung,[130] Untersuchungen etwa zur Auswirkung der Kommunikationstechnologie auf das Verhalten Jugendlicher oder zur Akzeptanz politischer Programme durchzuführen. § 40 orientiert sich an der **Struktur sowie den Zielen der jeweiligen Einrichtung** und nicht am einzelnen Projekt.[131] Eine partielle, rein projektbezogene Anwendung des § 40 gibt es daher nicht. 38

---

124 Dazu o. Rdnr. 9 ff.
125 Dazu o. Rdnr. 12 ff.
126 Dazu auch o. Rdnr. 15, 25, 33.
127 Vgl. auch *Simitis,* in *Waehler* (Hrsg.), Deutsch-Polnisches Kolloquium, 98.
128 Vgl. auch *Gola/Schomerus,* BDSG § 40 Rdnr. 8; *Donos*, in *Wagner* (Hrsg.), Rahmenbedingungen, 114 f.
129 Vgl. auch § 30 Rdnr. 6 f.; sowie *Gola/Schomerus,* BDSG § 40 Rdnr. 9; *Wedde,* in *Däubler/Klebe/Wedde*, BDSG § 40 Rdnr. 2; und demgegenüber *Bergmann*/Möhrle/Herb, BDSG § 40 Rdnr. 3.
130 Dazu o. Rdnr. 35.
131 Das übersehen *Gola/Schomerus,* BDSG § 30 Rdnr. 3.

39 Forschungseinrichtungen, die **Aufträge Dritter** ausführen, sind nicht generell von einer Anwendung des § 40 ausgeschlossen. Schon deshalb, weil wissenschaftliche Forschung keineswegs nur Grundlagenforschung ist, vielmehr genauso anwendungsorientiert sein kann. Abgesehen davon gehört die Kooperation mit Unternehmen und staatlichen Stellen zum Alltag universitärer Forschung. Den Ausschlag geben daher die **Handlungsbedingungen** der jeweils in Betracht kommenden Einrichtung. Die Übernahme von Aufträgen verschiebt sicherlich in einer Hinsicht den Schwerpunkt der Forschung. Die Wahl des Forschungsgegenstandes geht nicht mehr von der Forschungseinrichtung aus, sondern von Außenstehenden, deren besondere Interessen, etwa an den Auswirkungen einer Verwaltungsreform[132] oder den verschiedenen Formen der Freizeitgestaltung, auch die Entscheidung für eine spezifische Forschung bestimmen, und die zudem die Finanzierung übernehmen. Daraus folgt aber nicht zwangsläufig, dass der Auftraggeber den **Untersuchungsverlauf** ebenso diktiert wie den **Umgang mit den Ergebnissen**. Beides markiert die Linie, die nicht überschritten werden darf, wenn es bei einer Anwendung des § 40 bleiben soll. Solange mithin weder die Freiheit der Forschungseinrichtung tangiert wird, die Forschungsbedingungen festzulegen, noch ihre Befugnis, mit den Ergebnissen ganz nach ihren Vorstellungen zu verfahren, ist § 40 anwendbar.[133]

40 Eine Anwendung des § 40 ist auch bei der **Eigenforschung**[134] keineswegs von vornherein ausgeschlossen, ohne Rücksicht im Übrigen darauf, ob es sich um die Forschungsaktivitäten von Behörden, Sozialversicherungsträgern, Krankenhäusern oder Arzneimittelunternehmen handelt. Bezeichnenderweise lassen die §§ 13 Abs. 2 Nr. 8 und 14 Abs. 2 Nr. 9 gerade im Hinblick auf die Eigenforschung der Behörden eine Zweckentfremdung personenbezogener Daten zu, die von öffentlichen Stellen verarbeitet werden.[135] Die öffentlichen Stellen sollen dank einer konsequenten Analyse der eigenen Informationsressourcen vor allem in Bereichen, in denen, wie in der Sozial- oder Kriminalpolitik, langfristigen Reaktionen eine besondere Bedeutung zukommt, Fehlerquellen besser diagnostizieren und zugleich die **Effizienz ihrer Tätigkeit** nachhaltig erhöhen.

41 Ob allerdings die Eigenforschung in den Anwendungsbereich des § 40 fällt, hängt zunächst von der **rechtlichen und organisatorischen Selbstständigkeit** der jeweiligen Forschungseinrichtung ab.[136] Solange deshalb die Forschung von den öffentlichen Stellen selbst als zusätzliche, **voll in ihren Tätigkeitsbereich integrierte Aufgabe** durchgeführt wird, **scheidet eine Anwendung des § 40 aus**. Die bloße, gesetzlich abgesicherte Ermächtigung, die für andere Ziele verarbeiteten Daten auch für wissenschaftliche Zwecke zu verwenden, genügt also selbst dann nicht, wenn die wissenschaftliche Nutzung ausdrücklich als Ausnahme verstanden und deshalb nur unter eindeutig restriktiven Bedingungen zugelassen wird.[137] Hier wie sonst kommt es zudem auf die **Unabhängigkeit** der Forschungseinrichtung,[138] also auf das Maß an Entscheidungsfreiheit über das sie verfügt, ebenso an wie auf eine klare **Restriktion der Verwendung** personenbezogener Daten auf eindeutig **wissenschaftliche Zwecke**.[139] Im Unterschied zur Auftragsforschung[140] dürften freilich bei einer Eigenforschung die jeweiligen Forschungseinrichtungen weitgehend nicht nur bei der Auswahl der Forschungsgegenstände, sondern auch und erst recht beim Umgang mit den Forschungsergebnissen an Vorgaben gebunden sein,[141] die ihren Entscheidungsspielraum klar einschränken, wenn nicht

132 Vgl. *BlnDSB,* JB 1995, 179 f.
133 Vgl. auch *Gola/Schomerus,* BDSG § 40 Rdnr. 8.
134 Dazu auch o. Rdnr. 15; sowie *Bizer,* Forschungsfreiheit, 266 ff.; *Lang,* Recht, 118 ff.; *Poppenhäger,* Übermittlung, 83 ff.
135 Dazu die §§ 13 Rdnr. 42 und 14 Rdnr. 88 ff.
136 Dazu o. Rdnr. 36; sowie § 5 Abs. 3 Satz 3 StVUnfStatG; vgl. auch *Bizer,* Forschungsfreiheit, 218 f.; *Poppenhäger,* Übermittlung, 90.
137 Vgl. etwa § 29 Abs. 1 BKAG.
138 Vgl. § 1 Satz 2 BStatG.
139 Dazu auch *Rebscher,* in *Jehle* (Hrsg.), Datenzugang, 370.
140 o. Rdnr. 39.
141 Vgl. auch *Poppenhäger,* Übermittlung, 84.

sogar aufheben. Ihnen verbleibt, so gesehen, nur die Freiheit, die Methoden und den Verlauf der Forschung zu bestimmen.[142] Eine Anwendung des § 40 lässt sich aber damit allein nicht rechtfertigen.

Mit die wichtigste Ursache der Schwierigkeiten, die bei einer Anwendung des § 40 vor allem 42
auf die **Eigenforschung der Behörden** auftreten, ist die viel zu undifferenzierten Reaktion des BDSG auf die spezifischen Forschungsinteressen und Forschungsbedingungen im öffentlichen Bereich. Weite Teile der behördlichen Eigenforschung[143] sind Voraussetzung und Bestandteil staatlicher Planung und deshalb Vorstadium konkreter Entscheidungen, deren Anlass und Ziele auch die Forschung prägen. So lange jedoch, wie im BDSG, **Forschung und Planung** nicht unterschieden werden, ist die Versuchung groß, den Anwendungsbereich der Regeln zur wissenschaftlichen Forschung auszuweiten und damit Verfahren hinzunehmen, die unter Planungsaspekten durchaus gerechtfertigt sein mögen, den Anforderungen einer wirklich unabhängigen wissenschaftlichen Forschung allerdings keineswegs genügen. Konsequenterweise belassen es manche LDSG[144] nicht bei den Vorschriften zur wissenschaftlichen Forschung, sondern behandeln die Verarbeitung personenbezogener Daten für Planungszwecke in einer besonderen Bestimmung. Nur wenn die **unterschiedlichen Verwendungsintentionen** sorgfältig auseinander gehalten werden, kann es auch gelingen, die Verarbeitungsbedingungen in einer Weise zu formulieren, die bei aller nötigen Differenzierung beim Zugriff auf personenbezogene Daten für Planungs- und Forschungszwecke eine echte, dem Verarbeitungskontext angepasste Zweckbindung ermöglicht.[145]

4. Zweckbindung (Abs. 1)

Personenbezogene Daten, die für Zwecke der wissenschaftlichen Forschung erhoben oder 43
gespeichert worden sind, dürfen auch nur dafür verwendet werden (§ 40 Abs. 1). Das BDSG knüpft mithin die Verarbeitung für Forschungszwecke an eine **strikte Zweckbindung. Eine Alternative zur forschungsspezifischen Verarbeitung gibt es nicht**. Konzessionen, die das Gesetz ansonsten macht (§ 14 Abs. 2),[146] entfallen[147] genauso wie die für nicht-öffentliche Stellen typischen Variationsmöglichkeiten der Verarbeitungsgründe (§ 28).[148] Die Sperre setzt im Übrigen schon bei der **Erhebung** ein. Ob also die Daten auch gespeichert worden sind, ist gleichgültig.[149]

Der Gesetzgeber hat trotzdem Zweckentfremdungen nicht ausgeschlossen.[150] § 4 Abs. 1 44
ist nach wie vor uneingeschränkt anwendbar. Die Zweckbindung steht, so gesehen, unter einem **doppelten Vorbehalt**: Sie lässt sich durch eine besondere gesetzliche Vorschrift ebenso durchbrechen wie mit Hilfe einer Einwilligung der Betroffenen.[151]

Gesetzliche Regelungen, die zu einer Zweckentfremdung berechtigen, mögen eher selten 45
sein. Sie sind aber, wie sich allein schon an den Beschlagnahmevorschriften der StPO (§§ 94 ff.) zeigt, mit gravierenden Eingriffen in die Verarbeitung personenbezogener Daten verbunden,[152] zumal sich der Gesetzgeber bisher nicht bereit gefunden hat, ein **Forschungs-**

142 Vgl. auch *Poppenhäger,* Übermittlung, 84.
143 o. Rdnr. 40 f.
144 Vgl. die §§ 30 HmbDSG, 32 HDSG, 32 LDatG RhPf; aber auch § 75 Abs. 1 Nr. 2 SGB X, dazu *Hauck/Noftz,* SGB X § 75 Rdnr. 18; *Kerkhoff,* Erhebung, 60 ff.; *Lang,* Recht, 119 ff.
145 Vgl. auch *Simitis,* in *Waehler* (Hrsg.), Deutsch-Polnisches Kolloquium, 100 f.
146 Dazu § 14 Rdnr. 53 ff.
147 Ebenso *Auernhammer,* BDSG § 40 Rdnr. 5; *Bergmann*/Möhrle/Herb, BDSG § 40 Rdnr. 13; *Schaffland/Wiltfang,* BDSG § 40 Rdnr. 5; *Wedde,* in *Däubler/Klebe/Wedde*, BDSG § 40 Rdnr. 4; *Greitemann*, Forschungsgeheimnis, 120.
148 Dazu § 28 Rdnr. 75 ff.
149 Vgl. auch *Gola/Schomerus,* BDSG § 40 Rdnr. 11.
150 Dazu auch o. Rdnr. 13 ff.
151 Vgl. auch *Auernhammer,* BDSG § 40 Rdnr. 5; *Gola/Schomerus,* BDSG § 40 Rdnr. 11; *Bergmann/Möhrle/Herb*, BDSG § 40 Rdnr. 5; *Wedde,* in *Däubler*/Klebe/Wedde, BDSG Rdnr. 5 f.; anders *Greitemann*, Forschungsgeheimnis, 122, 126.
152 Vgl. auch *BfD,* 16. TB, 372.

geheimnis vorzusehen[153] und damit den über die Daten verfügenden Wissenschaftlern ein **Zeugnisverweigerungsrecht** einzuräumen.[154]

46 Die **Einwilligung** gibt den Betroffenen im Prinzip die Möglichkeit, die Zweckbindung des § 40 Abs. 1 zu lockern, ohne deshalb auf Einschränkungen zu verzichten. Eine Verarbeitung für **nicht-wissenschaftliche Zwecke** ist allerdings nur in dem Umfang und unter den Bedingungen zulässig, die in der **schriftlich abzugebenden Einverständniserklärung** der Betroffenen (§ 4a Abs. 1 Satz 3)[155] festgelegt werden.[156] Die Chancen der Betroffenen, den Verarbeitungsprozess über ihre Einwilligung zu beeinflussen, bleiben aber hier wie sonst gering.[157]

47 Die Forschungseinrichtung kann die Daten für **jeden von ihr gewünschten Zweck im Bereich der wissenschaftlichen Forschung** verwenden.[158] § 40 Abs. 1 grenzt die Verarbeitungs- und Nutzungskompetenz nur negativ ab: Andere, nicht-wissenschaftliche Zwecke scheiden von vornherein aus. Im Rahmen der wissenschaftlichen Forschung ist die Forschungseinrichtung dagegen frei, den Verwendungszusammenhang ganz nach ihren Vorstellungen zu definieren. Im Unterschied zu vielen LDSG,[159] aber auch zu bundesgesetzlichen Regelungen wie etwa dem BKAG (§ 29 Abs. 1), begrenzt also das BDSG die Verarbeitung nicht auf ein „bestimmtes Forschungsprojekt". Genauso wenig findet sich das BDSG bereit, die Verwendung der Daten nach dem Vorbild des SGB[160] oder einzelner KHG[161] auf ein näher spezifiziertes Wissenschaftsgebiet zu beschränken. Erst recht vermeidet schließlich das BDSG, allein schon mit Rücksicht auf seinen weiten Anwendungsbereich,[162] eine Restriktion auf Forschungsaufgaben, die im „öffentlichen Interesse" stehen.[163]

48 Der Gesetzgeber trägt mit seiner Entscheidung der heftigen Kritik an den restriktiven Forschungsklauseln der LDSG[164] Rechnung.[165] Der Wissenschaftsrat[166] und die DFG[167] haben sich ebenfalls gegen die „weitreichenden, negativen Folgen" aller Regelungen, die an ein **„bestimmtes Forschungsprojekt"** anknüpfen, ausgesprochen. **Projektorientierte Forschungsklauseln** bieten zwar durchaus Interpretationsansätze, die zusammen mit einem entsprechend angelegten Forschungsdesign dazu verhelfen könnten, den Verarbeitungsspielraum auszuweiten.[168] Selbst die geschicktesten interpretatorischen Anstrengungen haben aber Grenzen: Sie können den Projektzweck nicht ignorieren, ohne die Glaubwürdigkeit der Forschungsklausel preiszugeben.

---

153 Kritisch zum Forschungsgeheimnis *LfDBbg*, 4. TB, 66; *LfD NDS*, 14. TB, 125; *Weichert*, MedR 1996, 262 ff.; *Kilian*, NJW 1998, 787 f., 791.

154 Dazu auch o. Rdnr. 13; sowie *BayDSB*, 16., 15, 17., 18 und 18. TB, 16; *HDSB*, 27. TB, 106; *Tinnefeld/Ehmann/Gerling*, Einführung, 604, 612 f.; *Roßnagel/Gerling*, Handbuch, 7.10 Rdnr. 8; *DFG*, Forschungsfreiheit, 53; *Nationaler Ethikrat*, Biobanken für die Forschung (2004) 75 f; *Wollenteit*, Informationsrechte, 169 ff.; *Greitemann*, Forschungsgeheimnis, 29 ff., 255 ff., 311 ff.; *Dammann*, DVR 4 (1975) 214, in *Eser/Schumann* (Hrsg.), Forschung, 312 ff.; *Krupp/Preissl*, CR 1989, 130; *Schreiber*, in *Dhom* (Hrsg.), Epidemiologische Forschung, 192 f.; *Bizer*, Forschungsfreiheit, 229 ff.; *Wagner*, in *Hamm/Möller*, Datenschutz, 20, DuD 1999, 380 f.; *Bochnik*, VersMed 1995, 151 ff.; *Gerling*, DuD 1999, 388; *Vetter*, DuD 1999, 389 ff., in *Hamm/Möller* (Hrsg.), Datenschutz, 25;

155 Dazu § 4a Rdnr. 33 ff.

156 Vgl. auch § 40 Abs. 1 Nr. 2 ArzneimittelG; dazu *Jürgens*, 81 KritV (1998) 42 ff.

157 Dazu § 4a Rdnr. 2 ff.

158 Vgl. auch *Gola/Schomerus*, BDSG § 40 Rdnr. 11; *Bergmann/ Möhrle/Herb*, BDSG § 40 Rdnr. 14.

159 Vgl. u. Rdnr. 91; sowie *BayDSB*, 17. TB, 94; *LfDBbg*, 3. TB, 106; *LfD NDS*, 12. TB, 187 f.; *Simitis*, in *Meyer/Stolleis*, HessStVwR 146; *Nungesser*, HDSG § 33 Rdnr. 12 f.; *Staehler*, DSG NW § 28 Rdnr. 7.

160 § 75 SGB X Abs. 1 Nr. 1: „Sozialleistungsbereich"; dazu *Hauck/Noftz*, SGB X § 75 Rdnr. 16 f.

161 Vgl. etwa § 7 Abs. 1 BremKHG: „wissenschaftlich-medizinische Forschungsvorhaben".

162 o. Rdnr. 17.

163 Vgl. demgegenüber § 8 Abs. 1 KRG.

164 o. Rdnr. 47, u. Rdnr. 91; vgl. auch *BfD*, 16. TB, 371; sowie *Simitis*, in *Meyer/Stolleis*, HStVwR 144 ff.

165 Dazu *Simitis*, in *Waehler* (Hrsg.), Deutsch-Polnisches Kolloquium, 103 ff., in Festschrift für *Zeidler*, 1485 f., 1500 ff.; *Bizer*, Forschungsfreiheit, 175 ff., 251; *Albrecht*, CR 1986, 97 ff.; *H. Häfner/G. Häfner*, MittHV 1988, 178 ff., 230 ff.; *Remschmidt*, in *Dohm* (Hrsg.), Epidemiologische Forschung, 167 ff.; *Schreiber*, ebda. 192; *Kerkhoff*, Erhebung, 94 ff.; *Mayen*, NVwZ 1997, 447 ff.

166 Empfehlungen, 108 ff.

167 Forschungsfreiheit, 45.

168 Vgl. auch *DAE/Arbeitskreis Wissenschaft der DSBK*, Epidemiologie, 3.1, 3.4.

Weite Teile der wissenschaftlichen Forschung hängen freilich in ganz besonderem Maße von der Möglichkeit ab, den **ursprünglichen Verarbeitungszweck zu variieren, oder die Daten in neue Forschungszusammenhänge einzubringen**. **Kohorten- und Langzeitstudien** sind typische Beispiele dafür.[169] Die Kontroverse um das nach der Intervention der LfD BW[170] aufgegebene Mannheimer Psychiatrische Fallregister illustriert den Konflikt.[171] Am Verstoß gegen die in § 20 Abs. 1 des LDatG BW von 1979 geforderte projektbezogene Verarbeitung[172] konnte es keinen Zweifel geben. Das Mannheimer Zentralinstitut für Seelische Gesundheit hatte allerdings nie behauptet, Daten psychisch Kranker im Zusammenhang mit einem bestimmten Forschungsvorhaben zu speichern. Dem Institut ging es vielmehr darum, eine Datensammlung aufzubauen, die von der gesamten psychiatrischen Forschung für ihre jeweiligen Ziele genutzt werden könnte. So legitim jedoch der Ansatz aus der Sicht des Instituts war, so klar kollidierte er mit einer gesetzlichen Regelung, die nur eine von vornherein beschränkte, dezidiert punktuelle Verwertung akzeptierte. Einmal mehr wurde aber auch deutlich: Der Nutzen der Daten erschöpft sich nicht in der Verarbeitung für das eine Projekt, für das sie erhoben und gespeichert worden sind. **Die Daten sind** genau genommen **Teil eines Reflexionsprozesses, der seine Anreize auch** aus dem **Perspektivenwechsel bei der Analyse scheinbar längst ausgewerteter Materialien gewinnt**. 49

Eine Verarbeitungsregelung, die sich ausschließlich an einer präzise definierten, strikt auf einen bestimmten, von vornherein festgelegten Zweck zugeschnittenen Verwendung der Daten orientiert, schließt tendenziell spätere **Reanalysen** aus, sei es, weil der ursprüngliche Zweck bereits erreicht worden ist, sei es, weil sich Kontext und Fragestellung nicht ohne weiteres decken.[173] Der wissenschaftlichen Forschung droht so die Möglichkeit genommen zu werden, die Validität früherer Ergebnisse, nicht zuletzt mit Rücksicht auf neue Verfahren und Erkenntnisse, zu überprüfen. Objektivität, Transparenz und Verlässlichkeit der wissenschaftlichen Forschung sind damit gleichermaßen gefährdet. Einmal mehr wird aber deutlich, dass es, gerade um der Glaubwürdigkeit des Datenschutzes willen nicht angeht, ebenso zentrale wie spezifische Elemente des Forschungsprozesses zu übergehen. 50

Genauso steht allerdings fest, dass eine **Anonymisierung** der Daten die Zuordnung neuer Angaben zum bisherigen Bestand keineswegs unbedingt ausschließt. Eine Verknüpfung lässt sich etwa mit Hilfe verschlüsselter Patienten- oder Versichertennummern sicherstellen.[174] Den Informationserwartungen der wissenschaftlichen Forschung kann so entsprochen werden, ohne den Schutz der Betroffenen zu gefährden. 51

Vorbehalte gegen eine „Reaktivierung" der Daten sind besonders dann angebracht, wenn sich Forschungseinrichtungen **nicht mit dem** bloßen **Rückgriff auf die Daten begnügen** wollen, **sondern** auch die **Betroffenen einbeziehen** möchten. Konflikte, die etwa eine Befragung über Schwangerschaftsabbrüche, die mehr als ein Jahrzehnt zurückliegen, bei den involvierten Frauen auslöst, lassen sich nicht einfach ignorieren. Der Zugang zu den Daten mag noch zu rechtfertigen sein, die Befragung muss jedoch am Interesse der Betroffenen scheitern, allein gelassen,[175] also nicht mehr mit einem aus ihrer Sicht abgeschlossenen Lebensabschnitt plötzlich konfrontiert zu werden.[176] 52

Noch schwerer wiegt freilich, dass der Verzicht auf die Anbindung der Verarbeitung an ein bestimmtes Forschungsprojekt ebenso wie bei den immer wieder angestrebten **Forschungs-** 53

---

169 Vgl. § 1 Abs. 1 und 2 KRG; sowie *LfDBbg,* 3. TB, 110 ff.; *SaarlDSB,* 14. TB, LT-Drs. 10/1403, 98; *DFG,* Forschungsfreiheit, 45 f.; *DAE/Arbeitskreis Wissenschaft der DSBK*, Epidemiologie, 2; *Kilian,* Rechtsfragen, 35 ff., 60 ff.; *Schreiber,* in *Dhom* (Hrsg.), Epidemiologische Forschung, 193; *Simitis,* in *Waehler* (Hrsg.), Deutsch-Polnisches Kolloquium, 103; *Lennartz,* Datenschutz, 100 ff.; *Bizer,* Forschungsfreiheit, 372 ff.; *Böhm/Wagner,* CR 1987, 623 f.; *Lang,* Recht, 121 f.; *Wichmann,* in *Hamm/Möller* (Hrsg.), Datenschutz, 57 f.

170 Vgl. *LfD BW,* 2. TB, 10 ff.

171 Vgl. insb. *Häfner/Kurda*, in *Deutsche Forschungsgemeinschaft*, Fortschritte in der Psychiatrischen Epidemiologie (1990) 17 ff.; *DFG,* Forschungsfreiheit, 45.

172 *LfD BW,* 2. TB, 14 f.

173 Dazu insb. *Wagner,* DuD 1999, 377 ff., in *Hamm/Möller* (Hrsg.), Datenschutz, 16 ff.

174 Vgl. etwa *Böhm/Wagner,* CR 1987, 621 ff.

175 Dazu insb. BVerfGE 35, 202 (233).

176 Vgl. auch *LfD NDS,* 12. TB, 190 f.

registern[177] letztlich dazu führt, eine **Verarbeitung auf Vorrat** hinzunehmen.[178] Nicht von ungefähr hat das BVerfG[179] ausdrücklich eine eindeutig zweckgebundene Verarbeitung gefordert und sich konsequenterweise gegen jeden Versuch ausgesprochen, Vorratssammlungen anzulegen.[180] Die Zweckbindung schränkt den Verarbeitungsradius gezielt ein und garantiert so die für einen wirksamen Schutz der Betroffenen unerlässliche **Überschaubarkeit und Kontrollierbarkeit der Verwendung** ihrer Daten.[181] Mit der Preisgabe der Verpflichtung, Daten nur projektbezogen zu verarbeiten, entfällt die Zweckbindung sicherlich nicht ganz.[182] Der Verarbeitungsbereich wird zwar einerseits erheblich ausgeweitet, andererseits aber wieder durch die Vorgabe eingegrenzt, die Daten ausschließlich für wissenschaftliche Zwecke zu verwenden. Die Überschaubarkeit der Verarbeitung nimmt trotzdem merklich ab und die Chancen der Betroffenen schwinden, die Folgen des Zugriffs auf ihre Daten abschätzen zu können.

54 Das BVerfG ist allerdings nicht ganz bei seiner Forderung nach einer „engen und konkreten Zweckbindung"[183] geblieben. Das Gericht hat vielmehr eine **Vorratsspeicherung bei Verarbeitungen für statistische Zwecke**, wenngleich verbunden mit einer Vielzahl von Kautelen, akzeptiert.[184] Der Vergleich mit der wissenschaftlichen Forschung drängt sich auf. Ein breites, nicht näher bestimmbares Verarbeitungsspektrum ist auch in ihrem Fall in einer Vielzahl von Fällen eine ebenso notwendige Arbeitsgrundlage wie bei der Statistik.[185] Eine **flexiblere Interpretation der Zweckbindung** erscheint unter diesen Umständen durchaus vertretbar.

55 Der Gesetzgeber hat im Vorfeld des BDSG 90 lange geschwankt. Er hat zunächst ganz nach dem Vorbild mehrerer LDSG[186] eine projektbezogene Verarbeitung verlangt.[187] Danach[188] war freilich nur noch von einer Verarbeitung oder Nutzung für „bestimmte Zwecke der wissenschaftlichen Forschung" (§ 36 Abs. 1 und 3) oder „bestimmte Forschungsarbeiten" (§ 36 Abs. 4, 5 und 6) die Rede. Auf Empfehlung des BT-InnA[189] wurde schließlich der Formulierung „für Zwecke der wissenschaftlichen Forschung" der Vorzug gegeben, allerdings nur soweit es um die Verarbeitung oder Nutzung personenbezogener Daten durch Forschungseinrichtungen geht. **In allen anderen Fällen** gilt dagegen **eine streng projektbezogene Regelung**. Ganz gleich also, ob eine öffentliche oder eine nicht-öffentliche Stelle Daten für Forschungszwecke selbst verwendet (§§ 13 Abs. 2 Nr. 8; 14 Abs. 2 Nr. 9; 28 Abs. 6 Nr. 4) oder weiteren Stellen übermittelt (§§ 15 Abs. 1 i.V.m. 14 Abs. 2; 16 Abs. 1 i.V.m. 14 Abs. 2; 28 Abs. 3 Satz 1 Nr. 4), Grundlage und Grenze der Verarbeitung ist die Relevanz der Angaben für ein konkret definiertes Projekt.[190] Der Formulierungswechsel spiegelt, so gesehen, einen Kompromiss wider. Der Gesetzgeber gibt keineswegs generell die ursprüngliche, an den Forschungsklauseln zahlreicher LDSG orientierte Einschränkung der Verarbeitung auf.[191] Er findet sich vielmehr lediglich in einem Punkt bereit, eine Wortwahl aufzugeben, die als zu restriktiv empfunden wurde: **bei der Verwendung personenbezogener Daten, die Forschungseinrichtungen bereits zur Verfügung stehen**. Eben deshalb lassen sich auch **Forschungsregister** ohne eine eigens darauf abgestellte gesetzliche Regelung nicht einrichten.[192]

---

177 Dazu insb. *LfD NW*, TB 2005, 128 f.
178 Vgl. *Simitis*, in *Waehler* (Hrsg.), Deutsch-Polnisches Kolloquium, 103 ff., 122 f., in *Jehle* (Hrsg.), Datenzugang, 57 f.; *Bizer*, Forschungsfreiheit, 176 ff.
179 Dazu insb. BVerfGE 65, 1 (46, 48, 54).
180 Vgl. auch § 1 Rdnr. 101.
181 Vgl. auch *LfD NW*, TB 2005, 129.
182 Vgl. freilich *Bizer*, Forschungsfreiheit, 178.
183 BVerfGE 65, 1 (47).
184 BVerfGE 65, 1 (47).
185 o. Rdnr. 49.
186 Dazu u. Rdnr. 91.
187 BT-Drs. 10/5343, § 3a Abs. 1 des in der 10. Wahlperiode vorgelegten Entwurfs.
188 BT-Drs. 11/4306, 19, § 36.
189 BT-Drs. 11/7235, 43, § 36.
190 Dazu die §§ 14 Rdnr. 88 ff. und 28 Rdnr. 258 ff., 335 f.
191 Vgl. auch § 28 Rdnr. 258 f.
192 Vgl. auch *LfD NW*, TB 2005, 129.

Der **Zugriff auf die Daten** mag deshalb durch die jeweiligen Zugangsregeln (§§ 13 Abs. 2 Nr. 8; 14 Abs. 2 Nr. 9; 15 Abs. 1; 16 Abs. 1; 28 Abs. 3 Satz 1 Nr. 4)[193] beschränkt sein,[194] die weitere Verarbeitung oder Nutzung ist es nicht mehr. Die Forschungseinrichtungen können den Verarbeitungszweck beliebig variieren, solange sie sich im Rahmen der wissenschaftlichen Forschung bewegen. **Einer besonderen gesetzlichen Grundlage bedarf es ebenso wenig wie einer Einwilligung der Betroffenen**. Der ursprüngliche Verarbeitungszweck spielt selbst dann keine Rolle mehr, wenn die Daten den eigenen Verarbeitungsbereich verlassen, vorausgesetzt sie werden **an andere Forschungseinrichtungen** übermittelt.[195] § 40 Abs. 1 spricht generell von einer Verarbeitung, differenziert also keineswegs zwischen den einzelnen Verarbeitungsphasen und bezieht sich deshalb auch auf Übermittlungen.[196] Kurzum, § 40 verschiebt die Akzente. Das „Urprojekt" ist nicht mehr verbindliche Vorgabe, sondern nur noch Informationsquelle. Die Forschungseinrichtung kann ihre eigenen Wege gehen. 56

Die **verwässerte Zweckbindung** zwingt dazu, die für die Betroffenen damit verbundenen **Risiken** bei der Anwendung des § 40 besonders zu bedenken und möglichst einzudämmen. Der Verlust an Bestimmtheit ist, anders ausgedrückt, gerade vor dem Hintergrund der Rechtsprechung des BVerfG[197] nur tolerabel, wenn er durch gezielte Schutzvorkehrungen wenigstens weitgehend kompensiert wird.[198] Mit am gefährlichsten sind **Übermittlungen**. Sie verlaufen in Unkenntnis der Betroffenen, die ebenso wenig eingeschaltet werden müssen wie etwas davon zu wissen brauchen. Erst recht gilt es gilt es deshalb strikt daran festzuhalten, dass es bei den Übermittlungen nach § 40 ausschließlich um den **Austausch von Informationen zwischen Forschungseinrichtungen** geht, die den spezifischen Anforderungen des BDSG an die Organisation und Tätigkeit einer Forschungseinrichtung genügen müssen.[199] § 40 mag daher in Abs. 3[200] lediglich von „Stellen" sprechen. Damit sind aber weder im öffentlichen noch im nicht-öffentlichen Bereich Stellen gemeint, in denen die wissenschaftliche Forschung unselbstständiger Teil einer größeren Organisation ist, oder nur gelegentlich erfolgt. Entscheidend ist vielmehr die nicht zuletzt **durch die rechtliche und organisatorische Selbstständigkeit dokumentierte Unabhängigkeit der Forschungseinrichtung**. 57

Die **Forschungseinrichtung muss die Betroffenen** sowohl über die **Speicherung** als auch die **Übermittlung** ihrer Daten **benachrichtigen**. Die Voraussetzungen der Informationspflicht sind in den §§ 19a Abs. 1 und 33 Abs. 1 näher geregelt.[201] Der Gesetzgeber hat also grundsätzlich davon abgesehen, die Benachrichtigung der Betroffenen bei einer Verwendung ihrer Daten für Zwecke der wissenschaftlichen Forschung an besondere Bedingungen zu knüpfen. Die Konsequenz ist freilich, dass die rechtliche Grundlage der Informationspflicht variiert, je nachdem, ob die Forschungseinrichtung eine öffentliche (§ 19a) oder eine nicht-öffentliche Stelle (§ 33) ist. Für alle Forschungseinrichtungen gilt es aber festzuhalten: Die Benachrichtigung der Betroffenen soll, ganz im Sinne der vom BVerfG formulierten Anforderungen an die Verarbeitung personenbezogener Daten,[202] die mit der gelockerten Zweckbindung einhergehenden höheren Verarbeitungsrisiken kompensieren. Sie zählt daher zu den Grundbedingungen einer verfassungskonformen Anwendung des § 40.[203] Gerade deshalb haben manche Gesetze noch vor der Novellierung des BDSG eine Anzeigepflicht vorgesehen.[204] Die §§ 19a und 33 sind infolgedessen so auszulegen, dass eine Benachrichtigung der Betrof- 58

193 Dazu die §§ 13 Rdnr. 42, 14 Rdnr. 88 und 28 Rdnr. 258 f.
194 o. Rdnr. 29, 43.
195 Vgl. auch *Gola/Schomerus*, BDSG § 40 Rdnr. 11; *Donos*, in *Wagner* (Hrsg.), Rahmenbedingungen, 108 f.
196 Vgl. auch die Begr. zum RegE, BR-Drs. 462/00, 116.
197 Dazu insb. BVerfGE 65, 1 (46, 48, 54); sowie o. Rdnr. 53.
198 Vgl. auch *Bizer,* Forschungsfreiheit, 178, 266.
199 Dazu o. Rdnr. 29, 36 ff.
200 Dazu auch u. Rdnr. 77 ff.
201 Dazu die §§ 19a Rdnr. 8 ff. und 33 Rdnr. 8 ff.
202 Dazu insb. BVerfGE 65, 1 (48).
203 Vgl. auch *Bizer,* Forschungsfreiheit, 266.
204 Vgl. § 12 Abs. 4 HmbKHG.

fenen **rechtzeitig und umfassend** stattfinden, ihre **Unterlassung** also auf das wirklich nicht vermeidbare Maß an Fällen beschränkt bleiben muss.

59 Eine besondere Bedeutung kommt der Benachrichtigung bei **Übermittlungen** zu. Das BDSG 90 enthielt eine ebenso schwer verständliche wie unvollständige Sonderregelung für Übermittlungen an nicht-öffentliche Stellen.[205] Der Gesetzgeber hat im BDSG 01 darauf verzichtet, zugleich jedoch festgehalten, dass die **Verpflichtung, die Daten ausschließlich für wissenschaftliche Zwecke zu verarbeiten** (§ 40 Abs. 1), bei jeder Verarbeitung also auch bei **sämtlichen Übermittlungen** beachtet werden muss.[206] Erst recht gilt es, Missverständnissen vorzubeugen, die sich bei der Anwendung der §§ 19a Abs. 1 Satz 3 und 33 Abs. 1 ergeben könnten. Die Forschungseinrichtungen sind bei allen Übermittlungen verpflichtet, die Betroffenen zu informieren, und nicht etwa nur, wenn die Weitergabe von Anfang an geplant war. Es ist zudem genauso gleichgültig, ob es sich bei der Forschungseinrichtung um eine öffentliche oder eine nicht-öffentliche Stelle handelt. Ebenso wenig kommt es schließlich darauf an, inwieweit Übermittlungen nur gelegentlich erfolgen, oder zum Aufgabenbereich der verantwortlichen Stelle gehören. § 33 Abs. 1 Satz 2 mag den Eindruck erwecken, dass eine Benachrichtigungspflicht lediglich im Zusammenhang mit einer geschäftsmäßigen Verarbeitung für Übermittlungszwecke besteht. Eine verfassungs- und richtlinienkonforme (Art. 11 Abs. 1 der EG-Datenschutzrichtlinie)[207] Auslegung der Informationsverpflichtung lässt eine solche Differenzierung nicht zu. **Jede Forschungseinrichtung ist** also **verpflichtet, die Betroffenen zu benachrichtigen**.

60 Die **Benachrichtigungspflicht** ist freilich gleich **zweifach beschränkt**: Sie erfolgt nur bei der **erstmaligen Verarbeitung** und lediglich in den Fällen, in denen die Betroffenen **keine Kenntnis der Verarbeitung** haben (§§ 19a Abs. 1; 33 Abs. 1). Der Gesetzgeber folgt insoweit der EG-Datenschutzrichtlinie (Art. 11 Abs. 1), entscheidet sich allerdings damit für eine Regelung, die einseitig den verantwortlichen Stellen entgegenkommt, und deshalb die Betroffenen, jedenfalls partiell, in einer mit dem vom Gesetz angestrebten Schutz ihrer Interessen nicht mehr zu vereinbarenden Weise belastet. Was bei der Erhebung und Speicherung noch hingenommen werden kann, lässt sich auf Übermittlungen nicht übertragen. Weitergaben finden gerade bei Forschungseinrichtungen sehr oft lange nach der Erhebung oder Speicherung statt, zu einem Zeitpunkt also, zu dem frühere Mitteilungen an die Betroffenen kaum mehr als einen fiktiven Wert haben. Sie versetzen überdies die Verarbeitung, auch bei Übermittlungen an dieselbe Forschungseinrichtung, daher in einen neuen Kontext. Ein **konsequenter Schutz der Betroffenen** verlangt eine **fortlaufende Benachrichtigung über alle Übermittlungsvorgänge**.

61 Die **Benachrichtigung** muss in einer **für den Empfänger verständlichen Weise** formuliert sein und **alle aus seiner Perspektive wichtigen Angaben** enthalten. Dazu gehören (§§ 19a Abs. 1; 33 Abs. 1) in erster Linie Informationen zur Identität sowie zu den Aufgaben und Zielen der jeweils an der Verarbeitung beteiligten Forschungseinrichtungen, zur Art der verwendeten Daten und zum konkreten Verarbeitungszweck.[208]

62 **Forschungseinrichtungen** können, wie alle anderen verantwortlichen Stellen, in einer Reihe von Fällen **von einer Benachrichtigung absehen**. Sie sind in den §§ 19a Abs. 2 Satz 1 und 33 Abs. 2 **abschließend aufgezählt**.[209] Dazu rechnet in erster Linie eine **gesetzliche Verarbeitungspflicht** der Forschungseinrichtung (§§ 19a Abs. 2 Nr. 3; 33 Abs. 2 Nr. 4). Problematisch ist allerdings schon der Verzicht auf die Benachrichtigung, wenn die Betroffenen **„auf andere Weise“** von der Verarbeitung **Kenntnis erlangt haben** (§§ 19a Abs. 2 Satz 1 Nr. 1; 33 Abs. 2 Nr. 1),[210] eine Voraussetzung, die im Übrigen bei Forschungseinrichtungen kaum gegeben sein dürfte. Die überaus unscharfe Wortwahl des Gesetzgebers räumt der For-

---

205 Vgl. die. 4. Auflage dieses Kommentars, § 40 Rdnr. 54 ff.
206 Dazu o. Rdnr. 56.
207 Dazu *Dammann/Simitis,* EG-Datenschutzrichtlinie, Art. 11 Rdnr. 3 ff.; *Brühann,* in GH II/*Wolf,* A 30 Art. 11 Rdnr. 4 ff.; *Ehmann/Helfrich,* EG-Datenschutzrichtlinie, Art. 11 Rdnr. 3 ff.
208 Dazu auch die §§ 19a Rdnr. 8 ff., und 33 Rdnr. 8 ff.
209 Dazu die §§ 19a Rdnr. 32 ff., und 33 Rdnr. 48 ff.
210 Dazu die §§ 19a Rdnr. 32 ff., und 33 Rdnr.48 ff.

schungseinrichtung einen viel zu weiten Interpretationsspielraum ein. Mehr denn je kommt es deshalb auf eine **gezielt restriktive Auslegung** an, die auch und vor allem auf die besondere Situation der Betroffenen Rücksicht nehmen muss. Nicht anders ist es bei der Möglichkeit, die Betroffenen dann nicht zu informieren, wenn die **Benachrichtigung** mit einem **unverhältnismäßigen Aufwand** verbunden ist (§§ 19a Abs. 2 Satz 1 Nr. 2; 33 Abs. 2 Satz 1 Nr. 5).[211] In Betracht kommen vor allem Übermittlungen, bei denen die Speicherung so weit zurückliegt, dass sich die Adressen der Betroffenen aller Wahrscheinlichkeit nach nur mit Hilfe besonders zeitaufwendiger und kostenträchtiger Recherchen ermitteln lassen. Einmal mehr bietet der Wortlaut des Gesetzes der verantwortlichen Stelle die Chance, sich relativ leicht ihrer Benachrichtigungspflicht zu entziehen. Umso wichtiger ist es, klarzustellen, dass die Kosten, für sich genommen, noch keineswegs dazu berechtigen, die Betroffenen nicht zu informieren. Entscheidend ist vielmehr letztlich das **Informationsinteresse der Betroffenen.**[212] Wie hoch es einzuschätzen ist, lässt sich erst in Kenntnis der jeweils in Betracht kommenden Daten und der konkreten Verarbeitungszwecke sagen. Danach bestimmen sich auch die Kosten, die von den Forschungseinrichtungen in Kauf genommen werden müssen.

Forschungseinrichtungen, die von einer Benachrichtigung absehen, sind verpflichtet, **die** 63
Gründe schriftlich festzuhalten (§§ 19a Abs. 2 Satz 2; 33 Abs. 2 Satz 2).[213] Die Einschränkung der Benachrichtigungspflicht belastet und gefährdet die Betroffenen. Sie muss daher an Vorkehrungen geknüpft werden, die im Sinne der von der EG-Datenschutzrichtlinie (Art. 11 Abs. 2 Satz 2) geforderten „geeigneten Garantien",[214] sowohl die Transparenz als auch die Kontrolle des Verarbeitungsprozesses sicherstellen. Die Forschungseinrichtungen dürfen deshalb, sofern sie etwa den Aufwand für unverhältnismäßig ansehen sollten, nicht einfach auf die Mitteilung verzichten. Die gesetzlich vorgeschriebene **Dokumentationspflicht** zwingt sie nicht nur genau zu überlegen, ob die Benachrichtigung wirklich unterbleiben kann, sondern auch Rechenschaft darüber abzugeben, weshalb sie den Aufwand als nicht mehr tragbar angesehen haben. Die Dokumentation muss also erkennen lassen, **was** im Einzelnen **die Forschungseinrichtung zu ihrer Entscheidung veranlasst hat**, und **inwieweit die Nachteile für die Betroffenen geprüft worden sind**. Den externen Kontrollinstanzen obliegt es dann, die Stichhaltigkeit der jeweils angeführten Gründe zu überprüfen.

Die Forschungseinrichtungen müssen schließlich gerade mit Rücksicht auf die eingeschränkte 64
Zweckbindung für eine **wirksame Abschottung der Daten** sorgen.[215] Sie sind zwar nach § 9 ohnehin gehalten, sämtliche technischen und organisatorischen Maßnahmen zu treffen, die eine Unzugänglichkeit der Daten ebenso gewährleisten wie eine streng auf die wissenschaftliche Forschung begrenzte Verarbeitung oder Nutzung.[216] Die vom Gesetzgeber in Kauf genommene breite Streuung der Daten verpflichtet aber zu besonderen Vorkehrungen, die eigens auf den tendenziell hohen Verbreitungsgrad und die damit verbundenen Gefahren für die Betroffenen zugeschnitten sein müssen. **Treuhändermodelle**[217] weisen in diese Richtung ebenso wie die im Hinblick auf die Krebsforschung in den Krebsregistergesetzen vorgesehenen Regelungen.[218] Ohne besondere organisatorische Vorkehrungen lässt sich schließlich

211 Dazu die §§ 19a Rdnr. 42 ff., und 33 Rdnr. 89 ff.
212 Vgl. auch *Dammann/Simitis,* EG-Datenschutzrichtlinie, Art. 11 Rdnr. 5.
213 Dazu §§ 19a Rdnr. 47, und 33 Rdnr. 120 f.
214 Dazu *Dammann/Simitis,* EG-Datenschutzrichtlinie, Art. 11 Rdnr. 8.
215 Vgl. *HDSB*, 29. TB, 60; sowie *Bizer,* Forschungsfreiheit, 214 ff.; *Rienhoff,* in *Hamm/Möller* (Hrsg.), Datenschutz, 49 ff.
216 Dazu § 9 Rdnr. 20 ff., 47 ff.
217 Dazu *LfDBbg*, 3. TB, 108 f.; *HDSB*, 29. TB, 55, 58; *TLfD*, 1. TB, 91; *DAE/Arbeitskreis Wissenschaft der DSBK*, Epidemiologie, 3.5; *Roßnagel/Gerling*, Handbuch, 7.10 Rdnr. 35 ff.; *Simitis,* in *Waehler* (Hrsg.), Deutsch-Polnisches Kolloquium, 122 f.; *Bizer,* Forschungsfreiheit, 195 ff., DuD 1999, 392 ff.; *Podlech,* in *E. Schach u. a.,* Daten, 52 ff.; *Kilian,* ebda. 61 ff.; *Metschke*, in *Statistisches Bundesamt* (Hrsg.) Kooperation, 127 ff.; *Donos*, in *Wagner* (Hrsg.), Rahmenbedingungen, 121 f.; *Wagner,* DuD 1999, 387; *Luttenberger/Reisch/Schröder/Stürzebecher*, DuD 2004, 358; sowie *Fox,* in *Bäumler* (Hrsg.), Der neue Datenschutz, 81 ff.; *Gerling,* DuD 1999, 387.
218 Vgl. etwa die §§ 4 KRG; 3 NWKrebsRG; 9 Abs. 1 HmbKrebsRG; sowie *Bizer,* Forschungsfreiheit, 381 ff.; *Schrage,* RDV 1990, 116 ff.

eine den Anforderungen des § 40 Abs. 2 Satz 3[219] entsprechende, kontrollierte Reidentifizierung, etwa im Zusammenhang mit der epidemiologischen Forschung, nicht durchführen.[220]

5. Anonymisierungspflicht (Abs. 2)

65 **Forschungseinrichtungen müssen, die von ihnen verwendeten personenbezogenen Daten anonymisieren** (§ 40 Abs. 2 Satz 1). Der Gesetzgeber konkretisiert und unterstreicht damit die in § 3a ausdrücklich angesprochene Verpflichtung jeder verantwortlichen Stelle von einer Verwendung personenbezogener Daten möglichst abzusehen.[221] § 40 belässt es freilich nicht bei einem Appell, sondern statuiert eine **Anonymisierungspflicht** aller Forschungseinrichtungen. Sie haben so gesehen keine Wahl. Die Anonymisierung ist gesetzlich festgeschriebene Bedingung jeder Erhebung, Verarbeitung oder sonstigen Nutzung personenbezogener Angaben. Offen ist nur der genaue Zeitpunkt.[222]

66 Hier wie sonst bestätigt sich allerdings wie fragwürdig die Anonymisierungserwartung ist.[223] Schon deshalb, weil Forschungseinrichtungen auch Daten verarbeiteten, die sich, wie etwa genetische Angaben, nicht anonymisieren lassen.[224] Einmal mehr verschiebt sich daher der Akzent von den latent immer noch bestehenden Erwartungen einer absoluten Anonymisierung auf die **Pseudonymisierung** (§ 3 Abs. 6a)[225] und überhaupt auf die in § 3 Abs. 6 ausdrücklich sanktionierte **faktische Anonymisierung.**[226] Die Mittel dazu sind unterschiedlich. Durchweg geht es aber darum, genügend Hindernisse aufzubauen, um den Aufwand für eine Reidentifizierung „unverhältnismäßig" groß zu gestalten. Die Erfahrung zeigt freilich, dass eine so verstandene „Anonymisierung" sehr unterschiedlich ausfallen kann.[227] Je fragwürdiger sie daher erscheint, desto deutlicher ist die Forschungseinrichtung zu einer Risikoanalyse verpflichtet, um feststellen zu können, ob den Anforderungen des § 40 Abs. 2 Satz 1 wirklich entsprochen worden ist.[228]

67 Der Bereitschaft des Gesetzgebers eine **Anonymisierungspflicht** vorzuschreiben, liegt ein bestimmtes **Verständnis der wissenschaftlichen Forschung** zugrunde. Kennzeichnend dafür ist die immer wiederkehrende Feststellung, Forscher seien grundsätzlich nicht an der Identität der Betroffenen interessiert.[229] Richtig ist, dass personenbezogene Angaben vor allem für die empirische Sozialforschung nur Durchgangsstadium auf dem Weg zu ihrem eigentlichen Arbeits- und Reflexionsmaterial sind, den aggregierten Daten.[230] Genauso trifft es aber zu, dass es andere Wissenschaftsbereiche gibt, in denen die Forschung durchaus auf die Verwertung genuin personenbezogener Daten angewiesen ist.[231] Die Geschichtswissenschaft ist wohl das markanteste Beispiel dafür.[232] Zwar spielen auch bei ihr Methoden der empirischen Sozialforschung eine wichtige Rolle. Spätestens an der Zeitgeschichte zeigt sich je-

219 Dazu u. Rdnr. 74.
220 Vgl. die §§ 7, 8 Abs. 1 und 5 KRG; sowie *Kerner,* in *Jehle* (Hrsg.), Datenzugang, 216 ff.; *Dierks,* Schweigepflicht, 85 f.
221 Dazu § 3a Rdnr. 34 ff.
222 Dazu u. Rdnr. 71 ff.
223 Dazu auch § 30 Rdnr. 54 ff.
224 Dazu *Luttenberger/Reisch/Schröder/Stürzebecher*, DuD 2004, 357 f.
225 Dazu § 3 Rdnr. 212 ff.; sowie o. Rdnr. 24; *LfD NW,* TB 2005, 127 f.; *Luttenberger/Reisch/Schröder/Stürzebecher*, DuD 2004, 357 ff.
226 Dazu § 3 Rdnr. 196 ff.; sowie *BayDSB,* 19. TB, 23; *LfD NW,* 10. TB, 107 f.; *LfDBbg,* 3. TB, 107; *Roßnagel/Poppenhäger,* Handbuch, 8.10 Rdnr. 30; *Podlech,* in *Schach u. a.* (Hrsg), Daten, 45 ff.; *Schlink/Schönberger,* ebda. 77 ff.; *Lennartz,* Datenschutz, 86 ff.; *Poppenhäger,* Übermittlung, 93 ff.; *Donos,* in *Wagner* (Hrsg.), Rahmenbedingungen, 119 ff.; *Böhm/Wagner,* CR 1987, 621 ff.; *Wagner,* DuD 1999, 378 f.
227 Vgl. auch *Wagner,* in *Hamm/Möller,* Datenschutz, 15 f., DuD 1999, 378; *Hauser/Wagner/Zimmermann*, Memorandum III.
228 Vgl. auch *DAE/Arbeitskreis Wissenschaft der DSBK*, Epidemiologie, 1.1.
229 Vgl. etwa *Gola/Schomerus,* BDSG § 40 Rdnr. 14; *DFG,* Forschungsfreiheit, 47; *Wagner,* in *Hamm/Möller,* Datenschutz, 19; *Mayen,* Informationsanspruch, 100 ff., 198, 202 f., NVwZ 1997, 446.
230 Dazu auch *Kerner,* in *Jehle* (Hrsg.), Datenzugang, 201 ff.
231 Vgl. auch *Mayen,* Informationsanspruch, 203.
232 Dazu *Simitis,* in Festschrift für *Zeidler,* 1483 ff., 1493 ff.; *Donos,* in *Wagner* (Hrsg.), Rahmenbedingungen, 111.

doch, dass historische Forschung nicht temporär und sekundär, sondern dauerhaft und primär gerade auf einer gezielt personenbezogenen Auswertung der jeweils erforderlichen Informationen beruht.[233]

Nicht anders ist es freilich dort, wo sich die Forschung, wie in der Psychiatrie oder der Psy- 68
choanalyse, an **Falldarstellungen** orientiert. Diskussionen über Methoden und Ergebnisse lassen sich nur vor dem Hintergrund einer genauen Kenntnis der spezifischen Fallstruktur führen. Eine Beschränkung auf aggregierte oder wenigstens verfremdete Daten scheidet von vornherein aus, wenn die Validität der Aussagen nicht verzerrt oder gar verfälscht werden soll. Selbst in der an personenbezogenen Angaben scheinbar so desinteressierten **empirischen Sozialforschung** gibt es, wie sich etwa bei der Verwertung von Daten aus der Arbeitsstättenzählung oder bei Betriebspanels zeigt, durchaus Forschungsprojekte, in denen eine personenbezogene Verarbeitung allein schon wegen der geringen Anzahl von Merkmalsträgern unvermeidlich ist.[234] Die Notwendigkeit, auf eindeutig personenbezogene Daten zurückzugreifen, variiert sicherlich, je nachdem, ob es um Effizienz und Konsequenzen medikamentöser Behandlungen, um Untersuchungen im Rahmen der empirischen Wirtschaftsforschung oder um Verlauf und Wirkung von Psychotherapien geht. Dennoch bestätigt sich durchweg, wie wenig davon die Rede sein kann, dass sich wissenschaftliche Forschung lediglich ausnahmsweise auf personenbezogene Daten stützen muss, und selbst dann in aller Regel nur vorläufig.

Genau genommen kann sich die wissenschaftliche Forschung nicht einmal in Projekten, in 69
denen die personenbezogenen Daten nur als Ausgangsmaterial gebraucht werden, ohne weiteres mit anonymisierten Angaben zufrieden geben. Epidemiologische Inzidenz- und Fall-Kontrollstudien, mit deren Hilfe etwa die Häufigkeit von Leukämieerkrankungen im Bereich von Sondermüllabfalldeponien ermittelt werden soll,[235] sind ebenso wie Kompetenznetze zur interdisziplinären Erforschung spezieller Krankheitsbilder[236] nur einige von vielen Beispielen dafür. Wenn die Chance, **Hypothesen zu überprüfen und Ergebnisse zu verifizieren**, weiterbestehen soll, muss der Rückgriff auf die Ursprungsdaten offen bleiben.[237] § 40 ist, so gesehen, eine Regelung, die zwar partiell den besonderen Verarbeitungsanforderungen der wissenschaftlichen Forschung Rechnung trägt, zugleich aber durch die Anonymisierungspflicht weite Teile der Forschung vor schwierige, kaum lösbare Probleme stellt.

Die wissenschaftliche Forschung mag im Übrigen, verglichen mit der Verwendung perso- 70
nenbezogener Daten im Rahmen eines Versicherungsverhältnisses oder im Hinblick auf die Gewährung bestimmter Sozialleistungen, **nicht an der individuellen Person** interessiert sein, sondern an **Erkenntnissen, die** ihr möglicherweise ebenfalls zugute kommen, **letztlich** jedoch **von ihr unabhängig sind**.[238] An der Tatsache, dass personenbezogene Angaben verwendet werden, ändert sich jedoch nichts. Nur sie zählt freilich für die Anwendung des BDSG und damit auch des § 40.

Die **Anonymisierung** muss vorgenommen werden, **sobald es der Forschungszweck zu-** 71
lässt (§ 40 Abs. 2 Satz 1). Das Gesetz sieht davon ab, den Zeitpunkt genau festzulegen. Den Ausschlag gibt stattdessen der Forschungszweck. Seine Besonderheiten und die damit verbundenen Anforderungen an die Forschung entscheiden infolgedessen darüber, wie lange die personenbezogenen Merkmale der verwendeten Daten beibehalten werden dürfen. Die Anonymisierungspflicht aktualisiert sich also keineswegs erst wenn der Forschungszweck erfüllt ist.[239] Wo sich vielmehr die Forschung, wic bei empirischen Studien, auf aggregierte Daten stützt, müssen die Daten in der Regel nach Abschluss der Erhebung anonymisiert werden,

233 Vgl. *Simitis,* in Festschrift für *Zeidler,* 1495 ff.
234 Vgl. *Hauser/Wagner/Zimmermann*, Memorandum III.
235 Vgl. *LfD NDS,* 11. TB, 173 ff.; aber auch *DAE/Arbeitskreis Wissenschaft der DSBK*, Epidemiologie, 2.
236 Vgl. *HDSG,* 29. TB, 54 ff.
237 Dazu auch o. Rdnr. 50; sowie *Kilian,* Rechtsfragen, 60 ff.; *Mayen,* Informationsanspruch 203; *Wagner,* DuD 1999, 377 ff.; *Wichmann,* in *Hamm/Möller* (Hrsg.), Datenschutz, 60 f.
238 Vgl. auch BVerfGE 65, 1 (69); sowie *Jürgens,* 81 KritV (1998) 34 f.
239 Vgl. auch § 33 Abs. 2 HDSG; sowie *ThLfD,* 1. TB, 90; *Wedde,* in *Däubler/Klebe/Wedde*, BDSG § 40 Rdnr. 10; und demgegenüber *Bergmann/Möhrle/Herb*, BDSG § 40 Rdnr. 28.

sofern es keiner Ergänzungen oder Kontrollen mehr bedarf. Die Anonymisierung richtet sich im Übrigen nach den Anforderungen des § 3 Abs. 6.[240] Sie setzt in jedem Fall eine **Löschung der Identifikationsmerkmale** voraus.[241]

72 § 40 Abs. 2 Satz 1 ist ein **Relikt** aus den Vorarbeiten zum BDSG 90, einer Zeit also, in der die Verarbeitung oder Nutzung personenbezogener Daten nach der Vorstellung des Gesetzgebers zunächst auf ein „bestimmtes Forschungsvorhaben"[242] und später auf einen „bestimmten Zweck" der wissenschaftlichen Forschung[243] beschränkt werden sollte.[244] Der BT-InnA[245] hat damals den Verarbeitungsspielraum der Forschungseinrichtungen zwar erweitert,[246] sich aber bei der Anonymisierungspflicht auf redaktionelle Korrekturen beschränkt. Wo jedoch, wie in § 40 Abs. 1, die **Variabilität der Forschungszwecke** ausdrücklich akzeptiert wird,[247] ergibt die Verknüpfung mit einem einzelnen Forschungszweck keinen Sinn. Die Forschungseinrichtung müsste bei einer konsequenten Anwendung des § 40 Abs. 2 Satz 1 ihrer Anonymisierungspflicht nachkommen, sobald die personenbezogenen Merkmale nicht mehr für den Zweck benötigt werden, für den die Daten erhoben oder gespeichert worden sind. Für weitere Verwendungen der Daten gäbe es, jedenfalls in ihrer personenbezogenen Form, keine Möglichkeit mehr. § 40 Abs. 1 wäre aber damit gegenstandslos.

73 Die Interpretation des § 40 Abs. 2 Satz 1 muss daher dem veränderten Verarbeitungsspielraum angepasst werden. Die Anonymisierungspflicht darf nicht auf das einzelne Projekt und dessen Zweck bezogen werden.[248] Maßgeblich muss vielmehr der **spezifische Aufgabenbereich** der Forschungseinrichtung sein. Solange sich die Verarbeitung in dessen Rahmen bewegt, kann die Forschungseinrichtung von einer Anonymisierung absehen. Sie ist allerdings verpflichtet, zu prüfen, ob nicht wenigstens eine **Pseudonymisierung** vorgenommen werden kann.[249]

74 Die **personenbezogenen Merkmale** sind bis zur Anonymisierung **getrennt zu speichern** (§ 40 Abs. 2 Satz 2). Das Gesetz belässt es also nicht bei der Anonymisierungspflicht,[250] sondern versucht zugleich, die Betroffenen vor den Gefahren zu schützen, die sich aus einer Aufbewahrung ergeben könnten, deren Dauer nicht abzusehen ist.[251] Das Mittel dazu ist eine **File-Trennung**.[252] Die Daten werden aufgespalten. Ihr personenbezogener Teil muss abgetrennt und gesondert gespeichert werden. Entsprechend sind auch die Sicherungsmaßnahmen nach § 9 zu gestalten.[253] Die Trennung kann ihre Aufgabe nur so lange erfüllen, wie die Unzugänglichkeit der personenbezogenen Merkmale durch technische und organisatorische Vorkehrungen gewährleistet ist.[254]

Eine **Zusammenführung** ist nur soweit zulässig, wie es der Forschungszweck rechtfertigt (§ 40 Abs. 2 Satz 3). Ist diese Voraussetzung erfüllt, steht es der Forschungseinrichtung frei, die in Betracht kommenden Daten personenbezogen zu verwenden. Sie ist mithin keineswegs verpflichtet, zunächst zu prüfen, ob sie ihr Verarbeitungsziel anders erreichen kann, also auch,

240 Dazu § 3 Rdnr. 201 ff.
241 Vgl. auch u. Rdnr. 95; sowie *DAE/Arbeitskreis Wissenschaft der DSBK*, Epidemiologie, 3.2; *Auernhammer,* BDSG § 40 Rdnr. 14; *Gola/Schomerus,* BDSG § 40 Rdnr. 14.
242 BT-Drs. 10/4737, 7, § 3a Abs. 1 und 4.
243 BT-Drs. 11/4306, 19, § 36 Abs. 1 und 8.
244 Dazu auch o. Rdnr. 48.
245 BT-Drs. 11/7235, 43, § 36.
246 o. Rdnr. 55 f.
247 o. Rdnr. 47.
248 Vgl. auch *DAE/Arbeitskreis Wissenschaft der DSBK*, Epidemiologie, 3.3; anders *Gola/Schomerus,* BDSG § 40 Rdnr. 14; *Bergmann/Möhrle/Herb*, BDSG § 40 Rdnrn. 23, 25; *Wedde,* in *Däubler/Klebe/Wedde*, BDSG § 40 Rdnr. 10.
249 Dazu auch *HDSB,* 29. TB, 28 f.; sowie u. Rdnr. 90.
250 o. Rdnr. 65 ff.
251 Dazu o. Rdnr. 69.
252 Dazu § 30 Rdnr. 54 ff.; sowie *BrLfD,* 17. TB, 75 f.; *Gola/Schomerus*, BDSG § 40 Rdnr. 14; *RoßnagelGerling*, Handbuch, 7.10 Rdnr. 11; *Tinnefeld/Ehmann/Gerling*, Einführung 610 f.; *Gerling,* DuD 199, 385.
253 Dazu § 9 Rdnr. 20 ff.
254 Vgl. auch § 30 Rdnr. 62 f.

ohne auf personenbezogene Angaben zurückzugreifen.[255] Das Trennungsgebot des § 40 Abs. 2 Satz 2 soll nicht die Verarbeitungsmöglichkeiten der Forschungseinrichtung einschränken, vielmehr lediglich die Sicherheit der Speicherung erhöhen.[256]

Die Orientierung am **Forschungszweck** lässt sich einmal mehr nur vor dem Hintergrund der ursprünglichen Fassungen erklären.[257] Wiederum gilt es sich deshalb an § 40 Abs. 1 zu halten. Genauso wie bei der Anonymisierung[258] muss also auch bei der Zusammenführung nicht das einzelne Forschungsprojekt und dessen Zweck, sondern der **Aufgabenbereich der Forschungseinrichtung** den Ausschlag geben.[259]

6. Veröffentlichung (Abs. 3)

77 Forschungseinrichtungen dürfen personenbezogene Daten grundsätzlich **nur mit Einwilligung der Betroffenen veröffentlichen** (§ 40 Abs. 3 Nr. 1). Das BDSG knüpft mit dieser Bestimmung an eine Regelung, die lange Zeit lediglich im LDatG RhPf v. 1978 (§ 25 Abs. 4) zu finden war, und erst sehr viel später von nahezu allen LDSG übernommen wurde.[260] Sie war auch schon in den ersten Vorschlägen zur Reform des BDSG 77[261] ebenso wie im BDSG 90[262] enthalten und ist in das BDSG 01 unverändert übernommen worden. Die Berechtigung der Forschungseinrichtungen, personenbezogene Daten für wissenschaftliche Zwecke selbst zu verwenden oder untereinander auszutauschen,[263] bleibt unbestritten. Sie schließt allerdings **nicht das Recht** ein, auch **darüber zu befinden, welche Daten publiziert werden dürfen**. Die Entscheidung darüber steht vielmehr den Forschungseinrichtungen nur so lange uneingeschränkt zu, wie die Daten keine personenbezogenen Merkmale aufweisen. Anders und schärfer ausgedrückt: Die Daten werden erst in dem Augenblick zur Veröffentlichung freigegeben, in dem eine Identifizierung der Betroffenen nicht mehr oder nur mit einem unverhältnismäßig großen Aufwand möglich ist.[264]

78 Die ausdrückliche **Verknüpfung der Veröffentlichung mit der Einwilligung** mutet zunächst merkwürdig an. § 4 Abs. 1 lässt ohnehin eine Verwendung personenbezogener Daten immer dann zu, wenn sich die Betroffenen damit einverstanden erklären.[265] Einer besonderen Vorschrift bedarf es infolgedessen nicht, zumal es für die Anwendung des § 4 Abs. 1 keinen Unterschied macht, ob man die Veröffentlichung als Übermittlung[266] oder als Nutzung[267] ansieht. § 4 Abs. 1 deckt beides ab. § 40 Abs. 3 Nr. 1 ist trotzdem nicht überflüssig. Wissenschaftliche Untersuchungen werden mit dem Ziel durchgeführt, in einen breiten wissenschaftlichen Diskurs eingebracht zu werden und lassen sich in der Regel nur in diesem Diskurs verifizieren oder falsifizieren. Die **Veröffentlichung** ist deshalb **Teil des Forschungsprozesses**. Das BDSG stellt ihre Bedeutung zwar nicht infrage, schränkt aber die Publikation jedenfalls dann ein, wenn es um personenbezogene Daten geht. § 40 Abs. 3 Nr. 1 wiederholt, so gesehen, keineswegs eine bereits in § 4 Abs. 1 getroffene und deshalb selbstverständliche Regelung, sondern baut eine **eigens auf die Veröffentlichung von Forschungsdaten zugeschnittene Schranke** auf. Der Weg in die Öffentlichkeit muss über die Betroffenen führen.

---

255 Vgl. freilich *Wedde*, in *Däubler/Klebe/Wedde*, BDSG § 40 Rdnr. 12.
256 Dazu o. Rdnr. 73.
257 Dazu o. Rdnr. 72.
258 o. Rdnr. 73.
259 Vgl. freilich *Gola/Schomerus*, BDSG § 40 Rdnr. 14; *Bergmann*/Möhrle/Herb, BDSG § 40 Rdnr. 24, 30; *Wedde*, in *Däubler/Klebe/Wedde*, BDSG § 40 Rdnr. 12.
260 Dazu u. Rdnr. 93.
261 BT-Drs. 10/4347, 6, § 3a Abs. 6.
262 BT-Drs. 11/4306, 20, § 36 Abs. 10; BT-Drs. 11/7235, 43, § 36 Abs. 4.
263 Dazu o. Rdnr. 56 ff.
264 Dazu o. Rdnr. 65 f.
265 Dazu § 4 Rdnr. 19 ff.
266 Vgl. § 3 Rdnr. 143 ff.
267 Vgl. *Gola/Schomerus*, BDSG § 40 Rdnr. 16.

Der Akzent liegt also auf der **Restriktion der Publikationsmöglichkeiten** von Forschungseinrichtungen und nicht auf der Einwilligung.

79 Die Verpflichtung der Forschungseinrichtung, die **Einwilligung der Betroffenen** einzuholen, hängt **weder von der Veröffentlichungsform noch vom Stadium ab, in dem sich die Forschung befindet**. Ob also die Ergebnisse eines Forschungsprojekts, ein Zwischenbericht oder eine erste Information publiziert werden sollen, spielt weiter keine Rolle. Entscheidend ist lediglich die Absicht, personenbezogene Daten in die Publikation aufzunehmen. Ebenso wenig kommt es darauf an, **wo die Veröffentlichung erfolgen soll**. Das Gesetz unterscheidet nicht zwischen wissenschaftlichen und sonstigen Publikationen und stellt auch nicht auf ein bestimmtes Medium ab. § 40 Abs. 3 Nr. 1 gilt deshalb für die Veröffentlichung in einem Sammelband über Erfahrungen in der psychiatrischen Forschung genauso wie für eine Publikation in einer kriminologischen Zeitschrift oder für einen von der Forschungseinrichtung verfassten Bericht in der Tagespresse oder im Fernsehen.

80 Die **Einwilligung** muss **den Anforderungen des § 4a Abs. 1 genügen**.[268] Ihr hat deshalb eine genaue und für die Betroffenen verständliche Information über den Gegenstand und das Ziel der Forschungsarbeiten, die Art der Veröffentlichung sowie die Daten, die konkret einbezogen werden sollen, vorauszugehen.[269] Die Betroffenen müssen ihr Einverständnis zudem **schriftlich** erklären (§ 4a Abs. 1 Satz 3).[270] § 4a Abs. 2 sieht zwar gerade im Zusammenhang mit der wissenschaftlichen Forschung eine Ausnahme von der Schriftform vor.[271] Sie ist freilich auf ganz andere Fälle zugeschnitten. Der Verzicht auf eine schriftliche Erklärung soll die Erhebung der jeweils benötigten Daten von Komplikationen entlasten, die den konkreten Forschungszweck erheblich zu gefährden drohen. Bei der Veröffentlichung geht es dagegen um einen **Bericht über die bereits angelaufene oder abgeschlossene Forschung**. Die Publikation mag deshalb zu den konstitutiven Elementen des Forschungsprozesses zählen,[272] § 4a Abs. 2 ist trotzdem nicht anzuwenden.[273]

81 Eine **Einwilligung** ist **nicht erforderlich**, wenn die Veröffentlichung **Ereignisse der Zeitgeschichte** betrifft (§ 40 Abs. 3 Nr. 2). Das BDSG greift mit dieser Vorschrift einen bestimmten Forschungsbereich heraus und sieht eine Ausnahme vom Einwilligungserfordernis vor, die nur für diesen einen Bereich gilt. Die **Geschichtswissenschaft** kommt zwar generell ohne personenbezogene Darstellungen nicht aus.[274] Anders als bei der Zeitgeschichte geht es aber sonst zumeist um Personen, die nicht mehr leben. Die Datenschutzvorschriften sind deshalb auf ihre Daten gar nicht anwendbar.[275] Erst bei der **Zeitgeschichte** kann es daher zu einem Konflikt mit dem Recht der Betroffenen kommen, selbst über den Umgang mit ihren Daten zu bestimmen. Ohne eine Veröffentlichungsmöglichkeit wäre zeitgeschichtliche Forschung kaum möglich.[276] Ebenso nachteilig kann sich allerdings auch die Verpflichtung auswirken, die Einwilligung der Betroffenen vor der Publikation einzuholen. Je deutlicher die Betroffenen in bestimmte Ereignisse involviert sind, und je mehr sie Wert darauf legen, herausgehalten zu werden, desto größer wird ihr Widerstand ausfallen, und desto ausgeprägter dürfte ihr Bestreben sein, wenigstens die sich auf sie beziehenden Teile der Publikation zu unterbinden. Die Auseinandersetzung mit den Ergebnissen der zeitgeschichtlichen Forschung droht so verzerrt oder gar verhindert zu werden.[277] Das Gesetz entscheidet sich deshalb für eine Ausnahme vom Einwilligungserfordernis.

268 Dazu § 4a Rdnr. 30 ff.
269 Vgl. auch *Bergmann*/Möhrle/Herb, BDSG § 40 Rdnr. 32; *Wedde,* in *Däubler/Klebe/Wedde*, BDSG § 40 Rdnr. 14.
270 Dazu § 4a Rdnr. 33 ff.
271 Dazu § 4a Rdnr. 47 ff.
272 o. Rdnr. 78.
273 Vgl. freilich *Gola/Schomerus,* BDSG § 40 Rdnr. 16; *Bergmann/Möhrle/Herb*, BDSG § 40 Rdnr. 32.
274 Dazu *Simitis,* in Festschrift für *Zeidler,* 1493 ff.; sowie o. Rdnr. 67.
275 Dazu § 3 Rdnr. 17.
276 Vgl. *Tinnefeld/Ehmann/Gerling*, Einführung, 611 f.; *Simitis,* in Festschrift für *Zeidler,* 1483 ff., 1496 ff.
277 Vgl. auch *Simitis,* in Festschrift für *Zeidler,* 1504.

Die Veröffentlichung muss „**unerlässlich**" sein (§ 40 Abs. 3 Nr. 2). Der Gesetzgeber findet sich im Interesse der zeitgeschichtlichen Forschung bereit, von einer Einwilligung abzusehen, gibt jedoch die Verpflichtung der Forschungseinrichtung nicht völlig preis, das Einverständnis der Betroffenen einzuholen. Die Ausnahme greift vielmehr erst ein, wenn auf die personenbezogenen Daten für eine **ebenso vollständige wie korrekte Darstellung nicht verzichtet werden kann**. Die bloße Absicht, die Angaben im Rahmen einer Veröffentlichung zur zeitgeschichtlichen Forschung zu verwenden, reicht daher nicht aus. Erst recht geht es nicht an, die Publikation der Daten allein schon wegen der Bedeutung, die eine Veröffentlichung von Forschungsergebnissen für die zeitgeschichtliche Forschung hat, „in der Regel" für unerlässlich zu halten.[278] Gesetz unterscheidet auch bei der zeitgeschichtlichen Forschung ausdrücklich zwischen einer gezielt breit angelegten Verarbeitung personenbezogener Daten einerseits (§ 40 Abs. 1)[279] und einer ebenso bewusst restriktiv formulierten Veröffentlichungsmöglichkeit andererseits (§ 40 Abs. 3 Nr. 2). Daten, die bei der Verarbeitung benötigt werden, sind noch keineswegs für die Veröffentlichung „unerlässlich". Die Konzession an die zeitgeschichtliche Forschung ist **kein Blankoverzicht** auf die Einwilligung. Sie kann nur bei bestimmten Daten, ohne die sich Argumentation und Ergebnisse nicht nachvollziehen lassen, verdrängt werden.[280] 82

Das Gesetz enthält keinerlei Hinweis darauf, um **welche Daten** es sich dabei handelt. Personenbezogene Angaben lassen sich in der Tat nicht abstrakt und für alle Forschungsprojekte verbindlich in veröffentlichungsfähige Angaben sowie solche, die nicht in eine Publikation aufgenommen werden dürfen, aufteilen. Jeder Versuch, so zu verfahren, läuft zudem auf eine verfassungsrechtlich unzulässige Steuerung der wissenschaftlichen Forschung hinaus.[281] kann unter diesen Umständen nur der **konkrete Forschungskontext** sein. So versteht es sich von selbst, dass eine Darstellung der Entwicklung einer Universität in der Weimarer und der nationalsozialistischen Zeit die Hochschullehrer einbeziehen muss. Ebenso wenig lässt sich bestreiten, dass, wenn es um ihre Tätigkeit geht, auch Aussagen zu ihrer Person, ihren Interessen und ihrer Umgebung eine wichtige Rolle spielen. Veröffentlichungsfähig sind aber, jedenfalls solange es nicht um eine Biographie geht, immer nur Angaben, die im Zusammenhang mit den universitären Aktivitäten stehen oder für zu deren besserem Verständnis verhelfen. Die Hochschullehrer sind zwar Funktionsträger. Genau diese Eigenschaft begründet und begrenzt freilich die Publikation von Angaben, die sich auf ihre Person beziehen.[282] also, ob es um Daten über Familienmitglieder, persönliche Eigenheiten oder außeruniversitäre Tätigkeiten geht, eine Publikation kommt nur soweit infrage wie die Kenntnis der Angaben dazu beiträgt, Position und Einfluss der einzelnen Hochschullehrer an der Universität richtig einzuschätzen. Es ist Sache der Forschungseinrichtung zu entscheiden, ob diese Voraussetzung vorliegt. Wo allerdings Zweifel bestehen, muss die **Einwilligung** der Betroffenen eingeholt werden. 83

§ 40 Abs. 3 Nr. 2 spricht von einer Darstellung der **Forschungsergebnisse**. Genauso wie bei § 40 Abs. 3 Nr. 1[283] wird man jedoch davon ausgehen müssen, dass sich der Verzicht auf die Einwilligung der Betroffenen[284] und die Verpflichtung, nur die jeweils unerlässlichen Daten zu publizieren,[285] auch auf **Veröffentlichungen** beziehen, die lediglich **Berichte über den Stand der Forschung** oder **Informationen über einzelne Forschungsaspekte** enthalten. 84

Die Regelung des § 40 Abs. 3 Nr. 2 ist **berechtigt aber einseitig**. Die zeitgeschichtliche Forschung ist keineswegs der einzige Fall, in dem es notwendig sein kann, personenbezogene Daten auch ohne Einwilligung der Betroffenen zu veröffentlichen. Im Rahmen der **medizini-** 85

278 Vgl. freilich *Auernhammer,* BDSG § 40 Rdnr. 17.
279 Dazu o. Rdnr. 47.
280 Vgl. auch *Gola/Schomerus,* BDSG § 40 Rdnr. 17.
281 Vgl. auch *Simitis,* in Festschrift für *Zeidler,* 1505.
282 Vgl. auch *LfD NDS,* 12. TB, 191 f.; *Simitis,* in Festschrift für *Zeidler,* 1505 f.; *Tinnefeld/Ehmann/Gerling,* Einführung, 611 f.
283 o. Rdnr. 79.
284 o. Rdnr. 81.
285 o. Rdnr. 82.

schen oder psychotherapeutischen Forschung können vielmehr durchaus vergleichbare Situationen entstehen. Wie bei der zeitgeschichtlichen Forschung gründet sich auch hier der wissenschaftliche Diskurs in weiten Teilen der Forschung auf fallbezogene Darstellungen. Einmal mehr lässt sich deshalb auf Publikationen nicht verzichten, die eindeutig personenbezogene Merkmale einbeziehen. Solange daher eine Ausnahme vom Einwilligungserfordernis nur für einen einzelnen Forschungsbereich akzeptiert wird,[286] droht überall dort ein **Veröffentlichungsverbot**, wo die **Anonymisierungspflicht** nicht greift.[287] Eine **verfassungskonforme Interpretation** des § 40 Abs. 3 Nr. 2 muss infolgedessen **anderen wissenschaftlichen Disziplinen** unter genau den für die zeitgeschichtliche Forschung geltenden Bedingungen **ebenfalls ermöglichen, personenbezogene Berichte über den Stand und die Erkenntnisse ihrer Forschung zu publizieren**.

7. Sanktionen

86 **Schäden**, die den Betroffenen durch eine **Verletzung der Anonymisierungspflicht** (§ 40 Abs. 2),[288] aber auch aufgrund **einer unzulässigen Veröffentlichung** ihrer Daten (§ 40 Abs. 3)[289] entstanden sind, können eine **Ersatzpflicht der Forschungseinrichtung** begründen. Sie richtet sich in erster Linie nach § 7.[290] Sollte die Forschungseinrichtung eine **öffentliche Stelle** sein, bietet sich als weitere Anspruchsgrundlage § 8 Abs. 1 an, sofern die Daten automatisiert verarbeitet worden sind.[291]

87 Ein **Verstoß gegen die Zweckbindung** (§ 40 Abs. 1)[292] kann nach § 43 Abs. 2 Nr. 5,[293] eine **Verletzung des Trennungsgebots**[294] nach § 43 Abs. 2 Nr. 6[295] mit einer **Geldbuße** und gegebenenfalls mit einer **Strafe** (§ 44 Abs. 1) geahndet werden.

8. Landesrecht

88 Die LDSG haben mit ihren Vorschriften zur wissenschaftlichen Forschung von Anfang an die Akzente für alle Versuche gesetzt, Sonderregelungen zu formulieren.[296] So überrascht es nicht, dass sich nur wenige Landesgesetzgeber bereit gefunden haben, § 40, wenn auch zumeist mit einer Reihe keineswegs unwichtiger Veränderungen zu übernehmen.[297] Die Mehrzahl der LDSG beharrt dagegen auf einer breiter angelegten Regelung, die zudem Forschungseinrichtungen nicht besonders hervorhebt.[298]

89 Eine dem § 40 Abs. 1 entsprechende ausdrückliche **Zweckbindung** der für wissenschaftliche Zwecke verarbeiteten Angaben ist eher die Ausnahme.[299] Die meisten LDSG beschränken sich darauf, die einzelnen Verwendungsbedingungen anzusprechen, ohne zugleich einen ge-

---

286 o. Rdnr. 81.
287 o. Rdnr. 67 ff.
288 o. Rdnr. 65 ff.
289 Dazu o. Rdnr. 81 ff.
290 Dazu § 7 Rdnr. 18 ff., 30 ff.
291 Dazu § 8 Rdnr. 12 ff., 15 ff.
292 Dazu o. Rdnr. 43.
293 Dazu § 43 Rdnr. 71 ff.
294 Dazu o. Rdnr. 75.
295 Dazu § 43 Rdnr. 75 ff.
296 Dazu o. Rdnr. 4; sowie *Bizer,* Forschungsfreiheit, 313 ff.
297 Vgl. etwa Art. 23 BayDSG; sowie die §§ 35 LDSG BW; 30 LDSG LDSG RP; 36 SächsDSG; 27 DSG- LSA; 25 ThürDSG.
298 Vgl. die §§ 30 BlnDSG; 28 BbgDSG; 19 Br DSG; 27 HmbDSG; 33 HDSG; 34 DSG M-V; 25 NDSG; 28 DSG NW; 22 LDSG SH.
299 Vgl. Art. 23 Abs. 1 BayDSG; sowie die §§ 35 Abs. 1 Satz 3 LDSG BW; 19 Abs. 4 BrDSG; 34 Abs. 4 DSG M-V; 25 Abs. 3 NDSG.

nerellen, ganz auf die wissenschaftliche Forschung ausgerichteten und ausschließlich von ihr bestimmten Rahmen festzulegen.[300]

Einige LDSG knüpfen die Verarbeitung personenbezogener Daten an eine allgemeine, lediglich für die wissenschaftliche Forschung geltende Bedingung: Sie darf grundsätzlich **nur anonymisierte oder pseudonymisierte Daten verwenden**.[301] Wie schwer sich allerdings eine solche Erwartung aufrecht erhalten lässt,[302] zeigt sich daran, dass die Grundregel sofort durch eine breit angelegte Ausnahme ergänzt wird, die, genau genommen, eine Rückkehr zu den auch ansonsten geltenden Verwendungsvoraussetzungen signalisiert.[303] 90

Der wohl markanteste Unterschied zwischen mehreren LDSG und dem BDSG ist die Begrenzung der Verarbeitung auf ein **bestimmtes Forschungsvorhaben**.[304] Ebenso auffällig ist aber die Entscheidung des LDSG BW die Sonderregelung Projekten vorzubehalten, die im Rahmen einer **„unabhängigen wissenschaftlichen Forschung"** durchgeführt werden (§ 35 Abs. 1 Satz 1).[305] 91

Im Unterschied zum BDSG enthalten die LDSG mit Rücksicht auf ihren auf die Verarbeitung personenbezogener Daten durch öffentliche Stellen im Landesbereich beschränkten Geltungsbereich eine besondere Regelung für **Übermittlungen an Stellen, auf die das jeweilige LDSG keine Anwendung findet**.[306] Die Landesgesetzgeber wollen damit einen ihren Vorstellungen entsprechenden Datenschutz auch dann sichern, wenn Daten, die aus ihrem Bereich stammen, nicht dort verarbeitet werden. Konsequenterweise sehen die LDSG vor, dass die empfangenden Stellen sich an die für den Landesbereich geltenden Vorschriften halten und sich der Kontrolle durch die LDSB unterwerfen müssen. 92

Wie das BDSG (§ 40 Abs. 3) schränken auch nahezu alle LDSG die **Veröffentlichungsmöglichkeiten** ein.[307] Lediglich das HDSG und das BrDSG haben gezielt von einer besonderen Vorschrift abgesehen. Der Grund dafür sind die offenkundigen Konflikte, die eine Anknüpfung an die Einwilligung der Betroffenen mit sich bringt[308] und die ebenso wenig zu übersehende Inkonsistenz aller Versuche, Ausnahmen (§ 40 Abs. 3 Nr. 2) lediglich zugunsten einzelner Disziplinen hinzunehmen.[309] Es gibt allerdings eine weitere bemerkenswerte Abweichung, die freilich ganz in die entgegengesetzte Richtung weist, also den Interessen der Betroffenen konsequent den Vorrang einräumt. Eine Reihe von Landesgesetzen schließt eine Veröffentlichung personenbezogener Daten selbst im Rahmen einer Untersuchung zur zeitgeschichtlichen Forschung dann aus, wenn sie mit überwiegenden schutzwürdigen Belangen der Betroffenen unvereinbar sein sollte.[310] 93

Die LDSG sehen im Übrigen unter Voraussetzungen, die den in § 14 Abs. 2 Nr. 9[311] vorgesehenen Bedingungen weitgehend entsprechen, ebenfalls die Möglichkeit vor, Daten **ohne Einwilligung** der Betroffenen für Forschungszwecke zu verarbeiten, betonen aber entschieden deutlicher den prinzipiellen Vorrang des Einverständnisses der Betroffenen.[312] 94

300 Vgl. etwa die §§ 28 BbgDSG; 19 BrDSG; 27 HmbDSG; 33 HDSG; 34 DSG M-V; 25 NDSG; 28 DSG NW; 22 LDSG SH.
301 Vgl. die §§ 34 Abs. 1 DSG M-V; 28 Abs. 1 DSG NW; 22 Abs. 1 LDSG SH.
302 Dazu o. Rdnr. 67 ff.
303 Vgl. die §§ 34 Abs. 2 DSG M-V; 28 Abs. 2 DSG NW; 22 Abs. 3 LDSG SH.
304 Vgl. die §§ 30 Abs. 1 BerlDSG; 28 Abs. 2 BbgDSG; 19 Abs. 1 BrDSG; 27 Abs. 1 HmbDSG; 33 Abs. 1 HDSG; 25 NDSG; 28 Abs. 2 DSG NW; 22 Abs. 4 LDSG SH; sowie o. Rdnr. 48.
305 Dazu auch o. Rdnr. 15.
306 Vgl. die §§ 30 Abs. 4 BerlDSG; 28 Abs. 4 BbgDSG; 27 Abs. 6 HmbDSG; 33 Abs. 4 HDSG; 34 Abs. 6 DSG M-V; 28 Abs. 5 DSG NW; 30 Abs. 7 SDSD; 22 Abs. 7 LDSG SH; aber auch 25 Abs. 7 NDSG; 36 Abs. 5 SächsDSG.
307 Vgl. Art. 23 Abs. 4 BayDSG; sowie die §§ 35 Abs. 3 LDSG BW; 30 Abs. 5 BerlDSG; 28 Abs. 5 BbgDSG; 27 Abs. 5 HmbDSG; 34 Abs. 5 DSG M-V; 25 Abs. 5 NDSG; 28 Abs. 4 DSG NW; 30 Abs. 6 SDSG; 36 Abs. 4 SächsDSG; 27 Abs. 4 DSG-LSA; 22 Abs. 6 LDSG SH; 25 Abs. 4 ThürDSG.
308 Dazu o. Rdnr. 81 ff.
309 Dazu o. Rdnr. 85.
310 Vgl. die §§ 28 Abs. 4 Nr. 2 DSG NW; 30 Abs. 4 Nr. 2 LDatG RhPf; 36 Abs. 4 Nr. 2 SächsDSG.
311 Dazu die § 14 Rdnr. 88 ff.
312 Vgl. die §§ 30 Abs. 1 BlnDSG; 28 Abs. 2 BbgDSG; 19 Abs. 1 Satz 2 BrDSG; 27 Abs. 1 und 4 HmbDSG; 33 Abs. 1 und 3 HDSG; 25 Abs. 2 Nr. 3 NDSG; 28 Abs. 2 DSG NW; 30 Abs. 2 SDSG; 22 Abs. 3 LDSG SH.

95 Anders als das BDSG (§ 41 Abs. 3 Satz 2)[313] verlangen zudem mehrere LDSG eine **File-Trennung** erst, wenn der Forschungszweck es zulässt,[314] und schreiben ausdrücklich eine **Löschung der personenbezogenen Merkmale** vor, sobald der Forschungszweck es erlaubt.[315]

313 Dazu o. Rdnr. 74.

314 Vgl. die §§ 35 Abs. 2 Satz 2 LDSG BW; 30 Abs. 2 BlnlDSG; 28 Abs. 3 Satz 2 Bbg DSG; 27 Abs. 3 HmbDSG; 33 Abs. 2 HDSG; 34 Abs. 2 Satz 5 DSG M-V; 28 Abs. 3 Satz 2 DSG NW; 30 Abs. 3 Satz 2 LDSG RP; 27 Abs. 3 Satz 2 DSG-LSA; 22 Abs. 5 LDSG SH; 25 Abs. 3 Satz 2 ThürDSG.

315 Vgl. die §§ 30 Abs. 2 BlnDSG; 28 Abs. 3 Satz 3 BbgDSG; 27 Abs. 3 HmbDSG; 33 Abs. 2 HDSG; 34 Abs. 1 Stz 7 DSG M-V; 28 Abs. 3 Satz 2 DSG NW; § 25 Abs. 4 NDSG; 30 Abs. 4 Satz 2 SDSG; 36 Abs. 2 SächsDSG.

§ 41 Erhebung, Verarbeitung und Nutzung personenbezogener Daten durch die Medien

(1) Die Länder haben in ihrer Gesetzgebung vorzusehen, dass für die Erhebung, Verarbeitung und Nutzung personenbezogener Daten von Unternehmen und Hilfsunternehmen der Presse ausschließlich zu eigenen journalistisch-redaktionellen oder literarischen Zwecken den Vorschriften der §§ 5, 9 und 38a entsprechende Regelungen einschließlich einer hierauf bezogenen Haftungsregelung entsprechend § 7 zur Anwendung kommen.
(2) Führt die journalistisch-redaktionelle Erhebung, Verarbeitung oder Nutzung personenbezogener Daten durch die Deutsche Welle zur Veröffentlichung von Gegendarstellungen des Betroffenen, so sind diese Gegendarstellungen zu den gespeicherten Daten zu nehmen und für dieselbe Zeitdauer aufzubewahren wie die Daten selbst.
(3) Wird jemand durch eine Berichterstattung der Deutschen Welle in seinem Persönlichkeitsrecht beeinträchtigt, so kann er Auskunft über die der Berichterstattung zugrundeliegenden, zu seiner Person gespeicherten Daten verlangen. Die Auskunft kann nach Abwägung der schutzwürdigen Interessen der Beteiligten verweigert werden, soweit
1. aus den Daten auf Personen, die bei der Vorbereitung, Herstellung oder Verbreitung von Rundfunksendungen berufsmäßig journalistisch mitwirken oder mitgewirkt haben, geschlossen werden kann,
2. aus den Daten auf die Person des Einsenders oder des Gewährsträgers von Beiträgen, Unterlagen und Mitteilungen für den redaktionellen Teil geschlossen werden kann,
3. durch die Mitteilung der recherchierten oder sonst erlangten Daten die journalistische Aufgabe der Deutschen Welle durch Ausforschung des Informationsbestandes beeinträchtigt würde.

Der Betroffene kann die Berichtigung unrichtiger Daten verlangen.
(4) Im Übrigen gelten für die Deutsche Welle von den Vorschriften dieses Gesetzes die §§ 5, 7, 9 und 38a. Anstelle der §§ 24 bis 26 gilt § 42, auch soweit es sich um Verwaltungsangelegenheiten handelt.

Literatur

R. Binder, Freie Rundfunkberichterstattung und Datenschutz, ZUM 1994, 257 ff.; *J. Bizer,* Selbstregulierung des Datenschutzes, DuD 2001, 168; *A. Bruns,* Informationsansprüche gegen Medien, Tübingen 1997; *R. Damm,* Datenschutz und Medien, AfP 1990, 7 ff.; *R. Damm/K. Rehbock,* Widerruf, Unterlassung und Schadensersatz in Presse und Rundfunk, 2. Aufl., München 2001; *Chr. Degenhart,* Empfiehlt es sich, die Rechte und Pflichten der Medien präziser zu regeln und dabei den Rechtsschutz des einzelnen zu verbessern?, DVBl. 1990, 910 ff.; *Deutscher Juristentag, Ständige Deputation* (Hrsg.), Empfiehlt es sich, die Rechte und Pflichten der Medien präziser zu regeln und dabei den Rechtsschutz des einzelnen zu verbessern?, Sitzungsbericht K zum 58. Deutschen Juristentag, München 1990 (zit. 58. Juristentag); *Deutscher Presserat* (Hrsg.), Bericht zum Redaktionsdatenschutz 2004, Baden-Baden 2004; *D. Dörr,* Auskunftsansprüche gegen die Medien bei Persönlichkeitsrechtsbeeinträchtigungen, AfP 1993, 709 ff.; *C.-E. Eberle,* Informationsrecht – der große Wurf?, CR 1992, 757 ff.; *A. Gall,* Datenschutz im öffentlich-rechtlichen Rundfunk, DuD 1993, 383 ff.; *R. Groß,* Zum journalistischen Zeugnisverweigerungsrecht, ZUM 1994, 214 ff.; *G. Hein,* Rundfunkspezifische Aspekte des neuen Bundesdatenschutzgesetzes, NJW 1991, 2614 ff.; *H.G. Heker,* Rechtsfragen des elektronischen Publizierens, ZUM 1993, 400 ff.; *A. Herb,* Aufgaben und Stellung des Datenschutzbeauftragten bei den öffentlich-rechtlichen Rundfunkanstalten, DuD 1993, 380 ff.; *ders.,* Das datenschutzrechtliche Medienprivileg und der Rundfunk-Datenschutzbeauftragte, ZögU 1994, 352 ff.; *W. Hoffmann-Riem/Th. Vesting* (Hrsg.), Perspektiven der Informationsgesellschaft, Baden-Baden/Hamburg 1995; *Th.-A. Hubert,* Das datenschutzrechtliche „Presseprivileg" im Spannungsfeld zwischen Pressefreiheit und Persönlichkeitsrecht, Baden-Baden 1993; *D. Klee,* Pressedatenbanken und datenschutzrechtliches Medienprivileg, Baden-Baden 1992; *M. Kloepfer,* Datenschutz in Redaktionen, AfP 2005, 118 ff.; *W. Konrath,* Datenschutz und neue Medien, FuR 1982, 129 ff.; *D. Kopetz,* Datenschutz im Mediensektor – zur Notwendigkeit effektiver und bereichsspezifischer Datenschutzvorschriften bei den „neuen Medien", Frankfurt am Main u.a. 1989; *G.G. Lazarakos,* Das datenschutzrechtliche Medienprivileg, Berlin 2003; *P. Lerche,* Medien und Persönlichkeitsschutz aus verfassungsrechtlicher Sicht, Universitas 1990, 670 ff.; *M. Löffler/R. Ricker,* Handbuch des Presserechts, 4. Aufl., München 2000; *E.-M. Michel,* Datenschutz und Medienprivileg, in M. Rehbinder

(Hrsg., Festschrift für Günter Herrmann zum 70. Geb., Baden-Baden 2002, 109 ff.; *K.P. Möller/F.v. Zezschwitz (Hrsg.),* Datenschutz und Medien, Baden-Baden 2003; *H. Münch,* Der Schutz der Privatsphäre in der Spruchpraxis des Deutschen Presserats, AfP 2002, 18 ff.; *T.Chr. Paefgen,* Adreßhandel und Medienprivileg, CR 1994, 14 ff.; *M. Prinz,* Der Schutz der Persönlichkeitsrechte vor Verletzungen durch die Medien, NJW 1995, 817 ff.; *C. Reupert,* Die Filmfreiheit, NVwZ 1994, 1155 ff.; *A. Roßnagel/J. Bizer,* Multimediadienste und Datenschutz, Rechtsgutachen für die Akademie für Technikfolgenabschätzung in Baden-Württemberg, Darmstadt 1995; *J. Scherer,* Persönlichkeitsschutz und Medienrecht, ZRP 1990, 332 ff.; *H.-H. Schrader,* Datenschutz und Auskunftsansprüche im Rundfunkbereich – eine Erwiderung, AfP 1994, 114 ff.; *ders.,* Datenschutz und Medienfreiheit, DuD 2000, 68 f.; *W. Schulz/B. Korte,* Die offene Flanke der Medienprivilegien, AfP 2000, 530 ff.; *dies.,* Medienprivilegien in der Informationsgesellschaft, KritV 2001, 113 ff.; *R. Schweizer,* Selbstkontrolle der Printmedien, in M. Rehbinder (Hrsg.), Festschrift für Günter Herrmann zum 70. Geb., Baden-Baden 2002, 121 ff.; *C. Seibel-Schwiedernoch,* Die verfassungsrechtliche Problematik des „Medienprivilegs" des § 1 Abs. 3 Bundesdatenschutzgesetz, München 1988; *dies.,* Die verfassungsrechtliche Problematik des „Medienprivilegs", CR 1988, 861 ff.; *S.Simitis,* Zur Verwertung von Arbeitnehmerdaten für publizistische Zwecke – Einfluß und Grenzen des Datenschutzes, in FS für Martin Löffler zum 75. Geb., München 1980, 319 ff.; *ders.,* Abschied vom „Medienprivileg" – Vorbemerkungen zu einer notwendigen Neuregelung –, in FS für *Helmut Ridder* zum 70. Geb., Neuwied 1989, 125 ff.; *ders.,* Datenschutz und „Medienprivileg", AfP 1990, 14 ff.; *R. Stürner,* Empfiehlt es sich, die Rechte und Pflichten der Medien präziser zu regeln und dabei den Rechtsschutz des einzelnen zu verbessern?, Gutachen A zum 58. Deutschen Juristentag, München 1990; *M. Sulzberger,* Datenschutz und Privatfunk, Zur verfassungsrechtlichen Beurteilung der Datenschutzvorschriften bei der publizistischen Tätigkeit des Privatfunks, Regensburg 1989; *V. Ulbricht,* Elektronische Informationsdienste im Lichte des datenschutzrechtlichen Medienprivilegs, AfP 1989, 438 ff.; *G. Wallraf,* 66. Tagung des Studienkreises für Presserecht und Pressefreiheit am 3./4. November 1989 in Dortmund, AfP 1990, 26 ff.; *K. Wasserburg,* Der Schutz der Persönlichkeit im Recht der Medien, Heidelberg 1988; *W. Wegel,* Presse und Rundfunk im Datenschutzrecht, Frankfurt a. M. 1994; *J.-K. Wente,* Das Recht der journalistischen Recherche: Ein Beitrag zum Konflikt zwischen den Medienfreiheiten und der informationellen Selbstbestimmung, Baden-Baden 1987; *K.E. Wenzel,* Das Recht der Wort- und Bildberichterstattung, 4. Aufl., 1994, Köln 1994.

Übersicht

1. Vorbemerkung

1.1 Hintergrund und Ziel der Regelung

1 Die Vorschrift des § 41 zielt – insoweit hat die Novellierung 2001 nichts geändert – darauf ab, den Schutz des informationellen Selbstbestimmungsrechts, den in § 1 Abs. 1 verankerten Zweck des BDSG, mit den besonderen grundrechtlichen Gewährleistungen für die Printmedien[1] in Einklang zu bringen. Erreicht werden soll eine praktische **Konkordanz** potenziell kollidierender Grundrechte, die beide nach dem Verständnis der Verfassung zu den fundamentalen Voraussetzungen einer freiheitlichen und demokratischen Gesellschaft zählen. Der

1 Entsprechendes gilt, soweit es um das Medienprivileg der Deutschen Welle in Abs. 4 Satz 1 geht, für die Rundfunkfreiheit.

in Art. 5 Abs. 1 GG im Interesse öffentlicher Meinungsbildung garantierten **Pressefreiheit**[2] und den daraus resultierenden besonderen Verarbeitungsbedingungen soll durch eine – eng auf diese Funktion begrenzte – **Einschränkung des informationellen Selbstbestimmungsrechts** Rechnung getragen werden. Trotz des hohen Stellenwerts der Medienfreiheit hat das Grundgesetz den Printmedien – ebenso wie dem Rundfunk und dem Film – keinen „Freibrief" für unverhältnismäßige Eingriffe in die Privatsphäre des Bürgers ausgestellt. Auf der anderen Seite ist der üblicherweise und auch wegen seiner Geläufigkeit in dieser Kommentierung verwandte **Begriff „Medienprivileg"** insoweit missverständlich, als die Bezeichnung „Privileg" nicht ausreichend deutlich macht, dass die Sonderbehandlung der Presse im BDSG nicht auf gesetzgeberischem Ermessen beruht, sondern einer verfassungsrechtlichen Vorgabe nachkommt.[3] Bei der Bestimmung der Reichweite des Medienprivilegs gilt es mithin zu berücksichtigen, dass es nicht um die Abwehrfunktion der grundrechtlichen Gewährleistung der Pressefreiheit gegenüber *staatlichen* Eingriffen geht, sondern um das Spannungsverhältnis zu dem aus Art. 1 und 2 GG abgeleiteten Individualgrundrecht der von Medienaktivitäten betroffenen Bürger auf informationelle Selbstbestimmung. Auch im Europäischen Verfassungsvertrag sind beiden Garantien enthalten. Art. II-67 des Entwurfs statuiert das Grundrecht auf Achtung der Privatsphäre und des Familienlebens; Art. II-68 verlangt die Achtung der Freiheit der Medien.[4]

Der Gesetzgeber hat im Interesse der Freiheit der journalistischen Recherche und zur Sicherung des Redaktionsgeheimnisses **die Presse aus der Anwendung des größten Teils der Vorschriften des BDSG herausgenommen**.[5] Presseunternehmen gegenüber können die datenschutzrechtlichen Individualrechte der §§ 33 bis 35 nicht geltend gemacht werden. Eine staatliche Datenschutzaufsicht besteht in diesem Bereich nicht. Die Zulässigkeit der Datenverarbeitung wird nicht durch Vorgaben wie das Vorhandensein einer gesetzlichen Grundlage, einer Einwilligung oder von „berechtigten Interessen" (vgl. § 28) beschränkt. Allerdings besteht diese Sonderstellung nur bei **ausschließlich journalistisch-redaktioneller** oder **literarischer** Verarbeitungsabsicht. Die datenschutzrechtliche Privilegierung der Printmedien wird durch § 41 Abs. 1 nicht selbst abschließend bundesrechtlich kodifiziert. Vielmehr werden die **Landesgesetzgeber** aufgrund der Rahmenkompetenz durch den Bund in die Pflicht genommen, der ihnen einen Mindeststandard an Regelungen vorgibt.[6] Auch befreit § 41 Abs. 1 mit seinem Verweis auf zu treffende Länderregelungen nur von der Anwendbarkeit des BDSG selbst, **nicht** aber von der Geltung presserelevanter **bereichsspezifischer** Datenschutznormen außerhalb des BDSG, soweit diese nicht selbst wieder das Medienprivileg einräumen. Soweit etwa Verlage ihre Erzeugnisse nicht nur als Presseprodukt anbieten, sondern zum Abruf über das Internet bereithalten, sind sie **Anbieter eines Mediendienstes**[7] und müssen bei ihrer redaktionellen Datenverarbeitung das für den Betroffenen günstigere Recht des MDStV beachten.[8] 2

Das „Medienprivileg" zählt zweifellos seit dem ersten BDSG 1977 zu den **umstrittensten Bestimmungen** dieses Gesetzes. Dies belegt die umfangreiche Literatur zu dieser Problematik zunächst bis zur BDSG-Novellierung 1990. Auch in den 90er Jahren riss der Strom von 3

2 Zur verfassungsrechtlichen Definition vgl. zusammenfassend BVerfG, NJW 2000, 1021, 1024 (Caroline von Monaco.
3 Vgl. *Dörr,* AfP 1993, 709, 711.
4 Vgl. *Schweizer,* in FS *Herrmann,* 121, 161f., der bei der Abwägung zwischen Grundrechten einerseits und bloßer Achtungspflicht betr. die Medienfreiheit andererseits eine Gefährdung der Pressefreiheit befürchtet.
5 Vgl. u. Rdnrn. 29 f.
6 Vgl. u. Rdnrn. 20 ff.
7 Dies ergibt sich explizit aus §10 Abs. 3 MDStV .
8 Z.B. die Pflicht zur unverzüglichen Aufnahme von Gegendarstellungen in das journalistisch-redaktionelle Angebot nach § 14 Abs. 1 MDStV oder den Auskunftsanspruch nach § 20 Abs. 3 MDStV. Allerdings gilt im Übrigen das „Presseprivileg" für die Redaktionstätigkeit in Bezug auf das über den Mediendienst verbreitete Inhaltsangebot wegen der Generalverweisung auf die „jeweils geltenden Datenschutzvorschriften" in § 16 Abs. 2 MDStV; dies übersehen *Schulz/Korte,* AfP 2000, 530, 532; wie hier *Bergmann/Möhrle/Herb,* BDSG § 41 Rdnr. 14 c. Bei normalen Geschäftsdaten führt die bloße Tatsache ihrer Veröffentlichung im Internet nicht zur Anwendbarkeit des Medienprivilegs, vgl. AG Geislingen, RDV 2004, 178 (red. Leitsatz).

Fachveröffentlichungen nicht ab.[9] Ab 1995 hat insbesondere die Notwendigkeit der Umsetzung des Art. 9 der Datenschutzrichtlinie die Diskussion animiert, zuletzt besonders intensiv im Vorfeld der Novellierung 2001. Auch die Spezialisten des traditionellen Presse- und Rundfunkrechts haben sich seit Erlass des BDSG 1990 zunehmend in die Debatte datenschutzrechtlicher medienbezogener Fragestellungen eingeschaltet.[10] Ursächlich für die lebhafte Debatte über das Verhältnis von Medienfreiheit und Persönlichkeitsrecht ist zum einen die vielfach tief in die Privatsphäre eindringende Berichterstattung vor allem über Politiker und Prominente,[11] die wiederum bedingt ist durch den zunehmend härteren Kampf um Marktanteile.[12] Vor allem aber geht es um die verstärkten Datenschutzrisiken durch die Veränderungen, die der **Einzug der Informations- und Kommunikationstechnik in die Medienlandschaft** mit sich gebracht hat,[13] in der es früher im Wesentlichen nur die Publikationsformen der gedruckten Presse und des terrestrisch gesendeten Rundfunks gab. So war der Rechtsschutz des Einzelnen gegenüber den Medien Gegenstand der Beratungen des 58. Deutschen Juristentags 1990 in München.[14] Auch die Datenschutzbeauftragten engagierten sich wiederholt in dieser Diskussion.[15] Die 49. Konferenz der Datenschutzbeauftragten des Bundes und der Länder hat in einer Entschließung vom 9./10. März 1995[16] eine **Verbesserung der Rechte der Betroffenen gegenüber der Presse durch Angleichung an die Rechtslage nach dem Rundfunkrecht** gefordert[17] und die Klarstellung im BDSG verlangt, dass kommerzielle Presse- und Mediendatenbanken nicht unter das Medienprivileg fallen.[18] Die Datenschutzkonferenz hat mit diesem Plädoyer für einen **einheitlichen medienrechtlichen Datenschutz** Vorstellungen aufgegriffen, wie sie bereits in der Novellierungsdiskussion zum BDSG 1990 immer wieder vorgetragen wurden.[19] Der Gesetzgeber des BDSG 2001 hat jedoch diesen Ansatz erneut **nicht aufgegriffen**. Vielmehr hat die Novellierung die Unterschiede in Regelungsdichte und Regelungsinhalt zwischen den Printmedien – mit ihrer partiellen Selbstregulierung – einerseits und den „neue Medien" sowie dem Rundfunk andererseits noch verstärkt.[20] Doch hat genau dieses Regelungsmodell des BDSG 2001 und die Frage nach seiner Vereinbarkeit mit den Vorgaben der EU-Datenschutzrichtlinie[21] erneut eine Serie von Publikationen ausgelöst, so dass ein Ende der Debatte über das Medienprivileg nicht absehbar ist.

1.2 Änderungen gegenüber dem BDSG 1990

4 Während die Absätze 2 bis 4 mit ihren Regelungen für die Deutsche Welle – von den Auskunftsverweigerungsrechten des Abs. 3 Satz 2 abgesehen – nur geringe Abweichungen erfahren haben, enthält Abs. 1 gegenüber der Vorläufernorm des BDSG 1990 wichtige Än-

9 Vgl. die umfangreichen Nachw. bis 1994 in der Monographie von *Wegel,* Presse und Rundfunk im Datenschutzrecht, 1994.

10 Vgl. z.B. *Löffler/Ricker,* Handbuch des Presserechts, 4. Aufl. 2000, 340 f., 477 ff.; *Dörr,* AfP 1993, 709 ff.; *Binder,* ZUM 1994, 257 ff.

11 Vgl. *Simitis,* in FS Ridder, 125, 129 f.

12 Vgl. *Prinz,* NJW 1995, 817.

13 Zum Stand des Einsatzes IT-gestützter Redaktionssysteme vgl. die Auswertung einer Verlagsumfrage des Deutschen Presserates durch *Rosenhayn* in *Dt. Presserat* (Hrsg.), Redaktionsdatenschutz 2004, 76, 77 f.;

14 Vgl. das Gutachten A von *Stürner* sowie den Sitzungsbericht K mit den Referaten von *Herrmann,* S. 8 ff., und *Wenzel,* S. 57 ff.

15 Vgl. u.a. *Simitis,* in FS Ridder, 125 ff.

16 Abgedr. in *Sächs.DSB,* 3. TB zum 31.03.1995, Ziff. 16.2.9.

17 So bereits der Beschluss 8 a) des 58. Deutschen Juristentags, Sitzungsbericht K, 219; *Lerche,* Universitas 1990, 670, 678 f.; krit. dagegen *Eberle,* CR 1992, 757, 759 f.

18 Vgl. u. Rdnr. 17.

19 Vgl. § 1a des Entwurfs der Länder Bremen, Hamburg, Hessen, Nordrhein-Westfalen und Saarland eines Gesetzes zum Schutz personenbezogener Daten und zur Änderung des Verwaltungsverfahrensgesetzes, BR-Drs. 121/86, und den wortgleichen § 53 des SPD-Entwurfs eines Bundesinformationsschutzgesetzes, BT-Drs. 11/3730 v. 13.12.1988; s. a. *Stürner,* Gutachten A zum 58. DJT, 90 f.; skeptisch zur Realisierbarkeit *Schmidt/Seitz,* NJW 1991, 1009, 1010.

20 Kritisch zu dieser Ungleichbehandlung *Kloepfer,* AfP 2000, 511, 522 f.; *Michel* in FS *Herrmann,* 109, 118; zur fehlenden Rechtsverpflichtungserklärung von Presseorganen vgl. *Kloepfer,* AfP 2005. 118, 119 f.

21 Vgl. u. Rdnrn. 5 f.

derungen. Regelungsadressat sind nur noch die Unternehmen und Hilfsunternehmen der **Presse**, dagegen aus kompetenzrechtlichen Gründen nicht mehr die Hilfsunternehmen des **Rundfunks** sowie die Unternehmen und Hilfsunternehmen des **Films**.[22] Der Bund nimmt seine **Rahmenkompetenz** in Anspruch und verweist auf die Ländergesetzgebung, statt selbst den Ausgleich zwischen Pressefreiheit und informationeller Selbstbestimmung herzustellen. Die von Abs. 1 vorgegebenen, von den Ländern für anwendbar zu erklärenden Vorschriften umfassen auch den **Schadensersatz** (§ 7) und die **freiwilligen Verhaltensregeln** (§ 38 a) und erweitern damit materiell die nach dem BDSG 1990 von den Medien einzuhaltenden BDSG-Normen. Einbezogen wird weiter – wie im gesamten BDSG – die Phase der **Erhebung** und damit die journalistische Recherche. Entsprechend Art. 9 der EG-Datenschutzrichtlinie werden die privilegierten Verarbeitungszwecke um die **literarischen** Zwecke erweitert. Schließlich ist die in § 41 Abs. 1 Satz 2 BDSG 1990 enthaltene Sonderregelung für Verlage, die Adressbücher oder Branchenverzeichnisse herausgeben, ersatzlos entfallen.[23]

Die **Datenschutzrichtlinie der Europäischen Union**[24] hat die Neufassung des § 41 Abs. 1 5
maßgeblich beeinflusst. **Art. 9** schreibt vor, dass die Mitgliedstaaten für die Verarbeitung personenbezogener Daten, „die allein zu journalistischen, künstlerischen oder literarischen Zwecken erfolgt", von den Kapiteln II, IV und VI, d.h. vor allem von den Vorschriften über die materielle Zulässigkeit der Verarbeitung sowie über die Datenschutzkontrolle, **Abweichungen** zur Sicherung der Medienfreiheit vorsehen, und zwar nur, soweit sich dies als notwendig erweist, um das „Recht auf Privatsphäre" mit der Medienfreiheit in Einklang zu bringen.[25] Keine Ausnahme besteht dagegen bei den Anforderungen, die sich aus den Kapiteln I (Allgemeine Bestimmungen), III (Rechtsbehelfe, Haftung und Sanktionen) und V (Verhaltensregeln) ergeben.

Angesichts der Tatsache, dass die Richtlinie die genannten Regelungsbereiche für die Medien 6
teils voll, teils mit (nur) Abweichungen zur Wirkung bringen will, den Medien m.a.W. nur eine **deutlich begrenzte datenschutzrechtliche Sonderstellung** einräumen will, sind erhebliche **Zweifel** angebracht, ob § 41 Abs. 1 mit der pauschalen Nichtgeltung der materiellen Verarbeitungsanforderungen die Vorgaben der Richtlinie ausreichend umsetzt und damit die gemeinschaftsrechtliche Anforderung der Erreichung der größtmöglichen Wirksamkeit von Richtlinien (**effet utile**) erfüllt. Die Bundesregierung rechtfertigt die gegenüber den Vorentwürfen stark reduzierte Regelung in der Begründung zum Regierungsentwurf damit, der Deutsche Presserat werde im Wege der Selbstregulierung ergänzende Verhaltensregeln und Empfehlungen ausarbeiten, die eine regelmäßige Berichterstattung zum redaktionellen Datenschutz sowie ein Beschwerdeverfahren für Betroffene vorsähen[26] – was im Juni 2001 auch erfolgt ist.[27] Diese Argumentation rekurriert auf die Begründung der EG-Kommission zu Art. 9 des Geänderten Vorschlags für die Datenschutzrichtlinie, wonach die Mitgliedstaaten bei den Sonderregelungen für die Medien berücksichtigen dürfen, dass für diesen Bereich ein **„Verhaltenskodex"** existiert.[28] Doch will die Richtlinie die Ausnahmemöglichkeiten eng

---

22 Die Bundesrahmenkompetenz für den Film ist durch die Grundgesetznovelle im Jahr 1994 gestrichen worden, vgl. dazu *Rozeck*, in *v. Mangoldt-Klein/Starck*, GG Art. 75 Rdnr. 40.

23 Vgl. u. Rdnr. 13.

24 ABl. der EG Nr. L 281 v. 23.11.95, 31 ff.

25 Vgl. dazu *M. Weber*, CR 1995, 297, 301; ausführlich zu Art. 9 EU-Datenschutzrichtlinie *Lazarakos*, Medienprivileg, 90 ff.

26 Vgl. BT-Drs. 14/4329, zu Nr. 45, 46 f.

27 Vgl. die Publizistischen Grundsätze (Pressekodex) i.d.F. v. 20. Juni 2001 des Deutschen Presserates sowie seine Beschwerdeordnung i.d.F. v. 22. Juni 2001 mit den neuen Elementen Zuspeicherungspflicht von Gegendarstellungen, Auskunftsanspruch nach Berichterstattung, Sperrung und Löschung kodexwidrig verarbeiteter Daten, Redaktionsgeheimnis und Beschwerderecht bei angenommenen Verstößen gegen das „Recht auf Datenschutz"; ausführliche Darstellung und Bewertung bei *HmbDSB*, 18. TB 2000/2001, Ziff. 2.2.3., 31 f.; kritisch zu der inkonsequenten und wenig sanktionsfreudigen Spruchpraxis des Presserats bei Verstößen gegen den Pressekodex *Münch*, AfP 2002, 18 ff.; kritisch wegen des mangelnden „Mehrwerts" der bisherigen Spruchpraxis *Kloepfer*, AfP 2005, 118, 125 f.

28 Vgl. ABl. der EG, Nr. C 311 v. 27.11.1992, 19.

gefasst wissen, so dass an die Regelungswirkung von presseeigenen Verhaltenskodices etc. strenge Anforderungen zu stellen sind.[29] Da die deutsche Lösung, wie die inzwischen seitens des Deutschen Presserates selbst vorgelegten Zahlen zu den unzureichenden Selbstverpflichtungen der Presseunternehmen belegen,[30] keine flächendeckende Anwendbarkeit des branchen- bzw. standesspezifischen Regelwerks gewährleistet und keine staatliche (Letzt-)Implementationskontrolle einrichtet, wird klar, dass die Minimalregelung des Abs. 1 über den von der Richtlinie gesetzten **Spielraum für Selbstregulierung hinausgeht**.[31]

2. „Medienprivileg" (Abs. 1 Satz 1)

2.1 Anwendungsbereich

7 Die in Abs. 1 genannten Unternehmen und Hilfsunternehmen der Presse haben in aller Regel den Status **nicht-öffentlicher** Stellen. Dort greift das BDSG nach § 1 Abs. 2 Nr. 3 generell nur bei Verarbeitung und Nutzung **unter Einsatz von Datenverarbeitungsanlagen** bzw. **in oder aus nicht automatisierten Dateien**. Daher spielt es keine Rolle, dass § 27 Abs. 1 die Erforderlichkeit des Vorliegens dieser Verarbeitungsformen nur für den die Datenverarbeitung der privaten Stellen regelnden Dritten Abschnitt des Gesetzes noch einmal ausdrücklich wiederholt, § 41 Abs. 1 aber seinen Standort im Vierten Abschnitt hat.[32] Die **Regelungsverpflichtung der Länder** nach Abs. 1 betrifft die teilweise Herausnahme der Printmedien **aus dem BDSG** und geht damit zwangsläufig nur so weit, wie die allgemeinen Anwendungsvoraussetzungen des BDSG reichen. Bei publizistischer Datennutzung außerhalb von Dateien stellt das BDSG dagegen die Frage nach der Geltung des „Medienprivilegs" bzw. der Teilanwendbarkeit des BDSG von vornherein nicht. Dies gilt für die **akten**förmige Bearbeitung ebenso wie für **Bild- und Tonträger** (z.B. Videofilme, CDs oder Tonbänder), wenn diese nicht selbst wieder, etwa aufgrund digitalisierter Programmierung, die Voraussetzungen automatisierter Verarbeitung erfüllen.[33]

8 Abs. 1 erwähnt und betrifft nicht die Rundfunkanstalten **der Bundesländer** sowie **private** Rundfunk-Veranstalter, enthält also keine Aussage zu deren „Medienprivileg". Für den einzig verbliebenen Rundfunk des **Bundes,** die Deutsche Welle, ist das „Medienprivileg" in Abs. 4 Satz 1 statuiert.[34] Die Nichterfassung der Funkhäuser der Länder sowie der Privatsender einschließlich deren Hilfsunternehmen hat den gleichen Grund wie die 2001 getroffene Neuregelung für die Presse, nämlich die verfassungsrechtlich den Bundesländern zustehende Gesetzgebungskompetenz für beide Bereiche.[35] Die datenschutzrechtlich privilegierte Situation der **öffentlich-rechtlichen Landesrundfunkanstalten** ergibt sich aus den jeweiligen

---

29 Vgl. *Ehmann/Helfrich,* EG-Datenschutzrichtlinie, Komm., Art. 9 Rdnr. 16; zu den Legitimationsproblemen der Selbstregulierung generell vgl. *Bizer,* DuD 2001, 168.

30 Bis Oktober 2003, also über zwei Jahre nach Inkrafttreten der BDSG-Novelle 2001, hatten nur 92% der Mitgliedsunternehmen des Bundesverbandes der Deutschen Zeitungsverleger (BDZV) und 82% des Verbands Deutscher Zeitschriftenverleger (VDZ) aufgrund der Initiative des Deutschen Presserates Selbstverpflichtungserklärungen auf den Pressekodex abgegeben. Von den nicht verbandsangehörigen Verlagen hatte sich bis zum gleichen Datum nur ein kleinerer Teil dem Datenschutzregime des Presserates unterworfen, vgl. *Rosenhayn* in *Deutscher Presserat* (Hrsg.), Redaktionsdatenschutz 2004, 55, 56 ff.; kritisch wegen der fehlenden Sanktionsmöglichkeiten bei Nichtbeachtung des Kodex *Michel*, in FS *Herrmann*, 109, 119.

31 Vgl. ausführlich *Walz* in Freundesgabe für *A. Büllesbach* (2002), 301 ff.; zu diesen Anforderungen an zulässige Selbstregulierung für den journalistischen Bereich *di Fabio,* AfP 1999, 126, 130 f.; mit kritischer Tendenz auch *Kloepfer,* AfP 2000, 511, 517 f.; *ders.*, in *Möller/v. Zezschwitz* (Hrsg.), Datenschutz und Medien, 27, 34; korrekte Richtlinienumsetzung bejaht dagegen *Tillmanns*, in *Deutscher Presserat* (Hrsg.), Redaktionsdatenschutz 2004, 11, 13

32 Wie hier *Auernhammer,* BDSG § 41 Rdnr. 1; *Bergmann/Möhrle/Herb,* BDSG § 41 Rdnr. 14; a.A. *Dörr/Schmidt,* BDSG § 41 Rdnr. 1.

33 Vgl. § 3 Rdnr. 78 ff., 84; s.a. *Klee,* Pressedatenbanken, 53; zum Dateierfordernis bei Presse- und Medienarchiven vgl. u. Rdnr. 18.

34 Vgl. u. Rdnr. 41.

35 Vgl. *Hein,* NJW 1991, 2614, 2615.

Staatsverträgen[36] bzw. Landes**datenschutz**- oder Landes**rundfunk**gesetzen.[37] Die Sonderbehandlung der redaktionellen Datenverarbeitung der **privaten Rundfunkanbieter** resultiert aus den jeweiligen Landes**medien**- oder Landes**rundfunk**gesetzen.[38] Dabei ist für die Reichweite des Medienprivilegs bei den Privatsendern zu beachten, dass § 47 Abs. 1 Rundfunk-Staatsvertrag (RStV) abweichend vom sonstigen nicht-öffentlichen Bereich die Geltung der jeweils anzuwendenden Ländervorschriften und ergänzend des BDSG ausdrücklich auch auf die Datenverarbeitung und -nutzung **außerhalb von Dateien** ausdehnt.

2.2 Presse

Abs. 1 nennt als Normadressaten der Länderregelungen Unternehmen oder Hilfsunternehmen der **Presse**. Wegen des Regelungsziels, die grundrechtlich gewährleistete **Pressefreiheit** sicherzustellen,[39] ist dabei zunächst auszugehen von der Begriffsdefinition in Art. 5 Abs. 1 Satz 2 GG.[40] Das BDSG gilt in seinen wesentlichen Teilen nicht, soweit die Datenverarbeitung vom **Grundrecht der Pressefreiheit gedeckt** ist. Ausgangspunkt ist daher der so genannte **„formelle" Pressebegriff**, wonach die Art und der auf Verbreitung gerichtete Zweck, nicht der Inhalt oder die Qualität einer Veröffentlichung entscheiden.[41] Solange es kein Presserechtsrahmengesetz des Bundes gibt, behalten die Landesgesetzgeber – im grundgesetzlichen Rahmen – die Definitionsprärogative. Danach gehören in diesem formellen Sinn zur Presse, um die Formulierung in § 7 Abs. 1 des Bremischen Pressegesetzes beispielhaft heranzuziehen, „alle mittels Buchdruckerpresse oder eines sonstigen zur Massenherstellung geeigneten Vervielfältigungsverfahrens hergestellten und zur Verbreitung bestimmten Schriften, besprochenen Tonträger, bildlichen Darstellungen mit und ohne Schrift, Bildträger und Musikalien mit Text oder Erläuterungen". Die Formulierung ist weit genug, um der technischen Weiterentwicklung auf dem Pressesektor Rechnung zu tragen und redaktionell bearbeitete Texte und Informationen auch z.B. in Form von **Disketten** oder **CD-ROMs** oder auf sonstigen **audio-visuellen Trägern** einzubeziehen. Entscheidend für die grundgesetzlich vorgegebene Abgrenzung des Schutzbereichs ist immer, dass die **stofflich gegenständliche „Verkörperlichung"** gegeben ist.[42] Unter dieser Prämisse ist für die terminologische **Abgrenzung zwischen Presse und Rundfunk** im Einzelfall ebenso wie für die Pressedefinition selbst das Landesrecht maßgeblich.[43] Soweit Presseunternehmen Artikel neben der gedruckten Form auch als Inhalt von Internet-Angeboten bereithalten (electronic publishing), verlieren sie nicht deswegen den privilegierten Pressestatus; dieser erfasst vielmehr auch die mit dieser elektronischen Publikationsform verbundene journalistische Datenverarbeitung. Allerdings sind dann die zusätzlichen Datenschutzregelungen für Mediendienste einzuhalten.[44] 9

Fehlen Elemente redaktioneller Bearbeitung völlig, wie etwa bei Verlagen, die nur **Druckwerke mit amtlichen Mitteilungen** oder sonstigen aus anderen Quellen unverändert übernommenen Dokumenten herausgeben, entfallen sowohl der verfassungsrechtliche Bezug zu Art. 5 Abs. 1 Satz 2 GG als konsequenterweise auch die Notwendigkeit, eine datenschutzrechtliche Sonderstellung einzuräumen.[45] Bezeichnenderweise werden auch in Landespressegesetzen diese Druckwerke aus dem Anwendungsbereich ausgeschlossen.[46] Der durch die 10

36 Vgl. z.B. § 42 Abs. 1 NDR-StV.
37 Vgl. u.a. § 31 Abs. 1 BlnDSG; § 1 Abs. 6 BrDSG, § 49 Abs. 1 WDR-G.
38 Vgl. u.a. § 43 Abs. 2 BremLMG, § 44 SächsPRG; zu den unterschiedlichen Techniken der Verweisung auf das BDSG vgl. *Sulzberger,* Datenschutz und Privatfunk, 122 ff.
39 Vgl. o. Rdnr. 1.
40 Vgl. bereits die Amtl. Begr. zum BDSG 1977, BT-Drs. 7/1027, 22.
41 Vgl. u.a. OLG Saarbrücken, NJW 1981, 136 m. Anm. *O. Mallmann*; *Bull/Zimmermann,* FuR 1979, 118, 119 f.; *Ulbricht,* AfP 1989, 438, 440 f.
42 Vgl. *Rozeck,* in *v. Mangoldt-Klein/Starck,* GG Art. 75 Rdnr. 41.
43 Vgl. *Sulzberger,* Datenschutz und Privatfunk, 52 ff.
44 Vgl o. Rdnr. 2; kritisch zu dieser Ungleichbehandlung von Presse und Mediendiensten wegen des Gleichbehandlungsgebots des Art. 3 Abs. 1 GG *Kloepfer,* in *Möller/v. Zezschwitz* (Hrsg.), Datenschutz und Medien, 27, 35.
45 Vgl. *Ulbricht,* AfP 1989, 438, 440; *Klee,* Pressedatenbanken, 59.
46 Vgl. z.B. § 7 Abs. 3 BremLPG.

Neuregelung 2001 gestrichene § 41 Abs. 1 Satz 2 BDSG 1990 stellte diesen Zusammenhang bei Adress- und Telefonbuchverlagen usw. durch das materielle Erfordernis einer journalistisch-redaktionellen Tätigkeit ausdrücklich klar.[47]
Als **„Unternehmen"** der Presse einzuordnen sind vor allem **Zeitungs-, Zeitschriften- und Buchverlage**,[48] aber auch **selbstständige Journalisten,** soweit sie in irgendeiner Form in redaktionelle Strukturen (Zuarbeit zu Redaktionen, Nachrichtenagenturen etc.) eingebunden sind.[49] Presseabteilungen von Wirtschaftsunternehmen, Verbänden, Parteien usw., die **Werks-, Kunden- oder Mitgliederzeitungen** herausgeben, können vom Medienprivileg (nur) dann profitieren, wenn sie eine von der übrigen Unternehmensverwaltung abgetrennte Organisationseinheit bilden.[50] Zu den **„Hilfsunternehmen"** der Presse zählen diejenigen Betriebe, deren Geschäftszweck auf die ständige Unterstützung von Verlagen und Redaktionen der Printmedien gerichtet ist.[51] Die Landespressegesetze führen als Beispiele u.a. **Nachrichtenagenturen, Materndienste** und **Pressekorrespondenten** an.[52] Wenn die Voraussetzungen der privilegierten publizistischen Verarbeitung im Einzelfall erfüllt sind, kommt es auf die genaue Zuordnung zu den Kategorien „Unternehmen" einerseits oder „Hilfsunternehmen" andererseits nicht an.[53]

2.3 Journalistisch-redaktionelle Zwecke

12 Aus der Anwendbarkeit des BDSG weitgehend herausgenommen und landesgesetzlicher Normierung zugewiesen werden von § 41 Abs. 1 diejenigen Datenbestände der Medien, die ausschließlich zu eigenen **journalistisch-redaktionellen Zwecken** verarbeitet oder genutzt werden. Erfasst sind mithin die personenbezogenen Informationen, die von Journalisten, Redakteuren etc. zu Zwecken der Recherche sowie der Vorbereitung und Herstellung von zur Veröffentlichung bestimmten Artikeln, Sendungen oder sonstigen redaktionellen Texten entweder unmittelbar erhoben oder aus anderen Quellen beschafft werden. Dabei kommt es für die Privilegierung der – journalistischen – Weiterverarbeitung auf die Rechtmäßigkeit der Erhebung bzw. der Recherchemethoden nicht an.[54] § 41 Abs. 1 bzw. die von den Ländern zu erlassenden Regelungen umfassen m.a.W. den gesamten Informationsfluss von der Beschaffung über die Speicherung bis hin zur Nutzung. Dies gilt unabhängig davon, ob die zusammengetragenen Daten nach dem Presse- oder Strafrecht später auch veröffentlicht werden dürfen.[55] Von den in diesen Rechtsmaterien statuierten Publikationseinschränkungen und -verboten selbst befreit das „Medienprivileg" jedoch selbstverständlich nicht.[56]

13 Bei **Anzeigen- oder Offertenblättern** besteht nur dann eine journalistisch-redaktionelle Zwecksetzung, wenn zusätzlich zum Abdruck der Annoncen **in nennenswertem Umfang** Informationen **redaktionell aufbereitet** werden wie z.B. Ratgeber- und Service-Mitteilungen, Veranstaltungshinweise oder kommunalpolitische Nachrichten.[57] Entsprechendes gilt für Druckwerke mit amtlichen Mitteilungen bzw. sonstigen aus dritten Quellen unverändert

47 Vgl. u. Rdnrn. 13.
48 Vgl. *Tillmanns*, in *Möller/v. Zezschwitz* (Hrsg.), Datenschutz und Medien, 69, 78; er nennt folgende Zahlen: 340 Zeitungs-, 2160 Zeitschriften- und 500 Anzeigenverlage.
49 Vgl. zu dieser aus dem Schutzbereich des Art. 5 Abs. 1 Satz 2 abgeleiteten Anforderung *Schulz/Korte,* AfP 2000, 530, 532.
50 Vgl. u.a. *Auernhammer,* BDSG § 41 Rdnr. 11; *Gola/Schomerus,* BDSG § 41 Rdnr. 8; *Simitis,* in FS Löffler, 319, 326 ff.; abl. daher für die von einer Kurverwaltung herausgegebene Kurzeitung BWHinwBDSG v. 04.01.89, abgedr. in RDV 1989, 142 f.
51 Vgl. *Bergmann/Möhrle/Herb,* BDSG § 41 Rdnr. 22.
52 Vgl. z.B. § 7 Abs. 2 Satz 1 BremLPG.
53 Vgl. *Wente,* Das Recht der journalistischen Recherche, 241 f.
54 Vgl. *Klee,* Pressedatenbanken, 70.
55 Vgl. *Wente,* Das Recht der journalistischen Recherche, 246.
56 Zur medienrechtlichen Beurteilung der Veröffentlichung unzulässig beschaffter Informationen vgl. *Wenzel,* Das Recht der Wort- und Bildberichterstattung, 380 ff.; zur Zulässigkeit der Übermittlung von Videomaterial an die Presse nach § 6b Abs. 3 S. 2 vgl. *Roßnagel/v. Zezschwitz*, Hdb. Datenschutzrecht, Kap. 9.3, Rdnrn. 71 f.
57 Vgl. *Simitis,* AfP 1990, 14, 17.

übernommenen Texten sowie – auch nach Streichung des § 41 Abs. 1 Satz 2 BDSG 1990 – für Adress-, Telefon- und Branchenverzeichnisse.[58]

2.4 Literarische Zwecke

Die aufgrund Art. 9 der Datenschutzrichtlinie eingeführte Erweiterung der Privilegierung auf **literarische Zwecke** umfasst die personenbezogene Datenverarbeitung für die Herstellung belletristischer, kultur- und geistesgeschichtlicher, aber auch fachbezogener Schriftwerke oder sonstiger Texte, meint also sowohl **Belletristik** wie **Fachliteratur**,[59] soweit die Daten von Unternehmen oder Hilfsunternehmen der Presse verarbeitet werden. Die Abgrenzung der literarischen von den journalistisch-redaktionellen Zwecken ist nicht immer trennscharf möglich, etwa bei Beiträgen für das Feuilleton einer Tageszeitung; dies spielt im praktischen Ergebnis allerdings auch keine Rolle. Auch können literarische Zwecke mit den in der EG-Richtlinie ebenfalls privilegierten künstlerischen Zwecken zusammenfallen (z.B. Textbiographie mit künstlerischen Fotos). 14

2.5 Kommerzielle und administrative Zwecke

Dagegen werden vom BDSG voll erfasst die **zu kommerziellen oder administrativen Zwecken** verarbeiteten Daten; Abs. 4 Satz 2 spricht im Zusammenhang mit der Abgrenzung der Datenbestände bei der Deutschen Welle von **„Verwaltungsangelegenheiten"**. Gemeint sind damit in erster Linie die Unternehmensbereiche **Vertrieb**, d.h. die Bezieher-, Abonnenten- und Lieferantendateien, und **Anzeigenverwaltung**.[60] Hier liegt ebenso Datenverarbeitung für eigene Zwecke nach § 28 vor wie bei den **Arbeitnehmerdaten**[61] sowie in den Bereichen Technik, Fuhrpark oder Hausverwaltung. Gleiches gilt für **Honorar-** und **Lizenzverwaltungssysteme** sowie die **Reisekostenabrechnung**. Auch wenn sich aus **Reisekostenbelegen** o.ä. im Einzelfall Hinweise auf redaktionelle Tätigkeiten ergeben können, liegt doch der Zweck dieser Datenverarbeitung nicht in der inhaltlichen Vorbereitung einer Medienproduktion, sondern in der haushaltstechnischen Abwicklung.[62] Die Datenerhebung und -auswertung für **Abonnenten- und Leseranalysen** hat zwar einen Bezug zur redaktionellen Tätigkeit. Dennoch steht auch hier das administrative, d.h. das Vertriebsinteresse an der Optimierung der Produkte des jeweiligen Presseunternehmens, im Vordergrund mit der Folge der vollen Anwendbarkeit des BDSG.[63] Im Ergebnis zwingt Abs. 1 Unternehmen, die das Medienprivileg in Anspruch nehmen wollen, zu einer klaren Aufteilung ihrer Datenbestände in einen publizistischen und einen administrativen Bereich.[64] 15

Abs. 1 verschärft die publizistische Zweckbindung dadurch, dass das Presseunternehmen Datenverarbeitung **ausschließlich** zu **eigenen** journalistisch-redaktionellen Zwecken betreiben muss, um die volle Anwendbarkeit des BDSG zu vermeiden. Diese Voraussetzung entfällt allerdings nicht schon dann, wenn publizistische Arbeitsergebnisse ganz oder teilweise für andere Medien erstellt werden; sonst würden „Hilfsunternehmen" der Presse, wie etwa Nachrichtenagenturen, aus Abs. 1 wieder herausgenommen. Auch die Praxis, Artikel, Sendungen oder sonstige Unterlagen aus dem eigenen Archiv an andere Redaktionen weiterzu- 16

---

58 Vgl. o. Rdnr. 10.
59 Vgl. *Dammann/Simitis,* EG-Datenschutzrichtlinie, Komm., Art. 9 Rdnr. 2.
60 Vgl. *Simitis,* AfP 1990, 14, 19 f.; *Schulz,* DuD 1988, 187, 188; *Herb,* DuD 1993, 380, 381; skeptisch im Hinblick auf die Trennbarkeit der Datenbestände *Damm,* AfP 1990, 7, 9 f.
61 Vgl. LAG Köln, Urteil v. 29. 08. 2002, Az. 6 (3) Sa 1126/01: Der Auskunftsanspruch nach § 34 steht Mitarbeitern von Medienunternehmen auch in Bezug auf ihre in einer zu redaktionellen Zwecken betriebenen Archivdatenbank enthaltenen Daten zu.
62 Wie hier *Gall,* DuD 1993, 383, 386; a.A. *Bergmann/Möhrle/Herb,* BDSG § 41 Rdnr. 39; *Nungesser,* HDSG § 3 Rdnr. 60, soweit Rückschlüsse auf die inhaltliche Gestaltung einer Sendung möglich sind.
63 Ebenso *Degenhart/Kopetz,* IuR 1988, 278, 282.
64 Vgl. *Michel* in FS *Herrmann*, 109, 113, nach deren Auffassung keine klare Trennung möglich ist.

geben bzw. mit diesen auszutauschen, fällt noch unter das Medienprivileg.[65] Entscheidend ist immer die genuin redaktionelle Zielsetzung: So lange etwa Nachrichtenagenturen mit den gleichen unveränderten Nachrichten wie die Medienorgane auch Ministerien, Unternehmen oder Verbände beliefern, bleibt § 41 Abs. 1 anwendbar.[66]

17 Die Sonderstellung entfällt aber, wenn Verlage, Zeitungshäuser etc. ihre personenbezogenen Informationsbestände, d.h. insbesondere ihre **Datenbanken** und **Archive**, **kommerziell verwerten**, indem sie diese Dritten zur **Nutzung zu nicht-journalistischen Zwecken** öffnen.[67] Hierher gehören insbesondere die Fallkonstellationen, dass **individuelle Anfragen** beliebiger Interessenten unter beliebigen Stichworten mit Hilfe des früher veröffentlichten oder auch unveröffentlicht gebliebenen Archivmaterials bearbeitet und beantwortet[68] oder sogar als **online-Recherchen von außen** zugelassen werden.[69] Als **medienfremde Kunden** kommen z.B. Mitarbeiter von Kreditinstituten und Auskunfteien oder Unternehmensberater in Betracht. In den vorgenannten Fällen liegt geschäftsmäßige Datenspeicherung zu Zwecken der Übermittlung nach **§ 29** vor.[70] Dabei ist allerdings zu unterscheiden, ob ein Medienunternehmen unmittelbar den Datenzugang eröffnet oder seine Informationsbestände an einen **Datenbankbetreiber** (Host) überspielt, der dann seinerseits den Rechercheservice anbietet. Im letzteren Fall ist es nur der Datenbankbetreiber, der aus dem Medienprivileg herausfällt. Noch einmal: Soll das Medienprivileg für Pressearchive seinen Bezug zur grundrechtlichen Gewährleistung des Art. 5 Abs. 1 Satz 2 GG nicht völlig verlieren, muss der Zugang zu ihnen strikt auf die interne oder auch externe **publizistische** Recherche beschränkt bleiben. Entscheidend ist der **Ausschließlichkeitscharakter der (publizistischen) Zweckbestimmung**. Es darf von vornherein nicht beabsichtigt sein, die Daten auch zu einem nicht-journalistischen Zweck zu vermarkten.[71] Auf die Häufigkeit der Beantwortung medienfremder Anfragen kann es daher nicht ankommen: Auch das Angebot, nur **„gelegentlich"** archivierte Angaben ohne medienbezogene Veranlassung weiterzugeben, lässt die datenschutzrechtliche Freistellung des gesamten Archivs entfallen.[72]

18 Diese Abgrenzungsfragen stellen sich allerdings wegen § 1 Abs. 2 Nr. 3 BDSG nur für Pressearchive, deren Daten unter Einsatz von Datenverarbeitungsanlagen oder in nicht automatisierten **Dateien**, insbesondere in Volltextdatenbanken, vorgehalten werden. **Manuelle** als Aktensammlungen organisierte Ausschnittsarchive unterliegen der Anwendbarkeit des BDSG nur dann, wenn sie durch automatisiert geführte **Indexdateien** oder sonstige **Retrieval-Systeme** mit personenbezogenen Fundstellen- bzw. Inhaltshinweisen auswertbar sind.[73] Entsprechendes gilt für **Bildarchive.**[74]

19 Die Begrenzung des Privilegs auf die Datennutzung ausschließlich zu journalistischen Zwecken spielt auch **unternehmensintern** für abweichende Verwendungsabsichten eine wichtige Rolle: Werden Daten aus dem journalistischen Bereich etwa von der Verlagsleitung zur Beurteilung der Qualifikation eines Redakteurs, also zu **arbeitsrechtlichen** Zwecken, oder

65 Ebenso *Gall,* DuD 1993, 383, 386; *Wegel,* Presse und Rundfunk im Datenschutzrecht, 158 ff.; *Binder,* ZUM 1994, 257, 264; *Kloepfer*, AfP 2005, 118, 125; a.A. *Auernhammer,* BDSG § 41 Rdnr. 7; *Klee,* Pressedatenbanken, 73 f.

66 Vgl. *Hubert,* Presseprivileg, 219, 223 f.

67 Vgl. Amtl. Begr. zum BDSG 1990, BT-Drs. 11/4306, S. 55, zu § 37 Abs. 1; wie hier *Bergmann/Möhrle/Herb,* BDSG § 41 Rdnr. 18 a.

68 Zum sog. „Leser-Service" vgl. Vorauflage § 29 Rdnr. 18.

69 Zur vollen Anwendbarkeit des BDSG auf den für jeden Kundenkreis offenen „dpa-Selektionsdienst" vgl. *Bergmann/Möhrle/Herb,* BDSG § 41 Rdnr. 41.

70 Gleiches gilt bei Unternehmen, die kommerziell Wirtschaftsdatenbanken auf CD-ROM anbieten, vgl. *3. BerHessL,* LT-Drs. 12/7186, 11; s. auch *Hubert,* Presseprivileg, 224 f.

71 Vgl. *Wente,* Das Recht der journalistischen Recherche, 251.

72 Diff. *Wegel,* Presse und Rundfunk im Datenschutzrecht, 163 ff.; enger *Wronka,* in *Schiwy/Schütz* (Hrsg.), Medienrecht, 3. Aufl. (1994), 85, 87, der nur für den einzelnen nicht-journalistischen Verarbeitungsvorgang das BDSG anwenden will.

73 Vgl. o. Rdnr. 7; ausf. zur Anwendbarkeit des BDSG auf Archive und Datenbanken der Medien *Hubert,* Presseprivileg, 185 ff., und *Wente,* Das Recht der journalistischen Recherche, 229 ff.

74 Vgl. *Wegel,* Presse und Rundfunk im Datenschutzrecht, 122.

von der Vertriebsabteilung aus **Marketinggründen** abgefragt, entfällt die Freistellung des § 41 Abs. 1.[75]

3. Rahmenkompetenz und Ausfüllungspflicht der Länder

Dass Abs. 1 für den Datenschutz bei der Presse **keine** eigene **bundesrechtliche Vollregelung** trifft, sondern nur noch eine **durch die Länder ausfüllungsbedürftige Rahmenvorschrift** enthält, trägt der 1994 vorgenommenen Änderung des Art. 75 GG und der durch diese intendierten Stärkung der Länderkompetenzen Rechnung. Da die Regelung der redaktionellen Datenverarbeitung zweifellos ein prägendes Element der Rechtsverhältnisse der Presse i.S.v. Art. 5 GG darstellt, greift nur die **Rahmenkompetenz** des Bundes. Die Verweisung der in Abs. 1 umschriebenen Regelungsmaterie an die Länder bedeutet zugleich, dass das BDSG seinen unmittelbaren Geltungsanspruch insoweit zurücknimmt. Es enthält m.a.W. keine direkt auf Unternehmen oder Hilfsunternehmen der Presse anwendbaren Vorschriften mehr, sondern nur noch rahmenrechtliche Vorgaben für die Ländergesetzgebung. Diese sind zwar **nicht abschließend**; die Länder können aufgrund ihrer eigenen Regelungskompetenz innerhalb der durch den Bund ausgeübten Rahmenkompetenz zusätzliche Vorschriften zum Verhältnis von Presse und Datenschutz treffen.[76] Eine **landesrechtliche Vollregelung** erscheint dann und insoweit angezeigt, als die vom Deutschen Presserat getroffenen neuen datenschutzbezogenen Richtlinien nicht greifen, d.h. die Selbstregulierung der Pressebranche bei der Deckung des von der EG-Datenschutzrichtlinie vorgegebenen Umsetzungsbedarfs versagt. Für die von den branchenautonomen Regelungen des Presserats wegen fehlender Selbstverpflichtung nicht erfassten Presseunternehmen muss m.a.W. der von der Richtlinie angeordnete Standard – etwa was die Einhaltung der journalistischen Zweckbindung und die Überprüfung von Eingaben angeht – durch landesgesetzliche Normierung gesichert werden. Die bloße Verweisung auf § 41 Abs. 1 BDSG reicht nicht aus.[77] hat nur der hamburgische Landesgesetzgeber konsequent reagiert und lässt gegen Presseunternehmen, die sich dem Datenschutzregime des Presserats nicht unterwerfen, die Auskunfts- und Berichtigungsansprüche nach § 41 Abs. 3 entsprechend gelten; alle anderen Landespressegesetze begnügen sich mit einem pauschalen Bezug auf § 41 Abs. 1.[78] 20

Die wenigen Vorgaben des Abs. 1 (§§ 5, 7, 9, 38 a) sind so „normscharf", dass sich die Frage nach der verfassungsrechtlichen Zulässigkeit wegen des prinzipiellen **Verbots von Detailregelungen in Rahmengesetzen** nach Abs. 2 des Art. 75 GG stellen könnte. Doch lässt sich die Zulässigkeit der punktuellen Einzelregelungen in der Rahmenvorschrift als Ausnahmefall i.S.v. Art. 75 Abs. 2 GG aus der den Bund für seinen Kompetenzbereich treffenden Pflicht zur Sicherstellung der korrekten Umsetzung der EG-Datenschutzrichtlinie begründen.[79] 21

Nach dem Grundgesetz löst eine Rahmenvorschrift nur dann eine **Gesetzgebungspflicht der Länder** aus, wenn der Bund in seinem (verfassungsmäßigen) Rahmengesetz eine angemessene Frist für den Erlass der erforderlichen Landesgesetze bestimmt hat. Eine solche Frist ist für die Umsetzung des Medienprivilegs zwar nicht im BDSG selbst gesetzt worden. Aus der auch die Länder unmittelbar treffenden **Pflicht zur Umsetzung** von EG-Richtlinien in ihrem 22

75 Vgl. u. Rdnr. 25; s. auch *Klee*, Pressedatenbanken, 67.

76 Vgl. *Kloepfer* in *Möller/v. Zezschwitz* (Hrsg.), Datenschutz und Medien, 27,32

77 Vgl. o. Rdnr. 6; ebenso *HmbDSB*, 18. TB, Ziff. 2.2.3, S. 32; *Kloepfer*, AfP 2005, 118, 124. Nicht zutreffend ist daher die in der Begr. zum RegE geäußerte Auffassung der Bundesregierung, für die Länder bestehe keine Veranlassung zu über § 41 Abs. 1 hinausgehende Regelungen, vgl. BT-Drs. 14/4329, zu Nr. 45, 46 f. Für ein umfassend modernisiertes BDSG schlagen *Roßnagel/Pfitzmann/Garstka* vor, die Befolgung von Selbstregulierung dadurch abzusichern, dass die gesetzlichen Regelungen solange gelten, bis die Verbände sie durch anerkannte Verhaltensregeln ablösen können, vgl. Modernisierung des Datenschutzes, BMI-Gutachten 2002, 161.

78 Vgl. u.a. § 22a BerlPrG, Art. 10a LPrG Bayern, § 12 LPrG Baden-Württemberg. Für diese generelle Minimallösung LfD Rheinland-Pfalz, 19. TB, LT-Drs. 14/2627, 88, wegen der dadurch gesicherten bundesweiten Einheitlichkeit der datenschutzrechtlichen Anforderungen für die Presse.

79 Zu den Voraussetzungen des Ausnahmevorbehalts in Art. 75 Abs. 2 GG vgl. *Rozeck*, in *v. Mangoldt-Klein/Starck*, GG Art. 75 Rdnrn. 65 ff., insb. Rdnrn. 68 f.

Zuständigkeitsbereich ergibt sich jedoch, dass die Länder die Ergänzung ihrer Landespressegesetze nicht, wie teilweise geschehen, hinauszögern durften, war doch die dreijährige Umsetzungsfrist der Richtlinie im Oktober 1998 und damit lange vor dem Inkrafttreten des novellierten BDSG 2001 abgelaufen.

23 Die Regelungspflicht der Länder betrifft die Sonderstellung der Printmedien **im Hinblick auf das BDSG**, teilt also dessen allgemeine Anwendungsvoraussetzungen. Die aufgrund Abs. 1 zu novellierenden Landespressegesetze mussten bzw. müssen obligatorisch die dort aufgeführten Vorschriften nur insoweit – entsprechend – aufnehmen, als Presseunternehmen redaktionell oder literarisch Daten **unter Einsatz von Datenverarbeitungsanlagen** bzw. **in oder aus nicht automatisierten Dateien** verarbeiten.[80] Die Länder sind aber nicht gehindert, darüber hinauszugehen und den Schutz auch auf die nicht dateigebundene Datenverwendung zu erweitern, wie dies § 47 Abs. 1 RfStV für den privaten Rundfunk vorsieht.

4. Vorgaben für die Landesgesetzgebung

4.1 § 5

24 Für die personenbezogene Datenverarbeitung zu ausschließlich eigenen journalistisch-redaktionellen Zwecken haben die Länder das **Datengeheimnis des § 5** entsprechend vorzusehen. Für Redaktionsmitglieder und alle übrigen publizistisch tätigen Personen einschließlich der freien Mitarbeiter mit Zugang zu den redaktionsinternen Daten gilt also das Verbot der **unbefugten** Erhebung, Verarbeitung und Nutzung personenbezogener Daten.[81] Solche Erhebungs-, Nutzungs-, Übermittlungs- und Veröffentlichungsverbote können sich für Mitarbeiter der Medien aus dem allgemeinen Strafrecht,[82] aus bereichsspezifischen Datenschutznormen außerhalb des BDSG oder aus Redaktionsstatuten, arbeitsvertraglichen Klauseln etc. ergeben. Auf Journalisten und sonstige Medienschaffende gemünzte gesetzliche Befugnisnormen speziell für den Umgang mit personenbezogenen Daten finden sich in den Landespresse- und Landesmediengesetzen allerdings nicht. Die **medienrechtliche Sorgfaltspflicht** in Bezug auf die Beschaffung, die Herkunft und den Inhalt von Informationen ist lediglich als Generalklausel formuliert.[83] Doch wird sie für die einzelnen Phasen der journalistischen Recherche und Berichterstattung konkretisiert durch berufsrechtliche Maßstäbe wie etwa die **„Richtlinien für die publizistische Arbeit"** (Pressekodex) des Deutschen Presserats, die seit ihrer Überarbeitung als Reaktion auf das BDSG 2001 besondere Regelungen für den redaktionellen Datenschutz enthalten.[84]

25 Vorgaben für die Anwendung von § 5 im redaktionellen Bereich lassen sich weiterhin gerade aus dem auf die Sicherung der Pressefreiheit begrenzten Schutzziel des § 41 Abs. 1 ableiten. So ist das Datengeheimnis z.B. einzuhalten gegenüber Redaktionsmitgliedern oder Verlagsmitarbeitern, die nicht aus professionellem Interesse, sondern aus **privater Neugierde** personenbezogene Angaben, die nach allgemeinem Datenschutzrecht nicht offenbart werden dürften, etwa aus Medienarchiven oder Pressedatenbanken, erhalten wollen. Vor allem greift § 5 aber gegenüber den Mitarbeitern der **kommerziell-administrativen Abteilungen** des Presseunternehmens.[85] Alle bei der publizistischen Datenverarbeitung beschäftigten Personen müssen nach § 5 **Abs. 2** auch **förmlich** auf das Datengeheimnis **verpflichtet** werden.[86] Die Verpflichtung sollte im Verlag, Zeitungshaus etc. auch geltende freiwillige Verhaltens-

---

80 Vgl. o. Rdnr. 7

81 Vgl. ausf. dazu § 5 Rdnrn. 20 ff.

82 Vgl. § 6 Satz 2 BremLPG betr. die Pflicht, Druckwerke strafbaren Inhalts nicht zu verbreiten.

83 Vgl. z.B. § 6 Satz 1 BremLPG.

84 Vgl. o. Rdnr. 6. Der Pressekodex in seiner aktuellen Fassung ist abgedr. in *Deutscher Presserat* (Hrsg.), Redaktionsdatenschutz 2004, 133 ff.; Fälle und Spruchpraxis des speziellen Beschwerdeausschusses zum Redaktionsdatenschutz sind dokumentiert von *Steinbach*, a.a.O., 29 ff.

85 Zu diesem „Redaktionsgeheimnis" vgl. Richtlinie 8.8. des Pressekodexes, vgl. *Deutscher Presserat* (Hrsg., Redaktionsdatenschutz 2004, 148.

86 Vgl. *Sulzberger*, Datenschutz und Privatfunk, 120 f.; zu den Einzelheiten § 5 Rdnrn. 27 ff.

richtlinien wie etwa die neuen Regelungen des Deutschen Presserats zum redaktionellen Datenschutz ausdrücklich in Bezug nehmen.

4.2 § 9

Angesichts der weitgehenden Automation von Textbearbeitung und -übermittlung in den Print- und Medienunternehmen spielt die Datensicherungsvorschrift des **§ 9 mit der zugehörigen Anlage** eine wichtige Rolle. Wird die Norm wörtlich in ein Landespressegesetz übernommen, droht bei einer strikten Wortlautinterpretation allerdings ein Zirkelschluss, weil § 9 die Ausführung der Vorschriften „dieses Gesetzes", also des BDSG, sicherstellen will, § 41 Abs. 1 aber die Geltung der materiellen Zulässigkeitsnormen gerade ausschließt. Im Ergebnis soll die Anwendung von § 9 bewirken, dass speziell auf die spezifischen Bedingungen der Pressebranche zugeschnittene Vorkehrungen zur **Wahrung der ausschließlich eigenen publizistischen Datennutzung** zu treffen sind. Unbefugte Außenstehende und Nichtberechtigte innerhalb des Presseunternehmens[87] sollen keine Kenntnis von den privilegiert verarbeiteten Daten erlangen. Technische Maßnahmen nach der Anlage zu § 9 sind insbesondere bei der Textkommunikation, bei der Vernetzung in und zwischen Redaktionen und Verlagen oder bei der Einrichtung von online-Anschlüssen an Medienarchive erforderlich.[88] So dienen beispielsweise die Zugriffs- und die Eingabekontrolle[89] der Überprüfung des journalistischen Charakters der Abfragen aus dem Datenbestand. Kommunikationseinrichtungen sind so auszugestalten, dass personenbezogene Daten nicht verfälscht und nicht über den presserechtlich zulässigen Umfang hinaus verarbeitet werden können.[90] 26

4.3 § 38a

Die Aufnahme dieser Vorschrift eröffnet die Möglichkeit für Presseverbände, datenschutzbezogene Verhaltensregeln für ihre Mitglieder zu schaffen. Die in § 38a vorgesehene Vorlage an und Überprüfung durch die zuständige Aufsichtsbehörde ist allerdings nicht einschlägig, weil das Medienprivileg des § 41 Abs. 1 auch die Freiheit des Pressesektors von externer Datenschutzkontrolle umfasst.[91] hindert Verbände von Printunternehmen selbstverständlich nicht daran, die jeweils zuständige, bei bezirks- und länderübergreifend vorgesehenem Anwendungsbereich ggf. auch mehrere Aufsichtsbehörden informell einzuschalten und diese um eine Einschätzung freiwillig vorgelegter Verhaltensgrundsätze oder Leitlinien zum redaktionellen Datenschutz zu bitten. Es darf allerdings bezweifelt werden, dass es in Landes- oder Bezirksverbänden von Presseunternehmen ein nennenswertes Interesse daran gibt, über die vom Deutschen Presserat aufgrund des Inkrafttretens des BDSG 2001 geänderten Publizistischen Grundsätze (Pressekodex), d.h. die Richtlinien für die publizistische Arbeit und die Beschwerdeordnung, die ja bundesweit für die Pressebranche gelten sollen, hinauszugehen.[92] 27

4.4 § 7

Die **Haftungsregelung** entsprechend § 7 soll nach der Formulierung in § 41 Abs. 1 a.E. „hierauf", d.h. auf die zuvor erwähnten Bestimmungen der §§ 5, 9 und 38a bezogen sein. Schadensersatz soll von einem Presseunternehmen also zum einen (nur) dann verlangt werden können, wenn ein Verstoß gegen das Datengeheimnis – etwa wegen unbefugter Datenweiter- 28

---

87 Vgl. o. Rdnr. 25.
88 Zu den tatsächlich in den Verlagen und Redaktionen getroffenen Datensicherungsvorkehrungen vgl. *Kleinemas* in *Deutscher Presserat* (Hrsg.), Redaktionsdatenschutz 2004, 63, 71 f.; zum „Präventivkatalog Datensicherheit", der als Hilfestellung für die Presseunternehmen dienen soll, vgl. *Tillmanns*, in *Möller/v. Zezschwitz* (Hrsg.), Datenschutz und Medien, 78
89 Nrn. 3 und 5 der Anlage zu § 9.
90 So für den Rundfunk ausdr. § 54 Abs. 1 Satz 2 HmbMedienG.
91 Vgl. u. Rdnr. 30; a.A. *Garstka*, in *Möller/v. Zezschwitz* (Hrsg.), Datenschutz und Medien, 93 f.
92 So die eigene Einschätzung des Deutschen Presserats, vgl. seine Stellungnahme zum BDSG-RefE, AfP 1999, 458, 465.

gabe – vorliegt oder unzureichende technisch-organisatorische Maßnahmen getroffen worden sind. Da Art. 9 der EG-Datenschutzrichtlinie zwar pressespezifische Abweichungen von den materiellen Zulässigkeitsvorschriften erlaubt, im Übrigen aber die volle Einbeziehung der Medien in die Schadensersatzpflicht verlangt,[93] ist auch die Verletzung von im Wege der Selbstregulierung gesetzter Verhaltensregeln in die Haftung hineinzunehmen.[94]

4.5 Nichtanwendbarkeit der übrigen Bestimmungen des BDSG

29 Statt der materiellen Vorschriften des Ersten und des Dritten Abschnitts des BDSG gilt für die Datenverarbeitung im journalistisch-redaktionellen Kernbereich der Printmedien das **Presse-** oder **sonstige pressebezogene Medienrecht**. Individualansprüche auf **Gegendarstellung** und **Widerruf** bestehen ausschließlich nach den einschlägigen Landespresse- bzw. Landesmediengesetzen sowie nach den zum Schutz der Ehre und des Persönlichkeitsrechts nach §§ 823, 1004 BGB entwickelten Prinzipien des Richterrechts.[95] Die **gesetzlichen** Betroffenenrechte des BDSG auf **Auskunft**, **Berichtigung** und **Löschung** sind ausgeschlossen. Stattdessen verweist die Gesetzesbegründung zum BDSG 2001 die Betroffenen auf die durch die Selbstregulierung der Presse geschaffenen Rechte.[96] Für den Bundesrundfunk Deutsche Welle normiert das BDSG selbst eine Sonderrechtsordnung für die Individualrechte in den Absätzen 2 und 3 des § 41.[97] Zwischen Print- und Funkmedien zeigt die bestehende Rechtslage insgesamt ein deutliches **Schutzgefälle**: Während die von einer Berichterstattung Betroffenen gegenüber den öffentlich-rechtlichen wie den privaten Rundfunkveranstaltern neben dem Gegendarstellungsrecht weitere Individualansprüche in Bezug auf den Umgang mit ihren Daten **gesetzlich** garantiert haben,[98] gibt es gegenüber der Presse keine vergleichbaren gesetzlichen Rechte.[99]

30 Folgende weitere Konsequenzen aus der Freistellung der Presse vom BDSG lassen sich beispielhaft anführen:

a) Bei der **Verarbeitung** redaktioneller Daten **im Auftrag** eines Medienunternehmens gilt § 11 nicht direkt, sondern nur entsprechend.[100]

b) § 10, der die Voraussetzungen für die Einrichtung **automatisierter Abrufverfahren** benennt, findet keine unmittelbare Anwendung, wenn beide beteiligten Stellen dem Mediensektor zugehören, also z.B. bei online-Anschlüssen zwischen unterschiedlichen Redaktionen oder zwischen Medienarchiven und externen Redaktionen. Doch ergeben sich in diesen Fällen Datensicherungsanforderungen jedenfalls aus § 9 und der zugehörigen Anlage.[101] Bei elektronischem Datenzugriff medienfremder Dritter sind dagegen die Voraussetzungen des § 10 zu prüfen, da die Grenzen des Medienprivilegs hier überschritten sind.[102]

c) Die in § 41 Abs. 1 genannten Unternehmen und Hilfsunternehmen der Presse unterliegen bei ihrer redaktionellen Datenverarbeitung **nicht** der **Überwachung durch die Aufsichtsbehörde** nach § 38. Diese hat aber die Befugnis zu ermitteln, ob aus zu publizistischen Zwecken

---

93 Vgl. o. Rdnr. 5.

94 Die novellierten Landespressegesetze klammern die Verhaltensregeln aus der Haftungspflicht aus. Wie hier dagegen *Rosenhayn*, in *Deutscher Presserat* (Hrsg.), Redaktionsdatenschutz 2004, 89, 91 f., die allerdings den Pressekodex direkt als Verhaltensregelung nach § 38a einstuft.

95 Vgl. zu den Haftungs- und Schutzansprüchen gegenüber der Presse ausführl. *Damm/Rehbock,* Widerruf, Unterlassung und Schadensersatz in Presse und Rundfunk, 2. Aufl. (2001), 249 ff.; Überblick zu den zivilrechtlichen Behelfen bei *Wegel,* Presse und Rundfunk im Datenschutzrecht, 130 ff.

96 Vgl. o. Rdnr. 6.

97 Vgl. u. Rdnrn. 33 ff.

98 Vgl. u. Rdnrn. 33 ff. mit den Hinweisen auf die einschlägigen landesrechtlichen Regelungen.

99 *Lazarakos*, Medienprivileg, 131 ff., verneint wegen dieses Schutzgefälles die Richtlinienkonformität des § 41 Abs. 1; *Roßnagel/v. Zezschwitz* (Hrsg.) Hdb. Datenschutzrecht, Kap. 9.3, Rdnr. 118, verlangt die Anpassung der presserechtlichen Auskunftspflicht an die Regelung im Rundfunkstaatsvertrag (§ 47d Abs. 2b). Zu den praktischen Schwierigkeiten bei der Durchsetzung des presserechtlichen Persönlichkeitsrechtsschutzes vgl. *Prinz,* NJW 1995, 817 ff.

100 Vgl. § 11 Rdnr. 11.

101 Vgl. o. Rdnr. 26.

102 Vgl. o. Rdnr. 17.

angelegten Dateien Angaben über einen Betroffenen zweckwidrig und damit nicht mehr vom Medienprivileg gedeckt übermittelt wurden.[103]

5. Deutsche Welle (Abs. 2 bis 4)

5.1 Anwendungsbereich

In den Absätzen 2 bis 4 wurde im BDSG 1990 zunächst noch durchgängig im Plural von den Rundfunkanstalten des Bundesrechts gesprochen. Mit dem Rundfunkneuordnungsgesetz vom 20.12.1993,[104] dem „Staatsvertrag über die Körperschaft des öffentlichen Rechts „Deutschlandradio“[105] sowie dem sog. „Hörfunk-Überleitungsstaatsvertrag“[106] – beide vom 17.6.1993 – wurde der „Deutschlandfunk“ mit Wirkung v. 1. Januar 1994 aus der bundesrechtlichen Kompetenz und Regelung herausgenommen und in die Zuständigkeit der Bundesländer übergeleitet. Normadressat des § 41 als einziger Anstalt des Bundes ist seitdem nur noch die **Deutsche Welle** mit Sitz in Köln.[107] 31

Bei der Deutschen Welle handelt es sich um eine Anstalt des öffentlichen Rechts und damit um eine **öffentliche Stelle** i.S.d. § 1 Abs. 2 Nr. 1 bzw. § 2 Abs. 1.[108] Daher besteht anders als bei den in Abs. 1 geregelten nicht-öffentlichen Presseunternehmen keine Einschränkung auf die Datenverarbeitung in automatisierter Form oder in bzw. aus nicht automatisierten Dateien. Die Abs. 2 bis 4 sowie die dort in Bezug genommenen BDSG-Normen sind m.a.W. auch für die Datenverarbeitung in **Akten** einschließlich der Bild- und Tonträger anzuwenden.[109] 32

5.2 Speicherung von Gegendarstellungen (Abs. 2)

Abs. 2 statuiert die **Pflicht zur Speicherung von Gegendarstellungen** zu den über den Betroffenen gespeicherten Daten.[110] Regelungsziel ist die Realisierung der mit dem Gegendarstellungsanspruch intendierten „kommunikativen Chancengleichheit“ in der personenbezogenen Datenverarbeitung des Senders:[111] Nur durch Beifügung der von ihm formulierten Version kann der Betroffene wirksam gegen die (weitere) Verbreitung aus seiner Sicht unzutreffender Behauptungen geschützt werden. Sendungen mit Sachverhaltsdarstellungen mit zweifelhaftem Wahrheitsgehalt sollen sich jedenfalls nicht unkommentiert wiederholen. Dem Betroffenen soll auch nicht zugemutet werden, bei jedem anderen Sender, an den der Beitrag weitergegeben worden ist, erneut sein Recht auf Gegendarstellung durchsetzen zu müssen.[112] Deshalb soll die Verbindung von Darstellung und Gegendarstellung nicht gelöst werden.[113] Voraussetzung ist in jedem Fall eine rundfunkrechtlich berechtigte Gegendarstellung; das bloße Verlangen des Betroffenen reicht nicht aus.[114] Der materielle Gegendarstellungsanspruch selbst gegen die Deutsche Welle ergibt sich nicht aus dem BDSG, sondern aus § 18 Deutsche-Welle-Gesetz (DWG). Anders ausgedrückt: Abs. 2 regelt nur die **auf die Datenverarbeitung bezogenen Konsequenzen** erfolgter Gegendarstellungen. Parallelregelungen für Landes- und private Sender gibt es in den Rundfunkstaatsverträgen sowie in den Datenschutz-, Rundfunk- bzw. Mediengesetzen der Länder.[115] 33

---

103 Vgl. *Auernhammer,* BDSG § 41 Rdnr. 9; *v. Zezschwitz*, a.a.O. (Fußn. 99), Rdnr. 120 f., hält den Ausschluss der nachträglichen externen Kontrolle durch die Aufsichtsbehörde für richtlinienwidrig. .
104 BGBl. I 1993, S. 2246.
105 Abgedr. im ARD-Jahrbuch 1993, 354 ff.
106 BGBl. I 1993, S. 2248.
107 Basis ihrer Tätigkeit ist das Deutsche-Welle-Gesetz (DWG) i.d.F. vom 11.1.2005, BGBl. I S. 91 ff.
108 Vgl. § 2 Rdnr. 31.
109 Vgl. *Auernhammer,* BDSG § 41 Rdnr. 1.
110 Vgl. die Parallelregelungen in § 35 Abs, 6 Satz 2 BDSG und § 4 Abs. 3 Satz 3 BArchG.
111 Vgl. u.a. BVerfGE 63, 131, 142 ff.
112 Vgl. *Schrader,* AfP 1994, 114, 115.
113 Vgl. *Nungesser,* HDSG § 37 Rdnr. 2.
114 Vgl. *Binder,* ZUM 1994, 257, 265.
115 Vgl. z.B. Art. 21 Abs. 2 BayRG, § 37 Abs. 1 HDSG.

34 **Technisch vollzogen** wird die unverzüglich vorzunehmende[116] Zuspeicherung z.B. bei vollelektronischer Textspeicherung im aufgezeichneten Sendetext, bei Aufbewahrung in Film- oder Tonbandmagazinen durch Anbringung eines eindeutigen und auffallenden Hinweises am archivierten Sendeband bzw. an den jeweils vorhandenen Begleitunterlagen auf Existenz und Fundstelle der Gegendarstellung, die ja selbst ebenfalls sendefähig aufgezeichnet ist.[117] Wird nicht gänzlich von der erneuten Nutzung der vom Betroffenen bestrittenen Nachricht abgesehen, kommt es vielmehr zur Wiederholung der Ausstrahlung oder der Weitergabe der Aufzeichnung bzw. der zugehörigen Unterlagen an ein anderes Funkhaus, ist immer auch der Inhalt der Gegendarstellung mit zu senden bzw. zu übermitteln.[118] Bei der Möglichkeit des automatisierten Direktzugriffs auf ein Medienarchiv muss die Gegendarstellung auch in den online abrufbaren Bestand eingestellt werden.[119]

35 Auch die in Abs. 2 statuierte **Pflicht** des Senders, **die Gegendarstellung für dieselbe Zeitdauer aufzubewahren wie den Originaldatensatz**, dient dem Interesse des Betroffenen daran, die Weitergabe bzw. erneute Ausstrahlung einer aus seiner Sicht unzutreffenden Meldung ohne Korrektur gegenüber den Hörern bzw. Zuschauern zu verhindern. Allerdings ergeben sich weder aus § 41 selbst noch aus medienrechtlichen Bestimmungen unmittelbar Aufbewahrungs- bzw. Löschungsfristen für redaktionelle Dateien. Rundfunk- und Mediengesetze der Länder enthalten nur **Mindest**fristen für die Archivierung ausgestrahlter Sendungen. Für die Deutsche Welle sieht § 21 Abs. 2 Satz 1 DWG dafür eine Drei-Monats-Frist vor. Es gehört zu den Aufgaben des rundfunkinternen Datenschutzbeauftragten nach § 42, zu kontrollieren, dass Maßnahmen zur Mitspeicherung von Gegendarstellungen getroffen werden.[120]

36 Auch ohne ausdrückliche Erwähnung muss die Zuspeicherungspflicht dann ebenfalls gelten, wenn ein **Widerruf** erfolgt ist oder gegen den Sender eine **Unterlassungsverfügung** bzw. ein **Unterlassungsurteil** ergangen ist.[121] Für diese beiden Ansprüche gelten noch strengere Voraussetzungen als für die Gegendarstellung, da die Unwahrheit der Behauptung und damit der Eingriff in das Persönlichkeitsrecht des Betroffenen feststehen müssen.[122]

5.3 Auskunftsanspruch (Abs. 3 Sätze 1 und 2)

37 Der **Auskunftsanspruch** gegenüber der Deutschen Welle weicht vom übrigen Datenschutzrecht ab, da er nicht jederzeit, sondern ausschließlich **nach erfolgter Berichterstattung** geltend gemacht werden kann. In der Regel ist damit das Auskunftsrecht erst nach Ausstrahlung der Sendung gegeben. Es reicht aber auch eine andere Tätigkeit der Rundfunkanstalt mit Öffentlichkeitswirkung aus, etwa die vorherige Publikation in einer Programmvorschau bzw. einer (sendereigenen) Programmzeitschrift oder das Ausstrahlen eines Trailers oder redaktionellen Vorab-Kurzbeitrags.[123] Zweite Voraussetzung ist die **Beeinträchtigung des Persönlichkeitsrechts** des Betroffenen.[124] Die Transparenz der Datenverarbeitung für den Betroffenen soll nur unter Beachtung der Erfordernisse der Rundfunkfreiheit gewährleistet werden. Die Beeinträchtigung des Persönlichkeitsrechts muss durch die Berichterstattung und damit durch die Kenntnisgabe an die Allgemeinheit eingetreten sein; selbst konkrete Anhaltspunkte für eine mögliche Persönlichkeitsrechtsverletzung durch eine unmittelbar bevorstehende Berichterstattung oder anderweitige Publikation durch den Sender reichen allenfalls ausnahms-

---

116 Vgl. *Bergmann/Möhrle/Herb,* BDSG § 41 Rdnr. 60.
117 Vgl. *Bergmann/Möhrle/Herb,* BDSG § 41 Rdnr. 56; zur Umsetzung bei Ausschnittarchiven vgl. *Wente,* Das Recht der journalistischen Recherche, 259 f.
118 So ausdr. geregelt u.a. in § 56 HmbMedienG, § 42 Abs. 3 NDR-StV.
119 Vgl. zur Sorgfaltspflicht bei Gegendarstellungen auch *Seibel-Schwiedernoch,* CR 1988, 861, 865.
120 Vgl. *Hillig,* 58. DJT, München 1990, Sitzungsbericht K, 144.
121 So auch § 42 Abs. 3 NDR-StV, § 49 Abs. 2 WDR-G.
122 Vgl. *Bergmann/Möhrle/Herb,* BDSG § 41 Rdnrn. 53 f.; *Sulzberger,* Datenschutz und Privatfunk, 139.
123 Vgl. *Schrader,* AfP 1994, 114, 115; a.A. *Binder,* ZUM 1994, 257, 266.
124 Vgl. die landesrechtlichen Parallelregelungen u.a. in § 28 Abs. 3 ThürDSG, § 49 Abs. 3 WDR-G.

weise aus.[125] Damit hat der Journalist die Möglichkeit, zunächst ungestört ggf. auch falsches Material zu sammeln und dies wieder auszusondern, bevor er an die Öffentlichkeit geht. Wenn aber erst einmal eine Verletzung des Persönlichkeitsrechts eingetreten ist, überwiegt das informationelle Selbstbestimmungsrecht das Geheimhaltungsinteresse der Medien.[126] Für die Beeinträchtigung ist der Betroffene beweispflichtig.

Inhalt des Auskunftsanspruchs sind ausschließlich die zur Person des Beeinträchtigten in den Dateien und Akten des Senders bzw. seiner Redakteure gespeicherten Daten. Anders als nach § 19 Abs. 1 Satz 1 besteht kein Recht auf Kenntnis von Herkunft und Empfänger der Daten. Der Auskunftsanspruch richtet sich auch auf Informationen, die zwar als Materialgrundlage für die ausgestrahlte Sendung herangezogen, dort selbst aber nicht erwähnt worden sind.[127] Dabei kommt es nicht darauf an, ob sich dieses Material im eigentlichen **Rundfunkarchiv** oder in den **Rechercheunterlagen des jeweiligen Redakteurs** befindet.[128] Von der Deutschen Welle kann die Herausgabe eines Mitschnitts der Sendung oder die Einsicht in eine Aufzeichnung aufgrund von § 21 Abs. 3 DWG verlangt werden.[129] 38

Die Deutsche Welle kann die **Auskunft** unter bestimmten Voraussetzungen **verweigern.** Abs. 3 Satz 3 ist durch die Novellierung 2001 erweitert worden und übernimmt das Modell einiger Länderregelungen[130] und der im Jahr 2000 durch den 4. Rundfunkänderungsstaatsvertrag neu geschaffenen Regelung des § 47d Abs. 2 RfStV. Wie bisher ist in **Nr. 2** der klassische **Informantenschutz** gewährleistet, d.h. die Auskunftsverweigerung zum Schutz von Einsendern bzw. Personen, die in sonstiger Weise der Redaktion des Senders bzw. seinen Journalisten Auskünfte, Mitteilungen, Dokumente, Filmbeiträge, Schriftstücke, Disketten oder sonstige Unterlagen zugänglich gemacht haben. Geschützt werden sollen die „Nachrichtenquellen“ derjenigen Redakteure, die die Sendung entweder selbst hergestellt haben oder ihre Ausstrahlung verantworten. **Nr. 1** dient der **Eigensicherung** der angestellten oder freien Mitarbeiter der Deutschen Welle selbst oder dritter an der Sendung beteiligter professioneller („berufsmäßig“) Journalisten und soll im Bedarfsfall die Identität von Skriptautoren, Archivdokumentatoren und sonstigem redaktionellen Sendepersonal vor Offenlegung aufgrund von Auskunftsansprüchen schützen. In beiden Fallgruppen kommt es darauf an, ob bei objektiver Betrachtung anzunehmen ist, dass der Betroffene im konkreten Einzelfall mit seinem Zusatzwissen aufgrund der erteilten Auskunft auf den Informanten oder Journalisten **schließen kann**, etwa aufgrund von Kennziffern, Aktenzeichen oder Namenskürzeln.[131] Die ebenfalls durch die Novellierung 2001 hinzugefügte **Nr. 3** schafft in Form einer wenig konturierten Generalklausel einen **„Ausforschungsschutz“**, der nicht auf Personen zielt, sondern auf die „journalistische Aufgabe“:[132] Es soll verhindert werden können, dass die Auskunft an einen Betroffenen z.B. die Recherchemethoden der Redaktion oder Herkunft, Umfang und Zusammensetzung ihres Informationsbestandes aufdeckt. Die Auskunftsverweigerung steht unter zwei einschränkenden Voraussetzungen: Sie kann dem Betroffenen nur entgegengehalten werden nach einer **Abwägung der schutzwürdigen Interessen der Beteiligten**, d.h. des Auskunftssuchenden und der Deutschen Welle. Je größer die Beeinträchtigung des Persönlichkeitsrechts des Betroffenen durch die Berichterstattung, desto stärker ist sein Auskunftsinteresse gegenüber Ablehnungsmotiven des Senders. Selbst wenn berechtigte Verweigerungsgründe bestehen, muss der Sender wegen des **Soweit**-Vorbehaltes prüfen, ob nicht eine teilweise Auskunft erteilt werden kann. Die Sonderregelung des Satzes 39

---

125 So aber § 6 Abs. 3 PresseRRG-E 1974; bejahend generell für diese Situation *Stürner,* Gutachten A zum 58. DJT 1990, 87 ff. und 106, These 8; befürwortend für Ausnahmefälle wie hier *Bergmann/Möhrle/Herb,* BDSG § 41 Rdnr. 69; vgl. auch *Simitis,* AfP 1990, 14, 21.

126 Vgl. *Stürner,* 58. DJT München 1990, Sitzungsbericht K, 124ff.

127 Krit. dazu wegen einer potenziellen Beeinträchtigung künftiger Berichterstattung *Eberle,* CR 1992, 757, 760; *Gall,* DuD 1993, 383, 385.

128 Vgl. *Binder,* ZUM 1994, 257, 266.

129 Vgl. *Bergmann/Möhrle/Herb,* BDSG § 41 Rdnr. 70; entsprechende Regelung u.a. in § 22 Abs. 4 BremLMG.

130 Vgl. u.a. § 42 Abs. 4 NDR-StV, § 49 Abs. 3 Satz 2 WDR-G.

131 Vgl. *Bergmann/Möhrle/Herb,* BDSG § 41 Rdnr. 78.

132 Parallelregelung u.a. in § 42 Abs. 4 Satz 2 Nr. 3 NDR-StV.

2 ist **abschließend**, so dass seitens der Deutschen Welle die allgemeinen Ablehnungsgründe des § 19 Abs. 4 ebenso wenig geltend gemacht werden können wie die aus anderweitigen medienrechtlichen Spezialnormen.

5.4 Berichtigungsanspruch (Abs. 3 Satz 3)

40 Der **Berichtigungsanspruch** gegenüber der Rundfunkanstalt entspricht im Ansatz der allgemeinen Regelung in § 20 Abs. 1 Satz 1. Die Beweislast für die Richtigkeit der einer Berichterstattung zugrunde liegenden Daten liegt beim Sender, nicht beim Betroffenen.[133] Der Berichtigungsanspruch wird zwar faktisch in der Regel erst **nach** erfolgter Ausstrahlung der Sendung bzw. nach der Berichterstattung in sonstiger Form[134] gestellt werden können.[135] Doch ist dies rechtlich ebenso wenig zwingend wie eine vorherige erfolgreiche Geltendmachung des Auskunftsrechts. Das Berichtigungsrecht besteht m.a.W. auch dann, wenn der Betroffene auf andere Weise von einer Sendung mit unrichtigen Daten zu seiner Person erfahren hat[136] oder die Auskunft nach Abs. 3 Satz 2 z.B. wegen des Informantenschutzes verweigert worden ist. Der Anspruch bezieht sich wie das Auskunftsrecht nach Abs. 3 Sätze 1 und 2 nicht nur auf das bereits gesendete, sondern auf das gesamte der Sendung zugrunde liegende Datenmaterial,[137] und dies ohne Rücksicht darauf, ob dieses Material „in einem eigenen Informationssystem des Rundfunkveranstalters" gespeichert ist.[138] Ein Widerspruch zu der aus Beweisgründen bestehenden Aufzeichnungspflicht nach § 21 Abs. 1 DWG, die sich auf die unveränderte Originalsendung bezieht,[139] tritt nicht ein, da die sendetechnische Aufzeichnung durch die Anbringung des Berichtigungshinweises ja nicht verändert wird.[140] Dass der Betroffene eine eigene Darstellung in angemessenem Umfang hinzufügen kann, ist zwar im Gegensatz zu einer Reihe anderer Mediengesetze[141] nicht ausdrücklich erwähnt, kann aber im Einzelfall zur Erfüllung des Berichtigungsanspruchs sogar sachgerechter sein als die direkte Korrektur der gesendeten Informationen. Dies entspricht im Übrigen der generell vom BDSG für die Berichtigung von weder automatisiert noch in nicht automatisierten Dateien verarbeiteten Daten vorgesehenen Handhabung: Nach § 20 Abs. 1 Satz 2 bleibt das Originaldokument unverändert und die Korrektur wird lediglich „in geeigneter Weise festgehalten". Da § 41 Abs. 3 ausschließlich den Berichtigungsanspruch erwähnt, wird damit der **datenschutzrechtliche Löschungsanspruch** nach § 20 Abs. 2 **ausgeschlossen**;[142] das Löschungsverlangen muss ggf. auf andere Rechtsgrundlagen gestützt werden.[143] Gleiches gilt für den nach § 20 Abs. 4 bestehenden Sperrungsanspruch, wenn die Unrichtigkeit feststeht, die richtigen Daten aber nicht ermittelt werden können.

5.5 Weitere anwendbare BDSG-Vorschriften (Abs. 4 Satz 1)

41 Für die journalistisch-redaktionelle Tätigkeit der Deutschen Welle erklärt Abs. 4 Satz 1 parallel zu Abs. 1 Satz 1 (nur) **§ 5** über das Datengeheimnis, **§ 7** über den Schadensersatz, **§ 9** betr. die Datensicherung sowie **§ 38a** über ggf. sendereigene Verhaltensregeln über den redaktionellen Datenschutz für anwendbar. Für die in „**Verwaltungsangelegenheiten**" an-

133 Vgl. *Auernhammer,* BDSG § 41 Rdnr. 19.
134 Vgl. o. Rdnr. 37.
135 Vgl. *Herb,* in *Hahn/Vesting* (Hrsg.), Komm. zum Rundfunkrecht, § 47d Rdnr. 10.
136 Vgl. *Schrader,* AfP 1994, 114.
137 Vgl. o. Rdnr. 38.
138 So zu restriktiv *Binder,* ZUM 1994, 257, 268.
139 Vgl. dazu *Eberle,* CR 1992, 757, 760; *Dörr,* AfP 1993, 709, 711.
140 So zutr. *Schrader,* AfP 1994, 114, 115.
141 Vgl. z.B. § 49 Abs. 3 Satz 3 WDR-G, § 41 Abs. 2 Satz 3 MDR-StV.
142 Für einen solchen Anspruch de lege ferenda *Stürner,* 58. DJT München 1990, Sitzungsbericht K, 161 f.; vgl. zum Verhältnis zwischen den Berichtigungsgeboten nach dem BDSG und nach dem Presserecht *Seibel-Schwiedernoch,* CR 1988, 861, 866.
143 Vgl. o. Rdnr. 29.

gelegten und geführten Akten und Dateien gilt mit Ausnahme der Vorschriften über den Bundesbeauftragten für den Datenschutz voll der Zweite Abschnitt des BDSG.[144]

5.6 Datenschutzkontrolle (Abs. 4 Satz 2)

Abs. 4 Satz 2 beseitigt die nach dem ersten BDSG 1977 noch gegebene Kontrollzuständigkeit des Bundesbeauftragten für den Datenschutz für die Datenverarbeitung durch Rundfunkanstalten des Bundesrechts.[145] Stattdessen wird die **„anstaltsautonome Kontrolle"** realisiert, wonach ausschließlich der von den Organen des Senders bestellte und nur ihnen gegenüber verantwortliche interne Datenschutzbeauftragte für die Überwachung der Einhaltung des BDSG und der auf den Rundfunk bezogenen bereichsspezifischen Vorschriften zuständig ist.[146] Die Zuständigkeit des internen Datenschutzbeauftragten der „Deutschen Welle" bezieht sich nach Abs. 4 Satz 2 i.V.m. § 42 Abs. 2 Satz 1 sowohl auf den journalistisch-redaktionellen Bereich als auch auf die administrativen Daten.[147] Dieses Konzept entspricht der Rechtslage in den meisten Bundesländern. Ein verfassungsrechtliches Gebot der Freistellung der Rundfunkanstalten von der unabhängigen externen Überwachung gibt es allerdings nicht. In Berlin, Bremen und Hessen besteht nach wie vor die Kontrollbefugnis **des Landesbeauftragten für den Datenschutz** für die **nicht-publizistischen** Daten.[148] In diesen Ländern war für den Gesetzgeber insoweit offensichtlich kein rechtlicher oder praktischer Grund für eine Sonderbehandlung der Rundfunkanstalten gegenüber anderen öffentlichen Stellen erkennbar.[149] 42

144 Vgl. u. Rdnr. 42.
145 Vgl. *Hein,* NJW 1991, 2614.
146 Ausf. *Herb,* DuD 1993, 380 ff.; krit. *Simitis,* AfP 1990, 14, 20.
147 Vgl. *Herb,* ZögU 1994, 352, 354 f.
148 Vgl. §§ 24 Abs. 1, 31 Abs. 2 BlnDSG; §§ 1 Abs. 6, 27 Abs. 1, 36 BrDSG; §§ 3 Abs. 5 Satz 2, 24 Abs. 1, 37 Abs. 2 HDSG.
149 Krit. dazu vor allem Medienrechtler wie z.B. *Herrmann,* 58. DJT München 1990, Sitzungsbericht K, 42; *Hillig,* a.a.O., 143 f.; *Dörr,* AfP 1993, 709, 711; *Binder,* ZUM 1994, 257, 261 Fn. 34; *Michel,* in FS *Herrmann,* 109, 113 f.; ausführl. gegen deren Argumente *HDSB,* 16. TB, Ziff. 2.6; zu den diversen Kontrollmodellen im Einzelnen vgl. *Sulzberger,* Datenschutz und Privatfunk, 142 ff.

§ 42 Datenschutzbeauftragter der Deutschen Welle

(1) Die Deutsche Welle bestellt einen Beauftragten für den Datenschutz, der an die Stelle des Bundesbeauftragten für den Datenschutz und die Informationsfreiheit tritt. Die Bestellung erfolgt auf Vorschlag des Intendanten durch den Verwaltungsrat für die Dauer von vier Jahren, wobei Wiederbestellungen zulässig sind. Das Amt eines Beauftragten für den Datenschutz kann neben anderen Aufgaben innerhalb der Rundfunkanstalt wahrgenommen werden.
(2) Der Beauftragte für den Datenschutz kontrolliert die Einhaltung der Vorschriften dieses Gesetzes sowie anderer Vorschriften über den Datenschutz. Er ist in Ausübung dieses Amtes unabhängig und nur dem Gesetz unterworfen. Im Übrigen untersteht er der Dienst- und Rechtsaufsicht des Verwaltungsrates.
(3) Jedermann kann sich entsprechend § 21 Satz 1 an den Beauftragten für den Datenschutz wenden.
(4) Der Beauftragte für den Datenschutz erstattet den Organen der Deutschen Welle alle zwei Jahre, erstmals zum 1. Januar 1994 einen Tätigkeitsbericht. Er erstattet darüber hinaus besondere Berichte auf Beschluss eines Organes der Deutschen Welle. Die Tätigkeitsberichte übermittelt der Beauftragte auch an den Bundesbeauftragten für den Datenschutz und die Informationsfreiheit.
(5) Weitere Regelungen entsprechend den §§ 23 bis 26 trifft die Deutsche Welle für ihren Bereich. Die §§ 4f und 4g bleiben unberührt.

Literatur

D. Dörr/St. Schiedermair, Rundfunk und Datenschutz – Die Stellung des Datenschutzbeauftragten des Norddeutschen Rundfunks, Frankfurt 2001; *A. Gall,* Datenschutz im öffentlich-rechtlichen Rundfunk, DuD 1993, 383 ff.; *A. Herb,* Aufgaben und Stellung der Datenschutzbeauftragten bei den öffentlich-rechtlichen Rundfunkanstalten, DuD 1993, 380 ff.; *ders.,* Der neue Südwestrundfunk (SWR) im Netz der Datenschutzgesetze, VBlBW 1999, 171 f.; *ders.*, Das datenschutzrechtliche Medienprivileg und der Rundfunk-Datenschutzbeauftragte, ZögU 1994, 352 ff.; *ders.*, Datenschutzbeauftragte der öffentlich-rechtlichen Rundfunkanstalten, in *Roßnagel* (Hrsg.), Handbuch Datenschutzrecht, Kap. 5.3

Übersicht

1. Funktion und Bestellung (Abs. 1)

1 Eine zentrale Vorgabe für Status und Tätigkeitsbereich des Datenschutzbeauftragten der Deutschen Welle (im Folgenden abgekürzt DSB-DW) findet sich bereits in § 41 Abs. 4 Satz 2.[1] Danach gilt § 42 „anstelle“ der §§ 24 und 26, und zwar auch, soweit es um personenbezogene Daten in Verwaltungsangelegenheiten geht. Der Bundesbeauftragte für den Datenschutz (BfDI) besitzt keinerlei Kontrollkompetenz über die Datenverarbeitung bei der Deutschen Welle, gleich ob es sich um redaktionelle oder administrativ-kommerzielle Daten handelt. § 42 Abs. 1 Satz 1 bekräftigt dieses **Prinzip der anstaltsautonomen** – im Gegensatz zur externen – **Kontrolle** mit der Aussage, dass der DSB-DW „an die Stelle des BfDI tritt“. Für die Kontrolle des BDSG und der rundfunkbezogenen und sonstigen bereichsspezifischen Vorschriften ist mithin ausschließlich der von den Organen der Deutschen Welle und nur ihnen gegenüber verantwortliche DSB-DW zuständig.

2 Abs. 1 enthält im Übrigen Einzelheiten über das Verfahren und den Umfang der **Bestellung**. Sie erfolgt nach Satz 2 auf Vorschlag des Intendanten durch den **Verwaltungsrat** für die

1 Vgl. § 41 Rdnr. 42.

Dauer von **vier Jahren** mit der Möglichkeit der – ggf. auch mehrfachen – Wiederbestellung. Auch die Abberufung des DSB-DW ist Sache des Verwaltungsrats (§ 37 Abs. 2 Nr. 2 Deutsche-Welle-Gesetz, DWG).[2] Satz 3 ermöglicht es der Senderleitung, den Beauftragten nur auf Teilzeit zu bestellen und ansonsten mit anderen – redaktionellen oder verwaltungsbezogenen – Aufgaben zu betrauen, wobei aber seine gesetzlich vorgegebenen Pflichten als DSB Vorrang haben. In diesem Fall gilt die in Abs. 2 Satz 2 garantierte **Unabhängigkeit** nur insoweit, als das Amt des DSB-DW betroffen ist. Für den übrigen Aufgabenbereich ist der/die Betroffene in die normale Senderhierarchie integriert. Ein solches **Teilzeitmodell** kann aber nur dann in Betracht kommen, wenn die vom BDSG verlangte Kontrollintensität gewährleistet bleibt. Entscheidend ist m. a. W., ob der Aufgabenumfang die volle Arbeitszeit des Beauftragten erfordert oder eine – dann aber im Umfang verbindlich zu gewährleistende – zeitweise Beschäftigung mit den Datenschutztätigkeiten ausreicht.[3]

2. Status und Aufgabe (Abs. 2)

Der DSB-DW kontrolliert nach Abs. 2 Satz 1 die Einhaltung der Vorschriften des **BDSG** sowie der rundfunkbezogenen oder sonstigen **bereichsspezifischen** Bestimmungen.[4] Für die redaktionelle Verarbeitung gelten zum einen die Absätze 2 und 3 des § 41, im Übrigen aber nach § 41 Abs. 4 Satz 1 aus dem BDSG nur die Normen über das Datengeheimnis, den Schadensersatz und die technisch-organisatorischen Vorkehrungen zur Datensicherung sowie eigene senderinterne Regelungen zum Datenschutz im journalistischen Bereich.[5] Soweit die Deutsche Welle wie in § 3 Abs. 1 DWG ausdrücklich vorgesehen außer Rundfunk auch Telemedien anbietet, gelten – und sind damit Kontrollgegenstand für den DSB-DW – auch die für diese Telemedien einschlägigen Datenschutzregelungen wie etwa die des Mediendienste-Staatsvertrages (MDStV).[6] 3

Abs. 2 Sätze 2 und 3 umschreiben und gewährleisten die funktionsbezogene Sonderstellung des DSB-DW. Mit der Wortwahl, dass er „in Ausübung dieses Amtes **unabhängig** und **nur dem Gesetz unterworfen** ist“, knüpft das BDSG bewusst an die dem BfDI in § 22 Abs. 4 Satz 2 eingeräumte Rechtsstellung an,[7] während § 4f Abs. 3 Satz 2 für behördliche Beauftragte nur von „Weisungsfreiheit“, einem Teilaspekt der Unabhängigkeit, spricht. Der DSB-DW unterliegt – dies verdeutlicht Satz 3 – keiner Fachaufsicht, sondern nur der Dienst- und Rechtsaufsicht, die wiederum – auch dies stärkt seine Stellung – nicht vom Intendanten und damit Leiter der Rundfunkanstalt, sondern vom Gremium Verwaltungsrat ausgeübt wird. Ob diese unverändert aus dem BDSG 1990 übernommene Konstruktion mit ihrem Festhalten an der Rechtsaufsicht allerdings das von Art. 28 Abs. 1 Satz 2 EG-Datenschutzrichtlinie ausgesprochene Gebot der institutionell zu verstehenden „völligen Unabhängigkeit“ der Kontrollstelle erfüllt, ist hier ebenso zweifelhaft wie bei der parallelen Rechtssituation des BfDI (§ 22 Abs. 4 Satz 3 und Abs. 5 Satz 2)[8] und einiger Landesbeauftragter für den Datenschutz.[9] 4

---

2 DWG in der Fassung vom 11. 1. 2005, BGBl. I S. 91 ff.
3 Vgl. *Herb*, in *Roßnagel* (Hrsg.) Hdb. Datenschutzrecht, Kap 5.3, Rdnr. 20.
4 Vgl. o. Rdnr. 1.
5 Vgl. § 41 Rdnr. 41.
6 Vgl. *Herb,* VBlBW 1999, 171, 172.
7 Allerdings ohne ein besonderes öffentlich-rechtliches Amtsverhältnis zu begründen; vgl. § 22 Rdnrn. 15 ff.
8 Vgl. dazu § 22 Rdnrn. 19 ff., 223 ff.
9 Verneinend *Däubler/Klebe/Wedde,* BDSG § 42 Rdnr. 5; *Dix*, RDV 1999, 143, 147; bejahend Herb, in *Roßnagel*, Hdb. Datenschutzrecht, Kap 5.3, Rdnr. 15; vgl. zur entsprechenden Problematik bei den Aufsichtsbehörden für den nicht-öffentlichen Bereich § 38 Rdnr. 8 ff. *Dörr/Schiedermair*, Rundfunk und Datenschutz, 66 f., 74 f., weisen darüber hinaus darauf hin, dass den Rundfunk-Datenschutzbeauftragten auch die nach Art. 28 Abs. 3 Nr. 2 DS-RL vorzusehende Befugnis der Kontrollstelle fehlt, Datenverarbeitungsvorgänge vorläufig oder endgültig zu verbieten, und halten daher für die administrativ-kommerziellen Datenbestände eine entsprechende Ausweitung der Rechte des (in concreto: NDR-) Beauftragten für notwendig, um die volle Richtlinienkonformität zu erreichen.

3. Anrufungsrecht des Betroffenen (Abs. 3)

5 Da der DSB-DW für die gesamte Datenverarbeitung des Senders an die Stelle des BfDI tritt, ist er konsequenterweise Adressat der **Eingaben** von externen oder auch beim Sender beschäftigten Personen, die ihr Recht auf informationelle Selbstbestimmung durch die Datenverarbeitung der Deutschen Welle verletzt glauben. Während Abs. 3 die Bestimmung des § 21 Satz 1[10] für entsprechend anwendbar erklärt, enthält § 20 Abs. 1 DWG eine Parallelregelung über das Anrufungsrecht bei vermuteten Datenschutzverstößen. Da im Ergebnis fast völlige Wortgleichheit vorliegt, ergeben sich aus dieser Doppelregelung keine materiellen Divergenzen. Wichtiger sind in diesem Zusammenhang die Absätze 2 und 3 des § 20 DWG. Sie legen ein Verfahren sowohl für den Fall fest, dass mit einer Datenschutzeingabe zugleich eine sog. **Programmbeschwerde** verbunden ist, mit der die Verletzung inhaltlicher Programmgrundsätze behauptet wird, als auch für den umgekehrten Fall. In beiden Konstellationen sind sowohl der Intendant als auch der DSB-DW involviert.

4. Tätigkeitsbericht (Abs. 4)

6 Abs. 4 Satz 1 verpflichtet den DSB-DW zur Vorlage eines regelmäßigen zweijährlichen **Tätigkeitsberichts**, folgt also auch insoweit dem Vorbild des BfDI (vgl. § 26 Abs. 1). Der entscheidende Unterschied besteht allerdings darin, dass der Bericht des BfDI auch und gerade an die Öffentlichkeit gerichtet ist (§ 26 Abs. 1 Satz 2), während die Berichte des DSB-DW nur den Organen der Rundfunkanstalt vorgelegt und **nicht veröffentlicht** werden. Zwar verlangt Abs. 4 Satz 3, dass auch dem BfDI ein Exemplar zuzuleiten ist, doch lässt sich daraus nicht schließen, dass dieser den Bericht publizieren darf. Da die Vorschrift aber die Funktion hat, dem BfDI den Überblick über die Datenschutzentwicklungen im gesamten öffentlichen Bereich des Bundes zu sichern, ist ihm nicht verwehrt, auf im Bericht der Deutschen Welle thematisierte Fragen einzugehen, soweit er aus dessen Lektüre z.B. auf Zweifelsfragen bei der Auslegung des BDSG aufmerksam wird.[11] Dies gilt insbesondere für die nicht-redaktionelle Datenverarbeitung. Bedenkt man, dass Artikel 28 Abs. 5 Satz 2 der EG-Datenschutzrichtlinie die Veröffentlichung des Berichts der Kontrollstelle vorschreibt und Art. 9 Abweichungen nur insoweit zulässt, als sie zur Sicherung der Rundfunkfreiheit erforderlich sind,[12] ergeben sich ohnehin Zweifel an der Richtlinienkonformität einer Regelung, die keinerlei Publikation vorsieht und sich nicht auf rundfunkspezifische Sonderbelange beschränkt.

7 Auf Beschluss eines Organs der Deutschen Welle erstattet der DSB-DW nach Abs. 4 Satz 2 **besondere Berichte**. Organe sind nach § 24 Abs. 1 DWG der Rundfunkrat, der Verwaltungsrat und der Intendant.

5. Regelungsermächtigung für Stellung und Aufgabenwahrnehmung (Abs. 5)

8 Detailregelungen über die Stellung und die Aufgabenerfüllung des DSB-DW hat der Sender nach Abs. 5 Satz 1 hausintern zu treffen. Diese Norm ist zwar wörtlich aus dem BDSG 1990 übernommen, doch ist der Regelungsspielraum der Anstalt wegen des durch das BDSG 2001 eingefügten Satzes 2 stark eingeschränkt, Dass §§ 4f und 4g unberührt bleiben, bedeutet, dass im Bereich des Regelungsinhalts dieser Normen Befugnisse, Pflichten und Tätigkeitsbild des DSB-DW dem Vorbild des allgemeinen behördlichen Datenschutzbeauftragten zu entsprechen haben, soweit die Abs. 1 bis 4 des § 42 nicht selbst Sonderregelungen treffen. Folgt man der Begründung zum Regierungsentwurf des BDSG, wird mit dieser ausdrücklichen Geltung der §§ 4f und 4g der DSB-DW aufgewertet.[13] Der DSB-DW kann sich m.a.W.

10 Vgl. § 21 Rdnrn. 3 ff.
11 Abl. auch für nur kurze Zusammenfassungen *Bergmann/Möhrle/Herb*, BDSG § 42 Rdnr. 34.
12 Vgl. § 41 Rdnrn. 5 f.
13 Vgl. BT-Drs. 14/4329, S. 47, zu Nr. 46.

nicht auf die in Abs. 2 Satz 1 angesprochene reaktive **Kontrolle** beschränken, sondern hat wie jeder interne Beauftragte einer öffentlichen Stelle nach § 4g Abs. 1 Satz 1 die **Pflicht zur aktiven Hinwirkung auf die Einhaltung des Datenschutzes.**[14]

Die konkreten Konsequenzen der **Verweisung auf §§ 4f und 4g** wurden bereits nach der früheren Rechtslage vielfach aus der Unabhängigkeit des Rundfunk-DSB abgeleitet.[15] Seit der Novellierung 2001 gelten sie explizit und umfassen u.a., dass **Fachkunde und Zuverlässigkeit** zu Voraussetzungen der Bestellung werden (§ 4f Abs. 2 Satz 1), das **Benachteiligungsverbot** greift (§ 4f Abs. 3 Satz 3), die **Abberufung nur aus wichtigem Grund** möglich ist (§ 4f Abs. 3 Satz 4), die **Verschwiegenheitspflicht** einzuhalten ist (§ 4f Abs. 4) und der Sender von Gesetzes wegen dem DSB-DW die erforderlichen personellen und sächlichen Ressourcen bereitzustellen hat (§ 4f Abs. 5).[16] Der Verweis auf § 4g präzisiert zum einen das Aufgabenspektrum im Hinblick auf die Kontrolle der **ordnungsgemäßen Anwendung der Datenverarbeitungsprogramme** (Abs. 1 Satz 3 Nr. 1) sowie die **Fortbildung** der DV-Anwender in der Rundfunkanstalt (Abs. 1 Satz 3 Nr. 2). Die Vorschrift verankert weiterhin sowohl die Pflicht der Senderleitung, dem DSB-DW eine **Dateiübersicht** mit den in § 4e Satz 1 genannten Angaben zur Verfügung zu stellen (§ 49 Abs. 2 Satz 1), als auch die Pflicht des DSB-DW, die Übersicht für jedermann in geeigneter Weise verfügbar zu machen (§ 49 Abs. 2 Satz 2),[17] wobei sich Letzteres nur auf die nicht-redaktionellen Dateien beziehen kann. 9

Gegenstand weiterer senderinterner Regelungen nach Abs. 5 Satz 1 können z.B. das Auskunfts- und Einsichtsrecht des DSB-DW gegenüber den Bediensteten der Rundfunkanstalt, der Zutritt zu den Diensträumen oder das Verfahren bei Beanstandungen sein. 10

14 Vgl. zu dieser Unterscheidung *Herb,* DuD 1993, 380, 381.
15 Vgl. u.a. *Gall,* DuD 1993, 383, 384.
16 Vgl. § 4f Rdnrn. 83 ff.
17 Vgl. § 4g Rdnrn. 29 ff.

Fünfter Abschnitt
Schlußvorschriften

§ 43 Bußgeldvorschriften

(1) Ordnungswidrig handelt, wer vorsätzlich oder fahrlässig
1. entgegen § 4d Abs. 1, auch in Verbindung mit § 4e Satz 2, eine Meldung nicht, nicht richtig, nicht vollständig oder nicht rechtzeitig macht,
2. entgegen § 4f Abs. 1 Satz 1 oder 2, jeweils auch in Verbindung mit Satz 3 und 6, einen Beauftragten für den Datenschutz nicht, nicht in der vorgeschriebenen Weise oder nicht rechtzeitig bestellt,
3. entgegen § 28 Abs. 4 Satz 2 den Betroffenen nicht, nicht richtig oder nicht rechtzeitig unterrichtet oder nicht sicherstellt, dass der Betroffene Kenntnis erhalten kann,
4. entgegen § 28 Abs. 5 Satz 2 personenbezogene Daten übermittelt oder nutzt,
5. entgegen § 29 Abs. 2 Satz 3 oder 4 die dort bezeichneten Gründe oder die Art und Weise ihrer glaubhaften Darlegung nicht aufzeichnet,
6. entgegen § 29 Abs. 3 Satz 1 personenbezogene Daten in elektronische oder gedruckte Adress-, Rufnummern-, Branchen- oder vergleichbare Verzeichnisse aufnimmt,
7. entgegen § 29 Abs. 3 Satz 2 die Übernahme von Kennzeichnungen nicht sicherstellt,
8. entgegen § 33 Abs. 1 den Betroffenen nicht, nicht richtig oder nicht vollständig benachrichtigt,
9. entgegen § 35 Abs. 6 Satz 3 Daten ohne Gegendarstellung übermittelt,
10. entgegen § 38 Abs. 3 Satz 1 oder Abs. 4 Satz 1 eine Auskunft nicht, nicht richtig, nicht vollständig oder nicht rechtzeitig erteilt oder eine Maßnahme nicht duldet oder
11. einer vollziehbaren Anordnung nach § 38 Abs. 5 Satz 1 zuwiderhandelt.
(2) Ordnungswidrig handelt, wer vorsätzlich oder fahrlässig
1. unbefugt personenbezogene Daten, die nicht allgemein zugänglich sind, erhebt oder verarbeitet,
2. unbefugt personenbezogene Daten, die nicht allgemein zugänglich sind, zum Abruf mittels automatisierten Verfahrens bereithält,
3. unbefugt personenbezogene Daten, die nicht allgemein zugänglich sind, abruft oder sich oder einem anderen aus automatisierten Verarbeitungen oder nicht automatisierten Dateien verschafft,
4. die Übermittlung von personenbezogenen Daten, die nicht allgemein zugänglich sind, durch unrichtige Angaben erschleicht,
5. entgegen § 16 Abs. 4 Satz 1, § 28 Abs. 5 Satz 1, auch in Verbindung mit § 29 Abs. 4, § 39 Abs. 1 Satz 1 oder § 40 Abs. 1, die übermittelten Daten für andere Zwecke nutzt, indem er sie an Dritte weitergibt, oder
6. entgegen § 30 Abs. 1 Satz 2 die in § 30 Abs. 1 Satz 1 bezeichneten Merkmale oder entgegen § 40 Abs. 2 Satz 3 die in § 40 Abs. 2 Satz 2 bezeichneten Merkmale mit den Einzelangaben zusammenführt.
(3) Die Ordnungswidrigkeit kann im Falle des Absatzes 1 mit einer Geldbuße bis zu fünfundzwanzigtausend Euro, in den Fällen des Absatzes 2 mit einer Geldbuße bis zu zweihundertfünfzigtausend Euro geahndet werden.

Literatur

W. Bär, Straftaten und Ordnungswidrigkeiten gegen den Datenschutz in: A. Roßnagel(Hrsg.), Handbuch Datenschutzrecht, 2003, Teil 5.7; G. Bauer, Moderne Informationsverarbeitung – Strafrechtlicher Schutz bei Mißbrauch? Frankfurt a.M. 1989 (Eur. Hochschulschriften, Reihe 2, Rechtswissenschaft, 784); *S. Bestmann,* „Und wer muss zahlen?" Datenschutzrecht im Internet – die Bußgeldvorschriften, K&R 2003, 496 ff.; *J. Binder,* Computerkriminalität und Datenfernübertragung, RDV 1995, 57 ff., 116 ff.; *Karlheinz Boujong* (Hrsg.), Karlsruher Kommentar zum Gesetz über Ordnungswidrigkeiten, München 1989; *Bundesministerium der Justiz*

(Hrsg.), Empfehlungen zur Ausgestaltung von Straf- und Bußgeldvorschriften im Nebenstrafrecht, 2. Aufl., Köln 1999; *A. Herb,* Verweisungsfehler im Datenschutz-Strafrecht (1986) (DuD-Fachbeiträge 9); *P. Gola,* Der neue strafrechtliche Schutz vor unbefugten Bildaufnahmen im Lichte der Zulässigkeits- und Straftatbestände des BDSG, RDV 2004, 215 ff.; *Hinrich Höft,* Straf- und Ordnungswidrigkeitenrecht im Bundesdatenschutzgesetz, Köln 1986; *Reinhart Maurach/Heinz Zipf,* Strafrecht Allgemeiner Teil, Teilband 1: Grundlehren des Strafrechts und Aufbau der Straftat, 7. Aufl., München 1987; *Helmut Mayer-Metzner,* Auskunft aus Dateien der Sicherheits- und Strafverfolgungsorgane, Köln, Berlin 1994; *M. Möhrenschlager,* Computer Crimes and Other Crimes – Information Technology in Germany, in *U. Sieber* (Hrsg.), Information Technology Crime 1994, S. 197 ff.; *Claus Pätzel,* Zur Offenkundigkeit von Halterdaten, NJW 1999, 3246; *Reinhard Riegel,* Datenschutz bei den Sicherheitsbehörden, 2. Aufl., Köln, Berlin 1992; *Claus Roxin,* Strafrecht: Allgemeiner Teil Bd 1 (Grundlagen, Aufbau der Verbrechenslehre), 3. Aufl., München 1997; *StGB,* Leipziger Kommentar, 1. Lfg: Einleitung, §§ 1 – 2, 11. Aufl., Berlin, New York 1992; *U. Sieber,* Strafrecht und Strafprozeßrecht, Teil 19 von *Hoeren/Sieber* (Hrsg.), Handbuch Multimedia-Recht (Losebl.-Slg. 1998 ff.); *K. Tiedemann,* Datenübermittlung als Straftatbestand, NJW 1981, 945 ff.; *Th. Weichert,* Anmerkung, DuD 1997, 354 f.; *Irene Wind,* Die Kontrolle des Datenschutzes im nicht-öffentlichen Bereich. Eine Untersuchung über die Tätigkeit der Datenschutz-Aufsichtsbehörden, Baden-Baden, 1994.

Übersicht

1. Grundfragen zu Sanktionen im Datenschutzrecht und zum Anwendungsbereich der §§ 43, 44

1.1 Systematik der Bußgeld- und Strafvorschriften

1 Die Bußgeldvorschriften des § 43 Abs. 2 und die Strafvorschriften des § 44 Abs. 1 bilden eine aufeinander abgestimmte Einheit. Die Ordnungswidrigkeitentatbestände des § 43 Abs. 2 schlagen nämlich gewissermaßen in eine Straftat gemäß § 44 Abs. 1 um, wenn sie durch das zusätzliche Vorliegen eines der in § 44 Abs. 1 genannten Merkmale qualifiziert sind. § 43 Abs. 1 sanktioniert hingegen in klassischer Weise bestimmte Handlungsweisen als Ordnungswidrigkeiten, ohne dass ein Umschlagen in eine Straftat vorgesehen ist.

2 Diese eher ungewöhnliche Regelungstechnik, die ein Vorbild etwa in Art. 37 BayDSG hat,[1] geht auf einen Vorschlag des Bundesrats zurück.[2] Er zielte in erster Linie darauf ab, nur noch solche Verhaltensweisen strafrechtlich zu ahnden, bei denen der Täter besonders verwerflich handelt, während andere Formen des unbefugten Umgangs mit personenbezogenen Daten nur noch als Ordnungswidrigkeiten geahndet werden sollten.

1 Vgl. dazu *Ehmann* in *Wilde,* BayDSG, Art. 37 Rdnr. 2.
2 BR-Drs. 461/00 – Beschluss – v. 29.09.99, Ziff 15c.

Maßgeblich für die gesetzgebungstechnische Ausgestaltung der Vorschriften im Einzelnen 3
waren die „Empfehlungen zur Ausgestaltung von Straf- und Bußgeldvorschriften im Nebenstrafrecht“, die das Bundesministerium der Justiz herausgegeben hat.[3] In der Terminologie dieser Empfehlungen bilden § 43 Abs. 2 und § 44 Abs. 1 zusammen einen „unechten Mischtatbestand“.[4] Dies bedeutet, dass bei beiden Vorschriften eine Übereinstimmung des Tatbestandes hinsichtlich der Grundtatbestandsmerkmale gegeben ist, wobei der Bußgeldtatbestand des § 43 Abs. 2 durch Hinzufügen zusätzlicher Tatbestandsmerkmale zum Straftatbestand qualifiziert wird. Entsprechend den Empfehlungen wurden insbesondere nur vorsätzliche Handlungen als Straftaten sanktioniert.[5]

1.2 Verpflichtung zur Schaffung von Sanktionen

Diese Argumentation führt zu der Frage, ob und in welchem Umfang der Gesetzgeber die 4
Freiheit hat, eine bestimmte Verhaltensweise als Straftat oder stattdessen als bloße Ordnungswidrigkeit einzustufen bzw. sie auch gar nicht zu ahnden. Die Frage hat europarechtliche und verfassungsrechtliche Aspekte, die sich zum Teil berühren.

Die EG-Datenschutzrichtlinie verpflichtet die Mitgliedstaaten dazu, „Sanktionen“ festzule- 5
gen, die bei Verstößen gegen die nationalen Vorschriften greifen, welche zur Umsetzung der Richtlinie erlassen worden sind (Art. 24 Hs. 2 EG-Datenschutzrichtlinie). Weder die Richtlinie selbst noch die Erwägungsgründe sagen jedoch etwas dazu aus, welche Verhaltensweisen zu sanktionieren sind oder wie die Sanktionen auszusehen haben. Letztlich verpflichtet die Richtlinie somit lediglich dazu, überhaupt ein Sanktionssystem vorzusehen, überlässt aber dessen Ausgestaltung vollständig den Mitgliedstaaten.[6]

Insofern gibt die Richtlinie auf die oben gestellte Frage nach einer Wahlfreiheit des Gesetz- 6
gebers keine konkrete Antwort. Die Richtlinie akzeptiert jede sachgerechte Sanktionsregelung; einen bestimmten rechtlichen Charakter schreibt sie nicht vor. Die Antwort ist daher im nationalen Verfassungsrecht zu suchen. Dort wird die Grundfrage, welche Funktion Strafrecht und Ordnungswidrigkeitenrecht haben, kontrovers diskutiert, doch sind wenigstens einige Prinzipien inzwischen allgemein akzeptiert. Dazu gehört die Erkenntnis, dass das Strafrecht eine „fragmentarische Natur“ hat[7] und nicht das einzige Instrument des Rechtsgüterschutzes darstellt.[8] Vielmehr dient die gesamte Rechtsordnung dem Schutz von Rechtsgütern.[9] Und bis zu einem gewissen Grad ist dieser Schutz – verfassungsrechtlich akzeptiert – sogar durch bloße gesellschaftliche Sanktionen erreichbar.[10] Nur dann, wenn der von Verfassungs wegen gebotene Schutz eines Rechtsguts nicht anders erreichbar ist, besteht die Pflicht zum Einsatz des Strafrechts als „ultima ratio“.[11]

Dabei, ob der Gesetzgeber eine Rechtsgutverletzung als Straftat oder als Ordnungswidrigkeit 7
sanktioniert, hat er einen relativ weiten Entscheidungsspielraum.[12] Die Einstufung als bloße Ordnungswidrigkeit ist abstrakt gesehen dann angezeigt, wenn die Gesinnung des Täters nicht besonders verwerflich ist und/oder das geschützte Rechtsgut nur gefährdet, aber nicht verletzt wird.[13]

---

3 Aktuelle Fassung: 2., neu bearbeitete Auflage 1999.
4 *BMJ* Empfehlungen zur Ausgestaltung, Rdnr. 125.
5 *BMJ* Empfehlungen zur Ausgestaltung, Rdnr. 124.
6 *Ehmann/Helfrich,* EG-Datenschutzrichtlinie Art. 24 Rdnr. 4; ebenso schon *Dammann/Simitis,* EG-Datenschutzrichtlinie Art. 24 Rdnr. 4.
7 *Roxin,* Allg. Teil, § 2 Rdnr. 38.
8 *Jescheck,* Leipziger Kommentar, Einleitung, Rdnr. 1.
9 *Roxin,* Allg. Teil, § 2 Rdnr. 38.
10 *Jescheck,* Leipziger Kommentar, Einleitung, Rdnr. 1.
11 BVerfGE 39, 1, 47 (Entscheidung zur Fristenlösung beim Schwangerschaftsabbruch).
12 *Rogall* in *Boujong,* Karlsruher Kommentar zum OWiG, Vorbem. Vor § 1.
13 *Jeschek,* Leipziger Kommentar, Einleitung, Rdnr. 11.

1.3 Jetziges Sanktionssystem des BDSG

8 Angewandt auf das Datenschutzrecht bedeutet dies, dass sich die Möglichkeit der Beanstandung (§ 25 BDSG) und die Eingriffsbefugnisse der Datenschutzaufsichtsbehörden (insbes. gemäß § 38 Abs. 5 BDSG) durchaus als Elemente eines Sanktionssystems verstehen lassen, die das Etablieren von Straftatbeständen oder Ordnungswidrigkeitentatbeständen weithin, wenn nicht sogar völlig entbehrlich machen könnten. Entsprechendes gilt für die im weiteren Sinn zu den Sanktionen gesellschaftlicher Art zu rechnende Möglichkeit, Mißstände in Tätigkeitsberichten zu brandmarken (§ 38 Abs. 1 Satz 5 BDSG).[14]

9 Konstellationen, in denen der Einsatz des Strafrechts zum Rechtsgüterschutz von Verfassungs wegen zwingend ist, erscheinen im Datenschutzrecht kaum denkbar, auch nicht im Bereich der sensitiven Daten. Immerhin hat das Bundesverfassungsgericht den Einsatz gerade strafrechtlicher Instrumente nicht einmal zum Schutze menschlichen Lebens für absolut zwingend gehalten.[15] Freilich kann der Gesetzgeber auch mehr tun als verfassungsrechtlich zwingend geboten ist.

10 Das geschieht durch die auch nach der Novellierung 2001 relativ große Zahl von Straftatbeständen in § 44 Abs. 1 i.V.m. § 43 Abs. 2. Immerhin trägt der Gesetzgeber dem Grundgedanken des Strafrechts als ultima ratio aber nunmehr insofern sehr deutlich Rechnung als er es nur dann zur Anwendung bringt, wenn der Täter gegen Entgelt oder in Bereicherungs- oder Schädigungsabsicht handelt. Ansonsten bleibt es bei der Einstufung als Ordnungswidrigkeit. Dies verwirklicht den Gedanken, das Strafrecht nur dann einzusetzen, wenn die Gesinnung des Täters besonders verwerflich ist. Damit ist die nunmehr gewählte Strukturierung von §§ 43, 44 in sich konsequent und entspricht ohne weiteres den verfassungsrechtlichen Anforderungen.

11 Davon zu trennen ist die rechtspolitische Frage, ob Straf- und Ordnungswidrigkeitentatbestände in so großer Zahl wirklich angezeigt sind. In der Strafrechtsliteratur[16] ist – ohne Bezug gerade zum Datenschutzrecht – gerügt worden, erfahrungsgemäß sei es für „die Bürokratie" (womit wohl der Gesetzgebungsapparat gemeint ist) einfacher, einen Wust unübersichtlicher Normen zu erlassen und deren Übertretung mit Strafe zu bedrohen als schon bei der Regelung der Grundmaterie mit der gebotenen Behutsamkeit zu verfahren und Strafen nur in ernst liegenden Fällen anzudrohen. Dies mag ein sehr pauschalierender Vorwurf sein. Ein berechtigter Kern ist ihm aber gerade beim BDSG mit seinen vielen unbestimmten Rechtsbegriffen, zahlreichen Verweisungsketten und vielen schon rein sprachlich schwer zu erfassenden Formulierungen nicht völlig abzusprechen.

1.4 Abgrenzung zu landesrechtlichen Bußgeld- und Strafvorschriften

12 Vor allem im Sicherheitsbereich existieren „Verbunddateien", bei denen alle daran beteiligten Behörden Daten einspeisen und jede beteiligte Behörde alle – auch die von anderen beteiligten Behörden eingespeisten – Daten abrufen kann.[17] Diese Struktur findet sich etwa beim INPOL-System.[18] Ähnlich gelagert sind die Verhältnisse beim Verkehrszentralregister und beim zentralen Fahrzeugregister, die beide vom Kraftfahrtbundesamt, einer Bundesbehörde, geführt werden. Die Anlieferung der Daten geschieht dort über das Zentrale Verkehrsinformationssystem ZEVIS durch die zuständigen Behörden der Länder.[19] Bei allen derartigen Systemen stellt sich die Frage, welche Bußgeld- bzw. Strafvorschriften bei einem unbefugten Abruf anzuwenden sind. Zu denken wäre zum einen an das Recht, das für die Behörde gilt, welche die Daten eingespeist hat. Ferner käme das Recht der Behörde in Betracht, die die „Daten-

14 Vgl. *Rogall* in *Boujong,* Karlsruher Kommentar zum OWiG, Vorbem. Vor § 1 zum Entscheidungsspielraum des Gesetzgebers.
15 Vgl. BVerfGE 39, 1 ff.
16 *Maurach/Zipf,* Allg. Teil, § 2 Rdnr. 14.
17 *Mayer-Metzner,* Auskunft aus Dateien, S. 16.
18 Zu Entstehung und Struktur dieses Systems siehe *Riegel,* Datenschutz bei den Sicherheitsbehörden, S. 37-40.
19 *Mayer-Metzner,* Auskunft aus Dateien, S. 67; *Riegel,* Datenschutz bei den Sicherheitsbehörden, S. 78-80.

herrschaft“ über die mittels der eingespeisten Daten gebildete Datei hat. Und schließlich könnte die rechtliche Zuordnung des unbefugt Abrufenden maßgeblich sein.

Der Bundesgerichtshof hatte einen Fall zu entscheiden,[20] bei dem ein Polizeibeamter im 13
Bundesgrenzschutz unbefugt für private Zwecke Daten aus dem Verkehrszentralregister beim Kraftfahrtbundesamt abrief, wobei er das ZEVIS-System benutzte. Die abgerufenen Daten waren offensichtlich durch Berliner Landesbehörden in die Datei eingegeben worden. Der Bundesgerichtshof hielt nicht die Sanktionsnormen des Berliner Datenschutzgesetzes für anwendbar, sondern die des BDSG. Er begründete dies damit, dass nicht die verwaltungsrechtliche Zuordnung des Daten**bestandes** maßgeblich sei, sondern die des Daten**anwenders**. Dem Ergebnis ist im konkreten Fall zuzustimmen, der Begründung dagegen nicht. Offensichtlich hat der Bundesgerichtshof nur Konstellationen im Auge, bei denen gerade ein Amtsträger unbefugt Daten abruft. Ein unbefugter Abruf kann jedoch durch jedermann erfolgen (vgl. § 43 Abs. 2 Nr. 3). Dann kann aber die „verwaltungsrechtliche Zuordnung“ der abgerufenen Daten nicht gleichgültig sein.

Wenn etwa ein in Hessen wohnhafter Privatmann unbefugt Daten aus der Datenbank einer 14
bayerischen Behörde abruft, so können weder die Sanktionsnormen des Hessischen Datenschutzgesetzes noch die des Bundesdatenschutzgesetzes zur Anwendung kommen. Letzteres gilt für die Erhebung, Verarbeitung und Nutzung personenbezogener Daten durch bayerische Behörden insgesamt nicht (vgl. § 1 Abs. 2 Nr. 2), also auch nicht hinsichtlich seiner Sanktionsnormen. Es knüpft nämlich bei der Bestimmung seines Geltungsbereichs daran an, welche Behörde über den Datenbestand verfügt und nicht daran, welcher „Anwender“ handelt. Entsprechend verfahren alle Landesdatenschutzgesetze, sodass im vorstehenden Beispiel nicht die Sanktionsnormen des Hessischen, sondern die des Bayerischen Datenschutzgesetzes zur Anwendung kommen.

Die Entscheidung des Bundesgerichtshofs ist somit hinsichtlich ihrer Begründung nicht mit 15
den Regelungen über den Geltungsbereich des Bundes- und der Landesdatenschutzgesetze zu vereinbaren. Für den oben geschilderten Fall des Abrufs mittel ZEVIS trifft sie im Ergebnis gleichwohl zu, weil die Abrufe auf Daten einer Bundesbehörde zugegriffen haben, die insoweit als „Herrin der Daten“[21] anzusehen war. Zwar werden die Daten fast ausnahmslos von Landesbehörden in das System eingegeben. Das Kraftfahrtbundesamt strukturiert sie jedoch nach seinen Erfordernissen und gesetzlichen Vorgaben. Somit sind sie – in der Terminologie des Bundesgerichtshofs – einer Bundesbehörde verwaltungsrechtlich zuzuordnen. Da der aus der Sicht des Gerichts maßgebliche Anwender gleichfalls einer Bundesbehörde angehörte, gelangen das Gericht und die hier vertretene Auffassung im konkreten Fall zu demselben Ergebnis.

Die Unterschiede beider Auffassungen zeigen sich dann, wenn ein Angehöriger einer Bun- 16
desbehörde unbefugt Daten einer Landesbehörde abruft. Auch dies war dem Polizeibeamten in dem vom Bundesgerichtshof entschiedenen Fall vorzuwerfen. Er hatte nämlich zusätzlich unbefugt Daten des Landeseinwohnermeldeamts Berlin abgerufen. Auch insoweit will der Bundesgerichtshof gemäß dem von ihm aufgestellten Grundsatz, dass die Zuordnung des handelnden Anwenders maßgeblich sei, die Sanktionsnormen des BDSG und nicht des Berliner Landesrechts anwenden. Dies kann gemäß den oben angestellten Überlegungen zum Geltungsbereich des BDSG nicht richtig sein.

Ergänzend ist darauf hinzuweisen, dass das Strafrecht zu den Gegenständen der konkurrie- 17
renden Gesetzgebung gehört (Art. 74 Abs. 1 Nr. 1 GG). Wie die Vorschriften über den Anwendungsbereich des BDSG zeigen, hat der Bund davon abgesehen, Sanktionsnormen auch für den Bereich der Erhebung, Verarbeitung oder Nutzung von personenbezogenen Daten durch Landesbehörden zu erlassen. Dieser Bereich verbleibt somit den Ländern (Art. 72 Abs. 2 GG).[22]

---

20 BGH, RDV 2001, 99. In BGH, MMR 2001, 605 ist die Frage nicht erörtert, obwohl sich dies angeboten hätte, siehe *Bär* MMR 2001, 607, 608 in einer Anmerkung zu dieser Entscheidung.

21 Zur Problematik dieses Begriffs siehe *Mayer-Metzner*, Auskunft aus Dateien, S. 16.

22 *Ehmann* in *Wilde*, BayDSG, Art. 37 Rdnr. 1.

1.5 Anwendbarkeit der BDSG-Normen in bereichsspezifisch geregelten Bereichen

18 Manchmal existiert – wie im Fall des TDDSG in der Fassung des IuKDG v. 13.6.1997 (vgl. aber nunmehr § 9 des Gesetzes in der Fassung v. 20.12.2001, BGBl I, 3721) – für einen bestimmten Bereich bereichsspezifisches Bundesrecht, das weder eigene Sanktionsvorschriften enthält noch ausdrücklich auf die Sanktionsregelungen des BDSG verweist. In solchen Fällen stellt sich die Frage, ob die bereichsspezifischen Regelungen durch Rückgriff auf die Sanktionsvorschriften des BDSG „aufgefüllt“ werden dürfen oder nicht.

19 Nach einer in der Literatur vertretenen Auffassung[23] soll dies unzulässig sein. Dem ist nicht zuzustimmen. Bereichsspezifische Vorschriften gehen den allgemeinen Vorschriften jeweils nur vor, **soweit** ihr Anwendungsbereich reicht (§ 1 Abs. 4 Satz 1 BDSG). Allein daraus, dass bereichsspezifische Vorschriften zur Ahndung von Verstößen gegen diese Vorschriften schweigen, kann nicht der Schluss gezogen werden, dass jegliche Sanktion unterbleiben soll und der Täter auf eine Strafbarkeitslücke vertrauen kann.[24] Dieser Schluss wäre nur gerechtfertigt, wenn die bereichsspezifischen Vorschriften, die keine Sanktionsnormen enthalten, einen bestimmten Bereich umfassend und abschließend regeln sollen. Sollen sie dagegen erkennbar nur bestimmte Aspekte punktuell bereichsspezifisch regeln, so verbleibt es bei der Anwendbarkeit der Sanktionsnormen des BDSG.[25]

20 Ausdrücklich in diesem Sinne legen die Vorschriften des Straßenverkehrsgesetzes über das Fahrzeugregister (§§ 31 – 47 StVG) fest, dass die allgemeinen datenschutzrechtlichen Vorschriften unberührt bleiben, soweit nichts anderes vorgesehen ist. Da die Regelungen keine Sanktionsnormen enthalten, gelangen die des BDSG zur Anwendung. Unbefugte Bildaufnahmen fallen – soweit der Anwendungsbereich des BDSG an sich eröffnet ist – in den Schutzbereich des § 43.[26] Insoweit würde § 43 (und ggfalls § 44) in vielen Fällen schon einen Schutz bieten, der dem durch die neu geschaffene Vorschrift des § 201a StGB gewährten Schutz entspricht, was letzteren eigentlich entbehrlich macht. Dieser Umstand war bei der Schaffung von § 201a StGB nicht Gegenstand der gesetzgeberischen Diskussion.

2. Grundsätzliche Fragen

2.1 Systematik der Vorschrift

21 § 43 erfasst zwei Tatbestandskreise. Die von Absatz 1 sanktionierten Verhaltensweisen lassen sich – zumindest im weiteren Sinn – meist als Verstöße gegen Pflichten formaler Art verstehen. Sie sind im Gesetz konkret umschrieben, was die Anwendbarkeit von Absatz 1 wesentlich erleichtert. Demgegenüber befasst sich Absatz 2 mit der Verletzung von Pflichten, die sich unmittelbar auf den Umgang mit personenbezogenen Daten selbst beziehen.

22 Dies führt zu dem altbekannten Problem, dass Absatz 2 Bezug nimmt auf Generalklauseln, die in den Erhebungs- oder Verarbeitungsregelungen enthalten sind. Absatz 2 begegnet vor diesem Hintergrund unter dem Aspekt der notwendigen Bestimmtheit nach wie vor den schon seit je her erhobenen Bedenken (Art. 103 Abs. 2 GG).[27] Die Frage dürfte allein deshalb noch nicht praktisch bedeutsam geworden sein, weil Bußgeldverfahren wegen Verstößen gegen datenschutzrechtliche Bestimmungen über lange Jahre hinweg extrem selten eingeleitet wurden und noch seltener in gerichtliche Verfahren mündeten.[28] erscheint es ebenso bemerkenswert wie bedenklich, dass die Stellungnahme des Bundesrats § 43 Abs. 1 BDSG 1990

---

23 *Bergmann/Möhrle/Herb,* BDSG, § 43 Rdnr. 6, 7.
24 So aber – aus ihrer Sicht konsequent – *Bergmann/Möhrle/Herb,* BDSG, § 43 Rdnr. 7;
25 *Ehmann,* in *Wilde,* BayDSG, Art. 37 Rdnr. 35; ebenso *Bär* in: *Roßnagel*, Handbuch, Teil 5.7 Rdnr. 20/21.
26 *Gola*, RDV 2004, 215, 217.
27 Siehe dazu schon *Höft,* Straf- und Ordnungswidrigkeitenrecht im BDSG, S. 34-39, zu § 41 Abs. 1 BDSG 1977; ferner *Dammann,* 3. Aufl., § 41 Rdnr. 2 m.w.N., der eine ausreichende Bestimmtheit für gegeben hält. Ebenso im Ergebnis *Bär* in *Roßnagel*, Handbuch, Teil 5.7 Rdnr. 6/7.
28 Siehe dazu u. Rdnrn. 66 ff.

ausdrücklich als verfassungsrechtlich problematische Blankettvorschrift bezeichnet,[29] andererseits aber ganz offensichtlich keine Bedenken dagegen hat, die dort sanktionierten Tatbestände als solche (nunmehr als § 43 Abs. 2 Nr. 1 – 3) nahezu wortgleich fortbestehen zu lassen. Aufgabe der Gesetzgebungsorgane wäre es eigentlich, erkannte verfassungsrechtliche Bedenken durch präzise Formulierungen auszuräumen.

2.2 Tauglichkeit als Täter

Die Formulierung „wer", die in beiden Absätzen von § 43 (ebenso wie in § 44 Abs. 1) wiederkehrt, zeigt an, dass grundsätzlich jedermann als Täter geeignet ist – selbstverständlich mit Ausnahme des Betroffenen bezüglich seiner eigenen Daten.[30] Der Täter kann der verantwortlichen Stelle (§ 3 Abs. 7) angehören oder auch Dritter sein. Mittelbare Täterschaft ist möglich. Ob der Täter zu den Normadressaten des Datengeheimnisses (§ 5) gehört, ist ohne Belang.[31] 23

Bei näherem Hinsehen reduziert sich der potenzielle Täterkreis freilich oft auf die Personen, welche die Pflicht trifft, deren Verletzung sanktioniert wird. So kann die Pflicht zur Bestellung eines Datenschutzbeauftragten (§ 4 f) nur die Stelle treffen, welche personenbezogene Daten automatisiert erhebt, verarbeitet oder nutzt; außer ihr ist niemand Normadressat! Insofern ist ein Außenstehender bei § 43 Abs. 1 Nr. 2 nicht als Täter geeignet. Dagegen spielt es hier keine Rolle, ob es sich um eine öffentliche oder um eine nicht-öffentliche Stelle handelt: Beide Arten von Stellen sind zur Bestellung eines Datenschutzbeauftragten verpflichtet. Anders gestaltet es sich hingegen bei § 43 Abs. 2 Nr. 4: Das Erschleichen einer Übermittlung durch unrichtige Angaben ist durch jedermann denkbar. Die obige Aussage, dass grundsätzlich jedermann als Täter geeignet ist, bedarf also der Präzisierung dahin, dass dies nur gilt, wenn er den Tatbestand gerade in seiner Person erfüllen kann. 24

Ob Mitglieder eines datenschutzrechtlich verantwortlichen Kollektivorgans (z.B. Vorstandsmitglieder einer AG, Mitglieder eines Stadt- oder Gemeinderats) als Täter tauglich sind, ist differenziert zu beantworten.[32] Zweifelsfrei ist ihre Tauglichkeit als Täter, wenn ihnen die Wahrung datenschutzrechtlicher Belange als Aufgabe intern zugewiesen ist. Im Übrigen kann ihnen eine pflichtwidrige Unterlassung vorzuwerfen sein, wenn der jeweils in Rede stehende Tatbestand seiner Struktur nach auch ein Unterlassen sanktioniert und ihnen ein Eingreifen nach Lage der Dinge möglich und zumutbar war. 25

Der Beauftragte für den Datenschutz wird im Allgemeinen nicht als potenzieller Täter in Betracht kommen. Zwar hat er auf die Einhaltung datenschutzrechtlicher Vorschriften hinzuwirken (§ 4g Abs. 1 Satz 1), doch fehlen ihm insoweit durchweg Weisungs- und Leitungsfunktionen, um das Geschehen effektiv beeinflussen zu können. Eine andere Situation bestünde insoweit bei der Pflicht, eine Vorabkontrolle vorzunehmen (§ 4d Abs. 6 Satz 1); sie obliegt ihm als eigene Pflicht. Eine potenzielle Eignung als Täter ergibt sich daraus aber gleichwohl nicht, weil § 43 Verletzungen der Pflicht zur Vorabkontrolle tatbestandlich nicht erfasst. Hier weist das Gesetz eine Lücke auf, die geschlossen werden sollte. 26

Von der Eignung als Täter ist die Frage zu trennen, ob der Beauftragte für den Datenschutz zu Ordnungswidrigkeiten anstiften oder Beihilfe leisten kann. Dies ist möglich, ohne dass die Frage seiner Weisungs- oder Leitungsfunktion von Belang wäre. 27

---

29 BR-Drs. 461/00 (Beschluss) v. 29.09.00, Ziff. 15c.
30 So zutr. *Bergmann/Möhrle/Herb,* BDSG § 43 Rdnr. 9; ebenso *Bestmann,* K&R 2003, 496, 497.
31 Vgl. *Ehmann,* in Wilde u. a., BayDSG, Art. 37 Rdnr. 6.
32 *Simitis,* 3. Aufl., § 42 Rdnr. 12.

3. Versuch einer Strukturierung der Ordnungswidrigkeitentatbestände gemäß Absatz 1

28 Wie schon kurz angedeutet, sanktioniert Absatz 1 Verstöße gegen Pflichten, die meist im weiteren Sinn als formal verstanden werden können.[33] Besonders deutlich wird dies, soweit sie durch Handeln gegenüber staatlichen Stellen erfüllt werden müssen, nämlich bei

- Nr. 1 (Verletzung der Meldepflicht, § 4d Abs. 1, § 4e Satz 2),
- Nr. 10 (Verstoß gegen die Pflicht zur Auskunft gegenüber der Aufsichtsbehörde/Verstoß gegen die Pflicht zur Duldung bestimmter Maßnahmen der Aufsichtsbehörde, § 38 Abs. 3 Satz 1, Abs. 4 Satz 1),
- Nr. 11 (Verstoß gegen Anordnungen der Aufsichtsbehörde, § 38 Abs. 5 Satz 1).

Auch Nr. 2 (Verletzung der Pflicht zur Bestellung eines Beauftragten für den Datenschutz, § 4f Abs. 1) gehört in diesen Kontext, da die Bestellung eines solchen Beauftragten eine sonst bestehende Meldepflicht beseitigt.

29 Mehrfach wird die Verletzung formaler Pflichten sanktioniert, die gegenüber dem Betroffenen bestehen, nämlich bei

- Nr. 3 (Verstoß gegen die Pflicht zur Unterrichtung des Betroffenen, § 28 Abs. 4 Satz 2, 1. Halbsatz)
- Nr. 8 (Verstoß gegen die Pflicht zur Benachrichtigung des Betroffenen, § 33 Abs. 1).

In diesen Kontext gehört auch Nr. 9 (Übermittlung von Daten ohne eine vom Betroffenen abgegebene Gegendarstellung, § 35 Abs. 6 Satz 3), da diese Regelung die Möglichkeit einer effektiven Gegendarstellung sichern will.

30 In Nr. 5 (Verstoß gegen Aufzeichnungspflichten, § 29 Abs. 2 Sätze 3 und 4) sowie in Nr. 7 (Verstoß gegen die Pflicht, die Übernahme von Kennzeichnungen sicherzustellen, § 39 Abs. 3 Satz 2), sanktioniert Absatz 1 die Verletzung interner organisatorischer Pflichten. Entsprechendes gilt für die Pflicht, dem Betroffenen die Kenntnis über die Herkunft von Daten zu ermöglichen (§ 28 Abs. 4 Satz 2, 2. Halbsatz).

31 Schließlich verbleiben zwei Bestimmungen, welche die unerlaubte Übermittlung und Nutzung von personenbezogenen Daten ahnden, nämlich

- Nr. 4 (Verstoß gegen Übermittlungs- und Nutzungsverbote, § 28 Abs. 5 Satz 2), und
- Nr. 6 (Verstoß gegen das Verbot der Aufnahme personenbezogener Daten in Verzeichnisse, § 29 Abs. 3 Satz 1).

Hier geht es nicht mehr um formale Pflichten, sondern um materielle Datenschutzverstöße.

32 Bei einer Strukturierung, wie sie vorstehend versucht wurde, sollte man sich bewusst bleiben, dass der Gesetzgeber bei seinen Überlegungen von jeglicher dogmatisch ausgerichteten Strukturierung abgesehen und die Nichtstrukturierung insoweit gewissermaßen zum Leitprinzip erhoben hat. Er hat nämlich schlicht in der Reihenfolge der BDSG-Bestimmungen festgelegt, welche Pflichten ihm so bedeutend erscheinen, dass er ihre Verletzung als Ordnungswidrigkeit sanktionieren will.[34] Schon aus diesem Vorgehen wird deutlich, dass man vergeblich ein zu schützendes Rechtsgut suchen wird, das allen Regelungen gemeinsam wäre. Anders als bei § 4 BDSG 1990 geht es vor allem angesichts von Nr. 4 und Nr. 6 jedenfalls nicht mehr ausschließlich darum, die Beachtung wichtiger Verfahrensvorschriften zu gewährleisten. Für die Akzeptanz der Regelungen dürfte das fehlende einheitliche Rechtsgut eher nachteilig sein.

33 *Gola/Schomerus,* BDSG (6. Aufl.) § 44 Anm. 1 sahen bei § 44 BDSG 1990 als primären Zweck, die Einhaltung wichtiger Verfahrensregelungen zu gewährleisten. Entsprechend *Auernhammer,* BDSG-Kommentar, § 44 Rdnr. 2.

34 Diese Art der Strukturierung sieht das *BMJ,* Empfehlungen zur Ausgestaltung, Rdnr. 71, so vor.

4. Einzelhinweise zu den Ordnungswidrigkeitentatbeständen gemäß Absatz 1

a) Nr. 1: Verletzung der Meldepflicht (§ 4d Abs. 1, § 4e Satz 2) 33
Die Formulierung „auch in Verbindung mit § 4e **Satz 2**" suggeriert auf den ersten Blick, dass § 4e **Satz 1** für den Tatbestand ohne Bedeutung wäre. Dies täuscht jedoch. § 4 Abs. 1 nimmt nämlich hinsichtlich des Inhalts der Meldepflicht im einzelnen Bezug auf § 4e insgesamt, also auch auf dessen Satz 1. Häufig wird sich eine Verletzung der Meldepflicht gerade daraus ergeben, dass die Vorgaben des § 4e **Satz 1** nicht beachtet wurden.
Die gesonderte Erwähnung von § 4e **Satz 2** soll somit vor allem klarstellen, dass auch die unterlassene Meldung von Änderungen den Tatbestand erfüllt. Ebenso erfüllt es den Tatbestand, wenn Aufnahme und Beendigung der meldepflichtigen Tätigkeit nicht gemeldet werden.
Verstöße gegen die Meldepflicht waren schon unter der Geltung des bisherigen BDSG häufig und dürften es auch bleiben.[35]

b) Nr. 2: Verletzung der Pflicht zur Bestellung eines Beauftragten für den Datenschutz (§ 4f Abs. 1 Sätze 1, 2, 3 und 6)
„Nicht in der vorgeschriebenen Weise" spricht offensichtlich eine Verletzung der Schriftform (§ 4f Abs. 1 Satz 1) an. Der Fall, dass ein Beauftragter bestellt ist, aber pflichtwidrig untätig bleibt (Fall des „Pseudo-Beauftragten"),[36] ist damit nicht gemeint. Er wird von Nr. 2 nicht erfasst. Wegen des im Strafrecht besonders bedeutsamen Bestimmtheitsgebots ist es ausgeschlossen, im Rahmen der Bußgeldvorschriften die Untätigkeit eines Beauftragten mit einer gar nicht erfolgten Bestellung gleichzusetzen, obwohl genau dies der Intention der EG-Datenschutzrichtlinie entspräche.[37] Dies würde den Wortlaut der Vorschrift missachten.

c) Nr. 3: Unterlassen der Unterrichtung des Betroffenen (§ 28 Abs. 4 Satz 2, 1. Halbsatz); 35
fehlende Sicherstellung der Kenntnis des Betroffenen (§ 28 Abs. 4 Satz 2, 2. Halbsatz)
Die Pflicht sicherzustellen, dass der Betroffene Kenntnis über die Herkunft der Daten erhalten kann, ist eine Organisationspflicht. Der Tatbestand ist also auch dann erfüllt, wenn in concreto überhaupt kein Betroffener verlangt, Kenntnis über die Herkunft der Daten zu erhalten. Es genügt, dass die entsprechenden Vorkehrungen zur Beantwortung solcher Anfragen fehlen oder unzureichend sind.

d) Nr. 4: Unzulässige Übermittlung oder Nutzung personenbezogener Daten (§ 28 Abs. 5 36
Satz 2)
Gemeint ist nur die unzulässige Übermittlung oder Nutzung durch den Dritten, dem die Daten übermittelt worden sind.
Wenn schon die vorangegangene Übermittlung der Daten an den Dritten unzulässig war, so kann in dieser Übermittlung eine Ordnungswidrigkeit gemäß Abs. 2 Nr. 1 liegen. Absatz 1 Nr. 4 ist insoweit dagegen nicht einschlägig.

e) Nr. 5: Verstoß gegen Aufzeichnungspflichten (§ 29 Abs. 2 Sätze 3 oder 4) 37
Bei § 29 Abs. 2 Satz 4 ist die übermittelnde Stelle Normadressat, bei Satz 3 die abrufende Stelle.

f) Nr. 6: Unzulässige Aufnahme personenbezogener Daten in Verzeichnisse (§ 29 Abs. 3 Satz 1) 38
Normadressat ist sowohl derjenige, der die Herstellung des Verzeichnisses veranlasst (etwa ein Adressbuchverlag) als auch derjenige, der das Verzeichnis herstellt (etwa eine Druckerei). Letzteres gilt allerdings nicht, wenn ein Fall des § 11 Abs. 1 Satz 1 vorliegt.

g) Nr. 7: Fehlende Sicherstellung der Übernahme von Kennzeichnungen (§ 29 Abs. 3 Satz 2) 39
Normadressat ist nach dem eindeutigen Wortlaut von § 29 Abs. 3 Satz 2 nur der Datenempfänger selbst, nicht aber eine weitere, von ihm zugezogene Stelle (etwa eine Druckerei).

---

35 Dass die Meldepflicht nach bisherigem Recht schon vom Grundsatz her nicht alle, sondern nur bestimmte Stellen betraf (§ 32 BDSG 1990) und nicht einmal hier flächendeckend beachtet wurde, stimmt umso pessimistischer.

36 Eine keineswegs seltene Erscheinung, vgl. *Ehmann,* in *Ehmann,* Der Datenschutzbeauftragte, S. 7-9.

37 Anders – ohne sich zum Problem des Wortlauts zu äußern – *Gola/Schomerus* BDSG, § 43 Rndr. 6. Zur Intention der EG-Datenschutzrichtlinievgl. *Ehmann/Helfrich,* EG-Datenschutzrichtlinie, Art. 18 Rdnr. 14. Auch *Dammann/Simitis,* EG-Datenschutzrichtlinie, Art. 18 Rdnr. 11 heben die Notwendigkeit einer effektiven Tätigkeit hervor.

40 **h) Nr. 8:** Verstoß gegen die Pflicht zur Benachrichtigung des Betroffenen (§ 33 Abs. 1)
Normadressat ist die Stelle, die die Daten gespeichert hat, im Fall der Auftragsverarbeitung der Auftraggeber (§ 11 Abs. 1 Satz 1).

41 **i) Nr. 9:** Übermittlung von Daten ohne Gegendarstellung (§ 35 Abs. 6 Satz 3)
Die Pflicht zur Mitübermittlung der Gegendarstellung bezieht sich auf alle Übermittlungen, die nach Abgabe der Gegendarstellung erfolgen. Falls es zu einer „Übermittlungskette" kommt, sind also alle, die im Rahmen dieser Kette übermitteln, Normadressaten.
Wird lediglich das Beifügen der Gegendarstellung zu den Daten unterlassen, ohne dass sie übermittelt würden, so ist der Tatbestand nicht erfüllt.

42 **j) Nr. 10:** Verstoß gegen Auskunftspflichten (§ 38 Abs. 3 Satz 1) oder gegen die Pflicht zur Duldung bestimmter Maßnahmen (§ 38 Abs. 4 Satz 1)
Es handelt sich um eine klassische Bewehrung von Auskunftspflichten und Duldungspflichten. Die Bestimmung hat in der Ahndungspraxis der letzten Jahre im Rahmen des Absatzes 1 die relativ größte Bedeutung erlangt. Dies hängt zum einen damit zusammen, dass sie an vergleichsweise leicht nachweisbare Tatbestände anknüpft (insbesondere in den Fällen, in denen geforderte Auskünfte nicht erteilt werden). Zum anderen können die sonstigen von § 43 erfassten Verstöße oft erst dann aufgedeckt werden, wenn die Aufsichtsbehörde Auskünfte erhalten hat, die eine Aufklärung des Sachverhalts ermöglichen.

43 **k) Nr. 11:** Verstoß gegen aufsichtsbehördliche Anordnungen (§ 38 Abs. 5 Satz 1)
Entsprechend der bisher äußerst seltenen Anwendung der in Bezug genommenen Vorschrift ist dieser Tatbestand in der Praxis derzeit fast ohne jede Relevanz.

5. Verstöße gegen Verarbeitungs-, Nutzungs- und De-Anonymisierungsverbote (Abs. 2)

5.1 Allgemeines

44 In Absatz 2 sind die wesentlichen Verstöße gegen Vorschriften, die den zulässigen Datenumgang regeln, zusammengefasst. Letztlich ist die Abgrenzung zu Abs. 1, der schwerpunktmäßig die Verletzung formeller Pflichten enthält, aber historisch bedingt. Abs. 2 enthält die Tatbestände, die bis zur Novellierung 2001 Straftaten waren. Bei einer streng systematischen Gliederung wäre die Daten-Zusammenführung (De-Anonymisierung nach Abs. 2 Nr. 6) dem Abs. 1 zuzuordnen, während aus Abs. 1 die Tatbestände der Nrn. 4, 6 und 9 besser in Abs. 2 aufgehoben wären.

45 Unzulässiger Datenumgang wird teils umfassend, teils nur bruchstückhaft als ordnungswidrig eingestuft. Die unter den Begriff der Verarbeitung zusammengefassten Vorgänge (§ 3 Abs. 4) werden voll abgedeckt (Nrn. 1 und 2). Das gleiche gilt für die Erhebung nach § 3 Abs. 3 (Nr. 1), wobei das Sich-Verschaffen und das Erschleichen auch dann erfasst werden, wenn mangels Automations- und Dabeibezug die Zulässigkeitsvorschriften des Gesetzes auf die Handlungen des Täters nicht anwendbar sind (Nrn. 3 und 4). Die Nutzung wird dagegen nur selektiv als ordnungswidrig klassifiziert, nämlich in den Fällen der zweckwidrigen Weitergabe durch den Übermittlungsempfänger (Nr. 5) und der De-Anonymisierung (Nr. 6).

5.2 Erheben, Verarbeiten (Abs. 2 Nr. 1)

46 **5.2.1 Tatobjekt**

Tatobjekt des Abs. 2 Nrn. 1 bis 4 sind „personenbezogene Daten, die nicht allgemein zugänglich sind". Ausschlaggebend ist danach der insbesondere in § 1 bestimmte und in den §§ 12 und 27 präzisierte Schutzbereich des BDSG. Danach ist es notwendig, aber auch ausreichend, dass die Daten bei Beginn der Tathandlung der Verbotsnorm des § 4 Abs. 1 (bzw. bei den in Abs. 2 Nrn. 5 und 6 erfassten Fällen den dort genannten Verbotsnormen) unterlagen. Das setzt voraus, dass die Person oder Stelle, die über die Daten verfügt, vom BDSG erfasst wird.[38] Außerdem darf die Bußgeldvorschrift nicht vom Gesetz selbst für unanwendbar erklärt sein.[39]

Fallen personenbezogene Daten dementsprechend in den Schutzbereich des BDSG, so sind sie ein geeignetes Tatobjekt und bleiben es auch dann, wenn die Zulässigkeit des Datenumgangs nicht ausschließlich nach den Vorschriften des BDSG, sondern auch nach bereichsspezifischen Vorschriften zu beurteilen ist, welche nach § 1 Abs. 3 Satz 1 den Vorschriften des BDSG vorgehen. Entscheidend ist allein, dass die oben erwähnten Verbotsvorschriften, deren Missachtung die Ordnungswidrigkeit begründet, anwendbar bleiben. Erlaubnisvorschriften schränken dieses Verbot ein, heben es aber nicht auf, gleichgültig wo sie niedergelegt sind und wie sich ihr Verhältnis untereinander im Einzelnen bestimmen mag.[40] Das Verhältnis zu anderen Bußgeldvorschriften oder – im Rahmen der Anwendung des § 44 – Strafrechtsnormen bestimmt sich nicht nach § 1 Abs. 3, sondern nach der ordnungswidrigkeitenrechtlichen und strafrechtlichen Konkurrenzlehre.[41] 47

Wenn das Gesetz von „Daten" im Plural spricht, so nur deshalb, weil der Singular „Datum" für eine personenbezogene Angabe weder in der Umgangssprache verbreitet, noch durch Legaldefinition eingeführt ist.[42] Im Hinblick auf den Schutzzweck besteht aber kein Zweifel, dass bereits ein einzelnes Datum als Tatobjekt ausreicht, so wenn etwa auf die Frage: „Ist X vorbestraft?" das Datum „vorbestraft: ja" übermittelt wird. 48

Allgemein zugängliche Daten haben an dem Schutz nicht teil.[43] Dies entspricht der generellen Linie des BDSG, entsprechend dem Votum des Juristentages,[44] offenkundige Daten nicht pauschal vom Datenschutz auszunehmen, sondern ihre Verarbeitung differenziert zu regeln. Der Begriff „allgemein zugänglich" hat mit der Novellierung 2001 das Prädikat „offenkundig" ersetzt, nachdem in Gerichtsentscheidungen die Daten der Kfz-Halterdateien als offenkundig qualifiziert worden waren.[45] Das Bezugsobjekt des Begriffs „allgemein zugänglich" ist entgegen dem Wortlaut nicht das personenbezogene Datum, sondern die durch dieses dargestellte Information über die Betroffenen. Demgemäß kommt es auch weder auf die unmittelbare Entnahme[46] noch sonst auf einen bestimmten Kommunikationsweg oder eine bestimmte Darstellung an, sondern nur darauf, dass die Information einer nicht beschränkten Zahl von Personen bekannt oder jeder vernünftigen Person ohne besondere Voraussetzungen oder Anstrengungen zugänglich ist.[47] Beschränkt ist z.B. der Zugang bei Daten eines behördlichen Registers, die nur bei Geltendmachung eines berechtigten Interesses zugänglich sind.[48] Die Tatsache allein, dass etwas „kein Geheimnis" i.S.v. § 203 Abs. 2 Satz 2 StGB ist, rechtfertigt noch nicht den Schluss auf „allgemein zugänglich".[49] Die Daten müssen im Zeitpunkt der Tat noch allgemein zugänglich sein, was beim Inhalt nur zeitweise öffentlich zugänglicher Unterlagen in der Regel außerhalb dieses Zeitraums nicht der Fall ist. Bloße Gerüchte genügen dann nicht, wenn die Information noch weiterer Bestätigung bedarf. Es gibt keine personenbezogenen Merkmale – wie etwa Haut- und Haarfarbe –, die generell allgemein zugänglich sind. 49

Die Daten müssen sich auf eine andere Person als den Täter beziehen. Dies ergibt sich zwar nicht aus dem Wortlaut, folgt aber zwingend aus dem Schutzzweck des Gesetzes;[50] die Daten- 50

38 Was nicht auf öffentliche Stellen der Länder zutrifft, wenn der Vorrang des Landesdatenschutzgesetzes nach § 1 Abs. 2 Nr. 2 eingreift oder wenn im nicht-öffentlichen Bereich der dort geforderte Dateibezug fehlt, §§ 1 Abs. 2 Nr. 3, 27 Abs. 1 und 2.

39 Vgl. die Ausnahmevorschriften des § 41 Abs. 1 und 4.

40 A.M. *Däubler/Klebe/Wedde*, BDSG § 43 Rdnr. 2; *Bergmann*/Möhrle/Herb, BDSG, § 43 Rdnr. 7.

41 Vgl. dazu oben Rdnr. 18 ff.

42 Vgl. § 3 Rdnr. 3.

43 *Auernhammer,* BDSG § 43 Rdnr. 1.

44 DJT-Datenschutz, 26 f.

45 OLG Hamb, Beschl. v. 22.01.1998 RDV 1998, 216 f. = Dok. § 43 E 4.

46 So aber *Bergmann/Möhrle/Herb*, BDSG § 43 Rdnr. 20; siehe dagegen *Ehmann,* in *Wilde u. a.,* BayDSG Art. 37 Rdnr. 32 ff; *Weichert,* a.a.O.

47 BGHSt 6, 292; *Auernhammer,* BDSG § 43 Rdnr. 3; vgl. auch §§ 291 ZPO, 244 Abs. 3 StPO.

48 Wie etwa die Kfz-Halter-Dateien; überholt ist daher der o. g. zur alten Strafvorschrift ergangene Beschluss des OLG Hamb v. 22.01.1998 Dok. § 43 E 4. Siehe auch die unzutreffende Entscheidung Bay ObLG NJW 1999, 1727 und dazu *Pätzel* NJW 1999, 3246.

49 Bedenklich insoweit die vorstehend erwähnte Entscheidung des OLG Hamburg.

50 Siehe § 1 Abs. 1.

Disposition der verantwortlichen Person oder Stelle oder des Auftraggebers genießt demgegenüber nur reflexweise Schutz. Wer, beispielsweise an seinem Arbeitsplatz, unbefugt Daten, die ihn selbst betreffen, speichert, übermittelt oder verändert, fällt daher nicht unter § 43 Abs. 2 Nr. 1. Wohl aber können Straftatbestände, wie z.B. Datenausspähung (§ 202 a StGB), Computerbetrug (§ 263 a), Urkundenfälschung (§§ 267 ff.) oder Verletzung des Dienstgeheimnisses (§ 353 b) erfüllt sein.

51 Im Übrigen kommt es weder auf den Inhalt und die Sensitivität der Angaben noch auf das Schutzbedürfnis des Betroffenen an. Die Bußgeldvorschrift greift damit – in Übereinstimmung mit dem Datengeheimnis nach § 5 – weiter als die beamtenrechtliche Verschwiegenheitspflicht, von der unter anderem Tatsachen ausgenommen sind, „die ihrer Bedeutung nach keiner Geheimhaltung bedürfen",[51] und weiter als der Geheimnisbegriff des § 203 Abs. 1 und Abs. 2 Satz 1, der voraussetzt, dass die geschützte Person ein schutzwürdiges Interesse an der Geheimhaltung hat.[52]

5.2.2 Tathandlungen

52 Nach Aufnahme der Speicherung und der Erhebung mit den Novellierungen 1990 und 2001 werden nunmehr die vom Gesetz geregelten Formen des Datenumgangs mit Ausnahme der Löschung (welche durch StGB-Straftatbestände ausreichend erfasst wird), der Sperrung (welche als nicht nach außen wirkende Maßnahme nicht strafwürdig ist) und der Nutzung (die nur in den Sonderfällen der Weitergabe und der De-Anonymisierung einbezogen ist, Nrn. 5 und 6) voll abgedeckt.

53 Die Begriffe „erhebt" und „verarbeitet" sind im Sinne der Legaldefinition des § 3 Abs. 3 und 4 zu verstehen.[53]

54 Eine Löschung kann ausnahmsweise zugleich eine Änderung sein.[54] Eine Anonymisierung ist keine Veränderung personenbezogener Daten. Auch beim Verändern wird der Tatbestand ausgeschlossen, wenn die Daten vor der Veränderung (Tatobjekt) allgemein zugänglich sind; auf die Einstufung der veränderten Daten (Tatprodukt) kommt es nicht an.[55] Übermittlung und Veränderung können auch dadurch begangen werden, dass gebotene Schutzvorkehrungen unter Verletzung einer Garantenpflicht unterlassen werden. Jedoch begründen im Allgemeinen Versäumnisse bei den technischen und organisatorischen Maßnahmen nach § 9, die objektiv eine Handlung nach § 43 ermöglicht haben, nicht regelmäßig eine Mithaftung der für die Unterlassung verantwortlichen Personen. Voraussetzung ist vielmehr, dass zumindest Fahrlässigkeit in Bezug auf den Erfolg besteht.

5.3 Zum-Abruf-Bereithalten (Abs. 2 Nr. 2)

55 Seit Änderung der Legaldefinition des Übermittelns im Rahmen der Novellierung 1990 wird das Bereithalten von Daten zum Abruf nicht mehr als (bereits erfolgte) Übermittlung eingestuft, sondern erst das Abrufen bereitgehaltener Daten.[56] Da der Gesetzgeber dem Bereithalten zum Abruf aber nach wie vor ein erhebliches Gefährdungspotenzial beimaß,[57] hat er einen besonderen Tatbestand des Zum-Abruf-Bereithaltens aufgenommen. Die gewählte Formu-

51 § 39 Abs. 1 BRRG, § 61 Abs. 1 BBG
52 Begr. E EGStGB, BT-Drs. 7/550, S. 238.
53 Vgl. dazu die Kommentierung zu § 3; die von *Bergmann/Möhrle/Herb*, BDSG § 43 Rdnr. 40 aufgeworfene Frage, ob die Weitergabe seitens des Empfängers ihrerseits unter den Übermittlungsbegriff fällt, ist für sich gesehen nicht entscheidend, da nur „geschützte", d.h. in den Anwendungsbereich des Gesetzes fallende Daten erfasst werden, vgl. dazu o. Rdnr. 46.
54 Vgl. dazu § 3 Rdnrn. 141 f.
55 Insoweit zutr. Einstellungsbeschluss der StA Mannheim, DuD 1997, 353 mit abl. Anm. von *Weichert* = Dok. § 43 E 2; bei Übernahme publizierter Telefonteilnehmerdaten und Vertrieb als beliebig auswertbarer Datenbestand auf CD-ROM mit entsprechendem Programm werden allerdings nicht-offenkundige (bzw. nicht allgemein zugängliche) Daten gespeichert und übermittelt, z.B. wer wohnt unter Adresse X, wer ist Inhaber von Anschluss Y? vgl. *Weichert,* a.a.O.
56 § 3 Abs. 4 Nr. 3 b.
57 Begr. zum RegE, BT-Drs. 11/4306 S. 55.

lierung korrespondiert mit der Vorschrift des § 10 Abs. 1, welche die Zulässigkeit der Einrichtung eines automatisierten Verfahrens regelt, das die Übermittlung personenbezogener Daten durch Abruf ermöglicht.

Vorausgesetzt wird ein automatisiertes Abrufverfahren, d.h. eine Gestaltung, bei welcher die 56
bereithaltende Stelle das ihrerseits Erforderliche bereits getan hat und es nur noch einer Aktivität des Empfängers, nämlich des Abrufs, bedarf, damit diesem die Daten zugänglich werden. Der Tatbestand ist insofern enger als die Legaldefinition in § 3 Abs. 4 Nr. 3, welche – wohl mehr theoretisch – auch den nicht-automatisierten Abruf einbezieht. Die Tat ist mit dem Bereithalten vollendet, sofern (mindestens) einem Dritten der Abruf von Daten ermöglicht wird, die ihm nicht rechtmäßig übermittelt werden könnten. Dies ist der Fall, wenn dem Dritten die Daten unter keinen Umständen übermittelt werden dürfen oder wenn er hinsichtlich der Datenarten oder des betroffenen Kreises Zugriff auf solche Daten erhält. Der Tatbestand wird jedoch nicht dadurch verwirklicht, dass ein grundsätzlich berechtigter Empfänger in einem Einzelfall von seiner Abrufberechtigung Gebrauch machen kann, in dem die Voraussetzungen nach den von der bereithaltenden Stelle gemachten Vorgaben nicht bestehen. Bußgeldbedroht ist also die Einräumung einer zu weitgehenden Abrufberechtigung, während der Missbrauch einer an sich zu Recht bestehenden Abrufberechtigung für den Bereithaltenden keine ordnungswidrigkeitenrechtlichen Konsequenzen hat.[58]

5.4 Abrufen (Abs. 2 Nr. 3, 1. Alternative)

Abrufen ist eine Form des Sich-Beschaffens. Der Begriff ist so zu verstehen, wie er in der 57
Legaldefinition des Übermittelns verwendet wird.[59] Manuelles Abrufen (wie beim Abruf einer Lieferung) ist nicht gemeint. Der Abruf besteht darin, dass der Täter Daten, die in einer automatischen Datenverarbeitungsanlage gespeichert sind, durch Eingabe oder Aktivierung von Programmbefehlen für sich unmittelbar wahrnehmbar macht oder sie derart – z.B. durch Speichern in einer anderen Anlage – in seine Verfügung bringt, dass er sie später wahrnehmen oder sonst nutzen kann. Die Auffassung, dass es sich um Daten handeln muss, die zum Abruf bereitgehalten werden, oder dass ein Abrufverfahren i.S.v. § 10 eingerichtet sein muss,[60] findet im Gesetz keine Stütze. Zwar setzt der Begriff „übermitteln" ein finales Bereithalten voraus. Die Bußgelddrohung gründet aber nicht darauf, dass der Täter eine ihm anvertraute Abrufmöglichkeit überschreitet,[61] sondern trägt der spezifischen Gefährdung der in ADV-Anlagen gespeicherten Daten Rechnung – der Abruf ist schwer zu verhindern und nachträglich festzustellen; große Datenmengen können in kurzer Zeit abgerufen werden. Das Bereithalten ist auch nicht Begriffselement des Abrufens. Der Tatbestand erfasst daher auch den Fall, dass Daten weder für den Täter noch für andere Empfänger bereitgehalten werden.[62] Gegenstand eines Abrufs können daher alle Daten sein, z.B. auch solche, die nach einem Verarbeitungsvorgang noch im Hauptspeicher stehen oder die sich auf einem zum Überschreiben freigegebenen externen Speicher befinden. Der „Abruf" setzt (anders als die Übermittlung) nicht voraus, dass der Abrufende Dritter ist.[63] Auch wer „im eigenen Haus", etwa als Mitarbeiter der Personalabteilung, Daten unbefugt abruft, fällt unter die Vorschrift.[64]

Auf welche Weise, auf welcher Ebene des Verarbeitungssystems, mit welcher Befehlssprache 58
und mit welchem technischen Medium der Abruf im Einzelnen erfolgt, ist gleichgültig. Er ist im Online- wie im Batch-Betrieb möglich, über die Operator-Konsole wie über Terminals.

58 Zur Verantwortlichkeit des Abrufenden s. nachfolgend.
59 § 3 Abs. 4 Nr. 3 b; s. dazu § 3 Rdnrn. 154, 158.
60 So *Bergmann/Möhrle/Herb*, BDSG § 43 Rdnr. 42.
61 Entsprechend dem Missbrauchstatbestand der Untreue, § 266 StGB.
62 Ebenso *Auernhammer,* BDSG § 43 Rdnr. 4; *Gola*/Schomerus, BDSG § 43 Rdnr. 22; a.M. wohl *Bergmann/Möhrle/Herb*, BDSG § 43 Rdnr. 42.
63 So aber *Bergmann*/Möhrle/Herb, BDSG § 43 Rdnr. 42.
64 Zu einem solchen Fall siehe ArbG Osnabrück RDV 1996, 118 (Ausdrucken von Beurteilungsdaten aus bloßer Neugier).

Es braucht nicht die vom System her vorgesehene Form der Benutzung zu sein.[65] Ein Abruf liegt aber dann nicht vor, wenn der Täter der ADV-Anlage einen Datenträger physisch entnimmt, es sei denn, er hat diesen durch Programmbefehle ausgewählt[66] oder seinen Inhalt zuvor durch Programmbefehle zusammengestellt.[67]

59 An dem vom Begriff des Abrufs vorausgesetzten gezielten, durch Programmbefehle vermittelten Datenzugriff fehlt es, wenn der Datenstrom in einer angezapften Leitung mitgeschnitten wird, Ein- oder Ausgabegeräte lediglich beobachtet oder gefilmt oder akustische Signale abgehört oder aufgenommen werden. In diesen Fällen können aber Straftatbestände, wie z.B. § 201 StGB, zum Zuge kommen.

5.5 Verschaffen aus automatisierten Verarbeitungen oder Dateien (Abs. 2 Nr. 3, 2. Alternative)

60 Neben dem Abruf erfasst Abs. 2 eine weitere Form des unbefugten Beschaffens: das Sich-oder-einem-anderen-Verschaffen aus automatisierten Verarbeitungen oder nicht automatisierten Dateien. Die Voraussetzung, dass die Datei in einem Behältnis verschlossen sein muss, ist mit der Novellierung 1990 entfallen. Zum Ausgleich ist eine verfassungskonforme, restriktive Auslegung geboten.[68]

61 Die Daten müssen durch die Tat aus einer automatisierten Verarbeitung oder aus einer nicht automatisierten Datei beschafft werden; es genügt nicht, dass sie nur mittelbar dort herstammen[69] oder zur Aufnahme in eine Datei bestimmt sind (Wegnahme eines einzeln aufbewahrten Erhebungsformulars).

62 Im Übrigen wird die Tathandlung nicht weiter eingeschränkt. Der Tatbestand wird auch verwirklicht, wenn jemand sich eine komplette Datei beschafft und dadurch über die darin enthaltenen personenbezogenen Daten verfügen kann. Auch wer Daten nicht sich, sondern einem anderen verschafft, verwirklicht den Tatbestand. Auf die Motive des Täters kommt es dabei ebenso wenig an wie darauf, ob er den anderen kennt. Der Betroffene selbst gehört allerdings nicht dazu. Da die Vorschrift, wie das Gesetz im Ganzen, das Persönlichkeitsrecht des Betroffenen und nicht die Disposition der verarbeitenden Stelle schützt, ist die weisungswidrige Auskunft an den Betroffenen[70] durch einen Mitarbeiter der verantwortlichen Stelle bzw. eines Auftragnehmers[71] nicht tatbestandsmäßig.

63 Sich-Verschaffen bedeutet Zur-Kenntnis-Nehmen oder Herstellung eines Zustandes, der es dem Täter erlaubt, die Daten später zur Kenntnis zu nehmen, sie zu nutzen oder sonst über sie zu verfügen, ohne dass die verantwortliche Stelle ihn daran noch hindern kann. „Sich-Verschaffen" ist für Informationen[72] der Parallelbegriff zum Begriff „An-Sich-Bringen", den das StGB bei Sachen, etwa in § 259 Abs. 1 StGB, verwendet.[73] Eine weitere Verwendung muss – anders als beim Speichern[74] – weder erfolgen noch beabsichtigt sein. Folgende Begehungsformen können z.B. in Betracht kommen:

- visuelles Einblicknehmen in einen Stapel Eingabebelege,[75]
- Erzeugung und Wegnahme eines Computer-Ausdrucks,
- Speicherung einer Kopie oder eines Auszugs aus einer Datei auf einem mobilen Datenträger und Mitnahme desselben,

---

65 Beispiel: unbefugtes Veranlassen eines Speicherabzugs (dump), sofern die Daten entschlüsselbar sind; Online-Übergriff auf eine für Batch-Jobs reservierte Partition.
66 Beispiel: Entnahme oder Ausbau eines Speichermediums.
67 Beispiel: Täter überspielt bestimmte Daten auf Diskette und nimmt diese mit – vollendeter Abruf.
68 S. dazu allgemein o. Rdnrn. 6 f.
69 Beispiel: Kopieren eines vom Computer ausgedruckten Kundenstammblattes nach Entnahme aus einer Kundenakte, welche keine Datei darstellt.
70 Nach §§ 19 oder 34.
71 Verstoß gegen § 11 Abs. 3.
72 Vgl. auch §§ 202 Abs. 1 Nr. 2, 202 a Abs. 1 StGB.
73 *Binder,* RDV 95, 60.
74 Vgl. § 3 Abs. 4 Nr. 1.
75 Vgl. § 3 Abs. 4 Nr. 2 b.

- Lesen von Daten auf dem Bildschirm, auch ohne dass die Daten vom Täter abgerufen wurden.[76]

Verschaffen setzt eine positive Tätigkeit voraus. Sie fehlt, wenn jemandem ohne eigenes Zutun Daten zugehen, etwa durch Übergabe, weil der Überbringer den Empfänger irrtümlich für berechtigt hielt, oder bei fehlerhaftem Zugang durch Übermittlungsfehler bei Fax oder e-mail. Zum Verschaffen gehört nicht nur das (eigenhändige) Nehmen, sondern auch das Nehmenlassen und das Gebenlassen, und zwar auch durch die verarbeitende Stelle bzw. die für diese handelnden Personen. Geschieht dies durch unrichtige Angaben, so greift in letzterem Fall (zusätzlich) der Tatbestand des Erschleichens nach Abs. 2 Nr. 1 ein. 64

5.6 Erschleichen (Abs. 2 Nr. 4)

Der Tatbestand des Abs. 2 Nr. 4 erfasst die Fälle, in denen jemand personenbezogene Angaben durch unrichtige Angaben erschleicht. Grundsätzlich könnte man das Erschleichen auch als einen Fall des Sich-Verschaffens nach Abs. 2 Nr. 3 erfassen. Der Gesetzgeber hat diesen Tatbestand wohl deshalb gesondert aufgenommen, um eine plakative, gegen Hacker gerichtete Vorschrift vorweisen zu können.[77] 65

„Durch unrichtige Angaben **erschleichen**“ bedeutet, dass der Täter mit dem Mittel unrichtiger Angaben bewirken muss, dass ihm die geschützten personenbezogenen Daten zugänglich werden. Der negative Akzent des Begriffs „erschleichen“ ist dabei bereits durch die Verwendung unrichtiger Angaben erfüllt; weitere negativ zu bewertende Tatelemente, wie etwa ein verdecktes Vorgehen oder niedrige Absichten, werden nicht verlangt. Im Unterschied zum Betrugstatbestand wird weder gefordert, dass ein Irrtum erregt wird, noch dass der Getäuschte daraufhin eine Verfügung trifft. Dies bedeutet, dass die unrichtigen Angaben genauso gut gegenüber einer Person wie bei der Handhabung einer automatisierten Datenverarbeitungsanlage, der Benutzung eines Abrufsystems oder einer anderen maschinellen Vorrichtung gemacht werden können. Das Erschleichen erfordert, dass der Zugang zu den oder die Verfügung über die Daten durch unrichtige Angaben ermöglicht oder gefördert wird. Dies ist nicht der Fall, wenn gegenüber der über die Daten verfügenden Stelle offen auf die Unrichtigkeit der Daten hingewiesen wird. Gegenüber einem Computerprogramm genügt jedoch die objektive Verwendung unrichtiger Angaben, da, etwa bei Fehlfunktion des Programms zur Berechtigungsprüfung, das Merkmal des Erschleichens bereits durch das Ausnutzen dieses Fehlers erfüllt wird.[78] 66

An welcher Stelle auf dem Weg zur Erlangung der personenbezogenen Daten die unrichtigen Angaben gemacht werden, spielt keine Rolle. Neben dem typischen Fall, dass falsche Angaben gegenüber dem die Daten verwaltenden Beschäftigten oder Datenverarbeitungssystem gemacht werden, wird auch der Fall erfasst, dass durch unrichtige Angaben der Zugang zu einem geschützten Bereich erwirkt wird, wo der Täter dann die personenbezogenen Daten zur Kenntnis nimmt, sie kopiert oder den Datenträger mitnimmt. 67

Unrichtig sind die Angaben, wenn die Information, welche sie vermitteln, nicht mit der Realität übereinstimmt. Unrichtig bedeutet daher soviel wie der Wahrheit zuwider oder unwahr. Fehler in der Darstellungsform, z.B. orthographische Fehler oder die Verwendung von Groß- statt Kleinbuchstaben, begründen für sich keine Unrichtigkeit. Auch die Nichtbeachtung von Passwortregeln[79] macht die Angaben nicht unrichtig im Sinne der Vorschrift. Identifizierungsmerkmale sind falsch, wenn sie dem Handelnden weder zugehören noch ihm zugewiesen oder mit ihm vereinbart sind. Letzteres gilt auch für Passwörter und andere Berechtigungszeichen. 68

Der Begriff der Angaben ist weit. Er umfasst alle Informationen, die nach der Verkehrssitte oder den jeweiligen Verhältnissen geeignet sind, dem Täter Zugang zu den Daten zu verschaffen. Sie können sich insbesondere auf dessen Identität (Verwendung falscher Namens- und Identitätsmerkmale), auf seine Eigenschaften (Beruf, Zugehörigkeit zu einer Behörde, 69

76 Fall der 1. Alternative.
77 Vgl. Begr. des RegE, BT-Drs. 11/4306.
78 Zum Erschleichen einer Automatenleistung vgl. auch *Tröndle,* StGB § 265a Rdnr. 3.
79 z.B. zu wenig Stellen oder Schnapszahl.

einem Unternehmen oder einer anderen Organisation oder die Tatsache, mit bestimmten Vorgängen befasst oder zu bestimmten Handlungen bevollmächtigt oder dafür zuständig zu sein) und auf Berechtigungsmerkmale erstrecken.[80] Weiterhin können die Angaben alle diejenigen Tatsachen oder Umstände umfassen, aus denen sich die Berechtigung ergeben kann, die Daten dem Täter zu übermitteln oder sonst zur Verfügung zu stellen.[81]

70 Verwendet jemand ein richtiges Passwort, das aber einer anderen Person zusteht, so ist zwar das Passwort als solches keine unrichtige Angabe; der gesetzliche Tatbestand ist jedoch gleichwohl erfüllt, da der Verwender des Passworts auch angibt, berechtigter Inhaber das Passworts zu sein und insofern unrichtige Angaben über seine Identität oder seine Berechtigung macht.[82] Dies ergibt sich daraus, dass die die personenbezogenen Daten verarbeitende Stelle nicht jedem Passwort*inhaber*, sondern nur dem Berechtigten den Zugang zu den Daten ermöglichen will. Die Aktivitäten der Hacker, die laut Entwurfsbegründung[83] durch die Regelung erfasst werden sollen, werden tatsächlich nur insoweit betroffen, als Passwörter ausgespäht oder errechnet und dann zur Eröffnung des Datenzugangs benutzt werden. Zahlreiche andere Aktionsformen nutzen Sicherheitsmängel aus, ohne dass dabei falsche Angaben gemacht werden.

5.7 Zweckwidrige Weitergabe (Abs. 2 Nr. 5)

71 Mit der Vorschrift des Abs. 2 Nr. 2 hat der Gesetzgeber Verstöße gegen die Zweckbindung beim Übermittlungsempfänger, die mit der Novellierung 1990 als allgemeines Prinzip neu eingeführt wurde, auch gesondert sanktioniert, um ihr Nachdruck zu verleihen. Er hat dabei jedoch zwei Einschränkungen vorgenommen. Ausgeklammert bleibt zum einen die Pflicht solcher öffentlicher Stellen zur Beachtung der Zweckbindung, denen Daten von einer öffentlichen Stelle des Bundes übermittelt worden sind;[84] der Grund dieser Privilegierung ist nicht ohne weiteres erkennbar. Zum anderen beschränkt sich die Ordnungswidrigkeit auf solche Fälle der zweckwidrigen Nutzung, die zugleich eine Weitergabe an Dritte darstellen, womit z.B. die Nutzung im Rahmen eigener Entscheidungen des Empfängers herausfällt.

72 Die Tathandlung besteht zunächst einmal in einer Nutzung für andere Zwecke entgegen den in der Vorschrift angeführten Gesetzesbestimmungen. Während in § 40 Abs. 1 der Verwendungszweck selbst materiell definiert wird („nur für Zwecke der wissenschaftlichen Forschung"), kommt es in den anderen Fällen jeweils auf den Zweck an, zu dessen Erfüllung die Daten übermittelt wurden bzw. für den der Empfänger sie erhalten hat. Ein Verstoß gegen die Zweckbindung liegt naturgemäß nicht vor, soweit eine gesetzliche Regelung die Nutzung gestattet. Wegen der Einzelheiten wird auf die Kommentierung der in Bezug genommenen Vorschriften verwiesen.

73 Die vom Gesetz geforderte besondere Tatmodalität, dass die Nutzung erfolgt, indem der Täter die Daten „an Dritte weitergibt", fügt sich in ihrer Formulierung nicht ohne weiteres in die Gesetzesterminologie ein. Da das Gesetz die Weitergabe an Dritte als Übermittlung definiert,[85] könnte es als redaktioneller Fehler erscheinen, wenn die Bußgeldvorschrift auf die definierenden Begriffe zurückkommt.[86] Die gesetzliche Wortwahl ist aber durchaus konsequent. Würde man auf das Übermitteln im Sinne der Legaldefinition abstellen, wäre die gesamte Vorschrift der Nr. 5 überflüssig, da die unbefugte Übermittlung bereits durch Abs. 1 Nr. 1

80 z.B. Passwort oder biometrische Identifikationsdaten, für deren Inhaber die verantwortliche Stelle eine Berechtigung vorgesehen hat.

81 z.B. Gründe für das Vorliegen eines berechtigten Interesses nach § 29 Abs. 2 Satz 3 oder ein berechtigtes Interesse an der Kenntnis der Daten nach §§ 16 Abs. 1 Nr. 2, 28 Abs. 3 Satz 1 Nr. 1 oder vergleichbarer Merkmale, auch nach bereichsspezifischen Vorschriften.

82 Ebenso *Gola*/Schomerus, BDSG § 43 Rdnr. 23; *Bergmann/Möhrle/Herb*, BDSG § 43 Rdnr. 46.

83 BT-Drs. 11/4306.

84 § 15 Abs. 3.

85 § 3 Abs. 4 Nr. 3 a.

86 Vgl. *Bergmann/Möhrle/Herb*, BDSG § 43 „bedenkliches Versehen des Gesetzgebers"; andererseits *Auernhammer,* BDSG § 43 Rdnrn. 13 f., der die Weitergabe an Dritte ohne Problematisierung als „Weiterübermittlung" behandelt.

voll erfasst ist. Die Nr. 5 hat jedoch einen in zwei Punkten weitergehenden, selbstständigen Anwendungsbereich. Während sich das Übermitteln nur auf gespeicherte oder durch Datenverarbeitung gewonnene personenbezogene Daten beziehen kann,[87] muss es in den in Nr. 5 genannten Fällen (außer im Falle des § 40 Abs. 1) genügen, dass die Daten dem Empfänger im gesetzlich definierten Sinne übermittelt worden sind. Die besondere Zweckbindung greift dann aber unabhängig davon ein, ob der Empfänger selbst die Daten im gesetzestechnischen Sinne speichert (oder durch Datenverarbeitung gewonnen hat). Darüber hinaus ist auch eine automatisierte Verarbeitung bzw. ein Dateibezug nicht erforderlich.[88] Eine Weitergabe an Dritte liegt nicht vor, wenn die Daten gegenüber der verantwortlichen Stelle verwendet oder einer bei dieser beschäftigten Person in dienstlicher Eigenschaft oder dem Betroffenen mitgeteilt werden.

Allgemein zugängliche Daten werden in Nr. 5 nicht ausdrücklich ausgeschlossen. Dennoch 74
ist auch hier insoweit von einer Ausnahme auszugehen, da der Unrechtsgehalt ebenfalls entsprechend geringer ist.

5.8 De-Anonymisieren (Abs. 2 Nr. 6)

Ebenso wie im Falle der Zweckbindung beim Empfänger nach Nr. 2 hat der Gesetzgeber auch 75
bei der Pflicht zur Anonymisierung die Erweiterung des Anwendungsbereichs der materiellen Vorschriften mit der Sanktionierung von Verstößen verbunden und damit ihren Schutzcharakter besonders unterstrichen. Während das Gebot der Anonymisierung zuvor nur im Sonderfall der Markt- und Meinungsforschungseinrichtungen galt[89] und dort nur die den Personenbezug erschwerende, innerorganisatorische Maßnahme der File-Trennung erfordert,[90] wurde es mit der Novellierung 1990 um die Pflicht zur Aufhebung des Personenbezugs[91] ergänzt und auf den gesamten Bereich der wissenschaftlichen Forschung[92] ausgeweitet. In beiden Fällen ist nunmehr die Wiederzusammenführung der der Identifikation der Betroffenen dienenden Daten mit den getrennt zu haltenden (sonstigen) Einzelangaben über persönliche und sachliche Verhältnisse der Betroffenen unter Bußgelddrohung gestellt, soweit dazu nicht eine Befugnis besteht.[93]

Mit den Worten „diese Merkmale"[94] bzw. „sie"[95] bezieht sich das Gesetz nicht ausschließlich 76
auf die von der verantwortlichen Stelle getrennt gespeicherten Identifikationsmerkmale in ihrer konkreten Darstellung als Daten, sondern auf den darin repräsentierten Informationsgehalt, was ebenso aus der Wahl des Begriffs „Merkmale"[96] wie aus dem Regelungszweck folgt, welcher in der Wahrung der Anonymisierung liegt. Ungeachtet des auf die Mehrzahl („Merkmale") abstellenden Wortlauts genügt für die Tatbestandsverwirklichung die Zusammenführung von jeweils einem Merkmal aus den getrennten Datenbeständen, wenn dadurch die Bestimmbarkeit eines Betroffenen bewirkt wird.[97]

Zu dem im Gesetz nicht erwähnten Merkmal „allgemein zugänglich" s. o. Rdnr. 54. 77

Soweit die Person i.S.v. § 5 bei der Datenverarbeitung beschäftigt ist, ist die Übermittlung 78
oder Änderung auch dann unbefugt, wenn sie gegen die aus dem Datengeheimnis fließenden Pflichten verstößt.[98] Selbstverständlich ist auch im Rahmen des § 43 stets zu beachten, dass besondere Rechtsvorschriften des Bundes nach § 1 Abs. 3 den Bestimmungen des BDSG vorgehen.

---

87 § 3 Abs. 4 Nr. 3.
88 Vgl. *Auernhammer,* BDSG § 28 Rdnr. 59; u. § 39 Rdnr. 15.
89 § 30.
90 Vgl. § 30 Rdnrn. 54 ff.
91 § 40 Abs. 2 Satz 1.
92 § 40 Abs. 2 Satz 2.
93 Insb. nach § 30 Abs. 1 Satz 2 oder § 40 Abs. 2 Satz 3; vgl. auch u. Rdnrn. 45 ff.
94 § 30 Abs. 1 Satz 2.
95 § 40 Abs. 2 Satz 3.
96 An Stelle von „Daten" – obwohl auch dieser Begriff auf den Informationsgehalt verweist, vgl. § 3 Rdnrn. 4 ff.
97 Vgl. auch o. Rdnr. 13.
98 Ebenso *Auernhammer,* BDSG § 43 Rdnr. 5.

5.9 Rechtswidrigkeit

79 Ordnungswidrig ist nur eine **rechtswidrige** Tathandlung. Zwar verlangt das Gesetz nicht bei allen Tatbeständen des § 43 Abs. 2 ausdrücklich, dass die Tat **unbefugt** oder – was das gleiche bedeutet – entgegen bestimmten Vorschriften erfolgen muss. Dieses Erfordernis besteht aber ebenso beim Erschleichen durch unrichtige Angaben nach § 43 Abs. 2 Nr. 4, wo es sich implizit aus der Tathandlung ergibt.

80 Die fehlende Befugnis ist nicht Tatbestandsmerkmal; vielmehr ist die Befugnis als Rechtfertigungsgrund anzusehen.[99] Die Befugnis kann sich aus dem BDSG wie auch aus anderen Rechtsvorschriften ergeben.

81 Die Übermittlung bzw. Änderung personenbezogener Daten erfolgt demnach unbefugt,

- wenn sie weder durch die einschlägigen Vorschriften des BDSG, noch durch eine Einwilligung gemäß § 4 Abs. 1, noch durch eine nach §§ 4 Abs. 1, 1 Abs. 4 vorgehende Erlaubnisvorschrift gerechtfertigt ist oder
- wenn sie durch § 5 untersagt ist.

82 Dagegen verleihen ein gegen die verantwortliche Person/Stelle und/oder den Betroffenen gerichteter Anspruch oder ein subjektiv-öffentliches Recht auf Mitteilung bestimmter Daten, z.B. als Inhalt eines vertraglichen oder gesetzlichen Auskunftsanspruchs, dem Berechtigten keine Befugnis, diese Daten eigenmächtig abzurufen oder sich zu verschaffen. Dies folgt daraus, dass § 43 Abs. 1 Nr. 3 nicht nur die materiell-rechtliche Informationszuordnung (analog der Eigentumsordnung), sondern – freilich zugunsten des Betroffenen, nicht der verantwortlichen Stelle – auch die Obhut über die Daten (analog dem Gewahrsam an Sachen) schützt.

83 Als Erlaubnis- oder Verbotsvorschrift kann nur eine solche Norm angesehen werden, deren Regelungsgehalt (zumindest auch) informationsrechtlicher und persönlichkeitsrechtlicher Art ist, d.h. sich nicht auf den sachenrechtlichen und vermögensrechtlichen Aspekt beschränkt. Deshalb kann eine unbefugte Übermittlung oder Änderung auch begehen, wer als Eigentümer des Datenträgers über diesen (als solchen) „nach Belieben verfahren" darf;[100] aus dem gleichen Grund gewährt der Herausgabeanspruch nach § 985 BGB dem Eigentümer des Datenträgers keine Befugnis, die auf seinem Datenträger gespeicherten Daten abzurufen oder sie sich sonst zu verschaffen.

84 Eine rechtswidrige für den Täter verbindliche Anordnung eines Vorgesetzten (bzw. im militärischen Bereich ein Befehl) kann – entsprechend den allgemeinen strafrechtlichen Grundsätzen – einen Verstoß nach § 43 in aller Regel nicht rechtfertigen.[101] Die allgemeinen Rechtfertigungsgründe sind anwendbar, jedoch können die Anforderungen an eine Einwilligung nach § 4a nicht durch eine weitergehende „strafrechtliche Einwilligung" unterlaufen werden.[102]

5.10 Subjektiver Tatbestand, Irrtum, Teilnahme, Versuch

85 Alle Tatbestände des Absatzes können vorsätzlich und fahrlässig begangen werden. Es gelten die allgemeinen Vorschriften des Ordnungswidrigkeitengesetzes, insbes. §§ 8 ff. OWiG. Beteiligte handeln danach auch ordnungswidrig. Der Versuch wird nicht geahndet. Eine Geldbuße kann auch gegen eine juristische Person oder eine Personenvereinigung verhängt werden, wenn deren Pflichten verletzt wurden oder sie bereichert worden ist (§ 30 OWiG).

---

99 h.M. zu § 203 StGB, s. *Tröndle,* StGB § 203 Rdnr. 27; a.M. *Sieber,* a.a.O. Rdnr. 572; zur praktischen Bedeutung s. u. Rdnr. 51.

100 § 903 BGB.

101 Vgl. *Lenckner,* in *Schönke*/Schröder, StGB Vorbem. vor §§ 32 ff. Rdnrn. 88 ff.

102 So zutr. *Sieber,* a.a.O. Rdnr. 588.

6. Ahndungspraxis der Aufsichtsbehörden für die Privatwirtschaft (Abs. 3)

Bis zur Novellierung des Bundesdatenschutzgesetzes im Jahr 2001 waren Normadressaten der in § 44 BDSG 1990 enthaltenen Bußgeldtatbestände lediglich nicht-öffentliche Stellen. Aus diesem Grund besteht vom Inkrafttreten des BDSG 1977 bis zum Inkrafttreten der Novellierung 2001, also über deutlich mehr als 20 Jahre hinweg, nur eine Ahndungspraxis in diesem Sektor. Obwohl in der Vergangenheit bei weitem nicht alle Aufsichtsbehörden Tätigkeitsberichte veröffentlicht haben,[103] sind wir über die Einzelheiten der Bußgeldpraxis recht gut unterrichtet, weil Autoren von Dissertationen einmal Mitte der 80er-[104] und einmal in der ersten Hälfte der 90er-Jahre[105] hierzu bundesweit Umfragen bei den Aufsichtsbehörden durchgeführt haben. 86

Die wesentlichen Ergebnisse waren dabei identisch. Insgesamt fällt auf, dass die Einleitung eines Ordnungswidrigkeitenverfahrens und noch mehr dessen Abschluss durch Erlass eines Bußgeldbescheides in der Praxis die seltene Ausnahme darstellte. So hatte Hessen im Vergleich zu den anderen Bundesländern zwar die meisten Verfahren und Bescheide zu verzeichnen. Die Einleitung von 71 Verfahren in fünf Jahren (1987 bis 1991), wobei schließlich in 56 dieser Fälle eine Geldbuße verhängt wurde,[106] vermag gleichwohl allenfalls dann zu beeindrucken, wenn man berücksichtigt, dass in anderen Bundesländern über Jahre hinweg keinerlei Verfahren eingeleitet wurden (so etwa in Schleswig-Holstein und Rheinland-Pfalz bis 1984).[107] 87

Dabei betrugen die verhängten Bußgelder in der Regel wenige 100 DM. Bußgelder über mehr als 2.000 DM waren die seltene Ausnahme.[108] Der theoretisch mögliche Bußgeldrahmen bis 50.000 DM, der bis 2001 generell galt,[109] wurde somit bei weitem nicht ausgeschöpft. Ohne erkennbare Auswirkung auf die Praxis blieb ein in der Literatur[110] vorgeschlagener Bußgeldkatalog. 88

Unter der Geltung des BDSG 2001 beginnt sich eine gewisse Änderung der Ahndungspraxis abzuzeichnen. Sie kann mit dem Stichwort „tendenzielle Verschärfung" belegt werden, wenn man von der bisherigen Praxis als Vergleichsmaßstab ausgeht. Berücksichtigt man, dass bisher vielfach schlicht nichts geahndet wurde, wäre jedoch auch die Aussage gerechtfertigt, dass nunmehr längst geltendes Recht verstärkt zur Anwendung gelangt. 89

Inhaltlich konzentriert sich die Ahndung von Verstößen auf Absatz 1 Nr. 10, also auf leicht nachweisbare formale Verstöße. So bezogen sich in Hessen von acht Verfahren, die in einem Jahr eingeleitet wurden, allein sechs auf diese Vorschrift, in Rheinland –Pfalz sechs von sieben eingeleiteten Verfahren.[111]

Zur Höhe der verhängten Bußgelder ist derzeit kein aktueller Gesamtüberblick herzustellen, da die Aussagen in den Tätigkeitsberichten vielfach eine klare Zuordnung der genannten Bußgelder zu konkreten Fällen nicht ermöglichen. Eine Ausnahme bilden insoweit die erwähnten hessischen Bußgeldverfahren. Bei ihnen reichte die Spannweite der verhängten Bußgelder von 250 bis 2000 Euro. Dabei bezog sich das Bußgeld von 2000 Euro auf einen recht eklatanten Verstoß („Entsorgung" einer großen Zahl von Patientenkarteikarten einer

---

103 Inzwischen hat sich dies wegen § 38 Abs. 1 Satz 6 deutlich geändert, doch liegen nach dem Stand von Januar 2006 immer noch nicht von allen Aufsichtsbehörden Tätigkeitsberichte vor. .

104 *Höft,* Straf- und Ordnungswidrigkeitenrecht im BDSG, S. 81-86.

105 *Wind,* Kontrolle des Datenschutzes, S. 145-147.

106 So die Auszählung von *Wind,* Kontrolle des Datenschutzes, S. 146.

107 *Höft,* Straf und Ordnungswidrigkeitenrecht im BDSG, S. 81.

108 1995 wurden in Hessen drei parallele Verfahren gegen einen Adressbuchverlag mit einem Bußgeld von 5.000 DM abgeschlossen, vgl. 9. Bericht der dortigen Landesregierung. LT-Drs. 14/1902 vom 01.07.96, S. 17. 1996 wurde in Hessen ein Bußgeld von 3.000 DM rechtskräftig, vgl. 10. Bericht der dortigen Landesregierung, LT-Drs. 14/3086 v. 01.08.97, S. 17.

109 Vgl. § 44 Abs. 2 BDSG 1990.

110 *Begrmann/Möhrle/Herb,* § 44 Rdnr. 63.

111 Siehe 17.Tätigkeitsbericht der hessischen Aufsichtsbehörden, LT-Drs. 16/3650 v. 15.02.05, S. 8 und 1. Tätigkeitsbericht der Aufsichts- und Diensleistungsdirektion Rheinland-Pfalz (2003), S. 20.

Arztpraxis in einem Altpapiercontainer unter Verletzung der ärztlichen Schweigepflicht), während ansonsten der Schwerpunkt unterhalb von 1000 Euro liegt. Dies erscheint für Verstöße gegen die Auskunftspflicht tendenziell angemessen.

90 Über die Hintergründe der bis vor kurzem doch sehr zurückhaltenden und auch jetzt keineswegs strikten Ahndungspraxis wurde schon viel spekuliert. Sicher erscheint, dass weitaus mehr Verstöße vorkommen als geahndet werden. So ist etwa seit langem bekannt, dass gegen die Pflicht zur Bestellung eines Datenschutzbeauftragten häufig verstoßen wird.[112] Dennoch wird dies kaum geahndet. An fehlenden Verstößen liegt es also nicht, wenn es kaum zu Verfahren kommt. Vielmehr dürften vor allem folgende Gründe maßgeblich sein:

- Manche Aufsichtsbehörden sind der Auffassung, es sei besser, durch Aufklärung und Information ein positives Verständnis für den Datenschutz zu wecken als ihn mit repressiven Mitteln durchzusetzen.[113] Dagegen ist im Ausgangspunkt nichts zu sagen, doch zeigt die Praxis, dass zumindest bei krassen Verstößen Bußgeldverfahren angezeigt sind, wenn nicht der Eindruck entstehen soll, Datenschutzrecht sei „virtuelles Recht", gegen das man letztlich folgenlos verstoßen kann.
- Manche wiederum üben – wohl aus ähnlichen Motiven – ihr Ermessen gemäß § 47 OWiG so aus, dass Bußgelder erst verhängt werden, wenn die Schwere der Verletzung oder die Art der Reaktion auf eine Beanstandung zeigen, dass es am Willen zur Einhaltung der Datenschutzvorschriften fehlt.[114] Eine solche Linie erscheint auch auf Dauer durchaus tragfähig.
- Eine wesentliche Rolle dürfte in der eher sparsamen personellen Ausstattung der Aufsichtsbehörden liegen. Wenn etwa in Baden-Württemberg die landesweit zuständige zentrale Aufsichtsbehörde gerade über drei Stellen verfügt,[115] so lässt sich erahnen, dass die Kapazität für – oftmals arbeitsintensive – Bußgeldverfahren begrenzt ist.

91 Jedenfalls inzwischen dürfte das früher genannte Argument ohne Bedeutung sein, man habe mit der neuen Rechtsmaterie noch zu wenig Erfahrung, wie eine Aufsichtsbehörde 1984 argumentiert hat.[116] Gleichfalls keine belegbare Rolle spielt der gelegentlich geäußerte Verdacht, die Aufsichtsbehörden wollten mit Wirtschaftsunternehmen möglichst vorsichtig umgehen.

---

112 *Ehmann, in Ehmann,* Der Datenschutzbeauftragte, S. 6 m.w.N.

113 Vgl. *Wind,* Kontrolle des Datenschutzes, S. 146; dieser Gedanke wird neuerdings wieder verstärkt aufgegriffen, siehe *Bestmann,* K&R 2003, 496, 501/502.

114 So der Niedersächsische Minister des Innern in einem Schreiben v. 07.03.1984, vgl. *Höft,* Straf- und Ordnungswidrigkeitenrecht im BDSG, S. 82 mit FN 47.

115 *Wind,* Kontrolle des Datenschutzes, S. 47.

116 So damals der Niedersächsische Minister des Innern, vgl. *Höft,* Straf- und Ordnungswidrigkeitenrecht im BDSG, S. 82 mit FN 46.

§ 44 Strafvorschriften

(1) Wer eine in § 43 Abs. 2 bezeichnete vorsätzliche Handlung gegen Entgelt oder in der Absicht, sich oder einen anderen zu bereichern oder einen anderen zu schädigen, begeht, wird mit Freiheitsstrafe bis zu zwei Jahren oder mit Geldstrafe bestraft.
(2) Die Tat wird nur auf Antrag verfolgt. Antragsberechtigt sind der Betroffene, die verantwortliche Stelle, der Bundesbeauftragte für den Datenschutz und die Informationsfreiheit und die Aufsichtsbehörde.

Literatur

s. § 43

Übersicht

1. Allgemeines

Die Bußgeld- und Strafvorschriften der §§ 43, 44 dienen dazu, den Schutz des Betroffenen gegen bestimmte Formen des unbefugten Umgangs mit seinen personenbezogenen Daten zu verstärken. Die Straftatbestände des StGB zum Schutz von Privatgeheimnissen[1] und vor Computerkriminalität[2] reichen dazu nicht aus, weil sie nur bestimmte – wenn auch wichtige – Ausschnitte des vom BDSG geschützten Bereichs erfassen.[3] 1

Das Schutzgut entspricht dem in § 1 Abs. 1 bestimmten Schutzzweck des Gesetzes im Ganzen: Es geht um die Wahrung des Persönlichkeitsrechts des Betroffenen, soweit andere mit seinen Daten umgehen.[4] Das Recht der verarbeitenden Stelle, exklusiv über die Daten zu verfügen, ist nicht Schutzgegenstand.[5] 2

Mit der Novellierung 2001 hat sich der Gesetzgeber von dem bis dahin geltenden Konzept, grundsätzlich jede Form unzulässigen Datenumgangs unter Strafe zu stellen, verabschiedet.[6] Strafbar sind seither nur noch die qualifizierten Begehungsformen, während die einfache Begehung, der bisherige Grundtatbestand (§ 43 Abs. 1 und 2 a.F.), zu einer Ordnungswidrigkeit herabgestuft wurde (§ 43 Abs. 2 n.F.). Der Gesetzgeber reagierte damit auf eine Prüfbitte des Bundesrates; eine Reihe von Ländern hatte dieses Konzept in den Landesdatenschutzgesetzen bereits umgesetzt.[7] Dennoch kommt der Wechsel für die Fachwelt überraschend. Auf eine Bewertung der Spruchpraxis unter dem alten Recht kann er sich nicht stützen. Eher scheint ein allgemeines Bedürfnis nach dem Abbau von Strafvorschriften maßgeblich gewesen zu sein. Daneben mögen verfassungsrechtliche Bedenken eine gewisse Rolle gespielt haben.[8] 3

---

1 §§ 203 f.
2 Computerbetrug nach § 263 a, Ausspähen von Daten nach § 202a, Fälschung technischer Aufzeichnungen nach § 268, Fälschung beweiserheblicher Daten nach § 269, Täuschung im Rechtsverkehr bei der Datenverarbeitung nach § 303b StGB; weiterhin die Verletzung des Fernmeldegeheimnisses nach § 84 TKG.
3 Zum Verhältnis des § 41 a.F. zu § 203 StGB s. detailliert *Bauer,* a.a.O., 91 ff.; *Fischer/Uthoff,* MedR 1996, 115, 118.
4 Zu eng *Bauer,* a.a.O., 78 ff., der auf die Risiken der automatisierten Datenverarbeitung abstellt.
5 Vgl. näher unten.
6 Zur Entwicklung vgl. 4. Aufl. § 43 Rdnr. 4.
7 Vgl. 4. Aufl. § 43 Rdnr. 60.
8 Vgl. dazu 4. Aufl. § 43 Rdnrn. 5 ff.

4 Überzeugen kann diese Konzeption in der Substanz aber nicht, weil die Schwelle zur Straftat sich nicht mehr am Schutzgut bzw. der Schwere seiner Verletzung orientiert. Der Eingriff in das Persönlichkeitsrecht, insbesondere in die informationelle Selbstbestimmung, ist weder deshalb besonders schwer, weil der Täter gegen Entgelt oder in Bereicherungsabsicht handelt, noch ist er im umgekehrten Fall geringfügig. Auch bei der Schädigungsabsicht ist die Schwere des Eingriffs nur dann indiziert, wenn die Tat auf die Schädigung des Betroffenen zielt.

2. Täterkreis (Abs. 1)

5 Als Täter kommen nicht nur Personen in Betracht, die Adressat der Vorschriften über die Datenverarbeitung und -nutzung sind[9] oder wegen ihrer Beschäftigung bei der Datenverarbeitung dem Datengeheimnis[10] unterliegen, sondern jedermann.[11] Dies folgt aus der Tatbestandsfassung „wer" und daraus, dass die in Abs. 2 Nr. 3 genannten Begehungsformen typischerweise von Tätern begangen werden, die nicht zu den genannten Personenkreisen gehören.[12] Der Betroffene selbst kann nicht Täter eines Delikts nach § 41 sein.[13] Juristische Personen sind nicht Adressat der Strafvorschrift.[14]

3. Tatobjekt (Abs. 1)

6 Das Tatobjekt ist das Gleiche wie bei den Ordnungswidrigkeiten des § 43 Abs. 2. Auf die Kommentierung dort wird verwiesen.

4. Tathandlungen (Abs. 1)

7 Die Strafvorschrift des § 44 enthält keine eigenständigen Straftatbestände, sondern verweist insoweit auf die Liste der Bußgeldtatbestände des § 43 Abs. 2; auf ihre Kommentierung wird verwiesen. Jeder der dort aufgeführten Handlungen wird zum Straftatbestand, wenn zusätzlich eines der in Abs. 1 enthaltenen Regelungsmerkmale hinzutritt.

8 Die Regelungsmerkmale des Abs. 1 entsprechen inhaltlich den Qualifikationsmerkmalen des § 203 Abs. 5 StGB. Entgelt ist nach § 11 Abs. 1 Nr. 9 StGB jede in einem Vermögensvorteil bestehende Gegenleistung; auf eine Bereicherung kommt es nicht an.[15] Für die Absicht genügt, dass es dem Täter auf die Bereicherung bzw. Schädigung ankommt; es braucht aber nicht das maßgebende Ziel oder der letzte Zweck zu sein.[16] Die angestrebte Bereicherung muss rechtswidrig sein, d.h. es darf kein Anspruch auf sie bestehen, da sonst kein Grund für eine erhöhte Strafe besteht.[17] Der Täter muss die Rechtswidrigkeit kennen; Absicht ist nicht erforderlich. Die Schädigung kann auch immaterieller Natur sein; sie muss allerdings über denjenigen Schaden hinausgehen, der bereits durch die Verwirklichung des Tatbestandes nach Abs. 1 erfolgt. Beispiel: Übermittlung oder Abruf mit dem Ziel, den Betroffenen durch weitere Verbreitung der Information bloßzustellen.

---

9 So wohl nur *Haft,* NJW 1979, 1196.
10 § 5.
11 Vgl. Begr. zu § 32 des RegE, BT-Drs. 7/1027.
12 Vgl. o. § 2 Rdnr. 101; ebenso *Auernhammer,* BDSG § 43 Rdnr. 6; *Däubler*/Klebe/Wedde, BDSG § 43 Rdnr. 3; *Gola/Schomerus,* BDSG § 44 Rdnr. 3.
13 Vgl. § 43 Rdnr. 50.
14 Zur Problematik bei Ordnungswidrigkeiten vgl. Kommentierung zu § 43.
15 So für den Betrug *Tröndle,* StGB § 11 Rdnr. 37.
16 *Tröndle,* StGB § 263 Rdnr. 41.
17 BGHSt 19, 206, 216.

5. Rechtswidrigkeit

Strafbar ist nur eine **rechtswidrige** Tathandlung. Zwar verlangt das Gesetz nicht bei allen Tatbeständen des § 43 Abs. 2 ausdrücklich, dass die Tat **unbefugt** oder – was das Gleiche bedeutet – entgegen bestimmten Vorschriften erfolgen muss. Dieses Erfordernis besteht aber ebenso beim Erschleichen durch unrichtige Angaben nach § 43 Abs. 2 Nr. 4, wo es sich implizit aus der Tathandlung ergibt. Im Übrigen wird auf die Kommentierung zu § 43 Abs. 2 verwiesen. 9

6. Subjektiver Tatbestand, Irrtum, Teilnahme, Versuch

Strafbar ist nur „eine in § 43 Abs. 2 bezeichnete **vorsätzliche** Handlung". Der Täter handelt vorsätzlich, wenn er die tatsächlichen Voraussetzungen kennt, aufgrund derer die Daten in den Anwendungsbereich des BDSG fallen, und ihm die Umstände bekannt sind, die den jeweiligen Einzeltatbestand des § 43 Abs. 2 ausmachen. Nimmt er andere tatsächliche Voraussetzungen an, so ist er mangels Vorsatz nicht strafbar. 10

Irrt der Täter über seine Befugnis, so ist zu unterscheiden, ob er über die tatsächlichen Voraussetzungen einer Verbots- oder Erlaubnisnorm, insbesondere eines Rechtfertigungsgrundes, irrt oder ob er bei richtiger Kenntnis der Umstände seine Befugnis falsch beurteilt. Im ersten Fall (Tatirrtum) fehlt nach § 16 StGB der Vorsatz; im letzteren Fall (Verbotsirrtum) entfällt nach § 17 StGB die Schuld (und damit die Strafbarkeit), wenn der Täter diesen Irrtum nicht vermeiden konnte.[18] Andernfalls kann nur die Strafe gemildert werden. Beispiele: Täter glaubt, der Betroffene habe eingewilligt: kein Vorsatz; Täter meint, die Übermittlung an ein konzernverbundenes Unternehmen sei generell zulässig: vermeidbarer Verbotsirrtum. Eine förmliche Belehrung über das Datengeheimnis[19] hat für das Unrechtsbewusstsein nur indizielle Wirkung. Ein unvermeidbarer Verbotsirrtum trotz Belehrung ist möglich, wenn diese unzutreffend oder unvollständig war. Auch wer nicht belehrt worden ist, wird sich nur selten auf Verbotsirrtum berufen können. 11

Anstiftung und Beihilfe sind nach §§ 26, 27 StGB strafbar. Der Versuch ist straflos.[20] 12

7. Strafantrag (Abs. 2)

Die Straftaten nach § 44 Abs. 1 werden nur auf Antrag verfolgt. Antragsberechtigt ist zunächst der Betroffene; er ist auch der Verletzte nach § 77 Abs. 1 StGB. Betroffen ist derjenige, auf dessen Daten[21] sich die Tat bezieht. Betreffen die Daten mehrere Personen (Beispiel: „A ist Untermieter bei B" „die Bewohner des Hauses X haben die Eigenschaft a"), so kann jede von ihnen gemäß § 77 Abs. 4 StGB selbstständig den Antrag stellen. Mit dem Tod des Verletzten erlischt das Antragsrecht, § 77 Abs. 2 StGB. Die Antragsfrist beträgt drei Monate[22] ab Kenntnis von Tat und Täter.[23] 13

Neben dem Betroffenen haben – seit der Novellierung 2001 – die verantwortliche Stelle, der BfDI und die Aufsichtsbehörde ein eigenständiges Strafantragsrecht. Mit der Berücksichtigung der verantwortlichen Stelle geht der Gesetzgeber über die Anforderungen der EG-Datenschutzrichtlinie[24] hinaus. Die Entwurfsbegründung führt dazu aus, dies sei „sachgerecht, damit diese sich gegen einen Missbrauch der von ihr gespeicherten Daten wehren kann".[25] Dies beschreibt die Wirkung zutreffend, auch wenn die meisten Stellen vor allem jedes Auf- 14

18 Vgl. *Tröndle,* StGB § 203 Rdnr. 34.
19 § 5.
20 § 23 Abs. 1 StGB.
21 Vgl. Legaldefinition in § 3 Abs. 1 und Kommentierung dazu.
22 § 77b Abs. 1 StGB.
23 Ebenda Abs. 2.
24 Art. 28 Abs. 3 Satz 1 3. Anstrich.
25 BT-Drs. 14/4329 S. 47 zu Nr. 47.

sehen vermeiden möchten und daher selten Strafanzeigen (die bisher schon möglich waren) stellen. Die Antragsbefugnis der Stelle ändert aber nichts daran, dass Schutzobjekt des Gesetzes gemäß § 1 Abs. 1 allein das Persönlichkeitsrecht der Betroffenen ist. Nur zu *dessen* noch wirksameren Schutz, nicht zur Verteidigung eigener Rechtspositionen, wurde weiteren Stellen – gewissermaßen treuhänderisch – ein Strafantragsrecht eingeräumt. Da vermieden werden sollte, dass der Betroffene durch einen gegen seinen Willen durchgeführten (grundsätzlich öffentlichen) Strafprozess erneut in seinen schutzwürdigen Belangen beeinträchtigt wird, ist es angebracht, sich vor Stellung des Strafantrags mit ihm ins Benehmen zu setzen.

15 Der Gesetzgeber hat davon Abstand genommen, dem Beauftragten für den Datenschutz[26] ein Strafantragsrecht einzuräumen. Doch ist dieser berechtigt und unter Umständen verpflichtet, die Aufsichtsbehörde von einer strafbaren Handlung zu unterrichten.[27] Diese wiederum kann und muss – unabhängig vom eigenen Antragsrecht –, jedenfalls bei schweren Verstößen, den Betroffenen informieren, um ihm Gelegenheit zur Stellung eines Strafantrags zu geben.[28] Entsprechendes gilt für den Bundesbeauftragten für den Datenschutz.[29] Dabei ist auf die recht kurze Antragsfrist[30] hinzuweisen.

8. Konkurrenzen

16 Tateinheit[31] ist möglich zwischen dem Übermittlungstatbestand und §§ 203, 204, 353 b und 355 StGB;[32] zwischen dem Speicherungs- und dem Veränderungstatbestand und §§ 267, 268, 269 f., 274 und § 303 a StGB; zwischen dem Abruftatbestand und §§ 202 Abs. 1 Nr. 2 StGB, 202 a und 263 a; sowie zwischen dem Verschaffungstatbestand und §§ 202 Abs. 1 Nr. 1, 202 a, 242, 243 Abs. 1 Nr. 2, 246, 263 a und 303 StGB. Speziell ist die dem § 43 BDSG nachgebildete Strafvorschrift des § 37 Sicherheitsüberprüfungsgesetz v. 20.04.1994, BGBl. I 867.[33]

9. Landesrecht

17 Auf die Datenverarbeitung, die im Anwendungsbereich eines Landesdatenschutzgesetzes erfolgt, sind die Strafvorschriften des BDSG nicht anwendbar.[34] Alle Landesdatenschutzgesetze enthalten deshalb eigenständige Strafvorschriften.

18 Erstaunlicherweise ist die föderale Vielfalt bei den Strafvorschriften am größten entwickelt. Die daraus resultierende Ungleichheit ist nur deshalb bislang nicht zum Problem geworden, weil die Vorschriften insgesamt ein Schattendasein führen. Lediglich die (neuen) Länder Mecklenburg-Vorpommern, Sachsen-Anhalt und Thüringen haben sich strikt am BDSG orientiert. Die teilweise erheblichen Abweichungen der Gesetze der anderen Länder betreffen die Tatbestände, die Strafrahmen und die Einstufung als Antragsdelikt.

19 Die bedeutendste Abweichung besteht in der Herabstufung der in den Abs. 1 und 2 geregelten Tatbestände zu einer Ordnungswidrigkeit, welche, abgesehen von den vorgenannten Ländern und Berlin, alle Länder vorgenommen haben, mit der Folge, dass dort nur noch die in Abs. 3 als Qualifikation geregelten Begehungsvarianten als Straftatbestände erhalten bleiben. Rhein-

26 Nach § 4 f.
27 Vgl. zu § 4 g.
28 S. zu § 38; vgl. auch die Regelung für die Staatsanwaltschaft in Nr. 6 der Richtlinien für das Strafverfahren und das Bußgeldverfahren v. 01.01.1977, BAnz. 1976, Nr. 245, in aktualisierter Fassung abgedr. bei *Kleinknecht/*Meyer-Goßner.
29 Vgl. § 23 Rdnrn. 26.
30 Vgl. o. Rdnr. 13.
31 § 52 StGB.
32 Nach *Tröndle,* StGB § 203 Rdnr. 9 a ist § 203 StGB insoweit speziell; wegen gleicher Rechtsfolgen ohne praktische Bedeutung; s. auch *Fischer/Uthoff,* MedR 1995, 115, 118.
33 S. dazu *Denneborg,* SÜR Sicherheitsüberprüfungsrecht, Lsbl.-Slg.
34 Vgl. näher § 43 Rdnr. 12.

land-Pfalz hat zusätzlich den Strafrahmen auf ein Jahr Freiheitsstrafe reduziert. Im Übrigen ist das – in gewisser Weise entgegengesetzte – Bestreben auffällig, den Katalog der Straftatbestände zu erweitern und möglichst dem materiellrechtlichen Regelungsbereich anzugleichen. So werden – über das BDSG hinausgehend – das unbefugte Erheben und Löschen sowie die unbefugte bzw. zweckwidrige Verwendung oder Nutzung mit Strafe bedroht, und das Sich-oder-einem-anderen-Verschaffen wird auch ohne das Merkmal „aus Dateien" bestraft (so mit gewissen Varianten die Länder Brandenburg, Bremen, Hamburg, Hessen, Niedersachsen, Nordrhein-Westfalen, Rheinland-Pfalz, Saarland, Schleswig-Holstein). Ferner wurde der Versuch für strafbar erklärt. Im Vollständigkeitsstreben wird vereinzelt sogar das Sperren mit einbezogen (Hamburg, Rheinland-Pfalz), obwohl dieses doch nur die künftige Verarbeitung und Nutzung festlegt.[35] Beachtung verdient demgegenüber die zurückhaltende Linie des Berliner Datenschutzgesetzes, das sich den problematischen Tatbestandserweiterungen der Novellierung 1990[36] nicht angeschlossen hat.

Eine Erweiterung der Strafbarkeit bedeutet auch die Einstufung als Offizialdelikt, welche die 20
Mehrzahl der oben genannten Länder vorgenommen haben. Nicht ganz so weit geht das Berliner Datenschutzgesetz, das dem Landesdatenschutzbeauftragten ein selbstständiges Antragsrecht einräumt.

Nach den Bestimmungen einiger Landesgesetzes sind deren Strafnormen nur subsidiär an- 21
wendbar, nämlich dann, wenn die Tat nicht in anderen Vorschriften mit Strafe bedroht ist. Die andere Vorschrift kann bundes- oder landesrechtlicher Natur sein. Sie muss zumindest auch dem Schutz von Zwecken dienen, die durch die Straftatbestände des jeweiligen Landesdatenschutzgesetzes geschützt werden, was bei Straftaten gegen das Eigentum oder das Vermögen nicht der Fall ist.

35 Vgl. § 3 Rdnr. 171.
36 Vgl. 4. Aufl. § 43 Rdnrn. 6 f.

Sechster Abschnitt
Übergangsvorschriften

§ 45 Laufende Verwendungen

Erhebungen, Verarbeitungen oder Nutzungen personenbezogener Daten, die am 23. Mai 2001 bereits begonnen haben, sind binnen drei Jahren nach diesem Zeitpunkt mit den Vorschriften dieses Gesetzes in Übereinstimmung zu bringen. Soweit Vorschriften dieses Gesetzes in Rechtsvorschriften außerhalb des Anwendungsbereichs der Richtlinie 95/46/EG des Europäischen Parlaments und des Rates vom 24. Oktober 1995 zum Schutz natürlicher Personen bei der Verarbeitung personenbezogener Daten und zum freien Datenverkehr zur Anwendung gelangen, sind Erhebungen, Verarbeitungen oder Nutzungen personenbezogener Daten, die am 23. Mai 2001 bereits begonnen haben, binnen fünf Jahren nach diesem Zeitpunkt mit den Vorschriften dieses Gesetzes in Übereinstimmung zu bringen.

Literatur

U. Schneider, Die Übergangsregelungen des neuen BDSG, DuD 2002, 717ff.

Übersicht

1. Allgemeines

Die Vorschrift gewährt eine Übergangsfrist von drei Jahren zur Anpassung laufender Verwendungen an die Anforderungen, die sich aus der Novelle 2001 ergeben. Sie dient der Umsetzung von Art. 32 Abs. 2 Satz 1 der Richtlinie. Während die Novellierung 2001 im Ganzen nach Art. 9 des Novellierungsgesetzes[1] am Tag nach der Verkündung, also am 23. Juni 2001 in Kraft getreten ist, erlaubt § 45, den Datenumgang in bestimmten Fallkonstellationen noch drei Jahre nach dem bis dahin geltenden Recht fortzuführen. Die Vorschrift bewirkt also keine (echte) Rückwirkung, sondern schiebt der Sache nach das Inkrafttreten der Gesetzesänderungen hinaus. 1

2. Anpassungsfrist für laufende Verwendungen im Anwendungsbereich der Richtlinie (Satz 1)

2.1 Laufende Verwendung

Die Vorschrift insgesamt bezieht sich auf **„laufende Verwendungen"**. Als solche definiert das Gesetz – abweichend vom Wortlaut der Überschrift[2] – in Satz 1 „Erhebungen, Verarbeitungen oder Nutzungen …, die zum Zeitpunkt des Inkrafttretens dieses Gesetzes[3] bereits begonnen haben". Die Definition korrespondiert mit der Richtlinie, die hier von „Verarbeitungen, die … bereits begonnen wurden" spricht.[4] Aus dem Zweck der Regelung, den verantwortlichen 2

1 Gesetz zur Änderung des Bundesdatenschutzgesetzes und anderer Gesetze v. 22.05.2001 BGBl. I, S. 904.
2 Vgl. dazu *Schneider*, DuD 2002, 717, 721f.
3 Siehe dazu o. Rdnr. 1.
4 Art. 32 Abs. 2.

Stellen die Anpassung an die veränderte Rechtslage durch eine zeitliche Streckung zu erleichtern, ergibt sich die Notwendigkeit einer spezifischen Interpretation des Begriffes der „bereits begonnenen“ Erhebungen, Verarbeitungen oder Nutzungen. Während die Legaldefinitionen des § 3 bereits jeden einzelnen Fall eines Umgangs mit Daten als – abgeschlossene – Erhebung, Verarbeitung oder Nutzung ansehen, haben die Übergangsvorschriften des § 45 nicht punktuelle Einzelaktivitäten im Blick, sondern komplexe Verfahren, die über einen längeren Anwendungszeitraum Bestand haben, sowie Maßnahmen mit Dauerwirkung.[5] Nur unter dieser Voraussetzung lässt sich sinnvoll davon sprechen, dass eine Verarbeitung „bereits begonnen“ hat, und davon ausgehen, dass die Möglichkeit besteht, sie innerhalb eines Dreijahreszeitraums mit neu erlassenen Vorschriften in Einklang zu bringen. Die Regelung ist daher beispielsweise auf automatisierte Informationssysteme anzuwenden, in denen ein Datenbestand geführt wird, der hinsichtlich der Qualität der Daten oder der Zulässigkeit ihrer Verarbeitung nicht den Anforderungen der Novellierung 2001 entspricht. Die Übergangsregelung erlaubt es, während eines Zeitraums von bis zu drei Jahren die Erhebung, Verarbeitung und Nutzung mit den bestehenden Verarbeitungsprogrammen fortzusetzen und dabei auch Daten weiterzuverarbeiten, die den veränderten gesetzlichen Anforderungen nicht entsprechen.

3 Die Erweiterung bestehender Verfahren um zusätzliche, andersartige Erhebungen, Verarbeitungen oder Nutzungen erlaubt die Vorschrift nicht. Der Zweck der Vorschrift erfordert im Übrigen eine restriktive Interpretation. Das Gesetz sieht nicht ein zeitlich gestaffeltes Inkrafttreten vor, sondern erlaubt als Ausnahmetatbestand die temporäre Nichtbeachtung in Kraft befindlicher neuer Vorschriften, weil eine termingerechte Umstellung aufgrund technischere oder organisatorischer Bedingungen unmöglich ist oder nur mit unverhältnismäßigem Aufwand möglich wäre. Soweit solche Schwierigkeiten nicht bestehen, ist für eine Anwendung der Übergangsvorschrift kein Raum. Dies ist im Allgemeinen bei der nicht-automatisierten Erhebung der Fall, gleich ob es sich um zusätzliche Daten zu vorhandenen Datensätzen oder um neue Datensätze handelt. Ebenso verhält es sich bei der nicht-automatisierten Nutzung gespeicherter Daten.

4 Das Gesetz verlangt eine Anpassung „binnen drei Jahren nach In-Kraft-Treten“, mithin bis zum 23. Juni 2004. „In Übereinstimmung zu bringen“ bedeutet, dass nach diesem Zeitpunkt bei allen Erhebungen, Verarbeitungen und Nutzungen das Gesetz in seiner novellierten Form uneingeschränkt zu beachten ist. Von der Möglichkeit der Richtlinie, bei manuellen Dateien eine zwölfjährige Anpassungsfrist vorzusehen,[6] hat der Gesetzgeber keinen Gebrauch gemacht. Für einen Teilbereich wird die Dreijahresfrist auf fünf Jahre erweitert.[7]

3. Fünfjahresfrist für laufende Verwendungen außerhalb des Anwendungsbereichs der Richtlinien (Satz 2)

5 Mit Satz 2 wird die Anpassungsfrist auf fünf Jahre erweitert, mithin bis zum 23. Juni 2006. Die Regelung gilt mit einer doppelten Einschränkung. Sie betrifft zunächst nur den Bereich außerhalb des Anwendungsbereichs der Richtlinie. Dazu kommt die weitere Einschränkung, „soweit Vorschriften dieses Gesetzes in Rechtsvorschriften außerhalb des Anwendungsbereichs der Richtlinie … zur Anwendung gelangen“. Die Rechtsvorschriften müssen danach zu Rechtsgebieten gehören, die insgesamt den Anwendungsbereich der Richtlinie nicht betreffen. Außerdem müssen diese Rechtsvorschriften auf das BDSG verweisen, sodass dessen Vorschriften anwendbar werden. Die Form der Verweisung ist dabei nicht von Bedeutung. Neben expliziten Verweisungen, die bestimmte Vorschriften des BDSG für anwendbar erklären, genügt auch die Verwendung von im BDSG eingeführten Begriffen, wenn davon auszugehen ist, dass diese maßgeblich sein sollen, d.h. implizite Verweisungen. Nur an dieser Stelle sowie in § 46 ist der Gesetzgeber von seiner allgemeinen Linie, die Richtlinie für den

5 Zustimmend *Schneider*, DuD 2002, 717, 721.
6 Art. 32 Abs. 2 Satz 2.
7 Satz 2; s. dazu im Folgenden.

gesamten Geltungsbereich des BDSG umzusetzen, abgewichen und hat für den nicht betroffenen Bereich zusätzliche Zugeständnisse gemacht.

Betroffen von dieser Regelung sind beispielsweise die Regelungen der Polizeien des Bundes 6
(BKA-Gesetz, Bundesgrenzschutzgesetz) und seiner Nachrichtendienste (BND-Gesetz, Bundesverfassungsschutzgesetz und MAD-Gesetz).[8]

8 Zum Anwendungsbereich der Richtlinie vgl. *Dammann/Simitis*, EG-Datenschutzrichtlinie, Art.3 Erl. 6, *Schneider*, DuD 2002, 717, 719.

§ 46 Weitergeltung von Begriffsbestimmungen

(1) Wird in besonderen Rechtsvorschriften des Bundes der Begriff Datei verwendet, ist Datei
1. Sammlung personenbezogener Daten, die durch automatisierte Verfahren nach bestimmten Merkmalen ausgewertet werden kann (automatisierte Datei), oder
2. jede sonstige Sammlung personenbezogener Daten, die gleichartig aufgebaut ist und nach bestimmten Merkmalen geordnet, umgeordnet und ausgewertet werden kann (nicht automatisierte Datei).

Nicht hierzu gehören Akten und Aktensammlungen, es sei denn, dass sie durch automatisierte Verfahren umgeordnet und ausgewertet werden können.

(2) Wird in besonderen Rechtsvorschriften des Bundes der Begriff Akte verwendet, ist Akte jede amtlichen oder dienstlichen Zwecken dienende Unterlage, die nicht dem Dateibegriff des Absatzes 1 unterfällt; dazu zählen auch Bild- und Tonträger. Nicht hierunter fallen Vorentwürfe und Notizen, die nicht Bestandteil eines Vorgangs werden sollen.

(3) Wird in besonderen Rechtsvorschriften des Bundes der Begriff Empfänger verwendet, ist Empfänger jede Person oder Stelle außerhalb der verantwortlichen Stelle. Empfänger sind nicht der Betroffene sowie Personen und Stellen, die im Inland, in einem anderen Mitgliedstaat der Europäischen Union oder in einem anderen Vertragsstaat des Abkommens über den Europäischen Wirtschaftsraum personenbezogene Daten im Auftrag erheben, verarbeiten oder nutzen.

Literatur: Siehe zu § 3

Übersicht

1. Allgemeines

1.1 Hintergrund und Zweck der Regelung

1 § 46 gehört im weiteren Sinne zu den Übergangsbestimmungen. Die Regelung bewirkt kurz gesagt, dass in einem bestimmten Bereich für einige zentrale Begriffe die – in Umsetzung der Richtlinie – neu gefassten Definitionen nicht übernommen werden, sondern die bis dato geltenden Begriffsbestimmungen maßgeblich bleiben. Es geht dabei durchweg um Fälle, in denen Spezialvorschriften des Bundes auf die betreffenden Grundbegriffe des BDSG zurückgreifen. Innerhalb des Anwendungsbereichs des BDSG hat die Bestimmung keinerlei Bedeutung. Sie kann daher als ein Element des allgemeinen bereichsspezifischen Datenschutzes eingestuft werden.

2 Der vom Gesetzgeber hier beschrittene Weg kann nicht anders als eine Verlegenheitslösung bezeichnet werden. Es handelt sich einerseits um ein Zugeständnis an diejenigen, die die Umsetzung der Richtlinie gern generell auf den unumgänglichen Umfang, d.h. den Geltungsbereich der Richtlinie, beschränkt hätten. Die Bundesregierung hat sich jedoch mit gutem Grund dazu entschieden, die Richtlinie für das ganze BDSG umzusetzen und damit die Einheitlichkeit des Datenschutzrechts jedenfalls im Anwendungsbereich des BDSG zu erhalten. Eine Reihe sachlicher Änderungen, die durch Änderung der Legaldefinitionen bewirkt werden, schlagen allerdings direkt in die Gebiete des bereichsspezifischen Datenschutzes durch,

soweit diese entweder die im BDSG definierten Begriffe verwenden oder ausdrücklich auf die betreffenden Bestimmungen verweisen. Daher wäre eigentlich eine genaue Überprüfung aller Einzelfälle notwendig gewesen, ob die so bewirkten Veränderungen akzeptiert werden können oder ob Einschränkungen und Modifikationen in der jeweiligen bereichsspezifischen Regelung erforderlich werden. Dem entsprach auch der ursprüngliche Ansatz des Referententenentwurfs. Unter dem Zeitdruck des Umsetzungstermins und angesichts der geringen Bereitschaft der betreffenden Bereiche, europäischen Vorgaben stattzugeben, auch wenn diese keine Rechtsverbindlichkeit beanspruchen können, wurde schließlich beschlossen, insoweit den Status quo zu erhalten. Im bereichsspezifischen Datenschutz gelten daher gemäß § 46 einige wesentliche Grundbegriffe fort. Soweit ein spezieller Bereich entsprechend der Richtlinie harmonisiert werden muss oder kraft Entscheidung des deutschen Gesetzgebers werden soll, kann dies selbstverständlich jederzeit dadurch geschehen, dass in die betreffenden bereichsspezifischen Regelungen entweder mit dem harmonisierten BDSG übereinstimmende Begriffsbestimmungen eingefügt werden oder, abweichend von § 46, auf die aktuelle Fassung des § 3 verwiesen wird.

Die in § 46 enthaltenen Begriffsbestimmungen sind, bis auf eine kleine Ausnahme, inhaltsgleich mit den entsprechenden Definitionen des § 3 in der bis zur Novellierung 2001 gültigen Fassung. Die Ausnahme betrifft die Behandlung von Auftragnehmern im Rahmen der Begriffe des Empfängers und des Dritten.[1] 3

1.2 Rechtsvorschriften des Bundes

Die Vorschrift stellt darauf ab, dass bestimmte Begriffe **„in besonderen Rechtsvorschriften des Bundes"** verwendet werden. Der Begriff korrespondiert mit der in § 1 Abs. 3 verwendeten Formulierung „andere Rechtsvorschriften des Bundes". Auf die betreffenden Erläuterungen kann daher verwiesen werden. „Andere" bedeutet hierbei ebenso wie „besondere" lediglich, dass es um Vorschriften außerhalb des BDSG und etwaiger ihm zuzurechnender Ausführungsbestimmungen[2] geht. 4

Nach seinem Wortlaut stellt § 46 in jedem seiner drei Absätze lediglich darauf ab, dass der Begriff „Datei", „Akte" oder „Empfänger" verwendet wird. Aus dem Entstehungszusammenhang wie auch aus dem Zweck der Regelung ist jedoch ganz klar, dass die hier vorgegebenen Definitionen nur dann Gültigkeit beanspruchen, wenn die betreffenden Begriffe in einem datenschutzrechtlichen Kontext verwendet werden. Geht es etwa im bürgerlichen Recht um den Empfänger einer Willenserklärung, im gerichtlichen Verfahren um die Einsicht in Akten oder im gewerblichen Rechtsschutz um das Kopieren einer Datei, so sind selbstverständlich nicht die datenschutzrechtlichen Definitionen, sondern das Begriffsverständnis im jeweiligen Regelungszusammenhang maßgeblich, unabhängig davon, ob dort Legaldefinitionen existieren. 5

Praktische Bedeutung hat die Regelung vor allen Dingen für die Gesetze über die Nachrichtendienste und die Polizeibehörden des Bundes sowie die Strafprozessordnung.[3] Deren Regelungen zur Anwendbarkeit von Bestimmungen des BDSG wurden durch die Art. 2 bis 7 des Gesetzes zur Änderung des Bundesdatenschutzgesetzes und anderer Gesetze dahin gehend korrigiert, dass die betreffenden Legaldefinitionen des § 3 nicht anzuwenden sind. Die dadurch entstehende Lücke wird durch § 46 geschlossen. 6

Soweit in einem Gebiet besondere Rechtsvorschriften im Sinne der Regelung bestehen, für das die Richtlinie umzusetzen ist, und führt die Anwendung der Regelung zu einem nicht richtlinienkonformen Ergebnis, so stellt sich die Frage einer richtlinienkonformen Auslegung. Dies entspricht der gesetzgeberischen Absicht, mit § 46 keine definitive Regelungen zu schaffen, sondern die Richtlinie zunächst in begrenztem Umfang umzusetzen und die Prüfungen, ob in weiteren Rechtsgebieten Anpassungen notwendig sind, fortzusetzen.[4] 7

1 Siehe dazu u. Rdnrn. 52 ff.
2 Anders als in der ursprünglichen Fassung enthält das BDSG heute keine Verordnungsermächtigungen.
3 Dort insb. §§ 483 ff.
4 Vgl. Begr. des RegE, BT-Drs. 14/4329, Abschnitt 2.4., S. 30 f.

1.3 Verhältnis zur Übergangsvorschrift zu laufenden Verwendungen

8 Nach § 45 sind begonnene Erhebungen, Verarbeitungen und Nutzungen binnen drei Jahren – außerhalb des Anwendungsbereichs der Richtlinie binnen fünf Jahren – mit den Vorschriften des novellierten BDSG in Übereinstimmung zu bringen. Ein Konflikt mit § 46 besteht jedoch nicht, da sich § 45 auf die Umsetzung der Vorschriften des novellierten BDSG bezieht, während § 46 allein die Anwendung bereichsspezifischer, also außerhalb des BDSG angesiedelter Regelungen im Auge hat. § 46 bleibt also auch nach den in § 45 genannten Fristen anwendbar.

2. Datei (Abs. 1)

2.1 Vorbemerkung

9 Die Legaldefinition bestimmt nur die Voraussetzungen, unter denen eine Datei im Sinne des Gesetzes vorliegt; sie nennt **die den Begriff Datei konstituierenden Elemente**. Sie beantwortet jedoch nur bruchstückhaft die Frage, unter welchen Voraussetzungen personenbezogene Daten als „in oder aus einer Datei verarbeitet oder genutzt" anzusehen sind, wovon nach § 1 Abs. 2 Nr. 3 und gleichlautenden Bestimmungen bereichsspezifischer Regelungen die Anwendbarkeit des Gesetzes abhängt.

10 Der Begriff stammt aus der ADV-Fachsprache. Der Gesetzgeber hat ihm jedoch einen abweichenden, **datenschutzspezifischen Inhalt** beigelegt.[5] Ein Rückgriff auf fachsprachliche Definitionen ist deshalb ausgeschlossen.

11 Die für seine **Auslegung** in erster Linie maßgebliche Funktion des Dateibegriffs ist die Begrenzung des Schutzbereichs: Weil und soweit die Daten durch ihren logischen und organisatorischen Kontext leichter zugänglich, erschließbar oder auswertbar sind, werden sie in den Schutzbereich einbezogen. Dass diese Konzeption vor dem Hintergrund der informationellen Selbstbestimmung nicht mehr ohne weiteres überzeugt, hat der Gesetzgeber mit seinem neuen umfassenden Ansatz für den öffentlichen Bereich im BDSG zwar grundsätzlich eingeräumt, für einzelne Bereiche aber gleichwohl an der Begrenzung zunächst noch festgehalten. Diese Funktion bleibt daher für die Auslegung ausschlaggebend. Versuche, das Volkszählungsurteil des BVerfG für eine restriktive Auslegung heranzuziehen,[6] verkennen, dass das Recht auf informationelle Selbstbestimmung ganz unabhängig von bestimmten technisch-organisatorischen Bedingungen gilt.

2.2 Automatisierte Datei (Abs. 1 Satz 1 Nr. 1)

12 Mit der Novellierung 1990 wurde für die automatisierte Datei auf die Voraussetzung „gleichartiger Aufbau" verzichtet. Von den zuvor recht kompliziert beschriebenen Anforderungen an die Sortier- und Auswertbarkeit blieb nur das Erfordernis, dass „nach bestimmten Merkmalen ausgewertet werden kann". Dass die Sammlung „personenbezogene Daten" umfassen muss, unterlag schon bisher keinem Zweifel. Im Ergebnis fallen nunmehr praktisch alle Datenbestände, die (auch) personenbezogene Daten enthalten und automatisiert verarbeitet werden, unter das Gesetz, insbesondere auch solche der Bürokommunikation, der POS-Verfahren und mit Produktionsprozessen verbundene Bestände.

13 Eine **Sammlung** ist eine zielstrebig zusammengetragene oder aufrechterhaltene Mehrheit von Elementen, die in einem gewissen inneren und äußeren Zusammenhang stehen. Der innere Zusammenhang kann darin bestehen, dass die Informationen sich inhaltlich auf einen gemeinsamen Bereich beziehen (z.B. Arbeitnehmer, Kunden) oder einem bestimmten Zweck dienen (z.B. Personaleinsatzsteuerung, Debitorenbuchhaltung, Zugangskontrolle). Unschädlich ist es, wenn die Sammlung neben personenbezogenen auch andere Daten umfasst (z.B. Unternehmensregister). Der notwendige äußere Zusammenhang ergibt sich aus der im zweiten

5 Vgl. *Auernhammer,* BDSG § 3 Rdnr. 9.
6 Vgl. *Goldenbohm/Weise,* CR 1991, 535, 536.

Halbsatz verlangten Zugänglichkeit und Auswertbarkeit. Unerheblich ist, ob der Gegenstandsbereich, auf den sich die Daten beziehen (z.B. die Kunden eines Unternehmens), vollständig erfasst ist.

Bei der Frage, ob **eine oder mehrere Datensammlungen** vorliegen, ist nicht der physische, sondern der pragmatische Aspekt entscheidend. Datenbereiche, die unterschiedliche Gegenstände betreffen und unterschiedlichen Zwecken dienen, wie z.B. Kundendaten und Personaldaten, bilden daher auch dann zwei verschiedene Sammlungen, wenn sie datentechnisch in einer gemeinsamen Datenbasis zusammengeschlossen sind und durch dieselbe Datenbank-Software verwaltet werden. Umgekehrt werden aus einer Sammlung nicht dadurch mehrere, dass der Bestand physisch in einzelne Teilbestände mit nur wenigen Merkmalen (z.B. Listen mit der Identifikationsnummer und jeweils nur einem Merkmal) aufgegliedert wird. 14

Ein „gleichartiger Aufbau" der Datensammlung wird für die automatisierte Datei nicht mehr gefordert. Das Gesetz trägt damit der Tatsache Rechnung, dass zunehmend Software zur Verfügung steht, mit der auch Datensammlungen ausgewertet werden können, die weniger stark strukturiert sind. Entscheidend ist die Auswertbarkeit als solche, nicht die Frage, ob sie durch die Datenorganisation oder durch die Leistungsmerkmale der Software erreicht wird. Ein besonderer Komfort der Auswertbarkeit, etwa im Sinne der Leistungsfähigkeit einer Datenbank, kann nicht gefordert werden.[7] 15

Eine bestimmte für den Begriff Sammlung konstitutive **Mindestanzahl** von Daten oder von Betroffenen wird vom Gesetz nicht verlangt.[8] Zwar trifft es zu, dass erst bei einer größeren Datenmenge die Organisationsform der Datei das Auffinden, Auswerten und Umordnen der Daten erleichtert. Der Gesetzgeber stellt jedoch nicht auf die konkrete Wirkung im Einzelfall ab (was im Übrigen auch die Abgrenzungsschwierigkeiten nur potenziert hätte), sondern lässt die abstrakte Gefahr ausreichen, die er mit der Erfüllung des Dateibegriffs als gegeben ansieht. Aus der Sicht der Praxis durchaus nahe liegende Bemühungen, mittels einer Analyse der Gefährdungssituation eine kritische „Untergrenze" zu konstruieren, unterhalb deren das Gesetz nicht anwendbar sein soll, würden darauf hinauslaufen, diese gesetzgeberische Grundentscheidung zu unterlaufen. 16

Die Sammlung muss, um nach diesen auswertbar zu sein, **bestimmte Merkmale** enthalten. **„Merkmal"** ist der (abstrakte) Gattungsbegriff für die (konkreten) Angaben einer bestimmten Kategorie. Beispielsweise können dem Merkmal „Beruf" die Angaben „Elektriker", „Maurer", „Handelsvertreter" zugeordnet sein, dem Merkmal „Körpergröße in cm" die Angabe „180" oder eine andere Zahl, dem Merkmal „Personalnummer" die den einzelnen Mitarbeitern vergebenen konkreten Personalnummern. Nach ihrer Aussage kann unterschieden werden zwischen Merkmalen, die ausschließlich der Identifikation ihrer Träger innerhalb einer Mehrheit von Merkmalsträgern dienen (reine Identifikations- oder Kennzeichen, Eigennamen; die „Hilfsmerkmale" nach § 10 Abs. 1 BStatG fallen in der Regel hierunter), solchen, die etwas über den Merkmalsträger, insbesondere über seine Eigenschaften oder Verhältnisse, aussagen (bedeutungstragende Merkmale, z.B. Alter, Größe, Beruf, Familienstand; i.d.R. „Erhebungsmerkmale" nach § 10 Abs. 1 BStatG), und solchen, die beide Funktionen haben (z.B. das amtliche Kfz-Kennzeichen, das ein bestimmtes Fahrzeug und mittelbar dessen Halter identifiziert und den Ort der Zulassung angibt). Um Merkmale handelt es sich z.B. bei den in § 28 Abs. 2 aufgezählten Datenkategorien Namen, Titel, akademische Grade, Anschrift, Geburtsjahr und den besonderen Datenarten nach § 3 Abs. 9 (sensitive Daten). Um die Bezeichnung der Merkmale geht es auch, wenn im Zusammenhang mit der Meldepflicht[9] von „diesbezüglichen Daten oder Datenkategorien" gesprochen wird. In verschiedenen Bereichen, auf die das BDSG anzuwenden ist, sind abweichende Termini eingeführt. In der ADV-Fachsprache sind die Ausdrücke „Feldname" bzw. „Bezeichnung eines Datenfeldes" und „Datum" gebräuchlich. Die empirische Sozialforschung spricht von „Variable" und „Wert". 17

7 Unzutr. daher *Goldenbohm/Weise,* CR 1991, 535, 536; zutreffend differenzierend für Directories bei Textverarbeitung *Wettmann*, DSB 5/90, 16 ff.
8 *Auernhammer,* BDSG § 3 Rdnr. 10; VV BDSG Abschn. B 5.2.
9 § 4e Nr. 5.

Die Aufteilung des Merkmals in Merkmalsausprägungen wird in der Statistik als „sachliche Gliederung“ bezeichnet.

18 Ungeachtet des insoweit indifferenten Gesetzeswortlauts muss es sich bei den zur Auswertung dienenden Merkmalen um **personenbezogene** Merkmale handeln. Nur unter dieser Voraussetzung ist die für das Eingreifen des Datenschutzes entscheidende Bedingung erfüllt, dass gerade die besondere Organisationsform die Zugänglichkeit bzw. Verwertbarkeit personenbezogener Daten erhöht.

19 Eine Datei liegt nur vor, wenn die Sammlung nach bestimmten Merkmalen **ausgewertet** werden kann. Der Begriff „auswerten“ wird im Gesetz nicht definiert und auch in anderem Zusammenhang nicht verwendet. „Auswerten“ ist jede Aktivität, durch die in der Sammlung enthaltenen Informationen genutzt werden, wofür bereits die Kenntnisnahme genügt; ein Umsetzen der Information in eine Entscheidung oder Handlung ist nicht erforderlich.[10] Von „Auswerten“ spricht man zwar in der Regel nur bei Vorgängen, die eine gewisse Komplexität aufweisen, insbesondere wenn sie mit der Selektion oder dem Vergleich einer Vielzahl von Daten verbunden sind, so etwa wenn die Daten aller Männer über achtzehn oder die zehn Antragsteller mit der längsten Bearbeitungsdauer aus einem Datenbestand ausgewählt werden. Werden dagegen die Daten eines einzelnen Betroffenen mit Hilfe des üblichen Ordnungsmerkmals (z.B. Namen, Personalnummer, Aktenzeichen) aufgerufen, so würde man umgangssprachlich wohl nicht von einer Auswertung sprechen. Abgesehen davon, dass der Umgangssprache für die Auslegung nur Indizcharakter zukommt, ist die Unterscheidung zwischen einem einfachen Zugriff und einer komplexen Operation im Ergebnis deshalb nicht von Bedeutung, weil entscheidend nicht ist, welche Operationen tatsächlich erfolgen, sondern ob Auswertungen (mit Hilfe automatisierter Verfahren) möglich sind. Hierfür sind Voraussetzungen in Bezug auf die Struktur der Sammlung und Voraussetzungen in Bezug auf die Leistungen des automatisierten Verfahrens zu unterscheiden.

20 Was die Struktur der Datensammlung betrifft, genügt es für die Möglichkeit einer Auswertung, wenn bei einem Merkmal mindestens zwei verschiedene Angaben vorgesehen sind. In diesem Falle können Betroffene mit der einen Angabe von denjenigen mit der anderen Angabe unterschieden, mithin die Sammlung nach diesem Merkmal ausgewertet werden. Da das Gesetz Auswertbarkeit nicht nur nach einem Merkmal sondern nach „bestimmten Merkmalen“ verlangt, muss die Sammlung mindestens zwei Merkmale mit mindestens zwei verschiedenen vorgesehenen Angaben umfassen. Entscheidend ist dabei die Struktur der Datensammlung, nicht der tatsächliche Datenbestand. So ist eine Auswertung nach dem Merkmal Staatsangehörigkeit nicht deshalb unmöglich, weil im betreffenden Zeitpunkt zufällig nur eine einzige Staatsangehörigkeit vorkommt; dies wäre vielmehr das Ergebnis einer entsprechenden Auswertung.

21 Zum Dateibegriff des BDSG 1977 war bestritten, dass die Formulierung „nach bestimmten Merkmalen“ zwei verschiedene Kategorien von Angaben erfordert. Die Gegenauffassung, nach der bereits eine Datenkategorie (etwa: Staatsangehörigkeit) mit mindestens zwei verschiedenen Angaben (im Beispiel etwa: deutsch/Ausländer) ausreicht, versteht „Merkmal“ als konkrete Angabe, d.h. im Sinne von „Merkmalsausprägung“. Sie stützt sich auf einen umgangssprachlich auch vorkommenden Sprachgebrauch, entspricht aber nicht der Intention des Gesetzes. In der Praxis ist die Unterscheidung von begrenzter Bedeutung, da Datensammlungen, die nur nach einem einzigen (abstrakten) Merkmal auswertbar sind, selten sind.[11]

22 Die Auswertung muss durch **automatisierte Verfahren** erfolgen können. Ein automatisiertes Verfahren liegt vor, wenn wesentliche Verfahrensschritte, insbesondere das Lesen und Vergleichen von Daten, in programmgesteuerten Einrichtungen ablaufen[12] und das Programm die Daten in Abhängigkeit von personenbezogenen Inhalten differenziert behandelt. Es genügt, dass die Sammlung automatisiert ausgewertet werden **kann**. Hiervon ist bereits dann

10 Vgl. § 3 Rdnr. 188.

11 Zum Meinungsstand vgl. 3. Auflage § 2 Rdnrn. 186, 188-190; zum neuen BDSG s. v. Sponeck, CR 1991, 534; *Bergmann/Möhrle/Herb*, BDSG § 3 Rdnrn. 57.

12 Vgl. VV BDSG Abschn. 9.2.

auszugehen, wenn die Datensammlung maschinell gelesen und damit einer automatisierten Auswertung zugänglich gemacht werden kann. Die Datensammlung muss bereits in einem entsprechend aufbereiteten Zustand vorliegen. Wenn ein maschinelles Lesen erst nach manueller Bearbeitung jedes einzelnen Datensatzes möglich ist, ist die automatisierte Auswertbarkeit zu verneinen.

Die Auffassung, dass eine Datei erst dann automatisiert ausgewertet werden kann, wenn die verarbeitende Stelle über ein automatisiertes Datenverarbeitungssystem verfügt, ein geeignetes Auswertungsprogramm installiert und die Datensammlung so gespeichert ist, dass das automatisierte Auswertungsverfahren unmittelbar aktiviert werden kann, ist beim gegenwärtigen Entwicklungsstand der automatisierten Datenverarbeitung nicht mehr aufrechtzuerhalten. Die Kosten für DV-Geräte und -Dienstleistungen sind heute so niedrig, dass darin eine zugunsten der Betroffenen wirkende Schutzschwelle nicht mehr zu erblicken ist. Beispielsweise ist ein Schutz gegen das Entwenden von Datenträgern nach § 9 samt Nr. 2 der Anlage notwendig, wenn ein Datenbestand so geartet ist, dass ihn jeder Besitzer mit geringem Aufwand einer automatisierten Auswertung zuführen kann. Auf der anderen Seite schließt die Notwendigkeit, die Daten erst Zeichen für Zeichen manuell in maschinenlesbare Form zu übertragen, das Merkmal „automatisierte Auswertbarkeit" klar aus. Aber auch wenn ein Bestand erst auf der Ebene der einzelnen Datensätze (z.B. durch Kennzeichnung der Angaben und ihre Zuordnung zu bestimmten Merkmalen) manuell bearbeitet werden muss, so ist die Aufwandsschwelle hinreichend hoch, um die Auswertbarkeit nach bestimmten Merkmalen verneinen zu können. 23

Beispiele: 24

- Automatisierter Bibliothekskatalog: Datei, wenn außer nach Autorennamen nach einem weiteren Merkmal (etwa Titel, Verlag oder Erscheinungsjahr) auswertbar.
- Telefax: Begründet keinen auswertbaren Datenbestand.
- Stapel maschinenlesbarer Schecks: Datei.
- Digitalisierte Fingerabdrucksammlung mit automatisiertem Vergleich: Datei.
- Video- oder Tonaufzeichnung: Datei nur, wenn automatisiert nach Merkmalen auswertbar.
- Texte in Textverarbeitungsanlagen: Ebenso, z.B. noch Bearbeiter und Datum.

2.3 Nicht-automatisierte Datei (Abs. 1 Satz 1 Nr. 2)

Die Legaldefinition der nicht-automatisierten Datei stimmt weitgehend mit derjenigen der automatisierten Datei überein, sodass insoweit auf die vorstehenden Erläuterungen Bezug genommen werden kann. Die einzigen sachlichen Unterschiede sind Folgende: 25

- Die Sammlung muss gleichartig aufgebaut sein,
- sie muss nach bestimmten Merkmalen nicht nur ausgewertet, sondern auch geordnet und umgeordnet werden können und
- diese Vorgänge brauchen icht durch automatisierte Verfahren zu erfolgen.

Automatisierte Dateien nach Nr. 1 werden durch das Wort „sonstige" definitorisch vom Begriffsinhalt nach Nr. 2 ausgeschlossen. Entscheidend ist aber, ob eine Sammlung im Ergebnis unter Nr. 1 fällt; tut sie das nicht, so ist – auch bei automatisiert verarbeiteten Sammlungen – zu prüfen, ob die Voraussetzungen der Nr. 2 erfüllt sind. Automatisierte Verarbeitung schließt also eine „nicht-automatisierte Datei" nicht zwingend aus. 26

Der **gleichartige Aufbau** muss in Bezug auf die „bestimmten Merkmale" bestehen, nach denen die Sammlung geordnet, umgeordnet und ausgeordnet werden kann. Dies kommt zwar im Wortlaut des Gesetzes nicht zum Ausdruck, ergibt sich aber zwanglos, wenn man den Zweck der Definition berücksichtigt.[13] Der gleichartige Aufbau ist bei manueller Bearbeitung die notwendige formale Voraussetzung, damit der informatorische Inhalt der Datensammlung leichter erschlossen werden kann, als dies bei Akten der Fall ist. Sofern die im Gesetz in Bezug auf die Erschließbarkeit geforderten Voraussetzungen infolge des Aufbaus der Datensammlung erfüllt sind, genügt dies aber auch, um den Dabeibegriff zu bejahen. Ein noch 27

13 Vgl. § 3 Rdnr. 77.

weitergehender gleichartiger Aufbau kann nicht verlangt werden. Mithin ist es notwendig, aber auch ausreichend, dass die Sammlung durch ihren gleichartigen Aufbau nach bestimmten Merkmalen geordnet, umgeordnet und ausgewertet werden kann. Ein gleichartiger Aufbau setzt voraus, dass die zu den Betroffenen gespeicherten Daten nicht in zufälliger und wechselnder Anordnung, sondern nach einem bestimmten formalen Ordnungsschema dargestellt sind. Die Ordnung kann den Charakter einer feststehenden räumlichen Verteilung der Daten auf den Datenträgern haben, etwa durch die Felder eines Formulars, oder kann sich aus einer vorgegebenen Reihenfolge oder Numerierung ergeben (z.B. numerierte Abschnitte, etwa 1. Namen, 2. Kenntnisse, 3. Einsatzgebiete etc.). Innerhalb der einzelnen Felder oder Abschnitte wird kein gleichartiger Aufbau gefordert. Lautet z.B. die Bezeichnung einer Datenart „Schulbildung" und sind im entsprechenden Abschnitt Arten, Orte und Zeitpunkte abgelegter Prüfungen angegeben, so ist es für den „gleichartigen Aufbau" unschädlich, wenn innerhalb des Feldes „Schulbildung" keine bestimmte Ordnung besteht. Auch die Existenz einer noch allgemeineren Rubrik „Sonstiges" oder „Bemerkungen" stört den gleichartigen Aufbau nicht. Ein „Merkmal" liegt darin jedoch nicht. Ein gleichartiger Aufbau besteht schon dann, wenn jeweils für „Name", „Adresse" und für „sonstige Daten" verschiedene Abschnitte vorgesehen sind.

28 Die Definition fordert zunächst, dass die Sammlung nach bestimmten Merkmalen[14] **geordnet und umgeordnet** werden kann. Die Elemente der Datensammlung (z.B. Karteikarten) können daher in ungeordneter Folge vorliegen. Wie bereits dargelegt, müssen mindestens zwei verschiedene Datenkategorien bestehen, damit nach „bestimmt**en** Merkmal**en**" geordnet werden kann. Es genügt also nicht die Möglichkeit verschiedener Ordnungen innerhalb eines Merkmals (etwa innerhalb des Merkmals Beruf eine Ordnung einerseits nach technischen und kaufmännischen Berufen, andererseits nach Berufen mit und ohne Hochschulausbildung). Vielmehr müssen Ordnungen nach mindestens zwei verschiedenen Merkmalen möglich sein (etwa nach Berufen einerseits und nach dem Alter andererseits). Während das BDSG 1977 forderte, dass die Sammlung „nach bestimmten Merkmalen … geordnet, nach **anderen** bestimmten Merkmalen umgeordnet und ausgewertet werden kann", verlangt der aktuelle Gesetzeswortlaut nur noch, dass diese Maßnahmen insgesamt „nach bestimmten Merkmalen" erfolgen können. Für das Umordnen werden daher keine weiteren Merkmale gefördert; es genügt vollauf, wenn mit Merkmalen, nach denen die Sammlung geordnet werden kann, auch eine Umordnung möglich ist.

29 Der Gesetzeswortlaut verlangt zwar zusätzlich zum Ordnen und Umordnen auch die Möglichkeit des Auswertens. Dies hat aber keine praktische Bedeutung, da Merkmale, nach denen geordnet und umgeordnet werden kann, stets auch als Anknüpfungspunkt für Auswertungen dienen können (etwa Auswählen der gewerblichen Arbeitnehmer über 50 Jahre). Es bleibt also dabei, dass auch für die nicht-automatisierte Datei zwei Merkmale mit mindestens je zwei Ausprägungen erforderlich und ausreichend sind.

30 Die Frage, wie viele sortierfähige Merkmale vorhanden sind, kann im Einzelfall Probleme aufwerfen, vor allem bei gegliederten und bei verschlüsselten Angaben. So enthält das Geburtsdatum eine Tages-, eine Monats- und eine Jahresangabe, die zusammen, aber auch unabhängig voneinander, als Ordnungskriterium verwendet werden können. Das Gleiche gilt für die Anschrift. Der Name einer natürlichen Person gliedert sich in Familien- und Vornamen. Das Personenkennzeichen nach dem Entwurf eines Bundesmeldegesetzes,[15] das zwar nicht eingeführt wurde, aber in ähnlicher Form in einzelnen Verwaltungszweigen und im Anwendungsbereich des StUG existiert,[16] enthält das Geburtsdatum sowie in verschlüsselter Form das Geschlecht und das Land, das das PK vergeben hat. Dem Abgrenzungsgedanken, der der Dateidefinition zugrunde liegt, entspricht es, hier grundsätzlich nicht auf den formalen Aufbau der Informationsdarstellung, sondern auf den Informationsgehalt abzustellen. Dabei

14 Vgl. dazu § 3 Rdnr. 93.
15 BT-Drs. 7/1059, BR-Drs. 391/73.
16 Vgl. BfD, 14. TB S. 20, 15. TB S. 54.

ist von einer natürlichen Verkehrsanschauung auszugehen.[17] Demgemäß wären bei einer dem Verwaltungsvollzug oder der Geschäftsabwicklung dienenden Datensammlung der Name (Vorname, Familienname), die Anschrift (Postleitzahl, Ort, Straße, Hausnummer) und der Unfallzeitpunkt (Uhrzeit, Tag, Monat, Jahr) als jeweils ein Merkmal aufzufassen. Bei einer der Sicherheitsplanung dienenden Datensammlung wären dagegen Uhrzeit, Tag, Wochentag, Monat und Jahr im Hinblick auf ihre in diesem Kontext selbstständige Bedeutung als fünf getrennte Merkmale anzusehen. Das Personenkennzeichen ist zunächst als ganzes ein (Identifikations-) Merkmal, enthält aber außerdem die Merkmale Geburtsdatum, Geschlecht und Vergabeland.

Beispiele für nicht-automatisierte Dateien: 31

- Personalkartei,
- Krankheitskartei,
- Sammlung ausgefüllter Formulare wie Anträge, Erfassungsbögen, Ein- und Ausgabebelege.[18]

Keine Dateien sind:

- auf einem Mikrofilm aufgezeichnete Daten (nicht sortierfähig),
- Foto- und Lichtsatzfolien,
- Videofilme, z.B. von Überwachungskameras (personenbezogene Daten ohne weitere Installation und Aufbereitung nicht sortierbar),
- Mikrofiches (Frage der Organisation im konkreten Fall),
- einzelner Fragebogen.[19]

2.4 Automatisiert auswertbare Akten und Aktensammlungen (Abs. 1 Satz 2)

Dem vom Gesetzgeber ursprünglich generell zugrunde gelegten, seit der Novelle 1990 aber nur noch im nicht-öffentlichen Bereich aufrecht erhaltenen Konzept, den Datenschutz auf „organisierte bzw. organisierbare und deshalb leicht zugängliche und auswertbare Datensammlungen"[20] zu beschränken, entspricht es, Akten und Aktensammlungen aus dem Schutzbereich auszuschließen, sie im Wege einer Rückausnahme jedoch wiederum einzubeziehen,[21] wenn sie duch automatisierte Verfarhen umgeordnet und ausgewertet werden können. 32

Zum Begriff „Akte" siehe zu Abs. 2. Eine „Aktensammlung" ist eine Mehrheit von Akten, die einem gemeinsamen Zweck dienen und in einem organisatorischen Zusammenhang stehen, z.B. die (manuell geführten) Unterlagen einer Auskunftei oder Detektei, das Grundbuch samt Grundbuchakten, die Gesamtheit der Personalakten eines Betriebs oder einer Behörde, die kriminalpolizeiliche personenbezogene Sammlung (KpS) einer Kriminalpolizeibehörde, die Kundenkorrespondenz eines Versandhauses, die Schadensakten eines Versicherungsunternehmens, die mandantenbezogenen Akten eines Anwalts oder Notars. Welche Teilmenge der Akten einer Stelle jeweils eine Sammlung bilden, ist vor allem nach dem einheitlichen Zweck und dem organisatorischen Zusammenhalt zu entscheiden. 33

Die gesetzliche Aussage, dass Akten nicht zu den Dateien gehören, hat nicht den Zweck, den Dateibegriff einzuschränken, sondern soll ihn **erweitern,** wenn eine automatisierte Erschließung möglich ist. Erfüllt der Inhalt einer Akte den Dateibegriff nach Abs. 1, ist beispielsweise eine Kartei oder eine Diskette mit einer darauf gespeicherten Datei physisch in eine Akte eingefügt – etwa in einer abgehefteten Tasche –, so führt Abs. 2 nicht zur Aufhebung der Dateieigenschaft. Eine andere Auslegung würde eine Gesetzesumgehung allzu leicht machen. 34

Die definitorische Ausklammerung von Aktensammlungen stellt klar, dass diese nicht schon deshalb (und auch nicht in dem Umfang) als Datei anzusehen sind, als die äußeren Kennzeichnungen der einzelnen Akten (z.B. Aktenzeichen, Namen, Adressen, Betreff, Zeitangaben auf dem Deckblatt) die Anforderungen des Dateibegriffs nach Satz 1 erfüllen. Die 35

17 Vgl. *Schaffland/Wiltfang,* BDSG § 3 Rdnr. 99; *Geiger,* in *Schweinoch/Geiger,* BayDSG Art. 5 Anm. 13.
18 VG Wiesbaden, Dok. § 14 E 3 S. 6.
19 BAG, Dok. § 23 E 4 S. 4.
20 Begr. zu § 3 RegE, BT-Drs. 7/1027.
21 Eingefügt durch Beschluss des *Innenausschusses,* BT-Drs. 7/5277, 6.

Verfügbarkeit der Informationen wird dadurch in der Regel nur geringfügig erhöht, weshalb der Gesetzgeber Aktensammlungen ebenso wie einzelne Akten (für den nicht-öffentlichen Bereich) grundsätzlich aus dem Schutzbereich ausklammert. Ist eine Sammlung allerdings so strukturiert, dass auf den Außenseiten oder Deckblättern der einzelnen Einheiten Angaben so angeordnet sind und die Sammlung auch im Übrigen genauso leicht zu handhaben ist wie eine Kartei, was etwa bei einer Hängeregistratur der Fall sein kann, so bilden die Außenseiten bzw. Deckblätter für sich eine Datei.[22]

36 Akten und Aktensammlungen werden jedoch als Datei eingestuft, wenn „sie durch **automatisierte Verfahren**[23] umgeordnet und ausgewertet werden können". Objekte der Umordnung und Bezugspunkt der Auswertung sind im Falle einer Akte die in ihr zusammengefügten einzelnen Informationen oder Informationsträger, im Falle einer Aktensammlung die einzelnen Akten oder deren Teile oder Inhalte.

37 Entscheidend ist dabei die Möglichkeit der automatisierten Erschließung des **Akteninhalts**. Ist sie gegeben, so entfällt der Grund, die gespeicherten Informationen aus dem Schutzbereich auszuklammern. Die vom Gesetz geforderte Auswertung liegt darin, dass mit Hilfe eines automatisierten Verfahrens gesuchte Informationen leichter als bei manuellem Suchen gefunden werden können, sei es, dass die Akte einer namentlich bekannten Zielperson gesucht wird, sei es, dass inhaltliche Kriterien erfüllt sein sollen (etwa: Akten der 20 Beschäftigten mit der längsten Betriebszugehörigkeit, oder: welche Personen waren früher bei dem gleichen Arbeitgeber beschäftigt). Beim Auswerten und Umordnen brauchen die Akten oder Aktenbestandteile nicht physisch bewegt zu werden. Es genügt, dass in einem automatisierten Verfahren eine neue logische Ordnung hergestellt wird.[24] Die Elemente können dann entsprechend diesem Ordnungsplan genutzt werden. So könnte etwa ein automatisches Erschließungssystem eine chronologisch geordnete Liste aller Schriftsätze mit Angabe der Verfahrensbeteiligten und der Aktenzeichen herstellen, die ein Rechtsanwalt in den Gerichtsverfahren eines Gerichtsbezirkes in einem bestimmten Zeitraum gefertigt hat. Die Aktensammlung ist damit (logisch) umgeordnet. Nicht nur diejenigen Daten, die unmittelbar durch das automatisierte Verfahren verarbeitet werden, sind in diesem Fall in einer Datei gespeichert, sondern auch die nur in den Akten befindlichen, nun aber besser erschließbaren Daten.

38 In der Praxis sind solche Erschließungssysteme nicht sehr verbreitet, aber praktisch bedeutsam. Beispiele sind die Informationssysteme der Polizei[25] und der Verfassungsschutzbehörden.[26] Diese Systeme umfassen zunächst automatisiert verarbeitete Dateien mit personenbezogenen Daten, die unter den ersten Halbsatz fallen. Im Übrigen geben sie nach unterschiedlichen Suchkriterien Hinweise auf polizeiliche bzw. nachrichtendienstliche (Papier-) Akten.[27] Sie dienen damit ihrer Auswertung und Umordnung. Nach a.M. sind Verfahren der genannten Art nicht bekannt.[28]

39 Das Gesetz verlangt, dass zur Umordnung und Auswertung automatisierte Verfahren eingesetzt werden **können**. Aus dieser Formulierung wird teilweise geschlossen, dass schon eine entsprechende Eignung der Akten bzw. Aktensammlungen genüge. Für den Gesetzgeber war jedoch nicht die abstrakte Möglichkeit des Aufbaus einer automatisierten Erschließungshilfe maßgeblich, sondern die Überlegung, dass der Grund für die Ausklammerung der Akten aus dem Dateibegriff in dem Moment entfällt, in dem die Verwertbarkeit des Akteninhalts durch eine technische Hilfe gesteigert ist. Demnach kommt es darauf an, ob das automatisierte Verfahren eingerichtet und einsatzbereit ist und die benötigten Daten in maschinenlesbarer Form vorliegen. Ob das Verfahren tatsächlich in Betrieb ist, ist dagegen unerheblich.

22 *Wohlgemuth,* Arbeitnehmer, Rdnr. 78.
23 Zum verwandten Begriff „automatisierte Verarbeitung" s. § 3 Rdnrn. 78 ff.
24 Vgl. *Auernhammer,* BDSG § 3 Rdnr. 13.
25 Z.B. INPOL des Bundeskriminalamtes, HEPOLIS der hessischen Kriminalpolizei.
26 NADIS; bejahend VG Köln, Dok. § 13 E 13 S. 8.
27 Vgl. auch VG Wiesbaden, DVBl. 1981, 790 ff.
28 VV BDSG Abschn. B 5.2.

3. Akte (Abs. 2)

Der Begriff der Akte spielt in unterschiedlichen Zusammenhängen eine Rolle: 40

- bei der Bestimmung des Dateibegriffes, wo festgelegt wird, dass Akten und Aktensammlungen grundsätzlich nicht dazugehören (Abs. 1 Nr. 2) und
- im Rahmen von Vorschriften zur Auskunft, Berichtigung, Sperrung und Übermittlung, wenn für die aktenförmige Verarbeitung differenzierende Regelungen vorgesehen werden.

Die Definition der Akte ist breit angelegt. Während der vorausgesetzte Zweck klar umschrieben ist, nämlich als amtlich oder dienstlich, sucht man weitere Einschränkungen vergeblich. Der Begriff „Unterlage" wird umgangssprachlich in erster Linie auf beschriftetes Papier angewendet, ist jedoch hier offensichtlich nicht in diesem einschränkenden Sinn verwendet, wie sich aus der gesetzlichen Aussage[29] ergibt, dass auch **Bild- und Tonträger** dazu zählen. Damit ist zugleich klargestellt, dass die Information nicht sprachlicher Art zu sein braucht (also eine Wiedergabe eines Textes sein muss), sondern auch bildliche, grafische, akustische und sonstige Darstellungen umfasst. Als Akte oder Unterlage ist demnach jeder körperliche Gegenstand anzusehen, der der Information dient. 41

Unwesentlich sind danach insbesondere die Art des Gegenstands, der die Information trägt oder verkörpert, sowie die Art und die Form, in der die Information dargestellt ist. Insbesondere braucht es sich nicht um typische Daten- oder Informationsträger, wie Papier, Film oder Magnetband, zu handeln. Es genügen auch sonstige Gegenstände, die zu Informationszwecken aufbewahrt werden, wie z.B. Beweisstücke (Tatwerkzeuge, bei einem Unfall zurückgebliebene Fahrzeugteile), Waren- und Materialproben (z.B. Gewebezellen für Genomanalysen, Blutproben, medizinische Abstriche). Bei Gegenständen, die nicht ihrer Natur nach („geborene") Informationsträger sind, genügt allerdings nicht die bloße Tatsache, dass Informationen aus ihnen gewonnen werden können, sondern es muss hinzukommen, dass sie vom Inhaber zu Informationszwecken aufbewahrt werden („gekorene" Informationsträger). Ein Fingerabdruck oder eine sonstige Spur wird daher in dem Moment zu einer Unterlage im Sinne der Vorschrift, in dem ihr durch einen nach außen in Erscheinung tretenden Akt, z.B. die Sicherung und Aufbewahrung, eine Informationsfunktion beigemessen wird. 42

Begriffsnotwendig ist eine **Verkörperung** der Information, die für eine gewisse Dauer besteht. Flüchtige Informationen wie das gesprochene Wort oder durch elektromagnetische Wellen übertragene Signale sind keine Unterlagen oder Akten; es kann sich aber um eine Übermittlung von in einer Akte oder Unterlage gespeicherten Daten. 43

Die Unterlage muss **„amtlichen oder dienstlichen Zwecken"** dienen. Damit sind alle einer Stelle objektiv zuzurechnenden Unterlagen umfasst, insbesondere auch die zu fiskalischen Zwecken geführten.[30] Die Begriffe „amtlich" und „dienstlich" scheinen auf den öffentlichen Bereich hinzudeuten. Die Einbeziehung der Akten und Aktensammlungen, die automatisiert umgeordnet und ausgewertet werden können, in den Dateibegriff nach Abs. 1 Nr. 2 ist jedoch prinzipiell nicht auf diesen beschränkt. Bei Akten und Aktensammlungen des nicht-öffentlichen Bereichs ist auf die Zwecke abzustellen, die im nicht-öffentlichen Bereich an die Stelle der „amtlichen oder dienstlichen Zwecke" treten.[31] Ausgenommen sind damit lediglich solche Unterlagen, die allein privat-persönlichen Zwecken dienen und nicht geschäftsmäßig geführt werden. 44

Indem nur **„sonstige"** Unterlagen als Akte definiert werden,[32] werden Sammlungen, die den Dateibegriff nach Abs. 1 erfüllen, vom Begriff der Akte ausgeschlossen. Damit wird bewirkt, dass die speziellen Vorschriften zur Verarbeitung und Nutzung in Akten nicht anwendbar sind, wenn es sich um eine Datei i.S.d. Abs. 1 handelt. Bei Akten und Aktensammlungen, die automatisiert umgeordnet und ausgewertet werden können, kann es unmöglich sein, ausschließlich die dateibezogenen Regelungen anzuwenden. Hier entspricht es der Konzeption 45

29 Satz 1, 2. Halbsatz.
30 *Dörr/Schmidt,* BDSG § 3 zu Abs. 3.
31 Im Ergebnis ebenso *Bergmann/Möhrle/Herb,* BDSG § 3 Rdnr. 48.
32 Abs. 1 Satz 1 Nr. 2.

der abgestuften Regelung, die dateibezogenen Vorschriften anzuwenden, soweit sich das automatisierte Verfahren auswirkt, jedoch auf die für Akten geltenden Vorschriften zurückzugreifen, soweit die Anwendung der allgemeinen Regelungen unmöglich ist.

46 Für die Einstufung als Akte spielt es keine Rolle, ob sich die Unterlagen bei der Stelle befinden, die sie angelegt hat oder führt, oder ob sie in die Verfügung anderer Stellen gelangt sind. Akten sind daher auch beigezogene, beschlagnahmte, entwendete oder zur Bearbeitung oder Aufbewahrung anderen Stellen überlassene Unterlagen. Auch die Abgabe an ein bei der Stelle selbst geführtes Archiv (Hausarchiv) oder ein externes Archiv (Bundes-, Staatsarchiv) tangiert die Eigenschaft als Akte nicht.

47 Beispiele für Akten:

- Steuerakten,
- Akten eines Verwaltungsverfahrens,
- Personalakten,
- Anwalts-, Notar-, Steuerberaterakten,
- Planungsunterlagen (Flächennutzungspläne, Baupläne),
- Bau- und Konstruktionszeichnungen,
- Organisationsdiagramme und Geschäftsverteilungspläne,
- Listen,
- EDV-Eingaben und -Ausdrucke,
- Buchungsbelege, Quittungen,
- Tonaufzeichnungen auf Magnetband, Platte oder anderen Trägern (z.B. Mitschnitte von dienstlichen Wahrnehmungen),
- „Verbrecheralbum“,
- Bildersammlungen von Vermittlungsagenturen,
- Videoaufzeichnungen (etwa zu Beweissicherungszwecken an unfall- oder kriminalitätsgefährdeten Orten)

alles jeweils, soweit es sich nicht um eine Datei handelt.

Nicht um eine Akte handelt es sich z.B. bei

- nicht aufgenommenen Beweismitteln (Spuren am Ort des Geschehens),
- persönlich-privater Korrespondenz,
- privaten Tagebuchnotizen,
- persönlich-privaten Unterhaltungen auf Telefonanrufbeantwortern.

48 Neben der Frage, ob eine Akte vorliegt, ist jeweils zu prüfen, ob es sich bei den personenbezogenen Daten, die Gegenstand einer datenschutzrechtlichen Regelung sein können, um **Bestandteile** der Akte handelt. Sind solche Gegenstände von der bearbeitenden Stelle körperlich zusammengefasst worden – etwa durch Einlegung von Materialproben oder Bildern in einer Akte oder durch Verweise in der Akte auf die Fundstelle des Gegenstandes –, so indiziert dies, dass sie Bestandteil der Akte sind. Auch ohne solche formalen Verbindungen kann sich die Zugehörigkeit aus einer gemeinsamen Zwecksetzung und bestehenden Arbeitsabläufen ergeben.

49 Aus dem Begriff der Akte ausdrücklich ausgenommen sind „**Vorentwürfe und Notizen, die nicht Bestandteil eines Vorgangs werden sollen**“ (Abs. 2 Satz 2). Vorbild dieser Regelung dürfte § 29 Satz 2 VwVfG sein, wonach ein Akteneinsichtsrecht der Beteiligten „bis zum Abschluss des Verwaltungsverfahrens nicht für Entwürfe zu Entscheidungen sowie die Arbeiten zu ihrer unmittelbaren Vorbereitung“ besteht.[33] Damit soll vermieden werden, dass wichtige Grundlagen der Entscheidungsvorbereitung gar nicht erst in die Akten gelangen und dass die Qualität der Entscheidung gefährdet werden kann. Wenn dies auch der hier verfolgte Zweck ist – ein anderer Gesetzeszweck ist nicht ersichtlich –, dann ist die Regelung allerdings misslungen. Die Ausklammerung aus dem Aktenbegriff führt nämlich – anders als im Verwaltungsverfahrensgesetz – nicht dazu, dass das Auskunftsrecht des Betroffenen (und die anderen Schutzregelungen) unanwendbar werden, sondern bewirkt in der Regel lediglich,

33 Vgl. auch §§ 100 Abs. 3 VwGO, 299 Abs. 3 ZPO.

dass nicht die für Akten bestehenden Spezialregelungen eingreifen, es mithin bei der Anwendung der allgemeinen Regelungen bleibt. Der mutmaßlich mit der Regelung verfolgte Zweck träte nur ein, wenn die Verarbeitung in einer Akte positive Voraussetzung für die Anwendung des Gesetzes wäre. Dies ist aber in der Regel nicht der Fall.[34]

Vorentwürfe sind vorläufige Gedankenskizzen, die nach der Vorstellung des Verfassers 50
noch weiterer Bearbeitung bedürfen und deshalb nicht als Beleg für seine Auffassung oder eine von ihm angestrebte Entscheidung verstanden werden dürfen. Die Annahme eines Vorentwurfs kommt insbesondere in Betracht, wenn wichtige, vor der Entscheidung notwendig zu durchlaufende Verfahrensschritte noch offen sind, etwa die Anhörung der Beteiligten oder die Beteiligung anderer Stellen.

Notizen sind zur Stützung des Gedächtnisses gefertigte Aufzeichnungen, die – im Unter- 51
schied zu einem Protokoll – allein Zwecken des Verfassers dienen, beispielsweise der Vorbereitung von später zu fertigenden dienstlichen Vermerken, Stellungnahmen oder Berichten. Typisch für Notizen sind das Außerachtlassen von Förmlichkeiten (Aktenzeichen, Betreff, Gliederung, Unterschrift), die handschriftliche Abfassung und eine nur stichwortartige, fragmentarische und skizzenhafte Darstellung.

4. Empfänger (Abs. 3)

Bis zur Novellierung 2001 kannte das BDSG keinen vom Begriff des Dritten materiell ab- 52
weichenden Begriff des Empfängers. Vielmehr wurde der Dritte dann als Empfänger bezeichnet, wenn es gerade um seine Rolle als Adressat einer Übermittlung ging.[35] In Umsetzung der Richtlinie[36] wurde ein selbstständiger, weiterer Begriff des Empfängers eingeführt, bei dem es auf die Eigenschaft als Dritter nicht mehr ankommt. Damit wurde die Verpflichtung zur Information über die Weitergabe von Daten materiell erweitert. Die Regelung des Abs. 3 bewirkt, dass diese materielle Erweiterung im bereichsspezifischen Datenschutzrecht nicht mit vollzogen wird.

Die Definition des Empfängers[37] als „jede Person oder Stelle außerhalb der verantwortlichen 53
Stelle“ entspricht materiell der Definition des Dritten (vor und nach der Novellierung 2001). Auf die entsprechenden Erläuterungen[38] wird daher verwiesen. Auch hinsichtlich der Herausnahme des Betroffenen und der Auftragsverarbeiter aus dem Begriff[39] folgt die Regelung der Definition des Dritten.[40] Ebenso wie dort werden – entsprechend der Vorgaben der Richtlinie – dabei Auftragsverarbeiter innerhalb der Mitgliedsstaaten der Europäischen Union den inländischen Auftragsverarbeitern gleichgesetzt. Der Gesetzgeber hat sich hier also entschlossen, den betroffenen Adressaten des bereichsspezifischen Datenschutzgesetzes zwar die mit der Richtlinie verbundene Erweiterung der Datenschutzpflichten zu ersparen, ihnen die Vorteile der innereuropäischen Informationsfreiheit aber gleichwohl einzuräumen.

34 Vgl. 3. Auflage § 3 Rdnr. 92.
35 § 3 Abs. 5 Nr. 3 und Abs. 9 i.d.F. der Novellierung von 1990.
36 Art. 2 f) und g).
37 Abs. 3 Satz 1.
38 § 3 Rdnrn. 229 ff.
39 Satz 2.
40 § 3 Abs. 8 Satz 3.

Datum	Aktenz	Gericht	Kennwort	BDSG-Dok.	Offizielle Sammlung	CR	RDV	DuD	NJW	Sonstige	Fundstelle § Rdnr.
17.02.1921	VI 473/20	RG	Tatsachen		RGZ 101, 335						**20** 22
26.10.1951	I ZR 8/51	BGH	Werturteile		BGHZ 3, 271						**20** 19
28.11.1952	I ZR 21/52	BGH	Kreditinformation		BGHZ 8, 142						**35** 15
14.07.1954	g.L. 6 Str 180/54	BGH	Offenkundigkeit		BGHSt 6, 292						**43** 49
05.12.1957	1 AZR 594/56	BAG	Arbeitgeberfragerecht		BAGE 5, 159					AP 2 § 123 BGB; EzA 1 § 123 BGB; JZ 58, 511; SAE 58, 147; **Anm.:** JuS 64, 141; MDR 60, 353;	**28** 67
16.01.1958	II C 296.57	BVerwG	Wiedergutmachung		BVerwGE 6, 114				58, 236	RiA 58, 110; MDR 58, 449;	**20** 73
14.02.1958	V ZB 49/57	BGH	Haftung		BGHZ 26, 344						**8** 17
12.05.1958	II ZR 103/57	BGH	Banküberweisung		BGHZ 27, 241						**28** 134
24.04.1959	VII 104.56	BVerwG	Grenzen richertl. Prüfung		BVerwGE 8, 272				59, 1842	DÖV 59, 877; DVBl 59, 743; JZ 59, 781;	**20** 23
27.04.1959	2 BvF 2/58	BVerfG	Beamtenrecht		BVerfGE 9, 268				59, 1171	AP 1 § 59 PersVG; DVBl 59, 620; JZ 60, 19; MDR 59, 907; ZBR 59, 152;	**22** 28; **38** 10;
29.07.1959	1 BvR 394/58	BVerfG	Körperschaft des öffentl. Rechts		BVerfGE 10, 89				59, 1675	DÖV 59, 698; DVBl 59, 660; MDR 59, 821; **Anm.:** DÖV 59, 671;	**1** 105
11.07.1961	2 BvG 2/58 2 BvE 1/59	BVerfG	Petitionsrecht, Volksentscheid		BVerfGE 13, 54				61, 1453	DÖV 61, 699; DVBl 61, 587; JZ 61, 754;	**21** 18

Datum	Aktenz	Gericht	Kennwort	BDSG-Dok.	Offizielle Sammlung	CR	RDV	DuD	NJW	Sonstige	Fundstelle § Rdnr.
19.09.1961	VI ZR 259/60	BGH	Persönlichkeits-rechtsverletzung		BGHZ 35, 363						**7** 34
05.03.1963	VI ZR 55/62	BGH	Persönlichkeits-rechtsverletzung		BGHZ 39, 124				63, 902	BB 63, 410; DÖV 63, 315; MDR 63, 491; JZ 64, 291;	**8** 17
16.12.1963	GSSt 1/63	BGH	Rechtswidriger Vermögens-vorteil		BGHSt 19, 206						**44** 8
15.07.1964	6/64	EuGH	Costa vs. E.N.E.L.		Slg. 64, 1253						**38** 8
08.12.1965	V C 21.64	BVerwG	Willkürverbot / freies Ermessen		BVerwGE 23, 25					MDR 67, 69;	**6** 48
14.12.1965	1 BvR 606/60	BVerfG	Kirchensteuer		BVerfGE 19, 268				66, 101	AP 7 Art. 2 GG; DÖV 66, 62; DVBl 66, 221; MDR 66, 210;	**15** 57
14.12.1965	1 BvL 16/58 1 BvL 3/59	BVerfG	Kirchensteuer		BVerfGE 19, 282					AP Nr. 11 Art. 2 GG;	**15** 57
14.12.1965	1 BvR 413/60 1 BvR 416/60	BVerfG	Mitglieder		BVerfGE 19, 206				66, 147	AP 5 Art. 2 GG; DÖV 66, 57; DVBl 66, 26; MDR 66, 208; **Anm.:** KJ 89, 295;	**2** 100; **15** 57
18.01.1966	1 AZR 247/63	BAG	Arbeitnehmer-haftung						67, 238	AP 37 § 611 BGB Haftung des Arbeitnehmer; BB 66, 534; DB 66, 826; VersR 66, 881; **Anm.:** NJW 67, 2381;	**7** 73
21.06.1966	VI ZR 261/64	BGH	Werturteil		BGHZ 45, 296				66, 1617	BB 66, 874; JZ 67, 174; MDR 66, 831; LM Nr. 24 zu Art. 5 GG;	**20** 20
16.09.1966	VI ZR 268/64	BGH	Personen der Zeitgeschichte						66, 2353	MDR 67, 121	**6b** 19
18.07.1967	2 BvR 3/62 …	BVerfG	Sozialstaats-prinzip		BVerfGE 22, 180				67, 1795	AP 5 Art. 20 GG; BayVBl 67, 343; DB 67, 1419; DÖV 67, 630; JuS 68, 90; JZ 67, 568;	**38** 13
25.01.1967	VI 58.65	BVerwG	dienstl. Beurtei-lungen		BVerwGE 26, 65					AP 1 § 26 BBG; RiA 67, 130; VwRsp 19, 24; ZBR 67, 203;	**20** 23

Datum	Aktenz	Gericht	Kennwort	BDSG-Dok.	Offizielle Sammlung	CR	RDV	DuD	NJW	Sonstige	Fundstelle § Rdnr.
09.02.1967	1 C 57.66	BVerwG	erkennungsdienstl. Unterlagen		BVerwGE 26, 169				67, 1192	DÖV 67, 351; DVBl 67, 778; JZ 67, 532; MDR 67, 518;	**20** 105
23.08.1968	IV C 235.65	BVerwG	Auskunft, Ermessen		BVerwGE 30, 154					DÖV 68, 836; MDR 69, 75;	**19** 12
26.11.1968	VI ZR 212/66	BGH	Produzentenhaftung		BGHZ 51, 91				69, 269	MDR 69, 209; VersR 69, 155;	**4g** 110
25.02.1969	1 C 65.67	BVerwG	Auskunftserteilung		BVerwGE 31, 301				69, 1131	DÖV 69, 463; JuS 69, 444; MDR 69, 506; **Anm.:** DVBl 69, 700; JR 69, 272;	**6** 51; **19** 124
26.02.1969	1 BvR 619/63	BVerfG	Blinkfuer, Freie Meinungsäußerung		BVerfGE 25, 256				69, 1161	DB 69, 916; DÖV 69, 460; DVBl 69, 497; RdA 69, 1161;	**1** 36
16.07.1969	1 BvL 19/63	BVerfG	Mikrozensus		BVerfGE 27, 1				69, 1707	DB 69, 1601; DÖV 69, 749; DVBl 69, 739; **Anm.:** DÖV 70, 361;	**E** 27; **1** 35, 65, 95; **13** 2
03.10.1969	1 BvR 46/65	BVerfG	Informationsfreiheit		BVerfGE 27, 71				70, 235	DB 70, 51; DÖV 70, 49; DVBl 70, 141; JZ 70, 100; MDR 70, 391;	**28** 185, 189
14.10.1969	1 BvR 93/67	BVerfG	Beschlagnahme		BVerfGE 27, 104						**28** 189
15.01.1970	1 BVR 13//68	BVerfG	Scheidung, Aktenübersendung		BVerfGE 27, 344				70, 555	AP 17 Art. 2 GG; DÖV 70, 204; JZ 70, 250; MDR 70, 484; RdA 71, 157; **Anm.:** DÖV 70, 361; NJW 70, 1075;	**1** 65; **13** 2
18.02.1970	2 BvR 531/68	BVerfG	Grundrechtseinschränkung		BVerfGE 28, 36				70, 1268	DVBl 70, 456; DÖV 70, 417; MDR 70, 825;	**1** 105
15.12.1970	15 W 430/70	OLG Hamm	Grundbucheinsicht						71, 899		**28** 192
24.02.1971	1 BvR 435/68	BVerfG	Mephisto		BVerfGE 30, 173				71, 1645	DÖV 71, 554; JZ 71, 544;	**3** 17

Datum	Aktenz	Gericht	Kennwort	BDSG-Dok.	Offizielle Sammlung	CR	RDV	DuD	NJW	Sonstige	Fundstelle § Rdnr.
13.10.1971	1 BvR 280/66	BVerfG	Wohnungsbegriff		BVerfGE 32, 54				71, 2299	DVBl 71, 892; DÖV 72, 51; JuS 72, 98; MDR 72, 117; **Anm.:** DÖV 75, 661; JuS 73, 25;	**38** 58
14.03.1972	2 BvR 41/71	BVerfG	Grundrechte Strafgefangener		BVerfGE 33, 1				72, 811	DÖV 72, 512; JZ 72, 357; MDR 72, 582. **Anm.:** DÖV 72, 561; JZ 72 357;	**E** 39
25.04.1972	1 BvL 13/67	BVerfG	Güterabwägung		BVerfGE 33, 52				72, 1934	DÖV 72, 682; JZ 72, 585;	**28** 189
30.06.1972	VII C 22.71	BVerwG	Prüfungsentscheidung		BVerwGE 40, 205					BayVBl 72, 617; DVBl 73, 149; DÖV 73, 57; MDR 72, 978; VerwRspr 24, 1025;	**20** 23
18.07.1972	1 BvL 32/70 1 BvL 25/71	BVerfG	Numerus Clausus		BVerfGE 33, 303				72, 1561	AP 46 Art. 12 GG; DÖV 72, 600; DVBl 72, 725; JuS 74, 87; JZ 72, 686;	**E** 39
31.01.1973	2 BvR 454/71	BVerfG	Tonband		BVerfGE 34, 238				73, 891	AP 20 Art. 2 GG; DÖV 73, 274; DVBl 73, 359; JZ 73, 504; MDR 73, 504;	**6b** 5
30.05.1973	2 BvL 4/73	BVerfG	Grundrechtsbeschränkung durch Gesetz		BVerfGE 35, 185						**1** 5
05.06.1973	1 BvR 536/72	BVerfG	Lebach / Rundfunkfreiheit		BVerfGE 35, 202				73, 1227	JA 00, 649;	**1** 36; **6b** 5; **28** 188; **40** 52
18.09.1973	1 ABR 7/73	BAG	Einsichtsrecht		BAGE 25, 292				74, 333	AP 3 § 80 BetrVG'72; BB 74, 1133; DB 74, 143; EZA 5 § 80 BetrVG '72; MDR 74, 261; SAE 74, 239; WM 74, 112;	**28** 53
09.10.1973	2 BvR 677/72	BVerfG	Zuständigkeit		BVerfGE 36, 89				74, 32		**14** 10
07.02.1974	III C 115.71	BVerwG	Ermessen		BVerwGE 44, 339					DÖV 74, 346; MDR 74, 780;	**6** 48

Datum	Aktenz	Gericht	Kennwort	BDSG-Dok.	Offizielle Sammlung	CR	RDV	DuD	NJW	Sonstige	Fundstelle § Rdnr.
05.03.1974	1 ABR 19/73	BAG	Arbeitnehmer		BAGE 26, 36				74, 965, 1161	AP 1 § 5 BetrVG'72; BB 74, 553, 653; DB 74, 826, 1239; JZ 74, 625; MDR 74, 698;	**4f** 71
19.11.1974	1 ABR 20/73	BAG	Arbeitnehmer		BAGE 26, 345				75, 797, 1246	AP 2 § 5 BetrVG '72; BB 75, 279; DB 75, 405; DRiZ 75, 53; RdA 75, 151;	**4f** 71
25.02.1975	1 BvF 1, 2, 3, 4, 5, 6/74	BVerfG	Fristenlösung		BVerfGE 39, 1				75, 573	DÖV 75, 237; EuGRZ 75, 126; FamRZ 75, 263; JZ 75, 205; ZfSH 75, 106;	**1** 28; **43** 6, 9
28.11.1975	VII C 53/73	BVerwG	Petition						76, 637	DÖV 76, 315; JZ 76, 239; JuS 76, 326; MDR 76, 520;	**21** 18
27.01.1976	1 BvR 2325/73	BVerfG	Übergangs-bonus		BVerfGE 41, 251				76, 1309	EuGRZ 76, 146; JuS 77, 334; **Anm.:** JA 77, 177 / 547; JZ 76, 367;	**E** 39, 40
06.05.1976	2 B 7/76	OVG Koblenz	Verweigerung Aktenvorlage						77, 266	DÖV 77, 372; DVBl 77, 425;	**19** 102
15.06.1976	1 ABR 116/74	BAG	Einsichtsrecht Betriebsrat							AP 9 § 80 BetrVG '72; BB 76, 1223; DB 76, 1773; DVBl 77, 425; EzA 14 § 80 BetrVG '72;	**28** 53
01.09.1976	VII B 101/75	BVerwG	Petition						77, 118	DÖV 77, 101; JuS 77, 115; JZ 76, 682;	**21** 18
21.09.1976	2 BvR 350/75	BVerfG	Kirche		BVerfGE 42, 312				76, 2123	DÖV 77, 51; DVBl 76, 901; JuS 77, 258; **Anm.:** DÖV 77, 57; KJ 89, 295;	**2** 91, 136
03.11.1976	VIII ZR 140/75	BGH	Willens-erklärung		BGHZ 67, 271				77, 194	BB 77, 67; DB 77, 204; MDR 77, 45; **Anm.:** LM Nr. 3 zu § 132 BGB;	**33** 37
24.11.1976	VIII ZR 137/75	BGH	Produzenten-haftung		BGHZ 67, 359				77, 379	BB 77, 217; DB 77, 299; JZ 77, 342; MDR 77, 392;	**4g** 110

Datum	Aktenz	Gericht	Kennwort	BDSG-Dok.	Offizielle Sammlung	CR	RDV	DuD	NJW	Sonstige	Fundstelle § Rdnr.
08.02.1977	1 ABR 22/26	BAG	Arbeitnehmer							AP 16 § 5 BetrVG '72; BB 77, 945; DB 77, 1146; EZA 27 § 5 BetrVG '72;	**4f** 71
24.05.1977	2 BvR 988/75	BVerfG	Suchtberatungs-stelle		BVerfGE 44, 353				77, 1489	JZ 77, 334; **Anm.:** NJW 77, 2119;	**16** 11; **39** 37; **40** 14
11.10.1977	2 BvR 209/76	BVerfG	kirchlicher Arbeitgeber		BVerfGE 46, 73				78, 581	AP 1 Art. 140 GG; AuR 78, 189; BB 77, 1702; DB 77, 2379; EzA 15 § 118 BetrVG '72; JuS 78, 559; **Anm.:** AuR 78, 172;	**2** 137; **15** 49
01.03.1978	1 BvR 333/75 u. 174, 178, 191/71	BVerfG	HUG		BVerfGE 47, 327						**40** 35
12.04.1978	8 C 7/77	BVerwG	Akteneinsicht						79, 177	JuS 79, 147;	**19** 124
25.04.1978	6 ABR 9/75	BAG	RA als Sachver-ständiger							AP 11 § 80 BetrVG '72; DB 78, 1747; EzA 15 § 80 BetrVG '72;	**28** 52
12.05.1978	2/9 T 492/78	LG Frankfurt	Grundbuch-einsicht							AfP 79, 245; Rpfleger 78, 316;	**28** 192
20.06.1978	VI ZR 66/77	BGH	SCHUFA						78, 2151	BB 78, 1278, 1587; DB 78, 1926; JuS 79, 142; JZ 79, 102; MDR 79, 129; WM 78, 999; **Anm.:** BB 78, 1587; JZ 79, 104; NJW 79, 265;	**4a** 65; **28** 95; **29** 175, 178, 225, 274
08.08.1978	2 BvL 8/77	BVerfG	Vorrang Parlament		BVerfGE 49, 89				79, 359	DB 79, 201; DVBl 79, 45; DÖV 79, 49; EuGRZ 78, 553; JuS 79, 362; JZ 79, 178; WM 79, 243;	**38** 2;
26.10.1978	2 AZR 24/77	BAG	Kündigung, Sicherheits-bedenken						79, 2063	AP 1 § 1KSchG 69; BB 79, 629; DB 79, 895; BlStSozArbR 79, 279; ESA 38 § 1 KSchG;	**35** 30
16.11.1978	8 TaBV 6/78	LAG München	Ernennung DSB	E 1 § 28 BDSG '77					79, 1561	BB 79, 1092; DB 79, 1561; LAGE 1 § 95 BetrVG;	**4f** 80, 107

Datum	Aktenz	Gericht	Kennwort	BDSG-Dok.	Offizielle Sammlung	CR	RDV	DuD	NJW	Sonstige	Fundstelle § Rdnr.
19.12.1978	VI ZR 137/77	BGH	Veröffentl. heimlich abgehörter Telefongespräche		BGHZ 73, 120				79, 647	GRUR 79, 418; JZ 79, 328; MDR 79, 483; LM Nr. 64 zu § 823 BGB;	**8** 17
13.02.1979	3 Sa 104/78	LAG Berlin	Arbeitnehmerdaten	E 1 § 24 BDSG '77						AuR 80, 30; DB 79, 2187;	**28** 109;
28.03.1979	5 AZR 80/77	BAG	Beurteilung							AP 3 § 75 BPersVG; BB 79, 1401; DB 79, 1703; EzA 24 § 611 BGB Fürsorgepflicht;	**28** 101, 102, 103
03.04.1979	6 ABR 29/77	BAG	Mitbestimmung							AP 2 § 87 BetrVG '72; DB 79, 2186; EzA 7 § 87 BetrVG '72;	**28** 45
13.06.1979	1 BvR 699/77	BVerfG	Übergangsbonus		BVerfGE 51, 268				80, 35	DVBl 79, 812; EuGRZ 79, 519;	**E** 39, 40
28.09.1979	3 Ta BV 3/79	LAG Niedersachsen	Betriebsrat - Schulung							EzA 64 § 37 BetrVG '72;	**4g** 6; **28** 38
14.11.1979	3 U 92/79	OLG Celle	unzulässige Übermittlung neg. Merkmal	E 1 § 3 BDSG '77					80, 347	BB 80, 1772;	**4a** 40, 41, 74, 80, 81; **7** 36, 42; **28** 172;
20.12.1979	1 BvR 385/77	BVerfG	Mühlheim-Kärlich		BVerfGE 53, 30				80, 759	DB 80, 488; DÖV 80, 299; DVBl 80, 356; EuGRZ 80, 57; GewArch 80, 119; JZ 80, 307; WM 80, 239;	**4d** 31; **4e** 1; **38** 2
09.01.1980	10 BV 79/79	ArbG Düsseldorf	Mitbestimmung bei Zugangskontrollsystem							BB, 80, 468;	**28** 44
16.01.1980	1 BvR 127/78	BVerfG	Rechtsschutzprinzip		BVerfGE 53, 115				80, 1565	DÖV 80, 696; DVBl 80, 877; JZ 80, 443;	**6** 52
29.01.1980	1 ABR 45/79	BAG	leitende Angestellte		BAGE 32, 381				80, 2665	AP 22 § 5 BetrVG '72; BB 80, 1374; DB 80, 1545; EZA 35 § 5 BetrVG '72; RdA 80, 281;	**4f** 71

Datum	Aktenz	Gericht	Kennwort	BDSG-Dok.	Offizielle Sammlung	CR	RDV	DuD	NJW	Sonstige	Fundstelle § Rdnr.
04.03.1980	1 VA 2/79	KG Berlin	Angaben Speicherung	E 2 § 2 Abs. 1 BDSG 77	OLGZ 80, 394					DB 90, 1062; MDR 89, 676; WRP 80, 232;	**3** 7
25.03.1980	2 BvR 208/76	BVerfG	Kirchenstatus / Glaubensfreiheit		BVerfGE 53, 366				80, 1895	AP 6 Art. 140 GG; DÖV 80, 696; DVBl 80, 552; JuS 81, 913; JZ 80, 397;	**2** 90, 100, 137; **15** 49
28.04.1980	Ss (B) 33/80	OLG Saarbrücken	Medienprivileg						81, 136		**41** 9
03.06.1980	1 BvR 185/77	BVerfG	Eppler		BVerfGE 54, 148				80, 2070	DÖV 80, 760; DVBl 80, 839; JZ 80 719;	**1** 36
24.07.1980	2 B 63/80	OVG Koblenz	Adressenweitergabe	E 1 § 11 BDSG ’77					81, 837		**16** 16
11.11.1980	IV 1 E 79/79	VG Wiesbaden	BKA Kriminaldaten							DVBl 81, 790;	**46** 38
18.12.1980	27 O 434/80	LG Berlin	Dateibegriff	E 2 § 1 Abs. 3 BDSG ’77							**7** 68
18.02.1981	6 C 95.78	BVerwG	Arbeitszeit, Richter							AP 86 § 611 BGB; DÖV 81, 632;	**28** 128
26.02.1981	30 O 18145/80	LG München	Speicherung, Zwangsvollstreckung	E 2 § 32 BDSG ’77							**28** 363
05.03.1981	5 S 3/81	LG Paderborn	Schadenersatz							DB 81, 1038; MDR 81, 1038;	**7** 31, 61
08.04.1981	3 ObOWi 24/81	Bay ObLG	Eheanbahnung	E 1 § 22 BDSG ’77				81, 208	81, 2313	DÖV 81, 80; JZ 81, 410; MDR 81, 782; NStZ 81, 305;	**28** 25, 28
19.05.1981	VI ZR 273/79	BGH	Auskunftsanspruch, Weitergabe	E 2 § 34 BDSG ’77	BGHZ 80, 311				81, 1738	BB 81, 1240; DB 81, 1391; DÖV 81, 721; DVBl 81, 766; JZ 81, 786; MDR 81, 745; WM 81, 650; ZIP 81, 616; **Anm.:** JuS 83, 96; NJW 81, 1697;	**3** 40, 47; **7** 56, 60; **19** 19, 25; **29** 5, 127, 225, 243;

Datum	Aktenz	Gericht	Kennwort	BDSG-Dok.	Offizielle Sammlung	CR	RDV	DuD	NJW	Sonstige	Fundstelle § Rdnr.
19.05.1981	1 ABR 109/78	BAG	Informationsrecht Betriebsrat, Bewerbungen		BAGE 35, 278				82, 124	AP 18 § 118 BetrVG '72; BB 82, 1984; DB 81, 2384; EzA 32 § 99 BetrVG '72; SAE 82, 124; **Anm.:** NJW 82, 2227; SAE 82, 127;	**28** 128
26.05.1981	2 BvR 215/81	BVerfG	Meinungsfreiheit		BVerfGE 57, 250				81, 1719	JZ 81, 741; MDR 81, 900; NStZ 81, 357;	**19** 86, 101
10.08.1981	7 B 28.80	BVerwG	Telefongeprächsaufzeichnung dienstlich						82, 840	DVBl 82, 904;	**28** 107
03.12.1981	6 ABR 8/80	BAG	Einsichtsrecht, Betriebsrat		BAGE 37, 195				82, 2399	AP 17 § 80 BetrVG '72; BB 82, 615; DB 82, 653; EzA 20 § 80 BetrVG '72;	**28** 53
10.03.1982	5 AZR 927/79	BAG	Persönlichkeitsrecht		BAGE 38, 141					AP 1 § 13 BAT; MDR 82, 694;	**28** 103
05.05.1982	14 K 1496/81	VG Köln	Informationsrecht	E 1 § 40 BDSG '77							**38** 50, 62
06.07.1982	2 Ca 2115/82	ArbG Bremen	AVAD					84, 248			**28** 109
11.08.1982	VII 1 E 81/81	VG Wiesbaden	Öffentl. Stelle	E 3 § 14 BDSG '77						NVwZ 83, 305;	**3** 99; **46** 31
25.08.1982	Bf III 19/81	OVG Hamburg	Auskunft, Verfassungsschutz	E 3 § 13 Abs. 2 BDSG '77							**3** 115
27.08.1982	74 O 80/82	LG Hamburg	Schufa-Klausel							ZIP 82, 1313;	**4a** 20
29.09.1982	5 Sa 514/82	LAG Köln	Kündigung wg. unbefugter Abfrage							DB 83, 124;	**5** 40
10.10.1982	1 C. 114.79	BVerwG	erkennungsdienstl. Unterlagen		BVerwGE 66, 202				83, 1338	DÖV 83, 281; JuS 83, 723; MDR 83, 607;	**20** 42, 105

Datum	Aktenz	Gericht	Kennwort	BDSG-Dok.	Offizielle Sammlung	CR	RDV	DuD	NJW	Sonstige	Fundstelle § Rdnr.
19.10.1982	2 BvR 1/81	BVerfG	Staatshaftung		BVerfGE 61, 149				83, 25	DB 82, 2341; DÖV 82, 982; DVBl 82, 1135; JuS 83, 141; JZ 83, 137; MDR 83, 106; MedR 83, 23; NVwZ 83, 90; **Anm.:** BB 84, 905; JA 82, 569;	**7** 1
27.10.1982	V ZR 24/82	BGH	Einschreiben						83, 929	BB 83, 796; DB 83, 40; JR 83, 146; MDR 83, 216;	**33** 37
29.10.1982	4 B 172.82	BVerwG	Verweigerung Aktenvorlage		BVerwGE 66, 233					BB 83, 338; DÖV 83, 988; DVBl 83, 550; NVwZ 83, 407;	**6** 53; **19** 106
23.11.1982	VI ZR 222/79	BGH	Krankenakten, Einsicht		BGHZ 85, 327				83, 328	JZ 83, 302; MDR 83, 298; MedR 83, 25 u. 62;	**33** 76; **34** 88
12.01.1983	2 BvL 23/81	BVerfG	Geschäfts-führung		BVerfGE 63, 1					DÖV 83, 809; DVBl 83, 537; NVwZ 83, 537; SozVers 83, 188; ZfSH/SGB 83, 266;	**9** 30, 32
12.01.1983	6 U 153/91	OLG Karlsruhe	Widerspruch	E 6 § 32 BDSG'77						AfP 83, 399; WRP 83, 287;	**16** 25
08.02.1983	1 BvL 20/81	BVerfG	Gegendar-stellung		BVerfGE 63, 131				83, 1179	DVBl 83, 544; JuS 83, 875; JZ 83, 492; MDR 83, 551;	**4d** 31; **4e** 1; **41** 33
17.03.1983	6 ABR 33/80	BAG	Betriebsrat, Einsichtsrecht		BAGE 42, 113				83, 2463	AiB 83, 176; AP 18 § 80 BetrVG '72; AuR 84, 56; BB 83, 1282; DB 83, 1607; EzA 24 § 80 BetrVG '72;	**28** 51, 53
23.03.1983	7 AZR 391/79	BAG	Arbeitnehmer-haftung		BAGE 42, 130				83, 1693	AP 82 § 611 BGB Haftung des Arbeitnehmers; AuR 83, 314; BB 83, 1157; DB 83, 1207; EzA 14 § 611 BGB Gefahrengeneigte Arbeit; JuS 83, 724; ZIP 83, 599; VersR 83, 990; **Anm.:** AuR 83, 317; BB 83, 1603; DB 85, Beilage 18; JuS 84, 336; NZA 84, 65; NZA 86, 80;	**4g** 100; **7** 72

Datum	Aktenz	Gericht	Kennwort	BDSG-Dok.	Offizielle Sammlung	CR	RDV	DuD	NJW	Sonstige	Fundstelle § Rdnr.
25.03.1983	11 U 200/82	OLG Hamm	SCHUFA	E 8 § 24 BDSG‘90						MDR 83, 667; WM 83, 852; ZIP 83, 552;	**28** 172
04.05.1983	1 BvL 46/80	BVerfG	Altersgrenze		BVerfGE 64, 72				83, 2869	NVwZ 84, 33; DB 83, 1917; DÖV 83, 852;	**1** 105
26.05.1983	(3) Ss 314/82	KG Berlin	personenbez. Datum	E 3 § 2 Abs. 1 BDSG ’77						NDV 85, 52; JR 85, 24;	**3** 4, 7
06.06.1983	2 BvR 224/83 2 BvR 310/83	BVerfG	Ausländerakten						83, 2135	DRiZ 83, 369; NVwZ 83, 604;	**20** 32, 33
24.06.1983	25 U 148/83	OLG Düsseldorf	Negativmerkmal, Kreditinformation	E 6 § 24 BDSG ’77						BB 84, 18; ZIP 83, 1183;	**28** 169, 172;
07.07.1983	III ZR 159/82	BGH	SCHUFA, Interessenabwägung, Widerrufsrecht	E 5 § 24 BDSG ’77					84, 436	AfP 83, 453; BB 83, 2016; DB 83, 2754; MDR 84, 205; VersR 83, 1140; ZIP 83, 1312;	**7** 36, 60; **28** 76, 83, 172, 208; **29** 127, 225, 227; **35** 71
10.10.1983	18 A 1591/82	OVG Münster	Verfassungsschutz, Auskunft	E 6 § 13 Abs. 2 BDSG ’77							**19** 61
24.10.1983	10 S 902/82	VGH Mannheim	Kfz-Zulassungsstelle, Auskunft						84, 1911	DÖV 84, 440;	**16** 17; **28** 139
06.12.1983	1 ABR 43/81	BAG	Überwachung		BAGE 44, 285				84, 1476	AP 7 § 87 BetrVG ’72 Überwachung; BB 84, 850; DB 84, 775; EzA 1 § 87 BetrVG ’72 Bildschirmarbeitsplatz;	**28** 47
13.12.1983	2 BvL 13, 14, 15/82	BVerfG	Kirche, Körperschaft des ö.R.		BVerfGE 66, 1				84, 2401	AP 17 Art. 140 GG; AuR 84, 218; BB 84, 1494; JuS 86, 148; JZ 84, 471;	**2** 108
15.12.1983	1 BvR 209/83	BVerfG	Volkszählungsgesetz ’83	E 2 Art. 2 Abs. 1 GG	BVerfGE 65, 1				84, 419	DB 84, 36; DÖV 84, 156; DVBl 84, 128; NVwZ 84, 167;	statt aller: **1** 27 ff.

Datum	Aktenz	Gericht	Kennwort	BDSG-Dok.	Offizielle Sammlung	CR	RDV	DuD	NJW	Sonstige	Fundstelle § Rdnr.
15.12.1983	III ZR 207/82	BGH	Speicherung, Interessen-abwägung						84, 1889	BB 84, 809, 1708; DB 84, 1092; MDR 84, 822; ZIP 84, 429; **Anm.:** BB 84, 1708;	**4a** 65; **28** 161, 163; **29** 173, 183, 225, 227, 238, 242
15.12.1983	III ZR 187/82	BGH	Auskunft bei Telex	E 5 § 34 BDSG '77	BGHZ 89, 218				84, 1887	DB 84, 1462; MDR 84, 648; ZIP 84, 813;	**7** 36
09.01.1984	68 C 542/83	AG Flensburg	Heizkosten-abrechnung	E 9 § 24 BDSG'77						WuM 85, 347;	**28** 210
10.04.1984	1 ABR 69/82	BAG	Mitbestimmung				87, 17		84, 2431	AiB 84, 142; BB 85, 121; DB 84, 2097; **Anm.:** SAE 86, 21;	**9** 81
22.05.1984	VI ZR 105/82	BGH	Berechtigtes Interesse, Empfänger	E 8 § 32 BDSG 77	BGHZ 91, 233				84, 1886	BB 84, 2085; DB 84, 1876; GRUR 84, 688; WM 84, 867; ZIP 84, 816;	**1** 67; **7** 60; 16 17; **28** 139, 143, 148, 161, 163; **34** 30, 86; **35** 69
05.06.1984	5 C 73.82	BVerwG	Einsicht in allg. Weisungen		BVerwGE 69, 278				84, 2590	DVBl 84, 1078; NVwZ 84, 793;	**19** 12
06.06.1984	5 AZR 286/81	BAG	Personalfrage-bogen	E 3 Art. 2 Abs. 1 GG	BAGE 46, 98			89, 90	84, 2910	AP 7 § 611 BGB Persönlichkeits-recht; BB 84, 2130; BlStSozAr-bR 84, 36; DB 84, 2626; EZA 4 Art. 2 GG; MDR 85, 168; ZfA 85, 578; ZIP 85, 47;	**1** 52; **28** 128, 129; **35** 70
07.06.1984	2 AZR 270/83	BAG	Arbeitgeber, Fragerecht							AP 26 § 123 BGB; DB 84, 2706; EzA 24 § 123 BGB; NZA 85, 57;	**28** 67, 333
20.06.1984	1 BvR 1494/78	BVerfG	G 10-Gesetz	E 6 Art. 2 Abs. 1 GG	BVerfGE 67, 157				85, 121	JZ 85, 32; DÖV 85, 104;	**E** 37; **1** 44, 98; **22** 1, 21

Datum	Aktenz	Gericht	Kennwort	BDSG-Dok.	Offizielle Sammlung	CR	RDV	DuD	NJW	Sonstige	Fundstelle § Rdnr.
17.07.1984	2 BvE 11/83 2 BvE 15/83	BVerfG	Flick-Untersuchungsausschuß		BVerfGE 67, 100				84, 515	DB 84, 1657; DÖV 84, 754; DVBl 84, 827; ZIP 84, 1006; **Anm.:** Jura 90, 71; JZ 85, 112; NStZ 84, 518;	**1** 86, 88, 88, 89, 98, 106
10.08.1984	4 A 1010/83	OVG NW	Kriminalpolizeiliche Daten	E 5 § 14 BDSG '77							**E** 43
16.08.1984	17 L 1253/84	VG Düsseldorf	Berufsregister	E 4 § 11 BDSG '77						EzDat B, § 11 BDSG'77 Nr. 1;	**16** 26
14.09.1984	1 ABR 23/82	BAG	Überwachung		BAGE 46, 367			89, 93	85, 450	AP 9 § 87 BetrVG '72 Überwachung; AuR 85, 261; DB 84, 2513; NZA 85, 28;	**1** 52; **28** 45, 47
21.09.1984	3 Ws 133/84	OLG Celle	Auskunft über Strafgefangene	E 2 § 11 BDSG '77						NdsRpfl 84, 265; NStZ 85, 44;	**16** 16, 26
25.09.1984	13 U 1829/84	OLG München	SCHUFA							BB 84, 1965; MDR 86, 59; WM IV 85, 255; ZIP 85, 344;	**4a** 81; **28** 172;
02.10.1984	VI ZR 311/82	BGH	Akteneinsicht, Patient						85, 674	JZ 85, 286; MDR 85, 309; MedR 85, 154;	**33** 76; **34** 88
23.10.1984	23 O 148/84	LG München	SCHUFA							WM IV 85, 164; **Anm.:** WuB I B 7 Datenschutz 2.85;	**28** 172
02.11.1984	2/10 O 215/83	LG Frankfurt	Patientendaten			86, 388	86, 58		85, 2767	**Anm.:** CR 86, 389;	**28** 334
06.11.1984	17 K 2376/83	VG Düsseldorf	Überweisungsträger, Offenbarung						85, 1794	NVwZ 85, 607;	**14** 15; **15** 11; **28** 214
18.12.1984	3 AZR 389/83	BAG	Personalakteneinsicht Dritter	E 4 § 2 Abs. 3 BDSG'77			85, 57	91, 482	86, 341	AP 8 § 611 BGB Persönlichkeitsrecht; DB 85, 2307; NZA 85, 811;	**1** 51; **7** 34; **8** 17; **28** 128, 220
10.04.1985	7 Ta BV 34/84	LAG München	AVAD				86, 278				**28** 109, 156
17.04.1985	6 Sa 775/84	LAG München	AVAD	E 11 § 24 BDSG '77		85, 158				LAGE 1 § 24 BDSG'77;	**28** 169, 171

Datum	Aktenz	Gericht	Kennwort	BDSG-Dok.	Offizielle Sammlung	CR	RDV	DuD	NJW	Sonstige	Fundstelle § Rdnr.
23.04.1985	1 ABR 39/81	BAG	Überwachung			86, 97		87, 147		AP 11 § 87 BetrVG '72 Überwachung; AuR 86, 60; BB 85, 1666; DB 85, 1897; NZA 85, 669;	**28** 47
23.04.1985	1 ABR 2/82	BAG	Überwachung			86, 100				AP 12 § 87 BetrVG'72 Überwachung; BB 85, 1664; DB 85, 1898; EZA 13 § 87 BetrVG'72 Kontrolleinrichtung; NZA 85, 671; SAE 85, 287;	**28** 47
07.05.1985	VII R 25/85	BFH	Akteneinsicht		BFHE 143, 503	86, 712			85, 2440	BB 85, 1716; DB 85, 1925; DStR 85, 775; HFR 85, 501; wistra 86, 29; ZfZ 85, 375;	**19** 86
14.05.1985	1 BvR 233/81 1BvR 241/81	BVerfG	Versammlungs-freiheit		BVerfGE 69, 315				85, 2395	BayVBl 85, 589; DÖV 85, 778; DVBl 85, 1006; EuGRZ 85, 450; JuS 86, 644; JZ 86, 37; NVwZ 85, 898; ZfSH/SGB 85, 451;	**6b** 5
09.07.1985	Vf.44-VI-84	VerfGH München	Kriminalpolizeil. Sammlungen	E 13 Art. 2 Abs. 1 GG	VerfGHE BY 38, 74	86, 59 86, 101			86, 915	BayVBl 85, 652; DÖV 86, 69; NVwZ 86, 293;	**E** 39; **1** 100
12.07.1985	15 U 240/84	OLG Düsseldorf	SCHUFA - Widerruf der Einwilligung							WM IV 85, 1220; ZIP 85, 1319;	**4a** 94, 102
31.07.1985	1 B 45/83	OVG Berlin	Auskunft aus kriminalpol. Sammlungen	E 9 § 13 Abs. 2 BDSG'77		87, 123			86, 2004	NVwZ 86, 765;	**E** 40
01.08.1985	2 AZR 101/83	BAG	Arbeitgeber, Fragerecht		BAGE 49, 214					AP 30 § 123 BGB; DB 86, 2238; EzA 26 § 123 BGB; JuS 87, 155;	**28** 67
16.09.1985	II ZR 275/84	BGH	Konzernhaftung		BGHZ 95, 330				86, 188	JuS 86, 236; JZ 86, 901; ZIP 85, 1263;	**28** 161

Datum	Aktenz	Gericht	Kennwort	BDSG-Dok.	Offizielle Sammlung	CR	RDV	DuD	NJW	Sonstige	Fundstelle § Rdnr.
19.09.1985	III ZR 213/83	BGH	SCHUFA	E 2 § 3 BDSG '77	BGHZ 95, 362		85, 33		86, 46	DB 85, 2445; JZ 86, 185; MDR 86, 128; WM 85, 1305; ZIP 85, 1253;	**4a** 3, 41, 65, 66, 77, 81, 84; **28** 80; **29** 116, 151, 225; **35** 39
27.11.1985	5 AZR 101/84	BAG	Personaldaten		BAGE 50, 202			90, 639	86, 1065	AP 93 § 611 BGB Fürsorgepflicht; DB 86, 489; MDR 86, 433; NZA 86, 227;	**7** 35, 36
03.12.1985	1 ABR 72/83	BAG	Betriebsrat, Bewerbungsunterlagen		BAGE 50, 236			90, 640	86, 1709	AiB 86, 95; AP 29 § 99 BetrVG '72; BB 86, 876; DB 86, 917; MDR 86, 524; NZA 86, 335;	**28** 116, 128
17.12.1985	VI ZR 244/84	BGH	Bonitätsprüfung	E 4 § 2 Abs. 1 BDSG '77		86, 635	86, 81		86, 2505	BB 86, 485; DB 86, 855; EWiR 86, 227; IuR 86, 164; MDR 86, 489; WM 86, 189; ZIP 86, 220; **Anm.:** CR 86, 637;	**3** 44; **7** 60; 27 52; **28** 91, 161, 163; **29** 96, 127, 225; **34** 15; **35** 39, 69
23.01.1986	6 ABR 51/81	BAG	leitende Angestellte		BAGE 51, 1				86, 2273	AP 32 § 5 BetrVG'72; DB 86, 1131; EZA 42 § 5 BetrVG'72; NZA 86, 458; RdA 86, 269;	**4f** 71
18.02.1986	1 ABR 21/84	BAG	Überwachung		BAGE 51, 143		86, 138			AP 13 § 87 BetrVG '72 Überwachung; BB 86, 1154; DB 86, 1178; NZA 86, 488;	**3** 19; **28** 45, 47
11.03.1986	1 ABR 12/84	BAG	Überwachung, Mitbestimmung		BAGE 51, 217	86, 392	86, 191	89, 95		AP 14 § 87 BetrVG '72 Überwachung; BB 86, 1292; DB 86, 1469; NZA 86, 526;	**28** 45, 76, 101, 102
21.03.1986	7 C 71.83	BVerwG	Kfz-Halterauskunft		BVerwGE 74, 115				86, 2329	BB 86, 2329; DÖV 86, 652; DVBl 86, 731;	**6** 51, 53; **19** 78, 79, 106, 107

Datum	Aktenz	Gericht	Kennwort	BDSG-Dok.	Offizielle Sammlung	CR	RDV	DuD	NJW	Sonstige	Fundstelle § Rdnr.
14.04.1986	2 BvL 19/84	BVerfG	Berufsbildung / Kirchenfreiheit		BVerfGE 72, 278				87, 427	AP 28 Art. 140 GG; DÖV 86, 837; DVBl 86, 1101;	**2** 92, 100, 136
23.04.1986	2 BvR 487/80	BVerfG	Hausbrandkohle		BVerfGE 73, 261				87, 827	AP 28 Art. 2 GG; BB 87, 126; DB 87, 279; DVBl 87, 128; JZ 87, 873; MDR 87, 289; NVwZ 87, 401;	**4** 11
30.04.1986	P.St. 1023	StGH Hessen	Mitbestimmung				86, 143			DVBl 86, 936; PersV 86, 163;	**1** 89; **28** 53, 54, 110
06.05.1986	14 O 328/85	LG Darmstadt	Organzuständigkeit			87, 101				EWiR 86, 1389; ZIP 86, 1389;	**2** 151, 152
27.05.1986	1 ABR 48/84	BAG	Telefon-DV, Überwachung, Mitbestimmung	E 3 § 3 BDSG '77	BAGE 52, 88	86, 571	86, 199	89, 100	87, 674	AP 15 § 87 BetrVG '72 Überwachung; AuR 87, 149; BB 86, 2333; DB 86, 2080; MDR 87, 83; NZA 86, 643; SAE 89, 283; **Anm.:** AuR 87, 149; BB 86, 2334; CR 87, 242, 300; NZA 87, 7;	**3** 43; **4** 11, 17; **28** 49, 107
26.06.1986	7 TaBV 2/86	LAG Berlin	Aushang Personaldaten			88, 930	87, 252			AuR 89, 258; LAGE 19 § 99 BetrVG 1972;	**28** 53
19.08.1986	1 C 7.85	BVerwG	StPO § 96		BVerwGE 75, 1				87, 202	DÖV 87, 249; DVBl 86, 1207; NVwZ 87, 128;	**19** 86, 99, 101, 106, 107
22.08.1986	8 O 197/85	LG Berlin	Videobeobachtung				88, 152		88, 346	NJW-RR 88, 346; VersR 88, 408;	**6b** 52
28.08.1986	2 C 51.84	BVerwG	Personalaktengeheimnis		BVerwGE 75, 17				87, 1214	DÖV 87, 75; DVBl 87, 254; NVwZ 87, 500;	**1** 183
02.10.1986	12 U 43/86	OLG Karlsruhe	Juristische Personen	E 5 § 2 Abs. 1 BDSG '77		88, 34	87, 142			GmbH-Rdsch 88, 62; **Anm.:** CR 88, 36;	**3** 17, 44
16.10.1986	20 Owi 95 Js (B) 93/84	AG Bremerhaven	Ordnungswidrigkeiten				87, 91				**33** 38

Datum	Aktenz	Gericht	Kennwort	BDSG-Dok.	Offizielle Sammlung	CR	RDV	DuD	NJW	Sonstige	Fundstelle § Rdnr.
22.10.1986	2 BvR 197/83	BVerfG	EuGH Vorab-entscheidung		BVerfGE 73, 339				87, 577	DRiZ 87, 97; DVBl 87, 231; EuGRZ 87, 10; JuS 87, 487; JZ 87, 236; WM 87, 146;	**38** 8
22.10.1986	5 AZR 660//85	BAG	Arbeitnehmer-daten	E 4 § 23 BDSG '77	BAGE 53, 226	87, 370	87, 129	87, 504	87, 2459	AP 2 § 23 BDSG; BB 87, 1461; DB 87, 1048; NZA 87, 415; **Anm.:** CR 87, 697; RDV 87, 132; SAE 88, 153; ZIP 87, 960;	**1** 52; **3** 99, 113; **4** 13; **8** 11; **28** 42, 43, 78, 101, 102, 364; **46** 31
26.11.1986	M 7 K85.5970	VG München	Akteneinsicht LfD	E 1 § 20 BDSG '77		89, 318					**21** 25
16.12.1986	8 B 3/85	OVG Berlin	Verfassungs-schutz, Auskunft	E 10 § 13 Abs. 2 BDSG '77	OVGE BE 18, 5				87, 2605	DVBl 87, 700; NVwZ 87, 817;	**E** 40, 45
13.01.1987	1 AZR 267/85	BAG	Telefonge-spräche		BAGE 54, 67	87, 592	87, 136		87, 1509	AP 3 § 23 BDSG '77; BB 87, 1037; DB 87, 1153; NZA 87, 515;	**1** 181; **28** 107, 110
23.01.1987	11W 96/86	OLG Hamburg	SCHUFA			87, 692	87, 144	87, 356	87, 659	EWiR 87, 329; WM 87, 418; **Anm.:** RDV 87, 144;	**35** 50
27.01.1987	2 C 56.84	BVerwG	Personalakten		BVerwGE 75, 351				87, 1657	DÖD 87, 132; DVBl 87, 737; NVwZ 87, 700;	**28** 116
17.02.1987	VI ZR 77/86	BGH	Widerspruch bei Rufschädigung							AfP 87, 502; DB 87, 2200; GRUR 87, 397; JZ 87, 684; MDR 87, 659; NJW-RR 87, 754; WM 87, 634;	**35** 71
24.02.1987	1 BA 50/86	OVG Bremen	Auskunftsan-spruch	E 11 § 13 Abs. 2 BDSG '77		87, 783	87, 194		87, 2393	NVwZ 87, 902; DVBl 87, 701; **Anm.:** NVwZ 88, 223;	**E** 45; **6** 3; **19** 1, 76, 79, 85

Datum	Aktenz	Gericht	Kennwort	BDSG-Dok.	Offizielle Sammlung	CR	RDV	DuD	NJW	Sonstige	Fundstelle § Rdnr.
17.03.1987	1 ABR 59/85	BAG	Unterrichtung Betriebsrat		BAGE 54, 278	88, 224	87, 189	87, 606		AiB 87, 287; AP 29 § 80 BetrVG 1972; AuR 88, 92; BB 87, 1806; DB 87, 1491; EzA 30 § 80 BetrVG 1972; MDR 87, 873; NZA 87, 747; SAE 88, 106; **Anm.:** AiB 87, 290; AuR 88, 95; CR 88, 220; SAE 88, 111;	**11** 40; **28** 38
30.04.1987	Ss 234/87	OLG Köln	polizeiliche Information im Einstellungs-verfahren					89, 414	88, 2489		**5** 38
29.05.1987	2 VG A 248/86	VG Stade	Funktionsfähig-keit	E 12 § 13 Abs. 2 BDSG '77							**E** 40
29.06.1987	2 Ws 194/86	OLG Ffm	Bewerbungs-unterlagen			89, 39	88, 86	89, 413	88, 2488		**28** 129
30.06.1987	18 A 1152/85	OVG Münster	Melderegister-auskunft			88, 151		88, 258	88, 90	NVwZ 88, 183; BB 88, 589; **Anm.:** CR 88, 154;	**16** 26; **20** 73, 74
01.07.1987	18 C 87.00947	BayVGH	Speicherung, Personalrat			87, 882	88, 36			**Anm.:** RDV 88, 39, 40;	**5** 19
14.07.1987	1 BvR 537/81	BVerfG	Berufspflicht		BVerfGE 76, 171				88, 110	DVBl 88, 188; ZIP 87, 1559;	**38a** 10
15.07.1987	5 AZR 215/86	BAG	Personalakten-geheimnis		BAGE 54, 365	88, 47	88, 27	88, 638	88, 791	AiB 88, 183; AP 14 § 611 BGB Persönlichkeitsrecht; BB 87, 2300; DB 87, 2571; MDR 88, 256; NZA 88, 53; **Anm.:** AiB 88, 184;	**1** 183; **28** 116
17.07.1987	14 U 234/85	OLG Karlsruhe	Gewinnspiel, Einwilligung			89, 200	88, 146			EWiR 87, 1049; NJW-RR 88, 302;	**4a** 84
21.08.1987	2 U 33/87	OLG Stuttgart	Briefkasten-werbung							AfP 87, 716; EWiR 87, 1193; NJW-RR 97, 1422; VersR 88, 468; WRP 88, 188; ZIP 87, 1487;	**28** 272

Datum	Aktenz	Gericht	Kennwort	BDSG-Dok.	Offizielle Sammlung	CR	RDV	DuD	NJW	Sonstige	Fundstelle § Rdnr.
03.09.1987	1 WB 145.84 1 WB 131.86 1 WB 142.86	BVerwG	Speicherung personenbez. Daten von Soldaten		BVerwGE 83, 323	89, 421	88, 203	88, 474	88, 1405	NVwZ 88, 156;	**19a** 28; **28** 101; **33** 43
24.09.1987	1 BvR 970/87	BVerfG	VolkszählungsG '87			87, 872			87, 2805	DVBl 87, 1207;	**3** 196
01.10.1987	2 BvR 1178/86, 2 BvR 1179/86, …	BVerfG	Parlamentarische Untersuchungsausschüsse		BVerfGE 77, 1	88, 249				BayVBl 88, 331; DÖV 88, 261; DVBl 88, 200; EuGRZ 87, 531; NStZ 88, 140;	**1** 86, 98;
02.10.1987	7 N 1273/87	VGH Hessen	VolkszählungsG '87			87, 885		88, 469	88, 2058	DVBl 87, 1212; NVwZ 88, 642;	**22** 1
06.10.1987	1 BvR 1086, 1468, 1623/82	BVerfG	Bindungswirkung GG		BVerfGE 77, 84				88, 1195	BayVBl 88, 528; BB 88, 561; DB 88, 605; DVBl 88, 338; EuGRZ 88, 210; MDR 88, 464; NZA 89, 28; **Anm.:** AuR 89, 31; DVBl 88, 530; EWiR 88, 215;	**1** 28
07.10.1987	5 AZR 116/86	BAG	Verdeckte Kamera			88, 140	88, 30			AP 15 § 611 Persönlichkeitsrecht; AuR 87, 415; BB 88, 137; DB 88, 403; JZ 88, 108; NZA 88, 92;	**6b** 66
13.10.1987	1 V As 53/87	OLG Hamm	Mistra, Übergangbonus	E 27 Art. 2 Abs. 1 GG		89, 203			88, 1402	MDR 88, 342; NStZ 88, 186; NVwZ 88, 575; **Anm.:** NStZ 88, 187;	**E** 40; **1** 90
14.10.1987	1 BvR 12444/87	BVerfG	Planfeststellung		BVerfGE 77, 121	87, 870	88, 20		88, 403	DVBl 87, 1263; NVwZ 88, 237;	**1** 89
22.10.1987	M 17K 86.625	VG München	Kriminalpolizeiliche Daten	E 21 Art. 2 Abs. 1 GG		88, 329				Kriminalistik 88, 556; **Anm.:** CR 88, 330;	**E** 40
04.11.1987	VIII ZR 314/86	BGH	Computer Hard-, Software		BGHZE 102, 135	88, 124, 994	88, 80	88, 262	88, 406	BB 88, 20; DB 88, 406; EWiR 87, 1171; JR 88, 499; JZ 88, 460; MDR 88, 223; NJW-RR 88, 312; ZIP 87, 1567; **Anm.:** CR 88, 994; JR 88, 503; JZ 88, 220;	**29** 69

Datum	Aktenz	Gericht	Kennwort	BDSG-Dok.	Offizielle Sammlung	CR	RDV	DuD	NJW	Sonstige	Fundstelle § Rdnr.
24.11.1987	13 Js 29024/87 3 OW	AG Trier	Aufsichtsbehörde, Auskunftsanspruch			89, 512	88, 154				**38** 49
30.11.1987	2 Js 1255/86	AG Kiel	Aufsichtsbehörde, Auskunftsanspruch	E 2 § 30 BDSG'77			88, 93				**38** 37, 49
15.12.1987	3 AZR 474/86	BAG	Kundenschutz		BAGE 57, 159	89, 298	88, 259		88, 1686	AP 5 § 611 BGB Betriebsgeheimnis; DB 88, 1020; NZA 88, 502; **Anm.:** AiB 88, 268; ZIP 8, 689;	**1** 179
18.12.1987	1 BvR 962/87	BVerfG	VolkszählungsG '87	E 22 Art. 2 Abs. 1 GG		88, 429		89, 257	88, 959	NVwZ 88, 429;	**1** 106, 113, 114; **2** 15
06.01.1988	17 U 35/87 17 U 203/87	OLG Frankfurt	SCHUFA, Schmerzensgeld			89, 19	88, 148			BB 88, 652; DB 88, 749; MDR 88, 319; NJW-RR 88, 562; WM 88, 154;	**7** 30, 34, 42, 64, 68; **35** 69;
18.01.1988	1 BvR 1589/87	BVerfG	Auskunftsanspruch nichtehelicher Kinder				89, 124	89, 151	88, 3010	FamRZ 89, 147;	**1** 92
23.02.1988	16 Ta BV 13/88	LAG Düsseldorf	Betriebsvereinbarung bDSB			89, 298	89, 34			AuR 88, 323; DB 88, 2651; EZA 25 § 77 BetrVG'72; LAGE 3 § 77 BetrVG'72; NZA 88, 813;	**4f** 68, 69
08.03.1988	1 BvL 9/85	BVerfG	Familienstand		BVerfGE 78, 38					JR 89, 135; JuS 89, 57; MDR 88, 642;	**1** 92
09.03.1988	1 BvL 49/86	BVerfG	Entmündigung	E 31 Art. 2 Abs. 1 GG	BVerfGE 78, 77	89, 51	88, 194	91, 538	88, 2031	MDR 88, 749; **Anm.:** CR 89, 49;	**E** 33; **1** 68, 86, 89, 93, 111, 138, 171; **2** 98
10.03.1988	5 C 86.03492	VGH München	Akteneinsichtsrecht LfD	E 2 § 20 BDSG '77		89, 317		90, 156	89, 2643	NVwZ 89, 1081;	**21** 25
15.03.1988	10 A 12/86	OVG Lüneburg	Werbung Postgirodienst				88, 265		88, 1867	NVwZ 88, 753;	**16** 25

Datum	Aktenz	Gericht	Kennwort	BDSG-Dok.	Offizielle Sammlung	CR	RDV	DuD	NJW	Sonstige	Fundstelle § Rdnr.
15.04.1988	7 C 100.86	BVerwG	Entzug der Fahrerlaubnis	E 3 § 1 Abs. 2 BDSG '77		89, 642	89, 18	91, 540	88, 1863	DVBl 88, 978; NVwZ 88, 933;	**E** 45; **14** 77
03.05.1988	VI ZR 276/87	BGH	Widerruf ärztl. Diagnose						89, 774	AfP 89, 534; MDR 88, 952; MedR 89, 31; VersR 88, 827;	**20** 22; **34** 88; **35** 29
06.05.1988	20 K 711/86	VG Köln	Verfassungsschutz, Auskunft	E 13 § 13 Abs. 2 BDSG '77			89, 251			NVwZ 89, 85;	**E** 40; **46** 38
14.07.1988	3 VAs 4/88	OLG Ffm	Speicherung personenbezog. Daten	E 33 Art. 2 Abs. 1 GG		89, 505	89, 20	89, 364	89, 47	NStZ 89, 584; **Anm.:** NJW 89, 21;	**E** 39
25.07.1988	1 BvR 109/85	BVerfG	Eintragung im Schuldnerverz.	E 34 Art. 2 Abs. 1 GG		89, 528	89, 77	89, 150	88, 3009		**1** 28, 50, 68, 171
08.09.1988	2 Hi VG A 226/86	VG Hannover	ed-Maßnahmen	E 36 Art. 2 Abs. 1 GG							**E** 40
20.12.1988	VI ZR 182/88	BGH	Briefkastenwerbung				89, 124		89, 902		**16** 25; **28** 272
12.01.1989	12 A 140/86	OVG Lüneburg	Stellenbegriff				89, 241				**2** 15
26.01.1989	2 Vollz [WS] 63/88	OLG Koblenz	HIV Eintrag				90, 37			NStZ 90, 426; StV 89, 163;	**4a** 29; **20** 37
31.01.1989	1 BvL 17/87	BVerfG	Recht auf Kenntnis der Abstammung		BVerfGE 79, 256		89, 123		89, 891	DVBl 89, 306; MDR 89, 423; **Anm.:** JZ 89, 338; NJW 89, 881;	**1** 92
20.02.1989	ZB 129/88	BVerwG	Personaktenbereinigung			89, 933	89, 235		89, 1942	BayVBl 89, 235; NVwZ 89, 874;	**20** 33
23.02.1989	Vf. 9-VII-87	BayVerfGH	Verfassungswidrige Übermittlung		VerfGHE BY 42, 21	89, 646		90, 213	89, 2878	NVwZ 89, 748;	**1** 89

Datum	**Aktenz**	**Gericht**	**Kennwort**	**BDSG-Dok.**	**Offizielle Sammlung**	**CR**	**RDV**	**DuD**	**NJW**	**Sonstige**	**Fundstelle** § Rdnr.
28.02.1989	4 TaBV 106/88	LAG Frankfurt	Freier Mitarbeiter, DSB			90, 342	90, 149			AiB 90, 38; AuR 90, 132;	**4f** 75, 77
17.03.1989	11W 106/89	OLG Hamm	SCHUFA-Meldung, Widerruf			90, 655	90, 36		89, 2264	NJW-RR 89, 1011;	**7** 36; **35** 71
06.04.1989	Vf. 2-VII-87	VerfGH Bayern	Mikroverfilmung Krankenhaus		VerfGHE BY 42, 41	89, 530	89, 238		89, 2939	BayVBl 89, 397;	**28** 342
06.04.1989	1 BvR 33/87	BVerfG	Steuerfahndung			89, 827	90, 139		90, 701		**1** 171
10.04.1989	6 W 20/89	OLG Frankfurt	Vorspiegelung anonymer Marktumfragen					90, 99		DB 89, 1517; GRUR 89, 845;	**28** 65
11.04.1989	VI ZR 293/88	BGH	Widerruf ärztl. Diagnose						89, 2941	FamRZ 89, 831; GRUR 89, 536; MDR 89, 981; MedR 89, 236; VersR 89, 628;	**20** 17, 22; **35** 29
21.04.1989	7 C 48.88	BVerwG	Postgiro Werbung		BVerwGE 82, 29		89, 630		89, 2409	BB 89, 1647; DVBl 88, 355; GRUR 90, 710;	**28** 45, 48, 272
27.04.1989	3 C 4/86	BVerwG	Akteneinsicht		BVerwGE 82, 45		90, 33		89, 2960	DVBl 89, 880; MedR 89, 336; **Anm.:** VBlBW 89, 413;	**19** 100; **33** 76
08.05.1989	9 Sa 21/89	LAG Berlin	Arbeitgeber, -Haftung				90, 97	90, 647		BB 89, 1825; LAGE 2 § 242 BGB Auskunftspflicht; NZA 89, 965;	**28** 220
19.05.1989	1 Sa 5/89	LAG Hamburg	Weitergabe Personaldaten			90, 406	90, 39				**28** 109, 171
08.06.1989	1 ZR 178/87	BGH	Telefonwerbung II			89, 994			89, 2820	DB 89, 2221; GRUR 89, 753; JuS 90, 235; MDR 90, 23; **Anm.:** ZIP 89, 1286;	**28** 16, 272
12.07.1989	IVa ARZ (VZ) 9/88	BGH	Mikroverfilmung Handelsregister		BGHZ 108, 32	89, 984	90, 31	89, 629	89, 2818	DB 89, 1635; JuR-PC 89, 258; MDR 89, 1089; ZIP 89, 1120; **Anm.:** EWiR 89, 899;	**28** 191;

Datum	Aktenz	Gericht	Kennwort	BDSG-Dok.	Offizielle Sammlung	CR	RDV	DuD	NJW	Sonstige	Fundstelle § Rdnr.
28.07.1989	6 P 1.88s	BVerwG	Telefondaten-aufzeichnung, Mitbestimmung			90, 132		90, 426	90, 529	AP 3 § 75 LPVG Niedersachsen; NVwZ 90, 71; PersR 89, 297; PersV 89, 488, RiA 90, 47; ZfPR 89, 166; **Anm.:** DuD 90, 497;	**28** 107
15.08.1989	1 BvR 881/89	BVerfG	Jugendreligionen						89, 3269	NVwZ 90, 54;	**38** 40
05.09.1989	25 B 88.91631	VGH München	Akteneinsicht						90, 2641	DÖV 91, 171; NVwZ 90, 775;	**19** 78, 86, 100
14.09.1989	2 BvR 1062/87	BVerfG	Tagebuchauf-zeichnung im Strafprozeß		BVerfGE 80, 367	90, 142	90, 134	91, 645	90, 563	DVBl 90, 220; MDR 90, 307; NStZ 90, 89; **Anm.:** CR 90, 344; JZ 91, 112; NJW 90, 1753; NStZ 90, 397;	**1** 94, 95, 96, 97
12.10.1989	8 AZR 276/88	BAG	Arbeitnehmer-haftung		BAGE 63, 127	90, 483			90, 468	DB 90, 48; NZA 90, 97; ZIP 89, 1598; **Anm.:** EWiR 90, 31;	**7** 72
25.10.1989	7 ABR 60/88	BAG	Leitender Angestellter		BAGE 63, 200					AP 42 § 5 VetrVG; BB 90, 1700; DB 90, 1775; MDR 90, 1041; NZA 90, 820;	**4f** 71
08.11.1989	1 ZR 55/88	BGH	Telefonwerbung III			90, 330				BB 90, 301; GRUR 90, 280; JZ 90, 251; MDR 90, 511; ZIP 90, 199;	**28** 16
04.12.1989	3 C 4196/89	AG Freiburg	Zurückbehal-tungsrecht, Kranken-unterlagen					91, 208	90, 770	ArztR 91, 41;	**6** 21
19.01.1990	7 U 72/89	OLG Düsseldorf	Weitergabe durch Makler							MDR 91, 250; NJW-RR 90, 372;	**28** 123
07.02.1990	1 BvR 26/84	BVerfG	Berufsfreiheit Handelsvertreter		BVerfGE 81, 242				90, 1469	AP 65 Art. 12 GG; BB 90, 440; DVBl 90, 474; MDR 90, 600; NZA 90, 389;	**2** 98
08.02.1990	27 U 266/89	OLG Hamm	Tatsachen-, Werturteil							NJW-RR 90, 765; MDR 90, 821; MedR 90, 197;	**20** 22; **35** 29

Datum	Aktenz	Gericht	Kennwort	BDSG-Dok.	Offizielle Sammlung	CR	RDV	DuD	NJW	Sonstige	Fundstelle § Rdnr.
20.02.1990	1 C 29.86	BVerwG	Auskunfts-erteilung				91, 257		90, 2765	DÖV 90, 847; DVBl 90, 721; JuS 91, 337; NVwZ 90, 1164;	**E** 45; **1** 100
20.02.1990	1 C 30/86	BVerwG	Verwendungs-zweck, Änderung, Löschung					91, 597	90, 2768	Buchholz 402.41 Allgem. Polizeirecht Nr. 47; DÖV 90, 848; DVBl 90, 721; JZ 91, 471; NVwZ 90, 1165;	**E** 45; **1** 102; **20** 42, 105
20.02.1990	1 C 42.83	BVerwG	Verfassungs-schutz, Auskunft		BVerwGE 84, 375		90, 249;	90, 98	90, 2761	DVBl 90, 707; JZ 91, 558;	**E** 39, 45; **1** 100; **19** 2, 4, 12, 76, 106
27.03.1990	7 TG 3310/88	VGH Kassel	Sperrung			90, 800	91, 149				**20** 44, 106; **35** 82
04.04.1990	5 AZR 299/89	BAG	Personalakten-einsicht		BAGE 64, 38	91, 33	90, 184	91, 93	90, 2272	AP 21 § 611 BGB Persönlichkeitsrecht; BB 90, 1490; DB 90, 1522; EzA 9 § 611 BGB Persönlichkeitsrecht; MDR 90, 952; JZ 91, 49; NZA 90, 933; ZTR 90, 348; **Anm.:** EWiR 90, 997;	**1** 52
11.05.1990	1 Ss 63/90	OLG Zwei-brücken	unbefugte KFZ - Halterabfrage			91, 557				DSB 6/91, 16; NStZ 90, 495; **Anm.:** JR 91, 293;	**5** 38
20.06.1990	10.S 342/90	VGH Mannheim	Löschung							NVwZ-RR 91, 70; VBlBW 91, 94;	**20** 100
01.08.1990	7 ABR 99/88	BAG	Telefondaten-erfassung BR				91, 79	92, 41		AP 20 Art. 56 ZA-Nato-Truppenstatut; DB 91, 47; PersR 91, 79;	**28** 107
04.09.1990	6 P 28.87	BVerwG	Personalrat DV			91, 290	91, 33		91, 375	AP 1 § 68 BPersVG; DVBl 91, 108; NVwZ 91, 273; RiA 91, 200;	**28** 38, 41, 51, 52, 53, 54
19.09.1990	4 O 58/90	LG Aachen	Amtshaftung, Personenver-wechslung							DSB 11/91, 22; NVwZ-RR 91, 338;	**7** 20

Datum	Aktenz	Gericht	Kennwort	BDSG-Dok.	Offizielle Sammlung	CR	RDV	DuD	NJW	Sonstige	Fundstelle § Rdnr.
31.10.1990	II R 180/87	BFH	FA-Erhebung		BFHE 163, 103		91, 143			DB 91, 529;	**4** 57
31.10.1990	5 T 153/90	LG Ulm	DSB, Berufsbezeichnung			91, 103	91, 40			**Anm.:** CR 91, 104;	**4f** 83
02.11.1990	7 UE 1181/84	VGH Hessen	BKA als Zentralstelle			92, 693					**6** 30, 55
27.11.1990	XI ZR 308/89	BGH	Bankgeheimnis						91, 155	BB 91, 155; DB 91, 436; JuS 91, 422; MDR 91, 625;	**28** 134
11.12.1990	1 V 52/88	BVerwG	Auskunft für Statistik						91, 1246	GeWArch 91, 133; WUR 91, 219; **Anm.:** NVwZ 92, 241;	**1** 98
17.12.1990	7 UE 1182/84	VGH Hessen	Auskunftsanspruch, Speicherung				91, 187			DÖV 91, 806;	**19** 21; **34** 17
15.01.1991	1 BvR 867/90	BVerfG	Briefkastenwerbung						91, 910	DVBl 91, 481;	**28** 277
24.01.1991	1 ZR 133/89	BGH	Telefonwerbung IV		BGHZ 113, 282	91, 465			91, 2087	BB 91, 1140; DB 91, 1979; GRUR 91, 764; MDR 91, 957; WM 91, 1056; WRP 91, 470; ZIP 91, 751; **Anm.:** EWiR 91, 615; NJW 93, 1620;	**28** 16
29.01.1991	4 S 1912/90	VGH Mannheim	Telefondatenerfassung			91, 423	91, 145		91, 1205	NVwZ 91, 1205; VBlBW 91, 347;	**28** 107
12.02.1991	9 L 246/89	OVG Lüneburg	Verfassungsschutzbericht						92, 192	NJW-CoR 3/92, 28; VwZ 92, 194;	**1** 89
19.03.1991	I 1 E 760/90	VG Gießen	Bekanntgabe eines Informanten				92, 246			NVwZ 92, 401;	**19** 102
26.03.1991	1 ABR 26/90	BAG	Privatdetektiv							AP 21 § 87 BetrVG '72 Überwachung; BB 91, 1566; DB 91, 1834; EZA 1 § 87 BetrVG 1972 Überwachung; **Anm.:** AiB 92, 100;	**28** 72

Datum	Aktenz	Gericht	Kennwort	BDSG-Dok.	Offizielle Sammlung	CR	RDV	DuD	NJW	Sonstige	Fundstelle § Rdnr.
03.04.1991	8 SA 1/91	LAG Hamburg	Schmerzensgeld, Persönlichkeitsrecht							AfP 92, 215; NZA 92, 509;	**7** 56, 64
08.05.1991	I R 26/86	BFH	Mitglieder		BFHE 164, 573				92, 2176	BB 91, 1918; DB 91, 2018; NVwZ 92, 303;	**2** 100; **15** 57
28.05.1991	1 VAs 1/91	OLG Celle	Akteneinsicht, rechtswidrig				92, 83	92, 316	92, 253	NdsRpfl 91, 226;	**1** 165
11.06.1991	1 BvR 239/90	BVerfG	Entmündigung, Mietvertrag		BVerfGE 84, 192	92, 368	92, 21	92, 96	91, 2411	EuGRZ 91, 292; MDR 91, 865; WM 91, 1589; **Anm.:** JuS 92, 151; FuR 91, 343; NJW-CoR 4/92, 25;	**E** 33; **1** 28, 50, 51, 52, 89, 90; **4** 19; **4a** 3; 28 70; **34** 2; **38** 2
27.06.1991	2 BvR 1493/89	BVerfG	Zins-Urteil	E 44 Art. 2 Abs. 1 GG	BVerfGE 84, 239	91, 688			91, 2129	DB 91, 1421; DVBl 91, 872; MDR 91, 802;	**1** 46, 68, 86, 89, 98, 101, 102, 106; **14** 66
10.07.1991	VII ZR 296/90	BGH	Verstoß gegen ärztliche Schweigepflicht		BGHZ 115, 123	92, 21	92, 22		91, 2955	BB 91, 1737; DB 91, 2033; NJW-CoR 3/92, 26; **Anm.:** CR 92, 24; NJW 92, 729, 1543;	**4a** 10, 77, 79; **11** 34; **28** 27, 323, 342
30.07.1991	NotZ 19/89	BGH	Notare, Meldepflicht für DV		BGHZ 112, 178	91, 113	91, 139		91, 568	NJW-CoR 6/90, 31; ZIP 90, 1568; **Anm.:** NJW 91, 548;	**2** 25
03.09.1991	1 C 48/88	BVerwG	Informant, Auskunft BGS	E 1 §19 BDSG '90	BVerwGE 89, 14	92, 236	92, 27	92, 490	92, 451	DVBl 92, 298; NVwZ 92, 266; **Anm.:** DVBl 92, 633;	**6** 3, 48, 49; **19** 1, 2, 4, 12, 25, 75, 77, 78, 80, 82, 83, 86, 102; **33** 83
02.10.1991	1 B 58/91	BVerwG	Meldedaten, Amtshilfe				92, 26			Buchholz 403.1 Allg. Datenschutzrecht Nr. 12; NVwZ 92, 71;	**1** 196

Datum	Aktenz	Gericht	Kennwort	BDSG-Dok.	Offizielle Sammlung	CR	RDV	DuD	NJW	Sonstige	Fundstelle § Rdnr.
09.10.1991	3 U 43/91	OLG Oldenburg	Forderungsabtretung						92, 758		**4a** 10
18.11.1991	St 1/91	StGH Bremen	LfD, Wahl, Mehrheit		StGHE BR 5, 57					DÖV 92, 669; DVBl 92, 669; NVwZ 93, 59;	**22** 7
18.11.1991	6 U 47/91	OLG Bremen	Schriftform			94, 35	92, 133		92, 757	MedR 92, 168; NJW-CoR 4/92, 26;	**1** 187; **4a** 10, 34
19.11.1991	VI ZR 7/91	BGH	Produkthaftung		BGHZ 116, 60				92, 560	BB 92, 316; VersR 92, 96; **Anm.:** JZ 92, 637;	**4g** 110
04.12.1991	28 O 211/91	LG Köln	Vorstrafen				93, 138			AfP 92, 93;	**7** 64
11.12.1991	VIII ZR 4/91	BGH	Praxisverkauf		BGHZ 116, 268	92, 266	92, 76	93, 295	92, 737	LM Nr.137 § 134 BGB; MedR 92, 104; MDR 92, 226; NJ 92, 230;	**1** 52; **4a** 10, 34, 44, 77;
19.12.1991	1 BvR 382/85	BVerfG	Mithören			92, 498	92, 121		92, 815	AP 24 § 611 BGB Persönlichkeitsrecht; AuR 92, 158; BB 92, 708; DB 92, 789; NZA 92, 307; ZUM 93, 177; **Anm.:** AuR 92, 160; RDV 92, 205;	**28** 107
23.01.1992	6 AZR 87/90	BAG	Direktionsrecht, öffentl. Dienst				92, 231			AP 39 § 611 BGB Direktionsrecht; DB 92, 1299; EzA 10 § 611 BGB Direktionsrecht; NZA 92, 795;	**13** 23
28.01.1992	1 BvR 1319/91	BVerfG	Eigenbedarf		BVerfGE 85, 219				92, 1379	JZ 92, 752; ZMR 92, 232;	**1** 52, 86, 93, 106, 138; **4a** 3
28.01.1992	1 BvR 1025/82, 1 BvL 16/83 u. 10/91	BVerfG	Diskriminierung		BVerfGE 85, 219				92, 964	AP 2 § 19 AZO; DB 92, 377; DÖV 92, 352; DVBl 92, 364; EuGRZ 92, 17; EuZW 92, 320; FamRZ 92, 289; JZ 92, 913; MDR 92, 682; PersR 92, 166;	**4a** 4

Datum	Aktenz	Gericht	Kennwort	BDSG-Dok.	Offizielle Sammlung	CR	RDV	DuD	NJW	Sonstige	Fundstelle § Rdnr.
19.02.1992	1 BV 79/91	ArbG Offenbach	Mitbestimmung, Bestellung DSB	E 1 § 36 BDSG '90			93, 83				**4f** 80, 149
25.02.1992	1 BDR 13/92	BezirksG Schwerin	Übermittlung	E 1 § 15 BDSG '90			93, 79			DtZ 92, 398;	**14** 6; **15** 14
25.03.1992	1 BvR 1430/88	BVerfG	Fangschaltung		BVerfGE 85, 386	92, 431	92, 170	93, 47, 118	92, 1875	DÖV 92, 704; NVwZ 92, 765; **Anm.:** CR 92, 482; NJW-CoR 5/92, 26; JZ 92, 1018; NJW 93, 2029;	**1** 102, 165; **13** 14
01.04.1992	2 W 22/92	OLG Bremen	Konkursrechtliche Postsperre			93, 691			93, 798	EWiR 92, 1215; ZIP 92, 1757;	**13** 11
14.05.1992	1 ZR 204/90	BGH	Verdeckte Laienwerbung				93, 124		92, 2419	GRUR 92, 622; **Anm.:** EWiR 92, 817;	**28** 16, 65
14.05.1992	2 Z BR 33/92	BayObLG	Löschung							MDR 92, 1000; NJW-RR 93, 475;	**1** 171
20.05.1992	VIII ZR 240/91	BGH	Einwilligung Patient			93, 217	92, 231	94, 399	92, 2348	JR 93, 22; MDR 92, 848; MedR 92, 330; **Anm.:** JR 93, 25;	**4a** 34; **28** 323
26.05.1992	1 S 668/90	VGH Mannheim	Auskunftsverweigerung Polizei	E 2 § 19 BDSG '90				92, 657		DVBl 92, 1309; VBlBW 93, 13; **Anm.:** DVBl 92, 1314;	**19** 19, 75, 78, 80; **20** 43, 101
27.05.1992	8 S 71.92	OVG Berlin	StUG				92, 182			**Anm.:** RDV 92, 183;	**1** 160; **20** 102
12.06.1992	19 U 154/91	OLG Köln	Abtretung von Forderung			93, 91			93, 793	VersR 93, 1025;	**4a** 27
16.06.1992	2 Ta BV 10/91	LAG Hamburg	Weitergabe Personaldaten			94, 417	94, 190			AiB 93, 566; **Anm.:** BetrR 94, 123;	**28** 256
19.06.1992	13 U 262/92	KG Berlin	Honorarforderung, RA			93, 387	93, 31		92, 2771	StBg 93, 9;	**28** 168
24.06.1992	17 U 30/91	OLG Köln	Honorarforderung			94, 34			92, 2772	VersR 93, 243; ZIP 92, 1320;	**28** 168

Datum	Aktenz	Gericht	Kennwort	BDSG-Dok.	Offizielle Sammlung	CR	RDV	DuD	NJW	Sonstige	Fundstelle § Rdnr.
13.10.1992	5 RJ 16/92	BSG	Versicherungs-nummer, Geburtsdatum		BSGE 71, 170					NachrLVA HE 93, 118;	**20** 11
15.10.1992	2 AZR 227/92	BAG	Schwangerschaft		BAGE 71, 252		93, 127		93, 1154	AP 8 § 611a BGB; BB 93, 433; DB 93, 435; FamRZ 93, 537; NZA 93, 257;	**28** 67
04.11.1992	1BvR 79, 85, 643/87, 442/89, 1258/90 u. 777, 909/91	BVerG	Anwalt, Berufsrecht		BVerfGE 87, 287				93, 317	AnwBl 93, 120; BB 93, 460; BRAK-Mitt 93, 50; DB 93, 376; DVBl 93, 310; EuGRZ 93, 7; GewArch 93, 109; JZ 93, 466; MDR 93, 276; WM 93, 810; WRP 93, 209; ZIP 93, 40; **Anm.:** EWiR 93, 261; JZ 93, 470; JuS 93, 769;	**38a** 10
12.11.1992	1 B 164/92	BVerwG	Löschung Ermittlungs-verfahren							Buchholz 402.41 Allgem. Polizeirecht Nr. 56;	**20** 42, 105
24.11.1992	S 108/92	LG Deg-gendorf	Schmerzensgeld	E 1 § 7 BDSG '90			93, 188			NJW-RR 93, 410;	**8** 18
08.12.1992	11 UE 1486/88	VGH Kassel	Aufbewahrung	E 2 § 1 BDSG '90			93, 246		93, 3011	DVBl 93, 616; MedR 93, 399; NVwZ 94, 86;	**14** 28; **20** 37
15.12.1992	14 K 198/92	VG Stuttgart	Entfernen aus Personalakte				93, 250			IÖD 93, 91;	**20** 33
11.01.1993	8 R 90/91	OVG Saarland	Auskunft LfD	E 3 § 21 BDSG'90							**21** 18
28.01.1993	IX ZR 259/91	BGH	Formnichtigkeit		BGHZ 121, 224	94, 29			93, 1126	BB 93, 749; DB 93, 975; DNotZ 94, 440; JZ 93, 1005; MDR 93, 532; WM 93, 496; ZEuP 94, 493; ZIP 93, 424;	**4a** 34
16.03.1993	10 A 1986/91	VG Hannover	Anrufungsrecht DSB	E 4 § 21 BDSG'90							**21** 18

Datum	Aktenz	Gericht	Kennwort	BDSG-Dok.	Offizielle Sammlung	CR	RDV	DuD	NJW	Sonstige	Fundstelle § Rdnr.
18.03.1993	12 TABV 106/93	LAG Frankfurt	Personalinformationssystem, Betriebsrat			94, 482	94, 189			ARSt 94, 13; LAGE 9 § 80 BetrVG 1972; **Anm.:** AiB 93, 661;	**28** 38, 39
21.06.1993	1 B 62.92	BVerwG	Observierung, Auskunftserteilung				93, 236		94, 746	DÖV, 93, 1102; DSB 7-8/94, 34; NVwZ 94, 72; VBlBW 93, 418;	**19** 78, 79, 99, 106, 107
24.06.1993	1 BvR 689/92	BVerfG	Medizin.-psycholog. Gutachten		BVerfGE 89, 69				93, 2365	BayVBl 93, 592; DVBl 93, 995; EuGRZ 93, 415; MDR 93, 1027; NZV 93, 413;	**1** 98
01.07.1993	2 AZR 25/93	BAG	Schwangerschaft				93, 234		94, 148	AP 36 § 123 BGB; DB 93, 1978; EzA 39 § 123 BGB;	**28** 67
11.08.1993	7 ABR 34/92	BAG	Konzernbetriebsrat		BAGE 74, 68					AP 6 § 54 BetrVG 1972; DB 94, 480; EzA 4 § 54 BetrVG 1972; **Anm.:** EWiR 94, 843; Mitbestimmung, 2/94, 60;	**28** 42
12.10.1993	2 BvR 2134, 2159/92	BVerfG	EUV und Demokratieprinzip		BVerfGE 89, 155				93, 3047	DÖV 94, 119; DVBl 93, 1254; EuGRZ 93, 429; EuR 93, 294; EuZW 93, 667; JZ 93, 1100; WM 93, 2056; ZIP 93 1636;	**38** 8
26.10.1993	10 s 2381/82	VGH Mannheim	Verfassungsschutz, Auskunft							NVwZ-RR 94, 395; VBlBW 94, 320;	**19** 86; **20** 100
12.11.1993	2 U 117/93	OLG Stuttgart	Anzeigenblätter, Briefkastenwerbung							AfP 94, 226; NJW-RR 94, 502;	**28** 272
08.12.1993	13 U 48/93	OLG Celle	SCHUFA Eintrag		OLGR Celle 94, 184					NJW-RR 95, 699;	**29** 172; **35** 30, 39
22.12.1993	6 P 11.92	BVerwG	Mitbestimmung, Fragebogen				94, 131			AP 2 § 85 LPVG Berlin; NVwZ-RR 94, 271; PersV 94, 520;	**28** 42
11.01.1994	7 Sa 86/92	LAG BW	Kündigung, Verstoß gegen Datengeheimnis			94, 361	95, 81			BB 94, Beilage 7, 5; BetrR 95, 85;	**5** 23, 40

Datum	Aktenz	Gericht	Kennwort	BDSG-Dok.	Offizielle Sammlung	CR	RDV	DuD	NJW	Sonstige	Fundstelle § Rdnr.
09.02.1994	3 Ca 7628/93	ArbG Dresden	Kündigung DSB	E 2 § 36 BDSG'90		94, 484	94, 140			**Anm.:** CR 94, 485; NJW-CoR 94, 376; RDV 94, 141;	**4f** 149, 185
22.02.1994	1 BvL 30/88	BVerfG	Rundfunkfreiheit, Gebühren		BVerfGE 90, 60				94, 1942	AfP 94, 32; DÖV 94, 429; DVBl 94, 465; EuGRZ 94, 120; JuS 95, 79; JZ 94, 515; ZUM 94, 173;	**38** 3
16.03.1994	5 S 179/93	LG Bonn	SCHUFA			95, 276	95, 253				**7** 56; **28** 172; **29** 178, 185
18.03.1994	11 B 76/93	BVerwG	Löschung in Führerscheindatei				95, 27		94, 2499	DÖV 94, 659; NVwZ 94, 1101; NZV 94, 412;	**20** 42
22.03.1994	1 ABR 51/93	BAG	Mitbestimmung, Versetzung DSB	E 3 § 36 BDSG '90	BAGE 76, 184	94, 688	94, 182	95, 50		AP 4 § 99 Versetzung BetrVG'72; AuA 95, 324; BB 94, 2070; DB 94, 1678, 1680; EZA 121 § 99 BetrVG'72; MDR 95, 291; NZA 94, 1049; **Anm.:** AiB 94, 637; BB 94, 1352; DB 94, 1690; RDV 94, 186;	**4f** 65, 74, 75, 79, 80, 83, 100, 106, 125
05.05.1994	C-421/92	EuGH	G. Habermann-Dettermann, Nachtarbeit		EuGHE I 1994, 1657				94, 2077	AP 3 Art. 2 EWG-Richtlinie Nr.76/207; DB 94, 1089; EzA 3 § 8 MuSchG; FamRZ 94, 1629; NZA 94, 609;	**28** 67
19.05.1994	3 VAs 31/93	OLG Frankfurt	inform. Selbstbestimmung			95, 358		95, 556	95, 1102	Kriminalistik 95, 50; NVwZ 95, 623;	**1** 173
17.06.1994	21 A 3434/93	OVG Münster	Verfassungsschutz, Auskunft	E 64 Art. 2 Abs. 1 GG						DVBl 95, 371; NWVBl 94, 470;	**6** 58; **19** 82, 106, 114
15.07.1994	5 B 93.156	VGH München	Verfassungsschutz, Auskunft Speicherung		VGHE BY 47, 83	95, 113	95, 117				**19** 106; **20** 100
25.08.1994	6 U`266/93	OLG Düsseldorf	Datenweitergabe, Einwilligung			95, 539	95, 246			NJW-RR 95, 369; VuR 95, 350;	**4a** 77, 84; **28** 28

Datum	Aktenz	Gericht	Kennwort	BDSG-Dok.	Offizielle Sammlung	CR	RDV	DuD	NJW	Sonstige	Fundstelle § Rdnr.
30.08.1994	7 U 5713/93	KG Berlin	SCHUFA		KGR Berlin 94, 210	95, 80	95, 245			DSB 6/95, 15;	**4a** 84; **28** 172; **29** 170; **35** 39
19.10.1994	Vf. 12-VII-92, Vf. 13-VIII-92	BayVerfGH	Datenumgang der Polizei		VerfGHE BY 47, 241					BayVBl 95, 143; DVBl 95, 347; JZ 95, 299; NVwZ 96, 166;	**1** 98
15.11.1994	VI ZR 56/94	BGH	Schmerzensgeld (Caroline)		BGHZ 128, 1				95, 861	AfP 95, 411; JZ 95, 360; VersR 95, 305;	**7** 33, 34
08.12.1994	I ZR 189/92	BGH	Telefonwerbung V			95, 461	95, 170			BB 95, 1211; DB 95, 925; MDR 95, 379; VerBAV 95, 209; **Anm.:** EWiR 95, 503; WiB 95, 399;	**28** 78
20.12.1994	208 C 57/94	AG Köln	Videoüberwachung, Sehbehinderung							DSB 1/96, 17; NJW-RR 95 1226;	**6b** 65
08.02.1995	25 O 308/92	LG Köln	HIV-Test				95, 251		95, 1621	DSB 6/95, 13; MedR 95, 409; VersR 96, 65;	**7** 64
23.02.1995	25 A 1688/94	OVG NW	Umfassende Tätigkeit, BfD	E 5 § 21 BDSG'90							**21** 18
07.03.1995	1 BvR 1564/93	BVerfG	Auskunft		BVerfGE 92, 191	96, 372	95, 239		95, 3110	BayVBl 95, 495; DVBl 95, 791; EuGRZ 95, 258; StV 96, 143;	**1** 28, 48, 98, 100, 101, 111
04.04.1995	9 U 42/95	OLG Hamm	Ehegatten, Auskunftei						96, 131	DSB 4/96, 14; NJW-RR 96, 122;	**7** 35, 68;
25.04.1995	VI ZR 272/94	BGH	Videoüberwachung			95, 727	96, 26	95, 618	95, 1955	AfP 95, 597; AP 25 § 611 BGB Persönlichkeitsrecht; BB 95, 2136; DB 95, 1607; GRUR 95, 621; JZ 95, 1115; MDR 95, 1125; VersR 95, 841;	**6b** 5, 30, 63, 64, 65, 66; **28** 101
16.05.1995	L 7 Ar 344/93	LSG Celle	Auskunftsbegehren							NdsRpfl 96, 51;	**19** 19

Datum	**Aktenz**	**Gericht**	**Kennwort**	**BDSG-Dok.**	**Offizielle Sammlung**	**CR**	**RDV**	**DuD**	**NJW**	**Sonstige**	**Fundstelle** § Rdnr.
17.05.1995	VIII ZR 94/94	BGH	Honorarforderungen				96, 27		95, 2026	BB 95, 1375; DB 95, 1853; MDR 95, 960; ZIP 95, 1016; **Anm.:** DStR 95, 1362;	**28** 323
24.05.1995	2 BvF 1/92	BVerfG	Personalrat – Mitbestimmung		BVerfGE 93, 37					DÖV 96, 74; DVBl 95, 1291; NVwZ 96, 574; PersV 95, 553;	**22** 21; **28** 42, 45, 51
14.06.1995	2Ss (OWi) 185/95	OLG Celle	Auskunftspflicht § 38				95, 244		95, 3265	NJW-CoR 95, 344; NVwZ 96, 206;	**38** 29, 48
22.06.1995	6 UE 1668/92	Hess. VGH	Speicherung durch BKA							DVBl 96, 570;	**1** 98
11.10.1995	VIII ZR 25/94	BGH	Praxisübernahme				96, 187		96, 773	BB 95, 2549; DStR 95, 1924; MDR 96, 459; NJW-CoR 96, 54;	**28** 323
20.12.1995	7 ABR 8/95	BAG	Betriebsvereinbarung, Konzern		BAGE 82, 36	96, 542	96, 41, 249			AiB 97, 662; AP 1 § 58 BetrVG 72; BB 96, 2686; DB 96, 1985; NZA 96, 945; **Anm.:** AiB 97, 663, 664; BB 96, 2687; SAE 97, 143;	**2** 160
20.12.1995	7 U 1513/95	OLG Koblenz	Aktenübernahme bei Kanzleiabwicklung						96, 1760		**28** 323
13.02.1996	1 BvR 262/91	BVerfG	Meinungsfreiheit		BVerfGE 94, 1				96, 1529	BayVBl 96, 399; JuS 97, 367; NVwZ 96, 711;	**20** 18, 20
04.03.1996	24 B 94 2020	VGH München	Löschungsanspruch							BayVBl 96, 468;	**20** 101
18.03.1996	8 O 103/95	LG Halle	Einwilligung, Beratervertrag			98, 86				DSB 4/98, 16; VuR 96, 418;	**4a** 84
15.04.1996	1 Ta 46/96	LAG Thüringen	bDSB, Weiterbeschäftigung				96, 195				**4f** 196
17.04.1996	VIII ZR 5/95	BGH	Kundendaten				97, 26	97, 668	96, 2159	BB 96, 1458; DB 96, 1512; MDR 96, 1122; VersR 96, 889; WM 96, 1555; WRP 96, 747; ZIP 96, 1131;	**11** 58; **35** 36

Datum	Aktenz	Gericht	Kennwort	BDSG-Dok.	Offizielle Sammlung	CR	RDV	DuD	NJW	Sonstige	Fundstelle § Rdnr.
22.05.1996	VIII ZR 194/95	BGH	Praxisverkauf				96, 244		96, 2087	DB 96, 1513; EWiR 96, 669; MDR 97, 778;	**28** 168
28.06.1996	15 U 4/96	OLG Karlsruhe	Pauschaleinwilligung			97, 152	97, 180	97, 669		MDR 96, 1230;	**28** 315
14.08.1996	7 Ca 565/95	ArbG Erfurt	Kündigung DSB	E 5 § 36 BDSG'90			97, 88			DSB 2/97, 1;	**4f** 185
16.08.1996	317 S 354/95	LG Hamburg	Speicherfristen							NJW-RR 96, 1522; WM 97, 621;	**35** 39
20.08.1996	20 U 139/95	OLG Düsseldorf	Outsourcing im Krankenhaus			97, 536				DSB 10/97, 17; **Anm.:** CR 97, 536;	**11** 34
21.08.1996	3 RK 2/96	BSG	Krankenhauswanderer							KH 97, 198; NJW-RR 98, 273; NZS 97, 198; SozSich 97, 390; **Anm.:** KH 97, 199; RuP 98, 38;	**29** 195
27.08.1996	5 G 1630/96	VG Ffm	Polizei, Datenspeicherung				97, 133		97, 675	DSB 4/97, 14; NVwZ 97, 413;	**20** 44, 106
30.08.1996	12 Sa 639/96	LAG Köln	Videoüberwachung, Beweisverwertung				97, 183	98, 104		BB 87, 476; LAGE 8 § 611 BGB Persönlichkeitsrecht;	**6b** 66
05.12.1996	6 BV 84/96	ArbG Dortmund	Versetzung DSB				98, 77				**4f** 65, 80
06.12.1996	4 Sa 174/96	LAG Bremen	Auskunftsanspruch			97, 746	97, 182			ARSt 97, 34; ZTR 97, 141;	**34** 94
20.12.1996	406 Js 573/96	LAG Mannheim	Telefonbuch CD	E 2 § 43 BDSG '90				97, 353		**Anm.:** DuD 97, 354;	**43** 54
17.02.1997	10/1996/629/812	EGMR	Akteneinsicht Beschuldigter							DSB 10/98, 20; JP 98, 463; NStZ 98, 429;	**19** 123
25.02.1997	1 ABR 69/96	BAG	Arbeitszeit		BAGE 85, 185					AP 72 § 87 BetrVG'72 Arbeitszeit; BB 97, 2003; EZA 57 § 87 BetrVG'72 Arbeitszeit; NZA 97, 955;	**4f** 71

Datum	Aktenz	Gericht	Kennwort	BDSG-Dok.	Offizielle Sammlung	CR	RDV	DuD	NJW	Sonstige	Fundstelle § Rdnr.
19.03.1997	1 Ca 639/96	ArbG Osnabrück	Kündigung wg. Datenschutz-verstoß				98, 118			EzDat D 1 § 1 KSchG Nr. 5.2;	**43** 57
09.04.1997	17 C 193/96	AG Wedding	Videoüberwa-chung, Attrappe							WuM 98, 342;	**6b** 32, 64
27.04.1997	2 O 264/96	OLG Schleswig	Mobilfunk-klausel				98, 114				**4a** 77
29.04.1997	1 C 2.95	BVerwG	Verdeckte Ermittler			98, 727			97, 2534	BayVBl 97, 761; NVwZ 97, 1001;	**19** 124
15.05.1997	2 U 37/96	OLG Schleswig	AGB, Mobilfunk							BB 97, 1810; DSB 2/98, 15; MMR 98, 41; NJW-RR 98, 54; VuR 98, 29;	**4a** 84
08.07.1997	1 BvR 2111/94 u. 95, 2189/95	BVerfG	Stasi-Mitarbeit		BVerfGE 96, 171		97, 253		97, 2307	AP 39 Art. 2 GG; AuA 97, 318; EuGRZ 97, 279; NJ 97, 480; EZA 55 Art. 20 Einigungsver-trag; IÖD 97, 236; NZA 97, 992; ZBR 97, 355; ZTR 97, 424;	**1** 28
29.07.1997	P 9 K 1/97	VG Sig-maringen	Mitbestimmung, Bestellung DSB	E 6 § 36 BDSG'90			98, 75	98, 103		DSB 12/97, 16; NJW-CoR 98, 114; PersR 98, 201;	**4f** 65
15.08.1997	9 S 145/97	LG Karlsruhe	Widerruf, Über-mittlung an SCHUFA				98, 116			FLF 98, 82; DVP 98, 525; MDR 97, 1141; **Anm.:** DSB 9/98, 21;	**29** 185
11.09.1997	7 (9) O 51/96	LG Itzehoe	Videoüber-wachung							NJW-RR 99, 1394;	**6b** 30
24.09.1997	L 9 Kr 9/97	LSG Berlin	Akteneinsicht Versicherter							E-LSG KR-130;	**19** 100, 122
27.10.1997	17 Sa 87/97	LAG Berlin	Kündigungs-schutz neben-amtl. DSB	E 7 § 36 BDSG'90			98, 73	98, 413		ZfPR 98, 165;	**4f** 185, 187

Datum	Aktenz	Gericht	Kennwort	BDSG-Dok.	Offizielle Sammlung	CR	RDV	DuD	NJW	Sonstige	Fundstelle § Rdnr.
11.11.1997	1 ABR 21/97	BAG	bDSB Kontrolle	E 2 § 37 BDSG '90	BAGE 87, 64	98, 328	98, 64	98, 227	98, 2466	AP 1 § 36 BDSG; BB 98, 897; DB 98, 627; EzA 1 §§ 36-37 BDSG; NZA 98, 385; **Anm.:** CR 98, 331; NJW 98, 2395;	**2** 141; **3** 240; **4f** 66; **4g** 40; **28** 9
25.11.1997	3 S 134/97	LG Zweibrücken	Kirchenaustritte				98, 177	98, 232		NVwZ 98, 879; **Anm.:** NVwZ 98, 818; NVwZ 99, 737;	**28** 360
26.11.1997	VIII ZR 283/96	BGH	Rückgabe von Kundenadresse							DStR 98, 733; NJW-RR 98, 390;	**35** 36
18.12.1997	2 K 382/96	FG Köln	Auskunft Bundesamt für Finanzen							EFG 98, 963; StE 98, 308;	**1** 170
22.01.1998	I-4/98-2 Ss 105/97	OLG Hamburg	KfZ-Halterdaten	E 4 § 43 BDSG '90			98, 216			DAR 98, 149; DSB 5/98, 17; NStZ 98, 358; VRS 98, 216; **Anm.:** JR 00, 274; NStZ 99, 490; RDV 00, 11;	**43** 49
17.02.1998	1 BvF 1/91	BVerfG	Kurzbericht-erstattung		BVerfGE 97, 228				98, 1627	AfP 98, 192; DVBl 98, 393; EuGRZ 98, 41; JZ 98, 510; MMR 98, 202; ZUM 98, 240;	**6b** 5
26.02.1998	1 U 171/96	OLG Ffm	AGB				98, 175	99, 231		WM 98, 1064; ZIP 98, 729;	**4a** 84
18.03.1998	12 S 23/97	LG Braunschweig	Videoüber-wachung						98, 2457		**6b** 5, 64
24.03.1998	1 BvR 131/96	BVerfG	Namensrecht		BVerfGE 97, 391			98, 726	99, 2889	AfP 98, 561; JZ 98, 1114; Streit 99, 16; **Anm.:** JZ 98, 1118;	**3** 214
23.04.1998	17 O 37/98	LG Stuttgart	Haushaltsumfrage, Gewinnspiel					99, 297		DSB 7-8/98, 18; NJW-CoR 99, 370;	**4a** 40
16.06.1998	VI ZR 205/97	BGH	Meinungsfreiheit		BGHZ 139, 95				98, 3047	AfP 98, 506; GRUR 99, 187; JR 99, 242; K&R 98, 441; MDR 98, 1226; WM 98, 2164; WRP 98, 969, ZUM 98, 834; **Anm.:** JR 98, 246; LM GG Art. 5, 92; NJ 98, 593;	**20** 18, 20

Datum	Aktenz	Gericht	Kennwort	BDSG-Dok.	Offizielle Sammlung	CR	RDV	DuD	NJW	Sonstige	Fundstelle § Rdnr.
12.08.1998	6 U 64/97	OLG Karlsruhe	Videoüber-wachung		OLGR Karlsruhe 99, 83					WuM 00, 128;	**6b** 65
16.08.1998	3 VAs 9/98	OLG Frankfurt	Aufbewahrung, Strafakten						99, 73	DSB 3/99, 15; **Anm.:** DVP 98, 305;	**1** 173
30.08.1998	17 O 329/ 98	LG Stuttgart	Haushaltsumfra-ge, Gewinnspiel					99, 294		DSB 7-8/98, 18; NJW-CoR 99, 370;	**4a** 5, 8
09.09.1998	1 C 14/95	BVerwG	Löschung, Auskunft BKAG							Buchholz 402.40. BKAG Nr.1; DSB 4/99, 12; DVBl 99, 332;	**19** 19; **20** 36, 100; **35** 23
16.09.1998	1 BvR 1130/98	BVerfG	Einsicht in Krankenakten				99, 216		99, 1777	DSB 10/99, 15; MedR 99, 180;	**19** 100
24.09.1998	15 O 204/98	LG Darm-stadt	Einwilligung, Verbraucher-umfrage				99, 28			DSB 11/98, 12;	**4a** 44
03.11.1998	424 C 1260/98	AG Kassel	Bahncard			99, 749		99, 599		**Anm.:** CR 99, 751;	**28** 182
04.11.1998	VGH B 5/98 u. 6/98	VerfGH Rh.-Pf.	Informanten-schutz, Finanz-behörde			99, 354	99, 71	99, 105	99, 2264	DÖV, 99, 209; DSB 4/99, 14; DStZ 00, 184: DVBl 99, 309; GewArch 99, 244;	**1** 170; **19** 1;
04.11.1998	6b C 243/98	AG Wedding	SCHUFA Nega-tiveintrag							NJW-RR 00, 715; **Anm.:** DSB 7-8/00, 30;	**29** 185
12.11.1998	1 ZR 105/96	BGH	Wettbewerbs-verstoß							GRUR 99, 267; NJW-RR 99, 767; VersR 99, 228; WRP 99, 176;	**5** 24
27.11.1998	2 U 111/98	OLG Stuttgart	Haushalts-umfrage, Gewinnspiel				99, 77	99, 296		NJWE-WettbR 99, 127; OLGR Stgt 99, 95; **Anm.:** DSB 2/99, 16;	**30** 10
14.01.1999	14 O 417/97	LG Berlin	Entgelt, SCHU-FA Auskunft					00, 681			**34** 66

Datum	Aktenz	Gericht	Kennwort	BDSG-Dok.	Offizielle Sammlung	CR	RDV	DuD	NJW	Sonstige	Fundstelle § Rdnr.
18.01.1999	5St RR 173/98	BayObLG	Abruf von Halterdaten	E 5 § 43 BDSG'90	BayObLG 1999, 15		99, 124	99, 415	99, 1727	DSB 11/99, 12; EzDat C 2 Art: 37 Bay DSG Nr. 2;	**43** 49
11.03.1999	20 L 3757/98	VG Köln	Gebäude-Bild-Datenbank	E 1 § 26 BDSG'90		99, 557	99, 125	99, 353		AfP 00, 114; MMR 99, 741; NVwZ 99, 912; **Anm.:** CR 99, 560;	**26** 9; **38** 40
06.05.1999	12 Sa 115/97	LAG BW	Verwertungs-verbot, Beweis-mittel				00, 27			AuR 99, 491; BB 99, 1439; DSB 9/99, 14;	**6b** 66
20.05.1999	2 AZR 320/98	BAG	Anfechtung. arglistige Täuschung		BAGE 91, 349		00, 23		99, 3653	AiB 00, 220; AP 50 § 123 BGB; BB 99, 2249; DB 99, 1859; MDR 99, 1274; NZA 99, 975; ZTR 99, 523;	**28** 67
14.07.1999	1 BvR 2226/94 1 BvR 2420/95 1 BvR 2437/96	BVerfG	Elektron. Über-wachung BND, Rasterfahndung		BVerfGE 100, 313	01, 29		99, 665, 721	00, 55	EuGRZ 99, 3 89; NVwZ 00, 185, 1914; WM 99, 657;	**1** 28, 44, 171; **4** 14; **13** 14, 28, 38; **24** 19
20.08.1999	2 BvQ 30/99	BVerfG	Offenbarung							NStZ 00, 55; ZfStrVo 99, 374;	**19** 123
27.09.1999	1 S 1781/98	VGH Mannheim	Speicherung erkennung-dienstl. Unterlagen							DSB 2/00, 20; GewArch 00, 23; NVwZ-RR 00, 287;	**20** 105
28.09.1999	8 B 66/95	OVG Berlin	Stasiunterlagen und Kirche							KirchE 37, 330; NJ 00, 330;	**2** 101
27.10.1999	1 BvR 385/90	BVerfG	Auskunft, Verwaltungsge-richtverfahren		BVerfGE 101, 106				00, 1175	DÖV 00, 287; DVBl 00, 346; EuGRZ 00, 167; NStZ 00, 151; NVwZ 00, 438; **Anm.:** DSB 5/00, 20; JuS 00, 702; MMR 00, 633; NJW 02, 1248; NVwZ 01, 759; NVwZ 02, 313;	**19** 108
28.10.1999	1 O 200/00	LG Waldshut-Tiengen	Gebäudedaten-banken				00, 72	00, 106		AfP 00, 101; Justiz 00, 333; MMR 00, 172; NZM 99, 1166; VR 01, 67; ZMR 00, 522;	**6b** 37

Datum	Aktenz	Gericht	Kennwort	BDSG-Dok.	Offizielle Sammlung	CR	RDV	DuD	NJW	Sonstige	Fundstelle § Rdnr.
23.11.1999	8 TaBV 6/99	LAG Sachsen-Anhalt	Telefonkontrolle Betriebsrat				01, 28			LAGE 15 § 103 BetrVG 72; ZFSH/SGB 00, 674;	**28** 107
01.12.1999	1 ZR 49/97	BGH	Persönlichkeitsrecht nach dem Tod (Marlene)		BGHZ 143, 214		00, 161	00, 550, 610	00, 2195	AfP 00, 356; FamRZ 00, 1980; GRUR 00, 709; JZ 00, 1056; MDR 00, 1147; VersR 00, 1154; WM 00, 1449; ZEV 00, 582; ZUM 00, 582;	**7** 33
01.12.1999	2 K 2911/99	VG Karlsruhe	Gebäudekarten, elektronisch				00, 74	00, 294	00, 2222	MMR 00, 181; NVwZ 00, 959; **Anm.:** MMR 00, 184;	**6b** 37
09.12.1999	1 WB 55/99	BVerwG	Schwärzung in Personalakten				00, 220			Buchholz 236.1 § 29 SG Nr. 4; ZBR 00, 129;	**20** 33, 102
15.12.1999	1 BvR 653/96	BVerfG	Pressefreiheit, Prominente		BVerfGE 101, 361			00, 169	00, 1021	AfP 00, 76; DSB 2/00, 17; DVBl 00, 352; EuGRZ 00, 71; FamRZ 00, 409; FuR 00, 70; GRUR 00, 446; MDR 00, 211; VersR 00, 773; ZUM 00, 149;	**4a** 6; **6b** 5, 81; **41** 1
08.03.2000	1 BvR 1127/96	BVerfG	Persönlichkeitsrechtsverletzung, Schmerzensgeld						00, 2187	DAR 00, 349; FamRZ 00, 943; MDR 00, 829; VersR 00, 897; ZFJ 00, 350; ZUM 00, 947;	**7** 33
10.05.2000	12 C 69/00	AG Schöneberg	Videoüberwachung							NZM 00, 983; ZMR 00 542;	**6b** 65
11.05.2000	I ZR 28/98	BGH	Spanplatten		BGHZ 144, 255				00, 3351	GewArch 00, 435; GRUR 00, 1076; MDR 00, 1206; WM 00, 2209; WRP 00, 116; ZUR 01, 31; **Anm.:** MDR 00, 1206; ZUR 01, 34;	**30** 101
19.06.2000	6 U 238/99	OLG Hamm	Ablehnung der Löschung						01, 979	NVwZ 01, 235;	**35** 25, 39
22.06.2000	5 StR 268/99	BGH	Dienstgeheimnis				01, 99			DSB 12/00, 20; NStZ 00, 596; StV 02, 26; WISTRA 00, 426;	**43** 13

Datum	Aktenz	Gericht	Kennwort	BDSG-Dok.	Offizielle Sammlung	CR	RDV	DuD	NJW	Sonstige	Fundstelle § Rdnr.
14.08.2000	11 VR 10/00	BVerwG	Einwenderdaten	E 5 § 16 BDSG'90						DSB 01, 301; NuR 00, 694; UPR 00, 464; NVwZ-RR 00, 760; ZLW 01, 99, 448;	**16** 13
31.10.2000	65 S 279/00	LG Berlin	Videoüber-wachung							NZM 01, 207; ZMR 01, 112;	**6b** 32, 64, 65
10.11.2000	6 U 105/00	OLG Köln	Inverssuche			01, 454	01, 103	01, 175		DSB 2/01, 20; MMR 01, 385; ZUM-RD 01, 178;	**28** 202
13.12.2000	13 U 204/98	OLG Frankfurt	Haushalts-umfrage			01, 294		01, 294		DSB 3/01, 19; MMR 01, 259; **Anm.:** CR 01, 296;	**4a** 44; **30** 10;
14.12.2000	2 BvR 1741/99, 2 BvR 276/00, 2 BvR 2061/00	BVerfG	Speicherung gen. Finger-abdruck		BVerfGE 103, 21		01, 107	01, 169	01, 879	DVBl 01, 454; EuGRZ 01, 70; NStZ 01, 328; StV 01, 328;	**1** 28, 48, 86, 88, 111
24.01.2001	1 BvR 2623/95, 1 BvR 622/99	BVerfG	Aufnahmen im Gericht				01, 128			AP 1 § 169 GVG; DÖV 01, 596; DVBl 01, 456; JZ 01, 704; NVwZ 01, 790;	**1** 171
27.02.2001	1 O 2275/00	LG Bremen	Einwilligung					02, 620		VVR 02, 378;	**4a** 20
20.03.2001	VI ZR 373/99	BGH	Wachunter-nehmen				01, 235		01, 2023	AP 12 § 823 BGB; MDR 01, 870; NZA 01, 1025;	**28** 67
23.03.2001	2 StR 488/00	BGH	Dienstgeheim-nis, Negativ-auskunft		BGH St 46, 339		01, 234	01, 425	01, 2032	JZ 02, 48; MMR 01, 605; NStZ 01, 372; StV 02 24; WISTRA 01, 261; **Anm.:** MMR 01, 607;	**3** 14, 119; **5** 38; **43** 13
09.04.2001	609 Vollz 1/01	LG Hamburg	Akteneinsicht Strafgefangener							NStZ 02, 55; ZfStrVo 02, 184;	**19** 123
07.05.2001	VII B 199/00	BFH	Verweigerung der Akten							PStR 01, 211; HFR 01, 1045;	**19** 86
13.06.2001	VIII ZR 176/00	BGH	Kanzleiverkauf		BGHZ 148, 97				01, 2462	DStR 01, 1262; WM 01, 1621; ZIP 01, 1593;	**28** 223
25.06.2001	9 U 143/00	OLG Karlsruhe	Fusion							DB 01, 1548; NJW-RR 01, 1492; VuR 01, 322; WM 01, 1804; ZIP 01, 1806;	**28** 90

Datum	Aktenz	Gericht	Kennwort	BDSG-Dok.	Offizielle Sammlung	CR	RDV	DuD	NJW	Sonstige	Fundstelle § Rdnr.
24.07.2001	11 Sa 1524/00	LAG Hamm	Videoüberwachung, Kündigung				01, 288	02, 108		DSB 12/01, 21; NZA-RR 02, 464;	**6b** 66
05.09.2001	9 Ca 705/01	ArbG Ffm	Abberufung bDSB				01, 290			DSB 11/02, 15;	**4f** 200
12.09.2001	1 U 62/01	OLG Saarbrücken	SCHUFA. Übermittlung				02, 239			DB 02, 526; **Anm.:** DSB 6/02, 19;	**29** 173
20.09.2001	12 O 392/01	LG Düsseldorf	SCHUFA Eintrag							DSB 12/01, 19; **Anm.:** DSB 12/01, 19;	**29** 169
10.10.2001	1 BvR 1970/95	BVerfG	AZRG					02, 45		DVBl 02, 253; InfAuslR 02, 91; NVwZ 02, 464;	**10** 127
08.11.2001	12 U 180/01	OLG Karlsruhe	Videoüberwachung		OLGR Karlsruhe 02, 182				02, 2799	NZM 02, 703; VersR 02, 590;	**6b** 66
14.12.2001	2 BvR 152/01	BVerfG	Mutmaßliche Einwilligung	E 92 Art. 2 Abs. 1 GG			03, 82	02, 568	02, 2164	DSB 11/02, 16; NVersR 02, 426; VersR 02, 1406; WM 03, 1023;	**38** 2
15.01.2002	84 T 278, 288, 289, 308, 309, 348-351/01, 84 T 8/02	LG Berlin	Rasterfahndung				02, 84	02, 175		InfAuslR 02, 97;	**28** 228
23.01.2002	6 P 5.01	BVerwG	Information, Personalrat				02, 188			AP 7 § 68 BPersVG; IÖD 02, 107; PersR 02, 201; PersV 03, 153; ZfPR 02, 73; ZTR 02, 196; **Anm.:** ZfPR 02, 78;	**28** 51
30.01.2002	1 BvL 23/96	BVerfG	Namensrecht		BVerfGE 104, 373				02, 1256	DVBl 02, 472; EuGRZ 02, 282; FamRZ 02, 306; FPR 02, 150; JAmt 02, 73; MDR 02, 338; StAZ 02, 72; ZfJ 02, 179; Rpfleger 02, 307; **Anm.:** FPR 02, 121;	**3** 214
08.02.2002	3 Wx 351/01	OLG Düsseldorf	Rasterfahndung					02, 241		DÖV 02, 436; NVwZ 02, 629; NWVBl 02, 204;	**28** 228

Datum	Aktenz	Gericht	Kennwort	BDSG-Dok.	Offizielle Sammlung	CR	RDV	DuD	NJW	Sonstige	Fundstelle § Rdnr.
20.02.2002	20 W 55/02	OLG Frankfurt	Rasterfahndung					02, 238		DSB 5/02, 20; NVwZ 02, 626;	**13** 39; **28** 228
20.03.2001	VI ZR 372/99	BGH	Zuverlässigkeit, Wachpersonals				01, 235		01, 2923	AP 12 § 823 BGB; MDR 01, 870; NZA 01, 1025; VersR 01, 1121;	**28** 67
29.04.2002	10 E 141/01	VG Gießen	Speicherung, BKA			02, 721		02, 626		DSB 9/02, 20; Kriminalistik 02, 428; NVwZ 02, 1531; VR 02, 390; **Anm.:** Kriminalistik 02, 428;	**4d** 30; **6** 30; **20** 43, 105
16.05.2002	1 BvR 2257/01	BVerfG	Strafverfahren, Datenspeicherung				03, 80	02, 567	02, 3231	DVBl 02, 1110; EuGRZ 02, 466; StV 02, 577; wistra 02, 380. **Anm.:** NJW 03, 490;	**20** 42
26.06.2002	1 BvR 558, 1428/91	BVerfG	Informationshandeln		BVerfGE 105, 252				02, 2621	DVBl 02, 1358; EuGRZ 02, 458; GewArch 02, 415; JZ 03, 307;	**26** 9
26.06.2002	1 BvR 670/91	BVerfG	Informationshandeln		BVerfGE 105, 279				02, 2626	DVBl 02, 1351; EuGRZ 02, 448; GewArch 02, 419; JZ 03, 310;	**26** 9
26.06.2002	24 W 309/01	KG Berlin	Videoüberwachung		KGR Berlin 02, 249		02, 237	02, 633	02, 2798	MDR 02, 1364; NZM 02, 702; WuM 02, 507; ZMR 02, 864;	**6b** 41, 56, 65, 66
29.08.2002	6 (3) Sa 1126/01	LAG Köln	Medienprivileg, Arbeitnehmerdaten	E 2 § 34 BDSG'90							**34** 11, 93; 41 15;
05.09.2002	16 U 92/02	OLG Ffm	SCHUFA, Kartenmissbrauch		OLGR Frankfurt 2002, 346		03, 245	04, 50		MDR 03, 283;	**4a** 66
21.11.2002	22 VG 2830/99	VG Hamburg	Organisationsmängel, Detektei							http://www.datenschutz-berlin.de/jahresbe/03/anl/463d1.pdf	**29** 6;
28.11.2002	20 K 10510/00	VG Köln	AZRG							InfAuslR 03, 266; NVwZ-RR 03, 676;	**10** 127
28.11.2002	B 7/1 A 2/00 R	BSG	Krankenkassen. Mitgliederwerbung	E 3 § 13 BDSG 90;	BSGE 90, 162		03, 142	03, 643	03, 2932	Ez-Dat B § 13 BDSG 1; SozVers 03, 242;	**13** 26

Datum	Aktenz	Gericht	Kennwort	BDSG-Dok.	Offizielle Sammlung	CR	RDV	DuD	NJW	Sonstige	Fundstelle § Rdnr.
14.01.2003	II 21.4-3v-04/03/02	RP-Darmstadt	IP Adresse, Speicherung					03, 177		**Anm.:** CR 03, 385;	**3** 63
21.01.2003	2 BvR 406/02	BVerfG	Einsichtsrecht in Vollzugsplan							NStZ 03, 620; StV 03, 408; ZfStrVO 03, 183; **Anm.:** StV 03, 409;	**19** 123
06.02.2003	2 AZR 621/01	BAG	Fragerecht, Schwanger schaft		BAGE 104, 304		03, 86			AiB 03, 755; AP 21 § 611a BGB; AuR 04, 65; BB 03, 1734; DB 03, 1795; MDR 03 996; NZA 03, 848; SAE 04, 125; ZTR 03, 465; **Anm.:** AuR 04, 43; SAE 04, 126;	**28** 67
27.02.2003	2 C 10/02	BVerwG	Informant		BVerwGE 118, 10		03, 238		03, 3217	DÖD 03, 238; DÖV 03, 769; DVBl 03, 1546; JZ 04, 460; NVwZ 04, 246; ZBR 04, 56; ZTR 03, 420;	**19** 86, 102, 122
20.05.2003	C-465/00, C-138/01, C-139/01	EuGH	Offenlegung personenbezog. Gehaltsdaten	E 1 Art.3 RL 95/46	EuGHE I 03, 4989		03, 231	03, 573		AfP 04, 243; EuGRZ 03, 232; EuR 04, 276; **Anm.:** AfP 04, 221; EuR 04, 306;	**E** 222; **2** 105
03.06.2003	1 ABR 19/02	BAG	Betriebsrat an Aufsichtsbehörde Erforderlichkeit	E 15 § 28 BDSG 90	BAGE 106, 188		04, 24	03, 773		AiB 04, 184; AP 1 § 89 BetrVG 72; DB 03, 2496; DSB 1/04, 19; EzA § 89, Nr, 1 BetrVG 01; SAE 04, 287; ZBVR 04, 146; ZIP 04, 85; **Anm.:** AiB 04, 184; AP 1 § 89 BetrVG 72; EWiR 04, 317; SAE 04, 293; ZBVR 04, 149;	**2** 141; **5** 19
16.06.2003	8 Sa 1968/02	LAG Niedersachsen	Kündigungsschutz bDSB				04, 177			AuB 05, 222, 253; DSB 5/04, 15; NZA-RR 04, 354;	**4f** 185, 187
24.06.2003	VI ZR 3/03	BGH	Auskunftei, Speicherung u. Weitergabe				03, 291	04, 46	03, 2904	DSB 11/03, 17; MDR 03, 1110; WM 03, 1667; ZIP 03, 1498; ZVI 03, 394; **Anm.:** EWiR 04, 159;	**29** 96, 157, 225; **35** 38
29.07.2003	VII R 66/02	BFH	Auskunft, Schwarze Liste		BFHE 203, 227			04, 176		BB 03, 2278; DSB 6/04, 19; DStRE 03, 1303; NVwZ-RR 04, 525; ZfZ 03, 415;	**19** 11

Datum	**Aktenz**	**Gericht**	**Kennwort**	**BDSG-Dok.**	**Offizielle Sammlung**	**CR**	**RDV**	**DuD**	**NJW**	**Sonstige**	**Fundstelle** § Rdnr.
30.07.2003	VII R 45/02	BFH	Auskunft, Akten		BFHE 202, 425		04, 270	04, 179		BB 03, 2278; BStBl II 04, 387; DStRE 03, 1306; HFR 03, 1129; NVwZ-RR 04, 419; wistra 03, 467;	**19** 40, 83, 86; **20** 24
04.09.2003	5 C 48/02	BVerwG	Informant		BVerwGE 119, 11		04, 32	04, 365	04, 1543	BayVBL 04, 407; DÖV 04, 532; DVBL 04, 442; JuS 04, 1121; NWVBl 04, 93;	**19** 86, 122
09.09.2003	1 C 6/03	BVerwG	Einbürgerung, Scheinehe		BVerwGE 119, 17					AuA 04, 15; BayVBl 04, 310; DÖV 04, 252; DVBl 04, 322; InfAuslR 04, 77; NVwZ 04, 487;	**20** 24
10.09.2003	9 O 13848/03	LG München I	Privatadresse im Internet					04, 313		AfP 04, 482; DVP 04, 480; K&R 04, 94; MMR 04, 499; **Anm.:** DSB 11/04, 18;	**29** 201
15.09.2003	5/6 Qs 37/03	LG Ffm	Auskunft, TK Unternehmen							MMR 04, 344;	**3** 62
15.10.2003	5 E 1395/97 (3)	VG Darmstadt	Aktenvernich-tung					04, 369	04, 1471	DVP 04, 476	**20** 98
22.10.2003	6 C 3.03	BVerwG	Löschung in Polizeisystem							Buchholz 402.46 BKAG Nr. 2;	**6** 30
06.11.2003	C-101/01	EuGH	Bodil Lindqvist	E 2 Art. 3 Rl 95/46	EUGHE I 2003, 12971	04, 286	04, 16	04, 244		AfP 04, 248; CRi 04, 23; DSB 12/03, 11; EuGRZ 03, 714; EuR 04, 291; EuZW 04, 245; JZ 04, 242; K&R 04, 26; MMR 04, 95; **Anm.:** AfP 04, 221; CRi 04, 25; EuR 04, 306; JZ 04, 246; MMR 04, 99; RDV 04, 19;	**E** 222, 231; **1** 151; **2** 106, 126; **3** 18; **10** 28;
19.11.2003	1 O 498/03	LG Düsseldorf	Auskunftei, Anspruch auf Datenlöschung							ZVI 04, 293; **Anm.:** EWiR 04, 269;	**29** 171

Datum	Aktenz	Gericht	Kennwort	BDSG-Dok.	Offizielle Sammlung	CR	RDV	DuD	NJW	Sonstige	Fundstelle § Rdnr.
27.01.2004	1 ABR 7/03	BAG	Mitbestimmung Zugangskontrollen		BAGE 109, 235		04, 122	04, 433	04, 1756	AP 40 § 87 BetrVG 72 Überwachung; BB 04, 1389, 1992; DB 04, 1733; NZA 04, 556; ZBVR 04, 153; **Anm.:** AuR 05, 201;	**28** 45
03.03.2004	1 BvR 2378/98, ! BvR 1084/99	BVerfG	Akustische Wohnraumüberwachung, Kernbereich, Privatheit		BVerfGE 109, 279	04, 343	04, 218		04, 999	DSB 4/04, 18; DVBl 04, 557; EuGRZ 04, 163; MMR 04, 302; NStZ 04, 270; StV 04, 169;	**1** 67; **13** 14;
04.03.2004	1 WB 32/03	BVerwG	Eintrag, Lebenspartner in Personalakte		BVerwGE 120, 188		04, 268		04, 3058	DSB 7-8/04, 21; NVwZ 04, 626; StAZ 04, 178; ZBR 04, 216; **Anm.:** RDV 04, 269;	**20** 2, 11, 12, 106
29.03.2004	5 E 439/04 (3)	VG Darmstadt	Anspruch gegenüber Aufsichtsbehörde					04, 573		DSB 12/04, 19;	**38** 30
20.04.2004	3 C 2/04	AG Geislingen	Auskunftsanspruch				04, 178				**34** 11; **41** 2
20.06.2004	1 ABR 21/03	BAG	Videoüberwachung, Arbeit				05, 21		05, 313	AP 41 § 87 BetrVG 72 Überwachung; AuR 05, 454; BB 05, 102; DB 04, 2377; MDR 05, 152; NZA 04, 1278; PersR 05, 293; ZTR 05, 99; **Anm.:** AiB 05, 225; BB 05, 119; NZA 05, 1038;	**28** 45
16.07.2004	22 L 2286/04	VG Gießen	Vorabkontrolle, Personalvertretung				04, 275			EzDAT E 2.2 § 81 HPVG Nr. 2; IÖD 04, 215; PersV 05, 30;	**4d** 39
30.07.2004	I-23 U 186/03, 23 U 186/03	OLG Düsseldorf	Adressengewinnung, Internet		OLGR Düsseldorf 04, 509		05, 169	05, 171		DSB 5/05, 16; ZGS 04, 437; K&R 04, 591; ZUM-RR 05, 58;	**29** 44, 69
31.08.2004	10 U 574/03	OLG Koblenz	SCHUFA-Eintrag		OLGR Koblenz 05, 269						**29** 121

Datum	Aktenz	Gericht	Kennwort	BDSG-Dok.	Offizielle Sammlung	CR	RDV	DuD	NJW	Sonstige	Fundstelle § Rdnr.
14.09.2004	6 W 417/04	OLG Thüringen	Auskunfts-, Einsichtrecht, GmbH Gesellschafter		OLGR Jena 04, 426					BB 04, 2540; DB 04, 2470; DSB 1/05, 19; GmbHR 04, 1588; NZG 04, 1156; ZIP 04, 2003; **Anm.:** EWiR 04, 1131;	**34** 86
29.09.2004	4 C 805/03	AG Siegburg	Sittenwidrigkeit, Detektivvertrag				05, 73			DSB 1/05, 21; NJW-RR 04, 1695;	**29** 6, 212
18.10.2004	II ZR 250/02	BGH	Auskunftvorenthaltung,		BGHZE 160, 385				05, 828	AG 05, 87; BB 05, 65; DB 04, 2803; DStR 05, 75; EzDAT D 4 § 131 AktG Nr. 3; NZG 05, 77; WM 04, 2489; ZIP, 04, 2428; **Anm.:** EWiR 05, 241;	**34** 86
27.10.2004	2Z BR 124/04	OLG Bayern	Video im Eingang		Bay-ObLGZ 04, Nr. 58		05, 70			DSB 3/05, 20; NJW-RR 05, 384; NZM 05, 107; WuM 05, 478; ZMR 05, 299;	**6** 28
27.10.2004	3Z BR 185/04	OLG Bayern	Kosten, Grundbuchabruf		Bay-ObLGZ 05, 311					JurBüro 05, 149; MDR 05, 479; NotBZ 04, 482; RNotZ 05, 60; Rpfleger 05, 166; ZNotP 05, 38;	**10** 128
17.11.2004	317 C 328/04	AG HH-Altona	Auskunft aus Quellen eines Datenhändlers					05, 170		DSB 4/05, 21;	**34** 19, 27, 39
18.11.2004	1 BvR 2315/04	BVerfG	Willkürverbot, Auskunft, Gesundheitsdaten						05, 1103	DSB 2/05, 21; EuGRZ 04, 805; MDR 05, 265; MedR 05, 91; GesR 05, 141;	**19** 59; **34** 51
01.12.2004	1 S 89/04	LG Ulm	Auskunftsanspruch				05, 29	05, 100		MMR 05, 265; ZUM-RD 05, 84;	**34** 11, 28, 56, 97
16.12.2004	11 UE 2982/02	VGH Kassel	Polizei, Speicherungen				05, 119		05, 2727	DÖV 05, 523; NVwZ 06, 110;	**20** 43, 106
17.12.2004	2/21 O 96/02	LG Ffm	Zession				05, 72			BB 05, 125; BKR 05, 67; WM 05, 1120; ZinsO 05, 218; ZIP 05, 115; **Anm.:** BB 05, 119; BKR 05, 71; EWiR 05, 295;	**33** 80

Datum	Aktenz	Gericht	Kennwort	BDSG-Dok.	Offizielle Sammlung	CR	RDV	DuD	NJW	Sonstige	Fundstelle § Rdnr.
22.02.2005	27 O 45/05	LG Berlin	Persönlichkeitsrechtsverletzung, Internet			05, 530				AfP 05, 414; ITRB 05, 104; K&R 05, 334; MMR 05, 324; ZUM 05, 570; **Anm.:** ITRB 05, 104;	**35** 8
09.03.2005	2 C 794/04	AG Schwartau	Auskunftsanspruch					05, 372			**33** 98
22.03.2005	1 BvR 2357/04, 1 BvQ 2/05	BVerfG	Kontenabfrage, einstweiliger Rechtsschutz						05, 1179	DB 05, 754; DStRE 05, 482; EuGRZ 05, 187; EzDAT A 133; SozSich 05, 139; WM 05, 641;	**1** 171; **10** 126
11.05.2005	I-15 U 196/04, 15 U 196/04	OLG Düsseldorf	Unrichtige Daten					06, 113	05, 2401	BKR 05, 284; MMR 05, 538;	**29** 175
01.06.2005	VIII ZR 216/04	BGH	Miete						05, 2701	NZM 05, 661; WuM 05, 526; **Anm.:** Grundeigentum 05, 955;	**29** 189
30.06.2005	300 C 397/04	AG Darmstadt	IP-Adresse Speicherung				05, 227	05, 615		K&R 05, 475; MMR 05, 634; **Anm.:** MMR 05, 636;	**3** 63
07.07.2005	1 Bf 172/03	OVG HH	Detektei, Erhebung					05, 737	06, 310	DÖV 05, 1050; DSB 2/06, 20;	**29** 6; **33** 121; **34** 22, 27, 53; **38** 66
26.07.2005	27 O 301/05	LG Berlin	Personalausweiskopie							NJW-RR 05, 1565.	**7** 34; **8** 18.
12.04.2005	2 BvR 1027/03	BVerfG	Zugriff auf elektr. Datenbestand, Verfassungsrecht		BVerfGE 113, 29	05, 777			05, 1917	BB 05, 1524; EuGRZ 05, 413; K & R 05, 318; Stbg 05, 494; StV 05, 363; wistra 05, 295; WM 05, 1241; ZUM-RD 05, 322;	**1** 31, 36, 98, 100, 106, 107, 113
27.07.2005	1 BvR 668/04	BVerfG	Telekommunikationsüberwachung		BVerfGE 113, 348	05, 796	06, 212	05, 553	05, 2603	BGBl I 05, 2566; DSB 9/05, 18; DVBl 05, 1192; EuGRZ 95, 436; MMR 05, 674; Nds VBl 05, 320;	**1** 36, 100, 101, 107

Literaturverzeichnis

A Decade of Computers and Law/ Jon Bing; Knut Selmer (ed.). – Oslo: Norwegian University Press, 1980.

Abel, Horst/ Werner Schmölz: Datensicherung für Betriebe und Verwaltung. – München: Beck, 1987.

Abel, Horst G.: Grundsätze für die Prüfung von DV-Verfahren. – DuD (1992) 80-86;
- Praxishandbuch für den betrieblichen Datenschutzbeauftragten: Aufgabenbereiche, Organisation und technische Umsetzung mit Arbeitshilfen, Handlungsanleitungen und aktueller Rechtsprechung. – Augsburg: Interest WEKA.

Abel, Ralf Bernd: *s.a. Datenschutz in Anwaltschaft ...*;
- Behördliche Beauftragte. – in: *Handbuch Datenschutzrecht.* – Kap. 5.6. – 889-911;
- Datenschutz in Anwaltschaft und Notariat. – in: *Handbuch Datenschutzrecht.* – Kap. 7.11. – 1334-1358;
- Datenschutz in den neuen Bundesländern. – DtZ (1991) 112-116;
- Geschichte des Datenschutzrechts. – in: *Handbuch Datenschutzrecht.* – Kap. 2.7. – 194-217;
- Grundzüge für eine Novellierung: Bericht über den Arbeitskreis 1. – in: *Datenschutzfachtagung* [DAFTA 9(1985)] 61-62;
- Die neuen Vorschriften über das Schuldnerverzeichnis. – RDV (1995) 71-74.
- Umsetzung der Selbstregulierung im Datenschutz: Probleme und Lösungen. – RDV (2003), 11-16;
- / Stooß-Cawé, Monika: Probleme der Zulässigkeit manueller Datensammlungen über Dritte. – JuS (1979) 379-380.

Achenbach, Hans: Das zweite Gesetz zur Bekämpfung der Wirtschaftskriminalität. – NJW (1986) 1835-1841.

ADV und Recht: Einführung in die Rechtsinformatik und das Recht der Informationsverarbeitung / hrsg. von Wilhelm Steinmüller. – 2. Aufl. 1975. – Berlin: J. Schweitzer. – (JA-Sonderheft; 6).

AG der GSE Europe: Entscheidungshilfe für die Übermittlung personenbezogener Daten in Drittländer/ Volker Backes ... – RDV (2004) 156-163.

Agre, Philip E.: Beyond the mirror world: privacy and the representational practices of computing. – in: *Technology and privacy: the new landscape*/ Agre; Rotenberg (eds.). – (1997) 29-61;
- Introduction. – in: *Technology and privacy: the new landscape*/ Agre; Rotenberg (eds.). – (1997) 1-28.

Ahlert Dieter/ Schröder, Hendrik: Rechtliche Grundlagen des Marketing. – Stuttgart: Kohlhammer, 1989.

Ahlf, Ernst-Heinrich: Das Bundeskriminalamt als Zentralstelle. – Wiesbaden: Bundeskriminalamt, 1985. – (Sonderband der BKA-Forschungsreihe);
- Videotechnik in Privatunternehmen und Behörden. – CR (1991) 424-430.

Aktuelle Beiträge zum Datenschutz: Gesetz und Begründung. Beiträge namhafter Sachkenner. Hinweise auf Kommentare und Bibliographie. – Frankfurt/Main: Regenhardt, 1977. – (Schriftenreihe Schimmelpfeng; Bd. 9).

Aktuelle Fragen des Datenschutzes in Kantonen und Gemeinden: Referate und Unterlagen der Tagung des Schweizerischen Instituts für Verwaltungskurse, 22. November 1988, Luzern/ Ivo Hangartner; Rainer J. Schweizer (Hrsg.). – St. Gallen, 1990. – (Veröffentlichung des Schweizerischen Instituts für die Verwaltungskurse an der Hochschule St. Gallen, Neue Reihe; 32).

Aktuelle Herausforderungen des geistigen Eigentums: Festgabe von Freunden und Mitarbeitern für Friedrich-Karl Beier zum 70. Geburtstag/ hrsg. v. Joseph Straus. – Köln: Heymanns, 1996.

Aktuelle Stimmen zum Datenschutz-Audit. – DuD (1997) 535.

Albers, Marion: Die Determination polizeilicher Tätigkeit in den Bereichen der Straftatenverhütung und der Verfolgungsvorsorge. – Berlin: Duncker & Humblot, 2001. – (Schriften zum Öffentlichen Recht; 842);
- Informationelle Selbstbestimmung. – Baden-Baden: Nomos, 2005. – (Studien zu Staat, Recht und Verwaltung; 6);
- Zur Neukonzeption des grundrechtlichen „Daten"schutzes. – in: *Herausforderungen an das Recht der Informationsgesellschaft* (1996) 113-140.

Alberts, Hans W.: Übergangszeit im bereichsspezifischen Datenschutz? – ZRP (1987) 193-196.

Albrecht, Astrid: Biometrische Verfahren im Spannungsfeld von Authentizität im elektronischen Rechtsverkehr und Persönlichkeitsschutz. – Baden-Baden: Nomos, 2003. (Frankfurter Studien zum Datenschutz; 24).

Albrecht, Hans-Jörg: Datenschutz und Forschungsfreiheit. – CR (1986) 92-100.

Allgemeines Verwaltungsrecht – Bearb. von P. Badura .../hrsg. von Hans-Uwe Erichsen; Wolfgang Martens. – 9. Aufl. 1992. – Berlin [u.a.]: de Gruyter.

Ancôt, Jürgen: Sächsisches Datenschutzgesetz: Kommentar. – Stuttgart [u.a.]: Boorberg, 1993. – (Boorberg-Taschenkommentar).

Andenas, Mads/ Stefan Zleptnig: Surveillance and data protection: regulatory approaches in the EU and Member States. – EBLR 14 (2003) 6, 765-813.

Anderheiden, Michael: Videoüberwachung in der Fußgängerzone: VG Karlsruhe, 11 K 191/01, 10.10.2001. – JuS (2003) 438-441.

André, Achim: Sozialgesetzbuch: Schutz der Sozialdaten neu geregelt. – RDV (1994) 234-239 = BArbBl (1994) 10-14.
Angelov, Jean: Grundlagen und Grenzen eines staatsbürgerlichen Informationszugangsanspruch. – Frankfurt am Main: Lang, 2000. – (Studien zum öffentlichen Recht, Völkerrecht und Europarecht; 2).
Arbeit – Umwelt: Joachim Heilmann zum 60. Geburtstag/ (Hrsg.) Ahrens, Martin … – Baden-Baden: Nomos, 2001. – (Recht, Ökonomie und Umwelt; 12).
Arbeit und Recht: Festschrift für Albert Gnade zum 65. Geburtstag/ Wolfgang Däubler; Manfred Bobke; Karl Kehrmann (Hrsg.). – Köln: Bund, 1992.
Arbeitskreis „Datenschutz-Audit Multimedia“: Prinzipien und Leitlinien zum Datenschutz bei Multimedia-Diensten. – DuD (1999) 285-293.
Arbeitskreis „Datenschutzbeauftragte“ im Verband der Metallindustrie Baden-Württemberg (VMI): Datenschutz-Audit: Stellungnahme. – DuD (1999) 281-283.
Arbeitskreis der Datenschutzbeauftragten des Bundes und der Länder: Datenschutzfreundliche Technologien. – DuD (1997) 709-715.
Arbeitsrecht: Handbuch für die Praxis/ Michael Kittner; Bertram Zwanziger (Hrsg.). – 3. Aufl. – Frankfurt am Main: Bund, 2005.
Arbeitsrecht und Sozialpartnerschaft: Festschrift für Peter Hanau/ hrsg. von Udo Isenhardt; Ulrich Preis in Verb. mit dem Deutschen Arbeitsgerichtsverband. – Köln O. Schmidt, 1999.
Arendt, Anne: Register der Tätigkeitsberichte zum Datenschutz. Teil 1: Öffentlicher Bereich; 1: Bund bis Niedersachsen. – Baden-Baden: Nomos, 1994; Stand 1999: http://web.uni-frankfurt.de/fradata;
– Register der Tätigkeitsberichte zum Datenschutz. Teil 2: Nichtöffentlicher Bereich. – Baden-Baden, 1993; Stand 2003: http://web.uni-frankfurt.de/fradata.
Arlt, Ute: Datenschutz in den Kirchen. – in: *Handbuch Datenschutzrecht*. – Kap. 8.15. – 1742-1801.
– / Robert Piendl: Zukünftige Organisation und Rechtsstellung der Datenschutzkontrolle in Deutschland: Anforderungen an die Umsetzung der EG-Datenschutzrichtlinie. – CR (1998) 713-719.
Arndt, Claus: Das G-10-Verfahren. – in: *Verfassungsschutz und Rechtsstaat*. – (1981) 43-64;
– Die „strategische“ Kontrolle von Post- und Fernmeldeverkehrsbeziehungen. – NJW (1985) 107-111.
Arndt, Hans-W.: Zur Einführung: Datenschutzrecht. – JuS (1988) 681-686.
Art. 29 Datenschutzgruppe: Arbeitspapier Datenschutzfragen im Zusammenhang mit der RFID-Technik vom 19.1.2005 (WP 105);
– Arbeitspapier über Biometrie vom 1.8.2003 (WP 80);
– Arbeitspapier über genetische Daten vom 17.3.2004 (WP 91).
Arzt, Clemens: Nutzung von Satellitendaten in der Umweltüberwachung. – DuD (2000) 204-208.
Arzt, Gunther: Die Ahndung von Verstößen gegen den Datenschutz. – in: *Aktuelle Beiträge zum Datenschutz*. – (1977) 127-136.
Arztgeheimnis – Datenbanken – Datenschutz: Arbeitstagung, Bad Homburg, 1982/ hrsg. von Peter L. Reichertz und Wolfgang Kilian. – Berlin: Springer, 1982. – (Medizinische Informatik und Statistik; 38).
Auernhammer, Herbert: Die Aufsichtsbehörde nach § 38 BDSG. – DuD (1992) 621-626;
– BDSG ’90: Bundesdatenschutzgesetz vom 20. Dezember 1990. Textausgabe mit Einführung, Erläuterungen und Materialien. – Köln: Heymanns, 1991;
– Das Bundesdatenschutzgesetz. – BB (1977) 205-211;
– Bundesdatenschutzgesetz (BDSG): Kommentar. – 2. Aufl. 1981. – Köln: Heymanns;
– Bundesdatenschutzgesetz (BDSG): Kommentar. – 3. Aufl. 1993. – Köln: Heymanns;
– Die europäische Datenschutz-Konvention und ihre Auswirkung auf den grenzüberschreitenden Datenverkehr. – DuD (1985) 7-11;
– Der neue Referentenentwurf zur Novellierung des Bundesdatenschutzgesetzes. – DuD (1984) 5-10;
– Zum Anspruch auf Bekanntgabe des Namens eines Informanten der Polizei: zugleich eine Besprechung des Urteils des Bundesverwaltungsgerichts vom 3. September 1991 – 1 C 48.88. – DuD (1992) 6-13;
– Zum Einsichtsrecht des Patienten in seine Krankenunterlagen: zugleich eine Besprechung des Urteils des Bundesverwaltungsgerichts vom 27.4.1989, 3 C 4.86. – DuD (1990) 5-10;
– Zum Gegenstand der Auskunft nach dem Bundesdatenschutzgesetz. – NJW (1980) 815-817;
– Zur Telefondatenerfassung des Personalrats. – DuD (1990) 487-493.
Auf einem Dritten Weg: Festschrift für Helmut Ridder zum siebzigsten Geburtstag/ hrsg. von Ekkehart Stein; Heiko Faber. – Neuwied: Luchterhand, 1989.
Aufbruch und Erneuerung – Deutschlands Weg ins 21. Jahrhundert: Koalitionsvereinbarung zwischen der Sozialdemokratischen Partei Deutschlands und Bündnis 90/Die GRÜNEN; Bonn, 20. Oktober 1998. – Bonn, 1998.
Bachmeier, Roland: EG-Datenschutzrichtlinie: rechtliche Konsequenzen für die datenschutzrechtliche Praxis. – RDV (1995) 49-54;
– Vorgaben für datenschutzgerechte Technik. – DuD (1996) 672-673.

Backes, Volker *s. AG der GSE Europe.*

Baden-Württemberg/ Innenministerium/ Aufsichtsbehörde für den Datenschutz im nicht-öffentlichen Bereich: Tätigkeitsbericht vom 31.7.1985. – Stuttgart.

Badura, Peter: Staatsrecht: Systematische Erläuterung des Grundgesetzes für die Bundesrepublik Deutschland. – München: Beck, 1986.

Bähre, Inge L./ Manfred Schneider: KWG-Kommentar: Kreditwesengesetz mit den wichtigsten Ausführungsbestimmungen / Begr. v. Johannes Consbruch u. Annemarie Möller, in 2. Aufl. fortgef. v… – 3. Aufl. 1986. – München: Beck.

Baer, Wolfgang: Straftaten und Ordnungswidrigkeiten gegen den Datenschutz. – in: *Handbuch Datenschutzrecht.* Kap. 5.7. – 912-948;
– Die Überwachung des Fernmeldeverkehrs: Strafprozessuale Eingriffsmöglichkeiten in den Datenverkehr. – CR (1993) 578-587.

Baeriswyl, Bruno: Data Mining und Data Warehousing: Kundendaten als Ware oder geschütztes Gut. – RDV (2000) 6-11.

Bästlein, Klaus: Zum Erkenntniswert von Justizakten aus der NS-Zeit: Erfahrungen in der konkreten Forschung. – in: *Datenschutz und Forschungsfreiheit.* – (1986) 85-102.

Bäumler, Helmut: *s.a. Datenschutz als …; E-Privacy; Der neue Datenschutz*;
– „AN-ON" Projekt in Schleswig-Holstein zur Anonymität im Internet. – DuD (2001) 316;
– Audits und Gütesiegel im Datenschutz. – CR (2001) 795-800;
– Die Aufgaben des gerichtlichen Datenschutzbeauftragten. – in: *Datenschutz in Anwaltschaft …* / R. B. Abel (Hrsg.). – (1998) 99-110;
– Der Auskunftsanspruch des Bürgers gegenüber den Nachrichtendiensten. – NVwZ (1988) 199-205;
– Der Datenschutz auf dem Weg in die Marktwirtschaft. – in: *Umbruch von Regelungssystemen … : FG Büllesbach.* – (2002) 105-113;
– Datenschutz beim Verfassungsschutz. – AöR 110 (1985) 30-54;
– Datenschutzaudit und Gütesiegel in Schleswig-Holstein. – DuD (2001) 252;
– Datenschutzaudit und IT-Gütesiegel im Praxistest. – RDV (2001) 167-172;
– Datenschutzrechtliche Grenzen der Videoüberwachung. – RDV (2001) 67-71;
– Eine sichere Informationsgesellschaft? zur europäischen Bekämpfung der Computerkriminalität. – DuD (2001) 348-352;
– Geheimhaltung und Transparenz bei der Datenverarbeitung der Geheimdienste. – DuD (1996) 537-541;
– Informationsverarbeitung in Polizei- und Strafverfahrensrecht: Teil J. – in: *Handbuch des Polizeirechts* / Hrsg. von Lisken… – 3. Aufl. 2001. – München: Beck. – 735-912;
– Marktwirtschaftlicher Datenschutz: Audit und Gütesiegel à la Schleswig Holstein. – DuD (2002) 325-329;
– Modernisierung des Datenschutzes in Schleswig-Holstein. – DuD (2000) 20-22;
– Der neue Datenschutz in der Realität. – DuD (2000) 257-261;
– Der neue Datenschutz. – RDV (1999) 5-8 – (Vortrag: 22. DAFTA 1998);
– Neue Informationsverarbeitungsgesetze in Schleswig-Holstein. – NJW (2000) 1982-1986;
– Normenklarheit als Instrument der Transparenz: Einige Forderungen aus dem Urteil des Bundesverfassungsgerichts zum Volkszählungsgesetz 1983 von 15.12.1983. – JR (1984) 361-366;
– Das Recht auf informationelle Selbstbestimmung im Sicherheitsbereich und der maschinenlesbare Ausweis. – in: *Freiheitssicherung durch Datenschutz* / H. Hohmann (Hg.). – (1987) 235-260;
– Das TDDSG aus Sicht eines Datenschutzbeauftragten. – DuD (1999) 258 – 262;
– Wahrung der Grundrechte durch Datenschutzbeauftragte. – RDV (1996) 163-169;
– ZEVIS: Nutzungsmöglichkeiten und Kontrollierbarkeit. – CR (1989) 1008-1013.
– / Albert von Mutius *s. Datenschutz als Wettbewerbsvorteil; Datenschutzgesetze der dritten Generation.*
– / Christine Nordmann: Gerichtliche Datenschutzbeauftragte. – in: *Datenschutz in Anwaltschaft, Notariat und Justiz* / hrsg. v. Ralf B. Abel. – 2. Aufl. – München (2003) 129-156.

Baldus, Manfred: Transnationales Polizeirecht: verfassungsrechtliche Grundlagen und einfach-gesetzliche Ausgestaltung. – Baden-Baden: Nomos, 2001. – (Frankfurter Studien zum Datenschutz; 18).

Baltes, Heinz: Die Haftung des Datenschutzbeauftragten aus der Sicht des BvD. – DuD (1993) 325-327.

Bankgeheimnis und Bankauskunft in der Bundesrepublik Deutschland und in ausländischen Rechtsordnungen: Beiträge zum Recht des Bankgeheimnisses und der Bankauskunft in der Bundesrepublik Deutschland, Belgien, England, Frankreich, der Schweiz und den Vereinigten Staaten von Amerika / hrsg. von Walter Hadding und Uwe W. Schneider. – Berlin: Duncker & Humblot, 1986. – (Untersuchungen über das Spar-, Giro- und Kreditwesen, Abt. B, Rechtw.; 49).

Barta, Thomas: *s.a. Klöcker;* Datenschutz im Krankenhaus: Grundzüge der Rechtslage mit Fallbeispielen. – Düsseldorf: Dt. Krankenhausgesellschaft Vlgges., 1990.

Barton, Dirk M.: E-Mail-Kontrolle durch Arbeitgeber: drohen unliebsame strafrechtliche Überraschungen? – CR (2003) 839-844.

Bartsch, Michael: *s. Neues Recht für neue Medien.*
Battis, Ulrich: Bundesbeamtengesetz. – 2. Aufl. 1997. – München: Beck;
– Neuere Entwicklungen im Personalvertretungsrecht: der Einsatz neuer Technologien im öffentlichen Dienst. – CR (1987) 866-869;
– Das neunte Gesetz zur Änderung dienstrechtlicher Vorschriften. – NVwZ (1992) 956-957;
– Personalvertretung und Verfassung. – NVwZ (1986) 884-890;
– Personalvertretungsrecht in Bewegung. – CR (1987) 40-43.
– / Iris Bleckmann: Datenverarbeitung durch den Personalrat. – CR (1989) 532-534.
– / Anke Schulte-Trux: Einführung und Anwendung von IuK-Techniken: Mitbestimmung des Personalrats. – CR (1991) 353-361.
Bauer, Günter: Moderne Informationsverarbeitung: strafrechtlicher Schutz bei Mißbrauch? – Frankfurt a. M. [u.a.]: Lang, 1989. – (Europäische Hochschulschriften: Reihe 2, Rechtswissenschaft; 784).
Bauer, Helmut G./ Claus Detjen/ Frank Müller-Römer/ Wolfgang Posewang: Die neuen Medien: das aktuelle Praktiker-Handbuch. – Band 1: Recht. – Ulm: Neue Mediengesellschaft.
Baumann, Reinhold: Bundesdatenschutzgesetz: Plädoyer für die Beibehaltung der Gesetzeseinheit – zugleich Erwiderung auf Zöllner. – RDV (1986) 1-6;
– Die Entwicklung des öffentlichen Rechts: Stellungnahme zu den Auswirkungen des Urteils des Bundesverfassungsgerichts vom 15.12.1983 zum Volkszählungsgesetz 1983. – DVBl (1984) 612-619;
– Das Verwaltungsverfahrensgesetz des Bundes (1): Der Anwendungsbereich des Verwaltungsverfahrensgesetzes des Bundes und seine Genesis. – DÖV (1976) 475-479.
Baumbach/Hefermehl: Wettbewerbsrecht. Gesetz gegen den unlauteren Wettbewerb mit ZugabeVO, Rabattgesetz und Nebengesetzes. – 23. Aufl. 2004. – München Beck. – (Beck'sche Kurz-Kommentar; 26).
Baumbach/Lauterbach/Albers: Zivilprozessordnung mit Gerichtsverfassungsgesetz.../ begr. von Adolf Baumbach. – Fortgef. von Wolfgang Lauterbach. Nunmehr verfasst von Jan Albers und Peter Hartmann. – 63. Aufl. 2005. – München: Beck. – (Beck'sche Kurz-Kommentare; 1).
Baumeister, Dieter: Grenzüberschreitender Datentransfer und Datenschutz im nichtöffentlichen Bereich aus der Sicht der Bundesrepublik Deutschland. – RDV (1990) 23-25.
Bayer, Rudolf: Konsequenzen des Bundesdatenschutzes für die Datenverarbeitung. – DB (1978) 145-147.
Bayerisches Datenschutzgesetz: Kommentar und Handbuch für Datenschutzverantwortliche / von Christian P. Wilde; Eugen Ehmann; Marcus Niese;... – München: Kommunalschriften Verl.
Beck, Thorsten: Das neue Bundesdatenschutzgesetz: Auswirkungen auf Arbeitnehmer und Betriebsräte. – Der Betriebsrat (1992) 3-6, 32-37.
Becker, Jörg: Die verschlafene Revolution – zum grenzüberschreitenden Datenverkehr. – Die neue Gesellschaft/Frankfurter Hefte (1988) 662-666.
Beckhusen, G. Michael: Datenschutzrechtliche Überprüfung des Anschlusses der Wohnungswirtschaft an die SCHUFA. – NZM (2005) 481-488;
– Der Datenumgang innerhalb des Kreditinformationssystems der SCHUFA: unter besonderer Berücksichtigung des Scoring-Verfahrens ASS und der Betroffenenrechte. – Baden-Baden: Nomos, 2004. – (Frankfurter Studien zum Datenschutz; 26);
– Das Scoring-Verfahren der SCHUFA im Wirkungsbereich des Datenschutzrechts. – BKR (2005) 335-344.
Beck'scher Kommentar zum Rundfunkrecht: .../ hrsg. von Werner Hahn; Thomas Vesting. – München: Beck, 2003.
Beckschulze, Martin/ Wolfram Henkel: Der Einfluss des Internets auf das Arbeitsrecht. – DB (2001) 1491-1506.
Beder, Bernd: Betriebrat und betrieblicher Datenschutzbeauftragter: zwei Funktionsträger für dieselbe Aufgabe? – CR (1990) 475-476;
– Datenschutzbeauftragter im Unternehmen: eine originär anwaltliche Aufgabe. – CR (1990) 618-620;
– Die Bedeutung der EG-Datenschutzrichtlinie für öffentliche Stellen/ Bettina Sokol [Landesbeauftragte für den Datenschutz Nordrhein-Westfalen] (Hrsg.). – Düsseldorf: Landesbeauftragte für den Datenschutz, 1998.
Behrendsen, Hans P.: Die bereichsspezifischen Datenschutzverordnungen für TK-Dienstleistungen. – CR (1992) 422-430.
Beier, Bernd: Novellierung des Bundesdatenschutzgesetzes: Neuauflage alter Ideen oder tatsächliche Reform? – DuD (1988) 506-511.
Beiträge zum Bundesdatenschutzgesetz: BDSG. – Teil 1: Der Datenschutzbeauftragte. Der Begriff „Datei". – Eschborn: Ausschuss für wirtschaftliche Verwaltung in Wirtschaft und öffentlicher Hand e.V., 1977. – (AWV Fachinformation).
Beiträge zum Bundesdatenschutzgesetz: BDSG. – Teil 2: [Struktur und Systematik des BDSG]. – Eschborn: Ausschuss für wirtschaftliche Verwaltung in Wirtschaft und öffentlicher Hand e.V., 1977. – (AWV Fachinformation).

Beiträge zum Sozialrecht: Festgabe für Hans Grüner/ hrsg. von Klaus Brückner; Gerhard Dalichau. – Percha: R.S. Schulz, 1982.
Belz, Reiner: Meldegesetz für Baden-Württemberg: Kommentar mit ergänzenden Rechts- und Verwaltungsvorschriften. – 3. Aufl. 1987. – Stuttgart: Kohlhammer. – (Kohlhammer Kommentare).
Benda, Ernst: Privatsphäre und „Persönlichkeitsprofil". Ein Beitrag zur Datenschutzdiskussion. – in: *Menschenwürde... FS f. W. Geiger* (1974) 23-44;
– Das Recht auf informationelle Selbstbestimmung und die Rechtsprechung des Bundesverfassungsgerichts. – DuD (1984) 86-90.
Bennett, Colin J.: Convergence revisited: toward a global policy for the protection of personal data. – in: *Technology and privacy: the new landscape*/ Agre, Philip E.; Rotenberg Marc (ed.). – (1997) 99-123.
Berg, Malte von: Automationsgerechte Rechts- und Verwaltungsvorschriften. – Köln; Berlin: Grote, 1968.
Berg, Wilfried: Datenschutz und Forschungsfreiheit. – JöR NF 33 (1984) 63-103;
– Informationelle Selbstbestimmung und Forschungsfreiheit: zum Spannungsverhältnis zwischen zwei in der Verfassung verankerten Rechten. – in: *Datenzugang*... –/ J.M. Jehle (Hrsg.). – (1987) 30-46;
– Staatsanwaltschaft – Kriminalpolizei – Sachversicherer: rechtliche Möglichkeiten der Zusammenarbeit bei Eigenbrandstiftung und vorgetäuschtem Einbruchsdiebstahl. – Stuttgart: Boorberg, 1993;
– Telemedizin und Datenschutz. – MedR (2004) 411-414;
– Zur grundrechtlichen Problematik von Datenschutz und Forschungsfreiheit. – ZfPäd. (1983) Beiheft 18, 399-402.
Berger-Delhey, Ulf: Abberufung von Datenschutzbeauftragten durch Aufsichtsbehörden? – PersV (1996) 443-446.
Berghoff, Julia: Selbstregulierung im Marketing. – RDV (2002) 78-80.
Bergmann, Michael: Auf dem Weg zu einer rechtlichen Regelung des grenzüberschreitenden Datenflusses. – in: *Freiheitssicherung durch Datenschutz*/ H. Hohmann (Hg.). – (1987) 205-218;
– Grenzüberschreitender Datenschutz. – Baden-Baden: Nomos, 1985.
Bergmann/Möhrle/Herb: Datenschutzrecht: Handkommentar/ von Lutz Bergmann; Roland Möhrle; Armin Herb. – Stuttgart: Boorberg.
Bericht über die Lage der Medien in der Bundesrepublik Deutschland 1994 – Medienbericht 1994/ Bundesregierung (Hrsg.). – BT-Drs. 12/8587.
Bericht und Empfehlungen der Unabhängigen Kommission…: Zur Entlastung der Unternehmen, Bürger und Verwaltungen von administrativen Pflichten/ BMI (Hrsg.). – Bonn, 1994.
Berlin/ Berliner Datenschutzbeauftragter: Merkblatt zu den Aufgaben eines behördlichen Datenschutzbeauftragten, abgedr. in: *Jahresbericht BlnDSB* (1991) 140-142 = RDV (1992) 154-156.
Berwanger, Jörg: Wann endet das Amt des betrieblichen Datenschutzbeauftragten? – DSB (2005) 7/8, 16-19.
Bestmann, Sybille: „Und wer muss zahlen?": Datenschutzrecht im Internet – die Bußgeldvorschriften. – K&R (2003) 496-502.
Der betriebliche Datenschutzbeauftragte/ Hans Dietrich Koch (Hrsg.);… – 5. Aufl. 2003. – Köln: Datakontext.
Betriebsverfassungsgesetz: BetrVG mit Wahlordnung und Gesetz über den Sozialplan im Konkurs- und Vergleichsverfahren; Kommentar für die Praxis/ Wolfgang Däubler; Michael Kittner; Thomas Klebe (Hrsg.). – 9. Aufl. 2004. – Frankfurt am Main: Bund.
Betriebsverfassungsgesetz: Gemeinschaftskommentar/ von Fritz Fabricius… Mitbeg. von Wolfgang Thiel… Gesamtred.: Hartmut Oetker. 2. Bände. – 8. Aufl. 2005. – Neuwied: Luchterhand.
Betriebsverfassungsgesetz: Handkommentar/ begründet von Karl Fitting, von Gerd Engels; Ingrid Schmidt; Yvonne Trebinger; Wolfgang Linsenmaier. – 23. Aufl. 2006. – München: Vahlen.
Beutler, Bengt…: *s. Recht der Europäischen Union.*
Biagosch, Axel: Datenschutz in der Versicherungswirtschaft. – Der Versicherungsbetrieb (1977) 5, 13-17;
– Datenschutz in Theorie und Praxis. – VersR (1979) 489-494.
Bieber, Roland: Informationsrechte Dritter im Verwaltungsverfahren. – DÖV (1991) 857-867.
Bier, Sascha: Internet und Email am Arbeitsplatz. – DuD (2004) 277-281;
Biesalski, Dieter: Bundesdatenschutzgesetz – Datenverarbeitung im Konzern. – BB (1978) 67-89.
Bijok, Bernd-Christoph/ Thomas Class: Arbeitsrechtliche und datenschutzrechtliche Aspekte des Internet-Einsatzes (insbesondere E-Mail). – RDV (2001) 52-60.
– / Siegfried Kling/ Martin Weibler: Informationssicherheits- und Datenschutz-Audit bei Bosch: Erfahrungen in einem Konzern. – DuD (2004) 621-626.
Bilsdorfer, Peter: Die Informationsquellen und -wege der Finanzverwaltung: Wege und Methoden der Auskunftserlangung im In- und Ausland zum Zwecke der Besteuerung. – 2. Aufl. 1989. – Bielefeld: E. Schmidt. – (Grundlagen und Praxis des Steuerrechts; 26).
Binder, Jörg: Computerkriminalität und Fernübertragung. – RDV (1995) 57-60, 116-123.
Binder, Reinhart: Freie Rundfunkberichterstattung und Datenschutz. – ZUM (1994) 257-269.
Bing, Jon: *s.a.: A Decade*…;
– A Comparative Outline of Privacy Legislation. – Comparative Law Yearbook 2 (1978) 149-181;

– The Council of Europe Convention and the OECD Guidelines on Data Protection. – Michigan yearbook of international legal studies 5 (1984) 271 ff.;
– Transborder data flows – some legal issues and possible effects on business practices. – in: *Transnational data regulation/ Online* (Hrsg.). – (1978) 15 ff.;
– Transnational data flows and the scandinavian data protection legislation. – Scandinavian studies in Law. – 24 (1980) 65-96;
– in: *Data Banks and society: the proceedings of the Oslo Symposium on data-banks and society* (1971)/ Mitarb.: Klaus Lenk. – Oslo: Universitetsforlaget, 1972. – 98 ff.

Binne, Wolfgang: BDSG-Novelle: Was sind „öffentliche Stellen"? – DSB (1991)12, 11-14;
– Das Dialogverfahren aus organisations- und datenschutzrechtlicher Sicht. – DRV (1996) 188-202;
– Das neue Recht des Sozialdatenschutzes. – NZS (1995) 97-109.

Birkelbach, Willi: Das Hessische Modell des Datenschutzes: Erfahrungen aus dreijähriger Praxis. – Teil 1. – IBM-Nachrichten 24 (1974) No. 222, 248-254; Teil 2. – IBM-Nachrichten 24 (1974) No. 223, 338-343;
– Rede zur Einbringung des 3. TB des HDSB (1974) im Hessischen Landtag, 7. Wahlperiode, 97. Sitzung, Sten.Ber., 5227 f.

Birkert, Eberhard: Landesmediengesetz Baden-Württemberg: Kommentar. – Stuttgart: Kohlhammer, 1993.

Bischoff, J.M.: Problems of conflicts of law, authorities and courts connected with the Draft Convention for the Protection of Individuals with Regard to Automatic Processing of Personal Data, Council of Europe, Committee of Experts on Data Protection, Doc. CJ-PD (80) 2 (1980).

Bizer, Johann: Aktuelle Stimmen zum Datenschutz-Audit. – DuD (1997) 535;
– Die angekündigte Datenschutzkontrolle. – DuD (2000) 673;
– Datenschutz durch Technikgestaltung. – in: *Datenschutzgesetze der…* / Bäumler; Mutius (Hrsg.). – (1999) 28-59;
– Datenschutz für Ausländer: nach dem 11. September 2001. – DuD (2002) 423-428;
– Datenschutz im Data Warehouse. – in: *Das Data Warehouse-Konzept* / Harry Mucksch; Wolfgang Behme (Hrsg.). – (1998) 95-118;
– Datenschutz in Neuen Medien. – in: *Jahrbuch Telekommunikation und Gesellschaft* (1997) 146-149;
– Datenschutzrecht. – in: *Handbuch des Technikrechts* (2003) 561-598;
– Datenschutzrechtliche Informationspflichten. – DuD (2005) 451-457;
– Datenschutzrechtliche Informationspflichten. – in: *Datenschutz als Wettbewerbsvorteil* / Bäumler; Mutius (2002) 125-141;
– Datenspeicherung in zentralen und peripheren Netzen versus Smard-Card. – in: *Verwaltung im Zeitalter…* (2002) 19-58;
– Der Datentreuhänder. – DuD (1999) 392-395;
– Elektronische Signatur im Rechtsverkehr. – in: *Handbuch zum Internetrecht*. – (2002) 30-94;
– Forschungsfreiheit und informationelle Selbstbestimmung: gesetzliche Forschungsregelungen zwischen grundrechtlicher Förderungspflicht und grundrechtlichem Abwehrrecht. – Baden-Baden: Nomos, 1992. – (Nomos Universitätsschriften, Recht; 85);
– Gesundheitskarte. – DuD (2004) 243;
– Höchstspeicherfristen. – DuD (2002) 302;
– Lex specialis: Auskunft nach TDDSG. – DuD (2005) 297;
– Personaldaten am „Schwarzen Brett" des Betriebsrates. – DuD (1997) 653-656;
– Rechtliche Bedeutung der Kryptographie. – DuD (1997) 203-208;
– Rechtliche Möglichkeiten und Schranken der Patientenchipkarten. – in: *Chipkarte in der Medizin*/ hrsg. vom BSI. – Bonn: Bundesamt für Sicherheit und Informationstechnologie, 1994. – 57 ff. – (BSI 7164);
– Rundfunkteilnehmer via Adressenhandel. – DuD (2004) 650;
– Selbstregulierung des Datenschutzes. – DuD (2001) 168;
– Technik oder Recht: Neue Steuerungsinstrumente im Datenschutz. – in: *Zwanzig (20) Jahre Datenschutz: …* / B. Sokol (Hrsg.). – (1998) 115-129;
– Technikfolgenabschätzung und Technikgestaltung im Datenschutzrecht. – in: *Der neue Datenschutz*/ Bäumler (Hrsg.). – (1998) 45-64;
– TK-Daten im Data-Warehouse. – DuD (1998) 570-575;
– Unabhängige Datenschutzkontrolle. DuD (1997) 481-482;
– Veröffentlichung rechtswidrig beschaffter Kundendaten durch die Presse. – DuD (2002) 561;
– Web-Cookies – datenschutzrechtlich. – DuD (1998) 277-282;
– Wozu Selbstregulierung in Deutschland? – DuD (2001) 126;
– Ziele und Elemente der Modernisierung des Datenschutzrechts. – DuD (2001) 274-277.
– / Gerit Bleumer: Pseudonyme. – DuD (1997) 46.
– / Rüdiger Grimm/ Andreas Will: Privacy4DRM: Nutzer- und datenschutzfreundliches Digital Rights Management. – DuD (2006) 69-73.

– / Iris Hertel/ Martin Rost: Dokumentenmanagement-Systeme (DMS). – DuD (2005) 721-725.
– / Thomas B. Petri: Kompetenzrechtliche Fragen des Datenschutz-Audits. – DuD (2001) 97-101.
– / Daniel Trosch: Datenschutz. – *Internet-Auktionen*. – (2001) 249-278.
Blattner-Zimmermann, Marit: Warum (BSI-) Zertifikate? – DuD (1998) 222.
Blechmann, Wolfgang: *s. Kasseler Handbuch*...
Bleckmann, Albert: Das Recht der Europäischen Union und der Europäischen Gemeinschaft. – 6. Aufl. 1997. – Köln: Heymanns.
Blien, Uwe/ Georgios Papastefanou: Der Informationsbedarf in den Sozialwissenschaften: im Spannungsfeld zu den Anforderungen des Datenschutz. – CR (1988) 935-940.
Blitzinger, Peter: Biometrie und Datenschutz: datenschutzgerechter Einsatz biometrischer Verfahren in Sicherheitsinfrastrukturen. – DuD (2005) 726-731.
Blomeyer, Wolfgang: § 99: Datenschutz im Arbeitsverhältnis. – in: *Münchener Handbuch zum Arbeitsrecht*. – (2000) 2007-2054.
Bochnik, Hans Joachim: Ein „Medizinisches Forschungsgeheimnis“ könnte Forschung fördern und Persönlichkeitsrechte schützen: zur Überwindung datenschutzbedingter Forschungsmängel in Deutschland. – VersMed (1995) 151-154.
Böhm, Kurt/ Gustav Wagner: Datenschutz und medizinische Forschung. – CR (1987) 621-626.
Boemke, Burkhard/ Per Ankersen: Das Telearbeitsverhältnis: Arbeitsschutz, Datenschutz und Sozialversicherungsrecht. – BB (2000) 1570-1572.
Bösche, Burchard/ Herbert Grimberg: Betrieblicher Datenschutzbeauftragter und Betriebsrat: zwei Institutionen für dieselbe Aufgabe? – in: *Datenschutzbeauftragte*... / E. Ehmann (Hrsg.). – (1993) 24-34.
Boewer, Dietrich: Die Bedeutung des § 94 BetrVG für die DV-gestützte Personaldatenverarbeitung. – RDV (1988) 13-20.
Bohnstedt, Jens: Fernwartung: die rechtlichen Grenzen des IT-Outsourcing durch Banken. – Baden-Baden: Nomos, 2005. – (Frankfurter Studien zum Datenschutzrecht; 27).
Bolten, Rolf/ Peter Pulte: Aufbewahrungsnormen und -fristen im Personalbereich. 3. Aufl. 1991. – Frechen: Datakontext.
Bongard, Heiner: Staatliche Datenschutzkontrolle im Bereich der privaten Unternehmen. – in: *Datenschutzfachtagung* [DAFTA 8(1984)] 35-40;
– Warndateien im Bereich der privaten Wirtschaft. – RDV (1987) 209-212.
Bonner Kommentar: Grundgesetz/ Gesamt Hrsg. Rudolf Dolzer. – Heidelberg: C.F. Müller.
Bongen, Wolfgang/ Ralf Kremer: Probleme der Abwicklung ärztlicher Privatliquidationen durch externe Verrechnungsstellen. – NJW (1990) 2911-2915.
Booth, Sharon/ Richard Jenkins/ David Moxon/ Natasha Semmens/ Christopher Spencer/ Mark Taylor/ David Townend: 'What are personal data?' Report for the Information Commissioner. – University of Sheffield, 2004; – 154 S. – http://www.informationcommissioner.gov.uk/cms/DocumentUploads/What%20are%20personal%20data%20research.pdf
Borchert, Günter: Dokumentation des Arztes. – CR (1993) 718-723.
– / Friedhelm Hase/ Stefan Walz: GK SGB X 2: Gemeinschaftskommentar zum Sozialgesetzbuch. Schutz der Sozialdaten. – Neuwied: Luchterhand, 1989.
Bork, Reinhard: Standesrechtliche Zulässigkeit des Gebühreninkassos für Rechtsanwälte. – NJW (1992) 2449-2454.
Borking, John: Einsatz datenschutzfreundlicher Technologien in der Praxis. DuD (1998) 636-640;
– Der Identity-Protector. DuD (1996) 654-658;
– Privacy-enhancing technologies (PET): darf es ein Bitchen weniger sein? DuD (2001) 607-615.
Born, Christian: Schadenersatz bei Datenschutzverstößen: ein ökonomisches Instrument des Datenschutzes und seine präventive Wirkung. – Münster: Lit, 2001, 162 S. – (Schriften zum Informations-, Telekommunikations- und Medienrecht; 9).
Bothe, Michael/ Wolfgang Kilian: Rechtsfragen grenzüberschreitender Datenflüsse. – Köln: O. Schmidt, 1992.
Brand, Peter-Andreas: Die Novellierung des Bundesdatenschutzgesetzes: Verschärfungen für den nicht-öffentlichen Bereich. – CR (1988) 360-363.
Braunsfeld, Frank/ Ulrich Richter: Bonitätsbeurteilung mittels DV-gestützter Verfahren. – CR (1996) 775-779
Bredl, Walther: Solum-Star, das maschinell geführte Grundbuch. – MittBayNot (1997) 72-77.
Brehm, Wolfgang: Der Anspruch auf Widerruf einer ärztlichen Diagnose. – in: *Festschrift für Hermann Lange*. – (1992) 397-411.
Breidenbach, Rolf; Auskunft nach BDSG und TDDSG. – DuD (2005) 510.
Breidenbach, Wolfgang: Das berechtigte Interesse. – DuD (1988) 61-64.
Breinlinger, Astrid: Anforderungen des BDSG an den betrieblichen Datenschutzbeauftragten. – RDV (1993) 53-58;
– Datenschutz im Marketing. – in: *Handbuch Datenschutzrecht*. – Kap.7.6. – 1186-1209;

– Datenschutzrechtliche Probleme bei Kunden- und Verbraucherbefragungen zu Marketingzwecken. – RDV (1997) 247-253;
– Die Kontrolle des Datenschutzbeauftragten aus der Sicht der Aufsichtsbehörden. – RDV (1995) 7-9;
– Kontrolle des IV-Outsourcing durch die Aufsichtsbehörden im Hinblick auf die Auftragnehmer. – RDV (1995) 211-215;
– Löschung. – in: *Datenschutz von A-Z*. – 2003;
– Sperrung. – in: *Datenschutz von A-Z*. – 2003.

Breitfeld, Anja: Berufsfreiheit und Eigentumsgarantie als Schranke des Rechts auf informationelle Selbstbestimmung: verfassungsrechtliche Vorgaben für die zivilrechtliche Informationsordnung. – Berlin: Duncker & Humblot, 1992. – (Schriften zum Recht des Informationsverkehrs und der Informationstechnik; 3).

Breitkopf, Klaus/ Peter Schiwy/ Beate Schneider: Medien und Telekommunikation: Recht, Politik und Technik in Deutschland und Europa. – Starnberg: R.S. Schulz.

Brenneisen, Hartmut/ Hartmut Staack: Die Videobildübertragung nach allgemeinem Polizeirecht: das Kamera-Monitor-Prinzip. – DuD (1999) 447-450.

Breuer, Roland: Das Computer-Versicherungskonzept. – 2. Aufl. 1988. – Planegg/München: WRS.

Breyer, Patrick: Die Cyber Crime-Konvention des Europarats. – DuD (2001) 592-600.

Briat, M.: Synthesis report on the application of the guidelines governing the protection of privacy and transborder flows of personal data: update as of december 1983. – in: *Transborder data flows*. – (1985) 351-391.

Brossette, Josef: Der Wert der Wahrheit im Schatten des Rechts auf informationelle Selbstbestimmung: ein Beitrag zum zivilrechtlichen Ehren-, Persönlichkeits- und Datenschutz. – Berlin: Duncker & Humblot, 1991. – (Schriften zum Recht des Informationsverkehrs und der Informationstechnik; 1).

Brüggemeier, Gert: Deliktsrecht. – Baden-Baden: Nomos, 1986.

Brühann, Ulf: Datenschutz und Europäische Gemeinschaft. – AfP (1998) 345-353;
– Datenschutz in Medien und Internet: eine Bestandsaufnahme nach den ersten zwei Urteilen des Europäischen Gerichtshofs zu diesem Thema. – AfP (2004) 221-223;
– EU-Datenschutzrichtlinie: Umsetzung in einem vernetzten Europa. – DuD (1996) 66-72 = RDV (1996) 12-18;
– Die europäische und internationale Datenschutzlandschaft nach Inkrafttreten der EG-Richtlinie. – DuD (1998) 700-703;
– Die Europaverträglichkeit der „Modernisierung des Datenschutzes". – DuD (2002) 296-299;
– Fortschritte des EG-Datenschutzrechts und Auswirkungen auf die betriebliche Kontrolle. – RDV (1993) Sonderbeilage;
– Richtlinie 95/46/EG zum Schutz natürlicher Personen bei der Verarbeitung personenbezogener Daten und zum freien Datenverkehr. – in: *Das Recht der Europäischen Union*/ Grabitz; Hilf (Hrsg.);
– Sektorspezifischer Datenschutz in Europa. – DuD (2002) 359-362;
– Selbstregulierungsinstrumente zur Liberalisierung des Datenexports. – in: *Umbruch von Regelungssystemen…: FG Büllesbach*. – (2002) 289-300;
– Die Veröffentlichung personenbezogener Daten im Internet als Datenschutzproblem: zur Rechtsprechung des Europäischen Gerichtshofs. – DuD (2004) 201-209.
– / Thomas Zerdick: Umsetzung der EG-Datenschutzrichtlinie. CR (1996) 429-436.

Buchner, Herbert: Faktische Bindung des Arbeitgebers durch Begrenzung seiner Informationsmöglichkeiten (einschließlich der Problematik des sogenannten Fragerechts des Arbeitgebers). – in: *Münchener Handbuch zum Arbeitsrecht*. – § 41. – (2000) 756-844;
– Mitbestimmung des Betriebsrats beim Einsatz technischer Kontrolleinrichtungen: zum Stand der Rechtsprechung zu § 87 BetrVG. – BB (1987) 1942-1951.

Büermann, Wulf: Datenschutzrechtliche Einordnung von Wartung und Fernwartung. – RDV (1994) 202-203;
– Landesdatenschutzgesetz Rheinland-Pfalz. – 2. Aufl. 1995. – Mainz: Deutscher Gemeindeverlag. – (Kommunale Schriften für Rheinland-Pfalz).

Büllesbach, Alfred: *s.a.: Datenverkehr…; Umbruch von Regelungssystemen…*;
– Datenschutz bei Data Warehouses und Data Mining. – CR (2000) 11-17;
– Datenschutz im Konzern. – in: *Handbuch Datenschutzrecht*. – Kap. 7.1. – 1065-1084;
– Datenschutz in der betrieblichen Datenverarbeitung. – in: *Handbuch Datenschutzrecht*. – Kap. 6.1. – 949-972;
– Datenschutz in einem globalen Unternehmen. – RDV (2000) 1-6;
– Datenschutz in einem globalen Unternehmen. – in: *Global@home*: Jahrbuch Telekommunikation und Gesellschaft (2000) 282-292;
– Datenschutz und Datensicherheit als Qualitäts- und Wettbewerbsfaktor. – RDV (1997) 239-244;
– Datenschutzrechtsfragen der internationalen Vertriebsdatenverarbeitung. – in: *Datenverkehr ohne Datenschutz?*/ A. Büllesbach (Hrsg.). – (1999) 51-70;
– Finanzdatenschutz in Europa. – CR (2000) 544-554;

– Informationstechnologie und Datenschutz: Auswirkungen, Reformforderungen. – München: J. Schweitzer, 1985. – (EDV und Recht; 15);
– Innovativer und technikgestaltender Datenschutz: gesellschaftliche und wirtschaftliche Anforderungen. – in: *Zeit und kommunikative Rechtskultur*/ S. Lamnek; M. T. Tinnefeld (Hrsg.). – (2000) 366-381;
– Konzeption und Funktion des Datenschutzbeauftragten vor dem Hintergrund der EG-Richtlinie und der Novellierung des BDSG. – RDV (2001) 1-6;
– Das neue Bundesdatenschutzgesetz. – NJW (1991) 2593-2600;
– Selbstregulierung im Datenschutz. – RDV (2005) Beilage, 13-17;
– Selbstregulierungsinstrumente in der globalen Wirtschaft. – in: *Internet future*: Jahrbuch Telekommunikation und Gesellschaft (2001) 269-274;
– Überblick über Europäische Datenschutzregelungen bezüglich des Datenaustauschs mit Ländern außerhalb der Europäischen Union. – RDV (2002) 55-60.
– / Hansjörg Garstka: Systemdatenschutz und persönliche Verantwortung. – in: *Mehrseitige Sicherheit in der Kommunikationstechnik*. – (1997) 383 ff.
– / Petra Höss-Löw: Vertragslösung, safe harbor oder privacy code of conduct: Handlungsoptionen globaler Unternehmen. – DuD (2001) 135-138.
– / Joachim Rieß: Outsourcing in der öffentlichen Verwaltung. – NVwZ (1995) 444-449.
Büser, Frank: Rechtliche Probleme im Rahmen der Datenübermittlung beim Franchising. – BB (1997) 213-218.
Bütter, Michael/ Kathrin Aiger: Sieg der Vernunft: Notleidende Darlehensforderungen sind abtretbar. Zugleich Anmerkung zum Urteil des LG Ffm vom 17.12.2004-2/21 O 96/02, BB 2005, 125. – BB (2005) 119-124.
Bull, Hans-P.: *s.a. Verwaltungspolitik*;
– Aus aktuellem Anlaß: Bemerkungen über Stil und Technik der Datenschutzgesetzgebung. – RDV (1999) 148-153; abgedruckt in: *Datenschutz, Informationsrecht* ... (2005) 347-361;
– Datenschutz als Informationsrecht und Gefahrenabwehr. – NJW (1979) 1177-1182; abgedruckt in: *Datenschutz, Informationsrecht* ... (2005) 115-128;
– Datenschutz, Informationsrecht und Rechtpolitik: gesammelte Aufsätze. – Berlin: Duncker & Humblot, 2005. – (Beiträge zum Informationsrecht; 16)
– Datenschutz oder die Angst vor dem Computer. – München: Piper, 1984;
– Entscheidungsfragen in Sachen Datenschutz. – ZRP (1975) 7-13;
– Informationswesen und Datenschutz als Gegenstand von Verwaltungspolitik. – in: *Verwaltungspolitik*. – (1979) 119-159;
– Mehr Datenschutz durch weniger Verrechtlichung: zur Überarbeitung von Form und Inhalt der Datenschutzvorschriften. in: *Der neue Datenschutz:...*/ hrsg. von H. Bäumler. (1998) 25-35; abgedruckt in: *Datenschutz, Informationsrecht* ... (2005) 327-334;
– Neue Konzepte, neue Instrumente. ZRP (1998) 310-314; abgedruckt in: *Datenschutz, Informationsrecht* ... (2005) 335-346;
– Öffentlichkeitsarbeit unter gerichtlicher Kontrolle: wie unabhängig sind die Datenschutzbeauftragten. – in: *Völkerrecht...: FS W. Rudolf*. – (2001) 421-431;
– Reasonable expectations of privacy. – in: *Innovativer Datenschutz: für H. Bäumler*. – (2004) 85-99; abgedruckt in: *Datenschutz, Informationsrecht* ... (2005) 362-372;
– Rechtsprobleme der polizeilichen Informationssammlung und -verarbeitung. – DVR (1982) 1-37; abgedruckt in: *Datenschutz, Informationsrecht* ... (2005) 175-213;
– Regulation of transborder data flow under the German Data Protection Act. – TDR, 4 (1980) 1, 13-14;
– Sicherheit und Prävention im europäischen Rechtsstaat. – in: *Sicherheit,... Symposium für E. Denninger...* – (1998) 13-22;
– Die Staatsaufgaben nach dem Grundgesetz. – 2. Aufl. 1977. – Königstein: Athenäum;
– Verfassungsrechtliche Vorgaben zum Datenschutz. – CR (1998) 385-391;
– Verfassungsrechtlicher Datenschutz. – in: *Das Europa der zweiten Generation: Gedächtnisschrift für Ch. Sasse II*. – (1981) 869-888; abgedruckt in: *Datenschutz, Informationsrecht* ... (2005) 135-162;
– Verwaltung durch Maschinen: Rechtsprobleme der Technisierung der Verwaltung. – Köln; Berlin: Grote, 1964. – (Veröffentlichungen der kommunalen Gemeinschaftsstelle für Verwaltungsvereinfachung; 2);
– Vom Datenschutz zum Informationsrecht – Hoffnungen und Enttäuschungen. – in: *Freiheitssicherung durch Datenschutz*/ H. Hohmann (Hrsg.). – (1987) 173-204;
– Was ist Informationsrecht. – IuR (1986) 287-293; abgedruckt in: *Datenschutz, Informationsrecht* ... (2005) 38-50;
– Was sind andere Vorschriften über den Datenschutz. – DuD (1980) 183;
– Zeit für einen grundlegenden Wandel des Datenschutzes?: der Schutz der informationellen Selbstbestimmung in der multimedialen Ära (Thesen, aufgestellt zum 5. Datenschutztag, Hamburg 1997). – CR (1997) 711-712;

– Ziele und Mittel des Datenschutzes. – Königstein: Athenäum, 1981;
– Zur verfassungsrechtlichen Verankerung des Datenschutzes. – Computerwoche (1979) 39, 20-21 = ÖVD (1979) 3-9.
– / Ulrich Dammann: Wissenschaftliche Forschung und Datenschutz. – DöV (1982) 213-223.
– / Meike Lüdemann: Erfolg und Mißerfolg der Datenschutzbeauftragten: der Bereich der polizeilichen Datenverarbeitung. – CR (1989) 523-528.
– / Gerhard Zimmermann: Das Medienprivileg: Kriterien der Abgrenzung und inhaltlichen Bestimmung. – FuR (1979) 118-122.

Bundesamt für Sicherheit in der Informationstechnik (Hrsg): IT-Grundschutzhandbuch, Stand 2002. – www.bsi.de.

Bundesamt für Sicherheit in der Informationstechnik (Hrsg): IT-Sicherheitshandbuch, Bonn 1992.

Bundesbeauftragte für den Datenschutz: ACP-Programm zur automatisierten Registermeldung. – in: *14. TB. 1991-2* (1993) 17-18; = RDV (1992) 47-50;
– Der behördliche Datenschutzbeauftragte. – 5. Aufl. 2004. – Bonn: Bundesbeauftragter für Datenschutz. – (BfD-Info 4).

Bundesminister des Innern: Artikelgesetzes zur Änderung des BDSG zum 31.3.1982: synoptische Darstellung BDSG/Referentenentwurf/SPD-Vorschlag mit Kommentaren von H.-P. Bull und S. Simitis. – DSB (1982) 5, 2-34.

Bundesminister für Forschung und Technologie *s. Erforschung des menschlichen Genoms.*

Bundespersonalvertretungsgesetz: Kommentar; (BPersVG)/ begr. von Uwe Lorenzen. – Heidelberg: Decker.

Die Bundesrepublik Deutschland. Staatshandbuch. – Teilausgabe: Bund. – Ausgabe 2000/ Hrsg. von K.D. Schapauff. – Köln [u.a.]: Heymanns, 2000.

Buquicchio, Giovanni: Aspetti internazionali della protezione dei dati: il ruolo svolto dal Consiglio d'Europa. – in: *Privacy e banche dei dati*/ Matteucci (ed.). – (1981) 67-83.

Burgsdorff, Christoph von: Die Umsetzung der EG-Datenschutzrichtlinie im nichtöffentlichen Bereich. Möglichkeiten einer zukunftsorientierten Konzeption des Datenschutzes in der Privatwirtschaft unter besonderer Berücksichtigung des BDSG. – Frankfurt am Main [u.a.]: Lang, 2003. – (Schriften zum Internationalen und zum öffentlichen Recht; 51).

Burkert, Herbert: Datenschutz auf dem Weg zur Transparenzordnung. – in: *Perspektive Datenschutz*/ (Hrsg.) Baeriswyl, Bruno; Rudin, Beat. – (2002) 181-201;
– Die Eingrenzung des Zusatzwissens als Rettung der Anonymisierung?: Versuch zur Annäherung an die Quellen des Zusatzwissens und ihrer Kontrolle. – DVR (1979) 63-73;
– Informationszugang als Element einer Europäischen Informationsrechtsordnung?: gegenwärtige und zukünftige Entwicklungen. – in: *Globalisierung und informationelle Rechtskultur in Europa*/ Lamnek; Tinnefeld (Hrsg.). – (1998) 113-135;
– Informationszugang und Datenschutz. – in: *Neue Instrumente im Datenschutz*/ (Hrsg.) Landesbeauftragte für den Datenschutz NRW. – (1999) 88-106;
– Informationszugang und Datenschutz: ein kanadisches Beispiel. – Baden-Baden: Nomos, 1992. – (Frankfurter Studien zum Datenschutz; Universitätsschriften: Recht: 1);
– Die Konvention des Europarates zum Datenschutz: Rückblick und Ausblick. – CR (1988) 751-758;
– Privacy-enhancing technologies: typology, critique, vision. – in: *Technology and privacy: the new landscape*/ Agre, Philip E.; Rotenberg Marc (ed.). – (1997) 125-142.

Burkholz, Bernhard: Müssen Abgeordnete alles wissen dürfen?: parlamentarische Fragebefugnisse und informationelle Selbstbestimmung. – VerwArch (1993) 203-229.

Busch, Manfred: Rechtsverwirklichung in der Jugendhilfe. – ZfJ (1995) 102-108.

Busse, Franz-G. von: Gemeinsame Angelegenheiten von Staat und Kirche. – München: Florentz, 1978. – (Rechtswissenschaftliche Forschung und Entwicklung; Bd. 3).

Campenhausen, Axel von: Staatskirchenrecht: Eine Einführung für die staatliche und kirchliche Verwaltungspraxis. – 2. Aufl. 1983. – München: Beck.

Canada/ Canadian Human Rights Commission: Report of the Privacy Commissioner on the Use of the Social Insurance Number. – Ottawa, 1981. – 26 ff.

Canada/ Commission d'accès à l'information du Québec: Une vie privée mieux respectée: un citoyen mieux informé. Rapport sur la mise en oeuvre de la Loi sur l'accès aux documents des organismes publics et sur la protection des renseignements personnels. – Québec: La Commission…, 1987.

Carblanc, Anne: Building bridges between different approaches of privacy. – in: *Umbruch von Regelungssystemen…: FG Büllesbach.* – (2002) 311-319.

Cavoukian, Ann: P3P und Datenschutz: ein update für die Datenschutzgemeinde/ Ann Cavoukian; Michael Gurstki; Deidre Mulligan; Ari Schwartz. – DuD (2000) 475-478.
– / Tyler J. Hamilton: Privacy payoff: how successful businesses build customer trust. – Toronto [u.a.]: McGraw-Hill Riverson, 2002.

Christians, Daniel: Das neue Bundesdatenschutzgesetz: die Änderungen im Überblick. – DANA (2000) 4, 14-23;
– Die Novellierung des Bundesdatenschutzgesetzes – Statusbericht. – RDV (2000) Sonderheft.
Claessen, Herbert: Datenschutz in der evangelischen Kirche: Praxiskommentar zum Kirchengesetz über den Datenschutz der EKD. – 2. Aufl. 1998. Neuwied: Luchterhand;
– Das neue Datenschutzgesetz der evangelischen Kirche. – DuD (1995) 8-17.
Clark, Robert: Data Protection Law in Ireland. – Dublin: The Round Hall Press, 1990.
Commission Nationale de l'Informatique et des Libertés: Dix ans d'informatique et libertés. – Paris: Economia, 1988;
– Informatique et libertés: textes et documents. – 4 ed. 1994- Paris: Journaux officiels;
– Rapport d'activité: 7e, 1985 (1986), 9e, 1987 (1988), 10e, 1988 (1989) 11e, 1990 (1991) – Paris: La documentation France.
Computerrechts-Handbuch: Computertechnologie in der Rechts- und Wirtschaftspraxis/ hrsg. von Wolfgang Kilian und Benno Heussen. Bearb. von Joachim Götz… – München: Beck.
Cornelius, Herbert: Die Intel Pentium III Prozessor-Seriennummer. – DuD (1999) 529-543.
Council of Europe/ Consejo de Europa: Problemas legislativos de la protección de datos, Conferencia Internacional Madrid, 11-13 junio 1984. Actas y documentos. – Madrid, 1986. – (Documentation informatica; Serie blanca; Politica de la Informatica; 3)
– Legislation and Data Protection. Proceedings of the Rome Conference on problems relating to the development and application of legislation on data protection. – Rom: Camera dei Deputati, 1983. – (Quaderni di studi e legislazione; 30).
Cowles, Maria Green: The global business dialogue on e-commerce (GBDe): private firms, public policy, global government. – TA-Datenbank-Nachrichten (2001) 4, 70-79.
Cranor, Lorrie F.: Platform for Privacy Preferences – P3P. – DuD (2000) 479.
Dähn, Gerd: Strafurteil als Wahrheitsbeweis bei getilgter Eintragung? – JZ (1973) 51-54.
Däubler, Wolfgang: Arbeitnehmerdatenschutz: ein Problem der EG. – in: *Informationsgesellschaft und Rechtskultur in Europa*/ Tinnefeld; Philipps; Heil (Hrsg.). – (1995) 110-124;
– Die Auswirkungen der Schuldrechtsmodernisierung auf das Arbeitsrecht. – NZA (2001) 1329-1336;
– Erhebung von Arbeitnehmerdaten. – CR (1994) 101-110;
– Das Fernsprechgeheimnis des Arbeitnehmers. CR (1994) 754-762= AIB (1995) 149-157;
– Gewerkschaftsrechte im Betrieb: Handkommentierung. – 10. Aufl. 2000. – Baden-Baden: Nomos;
– Gläserne Belegschaften: Datenschutz in Betrieb und Dienststelle, 4. Aufl. 2002. – Frankfurt am Main: Bund. – (Handbücher für die Unternehmenspraxis);
– Gläserene Belegschaften?: die Verwendung von Gendaten im Arbeitsverhältnis. – RDV (2003) 7-10;
– Grenzüberschreitender Datenschutz: Handlungsmöglichkeiten des Betriebsrats. – AiB (1997) 259-263 = RDV (1998) 96-102;
– Individualrechte des Arbeitnehmers nach dem neuen BDSG. – CR (1991) 475-482;
– Internet und Arbeitsrecht. – 2. Aufl. 2002. – Frankfurt am Main: Bund;
– Das kirchliche Arbeitsrecht und die Grundrechte der Arbeitnehmer. – RdA (2003) 204-209;
– Das neue Bundesdatenschutzgesetz und seine Auswirkungen auf das Arbeitsrecht. – NZA (2001) 874-881;
– Die Schweigepflicht des Betriebsarztes: ein Stück wirksamer Datenschutz? – BB (1989) 282-286;
– Übermittlung von Arbeitnehmerdaten ins Ausland: – in: *Datenverkehr ohne Datenschutz*/ Büllesbach, Alfred (Hrsg.). – (1999) 71-93.
– / Thomas Klebe/ Peter Wedde: Bundesdatenschutzgesetz: Basiskommentar mit der neuen EG-Datenschutzrichtlinie. – Köln: Bund, 1996.
– / Michael Kittner/ Thomas Klebe – BetrVG: Betriebsverfassungsgesetz: Kommentar. – 9. Aufl. 2005. – Frankfurt am Main: Bund.
Dahl, Rolf: Datenschutz: Einbindung in das Versicherungswesen. – Arbeitgeber (1980) 73-75.
Dahm, Patrick: Unverbindlich verbindlich: zur Selbstregulierung durch Verhaltenskodizes und Gütesiegel. – DuD (2002) 412-416.
Dahrmann, Detlef: Rezension über Wolfgang Schatzschneider: Kirchenautonomie und Datenschutzrecht. – ZevKR (1986) 395-398.
Damm, Reinhard: Gesetzgebungsprojekt Gentestgesetz – Regelungsprinzipien und Regelungsmaterien, MedR 2004, 1-19.
Damm, Renate: Datenschutz und Medien. – AfP (1990) 7-14.
– / Wolfdieter Kuhner: Widerruf, Unterlassung und Schadensersatz in Presse und Rundfunk. – München: Beck, 1991. (NJW-Schriftenreihe; 53).
– / Klaus Rehbock: Widerruf, Unterlassung und Schadensersatz in Presse und Rundfunk. – 2. Aufl. 2001. – München: Beck. – (NJW-Schriftenreihe; 53).

Dammann, Ulrich: *s.a.: Data protection legislation; Datenbanken…; Datenschutz in der Europäischen Gemeinschaft*;
- Die Anwendung des neuen Bundesdatenschutzgesetzes auf die öffentlichrechtlichen Religionsgesellschaften. – NVwZ (1992) 1147-1151;
- Das Dateienstatut nach § 18 Abs. 2 BDSG. – DuD (1993) 547-554;
- Datenschutz und Forschungsfreiheit: Konsequenzen und Probleme des Entwurfs eines Bundesdatenschutzgesetzes. – DVR 4 (1975) 201-225;
- Erste Erfahrungen mit dem Bundesdatenschutzgesetz: zugl. Anm. zu LG Bad Kreuznach, Beschl. v. 10.3.1978. – NJW (1978) 1906-1907;
- Das EuGH im Internet: Ende des internationalen Datenschutzes? – RDV (2004) 19-21;
- Internationaler Datenschutz: zur Auslegung des § 1 Abs. 5 BDSG. – RDV (2002) 70-77;
- Die Kontrolle des Datenschutzes: eine Untersuchung zur institutionellen Kontrolle des Datenschutzes im öffentlichen Bereich. – Frankfurt/Main: Metzner, 1977. – (Kybernetik-Datenverarbeitung-Recht; 7);
- Das neue Bundesdatenschutzgesetz 1990. – NVwZ (1991) 640-643;
- Safe Harbor: neue Elemente im internationalen Datenschutz. – in: *Zur Autonomie des Individuums*/ Simon, Dieter; Weiss, Manfred (Hrsg.). – (2000) – 19-29;
- Strukturwandel der Information und Datenschutz. – DVR (1974) 267-301;
- Die Vereinigung öffentlicher Stellen nach dem neuen BDSG. – RDV (1992) 157-162;
- Volkszählungsurteil des Bundesverfassungsgerichts. – ÖVD (1984) 51-54;
- Der Zugang der Forschung zur amtlichen Statistik: Statistikgeheimnis und Forschungsgeheimnis. – in: *Forschung im Konflikt*… (1976) 312-325.
- / Spiros Simitis: EG – Datenschutzrichtlinie: Kommentar. – Baden-Baden: Nomos, 1997.
- / Hans-Joachim Stange: Reform des Datenschutzes im Kreditinformationssystem. – ZIP (1986) 488-493 = DuD (1986) 331-337.

Data protection and third world realities: papers presented at a conference… held in New York, Nov. 1978. – London: Chameleon Press, 1978.

Data protection legislation = Die Gesetzgebung zum Datenschutz/ hrsg. von Ulrich Dammann; Otto Mallmann; Spiros Simitis. – Frankfurt/Main: Metzner, 1977. – (Kybernetik-Datenverarbeitung-Recht; 5).

Das Data Warehouse Konzept/ Hrsg. von Harry Mucksch; Wolfgang Behme. – 4. Aufl. 2000. – Wiesbaden: Gabler.

Daten für die Forschung im Gesundheitswesen: statistische und rechtliche Klärung ihrer Weitergabe/ Elisabeth Schach; S. Schach; W. Kilian; A. Podlech; B. Schlink. – Darmstadt: Toeche-Mittler, 1995. – (Beiträge zur juristischen Informatik; 20).

Datenbanken und Datenschutz/ von Ulrich Dammann; M. Karhausen; P. Müller; W. Steinmüller. – Frankfurt; New York: Herder u. Herder, 1974. (H.u.H Paperbacks. Reihe Soziale Probleme).

Datennotstand und Datenschutz: die amtliche Statistik nach dem Volkszählungsurteil; Ergebnisse d. 1. Wiesbadener Gesprächs am 30./31. Oktober 1984/ (Hrsg.) Statistisches Bundesamt. – Stuttgart [u.a.]: Kohlhammer, 1985. – (Schriftenreihe Forum der Bundesstatistik; 3).

Datenschutz/ hrsg. von der Bundeszentrale für politische Bildung; (Red.) Helgar Kühlcke. – Bonn, 1979. – (Schriftenreihe der Bundeszentrale für politische Bildung; 149).

Datenschutz: juristische Grundsatzfragen beim Einsatz elektronischer Datenverarbeitungsanlagen in Wirtschaft und Verwaltung/ Hrsg. von Wolfgang Kilian; Klaus Lenk; Wilhelm Steinmüller. – Darmstadt: Toeche-Mittler, 1973. – (Beiträge zur juristischen Informatik; 1).

Datenschutz: Leitfaden und Materialien/ hrsg. von Gerhart J. Pawlikowsky. – Wien: Wirtschaftsverl. Orac, 1979.

Datenschutz: Mittel und Maßnahmen für die Datenverarbeitung/ Bundesministerium für Forschung und Technologie; Siemens AG. – Leopoldshafen: Zentralstelle für Atomenergie-Dokumentation (ZAED), 1974. – (Forschungsbericht DV 74-04, Datenverarbeitung).

Datenschutz als Wettbewerbsvorteil. Privacy sells: mit modernen Datenschutzkomponenten Erfolg beim Kunden/ Helmut Bäumler/ Albert von Mutius (Hrsg.). – Braunschweig [u.a.]: Vieweg, 2002. – (DuD-Fachbeiträge).

Datenschutz im Konflikt/ Peter Gola (Hrsg). Hrsg. im Auftr. der Dt. Vereinigung für Datenschutz. Jahrestagung 1982 der Dt. Vereinigung für Datenschutz. – München: J. Schweitzer, 1983. – (Datenverarbeitung im Recht; Beiheft 14).

Datenschutz in Anwaltschaft, Notariat und Justiz/ Ralf B. Abel (Hrsg.). – 2. Aufl. 2003 – München: Beck. – (Schriftenreihe der NJW; 63);

Datenschutz in der Europäischen Gemeinschaft: Gesetzessammlung/ Spiros Simitis; Ulrich Dammann (Hrsg.). – Baden-Baden: Nomos. (ger./eng./fre.).

Datenschutz in der Kommunikationsgesellschaft: …/ Ellger, Reinhard; Ivo Geis (Hrsg.). – Hamburger Datenschutzkolloquium (5, 1997, Hamburg). – Hamburg: 1997.

Datenschutz in der Wirtschaft: Grundfragen der Anwendung des Datenschutzgesetzes im Unternehmensbereich / Gesamtred. Alfred Duschanek, hrsg. vom Institut für angewandte Sozial- und Wirtschaftsforschung. – Wien: Signum, 1981.
Datenschutz und Datensicherheit: Konzepte, Realisierungen, rechtliche Aspekte, Anwendungen / Patrick Horster; Dirk Fox (Hrsg.). – Wiesbaden: Vieweg 1999. – (DuD-Fachbeiträge).
Datenschutz und Datensicherung: Referate der gemeinsamen Fachtagung der Österreichischen Gesellschaft für Informatik (ÖGI) und der Gesellschaft für Informatik (GI), Johannes-Kepler-Universität Linz/Österreich 21.-23. Sept. 1976/ hrsg. von R. Dierstein; H. Fiedler; A. Schulz. – Köln: Bachem, 1976.
Datenschutz und Forschung/ Rainer Hamm; Klaus P. Möller (Hrsg.). – Baden-Baden: Nomos, 1999. – (Forum Datenschutz; 6).
Datenschutz und Forschungsfreiheit: die Archivgesetzgebung des Bundes auf dem Prüfstand/ bearb, und eingel. von Jürgen Weber. Mit Beiträgen von K. Bästlein… – München: Olzog, 1986.
Datenschutz und Medien/ Klaus Peter Möller; Friedrich von Zezschwitz (Hrsg.). – Baden-Baden: Nomos, 2003. – (Forum Datenschutz; 10).
Datenschutz und Multimedia/ hrsg. von Bernd Holznagel; S. Pooth; C. Werthmann. – Münster: Lit, 1998. (Schriften z. Informations-, Telekommunikations- u. Medienrecht; 1).
Datenschutz und Stasi-Unterlagen: Verdrängen oder Bewältigen?/ Winfried Hassemer; Karl Starzacher (Hrsg.). – Baden-Baden: Nomos, 1993. – (Forum Datenschutz; 1).
Datenschutz von A-Z/ (Hrsg.) Helmut Bäumler; Astrid Breinlinger; Hans-Hermann Schrader. – Neuwied [u.a.]: Luchterhand.
Der Datenschutzbeauftragte im Unternehmen: Funktion, Stellung, Berufsbild/ hrsg. von Eugen Ehmann. – Köln: O. Schmidt, 1993.
Datenschutzfachtagung (DAFTA): (5, 1981, Köln): Datenschutz: Ordnungsfaktoren für Datenverarbeitung und Informationstechnologien/ Hrsg. Hans Gliss; Bernd Hentschel. – Köln: Datakontext, 1985;
– (6, 1982, Köln): Datenschutzrecht und -praxis im Zeichen der BDSG-Novellierung/ Hrsg. Hans Gliss; Bernd Hentschel; Georg Wronka. – Köln: Datakontext, 1983;
– (8, 1984, Köln): Datenschutz-Management und Bürotechnologien/ Hrsg. Hans Gliss; Bernd Hentschel; Georg Wronka. – Köln: Datakontext, 1985;
– (9, 1985, Köln): Datenschutz-Management und Datensicherheit/ Hrsg. Hans Gliss; Bernd Hentschel; Georg Wronka. – Köln: Datakontext, 1987.
Datenschutzgesetze der dritten Generation: Texte und Materialien zur Modernisierung des Datenschutzrechts/ Helmut Bäumler; Albert von Mutius (Hrsg.). – Neuwied [u.a]: Luchterhand, 1999.
Datenverarbeitung in der politischen Planung/ Hrsg. Peter Hoschka; Uwe Kalbhen. – Frankfurt; New York: Campus, 1975.
Datenverarbeitung und Persönlichkeitsschutz: Beiträge zu aktuellen Problemen des Datenschutzes in Recht und Praxis/ Hrsg. von M. Vollkommer. – Erlangen: Universitätsverbund Erlangen-Nürnberg: Universitätsbibliothek, 1986. – (Erlanger Forschungen: Reihe A, Geisteswissenschaft; 39).
Datenverarbeitung und Recht: IBM-Seminar „Informationssysteme in Regierung und Verwaltung“, Bad Liebenzell, 3.-5. Nov. 1971/ Joachim Schrimpf (Hrsg.). – Stuttgart: IBM, 1973. – (IBM-Beiträge zur Datenverarbeitung; 1).
Datenverkehr ohne Datenschutz?: eine globale Herausforderung/ Alfred Büllesbach (Hrsg.). – Köln: O. Schmidt, 1999. – (Informationstechnik und Recht; 8).
Datenzugang und Datenschutz: Konsequenzen für die Forschung/ Max Kaase; Hans-Jürgen Krupp; Manfred Pflanz; Erwin K. Scheuch; Spiros Simitis (Hrsg.). – Königstein: Athenäum, 1980. – (Monographien Sozialwissenschaftlicher Methoden; 3).
Datenzugang und Datenschutz in der kriminologischen Forschung/ Jörg-Martin Jehle (Hrsg.). – Wiesbaden: Kriminologische Zentralstelle, 1987. – (Kriminologie und Praxis; 2).
Degenhart, Christoph: Das allgemeine Persönlichkeitsrecht, Art. 2 I i.V.mit Art. 1 I GG. – JuS (1992) 361-368;
– Empfiehlt es sich, die Rechte und Pflichten der Medien präziser zu regeln und dabei den Rechtsschutz des einzelnen zu verbessern? – DVBl (1990) 910-919.
– / Dieter Kopetz: Neue Medien und Datenschutz. – IuR (1988) 278-283.
Delahaie, Henri/ Félix Paoletti: Informatique et libertés. – Paris: Edition la Découverte, 1987.
Dem Staat, was des Staates ist – der Kirche was der Kirche ist: Festschrift für Josef Listl zum 70. Geburtstag. – Berlin: Duncker & Humblot, 1999.
Dembowski, Barbara: Datenschutz und Strafverfolgung. – in: *Handbuch Datenschutzrecht*. – Kap. 8.1. – 1395-1417.
Denneborg, Ernst A.: Sicherheitsüberprüfungsrecht: SÜR. – Heidelberg: Decker.
Denninger, Erhard: Polizeiaufgaben. – in: *Handbuch des Polizeirechts*/ Hrsg. von Lisken… – 3. Aufl. 2001. – München: Beck. – Teil E, 201-294;
– Das Recht auf informationelle Selbstbestimmung und innere Sicherheit: Folgerungen aus dem Volkszählungsgesetz-Urteil des Bundesverfassungsgerichts. – in: *Informationsgesellschaft oder Überwa-*

chungsstaat... I. (1984) 285-341 = Freiheitssicherung durch Datenschutz/ Hohmann (Hg.). – (1987) 127-172;
– Staatliche Hilfe zur Grundrechtsausübung durch Verfahren, Organisation und Finanzierung: § 113. – in: *Handbuch des Staatsrechts* .../ hrsg. von J. Isensee .... – Teil: 5. *Allgemeine Grundrechtslehren*. – Heidelberg (2000). – 2191-3120;
– Die Trennung von Verfassungsschutz und Polizei und das Grundrecht auf informationelle Selbstbestimmung. – ZRP (1981) 231-235;
– Verfassungsrechtliche Grenzen polizeilicher Datenverarbeitung insbesondere durch das Bundeskriminalamt. – CR (1988) 51-60.

Dette, Elisa: Melderegistereintragungen von Amts wegen und Verfassungsrecht: eine Rechtmäßigkeitsuntersuchung unter besonderer Berücksichtigung des Landes Rheinland-Pfalz. – Mainz, Univ., Dissertation, 1990.

Deutsch, Erwin: Arztrecht und Arzneimittelrecht: eine zusammenfassende Darstellung mit Fallbeispielen und Texten. – 4. Aufl. 1999. – Berlin: Springer;
– Die Genomanalyse im Arbeits- und Sozialrecht: ein Beitrag zum genetischen Datenschutz. – NZA (1989) 658-661.
– / Spickhoff, Andreas: Medizinrecht, Arztrecht, Arzneimittelrecht, Medizinprodukterecht und Transfusionsrecht. – 5. neu bearb. und erw. Aufl. – Berlin [u.a.]: Springer, 2003.

Deutsche Arbeitsgemeinschaft für Epidemiologie: Epidemiologie und Datenschutz/ Deutsche Arbeitsgemeinschaft für Epidemiologie (DAE); Arbeitskreis Wissenschaft der Konferenz der Datenschutzbeauftragten des Bundes und der Länder. – (1998).

Deutsche Forschungsgemeinschaft: Forschungsfreiheit: ein Plädoyer der DFG für bessere Rahmenbedingungen in Deutschland. – Bonn, 1996.

Deutscher Juristentag/ Bericht der Datenschutzkommission: Grundsätze für eine gesetzliche Regelung des Datenschutzes. – München: Beck, 1974;
– Band 1: Gutachten; Abt. G: In welcher Weise empfiehlt es sich, die Ordnung des Rundfunks und sein Verhältnis zu anderen Medien – auch unter dem Gesichtpunkt der Harmonisierung – zu regeln/ erstattet von Hans D. Jarass. – München: Beck, 1986.

Deutscher Juristentag (58, 1990, München): Verhandlungen.../ Hrsg. von der Ständigen Deputation... – Band 1: Gutachten; Abt. A: Empfiehlt es sich, die Rechte und Pflichten der Medien präziser zu regeln und dabei den Rechtsschutz des einzelnen zu verbessern?/ erstattet von Rolf Stürner. – München: Beck, 1990.
– Band 2: Sitzungsberichte; Abt. K: Empfiehlt es sich, die Rechte und Pflichten der Medien präziser zu regeln und dabei den Rechtsschutz des einzelnen zu verbessern? – München: Beck, 1990.

Deutscher Juristentag (62, 1998, Bremen): Verhandlungen.../ Hrsg. von der Ständigen Deputation... – Band 1: Gutachten; Abt. D: Geben moderne Technologien und die europäische Integration Anlaß, Notwendigkeit und Grenzen des Schutzes personenbezogener Informationen neu zu bestimmen?/ erstattet von Michael Klöpfer. – München: Beck: 1998.

Deutscher Juristentag (62, 1998, Bremen): Verhandlungen.../ Hrsg. von der Ständigen Deputation... – Band 2/1: Sitzungsberichte; Abt. M: Geben moderne Technologien und die europäische Integration Anlass, Notwendigkeit und Grenzen des Schutzes personenbezogener Informationen neu zu bestimmen? – München: Beck: 1998.

Deutscher Presserat: Bericht zum Redaktionsdatenschutz 2004/ Hrsg. Deutscher Presserat. – Konstanz: UVK, 2004;
– Zur geplanten Änderung des Bundesdatenschutzgesetzes. – AfP (2000) 458-466.

Deutsches Rechtslexikon/ hrsg. von Horst Tilch; Frank Arloth. – 3 Bde. – 3. Aufl. 2002. München: Beck.

Deutsch-Polnisches Kolloquium über Wirtschaftsrecht und das Recht des Persönlichkeitsschutzes. Zweites Kolloquium veranst. v. MPI f. ausländ. u. int. Privatrecht u. v. Inst. f. Staat u. Recht der Poln. Akad. d. Wiss., Hamburg, 3.-5. Mai 1983/ hrsg. von Jan Peter Waehler. – Tübingen: Mohr (Siebeck), 1985. – (Studien z. ausländ. u. internat. Privatrecht; 12).

Dezentrale elektronische Datenverarbeitung in der sozialen Arbeit/ Matthias Frommann (Hrsg.). – Frankfurt/ Main: Deutscher Verein für Öffentliche und Private Fürsorge. – (Arbeitshilfen; 31).

Dhont, Jan/ Maria V. Pérez Asinari/ Yves Poullet : Safe harbour decision implementation study. – (2004) http://europa.eu.int/comm/justice_home/fsj/privacy/docs/studies/safe-harbour-2004_en.pdf.

Dieckmann, Uwe: Die Verpflichtung externer Personen – insbesondere externer Prüfer – zur Einhaltung datenschutzrechtlicher Vorschriften. RDV (2004) 256-262;
– / Bernd Eitschberger/ Harald Eul/ Paul Schwarzhaupt/ Gerwald Wohlrab: Datenschutzaudit – Quo Vadis? – DuD (2001) 549-552;
– / Harald Eul/ Brigitte Klevenz: Verhindert der Datenschutz Fusionen?: Fusionen aus der Sicht der betrieblichen Datenschutzbeauftragten. – RDV (2000) 149-152.

Diederichs, Otto: Auskünfte bei Sicherheitsbehörden: viele Vorbehalte und kaum genutzt. – Bürgerrechte & Polizei/ CILIP (1996) 2, 29-37;

– Über die schwierige Aktenauskunft bei Sicherheitsbehörden: ein authentischer Fall. – Bürgerrechte & Polizei/ CILIP (1996) 2, 43-47.
Diek, Anja Charlotte: Gütesiegel nach dem schleswig-holsteinischen Landesdatenschutzgesetz. – in: *Datenschutz als Wettbewerbsvorteil* (2002) 157-162.
Dierks, Christian: *s.a. Genetische Untersuchungen;* Schweigepflicht und Datenschutz in Gesundheitswesen und medizinischer Forschung. – München: Florentz, 1993.
– / Gerhard Nitz/ Ulrich Grau: Gesundheitstelematik und Recht: rechtliche Grundlagen und legislativer Anpassungsbedarf. – Frankfurt am Main: MedizinRecht.de-Verl., 2003.
DiFabio, Udo: Persönlichkeitsrecht im Kraftfeld der Medienwirkung. – AfP (1999) 125-132.
Diller, Martin/ Markus Deutsch: Arbeitnehmer-Datenschutz contra Due Diligence. – K&R (1998) 16-23.
DiMartino, Alessandra: Datenschutz im europäischen Recht. – Baden-Baden: Nomos, 2005. – (Schriftenreihe Europäisches Verfassungsrecht: 20).
Direct mail – der direkte Weg zum Kunden: Informationen rund um Adresse und Verarbeitung / [Hrsg.: Deutscher Direktmarketing-Verband e.V. (DDV), Fachgruppe C (Adressen und Verarbeitung)]. – Wiesbaden: DDV, Fachgruppe C, 1993.
Dittrich, Klaus/ Jan Schlörer: Anonymisierung von Forschungsdaten und Identifikation anonymer Datensätze.– DuD (1987) 30-38.
Dix, Alexander: Bedroht der Datenschutz die Informationsfreiheit?: Anmerkungen zu einem heraufziehenden europäischen Konflikt. – in: *Umbruch von Regelungssystemen .... : FG Büllesbach.* – (2002) 169-176;
– Informationszugang als Bürgerrecht. – DuD (1999) 316;
– Internationale Aspekte: – In: *E-Privacy/* Bäumler, Helmut (Hrsg.). – (2000) 93-106;
– Konzepte des Systemdatenschutzes. – in: *Handbuch Datenschutzrecht.* – Kap.3.5. – 363-396;
– Das neue Brandenburgische Datenschutzgesetz. – RDV (1999) 143-147;
– Regelungsdefizite der Cyber Crime Konvention und der E-TKÜV. – DuD (2001) 588-591;
– Vertrauen durch verbesserte Informationen. – DuD (2004) 518;
– Die Vision einer transparenten Gesellschaft. – in: *Innovativer Datenschutz: für H. Bäumler.*– (2004).– 71-83;
– Das weltweite Directory und persönliche Nummerierungssysteme. – DuD (1994) 484-488.
Dörr, Dieter: Auskunftsansprüche gegen die Medien bei Persönlichkeitsrechtsbeeinträchtigungen. – AfP (1993) 709-713.
– / Stephanie Schiedermair: Rundfunk und Datenschutz: die Stellung des Datenschutzbeauftragten des Norddeutschen Rundfunks, eine Untersuchung unter bes. Berücksichtigung der verfassungsrechtlicher und Europarechtlicher Vorgaben. – Frankfurt am Main [u.a.]: Lang, 2002. (Studien zum deutschen und europäischen Medienrecht; 13).
Dörr, Erwin: Die Änderungen im neuen Datenschutzrecht mit Auswirkungen für die Wirtschaft. – DB (1991) 427-431;
– Die Folgen einer Nichtbeachtung der Pflichten aus § 4 Abs. 2 BDSG. – RDV (1992) 167-169;
– Das neue Datenschutzrecht: Auswirkungen für die Wirtschaft. – DSB (1991)1, 1-7.
– / Dietmar Schmidt: Neues Bundesdatenschutzgesetz: Handkommentar. Die Arbeitshilfe für Wirtschaft und Verwaltung. – 1. Aufl. 1991. – Köln: Datakontext.
– / Dietmar Schmidt: Neues Bundesdatenschutzgesetz: Handkommentar. Die Arbeitshilfe für Wirtschaft und Verwaltung. – 2. Aufl. 1992. – Köln: Datakontext.
Dohr, Walter: Datenschutz in Österreich. – ÖVD (1974) 513-518.
Dokumentation der Anhörung zum RefE eines BDSG vom 7. bis 9.11.1972. – Bonn, 1974. – (Zur Sache; 5)
Dokumentation zum Bundesdatenschutzgesetz: Bund – Länder – Kirchen – Ausland und Internationales; Rechts- und Verwaltungsvorschriften; Entscheidungssammlung; Beschlüsse der Datenschutzaufsichtsinstanzen/ hrsg. von S. Simitis; U. Dammann; O. Mallmann; H.J. Reh. – Baden-Baden: Nomos.
Dolderer, Günter/ Gerd von Garrel/ Thomas Müthlein/ Peter Schlumberger: Die Auftragsverarbeitung im neuen BDSG. – RDV (2001) 223-232.
Donos, Pelopidas Konstantinos: Datenschutz – Prinzipien und Ziele: unter besonderen Berücksichtigung der Entwicklung der Kommunikations- und Systemtheorie. – Baden-Baden: Nomos, 1998. – (Frankfurter Studien zum Datenschutz; 11);
– Datenschutzrecht. – in: *Rechtliche Rahmenbedingungen für Wissenschaft und Forschung/* hrsg. von Hellmut Wagner. – Bd. 2. – Baden-Baden: Nomos, 2000, – 71-147.
Dorer, Peter: Bundesstatistikgesetz: Kommentar/ von Peter Dorer; Helmut Mainusch; Helga Tubies. – München: Beck, 1988.
Draf, Oliver: Die Regelung der Übermittlung personenbezogener Daten in Drittländer nach Art. 25,26 der EG-Datenschutzrichtlinie. – Frankfurt am Main [u.a.]: Lang, 1999. – (Europäische Hochschulschriften, Reihe 2; 2719).
Dreher, Martin: Die Amtshilfe. – Göttingen: Schwartz, 1959.

Drescher, Thomas: Replik: Rundfunkteilnehmer via Adressenhandel: zu Bizer, DuD 11/2004, 650. – DuD (2005) 25-27.
Dressel, Christian Oliver: Die gemeinschaftsrechtliche Harmonisierung des Europäischen Datenschutzrechts. – München: Florentz, 1995.
Drewes, Stefan: Der externe Datenschutzbeauftragte und das Berufsgeheimnis der Apotheker. – RDV (2005) 14-20;
– Widerspruchsrecht. – in: *Datenschutz von A-Z*. – Neuwied [u.a.]. – 2002.
Drews/Kassel/Leßenich *s. Lexikon* ...
Drews/Wacke/Vogel/Martens *s. Gefahrenabwehr.*
Drews, Hans-Ludwig: Der Datenschutzbeauftragte (DSB) in einem Industrieunternehmen. – Berlin: E. Schmidt, 1997. – (Sonderdruck aus: RHW-Handbuch Führungstechnik und Organisation);
– Erneut: zur Novellierung des Bundesdatenschutzgesetzes (BDSG). RDV (1987) 58-61;
– Mehrgeteilter Datenschutz. – CR (1988) 364-367;
– Das neue Bundesdatenschutzgesetz: Datenschutz für Akten im nicht-öffentlichen Bereich. – DuD (1991) 566-567;
– Zulässigkeit der Übermittlung personenbezogener Daten in Staaten ohne Datenschutzgesetze. – DuD (1991) 512-514.
– / Hans Jürgen Kranz: Argumente gegen die gesetzlichen Regelungen eines Datenschutz-Audits. – DuD (1998) 93;
– Datenschutzaudit: Anmerkungen zum Rechtsgutachten von Alexander Roßnagel vom Mai 1999. – DuD (2000) 226-230.
Dronsch, Gerhard: Datenschutz in CD-Rom Verzeichnissen. – DuD (1997) 5-7;
– Die schutzwürdigen Interessen und der Adressenhandel. – DuD (1996) 64-65.
Druey, Jean Nicolas: Information als Gegenstand des Rechts: Entwurf einer Grundlegung. – Baden-Baden: Nomos = Zürich: Schulthess Polygraphischer Verl., 1995.
Düwel, Peter: Das Amtsgeheimnis. – Berlin: Duncker & Humblot, 1965. – (Schriften der Hochschule Speyer; 23).
Duhnkrack, Stefan: Grenzüberschreitender Steuerdatenschutz: Reichweite und Grenzen der internationalen Auskunftserteilung durch deutsche Finanzbehörden. – Frankfurt am Main [u.a.]: Lang, 1990. – (Europäische Hochschulschriften, Reihe 2; 918).
Duhr, Elisabeth: Datenschutz in Auskunfteien. – in: *Handbuch Datenschutzrecht*. – Kap. 7.5. – 1157-1185;
– / Helga Naujok/ Martina Peter/ Evelyn Seiffert: Neues Datenschutzrecht für die Wirtschaft: Erläuterungen und praktische Hinweise zu § 1 bis § 11 BDSG. – DuD (2002) 5-36;
– / H. Naujok; B. Danker; E. Seyffert: Neues Datenschutzrecht für die Wirtschaft: Erläuterungen und praktische Hinweise zu § 27 ff. bis 46 BDSG. – DuD (2003) 5-28.
Dumortier, Jos: Regulating and monitoring communications in the enterprise: guidelines for the development of an effective usage policy. – in: *On-line rights for employees in the information society: use and monitoring of e-mail and Internet*/ (Hrsg.) Blanpain, Roger. – The Hague [u.a,]: Kluwer, 2002. – 269-280 – (Bulletin of comparative labour relations; 40).
Duttge, Gunnar: Recht auf Datenschutz?: Ein Beitrag zur Interpretation der grundrechtlichen Schutzbereiche. – Der Staat 36 (1997) 281-308.
Dux, Christoph: Credit-Clearing-Stellen und Datenschutz. – DuD (1985) 147-151.
Dworatschek, Sebastian: Personal Computer und Datenschutz: Leitfaden zur PC-Organisation/ S. Dworatschek/ A. Büllesbach/ H. – D. Koch. – 5. Aufl. 1992. – Köln: Datakontext. – (Büro Kommunikation; 6).
Eberbach, Wolfram: Einzelfall und wissenschaftliche Methode – ein Widerspruch. Rechtliche und ethische Aspekte klinischer Krebsstudien. – MedR (1988) 7-9.
Eberle, Carl-Eugen: Datenschutz durch Meinungsfreiheit. – DÖV (1977) 306-312;
– Informationsrecht – der große Wurf?: Notwendigkeit bereichsspezifischer Regelungen. – CR (1992) 757-761;
– Schriftliche Stellungnahme des Zweiten Deutschen Fernsehens zur Anhörung der Arbeitsgruppe „Rundfunkbegriff“ der Rundfunkreferenten der Länder am 15. Juni 1994. – ZUM (1994) 530-536;
– Transparenter Datenschutz durch Informations- und Kommunikationspläne. – in: *Rechtsdogmatik und Rechtspolitik*/ K. Schmidt (Hrsg.). – (1990) 91-107;
– Zum Verwertungsverbot für rechtswidrig erlangte Informationen im Verwaltungsverfahren. – in: *Gedächtnisschrift für Martens*. – (1987) 351-367.
EC data protection directive: interpretation, application, transposition, working conference/ ed. by Wolfgang Kilian. – Darmstadt: Toeche-Mittler, 1997. – 210 S. – (Beiträge zur juristischen Informatik; 22).
Edenfeld, Stefan: Videoüberwachung am Arbeitsplatz: „Big Brother“ im Büro? – PersR (2000) 323-328.
EDV-Recht: systematische Sammlung der Rechtsvorschriften, organisatorische Grundlagen und Entscheidungen zur elektronischen Datenverarbeitung/ hrsg. im Auftrag der Interparlamentarischen Arbeitsgemeinschaft von Wolfgang E. Burhenne und Klaus Perband. – Berlin: E. Schmidt.

EDV-Systeme als „Technische Einrichtungen" zur Arbeitnehmerkontrolle: technische, risikoanalytische und arbeitsrechtliche Untersuchung des § 87 Abs. 1 Nr. 6 BetrVG/ hrsg. von Klaus Meyer-Degenhardt. – Düsseldorf: Hans-Böckler-Stiftung, 1988. – (Graue Reihe/ Hans-Böckler-Stiftung, N.F., 3).

Egger, E.: Datenschutz und Datensicherheit: Grundlagenwissen oder Spezialgebiet. – DuD (1992) 512-516.

Eggersmann, Alfons/ Theodor Hoene: Anwaltliche Verschwiegenheit contra Benachrichtigungs- und Auskunftspflicht: Konflikt zwischen § 203 StGB und § 26 BDSG. – CR (1990) 18-21.

Egloff, Willi: Braucht die Schweiz ein Datenschutzgesetz? – Zeitschrift für Schweizerisches Recht 96 (1977) 345-368;
- Information und Grundrechte. – DVR 7 (1978) 115-150.
- / Wolfgang Schimmel: Bundesdatenschutzgesetz – die „Magna Charta des Bürgers von heute. – Demokratie und Recht 5 (1977) 124-138.

Ehlers, Dirk: Datenschutzrechtliche Probleme öffentlich-rechtlicher Kreditinstitute (Teil 1). – IuR (1988) 229-240. – (Teil 2). – IuR (1988) 284-293.
- / Christoph Heydemann: Datenschutzrecht in der Kommunalverwaltung. – DVBl (1990) 1-10.

Ehmann, Eugen: *s.a. [Der] Datenschutzbeauftragte…*;
- Anspruch auf Nennung eines Informaten. – CR (1999) 357-348;
- Datenschutzbeauftragter im Unternehmen: Acht Thesen zu einer Institution in der Krise. – in: *Der Datenschutzbeauftragte…*/ Ehmann, Eugen (Hrsg.). – (1993). – 1-14;
- Datenschutzaufsicht in Bayern: Mitwirkung des TÜV Bayern e.V. – CR (1989) 1013-1016;
- Datenschutzvertragsmodell. – CR (1993) 255;
- Kriminalpolizeiliche Sammlungen und Auskunftsanspruch des Betroffenen. – CR (1988) 491-495, 575-583;
- Mit Meldedaten richtig umgehen. – Stuttgart [u.a.]: Boorberg, 2000. – (Fortbildung & Praxis 10);
- Strafbare Fernwartung in der Arztpraxis. – CR (1991) 293-296;
- Streit um Datenschutzbeauftragte. – CR (1990) 559;
- „Vertragslösungen" auf Basis der EG-Datenschutzrichtlinie? – CR (1991) 234-236.
- / Marcus Helfrich: EG-Datenschutzrichtlinie: Kurzkommentar. – Köln: O. Schmidt, 1999.
- / Werner Paul: Risiken des Einsatzes privater PC's am Arbeitsplatz. – CR (1989) 834-838.

Ehmann, Horst: Bankauskunft und Bankgeheimnis im Lichte des Datenschutzrechts: eine Darstellung der deutschen Entwicklung, verbunden mit einer nachbarschaftlichen Betrachtung der entsprechenden Rechtslage in der Schweiz. – in: *Freiheit und Zwang: FS H. Giger*. – (1989) 123-172;
- Datenschutz und Mitbestimmung bei der Arbeitnehmer-Datenverarbeitung. – NZA (1993) 241-248;
- Datenverarbeitung und Persönlichkeitsschutz im Arbeitsverhältnis. – NZA (1995) Beilage 1, 2-11;
- Grenzen des Mitbestimmungsrechts bei der Arbeitnehmer-Datenverarbeitung: zum Verbot der Fehlzeitauswertungen. – NZA (1986) 657-660;
- Informationsschutz und Informationsverkehr im Zivilrecht. – AcP 188 (1988) 230-380;
- Neue Reformvorstellungen zum Datenschutzrecht: die neuesten Regelungsvorschläge im nichtöffentlichen Bereich und ihre Grundlagen. – RDV (1989) 64-77;
- Prinzipien des deutschen Datenschutzrechts: unter Berücksichtigung der Datenschutzrichtlinie der EG vom 24.10.1995. – RDV (1998) 235-243; 2. Teil. – RDV (1999) 12-23;
- Über Datenverarbeitung zur Generalklausel betrieblicher Mitbestimmung. – ZfA 17 (1986) 357-401;
- Zur Zweckbindung privater Datennutzung: zugleich ein Beitrag des Datenschutzrechts mit einer Stellungnahme zu den Entwürfen zur Änderung des Bundesdatenschutzgesetzes. – RDV (1988) 169-180.
- / Holger Sutschet: EU-Datenschutzrichtlinie: Umsetzungsbedarf und Auswirkungen aus der Sicht des Arbeitsrechts. – RDV (1997) 3-15.

Ehrich, Christian: Amt, Anstellung und Mitbestimmung bei betrieblichen Beauftragten: unter besonderer Berücksichtigung des Betriebsarztes. – Heidelberg: C.F. Müller, 1993. – (Schriften zum Wirtschafts-, Arbeits- und Sozialrecht; 56);
- Der betriebliche Datenschutzbeauftragte: Bestellung, Widerruf der Bestellung und Kündigung nach dem neuen Bundesdatenschutzgesetz. – DB (1991) 1981-1987;
- Die Bedeutung des § 36 III 4 BDSG für die Kündigung des betrieblichen Datenschutzbeauftragten durch den Arbeitgeber. – NZA (1993) 248-252;
- Ordentliche Kündigung des betrieblichen Datenschutzbeauftragten. – CR (1993) 226-230.

Eichler, Alexander: Datenschutz bei Outsourcing. – CI (2000) 145-148.

Eilers, Stephan: Das Steuergeheimnis als Grenze des internationalen Auskunftsverkehrs. – Köln: O. Schmidt, 1987. – (Rechtsordnung und Steuerwesen; 10).

Einwag, Alfred: BDSG-Novelle. – DSB (1991) 2, 1-9;
- Gesamtdeutsche Datenschutzpraxis: Bestandsaufnahme und Perspektiven. – RDV (1991) 11-15.

Eisen, Goswin: Status und Weiterentwicklung von IT-Sicherheitskriterien. – DuD (1993) 212-213.

Eisenberg, Ulrich/ Jens Puschke/ Tobias Singelnstein: Überwachung mittels RFID-Technologie: Aspekte der Ausforschung und Kontrolle mit neuartigen Funk-Chips. – ZRP (2005) 9-12.

Elektronischer Rechtsverkehr: digitale Signaturverfahren und Rahmenbedingungen/ hrsg. von der Bundesnotarkammer. – Köln: O. Schmidt, 1995.

Ellger, Reinhard: Der Datenschutz im grenzüberschreitenden Datenverkehr: eine rechtsvergleichende und kollisionsrechtliche Untersuchung. – Baden-Baden: Nomos, 1990. – (Law and Economics of International Telecommunication; 14);

- Datenschutz und europäischer Binnenmarkt: zugleich ein Beitrag zum „Vorschlag für eine Richtlinie des Rates zum Schutz von Personen bei der Verarbeitung personenbezogener Daten" der Kommission der Europäischen Gemeinschaften vom 27.7.1990. – (Teil 1) RDV (1991) 57-65. – (Teil 2) RDV (1991) 121-135;
- Konvergenz oder Konflikt bei der Harmonisierung des Datenschutzes in Europa?: EU-Datenschutzrichtlinie – Datenschutzkonvention des Europarats. – CR (1994) 558-569;
- Vertragslösungen als Ersatz für ein angemessenes Schutzniveau bei Datenübermittlungen in Drittstaaten nach dem neuen Europäischen Datenschutzrecht. – RabelsZ 60 (1995) 738-770. – (Zugl. FS Ernst-Joachim Mestmäcker zum 70. Geburtstag).

Empfehlungen zur Ausgestaltung von Straf- und Bußgeldvorschriften im Nebenstrafrecht/ hrsg. v. Bundesministerium der Justiz. – 2. Aufl. 1999. – Köln: Bundesanzeiger.

Engel, Christoph: Multimedia und das deutsche Verfassungsrecht. – in: *Perspektiven der Informationsgesellschaft*/ Hg. Hoffmann-Riem; Vesting. – (1995) 155-171.

Engel-Flechsig, Stefan: Die datenschutzrechtlichen Vorschriften im neuen Informations- und Kommunikationsdienste-Gesetz. – RDV (1997) 59-67;

- Teledienstedatenschutz: die Konzeption des Datenschutzes im Entwurf des Informations- und Kommunikationsdienstegesetzes des Bundes. – DuD (1997) 8-16.

Engelien-Schulz, Thomas: Einführung in die Grundsätze des Datenschutzrechts. – BWV (2003) 146-156;

- „Daten über die Gesundheit" als eine besondere Art personenbezogener Daten – Begriffsbestimmung und Bedeutung für öffentliche Stellen des Bundes. - RDV(2005) 201-208;
- Erläuterungen zum teilweise neuen § 12 Abs. 4 Bundesdatenschutzgesetz – Betrachtungen eines Regelgeflechts. – BWV (2003) 27-33;
- Die Vorabkontrolle gemäß § 4d Abs. 5 und Abs. 6 Bundesdatenschutzgesetz (BDSG). – RDV (2003) 270-278;
- Zur Reichweite der Kontrollkompetenz behördlicher Datenschutzbeauftragter bezogen auf Daten über die Gesundheit. – RDV (2005) 7-11.

Engeln, Wilbert: Das Hausrecht und die Berechtigung zu seiner Ausübung. – Berlin: Duncker & Humblot, 1989. – (Schriften zum Strafrecht; 79).

Entscheidungssammlung zum Datenschutzrecht (EzDat)/ hrsg. und bearb. von Peter Lichtenberg und Sebastian Gilcher. – Neuwied: Luchterhand.

Enzmann, Matthias: Introducing privacy to the Internet: how P3P meets the European Data Protection Directive. DuD (2000) 535-540.

- / Alexander Roßnagel: Realisierter Datenschutz für den Einkauf im Internet: das Projekt DASIT. – CR (2002) 141-150.

Epidemiologische Forschung und Datenschutz in der Medizin. Symposium der Akademie der Wissenschaften und der Literatur, Mainz am 22./23. Febr. 1991/ hrsg. v. Georg Dhom. – Stuttgart [u.a.]: G. Fischer, 1992.

Epperson, G. Michael: Contracts for transnational information services: securing equivalency of data protection. – Harvard International Law Journal 22 (1981) 157-175.

E-Privacy: Datenschutz im Internet/ Helmut Bäumler (Hrsg.). – Wiesbaden: Vieweg, 2000. – (DuD-Fachbeiträge).

Erfassungsschutz: Der Bürger in der Datenbank – zwischen Planung und Manipulation/ hrsg. von Helmut Krauch. – Stuttgart: dva, 1975.

Die Erforschung des menschlichen Genoms: ethische und soziale Aspekte/ Hrsg. von Franz Böckle; Peter Lange; Helmut Zander; Axel Zweck; Bundesminister für Forschung und Technologie. – Frankfurt/ Main: Campus, 1991. – (Gentechnologie: Chancen und Risiken; 26).

Erfurter Kommentar zum Arbeitsrecht/ hrsg. von Thomas Dieterich; Peter Hanau; Günter Schaub. – 5. Aufl. 2005. – München: Beck.

Erichsen, Hans Uwe: Allgemeines Verwaltungsrecht/ bearb. von Peter Badura … – 12. Aufl. 2002. – Berlin: de Gruyter;

- Feststellungsklage und Innenrecht, Grundrecht und Amtswaltung. – VerwArch (1980) 429-438.

Ernst, Stefan: Der Arbeitgeber, die E-Mail und das Internet. – NZA (2002) 585-591.

Ernestus, Walter: „… da waren's nur noch acht." – RDV (2002) 22-25;

- Bedarf die Anlage zu § 9 BDSG einer Modernisierung? – RDV (2000) 146-152;
- Gefahren drohen auch von Innen: Arbeitnehmerdatenschutz. – CoPers (2002) 34-36;
- JobCard – Schlüssel zur elektronischen Kommunikation ?: Ein Fachverfahren könnte den Weg für den Durchbruch der elektronischen Signatur ebnen. – DuD (2004) 404-409;

– Konzept der Datensicherung. – in: *Handbuch Datenschutzrecht*. Kap. 3.2. – (2003) 269-290;
– Neue Kommunikationstechnologien – neue Datenschutzprobleme: wo liegen die Probleme, wie kann man ihnen begegnen? – DuD (1994) 316-317;
– Protection Profile – Formale Beschreibung von Sicherheitsanforderungen. – DuD (2003) 68.
Escher, Hans/ Christina Escher-Weingart: Spontanauskunft und Datenschutz: die Rechtslage nach dem Volkszählungsurteil. – RIW/AWD (1991) 574-578.
Essener Gespräche zum Thema Staat und Kirche: Band 15/ hrsg. von Joseph Krautscheid und Heiner Marré. – Münster: Aschendorff, 1981.
Essener Gespräche zum Thema Staat und Kirche: Band 17/ hrsg. von Joseph Krautscheid und Heiner Marré. – Münster: Aschendorff, 1983.
Esser, Josef/ Hans-Leo Weyers: Schuldrecht II: Besonderer Teil. – 7. Aufl. 1991. – Heidelberg: C.F. Müller.
Essers, Monika/ Jürgen Hartung: Datenschutz bei Unternehmenstransaktionen. – RDV (2002) 278-287.
Ethik als Schranke der Programmfreiheit im Medienrecht: Festschrift für Günter Herrmann zum 70. Geburtstag/ (Hrsg.) Rehbinder, Manfred. – Baden-Baden: Nomos, 2002. – (UFITA; 197).
Eul, Harald: Datenschutz im Kreditwesen und im Zahlungsverkehr. – in: *Handbuch Datenschutzrecht*. – Kap. 7.2. – 1085-1117.
– / Christoph Godefroid: Übermittlung personenbezogener Daten ins Ausland nach Ablauf der Umsetzungsfrist der EG-Datenschutzrichtlinie. – RDV (1998) 185-194.
Das Europa der zweiten Generation: Gedächtnisschrift für Christoph Sasse II/ Red. Roland Bieber; Dietmar Nickel. – Kehl am Rhein: Engel, 1981.
Europäisches Rechtsdenken in Geschichte und Gegenwart: Festschrift für Helmut Coing zum 70.Geburtstag/ hrsg. von Norbert Horn in Verbindung mit Klaus Luig und Alfred Söllner. – München: Beck, 1982.
Europarecht im Informationszeitalter/ Josef Drexl; K.F. Kreuzer; D.H. Scheuing; U. Sieber (Hrsg.). – Baden-Baden: Nomos, 2000.
Europas universale rechtsordnungspolitische Aufgabe im Recht des dritten Jahrtausends: Festschrift für Alfred Söllner zum 70. Geburtstag/ hrsg. von Gerhard Köbler; Meinhard Heinze; Wolfgang Hromadka. – München: Beck 2000.
Eurostat: Protection de la vie privée, informatique et progrès de la documentation statistique. – Informations de l'Eurostat (1986) Numéro spécial.
Evangelisches Staatslexikon/ hrsg. von Roman Herzog … – 2 Bände. – 3. Aufl. 1987. – Stuttgart: Kreuz.
Evans, A.C.: European Data Protection Law. – American Journal of Comparative Law 29 (1981) 571-582.
Evers, Hans-Ulrich: Probleme des Datenschutzes zwischen Staat und Kirche. – ZevKR, 25 (1980) 173-199.
Evers, Jürgen/ Lorenz H. Kiene: Datenschutzrechtliche Folgen der Ausgliederung von Dienstleistungen: Einwilligungsklauseln und Auftragsdatenverarbeitung. – DuD (2003) 341-344.
Ewers, Wolfgang: Vom Umweltaudit zum Datenschutzaudit. – in: *Datenschutz als Wettbewerbsvorteil* (2002) 180-198.
Eyermann, Erich: Verwaltungsgerichtsordnung: Kommentar/ begr. von Erich Eyermann und Ludwig Fröhler. 11. Aufl. bearb. von Harald Geiger; Michael Happ; Klaus Rennert; Jörg Schmidt; Peter Schmidt. – München: Beck, 2000.
Fabricius, Fritz: *s. Betriebsverfassungsgesetz.*
Fachet, Siegfried: Datenschutzrechtliche Probleme bei der Nutzung katholischer Archive. – RDV (1996) 19-24;
– Datenschutz in der katholischen Kirche: Grundaussagen der kirchlichen Datenschutzanordnung. – RDV (1996) 177-181;
– Datenschutz in der katholischen Kirche: Praxiskommentar zur Anordnung über den betrieblichen Datenschutz (KDO). – Neuwied [u.a.]: Luchterhand, 1998.
Fasbender, Gerd: Schwachstellen der Informationsverarbeitung durch Dritte. – RDV (1994) 12-15.
Faßbender, Wolfgang/ Claus-Peter Niemeyer/ Karl Rihaczek: Datenschutz, Löschen und Sicherung von Wiederanlaufpunkten in der Datenverarbeitung. – DuD (1978) 15-20.
Die faktische Anonymität von Mikrodaten/ hrsg. v. Statistisches Bundesamt; Walter Müller… – Stuttgart: Metzler-Poeschel, 1991. – (Schriftenreihe Forum der Bundesstatistik; 19).
Federrath, Hannes/ Oliver Berthold: Identitätsmanagement. – in: *E-privacy*/ Hrsg. Bäumler. – (2000) 189-204.
Felix, Günther: Bankgeheimnis nach § 30a der Abgabenordnung und Anzeigen der Kreditinstitute nach § 33 Nr. 1 des Erbschaftssteuergesetzes. – BB (1988) 2011-2012.
Festgabe… für Friedrich Karl Beier *s. Aktuelle Herausforderungen …*
Festgabe für Erhard Denninger *s. Sicherheit, Vielfalt, Solidarität …*
Festgabe für Norbert Reich *s. Recht und diffuse Interessen …*
Festgabe für Spiros Simitis *s. Zur Autonomie des Individuums.*
Festschrift 50 Jahre Bundesverfassungsgericht, Bd. 2: Klärung und Fortbildung des Verfassungsrechts / hrsg. von Peter Badura; Horst Dreier. – Tübingen: Mohr Siebeck, 2001.
Festschrift für Helmut Bäumler s. *Innovativer Datenschutz …*
Festschrift für Helmut Coing *s. Europäisches Rechtsdenken …*

Festschrift für Thomas Dieterich *s. Richterliches Arbeitsrecht.*
Festschrift für Kurt Eichenberger *s. Staatsorganisation und Staatsfunktionen im Wandel ...*
Festschrift für Murad Ferid *s. Konflikt und Ordnung ...*
Festschrift für Kurt Furgler *s. Zur Zukunft von Staat ...*
Festschrift für Willi Geiger (1) *s. Menschenwürde ...*
Festschrift für Willi Geiger (2) *s. Verantwortlichkeit ...*
Festschrift für Hans Giger *s. Freiheit ...*
Festschrift für Albert Gnade *s. Arbeit und Recht.*
Festschrift für Hans Grüner *s. Beiträge zum Sozialrecht.*
Festschrift für Peter Hanau *s. Arbeitsrecht und Sozialpartnerschaft.*
Festschrift für Joachim Heilmann *s. Arbeit – Umwelt.*
Festschrift für Günter Herrmann *s. Ethik als Schranke ...*
Festschrift für Arthur Kaufmann *s. Strafgerechtigkeit.*
Festschrift für Wolfgang Kilian *s. Informatik – Wirtschaft – Recht.*
Festschrift für Hildebert Kirchner zum 65. Geburtstag/ hrsg. von Wolfgang Dietz und Dietrich Pannier. – München: Beck, 1985.
Festschrift für Friedrich Kübler *s. Wirtschafts- und Medienrecht ...*
Festschrift für Hermann Lange: zum 70. Geburtstag am 24. Januar 1992/ hrsg. von Dieter Medicus; Hans-Joachim Mertens; Knut Wolfgang Dörr; Wolfgang Zöllner. – Stuttgart [u.a.]: Kohlhammer, 1992.
Festschrift für Josef Listl *s. Dem Staat, was des Staates ist ...*
Festschrift für Martin Löffler *s. Presse und Presserecht ...*
Festschrift für Walter Mallmann: em. o. ö. Professor des öffentlichen Rechts an der Justus Liebig-Universität Gießen zum 70. Geburtstag/ Otto Triffterer; Friedrich von Zezschwitz; Hrsg. im Auftr. d. Gießener Kollegen. – Baden-Baden: Nomos, 1978.
Festschrift zum 65. Geburtstag von Mario M. Pedrazzini/ Hrsg. im Auftr. der Juristischen Abteilung der Hochschule St. Gallen von Ernst Brem … – Bern: Stämpfli, 1990.
Festschrift für Adalbert Podlech *s. Die Freiheit und die Macht ...*
Festschrift für Walter Rudolf *s. Völkerrecht ...*
Festschrift für Reimer Schmidt/ hrsg. von Fritz Reichert-Facilides, Fritz Rittner und Jürgen Sasse. – Karlsruhe: Vlg. Versicherungswirtschaft, 1976.
Festschrift für Dieter Simon *s. Summa ...*
Festschrift für Alfred Söllner zum 70. Geburtstag *s. Europas universale rechtsordnungspolitische Aufgabe ...*
Festschrift für Klaus Stern *s. Verfassungsstaatlichkeit.*
Festschrift für Georg Wannagat *s. Im Dienste ...*
Festschrift für Wolfgang Zeidler/ hrsg. von Walther Fürst; Roman Herzog; Dieter C. Umbach. – Bd. 2. – Berlin: de Gruyter, 1987.
Festschrift für Friedrich von Zezschwitz *s. Selbstbestimmung und Gemeinwohl ...*
Fiedler, Herbert: Datenschutz und Gesellschaft. – in: *Informationsrecht und Informationspolitik* / W. Steinmüller (Hg.). – (1976) 179-195;
– Datenschutznovellierung: Zerreißprobe für den Datenschutz. – CR (1989) 131-139.
Figgener, Christel: Behördliche Betretungsrechte und Nachschaubefugnisse: verfassungsrechtliche und verwaltungsrechtliche Grundlagen. – Köln [u.a.]: Heymanns, 2000. (Studien zum öffentlichen Wirtschaftsrechts; 43).
Finkelnburg, Klaus/ Curt L. Lässig,: BVwVfG. – Düsseldorf: Werner.
Fisahn, Andreas: Bankgeheimnis und informationelle Selbstbestimmung. – CR (1995) 632-636.
Fischer, Klaus/ Rolf Uthoff: Das Recht der formularmäßigen Einwilligung des Privatpatienten bei externen Abrechnung: ein Rechtproblem? – MedR (1996) 115-120:
– Genetischer Code: rechtliche Schutzperspektiven. – in: Der *gläserne Mensch*/ (Hrsg.) Sokol. – (2003). – 140-162 = RDV (2002) 15-21;
Fischer, Roger A.: Datenschutz bei Mailboxen. – CR (1995) 178-184.
Fischer, Ulrich/ Bruno Schierbaum: Telearbeit und Datenschutz: eine vernachlässigte Debatte. – CR (1998) 321-327.
Fitting, Karl: *s. Betriebsverfassungsgesetz ....*
Flaherty, David H.: The origins and development of social insurance numbers in Canada. – Ottawa: Dept. of Justice, 1981;
– Privacy and government data banks: an international perspective. – London: Mansell, 1979;
– Protecting privacy in surveillance societies: the Federal Republic of Germany, Sweden, France, Canada, and the United States. – Chapel Hill, N.C.; London: Univ. of North Carolina Press, 1989.
Flanderka, Fritz: Der Bundesbeauftragte für den Datenschutz. – Heidelberg, Univ., Diss., 1988.
Flessner, Axel: Fakultatives Kollisionsrecht. – RabelsZ 34 (1970) 547-584.

Flisek, Christian: Der datenschutzrechtliche Auskunftsanspruch nach TDDSG: Materielle und prozessuale Fragen bei der Anwendung von § 7 Abs. 7 TDDSG im nichtöffentlichen Bereich. – CR (2004) 949-955.

Florian, Lothar: Die Einwilligung des Betroffenen nach § 3 Bundesdatenschutzgesetz und § 35 Sozialgesetzbuch I/ 67 Sozialgesetzbuch X. – DRV (1980) 281-292.

Forschung im Konflikt mit Recht und Ethik: zur Problematik von Zeugnisverweigerungsrecht, strafrechtlicher Immunität und freiem Datenzugangs des Forschers/ hrsg. v. Albin Eser und Karl F. Schumann. – Stuttgart: Enke, 1976.

Forsthoff, Ernst: Lehrbuch des Verwaltungsrechts: Allgemeiner Teil. – 10. Aufl. 1973. – München: Beck.

Fox, Dirk: Datenschutzbeauftragte als „Trusted Third Parties". – in: *(Der) neue Datenschutz* (1998) 81-91.

Francke, Robert: Ärztliche Berufsfreiheit und Patientenrechte: eine Untersuchung zu den verfassungsrechtlichen Grundlagen des ärztlichen Berufsrecht und des Patientenschutzes. – Stuttgart: Enke, 1994. – (Medizin in Recht und Ethik; 30).

Franzen, Martin: Datenschutz im Arbeitsverhältnis: B 5300. – (1997). – in: *Europäisches Arbeits- und Sozialrecht* (EAS)/ hrsg. von Hartmut Oetker; Ulrich Preis. – Wiesbaden: Forkel;
– Die Novellierung des Bundesdatenschutzgesetzes und ihre Bedeutung für die Privatwirtschaft. – DB (2001) 1867-1873;
– Die Zulässigkeit der Erhebung und Speicherung von Gesundheitsdaten der Arbeitnehmer nach dem novellierten BDSG. – RDV (2003) 1-6.

Freese, Jan: in: *Transnational Data Regulation*/ Online International (Hrsg.). – Uxbridge (1979) 197 ff.;
– in: *Data Regulation: European and Third World Realities*/ Online International (Hrsg.). – London: Chameleon Press, 1978. – 71 ff.;
– The right to be alone in Sweden. – TDR 8 (1983) 447-449;
– The Swedish Data Act. – Current Sweden 294 (1982).

Die Freiheit und die Macht: Wissenschaft im Ernstfall: Festschrift für Adalbert Podlech/ Egbert Nickel; Alexander Roßnagel; Bernhard Schlink (Hrsg.). – Baden-Baden: Nomos, 1994.

Freiheit und Zwang: rechtliche, wirtschaftliche und gesellschaftliche Aspekte. Festschrift zum 60. Geburtstag von Hans Giger/ Hrsg. von Walter J. Habscheid… – Bern: Stämpfli, 1989.

Freiheitssicherung durch Datenschutz/ hrsg. von Harald Hohmann. – Frankfurt am Main: Suhrkamp, 1987. – (Edition Suhrkamp; NF 420).

Freise, Cornelia/ Hans H. Wohlgemuth: Rechtsfragen der konzernweiten Personaldatenverarbeitung: zur Reichweite und Wirksamkeit einer Betriebsvereinbarung über die Einführung eines konzernweiten Personalinformationssystems. – DVR 11 (1982) 285-310.

Freund, Stefan: Der persönlichkeitsrechtliche Schutz des Werbeadressaten. – BB (1986) 409-415.

Freundesgabe für Alfred Büllesbach *s. Umbruch von Regelungssystemem …*

Freundesgabe für Friedrich Kübler *s. Wirtschaftsrecht und Medienrecht …*

Freundesgabe Spiros Simitis *s. Zur Autonomie des Individuums …*

Fritsch, Lothar/ Heiko Roßnagel/ Matthias Schwenke/ Tobias Stadler: Die Pflicht zum Angebot anonym nutzbarer Dienste: eine technische und rechtliche Zumutbarkeitsbetrachtung. – DuD (2005) 592-596.

Frormann, Detlef: Umfang und Grenzen der Speicherung und Übermittlung personenbezogener Daten im Bereich der Wirtschaftsauskunfteien. – Frankfurt, Univ., Diss., 1993 [1994].

Frosch-Wilke, Dirk: Data Warehouse, OLAP und Data Mining: state of the art und zukünftige Entwicklungen. – DuD (2003) 597-604.

Früh, Andreas: Abtretungen, Verpfändungen, Unterbeteiligungen, Verbriefungen und Derivate bei Kreditforderungen vor dem Hintergrund von Bankgeheimnis und Datenschutz. – WM (2000) 497-504.

Fuchs, Michael: Verwalten durch Beauftragte. – DÖV(1986) 363-372.

Fuckner, Gerhard: Das zentrale Verkehrsinformationssystem. – CR (1988) 411-416.

25 Jahre Datenschutz: Bestandsaufnahme und Perspektiven/ Hassemer, Winfried; Klaus Peter Möller (Hrsg.). – Baden-Baden: Nomos, 1996. – 80 S. – (Forum Datenschutz; 4)

Fürst, Walter/ H. Finger/ O. Mühl: Beamtenrecht des Bundes und der Länder: erläutert auf der Grundlage des Bundesbeamtengesetzes und des Bundesversorgungsgesetzes unter Einbeziehung des Beamtenrechts der Länder. – Berlin: E. Schmidt. – (GKÖD; Bd. 1).

Gackenholz, Friedrich: Datenübermittlung ins Ausland: unter besonderer Berücksichtigung internationaler Konzerne. – DuD (2000) 727-732.

Gagel, Alexander: SGB III – Arbeitsförderungsgesetz: Kommentar/ von Alexander Gagel u.a. – München: Beck.

Gall, Andreas: Datenschutz im öffentlich-rechtlichen Rundfunk. – DuD (1993) 383-390.

Gallwas, Hans-Ulrich: Der allgemeine Konflikt zwischen dem Recht auf informationelle Selbstbestimmung und der Informationsfreiheit. – NJW (1992) 2785-2790;
– Verfassungsrechtliche Grundlagen des Datenschutzes. – Der Staat 18 (1979) 507-520;
– Zum Prinzip der Erforderlichkeit im Datenschutzrecht; – in: *Strafgerechtigkeit: FS für Arthur Kaufmann…* – (1993) 819-829;

– Zum Verhältnis von staatlicher Aufsicht und kirchlichem Datenschutzrecht. – BayVBl (1980) 423-426.
– / J. Schweinoch: Datenschutzrecht: Kommentar und Vorschriftensammlung/ bearb. von Hans-Ulrich Gallwas; H. Geiger; J. Schneider; J. Schwappach; J. Schweinoch. – Stuttgart: Boorberg.
Ganßauge, Klaus: Datenverarbeitung und -nutzung von Kreditwürdigkeitsdaten durch fremdnützige Verarbeiter: mit einer Darstellung der Rechtstatsachen bei der SCHUFA und der Organisation Creditform. – Berlin: Duncker & Humblot, 1995. – (Schriften zum Rechts des Informationsverkehrs und der Informationstechnik; 11).
Garstka, Hansjürgen: Datenschutz: das Berliner Modell. – DuD (2000) 289-291;
– Empfiehlt es sich, Notwendigkeit und Grenzen des Schutzes personenbezogener – auch grenzüberschreitender – Informationen neu zu bestimmen? – DVBl (1998) 981-991;
– Selbstdatenschutz. – in: *Perspektive Datenschutz*/ (Hrsg.) Baeriswyl; Rudin. – Zürich; Baden-Baden; Wien (2002). – 159-175;
– Videoüberwachung: Allheilmittel oder Gift der Freiheitsrechte? – DuD (2000) 192-193;
– Vorabkontrolle durch behördliche und betriebliche Datenschutzbeauftragte. – in: *Neue Instrumente im Datenschutz* (1999) 64-73.
Garzon Clariana, G.: La protección de los datos personales y la función normativa del Consejo de Europa. – Revista de Instituticiones Europeas 8 (1981) 1 ff.
Gassmann, Hans-P.: The activities of the OECD in the field of transnational data regulation. – in: *Data regulation: European and third world realities*/ Online (Hrsg.). – London (1978) 177 ff.
Gassner, Ulrich M./ Michael Schmidl: Datenschutzrechtliche Löschungsverpflichtung und zivilrechtliche Verjährungsvorschriften. – RDV (2004) 153-156.
GDD: Datenschutz im Unternehmen – Arbeitshilfe für die betriebliche Praxis. – 6. Aufl. – Bonn: Gesellschaft für Datenschutz und Datensicherung, 2003.
Gedächtnisschrift für Christoph Sasse *s. Europa* ...
Gedächtnisschrift für Wolfgang Martens/ Hrsg. vom Peter Selmer und Ingo von Münch. – Berlin: de Gruyter, 1987.
Gefahrenabwehr: allgemeines Polizeirecht (Ordnungsrecht) des Bundes und der Länder/ von Claus Vogel; Wolfgang Martens. Begr. von Bill Drews, fortgef. von Gerhard Wacke. – 9. Aufl. 1986. – Köln: Heymann.
Geiger, Andreas: Die Einwilligung in die Verarbeitung von personenbezogenen Daten als Ausübung des Rechts auf informationelle Selbstbestimmung. – NVwZ (1989) 35-38.
Geiger, Hansjörg: BGH-Urteil zur SCHUFA-Klausel: Analyse und Konsequenzen. – CR (1985) 72-77;
– Datenschutz und Gewaltenteilung. – in: *Datenschutz: juristische Grundsatzfragen...*/ Hg. W. Kilian... – (1973) 173-185;
– Europäischer Informationsmarkt und Datenschutz. – RDV (1989) 203-210;
– Das Urteil des Bundesverfassungsgerichts zum Volkszählungsgesetz 1983. – DSWR (1984) 43-46.
– / Heinz Klinghardt: Stasi-Unterlagen-Gesetz: mit Erläuterungen für die Praxis. – Köln: Deutscher. Gemeidenverl., 1993.
Geiger, Harald: Der Abschied von der Gesetzgebungskunst. – NJW (2002) 1248-1250.
Geiger, Klaus: Datenschutz bei den Verfassungsschutzbehörden: Vorschläge zu einer Neukonzeption. – DVBl (1990) 748-758;
– Kommerzielle Nutzung amtlich veröffentlichter Registereintragungen. – CR (1992) 228-234.
Geis, Ivo: Haftungsrisiken des Datenschutzbeauftragten bei ungenügender Wahrung des Datenschutzes. – in: *Der Datenschutzbeauftragte...* – E. Ehmann (Hrsg.). – (1993) 63-75;
– Haftungsrisiken im Datenschutzrecht für Unternehmen. – CR (1993) 269-273;
– Individualrechte in der sich verändernden europäischen Datenschutzlandschaft. – CR (1995) 171-178.
Geis, Max Emanuel: Der Kernbereich des Persönlichkeitsrechts. – JZ (1991) 112-117.
Gellmann, Robert M.: Can privacy be regulated effectively on a national level?: thoughts on the possible need for international privacy rules. – Villanova Law Review (1996) 129-172.
Gemeinschaftskommentar zum Sozialgesetzbuch: Verwaltungsverfahren (GK-SGB X 1)/ von P. Krause; A. Mutius; F. Schnapp. – Neuwied: Luchterhand, 1990.
Gemeinschaftskommentar zum Sozialgesetzbuch: Schutz der Sozialdaten (GK-SGB X 2)/ von G. Borchert; F. Hase; St. Walz. – Neuwied: Luchterhand, 1989.
Gemeinschaftskommentar zum Sozialgesetzbuch: Zusammenarbeit der Leistungsträger und ihre Beziehungen zu Dritten (GK-SGB X 3)/ von B. v. Maydell/ W. Schellhorn. – Neuwied: Luchterhand, 1984.
Genetische Untersuchungen und Persönlichkeitsrecht/ Christian Dierks ... (Hrsg.) – Berlin [u.a.]: Springer, 2003. – (Schriftenreihe Medizinrecht).
Gerhold, Diethelm/ Helmut Heil: Das neue Bundesdatenschutzgesetz 2001. – DuD (2001) 377-382.
Gerling, Rainer W.: Datenschutz in der Forschung. – in: *Handbuch Datenschutzrecht.* – Kap.7.10. – 1324-1333;
– Datenschutzprobleme der Forschung: ein Erfahrungsbericht mit Lösungen und Regelungsvorschlägen. – DuD (1999) 384-388.

Germann, Michael: Das kirchliche Datenschutzrecht als Ausdruck für evangelisches Kirchenrecht. – ZevK (2003) 446-491.
Geschwinder, Jürgen: Der Datenschutz im Gerichtssaal. – SGb (1988) 530-532.
Geulen, Reiner: Die Personalakte in Recht und Praxis: systematisch-kritische Darstellung des gesamten Rechts der Personalakten für Beamte, Angestellte, Arbeiter und andere Berufsgruppen. – Neuwied: Luchterhand, 1984.
Giesen, Dieter: Arzthaftungsrecht: die zivilrechtliche Haftung aus medizinischer Behandlung in der Bundesrepublik Deutschland, Österreich und der Schweiz. – 4. Aufl. 1995. – Tübingen: Mohr (Siebeck). – (JZ-Schriftenreihe; 1);
– Arzthaftungsrecht im Umbruch. – Teil 1: Der ärztliche Behandlungsfehler in der Rechtsprechung seit 1974. – JZ (1982) 345-356; Teil II: Die ärztliche Aufklärungspflicht in der Rechtsprechung seit 1974. – JZ (1982) 391-403.
Giesen, Thomas: Die Kontrolle des Datenverkehrs mit Drittländern: Modelle und Grenzen. – DuD (1996) 394-396;
– Professoren auf dem TÜV?: Datenerhebung bei Dritten und Freiheit der Wissenschaft. – DuD (1995) 256-258
– Rechtsstellung, Aufgaben und Befugnisse der Datenschutzkontrollstellen nach Art. 28 der EG-Datenschutzrichtlinie. – RDV (1998) 15-19;
– Unabhängigkeit und Rechtskontrolle der Kontrollstellen nach Art. 28 der EG-Datenschutzrichtlinie: Abschied von liebgewordenen Unverbindlichkeiten. – DuD (1997) 529-531.
Gilles, Peter: Recht und Praxis des Telemarketing: Werbung und Vertrieb unter Einsatz teletechnischer Kommunikationsmittel und ihre Schranken im Privat- und insbesondere Wettbewerbsrecht. – NJW (1988) 2424-2432.
Der gläserne Mensch – DNA-Analysen, eine Herausforderung an den Datenschutz. – (Hrsg.) Bettina Sokol. – Düsseldorf: Landesbeauftragte für den Datenschutz, 2003.
Glauben, Paul J.: Das Bankgeheimnis: Rechtgrundlagen, Inhalt und Grenzen. – DRiZ (2002) 104-106:
Gliss, Hans: Datenschutzgerechter Werbeauftritt. – DSB (2002) 5, 9-11;
– Verpflichtung von Mitarbeitern auf das Datengeheimnis. – DSB (2001) 9, 11-12;
– Vorabkontrolle – Sinn und Unsinn einer Regelung. – DSB (2003) 6, 14-15.
Global@home: Informations- und Dienstleistungsstrukturen der Zukunft/ hrsg. von Herbert Kubicek; Hans-Joachim Braczyk; Dieter Klumpp und Alexander Roßnagel. – Heidelberg: Hüthig, 2000. – (Jahrbuch Telekommunikation und Gesellschaft 2000).
Globalisierung und informationelle Rechtskultur in Europa: informationelle Teilhabe und weltweite Solidarität/ hrsg. von Siegfried Lamnek; Marie-Theres Tinnefeld. – Baden-Baden: Nomos, 1998.
Globig, Klaus: Der Auskunftsanspruch des Betroffenen als Grundrecht: – in: *Völkerrecht und Deutsches Recht*/ Arndt (Hrsg.). – (2001) 441-465;
– Checkliste für Einzelentscheidungen. – DuD (2003) 4;
– Zulässigkeit der Erhebung, Verarbeitung und Nutzung im öffentlichen Bereich. – in: *Handbuch Datenschutzrecht*. – Kap. 4.7. – 627-677.
Goebel, Jürgen W./ Jürgen Scheller: Multi-Application-SmartsCards: strukturelle Rechtsfragen. – ArchPT (1995) 4, 273-284.
Gola, Peter: Der audierte Datenschutzbeauftragte – oder von der Kontrolle der Kontrolleure. – RDV (2000) 93-96;
– Der behördliche Datenschutzbeauftragte: zu einem Aspekt der Umsetzung der EG-Datenschutzrichtlinie in Hessen. – DuD (1999) 341-343;
– Betriebsrat und Datenschutz. – ZBVR (2003) 206-213;
– Datenschutz bei der Einholung von Auskünften über Arbeitnehmer: unter Darstellung der neueren arbeitsrechtlichen Rechtsprechung. – DSWR (1981) 48-51;
– Datenschutz im Call Center: Anforderungen an Wirtschaft und Verwaltung. – Frechen: Datenkontext, 2001;
– Datenschutz und Betriebsrat. – DuD (1978) 25-30;
– Datenschutz und Multimedia am Arbeitsplatz. – Frechen: Datakontext, 2006;
– Die Datenschutzgesetze der Bundesländer: ein Überblick. – MDR (1980) 181-184;
– Datenschutzrechtliche Konsequenzen der Mißachtung der Mitbestimmung. – DSB (1999) 5, 3-5;
– Datenübermittlung an die Schufa (OLG Celle 3 U 92/79 vom 14.11.1979). – DuD (1980) 105;
– EDV für dem Personalrat. – PersR (1990) 33-37;
– Die Einwilligung als Legitimation für die Verarbeitung von Arbeitnehmerdaten. – RDV (2002) 109-116;
– Die Erhebung und Verarbeitung „besonderer Arten personenbezogener Daten" im Arbeitsverhältnis. – RDV (2001) 125-127;

– Die Frage nach dem Verhinderungsfall: ein Versuch zur Umgehung unzulässiger Datenerhebungen. – RDV (2000) 202-207;
– Das Gebot der Direkterhebung im Arbeitsverhältnis und Informationspflichten gegenüber Bewerbern. – RDV (2003) 177-180;
– Informationelle Selbstbestimmung in Form des Widerspruchsrechts. – DuD (2001) 278-281;
– Die Informationsrechte der Betriebs- und Personalräte und der Datenschutz. – RiA (1987) 169-173;
– Mitarbeitervertretung und Datenschutzbeauftragter: Kontrolle und/oder Kooperation beim Personaldatenschutz. – ZfPR (1997) 94-100;
– Mitbestimmung bei der Übermittlung von TK-Einzelentgeltnachweisen. – DuD (1997) 344-345;
– Neue Entwicklungen bei der Haftung für Datenschutzverletzungen. – DuD (1982) 259-263;
– Der neue Personaldatenschutz für Beamte. – DÖD (1992) 221-230;
– Der neue strafrechtliche Schutz von unbefugten Bildaufnahmen im Lichter der Zulässigkeits- und Straftatbestände des BDSG. – RDV (2004) 215-217;
– Der „Personalaktendatenschutz" für Beamte und das BDSG. – DuD (1992) 627-636;
– Personaldatenschutz im öffentlichen Dienst. – RiA (1994) 1-9;
– Die Position des betrieblichen Datenschutzbeauftragten nach dem neuen BDSG. – DuD (1991) 341-344;
– Der private PC am Arbeitsplatz. – DuD (1990) 392-393;
– Die Umsetzung der gesetzlichen Vorgaben zur Eingliederung des betrieblichen Datenschutzbeauftragten in die Unternehmensorganisation. – RDV (2001) 263-266;
– Videoaufzeichnungen und Datenschutz. – DuD (1989) 442-444.
– / Klaus Hümmerich/ Uwe Kerstan: Datenschutzrecht, Teil I: Das Bundesdatenschutzgesetz, Verfassungsrechtlicher Datenschutz, Internationaler Datenschutz. – Berlin: J. Schweitzer, 1977.
– / Andreas Jaspers: Datenschutz bei Telearbeit: zur Anwendung von BDSG, TKG und TDDSG. – RDV (1998) 243-253;
– Von der Unabhängigkeit des betrieblichen Datenschutzbeauftragten: Erkenntnisse aus der Rechtsprechung für die BDSG-Novellierung. – RDV (1998) 47-51.
– / Christoph Klug: Die Entwicklung des Datenschutzrechts in den Jahren 2000/2001. – NJW (2001) 3747-3755;
– Grundzüge des Datenschutzrechts. – München: Beck, 2003.
– / Thomas Müthlein: Neuer Tele-Datenschutz: bei fehlender Koordination über das Ziel hinausgeschossen? – RDV (1997) 193-197.
– / Rudolf Schomerus: Bundesdatenschutzgesetz (BDSG): Kommentar. – 8. Aufl. 2005. – München: Beck;
– Die Organisation der staatlichen Datenschutzkontrolle der Privatwirtschaft. – ZRP (2000) 183-185.
– / Georg Wronka: Arbeitnehmerdatenverarbeitung beim Betriebs-/Personalrat und der Datenschutz. – NZA (1991) 790-795;
– Handbuch zum Arbeitnehmerdatenschutz: Rechtsfragen und Handlungshilfen für die betriebliche Praxis. – 3. Aufl. 2004. – Köln: Datakontext;
– Das neue BDSG und der Arbeitnehmerdatenschutz. – RDV (1991) 165-172;
– Werbung, Wettbewerb und Datenschutz. – RDV (1994) 157-166;
– Das Widerspruchsrecht gegenüber der Verarbeitung personenbezogener Daten zu Zwecken der Werbung. – RDV (1996) 217-224.

Goldenbohm, Wolfgang J./ Karl Theodor Weise: Erweiterter Dateischutz. – DuD (1991) 447-449;
– Praxis der Benachrichtigung nach § 33 BDSG. – CR (1991) 602-604.

Golembiewski, Claudia: Das Datenschutzaudit in Schleswig-Holstein. – in: *Datenschutz als Wettbewerbsvorteil* (2002) 107-114;
– Erstes Datenschutzaudit-Zertifikat in Schleswig-Holstein verliehen. – DuD (2002) 132.

Gora, Stefan/ Claus Stark: IT-Grundschutz. – DuD (2002) 625.

Gounalakis, Georgios: Der Mediendienste-Staatsvertrag der Länder. – NJW (1997) 2993-3000.
– / Elmar Mand: Die neue EG-Datenschutzrichtlinie: Grundlagen einer Umsetzung in nationales Recht. – CR (1997) 431-138, 497-504.
– / Wolfram Radke: Das Verhältnis des Internationalen Privatrechts zum Europäischen Gemeinschaftsrecht am Beispiel des Diskriminierungsverbots (Art. 6 EGV), der Niederlassungsfreiheit (Art. 52, 58 EGV) und des Kollisionsrechts der EG-Datenschutzrichtlinie 1999. – ZvglRWiss 98 (1999) 1, 1-27.

Graalmann-Scheerer, Kirsten: Die Übermittlung personenbezogener Informationen zu Forschungszwecken. – NStZ (2005) 435-441.

Grabitz Eberhard/ Hilf, Meinhard *s.a. Das Recht der Europäischen Union*;
– Kommentar zur Europäischen Union/ hrsg. von Eberhard Grabitz. Fortgef. von Meinhard Hilf. – 2. Aufl. 1994. – München: Beck.

Gramlich, Ludwig: Internetnutzung zu privaten Zwecken in Behörden und Unternehmen. – RDV (2001) 123-125.
Greitemann, Georg: Das Forschungsgeheimnis. – Baden-Baden: Nomos, 2001. – (Nomos Universitätsschriften, Recht; 367).
Grell, Rainer: Kontrolle des Datenschutzes. – WiVerw (1980) 41-56;
– Landesdatenschutzgesetz für Baden-Württemberg: Kommentar. – Stuttgart: Dt. Gemeindeverl., 1980.
Greß, Sebastian: Datenschutzprojekt P3P: Darstellung und Kritik. – DuD (2001) 144-149.
Greve, Kai: Haftung für Datenverarbeitung: Ansprüche der Betroffenen. – Frankfurt [u.a.]: P. Lang, 1988. – (Europäische Hochschulschriften, Reihe 2; 714).
Grimm, Rüdiger/ Nils Löhndorf/ Philip Scholz: Datenschutz in Telediensten (DASIT): am Beispiel von Einkaufen und Bezahlen im Internet. – DuD (1999) 272-276.
– / Stefan Puchta: Datenspuren bei der Nutzung von Digital Rights Management-Systemen. – DuD (2006) 74-79.
– / Alexander Roßnagel: Datenschutz für das Internet in den USA. – DuD (2000) 446-453;
– Weltweiter Datenschutzstandard. – in: *Global@home*: Jahrbuch Telekommunikation und Gesellschaft (2000) 293-302.
Grimmer, Klaus: *s. Öffentliche Verwaltungen…*;
Groeben, Hans von der/ Jochen Thiesig/ Claus-Dieter Ehlermann: Kommentar zum EWG-Vertrag: Systematische Sammlung… / Hrsg. von Hans von der Groeben, Jochen Thiesig und Claus-Dieter Ehlermann. Mitbegr von Hans von Boeckh. – Baden-Baden: Nomos.
Gross, Gerhard: Das Recht auf informationelle Selbstbestimmung mit Blick auf die Volkszählung 1987: das neue Bundesstatistikgesetz und die Amtshilfe. – AöR 113(1988) 161-213.
Groß, Rolf: Zum journalistischen Zeugnisverweigerungsrecht. – ZUM (1994) 214-224.
Groß, Thomas: Terrorbekämpfung und Grundrechte: zur Operationalisierung des Verhältnismäßigkeitsgrundsatzes. – KJ (2002) 1-17;
– Unabhängigkeit der Datenschutzaufsicht: zur Neuordnung des Datenschutzes in Hessen. – DuD (2002) 684-687.
Großer Hessenplan: Entwicklungsprogramm für den Ausbau der Datenverarbeitung in Hessen/ Hrsg. von der Hessischen Zentrale für Datenverarbeitung. – Wiesbaden, 1970.
Grünning, Klaus: Auskunftsansprüche des Bürgers – Auskunftspflichten in der freien Wirtschaft und in der öffentlichen Verwaltung. – VR (2000) 8-18.
Grundfragen des Datenschutzes. – Gutachten im Auftrag des Bundesminister des Innern, Juli 1971 / Wilhelm Steinmüller … – BT-Drs. VI/3826 (1971) 5-161.
Grundgesetz: Kommentar/ hrsg. von Horst Dreier. Bearb. von Hartmut Bauer… – Bd. 1: Art. 1-19. – Tübingen: Mohr Siebeck, 1996.
Grundgesetz: Kommentar/ von Th. Maunz; G. Dürig;… – 6. Aufl. – München: Beck, 1989.
Grundgesetz: Kommentar/ hrsg. von Michael Sachs. Bearb. v. Ulrich Battis;… – 2. Aufl. 1999. – München: Beck.
Grundgesetz: Kommentar. Nachschlagewerk zu allen wichtigen Fragen des Grundgesetzes/ hrsg. von Ingo von Münch. – 3 Bde.: Bd. 1., 3. Aufl. 1985; Bd. 2 und 3, 2. Aufl. 1983. – München: Beck.
Grundrechte als Fundament der Demokratie/ hrsg. von Joachim Perels. – Frankfurt/M: Suhrkamp, 1979. – (edition suhrkamp; 951).
Die Grundrechte in der Europäischen Union verbürgen – Zeit zum Handeln: Bericht der Expertengruppe „Grundrechte"/ Europäische Kommission, Generaldirektion Beschäftigung, Arbeitsbeziehungen und Soziale Angelegenheiten, Referat V/D.2. – Luxemburg: Amt für Amtliche Veröff. der Europ. Gemeinschaften, 1999. – (Beschäftigung & soziale Angelegenheiten: Grundrechte und Bekämpfung von Diskriminierungen)
Grunewald, Benno: Der betriebliche Datenschutzbeauftragte im Spannungsfeld zwischen Arbeitgeber, Betriebsrat und Arbeitnehmer. – RDV (1993) 226-230.
Grziwotz, Herbert: Das EDV-Grundbuch. – CR (1995) 68-73;
– Notarielle Auskünfte über Grundstücksverkäufe. – CR (1991) 109-112.
Guchteneire, Paul de/ Ekkehard Mochmann: Data protection and data access: reports from 10 countries… with an annotated international bibliography. – Amsterdam: North Holland, 1990.
Guggenheim, Daniel: Die Verträge der schweizerischen Bankpraxis. – Zürich: Schulthess, 1986.
Gundermann, Lukas: Auskunftsanspruch. – in: *Datenschutz von A – Z*. – Neuwied [u.a.]. – (2003);
– E-Commerce trotz oder durch Datenschutz. – K&R (2000) 225-235;
– Noch einmal: Verarbeitung und Nutzung von personenbezogenen Daten für Zwecke der Werbung, Kundenberatung oder Marktforschung. – NJW (1999) 477-478.
– / Marit Köhntopp: Biometrie zwischen Bond und Big Brother: technische Möglichkeiten und rechtliche Grenzen. – DuD (1999) 143-150.
– / Thomas Probst: Biometrie. – in: *Handbuch Datenschutzrecht*. – Kap. 9.6. – 1967-2016.

Gurlit, Elke: Europa auf dem Weg zur gläsernen Verwaltung? – ZRP (1989) 253-257.
Gusy, Christoph: Informationelle Selbstbestimmung und Datenschutz: Fortführung oder Neuanfang. – KritV (2000) 52-64;
– Richterliche Kontrolle des Verfassungsschutzes. – in: *Verfassungsschutz in der Demokratie*. – (1990) 67-103.
Guttenberg, Ulrich: Die heimliche Überwachung von Wohnungen: zur verfassungsrechtlichen Problematik des § 9 II, III BVerfSchG und verwandter Vorschriften. – NJW (1993) 567-576.
Gutwirth, Serge: Privacy and the information age. – Lanham [u.a.]: Rowman & Littlefield, 2002.
Haak, Dieter: Hausrecht an Behördengebäuden. – DVBl (1968) 134-138.
Hadding/Schneider: *s. Bankgeheimnis...*
Häfner, Heinz/ Gilbert Häfner: Forschung und Datenschutz. – MittHV (1988) 178-184, 230-235.
Hafli, Tor: Transborder data flows: the scandinavian solution. – in: *A Decade of Computers...* / J. Bing; K. Selmer (ed). – (1980) 59-71.
Haft, Fritjof: Zur Situation des Datenschutzstrafrechts. – NJW (1979) 1194-1197.
Hahn, Oliver: Data Warehousing und Data Mining in der Praxis. – DuD (2003) 605-608.
Halàsz, Christian: Das Recht auf bio-materielle Selbstbestimmung: Grenzen und Möglichkeiten der Weiterverwendung von Körpersubstanzen. – Berlin [u.a.]: Springer, 2004.- (Veröffentlichung des IMGB der Universitäten Heidelberg und Mannheim; 18).
Hamburger Datenschutzhefte: Datenschutzkonzept für PC. – Hamburg, 1991.
Hamm, Rainer: *s.a. Deutscher Juristentag [62, 1998, Bremen] Verhandlungen... – Band 2/1: Sitzungsberichte; Abt. M*;
– Bürger im Fangnetz der Zentraldateien. – NJW (1998) 2407-2409.
Hammer, Volker/ U. Pordesch/ A. Roßnagel: Betriebliche Telefon- und ISDN-Anlagen rechtsgemäß gestaltet. – Berlin: Springer, 1993. – (Edition SEL-Stiftung).
Hammerbacher, Hans: Zu den Voraussetzungen und Grenzen eines wirksamen Datenschutzes: ein Beitrag zur Bestimmung und Anwendung wesentlicher Begriffsmerkmale im (Bundes-)Datenschutz und im entsprechenden Strafrecht. – DVBl (1978) 422-428.
Handbuch des Arztrechts/ herausgegeben von Adolf Laufs; Wilhelm Uhlenbruck. – 3. Aufl. 2002 – München: Beck
Handbuch Datenschutzrecht: die neuen Grundlagen für Wirtschaft und Verwaltung/ (Hrsg.) Alexander Roßnagel. – München: Beck, 2003.
Handbuch des Datenschutzes/ Heidi Heilmann (Hrsg.). – Wiesbaden: Forkel, 1977. – (Integrierte Datenverarbeitung in der Praxis; 20).
Handbuch der Grundrechte in Deutschland und Europa/ Hrsg. von Detlef Merten; Hans-Jürgen Papier .... – Bd. 1: Entwicklungen und Grundlagen. – Heidelberg: C.F. Müller, 2004.
Handbuch Multimedia-Recht: Rechtsfragen des elektronischen Geschäftsverkehrs/ hrsg. von Thomas Hoeren; Ulrich Sieber. – München: Beck.
Handbuch des Polizeirechts/ hrsg. von Hans Lisken; Erhard Denninger. Bearb. von Helmut Bäumler... 3. Aufl. 2001. – München: Beck.
Handbuch des Staatskirchenrechts der Bundesrepublik Deutschland/ hrsg. von Ernst Friesenhahn... – 1. Aufl. 1974. – Band 1. – Berlin: Duncker & Humblot.
Handbuch des Staatsrecht der Bundesrepublik Deutschland/ hrsg. von Josef Isensee; Paul Kirchhof. – Bd IV: Finanzverfassung: Bundesstaatliche Ordnung/ von Hans H. von Arnim;... – Heidelberg: C.F. Müller, 1990.
– Bd V: Allgemeine Grundrechtslehren/ mit Beitr. von Erhard Denninger ... – 2., durchges. Aufl., Heidelberg: C.F.Müller, 2000.
– Bd VI: Freiheitsrechte/ von Helmut Bethge;... – Heidelberg: C.F. Müller, 1989.
Handbuch des Technikrechts/ Hrsg. von M. Schulte. – Berlin: Springer, 2003 – (Enzyklopädie der Rechts- und Staatswissenschaft: Abteilung Rechtswissenschaft).
Handbuch des Verfassungsrechts der Bundesrepublik Deutschland: Grundlagen der verfassungsmäßigen Ordnung und verfassungspolitischen Problembereiche/ hrsg. von Ernst Benda; Werner Maihofer; Hans Vogel. – 2. Aufl. – Berlin: de Gruyter, 1994.
Handbuch zum Internetrecht: Electronic Commerce – Informations-, Kommunikations- und Mediendienste/ hsrg. von Detlef Kröger; Marc A. Gimmy. Beteiligt: Detlef Kröger; Marc A. Gimmy. – 2. Aufl. 2002. – Berlin: Springer.
Hanisch, Rudolf: Datenschutz im Krankenhaus: Zuständigkeitsprobleme und Abgrenzungsfragen. – BayVBl (1983) 234-241.
Hanke, Reinhard S.: Datenschutz und Fachinformationszentren. – DVR 11 (1982) 129-143.
Hansen, Marit: Privacy Enhancing Technologies. – in: *Handbuch Datenschutzrecht* – Kap. 3.3 – 291-324.
– / Henry Krasemann/ Martin Rost/ Riccardo Genghini: Datenschutzaspekte von Identitätsmanagementsystemen: Recht und Praxis in Europa. – DuD (2003) 551-555.

– / Christian Krause: Technische Möglichkeiten des Selbstdatenschutzes. – in: *Technik für Nutzer* / hrsg. von A. Roßnagel. – (2004) 91-115.
– / Thomas Probst: Datenschutzgütesiegel aus technischer Sicht: Bewertungskriterien des schleswig-holsteinischen Datenschutzgütesiegels. – in: *Datenschutz als Wettbewerbsvorteil* (2002) 163-179.
– / Markus Wiese: RFID – Radio Frequency Identification. – DuD (2004) 109.
Hansen, Markus: DRM-Desaster: das Sony BMG-Rootkit. – DuD (2006) 95-97.
Haratsch, Andreas/ Dieter Kugelmann: *s. Herausforderungen*...
Hartleb, Uwe: Das Urteil des Bundesverfassungsgerichts zum Volkszählungsgesetz und das Sozialrecht. – DVR 13 (1984) 99-115;
– Sinn und Zweck der Vorschriften über den Sozialdatenschutz im SGB X aus der Sicht des Gesetzgebers. – RDV (1995) 9-15.
Hartmann, Thies Christian: Outsourcing in der Sozialverwaltung und Sozialdatenschutz. – Baden-Baden: Nomos, 2002. – (Frankfurter Forschung zum Datenschutz; 23).
Hartung, Barbara: Niedersächsisches Statistikgesetz: Kommentar. – Hannover: Dt. Gemeindeverl., 1988. – (Kommunale Schriften für Niedersachsen; 34)
Hase, Friedhelm: Das Recht auf informationelle Selbstbestimmung. – DuR (1984) 39-47.
Haslach, Christian: Auswirkungen einer fehlenden Umsetzung der EG-Datenschutzrichtlinie. – in: *Die Bedeutung der EG-Datenschutzrichtlinie*... / B. Sokol (Hrsg.). – 1998;
– Unmittelbare Anwendung der EG-Datenschutzrichtlinie. – DuD (1998) 693-699.
Hasselkuß, Andrea/ Claus-Jürgen Kaminski: Persönlichkeitsrecht und Datenschutz. – in: *Datenschutz:...* / (Hrsg.) W. Kilian... – (1973) 109-128.
Hassemer, Winfried: *s.a. Datenschutz und Stasi-Unterlagen*;
– Telefonüberwachung und Gefahrenabwehr. – ZRP (1991) 121-125;
– Über die absehbare Zukunft des Datenschutzes. – DuD (1996) 195-199.
Hatje, Armin: Datenaustausch und Datenschutz in der Europäischen Union: zu informationellen Vernetzung der Verwaltung im Zeichen der europäischen Integration. – in: *Verwaltung in der Europäischen Union* / S. Magiera; K.P. Sommermann. – (2001) 193-222.
Hauck, Karl/ Wolfgang Noftz: Sozialgesetzbuch: SGB X, Verwaltungsverfahren und Schutz der Sozialdaten/ Kommentar von Klaus Vogelsang ... – Berlin: E. Schmidt.
Hauser, Richard/ Gerd G. Wagner/ Klaus F. Zimmermann: Memorandum: Erfolgsbedingungen empirischer Wirtschaftsforschung und empirisch gestützter wirtschafts- und sozialpolitischer Beratung. – Frankfurt am Main, Berlin, Bonn, 1998.
Heibey, Hanns-Wilhelm: Datensicherung. – in: *Handbuch Datenschutzrecht*. – Kap. 4.5. – 570-599.
Heidemann-Peuser, Helke: Rechtskonforme Gestaltung von Datenschutzklauseln: Erkenntnisse aus der Praxis der AGB-Verbandsklage. – DuD (2002) 389-394.
Heil, Helmut: Bundesbeauftragter für den Datenschutz. – in: *Handbuch Datenschutzrecht*. – Kap.5.1. – 745-786;
– Datenschutz durch Selbstregulierung: der europäische Ansatz. – DuD (2001) 129-134;
– Europäische Herausforderung – Transatlantische Debatte: zur Datenschutzdiskussion zwischen der EU und den USA. – DuD (1999) 458-462;
– Informationsansprüche gegen Medien: zugleich eine Besprechung von A. Bruns, Informationsansprüche gegen Medien, Tübingen 1997. – DuD (1999) 94-96;
– Safe Harbor: ein Zwischenstandsbericht. – DuD (2000) 444-445.
Hein, Gabriele: Rundfunkspezifische Aspekte des neuen Bundesdatenschutzgesetzes. – NJW (1991) 2614-2615.
Heinzelbecker Klaus: Marketing-Informationssysteme. – Stuttgart: Kohlhammer, 1985.
Heker, Harald G.: Rechtsfragen der elektronischen Telekommunikation. – ZUM (1993) 400-407.
Heldmann, Hans H.: Kommentar zum Ausländergesetz. – 2. Aufl. 1993. – Frankfurt a.M.: Selbstverlag.
Heldrich Andreas/ Horst Eidenmüller: Europarechtliche Regulierung der telefonischen Markt- und Sozialforschung. – Berlin: Duncker & Humblot, 1995. – (Beiträge zum Europäischen Wirtschaftsrecht; 2).
Helfrich, Marcus: Haftung des betrieblichen Datenschutzbeauftragten. – CR (1992) 456-461;
– Der Rechtsanwalt als externer Datenschutzbeauftragter. in: *Der Datenschutzbeauftragte* / E. Ehmann (Hrsg.). – (1993) 106-122.
Helle, Jürgen: Schweigepflicht und Datenschutz in der medizinischen Forschung. – MedR (1996) 13-19.
Hellermann, Johannes/ Joachim Wieland: Die Unabhängigkeit der Datenschutzkontrolle im nicht-öffentlichen Bereich. – DuD (2000) 284-288.
Hellner, Jan: Datenschutz in Schweden. – in: *FS Reimer Schmidt*. – (1976) 265-283.
Henke, Ferdinand: Die Datenschutzkonvention des Europarates. – Frankfurt/M. [u.a.]: P. Lang, 1986. – (Studien zum vergleichenden und internationalen Recht; 1).
Henrichs, Axel: Datenübermittlung von der Polizei an die Fahrerlaubnisbehörde. – NJW (1999) 3152-3156.
Henssler, Martin: Das anwaltliche Berufsgeheimnis. – NJW (1994) 1817-1896.

– / Matthias Kilian: Erwerb von Anwaltssozietäten: das Prinzip des „sanften Übergangs". – MDR (2001) 1274-1278.
Hentschel, Bernd: Datenschutzbeauftragter und Betriebrat. – Arbeitgeber (1977) 781-785.
– / Wolfgang Goldenbohm/ Eberhard Laicher: Auskunfts-, Bescheinigungs- und Meldevorschriften im Personalwesen/ Hrsg. von der Gesellschaft für Datenschutz und Datensicherung e.V. – 4. Aufl. 1997. – Köln: Datakontext.
Herausforderungen an das Recht der Informationsgesellschaft/ Andreas Haratsch; Dieter Kugelmann; Ulrich Repkewitz (Hrsg.). – Stuttgart [u.a.]: Boorberg 1996.
Herb, Armin: Aufgaben und Stellung des Datenschutzbeauftragten bei den öffentlich-rechtlichen Rundfunkanstalten. – DuD (1993) 380-382;
– Datenschutzbeauftragte der öffentlich-rechtlichen Rundfunkanstalten. – in: *Handbuch Datenschutzrecht*. – Kap. 5.3. – 802-815;
– Das datenschutzrechtliche Medienprivileg und der Rundfunk-Datenschutzbeauftragte. – ZögU (1994) 352-358;
– Eingriffsmöglichkeiten der Aufsichtsbehörden nach dem neuen BDSG. – CR (1992) 110-114;
– Entgelt für Auskünfte nach dem BDSG. – CR (1992) 705-706;
– Der neue Südwestrundfunk (SWR) im Netz der Datenschutzgesetze. – VBlBW (1999) 171-172;
– Die Struktur der Datenschutzkontrollstellen in der Bundesrepublik. – ZUM (2004) 530-532;
– Verweisungsfehler im Datenschutz-Strafrecht: eine empirische Untersuchung der Datenschutzkriminalität mit Reformvorschlägen. – Wiesbaden: Vieweg, 1986. – (DuD-Fachbeiträge; 9);
– Zufallsfunde bei behördlichen Datenschutzkontrollen. – CR (1994) 642-645;
– Zur Kündbarkeit des betrieblichen Datenschutzbeauftragten. – in: *Der Datenschutzbeauftragte ... /* (Hrsg.) E. Ehmann. – (1993) 51-62.
Hermerschmidt, Sven: Adresshandel durch die GEZ? – Zur Befugnis der GEZ, Anschriften beim kommerziellen Adresshandel zu erheben. – MMR (2005) 155-160.
Herrmann, Günter: Rundfunkrecht: Fernsehen und Hörfunk mit neuen Medien. – München: Beck, 1994.
Herrmann, Joachim: Soll ein Krebspatient über seine Diagnose aufgeklärt werden. – MedR (1988) 1-7.
Hertel, J.: Der Bundesbeauftragte für den Datenschutz. – in: *Das Bonner Innenministerium: Innenansichten einer politischen Institution/* (Hrsg.) Siegfried Fröhlich. – Bonn: Osang, 1997. – 268 ff.
Herweg, Ralf/ Andreas Jaspers: Datenschutz in Deutschland: Ergebnisse einer Umfrage zur Datenschutzpraxis und zur Stellung des Datenschutzbeauftragten von 1996. – Frechen: Datakontext, 1997.
Hesse, Konrad: Grundzüge des Verfassungsrechts der Bundesrepublik Deutschland. – 20. Aufl. 1995. – Heidelberg: C. F. Müller.
Hessisches Staats- und Verwaltungsrecht/ Hans Meyer; Michael Stolleis (Hrsg.). – 2. Aufl. 1986. – Baden-Baden: Nomos.
Heußner, Hermann: Aufgaben und Mittel des Datenschutzes. – VSSR 7(1979) 293-314;
– Das informationelle Selbstbestimmungsrecht des Grundgesetzes als Schutz des Menschen vor totaler Erfassung. – BB (1990) 1281-1285;
– Das informationelle Selbstbestimmungsrecht in der Rechtsprechung des Bundesverfassungsgerichts. – SGb (1984) 279-285;
– Datenverarbeitung und die Rechtsprechung des Bundesverfassungsgerichts im Spannungsfeld zwischen Recht und Politik. – AuR (1985) 309-315;
– Probleme des Datenschutzes in der Sozialversicherung. – ZgesVersW (1978) S. 57-76;
– Zielkonflikte bei der Rechtsgewährung. – DRiZ (1987) 312-317;
– Zur Funktion des Datenschutzes und zur Notwendigkeit bereichsspezifischer Regelungen. – in: *Im Dienste des Sozialrechts: FS G. Wannagat* (1981) 173-200.
Hey, Felix Ch.: Direktmarketing und Persönlichkeitsrecht im Rahmen der Geschäftsverbindung von Banken und Kunden. – Berlin: Duncker & Humblot, 1994. – (Schriften zum Recht des Informationsverkehrs und der Informationstechnik; 8).
Heyers, Hermann Josef/ Johannes Heyers: Arzthaftung – Schutz von digitalen Patientendaten. – MDR (2001) 1209-1216.
Heymann, Thomas: Outsourcing als Form der Kooperation. – CR (2000) 23-27.
Hilber, Marc D.: Die datenschutzrechtliche Zulässigkeit intranet-basierter Datenbanken internationaler Konzerne. – RDV (2005) 143-151.
Hillenbrand-Beck, Renate: Aufsichtsbehörden. – in: *Handbuch Datenschutzrecht*. – Kap. 5.4. – 816-850.
– / Sebastian Greß: Datengewinnung im Internet: Cookies und ihre Bewertung unter Berücksichtigung der Novellierung des TDDSG. – DuD (2001) 389-394.
– / Wedler, Willy: Bericht über den 6. Workshop der Datenschutzaufsichtsbehörden in Darmstadt am 15./16.09.2000. – RDV (2001) 48-52.
Himmelreich, Fritz: BDSG-Novellierung: Vorschläge, Realisierung, Auswirkungen. Plenumsdiskussionsbericht. – in: *Datenschutzfachtagung* [DAFTA, 9 (1985)] 67-71.

Hinrichs, Werner: Anmerkung zum BAG Beschluß vom 11.2.1986 – 1 ABR 12/84: Personalinformationssystem und Mitbestimmung des Betriebsrats. – AuR (1986) 285-288.
Hirsch, Alexander: Die Kontrolle der Nachrichtendienste: vergleichende Bestandsaufnahme, Praxis und Reform. – Berlin: Duncker & Humblot, 1996. – (Schriften zum Öffentlichen Recht; 711).
Hirsch, Burkhard: Das Bundesdatenschutzgesetz: Vorrang für Persönlichkeitsrechte. – ÖVD (1976) 206-207;
– Datenschutz im Computer-Zeitalter – eine internationale Herausforderung. – liberal 18 (1976) 885-895;
– Eigenverantwortlichkeit und Selbstkontrolle im nicht-öffentlichen Bereich aus der Sicht des 1. Bundesdatenschutzgesetzentwurfes und die heutigen Novellierungsüberlegungen. – RDV (1987) 7-10.
Hladjk, Jörg: Gütesiegel als vertrauensbildende Maßnahmen im E-Commerce: Motive, Modelle und Rechtsgrundlagen. DuD (2002) 597-600;
– Qualität und Effektivität von Gütesiegeln: eine Übersicht über nationale und internationale Angebote. – DuD (2002) 672-678.
Hochstein, Reiner: Teledienste, Mediendienste und Rundfunkbegriff: Anmerkungen zur praktischen Abgrenzung multimedialer Erscheinungsformen. – NJW (1997) 2877-2981.
Hockenbrinck, Ulrich: Finanzkontrolle, Datenschutz und die Unabhängigkeit der Rechnungshöfe. – DÖV (1991) 50-55.
Höfling, Wolfram: Grundrechtliche Anforderungen an Ermächtigungen zur Videoaufzeichnung und -überwachung durch Verwaltungsbehörden. – in: *Videoüberwachung...* / hrsg von Möller; Zezschwitz. – (2000) 29-54.
Höft, Hinrich: Straf- und Ordnungswidrigkeitenrecht im Bundesdatenschutzgesetz. – Köln: Deubner, 1986. – (Schriften zum gesamten Wirtschaftsrecht; 12).
Hoene, Eberhard: Präventiver Kreditschutz und Zwangsvollstreckung durch Private. – Berlin: Duncker & Humblot, 1971. – (Schriften zur Rechtssoziologie und Rechtstatsachenforschung; 22).
Hoenike, Mark/ Lutz Hülsdunk: Outsourcing im Versicherungs- und Gesundheitswesen ohne Einwilligung. – MMR (2004) 788-792.
Hoeren, Thomas: Banken und Outsourcing: zur Reichweite von § 25a KWG. – DuD (2002) 736-740;
– [Buchbesprechung] Aktuelle Herausforderungen des geistigen Eigentums: Friedrich-Karl Beier zum 70. Geburtstag. – CR (1997) 380;
– [Buchbesprechung] Kommentar zum Bundesdatenschutzgesetz/ Spiros Simitis (Hrsg.) Baden-Baden (Nomos) 5. Aufl. 2003. – MMR (2003) XXVIII-XXIX;
– Kirchen und Datenschutz: kanonistische und staatskirchenrechtliche Probleme der automatisierten Datenverarbeitung. – Essen: Ludgerus, 1986. – (Münsteraner Kommentar zum Codes Iuris Canonici; Beiheft 1);
– Kirchen und Datenschutz: Zur Stellung der Kirchen im Novellierungsentwurf zum Bundesdatenschutzgesetz. – DuD (1988) 286-289;
– Die Kirchen und das neue Bundesdatenschutzgesetz. – NVwZ (1993) 650-653;
– Die Macht der Computer und die Ohnmacht der Kirchen. – CR (1988) 60-66;
– Risikoprüfung in der Versicherungswirtschaft – Datenschutz und wettbewerbsrechtliche Fragen beim Aufbau zentraler Hinweissysteme. – VersR (2005) 1014-1023;
– Der Wirtschaftsinformatiker als Datenschutzbeauftragter. – in: *Der Datenschutzbeauftragte ...* / E. Ehmann (Hrsg.). – (1993) 147-159;
– Zulässigkeit der Erhebung, Verarbeitung und Nutzung im privaten Bereich. – in: *Handbuch Datenschutzrecht*. – Kap. 4.6 – 600-626.
Hoerle, Ulrich: Die Bedeutung des Bundesdatenschutzgesetzes für die konfessionelle Zeitschriftenpresse. – AfP (1978) 198-201.
Hoffmann, Bernhard: Zweckbindung als Kernpunkt eines prozeduralen Datenschutzansatzes. – Baden-Baden: Nomos, 1991. – (Nomos Universitätsschriften, Recht; Bd. 56).
Hoffmann, Gerd E.: *s. Nummerierte Bürger;*
Hoffmann, Lance J.: Modern Methods for Computer Security and Privacy. – Englewood Cliffs: Prentice Hall, 1977.
Hoffmann Paul/ Katharina Wöhlermann: Das Handelsregister als elektronische Datenbank. – in: *Die Freiheit und die Macht... FS für Adalbert Podlech* (1994) 183-201.
Hoffmann-Riem, Wolfgang *s.a. Regulierte Selbstregulierung...*;
– Abhandlungen Telekommunikationsrecht als europäisiertes Verwaltungsrecht. DVBl (1999) 123-133;
– Datenschutz als Schutz eines diffusen Interesses in der Risikogesellschaft. – in: *Law and diffuse interest in the European legal order...* / L. Krämer ... (Hrsg.). – Baden-Baden (1997) 777-788:
– Informationelle Selbstbestimmung als Grundrecht kommunikativer Entfaltung. – in: *Der neue Datenschutz* / H. Bäumler (Hrsg.). – Neuwied (1998) 11-24;
– Informationelle Selbstbestimmung in der Informationsgesellschaft: auf dem Weg zu einem neuen Konzept des Datenschutzes. – AöR (1998) 513-540;

– Medienwirkung und Medienverantwortung: methodisch und verfassungsrechtlich orientierte Überlegungen zum Lebach-Urteil des Bundesverfassungsgericht. – in: *Medienwirkung und Medienverantwortung…* – (1975) 19-55;
– Weiter so im Datenschutzrecht? – DuD (1998) 684-689.
– / Schmidt-Aßmann, Eberhard: Öffentliches Recht und Privatrecht als wechselseitige Auffangordnung – Systematisierung und Entwicklungsperspektiven. – Baden-Baden: Nomos, 1996. – 261-336. – (Schriften zur Reform des Verwaltungsrechts; 3).
– / Th. Vesting (Hrsg): *s. Perspektiven…*

Hofmann, Constantin: Rechtsfragen der Genomanalyse. – Frankfurt [u.a.]: Lang, 1999. – Europäische Hochschulschriften, Reihe 2; 2737).

Hohenstatt, Klaus Stefan: Die Begrenzung der wirtschaftlichen Betätigungsfreiheit niedergelassener Ärzte durch Datenschutz und Schweigepflicht: zur neuen Rechtsprechung des Achten Zivilsenats des BGH. – AnwBl. Teil 1 (1993) 603-608; Teil 2 (1994) 60-65.

Hollmann, Angela: Auskunftsanspruch des Patienten im Datenschutzrecht. – NJW (1977) 2110-2111;
– Das Bundeskrebsregistergesetz. – NJW (1995) 762-768;
– Formularmäßige Erklärung über die Entbindung von der Schweigepflicht gegenüber Versicherungsunternehmen. – NJW (1978) 2332-2333;
– Patientengeheimnis und medizinische Forschung. – MedR (1992) 177-182.

Holznagel, Bernd: *s.a. Datenschutz und Multimedia.*
– / Mareike Bonnekoh: Radio Frequency Identification – Innovation vs. Datenschutz. – MMR (2006) 17-23.
– / Matthias Sonntag: Einwilligung des Betroffenen. – in: *Handbuch Datenschutzrecht.* – Kap. 4.8. – 678-714.

Hondius, Frits W.: A decade of international data protection. – Netherlands International Law Review 30 (1983) 103-128;
– Emerging data protection in Europe. – Amsterdam; New York: North Holland, 1975;
– Grenzüberschreitender Datenverkehr aus der Perspektive eines zukünftigen Europäischen Datenschutzrechts. – in: *DAFTA 5* (1981) 28-37;
– The work of the Council of Europe in the area of data protection. – in: *Data regulation: European and third world realities.* – London (1978) 59 ff.

Hopp, Claudia/ Andreas Grünvogel: Pseudonyme nach dem deutschen und österreichischen Signaturgesetz: datenschutzrechtliche Aspekte rechtsvergleichend betrachtet. – DuD (2002) 79-83.

Horchler, Hartmut: Outsourcing: eine Analyse der Nutzung und ein Handbuch der Umsetzung, Markt – Recht – Management – Abwicklung – Vertragsgestaltung. – Köln: Datakontext, 1996.

Hornung, Gerrit: Biometrische Systeme – Rechtsfragen eines Identifikationsmittel der Zukunft, KJ (2004), 344-360;
– Datenschutz für Chipkarten: die Anwendung des § 6c BDSG auf Signatur und Biometriekarten. – DuD (2004) 15-20;
– „Digitale“ Ausweise im Ausland: zum Stand der internationalen Entwicklung bei Chipkartenausweisen. – DuD (2005) 62-65;
– Die digitale Identität: Rechtsprobleme von Chipkartenausweisen. Digitaler Personalausweis, elektronische Gesundheitskarte, JobCard-Verfahren. – Baden-Baden: Nomos, 2005. – 492 S. – (Der elektronische Rechtsverkehr; 10);
– Der Personenbezug biometrischer Daten: zugleich eine Erwiderung auf Saeltzer, DuD 2004, 218ff. – DuD (2004) 429-431.
– / Roland Steidle: Biometrie am Arbeitsplatz – sichere Kontrollverfahren versus ausuferndes Kontrollpotential. – AuR (2005) 201-207.

Horster, Patrick: *s. Datenschutz und…*

Hoyningen-Huene, Gerrick von: Kündigungsschutzgesetz: Kommentar/ begr. von Alfred Hueck; von Gerick von Hoyningen-Huene und Rüdiger Linck. – 13. Aufl. 2002. – München: Beck.

Hube, Martin: Technikfolgenabschätzung: der niedersächsische Weg. – DuD (1999) 31-34.

Huber, Peter M.: Der datenschutzrechtliche Auskunftsanspruch. – ThürVBl (1992) 121-133.

Hubert, Thomas-A.: Das datenschutzrechtliche „Presseprivileg“ im Spannungsfeld zwischen Pressefreiheit und Persönlichkeitsrecht. – Baden-Baden: Nomos, 1993.

Hubmann, Heinrich: Das Persönlichkeitsrecht. – 2. veränderte Aufl. 1967. – Köln; Graz: Böhlau.

Hülsmann, Franz-Werner: Datenschutzrechtliche Einordnung des Betriebes von Mailboxen. – DuD (1994) 621-628.

Hümmerich, Klaus: Einverständniserklärung des Bewerbers nach § 3 BDSG. – DuD (1978) 136-139.
– /Joachim Holthausen: Der Arbeitnehmer als Verbraucher. – NZA (2002) 173-181.

Huet, Jérôme/ Herbert Maisl: Droit de l'informatique et des télécommunications: droit privé, droit public: état des questions, textes et jurisprudence, études et commentaires. – Paris: Litec, 1989.

Hufen, Friedhelm: Schutz der Persönlichkeit und Recht auf informationelle Selbstbestimmung. – in: *Festschrift 50 Jahre Bundesverfassungsgericht*, Bd. 2/ hrsg. von Badura; Dreier. – Tübingen (2001) – 105-125; – Das Volkszählungsurteil des Bundesverfassungsgerichts und das Grundrecht auf informationelle Selbstbestimmung: eine juristische Antwort auf „1984"? – JZ (1984) 1072-1078.

Huff, Martin W.: Videoüberwachung im öffentlichen und privaten Bereich – Eine Zwischenbilanz. – JuS (2005) 896-899.

Huffer, Henning: Schweigepflicht im Umbruch. – NJW (2002) 1382-1386.

Hummel, Dieter/ Sönke Hilbrans: Übermittlung von Arbeitnehmerdaten im Konzernverbund im Rahmen eines konzerneinheitlichen Datenverarbeitungssystems. – AuR (2005) 207-210.

Hund, Jürgen: Das Bundes-Datenschutzgesetz und seine Auswirkungen. – DSWR (1977) 44-47.

Hund, Thomas: Zulässigkeit und Nutzung personenbezogener Daten nach dem Bundesdatenschutzgesetz. – Stbg (1993) 64-65.

Hunold, Wolf: Die Frage des Arbeitgebers nach der Verfügbarkeit von Bewerbern. – DB (2000) 573-574.

Hustinx, Peter J.: Co-regulation or self-regulation by public and private bodies – the case of data protection. – in: *Umbruch von Regelungssystemen...: FG Büllesbach*. – (2002) 283-288.

Ihde, Rainer: Cookies – Datenschutz als Rahmenbedingung der Internetökonomie. – CR (2000) 413-423.

Ilbertz, Wilhelm: Bundespersonalvertretungsgesetz: mit Wahlordnung unter Einbeziehung der Landespersonalvertretungsgesetze; Kommentar/ erl. von Wilhelm Ilbertz; Ulrich Widmaier. Begr. von Walter Grabendorff… – 9., völlig neu bearb. Aufl. – Stuttgart [u.a.]: Kohlhammer, 1999. – 1342 S. – (Kohlhammer-Kommentare).

Im Dienste des Sozialrechts: Festschrift für Georg Wannagat zum 65. Geburtstag am 26. Juni 1981/ hrsg. von Wolfgang Gitter; Werner Thieme; Hans F. Zacher. – Köln: Heymanns, 1981.

Imhof, R.: One-to-One-Marketing im Internet – das TDDSG als Marketinghindernis. – CR (2000) 110-116

Informatik, Wirtschaft, Recht, Regulierung in der Wissensgesellschaft: Festschrift für Wolfgang Kilian/ hrsg. von Jürgen Taeger und Andreas Wiebe. – Baden-Baden: Nomos, 2004.

Information Technology Crime/ Ulrich Sieber (Hrsg.). – Köln: Heymanns, 1994. – (Ius Informationis; 6).

Informationsfreiheitsrecht: mit Umweltinformations- und Verbraucherinformationsrecht; IF-R/UIG; Kommentar; Vorschriften der EU, des Bundes und der Länder, Internationales Recht, Rechtsprechung/ hrsg. von Jürgen Fluck; Andreas Theuer. – Heidelberg: C. F. Müller.

Informationsgesellschaft, Chancen, Innovationen und Herausforderungen, Feststellungen und Empfehlungen/ hrsg. v. Bundesministerium für Bildung, Wissenschaft und Technologie. – Bonn, 1995.

Informationsgesellschaft oder Überwachungsstaat: Strategien zur Wahrung der Freiheitsrechte im Computerzeitalter. Symposium der Hessischen Landesregierung. – Teil I: Vorträge; Teil II: Protokoll. – Wiesbaden: Staatskanzlei, 1984.

Informationsgesellschaft und Rechtskultur in Europa: informationelle und politische Teilhabe in der Europäischen Union/ Marie-Theres Tinnefeld/ Lothar Philipps/ Susanne Heil (Hrsg). – Baden-Baden: Nomos, 1995.

Informationsrecht und Informationspolitik/ hrsg. von Wilhelm Steinmüller. – München; Wien: Oldenbourg, 1976. – (Rechtstheorie und Informationsrecht; 1).

Informatique et droit en Europe/ Université Libre de Bruxelles (Hrsg.). – Brüssel, 1985.

Informatique et protection de la personnalité. – Fribourg: Editions Universitaires, 1981.

Ingenfeld, Gisbert: Outsourcing innerhalb des Konzerns. Teil I: Die betriebsverfassungsrechtlichen Folgen. – Teil II: Individualrechtliche Folgen. – CR (1993) 288-293, 368-373.

Inhester, Michael: Rechtliche Konsequenzen des Einsatzes von Bildarchivierungs- und Kommunikationssystemen (PACS). – NJW (1995) 685-690.

Innovation und rechtliche Regulierung. Schlüsselbegriffe und Anwendungsbeispiele rechtswissenschaftlicher Innovationsforschung/ M. Eifert/W. Hoffmann-Riem (Hrsg.). – Baden-Baden: Nomos, 2002.

Innovativer Datenschutz 1992-2004. Wünsche, Wege, Wirklichkeit: für Helmut Bäumler/ Johann Bizer; Albert von Mutius; Thomas B. Petri; Thilo Weichert. – Kiel: ULD (Selbstverlag), 2004.

Internet@future: Technik, Anwendungen und Dienst der Zukunft/ Herbert Kubicek/ Dieter Klumpp/ Gerhard Fuchs/ Alexander Roßnagel (Hrsg.). Heidelberg: Hüthig, 2001 – (Jahrbuch Telekommunikation und Gesellschaft; 9).

Internet-Auktionen: rechtliche Rahmenbedingungen/ hrsg. von Gerald Spindler; Andreas Wiebe. – München: Beck, 2001.

Iraschko-Luscher, Stephanie: Der „gläserne" Schuldner. – DuD (2005) 467-472.

Isensee, Josef: Das Grundrecht auf Sicherheit: zu den Schutzpflichten des freiheitlichen Verfassungsstaates. – Erweiterte Fassung. – Berlin: de Gruyter, 1983. – (Schriftenreihe der Jurist. Gesellschaft zu Berlin; 79); – Widerstand gegen den technischen Fortschritt: Rückbesinnung auf das Selbstverständliche des demokratischen Verfassungsstaates. – DÖV (1983) 565-575.

Jacob, Joachim W.: Journalismus im Spannungsfeld zwischen Pressefreiheit und Datenschutz. – DuD (1998) 65-68;

– Perspektiven des neuen Datenschutzrechts: die Zukunft des Bundesdatenschutzgesetzes. – DuD (2000) 5-11;
– Der Stand der EG-Datenschutzrichtlinie zu Beginn der deutschen Ratspräsidentschaft. – DuD (1994) 480-482;
– 25 Jahre Datenschutz in der Wirtschaft: eine Standortbestimmung. – RDV (2002) 1-4.
– / Helmut Heil: Datenschutz im Spannungsfeld von staatlicher Kontrolle und Selbstregulierung. – in: *Umbruch von Regelungssystemen…: FG Büllesbach.* – (2002) 213-223.

Jacobs, Günter: Die Unwirksamkeit der Anonymisierung von Individualdaten: dargestellt am Beispiel der amtlichen Studentenstatistik. – ÖVD (1973) 258-261.

Jäger, Carl Helmut: Wahrnehmung berechtigter Interessen durch Auskunfteien. – NJW (1956) 1224-1225.

Janger, Edward J./ Paul M. Schwartz: The Gramm-Leach-Bliley Act, information privacy, and the limits of default rules.- Minnesota Law Review 86 (2002) 6, 1219-1261.

Jansen, Paul: FGG: Gesetz über die Angelegenheiten der freiwilligen Gerichtsbarkeit mit Nebengesetzen… – 3 Bde. – 2. Aufl. – Berlin: de Gruyter.

Jarass, Hans D.: Das allgemeine Persönlichkeitsrecht im Grundgesetz. – NJW (1989) 857-962;
– Folgen der innerstaatlichen Wirkung von EG-Richtlinien. – NJW (1991) 2665-2669;
– In welcher Weise empfiehlt es sich, die Ordnung des Rundfunks und sein Verhältnis zu anderen Medien – auch unter dem Gesichtpunkt der Harmonisierung – zu regeln. – München: Beck, 1986. – (Gutachten G zum 56. Dt. Juristentag);
– Das „Informationsgleichgewicht" zwischen Parlament und Verwaltung. – DVR 3 (1974) 369-382.
– / Pieroth, Bodo: Grundgesetz für die Bundesrepublik Deutschland. – 7. Aufl. 2004. – München: Beck.

Jaspers, Andreas: Zur Kündigung und Weiterbeschäftigung des betrieblichen Datenschutzbeauftragten. – RDV (1997) 89-90.

Jehle, Jörg-Martin *s. Datenzugang und Datenschutz in …*

Jobs, Friedhelm/ Hartmut Horchler: DV-Outsourcing: wirtschaftliche und rechtliche Grundlagen der Vertragsgestaltung. – RDV (1992) 105-112.

Jürgens, Andreas: Fremdnützige Forschung an einwilligungsunfähigen Personen nach deutschem Recht und nach dem Menschrechtsübereinkommen für Biomedizin. – KritV 81 (1998) 34-51.

Jürgens, Uwe: Grenzüberschreitender Datenverkehr – Unselbständige Zweigstelle im Ausland – Dritter. – DSB (1980) 9, 16-18;
– Die Vernichtung von Datenträgern mit personenbezogenen medizinischen Daten. – DuD (1998) 449-454.

Junker, Abbo/ Martina Benecke: Computerrecht. – 2. Aufl. – Baden-Baden: Nomos, 2000. – (Recht und Praxis).

Junker, Carolin: Aktuelle Rechtsfragen zum Bankgeheimnis und zur Bankauskunft. – DStR (1996) 224-229.

Juristische Probleme der Datenverarbeitung in der Medizin: GMDS/GRVI Datenschutz-Workshop 1979/ hrsg. von W. Kilian und A.J. Porth. – Berlin [u.a.]: Springer, 1979. – (Medizinische Informatik und Statistik; 12).

Kaiser, Günther: Kriminologische Forschung und Datenschutz. – in: *Datenzugang und Datenschutz …* / J.-M. Jehle (Hrsg). – 78-115.

Kamlah, Ruprecht: Datenüberwachung und Bundesverfassungsgericht. – DÖV (1970) 361-364;
– Right of privacy: das allgemeine Persönlichkeitsrecht in amerikanischer Sicht unter Berücksichtigung neuer technologischer Entwicklungen. – Köln: Heymanns, 1969. – (Erlanger juristische Abhandlungen; 4);

Kamlah, Wulf: Das Schufa-Verfahren und seine datenschutzrechtliche Zulässigkeit. – MMR (1999) 395-404;
– Das Scoring Verfahren der SCHUFA. – MMR (2003) 2, V-VII;
– Scoring-Verfahren – Statistik und Datenschutzrecht. – ZVI (2004) 9-13.

Kammerer, Klaus: Personalakte und Abmahnung. – 2. Aufl 1994. – Heidelberg: Verlges. Recht und Wirtschaft. – (Schriften des Betriebsberaters; 77).

Kargl, H.: *s. Probleme des Bundesdatenschutzgesetzes…*

Karlsruher Kommentar zum Gesetz über Ordnungwidrigkeiten/ Karlheinz Boujong (Hrsg.). – 2. Aufl. 2000. – München: Beck.

Karpenstein, Peter: Zur Zuständigkeit der Europäischen Gemeinschaften auf dem Gebiete des Datenschutzes. – in: *Das Europa der 2. Generation: Gedächtnisschrift für Sasse.* – Bd. 2 (1981) 889-908.

Karstedt-Meierrieks, Annette: Selbstregulierung des Datenschutzes: Alibi oder Chance? – DuD (2001) 287-289.

Kaspersen, Hendrik: Niederländisches Datenschutzrecht und Standesregelungen. – DSB (1993) 7/8, 6-11.

Kasseler Handbuch zum Arbeitsrecht/ hrsg. von Wolfgang Leinemann. Band 1: Teil 2.10, Datenschutz/ Striegan, Dietmar;… – 2. Aufl. 2000. – Neuwied: Luchterhand. – 1633-1783.

Kathke, Leonhard: Personalaktenrecht: die Neuregelungen dargestellt am Beispiel Bayerns. – Heidelberg: v. Decker, 1994.

Kauß, Udo: Der suspendierte Datenschutz bei Polizei und Geheimdiensten. – Frankfurt am Main: Campus, 1989.
Kelter, Harald/ Stefan Wittmann: Radio Frequency Identification – RFID. – DuD (2004) 331-334.
Kerkau, Hans-Joachim: Bildarchiv und Datenschutz. – FuR (1982) 186-189.
Kerkhoff, Bärbel: Die Erhebung, Erfassung und Offenbarung von Patientendaten durch Krankenkassen zu Forschungs- und Planungszwecken. – Bochum: Universitätsverl. Brockmeyer, 1993. – (Bochumer juristische Studien; 104).
Kerner, Hans. J.: Zugang des Forschers zu aggregierten Daten und Karteien. – in: *Datenzugang* .../ J. M. Jehle (Hrsg.). – (1987) 201-228.
Kersten, Jens: Personalvertretung und Computer: Rechtsprobleme der computergestützten Datenverarbeitung durch Personalvertretungen. – PersV (2001) 307-317.
Kersten, Stephan: Datenschutz in der Medizin: aktuelle Problemfelder. – CR (1989) 1020-1026.
Kessler, Clemens: Outsourcing von Sozialdaten zur Kostenreduzierung. – DuD (2004) 40-43.
Kessler, Klaus: Personalaktenrecht: Führung von Personalakten im öffentlichen Dienst. – Neuwied: Luchterhand, 1997.
Kessler, Volker: Sicherheit: Modellierung, Mechanismen, Anwendungen. – DuD (1992) 643-647.
Kevenhörster Paul/ Peter Hoschka/ Uwe Kalbhen: Informationslücke des Parlaments: Informationsprobleme der parlamentarischen Kontrollfunktion und der Auswirkungen des DV-Einsatzes auf die Gewaltenteilung. – in: *Datenverarbeitung in der politischen Planung* / (Hg.) Hoschka; Kalbhen. – (1975) 233-256.
Kienemund, Beate: Das Gesetz zur Bereinigung der Rechtsmittel im Verwaltungsprozess. – NJW (2002) 1231-1237.
Kilian, Wolfgang *s.a. Computerrechtshandbuch; Datenschutz; Datenschutz: Juristische Grundsatzfragen...; EC data protection directive*...; *Telearbeit* ...
– Datenschutz im Wirtschaftsunternehmen. – in: *Datenschutz: Juristische Grundsatzfragen* .../ hrsg. von W. Kilian .... – (1973) 289-309;
– Europäisches Datenschutzrecht – Persönlichkeitsrecht und Binnenmarkt. – in: *Informationsgesellschaft und Rechtskultur*... / Tinnefeld (Hrsg.) – (1995) 98-109;
– Informationelle Selbstbestimmung und Marktprozesse: zur Notwendigkeit der Modernisierung des Modernisierungsgutachtens zum Datenschutzrecht. – CR (2002) 921-929;
– Kollektivarbeitsrechtliche Probleme der Informationstechnologie im Betrieb: Nr. 75. – in: *Computerrechtshandbuch*;
– Medizinische Forschung und Datenschutzrecht. – NJW (1998) 787-791;
– Möglichkeiten und zivilrechtliche Probleme eines rechtswirksamen elektronischen Datenaustauschs (EDI). – DuD (1993) 606-610;
– Personalinformationssysteme in deutschen Großunternehmen: Ausbaustand und Rechtsprobleme. – Berlin [u.a.]: Springer, 1981. (Informatik-Fachberichte; 42);
– Rechtsfragen der medizinischen Forschung mit Patientendaten: Datenschutz und Forschungsfreiheit im Konflikt. – Darmstadt: Toeche-Mittler, 1982;
– Rechtsprobleme der Behandlung von Patientendaten im Krankenhaus. – MedR (1986) 7-14;
– Rekonzeptualisierung des Datenschutzrechts durch Technisierung und Selbstregulierung: zum Modernisierungsgutachten 2002 für den Bundesminister des Inneren. – in: *Umbruch von Regelungssystemen...: FG Büllesbach* (2002) 151-160.
– / Gregor Scheja: Freier Datenfluss im Allfinanzkontern? – BB (2002) Beilage 3, 19-30 = RDV (2002) 177-188.
Kindler, Peter: Neue Offenlegungspflichten für Zweigniederlassungen ausländischer Kapitalgesellschaften. – NJW (1993) 3301-3306.
Kirby, M.D.: Developing international rules to protect privacy. – Law and Computer Technology (1979) 53-62;
– Transborder data flows and the basic rules of data privacy. – Stanford Journal of International Studies 16 (1980) 27-66.
Kirchherr, Roland: Die Benachrichtigungspflicht nach dem Bundes-Datenschutzgesetz. – Sparkasse (1977) 4, 138-140.
Kirchhof, Paul: Steueranspruch und Informationseingriff. – in: *Die Steuerrechtsordnung in der Diskussion: Festschrift für Klaus Tipke*... – (1995) 27-45.
Kirsch, William J.: The protection of privacy and transborder flows of personal data: the work of the Council of Europe, the Organization for Economic Co-operation and the European Economic Community. – Legal issues of European integration 2 (1982) 21-50.
Kisker, Gunter: Insichprozeß und Einheit der Verwaltung: zur Frage der Zulässigkeit von Insichprozessen vor den Verwaltungsgerichten. – Baden-Baden: Nomos, 1968. – (Politik und Verwaltung; 11).
Kittner, Michael/ Wolfgang Däubler/ Bertram Zwanziger: Kündigungsschutzrecht: KSchR; Kommentar für die Praxis zu Kündigungen und anderen Formen der Beendigung des Arbeitsverhältnisses. – 6. Aufl. – Frankfurt am Main: Bund, 2004.

Klässer, Wilfried: Sozialdatenschutz nach dem Zweiten Gesetz zur Änderung des Sozialgesetzbuches: 2. SG-BÄndG. – RDV (1994) 117-120.
Klebe, Thomas: Mitbestimmung bei technischer Überwachung. – NZA (1985) 44-47.
– / Siegfried Roth: Personalinformationssysteme: gewerkschaftliche Regelungsziele und betriebliche Praxis. – CR (1987) 693-696.
Klee, Dirk: Pressedatenbanken und datenschutzrechtliches Medienprivileg. – Baden-Baden: Nomos, 1992. – (Nomos Universitätsschriften; Medien; 9).
Klein, Franz: Abgabenordnung: einschließlich Steuerstrafrecht/ bearb. von Hans Bernhard Brockmeyer;..., begr. von Franz Klein und Gerd Orlopp. – 8. Aufl. 2003. – München: Beck.
Klein, Karsten: Zur datenschutzrechtlichen Relevanz des Scoring von Kreditrisiken. – BKR (2003) 488-491.
Kleine-Cossack, Michael: Verfassungswidriges Standesrecht: Notwendigkeit einer Ersetzung der Standesrichtlinien durch ein grundgesetzkonformes Berufsrecht. – NJW (1988) 164-174.
Kleinemas, Uwe: Situation des Datenschutzes in Redaktionen von Presse-Unternehmen: Ergebnisse einer Datenanalyse/ Uwe Kleinemas in Zusammenarbeit mit dem Zentrum für Evaluation und Methoden an der Universität Bonn. – in: *Bericht zum Redaktionsdatenschutz 2004*. – 63-75.
Kleinknecht s. Meyer-Goßner: Strafprozeßordnung,...;
Klewitz-Hommelsen, Sayeed: Ganzheitliche Datenverarbeitung in der öffentlichen Verwaltung und ihre Beschränkung durch den Datenschutz. Heidelberg: Decker, 1996. (Schriftenreihe Verwaltungsinformatik; 15).
Klippel, Diethelm: Deliktsrechtliche Probleme des Datenschutzes. – BB (1983) 407-414.
Klöcker, Irene: Datenschutz im Krankenhaus/ Irene Klöcker; Jörg Meister, begr. von Thomas Barta. – 2. Aufl. 2001. – Düsseldorf: Deutsche Krankenhaus Vlges.
Kloepfer, Michael: *s.a. Deutscher Juristentag (62, 1998, Bremen) Verhandlungen... – Band 1: Gutachten; Abt. D*;
– Datenschutz als Grundrecht. – Königstein: Athenäum, 1980;
– Datenschutz in Redaktionen: Bilanz und Perspektiven. – AfP (2005) 118-127;
– Datenschutz-Standards für das Presserecht. – in: *Datenschutz und Medien*/ K. P. Möller; F. von Zezschwitz (Hrsg.). – Baden-Baden (2003). – 27-55.;
– Informationsrecht. Unter Mitarbeit von Andreas Neun. – München: Beck, 2002;
– Pressefreiheit statt Datenschutz? – Datenschutz statt Pressefreiheit. – AfP (2000) 511-523;
– Umweltrecht/ unter Mitarb. von Thilo Brandner. – 2. Aufl. 1998. – München: Beck;
– Verfassungsänderung statt Verfassungsreform: zur Arbeit der Gemeinsamen Verfassungskommission. 2. Aufl. Berlin: Berlin Verl. A. Spitz, 1996. 173 S. (Berliner Universitäts- Schriften: Reihe Öffentliches Recht; 1).
– / Katharina Breitkreutz: Videoaufnahmen und Videoaufzeichnungen als Rechtsproblem. DVBl (1998) 1149-1157.
– / Gregor Kutzschbach: SCHUFA und Datenschutzrecht. – MMR (1998) 650-659.
Klug, Christoph: Beispiele richtlinienkonformer Auslegung des BDSG. – RDV (2001) 266-274;
– Globaler Arbeitnehmerdatenschutz: Ausstrahlungswirkung der EG-Datenschutzrichtlinie auf Drittländer am Beispiel der USA. – RDV (1999) 109-115 (18, RDV-Forum, 1999);
– Internationalisierung der Selbstkontrolle im Datenschutz. – RDV (2005) 163-167;
– Persönlichkeitsschutz beim Datentransfer in die USA: die Safe Harbor Lösung; – RDV (2000) 212-216;
– Die Vorabkontrolle: eine neue Aufgabe für betriebliche und behördliche Datenschutzbeauftragte. – RDV (2001) 12-20.
Knabben, Walter: Datenhaftung: der Datenunfall und seine zivilrechtlichen Folgen. – Köln: Datakontext, 1979;
– Der Datenschutzbeauftragte in verbundenen Unternehmen. DB (1978) 148-149.
Knack, Hans Joachim: Verwaltungsverfahrensgesetz (VwVfG): Kommentar/ begr. von Hans Joachim Knack. Bearb. von Dietrich Busch. – 7. Aufl. 2000. – Köln: Heymann.
Knauth, Klaus-Wilhelm: Datenschutz im grenzüberschreitenden Datenverkehr in der Kreditwirtschaft. – WM (1990) 209-215.
Knemeyer, Franz-Ludwig: Auskunftsanspruch und behördliche Auskunftsverweigerung. – JZ (1992) 348-351;
– Geheimhaltungsanspruch und Offenbarungsbefugnis im Verwaltungsverfahren. – NJW (1984) 2241-2248.
Kniesel, Michael: Sicherheitsbehördliche Informationshilfe nach dem Urteil des Bundesverfassungsgerichtes zum Volkszählungsgesetz. – Die Polizei (1985) 169-174.
– / Henning Tegtmeyer/ Jürgen Vahle: Handbuch des Datenschutzes für Sicherheitsbehörden: Datenschutz und Informationsverarbeitung in der sicherheitsbehördlichen Praxis. Lehr- und Arbeitsbuch. – Stuttgart [u.a.]: Kohlhammer, 1986.
Koch, Christian: Scoring-Systeme in der Kreditwirtschaft: Einsatz unter datenschutzrechtlichen Aspekten. – MMR (1998) 458-463.

Koch, Frank A.: Datenschutz-Handbuch für die betriebliche Praxis: das Standardwerk für Datenschutzbeauftragte, Betriebsräte, Geschäftsführer, Management, DV-Verantwortliche und deren Mitarbeiter. – 2. Aufl. 1997. – Freiburg i.Br.: Haufe.

Koch, Franz Michael/ Petra Margareta Krestas: Wie umfassend ist der Datenschutz? – Schmerzensgeld bei unberechtigter Dateneinziehung. – NJ (1993) 21-24.

Koch, Harald: Rechtsvereinheitlichung und Kollisionsrecht im Recht des grenzüberschreitenden Datenverkehrs: Europäische Initiativen. – RDV (1991) 105-112.

Koch, H.D. *s. [Der] betriebliche Datenschutzbeauftragte.*

Königshofen, Thomas: Betriebliche Datenschutzbeauftragte. – in: *Handbuch Datenschutzrecht.* – Kap.5.5. – 851-888;

– Chancen und Risiken eines gesetzlichen geregelten Datenschutzaudits: der Versuch einer Versachlichung der Diskussion. – DuD (2000) 357-360;

– Datenschutz in der Telekommunikation: die neuen überbereichsspezifischen Regelungen zum Datenschutz nach dem TKG und der TDSV. – ArchPT (1997) 19-34;

– Datenschutz-Audit bei der Deutschen Telekom. – in: *Datenschutz und...* / P. Horster (Hrsg.). – (1999) 180ff;

– Das Datenschutzkonzept bei der Deutschen Telekom. – in: *Datenschutz als Wettbewerbsvorteil* (2002) 58-67;

– Erwartungen eines betrieblichen Datenschutzbeauftragten an staatliche Datenschutzbeauftragte. – in: *Der neue Datenschutz:...* (1998) 230-245;

– Neue datenschutzrechtliche Regelungen zur Videoüberwachung. – RDV (2001) 220-223;

– Prinzipien und Leitlinien für ein Datenschutz-Audit bei Multimediadiensten. – DuD (1999) 266-271;

– Die Umsetzung von TKG und TDSV durch Netzbetreiber, Service-Provider und Telekommunikationsanbieter. – RDV (1997) 97-109.

Körner-Dammann, Marita: Datenschutzprobleme beim Praxisverkauf. – NJW (1992) 1543-1545;

– Informierte Einwilligung als Schutzkonzept: – in: *Zur Autonomie des Individuums: FS Spiros Simitis,* – (2000) 131-150;

– Weitergabe von Patientendaten an ärztliche Verrechnungsstellen. – NJW (1992) 729-731;

– Der zweite Entwurf einer EG-Datenschutzrichtlinie. – RDV (1993) 14-20.

Kohte, Wolfhard: Die rechtfertigende Einwilligung. – AcP 185 (1985) 105-161.

Kollhosser, Helmut: Handelsregister und private Datenbanken. – NJW (1988) 2410-2419.

Kommentar zum Grundgesetz für die Bundesrepublik Deutschland (AK-GG)/ Hrsg. Erhard Denninger ... – Neuwied: Luchterhand.

Kommentar zum Schweizerischen Datenschutzgesetz/ Hrsg. Urs Maurer; Nedim Peter Vogt. – Basel [u.a.]: Helbing & Lichtenhahn, 1995. – (Kommentar zum schweizerischen Privatrecht).

Kommentar zur Charta der Grundrechte der Europäischen Union/ Jürgen Meyer (Hrsg.) Bearb. von Norbert Bernsdorff ... – 1. Aufl. – Baden-Baden: Nomos, 2003.

Kommentar zur Strafprozessordnung: KMR/ Begr. von Th. Kleinknecht;...; fortgef. von Gerhart Fezer; Rainer Paulus. – Neuwied: Luchterhand.

Kommission zur Verbesserung der informationellen Infrastruktur zwischen Wissenschaft und Statistik: Wege zu einer besseren informationellen Infrastruktur. – Baden-Baden: Nomos, 2001.

Konflikt und Ordnung: Festschrift für Murad Ferid zum 70. Geburtstag/ Hrsg. von Andreas Heldrich; Dietmar Henrich; Hans Jürgen Sonnenberger. – München: Beck, 1978.

Kongehl, Gerhard: Datenschutzbeauftragte gründen Interessenvertretung. CR (1990) 236-237;

– Datenschutzkontrolle in der Arztpraxis. – DuD (1997) 520-524;

– Der Informatiker als Datenschutzbeauftragter. – in: *Der Datenschutzbeauftragte...* / E. Ehmann (Hrsg.). – (1993) 123-146.

Konrath, Walter: Datenschutz und neue Medien. – FuR (1982) 129-136.

Kontroverse BvD – GDD. – DSB (1990) 8, 10.

Kooperation zwischen Wissenschaft und amtlicher Statistik – Praxis und Perspektiven: Beiträge zum Symposium am 31. Mai/1. Juni 1999 in Wiesbaden. – Stuttgart: Metzler Poeschel, 1999. – (Schriftenreihe Forum der Bundesstatistik; 34).

Kopetz, Dieter: Datenschutz im Mediensektor: zur Notwendigkeit effektiver und bereichsspezifischer Datenschutzvorschriften bei den „neuen Medien". – Frankfurt am Main [u.a.]: Lang, 1989. – (Europäische Hochschulschriften, Reihe 2; 809).

Kopke, Wolfgang: Heimliches Mithören eines Telefongesprächs. – NZA (1999) 17-921.

Kopp, Ferdinand O.: Das EG-Richtlinienvorhaben zum Datenschutz: Geänderter Vorschlag der EG-Kommission für „eine Richtlinie des Rates zum Schutz natürlicher Personen bei der Verarbeitung personenbezogener Daten und zum freien Datenverkehr. – RDV (1993) 1-10;

– Tendenzen der Harmonisierung des Datenschutzrechts in Europa. – DuD (1995) 204-212.

– / Ulrich Ramsauer: Verwaltungsverfahrensgesetz. – 8. Aufl. 2003. – München: Beck. – (Gelbe Erläuterungsbücher).
– / Wolf-R. Schenke: Verwaltungsgerichtsordnung. – 13. Aufl. 2003. – München: Beck. – (Gelbe Erläuterungsbücher).
Korff, Douwe: EC study on implementation of Data Protection Directive (Study contract ETD/2001/B5-3001/a/49). – Cambridge, 2002. – 210 S. – http://europa.eu.int/comm./internal_market/privacy/studies/docs/lawreport/consultation/univessex-comparativestudy_en.pdf.
Korinek, Karl/ E. Dujmovitis: Grundrechtsdurchsetzung und Grundrechtsverwirklichung: § 23. – in: *Handbuch der Grundrechte …* (2004) – 909-944.
Kort, Michael: Die Auswirkungen des neuen Bundesdatenschutzgesetzes auf die Mitbestimmung im Arbeitsrecht. – RdA (1992) 378-386;
– Betriebsverfassung und EDV. – CR (1992) 611-620;
– Datenverarbeitung und Informationsrechte des Betriebsrats. – CR (1988) 220-224;
– EDV und betriebsverfassungsrechtliche Mitbestimmung: die Rechtsprechung des BAG zu § 87 Abs.1 Nr. 6 BetrVG bei der Einführung automatischer Datenverarbeitung. – CR (1987) 300-309;
– Die Klagebefugnis der Arbeitnehmervertretung im Aufsichtsrat der AG. – AG (1987) 193-200.
Kothe, Wolfhard: Die rechtfertigende Einwilligung. – AcP (1985) 85, 105-161.
Kotschy, Waltraut: Die Genehmigungspflicht im internationalen Datenverkehr gemäß §§ 32-34 DSG. – in: *Datenschutz in der Wirtschaft.* – (1981) 143-174;
– Der Transfer automationsunterstützt verarbeiteter Daten von Österreich ins Ausland: Erfahrungen und Ausblick. – DuD (1983) 253-259.
Krabbe, Helmut: Das EG-Amtshilfe-Gesetz. – RIW (1986) 126-133.
Kramer, Philipp: Ist die Geldkarte ein „mobiles personenbezogenes Speicher- und Verarbeitungsmedium"? – DSB (2002) 5, 8-9.
– / Michael Herrmann: Auftragsdatenverarbeitung: zu Reichweite der Privilegierung durch den Tatbestand des § 11 Bundesdatenschutzgesetz. – CR (2003) 938-941.
Kranz, Hans J.: Datenschutz im internationalen Luftverkehr: Kundenorientierung und Globalisierung bestimmen Denken und Handeln. – DuD (1998) 215-217;
– Datenschutz im Reise- und Tourismusgewerbe. – in: *Handbuch Datenschutzrecht.* – Kap. 7.4. – 1145-1156;
– Kundendatenschutz und Selbstregulierung im Luftverkehr. – DuD (2001) 161-163;
– Neue Aufgaben des betrieblichen Datenschutzbeauftragten: Compliance Institution in der globalen Informationsgesellschaft. – DuD (1999) 463-465;
– Selbstregulierter Datenschutz im internationalen Luftverkehr – eine Fallstudie. – in: *Umbruch von Regelungssystemen…: FG Büllesbach.* – (2002) 321-326.
Krauch, Helmut: *s. Erfassungsschutz…*
Krause, Peter: Datenschutz und Grundgesetz. – DVR 9 (1980) 229-269;
– Grundrechtliche Grenzen staatlicher und privater Informationserhebung und -verarbeitung, DB (1983) Beilage Nr. 23;
– Das Recht auf informationelle Selbstbestimmung: BVerfGE 65, 1. – JuS (1984) 284-275.
Krebs, Joachim: 10 Jahre Datenschutz in der betrieblichen Praxis. – RDV (1988) 68-73.
Kresse, Hermann: Outsourcing im Privatfernsehen: am Beispiel des RTL-Dienstleistungskonzepts. – ZUM (1994) 385-394.
Kriependorf, Peter: Datenschutz im Konzern. – DuD (1977) 16-21.
Kroll, Jürgen: Datenschutz im Arbeitsverhältnis. – Königstein: Athenäum, 1981.
Krupp, Hans Jürgen (u.a.): *s. Datenzugang…*
Krupp, Hans-Jürgen/ Brigitte Preissl: Die Neufassung des BDSG und die wissenschaftliche Forschung. – CR (1989) 121-130.
Kübler, Johanna: Die Säulen der Europäischen Union: einheitliche Grundrechte?: zur Grundrechtsdivergenz zwischen der ersten und dritten Säule am Beispiel des Datenschutzes. – Baden-Baden: Nomos, 2002. – (Frankfurter Studien zum Datenschutz; 21).
Küpferle, Otto: Arbeitnehmerdatenschutz im Spannungsfeld von Bundesdatenschutzgesetz und Betriebsverfassungsgesetz. – München: Florentz, 1986. – (Rechtswissenschaftliche Forschung und Entwicklung; 95).
– / Hans H. Wohlgemuth: Personaldatenverarbeitende Systeme: Rechtprobleme und Argumentationsmöglichkeiten aus der Sicht der Beschäftigten. – Köln: Bund, 1987.
Küster, Dieter: Das INPOL-System: Zielsetzungen und Ausbaustand 1982. – in: *Polizeiliche Datenverarbeitung:…* – (1983) 57-72.
Kugelmann, Dieter: Die informatorische Rechtsstellung des Bürgers: Grundlagen und verwaltungsrechtliche Grundstrukturen individueller Rechte auf Zugang zu Informationen der Verwaltung. – Tübingen: Mohr (Siebeck), 2001. – (Ius publicum; 65).

Kuhla, Wolfgang/ Jost Hüttenwind: Neuregelungen in der VwGO durch das Gesetz zur Bereinigung des Rechtsmittelrechts im Verwaltungsprozess (RmBereinVPG). – DVBl (2002) 85-91.
Kuhlmann, Jan: Die Verarbeitung von Patientendaten nach dem SGB V und das Recht auf selbstbestimmte medizinische Behandlung. – DuD (1993) 198-208.
Kuhn, Heinrich: Datenschutz und Forschungsfreiheit. – in: *Deutsch-polnisches Kolloquium*... (1985) 125-141.
Kuhring, André/ Werner Thomas: Kontrolle des Betriebsrats durch den betrieblichen Datenschutzbeauftragten: zum Beschluss des BAG vom 11.11.1997. – DuD (2000) 159-165.
Kuitenbrouwer, Frank: Dutch experience with privacy self-regulation. – I-Ways: Digest of the Global Information Infrastructure Commission (1996) 17-21.
Kundenbindungssysteme und Datenschutz: Gutachten des Unabhängigen Landeszentrum für Datenschutz Schleswig-Holstein (ULD) im Auftrag des Verbraucherzentrale Bundesverbandes e.V. – Berlin, 2003. http://www.vzbv.de/mediapics/kundenbindungssysteme_gutachten_2003.pdf.
Kuner, Christopher: European data privacy law and online business. – Oxford [u.a.]: Oxford University Press, 2003.
– / Jörg Hladjk: Die alternativen Standardvertragsklauseln der EU für internationale Datenübermittlungen. – RDV (2005) 193-201.
Kunig, Philipp: Der Grundsatz informationeller Selbstbestimmung. – Jura (1993) 595-604.
Kunkel, Peter-Christian: Der Datenschutz im Vormundschaftswesen. – DAVorm (1991) 605-611;
– Ist das Sozialgeheimnis justizfest? – ZFSH/SGB (2000) 643-649;
– Mißbrauchskontrolle oder Kontrollmißbrauch in der Sozialhilfe. – NVwZ (1995) 21-24.
Kunz, Wolfgang: Personalaktenrecht des Bundes. – ZBR (1992) 161-168.
Kunz-Hallstein, H.P.: Privilegien und Immunitäten internationaler Organisationen im Bereich nicht hoheitlicher Privatrechtsgeschäfte. – NJW (1992) 3069-3973.
Kutscha, Martin: Datenschutz durch Zweckbindung – ein Auslaufmodell? – ZRP (1999) 156-160.
Kutzmann, Thomas: Landesdatenschutzgesetz Rheinland-Pfalz: Kommentar. – Köln; Mainz: Deutscher Gemeindeverlag, 1982.
Ladeur, Karl-Heinz: Datenschutz – vom Abwehrrecht zur planerischen Optimierung von Wissensnetzwerken: zur „objektiv-rechtlichen Dimension" des Datenschutzes. – DuD (2000) 12-19.
Laicher, Eberhard: Erheben als Phase der Datenverarbeitung. – DuD (1995) 87-90.
Lamberg, Peter: „Stillschweigende" Einwilligung in die Verarbeitung personenbezogener Daten. – DÖV (1979) 894-896.
Lambrich, Thomas/ Nina Cahlik: Austausch von Arbeitnehmerdaten in multinationalen Konzernen: datenschutz- und betriebsverfassungsrechtliche Rahmenbedingungen. – RDV (2002) 287-299.
Lammrich, Klaus: Telekommunikationsgesetz: Kommentar. – Neuwied: Luchterhand.
Lampert, Stephen: Der Beamte und seine Personalakte. – VR (2000) 410-414.
Landesbeauftragte für den Datenschutz Mecklenburg-Vorpommern: Hinweise zur Führung der Dateibeschreibung und des Geräteverzeichnisses. – ABl. Mecklenburg-Vorpommern (1993) 1118.
Landmann, Robert von/ Gustav Rohmer: Gewerbeordnung: Kommentar. – München: Beck.
Lanfermann, Heinz: Datenschutzgesetzgebung: gesetzliche Rahmenbedingungen einer liberalen Informationsgesellschaft. – RDV (1998) 1-5.
Lang, Franziska: Das Recht auf informationelle Selbstbestimmung des Patienten und die ärztliche Schweigepflicht in der gesetzlichen Krankenkasse. – Baden-Baden: Nomos, 1997. – (Frankfurter Studien zum Datenschutz; 9).
Langer, Margit: Informationsfreiheit als Grenze informationeller Selbstbestimmung: verfassungsrechtliche Vorgaben der privatrechtlichen Informationsordnung. – Berlin: Duncker & Humblot, 1992. – (Schriften zum Recht des Informationsverkehrs und der Informationstechnik; 2).
Lappe, Friedrich: Das neue Schuldnerverzeichnis. – NJW (1994) 3067-3069.
Laubinger, Hans- Werner: Die gewerberechtliche Unzulässigkeit und ihre Folgen. – VerwArch 89 (1998) 145-188.
Laufs, Adolf *s.a. Handbuch des Arztrechts;*
– Arztrecht. – 5. Aufl. 1993. – München: Beck. – (Schriftenreihe der Neuen Juristen Wochenschrift; 29).
Law and diffuse interest in the European legal order = Recht und diffuse Interessen in der Europäischen Rechtsordnung: Liber amicorum Norbert Reich/ Ludwig Krämer; Hans-W. Micklitz; Klaus Tonner (Hrsg.). Baden-Baden: Nomos, 1997.
Lazarakos, Grigorios G.: Das datenschutzrechtliche Medienprivileg: Presseprivileg bei Multimediaanwendungen in Deutschland, Griechenland und Großbritannien unter dem Einfluß des Europarechts. – Berlin: Duncker & Humblot, 2003. – (Beiträge zum Informationsrecht ; 4).
Lehner, Dieter: Der Vorbehalt des Gesetzes für die Übermittlung von Informationen im Wege der Amtshilfe. – München: VVF, 1996. – (Rechtswissenschaftliche Forschung und Entwicklung; 523).
Lehnguth, Gerold: Kirchliche Einrichtungen und Datenschutz. – DVBl (1986) 1081-1088.
Leib, Hans-Jürgen: Was ist eine Datei. – ÖVD (1978) 22-24.

Leidinger, Tobias: Hoheitliche Warnungen, Empfehlungen und Hinweise im Spektrum staatlichen Informationshandelns: zum aktuellen Stand der Diskussion in Rechtsprechung und Literatur. – DÖV (1993) 925-935.
Leistenschneider, Michael: JobCard. – DuD (2004), 175.
Lembke, Michael: Zur Anwendbarkeit des Bundesdatenschutzgesetzes auf Krankenunterlagen. – DuD (1982) 27-30.
Lennartz, Hans Albert: Betrachtungen zum Referentenentwurf eines BDSG: so wird der Bund keine „Leitfunktion" beanspruchen können. – CR (1988) 686-692;
– Datenschutz und Wissenschaftsfreiheit. – Braunschweig: Vieweg, 1989. – (DuD-Fachbeiträge; 10);
– Probleme der Techniksteuerung durch Recht – am Beispiel des bundesdeutschen Datenschutzrechts. – RDV (1990) 25-30;
– Verarbeitung personenbezogener Daten zu wissenschaftlichen Zwecken. – RDV (1988) 132-141.
Lepper, Ulrich/ Christian Peter Wilde: Unabhängigkeit der Datenschutzkontrolle: zur Rechtslage im Bereich der Privatwirtschaft – CR (1997) 703-707.
Lerche, Peter: Massenmedien und Persönlichkeitsschutz aus verfassungsrechtlicher Sicht. – Universitas (1990) 670-679;
– Rechtsgutachten zur Frage der Zulässigkeit der Weitergabe von Privatadressen der Arbeitnehmer durch den Arbeitgeber an die „informedia verlags-gmbh". – Köln: Informedia, 1981;
– Übermaß und Verfassungsrecht. – 2. Aufl. 1961. – Köln: Heymann. (Nachdruck: Goldbach: Kneip, 1999).
Leue, Jürgen: Einsichtsrechte in öffentliche Register. – in: *Datenverarbeitung und Persönlichkeitsschutz /* Hrsg. M. Vollkommer. – (1986) 83-104.
Leuze, Ruth: Orwell „1984" – Utopie oder reale Gefahr? – DVBl (1984) 1-5.
Lewinski, Kai von: Anwaltliche Schweigepflicht und E-mail. – BRAK-Mitteilungen (2004) 12-17;
– Betriebsprüfung, Bankgeheimnis und Datenschutz. – DSWR (2002) 66-68;
– Formelles und informelles Handeln der datenschutzrechtlichen Aufsichtsbehörden. – RDV (2001) 275-281;
– Kaufleute im Schutzbereich des BDSG: Beitrag zur Dogmatik des Datenschutzrechts. – DuD (2000) 39-43;
– Persönlichkeitsprofile und Datenschutz bei CRM. – RDV (2003) 122-132;
– Privacy Policies: Unterrichtungen und Einwilligung im Internet. – DuD (2002) 395-400;
– Schweigepflicht von Arzt und Apotheker, Datenschutzrecht und aufsichtsrechtliche Kontrolle. – MedR (2004) 95;
– Tätigkeitsberichte im Datenschutz. – RDV (2004) 163-168.
Lexikon Datenschutz und Informationssicherheit: juristische organisatorische und technische Begriffe/ Hans-Ludwig Drews; Hans Kassel; Heinz R. Lessenich. – 4. Aufl. 1993. – Berlin: Siemens.
Lexikon des Rechts: Strafrecht/ Strafverfahrensrecht/ hrsg. v. Gerhard Ulsamer. – 2. Aufl. 1996. – Neuwied: Luchterhand.
Liber amicorum: *s. Law and diffuse interest...; Zur Autonomie des Individuums...*
Liedtke, Werner: Das Bundesdatenschutzgesetz: eine Fallstudie zum Gesetzgebungsprozeß. – Düsseldorf: Mannhold, 1980. – (Juristische Schriften; 10; Rechtssoziologie);
– Das rechtliche Schicksal des Datenschutzbeauftragten im Falle der Betriebsveräußerung: zwei Datenschutzbeauftragte im Erwerberbetrieb. – NZA (2005) 390-394.
Limbach, Jutta: 25 Jahre Bundesdatenschutzgesetz. – RDV (2002) 163-166.
Lindemann, Peter/ Kurt Nagel/ Günter Herrmann: Organisation des Datenschutzes. – Neuwied: Luchterhand, 1973. – (Wirtschaftsführung, Kybernetik, Datenverarbeitung; 14);
– Auswirkungen des Bundesdatenschutzgesetzes auf die Wirtschaft. – Neuwied: Luchterhand, 1977. – (Wirtschaftsführung, Kybernetik, Datenverarbeitung; 20).
Lindemann, Viola: Neuerungen im Arbeitsrecht durch die Schuldrechtsreform. – AuR (2002) 81-87.
Lindstaedt, Wolfgang: Auftragsdatenverarbeitung und vorläufige Verwaltungsvorschriften zum BDSG. – DuD (1978) 123-126.
Lingemann, Stefan/ Burkard Göpfert: Der Einsatz von Detektiven im Arbeitsrecht. – DB (1997) 374-377.
Link, Christoph/ Heinrich de Wall: Parlamentarisches Untersuchungsrecht und Kirchenfreiheit. – JZ (1992) 1152-1160.
Linnenkohl, Karl: Datenschutz und Tätigkeit des Betriebsrats: Verarbeitung personenbezogener Arbeitnehmerdaten durch den Betriebsrat. – NJW (1981) 202-207;
– Das Mithören von dienstlichen Telefonaten durch den Arbeitgeber. – RDV (1992) 205-209.
– / Christine Gressierer: Mithören von Telefonaten im Arbeitsverhältnis. – AuA (1999) 410-413.
– / Hans-Jürgen Rauschenberg/ Regina Schütz: Auf dem Weg zu einem „kollektiven Datenschutz": Gedanken zum Beschluss des Bundesarbeitsgerichts vom 27. Mai 1986 über die Mitbestimmung bei Telefondatenerfassung. – BB (1987) 1454-1456.

Lisken, Hans: *s. Handbuch des Polizeirechts.*
Festschrift für Josef Listl *s. Dem Staat, was des Staates ist...*
Living by numbers: Leben zwischen Statistik und Wirklichkeit/ hrsg. von Bettina Sokol, Landesbeauftragte für Datenschutz und Informationsfreiheit. – Düsseldorf: LDI, 2005.
Lodde, Stephan W.H.: Informationsrechte des Bürgers gegen den Staat. – Köln: Heymann, 1996. – (Ius Informationis; 9).
Löchner, Gerhard: Datenschutz und Datensicherung erläutert am Bundeszentralregister. – in: *Datenschutz und Datensicherung*/ Löchner; Steinmüller. – (1975) 1-33.
– / Wilhelm Steinmüller: Datenschutz und Datensicherung: Vorträge auf der Tagung vom 26. u. 27. Okt. 1974 in Schlangenbad der deutschen Sektion der Internationalen Juristen-Kommission. – Karlsruhe: C.F. Müller, 1975. – (Rechtsstaat in der Bewährung; 1).
Löffler, Martin/ Reinhart Ricker: *s.a. Presserecht...: FS für M. Löffler;*
– Handbuch des Presserechts. – 4. Aufl. 2000. – München: Beck.
Löwer, Wolfgang: Die Zeugnisnote: ein Verwaltungsakt? – DVBl (1980) 952-959.
Löwisch, Manfred/ Volker Rieble: Tarifvertragsgesetz: Kommentar. – 2. Aufl. – München: Vahlen, 2004.
Loomis, Tamara: EU's Data Privacy Safeguards Get Scant Response in United States. – New York Law Journal, 11/30/00. = http://www.nylj.com/stories/00/11/113000a4.htm.
Lorenz, Dieter: Aktuelle Probleme des Datenschutzes. – ZevKR 29 (1984) 422-447;
– Datenschutz im kirchlichen Bereich. – in: *Essener Gespräche* ... – 15 (1981) 84-124;
– Kirchliche Datenverarbeitung unter staatlicher Kontrolle. – ZevKR (2000) 356-379;
– Die Novellierung des Bundesdatenschutzgesetzes in ihren Auswirkungen auf die Kirchen. – DVBl (2001) 428-436;
– Kirchenaustritt und Datenschutz. – in: *Dem Staat, was des Staates ist ...: FS Josef Listl.* – (1999) 491-501;
– Die Stellung der Kirchen nach dem Bundesdatenschutzgesetz 1990. – ZevKR (1992) 27-40;
– Zur Problematik des verwaltungsrechtlichen Insichprozesses. – AöR 93 (1968) 308-340.
Lorenzen, Uwe: *s.a. Bundespersonalvertretungsgesetz;*
– Bundesdatenschutzgesetz und Personalvertretung. – PersV (1979) 305-314.
Loschelder, Wolfgang: Rasterfahndung: polizeiliche Ermittlungen zwischen Effektivität und Freiheitsschutz. – Der Staat 20 (1981) 349-372.
Lotze, Eckhardt: Berichtigung. – *Datenschutz von A-Z.* – Neuwied [u.a.]. – (2001).
Louis, Hans-Walter: Grundzüge des Datenschutzrechts. – Köln: Heymanns, 1981.
Loy, Marino: Zulässigkeit von Webcams auf Baustellen. – ZfI (2004) 181-187.
Lübking, Uwe: Datenschutz in der Kommunalverwaltung. – Berlin: E. Schmidt, 1992.
Lütkemeier, Sven: Bereichsspezifischer Datenschutz im nichtöffentlichen Bereich: Selbstregulierung durch Verhaltensregeln. – DANA (1998) 3, 24-28;
– EU-Datenschutzrichtlinie: Umsetzung in nationales Recht. – DuD (1995) 597-603.
Lüttge, Jörg W.: Unternehmensumwandlungen und Datenschutz. – NJW (2000) 2463-2466.
Lucas, André: Le droit de l'informatique. – Paris: Presses universitaires de Frances, 1987.
Luttenberger, Norbert/ Joachim Reischl/ Markus Schröder/ Claus S. Stürzebecher: Datenschutz in der pharmakogenetischen Forschung – eine Fallstudie. – DuD (2004) 356-363.
Lutterbeck, Bernd: Informationelle Probleme parlamentarischer Beteiligung an Planungsprozessen. – in: *Informationsrecht und Informationspolitik*/ Steinmüller (Hg.). – (1976) 164-178;
– Parlament und Information: eine informationstheoretische und verfassungsrechtliche Untersuchung. – München; Wien: Oldenbourg, 1977. – (Rechtstheorie und Informationsrecht; 3).
Maass, Hans Heinrich: Information und Geheimnis im Zivilrecht: eine rechtshistorische und rechtsvergleichende Kritik der privaten und der gewerblichen Geheimsphäre. – Stuttgart: Enke, 1970. – (Münchener Universitätsschriften: Abhandlungen des Instituts für europäisches und internationales Wirtschaftsrecht; 4).
McCullagh, Declan: Safe Harbor is a lonely harbor. – Wired news 1/5/01 = http://www.wired.com/news/politics/0.1283.41004.00.html.
Maciejewski, Frank: Betriebskostenabrechnung – Kontrollrecht der Mieter. – MM (2003) 3, 31-39.
Mack, Holger: Sicherheitsaspekte von Java-Applets. – DuD (1998) 509-513;
– Single sign in im Internet. – DuD (2002) 472-476.
Mackenthun, Thomas T.: Datenschutzrechtliche Voraussetzungen der Verarbeitung von Kundendaten beim zentralen Rating und Scoring im Bankkonzern. – WM (2004) 1713-1717.
Mähring, Matthias: Institutionelle Datenschutzkontrolle in der Europäischen Gemeinschaft: eine Untersuchung über Voraussetzungen, Funktion und Aufbau. – Baden-Baden: Nomos, 1993. – (Frankfurter Studien zum Datenschutz; 2).
Mallmann, Christoph: Datenschutz in Verwaltungs- und Informationssystemen: zur Verhältnismäßigkeit des Austausches von Individualinformationen in der normvollziehenden Verwaltung. – München; Wien: Oldenbourg, 1976. – (Rechtstheorie und Informationsrecht; 2).

Mallmann, Otto: Informationsrechte von Patienten hinsichtlich medizinischer Daten. – in: *Zur Autonomie des Individuum*/ Hrsg. von D. Simon; M. Weiss. – (2000) 237-248;
– Zur Novellierung des Melderechtsrahmengesetzes. – NVwZ (2001) 294-295;
– Das Spannungsverhältnis zwischen Justiz und Datenschutz: ist der Datenschutz Sand im Getriebe der Justiz? – DRiZ (1987) 373-381;
– Volkszählung und Grundgesetz. – JZ (1983) 651-659;
– Zielfunktionen des Datenschutzes: Schutz der Privatsphäre – korrekte Information. Mit einer Fallstudie zum Datenschutz im Bereich von Kreditinformationssystemen. – Frankfurt/M: Metzner, 1977. – (Kybernetik, Datenverarbeitung, Recht; 6);
– Zum datenschutzrechtlichen Auskunftsanspruch des Betroffenen. – GewArch (2000) 354-361;
– Zweigeteilter Datenschutz?: Auswirkungen des Volkszählungsurteils auf die Privatwirtschaft. – CR (1988) 93-98.
– / Achim Schroeter: Aktuelle Rechtsfragen zum Datenschutz im Bankverkehr. – Köln: RWS, 1988. – (RWS-Skript; 194).
Marburger, Horst: Verarbeitung personenbezogener Daten im Auftrag und Datenschutz. – WzS (1985) 106-114.
Marsch-Barner, Reinhard/ Thomas Mackenthun: Das Schicksal gespeicherter Daten bei Verschmelzung und Spaltung von Unternehmen. – ZHR (2001) 426-439.
Marx, Michael: Zur Auslegung des Tatbestandsmerkmals „Übermitteln" in § 41 Abs. 1 Nr. 1 BDSG. – DSWR (1979) 86-88.
Masing, Johannes: Transparente Verwaltung: Konturen eines Informationsverwaltungsrechts. – in: *Die Staatsrechtslehre und die Veränderungen ihres Gegenstandes*. – VVDStRL 63 (2004) 377-441.
Mathy, Klaus: Darf der Arbeitgeber die Privatadressen seiner Arbeitnehmer an Dritte zwecks Zusendung von Informationen herausgeben? – AfP 8 (1977) 372-777.
Matthes, Hans Christoph: Neue Rechtsprechung des BAG zur Mitbestimmung des Betriebsrats bei technischer Überwachung. – RDV (1987) 1-7;
– Die Rechtsprechung des Bundesarbeitsgerichts zu neuen Technologien und ihre Kritik. – Das Arbeitsrecht der Gegenwart 23 (1985) 19-30. – Berlin: E. Schmidt, 1986.
Mattke Andreas: Adressenhandel: das Geschäft mit den Konsumentenadressen. Praktiken und Abwehrrechte. – Frankfurt am Main [u.a.]: Lang, 1995.
Matzka, Manfred: Datenschutzrecht für die Praxis. – Wien: Orac, 1986.
Maunz, Theodor/ Günter Dürig: Grundgesetz: Kommentar/ von Th. Maunz; G. Dürig; R. Herzog; R. Scholz; P. Lerche; H.-J. Papier; A. Randelzhofer; E. Schmidt-Assmann. – 6. Aufl. – München: Beck.
Maurach, Reinhardt/ Heinz Zipf: Strafrecht, Allgemeiner Teil: Teilband 1: Grundlehren des Strafrechts und Aufbau der Straftat. – 7. Aufl. 1987. – Heidelberg: C.F. Müller.
Maurer, Urs: *s. Kommentar zum Schweiz…*
Mayen, Thomas: Die Auswirkungen der Europäischen Datenschutzrichtlinie auf die Forschung in Deutschland. – NVwZ (1997) 446-451;
– Der grundrechtliche Informationsanspruch des Forschers gegenüber dem Staat. – Berlin: Duncker & Humblot, 1992. – (Schriften zum Öffentlichen Recht; 615).
Mayer-Maly, Theo: Datenschutz gegen Arbeitnehmerinformation. – DB (1980) 1441-1445.
Mayer-Metzner, Helmut: Auskunft aus Dateien der Sicherheits- und Strafverfolgungsorgane. – Köln: Heymanns, 1994. – (Ius Informationis; 8).
Medert, Klaus M./ Werner Süßmuth: Melderecht: Kommentar des Bundes und der Länder. – Stuttgart: Kohlhammer.
Medienrecht: Lexikon für Wissenschaft und Praxis/ Hrsg. Peter Schiwy; Walter J. Schütz. 3. Aufl. 1994. – Neuwied [u.a.]: Luchterhand.
Medienwirkung und Medienverantwortung: Überlegungen und Dokumente zum Lebach-Urteil des Bundesverfassungsgerichts/ eingel. u. hrsg. von Friedrich Kübler. Mit Beitr. von Wolfgang Hoffman-Riem… – Baden-Baden: Nomos, 1975. (Material zur interdisziplinären Medienforschung; 1).
Mehrseitige Sicherheit in der Kommunikationstechnik: Bd. 1, Verfahren, Komponenten, Integration/ Gunter Müller/ Andreas Pfitzmann. – Bonn: Addison Wesley 1997.
Meier, Joe: Wearable Computing: „tragbare" Technik? – CF (2004) 1, 4-6.
Meikel, Georg; Wilhelm Imhof/ Hermann Riedel: Grundbuchrecht: Kommentar. – 8. Aufl. 1997 – Neuwied: Luchterhand.
Meier, André: Der rechtliche Schutz patientenbezogener Gesundheitsdaten. – Karlsruhe: VVW, 2003. – (Münsteraner Reihe; 84).
Meier, Klaus/ Andreas Wehlau: Die zivilrechtliche Haftung für Datenlöschung, Datenverlust und Datenzerstörung. – NJW (1998) 1585-1591.
Meilinger, Franz: Datenschutz im Bereich von Information und Dokumentation. – Baden-Baden: Nomos, 1984.
Meister, Herbert: Bundesdatenschutzgesetz oder Datenerhebungs-Ermächtigungsgesetz? – ZRP (1979) 129-133;

– Datenschutz im Zivilrecht. – Bergisch Gladbach: Heider, 1977;
– Datenschutz im Zivilrecht: das Recht am eigenen Datum. – 2. Aufl. 1981. – Bergisch Gladbach: Heider;
– Datenschutz und Privatrechtsordnung. – BB (1976) 1584-1588;
– Orwell, Recht und Hysterie: eine Bemerkung zum informationellen Selbstbestimmungsrecht. – DuD (1984) 162-165;
– Schutz vor Datenschutz?: wirtschafts- und rechtspolitische Anforderungen in einer Zeit ökonomischer Spannungen. – DuD (1986) 173-178;
– Das Schutzgut des Datenrechts. – DuD (1983) 163-180;
– Transborder data flows: internationales Urheberrecht und grenzüberschreitender Datenfluss. – DuD (1985) 317-319;
– Zur Politik des Datenschutzes. – DuD (1985) 27-30.

Mengel, Anja: Kontrolle der E-mail- und Internetkommunikation am Arbeitsplatz: Wege durch einen juristischen Irrgarten. – BB (2004) 2014-2021.

Menschenwürde und freiheitliche Rechtsordnung: Festschrift für Willi Geiger zum 65. Geburtstag / hrsg. von Gerhard Leibholz … – Tübingen: Mohr, 1974.

Menzel, Hans-Joachim: Regelungsvorschlag zur Selbstbestimmung bei genetischen Untersuchungen: Erläuterungen zum Konferenzbeschluss vom 26. Oktober 2001. – DuD (2002) 146-145.

Menzler-Trott, Eckart/ Christa Hasenmaile: Arbeitnehmer im Call Center: Situation, Rechte, Gestaltungsmöglichkeiten. – Frankfurt am Main: Bund Verl., 2001.

Merten, Karlheinz: Datenschutz- und Datenverarbeitungsprobleme bei den Sicherheitsbehörden. – Kriminalistik (1985) 219-221;
– Zulässigkeit langfristiger Videoüberwachung. – NJW (1992) 354-355.

Metschke, Rainer: Erfahrungen mit der Verarbeitung sensitiver Daten durch Treuhänder. – in: *Kooperation zwischen*... – (1999) 127-132;
– Datenschutz in Wissenschaft und Forschung/ Metschke, Rainer. – Berlin: Berliner Datenschutzbeauftragter, 1994. – 104 S. – (Materialien zum Datenschutz; 18) =
– / Rita Wellbrock: Datenschutz in Wissenschaft und Forschung. – Wiesbaden: Hessischer Datenschutzbeauftragter, 2000. – Std. 2002: http://www.datenschutz-berlin.de/infomat/heft28/dswi_f_c.htm (2. Juni 2005).

Meydam, Jan: Volkszählungsurteil des Bundesverfassungsgerichts und mögliche Konsequenzen für den Sozialdatenschutz. – DuD (1985) 12-20.

Meyer, Carl W./ Kurt Nagel: Datenschutz-Manual. – München: Verl. Moderne Industrie, 1978.

Meyer, Christian: Probleme des Datenschutzes aus der Sicht der kirchlichen Verwaltung. – ZevKR 25(1980) 199-239.

Meyer, Hans/ H. Borgs-Maciejewski: Kommentar zum Verwaltungsverfahrensgesetz. – 2. Aufl. 1982. – Frankfurt: Metzner.

Meyer, Hans (u.a.): *s. Hessisches Staats- u. Verwaltungsrecht; Staats- und Verwaltungsrecht*...

Meyer, Ingo: Der Mensch als Datenträger?: zur verfassungsrechtlichen Bewertung postnataler genetischer Untersuchungen. – Berlin: Berlin-Verl. Spitz, 2001. – (Berliner juristische Universitätsschriften: Reihe Öffentliches Recht; 19).

Meyer-Degenhardt, Klaus *s. EDV-Systeme als…;*

Meyer-Goßner, Lutz: Strafprozessordnung, Gerichtsverfassungsgesetz … – 47. Aufl. 2004. – München: Beck. – (Beck'sche Kurzkommentare; 6).

Meyer-Teschendorf, Klaus G.: Der Körperschaftsstatus der Kirche. – AöR 103 (1978) 289-333;
– Die Weitergabe von Meldedaten an die Kirchen: verfassungskräftiger Anspruch der Kirchen auf meldebehördliche Informationshilfe? – in: *Essener Gespräche*…; 15. – (1981) 9-83.

Michael, James: Data protection. The White Paper on data protection: the Government proposals for legislation. – Public Law (1982) 360-366.

Michel, Eva-Maria: Datenschutz und Medienfreiheit. – in: *Ethik als Schranke … : FS Günter Herrmann/* (Hrsg.) Rehbinder. – (2002) 109-120.

Michel, Norbert: Beratung, Abstimmung und Beratungsgeheimnis: dargestellt am Beispiel einer großen Strafkammer beim Landgericht. – DRiZ (1992) 263-267.

Miedbrodt, Anja: Besondere Datenschutzpflichten. – in: *Handbuch Datenschutzrecht*. – Kap. 4.9. – 715-744.

Miller, Arthur R.: Der Einbruch in die Privatsphäre: Datenbanken und Dossiers. – Neuwied: Luchterhand, 1973.

Miller, Manfred: Datenschutz in der Forschung. – DuD (1986) 7-15.

Mitrou, Evangelia: Die Entwicklung der institutionellen Kontrolle des Datenschutzes: Kontrollmodelle und Kontrollinstanzen in der Bundesrepublik Deutschland und Frankreich. – Baden-Baden: Nomos, 1993. – (Frankfurter Studien zum Datenschutz; 3);

– Das griechische Datenschutzgesetz als Beispiel einer „problemlosen" Umsetzung der EG-Datenschutzrichtlinie. – RDV (1998) 53-63.
Modernes Datenschutzrecht für die (globale) Wissens- und Informationsgesellschaft. – Bonn, 1998. – (Ms.).
Möhrenschlager, Manfred: Computer crimes and other crimes against information technology in Germany: national report. – in: *Information Technology Crime*/ hsrg. v. Sieber. – (1994) 197-233.
Möller, Frank: Data Warehouse als Warnsignal an die Datenschutzbeauftragten. – DuD (1998) 555-560.
Möller, Jan: Einführung in das betriebliche Datenschutzmanagement für Steuerberater und Wirtschaftsprüfer. – Steuerberaterkammer SH, Kammermitteilungen 4/2004, 7 ff. (www. datenschutzzentrum.de/wirtschaft/dsm_steuerberater.htm).
– / Johann Bizer: Datenschutzanforderungen an Digital Rights Management. – DuD (2006) 80-84.
– / Björn-Christoph Florax: Datenschutzrechtliche Unbedenklichkeit des Scoring von Kreditrisiken. – NJW (2003) 2724-2729;
– Kreditwirtschaftliche Scoring Verfahren – Verbot automatisierter Einzelentscheidungen gem. § 6a BDSG. – MMR (2002) 806-810.
Möncke, Ulrich: Data Warehouse: eine Herausforderung für den Datenschutz. – DuD (1998) 561-569.
Mohr, Paul Günther: Probleme des Datenschutzes in der Versicherungswirtschaft. – ZgesVersW (1978) 43-56.
Moos, Flemming: Datenschutzkontrolle bei Tele- und Mediendiensten: Darstellung und Kritik divergierender Rechtsvorschriften. – DuD (1998) 162-165.
Morsey, Rudolf: Einschränkung historischer Forschung durch Datenschutz? – in: *Datenschutz*... (1986) 61-71.
Mückenberger, Ulrich: Datenschutz als Verfassungsgebot. – KJ (1984) 1-24.
Müller, Christopher: Arbeitnehmerdatenschutz im Lichte der EU-Datenschutzrichtlinie. – in: *Europas universale rechtsordnungspolitische Aufgabe*...: *FS A. Söllner*. – (2000) 809-852.
Müller, Gerhard F. / Michael Wächter: Der Datenschutzbeauftragte: eine systematische Darstellung des Bundesdatenschutzgesetzes. – 2. Aufl. 1991. – München: Beck;
– Novelle des Bundesdatenschutzgesetzes: Worauf Detektive achten müssen. – DuD (1991) 619-630;
– Zur Aufnahme einer verschuldensunabhängigen Schadensersatzregelung in das BDSG. – DuD (1989) 239-244.
Müller, Gunter *s. Mehrseitige Sicherheit*...
Müller, Jürgen: Ist das Auslesen von RFID-Tags zulässig?: Schutz von RFID-Transponderinformationen durch § 86 TKG. – DuD (2004) 215-217.
– / Matthias Handy: RFID und Datenschutzrecht: Risiken, Schutzbedarf und Gestaltungsideen. – DuD (2004) 655-659.
Müller, Klaus/ Axel Pfau: Biometrische Verfahren zur Verifikation der Personenidentität. – DuD (1992) 346-352.
Müller, Paul J.: Datenschutz und Sicherung der Individualdaten der empirischen Sozialforschung. – DSWR (1974) 2-12.
Müller, Stefan: Das datenschutzpolitische Mandat des BfD. – RDV (2004) 211-214.
Müller, Ulrike/ Rüdiger Wehrmann: Fernwartung und Datenschutz. – NJW-CoR (1993) 5, 20-23.
Müller, Wolfgang: Ministerialfreie Räume. – JuS (1985) 497-508.
Müllner, Wolfgang: Beteiligungsrecht des Betriebsrats bei Personalinformationssystemen. – BB (1994) 477-478.
Münch, Henning: Der Schutz der Privatsphäre in der Spruchpraxis des Deutschen Presserats: eine Analyse der freiwilligen Presseselbstkontrolle. – AfP (2002) 18-22.
Münch, Ingo von: *s. Grundgesetz: Kommentar. Nachschlagewerk*...
Münch, Isabel: Qualifizierung nach IT-Grundschutz: Maßstab für IT-Sicherheit. – DuD (2002) 346-350.
Münch, Peter: Harmonisieren – dann Auditieren und Zertifizieren. – RDV (2003) 223-231;
– Zum fachlichen Profil der Beauftragten für Datenschutz und Datensicherheit. – RDV (1993) 157-162.
Münchener Handbuch zum Arbeitsrecht/ hrsg. von Reinhard Richardi; Otfried Wlotzke. – 3 Bände. – 2. Aufl. 2000. – München: Beck.
Münchener Kommentar zum Bürgerlichen Gesetzbuch/ hrsg. v. K. Rebmann; F. Säcker. 10 Bde. 3. Aufl. 1992 ff./ 4. Aufl. 2001 ff. – München: Beck.
Münchener Kommentar zum Strafgesetzbuch/ hrsg. v. W. Joecks; K. Miebach. – 6 Bde. – 1. Aufl. 2003 ff. – München: Beck.
Müthlein, Thomas: Abgrenzungsprobleme bei der Auftragsdatenverarbeitung. – RDV (1993) 165-171;
– Datenschutz in Online-Diensten. – RDV (1996) 224-232 (überarb. Vortrag Kölner IT-Sicherheitsforum (2, 1996);
– Probleme der Auftragsdatenverarbeitung für Auftraggeber und Auftragnehmer. – RDV (1992) 63-74
– Verpflichtung der Mitarbeiter. – IT-Sicherheit (2003), 41-44.
– / Jürgen Heck: Outsourcing und Datenschutz: Vertragsgestaltungen aus datenschutzrechtlicher Sicht. – 3. Aufl. – Köln: Datakontext, 2006.

Musielak, Hans-Joachim: Die Bankauskunft nach dem Recht der Bundesrepublik Deutschland. – in: *Bankgeheimnis und Bankauskunft…* / Hadding/ Schneider (1986) 9-48.
Mutius, Albert von: Verfassungsrechtliche Grenzen der Einwilligung im Datenschutzrecht: Datenschutz und Datensicherheit zwischen subjektiv-rechtlicher Gewährleistung und objektiv-rechtlichen Schutzauftrag. – in: *Innovativer Datenschutz: für H. Bäumler.* – Kiel: ULD, 2004, 101-128.
Napier, Brian: Vertragliche Lösungen für das Problem des gleichwertigen Datenschutzes im grenzüberschreitenden Datenverkehr. – RDV (1990) 209-219.
Nationaler Ethikrat: Biobanken für die Forschung: Stellungnahme. – Berlin: Nationaler Ethikrat, 2004.
Naujok, Helga: Datenschutz bei Versicherungen. – in: *Handbuch Datenschutzrecht.* – Kap. 7.3. – 1118-1144.
Nauroth, Dieter: Pflicht zur Einarbeitung aus dem Gesichtspunkt der Leistungstreue?: zugleich eine Anmerkung zum Urteil des OLG Stuttgart vom 23. Juni 1986 – 2 U 252/85. – CR (1988) 24-27.
Der neue Datenschutz: Datenschutz in der Informationsgesellschaft von morgen/ hrsg. von Helmut Bäumler. – Neuwied: Luchterhand, 1998.
Das neue Datenschutzgesetz des Bundes: Referate der Tagungen der Hochschule St. Gallen vom 15. Okt. und 13. Nov. 1992/ hrsg. von Rainer J. Schweizer. – Zürich: Schulthess Polygraphischer Verl., 1993.
Neue Informationstechniken – Neue Verwaltungsstrukturen/ hrsg. von Heinrich Reinermann; Herbert Fiedler; Klaus Grimmer; Klaus Lenk; Roland Traunmüller. – Heidelberg: R. v. Decker & C.F. Müller, 1988. (Schriftenreihe Verwaltungsinformatik; 1).
Neue Instrumente des Datenschutzes/ Hrsg. von Bettina Sokol. – Düsseldorf: Die Landesbeauftragte für den Datenschutz, 1999.
Neues Recht für neue Medien/ im Auftr. der Deutschen Gesellschaft für Recht und Informatik e.V. hrsg. von Michael Bartsch und Bernd Lutterbeck. – Köln: O. Schmidt, 1998. – (Informationstechnik und Recht; 7).
Neundorf, Lutz: Praxisbericht – Konzerninternes Datenschutzaudit: Datenschutzaudit als Steuerungsinstrument. – DuD (2002) 338-341.
Niblett, Bryan: Data Protection Act 1984. – London: Oyez Longman,1984.
Niedermeier, Robert/ Stefan Schröcker: Ersatzfähigkeit immaterieller Schäden aufgrund rechtswidriger Datenverarbeitung. – RDV (2002) 217-224;
– Die „Homogene Datenschutzzelle“: ein Company to company-agreement als Lösungsansatz für die Übermittlung personenbezogener Daten im Finanzkonzern. – RDV (2001) 90-98.
Niese, Marcus: Die faktische Sicherstellung der Unabhängigkeit der Datenschutzbeauftragten im Bund und in den Ländern: eine rechtsvergleichende Übersicht. – DuD (1994) 635-638.
Nitsch, Peter: Datenschutz und Informationsgesellschaft. – ZRP (1995) 361-365.
Nitsche, Georg: Datenschutz bei einem Finanzdienstleister: Beispiel einer Selbstregulierung. – DuD (2001) 164-167.
Nogala, Detlef: Videoüberwachung als urbane Einrichtung. – in: Jahrbuch StadtRegion 2002: Schwerpunkt Die sichere Stadt/ Hrsg. v. N. Gestring… – Opladen: Leske & Budrich, 2002.
Nordmann, Christine: Das Informationsfreiheitsgesetz Schleswig-Holsteins. – RDV (2001) 71-84.
Nordemann, Jan Bernd/ Andreas Dustmann: To peer or not to peer: urheberrechtliche und datenschutzrechtliche Fragen der Bekämpfung der Internet-Piraterie. – CR (2004) 380-388.
Nouvelles technologies et propriété: actes du colloque tenu la Faculté de droit de l'Université de Montréal, les 9 et 10 novembre 1989… – (organisé par le Centre de recherche en droit public); présenté par Ejan Mackaay. – Montréal: Éd. Thémis; Paris: Litec, 1991.
Nüssgens, Karl: Zur Rechtsfortbildung bei § 839 Abs. 1 Satz 2 BGB (Verweisungsklausel). – in: *Verantwortlichkeit und Freiheit:… FS Willi Geiger.* – (1989) 456-474.
Nugter, Adriana C. M.: Transborder flow of personal data within the EC. – Deventer; Boston: Kluwer, 1990.
Numerierte Bürger: Gerd E. Hoffmann; Barbara Tietze; Adalbert Podlech (Hrsg.). – Wuppertal: Hammer, 1975. – (Technologie und Gesellschaft; 1).
Nungesser, Jochen: Hessisches Datenschutzgesetz: Kommentar für die Praxis. – 2. Aufl. 2001. – Mainz: Deutscher Gemeindeverlag.
Obermayer, Klaus: Die Religions- und Weltanschauungsgemeinschaften und die Verwaltungsverfahrensgesetze. – DVBl (1977) 437-440;
– Kommentar zum Verwaltungsverfahrensgesetz (VwVfG)/ begr. von Klaus Obermayer. Hrsg. von Roland Fritz. Bearbeitet von Erwin Alless. – 3. neu bearb. Aufl. 1999. – Neuwied: Luchterhand.
Öffentliche Verwaltungen und Informationstechnik: neue Möglichkeiten, neue Probleme, neue Perspektiven. Fachtagung, Speyer, 26.-28. Sept. 1984/ Hrsg. von Heinrich Reinermann; Herbert Fiedler; Klaus Grimmer; Klaus Lenk und Roland Traunmüller. – Berlin [u.a.]: Springer, 1985. – (Informatik-Fachberichte; 98).
O'Harrow, Robert: No place to hide: behind the scenes of our emerging surveillance society. – New York: Free Press, 2005.
Oldenhage, Klaus: Archive im Konflikt zwischen Forschungsfreiheit und Persönlichkeitsrechtsschutz. – in: *Datenschutz und Forschungsfreiheit.* – (1986) 11-25.

Opaschowski, Horst W.: Der gläserne Konsument: die Zukunft von Datenschutz und Privatsphäre in einer vernetzten Welt. Unter Mitarb. von Michael Pries und Ulrich Reinhardt. BAT-Freizeit-Forschungsinstitut GmbH. – 2., aktualisierte und erw. Aufl. 2001. – Hamburg: BAT-Freizeit-Forschungsinstitut;
– Quo vadis, Datenschutz?: Die Angst vor dem Datenklau breitet sich aus. – DuD (2001) 678-681.
Open and shut: enhancing the right to know and the right to privacy. Report of the Standing Committee on Justice and Solicitor General on the Review of the Access to Information Act and the Privacy Act (2nd session of the 33rd parliament). – Ottawa: Canadian Government Printing Office, 1987.
Oppermann, Thomas: Europarecht: ein Studienbuch. – 2. Aufl. 1999. – München: Beck.
Ordemann, Hans-Joachim: Sicherheit und Datenschutz: Anmerkungen zu den Gesetzentwürfen der Koalition. – RDV (1986) 66-69.
Die Organisation der Arbeit des betrieblichen Datenschutzbeauftragen/ hrsg. von Reinhard Voßbein. – 2. Aufl. 2003. – Frechen: Datakontext.
Ostermann, Jürgen: Automation in der Verwaltung: Realität und Zukunftserwartung. – Die Verwaltung (1970) 129-158.
Ostrowicz, Alexander: Kündigungsschutz versus Abberufungsschutz des Datenschutzbeauftragten. – RDV (1995) 112-116.
Overkleeft-Verburg, Margriet: Datenschutz zwischen Regulierung und Selbstregulation: Erfahrungen aus den Niederlanden. – in: *Rechtliche Gestaltung der Informationstechnik: Fachtagung Darmstadt 1996*/ Alcatel-SEL-Stiftung für Kommunikationsforschung. – Stuttgart: Alcatel, 1996. – 41-46.
Paaß, Gerhard: Anonymität statistischer Einzelangaben. – DuD (1985) 97-104.
– / U. Wauschkuhn: Datenzugang, Datenschutz und Anonymisierung: Analysepotential und Identifizierbarkeit von anonymisierten Individualdaten. – München; Wien: Oldenbourg, 1985. – (Berichte der GMD; Nr. 148).
Paeffgen, Hans-Ullrich: Amtsträgerbegriff und die Unabhängigkeit des Datenschutzbeauftragten: strafrechtliche Dimensionen und organisationsrechtliche Perspektiven. – JZ (1997) 178-189.
Paefgen, Thomas Christian: Adreßhandel und Medienprivileg. – CR (1994) 14-22;
– Europäische Kundendatenbanken. – CR (1993) 478-484.
Pätzel, Claus: Probleme des Datenschutzes bei Staatsanwaltschaft und Gericht in Gegenwart und Zukunft. – DRiZ (2001) 24-34;
– Die Offenkundigkeit von Halterdaten. – NJW (1999) 3246-3247.
Pagenkopf, Martin: Verringerung des Rechtsschutzes gegen behördliche Verfahrenshandlungen. – NJW (1979) 2382-2383.
Palandt: Bürgerliches Gesetzbuch. – 64. Aufl. 2005. – München: Beck.
Palm, Franz: Die Übermittlung personenbezogener Daten in das Ausland. – CR (1998) 65-74.
Panagiotides, William A.: Der Data Protection Act 1984: zur Geschichte der Datenschutzgesetzgebung in Großbritannien. – Baden-Baden: Nomos, 1998. – (Frankfurter Studien zum Datenschutz; 10).
Papakonstantinou, Vagelis: Self-regulation and the protection of privacy. – Baden-Baden: Nomos, 2002. – (Frankfurter Studien zum Datenschutz; 22).
Papier, Hans-Jürgen: Die Neuordnung der Europäischen Union ...: zum Vertrag über eine Verfassung für Europa. – EUGrZ (2004) 753-758.
Pardey, Karl-Dieter: Informationelles Selbstbestimmungsrecht und Akteneinsicht: zum Erfordernis verfassungskonformer Eingrenzung der Akteneinsichtsrechte in FGG-Verfahren. – NJW (1989) 1647-1652.
Patrick, P.H.: Privacy restriction on transnational data flows: a comparison of the Council of Europe Draft Convention and the OECD-Guidelines. – Jurimetrics Journal 21 (1981) 405 ff.
Pawlikowsky, G.J.: *s. Datenschutz: Leitfaden...*
Pechstein, Matthias/ Christian König: Die Europäische Union: die Verträge von Maastricht und Amsterdam. – 2., völlig neu bearb. Aufl. – Mohr Siebeck, 1998.
Pedrazzini, Mario M.: *s.a. Festschrift für...*;
– Der Ausbau des Datenschutzes. – in: *Zur Zukunft von Staat...: FS Furgler.* – (1984) 316-324;
– Die Grundlagen des Datenschutzes im Privatbereich: die Grundzüge und der Geltungsbereich des Bundesgesetzes. – in: *[Das] neue Datenschutzgesetz...*/ R. J. Schweizer (Hrsg.). – (1993) 19-28.
Peifer, Karl-Nikolaus: Eigenheit oder Eigentum – Was schützt das Persönlichkeitsrecht? – GRUR (2002) 495-500.
Peilert, Andreas: Police private partnership: rechtliche Vorgaben und tatsächliche Möglichkeiten für das Zusammenwirken von Sicherheitsbehörden und Sicherheitsgewerbe. – DVBl (1999) 282-291;
– Das Recht des Auskunftei- und Detekteigewerbes: empirische Untersuchung, verfassungsrechtlicher Rahmen, rechtliche Befugnisse und gewerberechtlicher Novellierungsvorschlag. – Berlin: Duncker & Humblot, 1996. – (Schriften zum Öffentlichen Recht; 710);
– Die Umsetzung der Europäischen Datenschutzrichtlinie im Gesetzentwurf zur Änderung des Bundesdatenschutzgesetzes und anderer Gesetze. Konsequenzen für Ermittlungen durch private, insbe-

sondere durch Detektive – Rechtsgutachten. – Bonn: Bundesverband Deutscher Detektive e.V., 2001 = Jahrbuch des Sicherheitsgewerbes (2001) 1-82.

Peitzsch, Wolfram: Was der Kunde wissen sollte: Datengeheimnisse bei Sparkassen. Rechtsfragen des Datenschutzes bei öffentlich-rechtlichen Kreditanstalten. – DSWR (1980) 34-37.

Perels, J.: *s. Grundrechte als...*

Personal privacy in an information society: the report of the privacy protection study commission. – Washington: US Government Printing Office, 1977.

Perspektive Datenschutz: Praxis und Entwicklung in Recht und Technik/ (Hrsg.) Bruno Baeriswyl; Beat. Rudin. – Zürich; Baden-Baden; Wien: Schulthess; Nomos; Verl. Österreich, 2002.

Perspektiven der Informationsgesellschaft/ Hrsg. von Wolfgang Hoffmann-Riem; Thomas Vesting. – Baden-Baden: Nomos, 1995. – (Symposium des Hans-Bredow-Instituts; 14).

Peter, James Thomas: Das Datenschutzgesetz im Privatbereich: unter besonderen Berücksichtigung seiner motivationalen Grundlagen. – Zürich: Schulthess Polygraphischer Verl., 1994.

Peter, Jürgen: Das Recht auf Einsicht in Krankenunterlagen. – Köln: Heymanns, 1989. – (Arzt-, Krankenhaus- und Gesundheitsrecht; 7).

Petersdorff, Ulrich von: Datenschutz in der Sozialverwaltung. – in: *Handbuch Datenschutzrecht*. – Kap. 8.13. – 1685-1716;
– Ende des Datenschutzes im Gesundheitswesen?: informationsrechtliche Schwachstellen im Gesundheitsreformgesetz. – CR (1989) 615-620.

Petersen, Stefanie: Grenzen des Verrechtlichungsgebotes im Datenschutz/ Stefanie Petersen. – Hamburg: Lit, 2000. – (Juristische Schriftenreihe; 141).

Petri, Thomas Bernhard: Datenschutz und Privatwirtschaft. – in: *Innovativer Datenschutz: für H. Bäumler*. – (2004) 221-237;
– Europol: grenzüberschreitende polizeiliche Tätigkeit in Europa. – Baden-Baden: Nomos, 2001. – (Frankfurter Studien zum Datenschutz; 19);
– Inhaltliche Anforderungen an die Verfahrensübersicht nach §§ 4g Abs. 2, 4e BDSG als Grundlage für ein effektives Datenschutzmanagement. – RDV (2003) 267-270;
– Das Scoringverfahren der SCHUFA. – DuD (2001) 290-291;
– Sind Scorewerte rechtswidrig? – DuD (2003) 631-636;
– Vorrangiger Einsatz auditierter Produkte: wirtschaftsrechtliche Fragestellungen zum Datenschutzaudit. – DuD (2001) 150-153;
– Zielvereinbarungen im Datenschutzrecht. – in: *Datenschutz als Wettbewerbsvorteil*: .../ Bäumler; von Mutius. – (2002) 142-149.
– / Marcus Kieper: Datenbevorratungs- und Analysesysteme in der Privatwirtschaft. – DuD (2003) 609-613.

Peus, Klaus: Besondere Aspekte des Datenschutzes in einem Energieversorgungsunternehmen (EVU). – DuD (1994) 703-706.

Pfitzmann, Andreas: Datenschutz durch Technik: Vorschlag für eine Systematik. – DuD (1999) 405-408; auch in: *Datenschutzgesetze der...* (1999) 18-27;
– Entwicklung der Informations- und Kommunikationstechnik. – DuD (2001) 194-195;
– Technischer Datenschutz in öffentlichen Funknetzen. – DuD (1993) 451-463.

Phillips, David J.: Cryptography, secrets, and the structuring of trust. – in: *Technology and privacy: the new landscape*/ Agre; Rotenberg (ed). – (1997) 243-276.

Pickel, Harald: Rechte des Betroffenen im Sozialdatenschutz. – SGb (2001) 57-65.

Pieroth, Bodo/ Bernhard Schlink: Grundrechte – Staatsrecht II. – 8. Aufl. 1992. – Heidelberg: C.F.Müller.

Pitschas, Rainer: *s.a. Deutscher Juristentag (62, 1998, Bremen) Verhandlungen... – Band 2/1: Sitzungsberichte; Abt. M*;
– Informationelle Selbstbestimmung zwischen digitaler Ökonomie und Internet: zum Paradigmenwechsel des Datenschutzrechts in der globalen Informationsgesellschaft. – DuD (1998) 139-149;
– „Sicherheitspartnerschaften" der Polizei und Datenschutz. – DVBl (2000) 1805-1815.
– / Josef Aulehner: Informationelle Sicherheit oder „Sicherheitsstaat"? – NJW (1989) 2358-2359.

Podlech, Adalbert: *s.a.[Die] Freiheit und die Macht*;
– Aufgaben und Problematik des Datenschutzes. – DVR 5 (1976) 23-39;
– Die Begrenzung staatlicher Informationsverarbeitung durch die Verfassung angesichts der Möglichkeit unbegrenzter Informationsverarbeitung mittels der Technik. – Leviathan (1984) 85-98;
– Daten für die Forschung im Gesundheitswesen: statistische und rechtliche Klärung ihrer Weitergabe. Gutachten I. – in: *Daten für die Forschung im Gesundheitswesen...* (1995) 39-56;
– Datenschutz im Bereich der öffentlichen Verwaltung. – Berlin: Schweitzer, 1973 – (DVR, Beiheft; 1);
– Gesellschaftstheoretische Grundlagen des Datenschutzes. – in: *Datenschutz und Datensicherung*/ (Hg.) Dierstein;... – (1976) 311-329;

– Individualdatenschutz – Systemdatenschutz: – in: *Beiträge zum Sozialrecht: FS H. Grüner* (1982) 451-462;
– Das Recht auf Privatheit. – in: *Grundrechte als…* / Hg. J. Perels. – (1979) 50-68;
– Verfassung und Datenschutz. – in: *Erfassungsschutz:…* / (Hg.) H. Krauch. – (1975) 72-77;
– Verfassungsrechtliche Probleme öffentlicher Informationssysteme. – DVR 1 (1972/73) 149-169.
– / Michael Pfeiffer: Die informationelle Selbstbestimmung im Spannungsverhältnis zu modernen Werbestrategien. – RDV (1998) S. 139-154.

Pohl, Hartmut/ Gerhard Weck: Stand und Zukunft der Informationssicherheit: Teil 1. – DuD (1993) 18-22. – Teil 2. – DuD (1993) 78-86.

Pohler, Vera: 20 Jahre Datenschutzaufsicht im Düsseldorfer Kreis. – CR (1998) 309-310.

Policy issues in data protection and privacy: concepts and perspectives. Proceedings of the OECD Seminar June, 1974. – Paris: OECD, 1974. – (OECD informatic studies; 10).

Poppenhäger, Holger: Datenschutz in der amtlichen Statistik. – in: *Handbuch Datenschutzrecht.* – Kap. 8.10. – 1622-1643;
– Die Übermittlung und Veröffentlichung statistischer Daten im Lichte des Rechts auf informationelle Selbstbestimmung. – Berlin: Duncker & Humblot, 1995. – (Schriften zum Recht des Informationsverkehrs und der Informationstechnik; 12).

Pordesch, Ulrich/ Roßnagel, Alexander: Elektronische Signaturverfahren rechtgemäß gestaltet. – DuD (1994) 82-91.

Posset, Anton: Probleme zeitgeschichtlicher Lokalforschung und Schülerarbeit am Beispiel Landsberg. – in: *Datenschutz…* – (1986) 103-108.

Post-Ortmann, Karin: Der Arbeitgeber als Anbieter von Telekommunikations- und Telediensten. – RDV (1999) 102-109.

Pottmeyer, Hermann J.: Das kirchliche Krankenhaus: Zeugnis kirchlicher Diakonie und ihres Auftrags. – in: *Essener Gespräche…* 17 (1983) 62-84.

Presserecht und Pressefreiheit: Festschrift für Martin Löffler zum 75. Geburtstag/ Hrsg. vom Studienkreis für Presserecht. – München: Beck, 1980.

Prinz, Matthias: Geldentschädigung bei Persönlichkeitsrechtsverletzungen durch Medien. – NJW (1996) 953-958;
– Der Schutz der Persönlichkeitsrechte vor Verletzungen durch die Medien. – NJW (1995) 817-821.

Privacy e banche dei dati/ a cura di Nicola Matteucci. – Bologna: Società editrice il Mulino, 1981.

Privacy-enhancing technologies: the path to anonymity: Vol. I and II/ ed. by Registratiekamer Information and Privacy Commissioner. – Rijswijk: Registratiekamer, 1995.

Probleme des Bundesdatenschutzgesetzes aus betriebswirtschaftlicher Sicht/ H. Kargl … – DuD (1979) 13-16.

Protection of worker's personal data/ ed. by International Labour Organisation. – Genf: ILO, 1997. – (ILO code of practice).

Prütting, Hanns: Datenschutz und Zivilverfahrensrecht in Deutschland. – ZZP 106 (1993) 427-468.

Pütter, Paul Stefan: Auftragsdatenverarbeitung bei Parallelarbeit. – ÖVD (1980) 8-11.

Püttmann, Friedrich Frank: Rechtliche Probleme der Marktforschung im Internet. – K&R (2000) 492-499.

Puskás, G. von: Die Datenschutzermächtigungsklausel: Teil 1 und 2. – VerBAV (1980), 52-55, 102-110.

Quid!: das Gütesiegel für Qualität im betrieblichen Datenschutz/ P. Wedde; Lothar Schröder (Hrsg.). – Frankfurt am Main: Quid! Projektbüro, 2001.

Raether, Philipp C.: Datenschutz und Outsourcing. – DuD (2005) 461-466;
– Die EU-US-Flugdaten-Affäre: aus der Sicht der Betreiber von Datenbanken mit Fluggastdaten. – DuD (2004) 468-471.
– / Nikolai Seitz: Ausnahmen bei Datentransfer in Drittstaaten: die beiden Ausnahmen nach § 4c Abs. 2 BDSG. Vertragslösung oder Code of Conduct. – MMR (2002) 520-528;
– Übermittlung personenbezogener Daten in Drittstaaten: Angemessenheitsklausel, Safe Harbor und die Einwilligung. – MMR (2002) 425-433.

Raffler, Andrea/ Peter Hellich: Unter welchen Voraussetzungen ist die Überwachung von Arbeitnehmere-mails zulässig? – NZA (1997) 862-868.

Ramrath, Ulrich: Betriebsvereinbarungen über die einvernehmliche Stellung des „Betrieblichen" Datenschutzbeauftragten. – RDV (1989) 163-171.

Rasi, Gaetano: Da costo a risorsa: la tutela dei dati personali nelle attività produttive. (Proceedings of the international conference, Rom, December 2002)/ a cura di Gaetano Rasi. – Rom: Garante per la protezione dei dati personali, 2004.

Rasmussen, Heike: Datenschutz in der Sozialversicherung. – in: *Handbuch Datenschutzrecht.* – Kap. 8.14. – 1717-1741.
– Die elektronische Einwilligung im TDDSG: zur Novellierung des TDDSG. – DuD (2002) 406-411

Raubenheimer, Andreas: EDI im Bereich von Steuer und Buchführung: rechtliche Vorgaben und Hindernisse. – CR (1993) 19-26.

Raum, Bertram: Umweltschutz und Schutz personenbezogener Daten. – CR (1993) 162-170.
Rebmann, Kurt: Der Einsatz verdeckt ermittelnder Polizeibeamter im Bereich der Strafverfolgung. – NJW (1985) 4-6.
– / Sigmar Uhlig: Bundeszentralregistergesetz. – München: Beck, 1985.
Rebscher, Erich: Datenschutzprobleme der behördeneigenen Forschung und der Auftragsforschung im Bereich der Polizei. – in: *Datenzugang und Datenschutz…* / J.M. Jehle (Hrsg.). – (1987) 367-377.
Das Recht der Europäischen Union: Textsammlung/ hrsg. von Bengt Beutler; Roland Bieber; Jörn Pipkorn; Jochen Streil. – Baden-Baden: Nomos.
Das Recht der Europäischen Union/ hrsg. von Eberhard Grabitz und Meinhard Hilf. – Bd. II Sekundärrecht/ hrsg. von Manfred Wolf. – Teil A: EG – Verbraucher- und Datenschutzrecht. – 30. Richtlinie 95/46/EG zum Schutz natürlicher Personen bei der Verarbeitung personenbezogener Daten und zum freien Datenverkehr: Kommentar von Ulf Brühann. – München: Beck.
Recht der Multimedia-Dienste: Kommentar zum IuKDG und zum MDStV/ hrsg. von Alexander Roßnagel. – München: Beck.
Recht der Neuen Medien: ein Handbuch/ hrsg. von Ernst W. Fuhr; Walter Rudolf; Klaus Wasserburg. – Heidelberg C.F. Müller, 1989.
Recht der Persönlichkeit/ Hrsg. von Hans-Uwe Erichsen; Helmut Kollhosser; Jürgen Welp. – Berlin: Duncker & Humblot, 1996. – 415-429 – (Münsterische Beiträge zur Rechtswissenschaft; 100).
Recht und diffuse Interessen… *s. Law and diffuse interest in the European legal order:…*
Rechtsdogmatik und Rechtspolitik: Hamburger Ringvorlesung/ im Auftr.d. Fachbereichs hrsg. von Karsten Schmidt. – Berlin: Duncker und Humblot, 1990. – (Hamburger Rechtsstudien; 78).
Records, computers and the rights of citizens: report of the Secretary's Advisory Committee on automated personal data systems. US Department of Health, Education and Welfare. – Washington: US Government Priting Office, 1973.
Redeker, Helmut *s.a. Deutscher Juristentag (62, 1998, Bremen) Verhandlungen… – Band 2/1: Sitzungsberichte; Abt. M*;
– Datenschutz und Mandantenschutz in der Anwaltskanzlei. – in: *Datenschutz in Anwaltschaft, Notariat und Justiz.* – 2003. – 43-63;
– Umgang mit personenbezogenen Daten durch Rechtsanwälte. – FPR (1998) 294-298.
– / Peter Kohte: Die Neuregelung zur Überprüfung verweigerter Aktenvorlage im Verwaltungsprozess. – NVwZ (2002) 313-315.
Regulierte Selbstregulierung als Steuerungskonzept des Gewährleistungsstaates: Ergebnisse des Symposiums aus Anlass des 60. Geburtstages von Wolfgang Hoffmann-Riem (am 24./25.März 2000 in Hamburg). – Die Verwaltung (2001) Beiheft 4.
Reh, H.J.: Gegenstand und Aufgabe des Datenschutzes in der öffentlichen Verwaltung. – Wiesbaden: Hessischer Datenschutzbeauftragter, 1974. – (Beiträge zum Datenschutz; 2).
Reichertz, Peter L.: Kontextabhängigkeit medizinischer Informationen. – in: *Arztgeheimnis…* / hrsg. v. Reichertz/Kilian. – Berlin: Springer 1982. – 204-210.
Reidenberg, Joel R.: E-commerce and transatlantic privacy. – Houston Law Review 38 (2001) 717-749.
Reinermann, Heinrich: *s. Neue Informationstechniken…*
Reisinger, Leo: Rechtsinformatik. – Berlin: de Gruyter, 1977.
Remschmidt, Helmut: Epidemiologischer Forschungsbedarf in der Psychiatrie und Datenschutz. in: *Epidemiologische Forschung…* / G. Dhom (Hrsg.). – (1992) 161-179.
Report of the Committee on Privacy/ Chairman Kenneth Younger. – London: HMSO, 1972.
Report of the Committee on Data Protection/ Chairman Norman Lindop. – London: HMSO, 1978.
Ress, Georg: Die richtlinienkonforme „Interpretation" innerstaatliche Rechts. – DÖV (1994) 489-496.
Reupert, Christine: Die Filmfreiheit. – NVwZ (1994) 1155-1165.
Richardi, Reinhard: Betriebverfassungsgesetz mit Wahlordnung: Kommentar. – 9. Aufl. 2004. – München: Beck.
Richterliches Arbeitsrecht: Festschrift für Thomas Dieterich zum 65. Geburtstag/ Peter Hanau; Friedrich Heitner; Jürgen Kühling (Hrsg.). – München: Beck, 1999.
Richtlinie über die Entsorgung von Datenträgern – Entsorgungsrichtlinie. – Hrsg. Freie und Hansestadt Hamburg, Finanzbehörde – Amt für Informations- und Kommunikationstechnik. – Hamburg. – MittVw (1994) 165.
Richtlinie über die Sicherheit der Datenverarbeitung auf Arbeitsplatzrechnern in der hamburgischen Verwaltung v. 15. April 1994. – Hamburg. – MittVw (1994) 75 = IT-Handbuch der Freien und Hansestadt Hamburg. – Hamburg. – Nr. 11.700.
Richtlinie zur Beteiligung des Hamburgischen Datenschutzbeauftragten" v. 12.11.1992. – Hamburg. – MittVw (1993) 271.
Ridder, Helmut: *s. Auf einem Dritten Weg.*

Riegel, Reinhard: Auswirkungen des Volkszählungsgesetz-Urteils des Bundesverfassungsgerichts auf die informationelle Tätigkeit der Sicherheitsbehörden und rechtliche Konsequenzen insbesondere für die Novellierung von BDSG und Personalausweisgesetz. – RiA (1984) 121-130;
– Bundespolizeirecht. – München: Beck, 1985;
– Datenschutz bei den Sicherheitsbehörden. – 2. Aufl. 1992. – Köln: Heymann;
– Datenschutz in der Bundesrepublik Deutschland. – Heidelberg: Deckers, C.F. Müller, 1988. – (Heidelberger Wegweiser);
– Datenschutzbeauftragte als Essentiale des informationellen Selbstbestimmungsrechts. – BVbl (1998) 523-525;
– Entfernung und Vernichtung von Vermerken aus der Ausländerakte: zum Beschluß des BVerfG vom 6.6.1983 zur vollständigen Aktenführung. – NJW (1984) 2194-2195;
– Europäische Gemeinschaften und Datenschutz. – ZRP (1990) 132-135;
– Gemeinschaftsrechtlicher Datenschutz: Entwurf einer EG-Datenschutzrichtlinie. – CR (1991) 179-183;
– Grenzüberschreitende Datenübermittlung und Datenschutz im Sicherheitsbereich. – BayVBl (1980) 65-69;
– Grenzüberschreitende Informationsverarbeitung und Datenschutz bei den Sicherheitsbehörden (I). – CR (1987) 311-313. – … (II): rechtsvergleichende Aspekte und Folgen. – CR (1987) 446-450;
– Grundfragen zu den Zentralstellenaufgaben des Bundeskriminalamtes. – NJW (1983) 657-661;
– Internationale Bekämpfung von Straftaten und Datenschutz. – JZ (1982) 312-319;
– Kontrolle und Transparenz der Datenverarbeitung: Institutionen, Grundlagen und Probleme. – DuD (1988) 277-286;
– Die Kontrolle von Überwachungsmaßnahmen nach dem Gesetz zu Art. 10 GG: die Kontrollzuständigkeit der Datenschutzbeauftragten. – DÖV (1985) 314-318;
– Das neue Bundesgrenzschutzgesetz (BGSG): Tradition, Neuerungen und Probleme. – DÖV (1995) 317-324;
– Nochmals: das Bundeskriminalamtsgesetz. – NJW (1997) 3408-3411;
– Nochmals: Telefonüberwachung und Gefahrenabwehr. – ZRP (1991) 286-288;
– Rechtsgrundlagen für die informationelle Tätigkeit der Verfassungsschutzbehörden und datenschutzrechtliche Konsequenzen aus dem Volkszählungsurteil des Bundesverfassungsgerichts. – DVBl (1985) 765-773;
– Die Tätigkeit der Nachrichtendienste und ihre Zusammenarbeit mit der Polizei. – NJW (1979) 952-957;
– Zum Umfang der Prüfkompetenz des Bundesbeauftragten für den Datenschutz nach § 19 BDSG. – DSWR (1983) 237-244;
– Zur Frage der Begründung einer Auskunftsverweigerung nach § 13 II BDSG. – NVwZ (1983) 337-338.
Rieger, Hans-Jürgen: Stichwort Datenschutz. – in: *Lexikon des Arztrechts*. – Berlin: de Gruyter, 1984;
Riemann, Thomas: Künftige Regelungen des grenzüberschreitenden Datenverkehrs. – CR (1997) 762-766.
Rienhoff, Otto: Datenschutz im Konflikt zwischen Individual- und Gemeinwohl: Vermittlungsansätze der Medizinischen Informatik im internationalen Vergleich. – in: *Datenschutz und Forschung* (1999) 44-53;
– Zur Bewertung der Richtigkeit patientenbezogener Daten in der medizinischen Dokumentation. – in: *Arztgeheimnis…* / hrsg. v. Reichertz/ Kilian. – (1982) – 196-203;
– Zeitgemäßer Schutz des Patientengeheimnis. – DuD (1997) 579-581.
Rieß, Joachim: Globalisierung und Selbstregulierung im Datenschutz. – Internet@future: Jahrbuch Telekommunikation und Gesellschaft (2001) 333-339;
– Selbstregulierungsinstrumente zur vertrauenswürdigen Kommunikation. – DuD (2002) 532-535.
Rigaux, F.: La loi applicable à la protection des individus à l'égard du traitement automatisé de données à caractère personnel. – Revue critique de droit international privée (1980) 443ff.;
– Le regime des données informatisées en droit international privé. – Journal du droit international (1986) 311ff.
Rihaczek, Karl: Angemessene Datensicherung. – DuD (1977) 39-41;
– Datenverarbeitung als Auftragsdienstleistung: Typologie. – DuD (1978) 214-219;
– Der elektronische Beweis: die Lücke bei der Umsetzung von Technik zum Rechtsgebrauch. – DuD (1994) 127-133;
– Erheben/Speichern. – DuD (1996) 742.
Ringwald, Gerhard: Der Datenabruf und das Bundesdatenschutzgesetz. – JZ (1983) 291-297;
– INPOL und StA: zum Abrufrecht der Staatsanwaltschaften aus polizeilichen Datenspeichern. – München: Schweitzer, 1984. – (EDV und Recht; 14).
Risiken und Chancen des Einsatzes von RFID-Systemen: Trends und Entwicklungen in Technologien, Anwendungen und Sicherheit/ Bundesamt für Sicherheit in der Informationstechnik. – Ingelheim: Secu-Media, 2004. = www.bsi.bund.de/fachthem/rfid/studie.htm.
Rittweger, Christoph/ Ilana Saltzmann: Germany takes the lead on binding corporate rules. – PL&B (2003) 70, 28-29.

– / Michael Schmidl: Einwirkung von Standardvertragsklauseln auf § 28 BDSG. – DuD (2004) 617-620.
– / Björn Weiße: Unternehmensrichtlinien für den Datentransfer in Drittländer: die Bedeutung verbindlicher Unternehmensregelungen bei der Übermittlung personenbezogener Daten ins nichteuropäische Ausland. – CR (2003) 142-149.
Robbers, Gerhard: Der Grundrechtsverzicht. – JuS (1985) 928-931.
Robinsonliste: Leserbrief des DDV e.V. – DSB (1996) 3, 8.
Rodotà, Stefano: Elaboratori elettronici e controllo sociale. – Bologna: Il mulino, 1973;
– Protezione dei dati e circolazione delle informazioni. – Rivista Critica del Diritto Privato 2 (1984) 721-772.
Roessler, Thomas: Anonymität im Internet. – DuD (1998) 619-622.
Roewer, Helmut: Datenverarbeitung und Informationsübermittlung durch die Verfassungsschutzbehörden. – NJW (1985) 773-777.
Rogall, Klaus: Informationseingriff und Gesetzesvorbehalt im Strafprozessrecht. – Tübingen: Mohr, 1992;
– Moderne Fahndungsmethoden im Lichte gewandelten Grundrechtsverständnisses. – GA 132 (1985) 1-27.
Roggan, Frederik: Die Videoüberwachung von öffentlichen Plätzen oder: immer mehr gefährliche Orte für Freiheitsrechte. – NVwZ (2001) 134-141.
Rogge, Hans-J.: Marktforschung: Elemente und Methoden betrieblicher Informationsgewinnung. – München: Hanser, 1981.
Rohlf, Dietwalt: Der grundrechtliche Schutz der Privatsphäre: zugleich ein Beitrag zur Dogmatik des Art. 2 Abs. 1 GG. – Berlin: Duncker & Humblot, 1980. – (Schriften zum Öffentlichen Recht; 278).
Ronellenfitsch, Michael: Moderne Justiz, Datenschutz und richterliche Unabhängigkeit. – DuD (2005) 354-359
Rosen, Jeffrey: The naked crowd: reclaiming security and freedom in an anxious age. – New York: Random House, 2004;
– The unwanted gaze. – New York: Vintage, 2001.
Rosenbaum, Christian: Der grundrechtliche Schutz von Informationseingriffen. – Jura (1988) 178-185.
Rosenhayn, Wibke: Die Auswertung der Verlagsumfrage aus Sicht des Deutschen Presserats. – in: *Bericht zum Redaktionsdatenschutz 2004*. – 76-86;
– Organisatorische Umsetzung und damit verbundene Rechtsfragen der Freiwilligen Selbstkontrolle Redaktionsdatenschutz. – in: *Bericht zum Redaktionsdatenschutz 2004*. – 55-62;
– Umsetzung von § 41 Abs. 1 BDSG in Landesrecht. – in: *Bericht zum Redaktionsdatenschutz 2004*. – 89-92
Rossi, Matthias: Informationsfreiheitsgesetz: Handkommentar. – Baden-Baden: Nomos, 2006.
Roßmann, Ray: Grundlagen der EDV-Mitbestimmung: Ansätze eines kollektiv-rechtlichen Datenschutzrechts.– DuD (2002) 285-290.
Roßnagel, Alexander: *s.a. Handbuch Datenschutzrecht; Recht der Multimediadienste*;
– Audits stärken Datenschutzbeauftragte: Replik zum Beitrag „Datenschutzaudit" von Drews und Kranz. – DuD (2000) 231-232;
– Datenschutz beim Online-Einkauf. – München: Beck, 2002;
– Datenschutz bei Praxisübergabe. – NJW (1989) 2303-2309;
– Datenschutzaudit. – in: *Handbuch Datenschutzrecht*. – Kap. 3.7. – 437-484;
– Datenschutz-Audit. – DuD (1993) 505-515;
– Datenschutz-Audit. – in: *Neue Instrumente im Datenschutz* (1999) 41-63;
– Datenschutzaudit: Konzeption, Durchführung, gesetzliche Regelung. – Wiesbaden: Vieweg, 2000. – (DuD-Fachbeiträge);
– Datenschutz-Audit: ein neues Instrument des Datenschutzes. – in: *Der neue Datenschutz:...* (1998) 92-98;
– Datenschutzaudit in Japan. – DuD (2001) 154-160;
– Datenschutz in Signaturverfahren. – in: *Handbuch Datenschutzrecht*. – Kap. 7.7. – 1210-1257;
– Digitale Ausweise: Hoffnungen und Risiken. – DuD (2005) 59-61;
– Einleitung. – in: *Handbuch Datenschutzrecht*. – Kap.1. – 1-42;
– Der elektronische Ausweis: notwendige und mögliche Identifizierung im E-Government. – DuD (2002) 281-285;
– Freiheit durch Systemgestaltung: Strategien des Grundrechtsschutzes in der Informationsgesellschaft. – in: *Die Freiheit und die Macht...* / Egbert Nickel... (Hrsg.). – Baden-Baden (1994) 227-246;
– Globale Datennetze: Ohnmacht des Staates – Selbstschutz der Bürger. Thesen zur Änderung der Staatsaufgaben in einer „civil information society". – ZRP (1997) 26-30;
– Grundrechtliche Risiken und Chancen durch Chipkartennutzung. – in: *Innovationen bei Rechen- und Kommunikationssystemen: eine Herausforderung für die Informatik*; GI-Jahrestagung im Rahmen des 13th World Computer Congress, IFIP Congress '94, Hamburg, 28. August – 2. September 1994/

Bernd Wolfinger (Hrsg.). – Berlin [u.a.]: Springer, 1997. – 268-276 – (GI-Jahrestagung; 24. Informatik aktuell);
– Konzepte des Selbstdatenschutzes. – in: *Handbuch Datenschutzrecht*. – Kap. 3.4. – 325-362;
– Konzepte der Selbstregulierung. – in: *Handbuch Datenschutzrecht*. – Kap. 3.6. – 387-436
– Marktwirtschaftlicher Datenschutz – eine Regelungsperspektive. – in: *Umbruch von Regelungssystemen...*: FG Büllesbach. – (2002) 131-151;
– Mitbestimmung bei betrieblichen ISDN-Telefonanlagen. – CR (1993) 507-513;
– Modernisierung des Datenschutzrechts – Empfehlungen eines Gutachtens für den Bundesinnenminister. – RDV (2002) 61-70;
– Modernisierung des Datenschutzrechts für eine Welt allgegenwärtiger Datenverarbeitung. – MMR (2005) 71-75;
– Das neue Recht elektronischer Signaturen: Neufassung des Signaturgesetzes und Änderungen des BGB und der ZPO. – NJW (2001) 1817-1826;
– Neues Recht für Multimediadienste. – NVwZ (1998) 1-8;
– Das Recht auf (tele-)kommunikative Selbstbestimmung. – KJ (1990) 267-289;
– Rechtswissenschaftliche Technikfolgenforschung: Umrisse einer Forschungsdisziplin. – Baden-Baden: Nomos, 1993;
– Regulierung und Selbstregulierung im Datenschutz. – Global@home: Jahrbuch Telekommunikation und Gesellschaft (2000) 385-391.
– / Johann Bizer: Multimediadienste und Datenschutz: Rechtsgutachten für die Akademie für Technikfolgenabschätzung in Baden-Württemberg. – Stuttgart: Akademie..., 1995 = DuD (1996) 209-217.
– / Gerrit Hornung: Biometrische Daten in Ausweisen. – DuD (2005) 69-73.
– / Jürgen Müller: Ubiquitous Computing – neue Herausforderungen für den Datenschutz: ein Paradigmenwechsel und die von ihm betroffenen normativen Ansätzen. – CR (2004) 625-632.
– / Andreas Pfitzmann/ Hansjürgen Garstka: Modernisierung des Datenschutzrechts: Gutachten im Auftrag des Bundesministeriums des Inneren. – Berlin: Bundesministerium des Inneren, 2001; Kurzfassung: DuD (2001) 253-263.
– / Philip Scholz: Datenschutz durch Anonymität und Pseudonymität: Rechtsfolgen der Verwendung anonymer und pseudonymer Daten. – MMR (2000) 721-731.

Rotenberg, Mark: In support of a data protection board in the United States. – Government Information Quarterly 8 (1991) 79-94.

Rott, Georg: Telefondaten-Erfassung und Psychologengeheimnis: ein Beitrag zu § 203 StGB, zugleich eine kritische Besprechung des BAG-Urteils vom 13.1.1987. – RDV (1989) 117-122.

Roxin, Claus: Strafrecht, Allgemeiner Teil. – Bd. 1: Grundlagen, Aufbau der Verbrechenslehre. – 3. Aufl. 1997. – München: Beck.

Ruckriegel, Werner: Datenschutzgesetzgebung in der Bundesrepublik Deutschland. – Jura (1981) 346-354.
– / Wolfgang von der Groeben/ Burkhard Hunsche: Datenschutz und Datenverarbeitung in Nordrhein-Westfalen: Kommentar. – Köln [u.a.]: Deutscher Gemeindeverl., 1979.

Rudolf, Inge: Aufgaben und Stellung des betrieblichen Datenschutzbeauftragten. – NZA (1996) 296-301.

Rudolf, Walter: Kooperation im Bundesstaat: § 105: – in: *Handbuch des Staatsrecht IV*. – (1990) 1091-1132;
– Datenschutzkontrolle in Deutschland und die europäische Datenschutzrichtlinie. – in: *Verfassungsstaatlichkeit: FS Klaus Stern*. – (1997) 1347-1363;
– Die europäische Datenschutzrichtlinie und die Organisation der Datenschutzkontrolle. – DuD (1995) 446-447.

Rüpke, Giselher: Anwaltsrecht und Datenschutzrecht. – NJW (1993) 3097-3102;
– Ein Beauftragter für den Datenschutz in der Anwaltskanzlei. – RDV (2004) 252-256 = AnwBl (2004) 552-555;
– Freie Advokatur, anwaltliche Informationsverarbeitung und Datenschutzrecht. – München: Beck, 1995;
– Freie Advokatur, anwaltliches Berufsgeheimnis und datenschutzrechtliche Kontrollbefugnisse. – AnwBl (2003) 19-26 = RDV (2003) 72-80;
– Informationsverarbeitung des Wirtschaftsprüfers und Datenschutzrecht. – Wirtschaftsprüfer Kammer Mitteilungen (1996) 65-76, 300-313;
– Das spezifische Datenschutzrecht des Notars: Überlegungen im Anschluss an die Entscheidung des BGH vom 30.7.1990. – NJW (1991) 548-549;
– Der verfassungsrechtliche Schutz der Privatheit. – Baden-Baden: Nomos, 1976.
– / Andrew Skipper: Perspektiven für ein europäisches Datenschutzrecht: Überlegungen zum Richtlinienvorschlag n. F. aus britischer und deutscher Sicht für die Datenverarbeitung im Bereich von Wirtschaft und Beruf. – EuZW (1993) 145-156.

Ruess, Peter/ Andrea Patzak: Marktortprinzip und Nutzerortung – Gedanken zum Problemfeld Internationales Wettbewerbsrecht und Datenschutz im Internet. – RDV (2003) 167-177.

Ruland, Christoph: Informationssicherheit in Datennetzen. – Bergheim: Datcom, 1993.
Rumpf, Hartmut: Datenschutz für juristische Personen und Personenvereinigungen. – DSWR (1984) 135-143.
Runge, Gerd: Die „Datei-Meldung“ im neuen BDSG. – RDV (1998) 109-110;
– Datengeheimnis und Mitarbeiterschulung: eine Betrachtung zur Rolle des Menschen in der Praxis des Datenschutzes. – DuD (1993) 321-324;
– Datenschutz auf dem Prüfstand. – DuD (1996) 261-266;
– Datenschutzkontrolle bei „internen“ Dateien. – CR (1992) 234-236;
– Protokolldaten zwischen Sicherheit und Rechtmäßigkeit. – CR (1994) 710-714.
Ruppmann, Evelyn: Der konzerninterne Austausch personenbezogener Daten: Risiken und Chancen für den Datenschutz. – Baden-Baden: Nomos, 2000. – (Frankfurter Studien zum Datenschutz; 16).
Sachau, Manfred: Resümee und Erfahrungen im Datenschutz aus der Sicht der bayerischen Aufsichtsbehörden. – RDV (1986) 10-12.
Sachs, Michael: *s.a. Grundgesetz*;
– Akteneinsicht im Verwaltungsprozess (Entscheidungsbesprechung). – JuS (2000) 702-704.
Saeltzer, Gerhard: Die 13 Irrtümer über Videoüberwachung. – DuD (2000) 194-201;
– Halbherzig, widersprüchlich, vergessen?: ein kritischer Kommentar zur Entschließung der Datenschutzbeauftragten zu „Risiken und Grenzen der Videoüberwachung“. – DuD (2001) 36-37;
– Sind diese Daten personenbezogen oder nicht?: wie der Personenbezug von Daten, auch biometrischer, sich fundiert prüfen lässt … – DuD (2004) 218-227;
– Vorsicht, Videoüberwachung! – DuD (1997) 462-468.
Sasse, Christoph: *s.a. Das Europa der zweiten Generation;*
– Das Bundesdatenschutzgesetz – Licht und Schatten. – in: *Aktuelle Beiträge…* (1977) 75-87;
– Persönlichkeitsrecht und Datenschutzgesetzgebung in Deutschland. – in: *FS Walter Mallmann* (1978) 213-231;
– Sinn und Unsinn des Datenschutzes. – Karlsruhe: C.F. Müller, 1976. – (Juristische Studiengesellschaft Karlsruhe; 126).
– / Ralf Abel: Der Umfang des Auskunftsanspruchs nach dem Bundesdatenschutzgesetz. – NJW (1979) 352-353.
Sauerbier, Wolfgang: Datenverarbeitung und Datenschutz im Arbeitsverhältnis. – in: *AR-Blattei: systematische Darstellungen* (*AR-Blattei SD*). – Nr. 580. – Wiesbaden: Forkel.
Savage, Nigel/Chris Edwards: A Guide to the Data Protection Act 1984: its implication for business. – London: Financial Training, 1984;
– Transborder data flows: the European convention and United Kingdom Legislation. – International and Comparative Law Quarterly 35 (1986) 710-717.
Schaar, Peter: Cookies: Unterrichtung und Einwilligung des Nutzers über die Verwendung. – DuD (2000) 275-277;
– Datenschutz im Internet: die Grundlagen. – München: Beck, 2002;
– Datenschutz im Internet: nationale Antworten auf internationale Herausforderungen? – in: *Datenschutz in der Kommunikationsgesellschaft*/ R. Ellger; I. Geis. – Hamburg (1997);
– Datenschutzfreier Raum Internet. – CR (1996) 170-177;
– Datenschutzrechtliche Einwilligungen im Internet. – MMR (2001) 644-648;
– Datenschutzrechtliche Pflichten des Diensteanbieters. – in: *Recht der Multimedia-Dienste*: Teil III, TDDSG § 4/ hrsg. von A. Roßnagel… – München: Beck;
– Datenschutzrechtliche Pflichten des Diensteanbieters. – in: *Recht der Multimedia-Dienste*: Teil V, Abschnitt III Datenschutz, MDStV § 13/ hrsg. von A. Roßnagel… – München: Beck;
– Die Möglichkeiten der Datenschutzaufsichtsbehörden: – in: *E-Privacy*/ H. Bäumler (Hrsg.). – (2000) 69-77;
– Neuer Datenschutz für Telemediendienste. – DuD (2002) 196;
– Neues Datenschutzrecht für das Internet. – RDV (2002) 4-14;
– Persönlichkeitsprofile im Internet. – DuD (2001) 383-388.
– / Uwe Schläger: Sicherheitsprotokollierung und Arbeitnehmerdatenschutz. – CR (1993) 435-439.
– / Oliver Stutz: Datenschutz-Gütesiegel für Online Dienstleistungen. – DuD (2002) 330-334.
Schach, Elisabeth/Siegfried Schach/ Wolfgang Kilian/ Adalbert Podlech/ Bernhard Schlink/ Christoph Schünberger *s. Daten für die Forschung.*
Schadow, Helmut: Neuer Datenschutz im Postbereich: zur Postdienstunternehmen-Datenschutzverordnung (PDSV). – RDV (1997) 115-120;
– Telekommunikationsdiensteunternehmen-Datenschutzverordnung (TDSV): Zielsetzung, Inhalt, Anwendung. – RDV (1997) 51-59.
Schaefer, O.P.: Die Versichertenkarte: Auftakt zu neuen Kommunikationsstrukturen im Gesundheitswesen. – DuD (1993) 685-688.

Schäfer-Newiger, Ulrich: Die strikte Trennung von Direktmarketing und Marketing: Anmerkung zum BGH-Urteil vom 13,7.2000, Az. I ZR 203/97. – WRP (2001) 782-789.
Schaffland, Hans-Jürgen: Datenschutz und Bankgeheimnis bei Fusion – (k)ein Thema? – NJW (2002) 1539-1542;
– Urteilsanmerkung zum BGH Urteil vom 20.6.1978 – VI ZR 66/77: Entschädigungsansprüche eines Bankkunden gegen eine von Kreditinstituten geschaffene „Schutzgemeinschaft" wegen Fehlmeldungen. – BB (1978) 1587;
– Urteilsanmerkung zum Urteil des OLG Celle vom 14.11.1979 – 3 U 92/79: Grenzen der Zulässigkeit von Datenübermittlung. – BB (1980) 1774.
– / Noeme Wiltfang: Bundesdatenschutzgesetz: Kommentar. – Berlin: E. Schmidt.
Schaible, Franz: Die Haftung des Betrieblichen Datenschutzbeauftragten. – DuD (1980) 79-81.
Schal, Holger: Die Schweigepflicht des Betriebsarztes. – Frankfurt/M.: Metzner, 1989. – (Kieler Schriften zum Strafrecht; 6).
Schapper, Claus Henning: Grenzüberschreitender Datentransfer und Datenschutz. – CR (1987) 86-94.
– / Peter Dauer: Kartellrecht und Datenschutz: das Spannungsverhältnis am Beispiel der SCHUFA. – CR (1987) 497-500;
– Die Entwicklung der Datenschutzaufsicht im nicht-öffentlichen Bereich: Teil I und II. – RDV (1987), 169-177, 219-225;
– Die Neugestaltung des SCHUFA-Verfahrens. – CR (1986) 319-325.
Schatzschneider, Wolfgang: Frage nach der Schwangerschaft und gemeinschaftsrechtliches Diskriminierungsverbot. – NJW (1993) 1115-1116;
– Kirchenautonomie und Datenschutzrecht: zur Sonderstellung von öffentlich-rechtlichen Religionsgemeinschaften auf dem Gebiet des Datenschutzes. – Heidelberg: R.v. Decker & C.F. Müller, 1984. – (Heidelberger Forum; 20);
– Staatliche Aufsicht und kirchliches Datenschutzrecht. – BayVBl (1980) 362-366.
Schaub, Günter: Arbeitsrechts-Handbuch: systematische Darstellung und Nachschlagewerk für die Praxis/ von Günter Schaub; Ulrich Koch; Rüdiger Linck. – 11. Aufl. 2005. – München: Beck;
– Personalabbau im Betrieb und neueste Rechtsprechung zum Kündigungsschutzrecht: insbesondere zur betriebsbedingten Kündigung. – BB (1993) 1089-1094.
Scheich, Thomas: Einzug des Datenschutzes im Steuerrecht?: Kritische Betrachtung des Erlasses des Fin-Min Bayerns zu § 45d EStG. – INF (2000) 361-363;
– Informationelles Selbstbestimmungsrecht versus § 45d EStG? – INF (1998) 327-330.
Scheiwe Kirsten: Informationsrechte von Patienten hinsichtlich der medizinischen und psychiatrischen Dokumentation: eine Diskussion der Grenzen des vertraglichen Einsichtsrechts nach der BGH-Rechtsprechung im Verhältnis zu datenschutzrechtlichen Auskunftsansprüchen. – KritV 81 (1998) 313-335.
Scheller, Jürgen: Rechtsfragen des grenzüberschreitenden Datenverkehrs/ Hrsg. von der Gesellschaft für Information und Dokumentation. – Frankfurt/M: IDD-Verlag G. Flach, 1987. – (Beiträge und Berichte, Reihe A; Nr. 9).
Scherer, Joachim: Datenschutz und Datenzugang. – JZ (1979) 389-394;
– Datenzugang des Forschers zwischen Informationsanspruch und Geheimhaltungsgrundsatz: Das Beispiel des Bildungsforschers. – in: *Datenzugang…* / Max Kaase; u.a. – (1980) 92-106;
– Persönlichkeitsschutz und Medienrecht. – ZRP (1990) 332-337;
– Rechtsprobleme des Staatsvertrags über Bildschirmtext. – NJW (1983) 1832-1838;
– Rechtsprobleme des Datenschutzes bei den „neuen Medien": Rechtsgutachten. – Düsseldorf: Presse- und Informationsamt der Landesregierung Nordrhein-Westfalen, 1988. – (Begleitforschung des Landes Nordrhein-Westfalen zum Kabelpilotprojekt Dortmund; 8);
– Rechtsprobleme des Staatsvertrags über Bildschirmtext. – NJW (1983) 1832-1838.
Scheuch, Erwin K.: Formen und Folgen der Einwilligung des Befragten. – ZRP (1995) 422-427.
Schickedanz, Erich: Das informationelle Selbstbestimmungsrecht. – BayVBl (1984) 705-708.
Schierbaum, Bruno: Behördlicher Datenschutzbeauftragter und Personalrat: doppelter Kontrollauftrag bei der Verarbeitung von Beschäftigtendaten. – PersR (2001) 452-462;
– Datenschutz bei Auftragsdatenverarbeitung, Wartung und Fernwartung. – CF (2005) 6, 4-8;
– Datenschutz bei Internet- und E-mail-Nutzung: Handlungsmöglichkeiten von Personalräten. – PersR (2000) 499-507;
– Datenschutz im Personalratsbüro. – PersR (2002) 499-506;
– Datenverarbeitung im Auftrag und Mitbestimmung. – AiB (1998) 494-500;
– EG-Datenschutzrichtlinie – Änderungsbedarf des BDSG und Auswirkungen auf die Beteiligung von Betriebsräten. – AuR (1998) 350-355;
– Kontrolle des Datenschutzes im öffentlichen Bereich: Funktion und Aufgaben von Datenschutzbeauftragten und Aufsichtsbehörden. – PersR (1997) 345-355;

– Das neue Bundesdatenschutzgesetz: Novellierung mit erheblicher Verzögerung. – PersR (2001) 275-282;
– Nichtumsetzung der EG-Datenschutzrichtlinie. – PersR (1998) 502-508;
– Personaldatenverarbeitung – Rechte der Arbeitnehmer nach dem BDSG. – AiB (1993) 517-525.
– / Kiesche, Eberhard: Arbeitnehmerdatenschutz: Aufgaben für den betrieblichen Datenschutzbeauftragten und den Betriebsrat. – CR (1993) 151-159;
– Auskunft, Berichtigung, Löschung und Sperrung. – PersR (1994) 52-59;
– Der betriebliche Datenschutzbeauftragte: Bestellung und Abberufung, persönliche Voraussetzungen und rechtliche Stellung. – CR (1992) 726-732.

Schild, Hans Hermann: Datenerhebung, -verarbeitung und -nutzung. – in: *Handbuch Datenschutzrecht.* – Kap. 4.2. – 500-525;
– Der behördliche Datenschutzbeauftragte. – DuD (2001) 31-35;
– Die EG-Datenschutzrichtlinie. – EuZW (1996) 549-555;
– Die Flucht ins Privatrecht. – NVwZ (1990) 339-340;
– Der Geltungsbereich des Hessischen Datenschutzgesetzes für juristische Personen des Privatrechts oder die Flucht ins Privatrecht. – RDV (1989) 232-235;
– Hessisches Datenschutzgesetz: Kommentar. – Wiesbaden: Gemeinde- und Schulverlag;
– Informationsfreiheitsgesetze: eine Bestandsaufnahme derzeitiger Möglichkeiten des Informationszugangs mit einem Ausblick auf mögliche zukünftige Regelungen. – RDV (2000) 96-101;
– Der interne Datenschutzbeauftragte: neue Aufgaben durch neues BDSG in Betrieb und Verwaltung. – RDV (1998) 52-56;
– Meldepflichten und Vorabkontrolle. – DuD (2001) 282-286;
– Zur Novellierung des BDSG: ein Problemanriss offener Fragen. – DuD (1997) 720-723.

Schimmel, Wolfgang: Datenschutz. – in: *ADV und Recht* / (Hg.) W. Steinmüller. – (1975) 145-168.

Schindel, Jost: Das Recht auf Information (freedom of information): Kontrollrecht des Bürgers gegenüber der Staatsmacht. – DuD (1989) 591-598.

Schineis, Michael: Marketing und Datenschutz: Probleme, Lösungsansätze, empirische Ergebnisse. – Augsburg: FGM-Verlag, 1989.

Schirmer, Horst Dieter: Datenschutz im Gesundheitswesen. – in: *Handbuch Datenschutzrecht.* – Kap.7.12. – 1359-1394.

Schiwy, Peter/ W. J. Schütz *s. Medienrecht...*

Schladebach, Marcus: Genetische Daten im Datenschutzrecht: die Einordnung genetischer Daten in das Bundesdatenschutzgesetz. – CR (2003) 225-229.

Schläger, Uwe: Gütesiegel nach Datenschutzauditverordnung Schleswig-Holstein: Erfahrungsbericht eines unabhängigen Gutachters. – DuD (2004) 459-461.

Schlemann, Berndt: Recht des betrieblichen Datenschutzbeauftragten. – Köln: Datakontext, 1996.

Schlink, Bernhard: Die Amtshilfe: ein Beitrag zu einer Lehre von der Gewaltenteilung in der Verwaltung. – Berlin: Duncker & Humblot, 1982. – (Schriften zum Öffentlichen Recht; 424);
– Datenschutz und Amtshilfe. – NVwZ (1986) 249-256;
– Das Recht auf informationelle Selbstbestimmung. – Der Staat 25 (1986) 233-255.
– / Christoph Schönberger: Daten für die Forschung im Gesundheitswesen: Statistische und rechtliche Klärung ihrer Weitergabe. Gutachten III. – in: *Daten für die Forschung im Gesundheitswesen...* (1995) 77-94.

Schlörer, Jan: Anonymisierung von Mikrodaten der Forschung: technische Aspekte. – in: *Datenzugang...* / Max Kaase;... – (1980) 118-142.

Schmeling, Margret von: Datenschutz-Aufsicht – Vom Papiertiger zur Sonderordnungsbehörde: zur Auslegung der Eingriffsermächtigung nach § 38 Abs. 5 BDSG. – DuD (2002) 351-355.

Schmidhuber, Martin: Verhaltenskodizes im internationalen und grenzüberschreitenden elektronischen Geschäftsverkehr: zu Frage der Integration der Selbstregulierung durch private in die staatliche Rechtsordnung. – Frankfurt am Main [u.a.]: Lang, 2004 – (Studien zum vergleichenden und internationalen Recht; 98).

Schmidl, Michael: „To diclaim or not to disclaim" – Vertraulichkeitsverpflichtungen auf Grund von e-mail-disclaimers? – MMR (2005) 501-507.

Schmidt, D.: Novellierung des BDSG – Die wesentlichen Neuerungen im Bundesdatenschutzgesetz. – DSB (1990) 11, 8-11.

Schmidt, German/ Walter Seitz: Aktuelle Probleme des Gegendarstellungsrechts. – NJW (1991) 1009-1016.

Schmidt, Günter: Wann haftet der Staat?: Vorschriftswidrige Datenverarbeitung und Schadenersatz. – Neuwied; Frankfurt: Metzner, 1988.

Schmidt, Karsten *s. Rechtsdogmatik...*

Schmidt, Walter: Die bedrohte Entscheidungsfreiheit. – JZ (1974) 241-250.

Schmitt Glaeser, Alexander: Videoüberwachung öffentlicher Räume: zur Möglichkeit administrativer panoptischer Machtausübung. – BayVBl (2002) 584-591.
Schmitt Glaeser, Walter: Planung und Grundrechte. – DÖV (1980) 1-6;
– § 129: Schutz der Privatsphäre. – in: *Handbuch des Staatsrecht VI*. – (1989).
Schmittmann, Jens M.: Telefaxübermittlungen im Zivilrecht unter besonderer Berücksichtigung des Wettbewerbsrechts. Münster: Lit Verl., 1999. (Schriften zum Zivilrecht; 12);
– Die Zulässigkeit von E-Mail nach deutschen Recht unter Berücksichtigung Europarechtlicher Parameter. – RDV (2001) 172-178.
Schmitz, Heribert/ Serge-Daniel Jastrow: Das Informationsfreiheitsgesetz des Bundes. – NVwZ (2005) 984-995.
Schmitz, Jan: Datenschutz in der Informationsgesellschaft – gelten die Grundrechte, das Volkszählungsurteil und die Datenschutzgesetze noch? – MMR (2003) 69-70.
Schmitz, Peter: Anmerkung zu der datenschutzrechtlichen Beurteilung des Regierungspräsidium Darmstadt: Speicherung von IP Adressen durch Access-Provider. – MMR (2004) 214-216;
– TDDSG und das Recht auf informationelle Selbstbestimmung. – München: Beck, 2000. – (Information und Recht; 12).
Schneider, Hans: Urteilsammlung zu BVerfG-Urteil vom 15.12.1983. – DÖV (1984) 161-164.
Schneider, J.P.: *s. Regulierte Selbstregulierung...*
Schneider, Jochen: Datenschutz und Beauftragter für den Datenschutz in der Anwaltskanzlei. – Anwaltsblatt (2004) 618-621;
– Die EG-Richtlinie zum Datenschutz: Verbotsprinzip, betrieblicher Datenschutzbeauftragter, Haftung. – CR (1993) 35-39;
– Handbuch des EDV-Rechts: IT-Vertragsrecht, Rechtsprechung, AGB, Vertragsgestaltung, Datenschutz, Rechtsschutz. – 3.Aufl. – Köln: O. Schmidt, 2003;
– Praxis des EDV-Rechts: Recht der Beschaffung, des Betriebs, der Wartung und Pflege von Computeranlagen und -programmen, insbesondere EDV-Vertragsrecht. – Köln: O. Schmidt, 1990.
Schneider, Michael/ Ulrich Pordesch: Identitätsmanagement. – DuD (1998) 645-649.
Schneider, Uwe: Die Übergangsregelung des neuen BDSG: Erläuterungen zu § 45 BDSG 2001. – DuD (2002) 717-725.
Schoch, Friedrich: Öffentlich-rechtliche Rahmenbedingungen einer Informationsordnung. – Berlin [u.a.]: de Gruyter, 1998. – 158-215. (Veröffentlichungen der Vereinigung der deutschen Staatsrechtslehrer; 57).
– / Michael Kloepfer: Informationsfreiheitsgesetz (IFG-ProfE): Entwurf eines Informationsfreiheitsgesetzes für die Bundesrepublik Deutschland. – Berlin: Duncker & Humblot, 2002. – (Beiträge zum Informationsrecht; 1).
Schoenemann, Peter: Zur Zulässigkeit der Datenverarbeitung in der neueren Datenschutzgesetzgebung. – DuD (1987) 175-182.
Schönke, Adolf/ Horst Schröder: Strafgesetzbuch: Kommentar/ Begr. v. Adolf Schönke. Fortgef. von Horst Schröder; Theodor Lenckner; Peter Cramer; Albin Eser und Walter Stree. – 26. Aufl. 2001. – München: Beck.
Schönle, Herbert: Die Bankauskunft nach schweizerischem Recht. – in: *Bankgeheimnis... /* (Hrsg.) W. Hadding... – (1986) 285-321.
Scholand, Markus: Videoüberwachung und Datenschutz: nur ein Thema am Rande? – DuD (2000) 202-203.
Scholz, Philip: Datenschutz bei Data Warehousing und Data Mining. – in: *Handbuch Datenschutzrecht*. – Kap. 9.2. – 1833-1875.
Scholz, Rupert: Neue Kommunikations-Technologien und Datenschutz in der öffentlichen Verwaltung. – Der Landkreis (1987) 156-158.
– / Rainer Pitschas: Informationelle Selbstbestimmung und staatliche Informationsverantwortung. – Berlin: Duncker & Humblot, 1984. – (Schriften zum Öffentlichen Recht; 467).
Schomerus, Rudolf: Datenschutzverfahrensrecht statt Datenverkehrsordnung. – DSB (1984) 3, 9-12;
– Grenzüberschreitender Datenverkehr: Unselbständige Zweigstelle im Ausland. – Dritter? – DuD (1980) 7-8;
– Das informationelle Selbstbestimmungsrecht in neueren Datenschutzgesetzentwürfen. – RDV (1986) 61-66.
Schomerus; Thomas/ Christian Schrader/ Bernhard W. Wegener: UIG: Umweltinformationsgesetz. Handkommentar. – 2. Aufl. – Baden-Baden: Nomos, 2002.
Schrader, Hans.-H.: Datenschutz in den Grundrechtskatalog: verfassungsrechtliche Aspekte des Rechts auf informationelle Selbstbestimmung. – CR (1994) 427-430;
– Datenschutz und Auskunftsansprüche im Rundfunkbereich – eine Erwiderung. – AfP (1994) 114-116;
– Datenschutz und Medienfreiheit. – DuD (2000) 68-69;
– Datenvermeidung durch Technik. – DuD (1997) 128;

– Selbstdatenschutz: effektive Wahrnehmung des Selbstbestimmungsrechts. – in: *Der neue Datenschutz* / H. Bäumler (Hrsg.). – Neuwied [u.a.] (1998) 206-212.

Schrage, Rainer: Zur Frage des Datenschutzes bei Krebsregistern. – RDV (1990) 116-123.

Schrecker, Iris M.: Problematik der Umsetzung der EU-Richtlinie in einer Multi-Nationalen Kartenorganisation. – in: *Datenverkehr ohne Datenschutz?* / Büllesbach, Alfred (Hrsg.). – (1999) 157-166.

Schreiber, Hans-L.: Rechtliche Grundlagen und Grenzen epidemiologischer Forschung. – in: *Epidemiologische Forschung…* / G. Dhom (Hrsg.). – (1992) 179-198.

Schreiber, Wolfgang: Das Bundeskriminalamtsgesetz vom 7.7.1997: ein „überfälliges" Gesetz. – NJW (1997) 2137-2145.

Schrey, Joachim / Matthias Meister: Beschränkte Verwendbarkeit von Standortdaten: Hemmschuh für den M-Commerce? – K&R (2002) 177-189.

Schroeder, Christian: Verbindliche Unternehmensregelungen – binding corporate rules – zur Verbindlichkeit des § 4c II BDSG. – DuD (2004) 462-467;

– Der Zugriff der USA auf Daten europäischer Flugpassagiere: neue Gefahren durch Passagier-Profilbildung (CAPPS II). – RDV (2003) 285-290.

Schütte, Heinz: Die Schweigepflichtentbindung bei Versicherungsanträgen. – NJW (1979) 592-593.

Schulz, Klaus-Werner: Neue elektronische Informationsdienste und Datenschutz: dargestellt am Beispiel der Deutschen Presse-Agentur (dpa). – DuD (1988) 187-189.

Schulz, Wolfgang: Verfassungsrechtlicher „Datenschutzauftrag" in der Informationsgesellschaft: Schutzkonzepte zur Umsetzung informationeller Selbstbestimmung am Beispiel von Online-Kommunikation. – Die Verwaltung (1999) 2, 137-177.

– / Benjamin Korte: Medienprivilegien in der Informationsgesellschaft. – KritV (2001) 113-145;

– Die offene Flanke des Medienprivilegs. – AfP (2002) 530-533.

Schulze, Jürgen H.: Datenschutz in der Datenverarbeitung. – in: *Datenverarbeitung und Recht, IBM-Beiträge…; 1* (1973) 89-96.

Schuster, Mathias: Weitergabe von Arbeitnehmeranschriften: Verstoß gegen Datenschutz. – RDV (1989) 157-163.

Schwan, Eggert: Amtsgeheimnis oder Aktenöffentlichkeit? Der Auskunftsanspruch des Betroffenen, das Grundrecht auf Datenschutz und das Prinzip der Aktenöffentlichkeit. – München: J. Schweitzer, 1984. – (Datenverarbeitung im Recht; Beiheft 15);

– Datenschutz, Vorbehalt des Gesetzes und Freiheitsgrundrechte. – VerwArch 66 (1975) 120-150.

Schwappach, Jürgen: Datenschutz bei grenzüberschreitender Datenverarbeitung. – IWB Nr. 23 (10.12.1979) 807-810;

– Grenzüberschreitender Datenverkehr und Datenschutz. – WiVerw (1980) 28-41;

– Internationale Datenflüsse im Bereich der Industrie und ihre Bewertung nach dem Bundesdatenschutzgesetz. – DuD (1978) 21-24.

Schwartz, Paul M.: The computer in German and American constitutional law: towards an American right of informational self-determination. – American Journal of Comparative Law 37 (1989) 675-701;

– Data processing and government administration: the failure of the american legal response to the computer. – Hastings Law Journal 43 (1992) 1321ff.;

– Die neuesten Entwicklungen im amerikanischen Datenschutzrecht. – RDV (1989) 153-157.

– / Joel Reidenberg: Data privacy law: a study of United States data protection. – Charlottesville, VA: Michie, 1996;

– Property, privacy, and personal data. – Harvard Law Review 117 (2004) 7, 2055-2128.

Schwarz, Mathias: Arbeitnehmerüberwachung und Mitbestimmung: das Mitbestimmungsrecht des Betriebsrates bei Einführung und Anwendung technischer Einrichtungen zur Leistungs- und Verhaltenskontrolle. – Berlin: Duncker & Humblot, 1982. – (Schriften zum Sozial- und Arbeitsrecht; 62).

Schweinoch, Joachim: Bayerisches Datenschutzgesetz: Kommentar von J. Schweinoch; H. Geiger; K. Weigert. – 2. Aufl.1983. – Köln: Deutscher Gemeindeverl.;

– Forderungen an Datenschutz und Datensicherung aus Sicht der Aufsichtsbehörden. – RDV (1988) 64-67.

Schweizer, Rainer J. *s.a. [Das] neue Datenschutzgesetz …*;

– Gesetzgebungsprobleme des Datenschutzes. – in: *Staatsorganisation …: FS Kurt Eichenberger*. – (1982) 785-799;

– Die Konvention des Europarates und die Richtlinien der OECD zum internationalen Datenschutz: internationaler Datenschutz aus schweizerischer Sicht. – in: *Informatique et protection de la personnalité* (1981) 255-283;

– Europäisches Datenschutzrecht: was zu tun bleibt. – DuD (1989) 542-546;

– Die Richtlinien des schweizerischen Bundesrates über den Datenschutz in der Bundesverwaltung. – DuD (1981) 239-242.

Schweizer, Robert: Gesetzestechnische Regelung der Arbeit mit Markt- und Sozialforschungsdaten im deutschen und amerikanischen Datenschutzrecht. – in: *FS M. Ferid*. – (1978) 703-715;
– Datenschutzrecht: ungerechtfertigte Beeinträchtigung der Freiheit von Wissenschaft und Forschung in der repräsentativen Umfrageforschung? – Marketing (1983) 285-292;
– Kernprobleme des Bundesdatenschutzgesetzes. – (Teil II). – DB (1977) 337-339;
– Selbstkontrolle der Printmedien. – in: *Ethik als Schranke ...: FS Günter Herrmann*/ (Hrsg.) Rehbinder. – (2002) 11-19;
– Speicherung und Übermittlung anonymisierter Daten durch Sozial- und Marktforschungsinstitute nur bei Einwilligung des Befragten im Sinne des § 3 BDSG?: Teil I und II. – DB (1979) 1733-1937, 1781-1783.
Schwendenstein, Hugo: Österreichisches Staatskirchenrecht. – Essen: Ludgerus, 1992. – (Münsterischer Kommentar zum Codex iuris canonici; Beiheft 6).
Schwintowski, Hans-Peter: Rechtliche Grenzen der Datenweitergabeklausel in Versicherungsverträgen. – VuR (2004) 242-250.
Seelos, Hans-J.: Informationssysteme und Datenschutz im Krankenhaus: strategische Informationsplanung, informationsrechtliche Aspekte, konkrete Vorschläge. – Braunschweig; Wiesbaden: Vieweg, 1991. – (DuD-Fachbeiträge; 14).
Seibel-Schwiedernoch, Claudia: Die verfassungsrechtliche Problematik des „Medienprivilegs" des § 1 Abs. 3 Bundesdatenschutzgesetz. – München: Florentz, 1988. – (Rechtswissenschaftliche Forschung und Entwicklung; Bd. 108);
– Die verfassungsrechtliche Problematik des „Medienprivilegs": ein Beitrag zur Diskussion um den Datenschutz gegenüber Medien. – CR (1988) 861-868.
Seidel, Ulrich: Datenbanken und Persönlichkeitsrecht: unter besonderer Berücksichtigung der amerikanischen Computer Privacy. – Köln: O. Schmidt, 1972;
– Persönlichkeitsrechtliche Probleme der elektronischen Speicherung privater Daten. – NJW (1970) 1581-1583.
Seidel, Uwe M.: Datenschutzrechtliches Ungleichgewicht bei der Kontrolle privatwirtschaftlicher Unternehmen und öffentlicher Wettbewerbsunternehmen. – Frankfurt am Main [u.a.]: Lang, 1997. – (Europ. Hochschulschriften, Reihe 2; 2197).
Seifert, Fedor: Postmortaler Schutz des Persönlichkeitsrechts und Datenschutz. – NJW (1999) 1889-1897.
Seipel, Peter: ADB och juridik: en problemöversikt [rapport till Datasamordningskommittén]. – Stockholm: Finansdep, Liber-Förlag/Allmänna förl., 1975;
– Transborder flows of personal data: reflections on the OECD-Guidelines. – TDR 4 (1981) 1, 32-44.
Selbstbestimmung und Gemeinwohl: Festschrift zum 70. Geburtstag von Professor Dr. Friedrich von Zezschwitz / Manfred Aschke, Friedhelm Hase; Reimund Schmidt-De-Caluwe (Hrsg.). – Baden-Baden: Nomos, 2005.
Selk, Michael: Zum heutigen Stand der Diskussion um das Zitiergebot, Art. 19 I 2 GG. – JuS (1992) 816-820.
Selling, Peter: Schutz der Daten, Freiheit der Forschung. – Kriminologisches Journal (1990) 41-49.
Selmer, Knut S.: *s.a. A Decade...;*
– in: *The First international symposium about data banks and society*: the proceedings, including papers presented by Klaus Lenk,... / ed. by Lars Jakob Blanck. – Oslo: Universitetsforlaget, 1972. – 98 ff.
Sendler, Hans: Beratung und Auskunft durch die Sozialverwaltung. – Die Berufsgenossenschaft (1978) 483-492;
– Rechtsprobleme personenbezogener Datenverarbeitung im öffentlichen und privaten Bereich: ein Betrag zur Auslegung des BDSG. – DuD (1977) 59-65.
Sensburg, Patrick E.: Datenschutz im Bürgeramt. – DuD (1998) 650-653.
Shaffer, Gregory: The Power of EU Collective Action: the Impact of EU Data Privacy Regulation on US Business Practice. – European Law Journal 5 (1999) 4, 419-437;
– Globalization and social protection: the impact of EU and international rules in the ratcheting up of US privacy standards. – Yale Journal of International Law 25 (2000) 1, 49-51.
Sicherheit, Vielfalt, Solidarität: ein neues Paradigma des Verfassungsrechts? Symposium zum 65. Geburtstag Erhard Denningers am 20. Juni 1997/ Johannes Bizer; Hans-Joachim Koch (Hrsg.). – Baden-Baden: Nomos, 1998.
Sieber, Ulrich: Strafrecht und Strafprozeßrecht. – in: *Handbuch Multimedia-Recht*: Teil 19. – (1999).
Sievers, Bernd H./ Jürgen K. Weber: Externes Datenschutzaudit: praktische Erfahrungen bei einem Probelauf. – DuD (2002) 342-345.
Simitis, Spiros *s.a. Datenschutz in der Europäischen Gemeinschaft; Zur Autonomie des Individuums*;
– Abschied vom „Medienprivileg" – Vorbemerkungen zu einer notwendigen Neuregelung – in: *FS für Helmut Ridder*. – (1989) 125-134;
– Arbeitnehmerdatenschutz: Vortrag anlässlich des 4. Europarechtlichen Symposion des BAG. – RdA (2003) Sonderbeilage, 43-49;

- Arbeitnehmerdatenschutzgesetz – realistische Erwartung oder Lippenbekenntnis? – AuR (2001) 429-433;
- Auf dem Weg zu einem neuen Datenschutzkonzept. – DuD (2000) 714-726;
- Der betriebliche Datenschutzbeauftragte: zur notwendigen Korrektur einer notwendigen Kontrollinstanz. – NJW (1998) 2395-2398;
- Bundesdatenschutzgesetz: Ende der Diskussion oder Neubeginn? – NJW (1977) 729-737;
- Chancen und Gefahren der elektronischen Datenverarbeitung: zur Problematik des „Datenschutzes". – NJW (1971) 673-682;
- Data protection: transcending the national approach. – TDR (1989) Nov. 23-28;
- Data Protection in the European Union – the quest for common rules, in: Academy of European Law: Collected Courses of the… – Vol.VIII/ I = Yearbook 2000. – Deventer: Kluwer, 2001, 95-141; Florenz: AEL, 2000;
- Datenschutz. – in: *Staats- und Verwaltungsrecht für Hessen*. – (5. Aufl.) 115-167;
- Datenschutz: Ende der medizinischen Forschung. – MedR (1985) 195-200;
- Datenschutz: Erfahrungen und Perspektiven. – VersR (1981) 197-207;
- Datenschutz: Notwendigkeit und Voraussetzungen einer rechtlichen Regelung. – DVR 2 (1973/74) 138-189;
- Datenschutz: Rückschritt oder Neubeginn. – NJW (1998) 2473-2479;
- Datenschutz: Verteidigung der Privatsphäre. – in: *Der Verlust der Intimität*/ hrsg. v. Schlemmer. – (1976) 67-78;
- Datenschutz: von der legislativen Entscheidung zur richterlichen Interpretation. – NJW (1981) 1697-1701;
- Datenschutz: Voraussetzung oder Ende der Kommunikation? – in: *Europäisches Rechtsdenken…: FS H. Coing. – Bd. 2.* – (1982) 495-520;
- Datenschutz als Bürgerschutz. – ÖVD (1979) 3-7;
- Datenschutz – eine notwendige Utopie. – in: *Summa: Dieter Simon zum 70. Geburtstag.* (2005) – 511-527;
- Datenschutz und Arbeitsrecht. – AuR (1977) 97-108;
- Datenschutz und Europäische Gemeinschaft. – RDV (1990) 3-23;
- Datenschutz und kriminologische Forschung. – in: *Datenzugang und Datenschutz…*/ J.M. Jehle (Hrsg). – (1987) 47-63;
- Datenschutz und „Medienprivileg": Bemerkungen zu den Grundbedingungen einer verfassungskonformen Kommunikationsstruktur. – AfP (1990) 14-22;
- Datenschutz und Melderecht: von der Abstraktion der Generalklauseln zur Konkretheit bereichsspezifischer Regelungen. – in: *FS Walter Mallmann*. – (1978) 259-277;
- Datenschutz und Stasi-Unterlagen. – in: *Datenschutz…*/ W. Hassemer/ K. Starzacher (Hrsg). – (1993) 30-43;
- Datenschutz und wissenschaftliche Forschung. – in: *Deutsch-Polnisches Kolloquium…* (1985) 87-124;
- Datenschutz und Wissenschaftsfreiheit, in: *Datenzugang…*/ Max Kaase;… (1980) 83-91;
- Die EG-Datenschutzrichtlinie oder der schwierige Weg von einer partikulären zu einer gemeinsamen Regelung des Datenschutzes. – in: *Europarecht im Informationszeitalter* / J. Drexl;… – (2000) 23-41;
- Die Entscheidung des Bundesverfassungsgerichts zur Volkszählung – 10 Jahre danach. – KritV 77 (1994) 121-137;
- Die Erosion des Datenschutzes. – in: *Neue Instrumente des Datenschutzes*. – (1999) 5-40;
- Die EU-Datenschutzrichtlinie: Stillstand oder Anreiz?- NJW (1997) 281-288;
- Gesetzliche Regelungen für Personalinformationssysteme: Chancen und Grenzen. – in: *Informationsgesellschaft… II.* – (1984) 77-99;
- Grenzüberschreitender Datenaustausch – Notwendige Vorbemerkung zu einer dringend erforderlichen Regelung. – in: *FS Murad Ferid*. – (1978) 355-375;
- Die informationelle Selbstbestimmung – Grundbedingung einer verfassungskonformen Informationsordnung. – NJW (1984) 398-405;
- Internet oder der entzauberte Mythos vom „freien Markt der Meinungen". – in: *Freundesgabe Friedrich Kübler*. – (1997) 285-314;
- Kernfragen der Novellierungsdiskussion. – in: *Datenschutzfachtagung* [DAFTA 6 (1983)] 29-38;
- Konsequenzen des Volkszählungsurteils: Ende der Übergangsfrist. – NJW (1989) 21-22;
- Maut, Videoüberwachung – was ist uns Datenschutz noch wert? – in: 43. *Deutscher Verkehrsgerichtstag*, Goßlar (2005) – 31-45;
- Mitbestimmung als Regulativ einer technisierten Kontrolle von Arbeitnehmern. – NJW (1985) 401-408;
- Privatisierung und Datenschutz. – DuD (1995) 648-652 (Schleswig Holstein, Sommerakademie, 1995);

– Programmierter Gedächtnisverlust oder reflektiertes Bewahren: zum Verhältnis von Datenschutz und historischer Forschung. – *in: FS Wolfgang Zeidler*. – Bd. 2. – (1987) 1475-1506;
– Quatre hypothèses et quatre dilemmes: quelques propos sur l'état actuel de la protection des données personnelles des salariés. – Droit Social (2002) 88-92;
– Reconsidering the premises of labour law: prolegomena to an EU-regulation on the protection of the employee's personal data. – ELJ European Law Journal 5 (1999) 45-62;
– Reicht unser Datenschutzrecht angesichts der technischen Revolution?: Strategien zur Wahrung der Freiheitsrechte. – in: *Informationsgesel-lschaft... II*. – (1984) 27-48;
– Reviewing privacy in an information society. – University of Pennsylvania Law Review, 135 (1987) 707-746;
– Revisiting Sensitive Data: review of the answers to the questionnaire of the Consultative Committee of the Convention for the protection of individuals with regard to automatic processing of personal data. – Strasbourg: Council of Europe, 1999. – (T-PD (99) 47 rev);
– SCHUFA-Klausel (Anm zu BGH III ZR 213/83, 19.9.1985. – JZ (1986) 185-191;
– Schutz von Arbeitnehmerdaten. Regelungsdefizite: Lösungsvorschläge. Gutachten erstattet im Auftr. d. Bundesministeriums. für Arbeit und Sozialordnung. – Bonn, 1980. – (Humanisierung des Arbeitsleben; 31);
– „Sensitive Daten": zur Geschichte und Wirkung einer Fiktion. – in: *FS Mario M. Pedrazzini* (1990) 469-494;
– Technologiewandel – Ansatz und Musterbeispiel veränderter Gesetzgebungsstrategien. – in: *Wem dient die Technik?* / B. Falkenberg (Hrsg.). – (2004). – 29-43;
– Der Transfer von Daten in Drittländer – ein Streit ohne Ende? – in: *Datenverkehr...* / Büllesbach (Hrsg.). – (1999) 177-217 = CR (2000) 290-299;
– Über die Schwierigkeiten einer Datenschutzregelung. – Schweizerische Aktiengesellschaft, 47 (1975) 1-11;
– Umwandlungen: ein blinder Fleck im Datenschutz? – ZHR (2001) 453-461;
– Verarbeitung von Arbeitnehmerdaten: die Empfehlung des Europarats. – CR (1991) 161-178;
– Der verkürzte Datenschutz: Versuch einer Korrektur der Defizite und Diskrepanzen im justitiellen und Sicherheitsbereich der Europäischen Union. – Baden-Baden: Nomos, 2004. – (Frankfurter Studien zum Datenschutz; 25);
– Virtuelle Präsenz und Spurenlosigkeit: ein neues Datenschutzkonzept. – KritV (1996) 99-108;
– Das Volkszählungsurteil oder der lange Weg zur Informationsaskese (BVerfGE 65, 1). – KritV 83 (2000) 359-375;
– Vom Markt zur Polis: die EU-Richtlinie zum Datenschutz. – in: *Informationsgesellschaft und Rechtskultur...* / M.T. Tinnefeld;... (Hrsg.). – (1995) 51-70;
– Von der Amtshilfe zur Informationshilfe: Informationsaustausch und Datenschutzanforderungen in der öffentlichen Verwaltung. – NJW (1986) 2795-2805;
– Zur Datenschutzgesetzgebung: Vorgaben und Perspektiven. – CR (1987) 602-613;
– Zur Internationalisierung des Arbeitnehmerdatenschutzes: die Verhaltensregeln der Internationalen Arbeitsorganisation. – in: *Richterliches Arbeitsrecht: FS Thomas Dieterich* / Peter Hanau (Hrsg.). – München (1999) 601-627;
– Zur Mitbestimmung bei der Verarbeitung von Arbeitnehmerdaten: eine Zwischenbilanz. – RDV (1989) 49-60;
– Zur Verwertung von Arbeitnehmerdaten für publizistische Zwecke: Einfluß und Grenzen des Datenschutzes. – in: *FS M. Löffler*. – (1980) 319-344;
– Zwanzig Jahre Datenschutz in Hessen: eine kritische Bilanz. – in: *HDSB, 19. TB*, 138-153.
– / Ulrich Dammann: EG-Datenschutzrichtlinie: Kommentar. – Baden-Baden: Nomos, 1997.
– / Gerhard Fuckner: Informationelle Selbstbestimmung und „staatliches Geheimhaltungsinteresse". – NJW (1990) 2713-2717.
– / Thomas Kreuder: Betriebsrat und Öffentlichkeit. – NZA (1992) 1009-1056.
– / Stefan Walz: Das neue Hessische Datenschutzgesetz. – RDV (1987) 157-169.

Simon, Jürgen: SCHUFA-Verfahren und neue SCHUFA-Klausel: eine rechtliche und ökonomische Analyse. – CR (1988) 637-646.
– / Christian Ravenstein: Genetische Untersuchungen bei Arbeitnehmern: Orientierungspunkte für eine mögliche Regulierung. – in: *Arbeit – Umwelt: FS Joachim Heilmann* (2001) 325-337.
– / Jürgen Taeger: Rasterfahndung: Entwicklung, Inhalt und Grenzen einer kriminalpolizeilichen Fahndungsmethode. – Baden-Baden: Nomos, 1981;
– Rasterfahndung: zur Problematik einer kriminalpolizeilichen Fahndungsmethode. – in: *Datenschutz im Konflikt* / (Hg.) Gola. – (1983) 115-128.
– / Jan Vesting: Direktmarketing durch pseudowissenschaftliche Erhebungen. – CR (1992) 307-309.

Simonis, Heide: Datenschutz als Standortvorteil für das Land Schleswig-Holstein. – in: *Datenschutz als Wettbewerbsvorteil* (2002) 224-230.

Skyte, Peter: The protection of privacy at work. – in: *On-line rights for employees in the information society: use and monitoring of e-mail and Internet*/ (Hrsg.) Blanpain, Roger. – The Hague [u.a,]: Kluwer, 2002. – 1-9 – (Bulletin of comparative labour relations; 40).

Soellner, Alfred/ Hans Jochen Reinert: Personalvertretungsrecht. – 2. Aufl. 1993. – Baden-Baden: Nomos.

Soiné, Michael: Datenverarbeitung für Zwecke künftiger Strafverfahren. – CR (1998) 257-264.

Sokol, Bettina *s.a. Die Bedeutung der EG-Datenschutzrichtlinie...; Living by numbers; Neue Instrumente des Datenschutzes; Zwanzig Jahre Datenschutz*;

- Datenschutz und Informationszugang. – in: *Der neue Datenschutz*/ H. Bäumler (Hrsg.). – Neuwied [u.a.]: (1998) 35-44;
- Datenschutz versus Informationszugang. – Datenschutz und Datensicherung (1997) 380-382;
- Der Fall „deCode": das isländische Beispiel für den Einsatz genetischer Forschung. – DuD (2001) 5-11;
- Durchleutet und konrolliert? – in: Völkerrecht und Machtpolitik: Beiträge für Gerhard Stuby/ Hrsg. vom Norman Paech … – Hamburg: VSA, 2004. – 372-389;
- Informationsfreiheit im Bund: ein zögerlicher erster Schritt. Ein kritischer Blick auf das neue Informationsfreiheitsgesetz. – CR (2005) 835-840;
- Informationsfreiheit in Nordrhein-Westfalen. – in: *Selbstbestimmung und Gemeinwohl : FS Friedrich von Zezschwitz.* (2005) 206-221;
- Informationszugang und Datenschutz. – in: *Handbuch Datenschutzrecht.* – Kap. 9.1. – 1803-1832;
- Das Internet als Ort lebendiger Demokratie. – in: *E-Privacy*/ H.Bäumler (Hrsg.). – Braunschweig; Wiesbaden (2000) 230-235;
- Zur Verharmlosung des technisch Machbaren: der „genetische Fingerabdruck". – in: *Innovativer Datenschutz: für H. Bäumler.* – (2004) 163-169.
- / Roul Tiaden: Big Brother und die schöne neue Welt der Vermarktung personenbezogener Informationen. – in: *Umbruch von Regelungssystemen …*: FG A. Büllesbach. – Stuttgart (2002) – 161-168.

Solove, Daniel J.: Access and aggregation: public records, privacy and the constitution – Minnesota Law Review 86 (2002) 6, 1137-1218;

- The digital person: technology and privacy in the information age. – New York [u.a.]: New York University Press, 2004. – (Ex Machina: Law technology, and society series).

Die soziale Dimension der Unternehmung/ hrsg. von H.L. Corsten; L. Schindler; B. Stauss. – Berlin: E. Schmidt, 1991.

Späth, Wolfgang: Allgemeine Auftragsbedingungen im Steuerberatermandat und das AGB-Gesetz. – Stbg (1992) 494-502.

Spickschen, Ingolf: Einsichtnahme in Personalakten: Recht des „gesetzlichen" behördlichen Datenschutzbeauftragten i. S. des § 81 Abs. 4 SGB X. – DuD (1995) 72-76.

Spielkamp, Matthias: Was kaufe ich im Online-Musikgeschäft? – DuD (2006) 90-94.

Spindler, Gerald/ Joachim Dorschel: Auskunftsansprüche gegen Internet-Provider: zivilrechtliche Grundlagen und datenschutzrechtliche Grenzen. – CR (2005) 38-57.

- / Peter Schmitz/ Ivo Geis: TDG: Teledienstegesetz, Teledienstdatenschutzgesetz, Signaturgesetz; Kommentar. – München: Beck, 2004.

Sponeck, Henning von: Datenschutzkontrolle bei internen Dateien. – CR (1991) 653-654;

- Datenschutzrechtliche Aspekte optischer Speichermedien. CR (1993) 334-341;
- Mitbestimmung des Betriebsrats bei der Bestellung des Datenschutzbeauftragten. – in: *Der Datenschutzbeauftragte…*/ E. Ehmann (Hrsg.). – (1993) 35-50;
- Private Adreßdateien und neues BDSG. – CR (1991) 534-535;
- Überlassung von RZ-Kapazität: ein Fall der Auftragsdatenverarbeitung. – CR (1992) 594-596;
- Weitergabe von Personaldaten innerhalb des Konzerns. – CR (1991) 600-602.

Spranger, Tade: Die Rechte des Patienten bei der Entnahme und Nutzung von Körpersubstanzen. – NJW (2005) 1084-1090.

Sproll, Hans-Dieter: Rechtliche Grenzen der Erhebung und Speicherung von Arbeitnehmerdaten. – ZIP (1984) 23-32.

Dem Staat, was des Staates ist – der Kirche, was der Kirche ist: Festschrift für Josef Listl zum 70. Geburtstag. – Berlin: Duncker & Humblot, 1999.

Staats- und Verwaltungsrecht für Hessen/ Hans Meyer; Michael Stolleis (Hrsg.). – 5. Aufl. 2000.

Staatsorganisation und Staatsfunktionen im Wandel: Festschrift für Kurt Eichenberger zum 60. Geburtstag/ Hrsg. von Georg Müller;… – Basel; Frankfurt/Main: Helbig u. Lichtenhahn, 1982.

Staatszielbestimmungen, Gesetzgebungsaufträge: Bericht der Sachverständigenkommission/ Bundesminister des Inneren, Bundesministerium der Justiz, Bonn (1983).

Stadler, Gerhart J.: Das österreichische Datenschutzrecht. – in: *Datenschutz: Leitfaden*/ (Hg.) Pawlikowsky. – (1979) 47-73.

Stähler, Franz Gerd: Datenschutzgesetz Nordrhein-Westfalen: Kommentar/ von Franz-Gerd Stähler; Vera Pohler. – 3., neubearb. und erw. Aufl. – Stuttgart: Dt. Gemeindeverl., 2003.

Stahlberg, Jürgen: Weitergabe von Arbeitnehmeradressen: darf der Arbeitgeber die Adressen der im Betrieb beschäftigten Arbeitnehmer zu Zwecken der gezielten politischen Propaganda weitergeben? – DVR 9 (1980) 1-22.

Stange, Hans-Joachim: Datenschutz: Recht und Praxis. Ein Leitfaden für den öffentlichen Dienst. – Bonn: Vlgsanst. d. Dt. Beamtenbundes, 1992.

Stark, Claus: Patientenorientierte Gestaltung der Patientenkarte. – DuD (1997) 575-578.

Statistics and privacy: future access to data for official statistics – Cooperation or distrust?: Report from a Conference, 24-26 june 1987. – Stockholm: Statistics Sweden, 1988.

Statistisches Bundesamt *s. [Die] faktische Anonymität...*

Steding, Ralf/ Guido Meyer: Outsourcing von Bankdienstleistungen: bank- und datenschutzrechtliche Probleme der Aufgabenverlagerung von Kreditinstituten auf Tochtergesellschaften und sonstige Dritte. – BB (2001) 1693-1701.

Steffen, Erich: Schmerzensgeld bei Persönlichkeitsverletzung durch Medien. – NJW (1997) 10-14.

Steguweit, Hans-Dieter: Versicherung im EDV-Bereich. – RDV (1986) 247-256.

Steidle, Roland: Multimedia-Assistenten im Betrieb: datenschutzrechtliche Anforderungen, rechtliche Regelungs- und technische Gestaltungsvorschläge für mobile Agentensysteme. – Wiesbaden: Dt. Univ. Verl., 2005. – (DuD-Fachbeiträge).

Stein, Ursula: Konzernherrschaft durch EDV? – Gesellschaftliche und konzernrechtliche Probleme der EDV – Auslagerung auf ein konzerngebundenes Unternehmen. – ZGR 2 (1988) 163-191.

Stein, Torsten: Transnationale Datenübermittlung und die Kompetenz der Europäischen Gemeinschaft zu Abschluß eines internationalen Abkommens zum Datenschutz mit dritten Staaten. – in: *Völkerrecht und Deutsches Recht: FS für W. Rudolf*/ Hans-W. Arndt (Hrsg.). – München: C.H.Beck, 2001, 513-529.

Steinbach, Peter: Historische und sozialwissenschaftliche Forschung unter Beachtung des Datenschutzes. – in: *Datenschutz...* – (1986) 109-121.

Steinbach, Robert: Die Umsetzung der EG-Richtlinie im Sozialgesetzbuch. – NZS (2002) 15-25.

Steinmüller, Wilhelm *s.a. Grundfragen...; Informationsrecht...*;
- Datenverkehrsrecht oder informationelles Selbstbestimmungsrecht des Bürgers: Tendenzen und Probleme der Informationsautomation. – in: *Datenschutz*. – (1979) 51-60;
- Genetisches Selbstbestimmungsrecht: eine Skizze zur sozialen Bewältigung der Genomanalyse. – DuD (1993) 6-10;
- Das Volkszählungsurteil des Bundesverfassungsgerichts. – DuD (1984) 91-96.

Stelkens, Paul/ Joachim Bonk/ Michael Sachs: Verwaltungsverfahrensgesetz. – 5. Aufl. 1998. – München: Beck.

Stelljes, Harald: Umfang der Aufsichts- und Kontrollbefugnisse von Vorgesetzten. – DuD (1995) 140-141.

Stenger, Hans-Jürgen: Mailboxen: Probleme der Beweissicherung in Strafsachen. – CR (1990) 786-794.

Steuer, Stephan/...: Datenschutzgesetz in der Bank: Erläuterungen und Hinweise für die Bankpraxis. – Köln: Bank-Verl., 1978.

Stoffels, Markus: Grenzen der Informationsweitergabe durch den Vorstand einer Aktiengesellschaft im Rahmen einer „Due Diligence". – ZHR 165 (2001) 362-382.

Stolleis, Michael: Staatliche und kirchliche Zuständigkeiten im Datenschutzrecht. – ZevKR, 23 (1978) 230-253.

Stollreither, Konrad: Datenschutz in den Verträgen zur Deutschen Einigung: Vertrag über die Schaffung einer Währungs-, Wirtschafts- und Sozialunion und Einigungsvertrag. – DuD (1991) 282-288.

Stoltenberg, Klaus: Stasi-Unterlagen-Gesetz: Kommentar. – Baden-Baden: Nomos, 1992.

Strafgerechtigkeit: Festschrift für Arthur Kaufmann zum 70. Geburtstag/ Fritjof Haft ... (Hrsg.). – Heidelberg: C. F. Müller, 1993.

Strafgesetzbuch: Leipziger Kommentar; Großkommentar/ Burkhard Jähnke; Heinrich W. Laufhütte; Walter Odersky (Hrsg.). – 11. Aufl. 1992 ff. –: 1. Lfg.: Einleitung, §§ 1-2/ bearb. von Hans H. Jescheck; Günter Gribbohm. – Berlin [u.a.]: de Gruyter.

Streit, Arnold: Das Abkommen über den Europäischen Wirtschaftsraum. – NJW (1994) 555-561.

Streit, Christian: Die Auswirkungen des Terrorismusbekämpfungsgesetzes auf die Regelungen zum Ausländerzentralregister. – ZAR (2002) 237-241;

Streit, Christian/ Franz-Rüdiger Srocke: Der Datenbestand des Ausländerzentralregisters. – ZAR (1999) 109-118.

Stürner, Rolf: Empfiehlt es sich, die Rechte und Pflichten der Medien präzise zu regeln und dabei den Rechtsschutz des einzelnen zu verbessern? – München: Beck, 1990. – (Gutachten A zum 58. Deutschen Juristentag).

Stumper, Kai: Informationelle Selbstbestimmung und DNA-Analysen: zur Zulässigkeit der DNA-Analyse am Menschen angesichts des informationellen Selbstbestimmungsrechts aus Art. 2 I in V. m. Art. 1 I GG. – Frankfurt am Main [u.a.]: Lang, 1996.

Sulzberger, Monika: Datenschutz und Privatfunk: zur verfassungsrechtlichen Beurteilung der Datenschutzvorschriften bei der publizistischen Tätigkeit des Privatfunks. – Regensburg: Roderer, 1989.
Summa: Dieter Simon zum 70. Geburtstag/ hsrg. v. Rainer Maria Kiesow; Regina Ogorek; Spiros Simitis. – Frankfurt am Main: Klostermann, 2005. – (Studien zur Europäischen Rechtsgeschichte; 193).
Sutschet, Holger *s.a. Ehmann, H./ H. Sutschet*;
– Auftragsdatenverarbeitung und Funktionsübertragung. – RDV (2004) 97-104;
– Über Informationsverbote zur Wissensgesellschaft: kritische Stellungnahme zum Reformentwurf des Bundesdatenschutzgesetzes. – RDV (2000) 107-115.
Swire, Peter P.: Trustwrap: The Importance of Legal Rules to Electronic Commerce and Internet Privacy. – Hastings Law Journal 54 (2002) 847-873.
Taeger, Jürgen: Personaldatenschutz in der Dienststelle. – PersR (2000) 435-441;
– Rechtsstellung der Beauftragten in der Dienststelle und Beteiligung des Personalsrats bei der Bestellung. – PersR (2000) 400-408;
– Risiken web-basierter Personalisierungsstrategien – Anmerkungen zur Effizienz der §§ 28, 29 BDSG. – in: *Informatik, Wirtschaft, Recht ...: FS Wolfgang Kilian*. – Baden-Baden. – 2004. – 241-269;
– Umweltschutz und Datenschutz. – CR (1991) 681-688.
Tammen, Hans: Video- und Kameraüberwachung am Arbeitsplatz: Hinweise für Betriebs- und Personalräte. – RDV (2000) 15-19.
Taraschka, Klaus: „Auslandsübermittlung" personenbezogener Daten im Internet: Auswirkungen des Urteils des EuGH vom 6.11.2003 – Rs. V-101/01 – Bodil Linqvist auf die Auslegung deutschen Rechts. – CR (2004) 280-285.
Taupitz, Jochen/ Andreas Pitz/ Marco Wicklein: Postmortale Gewebeentnahme: verbietet das Datenschutzrecht den Kontakt zwischen Arzt und Angehörigen? – MedR (2005) 262-269.
Tauss, Jörg: Modernisierung des Datenschutzrechtes – eine Art Zwischenbilanz. – in: *Umbruch von Regelungssystemen...: FG Büllesbach*. – (2002) 115-130.
– / Cem Özdemir: Umfassende Modernisierung des Datenschutzrechtes in zwei Stufen. – RDV (2000) 143-146.
Technik für Nutzer: rechtliche Regelung für eine nutzergerechte Technik; Dokumentation der Stiftungstagung (zugleich EMR-Workshop) der Alcatel-SEL-Stiftung für Kommunikationsforschung, des Instituts für Europäisches Medienrecht (EMR), der Landesanstalt für Kommunikation (LFK) Baden-Württemberg und der Landeszentrale für Politische Bildung (LpB) Baden-Württemberg am 15. und 16. Mai 2003 in der Landesanstalt für Kommunikation (LFK) Baden-Württemberg, Stuttgart/ Alexander Roßnagel (Hrsg.). – Baden-Baden: Nomos, 2004. – (Schriftenreihe des Instituts für Europäisches Medienrecht (EMR), Saarbrücken; Bd. 28).
Technology and privacy: the new landscape/ Agre, Philip E.; Rotenberg Marc (ed.) – Cambridge, MA: MIT, 1997.
Tegtmeyer-Metzdorf, Harald/ Reinhart Grundmann: Krankenhausarzt und Recht: Aufklärung, Behandlungsfehler, Dokumentation und Schweigepflicht im Krankenhaus. – Melsungen: Bibliomed/VSB, 1990.
Teichmann, Arndt/ Erik Kiessling: Datenschutz bei Umwandlungen. – ZGR (2001) 33-74.
Telearbeit und Arbeitsrecht: Forschungsbericht im Auftrag des Bundesministerium für Arbeit und Sozialordnung/ Wolfgang Kilian; Wolfgang Borsum; Uwe Hoffmeister. – Hannover: Institut für Rechtsinformatik, 1986. – (Forschungsbericht; 139; Arbeitsrecht).
Telekommunikationsgesetz mit FTEG: Kommentar/ von Hans-Heinrich Trute, Wolfgang Spoerr, Wolfgang Bosch. – Berlin [u.a.]: de Gruyter, 2001. – XXVII, 700 S. – (De-Gruyter-Kommentar).
Teschner, Armin: Schadenersatzansprüche im Zusammenhang mit datenschutzrechtlichen Verletzungen. – in: *Datenschutz in Anwaltschaft, Notariat und Justiz*/ hrsg. von Ralf B. Abel. – 2. Aufl. – München: Beck, 2003. – 243-256.
Teske, Wolfgang: Die Datenverarbeitung durch die Datenbanken der Wirtschaft am Beispiel der SCHUFA. – in: *Datenverarbeitung und Persönlichkeitsschutz*/ Hrsg. M. Vollkommer. – (1986) 131-168;
– Das Recht auf informationelle Selbstbestimmung in einer sich wandelnden Arbeitswelt. – CR (1988) 670-677;
– Der Zugang zu den Datenbanken der Wirtschaft. – in: *Datenverarbeitung und Persönlichkeitsschutz*/ Hrsg. M. Vollkommer. – (1986) 105-130.
Thees, Thomas: Das Arbeitnehmer-Persönlichkeitsrecht als Leitidee des Arbeitsrechts: Persönlichkeitsschutz und Persönlichkeitsentfaltung im Arbeitsverhältnis. – Berlin: Duncker & Humblot, 1995. – (Schriften zum Sozial- und Arbeitsrecht; 136).
Thilo, Lutz: Bankgeheimnis, Bankauskunft und Datenschutzgesetze. – NJW (1984) 582-585.
Thöry, Norbert: Datensicherheitsprobleme in paketvermittelten Datenübertragungsnetzen. – DSB (1992) 2, 4-11.
Thüsing, Gregor/ Thomas Lambrich: Das Fragerecht des Arbeitgebers – aktuelle Probleme zu einem klassischen Thema. – BB (2002) 1146.

Tiedemann, Klaus: Datenübermittlung als Straftatbestand. – NJW (1981) 945-952;
– / Christoph Sasse: Delinquenzprophylaxe: Kreditsicherung und Datenschutz in der Wirtschaft. – Köln: Heymanns, 1973.
Tillmanns, Lutz: Die Freiwillige Selbstkontrolle Redaktionsdatenschutz als Modell gleichgeordneter Selbstregulierung. – in: *Bericht zum Redaktionsdatenschutz 2004*. – 11-23;
– Gegenstand und Reichweite der Selbstregulierung des Deutschen Presserats: Aufbau der Freiwilligen Selbstkontrolle Redaktionsdatenschutz. – in: *Datenschutz und Medien* / K. P. Möller; F. von Zezschwitz (Hrsg.). – (2003). – 69-88.
Timm, Manfred: Grenzen ärztlicher Schweigepflicht. – Köln, Univ., Dissertation (Med), 1988.
Tinnefeld, Marie-Theres *s.a. Informationsgesellschaft…*;
– Aktuelle Fragen des Arbeitnehmerdatenschutzes. – DuD (2002) 231-236;
– Anmerkungen zu einem Informationsrecht für die Forschung/ Tinnefeld, Marie-Theres. RDV (1995) 22-25;
– Arbeitnehmerdatenschutz und neue Unternehmenskulturen – Stand und Regelungsbedarf. – ZRP (1999) 197-200;
– Bundesbeauftragter für Datenschutz. – DuD (2003) 439;
– Datenschutzbeauftragter im Unternehmen: Qualifikation und Stellung. – CR (1991) 29-33;
– Ende der gefahrengeneigten Arbeit?: Anmerkungen zur Arbeitnehmerhaftung nach der neuen Rechtsprechung. – DuD (1994) 210-212;
– Evalution der Lehrenden – eine Fata-Data Morgana: zwischen Kontrolle und Persönlichkeitsschutz im „Unternehmen Wissenschaft". – DuD (2001) 21-26;
– Freiheit der Forschung und europäischer Datenschutz. – DuD (1999) 35-41;
– Geschützte Daten. – in: *Handbuch Datenschutzrecht*. – Kap. 4.1. – 485-500;
– Die Novellierung des BDSG im Zeichen des Gemeinschaftsrechts. – NJW (2001) 3078-3083;
– Persönlichkeitsrecht und Modalitäten der Datenerhebung im Bundesdatenschutzgesetz. – NJW (1993) 1117-119;
– Regelungsrahmen und Kompetenzen. – in: *Handbuch Datenschutzrecht*. – Kap. 2.6. – 188-193.
– / Ingolf Böhm: Genomanalyse und Persönlichkeitsrecht: Chancen und Gefährdungen. – DuD (1992) 62-65.
– / Eugen Ehmann: Datenschutzbeauftragter im Unternehmen. – CR (1991) 29-33;
– Einführung in das Datenschutzrecht. – 2. Aufl, 1994. – München: Oldenbourg;
– Einführung in das Datenschutzrecht. – 3. Aufl, 1998. – München: Oldenbourg;
– Externe Datenschutzbeauftragte im öffentlichen Bereich: eine unabhängige Kontrollinstanz? – CR (1989) 637-642;
– / Eugen Ehmann/ Rainer W. Gerling: Einführung in das Datenschutzrecht: Datenschutz und Informationsfreiheit in europäischer Sicht. – 4. Aufl. – München [u.a.], Oldenbourg, 2005.
– / Ulrich Mönke: Datenschutz und Video in der Medizin. – VR (1998) 368-373.
– / Martin Schrempf: Probleme der Datenerhebung im Bereich der Forschung. – RDV (1991) 241-245.
– / Helga Tubies: Datenschutzrecht. – 2. Aufl. 1989. – München: Oldenbourg.
– / Hans-P. Viethen: Arbeitnehmerdatenschutz und Internet-Ökonomie: zu einem neuen Gesetz über Information und Kommunikation im Arbeitsverhältnis. NZA (2000) 977-983.
Tipke, Klaus/ Wilhelm Kruse: Abgabenordnung. – Köln: O. Schmidt.
Tönnies. J. G.: Die datenschutzrechtliche Einordnung des Betriebsrates. – DuD (1980) 128-132.
Topp, Cornelia: Datenschutz in der Steuerverwaltung. – in: *Handbuch Datenschutzrecht*. – Kap. 8.12. – 1661-1684.
Transborder Data Flows: Proceedings of an OECD Conference held December 1983/ ed. for the OECD by Hans-Peter Gassman. – Amsterdam: Elsevier 1985.
Transborder Data Flows and the protection of privacy; Proccedings of a symposium held in Vienna, Austria, 20-23.1977. – Paris: OECD, 1979. – (Information, computer, communication policy; 1).
Trantas, Georgios: Akteneinsicht und Geheimhaltung im Verwaltungsrecht: eine vergleichende Untersuchung zum deutschen und französischen Verwaltungsverfahrensrechts. – Berlin: Duncker & Humblot, 1998. – (Schriften zum Öffentlichen Recht; 747).
Treptow, Eckhard/ Frank Bonse: Datenschutzrecht Sachsen-Anhalt: Leitfaden und Kommentierung. – München: Rehm, 1995.
Tröndle, Herbert/ Thomas Fischer: Strafgesetzbuch und Nebengesetze: Kommentar/ begr. v. E. Dreher. – 50. Aufl. 2001. – München: Beck. – (Beck'sche Kurz-Kommentare; 10).
Trute, Hans-Heinrich: Öffentlich-rechtliche Rahmenbedingungen einer Informationsordnung. – Berlin [u.a.]: de Gruyter, 1998. – 216-268. (Veröffentlichungen der Vereinigung der deutschen Staatsrechtslehrer; 57);
– Der Schutz personenbezogener Informationen in der Informationsgesellschaft. – JZ (1998) 822-831;
– Verfassungsrechtliche Grundlagen. – in: *Handbuch Datenschutzrecht*. – Kap.2.5. – 156-187;

– Wissenspolitik und rechtliche Regulierung: Überlegungen am Beispiel der Erzeugung und Verwendung genetischer Daten. – in: *Innovation und rechtliche Regulierung*. – (2002). – 291-358.
Tuner, Lotte: Gehört ein Datenschutz für juristische Personen ins allgemeine Datenschutzrecht? – DuD (1985) 20-27;
– Der Referentenentwurf zur Novellierung des Bundesdatenschutzgesetzes vom 31.3.1982. – DANA (1982) 4, 9-10;
– Vorschriften zur Wahrung des Gleichgewichts der Gewalten in Datenschutzgesetzen und -entwürfen der Länder. – DSWR (1979) 89-94.
Uckermann, Eckart Freiherr von: BDSG: Fragen der Haftung und des Versicherungsschutzes. – DuD (1978) 64-69;
– Die Benachrichtigungspflicht nicht-öffentlicher Stellen: unter besonderer Berücksichtigung der Verhältnisse in der Versicherungswirtschaft. – DuD (1977) 73-77;
– Einwilligung nach BDSG: ein Mißverständnis. – DuD (1979) 163-168.
Ulbricht, Volker: Datenschutzrecht und Adressenhandel. – DuD (1987) 76-79;
– Elektronische Informationsdienste im Lichte des datenschutzrechtlichen Medienprivilegs. – AfP (1989) 438-442;
– Der grenzüberschreitende Datenschutz im Europa- und Völkerrecht. – CR (1990) 602-609.
Ule, Hermann: Das Verwaltungsverfahrensgesetz. – DVBl (1976) 421-429.
Ulmer, Claus D./ Werner Zwick: Messung des Datenschutzniveaus: das Datenschutzaudit der Deutschen Telekom Gruppe. – DuD (2004) 85-91.
Ulrich, Otto: Leitbildwechsel: dem (sicherheits-)technologisch aktivierten Datenschutz gehört die Zukunft. – DuD (1996) 664-671.
Umbruch von Regelungssystemen in der Informationsgesellschaft: Freundesgabe für Alfred Büllesbach/ hrsg. von Johann Bizer; Bernd Lutterbeck; Joachim Rieß. – Stuttgart: Steinkopf, 2002 = www.alfred.buellesbach.de.
Unger, Barbara: Datenschutz in internationalen Organisationen. – München: Florentz, 1991. – (Europarecht-Völkerrecht; 37).
Unger, Fritz: Marktforschung: Grundlagen, Methoden und praktische Anwendungen. – Heidelberg: Sauer, 1989;
Ungnade, Dieter: Datenschutz im Kreditgewerbe. – 2. Aufl. 1991. – Frankfurt/M: Knapp;
– Kontrolle des Datenschutzes im Kreditgewerbe. – DuD (1979) 91-97;
– / Franz Josef Gorynia: Die BDSG Novelle 1990: Auswirkungen auf die Kreditwirtschaft. – WM (1991) 121-127;
– Datenschutz im Kreditgewerbe: 5 Jahre BDSG. – WM IV, Sonderbeilage 7(1983) zu Nr. 33, 1-36.
Vahle, Jürgen: Datenerhebung und Datenverarbeitung nach dem Gesetz zur Bekämpfung der Organisierten Kriminalität. – DuD (1993) 74-77;
– Datenerhebung und Datenverarbeitung durch Sicherheitsbehörden. – DSB (1992) 5, 1-14;
– Medizinische Daten und Datenschutz. DuD (1991) 614-619;
– Neues Polizeirecht datenschutzfest? – DSB (1986) 10, 1-8;
– Sicherheitsbehördliche Ermittlungen: blockiert durch den Datenschutz? – DSB (1991) 3, 16-19;
– Sicherheitsbehördliche Ermittlungen im Spannungsfeld von Effizienz und Datenschutz. – VR (1991) 371-373.
van Look, Frank/ Ulrich Stoltenberg: Das Schuldbuchgeheimnis. – WM (1994) 1785-1794.
Verantwortlichkeit und Freiheit: die Verfassung als wertbestimmte Ordnung. Festschrift für Willi Geiger zum 80. Geburtstag/ hrsg. v. Hans Joachim Faller; Paul Kirchhof; Ernst Träger. – Tübingen: Mohr, 1989.
Verfassungsschutz in der Demokratie: Beiträge aus Wissenschaft und Praxis/ hrsg. v. Bundesamt für Verfassungsschutz. – Köln: Heymanns, 1990.
Verfassungsschutz und Rechtsstaat/ hrsg. vom Bundesinnenministerium. – Köln: Heymanns, 1981. – (Beiträge aus Wissenschaft und Forschung).
Verfassungsstaatlichkeit: Festschrift für Klaus Stern zum 65. Geburtstag/ hrsg. v. Joachim Burmeister. – München: Beck, 1997.
Der Verlust der Intimität: 11 Beiträge nach einer Sendereihe des „Studio Heidelberg" Süddeutscher Rundfunk/ hrsg. von Johannes Schlemmer. – München: Piper, 1976.
Vertrag über die Europäische Union und Vertrag zur Gründung der Europäischen Gemeinschaft : Kommentar/ hrsg. von Hans von der Groeben; Jürgen Schwarze. – 6. Aufl. 2003 – Baden-Baden: Nomos, 2003. – (4 Bände).
Verwaltung im Zeitalter des Internets/ hrsg. von K.P. Möller; F. von Zezschwitz. – Baden-Baden: Nomos, 2002. – (Forum Datenschutz; 9).
Verwaltung in der Europäischen Union: Vorträge und Diskussionsbeiträge auf dem 1. Speyerer Europa-Forum vom 10. bis 12. April 2000 an der Deutschen Hochschule für Verwaltungswissenschaften Speyer/ hrsg. von Siegfried Magiera; Karl-Peter Sommermann. – Berlin: Duncker & Humblot, 2001. – (Schriften zum Europarecht; 76).

Verwaltungspolitik/ Hrsg. von Hans P. Bull. – Neuwied: Luchterhand, 1979. – (Demokratie und Rechtsstaat; 48).
Vetter, Reinhard: Datenschutz und Forschungsfreiheit: Widerspruch oder Weg zur mehrseitigen Grundrechtsrealisierung. – in: *Datenschutz und Forschung* (1999) 21-28;
– Forschungs(datengeheimnis). – DuD (1999) 389-391.
Videoüberwachung: Wohltat oder Plage?/ Klaus P. Möller; Friedrich von Zezschwitz (Hrsg.). – Baden-Baden: Nomos, 2000. – (Forum Datenschutz; 8).
Viethen, Alexander: Datenschutz als Aufgabe der EG: Bestandsaufnahme des datenschutzspezifischen Sekundärrechts und Analyse anhand der Kompetenzordnung des EG-Vertrages. – Münster [u.a.]: LIT Verl., 2003. – (Kölner Schriften zum internationalen und europäischen Recht; 5).
Vieweg, Klaus: Datenschutz und EG-Binnenmarkt. – in: *[Die] soziale Dimension…* – (1991) 205-224.
Völkerrecht und Deutsches Recht: Festschrift für Walter Rudolf zum 70. Geburtstag/ hrsg. von Hans W. Arndt;… – München: Beck, 2001.
Vogelgesang, Klaus: Der behördliche Datenschutzbeauftragte. – CR (1993) 378-383;
– Grundrecht auf informationelle Selbstbestimmung? – Baden-Baden: Nomos, 1987;
– Mitbestimmung bei Datenerhebung und EDV-Einführung in Behörden. – CR (1992) 405-412;
– Personalrat als Datenschützer und Datenverarbeiter. – CR (1992) 163-167;
– Schutz für die Datenschützer oder vor den Datenschützern?: zur Kontroverse um das Recht des Datenschutzbeauftragten für den Datenschutz auf Einsicht in die Sicherheitsakten von Bundesbediensteten ohne deren Zustimmung. – VerwArch (1987) 81-90;
– Der Übergangsbonus: fällt Ende 1990 das Damoklesschwert, daß staatliche Eingriffe unzulässig werden, wenn der Gesetzgeber nicht im Vollzug des Volkszählungsurteils die notwendigen Datenschutzgesetze erläßt? – DVBl (1989) 962-969;
– Verfassungsregelungen zum Datenschutz. – CR (1995) 554-561.
– / Vogelgesang, Eckhard: Die Rechtsprechung des Bundesverwaltungsgerichts zum Datenschutz. – CR (1996) 752-762.
Vogt, Winold: Datenschutz in Geschichte und Gegenwart. – in: *Festschrift für Hildebert Kirchner.* – (1985) 385-391.
Voll, Otto J./ Johann Störle: Handbuch des Bayerischen Staatskirchenrechts. – Stuttgart: Boorberg, 1985.
Volle, Peter: § 9 BDSG als irrealer Maßstab für PC. – CR (1992) 500-506.
Vollkommer, Max *s. Datenverarbeitung und Persönlichkeitsschutz …*
Vonderbeck, Hans Josef: Redemöglichkeit vor dem Deutschen Bundestag für den Bundesbeauftragten für den Datenschutz. – DVBl (1980) 439-442.
Voßbein, Reinhard: Datenschutzauditierung: Akkreditierungsverfahren und ihre Konsequenzen. – DuD (2004) 92-97.
Wächter, Michael: § 7 Bundesdatenschutzgesetz: ein Akt symbolischer Gesetzgebung. – DuD (1992) 402-403;
– § 28 Abs. 1 Satz 2 BDSG – ein gesetzgeberischer Fehlgriff? – DuD (1992) 66-72;
– Die Dateienübersicht als Administrationsanforderung. – DuD (1990) 119-123;
– Datenschutz als „Software-Routine“: ein datenschutzrechtlicher Implementierungsvorschlag. – DuD (1996) 272-278;
– Datenschutz bei Vereinen: Veröffentlichung von Mitgliederlisten. – DuD (1994) 200-203;
– Datenschutz contra Betriebsverfassung? – DuD (1993) 146-149;
– Datenschutz im Unternehmen. – 3. Aufl. von „Der Datenschutzbeauftragte“ vom Müller/Wächter. – München: Beck, 2003. – (Aktuelles Recht für die Praxis);
– Datenschutz in der betrieblichen Praxis – ein Opfer der Rechtspolitik. – DuD (1988) 600-603;
– Datenschutzbeauftragter und allgemeines Arbeitsrecht: § 36 Abs. 3 S. 4 BDSG im Spannungsfeld. – DuD (1994) 256-263;
– Datenschutzrechtliche Probleme beim Adressenhandel. – WRP (1996) 522-534;
– Die Entbehrlichkeit der Benachrichtigung nach § 33 Abs. 2 Nr. 1 BDSG. – CR (1992) 558-561;
– Prinzipien des Datenschutzes und der Datensicherung: ein Beitrag zum „Corporate Law“ in den Unternehmen. – DuD (1995) 465-470;
– Rechtliche Grundstrukturen der Datenverarbeitung im Auftrag. – CR (1991) 333-336;
– Fachkunde und Zuverlässigkeit als offene gesetzliche Maßstäbe. – in: *Datenschutzbeauftragte …* / Ehmann (Hg.). – (1993) 91-105.
Wagner, Gerhard: Datenschutz im Zivilprozeß. – ZZP 108 (1995) 193-218;
– Das zweite Schadensersatzrechtsänderungsgesetz. – NJW (2002) 2049-2064;
– Ersatz immaterieller Schäden: Bestandsaufnahme und Europäische Perspektive. – JZ (2004) 319-321.
Wagner, Gert G.: „Amtliche Statistik“ oder „Statistische Infrastruktur“. – in: *Antrittsvorlesungen…, Reden. Europa-Universität Viadrina VI.* – Frankfurt (Oder), (1998) 47ff.;
– Selbstorganisation des Wissenschaftssystems würde Datenschutz vereinfachen und Re-Analysen befördern. – ZUMANachrichten 47 (2000) 75-88;

– Self-regulation within the research community as a means for shaping the statistical infrastructure. – in: *Kooperation zwischen* ... – (1999) 59-61;
– Wissenschaft schützt Öffentlichkeit vor schlechten statistischen Ergebnissen: „Forschungsgeheimnis" würde Re-Analysen erleichtern. – DuD (1999) 377-383;
– Ziel und Unabhängigkeit der Wissenschaft sind Instrument eines effektiven Datenschutzes. – in: *Datenschutz* ... / R. Hamm; K.P. Möller (Hrsg.). – (1999) 14-20.

Wagner, Joachim: Betriebsrat und betrieblicher Datenschutzbeauftragter: wer kontrolliert wen? – BB (1993) 1729-1734.

Wahsner, Roderich/ Hans-Udo Borgaes: Datenschutz und Betriebsratarbeit: ein Beitrag zu Anwendungsproblemen des BDSG im Tätigkeitsbereich der Betriebsräte. – BlStSozArbR (1980) 49-55.

Wallraf, Georg: 66. Tagung des Studienkreises für Presserecht und Pressefreiheit am 3./4. November 1989 in Dortmund. – AfP (1990) 26-28.

Walter, Jean-Philippe: La protection de la personnalité lors du traitement de données à des fins statistiques: en particulier, la statistique officielle fédérale et la protection des données personnelles. – Fribourg: Ed. Universitaires, 1988.

Walz, Stefan: Datenschutz und Telekommunikation I: Konsequenzen des Poststrukturgesetzes. – CR (1990) 56-62;
– Datenschutz-Herausforderung durch neue Technik und Europarecht. – DuD (1998) 150-154;
– EG-Datenschutzrichtlinie und Selbstregulierung: Umsetzungsdefizite beim Medienprivileg des BDSG. – in: *Umbruch von Regelungssystemen: FG Büllesbach.* – (2002) 301-309;
– Das neue Bundesdatenschutzgesetz: Kompromiß als Leitprinzip. – CR (1991) 364-369;
– Der Schutz der Sozialdaten bei dezentraler elektronischer Datenverarbeitung. – in: *Dezentrale elektronische Datenverarbeitung*... / Frommann (Hrsg.). – (1987) 336-350;
– Selbstkontrolle versus Fremdkontrolle: Konzeptwechsel im deutschen Datenschutzrecht. – in: *Zur Autonomie des Individuums* / D. Simon; M. Weiss (Hrsg.). – (2000) 455-465.

Wanckel, Endress: Persönlichkeitsschutz in der Informationsgesellschaft: zugleich ein Beitrag zum Entwicklungsstand des allgemeinen Persönlichkeitsrechts. – Frankfurt am Main [u.a.]: Lang, 1999. – (Europ. Hochschulschriften, 2, Rechtswissenschaft; 2635).

Waniorek, Gabriele: Datenschutzrechtliche Anmerkungen zu den zentralen Warn- und Hinweissystemen in der Versicherungswirtschaft. – RDV (1990) 228-231.

Wank, Rolf: Bundesdatenschutzgesetz: § 160. – in: *Erfurter Kommentar zum Arbeitsrecht.* – 6. Aufl. 2006. – München: Beck. – 702-736.

Warga, Norbert: Gestalten und Nutzen: Informations- und Kommunikationstechnik in den Handlungsfeldern einer kompetenten Betriebs- und Personalratsarbeit. – in: *Arbeit und Recht: FS für Gnade.* – (1992) 245-254.

Wasserburg, Klaus: Der Schutz der Persönlichkeit im Recht der Medien: ein Handbuch über die Ansprüche auf Schadenersatz, Unterlassung, Widerruf und Gegendarstellung. – Heidelberg: C.F. Müller, 1988.

Weber, Ahrend: Neuordnung des SCHUFA-Verfahrens für Kreditinstitute. – WM (1986) 845-850.

Weber, Hermann: Geltungsbereiche des primären und sekundären Europarechts für die Kirchen, ZevKR 47 (2002) 221-247.

Weber, Martina: Der betriebliche Datenschutzbeauftragte im Lichte der EG-Datenschutzrichtlinie (Vortrag anläßlich der BvD-Jahrestagung, Ulm, 23.-25. Oktober 1995). – DuD (1995) 698-702;
– EG-Datenschutzrichtlinie: Konsequenzen für die deutsche Datenschutzgesetzgebung. – CR (1995) 297-303.

Weber, Werner: Die Gegenwartslage des Staatskirchenrechts. – Berlin: de Gruyter, 1954, 153-176. – Veröffentlichungen der Vereinigung der deutschen Staatsrechtslehrer; 11).

Wedde, Peter: *s.a. Quid*;
– Der betriebliche Datenschutzbeauftragte: eine rechtliche Analyse der betrieblichen Realität. – DuD (2004) 670-677;
– Datenschutz bei Telearbeit. – DuD (1998) 576-582;
– Datenschutz durch Mitbestimmung. – in: *Handbuch Datenschutzrecht.* – Kap. 6.3. – 1003-1018;
– Multi-Datenschutz per Betriebsvereinbarung. – Die Mitbestimmung (1996) 12, 35-38;
– Rechte der Betroffenen. – in: *Handbuch Datenschutzrecht.* – Kap. 4.4. – 546-569;
– Verantwortliche Stellen. – in: *Handbuch Datenschutzrecht.* – Kap. 4.3. – 526-545.
– Die wirksame Einwilligung im Arbeitnehmerdatenschutzrecht. – DuD (2004) 169-174;

Wedler, Willy: Berichte der Datenschutzaufsichtsbehörden für die Privatwirtschaft. – CR (1992) 685-690;
– Datenschutzaufsicht im Lande Bremen: Erfahrungen aus der Prüfpraxis in Bremen. – CR (1992) 35-39;
– Quo vadis Datenschutzaufsicht?: Neue Aufgaben der Datenschutzaufsichtsbehörden nach einer Novellierung des Bundesdatenschutzgesetzes (BDSG). – RDV (1999) 251-256;
– Überwachung des Datenschutzes durch Aufsichtsbehörden – Erfahrungen aus der Prüfpraxis in Bremen. – RDV (1992) 221-226;

– Verhältnis zwischen Datenschutzaufsichtsbehörde und betrieblichem Datenschutzbeauftragten. – in: *Der Datenschutzbeauftragte…* / (Hg.) Ehmann. – (1993) 76-90.
Wegel, Wolfgang: Presse und Rundfunk im Datenschutzrecht: zur Regelung des journalistischen Umgangs mit personenbezogenen Daten. – Frankfurt a.M. [u.a.]: Lang, 1994. – (Schriften zum internationalen und öffentlichen Recht; 5).
Weichert, Tilo:
– Anforderungen des Datenschutzes an den „intelligenten Straßenverkehr"/ Weichert, Thilo. – DuD (1996) 77-82;
– Anmerkung zu StA Mannheim vom 29.12.1996 Az. 406 Js 573/96. – DuD (1997) 354-355;
– Bundesweite Gebäude-Bilddatenbank: eine datenschutzrechtliche Bewertung. – DuD (1999) 42-44;
– Chipkarten. – in: *Handbuch Datenschutzrecht.* – Kap. 9.5. – 1948-1966;
– Datenschutz: Teil 13. – in: *Computerrechts-Handbuch.* – (2002);
– Datenschutz bei Vereinen: Veröffentlichung von Mitgliederlisten. – DuD (1994) 200-203;
– Datenschutz in meiner Arztpraxis. – DuD (2002) 324;
– Datenschutz in Ostdeutschland. – DANA (1991) 4, 5-8;
– Datenschutz und medizinische Forschung: was nützt ein „medizinisches Geheimnis". – MedR (1996) 258-261;
– Datenschutz-Audit und -Gütesiegel im Medizinbereich. – MedR (2003) 674-681;
– Datenschutzrechtliche Anforderungen an Chipkarten. – DuD (1997) 266-277;
– Datenschutzrechtliche Anforderungen an Data-Warehouse-Anwendungen bei Finanzdienstleistern. – RDV (2003) 113-122;
– Datenschutzrechtliche Anforderungen an Verbraucher-Kredit-Scoring. – DuD (2005) 582-587;
– Datenschutzrechtliche Probleme beim Adressenhandel. – WRP (1996) 522-534;
– Die elektronische Gesundheitskarte. – DuD (2004) 391-403;
– Informationelle Selbstbestimmung und strafrechtliche Ermittlung: zum verfassungskonformen Technikeinsatz im Strafverfahren. – Pfaffenweiler: Centaurus, 1980;
– Informationsfreiheitsgesetz. – DuD (2000) 262-266;
– Internationalisierung des Datenverkehrs und Datenschutz für ArbeitnehmerInnen. in: *Schöne neue Arbeit*/ Jochen Krämer… – Mössingen-Thalheim: Thalheimer Verl., 1997. – 135-147. (Thalheimer Sammlung kritisches Wissen; 23) = DANA (1996) 4/5, 9-14;
– [Kommentierung zu] § 75. – in: *Heldmann, Ausländergesetz.* – (1993);
– Lebensversicherung für Homosexuelle. – VersR (1997) 1465-1467;
– Medizinische Forschung und Datenschutz. – Niedersächsische Verwaltungsblätter (1998) 36-42;
– Öffentliche Audio- und Videoüberwachung. – DANA (1999) 1, 4-10;
– Die Ökonomisierung des Rechts auf informationelle Selbstbestimmung. – NJW (2001) 1463-1469;
– PatientInnen-Datenschutzrecht. – DANA (2003) 1, 5-15;
– Personenbezogene Daten auf CD-ROM – RDV (1995) 202-211;
– Rechtfragen der Videoüberwachung. – DuD (2000) 662-669;
– Regelung zur Videoüberwachung verbesserungsbedürftig: § 6b BDSG. Kritik an einer (noch) nicht angewendeten Norm. – DANA (2001) 3, 5-8;
– Der Schutz genetischer Daten: Strukturen und Voraussetzungen des Gen-Datenschutzes in Forschung, Medizin, Arbeits- und Versicherungsrecht. – DuD (2002) 133-145;
– Urteilsanmerkung, VG Aachen vom 30.01.1997 – 8 K 1314/05. – InfAusR (1997) 259;
– Vertrauen in die Vertraulichkeit bei der elektronischen Gesundheitskarte. – GesR (2005) 151-155;
– Wem gehören die privaten Daten? in: *Informatik, Wirtschaft, Recht … : FS Wolfgang Kilian.* – (2004) – 281-298;
– Widerspruchsrecht gegen Datenschutzkontrollen. – CR (1994) 174-182;
– Zur Ökonomisierung des Rechts auf informationelle Selbstbestimmung. – in: *E-Privacy*/ Bäumler, Helmut (Hrsg.). – (2000) 158-186.
Weidemann, Jürgen: Kontrollbefugnis des betrieblichen/behördlichen Datenschutzbeauftragten hinsichtlich der Datenverarbeitung durch Betriebs- und Personalräte. – ZfPR (1999) 31-33;
– Kontrollbefugnis des DSB bei Betriebs- und Personalräten. – ZBVR (1998) 74-76.
Weigert, Klaus: „Replik". – BayVBl (1980) 69-73.
Weihe, Hermann J./ Gregor Blesgen: Kostenmäßige Auswirkungen des Bundesdatenschutzgesetzes für die Wirtschaft. – DB (1977) 433-438.
Weise, Karl-Theodor: Datenschutz für „Trivialdaten". – DuD (1989) 279-284;
– Datenschutzpraxis und Anwendung des Verhältnismäßigkeitsprinzips im privatwirtschaftlichen Bereich. – in: *Datenschutzfachtagung* [DAFTA 8 (1984)] 41-48.
Weiß, H.: Disziplinarrecht des Bundes und der Länder: Kommentar. – Berlin: E. Schmidt. – (GKÖD; Bd. 2).
Weisser, Ralf/ Andreas Bauer: Datenschutz bei internationalen klinischen Studien. – MedR (2005) 339-346.

Weitze, Dirk: Haben Steuerberater einen betrieblichen Datenschutzbeauftragten zu bestellen? – DStR (2004) 2218-2221.
Wellbery, Barbara: The U.S. side of data protection policy: – in: *Datenverkehr ohne Datenschutz?*/ Büllesbach, Alfred (Hrsg.). – (1999) 167-176.
Wellbrock, Rita: Chancen und Risiken des Einsatzes maschinenlesbarer Patientenkarten. DuD (1994) S.70-74;
– Datenschutzrechtliche Aspekte des Aufbaus von Biodatenbanken für Forschungszwecke. – MedR (2003) 77-82;
– Der Entwurf eines Gesetzes über Krebsregister: zum Diskussionsstand aus datenschutzrechtlicher Sicht. – DuD (1994) 251-255;
– Der hessische Regelungsentwurf für die polizeiliche Datenverarbeitung. – CR (1986) 149-157;
Wem dient die Technik?: Johann Joachim Becher Preis-2002: Die Technik – Dienerin der gesellschaftlichen Entwicklung/ Brigitte Falkenberg (Hrsg.). – Baden-Baden: Nomos, 2004.
Wengert, Georg/ Katharina Widmann/ Andreas Wengert: Bankenfusion und Datenschutz: eine kritische Betrachtung der Fusionspraxis. – RDV (2000) 47-53 = NJW (2000) 1289-1295.
Weniger, Robert: Grenzüberschreitende Datenübermittlungen international tätiger Unternehmen – nach Maßgabe der Europäischen Datenschutzrichtlinie 95/46/EG. – Hamburg: Dr. Kovac, 2005. – 600 S. – (Studien zum Völker und Europarecht; 13);
– Das Verfahrensprinzip als Mittel datenschutzkonformer Unternehmensorganisation. – RDV (2005) 153-157.
Wenning, Rigo/ Maria Köhntopp: P3P im europäischen Rahmen: Einsatz und Nutzen in Gegenwart und Zukunft. – DuD (2001) 139-143.
Wente, Jürgen K.: Informationelles Selbstbestimmungsrecht und absolute Drittwirkung der Grundrechte. – NJW (1984) 1446-1447;
– Ist die Veröffentlichung von Daten (k-)eine Übermittlung im Sinne von § 2 Abs. 2 Nr. 2 BDSG. – RDV (1986) 256-260;
– Das Recht der journalistischen Recherche: ein Beitrag zum Konflikt zwischen den Medienfreiheiten und der informationellen Selbstbestimmung. – Baden-Baden: Nomos, 1987.
Wenzel, Karl. E.: Das Recht der Wort- und Bildberichterstattung: Handbuch des Äußerungsrechts mit Erläuterungen zu Sonderfragen… – 5. Aufl. 2003. – Köln: O. Schmidt.
Werner, Marcus: Die Kontrolle des Datenschutzes bei Zivilgerichten. – RDV (1996) 232-236.
Werres, Stefan: Das Outsourcing der Beihilfebearbeitung aus verfassungsrechtlicher Sicht. – ZBR (2001) 429-436.
Wesselhöft, Hilke: Datenschutz im Versicherungswesen. – Frankfurt am Main [u.a.]: Lang, 1996. – (Versicherungsrechtliche Studien; 42).
Weßlau, Edda: Die Gefährdung des Datenschutzes durch den Einsatz neuer Medien im Strafprozeß: Vortrag Strafrechtslehrertagung, Passau, 2001. – ZStW (2001) 681-708.
Westerholt, Margot Gräfin von/ Wolfgang Döring: Datenschutzrechtliche Aspekte der Radio Frequency Identificaton: ein „virtueller Rundgang" durch den Supermarkt der Zukunft. – CR (2004) 710-716.
Westphalen, Friedrich Graf von: Ausgewählte arbeits- und datenschutzrechtliche Fragen beim „Outsourcing" im Rahmen von § 25a Abs. 2 KWG. – WM (1999) 1810-1816.
Westerholt, Hartwig von: Wettbewerbsrecht und Datenschutzrecht: ein ungeklärtes Verhältnis. – in: *Aktuelle Herausforderungen…: Festgabe für F.-K. Beier*. – (1996) 561-574.
Westin, Alan: Privacy and Freedom. – New York: Atheneum, 1967.
Wettmann, Hartmut: Textverarbeitungsdateien: datenschutzrechtliche Bewertung. – DSB (1990) 5, 16-17.
Weyer, Heinrich: Gesetz zum Schutz personenbezogener Daten: Datenschutzgesetz Nordrhein-Westfalen – DSG NW-. Kommentar. – Essen: Verl. für Wirtschaft und Verwaltung, 1988.
– / Paul St. Pütter: Organisation und Technik der Datensicherheit. – Köln: Datakontext, 1983.
Wichert, Michael: Web-Cookies – Mythos und Datenschutz. – DuD (1998) 273-276.
Wichmann, H.-Erich: Epidemiologie und Datenschutz: Wege zur partnerschaftlichen Zusammenarbeit. – in: *Datenschutz und Forschung* (1999) 54-65.
Wichmann, Hermann: Das Berufsgeheimnis als Grenze des Zeugenbeweises: ein Beitrag zur Lehre von den Beweisverboten. – Frankfurt am Main: Lang, 2000. – (Schriften zum Strafrecht und Strafprozeßrecht; 47).
Wiebe, Andreas: Wettbewerbs- und zivilrechtliche Rahmenbedingungen der Vergabe und Verwendung von Gütezeichen. – WRP (1993) 74-90, 156-167.
Wiechert, Eckart/ Joachim Schmidt/ Thomas Königshofen: Telekommunikationsrecht der Bundesrepublik Deutschland (TKR). Rechtsvorschriften und Erläuterungen – Heidelberg: R. v. Decker.
Wieland, Joachim: Zinsbesteuerung und Bankgeheimnis. – JZ (2000) 272-275.
Wiese, Günther: Genetische Analysen an Arbeitnehmern. – DuD (1993) 274-280;
– Zur gesetzlichen Regelung der Genomanalyse an Arbeitnehmern. – RdA (1988) 217-222;
– Zur Zulässigkeit und Grenzen von Auskünften der GEMA über Daten ihrer Mitglieder. – GEMA Nachrichten (1978) 108, 109-119.

Wiese, Walter: Patientengeheimnis aus der Sicht des BfD. – in: *Datenschutzfachtagung* [DAFTA 5 (1981)] 293-303;
– Personalakten, Arztgeheimnis und Datenschutzrecht. – DuD (1980) 17-25.
Wilde, Christian Peter *s.a. Bayerisches Datenschutzgesetz …*
– / Ludwig Nawa: Mitwirkung des TÜV bei der Datenschutzaufsicht über Private: Recht und Praxis eines bayerischen Modells. DuD (1997) 516-519.
Wilke, Matthias: Data Mining – eine neue Dimension der Verarbeitung von Arbeitnehmerdaten, absolute und kontinuierliche Analyse von personenbezogenen Daten im Handel – RDV (2002) 225-230;
– Videoüberwachung. – RDV (2005) 96-99.
Wind, Irene: BvD: Gewerkschaft für Datenschutzbeauftragte. – DSB (1990) 5, 24;
– Haftung bei der Verarbeitung personenbezogener Daten. – RDV (1991) 16-24;
– Die Kontrolle des Datenschutzes im nicht-öffentlichen Bereich: eine Untersuchung über die Tätigkeit der Datenschutz-Aufsichtsbehörden. – Baden-Baden: Nomos, 1995. – (Frankfurter Studien zum Datenschutz; 5);
– Neues Datenschutzrecht und Direktwerbung. – WRP (1991) 771-777.
Windolph, Albert: Die Auswirkungen des Datenschutzgesetzes auf die Kreditberichterstattung. – in: *Handbuch des Datenschutzes*. – (1977) 147-174.
Wingen, Max: Weiterentwicklung der amtlichen Statistik: Probleme und Chancen. – Österreichische Zeitschrift für Statistik und Informatik 20 (1990) 3ff.
Winkelmann, Thomas: Falschauskünfte von Auskunfteien: zum Verhältnis von § 824 BGB zu § 32 Abs. 2 BDSG. – MDR (1985) 718-720.
Winter, Gerd: Direktwirkung von EG-Richtlinien. – DVBl (1991) 657-666.
Wippermann, Gerd: Zur Frage der Unabhängigkeit der Datenschutzbeauftragten. – DÖV (1994) 929-940.
Wirtschaftsrecht und Medienrecht in der offenen Demokratie: Freundesgabe für Friedrich Kübler zum 65. Geburtstag/ hrsg. von Heinz-Dieter Assmann [u.a.]. – Heidelberg: C.F. Müller, 1997.
Wissenschaftsrat: Stellungnahme zu Forschung und Datenschutz vom November 1982. – in: *Empfehlungen und Stellungnahmen*/ Wissenschaftsrat (Hg.). – Köln, 1983.
Wisskirchen, Gerlind: Grenzüberschreitender Transfer von Arbeitnehmerdaten: Welche Anforderungen müssen Global Player beim internationalen Datentransfer erfüllen? – CR (2004) 862-868.
– / Christopher Jordan/ Alexander Bissels: Arbeitsrechtliche Probleme bei der Einführung internationaler Verhaltens- und Ethikrichtlinien (Codes of Conduct/ Codes of Ethics). – DB (2005) 2190-2195.
Wittek, H.: Grenzüberschreitender Datenverkehr: Unselbständige Zweigstelle im Ausland – Dritter? – DuD (1980) 69-71.
Wittig, Petra: Die datenschutzrechtliche Problematik der Anfertigung von Persönlichkeitsprofilen zu Marketingzwecken. – RDV (2000) 59-62.
Wittig-Terhardt, Margret: Elektronische Kommunikation. – in: *Recht der Neuen Medien*/ Fuhr (Hg.). – (1989) 38-52.
Wochner, Manfred: Das Datenschutzdurcheinander. – DVBl (1982) 233-241.
Wochner, Lucius N.: Der Persönlichkeitsschutz im grenzüberschreitenden Datenverkehr. – Zürich: Schulthess Polygraphischer Verl., 1981. – (Computer und Recht; 11).
Woertge, Hans-Georg: Die Prinzipien des Datenschutzrechts und ihre Realisierung im geltenden Recht. – Heidelberg: R.v. Decker & C.F. Müller, 1984. – (Rechts- und sozialwissenschaftliche Abhandlungen; 24).
Wohlfahrt, Jürgen: Einzelprobleme des kommunalen Datenschutzes: exemplarisch dargestellt am neuen DSG. – RDV (1994) 59-67;
– Staatliche Videoüberwachung des öffentlichen Raums. – RDV (2000) 101-107.
Wohlgemuth, Hans H.: Ausgewählte Probleme des Arbeitnehmerdatenschutzes. – AuR (1985) 239-246;
– Datenschutz bei der Weitergabe von Arbeitnehmerdaten innerhalb von Konzernen. – AuR (1987) 264-267;
– Datenschutz für Arbeitnehmer: eine systematische Darstellung. – 2. Aufl. 1988. – Neuwied: Luchterhand;
– Datenschutzrecht: eine Einführung mit praktischen Fällen. – Neuwied: Luchterhand, 1992;
– Erfassung und Verarbeitung von Telefondaten. – Personalrat (1989) 291-293;
– Fragerecht und Erhebungsrecht: zu den Grenzen des Informationsbeschaffungsrechts des Arbeitgebers. – AuR (1992) 46-50;
– Grenzen der Personaldatenverarbeitung: Mitbestimmung des Betriebsrats nach § 87 Abs. 1 Nr. 6 BetrVG. – AuR (1984) 257-263;
– Grundlagen des individualrechtlichen Arbeitnehmer-Datenschutzes. – in: *Arbeitsrecht und …: FS Peter Hanau*. – (1999) 329-344;
– Konfliktfälle bei grenzüberschreitender Datenverarbeitung. – BB (1991) 340-344;

– Mitbestimmung bei Versetzung eines Datenschutzbeauftragten (Urteilsanmerkung zu BAG Beschluß vom 22.3.1994 – 1ABR 51/93). – BB (1995) 1352;
– Mitwirkung des Datenschutzbeauftragten beim Arbeitnehmerdatenschutz. – BB (1995) 673-675;
– Neuere Entwicklungen im Arbeitnehmerdatenschutz: unter besonderer Berücksichtigung des novellierten BDSG. – BB (1992) 281-285;
– Der Zugriff des Betriebsrats auf Personaldaten. – CR (1993) 218-225.
– / Jürgen Gerloff: Datenschutzrecht: Eine Einführung mit praktischen Fällen. – 3. Aufl. 2005. – Neuwied: Luchterhand.

Wolber, Kurt: Beteiligungsrechte einer Personalvertretung im Bereich der Datenverarbeitung. – PersV (1980) 177-182;
– Internet-Zugang und Mitbestimmung. – PersR (2000) 3-4;
– Keine Kontrolle der Personalvertretung durch den behördeninternen Datenschutzbeauftragten. – PersR (1998) 420-422.

Wolber, Tanja: Datenschutzrechtliche Zulässigkeit automatisierter Kreditentscheidungen: rechtliche Rahmenbedingungen für die elektronische Risikobewertung. – CR (2003) 623-626;
– Neue Rechte der Aufsichtsbehörden. – DSB (2001) 6, 12-13.

Wolf, Manfred: *s. Das Recht der Europäischen Union.*

Wolff, Hans/ Otto Bachof/ Rolf Stober: Verwaltungsrecht. – 3 Bde. – München: Beck;: Bd.1. – 11. Aufl. 1999; Bd. 2. – 6. Aufl. 2000; Bd. 3. – 4. Aufl. 1978.

Wolffgang, Hans Michael: Informantenschutz im Steuerrecht. – in: *Recht der Persönlichkeit*/ Hrsg. von Hans-Uwe Erichsen;... – (1996) – 415-429.

Wolfslast, Gabriele: Einwilligungsfähigkeit im Lichte der Bioethik-Konvention. – KritV 81 (1998) 74-87.

Wollenteit, Ulrich: Informationsrecht des Forschers im Spannungsfeld von Transparenzforderungen und Datenschutz: zum Datenzugang für Forschungszwecke in den USA und in der Bundesrepublik Deutschland. – Berlin: Duncker & Humblot, 1993. – (Schriften zum Recht des Informationsverkehrs und der Informationstechnik; 5).

Wolters, Klaus: Datenschutz und medizinische Forschungsfreiheit. – München: Florentz, 1989. – (Rechtswissenschaftliche Forschung und Entwicklung; 188).

Wortmann, Heinrich: Datensicherung in der Datenverarbeitung. – Kiel: adl-Verl., 1973.

Wronka, Georg: Auswirkungen des Bundesdatenschutzgesetzes (BDSG) auf die unternehmerische Kommunikationspolitik: ausgewählte Einzelfragen. – DBW (1980) 577-588;
– Auswirkungen der EU-Datenschutzrichtlinie auf die Werbung: eine praxisbezogene Zusammenfassung. – RDV (1995) 197-302;
– Das Presseprivileg im Bundesdatenschutzgesetz. – FuR (1978) 149-155;
– Grenzen des Medienprivilegs. – in: *Medienrecht: Lexikon...* – (1994) 85-88;
– Volkszählung und Datenschutz: Was nun? – DSB (1984) 2, 16-20;
– Zur Interessenlage bei der Auftragsdatenverarbeitung. – RDV (2003) 132-135.
– / (Steffen) Ulrich Hörle: Bundesdatenschutzgesetz: Auswirkungen auf Werbung und Presse. – 3. Aufl. 1983. – Bonn: Edition ZAW.

Wuermeling, Ulrich: Computer-Versicherungen. – DSB (1992) 9, 1-5;
– EU-Datenschutzrichtlinie: Einigung im Rat. – DSB (1995) 2, 4-5;
– Handelshemmnis Datenschutz: die Drittländerregelung der Europäischen Datenschutzlichtlinie. – Köln [u.a.]: Heymanns, 2000. – (Ius Informationis; 14);
– Neue Chancen durch Verhaltensregeln im europäischen Datenschutzrecht. – DSB (1993) 7/8, 1-6;
– Scoring von Kreditrisiken. – NJW (2002) 3508-3510;
– Umsetzung der Europäischen Datenschutzrichtlinie: Konsequenzen für die Privatwirtschaft. – DB (1996) 663-671.

Wuestenberg, Dirk: Das Recht der Zugangsanbieter auf Speicherung der IP-Adressen bei Online-Flatrates. – TKMR (2003) 105-109.

Zahrnt, Christoph: Pflichten eines Rechenzentrums bei Time Sharing. – DuD (1978) 127-130.

Zapatka, Günter: Die Automatisierung der Sperrung nach dem BDSG. – DuD (1977) 82-88.

Zapf, Wolfgang: Der Zugang der Wissenschaft zur statistischen Information: Forderung und Realität. – in: *Datennotstand...* – (1985) 38-49.

Zehentmeier, Michael: Unaufgeforderte e-mail Werbung. – BB (2000) 940-946.

Zehner, Klaus: Telefondatenerfassung und Benachrichtigungspflicht: zum Datenschutz bei inner betrieblichen Telefonkontrolle. – DB (1984) 666-670.

Zeidler, Karl: Über die Technisierung der Verwaltung. – Karlsruhe: C. F. Müller, 1959.

Zeidler, Wolfgang: Die Verfassungsrechtsprechung im Rahmen der staatlichen Funktionen: Arten, Inhalt und Wirkungen der Entscheidungen über die Verfassungsmäßigkeit von Rechtsnormen. – EuGrZ (1988) 207-217.

Zeit und kommunikative Rechtskultur in Europa: im Spiegelbild von Deutschen und Polen/ Siegfried Lamnek; Marie-Theres Tinnefeld (Hrsg.). – Baden-Baden: Nomos, 2000.

Zezschwitz, Friedrich v. *s. a. Videoüberwachung*...;
- Konzept der normativen Zweckbindung. – in: *Handbuch Datenschutzrecht*. – Kap. 3.1. – 220-268;
- Videoüberwachung. – in: *Handbuch des Datenschutzrechts* – Kap. 9.3. – 1876-1932;
- Videoüberwachung in Hessen. – DuD (2000) 670-672;
- Videoüberwachung und Datenschutz. – DuD (1999) 560-561.

Ziegler, Otto: Statistikgeheimnis und Datenschutz: eine Analyse der Entwicklung der statistischen Geheimhaltung und der Übermittlung statistischer Daten vor dem Hintergrund des verfassungsrechtlichen Datenschutzes. – München: Florentz, 1990. – (Rechtswissenschaftliche Forschung und Entwicklung; 261).

Ziegler, Wolfgang: Datenschutz und Informationsinteresse am Beispiel der Bodendaten. – NVwZ (1993) 347-348.

Ziegler-Jung, Bärbel R.: Datenverkehrsrecht und Gesundheitsdatenschutz in der Bundesrepublik Deutschland und in den Niederlanden. – Enschede, Techn. Hochsch., Diss., 1985.

Ziekow, Arne: Datenschutz und evangelisches Kirchenrecht: Eigenständigkeit und Eigengeartetheit des Datenschutzgesetzes der EKD. – Tübingen: Mohr (Siebeck), 2002. – (Jus Ecclesiasticum; 67).

Ziekow, Jan: Die Pflicht der Behörden zur Gewährung von Informationen an die Verwaltungsgerichte. – BayVBl (1992) 132-139.

Ziener, K.: Betrieblicher Datenschutzbeauftragter und DV-Revisor – Kooperation oder Gegensätze. – in: *Die Organisation der Arbeit* ... (2003) 51-58.

Zilkens, Martin: Behördlicher Datenschutzbeauftragter in Landes- und Kommunalbehörden Nordrhein-Westfalens. – RDV (2001) 178-181.

Zitzelsberger, Ralf/ Guido Hogen: Die Chipkarte der Deutschen Kreditwirtschaft: Übersicht und aktuelle Entwicklung. – DuD (2002) 271-275.

Zöllner, Dieter: Der Datenschutzbeauftragte im Verfassungssystem: Grundsatzfragen der Datenschutzkontrolle. – Berlin: Duncker & Humblot, 1995. – (Schriften zum Recht des Informationsverkehrs und der Informationstechnik; 13).

Zöllner, Wolfgang: Daten- und Informationsschutz im Arbeitsverhältnis. – 2. unveränderte Aufl. 1983. – Köln: Heymanns. – (Abhandlungen zum deutschen und europäischen Handels- und Wirtschaftsrecht; 36);
- Datenschutzrechtliche Aspekte der Bankauskunft. – ZHR (1985) 179-196;
- Die gesetzgeberische Trennung des Datenschutzes für öffentliche und private Datenverarbeitung. – RDV (1985) 3-16;
- Die Nutzung DV-gestützter Personalinformationssysteme im Schnittpunkt von Datenschutzrecht und Betriebsverfassung. – DB (1984) 241-246;
- Umwandlung und Datenschutz. – ZHR (2001) 440-452.

Zuck, Holger: Datenschutz, Anwaltsrechte und Berufspflichten nach BRAO und BDSG. – in: *Datenschutz in Anwaltschaft*,... / Hrsg. R. B. Abel. – München. – 17-41.

Zukunft der Medien in Wirtschaft und Gesellschaft: Deutschlands Weg in die Informationsgesellschaft. –: Vierter Zwischenbericht: Sicherheit und Schutz im Netz/ Deutscher Bundestag. – BT-Drs. 13/11002 (1998); Schlussbericht. – BT-Drs. 13/11004 (1998).

Zundel, Frank P.: Outsourcing in der öffentlichen Verwaltung. – CR (1996) 763-768.

Zur Aufnahme des informationellen Selbstbestimmungsrecht und der Informationsfreiheit („Freedom of Information") in das Grundgesetz: Zwischenbericht des Hessischen Datenschutzbeauftragten gemäß § 30 Abs.1 HDSG anlässlich des vom Hessischen Landtag und von der Hessischen Landesregierung am 30. und 31. Oktober 1991 veranstalteten Verfassungssymposium. – Wiesbaden: Hessischer Datenschutzbeauftragter (1991) 117-126. – (Tätigkeitsbericht; 20)

Zur Autonomie des Individuums: Liber amicorum Spiros Simitis/ hrsg. v. Dieter Simon; Manfred Weiss. – Baden-Baden: Nomos, 2000.

Zur Zukunft von Staat und Wirtschaft in der Schweiz: Festschrift für Kurt Furgler zum 60. Geburtstag/ hrsg. von Otto K. Kaufmann; Arnold Koller; Alois Riklin. – Zürich; Köln: Benzinger, 1984.

Zwanzig Jahre Datenschutz: Individualismus oder Gemeinschaftssinn/ Bettina Sokol [Landesbeauftragte für den Datenschutz Nordrhein-Westfalen] (Hrsg.). – Düsseldorf: Landesbeauftragte für den Datenschutz, 1998.

Internetadressenverzeichnis

Europa

Europäische Kommission	http://www.europa.eu.int/comm/justice_home/fsj/privacy
Der Europäische Datenschutzbeauftragte	http://www.edps.eu.int
Art.29 Gruppe	http://www.europa.eu.int/comm/justice_home/fsj/privacy/workinggroup/index_de.htm
Europarat	http://www.coe.int/T/E/Legal_affairs/Legal_co-operation/Data_protection

Deutschland

	öffentlicher Bereich	**nichtöffentlicher Bereich**
Bund	http://bfd.bund.de	
Baden-Württemberg	http://www.baden-wuerttemberg.datenschutz.de	http://www.baden-wuerttemberg.de
Bayern	http://www.datenschutz-bayern.de	http://www.regierung.mittelfranken.bayern.de/
Berlin	http://www.datenschutz-berlin.de	*
Brandenburg	http://www.lda.brandenburg.de	http://www.mi.brandenburg.de
Bremen	http://www.datenschutz-bremen.de	*
Hamburg	http://www.datenschutz-hamburg.de	*
Hessen	http://www.datenschutz.hessen.de	http://www.rpda.de
Mecklenburg-Vorpommern	http://www.lfd.m-v.de	*
Niedersachsen	http://www.lfd.niedersachsen.de	http://www.mi.niedersachsen.de
Nordrhein-Westfalen	http://www.ldi.nrw.de	*
Rheinland-Pfalz	http://www.datenschutz.rlp.de	http://www.add.rlp.de
Saarland	http://www.lfd.saarland.de	http://www.innen.saarland.de/
Sachsen	http://www.datenschutz.sachsen.de	http://www.sachsen.de/de/bf/staatsregierung/ministerien/smi/smi/1181.htm?http://www.sachsen.de/de/bf/staatsregierung/ministerien/smi/smi/662.htm&http://www.sachsen.de/de/bf/staatsregierung/ministerien/smi/smi/577.htm
Sachsen-Anhalt	http://www.datenschutz.sachsen-anhalt.de	http://www.landesverwaltungsamt.sachsen-anhalt.de
Schleswig-Holstein	http://www.datenschutzzentrum.de	*
Thüringen	http://www.datenschutz.thueringen.de	http://www.thueringen.de/de/tlvwa/content.html

* hier ist der LfD auch für den nichtöffentlichen Bereich zuständig

Sachverzeichnis